Ludwig Wittgenstein

Wiener Ausgabe

Studien Texte

Band 1—5
Philosophische Bemerkungen
Philosophische Betrachtungen
Bemerkungen
Bemerkungen zur Philosophie
Bemerkungen zur philosophischen Grammatik
Philosophische Grammatik

Herausgegeben von Michael Nedo

Zweitausendeins

Herausgegeben mit Zustimmung der Nachlaßverwalter G. E. M. Anscombe, Rush Rhees †, G. H. von Wright, Anthony Kenny und Peter Winch von Michael Nedo, Wittgenstein Archive, Cambridge

Computerimplementation: Desmond Schmidt
Transkription: Isabelle Weiss, Rosemary Graham, Rainer Vesely, Thomas Leson
Mathematik und Graphik: Bobbie Coe, Desmond Schmidt
Korrektur: Rosemary Graham, Johannes Feichtinger, Hans Veigl, Josef Schiffer, Michael Cahn, Ilse Chlan, Alexandra Marjanović, Sabine Spiller
Lektorat: Josef Schiffer, Hans Veigl

Band 1—V der „Wiener Ausgabe" enthält die Manuskriptbände I, II, III, IV, V, VI, VII, VIII, IX und X (Teil 1) – MSS 105, 106, 107, 112, und 113 des Wittgenstein-Nachlasses, Cod. Ser. n. 22.018, 22.019, 22.020, 22.021 und 22.022 aus der Handschriften- und Inkunabelsammlung der Österreichischen Nationalbibliothek, Wien, MSS 108, 109, 110, 111, 114 aus dem Eigentum der Nachlaßverwalter, Wren Library, Trinity College, Cambridge.

Original-Ausgabe erschienen als „Ludwig Wittgenstein – Wiener Ausgabe"
Band 1: Philosophische Bemerkungen

ISBN 3-211-82499-5
Band 2: Philosophische Betrachtungen. Philosophische Bemerkungen

ISBN 3-211-82502-9
Band 3: Bemerkungen. Philosophische Bemerkungen

ISBN 3-211-82534-7
Band 4: Bemerkungen zur Philosophie. Bemerkungen zur philosophischen Grammatik

ISBN 3-211-82559-2
Band 5: Philosophische Grammatik

ISBN 3-211-82560-6

Lizenzausgabe mit freundlicher Genehmigung des Springer-Verlages/Wien
für Zweitausendeins, Postfach, D-60381 Frankfurt am Main.

Printed in Austria.

Dieses Buch gibt es nur bei Zweitausendeins im Versand, Postfach, D-60348 Frankfurt am Main, Telefon 069-420 8000 oder 01805-23 2001, Fax 069-415 003 oder 01805-24 2001,
Internet www.Zweitausendeins.de, E-Mail Info@Zweitausendeins.de oder in den Zweitausendeins-Läden in Berlin, Düsseldorf, Essen, Frankfurt am Main, Freiburg, 2 x in Hamburg, in Hannover, Köln, Mannheim, München, Nürnberg, Saarbrücken, Stuttgart.

In der Schweiz über buch 2000, Postfach 89, CH-8910 Affoltern a. A.

ISBN 3-86150-408-1

Ludwig Wittgenstein

Wiener Ausgabe

Studien Texte

Band 1
Philosophische Bemerkungen

Herausgegeben von Michael Nedo

Zweitausendeins

Inhaltsverzeichnis

Contents

Einleitung
Introduction

Im Januar 1929 kommt Wittgenstein nach mehr als 15jähriger Abwesenheit, von einem kurzen Besuch im Sommer 1925 abgesehen, wieder nach Cambridge, um, wie er Ende 1928 an Keynes geschrieben hatte, Urlaub zu machen:

> I've just finished my house that has kept me entirely busy these last two years. Now however I will have some holidays and naturally want to see you again as soon as possible.
>
> *Letters to Russell, Keynes and Moore*, Oxford 1974

In Cambridge angekommen, beginnt er sofort mit philosophischen Arbeiten. Am 18. Februar schreibt er an Schlick:

> Ich habe mich entschlossen ein paar Terms hier in Cambridge zu bleiben und den Gesichtsraum und andere Dinge zu bearbeiten.
>
> *Wittgenstein und der Wiener Kreis, Schriften 3*

Das erste Manuskript beginnt Wittgenstein am 2. Februar 1929 mit einem Zitat frei nach dem Theaterstück *Heimliche Liebe – Heimliches Geld* von Johann Nestroy:

> Motto: „Hier hilft dem Dummen die Dummheit allein."

Das Motto radiert er später wieder aus und überschreibt es mit dem Titel:

> Band I. Philosophische Bemerkungen.

Wie der Brief an Schlick vom 18. Februar 1929 bereits andeutet, ist die philosophische Arbeit in Cambridge eine Fortsetzung der Arbeiten, die mit dem ersten Zusammentreffen mit Schlick am 19. Februar 1927 in Wien begonnen hatten. Seit dieser Zeit traf sich Wittgenstein ziemlich regelmäßig mit Schlick und Waismann und gelegentlich auch mit anderen Mitgliedern des späteren Wiener Kreises wie Carnap, Feigl und Marie Kaspar zu Diskussionen, meistens über die Philosophie der Mathematik. Schlick und Waismann waren im Sommer 1927 auch die Vermittler von Briefen zwischen Wittgenstein und Ramsey, die unter den erhaltenen Manuskripten den Neuanfang von Wittgensteins Arbeit in der Philosophie markieren (siehe Wittgensteins Brief an Ramsey vom 2. Juli 1927 und Ramseys Antwort in *Ludwig Wittgenstein, Briefe*, Frankfurt 1980, 189 und 190).

Der *I. Band Philosophische Bemerkungen* beginnt mit direkten Bezügen zu den Diskussionsthemen

In January 1929, after more than 15 years absence except for a short visit in the summer of 1925, Wittgenstein arrived in Cambridge for a holiday, as he described in a letter to Keynes at the end of 1928:

> I've just finished my house that has kept me entirely busy these last two years. Now however I will have some holidays and naturally want to see you again as soon as possible.
>
> *Letters to Russell, Keynes and Moore*, Oxford 1974

Having arrived in Cambridge he embarked immediately on his philosophical work, as he told Schlick on 18 February:

> I have decided to remain here in Cambridge for a few terms and work on visual space and other things.
>
> *Ludwig Wittgenstein and the Vienna Circle*, Oxford 1979

Wittgenstein began the first manuscript on 2 February 1929 with a quotation adapted from Johann Nestroy's play *Heimliche Liebe – Heimliches Geld* (Secret Love – Secret Money):

> Motto: „Hier hilft dem Dummen die Dummheit allein."

He later erased this and wrote over it the title:

> Band I. Philosophische Bemerkungen.

As the letter to Schlick of 18 February 1929 already indicates, the philosophical work in Cambridge is a continuation of that begun in Vienna after Wittgenstein's first meeting with Schlick on 19 February 1927. Afterwards Wittgenstein met with Schlick and Waismann and occasionally with other members of the Vienna Circle, such as Carnap, Feigl and Marie Kaspar, for discussions mostly on the philosophy of mathematics. In the summer of 1927 Schlick and Waismann acted as couriers between Wittgenstein and Ramsey; these letters mark the recommencement of Wittgenstein's work in philosophy (cf. Wittgenstein's Letter to Ramsey of 2 July 1927 and Ramsey's answer in *Briefe* 189 and 190).

The text of *I. Band Philosophische Bemerkungen* begun 2 February 1929 refers directly to the topics discussed by the Vienna Circle, more particularly to questions on the foundations of mathematics and the 'phenomenology' (*Immanenzphilosophie*) of Ernst Mach:

des Wiener Kreises, d.h. mit Fragen zu den Grundlagen der Mathematik und Bemerkungen zur „Phänomenologie" (Immanenzphilosophie) von Ernst Mach:

Es scheint viel dafür zu sprechen daß die Abbildung des Gesichtsraumes durch die Physik wirklich die einfachste ist. D.h. Daß die Physik die wahre Phänomenologie wäre.

Aber dagegen läßt sich etwas einwenden: Die Physik strebt nämlich Wahrheit d.h. richtige Voraussagungen der Ereignisse an während *das* die Phänomenologie nicht tut sie strebt *Sinn* nicht *Wahrheit* an.

There appears to be much evidence that the simplest way of representing visual space is through physics i.e. that physics might be phenomenology in its true form.

But there is one objection: physics strives for truth, i.e. correct prediction of events, whereas phenomenology does not – it strives for meaning, not for truth.

Mit der Hilfe von Frank Ramsey und den alten Freunden G.E. Moore und Bertrand Russell erwirbt Wittgenstein in Cambridge als erstes einen Studienabschluß. Die *Logisch-Philosophische Abhandlung* wurde als Dissertation anerkannt, Russell und Moore waren die Prüfer.

Wittgensteins neuer Freund in Cambridge, der junge Mathematiker Ramsey, hatte im Winter 1921/22 die *Logisch-Philosophische Abhandlung* für den Herausgeber C.K. Ogden ins Englische übersetzt. Anschließend hat er Wittgenstein mehrmals in Niederösterreich besucht, um sich die Gedanken der *Abhandlung* erklären zu lassen. Mit Wittgensteins Rückkehr nach Cambridge werden diese Gespräche fortgesetzt. Dazu vermerkt Wittgenstein am 15. Februar 1929 im Band I:

> Ich habe sehr genußreiche Diskussionen mit Ramsey über Logik etc. Sie haben etwas von einem kräftigen Sport und sind glaube ich in einem guten Geist geführt.

Im Sommer 1929 schreibt Wittgenstein über seine Arbeit an Friedrich Waismann, den Assistenten von Moritz Schlick:

> Ich habe in der letzten Zeit sehr viel gearbeitet und mit gutem Erfolg; und hätte mich darum gefreut Ihnen einiges zu erklären.
>
> *Ludwig Wittgenstein, Schriften 3,* S. 17

Während der folgenden Weihnachtsferien trifft er sich dann in Wien wiederholt mit Schlick und Waismann, um die Fragen zu diskutieren, mit denen er sich gerade beschäftigt. Diese Diskussionen, oft in der Form zwangloser Vorträge Wittgensteins, werden während der folgenden Ferienaufenthalte in Wien fortgesetzt. Die dabei von Waismann angefertigten stenographischen Aufzeichnungen wurden zum größten Teil von B.F. McGuinness veröffentlicht (*Schriften 3, Wittgenstein und der Wiener Kreis,* Frankfurt 1967) sowie zuvor im *Zweiten Anhang* zu den 1964 von Rush Rhees herausgegebenen *Philosophischen Bemerkungen* (*Schriften 2,* Frankfurt 1964).

With the help of Frank Ramsey and his old friends, G.E. Moore and Bertrand Russell, Wittgenstein successfully completed his studies in Cambridge, being awarded a doctoral degree with the *Tractatus* as dissertation. Russell and Moore were the examiners.

The young mathematician Ramsey had translated Wittgenstein's *Logisch-Philosophische Abhandlung* into English for the editor C.K. Ogden in the winter of 1921/22. He subsequently visited Wittgenstein several times in Lower Austria to have the ideas of the *Tractatus* explained to him. After Wittgenstein's return to Cambridge they continued their discussions, Wittgenstein noting in Volume I on 15 February:

> I have very enjoyable discussions with Ramsey on logic, etc. They have something of the nature of vigorous competitive sport and are conducted, I believe, in a good spirit.

In the summer of 1929 Wittgenstein writes to Friedrich Waismann, Moritz Schlick's assistant, about his recent work:

> I have worked a great deal recently, and with good success, so I should have been glad of an opportunity to explain a number of things to you.
>
> *Ludwig Wittgenstein and the Vienna Circle,* Oxford 1979

During the next Christmas holidays, he again met Schlick and Waismann in Vienna to discuss the questions on which he has been working. These discussions, often informal lectures by Wittgenstein, are continued in subsequent holiday periods. Most of the shorthand notes made by Waismann at this time were published by B.F. McGuinness in *Ludwig Wittgenstein and the Vienna Circle,* and previously in the Second Appendix to the *Philosophical Remarks,* Oxford 1964, published by Rush Rhees.

The hitherto unpublished corpus of the *Philosophical Remarks,* which was written in the years 1929–30, includes volumes I–IV (G.H. von Wright numbering: MSS 105–108, *The Wittgen-*

Das in den Jahren 1929/30 entstandene, bisher noch weitgehend unveröffentlichte Korpus der *Philosophischen Bemerkungen* umfaßt die Manuskriptbände I–IV, (MSS 105–108 nach G.H. v. Wright, *The Wittgenstein Papers,* 1969) und die daraus von Wittgenstein diktierte Synopse, das Typoskript 208 sowie die Überarbeitung dieser Synopse, die Zettelsammlung Typoskript 209, *Philosophische Bemerkungen.*

stein Papers, 1969) and the synopsis which Wittgenstein dictated from them, Typescript 208. The revision of this synopsis, Typescript 209, a rearrangement of cuttings, was published posthumously in 1964 as *Philosophical Remarks,* edited by Rush Rhees.

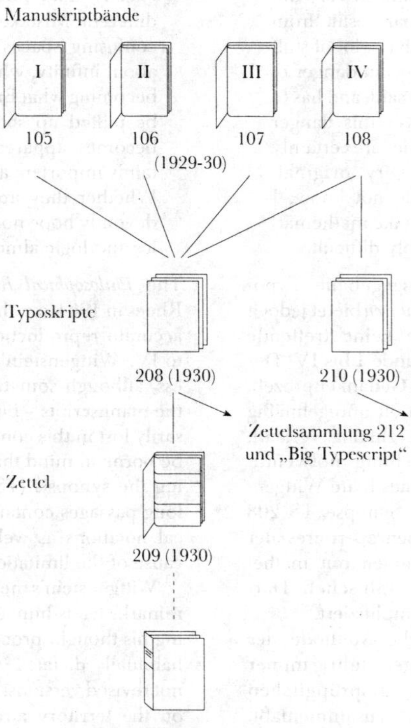

Das Manuskript der *Philosophischen Bemerkungen* (TS 209) ist eine Anordnung von Zetteln aus einem Durchschlag der Synopse TS 208, die Wittgenstein in neuer Ordnung in ein Schreibbuch eingeklebt und durch handschriftliche Zusätze ergänzt hat. Das Buch (TS 209) hat Wittgenstein Ende April 1930 in Penzance Russell vorgelegt, nachdem G.E. Moore ihn gebeten hatte, Wittgensteins bisherige Arbeiten für ein weiteres Stipendium vom Trinity College zu beurteilen. In seinem Bericht an Moore vermittelt Russell einen ersten Eindruck von den Themen, die Wittgenstein in jenen vier Manuskriptbänden seit 1929 behandelt hat:

The manuscript of the *Philosophical Remarks* (TS 209), which Wittgenstein handed to Russell on the occasion of his stay at Penzance at the end of April 1930, is a collection of cuttings from a carbon copy of typescript 208, pasted into a ledger, with hand-written additions. Russell was later asked by G.E. Moore for an evaluation of Wittgenstein's work for the purpose of securing another grant from Trinity College. In his report to Moore Russell conveys a first impression of the topics contained in the four manuscript volumes on which Wittgenstein had been working since 1929:

> … in the course of conversation with him I got a fairly good idea of what he is at. He uses the words 'space' and 'grammar' in peculiar senses, which are more or less connected with each other. He holds that if it is significant to say 'This is red', it cannot be significant to say 'This is loud'. There is one 'space' of colours and another 'space' of sounds. These 'spaces' are apparently given a priori in the Kantian sense, or at least not perhaps exactly that, but something not so very different. Mistakes of Grammar result from confusing 'spaces'. Then he has a lot of stuff about infinity, which is always in danger of becoming what Brouwer has said, and has to be pulled up short whenever this danger becomes apparent. His theories are certainly important and certainly very original. Whether they are true, I do not know; I devoutly hope not, as they make mathematics and logic almost incredibly difficult.

Das von Rhees 1964 herausgegebene Typoskript 209 *Philosophische Bemerkungen* bietet jedoch keine vollständige und auch keine treffende Wiedergabe der Manuskriptbände I bis IV. Der bemerkenswerte ursprüngliche Gedankenprozeß, der zwar in den Manuskripten oft unregelmäßig und sprunghaft, jedoch kaum zufällig verläuft, geht in dieser Zusammenstellung notwendigerweise verloren. Darüberhinaus hatte Wittgenstein bereits beim Diktat der Synopse TS 208 wegen des beschränkten Typenrepertoires der Schreibmaschine lange Notationen mit mathematischen, logischen und graphischen Darstellungen weggelassen bzw. simplifiziert.

Wittgensteins philosophische Methode des Fortschreitens in Bemerkungen führt immer wieder dazu, daß er seine ursprünglichen Gedankenwege in „Synopsen" zusammenfaßt. Die in der Regel von ihm selbst in die Schreibmaschine diktierten Typoskripte stellen also gegenüber den Manuskripten keine verbesserten Textfassungen dar. Vielmehr bieten sie einen Überblick über das in den Manuskripten begangene Terrain, vergleichbar einer Landkarte im Verhältnis zur Landschaft selbst.

Zu dem Themenkreis der *Philosophischen Bemerkungen* gehört neben *The Lecture on Ethics* (TS 207), die Wittgenstein am 17. November 1929 vor der *Heretics Society* in Cambridge gegeben hatte, auch der einzige weitere zu Wittgensteins Lebzeiten veröffentlichte philosophische Text *Some Remarks on Logical Form.* Dieser Text erschien 1929 in den *Proceedings of the Aristotelian Society* (Suppl. 9, S. 162–171) und war als Vortrag vor der *Joint Session* der *Mind Association* und der *Aristotelian Society* in Nottingham vorgesehen. Tatsächlich aber sprach Wittgenstein dort am 13. Juli 1929 zu einem anderen Thema.

> … in the course of conversation with him I got a fairly good idea of what he is at. He uses the words 'space' and 'grammar' in peculiar senses, which are more or less connected with each other. He holds that if it is significant to say 'This is red', it cannot be significant to say 'This is loud'. There is one 'space' of colours and another 'space' of sounds. These 'spaces' are apparently given a priori in the Kantian sense, or at least not perhaps exactly that, but something not so very different. Mistakes of Grammar result from confusing 'spaces'. Then he has a lot of stuff about infinity, which is always in danger of becoming what Brouwer has said, and has to be pulled up short whenever this danger becomes apparent. His theories are certainly important and certainly very original. Whether they are true, I do not know; I devoutly hope not, as they make mathematics and logic almost incredibly difficult.

The *Philosophical Remarks*, published by Rush Rhees in 1964, are thus neither a complete nor an accurate reproduction of manuscript volumes I to IV. Wittgenstein's remarkable thought process, although sometimes irregular and erratic in the manuscripts – but rarely fortuitous – is necessarily lost in this compilation. In addition, it must be borne in mind that Wittgenstein, while dictating the synopsis (TS 208), left out or simplified long passages containing mathematical and logical notations as well as graphical elements because of the limitations of the typewriter.

Wittgenstein's method of progressing by way of remarks leads him again and again to summarising his thought processes in 'synopses', which he habitually dictates. The resulting typescripts are not revised versions, but serve to give an overview on the territory already covered in the manuscripts, in the same way as a map represents a landscape.

The only other philosophical text Wittgenstein published during his lifetime, *Some Remarks on Logical Form* (published in the *Proceedings of the Aristotelian Society,* Suppl. 9, pp. 162–171), was originally intended to form a lecture before the *Joint Session* of the *Mind Association* and the *Aristotelian Society* in Nottingham. It belongs to the same corpus as the *Philosophical Remarks*, as does *The Lecture on Ethics* (TS 207) that he gave at the Heretics Society in Cambridge. At the meeting in Nottingham on 13 July 1929, however, Wittgenstein spoke on another subject.

Textgrundlage des ersten Bandes der WIENER AUSGABE sind die Manuskriptbände I und II (MS 105 und MS 106 des Wittgenstein-Nachlaß) Cod. Ser. n. 22018 und 22019 der Handschriften- und Inkunabelsammlung der Österreichischen Nationalbibliothek, Wien.

Band I trägt auf dem Vorsatzblatt den Titel:

I. Band Philosophische Bemerkungen

unter dem Titel ausradiert:

Motto: „Hier hilft dem Dummen die Dummheit allein."

Band II trägt auf dem Vorsatzblatt den Titel:

II. Band.

Der erste Manuskriptband ist ein Schreibbuch im Format 252 x 202 mm, hergestellt vor 1929, vermutlich englischen Ursprungs. Halbband in grauem Papier mit Seideneffekt über Pappe mit einer Rückenbeklebung in weinrotem Papier. Spiegel und Vorsatz glattes festes Papier ohne Linierung, rot gesprenkelter Schnitt. Der Einband weist keine weitere Beschriftung auf. Das gelbliche, feste Papier ist blaugrau liniert und trägt rechts einen roten vertikalen Korrekturrandstrich. Der Band hat einen Umfang von 66 Blättern und je einem Vorsatzblatt vorne (mit dem Titel) und hinten (mit Zählung 133 und 134). Der Text ist ausschließlich von Wittgensteins Hand und in deutscher Sprache; die Bleistiftpaginierung, 2 bis 135 (= Spiegel des Hinterdeckels), ist nachträglich und vermutlich von fremder Hand. Wittgenstein schreibt in diesem Band durchgehend mit einem graublauen Tintenstift. Die zeitgleichen Korrekturen sowie die Randzeichen, die u.a. im Zusammenhang mit der Herstellung der Synopse TS 208 entstanden, sind ebenfalls in Tintenstift.

Der zweite Manuskriptband ist ein Schreibbuch im Format 253 x 200 mm, hergestellt vor 1930, englischen Ursprungs. Glatter dunkelgrauer Naturleineneinband. Spiegel und Vorsatz glattes festes Papier ohne Linierung, Schnitt mit blaugrünem Kamm-Marmor. Auf dem Spiegel des Vorderdeckels findet sich der folgende Aufdruck:

No 5 The „Canvas" Series J W & Co. Ltd London

darunter ein Händlerstempel (Queroval):

Metcalfe and Co. Ltd. Trinity Street Cambridge

Das gelbliche, feste Papier ist hellblau liniert und an den Ecken abgerundet. Der Band hat einen Umfang von 150 Blättern und je einem Vorsatzblatt vorne und hinten. Der Text ist ausschließlich von Wittgensteins Hand und in

I and II (MS 105 and MS 106 of the Wittgenstein Papers) form the text of the first volume of the WIENER AUSGABE. Cod. Ser. n. 22018 and 22019 in the Collection of Manuscripts and Incunabula at the Austrian National Library in Vienna.

The flyleaf of Volume I bears the title:

I. Band Philosophische Bemerkungen

under the title, erased:

Motto: „Hier hilft dem Dummen die Dummheit allein."

The flyleaf of Volume II bears the title:

II. Band.

The first manuscript volume is a writing-book measuring 252 x 202 mm, with a grey linen cover, manufactured before 1929, probably in England. It is half-bound in grey paper with silky effect on cardboard, and a burgundy spine. Endpapers and flyleaves are of smooth, strong, unlined paper and the fore-edge is red-speckled. The cover has no further writing. The yellowish, strong paper is lined in a bluish-grey colour and on the right there is a red vertical margin line. The volume has 66 leaves plus the two flyleaves at the front (with the title) and the back (paginated 133 and 134). The text is exclusively in Wittgenstein's hand and in German. Pagination in pencil (2 to 135, on the endpaper at the back) was added later, probably by someone else. Throughout this book, Wittgenstein uses a greyish-blue ink pencil. Corrections are contemporary with the text, and, like the symbols in the margin connected with the creation of the synopsis TS 208, are written in ink pencil.

The second manuscript volume is a writing book measuring 253 x 200 mm, manufactured before 1930 and of English origin, with a smooth, dark grey cloth cover. Endpapers and flyleaves are of smooth, strong, unlined paper and the fore-edge is marbled bluish-green. The following is printed on the front endpaper:

No 5 The 'Canvas' Series J W & Co. Ltd London

and below it is the stationer's stamp (oval):

Metcalfe and Co. Ltd. Trinity Street Cambridge

The strong, yellowish paper is lined in pale blue and has rounded edges. The volume has 150 leaves and a flyleaf at the front and back. The text is exclusively in Wittgenstein's hand, in German; pagination in pencil (from 1 to 298) is later and

deutscher Sprache; die Bleistiftpaginierung, 1 bis 298, ist nachträglich und vermutlich von fremder Hand. Wittgenstein schreibt in diesem Band durchgehend mit einem Tintenstift. Die zeitgleichen Korrekturen sowie die Randzeichen, die u.a. im Zusammenhang mit der Herstellung der Synopse TS 208 entstanden, sind ebenfalls in Tintenstift.

Beide Manuskriptbände sind seit 1967 im „Cornell-Film" des Wittgenstein Nachlaß zugänglich.

Die ursprünglich von Wittgenstein vorgesehene Struktur der Manuskriptbände I und II entspricht seinen früheren Manuskripten, den sogenannten Tagebüchern aus der Kriegszeit von 1914 bis 1917 (MSS 101-103). Dort waren die Versoseiten durchgehend für datierte Bemerkungen persönlicher Natur vorgesehen, während die Rektoseiten für ebenfalls datierte, etwa gleichzeitige philosophische Bemerkungen bestimmt waren. Dieses Konzept einer doppelten Buchführung hat Wittgenstein aber nur auf den ersten fünf Seiten des ersten Bandes verwirklicht. Die folgenden linken Seiten blieben zunächst leer, während die Reihe der philosophischen Bemerkungen auf den Rektoseiten – bald ohne Datierung – fortgesetzt wurde.

In gleicher Weise hat Wittgenstein auch den zweiten Band angelegt. Er beschreibt zunächst nur die Rektoseiten. Am Ende des zweiten Bandes angekommen, setzt er den Text vorn, auf den leergebliebenen Versoseiten fort. Er beginnt dabei wieder am Anfang des Bandes. Der Umstand, daß er dabei zunächst die Versoseiten des zweiten und erst im Anschluß daran jene des ersten Bandes verwendet, läßt sich dadurch erklären, daß er bei Beginn der Versobeschriftung wegen eines Ferienaufenthaltes in Österreich den Band I nicht zur Hand hatte. Diese Rekonstruktion läßt sich durch Anweisungen Wittgensteins im Text belegen.

Die Struktur der beiden Bände kann mit Hilfe der Paginierung der Manuskripte verdeutlicht werden. Dabei gibt die folgende Darstellung jeweils die zeitliche Abfolge der Niederschrift wieder:

Persönliche Bemerkungen:

Band I, Versoseiten 2–4: 5 datierte persönliche Bemerkungen, unverschlüsselt.

Band II, Versoseite 4: 4 undatierte persönliche Bemerkungen in Code, gemäß einer Inversion des Alphabets: a = z, z = a, i/j = r, r = i/j und n = n.

probably in a different hand. In this volume Wittgenstein uses an ink pencil throughout. Corrections are contemporary with the text, and like the symbols in the margin connected with the creation of the synopsis TS 208 are written in ink pencil.

Both manuscript volumes have been accessible since 1967 on the 'Cornell Film' of the Wittgenstein *Nachlaß*.

The original structure of the manuscript volumes I and II (MSS 105 and 106) obviously corresponds to Wittgenstein's earlier manuscripts, the so-called diaries from the war years 1914 to 1917 (MSS 101-103). Here, the verso pages of the leaves were intended for dated remarks of a personal nature, while the recto pages were for philosophical remarks, which were also dated and written at about the same time. However, Wittgenstein implemented this concept of 'double-entry book keeping' only on the first five leaves of Volume I. After that, the verso pages were initially left blank, while the series of philosophical remarks – which were dated only at the beginning – was continued on the recto pages.

Wittgenstein laid out Volume II in a similar fashion. At first he wrote only on the recto pages, then, having reached the end of the volume, he continued the text on the previously blank verso pages. The reason he first used the verso pages of the second volume, and then reverted to the first, was because he did not have Volume I to hand during a trip to Austria when he started writing on the verso pages. This reconstruction is supported by references in the text.

The structure of both volumes is apparent from the pagination of the manuscripts, as can be seen below. The arrangement of the page numbers reproduces the actual chronological sequence of the writing:

Personal remarks:

Volume I, verso pages 2–4: 5 dated personal remarks in normal handwriting.

Volume II, verso page 4: 4 undated personal remarks in cipher, using a simple alphabetical reversal: a = z, z = a, i/j = r, r = i/j, and n = n.

Philosophische Bemerkungen:

Band I, Rektoseiten 1–131;

Band II, Rektoseiten 1–296;

Band II, Versoseiten 6–297 und die Rektoseite 298;

Band I, Versoseiten 6–130 sowie die Rekto- und Versoseiten (das hintere Vorsatzblatt und der Spiegel des Hinterdeckels) 132–135.

Die Paginierung der Bände ist, wie im Apparat der vorliegenden Ausgabe ausgeführt, gelegentlich inkonsistent.

Unmittelbar nach der Seite 59 im ersten Band und nach der Seite 111 im zweiten Band folgt je eine leere, ausgestrichene und nicht numerierte Seite. Das führt zu geraden Rektoseiten bzw. ungeraden Versoseiten. Bei der nachträglichen Seitenzählung wurde in Band I die Zahl 107 übersprungen, was zu einer weiteren Verschiebung in der Paginierung führt.

Datierungen erscheinen nur bis zur Seite 9 des ersten Bandes. Die einzelnen Bemerkungen sind durch Leerzeilen voneinander getrennt; Untergliederungen innerhalb von Bemerkungen (Abschnitte) sind durch deutlichen Einzug gekennzeichnet. Darüber hinaus ist keine Strukturierung zu erkennen.

Insgesamt ist die Vorlage sehr sorgfältig geschrieben, die Schreibkonventionen wie Einrückungen, Leerzeilen etc. sind von größter Konsistenz und der visuelle Gesamteindruck der Manuskripte ist der einer Vorlage zur Veröffentlichung.

Die Bände I und II enthalten, unter den philosophischen Bemerkungen verstreut, insgesamt 14 Bemerkungen in Code.

Anweisungen von Wittgensteins Hand geben Aufschluß über die Struktur der Bände in der Abfolge der Niederschrift:

Band II, S. 296:

!Fortsetzung auf den Verso-Seiten vorne!

Band II, S. 6:

Anschluß an die letzte Rectoseite!

Band I, S. 6:

Fortsetzung der philosophischen Betrachtungen des II. Bandes

Datierungen gibt es nur im ersten Band. Die dort aufgeführten Daten sind:

Rektoseite		Versoseite	
1	2.2.29	2	2.2.29
1	4.2.29	2	4.2.29
5	5.2.29	4	7.2.29
9	6.2.28	4	15.2.29

Philosophical remarks:

Volume I, recto pages 1–131;

Volume II, recto pages 1–296;

Volume II, verso pages 6–297 and recto page 298;

Volume I, verso pages 6–130 and the recto and verso pages (the double endpapers) 132–135.

Pagination of this volume is occasionally inconsistent (cf. the apparatus to the Wiener Ausgabe).

After page 59 in Volume I and after page 111 in Volume II there occurs, in both cases, a blank, unnumbered page which has been crossed out. This leads to even numbering of the recto pages and odd numbering of the verso. In the subsequent numbering of the pages the number 107 was omitted from Volume I, leading to a further shift in the pagination.

Dates are only to be found as far as page 9 of the first volume. The individual remarks are separated from one another by blank lines; subdivisions within remarks (subsections) are indicated by clear indenting. Otherwise there is no discernable structure.

The entire draft is written very carefully; conventions like indentations, blank lines etc., are consistent, and the visual impression of the manuscripts is that they were intended for publication.

The first and second volumes contain a total of 14 remarks in cipher scattered among the philosophical remarks.

Wittgenstein's indications regarding the structure of the volumes in order of writing are:

Volume II, page 296:

!Fortsetzung auf den Verso-Seiten vorne!
(!Continuation on the preceding verso pages!)

Volume II, page 6:

Anschluß an die letzte Rectoseite!
(Continues from the last recto page!)

Volume I, page 6:

Fortsetzung der philosophischen Betrachtungen des II. Bandes
(Continuation of the philosophical contemplations of Volume II.)

Dates given in Volume I:

Recto		Verso	
1	2.2.29	2	2.2.29
1	4.2.29	2	4.2.29
5	5.2.29	4	7.2.29
9	6.2.28	4	15.2.29

Das nächste Datum in dieser Manuskriptbandreihe findet sich erst in Band III (MS 107), Seite 153. Es ist das vom 6.10.1929, welches einen ersten *terminus ante quem* für den Abschluß der beiden ersten Manuskriptbände bildet.

Die Jahreszahl auf Seite 9 ist verschrieben und sollte richtig lauten 6.2.29.

Editionskonzept

Die Komplexität von Wittgensteins literarischem Nachlaß schließt eine Edition singulärer Lesart praktisch aus. Der Widerspruch zwischen den Anforderungen und Strukturen der Manuskripte und denen der Typographie des gedruckten Buches, das am Ende der editorischen Arbeit steht, kann nur prozeßhaft, als Annäherung aufgelöst werden: erst im Vergleich mit der jeweiligen Quelle zeigt das typographische Bild ob es die Gestalt und Struktur des zugrundeliegenden Manuskripts sinnvoll und umfassend abbildet.

Die Wiener Ausgabe basiert auf einer bezüglich der Quelle als auch der gedruckten Edition vollständigen Primärtranskription in maschinenlesbarer Form. In diese Datenbank wird die Textgestalt des Manuskript abgebildet:

1. Die Struktur der Bemerkungen und damit verknüpfte Informationen wie Datierungen, Randzeichen, Numerierungen, Umstellungen sowie Informationen zu den codierten Textpassagen, die bereits in der Primärtranskription aufgelöst werden. Innerhalb dieser Ebene der Seiten und Bemerkungen befinden sich zusätzlich die Markierungen für Absätze, Paginierung, Zeilenumbrüche, Einrückungen des Manuskripts etc.

2. Auszeichnungen im Text wie ein- und mehrfache Unterstreichungen für Hervorhebungen, gewellte Unterstreichungen als Ausdruck von Unzufriedenheit, Einfügungen, Umstellungen etc.

Wittgensteins Gebrauch von „+" für „und" wird in der Transkription immer aufgelöst, dagegen werden andere Abkürzungen beibehalten, gegebenenfalls mit Erläuterungen in den Fußnoten. Ältere Sprach- und Schreibformen, Austriazismen und Anglizismen werden grundsätzlich wie in den Manuskripten wiedergegeben, wo nötig, in den Fußnoten erläutert. Infolge von Wittgensteins schneller Arbeitsweise weisen die Manuskripte immer wieder Flüchtigkeitsfehler auf, die zweifelsfrei korrigiert werden können und deshalb nicht gesondert in den Fußnotenapparat der Edition aufgenommen werden. Schreibfehler bei Eigennamen, besonders englischen, sind im Haupttext korrigiert, mit einem Hinweis auf die Schreibweise des Manuskripts in den Fußnoten.

The next date in this series of manuscripts is found in Volume III (MS 107), page 153. It is 6.10.29, providing an initial *terminus ante quem* for the date of completion of the first two manuscript volumes. The year given on recto page 9 is obviously wrong; the date should read 6.2.29.

Editorial Concept

The complexity of Wittgenstein's unpublished writings virtually rules out a conventional edition, which does not allow variant readings in the main text. The conflict between the manuscript form and the typographical constraints of the printed book, i.e. the end-product of the editorial work, can only be resolved by a process of approximation; only by comparing the source with its typographical representation can one judge whether it is meaningful and comprehensive.

The Wiener Ausgabe is based on a complete primary transcription of the source in machine-readable form. The textual structure of the manuscript is represented in the database:

1. The structure of the remarks and connected with this structure all information directly bearing on each remark, for example, symbols in the margins and (more rarely) the numbering of remarks. It also contains information on the encrypting of remarks using the so-called *Geheimschrift* (in cipher), which has been deciphered in the primary transcription. Also at this level are the encodings for paragraphs, pagination, line breaks, indentations, etc.

2. Embedded in the text are the indications for graphic symbols, such as single and multiple underlining to indicate emphasis, wavy underlining to express dissatisfaction, and indications for insertions, transpositions, etc.

Wittgenstein's use of the symbol '+' for 'und' is always written out in full in the transcription; other abbreviations are usually retained, occasionally with explanations in the footnotes. Obsolete expressions and spelling, Austrian and English forms, are normally retained and explained where necessary in the footnotes. Because of his rapid method of working Wittgenstein often made minor errors which can be corrected without any ambiguity and which are not therefore referenced in the footnotes. Spelling mistakes with regard to proper names, especially English ones, are corrected in the main text and Wittgenstein's spelling in the manuscript is given in the footnotes. His punctuation is idiosyncratic and very sparse, but as one can see from his own corrections in the text and from other references, it is always used with great care. As he himself says, it is musical in

Wittgensteins Zeichensetzung ist eigenwillig und sparsam, aber wie aus den entsprechenden Korrekturen im Text und anderen Hinweisen zu ersehen, mit großer Sorgfalt und bewußt eingesetzt. Sie ist nach seinen eigenen Angaben eher musikalischer Natur bzw. orientiert sich am Rhythmus der gesprochenen Sprache. Die wenigen notwendigen Ergänzungen der Interpunktion sind in den Fußnoten aufgeführt.

In der Primärtranskription der WIENER AUSGABE sind Korrekturen orthographischer Fehler sowie notwendige Textergänzungen und Ergänzungen in der Zeichensetzung vollständig aufgenommen und vermerkt. Streichungen und Varianten, die in den Manuskripten oft durch das Ersetzen einzelner Buchstaben oder Buchstabengruppen ausgeführt sind, werden in der Primärtranskription immer in der Form ganzer Worte oder Satzteile, d.h. in ihrer Textgestalt, erfaßt. Herausgeberanmerkungen beziehen sich auf die Textgenese und -gestalt, nicht auf den Textinhalt.

3. Unentschiedene und absichtlich offengelassene Textvarianten, die wohl interessanteste Struktur in Wittgensteins Manuskripten, sind oft von großer Komplexität. Sie werden in der Primärtranskription als beliebig tiefschichtige Alternativkomplexe erfaßt in Form von Markov-Ketten, einer Struktur aus der Boolschen Algebra. Satzkomplexe dieser Art können in singulärer Lesart nicht dargestellt werden, ohne daß sie zuvor interpretierend aufgelöst wurden. Diese Mehrdimensionalität, das Partiturartige mancher der Manuskripte wird in der Wiener Ausgabe in einer für den Buchdruck ungewöhnlichen Zweidimensionalität präsentiert, vergleichbar der Notenschrift.

Das Anliegen der WIENER AUSGABE ist die getreue und gleichzeitig lesbare Wiedergabe der Manuskripte. Besondere Aufmerksamkeit galt dabei einer den Manuskripten angemessenen Typographie. Das Ziel der umfangreichen Experimente, die zur Gestalt der Wiener Ausgabe geführt haben, war: Erhaltung der Gestalt der Manuskripte bei gleichzeitig guter Lesbarkeit. Dabei müssen die typographischen Zeichensätze auf das beste miteinander harmonieren und die Auszeichnungen entsprechend dem konzentrierten Lesen, das diese Texte fordern, hinreichend deutlich sein, ohne den Lesefluß zu stören.

Die Seitengestaltung folgt der wesentlichen Manuskriptstruktur, den Bemerkungen Wittgensteins, der in den Manuskripten durch Leerzeilen getrennten Textabschnitte.

Die Breite der Seite ist bestimmt durch die Zeilenlänge sowie die rechten und linken Randapparate. Die maximale Zeilenlänge folgt direkt aus den Bedingungen der Lesbarkeit.

nature or rather, it indicates the rhythm of spoken language. Where necessary, explanations are given in the footnotes.

The primary transcription of the Wiener Ausgabe integrates corrections of spelling mistakes as well as necessary additions to the text and to the punctuation. Cancellations and variants, which are often indicated economically in the manuscript by changes to single letters or groups of letters, are always written out as complete words in the primary transcription, i.e. they appear in their full textual form. All editor's remarks relate to the genesis and form of the text, and are not interpretative.

3. Text variants (probably the most interesting structure in Wittgenstein's manuscripts) and alternatives left undecided by Wittgenstein – the so-called variant versions of the manuscripts. Besides straightforward linear insertions, deletions and transpositions, variants of great complexity also occur. These are entered in the form of a Markov chain, a structure from Boolean algebra. Sentence structures of this type cannot therefore be resolved without prior interpretation. The Wiener Ausgabe presents this multi-dimensional form of the manuscripts in a two-dimensional structure, comparable to musical notation.

The intention of the WIENER AUSGABE is to reproduce Ludwig Wittgenstein's writings faithfully, comprehensively and in the most readable form. A great deal of time and effort has been devoted to finding a suitable typographical form for the manuscripts. The principal objectives in carrying out extensive experiments which led to the form adopted in the Wiener Ausgabe were to maintain the textual form of the manuscripts and to optimize readability, using the typography best suited to the texts. The character sets had to harmonize with one another and the different typefaces used to convey emphasis had to be sufficiently clear not to disturb the reader's concentration.

In essence the page layout follows the manuscript structure, respecting Wittgenstein's use of blank lines to separate individual paragraphs.

The page width is determined by the line length and the left and right margins. The maximum line length is directly dictated by the requirement for optimal readability.

Die Entscheidung, Seiten nach Möglichkeit nur mit einer vollständigen Bemerkung zu brechen, führt zu einer relativ großen Seitenhöhe. Das bedeutet, daß die Seiten der WIENER AUSGABE, die in der Regel mehr Text enthalten als die Manuskriptseiten, die wohl wichtigste Struktur der Manuskripte, die Bemerkungen, nicht verdecken, und daß sämtliche zur Seite gehörenden Informationen in den Apparaten der jeweiligen Seite erscheinen können.

Für den Flattersatz der Wiener Ausgabe waren die folgenden Argumente ausschlaggebend:

1. Die bessere Lesbarkeit eines gleichmäßig spatiierten Textes;

2. Die Möglichkeit irreführende Trennungen bzw. Zeilenumbrüche, besonders innerhalb von mathematisch-logischen Notierungen vermeiden zu können;

3. Die Darstellung von Sperrungen, die Wittgenstein für Hervorhebungen vorgesehen hat, sind nur im Flattersatz eindeutig und klar darstellbar.

Die Textauszeichnungen erscheinen in Wittgensteins Manuskripten klar und konsistent:

- einfache und mehrfache Unterstreichungen zur Hervorhebung;
- gewellte Unterstreichungen als Ausdruck der Unzufriedenheit;
- sowie Auszeichnungen in den Marginalien gleicher Art, die die Auszeichnungen in den Zeilen überlagern können.

Hervorhebungen werden in der Edition durch Sperrungen dargestellt. Das war, wie aus der Korrespondenz mit Ogden zur Veröffentlichung der *Abhandlung* von 1922 hervorgeht, eine der wenigen editorischen Anweisungen Wittgensteins, der für Hervorhebungen und auch für die Darstellung von Variablen in den mathematisch-logischen Notierungen die damals in England und heute allgemein übliche Verwendung der Kursivschrift abgelehnt hat.

Doppelte und mehrfache Unterstreichungen in den Manuskripten werden durch Kapitälchen dargestellt, wobei die mehr als zweifachen Unterstreichungen zusätzlich durch entsprechende Herausgeberanmerkungen im Fußnotenapparat ergänzt werden.

Textteile, die im Manuskript mit einer gewellten Unterstreichung markiert sind – bei Wittgenstein ein Ausdruck der Unzufriedenheit –, erscheinen in einer serifenlosen Schrift.

Auszeichnungen im Randbereich der Manuskripte, wie zum Beispiel vertikale Striche, Doppelstriche oder Wellenlinien, werden zusam-

The decision not to break pages within remarks results in a relatively long printed page. This means that although the pages of the WIENER AUSGABE as a rule contain more text than those of the manuscripts, they do not obscure the most important structure of the manuscripts (i.e. the remarks), and at the same time contain all the pertinent information on the page itself.

The following considerations were decisive for choosing unjustified text for the Wiener Ausgabe:

1. Better legibility of equally spaced text

2. Distorting line-breaks, particularly in mathematical notations, can be avoided

3. Inter-letter spacing – which Wittgenstein intended to indicate emphasis – is only clearly visible in an equally spaced text.

The markings for emphasis etc. in Wittgenstein's manuscripts are clear and consistent:

- Single and multiple underlines for emphasis
- Wavy underlining to express dissatisfaction
- Emphasis marks of the same kind in the margin which supplement those in the text

Emphasis marks are represented in this edition by means of inter-letter spacing, an editorial requirement of Wittgenstein according to his correspondence with Ogden on the publication of the *Abhandlung* of 1922. He was against the convention of using italics for emphasis, popular at the time in England and generally used today, and did not use them for variables in mathematical and logical notation either.

Double and multiple underlinings in the manuscripts are represented by small capitals, although if text is underlined more than twice this is noted in a separate footnote.

Text marked in the manuscripts with wavy underlining – Wittgenstein's expression of dissatisfaction – is represented in a sans serif typeface.

Emphasis marks in the margins, such as vertical or wavy lines, are indicated together with a reference to the corresponding text in the footnotes.

For the sake of readability the Wiener Ausgabe dispenses with diacritical marks as far as possible. Only genuine insertions, simple alternatives and deletions are indicated by special symbols in the footnotes. These diacritical marks and other symbols employed are not necessarily identical from one manuscript to another. Information about this

men mit einer Referenz zum entsprechenden Manuskripttext in den Fußnoten dargestellt.

Auf diakritische Zeichen im Text wurde bei der WIENER AUSGABE im Sinne der Lesbarkeit so weit wie möglich verzichtet. Lediglich Einschübe und Alternativen und in den Fußnoten die Streichungen werden durch Sonderzeichen gekennzeichnet. Diese diakritischen Zeichen, andere Auszeichnungen und die Apparate können sich entsprechend den Anforderungen der einzelnen Manuskripte ändern. Informationen hierzu werden jedem Band vorangestellt, in einer Legende erläutert und gegebenenfalls anhand von Faksimileseiten veranschaulicht.

Persönliche Bemerkungen, die Wittgenstein im Manuskript zumeist codierte und die oft im fortlaufenden Text erscheinen, erscheinen im Haupttext kursiv.

Wittgensteins Randzeichen, die sich in der Regel auf jeweils eine ganze Bemerkung beziehen, bieten sowohl einen kommentarhaften Charakter als auch Hinweise in bezug auf die weitere Verwendung in Synopsen und anderen Überarbeitungen. Sie werden in stilisierter Form den Bemerkungen vorangestellt. Selten vorkommende Randzeichen und nicht konventionalisierte Auszeichnungen Wittgensteins werden in den Herausgeberanmerkungen im Fußnotenapparat erläutert.

Die Apparate links und rechts des Haupttextes bestehen am linken Rand aus einer editionsspezifischen Zählung der Bemerkungen und am rechten Rand aus einem Zeilenzähler, zusammen mit den Seitenangaben des zugrundeliegenden Manuskripts. Der Zeilenzähler bildet neben der üblichen Zitierhilfe das Bindeglied zum Fußnotenapparat, dessen einzelne Einträge über die entsprechenden Zeilennummern mit dem Haupttext verknüpft sind. Rechts abgesetzt vom Zeilenzähler sind die Seitennummern des zugrundeliegenden Manuskripts aufgeführt, gegenüber der Textzeile der Edition, in welcher die neue Manuskriptseite beginnt.

Der Fußnotenapparat enthält die Streichungen, d.h. die ausgeschiedenen Textalternativen der Manuskripte, und in Kursivschrift die Herausgeberanmerkungen. Codierte Textstellen, die im Haupttext kursiv gesetzt sind, erscheinen in den Fußnoten in Normalschrift.

Die Streichungen werden in spitzen Klammern wiedergegeben zusammen mit einem hinreichend großen Kontext, der die Zuordnung zum Haupttext erleichtert und gleichzeitig die gestrichene Textvariante in der Fußnote selbst verdeutlicht. Die Zeilenzahl links vor der Fußnote bezieht sich auf den Beginn der Streichung und nicht auf den Beginn des Kontext. Streichungen, die keine Fortsetzung im Manuskriptsatz finden,

is given at the beginning of each volume and is explained in a legend, with examples where necessary.

The remarks are numbered within each page of the WIENER AUSGABE. In combination with the page number, this provides an unambiguous classification of the remarks.

Personal remarks which Wittgenstein wrote in his manuscripts in cipher, and which often appear in the continuous text, are typeset in italics.

Wittgenstein's marginal symbols, which in general relate to the relevant remark *in toto,* present both a form of commentary and indications for further use in revisions and synopses. They are set in stylised form in front of the remarks to which they relate. Unconventional markings, which occur rarely in Wittgenstein's writing, are clarified in the editor's footnotes.

Editorial apparatus has been placed to the left and right of the main text. The left-hand margin contains an edition-specific numbering of the remarks. The right-hand margin contains the line numbering of the edition and the page numbers of the original manuscripts. The line counter in the right-hand margin, in addition to its reference function, forms a direct link with the system of footnotes, whose separate entries are tied to the main text by the line numbers. To the right of the line counter are the page numbers of the corresponding original manuscripts, opposite the printed text line where the new manuscript page begins.

The cancelled variants in the texts, i.e. the deletions from the manuscripts, are reproduced in the footnotes, which also contain all the editor's comments in italics.

The deletions appear in angle brackets, together with sufficient context in order to link them to the main text and at the same time to clarify the deleted variant. The line number to the left of the footnote refers to the beginning of the deletion and not to the beginning of the surrounding passage. Deletions which have no continuation in the manuscript text end with ellipses within the bracket and without any subsequent context.

The editor's comments are set in italics in the footnotes, and are restricted to the essentials. They

enden ohne nachfolgenden Kontext in der Klammerung mit einer Ellipse.

Die Herausgeberanmerkungen sind in den Fußnoten kursiv gesetzt und beschränken sich auf das Nötigste. Sie betreffen z.B. Korrekturen des Textes, die einer Begründung bedürfen, im Unterschied zu offensichtlichen Orthographiefehlern, die in der Edition stillschweigend korrigiert sind. Diese stillschweigenden Korrekturen sind in der Primärtranskription vollständig aufgenommen und werden gegebenenfalls in den Ergänzungsbänden zur Ausgabe gesondert aufgelistet. Besonderheiten der Manuskripte, die nicht durch entsprechende Auszeichnungen des Haupttextes dargestellt sind, werden ebenfalls in den Herausgeberanmerkungen erläutert, wie z.B. Drei- und Mehrfachunterstreichungen, untypische Randzeichen, Zeichen und Anweisungen in den Marginalien usw. Außerdem enthalten die Herausgeberanmerkungen Hinweise auf die Manuskriptgenese, Erläuterungen zu Problemen in der Seitenzählung, zu Umstellungen, Querverweisen u.ä.

Die WIENER AUSGABE der Schriften Wittgensteins ist eine Textedition und erscheint ohne inhaltsbezogenen Kommentar.

concern, for example, corrections of errors in the manuscript which require justification and explanation, as distinct from obvious spelling mistakes, which are corrected in this edition without comment. These silent corrections are all to be found in the primary description and will be listed separately in the supplementary volumes to this edition. Special features of the manuscripts which are not indicated in the main text are also explained in the editor's comments, as for example triple and other multiple underlinings, unusual symbols and instructions in the margin, etc., and references to the origins of the manuscript as well as to problems of pagination in the case of transpositions, cross-references, and similar cases. In addition, the editor's remarks contain information on the genesis of the text.

The WIENER AUSGABE is published as a pure text edition of Wittgenstein's writings, without any commentary on the content.

Legende
Wiener Ausgabe Band 1

Hauptteyt

Sperrung	einfache Unterstreichung
KAPITÄLCHEN	mehrfache Unterstreichung
Serifenlose	gewellte Unterstreichung
| |	Einfügung
/ /	Variante
Kursiv	Codierte Bemerkung

Linker Randapparat

Randzeichen Wittgensteins sowie eine seitenweise Zählung der Bemerkungen durch den Herausgeber

Rechter Randapparat

Zeilenzähler der Ausgabe und Seitenzahlen des Manuskripts, auf der Höhe der Textzeile, in der die jeweilige Manuskriptseite beginnt

Fußnotenapparat

Normalschrift	Streichungen im Kontext
⟨ ⟩	Streichung
⟨ …⟩	Streichung ohne Fortsetzung im Satz
Kursiv	Anmerkungen des Herausgebers

Codierte Bemerkungen erscheinen in den Fußnoten in Normalschrift.

Die Fußnoten sind über den Zeilenzähler mit dem Haupttext verbunden.

Legend
Wiener Ausgabe Volume 1

Main text

letter spacing	single underlining
SMALL CAPS	multiple underlining
sans serif	wavy underlining
| |	insertion
/ /	variant
italics	remark in cipher

Left margin

marginal marks by Wittgenstein, numbering of the remarks per page by the editor

Right margin

line counter, manuscript page numbers opposite the line in the text corresponding to the beginning of the new page in the manuscript

Footnotes

standard typeface	deletions in context
⟨ ⟩	deletion
⟨ …⟩	deletion, with no continuation in the sentence
italics	annotations by the editor

Coded remarks appear in the footnotes in standard typeface.

The footnotes are connected to the main text via the line counter.

I. Band

Philosophische Bemerkungen

⟨Motto: „Hier hilft dem Dummen die Dummheit allein.“⟩

2.2.29 2

1 Wieder in Cambridge. Sehr merkwürdig. Es ist mir manchmal als ob die Zeit zurückgegangen wäre. Ich mache diese Eintragungen zögernd. Ich weiß nicht was mich noch erwartet. Es wird sich etwas ergeben! Wenn der Geist mich nicht verläßt. Jetzt schwinge ich sehr unruhig, weiß aber nicht um welche Gleichgewichtslage. Die Zeit hier sollte oder soll in Wirklichkeit eine Vorbereitung auf etwas sein. Ich soll mir über etwas klar werden.

4.2.29

2 Mein Gehirn ist in keinem günstigen Zustand. Es war immer seine Haupt Eigenschaft ein Mangel an Extensität und eine ziemlich große Intensität. Nun läßt die Intensität nach und wird nicht durch etwas anderes kompensiert. Ich schreibe nicht alles ein es scheint mir unrecht alles breitzutreten wenn ich es nicht bessern kann oder will.

Alles was ich jetzt in der Philosophie hinschreibe ist mehr oder weniger fades Zeug. Ich halte es aber für möglich daß es besser wird

7.2.29 4

3 Ich bin eine seltsame, mir selbst nicht verständliche, Mischung aus Kälte und Hitze.

Ist es daß ich innerlich kalt bin und mich nur nach Wärme sehne? Nein.

Ist es daß ich nur sinnlich heiß bin?

15.2.29

4 Ich habe sehr genußreiche Diskussionen mit Ramsey über Logik etc. Sie haben etwas von einem kräftigen Sport und sind glaube ich in einem guten Geist geführt. Es ist etwas erotisches und ritterliches darin.

Ich werde dabei auch zu einem gewissen Mut im Denken erzogen. Es kann mir beinahe nichts Angenehmeres geschehen, als wenn mir jemand meine Gedanken gleichsam aus dem Mund nimmt und sie gleichsam im Freien aufrollt. Natürlich ist alles das mit viel Eitelkeit gemischt, aber es ist nicht pure Eitelkeit.

5 Ich gehe in der Wissenschaft nur gern allein spazieren.

2 *Wie schon in früheren Manuskripten aus der Zeit des Ersten Weltkrieges hatte Wittgenstein offenbar auch hier die Absicht, die Versoseiten des Bandes tagebuchartigen bzw. über die philosophischen Gedankengänge reflektierenden Bemerkungen vorzubehalten. Das Vorhaben wird aber schon nach zwei Seiten abgebrochen: auf der Seite 6 des Manuskriptbandes beginnt die:* Fortsetzung der philosophischen Betrachtungen des II. Bandes.
3 Ich mache diese Eintragungen ⟨un…⟩
4 Es wird sich ⟨schon/eben/⟩ etwas ergeben!
10 ⟨5.⟩2.29
14 Ich schreibe nicht alles ein ⟨s…⟩
15 alles breitzutreten wenn ich es nicht bessern kann oder will⟨,…⟩
16 Alles was ich jetzt in der Philosophie hinschreibe ist ⟨z…⟩
19 *Der Eintrag vom 7.2.29 ist im MS durchkreuzt.*
36 Ich gehe ⟨a…⟩

2.2.29. 1

1 / Ist ein Raum denkbar der nur alle rationalen aber nicht die irrationalen Punkte enthält?

Und das heißt nur: Sind die irrationalen Zahlen nicht in den rationalen bereits präjudiciert?

4.2.29.

2 Kann ich den Raum in rationalen Zahlen abbilden so kann ich ihn auch in irrationalen Zahlen abbilden. Und ist die eine Abbildung gegeben so ist damit auch schon die andere Art der Abbildung gegeben.

3 Nun frägt es sich: gibt es eine bevorzugte, etwa besonders unmittelbare, Art der Abbildung? Ich glaube nein!

4 Jede Art der Abbildung ist gleichberechtigt.

5 Wie läßt sich aber eine Entscheidung darüber denken welcher Art die Kontinuität des Gesichtsraumes ist?

6 / Es scheint viel dafür zu sprechen daß die Abbildung des Gesichtsraumes durch die Physik wirklich die einfachste ist. D.h. Daß die Physik die wahre Phänomenologie wäre. 3

Aber dagegen läßt sich etwas einwenden: Die Physik strebt nämlich Wahrheit d.h. richtige Voraussagungen der Ereignisse an während das die Phänomenologie nicht tut sie strebt Sinn nicht Wahrheit an.

7 / Aber man kann sagen: Die Physik hat eine Sprache und in dieser Sprache sagt sie Sätze. Diese Sätze können wahr oder falsch sein. Diese Sätze bilden die Physik und die Grammatik die Phänomenologie (oder wie man es nennen will)

8 Die Sache schaut aber in Wirklichkeit schwieriger aus durch den Gebrauch der mathematischen Terminologie. Wenn z.B. die Wissenschaft zweifelt ob die beobachteten Erscheinungen durch die Elektronen- oder |durch die| Quantentheorie richtig zu beschreiben sind, so scheint es auf den ersten Blick, als handelte es sich um eine Entscheidung in der Grammatik 5

9 / Es gibt eine bestimmte Mannigfaltigkeit des Sinnes und eine |andere| Mannigfaltigkeit der Gesetze.

10 / Die Physik unterscheidet sich von der Phänomenologie dadurch, daß sie Gesetze feststellen will. Die Phänomenologie stellt nur die Möglichkeiten fest.

1 *Das Vorsatzblatt mit dem Titel und die erste Seite sind im MS nicht numeriert.*
7 ⟨5.⟩2.29.
12 Nun frägt es sich: gibt es eine bevorzugte, ⟨b…⟩
22 D.h. Daß die Physik die wahre Phänomenologie ⟨ist⟩
32 ⟨Dies…⟩
36 als ⟨handelte/handelt/⟩ es sich um eine Entscheidung in der Grammatik
39 *Die Bemerkung ist im MS am rechten Rand mit zwei vertikalen Strichen markiert.*

1 / Dann wäre also die Phänomenologie die Grammatik der Beschreibung derjenigen Tatsachen, auf denen die Physik ihre Theorien aufbaut.

2 / Erklären ist mehr als beschreiben. Aber jede Erklärung enthält eine Beschreibung.

5.2.29

3 Kann man denn das Gesichtsfeld oder einen Teil des Gesichtsfeldes überhaupt beschreiben?

4 Man kann gewiss sagen: Wenn Du in dieses Rohr schaust wirst Du drei 7
leuchtende Punkte in gleichen Abständen sehen.
Das ist doch die Beschreibung eines Gesichtsbildes.

5 / Irgendwie scheint es mir als wäre jeder einfärbige Fleck im Gesichtsfeld einfach und als wäre seine Zusammengesetztheit aus kleineren Teilen nur eine scheinbare.

6 / Man könnte glauben der Gesichtsraum sei aus minima visibilia zusammengesetzt etwa aus lauter kleinen Quadraten die man als unteilbare Flecke sieht. Aber dann ist die Wahl dieser Teile offenbar willkürlich. Ich könnte z.B. nicht sagen wie das Quadratnetz über ein bestimmtes Bild zu legen ist denn wenn man das Netz um weniger als eine Maschenweite verschiebt so sind die minima visibilia zwar in ganz anderen Orten aber das Bild sieht ganz gleich aus.

7 / Es scheint als könne man einen einfärbigen Fleck nicht zusammengesetzt
sehen außer wenn man ihn sich nicht einfärbig vorstellt. Die 9
Vorstellung einer Trennungslinie macht den Fleck mehrfärbig denn die Trennungslinie muß eine andere Farbe haben als der |übrige| Fleck.

8 / Das würde heißen: Die einfachen Bestandteile des Gesichtsfeldes sind einfärbige Flecke.
Wie verhält es sich aber dann mit kontinuierlichen Farbenübergängen?

9 Wie kann man die Gestalt eines Flecks im Gesichtsfeld beschreiben?

10 Kann man im Gesichtsfeld Coordinatengeometrie treiben?

6.2.29.

11 / Kann man sagen daß der kleinere Fleck einfacher ist als der größere?
Nehmen wir an sie seien einfärbige Kreise, worin soll die größere Einfachheit des kleineren Kreises bestehen?

1 *Die Bemerkung ist im MS am rechten Rand mit zwei vertikalen Strichen markiert.*
11 Man kann ⟨s…⟩
21 Aber dann ist die Wahl dieser ⟨F…⟩
24 als eine ⟨Maschenbreite⟩ verschiebt so sind die
37 Wie kann man die ⟨Form eines …⟩
42 *Im MS:* 6.2.28
43 Nehmen wir an sie seien ⟨konzentrische⟩ Kreise,

1 / Man könnte sagen der größere kann zwar aus dem kleineren und noch einem Teil bestehen aber nicht vice versa. Aber warum soll ich nicht 11 den kleineren als die Differenz des Größeren und des Ringes darstellen.

2 / Es scheint mir also: Der kleinere Fleck ist nicht einfacher als der größere.

3 Was ist die allgemeine Form der räumlichen Aussagen?

4 / Es scheint mir eine eigentümliche Eigenschaft der räumlichen Aussagen daß man scheinbar den Raum ohne irgend eine Anspielung auf die Zeit nicht beschreiben kann. Ich kann z.B. sagen: „Ich sehe jetzt einen roten Kreis auf blauem Grund". Das ist ein Satz. Aber ich kann nicht sagen „ein roter Kreis ist auf blauem Grund".

5 / Es ist eigentlich von vornherein wahrscheinlich daß die Zeit in die Betrachtung des Gesichtsraumes nicht |nachträglich| als ein Anhängsel eintreten kann.

6 Es ist doch sehr seltsam daß man immer wieder versucht ist einen 13 Komplex im Gesichtsfeld, einen Fleck, als Gegenstand anzusprechen.

7 / Ein Gegenstand darf sich in gewissem Sinne nicht beschreiben lassen.

8 / D.h. die Beschreibung darf ihm keine Eigenschaften zuschreiben deren Fehlen die Existenz des Gegenstandes selbst zunichte machen würde. D.h. die Beschreibung darf nichts aussagen was für die Existenz des Gegenstandes wesentlich wäre.

9 „Der Mord .... beschäftigt das Gericht" ist ein Satz in dem offenbar ein Ereignis scheinbar mit einem Namen bezeichnet ist. Es ist das nicht vielleicht ein Fall der Russellschen „Descriptions" sondern der Fall in dem scheinbar von einem komplexen Gegenstand die Rede ist, der aber bei richtiger Analyse durch einen Satz (die Beschreibung des Komplexes) dargestellt wird. Hat der Mord gar nicht stattgefunden so 15 bleibt der erste Satz doch sinnvoll.

Eine gewisse Analogie mit den Russellschen Beschreibungen ist allerdings vorhanden. Nur daß hier der Komplex quasi von innen her durch einen Satz beschrieben wird.

10 Es wäre vielleicht nützlich erst über die Darstellung irgend eines Raumes nachzudenken ehe man zum Gesichtsraum übergeht.

11 Die Frage ist dann etwa: Wie muß man ein System von Axiomen richtig interpretieren damit es zur Darstellung einer Variablen wird?

5 Der ⟨größere⟩ Fleck ist nicht einfacher
12 „Ich sehe jetzt ⟨zwei rote Kreise⟩ auf blauem Grund".
26 deren Fehlen die Existenz des Gegenstandes selbst ⟨vernichten w…⟩
30 ⟨/⟩ *Randzeichen im MS gestrichen*
31 ist ein Satz in dem offenbar ein Ereignis ⟨mit …⟩

1 Verhält es sich so daß die „Axiome“ in einer gewissen Struktur Tautologien sind und daß diese Struktur eben dadurch bestimmt wird daß gewisse Sätze in ihr Tautologien werden?

2 Man könnte gewiss statt der Logik der Tautologie eine Logik der Gleichungen setzen. D.h. man würde von einem Satz zum folgenden durch *Substitutionen* gelangen. Und die Regeln nach denen diese Substitutionen vollzogen werden dürfen wären in Gleichungen niedergelegt. 17

3 Alle Gleichungen – nicht nur die Definitionen – sind Zeichenregeln.

Von einigen dieser Zeichenregeln kann man zu den anderen gelangen. Man kann die einen geben und aus ihnen die anderen ableiten.

4 Ist so eine Ableitung ein Schlußverfahren? Warum soll man es nicht so nennen?

5 Wie verhält es sich mit Ungleichungen? Auch sie sind offenbar Zeichenregeln.

Kann man Zeichenregeln durch *Sätze* – die von den Zeichen handeln – ersetzen? Wenn ja, so ist es klar daß ich die ganze Logik auf Zeichenregeln, also in einem übertragenen Sinn auf Gleichungen anwenden kann. 19

6 Ich werde scheinbar, wider meinen Willen, auf die Arithmetik zurückgeworfen.

7 Die Zahl ist eine Art der Darstellung. Wenn ich sage: auf dem Tisch liegen 4 Bücher so könnte ich dasselbe auch ohne die Hilfe der Zahl 4 ausdrücken etwa mit Hilfe einer *anderen* Zahl. Die 4 kommt in meine Darstellung dadurch daß ich sie in Form eines Satzes über a, b, c, d ausdrücke.

8 Ein Satz handelt von 4 Dingen wenn er von a, b, c, d handelt.

9 Das charakteristische ist daß das was man zählt durch Substantive bezeichnet wird.

10 Man müßte also den Gebrauch der Substantive in der Sprache allgemein rechtfertigen.

6 D.h. man würde von einem ⟨wah…⟩
11 Alle Gleichungen⟨ –⟩ nicht nur die Definitionen⟨ –⟩ sind Zeichenregeln
11 Alle Gleichungen⟨,⟩ nicht nur die Definitionen⟨,⟩ sind Zeichenregeln
26 Ich werde scheinbar, wider meinen Willen⟨ –⟩ auf die Arithmetik
32 *Im MS:* daß ich ihn in Form eines Satzes *–muß heißen:* daß ich sie (die 4)

1 Kann das geschehen indem man Substantive als Zeichen von Komplexen einführt? 21

Beiläufig: Wenn ich sage das Liebespaar geht spazieren so sage ich etwas über jeden der beiden Teile aus und außerdem daß sie in einer gewissen Beziehung zu einander stehen.

Etwa $\varphi(a) \cdot \varphi(b) \cdot \psi(a, b) = \phi[\underbrace{\psi(a, b)}_{\text{Komplex}}] = \phi(C)$

2 Hier wäre C ein Substantiv

3 Stelle ich eine Tatsache durch einen Satz von der Form φ(A, B) dar so könnten wir sagen die Darstellung enthält eine Zweiheit u.s.w.

4 Wie verhält sich diese Theorie zu der Freges und Russells? Der erste Unterschied ist, daß in der Theorie Freges eine Einseinsrelation *konstruiert* wird das ist unerlaubt und setzt eine falsche Auffassung der Identität voraus. Zweitens wird *eine* Klasse mit einer bestimmten Anzahl von Gliedern konstruiert und das ist aus dem gleichen Grund unerlaubt. Diese Grundklasse wäre in meiner Theorie die Klasse der Substantiva in einem gewissen Zusammenhang (und zwar in extenso) 23

5 Anderseits scheint es als könne man meine Theorie so formulieren daß, wie Frege es sagt, die Zahlangabe eine Aussage über einen Begriff ist.

6 / Ich sagte einmal es gäbe keine extensionale Unendlichkeit. Ramsey sagt darauf kann man sich nicht vorstellen daß ein Mensch ewig lebt d.h. einfach nie stirbt, und ist das nicht extensionale Unendlichkeit? Ich kann mir doch gewiß denken daß ein Rad sich dreht und *nie* stehenbleibt. Hier liegt eine Merkwürdige Schwierigkeit: Es scheint mir |unsinnig zu sagen| daß in einem Raum unendlich viele Körper sind gleichsam als etwas Zufälliges. Dagegen kann ich mir ja *intensional* ein UNENDLICHES GESETZ denken (oder eine *unendliche Regel*) durch die immer neues produziert wird – ad infinitum – aber natürlich nur was eine Regel produzieren kann, nämlich Konstruktionen.

Und nun scheint es daß die unendlichen Umdrehungen eines Rades Konstruktionen sein können während ich neue Gegenstände nicht konstruieren kann. 25

[Darin wird etwas Wahres und etwas Falsches sein]

4 so sage ich etwas über jeden der ⟨Beiden …⟩

6 Etwa $\varphi(a) \cdot \varphi(b) \cdot \psi(a, b) = \langle\Psi\rangle[\underbrace{\psi(a, b)}_{\text{Komplex}}] = \phi(C)$

11 eine Tatsache durch einen Satz von der Form φ(⟨a, b⟩) dar

12 so sagen ⟨wir⟩ die Darstellung enthält

15 Der erste Unterschied ist, daß in ⟨G…⟩

15 Der erste Unterschied ist, daß in ⟨dieser e…⟩

17 das ist unerlaubt und setzt eine falsche Auffassung ⟨des …⟩

19 Diese Grundklasse ⟨ist …⟩

22 Anderseits scheint es als könne man meine Theorie ⟨auch/doch/⟩ so

30 daß in einem Raum unendlich viele ⟨Gege…⟩

31 Dagegen kann ich mir ja ⟨*intentional*⟩ ein UNENDLICHES GESETZ

36 Konstruktionen sein können während ich ⟨unendl…⟩

38 ⟨(⟩Darin wird etwas Wahres und etwas Falsches sein⟨)⟩

1 / Angenommen wir wandern auf einer Geraden in den Euklidischen Raum hinaus und sagen wir begegnen alle 10 m eine eiserne Kugel von gewissem Durchmesser ad inf.; ist das eine Konstruktion? Es scheint ja. Das merkwürdige ist daß man einen solchen unendlichen Komplex von Kugeln auffassen kann als das Endlose Wiederkehren derselben Kugel nach einem gewissen Gesetz. Daß aber im selben Augenblick wenn man eine individuelle Verschiedenheit der Kugeln denkt ihre unendliche Anzahl Unsinn zu werden scheint.

2 / Ich habe das Gefühl daß die bloß negative Beschreibung des *nicht Aufhörens* nicht eine positive Unendlichkeit liefern kann.

3 / Dieses negative Kennzeichen genügt wohl für die intensionale Unendlichkeit. Hier bedeutet es nur daß eine Operation *ihrem Wesen nach* auf ihr eigenes Resultat angewandt werden kann. 27

4 Wenn zwei Gegenstände alle Eigenschaften |mit einander| gemein haben, wie können sie dann verschiedene Namen haben? Denn daß sie Namen haben ist ja in diesem Sinne auch eine Eigenschaft!

5 Nun kann ich aber doch über die Eigenschaften der Gegenstände unsicher sein. Ich kann also zweifeln ob zwei Gegenstände alle Eigenschaften mit einander gemein haben oder nicht. Wie geht es weiter? Ich würde ihnen etwa zuerst verschiedene Namen geben ….. ?

Nein denn wenn ich ihnen auch nur verschiedene Namen geben kann so haben sie damit eo ipso verschiedene Eigenschaften. Das würde aber heißen daß ich von zwei Gegenständen gar nicht sagen kann daß sie nur gleiche Eigenschaften haben, denn dieser Satz würde sich selbst widersprechen. Und doch kann das nicht stimmen. 29

Es würde jedenfalls folgen, daß der Gegenstand a auch „b“ heißt und der Gegenstand b auch „a“.

6 / Angenommen mein Gesichtsbild besteht aus zwei gleichgroßen roten Kreisen auf blauem Grund: Was ist hier in zweifacher Zahl vorhanden und was einmal? Und was bedeutet diese Frage überhaupt?

5 Komplex von Kugeln auffassen kann als das ⟨unend…⟩
7 Verschiedenheit der Kugeln denkt ⟨die⟩ unendliche Anzahl
13 ⟨Das …⟩
14 *Im MS:* intentionale, *Korrektur entsprechend der Synopse I-IV, S.2; siehe hierzu auch die Fußnote zur Bemerkung:* Ich sagte einmal …
14 Hier bedeutet es nur daß eine ⟨Regel au…⟩
25 Nein denn ⟨sol…⟩
35 Was ist hier in zweifacher Zahl vorhanden und was ⟨in…⟩.
35 Und was ⟨heißt⟩ diese Frage überhaupt?

1 / Man könnte sagen wir haben hier *eine* Farbe, *eine* Form aber *zwei* Örtlichkeiten. Aber kann man denn von Örtlichkeiten reden ohne sie sich erfüllt zu denken also als bloße Möglichkeiten?

Ein scheinbarer Ausweg wäre natürlich der, zu sagen, rot, kreisförmig, sind Eigenschaften (externe) von zwei Gegenständen die man etwa Flecken nennen könnte und diese Flecken stehen außerdem in gewissen räumlichen Beziehungen zu einander; aber das ist Unsinn.

2 / Es ist offenbar möglich die Identität eines Ortes im Gesichtsfeld festzustellen denn sonst könnte man nicht unterscheiden ob ein Fleck 31
immer im gleichen Ort bleibt oder ob er seinen Ort ändert.
Denken wir uns einen Fleck der verschwindet und wieder auftaucht so können wir doch sagen ob er am gleichen Ort wieder erscheint oder an einem anderen.
(*Physiologisch* könnte man das so erklären daß die einzelnen Punkte der Retina lokale Merkmale haben.)

Man kann also wirklich von gewissen Orten im Gesichtsfeld sprechen und zwar mit demselben Recht wie man von verschiedenen Orten auf der Netzhaut spricht.

Wäre ein solcher Raum mit einer Fläche zu vergleichen, die in jedem ihrer Punkte eine andere Krümmung hätte so daß jeder Punkt ein ausgezeichneter Punkt ist?

3 / Man kann auch sagen der Gesichtsraum ist ein gerichteter Raum, ein Raum in dem es ein oben und unten und ein rechts und links gibt.

Und DIESES oben und unten, und rechts und links hat nichts mit der Schwerkraft oder der rechten und linken Hand zu tun. Es würde z.B. auch dann seinen Sinn beibehalten wenn wir unser ganzes Leben lang durch ein Teleskop nach den Sternen sähen. 33

4 / Angenommen wir sähen durch ein Fernrohr nach dem Sternenhimmel dann wäre unser Gesichtsfeld gänzlich dunkel mit einem helleren Kreis und in diesem Kreis wären Lichtpunkte. Nehmen wir ferner an wir hätten unseren Körper nie gesehen sondern immer nur dieses Bild wir könnten also nicht die Lage eines Sterns mit der unseres Kopfes oder unserer Füße vergleichen. Was zeigt mir |dann| daß mein Raum ein oben und unten etc hat, oder einfach, daß er gerichtet ist? Ich kann jedenfalls wahrnehmen daß sich das ganze Sternbild im lichten Kreis *dreht* und das heißt ich kann verschiedene Richtungen des Sternbilds wahrnehmen. Wenn ich ein Buch verkehrt halte so kann ich die Buchstaben nicht oder schwer lesen.

22 so daß jeder Punkt ein ausgezeichneter Punkt ist⟨.⟩
35 mit der unseres ⟨Haares⟩ oder unserer Füße vergleichen.
36 oder unserer Füße vergleichen. Was ⟨sa…⟩
40 Wenn ich ⟨z.B.⟩ ein Buch verkehrt halte
41 so kann ich die Buchstaben nicht oder ⟨doch …⟩

1 / Dieser Sachverhalt ist nicht vielleicht dadurch ERKLÄRT daß man sagt: Die Retina hat eben ein oben und unten, rechts und links und so ist es leicht verständlich daß es das analoge im Gesichtsfeld gibt. Vielmehr ist 35
eben das nur eine Darstellung des Sachverhalts auf dem Umweg über die Verhältnisse in der Retina.

2 / Wir können auch sagen es verhält sich in unserem Gesichtsfeld immer als sähen wir mit allem übrigen ein gerichtetes Koordinatensystem wonach wir alle Richtungen fixieren können. – Aber auch das ist keine richtige Darstellung denn sähen wir wirklich ein solches Koordinatenkreuz (etwa mit Pfeilen) so wären wir tatsächlich im Stande nicht nur die relativen Richtungen der Objekte gegen dieses Kreuz zu fixieren sondern auch die Lage des Kreuzes selbst im Raum gleichsam gegen ein ungesehenes im Wesen dieses Raumes enthaltenes Koordinatensystem.

3 / Wie müßte es sich mit unserem Gesichtsfeld verhalten wenn das nicht so wäre? Ich könnte dann natürlich relative Lagen und Lageänderungen sehen aber nicht absolute. D.h. aber z.B. es hätte keinen Sinn von einer Drehung des ganzen Gesichtsfeldes zu reden. So weit ist es vielleicht 37
noch verständlich. Nehmen wir nun aber an wir sähen in unserem Fernrohr etwa nur einen Stern in einer gewissen Entfernung vom schwarzen Rand. Dieser Stern würde verschwinden und wieder in der gleichen Entfernung vom Rand auftauchen. Dann könnten wir nicht wissen ob er an der gleichen Stelle auftaucht oder an einer anderen. Oder es würden zwei Sterne abwechselnd in gleicher Entfernung vom Rand kommen und verschwinden dann könnten wir nicht sagen ob – oder daß – es der gleiche oder verschiedene Sterne sind.

4 / Wir könnten nicht nur „nicht wissen ob“, sondern es hätte keinen 36
Sinn in diesem Zusammenhang von gleichen oder von verschiedenen Orten zu reden. Und da es in Wirklichkeit Sinn hat so hat unser Gesichtsfeld nicht diese Struktur. Es ist eben das eigentliche Criterium der Struktur, welche Sätze in ihr Sinn haben – nicht welche wahr sind. Das zu suchen ist die Methode der Philosophie

5 / Wir könnten das auch so darstellen: Nehmen wir an daß einmal für ein 37
paar Augenblicke ein gerichtetes Koordinatenkreuz in unserm Gesichtsfeld aufgeflammt sei und dann wieder verschwunden so könnten wir bei genügendem Gedächtnis die Richtung jedes später eintretenden Bildes nach der Erinnerung an das Kreuz fixieren. Gäbe es keine absolute Richtung so wäre das |(logisch)| unmöglich. 39

1 Dieser Sachverhalt ist nicht vielleicht ⟨damit⟩ ERKLÄRT daß man
4 Vielmehr ist eben das ⟨nun⟩ eine Darstellung des Sachverhalts
17 Wie müßte es sich mit unserem Gesichtsfeld verhalten wenn das ⟨w...⟩
30 *Die Bemerkung ist eine Einfügung von der gegenüberliegenden Versoseite 36; das mit der Einfügungsschleife überschriebene Randzeichen ist im MS wiederholt.*
30 Wir könnten ⟨es ...⟩
31 nicht nur „nicht wissen ob“, sondern es hätte keinen Sinn ⟨vom ...⟩
33 so hat unser Gesichtsfeld nicht diese Struktur. ⟨Das ...⟩
39 und dann wieder verschwunden so ⟨behaupte...⟩

1 / Das heißt aber wir haben die Möglichkeit eine mögliche Lage – d.h. also eine Stelle – im Gesichtsfeld zu beschreiben ohne uns auf etwas zu beziehen was sich eben dort befindet. Wir können also z.B. sagen etwas kann oben rechts sein u.s.w.

(Die Analogie mit der gekrümmten Fläche wäre etwa zu sagen: Ein Fleck auf einem Ei kann sich nahe am stumpfen Ende befinden)

2 / Ich kann offenbar das Zeichen ⋁ einmal als ein v einmal als ein a, als das Zeichen für größer oder als das Zeichen für kleiner sehen auch wenn ich es durch ein Fernrohr sehe und seine Lage nicht mit der Lage meines Körpers vergleichen kann.

Vielleicht wird man sagen daß ich die Lage meines Körpers fühle ohne ihn zu sehen. *Aber* die Lage im Gefühlsraum (wie ich ihn einmal nennen will) hat mit der Lage im Gesichtsraum nichts zu tun, die beiden sind von einander unabhängig und gäbe es im Gesichtsraum keine 41
absolute Richtung so könnte man die Richtung im Gefühlsraum ihr gar nicht zuordnen.

3 / Kann ich nun etwa sagen: Die obere Hälfte meines Gesichtsfeldes ist rot? Und was bedeutet das? Kann es sagen daß ein Gegenstand (die obere Hälfte) die Eigenschaft rot hat?

Man muß sich daran erinnern daß jeder Teil des Gesichtsraumes eine Farbe haben *muß* und daß jede Farbe einen Teil des Gesichtsraumes einnehmen *muß*. Die Formen *Farbe* und *Gesichtsraum* durchdringen einander

4 Man könnte auch sagen es ist nur *eine* Form. Welches aber sind die Gegenstände die in dieser Form auftreten.

5 / Stehen nicht Farbe und Gesichtsraum zu einander im Verhältnis wie Argument und Funktion? Die Formen von Argument und Funktion müssen einander auch durchdringen.

2 im Gesichtsfeld zu beschreiben ohne ⟨daß⟩ auf etwas ⟨hinzuweisen …⟩
8 einmal als ein v einmal als ein a ⟨einmal⟩ als das Zeichen für größer
10 wenn ich es durch ein Fernrohr sehe und ⟨meine …⟩
17 im Gefühlsraum ihr gar ⟨nichts⟩ zuordnen.
20 meines Gesichtsfeldes ist rot⟨, die untere weiß? Was⟩ bedeutet das?
20 Kann es sagen daß ein Gegenstand ⟨–⟩ die obere Hälfte …
24 Die Formen ⟨der⟩ *Farbe* und …
31 Argument und Funktion? *–im MS ohne Satzschlußzeichen; das Fragezeichen entspricht der Überarbeitung in der Synopse der Manuskriptbände I–IV, S. 4*

1 / Mit der Zusammengesetztheit der räumlichen Gebilde aus ihren 43
kleineren räumlichen Bestandteilen verhält es sich so: Das größere
Geometrische Gebilde ist nicht aus kleineren *geometrischen Gebilden* zusammengesetzt ganz ebensowenig wie man sagen kann
daß 5 aus 3 und 2 zusammengesetzt ist oder etwa gar 2 aus 5 und –3.
Denn hier bedingt das größere das kleinere ganz ebenso wie das kleinere
das Größere. Das Viereck □ ist nicht aus den Vierecken ▭ und ▭
zusammengesetzt. Vielmehr bedingt die erste geometrische Figur die
beiden anderen und umgekehrt. Hier hätte also Nicod recht wenn er
sagt daß die größere Figur nicht die kleineren als Bestandteile enthält.
Anders aber ist es im erfüllten Raum die Figur ▨ besteht tatsächlich aus
den Bestandteilen ▨ und ▭ obwohl die rein geometrische Figur des
großen Quadrats *nicht* aus den Figuren der beiden Rechtecke besteht.
Diese „rein geometrischen Figuren“ sind ja nur logische Möglichkeiten.
– Man kann nun tatsächlich ein |materielles| Schachbrett als Einheit –
nicht aus seinen Feldern zusammengesetzt – sehen, indem man es als ein 45
großes Viereck sieht und von seinen Feldern absieht. – Sieht man aber
von seinen Feldern nicht ab dann ist es ein Komplex und die Felder sind
seine Bestandteile die es *constituieren* um die Ausdrucksweise
Nicods anzuwenden.

2 Wenn ein Elektron durch die geringste Lichtquantität die wir darauf 44
werfen um es zu sehen fortgeschleudert wird so daß wir es nicht sehen
so können wir nur sagen *daß wir es nicht sehen* und eine Theorie
die dann dennoch daran festhält daß es da ist – nur nicht gesehen
werden kann – ist eine sehr unpraktische Theorie.

3 / Was |es| übrigens heißen soll daß etwas von irgendwelchen 45
Gegenständen *determiniert* aber nicht *constituiert* wird kann ich
nicht verstehen. Diese beiden Ausdrücke, wenn sie überhaupt einen
Sinn haben, haben denselben Sinn.

4 Man kann die obigen Überlegungen natürlich auch auf die Zeit
anwenden.

5 / Ein Intellekt der die Bestandteile und ihre Relationen |über|sieht das
ganze aber nicht ist ein Unding. (siehe Nicod)

7 Das Viereck □ ⟨best…⟩
8 Vielmehr bedingt ⟨das …⟩
13 des großen ⟨Vierecks⟩ *nicht* aus den Figuren der beiden Rechtecke
19 die es *constituieren* ⟨nicht nur *determinieren*⟩ um
22 *Die Bemerkung ist eine Einfügung von der gegenüberliegenden Versoseite 44.*
29 daß etwas von irgendwelchen Gegenständen ⟨*constituiert* aber ni…⟩

1 / Wenn jeder Punkt im Gesichtsraum ein ausgezeichneter Punkt ist so hat
es allerdings einen Sinn von hier und dort im Gesichtsraum zu sprechen
und das scheint mir jetzt die Darstellung der |visuellen| Sachverhalte 47
einfacher zu gestalten. Aber ist diese Eigenschaft der ausgezeichneten
Punkte für den Gesichtsraum wirklich wesentlich; ich meine könnten wir
uns nicht einen Gesichtsraum denken indem man nur gewisse
Lagenverhältnisse aber keine absolute Lage wahrnähme. D.h. könnten
wir uns so eine Erfahrung ausmalen? Etwa in dem Sinn, wie wir uns die
Erfahrungen eines Einäugigen vorstellen können |–| ? Ich glaube
nicht. Man könnte z.B. eine Drehung des |ganzen| Gesichtsbildes
nicht wahrnehmen oder vielmehr s i e w ä r e n i c h t d e n k b a r. Wie
würde etwa der Zeiger einer Uhr aussehen der sich dem Zifferblatt
entlang bewegt? (Ich nehme an daß das Zifferblatt wie bei manchen
großen Uhren nur Punkte aber keine Ziffern hat.)
Wir würden dann zwar die Bewegung von einem Punkt zum anderen
wahrnehmen – wenn sie nicht in e i n e m Ruck geschieht – aber wenn
der Zeiger in einem Punkt angelangt wäre so könnten wir seine Lage
von der im vorigen Punkt nicht unterscheiden. Ich glaube es zeigt sich, 49
daß das mit unserem Gesichtssinn nicht vorstellbar ist.

2 Ist nun |nicht| der Begriff der Distanz einfacher zu verstehen?

Denken wir uns ein Kraftfeld etwa eine Eisenplatte die in einem
Punkt |ständig| erhitzt wird, und die Wärme nach allen Richtungen
leitet so daß ein Temperaturgefälle in radialer Richtung entsteht. In allen
Punkten der Fläche könne man mit Thermometern die Temperatur
messen. Man könnte dann die Distanz in der Temperaturgeometrie
dieser Fläche definieren als die Temperaturdifferenz irgend zweier
Thermometer

Auch unser Gesichtsraum wäre ja so ein Feld

3 Was bedeutet dann eine Distanz im Euklidischen Raum? Aber hier bin
ich, im Gegensatz zum Gesichtsraum, im Bereich der starren Maßstäbe.

4 Es ist nun ein Satz zu sagen: Rot ist hier. Dabei ist „hier" die
Bezeichnung eines Ortes im Gesichtsfeld und diese Bezeichnung, 51
bezeichnet auch die Gestalt des roten Flecks denn aus der Lage der
Farbe Rot geht diese Gestalt hervor. Wie aber ist diese Lage wirklich zu
beschreiben?

2 *Im MS:* so |es| hat *–falsch eingefügt, durch eine Schleife umgestellt*
4 die Darstellung der |visuellen| Sachverhalte ⟨zu vereinfachen⟩
12 der Zeiger einer Uhr aussehen der sich ⟨auf⟩ dem Zifferblatt
16 wenn sie nicht in e i n e m Ruck geschieht – ⟨wenn …⟩
17 wenn der Zeiger in einem Punkt angelangt ⟨ist s…⟩
22 ⟨Nehmen …⟩
24 so daß ein Temperaturgefälle in radialer Richtung entsteht. ⟨Ist …⟩
27 die Distanz in der Temperaturgeometrie ⟨der⟩ Fläche
34 Dabei ist „hier" ⟨ein Name …⟩ ⟨de…⟩ ⟨ei…⟩

1 Der Unterschied zwischen der Geometrie als der Lehre von einem Raum und der mathematischen Geometrie muß derselbe sein wie der zwischen dem Satz zwei Pflaumen und zwei Pflaumen sind vier Pflaumen und dem Satz 2 + 2 = 4. Aber auch das erste dieser Gebilde ist ja kein wirklicher Satz sondern nur eine Andeutung eines Übergangs von einem S a t z zu einem anderen S a t z. Daher können auch die |scheinbaren| Sätze der Geometrie nicht wirklich Sätze sein sondern angedeutete Übergänge von einem Satz über räumliche Objekte zu einem anderen Satz über räumliche Objekte. So kann ich von dem Satz „A und B liegen zwischen C und D“ unmittelbar übergehen zu „A liegt entweder zwischen B und C oder zwischen B und D“. Das Axiom, welches mir diesen Übergang zu gestatten scheint, ist eine Tautologie; oder es ist irgend etwas anderes über seine Form bestimmt, welches es erst zu einem Kriterium für die Formen der beiden Sätze die es verbindet machen kann.

2 Es ist klar, daß es keine Relation des „Sich Befindens“ gibt die zwischen 53
einer Farbe und einem Ort bestünde in dem sie „sich befindet“! Es gibt kein Zwischenglied zwischen Farbe und Raum.

3 Farbe und Raum sättigen einander.

4 Und die Art wie sie einander durchdringen macht das Gesichtsfeld.

5 Könnte man die Axiome der Geometrie als Prinzipe des Übergangs von einem Satz zu einem anderen auffassen? Dann wären sie wirklich als Sätze der Grammatik aufgefaßt die nur solange nötig sind als man die interne Relation zwischen den Gliedern eines Schlusses nicht aus der Struktur der Sätze ersehen kann. Sie sind dann von der Art: Man darf immer von einem Zeichen das so und so aussieht zu einem anderen übergehen das so und so aussieht. (Solche Regeln des Übergangs findet man z.B. bei Frege angegeben)

6 Wie verhält es sich mit der Widerspruchsfreiheit der Axiome? 55

7 Man braucht – so kommt es mir vor – um den Raum darzustellen gleichsam ein dehnbares Zeichen.

Vielleicht ein Zeichen das eine Interpolation erlaubt analog dem Dezimalsystem.

Das Zeichen muß die Mannigfaltigkeit und Eigenschaften des Raumes haben.

1 der Geometrie als der Lehre ⟨vom⟩ Raum
10 So kann ich von dem Satz „⟨a und b …⟩
17 Es ist klar, daß es keine Relation des ⟨sich befindens …⟩
18 und einem Ort bestünde in dem sie „sich ⟨fi…⟩
25 Könnte man ⟨nicht⟩ die Axiome der Geometrie
27 als Sätze der Grammatik aufgefaßt die nur solange ⟨notwendig …⟩
29 Sie sind dann von der Art: Man ⟨kann …⟩
30 von einem Zeichen das so und so aussieht ⟨an…⟩
32 (Solche Regeln des Übergangs findet man z.B. bei Frege⟨⟩ …⟩

1 Ist nicht das Dezimalsystem mit seiner UNENDLICHEN MÖGLICHKEIT der Interpolation eben dieses Zeichen?

2 Die Regeln über das Zahlensystem – etwa das Dezimalsystem – enthalten alles was an den Zahlen unendlich ist. Daß DIESE REGELN z.B. die Zahlzeichen nach rechts und links nicht beschränken darin liegt die Unendlichkeit ausgedrückt.

Man könnte vielleicht sagen: ja, aber die Zahlzeichen sind doch durch den Gebrauch von Papier und Schreibmaterial und andere Umstände beschränkt. Sehr wohl aber das ist nicht in den REGELN 57 über ihren Gebrauch ausgedrückt und nur in diesen liegt ihr eigentliches Wesen ausgesprochen.

3 Welcher Art ist der Satz „zwischen 5 und 8 gibt es eine Primzahl"? Ich würde sagen: „das zeigt sich". Und das ist richtig; aber kann man nicht die Aufmerksamkeit auf diesen internen Sachverhalt lenken? Man könnte doch sagen: „Untersuche das Intervall von 10 bis 20 auf Primzahlen! Wieviel gibt es?" Wäre das nicht eine klare Aufgabe? Und was wäre ihre Lösung? D.h., wie wäre ihre Lösung richtig auszudrücken oder darzustellen? Was bedeutet der Satz: „Zwischen 10 und 20 gibt es 4 Primzahlen"?

4 Dieser Satz scheint unsere Aufmerksamkeit auf einen gewissen Aspekt der Sache zu lenken.

5 So kann ich z.B. die Zahl 5 |so| hinschreiben daß man deutlich sieht daß sie nur durch 1 und durch sich selbst teilbar ist: Etwa so:

6 Dieser Aspekt könnte etwa sagen „5 ist eine Primzahl"; Oder: „Seht, 5 ist 59 eine Primzahl!".

7 ✳ Das käme vielleicht auf dasselbe hinaus, was ich schon früher einmal gesagt habe, nämlich, daß der eigentliche mathematische Satz ein Beweis eines sogenannten mathematischen Satzes ist. Der eigentliche mathematische Satz ist der Beweis: d.h. dasjenige was zeigt wie es sich verhält.

Ein Beweis heißt mit Recht auch eine Demonstration.

6 Daß DIESE REGELN z.B. die ⟨Zahlen nach …⟩
15 Ich würde sagen⟨,⟩ „das zeigt
16 aber kann man nicht die Aufmerksamkeit auf ⟨de…⟩
17 „Untersuche das Intervall von 10 ⟨–⟩ 20 auf Primzahlen!
29 *Eine kleinere, unvollständige Version des Diagramms ist im MS durchgestrichen.*
35 was ich schon früher einmal gesagt habe, nämlich, daß ⟨ei…⟩

1 / Wenn ich jemanden frage „wieviel Primzahlen gibt es zwischen 10 und 20?“, so wird er sagen: „Ich weiß es nicht im Augenblick, aber ich kann es jederzeit feststellen“. Denn es ist ja gleichsam schon irgendwo aufgeschrieben; er muß nur nachsehen. Und wenn er nun das was er dort sieht in den Worten ausdrückt „es gibt 4 Primzahlen etc“, müssen dann nicht die Worte ebendas spiegeln was er gesehen hat?

2 / Man könnte das auch so sagen: der völlig analysierte mathematische 60
Satz ist sein eigener Beweis.

Oder auch so: Der mathematische Satz ist nur die sofort sichtbare Oberfläche des ganzen Beweiskörpers den sie vorne begrenzt.

Der sogenannte mathematische Satz ist – im Gegensatz zu einem eigentlichen Satz – *wesentlich* das letzte Glied einer Demonstration die ihn als richtig oder unrichtig sichtbar macht.

3 ⁎ Wie kommt es dann aber, daß man doch allem Anscheine nach einen mathematischen Satz aufstellen kann und fragen „ist der nun richtig oder falsch“? In diesem Falle verlangt man eben nach einer Analyse des gegebenen Ausdrucks.

4 ⁎ Es scheint |nun aber auch| Sätze der Mathematik zu geben von denen man sagt, man wisse nicht ob sie sich als richtig oder falsch beweisen lassen oder nicht. Solche Sätze handeln von „allen Zahlen“ und das typische an ihnen ist daß in ihnen die Zahlen als eine Kollection 62
betrachtet werden und nicht als das Resultat von gegebenen Operationen. Es scheint dann als ob die Zahlen auch – gleichsam – zufällige Eigenschaften haben könnten die nicht in ihrem Wesen – also in ihrem Bildungsgesetz – liegen und die man daher auch nicht voraussagen kann [ganz dasselbe Problem entsteht für den Raum]. Wenn ich z.B. die Dezimalen von π und die Reihe der natürlichen Zahlen vergleiche UND frage ob sie nach dem ersten Glied noch jemals übereinstimmen werden: Was soll das heißen, wenn man diese Reihen in Extenso auffaßt? *Intensional* betrachtet kann es heißen: „liegt es im Wesen der beiden Gesetze, daß etc.?“

1 *Die Bemerkung ist im MS bis zum Semikolon am linken Rand mit einem vertikalen Strich markiert, der den Gültigkeitsbereich des Randzeichens anzeigt.*
8 *Seitenzählung: Die vorangehende Versoseite ist unbeschrieben, durchkreuzt und nicht gezählt, damit folgen ab hier gerade Seitenzahlen für die Rectoseiten.*
11 des ganzen Beweiskörpers ⟨der hinter der Fläche liegt.⟩
11 des ganzen Beweiskörpers den sie vorne ⟨a…⟩
16 Wie kommt es dann aber, daß man doch ⟨scheinbar …⟩
18 In diesem Falle ⟨fragt man eben⟩ nach einer Analyse
21 ⟨/⟩ *Randzeichen im MS gestrichen und ersetzt*
21 Es scheint |nun aber auch| *–im MS als mögliche Auslassung gekennzeichnet*
22 von denen man nicht ⟨weiß⟩ ob sie sich als richtig
27 Eigenschaften haben könnten die ⟨|nämlich|⟩ nicht in ihrem Wesen
30 Wenn ich z.B. die Dezimalen ⟨der …⟩
33 *Im MS:* Intentional, *siehe auch die entsprechenden Fußnoten zu den Manuskriptseiten 23 und 25.*
33 kann es heißen⟨ daß es im Wesen der beiden Gesetze …⟩

1 / Wie zeigt es sich, daß der Raum keine Kollection von Punkten sondern
die Realisierung eines Gesetzes ist?

2 / Es scheint mir daß der Begriff der Distanz in der Struktur des
Gesichtsraumes unmittelbar gegeben ist. Wenn das nicht so ist und der 64
Begriff der Distanz nur durch eine Correlation des/eines/ distanzlosen
Gesichtsraum mit einer anderen distanzhaltigen Struktur mit dem
Gesichtsraum associiert ist, dann ist der Fall denkbar, daß durch eine
Änderung dieser Association z.B. die Strecke a größer
erscheint als die Strecke b obwohl wir den Punkt B
noch immer zwischen A und C gewahren.

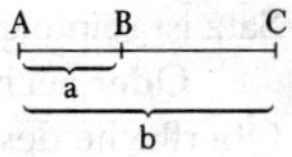

3 * Obwohl uns Punkte im Gesichtsraum nicht gegeben sind so könnten wir
doch – und vielleicht ist es das richtige – die Fläche gleichsam als
Punktgewebe betrachten. D.h. der Punkt kommt im Zeichen als ein
unselbständiger Bestandteil vor der aber die Struktur des Zeichens
charakterisiert.

4 / Es scheint mir als müsse man erst die ganze Raumstruktur ohne Sätze
aufbauen; und dann kann man in ihr alle korrecten Sätze bilden.

5 / Man bekommt sicher die richtige Mannigfaltigkeit der Bezeichnungen 66
wenn man sich der analytischen Geometrie bedient.

6 * Wenn y = fx die Gleichung irgend einer geschlossenen Kurve ist und y
hat zwei Werte für jeden Wert von x so schreibe ich eine beliebige Zahl
im Intervall zwischen zwei Werten von y – nämlich f_1x und f_2x – so:
„$\overline{f_1x, f_2x}$" Dieses Zeichen ist eine Variable. Ich kann analog auch
schreiben „$\overline{4, 5}$" d.i. die Variable Zahl zwischen 4 und 5.

„[a, b]" soll dann die Klasse aller Werte der Variablen $\overline{a\ b}$
bezeichnen also das Intervall zwischen a und b. Dieses Intervall ist keine
Klasse im Sinne Russells, denn es ist nicht durch eine Funktion gegeben
und die Zugehörigkeit zum Intervall bestimmt sich nicht danach ob ein
gewisser Satz wahr oder falsch ist. Ob etwas ein Glied des Intervalls ist
läßt sich vielmehr aus dem Z e i c h e n dieses Etwas erkennen. In
gewissem Sinne ist das Intervall also tatsächlich eine „Klasse in extenso",
nämlich keine Intension die sich für eine Extension ausgibt. Ich könnte 68
das Intervall auch eine interne Klasse nennen weil die Zugehörigkeit
zum Intervall durch die internen Eigenschaften bestimmt wird.

7 * $(x; \overline{f_1x, f_2x})$ soll dann ein Zahlenpaar sein dessen eine Zahl x, die andere
eine der Zahlen des Intervalls $\overline{f_1x, f_2x}$ ist

2 keine Kollection von Punkten sondern die ⟨Verkörperung …⟩
6 der Begriff der Distanz nur durch eine Correlation des ⟨G…⟩
7 des/eines/ distanzlosen Gesichtsraum mit ⟨einem …⟩
8 mit dem Gesichtsraum associiert ist, dann ist ⟨z.B.⟩ der Fall denkbar,
20 und dann kann man in ihr alle ⟨sinnvollen⟩ Sätze bilden.
26 so schreibe ich ⟨das⟩ Intervall zwischen zwei Werten
32 *Im MS:* durch eine Funktion gegen *–muß heißen:* gegeben
37 nämlich keine ⟨Intention⟩ die sich für eine Extension ausgibt.

1 Dieses variable Zahlenpaar entspricht dem was man einen Punkt der Fläche nennt.

2 ✶ Einem solchen Zahlenpaar ordne ich eine Funktion von x und $\overline{f_1x, f_2x}$ zu; das entspräche der Feststellung daß jeder Punkt des Flecks eine Farbe haben soll die von der Lage des Punktes im Fleck abhängt. Aber diese Zuordnung ist noch kein Satz denn ein Punkt kann gar keine Farbe haben. Vielmehr ist diese Zuordnung erst die Vorbereitung zu einem Satz.

Der Satz entsteht vielmehr erst dadurch daß ich diese Zuordnung über den Fleck ausdehne. 70

Statt des Flecks steht der Ausdruck: „$[(x; \overline{f_1x, f_2x})]$" das ist wieder eine interne Klasse wie das Intervall.

3 „$[(x; \overline{f_1x, f_2x}) \subset \varphi(x; \overline{f_1x, f_2x})]$" ist erst der Satz der die Farbverteilung im Fleck $[(x; \overline{f_1x, f_2x})]$ beschreibt.

4 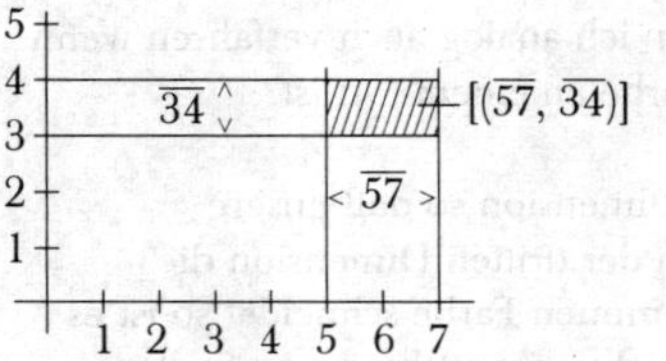

Wenn der rechteckige Fleck $[(\overline{57}, \overline{34})]$ einfärbig ist, etwa die Farbe hat die der Zahl N entspricht, so kann man diese Tatsache durch den Satz ausdrücken: $[(\overline{57}, \overline{34}) \subset N]$

5 ✶ Wie aber würde es sich in dieser Notation zeigen können, daß ein Fleck nicht zwei Farben zugleich haben kann? Zeigt sich das nicht so ist etwas in der Notation falsch.

6 / [Daß ein Punkt in der Ebene durch ein Zahlenpaar, im 3-dimensionalen Raum durch ein Zahlentripel dargestellt wird zeigt schon daß der dargestellte Gegenstand |gar| nicht der Punkt sondern das Punktgewebe ist.] 72

1 Dieses ⟨Za...⟩

11 ⟨übe...⟩ *–in der zweiten Zeile der Manuskriptseite gestrichen, wiederholt in der Zeile darüber*

16 *Im MS:* „$[(x; \overline{f_1x, f_2x}) \subset \varphi(x, \overline{f_1x\ f_2x})]$" ist erst der Satz der die Farbverteilung im Fleck $[(x; \overline{f_1x\ f_2x})]$ beschreibt. *–Zeichensetzung im Text ergänzt*

18 Wenn ⟨das Rechteck [(57 ...⟩

1 Würde uns in der Schwierigkeit zu zeigen, daß nicht zwei Farben zugleich an einem Ort sein können die Einführung der Zeit etwas nützen?

Angenommen unser Gesichtsbild bliebe immer dasselbe und andere Sinne als den Gesichtssinn hätten wir nicht, würde dann Zeit verrinnen?

Man muß scheinbar annehmen: ja; denn der Wechsel schließt auch die *Möglichkeit* der Ruhe in sich.

Obwohl es schwer ist sich zu denken daß Zeit vergeht wenn alles gleichbleibt.

Aber schon zu sagen alles *bleibt* gleich setzt die Zeit voraus.

2 / Zu sagen daß eine bestimmte Farbe jetzt an einem Ort ist, heißt diesen Ort *vollständig* beschreiben.

3 Wenn ich sage auf diesem Tisch liegen 4 Äpfel so will ich damit auch 74
ausschließen daß 5 Äpfel auf ihm liegen. In der Zeichensprache sage ich dann „4 Äpfel und nicht mehr". Kann ich analog auch verfahren wenn ich ausdrücken will daß nur *eine* Farbe an einem Ort ist?

4 ? Denken wir uns die Farbe als dritte Dimension so daß unsere Zeichenebene den Farbkörper, der in der dritten Dimension die Farbenskala durchläuft, in einer bestimmten Farbe schneidet so ist es klar daß die Ebene den Farbkörper nicht an verschiedenen Stellen schneiden kann.

5 ? Man könnte sagen: Was hat die und die Koordinaten? Eben die Farbe! Aber dann könnte man auch sagen diese Farbe hat diese Koordinaten und eine andere Farbe hat dieselben Koordinaten.

6 ? Die Bezeichnungsweise die ich |oben| vorgeschlagen habe könnte man auch verwenden wenn ein Zahlenpaar nicht einen Punkt sondern z.B. eine zur Zeichenebene senkrechte Gerade bezeichnen sollte und
man könnte sich auf dieser Geraden verschiedene Farben der Länge nach 76
aufgetragen denken. Und so könnten demselben Punkt mehrere Farben entsprechen.

7 / Es verhält sich übrigens mit Farben nicht anders als mit Tönen oder elektrischen Ladungen.

Es handelt sich immer um die vollständige Beschreibung eines gewissen Zustandes in einem Punkt oder zur selben Zeit.

1 Würde uns in der Schwierigkeit zu zeigen, daß ⟨nur …⟩
17 In der Zeichensprache ⟨setze …⟩
18 In der Zeichensprache sage ich dann ⟨er …⟩
22 so daß unsere Zeichenebene den Farbkörper, der ⟨an …⟩
23 in einer bestimmten Farbe schneidet ⟨is…⟩
27 ⟨/⟩ *Randzeichen im MS überschrieben und ersetzt*
34 man könnte sich auf dieser Geraden verschiedene Farben ⟨ihrer …⟩

1 / Könnte es nicht folgendes Schema geben: Die Farbe in einem Punkt ist nicht durch die Zuordnung *einer* Zahl |zu einem Punkt| beschrieben sondern durch die Zuordnung *mehrerer* Zahlen. Eine Mischung dieser Zahlen macht erst die Farbe und um die vollständige Farbe zu beschreiben brauche ich den Satz daß *diese* Mischung nun die komplette Mischung ist, also nichts mehr dazu kommen kann. Das wäre so wie wenn ich den Geschmack eines Gerichtes beschriebe indem ich die Ingredienzien aufzähle; dann muß ich am Schluß den Zusatz machen daß das nun *alle* Ingredienzien sind.

2 / So könnte man sagen ist auch die Farbe erst dann fertig beschrieben 78
wenn alle ihre Ingredienzien angegeben sind, natürlich also mit dem Zusatz daß es alle sind.

3 / Aber wie ist dieser Zusatz zu machen?!!

4 / Wenn in Form eines *Satzes*, dann müßte auch die unvollständige Beschreibung der Farbe schon ein Satz sein!

Und wenn nicht in Form eines eigenen Satzes sondern nur durch irgend eine Art der Andeutung im ersten Satz, wie kann ich dann bewirken daß ein zweiter Satz von der selben Form dem ersten widerspricht?

Zwei Elementarsätze können einander ja nicht widersprechen!

5 / Wie verhält es sich aber mit allen scheinbar ähnlichen Aussagen wie: Ein materieller Punkt kann nur *eine* Geschwindigkeit auf einmal haben, in einem Punkt einer geladenen Oberfläche kann nur *eine* Spannung zugleich sein, in einem Punkt einer warmen Fläche nur *eine* 80
Temperatur auf einmal, in einem Punkt eines Dampfkessels nur *ein* Druck etc etc.

6 / Niemand kann daran zweifeln daß das alles Selbstverständlichkeiten sind und die gegenteiligen Aussagen Widersprüche.

8 indem ich die Ingredienzien aufzähle; dann muß ich ⟨wenn …⟩
20 sondern nur durch irgend eine ⟨An…⟩
26 Ein materieller Punkt kann nur *eine* Geschwindigkeit ⟨relativ …⟩
27 haben⟨. Auf einer O…/auf einer O…/⟩
33 und die gegenteiligen Aussagen ⟨Unsinn.⟩

1 ? Es scheint nun auf den ersten Blick zweierlei unter diesen Tautologien bezw. Contradiktionen zu geben: Wenn man z.B. sagt ein Partikel könne nur *eine* Geschwindigkeit haben so kann man statt dessen auch sagen nur *eine Gesamtgeschwindigkeit*. D.h. die Beschreibung der Geschwindigkeit braucht einen *abschließenden* Zusatz wie oben. Allerdings hat es damit auch eine Schwierigkeit denn wie nun, wenn die Geschwindigkeiten sich subtrahieren.

Sagt man ander|er|seits daß zwei Partikel nicht zugleich an derselben Stelle des Raumes sein können so scheint das in anderem Sinne selbstverständlich zu sein. Es scheint nämlich als ginge das aus der Definition EINES *Partikels* hervor. Dann wäre also die gegenteilige 82
Behauptung nicht ein Widerspruch sondern ein Unsinn.

2 ⁎ Wie ist es nun im Falle der Farben: Nehmen wir an die Aussage die einem Fleck eine Farbe zuschreibt wäre die Aussage über eine gewisse Schwingungszahl dann könnte man die Sache auch so auffassen daß die Angabe verschiedener Schwingungszahlen einander nicht widersprechen, ebensowenig wie die Sätze: „es liegen 3 Äpfel auf dem Tisch“, „es liegen 5 Äpfel auf dem Tisch“; solange in keinem der Sätze das Wort *nur* vorkommt. Dem Satz der einem Fleck *auch* (und nicht *nur*) eine Schwingungszahl zuschriebe, entspräche also keine Farbangabe sondern etwas unbestimmteres etwa analog einem Grad der Helligkeit.

3 Aber auch diese Erklärung ist ungenügend und zwar aus mehr als *einem* Grund.

Wenn die Farben alle nur verschiedene Stadien derselben Struktur sind dann genügt es nicht daß aus „a ist rot“ folgt „a ist nicht grün“ 84
sondern man muß auch ersehen daß eine Farbe einer anderen näher liegt als eine dritte, u.s.w..

4 ∫ Ginge es so daß man die resultierende Farbe als ein Zusammenwirken *wirklich wahrgenommener* Farben in verschiedenen Mischungsverhältnissen ansieht?

Dann bestünde die Farbbeschreibung eines Flecks in einem logischen Produkt der Sätze über die Elementarfarben und einem abschließenden Satz der sagt daß es *alle* Elementarfarben sind.

2 unter diesen Tautologien ⟨und⟩ Contradiktionen zu geben:
4 so kann man statt dessen auch sagen nur *eine* ⟨result...⟩
8 Sagt man ander|er|seits daß zwei ⟨Punkte⟩ nicht zugleich
9 an derselben Stelle des Raumes sein können so ⟨ist das ...⟩
28 verschiedene Stadien derselben Struktur sind dann ⟨mu...⟩
30 daß eine Farbe einer anderen näher liegt als eine dritte⟨.⟩
32 Ginge es so daß man die resultierende Farbe als ⟨eine ...⟩
36 einem logischen Produkt der Sätze |über die| ⟨Mischfarben⟩ und
37 der sagt daß es *alle* ⟨Mischfarben⟩ sind.

1 ∫ Haben aber nicht auch die Elementarfarben *eine* Struktur? Und wie soll sich die zeigen?

2 ∫ Gibt es denn überhaupt Zeit im ersten System? Kann man von einem Ereignis oder |vielmehr von| einer Tatsache im System der Data sagen „es war"?

3 / Wenn ich die Tatsachen des ersten Systems mit den Bildern auf der Leinwand und die Tatsachen im zweiten System mit den Bildern auf dem Filmstreifen vergleiche so gibt es auf dem Filmstreifen ein gegenwärtiges Bild, vergangene und zukünftige Bilder; auf der Leinwand aber ist nur die Gegenwart. 86

4 / Das eine Charakteristische an diesem Gleichnis ist, daß ich darin die Zukunft als präformiert ansehe.

5 / Es hat einen Sinn zu sagen die zukünftigen Ereignisse seien präformiert wenn es im *Wesen* der Zeit liegt, nicht abzureißen. Denn dann kann man sagen: „Etwas wird geschehen, ich weiß nur nicht, was". Und in der Welt der Physik kann man das sagen.

6 ∫ Wie aber in der Welt der Data? Reißt diese Welt nicht wirklich ab?

Kann man von einem Datum sagen es sei früher als ein anderes?

Ich habe eben *gegenwärtige* Sinnesbilder und *gegenwärtige* Erinnerungsbilder. Kann ich nicht sagen daß ich aus diesen nur im 2. System die Zeit konstruiere.

Man kann aber auch sagen daß ich aus diesen gegenwärtigen Data ein zeitliches 2. System konstruieren KANN sagt etwas über das 1. System aus und was es aussagt drücke ich in den Worten aus: Das erste System ist zeitlich geordnet. – Nur darf man nicht vergessen daß diese zeitliche Ordnung ganz anders aussieht als die im 2. System. 88

7 ∫ In der richtigen Darstellung der Farbe muß sich nicht nur zeigen daß wenn a rot ist es nicht zugleich grün sein kann, sondern alle jene internen Eigenschaften müssen sich zeigen die wir kennen wenn wir die Farben kennen. Also alles was sich auf die Verwandtschaft der einzelnen Farben zueinander und ihr Verhältnis zu Schwarz und Weiß bezieht.

1 Haben aber nicht auch die ⟨Mischfarben …⟩
1 Haben aber nicht auch die Elementarfarben ⟨die …⟩
11 mit den Bildern auf dem Filmstreifen ⟨vergleichen …⟩
21 Und in der Welt der Physik kann man das ⟨offenbar⟩ sagen.
25 Ich habe eben *gegenwärtige* ⟨Data⟩ und *gegenwärtige*
29 ⟨Man kann …⟩ *–Absatz im MS zunächst als eigenständige Bemerkung begonnen*
29 zeitliches 2. System konstruieren KANN sagt etwas ⟨vo…⟩
30 über das 1. System aus und ⟨d…⟩
34 In der richtigen Darstellung der Farbe muß sich nicht nur ⟨da…⟩

1 ∫ Hier weist die Farbenblindheit auf etwas hin: Es gibt Leute die den Sinn für rot und grün oder für gelb und blau nicht haben. Daraus könnte man schließen daß man Gelb und Blau kennen kann ohne dadurch auf die Möglichkeit von rot und Grün schließen zu können, daß also diese Farbpaare logisch von einander unabhängig sind

2 / Es scheint einfache Farben zu geben. Einfach als psychologische Erscheinungen. Was ich brauche ist eine psychologische Farbenlehre, keine physikalische und ebensowenig eine physiologische. 90

3 / Und zwar muß es eine *rein* psychologische Farbenlehre sein in der nur von wirklich Wahrnehmbarem die Rede ist und keine hypothetischen Gegenstände – Wellen, Zellen etc. etc. – vorkommen.

4 / Man kann nun *unmittelbar* Farben als Mischungen von rot, grün, blau, gelb, schwarz, und weiß erkennen. Dabei ist Farbe immer Color nie pigmentum, nie Licht, nie Vorgänge auf oder in der Netzhaut etc.

5 / Man kann auch sehen daß die eine Farbe röter ist als die andere oder weißlicher etc. Aber kann ich eine Metrik der Farben finden? Hat es einen Sinn zu sagen daß die eine Farbe etwa in Bezug auf ihren Gehalt an Rot *in der Mitte* zwischen zwei anderen Farben steht?

6 / Es scheint jedenfalls einen Sinn zu haben zu sagen die eine Farbe steht einer anderen in dieser Beziehung näher als einer dritten. Und wenn dem so ist so hat es auch Sinn von der Mitte zwischen zwei Farben zu reden. Das aber gäbe die Möglichkeit ein Farbintervall in gleiche Teile zu teilen solange allerdings nur bis die Grenze der Unterscheidbarkeit erreicht ist. 92

7 / Hier stoßen wir auf ein Problem das auch in der Ausdehnung des Gesichtsraumes auftritt nämlich des kleinsten sichtbaren Unterschieds. Die Existenz eines kleinsten sichtbaren Unterschieds widerspricht der Kontinuität anderseits müssen sie sich miteinander vereinbaren lassen.

1 Hier ⟨mach…⟩
4 man Gelb und Blau kennen kann ohne dadurch auf die ⟨Existenz …⟩
12 von wirklich Wahrnehmbarem die Rede ist ⟨k…⟩
13 hypothetischen Gegenstände⟨,⟩ Wellen, Zellen etc etc …
15 ⟨Nun …⟩
21 daß die eine Farbe etwa ⟨im⟩ Bezug auf ihren Gehalt an Rot
25 steht einer anderen in dieser Beziehung näher als einer ⟨an…⟩
26 Und wenn dem so ist so ⟨hätte⟩ es auch Sinn
27 Und wenn dem so ist so hat es auch Sinn von der Mitte zwischen zwei Farben zu reden. *–im MS am rechten Rand mit einem Frage- und einem Ausrufezeichen markiert*
31 *Im MS ein Absatz, durch ein Randzeichen als eigenständige Bemerkung gekennzeichnet.*
32 des Gesichtsraumes auftritt nämlich des kleinsten ⟨un…⟩
33 widerspricht ⟨irgendwie⟩ der Kontinuität
34 der Kontinuität anderseits ⟨muß …⟩

1 / Wenn ich eine Reihe von Flecken habe die abwechselnd schwarz und

weiß sind wie die Figur zeigt so werde ich bei weiterer Unterteilung bald zu einer Grenze kommen, wo ich die schwarzen und weißen Flecke nicht mehr unterscheiden kann, wo ich also etwa den Eindruck eines grauen Streifens habe.

Heißt das aber nicht daß ich die Strecke in meinem Gesichtsfeld nicht beliebig unterteilen kann; und doch sehe ich keine Diskontinuität. Und auch das ist ja selbstverständlich weil ich eine Diskontinuität nur sehen könnte wenn ich noch *nicht* an der Grenze des 94 Unterscheidbaren angelangt wäre.

Das schaut sehr paradox aus.

2 / Aber wie ist es denn mit der Stetigkeit zwischen den einzelnen Reihen. Wir haben offenbar eine vorletzte Reihe von unterscheidbaren Flecken und dann die letzte einfärbig graue Reihe; ist es denn dieser letzten Reihe anzusehen daß sie wirklich durch Unterteilung der vorletzten entstanden ist? Offenbar nicht. Andererseits: Ist es aber der sogenannten vorletzten Reihe anzusehen daß sie nicht mehr sichtbar unterteilt werden kann? Es scheint mir, ebensowenig! Dann gäbe es also doch keine letzte |sichtbar| unterteilte Reihe!

Wenn ich die Strecke nicht mehr sichtbar unterteilen kann, so kann ich aber auch nicht den *Versuch* dieser Unterteilung machen, kann also auch nicht das Mißlingen eines solchen Versuches sehen

(Es ist hier wie mit der Grenzenlosigkeit des Gesichtsraums)

Dasselbe würde natürlich auch von den Farbenunterschieden gelten.

3 / Die Kontinuität in unserem Gesichtsfeld besteht darin, daß wir keine 96
Diskontinuität sehen.

4 Wenn die Welt der Data zeitlos ist, wie kann man dann überhaupt über sie reden.

5 / Wenn die Erinnerung *kein* Sehen in die Vergangenheit ist wie wissen wir dann überhaupt daß sie mit Beziehung auf die Vergangenheit zu deuten ist? Wir könnten uns dann einer Begebenheit erinnern und zweifeln ob wir in unserem Erinnerungsbild ein Bild der Vergangenheit oder der Zukunft haben.

Man kann natürlich sagen: ich sehe nicht die Vergangenheit sondern nur ein *Bild* der Vergangenheit. Aber woher *weiß* ich daß es ein Bild der *Vergangenheit* ist, wenn dies nicht im Wesen des Erinnerungsbildes liegt. Haben wir etwa durch die Erfahrung gelernt diese Bilder als Bilder der Vergangenheit zu deuten? Aber was hieße hier überhaupt „Vergangenheit"?!

14 Aber wie ist es denn mit der ⟨Kontinui…⟩
18 Andererseits ⟨ist⟩ es aber der sogenannten vorletzten Reihe
20 daß sie nicht mehr sichtbar unterteilt werden kann? ⟨Ic…⟩
39 Erinnerungsbild ein Bild der Vergangenheit ⟨der …⟩
41 Aber woher *weiß* ich ⟨daß es …⟩
45 Aber was hieße ⟨dann über…⟩

1 / Nun widerstreitet es aber allen Begriffen der physikalischen Zeit daß ich in die Vergangenheit wahrnehmen sollte und das scheint wieder nichts anderes zu bedeuten, als daß der Zeitbegriff im 1. System von dem in der Physik r a d i k a l verschieden sein muß. 98

2 / Wenn man fragt: „Welches Erlebnis liegt dem Zeitbegriff, der Annahme einer Zeit, zu Grunde?“ Wie muß man antworten? – Es ist die Erinnerung, wenn es eine punktartige Gegenwart gibt; oder es ist eine kontinuierliche Wahrnehmung deren einer Endpunkt die Gegenwart ist und die man in einem weiteren Sinne auch Erinnerung nennen kann.

3 ∫

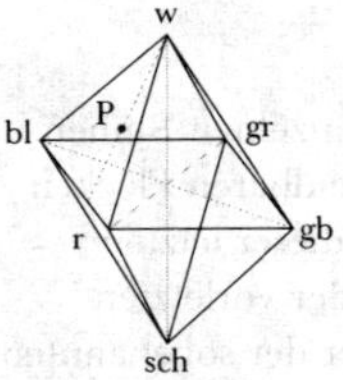

Jeder Punkt auf der Oberfläche des Oktoeders stellt eine Farbe dar z.B. P ein weißliches Blaurot welches näher dem Rot als dem Blau ist.

4 / Eine räumliche Distanz kann durch eine Zahl dargestellt werden. (Dieser Satz handelt nicht von starren Maßstäben) Er muß sich unmittelbar aus der Struktur des Gesichtsraums ergeben. 100

Ich könnte dann statt die räumliche Relation zweier Flecke a und b „a R b“ zu schreiben, sie a N b schreiben, wo N eine Zahl ist, also eine d e h n b a r e Relation.

5 ∫ Wie soll die Tatsache korrekt ausgedrückt werden daß φ( ) von e b e n s o v i e l e n Gegenständen befriedigt wird wie ψ( )?

6 ∫ (a c) (x = a · b = y) ∨ (x = c · d = y) Dies ist natürlich k e i n e 1 → 1
(b d) Relation zwischen den beiden Klassen aber es ist der Ausdruck einer Regel nach der die Z e i c h e n der Gegenstände einander zugeordnet werden können

7 Wie kommt es, daß man Äpfel und Schuhe zählen kann, und auch Zahlen?!

8 ∫ Die Zahl ist ein Schema

9 ∫ Wenn ich von der „Zahl der Bücher auf diesem Tisch“ rede so meine ich ein gewisses Schema von der Art |||| …., oder (0, ξ, ξ + 1), das sich auf den Umfang dieses Begriffes anwenden läßt. Unter dem Schema verstehe ich natürlich nicht die 4 Striche sondern das jenige was ihnen mit allen Viererklassen gemeinsam ist, was ich aber nicht ohne eine solche darstellen kann. 102

6 Wenn ⟨p…⟩
6 „Welches Erlebnis liegt ⟨der …⟩
7 der Annahme einer Zeit, ⟨zugrunde⟩
10 die man in einem weiteren Sinne auch Erinnerung nennen ⟨könnte.⟩
35 ⟨/⟩ *Randzeichen im MS gestrichen*
41 ein gewisses Schema von der Art |||| …., oder (⟨1⟩, ξ, ξ + 1)

1 ∫ Wenn ich zwei Viererklassen habe

a b c d

e f g h

so könnte ich sagen: Daß diese Klasse gleichzahlig ist kann ich zeigen weil es möglich ist die Namen in Paaren zusammenzufassen die eine 1 – 1 Relation zwischen den Klassen etablieren.

Ich kann also etwa schreiben ae, bf, cg, dh. Diese Möglichkeit der Zusammenfassung der Namen beweist natürlich etwas über die Klassen (nämlich ihre Gleichzahligkeit) Und genau dasselbe beweist auch die mögliche Zusammenfassung durch Identitäten (a = x · y = e etc)

2 ? (∃x, y, z) · φx · φy · φz : ~(∃x, y, z, n) · φx · φy · φz · φn

Wie müßte ich es nun anfangen die allgemeine Form solcher Sätze zu schreiben?! Diese Frage hat offenbar einen guten Sinn. Denn wenn 104 ich nur ein paar solche Sätze hinschreibe so versteht jeder was das W e s e n t l i c h e dieser Sätze sein soll.

3 Ich müßte offenbar eine Beschreibung dieses Wesentlichen des Zeichens geben.

Ich könnte etwa sagen in der rechten Klammer kommen alle Buchstaben der linken Klammer vor und noch e i n e r mehr. Aber ist so eine Beschreibung erlaubt? Merkwürdigerweise glaube ich, ja. Setzt nicht jeder Symbolismus solche Beschreibungen voraus?

Ich könnte auch ein Zeichen konstruieren:

(∃xyz)φx · φy · φz : ~(∃xyzn)φx φy φz φn

4 Oder ich könnte die Regel geben:

Der Ausdruck (∃...) φ... · ~(∃....) φ.... ist eine Variable, deren Werte der folgenden Beschreibung genügen: ...... Hier kann man auch von einer 1 – 1 Relation gebrauch machen als Kriterium dafür daß in der rechten Klammer alle Buchstaben der linken stehen.

5 Die Beschreibung der Zeichen der Werte der Variablen ist immer nur 106 eine ä u ß e r l i c h e Beschreibung. Sie ist die Beschreibung des Zeichens und nicht des Symbols.

6 Ich glaube das einzige was bei einer solchen Beschreibung des Zeichens unbedingt erforderlich ist, ist daß man von einem jeden Zeichen muß sagen können ob es einen Wert der Variablen darstellt oder nicht.

4 so könnte ⟨ic...⟩ *–im MS gestrichener Zeilenanfang, ersetzt durch die eingerückte Viererklasse*

4 so könnte ich sagen⟨, daß⟩ diese Klasse gleichzahlig ist kann ich zeigen

5 die Namen in Paaren zusammenzufassen ⟨so daß ...⟩

7 Diese Möglichkeit ⟨des Zusammen...⟩

12 ⟨/⟩ *Randzeichen im MS gestrichen und ersetzt*

12 *Im MS:* (∃x, y z) · φx · φy · φz : ~(∃x, y, z, n) φx · φy · φz · φn *–Zeichensetzung im Text ergänzt*

20 Ich könnte etwa sagen in der ⟨linken⟩ Klammer kommen alle

29 Der ⟨Satz ...⟩

29 ist eine Variable⟨; ihre Wert...⟩

1 ?/ Ich sagte daß jeder Symbolismus solche Beschreibungen voraussetzt. Wenn etwa Russell das Zeichen ($\exists$x etc.) einführt so kann er nicht alle Zeichen ($\exists$x) etc, ($\exists$x, y) etc, ($\exists$x, y, z) etc ad infinitum einführen sondern er gibt e i n e Regel die wir verstehen müssen, eine syntaktische Regel.

2 ∫ Ich führe keinen neuen Grundbegriff ein wenn ich die Variable ($\exists$…) φ… · ~($\exists$….) φ…. konzipierte. Die Werte dieser Variablen sind ja wohlbekannt.

3 ∫ Können Unklarheiten und Widersprüche in der Beschreibung der Variablen vorkommen? Und wie sind sie zu vermeiden. Muß man hier 109
so vorgehen wie Frege? Hier scheinen noch Schwierigkeiten zu liegen

4 $(\exists x, y)\, \varphi x \cdot \varphi y \cdot \sim(\exists x, y, z)\, \varphi x \cdot \varphi y \cdot \varphi z \overset{\text{Def}}{=} \{\xi, \zeta\}\, \varphi(\xi)$
Diese Definition bedarf zu ihrem Verständnis wieder einer Erklärung, denn die interne Beziehung zwischen den beiden Seiten ist nicht unmittelbar klar. (Wir wissen nicht w o r a u f e s i n d i e s e n Z e i c h e n a n k o m m t)

5 Könnte man diese Beschreibungen nicht mit Hilfe von Operationen geben?

6 ∫ Ein einfacherer Fall:

$\varphi a \cdot \varphi b \overset{\text{Def}}{=} P_{a,b}(\varphi)$

$\varphi a \cdot \varphi b \cdot \varphi c \overset{\text{Def}}{=} P_{a;b,c}(\varphi)$

$\varphi a \cdot \varphi b \cdot \varphi c \cdot \varphi d \overset{\text{Def}}{=} P_{a,b,c,d}(\varphi)$

Nun will ich allgemein das variable Produkt P….(φ) definieren! Wie soll ich das machen?

Man könnte eine Operation hinschreiben:

$[\varphi a \cdot \varphi b = P_{a,b}(\varphi),\ — = P_{-}(\varphi),\ — \cdot\ \varphi\eta = P_{-,\eta}(\varphi)]$

7 ∫ Diese Operation ist offenbar nur eine ÄUSSERE Beschreibung der Zeichen.

Das Wesen der Sache muß ich dann – gleichsam – von selbst 111
verstehen. Denn die Operation gibt es mir nicht. Sie behandelt nämlich die Zeichen als ob sie sinnlos wären. Ich könnte ebensogut hinschreiben [$\exists$, –, – 0] und dies würde die Reihe $\exists$, $\exists$0, $\exists$00 etc darstellen die gar nichts heißt.

8 Ist das aber in Ordnung?

1 Ich sagte daß jeder Symbolismus ⟨eine …⟩
11 *Fehlerhafte Seitenzählung: die Nummer 107 wurde im MS übersprungen.*
14 $(\exists x, y)\, \varphi x \cdot \varphi y \cdot \sim(\exists x, y, z)\, \varphi x \cdot \varphi y \cdot \varphi z \overset{\text{Def}}{=} \{\langle x, y\rangle\}\, \varphi(\xi)$
20 ⟨($\exists$—)⟩ Könnte man diese Beschreibungen
32 Diese Operation ist offenbar nur eine ⟨äußerliche⟩ Beschreibung
37 dies würde die Reihe $\exists$, $\exists$0, $\exists$00 etc darstellen die ⟨gan…⟩

1 Die Glieder der Operationsreihe haben ja Bedeutung und ihre interne Verwandtschaft ist keine äußerliche Angelegenheit der Zeichen sondern eine Verwandtschaft der Bedeutungen. Dieser Verwandtschaft muß also eine Verwandtschaft der Symbole und nicht nur der Zeichen entsprechen. Muß nicht offenbar der Übergang von einem Zeichen zum nächsten ein sinnvoller Übergang sein?

2 Wie ist es mit der Operation die die Reihe $(\exists x)\,\varphi x,\ (\exists x, y)\,\varphi x \cdot \varphi y$, etc hervorbringt? Sie wäre:

$$[(\exists x) \cdot \varphi x,\ (-)\,-,\ (-, \xi)\,- \cdot\, \varphi\xi]$$

3 Aber hier ist eine Schwierigkeit darin daß ich nicht ausgedrückt habe daß das hinzukommende ξ von allen früheren Zeichen verschieden sein 113 muß. Ist das nicht eine fundamentale Schwierigkeit?

4 Definitionen:

$$(\exists x, y)\,\varphi x \cdot \varphi y \overset{\text{Def}}{=} (\exists \alpha, \alpha)\,\varphi\alpha$$

$$(\exists x, y, z)\,\varphi x \cdot \varphi y \cdot \varphi z \overset{\text{Def}}{=} (\exists \alpha, \alpha, \alpha)\,\varphi\alpha$$

allgemein:

$$[(\exists x, y)\,\varphi x \cdot \varphi y = (\exists \alpha, \alpha)\,\varphi\alpha,\ (\exists -) \cdot - = (\exists -)\,\varphi\alpha,\ (\exists - \xi) \cdot - \cdot\, \varphi\xi = = (\exists -, \alpha)\,\varphi\alpha]$$

Dann wäre die allgemeine Form von

$$(\exists \alpha)\,\varphi\alpha,\ (\exists \alpha, \alpha)\,\varphi\alpha, \text{etc:}$$

$$[(\exists \alpha)\,\varphi\alpha,\ (\exists -) \cdot \varphi\alpha,\ (\exists -, \alpha) \cdot \varphi\alpha]$$

5

$$(\exists \alpha)\,\varphi\alpha \cdot \sim(\exists \alpha, \alpha) \cdot \varphi\alpha = (N\alpha)\,\varphi\alpha$$

$$(\exists \alpha, \alpha)\,\varphi\alpha \cdot \sim(\exists \alpha\alpha\alpha)\,\varphi\alpha = (N\alpha, \alpha)\,\varphi\alpha$$

$$[(\exists \alpha)\,\varphi\alpha \cdot \sim(\exists \alpha, \alpha) \cdot \varphi\alpha = (N\alpha)\,\varphi\alpha,\ (\exists -)\,\varphi\alpha \cdot \sim(\exists -)\,\varphi\alpha = = (N-)\,\varphi\alpha,\ (\exists -, \alpha)\,\varphi\alpha \cdot \sim(\exists -, \alpha)\,\varphi\alpha = N(-, \alpha)\,\varphi\alpha]$$

So wäre das Zeichen $N(\ldots)\,\varphi\alpha$ einzuführen.

6 Die Allgemeine Form der Zahlenaussage wäre dann:

$$[(N\alpha)\,\varphi\alpha,\ (N-)\,\varphi\alpha,\ (N-, \alpha)\,\varphi\alpha]$$

7 / Erinnern wir uns: In der Arithmetik kommt die Zahl allein ohne den Begriff vor zu dem sie gehört. Dann ist sie aber doch ein unvollständiges Zeichen. Aber so kommt sie ja auch nie in einem Satz vor; im Satz ist 115 sie immer mit einem Begriff verbunden, kein Satz handelt von der Zahl: 4. In der Arithmetik aber wo die Zahlen für sich vorkommen stehen sie aber auch nicht in Sätzen.

8 / Das Zahlzeichen ist ein Schema und ist in der Arithmetik aus seinem Zusammenhang gerissen.

1 Die Glieder der Operationsreihe ⟨s…⟩
8 Wie ist es mit der Operation ⟨R…⟩
18 $(\exists x, y, z)\,\varphi x \cdot \varphi y \cdot \varphi z \overset{\text{Def}}{=} (\exists \alpha, \alpha, \alpha)\,\varphi\alpha.$ ⟨etc.⟩
20 $[(\exists x, y)\,\varphi x \cdot \varphi y\langle, \ldots\rangle$
39 In der Arithmetik aber wo die Zahlen für sich ⟨f…⟩
42 Das Zahlzeichen ist ein Schema und ist ⟨aus s…⟩

1 $[(N\alpha)\ \varphi\alpha,\ (N-)\ \varphi\alpha,\ (N-,\alpha)\ \varphi\alpha] \overset{\mathrm{Def}}{=} (\alpha,-,-,\alpha)\ \varphi\alpha$

2 Dann könnte man die Funktion „$(\alpha,-,-,\alpha)\ (\ )$" die allgemeine Form der Zahl nennen. Die leere Klammer deutet an daß es sich um das Gemeinsame aller Zahlen*aussagen* handelt.

3 / Die Zahlen sind Bilder der Begriffsumfänge.

4 / Man kann fragen hat denn die Zahl wesentlich etwas mit einem Begriff zu tun? Ich glaube das kommt darauf hinaus zu fragen ob es einen Sinn hat von einer Anzahl von Gegenständen zu reden die nicht unter einen Begriff gebracht sind. Heißt es z.B. etwas zu sagen: „a und b und c sind 117
3 Gegenstände"? Ich glaube, offenbar, nein! Es ist allerdings ein Gefühl vorhanden das uns sagt: Wozu von Begriffen reden; die Zahl hängt ja nur vom *Umfang* des Begriffes ab und wenn der einmal bestimmt ist, so kann der Begriff sozusagen abtreten. Der Begriff ist nur eine Methode um einen bestimmten Umfang zu bestimmen, der Umfang aber ist selbständig und in seinem Wesen unabhängig vom Begriff; denn es kommt ja auch nicht darauf an durch welchen Begriff wir den Umfang bestimmt haben. Das ist das Argument für die extensionale Auffassung. Dagegen kann man zuerst sagen: Wenn der Begriff wirklich nur ein Hilfsmittel ist um zum Umfang zu gelangen, dann hat der Begriff in der Arithmetik nichts zu suchen; dann muß man eben die Klasse gänzlich von dem zufällig mit ihr verknüpften Begriff scheiden. Im umgekehrten Fall aber ist der vom Begriff unabhängige Umfang nur eine chimaire und dann ist es besser von ihm überhaupt nicht zu reden sondern nur vom Begriff.

5 $\varphi a \cdot \varphi b \cdot \varphi c \cdot \varphi d \overset{\mathrm{Def}}{=} (a,b,c,d) \cdot \{\varphi(\ )\}$ 119

Könnte ich nun nicht das unvollständige Zeichen $(a,b,c,d) \cdot \{\ \}$ den Umfang des Begriffes ξ nennen für den $(a,b,c,d) \cdot \{\xi(\ )\}$ wahr wird?

6 Die Zahl $(\alpha\alpha\alpha\alpha)$ wäre dann das allgemeine Schema des Umfangs $(a,b,c,d) \cdot \{\ \}$

7 / Man könnte nun den Begriffsumfang wie einen Gegenstand betrachten dessen Name ja auch nur im Satzzusammenhang Sinn hat. „a und b und c und d" hat allerdings keinen Sinn; das ist kein Satz. Aber „a" ist ja auch kein Satz.

1 $[(N\alpha)\ \varphi\alpha,\ (N-)\ \varphi\alpha,\ (N-,\alpha)\ \varphi\alpha] \overset{\mathrm{Def}}{=} \langle N\rangle(\alpha,-,-,\alpha)\ \varphi\alpha$
10 Ich glaube das kommt darauf hinaus zu fragen ob es ⟨S…⟩
14 Wozu von Begriffen reden⟨. Die⟩ Zahl hängt ja nur vom *Umfang*
16 so kann der Begriff sozusagen abtreten. Der Begriff ⟨dient …⟩
23 in der Arithmetik nichts zu suchen⟨. Dann⟩ muß man eben die Klasse
30 Könnte ich nun nicht das unvollständige Zeichen ⟨(α …⟩
37 einen Gegenstand betrachten dessen Name ja auch nur im ⟨Zus…⟩
38 Satzzusammenhang Sinn hat. „a und b und c und d" ⟨ist all…⟩

1 ∫ Hat es nun aber einen Sinn eine beliebige Form eines Begriffsumfangs hinzuschreiben etwa (a, g, i, u) · { }, wo die Buchstaben in der Klammer Namen von bestimmten Gegenständen sein sollen, wenn ich gar nicht weiß ob diese Gegenstände „unter einen Hut zu bringen“ sind?

Kann man darauf nicht antworten: Daß ein Name Bedeutung hat setzt voraus daß er in einem Satz Sinn hat; d.h. die Namen könnte man 121
eigentlich schreiben ξ(a), ξ(i), ξ(u) etc. wo ξ eine variable Funktion ist. Dann aber muß auch das Zeichen für den Begriffsumfang immer zulässig sein.

2 ∫ Folgt nun daraus nicht daß, wenn ich aus den Schemata für die Begriffsumfänge, den Zahlen, nach irgendwelchen Regeln neue solche Schemata bilde, daß diesem Übergang von der einen Zahl zur anderen auch ein möglicher Übergang in den Begriffsumfängen entsprechen muß da ich ja in meinen Zeichen gerade mit dem W e s e n t l i c h e n operiere.

3 ∫ Wie muß nun z.B. die Regel für die Bildung der Summe zweier Zahlen lauten?

4 Wenn ich zwei Umfänge u_1, u_2 habe so ist es offenbar daß das Zeichen (u_1, u_2) { } einen Sinn hat, m e r k w ü r d i g e r w e i s e ohne daß ich irgend eine Konvention über die Addition von Begriffsumfängen |vorher| festgesetzt habe.

5 Ich habe einen instinktiven Wunsch nur mit den Begriffsumfängen zu operieren und von den Funktionen keine Notiz in der Arithmetik zu 123
nehmen.

Ich möchte es den Operationen mit den Zahlen dann selbst überlassen etwas zu bedeuten.

6 / Jede Zahl kann man auffassen als aus mehreren anderen bestehend. [Dieser Satz schaut dümmer aus als er ist]

7 (Die russische Rechenmaschine)

8 / Es scheint mir |nämlich| daß die Zerlegung einer Zahl in ihre Summanden eine unmittelbar einleuchtende Operation ist und nicht einer Einführung auf dem Umweg über Operationen mit Wahrheitsfunktionen bedarf

Es scheint mir also als ob man direkt sagen könnte „Siehst Du, |||| besteht aus || und ||“.

12 für die Begriffsumfänge, den Zahlen, ⟨durch irgendwelche⟩ Regeln
15 da ich ja ⟨mit⟩ meinen Zeichen gerade mit dem W e s e n t l i c h e n
17 Wie muß nun ⟨di…⟩
26 zu operieren und von den Funktionen ⟨in der …⟩
31 als aus mehreren anderen bestehend⟨, – dieser⟩ Satz

1 Kann ich denn aus beliebigen Dingen einen Umfang bilden, ist es denn sicher daß es eine Funktion gibt deren Umfang er ist? Sätze die mit solchen beliebigen Umfängen gebildet werden, werden im allgemeinen nicht wahr sein aber es sind immer Sätze. Denn wenn es auch nicht wahr ist daß die Gegenstände a, b, c den Umfang irgend einer Funktion 125 bilden so hat doch der Satz $(a, b, c)\,\{\varphi(\ )\}$ Sinn.

2 ∫ Die Definition des Begriffsumfangs die ich oben gegeben habe stimmt übrigens gar nicht, sie müßte etwa lauten:

$$\varphi a \cdot \varphi b \cdot \varphi c \cdot {\sim}(\exists\, x, y, z, u) \cdot \varphi x \cdot \varphi y \cdot \varphi z \cdot \varphi u = (a, b, c)\,\{\varphi(\ )\}$$

3 Es hat gewiss Sinn von jedem Begriff zu sagen daß er z.B. 4 Gegenstände umfaßt auch wenn er nicht 4 Gegenstände umfaßt. Insofern muß jedes Umfangszeichen erlaubt sein.

4 Wenn nun z.B. zwei Umfänge ganz außerhalb einander liegen so zeigt sich das in ihren Zeichen und wir brauchen ja dürfen zu dieser Konstatierung nicht auf die Begriffe zurückgehen da wir eben nicht wissen ob es solche Begriffe überhaupt gibt.

5 Zwischen den Begriffsumfängen werden viel mehr interne Relationen bestehen die man erweiterte Identitäten nennen könnte.

Man könnte etwa schreiben $(a, b, c) \overset{a}{=} (a, e, f)$ d.h., die beiden 127 Umfänge sind in bezug auf a identisch.

6 ∫ Brauche ich jetzt nicht Zeichen für die allgemeine Form der Umfänge: die ein Glied gemeinsam haben, die kein Glied gemeinsam haben, von denen der eine den anderen ganz enthält, etc.?

7 ∫ Die Summe zweier Umfänge ist doch ein Umfang der die beiden anderen enthält und sonst kein Glied. Wie soll das ausgedrückt werden?

8 ∫ Dann brauche ich eine Art Definition die besagt daß ein gewisses Zeichen als Wert einer gewissen Variablen gebraucht wird.
Etwa $n \in (\alpha, -, - \cdot \alpha)$ was etwa besagt daß ich „n“ als Zahlzeichen verwenden werde.

9 ∫ Könnte man etwa festsetzen daß Umfänge die ganz außerhalb einander liegen |einfach| durch verschiedene Buchstaben benannt werden sollen; dagegen solche die gemeinsame Glieder haben durch gemeinsame Indexe als solche bezeichnet werden sollen.

12 ⟨∫⟩ *Randzeichen im MS gestrichen*
14 Insofern muß jedes ⟨Zeichen für Begriff…⟩
16 ⟨∫⟩ *Randzeichen im MS gestrichen*
24 etwa schreiben $(a, b, c) \overset{a}{=} (a, e, f)$ d.h., die beiden Umfänge ⟨a…⟩
31 und sonst kein Glied. Wie ⟨sollt…⟩
38 Könnte man etwa festsetzen daß Umfänge die ⟨in…⟩

1 $u_1 = (a\ldots)$ würde heißen u_1 enthält a 129
$u_1 = (u_2\ldots)$ u_1 enthält u_2
$u_1 = (u_2, u_3, \ldots)$ u_1 enthält u_2 und u_3
$u_1 = (u_2, u_3)$ u_1 ist die Summe aus u_2 und u_3 etc.

2 $(\alpha\alpha\alpha\alpha) = ((\alpha\alpha\alpha)\ (\alpha))$
$\alpha\alpha\alpha\alpha\alpha\alpha = ((\alpha\alpha)\ (\alpha\alpha)\ (\alpha\alpha)) = \alpha\alpha\alpha \times \alpha\alpha$

3 $(n) = \alpha \times n$
$(n, n) = \alpha\alpha \times n$
– – – – – –
$[(n) = \alpha \times n,\ (-) = - \times n,\ (-, n) = - \alpha \times n]$
Das gäbe die Definition der Multiplication.

4 $[(n) = 1 \times n,\ (-) = - \times n,\ (-, n) = -, 1 \times n] = m \cdot n$

5 / Es ist merkwürdig daß man im Fall der Tautologien und Contradiktionen wirklich von Sinn und Bedeutung im Sinne Freges reden könnte.

6 / Wenn man die Bedeutung der Tautologie ihre Eigenschaft eine Tautologie zu sein nennt dann kann man den Sinn der Tautologie die Art und Weise nennen wie hier die Tautologie zustande kommt. Das 131
gleiche für die Contradiktion.

7 Wenn man wie Ramsey vorschlägt das Zeichen „=“ so erklärt daß

$$\xi = \xi \stackrel{\text{Def}}{=} \text{Tautologie},\ \xi = \eta \stackrel{\text{Def}}{=} \text{Contradiction}$$

ist, dann kann man sagen daß hier die Tautologie und die Contradiction keinen „Sinn“ haben.

8 / Wenn also die Tautologie dadurch etwas zeigt daß gerade dieser Sinn diese Bedeutung ergibt, so zeigt die Tautologie bei Ramsey nichts, denn sie ist Tautologie ex definitione.

2 *Im MS:* u_1 $(u_2, u_3, \ldots)$ *–Zeichensetzung im Text ergänzt*
6 $\langle u_1 = (u_2, u_2) = u \times u_2\rangle$ $(\alpha\alpha\alpha\alpha) = ((\alpha\alpha\alpha)\ (\alpha))$
7 $\langle u_1 = (u_2, u_2, u_2)\rangle$
9 $\langle n = ()\rangle$ $(n) = \alpha \times n$
12 $[(n) = \alpha \times n,\ (-) = \langle(\ldots\rangle$
21 ⟨In …⟩

1 Ramsey schlägt vor den Satz daß unendlich viele Gegenstände eine Funktion befriedigen dadurch auszudrücken daß er alle Sätze verneint von der Form:

$\sim(\exists\, x)\, \varphi x$

$(\exists\, x)\, \varphi x \cdot \sim(\exists\, xy)\, \varphi x \cdot \varphi y$

$(\exists\, xy)\, \varphi x \cdot \varphi y \cdot \sim(\exists\, xyz)\, \varphi x \varphi y \varphi z)$

etc

Aber nehmen wir nun an daß es nur 3 Gegenstände gibt d.h. daß nur 3 Namen Bedeutung haben. Dann können wir den vierten Satz der Reihe gar nicht mehr hinschreiben denn es hat dann keinen Sinn zu schreiben

$\sim(\exists\, xyzn)\, \varphi x\, \varphi y\, \varphi z\, \varphi n$

2 eine Funktion befriedigen *–im MS am linken Rand mit zwei vertikalen Strichen markiert*

2 eine Funktion befriedigen dadurch auszudrücken ⟨daß er …⟩

8 Aber nehmen wir nun an daß es nur ⟨2⟩ Gegenstände gibt

9 d.h. daß nur ⟨2⟩ Namen Bedeutung haben.

9 Dann können wir den ⟨dritten⟩ Satz der Reihe gar nicht mehr

12 *Das Ende vom* „I. Band Philosophische Bemerkungen“, *unmittelbare Fortsetzung des Textes folgt im* „II. Band“.

II. Band

1 *Ich möchte wissen, ob diese Arbeit die richtige für mich ist.* 4

2 *Ich bin dabei interessiert aber nicht begeistert.*

3 *Es ist merkwürdig, welche Erleichterung es mir ist, manches in einer geheimen Schrift nieder zu schreiben, was ich nicht gerne lesbar schreiben möchte.*

4 *Irgendwie sehe ich meine gegenwärtige Arbeit als provisorisch an. – Als ein Mittel zum Zweck.*

5 ?/ Durch die Verneinung aller Sätze jener Reihe komme ich also nicht zum Unendlichen. 1

6 / In wiefern setzt eine Notation für das Unendliche den unendlichen Raum oder die unendliche Zeit voraus?

7 / Ein unendlich großes Stück Papier wird natürlich nicht vorausgesetzt. Wohl aber seine Möglichkeit?

8 × Wie ist es mit der Unendlichkeit des Raumes; setzt sie unendlich viele Gegenstände voraus?
Ich glaube nein.
Worin besteht aber diese potentielle Unendlichkeit

9 / Wir können uns doch eine Notation denken die statt im Raum, in der Zeit fortschreitet. Etwa die Rede. Auch hier können wir uns doch offenbar das Unendliche dargestellt denken. Und dabei machen wir doch gewiss keine Hypothese über die Zeit. Sie erscheint uns essentiell als unendliche Möglichkeit. 3
Und zwar offenbar unendlich nach dem was wir über ihre Struktur wissen

10 × Müssen wir gleichsam in unserem Kopf die Möglichkeit der unendlichen Notation haben? Was denken wir wenn wir Grenzenlosigkeit denken?

1 *Die Tagebucheinträge auf den Versoseiten (siehe auch die Anmerkung im Bd. I, S.2), die hier in einem Code geschrieben sind, werden wie im Band I nicht fortgesetzt. Auf der Seite 6 erfolgt der Hinweis:* Anschluß an die letzte Rectoseite!
11 *Die folgenden zwei Bemerkungen sind im MS am linken Rand mit je zwei vertikalen Strichen markiert.*
17 ⟨×⟩ *Randzeichen im MS gestrichen und ersetzt*
34 Was denken wir wenn wir ⟨an …⟩

1 $(\exists\varphi) : \varphi(x, y) \equiv_{x,y} fx \cdot gy : \varphi(x, y) \supset_{x,y} \sim(\exists z) \cdot \varphi(x, z) \vee \varphi(z, y)$ 2

$(\exists\varphi) : f(x) \supset_{x} (\exists y) \cdot g(y) \cdot \varphi(xy) \cdot$

$\cdot\, g(x) \supset_{x} (\exists y) \cdot f(y) \cdot \varphi(yx) \cdot$

und $(\cdot\, \varphi(x, y) \supset_{xy} \sim(\exists z) \cdot \varphi(xz) \vee \varphi(z, y) \cdot (x) \sim\varphi(xx)?)$

$fa \supset ga \cdot (a \neq a \cdot a \neq a) \vee gb \cdot (a \neq a \cdot b \neq b) \vee \ldots$

$fb \supset ga \cdot (b \neq b \cdot a \neq a) \vee gb \cdot (b \neq b \cdot b \neq b) \vee \ldots$

fc ⊃ – – – – – – – –

– – – – – – – und

und $ga \supset fa(a \neq a \cdot a \neq a) \vee fb(b \neq b \cdot a \neq a) \vee \ldots$ $\bigvee$

$\bigvee$ $fa \supset ga \cdot (a = a \cdot b = a) \vee gb \cdot (a = a \cdot b = b) \vee gc \cdot (a = a \cdot b = c) \vee \ldots$

$fb \supset ga \cdot (b = a \cdot b = a) \vee gb \cdot (b = a \cdot b = b) \vee \ldots$

fc ⊃ – – – – – –

– – – – – –

g – – – $\bigvee$

$\bigvee$ $fa \supset ga \cdot (a = a \cdot b = a .\vee.\ a = c \cdot d = a) \vee gb \cdot (a = a \cdot b = b .\vee. \ldots$

$\bigvee$ – – – –

2 / Es ist doch gewiss unmöglich, daß die Mathematik von einer Hypothese über den physikalischen Raum abhängen sollte! Und der Gesichtsraum ist doch in diesem Sinne nicht unendlich. 3

Und wenn es sich nicht um die Wirklichkeit sondern nur um die Möglichkeit der Hypothese vom unendlichen Raum handelt so muß doch diese Möglichkeit irgendwo vorgebildet sein.

3 $u \equiv f \cdot v \equiv g \supset_{u,v} (\exists R)\ u\ R\ v$

In dieser Summe sind erst eine Reihe von Gliedern in denen u oder v nicht auf f bezw. g passen; in diesem Falle kann die rechte Seite t oder c sein, die Implication stimmt immer, weil die linke Seite falsch ist. 5 Endlich kommt der Fall wo u auf g und v auf f passt und nun ist die linke Seite entweder t dann ist der Satz richtig oder c dann ist er falsch.

Was aber heißt es daß u auf f paßt? Ist das ein Satz? – Dieser Satz würde etwa ausgedrückt durch:

$x = a \ \vee\ x = b \ \vee\ x = c \equiv_{x} fx$

das heißt aber soviel wie

$fa \equiv t \cdot fb \equiv t \cdot fc \equiv t \cdot fd \equiv \text{cont.} \ldots$

1 *Die Bemerkung ist eine Marginalie zur gegenüberliegenden Rectoseite 3*

1 ⟨$(\exists\varphi) : \varphi(x, y) \equiv_{x,y} fx \cdot gy : \varphi(x, y) \supset_{x,y} \sim(\exists z) \cdot \varphi(x, z) \vee \varphi(z, y)$⟩

6 ⟨$\cdot \sim(\exists x) \cdot fx \cdot gx$⟩

26 nur um die Möglichkeit ⟨des Unendlichen …/der unendlichen …/⟩

30 eine Reihe von Gliedern in denen u ⟨und⟩ v nicht auf f bezw.

32 t oder c *– Tautologie oder Kontradiktion*

1 Die alte Schreibweise war 5

$fa \cdot fb \cdot fc \cdot \sim(\exists xyzn) \cdot fx \cdot fy \cdot fz \cdot fn$

und die neue Schreibweise wäre

$fa \equiv t \cdot fb \equiv t \cdot fc \equiv t \cdot fd \equiv cont \cdot fe \equiv cont$ etc

das heißt aber einfach:

$fa \cdot fb \cdot fc \cdot \sim fd \cdot \sim fe$ etc

$fa \cdot fb \cdot \sim fc \cdot \sim fd \ldots \cdot ge\ gh \cdot \sim gi \cdot \sim gl \supset (\exists R)(a, b)\ R\ (e, h)$

3 ?/ D.h. f und g sind ähnlich wenn ihnen ähnliche Extensionen passen. – Wie aber zeigt man die Ähnlichkeit der Extensionen? So: Ich stelle eine Regel auf nach der ich je zwei Extensionen auf ihre Ähnlichkeit prüfen 7 kann, durch eine Zuordnung die ich an den Zeichen tatsächlich vollziehe. Diese Zuordnung ist nach einer gewissen Regel gebaut und diese Regel muß die formale Reihe enthalten, oder sagen wir die *allgemeine Form* dieser Zuordnung also die VARIABLE ZUORDNUNG

4 In der Erklärung der Zuordnung R welche $1 \rightarrow 1$ sein soll kommen Umfänge u und v vor, dies sind die Werte einer Formenreihe, dargestellt durch die Werte, etwa, zweier variabler Funktionen φ und ψ welche eine Formenreihe durchlaufen.

Die allgemeine Form der obigen Zuordnung kommt dadurch zu Stande, daß u und v die Werte einer vorausbestimmten *allgemeinen Form* durchlaufen. Unter diesen Werten passen einige in die $1 - 1$ Relation andere nicht. Die passenden werden von den nichtpassenden geschieden indem durch die Zuordnung mit Hilfe des „=" die nicht zuordenbaren durch ein c und die anderen durch ein t charakterisiert werden.

5 Ich habe die Umfänge 9

$abc\,[x = a \lor x = b \lor x = c]$

und

$def\,[x = d \lor x = e \lor x = f\,]$

und nun probiere ich Zuordnungen von einer bestimmten allgemeinen Form nämlich

$x = r \cdot y = s$

dann $x = r \cdot y = s \lor x = u \cdot y = v$

dann $x = r \cdot y = s \lor x = u \cdot y = v \lor x = t \cdot y = w$ etc

6 Das Passen einer solchen Zuordnung zeigt sich dadurch, daß die Combinationen der allgemeinen Umfangsformen und der allgemeinen Relationsform in gewissen Fällen ein t in anderen ein c ergeben.

Aber um diese Formen überhaupt allgemein combinieren zu können, braucht es schon ein allgemeines Gesetz, aber dieses allgemeine Gesetz besagt einfach daß man die Variable alle Werte durchlaufen lassen muß. Diese Werte sind gleichsam Links durch die gewisse Knopflöcher zusammengehalten, gekuppelt, werden.

9 *Im MS ein Absatz, durch ein Randzeichen als eigenständige Bemerkung gekennzeichnet.*

19 Funktionen φ und ψ ⟨die⟩ eine Formenreihe durchlaufen.

45 Links *–engl. links: Verbindungsstücke, Bindeglieder*

1 a b c Das sind die Knopflöcher; die Relation ist dann eine Klasse 11
0 0 0 von Links die auf jedem Knopf eine Aufschrift tragen. „Passen"
0 0 0 heißt, daß die Aufschrift auf dem Knopf mit der auf dem
d e f Knopfloch übereinstimmt; und umgekehrt.

Die Vorschrift lautet knöpfe alle Links in die Löcher; versuche sie in einer gewissen Reihenfolge damit keine Kombination unversucht bleibt; paßt dann eine Klasse von Knöpfen dann sind die Klassen der Knopflöcher ähnlich. Die ALLGEMEINE FORM tritt dann erstens in der allgemeinen Form der Klasse von Knöpfen auf und zweitens in der Fixierung der Reihenfolge der Versuche.

2 ✶ Ist die Unendlichkeit nur eine Unbestimmtheit?

3 ?/ $f \equiv u \cdot g \equiv v \supset_{u,v} (\exists R)\, u\, R\, v$
$fa \cdot {\sim}fb \cdot {\sim}fc \ldots gr \cdot {\sim}gs \cdot {\sim}gt \ldots \supset - - -$
$fa \cdot fb \cdot {\sim}fc \cdot {\sim} \ldots \cdot gr \cdot gs \cdot {\sim}gt \cdot {\sim} \ldots \supset - - -$
— — — — — —

4 ?/ Es werden hier zwar alle R für jede Zeile probiert aber die linke Seite bestimmt schon, welches R allein paßt. Die anderen sind gleichsam Abfall. Es kommt auf dasselbe hinaus ob ich gleich das passende R konstruiere; – bezw. sage daß keines paßt – oder ob ich alle konstruiere und das passende auszeichne; – ein Kriterium für das passende habe. 13

Wenn man probiert, macht man eben alles auf bestimmte Weise von der linken Formenreihe abhängig.

5 Wir können uns ja auch eine logische Summe denken:
[hier bedeutet (E-) es gibt n u r]

$(Ex)\, \varphi x \cdot (Ex)\, \psi x \vee$
$\vee\ (Ex, y)\, \varphi x \cdot \varphi y \cdot (Exy)\, \psi x \cdot \psi y$
$\vee\ (Ex, y, z)\, \varphi x \cdot \varphi y \cdot \varphi z \cdot (Exyz)\, \psi x\, \psi y\, \psi z \vee$
$\vee$ (Exyzn etc.

Und das könnte man schreiben: $(En)\, n\varphi \cdot n\psi$ und hier enthält das n die Formenreihe oder ist die variable Form.

6 / Wir können also um die Verwendung der variablen Form nicht herumkommen. Sie wird in der von Ramsey vorgeschlagenen Notation zwar auf gewisse Arten von Formenreihen eingeschränkt aber sie m u ß auch dort auftreten und macht alle Gebilde in denen sie vorkommt zu Formenreihen. 15

7 ✶ (Was zu verstehen ist muß auch auszudrücken sein)

3 die Aufschrift auf ⟨den Knöpfen⟩ mit ⟨denen⟩ auf ⟨den …⟩
22 ob ich gleich das passende R konstruiere⟨ ()
23 das passende auszeichne⟨. (Ein⟩ Kriterium für das passende
29 ⟨(∃x)⟩ $\varphi x \cdot (Ex)\, \psi x \vee$
30 $\vee$ (Ex⟨)…⟩
38 in der von Ramsey vorgeschlagenen Notation zwar ⟨sch…⟩
38 auf gewisse ⟨F…⟩
39 sie m u ß auch dort auftreten und ⟨drückt allen Gebilden …⟩

1 ✳ (a, b, c, d) Wer das Zeichen richtig versteht, der weiß daß es auch so: ((a, b), (c, d)) aufgefaßt werden kann.

2 × Was heißt das: φa · φb · φc = (φa · φb) · φc
Die beiden Ausdrücke sind doch derselbe Satz. Wenn man sie verschieden schreibt so kann das nur andeuten wollen daß φa · φb · φc aus φa · φb und φc erhalten werden kann.

3 ?/ Wie verwendet man eigentlich „2 + 2 = 4" Kann ich daraus schließen, daß, wenn ich 2 Äpfel in der einen Hand und 2 Äpfel in der andern Hand halte, daß ich dann 4 Äpfel in beiden habe? – Ich glaube, nein. Sondern erst wenn ich weiß daß ich zwei Äpfel und noch zwei andere in beiden Händen habe kann ich statt dessen nach der Gleichung sagen ich habe 4 Äpfel in den Händen. Das ist ein sehr wichtiger Punkt! 17

4 × Ich habe immer noch nicht das Associationsgesetz für die Addition bewiesen. Und darin scheint eine Schwierigkeit zu liegen weil es so fundamental ist. – Es kommt darauf an ob man die Zahl als Summe von Einheiten auffaßt oder als ein Schema in dem die Einheiten nicht durch Addition verbunden sind. Also als 1 + 1 + 1 + 1 .... oder |||| ..... Oder ist das „+" nur wie ein Beistrich. Ich möchte daß es unmittelbar einleuchtet daß man in 1 + 1 + 1 + 1 + 1 jede beliebige Gruppe als Zahl auffassen kann. Ja, wenn das nicht unmittelbar zu sehen ist, wie kann ich es deutlicher machen; d.h. wie sieht das aus was dann im Beweis einleuchtet.

5 ✳ Das hängt damit zusammen daß ich die Anzahl aus der 1 durch Addition entstehen lasse was vielleicht nicht wesentlich ist; könnte man nicht eine Form (|||| ...) beschreiben ohne sie als Glied einer bestimmten Reihe aufzufassen. Ich könnte ein Zeichen „(||||)" auch beschreiben indem ich sage es ist eine Reihe vertikaler Striche zwischen Klammern.

1 Wer das Zeichen richtig versteht ⟨und⟩ weiß ⟨auch ...⟩
9 Wie verwendet man eigentlich „2 + 2 = 4" ⟨Wann ...⟩
10 Äpfel in der einen Hand und 2 Äpfel in der ⟨anderen⟩ Hand halte,
13 und noch zwei andere in ⟨den⟩ Händen habe
23 wenn ⟨es⟩ nicht unmittelbar zu sehen ist,
27 *Im MS ein Absatz, durch ein Randzeichen als eigenständige Bemerkung gekennzeichnet.*
30 Ich könnte ein Zeichen ⟨vo...⟩

1 × Wenn die Zahl durch Addition erzeugt wird so entsteht eigentlich ein Gebilde: 19

$((((1)+1)+1)+1)+1$ etc also ein Ausdruck der Klammern haben müßte. Das ist aber nicht was ich will ein Ausdruck „|||||“ soll keinerlei Klammern voraussetzen. Dann wird er aber durch eine Operation $(1, -, -1)$ wirklich rein äußerlich beschrieben, denn wenn die Operation „-1“ d.h. das hinzusetzen einer neuen Einheit an sich sinnvoll sein soll, dann muß die neue Einheit zu der ganzen schon bestehenden Zahl addiert werden und dann haben wir eben einen Klammerausdruck. Aber hier gibt es doch noch eine andere Auffassung: Die Operation zeigt die Relation von ||| zu |||| etc. sie führt von einem zum andern und diese interne Relation hat doch gewiss Bedeutung. Wohl; nur ist dann die Operation nicht einfach die der Addition. Wir könnten uns ja zuerst durch Addition eine Reihe

$1,\ ((1)+1),\ (((1)+1)+1)$, etc erzeugt denken und dann die Klammern weglassen. Aber auch das heißt nichts denn wo das Zeichen „+“ steht muß zu i r g e n d e i n e r Zahl addiert werden. Und das hieße 21 daß es ein amorphes Zeichen $1+1+1+1$ wie ich es mir dachte nicht geben kann; mit anderen Worten daß man das „+“ Zeichen nicht als Beistrich gebrauchen darf.

2 × Wie würde man zeigen daß $n+m=m+n$ ist man würde zeigen daß wenn man die Summe als ein Zeichen |||| … schreibt beidemale dasselbe Zeichen entsteht. Wie soll man aber so etwas allgemein zeigen. Es ist sehr einfach in jedem einzelnen Fall.

3 × Wenn „m“, „n“, „o“ für Zeichen von der Form $(|, -, -|)$ stehen dann ist es unmittelbar klar daß (m n o) auch für so ein Zeichen steht.

4 × Ist es nicht ferner klar daß (mn) und (nm) dasselbe Zeichen sind?

4 Das ist aber nicht was ich will ein Ausdruck⟨: …⟩
22 Wie ⟨wird⟩ man zeigen daß $n+m=m+n$ ist
22 daß $n+m=m+n$ ist ⟨man …⟩
22 daß $n+m=m+n$ ist man ⟨wir…⟩
28 dann ist es unmittelbar klar daß ⟨(m, n, …⟩

1 / Eine fundamentale Frage: Wie kann ich wissen, daß „||||||||“ und „||||||||“ dasselbe ZEICHEN sind? Es genügt doch nicht daß sie ähnlich ausschauen? Denn es ist nicht die ungefähre Gleichheit der Gestalt was die Identität des Zeichens ausmachen darf sondern gerade eben die 23
Zahlengleichheit. – Ich bin nicht sicher ob das nicht eine Notation von der |||| … Art unmöglich macht.

Möglich wäre immer eine Notation: a b c d e wo zu sagen wäre daß die Reihenfolge der Buchstaben keine Rolle spielt. Die Buchstaben wären nur dazu da um eine Zuordnung zu ermöglichen.

Aber wie sollte ich dann sehen daß abc = efg ist. Brauche ich da nicht eine Zuordnung durch die Identität oder ein analoges Mittel? Wie könnte ich aber dann sicher sein daß 1 + | + | = 3 und 1 + | + | + 1 = 4 ist, denn hier kann ich auch nur |die Einsen| abzählen. Man könnte sagen 1 + 1 + 1 etc ist nicht EIN Zeichen sondern ein bestimmter sinnvoller Komplex von Zeichen. Aber als das muß ich dann eben auch |||| etc auffassen.

2 × Wird diese Frage akut wenn ich statt einer bestimmten Anzahl von Strichen etwa einen Buchstaben setze?

3 Ich würde sagen: Natürlich ist m n o die gleiche Zahl wie o n m weil es doch nur auf die Anzahl der Striche ankommt also nur auf das Vorkommen der gleichen Zahlen m, n und o.

4 Aber woher weiß ich, daß eben die Anzahl dieselbe sein wird. – 25
Angenommen ich habe den „m“, „n“ und „o“ bestimmte |||-Zeichen zugeordnet, und nun ändere ich die Reihenfolge von „m“, „n“, „o“, wer sagt daß das Zeichen nun nicht anders aussieht aber es HAT die gleiche Zahl darzustellen es HAT eben als diese Zahl von Strichen aufgefaßt zu werden; und diese Auffassung ist von vornherein bestimmt.

5 Wenn „a b c d“ vier bedeutet so muß zu diesem Zeichen noch hinzukommen daß das was an ihm bezeichnet das Gemeinsame aller Zeichen ist die sich – durch |1 – 1| Zuordnung – in einander übersetzen (übertragen) lassen.

Das hängt auch damit zusammen, daß wenn die Zahl ein Schema ist mit ihr auch ein Mittel gegeben sein muß zu sehen von welchem Umfang sie ein Schema ist. Denn wenn |||| eine Zahl darstellt und ich habe einen Umfang a b c d, wie weiß ich daß jenes Schema zu diesem Umfang gehört?

4 die ungefähre Gleichheit der Gestalt was die Identität ⟨der …⟩
6 ob das nicht eine Notation von der |||| … ⟨et…⟩
8 wo zu sagen wäre daß die Reihenfolge der ⟨zei…⟩
11 Brauche ich da nicht eine Zuordnung durch die Identität ⟨? …⟩
11 oder ⟨eine analoge …⟩
14 ist nicht EIN Zeichen sondern ein bestimmter ⟨so…⟩
21 ⟨?⟩ *Randzeichen im MS gestrichen*
25 ⟨?⟩ *Randzeichen im MS gestrichen*
29 aber es HAT die gleiche Zahl ⟨zu bedeuten …⟩
33 ⟨?⟩ *Randzeichen im MS gestrichen*
38 daß wenn die Zahl ein Schema ist mit ihr auch ⟨gegeben s…⟩

1 Man könnte vorschlagen die Zahl 4 zu schreiben x y z n und wenn ich dann einen Umfang a b c d habe dann setze ich um zu zeigen daß die Zahl auf den Umfang paßt x = a, y = b, z = c, n = d. 27

$()_x()_y()_z \quad x \rightarrow a \;\; y \rightarrow b \;\; z \rightarrow c$

a b c d e   a b c d e | | | | | |
x y x y z   x y z x y | || ||| |||| ||||| ||||||

2 ∗ Kann man sagen: Das Zeichen (|||||) hat wesentliche und unwesentliche Züge; so ist z.B. die Länge der Striche unwesentlich. Nun enthält dieses Zeichen z.B. die Zeichen ||| und || und da ist es wieder unwesentlich ob ich die ersten 3 Striche als ||| auffasse oder etwa die ersten zwei und den letzten: | | | | | etc. etc.
2
3

3 ∗ Ist nun die Gleichung mn = nm eine Definition oder ein „Lehrsatz"?
Ich glaube eine Definition. D.h. sie erklärt den Gebrauch der Zeichenverbindung mn und nm

4 ∗ Die Zeichen |||| etc. müssen in Sätzen gebraucht werden können wie die andern Zahlzeichen.

5 ∗ 2 + 2 = 4 erlaubt weiter nichts als die Substitution von 4 statt 2 + 2. Z.B. 29
im Satz: Ich habe 2 + 2 Äpfel in der Hand. (Alles andere tut die Logik.)

6 ∗ Angenommen ich sage jemandem: „Ich habe |||||| Äpfel". Kann er wenn er das Zahlzeichen versteht |darauf hin| noch fragen: „Stehen die ersten 4 Striche dieses Zeichens auch für 4 Äpfel und kann ich also aus dem Zeichen entnehmen daß Du auch 4 Äpfel hast?" – Mir scheint das versteht sich dann von selbst.

7 ?/ Man könnte auch sagen mn = nm ist weder eine Definition noch ein „Lehrsatz" sondern eine „Identität"; d.h. die beiden Zeichen rechts und links vom Gleichheitszeichen sind von vornherein in keiner Wesentlichen Beziehung verschieden. Etwa wie wenn ich schreiben würde a = a, wo das eine a zufälligerweise größer ist als das andere.

1 ⟨?⟩ *Randzeichen im MS gestrichen*
1 Man könnte vorschlagen ⟨de…⟩
11 und da ist es wieder unwesentlich ob ich die ersten ⟨||| …⟩
17 Ich glaube eine Definition. D.h. ⟨Sie erklär…⟩
20 müssen in Sätzen gebraucht werden können wie ⟨alle⟩ Zahlzeichen.
29 auch für 4 Äpfel und kann ich also aus dem ⟨Satz ent…⟩

1 \ Ist die primäre Zeit unendlich? D.h. ist sie eine unendliche Möglichkeit? Auch wenn sie nur so weit erfüllt ist als die Erinnerung reicht so sagt das keineswegs daß sie endlich ist. Sie ist in demselben Sinne unendlich in 31
dem der 3 dimensionale Gesichtsraum es ist auch wenn ich tatsächlich nur bis zu den Wänden meines Zimmers sehen kann. Denn was ich sehe präsupponiert die Möglichkeit eines Sehens in größere Entfernung. Das heißt ich könnte, was ich sehe korrekt nur durch eine unendliche Form darstellen.

2 * Kann man denn die Idee der unendlichen Reihe auf jedes beliebige Gebiet anwenden? Etwa auf Töne? Kann ich mir einen unendlich hohen oder einen unendlich tiefen Ton denken? Oder vielmehr kann ich mir denken daß die Tonleiter nach oben und unten beliebig weit verlängert werden könnte.

3 \? Ist es *möglich* sich die Zeit mit einem Ende zu denken; oder mit zwei Enden? Kann ich mir nicht den Tod als Ende *meiner* Zeit denken? Oder müßte ich sagen daß mein primäres Leben eine Insel in der Zeit ist?

1 ⟨?/⟩ *Randzeichen im MS gestrichen und ersetzt*
3 so sagt das keineswegs daß sie endlich ist⟨, …⟩
6 was ich sehe präsupponiert die Möglichkeit eines ⟨se…⟩
16 ⟨*⟩ *Randzeichen im MS überschrieben und ersetzt*
16 sich die Zeit mit einem Ende zu denken⟨? …⟩

1 \? Was bedeutet das „und so weiter in inf." welches in einem Zeichen 33
(1, –, – + 1) enthalten ist? Was setzt es voraus? Offenbar daß ich die angegebene Operation mit jedem Resultat der Operation ausführen kann.

D.h. daß mich nichts hindert, – z.B. – zu jedem Ausdruck eine weitere „1" zu setzen. Das heißt daß immer die logische Möglichkeit besteht (nicht daß ich es wirklich ausführen kann)

Irgendwie scheint nun diese Möglichkeit im Zeichen für die Operation selbst gegeben zu sein. Ich würde etwa sagen: Du siehst ja daß ich eine 1 vor etwas setzen kann (was es auch sei). – Dabei denke ich mir die Reihe der schon geschriebenen Einsen nach links geschoben so daß ich nur ihr rechtes Ende vor mir habe zu dem ich die weitere „1" hinzusetze.

Die linken Einser könnten auch verschwinden und der ganze Vorgang in die Zeit verlegt werden. Dann hätte ich das Gefühl: Das Grundlegende ist daß sich nichts ändert wenn ich in einem späteren Zeitpunkt stehe: Die Zeit ist homogen. Wenn ich in einem früheren Zeitpunkt eine „1" hinzufügen konnte, warum soll ich es in einem späteren nicht können? Der spätere ist ja ganz genau ebenso. Solange 35
Zeit Zeit ist kann ich es tun. (Wenn darin die Unendlichkeit der Zeit besteht – und so scheint es – dann setzt allerdings die Notation die Unendlichkeit der Zeit voraus)

Man könnte sagen: „Die Zeit ist durchaus homogen". Aber auch das ist irreführend, denn kann ich mir etwas anderes auch nur denken?

2 / Was jetzt geschehen kann, hätte auch früher geschehen können und wird immer in |der| Zukunft geschehen können, wenn die Zeit bleibt wie sie ist. Aber das hängt nicht von einer zukünftigen Erfahrung ab. Die Möglichkeit aller Zukunft hat die Zeit jetzt in sich.

Aber das alles heißt schon daß die Zeit nicht im Sinne der primitiven Auffassung der unendlichen Menge unendlich ist.

Und dasselbe gilt vom Raum. Wenn ich sage daß ich mir einen Zylinder unendlich verlängert denken kann so liegt das schon in seinem Wesen. Wieder im Wesen der Homogenität des Zylinders und des Raumes in dem er ist, /–/ und der eine setzt ja den anderen voraus, /–/ und diese Homogenität ist in dem endlichen Stück das ich sehe.

1 ⟨✶⟩ *Randzeichen im MS gestrichen und ersetzt*
6 – z.B. – zu jedem Ausdruck eine ⟨weite…⟩
6 – z.B. – zu jedem Ausdruck eine weitere ⟨„|"⟩ zu setzen.
6 Das heißt daß immer die ⟨Möglic…⟩
7 besteht⟨, ⟩nicht daß ich es wirklich ausführen kann
8 Irgendwie scheint nun diese Möglichkeit im ⟨|obigen|⟩ Zeichen
10 Du siehst ja daß ich eine 1 vor etwas ⟨|was es auch sei|⟩ setzen kann
12 ihr rechtes Ende vor mir habe zu dem ich die weitere ⟨„|"⟩ hinzusetze.
26 ⟨Wa…⟩ *–im MS wurde die Bemerkung als Absatz begonnen*
31 daß die Zeit nicht im Sinne der primitiven Auffassung der ⟨Un…⟩
32 Und dasselbe gilt vom Raum. Wenn ich ⟨mir …⟩
36 setzt ja den anderen voraus, /–/ und diese Homogenität ⟨sehe ich …⟩
36 ist ⟨schon⟩ in dem endlichen Stück das ich sehe.

1 ✳ Heißt das nun aber etwas dergleichen daß es unendlich viele Dinge gibt? – Heißt es nicht vielmehr daß es Gegenstände von unendlicher Form gibt? 37

Ist es also so daß unendlich nie die Anzahl sondern immer die Form ist. Und daß ich von unendlicher Anzahl immer nur in einem konstruierten Sinne reden kann, wie ich es tue wenn ich sage daß die Zahl der Punkte im Raume oder in einer Strecke unendlich ist, wobei Punkte ja gar nicht die Gegenstände sind.

Wie aber wenn die Variable Zeit in meinen Sätzen vorkommt – etwa wenn ich sage „zu irgend einer Zeit wird das und das geschehen“ – Ist hier die Zeit nicht eine Variable die unendlich viele Werte annehmen kann? Haben wir dasselbe nicht in der variablen Zahl? Wenn ich sage: „auf dem Tisch liegt eine Zahl Äpfel“ kann hier nicht die variable Zahl unendlich viele Werte annehmen.

2 ✳ Das rollt ein anderes Problem auf: Wie ist ein Ausdruck $(\exists\xi)\ \varphi\xi$ oder $(\xi)\ \varphi\xi$ zu verstehen wenn ξ eine variable Form ist die wesentlich unendlich viele Werte annehmen kann?

3 Brauche ich nicht für meinen Symbolismus eine Formel zum Anschreiben von Permutationen? Eine Formel, die die Regel des Permutierens ausdrückt? 38

4 × $\sim(\underbrace{1 \neq Nr'\varphi}_{p_1} \cdot \underbrace{2 \neq Nr'\varphi}_{p_2} \cdot \underbrace{3 \neq Nr'\varphi}_{p_3} \cdot \text{ ad inf})$ 39

p_1	p_2	p_3	p_4	ad inf.	
W	W	W	W	....	F
F	W	W	W	....	W
W	F	W	W	....	W
–	–	–	–	....	″
F	F	W	W	....	″
F	W	F	W	....	″
–	–	–	–	....	″
W	F	F	W	....	″
W	F	W	F	....	″
–	–	–	–	....	″
–	–	–	–	....	″
F	F	F	F	....	″

Es ist klar, daß ich die Wahrheitsfunktion nur andeuten und nicht hinschreiben KANN. Aber was heißt das? Ich kann allerdings die Regel der Kombinationen beschreiben und die Regel der Zuordnung von W und F in der letzten Kolonne.

Diese Beschreibung ermöglicht es das Anschreiben beliebig weit fortzusetzen. Sie erlaubt nicht das hinschreiben aller Glieder aber sie erlaubt es die Regel der Bildung einer bestimmten Wahrheitsfunktion eindeutig klar zu machen.

5 × Irgendwie scheint hier eine andere Art der Allgemeinheit enthalten zu sein als im Falle endlicher logischer Produkte, Summen etc. Ist denn die Beschreibung einer Wahrheitsfunktion eine Wahrheitsfunktion?

9 Wie aber wenn die Variable Zeit in meinen Sätzen ⟨auftritt⟩
16 *⟨/⟩ Randzeichen im MS gestrichen und ersetzt*
20 *Die Bemerkung ist eine Einfügung von der gegenüberliegenden Versoseite 38.*
21 eine Formel zum Anschreiben von ⟨Kom…⟩
24 *Die Notation gehört offenbar zu der vorangehenden, eingeschobenen Bemerkung.*
24 *Im MS: 3 = Nr'φ –Zeichensetzung im Text ergänzt*
39 *Im MS ein Absatz, durch ein Randzeichen als eigenständige Bemerkung gekennzeichnet.*

1 Aber $p_1 \cdot p_2 \cdot p_3 \cdot p_4$ … ad inf. heißt doch: Wie weit ich auch gehen mag so sind alle Sätze p_n wahr. Und ist das keine echte Wahrheitsfunktion. 41 Der Witz ist ja eben daß ich die letzte Kolumne des Schemas anschreiben könnte oder doch e i n d e u t i g andeuten könnte ohne alle Reihen anschreiben zu müssen, und zu können.

2 ∗ Aber tatsächlich b r a u c h e ich hier nicht unendliche Reihen zu benützen, da der Satz $(\exists x)\ \varphi x$ dasselbe sagt.

3 ∗ Gibt es nicht für die Zeit ein analoges Mittel die Variable mit unendlich vielen Werten zu vermeiden. Es wäre das, nicht zu sagen „das und das wird e i n m a l geschehen“, sondern „es wird geschehen“ oder „es geschieht“. Daß es e i n m a l geschieht versteht sich von selbst in demselben Sinne wie, daß eine A n z a h l Äpfel auf dem Tisch liegt wenn Äpfel auf dem Tisch liegen.

4 Darf ich aber überhaupt in S ä t z e n einen Ausdruck $(n)\ n = m'$ gebrauchen? Denn wenn ich es darf dann sagt $(n)\ n = m'\varphi$ daß φ von unendlich vielen Gegenständen befriedigt wird. Wo ist hier der Fehler? Es hieße alle Sätze von der Form $(\exists xy\ldots)$ etc sind wahr. Aber kann man das richtig ausdrücken? 43

5 ∗ Der Raum besteht nicht aus unendlich vielen Dingen sondern er ist die Form die jeden einer endlichen Anzahl räumlicher Gegenstände umgibt.

6 / Man kann Linien und Punkte tatsächlich sehen nämlich Grenzlinien und Eckpunkte

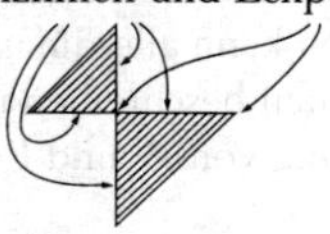

Ein räumlicher Gegenstand ist eine Farbe.

7 \ Eine Entfernung kann durch eine Zahl ausgedrückt werden aber durch jede beliebige Zahl. Es nützt aber nichts wenn ich etwa eine Strecke statt mit einer bestimmten Zahl mit einem Buchstaben n bezeichne denn eine andere Strecke kann ich dann doch nicht mit n bezeichnen sondern sie ist dann $\frac{n}{2}$ oder 3n etc etc. so daß ich mich doch wieder auf eine Grundstrecke beziehe ob ich sie nun n oder 1 nenne.

Andererseits kann ich doch statt n 1n schreiben und warum soll ich irgend einen Rangunterschied unter den Zahlen anerkennen. Aber das ist klar daß es dann willkürlich ist welche meiner Strecken ich |z.B.| 27 n nenne. Wozu dann überhaupt das n? 45

12 „das und das wird e i n m a l geschehen“, sondern ⟨das⟩
13 versteht sich ⟨in demselben Sinne von selbst⟩ wie,
14 wie, daß ⟨es⟩ eine A n z a h l Äpfel
17 ⟨/⟩ *Randzeichen im MS gestrichen*
17 Darf ich aber überhaupt in S ä t z e n einen Ausdruck ⟨(m)⟩
18 dann sagt ⟨(m)⟩ $n = m'\varphi$ daß φ von unendlich vielen Gegenständen
20 Es hieße alle Sätze von der Form $(\exists xy\ldots)$ ⟨…⟩ sind wahr.
34 ⟨∗⟩ *Randzeichen im MS gestrichen und ersetzt*

1 \ Man könnte |aber| auch sagen: die Einheitsstrecke gehört zum Symbolismus. Sie gehört zur Projektionsmethode. Ihre Länge ist willkürlich aber s i e enthält das spezifisch räumliche Element.

Wenn ich also eine Strecke 3 nenne so bezeichnet hier die 3 mit Hilfe der im Symbolismus vorausgesetzten Einheitsstrecke.

2 Dasselbe kann man auch auf die Zeit anwenden.

3 * Wie die Ziffer ||||| voraussetzt daß ich 5 Striche |nebeneinander| machen kann so setzt der Begriff (|, –, –|) voraus daß ich ohne Ende mit der Operation fortfahren kann. Insofern also setzt die Notation der unendlichen Reihe die unendliche Form voraus ebenso wie die Notation der |einzelnen| – endlichen – Zahlen eine Form voraussetzt in der sie möglich ist.

4 * Was bedeuten aber Anzahlen die größer sind als die Anzahl der existierenden Dinge. – Ich glaube es sind die Anzahlen von Kombinationen dieser Dinge. 47

5 ?/ Wenn ich mir eine unendliche färbige Ebene denke so habe ich damit nicht unendlich viele Gegenstände, sondern die unendliche Ebene ist ein Gegenstand und die einfachen Farben sind Gegenstände.

6 * Die richtige Ansicht muß am Ende die n a t ü r l i c h e sein; und was wir sehen sind nie unendlich viele Dinge sondern immer eine Anzahl Dinge die das characteristische unendlich vieler verschiedener Möglichkeiten haben.

7 ?/ 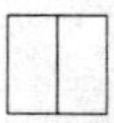 Ist es derselbe Satz zu sagen daß das Quadrat rot ist und zu sagen: das rechte Rechteck ist rot und das linke Rechteck ist rot?? Wenn es derselbe Satz ist ist dann nicht jeder dieser Sätze unendlich komplex? Ist nicht der einzige Ausweg hier anzunehmen daß ein Ausdruck „das Quadrat ist rot“ noch kein Satz ist wenn nicht gesagt 49 ist daß die übrige Ebene (oder der übrige Raum) i r g e n d e i n e Farbe hat. Das heißt es müßte der übrige Raum als scheinbare Variable in den Satz eintreten.

Aber auch das hat einen Haken. Wie sollen dann überhaupt die Elementarsätze lauten?!

Man könnte |aber| auch sagen: ⟨da...⟩
so bezeichnet hier die 3 mit Hilfe der ⟨vom⟩ Symbolismus
so setzt der Begriff (|, –, –|) voraus daß ich ⟨unbe...⟩
Wenn ich mir eine unendliche ⟨Fläche denke ...⟩
Wenn ich mir eine unendliche färbige Ebene denke so habe ich ⟨hi...⟩
eine Anzahl Dinge die das characteristische unendlich ⟨ve...⟩

1 ✳ Wenn etwas in meinen Fundamenten falsch ist so könnte es nur so sein daß es Elementarsätze wesentlich überhaupt nicht gibt und daß die Analyse ein *System* von ins Unendliche zerlegbaren Sätzen ergibt. Genügt dieses *System* nicht der Forderung der Bestimmtheit der Analyse welche ich stelle?

2 / Kann man sagen: Wenn man im Gesichtsfeld eine Figur sieht – etwa rot – so kann man sie nicht dadurch beschreiben daß man etwa eine Hälfte des Dreiecks in einem Satz die andere Hälfte in einem anderen Satz beschreibt? Das heißt: kann man sagen daß es in gewissem Sinne eine Hälfte *dieses* Dreiecks gar nicht 51 gibt? Das würde heißen daß man von dem Dreieck überhaupt nur *reden* kann wenn seine Grenzlinien die Grenzen zweier Farben sind. (Daran ist *etwas* Wahres)

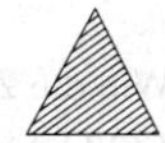

3 ✳ Kann es nicht eine Zerlegbarkeit geben nach dem System daß $a\,n\,b = a\,m\,b \cdot a\,o\,b$ wobei $n = o + m$. Das wäre eine unendliche Zerlegbarkeit. Was sind aber n, m, o sind es drei verschiedene Gegenstände? Drei Formen desselben Gegenstandes? Und was heißt das? So ist es nicht. Aber man kann es anders darstellen: $\varphi(n) = \varphi m \cdot \varphi o$ wo $n = o + m$ wo m und o verschiedene Ausdehnungen desselben Gegenstandes bedeuten. Was aber ist dann die obige Gleichung, ist sie eine Definition, eine Tautologie??

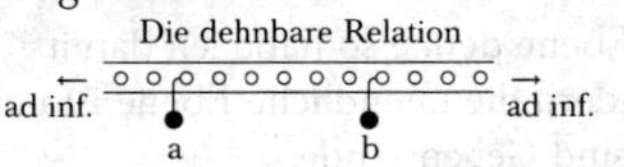

1 in meinen Fundamenten falsch ist so könnte es nur ⟨darin …⟩
4 zerlegbaren Sätzen ergibt. Genügt ⟨ein …⟩
11 kann man sagen daß es in gewissem Sinne ⟨di…⟩
19 Drei Formen desselben Gegenstandes? ⟨Weiß…⟩
20 So ist es nicht. *–im MS verweist ein Pfeil auf das Ende des vorangehenden Satzes*
21 ⟨So ist es nicht …⟩ *–Anfang einer neuen Bemerkung, gestrichen*
24 die obige *–im MS verweist ein Pfeil auf das Gleichheitszeichen der Notation* $\varphi(n) = \varphi m \cdot \varphi o$

1 / Wenn „rot ist an diesem Ort“ ein Satz p ist und „rot ist an jenem Ort“ ein Satz q, dann ist p · q der |selbe| Satz |wie| „rot ist an diesem und jenem Ort“ und dieser Satz ist offenbar von genau derselben Form und Zusammengesetztheit wie q oder p |allein|; denn zwei Orte geben *einen*
Ort. – Daraus würde die unendliche Zusammengesetztheit der 53
räumlichen Sätze folgen. – Es gäbe keine Elementarsätze und ein Satz der allem Anscheine nach einfach aus zwei Symbolen (Namen) zusammengesetzt ist, also einen Sachverhalt beschreibt wäre *identisch* mit einem der zwei solche Sachverhalte beschreibt.

Zwei Sachverhalte ergäben *einen* Sachverhalt.

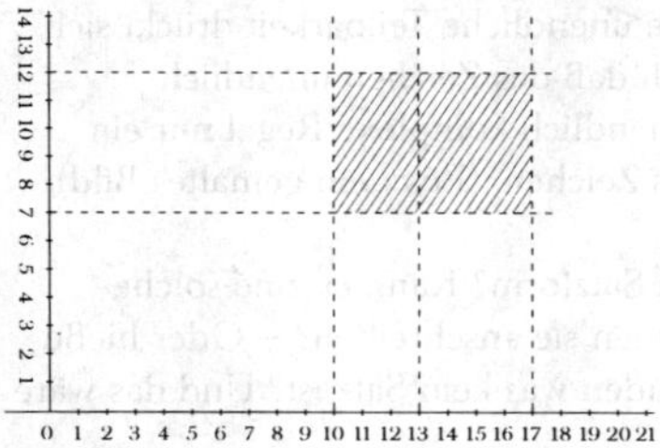

Wenn ich den Satz daß das Rechteck rot ist in der Form schreiben darf „[10-17, 7-12] rot“ so ist es seltsam daß hier der Ort als ein Gegenstand erscheint.

2 Man könnte den Satz aber auch anders auffassen. Der einzige Gegenstand von dem die Rede ist, wäre rot das sich *irgendwo* befinden *muß*, und die eine seiner unendlichen räumlichen
Möglichkeiten wäre als Tatsache angegeben. Diese Tatsache wäre 55
unendlich zusammengesetzt was sich dadurch zeigt daß unendlich viele *verschiedene* Tatsachen aus der *einen logisch folgen*. (?)

3 / Man könnte dagegen einwenden, daß man einen Teil des Gesichtsfeld überhaupt nicht abgesondert vom Ganzen beschreiben kann da er *allein* gar nicht denkbar ist. Aber die Form (|die| logische Form) des Flecks setzt tatsächlich den ganzen Raum voraus. Und wenn nur das ganze Gesichtsfeld beschrieben werden darf, warum dann nicht nur der ganze Strom des Gesichtserlebnisses denn ein Gesichtsbild *kann nur* in der Zeit existieren.

4 ?/ Wenn man sagt daß man Tatsachen die sehr kleine Flecke betreffen nicht sehen kann, so kann man antworten daß man auch solche Tatsachen sieht wenn auch nur als Teil solcher die größere Flecke betreffen. Daß wir eine Fläche *kontinuierlich* sehen können sagt alles.

5 * Es ist kein Zweifel daß die Möglichkeiten der Gesichtswelt unendlich 57
sind.

22 wäre ⟨„⟩rot⟨“⟩ das sich *irgendwo* befinden *muß*
23 und die eine seiner ⟨unendlich wie…⟩
24 und die eine seiner unendlichen räumlichen ⟨mö…⟩
26 was sich dadurch zeigt daß unendlich viele ⟨T…⟩
31 tatsächlich den ganzen Raum voraus. Und wenn nur ⟨der …⟩
32 beschrieben werden darf, warum dann nicht nur ⟨das …⟩
37 sehen kann, so⟨,⟩ kann man antworten daß man auch solche

1 ⁎ Der räumliche Satz sagt in gewissem Sinne etwas Einfaches. – Er ist aber unendlich teilbar.

2 ⁎ Es wird in ihm gleichsam ein unendliches Gewebe mit *einem* Blick erfaßt.

3 ⁎ Was aber ist dann die allgemeine Satzform? Sie ist die allgemeine Form der Zusammengesetztheit. –

4 ⁎ Man würde glauben daß ein Satz, aus dem unendlich viele folgen, unendlich viel sagen muß. Aber die unendliche Teilbarkeit drückt sich durch eine Regel aus, nicht dadurch daß das Zeichen unendlich komplex ist. – Anderseits ist die unendlich komplexe Regel nur ein Ersatz für ein unendlich komplexes Zeichen. (Etwa ein gemaltes Bild).

5 ⁎ Was wird aber aus der allgemeinen Satzform? Kann es eine solche überhaupt noch geben, d.h., kann man sie anschreiben? – Oder hieße 59
das einen Satz von etwas unterscheiden was kein Satz ist? Und das wäre sinnlos.

6 ⁎ Die allgemeine Satzform kann nichts sein als die allgemeine Form der Wahrheitsfunktionen.

7 ⁎ $\varphi(2-5) = \varphi(2-3{\cdot}15)\cdot\varphi(3{\cdot}15-4{\cdot}2)\cdot\varphi(4{\cdot}2-5) = \varphi(2-2{\cdot}6)\cdot$
$\cdot\ \varphi(2{\cdot}6-5) =$ etc. etc.
Das Symbol ist das, was alle solche Produkte gemeinsam haben. Die Regel nach der alle gebildet werden.

8 ?/ Wenn diese Anschauung richtig ist, so gibt es keine Elementarsätze. Die Sätze $\varphi(n-m)$ sind zwar analysierbar, aber nur wieder in Sätze von derselben Form

9 ?/ Wenn aus *einem* Satz unendlich viele folgen so ist jener Satz nicht aus diesen aufgebaut. D.h. *ihr* Verständnis ist nicht nötig um ihn zu verstehen.

Ich möchte so sagen: Zu sagen daß *unendlich* viele Sätze aus *einem* folgen besagt die unbegrenzte Möglichkeit solcher Folgesätze nicht ihre Wirklichkeit. Ich meine damit, es besagt daß es *keine* Anzahl 61
solcher Grund-Sätze gibt. Und das ist ja klar: Es gibt dann nicht unendlich viele sondern *keine* Elementarsätze.

10 × Daher kann der Satz nur verstanden werden, wenn man den zusammengesetzten Satz versteht, denn *er* liegt dann allem zu Grunde.

7 Was ⟨ist …⟩
16 ⟨⁎⟩ *Randzeichen am Beginn der folgenden Manuskriptseite irrtümlich wiederholt*
17 überhaupt noch geben, d.h., kann man sie ⟨über…⟩
26 das, was ⟨allen solchen Produkten gemeinsam ist⟩
39 es besagt daß es *keine* Anzahl solcher ⟨Element…⟩

1 \ Diese Ansicht hat verschiedene Schwierigkeiten. Wenn ich sage das  kleine Quadrat im großen, ist rot was immer das übrige für eine Farbe haben mag so kann ich mir doch das kleine Quadrat gar nicht vorstellen wenn es nicht von etwas andersfärbigem begrenzt ist.

Ich kann mir natürlich eine Art bewegliches Netz etwa aus schwarzen Linien denken das ich vorübergehend auf die Figur lege um sie zu beschreiben und das ich dann wieder wegnehmen kann. Aber ich müßte doch die schwarzen Linien auf dem Bild sehen um von seinen Teilen reden zu können!

2 / Das hängt damit zusammen daß Linien immer die Grenzen zweier 63 Farben sind.

Wie aber wenn es Striche im Gesichtsraum geben kann die keine Dicke haben?

Wenn es solche Striche gibt also auch ausdehnungslose Pünktchen (Sterne) dann muß es möglich sein eine beliebige Anzahl solcher Striche zu ziehen ohne das im übrigen etwa weiße Gesichtsfeld einzuengen. Ein Fixsternnebel ist in diesem Fall undenkbar.

3 ✳ Aber das würde wieder zu der Ansicht führen daß man nur das ganze Gesichtsfeld auf einmal beschreiben kann ohne Variable zu benützen.

4 ✳ $\varphi(4-5)\cdot\varphi(6-7) = \varphi((4-5)(6-7))$ kann man zwei getrennte Flecke nicht auch als einen auffassen?

5 \ Wenn es unrichtig ist daß $\varphi(m-o)\cdot\varphi(o-n) = \varphi(m-n)$ weil die Teilflecke in einem ganz einfärbigen Fleck nicht vorhanden sind, dann müssen zwei Sätze $\varphi(m-o)$ und $\varphi(o-n)$ was immer ihre Analyse ist einander widersprechen. 65

Aber auch das ist nur möglich wenn sie zusammengesetzt sind und zwar so daß in dem Satz der einen Fleck beschreibt |auch| gesagt ist daß seine Umgebung die und die Farbe nicht hat. (?)

11 Das hängt ⟨mit den …⟩
16 *Im MS:* dann dann muß es möglich sein
17 eine beliebige Anzahl solcher Striche zu ziehen ohne ⟨daß …⟩
26 Wenn es ⟨unwahr⟩ ist daß $\varphi(m-o)\cdot\varphi(o-n) = \varphi(m-n)$ weil

1 * Es scheint mir auch noch eine Möglichkeit zu sein, daß einander widersprechende Farbkomplexe die Zeit definieren und daß man ihre Gleichzeitigkeit gar nicht behaupten kann. „Gleichzeitig“ würde etwa bedeuten „in einem Gesichtsbild“ wenn man aber nur ganze Gesichtsbilder beschreibt so kann man nicht aussagen daß verschiedene Gesichtsbilder dasselbe Gesichtsbild sind. – Man könnte dann sozusagen die Gesichtsereignisse ruhig in die Schachtel der Zeit legen ohne zu fürchten daß sie einander widerstreben werden denn was nicht gleichzeitig sein kann ordnet sich von selbst nach einander.

Es ist da freilich eine Schwierigkeit denn damit ist natürlich die Zeitordnung noch nicht gegeben. – Und wenn ich nun wirklich in Sätzen eine Zeitordnung beschreibe so müßte es in der Syntax dieser 67
Sätze liegen daß ich nie zwei verschiedenen Gesichtsbildern den gleichen Zeitpunkt zuweisen kann.

2 \ Ob es einen Sinn hat zu sagen „dieser Teil einer roten Fläche (der durch keine sichtbare Grenze abgegrenzt ist) ist rot“ hängt – scheint es mir – davon ab ob es einen absoluten Ort gibt. Denn wenn im Gesichtsraum von einem absoluten Ort die Rede sein kann, dann kann ich auch diesem absoluten Ort eine Farbe zuschreiben, wenn seine Umgebung gleichfärbig ist.

Ich sehe etwa ein gleichförmig gelbes Gesichtsfeld und sage: „Die Mitte meines Gesichtsfeldes ist gelb“. Kann ich dann aber eine Form auf diese Weise beschreiben? Es scheint, nein.

3 / Wenn ich das Gesichtsbild nicht vollständig beschreibe sondern nur einen Teil so ist es offenbar daß in der Tatsache gleichsam eine Lücke ist. Es ist offenbar etwas ausgelassen.

4 / Wenn ich ein Bild dieses Gesichtsbildes malte so würde ich die 69
Leinwand an gewissen Stellen durchschauen lassen.

Aber die Leinwand hat ja auch eine Farbe und füllt den Raum aus. Nichts könnte ich nicht an der Stelle lassen wo etwas fehlt.

Meine Beschreibung muß also unbedingt den ganzen Gesichtsraum ja selbst seine Färbigkeit enthalten auch wenn sie nicht sagt welche Farbe an jedem Ort ist.

D.h. Sie muß doch sagen daß eine Farbe an jedem Ort ist.

5 / Heißt das nicht, daß die Beschreibung den Raum soweit sie ihn nicht mit Constanten |er|füllt, mit Variablen |er|füllen muß.

5 Gesichtsbilder ⟨beschreiben kann⟩ so kann man nicht aussagen
7 Man könnte dann sozusagen die ⟨Gesichtsbilder ruhig …⟩
8 ohne zu fürchten daß sie einander ⟨widerstrebten …⟩
9 ordnet sich von selbst nach einander ⟨an.⟩
13 daß ich ⟨nicht⟩ zwei verschiedenen Gesichtsbildern
17 keine sichtbare Grenze abgegrenzt ist) ist rot“ hängt ⟨gla…⟩
20 die Rede sein kann, dann kann ich auch ⟨von …⟩
22 etwa ein gleichförmig gelbes Gesichtsfeld und sage: ⟨Das Zen…⟩
37 D.h. Sie muß doch sagen daß ⟨eine …⟩
37 D.h. Sie muß doch sagen daß eine Farbe ⟨überall ist.⟩
39 *Im MS ein Absatz, durch ein Randzeichen als eigenständige Bemerkung gekennzeichnet.*

1 / Die Mannigfaltigkeit der räumlichen Beschreibung ist dadurch von vornherein gegeben, daß die Beschreibung die richtige Mannigfaltigkeit hat wenn sie vermag alle denkbaren Konfigurationen zu beschreiben.

2 ✳ Wenn man also mit Sätzen von der Art φ(m – n) den Raum in allen seinen Möglichkeiten beschreiben kann dann ist die Beschreibung in 71 Ordnung und man braucht nicht mehr.

3 / Der erste Gedanke ist, daß es unverträglich ist daß zwei Farben an *einem* Ort sein sollten. Der nächste ist, daß zwei Farben an *einem* Ort sich nur zu einer resultierenden Farbe ergänzen. Der dritte aber ist der Einwand: Wie verhält es sich mit Komplementärfarben? Wie ergänzen sich rot und grün? Etwa zu schwarz? Aber sehe ich denn grün in der schwarzen Farbe? – Aber sogar abgesehen davon: Wie ist es mit den Mischfarben |z.B.| von rot und blau: Diese enthalten teils mehr teils weniger rot; was heißt das? Was es bedeutet das etwas *rot* IST ist klar, aber daß es mehr oder weniger rot *enthält*?

Und verschiedene Grade von rot sind mit einander unverträglich. Das könnte man sich |etwa| so erklärt denken daß irgendwelche kleine Quantitäten von rot addiert einen gewissen Grad von rot ergeben. Was heißt es aber dann zu sagen daß etwa 5 solche Quantitäten von rot vorhanden sind? Das kann natürlich nicht ein logisches Produkt sein daß 73 die Quantität No 1 vorhanden ist und die Quantität No 2 bis 5, denn wie würden sich diese von einander unterscheiden? Es kann also der Satz daß der Grad 5 von rot vorhanden ist nicht so zerlegt werden. Und ich kann also auch keinen abschließenden Satz haben daß das Ganze rot ist welches in dieser Farbe vorhanden ist; denn es hat keinen Sinn zu sagen daß kein rot mehr dazukommt da ich nicht durch das logische *und* |Quantitäten von| rot addieren konnte.

Es heißt auch nichts zu sagen daß ein Stab der 3 meter lang ist auch 2 m lang ist weil er 2 + 1 meter lang ist denn man kann nicht sagen er ist 2 m lang und er ist 1 m lang. Die Länge von 3 m ist etwas Neues.

Und doch kann ich wenn ich zwei verschieden rote Blau sehe sagen: es gibt ein noch röteres Blau als das rötere dieser beiden. D.h. ich kann aus dem gegebenen das nicht gegebene konstruieren.

5 *Im MS ein Absatz, durch ein Randzeichen als eigenständige Bemerkung gekennzeichnet.*

9 *Zwei horizontale Striche am Beginn und am Ende des ersten Absatzes markieren im MS den Gültigkeitsbereich des Randzeichens.*

12 Der dritte aber ist der Einwand⟨ daß …⟩

12 Der dritte aber ist der Einwand: Wie verhält es sich mit ⟨po…⟩

14 Aber sogar abgesehen davon: Wie ist es ⟨bei …⟩

15 von rot und blau: Diese enthalten ⟨m…⟩

18 Und ⟨de…⟩

21 zu sagen daß etwa ⟨die⟩ Quantität ⟨5⟩ von rot vorhanden ⟨ist?⟩

23 No 1 vorhanden ist und die Quantität No 2 bis 5⟨. Denn⟩ wie würden

26 *Im MS:* das das Ganze rot ist

1 / Das läßt es erscheinen als könnte innerhalb des Elementarsatzes eine Konstruktion möglich sein. D.h. als gäbe es eine |logische| Konstruktion die nicht mit Hilfe der Wahrheitsfunktionen arbeitet. 75

2 / Das habe ich ja auch mit meinen Relationen die durch Zahlen ausgedrückt werden sagen wollen.

3 / Nun aber scheint es außerdem daß diese Konstruktionen eine Wirkung auf das logische Folgen eines Satzes aus einem anderen haben!

Denn wenn verschiedene Grade einander ausschließen so folgt aus dem vorhandensein des einen daß der andere nicht vorhanden ist. Dann können zwei Elementarsätze einander widersprechen!

4 / Wie ist es möglich daß φ(a) und φ(b) einander widersprechen, wie es doch der Fall zu sein scheint? Z.B. wenn ich sage: „hier ist rot" und „hier ist grün".

5 / Es hängt das mit der Idee der vollständigen Beschreibung zusammen: 77

Der Fleck ist grün beschreibt den Fleck vollständig und es ist für eine andere Farbe kein Platz mehr

6 / Es hilft auch nichts daß rot und grün in der Zeitdimension gleichsam an einander vorbei können; denn wie, wenn ich sage, daß während eines gewissen Zeitraumes ein Fleck rot und daß er grün ist?

7 ✳ (Merkwürdigerweise habe ich dann immer das Gefühl daß er schwarz ist)

8 / Wenn ich |–| z.B. |–| sage ein Fleck ist zugleich hellrot und dunkelrot so denke ich dabei daß der eine Ton den anderen deckt.

Hat es aber dann noch einen Sinn zu sagen der Fleck habe den unsichtbaren, verdeckten, Farbton?

Hat es gar einen Sinn zu sagen eine vollkommen schwarze Fläche sei weiß man sähe nur das weiß nicht weil es vom schwarz gedeckt sei?

9 / Und warum deckt das schwarz das weiß und nicht weiß das schwarz? 79

Und warum deckt nicht das helle rot das dunkle rot? Etc.

Wenn ein Fleck eine sichtbare und eine unsichtbare Farbe hat, so hat er diese Farben jedenfalls in ganz verschiedenem Sinne.

2 innerhalb des Elementarsatzes eine Konstruktion ⟨vorhanden sein.⟩
3 D.h. als gäbe es eine |logische| Konstruktion die nicht mit ⟨logische ...⟩
12 Dann können zwei Elementarsätze einander ⟨au...⟩
20 Der Fleck ist grün ⟨scheint ...⟩
25 daß während eines gewissen Zeitraumes ein Fleck rot und ⟨grün ...⟩
27 *Im MS ein Absatz, durch ein Randzeichen als eigenständige Bemerkung gekennzeichnet.*
30 Wenn ich |–| z.B. |–| ⟨e...⟩ sage ⟨d...⟩
31 dunkelrot so denke ich dabei daß ⟨die eine Farbe ...⟩
37 warum deckt das schwarz das weiß und nicht ⟨das⟩ weiß das schwarz?
40 und eine unsichtbare Farbe hat, so hat ⟨es ...⟩

1 / Wenn φ(r) und φ(g) einander widersprechen so liegt das daran daß r und g das φ vollständig ausfüllen und nicht beide darin sein können. Das aber zeigt sich in unseren Zeichen nicht.

Es muß sich aber zeigen wenn wir nicht das Zeichen sondern das Symbol betrachten. Denn da dieses die Form der Gegenstände einbegreift, so muß sich dort, in dieser Form, die Unmöglichkeit von φr · φg zeigen.

2 / Und doch muß sich dieser Widerspruch ganz im Symbolismus zeigen lassen denn wenn ich von einem Fleck sage daß er grün und rot ist so ist er ja eines dieser beiden sicher nicht und der Widerspruch muß im 81 Sinn der beiden Sätze liegen.

3 Man könnte nun sagen zuerst: Man muß es den Sätzen ansehen wenn sie einander widersprechen denn ich muß ihnen ihren Sinn ansehen – den ich ja aus ihnen entnehmen soll. Dann: aber kann es nicht an der speziellen Bedeutung eines Zeichens liegen, denn die Bedeutung der Zeichen gehört ja mit zum bloßen Verständnis des Satzes (noch ehe die Wahr- oder Falschheit bekannt ist). – Aber den Gegenstand – die Bedeutung – kann ich ja in Wirklichkeit nicht an einer Stelle probieren – in die er vielleicht nicht paßt. Ich muß es ihm ansehen daß er dort nicht hinpaßt.

Ich muß es dem grün ansehen daß es nicht sein kann wo das rot ist. (Oder vielmehr ich muß es beiden ansehen daß sie nicht an den gleichen Ort gehen, oder gingen)

4 / Daß zwei Farben nicht zu gleicher Zeit an den gleichen Ort gehen muß 83 in ihrer Form und der Form des Raumes liegen.

5 / Aber die Symbole enthalten ja die Form der Farbe und des Raumes und wenn etwa ein Buchstabe einmal eine Farbe, ein andermal einen Laut bezeichnet so ist er beidemale ein anderes Symbol – und das zeigt sich darin daß andere Regeln der Syntax für ihn gelten.

6 * ag und ar widersprechen einander obwohl – oder vielmehr, weil – beide Sätze an sich Sinn haben. Und es kann nur ag · ar sein was unmöglich ist.

ag	ar	
~~W~~	~~W~~	~~W~~
W	F	F
F	W	F
F	F	F

←Die erste Reihe ist nun unmöglich weil „ag“ und „ar“ nicht zusammen wahr sein können

3 Das aber zeigt sich in ⟨unserem Symbolismus⟩ nicht.
5 wenn wir nicht das Zeichen sondern das Symbol ⟨a…⟩
6 Denn da dieses die Form der Gegenstände ⟨umfaßt …⟩
16 den ich ja aus ihnen entnehmen ⟨muß⟩
17 aber kann es nicht an der speziellen Bedeutung ⟨der Zeichen⟩ liegen,
22 Ich muß es ihm ansehen daß er dort nicht ⟨hingeht …⟩
25 daß sie nicht an den gleichen Ort gehen⟨). …⟩
27 Daß zwei Farben nicht ⟨an der zugleich …⟩
31 einmal eine Farbe, ein andermal einen ⟨T… L… ho…⟩

1 Ist aber nun „ag · ~ar“ eine Tautologie? Wir müßten dies so schreiben:

ag	ar	
~~W~~	~~W~~	F
W	F	W
F	W	F
F	F	F

aber ag ⊃ ~ar:

ag	ar	
~~W~~	~~W~~	F
W	F	W
F	W	W
F	F	W

dieser Satz wird also durch den Wegfall der ersten Linie zur Tautologie 85

2 / Das heißt natürlich nicht daß das Folgern nun nicht nur formell sondern auch materiell geschehen könnte. – Sinn folgt aus Sinn und daher Form aus Form.

3 × Wie soll es symbolisiert werden daß zwei Argumente einer Funktion einander ausschließen? Hier scheint etwas im Symbolismus für „und“ zu fehlen.

4 / Rot und Grün g e h e n nicht zusammen an denselben Ort, heißt nicht sie sind tatsächlich nie beisammen sondern man kann es auch nicht einmal sagen, daß sie beisammen sind, also auch nicht, daß sie nie beisammen sind.

5 / Das würde aber heißen daß ich zwei |gewisse| Sätze zwar anschreiben 87
darf, aber nicht ihr logisches Produkt.

6 / Man könnte zwar sagen: ich darf das logische Produkt wohl anschreiben aber es ist eine Contradiction. Aber das heißt nichts. Wenn p und q einander ausschließen und ich schreibe

p	q	
~~W~~	~~W~~	~~W~~
W	F	F
F	W	F
F	F	F

“ … „ so muß ich die eine Reihe einfach durchstreichen, d.h. als unmöglich betrachten. Ich will sagen: ich muß die g a n z e obere Reihe durchstreichen und nicht nur das W in der rechten Kolonne.

7 / Man kann aber auch so sagen: Wenn ich das Produkt zweier Sätze bilden kann, so können sie nicht die Sinne haben „a ist rot“ und „a ist grün“.

8 / D.h. wenn die Bedeutung von „.“ gewahrt bleibt so hindert das den Eintritt dieser beiden Sätze als Argumente.

9 ⚹ Entweder das „und“ oder die Sätze! 89

10 ⚹ Ich kann die Sätze schon im Produkt anschreiben aber dann sagen sie etwas anderes (oder nichts, wenn man den Zeichen keine Bedeutung gegeben hat)

1 eine Tautologie? ⟨Wie …⟩
2 ⟨dagegen⟩ aber ag ⊃ ~ar ⟨so⟩:
28 einfach durchstreichen⟨. …⟩
31 und nicht nur das W in der rechten ⟨Kollon…⟩
35 so können sie nicht die Sinne haben ⟨(⟩a ist

1 / Die beiden Sätze collidieren im Gegenstand.

2 / Zu dem obigen kann ich auch sagen: ich muß dann die ganze oberste Linie ausstreichen weil nicht nur das rechte W sondern auch das Paar unter „p“ und „q“ unmöglich ist. Habe ich z.B. die Form

p	q	
~~W~~	~~W~~	~~F~~
W	F	W
F	W	W
„ F	F	W

so muß ich dennoch die obere Linie streichen

3 / Wenn aber schon „p · q“ unsinnig sein soll, hat es denn auch keinen Sinn „p ∨ q“ zu sagen?

Es scheint doch offenbar Sinn zu haben zu sagen „a ist entweder grün oder rot“. Und das wäre: 91

p	q	
~~W~~	~~W~~	~~W~~
W	F	W
F	W	W
F	F	F

Ist aber „p ∨ q“ nicht unsinnig, so kann auch „p · q“ nicht unsinnig sein.

4 / Der Satz p · q ist nicht Unsinn weil ja nicht alle Wahrheitsmöglichkeiten wegfallen, wenn sie auch alle abgewiesen werden. Man kann aber sagen daß hier das „und“ eine andere Bedeutung hat, denn im allgemeinen bedeutet „ξ · η“

ξ	η	
W	W	W
W	F	F
F	W	F
F	F	F

dagegen hier:

ξ	η	
W	F	F
F	W	F
F	F	F

Und analoges gilt für p ∨ q etc.

φa	φb	
$\varphi\binom{a}{b}$		
$\varphi\binom{a}{\xi}$		
$\varphi\binom{\xi}{b}$		
$\varphi\binom{\xi}{\xi}$		

φa	φb	
φa		
φb		
φξ		

5 Gibt es für alle Sätze die ich logisch verbinden kann einen Raum in dem sie „zusammengehen, oder nicht“? Wenn ich z.B. sage, ich sehe rot und höre einen Laut so gehen diese Beiden in der Zeit mit einander zusammen. Sie ordnen sich in der Zeit, ich meine, sie legen sich in der Zeit nebeneinander. D.h. sie liegen beide in der Zeit und stören einander nicht 93

6 * Es ist dann fast als lägen die Sinne mancher Sätze so weit im logischen Raum entfernt daß sie einander nicht stören können, während andere auf denselben Platz Anspruch erheben.

29 ⟨und⟩ analoges gilt für p ∨ q etc.

1 / Wenn ich ein gelbliches Rot sehe so sehe ich darin nicht das gelb welches ich sehe wenn ich reines gelb sehe. Wenn ich sagen kann ich sehe in diesem Rot ein Gelb so hat hier das Wort Gelb eine andere Bedeutung als wenn ich sage, ich sehe gelb. Ich kann offenbar nicht gelb und rot zu gleicher Zeit an *einem* Ort in der Weise sehen wie ich sie an verschiedenen Orten sehe. 95

2 / Der gelbliche Stich ist nicht die Farbe Gelb.

3 × Könnte man also alle Farbtöne aus „Farbstichen" als dem Ursprünglichen zusammensetzen?

4 / Ich kann gelb und rot nicht eigentlich *mischen* |d.h. nicht wirklich zugleich sehen|. Denn wenn ich hier gelb sehen will so muß das Rot von diesem Platz weg, und umgekehrt.

5 / Es ist wie gesagt klar daß der Satz daß eine Farbe 5 Stiche gelb enthält nicht sagen kann sie enthält den Stich No. 1 und sie enthält den Stich No. 2 etc. sondern die Addition der Stiche muß innerhalb des Elementarsatzes erfolgen. Wie aber wenn diese Stiche Gegenstände sind die sich in gewisser Weise aneinander reihen wie Glieder einer Kette und in einem Satz ist nun von 5 solchen Gliedern die Rede, in einem anderen Satz von dreien.

Wohl, aber diese beiden Sätze müssen einander ausschließen ohne 97 doch zerlegbar zu sein. Müssen denn aber $\varphi(5)$ und $\varphi(6)$ |einander| ausschließen. Kann ich nicht sagen $\varphi(n)$ heißt nicht die Farbe enthält *nur* n Stiche sondern sie enthält *auch* n Stiche? Sie enthält *nur* n Stiche wurde durch den Satz $\varphi(n) \cdot \sim\varphi(n+1)$ ausgedrückt. Aber auch dann sind die Elementarsätze von einander abhängig weil aus $\varphi(n)$ doch jedenfalls $\varphi(n-1)$ folgt und $\varphi(5) \sim \varphi(4)$ widerspricht.

Der Satz der einen bestimmten Grad einer Eigenschaft behauptet widerspricht in der einen Auffassung (nur) jeder anderen Angabe des Grades, und folgt in der anderen Auffassung (auch) aus der Angabe jedes höheren Grades.

6 / Auch eine Auffassung die sich eines Produktes $aRx \cdot xRy \cdot yRb$ bedient genügt nicht denn ich muß die Dinge x, y, etc unterscheiden können sonst ergeben sie keine Distanz.

1 Wenn ich ein gelbliches Rot sehe so sehe ich ⟨in ihm …⟩
5 Ich kann offenbar nicht gelb und rot zu gleicher Zeit ⟨am gleich…⟩
10 Könnte man also alle Farbtöne aus ⟨„Stichen"⟩ als dem Ursprünglichen
18 nicht ⟨bedeuten⟩ kann sie enthält den Stich No.
22 Satz ⟨kommen nun 5 sol…⟩ *–im MS ist* kommen *irrtümlich nicht gestrichen*
25 ohne doch zerlegbar zu sein. Müssen ⟨sich⟩ denn aber $\varphi(5)$ und $\varphi(6)$
30 jedenfalls $\varphi(n-1)$ folgt ⟨und $\varphi(5)$ …⟩
33 und folgt ⟨nach⟩ der anderen Auffassung (auch) aus der Angabe
36 Auch ⟨die⟩ Auffassung ⟨mit einem Produkt …⟩

1 Wenn sich zwei Elementarsätze ausschließen so zeigt sich das darin daß sie im Produkt nicht ihre ursprünglichen Sinne annehmen können. 99
(Die Logik sorgt natürlich auch hier für sich selber)

2 / Eine Mischfarbe oder besser eine Zwischenfarbe von blau und rot ist dies durch eine interne Relation zu den Strukturen von Rot und Blau aber diese interne Relation ist elementar. D.h. sie besteht nicht darin daß der Satz a ist blaurot ein logisches Product von a ist blau und a ist rot darstellt.

3 ⁎ Wenn das so ist so sagt der Satz „a hat eine Farbe mit bläulichem Stich", „Es gibt ein bläulich-ξ welches die Farbe von a ist"; d.h. bläulich-ξ ist dann die Variable Farbe mit bläulichem Stich.

4 Ist es aber dann nicht merkwürdig daß wir die Nähe einer Farbe zu einer anderen sehen können. – Ich sehe daß dieses Braun fast gelb ist.
Ich würde sagen dieses bläulichrot kriegt man wenn man reines Rot nimmt und ganz wenig Blau dazu mischt. 101

5 Und dieses „ganz wenig" und „fast" muß sich in der Satzform ausdrücken

6 ⁎ Angenommen für den Augenblick daß jeder |Farb|Ton sich als Mischfarbe von vier Farben herstellen ließe so könnte man die Beschreibung eines Fleckes P etwa durch einen Satz σ(n bl, m r, o gb, p gr) geben wo n, m, o, p Zahlen wären die irgendwie das Mischungsverhältnis der Farben angäben. Aber dieser Satz wäre nicht zerlegbar in σ(n bl) · σ(m r) etc sondern reines blau müßte dann etwa dargestellt werden durch σ(n bl, O r, O gb, O gr)
Daraus daß a blaurot ist folgt ja wirklich nicht daß a blau ist, sondern das Gegenteil.

7 / Man könnte sagen die Farben haben zu einander eine elementare Verwandtschaft.
Es ist mir klar daß diese Verwandtschaft nur mittelst der Zahlen in der Elementarform darzustellen ist. (?)

1 ⟨/⟩ *Randzeichen im MS gestrichen*
6 dies durch eine interne Relation ⟨von⟩ den Strukturen von Rot und
7 diese interne Relation ist elementar. ⟨und ...⟩
9 ein logisches Product von a ist blau und a ist rot ⟨ist ... ⟩ darstellt.
11 Wenn das so ist so sagt der Satz ⟨„dieses T...⟩
15 ⟨/⟩ *Randzeichen im MS gestrichen*
17 Ich würde ⟨z.B.⟩ sagen dieses
17 Ich würde sagen dieses ⟨bläuliche Ro...⟩
20 ⟨/⟩ *Randzeichen im MS gestrichen*
20 „ganz wenig" und „fast" muß sich in der ⟨Form⟩ ausdrücken
30 ⟨Aus dem⟩ daß a blaurot ist folgt ja wirklich nicht daß a blau ist,
35 *Der Absatz ist im MS am linken Rand mit zwei vertikalen Strichen markiert.*
35 nur mittelst der Zahlen ⟨im Elementarsatz⟩ darzustellen ist.

1 Das „Mult.ax" bei Russell hat seinen Ursprung darin daß er von den konstruierten Klassen der Arithmetik wie von Umfängen realer Begriffe spricht. Die Existenz einer Konstruktion kann nie zweifelhaft sein. Hier zeigt sich klar das verwirrende weil irreführende der üblichen Ausdrucksweise in der Mengenlehre. Wenn ich eine Konstruktion immer zu *beschreiben* scheine statt sie zu *geben* so können Zweifel auftreten ob es eine Konstruktion gibt die einer bestimmten Beschreibung genügt. 103

2 / Worin liegt der Unterschied zwischen der Zahlangabe über den Umfang eines Begriffs und der Zahlangabe über den Umfang einer Variablen?

Die Erste ist ein Satz die zweite keiner. Denn die Zahlangabe über eine Variable kann ich aus dieser selbst ableiten. (Sie muß sich zeigen)

Kann ich aber nicht eine Variable dadurch geben daß ich sage ihre Werte sollen alle Gegenstände sein, die eine bestimmte – materielle – Funktion befriedigen?

Dann ist die Variable keine Form! Und dann hängt der Sinn eines Satzes davon ab ob ein anderer wahr oder falsch ist. 105

3 / Die Zahlangabe über eine Variable besteht in einer Transformation der Variablen, die die Anzahl ihrer Werte sichtbar macht.

4 ✳ Hat es einen Sinn eine Variable so zu bestimmen daß sie nur *einen* Wert annehmen darf und dieser Wert irgend eine Zahl sein kann?

5 ✳ Eine unendliche Extension kann nur durch eine Variable gegeben werden

6 Denken wir uns ein Experiment in dem auf einer photographischen Platte Lichtpunkte erscheinen. Das Gesetz ihres Eintreffens wollen wir bestimmen und nun ergibt es sich daß ihre Distanzen der Reihe der Primzahlen entsprechen!

7 ✳ Wie wird der Satz 2 + 2 = 4 wirklich gebraucht? Wo kommt denn „2 + 2" vor daß man es durch „4" ersetzen will?

1 ⟨/⟩ *Randzeichen im MS gestrichen*
1 „Mult. ax" *–siehe „Principia Mathematica", Vol. I, *88.03*
1 *Im MS:* darin daß von den *–Text ergänzt*
4 Hier zeigt sich ⟨wieder das …⟩
5 Ausdrucksweise in der Mengenlehre. ⟨Freilic…⟩
10 zwischen der Zahlangabe über ⟨einen Begriff⟩
11 und der Zahlangabe über ⟨die Weite⟩ einer Variablen?
12 Die Erste ist ein Satz die zweite ⟨nicht.⟩
15 ⟨Kann …⟩ *–Absatz im MS zunächst als eigenständige Bemerkung begonnen*
20 Die Zahlangabe über eine Variable besteht in ⟨der⟩ Transformation
23 ⟨M…⟩
29 ⟨/⟩ *Randzeichen im MS gestrichen*

1 ⁎ [In der logischen Theorie der Farbe kann es gut sein, sich an den Unterschied zu erinnern von 107

$2 + 2 = 4$ und

$\varphi a \cdot \varphi a = \varphi a$ [Frege]]

2 ⁎ Gibt es denn wirklich ein Stadium wo ich weiß daß ich 2 + 2 Äpfel habe noch ehe ich die Ersetzung von „2 + 2" durch „4" vollzogen habe?

$(\exists 3)\varphi(\,)$, $(\exists 4)\psi(\,)$

↘ ↙

$(\exists 3 + 4)\varphi(\,) \vee \psi(\,)$

3 ⁎ Man könnte sagen: Ich muß mir nur erst ausrechnen wieviel 3 + 4 ist.

4 / Denken wir uns zwei Ebenen, auf der Ebene I seien Figuren, die wir auf die Ebene II durch irgend welche Projektionsmethoden abbilden wollen. Wir haben dann die Möglichkeit eine Projektionsmethode (etwa die der orthogonalen Projektion) festzulegen und dann die Bilder auf der |2.| Ebene dieser Methode der Abbildung entsprechend zu deuten. Wir 109
können aber auch einen ganz anderen Weg einschlagen: Wir bestimmen etwa aus irgend welchen Gründen daß die Bilder in der 2. Ebene sämtlich Kreise sein sollen, was immer die Figuren in der 1. Ebene sein mögen. D.h. verschiedene Figuren der 1. Ebene werden durch verschiedene Projektionsmethoden in die Ebene 2 abgebildet. Um dann die Kreise in II als Bilder zu verstehen, werde ich zu jedem Kreis sagen müssen, welche Projektionsmethode zu ihm gehört. Die bloße Tatsache aber, daß sich eine Figur in II als Kreis darstellt, wird noch gar nichts sagen. – So geht es mit der Wirklichkeit wenn wir sie in Subjekt-Prädikatsätze abbilden. Daß wir Subjekt-Prädikat-Sätze gebrauchen ist nur eine Angelegenheit unserer Zeichengebung; die Subjekt-Prädikat-Form ist an sich noch keine Logische Form und sie ist 111
Ausdrucksmittel unzähliger grundverschiedener logischer Formen wie die Kreise auf der Ebene II. Sätze : „Die Uhr ist rund", „der Mann ist groß", „der Fleck ist rot", „das Bild ist schön", haben in ihrer Form nichts Gemeinsames.

5 ⁎ Wenn meine Theorie richtig ist daß Gegenstände von der Mannigfaltigkeit der reellen Zahlen in Elementarsätzen vorkommen, so weist das auf eine allgemeinere Auffassung der Zahlen hin – als die Freges und Russells – wie ich sie selbst schon hatte. Ich sagte damals, daß die Zahl aus dem Begriff des Kalküls hervorgehe und daran ist gewiss etwas.

4 $\varphi a \cdot \varphi a = \varphi a$ [Frege⟨) …⟩
17 die der orthogonalen Projektion) festzulegen und ⟨die …⟩
17 dann die ⟨Abbildu…⟩
25 Projektionsmethode zu ihm gehört. Die bloße Tatsache⟨, daß …⟩
26 aber, daß sich eine ⟨Form⟩ in II als Kreis darstellt,
30 die Subjekt-Prädikat-Form ist an sich noch ⟨zu…⟩
31 keine Logische Form und sie ist Ausdrucksmittel ⟨g…⟩
32 wie die Kreise auf der Ebene II. Sätze ⟨wie⟩
38 der Zahlen hin – als die ⟨ist die Frege und Russell hatten⟩

1 Eine Schwierigkeit der Fregeschen Theorie ist nämlich natürlich die Allgemeinheit der Worte „Begriff“ und „Gegenstand“. Denn da man Tische und Töne und Schwingungen und Gedanken und Gerichtsverhandlungen zählen kann so ist es schwer die alle unter einen Hut zu bringen.

2 Begriff und Gegenstand, das ist aber Prädikat und Subjekt. Und wir 112
haben gerade gesagt daß Subjekt-Prädikat nicht e i n e logische Form ist.

3 ✳ Man könnte nun zuerst zeigen, daß sich jeder Satz als Subjekt-Prädikatsatz darstellen lassen muß, denn wenn ich einen unter seinen Gegenständen herausgreife so kann ich d e n das Subjekt nennen und alles übrige das Prädikat. (Das heißt ich kann ihn in der Art „f(x)“ schreiben.)

4 ✳ Aber selbst das würde für die Anwendung der Cardinalzahlen noch nicht allgemein genug sein, denn ich kann ja eben Komplexe zählen (Ereignisse etc)

5 ✳ Das heißt allerdings nur daß es eben einen Subjekt-Prädikatsatz gibt in dem das Subjekt irgend ein Komplex von Gegenständen ist.

6 ✳ Es wäre nun etwa die Frage ob alles Subjekt werden kann oder doch nur 114
bestimmte Formen. – Aber können wir nicht irgend welche Züge die Komplexe miteinander gemein haben zählen, zu Subjekten machen?

7 ?/ Kann also ein Subjekt-Prädikatsatz nicht allgemein so gebildet werden: Einen beliebigen Satz schreibe ich in der Form „F(A)“ indem ich unter „F(ξ)“ eine beliebige Variable verstehe die aus ihm gebildet werden kann, unter „φ(A)“ diejenige andere Variable die die erste zum Satz „F(A)“ ergänzt.

8 ?/ Und hier ist es Sinngemäßes die einseitige Schreibweise aufzugeben und „FA“ oder AB zu schreiben wo nun beide Zeichen gleichberechtigt sind.

9 Aber wie ist es: kann ich ebensowohl die Eigenschaften zählen die e i n Gegenstand hat wie die Gegenstände die e i n e Eigenschaft haben?

1 ⟨/⟩ *Randzeichen im MS gestrichen*
1 der Fregeschen Theorie ist nämlich natürlich ⟨daß m…⟩
7 *Seitenzählung: Die vorangehende Versoseite ist unbeschrieben, durchkreuzt und nicht gezählt, damit folgen ab hier gerade Seitenzahlen für die Rectoseiten.*
7 ⟨/⟩ *Randzeichen im MS gestrichen*
12 denn wenn ich einen unter seinen Gegenständen ⟨darstelle⟩ so kann
21 einen Subjekt-Prädikatsatz gibt in dem das Subjekt ⟨en..⟩
23 Es wäre nun etwa die Frage ob alles Subjekt ⟨sein⟩ kann
24 Aber können wir nicht ⟨bestimmte⟩ Züge die Komplexe miteinander
28 Einen beliebigen Satz schreibe ich in der Form ⟨ „f(a)“ indem⟩ ich
31 wo nun beide ⟨Gegenstände⟩ gleichberechtigt sind.

1 Es scheint da ein gewisser Unterschied zu sein. Denn in das Prädikat 116
können wie es scheint durch logische Multiplikation oder Addition alle beliebigen Sätze eintreten nicht aber in das Subjekt.

$f(a) \cdot p$

2 ?/ Anderseits kann ich nicht ein Subjekt eben so allgemein gestalten wenn ich etwas aussage von einem *Vorgang* oder von einer *Tatsache*?

(Etwa: „Mich freut (die Tatsache daß, etc.)")

3 * Eine Sprache die zum Teil aus geschriebenen Zeichen bestünde zum Teil aber daraus daß man diese Zeichen in bestimmter Art durch den Raum bewegen würde.

4 × Hat es einen Sinn zu sagen: „An einem Ort ist zu einer Zeit nur *eine* Farbe"? Das ist offenbar eine Tautologie wenn man den Sinn von „und" entsprechend bestimmt; anderenfalls ist es Unsinn.

5 * Ist die allgemeinste Situation die: Ich habe eine Satzvariable und zähle 118
die Werte die sie zu einem wahren Satz machen. Oder mit anderen Worten ich zähle die wahren Werte der Variablen.

6 * (Ich könnte dann auch sagen: ich zähle immer die wahren Sätze einer bestimmten Form)

7 ?/ Statt zu sagen „es gibt zwei Gegenstände die diese Eigenschaft haben" sollte man eigentlich sagen „es gibt zwei die diese Eigenschaft besitzen". (Daß es Gegenstände sind ist selbstverständlich.)

8 * Ich kann sagen: Wo immer ich eine Satzvariable habe kann ich einen Subjekt-Prädikat-Satz bilden. Wo ich aber die Subjekt-Prädikat-Darstellung habe habe ich auch die Anzahl im Fregeschen Sinne. So allgemein gebrauchen wir sie wirklich in unserer
Sprache indem wir Prädikate bilden, Begriffe, wie ich sie vorhin 120
aufgezählt habe.

9 * Wie ich seinerzeit meine Theorie der Zahlen schrieb; stieß mich die Fregesche Theorie ab, weil sie mir zu speziell erschien. Dieser Fehler verschwindet wenn man den Subjekt-Prädikat-Satz in seiner vollen Allgemeinheit faßt.

19 und zähle die ⟨Werte …/wahren Werte dieser Variablen – …/⟩
25 „es gibt zwei ⟨Dinge⟩ die diese Eigenschaft haben"
26 die diese Eigenschaft haben" ⟨müßte⟩ man eigentlich sagen
30 einen Subjekt-Prädikat-Satz bilden. Wo ich aber ⟨einen …⟩
33 in unserer Sprache indem wir ⟨Begriffe bilden wie …⟩
33 Prädikate⟨, wie …⟩
36 Wie ich seinerzeit meine Theorie der ⟨Anz…⟩
36 Wie ich seinerzeit meine Theorie der ⟨S⟩ Zahlen schrieb;
36 Wie ich seinerzeit meine Theorie der Zahlen ⟨geschri…⟩

1 ✶ (Dennoch bleibt mir ein Unbehagen das verschwinden würde wenn ich einer anderen Theorie habhaft werden könnte die sich nicht des Subjekt-Prädikat-Begriffes bedienen würde)

2 ✶ Ich möchte gleichsam die Arithmetik gesondert von der Logik behandeln und nur an einem Punkt andeuten wie die Arithmetik in der Logik anzuwenden ist.

3 ✶ Es ist klar daß man, wenn man die Fregesche Theorie streng nimmt nicht sagen kann „a, b und c sind 3 Gegenstände". Denn $(\exists xyz) \cdot x = a, y = b \cdot z = c$ ist ja eine Ausflucht. Man hätte ihn etwa so 122
ausdrücken können: Wann immer a, b, c eine Funktion befriedigen, wird sie von 3 Gegenständen befriedigt, etwa:

$$\varphi a \cdot \varphi b \cdot \varphi c \supset_{\varphi} (\exists xyz) \cdot \varphi x \cdot \varphi y \cdot \varphi z$$

4 ✶ Ich glaube man muß die Arithmetik abseits von der Logik betreiben d.h. ich glaube wir dürfen uns nicht in der Arithmetik auf die Logik berufen.

5 / Es ist nämlich klar daß wenn man einmal |mit der Arithmetik| angefangen hat, man sich den Teufel um Funktionen und Gegenstände schert und vorgeht als ob man von nichts wüßte. Ja auch wenn man sich entschlossen hat nur mit Extensionen zu arbeiten bleibt noch das sonderbare daß man auch auf die Form von Gegenständen keinerlei Rücksicht nimmt.

6 / Was tun wir wenn wir zur Begründung der Arithmetik nur Funktionen von der Art

$$x = a,\ x = a \lor x = b,\ x = a \lor x = b \lor x = c,\ \text{etc.},$$
$$x = a \cdot y = b,\ x = a \cdot y = b \;.\!\lor\!.\; x = c \cdot y = d \text{ etc.}$$ 124

verwenden. Solche Funktionen könnte man praktisch auch so schreiben:

(abc)x u.s.w. bezw. (ab, cd, ef) xy

und dann abgekürzt

„φx" und „Rxy" wo eben „φ" für „(abc)" oder dergl. steht und „R" für „(ab, cd, ef)". Die Definition wäre dann die daß (a b c)x für die Argumente a, b, c Tautologie und für alle anderen Contradiktion wird

7 / Eine solche Funktion wäre dann ein Prüfstein mit dem man Sätze auf ihre Brauchbarkeit prüfen würde indem man in sie eine construierte Funktion statt einer wirklichen einsetzt und sieht ob t oder c herauskommt

8 ✶ $(\exists x)\, \varphi x \cdot (\exists x)\, \psi x \cdot \sim(\exists x)\, \varphi x \cdot \psi x \supset_{\varphi\psi} (\exists x, y)\, \varphi x \cdot \psi y$

Ist das auch eine Anwendung von $1 + 1 = 2$?

Wenn ich hier statt „(∃xy)" „(∃2x)" schreiben will so geht es nicht.

10 a, b und c sind 3 Gegenstände". ⟨Außer…⟩
19 ⟨✶⟩ *Randzeichen im MS gestrichen und ersetzt*
27 zur Begründung der Arithmetik nur Funktionen von der ⟨Form⟩
39 indem man in sie eine construierte Funktion ⟨einführt⟩
39 statt einer ⟨and…⟩

1 × Kann man $1 + 1 = 2$ als Lehrsatz oder auch als Definition der 2 auffassen?

2 D.h. ist das Gleichheitszeichen hier dasselbe wie in einer Definition? 126

3 ⚹ $p \cdot q \overset{\text{Def}}{=} \sim(\sim p \vee \sim q)$ daraus muß doch |z.B.| folgen $\sim(p \cdot q) = \sim p \vee \sim q$ etc

4 / Welche Beziehung besteht denn zwischen „$\overset{\text{Def}}{=}$“ und jenem Gleichheitszeichen das Taut. und Contr. ergibt?

Ist für dieses Gleichheitszeichen „$p \cdot q = \sim(\sim p \vee \sim q)$“ eine Tautologie? Man könnte sagen: „$p \cdot q = p \cdot q$“ ist Taut. und da man das eine Zeichen „$p \cdot q$“ hier der Definition entsprechend durch $\sim(\sim p \cdot \sim q)$ ersetzen darf so ist auch der obere Ausdruck Taut..

5 / Man dürfte also die Erklärung von ( ) = ( ) nicht so schreiben:

$\xi = \xi \overset{\text{Def}}{=}$ taut.

$\xi = \eta \overset{\text{Def}}{=}$ cont. sondern man müßte sagen: Wenn |und n u r wenn| „ξ“ und „η“ den Zeichenregeln zu Folge die gleiche Bedeutung haben dann ist „$\xi = \eta$“ Taut.; wenn „ξ“ und „η“ den Zeichenregeln zu Folge nicht dieselbe Bedeutung haben dann ist „$\xi = \eta$“ Cont..

6 Es wird vielleicht zweckmäßig sein das so erklärte Gleichheitszeichen anders zu schreiben etwa „$\xi \leftrightarrow \eta$“ zum Unterschied von „$\xi = \eta$“ welches eine Zeichenregel darstellt und besagt daß wir ξ durch η ersetzen dürfen. Das nämlich kann ich aus $\xi \leftrightarrow \eta$ nicht ersehen sondern nur daraus daß $\xi \leftrightarrow \eta$ eine Tautologie ist aber auch das weiß ich ja erst wenn ich schon die Ersetzungsregeln kenne. 128

7 Daraus scheint hervorzugehen daß man das $\leftrightarrow$ in der Mathematik statt des = n i c h t brauchen kann.

8 / $(\exists x)\, \varphi x \overset{\text{Def}}{=} (\exists 1)_x\, \varphi(x)$

$(\exists x, y)\, \varphi x \cdot \varphi y \overset{\text{Def}}{=} (\exists 1 + 1)_x\, \varphi(x)$

$(\exists x, y, z)\, \varphi x \cdot \varphi y \cdot \varphi z \overset{\text{Def}}{=} (\exists 1 + 1 + 1)_x\, \varphi(x)$

usw.

ferners: $(\exists n)_x\, \varphi(x) \cdot \sim(\exists n + 1)_x\, \varphi(x) \overset{\text{Def}}{=} (n)_x\, \varphi x$

9 / Dann kann man z.B. schreiben:

$(3)_x\, \varphi x \cdot (4)_x\, \psi x \cdot \sim(\exists x)\, \varphi x \cdot \psi x \supset_{\varphi\psi} (3+4)_x \cdot \varphi x \vee \psi x$

10 / Dieser Ausdruck ist nicht dasselbe wie die Ersetzungsregel $3 + 4 = 7$ 130

4 ⟨/⟩ *Randzeichen im MS gestrichen*

9 und jenem Gleichheitszeichen das ⟨als⟩ Taut.

10 Ist für ⟨jenes⟩ Gleichheitszeichen „$p \cdot q = \sim(\sim p \vee \sim q)$“

15 Man dürfte also die Erklärung von ⟨ξ m…⟩

29 ⟨/⟩ *Randzeichen im MS gestrichen*

32 ⟨⚹⟩ *Randzeichen im MS gestrichen und ersetzt*

36 $(\exists n)_x\, \varphi(x) \cdot \sim(\exists n + 1)_x\, \varphi(x) \overset{\text{Def}}{=} \langle\varphi(n)\rangle\, (n)_x\, \varphi x$

39 ⟨$\varphi(3) \cdot \psi(4) \cdot \sim(\exists x)\, \varphi x \cdot \psi x \supset_{\varphi\psi} \varphi(3+4) \vee \psi(3+4)$⟩ *–die ganze Notation ist im MS gestrichen und in der darauffolgenden Zeile ersetzt*

1 ✶ Es wird der Schluß gleichsam nach zwei Regeln nacheinander vollzogen. Nach der ersten bilde ich ein vorläufiges Zeichen „(∃(1 + 1 + 1) + (1 + 1 + 1 + 1))" indem ich einfach die beiden Zahlzeichen von links kopiere und nun erst lasse ich die Klammern fallen und bilde (∃ 1 + 1 + 1 + 1 + 1 + 1 + 1)

2 ✶ Ich kann auch sagen: |Das Zeichen| „$(3 + 4)_x$" etc gibt eine Anweisung eine Beschreibung wie es aus den linken Zeichen zu bilden ist.

3 ✶ Kommt nun aber die Addition von Cardinalzahlen wirklich nur in diesem einen Fall vor. Ist das ihre e i n z i g e Anwendung? Denn in diesem Falle hätte es keinen Sinn die Addition abgesondert von ihrer logischen Anwendung zu behandeln. (Hier denke ich allerdings daran daß die Subj.-Präd.-Form keine logische Form bestimmt.)

4 ✶ Wenn ich sage 3 Äpfel und noch 3 Äpfel sind 6 Äpfel so ist hier das 132
Wort n o c h das Entscheidende. Denn daraus daß ich 3 Äpfel auf den Tisch lege und 3 Äpfel auf den Tisch lege folgt nicht daß ich 6 Äpfel auf den Tisch gelegt habe; ich könnte ja beidemale den gleichen Vorgang meinen. Es müssen das andre Mal andere Äpfel gewesen sein.

5 / Man könnte auch so fragen:
Angenommen ich habe 4 Gegenstände die eine Funktion befriedigen hat es in jedem Fall einen Sinn zu sagen diese 4 Gegenstände seien 2 + 2 Gegenstände? Ich weiß ja nicht ob es Funktionen gibt die 2 und 2 von ihnen unter einen (je einen) Hut bringen! Hat es einen Sinn von irgend 4 Gegenständen zu sagen sie bestünden aus 2 Gegenständen und 2 Gegenständen?

6 / Immer wieder die alten Fragen. Die Schreibweise die ich oben verwendete „$(3 + 4)_x$ etc" enthält bereits die Annahme daß es einen Sinn hat 7 immer als 3 + 4 aufzufassen denn auf der rechten Seite von „$\supset_{\varphi\psi}$" habe ich sozusagen schon vergessen woher diese 3 und 4 rühren. 134
Anderseits: im Zeichen 1 + 1 + 1 + 1 + 1 + 1 + 1 kann ich doch auf jeden Fall 3 und 4 unterscheiden.

1 Es wird ⟨glei…⟩
1 Es wird der Schluß gleichsam ⟨in zwei …⟩
8 etc gibt eine Anweisung eine Beschreibung wie es aus den ⟨link…⟩
12 *Im MS:* abgesondert von von ihrer logischen
16 Wenn ich sage 3 Äpfel und ⟨3 Äpfel …⟩
19 ich könnte ja beidemale ⟨denselben⟩ Vorgang meinen.
20 Vorgang meinen. ⟨Das …⟩
20 Es ⟨muß …⟩
20 Es müssen das ⟨zweite …⟩
22 ⟨×⟩ *Randzeichen im MS gestrichen und ersetzt*
27 (je einen) Hut bringen! ⟨–⟩ Hat es einen Sinn von ⟨j…⟩
34 woher diese 3 und 4 rühren. Anderseits: ⟨Wei…⟩

1 / Liegt hier vielleicht die Auflösung; wie wäre es wenn ich ein Zeichen für die 7 hätte worin ich 3 und 4 nicht absondern könnte?? Ist ein solches Zeichen denkbar?

2 ⚹ Immer wieder scheint es möglich Extensionen wie Gegenstandsformen zu behandeln.

3 ⚹ Und es ist natürlich immer die Frage ob Extensionen je ohne eine reale Funktion gebraucht werden!

4 / Hat es einen Sinn zu sagen daß eine Relation 2 Gegenstände miteinander verbindet auch wenn diese im übrigen unter keinen Begriff fallen. Aber ja: denn man kann die Klasse aller x bilden x̂(x R b ∨ a R x). Aber nein denn diese Klasse brauchte nicht nur 2 Glieder zu haben. Und ich meine auch nicht den Fall wenn R nur a und b verbindet und kein anderes Paar; ich will nur sagen daß in jedem Komplex ξ R η R zwei Gegenstände verbindet (oder wie man sagt, daß 136
R eine zweistellige Relation ist)

5 ⚹ Ich will davon gar nicht reden daß man Zahlen zählen soll die doch |gewiss| nicht unter einen realen Begriff fallen. – Aber es hat gewiss einen Sinn vom 5ten Satz in der Reihe „(∃x) · a R x · x R b“ (∃x,y) · a R x · x R y · y R b“ etc. zu sprechen. (Das war es auch was mich dazu bestimmt hat, die Ordinalzahlen für allgemeiner zu halten als die Cardinalzahlen)

6 / Wie ist es mit dem Satz „(∃xyz) · a R x · x R y · y R z · z R b .∨. a R y · y R x · x R z · z R b .∨. etc“ [es folgen alle Kombinationen]? Kann ich ihn nicht verständlich in der Form schreiben:/?/

„$(\exists 3)_x$ a R x R b“ etwa „zwischen a und b sind (nur) 3 Glieder eingeschaltet“. Hier haben wir den Begriff gebildet „Glied zwischen a und b“.

1 *Der letzte Satz der Bemerkung ist im MS am linken Rand mit einem vertikalen Strich markiert.*

1 Liegt hier vielleicht die Auflösung⟨? Wie⟩ wäre es wenn ich ein

2 worin ich 3 und 4 nicht absondern könnte?? ⟨Es …⟩

16 wenn R nur a und b verbindet und kein anderes Paar⟨. Ich …⟩

16 ich will ⟨w…⟩

16 ich will nur sagen daß ⟨im⟩ Komplex

17 Komplex ⟨a R b⟩ ξ R η R zwei Gegenstände verbindet

24 die Ordinalzahlen ⟨vor den Cardinalzahlen zu behandeln⟩ …⟩

1 / „ξ ist ein Glied zwischen a und b“ würde so geschrieben „a R ξ · ξ R b .∨. (∃x) · a R ξ · ξ R x · x R b .∨. (∃x) a R x · x R ξ · ξ R b .∨. (∃xy) etc.“ Aber mit Hilfe dieser Funktion könnte ich nicht das sagen was ich mit „es gibt 2 Glieder zwischen a und b“ meine. Denn schreibe ich zur Abkürzung die obige Funktion so: „a R – ξ – R b“ so würde der Satz nach dem Muster (∃x, y) φx · φy lauten: (∃xy) · a R – x – R b · a R – y – R b. Nennen wir z.B. diese beiden Gegenstände c und d dann ist der Satz auch richtig wenn es wahr ist daß a R c · c R b · a R d · d R b und das ist offenbar nicht was gemeint war. 138

2 ✶ Es ist klar daß die Cardinalzahl mit „(∃x…)“ nicht m e h r zu tun hat als mit „(x…)“ und statt $(\exists 3)_x$ etc kann man schreiben ~(3x)~ etc; d.h. „nicht für a l l e Tripel ist es wahr daß etc.“

3 ✶ Daß sich aber die Cardinalzahl an die Allgemeinheitsbezeichnung überhaupt heftet ist begreiflich

4 ✶ Statt „(∃x, y, z)“ kann ich überall dort „$(\exists 3)_x$“ schreiben wo das was danach kommt im Bezug auf alle drei Argumente dasselbe aussagt.

$\Pi(x, y) \cdot \varphi x \cdot \varphi y \qquad \Pi(2x) \cdot \varphi x \qquad \Pi(2)_x \varphi x$

$\Sigma(x, y) \cdot \varphi x \cdot \varphi y \qquad \Sigma(2x) \cdot \varphi x \qquad \Sigma(2)_x \varphi x$ 140

5 / Was für ein Satz wäre das: „Es gibt eine Farbe so daß ein Ort im Gesichtsraum sie hat.“?

6 / Angenommen es gäbe |nur| 4 Farben ist es nun denkbar daß ein Ort keine Farbe hat? Wenn es Sätze gibt die dem Ort O Farben F_1 F_2 F_3 F_4 zuschreiben dann muß es natürlich einen sinnvollen Satz geben: $\sim OF_1 \cdot \sim OF_2 \cdot \sim OF_3 \cdot \sim OF_4$ und auch dieser Satz muß wenn er wahr ist eine s i c h t b a r e Sachlage beschreiben.

Wenn es also – wie es doch scheint – wahr ist daß jeder Ort in einem gewissen Sinne eine F a r b e haben muß, dann muß eine dieser „Farben“ die Abwesenheit der anderen sein. Wäre das etwa Schwarz?

Wenn das so ist so hat der oben angegebene Satz Sinn.

1 ⟨✶⟩ *Randzeichen im MS überschrieben und ersetzt*
1 „ξ ist ein Glied zwischen a und b“ ⟨wäre⟩ so geschrieben
5 so: „a R – ξ – R b“ so würde der Satz ⟨lauten (∃x, y)…⟩
12 zu tun hat als mit „(x…)“ und statt $(\exists 3)_x$ ⟨…⟩ kann man
12 zu tun hat als mit „(x…)“ und statt $(\exists 3)_x$ etc ⟨könnte⟩ man
12 zu tun hat als mit „(x…)“ und statt $(\exists 3)_x$ etc kann man ⟨immer⟩ schreiben
23 „Es gibt eine Farbe so daß ein ⟨F…⟩
26 *Im MS ein Absatz, durch ein Randzeichen als eigenständige Bemerkung gekennzeichnet.*
29 $\sim OF_1 \cdot \sim OF_2 \cdot \sim OF_3 \cdot \sim OF_4$ und ⟨weiter …⟩
30 wenn er wahr ist ⟨einen s i c h t b a r e n …⟩
31 daß jeder ⟨Fleck⟩ in einem gewissen Sinne eine F a r b e haben muß,

1 ✶ In dem Zeichen $(\exists 2)_x \cdot \varphi x$ muß es schon liegen daß die b e i d e n Werte von x in ein Produkt $\varphi x \cdot \varphi y$ eingesetzt werden sollen. Ebenso ist es mit einem Zeichen $(\exists 5)_x$ a R x R b – nur daß hier das Zeichen a R x R b eigens für diesen Zweck eingeführt wurde während man es dem Zeichen φx in $(\exists 2)_x$ φx nicht ansieht daß im zerlegten Satz statt „φx“ „$\varphi x \cdot \varphi y$“ 142
steht.

2 ?/ Wenn man fragt warum man statt „$(\exists xy)$ x R y“ nicht „$(\exists 2x)$…“ schreiben kann so kann man antworten daß nur dort wo sich der Satz durch zweimalige |successive| Anwendung derselben Operation erhalten läßt – also von der Form 0^2… ist – die 2 berechtigt ist.

3 ?/ Man kann auch so sagen: statt „$(\exists xyz..)$..“ kann ich immer dann sagen „$(\exists nx)$..“ wenn die Funktion von x y etc so ist daß ich keinen der Gegenstände eigens erwähnen muß, oder auch daß ich die Gegenstände nicht erst in die Funktion einordnen muß. Daß ich ihnen keine Plätze anweisen muß. Daß sie wie Leute sind die ich in ein Zimmer schiebe und zufrieden bin wenn sie darin sind ohne mich um ihre Plätze im Zimmer zu bekümmern. Die Funktion muß also so sein daß die Gegenstände in ihr nicht in einer von mir nicht gemeinten Weise in ihr liegen können.

Die Funktion muß so sein daß ich den Gegenständen in ihr nicht 144
ihre Plätze anzuweisen brauche.

4 × Wie ist es mit den Sätzen:

$(\exists x, y, z)$ x R y · x R z · y R x · y R z · z R x · z R y, $(\exists x, y, z, n)$ etc.

oder

$(\exists x, y)$ x R y ∨ y R x

$(\exists x, y, z)$ x R y ∨ x R z ∨ y R x ∨ y R z ∨ z R x ∨ z R y

etc.

Hier sind alle Argumentstellen gleichberechtigt (Ich brauche keine Satzordnung zu machen)

5 ?/ Man kann auch so sagen: Auf den Anfang „Es gibt n Dinge“ muß immer folgen „so daß jedes ….“ und nicht „so daß x… y… etc“.

6 „Es gibt 5 Menschen die einander lieben“
Diesen Satz kann man nicht auf die Form bringen
$(\exists x, y, z, u, v) \cdot \varphi x \cdot \varphi y \cdot \varphi z \cdot \varphi u \cdot \varphi v$.

7 Kann man nun sagen daß hier „5“ eine andere Bedeutung hat als etwa im Satz „Es gibt 5 gute Menschen“?

1 nur daß hier das Zeichen a R x R b eigens für ⟨den⟩ Zweck eingeführt
14 kann ich immer dann sagen „$(\exists nx)$..“ wenn die Funktion ⟨die …⟩
15 eigens erwähnen muß, oder auch daß ⟨sich …⟩
35 „so daß ⟨das eine … das andere … etc)“ und nicht
35 und nicht „so daß ⟨das Ding⟩ x … ⟨das Ding⟩ y … ⟨“⟩
37 ⟨/⟩ *Randzeichen im MS gestrichen*
38 ⟨Hier …⟩ Diesen ⟨R…⟩
41 Kann man nun sagen daß hier ⟨d…⟩

1 Kann man vor allem nicht sagen daß diese 5 Menschen die einander lieben 5 gute Menschen sind? 146

2 ?/ Es ist klar daß sich in der *logischen* Addition allerlei ändert: 2 Menschen die einander lieben und 2 andere Menschen die einander lieben geben nicht 4 Menschen die einander lieben.

3 ✳ Kann man $1 + 1 = 2$ auch so anwenden:/?/

$$(\exists x, y)\ \varphi x \cdot \psi y \supset (\exists xy)(\varphi x \vee \psi x) \cdot (\varphi y \vee \psi y)$$

was man schreiben kann: $(\exists 1x, 1y)\ \varphi x \cdot \psi y \supset (\exists 2)_x\ \varphi x \vee \psi x$
Der Witz ist hier der, daß man auf der linken Seite nicht „$(\exists 2)_x$“ schreiben *kann*.

Aber könnte man hier nicht auch schreiben:

$$(\exists 1x, 1y)\ \varphi x \cdot \psi y = (\exists 2)_x\ \varphi x \vee \psi x\ ?$$

4 ✳ Was wir in der Logik sozusagen als Anwendung von $2 + 2 = 4$ hinschreiben kann nie dasselbe sein wie $2 + 2$ *gleich* 4. Ich habe zwei Kleidungsstücke heißt nicht dasselbe wie ich habe einen Rock und eine Hose obwohl der erste Satz aus dem zweiten folgt

5 ✳ Nur wenn wir mit reinen Extensionen arbeiten, kann das Gleichheitszeichen gelten. 148

6 ✳ Hat die Zerlegung von 4 in 2 und 2 einen Sinn wenn es keine Funktionen gibt die jedes Paar unter einen Hut bringen? Aber wenn es solche Funktionen gibt dann ist die Zerlegung von 4 in 2 und 2 möglich aber nie in 2 und 3 oder in 2 und 1 und $2 + 2 = 4$ gibt einfach die Möglichkeit dieser Zerlegung an wenn die übrigen Bedingungen erfüllt sind. $2 + 2 = 4$ richtet gleichsam alles für die Zerlegung her (damit sie durchgeführt werden kann, wenn es nötig ist).

Schon das aber würde sagen daß die Gleichung dann auch keine Tautologie sein kann.

7 Wie ist es aber möglich auf die Existenz einer Funktion etwas vorzubereiten wenn ich nicht weiß ob sie existiert?

Das scheint doch unmöglich zu sein.

8 Hängt die Arithmetik von der Existenz gewisser realer Funktionen ab dann muß von ihnen in ihr die Rede sein.

5 2 Menschen die einander lieben und 2 ⟨M…⟩
13 Aber könnte man ⟨das⟩ nicht auch schreiben:
25 4 in 2 und 2 einen Sinn wenn es keine ⟨reale Funktion …⟩
30 alles für die Zerlegung her (damit sie ⟨gem…⟩
30 durchgeführt werden kann, wenn es ⟨notwen…⟩

1 Nun scheint es aber daß ich doch eine Vorbereitung auf reale Funktionen machen kann nämlich wenn ich im Satz: 150

$(E1)_x\ \varphi x \cdot (E1)_x\ \psi x \cdot \sim(\exists x)\ \varphi x \cdot \psi x\ .\supset_{\varphi\psi}.\ (E2)_x\ \varphi x \vee \psi x$

für φ und ψ alle denkbaren Extensionen probiere. Da mir aber die |möglichen| Extensionen nicht auch Funktionen geben was zeigt mir dann eigentlich dieser Satz mit den eingesetzten Scheinfunktionen?

Man könnte ja sagen „er zeigt wie es sich verhält wenn es |so und| so beschaffene Funktionen gibt“, aber das genügt nicht; er muß so wie er ist etwas zeigen was mit hypothetischen Funktionen nichts zu tun hat.

Und zwar muß das was er zeigt doch nur mit dem Wesen der Extension zu tun haben da von der besonderen Eigenschaft irgend einer Funktion nicht die Rede ist.

Wenn ich nun unter „φ“ und „ψ“ Extensionsvariable verstehe – so daß sie also die Reihe

(–) x; (a) x, (b) x, . . . ; (ab) x, (ac) x . . . (bc) x . . . ; (abc) x . . . . etc

durchlaufen – so ist die Frage, was zeigt nun der Satz über all diese Extensionen und ist alles an ihm notwendig um das zu zeigen. Kann er 152 etwas anderes als etwas Arithmetisches zeigen?

2 $\sim(x)\sim\varphi x \cdot (x, y)\sim(\varphi x \cdot \varphi y) \cdot$ 151

$\sim(x)\sim\psi x \cdot (xy)\sim(\psi x \cdot \psi y) \cdot$

$(x) \cdot \sim(\varphi x \cdot \psi x)$

$\supset$

$\sim(x, y)\sim[\varphi x \vee \psi x \cdot \varphi y \vee \psi y] \cdot$

$(xyz)\sim[\varphi x \vee \psi x \cdot \varphi y \vee \psi y \cdot \varphi z \vee \psi z]$

3 Wenn der Satz nun nur noch arithmetische Beziehungen zeigt so – glaube ich – muß auch alles an ihm unwesentlich werden was ihn zum Satz gemacht hat (die logischen Constanten) und dann muß sich diese arithmetische Beziehung auch einfacher darstellen lassen. 152

4 Aber es wird sich doch dasjenige zeigen, was man meint wenn man sagt: Aus $(E1)_x \cdot \varphi x \cdot (E1)_x \cdot \psi x \cdot \sim(\exists x)\ \varphi x \cdot \psi x$ folgt $(E2)_x\ \varphi x \vee \psi x$.

5 Muß ich aber hier auch – um zu zeigen daß der rechte aus dem linken Satz folgt – φ und ψ ihre sämtlichen denkbaren Extensionen durchlaufen lassen?

6 Schreiben wir einmal die Wahrheitsbedingungen in der W-F-Notation für diese Sätze auf! 151

4 alle denkbaren Extensionen probiere.⟨ – ⟩ Da mir aber
5 Da mir aber die |möglichen| Extensionen nicht auch ⟨rea...⟩
6 was zeigt mir dann eigentlich ⟨j...⟩
17 (–) x; (a) x, (b) x, . . . ; (ab) x, (ac) x . . . (bc) x . . . ; (abc) x . . . . etc ⟨durchläuft⟩
21 *Marginalie von der gegenüberliegenden Versoseite 151*
31 was ihn zum Satz gemacht hat ⟨⟨et...⟩
38 φ und ψ ⟨seine⟩ sämtlichen denkbaren Extensionen durchlaufen lassen?
41 *Marginalie von der gegenüberliegenden Versoseite 151*

1 ?/ Aber auch hier hätten wir nicht die symmetrische Beziehung der Gleichheit wie in $1 + 1 = 2$ ($2 = 1 + 1$). Das sagt etwa statt „1 + 1“ *kann* ich „2“ setzen, statt „2“ *kann* ich „1 + 1“ setzen. 152

Übrigens wenn das obere $1 + 1 = 2$ sagt wie sieht das aus, was $1 + 1 = 0 + 2$ oder $2 + 2 = 1 + 3$ zeigt? 154

2 Ich muß sogar in solche Regionen tauchen wo ich weiß daß ich Fehler mache die ich schon nach dem Stande meines jetzigen Wissens nicht machen brauchte. Aber ich muß auch noch unter die Wahrheiten kommen die schon feststehen. 153

3 Ein philosophisches Problem könnte man immer so ausdrücken: kann man *den* Symbolismus verwenden? Und die verschiedenen Annahmen zu denen man kommt drücken sich daher immer in soviel verschiedenen Symbolismen aus.

4 Insofern könnte man den Philosophen auch Sprachschöpfer nennen.

5 ∗ $(E2)_x\, \varphi x \cdot (E3)_x\, \psi x \cdot \sim(\exists x)\, \varphi x \cdot \psi x \,.\!\supset_{\varphi\psi}\!.\, (E2 + 3)_x\, \varphi x \vee \psi x$ 154

Die Addition mit 0^n bezieht sich nur auf das letzte Glied des Satzes.

(Sie bedeutet: wenn irgend einmal eine Operation nötig sein sollte, dann ergibt sie das Resultat ……)

6 ∗ Wenn es heißt (∃xyzuv) ….. so heißt ein Spezialfall davon immer a b c d e und der steht in einer internen Beziehung zu jedem allgemeinen Ausdruck welcher a b oder a b c als Spezialfall hat.

7 ∗ (∃xyz) · φ(xyz) kann ich nicht durch $(\exists 3)_x$ …. ersetzen obwohl ein Spezialfall φ(abc) lautet und a,b,c 3 sind. Oder sind sie eben nur dann 3, wenn sie gleichberechtigt sind?

Man wird wieder auf die Operation 0^3 hingewiesen.

8 ∗ Statt „(∃xyz)…“ kann ich ebensowenig allgemein sagen „$(\exists 3)_x$ …“ wie ich φ(abc) auffassen kann als φ(3) (also auch bei den Namen geht die Sache nicht so glatt) 156

9 (∃x) φx, (∃xy) φx · φy, (∃xyz) φx · φy · φz, usw.

10 ∗ [(∃x) φx, (∃–)–, (∃ – y)– · φy] Aber hier habe ich nun die Schwierigkeit daß ich kein Mittel weiß um zu zeigen daß bei jeder folgenden Operation eine Variable benützt werden muß, die noch nicht in der Klammer „(∃…)“ vorkommt.

Oder könnte man das so ausdrücken:

5 was $1 + 1 = 0 + 2$ oder ⟨auch⟩ $2 + 2 = 1 + 3$ zeigt?
7 *Persönliche Bemerkungen von der gegenüberliegenden Versoseite 153*
25 *Im MS:* internen Beziehung jedem *–Text ergänzt*
26 der steht in einer internen Beziehung zu jedem ⟨Fall⟩ welcher
31 Man wird wieder auf die Operation 0^3 ⟨ver…⟩
33 kann ich ebensowenig allgemein ⟨sagen/schreiben …/⟩
41 die Schwierigkeit daß ich kein Mittel ⟨habe …⟩

1 ✶ $[(\exists x_1)\,\varphi x_1,\ (\exists - x_1) - \varphi x_{-},\ (\exists - x_{-} x_{-1}) - \varphi x_{-} \cdot \varphi x_{-1}]$

2 ✶ Wenn aber ein Satz $(\exists xy \ldots)\,\varphi x \cdot \varphi y \ldots$ das Resultat einer fortgesetzten Operation ist dann könnte ich doch diese Operation ins Unendliche fortsetzen.

Aber es ist eben so, daß ich zu dieser Operation immer neues Material brauche, das mir an einem Punkt ausgehen kann.

3 ✶ Wenn aber meine Cardinalzahlen sich eben daher schreiben, wie könnten sie dann ins Unendliche führen?

4 ✶ Aber hat nicht eben jener bewegliche Index in $x_{|||}$ etc den Sinn zu zeigen 158
daß ich unendlich viele Zeichen dieser Art bilden kann? (während mir die Buchstaben einmal ausgingen)

5 Man könnte ja auch so schreiben:

$$(\exists x, xx, xxx)\,\varphi x \cdot \varphi xx \cdot \varphi xxx \text{ und } (\exists x, xx)\,\varphi(x, xx)$$

xx wäre dann e i n Buchstabe außer wenn ein Beistrich dazwischen wäre.

6 ✶ Dann hieße es

$$[(\exists x)\varphi x, (\exists \underline{x}, \underline{\underline{x}}x)\underline{\underline{\underline{\varphi x}}} \cdot \varphi(\underline{\underline{x}}x);$$

$$(\exists -, = x) \equiv \cdot \varphi(= x); (\exists -, = x, = xx) \equiv \varphi(= x) \cdot \varphi(= xx)]$$

7 ?/ Welche Auffassung immer man von der Zahl hat, so kann man Sätze $(\exists n)\ldots$ nur dann als die Zahl definierend auffassen, w e n n n b e l i e b i g g r o ß s e i n k a n n.

8 / Das Problem ist: Wie kann man Vorbereitungen zum Empfang von etwas eventuell existierendem treffen.

9 ✶ Was sind Kombinationen von Gegenständen; kann man sie als Gegenstände zählen? 160

10 ✶ Ich möchte an einer endlichen Anzahl von Gegenständen unendlich weit zählen, aber das scheint unmöglich wenn man wirklich zwei Dinge ansieht

18 xx wäre dann e i n Buchstabe außer wenn ⟨zwischen den …⟩

26 *Der Beginn dieser und der folgenden Bemerkung ist im MS am linken Rand mit einem vertikalen Strich markiert.*

37 scheint unmöglich ⟨zu sein⟩ wenn man wirklich zwei Dinge ansieht

1 ∗ Muß sich die Möglichkeit des Zählens ad infinitum nicht doch auf die Existenz von unendlich vielen Dingen zurückführen lassen.

2 \ Das infin. ax. ist schon darum ein Unsinn weil die Möglichkeit es auszusprechen unendlich viele Dinge – also was es behaupten will – voraussetzt. Von den logischen Begriffen, z.B. von der Unendlichkeit, kann man sagen daß ihre Essenz ihre Existenz beweist.

3 \ Der Satz – das infin. ax. – muß eben schon die Unendlichkeit, wenn auch auf dem Wege über Definitionen aufzeigen.

4 \ Wenn man z.B. den Begriff $\aleph_0$ wie R. erklären will indem man sagt eine 162
Funktion φ sei der Art, daß alle Sätze von der Form

$\sim(\exists x) \cdot \varphi x,\ (Ex)\, \varphi x,\ (Ex, y)\, \varphi x \cdot \varphi y,\ (Exyz)\, \varphi x\, \varphi y\, \varphi z$, etc

falsch sind dann setzt diese Erklärung schon voraus daß es unendlich viele Sätze jener Form gibt. – Und zwar auch dann wenn wir uns mit der Funktion φ irren sollten und es sich herausstellte daß einer jener Sätze wahr ist.

5 / Angenommen ich glaubte es gäbe überhaupt nur eine Funktion und die werde von 4 Gegenständen befriedigt. Später komme ich darauf daß sie noch von einem fünften Ding befriedigt wird; ist jetzt das Zeichen „4“ sinnlos geworden?

6 / Ich will sagen: die Zahlen können nur definiert werden aus Satzformen, unabhängig davon welche Sätze wahr oder falsch sind.

Daraufhin wollte auch meine Definition durch 0^n weisen.

7 Wie wäre denn 2 + 2 = 4 einfacher darzustellen (gleichsam mit einer schriftlichen Rechenmaschine) als es auf die R'sche Art geschieht? Oder 164
ist hier tatsächlich nichts entbehrlich?

8 ?/ $(\exists xyz)\, x\, R\, y \cdot y\, R\, z \cdot x\, R\, z \cdot y\, R\, x \cdot z\, R\, y \cdot z\, R\, x \overset{\text{Def}}{=} (\exists 3)\, \xi\, R\, \eta$

Hat es hier einen Sinn zu sagen daß 3 aus 2 und 1 besteht?

2 nicht doch auf die Existenz von ⟨unendlichen …⟩
4 *Der Beginn der Bemerkung ist im MS mit einem vertikalen Strich markiert.*
4 infin ax *– siehe „Principia Mathematica“, Vol. II, *120.03*
5 es auszusprechen unendlich viele Dinge – also ⟨z…⟩
12 Wenn man z.B. den Begriff $\aleph_0$ ⟨in⟩ R.
25 *Der Beginn der Bemerkung ist im MS mit einem vertikalen Strich markiert.*
29 ⟨/⟩ *Randzeichen im MS gestrichen*
34 Hat es hier einen Sinn zu sagen daß 3 aus 2 ⟨und⟩ 1 besteht?

1 ?/ Wenn man fragt sind nicht abcd 4 Dinge auch wenn keine reale Funktion sie bestimmt so kann man sagen, daß ich ja nicht einmal in diesem Satz auf sie hinweisen kann ohne sie aus den anderen herauszuheben, also sie zu bestimmen (und d.h. sie durch einen Begriff bestimmen) Und wenn ich nun von diesen sagen will daß sie aus 2 und 2 bestehen so kann ich doch wieder nicht a und b hervorheben ohne sie von den anderen abgesondert zusammenzufassen!

Aber wenn sie nun auf diese Weise durch die Bezeichnung zusammengefaßt sind, wozu brauche ich sie dann noch durch eine reale Funktion zusammenfassen.

2 ?/ Wie wäre denn $2+2 = 4$ einfacher darzustellen, als es auf die R'sche Art 166
geschieht? Oder ist hier tatsächlich nichts entbehrlich? Muß ich wirklich alles so schreiben als ob es sich um wirkliche Tatsachen und Sätze handelte?

Genügt nicht eben etwas wie $x, y+z, n = x, y, z, n$?

3 * Die Schwierigkeit in so einer Formel ist nur die, daß sie nicht die Möglichkeit ihrer Anwendung enthält. Sie zeigt nicht wohin sie gehört.

4 ?/ Das weist wieder auf die Benutzung der Operation hin. Nun kann man gegen die Form der Operation den Einwand der zu großen Allgemeinheit oder besser Unbestimmtheit machen. Aber muß nicht diese Unbestimmtheit in jeder Theorie der Zahl notwendig vorkommen. Eben aus dem Grund, daß die Zahl eine so allgemeine Anwendung hat. Verwende ich in meiner Definition den Begriff der Funktion, des Gegenstandes, so liegt eben die selbe Unbestimmtheit in diesen Formen.

5 / $(E1)_x\ \varphi x \cdot (E1)_x\ \psi x \cdot (x)\sim(\varphi x \cdot \psi x) \supset_{\varphi\psi} (E2)_x\ \varphi x \vee \psi x$ 168
Wenn hier φ und ψ die Formen $x = a \vee x = b$, etc, sind dann ist der ganze Satz eine Vorrichtung geworden, die dafür sorgt, daß richtig addiert wird.

6 $(\exists x, y)\ x = a \vee x = b \cdot y = a \vee y = b \cdot$
$\sim(\exists xyz)\ x = a \vee x = b \cdot y = a \vee y = b \cdot z = a \vee z = b$
Wenn dieser Satz unseren Bestimmungen gemäß, eine Contradiction ist, so ist es, weil ich 2 Dinge nicht 3 Dingen 1 zu 1 zuordnen kann.

7 / Im Symbolismus wird tatsächlich zugeordnet, während in der Bedeutung nur von der Möglichkeit der Zuordnung die Rede ist. (Man könnte also die Scheinfunktionen $x = a$, $x = a \vee x = b$, etc, arithmetische Funktionen nennen. Sie nämlich enthalten das Arithmetische der Sätze. Sie enthalten die Zahlen.)

1 ⟨M…⟩
18 Die Schwierigkeit in ⟨sen…⟩
23 der zu großen ⟨Unbestimm…⟩ *–im MS ist die Streichung mit zwei Fragezeichen markiert*
36 Wenn dieser *–im MS verweist von hier ein Pfeil auf die vorangehende Notation*
40 nur von ⟨den Möglichkeiten⟩ der Zuordnung die Rede ist.

1 ?/ Wenn 1 + 1 = 2 bedeutet daß aus

$(E1)_x\, \varphi x \cdot (E1)_x\, \psi_x \cdot (x){\sim}(\varphi x \cdot \psi x)$ folgt $(E2)_x\, \varphi x \vee \psi x$, was heißt dann 2 = 1 + 1? (Der erste Satz folgt ja nicht aus dem zweiten) So wie ich es 170 auffasse kann man freilich sowohl 1 + 1 = 2 als auch 2 = 1 + 1 auf den zweiten Satz anwenden.

2 ✶ Kann ich nun allgemein schreiben

$(\exists xyz)\, \varphi x \cdot \varphi y \cdot \varphi z = (\exists 3)_x \varphi x = (\exists 2 + 1)_x \varphi x$?

Wie soll ich aber das „+“ einführen? Und was bedeutet hier die Zerlegung von 3 in 2 und 1 (Hat sie nicht nur mit Beziehung auf jene Folgerung Sinn?)

3 ✶ Ich glaube die Zerlegung hat überall dort Sinn, wo sie anzeigt daß eine interne Beziehung zwischen einem $(\exists 2)_x$ … einem $(\exists 1)_x$… und dem $(\exists 3)_x$ … besteht. Besteht aber nicht immer eine solche Beziehung zwischen (∃xyz), (∃xy)… und (∃x)…

4 / 2 + 1 ist doch einfach eine Regel wie man aus zwei uns bereits bekannten Zeichen ein drittes bildet. $(\exists 3 + 4)_x$ … heißt: bilde ein Zeichen indem Du etc ..: Es wäre also etwa so: Ich kenne „3“ und „4“ von den Zeichen „(∃3) …“ und „(∃4) …“ her und diese Kenntnis verwende ich nun bei der Bildung des Zeichens $(\exists 3 + 4)_x$ … Daraus 172 würde übrigens schon hervorgehen daß man „3“ bezw. „4“ nicht durch die Zeichen „$(\exists 3)_x$“ „$(\exists 4)_x$“ definieren darf weil ja das Zeichen „$(\exists 3)_x$“ im Zeichen „$(\exists 3 + 4)_x$“ nicht vorkommt.

5 ✶ Ist nun 2 + 2 = 4 eine Zeichenregel,/?/ d.h., bezieht sich das „=“ auf die Zeichen? Besagt es: Wenn man diese Zeichen s o als Symbole gebraucht, so kann man sie durch einander ersetzen. Heißt das soviel wie: „diese Zeichen sind das selbe Symbol“?

Was ist dann ‚2 + 2 = 5‘ Ist es eine falsche Ersetzungsregel? Ich glaube, ja. Es ist klar, wenn ich 2 + 2 = 4 auch so schreiben darf: „‘2 + 2‘ kann durch ‚4‘ ersetzt werden“ dann habe ich 2 + 2 = 4 dadurch mit einem Satz verglichen und darum gibt es nun Analoga zu sämtlichen Anwendungen der Logik auf diesen Satz.

3 folgt $(E2)_x\, \varphi x \vee \psi x$, was heißt dann ⟨d…⟩
13 ⟨A…⟩
24 nicht durch ⟨das⟩ Zeichen „$(\exists 3)_x$“ „$(\exists 4)_x$“

1 / Die Gleichungen der Mathematik kann man, so scheint es mir, nur mit sinnvollen Sätzen vergleichen, nicht mit Tautologien. Denn die 174 Gleichung enthält eben dieses aussagende Element – das Gleichheitszeichen – das |nicht| dazu bestimmt ist etwas zu zeigen. Denn was sich zeigt, das zeigt sich ohne das Gleichheitszeichen. Das Gleichheitszeichen entspricht nicht dem „.⊃." in „p · (p ⊃ q) .⊃. q" denn das „.⊃." ist nur e i n Bestandteil unter allen anderen die zur Bildung der Tautologie gehören. Es fällt nicht aus dem Zusammenhang heraus sondern gehört zum Satz wie das „·" oder „⊃" Das „=" aber ist eine Copula die allein die Gleichung zu etwas Satzartigem macht. Die Tautologie zeigt etwas, die Gleichung zeigt nichts, sondern weist darauf hin, daß ihre Glieder etwas zeigen.

2 ✳ Man könnte meine Auffassung so darstellen: das Wort „unendlich" ist nur in der Ausdrucksweise „ad infinitum" richtig gebraucht.

3 ✳ 4 + 3 = 6 hat gleichsam eine imaginäre Beziehung zur Wahrheit, es ist 176 darum nicht Unsinn. Denn man kann die Behauptung 4 + 3 = 6 beantworten mit: „Nein, sondern 4 + 2 = 6" und dieses „Nein, sondern" zeigt daß auch das unrichtige e i n e Beziehung zur Wahrheit hatte.

4 ✳ Es muß einen erweiterten Fermatschen Satz geben.

5 ✳ Was hat ein Satz wie der Fermatsche mit den Formen von Funktionen und Gegenständen zu tun?!

6 / Was bedeutet ein mathematischer Satz von der Art „(∃n) 4 + n = 7" Er wäre eine Disjunction 4 + 0 = 7 ∨ 4 + 1 = 7 ∨ 4 + 2 = 7 ad inf. Was aber bedeutet das? Ich kann einen Satz verstehen der einen Anfang und ein Ende hat. Kann man aber auch einen Satz verstehen der kein Ende hat?

Ich verstehe auch daß man eine unendliche Regel geben kann nach der unendlich.viele endliche Sätze gebildet werden können. Was aber bedeutet ein endloser Satz?

7 Haben wir hier nicht einen Fall wo die Allgemeinheit nicht auf Produkt 178 oder Disjunktion reduziert werden kann? Was heißt es, wenn ich sage a l l e (unendlich viele) Sätze einer bestimmten Form sind wahr? Bedeutet ein endloses logisches Produkt etwas? Ist es nicht eo ipso u n b e s t i m m t?

Aber ist es nicht durch eine Regel bestimmt? Nein, denn die Regel bestimmt nur unendlich viele endliche Produkte aber kein unendliches Produkt, es sei denn daß man hierunter die Regel selbst versteht, dann aber gehören endlich und unendlich verschiedenen Kategorien an. Die Regel bestimmt nur insofern ein unendliches log. Produkt als sie sich selbst bestimmt.

1 *Der Beginn der Bemerkung ist im MS mit einem vertikalen Strich markiert.*
27 ein mathematischer Satz von der Art „(∃n) 4 + n = 7" ⟨Es ...⟩

1 ✳ Kann ich denn aber nicht sagen: „Jede Gleichung von *dieser* Form ist richtig“? Wenn das aber kein log. Produkt ist, was ist es dann? Durch welche Fakten wird denn so ein Satz wahr bezw. falsch gemacht? Wahr durch kein Produkt. Falsch durch *eine* Gleichung die nicht stimmt.

Man kann nicht sagen: wenn wirklich alle Gleichungen stimmen ist der Satz in Ordnung. Das scheint Unsinn zu sein. Was macht ihn also wahr? (Denn was ihn wahr macht *das* sagt er!) 180

2 / Wenn er durch kein endliches Produkt wahr gemacht wird, so heißt das: er wird durch *kein* Produkt wahrgemacht. Und darum *ist* er kein log. Produkt.

3 ✳ Ist es aber wahr daß jemals ein Satz $(x)\,\varphi x$ das gleiche ist wie ein log. Produkt?

4 ✳ Der Satz: „Nur a ist im Zimmer“ wäre $\varphi a \cdot \sim(\exists xy)\,\varphi x \cdot \varphi y$ oder „es ist niemand im Zimmer“ $(x) \sim\varphi x$. d.h. $\sim\varphi a \cdot \sim\varphi b \cdot \sim\varphi c$ etc etc. (?)
Ist es nun wahr daß ich mit „es ist niemand im Zimmer“ meine: „a ist nicht im Zimmer und b ist nicht im Zimmer etc. etc.“

Meine ich also mit $(x)\sim\varphi x$ wirklich $\sim\varphi a \cdot \sim\varphi b \cdot \sim\varphi c$ etc. etc.

Das erste was man darauf sagt ist: Wenn ich „$(x) \sim\varphi x$“ sage, so denke ich gar nicht an alle Leute die nicht im Zimmer sind.

5 ✳ Wenn ich sage: Ich habe nur diese drei Bleistifte, so ist es doch 182
ausgeschlossen daß dieser Satz von allen Bleistiften handelt die es gibt oder auch nur die ich kenne.

6 ✳ Oder wenn ich sage: „schau, auf diesem Tisch liegt kein Bleistift“ so beinhaltet doch das keine Aufzählung aller Bleistifte die nicht da liegen.

7 / Daß auf dieser weißen Fläche kein schwarzer Punkt ist, das sehe ich daran daß sie ganz weiß ist. Aber was heißt das? Heißt es daß *alle* Punkte weiß sind?

8 ✳ Man könnte fragen: Was sagt $(x)\ 2x = x + x$? Es sagt daß alle Gleichungen von der Form $2x = x + x$ richtig sind. Aber heißt das etwas? Kann man sagen: Ja ich sehe daß alle Gleichungen dieser Form richtig sind, so kann ich jetzt schreiben „$(x)\ 2x = x + x$“.

9 / Ihre Bedeutung muß aus ihrem Beweis hervorgehen. Was der Beweis beweist das ist die Bedeutung des Satzes (nicht mehr und nicht weniger)

10 ✳ Meine Theorie soll darin gipfeln: Es gibt keinen *unendlichen* Satz. 184

2 von *dieser* Form ist richtig“? Wenn das aber ⟨ein …⟩
16 „Nur ⟨A⟩ ist im Zimmer“ wäre $\varphi a \cdot \sim(\exists xy)\,\varphi x \cdot \varphi y$
31 Daß auf dieser weißen Fläche kein schwarzer ⟨Fleck …⟩
37 Ja ich sehe daß alle Gleichungen ⟨der⟩ Form richtig sind,
43 *Der Beginn der Bemerkung ist im MS mit einem vertikalen Strich markiert.*
43 ⟨Oder auch: man kann nichts …⟩

1 × Wenn ich also sage (∃x) chr x so darf das nicht von der Unendlichkeit der Zahlenreihe Gebrauch machen, – denn tatsächlich wenn der Satz stimmt, so wird er eben durch einen richtigen Satz chr n bewiesen wo n irgend eine endliche Zahl ist. In diesem Satz kann also die unendliche Möglichkeit aber nicht die unendliche Wirklichkeit mitspielen.

2 × Die unendliche *Möglichkeit* ist durch eine Variable vertreten, die eine unbegrenzte *Möglichkeit* der Besetzung *hat*; und auf andre Art darf das Unendliche nicht im Satz vorkommen.

3 ?/ $\sim 5 + 4 = 8$

$\sim 5 + 4 = 8 \cdot \sim 5 + 5 = 8$

$\sim 5 + 4 = 8 \cdot \sim 5 + 5 = 8 \cdot \sim 5 + 6 = 8$

— — — — — — — —

Die unendliche Vorschrift diese endlichen Sätze zu bilden ist ganz klar. – Kann ich nun aber nicht in irgend einem Sinn sagen, daß alle so 186 gebildeten Sätze wahr sind? Und woher weiß ich es denn? Durch einen Beweis mit variablen Zeichen!

4 ⚹ Ich zeige es für n, daher gilt es jetzt für *jede* Zahl, aber nicht für *alle* Zahlen. Das ist aber auch nur bei Scheinsätzen möglich, daß man etwas an einer Form demonstriert! Bei wirklichen Sätzen geht das nicht.

Und die Demonstration ist ja der Sinn des Satzes.

5 ⚹ Kann man sagen: alle so gebildeten Sätze sind wahr? Man kann sagen: dieses Bildungsgesetz ergibt *lauter* wahre Sätze. In Zeichen ist das aber nicht die Behauptung eines log. Produkts sondern die Behauptung eines variablen Satzes. Und diese Behauptung bedeutet nichts anderes als das, was ich demonstrieren will, sich schon an der allgemeinen Form demonstrieren läßt.

6 ⚹ „Ein Satz dieser Form ist wahr" das müßte quasi durch eine andere Art 188 von Variabler ausgedrückt werden.

(Es gäbe dann also allgemeine Gleichungen die ausdrückten, daß *eine* Gleichung dieser Form richtig ist.)

7 ⚹ Man könnte auch so sagen: Was diese Form hat, ist wahr. Dann wäre der allgemeine Satz nur ein Schema mit dessen Hilfe wir auf bestimmte Sätze schließen könnten.

8 ⚹ Es ist unmöglich – so zu sagen – einen mathematischen Zufall herzustellen.

2 Unendlichkeit der Zahlenreihe Gebrauch machen⟨.⟩ – denn

23 daß man etwas an einer Form ⟨demonstrieren kann …⟩

30 bedeutet nichts anderes als das, was ich demonstrieren ⟨kann …⟩

1 / In der Frage – z.B. – gibt es eine chrom. Zahl könnte man sagen: Findet sich eine solche Zahl, dann ist die Frage beantwortet: es gibt eine chrom. Zahl. Findet sich keine, so ist damit nichts bewiesen. Aber ein Beweis ist doch denkbar daß es keine gibt. Was beweist der aber./?/ Er beweist daß die Annahme n sei eine solche Zahl zu Widersprüchen gegen die Bildungsgesetze der beiden Reihen führt. Es ist also bewiesen daß n keine chrom. Zahl ist. Ist bewiesen worden daß für alle Werte von n 190
keine chrom. Zahl ist? Nein! Es ist merkwürdig, daß wir hier annehmen etwas bewiesen zu haben was beim Beweisen nicht herauskommt! |besser: Was der Beweis nicht ergibt| (Wenigstens nicht, wenn wir nicht einen unerlaubten Übergang machen.)

2 * Der algebraische Beweis war die allgemeine Form eines Beweises, den ich auf jede Zahl anwenden kann. Wenn ich auf diesen Beweis hin sage, ich habe demonstriert „es gibt keine chrom. Zahl" dann sagt dieser Satz offenbar etwas anderes als „~(∃n) · chr n" Und was sagt dann der Satz: „es gibt eine chr. Zahl"? Er sollte doch das Gegenteil dessen behaupten was jener Beweis demonstriert. Dann aber sagt er nicht „(∃n) · chr n"

3 / Wenn man den falschen Übergang von dem variablen Satz zum allgemeinen Satz macht (wie Russell und Whitehead es für erlaubt erklärten) dann scheint der Beweis nur eine Erkenntnisquelle des allgemeinen Satzes statt die Analyse seines eigentlichen Sinnes |zu sein(?)|.

4 / Dann könnte man auch sagen: der Satz ist vielleicht richtig obwohl man 192
ihn nicht beweisen kann.

5 * Wenn dieser Beweis den Satz liefert Fn ≠ fn, was ist nun hievon das Gegenteil? (doch – in unserem Sinne – nicht Fn = fn)

Ich habe hier ja nur eine Form, von der ich bewiesen habe daß sie gewisse Eigenschaften hat. Vermöge dieser Eigenschaften kann ich sie nun in gewisser Weise anwenden, nämlich um in jedem einzelnen Falle zu zeigen, daß die betreffende Zahl nicht chrom. ist. Jene Form kann ich zwar verneinen aber das gibt nicht den gewünschten Sinn und nun kann ich nur noch den Beweis verneinen. Was heißt das aber? Es heißt natürlich nicht daß er falsch – fehlerhaft – geführt ist, sondern daß er sich nicht führen läßt. Das heißt dann: Aus den Formen um die es sich handelt, geht diese Ungleichheit nicht hervor; die Formen schließen die Gleichheit nicht aus. Aber wer denn sonst? Hängt denn die Entscheidung von noch etwas anderem ab? Kann es also sein, daß die 194
Gleichheit nicht vorhanden ist und die Form sie nicht ausschließt?

10 |besser: Was der Beweis nicht ergibt| *–die Einfügung ist eine Marginalie von der gegenüberliegenden Versoseite 189*

21 ⟨×⟩ *Randzeichen im MS überschrieben und ersetzt*

23 (wie Russell und Whitehead es für erlaubt ⟨erklären⟩)

36 Jene Form kann ich zwar verneinen aber das gibt ⟨nicht⟩ den

41 Aber wer denn sonst⟨,⟩ hängt denn die Entscheidung

1 ✶ Denken wir uns dasselbe in einem endlichen Intervall: Ich würde also sagen, im Intervall von 1 bis 10 ist keine chrom. Zahl obwohl die Formen es nicht ausschlößen. Ist das nicht Unsinn! – Ist es aber nicht möglich daß die Untersuchung für jede einzelne Zahl, die ja auch eine Untersuchung der Formen ist, der einzige Beweis des tatsächlichen Sachverhaltes ist? Auch dann würde „es gibt keine chr. Zahl" sagen „$Fn \neq fn$ ist mit den Formen F und f nicht verträglich", nur könnte man das nie wissen.

2 ✶ Wie stellt sich der Satz dar: „n ist durch m nicht teilbar"?

3 × Kann man sagen: Die Division (und Subtraktion) von Cardinalzahlen liefert immer ein Resultat und zwar immer zwei Zahlen. Bei der Division heißen die beiden der Quotient und der Rest. So ist $\frac{14}{4} = (3; 2)$. Das könnte aber nur heißen daß man 3 und 2 in zwei verschiedenen Sinnen 196
als Resultate der Operation $\frac{14}{4}$ auffaßt. Gleichsam als könnte man schreiben $\frac{14}{4} \lessgtr^{3}_{2}$ so daß bei der gleichen Operation so zu sagen aus verschiedenen Öffnungen/Röhren/ verschiedene Zahlen fließen.

Oder $Q\,\frac{14}{4} = 3$, $R\,\frac{14}{4} = 2$ wo natürlich $Q\,\frac{14}{4}$ und $R\,\frac{14}{4}$ verschiedene Operationen sind die allerdings eine interne Verwandtschaft haben. „$R\frac{m}{n} \neq 0$" heißt dann: m ist nicht durch n teilbar und „$R\frac{m}{m-1} \neq 0 \cdot R\frac{m}{m-2} \neq 0 \cdot \ldots\ R\frac{m}{2} \neq 0$" heißt: m ist eine Primzahl.

4 ✶ 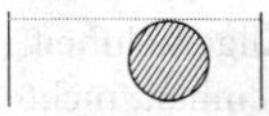 Wie ist der Satz zu erklären: „Der rote Kreis liegt zwischen den beiden lotrechten Strichen"? Er scheint von der Form $(\exists n)Fn$ zu sein. Und n kann unendlich viele Werte haben.

5 ✶ Ist es gar nicht wahr, daß $(\exists x)\ \varphi x$ immer als Disjunktion dargestellt werden kann? Ist das nur in speziellen Fällen möglich. Wie sich ja oft in besonderen Fällen eine Form auf eine andere reduziert
(Etwa $q \cdot q$ – für $p = q$ – auf p). 198

6 ✶ Kann man eben nur sagen: „$(\exists x)\ \varphi x$ ist wahr, wenn irgend ein Satz von der Form ‚φx' wahr ist"? Und wie wäre es mit „$(x)\ \varphi x$" sollte man erklären, daß dieser Satz wahr ist wenn alle Sätze von der Form φx wahr sind?

7 ✶ Ist es so daß man die allgemeinen Sätze als die primären betrachten sollte?

8 ✶ Es wäre dann das log. Produkt zweier Elementarsätze nur ein Spezialfall eines allgemeinen Satzes; etwa so: $x = a \cdot y = b \supset_{xy} \varphi x \cdot \varphi y$?

9 ✶ Man könnte sagen „alle Sätze von dieser Form", aber auch „alle dieser 3 Sätze" oder „alle Sätze von diesen dreien".

Also etwa „alle Sätze von diesen beiden sind wahr". Wie man ja wirklich sagt „j e d e r dieser beiden Sätze ist wahr".

3 Zahl obwohl die Formen es nicht ⟨ausschließen⟩
5 die ja auch eine Untersuchung der Formen ist,⟨– …⟩
38 ⟨Es …⟩

1 ✶ Und da hätten wir die vollständige Übereinstimmung. Und ebenso: „K e i n Satz dieser Form ist wahr“ und „k e i n Satz von diesen beiden ist 200 wahr“.

2 ✶ Wenn ich den Satz ϕ(n) beweise so liegt die Allgemeinheit dieses Beweises darin, daß es bei ihm auf die besondere Natur der Zahl n nicht ankommt – daß diese im Beweis keine Rolle spielt. Der Beweis wird sich also – oder kann sich doch – von dem Beweis für ϕ(7) unterscheiden.

3 / Den mathematischen Satz kann man sich vorstellen als ein Lebewesen das selbst weiß, ob es wahr oder falsch ist.
(Zum Unterschied von den eigentlichen Sätzen)

4 Der mathematische Satz weiß selbst daß er wahr oder daß er falsch ist.

5 / Der mathematische Satz weiß es ob er wahr oder falsch ist. Wenn er von allen Zahlen handelt so muß er auch schon alle Zahlen übersehen.

6 / Wie der Sinn, so muß auch seine Wahrheit oder Falschheit in ihm liegen.

7 / Es ist als wäre die Allgemeinheit eines Satzes wie „(n) ~chr n“ nur eine 202 Anweisung auf die eigentliche, wirkliche, mathematische Allgemeinheit eines Satzes. Gleichsam nur eine Beschreibung der Allgemeinheit, nicht diese selbst. Als bilde der Satz nur auf rein äußerliche Weise ein Zeichen, dem man erst von innen Sinn geben muß.

8 / Wir fühlen: Die Allgemeinheit, die die mathematische Behauptung hat ist anders als die Allgemeinheit des Satzes der bewiesen ist.

9 / In welchem Verhältnis steht ein Problem der Mathematik zu seiner Beantwortung?

10 ✶ Was würde man dazu sagen: Es ist möglich, daß die Zahl 7865 eine chrom. Zahl ist, daß es sich aber nicht beweisen läßt.

11 ✶ Die Behauptung daß die Zahl 46 es ist, steht zu ihrem Beweis in demselben Verhältnis, wie jede allgemeine Behauptung zu ihrem Beweis.

12 ✶ In der Mathematik nehmen wir einen allgemeinen Beweis für den 204 Beweis einer Allgemeinheit.

13 / Man könnte sagen: Ein mathematischer Satz ist der Hinweis auf einen Beweis.

15 Der mathematische Satz weiß selbst ⟨ob⟩ er wahr oder
29 Wir fühlen: Die Allgemeinheit, die die ⟨mathematischen …⟩
36 daß die Zahl 7865 eine chrom. Zahl ist, ⟨es …⟩
38 ⟨Daß d…⟩

1 × Was aber wenn noch kein Beweis vorhanden ist? Dann weist der Satz nach zwei Richtungen ins Leere.

2 / (Eine Allgemeinheit kann nicht zugleich empirisch und beweisbar sein.)

3 / Wenn ein Satz einen bestimmten Sinn haben soll (und sonst ist er unsinnig) so muß er seinen Sinn ganz erfassen – ganz übersehen; die Allgemeinheit hat nur dann einen Sinn wenn sie – d.h. alle Werte der Variablen – völlig bestimmt ist.

4 ⁎ Auch der allgemeine mathematische Satz ist eine Gleichung. –

5 × Wenn ich sage (n) ~chr n so ist es so wie die Gleichung
278 × 596 = 127364. Ich weiß auch hier nicht ob (es/sie/) richtig ist. 206

6 ⁎ Angenommen es wäre 3667 die erste chrom. Zahl; über das weitere wisse ich nichts; dann hat es ja auch keinen Beweis gegeben daß vor 3667 keine chrom. Zahl war. Und wenn ich nun die erste chrom. Zahl weiter und weiter hinausschiebe, komme ich dann nicht dazu, daß es doch keinen Beweis geben braucht, wenn es keine chrom. Zahl gibt? Aber so kann ich doch nie ALLE ZAHLEN fassen. Und fassen muß ich sie um etwas über sie auszusagen. Ich fasse sie aber mit dem Begriff.

7 / Wenn ich auf einer endlichen Strecke nur durch Probieren weiterkomme, warum soll es bei einer unendlichen anders sein? Und dann kann ich natürlich nie ans Ziel kommen.

Aber wenn ich auf der unendlichen Strecke nur schrittweise weitergehe, so kann ich die unendliche Strecke ja überhaupt nicht erfassen.

Ich erfasse sie also auf andere Weise; und wenn ich sie erfaßt habe, so kann der Satz über sie nur so verifiziert werden wie er sie aufgefaßt 208
hat.

8 / Er kann jetzt also nicht durch ein endlos gedachtes Schreiten verificiert werden, denn auch ein solches würde nicht zu einem Ziel gelangen, da ja der Satz ebenso endlos wieder über unseren Schritt hinausschreiten kann. Sondern nur mit einem Schritt wie auch die Gesamtheit der Zahlen nur mit einem Schlage gefaßt werden konnte.

9 / Man kann auch sagen: Es gibt keinen Weg zur Unendlichkeit, auch nicht den endlosen.

14 (es/sie/) *–die zweite Variante ist im MS mit Fragezeichen markiert*
21 Aber so kann ich doch nie ALLE ZAHLEN ⟨fal…⟩
24 Wenn ich auf einer endlichen Strecke nur durch ⟨p…⟩
27 Aber wenn ich auf der unendlichen Strecke nur ⟨S…⟩
36 da ja der Satz⟨,⟩ ebenso endlos⟨,⟩ wieder über

1 / Es wäre etwa so: Wir haben eine unendlich lange Baumreihe und ich mache um sie zu inspizieren ihr entlang einen Weg. Sehr gut, so muß dieser Weg endlos sein. Aber wenn er endlos ist so heißt das eben, daß man ihn nicht zu Ende gehen kann. D.h. er bringt mich *nicht* dazu die Reihe zu übersehen (eingestandenermaßen nicht). 210

2 / Der endlose Weg hat nämlich nicht ein „unendlich fernes“ Ende sondern kein Ende.

3 / Es ist nicht etwa nur „für uns Menschen“ unmöglich alle Zahlen successive zu erfassen sondern es ist unmöglich, es heißt nichts.

4 / Man kann auch nicht sagen: „der Satz kann alle Zahlen nicht successive erfassen, so muß er sie durch den Begriff fassen“, als ob das faute de mieux so wäre: „weil er es *so* nicht kann, muß er es auf die andere Art tun“.

Aber so ist es nicht: Ein successives Erfassen ist schon möglich, nur führt es eben *nicht* zur Gesamtheit. Die Gesamtheit aber *ist nur als Begriff vorhanden*.

5 ?/ Auch wenn ich sage „aus (n)Fn folgen *alle Sätze Fa*“, so muß ich richtig sagen „folgt *jeder Satz Fa*“ (hier ist |es| richtig einen 212 Unterschied zwischen alle und jeder zu machen – alle gilt für endliche, jeder auch für unendliche Mengen) Jeder beliebige Satz Fa, d.h., jeder der eventuell einmal gebraucht wird, folgt wirklich aus (n)Fn, aber nie alle Sätze Fa, nämlich aufgefaßt als eine unendliche Klasse, als eine unendliche Extension.(?)

6 / D.h., wenn jeder Satz Fa aus (n)Fn folgt so heißt das sozusagen: es folgt aus ihm, was eine *gegebene Form* HAT. Die Anwendung ist eben immer endlich, wenn sie auch endlos ist. Und beim Schließen wird eben der allgemeine Satz *von Fall zu Fall* angewendet, wie gesagt, endlos zwar, aber immer endlich/im Endlichen/. D.h., die Endlosigkeit kommt in der Anwendung nicht zum Ausdruck.

7 * Ich kann auch so sagen: Nicht „ich kann die unendliche Reihe nicht zu Ende gehen, oder anschreiben“, sondern: „es gibt keine unendliche Reihe von Zahlen“.

2 Wir haben eine unendlich lange Baumreihe und ich ⟨will sie …⟩
3 Sehr gut, so muß ⟨er endlos …⟩
4 D.h. er bringt mich *nicht* ⟨zu …⟩
5 D.h. er bringt mich *nicht* dazu die Reihe zu übersehen ⟨. …⟩
15 er es *so* nicht kann, muß er es auf die andere ⟨Weise⟩ tun“.
25 d.h., jeder der eventuell einmal gebraucht ⟨werden kann⟩
31 Die Anwendung ist eben immer endlich, wenn ⟨es …⟩
37 „ich kann die unendliche Reihe nicht zu Ende gehen, oder ⟨aus…⟩

1 ✳ Wenn ich also sage: „Alle Zahlen sind achrom.“, so heißt das: was eine 214
Zahl ist ist achrom. durch diese Begriffe. Dann muß das aber aus diesen Begriffen hervorgehen.

Wie aber im entgegengesetzten Falle: „nicht alle Zahlen sind achrom.“?

Da scheint es zwei Fälle zu geben: Einige nicht, alle nicht.

2 ✳ Wir kennen tatsächlich ein Stück der Reihen Fn und fn. Die bisher bekannten Stellen sind achrom. Daraus folgt natürlich nicht, daß alle Stellen achrom. sind, aber die wir als achrom. kennen sind es nicht, aus einem Grunde, der für *alle* Stellen gilt, sondern jede ist es aus einem Grund, der nur für sie gilt – und uns ist heute kein allgemeiner bekannt. Wäre es aber nicht möglich, daß das für alle Stellen gälte, daß nämlich jede aus einem nur für sie geltenden Grunde achrom. wäre. Das läßt sich gewiss für jede beliebig gegebene Zahl denken. Und hier hätten wir die individuelle Allgemeinheit im Gegensatz zu der, die aus dem Wesen des allgemeinen Begriffs folgt.

3 ✳ Ich sage also: Jede Zahl ist achrom. aber jede |nur| aus einem Grund, der 216
nur für sie gilt (wie es die achrom. Zahlen auch dann sind, wenn es chromatische gibt).

Aber ist das kein Widerspruch?!

4 / Ist die Möglichkeit, daß *jede Zahl* aus einem *individuellen Grunde* achrom. ist?

5 / Das heißt also: kann man das überhaupt sagen, hat dieser Satz einen Sinn?

6 ✳ Was ist das für ein Satz: „Jeder dieser Leute trägt ein anderes Gewand“? ~(∃xy) φx · φy

7 ✳ Und dieser Satz: „Es gibt nur eine endliche Anzahl von achrom. Zahlen“?

8 ✳ Kann man überhaupt sagen: „Es gibt nur 3 Punkte zwischen A und B“? Es scheint offenbar Unsinn zu sein. Wäre es übrigens nicht Unsinn, so könnte man den Satz „es gibt unendlich viele Punkte zwischen A und B“
erklären wie es R. tut. 218
Es ist aber Unsinn: Bezeichnet man die Punkte mittels Zahlen – wie man es machen muß – so zeigt sich sofort daß der *Symbolismus* unendlich viele Punkte zwischen irgend zweien *voraussetzt*.

2 was eine Zahl ist ist achrom. durch ⟨diesen Begriff⟩

1 Das ist natürlich wahr; aber kann man nicht sagen „es gibt unendlich viele rote Punkte zwischen A und B“ bezw. „es gibt nur eine endliche Anzahl roter Punkte zwischen A und B“?

Ist hier der Unsinn nicht offenbar der, daß Punkte keine Farben haben?

Unendlich ist eben – wie oft gesagt – nur die Möglichkeit, und man kann auch wirklich nicht sagen: Dieser rote Fleck kann in diesem weißen Feld an unendlich vielen Stellen vorkommen! Denn das zeigt sich wieder in der Syntax.

2 ✶ Ich habe gesagt: Wenn man sagt $(n)Fn$, so kann das nur heißen: „was ein Fn ist, ist wahr, dem Wesen der Funktion nach“.

Im Falle nun $\sim(n)Fn$, und es nicht aus den Begriffen selbst 220 hervorgeht, daß es keine chrom. Zahlen gibt, so ist es schwer, sich von der Versuchung freizumachen die Frage zu stellen: Nun, und kann es nicht doch tatsächlich keine chrom. Zahl geben. „Tatsächlich alle“ bedeutet eben bei unendlich vielen nichts.

3 ✶ Das Gegenwärtige mathem. Problem lautet tatsächlich: sind die uns als achrom. bekannten Zahlen nur aus ihren individuellen Gründen oder auch aus uns noch unbekannten allgemeinen Gründen achrom.

4 / Eine Reihe ist nur eine Illustration zu einem Gesetz.

5 / Es ist übrigens merkwürdig und wirft ein Licht auf die richtige Analyse der Farbsätze daß einerseits nur eine Fläche färbig sein kann, anderseits die Farbe kontinuierlich sich ändern kann.

Die „Farbe in einem Punkt“ ist dann nur ein Grenzwert.

6 ✶ R. erklärt „es gibt unendlich viele x die φx befriedigen“ so: „Alle Sätze 222 $(\exists 1x)\,\varphi x$, $(\exists 2x)\,\varphi x$, $(\exists 3x)\,\varphi x$ etc sind wahr“. D.h., wenn φx für jede endliche Zahl von x wahr ist, dann ist es für unendlich viele x wahr.

7 ✶ „Es gibt nur eine endliche Zahl von Werten die φx befriedigen“ wäre dann: „Nicht alle Sätze $(\exists 1x)\,\varphi x$, $(\exists 2x)\,\varphi x$ etc. sind wahr“ oder „es gibt einen Satz $\sim(\exists 1x)\,\varphi x$, $\sim(\exists 2x)\,\varphi x$ .... der wahr ist“.

„$(n) : (\exists nx) \cdot \varphi x$“ So würde so ein Satz nach dieser Auffassung aussehen.

Oder z.B. „$(\exists n) : \sim(\exists nx)\,\varphi x$“ Ich halte das für Unsinn.

(So könnte man auch sagen: es gibt unendlich viele Fixsterne.)

8 ✶ Wenn ich sage: Jede Zahl ist aus einem individuellen Grunde achrom., so setzt das voraus, daß es unendlich viele individuelle Gründe gibt und daß diese etwas ihrem Wesen Gemeinsames haben, welches mir erlaubt den unendlichen Begriff „individueller Grund“ zu bilden.

1 ⟨/⟩ *Randzeichen im MS gestrichen*
2 „es gibt unendlich viele rote Punkte zwischen A und B“ ⟨. ...⟩
15 sich von der Versuchung freizumachen ⟨zu ...⟩
17 bedeutet ⟨aber⟩ bei unendlich vielen nichts.
20 nur aus ihren individuellen Gründen ⟨und ...⟩

1 / Man kann auch sagen: Jede Zahl hat eine individuelle Wesenheit und 224 daher individuelle Eigenschaften. Aber die Eigenschaften einer Zahl sind mit ihren internen |Eigenschaften| erschöpft. Eine Zahl ist nichts *mehr* als die so und sovielte Zahl; eine andere Eigenschaft hat sie nicht. Also ist mit dem Begriff eine Zahl, d.h. eine „so und sovielte Zahl" zu sein, alles erschöpft was alle Zahlen mit einander gemein haben können. Wenn jede Zahl aus einem individuellen Grunde achrom. ist, so ist das ein genereller Grund, denn *jede Zahl ist mir ja nicht anders gegeben als durch den Begriff (– das Wesen –) der Zahl.* Wenn „die so und sovielte Zahl zu sein" eine begriffsbildende Eigenschaft unter anderen, die die selbe Klasse bestimmen, wäre, dann könnten alle Zahlen eine gemeinsame Eigenschaft zufällig haben, oder nicht haben. Das Wesen eines Hauses ist z.B. nicht damit erschöpft, daß es das so und sovielte in einer Häuserreihe ist; und daher lassen sich auch an jedem Haus der Reihe Entdeckungen machen die mit der 226 Stellung des Hauses in der Reihe nichts zu tun haben, d.h., nicht durch sie bestimmt sind.

2 / Sind aber *alle* Eigenschaften des Hauses völlig durch seine Stellung bestimmt, so ist etwas was für alle Stellungen gilt, im Begriff der Stellung enthalten.

3 ✳ Wie ist es aber wenn es tatsächlich eine chrom. Zahl gibt?, dann kann es sich in der allgemeinen Form also nicht zeigen, daß *alle Zahlen* achrom. sind; aber was zeigt sich denn dann in ihr? Etwa, daß es eine chrom. Zahl gibt, wenn auch noch nicht, welche –? Ich kann es mir nicht denken. – Wenn es eine unendliche Anzahl von chrom. Zahlen gibt dann muß sich das jedenfalls zeigen und wenn es eine endliche Zahl von chrom. Zahlen gibt dann muß sich zeigen, daß es nach der letzten dieser Zahlen keine mehr gibt.

4 ✳ Alle die Gleichungen $n \neq 0, n \neq 1, (\exists a)\ n + a = m$ etc. die eine Zahl(-Art) 228 beschreiben, können durch Definitionen in Variable umgesetzt werden. Der Goldbachsche Satz würde lauten:

$$(\exists n) \cdot 2n = p \cdot n \neq 0. \supset_p \therefore (\exists r, s) \cdot p = r + s : n \neq 0 \cdot n \neq 1 \cdot$$
$$\cdot (\exists a) n + a = r \cdot a \neq 0 \supset_n \tfrac{r}{n} R \neq 0 : n \neq 0 \cdot n \neq 1 \cdot$$
$$\cdot (\exists a) n + a = s \cdot a \neq 0 \supset_n \tfrac{s}{n} R \neq 0$$

Man darf ihn aber auch schreiben

$$(x_g) : (\exists y_p, z_p) \cdot x_g = y_p + z_p$$

indem man definiert:

$$(\exists n) p = 2n \cdot n \neq 0 \supset_p Fp \overset{\text{Def}}{=} (p_g) Fp_g \text{ und}$$
$$(\exists r, s) \cdot F(r, s) \cdot \text{etc. etc.} \overset{\text{Def}}{=} (\exists r_p, s_p) \cdot F(r_p, s_p)$$

5 eine andere Eigenschaft hat sie nicht. Also ⟨ist …⟩
11 unter anderen, die die ⟨gleiche⟩ Klasse bestimmen,
14 nicht damit erschöpft, daß es das so und sovielte ⟨ist …⟩
17 d.h., nicht durch sie bestimmt ⟨ist⟩
17 ⟨s…⟩ *–im MS wurde die Bemerkung zunächst als fortlaufender Text begonnen*
32 ⟨/⟩ *Randzeichen im MS überschrieben und ersetzt*
33 können durch Definitionen in Variable umgesetzt werden⟨; …⟩
34 Der Goldbachsche Satz würde ⟨zerleg…⟩

1 / |Das entspricht der| Verwandlung eines Relativsatzes in ein Attribut. Statt „es gibt Zahlen die prim sind und in der Beziehung F stehen“ sage ich „es gibt Primzahlen die etc.“ und statt „alle Zahlen welche gerade sind ....“ sage ich „alle geraden Zahlen ....“.

2 ✳ Wie ist die Addition von Strecken zu erklären. Ist es so daß die Addition der geometrischen Strecken der arithmetischen Addition entspricht und 230
die Addition färbiger Strecken nur eine Anwendung ist von der in der Mathematik nicht die Rede ist?

3 ✳ Den Beweis daß es keine größte Primzahl gibt kann man nach meiner Weise progressiv erbringen.

4 ✳ Woher bezieht das mult. ax. seine Wahrscheinlichkeit? Doch daher daß man im Fall einer endlichen Klasse von Klassen eine Selektion tatsächlich herstellen kann. Wie ist es aber bei unendlich vielen Teilklassen? Es ist offenbar daß ich hier nur das Gesetz der Bildung einer Selektion kennen kann.

5 / Aus einer endlichen Klasse von Klassen kann ich nur etwas wie eine *willkürliche* Selektion bilden. Ist das bei einer unendlichen Klasse von Klassen *denkbar*? Es scheint mir *unsinnig* zu sein.

6 / Denken wir uns ein endloses Leben und der es lebt wählt nach einander aus den Brüchen zwischen 1 und 2, 2 und 3, 3 und 4, u.s.w. ad inf. einen 232
beliebigen Bruch aus. Erhalten wir so eine Selektion aus allen jenen Intervallen? Nein, denn er wird *nicht* fertig. Kann ich aber nicht sagen daß doch alle jene Intervalle daran kommen müssen, weil ich keins nennen kann daß er nicht einmal erreichen würde? Aber daraus daß er *jedes* Intervall *einmal* erreichen wird folgt nicht, daß er alle *einmal* erreicht haben wird.

7 / Sagen wir so: Folgt daraus daß er jedes einmal erreicht haben wird, daß er alle einmal erreicht haben wird? Gewiss nicht.

8 / Aber haben wir nun nicht doch die Beschreibung eines Vorgangs durch den ohne Ende Selektionen erzeugt werden und heißt das nicht eben, daß eine unendliche Selektion gebildet wird? Aber hier ist eben das Unendliche nur in der Vorschrift enthalten.

1 *Im MS fortlaufender Text, durch ein Randzeichen als eigenständige Bemerkung gekennzeichnet.*
1 |Das entspricht der| *–im MS als mögliche Auslassung gekennzeichnet*
2 Statt „es gibt Zahlen die ⟨gerade sind ...⟩
2 Statt „es gibt Zahlen die prim sind und ⟨die ...⟩
28 weil ich ⟨keines⟩ nennen kann daß er nicht einmal erreichen würde?

1 * Ich kann aus jeder beliebig gegebenen Zahl (d.h. also jeder endlichen 234
Zahl) von Klassen eine Selektion bilden und ich kann eine Regel angeben nach der aus jeder beliebigen Zahl von Klassen eine Selection gewählt werden kann. Diese Regel enthält dann das „ad inf." so wie jene Regel, die die Bildung der unendlichen Klasse von Klassen bestimmt.

Und so wie die unendliche Klasse von Klassen nichts ist als die Regel der Bildung der unendlich vielen endlichen Klassen einer bestimmten Art, so ist die unendliche Selection aus ihnen nichts anderes als die Regel der Bildung der unendlich vielen endlichen Selectionen.

2 *Ich soll Herz für Herz geben, und Herzlosigkeit zurückweisen!*

3 / Es hat offenbar einen Sinn zu sagen daß ein Mensch der endlos lebte mit einem 10-flächigen Würfel π würfeln könnte.

Das unendliche Ereignis ist da durch ein Gesetz gegeben.

Kann ich das aber nicht so modifizieren daß er nun zwar endlos
würfelt aber *nicht* π würfelt. Gewiss (?) 236

4 / Und zu dem ersten Satz muß man sagen: π würfeln heißt nur daß jeder Wurf mit dem Gesetz von π übereinstimmt denn π ist ja kein Dezimalbruch sondern nur das Gesetz nach dem unendlich viele Dezimalbrüche gebildet werden können.

5 / Inwiefern ist die |(endlose)| Zeit eine Möglichkeit und keine Realität? – Denn man könnte gegen mich einwenden daß doch die Zeit ebenso eine Realität sein muß wie etwa die Farbe.

6 / Aber ist nicht die Farbe allein auch nur eine Möglichkeit solange sie nicht zu einer bestimmten Zeit an einem bestimmten Ort besteht? Die leere unendliche Zeit ist nur die Möglichkeit von Tatsachen die erst die Realitäten sind.

Aber ist nicht die unendliche *Vergangenheit* erfüllt zu denken und gibt das nicht eine unendliche Realität.

Und *wenn* es eine unendliche Realität gibt dann gibt es auch den
Zufall im Unendlichen. Also z.B. auch die unendliche Dezimalzahl die 238
durch kein Gesetz gegeben ist. Damit steht und fällt alles in der R.schen Auffassung.

7 / Daß wir die Zeit nicht als unendliche Realität sondern intensional unendlich auffassen zeigt sich so, indem wir uns |einerseits| einen unendlichen Zeitraum nicht denken können, aber doch sehen daß kein Tag der letzte sein kann, die Zeit also kein Ende haben kann.

7 der Bildung der unendlich vielen endlichen Klassen ⟨eines ...⟩
11 *Die codierte Bemerkung ist eine Einfügung von der gegenüberliegenden Versoseite 233.*
20 daß jeder Wurf mit dem Gesetz von π übereinstimmt denn ⟨zu sa...⟩
24 ⟨×⟩ *Randzeichen im MS gestrichen und ersetzt*
37 Damit steht und fällt alles in der R.schen ⟨Th...⟩
37 in der R.schen Auffassung –*Ramseys Theorie zur Unendlichkeit*
39 *Im MS:* sondern intentional –*muß heißen* intensional. *Siehe hierzu auch die entsprechenden Fußnoten von Band II, Manuskriptseiten 25 und 27.*

1 / |M. kö. s.| Die Unendlichkeit liegt in der Natur der Zeit, sie ist nicht ihre zufällige Ausdehnung.

2 / Wir kennen ja die Zeit nur – gleichsam – von dem Stück Zeit |her| was vor unseren Augen liegt. Es wäre sonderbar wenn wir so ihre unendliche Ausdehnung erfassen könnten. (in dem Sinn nämlich wie wir sie erfassen würden wenn wir selbst unendlich lang ihr Zeitgenosse wären)

3 / Es geht uns mit der Zeit tatsächlich wie mit dem Raum. Die erfüllte Zeit die wir kennen ist begrenzt (endlich). Die Unendlichkeit ist eine innere Qualität der Zeitform. 240

4 / Es erscheint mir etwa so: Ich könnte sagen: Wenn man Stücke von dieser Form  seitlich aneinanderreiht  so kann man nur eine endliche Anzahl mal damit fortfahren weil man zu einem Ende kommt. Dagegen kann man Stücke dieser Form  unbegrenzt aneinander reihen.

Und das liegt in beiden Fällen an der Form des |einzelnen| Stückes selbst. (Die Analogie stimmt freilich nicht genau, aber etwas an ihr scheint mir richtig.)

5 *Das einzige was ich habe was mich für die Philosophie befähigt ist, ein sehr g e s u n d e r Verstand. Er ist so gesund wie der eines ganz ungebildeten Menschen.*

6 / Was ist eine regellose unendliche Dezimalzahl? Kann man eine unendliche Ziffernfolge statt durch ein Gesetz auch durch eine nicht mathematische – also äußere – Beschreibung geben?

(Sehr seltsam daß es eine doppelte Art des Erfassens geben soll.)

7 / „Die Zahl die herauskommt, wenn der Mann endlos würfelt" scheint unsinnig zu sein weil keine unendliche Zahl herauskommt. 242

8 ✳ Aber ist wirklich nicht eine unendliche Baumreihe denkbar? Oder eine unendliche Reihe roter Kreise in gleichen Abständen?

9 ✳ Wenn ich eine Reihe von Dingen beschreibe die kein Ende hat, so beschreibe ich doch eine Realität und |zwar| eine a n d e r e als die von endenden Reihen.

1 ⟨Man …⟩
1 |M. kö. s.| *–Man könnte sagen*
5 nur – gleichsam – von dem Stück Zeit |her| was vor ⟨uns liegt⟩
7 wenn wir selbst unendlich lang ⟨lebten) …⟩
13 Es ⟨ist mir …⟩
18 |einzelnen| *–im MS ist das Einfügungszeichen gewellt unterstrichen*
19 (Die Analogie stimmt ⟨natu…⟩
22 *Die codierte Bemerkung ist eine Einfügung von der gegenüberliegenden Versoseite 239.*
27 Kann man eine ⟨eine⟩ *–irrtümlich wiederholt und gestrichen*
29 (Sehr seltsam daß es eine doppelte Art des Erfassens geben soll⟨!⟩)
32 wenn der Mann endlos würfelt" scheint ⟨Un…⟩

1 * Habe ich z.B. eine Baumreihe und sie hört nicht hier (an einer bestimmten Stelle) auf, warum soll sie je aufhören? – Und doch kann ich sie mir nicht wirklich ohne Ende denken.

2 / Warum ist aber ein endloses Leben eher denkbar als eine endlose räumliche Reihe? Irgendwie darum, weil wir das endlose Leben eben nie als abgeschlossen empfinden, während die unendliche räumliche Reihe als Ganzes schon vorhanden sein müßte.

3 * Wie wäre es aber mit einem unendlichen Leben das aus einer anfanglosen Vergangenheit bis jetzt gedauert hätte. Können wir uns das denken? Ich kann es mir nicht denken. Aber ist denn das nicht die sichere allgemein anerkannte Tatsache daß die Welt u n e n d l i c h a l t ist? Und gibt es da überhaupt einen Ausweg? 244

4 * Ich könnte es nur dann verstehen, wenn ich mir die Zeit eingebettet denke in einen anderen Raum und sie so als G a n z e s auffassen könnte. (Wenn also die Zeit doch endlich wäre.)

5 * Es ist noch schwerer sich eine anfanglose als eine endlose Realität zu denken.

6 / Stellen wir uns einen Mann vor der seit unendlicher Zeit lebt und der uns sagt: „jetzt schreibe ich die letzte Ziffer von π hin nämlich die 3·“ Er hat an jedem Tag seines Lebens eine Ziffer hingeschrieben und hat niemals damit angefangen; jetzt ist er fertig geworden.

Das scheint völliger Unsinn und eine Ad-absurdum-Führung des Begriffs einer unendlichen T o t a l i t ä t. 246

7 / Denken wir uns eine unendliche Baumreihe, alle verschieden hoch zwischen 3 m und 4 m. Wenn ein Gesetz gegeben ist nach welchem die Höhe wechselt so ist die Reihe durch das Gesetz bestimmt und vorstellbar. (Ich nehme an die Bäume unterschieden sich durch nichts als ihre Höhe.) Wie aber wenn die Höhe regellos wechselt dann – muß man sagen – gibt es nur eine unendlich lange eine endlose Beschreibung. Aber das ist doch keine Beschreibung! Ich kann mir denken daß es unendlich viele Beschreibungen der unendlich vielen endlichen Strecken der unendlichen Baumreihe gibt aber dann muß ich diese unendlich vielen Beschreibungen durch ein Gesetz kennen dem sie der Reihe nach gehorchen. Oder wenn es kein solches Gesetz gibt brauche ich wieder eine unendliche Beschreibung dieser Beschreibungen und das würde mich wieder zu nichts führen. 248

24 der seit unendlicher Zeit lebt und der uns sagt: „⟨hei…⟩
24 jetzt schreibe ich die letzte ⟨Zahl⟩ von π hin
27 Das scheint völliger Unsinn und eine Ad-absurdum-Führung ⟨der …⟩
30 ⟨etwa⟩ alle zwischen 3 m und 4 m ⟨hoch und alle verschieden hoch.⟩
32 Wenn ein Gesetz gegeben ist nach welchem die Höhe ⟨sich ändert⟩
36 eine endlose Beschreibung. ⟨Was kann das aber …⟩
39 durch ⟨eine Beschreibung kennen die ein/das/ Ges…⟩
40 dem sie der Reihe nach gehorchen. Oder ⟨ich …⟩
41 wenn es kein solches Gesetz gibt ⟨braucht es …⟩

1 / Nun könnte ich ja sagen: Es ist mir das Gesetz bekannt daß jeder Baum eine andere Höhe haben muß als alle vorhergehenden. Das ist allerdings ein Gesetz aber es bestimmt die Reihe noch nicht. Wenn ich nun annehme daß es eine regellose Reihe geben kann, so ist das eine Reihe über die hier ihrem Wesen nach nichts anderes bekannt sein kann als daß ich sie nicht kennen kann. Oder besser daß sie nicht gekannt werden kann. Denn ist es etwa ein Fall wo „der menschliche Intellekt nicht ausreicht" aber ein höherer es leisten könnte? Und wie kommt der menschliche Verstand dann überhaupt zu jener Frage in jene Gasse die er nicht zu Ende gehen kann?

2 / An der Endlosigkeit ist eben nur die Endlosigkeit unendlich.

3 * Wenn ein Mensch endlos würfelt so liegt das Unendliche dieser Realität darin, daß er nie aufhört, nicht in einem Resultat dieses Würfelns.

4 * Ist nicht das klar: „ich kann auf die Weise eine endlose Reihe endlicher Zahlen bekommen"? 250

Aber definiert diese Reihe eine Zahl?

5 / Denken wir uns, wir würfelten mit einem zweiseitigen Würfel also etwa mit einer Münze. Ich will nun durch fortgesetztes Würfeln einen Punkt der Strecke A B bestimmen 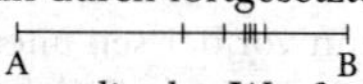

indem ich immer diejenige Halbierung vornehme die der Wurf vorschreibt; wenn etwa Kopf bedeutet daß ich das rechte, Adler daß ich das linke Stück halbieren soll.

6 / Beschreibt es nun die Lage eines Punktes der Strecke wenn ich sage „es ist der, dem sich bei endlosem Würfeln die Halbierung unbegrenzt nähert"?

7 * Kann es eine Variable geben, die man die allgemeine Satzform nennen kann? Darf diese Variable ihrerseits wieder in Sätzen vorkommen?

Es ist klar daß sie dort steht wo in unserer gewöhnlichen Sprache das Wort „Satz" steht. Wenn dieses Wort überhaupt Berechtigung haben soll, so muß es in Sätzen vorkommen dürfen. 252

8 / Wenn wir den Begriff Satz bilden, wovon wollen wir die Sätze unterscheiden?

9 / Ist es nicht so daß wir den Satz nur äußerlich allgemein beschreiben können.

10 / Ebenso wenn wir fragen: Gibt es eine allgemeine Form des Gesetzes? Im Gegensatz wozu? (as opposed to what)

Die Gesetze müssen ja den ganzen logischen Raum füllen ich kann sie also nicht mehr begrenzen.

2 eine andere Höhe haben muß als alle ⟨ihm⟩ vorhergehenden.
4 daß es eine regellose Reihe geben kann, ⟨also⟩ eine Reihe
33 Darf diese Variable ⟨wieder ...⟩
46 Die Gesetze müssen ja den ganzen logischen Raum ⟨erfüllen⟩ ich kann

1 ∗ Wie aber wenn wir sagen: Wir haben doch einen allgemeinen Begriff vom Gesetz?

2 ∗ Kann man so sagen: Es ist schon möglich die allgemeine Form des Satzes als Variable zu bilden, aber in einem Satz k a n n man sie nicht gebrauchen, da sie im Satz eo ipso nicht alle Sätze zu Werten haben kann, wenn der Satz überhaupt einen Sinn haben soll. 254

3 / Die allgemeine Satzform ist auch eines jener Mittel der Philosophie das abgetan ist, sobald sie ihre Demonstration daran beendigt hat.

4 / Wie ist es mit einer Dezimalzahl: $0{\cdot}\overset{1}{0}\,\overset{2}{1}\,\overset{3}{1}\,\overset{4}{0}\,\overset{5}{1}\,\overset{6}{0}\,\overset{7}{1}\,\overset{8}{0}\,\overset{9}{0}\,\overset{10}{0}\,\overset{11}{1}\ldots$ die an allen Primstellen die Ziffer 1 hat und im übrigen 0? Wenn es ein Gesetz gibt, das den Verlauf der Primzahlen beschreibt ist alles gut. Muß es ein solches Gesetz geben? Kann es nicht sehr wohl auch so sein, daß der Grund warum eine Primzahl hier und nirgend anders ist alle ihr vorhergehenden Anzahlen voraussetzt. So würde dieser Grund also immer komplizierter wenn wir in der Reihe fortschreiten und diese Komplication würde auf den Primzahlen unendlich wachsen.

5 / Ist |es| das, was damit gemeint wäre, daß ein Gesetz vorhanden sein kann, aber ein unendlich kompliziertes? Aber das ist doch gar kein Gesetz, denn es hat ja kein Ende ist also kein Ganzes. Es könnte nur ein Gesetz geben nach dem jene ersten Gesetze wachsen. 256

6 ∗ Denken wir uns das Problem so: Welche Zahlen sind unteilbar durch die ersten zwei, drei, vier |Cardinal|Zahlen u.s.f.. Die Antwort auf eine solche Frage gäbe zugleich die n-te Primzahl. In jeder dieser Reihen gäbe es eine immer komplizierter werdende Symmetrie.

7 ∗ Das führt mich zu den „individuellen Gründen": Es ist klar, daß jede Zahl Eigenschaften hat die nur sie und keine andere hat: D.h. jede Zahl hat eine individuelle Eigenschaft. – Denken wir uns nun eine Zahl die eine individuelle Eigenschaft der Zahl $\underline{n}$ ausdrückt d.h. die das Resultat der Individualität von $\underline{n}$ ist. — — —

8 / Kann man sagen: Daß 6 – 4 gerade 2 ist konnte man nicht voraussehen sondern man kann es nur sehen wenn man dahin kommt.

1 ⟨/⟩ *Randzeichen im MS gestrichen*
1 Wir haben | | *–im MS ist das leergebliebene Einfügungszeichen gewellt unterstrichen*
4 Kann man so ⟨S…⟩
6 da sie im Satz eo ipso nicht alle Sätze ⟨als Werte …⟩
9 ⟨Ist die…⟩
13 die an allen Primstellen die Ziffer 1 hat⟨. …⟩
16 warum eine Primzahl hier und ⟨nirgends⟩ anders ⟨ist …⟩
16 warum eine Primzahl hier und ⟨steht …⟩
27 Welche Zahlen sind unteilbar durch die ersten ⟨2, 3, 4 …⟩
29 In jeder dieser Reihen gäbe es ⟨einen …⟩

1 * Was geschähe wenn man mit dem Sieb die Primzahlen konstruiert und ihre Reihe als die primäre nimmt und die Reihe der natürlichen Zahlen als die secundäre! Es ist von fundamentaler Bedeutung ob beide Auffassungen gleichberechtigt sind oder nicht. 258

2 * Ist es so, daß wir zufällig die Grundoperation +1 gewählt haben und sich aus der nun manches ergeben kann, manches nicht? So daß manches nur daraus hervorgeht, daß die Zahl selbst, also die ganze Reihe der Operationen gegeben sein müßte die die Zahl erzeugen.

3 * Jede Reihe relativer Primzahlen hat freilich ihr Gesetz. Aber wenn das ein unikes individuelles Gesetz ist ….

4 / Wie kann ich erfahren was 19 × 17 ist, als indem ich es ausrechne?

5 * Das Sieb scheint ein Verfahren um die eigentlich individuellen Eigenschaften der Zahlen darzustellen.

Wir erhalten für jede Zahl ein immer komplizierteres Muster (Pattern) – – –

6 * Es wäre etwa so: Die Individuelle Eigenschaft einer Zahl sind alle ihre Eigenschaften zusammengenommen. Wenn also ein Resultat von allen Eigenschaften einer Zahl abhängt, so daß keine durch die einer anderen Zahl ersetzt werden kann, – – – – 260

7 × Ich will immer sagen: „zufällig unendlich“ heißt nichts.

8 / Das Problem ist gerade, daß die Primzahlen doch alle sozusagen vorausbestimmt sein müssen (d.h. wir rechnen sie nur successive aus, aber sind alle schon bestimmt, „Gott kennt sie alle.“) und doch die Möglichkeit zu sein scheint, daß sie nicht durch ein Gesetz vorausbestimmbar sind.

9 / Soviel scheint nun allerdings klar – und das ist die Hauptsache – daß es nicht die Dualität: Gesetz und unendliche Reihe die ihm folgt, gibt. D.h. nicht etwas in der Logik wie Beschreibung und Wirklichkeit.

10 / Die Verteilung der Primzahlen wäre dann einmal etwas in der Logik was ein Gott wissen könnte und wir nicht. D.h. es gäbe etwas in der Logik was wir nicht wissen könnten, was aber gewußt werden kann! (Das ist es was ich nicht glauben kann.) 262

8 So daß manches nur daraus ⟨hervorgehen …⟩

21 Die ⟨Individuellen Eigenschaften⟩ einer Zahl sind alle ihre

26 ⟨/⟩ *Randzeichen im MS gestrichen und ersetzt*

26 Ich will immer sagen: ⟨f…⟩

40 D.h. es gäbe etwas in der Logik was wir nicht wissen ⟨können⟩

1 ✶ Folgt die Idee der Primzahlen nicht allein aus der der natürlichen Zahlen, sondern tritt noch ein fremder Begriff dazu? So daß dadurch zu erklären ist, daß sich die Primzahlen nicht reduzieren lassen. Dann gäbe es also mehrere unabhängige Quellen der Arithmetik. (unmöglich)

2 Ich kann aber doch zu jeder Primzahl die nächste durch einen endlichen Prozess erhalten!

Ich kann also auch jede beliebige Stelle jener Dezimalzahl bestimmen. Wie unterscheidet sich dieser Vorgang wesentlich von dem bei den anderen irrationalen Zahlen, etwa π?

Im Falle π weiß ich doch auch nicht die nächste Stelle ehe ich nicht die Bildungsregel angewandt habe. Ist es also bloß die Form dieser 264 Regel die den Unterschied macht? Es scheint auf den ersten Blick als hätte diese Regel etwas Unbestimmtes. Aber was ist denn unbestimmt? Sie liefert doch eindeutige Resultate. Das „Unbestimmte“ liegt im Probieren, aber was ist daran unbestimmt? Wäre dieses Probieren eines auf gut Glück ins Unendliche, was also auch keine Entscheidung liefern müßte, dann wäre es allerdings unbestimmt. (wie im Fall der chrom. Zahl)

3 Obwohl so die Methode bestimmt d.h. sicher ist, so scheint es uns doch als könnten wir ein Gesetz kennen, das uns b e s t i m m t e r e n Aufschluß über die Lage der Primzahlen gäbe.

4 ✶ Und da nun das Gesetz ein andersgeartetes ist als etwa das Gesetz von e oder π, bestimmt – oder ist – es einfach eine andere Art von irrationaler Zahl?

5 ✶ Entspricht das Probieren in diesem Fall nicht dem welches im 266 Zahlenrechnen etwa bei jeder Division vorkommt?

Unterschied zwischen Multiplication und Division.

6 ✶ Gibt es ein Gesetz nach dem man alle Gesetze bilden kann? Jedenfalls keines das man nun wieder gebrauchen kann. Es wird eine Variable sein mit der man keinen allgemeinen Satz bilden kann.

Wozu dient sie dann? Man könnte sagen: „um uns den Weg zu weisen“. Aber brauchen wir diesen Wegweiser; tun das nicht schon die Gesetze selbst?!

3 So daß dadurch zu erklären ⟨wäre …⟩
4 also mehrere unabhängige Quellen der Arithmetik. ⟨(unglaub…⟩
6 ⟨/⟩ *Randzeichen im MS gestrichen*
15 Sie liefert doch eindeutige Resultate. Das „Unbestimmte“ ⟨is…⟩
18 dann wäre es allerdings unbestimmt. ⟨Wie⟩ im Fall
20 ⟨✶⟩ *Randzeichen im MS gestrichen*
28 welches ⟨beim⟩ Zahlenrechnen etwa bei jeder Division vorkommt?
35 Man könnte sagen⟨,⟩ um uns den Weg zu weisen“.
36 tun das nicht schon ⟨dies …⟩

1 ✳ Durch eine Methode analog der des Diagonalverfahrens kann man zeigen daß es kein Gesetz geben kann, nach dem a l l e Gesetze irrationaler Zahlen gebildet werden können.

Nun kann man aber sagen: „wir haben doch einen allgemeinen Begriff des Gesetzes“ (wir erkennen ein Gesetz wenn wir eins sehen) und das Fortschreiten in der Hierarchie der Gesetze kann doch nicht – sozusagen – dem Zufall überlassen bleiben! 268
So ist es auch nicht; es liegt diesem Fortschreiten freilich ein Gesetz zugrunde, nur läßt es sich nicht ausdrücken, sondern es muß sich zeigen. Es liegt in den Elementen mit denen wir zu arbeiten beschlossen und wirkt sich im Fortschreiten von Stufe zu Stufe aus. – Es ist gegeben, damit, daß die Elemente gegeben sind, sie sind sein Ausdruck.

2 ✳ Ist das Probieren über ein endliches Intervall nicht eine vollwertige Rechenoperation?

Ich könnte Ɔn die kleinste der Zahlen $n!-1, n!-2, n!-3, \ldots n+1$, nennen für die einer der Ausdrücke

$$\frac{n!-1}{n!-1}R, \frac{n!-1}{n!-2}R, \frac{n!-1}{n!-3}R, \ldots \frac{n!-1}{n+1}R$$

0 wird. Es ist nur nötig daß Ɔn für alle <u>n</u> einer von vornherein definierbaren Form eine Bedeutung hat und das ist der Fall.

3 ✳ Eine Gleichung ist ihr Resultat.

4 ✳ In der Logik kann ein Ausdruck für nicht mehr garantieren als für sich selbst.

5 ✳ Die Gleichung kann nur für sich selber haften.

6 ✳ Eine Gleichung ist ähnlich wie eine rationale Zahl eine Operation, ein unvollständiges Zeichen. Erst wenn man das Richtige mit ihr ausführt gibt es eine Zahl. – – – – – 270

7 / Meine Frage ist nämlich, hat es einen Sinn zu sagen: „Ich habe so viele Schuhe als eine Wurzel der Gleichung $x^3 + 2x - 3 = 0$ beträgt“, selbst dann wenn die Lösung eine positive ganze Zahl ergeben sollte?

Nach meiner Auffassung hätten wir hier nämlich eine Notation der man nicht unmittelbar ansehen kann, ob sie unsinnig ist oder nicht.

1 (✳/) *Randzeichen im MS gestrichen und ersetzt*
1 Durch eine Methode analog der (der …)
3 Gesetze irrationaler Zahlen gebildet werden können. (Mi…)
5 einen allgemeinen Begriff des Gesetzes“ (und das …)
17 der Zahlen $n!-1, n!-2, n!-3, \ldots n+1$, nennen für die (die …)
17 einer der (oberen) Ausdrücke
20 *Im MS steht die Notation am Beginn der Bemerkung, durch einen Pfeil umgestellt.*
34 *Im MS ein Absatz, durch ein Randzeichen als eigenständige Bemerkung gekennzeichnet.*
35 als eine Wurzel der Gleichung $x^3 + 2x - 3 = 0$ beträgt“.? …
36 selbst dann wenn (diese Gleichung …)

1 Ist das aber nicht derselbe Fall als wenn ich sagte „ich habe 8:4 Schuhe"? Denn so lange ich 8:4 nicht ausgerechnet habe, weiß ich nicht ob eine *ganze Zahl* herauskommt, ob der Satz also einen Sinn hat.

2 / Daß der Satz im gegebenen Fall unsinnig und nicht falsch wird (auch keine Contradiktion) ist klar, denn „ich habe n̲ Schuhe und $n^2 = 2$" heißt offenbar dasselbe wie „ich habe $\sqrt{2}$ Schuhe".

3 ✳ Nun könnte man sagen: Wenn auch die Gleichung, z.B. $x^2 = m$, nicht 272 wesentlich Cardinalzahlen liefert, so kann man doch mancher der Wurzeln die gleichnamige Cardinalzahl zuordnen und diese als die durch die Gleichung beschriebene Zahl betrachten.

4 / Wenn man den Ausdruck „die Wurzel der Gleichung $fx = 0$" im Russellschen Sinne als eine Beschreibung ansieht, dann müßte ein Satz der von „der Wurzel der Gleichung $x + 2 = 6$" handelt einen anderen Sinn haben als einer der das gleiche von 4 aussagt.

5 ✳ Auch eine Gleichung die nach einer bestimmten Auffassung für x eine Cardinalzahl liefert, kann man als Spezialfall einer Klasse von Gleichungen auffassen die reelle Zahlen liefern und dann bestimmt auch die erste keine Cardinalzahl

6 / Ich kann einen Satz nicht gebrauchen ehe ich weiß ob er Sinn hat, ob er ein Satz ist. Und das weiß ich im obigen Fall einer ungelösten Gleichung nicht, denn ich weiß nicht ob den Wurzeln Cardinalzahlen in der 274 festgesetzten Weise entsprechen.

7 / Aber das kann ich doch – oder es läßt sich doch – feststellen wenn man nur die Zeichen ansieht. Aber auf gut Glück darf ich die Gleichung nicht in den Satz nehmen sondern nur wenn ich weiß daß sie eine Cardinalzahl bestimmt denn dann ist sie einfach eine andere Schreibweise für die|se| Cardinalzahl.

Sonst aber ist es ebenso wie wenn ich auf gut Glück Zeichen durcheinander würfelte und |es| dem Zufall überlasse ob sie einen Sinn ergeben oder nicht.

8 / Gleichungen sind eine Art von Zahlen.

9 Wenn auch die Gleichung ⟨–⟩ z.B. $x^2 = m$ ⟨–⟩ nicht wesentlich
10 Cardinalzahlen liefert, so kann man doch ⟨manche …⟩
16 dann müßte ein Satz der von „der ⟨von …⟩
19 Auch eine Gleichung die ⟨–…⟩
25 Und das weiß ich im ⟨obigen Falle. ⟩ einer ungelösten Gleichung nicht,
27 ob den Wurzeln Cardinalzahlen in der festgesetzten ⟨A…⟩
30 wenn man nur die Zeichen ansieht⟨!⟩ Aber auf gut Glück
33 eine andere Schreibweise für die|se| Cardinalzahl. ⟨Weiß …⟩
35 auf gut Glück Zeichen durcheinander würfelte und |es| dem ⟨F…⟩

1 * Es wäre nun eine fundamentale Frage, muß ein Gesetz welches mir eine unendliche Klasse von Zahlen liefert, mir immer eine erste Zahl liefern?

Ich glaube bestimmt, ja.

2 * Wäre es auch denkbar daß eine unendliche Klasse von Zahlen anders gegeben ist? Aber wie wüßte man dann, daß sie unendlich ist?

3 * Die gewöhnliche Auffassung ist etwa die, daß zwar die reellen Zahlen eine andere Mannigfaltigkeit haben als die rationalen, man aber beide Reihen zuerst nebeneinander hinschreiben kann und die der reellen Zahlen die andere irgendwo hinter sich läßt und unendlich weiterläuft. 276

4 / Meine Auffassung aber ist: Man kann überhaupt nur endliche Reihen nebeneinander legen und miteinander so vergleichen; nach diesen endlichen Stücken Punkte zu setzen (als Zeichen daß die Reihe ins unendliche fortläuft) hat keinen Sinn. Ferner kann man ein Gesetz mit einem Gesetz vergleichen, aber nicht ein Gesetz mit keinem Gesetz.

5 / Was soll es aber dann heißen zu sagen daß sich jede Menge wohl ordnen läßt?

6 * Wenn der Begriff des Endlosen gegeben ist durch das „und so weiter ad inf.", dann kann die endlose Menge nur durch eine Operation gegeben sein und die muß eine Basis haben; damit ist die Menge wohlgeordnet.

7 * Wie verhält es sich in meiner Theorie mit $0{\cdot}\dot{9}$? Ist nicht $0{\cdot}\dot{9}$ ein Gesetz und ein anderes als $1{\cdot}\dot{0}$. Wie kommt dann die Gleichheit zustande? 278

8 * Man würde doch glauben zwei Gesetze sind identisch |nur| wenn sie fortlaufend die gleichen Resultate ergeben. Diese aber ergeben

$$\left.\begin{matrix} 0{\cdot}9, & 0{\cdot}99 & \text{etc} \\ 1{\cdot}0, & 1{\cdot}00 & \text{etc} \end{matrix}\right\} \text{ die einander nie gleich sind.}$$

9 * Das würde darauf hindeuten daß die ins Unendliche fortgesetzte Operation sozusagen ein schließliches Resultat hat.

10 * Dann müßte aber doch dieses Resultat eben in dem Gesetz beschlossen liegen und man müßte dann sagen können, daß zwar die vorläufigen Resultate der Gesetze einander nicht gleich sind, die Gesetze selbst aber in irgend einem Sinn. Aber auch das ist Unsinn!

10 als die rationalen, ⟨daß⟩ man aber beide Reihen
11 zuerst nebeneinander hinschreiben kann und die ⟨den …⟩
12 der reellen Zahlen die andere ⟨hint…⟩
14 Man kann überhaupt nur endliche ⟨Stücke …⟩
15 Reihen nebeneinander ⟨schreiben …⟩
25 durch eine Operation gegeben sein und ⟨diese⟩ muß eine Basis haben;
36 Operation sozusagen ein schließliches Resultat ⟨hätte⟩

1 / [„Das was mich interessiert ist eben nicht das Gesetz sondern seine Unendlichkeit. Nicht seine endlichen Resultate sondern ihr unendlich ferner Grenzwert auf den sie deuten.“ (hier hätten wir das „eigentlich Unendliche“) Aber gerade das Gesetz muß ja auf diesen Grenzwert 280 deuten! Aber doch scheint das meiner Auffassung zu widersprechen, daß das Gesetz die irrationale Zahl ist. Es ist freilich wahr daß eine unendliche Operation kein schließliches Resultat hervorbringen kann, aber wie ist es mit einem Grenzwert dem sich die Resultate unbegrenzt nähern! In gewissem Sinn muß freilich das Gesetz mit dem Grenzwert äquivalent sein, aber nicht in jedem. Aber was kann dieser Grenzwert selber sein, außer eine rationale Zahl? Oder wieder ein Gesetz?]

2 / Nur das Endlose ist dehnbar (Vergleiche damit die „unbestimmte Zahl“ einige).

3 ✳ Ich sagte: „die Zahl π ist das Gesetz wonach alle sogenannten Näherungswerte von π gebildet sind“.

4 ✳ Nicht jedes Gesetz das unendlich viele Rationalzahlen successive liefert, bestimmt einen endlosen Dezimalbruch. Es liefert z.B. eines die Brüche 0·1, 0·2, 0·1, 0·2 u.s.f. 282
Allerdings läßt sich ein solches Gesetz immer so modifizieren, daß es die Brüche 0·1, 0·12, 0·121 etc. ergibt.

5 ✳ Es ist freilich eine Reihe von Beweisen denkbar deren Complication ins Unendliche wächst. Aber doch nicht ohne Gesetz ins Unendliche wächst.

6 / Ich kann jetzt den Intuitionismus besser verstehen: Jede Zahl hat ihre individuellen Eigenschaften. Nun sind diese freilich durch die Stellung in der Reihe der Operationen 1 + 1 etc. bestimmt, aber jede solche Stellung ist doch eine individuelle Stellung und zwar hat sie dieselbe Individualität wie die Zahl selbst die an ihr steht. Wir kommen also aus den unendlich vielen Individualitäten nicht heraus.

Heißt das ich habe weiter nichts getan als die allgemeine Zahlform statt einfach „n“, „1 × n“ zu schreiben?

7 / Und warum sollte auch die Reihe [1, –, – + 1] fundamentaler sein als [2, –, – + 2]? Das Fundamentale ist in beiden nicht die besondere 284 Operation sondern der Begriff der Reihe. Oder sollen wir sagen: das Fundamentale ist der Begriff der Wiederholung der Operation!? Denn wir haben doch einen allgemeinen Begriff der Zahl, einen Begriff ihrer unbegrenzten Möglichkeit. Und das ist doch nicht möglich, daß es in der Logik einen Begriff und eigene individuelle unter ihn fallende Gegenstände gibt die der Begriff nicht völlig bestimmt.

9 dem sich die Resultate unbegrenzt nähern! ⟨Im ...⟩

10 *Die letzten zwei Sätze der Bemerkung sind im MS am linken Rand mit einer runden Klammer markiert.*

11 dieser Grenzwert selber sein, außer eine rationale Zahl⟨, oder w...⟩

17 das Gesetz wonach alle ⟨sogenannten⟩ Näherungswerte

1 / Schon daß mit dem logischen Begriff [1, –, – + 1] die Existenz seiner Gegenstände schon/bereits/ gegeben ist, zeigt daß er sie bestimmt.

2 / Das ist übrigens ganz klar: Jede Zahl hat ihre nicht reduzierbare Individualität. Und wenn ich irgend eine Eigenschaft einer Zahl beweisen will, muß ich sie immer selbst irgendwie hineinbringen.

3 / Man kann insofern sagen, daß die Eigenschaften einer bestimmten Zahl nicht v o r a u s zusehen sind. Man sieht sie erst, wenn man dort ist. 286

Man könnte sagen: Kann ich nicht etwas über die Zahl 3^{10} beweisen obwohl ich sie nicht anschreiben kann? Wohl, aber 3^{10} ist schon die Zahl, nur auf andere Weise angeschrieben.

4 ✶ Wie ist die Operation [1, –, – + 1] von irgend einer anderen unterschieden, die uns auch durch alle Cardinalzahlen führt?

5 / Das Fundamentale ist nur die Wiederholung einer Operation.

6 / Jedes Stadium dieser Wiederholung hat seine Individualität.

7 / Nun ist es nicht etwa so, daß ich durch die Operation von einer Individualität zur anderen fortschreite. So daß die Operation das Mittel wäre, um von einer zur anderen zu kommen. Etwa das Vehikel das bei jeder Zahl anhält, die man nun betrachten kann. Sondern die 3-malige Operation +1 erzeugt und i s t die Zahl 3.

8 / „Ein unendlich compliziertes Gesetz" heißt, kein Gesetz. Wie könnte man wissen daß es unendlich compliziert ist? Nur so, indem es gleichsam unendlich viele Näherungswerte zu diesem Gesetz gäbe. Aber bedingt das nicht daß sie sich wirklich einem Ziel n ä h e r n? Oder kann man die unendlich vielen Beschreibungen von Strecken der Primzahlenreihe solche Näherungswerte des Gesetzes nennen? Nein, denn keine Beschreibung einer endlichen Strecke bringt uns dem Ziel einer Gesamtbeschreibung näher. 288

9 / Wie unterscheidet sich denn ein unendlich compliziertes Gesetz in diesem Sinne, von gar keinem Gesetz?!

Das Gesetz würde dann höchstens lauten „es ist alles wie es ist".

10 ✶ Jede neuauftauchende Zahl bringt Eigenschaften, oder eine Kombination von Eigenschaften, wie sie vor ihr nicht da war. (Z.B. die Eigenschaft größer zu sein als die ihr unmittelbar vorhergehende)

$$Z_n = f(1, 2, 3 \ldots n)$$
$$Z_{n+1} = f_1(f(1, 2 \ldots n),\ n + 1);$$
$$Z_{n+2} = f_2(f_1(f(1, 2 \ldots n),\ n + 1),\ n + 2) \text{ etc.}$$

17 ⟨✶⟩ *Randzeichen im MS gestrichen und ersetzt*
19 ⟨✶⟩ *Randzeichen im MS gestrichen und ersetzt*
21 Etwa das Vehikel das bei jeder Zahl ⟨stehenbleibt⟩, die man
30 Aber bedingt das nicht daß sie sich wirklich ⟨h…⟩
34 endlichen Strecke bringt uns dem Ziel ⟨der⟩ Gesamtbeschreibung

1 ⚹ Die Funktion f ist solcher Art daß sie alle Beziehungen von n zu sämtlichen Vorgängern enthält, also etwas was bei keiner anderen Zahl vorhanden war. Die Funktion f_1 enthält wohl f, aber sie unterscheidet sich durch das Hinzutreten des n + 1; wie aber das n + 1 die Funktion modifiziert, das hängt von seinen Beziehungen zu sämtlichen vorhergehenden Zahlen ab, also wird diese Modification immer eine noch nie dagewesene sein. 290

2 ⚹ Die Verhältnisse der einzelnen conkreten Zahlen zu einander wirken wie Tatsachen.

3 ⚹ Das Gesetzlose, Individuelle tritt im Sieb zum Vorschein.

4 / Die Zahl 5 wirkt nicht als die 5te Zahl im Vergleich mit der 4ten, sondern als 5, die einzig ist.

5 ⚹ Hätten wir hier den Fall eines unendlich complizierten Gesetzes? Nein, sondern es ist hier kein angebbares Gesetz also kein Gesetz. Wir sind auf das sogenannte Probieren angewiesen.

6 ⚹ Geht uns dabei etwas ab? Ist es ein Fall wo wir etwas scheinbar nur ungefähr oder ungenau beschreiben können aber nicht genau, ein Fall den es in der Logik nicht geben kann? Ist es der Fall der unendlichen Baumreihe von der nichts gesagt werden *kann*, als daß alle Bäume verschieden hoch zwischen 3 und 4 m sind? 292

7 ⚹ Wie wäre es wenn ich mit Hilfe der chrom. Zahl eine irrationale Zahl bilden würde die, etwa, überall 0 |und| nur an den chrom. Stellen 1 hätte? Hier kann ich doch auch successive jede beliebige Zahl von Stellen bilden.

Ich weiß nur nicht ob diese Zahl überhaupt eine irrationale Zahl ist.

8 ⚹ Wie ist in einem Gesetz die unendliche Mannigfaltigkeit gegeben?

9 ⚹ f(n) $\quad$ $f(0 + \bar{1})$
wir hätten dann
f(1), f(1 + 1), f(1 + 1 + 1), ….

10 ⚹ Das Unendliche liegt hier in einer *Vorschrift*.

11 ⚹ Man könnte auch sagen: Das Unendliche ist hier gleichmäßig, amorph; die Struktur liefert die im Endlichen bezeichnete Operation. 294

12 (Ähnlichkeit mit (∃x) φx etc)

9 Die Verhältnisse der einzelnen conkreten ⟨Tatsachen …⟩
14 Die Zahl 5 wirkt nicht als die 5te Zahl ⟨verglichen⟩ mit der 4ten
17 Hätten wir ⟨n…⟩
27 Wie wäre es ⟨d…⟩
39 ⟨Das …⟩ *–gestrichener Satzanfang, in der Leerzeile vor der nachfolgenden Bemerkung*

1 ✳ Es wird zu einer endlichen Operation die unendliche Möglichkeit gesetzt.

Aber das stimmt nicht eigentlich, die Operation enthält schon ihre unendliche Möglichkeit. (Wie  im Gegensatz zu )

2 ✳ Wenn wir auch nicht einen unendlichen Dezimalbruch anschreiben können, könnten wir nicht einen unendlichen Dezimalbruch vorfinden? Etwa gegeben durch die unendlich vielen Himmelskörper in einer Sehrichtung?

3 / „Wir kennen die Unendlichkeit aus der Beschreibung". Nun dann gilt eben nur diese Beschreibung und nichts sonst.

4 / Die Überlegungen der Mathematiker über das Unendliche sind doch lauter endliche Überlegungen.

5 ✳ Das Continuum ist ganz unvorstellbar, mit discreten Begriffen. 296

6 ✳ (Ich glaube der Begriff des Endlosen liefert die notwendige Dehnbarkeit) $\infty + n = \infty$)

7 ✳ [Man kann die Subtraktion der Cardinalzahlen auch symmetrisch auffassen; statt zu sagen, $3 - 4$ ist sinnlos, kann man erklären $3 - 4 = 4 - 3 = 1$]

8 ✳ Ich kann den Punkt π genau (ein für allemal), und auch durch endlose Approximation erhalten.

(Die Dualität!)

Der Punkt π kann doch nur dem G e s e t z der Annäherung entsprechen!

9 ✳ Bestimmt nun jeder nicht rationale Schnitt ein Gesetz der Annäherung?

10 / Ist es also denkbar daß es zwei Klassen von irrationalen Zahlen gibt: die eine durch Gesetze bestimmt, also alle die wir je kennen können, und eine durch keine Gesetze bestimmte, also die Gesamtheit derer, die wir nicht kennen können!

3 die unendliche Möglichkeit gesetzt. Aber das stimmt ⟨eigent…⟩
4 Operation enthält schon ihre unendliche Möglichkeit. ⟨Ver…⟩
11 aus der Beschreibung". Nun dann ⟨gibt …⟩
22 ⟨Hat es …⟩
23 statt zu sagen, ⟨„⟩3 – 4 ist sinnlos,
37 *Der Text auf Seite 296 endet mit dem Hinweis:* !F o r t s e t z u n g a u f d e n V e r s o - S e i t e n v o r n e!

1 / Angenommen ich schneide dort, wo keine rationale Zahl ist. Dann muß es doch Näherungswerte zu diesem Schnitt geben. Aber was heißt hier „näher“? Näher wem? Vorläufig habe ich ja im Gebiet der Zahlen nichts, dem ich mich nähern kann. Wohl aber auf der geometrischen Strecke. Hier ist es klar daß ich jedem nicht rationalen Schnitt beliebig nahe kommen kann. – Und es ist auch klar, daß dieser Prozess kein Ende nimmt und ich durch die räumliche Tatsache unzweideutig weiter geführt werde. 6

2 / Wieder ist es nur die unendliche Möglichkeit, aber jetzt ist das Gesetz auf andere Weise gegeben.

3 /⚹ So kann ich mich jedem Punkt einer Strecke durch fortgesetzte Bisection unbegrenzt nähern und mit unendlich feinen Augen und Werkzeugen wäre jeder Schritt der Bisection bestimmt. (Die unendliche Schärfe der Augen geben keinen circulus vitiosus.)

4 /⚹ Könnte man nun eine auf diese Weise bestimmte Ziffernfolge einen unendlichen Dezimalbruch nennen? D.h., bestimmt dieses geometrische Verfahren nun eine Zahl?

5 / Das geometrische Verfahren enthält darum keinen circulus vitiosus, weil in ihm nur die unendliche Möglichkeit vorausgesetzt wird, keine unendliche Wirklichkeit. (Linien und Punkte sind durch die Grenzlinien von Farbflächen gegeben.) 8

6 / Inwiefern kann man sagen, daß ich dadurch die rationalen Zahlen wirklich in zwei Klassen geteilt habe? Tatsächlich kommt ja diese Teilung nie zustande. Aber ich habe ein Verfahren, mit dem ich mich dieser Teilung unbegrenzt nähere? Ich habe ein unbegrenztes Verfahren dessen Resultate als solche mich nicht zum Ziele führen, dessen grenzenlose Möglichkeit aber eben das Ziel ist. Worin besteht aber diese Grenzenlosigkeit? Haben wir hier wieder nicht bloß/hier nicht wieder bloß/ eine Operation und das ad inf.? Gewiss. Aber die Operation ist keine arithmetische!

7 / (Und jenen Punkt der mir als Hilfsmittel meiner endlosen Konstruction dient, kann ich arithmetisch gar nicht geben.)

1 *Fortsetzung des Textes auf den freigebliebenen Versoseiten von Band II, die zunächst, wie im Band I, für Marginalien und persönliche Bemerkungen vorgesehen waren, unter dem Hinweis:* Anschluß an die letzte Rectoseite!

1 ⟨⚹⟩ *Randzeichen im MS gestrichen und ersetzt*

10 ⟨⚹⟩ *Randzeichen im MS gestrichen und ersetzt*

22 ⟨⚹⟩ *Randzeichen im MS gestrichen und ersetzt*

24 (Linien und Punkte (kann man …)

34 Haben wir hier wieder nicht bloß/hier nicht wieder bloß/ *–im MS durch gekreuzte Pfeile zwischen* wieder *und* nicht *dargestellt, die gewellt unterstrichen sind*

1 / Hier würden nun viele sagen: Daß die Methode eine geometrische war, macht nichts, es ist eben nur die resultierende Extension der Zahlen, die unser Ziel ist. Aber habe ich denn die? 10

2 / Hat die Frage einen Sinn: Wenn ein bestimmter Punkt und mit ihm ein endloses Verfahren gegeben ist, gibt es ein arithmetisches Verfahren, das dieselbe Extension erzeugt wie der Punkt?

3 / Hat es aber auch nur einen Sinn zu sagen, daß ein gewisser – nicht rationaler – Punkt keine Irrationalzahl bestimmt? Doch, das scheint einen Sinn zu haben. Denn der Punkt bestimmt doch alle Näherungszahlen voraus, sie sind mit ihm in einem gewissen Sinne alle gegeben. (?)

4 ✳ (Die unendliche Möglichkeit des Wissens)

5 ✳ Die unendliche Möglichkeit der Werte für einen bestimmten Punkt ist eine ganz bestimmte und ich kann fragen ob es dieselbe ist, wie die eines arithmetischen Gesetzes.

6 ✳ Kann ich die Strecke und den Prozess der Bisection als einen arithmetischen Symbolismus auffassen und also den Vorgang als einen rechnerischen? 12

7 ✳ Das käme auf die Frage hinaus: ist das Rechnen mit räumlichen Strecken dem Rechnen mit den gewöhnlichen Symbolen der Arithmetik gleichwertig?

8 ✳ Man kann dagegen einwenden, daß wir kein Mittel haben um die Gleichheit zweier Strecken genau festzustellen. Aus irgend einem Grunde scheint mir das kein Einwand zu sein und analog der Tatsache, daß wir uns beim |gewöhnlichen| Rechnen durch Übersehen einer Ziffer irren können.

9 ✳ In der Tat können wir doch das Resultat einer räumlichen /geometrischen/ Konstruktion rechnerisch erhalten. Und dabei berechnen wir natürlich auch nur das Resultat einer idealen Konstruktion.

10 ✳ Unsere wirkliche Konstruktion mit Zirkel und Lineal ist |selbst| ein Symbol für die ideale.

2 es ⟨hat⟩ eben nur die resultierende Extension der Zahlen,
25 Das käme auf die Frage hinaus⟨,⟩ ist das Rechnen mit räumlichen
39 |selbst| *–im MS ist das Einfügungszeichen gewellt unterstrichen*

1 / Beweise die dasselbe beweisen sind in einander übersetzbar und insofern derselbe Beweis. Das gilt nur für solche Beweise nicht wie etwa: „Daß er 14
zuhause ist sehe ich aus zwei Tatsachen; erstens hängt sein Rock im Vorzimmer und zweitens höre ich ihn pfeifen.“ Hier haben wir zwei unabhängige Quellen der Erkenntnis. Der Beweis bedarf eben von außen kommender Gründe, während ein Beweis der Mathematik die Analyse des mathematischen Satzes ist.

2 / Hat ein geometrischer Beweis eine andere Art der Anschaulichkeit als der arithmetische? Es handelt sich nur darum, daß der Beweis kein Experiment werden darf.

3 ⁎ Ist er das nicht, so ist er in der Mathematik erlaubt.
[das ist nun allerdings sehr merkwürdig]

4 / Was ist das Analoge zu dem geometrischen Prozess in der Arithmetik? Es muß der umgekehrte Vorgang sein, einen Punkt durch ein Gesetz zu bestimmen (statt das Gesetz durch einen Punkt).

5 / Und zwar entspräche es dem endlosen Vorgang des Wählens zwischen 16
0 und 1 in einem unendlichen Dezimalbruch $0\cdot\substack{00000\\11111}\cdots$ ad inf.
Das Gesetz hieße hier, „du mußt einmal nach dem anderen ad inf. 0 oder 1 setzen, jedes gibt ein Gesetz, jedes ein anderes“.

6 / Das heißt aber nicht daß *dadurch* ein Gesetz gegeben wäre, daß ich sage: „wirf für jeden Fall Kopf oder Adler“. Dadurch müßte ich freilich einen Spezialfall jenes Gesetzes erhalten, wüßte aber von vornherein nicht welchen. Durch die Vorschrift zu würfeln ist kein Gesetz der Folge beschrieben.

7 ⁎ Das Gesetz 0·0 oder 1, 0 oder 1, ad inf. ist quasi ein Gesetz eines höheren Grades von Allgemeinheit.

8 ⁎ Wohl, aber welches sind die Spezialfälle *dieses* Gesetzes? (Es sind keine endlichen Auswahlen) Es müssen Gesetze sein. Oder unendliche Extensionen? Für die habe ich keine Zeichen.

3 „Daß er zuhause ist sehe ich aus ⟨Z…⟩
3 zwei Tatsachen; erstens hängt sein Rock ⟨an …⟩
7 Analyse des ⟨zu beweisenden/zu beweisenden/⟩ Satzes ist.
7 *Die gewellte Unterstreichung wurde vor der Streichung aufgehoben.*
9 Hat ein geometrischer Beweis eine andere Art ⟨von …⟩
16 ⟨⁎⟩ *Randzeichen im MS gestrichen und ersetzt*
16 Was ist das Analoge ⟨in der Arithmetik⟩ zu dem geometrischen Prozess
17 ⟨der⟩ einen Punkt durch ein Gesetz ⟨bestimmt⟩
18 *Im MS:* sein, der einen Punkt *–unvollständige Streichung bei der Überarbeitung*
35 Es müssen Gesetze sein⟨ – oder⟩ unendliche Extensionen?

1 / Man könnte fragen: Aber wie unterscheidet sich denn das geometrische Verfahren vom Würfeln? Sind sie nicht wesentlich dasselbe, nämlich quasi eine physikalische Methode? Nein, denn die Vorschrift des 18 Würfelns bestimmt selbst keine Zahlenfolge; die Lage des Punktes ist schon das Äquivalent einer bestimmten unendlichen Zahlenfolge (?)

2 / Das was am Vorgang des Würfelns arithmetisch ist, ist nicht das tatsächliche Resultat, sondern die unendliche Unentschiedenheit. Aber die *bestimmt* eben keine Zahl.

3 ∗ $1{\cdot}\dot{0}$ ist kein unendlicher Dezimalbruch sondern nur $0{\cdot}\dot{0}$ das der 0 entspricht. $1{\cdot}\dot{0}$ ist $1 + 0{\cdot}\dot{0}$ d.h. $1 + 0 = 1$. $0{\cdot}\dot{9}$ *entspricht* der 1 wie $0{\cdot}\dot{0}$ der 0.

4 ∗ Inwiefern ist ein Beweis durch reductio ad absurdum eine Analyse des zu beweisenden Satzes? Der Beweis des Satzes p nimmt ~p an und zeigt was daraus folgt und daß das etwas Unmögliches ist. So analysiert er ~p und damit p.

5 ∗ Der Punkt bestimmt sämtliche vorzunehmende Operationen voraus (wenn zwei Leute unabhängig die Operationen vornehmen, so müssen sie immer zu den selben kommen)

6 ∗ Nach meiner gegenwärtigen Auffassung ist der Prozess nicht 20 umzukehren, weil man zwar erst das Gesetz haben kann und danach so viele Näherungswerte bestimmen kann als man will, aber keine Zahl von Näherungswerten ein unendliches Gesetz gibt.

7 ∗ Im Ausdruck $0{\cdot}\overset{00}{11}\cdots$ kann daher das Wesentliche auch nicht die Reihe von Brüchen sein, denn die führt zu nichts; sondern nur das Gesetz als allgemeiner Ausdruck von speziellen unendlichen Gesetzen (nicht von speziellen endlichen Reihen). Es ist daher irreführend ihn „$0{\cdot}\overset{00}{11}\cdots$ ad inf." zu schreiben. Der Ausdruck darf nicht das variable Resultat eines Gesetzes bezeichnen sondern ein variables Gesetz.

4 bestimmt selbst keine Zahlenfolge⟨. Die⟩ Lage des Punktes
12 $1{\cdot}\dot{0}$ ist $1 + 0{\cdot}\dot{0}$ ⟨=⟩$1 + 0 = 1$
16 durch reductio ad absurdum eine Analyse des ⟨zu bewei…⟩
22 so müssen sie immer zu ⟨denselben⟩ kommen)
24 *Im MS Marginalie:* Neue Zeile *–im Ersatz für die fehlende Leerzeile*
29 ⟨A…⟩
30 auch nicht die Reihe von Brüchen sein, denn⟨,⟩ die führt zu nichts;

1 / Wenn ich ein Gesetz so andeute „0·001001001… ad inf.“, so ist nicht die endliche Reihe als Specimen |des Stücks| einer unendlichen, was ich zeigen will, sondern die aus ihm entnehmbare Art der Gesetzmäßigkeit. Aus $0{\cdot}\substack{00\\11}\cdots$ entnehme ich aber |eben| k e i n Gesetz sondern gerade einen/den/ Mangel von Gesetzen. Es sei denn etwa, das Gesetz, daß nur „0“ und „1“ und keine anderen Zeichen die Resultate der speziellen Gesetze darstellen.

Das Oberste Gesetz wäre dann durch die allgemeine Form des 22
Resultats der speziellen Gesetze gegeben. Es hieße: Die Gesetze sind solcher Art/so/, daß ihre successiven Resultate immer ein Ansehen dieser Form haben.

2 ✳ Hier rede ich immer von Gesetzen sage aber nicht ein einziges Mal was ein Gesetz ist/unter einem Gesetz zu verstehen ist/. Formen von der Art $0{\cdot}\substack{000\\111}\cdots$ könnte es ja geben, wenn es nicht ein einziges Gesetz gäbe! Das Einzige was an dem Symbol die Existenz eines Gesetzes voraussetzt, ist das Wort „ad inf.“, das ich hier dazusagen muß, im Fall eines besonderen Gesetzes nicht, denn da liegt es in der bestimmten Operation.

3 ✳ Ich hätte also auch schreiben können „$0{\cdot}\substack{0\\1}\rightarrow$ nach i r g e n d e i n e m Gesetz ad inf.“.

4 ✳ Wenn es eine unendliche Extension/Wirklichkeit/ gibt, dann sind mit 26
allen rationalen Zahlen auch schon alle irrationalen gegeben. (Wie mit einer Anzahl von Elementen ihre Combinationen.) Ist diese Auffassung aber nicht auch meine.

5 ✳ Ist meine unendliche Möglichkeit nicht in irgend einem Sinne eine unendliche Extension?

6 ✳ Ist nicht mit dem Schnittpunkt eine Kombination gegeben? Eine unendliche Extension?

7 ✳ Wenn, nach der extensiven Auffassung, alle Brüche 0·1, 0·101, 0·1010… 22
gegeben sind, ist dann auch der unendliche Bruch 0·1010… ad inf. gegeben? J e d e s beliebige Stück dieser Reihe von 0· an bis wohin immer man es nimmt, ist aber endlich.

2 |des Stücks| *– im MS ist das Einfügungszeichen gewellt unterstrichen*
4 Aus $0{\cdot}\substack{00\\11}\cdots$ entnehme ich aber |eben| ⟨keine Gesetzmäßigkeit …⟩
6 und keine anderen Zeichen die Resultate ⟨des …⟩
17 dazusagen muß, im ⟨Falle⟩ eines besonderen Gesetzes nicht,
18 denn da liegt es in ⟨den⟩ bestimmten ⟨Operationen⟩
22 „$0{\cdot}\substack{0\\1}\rightarrow$ nach i r g e n d e i n e m Gesetz ad inf.“. (Aber was ist damit gesagt?)
24 *Die folgenden drei Bemerkungen sind eine Einfügung von der Manuskriptseite 26, dargestellt durch ein Einfügungszeichen mit zwei Querstrichen.*
29 Ist ⟨nicht …⟩

1 / Die Kombinationsregeln von 0 und 1 ergeben die Gesamtheit aller endlichen Brüche. Das wäre eine unendliche Extension, in dieser müßte sich auch die unendliche Extension der Brüche 0·1, 0·10, 0·101 etc ad inf. vorfinden und überhaupt alle Irrationalzahlen. (?) 24

2 ✳ Das führt zur Frage: Was ist eine Kombination? Und was sind die 6 Kombinationen zu 2en von 1, 2, 3, 4:

12, 13, 14, 23, 24, 34? Sind sie in jenen vier Ziffern schon vorhanden? Nein, es sind neue Zeichen/Formen/ nach einer Regel mit alten Charakteren gebildet.

3 ✳ Nun ist die Irrationalzahl in jeder Auffassung eine unendliche Kombination von Rationalzahlen.

4 ✳ Ist die kombinierte Form „34" gegeben wenn 3 und 4 gegeben sind? Nein, die Form ist gegeben wenn sie gegeben wird; mit 3 und 4 ist ihre Möglichkeit gegeben, wie die Möglichkeit anderer Formen.

5 ✳ Nun möchte ich, so, wie ich von irgend einem Schnitt-Punkt spreche, 26
von irgend einer unendlichen Kombination von Rationalzahlen sprechen können.

6 ✳ Man sollte glauben, wenn der Punkt eine unendliche Kombination bestimmt, daß dann die unendliche Kombination den Punkt bestimmt und man könnte sagen:

„Wähle in $0\cdot{}^{000}_{111}\cdots$ zwischen 0 und 1 und tu es ohne Ende"; aber nun nicht „dann wirst du zum Punkt gelangen" sondern „das endlose 28
Wählen entspricht dem Punkt".

7 ✳ Ist nun nicht aber die unendliche Möglichkeit eben durch das Symbol „$\left|0\cdot\right|_{B}\left|{}^{0}_{1}\right|_{b}\rightarrow$" angezeigt, weil hier die eine Operation nämlich die des Dazusetzens von „${}^{0}_{1}$" tatsächlich eine endlose ist und die des Wählens so zu sagen in die Unendlichkeit mitnimmt.

8 ✳ Aber ich kann doch nicht endlos wählen! Aber kann man nicht sagen: Alles was notwendig ist, ist den Vorgang des Wählens nie als abgeschlossen zu betrachten.

9 ✳ Dadurch würde aber die Notation „0·101 …" mit den Pünktchen gerechtfertigt und diese würden nur besagen: „das ist nur ein Näherungswert, der Bruch ist nie abgeschlossen".

10 ✳ Das heißt es gibt zwar kein endloses Wählen, aber ein nie abgeschlossenes Wählen.

1 ⟨✳⟩ *Randzeichen im MS gestrichen und ersetzt*
21 Kombination von Rationalzahlen sprechen können⟨!⟩
23 *Hier folgen im MS die in der vorangehenden Seite eingefügten drei Bemerkungen.*
24 daß dann die unendliche Kombination den Punkt bestimmt⟨. …⟩
27 „dann wirst ⟨Du⟩ zum Punkt gelangen" sondern

1 * Wie verhält sich aber dieser allgemeine Begriff zu einem besonderen Gesetz, das an jedem Punkt die Wahl entscheidet? 30

2 * Dieser Begriff ist doch nicht die allgemeine Form des Gesetzes! Eher wäre er die allgemeine Form des Resultats eines Gesetzes.

3 * Das hängt mit der Frage zusammen: Ist das Gesetz, das durch die Lage des Schnittes ausgedrückt ist ein arithmetisch gültiges?

4 * Die Änderung meines Standpunktes wäre dann etwa so beschrieben, daß ich früher „0·0101“ verwarf weil ich es als die Andeutung eines wesentlich nicht darstellbaren „unendlichen Dezimalbruchs“ ansah, während ich dieses Zeichen jetzt als gewöhnlichen endlichen Dezimalbruch auffasse mit dem Zusatz daß dieser Bruch nur ein Näherungswert in einer endlosen Reihe sei.

5 *Ich bewege mich fortwährend im Kreis um das Problem herum. Scheinbar meine ich näher zu kommen.*

6 * Es kann nicht so sein daß eine sinnvolle Beschreibung einmal eine Zahl beschreibt und einmal keine. 32 Sie ist entweder unsinnig oder sie beschreibt eine Zahl. Sie hat entweder für jede Substitution Sinn dann haben wir einen Zahlbegriff der so weit ist wie die Beschreibung, oder sie liefert nicht für jede Substitution eine Zahl, dann ist sie für diese Substitutionen unsinnig. – Es ist ja nicht so, daß die Beschreibung eine Zahl von außen beschreibt, sondern sie stellt eine Zahl dar, sie konstruiert eine Zahl.

7 * Unendlichkeit kann nicht einfach Unbestimmtheit bedeuten. Wenn ich in einem Sack eine mir unbekannte Anzahl Äpfel habe, so kann ich auch eine Vorschrift geben nach der sie gezählt werden sollen und zwar eine Vorschrift mit unbestimmtem Ende. Aber heißt das, daß diese Vorschrift in irgend einem Sinne unendlich ist? Und wenn ich sage daß die Zahl der Punkte zwischen zwei Gegebenen unendlich ist, meine ich, daß sie unbestimmt ist?

8 * Das unendlich Große ist in keinem anderen Fall als die unendliche Teilbarkeit! 34

9 * Das unendlich Teilbare kann man sich doch offenbar denken.

1 Wie verhält sich aber dieser allgemeine ⟨Begriff/Auffassung/⟩
1 Wie verhält sich aber dieser allgemeine Begriff ⟨der …⟩
7 Ist das Gesetz, das durch ⟨den Schnitt …⟩
12 wesentlich nicht darstellbaren „unendlichen ⟨Dezimalbruches⟩
13 *Im MS:* während dieses Zeichen jetzt *–Text ergänzt*
26 daß die Beschreibung eine Zahl von außen beschreibt⟨. …⟩
26 sondern sie stellt ⟨die⟩ Zahl dar, sie konstruiert eine Zahl

1 / Kann man sagen daß, wenn es nur eine endliche Anzahl von Dingen gibt, daß dann die unendliche Zahlenreihe dennoch auf eine endliche Anzahl angewendet wird nur auf eine andere Art als auf eine unendliche Mannigfaltigkeit?

2 / Etwa so daß die endliche Anzahl immer wieder von vorn gezählt wird unendlich mal. Aber setzt das nicht eben die unendliche Zeit voraus? Und ist denn dann die Vorschrift [α, –, –α] unendlich? Aber hier wird eben nur eine unendliche Möglichkeit vorausgesetzt.

3 / 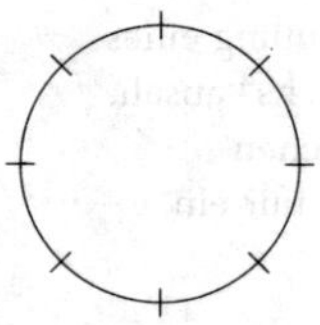
Wenn unsere Zeichen α alle nur in den |bezeichneten| Punkten des Kreises liegen dürften, so würde das der unendlichen Regel gar nichts anhaben. Unsere Vorschrift [α, –, –α] wäre dennoch unendlich.

4 ⁎ Die Unendlichkeit der Zeit aber auch des Raumes scheint in erster Linie eine Unendlichkeit der inneren Struktur, nicht der Ausdehnung zu sein. 36

5 ⁎ Ist die Mathematik ein System von Definitionen von denen man einige als gegeben annehmen und die anderen dann ableiten kann?

6 ⁎ Alle Paradoxe des Unendlichen müssen sich restlos/völlig/ lösen. D.h. Was heute paradox ist, ist es durch eine falsche verfehlte Auffassung des Unendlichen.

7 ⁎ Die Mathematiker are constantly going out of their depth.

8 ⁎ Es gibt kein unendliches logisches Produkt.

Darum ist ein Satz der sagt „für alle Cardinalzahlen gilt…" ein Satz über die Form der Cardinalzahl. (Ein intensionaler Satz)

9 ⁎ Der Begriff des Maximums einer Funktion hat offenbar einen guten Sinn und kann nicht von Spekulationen über Typen etc abhängen.

10 / Das Maximum einer Funktion scheint mir einer intensionalen Erklärung fähig. Der höchste Punkt einer Kurve ist zwar höher als ein beliebig herausgegriffener anderer Punkt aber ich finde ihn nicht dadurch daß ich die Punkte der Kurve einzeln durchgehe und sehe ob einer noch höher ist. |(Berechnung des Maximums nicht mengentheoretischer Wege sondern $f'(x) = 0$)| 38

1 Kann man sagen daß, wenn es nur eine ⟨unendliche …⟩

24 restlos/völlig/ *–im MS sind die Varianten mit einer geschwungenen Klammer und einem Fragezeichen markiert*

37 *Die erste Bemerkung der Manuskriptseite 38 ist eine Marginalie zur Wahr-Falsch-Tabelle der gegenüberliegenden Rectoseite 39.*

1 / Hier ist es wieder die Grammatik die wie immer im Bereich des Unendlichen uns einen Streich spielt.

Wir sagen der höchste Punkt der Kurve, das kann aber nicht heißen der höchste Punkt unter allen Punkten der Kurve in dem Sinn in dem man vom größten dieser drei Äpfel redet. Denn wir haben ja nicht alle Punkte der Kurve vor uns ja dieser Ausdruck ist unsinnig.

2 / Es ist derselbe Fehler unserer Syntax der die Sätze der Apfel läßt sich in 40
zwei Teile teilen als die gleiche Form darstellt wie eine Strecke ist unbegrenzt teilbar. So daß man scheinbar in beiden Fällen sagen kann „nehmen wir an die mögliche Teilung sei ausgeführt".

In Wahrheit haben aber die Ausdrücke „in zwei teilbar" und „unbegrenzt teilbar" eine ganz verschiedene Form. Es ist das natürlich derselbe Fall wie daß man mit dem Worte „unendlich" wie mit einem Zahlwort operiert; weil beide in der Umgangssprache auf die Frage wieviel zur Antwort kommen.

3 / Die Kurve ist da |unabhängig(?)| von einzelnen ihrer Punkte. Das drückt sich auch dadurch aus, daß ich den höchsten Punkt k o n s t r u i e r e n kann. D.h. ihn aus einem Gesetz erhalte und nicht durch Untersuchung einzelner Punkte.

4 Was ist ein Aggregat von Punkten?
Können wir nicht doch ein unendliches Aggregat als solches gleichsam von außen beschreiben?

= Indem wir – allgemein – sagen daß jedes Element einen 42
Nachfolger hat, der nicht es selbst oder einer seiner Vorgänger ist? Ist damit nicht eine wirkliche Unendlichkeit beschrieben ob dieser nun etwas entspricht oder nicht. Wenn ich etwa sagte jeder Mensch hat einen Sohn. Folgt daraus nicht, daß es unendlich viele Menschen gibt? Und wie ist hier die Unendlichkeit gefaßt? Denn scheinbar ist sie durch lauter endliche Begriffe dargestellt. Oder kommt hier die Unendlichkeit dadurch in meinen Satz daß ich sagen muß, daß kein Sohn der V o r f a h r e seines Vaters sein kann.

Wie ist der Satz a ist der Vorfahre von b darzustellen?

$a R b \vee (\exists x)\, a R x \cdot x R b \vee (\exists xy)\, a R x \cdot x R y \cdot y R b \vee$ etc

Steht am Ende dieser Reihe nicht das „ad inf." dann beschreibt auch der Satz keine unendliche Reihe.

5 ∗ Aber eine unendliche logische Summe ist ein Unsinn.

6 ∗ Hat es einen Sinn eine allgemeine Beschreibung des Resultats zu geben, 44
das ein unendliches Gesetz liefert?

4 unter allen Punkten der Kurve in dem Sinn in ⟨w…⟩
5 vom größten dieser drei Äpfel ⟨spri…⟩
8 Es ist derselbe ⟨Gram…⟩
9 die gleiche Form darstellt wie ⟨die⟩ Strecke ist unbegrenzt teilbar.
13 und „unbegrenzt teilbar" eine ganz ⟨andere …⟩
36 etc ⟨ad inf.⟩
38 dann beschreibt auch der ⟨obi…⟩
40 ⟨Aber …⟩ *–im MS wurde die Bemerkung als Absatz begonnen*

1 × Aber liefert es denn ein Resultat, das für seine Unendlichkeit charakteristisch ist?

2 × Es kann natürlich nur |das| sein, daß kein Dezimalbruch der letzte ist.

3 * Was sagt die allgemeine Beschreibung, daß jede Vorschrift eine unendliche Reihe von Dezimalbrüchen liefert?

4 * Es liegt natürlich im Wesen jeder dieser Vorschriften daß sie das tut.

5 * Der Begriff „alle Vorschriften die eine endlose Reihe liefern“ scheint etwas zu bedeuten. Denn ich kann von einer solchen Vorschrift mit ganz bestimmter Bedeutung sagen: Diese |ist| eine unendliche Vorschrift, die andere nicht.

6 Man könnte so sagen: „Was wird die Irrationalzahl sein? sie ist einfach die allgemeine Form des unendlichen Dezimalbruchs.“ Aber den gibt es 46
ja nicht. Sie ist die allgemeine Form der Zahl für die es nur, unendlich viele, Näherungswerte gibt. Die allgemeine Form der Zahl für die es unendlich viele Näherungswerte gibt.

7 * Man könnte auch so sagen: „Dieser Dezimalbruch ist zu klein und jeder andere mit der gleichen Stellenzahl zu groß; dasselbe gilt, wieviel Stellen immer ich ihm zusetze“.

8 * Aber ist das nicht nur Schmus? ist es praktisch brauchbar?

9 / Wir könnten alle irrat. Z. durch ein System unendlicher Bifurkationen darstellen. Durch einen Baum dessen Stamm sich in 2 Äste spaltet von denen jeder in 2 Zweige und s.w. ad inf..

10 / Es ist ja auch die Dedekindsche Definition einer unendlichen Menge eine solche die das Unendliche beschreiben will ohne es darzustellen. 48

11 / Es ist wie wenn man eine Krankheit durch ihre äußeren Symptome beschreibt von denen man weiß daß sie immer mit der Krankheit zusammen auftreten. Nur gibt es eben in diesem Fall eine Verbindung die nicht formaler Natur ist.

12 * Wenn es möglich ist zu sagen daß unendlich viele Werte eine Funktion befriedigen, muß es dann nicht auch möglich sein einen unendlichen Dezimalbruch zu beschreiben (wenn ich ihn auch nie anschreiben kann)?

Etwa durch die Notation „$(v) \cdot \sim(Ev)_x \cdot \varphi x$“

Ich kann jetzt nicht sehen daß das unsinnig ist obwohl ich mißtraue.

9 Es liegt natürlich im Wesen jeder dieser Vorschriften daß sie das ⟨tun⟩
22 „⟨Diese Dezimalzahl⟩ ist zu klein und jede andere ⟨die …⟩
23 *Im MS:* und jede andere *–unvollständige Korrektur*
37 ⟨Nun⟩ gibt es eben in diesem Fall eine Verbindung
42 einen unendlichen Dezimalbruch zu beschreiben⟨. …⟩

1 ⚹ Ich hätte gesagt: „Die unendliche Ausdehnung des Raumes besteht darin, daß in ihm j e d e endlich ausgedehnte Materie möglich ist“; nicht „daß in ihm eine unendlich ausgedehnte Materie möglich ist“.

2 ⚹ Alle Paradoxe des Unendlichen lösen sich wenn man einsieht daß im Bereich der |unendlichen| Zahlenreihe nur die intensionale Allgemeinheit Sinn hat. 50

3 / Ergibt sich eine Notation wie die obige nicht wenn wir diejenige Allgemeinheitsbezeichnung einführen die Russell zwar nicht anwendet die aber – z.B. – zur richtigen Erklärung von R_* nötig ist. Dazu wird nämlich eine Notation

„$(\exists v) \cdot 0^{v}B$“ gebraucht

4 / $(v) \cdot (\exists v)_x\ \varphi x$: „Sie können davon j e d e Anzahl haben“.

5 × Für j e d e Stellenzahl gibt es einen Näherungswert von π.

6 ⚹ Wenn ich von allen Punkten der Strecke bezw. von allen Irrationalzahlen soll reden können warum dann nicht von allen Vorschriften; denn ich könnte doch eben die Gesamtheit der Vorschriften durch die Gesamtheit der irrationalen Zahlen definieren?

7 / Der Witz scheint der zu sein daß alle Punkte tatsächlich allen unendlichen Kombinationen entsprechen. 52

8 ⚹ Nehmen wir an es wäre eine ausgelassen, dann gäbe es zwei Möglichkeiten, entweder die ausgelassene Kombination unterscheidet sich von einer Vorhandenen in einer endlichen Anzahl von Stellen, dann ist der Punkt der ihr entspricht nur eine rationale Strecke von dem anderen entfernt. Oder sie unterscheidet sich von einer vorhandenen durch eine unendliche Stellenzahl. [Dann gibt es unendlich viele Näherungswerte]

9 / Die Frage wäre: welches Criterium gibt es dafür daß die irrationalen Zahlen k o m p l e t t sind?

10 / Sehen wir uns eine irrat. Z. an: sie läuft entlang einer Reihe rationaler Näherungswerte. Wann verläßt sie diese Reihe? Niemals. Aber sie kommt allerdings auch niemals zu einem Ende.

2 besteht darin, daß in ihm j e d e ⟨endliche …⟩
6 wenn man einsieht daß im Bereich der ⟨Zahlen…⟩
21 ⟨×⟩ *Randzeichen im MS gestrichen und ersetzt*
35 gibt es dafür daß die ⟨Irrationalzahlen⟩ k o m p l e t t sind?
39 sie läuft entlang einer Reihe rationaler ⟨Zahlen …⟩

1 / Angenommen wir hätten die Gesamtheit aller irrat. Z. mit Ausnahme einer einzigen. Wie würde uns diese eine abgehn? Und wie würde sie nun – wenn sie dazukäme – die Lücke füllen? – Angenommen es wäre π. Wenn die irrat. Z. durch die Gesamtheit ihrer Näherungswerte gegeben ist, so gäbe es bis zu *jedem* beliebigen Punkt eine Reihe die mit der von π übereinstimmt. Allerdings kommt für jede solche Reihe ein Punkt der Trennung. Aber dieser Punkt kann beliebig weit „draußen" liegen. So daß ich zu jeder Reihe die π begleitet eine finden kann die es weiter begleitet. Wenn ich also die Gesamtheit aller irrat. Z. habe außer π und nun π einsetze so kann ich keinen Punkt angeben an dem π nun wirklich nötig wird es hat an *jedem* Punkt einen Begleiter der es von Anfang an begleitet. 54

2 / Das zeigt klar daß die irration. Z. nicht die Extension eines unendlichen Dezimalbruchs sondern ein Gesetz ist. 56

3 / Daraus scheint irgendwie hervorzugehen – was mir sehr einleuchtet – daß die Unendlichkeit der Länge keine Größe der Länge ist.

4 / Auf die obige Frage müßte man antworten „π |wenn es eine Extension wäre| würde uns niemals abgehen". D.h. wir könnten niemals eine Lücke bemerken. Wenn man uns fragen würde „aber hast Du auch einen unendl. Dezimalbruch – der m an der r^{ten} Stelle hat und n an der s^{ten}" etc etc so könnten wir ihm immer dienen.

5 / Nehmen wir nun an wir hätten alle irrat. Zahlen gegeben die sich durch Gesetze darstellen lassen das seien aber nicht alle und nun wird mir ein Schnitt gegeben der eine in dieser ersten Klasse nicht enthaltene Zahl darstellt: Wie kann ich erkennen daß das der Fall ist? Es ist unmöglich, denn wieweit ich auch mit meinen Werten fortschreite, immer wird sich 58
ein entsprechender Bruch finden.

6 / Man kann also nicht sagen daß die gesetzmäßig fortschreitenden unendlichen Dezimalbrüche noch ergänzungsbedürftig sind durch eine unendliche Menge ungeordneter unendlicher Dezimalbrüche die „unter den Tisch fielen" wenn wir uns auf die *gesetzmäßig erzeugten beschränken würden*. Wo ist so ein ungesetzmäßig erzeugter unendlicher Bruch? Und wie können wir ihn vermissen, wo ist die Lücke die er auszufüllen hätte?

7 / Wenn man sagt „die Menge aller transzendenten Zahlen ist größer als die der algebraischen", so ist das ein Unsinn, sie ist von anderer Natur. Sie ist nicht „nicht mehr" abzählbar, sondern einfach nicht abzählbar!

2 Wie würde uns diese eine ⟨abgehen⟩
5 ihrer Näherungswerte gegeben ist, so gäbe es bis zu ⟨jeder …⟩
14 Das zeigt klar daß die ⟨Irration. …⟩
14 irration. Z. nicht ⟨durch⟩ die ⟨unend…⟩
15 sondern ⟨nur durch⟩ ein Gesetz ⟨gegeben⟩ ist.
27 Zahlen gegeben die sich durch Gesetze ⟨z…⟩
27 darstellen lassen das ⟨e…⟩
37 wenn wir uns auf die *gesetzmäßig erzeugten* ⟨beschr…⟩

1 * In keiner religiösen Confession ist soviel durch den Mißbrauch metaphorischer Ausdrücke gesündigt worden wie in der Mathematik. 60

2 * Das Diagonalverfahren zeigt die Art der unendlichen Möglichkeit.

3 * Von zwei unendlichen Dezimalbrüchen kann man insofern sagen daß sie gleich lang sind als einer nicht aufhört während der andere noch weiterläuft.

4 / Wenn von vornherein nur die Gesetze ins Unendliche reichen, so könnte die Frage ob die Gesamtheit der Gesetze die Gesamtheit der unendlichen Dezimalbrüche erschöpft gar keinen Sinn haben.

5 * Nun scheint es aber eine Frage zu geben, ob alle Gesetze die ich durch die geometrische Methode geben kann einem Gesetz der Arithmetik entsprechen (Umgekehrt ist es klar daß jedes Gesetz das mir fortlaufend Ziffern liefert, geometrisch einem Punkt entspricht)

6 * Es ist klar daß die Zahlenfolge die ein Punkt liefert der konstruiert werden kann einem Arithmetischen Gesetz entspricht und die durch einen zufälligen Schnitt gegebenen können uns unter den arithmetisch bestimmten jedenfalls nicht fehlen. 62

7 / Wir haben offenbar einen B e g r i f f von dieser geometrischen Methode ohne auch nur ein einziges Beispiel wirklich ausführen zu können. Warum kann man dann diesen Begriff nicht beschreiben? Er wird dargestellt durch das Kontinuum das uns eine räumliche Strecke repräsentiert.

8 / Die Frage wäre dann eigentlich: läßt sich das Kontinuum beschreiben? Wie es Cantor und andere versucht haben.

9 / Eine Form kann nicht beschrieben sondern nur dargestellt werden.

10 * Ich kann die Idee einer unendlichen Kombination |noch immer| nicht verstehen und daher auch nicht, was es heißt daß a l l e möglichen Kombinationen gebildet sind. 64

11 / Wie ist es wenn man die verschiedenen Gesetze durch die Menge der endlichen Kombinationen sozusagen kontrolliert.

2 durch den Mißbrauch ⟨von Metaphern⟩ gesündigt worden
10 ⟨×⟩ *Randzeichen im MS gestrichen und ersetzt*
19 ⟨Hier …⟩
19 Es ist klar daß die Zahlenfolge die ⟨solche Punkte …⟩
20 einem Arithmetischen Gesetz entspricht und ⟨von dem …⟩
24 Wir haben offenbar einen B e g r i f f von ⟨der⟩ geometrischen
30 ⟨*⟩ *Randzeichen im MS gestrichen und ersetzt*
35 * *Randzeichen im MS gewellt unterstrichen*
36 und daher auch nicht, was es heißt daß ⟨es …⟩
39 ⟨*⟩ *Randzeichen im MS gestrichen und ersetzt*

1 / Die Resultate eines Gesetzes durchlaufen die endlichen Kombinationen und die Gesetze sind daher was ihre Extensionen anlangt komplett wenn *alle* endlichen Kombinationen durchlaufen werden.

2 / Man kann auch nicht sagen: Zwei Gesetze sind dann identisch wenn sie in jeder Stufe das gleiche Resultat ergeben. Sondern sie sind identisch wenn sie wesentlich das gleiche Resultat ergeben d.h. wenn sie identisch sind.

3 ✳ Aber kann man eine Form so behandeln? kann man, heißt das, eine Form beschreiben ohne sie aufzufassen?

4 / Wenn eine amorphe Theorie der unendlichen Aggregate möglich ist, 66
so muß sie nur das Amorphe an diesen Aggregaten beschreiben und darstellen.

Sie müßte dann wirklich die Gesetze als bloße unwesentliche Mittel der Darstellung eines Aggregats auffassen und von diesem Unwesentlichen abstrahieren und nur auf das Wesentliche schauen. Aber worauf?

Ist es möglich im Gesetz vom Gesetz zu abstrahieren und die Extension als Wesentliches dargestellt zu sehen?

5 / Daß es ein Gesetz ist, wäre dann aber nicht das Wesentliche am Symbol. Sondern daß es eine unendliche Extension bestimmt. (Aber gerade die gibt das Gesetz nicht)

6 Verhilft uns die |geometrische| Methode des Schnittpunktes zur Idee einer unendlichen Kombination, die wir ohne sie nicht hätten?

7 / Eines ist doch klar, daß das Resultat der Schnittmethode ein arithmetisches ist. Dann muß also entweder die Vorschrift eine 68
arithmetische sein oder, wenn nicht, dann ist die Extension der konstruierten Zahlen losgelöst von dieser Vorschrift ein arithmetischer Begriff. D.h. Wenn die Schnittmethode nicht zur Arithmetik gehört dann gibt es also ein Verfahren an einer unendlichen Zahlenreihe entlang zu kommen, das an sich unwesentlich ist und was nur zeigen würde daß es diese Extension gibt.

Hier hätten wir eine Zahlenfolge die als solche ohne Zweifel von einem nicht arithmetischen und daher für diese Folge nicht wesentlichen Gesetze hevorgebracht wäre. Das Verfahren würde uns diese Folge darbieten und sich dann, so zusagen, zurückziehen.

8 / Wir wären dann in jedem Fall aus dem Wasser. Entweder ist die geometrische Methode eine arithmetische, dann darf sie in der Arithmetik benützt werden um die irration. Z. zu definieren oder sie ist keine arithmetische, dann liefert sie uns eine unendliche Extension und diese sind Gegenstände der Arithmetik.

47 dann liefert sie uns eine unendliche Extension und ⟨dann …⟩

1 / Man würde dann sagen: Irration. Z. sind uns entweder durch arithmetische Gesetze *gegeben* oder nicht; daß es solche gibt die uns nicht durch arithmetische Gesetze gegeben sind sehen wir, z.B. dadurch, daß eine geometrische Methode Extensionen liefert die durch kein arithmetisches Gesetz gegeben sind. 70

2 / Das Geometrische Verfahren wäre dann wirklich nur eine unwesentliche Konstruktion |(Gerüst)| um zu den Zahlen einer existierenden Extension zu gelangen. [Gleichsam wie wenn man auf eine Leiter steigt um etwas zu erlangen]

3 / Kann ich |aber| zweifelhaft sein ob alle Punkte einer Strecke wirklich durch arithmetische Vorschriften dargestellt werden können? Kann ich denn je einen Punkt finden für den ich zeigen kann daß das nicht der Fall ist? Ist er durch eine Konstruktion gegeben, dann kann ich diese in eine arithmetische Vorschrift übersetzen und ist er durch Zufall gegeben, dann gibt es, soweit ich auch die Annäherung fortsetze immer einen 72 arithmetisch bestimmten Dezimalbruch der sie begleitet.

4 / Es ist klar daß ein Punkt einer Vorschrift entspricht!

5 / Wie verhält es sich mit den Typen der Vorschriften und hat es einen Sinn von allen Vorschriften, also von allen Punkten zu reden?

6 / In irgend einem Sinne kann es nicht irrat. Z. verschiedener Typen geben.

7 / Dabei ist mein Gefühl folgendes: *Wie immer* die Vorschrift lauten mag, stets bekomme ich doch weiter nichts als eine endlose Reihe rationaler Zahlen. Man kann auch so sagen: Wie immer die Vorschrift lautet, wenn ich sie in die geometrische Notation übertrage ist alles von der gleichen Type.

8 ∗ Ich kann zu keiner extensionalen Auffassung der unendlichen Menge gelangen.

9 / Beim Approximieren durch fortgesetzte Zweiteilung nähert man sich 74 *jedem* Punkt durch *rationale* Zahlen. Es gibt keinen Punkt dem man sich nur mit irrationalen Zahlen einer bestimmten Type nähern könnte. Ist das nicht ein axiom of reducibility?

10 ∗ Das Unendliche wird zu einer Spottgeburt wenn man nicht die unendliche Möglichkeit gibt.

[Gleichsam wie wenn man auf ⟨einer ...⟩

Kann ich |aber| *–im MS mit feinen eckigen Klammern als mögliche Auslassung gekennzeichnet*

Wie immer die Vorschrift ⟨lautet⟩, stets bekomme ich

Wie immer die Vorschrift ⟨lauten mag⟩, wenn ich sie in die

nähert man sich *jedem Punkt* durch *rationale* ⟨*Zahlen*⟩

1 ⚹ Wenn die Form $0\cdot{}^{0}_{1}\rightarrow$ gegeben wird und ich sage nun „gib uns ein Beispiel“: was muß als Beispiel gegeben werden, ein Gesetz oder ein beliebiger Bruch mit Pünktchen 0·100110…? Und warum nicht gleich 0·…? – Aber das ist kein Beispiel mehr sondern wieder die allgemeine Form.

2 / Heißt nicht die allgemeine Form eines Gesetzes „hier wähle auf jeder Stufe den Schritt der eine bestimmte Bedingung erfüllt“. Nun ist |aber| die allgemeine Form der Bedingung nur die Bedingungslosigkeit, aber jeder spezielle Fall kann nur eine Bedingung seín die die Wahl ad inf. 76 reguliert.

3 ⚹

$$\begin{array}{lll} 0{\cdot}465 & 0{\cdot}4648 & 0{\cdot}46473 \\ \underline{-0{\cdot}464} & \underline{-0{\cdot}4647} & \underline{-0{\cdot}46472} \rightarrow \text{ etc. ad inf.} \\ 0{\cdot}001 & 0{\cdot}0001 & 0{\cdot}00001 \end{array}$$

Die Differenz kann unbegrenzt kleiner werden.

4 ⚹ Muß nicht ein Näherungswert ein Näherungswert v o n e t w a s sein?

5 ⚹ Ich könnte so fragen: Angenommen ich wüßte nichts von der Existenz irrationaler Gesetze und nichts von Punkten; könnte mir dann eine Notation „3·14159….“ einen Begriff der Irrationalzahl geben?

6 ⚹ Was würde ich dieser Notation ansehen? Vor allem daß sie unbegrenzt ist. Das heißt aber nichts anderes als daß es unendlich viele |andere| Dezimalbrüche gibt. Ferner daß wenn mir eine Zahl 3·141592 gegeben ist 3·14159 ihr näher kommt als 3·1415.

7 ⚹ Das Wesentliche der Irrationalzahl gibt sie mir nicht.

8 ⚹ [Die Funktion die die Primzahlen bestimmt, könnte man›irrational 78 nennen]

9 / Wenn man nach Dedekind die Rationalzahlen in zwei Klassen teilt, wie kann man denn das wirklich machen ohne ein Gesetz. Ich kann doch nicht die Rationalzahlen jeder Seite aufzählen. Geometrisch geht es freilich leicht.

10 ⚹ Es muß eine Notation geben die alle für die Arithmetik wesentlichen Eigenschaften der geometrischen Notation hat und nicht ihre unwesentlichen.

11 ⚹ Liegt nicht alles daran daß man glaubt im Kontinuum der Strecke eine unendliche Menge von Punkten vor sich zu haben? Während man nur die unendliche Möglichkeit der Lagen von Punkten hat.

7 Heißt nicht die allgemeine Form eines Gesetzes „hier wähle auf ⟨d…⟩
34 (⚹) *Randzeichen im MS gestrichen und ersetzt*
43 Liegt nicht alles daran daß man glaubt ⟨in⟩ der Strecke
43 *Im MS:* im |Kontinuum der| der Strecke
45 die unendliche Möglichkeit der Lagen von Punkten hat⟨?⟩

1 ⁎ (Aber jetzt stürmen 100 Fragen auf uns ein!)

2 ⁎ Wenn der Punkt eine Extension bestimmt, dann ist diese Extension auch ohne den Punkt da. D.h. Der Punkt wäre nur eine Methode für uns um die Extension zu erhalten (Nur ein Vehikel das uns ihr entlang führt). 80

3 ⁎ Einerseits fühle ich daß die Folge der rationalen Zahlen die dem Punkt entspricht auch vorhanden sein muß, wenn ich sie nicht ausdrücklich bilde. Anderseits kann ich nicht verstehen wie eine Extension auf eine Art gegeben sein kann die ihr nicht wesentlich ist, so daß sie auch losgelöst von dieser Art des Gegebenseins Sinn hat.

4 ⁎ Was da ist, ist aber nur der Punkt. Und der ist eine Methode zur unendlichen Erzeugung einer Extension. Die fertige unendliche Extension ist nie da denn sie ist ein Unding. Der Punkt gibt unendlich viele – endliche – Extensionen. Aber nicht eine unendliche Extension.

Das Unendliche ist ein Pfeil nicht eine Strecke!

5 ⁎ Könnte man sagen: Jeder Dezimalbruch 0·abc… ist eine 82
Allgemeinheitsbezeichnung für „ein bestimmter Punkt zwischen 0·abc und 0·ab(c+1)“ (dem ich mich beliebig nähern den ich aber nicht bezeichnen kann) „0·abc…“ bedeutet ein Punkt im Intervall 0·abc – 0·ab(c+1). Aber was bedeutet hier das Wort Punkt? – Nur das würde mir helfen wenn die irrationale Zahl das Intervall selbst wäre. Aber das ist sie nicht denn sonst wären zwei irrat. Z. einander im strengen Sinne gleich wenn sie in ihrem Laufe das gleiche Intervall bestimmen.

6 / Kann man den Prozess der Bisektion nicht irgendwie in einem beweglichen Maßstab darstellen so daß der Prozess an den unendlichen Raum und nicht an eine Strecke gebunden ist?

Das käme darauf hinaus die Stücke immer wieder mit einem stärkeren Vergrößerungsglas anzuschauen um noch weiter messen zu können; und das ist natürlich möglich.

7 ⁎ Wie ist es mit Vorschriften die sich auf die Totalität von Zahlen 84
beziehen? Kann ich sagen, das tun sie nur scheinbar; tatsächlich beziehn sie sich nur auf die Gesamtheit der rationalen Zahlen?

8 ⁎ Der Begriff „max fx“ könnte eine illegitime Beschreibung sein, nicht eine von der Art einer Gleichung die erlaubt ist.

5 um die Extension zu erhalten (Nur ein Vehikel ⟨s…⟩
21 (dem ich mich beliebig nähern ⟨kann …⟩
22 den ich aber nicht bezeichnen kann) „0·abc⟨“⟩
23 Aber was bedeutet hier ⟨h…⟩
26 gleich wenn sie ⟨|tatsächlich| im selben Intervall liegen.⟩
30 beweglichen Maßstab darstellen so daß der Prozess an ⟨die …⟩
40 Der Begriff „max ⟨von …⟩

1 / Die Theorie der Aggregate sucht das Unendliche auf eine allgemeinere Art zu fassen als die Theorie der Vorschriften etc. Sie sagt, daß das wirklich Unendliche mit dem arithmetischen Symbolismus überhaupt nicht zu fassen ist und daß es also nur beschrieben und nicht erfaßt werden kann. Die Beschreibung würde es etwa so erfassen wie man eine Menge Dinge, die man nicht alle in den Händen halten kann in einer Kiste verpackt trägt. Sie sind dann unsichtbar und doch wissen wir daß wir sie tragen (sozusagen indirekt) Die Theorie der Aggregate kauft gleichsam die Katze im Sack. Soll sich's das Unendliche in dieser Kiste einrichten wie es will.

2 / Darauf beruht auch die Idee daß man logische Formen mit der Sprache beschreiben kann. In so einer Beschreibung werden die Strukturen und etwa zuordnende Relationen |etc| in verpacktem Zustand präsentiert /vorgeführt/ und so sieht es allerdings aus als könnte man von einer Struktur reden, ohne sie in dem Satz selber wiederzugeben. Derart verpackte, also ihrer Struktur nach unkenntliche Begriffe dürfen wir allerdings verwenden aber sie (setzen meine) Definitionen (voraus)/haben ihre Bedeutung über Definitionen/ die eben die Begriffe solchermaßen verpacken/einpacken/ und gehn wir nun rückwärts durch diese Definitionen so werden die Begriffe wieder ausgepackt und |sind so| in ihrer Struktur vorhanden. 86

3 / So macht es Russell mit R_*, er wickelt den Begriff ein so daß seine Form verschwindet

4 / Der Sinn dieser Methode ist alles amorph zu machen und so zu behandeln.

5 / Kann man sagen: die Extension eines Gesetzes ist die Gleiche wie die eines anderen oder verschieden von ihr. Nein! Man kann sagen das eine Gesetz liefert in einem bestimmten Bereich andere Resultate als das andere und man kann natürlich sagen das eine Gesetz ist verschieden von dem anderen. Man kann/darf/ auch von einem Gesetz reden das nur Dualbrüche liefert wenn damit eine – interne – Eigenschaft dieses Gesetzes gegeben wird. 88

6 ∗ Ich glaube es kann nicht Vorschriften verschiedener Typen geben. Bei allen kommt es nur darauf an daß sie Vorschriften sind. Und ihre Resultate sind jedenfalls alle von der gleichen Type.

1 sucht das Unendliche auf eine ⟨allgemeine⟩ Art zu fassen
12 Darauf beruht auch die Idee daß man ⟨Fo...⟩
13 ⟨Es werden in⟩ so einer Beschreibung die Strukturen und etwa zuordnende Relationen ⟨ver...⟩
15 präsentiert/vorgeführt/ *–im MS sind die übereinanderstehenden Varianten durch eine geschwungene Klammer verbunden*
17 Derart verpackte, also ⟨in i...⟩
21 so werden die Begriffe ... vorhanden *–im MS am linken Rand mit einer vertikalen Wellenlinie markiert.*
34 Man kann/darf/ auch ⟨sagen dieses Gesetz liefere ...⟩
35 wenn damit eine – interne – Eigenschaft ⟨des⟩ Gesetzes gegeben wird.
40 Und ihre Resultate sind jedenfalls alle ⟨vom ...⟩

1 ⚹ Wir können so zu sagen alles über die Type vergessen wenn die Vorschrift nur verständlich ist.

2 / Es ist schon möglich daß ich bei der Bestimmung eines Maximums auf eine neue Vorschrift stoße, aber diese hat nichts Wesentliches mit der Bestimmung des Maximums zu tun; sie bezieht sich nicht ausdrücklich auf eine Gesamtheit von reellen Zahlen. 90

3 ⚹ Es würde alles auf eine Revision des Allgemeinheitsbegriffes im Gebiete der Zahlen weisen.

4 / Es scheint jetzt doch daß die Allgemeinheitsbezeichnung für Zahlen keinen Sinn hat. Ich meine: Man kann nicht sagen (n) φn weil eben alle natürlichen Zahlen kein begrenzter Begriff ist. Dann darf man aber auch nicht sagen daß aus einer Aussage über das Wesen der Zahl eine allgemeine Aussage folgt.

5 / Dann aber scheint es mir als könne man die Allgemeinheit – alle etc – in der Mathematik überhaupt nicht verwenden. Alle Zahlen gibt es nicht eben weil unendlich viele da sind. Und weil es sich hier nicht um das amorphe „alle" handelt wie im Satz „alle Äpfel sind reif", wo die Menge durch eine äußere Beschreibung gegeben ist sondern um die Gesamtheit von Strukturen die eben als solche gegeben werden müssen. 92

6 / Es geht sozusagen die Logik nichts an wieviel Äpfel vorhanden sind wenn von a l l e n Äpfeln geredet wird. Dagegen ist es anders bei den Zahlen für die sie einzeln verantwortlich ist.

7 ⚹ Die Allgemeinheit der Mathematik ist immer nur die des variablen Satzes.

8 / 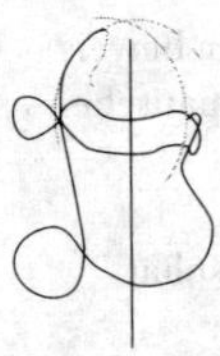

Hier scheint ein wesentliches „es gibt" vorzuliegen.

Oder kann man sagen: Die |variable| Kurve schneidet die Gerade in e i n e m variablen Punkt? Es heißt nicht „unter a l l e n Punkten gibt es nur einen worin |sie| die Gerade schneidet", sondern es ist nur von E i n e m Punkt die Rede.

Sozusagen von einem der die Gerade entlang läuft, aber nicht von einem unter allen Punkten der Geraden.

9 / (Die Gerade b e s t e h t nicht aus Punkten) 94

10 ⚹ Und wie ist die Collision dieses „es gibt" und der variablen Allgemeinheit?

4 Es ist schon möglich daß ich bei der Bestimmung ⟨des …⟩
9 Es würde alles auf eine Revision ⟨der Allgemeinheit …⟩
18 aber scheint es mir als könne man die ⟨Allgemeinheitsbezeichnung⟩
19 in der Mathematik überhaupt nicht ⟨brauchen …⟩
20 Alle Zahlen gibt es nicht eben weil unendlich viele da sind⟨, und⟩ weil
26 wieviel Äpfel vorhanden sind wenn von a l l e n Äpfeln ⟨die …⟩
43 Und wie ist die Collision dieses „es gibt" ⟨mit der …⟩

1 * Denn „für alle n gilt dem Wesen der Zahl nach ...“ muß ein „es gibt w e s e n t l i c h ein ....“ entsprechen

2 * Gibt es also zwei verschiedene Bedeutungen des Wortes „alle“? Eines das die Gesamtheit der Gegenstände einer Form bedeutet und eines das die Form selbst bedeutet?

3 * Gewiss entstehen die hauptsächlichsten Fehler in der Begründung der Mathematik dadurch daß man ihre Sätze als Sätze behandelt und deren logische Bestandteile mit denen eigentlicher Sätze verwechselt.

4 * Was heißt es: „Fn gilt für a l l e Zahlen i h r e m W e s e n n a c h“? Das ist ein Pleonasmus.

Wenn man von a l l e n Zahlen etwas aussagt so vergißt man dabei – sozusagen absichtlich – daß, was wir sagen, allgemein zu beweisen ist.

5 * Man tut so als brauche man noch die allgemeine Behauptung, als handle es sich um eine empirische Tatsache. 96

6 * Es ist nicht möglich daß eine Extension einer Intension logisch äquivalent sein soll/ist/.

Es kann nur e i n e s geben.

7 * Wenn „(n) · φn“ sagt „es ist allgemein bewiesen daß φξ“ dann sagt „~(n) φn“ nicht „es ist bewiesen daß „φξ“ für einen Wert von ξ falsch ist.“

8 * Ist es aber richtig daß „(n) φn“ sagt „es ist allgemein φξ bewiesen“?

9 * Sagt „2 × 2 = 4“ daß 2 × 2 = 4 bewiesen ist?

10 * Die Frage ist: Kann jeder Satz der Mathematik als sein eigener Beweis gelten? Das heißt: Ist der mathematische Beweis eines mathematischen Satzes nichts anderes als eine Analyse des Satzes?

11 / Man kann sich eine Notation denken, in der jeder Satz als Resultat gewisser Operationen – Übergänge – auf der Basis bestimmter „Axiome“ dargestellt wird. (Etwa analog der Darstellung einer chemischen Verbindung durch den chemischen Namen „Trimetylamido...“ etc etc.) 98

12 / Aus den Anweisungen die Russell und Whitehead den Sätzen der Principia Math. voransetzen ließe sich durch einige Modificationen eine solche Notation herstellen.

1 ⟨D...⟩
17 man noch die allgemeine Behauptung, als ⟨handel...⟩
20 Es ist nicht möglich daß eine Extension einer Intension ⟨ä...⟩
12 ⟨Der ma...⟩ *–gestrichener Satzanfang, wiederholt als nachfolgende Bemerkung*

1 / Der mathematische Satz verhält sich dann zu seinem Beweis wie die eine |oberste| Fläche eines Körpers zu diesem selbst. Man könnte vom Beweiskörper des Satzes sprechen.

2 / Nur unter der Voraussetzung daß ein Körper hinter der Fläche steht/ist/ hat der Satz für uns Bedeutung.

3 / Man sagt auch: der mathematische Satz ist (nur) das letzte Glied einer Beweiskette.

4 / Ein allgemeiner mathematischer Satz der nichts über das W e s e n der Zahl aussagt – und sich daher auch nicht beweisen läßt – ist ein Unding 100

5 ⁎ Gewiß $(\exists n)\ \varphi n$ ist wesentlich verschieden von $(\exists x)\ fx$. Der Unterschied ist daß $(\exists x) \ldots$ amorph ist während $(\exists n) \ldots$ eine Struktur hat.

6 ⁎ Wahrheit und Falschheit mathematischer Sätze beziehen sich immer auf Richtigkeit und Unrichtigkeit von Gleichungen.

7 ⁎ Etwa die Behauptung es gibt nach n keine Primzahl entspricht einer falschen Gleichung.

8 / Sagen die Intuitionisten nicht einfach daß das Gegenteil des Satzes „der Beweis von A ist möglich“ nicht lautet „der Beweis von ~A ist möglich“ sondern „der Beweis von A ist nicht möglich“?

9 / Bedeutet der Satz „(n) Fn“ „Es liegt im Wesen der Zahl daß Fn“ dann ist sein Gegenteil nicht „Es liegt im Wesen der Zahl daß ~Fn“ sondern „Es liegt nicht im Wesen der Zahl daß Fn“. 102

10 ⁎ Wie beweise ich einen Satz „$(n) \cdot \varphi n$“ Durch einen variablen Beweis. Aus dem variablen Satz φn schließe ich erst auf $(n) \cdot \varphi n$. – Wie beweise ich $\sim(n) \cdot \varphi n$? Durch Angabe eines Falles $\sim\varphi a$. Daraus schließe ich erst $\sim(n) \cdot \varphi n$.

Nun scheinen die letzten Sätze eine vollständige Disjunktion zu geben, aber nicht die, die eigentlich bewiesen sind.

11 ⁎ Das „es gibt“ der Mathematik bezieht sich nicht auf a l l e sondern wieder auf die Form. (Es gibt eine Lösung der Gleichung $x^2 + 5x + 7 = 0$)

1 ⟨⁎⟩ *Randzeichen im MS gestrichen und ersetzt*

1 *Am linken Rand Marginalie in Wittgensteins Hand:* War schon da

3 Man könnte vom ⟨B e w e i s k ö r p e r⟩ des Satzes sprechen.

11 ⟨|Ich glaube:|⟩ Ein allgemeiner mathematischer Satz

29 „Es liegt im Wesen der Zahl daß ~Fn“ sondern „Es liegt ⟨im …⟩

36 ⟨N…⟩ *–Absatz im MS zunächst als eigenständige Bemerkung begonnen*

1 / Die Beschreibung der Phänomene mittels der Hypothese der Körperwelt ist unumgänglich durch ihre Einfachheit verglichen mit der unfaßbar komplizierten phänomenologischen Beschreibung. Wenn ich

verschiedene zerstreute Stücke einer Kreislinie sehe, so ist ihre |genaue direkte| Beschreibung vielleicht unmöglich aber die 104 Angabe daß es die Stücke eines Kreises sind – den ich aus nicht weiter untersuchten Gründen nicht ganz sehe – ist einfach.

2 / Diese Beschreibung führt immer |irgend| einen Parameter ein dessen Untersuchung wir für unsere Zwecke unterlassen dürfen.

3 ⁎ Wie lautet der Satz? $25 \times 25 = 625$ oder

$$\begin{array}{r} \underline{25 \times 25} \\ 50 \\ \underline{125} \\ 625 \end{array}$$

?

Der eine scheint zu sagen, was der andere zeigt. Was kommt heraus wenn wir jeden verneinen. Im ersten Falle ist das nichts besonderes. Im zweiten könnte es nur heißen „hier ist irgendwo ein Rechenfehler"! Oder kann ich die zweite Form in ein logisches Produkt von Gleichungen auflösen, so daß die Verneinung des Ganzen die Verneinung dieses logischen Produktes – oder einzelner seiner Bestandteile – wäre? Wie ist es denn mit $2 \times 3 = 6$? Kann das auch auf verschiedene Arten hingeschrieben werden? Etwa $\substack{|||\\|||} = ||||||$?

Wie ist es mit $6 = 6$ und $\sim(6 = 6)$?

4 ⁎ $\left.\begin{array}{ll} \text{I} & a = b \\ \text{II} & b = c \end{array}\right\} a = e$ Wenn hier I und II die Prämissen sind, lautet dann das Resultat $a = c$ oder $a = b = c$? 106

5 ⁎ „Alle dem Wesen nach" das ist was die reale Variable ausdrückt und das Einzige, was man in der Mathematik brauchen kann.

Richtiger: „Dem Wesen nach Alle" und das Gegenteil davon ist nicht „Nicht dem Wesen nach alle" sondern „Dem Wesen nach nicht alle".

6 / Ist die Variable dieselbe in den Gleichungen $(x + y)^2 = x^2 + y^2 + 2xy$ und $x^2 + 3x + 2 = 0$? Und wie ist es mit $x^2 + ax + b = 0$? oder $x^2 + xy + z = 0$?

7 / $\genfrac{(}{)}{0pt}{}{-2}{-1}^2 + 3\genfrac{(}{)}{0pt}{}{-2}{-1} + 2 = 0$ Die Gleichung ist eine Frage, aber kann man sie nicht auch auffassen als die Behauptung $(\exists n) \cdot (n^2 + 3n + 2 = 0)$?

8 / Was heißt „es gibt wesentlich" anders als „es läßt sich konstruieren"?

2 ist unumgänglich durch ihre Einfachheit ⟨im Vergleich …⟩
9 Parameter ein ⟨den⟩ wir ⟨vernachlässigen⟩ dürfen.
22 *Im MS:* Kann das auch verschiedene *–Text ergänzt*
31 ⟨W…⟩
42 ⟨⁎⟩ *Randzeichen im MS gestrichen, überschrieben und ersetzt*

1 ✳ Mir scheint immer wieder: Die Allgemeinheitsbezeichnung in der Arithmetik setzt nur fort was mit dem Gleichheitszeichen angefangen ist. 108 So wie die Gleichung $5 \times 12 = 60$ zu sagen scheint was sich in den Ausdrücken rechts und links *zeigt* – wenn man sie versteht – so scheint $(x) \cdot x^2 = x \cdot x$ allgemein zu behaupten was sich im Ausdruck $x^2 = x \cdot x$ allgemein zeigt.

2 ✳ Es ist aber auch so: $(x + y)^2 = x^2 + y^2 + 2xy$ ist eine *komplette* und richtige Gleichung. $x^2 + 3x + 2 = 0$ dagegen ist es nicht. Es ist nicht *wesentlich richtig* wie das obere.

3 / $(x + y)^2 = x^2 + y^2 + 2xy$ ist in demselben Sinne richtig wie $2 \times 2 = 4$

Und $2 + n = 1$ (wo n eine Cardinalzahl ist) ebenso falsch wie $2+3 = 1$ und $2+n \neq 1$ richtig wie das obere.

4 ✳ Man kann auch so sagen: $x^2 = x \cdot x$ ist richtig und $x^2 = x+x$ ist richtig aber in einem anderen Sinne. Das ist es eben was man anzeigen will indem man schreibt $(x)\ x^2 = x \cdot x$ dagegen $(\exists x)\ x^2 = x+x$. Die beiden Gleichungen, heißt das, prätendieren nicht das Gleiche.

5 ✳ Und was sie prätendieren ist gerade was wir mit den Zeichen (∃…) u.a. 110 anzeigen wollen.

Aber zu diesen Zeichen gehört doch auch das Gleichheitszeichen. „$5 \times 7 = 32$" sagt „5×7 prätendiert gleich 32 zu sein": (mit Recht oder unrecht?)

$x^2 + y^2 + 2xy = (x + y)^2$ prätendiert eine allgemeine Gleichung zu sein.

6 ✳ Was bedeutet dann aber „$\sim(x)(x^2 = 2x)$" Wir müssen uns erinnern daß hier das Zeichen „(x).." oder „(∃x).." immer etwas über die angebliche interne Relation zwischen den beiden Seiten der Gleichung aussagt!

7 ✳ (Ist es so/das die Art/, wie sich in der Arithmetik immer die Wahrheitsfunktion mit dem Gleichheitszeichen – der Copula – verbinden?)

8 ✳ Es handelt sich hier eben um *interne* Allgemeinheit im Gegensatz zur *externen* der nicht arithmetischen Sprache.

5 *Im MS sind in der Notation* $(x) \cdot x^2 = x \cdot x$ *die Elemente* x^2 *und* $x \cdot x$ *nachträglich unterstrichen.*

12 $(x + y)^2$ *–im MS nachträglich unterstrichen*

14 $2+3 = 1$ *–im MS nachträglich unterstrichen*

19 Die beiden Gleichungen⟨ – ⟩heißt das ⟨ – ⟩ prätendieren nicht

31 immer etwas über die angebliche interne Relation ⟨zwei …⟩

1 / Was einen an der bloß internen Allgemeinheit zweifelhaft macht ist die Tatsache daß sie durch das Vorkommen eines einzelnen Falles (also von etwas extensionalen) widerlegt werden kann. 113

Aber wie ist hier die Collision zwischen dem allgemeinen und dem speziellen Satz? Der besondere Fall widerlegt den allgemeinen Satz von innen heraus nicht auf externe Weise.

Er wendet sich gegen den internen Beweis des Satzes und widerlegt ihn nicht wie die Existenz eines einäugigen Menschen den Satz „alle Menschen haben zwei Augen" widerlegt.

2 / Gegen den Einwand: „Wenn ich die Zahlenreihe durchlaufe so komme ich entweder einmal zu der Zahl von der gewünschten Eigenschaft oder nie" ist nur zu antworten daß es keinen Sinn hat zu sagen, man kommt *einmal* zu der Zahl und *ebensowenig*, man kommt *nie* dahin. Wohl ist es richtig zu sagen, die Zahl 101 ist jene Zahl oder sie ist es nicht. Aber von *allen* Zahlen kann man nicht reden, weil es nicht *alle* Zahlen gibt.

3 * Die ganze Frage über die Allgemeinheit in der Mathematik kehrt wieder in der Frage: wie verhält sich die Gleichung $5 \times 6 = 30$ zu ihrem Beweis. 115

4 / Wie ist es dann aber mit einer richtigen – nicht amorphen – Erklärung des R_*? Hier brauche ich doch „(n)…". In diesem Falle scheint dieser Ausdruck erlaubt zu sein. Ist er es also nur dort nicht wo wir es nicht mit |eigentlichen| Sätzen sondern mit Gleichungen zu tun haben?

5 / Schließlich sagt ja „(∃x) φx" auch „es gibt eine Anzahl |von| x die φx genügen" und doch darf der Ausdruck (∃x) φx nicht die Gesamtheit der Zahlen voraussetzen.

6 / Auch Ramseys Erklärung der Unendlichkeit ist aus ebendiesem Grunde unsinnig, denn „(n) : (∃nx) · φx" würde die tatsächliche Unendlichkeit als gegeben voraussetzen und nicht bloß die unbegrenzte Möglichkeit des Fortschreitens.

7 * Merkwürdigerweise scheint mir nun auch der allgemeine Begriff der ancestral relation unsinnig zu sein. Es scheint mir, als müsse das variable n immer zwischen zwei Grenzen eingeschlossen sein. 117

8 / Aber ist es undenkbar, daß ich weiß, daß jemand mein Ahne ist aber *gar keinen* Begriff davon habe der wievielte, so daß die Zahl der Zwischenglieder *unbeschränkt* wäre?

3 *Seitenzählung: Die vorangehende Versoseite ist unbeschrieben, durchkreuzt und nicht gezählt, damit folgen ab hier ungerade Seitenzahlen für die Versoseiten.*
8 wie ⟨ein unsterblicher Mensch⟩ den Satz „alle Menschen
15 die Zahl 101 ist ⟨die⟩ Zahl oder sie ist es nicht.
20 kehrt wieder in der Frage: ⟨„⟩wie verhält sich die Gleichung
27 „es gibt eine Anzahl x die φx ⟨genügt⟩" und doch

1 / Auch ist es wieder, als wäre zwar ein (∃n)… denkbar aber nicht das (n)…. Aber ganz so kann es auch nicht sein.

2 * Es ist nämlich so daß die Negation des (∃n)… bedeuten muß daß es k e i n e n G e g e n s t a n d gibt, der die Bedingung erfüllt, aber nicht, daß es unter allen Zahlen keine gibt für die der Satz wahr ist.

3 * Wenn „(∃n) a R n R b" bedeutet daß es Verbindungsglieder zwischen a und b gibt, dann/so/ muß „~(∃n) ~a R n R b" bedeuten „es gibt keine Dinge die nicht Zwischenglieder zwischen a und b sind". D.h. „alle Dinge sind Zwischenglieder" aber es heißt nicht: unendlich viele Dinge sind Zwischenglieder. 119

Gegen den Ausdruck „es gibt n Zwischenglieder" kann man einwenden daß es natürlich e i n e A n z a h l (Zwischenglieder)/von ihnen/ gibt wenn es überhaupt welche gibt. D.h. der Ausdruck ist ebenso falsch wie etwa „(∃nx) φx" statt einfach „(∃x) φx"

4 * Wenn man statt „(∃x) φx" „(∃nx) φx" schreiben dürfte so dürfte man statt „~(∃x)~φx" also statt „(x) φx" schreiben „(nx) φx" und das setzt voraus daß es unendlich viele Gegenstände gibt.

Es muß also das (∃nx)… wenn es überhaupt Berechtigung hat, hier nicht bedeuten „es gibt eine unter allen Zahlen die…".

D.h. Es darf sich nicht auf eine Extension aller Zahlen beziehen.

5 * Wie ist es mit (∃n) · 0^n'B?

6 * Irgendwie ist es schon darum unsinnig zu sagen „(∃n) a R n R b" weil n hier allen Charakter verliert, da es jeder Individualität beraubt ist. 121

7 * Es hat eben keinen Sinn hier den Begriff der Zahl zu erwähnen.

8 * Es sollte also etwa heißen „(∃x) a R x R b" aber hier steht das x sozusagen im Plural, da, im Falle mehrere Glieder die Verbindung zwischen a und b herstellen, nicht jedes sie herstellt sondern nur alle zusammen.

9 * Aber muß man den Satz überhaupt in dieser Weise schreiben? „(∃K) a R K R b" K ist eine Klasse von Gegenständen in extenso.

10 / Wie lautet aber der Satz „φ wird von ebensovielen Gegenständen befriedigt wie ψ" Man würde meinen: „(∃n) : (Enx) φx · (Enx) ψx"

1 ⟨*⟩ *Randzeichen im MS überschrieben und ersetzt*
1 Auch ist es wieder, als wäre zwar ein ⟨„⟩(∃n)… denkbar aber nicht
8 ⟨/⟩ *Randzeichen im MS gestrichen und ersetzt*
10 „es gibt keine Dinge ⟨|gibt|⟩ *–fehlerhafte Einfügung*
15 e i n e A n z a h l (Zwischenglieder)/von ihnen/ *–die Variante ist im MS mit einem Fragezeichen markiert*
18 ⟨/⟩ *Randzeichen im MS gestrichen und ersetzt*
27 ⟨In irgend einem Sinne …⟩
32 aber hier ⟨ist⟩ das x sozusagen im Plural,

1 / Seltsamerweise könnte man diese Notation stehen lassen, wenn unter n nur alle Zahlen von 1 bis zur Anzahl aller Gegenstände verstanden werden.

Der Satz muß unsinnig werden, wenn n eine gewisse Grenze 123
überschreitet, die aber nur durch den Sinn des x gegeben sein kann.

2 * Ich brauche sozusagen materielle Zahlen.

3 / Aber sorgt nicht der Ausdruck „(∃n) : (Enx) etc" für sich selbst? Denn das „(∃n)" hat doch nur in Verbindung mit einer Allgemeinheitsbezeichnung wie „(Enx)" Sinn und diese Verbindung sorgt eben dafür, daß „(∃n)" nicht in einer unsinnigen Weise aufgefaßt wird.

4 * Das ganze Problem des Verständnisses der Allgemeinheitsbezeichnung in der Mathematik geht zurück auf das Verständnis der Gleichungen.

5 * Die allgemeine Gleichung ist nicht mehr und nicht weniger ein Urteil als die besondere (dies richtet sich gegen Weyl)
Die Allgemeinheitsbezeichnung in der Mathematik steht auf genau der gleichen Stufe wie das Gleichheitszeichen.

6 * „$x^2 + y^2 + 2xy$" kann man durch „$(x + y)^2$" ersetzen aber nicht 125
„$x^2 + 3x + 2$" durch „0".

7 * Das Problem ob jede Gleichung eine Wurzel hat kann man so auffassen: Angenommen daß man noch nicht den Begriff der komplexen Zahl hat, dann ist die Gleichung die keine reelle Wurzel hat falsch wie die Gleichung $2 \times 2 = 5$. Oder aber man erweitert den Begriff der Wurzel und gibt damit der Unbekannten |und| der Gleichung einen anderen Sinn in dem sie nun richtig ist. Vor der Einführung der negativen Zahlen ist die Gleichung $2 + x = 1$ falsch.

8 * Ist das aber richtig? Ist die Gleichung $x^2 = -1$ für ein x das nur reelle Werte annimmt falsch oder unsinnig? Man könnte glauben die Gleichung wird z.B. für $x = 5$ unsinnig dagegen für $x = 5 + 0i$ falsch.

Welcher Fall wenn irgend einer wäre aber dann dem entgegengesetzt daß eine Gleichung wesentlich allgemein gilt.

Und was heißt „eine Gleichung ist unsinnig". Darf denn die Syntax eine Gleichung ausschließen?

9 / Der Unterschied zwischen den beiden Gleichungen $x^2 = x \cdot x$ und 127
$x^2 = 2x$ ist nicht einer der Extension ihrer Richtigkeit.

1 (*) *Randzeichen im MS gestrichen und ersetzt*
9 (*) *Randzeichen im MS gestrichen und ersetzt*
14 Das ganze Problem des Verständnisses der (Allgemeinheitsbezeichnung)
14 Das ganze Problem des Verständnisses der (Allgemeinheit)
19 Die Allgemeinheitsbezeichnung in der Mathematik (ist) auf genau der
33 Ist die Gleichung $x^2 = -1$ für (reelle Werte von x falsch …)
41 *Im MS Marginalie:* Neue Zeile –*im Ersatz für die fehlende Leerzeile*

1 * Eine Gleichung ist analog einer Behauptung. Sie entspricht der Behauptung, daß ein Ausdruck durch einen anderen ersetzt werden kann ohne den Sinn des Satzes zu ändern worin er vorkommt.

2 * Hat es einen Sinn zu sagen $(\exists x)\ 2x = x + x$ vorausgesetzt daß ich die Schreibweise annehme: $(x)\ 2x = x + x$? Davon scheint etwas abzuhängen.

Oder richtiger: Ist hier $(\exists x)\ \varphi x$ mit $(x)\ \varphi x$ vereinbar?

3 * In |den Sätzen| der Arithmetik (im Gegensatz zu den eigentlichen Sätzen) kann man wirklich „(x)" lesen „... ist notwendig" und „(∃x)" „... ist möglich".

4 * Es scheint doch daß die Allgemeinheitsbezeichnung in der Arithmetik etwas anderes bedeutet als im Fall wirklicher Sätze: aber wo macht sich der Unterschied bemerkbar?

5 * Es gibt bei mir natürlich keinen Übergang von der Variablen zur 129
Allgemeinheitsbezeichnung sondern diese zeigt nur wie die Variable gemeint ist und muß sie also immer begleiten.

6 / Wenn man sagt (wie Brouwer) daß es im Falle $(x)\ f_1x = f_2x$ außer dem ja und nein noch den Fall der Unentscheidbarkeit gibt, so heißt das, daß „(x)..." extensiv gemeint ist und man von dem Falle reden kann, wenn alle <u>x</u> eine Eigenschaft zufälligerweise besitzen. In Wahrheit aber läßt sich von diesem Falle überhaupt nicht reden und das „(x)" in der Arithmetik sich nicht extensiv auffassen.

7 * Wenn man einen Satz der Mathematik eine Anweisung auf einen Beweis nennt, dann ist natürlich auch $(\exists n)\ f_1n = f_2n$ nur eine Anweisung und zwar ist es die Anweisung auf den Beweis irgend eines Satzes von der Form $f_1n = f_2n$. Und das scheint die wesentliche Frage zu sein: „Auf welchen Beweis/welche Art von Beweis/ ist dieser Satz eine Anweisung?" Das verstehen heißt ihn verstehen.

8 * Wie beantwortet man die Frage ob $x \cdot x = x + x$ ist? Nicht indem man 131
alle Zahlen probiert sondern indem man die arithmetischen Operationen anwendet und „die Gleichung auflöst" und findet daß $x = \left\{\begin{smallmatrix}0\\2\end{smallmatrix}\right.$. Damit ist der Beweis erbracht daß die Auffassung $(x)\ x \cdot x = x + x$ falsch ist und die Auffassung $(\exists x)\ x \cdot x = x + x$ richtig.

Dazu hätte man allerdings auch durch probieren kommen können. Wichtig ist aber, daß wenn man nicht in der Reihenfolge der Zahlen probiert man nie zu einer bestimmten Zahl kommen muß.

19 von der Variablen zur ⟨scheinbaren Variablen⟩ sondern
25 wenn alle <u>x</u> ⟨die⟩ Eigenschaft zufälligerweise besitzen.
29 Wenn man einen Satz der Mathematik eine ⟨Anweisung⟩ auf einen
33 welchen Beweis/welche Art von Beweis/ *–im MS wurde in der zweiten Variante* welchen *nicht in* welche *korrigiert*
42 daß wenn man nicht in der Reihenfolge der ⟨Z...⟩

1 ∗ Kann man die Gleichung $x^2 = 2x$ überhaupt so auffassen daß man sie $(x) \cdot x^2 = 2x$ schreibt? Liegt hier nicht schon wieder die extensive Auffassung vor, wenn wir diesen Ausdruck als falsch (statt unsinnig) bezeichnen?

2 / „$(x)\ x^2 = x + x$“ scheint falsch zu sein weil die Untersuchung der Gleichung ergibt daß $x = \{{}^{0}_{2}$ und nicht daß sich beide Seiten (ganz) wegheben. Der Versuch |–| z.B. |–| 3 einzusetzen ergibt auch das allgemeine Resultat – $(\exists x)\ x^2 \neq 2x$ – und muß darum, soweit sein Resultat sich mit dem der allgemeinen Auflösung deckt sich selbst mit der allgemeinen Methode decken. $(x)\ f_1x = f_2x$ 133

3 ∗ Darf man sagen „es gibt im Fall $f_1x = f_2x$ keinen speziellen Beweis eines Satzes von der Form $f_1x \neq f_2x$“ Nein? In diesem Sinne wäre nämlich $\underline{\sim(\exists x)\ f_1x \neq f_2x}$ nicht die Anweisung auf einen Beweis.

4 ∗ Gilt nun der Satz des ausgeschlossenen Dritten in der Form daß entweder f_1x und f_2x wesentlich gleich sind oder daß es einen Fall der Ungleichheit gibt? Oder gibt es hier ein Drittes?

5 ∗ Das ist mir klar, daß die extensive Allgemeinheit in der Arithmetik n i c h t s zu suchen hat. Und daß, wo immer die Allgemeinheitsbezeichnung in ihr vorkommt sie eine interne Allgemeinheit bezeichnet.

6 ∗ Diese interne Allgemeinheit ist auch die beweisbare.

7 ∗ Was heißt denn eigentlich „$(\exists n)\ f_1n = f_2n$“ $(\exists n)\ n^2 = 2n$? und hier muß ich noch einmal fragen, ist es richtig zu schreiben „$(\exists n)\ 2n = n + n$“ 135 Denn, wenn in der Arithmetik „$(\exists n)$“ eine bestimmte Auffassung der Gleichung bezeichnet, dann ist „$(\exists n)\ 2n = n + n$“ falsch weil „$(x) \cdot 2n = n + n$“ der Fall ist. Was bedeutet $(\exists n)\ n^2 = 2n$ w e n n w i r d i e e x t e n s i v e A u f f a s s u n g a u s s c h l i e ß e n? Wenn ich sage es bedeutet: „unter den Zahlen gibt es eine die die Funktion befriedigt“, so müßte ich dazusetzen „im Gegensatz zu dem Fall wo es unter allen Zahlen keine gibt, die etc.“, und das ist Unsinn.

Ich meine vielmehr: „im Gegensatz zu dem Fall, wenn die Funktion wesentlich unbefriedigbar ist. Aber auch das tut’s nicht.

Kann $(\exists n)\ n^2 = 2n$ einen anderen Sinn haben als |den| daß $n^2 = 2n$ eine Gleichung ist, die bestimmte Wurzeln hat, im Gegensatz zu einer „Identität“ wie $2n = n + n$?

8 ∗ Wie ist es aber mit einem Ausdruck: „$(x) : (\exists y) \cdot y = 2x$“

10 soweit sein Resultat sich mit dem der allgemeinen ⟨L…⟩

11 $(x)\ f_1x = f_2x$ *–die Notation ist eine Marginalie am oberen Rand der Manuskriptseite, die sich offenbar auf die folgende Bemerkung bezieht.*

38 Aber auch das ⟨tut nichts⟩

1 ✳ (∃n) $n^2 = 2n$ muß heißen, $n^2 = 2n$ definiert gewisse Zahlen, was $2n = n + n$ nicht tut.

D.h. es wäre (∃n) Fn nicht mit (n) Fn verträglich und ein radikaler Unterschied gegen die Syntax der Allgemeinheitsbezeichnung außerhalb 137
der Arithmetik statuiert.

2 / Aber kann ich denn nicht von einer Gleichung sagen: „Ich weiß, sie stimmt für einige – ich erinnere mich nicht mehr, welche – Substitutionen nicht; ob sie aber allgemein nicht stimmt, weiß ich nicht"? Hat das nicht einen guten Sinn und ist es nicht mit der Allgemeinheit der Ungleichung verträglich?

3 / Soll ich darauf antworten: „Wenn man weiß, daß die Ungleichung für einige Substitutionen stimmt, so kann das nie heißen „für einige (beliebige) unter der unendlichen Reihe der Zahlen", sondern ich weiß immer auch daß diese Zahl zwischen 1 und 10^7 liegt oder sonst welchen Grenzen"?

4 / Kann ich wissen daß e i n e Zahl der Gleichung genügt ohne daß irgend ein endlicher Bereich für ihr Vorkommen in der unendlichen Reihe abgegrenzt ist?

Nein!

5 / Eine Gleichung ist eine syntaktische Regel. 139

6 / Erklärt das nicht, daß wir in der Mathematik nicht prinzipiell unbeantwortbare Fragen haben können? Denn wenn die Regeln der Syntax nicht verständlich sind, dann taugen sie nichts. Und ebenso erklärt es daß nicht eine Unendlichkeit in diese Regeln eingehen kann, die unser Fassungsvermögen übersteigt. Und es macht auch die Versuche der Formalisten begreiflich die in der Mathematik ein Spiel mit Zeichen sehen.

7 ✳ Ich glaube es ist richtig daß ~(∃x) $x^2 = -1$ (für reelles x) weil $x^2 = -1$ eine allgemeine unmögliche Gleichung ist und daher ebensowenig unter die lösbaren Gleichungen fällt wie die wesentlich allgemein richtigen, wie $x^2 = x \cdot x$

8 ✳ Die Frage ist: wie beweisen wir daß $x^2 = -1$ keine reelle Wurzel hat? Doch dadurch daß das Quadrat einer reellen Z. wesentlich positiv ist.

9 ✳ Da im Bereich der reellen Zahlen „$\sqrt{-1}$" unsinnig ist so hat die 141
Gleichung $x^2 = -1$ in diesem Bereich k e i n e Lösung.

3 nicht mit (n) Fn verträglich und ⟨ein radicaler Unterschied …⟩
8 ich ⟨weiß nicht⟩ mehr, welche – Substitutionen nicht
13 „für einige ⟨–⟩beliebige) unter der unendlichen Reihe der Zahlen"
15 sondern ⟨weiß ich⟩ immer auch daß diese Zahl
19 Kann ich ⟨denn⟩ wissen daß e i n e Zahl der Gleichung genügt
35 weil $x^2 = -1$ eine allgemeine ⟨Ungleichung …⟩
40 Doch dadurch daß das Quadrat ⟨jeder⟩ reellen Z.

1 * Was entscheidet nun aber die Frage, ob die Gleichung $x^2 = -1$ (für reelles x) falsch oder unsinnig ist?

2 * Ist sie dadurch entschieden, daß wenn einer sagte „ich habe die Lösung der Gleichung, x ist 5!“ wir antworten können: „x^2 ist 25 und $25 \neq 1$!“. Sagt das, daß die Gleichung $x^2 = -1$ falsch ist?

3 * Eine Gleichung müßte man unsinnig nennen, wenn nichts über ihre Richtigkeit oder Unrichtigkeit entschieden werden kann, wenn sie also keine Gleichung ist (sin + = × x)

4 * Das eigentlich Unendliche in der Mathematik könnte nur dort gebraucht/angewendet/ werden, wo in der Wirklichkeit |sinnvoll| von unendlichen Mengen die Rede wäre. Also etwa wenn es Sinn hat zu sagen, daß, – oder zu fragen ob – es unendlich viele Fixsterne gibt.

5 * Was ist nun gegen die Dedekindsche Erklärung der Unendlichkeit einer 143
/unendlichen/ Menge einzuwenden?

6 * (Es ist kaum zu glauben, daß man sich eine Menge die der Dedekindschen Bedingung der Unendlichkeit entspricht, hat als wirklich vorstellen können.)

7 * Die Behandlung des Begriffes endlos als Zahl ist so wie wenn man eine Richtung als Länge behandeln wollte und erklärte eigentlich ist die Richtung auch eine Art Länge.

8 / Ordnet die Beziehung m = 2n die Klasse aller Zahlen einer ihrer Teilklassen zu? Nein! Sie ordnet jeder beliebigen Zahl eine andere zu und wir bekommen auf diese Weise unendlich viele Klassenpaare deren eine Klasse der anderen zugeordnet ist die aber nie im Verhältnis von Klasse und Subklasse stehen. Noch ist dieser unendliche Prozess selbst in irgend einem Sinne ein solches Klassenpaar.

Wir haben es bei dem Aberglauben daß m = 2n eine Klasse ihrer Teilklasse zuordnet wieder nur mit zweideutiger Grammatik zu tun. 145

9 / Und zwar hängt alles an der Syntax der Wirklichkeit und Möglichkeit. m = 2n enthält die Möglichkeit der Zuordnung jeder Zahl zu einer anderen aber es ordnet nicht alle Zahlen anderen zu.

13 gebraucht/angewendet/ *–die zweite Variante ist im MS mit einem Fragezeichen markiert*
14 wo in der Wirklichkeit |sinnvoll| von unendlichen Mengen ⟨de…⟩
14 etwa wenn ⟨wenn⟩ *–im MS wiederholt und gestrichen*
17 Was ist nun gegen die Dedekindsche Erklärung der ⟨unen…⟩
18 Unendlichkeit einer/unendlichen/ *–die Varianten sind im MS mit einer geschwungenen Klammer und einem Fragezeichen markiert*
25 wenn man eine Richtung als Länge behandeln ⟨würde …⟩
35 wieder nur mit ⟨zweideutiger⟩ Grammatik zu tun.
35 wieder nur mit ⟨zweideutiger⟩ Grammatik zu tun.

1 / Wenn zwei Pfeile in derselben Richtung zeigen, ist es nicht absurd diese Richtungen gleich *lang* zu nennen, weil, was/jeder Punkt der/ in der Richtung des einen Pfeiles liegt auch in der des anderen liegt.

2 / Die Allgemeinheit in der Arithmetik ist eine Richtung, ein Pfeil, der der Operationsreihe entlang weist. Und zwar kann man sagen, der Pfeil weist ins Unendliche; aber heißt das, daß es ein Etwas, das Unendliche, gibt, auf das er – wie auf ein Ding – hinweist? Wenn man es so auffaßt, muß das natürlich zu endlosem Unsinn führen.

3 / Der Pfeil bezeichnet gleichsam die Möglichkeit der Lage in seiner Richtung.

4 / Das Wort Möglichkeit ist natürlich irreführend, denn was möglich ist, 147
wird man sagen, soll eben nun wirklich werden. Auch denkt man dabei immer an zeitliche Prozesse und schließt daraus, daß die Mathematik nichts mit der Zeit zu tun hat, daß die Möglichkeit in ihr (bereits) Wirklichkeit ist.

5 / (In Wahrheit ist es aber umgekehrt und was in der Mathematik Möglichkeit genannt wird ist eben dasselbe was es auch in der Zeit ist.)

6 / m = 2n weist der Zahlenreihe entlang und wenn wir dazusetzen „ins Unendliche", so heißt das nichts anderes, als daß es nicht auf einen Gegenstand in bestimmter Entfernung weist.

7 * Es kommt alles auf eine Untersuchung des Begriffes der Möglichkeit hinaus.

8 / Die unendliche Zahlenreihe selbst ist nur eine solche Möglichkeit – wie klar aus dem einzigen Symbol für sie „$(1, \xi, \xi + 1)$" hervorgeht. Dieses Symbol selbst ist ein Pfeil und es ist |die erste| „1" die Feder des Pfeiles 149
und $\xi + 1$ seine Spitze und das Characteristische, das wie die Länge eines Pfeiles unwesentlich ist hier daß Variable ξ anzeigt daß es gleichgültig ist in welcher Entfernung von der Feder die Pfeilspitze liegt.

9 / Es ist möglich von Dingen zu reden, die in der Richtung des Pfeiles liegen, aber unsinnig von allen möglichen Lagen der Dinge in der Pfeilrichtung als einem Äquivalent dieser Richtung selbst zu reden.

10 / Wenn ein Scheinwerfer Licht in den unendlichen Raum wirft, so beleuchtet er allerdings alles was in seiner Richtung liegt aber man kann nicht sagen er beleuchtet die Unendlichkeit.

3 weil, was/jeder Punkt der/ in der ⟨einen⟩ Richtung
3 des einen Pfeiles liegt auch in der des ⟨andern⟩ liegt.
6 Und zwar kann man sagen, ⟨„⟩der Pfeil weist ins Unendliche;
32 Dieses Symbol selbst ist ein Pfeil ⟨w…⟩
35 daß es gleichgültig ist in welcher Entfernung von der Feder ⟨s…⟩

1 / Ist hier |(im Symbolismus der Arithmetik)| nicht die Möglichkeit tatsächlich die, die allgemeine Gleichung auf einen besonderen Fall anzuwenden? D.h. diese Möglichkeit der Anwendung in Symbolen ist das eigentliche |Bild|/Symbol/ der mathematischen Möglichkeit.

2 / Die Mengenlehre ist darum falsch, weil sie |scheinbar| einen Symbolismus voraussetzt den es nicht gibt statt dessen den es gibt (der allein möglich ist). Sie baut auf einem fiktiven Symbolismus auf also auf Unsinn. 155

3 * Der Pfeil ist alles was im Symbolismus gegeben ist. Die Mengenlehre nimmt an es wäre eine dem Pfeil äquivalente Klasse von Symbolen gegeben, was aber nicht der Fall ist (und man kann nie einen Symbolismus hypothetisch annehmen). Und auf dieser Annahme baut sie weiter.

4 * Das ist sehr klar im Falle der unendlichen Dezimalbrüche.

5 / Man kann es auch so sagen: Es hat einen Sinn zu sagen, daß in einer Richtung unendlich viele Dinge liegen können, aber keinen Sinn daß unendlich viele Dinge dort liegen. Und das steht im Gegensatz zu der gewöhnlichen Art der Anwendung des Wortes „können“. Denn hat es Sinn zu sagen, daß ein Buch auf diesem Tisch liegen kann, so hat es auch Sinn zu sagen, daß es da liegt. Aber hier führt/leitet/ uns die Sprache irre. 157

Das „unendlich viele“ ist sozusagen adverbial gebraucht und so aufzufassen.

6 / Das unendlich viele ist eine Art des Könnens: Das Können hat keine Grenze.

7 / Das heißt die Sätze „in dieser Richtung können 3 Dinge liegen“ und „in dieser Richtung können unendlich viele Dinge liegen“ sind nur scheinbar gleichgebaut; in Wirklichkeit aber verschiedener Struktur. Und zwar |spielt| das „unendlich viele“ im zweiten Satz nicht die Rolle der „3“ im ersten Satz.

8 * Die zweite Art des Könnens, der Möglichkeit, ist eben die mathematische die nur durch den Pfeil $(1, \xi, \xi + 1)$ dargestellt wird.

9 Ein |Mensch| kann – unendlich – lang leben, aber er kann nicht unendlich – lang – leben.

6 *Die folgenden Versoseiten 151 und 153 enthalten Bemerkungen und Marginalien, die sich auf die gegenüberliegenden Rectoseiten 152 und 154 beziehen.*
7 weil sie |scheinbar| einen Symbolismus ⟨voraus…⟩
7 den es nicht gibt statt ⟨nur den⟩ den ⟨allein⟩ es gibt ⟨. …⟩
14 einen Symbolismus hypothetisch annehmen)⟨und …⟩
41 ⟨*⟩ *Randzeichen im MS gestrichen*
41 Ein |Mensch| kann – unendlich – lang leben, aber ⟨es…⟩

1 / Es ist auch nur durch die Vieldeutigkeit unserer Sprache, daß es scheint als kämen die Zahlwörter und das Wort „unendlich“ auf die gleiche Frage zur Antwort. Während in Wirklichkeit die Fragen auf die jene 159 Wörter antworten grundverschieden sind.

2 / (Die gewöhnliche Auffassung kommt wirklich darauf hinaus, daß der Mangel einer Grenze auch eine Grenze ist. Wenn sie auch nicht so klar ausgedrückt wird.)

3 / Es gibt keine logische Hypothese.

4 ⚹ Die eine Frage lautet „wieviele Dinge *gibt es* die einer Bedingung genügen?“ die andere „wieviele Sachverhalte |einer bestimmten Art| *kann es geben?*“. Auf die eine antwortet ein Satz auf die andere die Möglichkeit einer Form.

5 / Die unendliche Zahlenreihe ist nur die unendliche Möglichkeit von endlichen Zahlenreihen. Es ist sinnlos von der *ganzen* unendlichen Zahlenreihe zu reden, als wäre auch sie eine Extension.

6 Immer wieder macht einen der Gedanke irre „aber kann es eine Möglichkeit geben, ohne daß es eine ihr entsprechende Tatsächlichkeit 161 gibt?“

7 / Die Möglichkeit wird durch die Möglichkeit wiedergegeben. In den Zeichen selbst liegt nur die Möglichkeit und nicht die Wirklichkeit der Wiederholung.

8 ⚹ Man möchte sagen, daß die Unendlichkeit des Raumes wenn sie sich auf eine Möglichkeit bezieht, sich auf eine sozusagen wirkliche Möglichkeit bezieht. Wie würden wir sie sonst wahrnehmen.

9 / Heißt es nicht: Die Tatsachen sind endlich, die unendliche Möglichkeit der Tatsachen liegt in den Gegenständen. Darum wird sie gezeigt, nicht beschrieben.

10 / Und dem entspricht, daß die Zahlen – die ja die Tatsachen beschreiben – endlich sind, dagegen ihre Möglichkeit die der *Möglichkeit* der Tatsachen entspricht, unendlich ist. Sie drückt sich, wie gesagt, in den Möglichkeiten des Symbolismus aus.

1 Es ist auch nur durch die Vieldeutigkeit ⟨der gewöhnlichen …⟩
3 ⟨19…⟩ *–im MS verschriebene, unvollständige Seitennummer*
3 Während in Wirklichkeit die ⟨beiden⟩ Fragen auf die jene Wörter
4 Während in Wirklichkeit die Fragen auf die jene Wörter ⟨zur …⟩
10 Es gibt ⟨keine Hypothese in der Logik⟩
12 ⟨Man möchte sagen …⟩
21 ⟨/⟩ *Randzeichen im MS gestrichen*
31 sich auf eine sozusagen wirkliche Möglichkeit ⟨beziehen muß⟩
33 ⟨T…⟩
37 daß die Zahlen – die⟨,⟩ die Tatsachen beschreiben

1 / Das Gefühl ist: In der Mathematik kann es nicht Wirklichkeit und Möglichkeit geben. Alles ist auf einer Stufe. Und zwar in gewissem Sinne wirklich. 163

2 / Und das ist richtig. Denn was die Mathematik mit ihren Zeichen ausdrückt ist alles auf einer Stufe; d.h.: sie redet nicht, einmal von ihrer Wirklichkeit, und einmal von ihrer Möglichkeit. Sondern sie darf gar nicht versuchen von ihrer Möglichkeit zu reden. Wohl aber liegt in ihren Zeichen eine Möglichkeit, dieselbe nämlich die in den eigentlichen Sätzen liegt in denen/auf die/ die Mathematik angewandt wird. Und wenn sie versucht (wie in der Mengenlehre) ihre Möglichkeiten auszusprechen, d.h., wenn sie sie mit ihrer Wirklichkeit verwechselt, dann darf man sie in ihre Grenzen zurückweisen

3 ✳ $(\exists n) : (Enx)\, \varphi x \cdot (Enx)\, \psi x \ : \ \varphi x \supset_x \psi x \therefore \supset \psi x \supset_x \varphi x$
Dieser Satz kann offenbar durch Rekursion bewiesen werden.

4 Um diesen Beweis soll man aber herumkommen durch Einführung einer Relation R̲ die die Klassen einander $1 \rightarrow 1$ zuordnet. 165

5 ✳ $(\exists n) : (Enx)\, \varphi x \cdot (Enx)\, \psi x$
$(\exists R) :.\ \varphi x \supset_x (E1y)\, x\, R\, y \cdot \psi y \ : \ \psi x \supset_x (E1y)\, y\, R\, x \cdot \varphi y$
Wie kommt es, daß es hier scheinbar zwei Darstellungsformen der Zahlengleichheit gibt, die eine amorph, die andere nicht?

Die eine Darstellung läßt die einzelnen Möglichkeiten der Zahlengleichheit erkennen, die andere verhüllt sie.

6 / „Der höchste Punkt einer Kurve" bedeutet nicht „der höchste Punkt unter allen Punkten der Kurve" – die sehen wir ja nicht, sondern es ist ein bestimmter Punkt den die Kurve erzeugt. Ebenso/So/ ist das Maximum einer Funktion nicht der größte Wert unter allen Werten (das ist Unsinn, außer im Fall endlich vieler diskreter Punkte) sondern ein, durch ein Gesetz und eine Bedingung erzeugter Punkt; der allerdings höher liegt als jeder andere beliebig/mögliche/ herausgegriffene Punkt (Möglichkeit nicht Wirklichkeit) Ebenso ist der Schnittpunkt zweier Linien nicht das gemeinsame Glied zweier Klassen von Punkten 167
sondern der Durchschnitt zweier Gesetze. Wie es auch in der analytischen Geometrie klar zu Tage liegt.

7 / Der Satz, der nach Dedekind sagt daß eine Klasse F unendlich ist, ist allerdings nur falsch – nicht unsinnig – wenn nur endlich viele Dinge die Funktion F befriedigen, aber er ist unsinnig wenn es nur eine endliche Anzahl von Dingen gibt. Und dadurch ist diese Auffassung des Unendlichen vernichtet.

10 in denen/auf die/ *–die zweite Variante ist im MS mit einem Fragezeichen markiert*
18 soll man aber herumkommen durch Einführung ⟨d…⟩
23 ⟨/⟩ *Randzeichen im MS gestrichen*
30 Ebenso/So/ *–die zweite Variante ist im MS mit einem Fragezeichen markiert*
34 als jeder ⟨beliebige andere⟩ herausgegriffene Punkt
35 herausgegriffene Punkt (Möglichkeit⟨) …⟩

1 / „Jedes Ding hat einen und nur einen Vorgänger. a hat keinen Nachkommen. Alle Dinge außer a haben einen und nur einen Nachkommen.“ Diese Sätze scheinen eine unendliche Reihe zu beschreiben (und daher auch zu sagen daß es unendlich viele Dinge gibt. Aber dies letztere wäre Voraussetzung dafür, daß die Sätze Sinn hätten) Sie scheinen eine Struktur amorph zu beschreiben. Wir können nach diesen Sätzen eine Struktur aufzeichnen die sie eindeutig beschreiben. Aber wo ist diese Struktur in ihnen zu finden? – Der Satz muß, wenn es nur endlich viele Dinge gibt zu einem Widerspruch führen. Wie kommt 169
der zu Stande? – Jedenfalls wenn wir von dem allgemeinen Satz auf seine Spezialfälle schließen.

Wenn „a“ „b“ „c“ die Namen aller Dinge sind dann folgt aus den obigen Sätzen ein Satz wie: a R b · b R c : c R a ∨ c R b : ~c R a · ~c R b, eine Contradiction.

2 ⋇ Der allgemeine Satz gibt Papiergeld aus und wir wissen nicht ob Deckung dafür vorhanden ist.

3 / Kann man aber nicht die obigen Sätze |einfach| als Sätze der Physik auffassen, die eine wissenschaftliche Hypothese darstellen? Dann müßten sie unanfechtbar sein. Wie wäre es wenn die Physiologie eine Tierart fände in der jedes Individuum von einem früheren herzurühren scheint, und das als Hypothese ausspricht.

4 / Werden wir da durch den Schein irregeführt als wären die Stücke der Materie – also hier etwa die Individuen der Tiergattung – die einfachen Gegenstände?

5 / D.h. ist das was man sich ins Unendliche vermehrt denken kann nicht 171
die Kombinationen der Dinge nach ihren unendlichen Möglichkeiten aber nie die Dinge selbst?

6 / Die Dinge selbst sind vielleicht die vier Grundfarben, der Raum, die Zeit, und solches Gegebene mehr.

7 / Dann aber könnte die Wissenschaft nie eine Hypothese der obigen Art aufstellen.

3 und nur einen Nachkommen.“ Diese Sätze ⟨schei…⟩
10 ⟨Wie …⟩ *–ursprünglich Beginn einer neuen Bemerkung*
12 dann folgt aus ⟨dem⟩ obigen ⟨Satz⟩ ein Satz wie:
19 Kann man aber nicht die ⟨d…⟩
19 |einfach| *–im MS mit einem Fragezeichen markiert*
20 als Sätze der Physik auffassen⟨? …⟩
20 die eine ⟨Hy…⟩
23 von einem früheren ⟨herrühren wu…/herzuführen scheint/…⟩
26 als wären die Stücke der Materie – also hier etwa die ⟨Körper …⟩
33 *Die Bemerkung ist im MS am linken Rand mit zwei vertikalen Strichen markiert.*
33 Die Dinge selbst sind ⟨vielleicht/etwa/…⟩
36 Dann aber könnte die Wissenschaft nie ⟨dergleichen⟩ Hypothese

1 / Wie ist es also etwa mit einer Reihe von Fixsternen in der jeder einen Vorgänger (in einer bestimmten Richtung des Raumes) hat? Und diese Hypothese käme auf dasselbe hinaus wie die eines endlosen Lebens. Diese scheint mir sinnvoll zu sein und zwar darum weil sie nicht der Einsicht widerspricht daß man keine Hypothese über die Zahl der Gegenstände (Elemente der Tatsachen) machen kann. Ihre Analyse setzt nur die unendlichen Möglichkeiten des Raumes und der Zeit voraus und eine endliche Anzahl von Erfahrungselementen!

2 * Denken wir nur an die Beschreibung einer unendlichen Reihe von 173
Kreisen in einer Reihe durch Zahlangaben in/mit/ Bezug auf ein Coordinatensystem. Aber gerade hier scheinen wir mit dem Wirklich-Unendlichen confrontiert zu werden!

3 * Wieder ist es so daß die unendliche Möglichkeit jener Reihe und die unendliche Möglichkeit des Lebens in der Sprache durch deren Möglichkeit ausgedrückt sind.

4 / Wenn ich sage einmal wird die Welt untergehen so sagt das gar nichts wenn dabei die Zeit unbegrenzt offen gelassen ist. Denn mit dieser Angabe ist es verträglich daß sie an jedem angebbaren Tag |noch| existiert. – Unendlich ist die Möglichkeit der Zahlen in Sätzen von der Form „in n Tagen wird die Welt untergehen".

5 / Angenommen die Hypothese wäre: es gibt im Raum eine unendliche Reihe roter Kugeln |die| in Abständen von 1m hintereinander liegen.
Welcher denkbaren Erfahrung könnte diese Hypothese entsprechen? 175
Ich denke etwa daß ich dieser Reihe entlangreise und täglich an einer gewissen Anzahl n von roten Kugeln vorbeikomme. Dann sollte meine Erfahrung darin bestehen, daß ich an jedem zukünftigen Tag, den es geben kann n neue Kugeln sehe. Wann aber werde ich diese Erfahrung gemacht haben? Niemals!

6 / Auf den Einwand: „wenn es aber doch unendlich viele Dinge gibt", kann man nur antworten: „es gibt sie aber nicht!" Und was uns glauben macht, daß es sie vielleicht gibt ist nur, daß wir die Dinge der Physik mit den Elementen der Erkenntnis verwechseln.

7 / Man kann nur darum nicht sagen, daß es unendlich viele Dinge gibt, weil es sie nicht gibt. Gäbe es sie so könnte man es auch ausdrücken!

8 / Wir können darum auch nicht einen hypothetischen unendlichen Gesichtsraum annehmen in dem eine unendliche Reihe von roten Flecken sichtbar ist.

2 des Raumes) hat⟨.⟩ Und diese Hypothese käme auf dasselbe hinaus
4 Diese ⟨Hypothese⟩ scheint mir sinnvoll zu sein
25 Angenommen die Hypothese wäre: es gibt ⟨ein…⟩
30 daß ich an jedem ⟨folgenden Tag de…⟩
34 *Die folgenden zwei Bemerkungen sind im MS am linken Rand mit je zwei vertikalen Strichen markiert.*

1 / Was wir uns im physikalischen Raum denken, ist nicht das Primäre, das wir nur mehr oder weniger erkennen können; sondern was vom physikalischen Raum wir erkennen können, das zeigt uns wie weit das Primäre geht und wie wir den physikalischen Raum zu DEUTEN haben. 177

2 * Wenn man sagt, daß das Eintreffen eines Ereignisses von dem nur bekannt ist daß es einmal in der unendlichen Zukunft eintreten wird gänzlich unbekannt ist so ist das – glaube ich – ganz analog dem was die Gleichsetzung von 0·9̇ und 1 bedeutet

3 / Wie ist aber die Analyse eines Satzes von der Form: „der rote Fleck a liegt irgendwo zwischen b und c? Hier heißt es nicht „dem Fleck a

entspricht eine der unendlich vielen Zahlen zwischen den Zahlen von b und von c (es handelt sich nicht um eine Disjunktion) Es ist klar, daß die unendliche Möglichkeit der Lagen von a zwischen b und c in dem Satz nicht ausgesprochen wird. Wie auch in dem Satze „ich habe ihn im Zimmer eingesperrt“ nicht irgendwie die unendlich vielen Möglichkeiten der Stellung des Eingesperrten im Zimmer eine Rolle spielt. 179

4 * Wie sind die Sätze zu analysieren: „Der Stab ist zwischen 3 und 4 m lang“ und „Der Stab ist länger als 3 m“?

5 * Wie lautet die Analyse des Satzes „$4 > 3$“ Ich dachte früher „$(\exists n) \cdot 3 + n = 4$“ und so ist es auch nur daß das $(\exists n)$ hier natürlich nicht extensiv zu verstehen ist, sondern bedeutet daß die Gleichung $3 + n = 4$ (wo n eine positive ganzzahlige Variable ist) lösbar ist.

6 * Ist L 4 so ist es klar daß die Länge des Stabes zwischen 2 und 5 liegt. Und die Form Ln muß doch in jedem Fall bestehen. Gibt es eine Variable $2 < n < 5$ so muß ich aber auch schreiben können $L(2 < n < 5)$ und diese Form hat nun die unendlichen Möglichkeiten, die ich nicht explicit werden lassen darf. Die Schwierigkeit aber ist daß aus L 4 folgen muß daß $L(2 < n < 5)$! Es scheint doch klar, daß man den Satz durch $(\exists 2 < n < 5) \cdot Ln$ ausdrücken kann und ebenso klar ist daß das $(\exists 2 < n < 5)$ keine unendliche Disjunktion/hier keine Disj./ bedeutet. 181

7 / Angenommen in einem Spiel lautete eine Spielregel: „Man schreibe einen Bruch auf der zwischen 0 und 1 liegt“. Ist diese Regel nicht verständlich? Braucht hier eine Grenze gegeben zu werden? Und wie wäre es mit der Regel: „Man schreibe eine Zahl auf größer als 100“? Beide scheinen ganz und gar verständlich!

6 daß ⟨eine Erfahrung⟩ von ⟨der⟩ nur bekannt ist daß ⟨sie⟩ einmal
8 gänzlich unbekannt ist so ist das – glaube ich – ⟨dann ...⟩
27 daß die Gleichung $3 + n = 4$ ⟨(wo n positiv ...)⟩
29 Ist L 4 so ist es klar daß ⟨der Stab ...⟩
31 *Im MS korrespondiert eine feine Unterstreichung der Notation* $L(2 < n < 5)$ *mit einer gleichartigen Einkreisung der vorangehenden Notation* $2 < n < 5$.
35 ausdrücken kann und ebenso klar ist daß ⟨de...⟩
36 das $(\exists 2 < n < 5)$ ⟨eine⟩ unendliche Disjunktion bedeutet.
36 das $(\exists 2 < n < 5)$ ⟨eine Disj.⟩ bedeutet.

1 * Es ist ganz als enthielten alle diese Sätze keine Allgemeinheitsbezeichnung sondern eine echte Variable!

2 * Es ist auch als wäre in den Sätzen eine echte, nicht weiter auflösbare, Ungenauigkeit.

3 * Was ich hier meine hängt unmittelbar damit zusammen daß die Wahrheitsmöglichkeiten der Gradangaben anders sind als die unabhängiger Sätze. Aber daraus folgt doch nur daß das $(\exists n)$ hier die ausschließende Disjunktion bedeuten muß $(p \vee q \cdot \sim(p \cdot q))$.

4 * Was würde das heißen: $\sim(\exists 2 < n < 5) \sim Ln$? Es ist offenbar Unsinn. 183

5 * Ich möchte sagen: Der Satz sagt nicht „es gibt einen Punkt zwischen 2 und 5 in dem der Stab endet“, sondern „*der Endpunkt des Stabes* liegt zwischen 2 und 5“.

6 * „Es gibt eine Zahl zwischen 3 und 4, die die Länge des Stabes bezeichnet“.

Wie sieht man denn daß das wahr ist? (Es entspricht hier etwas dem Beweis in der Mathematik)

7 * Der Ausdruck „es gibt eine Zahl zwischen 3 und 4, die die Länge bezeichnet“ ist darum verdächtig weil er unsinnig wird, wenn man das „zwischen 3 und 4“ wegläßt. Freilich gibt es eine *Zahl*! Was sonst! Die Länge des Stabes ist zwischen 3 und 4 (denn die Länge eines Stabes ist eben eine Zahl).

8 * „Die rotgeschriebene Zahl (n) ist größer als 3“.

9 / Der Satz, daß einmal – in der unendlichen Zukunft das Ereignis A eintreten wird, ist mit jeder Erfahrung vereinbar. Das heißt, dieser Satz sagt nichts. Aber ist er dann nicht wenigstens auf der Stufe einer Tautologie? 185

10 * Gebe ich einem Punkt gewisse Koordinaten so ist seine Lage bestimmt. Gebe ich ihm nur x und g so habe ich nichts gesagt, nichts bestimmt; gebe ich ihm aber $3 < x < 5$ etc so bestimme ich etwas und lasse etwas offen.

11 * Alles was nötig ist, ist daß die unendliche Möglichkeit nirgends explizit vorkommt.

14 Der Satz sagt nicht „⟨Es⟩ gibt einen Punkt zwischen 2 und 5
18 „Es gibt eine Zahl zwischen 3 und 4, die ⟨,...⟩
20 *Im MS:* das daß wahr ist
37 Gebe ich ihm nur x und g so ⟨hat es⟩
37 *Im MS:* so hat ich nichts gesagt
39 ⟨Es scheint doch ein $(\exists n)$ in eigentlichen Sätzen zu geben, wenn auch nicht als logische Summe und ist das nun dasselbe wie in der Arithmetik??⟩ *-die Bemerkung ist im MS gestrichen*

1 ∗ Aber wird diese Möglichkeit nicht nur dort explicit wo man von $(\exists x)$ auf (x) übergehen kann?

Ist nicht dort wo dieser Übergang nicht möglich ist, dadurch alles in Ordnung gebracht? 187

2 ∗ Wie erkläre ich das „alle“ in „alle Punkte dieser Strecke sind schwarz“? D.h. z.B. alle Zahlen von 0 bis 1·5 bezeichnen schwarze Punkte.

3 ∗ Es gibt einen wesentlichen Unterschied zwischen $(\exists x)$ und $(\exists n)$; $(\exists n)\,\varphi n$ ist in gewissem Sinne ungenauer, beiläufiger als z.B. $\varphi 4$. Während man nicht sagen kann daß $(\exists x)\,fx$ ungenauer ist als fa (wenn sich hinter diesem nicht wieder eine Zahlangabe verbirgt)

4 ∗ (Alle diese Probleme hängen – glaube ich – irgendwie mit dem Problem der Wahrscheinlichkeit zusammen)

5 ∗ Es gibt in der gewöhnlichen Allgemeinheit nichts Analoges zu den Begriffen z w i s c h e n und g r ö ß e r a l s.

6 /

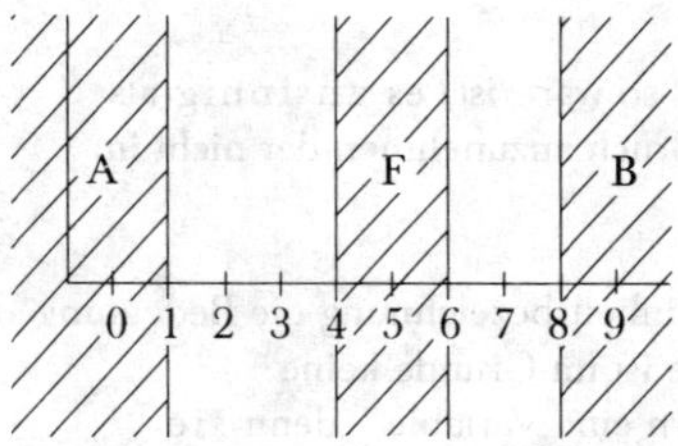

Es hat Sinn zu sagen daß F zwischen 1 und 8 ist weil diesen Zahlen Farbgrenzen im Gesichtsfeld entsprechen. Hat es aber auch Sinn zu sagen F liegt, z.B., zwischen 3 und 7 wenn diesen Zahlen nichts im Gesichtsfeld entspricht? Ich glaube nicht! 189

7 Auch in der Teilung des Gesichtsfeldes gibt es nur eine endliche Wirklichkeit, wenn auch unendliche Möglichkeit. 191

8 / Die Frage ist: kann ich in einem Satz eine Bestimmung offen lassen o h n e zugleich genau anzugeben, was die offengelassenen Möglichkeiten sind?

9 ∗ Ich sagte oben, daß die Angabe, ein bestimmtes Ereignis werde e i n m a l (ohne nähere Bestimmung) eintreten, nichts sagt, weil sie mit jeder Erfahrung in Einklang zu bringen sei. Aber ist das wahr? Ist sie denn mit der Erfahrung verträglich daß das Ereignis schon geschehen ist?

10 ∗ Ist nicht jene Angabe, wenn man sie nur als Angabe einer R i c h t u n g (als Pfeil) und weiter nichts auffaßt ganz in Ordnung?

4 dadurch alles in Ordnung ⟨gebracht …⟩
6 erkläre *–im MS darüber unentzifferbare gestrichene Variante*
6 „alle“ *–im MS nachträglich fein unterstrichen*
7 „alle Punkte dieser Strecke sind schwarz“? ⟨Alle …⟩
17 Es gibt in der gewöhnlichen Allgemeinheit nichts Analoges zu⟨ „zw…⟩
20 *Der Bemerkung folgen 3 Leerzeilen; die nächste Manuskriptseite beginnt mit einer Marginalie zur ersten Bemerkung der Rectoseite 190.*

1 ✳ Und muß das nicht analog dem Fall $(\exists n) \cdot (Enx)\, \varphi x$ geschehen – wo die unendliche Möglichkeit der Zahlen durch die Wirklichkeit der Gegenstände fixiert wird? 193

2 ✳ Das heißt: Ist es nicht ganz in Ordnung „$(\exists 3 < n < 4)$" zu schreiben, solange nur was danach kommt die Grenzen der endlichen Wirklichkeit bestimmt?

3 / Erstens: Wenn es im Spiel heißt „schreibe eine Zahl auf zwischen 3 und 4", so ist die Wirklichkeit begrenzt durch die physische Möglichkeit!

Wenn es aber heißt: der Fleck F̲ liegt zwischen A und B so ist hier die Möglichkeit im Endlichen fixiert durch die Unmöglichkeit im Gesichtsraum zwischen gewissen Bruchteilen zu unterscheiden. Wäre diese Unmöglichkeit nicht vorhanden, so hätten wir eben eine unendliche Realität. Wir müssen uns nämlich daran erinnern, daß es falsch ist zu sagen, es gäbe zwar im Gesichtsraum die unendliche Teilung (ich sage nicht „Teilbarkeit") wir könnten sie nur nicht unterscheiden. Sondern was wir nicht unterscheiden das gibt es in der primären Welt 195 nicht.

4 ✳ Wenn es also heißt „$(\exists 1 < n < 2)\, Ln$" so wäre/ist/ es unsinnig als einen möglichen Wert von n einen Bruch anzunehmen der nicht im Gesichtsfeld zu unterscheiden ist.

5 / Es erklärt sich warum diese Allgemeinheitsbezeichnung die Bedeutung einer Variablen zu haben scheint. Sie ist im Grunde keine Allgemeinheitsbezeichnung – sondern eine Variable – denn sie bestimmt nicht eine Allgemeinheit von Werten die in Disjunktion stehen /treten/ sondern sie hält sozusagen nur den Raum für Werte frei die eine andere Instanz bestimmt.

6 / |Der Einwand ist:| Aber wenn ich immer nur endlich viele Dinge, Teilungen, Farben, etc, sehe, dann gibt es eben überhaupt keine Unendlichkeit; in keinem Sinne. Das Gefühl ist hier: wenn ich immer nur so wenige sehe, so gibt es überhaupt nicht mehr. Wie wenn der Fall 197 der wäre: Wenn ich nur 4 sehe so gibt es eben nicht 100. Aber die Unendlichkeit hat nicht den Platz einer Zahl. Es ist ganz richtig: Wenn ich nur 4 sehe so gibt es nicht 100 und auch nicht 5. Aber es gibt die unendliche Möglichkeit, die von einer kleinen Zahl ebenso wenig/nicht weniger/ ausgefüllt wird wie/als/ von einer großen. Und zwar tatsächlich darum weil sie selbst keine Größe ist.

5 Das heißt: ⟨ist⟩ es nicht ganz in Ordnung
5 in Ordnung „$(\exists 3 < n < 4)$" zu ⟨Z...⟩
21 ⟨/⟩ *Randzeichen im MS gestrichen und ersetzt*
25 Es erklärt sich ⟨nun⟩ warum
25 ⟨die⟩ Allgemeinheitsbezeichnung ⟨in diesem F... /eine .../ eigentlich .../⟩
28 sie bestimmt nicht eine Allgemeinheit von Werten ⟨für⟩ die ⟨die ...⟩
29 stehen/treten/ *–die zweite Variante ist im MS mit einem Fragezeichen markiert*
29 den Raum ⟨frei für Werte⟩ die eine andere Instanz bestimmt.
30 die eine andere ⟨A...⟩
32 Aber ⟨wer...⟩

1 / Wir wissen natürlich alle, was es heißt, daß es eine unendliche Möglichkeit und eine endliche Wirklichkeit gibt, denn wir sagen, die Zeit und der physikalische Raum seien unendlich aber wir könnten immer nur endliche Stücke von ihnen sehen oder durchleben. Aber woher weiß ich dann überhaupt etwas vom Unendlichen? Ich muß also in irgend einem Sinne zweierlei Erfahrungen haben: Eine des Endlichen, die es nicht übersteigen kann [diese Idee des Übersteigens an sich ist schon unsinnig] und eine des Unendlichen. Und so ist es auch. Die Erfahrung als Erleben der Tatsachen gibt mir das Endliche; die 199 Gegenstände *enthalten* das unendliche. Natürlich nicht als eine mit der endlichen Erfahrung konkurrierende Größe sondern intensional. Nicht als ob ich den Raum sähe, der beinahe ganz leer ist und nur mit einer ganz kleinen endlichen Erfahrung in ihm. Sondern ich sehe im Raum die Möglichkeit für jede endliche Erfahrung. D.h. keine Erfahrung kann für ihn zu groß sein, oder ihn genau ausfüllen. Und zwar nicht etwa weil wir alle Erfahrungen ihrer Größe nach kennen und wissen daß der Raum größer ist als sie sondern wir verstehen daß das im Wesen des Raumes liegt. – Dieses unendliche Wesen des Raumes erkennen wir im kleinsten Stück.

2 / Das Unsinnige ist schon, daß man so oft denkt als wäre eine große Zahl dem Unendlichen doch näher als eine kleine.

3 / Das Unendliche – wie gesagt – konkurriert mit dem Endlichen nicht. Es ist das, was wesentlich kein endliches ausschließt.

4 / In diesem Satze haben wir das Wort „kein“ und das darf |wieder| nicht 201 als Ausdruck einer unendlichen Conjunktion verstanden werden, sondern „wesentlich kein“ gehört zusammen. Es ist kein Wunder daß ich die Unendlichkeit immer wieder nur durch sich selbst erklären kann d.h. *nicht erklären kann.*

5 / Der Raum hat keine Ausdehnung nur die räumlichen Gegenstände sind ausgedehnt, aber die Unendlichkeit ist eine Eigenschaft des Raumes.
(Das schon zeigt, daß sie keine unendliche Ausdehnung ist)
Und dasselbe gilt von der Zeit, u.a.

6 in irgend einem Sinne zweierlei Erfahrungen haben: Eine ⟨des …⟩
11 sondern intensional.⟨ – ⟩ Nicht als ob ich den Raum sähe,
19 Dieses unendliche Wesen des Raumes erkennen wir im kleinsten Stück. *–im MS am linken Rand mit einem vertikalen Strich markiert*
21 Das Unsinnige ist schon, daß man so oft ⟨kei…⟩
28 und das darf |wieder| nicht als Ausdruck ⟨eines …⟩

1 / Wie ist es mit der unendlichen Teilbarkeit?

Denken wir daran, daß es einen Sinn hat, zu sagen, daß *jede* endliche Zahl von Teilen denkbar ist aber keine unendliche; daß aber eben darin die unendliche Teilbarkeit besteht!

Hier aber heißt nun „jede" nicht, daß die *Gesamtheit aller* Teilungen denkbar ist (die ist es nicht denn die gibt es nicht), sondern 203 die *Variable*: „Teilbarkeit" (d.i. den Begriff der Teilbarkeit) gibt es, die der wirklichen Teilbarkeit *keine Grenzen zieht*; und darin besteht ihre Unendlichkeit.

2 / Wie aber konstruieren wir eine unendliche Hypothese, etwa die unendlich vieler Fixsterne (daß sie *schließlich* nur einer endlichen Realität entsprechen kann, ist klar) – ? Sie kann wieder nur durch ein Gesetz gegeben sein. Denken wir an die unendliche Reihe roter Kugeln. – Denken wir an einen unendlichen Filmstreifen! (Er gäbe die Möglichkeit für alles Endliche was auf der Leinwand geschieht) Er ist der typische Fall einer unendlichen/ins Unendliche greifenden/ Hypothese. Es ist uns klar daß ihm keine Erfahrung *entspricht*. Er existiert nur im „zweiten System" also in der Sprache; wie aber ist er hier ausgedrückt? (Wenn sich ein Mensch einen unendlichen Streifen *vorstellen* kann, dann gibt es die unendliche Realität für ihn und auch das „eigentlich unendliche" in der Mathematik). Er ist ausgedrückt durch einen Satz der Art $(v) \cdot (Evx) \cdot \varphi x$. Alles was sich auf die unendliche Möglichkeit bezieht 205 also alle unendlichen Aussagen über den Film sind im Ausdruck der ersten Klammer wiedergegeben und die Wirklichkeit die diese Möglichkeit einschränkt in der zweiten Klammer.

3 * Was hilft uns die unendliche Teilbarkeit einer Strecke, wenn sie wesentlich in jedem Fall endlich eingeschränkt wird.

4 * Denken wir uns nur das schwarz-weiß gestreifte Feld mit den dünnsten Streifen, die wir noch sehen können. Sind diese für uns die unteilbaren einfachen Elemente des Gesichtsfeldes? Nein! Wir erkennen sie als teilbar, aber nicht geteilt.

5 / Was aber hat dann die Teilbarkeit mit dem Geteiltsein zu tun; wenn etwas teilbar sein kann was *nie* geteilt *ist*?

6 / Ja was heißt in dem primären Gegebenen überhaupt Teil*barkeit*? Wie kann man hier zwischen Möglichkeit und Wirklichkeit unterscheiden. 207

7 * Erinnere Dich daran daß „die Strecke a ist teilbar" kein Satz ist, sondern Unsinn, denn, daß sie teilbar ist zeigt die Form ihres Symbols.

3 daß *jede* endliche Zahl von Teilen denkbar ist⟨, …⟩
4 aber keine unendliche; daß aber eben ⟨das …⟩
9 *keine Grenzen zieht*; und darin besteht ihre ⟨un…⟩
22 Er ist ausgedrückt durch einen Satz ⟨von⟩ der Art $(v) \cdot (Evx) \cdot \varphi x$
28 Was ⟨nützt⟩ uns die unendliche Teilbarkeit einer Strecke,
43 sondern Unsinn, denn, daß sie teilbar ist ⟨g…⟩

1 ⁎ Und bedeutet nun die „unbegrenzte Teilbarkeit“ weiter nichts als daß aus dem Symbol für den Raum allein nichts über eine Grenze der Teilbarkeit zu ersehen ist?

2 / Es muß falsch sein, wie ich es tue von der *Einschränkung* der unendlichen Möglichkeit auf das Endliche zu reden.

Denn so scheint es als wäre eine unendliche Wirklichkeit denkbar – wenn auch nicht vorhanden, also doch wieder, als handelte es sich um eine mögliche unendliche Extension und eine wirkliche endliche. Als wäre die unendliche Möglichkeit die Möglichkeit einer unendlichen Anzahl.

Und das zeigt wieder, daß wir es mit zwei verschiedenen Bedeutungen des Wortes „*möglich*“ zu tun haben wenn ich sage „die Strecke kann in 3 Teile geteilt werden“ und andererseits „die Strecke ist 209
unendlich teilbar“. (Darauf weist auch der obere Satz, der bezweifelt, ob es im Gesichtsraum wirklich und möglich gibt)

Was besagt es daß ein Fleck im Gesichtsraum in 3 Teile geteilt werden *kann*? Es kann doch nur heißen, daß ein Satz, welcher einen derart geteilten Fleck beschreibt Sinn hat. (Wenn es sich nicht um eine Verwechslung der Teilbarkeit physischer Objekte mit der eines Flecks im Gesichtsraum handelt)

Dagegen bedeutet die unendliche – oder besser *unbegrenzte* – Teilbarkeit nicht, daß es einen Satz gibt der eine in unendlich viele Teile geteilte Strecke beschreibt, denn diesen Satz gibt es nicht. Diese Möglichkeit wird also nicht (wie die obere) durch eine Wirklichkeit der Zeichen angezeigt sondern durch eine Möglichkeit *anderer* Art der Zeichen selbst.

3 / Wenn man sagt: der Raum ist unendlich teilbar, so heißt das eigentlich: der Raum besteht nicht aus einzelnen Dingen (Teilen).

4 / Die unendliche Teilbarkeit bedeutet in gewissem Sinne, daß der Raum 211
unteilbar ist. Daß eine Teilung *ihn* nicht tangiert. Daß er damit nichts zu tun hat: *Er* besteht nicht aus Teilen. Er sagt, gleichsam zur Wirklichkeit: Du kannst in mir machen was Du willst. (Du kannst in mir so oft geteilt sein als du willst und kannst)

Der Raum gibt der Wirklichkeit eine unendliche Gelegenheit der/zur/ Teilung.

5 / Und darum steht in der ersten Klammer bloß *ein* Buchstabe. Offenbar nur eine Gelegenheit, nichts anderes.

1 Und ⟨sagt …⟩
5 Es muß falsch sein, wie ich es tue⟨,⟩ von der
7 Denn so scheint es als wäre eine ⟨unendliche⟩ Wirklichkeit denkbar
7 Denn so scheint es als wäre eine ⟨endliche⟩ Wirklichkeit denkbar
14 „die Strecke kann in 3 Teile geteilt werden“ und andererseits⟨,⟩
19 (Wenn ⟨nämlich⟩ nicht eine Verwechslung der Teilbarkeit
34 *Er* besteht nicht aus Teilen. Er sagt, ⟨sozusagen …⟩

1 / Wir denken viel zu wenig daran, daß das Zeichen wirklich nicht mehr bedeuten kann, als es ist.

2 / Die unendliche Möglichkeit im Symbol bezieht sich – d.h., deutet – nur auf das Wesen der endlichen Extension und läßt eben dadurch ihre Größe offen.

3 / Wenn ich sage: „wenn wir eine unendliche Extension kennten, so wäre es in Ordnung über das eigentlich Unendliche zu reden", ist wirklich so, 213
wie wenn ich sage „wenn es den Sinn Abrakadabra gibt, dann ist es in Ordnung von abrakadabrischen Sinneswahrnehmungen zu reden".

4 ✳ Nun könnte man aber fragen: Ist jenes Zeichen mit der unendlichen Möglichkeit wirklich notwendig; ginge es nicht mit der Disjunktion der kleinst-sichtbaren Teile? Nein. Denn mit den Zeichen für die diskreten Teile wäre die Kontinuität nicht darzustellen. – Und wie ist es mit der unendlichen Möglichkeit der Zukunft? Warum muß sie in den Sätzen über zeitliche Dinge zum Ausdruck kommen? Weil wie lange immer ich die Zukunft annehme, eine längere muß angenommen werden können.

Die Möglichkeit des Endlichen ist eben ohne Ende/unendlich/

5 / Wir sehen einen kontinuierlichen Farbübergang und eine kontinuierliche Bewegung, aber dann sehen wir eben keine Teile, keine Sprünge (nicht unendlich viele)

6 ✳ Die obere Erklärung der unendlichen Teilbarkeit trifft nicht das 215
Wesentliche. Das ist vielmehr, daß auch die kleinst sichtbaren Teile teilbar (wenn auch nicht geteilt) sind, und dies besteht – wie gesagt – darin, daß ein Satz der ein kleinst-sichtbares Stück als geteilt – etwa halbiert – beschreibt, Sinn hat.

7 ✳ Die gänzliche Verschiedenheit von (x) fx und (n) $2n = n + n$ kommt mir noch nicht genügend zum Bewußtsein.

8 ✳ So lange wir nicht feststellen können ob $\sqrt{2} = \sqrt{2}_{555\to333}$, so lange dürfen wir das neue Zeichen nicht benützen. Oder ob $\sqrt{2}_{5\to3} = \sqrt{2} + n$ (wo n die Differenz von $\sqrt{2}$ und $\sqrt{2}_{5\to3}$ bis zu dem weitest errechneten Punkt ist.) Zu sagen, es könnte aber vielleicht bewiesen werden, daß die Frage, ob $\sqrt{2}_{5\to3} = \sqrt{2} + n$ oder nicht, unentscheidbar sei, ist Unsinn! Der Beweis könnte nur zeigen, daß die Entscheidung nicht aus gewissen gegebenen Prämissen folgt.

1 *Die Bemerkung ist im MS am linken Rand mit zwei vertikalen Strichen markiert.*
1 Wir denken (w...)
13 (/) *Randzeichen im MS gestrichen und ersetzt*
21 ohne Ende/unendlich/ –*die zweite Variante ist im MS mit Fragezeichen markiert*
27 (/) *Randzeichen im MS gestrichen und ersetzt*
36 nicht –*die Unterstreichung ist im MS mit einem Fragezeichen markiert*

1 ∗ Welches sind aber die Prämissen der Mathematik? Doch wohl die Definitionen (denn die sogenannten logischen Grundgesetze sind keine Prämissen sondern Schlußweisen) 217

2 ∗ Was bedeutet es nun, wenn eine Gleichung aus den Definitionen mit Hilfe der zugelassenen Übergänge nicht folgte? Es könnte nur bedeuten, daß die Definitionen oder Übergänge unzureichend sind, oder jene Gleichung unsinnig. Denn daß eine Frage der Mathematik unentscheidbar sei, könnte zweierlei bedeuten: Entweder, daß unsere |gegenwärtigen| Mittel zur Entscheidung nicht ausreichen, obschon die Frage tatsächlich eine Antwort h a t: dann sind die Mittel schuld; und wir könnten mit jeder Entscheidung einen Sinn verbinden, wenn wir auch noch nicht wissen welche fallen wird. Wir könnten wenigstens zufälligerweise das Richtige treffen. – Oder die Frage ist unentscheidbar in dem Sinne, daß ich die Entscheidung, auch wenn sie mir gegeben würde, nicht v e r s t e h e n kann, weil es keine Einsicht g i b t die sie vermittelt; dann bediene ich mich einer Sprache die ich nicht verstehe und die ist unsinnig.

3 ∗ Daß ein mathematischer Satz beweisbar ist, heißt ja nichts andres als daß es möglich ist e i n z u s e h e n daß es so ist (direkt oder indirekt). 219
Das einzusehen kann nur unmöglich sein, wenn nichts einzusehen da ist. Die Notion prinzipiell unentscheidbarer mathematischer Fragen beruht nur auf der Idee der unendlichen Extensionen.

4 / Man könnte auch sagen „der mathematische Satz ist eine Anweisung auf eine Einsicht“. Die Annahme daß ihm keine Einsicht entspricht würde ihn zu einem vollkommenen Unsinn machen.

5 / Wir können eine Gleichung nicht v e r s t e h e n wenn wir die Verbindung ihrer beiden Seiten nicht einsehen.

6 / Die Unentscheidbarkeit setzt voraus daß zwischen den beiden Seiten sozusagen eine unterirdische Verbindung besteht; daß die Brücke nicht in Symbolen geschlagen werden kann. Aber dennoch besteht: denn sonst wäre die Gleichung sinnlos. – 221

Denn die Gleichung deutet eine Brücke an die zwischen den Symbolen geschlagen werden k a n n.

1 Welches ⟨sich …⟩
2 *Randzeichen im MS am Beginn der neuen Manuskriptseite wiederholt*
14 Wir könnten wenigstens ⟨ful …⟩
17 dann bediene ich mich einer Sprache die ich nicht ⟨verstehen …⟩
20 *Die Bemerkung ist im MS am linken Rand mit einem vertikalen Strich markiert.*
24 beruht nur auf der Idee der unendlichen ⟨schei…⟩
26 Man könnte auch sagen „der mathematische Satz ⟨ist die …⟩
33 *Die Bemerkung ist im MS am linken Rand mit einem vertikalen Strich markiert.*
33 Die ⟨| |⟩ *–im MS Einfügungszeichen gestrichen*

1 / Eine Verbindung zwischen Symbolen die besteht sich aber nicht durch |symbolische| Übergänge darstellen läßt, ist ein Gedanke der sich nicht denken läßt. Ist die Verbindung da so muß sie sich einsehen lassen.

2 Denn sie BESTEHT wie die Verbindung von Teilen des/meines/ Gesichtsraumes. Sie ist keine k a u s a l e/gleicht nicht einer k a u s a l e n/ Verkettung. Der Übergang ist nicht durch eine dunkle Spekulation hergestellt von anderer Art als das was er verbindet (wie ein dunkler Gang zwischen zwei lichten Orten).

3 / Wäre freilich die Mathematik die Erfahrungswissenschaft von den unendlichen Extensionen die man nie ganz kennen kann, so wäre sehr wohl eine prinzipiell unentscheidbare Frage denkbar.

4 ✳ Wie ist es aber mit den Definitionen die Variable enthalten, ist der 223
Definitionsgleichung auch das „(n)“ vorzusetzen?

5 ✳ Ich glaube: Entweder überall oder nirgends.

6 ✳ Es scheint mir die Frage ist auf zwei verschiedene Arten zu beantworten: Wenn die Gleichung $2 \cdot n \overset{Def}{=} n + n$ mir sagen soll daß ich statt des Zeichens „2n“ in jedem Zusammenhange das Zeichen „n + n“ setzen darf, dann ist (n) in dieser Definition k e i n e Variable, sondern der Buchstabe „n“, der ebensowenig variabel ist wie das Zeichen „a“ oder „4“. Die Definition ist dann keine allgemeine sondern eine besondere wie $1 + 1 \overset{Def}{=} 2$. Es geht daher aus ihr auch nicht eine besondere Gleichung – etwa – $2{\cdot}5 = 5 + 5$ hervor. Oder aber die Definition ist so gemeint, daß aus ihr – z.B. – $2{\cdot}5 = 5 + 5$ folgt, dann muß sie „(n) $2 \cdot n \overset{Def}{=} n + n$“ geschrieben werden.

7 ✳ Nun scheint in einer Definition etwas gegen das „(n)“ zu sprechen. Und zwar ist es, daß die Definition e i n Akt ist. Auch ist es unrichtig daß das 225
Definitionszeichen „Def“ das sie als einen Akt stempelt unter einem anderen Zeichen stehen sollte. Vielmehr muß es heißen „(n) · 2n = n + n Def“ [wo „Def“ den ganzen Bereich hat; und nun gehört dieses Zeichen allerdings nicht mehr b l o ß zum Gleichheitszeichen. Vielleicht wäre es also richtiger zu schreiben „2x $=_x$ x + x Def“ Aber hier tritt eben das Wesen des intensionalen „(n)“ zu Tage. (n) 2n = n + n heißt: „2n = n + n o h n e Festsetzung über den Wert von ‚n‘“. Die A l l g e m e i n h e i t besteht hier in der U n a b h ä n g i g k e i t von jeder b e s o n d e r e n Festsetzung.

1 Eine Verbindung ⟨von⟩ Symbolen die besteht
1 Eine Verbindung zwischen Symbolen die besteht ⟨die⟩ sich aber nicht
3 Ist die Verbindung ⟨das⟩ so muß sie sich einsehen lassen.
5 Denn sie BESTEHT wie die Verbindung ⟨der …⟩
12 die Erfahrungswissenschaft von den unendlichen ⟨Reihen …⟩
15 mit den Definitionen die Variable enthalten⟨;⟩ ist ⟨das …⟩
23 in dieser Definition k e i n e Variable, sondern ⟨die …⟩
36 dieses Zeichen allerdings nicht mehr b l o ß ⟨z…/„ = „…/⟩
40 o h n e Festsetzung über den Wert von ‚n‘“. ⟨A…⟩
41 in der U n a b h ä n g i g k e i t von ⟨einer⟩ b e s o n d e r e n Festsetzung.

1 ⚹ f(a) ist eine Stufe zu (x) · fx aber φn ist keine Stufe zu (n) φn. (Wahrscheinlichkeit)

2 ⚹ $\underline{(\exists x)} \cdot x^2 = 2x$ }
$(x)\, x^2 \neq 2x$ } Diese beiden sollen einander ausschließen.

$\sim(\exists x) \cdot x = -\frac{1}{x}$ }
$(x) \cdot x \neq -\frac{1}{x}$ } Diese beiden sollen dasselbe sagen. Worin besteht ihr Beweis und welchen der beiden Ausdrücke bringt er uns näher?

3 ⚹ Die Allgemeinheit einer Ungleichung wird nicht auf die selbe Weise 227 bewiesen, wie die Allgemeinheit einer Gleichung. Der Beweis einer allgemeinen Ungleichung ist daß ihre Lösung keine Zahl ergibt. (Vergl. dagegen Weyl)

4 ⚹ Es ist nicht so daß der Beweis des einen Satzes eine Betrachtung des Wesens der Zahl, der Beweis des anderen das Aufzeigen einer Zahl ist. Sondern der Beweis des ersten ist, daß sich die Seiten der Gleichung wegheben oder daß die Gleichung gelöst werden kann, der Beweis des anderen, daß die Lösung ins Leere führt.

5 ⚹ $(\exists x)\, x^2 = 2x$ und $(x) \cdot x^2 \neq 2x$ sind |wirklich| Gegensätze. Das heißt $(\exists x)\, x^2 = 2x$ und $\sim(x) \cdot x^2 \neq 2x$ sagen das Gleiche. Sie werden beide durch den gleichen Sachverhalt wahr gemacht d.h. es entspricht ihnen der selbe Beweis.

6 ⚹ $(\exists x)\, x^2 = 2x$ und $(x) \cdot x^2 \neq 2x$ s i n d Gegensätze. Aber dann natürlich nicht wenn man den einen extensiv, den anderen, faute de mieux, intensional auffaßt. Sondern nur wenn man sie beide als mathematische 229 Sätze d.h. beide intensional auffaßt.

7 ⚹ Ist es nicht eine unmißverständliche und eindeutige Vorschrift zu sagen: „Schreibe die Ziffern von π an wo aber in π eine ‚7' steht, ersetze sie durch 5"? Und von dieser Zahl π′ wüßte ich nun nicht ob sie gleich oder kleiner als π ist. Aber es muß sich doch beweisen lassen. Es muß entweder ein Gesetz geben, nach welchem eine „7" nicht in π auftreten kann oder eines nach welchem dies unendlich oft vorkommt, oder eines nach welchem es nach einer bestimmten Stelle nicht mehr vorkommt. Jedesmal ist es etwas was im Wesen einer Variablen liegt und nicht in der Extension (Auch hier ist der Gegensatz den Weyl zu sehen meint, nicht vorhanden)

8 Worin besteht ihr Beweis und welchen der ⟨Bei…⟩
11 Die Allgemeinheit einer Ungleichung wird nicht auf ⟨dieselbe⟩ Weise
18 Sondern der Beweis ⟨des einen ist …⟩
18 Sondern der Beweis des ⟨einen …⟩
22 $(\exists x)\, x^2 = 2x$ und $(x) \cdot x^2 \neq 2x$ ⟨schließen einander wirklich aus …⟩
22 $(\exists x)\, x^2 = 2x$ und $(x) \cdot x^2 \neq 2x$ ⟨s i n d⟩ |wirklich| Gegensätze.
23 Das heißt $(\exists x)\, x^2 = 2x$ und $\sim(x) \cdot x^2 \neq 2x$ sagen ⟨dasselbe⟩
25 wahr gemacht d.h. es entspricht ihnen ⟨derselbe⟩ Beweis.

1 * Der „Satz vom ausgeschlossenen Dritten“ gilt.

2 * Nun könnte man aber fragen: Ist es überhaupt eine Charakteristik eines Gesetzes daß in seiner Entwickelung eine „7“ auftritt? Diese Feststellung 231 ist ja Unsinn. Wohl aber hat es Sinn von einem Gesetz zu sprechen das vom Auftreten der „7“ |in π| handelt.

3 * Und wie ist es mit dem Auftreten von tausend „7“ nacheinander?

4 * Wie ist es nun aber daß man dennoch die obere Vorschrift verstehen und nach ihr handeln kann? [Das hängt damit zusammen, daß eine Vorschrift die sich aufs Unendliche bezieht etwas von einer Tautologie hat. Ich meine, daß sie in einem gewissen Sinne sinnlos aber nicht unsinnig ist. D.h., der Zusatz zum Bildungsgesetz von π „man ersetze ‚7‘ durch ‚5‘“, kann schlimmsten Falls diesem Gesetz nichts hinzufügen aber er macht es nicht unsinnig.]

5 * Die Frage wäre aber eigentlich die: Ist dieser Zusatz zum Gesetz von π nur darum verständlich, weil es einen Beweis dafür geben muß in welchem Verhältnis das neue Gesetz zum ursprünglichen steht, wenn ich auch den Beweis nicht kenne. Oder hat mein Verständnis der neuen Vorschrift nichts mit der Existenz eines solchen Beweises zu tun. 233

6 * Der Beweis ist eine Demonstration.

7 * Es scheint mir, als könnte man eine Vorschrift auf zweierlei Weise auffassen: extensiv und intensional. Extensiv kann ich nur ein endliches Stück verstehen. – (Die Fortsetzung fehlt mir)

8 * Was ist das Wesen einer Vorschrift?
Daß sie die Möglichkeit zeigt einen Schritt weiter zu machen.

9 * Denken wir uns diese Vorschrift: Der Bruch soll verlaufen wie π aber abbrechen wenn er zu drei „7“ kommt.

1 *Die Bemerkung ist im MS am linken Rand mit einem vertikalen Strich markiert.*
1 (Das …)
4 (Das …)
27 Extensiv kann ich nur *–hier folgt im MS ein Eintrag in Code, der zur gegenüberliegenden Rectoseite 234 gehört*

* Die Form π' ist ganz in Ordnung und es macht nichts wenn wir nicht wissen ob es dieselbe Zahl wie π ist oder nicht. Wenn die Vorschrift überhaupt einen Sinn haben soll so muß sich das zeigen lassen. Denn extensiv ins Unendliche kann die Vorschrift nicht greifen. Und es 235 spricht auch nicht gegen sie daß sie uns verständlich ist noch ehe wir wissen ob π' = π oder nicht. Wir sehen vielmehr gleich, daß sie so abgefaßt ist daß das nicht unmittelbar zu erkennen ist. Wenn sie aber als unendliche Vorschrift Sinn haben soll, so muß sie ins Unendliche schauen und das kann sie nur intensional. Die Vorschrift kann nicht sagen: Wenn je eine 7 kommen sollte dann ersetze sie durch 5. Die Vorschrift sieht nur auf den Schritt, der vor ihr liegt und unsere Vorschrift/unser Zusatz/ bestimmt offenbar nicht ob dieser Schritt der von π ist oder nicht. – Die Frage ob die beiden Vorschriften π und π' identisch sind oder nicht hat extensiv aufgefaßt überhaupt keinen Sinn; intensional aber muß sie sich entscheiden lassen wenn die zweite Vorschrift als unendliche Vorschrift einen Sinn haben soll. Denn als endliche Vorschrift hat es allerdings Sinn zu sagen: schreibe 100 Stellen von π an und wenn Du auf eine „7" triffst, ersetze sie durch „5". Es ist aber natürlich unsinnig zu sagen: schreibe π an und ersetze „7" durch 237 „5". Man könnte es auch so sagen: Es ist natürlich unsinnig zu sagen: Ersetze in der Extension von π alle „7" durch „5", dann kriegst Du π'. Fragen wir ob π = π', so läßt sich das allerdings durch eine differierende Stelle in der Extension zeigen, aber es gehört zur Frage der Identität ob nach dieser Stelle die beiden nun übereinstimmen oder nicht, und diese Frage ist, extensiv aufgefaßt, ins unendliche hinaus unbeantwortbar und daher unsinnig. [D.h., was ja selbstverständlich ist: Das Verhältnis von π und π' ist extensiv nicht zu erfassen und es ist daher unsinnig in dieser Auffassung danach zu fragen] Faßt man π und π' als Vorschriften zur Bildung einer endlichen Zahl von Stellen auf dann wird die Frage ob π = π' ist, durch diese Stellen entschieden und in dieser Auffassung sind sie tatsächlich im strengen Sinne identisch wenn sich keine Abweichung ergibt. Sie sind daher auch in jedem einzelnen Fall der Anwendung identisch wenn sie in diesem Fall übereinstimmen. In jedem einzelnen Fall ist daher der Zusatz (7 → 5) auch einfach extensiv zu verstehen. Faßt 239 man aber π und π' als unendliche Gesetze auf, so kann sich der Zusatz nicht länger mehr |wesentlich| auf die Extension beziehen (wie er es ursprünglich tut) Denn so könnte er sich nur auf eine endliche Extension beziehen, dann aber kann er niemals die neue reelle Zahl bestimmen. Extensiv betrachtet läßt der Zusatz die neue Zahl wesentlich unbestimmt wie jede extensive Bestimmung die unendliche Reihe unbestimmt lassen muß. – Die reelle Zahl ist die Vorschrift: Dann muß ich aber alle

1 es macht nichts ⟨daß⟩ wir nicht wissen ob es dieselbe Zahl wie π ist
12 unsere Vorschrift/unser Zusatz/ *–die zweite Variante ist im MS mit einem Fragezeichen markiert*
25 oder nicht, und diese Frage ist, ⟨extension...⟩
26 daher unsinnig. [D.h., was ja selbstverständlich ist⟨, ...⟩
32 Sie sind daher auch in jedem einzelnen Fall ⟨F...⟩
35 Faßt man aber π und π' als unendliche Gesetze auf, so ⟨muß ...⟩
36 kann sich der Zusatz nicht ⟨mehr ...⟩
36 |wesentlich| *–im MS mit einem Fragezeichen markiert*
36 auf die Extension beziehen⟨. ...⟩
37 Denn ⟨dann⟩ könnte er sich nur auf eine endliche Extension beziehen,
38 er sich nur auf eine endliche Extension beziehen, ⟨aber ...⟩

Eigenschaften dieser Zahl aus ihrer Vorschrift entnehmen können, sie müssen Eigenschaften dieser Vorschrift sein. Bezieht sich die Vorschrift auf die Extension so ist das nicht möglich, sie darf sich daher nicht auf die Extension beziehen.

1 ✳ Als praktische Anweisung zur Bildung von Näherungswerten von π (oder π′) ist die Vorschrift immer im Endlichen festgehalten. Sie läßt sich hier extensiv auffassen und andererseits bestimmt sie so auch keine reelle Zahl. 241

2 ✳ Und das scheint die Lösung zu geben: Als praktische Vorschrift läßt sich π′ extensiv verstehen und ist für jeden einzelnen Schritt der Anwendung bestimmt. Aber so verstanden reicht die Vorschrift nur, soweit die Anwendung reicht. – Als Vorschrift, abgesehen von der Ausdehnung ihrer Anwendung, als Vorschrift die für „j e d e n“ Fall gilt muß sie in sich ruhen. Sie muß alles in sich tragen.

3 ✳ Die Vorschrift π′ hat eine unendliche Möglichkeit in sich. Ich kann keinen wesentlichen Unterschied zwischen π′ und π sehen. Es ist auch nur die Verwandtschaft mit π die uns eine Frage aufdrängt wie „ist π′ = π?“.

4 ✳ Aber π′ ist nur in der Ordnung, weil es nicht auf Abenteuer ausgeht. Sondern in sich wesentlich bestimmt ist. 243

5 / Das Verständnis der Vorschrift und ihrer praktischen Ausführung hilft uns immer nur über endliche Strecken. Um eine reelle Zahl zu bestimmen, muß sie i n s i c h vollkommen verständlich sein. D.h., es darf nicht wesentlich unentschieden sein ob ein Teil von ihr zu entbehren wäre.

6 / Denn dann ist sie eben nicht klar gegeben, denn eine Extension, die ihr äquivalent wäre, gibt es nicht und in sich ist sie unbestimmt. π′ ginge dann auf Abenteuer aus in den unendlichen Raum.

7 ✳ Wäre die Vorschrift π′ aus sich heraus nicht völlig in ihren Eigenschaften zu verstehen, also z.B. auch die Frage ob π′ = π nicht entscheidbar, so müßte das daher kommen, daß diese Vorschrift aus heterogenen Teilen zusammengesetzt wäre; dann wäre sie etwa von derselben Art wie die Vorschrift die Ziffern eines Dezimalbruchs durch Würfeln zu erhalten.

1 alle Eigenschaften dieser Zahl *–hierauf folgt im MS ein Eintrag in Code, der zur gegenüberliegenden Rectoseite 240 gehört*
8 Sie läßt sich ⟨dabei⟩ extensiv auffassen und andererseits bestimmt sie
15 abgesehen von der Ausdehnung ihrer Anwendung⟨, oder⟩ als
16 für „j e d e n“ Fall gilt muß sie in sich ruhen⟨, und …⟩
20 die Verwandtschaft mit π die uns ⟨die⟩ Frage aufdrängt
23 *Die Bemerkung ist im MS am linken Rand mit zwei vertikalen Strichen markiert.*
34 ⟨π′ ginge dann …⟩ *–ursprünglich Beginn einer neuen Bemerkung*

1 / Wenn Brouwer die Anwendung des Satzes vom ausgeschlossenen Dritten bekämpft so hat er recht, soweit es sich um ein Vorgehen handelt, das den Beweisen empirischer Tatsachen analog ist. Ich kann in der Mathematik nie etwas auf die Art beweisen: Ich habe zwei Äpfel auf dem Tisch liegen gesehen jetzt ist nur einer da also hat er einen Apfel gegessen. Man kann nämlich nicht mit der Ausschließung gewisser Möglichkeiten eine neue beweisen die nicht mit der Ausschließung der anderen äquivalent wäre. D.h., ~p sagt nur immer ~p aber nie q. Es gibt nur ein contradictorisches Gegenteil das durch reductio ad absurdum der einen Möglichkeit bewiesen wird, aber nicht ein conträres Gegenteil, eine |echte| Alternative: So daß aus ~~p ein neues synthetisches Urteil gewonnen würde. Wären uns Aggregate |der Mathematik| synthetisch gegeben dann könnte man durch Ausschließung eines Teils das nicht ausgeschlossene bezeichnen und hier wäre nun der nicht ausgeschlossene Teil der Ausschließung des anderen nicht äquivalent. 245

2 ✳ Wenn q aus ~p folgt dann sagt q dasselbe oder weniger als ~p. 247

3 / In der Logik kann man um keine Schwierigkeit herumkommen. (Diese Methode erinnert an das Daumenfangen)

4 ✳ Schau auf die Struktur trachte nicht um sie herum zu kommen.

5 *Alles ist so ernst wie man es nimmt. Und alles ist so wichtig wie man es auffaßt. (Das ist das Geheimnis aller Kunst.)*

6 ✳ Der menschliche Blick hat es an sich daß er die Dinge kostbar machen kann, allerdings werden sie dann auch teurer.

7 / Brouwer hat Recht, wenn er sagt daß die Eigenschaften seiner Pendelzahl sich nicht mit dem Satz vom ausgeschlossenen Dritten vertragen. Nur ist damit keine Besonderheit der Sätze von den unendlichen Aggregaten aufgedeckt. Dem liegt vielmehr zu Grunde, daß die Logik zur Voraussetzung hat, daß es nicht a priori – also logisch – unmöglich sein darf zu erkennen, ob ein Satz wahr oder falsch ist. Ist 249 nämlich die Frage nach der Wahr- oder Falschheit eines Satzes a priori unentscheidbar, dann verliert der Satz dadurch seinen Sinn und eben dadurch verlieren für ihn die Sätze der Logik ihre Geltung.

3 das ⟨mit⟩ den Beweisen empirischer Tatsachen analog ist.
10 das durch reductio ad absurdum ⟨des …⟩
10 der einen Möglichkeit ⟨gew…⟩
11 aber nicht ein conträres Gegenteil, ⟨keine⟩ |echte| Alternative:
12 So daß aus ~~p ein neues synthetisches Urteil gewonnen ⟨wird⟩
13 dann könnte man durch ⟨Ausschaltung⟩ eines Teils
14 nicht ausgeschlossene bezeichnen und hier wäre nun ⟨nicht …⟩
17 Wenn q aus ⟨~⟩~p folgt dann sagt q dasselbe oder weniger als ⟨~⟩~p. *– die doppelten Negationszeichen sind im MS ausradiert.*

1 / Wie überhaupt die ganze Betrachtungsweise daß ein Satz weil er für ein Gebiet in der Mathematik gilt nicht notwendig auch für ein anderes gelten müsse in der Mathematik gar nicht am Platz, ihrem Wesen ganz entgegen ist. Obwohl die Autoren gerade das für besonders subtil halten und entgegen den Vorurteilen.

2 / Die Mathematik ist ganz durch die perniciöse mengentheoretische Ausdrucksweise verseucht. *Ein* Beispiel dafür ist es daß man sagt die Gerade bestehe aus Punkten. Die Gerade ist ein Gesetz und besteht aus gar nichts. Die Gerade als farbiger Strich im visuellen Raum kann aus kürzeren farbigen Strichen bestehen (aber natürlich nicht aus Punkten). | – | Und dann wundert man sich z.B. darüber, daß „zwischen den überall dicht liegenden rationalen Punkten“ noch die irrationalen Platz 251
haben! Was zeigt eine Konstruktion wie die des Punktes $\sqrt{2}$? Zeigt sie diesen Punkt wie er doch noch zwischen allen rationalen Punkten Platz hat? Sie zeigt einfach, daß der durch die Konstruktion *erzeugte* Punkt *nicht rational* ist.

Und was entspricht dieser Konstruktion und diesem Punkt in der Arithmetik? Etwa eine Zahl, die sich *doch* noch zwischen die rationalen Zahlen hineinzwängt? Ein Gesetz das nicht vom Wesen der rationalen Zahl ist.

3 / Die Erklärung des Dedekindschen Schnittes tut so als wäre sie anschaulich, wenn nämlich gesagt wird: Es gibt nur 3 Fälle entweder hat R ein letztes Glied und L kein erstes oder etc.. In Wahrheit läßt sich keiner dieser Fälle denken (oder vorstellen).

4 ⚹ Wenn man als Eigenschaft der Ober- und Unterklasse im Dedekindschen Schnitt $x^2 < 2$ und $x^2 > 2$ nimmt, warum nicht gleich $x < \sqrt{2}$ und $x > \sqrt{2}$? Man glaubt durch die erste Fassung einer Schwierigkeit ausgewichen zu sein.

5 / Wenn wir logisch vorgehen so müssen wir die rationalen Zahlen 253
einteilen in solche deren Quadrat größer als 2 ist und solche deren Quadrat *nicht* größer als 2 ist. (Denn, daß, was nicht größer ist entweder gleich oder kleiner ist sagt die Logik nicht, sondern das sehen wir erst durch Inspektion eines Zahlenverhältnisses.) Gut, ich schneide also: Rechts vom Strich liegen alle Zahlen mit größeren Quadraten, links alle anderen. Aber wer sagt denn, daß das so ist? Das setzt ja eben die Kenntnis der Struktur von x^2 und 2 voraus. Die Einführung der $\sqrt{2}$ durch den Dedekindschen Schnitt ist bloßer Schein, der dadurch zustande kommt, daß der „Schnitt“ eine räumliche Illustration ist der uns die Struktur vor Augen führt, die wir klassentheoretisch – amorph – nicht erfassen können.

3 nicht notwendig auch für ein anderes gelten ⟨muß …⟩
10 und besteht aus gar nichts. Die Gerade ⟨d…⟩
10 Die Gerade als farbiger ⟨Stre…⟩
14 Was zeigt ⟨aber⟩ eine Konstruktion wie die des Punktes $\sqrt{2}$

1 *Ich glaube die Mathematik hat im vorigen Jahrhundert eine ganz besonders instinktlose Zeit gehabt an der sie noch lange leiden wird. Ich glaube diese Instinktlosigkeit hängt mit dem Niedergang der Künste zusammen, sie entspringt der selben Ursache.* 255

2 ∗

$\sqrt{2}$	$= \underline{1{\cdot}414}$	Was bedeutet es nun zu sagen, daß dieser Rest so klein werden kann als ich will also kleiner als jede gegebene Zahl δ?
1·00	24	
0·0400	281	
0·01990	2824	
0·000604		

3 / Das führt zur Frage: wie sehe ich daß eine gegebene Zahl kleiner ist als eine andere gegebene etwa daß 4 kleiner ist als 5 oder 36 als 42? Das Größenverhältnis für die Ziffern 0 bis 9 muß festgelegt werden. Das weitere bestimmt eine Regel.

4 / m > n kann ich allerdings definieren $(\exists x)\ n + x = m$, aber ob nun $x = m - n$ eine Zahl ergibt, weiß ich nur wenn ich die Subtraktionsregel kenne und diese vertritt hier die Regel der Bestimmung von größer und kleiner. Diese Regel heißt, so formuliert: m ist größer als n wenn m – n nach der Subtraktionsregel eine Zahl ergibt.

5 ∗ „Wir können so viele Punkte zwischen A und B finden als wir nur wollen". Das ist wahr: wir können. Oder vielmehr wir können sie nicht finden – als wären alle da – sondern wir können so viele erzeugen als wir wollen. 257

6 / Warum ist die Philosophie so kompliziert? Sie sollte doch ganz einfach sein? Die Philosophie löst die Knoten in unserem Denken auf die wir unsinnigerweise hinein gemacht haben; dazu muß sie aber ebenso komplizierte Bewegungen machen wie diese Knoten sind. Obwohl also das Resultat der Philosophie einfach ist kann es nicht ihre Methode sein dazu zu gelangen. In der Wissenschaft ist ein Resultat so einfach oder so kompliziert wie die Methode durch die wir dazu gelangen. Die Kompliziertheit der Philosophie ist nicht die ihrer Materie sondern die unseres verknoteten Verstandes.

7 ∗ $(n) \cdot (\exists m)\ m = \frac{n}{2}$ $\underline{\underline{(n) \cdot (\exists \tfrac{n}{2})}}$

8 / $_{\nu}\sqrt{2}$ müssen wir zuerst einführen. Diese trägt die unendliche Möglichkeit des ν in sich. 259

9 Wir müssen für jede Zahl einen Klassennamen je nach dem Wert ihrer höchsten Stelle einführen.

23 „Wir können so viele Punkte zwischen A und B ⟨be…⟩
31 muß sie aber ebenso komplizierte Bewegungen machen wie ⟨wir …⟩
43 *Die Bemerkung ist im MS in der Leerzeile zur vorangehenden Bemerkung eingefügt.*
43 Wir müssen für jede Zahl einen Klassennamen je nach ⟨ihrer …⟩

1 Jede Zahl schreibe ich $\begin{bmatrix} \nu+1 \\ \nu \end{bmatrix}$

$$\begin{bmatrix} \nu+1 \\ \nu \end{bmatrix} \cdot \begin{bmatrix} \mu+1 \\ \mu \end{bmatrix} = \begin{bmatrix} \nu+\mu+2 \\ \nu+\mu \end{bmatrix} \qquad \begin{bmatrix} \nu+1 \\ \nu \end{bmatrix} : \begin{bmatrix} \mu+1 \\ \mu \end{bmatrix} = \begin{bmatrix} \nu-\mu+1 \\ \nu-\mu-1 \end{bmatrix}$$

$$\begin{bmatrix} \nu+1 \\ \nu \end{bmatrix}^n = \begin{bmatrix} n\nu+n \\ n\nu \end{bmatrix}$$

$$(n, \nu, \mu) \cdot (\exists x, r) \begin{bmatrix} \nu+1 \\ \nu \end{bmatrix}^n \cdot \begin{bmatrix} x+r \\ x \end{bmatrix} = \begin{bmatrix} \mu+1 \\ \mu \end{bmatrix}$$

d.h. nichts anderes als daß die Gleichung nach x zu lösen ist.

$$\begin{bmatrix} x+r \\ x \end{bmatrix} = \begin{bmatrix} \mu+1-n\nu \\ \mu-n\nu-n \end{bmatrix} = \begin{bmatrix} \mu-n\nu+1 \\ \mu-n\nu-n \end{bmatrix} \qquad \begin{matrix} r = -n-1 \\ x = \mu-n\nu-n \end{matrix}$$

$$(\nu)(\exists\delta) : |(x + \delta)^n - x^n| < \nu$$

$$(\nu)(\exists\delta)\tbinom{n}{1}x^{n-1}\,\delta + \tbinom{n}{2}x^{n-2}\,\delta^2 \ldots \delta^n < \nu$$

$$\begin{bmatrix} \rho+1 \\ \rho \end{bmatrix} \begin{bmatrix} \delta+1 \\ \delta \end{bmatrix} + \begin{bmatrix} \rho'+1 \\ \rho' \end{bmatrix} \begin{bmatrix} \delta+1 \\ \delta \end{bmatrix}^2 + \ldots < \begin{bmatrix} \nu+1 \\ \nu \end{bmatrix}$$

$$\begin{bmatrix} \delta+\rho'+2 \\ \delta+\rho' \end{bmatrix} + \begin{bmatrix} 2\delta+\rho''+3 \\ 2\delta+\rho'' \end{bmatrix} \ldots \begin{bmatrix} n\delta\rho^{(n)}+n-1 \\ n\delta+\rho^{(n)} \end{bmatrix} =$$

$$= \begin{bmatrix} \frac{n}{2}(n+1)\delta+\Sigma\rho+s \\ k\delta+\rho^k \end{bmatrix} < \begin{bmatrix} \nu+1 \\ \nu \end{bmatrix}$$

daraus ergibt sich δ

2 Ich muß das Gesetz bestimmen, das es gibt, zwischen der Zahl ν in „$\sqrt{2}$ und der Stufe des νten Restes R_ν, damit ist alles bestimmt was ich brauche. 261

3 $R_\nu = \begin{bmatrix} 2 \cdot z_\nu 10^{1-\nu} + 10^{2-2\nu} \\ 2 \cdot z_{\nu+1} 10^{-\nu} + 10^{-2\nu} \end{bmatrix} = \begin{bmatrix} 2-\nu \\ -\nu \end{bmatrix}$

4 ⚹ „Wie funktioniert diese Gleichung?“

5 Die Zahlen müssen wesentlich in einem Zahlensystem hingeschrieben werden. Das bedingt ihr Wesen. D.h. es muß wesentlich eine Leiter – auch in unserem Symbolismus – geben. $\begin{vmatrix} \nu+1 \\ \nu \end{vmatrix}$ stellt den Zwischenraum zwischen zwei Leitersprossen dar.

6 / Alle Beweise der Stetigkeit |einer Funktion| müssen sich auf eine Leiter – ein Zahlensystem – beziehen.

7 / Denn wenn ich sage „für jedes ν gibt es ein δ das die Funktion kleiner macht als ν“ so muß ich mich auf ein allgemeines arithmetisches Criterium beziehen das anzeigt wann φ(δ) kleiner ist als ν.

22 des νten Restes R_ν⁄. Damit⁄ ist alles bestimmt was ich brauche.

29 *Die ersten beiden Sätze der Bemerkung sind im MS am linken und rechten Rand mit je einer vertikalen Wellenlinie markiert.*

29 Die Zahlen müssen wesentlich in ⁄|irgend| e i n e m⁄ Zahlensystem

30 ⁄Es⁄ muß ⁄also⁄ wesentlich eine Leiter

1 / Es ist unmöglich, daß, was bei/in/ der Ausrechnung der Funktion wesentlich zu Tage tritt, nämlich die Zahlenleiter, in der allgemeinen Betrachtung verschwinden dürfte 263

2 / Wenn das Zahlensystem zum Wesen der Zahl gehört dann kann es die allgemeine Betrachtung nicht ausschalten.

3 / Und wenn also die Notation des Zahlensystems/System in der Notation/ das Wesen der Zahl spiegelt so muß dieses Wesentliche auch in die allgemeine Notation/Notation der allgemeinen Betrachtung/ eingehen. Damit erhält die allgemeine Notation die Struktur der Zahlen.

4 / Wenn ich wesentlich keine Zahl hinschreiben kann ohne ein Zahlensystem so muß sich das (auch) in der allgemeinen Behandlung der Zahl |wieder| zeigen.

5 / Das Zahlensystem ist nicht etwas minderwertiges |– wie eine russische Rechenmaschine –| das nur für Volksschüler Interesse hat während die höhere |allgemeine| Betrachtung davon absehen kann. 265

6 ✳ $(n)\, fn \neq \varphi n \vee (\exists n)\, fn = \varphi n$. Diese Disjunktion ist ganz in der Ordnung wenn ihre Glieder Sinn haben und das ist der Fall wenn eines von ihnen Sinn hat. Die Frage ist nur: hat es Sinn irgend eines der beiden Glieder hinzuschreiben?

7 ✳ Gewiss w e n n $(\exists n)\, \overbrace{fn = \varphi n}^{p}$ heißt „p kann für einen Fall bewiesen werden", dann lautet der Satz vom ausgeschlossenen Dritten: p kann bewiesen werden oder p kann nicht bewiesen werden.

8 ✳ Man muß zwischen dem Beweis und der allgemeinen Methode des Beweises unterscheiden. Ich habe nicht bewiesen ob $347 \times 256 = 3820$ aber ich habe eine allgemeine Methode die gewiß zum Ziele führt.

9 ✳ Worin besteht das Criterium des S i n n e s eines mathematischen Satzes?

1 *Die Bemerkung ist im MS am linken und rechten Rand mit je einer vertikalen Wellenlinie markiert.*
1 Es ist unmöglich, daß, ⟨von dem …⟩
1 was bei/in/ der Ausrechnung ⟨einer⟩ Funktion wesentlich zu Tage tritt
2 Funktion wesentlich zu Tage tritt, ⟨von der …⟩
3 in der allgemeinen Betrachtung ⟨gar nicht die Rede ist/wäre/⟩
9 die Notation des Zahlensystems/System in der Notation/ *–die zweite Variante ist im MS mit einem eingeklammerten Fragezeichen markiert*
11 Damit erhält ⟨diese⟩ allgemeine Notation die Struktur der Zahlen.
14 so muß sich das (auch) in der allgemeinen ⟨Notation zeigen.⟩
19 ⟨Denn hier/in dieser/ behandelt man das Zahlensystem als wäre es eine Art russischer Rechenmaschine, die ein Erwachsener nicht mehr braucht.⟩ *–der letzte Absatz der vorangehenden Bemerkung ist im MS gestrichen*
23 das ist der Fall wenn eines von ihnen Sinn hat. ⟨F…⟩
32 aber ich habe eine allgemeine Methode die gewiß zum ⟨Ziel⟩ führt.

1 / Was ist ein Beweis der Beweisbarkeit? Er ist ein anderer als der Beweis des Satzes. 267
Und ist etwa der Beweis der Beweis*barkeit* der Beweis daß der Satz Sinn hat? Dann aber müßte dieser Beweis auf *ganz anderen* Prinzipien beruhen als der Beweis des Satzes. *Es kann keine Hierarchie der Beweise geben!*

2 / Anderseits kann es in keinem wesentlichen Sinne eine Metamathematik geben. Alles muß in einer Type (oder also in keiner Type) liegen.

3 ✳ Kurzsichtige Philosophie.

4 ✳ $5^3 + 4^3 \neq 3^3$
$x^3 + y^3 \neq z^3$
Diese Form gibt jedenfalls eine unendliche Möglichkeit des Probierens. Aber doch *nur* die Möglichkeit!

5 / Denken wir uns den Satz: „Für alle |rationale| Zifferntripel die *ich* in $x^n + y^n = 1$ probieren kann, wird die Gleichung falsch". Das ist ein sinnvoller/richtiggehender/ Satz und *er* ist im Endlichen festgehalten. 269

6 / Es ist schwer sich von der extensiven Auffassung ganz frei zu machen: So denkt man immer: „Ja aber es muß doch eine interne Beziehung zwischen $x^3 + y^3$ und z^3 bestehen, da doch die Extension, wenn ich sie nur kennte das Resultat einer solchen Beziehung darstellen müßte". Etwa: „Es müssen doch entweder *wesentlich alle* n die Eigenschaft haben oder nicht da doch *alle* n die Eigenschaft haben oder nicht, wenn ich das auch nicht wissen kann."

7 ✳ Kann man also sagen: „Es liegt gar kein Grund vor irgend eine allgemeine Beziehung zwischen $x^n + y^n$ mit z^n anzunehmen, wenn man nicht extensionale Nebengedanken hat."?

8 ✳ Und zwar wäre es so: Es *ist* ein Grund vorhanden, warum *jede* Zahlenklasse die ich *einsetze* die Gleichung *sinnvoll* machen soll/macht/. Der Grund liegt in der unendlichen Möglichkeit der Form $x^n + y^n = z^n$.

9 ✳ Den Satz vom ausgeschl. Dritten müßte man nun etwa so formulieren: 271
Im Falle fx = φx ergeben die Regeln entweder daß sich fx und φx wegheben oder die Regeln ergeben das nicht. Im zweiten Falle nun sagt das etwas über die Form fx = φx oder nicht? Ich würde sagen, natürlich ja.

10 ✳ Wie aber wenn das nicht entscheidbar wäre und zwar etwa darum nicht, weil die Anwendung der Regeln eine unendliche Möglichkeit hat und es nicht zu sagen ist, ob diese Anwendung *einmal* dieses Resultat ergeben wird?

23 So denkt man immer: „Ja⟨,⟩ aber es muß doch eine interne Beziehung

1 ∗ In diesem Falle hätte natürlich auch die Frage keinen Sinn, ob $fx = \varphi x$ allgemein aus den Regeln hervorgeht oder nicht.

2 ∗ „Beweis durch Rekursion" das ist eine sehr irreführende Redeweise als liefe man bei diesem Beweise tatsächlich |irgend| ein Stück zurück! Während doch nur die *Möglichkeit* des Laufens eine Rolle spielt.

3 / Wenn man den Menschen lehrt einen Schritt zu machen, so gibt man 273
ihm damit die Möglichkeit irgend eine Strecke zu gehen.

4 / Ist es nun möglich zu zeigen, daß die Grundregeln für einen Satz relevant sind (d.h. ihn oder sein Gegenteil beweisen) ohne sie wirklich bis an ihn heranzubringen. D.h., wissen wir es erst wenn wir dort sind, oder ist es möglich es schon früher zu wissen. Und ist dafür die Möglichkeit der Überprüfung von $136 \times 47 = 17843$ ein Beweis? Es hat offenbar einen Sinn zu sagen: „Ich weiß wie man das überprüft" noch ehe man es überprüft hat.

5 ∗ Ist es ein Axiom daß $2 \neq 3$? oder $n \neq n + 1$? D.h. weiter nichts als: braucht man in den Anfängen der Mathematik außer den Definitionen noch andere syntaktische Regeln? Denn etwas anderes können die „Axiome" natürlich nicht sein.

6 / Man könnte auch fragen: wie geht denn jener Prozess vor sich, wenn wir noch gar keine Ahnung haben wie ein gewisser Satz zu beweisen ist und
nun doch fragen: „läßt es sich beweisen, oder nicht", und nach dem 275
Beweis für ihn ausschauen. Wenn wir „versuchen ihn zu beweisen", was tun wir da? Ist es wesentlich ein Suchen ohne jedes innere System, also eigentlich *kein Suchen*, oder kann irgend ein Plan vorhanden sein? Die Antwort auf diese Frage ist ein Fingerzeig in der Frage ob der noch unbewiesene – oder noch unbeweisbare – Satz sinnlos ist oder nicht. Denn in einem sehr bedeutungsvollen Sinn muß jeder sinnvolle Satz durch seinen Sinn uns anweisen, wie wir uns davon überzeugen sollen ob er wahr oder falsch ist. „Jeder Satz sagt, was der Fall ist, wenn er wahr ist". Und dieses „was der Fall ist" muß sich beim mathematischen Satz auf die Art und Weise seines Beweises beziehen. Dagegen nämlich kann man nicht den *Sinn* den man nicht kennt |logisch| planvoll suchen. Der Sinn müßte einem sozusagen geoffenbart werden und zwar von außen, – da er aus dem Satzzeichen |allein| nicht zu entnehmen ist – im Gegensatz zur Wahrheit die uns der Satz selbst suchen und mit ihm vergleichen lehrt.

26 und nun doch fragen: „läßt es sich beweisen⟨" …⟩
30 Die Antwort auf diese ⟨Fragen⟩ ist ein Fingerzeig
30 Die Antwort auf diese Frage ist ein Fingerzeig ⟨ob …⟩
34 wie wir uns davon überzeugen sollen ob er ⟨fa…⟩
37 Dagegen nämlich kann man nicht den *Sinn* ⟨eines Satzes⟩ den man
38 Der Sinn müßte einem sozusagen geoffenbart werden ⟨nämlich …⟩
40 nicht zu entnehmen ist – im ⟨Gegensatze⟩ zur Wahrheit

1 Das kommt darauf hinaus zu fragen: Ist durch den allgemeinen 277
mathematischen Satz etwas bis auf ja und nein festgelegt? [nämlich eben ein Sinn]

2 / Wo man fragen kann, kann man auch suchen, und wo man nicht suchen kann, kann man auch nicht fragen. Und natürlich auch nicht antworten.

3 / Meine Erklärung darf nicht das mathematische Problem aus der Welt schaffen. D.h. es ist nicht so, daß ein mathematischer Satz erst dann gewiss einen Sinn hat wenn er (oder sein Gegenteil) bewiesen worden ist. (In diesem Falle hätte nämlich sein Gegenteil nie Sinn (Weyl)) Anderseits könnte es sein daß gewisse scheinbare Probleme den Charakter des Problems – der Frage nach ja und nein – verlieren.

4 / Ist es so daß ich zu jedem Schritt eines Beweises eine frische Intuition brauche? Das hängt mit der Frage der Individualität der Zahlen zusammen. Es wäre etwa so: Angenommen eine gewisse allgemeine
Regel, in der also eine Variable vorkommt, so muß ich immer von 279
Neuem erkennen daß diese Regel *hier* angewendet werden kann. Kein Akt der Voraussicht kann mir diesen Akt der *Einsicht* ersparen. Denn tatsächlich ist die Form auf die die Regel angewandt wird bei jedem Schritte eine andere. –

5 / Der Beweis der Relevanz wäre ein Beweis der noch nicht den Satz ergeben würde sondern ... und eben das könnte so einen Beweis möglich machen. Er würde die Leiter nicht hinauf steigen denn *dazu muß* man jede Stufe nehmen; sondern nur zeigen, daß die Leiter in diese Richtung führt. D.h.: Es gibt keinen Ersatz für das Durchlaufen aller/jeder/ Stufen, und was dem äquivalent ist muß wieder dieselbe Mannigfaltigkeit haben. (In der Logik gibt es kein Surrogat) Es ist auch ein Pfeil kein Surrogat des Durchschreitens aller Stufen bis zum bestimmten Ziel. Das hängt auch mit der Unmöglichkeit einer Hierarchie von Beweisen zusammen.

6 / Würde nicht der Gedanke einer Hierarchie besagen, daß der bloßen Fragestellung schon ein Beweis vorhergehen muß, nämlich ein Beweis
des Sinnes. Dann aber, sage ich, muß der Beweis des Sinnes *radikal* 281
verschiedener Natur vom Beweis der Wahrheit sein, sonst setzt dieser Beweis wieder einen voraus und wir kommen in einen endlosen Regress.

16 Das hängt mit der Frage ⟨nach⟩ der Individualität der Zahlen
19 so muß ich immer von Neuem erkennen daß ⟨dieser ...⟩
25 ergeben würde sondern ... | | *–die zum Einschubzeichen gehörige Textstelle findet sich nicht im MS; in der Überarbeitung in der Synopse I-IV, S. 50, endet der Satz mit einem Schlußpunkt nach* würde, *gefolgt von drei Bindestrichen*
34 Würde nicht der Gedanke einer Hierarchie ⟨sch...⟩
35 daß der bloßen Fragestellung schon ein Beweis vorhergehen ⟨müßte⟩
37 *radikal* verschiedener ⟨Art⟩ vom Beweis der Wahrheit sein,

1 Hat die Frage nach der Relevanz einen Sinn? Wenn ja, so muß man immer sagen können, die Grundgesetze sind für diesen Satz relevant oder nicht und dann muß sich diese Frage immer entscheiden lassen. Läßt sich aber diese Frage entscheiden, so ist damit schon eine Frage der *ersten* Type entschieden. Und läßt sie sich nicht entscheiden dann ist sie überhaupt sinnlos.

2 ⁎ Ich reiße mich solange von der Wahrheit los als ich nur auf ihr stehe und nicht an ihr festgewachsen/mit ihr verwachsen/ bin.

3 ⁎ Jeder Beweis scheinbar höherer Type ist in Wirklichkeit ein Beweis im Problem der ersten Stufe.

4 ⁎ Wenn die Grundlagen vollständig sind, so kann die Frage „sind sie für diesen Satz relevant" nur bedeuten „ist dies überhaupt ein mathematischer Satz oder nicht". (Denn er gehört entweder selber zu den Grundlagen oder sie müßten für ihn relevant sein) /|Andere Fassung:| [oder muß sich aus ihnen ableiten oder entkräften lassen]/ 283

5 ⁎ Man könnte sagen: in der Mathematik läßt sich nichts voraussehen und was sich scheinbar voraussehen läßt (Rekursion) läßt sich in Wirklichkeit einfach *sehen*. Kann ich etwas sehen ehe ich dort bin, dann kann das Sehen/was ich sehe/ *nichts* mit dem Dortsein zu tun haben, dann ist das Gesehene eben nicht erst dorten.

6 ⁎ Kann man sagen: „Ich kann |(in der Mathematik)| zwar syntaktische Regeln (d.h. allgemeine Gleichungen) *herleiten* aber ich kann nicht fragen, ob etwas eine solche Regel ist, oder sagen, daß *es* oder sein Gegenteil, eine sein muß"?

Dann kann ich aber auch nicht *behaupten* daß etwas eine solche Regel ist.

7 / Was uns, abgesehen vom angeblichen Beweis Fermats dazu treibt uns mit der Formel $x^n + y^n = z^n$ zu beschäftigen ist die Tatsache daß man nie auf Kardinalzahlen gestoßen ist, die der Gleichung genügen; aber das gibt dem allgemeinen Satz *keinerlei* Stütze (Wahrscheinlichkeit) und ist also kein guter Grund zur Beschäftigung mit dieser Formel. Wohl aber kann man sie einfach als Schreibweise einer bestimmten allgemeinen Form ansehen und sich/nun/ fragen ob sich die Syntax in *irgend* einer Weise mit dieser Form beschäftigt.

8 / Ich sagte: Wo man nicht suchen kann, da kann man auch nicht fragen 285
und das heißt: wo es keine |logische| *Methode* des Findens gibt, da kann auch die Frage keinen Sinn haben.

9 ⁎ Whatever one can tackle is a problem (so Mathematics is alright.)

1 ⟨Die …⟩
23 das Sehen/was ich sehe/ *–die zweite Variante ist im MS mit einem Fragezeichen markiert*
39 sich/nun/ *–die zweite Variante ist im MS mit einem Fragezeichen markiert*

1 ✳ Die Mathematik geht wesentlich synthetisch vor.

2 / Nur wo eine Methode der Lösung ist, ist ein Problem (das heißt natürlich nicht „nur wo die Lösung gefunden ist, ist ein Problem“)

3 / D.h. Dort wo die Lösung nur von einer Art Offenbarung erwartet werden kann, ist auch kein Problem. Einer Offenbarung entspricht keine Frage.

4 / Das ist so, wie wenn man nach den Erfahrungen eines Sinnes fragen wollte/würde/ den man noch nicht hat. Uns einen neuen Sinn geben das nenne ich Offenbarung/würde ich Offenbarung nennen/.

Man kann auch nicht nach einem neuen Sinn (Sinneswahrnehmung) *suchen*.

5 ✳ Wenn man die variable Form eines arithmetischen Satzes/einer Zahlengleichung/ „Urteilsabstrakt“ nennt (Weyl), dann ist der 287 allgemeine mathematische Satz *kein* Urteilsabstrakt sondern ein Urteil. –

6 ✳ Die Schwierigkeit ist: Ist nicht mindestens „$\sim(x, y, z, n)\ x^n + y^n = z^n$“ richtig? Oder ist dies auch unsinnig? Und wenn das unsinnig ist, wo hat dann diese Form überhaupt Sinn?

7 / Die Frage taucht wieder auf: Inwiefern kann man einen mathem. Satz *behaupten*? *Das* hieße nämlich nichts, daß ich ihn nur dann behaupten kann wenn er richtig ist! – Sondern behaupten |können| muß ich auf den Sinn hin, nicht auf die Wahrheit hin. Es scheint mir, wie schon gesagt, klar zu sein, daß ich den allgemeinen Satz so sehr oder so wenig behaupten kann, wie die Gleichung $3 \times 3 = 9$ oder auch $3 \times 3 = 11$.

8 ✳ Ich habe noch zu wenig betont daß $25 \times 25 = 625$ auf *genau* derselben Stufe und von *genau derselben Art* ist wie $x^2 + y^2 + 2xy = (x + y)^2$

9 ✳ Könnte man nun sagen: „Es wäre allerdings *falsch* zu schreiben $(x, y, n)\ x^n + y^n = (x + y)^n$ und daher richtig daß $\sim(x, y, n)\ x^n + y^n = (x + y)^n$, dagegen $(x, y, z, n) \cdot x^n + y^n = z^n$ unsinnig und ebenso – daher – sein Gegenteil“?
Wie ist es dann mit dem Satz „$(x, y) \cdot x = y$“ und seinem Gegenteil $\sim \ldots$? 289

10 ✳ Oder ist es so: $\sim(x, y, z, n)\ x^n + y^n = z^n$ ist allerdings richtig *aber nicht* etwa, weil ich Fälle kenne in denen $x^n + y^n \neq z^n$, sondern weil aus den allgemeinen Regeln folgt, daß das keine allgemeine Regel sein kann.

12 nenne ich Offenbarung/würde ich Offenbarung nennen/ *–die zweite Variante ist im MS mit einem Fragezeichen markiert*

14 ⟨Man …⟩ *–der Absatz wurde im MS zunächst als eigenständige Bemerkung begonnen*

28 Sondern behaupten |können| muß ich auf den Sinn hin⟨. …⟩

33 *Die Bemerkung ist im MS am linken Rand mit einem vertikalen Strich markiert.*

40 ⟨Di…⟩

44 sondern weil aus den ⟨allgemeinen⟩ Regeln folgt,

1 ✳ Die obere Analogie zwischen $25^2 = 625$ und $(x + y)^2 = x^2 + y^2 + 2xy$ ist, glaube ich, *äußerst* lehrreich! Denn sie ist doch vollkommen; und was entspricht denn im ersten Falle einem Satz mit „$(\exists n) \ldots$"?

2 ✳ Was entspricht in den allgemeinen Sätzen dem Satz $25^2 \neq 620$? Es wäre: $\sim(x)\ (x + y)^2 = x^2 + y^2$, das heißt in Worten: „$(x + y)^2 = x^2 + y^2$" ist keine Regel, oder genauer: Die beiden Seiten dieser Gleichung – verstanden, wie es das Zeichen „(x)" anzeigt – sind einander nicht gleich.

3 ✳ Dieses Zeichen „(x)" sagt aber gerade das Gegenteil dessen, was es in den nicht mathematischen Fällen sagt – es ist daher sehr schlecht es hier anzuwenden – es sagt nämlich gerade, daß wir die Variable in dem Satz als *Konstante* auffassen sollen. Man könnte den obigen Satz wiedergeben: „Es ist nicht richtig – wenn man x und y als Konstante auffaßt – daß $(x + y)^2 = x^2 + y^2$"

4 ✳ Aber kann ich denn dann den Satz nicht ebensogut in der Form 291
schreiben „$(x) \cdot (x + y)^2 \neq x^2 + y^2$" Denn was kann dieser Satz dann anderes sagen? – Aber wie soll man dann den (falschen) Satz schreiben den man gewöhnlich unter diesen Zeichen versteht? Was entspricht diesem in den Zahlengleichungen?

5 / Es ist beinahe unglaublich wie ein Problem durch die falschen Ausdrucksweisen die Generation auf Generation rundherum stellt gänzlich, auf Meilen, blockiert wird, so daß es beinahe unmöglich wird dazuzukommen.

6 ✳ Vor allem ist klar, daß im Falle „$(x,y) \cdot (x + y)^2 \neq x^2 + y^2$" in der gewöhnlichen Auffassung des Satzes die Variablen nicht wie Konstante, also nicht wie in „$\sim(x, y) \cdot (x + y)^2 = x^2 + y^2$" aufgefaßt werden. *Woraus hervorgeht, daß im ersten Satze die Schreibweise „(x,y)" schlecht gewählt ist.*

7 ✳ Außer als „allgemeine Konstante" kann ich dann die Variable als „Unbekannte" auffassen. (Man könnte sie hier durch ein Fragezeichen ersetzen)

8 ✳ Ich fasse also im Satze „$\sim(x, y) \cdot (x + y)^2 = x^2 + y^2$" die Variable GRUNDVERSCHIEDEN auf, von der Variablen in „$(x, y, z, n)\ x^n + y^n \neq z^n$"

9 ✳ $(x, y, z, n)\ x^n + y^n \neq z^n$ behauptet eigentlich eine bestimmte Lösung der 293
Gleichung $x^{n+2} + y^{n+2} = z^{n+2}$, nämlich die $x = y = z = 0$. Und in dieser Gleichung ist das n̲ als Konstante aufgefaßt und x, y, z als Unbekannte. Oder besser: der Satz behauptet vor allem, daß diese Gleichung eine bestimmte *allgemeine* Lösung hat. D.h. er behauptet daß die mathematischen Regeln den Satz $x^{n+2} + y^{n+2} = z^{n+2}$ eindeutig in $x = y = z = 0$ transformieren werden.

Vor allem: Ist das die Behauptung einer Gleichung?

1 $25^2 = 625$ und $(x + y)^2 = x^2 + y^2 + 2xy$ ist⟨ – ⟩ glaube ich,
6 dem Satz $25^2 \neq 620$? Es wäre: $\sim(x\langle + \ldots\rangle$
28 Vor allem ist klar, daß im Falle „(x⟨⟩…⟩

1 * Wie aber, wenn ich den Wert 0 von x, y, z ausschließe? Nur dann ist der Beweis der Ungleichung eben daß $x = y = z = 0$ ein Widerspruch gegen die Begrenzung/Begrenzungsvorschrift/ der Variablen ist, oder etwas äquivalentes.

2 * Was ist nun aber die richtige Schreibweise? Denn die hergebrachte führt zu offenbarem Unsinn. Das Gegenteil des Fermatschen Satzes soll sein „$(\exists x, y, z, n+2)\ x^{n+2} + y^{n+2} = z^{n+2}$" dieses Zeichen dürfte nun nichts anderes sagen als „die mathematischen Regeln führen nicht zur Lösung $x = y = z = 0$" denn *das* ist der Gegensatz zum Fermatschen.

3 / Was das Verständnis erschwert ist die falsche Auffassung als wäre die *allgemeine* Lösung nur ein – nebensächliches – Hilfsmittel zum Erhalten von Zahlen die die Gleichung befriedigen. Während sie an sich ein Aufschluß über das Wesen/die Natur/ der Gleichung ist. Sie ist – wieder – kein nebensächliches Hilfsmittel zum Finden einer *Extension* sondern Selbstzweck. 295

4 * Und wie ist es allgemein mit $fx = \varphi x$? Was man „$(x)\ fx = \varphi x$" oder „$\sim(\exists x)\ fx \neq \varphi x$" schreibt bedeutet $fx = \varphi x$ (x als allgemeine Konstante aufgefaßt). Das Gegenteil davon also „$\sim(x)\ fx = \varphi x$" oder „$(\exists x)\ fx = \varphi x$" bedeutet nur daß „fx" und „φx" nicht durch einander ersetzbar sind. „$(x)\ fx \neq \varphi x$" bedeutet, daß die Gleichung eine Lösung *hat* die den Annahmen über |die Grenzen von| x widersprechen. Und das Gegenteil davon „$\sim(x)\ fx \neq \varphi x$" oder „$(\exists x)\ fx = \varphi x$" bedeutet daß das nicht der Fall ist.

Wenn das richtig ist so zeigt es sich, daß die Notation mit „(x)" und „(∃x)" hier gänzlich ungenügend ist. Es ist hier z.B. der Fall daß $fx = \varphi x$ eine Lösung hat überhaupt nicht bezeichnet, denn ich kann ihn nicht „$(\exists x)\ fx = \varphi x$" nennen solange das der Gegensatz von $(x) \cdot fx \neq \varphi x$ sein soll.

5 * Ist nun ein Ausweg der: „Die Behauptung, daß die mathem. Regeln die Lösung $x = 0$ herbeiführen werden ist nicht die Behauptung einer Gleichung"?

6 * Aber welche Form hat der mathem. Satz: „Die Gleichung $x^2 - 3x + 2 = 0$ hat die Lösungen −2 und 0 und sonst keine"?

Aber ist das nicht eben der Satz „$(x) \cdot x^2 - 3x + 2 \neq 0 [x \neq \{ {-2 \atop -1}]$"

3 Begrenzung/Begrenzungsvorschrift/ *–die zweite Variante ist im MS mit einem Fragezeichen markiert*

13 als wäre die *allgemeine* Lösung nur ⟨eine ...⟩

21 bedeutet $fx = \varphi x$ (x als allgemeine Konstante ⟨betrachtet⟩

24 daß die Gleichung eine Lösung *hat* die den Annahmen ⟨daß d...⟩

27 Wenn das richtig ist so zeigt es⟨, daß ...⟩

33 *Die Bemerkung ist im MS am linken Rand mit einer vertikalen Wellenlinie markiert.*

1 ✶ Ist $625 = 620$ auf einer anderen Stufe als $25^2 = 620$ und ist $625 = -620$ auf einer anderen Stufe als $625 = 620$ und als $25^2 = -625$? Und wohin 297
gehört $x^2 = -1$? Man könnte sagen es gehört in die Kategorie der u n m i t t e l b a r durch eine Regel verbotenen Gleichungen (im Gegensatz zu denen, die erst durch die Anwendung von erlaubten Transformationen auf solche führen) Wie ist aber hier x als Variable aufgefaßt? Jedenfalls nicht als allg. Konstante. Aber als „Unbekannte“?

2 × Die Frage für $(\ )^2 = -1$ ist: Erlauben die Regeln eine solche Form?

3 / Welche Fragen kann man bezüglich einer Form z.B. $fx = \varphi x$ stellen? – Ist $fx = \varphi x$ [x als allg. Konstante], oder nicht? Führen die Regeln zu einer Lösung der Gleichung [x als Unbekannte] oder nicht? Verbieten die Regeln die Form $fx = \varphi x$ [x als leere Stelle aufgefaßt], oder nicht?

K e i n e r dieser Fälle darf sich empirisch, also extensiv, prüfen lassen.

4 / Auch die zwei letzten nicht, denn daß z.B. „$x^2 = 4$“ erlaubt sehe ich aus $7^2 = 4$ nicht weniger als aus $2^2 = 4$, und daß $x^2 = -4$ verboten ist zeigt mir $2^2 \neq -4$ nicht anders als $8^2 = -4$. D.h., ich sehe hier im Einzelfall doch wieder nur die (allgemeine) Regel.

5 / Die Frage: „wird die Gleichung von irgendwelchen Zahlen befriedigt“ hat keinen Sinn, ebensowenig wie der Satz „sie wird von Zahlen 298
befriedigt“ und ebensowenig, natürlich, wie die Behauptung „sie wird von allen Zahlen – oder von keiner Zahl – befriedigt“.

6 / Das Wichtige ist, daß ich auch dann, wenn mir $3^2 + 4^2 = 5^2$ gegeben ist, n i c h t sagen darf „$(\exists x, y, z, n)\ x^n + y^n = z^n$“ denn extensiv heißt es nichts und intensional ist es dadurch nicht bewiesen. Sondern ich darf dann eben nur sagen $3^2 + 4^2 = 5^2$.

7 ✶ Sind nicht die Aufassungen der Variablen als allg. Konstante und als leere Stelle identisch?

8 ✶

x als allg. Konst. $fa = \varphi a$	$\sim(fa = \varphi a)$
$(x)\cdot fx = \varphi x \quad \sim(\exists x)\, fx \neq \varphi x$	$\sim(x) fx = \varphi x \quad (\exists x) fx \neq \varphi x$

9 ✶

Die Regeln führen nicht zu einer Lösung	Die Regeln führen zu einer Lösung
$(x)\ fx \neq \varphi x \quad \sim(\exists x)\ fx = \varphi x$	$\sim(x)\ fx \neq \varphi x \quad (\exists x)\ fx = \varphi x$
Die Regeln führen zu einer verbotenen Gleichung	Die Regeln verbieten die Gleichung nicht

10 ✶ Es zeigt sich daß die gewöhnliche Notation ganz irreführend ist.

14 Verbieten die Regeln die Form $fx = \varphi x$ [x als leere Stelle 〈] …〉
15 K e i n e r dieser Fälle darf sich empirisch, also extensiv, 〈 – ko…〉
19 sehe ich aus $7^2 = 4$ 〈ebenso〉 als aus $2^2 = 4$
24 *Fortsetzung des Textes auf der letzten Rectoseite von:* Band II

1 ∗ Die Regel „$n \neq n+1$" sagt nicht: „n und n + 1 sind nicht das selbe Symbol", wo n als allg. Konstante aufgefaßt wäre, sondern sie verbieten die Form $\hat{n} = \hat{n} + 1$

2 ∗ Wie muß aber nun eine zweckmäßige Notation der mathematischen Allgemeinheit aussehen? 6

3 ∗ Und da erhebt sich noch eine wichtige Frage: Kann die |mathematische| Allgemeinheit überhaupt anders auftreten als in unmittelbarer Verbindung mit dem Gleichheitszeichen? D.h. kann es Sätze geben von der Art $(x) \cdot (\exists y)\, f_1(x, y) \vee f_2(x, y)$ wo der Bereich der Allgemeinheit notwendig über die Disjunktion ausgedehnt werden müßte, und der Satz nicht in eine Wahrheitsfunktion allgemeiner Gleichungen aufzulösen wäre?

4 Das scheint mir unmöglich zu sein.

5 / $x + y = 2$ $\quad (x + y)^2 = 2(x^2 + y^2)$
$x - y = 3$ $\quad x = y$
Haben wir hier nicht schon solche Fälle?!
$(\exists x, y)\; x + y = 2$ und $x - y = 3$ $\quad (x, y) : x = y \,.\!\equiv.\, (x + y)^2 = 2(x^2 + y^2)$ 8
$(x)\!: x^2 + 3x + 2 = 0 \,.\!\equiv.\, x = 8 \vee x = 4$

6 / Diese Sätze könnten einen beinahe glauben machen, man hätte es doch mit der gewöhnlichen Allgemeinheit und den Wahrheitsfunktionen zu tun, wenn es nicht klar wäre daß ihre Verification auf internem Weg geschieht. Z.B. durch Ausrechnung der Gleichung $x^2 + 3x + 2 = 0$ etc. So leitet uns der Schein dieser Notation immer irre.

7 ?/ $(n) : n = 2 \,.\!\supset.\, (\exists x, y, z)\; x^2 + y^2 = z^2$
Freilich sagt $(\exists x, y, z)$ nur, daß es beweisbar ist, daß $x^2 + y^2 = z^2$ Lösungen hat und bezieht sich nicht auf die Angabe bestimmter Zahlen, noch kann es durch diese Angabe bewiesen werden!

8 ∗ (Ich ahne daß es möglich sein wird ohne Wahrheitsfunktionen auszukommen)

2 Konstante aufgefaßt wäre, sondern sie ⟨be…⟩
3 *Fortsetzung des MS auf den freigebliebenen Versoseiten von:* Band I
5 Fortsetzung der philosophischen Betrachtungen des II. Bandes. *Wie die Seiten 2 und 4 waren die Versoseiten dieses und des zweiten Bandes zunächst für Marginalien und persönliche Bemerkungen vorgesehen.*
8 noch eine wichtige Frage: Kann die ⟨allgemei…⟩
10 Verbindung mit dem Gleichheitszeichen? ⟨Kann es also …⟩
11 von der Art $(x) \cdot (\exists y)\, f_1(x, y) \vee f_2(x, y)$ ⟨wo …⟩
11 wo ⟨die⟩ Allgemeinheit notwendig über die Disjunktion ausgedehnt
12 über die Disjunktion ausgedehnt werden müßte⟨? …⟩
18 ⟨?⟩ *Randzeichen im MS gestrichen*
22 (x): ⟨()⟩+3x + 2 = 0 .≡. x = 8 ∨ x = 4
24 ⟨?⟩ *Randzeichen im MS gestrichen*
30 (n) : n = 2 .⊃. ⟨(E)⟩∃x, y, z) $x^2 + y^2 = z^2$

1 ✶ Der Fermatsche Satz ist

$$(n) : n \neq 2 \vee n \neq 1 \vee \supset \sim(\exists x, y, z)\, x^n + y^n = z^n$$

oder

$$(n) : (\exists x, y, z)\, x^n + y^n = z^n \cdot x \neq 0 \cdot y \neq \cdot z \neq 0 .\equiv.\, n = 1 \vee n = 2$$

2 ✶ Was aber wird nun aus meiner Auffassung der Variablen als allg. Konstante und Unbekannte?

3 ✶ Es ist klar daß ich die Konstruktion der mathematischen Satzzeichen dadurch erklären muß, daß ich angebe wie die so gebildeten Sätze verifiziert werden sollen. Denn jedes Zeichen deutet eine Methode/einen Weg/ der Verification an. 10

4 So habe ich oben auch die Zeichen „(∃x)" und „(x)" behandelt. Nur treten jetzt die Wahrheitsfunktionen hinzu.

5 ✶ Kommen wir hier zu dieser Transformation von „(x) (∃y) $y = 2x$" in „(x) (∃2x)" die ich einmal angedeutet habe? (Die |Möglichkeit der| Verwandlung eines Relativsatzes in ein Attribut in der Allgemeinheit der Mathematik)

6 ✶ $(x) : x^2 = 4 .\equiv.\, x = +2 \vee x = -2$ heißt: „rechne ‚$(?)^2 = 4$' aus (d.h. n i c h t probieren) und du erhältst +2 und −2" (und zeigt hier nicht das „und" daß die Wahrheitsfunktion in diesen Sätzen nicht wesentlich vorkommt?)

7 ✶ ξ definiert durch die Gleichg. x^2 |Unbekannte| = 4, hat die Werte 2 und −2

$$\xi[(?)^2 = 4] = \xi[+2, -2]$$

8 ✶ (R. versteht den Wert den ich auf eine bestimmte Notation lege ebensowenig, wie den Wert den ich auf ein bestimmtes Wort lege, weil er nicht sieht, daß darin eine ganze Anschauungsweise des Gegenstandes 12 ausgedrückt ist, der Winkel von dem ich die Sache jetzt betrachte. Die Notation ist der letzte Ausdruck der philosophischen Anschauung)

9 ✶ Es muß eine Beziehung zwischen beiden Auffassungen der Variablen geben.

10 ✶ $(a + b)^2 = a^2 + xab + b^2$ e r g i b t $x = 2$ } und beide bedeuten
$(x + b)^2 = x^2 + 2xb + b^2$ e r g i b t $x = x$ } denselben Sachverhalt der auch in $(a + b) = a^2 + 2ab + b^2$ behauptet wird [ist das aber wahr?]

12 eine Methode/einen Weg/ *–die zweite Variante ist im MS mit einem Fragezeichen markiert*

14 So habe ich ⟨aber⟩ auch die Zeichen

14 die Zeichen *–im MS verweist ein Pfeil von hier auf:* Zeichen *in der vorangehenden Bemerkung.*

24 „und" *–im MS verweist ein Pfeil auf* +2 und −2 *in der vorangehenden Zeile*

27 x^2 |Unbekannte| *–im MS vertikal geschriebene Einfügung über* x^2

41 *Im MS:* und beide uten denselben Sachverhalt

1 ✳ Könnte ich statt „$(\exists x)\, x^2 + 3x + 2$" auch schreiben $\binom{-2}{-1}^2 + \binom{-2}{-1} \cdot 3 + 2 = 0$ (wobei $\binom{-2}{-1}$ als das Resultat der Ausrechnung aufgefaßt wird)

2 ✳ Ich sehe noch kein System in allen diesen Fragen.

3 ✳ Ich könnte den Fermatschen Satz so schreiben: „Die Gleichung $x^n + y^n = z^n$ *ergibt* die Lösung:

$$\begin{cases} x = 0,\ y = 0,\ z = 0,\ n = n \\ x = r,\ y = s,\ z = r + s,\ n = 1 \\ x = r^2 - s^2,\ y = 2rs,\ z = r^2 + s^2,\ n = 2 \end{cases}$$

(der Gegensatz davon ist „$x^n + y^n = z^n$ *ergibt* diese Lösungen nicht", 14
und natürlich gilt der Satz vom ausgeschlossenen Dritten.)

4 / Kann man aber nicht sagen: Wie aber, wenn eben diese Frage unentscheidbar wäre? Ja, wie, wenn in einem Falle die Frage, ob $f\underline{a} = \varphi\underline{a}$ der Fall ist, unentscheidbar wäre? Etwa angenommen es hätte uns jemand den Satz $e^{2\pi i} = 1$ hinterlassen ohne Beweis und wir zerbrächen uns die Köpfe ob es so ist oder nicht; und jemand sagte: „aber vielleicht ist das unentscheidbar"!

5 / Es ist klar, ich kann nur dort den allgemeinen Satz (mit der all. Konstanten) hinschreiben wo er dem Satz $25^2 = 625$ analog ist, und das ist, wo ich die Rechnungsregeln für a und b ebenso kenne wie die Rechnungsregeln für 6, 2 und 5. Das illustriert ganz, was es heißt, daß a und b hier Konstante sind, konstante Formen nämlich.

6 ✳ Aber was heißt es denn, die Rechnungsregeln zu kennen?!

7 / Ist es so: Ich kann das Wort „ergibt" nicht anwenden, solange ich keine 16
Methode der Lösung kenne, weil *ergibt* eine Struktur bedeutet die ich nicht ohne sie zu kennen bezeichnen kann. Weil die Struktur *dargestellt* werden muß.

8 × Ich habe die intensive Auffassung *noch immer* nicht ganz durchgeführt!

9 / Jeder Satz ist die Anweisung auf eine Verification.

10 × Wonach *darf* ich denn in der Mathematik fragen?

11 × Ich darf doch, bei aller Bescheidenheit, in *irgend einem Sinne* nach dem Verhältnis der Grundregeln zu einem – scheinbar – mathematischen Satz fragen.

Hat diese Frage keinen Sinn so hat *keine* Frage in der Mathematik Sinn.

12 *Das Randzeichen ✳ der Bemerkung wird auf der neuen Seite wiederholt.*
17 wenn in einem Falle die Frage, ob $f\underline{a} = \varphi\underline{a}$ der Fall ist, ⟨en…⟩
38 Jeder Satz ist die Anweisung auf ⟨einen Beweis.⟩

1 / Wenn ich das Wort „ergibt“ wesentlich intensional auffasse so heißt der 18
Satz „die Gleichung g ergibt die Lösung a“ so lange nichts, als das Wort „ergibt“ nicht für eine bestimmte Methode steht. Denn gerade die ist es ja, die ich bezeichnen will.

2 / Ich habe hier nichts anderes als den alten Fall, daß ich nicht sagen kann zwei Komplexe stünden in einer Relation ohne die Relation logisch abzubilden.

3 / „Die Gleichung ergibt a“ heißt: Wenn ich die Gleichung nach gewissen Regeln transformiere erhalte ich a, so wie die Gleichung $25 \times 25 = 620$ besagt, daß ich 620 erhalte wenn ich auf 25×25 die Multiplicationsregeln anwende. Aber diese Regeln müssen mir schon gegeben sein, ehe das Wort „ergibt“ Bedeutung hat und ehe die Frage einen Sinn hat, ob die Gleichung a ergibt.

4 / Der Fermatsche Satz hat also keinen S i n n solange ich nach der Auflösung der Gleichung durch Cardinalzahlen nicht s u c h e n kann.

5 / Und „suchen“ muß immer heißen: systematisch suchen. Es ist kein 20
Suchen, wenn ich im unendlichen Raum nach einem Goldring umherirre.

6 / An unserer Schwierigkeit ist größtenteils die falsche Auffassung der Variablen schuld, nämlich die Auffassung als v e r t r ä t e sie Z a h l e n (die extensive Auffassung), während sie nichts vertritt sondern ist was sie ist. Verträte sie Zahlen dann brauchte allerdings nur $5^3 + 7^3 = 9^3$ Sinn haben und der Sinn der allgemeinen Sätze über die Form $x^n + y^n = z^n$ folgte daraus. Aber da die Variable autonom ist, so hat der Satz mit ihr erst dann Sinn, wenn er nach seinen eigenen Prinzipien kontrollierbar ist wie $5^3 + 7^3 = 9^3$ nach den seinen.

7 / Das Wort „Variable“ ist zu ersetzen durch das Wort „Zahlform“. Und diese Form ist eben so konstant, wie die Zahl 4.

8 ?/ Auch die Frage „Ist $5 + 7 = 13$?“ könnten wir nicht aufwerfen, wenn
nicht 5, 7 und 13 in e i n e m System hingeschrieben wären (oder, was auf 22
dasselbe hinausläuft, wenn sie |nicht| in verschiedenen in einander übersetzbaren Systemen hingeschrieben sind)

1 Wenn ich das Wort ⟨e r g i b t⟩ wesentlich intensional auffasse
6 daß ich nicht ⟨s a g e n⟩ kann zwei Komplexe stünden in einer Relation
11 erhalte ich a⟨;⟩ so wie die Gleichung $25 \times 25 = 620$ besagt,
13 daß ich 620 erhalte wenn ich auf 25×25 die ⟨Regeln⟩ anwende.
14 Aber diese Regeln müssen mir schon gegeben sein, ehe das ⟨w…⟩
20 Und ⟨S…⟩
23 An ⟨aller⟩ Schwierigkeit ist größtenteils die falsche Auffassung
25 als v e r t r ä t e sie Z a h l e n (die extensive Auffassung), ⟨w…⟩
32 *Im MS verweist ein Pfeil vom Randzeichen auf die vorangehende Bemerkung.*
35 Auch die Frage „⟨ist⟩ $5 + 7 = 13$?“ könnten wir nicht aufwerfen

1 ?/ Es wäre dann so wie mit Brouwers Pendelzahl von der man nicht entscheiden kann ob sie größer oder kleiner als 0 ist. Das heißt aber natürlich, daß man diese Frage nicht aufwerfen kann. Denn „wo sich nicht suchen läßt, da läßt sich auch nicht fragen".

2 / Es genügt also nicht zu sagen p ist beweisbar, sondern es muß heißen: beweisbar nach einem bestimmten System.

3 / Und zwar behauptet der Satz nicht p sei beweisbar nach dem System S sondern nach seinem System, dem System von p. Daß p dem System S angehört, das läßt sich nicht behaupten, das muß sich zeigen.

4 / Man kann nicht sagen p gehört zum System S; man kann nicht fragen, 24
zu welchem System p gehört; man kann nicht das System von p suchen. p verstehen, heißt, sein System verstehen. Tritt p scheinbar von einem System in das andere über, so hat in Wirklichkeit p seinen Sinn gewechselt.

5 Ich brauche kaum zu sagen daß dort, wo der Satz des ausgeschl. Dritten nicht gilt, auch kein anderer Satz der Logik gilt, weil wir es dort nicht mit Sätzen der Mathematik zu tun haben. (dagegen Weyl und Brouwer)

6 Würde denn aus dem Allen nicht das paradoxe folgen: daß es in der Mathematik keine schweren Probleme gibt, weil was schwer ist, kein Problem ist?

7 / Ganz so ist es aber nicht: Die schwierigen Probleme der Mathematik sind die, für deren Lösung wir noch kein geschriebenes System besitzen. Der suchende Mathematiker hat dann ein System in irgendwelchen psychischen Symbolen, Vorstellungen, „im Kopf" und trachtet es aufs Papier zu bringen. Hat er das getan so ist das Übrige leichter. Hat er aber kein System weder in geschriebenen noch in 26
ungeschriebenen Symbolen, dann kann er auch nicht nach einer Lösung suchen, sondern höchstens herumtappen. – Nun kann man allerdings auch durch planloses Tasten etwas finden. Dann hat man es aber nicht gesucht und das Verfahren, logisch betrachtet, war synthetisch, während Suchen ein analytischer Prozess ist.

8 / Was man anfassen kann ist ein Problem.

9 / Nur wo ein Problem sein kann, kann etwas behauptet werden!

6 sondern es muß heißen⟨„⟩beweisbar nach einem bestimmten System.
21 Mathematik zu tun haben. (⟨vergl. ⟩dagegen Weyl und Brouwer)
23 Würde denn aus dem Allen nicht das paradoxe folgen⟨,⟩ daß es in der
32 kein System weder ⟨geschrieben⟩ noch ⟨ungeschrieben⟩, dann
35 *Der letzte Satz ist im MS am linken Rand mit einer vertikalen Wellenlinie markiert.*
39 ⟨Nur was⟩ man anfassen kann ist ein Problem.

1 / Kenne ich die Regeln der elementaren Trigonometrie so kann ich den Satz $\sin 2\alpha = 2 \sin\alpha \cos\alpha$ kontrollieren aber nicht den Satz $\sin x = 1 - \frac{x^3}{3!} + \ldots$ Das heißt aber, daß der sin der elementaren Trigonometrie und der der höheren verschiedene Begriffe sind. Wenn wir sie gleich benennen so hat das allerdings den guten Grund daß der zweite Begriff die Mannigfaltigkeit des ersten in sich schließt; aber für das System der elementaren Trigonometrie hat der zweite Satz keinen Sinn und die Frage ob $\sin x = 1 - \frac{x^3}{3} + \ldots$ ist hier natürlich 28
auch sinnlos.

2 / Die beiden Sätze stehen gleichsam auf zwei verschiedenen Ebenen. In der ersten kann ich mich |herum| bewegen so viel ich will, ich werde nie zu dem Satz der höheren Trigonometrie kommen.

3 / Ist es nun eine richtige Frage, ob die Dreiteilung des Winkels möglich ist? Und welcher Art ist der Satz |und sein Beweis| daß sie mit Zirkel und Lineal nicht möglich ist?

4 / Man könnte sagen: Da sie nicht möglich ist konnte man auch nie nach ihr suchen.

5 / Solange ich nicht das große System sehe, das beide umfaßt, kann ich das höhere Problem nicht zu lösen trachten.

6 / Ich kann erst dann fragen ob der Winkel mit Lineal und Zirkel dreigeteilt werden kann, wenn ich das System „Lineal und Zirkel" in ein größeres eingebettet sehe, worin das Problem lösbar ist; oder vielmehr worin das Problem ein Problem ist, worin diese Frage einen Sinn hat.

Das zeigt sich auch darin, daß man zum Beweis der Unmöglichkeit 30
aus dem Euclidischen System heraustreten muß.

7 / Ein System ist sozusagen eine Welt.

8 ✶ Oder auch: Jedes höhere System ist eine Welt von mehr Dimensionen als das niedere.

9 / Ein System kann man also nicht suchen. Wohl aber den Ausdruck für ein System das mir in ungeschriebenen Symbolen gegeben ist.

1 Kenne ich die ⟨elementaren⟩ Regeln der Trigonometrie
2 den Satz $\sin 2\alpha = 2 \sin\alpha \cos\alpha$ kontrollieren aber ⟨z.b. …⟩
16 Und welcher Art ist ⟨also⟩ der Satz |und sein Beweis| daß
26 Ich kann erst dann fragen ob der Winkel mit Lineal und Zirkel ⟨in …⟩

1 / Der Schüler dem das Rüstzeug der elementaren Trigonometrie zur Verfügung stünde und von dem die Überprüfung der Gleichung $\sin x = 1 - \frac{x^3}{3!} + \ldots$ verlangt würde, fände das, was er zur Bewältigung dieser Aufgabe braucht eben nicht geschrieben vor. Wenn der Lehrer dennoch die Lösung von ihm erwartet, so setzt er voraus, daß die Mannigfaltigkeit der Syntax die diese Lösung voraussetzt, irgendwie in anderer Form im Kopf des Schülers vorhanden ist. Und zwar so, daß der Schüler den Symbolismus der elementaren Trigonometrie als einen Teil 32
jenes ungeschriebenen sieht und nun den Rest/das Übrige/ aus dem ungeschriebenen in einen geschriebenen übersetzt.

2 / Das System von Regeln welche einen Kalkül bestimmen, bestimmt damit auch die „Bedeutung“ seiner Zeichen. Richtiger ausgedrückt: Die Form und die syntaktischen Regeln sind äquivalent. Ändere ich also die Regeln – ergänze ich sie etwa scheinbar – so ändere ich die Form, die Bedeutung.

3 / Die Grenzen meiner Welt kann ich nicht ziehen, wohl aber Grenzen innerhalb meiner Welt. Ich kann nicht fragen, ob der Satz p zum System S gehört, wohl aber ob er zum Teil s von S gehört. Ich kann also dem Problem der 3-Teilung des Winkels im großen System seinen Platz bestimmen, aber nicht im Euklidischen System danach fragen ob es lösbar ist. In welcher *Sprache* sollte ich denn danach fragen? In der Euklidischen? Und ebensowenig kann ich in der Euklidischen |Sprache| nach der Möglichkeit der 2-Teilung des Winkels im Euklidischen System fragen. Denn das würde in dieser Sprache auf eine Frage nach der 34
Möglichkeit schlechtweg hinauslaufen und diese |Frage| ist immer unsinnig.

4 / Hier liegt aber nichts vor was wir als eine Hierarchie von Typen bezeichnen dürften.

5 / Man kann in der Mathematik nicht allgemein von Systemen sondern nur *in* Systemen reden. Sie sind gerade das, wovon man nicht reden kann. Also auch das, was man nicht suchen kann.

6 / Der Schüler der den Apparat zur Beantwortung der zweiten Frage nicht hat, kann sie nicht nur nicht beantworten, sondern, *er kann sie auch nicht verstehen*.

7 / Das wäre ähnlich wie die Aufgabe die der Fürst im Märchen dem Schmied stellt ihm einen Klamauk zu bringen.

4 braucht eben nicht ⟨(in) geschrieben(en Symbolen)⟩ vor.
4 *Die gestrichene Variante in Klammern ist im MS mit Fragezeichen markiert.*
6 voraussetzt, ⟨in anderen Symbolen dem Schüler zur Verfügung steht …⟩
23 aber nicht im Euklidischen System danach fragen ob es ⟨ni…⟩
25 |Sprache| *– im MS mit Fragezeichen markiert*

1 / J e d e r rechtmäßige Satz der Mathematik muß, wie der Satz $12 \times 13 = 137$, an sein Problem die Leiter anlegen – die ich dann hinaufsteigen kann, wenn ich will.

Das gilt von Sätzen aller Art der Allgemeinheit.

2 / (N.B. Eine Leiter mit „unendlich vielen" Sprossen gibt es nicht) 36

3 * Man könnte auch sagen: ‚$(a+b)^2 = a^2+2ab+b^2$' sagt daß die Lösung der Gleichung nach a und b a = a und b = b ergibt. $x^2+2x+3 = 0$ sagt, daß die Lösung bestimmte Zahlen ergibt, wenn es nicht nur eine Frage ist.

4 / Daß es einen Prozess der Lösung gibt kann man nicht behaupten. Denn gäbe es den nicht, so wäre die Gleichung als allgemeiner Satz unsinnig.

Man kann alles behaupten, was sich durch die Tat kontrollieren läßt.

5 / Es handelt sich um die M ö g l i c h k e i t der Kontrolle. 38

6 * Eine Gleichung wie $x^2 = 2x$, als Aufgabe gestellt, ist keine Behauptung. Lies sie als Behauptung, dann sieht man es. Wenn Einer dem ich sie als Aufgabe hinschriebe, sie im Tonfall der Behauptung läse, würde ich sagen: „nein, so meine ich es nicht".

$$\underbrace{x^2 + \underset{b}{2}x + \underset{c}{3} = 0\,,\; x = -\frac{b}{c} \pm \sqrt{\frac{b^2}{4} - c}}$$

7 / Die beiden Gleichungen so geschrieben geben offenbar die v o l l e Antwort auf die Frage die in der ersten ausgedrückt ist.

8 / Wenn in der Logik eine Frage 1.) allgemein und 2.) im Besonderen beantwortet werden kann, dann muß sich die besondere Beantwortung immer als ein Sonderfall der allgemeinen ausweisen; oder anders: der allgemeine Fall muß immer schon den besonderen als Möglichkeit in sich tragen.

Ein Fall hievon ist die Berechnung des Limes mit δ und ν, die das Zahlensystem der besonderen Ausrechnung in sich tragen muß. 40

Die allgemeine und die besondere Form müssen auf bestimmte Weise in einander übersetzbar sein.

9 / Wenn ich $(\exists x)\, x^2 = 2x$ schreibe und $(\exists x)$ nicht extensiv verstehe, so kann es nur behaupten: „Wenn ich die Regeln der Lösung anwende, so komme ich zu einer bestimmten Zahl im Gegensatz zu dem Falle, wo ich zu einer Identität oder einer verbotenen Gleichung komme".

2 an sein Problem die Leiter anlegen(,) die ich dann hinaufsteigen kann,

10 *Die im MS folgende Bemerkung ist ein Einschub zur gegenüberliegenden Rectoseite 37.*

12 Daß es einen Prozess der Lösung gibt kann man nicht behaupten(, …)

32 der allgemeinen ausweisen; oder anders(,) der allgemeine Fall

40 Wenn ich $(\exists x)\, x^2 = 2x$ schreibe und (es) nicht extensiv verstehe,

1 / Wie ist die rein technische Verification von

$(x) : x^2 = 2x \supset x = 0 \lor x = 2$

Ich rechne x aus einer Gleichung aus, setze den Wert überall ein und muß dann einen wahren Satz erhalten.

2 / Ergibt also die bloße Transformation von „$x^2 = 2x$“ den Satz „$x = 0 \lor x = 2$“

3 / Gibt „$x^2 = +4$“ „$x = +2 \lor x = -2$“ D.h. sind die Wahrheitsfunktionen nötig? Oder auch: Liefert die Transformation nach den Regeln die beiden Gleichungen in der Verknüpfung „$x = +2 \lor x = -2$“

4 / Was aber will das „(x)“ in (x) : „$x^2 = 2x \supset x = 0 \lor x = 2$“ (Es wäre lächerlich es extensiv aufzufassen) Ist es eine allg. Konstante? Jedenfalls keine Unbekannte. 42

Daß der Satz der bei der Ausrechnung herauskommt wahr ist, läßt sich wieder rein technisch durch Ersetzungsregeln $a = a \ldots W$, $a \neq a \ldots F$ oder dergl. – zeigen. Dann ist also auch hier das x eine allg. Konstante.

5 / Aber was ist denn die Verification von $(\exists x)\, x^2 = 2x$? Ich meine die spezifische Verification d i e s e s Satzes, im G e g e n s a t z zur Verification von „$(x) : x^2 = 2x \supset x = 2 \lor x = 0$“ Denn muß nicht der andere Satz |– d.h. der andere Sinn –| auch a n d e r s verifiziert werden? Etwa, der allgemeinere, allgemeiner.

6 ∗ „$p \lor \sim p$“ darf ich nur dann sagen wenn ich „p“ verstehe; so darf ich sagen „$5 \times 5 = 11 \lor 5 \times 5 \neq 11$“ und die Allgemeinheit des Satzes macht gar keinen Unterschied. Ich könnte Zahlengleichungen und Buchstabengleichungen dahin zusammenfassen: Die Transformation der linken Seite nach den Regeln liefert die rechte Seite oder nicht.

7 / Dazu müssen aber die beiden Seiten der Gleichung (N.B.: der a l l g e m e i n e n) – sozusagen – c o m m e n s u r a b e l sein. 44

8 / Weil die Zahlengleichung $f_1 5 = f_2 3$ commensurable Seiten hat, folgt n i c h t, daß $f_1 a = f_2 b$ commensurable Seiten haben muß. Denn für a und b gelten andere Rechnungsregeln als für 3 und 5.

9 / Die Klassificationen die Philosophen und Psychologen machen sind so wie wenn man Wolken nach ihrer Gestalt klassifizieren wollte.

10 / Die Aufgabe der Philosophie ist, das erlösende Wort zu finden. 46

22 Ich meine die spezifische Verification ⟨d i e s e r Gleichung …⟩
27 ⟨A…⟩
29 *Das Randzeichen ∗ gilt nur für den ersten Satz der Bemerkung.*
30 und Buchstabengleichungen dahin zusammenfassen: ⟨daß …⟩
33 *Die im MS folgende Bemerkung ist ein Einschub zur gegenüberliegenden Rectoseite 45.*
37 folgt n i c h t, daß $f_1 a = f_2 b$ commensurable Seiten ⟨hat⟩
43 Die Aufgabe der Philosophie ist, ⟨e…⟩

1 *Meine Art des Philosophierens ist mir selbst immer noch, und immer wieder, neu, und daher muß ich mich so oft wiederholen. Einer anderen Generation wird sie in Fleisch und Blut übergegangen sein und sie wird die Wiederholungen langweilig finden. Für mich sind sie notwendig.* – Diese Methode ist im wesentlichen der Übergang von der Frage nach der W a h r h e i t zur Frage nach dem S i n n.

2 / „$(\exists x) : x^n + a_1 x^{n-1} + \ldots a_n = 0$" Wenn ich das nicht extensiv auffasse, was sagt es? (Ein mathematischer Satz sagt immer das, was sein Beweis beweist. D.h. er sagt nie mehr, als sein Beweis beweist.)

3 * Wenn ein Satz Sinn hat, muß auch sein Gegenteil Sinn haben.

4 * Daß die Frage Sinn hat „w i e v i e l e Lösungen hat eine Gleichung" ist klar.

[Die Antwort ist übrigens eine Zahlangabe, die man für ein Beispiel eines mathematischen Satzes höherer Type halten könnte; aber hier zeigt sich gerade, daß es das nicht gibt] 48

5 Der Satz „$(x)\, x^2 + 2xy + y^2 = (x + y)^2$" hat Sinn und ist wahr, der Satz $(x)\, x^2 = 2x$ hat Sinn und ist falsch. (wenn ich ihn sehe kann ich sagen: „so? das werden wir gleich sehen, ob das wahr ist, dazu braucht man nur …" und nun kontrolliere ich ihn)

Der Satz $(\exists x)\, x^2 = 2x$ hat Sinn und ist wahr. Was aber ist ein dem zweiten Fall entsprechender Satz mit „$(\exists x)$" der Sinn hat und falsch ist?

Etwa $(\exists x)\, x^2 = 2x \cdot x = 1$?

6 / Aber wie ist es denn: Im letzten Falle kann ich allerdings sagen: Wir werden gleich sehen ob das wahr ist. Aber im vorhergehenden scheint das gar nicht zu gehen. Aber im letzten konnte ich ja statt „$(\exists x)$" ebensogut „(x)" schreiben. Es geht wenn z.B. in „$(\exists x)$" „x" nur reelle Zahlen umfaßt. Das würde aber sagen, daß „$(\exists x)\, x^2 = 2x$" sinnlos ist, wenn „x" die uneingeschränkte Zahlform ist.

Hätte ich eine Methode Gleichungen die eine Lösung haben von solchen zu scheiden die keine haben dann hätte mit Bezug auf diese Methode der Ausdruck „$(\exists x)\, x^2 = 2x$" Sinn.

1 Meine Art des Philosophierens ist mir selbst immer noch⟨ – ⟩ und
8 ⟨*⟩ *Randzeichen im MS gestrichen und ersetzt*
20 Der Satz „$(x)\, x^2 + 2xy + y^2 = (x + y)^2$" ⟨ist …⟩
29 ⟨(⟩Aber im vorhergehenden scheint das gar nicht zu gehen.
31 ebensogut „(x)" schreiben. Es geht wenn z.B. ⟨ein …⟩
32 „$(\exists x)$" „x" nur reelle Zahlen ⟨bedeutet⟩

1 / Ich kann fragen „welche Lösung hat die Gleichung $x^2 = 2x$“ aber ich kann nicht fragen „hat sie eine Lösung“. Denn, wie würde das aussehen, wenn sie keine hätte? (Nicht extensiv!) Erst wenn ich weiß was der Fall ist wenn ein Satz falsch ist, hat er einen Sinn. – Wenn nun aber jener andere Fall etwa der der Gleichung „$(\exists x)\ x^2 - 2x - x(x-2) = 0$“ wäre? Dann hätte der Satz $(\exists x)\ x^2 = 2x$ allerdings Sinn und sein Beweis wäre daß die Regeln es nicht gestatten die Seiten gegeneinander zu kürzen. 50

2 ⚹ Was aber beweisen die Beweise daß jede Gleichung n^{ten} Grades eine Lösung hat? Welche Frage beantwortet dieser Beweis? Ich kann ja nicht ins Blaue hinein fragen!

3 / Auf die Frage „gibt es eine Lösung der Gleichung $x^n + a_1 x^{n-1} \ldots a_n = 0$?“ kann man immer fragen „Im Gegensatz wozu?“.

4 ⚹ Wenn jene Beweise tun, was sie vorgeben dann müssen sie die Gleichungen der Form $x^n + a_1 x^{n-1}$ etc. auffassen als einen Teil eines größeren Systems in dem der Gegensatz des zu beweisenden Sinn hat.

5 / $25 \times 25 = 625$ 52
Worin besteht hier das System, das mir die Commensurabilität zeigt?

6 / Doch wohl darin daß mir die Multiplication zweier in dieser Form hingeschriebener Zahlen nach der Regel immer wieder eine Zahl |in| derselben Form liefert und eine Regel für zwei Zahlzeichen dieser Form entscheidet ob sie dieselbe oder verschiedene Zahlen bezeichnen.

7 / Man könnte diese Auffassung auch so characterisieren: Es ist unmöglich Entdeckungen neuartiger Regeln zu machen, die von einer uns bekannten Form gelten. Sind es |neue| Regeln so ist es nicht die alte Form. Das Gebäude der Regeln muß vollständig sein, wenn wir überhaupt mit einem Begriff arbeiten wollen. – Man kann keine Entdeckungen in der Syntax machen. – Denn erst diese Gruppe von Regeln bestimmt den Sinn unserer Zeichen und jede Änderung (z.B. Ergänzung) der Regeln bedeutet eine Änderung des Sinnes.

8 / Ebenso wie man die Merkmale eines Begriffes nicht ändern kann ohne ihn zu ändern. (Frege) 54

9 / Ein System ist eine Formenreihe und die Operationen die successive ihre Glieder erzeugen, sind eben in den Regeln beschrieben.

3 Denn, wie würde das aussehen, wenn sie keine ⟨k...⟩
12 Ich kann ja nicht ins Blaue ⟨hineinfragen⟩
14 ⟨⚹⟩ *Randzeichen im MS gestrichen und ersetzt*
14 Auf die Frage „⟨hat die⟩ Gleichung $x^n + a_1 x^{n-1} \ldots a_n = 0$“ ⟨ein ...⟩
19 Systems in dem der Gegensatz des zu beweisenden ⟨denk...⟩
25 nach der Regel immer wieder eine Zahl ⟨liefert ...⟩
30 Es ist unmöglich Entdeckungen ⟨neuer⟩ Regeln zu machen,
31 |neue| *–im MS ist das Einfügungszeichen gewellt unterstrichen*
38 ⟨⚹⟩ *Randzeichen im MS gestrichen und ersetzt*

1 / Der Gegensatz zu „es ist notwendig daß p für alle Zahlen gilt“ ist allerdings „es ist nicht notwendig, daß ...“ und nicht „es ist notwendig, daß nicht ...“. Aber nun denkt man: wenn es nicht notwendig ist daß es für alle Zahlen gilt, so ist es doch möglich. Aber hier liegt der Fehler, denn man sieht nicht daß man in die extensive Auffassung geraten ist: Der Satz „es ist möglich – wenn auch nicht notwendig – daß p für alle Zahlen gilt“ ist unsinnig. Denn „notwendig“ und „alle“ gehören in der Mathematik zusammen (Solange man diese Ausdrucksweise nicht überhaupt durch eine weniger irreführende ersetzt.)

2 / Was kann denn (x) $x^2 \neq -1$ bedeuten? Es kann doch nicht sagen, daß sämtliche Quadrate ungleich −1 sind.

3 * Kann es uns aber nicht eine Anleitung geben und sagen „wenn du auf ein Quadrat stößt so ist es nicht/nie/ gleich −1“ 56

4 * Aber ist nicht eben das die Weise wie die Variable (ich meine die allg. Konst.) mit den Zahlen in Zusammenhang steht?

5 * Ist also $x^2 \neq -1$/$x^2 \neq -a$/ das Gegenstück zu einer Definition?

Insofern, ja, als eine Form verbietet. Aber ist dann die Schreibweise richtig?

6 * Der Unterschied in den Auffassungen der Variablen tritt hervor wo eine Variable einer Zahl gleichgesetzt wird

7 * $(x + y)^2$ liefert $x^2 + 2xy + y^2$ aber x kann doch nie 1 liefern!

8 * Dient die Variable in „$x^2 = 2x \cdot x = 2$“ nur zur Verknüpfung? (Als ‚links‘)

9 / Man könnte auch so fragen: Wie habe ich die Beschreibung „die Lösung der Gleichung $x^2 = 2x$“ in mathem. Symbolen auszudrücken?

So? :

$$-\frac{a}{2} \pm \sqrt{\frac{a^2}{n} - b}[x^2 - 2x + 0 = 0]$$

17 Aber ist nicht eben das die ⟨Art und⟩ Weise wie

17 Aber ist nicht eben das die Weise wie die ⟨v...⟩

21 Insofern, ja(; ...)

30 (Als ‚links‘) *–engl. „Verknüpfungen“*

1 / Meine Schwierigkeit ist die: Wenn ich im Gebiet der reellen, rationalen, oder ganzen Zahlen Gleichungen nach den Regeln löse so komme ich in gewissen Fällen auf scheinbaren Unsinn. Wenn das nun eintritt: Soll ich sagen, es ist damit bewiesen daß die ursprüngliche Gleichung unsinnig war? So daß ich also erst nach beendeter Anwendung der Regeln sehen könnte ob sie unsinnig war oder Sinn hatte?! Muß es nicht vielmehr so heißen: Das Resultat der scheinbar unsinnigen Gleichung zeigt doch etwas über die allgemeine Form und bringt die verbotene Gleichung mit solchen die eine normale Lösung haben sehr wohl in Verbindung. Die Lösung zeigt doch immer die Distanz der abnormalen zur normalen Lösung. Wenn z.B. $\sqrt{-1}$ herauskommt so weiß ich daß $\sqrt{-1+1}$ schon eine normale Wurzel wäre. Die Kontinuität, die Verbindung mit der normalen Lösung ist nicht abgebrochen. Würde das bedeuten, daß im Begriff der reellen Zahlen wie wir ihn durch unseren Symbolismus und seine Regeln darstellen der Begriff der imaginären bereits präsupponiert ist? 58

Das käme etwa darauf hinaus von der Geraden g zu sagen sie ist vom Schnitt mit dem Kreis um a entfernt, statt einfach zu sagen sie schneidet ihn nicht. 61

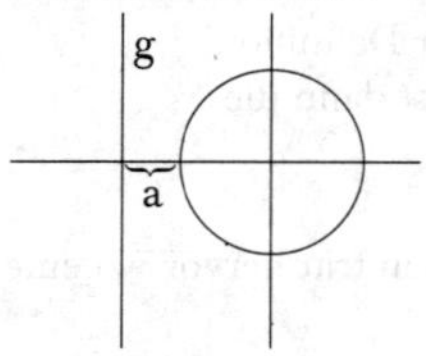

Man könnte sagen, „sie schneidet ihn um einen gewissen Betrag nicht" und würde dadurch die Kontinuität mit dem normalen Schnitt darstellen. „Sie verfehlt ihn um einen bestimmten Betrag".

2 * Ich kann aber auch so sagen: Da ich aus −1 nicht die Wurzel ziehen kann, so darf ich auf die Gleichung $x^2 = -1$ nicht die Regel anwenden, die mich sonst von $x^2 = a$ zu $x = \sqrt{a}$ bringt. Ich stocke also bei $x^2 = -1$.

3 * Wenn ich also schreibe $\sim(\exists x)\, x^2 + 2x + 2 = 0$, so könnte das behaupten, daß ich bei der Auflösung der Gleichung zu einer Stockung kommen werde.

4 $x^2 - 3x - x(x-3) = 0$ Die linke Seite ist wirklich $= 0$ 63
$x^2 - 3x - 2 = 0$ Hier ist sie's nicht.

8 zeigt doch etwas über die allgemeine Form und bringt ⟨sie mit …⟩
10 zeigt doch immer die Distanz der ⟨Abnormalen⟩ zur ⟨N…⟩
12 so weiß ich daß $\sqrt{-1+1}$ schon eine normale ⟨Lösung⟩ wäre.
17 *Seitenzählung: Die vorangehende Versoseite ist unbeschrieben, durchkreuzt und nicht gezählt, damit folgen ab hier ungerade Seitenzahlen für die Versoseiten.*
17 Das käme etwa darauf hinaus von der Geraden g zu sagen ⟨es …⟩
20 Man könnte sagen, ⟨Si…⟩
23 mit dem normalen Schnitt darstellen.⟨ „Sie schneidet ihn …⟩
37 *Im MS:* Hier ist ist sie's nicht.

1 ?/ $\left.\begin{matrix} x^2 + 3x + 2 = 0 \\ x = -1 \end{matrix}\right\}$ Das ist wieder wie ein allgemeiner Satz und hier ist die Variable ein Glied. Denn schließlich könnte ich ja auch |so| schreiben: $\{-1\}^2 + 3\{-1\} + 2 = 0$ Und hier könnten die Geschweiften Klammern offenbar alles andeuten was oben die Variable ausgedrückt hat.

2 ✳ Kann man die Vorhersage daß die Gleichung nicht zu einer Stockung führt durch Gleichungen ausdrücken?

3 ?/ $5 > 4$ heißt die Gleichung $4 + x = 5$ führt zu keiner Stockung. Wenn ich nun frage „ja wie kann ich es denn wissen, wenn etwas eine Stockung ist“ so müßte man mir ein allgemeines Criterium geben, das mir in jedem speziellen Fall entscheiden hilft, ob ich weiter operieren kann (die Regeln geben diese Criterien). So ein Criterium in einem besonderen Fall wäre es, zu sagen, „es darf nicht das Zeichen $\sqrt{-1}$ gebildet werden, du mußt vor diesem Zeichen halt machen“. 65

Wie aber kann ich das *allgemeine* Criterium dafür geben daß ich die größere Zahl nicht von der kleineren abziehen darf? Das geht doch selbstverständlich nur mit Hilfe von Variablen. (Mit Rekursion) Es heißt dann „eine Zahl ist immer größer als eine andere wenn sie so und so aussieht“; oder „wenn die Differenz so und so aussieht dann mache halt.“ Dieses „so und so“ muß aber mit Hilfe der Variablen beschrieben werden. Und was ist das nun für eine Variable? Vor allem ist eines wesentlich; die Gleichung oder Ungleichung in der sie vorkommt kann nicht eine sein die man beweisen kann. Denn die Variable darf sich nicht wegheben, sonst könnte ich die Regel nicht im besonderen Fall anwenden. Sie entspricht der Definition die auch eine Variable derselben Art enthält. $x \cdot x = x^2$ Def. Das kann man nun wirklich als die Vorschrift auffassen für *alle* Ausdrücke „$x \cdot x$“ *die einem unterkommen* den entsprechenden Ausdruck „x^2“ zu setzen. Hier ist die unendliche *Möglichkeit* im Endlichen fixiert. In der Definition deute ich nur die unendliche Möglichkeit an. [$1 + 1 = 2$ Def. hier dasselbe wie oben] 67

4 ✳ Das „$(\exists x)$“ bezieht sich immer auf die Ausrechnung einer Gleichung und auf das was dabei herauskommen soll.

5 ✳ Wie ist es mit dem Satz: „die Gleichung $x^2 + 3x + 2 = 0$ ergibt eine Quadratzahl als Lösung“? (oder eine gerade Zahl etc etc.)

6 ✳ Es scheint mir daß es unerlaubt ist zu sagen: *wenn eine 3 kommt*, ersetze sie durch eine 5.

7 ✳ π' ist von π verschieden, wenn der Zusatz $3 \rightarrow 5$ überhaupt einen Sinn hat. Hat er keinen Sinn, dann und nur dann können sie gleich sein.

1 Das ist wieder wie ein allgemeiner Satz und hier ⟨e…⟩

10 $5 > 4$ ⟨sagt⟩ die Gleichung $4 + x = 5$ führt zu keiner Stockung.

14 (die Regeln geben diese Criterien). So ein Criterium ⟨wäre …⟩

32 im Endlichen fixiert. In der Definition ⟨sch…⟩

39 ⟨Die Behauptung daß keine Stockung eintritt …⟩ *– im MS Beginn einer neuen Bemerkung gestrichen und nicht fortgesetzt*

1 *Es ist gut daß ich mich nicht beeinflussen lasse!*

2 / Wie wäre es wenn man diese Ersetzung 3 → 5 schon in die ersten Rechnungsregeln einführte, gleichsam in den Samen von π und √2?

3 ✳ Etwas sagt mir daß der Zusatz das π überhaupt nicht tangiert, aber wieso nicht? 69

4 ✳ Oder ist die Wahrheit, daß $\sqrt{2}_{5\to3}$ eine irrationale Zahl eines anderen Systems ist und ich die beiden Systeme vorderhand nicht vergleichen kann. Das heißt aber, daß ich im System der Multiplication, Division, etc. von $\sqrt{2}_{5\to3}$ überhaupt nicht reden kann! Allgemein könnte man sagen: Nicht jedes Gesetz bestimmt eine reelle Zahl die ich in meinen Rechnungen gebrauchen kann. Sie muß zu unserem Rechnungssystem gehören, sonst weiß ich nichts über ihre Lage in unserem System. Denn sie hat in ihm keine Lage.

5 ✳ Die Ersetzung 3 → 5 gehörte sozusagen in die Grundlagen einer Arithmetik, nicht als Annex an ein spezielles Gesetz.

6 ✳ Es kommt mir so vor als könnte man in einer korrekten intensionalen Bezeichnungsweise für das Gesetz einer reellen Zahl den Zusatz 3 → 5 gar nicht anbringen; oder aber in einem Sinne, daß er immer das Gesetz wesentlich verändern würde. 71

7 ?/ Die Schwierigkeit ist die, daß das Übrige am Gesetz der √2 auch nicht wesentlich von der Art des Zusatzes verschieden zu sein scheint, daß es also auch in irgend einem Sinne auf Abenteuer ins Unendliche auszugehen scheint und es scheint mir als müsse ich dies Abenteuernde von dem Übrigen trennen/loslösen/ können.

8 ✳ Es scheint nämlich, daß derjenige Teil vom Gesetz der √2 der sich auf das Rechnen mit einzelnen Ziffern bezieht unwesentlich ist. Denn bei diesem Rechnen kommt es allerdings auch vor daß ich sage „wenn eine ‚3' da und da vorkommt, so wende diese und diese Regel an".

9 ✳ Ist es, daß alle diese Regeln in einem System vereint sind?

10 ?/ Und daß man ein Gesetz nicht mehr beeinflussen kann wenn es einmal aufgewachsen ist, sondern nur im Keim?

11 Die unendliche Möglichkeit allein macht das arithmetische Gesetz nicht, sonst wäre die Vorschrift |Ziffern| zu würfeln auch ein arithmetisches Gesetz. 73

9 Oder ist ⟨i…⟩
14 Sie ⟨müssen …⟩
23 den Zusatz 3 → 5 gar nicht anbringen; oder ⟨doch …⟩
26 ⟨✳⟩ *Randzeichen im MS überschrieben und ersetzt*
28 daß es also auch in irgend einem Sinne auf Abenteuer ⟨im …⟩
29 ins Unendliche auszugehen scheint⟨, un…⟩
43 macht das arithmetische Gesetz nicht, ⟨sondern …⟩

1 ✳ Das Gesetz muß – glaube ich – aus dem Nährboden des Systems hervorwachsen.

2 ✳ Läßt sich, was ich meine, auch so zeigen: Den Vorgang der Entwicklung von $\sqrt{2}$ kann ich, wenn sich mein Zahlensystem ändert, jederzeit in das neue System übersetzen, dagegen nicht den Zusatz $3 \rightarrow 5$.

3 / Es gibt keine Zahl außerhalb eines Systems.

4 ✳ Nicht jede unendliche Vorschrift ist eine reelle Zahl!

5 *Ein gutes Gleichnis erfrischt den Verstand.*

6 ✳ Was ist das Verhältnis von „$a + (b + c) = (a + b) + c$" zur Definition $a + (\xi + 1) = (a + \xi) + 1$

7 Durch die Wirklichkeit ist mir das Rechnen mit Cardinalzahlen vorgeschrieben. 75

8 / „$a + (b + c) = (a + b) + c$" kann als Grundregel eines Systems aufgefaßt werden, als solche kann man es nur vorschreiben aber nicht *behaupten*, oder verneinen [also kein Gesetz des ausg. Dritten]. Nun kann ich den Satz aber scheinbar auch als Resultat eines Beweises ansehen. Hat dieser Beweis eine Frage beantwortet und welche? Hat er eine Behauptung als wahr erwiesen und also ihr Gegenteil als falsch?

Da scheint es nun aber, daß ich den Satz in dem Sinne, in dem er Grundregel eines Systems ist, gar nicht beweisen kann. Ich beweise vielmehr etwas *über* ihn.

9 / Und wirklich ich *beweise* nur aus $a + (b + c) = (a + b) + c$, $a + (b + (c + 1)) = (a + b) + (c + 1)$ und das ist nun allerdings für die Anwendung des Satzes von großer Bedeutung. Aber der Beweis umfaßt die Anwendung auch nicht.

10 / R. meinte daß das was ich das Erkennen des Systems nenne, weiter nichts ist, als die – vielleicht unbewußte – Anwendung eines allgemeinen mathematischen Satzes. So, wenn ich wisse daß sich die Frage nach der Richtigkeit von $\sin 3\alpha = 5 \cos \alpha$ entscheidbar sei folgere ich das eben nur aus dem Gesetz für $\sin \alpha + \beta$ etc. Aber das ist nicht wahr, sondern ich folgere es daraus, daß es so ein Gesetz gibt, nicht daraus wie es lautet. 77

11 / Wir dürfen nicht die unendliche Möglichkeit der Anwendung mit dem verwechseln, was wirklich bewiesen ist. Die unendliche Möglichkeit der Anwendung ist *nicht* bewiesen!

4 Läßt sich, was ich meine, auch so zeigen: ⟨Der …⟩
5 Den Vorgang der Entwicklung von $\sqrt{2}$ kann ich⟨ – ⟩ wenn sich
22 nicht *behaupten*, oder verneinen [also ⟨auch⟩ kein Gesetz
27 Grundregel eines Systems ist, gar nicht beweisen kann⟨, …⟩
30 Und wirklich ich *beweise* nur aus ⟨„⟩ $a + (b + c) = (a + b) + c$
43 die unendliche Möglichkeit der Anwendung⟨,⟩ mit dem⟨,⟩ verwechseln,

1 ✶ Jener |Skolemsche| Beweis durch Rekursion ist eigentlich ein Existenzbeweis. Existenzbeweis ist der Beweis, daß ich ein System anwenden kann. Aber welche Form hat so ein Beweis?

2 / Das was am Beweis durch Rekursion auffällt, ist vor allem, daß das nicht herauskommt, was er zu beweisen vorgibt.

3 / Der Beweis zeigt, daß aus der Form 1) „a + (b + c) = (a + b) + c" mittels 79
der Regel 2) „a + (b + 1) $\overset{\mathrm{Def}}{=}$ (a + b) + 1" die Form „a + (b + (c + 1)) = (a + b) + (c + 1)" folgt. Oder, was dasselbe heißt, die Form „a + (b + (c + 1))" läßt sich mit Hilfe der Regeln 1) und 2) in „(a + b) + (c + 1)" überführen. Das ist die ganze Wirklichkeit des Beweises. Alles andere und die ganze gewöhnliche Interpretation liegt in der Möglichkeit seiner Anwendung.

4 / Und der gewöhnliche Fehler darin die Extension seiner Anwendung mit dem zu verwechseln was er eigentlich enthält.

5 ✶ [Das erinnert an den Gedankengang über „Grün & Grün"]

6 / Eine Definition kann ich natürlich nicht verneinen. Sie hat daher auch keinen Sinn. Sie ist eine Regel nach der ich vorgehen kann (oder vorzugehen habe)

7 / Die Grundregeln eines Systems kann ich nicht negieren – außer als Folgen ihrer selbst.

8 / Die Anzahlen sind eine in der Wirklichkeit durch die Dinge gegebene 81
Form, so wie die Rationalzahlen durch Ausdehnungen etc. Ich meine durch wirkliche Formen. So sind die Komplexen Zahlen durch wirkliche Mannigfaltigkeiten gegeben. [Die Symbole sind ja wirklich]

9 / Kann man das kommutative Gesetz als Definition auffassen? Ich glaube ja, weil die Reihenfolge bei der *Ausrechnung* der Addition keine Rolle spielt. Wir können z.B. nicht 5 + 6 und dann 6 + 5 zusammenzählen und nun schauen ob das Gleiche herauskommt. Dagegen ist es anders mit dem associativen Gesetz.

10 ✶ Das „c" im Sk.'schen Beweis hat *im* Beweis noch keine Bedeutung, es steht für 1, oder was sich etwa aus dem Beweis noch ergeben mag und *nach* dem Beweis sind wir berechtigt es als irgend eine Zahl aufzufassen. Aber etwas muß es doch schon im Beweis geheißen haben. Wenn 1, warum schrieben wir dann nicht „1" statt „c"? Und wenn etwas anderes, was?

5 Das was am Beweis durch ⟨vollständige Induktion⟩ auffällt,
16 *Die Bemerkung steht im MS nach der folgenden Bemerkung; die Anordnung ist durch einen Pfeil umgestellt.*
31 Mannigfaltigkeiten gegeben. ⟨(⟩Die Symbole sind ja wirklich⟨)⟩
42 Aber etwas muß es doch schon im Beweis ⟨h...⟩

1 Was uns am Beweis interessieren soll, ist gar nicht sein Schlußsatz, sondern, daß dieser aus den Regeln 1) und 2) folgt und ferner, daß dieser Satz als Spezialfall die Regel 1 enthält. [Reductio ad absurdum] 83

2 * Der Sk'sche Beweis verbindet die Buchstabenregel 2) mit einer Regel über das |Zahl|Zeichen „1" also mit dem Zahlenrechnen.

3 * Er berechtigt mich nicht zur Behauptung $a + (b + (c + d)) = (a + b) + (c + d)$, wohl aber – und das ist sein Zweck – zur Anwendung der Regel 2) auf jede beliebige Zahl.

4 / Nehmen wir nun an, ich will den Satz auf 5, 6, 7, anwenden, so sagt mir der Beweis, daß ich das bestimmt darf. Wenn ich nämlich diese Ziffern in der Form (1 + 1 + 1 ...) schreibe, so kann ich erkennen, daß der Satz ein Glied jener Satzreihe ist, die mir der letzte Satz der Sk'schen Beweiskette darstellt. Dieses Erkennen ist wieder nicht beweisbar sondern intuitiv.

5 / „Every symbol is what it is and not an other symbol". 85

6 *Es ist schwer einem Kurzsichtigen einen Weg zu beschreiben. Weil man ihm nicht sagen kann „schau auf den Kirchturm dort 10 Meilen von uns und geh in dieser Richtung".*

7 / Kann es keinen Beweis geben, der bloß zeigt, daß jede Multiplication im Dezimalsystem nach den Regeln eine Zahl des Dezimalsystems liefern muß? (So daß also das Erkennen des gleichen Systems doch auf der Erkenntnis der Wahrheit eines mathematischen Satzes beruhen würde)

8 / Er müßte analog sein einem Beweis dafür, daß durch Addition von Formen 1 + 1 + 1 ... immer wieder Ziffern dieser Form entstehen. Kann man das nun beweisen? Der Beweis liegt offenbar in der Regel der Addition solcher Ausdrücke, d.h. in der Definition und in nichts anderem.

Man könnte ja auf die Frage auf welche dieser Beweis die Antwort geben soll auch sagen: Ja was soll die Addition denn ergeben? (Oder aber die Multiplication) 87

9 / Ein rekurrierender Beweis ist nur eine allgemeine Anweisung auf beliebige spezielle Beweise. Ein Wegweiser der alle Sätze einer bestimmten Form auf einem bestimmten Wege heimweist. Er sagt zum Satz $2 + (3 + 4) = (2 + 3) + 4$ „geh in dieser Richtung (durchlaufe diese Spirale) dann kommst Du nach Hause."

15 daß der Satz ein Glied jener Satzreihe ist, die ⟨mit ...⟩
16 Dieses Erkennen ist wieder ⟨unbeweisbar⟩ sondern intuitiv.
25 Kann es keinen ⟨S...⟩
25 Kann es keinen Beweis ⟨dafür⟩ geben,
31 von ⟨Ziffern der Form ⟩ 1 + 1 + 1 ... immer wieder Ziffern
31 1 + 1 + 1 ... immer wieder Ziffern ⟨derselb...⟩
35 Man könnte ja auf die Frage auf ⟨die ...⟩
41 einer bestimmten Form auf einem bestimmten Wege ⟨hi...⟩

1 / In wiefern kann man nun so eine Anweisung auf Beweise, den/einen/ Beweis eines allgemeinen Satzes nennen? (Ist das nicht, als wollte man fragen „in wiefern kann man einen Wegweiser einen Weg nennen"?) Aber er rechtfertigt doch die Anwendung von $a + (b + c) = (a + b) + c$ auf Zahlen. Muß es also nicht doch einen legitimen Übergang von dem Beweisschema zu diesem Ausdruck geben?

2 ✶ Was ist „$(a+b)+c = a+(b+c)$" eine allgemeine Regel fürs Zahlenrechnen oder eine Regel zum Rechnen in der Algebra?

3 / Ich kenne einen Beweis mit endloser Möglichkeit, der z.B. mit „$a+(b+1) = (a+b)+1$" anfängt und weiterläuft über „$a+(b+2) = (a+b)+2$" etc. etc. Der „rekurrierende Beweis" ist die allgemeine Form des Fortschreitens in dieser Reihe. Aber er muß doch selbst etwas beweisen denn er erspart mir tatsächlich den Beweis eines jeden Satzes von der Form „$3+(4+7) = (3+4)+7$" Aber wie konnte er denn diesen Satz beweisen? Er weist offenbar jener Reihe von Sätzen /Beweisen/ entlang. 89

$$a + (b + (\xi + d)) = (a + (b + \xi)) + d = ((a + b) + \xi) + d = (a + b) + (\xi + d)$$

$$a + (b + ((\xi + d) + d)) = (a + (b + (\xi + d))) + d = ((a + b) + (\xi + d)) + d = (a + b) + ((\xi + d) + d)$$

das ist ein Stück der Spirale aus der Mitte heraus.

ξ hält den Platz offen für das was erst bei der Entwicklung entsteht.

4 / Wenn ich diese Reihe ansehe, kann mir auffallen, daß sie mit der Definition $a + (b + 1) = (a + b) + 1$ verwandt ist; daß, wenn ich für „c" „1" und für „d" „1" setze die beiden Systeme gleich werden. 91

5 / Im Beweis ist jedenfalls das zu Beweisende nicht das Ende der *Gleichungskette*.

6 / Der Beweis zeigt die Spiralform des Gesetzes.

7 / Aber nicht so daß sie als Resultat der Schlußkette herauskommt.

8 / Wir könnten uns den Beweis ganz gut auch populär mit 1 ausgeführt denken und etwa Pünktchen danach um anzudeuten worauf wir sehen sollen. Er *wäre nicht wesentlich weniger streng*. [hier wird nämlich die Andersartigkeit des Beweises noch deutlicher]

Denken wir uns ihn so. *Wie* rechtfertigt er dann den Satz $a + (b + c) = (a + b) + c$?

2 eines allgemeinen Satzes nennen? (Ist das nicht, als ⟨w...⟩
4 Aber er rechtfertigt doch die Anwendung von ⟨(...⟩
5 Muß es also nicht doch einen legitimen ⟨Ausdruck ...⟩
9 oder eine Regel zum Rechnen ⟨mit Buchstaben? ...⟩
14 ist die allgemeine Form des Fortschreitens in ⟨diesem ...⟩
16 er erspart mir tatsächlich den Beweis eines jeden ⟨einzel...⟩
27 Wenn ich diese Reihe ⟨ansehen ...⟩
38 Wir könnten ⟨unt...⟩

1 ∗ Wenn der Beweis das Stück einer Spirale zeigt, so ist der algebraische Satz ein Kreis.

2 / Wenn man den Beweis ansieht als einen von der Art der Ableitung von $(x + y)^2 = x^2 + 2xy + y^2$, so beweist er den Satz „$a + (b + (c + 1)) = (a + b) + (c + 1)$" (unter der Annahme von $a + (b + c) = (a + b) + c$ also des Satzes, den ich eigentlich beweisen wollte) Und rechtfertigt – unter 93 dieser Voraussetzung – Spezialfälle wie $3 + (5 + (4 + 1)) = (3 + 5) + (4 + 1)$. Er hat dann auch eine Allgemeinheit. Aber nicht die gewünschte. Diese Allgemeinheit liegt vielmehr nicht in den Buchstaben sondern ebensogut in bestimmten Zahlen und besteht darin, daß man den Beweis wiederholen kann.

3 / Wie kann ich aber durch das Zeichen „fa" das anzeigen, was ich im Übergang |von| f(1) auf f(2) sehe? (nämlich die Möglichkeit der Wiederholung)

4 ∗ Wie zeigt es sich denn in der Anwendung des Satzes $a + (b + c) = (a + b) + c$ daß er für alle Zahlen gilt? Ist nicht dieser Satz die einfachste Anwendung des associativen Gesetzes und nicht das Gesetz selbst?

5 ?/ Daß $a + (b + 1) = (a + b) + 1$ ein Spezialfall von $a + (b + c) = (a + b) + c$ ist, kann ich auch nicht beweisen, sondern muß es sehen. [Auch keine Regel kann mir da helfen, denn ich muß doch wieder wissen, welches ein Specialfall der allgemeinen Regel ist]

6 / Das ist die unüberbrückbare Kluft zwischen Regel und Anwendung oder Gesetz und Spezialfall. 95

7 ∗ Der Beweis zeigt vielmehr daß ich die Regel $a + (b + c) = (a + b) + c$ in jedem Fall von Zahlen beweisen kann.

8 ∗ Spielen sonst nicht die Formeln der Algebra diese merkwürdige Doppelrolle als Zeichenregel und Satz auf den die Regel angewandt wird? (Frege)

1 Wenn der Beweis das Stück einer Spirale ⟨ist …⟩
6 (unter der Annahme von ⟨„⟩a + (b + c) = (a + b) + c⟨"⟩ also
9 Er hat dann auch eine Allgemeinheit⟨, …⟩
32 Der Beweis zeigt vielmehr daß ich die Regel ⟨in …⟩
36 als ⟨Zeichenregeln⟩ und Satz auf ⟨die⟩ die Regel angewandt wird

1 / $a + (b + c) = (a + b) + c$ ist eine Definition, eine Regel für das algebraische Rechnen. Sie ist *so gewählt*, daß dieses Rechnen mit dem Zahlenrechnen übereinstimmt. Sie erlaubt denselben Übergang im algebraischen Rechnen der, wie sich im rekursiven Beweis zeigt , für Cardinalzahlen gilt. $a + (b + c) = (a + b) + c$ ist also nicht das Resultat dieses Beweises sondern läuft mit ihm quasi parallel.

Das was wir aus jenem Beweis entnehmen, kann man überhaupt nicht in einem Satz darstellen und ebendadurch allerdings auch nicht 97
verneinen.

2 / Wie ist es aber mit einer Definition wie $a + (b + 1) = (a + b) + 1$ Def. Dies ist nicht als Regel zum algebraischen Rechnen gemeint sondern als Hilfsmittel zur Erklärung von arithmetischen Ausdrücken. Sie stellt eine *Operation* dar, die ich auf jedes beliebige Zahlenpaar anwenden *kann*.

3 * Wie ist es mit dem gemischten Vorkommen von Buchstaben und Ziffern in den algebraischen Sätzen? Das kann von zweierlei Art sein: $a + 1 = b$ oder $2 \cdot a = b$. Im letzteren Fall kann man die Ziffer wegschaffen und schreiben $a + a = b$. Aber $\sin n \cdot \pi = 0$? Hier steht n für irgend eine Zahl und der Satz kann rekursiv bewiesen werden. Ich kann ihn aber auch als algebraische Regel auffassen die man mit dem, was sich im Gebiet der Zahlen zeigt in Übereinstimmung gebracht hat.

4 / Der richtige Ausdruck des associativen Gesetzes ist kein Satz sondern gerade sein „Beweis", der allerdings das Gesetz nicht behauptet sondern zeigt. Und hier wird es klar, daß man dieses Gesetz nun nicht verneinen 99
kann, weil es gar nicht in Form eines Satzes auftritt. Die einzelnen Gleichungen des Beweises könnte man freilich verneinen aber dadurch wäre das Gesetz nicht verneint. Dieses *entgeht* der Bejahung und der Verneinung.

5 / Wenn die Gleichung $x^2 + 2x + 2 = 0$ nach den algebraischen Regeln $x = -1 \pm \sqrt{-1}$ ergibt so ist das ganz in Ordnung solange wir nicht wollen daß die Regeln für x im Einklang sind mit den Regeln für die reellen Zahlen. In diesem Falle bedeutet das Ergebnis der algebraischen Ausrechnung, daß die Gleichung keine Lösung hat.

6 * $(\exists|\text{reell}|x)\ x^2 - 2x + 2 = 0$ behauptet eine Eigenschaft von der Lösung dieser Gleichung nach den algebr. Regeln. Die Lösung nach diesen Regeln ist in jedem Fall $1 \pm i$.

7 * Was heißt es aber, von einem Zeichen der Algebra zu behaupten es sei reell? Es sei denn, daß damit ausgedrückt ist, es gelten für diese Variable jetzt andere Regeln. Und diese Regel könnte nur darin bestehen, daß 101
man den Satz $(\exists x)\ x^2 + ax + b = 0$ als falsch anzusehen hat wenn $\frac{a^2}{4} < b$ ist.

2 eine Regel für das algebraische Rechnen⟨ sie⟩ ist *so gewählt*
4 wie sich im rekursiven Beweis zeigt ⟨u…⟩
45 Und diese ⟨Regeln könnten⟩ nur darin bestehen, daß man den Satz
45 Und diese Regel könnte ⟨nun⟩ darin bestehen, daß man den Satz

1 ✳ Man spricht von einem Problem die Lösungsformel einer Gleichung zu finden.

2 / Wenn der Beweis, daß jede Gleichung eine Wurzel hat ein rekursiver Beweis ist, so heißt das, daß der Hauptsatz der Algebra kein eigentlicher mathematischer *Satz* ist.

3 / Wissen daß man etwas beweisen kann, ist, es bewiesen haben.

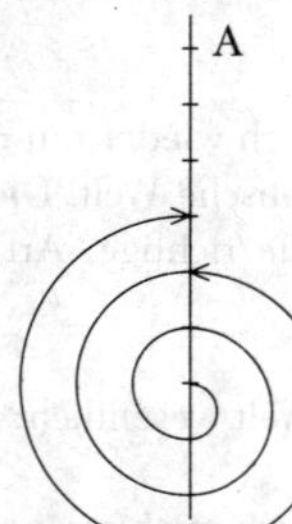

4 / $7 + (8 + 9) = (7 + 8) + 9$ Wie weiß ich daß das so ist ohne es besonders bewiesen zu haben? Und weiß ich es *ebensogut*, als hätte ich es vollständig abgeleitet? Ja! – Dann ist es also wirklich bewiesen. Und zwar kann es dann nicht noch *besser* bewiesen werden; etwa dadurch, daß ich die Ableitung bis zu diesem Satz selbst führe. Ich muß also nach Durchlaufung einer Spiralwindung sagen können „halt! ich brauche nicht mehr, ich sehe schon wie es weiter geht" und alles höher Steigen müßte dann einfach überflüssig sein und nicht doch die Sache deutlicher machen. Wenn ich alle Windungen der Spirale bis zu meinem Punkt zeichne so kann ich also nicht besser sehen daß sie zu ihm führt, als wenn ich nur *eine* Windung zeichne. Ist das aber so? Ich glaube, ja. Nur zeigen beide dasselbe in verschiedener Form. Ich kann sozusagen der vollständig gezeichneten Spirale stupid folgen und komme zu meinem Punkt, während ich die eine gezeichnete Windung auf bestimmte Weise interpretieren muß, um aus ihr zu entnehmen, daß sie verlängert zum Punkt A führt. 103 105

D.h.: aus dem vollständig durchgerechneten Beweis für $6 + (7 + 8) = (6 + 7) + 8$ kann ich dasselbe entnehmen, wie aus dem der nur eine „Windung" beschreibt, nur auf andere Weise. Und jedenfalls ist die *eine Windung zusammen mit den Zahlformen* der gegebenen Gleichung ein vollständiger Beweis dieser Gleichung. Es ist, wie wenn ich sage: „Du willst zum Punkt A kommen? Ja, *den* kannst Du mit *dieser* Spirale erreichen".

5 ✳ Welches ist das System von Vorschriften denen reelle Zahlen entsprechen? Oder: Welche Art von Ziffern erzeugenden Vorschriften *sind* reelle Zahlen?

23 Und zwar kann es dann nicht noch *besser* bewiesen werden⟨,⟩ etwa
24 etwa dadurch, daß ⟨die …⟩
32 Ich kann sozusagen der vollständig gezeichneten Spirale ⟨sp…⟩
35 um aus ihr zu entnehmen, daß sie verlängert zum Punkt ⟨a⟩ führt.

1 *Ich habe 14 Tage lang nicht gearbeitet. Nun werden wir sehen ob es noch gehen wird. Ich bin noch nicht zur Ruhe gekommen. Und meine Gedanken flattern um den Gegenstand herum.*

2 * Die phänomenologische Sprache beschreibt genau dasgleiche wie die gewöhnliche, physikalische. Sie muß sich nur auf das beschränken was verifizierbar ist. 108

3 Ist das überhaupt möglich?

4 / Vergessen wir nicht daß die physikalische Sprache auch wieder nur die primäre Welt beschreibt und nicht etwa eine hypothetische Welt. Die Hypothese ist nur eine Annahme über die praktischste/richtige/ Art der Darstellung.

5 * Ist nun dieses Hypothetische jeder Darstellung der Welt wesentlich?

6 / Angenommen ich hätte ein so gutes Gedächtnis daß ich mich meiner sämtlichen Sinneseindrücke erinnern könnte. Dann spricht nichts dagegen daß ich sie beschriebe. Es wäre das eine Lebensbeschreibung. Und warum sollte ich nicht alles Hypothetische aus dieser Beschreibung 110 fortlassen können?

7 / Ich könnte ja z.B. die Gesichtsbilder plastisch darstellen etwa im verkleinerten Maßstab durch Gipsfiguren die ich nur soweit ausführe als ich |sie| wirklich gesehen habe und den Rest etwa durch eine Färbung oder Ausführungsart als unwesentlich bezeichne.

8 / Soweit ginge die Sache vollkommen gut. Aber wie ist es mit der Zeit die ich zu dieser Darstellung brauche? Ich nehme an ich wäre im Stande diese Sprache so schnell zu „schreiben“ – die Darstellung zu erzeugen – als meine Erinnerung geht. Nehmen wir aber an ich läse diese Beschreibung dann wieder durch, ist sie jetzt nicht doch hypothetisch? Und warum nicht?

3 *Seitenzählung: die Nummer 107 ist im MS übersprungen; damit folgen ab hier gerade Seitenzahlen für die Versoseiten.*

13 praktischste/richtige/ *–die zweite Variante ist im MS mit Fragezeichen markiert.*

18 Angenommen ich hätte ein so gutes Gedächtnis daß ⟨mir …⟩

34 Und ⟨d…⟩

1 / Denken wir uns so eine Darstellung: Die Körper die ich scheinbar sehe werden durch einen Mechanismus so bewegt daß sie zwei Augen die an 112 einer bestimmten Stelle des Modells angebracht sind die darzustellenden Gesichtsbilder geben müßten. Aus der Lage der Augen im Modell und aus der Lage der Bewegung der Körper ist dann das beschriebene Gesichtsbild bestimmt.

Es wäre etwa denkbar den Mechanismus durch Drehen einer Kurbel zu betreiben und die Beschreibung so „herunterzulesen".

2 / Ist es nicht klar, daß das die unmittelbarste Beschreibung wäre die sich denken läßt? D.h. daß alles was noch unmittelbarer sein wollte aufhören müßte eine Beschreibung zu sein?

3 / Es käme dann statt einer Beschreibung jener unartikulierte Laut heraus mit dem manche Autoren die Philosophie gern anfangen möchten [„Ich habe, um mein Wissen wissend, bewußt etwas"] 114

Man kann eben nicht vor dem Anfang anfangen.

4 / Die Sprache selbst gehört zum zweiten System. Wenn ich eine Sprache beschreibe, beschreibe ich |wesentlich| etwas physikalisches. Wie kann aber eine physikalische Sprache das Phänomen beschreiben?

5 / Ist es nicht so:/?/ das Phänomen (spacious present) enthält die Zeit, ist aber nicht in der Zeit?

Seine Form ist die Zeit aber es hat keinen Platz in der Zeit.

6 / Während die Sprache zeitlich abläuft.

7 / Was wir unter |dem Wort| „Sprache" verstehen läuft in der |homogenen| physikalischen Zeit ab. (Wie das durch den Vergleich mit dem Mechanismus vollkommen klar wird)

8 / Was diesem Mechanismus in der primären Welt entspricht nur das könnte die primäre Sprache sein.

9 * Die Anwendung der Russellschen und Fregeschen Theorie der Zahlen 116 setzt voraus daß man Aussagefunktionen der Art „$x = a \lor x = b \lor x = c$" etc konstruieren kann. Diese Konstruktion kommt darauf hinaus Umfänge extensiv zu gebrauchen, denn einen anderen Sinn kann die Einführung der Identität nicht geben. – – – –

5 Aus der Lage der Augen im Modell und aus der Lage ⟨und …⟩
7 Es wäre etwa denkbar ⟨die Körper⟩ durch Drehen einer Kurbel
8 durch Drehen einer Kurbel ⟨zu bewegen …⟩
8 durch Drehen einer Kurbel zu betreiben und ⟨nun …⟩
11 Beschreibung wäre die sich denken läßt? D.h. daß ⟨d…⟩
14 Es käme dann statt ⟨jeder⟩ Beschreibung jener unartikulierte Laut
15 mit dem manche Autoren ⟨|gerne|⟩ die Philosophie
15 die Philosophie ⟨gern⟩ anfangen möchten
20 Wenn ich eine Sprache beschreibe, ⟨so …⟩
25 Seine Form ist die Zeit aber es hat ⟨aber⟩ keinen Platz in der Zeit.
29 Was wir unter |dem Wort| „Sprache" ⟨p…⟩
38 Aussagefunktionen der Art „$x = a \lor x = b \lor x = c$" etc ⟨m…⟩

1 / Es ist als käme ich mit der phänomenologischen Sprache in einen verzauberten Sumpf wo alles Erfaßbare verschwindet.

2 / Angenommen die Welt bestünde aus einem gleichbleibenden Gesichtsfeld wäre es dann nicht möglich sie zu beschreiben.

Z.B. in der Mitte eines roten Gesichtsfeldes ist ein blauer kreisförmiger Fleck.

3 / Obwohl auch hier, das, was beim Lesen des Satzes vorsichgeht nicht im Satz beschrieben sein kann.

4 / Aber von welcher Wichtigkeit kann denn diese Beschreibung des 118
gegenwärtigen Phänomens sein? Es scheint als wäre die Beschäftigung mit dieser Frage geradezu kindisch und wir/ich/ in eine Sackgasse hineingeraten. Und doch ist es eine bedeutungsvolle Sackgasse, denn in sie lockt es Alle zu gehen; als wäre dort die letzte Lösung des philosophischen Problems zu suchen.

5 / Anderseits ist es klar daß wir eine Ausdrucksweise brauchen in der wir die Phänomene des Gesichtsraumes – z.B. – als solche isoliert darstellen können.

„Ich sehe eine Lampe auf dem Tisch stehen" sagt, wie es in unserer gewöhnlichen Sprache verstanden werden muß mehr als die Beschreibung des Gesichtsraumes. Eine richtige Beschreibung wäre zwar: „Es scheint mir als sähe ich eine Lampe auf einem Tisch stehen" Aber diese Ausdrucksform ist irreleitend weil sie es erscheinen läßt als würde nichts wirkliches beschrieben sondern etwas was seinem Wesen 120
nach nicht klar sei.

Während doch das „es scheint" nur besagt daß etwas als besonderer Fall einer allgemeinen Regel beschrieben wird und das Ungewisse ist nur ob sich weitere Ereignisse/weitere Ereignisse sich/ als besondere Fälle derselben Regel beschreiben lassen werden.

Auf dem Film scheint eine Sinuslinie zu sein von der wir einzelne Stücke sehen. D.h. Was wir sehen läßt sich durch eine Sinuslinie auf

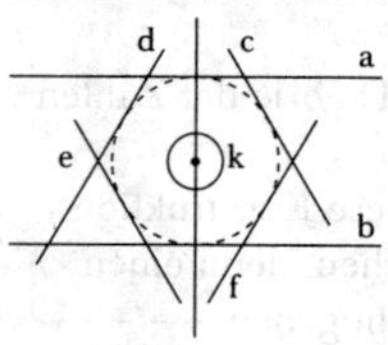

dem Film und bestimmte Unterbrechungen des Lichtstrahls beschreiben. Um den Kreis K scheint ein konzentrischer Kreis gezeichnet und a b c d e f als Tangenten an ihn gezogen worden zu sein.

10 *Im MS keine Leerzeile zur nachfolgenden Bemerkung.*
15 Und doch ist es eine ⟨wichtige …⟩
21 als solche isoliert darstellen können. ⟨D…⟩
24 Sprache verstanden werden muß mehr als die ⟨bloß…⟩
25 „Es scheint mir ⟨als …⟩
25 „Es scheint mir als sähe ich eine Lampe auf ⟨d…⟩
27 als würde nichts ⟨(deutliches)⟩ beschrieben
32 besondere Fälle derselben Regel ⟨werden …⟩
33 Auf dem Film scheint eine Sinuslinie ⟨zu …⟩ ⟨gezogen …⟩
36 und bestimmte Unterbrechungen des Lichtstrahls ⟨erk…⟩
37 ein konzentrischer Kreis ⟨gezogen worden zu sein …⟩

1 ✳ Die Verification der Sprache – also der Akt durch den sie ihren Sinn erhält – geht allerdings in der Gegenwart vor sich.

2 ✳ Aus dem vorigen geht hervor – was übrigens selbstverständlich ist – daß 122
die phänomenologische Sprache dasselbe darstellt wie unsere gewöhnliche physikalische Ausdrucksweise und nur den Vorteil hat, daß man mit ihr manches kürzer und mit geringerer Gefahr des Mißverständnisses ausdrücken kann.

3 / Es könnte z.B. einmal praktisch sein meinen Händen und denen anderer Leute Eigennamen zu geben um beim Reden von ihnen nicht immer von ihrer Beziehung zu einem Menschen reden zu müssen welche für die Hände selbst unwesentlich ist und weil die gewöhnliche Ausdrucksweise den Anschein erwecken könnte als wäre die Beziehung zum Besitzer der Hand etwas was im Wesen der Hand selbst liegt.

4 / Der Gesichtsraum hat wesentlich keinen Besitzer. 124

5 / Nehmen wir nun an ich sehe immer einen bestimmten Gegenstand mit allen anderen im Gesichtsraum – nämlich meine Nase –. Ein Anderer sieht diesen Gegenstand natürlich nicht auf gleiche Weise. Heißt das nicht doch daß der Gesichtsraum von dem ich rede *mir gehört*? Daß er also subjectiv ist. Nein. Er ist hier nur subjektiv aufgefaßt worden; und ihm ist ein objectiver Raum entgegengestellt der aber nur eine Konstruction ist mit dem Gesichtsraum als Basis. In der – secundären – Sprache des „objectiven |– physikalischen –| Raumes“ heißt der Gesichtsraum subjectiv, oder heißt das subjectiv was in dieser Sprache dem Gesichtsraum unmittelbar entspricht. So als würde man sagen: In der Sprache der reellen Zahlen heißt das was in ihrem Reich den Cardinalzahlen unmittelbar entspricht, die „positiven ganzen Zahlen“.

6 / In dem vorhin beschriebenen Modell müssen die beiden Augen die die Gegenstände sehen oder ihr Ort nicht angegeben sein. Das ist nur *eine* 126
Art der Darstellung. Es geht z.B. ebensogut wenn der Teil der Gegenstände der „gesehen“ ist durch einen Anstrich angedeutet ist. Natürlich kann man aus den Grenzen dieses Anstrichs immer die Lage zweier Augen bestimmen aber das entspricht nur der Übersetzung einer Ausdrucksweise in eine andere.

7 / Das Wesentliche ist, daß die Darstellung des Gesichtsraumes ein Object darstellt und keine Andeutung eines Subjekts enthält.

12 beim Reden von ihnen nicht immer von ihrer Beziehung zu ⟨z…⟩
13 welche für die Hände selbst unwesentlich ist⟨. …⟩
14 weil die gewöhnliche Ausdrucksweise den Anschein ⟨erweckt als …⟩
24 ist ein objectiver Raum ⟨gegenübergestellt⟩ der aber nur
26 des „objectiven |– physikalischen –| Raumes“ ⟨ist …⟩
32 ⟨E…⟩
32 beschriebenen Modell müssen die beiden Augen die ⟨es seh…⟩

1 / Angenommen alle Teile meines Körpers könnten entfernt werden bis auf einen Augapfel; dieser würde unbeweglich irgendwo befestigt und behielte die Fähigkeit zu sehen. Wie würde mir die Welt erscheinen? Ich könnte keinen Teil meiner selbst wahrnehmen und angenommen daß mein Augapfel für mich durchsichtig wäre, könnte ich mich auch im Spiegel nicht sehen. Eine Frage ist nun könnte ich mich durch mein Gesichtsbild lokalisieren? Mich lokalisieren heißt hier natürlich nur eine 128
bestimmte Struktur des |Gesichts|Raumes feststellen.

2 / Zwingt mich nun irgend etwas zu der Deutung daß der Baum den ich durch mein Fenster sehe größer ist als das Fenster. Wenn ich einen Sinn für die Entfernung der Objecte von meinem Auge habe so ist das eine berechtigte Deutung. Aber auch dann ist es doch eine Darstellung in einem anderen Raum als dem Gesichtsraum, denn was dem Baum im Gesichtsraum entspricht ist doch offenbar kleiner als das was dem Fenster entspricht.

Oder muß ich sagen: ja das kommt eben darauf an wie man die Wörter „größer“ und „kleiner“ anwendet.

3 So ist es auch: ich kann im Gesichtsraum die Wörter „größer“ und „kleiner“ in beiden Arten gebrauchen. Und in einem Sinn ist der Gesichtsberg kleiner im anderen größer als das Gesichtsfenster.

4 / Angenommen mein Augapfel sei hier hinter dem Fenster befestigt so 130
daß ich das meiste durchs Fenster sehen würde. Dann würde dieses Fenster die Rolle eines Teils meines Körpers übernehmen können. Was nahe am Fenster ist, ist mir nahe. (Ich nehme an daß ich mit meinem Auge 3-dimensional sehe) Außerdem nehme ich an daß ich meinen Augapfel im Spiegel zu sehen im Stande bin und etwa an den Bäumen draußen ähnliche Augäpfel wahrnehme.

5 / Wie kann ich nun erkennen oder zu der Annahme kommen daß ich die Welt durch die Pupille meines Augapfels sehe? Doch nicht wesentlich anders als dazu daß ich sie durch das Fenster oder etwa durch ein Loch in einem Brett hinter dem unmittelbar mein Auge liegt.

6 Ja wenn mein Auge frei an der Spitze eines Astes säße so könnte man mir seine Lage dadurch recht klar machen daß man einen Fingerring 132
immer näher heranbrächte bis ich endlich alles durch ihn sähe. Ja man könnte auch die alte Umgebung meines Auges: Jochbogen, Nase, etc heranbringen und ich wüßte wo alles hingehört.

5 wahrnehmen und angenommen daß mein Augapfel ⟨dur…⟩
10 Zwingt mich nun irgend etwas ⟨anzunehmen …⟩
13 so ist das eine berechtigte Deutung. Aber ⟨selb…⟩
17 ja das kommt eben darauf an ⟨was⟩ man ⟨unter …⟩
18 Wörter „größer“ und „kleiner“ ⟨verwendet⟩
21 ich kann im Gesichtsraum die Wörter „größer“ und „kleiner“ ⟨an …⟩
25 befestigt so daß ich ⟨alles⟩ durchs Fenster sehen würde.
27 Was nahe am Fenster ist, ist mir nahe. (Ich nehme an daß ⟨mir …⟩

1 / Heißt das alles nun aber daß das Gesichtsbild doch wesentlich ein Subject enthält oder voraussetzt?

2 / Oder ist es nicht vielmehr so daß jene Versuche mir nur rein geometrische Aufschlüsse geben.

3 / D.h. Aufschlüsse die immer wieder nur das Object betreffen.
Objective Auskünfte/Aufschlüsse/ über die Realität.

4 / Im Gesichtsraum ist nicht ein Auge welches mir gehört und Augen die anderen gehören. Nur der Raum selbst ist unsymmetrisch, die Gegenstände in ihm sind gleichberechtigt. Im physikalischen Raum aber stellt sich dies so dar, daß eines unter den an gleichberechtigten Stellen 133
liegenden Augen ausgezeichnet wird und mein Auge heißt.

5 / Ich will wissen was hinter mir vorgeht und drehe mich um. Wäre ich daran verhindert, würde nicht die Vorstellung bleiben daß sich der Raum um mich herum ausdehnt? Gewiss. Und daß ich die Gegenstände die jetzt hinter mir sind dadurch zu sehen kriege daß ich mich umdrehe. Also ist es die Möglichkeit des mich-Umdrehens die mir zu jener Raumvorstellung verhilft. Der Resultierende Raum um mich herum ist also ein gemischter Sehraum und Muskelgefühlsraum.

6 / Ohne das Gefühl der Fähigkeit „mich umzudrehen" wäre meine Raumvorstellung eine wesentlich andere.

7 / So hätte das freisitzende unbewegliche Auge nicht die Vorstellung eines es umgebenden Raumes.

8 ⁎ Ist es nicht möglich daß wir mit einem Auge deshalb räumlich sehen 134
weil unser Gehirn etc dasjenige Gesichtsbild hervorruft was es durch den fortwährenden Gebrauch von zwei Augen immer wieder zu sehen gezwungen wird/ist/. Es ist sogar ganz offenbar so wie der Fall 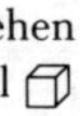 zeigt.

9 / Die |unmittelbare| Erfahrung kann keinen Widerspruch enthalten. Ist sie jenseits von allem Sprechen und Widersprechen dann kann auch kein Erklärungsbedürfnis auftreten, das Gefühl daß sich der Vorgang erklären lassen muß weil sonst etwas nicht stimmen würde.

8 Objective ⟨Aufsc…⟩
8 Auskünfte/Aufschlüsse/ *–die zweite Variante ist im MS mit einem Fragezeichen markiert*
10 Im Gesichtsraum ist nicht ein Auge ⟨was n…⟩
11 Augen die anderen gehören. ⟨Nun⟩ der Raum selbst ist unsymmetrisch,
13 *Fortsetzung des MS auf der Rectoseite des hinteren Vorsatzblatts; die folgenden Bemerkungen sind mangels Linierung durch horizontale Striche voneinander abgegrenzt.*
20 Also ist es die Möglichkeit des mich-Umdrehens die ⟨ich …⟩
28 nicht die Vorstellung eines ⟨um⟩ es ⟨herum…⟩
30 *Fortsetzung des MS auf der Versoseite des hinteren Vorsatzblatts*
31 hervorruft was ⟨wir⟩ durch den fortwährenden Gebrauch von
32 durch den fortwährenden Gebrauch von zwei Augen ⟨zu …⟩
36 jenseits von allem Sprechen und Widersprechen dann kann ⟨es …⟩

/ Wie ist es denn wenn man die Augen schließt: Man hört doch nicht auf zu sehen. Was man aber hier sieht enthält doch gewiss keine Beziehung zu einem Auge. Und mit dem Traumbild ist es das Gleiche. Aber auch im normalen Sehen ist es klar, daß die Ausnahmsstellung meines Körpers im Gesichtsraum nur von anderen Gefühlen herrührt die in meinem Körper lokalisiert sind und nicht von etwas |rein| Visuellem. 135

1 Wie ist es denn wenn man die Augen ⟨sch…⟩
2 gewiss keine ⟨Referenz⟩ zu einem Auge.
2 gewiss keine ⟨Beziehung⟩ zu einem Auge.
4 Aber auch im normalen Sehen ist es klar, daß ⟨daß …⟩
5 *Fortsetzung des MS auf der Innenseite des hinteren Einbanddeckels*

Ludwig Wittgenstein

Wiener Ausgabe
Studien Texte

Band 2
Philosophische Betrachtungen
Philosophische Bemerkungen

Herausgegeben von Michael Nedo

Zweitausendeins

Inhaltsverzeichnis

Contents

Einleitung
Introduction

Im April 1930 hatte Wittgenstein die Arbeiten zu den *Philosophischen Bemerkungen* abgeschlossen. Während der Osterferien diktiert er, wie er an Moore schreibt, eine Zusammenfassung seiner bisherigen Arbeiten:

> I am in Vienna now, doing the most loathsome work of dictating a synopsis from my manuscripts. It is a terrible bit of work and I feel wretched doing it. I saw Russell the other day at Petersfield and, against my original intention, started to explain to him philosophy. Of course we couldn't get very far in two days but he seemed to understand a *little* bit of it. My plan is to go and see him in Cornwall on the 22 or 23 of April and to give him the synopsis and a few explanations.

Letters to Russell, Keynes and Moore, Oxford 1974

Tatsächlich läßt Wittgenstein bei Russell nicht, wie er an Moore geschrieben hatte, die Synopse TS 208 sondern das Manuskript der *Philosophischen Bemerkungen* (TS 209), eine Anordnung von Zetteln mit Bemerkungen, ausgeschnitten aus einem Durchschlag der Synopse TS 208. Die Zettel hat er neu geordnet in ein Schreibbuch eingeklebt und durch handschriftliche Bemerkungen ergänzt.

Russell war von Moore gebeten worden, Wittgensteins bisherige Arbeiten für das Trinity College zu beurteilen. Aufgrund von Russells Bericht gewährt das College Wittgenstein für die Fortführung seiner Arbeiten zum zweiten Mal ein Stipendium von 100 £.

Am 25.4.1930 „Nach den Osterferien wieder in Cambridge angekommen.“ setzt Wittgenstein die Arbeiten auf der Seite 133 im Manuskriptband IV fort. Am 28. April gibt er in der *Faculty of Moral Science* an der Universität Cambridge seine erste Lehrveranstaltung: ein zweistündiges Seminar und eine Diskussionsklasse über Probleme der Sprache, Logik und Mathematik.

Das Manuskript der *Bemerkungen* (TS 209) hatte Russell später Moore übergeben. Nach Wittgensteins Tod 1951 kam das Manuskript entsprechend den testamentarischen Bestimmungen in den Besitz seiner literarischen Erben.

1964, 13 Jahre nach Wittgensteins Tod, hat Rush Rhees die *Philosophischen Bemerkungen* bei Basil Blackwell in Oxford herausgegeben.

Die den *Philosophischen Bemerkungen* zugrundeliegenden Manuskriptbände I bis IV werden hier zum ersten Mal veröffentlicht.

By April 1930 Wittgenstein had finished working on the *Philosophical Remarks.* During the Easter vacation he dictated a synopsis of his work to date, as he says in a letter to Moore:

> I am in Vienna now, doing the most loathsome work of dictating a synopsis from my manuscripts. It is a terrible bit of work and I feel wretched doing it. I saw Russell the other day at Petersfield and, against my original intention, started to explain to him philosophy. Of course we couldn't get very far in two days but he seemed to understand a *little* bit of it. My plan is to go and see him in Cornwall on the 22 or 23 of April and to give him the synopsis and a few explanations.

Letters to Russell, Keynes and Moore, Oxford 1974

In fact it was not this synopsis (TS 208) that he left with Russell but his manuscript of the *Philosophical Remarks* (TS 209), a collection of cuttings extracted from a copy of TS 208 and pasted into a writing book, supplemented by additional remarks.

Moore asked Russell to judge Wittgenstein's current work for Trinity College. On the basis of his report Wittgenstein was given a second grant of £100 from the College to continue his work.

On 25 April 1930 ('Back in Cambridge after the Easter holidays') Wittgenstein resumed his work at page 133 in manuscript volume IV. On 28 April he had his first experience of university teaching: a 2 hour seminar and a 'discussion-class' on problems of language, logic and mathematics.

Russell later gave Moore this manuscript of the *Bemerkungen* (TS 209). After Wittgenstein's death in 1951, in accordance with the provisions in his will, it passed into the possession of the trustees of his literary estate.

In 1964, thirteen years after Wittgenstein's death, Rush Rhees edited and published this manuscript as *Philosophical Remarks* (Basil Blackwell, Oxford). The original, underlying manuscript volumes I–IV are published here for the first time in the Wiener Ausgabe.

Textgrundlage des zweiten Bandes der Wiener Ausgabe sind die Manuskriptbände III und IV (MS 107 und MS 108) aus dem Wittgenstein-Nachlaß.

Band III (MS 107) Cod. Ser. n. 22020 der Handschriften- und Inkunabelsammlung der Österreichischen Nationalbibliothek, Wien.

Band IV (MS 108) aus dem Eigentum der Nachlaßverwalter, in der Wren Library des Trinity College, Cambridge.

Band III trägt auf dem Vorsatzblatt den Titel:

Philosophische Betrachtungen

Band IV trägt auf dem Vorsatzblatt den Titel:

IV. Philosophische Bemerkungen

Band III ist ein schweres Kontorbuch im Format 330 x 205 mm, hergestellt vor 1930, vermutlich englischen Ursprungs. Glatter, imprägnierter Leineneinband schwarz über Pappe mit abgerundeten Ecken, Kopf und Schwanz des Rückens mit schwarzem Leder unterzogen. Spiegel und Vorsatz aus braunem festen Papier, schwarz-gelb-rot marmorierter Schnitt. Der Einband weist keine weitere Beschriftung auf. Das gelbliche, feste Papier ist hellblau liniert. Der Band hat einen Umfang von 150 Blättern und je einem Vorsatzblatt vorne und hinten. Der Text ist ausschließlich von Wittgensteins Hand und in deutscher Sprache; die Bleistiftpaginierung, 1 bis 300, ist nachträglich und vermutlich von fremder Hand. Wittgenstein schreibt in diesem Band durchgehend mit einem graublauen Tintenstift. Die zeitgleichen Korrekturen sowie die Randzeichen, die u.a. im Zusammenhang mit der Herstellung der Synopse TS 208 entstanden, sind ebenfalls in Tintenstift.

Band IV ist ein schweres Kontorbuch im Format 330 x 205 mm, hergestellt vor 1930, vermutlich englischen Ursprungs. Glatter, imprägnierter Leineneinband grün über Pappe mit abgerundeten Ecken, Kopf und Schwanz des Rückens mit braunem Leder unterzogen. Der Band wurde 1977 im Trinity College konservatorisch behandelt und neu gebunden; der Originaleinband blieb dabei erhalten. Spiegel und Vorsatz aus braunem festen Papier, rot-gelb-grün marmorierter Schnitt. Der Einband weist keine weitere Beschriftung auf. Das gelbliche, feste Papier ist blau liniert. Der Band hat einen Umfang von 150 Blättern und je einem Vorsatzblatt vorne und hinten. Der Text ist ausschließlich in Wittgensteins Hand und in deutscher Sprache; die Bleistiftpaginierung, 1 bis 300, ist nachträglich und vermutlich von fremder Hand. Wittgenstein schreibt in diesem Band mit Bleistift und Tintenstift. Die zeitgleichen Korrekturen sowie die Randzeichen, die u.a. im

Manuscript volumes III and IV (MS 107 and 108) comprise the text of the second volume of the Wiener Ausgabe:

Volume III – MS 107 of the Wittgenstein Papers, in the Collection of Manuscripts and Incunabula at the Austrian National Library in Vienna, Cod. Ser. n. 22020

Volume IV – MS 108 of the Wittgenstein Papers, from the collection at the Wren Library, Trinity College, Cambridge

The flyleaf of the third volume has the title:

Philsophische Bemerkungen

The flyleaf of the fourth volume has the title:

IV. Philosophische Bemerkungen

The third manuscript volume is a heavy ledger, 330 x 205 mm, made before 1930, probably of English origin. It has a smooth, impregnated black cloth binding over cardboard with rounded edges, and black leather shows from underneath at the top and bottom of the spine. Endpapers and flyleaves are made of strong brown paper, and the fore-edge is marbled in black, red and yellow. The cover has no inscription. The strong, yellowish paper is lined in pale blue. The volume has 150 leaves and a flyleaf at the front and back. The text is exclusively in Wittgenstein's hand and in German; the pagination (1 to 300) in pencil is of later date and probably by another hand. Throughout this volume Wittgenstein uses a greyish-blue ink pencil. The corrections, which are contemporary with the text, and the symbols in the margin associated with the creation of synopsis TS 208 are also in ink pencil.

The fourth manuscript volume is a heavy ledger, 330 x 205 mm, made before 1930, and probably of English origin. It has a smooth, impregnated green cloth binding over cardboard with rounded edges, and brown leather shows from underneath at the top and bottom of the spine. The volume was given conservation treatment at Trinity College in 1977 and the binding was restored. Endpapers and flyleaves are made of strong brown paper, and the fore-edge is marbled in red, yellow and green. The cover has no inscription. The strong, yellowish paper is lined in blue. The volume has 150 leaves and a flyleaf at the front and back. The text is exclusively in Wittgenstein's hand and in German; the pagination (1 to 300) in pencil is of later date and probably by another hand. In this volume Wittgenstein uses pencil and ink pencil. The corrections, which are contemporary with the text, and the symbols in the margin associated with the creation of synopses

Zusammenhang mit der Herstellung der Synopsen TS 208 und TS 210 entstanden, sind zum größten Teil ebenfalls in Blei- und Tintenstift. Daneben gibt es einige nachträgliche Korrekturen und Bearbeitungszeichen gegen Ende des Bandes in Tinte.

Beide Manuskriptbände sind seit 1967 im „Cornell-Film" des Wittgenstein Nachlaß zugänglich.

Struktur des dritten Manuskriptbandes:

Philosophische Betrachtungen

Der Anfang des Bandes ist eine Fortsetzung der aus den Bänden 105 und 106 gebildeten Einheit. Er schließt unmittelbar an die letzte Seite von Band I an, die Seite 135 auf dem Spiegel des Hinterdeckels. In diesem dritten Band werden die linken und rechten Seiten durchgehend beschrieben.

Auf der Seite 229 besteht im Text eine Lücke, die durch die Seiten 1–64 des vierten Manuskriptbandes, MS 108, geschlossen wird.

Der strukturelle Zusammenhang ist demnach folgender: Band III, Seiten 1–229; Band IV, Seiten 1–64; Band III, Seiten 229–300.

Die Bemerkungen des Bandes sind jeweils durch Leerzeilen voneinander getrennt, mit insgesamt 64 im Text verstreuten Bemerkungen in Code, vier davon im Einschub aus dem vierten Band. Bis Seite 153 fehlen Datumsangaben; danach ist das Manuskript fast täglich datiert. Diesem Wechsel scheint keine inhaltliche oder sonstige Wandlung zu entsprechen.

Datierungen:

Seiten 1–153: Keine Datierung
Seiten 153–228: 6. Oktober – 4. Dezember 1929
Seiten 229–300: 10. Januar – 15. Feb. 1930

Zwischen dem 13. Dezember 1929 und dem 5. Januar 1930 werden die Eintragungen auf den ersten 64 Seiten des vierten Bandes, MS 108, fortgesetzt als Einschub in die Seite 229.
Anweisung Wittgensteins zur Struktur und Abfolge der Bemerkungen:

Band III, S. 229, unter dem Datum vom 10. Januar 1930:

> Die philosophischen Bemerkungen wurden zunächst im 4. Manuskriptband fortgesetzt, da ich diesen über die Weihnachtsferien nicht nach Wien nehmen wollte. Jetzt setze ich wieder fort.

TS 208 and TS 210 are for the most part in pencil and ink pencil. Additionally, there are some later corrections and marks near the end of the volume in ink.

Both manuscript volumes have been accessible on the 'Cornell Film' of the Wittgenstein Nachlaß since 1967.

Structure of the third manuscript volume:

Philosophische Betrachtungen

The beginning of the volume is a continuation of the unit formed by manuscript volumes 105 and 106. It links up with the last page of Volume I, the verso page numbered 135 on the back endpaper. In this third volume, both sides of each page are used sequentially.

There is a gap in the text on page 229, which is filled by pages 1–64 of the fourth manuscript, Volume 108.

The structural connections are thus as follows: Volume III, pages 1–229; Volume IV, pages 1–64; Volume III, pages 229–300.

The remarks in this volume are separated by blank lines, with a total of 64 remarks in cipher scattered throughout the text, four of which are in the section inserted from the fourth volume. Dates start at page 153 and then there is an entry almost every day. This change appears not to relate to any alteration in content or otherwise.

Dates:

Pages 1–153: no dates
Pages 153–228: 6 October – 4 December 1929
Pages 229–300: 10 January – 15 February 1930

Between 13 December 1929 and 5 January 1930 the entries are continued on the first 64 pages of the fourth volume, MS 108 as an insertion on page 229.

Wittgenstein's reference to the sequence of the remarks in the order of writing:

> Volume III, page 229, dated 10 January 1930: The philosophical remarks were initially continued in the fourth manuscript volume as I did not want to take this one to Vienna over the Christmas holidays. I am now continuing here.

Struktur des vierten Manuskriptbandes:

IV. Philosophische Bemerkungen

Der Text der ersten 64 Seiten dieses Bandes (MS 108) gehört in den dritten Band (MS 107) als Einschub in die Seite 229 vor dem Datum 10.1.30. Die nachfolgenden Seiten 64–300 bilden eine formale und inhaltliche Fortsetzung des dritten Bandes *Philosophische Betrachtungen*: philosophische Bemerkungen, die jeweils durch Leerzeilen voneinander getrennt sind, mit zwei Bemerkungen in Code plus vier codierte Bemerkungen im Einschub zum Band III.

Band IV enthält keine Anweisungen Wittgensteins zur Struktur des Textes. Das Ende des Einschubs zu dem Band III auf Seite 64 ist lediglich durch eine zusätzliche Leerzeile markiert.

Datierungen:

Seiten 1–64: 13. Dez. 1929 – 5. Januar 1930
Seiten 64–300: 16. Februar – 9. August 1930

Die Datierungen sind häufig, aber unregelmäßig. Zwischen dem 24. März und dem 25. April besteht eine Lücke, die, wie aus einer Bemerkung in Code vom 25.4. auf Seite 133 hervorgeht, der Zeit der Osterferien entspricht. Während dieses Zeitraums hatte Wittgenstein in Wien die Synopse (TS 208) des bis dahin Geschriebenen aus den Manuskriptbänden I bis IV diktiert und daraus das Manuskript der *Philosophischen Bemerkungen* hergestellt.

Structure of the fourth manuscript volume:

IV. Philosophische Bemerkungen

The text of the first 64 pages of this volume belongs to the third volume, MS 107, inserted at page 229 before the date 10.1.30. The following pages, 64–300, continue both in form and in content from *III. Band. Philosophische Betrachtungen* separated by blank lines, including two remarks in cipher and four remarks in cipher in the section inserted in volume three.

Volume IV contains no indication of the structure. The end of the section intended for insertion in volume III on page 64 is only marked by an extra blank line.

Dates:

Pages 1–64: 13 Dec. 1929 – 5 Jan. 1930
Pages 64–300: 16 Feb. – 9 Aug. 1930

Dates are frequent but irregular. There is a gap between 24 March and 25 April, which, as a remark in cipher reveals, corresponds to the Easter vacation. During this period, Wittgenstein dictated in Vienna a synopsis (TS 208) of what he had written to date in manuscript volumes I to IV and on this basis created the manuscript of the *Philosophical Remarks.*

Eine allgemeine Vorstellung vom Inhalt der ersten vier Manuskriptbände, genauer von den Einträgen vom 2.2.1929 (Band I) bis zum 24.3.1930 (Band IV Seite 133) vermitteln die 1964 von Rush Rhees herausgegebenen *Philosophischen Bemerkungen.*

Im März/April 1930 hatte Wittgenstein in Österreich aus den bis dahin fertiggestellten Bänden I–III und dem Anfang von Band IV bis zur Seite 133 eine Synopse (TS 208) diktiert. Er zerlegt einen Durchschlag davon, klebt die so entstandenen Zettel mit jeweils einer oder mehreren Bemerkungen in neuer Anordnung in ein Schreibbuch ein und ergänzt sie durch weitere handschriftliche Bemerkungen zum Manuskript *Philosophische Bemerkungen* (TS 209). Dabei hat er bei weitem nicht das gesamte Manuskriptmaterial verwendet. Bereits in den Manuskriptbänden hatte Wittgenstein einzelne Abschnitte mit kommentierenden Randzeichen versehen, welche Zustimmung, Ablehnung, weitere Verwendung und Übernahme bzw. Unentschiedenheit usw. bedeuten. Solche Randzeichen finden sich später immer wieder in seinen Schriften. Beim Diktat der Synopse hat er dann im wesentlichen nur die mit einem vorwärtsgeneigten Schrägstrich markierten Bemerkungen übernommen und dabei die Reihenfolge der übernommenen Abschnitte meist beibehalten. Ein ähnlicher Gebrauch von Randzeichen läßt sich auch beim Übergang von der Synopse (TS 208) zu den *Bemerkungen* (TS 209) nachweisen: Die eingeklebten Zettel im Band der *Bemerkungen* zeigen (in der erhaltenen Kopie) Spuren solcher Randzeichen aus der Synopse, zumeist mit den Zetteln beschnitten, die dann durch neue Randzeichen für weitere Überarbeitungen ergänzt wurden. In den Registerbänden der Wiener Ausgabe werden die Strukturen dieser Übergänge zwischen den einzelnen Manuskripten systematisch dargestellt.

Die *Philosophischen Bemerkungen* (TS 209) bieten keine vollständige und auch keine treffende Wiedergabe der Manuskriptbände I bis IV. Der bemerkenswerte ursprüngliche Gedankenprozeß, der zwar in den Manuskripten oft unregelmäßig und sprunghaft, jedoch kaum zufällig verläuft, geht in dieser Zusammenstellung notwendigerweise verloren. Überdies muß berücksichtigt werden, daß Wittgenstein bereits beim Diktat der Synopse (TS 208) wegen des beschränkten Typenrepertoires der Schreibmaschine lange Passagen mit mathematischen, logischen und graphischen Darstellungen weggelassen bzw. simplifiziert hat.

Auf der Basis des zweiten Teils des vierten Manuskriptbandes, den Seiten 133–300, diktiert Wittgenstein eine weitere Synopse, das Typoskript 210, aus der er dann nur sehr wenige, iso-

A general idea of the contents of the first four manuscript volumes, more precisely of the entries from 2 February 1929, Volume I, up to 24 March 1930, Volume IV, is conveyed by the *Philosophical Remarks* edited by Rush Rhees in 1964. This publication is based on a subtle rearrangement of the synopsis of Volumes I to IV, typescript 208.

In Austria, in March/April 1930, Wittgenstein dictated a synopsis of the completed Volumes I to III and the beginning of Volume IV up to page 133. He cut up a carbon copy of this, and stuck the resulting fragments with one or more remarks per cutting into a writing-book, and by reordering and adding further handwritten remarks turned it into typescript 209 with the title *Philosophische Bemerkungen.* In this process, he used only a small part of the material from the manuscript volumes. Here, he had already marked individual sections with marginal symbols indicating agreement or disagreement, his intention of reusing and transferring them elsewhere, indecision etc., a method which he was later to use repeatedly. In dictating the synopsis he mostly used remarks indicated by a slash, thereby generally preserving the sequence of transferred sections. Wittgenstein obviously proceeded in a similar fashion in the transition from the synopsis to the *Bemerkungen* (TS 209): the pasted cuttings in the surviving copy of the *Bemerkungen* carry traces of such marginal symbols, with further additions by hand, indicating yet more revisions. The concordance volumes present such interconnections between the individual manuscripts and typescripts systematically.

Manuscript volumes I to IV are not reflected fully and faithfully in the *Philosophische Bemerkungen* (TS 209). Wittgenstein's remarkable original thought process in the manuscripts, although sometimes irregular and erratic, but never fortuitous, is inevitably lost in this compilation. In addition, it must be borne in mind that Wittgenstein, when dictating the synopsis, had omitted or simplified long passages containing mathematical, logical and graphical notation, because of the limitations of the typewriter.

The second part of the fourth manuscript volume, pages 133 to 300, was revised by Wittgenstein in a further synopsis, typescript 210, from which he then transferred only a very few, isolated remarks into a collection of cuttings (TS 212), and from there into the so-called *Big Typescript,* TS 213. In 1969 Rush Rhees published these texts in part II of the *Philosophical Grammar,* where they may be found mostly in chapter VII.

lierte Bemerkungen zunächst in die Zettelsammlung, TS 212, und dann in das sogenannte *Big Typescript* (TS 213) übernommen hat. Rush Rhees hat 1969 diese Texte im Teil II, insbesondere im Kapitel VII, der von ihm herausgegebenen *Philosophischen Grammatik* veröffentlicht.

Im zweiten Teil des Manuskriptbandes IV behandelt Wittgenstein im wesentlichen die beiden folgenden Gegenstände:

- die Philosophie der Mathematik, besonders die Allgemeingültigkeit eines mathematischen Beweises, und

- eine ausführliche Fortsetzung der früheren Erörterungen über das Problem der Intensionalität überhaupt, besonders in den Bemerkungen aus der Zeit vom 16. Juni bis zum 31. Juli 1930.

In the second part of manuscript Volume IV Wittgenstein deals mainly with two topics:

- the philosophy of mathematics, namely the general validity of a mathematical proof, and

- a detailed continuation of his earlier remarks on the problem of intensionality in general (see in particular the remarks from the period 16 June to 31 July 1930).

Legende
Wiener Ausgabe Band 2

Haupttext

Sperrung	einfache Unterstreichung
Kapitälchen	mehrfache Unterstreichung
Serifenlose	gewellte Unterstreichung
| |	Einfügung
/ /	Variante
Kursiv	Codierte Bemerkung

Linker Randapparat

Randzeichen Wittgensteins sowie eine seitenweise Zählung der Bemerkungen durch den Herausgeber

Rechter Randapparat

Zeilenzähler der Ausgabe und Seitenzahlen des Manuskripts, auf der Höhe der Textzeile, in der die jeweilige Manuskriptseite beginnt

Fußnotenapparat

Normalschrift	Streichungen im Kontext
⟨ ⟩	Streichung
⟨ …⟩	Streichung ohne Fortsetzung im Satz
Kursiv	Anmerkungen des Herausgebers

Codierte Bemerkungen erscheinen in den Fußnoten in Normalschrift.

Die Fußnoten sind über den Zeilenzähler mit dem Haupttext verbunden.

Legend
Wiener Ausgabe Volume 2

Main text

letter spacing	single underlining
small caps	multiple underlining
sans serif	wavy underlining
| |	insertion
/ /	variant
italics	remark in cipher

Left margin

marginal marks by Wittgenstein, numbering of the remarks per page by the editor

Right margin

line counter, manuscript page numbers opposite the line in the text corresponding to the beginning of the new page in the manuscript

Footnotes

standard typeface	deletions in context
⟨ ⟩	deletion
⟨ …⟩	deletion, with no continuation in the sentence
italics	annotations by the editor

Coded remarks appear in the footnotes in standard typeface.

The footnotes are connected to the main text via the line counter.

Philosophische Betrachtungen

1 ✶ Es ist nicht notwendig ausschaltende Experimente (etwa Gedankenexperimente zu machen). Der Gesichtsraum so wie er ist hat seine selbständige Realität. 1

Er selbst enthält kein Subject. Er ist autonom.

2 ✶ Er läßt sich unmittelbar beschreiben (aber wir sind weit davon entfernt eine Ausdrucksweise zu kennen die ihn beschreibt) Die gewöhnliche physikalische Sprache bezieht sich auf ihn in einer *sehr* komplizierten und uns instinktiv bekannten Weise.

3 ✶ Der entscheidende Moment für eine Sprache ist ihre Anwendung. Das Denken mit ihrer Hilfe.

4 ✶ Die Betrachtungsweise die gleichsam in einen Talkessel hinunter führt aus dem kein Weg in die freie Landschaft führt ist die Betrachtung der Gegenwart als des einzig realen. Diese Gegenwart in ständigem Fluß oder vielmehr in ständiger Veränderung begriffen läßt sich nicht fassen. Sie verschwindet ehe wir daran denken können sie zu erfassen. In diesem Kessel bleiben wir in einem Wirbel von Gedanken verzaubert stecken.

Der Fehler muß sein daß wir versuchen die fliehende Gegenwart 2
mit der wissenschaftlichen Methode zu erfassen. Das muß so sein als wollten wir die Festigkeit eines Balkens losgelöst von ihm erfassen. Sie gleichsam aus ihm herausdestillieren

5 ✶ Dieses Unmögliche zu versuchen, davor muß uns die Erkenntnis retten daß wir Unsinn reden wenn wir versuchen unsere Sprache in diesem Unternehmen zu verwenden.

6 / Wir befinden uns mit unserer Sprache so zu sagen nicht im Bereich des projicierten Bildes sondern im Bereich des Films. Und wenn ich zu dem Vorgang auf der Leinwand Musik machen will, muß das was sie hervorruft |sich| wieder in der Sphäre des Films abspielen.

7 ✶ Was ich nicht denken darf, kann die Sprache nicht ausdrücken. Das ist unsere Beruhigung.

8 ✶ Wenn man aber sagt: Der Philosoph muß aber eben in diesen Kessel hinuntersteigen und die reine Realität selbst erfassen und ans Tageslicht ziehen so lautet die Antwort daß er dabei die Sprache hinten lassen müßte und daher unverrichteter Dinge wieder heraufkommt.

9 ✶ Und doch kann es eine phänomenologische Sprache geben. (Wo muß 3
diese Halt machen?)

6 Er läßt sich unmittelbar beschreiben (aber ⟨wird …⟩
15 aus dem ⟨heraus⟩ kein Weg in die freie ⟨offene⟩ Landschaft führt
22 die fliehende Gegenwart mit der ⟨Wissenschaft⟩ zu erfassen.
30 mit unserer Sprache so zu sagen nicht ⟨in der Region …⟩
31 sondern im Bereich des Films. Und wenn ich zu ⟨dem Film …⟩

1 ⁎ Wenn wir uns diese Sprache vorstellen wollen so ist es charakteristisch daß wir gleich anfangen uns die Welt einfacher vorzustellen als sie ist. Aber das spricht nicht gegen sondern *für* die Möglichkeit dieser Sprache denn wir gehen einen bestimmten Weg um zu ihr zu kommen.

2 ⁎ Oder ist es so: Unsere gewöhnliche Sprache ist auch phänomenologisch, nur erlaubt sie es begreiflicherweise nicht die Sinnesgebiete deren gesamte Mannigfaltigkeit die ihre ist zu trennen.

Ihr Raum ist der kombinierte Gesichts-, Tast- und Muskelgefühls Raum darum kann ich mich in diesem Raum „umdrehen“ und schauen „was hinter mir vorgeht“ etc.

3 ⁎ Es ist offenbar möglich den Gesichtsraum zu beschreiben. Denn ist das was gewöhnlich in ihm vorgeht zu kompliziert so sagt *das* schon daß die Beschreibung prinzipiell möglich ist. Und es ist leicht sich Vorgänge in diesem Raum zu denken die einfach genug sind um sich |leicht| beschreiben zu lassen.

4 / Schon das Wort Gesichtsraum ist für unseren Zweck ungeeignet, denn es 4
enthält eine Anspielung auf ein Sinnesorgan die für den Raum ebensowenig wesentlich ist als es für ein Buch wesentlich ist daß es einem bestimmten Menschen gehört und es könnte sehr irreführend sein wenn es in unserer Sprache so eingerichtet wäre daß wir in ihr kein Buch bezeichnen könnten außer durch seine Beziehung zu einem Besitzer. Es könnte zur Ansicht führen daß ein Buch nur mit Beziehung auf einen Menschen existieren kann.

5 Wenn nun die phänomenologische Sprache den Gesichtsraum und was in ihm vorgeht von allem Anderen trennt/isoliert/, was macht sie mit der Zeit? Ist die Zeit der „visuellen“ Phänomene die Zeit unserer gewöhnlichen physikalischen Ausdrucksweise?

6 Es ist klar daß wir im Stande sind Zeiträume als gleich zu erkennen. Ich könnte mir z.B. die Vorgänge im Gesichtsraum begleitet denken vom Ticken eines Metronoms oder vom Aufblitzen eines Lichtes in gleichen Zeitabständen. Ich denke mir der Einfachheit halber die Veränderungen in meinem Gesichtsraum ruckweise und etwa zeitlich mit den Schlägen
des Metronoms zusammenfallend. Ich kann dann eine Beschreibung 5
dieser Vorgänge geben (in der die Schläge durch Zahlen bezeichnet sind)

3 Aber das spricht nicht gegen sondern *für* ⟨Exi…⟩
8 die ihre ist ⟨in die Gebiete der einzelnen Sinne⟩ zu trennen.
9 Ihr Raum ist ⟨die…⟩
15 so sagt *das* schon daß ⟨es⟩ prinzipiell möglich ist.
25 Es könnte zur Ansicht führen daß ein Buch nur ⟨mit…⟩
29 und was in ihm vorgeht von ⟨allem/Allem/anderen⟩ trennt/isoliert/
33 daß wir im Stande sind ⟨gleiche⟩ Zeiträume als gleich zu erkennen.

1 War es nun nicht mein Vorhaben nur verifizierbares zu beschreiben? Sollte es nicht eben der Unterschied dieser Beschreibung von einer gewöhnlichen sein daß sie alles Hypothetische vermeidet? Und ist das gelungen?

2 Ich glaube in gewissem Sinne ja und in einem anderen nicht. – Angenommen diese Beschreibung sei eine Vorhersage und sie soll nun verifiziert werden. Ich weiß sie etwa auswendig und vergleiche sie nun mit dem was wirklich vorgeht. Hier ist alles hypothetische vermieden bis auf das was in der Voraussetzung liegt die Beschreibung sei mir unabhängig von dem gegeben was mir von ihr gerade gegenwärtig ist.

Das Ganze ist ein Sprechfilm und das gesprochene Wort was mit den Vorgängen auf der Leinwand geht ist ebenso fliehend wie diese Vorgänge und nicht das gleiche wie der Tonstreifen. Der Tonstreifen begleitet nicht das Spiel auf der Leinwand.

3 / Hat es nun einen Sinn zu sagen ich hätte ja durch einen Kobold betrogen werden können und was ich für die Beschreibung hielt war gar nicht die Beschreibung sondern Irrtum meines Gedächtnisses? Nein, das 6 darf keinen Sinn haben. Ein Irrtum der prinzipiell nicht entdeckt werden kann ist kein Irrtum.

Und das heißt nichts anderes, als daß die Zeit meines Gedächtnisses in diesem Fall eben die Zeit ist die ich beschreibe.

Sie ist nicht dieselbe wie die der gewöhnlichen Auffassung. Für diese gibt es alle möglichen Quellen etwa die Erzählungen anderer Leute etc. Aber es handelt sich auch hier wieder darum die eine Zeit zu isolieren.

4 / Wenn in drei Röhren je eine schwarze eine rote und eine gelbe Flüssigkeit strömt und sich diese an einem Punkt zu einer braunen vereinigen so hat diese resultierende Flüssigkeit nun einen eigenen Strömungszustand ich aber will nur sagen daß jede der einfach gefärbten Flüssigkeiten auch einen Strömungszustand hat und will ihn untersuchen wo die drei noch nicht zusammengeflossen sind.

5 * Denn es könnte/kann/ sogar scheinen als untergrabe die Betrachtung der bloßen Gegenwart auch die Sicherheit der Mathematik oder Logik.

6 / Natürlich ist auch das Wort „Gegenwart" hier nicht am Platz. Denn inwiefern kann man von der Realität sagen sie sei gegenwärtig? Doch 7 nur wenn man sie |schon| wieder in eine ihr fremde Zeit einbettet. An und für sich ist sie nicht gegenwärtig. Im Gegenteil, sie enthält vielmehr eine Zeit.

13 ⟨Das …⟩ *–Absatz im MS zunächst als eigenständige Bemerkung begonnen*
15 der Tonstreifen. Der Tonstreifen begleitet nicht ⟨die …⟩
19 war gar nicht die Beschreibung sondern ⟨es lag ein …⟩
19 meines Gedächtnisses? Nein⟨. Das⟩ darf keinen Sinn haben.
24 Sie ist nicht dieselbe wie die ⟨des …⟩
24 der gewöhnlichen Auffassung⟨:⟩ Für diese gibt es alle möglichen Quellen
32 nun einen eigenen Strömungszustand ich aber will ⟨d…⟩

1 * Wenn Mathematik das ist, was in einem Buch steht, dann kann sie nur die Sicherheit haben die sie als das hat was in einem Buch stehen kann. Ist sie aber das was gedacht wird dann hat sie die Sicherheit auf die es uns ankommt. (Dieser Satz scheint verrückt zu sein, ist es aber nicht.)

2 * Ich glaube – wie ich schon früher andeuten wollte – wenn man die extensionale Auffassung/Theorie/ der Klassen durchführt muß man zu der Auffassung kommen daß die Zahl ein Charakteristicum einer Satzform ist, also zu meiner Auffassung.

3 * Umgekehrt könnte man sagen daß meine Theorie der Anzahlen eine extensionale Klassentheorie aufstellt/beinhaltet/.

4 Es ist klar daß man in der Theorie der Zahlen wie Frege und Russell sie entwickeln alle Funktionen von vornherein durch Scheinfunktionen wie „$x = a \vee x = b \vee x = c$“ etc. ersetzen kann. Denn ohne diese kann man *doch* nicht auskommen. Sie stellen in Wirklichkeit Extensionen dar gleichsam „Magazine“ oder „Füllungen“ die man an der rechten Stelle in 8 den Satz einschiebt, wenn man die Extension in ihm braucht.

Der Satz $2 + 2 = 4$ gilt für diese Füllung

5 * Das sagt man wohl: Wenn 2 Bücher auf dem Tisch liegen und ich lege noch zwei hin, so liegen 4 Bücher auf ihm: *denn* $2 + 2 = 4$.

6 * Die zwei Bücher die ich zuerst auf den Tisch gelegt habe und die zwei späteren geben zusammen vier Bücher (die jetzt auf dem Tisch liegen) In diesen 4 Büchern kann ich die Gruppen von je zwei unterscheiden.

7 Wenn ich den Satz schreibe

„$(\mathsf{E}xyz)\,\varphi(\,)\cdot(\mathsf{E}xy)\,\psi(\,)\cdot \text{Ind.}\ .\supset.\ (\mathsf{E}xyzuv)\,\varphi(\,)\vee\psi(\,)$“

so muß ich, um die Extension der rechten Klammer richtig hinschreiben zu können, sie in zwei Teilen schreiben, die den beiden linken Extensionen 1–1 zugeordnet sind. Ich bekomme also hier (und im einfacheren Fall ist es natürlich dasselbe) zuerst den Satz $(\mathsf{E}3x)\,\varphi x\cdot(\mathsf{E}2x)\,\psi x\cdot \text{Ind.}\ .\supset.\ (\mathsf{E}3+2x)\,\varphi x \vee \psi x$.

8 Auch so wird es klar wenn ich im oberen Beispiel zuerst 468 Bücher und dann noch 673 hinlege. Dann ist das was zuerst klar ist, daß auf dem Tisch 468 + 673 Bücher liegen der arithmetische Satz – 468 + 673 = 1141 – ist noch gar nicht erwähnt. Freilich die Summe ist in dem Satz gebildet – – –.

1 was in einem Buch steht, dann kann ⟨es …⟩
7 früher andeuten wollte – wenn man die extensionale ⟨T…⟩
7 der Klassen durchführt ⟨wird⟩ man zu der Auffassung kommen
11 könnte man ⟨|auch|⟩ *–Einfügung im MS mit einem Fragezeichen markiert*
11 daß meine Theorie der Anzahlen ⟨einer extensionalen theorie …⟩
12 eine extensionale Klassentheorie ⟨darstellt⟩
14 *Die Bemerkung ist im MS am linken Rand mit einer vertikalen Wellenlinie markiert.*
20 ⟨Die Sätze …⟩
31 um die Extension der rechten Klammer richtig ⟨beschreiben⟩ zu können,
39 Bücher liegen⟨. A…⟩ *–der Schlußpunkt ist im MS nicht gestrichen*

1 (E2x) φx · (E2x) ψx · Ind .⊃. (E4x) φx ∨ ψx …. A
Dieser Satz sagt – natürlich – nicht, daß 2 + 2 = 4 sondern daß der Ausdruck eine Tautologie ist zeigt es. φ und ψ müssen unintegrierte Variable sein. 9

2 ✳ Wenn ich zwei Gegenstände habe so kann ich diese freilich, wenigstens hypothetisch, unter einen Hut bringen, aber das charakteristische an dem Begriffsumfang ist doch die Klasse, und der Begriff der sie umfaßt, war doch nur ein Notbehelf ein Vorwand/eine Ausrede/.

3 ✳ Wenn φa · φb · ψc · ψd dann kann ich sagen daß 4 Dinge φ ∨ ψ genügen, aber wenn es keinen Begriff gibt unter den nur 2 Dinge fallen dann stimmt natürlich auch der Satz:

(E2x) φx · (E2x) ψx · Ind. .⊃. (E6x) φx ∨ ψx .

Das zeigt daß diese Satzform gar nicht gibt, was ich mit 2 + 2 = 4 meine. Ich brauche vielmehr Etwas, was anzeigt, daß aus

(E2x) φx · (E2x) ψx · Ind., (E4x) φx ∨ ψx folgt.

Das zeigt aber z.B. die Tautologie die bei der Verknüpfung durch ⊃ entsteht.

4 ✳ Ich habe zwei Tische mit je 4 Füßen. Für 8 Löcher in der Erde brauche ich 8 Pflöcke, dazu werde ich die Tischfüße verwenden. Ich habe 2 mal 4 Füße, sind 8.

Ich kann mich darin nicht irren; darum kann ich meine Erkenntnis auch nicht in einem Satz ausdrücken: Ich habe die Strukturen mittels der Zahlen verglichen.

5 ✳ 4 + 4 = 8 ist wesentlich was ich ausrechne, wenn ich $\frac{\substack{4\\4}}{8}$ rechne/berechne/. 10

6 Wenn im Satz A ein Fehler ist, kann ich ihn nur durch vergleichen der Extensionen in den Klammern auffinden und richtigstellen. Oder ich zähle die beiden |linken| Zahlen zusammen und schreibe das Resultat in die rechte Klammer. Jedenfalls muß ich irgendwie die Summe hinschreiben.

7 (Enx) φx · (Emx) ψx · Ind. .⊃. (En + mx) φx ∨ ψx
(E||||x) φ_x · (E||||||x) ψ_x · Ind. .⊃. (E||||, ||||||) x φx ∨ ψx
ebenso richtig ist aber natürlich

(E||||x) φx · (E||||||x) ψx · Ind. .⊃. (E|||*, ||||||x) φx ∨ ψx

hier* muß n + m stehen.

8 × Ist denn diese Form die einzige Anwendung einer Summation?

9 ein Vorwand/eine Ausrede/. *–die zweite Variante ist im MS mit einem Fragezeichen markiert*
12 daß 4 Dinge φ ∨ ψ genügen, aber wenn es keinen ⟨Funk…⟩
13 unter den nur 2 Dinge fallen dann stimmt natürlich ⟨auf …⟩
16 Ich brauche vielmehr ⟨etwas⟩, was anzeigt, daß aus
19 die Tautologie die bei der Verknüpfung durch ⊃ ⟨entsp…⟩
28 ist wesentlich was ich ausrechne, wenn ⟨wenn⟩ ich
40 hier* *–im MS verweist von hier ein Pfeil vor das Komma in der Notation.*

1 × Es ist entweder d i e Anwendung oder eine unter unendlich vielen. (?)

2 ⁎ Wenn man die Addition als einen Vorgang in der Satzform ansieht, was ist die allgemeinste Art ihres Vorkommens?

3 ⁎ Es war immer mein Widerstand gegen die Fregesche Auffassung, daß sie mir zu speziell schien.
Und das kommt darauf hinaus, daß nicht jede Zahlangabe die Angabe über eine eigentliche Funktion ist.

4 ⁎ „Es gibt 4 Menschen in diesem Zimmer", „In meinem Gesichtsfeld sind 4 rote Kreise". Damit „x ist ein roter Kreis" Sinn hat muß x schon die logische Form eines Farbflecks im Gesichtsfeld sein. (Und Analoges gilt für den ersten Satz) Es kommt mir vor als sei diese Theorie der Zahl noch ein Überbleibsel der Subject–Prädikat Theorie der Sätze, (oder soll ich nur sagen: als hänge sie mit dieser unmittelbar zusammen.) 11

5 Ich fühle so: In unserer gewöhnlichen Sprache ist allerdings jede Zahlangabe die Aussage über einen Begriff, d.h. über ein Prädicat, aber ich glaube daß sich mit dieser Prädicatform die verschiedensten logischen Strukturen verkleiden und daß es nur durch ein erkünsteltes Verfahren der Darstellung so scheinen kann, als handle es sich hier um Begriffe.

6 / Nicht einmal eine gewisse Allgemeinheit ist der Zahlangabe wesentlich. Wenn ich z.B. sage „ich sehe drei gleichgroße Kreise in gleichen Abständen angeordnet."

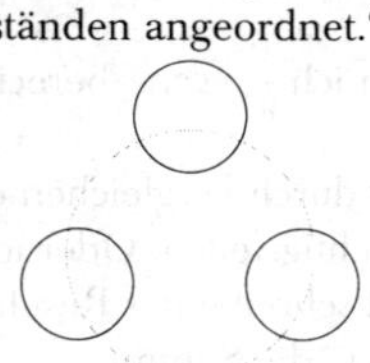

7 / Wenn ich eine richtige Beschreibung des Gesichtsfeldes gebe in dem 3 rote Kreise auf blauem Grund stehen, so wird da gewiß nicht der Ausdruck vorkommen „(Ex, y, z) : xε kreisförmig und rot · yε kreisförmig und rot etc." 12

8 / Das Charakteristische ist, daß ich in der Satzform F(n) eine Zahl nach der anderen muß für underlinen einsetzen können und der Satz muß jedesmal einen durch diese Einsetzung allein vollkommen bestimmten Sinn erhalten.

14 (Und Analoges gilt ⟨im …⟩
20 d.h. über ein Prädicat, aber ich glaube daß sich mit ⟨diesen …⟩
35 des Gesichtsfeldes gebe in dem ⟨2⟩ rote Kreise auf blauem Grund stehen
41 in der Satzform F(n) eine Zahl nach der anderen ⟨e…⟩

1 / Freilich könnte man |so| schreiben: Es gibt drei Kreise, die die Eigenschaft haben rot zu sein. Aber hier tritt der Unterschied zu Tage zwischen den uneigentlichen Gegenständen, Farbflecken im Gesichtsfeld, Tönen, etc etc. und den Elementen der Erkenntnis, den eigentlichen Gegenständen.

Es fällt auf, daß der Satz von den drei Kreisen nicht die Allgemeinheit oder Unbestimmtheit hat die ein Satz der Form (Exyz) φx · φy · φz besitzt. In diesem Fall kann man nämlich sagen: Ich weiß zwar daß 3 Dinge die Eigenschaft φ haben, weiß aber nicht *welche*.
Im Fall von den 3 Kreisen kann man das nicht sagen.

„Es sind jetzt drei rote Kreise von der und der Größe und Lage in meinem Gesichtsfeld" bestimmt die Tatsache vollständig und es wäre unsinnig zu sagen, ich wisse noch nicht *welche* Kreise es sind.

2 / Denken wir an „Gegenstände" wie ein Blitzschlag, das gleichzeitige 13
Eintreffen zweier Ereignisse, die Schnittpunkte einer Geraden mit einem Kreis etc. für alle diese Fälle sind die 3 Kreise im Gesichtsfeld ein Beispiel.

3 / Man kann natürlich die Subject–Prädicat, oder was dasselbe ist die Argument–Funktion-form als eine Norm der Darstellung auffassen und dann ist es allerdings wichtig und charakteristisch, daß sich in jedem Fall wenn wir Zahlen anwenden die Zahl als Eigenschaft eines Prädicates darstellen läßt. Nur müssen wir uns darüber im Klaren sein, daß wir es nun nicht mit Gegenständen und Begriffen zu tun haben, als den Ergebnissen einer Zerlegung, sondern mit Normen, in die wir den Satz gepreßt haben. Und es hat freilich eine Bedeutung daß er sich auf diese Norm hat bringen lassen. Aber das in-eine-Norm-Pressen ist das Gegenteil einer Analyse. Wie man, um den natürlichen Wuchs des Apfelbaums zu studieren nicht den Spalierbaum anschaut, außer um zu sehen, wie sich *dieser* Baum unter *diesem* Zwang verhält.

4 Daß man das Zusammentreffen von Gerichtsverhandlungen mit Mondesfinsternissen zählen kann, sagt allerdings, daß wir *einen* Begriff der logischen Form haben, aber es zeigt natürlich nicht daß wir im
Besitze einer |logischen| Analyse dieser Vorgänge sind. Das würde 14
sagen, daß die Fregesche Theorie der Zahl solange anwendbar wäre, als wir nicht eine Analyse der Sätze beabsichtigen. Diese Theorie erklärt den Zahlbegriff für die Ausdrucksform der Umgangssprache.

5 Frege hätte allerdings gesagt (ich erinnere mich an eine Unterredung) daß das Zusammentreffen einer Mondesfinsternis und einer Gerichtsverhandlung ein Gegenstand sei. Und was ist dagegen einzuwenden? Nur daß wir das Wort „Gegenstand" dann in zweideutiger Weise verwenden und so die Resultate der logischen Analyse verwirren.

30 Wie man(auch), um den natürlichen Wuchs des Apfelbaums

1 Es handelt sich nämlich darum, welche Bedeutung die Variablen in dem Zeichen „(∃x) φx“ annehmen sollen. Ob man also einen Satz zuläßt „(∃x) x ist eine Gerichtsverhandlung |etc.|“; und das kann man ohneweiteres, wenn man nicht dadurch Verwirrung anrichtet, daß man die selbe Form in der Analyse der Sätze gebraucht.

2 Und da man zum Sprechen von Gerichtsverhandlungen ja die Zeichen „(∃x) etc“ nicht braucht und die Analyse dieser Dinge jedenfalls ein ganz anderes Bild ergeben wird so wird es wohl besser sein die Zeichen „(∃x) etc“ für die logische Analyse vorzubehalten.

3 Die Russellsche Theorie der Addition ist: Wenn 2 Gegenstände unter einen Begriff fallen und 2 andere unter einen andern Begriff, dann fallen dadurch 4 Gegenstände unter die Summe der beiden Begriffe. Ich sage 15
hier: „dann fallen 2 + 2 Gegenstände unter die Summe der Begriffe“. Und 2 + 2 ist 4 oder 4 gleich 2 + 2, gleichgültig ob ich es mit der Summe zweier Begriffe zu tun habe oder nicht. Ich meine: vier Gegenstände tragen schon die Möglichkeit der Zerlegung in 2 und 2 in sich ob diese durch die Grenzen gewisser Begriffe geschieht oder nicht.

4 Das heißt: Wenn 4 Äpfel auf dem Tisch liegen so liegen immer 2 und 2 Äpfel auf dem Tisch.

5 Das heißt aber eigentlich: Ich kann Gegenstände auch dann zusammenfassen wenn von einem zusammenfassenden Begriff nicht die Rede ist, allein durch ihre Individualität.

6 Der Begriff der Unabhängigkeit im Satz A. Was bedeutet er in einem Fall ○◍○◍○.

7 Identität und Unterscheidbarkeit.

8 Ich sehe drei |(Gesichts)|Kreise in bestimmter Lage; ich schließe die Augen, öffne sie wieder und sehe drei ebensogroße Kreise in anderen Lagen. Hat es einen Sinn zu fragen, ob es dieselben sind und welcher welcher ist? Gewiss nicht. Aber jetzt w ä h r e n d ich sie sehe, kann ich sie identifizieren. [Sogar wenn sie sich vor meinen Augen bewegen kann ich die Kreise in neuen Lagen mit denen in den früheren identifizieren.] Wenn ich ihnen Eigennamen gebe und schließe die Augen und öffne sie 16
wieder und sehe daß sie in der gleichen Lage sind so kann ich jedem wieder seinen Namen geben (Man kann die Überlegung auch durchführen, wenn sie durch Bewegung ihre Plätze vertauscht haben) Jedenfalls benenne ich immer (direkt oder indirekt) einen P l a t z.

5 daß man ⟨dieselbe⟩ Form in der Analyse der Sätze gebraucht.
17 ⟨Das heißt⟩: vier Gegenstände tragen schon die Möglichkeit
28 Was bedeutet ⟨es⟩ in einem Fall ○◍○◍○
33 drei |(Gesichts)|Kreise in bestimmter Lage⟨. Ich⟩ schließe die Augen,
36 zu fragen, ob es dieselben sind und welcher ⟨Kreis⟩ welcher ist?

1 ∗ Die Frage ist ob alle Zahlangaben wesentlich von der Form $(\exists nx)\,\varphi x$ sind. Ich sage daß sie von der Form $O^n \cdot B$ sind und daß das die allgemeine Form/der allgemeinere Fall/ ist. Als ein entscheidendes Beispiel habe ich den Fall von den drei Kreisen im Gesichtsfeld genommen. Das Charakteristische an der Form $(\exists \ldots) \ldots$ ist, daß ihr eine Disjunktion entspricht. Und es ist klar, daß der Satz „im Gesichtsbild befinden sich drei Kreise" keine Disjunktion beinhaltet. Besonders ist das klar, wenn im Satz |noch| die Lage der Kreise so bestimmt ist, daß die Anzahl der Kreise sie selbst bestimmt.

Und das führt uns nun auf natürliche Weise zu den Relationszahlen.

2 / Wenn ich sage „in diesem Zimmer sind 4 Menschen", so scheint allerdings eine Disjunktion hinein zu spielen, da nicht gesagt ist w e l c h e Menschen. Aber das ist ganz unwesentlich. Wir könnten uns denken, daß alle Menschen einander gleich wären abgesehen vom Ort an dem sie sich befinden (daß es sich also bei ihnen um Menschlichkeit an einem bestimmten räumlichen Ort handelte) und dann fiele jede Unbestimmtheit weg. 17

3 / Wenn man auch im Wald geht und nur lang genug geht, kommt man endlich doch ins Freie.

4 / Von den Dingen a, b, c, d haben nur 3 die Eigenschaft φ. Das kann durch die Disjunktion ausgedrückt werden:

$\varphi b \cdot \varphi c \lor \varphi a \cdot \varphi b \cdot \varphi d \lor \varphi a \cdot \varphi c \cdot \varphi d \lor \varphi b \cdot \varphi c \cdot \varphi d$

Offenbar auch ein Fall wo eine Zahlangabe sich nicht auf einen Begriff bezieht (Obwohl man es |mittels des „="| auch so erscheinen lassen kann)

5 Wenn ich sage: Wenn 4 Äpfel auf dem Tisch liegen so liegen 2 + 2 Äpfel auf ihm, so heißt das nur daß mit den 4 Äpfeln schon die Möglichkeit gegeben ist sie zu 2 und 2 zusammenzufassen und ich brauche nicht auf die wirkliche Zusammenfassung durch einen Begriff zu warten. Diese „M ö g l i c h k e i t" bezieht sich auf den Sinn, nicht auf die Wahrheit eines Satzes. 2 + 2 = 4 kann heißen „wo immer ich 4 Gegenstände habe, besteht die Möglichkeit sie zu 2 und 2 zusammenzufassen."

3 die allgemeine Form/der allgemeinere Fall/ *–die zweite Variante ist im MS mit einem Fragezeichen markiert*
10 Und ⟨diese …⟩
10 Und das führt uns nun ⟨natürlich …⟩
10 Und das führt uns nun auf natürliche Weise zu den ⟨Maßzahlen. ⟩
16 um ⟨Menschheit⟩ an einem bestimmten räumlichen Ort handelte)
17 an einem bestimmten Ort ⟨des Rau…⟩
20 Wenn man auch im Wald geht und ⟨geht …⟩
23 Von den Dingen ⟨ab…⟩
27 auf einen Begriff bezieht (Obwohl man es ⟨mit Hil…⟩

1 In meinem Gehirn ist |jetzt| schon seit Tagen trübe Witterung, der Himmel andauernd bewölkt wie während einer Landregenzeit wenn es augenblicklich nicht regnet aber wieder regnen wird. Hie und da einige unbedeutende kurze Lücken blauen Himmels und ein paar 18
vorübergehende Sonnenblicke die nicht zählen.

2 * Wenn Dinge gezählt werden, so können sie es nur in der Allgemeinheit und abgesehen von ihrer Individualität. Und wenn in einem Satz von n Dingen die Rede ist, so muß die Funktion in Bezug auf diese n Dinge symetrisch sein; d.h. sie müssen in ihr alle gleichberechtigte Plätze einnehmen

3 * Ist denn nicht „$(\exists 2x)\,\varphi x \cdot (\exists 2x)\,\psi x \cdot \mathrm{Ind}\ .\supset.\ (\exists 4x)\,\varphi x \vee \psi x$“ auch eine Anwendung von $2 + 2 = 4$, ebenso wie $(\mathsf{E}2x)\,\varphi x$ etc etc.

4 * Wenn 2 Leute einander lieben und 2 Leute einander hassen und niemand einen liebt und zugleich einen haßt, dann gibt es mindestens 4 Leute die einen unter ihnen lieben oder hassen.

5 * (Zwei doppelte Verneinungen geben eine vierfache Verneinung)

6 / Wenn man schreibt (E |||||) etc. (E |||||||) etc ⊃ (E ||||||||||||) etc so kann man im Zweifel sein wie ich denn das Zahlzeichen in der rechten Klammer erhalten habe, wenn man nicht weiß, daß es durch Addition der beiden linken Zahlzeichen entstanden ist. Ich glaube das macht klar daß dieser Ausdruck nur eine Anwendung von $5 + 7 = 12$ aber nicht diese Gleichung selbst darstellt.

7 / Wenn man fragt: Was heißt denn dann aber „$5 + 7 = 12$“ – was für ein Sinn oder Zweck bleibt dann noch für diesen Ausdruck – so ist die 19
Antwort: „$5 + 7 = 12$“ ist eine Zeichenregel die angibt welches Zeichen (12) entsteht, wenn man eine bestimmte Operation (die Addition) auf zwei andere bestimmte Zeichen (5 und 7) anwendet. Der Inhalt von $5 + 7 = 12$ ist (wenn einer es nicht wüßte) genau das, was den Kindern Schwierigkeiten macht wenn sie diesen Satz im Rechenunterricht lernen.

8 Man kann sagen, daß dieser Inhalt und diese Schwierigkeit von unserer besonderen Notation herrühren, und daß dies alles verschwindet, wenn man ||||| + ||||||| = |||||||||||| schreibt, oder wenn man |auch| das „+“ wegläßt und gar schriebe |||||||||||| = ||||||||||||, wobei die ganze Gleichung überflüssig würde. Und man kann weiter sagen, daß dahingegen die Tautologie A nicht überflüssig wird und also wohl der eigentliche arithmetische Satz ist.

|||||||||||| = |||||||||||| ist aber nur eine sehr unpraktische Notation da man in ihr nicht erkennt wo in der linken Seite die Zäsur ist

2 wie während einer ⟨Landregenperiode⟩ wenn es augenblicklich
25 daß es durch Addition der beiden ⟨rechten⟩ Zahlzeichen entstanden ist.
41 Und man kann weiter sagen, daß ⟨dabei …⟩
43 und also wohl der eigentliche arithmetische Satz ⟨sein wird.⟩
44 ist aber ⟨in Wirklichkeit⟩ nur eine sehr unpraktische Notation
45 nur eine sehr unpraktische Notation da man ⟨nicht in ihr⟩ erkennt

1 „5 + 7 = 12“ deutet auf eine Relation von Strukturen; und zwar der drei Strukturen 5, 7, 12; die drei müssen also auch in dem Satz erscheinen.

2 / Man kann/könnte/ ganz von der speziellen Beschaffenheit des Satzes A absehen und bloß auf das Verhältnis, die Beziehung, der Zahlzeichen in ihm achten. Das zeigt, daß diese Beziehung unabhängig von diesem Satz 20 besteht. Nämlich von den anderen Zügen seiner Struktur die ihn zur Tautologie machen.

3 / Denn wenn ich ihn als Tautologie betrachte so nehme ich ja bloß Eigenschaften seiner Struktur wahr und das Additionstheorem kann ich nun i n ihm wahrnehmen ohne auf andere dem Satz wesentliche Charaktere zu achten.

Das Additionstheorem ist also in ihm (unter anderem) zu erkennen, nicht d u r c h ihn.

Diese Überlegung wäre natürlich unsinnig wenn es sich hier um den S i n n eines Satzes handelte und nicht um die strukturellen Arbeiten einer Tautologie.

4 / Darauf könnte man sagen: Was ich am Zeichen A wahrnehme und die Beziehung der Zahlzeichen nenne, ist wieder nur das Zusammenfassen von Begriffsumfängen: Ich vereinige die 5 ersten Striche der rechten Klammer, die in einer |1–1| Beziehung zu den 5 in der einen linken Klammer stehen und die folgenden 7 Striche |der rechten Klammer| die in einer 1–1 Beziehung zu den 7 |in| der anderen linken Klammer stehen zu 12 Strichen die das eine oder das andere tun. Aber auch wenn ich diesen Gedankenprozess durchginge so bliebe das als fundamentale Einsicht, daß sich die 5 Striche und die 7 g e r a d e z u 1 2 vereinigen (also etwa zu derselben Struktur wie auch 4 und 4 und 4.) – Was uns das 21 lehrt ist immer nur die Einsicht in die Beziehung der Strukturen und nicht irgend ein Satz oder eine Überlegung der Logik. Und zwar ist für diese Einsicht alles an der Tautologie außer den Zahlstrukturen nur Beiwerk; nur auf diese kommt es |für den arithmetischen Satz| an. (Alles andere gehört zur A n w e n d u n g des arithmetischen Satzes)

5 Ich will also sagen: das Arithmetische ist nicht der Anlaß, 5 und 7 zusammenzugeben sondern |der Vorgang und| was dabei herauskommt.

6 * Ich nenne also die Zahlen geradezu Strukturen. Aber mit Recht?

11 so nehme ich ja bloß Eigenschaften seiner Struktur wahr und ⟨diese …⟩
14 ist also in ihm ⟨–⟩ unter anderem ⟨– ausgesprochen⟩
17 wenn es sich hier um den S i n n ⟨d…⟩
23 zu ⟨denen⟩ in ⟨einer⟩ der linken ⟨Klammern⟩ stehen
24 stehen und die folgenden 7 Striche ⟨zu …⟩
27 wenn ich diesen Gedankenprozess durchginge so bliebe das ⟨das …⟩
28 als fundamentale Einsicht⟨ bestehen⟩, daß sich die 5 Striche
30 die Einsicht in die ⟨interne⟩ Beziehung der Strukturen
31 ein Satz oder eine ⟨andere⟩ Überlegung der Logik.
36 Ich will also sagen: das Arithmetische ist nicht der Anlaß, ⟨der mich …⟩
37 |der Vorgang und| *–das Einfügungszeichen im MS ist gewellt unterstrichen*

1 / Angenommen ich schriebe den Satz A hin, setzte aber in der rechten Klammer die falsche Anzahl von Strichen, so könnte und würde man auf diesen Fehler nur durch Vergleichung der Strukturen, nicht durch die Anwendung von logischen Lehrsätzen kommen.

2 / Ja wenn man frägt: woher weißt Du denn daß gerade diese Zahl von Strichen in der rechten Klammer die richtige ist, so kann ich es nur durch eine Vergleichung der Strukturen rechtfertigen.

3 / Es würde sich also herausstellen, daß was Frege den Pfeffernuß-Standpunkt in der Arithmetik nannte, doch einer Rechtfertigung fähig wäre.

4 / Und jetzt zeigt sich auch – glaube ich – klar die Beziehung zwischen der 22 extensiven Auffassung der Klassen und der Auffassung der Zahl als Merkmal einer logischen Struktur: Eine Extension ist eine Charakteristik des Sinnes eines Satzes.

5 * Was den Satz A zur Tautologie macht ist eben das richtige Verhältnis der Zahlstrukturen in den Klammern, also gerade das was der arithmetische Satz zum Ausdruck bringt.

6 * Nur so kann man eine Ansicht bekämpfen, daß man sich ganz in sie hinein versetzt.

7 ||| + |||| = ||||||| ist (das allgemeine)/ein Schema, das z.B. bei der Bildung der Tautologie A benützt wird. Es kann nichts anderes sein als ein allgemeines Schema dessen Anwendung der Übergang von einem Satz zum anderen ist. (der wieder in der Tautologie seinen Ausdruck hat)

8 / Wenn nun der Übergang in A die einzige Anwendung dieses arithmetischen Schemas wäre, könnte oder müßte man es da nicht eben durch die Tautologie ersetzen, oder definieren?

9 / D.h.: Wie wäre es wenn A die allgemeinste Form der Anwendung des arithmetischen Schemas wäre?

10 / Wäre A die einzige – also wesentlich die einzige – Anwendung des 23 Schemas, dann könnte das Schema ganz von selbst nichts anderes bedeuten als eben die Tautologie.

11 / Oder: Dann müßte das Schema selbst die Tautologie sein, und die Tautologie nichts anderes als das Schema.

4 nicht durch die Anwendung von logischen ⟨Sätzen⟩ kommen.
6 Ja wenn man frägt⟨,⟩ woher weißt Du denn daß gerade diese Zahl
14 ⟨×⟩ *Randzeichen im MS gestrichen und ersetzt*
24 Ansicht bekämpfen, daß man sich ganz in sie hinein ⟨denkt⟩
32 könnte oder müßte ⟨müßte⟩ man es da nicht eben
35 D.h.: Wie wäre es wenn ⟨die…⟩

1 * Man könnte nun sagen: Die Logik handelt von den Sätzen und darum muß sie die Arithmetik, an ihrer Wurzel, erfassen wo sie aus dem Wesen des Satzes hervorgeht und sich auf ihn bezieht.

Wenn nun eben A diesen/den/ Zusammenhang der Arithmetik und des Satzes darstellte?

2 / – Dann könnte man auch nicht mehr sagen, A sei eine Anwendung des Schemas, sondern A wäre das Schema, nur gleichsam nicht das Werkzeug allein sondern das Werkzeug mit seinem Griff, ohne den es ja doch nicht zu brauchen ist [im Sinne von gebrauchen]. –

3 / Das was A außer dem Schema enthält, darf dann nur das sein, was zur Application des arithmetischen Schemas notwendig ist.

4 / – Notwendig ist aber gar nichts, denn wir verstehen und wenden die arithmetischen Sätze sehr wohl an ohne irgend einen Zusatz zu ihnen. –

5 Dazu gehört aber vor allem nicht die Bildung einer Tautologie, wie wir 24
in jener Tautologie selbst sehr gut sehen, denn sonst müßten wir, um sie als Tautologie zu erkennen wieder eine andere als Tautologie erkennen und so fort.

6 * Die arithmetischen Strukturverhältnisse kann ich vielmehr bloß, an den detachierten Sätzen – einfach – erkennen.

7 Die arithmetischen Sätze dienen wie Multiplicationstabellen und dergleichen, oder auch wie Definitionen auf deren beiden Seiten nicht ganze Sätze stehen zur Anwendung auf die Sätze. Und auf etwas anderes kann ich sie ja sowie so nicht anwenden [Ich brauche also nicht erst irgend welche Beschreibung ihrer Anwendung]

8 Wenn ich sage: ich sehe hier 3 rote Kreise und jetzt kommen noch 3 andere hinzu; ist es da nötig eine Untersuchung anzustellen, ob die 3 neuen wirklich alle andere Kreise sind als die ersten 3? Daß es andere 3 sind ist ohne weiteres klar, so klar nämlich als es ist, daß ein Ort ein anderer ist als ein anderer.

9 Der Vorgang entspricht eher einem solchen Schema

$$(\exists xyz) \cdot \varphi(\ ) \cdot (\exists u, v, w) \cdot \varphi(\ ) .\supset. (\exists xyzuvw) \cdot \varphi(\ )$$

wo x, y, z, u, v, w etwa die Orte des Raumes bezeichnen würden.

10 Oder es waren bis jetzt 3 Kreise, jetzt sind es plötzlich 5: Also müssen 2 25
dazugekommen sein, denn $3 + 2 = 5$.

4 diesen/den/ *–die zweite Variante ist im MS mit einem Fragezeichen markiert*
8 Anwendung des Schemas, sondern A wäre das Schema⟨ selbst …⟩
10 [im Sinne von gebrauchen]. *–die Ergänzung steht im MS über der Zeile.*
13 was zur ⟨Applizierung⟩ des arithmetischen Schemas notwendig ist.
15 ⟨(⟩ Notwendig ist aber gar nichts, denn wir verstehen
16 wohl an ohne irgend einen Zusatz zu ihnen.⟨)⟩
34 eine Untersuchung anzustellen, ob die 3 neuen wirklich alle ⟨n…⟩

1 / Keine Untersuchung der Begriffe, nur die direkte Einsicht kann vermitteln daß $3 + 2 = 5$.

Das ist es, was sich in uns auflehnt gegen die Annahme daß A der Satz $3 + 4 = 7$ sein könnte. Denn das, wodurch wir diesen Ausdruck als Tautologie erkennen, kann sich selbst nicht aus einer Betrachtung von Begriffen ergeben, sondern muß unmittelbar sichtbar sein.

2 / Und wenn wir sagen, die Zahlen seien Strukturen, so meinen wir, sie müssen immer von der Art dessen sein, wodurch wir sie darstellen.

3 * „Wenn ich 2 Äpfel in der einen Hand habe und 2 in der anderen und keinen in beiden Händen zugleich, dann habe ich 4 Äpfel in beiden Händen"; warum denn? Doch nur weil || + || = ||||. In jenem Satz ist dieses Schema enthalten und unmittelbar zu erkennen und nur das macht ihn richtig zur Tautologie. Was dieses Schema in dem Satz darstellt (und in jedem in dem es vorkommt) ist das was „zwei und zwei gleich vier" sagt.

4 * Und eben in der Tautologie ist der arithmetische Satz gar nicht durch das drum und dran der Begriffe zu erkennen, sondern – ganz abgesehen von den Begriffen – durch die reinen Zahlenschemata. 26

5 / Ich meine: Die Zahlen sind das was ich in meiner Sprache durch die Zahlenschemata darstelle.

D.h. ich nehme (sozusagen) als das mir Bekannte die Zahlenschemata der Sprache und sage: die Zahlen sind das was diese darstellen.

Das entspricht dem, was ich seinerzeit meinte als ich sagte: die Zahlen treten mit dem Kalkül in die Logik ein.

6 * Wenn wir sagen: 3 Menschen sind in diesem Zimmer, so heißt das: ein x, y und z sind in diesem Zimmer, und das ist das Schema der 3. (Damit meine ich nicht daß das Zeichen $(\exists x, y, z)\ldots$ in diesem Satz vorkommt). Unter Zahl verstehen wir einen Zug der Struktur der Sachverhalte (im allgemeinen Sinn dieses Wortes)

7 * $(\exists|x)\,\varphi x \cdot (\exists|x)\,\psi x \cdot \text{Ind} .\supset. (\exists||x)\,\varphi x \vee \psi x$
Als das Primäre erkennen wir hier die Beziehung der Strukturen | + | = ||. Ohne diese Erkenntnis können wir die Wahrheit des Satzes nicht erkennen.

8 * Es handelt sich darum daß im rechten Satz von || Dingen die Rede ist und daß diese Struktur aus einem Ding und einem anderen Ding besteht; und das ist in der Form „x, y" ausgedrückt und zu erkennen.

3 was sich in uns auflehnt gegen die Annahme daß A ⟨den …⟩
13 *Die beiden letzten Sätze sind im MS ein Absatz, durch einen Pfeil am linken Rand als fortlaufender Text dem vorangehenden zugeordnet.*
29 was ich seinerzeit meinte als ich sagte: die Zahlen ⟨kommen …⟩
31 Wenn ⟨es …⟩
34 Unter ⟨den Zahlen⟩ verstehen wir einen Zug der Struktur

1 Ohne diese Erkenntnis wäre der dem Schema 1 + 1 = 3 entsprechende Satz unwiderlegbar. 27

2 / Wo für ein Maßphänomen des Gesichtsraumes überhaupt das Bedürfnis nach einer Erklärung vorhanden ist, d.h. die Möglichkeit einer Erklärung, dort muß sie also auch gegeben werden können, und ohne Widersprüche.

3 ⚹ Wo man fragt: „Wie kommt es aber, daß das möglich ist“ da zeigt schon die Möglichkeit dieser Frage, daß etwas erklärt werden kann und das muß dann natürlich widerspruchsfrei erklärt werden. Nur dort wo keine Erklärung möglich, aber daher auch nicht Bedürfnis sein/abgehen/ kann, – dort kann von einem Widerspruch überhaupt nicht die Rede sein.

4 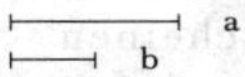

Kann man sehen daß b halb so lang ist wie a ohne b geteilt zu sehen?

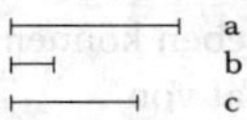

Oder daß b kleiner als die Hälfte von a, und c größer als die Hälfte ist.

5 Wir brauchen beim Denken gewiß oft statt Worten Vorstellungsbilder der Größen

6 / Folgt aus 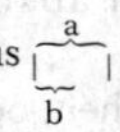

„a ist weiß“ „b ist weiß“? Nein, denn „b ist weiß“ hat nur Sinn, wenn b durch Farbgrenzen gegeben ist.

7 / Wie ist es, wenn man an ein Object des Gesichtsraumes einen Maßstab z e i t w e i l i g anlegt. Ist es auch dann gemessen wenn der Maßstab nicht da ist? 28

Ja, wenn die Identität des gemessenen mit dem nicht gemessenen überhaupt mit Sinn festgestellt werden kann.

8 / W e n n ich sagen kann: „d i e s e Strecke h a b e ich gemessen und sie war dreimal so lang als j e n e“, dann hat es einen Sinn und ist richtig zu sagen daß die Strecken auch jetzt im selben Verhältnis zu einander stehen.

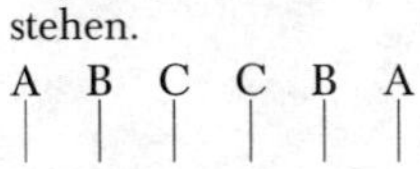

Aus „CC zwischen BB“ folgt „CC zwischen AA“, aber nur, wenn die Teilung wirklich durch Farbgrenzen gegeben ist.

9 Wo man fragt: „Wie kommt es aber, daß das möglich ist“ ⟨das …⟩
25 „b ist weiß“ hat nur Sinn, wenn b durch Farbgrenzen ⟨begrenzt⟩ ist.
30 Ja, wenn ⟨es überhaupt …⟩
34 und sie war dreimal so lang als j e n e“⟨;⟩ dann hat es einen Sinn

1 / 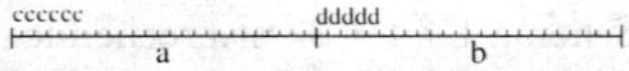 Es ist offenbar möglich daß mir die Strecken a und b gleichlang erscheinen daß mir auch die Stücke c und d gleichlang erscheinen daß aber ihre Zählung ergibt daß ich 25 c und 24 d habe. Hier haben wir die Frage: wie kann das möglich sein? Ist es hier richtig zu sagen: Es ist eben so, und wir sehen nur daß der Gesichtsraum nicht den Regeln |– etwa –| des euklidischen Raumes folgt. Das würde heißen, daß die Frage „wie kann das möglich sein?“ unsinnig und also unberechtigt wäre. Hier läge also gar nichts Paradoxes sondern wir hätten das nur einfach hinzunehmen. – Ist es aber denkbar daß a gleich b und die c gleich den d erscheinen und von den c und d übersehbare ungleiche Zahlen vorhanden sind?

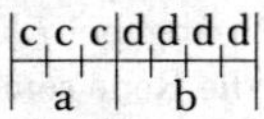

Daß also hier auch a = b und c = d zu sein scheint? Oder soll ich nun 29
sagen daß eben doch auch im Gesichtsraum etwas anders scheinen kann als es ist? Gewiß nicht! Oder daß n mal eine Strecke und n + 1 mal dieselbe Strecke im Gesichtsraum eben das gleiche ergeben können? Ebensowenig! Es sei denn, daß es überhaupt keinen Sinn hat von Strecken im Gesichtsraum auszusagen, daß sie gleich sind. Daß es also auch für den Gesichtsraum allein einen Sinn hätte von |einem| „Scheinen“ zu reden und dieser Ausdruck nicht nur das Verhältnis zweier unabhängiger Erfahrungen beträfe. Daß es also ein absolutes Scheinen gäbe.

Also vielleicht auch eine absolute Verschwommenheit, oder eine absolute Unklarheit. (Während meine Auffassung ist daß etwas nur gegen etwas von uns als Ziel der Klarheit gesetztes verschwommen oder unklar sein kann; also relativ)

4 Hier haben wir die Frage: wie kann ⟨es das geben?⟩ Ist es hier richtig
14 c = d zu sein scheint? ⟨Und⟩ soll ich nun sagen
18 das gleiche ergeben können? Ebensowenig⟨?⟩ Es sei denn,
20 einen Sinn hätte von |einem ⟨‚absoluten,⟩| „⟨scheinen⟩“ zu reden ⟨⟨und |es| nicht wahr wäre daß „scheinen“ nur⟩⟩ ⟨für …⟩
22 das Verhältnis zweier unabhängiger Erfahrungen ⟨betrifft.⟩ Daß es also

1 / Kann ich mich denn – im ersten Fall – wenn ich die Zahl nicht „mit einem Blick“ erfassen kann nicht beim bestimmen dieser Zahl irren? Oder: besteht dann a und b überhaupt aus einer Zahl von Teilen – im gewöhnlichen Sinn – wenn ich diese Zahl nicht in a und b *sehe*? Es scheint mir nämlich als ob ich allerdings auch nicht das Recht hätte etwa zu *schließen* daß von den c und d die gleiche Anzahl vorhanden sein müssen. Und zwar auch dann nicht wenn die Zählung wirklich die gleiche Zahl ergibt! Ich meine: Auch dann nicht wenn es *nie* vorkäme 30
daß bei gleichem a und b etc die Zählung verschiedene Resultate liefert.
(Das zeigt übrigens *wie* schwer es ist das wirklich gesehene zu beschreiben.)

Angenommen aber wir hätten das Recht von einer Zahl von Teilen – wohlgemerkt, immer im rein gesehenen – zu reden, auch wenn wir die Anzahl nicht |unmittelbar| sehen; dann käme die Frage: kann ich denn sicher sein daß das was ich zähle wirklich die Zahl ist die ich sehe, oder vielmehr, deren visuelles Resultat ich sehe. Könnte ich sicher sein daß nicht in einem Moment die Anzahl der Teile von 24 auf 25 wechselt ohne daß ich es wahrnehme?

2 / Wenn ich a = b und c = d sehe und ein Anderer zählt die Teile und findet gleich viel so werde ich das jedenfalls nicht als meinem Gesehenen widersprechend empfinden. Es ist mir aber auch bekannt daß ich das Gleiche sehen kannwenn in a ≠ 25c und in b ≠ 24d sind. Daraus kann ich schließen daß ich das Mehr oder Weniger eines Teils nicht bemerke und also auch nicht bemerken kann wenn die Anzahl der Teile in d zwischen 24 und 25 wechselt.

3 / Wenn |man| aber nicht sagen kann, daß in a und b eine bestimmte Anzahl von Teilen ist, wie soll ich das Gesichtsbild dann beschreiben? Es zeigt sich – glaube ich – hier, daß das Gesichtsbild viel komplizierter ist als es auf den ersten Blick zu sein scheint. Was es so viel komplizierter macht ist z.B. der Faktor den die Bewegung des Auges erzeugt.

2 „mit einem Blick“ erfassen kann nicht beim ⟨Zah…⟩
3 dieser Zahl irren? Oder: ⟨vielmehr⟩ besteht dann a und b überhaupt
12 wir hätten das Recht von einer Zahl ⟨vom …⟩
14 auch wenn wir die ⟨Zahl⟩ nicht |unmittelbar| sehen;
14 |unmittelbar| *–das Einfügungszeichen im MS ist gewellt unterstrichen*
20 Wenn ich a = b und c = d sehe und ein ⟨anderer⟩ zählt die Teile
21 und findet ⟨sie/die Anzahlen/⟩ gleich so werde ich
21 nicht als ⟨etwas⟩ meinem Gesehenen ⟨widersprechendes⟩ empfinden.
22 empfinden. Es ist ⟨b…⟩
23 Es ist mir aber auch bekannt daß ich das ⟨gleiche⟩ sehen kann
23 wenn in a ≠ 25c und in b ≠ 24d ⟨ist.⟩ Daraus kann ich
24 Daraus kann ich schließen daß ich das Mehr oder Weniger eines ⟨klei…⟩
26 die Anzahl der Teile in d zwischen 24 und 25 ⟨wechseln würde.⟩
29 daß in a und b eine bestimmte Anzahl ⟨Teile sind⟩, wie soll ich das
31 daß das Gesichtsbild viel komplizierter ist⟨,⟩ als es auf den ersten Blick
32 Was es so viel komplizierter macht ist z.B. der Faktor ⟨der durch …⟩
32 den die Bewegung des Auges ⟨hineinbringt …⟩
32 ⟨der der⟩ Bewegung des Auges ⟨entspricht …⟩

1 / Wenn ich etwa das |auf einen Blick| Gesehene statt durch die Wortsprache, durch ein gemaltes Bild beschreiben sollte so dürfte ich nicht alle Teile c und d wirklich malen! 31

Statt dessen müßte ich an manchen Stellen etwas „verschwommenes“ also etwa eine graue Partie malen.

2 / „Verschwommen“ und „Unklar“ sind relative Ausdrücke. Wenn es oft gar nicht so scheint so kommt es daher daß wir die gegebenen Phänomene noch zu wenig in ihrer wirklichen Beschaffenheit erkennen, sie uns primitiver denken als sie sind. So ist es z. B. möglich daß kein wie immer geartetes färbiges Bild im Stande ist den Eindruck der „Verschwommenheit“ richtig darzustellen. Daraus folgt aber nicht daß eben das Gesichtsbild an und für sich verschwommen ist und darum nicht durch ein wie immer geartetes definites/bestimmtes/ Bild dargestellt werden kann. Sondern es würde das nur darauf hin deuten daß |–| etwa durch die Bewegung der Augen – ein Faktor in das Gesichtsbild |ein|tritt den das gemalte Bild allerdings nicht wiedergeben kann, der aber an sich so „bestimmt“ ist wie jeder andere. Man könnte dann sagen, das wirklich Gegebene sei relativ zu dem gemalten Bild noch immer unbestimmt oder verschwommen, aber eben nur weil wir das gemalte Bild dann willkürlich zum Standard für das Gegebene setzen, das eine größere Mannigfaltigkeit hat als die malerische Darstellung.

3 Wenn wir vom Fluktuieren des Gesichtsbildes absehen (wenn das geht) so müßte die malerische Darstellung zeigen, was wir wirklich sehen. 32

4 / Wenn wir wirklich 24 und 25 Teile in a und b s ä h e n dann könnten wir a und b nicht als gleich sehen!

Ist dies falsch so muß folgendes möglich sein: Es müßte möglich sein unmittelbar zwischen den Fällen zu unterscheiden wenn a und b beide gleich 24 sind und wenn a 24 und b 25 ist, aber es wäre nur möglich die Zahlen der Teile zu unterscheiden, nicht aber die resultierende Länge von a und b.

5 Es scheint im Gesichtsraum etwas zu geben das man mit den Worten beschreiben könnte: Ich sehe nicht daß es nicht so ist, ohne aber |dabei| zu sehen daß es so ist.

1 ⟨W…⟩ *–im MS wurde die Bemerkung als Absatz begonnen*
1 das |auf einen Blick| Gesehene statt ⟨mit der Sprache⟩, durch ein
5 etwas „verschwommenes“ also etwa eine graue ⟨Fläche⟩ malen.
10 erkennen, ⟨⟨daß wir⟩⟩ sie uns *–im MS ist* wir *mit einem Fragezeichen markiert*
15 dargestellt werden kann. Sondern es würde das nur ⟨dar…⟩
17 den das ⟨stille⟩ gemalte Bild allerdings nicht wiedergeben
18 der aber ⟨⟨dadurch nicht als absolut unbestimmt⟩⟩ an sich so „bestimmt“
25 vom Fluktuieren des Gesichtsbildes absehen ⟨– wenn das geht –⟩ so
31 unmittelbar ⟨zwischen den Fällen/die Fälle/⟩ zu unterscheiden
31 wenn ⟨beide⟩ a und b gleich 24 sind und wenn
32 wenn a 24 und b 25 ist⟨;⟩ aber es wäre nur möglich
33 zu unterscheiden, ⟨aber nicht⟩ die resultierende Länge von a und b.
37 beschreiben könnte: Ich sehe nicht daß es ⟨sich nicht so ver…⟩
37 nicht so ist, ⟨⟨aber auch nicht geradezu⟩ …⟩

1 Man könnte das einfacher auch so sagen: Es müßte dann möglich sein unmittelbar zu sehen daß eine Strecke aus 24 Teilen die andere aus 25 ebensogroßen Teilen zusammengesetzt ist ohne daß es möglich wäre zwischen den resultierenden Längen zu unterscheiden. – Ich glaube daß das Wort „gleich" auch für den Gesichtsraum eine Bedeutung hat, die dies/das/ zum Widerspruch stempelt.

2 / Erkenne ich zwei Strecken des Gesichtsraums dadurch als gleich daß ich sie nicht als ungleich erkenne? Das ist eine sehr weittragende Frage. 33

Könnte ich nicht nach einander zwei Eindrücke haben: im einen eine Strecke die sichtbar in 5 Teile, das andere mal eine Strecke die ebenso in 6 Teile geteilt wäre und ich könnte doch nicht sagen daß ich die Teile oder die ganzen Strecken als verschieden |lang| gesehen habe.

Würde ich gefragt: „waren die Strecken verschieden lang oder gleichlang", so könnte ich nicht antworten „ich habe sie verschieden lang gesehen" denn es ist mir, sozusagen, kein Längenunterschied „aufgefallen". Und doch könnte ich – glaube ich – nicht sagen ich habe sie als gleichlang gesehen. Anderseits könnte ich aber doch nicht sagen: „ich weiß nicht ob sie gleich oder verschieden waren (außer das Gedächtnis hätte mich verlassen) denn das heißt nichts solange ich nur vom unmittelbar Gegebenen rede.

Die Frage nach gleich oder ungleich wäre also unsinnig, oder es müßte |hier| noch ein Drittes geben.

3 * Ich glaube es müßte sich doch um irgend ein Auslassen des Gedächtnisses |oder etwas ähnliches| handeln, so daß man sagen könnte: Ich konnte die Längen nicht vergleichen.

4 * Was würde es heißen „eine Strecke ist teilbar"? Doch nur: „ich kann sie mir mit einer geteilten gleich lang vorstellen".

5 / Es kommt drauf an gewisse Widersprüche zu erklären wenn wir auf den Gesichtraum die Schlußweisen des Euclidischen Raumes anwenden. Ich meine: Es ist möglich im Gesichtsraum einer Konstruktion (also einer Schlußkette) zu folgen deren sämtliche |Schritte| (Übergänge) wir einsehen, deren Resultat aber unseren geometrischen Begriffen widerspricht. 34

1 Man könnte das *–von hier weist im MS ein Pfeil auf das Ende der vorvorherigen Bemerkung:* … nicht aber die resultierende Länge von a und b.
2 daß eine Strecke aus 24 ⟨|gleichen|⟩ Teilen die andere
3 die andere aus 25 ebensogroßen Teilen ⟨b…⟩
4 zwischen den resultierenden Längen ⟨(der beiden Strecken)⟩ zu
6 eine Bedeutung hat, die ⟨das⟩ zum Widerspruch stempelt.
10 Könnte ich nicht nach einander zwei Eindrücke haben⟨,⟩ im einen
11 eine Strecke die ⟨|unmittelbar|⟩ sichtbar in 5 Teile,
20 das Gedächtnis hätte mich verlassen) denn das heißt nichts⟨. …⟩
30 „ich kann sie mir mit einer geteilten gleich lang ⟨denk…⟩
35 zu folgen deren sämtliche ⟨Übergänge⟩ wir einsehen,

1 / Ich glaube nun das kommt immer daher daß wir die Konstruktion nur gliedweise aber nicht als Eines sehen können. Diese Erklärung wäre also daß es gar keine visuelle Konstruktion gibt die aus diesen einzelnen visuellen Stücken zusammengesetzt wäre. Das wäre etwa so wie wenn ich jemandem einen (kleinen) Ausschnitt einer großen Kugelfläche zeigte und ihn fragte ob er den darauf sichtbaren größten Kreis als Gerade anerkennt und wenn er das getan hätte so drehte ich die Kugel und würde ihm zeigen daß er wieder zur selben Stelle des Kreises zurück käme. Ich habe ihm aber auf diese Weise doch nicht bewiesen daß etwa eine Gerade des Gesichtsraumes in sich selbst zurückläuft.

2 / Diese Erklärung wäre also: Das sind visuelle S t ü c k e die sich aber nicht zu einem visuellen Ganzen zusammensetzen, oder jedenfalls nicht zu dem Ganzen dessen letztes Resultat ich am Schluß zu sehen glaube.

3 / Die einfachste Konstruktion dieser Art wäre ja die obere zweier gleich
langer Strecken in deren einer ein Stück n mal abzutragen geht und in 35
der anderen n + 1 mal. Die Schritte der Konstruktion wären das Fortschreiten von einem Teilstück zum anderen und das Constatieren der Gleichheit dieser Stücke.

Hier könnte man erklären, daß ich durch dieses Fortschreiten nicht wirklich das ursprüngliche Gesichtsbild mit den gleichlangen Strecken untersuche. Sondern sich der Untersuchung etwas Anderes vorschiebt das dann zu dem verblüffenden Resultat führt.

4 / Gegen diese Erklärung gibt es aber einen Einwand. Man könnte sagen: Wir haben Dir ja als Du die einzelnen Teile prüftest nicht einen Teil der Konstruktion zugehalten. Du konntest also sehen ob sich inzwischen am Übrigen etwas geändert/verändert/, verschoben, hat. Ist das nicht geschehen so konntest Du ja doch sehen daß alles mit rechten Dingen zuging.

5 * Der Satz „der Fleck F liegt zwischen den Grenzen g_1 und g_2“ ist keine Disjunktion, wäre er eine Disjunktion so müßte er eine unendliche sein denn wäre er eine endliche dann müßte es immer Angaben von besonderen Lagen des Flecks F zwischen den beiden Grenzen geben die doch nicht in der Disjunktion enthalten sind.

6 * Und das Entsprechende gilt von einem Satz der sagt daß F rechts von einem Strich liegt.

7 * Das hängt alles damit zusammen daß es keine unsichtbaren Teile im 36
Gesichtsraum gibt. Denn gäbe es die so müßte es doch unendlich viele geben oder aber es gäbe auch keine unendliche Möglichkeit dort.

14 jedenfalls nicht zu dem Ganzen dessen letztes Resultat ich ⟨sch...⟩
20 von einem Teilstück zum anderen und das Constatieren ⟨ihrer ...⟩
23 Sondern sich der Untersuchung etwas ⟨anderes⟩ vorschiebt
31 so konntest Du ja doch sehen daß alles mit rechten Dingen ⟨zugeht⟩
33 „der Fleck F liegt zwischen den ⟨Strichen⟩ g_1 und g_2“ ist keine Disjunktion
36 Angaben von besonderen Lagen des Flecks F ⟨gegen ...⟩ ⟨aus ...⟩
36 zwischen den ⟨Strichen ...⟩

1 / Von der Teil**bar**keit im Gesichtsraum zu reden **hat** einen Sinn denn es muß sich in einer Beschreibung ein ungeteiltes Stück durch ein geteiltes ersetzen lassen. Und dann ist es klar was nach dem was ich früher ausgeführt habe die unendliche Teilbarkeit dieses Raumes bedeutet.

2 / $\sqrt{2}_{5\to3}$ Man möchte sagen, die einzelnen Ziffern sind immer nur die Resultate, die Rinde des fertigen Baums. Das worauf es ankommt, oder woraus noch etwas neues wachsen kann, ist im Inneren des Stammes, wo die Triebkräfte sind. Eine Änderung des Äußeren ändert den Baum überhaupt nicht. Um ihn zu ändern muß man in den noch lebenden Stamm gehen.

3 / Es ist also so als wären die Ziffern tote Excretionen des lebenden Wesens der Wurzel. Wie wenn eine Schnecke durch ihren Lebensprocess Kalk absondert und ihr Haus weiterbaut.

4 ✳ Wo ist aber dieses eigentliche Wesen der Wurzel 2 zu finden? Ich dachte wohl, in dem was alle Vorgänge des Wurzelziehens aus 2 in den verschiedenen Zahlensystemen mit einander gemein haben.

5 ✳ Wenn Einer heute eine Decoration an der Fassade eines Hauses 37
anbringt so ist das – wenn es nicht pure Gedankenlosigkeit ist – so wie wenn ein Erwachsener auf der Gasse zu schreien und zu weinen anfinge. Es könnte/dürfte/ natürlich auch geschehen, aber doch nur in einem ganz außerordentlichen Fall (oder wenn er geisteskrank ist) Einem Kinde ist das natürlich und erlaubt, beim Erwachsenen geht es nicht mehr. Und unser Zeitalter ist im Vergleich zum 18ten Jahrhundert wie ein Erwachsener im Vergleich zu einem Kinde. Vielleicht ist es einem um die schöne Jugend leid, aber man hat das Alter das man hat und jedes Lebensalter hat seine Aufgabe und sein Pathos und seinen adäquaten Ausdruck. (Dieser Vergleich ließe sich sehr weit führen.)

6 ✳ Die Ziffernfolge ist etwas äußerliches und nur dann von Bedeutung, wenn sie in einem gewissen System der Ausdruck des Wesens der Wurzel ist. Stört man dieses System so ist der Ziffernfolge jeder Wert als reelle Zahl genommen, oder es ist damit einfach ein anderes System zum Ausdruck derselben reellen Zahl angeordnet

7 / Die Ziffernregeln müssen erst da sein, dann drückt sich in ihnen – z.B. – eine Wurzel aus. Aber dieser Ausdruck der Ziffernfolge ist nur dadurch von Bedeutung daß er der Ausdruck einer reellen Zahl ist. Wenn man ihn nachträglich ändert, so hat man damit nur den Ausdruck gestört, aber nicht eine neue Zahl gewonnen.

8 ✳ Das Zahlensystem ist die ursprünglich gegebene Sprache, in der sich das 38
Gesetz der reellen Zahl ausdrückt. Es ist die Sprache, die Ausdrucksform die das Gesetz vorfindet. (Wie wenn ein Magnet Eisenfeilspäne vorfindet und sie nach den Kraftlinien ordnet.)

24 Es könnte/dürfte/ *–die zweite Variante ist im MS mit einem Fragezeichen markiert*
29 Vielleicht ist es einem um die schöne Jugend leid, ⟨d…⟩
36 Stört man dieses System so ist der Ziffernfolge jeder Wert als ⟨reeller …⟩

1 / Die Ziffernregeln gehören an den Anfang als Vorbereitung zum Ausdruck.

Zum Bau des Systems in dem sich das Gesetz auslebt.

2 * Das Substrat muß einmal fertig sein, d.h. die Ausdrucksform allgemein festgelegt, erst dann kann man mit ihr sprechen und das Gesprochene mit einander vergleichen.

3 * Und zwar ist es gleichgültig welche Ausdrucksform man wählt, wenn sie nur e i n h e i t l i c h ist.

4 * Zerstört man nachträglich die Einheitlichkeit, so hat man damit nicht etwas Neuem den Ausdruck gegeben, sondern nur die Möglichkeit der Verständigung zerstört.

5 / Ich würde also sagen: Wenn $\sqrt{2}^{5\to3}$ überhaupt etwas ist, dann dasselbe wie die $\sqrt{2}$, nur ein anderer Ausdruck; der Ausdruck in einem anderen System.

6 * Die Operation 25×25 hat ein Resultat, die Operation $\sqrt{2}$ dagegen k e i n e s, wohl aber – etwa – ${}_4\sqrt{2}$.

7 ${}_4\sqrt{2}^{5\to3}$ hat daher einen guten Sinn. 39

8 * Es k a n n doch die reelle Zahl nicht das äußerliche Spiel des Ziffernbildens sein, auch nicht die/eine/ allgemeine Vorschrift, nach der Ziffern zu bestimmen sind. Sondern nur die Vorschrift (arbeitend) in einem bedeutungsvollen Substrat.

9 * (Man/(Ich)/ kann in das Land der Psychologie nicht einmarschieren, mit der uneroberten feindlichen Festung der Arithmetik im Rücken.)

10 / Man könnte es dann auch ganz naiv so sagen: Was ${}_4\sqrt{2}^{5\to3}$ heißt verstehe ich, nicht aber $\sqrt{2}^{5\to3}$, weil ja die $\sqrt{2}$ gar keine Stellen hat, ich also auch keine durch andere ersetzen kann.

11 * Wie aber wenn nun ${}_n\sqrt{2}^{5\to3}$ immer mit $5\frac{6}{8}$ übereinstimmt, so daß ich eben auch $5\frac{6}{8}$ an seiner Statt schreiben könnte? Dann wäre ja der gute Sinn von $\sqrt{2}^{5\to3}$ bewiesen. Und ist das undenkbar? – Wie wäre aber die Gleichung $5\frac{6}{8} = \sqrt{2}^{5\to3}$ zu beweisen, also aufzufassen? Doch natürlich nicht durch den Vergleich der Extensionen. Der Vergleich ist überhaupt nur möglich wenn sich „$5 \to 3$" nicht auf die Extension bezieht.

12 * Wie ist es mit $\overset{5\to3}{\frac{1}{7}}$? $\overset{6\to3}{\frac{1}{6}} = \frac{1}{3} - 0{\cdot}2$.

1 ⟨*⟩ *Randzeichen im MS gestrichen und ersetzt*
5 Das Substrat muß einmal fertig sein, d.h.⟨,⟩ die Ausdrucksform allgemein
13 so hat man damit nicht etwas ⟨Neues zum …⟩
27 (arbeitend) *– im MS mit feinem Bleistiftstrich über den Klammern eingerahmt*
30 (Man/(Ich)/ kann in das Land ⟨des …⟩
37 wenn nun ${}_n\sqrt{2}^{5\to3}$ immer mit $5\frac{6}{8}$ ⟨übereinstimmte⟩, so daß ich

1 ✶ Wenn man schreibt $\frac{1}{3} = 0{\cdot}\dot{3}$ so setzt man $\frac{1}{3}$ geradezu einer Regel über eine Extension gleich 40

2 ✶ Hier ist es als wäre diese Regel nur ein a n d e r e r Ausdruck der Zahl $\frac{1}{3}$. Ein Ausdruck nach einem ganz anderen System. Aber doch steht wieder Regel für Regel.

3 ✶ Und ebenso kann ich statt $\frac{1}{7}$ schreiben $0{\cdot}14285\dot{7}$ und also statt $\frac{1}{7}^{5\to 3}$: $0{\cdot}1483\dot{7}$ und das ist wieder ein gemeiner Bruch.

4 / Freilich $0{\cdot}14283\dot{7}$ ist keine unendliche Extension sondern wieder eine unendliche Regel mit der eine Extension gebildet werden kann. Aber es ist eine solche Regel die das „5 → 3" sozusagen, verdauen kann

5 / 0·1010010001 … Wenn eine Irrationalzahl durch so ein Gesetz gegeben ist, dann hat es Sinn dem Gesetz etwa den Zusatz „1 → 5" zu machen.

6 $\sqrt{2}^{5\to 3}$ ist ein Gesetz aus einem anderen System als $\sqrt{2}$.

7 / Dem Gesetz 0·101001 … greift der Zusatz „1 → 5" sozusagen ins Herz. Es ist im Gesetz von einer 1 die Rede und die wird durch 5 ersetzt.

8 / Die Regel $\sqrt{2}^{5\to 3}$ ist ganz gut für einen der die Wurzel wirklich entwickelt. Und das Argument für diese Zahl ist auch immer, daß, wer sie entwickelt genau versteht was er zu schreiben hat. Aber das ist kein Argument dafür daß $\sqrt{2}^{5\to 3}$ eine reelle Zahl ist.

Die Vorschrift Ziffern zu reihen ist ganz unmißverständlich nur gibt dies noch keine reelle Zahl. 41

9 ✶ Merkwürdiger Weise macht die reelle Zahl das System aus, in dem sie ist. Ähnlich dem Fall des Verneinungszeichens ~ das nur in einem ganzen System von Wahrheitsfunktionen wirklich verneint.

10 / Könnte man etwa so sagen, die $\sqrt{2}^{5\to 3}$ mißt nicht ehe sie in einem System ist

11 ✶ Ist es so: man kann eine einzelne Zahl ebensowenig einführen, wie eine einzelne Wahrheitsfunktion.

12 / Es ist als ob man zur Durchführung der Regel $\sqrt{2}^{5\to 3}$ einen Menschen brauchte. Quasi:

Die Regel, um eine arithmetische Angelegenheit zu sein, muß s i c h s e l b s t verstehen. Die Regel $\sqrt{2}^{5\to 3}$ tut das nicht, sie ist aus zwei heterogenen Bestandteilen zusammengesetzt. Der Mensch, der sie versteht/anwendet/ vereinigt diese Bestandteile mit einander.

13 / Heißt das, daß der Regel $\sqrt{2}^{5\to 3}$ etwas abgeht, nämlich die Verbindung des Systems der Wurzel mit dem System der Ziffernfolge?

1 Wenn man schreibt $\frac{1}{3} = 0{\cdot}\dot{3}$ so setzt man ⟨geradezu …⟩
23 Die Regel ⟨ist …⟩

1 ✶ Kann man sagen: Die Wurzel besteht in einem System von Addition, Subtraktion, Multiplication und Division. Die Regeln die man einem gibt der Wurzelziehen soll lauten immer: Jetzt multipliziere dann subtrahiere etc. Dabei wird das Einmaleins vorausgesetzt, das die Regeln über die einzelnen Ziffern gibt. 42

2 ✶ Das Wurzelziehen ist ein System von Multiplicationen, Divisionen etc und es ist darin nichts von einem System der Ziffernfolge in der Dezimalbruchentwicklung angedeutet.

3 ✶ $\sqrt{2}^{5\to3}$ ist zweifellos eine Regel um eine Folge rationaler Zahlen zu bekommen, aber es ist nicht e i n e Zahl.

4 /· Man würde von der Regel $\sqrt{2}^{5\to3}$ ebensowenig je sagen, sie sei eine Grenze der die Werte der Reihe zustreben, wie man es von der Vorschrift zu würfeln sagen würde.

5 / Wie weit muß man die $\sqrt{2}$ entwickeln um sie einigermaßen zu kennen? Das heißt natürlich nichts. Wir kennen sie also schon ohne sie überhaupt zu entwickeln. Dann aber bedeutet $\sqrt{2}^{5\to3}$ überhaupt nichts.

6 / Die Idee der $\sqrt{2}$ ist die: Wir suchen eine rationale Zahl, die mit sich selbst multipliziert 2 ergibt. Die gibt es nicht. Aber es gibt welche die der 2 |auf diese Weise| nahe kommen und immer solche die der 2 näher kommen. Es gibt ein Verfahren das mir erlaubt der 2 unbegrenzt näher zu kommen. Dieses Verfahren ist auch etwas und ich nenne es eine 43 reelle Zahl.

7 Es drückt sich dadurch aus daß es immer weiter rechts liegende Dezimalstellen eines Dezimalbruches liefert $\sqrt{2}^{66\to55\vee7\to8}$

8 / Nur was an der Ziffernfolge vorauszusehen ist, ist für die reelle Zahl wesentlich.

9 ✶ Wenn es auf die Extension ankäme so könnte ich nicht mit π rechnen, weil ich nicht weiß ob an der 1000ten Stelle eine 5 steht oder nicht.

10 ✶ π ist zwar das was in ganz bestimmter Weise die unendliche Möglichkeit für eine Extension gibt, aber sonst hat es nichts mit dieser Extension zu tun.

11 ✶ Aber gibt nicht ${}^{7}\vec{\pi}^{3}$ auch eine solche unendliche Möglichkeit? Die darin besteht daß die Entwicklung nicht zu einem Ende kommt.

22 Die Idee der ⟨Wurzel …⟩
23 Aber es gibt welche ⟨durch die wir⟩ der 2 |auf diese Weise|
24 und immer solche ⟨durch die wir⟩ der 2 näher kommen.
43 Die darin besteht daß die Entwicklung ⟨zu keinem⟩ Ende kommt.

1 ⚹ Wie ist es mit der Regel die $\sqrt{2}$ bis zu 777777 fortzusetzen und dort den Bruch abzubrechen. $\sqrt{2}_{7777777=0}$ kann also vielleicht eine rationale Zahl bedeuten. Bei dieser Unbestimmtheit ist klar, daß man diesen Bruch wohl entwickeln kann. Ist das nicht ein Beweis daß dieses Gesetz keine reelle Zahl ist? Oder entspricht es einer gewöhnlichen Wurzel von der ich nicht weiß ob sie ausgeht oder nicht? Ich glaube nicht!

2 ⚹ Benützen wir hier die Arithmetik nicht wie ein Würfelspiel? 44

3 ⚹ Offenbar ist das was uns an $\sqrt{2}$, π, etc interessiert immer ihr Wesen im Zusammenhang mit der übrigen Mathematik, nicht die einzelnen Stadien der Entwicklung. Was schon darum eine höchst undankbare Arbeit wäre, weil die Entwicklung ja d o c h kein Ende hat.

4 × Wenn man e definiert als $1 + \frac{1}{1!} + \frac{1}{2!} + \ldots$, was bedeutet das? Ich kann doch nur das Gesetz dadurch geben wollen. Alles andere geht doch nicht. e ist nicht ${}^{n=\infty}_{n=1}\sum \frac{1}{(n-1)!}$ sondern ${}^{n=n}_{n=1}\sum \frac{1}{(n-1)!}$ $[e_4 = 2{\cdot}6\dot{6}]$

5 ⚹ Ein allgemeiner Satz ist nicht nur ein a l l g e m e i n e r Satz. Allgemein ist er nur mit Bezug auf seine Spezialfälle, aber er ist ein besonderer und in sich fertiger Satz. Und so ist die allgemeine Form eine besondere F o r m. (every symbol is what it is etc)

6 ⚹ Das hängt damit zusammen was ich weiter oben über die Auffassung der algebraischen Sätze gesagt habe.

7 ⚹ Solange ich annehmen kann daß $\overset{7\to3}{\pi} = \pi$ ist, könnte ich immerhin glauben daß π wenigstens einen von π' verschiedenen Sinn hat, wenn auch vielleicht dieselbe Bedeutung. Dann wäre π' nur eine Beschreibung. Aber in der Logik gibt es nicht Beschreibung und Gegenstand. Ist π' gleich π dann ist es wesentlich gleich π und dann muß die Andeutung die in ihm liegt, es könne von π verschieden sein unsinnig sein. 45

8 ⚹ Die Regel $\overset{7\to3}{\pi}$ wirkt nur soweit man $\overset{7\to3}{\pi}$ entwickelt.

9 ⚹ Die Unbegrenztheit der Regel $\overset{7\to3}{\pi}$ muß eine scheinbare sein.

10 ⚹ Ist sie nicht von der Art: „$\sim^{2n} p \overset{\text{Def}}{=} p$“

11 ⚹ Es scheint mir als würde erst die unendliche A n w e n d u n g der Regel π' (also ein Widersinn) die Irrationalzahl hervorbringen.

12 ⚹ Was ist der Unterschied zwischen $\overset{7\to3}{\pi}$ und $0{\cdot}1853\dot{7}$? Oder $\frac{1}{7_{7\to3}}$, wenn der Weg bekannt ist, den gemeinen Bruch in einen periodischen Dezimalbruch zu verwandeln?

2 fortzusetzen und dort den Bruch abzubrechen. ⟨Diese Regel …⟩
24 ⟨Solange ich annehmen …⟩
24 was ich weiter oben über die ⟨allgemeine⟩ Auffassung
31 Ist π' ⟨=⟩ π dann ist es wesentlich gleich π und dann

1 ✳ Ist es nicht offenbar der, daß hier von der 7 die zu ersetzen ist im Gesetz selbst die Rede ist, während in $\overset{7\to3}{\pi}$ etwas fremdes zuhilfe genommen werden muß. Und was ist das?

2 ✳ Der Zusatz 7 → 3 enthält zwar eine unendliche Möglichkeit, aber es ist scheinbar nicht die, die wir zur Definierung einer reellen Zahl brauchten.

3 / Oder kann man sagen: Das 7 → 3 bezieht sich in π' auf eine *Möglichkeit* statt, wie es sein müßte, auf eine Wirklichkeit des Gesetzes. *Im Gesetz* muß alles wirklich sein. 46

4 ✳ Ist es also das „wenn" im Gesetz von π' woran man Anstoß nehmen muß? Kann man sagen: „Im Gesetz darf es kein ‚wenn' geben, da in ihm alles bekannt sein muß"?

5 ✳ Wenn das aber ein richtiger Einwand ist, so hindert er jedenfalls die Anwendung einer Regel, in der das „wenn" vorkommt nicht. Und es entsteht daher die Frage inwiefern ist die Anwendbarkeit der Regel kein Kriterium dafür, daß sie eine reelle Zahl definiert.

6 ✳ Man könnte sagen, mein Tun bei der Anwendung der Regel muß ganz, von vornherein, von der Regel bestimmt sein und nicht außerdem noch von einem Faktor abhängen, der sich erst bei der Anwendung – quasi nebenbei – ergeben wird.

7 ✳ Oder man könnte sagen, die Regel $\overset{7\to3}{\pi}$ ist allerdings zuzulassen, aber sie bestimmt, ex definitione, nicht *eine* reelle Zahl sondern läßt Möglichkeiten offen.

8 ✳ Daß man nach ihr unzweideutig eine rationale Zahl nach der anderen bilden kann sagt nicht, daß das Gesetz in sich bestimmt war, denn gerade die Entscheidungen die hier der Anwendung des Gesetzes vorbehalten waren hätten vom Gesetz vorausgenommen werden müssen.

9 / Daß man das Gesetz anwenden kann gilt auch von dem Gesetz die Ziffern zu würfeln. 47

10 / Und das was π' davon unterscheidet kann nur die arithmetische Bestimmtheit sein. Besteht die aber nicht darin, daß wir wissen, es muß ein Gesetz geben nach dem die Ziffern 7 in π auftreten, wenn wir dieses Gesetz auch noch nicht kennen?

11 / Man könnte also auch so sagen: $\overset{7\to3}{\pi}$ spielt auf ein noch unbekanntes Gesetz an. ($\frac{1}{7}_{7\to3}$ nicht)

2 während in $\overset{7\to3}{\pi}$ etwas fremdes ⟨zu Hilfe⟩ genommen werden muß.
8 ⟨✳⟩ *Randzeichen im MS gestrichen und ersetzt*
21 Man könnte sagen⟨; meine Handlungsweise⟩ bei der Anwendung
27 aber sie bestimmt ⟨⟨eben⟩⟩ ex definitione,

1 / Könnte man nun aber nicht sagen: Es [π′] enthält die Beschreibung eines Gesetzes: nämlich „das Gesetz nach welchem 7 in der Entwicklung von π vorkommt“. Oder hätte diese Anspielung nur dann einen Sinn, wenn wir wissen, wie wir dieses Gesetz erhalten können. (Lösung eines mathematischen Problems)

2 ✳ Aber dieses Gesetz ist doch in der uns bekannten Vorschrift des Wurzelziehens implicite enthalten. Kann ich es da nicht als gegeben annehmen?

3 / Dann kann ich eben dieses Gesetz ex confesso nicht aus dieser Vorschrift herauslesen und daher ist das Gesetz in ihr in einer mir nicht lesbaren Sprache enthalten. Ich verstehe also in diesem Sinne auch $\overset{7\to3}{\pi}$ nicht.

4 / Wie ist es denn aber mit der Lösbarkeit des Problems dieses Gesetz zu finden? Ist denn das nicht nur insoweit ein Problem als die Methode seiner Lösung *bekannt* ist? 48

5 / Und ist sie bekannt, so bekommt eben π′ *dadurch* seinen Sinn und wenn unbekannt, so können wir von dem Gesetz was wir noch nicht kennen nicht reden, und π′ verliert allen Sinn. Denn liegt kein Gesetz vor, so wird das π′ der Vorschrift des Würfelns analog.

6 ✳ Die Regel ist ein Mechanismus zur Erzeugung von Ziffern. Dieser Mechanismus funktioniert ebensogut, wenn in ihm ein „wenn“ enthalten ist wie z.B. in $\overset{7\to3}{\pi}$.

7 ✳ Aber die Regel kann eben noch nicht die reelle Zahl ausmachen.

8 / Die Zahl ist gerade *das*, was die Regel voraussieht. Was sie nicht voraussehen kann, kann nicht zur Zahl gehören.

9 ✳ Nun kann aber der Zusatz „7 → 3“ nichts voraussehen.

10 ✳ Es wäre eine sehr weit ausgreifende/ausgesponnene/ Regel von der Art π′ denkbar: Etwa: „wenn in der Entwicklung von π „44“ vorkommt ist es durch „23“ zu ersetzen, wenn „775“ vorkommt ist es durch „424“ zu ersetzen, wenn „9--9“ vorkommt ist es durch „5“ zu ersetzen u.s.f.“ Der Mechanismus dieser Regel würde klaglos funktionieren; aber wie repräsentiert es *eine* Zahl?!

11 ✳ Die Ersetzungen in der Extension muten einen immer wie Spielerei an. – Und zwar darum weil sie den Kern nicht treffen. 49

1 Es [π′] *– im MS steht die Ergänzung mit einem verweisenden Pfeil über der Zeile*
2 „das Gesetz nach welchem ⟨3⟩ in der Entwicklung von π vorkommt“.
13 in einer mir nicht lesbaren Sprache enthalten. Ich verstehe ⟨in …⟩
25 Die Regel ist ein Mechanismus zur Erzeugung von Ziffern⟨:⟩ Dieser

1 ✳ Wenn die Regel lautet: „mache einen Schritt nach den Regeln von $\sqrt{2}$ und falls bei diesem Schritt 3 herauskommt so ersetze es durch 7“, so möchte ich fragen: „Ja warum soll ich es noch durch 7 ersetzen; und wie oft kann ich denn das überhaupt machen.“

2 ✳ Man kann in den Aufbau der reellen Zahl nicht nachträglich eine Operation hineinbringen, die in ihren Grundlagen nicht vorhanden ist.

3 / Die reelle Zahl lebt in dem Substrat der Operationen aus dem sie geboren ist.

4 × Was ist die eigentliche Zahl „$\sqrt{2}$“ Doch nicht einer ihrer „Näherungswerte“, denn welcher? – Aber auch nicht die Regel ihrer Entwicklung im Dezimalsystem, oder sonst einem System. Das Wesentliche ist offenbar nur, was das Zeichen „$\sqrt{2}$“ selbst sagt: das Gesetz einer Reihe deren Gliederquadrat sich unbegrenzt 2 nähert.

5 / Man könnte auch sagen: „$\sqrt{2}$“ heißt die A p p r o x i m a t i o n s m e t h o d e eines x^2 an 2.

6 / Nur ein Weg nähert sich einem Ziel, nicht Orte. Und nur ein Gesetz nähert sich einem Wert. 50

7 / Die Annäherung von x^2 an 2 nennen wir die Annäherung von x an $\sqrt{2}$.

8 ✳ Das Rad des x^2 hat den Anschlag, nicht das Rad des x. Wenn das Rad x^2 bei 2 anschlägt, steht x bei $\sqrt{2}$. (nennen wir die Stellung des x „$\sqrt{2}$“ Wenn das Rad x bei 0 anschlägt steht $(1 + x)^{\frac{1}{x}}$ bei e.

9 ∫ Der Weg, das Gesetz, der unbegrenzten Annäherung von x^2 an 2 ist die $\sqrt{2}$.

10 ∫ Die $\sqrt{2}$ ist die Methode des Quadratwurzelziehens aus 2

11 ∫ $\frac{\vec{\pi}}{\sqrt{2}} \rightarrow$ Der Quotient zweier Gesetze von Zahlfolgen ist ein Gesetz einer Zahlfolge.

12 ✳ Man glaubt, daß π′, wenn auch vielleicht die gleiche Bedeutung wie π, doch einen eigenen Sinn hat. Und daß es den auch hat, wenn man seine Beziehung zu anderen reellen Zahlen noch nicht kennt, wie etwa ……. So ist es aber nicht. Denn ehe ein Gesetz der 7 in π gegeben ist, stellt π′ keine Zahl dar.

13 ✳ Die Extension der $\sqrt{2}$ ist nur insofern von Interesse, als sie aus dem Prozess des W u r z e l ziehens hervorgeht.

2 und ⟨wenn⟩ bei diesem Schritt 3 herauskommt so ersetze es durch 7“
7 hineinbringen, die in ihren Grundlagen nicht vorhanden ⟨war.⟩
9 Die reelle Zahl lebt in dem Substrat der Operationen⟨,⟩ aus dem sie
12 Was ist die eigentliche Zahl „$\sqrt{2}$“ Doch nicht ⟨einen …⟩
39 *Im MS:* Und daß es den auch hat, wenn wenn man

1 ∗ Das Ersetzen von 7 durch 3 hat ja, abgesehen von den rationalen Zahlen keine arithmetische Bedeutung. 51

2 / Die Ersetzung von 7 durch 3 – in π etwa – ist von keiner allgemeinen arithmetischen Bedeutung.

3 / Es ist aber doch ein arithmetischer Mechanismus der $\overset{7\to3}{\pi}$ erzeugt. – Und ich könnte nur sagen: „aber ich verstehe ihn nicht".

4 / Wenn ich sage „arithmetischer Mechanismus", so meine ich: Das Auftreten der 7 in π hängt nur vom Wesen des π und des Dezimalsystems ab.

5 × Was hat es aber zu bedeuten, daß ich über das Auftreten von 7 in π nichts zu sagen weiß, daß ich es wie ein unvorhersehbares, zufälliges Ereignis ansehe

6 × Und diese Unbekanntheit muß sich im Sinn von $\overset{7\to3}{\pi}$ spiegeln. D.h. in dem was i c h mit $\overset{7\to3}{\pi}$ meinen kann; da mir doch das Bindeglied zwischen π und dem Auftreten der 7 in seiner Entwicklung fehlt.

7 × Was mich also hindert $\overset{7\to3}{\pi}$ als eine reelle Zahl zu betrachten ist ein ungelöstes mathematisches Problem. Nämlich das des Zusammenhangs des Gesetzes von π mit dem Auftreten der Ziffer 7 in der dezimalen Darstellung.

8 ∗ Wir sprechen nämlich hier von einem Gesetz „welches bestehen muß, das wir aber nicht kennen". Sind wir dazu berechtigt? Wir meinen mit 52 diesem Gesetz eine Art Vorausbestimmung, weiter nichts. (So glaube ich wenigstens)

9 ∫ Das Einzige was diesem Gesetz fehlt ist, daß es mit anderen Gesetzen, etwa dem von π, nicht vergleichbar ist; und das liegt in seinem Bau selbst und nicht erst in einer Folge seiner Anwendung.

10 ∗ Wir haben das Gefühl, als ob in diesem Gesetz ein unverdauter, ein unverstandener, Bestandteil ist.

11 ∗ Wir haben multiplizieren und dividieren gelernt und wir können die Ziffernfolgen die dabei herauskommen auch mit dem 7 → 3 anknüpfen. Aber es fehlt uns der e i n e einheitliche Weg der von dem Wesen der arithmetischen Operationen über die Regeln des dezimalen Systems zu der resultierenden Ziffernfolge führt.

1 Das ⟨Vertauschen⟩ von 7 ⟨durch/mit/⟩ 3 hat ja, abgesehen von
7 Es ist aber doch ein arithmetischer Mechanismus der $\overset{7\to3}{\pi}$ erzeugt(! …)
11 Das ⟨Vorkommen⟩ der 7 in π hängt nur
11 hängt nur vom Wesen ⟨von⟩ π und des Dezimalsystems ab.
15 daß ich über das Auftreten von 7 in π nichts zu sagen weiß(?)
15 daß ich es wie ein ⟨zufälliges⟩, unvorhersehbares Ereignis ⟨betrachte⟩
20 zwischen π und dem Auftreten ⟨von⟩ 7 in seiner Entwicklung fehlt.

1 / Angenommen es erfände jemand eine neue arithmetische Operation die die normale Multiplication wäre nur mit der Abänderung, daß er im Produkt statt je der 7 eine 3 setzte. Dann hätte auch diese Operation $\times'$ das Unverstandene an sich, solange das Auftreten der 7 im Product nicht allgemein durch ein Gesetz verstanden wäre.

2 * Ist eine Multiplication 637×548 angeschrieben, so ist zwar schon vorausbestimmt ob sie die gleiche ist wie $637 \times' 548$ aber ich kann es nicht vorhersagen. 53

3 * Wenn es uns klar ist, daß wir aus der Betrachtung der Extension nichts entscheidendes über die reelle Zahl erfahren können, wie sollen wir dann $\overset{7\to 3}{\pi}$ als Gesetz, mit anderen Gesetzen in Beziehung bringen?!

4 / Es ist das als sollte ich einen Weg gehen der aus einzelnen Stücken besteht die zwar zusammenhängen, deren relative Richtungen mir aber verhüllt wären.

5 * Es darf nicht so sein, daß ich zwar im Besitze eines richtigen Ausdrucks bin, ihn aber nicht verstehe. Sondern dann muß auch im Ausdruck etwas nicht in Ordnung sein.

6 * Es fehlt in diesem Gesetz etwas. Die Verbindung zwischen dem Gesetz von π und dem Zusatz über die Ziffern der Extension.

7 * Nun kann man aber fragen: „Warum soll ich noch eine solche Verbindung im Gesetz ausdrücken, wenn sie sowie so besteht?"

8 / Hier wäre eben das Merkwürdige, daß mein Symbolismus etwas ausdrückte was ich nicht verstehe. (Das gibt es aber nicht)

9 * Man könnte auch so sagen: Die Regeln schließen bündig aneinander und führen eindeutig zu diesem Ende, aber ich kann den ganzen Weg nicht als e i n Gesetz sehen. 54

10 * $\overset{7\to 3}{\pi}$ setzt eine Verbindung voraus, der Verbindungsgang aber ist dunkel – – –

11 ∫ Kann man sagen daß „$7 \to 3$" einen anderen Sinn annähme, wenn die Verbindung zwischen π und $7 \to 3$ hergestellt wäre?

12 * $\overset{7\to 3}{\pi}$ könnte man auffassen als die Andeutung einer Operation die mit π auszuführen ist. Aber es wäre eine uns unbekannte Operation. D.h. es ist nicht so, daß mir nur das Resultat einstweilen unbekannt ist und ich es eben ausrechnen muß wie in $\frac{1^{7\to 3}}{273}$. Sondern es ist mir ganz unbekannt was mit π geschieht.

3 Multiplication wäre nur mit der Abänderung, daß er im ⟨Res...⟩
16 die zwar zusammenhängen, deren relative Richtungen ⟨des...⟩
29 *Die Bemerkung ist im MS am linken Rand mit einem vertikalen Strich markiert.*

1 ∫✳ Wenn $\overset{7\to3}{\pi}$ nur ein anderes System ist/repräsentiert/, das aber an und für sich auch in Ordnung ist, dann muß man mehrere untereinander vergleichbare Zahlen d i e s e s Systems finden können, und die verschiedenen Systeme stünden gleichberechtigt nebeneinander.

2 ✳ $\overset{7\to3}{\pi}$ ist eine ganz uninteressante Vorschrift um Dezimalbrüche zu erzeugen.

Unbedingt uninteressant weil wir das Gesetz nicht kennen wonach die Ziffern in diesem Prozess erzeugt werden.

3 ∫ π' hat darum keine arithmetische Bedeutung weil es ganz außer allem Zusammenhang mit den übrigen/erbgesessenen arithmetischen/ Gesetzen ist. In der Arithmetik kann nichts isoliert sein. 55

4 ∫ Da es auf die Extension nicht ankommt, so muß sich das Gesetz π' wenn es eine reelle Zahl bedeutet, so ausdrücken lassen, daß die Ersetzung nicht mehr in der Extension geschieht/einfach die Extension betrifft/.

5 / Auch wenn mir die Bildungsvorschriften der $\sqrt{2}$ nicht bereits bekannt wären und ich mir $\sqrt{2}^{7\to3}$ als die primäre Vorschrift denke, würde ich doch fragen: Was hat diese merkwürdige Zeremonie der Ersetzung der 7 durch 3 für einen Witz? Ist am Ende die 7 Tabu, daß man sie nicht hinschreiben darf? Denn das Ersetzen der 7 durch 3 fügt ja dem Gesetz gar nichts hinzu und ist in diesem System gar keine arithmetische Operation.

6 ∫ Ja es ist mir als wäre das |ganz gleich| wie die Ersetzung der 7 durch ၜ (ein neues Zeichen)

[Ja es ist mir als könnte man |ganz| ebenso die 7 durch ein Zeichen ၜ ersetzen]

7 ∫ Ich möchte sagen: Das Gesetz π' ist mit der Bildung der Stellenzahl von π schon abgeschlossen, die Ersetzung fügt ihm n i c h t s hinzu. Es sei denn daß man es als ein Operieren mit π auffaßt und das wäre nur möglich, wenn man das Gesetz kennte, wonach π durch die Ersetzung modifiziert wird (vergleiche $\frac{1}{7}_{7\to3}$)

8 ✳ Könnte man das auch so ausdrücken: „π, $\sqrt{2}$, etc. sind Grenzwerte von Funktionen für gewisse Werte ihrer Argumente. π' ist das nicht, wenigstens nicht in der Auffassung die wir davon haben können.“? 56

9 ✳ Daß sie Grenzwerte, oder Grenzprozesse, sind würde auch ihr System beschreiben. Und wäre ihre arithmetische Bedeutung.

10 ✳ Was ist das Wesen eines Grenzprozesses?

4 Zahlen d i e s e s Systems finden können, und die ⟨beiden …⟩

19 bekannt wären und ⟨ich mir $\sqrt{2}^{7\to3}$ als die ursprünglich gegebene Vorschrift vorstelle …/$\sqrt{2}^{7\to3}$ die mir ursprünglich gegebene Vorschrift wäre …/$\sqrt{2}^{7\to3}$ die primäre Vorschrift wäre …/⟩

32 von π schon abgeschlossen, die Ersetzung fügt ihm n i c h t s ⟨mehr⟩ hinzu.

38 „π, $\sqrt{2}$, etc. sind Grenzwerte von Funktionen für gewisse Werte ihrer ⟨G…⟩

1 ∫ Die Ersetzung fügt dem Prozess der Annäherung an den Grenzwert nichts hinzu

2 ✳ Kann man sagen: „der Grenzwert muß auf ein bestimmtes Ziel lossteuern. Und zwar ist dieses Ziel im Falle der $\sqrt{2}$ z.B., nicht $x = \sqrt{2}$ sondern $x^2 = 2$"

3 ✳ Hat es nun einen Sinn zu sagen, die Näherungswerte der Zahl 0·1010010001... streben einem Ziel zu?

4 ✳ Ist das alles was nötig ist, daß die in einander geschachtelten Intervalle immer kleiner werden? Und entspräche nicht π' auch dieser Bedingung?!

5 ✳ Ich glaube ja, wenn die Schachtelung durch ein Gesetz ins Unendliche hinaus bestimmt ist.

6 / Geometrisch gesprochen: Es genügt nicht daß man den Punkt durch Verkleinerung seines Aufenthaltsorts – angeblich – mehr und mehr bestimmt, sondern man muß *ihn* konstruieren können.

7 Fortgesetztes Würfeln schränkt zwar den möglichen Aufenthalt des Punktes unbegrenzt ein aber es bestimmt keinen Punkt. 57

8 / Der Punkt ist nach *jedem* Wurf noch unendlich unbestimmt.

9 ✳ Der Zusatz „7 → 3" bleibt immer im Endlichen.

10 / Freilich auch im Verlauf des normalen Wurzelziehens müssen immer wieder die gerade passenden Regeln des Einmaleins angewendet werden und man hat ihre Anwendung auch nicht vorhergesehen. Aber es ist auch von ihnen und ihrer Anwendung im allgemeinen Gesetz das die $\sqrt{2}$ definiert nicht die Rede/im Prinzip der $\sqrt{2}$ nicht die Rede/

11 ∫ Inwiefern entspricht dem $\sum_{n=1}^{n=n} \frac{1}{10^{\frac{n}{2}(n+1)}}$ *eine* Zahl und nicht bloß eine systematische Folge von Zahlen?

12 ∫ Inwiefern kann man von einer Zahl reden, der sich der Wert der Funktion assymptotisch nähert?

13 ∫ Als „größer als $\sum$ etc" definiere ich alles |was| nach einem bestimmten Gesetz größere Resultate liefert.

14 / (Zahl ist nur das wofür ich „größer", „kleiner", etc. definiert habe)

17 Es genügt nicht daß man den Punkt ⟨– angeblich –⟩ durch Verkleinerung
18 durch Verkleinerung seines ⟨möglichen⟩ Aufenthaltsorts
31 *Die erste Variante steht im MS in eckigen Klammern am Ende der Bemerkung, umgestellt mit dem Hinweis:* erste Fassung.
37 *Im MS ein Absatz, durch ein Randzeichen als eigenständige Bemerkung gekennzeichnet.*
37 Inwiefern kann ⟨ich⟩ von einer Zahl reden, der sich der Wert

1 (Die)/Eine/ Zahl muß messen. Und zwar nicht nur: Werte ihrer Entwicklung müssen messen. Denn von a l l e n Werten kann nicht geredet werden, und daß rationale Zahlen (die ich nach irgend einer Vorschrift gebildet habe) messen ist selbstverständlich. 58

2 / Was ich meine, könnte man so ausdrücken, daß zu einer reellen Zahl eine Konstruktion und nicht bloß eine Approximation denkbar sein muß. – Die Konstruktion entspricht der Einheit des Gesetzes.

3 ∗ In irgend einem Sinne scheint es mir nun daß dem $\sum_{n=1}^{n=\infty} 10^{-\frac{n}{2}(n+1)}$ eine Konstruktion entsprechen müßte, dem $\overset{7\to3}{\pi}$ aber keine entsprechen kann, weil es keine i n s i c h verständliche Regel ist.

4 ∫ Was weiß man von den Stellen von $\overset{7\to3}{\pi}$ die nicht entwickelt worden sind? Bloß, daß sie e n t w e d e r dem Gesetz von π entsprechen o d e r 3 sind.
Und ein Gesetz, das uns sagt wann das eine und wann das andere eintritt haben wir ja nicht.

5 ∫ Ich meine: Von Stellen der Entwicklung von π, weiß ich, daß sie dem Gesetz der Zahl π entsprechen (das scheint nicht viel zu sein) Von den Stellen von π' dagegen – – – –

6 / Wie ist es aber mit $\overset{3\cdot14159\ldots}{3\cdot452}$ etc. Es scheint mir auf derselben Stufe zu stehen wie $\overset{7\to3}{\pi}$. – Wenn ich es aber beim Wurzelziehen zur Regel mache nur jede zweite Ziffer des Resultats anzuschreiben! $\sqrt{2}' = 1\cdot12\ldots$ Ist das nun eine Zahl? Oder, was auf dasselbe hinausläuft: Ist das ein Gesetz?

7 ∗ Es ist leicht sich eine Unmenge unendlicher Vorschriften auszudenken. Aber sind das alles reelle Zahlen? 59

8 ∫ Aber ein Gesetz das Brüche liefert wie 0·101001 etc ist doch gewiß ein Gegenstand von arithmetischem Interesse.

9 ∫ Könnte man nicht von einem Stab sagen er habe die Länge 0·101001 etc. D.h. er ist länger als 0·1 und kürzer als 0·2, und länger als 0·101 aber kürzer als 0·102 etc. Was heißt aber dieses „etc."?

10 ∗ Kann ich aber dasselbe nicht von $\overset{7\to3}{\pi}$ sagen? Es scheint als müßte ich hier tatsächlich immer jede Stufe bilden, während ich früher in die Unendlichkeit schauen konnte.

11 ∗ Wo aber eigentlich der Unterschied liegt, sehe ich nicht!

12 ∗ Wäre $0\cdot\dot{3}$ eine Zahl, wenn ich nicht wüßte, daß es ein gemeiner Bruch ist?

1 (Die)/Eine/ Zahl muß messen. Und zwar: ...)
2 Denn von a l l e n Werten kann (keine Rede sein
39 Kann ich aber dasselbe nicht von $\overset{7\to3}{\pi}$ sagen? Hi...

1 ⚹ Macht es nicht das zur Zahl, daß es das Gesetz gibt nach dem sich rationale Zahlen einer bestimmten Grenze nähern? D.h. dem Eintreffen eines bestimmten Ereignisses. Nämlich dem, mit 3 multipliziert 1 zu geben.

2 ⚹ Ich kann noch Räder anhängen so viel ich will, ich muß nur an einem den Anschlag anbringen.

3 / $10 \underset{10}{:} 3 = 0{\cdot}3$ Daß sich der Kreis schließt ist was ich eigentlich sehe und durch $\dot{3}$ ausdrücke. $\dot{3}$ heißt nicht „es kommen lauter 3er“, sondern „es muß immer wieder eine 3 kommen“. 60

4 / Es ist klar daß ein Gesetz |G| wie $\sum_{n=1}^{n=n} 10^{-\frac{n}{2}(n+1)}$ alle Eigenschaften einer Zahl hat: Von jeder rationalen Zahl kann ich sagen ob sie größer oder kleiner ist wie G. Ich kann mich G durch irgendeinen Prozess unbeschränkt nähern.

5 ⚹ Aber das kann ich auch im Falle π′. Aber das kann ich auch für die durch Würfeln bestimmte Zahl tun.

Ich sehe eben in $\overset{7\to 3}{\pi}$ kein Gesetz sondern nur ad hoc konstruierte (wie gewürfelte) Zahlen.

6 ⚹ Hat denn π′ nicht einen bestimmten Ort in der Zahlenreihe?

7 / Freilich ich könnte sagen, es hat nur ein bestimmtes Intervall, den genauen Ort kann ich nicht angeben. Aber kann ich denn den Ort von e anders angeben? Der Mangel einer Konstruktion!

Wenn ich e auch nicht graphisch konstruieren kann, so ist scheinbar das Gesetz selber eine Konstruktion in einem anderen Raum in dem e nun doch genau zu bestimmen d.h. also zu bestimmen ist.

8 ⚹ Wie $\sqrt{2}$ und $\sqrt{3}$ auch verglichen werden können ohne daß man sie entwickelt.

9 ∫ [Vielleicht gibt es noch eine andere Auffassung von den reellen Zahlen, als die hier verfolgte, aber diese ist immer eine mögliche und wichtige Auffassung, von der aus sich Alles rechtfertigen lassen muß.] 61

10 ∫ Angenommen die $\sqrt{10}$ ergäbe, so weit wir sie auch entwickelt haben die gleichen Stellen wie π. Hätten wir keine Möglichkeit zu entscheiden, welches größer ist, oder ob sie einander gleich sind?

28 Wenn ich ⟨es …⟩
29 graphisch konstruieren kann, so ist scheinbar das Gesetz ⟨von …⟩
30 anderen Raum in dem e nun doch genau zu bestimmen ⟨ist …⟩
32 ⟨/⟩ *Randzeichen im MS gestrichen und ersetzt*
32 ⟨√⟩ Wie $\sqrt{2}$ und $\sqrt{3}$ auch verglichen werden können ohne daß man
32 Wie $\sqrt{2}$ und $\sqrt{3}$ auch ⟨zu vergleichen …⟩
37 wichtige Auffassung, von der aus sich ⟨alles⟩ rechtfertigen lassen muß.]
39 Angenommen die ⟨$\sqrt{12}$⟩ ergäbe, so weit wir sie auch entwickelt haben

1 ∫ Ich möchte eigentlich sagen, es müßte ein System von quasi algebraischen Zahlen existieren, in dem ich die Entwicklungen überhaupt nicht brauche um diese Zahlen mit einander zu vergleichen und mit ihnen zu rechnen. Dieses System rechnet nur mit den Gesetzen selbst (also algebraischen Ausdrücken) und in ihm haben – z.B. – π und e ihren bestimmten Ort (Punkt).

2 ∫ Um π mit einer Rationalzahl zu vergleichen, muß ich eine *bestimmte* Stellenzahl ausrechnen. Das ist eine klare Rechenoperation, die ich vornehmen muß um das Resultat zu erhalten. (Und nicht eine Entwicklung schlechtweg, sozu sagen, ins Blaue)

3 ∫ Wie ist es aber mit dem Vergleich von π und e; da scheint es zwei verschiedene Methoden zu geben; eine die sich der Extension bedient und eine intensionale. Die beiden müßten aber nebeneinander bestehen und was die eine ergibt, kann die andere nicht auch ergeben (ich meine, die beiden können nicht konkurrieren). Wenn ich z.B. π_4 und e_4 62
vergleiche, so kann mir *das* keine andere Methode als eben der Vergleich dieser Extensionen tun.

Andererseits kann ich nicht sagen: „π ist größer als e, wenn *es eine Extension gibt* in der π_n größer als e_n ist.“ Nur dieser Satz ist eigentlich unerlaubt.

4 ∫ Muß aber nicht der Größenvergleich zweier „Gesetze“ am Schluß auf dem Vergleich von Zahlen basieren? Wie etwa der Vergleich von $\sqrt{2}$ und $\sqrt{3}$ schließlich auf den Vergleich von 2 und 3 hinauskommt.

5 ∫ e_4 gehört zu e, aber nicht e_n

6 ∫ Denn ich könnte ja sagen: gewiß basiert der Größenvergleich der Gesetze auf dem Größenvergleich der Zahlen, aber nur der Zahlen die in den Gesetzen selber vorkommen. (weil die Gesetze autonom sind) Aber gehört eben nicht e_4 auch zu e? Es ist doch eine bestimmte mit den Zahlen des e-Gesetzes zusammenhängende Zahl und ebenso e_{100}, aber nicht e_n.

7 ∫ Im Falle der $\sqrt{2}$ und $\sqrt{3}$ sieht man das klar.

8 ✗ Meine ich aber mit dem bestimmten Punkt von e und π im System wirklich einen Punkt in einer Größenskala und nicht einen Punkt/Ort/ in einem mehrdimensionalen System wohin schon die Definition die Zahl stellt?

2 in dem ich die ⟨Entwickelungen/Entwickelung/⟩ überhaupt nicht brauche
6 und in ihm haben – z.B. – π und e ihren ⟨Punkt. …⟩
10 Das ist eine klare Rechenoperation, die ich ⟨mit …⟩
13 Wie ist es aber mit dem Vergleich von π und e; ⟨das …⟩
24 Muß aber nicht ⟨das …⟩
26 Wie etwa der Vergleich von $\sqrt{2}$ und $\sqrt{3}$ schließlich auf ⟨dem …⟩

1 ∫?/ Eine reelle Zahl liefert Extensionen, sie ist keine Extension. 63

Die reelle Zahl ist|:| ein arithmetisches Gesetz, welches endlos die Stellen eines Dezimalbruchs liefert.

2 ∫?/ Dieses Gesetz hat seinen Ort im arithmetischen Raum. Oder man könnte auch sagen: im algebraischen Raum.

3 ?/ Während $\overset{7 \rightarrow 3}{\pi}$ sich nicht der arithmetischen Ausdrucksweise bedient und dem Gesetz darum keinen Platz in diesem Raum anweist.

4 / Es fehlt quasi das arithmetische Lebewesen, das diese Excretionen produziert.

5 ?/ Die Unvergleichbarkeit der Größen von π und $\overset{7 \rightarrow 3}{\pi}$ hängt mit dieser Heimatlosigkeit von $\overset{7 \rightarrow 3}{\pi}$ zusammen.

6 / Man kann nicht sagen: zwei reelle Zahlen sind identisch wenn sie in allen Stellen übereinstimmen. Man kann nicht sagen: sie sind verschieden, wenn sie an einer Stelle ihrer Entwicklung nicht übereinstimmen. Man kann ebensowenig sagen, die eine sei größer als die andere, wenn ihre/die/ erste nicht übereinstimmende/unpaarige/ Stelle größer sei als die entsprechende der anderen.

7 / Gewiß, wenn a und b an der 4ten Stelle zum erstenmal nicht übereinstimmen so kann man sagen, daß sie darum ungleich sind. Diese 4te Stelle gehört eben zu den beiden Zahlen; aber nicht die nte unbestimmte im unendlichen Verlauf.

8 ?/ Man kann daher die Verschiedenheit von π und e wohl daran erkennen daß ihre erste Stelle verschieden ist. Aber man kann nicht sagen, sie wären gleich, wenn alle ihre Stellen gleich wären. 64

9 ⚹ Die Frage, ob zwei Gesetze identisch sind, kann man nur dann stellen, wenn man eine Methode besitzt sie zu entscheiden.

10 / Stimmen die Extensionen zweier Gesetze bis auf weiteres überein und kann ich die Gesetze als solche nicht vergleichen, so sind die definierten Zahlen, wenn ich ein Recht habe von solchen Zahlen zu reden, unvergleichbar und die Frage, welche größer ist, oder ob sie einander gleich sind, ist unsinnig. Ja eine Gleichung, die die beiden einander gleichsetzt muß unsinnig sein! Und das gibt zu denken. Und es ist wahr: wir können nichts damit meinen, sie einander gleich zu setzen, wenn zwischen ihnen keine innere Verbindung besteht; wenn sie verschiedenen Systemen angehören. (Und die Extension kann uns nicht helfen.)

5 Dieses Gesetz *–im MS über der Zeile mit einem Fragezeichen markiert*

17 Man kann nicht sagen(,) zwei reelle Zahlen sind identisch wenn sie

22 wenn ihre/die/ erste nicht übereinstimmende/unpaarige/ Stelle größer sei als die entsprechende der anderen. *–im MS am linken Rand mit einer vertikalen Wellenlinie markiert*

1 / Aber sind das denn wirklich zwei Zahlen, die mit einander unvergleichbar sind?

2 / Widerspricht das nicht der einfachen Vorstellung von der Zahlengeraden?

3 * (Ein Gefühl sträubt sich gegen diese Annahme)

4 * Ich glaube: alle reellen Zahlen müssen mit einander vergleichbar sein. 65

5 *∫ Wenn man π′ eine Zahl nennt, so wäre sie mit π unvergleichbar aber mit e vergleichbar!

6 * Hier ist das Merkwürdige, daß ich zwar schreiben kann $\underset{10}{\pi} = \underset{10}{\overset{7\rightarrow 3}{\pi}}$, daß aber daraus natürlich nicht $\pi = \overset{7\rightarrow 3}{\pi}$ folgt; aber aus $\underset{3}{\pi} \neq \underset{3}{\overset{4\rightarrow 3}{\pi}}$ zu folgen scheint daß $\pi \neq \overset{4\rightarrow 3}{\pi}$.

7 * Aus den Extensionen könnte ich nie herauskriegen, ob die verschiedenen reellen Zahlen nicht bloß um einen rationalen Betrag von einander verschieden sind.

8 * Ich könnte also sagen π und π′ seien zwar insofern nicht unvergleichbar als man sagen könnte sie stimmen in den ersten 100 Stellen mit einander überein, andererseits aber so unvergleichbar daß wir sie nicht sinnvoll in einer Gleichung mit einander verbinden können.

Dann aber scheint es mir, als könne die Übereinstimmung in 100 Stellen keine der reellen Zahl irgendwie wesentliche Übereinstimmung sein. Und wie ist es dann mit der Nicht-Übereinstimmung von Stellen? Wesentlich *ist*, daß diese nur eine rationale Differenz bedeutet!

9 * Und könnte man die Bedeutung einer rationalen Differenz zwischen reellen Zahlen nicht dadurch ganz aus der Welt schaffen, daß man sie 66 mit einem nicht bestimmten rationalen Summanden versieht? So daß man schriebe π und ℓ und e und ℓ etc.

10 ∫ Auf der Zahlengeraden verhielte es sich so: Ich könnte für π′ nicht einen Punkt angeben sondern nur ein Intervall dessen einer Grenzpunkt π wäre. Ist das aber nicht für e dasselbe, da man e auch nicht graphisch konstruieren kann. Ich glaube nein. Denn den Punkt e kann ich doch irgendwo annehmen, vielleicht fälschlich; den Punkt π′ aber kann ich auch nicht annehmen da ich vor allem nicht weiß ob er mit dem Punkt π zusammenfällt oder nicht.

11 / Könnte man aber nicht auch umgekehrt π′ als das ursprüngliche und also den zuerst angenommenen Punkt betrachten und dann über die Berechtigung von π im Zweifel sein.

15 daß ich zwar schreiben kann $\underset{10}{\pi} = \underset{10}{\overset{7\rightarrow 3}{\pi}}$, daß aber ⟨das …⟩
33 mit einem ⟨beliebigen/unbestimmten/⟩ rationalen Summanden versieht?
44 ⟨∫⟩ *Randzeichen im MS gestrichen und ersetzt*

1 / Was ihre Extensionen betrifft, sind sie natürlich gleichberechtigt. Im übrigen aber nicht.

2 / Ist die Operation $\overset{7\to3}{\times}$ mit × gleichberechtigt?

3 × Oder kann man sagen, daß in $\overset{7\to3}{\times}$ etwas wesentlich Unverstandenes enthalten ist. Kann man sagen, daß der Operation $\overset{7\to3}{\times}$ kein arithmetischer Sinn zukommt?

4 ∫* Eine Operation kann man auffassen als ein allgemeines Gesetz das zwischen je drei Zahlen besteht – oder nicht besteht. 67

5 / Wenn es so ist, wie es mir scheint, daß nämlich eine Operation wie $\overset{7\to3}{\times}$ nicht mit den arithmetischen Operationen gleichberechtigt ist, dann ist der Einwand klar, den man gegen $\overset{7\to3}{\pi}$ zu machen hat.

6 / Ich kenne die Gesetze nicht denen $\overset{7\to3}{\times}$ gehorcht. Ich weiß z.B. nicht unter welchen Bedingungen a $\overset{7\to3}{\times}$ b = a × b ist. Diese Unkenntnis der Gesetze scheint das Entscheidende zu sein.

Sie macht es zum Beispiel unmöglich, das $\overset{7\to3}{\times}$ jemals anzuwenden.

7 * Das hängt natürlich alles damit zusammen, daß $\overset{7\to3}{\times}$ nicht im arithmetischen System eingegliedert ist.

8 * Was heißt es, eine Operation der Arithmetik verstehen?

9 * Heißt nicht, sie verstehen, sie anwenden können?

10 / Ist es nicht so: Solange man mit Strichen rechnet kann man eine Operation nicht ausführen, ohne sie zu verstehen und wenn ich im Stande wäre $\overset{7\to3}{\times}$ in eine Operation zu übersetzen, die das Dezimalsystem in keiner Weise mehr voraussetzt und mit Strichen arbeitet, dann wäre $\overset{7\to3}{\times}$ eine verstandene mit den anderen arithmetischen gleichberechtigte Operation.

11 / Es ist klar daß, wenn ich $\overset{7\to3}{\pi}$ anwenden könnte, alle Zweifel über die Berechtigung behoben wären. Denn die Möglichkeit der Anwendung ist das eigentliche Kriterium für die arithmetische Wirklichkeit. 68

12 * Das Rechnen mit Strichen ist zugleich auch eine Anwendung der Rechnung. Das hört in dieser direkten Weise im Dezimalsystem auf.

13 * Wir ersetzen ja nicht in der Zahl 3·14159 5 durch 3 sondern in $\underline{\pi}$, dadurch wird es arithmetisch unverständlich.

10 ⟨Wenn …⟩
11 Gesetz das zwischen ⟨|je|den Elementen einer Klasse⟩ besteht
26 Was heißt ⟨se…⟩
39 ist das eigentliche Kriterium ⟨⟨dafür daß alles in Ordnung ist⟩⟩

1 ✳ Was b e d e u t e t das Ersetzen der 3 (nicht e i n e r 3) in der Entwicklung von π. Denn was bedeutet das Auftreten der 3 in der Entwicklung von π. Das weiß ich nicht. Es ist für mich etwas ganz zufälliges, das in einer anderen Notation wegfällt und das ich nie mit dem Wesen von π in Verbindung gebracht habe und nicht in Verbindung zu bringen weiß.

2 / Die Entwicklung von π ist zugleich ein Ausdruck des Wesens von π u n d d e s W e s e n s d e s D e z i m a l s y s t e m s.

3 ∫ Der Ausdruck $\overset{7\to3}{\pi}$ setzt eine Verbindung dieser beiden voraus (er bezieht sich auf beide) Diese ist nicht hergestellt worden.

4 / Die arithmetischen Operationen gebrauchen das Dezimalsystem nur als Mittel zum Zweck; die Operationsregeln sind also solcher Art, daß sie sich in die Sprache jedes anderen Zahlensystems übersetzen lassen und keines von ihnen zu ihrem G e g e n s t a n d haben. 69

5 / Die Entwicklung von π ist zwar ein Ausdruck sowohl des Wesens von π als auch der Dezimalnotation, aber unser Interesse gehört, für gewöhnlich, ausschließlich dem für π Wesentlichen und um das andere kümmern wir uns nicht. Das ist ein Diener, den wir nur als Werkzeug betrachten und nicht als selbstberechtigtes Wesen. Betrachten wir ihn aber nun als Teil der Gesellschaft, so hat sich die Gesellschaft damit verändert.

6 / Eine allgemeine Operationsregel hat ihre Allgemeinheit durch die Allgemeinheit der Veränderung die sie an den Zahlen hervorbringt. Darum taugt $\overset{7\to3}{\times}$ nicht als |allgemeine| Operationsregel, weil das Resultat von a $\overset{7\to3}{\times}$ b nicht bloß vom Wesen der Zahlen a und b abhängt sondern außerdem das Dezimalsystem hineinspielt. Nun würde es freilich nichts machen wenn dieses System als eine weitere Konstante der Operation zu Grunde läge $[\sum \frac{1}{10^n}]$ und es läßt sich wohl eine Operation finden, die dem $\overset{7\to3}{\times}$ entspricht und die dann nicht nur a und b sondern auch das Dezimalsystem zu ihrem G e g e n s t a n d hat. Diese Operation wird in einem Zahlensystem geschrieben sein, welches sich als Diener zurückzieht und v o n d e m in der Operation nicht die Rede ist.

7 / Genau so macht $\overset{7\to3}{\pi}$ das Dezimalsystem zu seinem Gegenstand (oder müßte es machen wenn es richtig wäre) daher genügt jetzt nicht mehr, daß man die Regel bei der Bildung der Extension anwenden kann. Denn diese Anwendung ist jetzt nicht mehr das Zeichen/das Kriterium dafür/ daß die Regel in Ordnung ist, denn sie ist gar nicht der Ausdruck des arithmetischen Gesetzes sondern ändert nur äußerlich an der Sprache. 70

16 und keines von ihnen ⟨zum⟩ Gegenstand haben.
19 sowohl des Wesens von π als auch ⟨des Dezimalsystems …⟩
21 ausschließlich dem für π Wesentlichen und um das andere ⟨ke…⟩
24 so hat sich die Gesellschaft damit verändert. *–im MS am linken und rechten Rand mit je einer vertikalen Wellenlinie markiert*
43 denn sie ist gar nicht der Ausdruck des arithmetischen Gesetzes sondern ändert nur äußerlich an der Sprache. *–im MS am linken Rand mit einer vertikalen Wellenlinie markiert*

1 ∫ Das Dezimalsystem dient in π nur dem Ausdruck der Entwicklung. Soll es zum Gegenstand der Betrachtung werden, so muß das (explicite und) dort geschehen wo das Wesen (des Gesetzes) der reellen Zahl entwickelt wird, nicht im Ausdruck der Extension.

2 / Wenn es also nicht mehr Diener sein soll, dann muß es sich in aller Form zu den Anderen an die Tafel setzen und muß daher das bedienen lassen, denn beides zugleich kann es nicht tun.

3 *Laß nur die Natur sprechen und über der Natur kenne nur ein Höheres, aber nicht das was die anderen denken könnten.*

4 / Es ist so: Die Zahl π ist im Dezimalsystem dargestellt. Eine Modification dieses Gesetzes kann man nicht dadurch erzeugen, daß man an den spezifischen Ausdruck des Dezimalsystems anknüpft. Was man so beeinflußt, ist gar nicht das Gesetz sondern sein zufälliger Ausdruck. Diese Beeinflußung dringt ja gar nicht bis zum Gesetz. Sie steht ja abgesondert von ihm auf der anderen Seite. Es ist wie wenn man ein 71
Lebewesen beeinflussen wollte indem man (auf) die bereits abgeschiedene Sekretion (einwirkt) bearbeitet.

5 ⁎ Daß an der dritten Stelle von π eine 4 steht, war bis jetzt |bloß| ein dem Dezimalsystem charakteristischer Zug der Darstellung dieses Gesetzes. Daher ist von dieser 4 im Gesetz von π auch keine Rede.

6 ∫ Ersetze ich diese 4 durch 5 so habe ich dadurch π um 0·01 vermehrt und wenn an der 12ten Stelle wieder eine 4 steht so vermehre ich π durch die Ersetzung um 10^{-12}; und da ich kein Gesetz des Vorkommens der 4 kenne, so kenne ich auch keine allgemeine Operation durch welche ich π modifiziere, wenn ich die 4er durch 5er ersetze.

7 ∫ Denn diese Vierer sind nicht ein Produkt des π allein, sondern des π mit der besonderen Methode der Darstellung. Darum ist die Regel $\overset{4\to5}{\pi}$ nicht der Ausdruck eines neuen arithmetischen Gesetzes, sondern wäre es erst, wenn im Gesetz der Zusammenhang des Auftretens der 4 mit dem Gesetz von π dargestellt wäre.

3 (explicite und) dort geschehen wo das Wesen (des Gesetzes) *–im MS ist der Text in Klammern mit Fragezeichen markiert*
13 ⟨∫⟩ *Randzeichen im MS gestrichen und ersetzt*
14 erzeugen, *–im MS mit Fragezeichen markiert*
20 indem man (auf) die bereits abgeschiedene Sekretion ⟨einwirkt.⟩
22 |bloß| *–das Einfügungszeichen ist im MS gewellt unterstrichen*
26 Ersetze ich diese 4 durch 5 so habe ich dadurch π um 0·01 ⟨g…⟩
29 der 4 kenne, so kenne ich auch ⟨ kein allgemeines Gesetz …⟩
32 Denn diese Vierer sind nicht ein Produkt des π allein, sondern ⟨das …⟩
33 des π mit der ⟨speziellen⟩ Methode der Darstellung.
33 Darum ist die Regel ⟨$\overset{7\to5}{\pi}$⟩ nicht der Ausdruck eines neuen arithmetischen

1 ∫ Wären wir im Besitze eines solchen Gesetzes π' so könnten wir allerdings sagen, daß in der Entwicklung von π' an Stelle der 4 in π die 5 tritt, in demselben Sinne aber in dem wir sagen können daß die Entwicklung von $\frac{1}{3}$ aus der Entwicklung von $\frac{1}{9}$ entsteht, wenn wir die 1 durch 3 ersetzen. (Das heißt aber nur statt $0{\cdot}\dot{1}$ $0{\cdot}\dot{3}$ schreiben)

2 / Wie ist es aber mit einem Gesetz $\sum_{p=1}^{p=p} \frac{1}{10^p}$ wo p die Reihe der Primzahlen durchläuft oder wenn p die Reihe der ganzen Zahlen durchläuft mit Ausnahme deren für die der Fermatsche Satz $x^f + y^f = z^f$ nicht gilt.– 72

Bestimmen diese Vorschriften reelle Zahlen?

3 ∫ Die Tragödie besteht darin daß sich der Baum nicht biegt sondern bricht. Die Tragödie ist etwas unjüdisches. Mendelsohn ist wohl der untragischste Komponist. *Das tragische Festhalten, das trotzige Festhalten an einer tragischen Situation |in der Liebe| erscheint mir immer meinem Ideal ganz fremd. Ist mein Ideal darum schwächlich? Ich kann und soll es nicht beurteilen. Ist es schwächlich so ist es schlecht. Ich glaube ich gäbe |im Grunde| ein sanftes und ruhiges Ideal. Aber Gott behüte mein Ideal vor der Schwäche und Süßlichkeit!*

4 ∫ Im ersten Fall habe ich eine Unsicherheit obwohl ich mir nicht klar machen kann warum. Im zweiten Fall kann ich mir nicht denken daß dieses Gesetz eine Zahl bestimmen soll.

5 ∗ Und zwar muß es wieder so sein, daß ich einen wesentlichen Teil des Gesetzes nicht verstehe. Angenommen, übrigens, die x, y, z, durchliefen nur die ersten 100 ganzen Zahlen so daß ich gewiß für jedes p die Möglichkeit hätte den Satz zu prüfen.

6 ∗ Steht er denn dann nicht ganz auf der Stufe des ersten Beispiels?

7 ∗ Es ist so als möchte ich sagen: das wäre doch gar zu billig, – wenn man auf solche Weise reelle Zahlen konstruieren könnte! Das Schema $\frac{a_1}{10^1} + \frac{a_2}{10^2} + \frac{a_3}{10^3} \ldots$ ist uns gegeben und nun benützen wir eine beliebige endlose Vorschrift und lassen sie die a_1, a_2, a_3 etc bestimmen. 73

8 ∗ Man könnte so sagen: Die Vorschrift ist ganz klar. Kann ich sie aber irgendwo brauchen? und ist es gescheit sie eine Zahl zu nennen?

5 (Das heißt aber nur statt $0{\cdot}\dot{1}$ $0{\cdot}\dot{3}$ ⟨|zu|⟩ schreiben) *–im MS am linken Rand mit einer vertikalen Wellenlinie markiert*

7 *Die endgültige Textvariante des Absatzes existiert im MS durch komplizierte Streichungen und Umstellungen.*

7 Wie ist es aber ⟨mit Gesetzen „⟩ $\sum_{p=1}^{p=p} \frac{1}{10^p}$ ⟨“ [p durchläuft die Reihe der Primzahlen]⟩ oder ⟨„$\sum_{f=1}^{f=f} \frac{1}{10^f}$“ [f durchläuft die Reihe der ganzen Zahlen mit Ausnahme deren für die der Fermatsche Satz $x^p + y^p = z^f$ nicht gilt]⟩ –

15 Mendelsohn ist wohl der ⟨wenigst tragische⟩ Komponist.

15 Das tragische Festhalten, *–bis* … so ist es schlecht *–zunächst uncodiert, dann in Code überschrieben; einzelne Buchstaben nicht codiert bzw. fehlerhaft.*

19 Aber Gott behüte ⟨mich⟩ vor der Schwäche und Süßlichkeit!

36 und nun benützen wir eine beliebige ⟨unendliche⟩ Vorschrift

1 ✶ Oder ist hier doch das Wesentliche der Unterschied zwischen $\overset{n=n}{\underset{n=1}{\sum}}$ etc und $\overset{n=\infty}{\underset{n=1}{\sum}}$ etc. Ich will d o c h daß die Zahl das ist, dem sich der Prozess nähert, nicht der Prozess selbst. Oder soll ich sagen: „Es liegt eben i m Prozess, daß er sich einer Grenze nähert; das kann man nicht äußerlich ausdrücken/anzeichnen/“?

2 / Die/Eine/ Zahl muß an und für sich messen.
Das scheint mir quasi ihr Amt.

3 / Tut sie das nicht, überläßt sie das den rationalen Zahlen, so brauchen wir sie nicht.

4 ∫ (Die Schreibweise $\overset{n=n}{\underset{n=1}{\sum}}$ etc. (statt $\overset{n=\infty}{\underset{n=1}{\sum}}$ etc.) entspricht der Auffassung, nach der ich – im Gegensatz zu $\underset{3}{\pi}$, $\underset{4}{\pi}$ – $\underset{n}{\pi}$ schreibe, und nicht $\underset{\infty}{\pi}$.)

5 ∫ Wie kommt es denn, daß das Gesetz $\overset{p=p}{\underset{p=1}{\sum}} \frac{1}{10^p}$ eventuell auch einen abbrechenden Dezimalbruch beschreibt?! Also gar keine reelle Zahl.

6 ∫ Wenn $\overset{n=\infty}{\underset{n=1}{\sum}} \frac{1}{10^n}$ erlaubt ist dann ist auch $\overset{n=\infty}{\underset{n=1}{\sum}} 10^{-\frac{n}{2}(n+1)}$ erlaubt und dann muß auch $\overset{p=\infty}{\underset{p=1}{\sum}} 10^{-p}$ erlaubt sein. Denn der letzte Fall

unterscheidet sich nur insofern von den vorhergehenden, daß wir für die n^{te} Primzahl keinen Ausdruck $p_n = f(n)$ kennen; und kann das hier 74
wesentlich sein?

7 *Es ist merkwürdig daß ich seit so vielen Jahren fast nie mehr das leiseste Bedürfnis empfunden habe Tagebuchaufzeichnungen zu machen. In der allerersten Zeit in Berlin als ich damit anfing auf Zettel* Gedanken *über mich aufzuschreiben, da war es ein Bedürfnis. Es war ein für mich wichtiger Schritt. Später entsprang es zum Teil dem |Nachahmungstrieb (ich hatte Kellers Tagebücher gelesen) zum Teil dem| Bedürfnis doch etwas von mir niederzulegen. Es war also zum großen Teil Eitelkeit. Zum Teil freilich auch wieder der Ersatz für einen Menschen dem ich mich anvertrauen konnte. Später mischte sich dazu auch die Nachahmung der Pepysschen Tagebücher.*

Freilich ist es, wie immer, schwer, hier gerecht zu sein, denn es war natürliches und eitle Bestrebungen stark vermischt.

8 *Wie überhaupt |wenig| reines, unantastbares in meinem Leben gefunden wird. Es ist wie ein goldarmes Erz.*

7 Die/Eine/ *–die zweite Variante ist im MS mit einem Fragezeichen markiert*
32 |Nachahmungstrieb (ich hatte Kellers Tagebücher gelesen) zum Teil dem| *–im MS nachträgliche Einfügung vom Ende des Absatzes*
34 Später mischte sich dazu auch die Nachahmung ⟨des …⟩
37 gerecht zu sein, denn es war natürliches und eitle Bestrebungen ⟨sta…⟩

1 *Soweit das Tagebuchschreiben nicht selber leben ist, ist es in meinem schlecht. Denn es wird für mich, wie alles was ich mache beinahe sicher zum Anlaß der Eitelkeit und je weniger Zeit ich habe mich auf eitle Weise selbst zu bespiegeln, desto besser. Das Leben zerstreut, verblast am besten diesen Rauch und er ist auch* 75 *wenn er bloß vorübergehend gedacht wird harmloser.*

2 *Wesentlich ist auf was sich die Eitelkeit bezieht. Zerstörend wirkt sie erst wenn sie sich auf das höchste bezieht.*

3 *Ich muß aus meinem Tagebuch, wenn es in Ordnung sein soll quasi e b e n ins Freie – in das Leben – treten und weder wie aus einem Kellerloch ans Licht steigen, noch wie von einem höheren Ort wieder auf die Erde herunterspringen müssen.*

4 *Was sich nicht schreiben läßt, läßt sich nicht schreiben.*

5 *Während ich diese Notizen hierherein von einem Zettel abschrieb mußte ich mir immer wieder sagen daß es besser wäre sie nicht zu schreiben weil sich die ganze Zeit die Eitelkeit regte. Ich freute mich es geschrieben zu haben und zwar in einer dummen Weise und konnte mir selbst nicht klar machen was mich erfreute aber es war nicht das Harmlose. Ich bin jetzt wie ein Kind das das Lachen verbeißt und dem man nun sagt „so lach doch heraus! aber warum lachst du denn?"*

6 *Wo Wärme ist da kann die Eitelkeit nicht gut gedeihen.* 76

7 *Was die anderen von mir halten beschäftigt mich immer außerordentlich viel. Es ist mir sehr oft darum zu tun einen guten Eindruck zu machen. D.h. ich denke sehr häufig über den Eindruck den ich auf andere mache und es ist mir angenehm wenn ich denke daß er gut ist und unangenehm im anderen Fall.*

8 ∫ $\sum_{n=1}^{n=\infty} \frac{1}{10^n}$ Ich kenne einzelne endliche Summen aber keine unendliche. Wie kommt d i e Z a h l in den Eigentümlichkeiten/Eigenschaften/ dieser Summen zu Tage?

Wie konnte man auf die Idee kommen in diesen Sachverhalten/hier/ eine Zahl zu sehen?

9 ∫ $\frac{1}{10}, \frac{1}{10}+\frac{1}{100}, \frac{1}{10}+\frac{1}{100}+\frac{1}{1000}$ etc Ich möchte meine Auffassung dieser Reihe als einer reellen Zahl vergessen und mich noch einmal von dem Gegebenen dahin bringen lassen darin eine Zahl zu sehen.

1 Soweit das Tagebuchschreiben nicht selber ⟨be…⟩
1 leben ist, ist es in meinem ⟨Falle⟩ schlecht.
3 der Eitelkeit und je weniger Zeit ich habe mich auf eitle ⟨w…⟩
21 mir selbst nicht klar machen was mich erfreute aber es war ⟨etwas …⟩
27 Es ist mir ⟨immer⟩ darum zu tun einen guten Eindruck zu machen.
27 Es ist mir sehr oft darum zu tun einen ⟨sehr⟩ guten Eindruck zu machen.
33 Eigentümlichkeiten/Eigenschaften/ *–die zweite Variante ist im MS mit einem Fragezeichen markiert*
35 in diesen Sachverhalten/hier/ *–die zweite Variante ist im MS mit einem Fragezeichen markiert*

1 / Der nachträgliche Beweis der Konvergenz kann nicht die Auffassung als Zahl rechtfertigen.

2 / Wo sich die Konvergenz zeigt, da müßte die Zahl zu suchen sein.

3 / Ich will zeigen, daß, was immer ich hinter den Hundertsteln anhänge nie auch nur um ein Hundertstel die Zahl vergrößern kann. Denn dazu brauchte ich $\frac{1}{100}$ und das meiste was ich dahinter schreiben kann sind 77 $\frac{9}{1000}$ es fehlt also noch $\frac{1}{1000}$, aber das meiste was ich hinter die Tausendstel schreiben kann ist $\frac{9}{10000}$, es fehlt also noch $\frac{1}{10000}$, aber das meiste u.s.w. Es fehlt also immer noch etwas. Und das ist ein Beweis durch Induktion (Spiralbewegung) in dem wir sehen daß das immer so weiter geht.

4 *Ein Lob beschäftigt mich lange und nachhaltig und ein Tadel auch. Immer wieder vergegenwärtige ich mir die angenehme Situation und koste sie aus. So ist es; aber ich möchte mich nicht schlecht machen. Mein Leben ist doch oft sehr schön, das heißt: ich bin |oft| sehr froh dabei.*

5 / Das was wir sehen ist eine Induktion.

6 / 
Ich glaube es wird klar/begreiflich/ werden, daß man diese Spirale als Punkt auf der Zahlengeraden auffaßt. Man könnte sagen: kein Intervall das ich ihr als Äquivalent geben möchte /äquivalent setzen könnte/ wäre klein genug.

7 ∫ Es gibt keinen kleinsten Abstand zweier Spiralen nach welchem sie in einander verliefen, nicht mehr getrennt wären.

8 ✳ Die Ineinanderschachtelung ist ein Vorgang der Induktion und daher /als solchen/ kann man sie als Punkt auffassen.

9 ✳ $\frac{1}{10^1} + \frac{1}{10^2} + \frac{1}{10^3} + \frac{1}{10^5} + \frac{1}{10^7}$ Ist mir hier die Spirale wirklich ganz gegeben? Ich meine: Ist mir die Spiralwindung mit allen ihren Zügen wirklich gegeben? 78

10 / Denn die Spirale muß sich ja von jetzt an selbst überlassen bleiben.

1 *Die folgenden zwei Bemerkungen sind im MS am linken Rand mit je zwei vertikalen Strichen markiert.*
6 ⟨∫⟩ *Randzeichen im MS gestrichen und ersetzt*
10 die Tausendstel schreiben kann ist $\frac{9}{10000}$, es fehlt also noch ⟨ein …⟩
15 *Die codierte Bemerkung befindet sich im MS mitten in der vorhergehenden Bemerkung, nach dem Seitenumbruch.*
15 Lob beschäftigt mich lange und nachhaltig und ein Tadel auch. ⟨M…⟩
20 *Die folgenden zwei Bemerkungen sind im MS am linken Rand mit einem vertikalen Strich markiert.*
22 klar/begreiflich/ *–die zweite Variante ist im MS mit einem Fragezeichen markiert*
30 ⟨/⟩ *Randzeichen im MS gestrichen und ersetzt*
31 daher/als solchen/ *–die zweite Variante ist im MS mit einem Fragezeichen markiert*
37 ⟨✳⟩ *Randzeichen im MS gestrichen, überschrieben und ersetzt*

1 / Es darf kein weiteres Problem geben: was wohl mit ihr geschehen wird.

2 ⋇ Und so weiter.

3 ⋇ Wie ist es mit einer Wurzel von der ich noch nicht weiß ob sie aufgeht oder nicht.

4 / $(\frac{a}{b})^2 = 2$

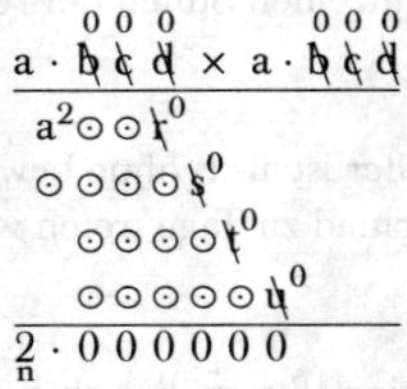

Weiß ich nicht ob die Wurzel aufgeht so führt mich doch ein seiner Länge nach voraussehbarer Prozess zu der Einsicht.

5 / Das eigentliche Wesen der reellen Zahl muß die Induktion sein. Was ich an der reellen Zahl sehen muß, ihr Zeichen, ist die Induktion.

6 / Das So von dem man sagen kann „und so weiter“.

7 ⋇ In jener Vorschrift die die Fermatsche Formel gebraucht liegt allerdings ein So, das uns immer weiter führt; aber die Bildung der Zahlen scheint mir von diesem So losgelöst zu sein.

8 *Die mathematischen Lehrbücher sind darum so elend, weil sie nie Einwürfe voraussehen die der Denkende machen möchte. Das kommt daher daß die Autoren die Beweise selbst nicht* wirklich *verstehn, sondern sie selbst empfinden den Beweis nur als eine Methode bei der tatsächlich, unleugbar,* das *herauskommt und nicht als einen Weg, den sie, das Ziel im Auge, auf das Ziel zugehen. Insofern sind allerdings die schlechten Lehrbücher nur ein Zeichen des schlechten Publikums. So roh der Verstand des Schülers, so roh kann die Erklärung des Lehrers sein.* 79

9 ⋇ Kann es also eine reelle Zahl geben von der wir nicht wissen, ob sie in $\dot{1}$ übergeht? wir sehen etwa an der Entwicklung, daß, so weit wir gehen lauter Einser kommen, und wir haben keinen Beweis dafür, daß das nicht gesetzmäßig so weitergeht.

Angenommen die Zahl heißt 0·00111 etc so können wir nicht wissen ob sie $\frac{1}{9} - \frac{11}{100}$ ist oder nicht.

Ja wir können danach nicht einmal fragen.

10 / Es würde aus dem allem hervorgehen, daß man bei der reellen Zahl ohne weiteres, |–| d.h., ohne eine bestimmte Stufe ihrer Entwicklung zu geben, nicht von größer und kleiner reden kann.

1 (⋇) *Randzeichen im MS gestrichen und ersetzt*
8 (Wenn ...)
34 ob sie in $\dot{1}$ übergeht(. Wir) sehen etwa an der Entwicklung, daß

1 / Das hat damit zu tun, daß es für die reellen Zahlen keine einheitliche Notation gibt, im Gegensatz zu den rationalen Zahlen. Solange man an die unendliche Extension glaubt, kann man sagen: d a s Zeichen für eine reelle Zahl ist ein unendlicher Dezimalbruch. Das können wir aber nicht mehr so sagen.

2 ✳ Ohne weiteres könnten wir nur die einzelnen Stufen der reellen Zahlen vergleichen, dagegen – – –

3 / Ist es möglich zu beweisen daß a größer ist als b ohne beweisen zu können an welcher Stelle der Unterschied zu Tage treten wird? Ich glaube nicht!

4 / Was für eine Beziehung hat der Beweis daß a größer als b ist zu dem Unterschied, der sich in den Extensionen zeigt?

5 ✳ Wenn der Beweis, daß $\sqrt{3} > \sqrt{2}$, der auf $3 > 2$ basiert, auf der gleichen Stufe steht mit dem, der zeigt daß ${}_2\sqrt{3} = 1{\cdot}7$ und ${}_2\sqrt{2} = 1{\cdot}4$, dann müßte das Fehlen eines Beweises der ersten Art auf der gleichen Stufe stehen, wie das Fehlen eines Beweises der zweiten Art.

6 ∫ Ja, hat man ein Recht auf ${}_2\sqrt{3} > {}_2\sqrt{2}$ hin zu sagen „$\sqrt{3} > \sqrt{2}$" Jedenfalls darf doch das kein Übergang von f(a) auf $(\exists x) \cdot f(x)$ sein.

7 ∫ Wenn man von ${}_2\sqrt{3} > {}_2\sqrt{2}$ auf $\sqrt{3} > \sqrt{2}$ schließt, dann nicht so, wie von einem besonderen Satz auf den allgemeineren, sondern von einem besonderen auf einen besonderen.

8 / Kann man die Lagen der Spiralen vergleichen ohne von einzelnen Gängen zu reden?

9 ✳ Ist die Spirale das Gesetz, wie kann man dann von höher und tiefer reden? Und die „Gesamtheit aller" Gänge ist sie nicht. Muß man dann nicht von einzelnen Gängen/Windungen/ reden? 81

10 ✳ Es wäre beinahe ein Argument zu sagen: Wenn es in den Gesetzen ein größer und kleiner gibt und in den Stadien der Extension, dann gäbe es einen doppelten Größenvergleich der Zahlen. Den kann es nicht geben, also kann es in den Gesetzen kein/nicht/ größer und kleiner geben.

11 / Wenn wir π, $\sqrt{2}, \sqrt{5}$ geometrisch konstruieren, also nicht näherungsweise erzeugen, so erhalten wir ein unzweifelhaftes größer und kleiner. (?)

10 ⟨✳⟩ *Randzeichen im MS gestrichen und ersetzt*
18 Stufe steht mit dem, der zeigt daß ${}_2\sqrt{3} = 1{\cdot}7$ und ${}_2\sqrt{2} = 1{\cdot}4$⟨ ist⟩
27 sondern von einem besonderen auf einen besonderen. *–im MS am linken und rechten Rand mit je einer vertikalen Wellenlinie markiert*
34 Gängen/Windungen/ *–die zweite Variante ist im MS mit einem Fragezeichen markiert*
36 ⟨∫⟩ *Randzeichen im MS überschrieben und ersetzt*
39 kein/nicht/ *–die zweite Variante ist im MS mit einem Fragezeichen markiert*
41 ⟨✳⟩ *Randzeichen im MS überschrieben und doppelt ersetzt*

1 *Ein guter Einwand hilft vorwärts, ein flacher Einwand, selbst wenn er Recht hat, wirkt ermattend. Ramseys Einwände sind von dieser Art. Der Einwand faßt die Sache nicht an ihrer Wurzel, wo das Leben ist, sondern schon so weit außen wo sich nichts mehr rectifizieren läßt selbst wenn es falsch ist. Ein Guter Einwand hilft unmittelbar zur Lösung, ein flacher muß erst überwunden werden und kann dann von weiter unten herauf (wie eine überwundene abgestorbene Stelle) zur Seite liegengelassen werden.*

(Wie wenn sich der Baum an der vernarbten Stelle vorbei krümmt um weiter zu wachsen).

2 / Die Spirale wenn ihr Gesetz einmal gegeben ist läuft automatisch einem Ziele zu. 82

3 / Ist das aber wahr? Sie läuft automatisch weiter. Aber läuft sie gegen ein Ziel?

4 / Läuft sie gegen ein Ziel so muß dieses Ziel in ihr liegen; und sie muß mit dem Ziel äquivalent sein. Dann müßte sie aber mit jedem anderen Ziel vergleichbar sein!

5 ⁎ Die Frage ist: Gibt es für jede reelle Zahl ein Analogon zu der Schwierigkeit, die im Falle der Zahl F (die die Fermatsche Formel benützt) existiert, oder liegt hier eine spezifische Schwierigkeit dieser Art von Gesetzen vor? Wenn das der Fall wäre, so könnten wir die unbrauchbaren Gesetze ausscheiden.

6 ⁎ Es scheint nur ja dem Gesetze F das Ziel zu fehlen.

7 ⁎ (Ein neues Wort ist wie ein frischer Same der in den Boden der Diskussion geworfen wird.)

8 / Wenn das Gesetz nicht selber das Ziel ist, die Entwicklung kann es ihm nicht geben.

9 *Jeden Morgen muß man wieder durch das tote Gerölle dringen um zum lebendigen warmen Kern zu kommen.*

10 *Eine graphische Illustration fixiert die Phantasie in falscher Weise, so daß sie sich nicht völlig der Rede hingeben kann.* 83

11 / Es wäre eine gute Frage |für die Scholastiker| gewesen: „Kann Gott alle Stellen von π kennen?“ Die Antwort lautet, wie in allen solchen Fällen: Die Frage heißt nichts.

27 ein Analogon zu der Schwierigkeit, die im Falle der ⟨F Z …⟩
29 dieser Art von Gesetzen vor? *–das Fragezeichen ist im MS gewellt unterstrichen*
46 |für die Scholastiker| *–das Einfügungszeichen ist im MS gewellt unterstrichen*

1 / Ich sage: der sogenannte „Fermatsche Satz“ ist kein S a t z. (auch nicht im Sinne der Arithmetik) Ihm entspräche vielmehr ein Induktionsbeweis. Wenn es nun aber eine Zahl F gibt 0·11000 etc und jener/der Fermatsche/ Beweis gelingt, dann wäre doch damit bewiesen, daß F = 0·11 und das ist doch nun ein Satz! Oder: Es ist dann ein Satz wenn das Gesetz F eine Zahl ist.

2 ∗ Gelingt jener Beweis so kann ich scheinbar schreiben F = 0·11; ist er nicht gelungen, so ist es unsinnig auch nur zu fragen |ob|, oder zu vermuten daß F gleich 0·11 ist. (!)

3 ∗ Wie wäre es denn mit einer Zahl $\sum_{n=1}^{n=n} \frac{1}{10^n}$ wo n alle jene ganzen Zahlen durchläuft für die n × 5 = 5 × n ist? Man wird natürlich sagen: diese Zahl ist also $0{\cdot}\dot{1}$; aber stimmt das?

4 / Ein Beweis beweist was er beweist, und nichts weiter/nicht mehr/.

5 ∫ Es ist schwer sich die Naivität der Untersuchung zu erhalten.

6 ∫ Ich glaube: die Induktion, die ein Intervall ins andere schachtelt, kann 84 ich wo ich sie sehe, nicht anders als |eine| Zahl nennen. Begegne ich ihr aber wirklich im Falle von F?

7 ∫ Ich kann mir nicht denken, daß, wenn ich der Induktion begegne, ich sie nicht sofort als Zahl ansprechen sollte.

8 ∫ Wenn mir das Intervall zweier Zahlen gegeben ist und ich kann zwei Zahlen erzeugen, deren Intervall im ersten liegt und ich sehe daß das so weitergeht ohne Grenze, dann/so/ werde ich diesen Prozess eine Zahl nennen.

9 / Die Zahl F will die Spirale $\sum_{n=1}^{n=n} \frac{1}{10^n}$ benutzen und nun nach einem Prinzip Gänge dieser Spirale auswählen. Aber dieses Prinzip gehört nicht zur Spirale.

10 ∫ Der Beweis daß keine Primzahl die letzte ist, nützt mir hier nichts als ein |äußeres| Hilfsmittel (von außen), sondern er liefert mir jenen endlichen Prozess der mir aus einer Zahl die nächste erzeugt. Er gibt mir den Prozess der Induktion den ich brauche.

3 Wenn es nun aber eine Zahl F gibt 0·11000 etc und ⟨de…⟩

4 jener/der Fermatsche/ *–die zweite Variante ist im MS mit einem Fragezeichen markiert*

16 *Die Bemerkung ist im MS am linken Rand mit zwei vertikalen Strichen markiert.*

16 nichts weiter/nicht mehr/. *–beide Varianten sind im MS mit einem Fragezeichen markiert und mit einer geschwungenen Klammer verbunden.*

20 Ich glaube: die Induktion, die ein Intervall ins ⟨andre⟩ schachtelt

29 dann/so/ *–die zweite Variante ist im MS mit einem Fragezeichen markiert*

37 |äußeres| *–im MS ist die Einfügung mit einem Fragezeichen markiert; das Einfügungszeichen ist gewellt unterstrichen.*

38 jenen endlichen Prozess der mir aus einer Zahl die nächste ⟨macht.⟩

1 / Wenn ich mir Windungen der Spirale $\frac{1}{10^0}$, $\frac{1}{10^0} + \frac{1}{10^1}$, $\frac{1}{10^0} + \frac{1}{10^1} + \frac{1}{10^2}$, etc. aufgeschrieben denke, so macht F zu jeder Windung eine Bemerkung, es bestätigt sie oder streicht sie aus; und zwar in einer Auswahl/Weise/ deren Gesetz wir nicht kennen.

2 / So entsteht auch das Paradox, daß es unsinnig wird zu fragen ob F = 0·11 ist. Denn die Annahme von F beruht ja doch auf der Annahme eines Gesetzes, eines unendlichen Gesetzes, wonach sich die Zahlen in der 85 Fermatschen Formel verhalten. – Was bedeutet/bezeichnet/ uns aber die Unendlichkeit des Gesetzes? Nur die Induktion. Und wo liegt die hier? In der unendlichen Möglichkeit des Exponenten n in $x^n + y^n = z^n$, also in der unendlichen Möglichkeit der Versuche. Die hat aber für uns keinen anderen Wert als die unendliche Möglichkeit des Würfelns, da wir kein Gesetz kennen, dem die Resultate dieser Versuche entsprechen.

3 / Man könnte freilich sagen: ist es denn mit π anders, dort kenne ich ja auch kein Gesetz, – dem die Ziffern der Entwicklung folgen – wie hier. Aber so ist es nicht: Für π kenne ich ein Gesetz der Ziffernfolge nicht, weil diese ein Ausdruck der Interferenz des Gesetzes von π und der Dezimalnotation ist; dagegen bin ich im Stande das Gesetz von π so darzustellen, daß es von allem ihm Unwesentlichen befreit und mir durchaus/durch und durch/ bekannt ist. (Das Gesetz ist die Windung der Spirale und diese Windung muß mir vollkommen bekannt sein, und weiter nichts.)

4 ∫ Wenn der Fall |des| F dem π analog wäre so müßte ich im Stande sein, das Gesetz von F von der „unwesentlichen" (hier aber wesentlichen) Ziffernfolge im Dezimalsystem zu befreien und es in einer anderen Notation hinzuschreiben, wo nur das Wesentliche, aber alles Wesentliche, eines Übergangs (in der Spirale) dargestellt wäre. (Wie wenn ich e durch $1 + \frac{1}{1!} + \frac{1}{2!}$ … darstelle)

5 ∫ Wenn ich nicht weiß ob F $0{\cdot}11\dot{0}$ ist, so kommt das eben daher daß ich 86 nicht weiß ob die F-Spirale die gleiche Windung hat wie die $\dot{0}$-Spirale.

6 ∫ Es kann sein daß die Ziffernfolge von π irgendwo mit der von e übereinstimmt, ohne daß ich es weiß, aber das ist im unwesentlichen System; in der wesentlichen Darstellung müßte sich die Übereinstimmung zeigen, wenn eine da wäre.

1 ⟨∫⟩ *Randzeichen im MS gestrichen und ersetzt*
4 Auswahl/Weise/ *–die zweite Variante ist im MS mit einem Fragezeichen markiert*
9 bedeutet/bezeichnet/ *–die zweite Variante ist im MS mit einem Fragezeichen markiert*
17 ist es denn mit π anders, dort kenne ich ja auch kein Gesetz⟨;⟩
22 durchaus/durch und durch/ *–die zweite Variante ist im MS mit einem Fragezeichen markiert*
26 |des| *–das Einfügungszeichen ist im MS gewellt unterstrichen*
36 Es kann sein daß die ⟨F…⟩

1 ∫ Hinkt aber nicht das Gleichnis von der Spirale, denn zwei Spiralen können doch zum gleichen Punkt convergieren? Aber woraus kann man denn das erfahren, daß sie zu einem Punkte hinziehen; doch auch nur aus ihrem Gesetz. Doch nicht aus ihrer Extension.

2 / Wenn das Gesetz, die Spiralwindung, eine Zahl ist, dann muß sie ihrer Lage nach (auf der Zahlengeraden) mit allen anderen vergleichbar sein. /– – – dann muß sie in sich eine Lage auf der Zahlengeraden haben./

3 / Ich bestimme ja die Lage nur nach/nach nichts anderem als/ dem Gesetz

4 ∫ Nun könnte man aber sagen: Die Lage bestimmt sich wohl einzig nach dem Gesetz aber eben nur successive.

5 ∫ (Schwer den Knäuel aller möglichen Gedanken zu entwirren)

6 ∫ Denn aus $3 > 2$ kann ich zwar $\sqrt{3} > \sqrt{2}$ schließen, aber nicht, daß $\sqrt{3}$ größer ist als 1·5.

7 ∫ Ist also $a > b$ (für reelle Zahlen) nur eine kurze Ausdrucksweise für: „die bereits entwickelte Extension von a ist größer als die/der bereits entwickelte Näherungswert von a ist größer als der / entsprechende von b"? 87

8 ∫ Oder darf die Entwicklung nur zum Vergleich mit den rationalen Zahlen nötig sein? (mit den endlichen/abbrechenden/ Dezimalbrüchen und Bruchentwicklungen aller Systeme)

9 ∫ Denn wie ist es mit der Gleichheit der reellen Zahlen, wenn ich die allgemeine Bedeutung von größer und kleiner aufgebe?

10 ∫ Wenn es kein größer und kleiner der reellen Zahlen gäbe, außer im Hinblick auf die bereits entwickelte Extension, dann darf ich in gewissen Fällen auch das Gleichheitszeichen nicht zwischen reelle Zahlen stellen /setzen/. Und das heißt, daß Gleichheit oder Ungleichheit nicht eruierbar sind und das wieder, daß die Ausdrücke der Gesetze verschiedenen Systemen angehören. Sie müssen aber doch alle dem System der Arithmetik angehören.

11.9.29

11 *Keine gewaltsame Lösung ist mir wirklich natürlich. Jede hinterläßt einen Stachel in mir. Sie ist mir nicht natürlich.*

6 ⟨∫⟩ *Randzeichen im MS gestrichen und ersetzt*

8 *Die zweite Variante* – – – dann muß sie in sich eine Lage auf der Zahlengeraden haben. *–ist im MS mit den Worten eingeleitet:* (andere Fassung)

10 ⟨∫⟩ *Randzeichen im MS gestrichen und ersetzt*

10 nur nach/nach nichts anderem als/ *–die zweite Variante ist im MS mit einem Fragezeichen markiert*

1 ∫ Angenommen, z.B. ich hätte ein Gesetz das mir bis jetzt die Primzahlen richtig geliefert hätte (ohne daß ich wüßte warum) und ich würde dieses Gesetz in der Form $\sum_{p=1}^{p=P} 10^{-p}$ benützen. (Es würde mir nun die selbe

Extension liefern wie P, ich wüßte aber nicht ob das so weiter ginge.)

2 ✳ Die Gesetze als solche gehörten dann verschiedenen Systemen an und wären nicht vergleichbar. 88

Ist es aber dann nicht so, daß sie nur zufällig in einer Zahlenreihe auf denselben Grund und Boden zu kommen scheinen?

3 ✳ Ich kann nicht einem beliebigen arithmetischen Ereignis, das ich in seiner Allgemeinheit gar nicht voraussehen kann Ziffern zuordnen. Das ist dann keine arithmetische Erzeugungsweise. {Es ist ein Riss in dieser Erzeugungsweise}

4 *Sei nur immer: erst natürlich, dann anständig. Alles andere ist grauenhaft. Und wie oft bin ich es aber.*

5 / Nur was ich sehe, ist ein Gesetz; nicht was ich beschreibe.

6 / Ich glaube, nur das hindert mich, mehr in meinen Zeichen auszudrücken als ich verstehen kann.

7 / Es tritt uns hier immer wieder etwas entgegen, was man arithmetisches Experiment nennen könnte. Was herauskommt ist zwar durch das Gegebene bestimmt, aber ich kann nicht erkennen wie es dadurch bestimmt ist. (Ähnlich, wie es – z.B. – mit dem Auftreten der 7 in π geht) So kommen auch die Primzahlen bei der Methode sie zu suchen heraus als Resultate eines Experiments. Ich kann mich zwar |davon| überzeugen, daß 7 eine Primzahl ist, aber ich sehe es ihr, sozusagen, 89
nicht an. |Ich sehe den Zusammenhang nicht zwischen ihr (als solcher) und der Bedingung der sie entspricht.| Ich habe sie nur gefunden und nicht erzeugt.

8 Ich suche sie, aber ich erzeuge sie nicht

9 / Ich sehe wohl ein Gesetz in der Vorschrift die mich lehrt die Primzahlen zu finden, aber nicht in den Zahlen die dabei herauskommen. Es ist also nicht wie in $+\frac{1}{1!}, -\frac{1}{3!}, +\frac{1}{5!}$, etc. wo ich ein Gesetz in den Zahlen sehe.

10 ✳ Nur ein solches Gesetz läßt keine Zweifel zu.

23 ⟨E...⟩ *–im MS wurde die Bemerkung zunächst als fortlaufender Text begonnen*
29 (Ähnlich, wie es – z.B. – mit dem Auftreten der 7 in π geht) ⟨Auch ...⟩
29 So kommen auch die Primzahlen ⟨heraus ...⟩
33 zwischen ihr (als solcher) und ⟨den Bedingungen denen⟩ sie entspricht.
33 der sie entspricht.| ⟨– Ich suche sie, aber ich erzeuge sie nicht⟩ *–im MS ist der Satz mit geschweiften Klammern herausgehoben und durch einen Pfeil als eigenständige Bemerkung markiert*

1 * Bei $\sqrt{2}$ scheint mir so ein Ausdruck aber gar nicht notwendig zu sein! Es ist als ob hier die 2 dafür sorgte, daß das Gesetz eine Zahl bestimmt.

Es ist mir klar daß die $\sqrt{2}$ ein a r i t h m e t i s c h e s Gesetz ist.

2 * Ich möchte sagen: Gesetze der Arithmetik m ü s s e n mit einander vergleichbar sein.

3 * Aber sieht man es denn den Reihen $\frac{9}{10}$, $\frac{9}{100}$, $\frac{9}{1000}$; $\frac{1}{2}$, $\frac{1}{4}$, $\frac{1}{8}$, etc an, daß ihre Summen dem gleichen Wert zustreben?

4 ∫ Ich möchte eine Darstellung der reellen Zahl sehen, die mir die Zahl, in einer Induktion, zeigt, so daß ich hier das einzig maßgebende eindeutige Zeichen vor mir habe. Ein Zweifel, ob ein anderes Gesetz die selbe Zahl 90 liefert, kann dann nicht auftreten, weil nur dieses – sichtbare – Gesetz diese Zahl darstellt.

Ist diese Forderung aber gerechtfertigt?

5 ∫ Ist das Gesetz der $\sqrt{2}$ so ein Gesetz?

6 ∫ Das mathematische Experiment muß ausgeschaltet werden.

7 * N i c h t, was bei der Anwendung des Gesetzes herauskommt, sondern das Gesetz selber muß die Zahl sein. Nicht was aus einem Gesetz hervorwächst und worin man kein Gesetz mehr sieht.

8 ∫ Wenn die Extension eines Gesetzes auf 100 Stellen mit der der $\sqrt{2}$ übereinstimmt, so gibt uns das gar keinen Grund zu irgend einer Vermutung.

9 * Anderseits könnte ich lange 17×17 gebrauchen und die Zahl 289, ohne zu wissen, daß es die selbe Zahl ist. Aber ich muß eine Methode kennen/haben/ um es jederzeit festzustellen.

10 * Ich könnte mir nicht den Fall denken, daß in der Arithmetik eine Operation existiert, deren Resultat mit dem der anderen arithmetischen Operationen unvergleichbar wäre.

11 * Könnte man die Reihe $\frac{1}{2}$, $\frac{1}{3}$, $\frac{1}{4}$ etc 0 nennen und 1, 2, 3, 4, etc. die Zahl ‚∞'

12 Ist es eine arithmetische Operation, die nächste Primzahl nach n zu 91 bestimmen? Es geht natürlich auf rein arithmetischem Wege vor sich, aber – – –

13 / Ich muß ein Stück der Reihe anschreiben können, so daß man das Gesetz e r k e n n t.

14 / D.h. In diesem Angeschriebenen , darf keine B e s c h r e i b u n g vorkommen, sondern alles muß dargestellt sein.

11 Ich möchte eine Darstellung der reellen (Zahle…)
18 Angeschriebenen *–im MS mit einem Fragezeichen markiert*

1 ∫ Wo zeigt sich die Zahl zum erstenmal klar?

2 / Die Näherungswerte müssen selbst eine offenbare Reihe bilden.

3 D.h., die Näherungswerte selbst müssen sich in einem Gesetz bewegen.

4 ∫ (Wenn sich der Faden der Schrift verschiebt, wird sie unleserlich)

5 ∫ Das ist alles sehr zwingend aber ist es wahr, daß die reelle Zahl ein |arithmetischer| Induktionsvorgang ist?

6 / Der Vorgang des Wurzelziehens aus 2 im Dezimalsystem z.B., ist auch ein arithmetisches Experiment; aber das heißt eben daß dieser Vorgang der Wurzel 2/$\sqrt{2}$/ nicht völlig wesentlich ist, und es müßte eine Darstellung geben, in der das Gesetz rein zu erkennen ist.

7 / Kann man denn sagen, daß, wenn ich nicht die geometrische Darstellung von π und $\sqrt{2}$ kennte, mir diese Zahlen nur näherungsweise bekannt wären? Ich glaube, nein! 92

8 ∗ Wenn zwei verschiedene Entwicklungen – etwa in zwei verschiedenen Zahlensystemen – beide die $\sqrt{2}$ darstellen, so nennen wir sie gewiss gleich. Das heißt, daß wir das Gesetz der $\sqrt{2}$ als das Wesen einer |reellen| Zahl betrachten.

9 ∗ Wir sagen: nur eine Zahl ist die Wurzel 2.

10 ∗ Der Begriff der Wurzel 2 scheint uns ein unmittelbarer Zahlbegriff zu sein.

11 ∗ Worauf basiert die Identität zweier reeller Zahlen?

12 ∗ Auf der Identität im Gesetz? oder auf einem Induktionsbeweis der die Extensionen mit einander verknüpft?

13 ∗ Ich muß diesen Induktionsbeweis als bindend anerkennen.

14 ∗ Wie kann ihm aber ein Satz, eine Gleichung entsprechen?

15 / Die Gleichung zwischen reellen Zahlen verhält sich also zu ihrem Beweis wie eine algebraische Gleichung zu dem Induktionsbeweis, dem sie entspricht.

9 aber ist es wahr, daß die reelle Zahl ⟨eine Induktion⟩ ist?
10 |arithmetischer| *–das Einfügungszeichen ist im MS gewellt unterstrichen.*
12 Der Vorgang des Wurzelziehens aus 2 im Dezimalsystem ⟨ist …⟩
13 ist auch ein arithmetisches Experiment⟨,⟩ aber das heißt
13 Experiment; aber *–das Semikolon ist im MS gewellt unterstrichen*
21 Wenn ⟨wir …⟩
21 Wenn zwei ⟨z…⟩
23 Das heißt, daß wir das Gesetz der $\sqrt{2}$ als das Wesen ⟨bei…⟩
26 Wir sagen⟨;⟩ nur eine Zahl ist die Wurzel 2.

1 / Was ist aber das Verhältnis einer algebraischen Gleichung zu „ihrem“ Induktionsbeweis? 93

2 / In dem Beweis ist etwas zu sehen und das wird in dem algebraischen Satz als gegeben angenommen; d.h. der Satz wird so gewählt, daß dem gegebenen arithmetischen Rechnung getragen wird.

3 Damit das möglich ist, muß zwischen Beweis und Satz eine eindeutige symbolische Entsprechung bestehen.

4 ⁎ Es ist doch offenbar eine Entsprechung zwischen dem algebraischen Satz – etwa $a + (b + c) = (a + b) + c$ – und dem Induktionsbeweis in der Arithmetik den man gewöhnlich als s e i n e n Beweis ansieht. Es ist eine klare f o r m e l l e Entsprechung.

5 ⁎ Der algebraische Satz ist ein Bekenntnis. Zu dem, was sich im „Induktionsbeweis“ zeigt.

6 / Das hängt mit der Frage zusammen, ob man $2 = 2$ verneinen kann wie $2 \times 35 = 70$, und warum man eine Definition nicht verneinen kann.

7 / Ich sollte also sagen, daß die Gleichungen die unmittelbar auf Induktionsbeweise folgen nicht in dem Sinn mathematische Sätze sind, wie die anderen, die auf diesen aufgebaut sind. 94

8 ⁎ … zu der wir uns unmittelbar bekennen (?)

9 ∫ Verhält sich die Gleichung zwischen bestimmten Stufen einer reellen Zahl zur Gleichung zwischen den reellen Zahlen selbst, wie der spezielle arithmetische Satz zum allgemeinen? D.h., i s t der Beweis der Gleichheit der reellen Zahlen |wirklich| ein Induktionsbeweis?

10 ∫ Welcher Art ist die Gleichung $\frac{\pi}{4} = 3{\cdot}141$? Von der Art $\frac{x^2}{4} = 16$?

11 ∫ $\sum_{n=1}^{n=n} 10^{-n}$ n durchläuft die |Kardinal|Zahlen, für die $n{\cdot}5 = 5{\cdot}n$. Dafür gibt es einen I n d u k t i o n sbeweis. (Und wie geht es nun weiter?) Und wenn alles jetzt so ist, wie man gewöhnlich annimmt, so ist damit bewiesen, daß die Definierte Zahl $= 0{\cdot}1$ ist.

12 ∫ $f_1 n = f_2 n$ dafür gibt es zweierlei Art von Beweisen.
Zu Grunde liegt allem aber ein Beweis durch Induktion.

13 ⁎ Heißt das aber nicht, daß es strenggenommen keine Gleichungen zwischen reellen Zahlen gibt? Statt dessen tritt die gesehene Induktion.

8 Damit das möglich ⟨sei⟩, muß zwischen Beweis und Satz
13 und dem Induktionsbeweis in der Arithmetik⟨,⟩ den man gewöhnlich
16 ⟨Ein Bekenntnis zu⟩ dem, was sich im „Induktionsbeweis“ zeigt
31 |wirklich| *–das Einfügungszeichen ist im MS gewellt unterstrichen*

1 / Der algebraische Satz gewinnt immer nur arithmetische Bedeutung wenn wir statt der Buchstaben Zahlen/Ziffern/ in ihn einsetzen und dann immer nur s p e z i e l l e arithmetische Bedeutung. 95

2 Seine Allgemeinheit liegt nicht in ihm selbst, sondern in der Möglichkeit seiner |richtigen| Anwendung. Und für die muß er immer wieder auf die Induktion verweisen.

3 ∫ Seine Allgemeinheit ist wieder das was ich sehe wenn ich erkenne daß die Substitution von Zahlen einen der durch Induktion bewiesenen Sätze liefert.

4 / D.h. Er sagt seine Allgemeinheit nicht |er spricht sie nicht aus,| sondern sie zeigt sich in der formellen Beziehung zu der Substitution/dem Resultat der Substitution/, die sich als Glied der Induktionsreihe erweist.

5 ✳ Es scheint mir man dürfte wohl Sätze wie $2 \neq 5$ gebrauchen, wenn sie auch sehr überflüssig wären. $2 = 2$ ist sinnlos weil seine Anwendung keinen sichtbaren Erfolg hat. (die Substitution von 2 für 2)

6 ∫ Sind die reellen Zahlen Induktionen so ist die Gleichung zwischen zwei reellen Zahlen eine Gleichung zwischen zwei Induktionsvorgängen.

7 ∫ Oder soll man sagen?: Die Gleichung zwischen reellen Zahlen gehört nicht der Arithmetik, sondern der Algebra an.

8 ∫ $\pi'_n = \pi_n$ Der Beweis ist entweder ein algebraischer und stützt sich auf algebraische Definitionen, oder er fängt mit $\pi'_1 = \pi_1$ an und zeigt eine Induktion.

9 ∫ Auch der algebraische Beweis verweist für seine arithmetische Brauchbarkeit auf einen Induktionsbeweis. 96

10 Was läßt sich durch eine Gleichung ausdrücken und was nicht?

1 *Die folgenden sechs Bemerkungen sind im MS am linken Rand mit runden Klammern markiert.*
2 arithmetische Bedeutung wenn wir statt der Buchstaben ⟨Ziff...⟩
6 |richtigen| *–das Einfügungszeichen ist im MS gewellt unterstrichen, die Unterstreichung wurde später aufgehoben.*
13 D.h. Er sagt ⟨ei...⟩
15 ⟨|(wieder)|⟩ *–das Einfügungszeichen ist im MS gewellt unterstrichen*
17 Es scheint mir man ⟨könnte wohl⟩ Sätze wie $2 \neq 5$ gebrauchen,
17 Es scheint mir man dürfte ⟨scho...⟩
21 *Die Bemerkung ist im MS am linken Rand mit einem vertikalen Strich markiert.*
24 *Die Bemerkung ist im MS am linken und rechten Rand mit je einer vertikalen Wellenlinie markiert.*
24 *Die Bemerkung ist im MS am linken Rand mit einer vertikalen Wellenlinie markiert.*
25 Zahlen gehört nicht der Arithmetik, sondern der Algebra an(?)
27 $\pi'_n = \pi_n$ Der Beweis ⟨gehört ...⟩
31 *Die Bemerkung ist im MS am linken Rand mit einer vertikalen Wellenlinie markiert.*

1 ∫ Eine Gleichung ist entweder der Ausdruck eines Übereinkommens (Definition) oder einer Einsicht. Wenn einer Einsicht so der Einsicht daß rechts und links dasselbe steht wenn man unsere Übereinkommen bedenkt. (Etwas anderes kann eine Gleichung nicht sein.)

2 ∫ Auch die Definition/Definitionsgleichung/ kann man als den Ausdruck einer Einsicht auffassen wenn man die Übereinkunft deren Ausdruck sie gewöhnlich ist |als| stillschweigend gemacht denkt.

3 ∫ Eine Gleichung kann also sagen „von nun an soll dieses Zeichen das bedeuten". Wenn aber das nicht dann kann sie nur bedeuten daß die beiden Seiten im Grunde dasselbe Symbol sind.

4 ∫ $\frac{1}{2}, \frac{1}{4}, \frac{1}{8}$ / $\frac{1}{3}, \frac{1}{9}, \frac{1}{27}$ Warum haben diese Reihen den gleichen Grenzwert 0? Das läßt sich beweisen, mit Hilfe einer Zahlenleiter. Und zwar

$$\frac{1}{3^x} < \frac{1}{10^n}, 3^x > 10^n, x = 3n$$

5 ∫ $(\exists x)\ a^x > A$ wie wird das bewiesen? Durch Induktion? $(10^n)^x > (10)^m$, $10^{n \cdot x} > 10^m$, $n \cdot x > m$, $10^\nu \cdot 10^\xi > 10^\mu$, $10^{\nu+\xi} > 10^\mu$, $\nu + \xi > \mu$ $\xi > \mu - \nu$ $\underline{\{(\mu - \nu)\}} > \mu - \nu$

6 ∫ Wie ist es mit $a + 1 > a$? Auch das braucht, wenn es als allgemeiner Satz aufgefaßt wird eine Induktion. Denn wie sollte man sonst die Allgemeinheit der Zahlen fassen? 97

7 ∫ Ich muß das Verhältnis des Induktionsbeweises zum algebraischen Satz näher beleuchten.

8 ∫ Ich habe gesagt, das Resultat des Induktionsbeweises sei keine Gleichung und könne sich durch keine Gleichung wiedergeben lassen.

9 $\sqrt{2} = \sqrt{1+1}$ dazu gehört kein algebraischer Beweis.

10 ∫ Wie ist der Beweis daß $a + (1 + 1) = a + 2$? Ist hier Induktion nötig? Gewiss, wenn man den Satz nicht als einen besonderen algebraischen, sondern als einen allgemeinen arithmetischen auffaßt.

11 Wie ist es aber dann mit $a = a$? Aufgefaßt als allgemeiner arithmetischer Satz.

12 ∫ Die Allgemeinheit in der Arithmetik wird durch die Induktion dargestellt.

Die Induktion ist der Ausdruck für die arithmetische Allgemeinheit.

1 *Die folgenden drei Bemerkungen sind im MS am linken Rand mit je einer runden Klammer markiert.*
22 *Die Bemerkung ist im MS am linken Rand mit einer runden Klammer markiert.*
23 Wie ist es mit $a + 1 > a$? Auch das braucht, wenn es ⟨all...⟩
24 wenn es als allgemeiner Satz aufgefaßt wird ⟨einen Induktionsbeweis⟩
32 ⟨∫⟩ *Randzeichen im MS gestrichen*
34 ⟨∫⟩ *Randzeichen im MS gestrichen*

1 *Mit dem vollen philosophischen Rucksack kann ich nur langsam den Berg der Mathematik steigen.*

2 / Wenn ich, wie bei $\sqrt{3}$ und $\sqrt{2}$, sehen kann daß die eine Zahl größer ist als die andere, so muß ich auch die Stufe der Entwicklung angeben können in der das zum Ausdruck kommt. 98

3 / Die Kinder lernen in der Schule wohl $2 \times 2 = 4$ aber nicht $2 = 2$

4 ∗ Bei den reellen Zahlen scheint es uns passieren zu können, daß wir zwei Zeichen benützen und nachher erst daraufkommen, daß sie das gleiche bedeuten. Aber das darf nicht sein.

5 ∫ Ist das so, wie im Falle $25 \times 25 = 625$? Oder muß ich e i n e standard Notation der reellen Zahlen haben, in der es keinen Zweifel über die Identität geben kann?

6 ∫ Oder ist es nicht so: Ich muß nur – wie im Fall $25 \times 25 = 625$ – eine Methode (also eine endliche) kennen die Identität oder Diversität festzustellen.

7 ∫ Hat $\pi \neq e$ einen Sinn? Oder nur $\pi_1 \neq e_1$, $\pi_2 \neq e_2$ u.s.w.?

8 ∫ Was bedeutet es zwei reelle Zahlen einander gleich zu setzen? Es kann eine algebraische Gleichung sein oder eine arithmetische. Es soll aber etwas Arithmetisches bedeuten.

9 *Mendelsohn ist nicht eine Spitze sondern eine Hochebene. Das Englische an ihm.*

10 ∫ Warum soll man nicht doch sagen, daß der algebraische Satz eben das sagt, was durch die Induktion bewiesen ist? Weil diese Behauptung zu logischen Unbegreiflichkeiten führt deren Auflösung (nur zur Trennung des algebraischen und arithmetischen führt)/nur die Trennung des algebraischen vom arithmetischen gibt/. 99

11 ∫ Kann man also sagen?: Eine arithmetische Gleichung zwischen reellen Zahlen gibt es nicht.

12 ∫ Oder gibt es die arithmetische Gleichung (nicht so eine wie $\sqrt{5} = \sqrt{3+2}$) doch, weil die reellen Zahlen selbst Induktionen sind? Ist das was mir widerstrebte sie Funktionen zu nennen?

37 Eine arithmetische Gleichung zwischen reellen Zahlen gibt es nicht(?)

1 / Erinnern wir uns daß ${}_{n}\sqrt{2}$ für ein bestimmtes <u>n</u> bei verschiedenen Systemen der Darstellung verschieden ist. Es könnte sein:

$${}_{1}\sqrt{2} = 1,\ {}_{2}\sqrt{2} = 1{\cdot}4,\ {}_{3}\sqrt{2} = 1{\cdot}41 \text{ etc.}$$

oder

$${}_{1}\sqrt{2} = 1,\ {}_{2}\sqrt{2} = 1 + \tfrac{1}{2},\ {}_{3}\sqrt{2} = 1 + \tfrac{1}{2+1/2} \text{ etc etc}$$

Freilich die verschiedenen Stufenleitern müssen in einander übersetzbar sein. D.h. ich muß sagen können wo die n[te] Stufe des einen Systems im anderem liegt.

2 / Ich glaube man kann nicht sagen a > b ohne zu wissen an welcher Stelle die beiden differieren

3 / Ist es so?: Es gibt nur b e s o n d e r e arithmetische Gleichungen. Die Allgemeinheit in der Arithmetik drückt sich nicht durch eine Gleichung aus sondern durch eine Induktionsbeziehung zwischen Gleichungen. 100

4 *Niemand kann einen Gedanken für mich denken, wie mir niemand |als ich| den Hut aufsetzen kann.*

5 ✶ $\lim\limits_{u\to\infty} \sum\limits_{n=1}^{n=u} \frac{9}{10^n} = \lim\limits_{u\to\infty} \sum\limits_{n=1}^{n=u} \frac{1}{2^n}$ wie ist diese Gleichung richtig auszudrücken? (Denn sie ist ja eigentlich eine Gleichung zwischen reellen Zahlen.)

6 ∫ In mir sträubt sich ein Freudscher Widerstand gegen das Finden der Wahrheit und wenn ich einen Satz ungern hinschreibe, mit der Empfindung, daß er dumm oder mir zuwider ist, so ist das meistens gerade der Satz, der einen wichtigen Beitrag in der Richtung der Wahrheit enthält. Wenn ich mich quasi geniere etwas niederzuschreiben so ist es meist etwas sehr wichtiges.

$$\lim_{n\to\infty}\left(\sum_{n=1}^{n=u}\frac{9}{10^n} - \sum_{n=1}^{n=u}\frac{1}{2^n}\right) = 0 = \lim_{n\to\infty}\left(\left(1-\frac{1}{10^n}\right)-\left(1-\frac{1}{2^n}\right)\right) = \lim_{n\to\infty}\left(\frac{1}{2^n}-\frac{1}{10^n}\right) =$$

$$= \lim_{n\to\infty}\frac{1}{2^n} - \lim_{n\to\infty}\frac{1}{10^n}$$

$\lim\limits_{n\to\infty}\frac{1}{2^n} = 0$: Wie ist das zu verstehen?

(Es wird sich am Schluß nicht als Gleichung darstellen)

$\frac{1}{2^\mu} < \frac{1}{10^\nu}$ für jedes ν kann ich ein μ finden d.h. die Ungleichung ist allgemein nach μ lösbar. Und diese L ö s b a r k e i t wird sich nicht durch eine Gleichung ausdrücken lassen 101

6 Freilich die ⟨einzelnen Stufen müssen⟩ in einander übersetzbar sein.
6 Freilich die verschiedenen ⟨Leitern⟩ müssen in einander übersetzbar sein.

1 ∫ Aus der Ungleichung wird: $2^{\mu} > 10^{\nu}$ und $\mu = 4\nu$; damit ist $\lim\limits_{\mu\to\infty} \frac{1}{2^{\mu}}$ bewiesen, aber *wie* ist es damit bewiesen?! (Ein Beweis beweist was er beweist, etc.)

$\frac{1}{2^{4\nu}} < \frac{1}{10^{\nu}}$ $\quad \binom{\nu}{1}10^{\nu-1}\cdot 6 + \ldots > 0$ wie ist das zu beweisen?

$\frac{1}{16^{\nu}} < \frac{1}{10^{\nu}}$

$16^{\nu} > 10^{\nu}$

$16^{\nu} = (10+6)^{\nu} = 10^{\nu} + \binom{\nu}{1}10^{\nu-1}\cdot 6$ etc

Ist, z.B., $2^{\mu} > 0$ durch Induktion zu beweisen?

$2 > 1$, $\therefore 2^{\mu+1} > 2^{\mu}$, $2^1 > 0$ daher ist $2^{1+1} > 2^1 > 0$ u.s.w. und das ist die Induktion.

2 ∫ Die Gleichung zwischen reellen Zahlen ist eine Gleichung zwischen *Grenzwerten* und die gehört der Algebra an. In der Arithmetik entspricht ihr keine Gleichung.

3 ∫ Welches ist also dann die richtige arithmetische Darstellung? Kann sie verneint werden?

4 ✶ Die Vermutung F = 0·11 hat genau so wenig Sinn, wie die Vermutung, der Fermatsche Satz werde stimmen.

5 ✶ $\lim\limits_{\mu\to\infty} \frac{1}{2^{\mu}} = 0$: warum ist das keine arithmetische Gleichung? Und sollte man diesen Satz nicht verneinen können?

6 ✶ Kann man $a + (b + c) = (a + b) + c$ verneinen? Und welchen Sinn hat das?

7 ∫ Wie kann ich die Schreibweise „lim" vermeiden? 102

8 ∫ $(\nu)(\exists\mu)\frac{1}{2^{\mu}} < \frac{1}{10^{\nu}}$; wie wird hier die Allgemeinheitsbezeichnung vermieden oder richtig verstanden? $\frac{1}{2^{\mu}} < \frac{1}{10^{\nu}}, \frac{1}{2^{4\nu}} < \frac{1}{10^{\nu}}$ etc

9 ∫ „$\lim\limits_{n\to\infty}\frac{1}{2^{n}} = 0$" entspricht schon einer arithmetischen Tatsache aber nicht einer, die eine arithmetische Gleichung richtig macht.

$$\begin{array}{ll} \sim\left(\frac{1}{2^{4\nu}} < \frac{1}{10^{\nu}}\right) & \left.\begin{array}{l} 16^1 > 10^1 \\ \left\{\begin{array}{l} 16^n > 10^n \\ 16^n \times 16 > 10^n \times 10 \end{array}\right. \end{array}\right\} \text{Beweis} \\ \sim(16^{\nu} > 10^{\nu}) & \end{array}$$

das↗ kann nur eine algebraische Regel sein.

10 $25 \times 25 = 625$ ist das nicht auch eine Art algebraischer Regel?

11 ∫ *Zeigt* sich das nicht *auch*, was man mit einer Gleichung darstellt und doch schreibe ich eine Gleichung hin und kann sie verneinen.

12 ∫ Die alten Lichter löschen aus und man muß sich in einem dunkeln Gange weitertasten/weitertappen/.

13 ∫ Ich möchte sagen „||| = |||" ist keine Gleichung und vielleicht auch ||| + || = ||||| nicht, wohl aber $3 + 2 = 5$. Oder vielmehr ||| + || = ||||| doch, weil hier schon ein Übereinkunft nötig ist.

1 ∫ Muß nicht jede rechte/sinnvolle/ Gleichung eine willkürliche Übereinkunft voraussetzen?

2 ∫ „a = b“ sagt „a“ kann ich durch „b“ ersetzen. Und diese Ersetzung geschieht in Übereinstimmung mit einem gegebenen formalen Gesetz. In Anerkennung eines formalen Gesetzes. 103

3 ∫ Was tatsächlich gebraucht wird, kann meine Betrachtung nicht als falsch hinstellen/darstellen/, sondern sie kann nur verschiedene Arten des Gebrauchs unterscheiden.

4 ∫ Soll ich sagen?: Bei den reellen Zahlen ist es eben nicht anders: mit den rationalen Zahlen müssen sie sich vergleichen lassen, aber unter einander muß es nicht sein.

5 Hat es also keinen Sinn auch dann, wenn der Fermatsche Satz bewiesen ist zu sagen daß $F = 0{\cdot}11\dot{0}$? {Wenn ich etwa in der Zeitung davon läse}

6 ∫ Es scheint offenbar einen Sinn zu haben

Wenn der Fermatsche Satz als richtig bewiesen ist, so deuten wir eben auf diesen Beweis mit der Gleichung $F = 0{\cdot}11\dot{0}$. Oder hat $F = 0{\cdot}11\dot{0}$ einen Sinn, aber nicht $F = 0{\cdot}11$?

7 / $\underset{10}{1{\cdot}0} : 3 = 0{\cdot}3$ bezieht sich denn nicht die Gleichung $\frac{1}{3} = 0{\cdot}\dot{3}$ auch auf eine Induktion?

8 Hier↑ haben wir doch auch den „Beweis“ daß $\frac{1}{3} = 0{\cdot}\dot{3}$ ist.

9 ∫ Ein mathematisches Problem ist nur, was man in der Schule als Aufgabe geben kann.

10 ∫ Aber kann ich das nicht als Aufgabe stellen? 104

11 ∫ Oder muß ich sagen: $\frac{1}{{}_13} = 0{\cdot}3$, $\frac{1}{{}_23} = 0{\cdot}33$ u.s.w. das sind die Resultate, die ich bei der Division erhalte und die durch Gleichungen ausdrückbar sind. $\frac{1}{3} = 0{\cdot}\dot{3}$, aber erhalte ich auf ganz andere Weise.

12 ∫ Ich könnte auch da sagen: Ich sehe nicht daß bei der Division je $0{\cdot}\dot{3}$ herauskommt.

13 ∫ $\frac{1}{3} = 0{\cdot}\dot{3}$ wäre also in irgend einem Sinne eine algebraische Gleichung.

14 / Die Gleichung $F = 0{\cdot}11\dot{0}$ hat jetzt keinerlei Sinn. Extensiv hat sie keinen und intensional auch keinen.

Denn wenn ich frage ist $\frac{1}{7} = 0{\cdot}\dot{3}$ so kenne ich/gibt es/ eine Methode das festzustellen. Wenn ich aber frage, ist $F = 0{\cdot}11\dot{0}$ so weiß ich keine. Das muß aber heißen daß F mit $0{\cdot}11\dot{0}$ noch in gar keinem Zusammenhang steht.

29 ⟨A...⟩

38 Ich könnte auch ⟨das⟩ sagen: Ich sehe nicht daß bei der Division

43 ⟨∫✳⟩ *Randzeichen im MS gestrichen, überschrieben und ersetzt*

1 ∫ Heißt das denn aber nicht, daß *es* nie in einen solchen Zusammenhang kommen kann. (Sondern nur etwas anderes was im Ausdruck damit verwechselt werden kann)

2 ∫ Das würde heißen es gibt zwischen den reellen Zahlen abgesehen von ihren rationalen Werten, nur dann eine Gleichung, wenn die Gesetze demselben System angehören.

3 * Die Induktion ist eine arithmetische Tatsache *und ich kann mich* 105
nach ihr richten.

Darin besteht nämlich ihre weitere Anwendung.

4 ∫ $\underline{\lim}_{n\to\infty} \underline{e}_n$ Man könnte sagen, *das* ist der eigentliche Ausdruck für die reelle Zahl. Aber ist dieser Ausdruck *allein* nicht ganz sinnlos?

5 ∫ $\underline{e}_n$ nähert sich ja keinem Wert. Wohl aber $F(\underline{e}_n)$ (Anschlag)

6 / Soll ich nicht sagen: Das, was sich nach einer Regel mit jeder rationalen Zahl vergleichen läßt, nenne ich eine Zahl.

7 ∫ Wie ist es aber mit dem Vergleich von F und $\frac{1}{9}$?

8 ∫ Der Vergleich mit den endlichen Dezimalbrüchen ist einfach, aber wie verhält es sich mit den periodischen?

9 / Das scheint eine Gute Regel zu sein, daß ich das eine Zahl nenne, was mit jeder beliebigen rationalen Zahl vergleichbar ist. D.h. wofür sich feststellen läßt ob es größer, kleiner oder gleich ist als die rationale Zahl.

10 / D.h. es hat Sinn nach Analogie ein Gebilde Zahl zu nennen, welches zu
den rationalen Zahlen Beziehungen hat, die denen von größer, kleiner 106
und gleich analog (von der gleichen Multiplizität) sind.

11 * Entspricht das Gebilde unmittelbar einer der rationalen Zahlen, so muß sich das zeigen.

12 / Ich *kann* F mit $\frac{11}{100}$ nicht vergleichen also ist es keine Zahl.

13 / Das zeigt nämlich, daß F gar keine Spirale ist. Denn der Witz der Spirale ist, daß ich an jedem Punkt mit ihr oben oder unten muß vorbei kommen können.

3 (Sondern nur etwas anderes was im Ausdruck damit verwechselt werden kann) *–im MS am linken Rand mit einer vertikalen Wellenlinie markiert*
5 *Die Bemerkung ist im MS am linken Rand mit einer vertikalen Wellenlinie markiert.*
13 Man könnte sagen, *das* ist der eigentliche ⟨E...⟩
28 ob es größer, kleiner oder gleich ist als ⟨eine⟩ rationale Zahl.

1 // 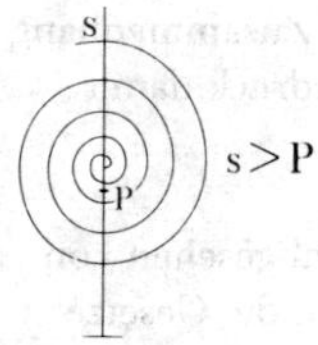

Wenn die reelle Zahl eine/die/ rationale Zahl a ist so muß der Vergleich ihres Gesetzes mit a das ergeben. D.h., das Gesetz muß so beschaffen sein, daß es gleichsam in die rationale Zahl einschnappt, wenn es an die entsprechende Stelle (dieser Zahl) kommt.

2 Es ginge zum Beispiel nicht an, daß man nicht sicher sein könnte, ob $\sqrt{25}$ wirklich bei 5 aufhört/abbricht/ (oder ob vielleicht noch etwas nachkommt.)

3 / Man könnte das auch so sagen: Das Gesetz müsse so sein, daß sich jede rationale Zahl darin einsetzen und probieren läßt.

4 / Wie ist es aber dann mit der Zahl P = 0·1110101000 etc Angenommen 107
einer behauptete sie würde periodisch und es hätte auch an irgend einer Stelle den Anschein, dann müßte ich die angenommene Zahl unmittelbar im Gesetz probieren können, wie ich unmittelbar durch Multiplication sehen kann, ob $1{\cdot}41\dot{4}$ die $\sqrt{2}$ ist.

Das ist aber doch nicht möglich.

5 ⁎ Hängt das damit zusammen daß P – wie ich gesagt habe – das Ergebnis eines arithmetischen Experiments ist? Ich glaube schon, sehe aber nicht, wie.

6 ⁎ Die Regel P genügt zwar der Bedingung der Convergenz, d.h., sie bestimmt ineinander geschachtelte Intervalle. – – –

7 / Die sichtbare Induktion: das Zeichen der reellen Zahl.

8 ⁎ Es ist, wie wenn man eine Nadel einfädeln wollte und einige Fasern gehen immer daneben und man versucht immer von Neuem, bis endlich Alles durch das Öhr geht und man den Faden durchziehen kann.

9 ∫ F ist eine Spirale im Gebiete einer Ausdrucksform der Zahlen, aber nicht im Gebiete der Zahlen.

10 / Das Charakteristische für das arithmetische Experiment ist, daß etwas daran/an dem Vorgang/ undurchsichtig ist.

11 ⁎ $\sqrt{2}$ scheint diese letzte Durchsichtigkeit auch nicht zu haben, aber hat sie 108
doch.

12 ⁎ Ist das nicht einfach darum weil die Regel heißt: „um zu wissen ob eine Zahl größer oder kleiner als $\sqrt{2}$ ist multipliziere sie mit sich selbst und ist das Quadrat größer als 2, etc. etc.“?

1 *Links von der Zeichnung entlang dem Seitenrand befindet sich die Randnotiz:* Siehe Bemerkungen weiter unten

39 daran/an dem Vorgang/ *–die zweite Variante ist im MS mit einem Fragezeichen markiert*

45 oder kleiner als $\sqrt{2}$ ist multipliziere sie mit sich selbst und ⟨das …⟩

1 / Wie constatiere ich ob e größer, kleiner oder gleich einer gegebenen Zahl ist? Wenn es ein abbrechender Dezimalbruch ist, ist die Sache ja klar, aber wie ist es mit einem im Dezimalsystem periodischen, mit dem die Entwicklung |von e| bis auf weiteres übereinstimmt?

Sind das nicht die Grundfragen die bei der Definition einer reellen Zahl beantwortet werden müssen.

Es ist schwer im Gesetz e die *Zahl* zu sehen. Wo ist sie?

2 ✳ Die Unmöglichkeit des Vergleichs besteht auch dann, wenn wir den periodischen Dezimalbruch in ein System übersetzen, worin er nicht periodisch ist, denn dann läuft der andere in Nullen weiter und wir wissen nicht ob noch etwas kommt. Und das deutet darauf hin, daß dieser ganze Vergleich auf einer falschen Basis steht.

3 / Der Beweis der zeigt, daß etwas die einer Zahl nötigen Eigenschaften hat, muß diese Zahl *zeigen*. D.h. er ist eben das, was die Zahl aufzeigt.

4 ✳ Das Gesetz 1, $1 + \frac{1}{1!}$, $1 + \frac{1}{1!} + \frac{1}{2!}$, … macht es klar, daß es ineinandergeschachtelte Intervalle bestimmt. 109

5 ✳ Ich habe gefragt „wie soll ich ein Gesetz das eine endlose Ineinanderschachtelung darstellt anders nennen als Zahl? Und wenn ich das nun auf F anwende? – Aber warum bezeichne ich eine solche Ineinanderschachtelung als Zahl? Weil sie zu den Zahlen dasselbe Verhältnis hat wie eine Zahl. – Weil man mit Sinn sagen kann, daß jede Zahl rechts oder links von dieser Schachtelung liegt.

6 / Ist F nicht auch eine unendliche Einschränkung eines Intervalls?

7  Wie kann ich wissen, daß, oder ob, sich die Spirale nicht um diesen Punkt zusammenziehen wird?
Im Fall $\sqrt{2}$ weiß ich es.

8 / Kann ich nun eine solche Spirale auch eine Zahl nennen? Eine Spirale die, for all I know, an einem rationalen Punkt stehen bleiben kann.

Aber das kann es auch nicht sein. Es ist das Fehlen einer *Methode* des Vergleichs mit den Rationalzahlen.

9 / Denn das Entwickeln der Extension ist keine solche Methode, da ich nie wissen kann, ob, oder wann, es zu einer Entscheidung führen wird. 110

1 ⟨✳⟩ *Randzeichen im MS gestrichen und ersetzt*
3 aber wie ist es⟨,⟩ mit einem im Dezimalsystem periodischen,
4 |von e| *–das Einfügungszeichen ist im MS gewellt unterstrichen*
16 D.h. er ist ⟨ist⟩ eben das,
22 endlose Ineinanderschachtelung darstellt anders ⟨bezeichnen⟩ als Zahl?
35 ⟨∫⟩ *Randzeichen im MS gestrichen und ersetzt*

1 / Es ist keine Methode ins Unbestimmte hinein zu entwickeln, wenn auch dieses Entwickeln zu einem Resultat des Vergleichs führt.

Dagegen ist es eine Methode a zu quadrieren und zu sehen ob das Quadrat größer oder kleiner als 2 ist.

2 Könnte man sagen?: Die allgemeine Methode des Vergleichs mit den Rationalzahlen, das ist die reelle Zahl.

3 / Dann ist die gesicherte Stellung der $\sqrt{2}$ klar die mir früher aufgefallen ist.

4 * Und diese allgemeine Methode muß auch einer Spirale entsprechen, nur nicht jeder einer jeden, die aus Zahlen aufgebaut ist.

5 / Die Frage muß Sinn haben: „kann diese Zahl π sein?"

6 *Ramsey fehlt es an Ursprünglichkeit, er ist nicht im Stande etwas wie neu zu sehen, als träfe er es zum ersten Mal und hätte noch nicht abgemacht wie man es behandeln muß.*

7 * Von F könnte ich sagen: man kann es ja ohnehin mit den meisten Zahlen vergleichen. Macht es dann etwas daß ich es mit gewissen nicht vergleichen kann?

Mit welchen kann ich es denn nicht vergleichen? 111

Das Gesetz von F bestimmt nur immer die einzelnen Stellen von F, aber nicht die Größe von F als Zahl – – –

Kann ich nicht so sagen: das Gesetz von F bestimmt keine Zahl sondern das Intervall $0 - 0{\cdot}\dot{1}$, denn es gibt |mir| keine Methode um festzustellen, daß es eine bestimmte Zahl dieses Intervalls nicht ist. Keine Methode, die nicht versagen/fehlgehen/ kann. D.h. es kann immer geschehen, daß die Methode die Frage unentschieden läßt.

8 / Es stimmt nicht: F ist nicht das Intervall $0 - 0{\cdot}\dot{1}$, denn eine gewisse Entscheidung kann ich auch innerhalb dieses Intervalls treffen, aber eine Zahl in diesem Intervall ist es nicht, denn die Entscheidungen, die dazu nötig wären können wir nicht fällen.

9 / Könnte man also sagen?: F ist wohl ein arithmetisches Gebilde, nur keine Zahl (auch kein Intervall)

1 Methode ins Unbestimmte hinein zu entwickeln, wenn ⟨es …⟩
7 mit den Rationalzahlen, das ist die ⟨⟨reelle⟩⟩ Zahl.
9 ⟨×⟩ *Randzeichen im MS überschrieben und ersetzt*
14 *Die Bemerkung ist im MS am linken Rand mit zwei vertikalen Strichen markiert.*
20 *Der Beginn der Bemerkung ist im MS mit einem vertikalen Strich markiert.*
27 |mir| *–das Einfügungszeichen ist im MS gewellt unterstrichen*
29 versagen/fehlgehen/ *–die zweite Variante ist im MS mit einem Fragezeichen markiert*
32 *Die folgenden acht Bemerkungen sind im MS Absätze der vorangehenden, durch Randzeichen als eigenständige Bemerkungen gekennzeichnet.*
33 dieses Intervalls treffen, aber ⟨die⟩ Zahl in diesem Intervall ist es nicht,

1 / D.h. Ich kann F nicht einem Punkt vergleichen und auch keiner Strecke. Gibt es ein geometrisches Gebilde dem es entspricht? Oder ist es: ein Intervall von dem ich jetzt weiß daß es zwischen 0·11 und .... liegt?

Aber auch das ist nicht richtig, denn nicht das Gesetz hat mich gelehrt, daß es zwischen – und – liegt. Vom Gesetz weiß ich das also nicht. D.h. ich kenne wohl ein Intervall inclusive 0·11 – excl. 0·110000001, aber das ist nicht durch das Gesetz gegeben.

2 / Das Gesetz d.h/i/ die Vergleichsmethode sagt nur daß ich entweder die Antworten „kleiner, größer oder gleich“ – oder – „größer“, (aber nicht gleich) erhalten werde/sie entweder die Antworten „kleiner, größer oder gleich“ – oder – „größer“, (aber nicht gleich) liefern wird/. Ähnlich wenn ich in einen finsteren Raum gehe und sage: ich kann nur konstatieren ob er niedriger als ich oder gleich – oder – höher ist. Und hier könnte man sagen: die/eine/ Höhe kannst Du also nicht konstatieren; *was ist es also* das Du konstatieren kannst. Der Vergleich hinkt nur darum, weil ich ja im Fall des Anstoßens doch die Höhe bestimmen kann, während ich im Falle des F prinzipiell nicht fragen kann „ist es dieser Punkt“. 112

3 / Ich kenne keine Methode um zu bestimmen, ob es dieser Punkt ist, also ist es (nicht dieser Punkt und) kein Punkt.

4 / Wenn die Frage nach dem Vergleich von F mit einer Rationalzahl keinen Sinn hat, weil alle Entwicklung uns die Antwort noch nicht gegeben hat, dann hat diese Frage auch keinen Sinn, ehe man auf’s Geratewohl die Sache durch die Extension zu entscheiden versucht hat.

5 / Wenn es jetzt keinen Sinn hat zu fragen „ist F = 0·11“ dann hatte es auch keinen Sinn, ehe man 100 Stellen der Extension untersucht hatte, also auch ehe man nur eine untersucht hatte.

6 / Dann hätte es aber überhaupt keinen Sinn in diesem Fall zu fragen ob die Zahl irgend *einer* Rationalzahl gleich ist. Solange man nämlich keine Methode besitzt, die es unbedingt entscheidet.

7 / 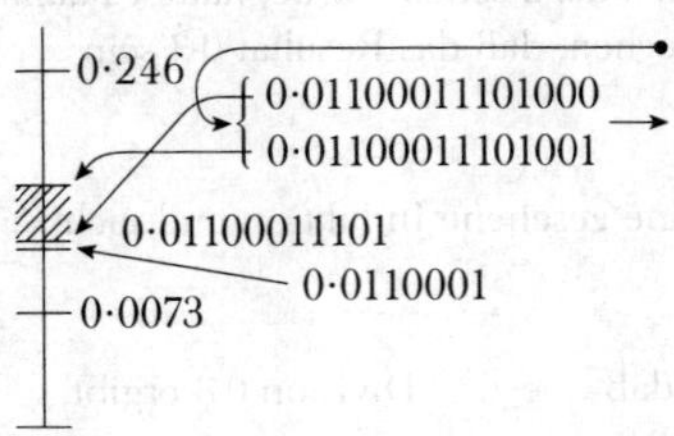

Soviel weiß ich bis jetzt von der „Zahl“ 113

Die gegebene Rationalzahl ist entweder gleich, kleiner, oder größer als das bisher errechnete Intervall. Im ersten Fall bildet der Punkt die untere Grenze des Intervalls, im zweiten liegt er unter, im dritten oberhalb des Intervalls. In keinem ist vom Vergleich der Lage zweier Punkte die Rede.

9 sagt nur daß ich entweder die Antworten „(g...)
13 Ähnlich wenn ich in ⟨einem ...⟩

1 ∫ Könnte man aber das Gesetz nicht so auffassen, daß es wohl vergleichbar aber immer ungleich jeder rationalen Zahl ist, indem man den Fall, wenn die rationale Zahl die untere Grenze des Intervalls ist auch als ein Größersein der reellen Zahl auffaßt?

2 ∫ Kann ich nicht die untere Grenze auch als nicht zum Intervall gehörig auffassen?

3 ∫ Wie aber wenn ein Induktionsbeweis für F gelingt?
Der Induktionsbeweis von F (z.B.) zeigt (einfach) daß das Gesetz von F mit dem von $0{\cdot}11\dot{0}$ identisch ist. Wird es also nicht mit Recht durch eine Gleichung ausgedrückt?
Die Gleichung ist nicht durch den Beweis bewiesen, sondern ist nur ein anderer Ausdruck, eine andere Schreibweise für den Beweis.

4 ∫ Ich kann immer feststellen ob eine Zahl größer, oder kleiner ist als – z.B. – F_3 aber nicht als F. 114

5 *Du mußt erst auf die Wanderschaft gehen und dann* kannst *du in die Heimat zurückkehren und dann wirst du die andern verstehen.*

6 ∫ Der rekurrierende Beweis von F beweist nicht daß $F = 0{\cdot}11$ ist, sondern er liefert die Zahl $0{\cdot}11\dot{0}$.

7 ∫ Die Aufgabe der Philosophie ist es, das erlösende Wort zu finden.

8 ∫ Das erlösende Wort ist die Lösung eines philosophischen Problems.

9 *Ich „mache mich patent".*

10 / $0{\cdot}\dot{3}$ ist nicht im selben Sinne ein Resultat von 1 : 3 wie etwa $0{\cdot}25$ von 1 : 4; es deutet auf eine andere arithmetische Tatsache hin.

11 / Angenommen die Division lieferte fortdauernd die gleiche Ziffer 3 ohne daß man aber in ihr die Notwendigkeit dazu sehen würde, hätte es dann einen Sinn, die Vermutung auszusprechen, daß das Resultat $0{\cdot}\dot{3}$ sein werde?

12 ∫ D.h. bezeichnet $0{\cdot}\dot{3}$ nicht eben nur eine gesehene Induktion und nicht – eine Extension.

13 ∫ Dann aber gibt es keine Vermutung daß eine/die/ Division $0{\cdot}\dot{3}$ ergibt, sondern nur ein Sehen des Gesetzes $0{\cdot}\dot{3}$. 115

14 ∫ Ich habe noch nicht ein ganz gutes Gewissen.

1 *Die folgenden zwei Bemerkungen sind im MS Absätze der vorangehenden, durch Randzeichen als eigenständige Bemerkungen gekennzeichnet.*

1 auch als ein Größersein der reellen Zahl auffaßt? *–im MS am linken und rechten Rand mit je einer vertikalen Wellenlinie markiert*

9 Wie aber wenn ein Induktionsbeweis ⟨von …⟩

22 Der rekurrierende Beweis von F beweist nicht⟨,⟩ daß $F = 0{\cdot}11$ ist,

1 ∫ Wie kann es aber dann eine Vermutung geben, daß etwa an der dritten Stelle einer Zahl 4 herauskommen wird/herauskommt/?

2 ∫ Kann ich vermuten daß || + || = ||||?

3 ∫ Kann ich nur vermuten, was sich in meiner Notation nicht unmittelbar zeigt?

4 ∫ Auf die Frage „ist 25 × 25 gleich 625" erfolgt die Antwort „ich muß es ausrechnen".

5 ∫ Nur dort kann man in der Mathematik fragen (oder vermuten) wo die Antwort lautet „ich muß es ausrechnen". (Ist das so?)

6 ∫ Kann ich das denn |aber| nicht auch bei $\frac{1}{3} = 0{\cdot}\dot{3}$ sagen, wenn auch das Resultat keine Extension sondern |eben| die Entstehung jener Induktionsbeziehung ist?

7 ∫ Wohl aber müssen wir dazu von dieser Induktionsbeziehung eine klare Vorstellung haben; wenn wir sie erwarten wollen.

8 ∫ Das heißt, wir können doch auch hier nicht ins Blaue vermuten oder erwarten.

9 Das was die „mathematische Frage" mit der eigentlichen Frage gemein hat ist eben die Beantwortbarkeit. 116

10 / Wenn das $\dot{3}$ in $\frac{1}{3} = 0{\cdot}\dot{3}$ auf eine bestimmte Methode hindeutet so bedeutet (das) $0{\cdot}11\dot{0}$ in Verbindung mit F nichts, da hier keine Methode vorliegt/eine Methode nicht vorliegt/.

11 *Wer ein Kind mit Verständnis schreien hört, der wird wissen, daß andere seelische Kräfte, furchtbare, darin schlummern als man gewöhnlich annimmt. Tiefe Wut und Schmerz und Zerstörungssucht.*

12 ✶ Das arithmetische Experiment kann nichts arithmetisch interessantes sein.

Es muß immer die Nebensache einer Hauptsache sein. Das unwesentliche an einem Wesentlichen.

13 ✶ Was, in der Arithmetik, nicht offenbar gesetzmäßig ist, ist uninteressant.

14 ∫ F ist keine Zahl, einerseits, weil sie an sich uninteressant ist, andererseits, weil sie sich nicht mit den Zahlen vergleichen läßt, aber beides muß Eines sein.

15 ∫ F ist sozusagen nicht wesentlich eine Zahl.

20 wenn wir sie erwarten wollen. *–im MS am linken und rechten Rand mit je einer vertikalen Wellenlinie markiert*
28 Wenn das $\dot{3}$ (ein…)
43 Zahl, einerseits, weil *–im MS sind die beiden Kommas gewellt unterstrichen*

1 ✶ Du machst dieses Experiment mit der *Zahlenreihe* und nur *das* bringt eine Gesetzmäßigkeit hinein. Das Experiment selbst fällt aus der Gesetzmäßigkeit heraus. In einer gesetzmäßigen Spirale werden at random Gänge ausgelassen. 117

2 / Ein Gesetz das ich nicht kenne ist kein Gesetz.

3 ✶ Wenn ich die Reihe der Kardinalzahlen zur Bildung eines Zahlengesetzes gebrauchen kann, warum dann nicht die Reihe der Primzahlen oder der F-Zahlen? Es fehlt diesen Zahlenreihen etwas. Eine Gesetzmäßigkeit. (die die Reihe der ungeraden Zahlen – z.B. – hat)

4 *Der Gedanke schwirrt über mir wie eine Fliege, aber ich kann ihn noch nicht erhaschen. Und ich fürchte er möchte mir wegfliegen, ehe ich ihn habe* fassen *können.*

5 / Es ist schon ein Gesetz da (und daher auch ein arithmetisches Interesse) aber das bezieht sich nicht unmittelbar auf die Zahl. Die Zahl ist gleichsam ein ungesetzmäßiges Nebenprodukt des Gesetzes. Wie wenn einer eine Straße entlang geht in gesetzmäßigem Schritt und nun bei jedem Schritt würfelt und je nach dem Ausfall des Würfelns einen Pflock in die Erde steckte, oder nicht; dann würden diese Pflöcke nicht gesetzmäßig stehen.

6 / Oder vielmehr, das Gesetz worin sie stehen würden wäre nur das des Schreitens und kein anderes. 118

7 / Die Ziffern und was die Zahl ausmacht die F und P liefert, sind gewissermaßen nur der Abfall von einem Gesetz nicht ein Ausdruck des Gesetzes selbst.

8 / Sie geben regellose/unregelmäßige/ Beiträge zur Bildung einer Zahl. Wie kann da ein arithmetisches Gebilde entstehen!

9 / Denn weil Regel nur ist, was ich als Regel sehe, so kann nichts Arithmetisches entstehen ohne daß ich es verstehe.

10 ✶ Wenn ich nach den Primzahlen in den Zwischenräumen n, (n! + 1) – n, etc suche, so ist dies Suchen einem Gesetz unterworfen, es folgt einem Gesetz, aber nicht das Resultat.

11 / Das Untersuchen der Zahlen nach F folgt einem Gesetz, aber nicht die Resultate.

9 zur Bildung eines Zahlengesetzes ⟨gebrauche,⟩ warum dann
33 Wie kann da ein arithmetisches Gebilde entstehen⟨?⟩

1 / Der Gesetzmäßigkeit dieses Suchens entspricht also in gewissem Sinne das Gesetz der Zahl $\lim_{n\to\infty} \sum_{n=1}^{n=n} \frac{1}{10^n} = 0{\cdot}\dot{1}$. Aber alles andere ist Zufall.

Ebensolcher – und in eben dem Sinn– Zufall wie, daß an der dritten Stelle von π eine 4 steht. (Denn auch das ist in einem anderen Sinne kein Zufall)

2 / Ein Gesetz das wir nicht kennen, können wir nicht ausdrücken (das ist das Gute) Daher kann aus/von/ unverstandenen Beiträgen kein 119
verstandenes Ganzes kommen.

3 ∫ Man möchte aus so sagen: die Zahlenanlagen F und P können nie ein Ganzes werden.

4 / Die Zahl als Resultat eines arithmetischen Experiments, also das Experiment als die Beschreibung einer Zahl ist ein Unding.

5 / Das Experiment wäre die Beschreibung, nicht die Darstellung einer Zahl.

6 ✳ Es ist merkwürdig, daß in der Arithmetik alles zufällig bleibt, bis es als Gesetz dargestellt wird; aber es bleibt eben einzeln; und erst das Gesetz ist ein Gesetz, ist allgemein.

7 ∫ Das Gesetz F ist ein Gesetz des Probierens. Aber was hat das mit einer reellen Zahl zu tun?

8 / Im Fall des Menschen der regelmäßig schreitet und dabei regellos Pflöcke einschlägt, bleibt das Regelmäßige das Schreiten.

9 ∫ Das Gesetz von F heißt: probiere die Kardinalzahlen der Reihe nach in $x^n + y^n = z^n$ (das Analoge für P). Aber die Resultate dieser Versuche haben mit dem Gesetz nichts zu tun.

10 / Das Gesetz führt die beiden Dedekindschen Klassen zusammen. Es zeigt 120
daß sie nicht (irgendeinmal) durch ein festes Intervall getrennt werden. Daß sie kein Intervall definieren.

11 *Die kleine Wahrheit schwirrt um mich herum, jetzt sehe ich sie hier für einen Augenblick, jetzt dort.*

12 ∫ Das sind die Erfordernisse zu einer reellen Zahl, die ich in $\sqrt{2}$ sehe. –|–

3 Ebensolcher – und in eben dem ⟨Sinne⟩– Zufall
12 die Zahlenanlagen F und P können nie ein Ganzes werden. *–im MS am rechten Rand mit einer vertikalen Wellenlinie markiert*
25 was hat das mit einer reellen Zahl zu tun? *–im MS am linken Rand mit einer vertikalen Wellenlinie markiert*
30 ⟨$\sqrt{2}$ die zwei Klassen …⟩ *–ursprünglicher Beginn der Bemerkung*
34 ⟨×⟩ *Randzeichen im MS überschrieben und ersetzt*
38 um mich herum, ⟨j…⟩ *–im MS nicht codiert und gestrichen*

1 ∫ Die Notation der rationalen Zahlen ist so, und muß so sein, daß man/ sie/ zwei (solche) Zahlen (in ihr) unmittelbar vergleichen kann/vergleicht/ – –

2 *Mendelsohn ist wie ein Mensch der nur lustig ist, wenn alles ohnehin lustig ist, oder gut wenn alle um ihn gut sind, und nicht eigentlich wie ein Baum der fest steht, wie er steht, was immer um ihn vorgehen* mag. *Ich selber bin auch so ähnlich und neige dazu es zu sein.*

3 *Ein Kleid muß dem Körper schöntun.*

4 ∫ Daß der Vergleich durch bloße Entwicklung unmöglich ist sieht man klar, versuche F mit $0{\cdot}10\dot{9}$ zu vergleichen.

5 ∫ Nebensächlich kann aber die Entwicklung auch nicht sein. Ein nebensächliches Organ –

6 ∫ Wenn man sagt $\sqrt{2}$ ist beiläufig 1·414 so heißt das, es liegt zwischen 1·414 und 1·415 und F liegt zwischen 0·11 und 0·11000001 121

7 ∫ Kann man also sagen: Die Möglichkeit der Entwicklung genügt für den Vergleich allein noch nicht?

8 / Die Möglichkeit der Entwicklung im Dezimalsystem folgt zwar unmittelbar aus dem Wesen der reellen Zahl, denn die successiven Stufen dieser Entwicklung sind ein Ausdruck/eine Fassung/ des sich zusammenziehenden Intervalls. Aber die Dezimalentwicklung ist im allgemeinen nicht der wesentliche (sichtbare) Ausdruck dieses Vorgangs (d.h. es gibt keine reelle Zahl ohne Entwicklung, aber wohl eine Entwicklung ohne reelle Zahl)

9 / Das heißt, daß es immer eine Entwicklung der reellen Zahl gibt die der w e s e n t l i c h e Ausdruck ihres Gesetzes ist. Dieser Ausdruck z e i g t die sich einander ohne Grenze nähernden Zahlen.

10 ∫ Aber warum soll ich nicht das Untersuchen der ersten 100 Kardinalzahlen auf F hin auch eine arithmetische Operation nennen, deren Resultat wie die Zahlen die bei $\frac{\sqrt[8]{2 \times 10^{2n}}}{10^n}$ herauskommen selbst das Gesetz nicht ausdrücken?

11 ∫ Ich habe eine Methode um Zahlen zu erzeugen, deren Quadrat sich unbegrenzt der 2 nähert (das liegt alles schon in der Methode drin). Diese Methode stellt mir eine unendliche Reihe solcher Zahlen (durch Iteration) dar. Den Zahlen selbst (im Dezimalsystem) hingeschrieben, sehe ich das Gesetz nicht an. 122

12 ∫ Ich fasse z.B. $\frac{\sqrt[8]{200}}{10}$ als Zahl auf (nur anders hingeschrieben) Und warum geht das mit der Operation von F nicht?

21 (∫) *Randzeichen im MS gestrichen und ersetzt*
26 successiven Stufen dieser Entwicklung sind ein Ausdruck (der ...)

1 ∫ Die Methode gibt mir ein sich zusammenziehendes Intervall, und gegeben eine Rationalzahl, so kann ich sofort bestimmen wie sie im Vergleich zu diesem Zusammenziehungsprozess liegt.

2 /  Der Prozess würde erst wenn er zu Ende ist eine Zahl bestimmen, da er aber ins unendliche läuft und nie fertig wird so bestimmt er k e i n e Zahl.

3 ∫ Ich habe einen Prozess der eine Zahl ist und gebe eine rationale Zahl und frage, ist das die Zahl die Du meinst? Ist es möglich, daß ich es dann nicht weiß?

4 ∫ Soll ich sagen?: Wäre die rationale Zahl im richtigen System hingeschrieben, so wüßte ich es.

5 ∫ Der Prozess muß unendlich vorausschauen sonst bestimmt er keine Zahl. Es darf kein „ich weiß es noch nicht" geben. Denn es gibt kein n o c h (im unendlichen)

6 / Jede rationale Zahl muß in einem sichtbaren Verhältnis zu dem Gesetz, das eine Zahl ist, stehen. 123

7 ∫ Beim Gesetz der $\sqrt{2}$ ist das der Fall. Gegeben eine Zahl, so kann ich sie sofort mit dem Gesetz vergleichen.

8 ∫ Aber es gibt doch auch bei F eine Entwicklung. Die erste Antwort ist: ja, aber keine wesentliche. Keine uns verständliche, keine uns als Zahl verständliche.

9 ∫ Wäre es eine uns als Zahl verständliche Entwicklung, so müßte ich eine gegebene Zahl, wenn es die Zahl dieser Entwicklung/entwickelte Zahl ist, als solche erkennen.

10 ∫ Die Entwicklung kann unmittelbar im Dezimalsystem ihrem Gesetz nach verständlich sein (z.B. 0·1010010001 etc) oder auch nicht; dann muß sie es in einer anderen Ausdrucksform sein.

11 / Die eigentliche Entwicklung ist eben die Methode des Vergleichs mit den Rationalzahlen.

12 / Die eigentliche Entwicklung der Zahl ist die, die den unmittelbaren Vergleich mit den Rationalzahlen erlaubt.

13 ✳ Man könnte also sagen, F hat gar keine wirkliche Entwicklung. 124

14 ∫ Das Gesetz muß zu jeder Rationalzahl eine natürliche Beziehung haben.

15 ∫ Es ist klar, die reelle Zahl kann nur das sein, was wir abgesehen von der Extension besitzen und verstehen. (Also etwas wie eine Funktion)

6 zu Ende ist eine Zahl bestimmen, da er aber (im …)

1 | Gegeben ist das Gesetz, und die rationale Zahl ruft aus dem Gesetz den Vergleich hervor.

2 / Wenn man dem Gesetz eine Rationalzahl in die Nähe bringt, so muß es darauf in einer bestimmten Weise reagieren.

3 / Auf die Frage „ist es die" muß es antworten.

4 * Es muß zu einer Rationalzahl in einem b e s t i m m t e n Verhältnis stehen.

5 / Ich möchte so sagen: Die Eigentliche Entwicklung ist das, was der Vergleich mit einer rationalen Zahl aus dem Gesetz hervorruft.

6 | Aber ist nicht der Prozess des Wurzelziehens ein anderer als der des Kontrollierens ob die $\sqrt{2}$ größer oder kleiner ist als eine gegebene Zahl? In welchem Verhältnis steht er aber zu dem ersten.

7 * Das Gesetz muß eine wesentliche Beziehung zu einer Größe haben. 125

8 / Ich tue dasselbe wie einer der sich eine Physiognomie unaufhörlich wieder und wieder vorstellt und ausmalt um das rechte Wort für sie zu finden.

9 | F: zeigt man ihm eine Zahl ($0{\cdot}1\dot{1}0$) (so ist es ratlos) so weiß es nicht ob es die Zahl ist oder nicht.

10 * Man kann nicht sagen: F stellt wohl eine Größe vor, ich weiß nur nicht welche! Sondern, wenn ich es nicht weiß, dann stellt sie auch keine vor.

11 * Ich kann natürlich auch hier das Intervall immer kleiner machen, aber das genügt nicht, ich muß es auf Kommando kleiner machen können.

12 / Das Zusammenziehen des Intervalls dient ja dem Vergleich dadurch, daß dadurch jede Zahl rechts oder links zu liegen kommt. Das geht nur dann, wenn der Vergleich mit einer gegebenen Rationalzahl das Gesetz zwingt sich im Vergleich zu dieser Zahl auszusprechen.

13 Die reelle Zahl ist eine Regel, die für jede rationale Zahl angibt ob sie kleiner oder größer ist als die erstere.

14 / $\sqrt{2{\cdot}25}$ so muß man $1{\cdot}5$ schreiben um es mit $\sqrt{2}$ vergleichen zu können. 126

15 | Es geht nur dann wenn das Gesetz auf eine Rationalzahl quasi automatisch durch eine Zusammenziehung des Intervalls reagiert, die die Stellung des Gesetzes zur gegebenen Zahl zeigt/offenbar macht/

16 | Die Größe 0·11 hat eben gar kein Verhältnis zum Gesetz F. (dagegen hat die Größe 1·5 ein Verhältnis zu $\sqrt{2}$, und wenn man es/1·5/ in der Form $\sqrt{2{\cdot}25}$ schreibt, so zeigt sich dieses Verhältnis)

1 *Die Bemerkung ist im MS am linken Rand mit einer vertikalen Wellenlinie markiert.*
43 Es geht nur dann wenn ⟨eine …⟩

1 ∫ Es handelt sich nicht um ein Verhältnis zu einer bestimmten Stufe der Entwicklung, sondern zum Gesetz als unendlichem Gesetz.

2 ∫ Das Verhältnis zum G e s e t z zeigt sich eben an der allgemeinen Notwendigkeit der Reaktion des Gesetzes auf eine gegebene Zahl (im Sinne des Vergleichs)

3 ∫ $x^5 + y^5 = z^5$ das ist gar nicht der Ausdruck einer Zahl, so wenig wie die Beschreibung „die dritte Stelle in der Dezimalentwicklung von π"

4 ✳ Kann ich sagen: wir sehen keinen Zusammenhang zwischen einer Zahlengröße und der Formel F (außer dem des Würfelns mit der gewürfelten Zahl)

5 / Es ist nicht so daß $x^1 + y^1 = z^1$, $x^2 + y^2 = z^2$, $x^3 + y^3 = z^3$ etc. nur andere Formen der Bezeichnung von Zahlen sind, die in dieser Form in sichtbarem gesetzmäßigem Verhältnis stehen, wenn schon die aus ihnen erhaltenen Dezimalausdrücke es nicht tun. Es ist nicht wie im Fall $\frac{1}{2}$, $\frac{1}{2+\frac{1}{2}}$, $\frac{1}{2+\frac{1}{2+\frac{1}{2}}}$, etc wo man das Gesetz sieht, das man in der Dezimalentwicklung nicht sieht. Denn die Ausdrücke $\frac{1}{2}$, $\frac{1}{2+1/2}$, etc sind bereits Zahlen und nur der Zusammenhang dieser Ausdrücke mit den Dezimalbrüchen ist eine Zufälligkeit. Die Ausdrücke $x^n + y^n = z^n$ aber sind keine Zahlen und nur durch Zufälle mit Zahlen überhaupt verknüpft. 127

6 [Das arithmetische Rätsel, Rätselfrage]

7 / Hier handelt es sich um den Unterschied einer arithmetischen Operation die uns eine Zahl liefert von einem |arithmetisch| unverstandenen Prozess der uns Ziffern liefert

8 Was ist der Unterschied zwischen einer arithmetischen Operation und einer Pseudooperation?

9 ∫ Die Pseudooperation stellt nicht den Zusammenhang der Basen mit dem Resultat dar.

10 Es ist ein Zusammenhang aber ich habe ihn nicht beezeichnet.

1 Es handelt sich nicht ⟨nur⟩ um ein Verhältnis zu einer bestimmten Stufe
12 wir sehen keinen Zusammenhang zwischen einer Zahlengröße ⟨d…⟩
15 Es ist nicht so daß $x^1 + y^1 = z^1$, $x^2 + y^2 = z^2$, $x^3 + y^3 = z^3$ ⟨… …⟩
16 nur andere Formen der ⟨Z…⟩
19 wo man das Gesetz ⟨nicht …⟩
20 das man in der Dezimalentwicklung nicht sieht. ⟨Die …⟩
21 die Ausdrücke $\frac{1}{2}$, $\frac{1}{2+1/2}$, etc sind bereits Zahlen ⟨. …⟩
38 ⟨∫⟩ *Randzeichen im MS gestrichen*

1 ∫ Fx soll eine Operation mit der Basis x sein, und zwar soll Fx = x sein wenn sich unter den ersten 100 Kardinalzahlen ein Zahlentrippel a b c findet für welches $a^x + b^x = c^x$ ist und sonst Fx = ∞. Das ist eine vollkommen klare Vorschrift, die ich für jede beliebige Zahl x anwenden kann. Aber ist Fx nun eine arithmetische Operation? – Warum ist es keine arithmetische Operation? 128

2 ∫ Das ist eine ungemein wichtige Frage.

3 ∫ Man könnte sagen: man kann nicht eine neue Operation an der Oberfläche der Arithmetik einführen, sondern sie muß die ganze Arithmetik durchdringen (Wie man nicht in die Logik etwas neben die Wahrheitsfunktionen stellen kann was nur so dasteht ohne sie zu durchdringen und zu einem Gewebe mit ihnen zu werden)

4 ✱ Das heißt natürlich nichts, als daß die Arithmetik ein Wesen ist, dem sich nichts anhängen läßt, außer ein Kleid.

5 ✱ Funktionsbegriff Dirichlet und

6 ∫ Beiläufig sieht es so aus daß eine arithmetische Operation eine interne Relation zwischen Zahlen darstellt die in diesen allein sichtbar ist/sein muß/.

7 ∫ Beiläufig gesehen stellt eine arithmetische Operation eine interne Relation zwischen Zahlen unmittelbar sichtbar dar. 129

8 / Wie wäre es mit so einer Operation: x × y, man bildet das Produkt von x und y; ist es größer als 100 so ist das Resultat gleich der größeren der beiden Zahlen, ist es gleich oder kleiner als 100 so/andernfalls/ ist das Resultat 0?

9 12 × 10 = 12 Die Operation ist arithmetisch nicht verständlich.

10 ∫ Um eine Operation zu verstehen muß man sie allgemein verstehen. Allgemein d.h. für alle möglichen Zahlen und das heißt eine Induktion verstehen. (Skolems Definitionen durch Rekursion)

11 *Es kommt darauf an, wer träumt.*

12 ∫ Allgemeine Definition der Zahl durch eine allgemeine Form der logischen Operation überflüssig.

13 *„Sei anständig – und träumst du dann noch dazu werden deine Kräfte ein Ausdruck der Anständigkeit und durch sie verklärt sein."*

14 / Ist ein arithmetisches Experiment noch möglich wo eine Definition durch Rekursion statthat?

41 *Die Bemerkung ist im MS am linken Rand mit drei vertikalen Strichen markiert.*

1 / Ich glaube: offenbar nein; weil durch die Rekursion jede Stufe arithmetisch verständlich wird.

2 / Und zwar wird rekurriert, nicht wieder auf eine Allgemeinheit, sondern auf einen bestimmten arithmetischen Fall. 130

3 Die allgemeine Form einer Kardinalzahl $((((1) + 1) + 1) + 1)$

4 / Die rekurrierende Definition vermittelt das Verständnis dadurch daß sie auf e i n e m b e s t i m m t e n Fall, der keine Allgemeinheit voraussetzt, aufbaut.

5 / Wohl kann ich im Fall X, F, P die Vorschrift der Untersuchung der Zahlen rekursiv erklären, aber nicht ihr Resultat.

6 / Ich kann das Resultat nicht aufbauen.

7 *Mein Ideal ist eine gewisse Kühle. Ein Tempel der den Leidenschaften als Umgebung dient ohne in sie hineinzureden.*

8 / Wie weiß ich denn daß es ein a gibt, so daß/für welches/
$a^2 < 2 < a^2 + \frac{2a}{10^n} + \frac{1}{10^{2n}}$?
Weil ich ein a k o n s t r u i e r e n kann so daß/für welches/
$a^2 = 1{\cdot}999$ – ist

9 / Wie weiß ich daß es ein a gibt für das $a^2 = 1{\cdot}999$ – ist?

10 / Wenn wir sehen wollen, was bewiesen worden ist, dürfen wir auf nichts anderes schauen als |auf| den Beweis.

11 / Wenn ich sage $({}_n\sqrt{2})^2$ nähert sich der 2 und erreicht also e i n m a l die Zahlen 1·9, 1·99, 1·999, so ist das unsinnig, wenn ich nicht angeben kann, binnen wieviel Schritten diese Werte erreicht werden, denn „e i n m a l“ heißt nichts. 131

12 ✶ $x^2 = 1{\cdot}999$ – d.h. : $(\exists x) x^2 = 1{\cdot}999$ –

13 / $(\exists x)\ 2 > x^2 > 2 - \frac{1}{10^n}$
Nur durch Induktion kann sich das ergeben

$$\begin{cases} 1^2 < 2 < (1 + \frac{1}{10^0})^2 \\ A^2 < 2 < (1 + \frac{1}{10^n})^2 \\ (A + \frac{a}{10^{n+1}})^2 < 2 < (A + \frac{a+1}{10^{n+1}})^2 \end{cases}$$

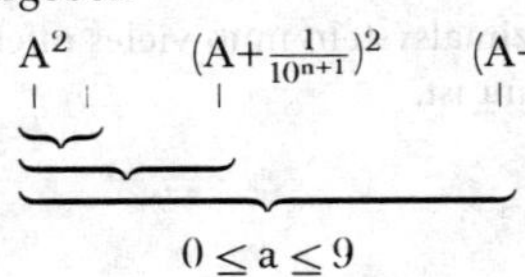

$$A^2 < (A + \frac{1}{10^{n+1}})^2 < (A + \frac{2}{10^{n+1}})^2 < (A + \frac{3}{10^{n+1}})^2 \ldots . < (A + \frac{1}{10^n})^2$$

19 der den Leidenschaften als Umgebung dient ohne in sie (hin…)
29 |auf| *–das Einfügungszeichen ist im MS gewellt unterstrichen*

1 ✶ $1 + \frac{1}{1!} + \frac{1}{2!} + \frac{1}{3!} \ldots$

2 / 1 Nach wieviel Schritten bleibt eine Dezimalstelle stehen?
1
0·5
$0{\cdot}1\dot{6}$
$0{\cdot}041\dot{6}$

3 /

0·998	998	998
99	899	899
9	989	989
	998	998
	99	899
	9	989
		998
		99
		9

Die Wirkung der Addition zerschellt immer an der 8. Der Rest einer Kolumne kann nie über die nächste hinauswirken.

4 / Wieviele 0^en^ können in e nacheinander auftreten? Bleibt nach u + r Schritten die n^te^ Dezimalstelle stehen und geht ihr eine 0 vorher so muß die zugleich mit der n^ten^ Stelle stehenbleiben denn eine 0 kann aus einer anderen Ziffer nur werden wenn sich auch die nächste Stelle noch ändert. 132
So ist die Zahl der 0^en^ beschränkt.

5 / Man kann und muß zeigen daß die Dezimalstellen nach einer b e s t i m m t e n Anzahl von Schritten stehenbleiben.

6 ∫ Es ist mir wie wenn man auf einem Alpenweg gehend eine Alm sieht aber man ist noch nicht dorten, sondern um hinzukommen muß man noch eine halbe Stunde im Wald gehen und dann erst kommt man dorthin, wo man scheinbar ohnehin schon war, nämlich mit den Blicken. So komme ich immer wieder in Gegenden der Logik die ich schon oft genau aber nicht von nächster Nähe gesehen habe.

7 / Man muß immer die Größenordnung bestimmen können. Angenommen es spricht nichts dagegen (in meiner Notation) daß in e an einer bestimmten Stelle 100 3er nacheinander stehen so spricht etwas dagegen daß 10^{100} 3er nacheinander auftreten.

8 / Im Dezimalsystem muß vieles offen bleiben was im Dualsystem bestimmt ist.

19 Bleibt nach u + r Schritten die n^te^ ⟨Ste...⟩
29 wenn man auf einem Alpenweg gehend eine Alm sieht aber ⟨nicht ...⟩
32 ohnehin schon war, nämlich mit den Blicken. So ⟨kommt ...⟩

1 / Es ist nicht nur notwendig sagen zu können ob eine gegebene rationale Zahl die reelle Zahl ist, sondern auch, wie nahe sie ihr möglicherweise kommen kann. Das heißt es genügt nicht sagen zu können, daß die 133 Spirale durch diesen Punkt nicht geht und unterhalb an ihm vorbei(geht), sondern wir müssen auch Grenzen wissen innerhalb deren der Abstand von dem Punkt liegt. Wir müssen eine Größenordnung des Abstandes kennen. 

2 / Die Entwicklung im Dezimalsystem gibt mir diese nicht, da ich nicht wissen kann wieviele 9er, zum Beispiel, einer entwickelten Stelle folgen werden.

3 / Die Frage „ist e $2{\cdot}7\dot{3}$" ist unsinnig, denn sie fragt nicht nach einer Extension sondern nach einem Gesetz, nämlich nach einer Induktion von der wir aber hier keine Vorstellung haben. Für die Division kann man diese Frage stellen, nur darum weil wir die Induktionsform kennen die wir $\dot{3}$ nennen

4 / Wie nahe kann e diesem Bruch kommen und wie nahe kann es ihm nicht kommen.

5 {Nur eine endliche Frage kann offenbleiben.}

6 ✱ In einem Gewissen, jetzt leicht verständlichen Sinne, kann ich e mit $\frac{1}{3}$ aber nicht mit $0{\cdot}\dot{3}$ vergleichen.

7 / Die Frage „bleiben die Dezimalstellen von e einmal stehen" und die Antwort „sie bleiben einmal stehen" sind beide Unsinn. Die Frage heißt: 134 Nach wieviel Schritten müssen die Stellen stehenbleiben.

8 / Irgendwo muß ich in der Dezimalentwicklung von e stehen bleiben und wo immer ich stehen bleibe ist das Entwickelte vereinbar damit daß e eine Rationalzahl ist.

9 / Kann man sagen?: „e ist nicht diese Zahl" heißt nichts, sondern man muß sagen, es ist mindestens um dieses Intervall von ihr entfernt.

10 / Ich glaube, so ist es.

Das hieße aber, sie könnte auch gar nicht beantwortet werden, ohne daß zugleich ein Begriff über den Abstand gegeben würde.

11 ✱ Gleichung zwischen Induktionsvorgängen.

12 ✱ Wie werden sie bewiesen? Das muß dazu führen was sie sind.

18 einer Induktion von der wir aber hier keine Vorstellung haben. Für die Division kann man diese Frage stellen, nur darum ⟨wir …⟩ weil wir die Induktionsform kennen die wir $\dot{3}$ nennen *– im MS am linken Rand mit einer vertikalen Wellenlinie markiert*

1 ? Ist es nicht ungefähr so: Eine „Gleichung zwischen zwei Induktionen“ ist eine Induktion mit einer Gleichung?

2 ? Die Allgemeinheit einer Gleichung, nicht die Gleichung zwischen Allgemeinheiten.

3 ? Es gäbe dann zweierlei Gleichungen zwischen Induktionen. Eine, die eigentlich nur eine Gleichung zwischen homologen Gliedern der beiden 135 Induktionen ist und etwas anderes was nicht eine Gleichung sondern quasi die „Induktion einer Gleichung“ wäre.

4 $a = a$ (?)

5 ? Es muß sich ja damit ganz analog verhalten, wie mit dem größer und kleiner dem Vergleich der reellen Zahl mit einer Rationalzahl. Das $<$ in $\sqrt{2} < 1{\cdot}5$ ist auch nicht dasselbe wie das in $1 < 1{\cdot}5$ und muß erst erklärt werden und ebenso das $\sqrt{2} \neq e$

6 ? Die Gleichung zwischen reellen Zahlen ist wohl arithmetisch, aber sie ist eine andere Beziehung als die Gleichung zwischen rationalen Zahlen (???)

7 ? Das Subject der Gleichung.

8 ? Die Induktionsprozesse zweier gleicher reeller Zahlen müssen, in dasselbe System gebracht, das identische Gesetz ergeben.

9 ? Die reelle Zahl ist in einem anderen Sinne Subject einer Gleichung als die rationale Zahl. („Ich höre die Musik“ und „Ich höre das Klavier“)

10 ? Kann denn eine Gleichung etwas anderes heißen als: – ist durch – ersetzbar? Gewiss nicht! Aber ersetzbar nach welchen Regeln?! 136

11 ⚹ Die Induktion beweist nicht eine Gleichung sondern ich fasse sie in eine Gleichung/in einer Gleichung/

12 ⚹ $\underline{\lim}_{n\to\infty} \frac{1}{2^n} = 0$ bezeichnet keinen Beweis sondern bezieht sich nur auf einen Beweis wie $\frac{1}{3} = 0{\cdot}\dot{3}$, es kann auch falsch sein, man kann danach fragen.

13 ? „Unbeschränkt“ heißt, es übersteigt jede Schranke

14 ? Wir müssen auf den Ursprung zurückgehen.

15 / Die Allgemeinheit der allgemeinen arithm. Sätze kann ich nicht verneinen.

2 eine Induktion mit einer ⟨b …⟩ Gleichung? *–im MS am linken Rand mit einer vertikalen Wellenlinie markiert*

25 ⟨I…⟩

45 ⟨?⟩ *Randzeichen im MS gestrichen und ersetzt*

45 Die Allgemeinheit der allgemeinen arithm. Sätze kann ⟨man⟩ nicht

1 / Ist es nicht sie allein, die ich im algebraischen Satz nicht widerspiegeln kann?

2 ✶ Wenn ich sage: „das Ziel der Induktion ist 0“ so ist es, wie wenn ich einen Satz auf die S-P Form bringe der sie ursprünglich nicht hat.

3 ? Die arithm. Tatsache an der Allgemeinheit ist die Induktion.

4 ∫ Bedeutet ein Ausdruck $\lim_{a \to r} fa = b$ eine allgemeine Ungleichung, so muß es eine *allgemeine* Regel der Übersetzung geben mit der ich die Gleichung verstehen (verdolmetschen) kann. 137

5 ∫ Daß es diese allgemeine Regel gibt verbürgt die (Richtigkeit) Rechtmäßigkeit des Gebrauchs der Gleichungsform.

6 ∫ $\lim_{a \to r} fa$ *scheint* eine Beschreibung zu sein, ist aber eine Konstruktion, wie alles was in der Mathematik eine Beschreibung zu sein scheint. (*Die* Lösung der Gleichung $x^2 = 2$)

7 ∫ $\frac{1}{3} = 0{\cdot}3 + \frac{0{\cdot}1}{3}$, das ist eine gewöhnliche Gleichung; und nun sehe ich in dieser Gleichung einen (induktiven) Zug, und drücke diesen wieder in einer Gleichung $\frac{1}{3} = 0{\cdot}\dot{3}$ aus. So steht die neue Gleichung sozusagen nicht auf derselben Stufe wie die erste.

8 / Man muß also sagen, daß $\frac{1}{3}$ nicht in dem selben Sinne gleich $0{\cdot}\dot{3}$ ist, wie es gleich $0{\cdot}3 + \frac{0{\cdot}1}{3}$ ist.

9 / Eine Gleichung läßt sich nur beweisen, indem man sie auf *Gleichungen* zurückführt

10 / Die letzten Gleichungen in diesem Prozess sind Definitionen

11 / Ist eine Gleichung nicht auf andere Gleichungen zurückführbar, so ist sie eine Definition.

12 / Eine Induktion kann eine Gleichung nicht rechtfertigen. 138

13 / Daher kann sich z.B. die Einführung der Notation $\dot{3}$ nicht auf die Induktion beziehen, deren Zeichen sie zu sein scheint. Es muß ähnlich sein, wie das Verhältnis von „a + (b + c) = (a + b) + c“ zu seinem Induktionsbeweis

14 / Oder vielmehr er bezieht sich wohl auf die bloßen Tatsachen der Induktion aber nicht auf die Allgemeinheit, die ihr eigentlicher Sinn ist.

15 ✶ Ich könnte etwa so erklären: wenn $\frac{n}{m} = 0{\cdot}r + \frac{0{\cdot}n}{m}$ so schreibe ich $\frac{n}{m} = 0{\cdot}\dot{r}$, und hier – – – –

14 Daß es diese allgemeine Regel gibt verbürgt die (Richtigkeit) ⟨des …⟩
25 ⟨∫⟩ *Randzeichen im MS gestrichen und ersetzt*

1 $1 + \frac{1}{1!} + \frac{1}{2!} + \frac{1}{3!} \ldots \neq 1 - \frac{1}{3} + \frac{1}{5} - \frac{1}{7} + \frac{1}{9} \ldots.$ Was würde das heißen? „Sie nähern sich demselben Ziel“ (?)

$$2^{||||} \cdot 3 \sqrt{\left\{2 - \sqrt{2+\sqrt{2+\sqrt{2+\sqrt{2+\sqrt{3}}}}}\right\}} = 4 - \frac{4}{3} + \frac{4}{5} - \frac{4}{7} \; \ldots.$$

$$a_1 + a_2 + a_3 + a_4 + \ldots = b_1 + b_2 + b_3 + b_4 + \ldots$$

Wenn die Reihe eine gewisse Länge erreicht, so muß die Ähnlichkeit schon zu merken sein

2 Nach N Stellen müssen die Dezimalentwicklungen bis zur n^{ten} Stelle bleibend übereinstimmen. $n = f(N)$

$$\lim_{N \to \infty} f(N) = \infty$$

3 $2^{||||} \cdot 3 \cdot \sqrt{2 - \sqrt{2 + \sqrt{2 + \cdots \sqrt{3}}}}$ und $4 - \frac{4}{3} + \frac{4}{5} - \ldots$ sind verschiedene Spiralen, 139 aber es läßt sich aus beiden, in bestimmter Weise, die gleiche [grobe] Spirale ableiten.

4 Und auch hier wieder muß eine Spiralwindung alles zeigen

$$(4) - (\tfrac{4}{3}) + (\tfrac{4}{5}) - (\tfrac{4}{7}) + (\tfrac{4}{9}) - \ldots = (4 - \tfrac{4}{3}) + (\tfrac{4}{5} - \tfrac{4}{7}) + (\tfrac{4}{9} - \tfrac{4}{11}) + \ldots$$

$$= (4 - \tfrac{4}{3} + \tfrac{4}{5}) + (\ldots$$

5 Immer brauchen wir Gleichungen die etwas anderes bedeuten, als was sie unmittelbar ausdrücken/sagen/ – Nämlich, daß das so weiter geht –.

6 So wird die Gleichung die uns ausdrückt, daß A = B ist eine gewöhnliche Gleichung sein, der wir aber etwas ansehen (was ihr nicht jeder ansehen muß, der sie doch versteht)

7 So wie die Gleichung die ausdrückt daß $\frac{1}{3} = 0{\cdot}\dot{3}$, $\frac{1}{3} = 0{\cdot}3 + \frac{0{\cdot}1}{3}$ lautet/heißt/

8 / Durch Gleichungen kann ich mich nicht über Gleichungen erheben, ich kann nicht aus Gleichungen herauskommen. Das ist einer meiner Grundgedanken, der ungemein schwer ganz zu erfassen ist.

9 Nun könnte man aber sagen: allerdings läßt sich die Allgemeinheit in gewöhnlichen arithmetischen Gleichungen erkennen, aber das Wichtige 140 ist, daß ich gar keine vollständige arithmetische Gleichung dazu brauche, sondern Ziffern durch Buchstaben, also Schemata, ersetzen kann (wenn auch nicht muß) Und eben das ist es, was die Allgemeinheit deutlich zeigt.

10 ∫ $2 \times \infty = \infty$ Die Regeln für das Zeichen ∞ werden in Übereinstimmung mit diesen Induktionen festgelegt.
Mit den Induktionen die als Beweise der Sätze über ∞ gelten.

11 ∫ Es muß also eine gewisse formelle Entsprechung zwischen den Sätzen und jenen Induktionen bestehen.

1 ∫ L $\lim_{n\to\infty} \frac{1}{2^n} = 0$

$0{\cdot}000$

Wenn man n um h vermehrt so entstehen um h′ 0en mehr hinter dem Dezimalpunkt; u n d s o g e h t e s w e i t e r.

$0 = \lim_{n\to\infty} \frac{1}{2^n}$

2 ∫ L betont die 0 als Ziel des Näherungsprozesses; die Weise wie man sich ihr nähert scheint ganz belanglos zu sein.

3 ∫ Es müßte allerdings die Methode der Vermehrung von n und der Näherung an die 0 von selbst aus der Rechnung (heraus)fallen da ja d o c h jede solche Methode in jede andere übersetzbar ist. 141

4 ∫ Es müßte doch die Allgemeinheit auf die sich L bezieht (irgendwie) in seiner Anwendung zu tage treten. (Aber wie?)

5 Die Rechenregeln mit dem „lim" müssen so sein, daß die abgeleiteten lim-Ausdrücke wieder nach einer bestimmten Art der Zuordnung Induktionen zugeordnet sind.

$$\begin{array}{ccc} \lim & \rightarrow & \lim \\ \uparrow & & \downarrow \\ \text{Ind} & & \text{Ind} \end{array}$$

„lim" ist eine algebraische Bezeichnung.

$\frac{1}{1+1+1+\ldots} = 0$

$\lim_{n\to\infty} \frac{1}{2^n} = \frac{1}{2\times2\times2\times\ldots} = 0 \qquad \frac{1}{2\times2\times2\ldots} = \underbrace{0{\cdot}0000\ldots}$

$\frac{1}{2\times2\times2\times\ldots} = \frac{1}{10^{1+1+1+\ldots}} \qquad \frac{1}{10^{1+1+1+\ldots}} \overset{\text{Def}}{=} 0$

$\frac{1}{2\times2\times2\times\ldots} = 0$ ist g a n z analog dem $0{\cdot}\dot{3} = \frac{1}{3}$,

$\frac{1}{2\times(2\times2\times2\times2)} = \frac{0{\cdot}5}{16} = 0{\cdot}03125$

Man s i e h t daß durch eine Multiplication des Nenners mit 2^4 i m m e r mindestens e i n e Null mehr hinter dem Dezimalpunkt entsteht.

6 $\frac{1}{1\times10} = 0{\cdot}1$ Und hier sehe ich noch deutlich wie jede weitere Multiplication des Nenners mit 10 die 1 nach rechts verschiebt. 142

7 ∫ $\left\{ \begin{array}{l} \frac{1}{10^1} = 0{\cdot}1 \\ \frac{1}{10^n} = 0{\cdot}\xi 1 \\ \frac{1}{10^{n+1}} = 0{\cdot}\xi 01 \end{array} \right.$ Mit welchem Recht drücke ich, was sich hier zeigt, durch die Formel aus: $\lim_{n\to\infty} \frac{1}{10^n} = 0$? Diese Frage ist irreführend.

7 L betont die 0 als ⟨f…⟩
11 an die 0 von selbst aus der Rechnung (heraus)fallen ⟨das …⟩
14 Es müßte ⟨sich …⟩
17 Die Rechenregeln mit dem ⟨„Lim"⟩ müssen so sein,
35 ⟨$\frac{1}{10}$ …⟩

1 ∫ $\frac{1}{1\times10} = 0\cdot\frac{1}{1}$ Die Allgemeinheit muß wieder in der *Anwendung* von $\lim_{n\to\infty} \frac{1}{10^n} = 0$ liegen. Eine solche Anwendung ist daß $\frac{1}{10^6} < \frac{1}{10^5}$. Und die Definitionen müssen immer wieder zu Gleichungen führen deren Anwendung arithmetisch richtig ist.

2 ∫ Verhältnis des algebraischen Satzes zur arithmetischen Induktion:

3 / Was das unmittelbare Datum zu einem Satz der gewöhnlichen Sprache ist den es verifiziert, das ist die gesehene arithmetische Beziehung der Strukturen zu der Gleichung die sie verifiziert.

Es ist das Eigentliche, kein Ausdruck eines Anderen der sich auch durch einen anderen Ausdruck ersetzen läßt. D.h., nicht ein Symptom von etwas Anderem, sondern die Sache selbst.

Denn so (nämlich falsch) wird es gewöhnlich aufgefaßt. Man sagt die Induktion ist eine Zeichen, daß das und das für alle Zahlen gilt. Aber 143
die Induktion ist kein Zeichen für irgend etwas Anderes als sich selbst. Gäbe es außer der Induktion |noch| etwas wofür *sie* nur ein Zeichen ist so müßte dieses Etwas einen spezifischen Ausdruck haben der nichts anderes wäre als der vollständige Ausdruck dieses Etwas.

4 / Und diese Auffassung geht dann weiter dahin daß die algebraische Gleichung das erzählt was wir in der |arithmetischen| Induktion sehen. Dazu müßte sie die selbe Mannigfaltigkeit haben wie das was sie beschreibt.

5 Die Anwendung des algebraischen Satzes wird nicht durch diesen gerechtfertigt, sondern durch den Induktionsbeweis.

6 / Wie ein Satz verificiert wird, das sagt er. Vergleiche die Allgemeinheit der eigentlichen Sätze, mit der Allgemeinheit in der Arithmetik. Sie wird anders verificiert und ist darum eine andere.

7 / Die Verification ist nicht *ein* Anzeichen der Wahrheit sondern *der* Sinn des Satzes.

8 / (Einstein: Wie eine Größe gemessen wird, das ist sie.)

9 / Eigentlich hat ja schon Russell durch seine Theorie der Descriptionen gezeigt, daß man sich nicht eine Kenntnis (der Dinge) von hinten herum 144
erschleichen kann und daß es nur *scheinen* kann, als wüßten wir von den Dingen mehr als sie uns auf geradem Weg geoffenbart haben. Aber er hat durch das Wort „indirect knowledge“ wieder alles verhüllt.

3 ⟨solchen⟩ Gleichungen führen deren Anwendung ⟨mit der Arithmetik …⟩
9 den es verifiziert, das ist ⟨das⟩ gesehene ⟨Arithmetische …⟩
18 ein Zeichen ist so müßte dieses Etwas ⟨seinen⟩ spezifischen Ausdruck
22 das erzählt was ⟨sich⟩ in der |arithmetischen| Induktion ⟨zeigt⟩
26 ⟨∫⟩ *Randzeichen im MS gestrichen*
29 *Der Beginn der Bemerkung ist im MS mit einem vertikalen Doppelstrich markiert.*

1 ? Der Satz ist Eines und seine Anwendung ist ein Anderes.

In seiner Anwendung kommt er nicht vor.

Außer insofern, als das Schema in seiner angewandten Form vorhanden ist.

2 / Das algebraische Schema erhält seinen Sinn durch die Art seiner Anwendung. Diese muß also immer hinter ihm stehen. Daher aber der Induktionsbeweis, denn der rechtfertigt die Anwendung

3 / Der algebraische Satz ist so gut eine Gleichung, wie $2 \times 2 = 4$, sie/er/ wird nur anders angewendet. Ihre Beziehung zur Arithmetik ist anders. Sie handelt von der Ersetzbarkeit anderer Redeteile.

4 / D.h. die algebraische Gleichung, also die Gleichung zwischen reellen Zahlen ist wohl eine arithmetische Gleichung, denn es steht etwas Arithmetisches hinter ihr. Es steht nur anders hinter ihr als hinter $1 + 1 = 2$. 145

5 / Die Induktion beweist den algebraischen Satz nicht; weil nur eine Gleichung eine Gleichung beweisen kann. Aber sie rechtfertigt die Aufstellung/Bildung/ der algebraischen Gleichungen vom Standpunkte der Anwendung auf die Arithmetik.

6 / D.h. Sie erhalten durch die Induktion erst ihren Sinn, nicht ihre Wahrheit.

7 / Daher ist das, was nicht mehr auf andere Gleichungen zurückführbar ist und nur durch die Induktion zu rechtfertigen, eine Festsetzung.

8 / Was damit zusammenhängt, daß ich mich bei der Anwendung dieses algebraischen Satzes, nicht auf ihre, sondern doch nur wieder auf die Induktion berufen kann.

9 / Daher lassen sich diese letzten Gleichungen nicht verneinen. D.h. ihrer Verneinung entspricht kein arithmetischer Inhalt.

10 / Durch sie wird das algebraische System erst auf Zahlen anwendbar.

Sie sind daher wohl in einem bestimmten Sinne der Ausdruck von etwas Arithmetischem, aber quasi der Ausdruck einer arithmetischen Existenz. 146

11 ✳ Sie machen die Algebra erst zu einem Ausdruck von etwas Arithmetischem.

Aber nicht von dem, was berechnet/ausgerechnet/ werden kann.

12 / Sie machen die Algebra erst zu einem Kleid für die/der/ Arithmetik. – Und sind daher insofern willkürlich, als uns ja niemand zwingt, die Algebra dazu zu machen. Sie passen die Algebra der Arithmetik an.

20 eine Gleichung eine Gleichung beweisen kann. Aber sie (R...)

27 *Die Bemerkung ist im MS am linken Rand mit einer vertikalen Wellenlinie markiert.*

1 / Und wenn sie das Kleid anhat, dann kann sie sich mit ihm bewegen.

2 ∫ Es sind also Festsetzungen und als solche nicht der Ausdruck des Ausrechenbaren (sonst wären sie ja beweisbar also nicht Festsetzungen) sondern – – –

3 / Sie sind nicht der Ausdruck von etwas ausrechenbarem und insofern Festsetzungen.

4 / Kann der, der diese Festsetzungen sieht, durch sie etwas in der Arithmetik lernen? Und was?

Kann ich einen arithmetischen Sachverhalt lernen, und welchen?

5 / Sie ist mehr wie ein Name, als, wie ein Satz. 147

6 * Man kann daraus nichts lernen, sondern nur sagen „Ah, darauf beziehst Du Dich!"

„Also Arithmetik willst Du treiben".

7 ∫ Aber wie ist es dann mit den abgeleiteten algebraischen Gleichungen?

8 Bedenken wir aber daß der algebraische Satz z.B. $a + (b + c) = (a + b) + c$ nicht von a, b, c handelt wie $2 + 2 = 4$ von 2 und 4. a b c stehen doch von vornherein in Vertretung anderer Zeichen da. Ist $a + b = b + a$ bewiesen oder festgesetzt so gilt |damit| auch $c + d = d + c$ als bewiesen oder festgesetzt. Aber auch $(a + b) + (c + d) = (c + d) + (a + b)$

9 ∫ Das liegt daran, wie die Zeichen der Algebra symbolisieren. – Man würde |beiläufig| erklären: „Ich meine mit a und b nicht bloß a und b sondern alle Zeichen die auf die und die Weise gebildet sind". Aber braucht man um diese Definition exact zu machen nicht eine Induktion?

10 ∫ Kann man also sagen: Die Zeichen der Algebra bezeichnen via einer Induktion?

11 * Angenommen wir fassen a, b, c als Vertreter von Werten der Formenreihe $(1, \xi, \xi + 1)$ auf und beweisen den Satz für diese Werte durch Induktion. Ist dann nicht der algebraische Satz bewiesen? 148

12 * Nein. Es entspricht einem Beweis aber es ist nicht bewiesen.

Der „Beweis" ist die arithmetische Tatsache, die der algebraische Satz bezeichnet.

7 ⟨Nein. Aber über den Ausdruck.⟩ *–ursprünglicher Beginn der Bemerkung; der nachfolgende Satz ist im MS ein Absatz, durch ein Randzeichen als Bemerkung markiert*

16 *Der Beginn der Bemerkung ist im MS mit einer vertikalen Wellenlinie markiert.*

26 ⟨Ist …⟩ *–der letzte Satz der Bemerkung wurde im MS mit einer Leerzeile als eigenständige Bemerkung begonnen*

41 ⟨„⟩Der „Beweis" ist die arithmetische Tatsache,

1 / Beweisen kann man nur den Satz nach dessen Wahrheit man fragen kann „Ist es so oder anders?“ „Ich werde Dir beweisen daß es so ist.“

2 ? (Der Beweis der Mathematik ist die Ausrechnung.)

3 * Wenn der Satz „a + (b + c) = (a + b) + c“ einer/der/ Induktion entspricht dann entspricht seinem Gegenteil gar nichts.

4 / Die Induktion verhält sich zum algebraischen Satz nicht wie der Beweis zum Bewiesenen sondern wie das Bezeichnete zum Zeichen.

5 / Das System von algebraischen Sätzen entspricht einem System von Induktionen.

6 / Fragen kann man nur von einem Standpunkt von dem aus noch eine Frage möglich ist.
Von wo aus ein Zweifel möglich ist.

7 ? „Ist 25 × 25 = 615?“ (Von welchem Standpunkt aus kann man das 149
fragen?)

8 ? Wollte man fragen „ist a + (b + c) = (a + b) + c?“, so müßte es sein /könnte es nur geschehen/ weil ich mich nicht mehr (daran) erinnere ob es so geheißen hat oder etwa „a + (b + c) = (a + b) − c“

9 / Wollte man das fragen so würde uns die Induktion eigentlich nicht darauf antworten sondern das beschämende Gefühl daß wir ja nur durch die Induktion auf den Gedanken dieser Gleichung gekommen sind. /kommen konnten./

10 / Wenn wir fragen „ist a + (b + c) = (a + b) + c?“ was können wir meinen? Rein algebraisch aufgefaßt heißt die Frage nichts, denn die Antwort wäre „wie Du willst, wie Du es bestimmst“. „Gilt das für alle Zahlen?“ kann die Frage auch nicht heißen, sie kann danach fragen was die Induktion sagt, die sagt uns aber gar nichts.

11 ? „Ist es so wie die Induktion es sagt?“ (was immer sie sagt)

12 * Wie kann man den Satz a + (b + c) = (a + b) + c in der Algebra anwenden? D.h. wie kann man ihn als allgemeine Vorschrift anwenden? Wie kann ich aus ihm (c + d) + (r + t) = ((c + d) + r) + t folgern? Wie ist die Allgemeinheit von der diese Folgerung ein spezieller Fall ist in dem Satz enthalten? – Denn ich muß ihn doch allgemein 150
verstanden haben um von ihm diese Anwendung zu machen.

4 (Der Beweis ⟨(in)⟩ der Mathematik ist die Ausrechnung.)
22 Wollte man fragen⟨: ⟩ist a + (b + c) = (a + b) + c
28 durch die Induktion auf den Gedanken ⟨einer⟩ Gleichung
32 Rein algebraisch aufgefaßt heißt die Frage nichts, ⟨dann …⟩
41 als allgemeine Vorschrift anwenden? Wie kann ich ⟨z. …⟩
44 Denn ich muß ihn doch allgemein verstanden haben um ⟨an/von/⟩ ihm

1 ✳ Die Anwendung des algebraischen Satzes ist gar nicht *allgemein*, sondern – natürlich – immer eine spezielle.

2 ✳ Die Bestimmung über die Werte der Variablen im allgemeinen Satz müssen nur so sein, daß man für jeden Ausdruck erkennt, ob er ein zugelassener Wert ist oder nicht.

3 ✳ Wenn die Induktion der Beweis von A ist, dann entspricht der Verneinung von A die Verneinung der Induktion, aber die kann man nicht verneinen.

4 / Man kann nicht nach dem Ersten fragen, was jede Frage überhaupt erst möglich macht

5 / Nicht nach dem was das System erst gründet.

6 / Daß so etwas vorhanden sein muß, ist klar

7 / Und es ist auch einleuchtend, daß sich dieses Erste in der Algebra als Rechnungsregel darstellen muß, mit deren Hilfe man dann die anderen Sätze prüft.

8 ✳ Eine Gleichung zwischen reellen Zahlen ist entweder eine Festsetzung, oder aus Festsetzungen durch Substitution abgeleitet 151

9 / Suchen kann man nur in einem *Raum*. Denn nur im Raum hat man eine Beziehung zum dort, wo man nicht ist.

10 ?✳ $2^{\text{IIIII}\cdots} \cdot 3\sqrt{2-\sqrt{2+\sqrt{2+\sqrt{2+}}}}\ldots\sqrt{3} = 4 - \frac{4}{3} + \frac{4}{5} - \frac{4}{7} + \ldots$
Was damit gemeint ist, drückt sich in einer Induktion aus, oder auch in einer Gleichung eines algebraischen Systems die dieser Induktion entspricht.

11 / Ich habe immer gesagt: von *allen* Zahlen könne man nicht reden, weil es *alle* Zahlen nicht gibt. Aber das ist nur der Ausdruck eines Gefühls. Eigentlich müßte man sagen „von *allen* Zahlen *ist* in der Arithmetik nie die Rede" und wenn man trotzdem so spricht so dichtet man – so zu sagen – zu den arithmetischen Fakten etwas – unsinniges – hinzu. (Was man zur *Logik* hinzu dichtet muß natürlich *unsinnig* sein)

12 / Den Sinn eines Satzes verstehen heißt wissen wie die Entscheidung herbeizuführen ist ob er wahr oder falsch ist.

13 / Das Wesen dessen was wir Willen nennen hängt unmittelbar mit der Kontinuität des Gegebenen/der Welt/ zusammen.

4 *Die Bemerkung ist im MS am linken Rand mit einer vertikalen Wellenlinie markiert.*
20 daß sich dieses Erste in der Algebra als Rechnungsregel (darstellt …)
26 *Der Beginn der Bemerkung ist im MS mit einem vertikalen Doppelstrich markiert.*
38 *Der eingeklammerte Satz ist im MS am linken Rand mit einem vertikalen Doppelstrich markiert.*

1 / Man muß von dort wo man ist dorthin finden wo die Entscheidung liegt. 152

2 * Das Wesen des Willens hat etwas mit dem Wesen des Verstehens eines Befehls zu tun.

3 * Ich muß wissen welcher Blick die Frage entscheidet.

4 / Falsch suchen, kann man nicht, man *kann* nicht mit dem Tastsinn einen Gesichtseindruck suchen.

5 × Wert und Unwert. Die Gewichte, die auf den Schalen einer Waage liegen, in der ihnen zukommenden Gleichgewichtslage, und laut ihre Überzeugung von ihrem Gewicht äußern.

6 / Man kann ein Bild nicht mit der Wirklichkeit vergleichen wenn man es nicht als Maßstab an sie anlegen kann.

7 / Man muß den Satz mit der Wirklichkeit zur Deckung bringen können/auf die Wirklichkeit auflegen können/.

8 / Die angeschaute Wirklichkeit tritt an Stelle des Bildes.

9 / Soll ich konstatieren ob zwei Punkte eine gewisse Entfernung haben so muß ich die Entfernung ins Auge fassen *die* sie haben. 153

10 * Ich muß die Wirklichkeit ja tatsächlich mit dem Satz *vergleichen* können.

11 * „Blau und Weiß liegt nebeneinander“, das ist scheinbar ein Satz, scheinbar auch ein Bild!

11 einer Waage⟨, in einem ihnen zukommenden Gleichgewicht liegen⟩
12 und laut ⟨ihre…⟩
21 so muß ich ⟨mich auf die Entfernung beziehen⟩ *die* sie haben.

6.10.29.

1 *Unfähig zu denken. Die Gedanken fiebertraumartig, reitirierend.* Dasselbe Thema, musikalisch oder rein gedanklich oder visuell bleibt lange immer mit sehr deutlicher meist eher unangenehmer Gefühlsbelegung. „Das Thema verfolgt mich". Heute morgens träumte ich: ich hätte jemand vor langer Zeit beauftragt |mir| ein Wasserrad zu machen und nun will ich es ja gar nicht mehr haben aber er arbeitet daran herum. Die Welle lag da und schlecht sie war ringsherum eingeschnitten um etwa die Schaufeln hineinzustecken (wie beim Rotor einer |Dampf|Turbine) Er erklärte mir was das für eine langwierige Arbeit sei und ich dachte, hätte ich doch ein oberschlächtiges Rad bestellt, das wäre doch einfach zu machen. Mich peinigte das Gefühl daß der Mann zu dumm sei um ihm etwas zu erklären oder es besser zu machen und daß ich ihn so weiter wursteln lassen müsse. Ich dachte ich muß mit Menschen leben denen ich mich 154
nicht verständlich machen kann. – Das ist ein Gedanke den ich tatsächlich oft habe. Zugleich mit dem Gefühl der eigenen Schuld. Die Situation des Mannes der sinnlos und schlecht an dem Wasserrad herumarbeitet war meine eigene wie ich in Manchester aussichtslos Versuche im Hinblick auf die Konstruktion einer Gasturbine machte.

2 *Ich bin verstimmt weil es mit meiner Arbeit nicht weiter geht. Gedankenmatt. Schone dich nicht! Ich blicke in einen Abgrund, wenn ich gedenke wie sehr ich von der Natur abhängig bin. Wie sehr ich nur von Gnaden der Natur lebe. Wenn mein Talent ausläßt, in Unannehmlichkkeit oder Gefahr. Immer wieder sehe ich wie wenig ich dem Leben gewachsen bin, |nämlich| wo ich es sein s o l l t e.*

Fühle mich jetzt sehr fremd hier. Ganz auf mich verwiesen. Das könnte gut für mich sein, wenn ich es richtig zu nützen wüßte.

Es ist ein merkwürdiger Gedanke wie gut die anderen Menschen mit mir sind und wie schlecht ich doch bin. So viele Menschen sind lieb und gut gegen mich und ich bilde mir beinahe manchmal etwas darauf ein und dabei fühle ich doch 155
daß ich es nicht verdiene. Es ist mir dann als müßte ich mich doch beim jüngsten Gericht von diesen guten Menschen trennen weil sie in den Himmel gingen und ich in die Hölle.

Wenn ich nicht arbeiten kann, so bin ich wie ein geschrecktes oder verprügeltes Kind. Ich bin ohne jedes Selbstbewußtsein, ohne jeden Halt. Ich fühle daß ich ohne Daseinsberechtigung bin.

7.10.

3 * Der Satz ist nicht einfach ein Bild, sondern ein Portrait.

4 gedanklich oder visuell bleibt lange immer mit sehr deutlicher ⟨Ge…⟩
10 und ich dachte, hätte ich ⟨wenigstens⟩ ein oberschlächtiges Rad bestellt,
17 Die Situation des Mannes der sinnlos ⟨an de…⟩
22 Schone dich nicht! ⟨Ich …⟩ *–im MS nicht codiert und gestrichen*
23 wenn ich gedenke wie sehr ich von der Natur abhängig bin. ⟨Daß ich …⟩
30 gut gegen mich und ⟨ich …⟩ *–im MS nicht codiert und gestrichen*
30 ich bilde mir beinahe manchmal etwas darauf ein und dabei ⟨we…⟩
35 so bin ich wie ein geschrecktes oder verprügeltes ⟨k…⟩
39 Der Satz ist nicht einfach ein Bild, ⟨er ist⟩ ein Portrait.

1 ⚹ Daß man Bilder machen/es Bilder geben/ kann, die keine Portraits sind, hängt das damit zusammen, daß die Welt zeitlich ist?

ab cd ef df „af"

af

2 ⚹ Mein Hauptgedanke ist, daß man den Satz mit der Wirklichkeit vergleicht.

8.10.

3 *Kann noch immer nicht ordentlich, oder gar nicht, arbeiten. Die philosophische Gegend meines Gehirns liegt noch immer im Dunkeln. Und erst wenn da wieder das Licht angezündet wird geht die Arbeit wieder an.* 156

4 ⚹ Was heißt es, den Nachdruck erklären den wir auf etwas legen?

5 ⚹ Kann man sagen: Der Nachdruck drückt etwas aus was nur er ausdrücken kann und was ohne ihn nicht ausgedrückt werden kann.

6 *Hatte ein Gespräch mit Moore, das mir gut getan hat. (über Ethik)*

9.10.

7 *Emphasis can only be replaced by emphasis, not by what is emphasized.*

8 *Das Problem der Wahrheit eines Satzes entschlüpft mir.*

9 *Ich bin mir bewußt daß die herrlichsten Probleme in meiner nächsten Nähe liegen. Aber ich sehe sie nicht oder kann sie nicht fassen.*

10 *(Wenn ich Aufzeichnungen mache, denke ich meistens (in eitler Weise) daran, was einer denken würde, oder wird, der sie läse.)*

10.10.

11 *Ich denke oft darüber, ob mein Kulturideal ein neues, d.h. ein zeitgemäßes oder eines aus der Zeit Schuhmanns ist. Zum mindesten scheint es mir eine Fortsetzung dieses Ideals zu sein und zwar nicht die Fortsetzung die es damals tatsächlich erhalten hat. Also unter Ausschluß der zweiten Hälfte des 19. Jahrhunderts. Ich muß sagen, daß das rein instinktmäßig so geworden ist und nicht als Resultat einer Überlegung.* 157

12 ⚹ Man kann auch nicht verneinen, daß man Magenschmerzen hat, ohne die Möglichkeit unmittelbar vor sich zu haben.

15 noch immer im Dunkeln. Und erst wenn da wieder das ⟨l…⟩
15 Licht angezündet wird ⟨ge…⟩ *–im MS nicht codiert und gestrichen*
25 *Die Bemerkung war zunächst uncodiert, dann in codierter Form überschrieben.*
33 (in eitler Weise) daran, was einer denken würde ⟨d…⟩

1 * Was heißt es aber hier „die Möglichkeit vor sich haben“? Primitiv vorgestellt wäre es etwa so daß mir der Magen M in irgend einer Verbindung gegeben wäre und die Schmerzen S in einer anderen und ich nun sehen würde daß M und S nicht mit einander verbunden sind.

Aber so verhält es sich natürlich nicht.

Ich kann ja auch sagen: Ich sehe einen roten Fleck ohne irgend etwas Rotes zu sehen. Vielmehr liegt die Möglichkeit des Roten in dem Sehen irgend einer Farbe, also im Sehen als solchem/an und für sich/.

2 * Es ist nur wesentlich daß ich den Raum vor mir habe in dem der Magen liegt und den worin die Schmerzen liegen. 158

3 ?/ Wie es einen Sinn hat zu sagen die Farbe R ist am Ort P wenn ich überhaupt den Gesichtsraum mit dem Farbenraum „vor mir“ habe. Aber diese beiden Räume sind nicht gleichberechtigt. Denn ich kann im Gesichtsraum s u c h e n aber nicht im Farbenraum. Ich kann auf meinem Anzug nach einem weißen Fleck suchen aber nicht auf der Farbenskala nach einem Ort auf meinem Anzug.

4 ?/ Aber ist das ein wesentlicher Unterschied? Ist es nicht auch möglich auf der Farbenskala nach etwas zu suchen. Angenommen ich hätte/habe/ einen Apparat um die Farben des Regenbogens auf einem Streifen nach und nach zu erzeugen. Kann ich dann nicht nach dem Ort suchen an dem ein bestimmtes Orange auftreten wird?

5 ?/ Wenn mir ein continuierliches Spektrum gegeben ist und der Satz „rot ist an der Stelle S“, kann ich dann um den Satz zu prüfen nicht ebensogut im Spektrum nach rot suchen und sehen ob es an der Stelle S steht wie die Stelle S suchen und sehen ob dort rot steht?

6 *Ich fühle heute eine so besondere Armut an Problemen um mich; ein sicheres Zeichen das v o r m i r die wichtigsten und härtesten Probleme liegen.* 159

11.10.

7 ∅* Das Unmittelbare ist in ständigem Fluß begriffen. (Es hat tatsächlich die Form eines Stroms)

8 ∅* Es ist ganz klar, daß wenn man hier das Letzte sagen will man eben auf die Grenze der Sprache kommen muß, die es ausdrückt.

2 Primitiv vorgestellt wäre es etwa so daß ⟨ich …⟩
17 auf meinem Anzug nach einem weißen Fleck suchen aber nicht ⟨in …⟩
26 ⟨Es sei …⟩
32 ein sicheres ⟨Z…⟩ *–im MS nicht codiert und gestrichen*
35 ⟨∨⟩ *Randzeichen im MS überschrieben und ersetzt*
40 ⟨∨⟩ *Randzeichen im MS überschrieben und ersetzt*

1 *Der schlechte Mensch braucht die Empfindung eines Drucks, nur der gute kann auch frei von jedem Druck leben. Und wehe wenn man dem schlechten (wie |z.B.| mir) den Druck fortnimmt, dann spürt er sofort daß etwas nicht in Ordnung ist. Denn er weiß daß vollkommene innere Freiheit nur aus vollkommen reinem Gewissen hervorgehen dürfte. Es wäre dann wie wenn man eine Waage im Gleichgewicht sähe deren Schalen ungleich belastet sind. Dann muß man sagen diese Waage |hat| nicht eingespielt sondern sie steckt. – Damit will ich nicht sagen daß der Druck unter dem ich mich befinden muß immer ein furchtbarer /qualvoller/ sein muß. Es kann der Druck der Arbeit sein (der zugleich süß ist).* 160

2 / Die ärgsten philosophischen Irrtümer entstehen immer wenn man unsere – gewöhnliche – physikalische Sprache im Gebiet des unmittelbar Gegebenen anwenden will.

Wenn man z.B. frägt „existiert der Kasten noch wenn ich ihn nicht anschaue?“ so wäre die |einzig| richtige Antwort „gewiß, wenn ihn niemand weggetragen oder zerstört hat“. Natürlich wäre der Philosoph von dieser Antwort nicht befriedigt aber sie würde ganz richtig seine Fragestellung ad absurdum führen.

3 / Alle unsere Redeformen sind aus der normalen physikalischen Sprache hergenommen und in der Erkenntnistheorie oder Phänomenologie nicht zu gebrauchen ohne schiefe Lichter auf den Gegenstand zu werfen.

4 / Die bloße Redensart „ich nehme x wahr“ ist schon aus der physikalischen (Welt) Ausdrucksweise genommen und x soll hier ein physikalischer Gegenstand – z.B. ein Körper – sein. Es ist schon falsch diese Redeweise in der Phänomenologie zu verwenden wo dann x ein Datum bedeuten muß. Denn nun kann auch „ich“ und „nehme wahr“ nicht den Sinn haben wie oben.

5 / Wenn man z.B. sagt man sieht nie einen wirklichen Kreis sondern immer nur angenäherte Kreise, so hat das einen guten, einwandfreien, Sinn wenn es heißt daß man an einem Körper der Kreisförmig aussieht durch genaue Messung oder durch anschauen mit dem Mikroskop noch immer Ungenauigkeiten entdecken kann. Wir verlieren diesen (einwandfreien) Sinn aber wenn/sowie/ wir statt des kreisförmigen Körpers das unmittelbar Gegebene, den Fleck, oder wie man es nennen will, setzen. 161

6 / Wenn ein Kreis überhaupt das ist, was wir sehen – sehen, in demselben Sinn in dem wir den blauen Fleck sehen – dann müssen wir i h n sehen können und nicht bloß etwas ihm ähnliches.

7 *Gott, halte mein Ideal zurecht!*

8 * Das sind die gefährlichen Verschiebungen des Sinnes „ich höre die Musik“, „ich höre das Klavier“, „ich höre ihn klavierspielen“.

7 Dann muß man sagen diese Waage ⟨spielt …⟩
11 *Die Bemerkung ist im MS am linken Rand mit einem vertikalen Strich markiert.*
11 Irrtümer entstehen ⟨imme…⟩ *–im MS in Code, gestrichen und ersetzt*
41 blauen Fleck sehen – dann müssen wir i h n ⟨s e l b s t⟩ sehen können

1 / Wenn ich keinen genauen Kreis sehen kann so kann ich in diesem Sinne auch keinen angenäherten sehen. – Sondern dann ist der Euklidische Kreis – wie auch der euklidische angenäherte Kreis in diesem Sinn gar nicht Gegenstand meiner Wahrnehmung sondern etwa nur eine andere 162
logische Konstruktion die aus den Gegenständen eines ganz anderen Raumes als des unmittelbaren Sehraums gewonnen werden können.

2 / Aber auch diese Ausdrucksweise ist irreführend und man muß vielmehr sagen daß wir den Euklidischen Kreis in einem anderen Sinne sehen.

Daß also zwischen dem Euklidischen Kreis und dem Wahrgenommenen eine andere Projectionsart besteht als man naiverweise annehmen würde.

3 * Ungenauigkeit wird durch Ungenauigkeit wiedergegeben.

4 / Wenn ich sage man kann ein 10000-Eck nicht von einem Kreis unterscheiden so muß mir hier das 10000-Eck durch seine Konstruktion, durch seine Entstehung, gegeben sein. Denn wie wüßte ich sonst daß es „tatsächlich" ein 10000-Eck ist, und nicht ein Kreis.

12.10.

5 / 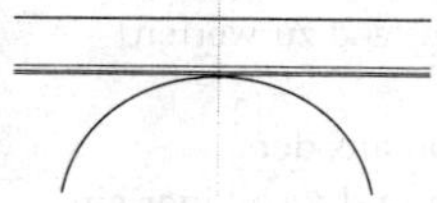 Im Gesichtsraum gibt es keine Messung.

6 * Es handelt sich nur nie darum was „auf dem Papier wirklich gezeichnet ist" sondern bloß um das was wir sehen. Und nun frägt es sich z.B. kann 163
man eine Spitze sehen; gibt es im Gesichtsraum die Möglichkeit einer Spitze (durch welche Mittel der Zeichnung/Darstellung/ diese Wirkung immer hervorgebracht sein mag)?

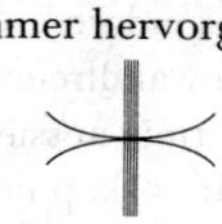

7 * Es scheint mir seltsamerweise als wäre die Spitze ebenso möglich wie eine Gerade Strecke oder ein Kreis aber auch mit diesen Begriffen ist es nicht so einfach bewandt als man ursprünglich annimmt.

8 / Man könnte z.B. im Gesichtsraum sehr wohl definieren: „Gerade ist, was nicht krumm ist." Und „Kreis ist eine Linie konstanter Krümmung".

9 * (Eine Linie ist die Grenze zweier Farben. Ein Punkt die Stelle wo drei Farben ineinander treffen)

1 ⟨×⟩ *Randzeichen im MS gestrichen und ersetzt*
16 Wenn ich ⟨sagen …⟩
16 Wenn ich sage ⟨ich …⟩
22 Im Gesichtsraum gibt es keine ⟨⟨Übertragung einer Maßeinheit⟩.⟩

1 / Wir brauchten neue Begriffe und wir nehmen immer wieder die der physikalischen Sprache. Das Wort „Genauigkeit“ ist eines jener kritischen Wörter/zweifelhaften Ausdrücke/. In der gewöhnlichen Sprache bezieht es sich auf einen *Vergleich* und da ist es ganz verständlich. Wo ein gewisser Grad der Ungenauigkeit vorhanden ist dort *kann* auch vollkommene Genauigkeit sein/ist auch vollkommene Genauigkeit möglich/. Was soll es aber heißen wenn ich sage ich kann nie einen genauen Kreis sehen und dieses Wort jetzt nicht relativ, also absolut, gebrauche?

2 / Die Worte „ich sehe“ in „ich sehe einen Fleck“ und „ich sehe eine Linie“ 164
haben also verschiedene Bedeutung.

3 / Angenommen ich muß sagen „ich sehe nie eine ganz scharfe Linie“ so ist die Frage „ist eine scharfe denkbar?“. Ist es richtig zu sagen „ich sehe keine scharfe Linie“, dann *ist* eine scharfe denkbar.

4 /× Hat es Sinn zu sagen „ich sehe nie einen genauen Kreis“ dann heißt das: ein genauer Kreis ist |im Gesichtsraum| denkbar.

Ist ein genauer Kreis im Gesichtsfeld undenkbar dann muß der Satz „ich sehe nie einen genauen Kreis im Gesichtsfeld“ von der Art des Satzes sein „ich sehe nie das hohe c im Gesichtsfeld“.

5 / Meine Erklärung von Kreis  und Geraden setzt voraus daß es einen Sinn hat von jedem Linienstück zu sagen daß es entweder krumm oder gerade sei. Wenn ich aber ein kurzes Stück einer Kurve ansehe so kann ich nicht sehen daß es gekrümmt ist. Und also scheint es als könne ein Stück einer Kurve gerade sein. Denken wir uns einen Kreis in 100 Teile geteilt. Die Teile seien so klein genommen daß man ihre Krümmung nicht sieht. Wird nun der Kreis als 100-Eck erscheinen oder doch als Kreis und zugleich aus 100 nicht gekrümmten Stücken 165
zusammengesetzt?

6 / Wenn das letzte dann ist hier gerade nicht das Gegenteil von krumm.

7 ✳ Immer wieder brauchte man einen Ausdruck wie „ich sehe *nicht* daß diese Linie von einem Kreis abweicht aber ich kann nicht sagen daß ich den Kreis sehe“. Und doch kann man das nicht sagen wenn man den Gesichtsraum *absolut* betrachtet. Aber es zeigt daß unsere Ausdrucksweise *ganz* unzulänglich ist.

1 ⟨(⟩Wir brauchten neue Begriffe und wir nehmen immer wieder die der physikalischen Sprache.⟨)⟩
3 In der gewöhnlichen Sprache ⟨bedeutet es …⟩
18 ⟨Ist es richtig⟩ zu sagen „ich sehe nie einen genauen Kreis“
21 „ich sehe nie einen genauen Kreis im Gesichtsfeld“ von der Art ⟨sein …⟩
28 Und also scheint es als könne ⟨das⟩ ein Stück einer Kurve gerade sein.

1 Man könnte denken daß das richtige Abbild des Gesichtsraums eine Euclidische Zeichenebene mit ihren ideal feinen Konstruktionen wäre die man Zittern läßt so daß alle Konstruktionen um ein Gewisses verschwimmen (und zwar zittert die Ebene nach allen in ihr liegenden Richtungen gleichmäßig.)

2 Ja man könnte auch so sagen: Sie soll genau so stark zittern daß wir es noch nicht merken dann ist ihre physikalische Geometrie ein Bild unserer phänomenologischen.

3 Die große Frage aber ist: kann man die „Verschwommenheit" des Phänomens in eine Ungenauigkeit der Zeichnung übersetzen? Es scheint mir, nein.

4 / Es ist z.B. unmöglich die Ungenauigkeit des unmittelbar gesehenen auf 166
der Zeichnung durch dicke Striche und Punkte darzustellen.

Genau so wie man die uralte Erinnerung an ein Bild nicht durch dieses Bild in blassen Farben gemalt darstellen kann. Die Blässe der Erinnerung ist etwas ganz anderes als die Blässe des gesehenen Farbtons /Farbentons/ und die Unklarheit des Sehens von anderer Art als die Verschwommenheit einer unscharfen Zeichnung. (Ja die unscharfe Zeichnung wird mit eben der Unklarheit gesehen die man durch ihre Unschärfe darstellen wollte)

5 *Im Geistigen so wie im Physikalischen ist nicht die Geschwindigkeit ein Zeichen der Kraft sondern der Beschleunigung! Man kann in seiner Jugend durch Kraft eine große Geschwindigkeit erlangt haben. Aber die ist später kein Beweis von Kraft sondern nur von gewesener Kraft. Daß ich heute schnell weiterkomme ist kein Beweis dafür daß ich heute etwas tauge. (Der Beweis dessen könnte sogar dadurch gelindert werden daß ich mich heute verzögere)*

6 *Der Wind ist in Ordnung solange er seine Stelle kennt und nicht versucht die Rolle eines Baumes zu spielen*

7 Sie soll genau so ⟨viel⟩ zittern daß wir es noch nicht merken
12 in eine Ungenauigkeit der Zeichnung übersetzen? ⟨Ich…⟩
17 Genau so wie man die ⟨uralte/dunkle/⟩ Erinnerung an ein Bild
20 und die Unklarheit des Sehens ⟨etwas ganz anderes⟩ als die
22 die man durch ⟨die⟩ Unschärfe darstellen wollte)
27 Aber die ist später kein ⟨An…⟩
32 solange er seine ⟨S…⟩ *–im MS nicht codiert und gestrichen*
32 Der Wind ist in Ordnung solange er seine Stelle ⟨weiß⟩ und nicht versucht
32 und nicht versucht ⟨ein Baum zu sein (/[/dumm ausgedrückt)/]/⟩

1 × Man kann die Sache aber auch anders auffassen: Der dicke Strich auf 167
dem Papier ist zwar nicht was ich sehe wenn ich den dünnen Strich anschaue aber er kann |in der Euklidischen Geometrie| die gleichen logischen Eigenschaften haben die das unmittelbar gegebene Korrelat des dünnen Striches hat: Es kann dennoch sein daß die euklidische Geometrie des dicken Striches tatsächlich die Geometrie des Gesichtsfeldes/Striches im Gesichtsfeld/ ist.

2 × Es wäre also – etwa – so: Ein „Kreis“ im Gesichtsfeld – ein Gesichtskreis, wäre nicht durch eine sondern durch zwei Gleichungen bestimmt. Sein logisches, nicht sein anschauliches, Bild auf der Zeichenebene wäre ein Streifen zwischen zwei konzentrischen Kreisen.

3 / Wenn im Kino eine Erinnerung oder ein Traum dargestellt werden soll so gibt man den Bildern einen bläulichen Ton. Aber die Erinnerungsbilder haben keinen bläulichen Ton also sind die bläulichen Projectionen nicht korrekte anschauliche Bilder der Träume sondern Bilder in einem nicht unmittelbar visuellen Sinn.

4 ✱ Damit ist aber nicht gesagt ob die Geometrie des dicken Striches wirklich die des Gesichtsfeldes ist. Vielmehr ist sie es gewiss nicht.

5 ×/ Eine Strecke im Gesichtsfeld muß weder grade noch krumm sein; 168
natürlich heißt die dritte Möglichkeit nicht „zweifelhaft“ (das ist Unsinn) sondern man müßte ein anderes Wort dafür gebrauchen, oder vielmehr die ganze Ausdrucksweise mit „gerade“ und „krumm“ durch eine andere ersetzen.

2 Der dicke Strich auf dem Papier ist ⟨freilich⟩ nicht was ich sehe
5 die das unmittelbar gegebene Korrelat des dünnen Striches hat: ⟨Ic...⟩
5 ⟨Di...⟩
7 *Im MS:* |Striches im| Gesichtsfeldes
9 ein Gesichtskreis⟨ –⟩ wäre nicht durch eine sondern durch zwei
11 Sein logisches, ⟨aber⟩ nicht sein anschauliches, Bild
15 ein Traum dargestellt werden soll so gibt man den Bildern einen ⟨B...⟩
16 Aber die Erinnerungsbilder haben keinen bläulichen Ton also sind ⟨jen...⟩
17 nicht korrekte anschauliche Bilder der ⟨Erinnerungen⟩ sondern
18 anschauliche Bilder der Träume sondern Bilder in einem nicht unmittelbar visuellen Sinn. *–im MS am linken Rand mit einer vertikalen Wellenlinie markiert*
21 Vielmehr ist sie es ⟨– glaube ich jetzt –⟩ gewiss nicht.
23 Eine ⟨|entsprechend| kurze⟩ Strecke im Gesichtsfeld ⟨ist...⟩
23 muß weder grade noch krumm sein⟨; Natürlich⟩ heißt

1 / Daß der Gesichtraum nicht euklidisch ist zeigt schon das Vorkommen zweier verschiedener Arten von Linien und Punkten: Die Fixsterne sehen wir als Punkte d.h. wir können nicht die Kontur eines Fixsterns sehen und der Schnitt zweier Farbengrenzen ist in anderem Sinne auch ein Punkt, Analoges von den Linien. Ich kann eine leuchtende Linie ohne Licht sehen denn anderen Falls müßte ich ihren Durchschnitt als Viereck erkennen können oder doch die vier Durchschnittspunkte der Konturen erkennen.

2 Das alles hängt mit dem Problem zusammen „wieviel Sandkörner geben einen Haufen".

Man könnte sagen: ein Haufen ist jede Gruppe von mehr als 100 Körnern und weniger als 10 Körner sind kein Haufen: das muß aber so verstanden werden daß nicht vielleicht 100 und 10 Grenzen sind die dem Begriff Haufen wesentlich sind/wären/.

Und das ist dasselbe Problem wie das, anzugeben

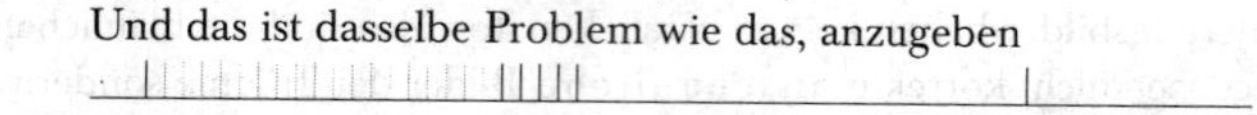

bei welchem der Verticalen Striche man zuerst einen Längenunterschied gegen den Ersten bemerkt 169

3 ⚹ Soll ich also einen Gesichtskreis so beschreiben indem ich sage: Er liegt zwischen den Gleichungen g_1 und g_2. Und zwar wäre damit nicht gesagt daß g_1 und g_2 die engsten Grenzen sind – denn die gibt es nicht sondern es sind nur überhaupt irgendwelche Grenzen zwischen denen der Kreis liegt.

4 / Ein Gesichtskreis und eine Gesichtsgerade können ein Stück mit einander gemein haben – –

5 ⚹ Wie ist es wenn man sich die Geometrie des Gesichtsfelds abgebildet denkt durch eine Zeichnung in der statt der Linien Streifen stehen/an Stelle der Linien Streifen treten/ deren Dunkelheit nach außen in das Weiß des Papiers verläuft und nach ihnen zu einem Maximum zunimmt so aber daß dieses Maximum nur entlang einer geometrischen Linie erreicht wird.

6 ⚹ Hier hätte man wirklich gleichsam die Verschwommenheit durch Verschwommenheit dargestellt. Denn wenn wir einen solchen Streifen ansehen – etwa einen Zylinder dessen dunkelste Erzeugende wir als die dargestellte Gerade auffassen – so sehen wir das Maximum der Dunkelheit weder als eine „scharfe" Gerade noch als einen gleichmäßig dunkeln Streifen von gewisser Breite. 170

2 nicht euklidisch ist zeigt schon das Vorkommen zweier ⟨A…⟩
7 müßte ich ihren Durchschnitt als Viereck erkennen können ⟨. …⟩
12 *Einrückung im MS durch einen Pfeil am Zeilenanfang markiert*
13 kein Haufen: *–der Doppelpunkt ist im MS gewellt unterstrichen*
14 daß nicht vielleicht 100 und 10 ⟨bestimmte⟩ Grenzen sind
18 man zuerst einen ⟨Unterschied gegenüber⟩ den Ersten bemerkt
27 ⟨D…⟩
31 durch eine Zeichnung in der statt der Linien ⟨nach den Re…⟩
33 zu einem Maximum ⟨das in einer geometrischen Linie …⟩

1 / Angenommen ein Planet entfernt sich von uns immer mehr und mehr bis wir ihn schließlich wie einen Fixstern als „Punkt“ sehen; wie vollzieht sich der Übergang vom kreisförmigen Fleck der eine Kontur hat zu einem, konturlosen, Lichtpunkt.

2 / Wenn ich einen gezeichneten Kreis mit einer Tangente anschaue so wäre nicht das merkwürdig daß ich niemals einen vollkommenen Kreis und eine vollkommene Gerade einander berühren sehe, interessant ist/wäre/ es erst, wenn ich das sehe und dann die Gerade ein Stück weit mit dem Kreis zusammenläuft.

3 *Ich bin innerlich sehr unruhig. Teils habe ich die Sucht in Gesellschaft zu kommen. Teils bewegen sich die Ideen ruhelos in meinem Kopf herum (teils durch Eitelkeit getrieben)*

4 / Denn erst das würde sagen, daß der Gesichtskreis |und die Gesichtsgerade| sich wesentlich von Kreis und Gerade der euklidischen /gewöhnlichen/ Geometrie unterscheiden; nicht aber das Erste, daß man nie einen vollkommenen Kreis und eine vollkommene Gerade einander 171
hat berühren sehen.

5 Das Rätsel vor dem ich jetzt stehe zeigt sich in 100 facher Form in der Sinneswelt. Ganz einfach in dem Fall des Kreisstückes das zugleich nicht gekrümmt und als Teil eines Kreises erscheint. 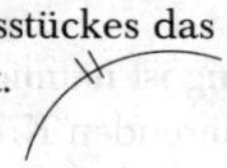 Das Problem der „Unbestimmtheit“ der Sinnesdaten.

6 * Es ist die Frage k a n n man ein Tausendeck vom Durchmesser 1 dm sehen – oder kann man es nur nicht zeichnen und hat es darum noch nie gesehen. Es scheint mir klar daß man es nicht sehen k a n n

7 * Es scheint für die G e o m e t r i e des Gesichtsfeldes ein solches Tausendeck nicht zu geben, oder, es ist i d e n t i s c h mit dem Kreis. Wenn ich das Tausendeck ansehe so erscheint es mir zugleich als Tausendeck und als Kreis. Es fehlt dem Tausendeck nichts zum Tausendeck und dem Kreis nichts zum Kreis. – Dann ist es aber begreiflich daß der Geraden nichts zur Geraden fehlt und sie doch die Seite eines Vielecks weit mit dem Kreis zusammengeht.

6 anschaue ⟨so handelt es sich nicht darum ob ich jemals⟩ einen
8 einander berühren sehe, ⟨sondern⟩ interessant ist/wäre/ es erst,
9 wenn ich das ⟨zu sehen meinte und dennoch sähe daß⟩ die Gerade
10 die Gerade ein Stück weit mit dem Kreis ⟨zusammenliefe⟩
16 Denn erst das würde sagen, daß ⟨die …⟩
17 sich wesentlich von ⟨dem⟩ Kreis und ⟨der⟩ ⟨Geraden⟩ der
20 einander hat berühren sehen. *–im MS am linken Rand mit einer vertikalen Wellenlinie markiert*
36 nichts zum Kreis. – Dann ist es aber begreiflich daß ⟨den …⟩
37 doch die Seite eines Vielecks weit mit dem Kreis ⟨zusammenfällt⟩

1 / Es gibt ein Argument für die nicht unendliche Teilbarkeit des Gesichtsraums und das liegt darin daß es möglich ist den Schnittpunkt zweier dünner Striche zu sehen ohne seine 4 Ecken zu sehen. Es scheint  so möglich einen Fleck aus unteil b a r e n Teilen zusammenzusetzen. 172

2 *Bin voll von |dummen| eitlen Gedanken. Faul und zerstreuungssüchtig.*

15.10.

3 / D.h., das was dem Gesichtskreis in der euclidischen Geometrie entspricht ist nicht ein Kreis sondern eine Klasse von Figuren unter denen auch der Kreis ist, aber etwa auch das 100-Eck etc.

Das Merkmal dieser Klasse könnte etwa sein daß es alle die Figuren sind die innerhalb eines Streifens liegen der durch Vibration eines Kreises entsteht.

4 / Aber auch das ist falsch: denn warum soll ich gerade den Streifen nehmen der durch Vibration eines Kreises und nicht den der durch Vibration des 100-Ecks entsteht?

5 / Und hier stoße ich auf die Hauptschwierigkeit denn es scheint als wäre auch die exacte B e g r e n z u n g der Unexactheit unmöglich.

6 / Die Begrenzung ist nämlich willkürlich denn wie unterscheidet sich das was dem vibrierenden Kreis entspricht von dem was dem vibrierenden 100-Eck entspricht.

7 / Etwas zieht zu folgender Erklärung hin: Alles was innerhalb aa ist 173

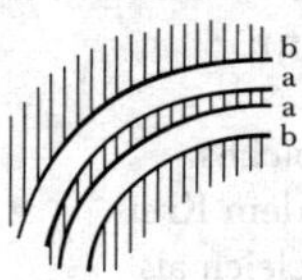

erscheint als der Kreis/Gesichtskreis/ K alles was außerhalb bb ist erscheint nicht als K. Das wäre dann der Fall des Wortes „Haufen". Es wäre eine unbestimmte Zone |offen| gelassen und die Grenzen a und b sind für den definierten Begriff nicht wesentlich.

8 ⁎ (Wenn ich die Augen schließe und ein Nachbild eines gesehenen Gegenstandes z.B. des Fensters sehe so bereitet mir das Anschauen dieses Nachbilds eine seltsame Freude. Es ist als wäre ich ganz in m e i n e r Welt.)

1 Es gibt ⟨eine …⟩
10 D.h., das was dem Gesichtskreis ⟨ent…⟩
12 nicht ein Kreis sondern eine Klasse von Figuren unter ⟨der …⟩
17 Aber auch das ist falsch⟨,⟩ denn warum soll ich gerade
18 der durch Vibration eines Kreises ⟨entsteht⟩ und nicht
21 Und hier ⟨sitzt⟩ die Hauptschwierigkeit denn es scheint
24 Die Begrenzung ⟨scheint nämlich⟩ willkürlich denn wie
25 das was dem vibrierenden Kreis entspricht von dem ⟨d…⟩
31 außerhalb bb ist erscheint nicht als K. Das wäre dann ⟨die …⟩

1 / Die Grenzen a und b sind sozusagen doch nur die Mauern der Vorhöfe. Sie sind willkürlich dort gezogen wo man noch etwas festes ziehen kann. – Wie wenn man einen Sumpf durch eine Mauer abgrenzt, die Mauer ist aber nicht die Grenze des Sumpfes sondern sie steht nur um ihn auf festem Erdreich. Sie ist ein Zeichen dafür daß innerhalb ihrer ein Sumpf ist aber nicht daß der Sumpf genau so groß ist wie die von ihr begrenzte Fläche. (keep on the safe side)

2 / Ist nun nicht die Korrelation zwischen Gesichtsraum und euclidischem Raum die: Welche |euclidische| Figur immer ich dem Betrachter zeige |so| muß er unterscheiden können ob sie der Gesichtskreis K ist oder nicht. D.h. ich werde durch ständiges Verkleinern des Intervalls 174
zwischen den vorgewiesenen Figuren das unbestimmte Intervall beliebig verkleinern können mich „einer Grenze zwischen dem was ich als K und dem was ich nicht als K sehe beliebig nähern“ können.

Andererseits aber werde ich eine solche Grenze als Linie im euklidischen Raum nie ziehen können denn könnte ich sie ziehen so müßte sie selbst zu einer der beiden Klassen gehören und die letzte dieser Klasse sein dann müßte ich also doch eine euklidische Linie sehen können.

3 / Die Axiome der/einer/ Geometrie dürfen keine Wahrheiten enthalten

17.10.

4 / Die reelle Zahl ist mit der Fiction einer unendlichen Spirale vergleichbar, Gebilde wie F, P, oder π' dagegen nur mit endlichen Stücken einer Spirale.

Denn daß ich nicht feststellen kann wie sie an einem Punkt vorbeikommt heißt eben daß es absurd ist sie mit einer vollkommenen /ganzen/ Spirale zu vergleichen, denn bei der würde ich sehen wie sie den Punkt liegen läßt

5 / Im Hintergrunde der Gedanken ist nämlich dann immer noch die Idee daß ich zwar die Spirale nicht ganz kenne und daher nicht weiß wie sie an dieser Stelle geht aber daß das was ich nicht kenne doch so oder so 175
tatsächlich der Fall ist.

6 Wahrscheinlichkeit und Galtonsche Photographie.

7 / Die Galtonsche Photographie ist das Bild einer Wahrscheinlichkeit

18.10.

8 Die Fragen über die Wahrscheinlichkeit hängen auf irgend eine Weise mit denen über die „Unbestimmtheit“ der Sinnesdaten zusammen.

1 Die Grenzen a und b sind sozusagen doch nur ⟨Vorhöfe …⟩
6 genau so groß ist wie ⟨der von ihr eingeschlossene Raum⟩
11 ob sie ⟨dem Gesichtskreis K entspricht⟩ oder nicht.
25 *Der Absatz ist im MS am linken Rand mit einem vertikalen Strich markiert.*
29 daß es absurd ist sie mit einer ⟨endlosen⟩ Spirale zu vergleichen,
38 *Im MS beidemal:* Gallstonsche
43 Die Fragen über die Wahrscheinlichkeit ⟨sind …⟩

1 / Wenn ich sage „in dieser Klasse fehlen |jeden Tag| durchschnittlich 5 Schüler“, was heißt das. Wie wird es verificiert; denn „wie ein Satz verificiert wird, das sagt er“.

(Es ist natürlich ganz klar was es heißt „dieses Jahr haben durchschnittlich 5 gefehlt“)

20.

2 / Das Gesetz der Wahrscheinlichkeit ist das Naturgesetz was man sieht wenn man blinzelt.

3 * Wir müssen den Begriff der Wahrscheinlichkeit von Metaphysischem Beiwerk/Aufputz/ freimachen (ähnlich wie es mit dem Begriff der Kraft geschehen ist) Das wird dann dazu führen die Bedeutung dieses Beiwerks zu verstehen.

22.

4 *Habe schwere Probleme in mir und bin so unklar daß ich nichts rechtes niederschreiben könnte. Soll in den zwei nächsten Termen Vorlesungen halten. Bin* 176 *zweifelhaft wie es gehen wird. Hauptsache wäre, daß jetzt meine Arbeit gut vorwärts ginge.*

5 / Die Annahme daß eine phänomenologische Sprache möglich wäre und die eigentlich erst das sagen würde was wir in der Philosopie ausdrücken müssen/wollen/ ist – glaube ich – absurd. Wir müssen mit unserer gewöhnlichen Sprache auskommen und sie nur richtig verstehen. D.h. wir dürfen uns nicht von ihr verleiten lassen Unsinn zu reden.

6 / Ich meine: was ich Zeichen nenne muß das sein was man in der Grammatik Zeichen nennt, etwas auf dem Film nicht auf der Leinwand.

23.

7 / „Ich kann nicht wissen, ob“ hat nur dann Sinn wenn ich wissen kann, nicht, wenn es undenkbar ist. – „Ich kann nie wissen, ob das was ich vor mir sehe wirklich ein Sessel ist“.

24.

8 *Wenn wir an die Zukunft der Welt denken so meinen wir immer den Ort wo sie sein wird wenn sie so weiter läuft wie wir sie jetzt laufen sehen und denken nicht daß sie nicht gerade läuft sondern in einer Kurve* und *ihre Richtung |sich| constant ändert*

2 was heißt das. ⟨D.h.: wie⟩ wird es verificiert;
22 ⟨×⟩ *Randzeichen im MS gestrichen und ersetzt*
22 Die Annahme ⟨einer …⟩
33 dann Sinn wenn ich wissen kann, nicht, wenn es ⟨unmöglich⟩ ist.
37 Wenn ⟨W…⟩
37 Wenn wir an die Zukunft der Welt denken so meinen wir immer ⟨daß sie …⟩
37 *–im MS ist* daß *nicht gestrichen*
38 den Ort wo sie sein wird wenn sie ⟨in der …⟩

1 ✳ Wenn ich sage: „Was ich hier vor mir stehen sehe ist ein paar Schuhe" und das ist überhaupt ein Satz, dann muß es eine Möglichkeit geben mit Sicherheit herauszufinden ob es so ist oder nicht. Gäbe es diese Möglichkeit nicht so könnte ich einem Kind die Sprache gar nicht beibringen denn ich dürfte dann nicht sagen „siehst Du das sind Schuhe" sondern |nur|, „das scheinen Schuhe zu sein" 177

2 ✳ Wo Täuschung möglich ist, dort ist auch Sehen der Wahrheit möglich /muß auch Sehen der Wahrheit möglich sein/.

3 // In allen philosophischen Theorien finden wir Worte deren Sinn uns von den Phänomenen des täglichen Lebens her wohl bekannt ist in einem ultraphysischen Sinn, also falsch, angewandt.

4 / Wie ist es in diesem Sinne mit dem Ausdruck „ich bin sicher daß".

25.

5 Jeder Satz ist ein leeres Spiel von Strichen oder Lauten ohne die Beziehung zur Wirklichkeit und die/seine/ einzige Beziehung |zur Wirklichkeit| ist die Art seiner Verification

26.

6 / Alles wesentliche ist, daß die Zeichen sich in wie immer complizierter Weise am Schluß doch auf die unmittelbare Erfahrung beziehen und nicht auf ein Mittelglied (ein Ding an sich)

28. 178

7 *Kann seit einer Woche nicht mehr recht arbeiten. Die Gedanken conzentrieren sich nicht auf die logischen Probleme. Ich bin nicht in die Stimmung gekommen wo ich mich unter den philosophischen Problemen zu Hause fühle.*

29.

8 / Wir verstehen die 4 an der 3ten Dezimalstelle von $\sqrt{2}$ nicht aber wir brauchen sie auch nicht zu verstehen.

Denn dieses Unverständnis wird durch den weiteren |(einheitlichen)| Gebrauch des Dezimalsystems, (sozusagen), aufgehoben

9 / Das Dezimalsystem tritt ja endlich als Ganzes zurück und dann bleibt in der Rechnung nur was der $\sqrt{2}$ wesentlich ist.

30.

10 / Um die Rationalzahlen mit $\sqrt{2}$ zu vergleichen muß ich sie |(erst)| quadrieren. – Sie nehmen dann die Form $\sqrt{a}$ an und $\sqrt{a}$ ist |hier| eine arithmetische Operation.

In diesem System hingeschrieben sind sie direkt mit $\sqrt{2}$ vergleichbar und es ist mir als wäre hier die „Spirale" der irrationalen Zahl zu einem Punkt zusammengeschrumpft.

5 ich einem Kind die Sprache gar nicht beibringen denn ich ⟨ko...⟩
6 nicht sagen „siehst Du das sind Schuhe" sondern⟨,⟩ |nur|
11 In allen philosophischen Theorien finden wir Worte ⟨die uns ...⟩

1 / Ist also die Wurzel 2 der Beweis daß sie sich in einem Zahlensystem ziehen läßt?

2 *Konnte heute etwas mehr philosophieren. Gott sei Dank.* 179

31.

3 Das Wort „anders". Wenn es anders ist, kann es nicht so sein.

4 *Ich bin ein schwaches Vieh. Kein Wunder wenn aus mir nichts wird.*

1.11.

5 *Ich träume vor mich hin.*

6 / Ein formales Gesetz muß ich am Ende sehen.

2.11.

7 * Wenn ich gesagt habe daß ein Terminus „a" in der philosophischen Ausdrucksweise überflüssig ist und mir nun vorgehalten wird ich hätte damit noch immer nicht bewiesen daß es so etwas wie a nicht gäbe, so heißt das nichts; das onus probandi ist auf Seiten dessen der den Term gebraucht. Der hat zu zeigen, in wiefern der Term notwendig/nötig/ ist, d.h. welche Bedeutung er hat.

8 / „-p→ 4" soll bedeuten: die 4te Primzahl. Kann -p→ 4 als arithmetische Operation aufgefaßt werden mit der Basis 4? So daß also -p→ 4 = 5 eine arithmetische Gleichung ist wie $4^2 = 16$?

Oder ist es so daß man -p→ 4 „nur suchen, aber nicht aufbauen" kann?

9 / Jede Rechnung der Mathematik ist eine Anwendung ihrer selbst und hat nur als solche Sinn. Darum ist es nicht nötig bei der Begründung der Mathematik/Arithmetik/ von der allgemeinen Form der |logischen| Operation zu reden. 180

3.

10 / |Reelle| Zahl ist das was mit den Rationalzahlen vergleichbar ist.

11 * Aber wie zeigt es sich allgemein daß Etwas mit den Rationalzahlen vergleichbar ist? Was ist|, so zu sagen,| die allgemeine Form der Vergleichbarkeit?

21 der den Term gebraucht. Der hat zu zeigen, ⟨daß d…⟩
25 mit der Basis 4? ⟨Ist es nicht so daß⟩ -p→ 4 = 5 eine
30 ⟨*⟩ *Randzeichen im MS gestrichen und ersetzt*
31 nicht nötig ⟨in der⟩ Begründung der Mathematik/Arithmetik/
36 |Reelle| –*das Einfügungszeichen ist im MS gewellt und einfach unterstrichen*

1 / Wenn ich sage ich nenne |irrationale| Zahl nur was mit den rationalen Zahlen vergleichbar ist so will ich damit nicht die Festsetzung einer |bloßen| Benennung überschätzen. Ich will sagen daß es gerade das ist was unter dem Namen „irrationale Zahl" gemeint oder gesucht worden ist.

2 / Ja die Art wie die irrationalen Zahlen in den Lehrbüchern eingeführt werden klingt immer so als sollte gesagt werden seht ihr es ist da keine rationale Zahl, aber |es ist| doch eine Zahl da. Aber warum nennen wir denn das, was da *ist* doch „eine Zahl"? Und die Antwort muß sein: „weil es in bestimmter Weise mit den Rationalzahlen vergleichbar ist". 181

5.

3 / $$\underbrace{\underbrace{2+3}_{5}+4}_{9} = \underbrace{\underbrace{2+4}_{6}+3}_{9} = \underbrace{\underbrace{4+3}_{7}+2}_{9}$$

„Siehst Du, es kommt tatsächlich immer das selbe heraus" möchte man sagen. So aufgefaßt haben wir ein Experiment gemacht.

Wir haben die Regeln des Eins und Eins angewendet und denen sieht man es nicht unmittelbar an daß sie |in den drei Fällen| zum gleichen Resultat führen.

Man wundert sich gleichsam, daß die Ziffern losgelöst von ihren Definitionen so richtig funktionieren. Oder vielmehr: daß die Ziffernregeln so richtig funktionieren/arbeiten/ (wenn sie nicht von den Definitionen kontrolliert werden)

Das hängt (seltsamer Weise) mit der innern Widerspruchslosigkeit der Geometrie zusammen.

Man kann nämlich sagen daß die Ziffernregeln die Definitionen immer voraussetzen. Aber in welchem Sinne? Was heißt es daß ein Zeichen ein anderes voraussetzt was augenblicklich gar nicht da ist? Es setzt seine Möglichkeit voraus; die Möglichkeit im Zeichenraum (im grammatischen Raum).

4 / Wenn die Zahl/Rationalzahl/ mit der ich meine reelle Zahl vergleichen will im Dezimalsystem/in der Dezimalnotation/ gegeben ist dann muß mir zur Durchführung des Vergleichs eine Beziehung zwischen dem Gesetz der reellen Zahl und der Dezimalnotation gegeben sein. 182

5 / 1·4 ist das die Wurzel 2? *Nein, denn* es ist die Wurzel aus 1·96. D.h. ich kann es sofort als einen Näherungswert von $\sqrt{2}$ hinschreiben; und natürlich sehen ob es ein oberer oder unterer Näherungswert ist.

1 Wenn ich sage ich nenne ⟨|reelle|⟩ Zahl nur was mit den
7 Ja die ⟨Einführung …⟩
9 aber |es ist| doch eine Zahl da. ⟨Aber was ist denn das was da ist …⟩
11 doch „eine Zahl"? Und die Antwort muß sein: „weil es ⟨mit …⟩
27 mit der innern Widerspruchslosigkeit der Geometrie zusammen.⟨)⟩
31 Es setzt seine Möglichkeit voraus⟨. Die⟩ Möglichkeit im Zeichenraum
36 gegeben ist dann muß mir ⟨damit ich …⟩

1 / Was ist ein Näherungswert? (Alle rationalen Zahlen sind doch entweder ober- oder unterhalb der Irrationalzahl?) Näherungswert ist eine Rationalzahl so hingeschrieben daß wir sie mit der Irrationalzahl vergleichen können.

2 / Analog dem Oberen: „Ist 3·14 … der Umfang des Einheitskreises?“ Nein, denn es ist der Umfang des …-Eck’s/Einheits-Eck’s/.

3 / Die Dezimalentwicklung ist dann eine Methode des Vergleichs mit Rationalzahlen, wenn es von vornherein bestimmt ist wieviele Stellen ich entwickeln muß um eine Entscheidung herbeizuführen.

4 / Es muß dazu gezeigt werden daß die Entwicklung in jedem Zahlensystem endlos ist. Und der Vergleich wird in einem System durchgeführt worin die Rationalzahl nicht periodisch ist.

5 / Wenn man die Bedeutung eines Ausdrucks wissen will: denke was man einem Kind sagt dem man ihn erklären will. 183

6 / Könnte es bei den Berechnungen eines Ingenieurs herauskommen daß – sagen wir – gewisse Maschinenteile wesentlich die Längen haben müssen die der Reihe der Primzahlen entsprechen?

6.

7 / Was ich ganz vorne in diesem Band über das Wesen der arithmetischen Gleichung gesagt habe und darüber daß eine Gleichung nicht durch eine Tautologie zu ersetzen ist, erklärt – glaube ich – was Kant meinte wenn er darauf dringt 5 + 7 = 12 sei kein analytischer Satz sondern synthetisch a priori.

7.

8 / Kann man mit Hilfe der Primzahlen eine Irrationalzahl bauen /konstruieren/? Die Antwort ist immer: Soweit man die Primzahlen voraussehen kann, ja, und weiter nicht.

Wenn es voraussehbar ist daß in diesem Intervall eine Primzahl stehen muß, dann ist dieses Intervall das Voraussehbare und Konstruierbare und es kann |daher|, glaube ich, in der Konstruktion einer Irrationalzahl eine Rolle spielen.

2 Alle rationalen Zahlen sind doch entweder ⟨oberh…⟩
2 oder unterhalb der ⟨r…⟩
14 Zahlensystem endlos ist. Und ⟨die Vergleichs-Rational-Zahl …⟩
28 erklärt – glaube ich – was Kant meinte wenn er ⟨sagt⟩ 5 + 7 = 12 sei
28 5 + 7 = 12 sei ⟨ein synthetischer Satz⟩ a priori.

1 / Der Fehler (Zirkel) in der Dedekindschen Erklärung des Unendlichkeitsbegriffs liegt in der Anwendung des Begriffs alle in der formalen Implication. Es scheint nämlich eine formale Implication zu 184 geben die – wenn man so sagen dürfte – unabhängig davon gilt ob unter ihre Begriffe eine endliche oder unendliche Zahl von Gegenständen fällt. Sie sagt einfach: Wenn das Eine von einem Gegenstand gilt so gilt auch das Andre. Sie sieht die Gesamtheit der Gegenstände gar nicht an sondern sagt nur etwas von dem Gegenstand aus der ihr gerade vorgelegt wird und ihre Anwendung ist endlich oder unendlich, je nachdem.

Wie könnten wir aber einen solchen Satz wissen? – Wie wird er verifiziert?! Was dem, was wir meinen, wirklich entspricht ist (glaube ich) gar kein Satz sondern der Schluß von φx auf ψx, wenn dieser Schluß gestattet ist – aber der wird nicht durch einen Satz ausgedrückt.

2 ∗ Aber die Primzahl ist doch auch, wenn sie einmal gefunden ist, vollständig und eindeutig construiert! Ja, aber diese Konstruktion haben wir nicht vorausgesehen. Sie ist für uns sozusagen einzeln dastehend und nicht eine Stufe der Anwendung eines Gesetzes.

3 / Primzahl zu sein ist/scheint/ quasi eine Eigenschaft einer Zahl, nicht ein Teil ihres Wesens.

4 *Ich glaube, das gute Österreichische (Grillparzer, Lenau, Bruckner, Labor) ist* 185 *besonders schwer zu verstehen. Es ist in gewissem Sinne subtiler als alles andere, und seine Wahrheit ist nie auf Seiten der Wahrscheinlichkeit.*

5 ∗ Könnte es einen |mathematischen| Ausdruck dafür geben: „n ist eine Primzahl oder sie ist durch kleinere Zahlen teilbar."?

6 ∗ Dann könnte man sagen: „3 ist eine Primzahl oder durch 2 teilbar; 4 ist eine Primzahl oder durch 2 oder 3 oder 2 und 3 teilbar, und so weiter".

7 / Ich glaube wir stoßen hier auf das Problem des Gebrauchs der Wahrheitsfunktionen in der Mathematik.

Und der Darstellung eines „logischen" Schlusses in der Mathematik!

8 ∗ Wie stellt es sich dar daß 3 durch 2 nicht teilbar ist? Etwa so $3 \neq 1 \times 2 \cdot 3 \neq 2 \times 2$ und daß 3 eine Primzahl ist durch:

$$3 \neq 1 \times 1 \cdot 3 \neq 1 \times 2 \cdot 3 \neq 1 \times 3 \text{ analog}$$

$$5 \in Pr \overset{Def}{=} 1 \times 1 \neq 5 \cdot 1 \times 2 \neq 5 \cdot 1 \times 3 \neq 5 \cdot 1 \times 4 \neq 5 \cdot 2 \times 3 \neq 5 \cdot$$
$$\cdot\ 2 \times 4 \neq 5 \cdot 2 \times 2 \neq 5 \cdot 3 \times 3 \neq 5 \cdot 3 \times 4 \neq 5 \cdot 4 \times 4 \neq 5$$

7 Gegenstand gilt so gilt auch das Andre. Sie ⟨betrachtet gar nicht …⟩
21 ⟨∗⟩ *Randzeichen im MS gestrichen und ersetzt*
25 Es ist in gewissem ⟨S…⟩ *–im MS nicht codiert und gestrichen*
32 4 ist eine Primzahl oder durch 2 oder ⟨durch⟩ 3 oder 2 und 3 teilbar,
32 4 ist eine Primzahl oder durch 2 oder 3 oder ⟨beide⟩ teilbar,

1 ✳ Oder könnte/dürfte/ man auch so schreiben:
$3 \in \mathrm{Pr} \overset{\mathrm{Def}}{=} 1 \times 1 = 1 \cdot 1 \times 2 = 2 \cdot 2 \times 2 = 4$ oder sagt hier die rechte Seite zu viel? Nicht, wenn ich sie richtig auffasse.

2 ✳ Was w e i ß ich wenn ich eine Mathematische Ungleichung weiß? |D.h.| Ist es möglich nur eine Ungleichung zu wissen, ohne ein p o s i t i v e s Wissen? 186

3 / Wenn wir bewiesen haben daß eine der Zahlen von $n + 1$ bis $n! - 1$ eine Primzahl sein muß, so haben wir eine Disjunction bewiesen und diese kann in der Konstruktion einer reellen Zahl eine Rolle spielen, nicht aber die spezielle Primzahl unter den Gliedern der Disjunktion die wir durch Probieren gefunden haben.

8.

4 / „$(3 \times 4) - 1$ ist nicht durch 3 teilbar“: was ist das für ein Satz? Und was ist sein arithmetischer Ausdruck? Es müßte eine Schreibweise für die Unteilbarkeit n o r m i e r t werden und $\frac{11}{3} = 3 + \frac{2}{3}$ wäre dann etwa der Ausdruck dafür daß 11 durch 3 nicht teilbar ist.

5 / Es handelt sich in der Philosophie immer um die Anwendung einer Reihe äußerst/sehr/ einfacher Grundsätze die jedes Kind weiß und die – enorme – Schwierigkeit ist nur sie in der Verwirrung die unsere Sprache schafft anzuwenden. Es handelt sich nie um die neuesten Ergebnisse der Experimente mit exotischen Fischen oder der Mathematik. Die Schwierigkeit aber die |einfachen| Grundsätze anzuwenden macht einen an diesen Grundsätzen selbst irre.

6 ✳ Daß 3 eine Primzahl ist, könnte ausgedrückt werden durch $2 \times 2 = 4$. Oder: $5 \in \mathrm{Pr} \overset{\mathrm{Def}}{=} 2 \times 2 = 5 - 1 \cdot 2 \times 3 = 5 + 1$ 187

7 ✳ Daß || × || n i c h t ||||||| ist sieht man, ohne die letzte Zahl tatsächlich auszuzählen.

8 ✳ Ich sehe die Verwendung des Satzes vom ausgeschlossenen Dritten in einem Mathematischen Beweis mit Mißtrauen an.

9 / Es ist klar daß wir alles in unserem Beweis (daß keine Primzahl die höchste ist) aus der Form $(2 \times 3 \times 4 \times 5) - 1$ entnehmen

10 ✳ Wie weiß ich daß „9 durch 4 n i c h t teilbar“ ist? Daraus daß $2 \times 4 = 8$ und $3 \times 4 = 12$ ist?

11 ✳ Was ist das für ein Schluß von $2 \times 2 = 4$ auf $2 \times 2 \neq 5$? Oder sehe ich einfach in demselben Factum beide zugleich?

15 ⟨7.⟩ *–Datum im MS überschrieben und ersetzt*
16 was ist das für ein Satz? Und ⟨wie⟩ ist sein arithmetischer Ausdruck?
19 Es müßte eine Schreibweise für die Unteilbarkeit n o r m i e r t werden und $\frac{11}{3} = 3 + \frac{2}{3}$ wäre dann etwa der Ausdruck *–im MS am linken Rand mit zwei vertikalen Strichen markiert*

1 ∗ Wie überzeuge ich mich davon ob 719 durch 13 teilbar ist?[1] Wie überzeuge ich mich davon daß es nicht durch 13 teilbar ist? Wie davon daß $2 + 3$ nicht 4 ist?

2 ∅ Hat es einen Sinn zu sagen daß zwei Menschen denselben Körper haben? Das ist eine ungemein wichtige und interessante Frage. Wenn es keinen Sinn hat so ist damit – glaube ich – gesagt daß nur unsere Körper das Individualisierende Prinzip sind. Es ist offenbar vorstellbar daß ich einen Schmerz in der Hand eines anderen Körpers als meinen sogenannten eigenen spüre. Wie aber wenn nun mein alter Körper ganz 188 unempfindlich und unbeweglich würde und ich nur mehr die/meine/ Schmerzen etc im |anderen| Körper empfände?

9.

3 / Daß die Negation in der Arithmetik etwas anderes bedeutet als in der übrigen Sprache scheint klar. Wenn ich sage 7 ist durch 3 nicht teilbar so kann ich davon auch kein Bild machen, ich kann mir nicht vorstellen wie es wäre wenn 7 durch 3 teilbar wäre. Das alles folgt natürlich daraus daß mathematische Gleichungen keine Sätze sind.

4 ∗ Was ist aber die correkte Darstellung von 8 ist durch 2 teilbar? Ist es: „$2 \times 2 = 8 \vee 2 \times 3 = 8 \vee 2 \times 4 = 8 \vee 2 \times 5 = 8 \vee 2 \times 6 = 8 \vee 2 \times 7 = 8$“

10.

5 / Es ist z.B. klar wie man den Begriff/die Idee/ Rot auf einen Gegenstand anwenden kann der in Wirklichkeit nicht rot, etwa blau, ist; aber es ist nicht so klar wie man die Idee der Teilbarkeit durch 3 auf eine Zahl anwenden kann die nun einmal nicht durch 3 teilbar ist. Eben weil die Teilbarkeit zum Wesen der Zahl selbst gehört. „7 ist durch 3 nicht teilbar“ scheint darin analog dem Satz: die Farbe A hat nicht eine gewisse Helligkeit. (Hätte sie sie, so wäre es nicht die Farbe A) Dagegen 189 kann man natürlich sagen die Farbe dieses Rockes hat nicht die und die Helligkeit. Und ähnlich scheint es verständlicher zu sein wenn man sagt: „die Zahl welche bei dieser Operation herauskommt ist durch 3 nicht teilbar“, oder „eine der Zahlen zwischen a und b ist nicht durch 3 teilbar“.

Eine andere Deutung ist natürlich, daß die Zahl aus einem Vielfachen von 3 und einem Rest besteht der kleiner als 3 ist. Also etwa: 5 ist durch 2 nicht teilbar $\overset{\text{Def}}{=} (2 \times 1) + 1 = 5 \vee (2 \times 2) + 1 = 5 \vee$
$\vee (2 \times 3) + 1 = 5 \vee (2 \times 4) + 1 = 5$

Aber auch das befriedigt alles nicht.

6 / Es ist sehr seltsam daß man zur Darstellung der Mathematik auch falsche Gleichungen sollte gebrauchen müssen. Denn darauf läuft das alles hinaus. Ist die Negation oder Disjunktion im gewöhnlichen Sinne in der Arithmetik notwendig, dann sind falsche Gleichungen ein wesentlicher Bestandteil ihrer Darstellung.

[1] Wie überzeuge ich mich davon ⟨daß⟩ 719 durch 13 teilbar ist?

1 ✶ Wenn $2 \times 2 = 4$ eine *richtige* Gleichung ist weil mich die Anwendung gewisser Operationen zu ihr führt so heißt $2 \times 2 = 5$ |ist| *falsch* daß mich die Anwendung dieser Operation *nicht* dazu führt.

✶ Dies wirft ein Licht darauf inwiefern die Arithmetik nichts ist als ihre eigene Anwendung. 190

2 ✶ Aber dieses „weil sie mich nicht dazu führt" kann ich doch immer ersetzen durch „weil sie mich *auf etwas anderes/zu etwas anderem/* führt"!

3 Aber der Begriff des *anderen* enthält doch das Äquivalent der Negation.

Denn ist $2 \times 2 \neq 5$ dasselbe wie $2 \times 2 = 4$ so müssen alle negativen Sätze $2 \times 2 \neq 5$, $2 \times 2 \neq 6$, etc gleichbedeutend sein.

4 Nun scheint aber unser Interesse an der Negation in der Arithmetik auf eigentümliche Weise beschränkt zu sein. (Und zwar scheint es mir so als sei eine gewisse Allgemeinheit nötig um uns die Negation interessant zu machen)

5 Den Satz $2 \times 3 \neq 7$ sagen wir in der Schule wenn uns ein Kind geantwortet hat $2 \times 3 = 7$.

6 ✶ Damit hängt es zusammen daß es mich interessieren kann daß 145 durch 5 teilbar ist, wenn ich aber nun statt dieses Satzes die ganze Disjunktion $2 \times 5 = 145 \vee 3 \times 5 = 145$ u.s.w. u.s.w. hinschreibe so erscheint sie läppisch.

Das ist aber wohl nur darum so weil ich die meisten Glieder der Disjunktion *ohne weiteres* als falsch erkenne. Schriebe ich nur diejenigen Glieder hin die mir prima facie nicht ausgeschlossen erscheinen so wäre der Satz in Ordnung. 191

7 ✶ Das ist von größerer Bedeutung als es vielleicht scheint. Wir können nämlich durch irgendwelche Regeln eine Reihe von Gliedern dieser Disjunktionen von von vornherein ausschalten/(cancel)/ und das ist sehr merkwürdig. (So könnte man z.B. sagen in der Disjunktion $2 \times 5 = 145 \vee 3 \times 5 = 145$ etc, lasse ich gleich einmal die Glieder weg in denen der Multiplicator von 5 einstellig ist und die in denen er 3-stellig ist.) Aber wieweit darf ich diese Ausschließung treiben?

2 weil mich die Anwendung gewisser Operationen zu ihr führt so ⟨ist …⟩
4 *Im MS eine eigenständige Bemerkung, mit einem Pfeil am linken Rand der vorangehenden Bemerkung als Absatz zugeordnet.*
11 ⟨/⟩ *Randzeichen im MS gestrichen*
11 Aber ⟨dies…⟩
13 Denn ⟨wäre⟩ $2 \times 2 \neq 5$ dasselbe wie $2 \times 2 = 4$ so müssen alle negativen
16 Nun scheint aber ⟨unsere …⟩
18 (Und zwar scheint es mir so als ⟨wäre⟩ eine gewisse Allgemeinheit
21 sagen wir in der Schule wenn uns ein ⟨Bub …⟩
22 sagen wir in der Schule wenn uns ein Kind ⟨gesagt⟩ hat
25 durch 5 teilbar ist, wenn ich aber nun statt dieses Satzes ⟨alle …⟩
38 die Glieder weg in denen der Multiplicator von 5 einstellig ist ⟨. …⟩

1 ✳ Übrigens ist das nicht eben durch die Methode bestimmt durch welche/die/ wir für gewöhnlich die Teilbarkeit einer Zahl bestimmen nämlich die gewöhnliche Division. Hier schalten wir eine große Zahl von Möglichkeiten von vornherein durch gewisse Regeln aus. Z.B. wenn ich zu rechnen beginne 267 : 7 = 3.

2 / Man kann aber die Unteilbarkeit augenfällig darstellen (z.B. im „Sieb“)

Man sieht wie alle teilbaren Zahlen ober- oder unterhalb der betrachteten Zahl liegen.

Die Negation in der Arithmetik wird hier durch die Negation im Raum das „woanders“ dargestellt

3 ✳ Wenn es uns interessiert daß 8 durch 2 teilbar ist so muß es uns nicht 192
interessieren daß $2 \times 4 = 8$ sondern uns interessiert das was dieser Fall mit $2 \times 3 = 6$ $2 \times 5 = 10$ etc. gemein hat, das ist das was durch eine Induktion ausgedrückt ist.

4 ✳ Und wenn uns interessiert, daß 7 durch keine ihr vorhergehende Zahl teilbar ist so interessiert uns auch hier nicht einfach $2 \times 3 = 6 \cdot 2 \times 4 = 8 \cdot 3 \times 3 = 9$ (was ja zeigt daß 7 eine Primzahl ist) sondern wieder das Allgemeine was eine Induktion zeigt.

5 / D.h./Ist es wahr/ Wenn ich die Unteilbarkeit einer Zahl durch eine andere beobachte so beobachte ich damit wesentlich ein negatives Merkmal

6 / Ich meine also positiv und negativ sind nicht einfach relativ sondern es gibt ein absolut positives, (und daher auch ein absolut negatives)

7 *Wenn etwas Gut ist so ist es auch Göttlich. Damit ist seltsamerweise meine Ethik zusammengefaßt.*

8 *Nur das Übernatürliche kann das Übernatürliche ausdrücken.*

15.

9 / Der Allgemeine Satz [Ich sehe einen Kreis auf rotem Grund] scheint 193
einfach ein Satz zu sein der Möglichkeiten offen läßt.

Gleichsam ein unvollständiges Bild. Ein Porträt in dem |z.B.| die Augen nicht gemalt wurden.

Was aber hätte diese Allgemeinheit mit der/einer/ Gesamtheit von Gegenständen zu tun?

10 / Es muß unvollständige Elementarsätze geben von deren Anwendung der Begriff der Allgemeinheit herrührt.

34 *Die Bemerkung wurde uncodiert begonnen, dann in Code überschrieben*
37 kann das ⟨U…⟩ *–im MS nicht codiert und gestrichen*
43 Ein Porträt in dem |z.B.| die ⟨Farbe der …⟩

1 / Dieses uncomplette Bild ist wenn wir es mit der Wirklichkeit vergleichen entweder richtig oder falsch. Jenachdem die Wirklichkeit mit dem was aus dem Bild zu ersehen ist, übereinstimmt oder nicht.

2 / Die Theorie der Wahrscheinlichkeit hängt hiermit so zusammen daß die allgemeinere d.i. unvollständigere Beschreibung wahrscheinlicher zutrifft als die vollständigere.

3 / Die Allgemeinheit in diesem Sinne tritt also in die Lehre von den Elementarsätzen ein und nicht in die Lehre von den Wahrheitsfunktionen.

4 / Angenommen mein unvollständiges Bild ist: Ein roter Kreis steht auf
einem |andersfarbigen| Hintergrund von der Farbe x. Es ist klar daß 194
dieses Bild im positiven Sinne als Satz verwendet werden kann, aber
auch im negativen. Im negativen Sinne sagt es was Russell durch
~(∃x) φx ausdrückt.

5 / Gibt es nun in meiner Auffassung auch ein Analogon zu Russells (∃x)~φx?

Das hieße: Es gibt ein x wofür es nicht wahr ist daß ein roter Kreis auf dem Hintergrund von dieser Farbe steht. Oder mit anderen Worten: Es gibt eine Farbe des Hintergrunds auf der kein roter Kreis steht. Und das ist |hier| Unsinn!

6 Wie ist es aber mit dem Satz „es gibt eine rote Kugel die nicht in dem Kasten ist„ oder „es gibt einen roten Kreis der nicht in dem Quadrat ist". Das ist wieder die |allgemeine| Beschreibung eines Gesichtsbildes.

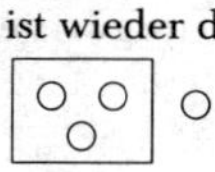

7 Hier scheint nun die Negation in anderer Weise gebraucht zu sein. Denn
es scheint freilich als könnte ich den Satz „dieser Kreis ist nicht im
Viereck" so ausdrücken daß das „nicht" vor den Satz zu stehen kommt.
Aber das scheint eine Täuschung zu sein. Wenn man mit dem Wort
„dieser Kreis" meint „der Kreis auf den ich zeige" so stimmt es allerdings
denn dann sagt der Satz ‚es ist nicht wahr daß ich auf einen Kreis zeige 195
der im Viereck ist', er sagt aber nicht daß ich auf einen Kreis zeige
der außerhalb des Vierecks ist.

8 Die Negation ist hier gleichsam eine materielle Negation

10 Die Allgemeinheit in diesem Sinne tritt also in die Lehre von den ⟨prim…⟩
23 Farbe des Hintergrunds *–im MS am linken Rand mit einer vertikalen Wellenlinie markiert*
26 Wie ist es aber mit dem Satz „es gibt ⟨einen …⟩
28 Das ist wieder die |allgemeine| Beschreibung eines ⟨Gesichtsfeldes⟩
34 „dieser Kreis ist nicht im Viereck" so ausdrücken daß ⟨die N…⟩
37 allerdings denn dann sagt ⟨scheint⟩ der Satz ⟨zu sagen⟩
37 allerdings denn dann sagt der Satz ⟨„der Kreis auf den ich zeige ist nicht im Viereck". Aber das sagt nur„ich zeige auf einen …⟩
38 einen Kreis zeige der im Viereck ist', er sagt aber nicht ⟨„⟩daß

1 / Das hängt damit zusammen daß es Unsinn ist einem Kreis einen Namen zu geben. Ich kann nämlich nicht sagen „der Kreis A ist nicht im Viereck". Denn das hätte nur dann einen Sinn wenn es einen Sinn hätte zu sagen „der Kreis A ist im Viereck" auch wenn er nicht darin ist.

2 * Mit der logischen Negation will ich eine bestimmte Beschreibung als falsch ausschließen. Welche Beschreibung schließe ich aber in diesem Sinne aus wenn ich sage: Es gibt einen blauen Kreis der nicht im Viereck ist.

3 * (Neue Perspectiven öffnen sich)

4 / Wenn sich die Allgemeinheit mit den Wahrheitsfunktionen nicht mehr zu einem homogenen Ganzen verbindet, dann kann keine Negation unter einer Allgemeinheitsbezeichnung stehen. 196
Freilich könnte ich sagen: „Es gibt einen roten Kreis außerhalb des Vierecks" heißt „es ist nicht wahr daß alle roten Kreise im Viereck sind". Aber welche alle?

5 / Alle Kreise sind im Quadrat kann nur entweder heißen „eine gewisse Anzahl von Kreisen ist im Quadrat" oder „es ist kein Kreis außerhalb". Der Satz „es ist kein Kreis außerhalb" ist aber wieder die Verneinung einer Allgemeinheit und nicht die Verallgemeinerung einer Verneinung.

6 / Der Satz |die Hypothese| ist mit der Wirklichkeit gekuppelt und mehr oder weniger lose. Im extremen Fall besteht keine Verbindung mehr, die Wirklichkeit kann tun was sie will ohne mit dem Satz in Conflict zu kommen: dann ist der Satz die Hypothese sinnlos!

7 * Man kann die Menschen nicht zum Guten führen; man kann sie nur irgendwohin führen; das Gute liegt außerhalb des Tatsachenraumes.

16.

8 / Wenn man die Gedanken über Wahrscheinlichkeit und ihre Anwendung betrachtet so ist es immer als vermischten sich a priori und a posteriori, als könnte der selbe Sachverhalt durch Erfahrung (gefunden oder) 197 bestätigt werden dessen Bestehen a priori einleuchtet. Das zeigt natürlich daß in unseren Gedanken etwas nicht in Ordnung ist und zwar vermengen wir scheinbar immer das angenommene Naturgesetz mit der Erfahrung.

1 Das hängt damit zusammen daß es ⟨unsinni…⟩
13 ⟨D…⟩ Wenn ⟨di…⟩
26 und mehr oder weniger lose. Im extremen Fall besteht keine ⟨v…⟩
28 mit dem Satz in Conflict zu kommen: dann ist der Satz ⟨sin…⟩
40 immer das angenommene Naturgesetz mit der Erfahrung. *–im MS am linken und rechten Rand mit je einer vertikalen Wellenlinie markiert*

1 / Es scheint nämlich immer als stimmte unsere Erfahrung (etwa beim Mischen) mit der a priori berechneten Wahrscheinlichkeit überein. Aber das ist Unsinn. Wenn die Erfahrung mit der Berechnung übereinstimmt so heißt das, es wird durch die Erfahrung meine Berechnung gerechtfertigt und natürlich nicht das an ihr was a priori ist sondern die Grundlagen die a posteriori sind. Das aber müssen gewisse Naturgesetze sein die ich zur Grundlage meiner Berechnungen nehme *und diese werden bestätigt nicht die Wahrscheinlichkeitsrechnung.*

2 / Die Wahrscheinlichkeitsrechnung kann das Naturgesetz nur auf eine andere Form bringen. Sie transformiert das Naturgesetz. Sie ist das Medium durch welches wir das Naturgesetz betrachten, und anwenden.

3 / Wenn ich z.B. würfle so kann ich scheinbar |a priori| vorhersagen daß die Ziffer 1 durchschnittlich in sechs Würfen einmal vorkommen wird 198
und kann das dann durch die Erfahrung bestätigen. Aber durch das Experiment bestätige ich nicht die Rechnung sondern das angenommene Naturgesetz das mir die Wahrscheinlichkeitsrechnung in verschiedenen Formen darbieten kann. Ich kontrolliere durch das Medium der Wahrscheinlichkeitsrechnung hindurch das Naturgesetz das der Rechnung zu Grunde liegt.

Dieses Naturgesetz stellt sich in unserem Falle so dar daß die Wahrscheinlichkeit daß die einzelnen Flächen oben zu liegen kommen für alle sechs Flächen die gleiche ist. Dieses Gesetz ist es was wir überprüfen.

4 / Dies ist natürlich nur dann ein Naturgesetz wenn es durch einen bestimmten Versuch bestätigt und |auch| durch einen bestimmten Versuch widerlegt werden kann. Das ist in der gewöhnlichen Auffassung nicht der Fall, denn wenn *jedes* Ereignis durch irgend ein Zeitintervall gerechtfertigt werden kann, so kann *jede beliebige* Erfahrung mit dem Gesetz in Übereinstimmung gebracht werden. Das heißt aber, das Gesetz läuft leer: Es ist sinnlos.

5 / Gewisse |mögliche| Ereignisse müssen dem Gesetz wenn es überhaupt 199
eines sein soll widersprechen und treten diese ein so müssen sie durch ein anderes Gesetz erklärt werden (|be| accounted for)

19.

6 ∗ Warum nenne ich Zahnschmerzen „*meine* Zahnschmerzen“?

2 (etwa beim Mischen) mit der a priori berechneten ⟨Erf…⟩
3 Wahrscheinlichkeit überein. Aber das ist ⟨un…⟩
3 Unsinn. Wenn die ⟨bei den Ub…⟩
12 Sie ist das Medium durch welches ⟨hindurch⟩ wir das Naturgesetz
12 Sie ist das Medium durch ⟨das hindurch⟩ wir das Naturgesetz
15 so kann ich scheinbar |a priori| vorhersagen daß die ⟨Zahl⟩ 1
22 Dieses Naturgesetz ⟨ist in unserem Falle, daß …⟩
23 daß die einzelnen ⟨Seiten⟩ oben zu liegen kommen
24 oben zu liegen kommen für alle sechs Flächen ⟨glei…⟩
32 mit dem Gesetz in ⟨Einklang gebracht⟩ werden.
40 ⟨∅⟩ *Randzeichen im MS überschrieben und ersetzt*

1 ✶ Wenn ich von dem Anderen sage, er habe Zahnschmerzen so meine ich mit „Zahnschmerz“ gleichsam einen Abstrakt von dem was ich gewöhnlich „*meine* Zahnschmerzen“ nenne.

20.

2 / Man wettet immer auf eine Möglichkeit unter der Annahme der Uniformität der Naturgeschehnisse.

3 / Wenn man sagt die Moleküle eines Gases bewegen sich nach den Gesetzen der Wahrscheinlichkeit so macht das den Eindruck, als bewegten sie sich nach irgend welchen Gesetzen a priori. Das ist natürlich Unsinn. Die Gesetze der Wahrscheinlichkeit d.i. die, die der Rechnung zu *Grunde* liegen sind hypothetische Annahmen die dann von der Rechnung ausgeschrotet und in anderer Form von der Erfahrung bestätigt – oder widerlegt – werden.

4 / Wenn man das ansieht was man die aprioristische Wahrscheinlichkeit nennt und dann ihre Bestätigung durch die relative Häufigkeit von 200 Ereignissen so fällt einem vor allem das auf, daß die Wahrscheinlichkeit a priori die etwas glattes ist die relative Häufigkeit bedingen soll die etwas ungleichmäßiges ist. Wenn die beiden Heubündel gleichgroß und in gleicher Entfernung sind so würde das erklären, daß der Esel zwischen beiden untätig stehen bleibt, aber es ist keine Erklärung dafür, daß er ungefähr ebensooft von dem einen als von dem anderen frißt. *Das* bedarf *anderer* Naturgesetze zu seiner Erklärung. – Die Tatsache daß der Würfel homogen und genau gleichseitig ist und daß die mir bekannten Naturgesetze nichts über das Resultat eines Wurfes sagen, genügt nicht, um auf eine ungefähr gleichmäßige Verteilung der Ziffern 1 bis 6 in den Wurfresultaten zu schließen. Vielmehr liegt in der Voraussage daß eine solche Verteilung der Fall sein wird, eine Annahme über jene Naturgesetze die ich *nicht* genau kenne. Eben die Annahme daß SIE eine solche Verteilung hervorbringen werden.

1 ⟨∅⟩ *Randzeichen im MS überschrieben und ersetzt*
9 Wenn man sagt die Moleküle eines Gases bewegen sich ⟨de…⟩
10 so macht ⟨uns⟩ das den Eindruck, als bewegten sie sich
20 die Wahrscheinlichkeit ⟨|sozusagen| etwas glattes ist und man kann …⟩
22 und in gleicher Entfernung sind so ⟨wäre zu verstehen d…⟩
26 gleichseitig ist und daß ⟨ferner⟩ die mir bekannten Naturgesetze
30 Vielmehr liegt in der ⟨Annahme⟩ daß eine solche Verteilung
30 Vielmehr liegt in der Voraussage daß ⟨|sich …|⟩
30 eine solche Verteilung ⟨das Ergebnis wird …⟩

1 × Zur Erklärung des Satzes „er hat Zahnschmerzen“ sagt man etwa: „ganz einfach, ich weiß was es heißt daß ich Zahnschmerzen habe und wenn 201 ich sage daß er Zahnschmerzen hat, so meine ich daß er jetzt das hat was ich damals hatte“. Aber was bedeutet „er“ und was bedeutet „Zahnschmerzen HABEN“. Ist das eine Relation die die Zahnschmerzen damals zu mir hatten und jetzt zu ihm. Dann wäre ich mir also jetzt auch der Zahnschmerzen bewußt und dessen daß er sie jetzt hat, wie ich eine Geldbörse jetzt in seiner Hand sehen kann die ich früher in meiner gesehen habe.

Hat es einen Sinn zu sagen „ich habe Schmerzen, ich merke sie aber nicht“? denn in diesem Satz könnte ich dann allerdings statt „ich habe“ „er hat“ einsetzen. Und umgekehrt wenn die Sätze „er hat Schmerzen“ und „ich habe Schmerzen“ auf der gleichen logischen Stufe stehen so muß ich im Satz „er hat Schmerzen die ich nicht fühle“ statt „er hat“ „ich habe“ setzen können. – – Ich könnte auch so sagen: Nur insofern ich Schmerzen haben kann die ich nicht fühle, kann er Schmerzen haben die ich nicht fühle. Es könnte dann noch immer der Fall sein daß ich tatsächlich die Schmerzen die ich habe immer fühle aber es muß einen Sinn haben das zu verneinen.

2 / Es ist nicht möglich etwas zu glauben was man sich nicht irgendwie verifiziert denken kann. 202

Wenn ich sage, ich glaube daß jemand traurig ist, so sehe ich gleichsam sein Benehmen durch das Medium der Traurigkeit, unter dem Gesichtspunkt der Traurigkeit.

3 / Könnte man aber sagen: „mir scheint ich bin traurig, ich lasse den Kopf so hängen“

4 ✳ Der Gott der seinen Platz in der Welt also in der Sprache fände wäre ein Götze.

21.

5 ✳ Was immer ich als sublim bezeichnen möchte, man kann es auch trivial ansehen.

6 / Angenommen wir hätten einen Apparat um unsere Sehtätigkeit völlig auszuschalten, so daß wir den Gesichtssinn verlieren könnten, und angenommen ich hätte ihn auf solche Weise ausgeschaltet: könnte ich in diesem Zustand sagen „ich sehe nicht einen gelben Fleck auf rotem Grund“? Könnte diese Rede für mich Sinn haben?

1 ⟨∅⟩ *Randzeichen im MS überschrieben und ersetzt*
7 Dann wäre ich mir also jetzt auch der Zahnschmerzen bewußt ⟨aber …⟩
8 wie ich eine Geldbörse jetzt in seiner Hand sehen ⟨kann⟩
10 Hat es einen Sinn zu ⟨z…⟩
14 so muß ich im Satz „er hat Schmerzen die ich nicht ⟨spüre⟩
39 und angenommen ich hätte ihn auf solche Weise ausgeschaltet⟨,⟩
41 auf rotem Grund“? Könnte diese Rede für mich ⟨s…⟩

1 ✳ Schaue ich etwa in ein Kaleidoskop und es fragt mich jemand „ist der Gelbe Fleck noch an dieser Stelle?“ so weiß ich daß ich hinschauen muß um es herauszufinden (und nicht etwa *horchen* muß ob er da ist). Ich habe eine bestimmte Methode um es herauszubringen. – Wenn mich jemand fragt „regnet es draußen?“ und ich antworte „nein“ so kann er sagen „wie weißt Du daß es nicht regnet, Du hast ja nicht nachgeschaut“. 203

2 / Ich will sagen: Einer Frage, entspricht |unmittelbar| eine *Methode* des Findens

3 / Oder man könnte sagen: Eine Frage *bezeichnet* eine Methode des Suchens.

4 ✳ Hier trifft man auf das Problem des Wiedererkennens. Wenn ich sage „ich habe jetzt keine Zahnschmerzen werde aber bald welche haben“ so setzt das voraus daß ich das Gefühl der Zahnschmerzen als solches wiedererkenne wenn es eintritt.

5 ✳ Man könnte das Problem auch so fassen: Mit dem Wort Schmerz meine ich etwas was jetzt nicht existiert. Ist dann das Wort Schmerz nicht Unsinn, es sei denn daß es im Russellschen Sinne eine Beschreibung ist mit Hilfe von Termen die jetzt existieren?

6 × Wenn ich sage „ich habe jetzt keine Schmerzen“, so beschreibe ich damit offenbar meinen gegenwärtigen Zustand.

Und also bezeichnet „keine-Schmerzen“ diesen Zustand, dagegen „Schmerzen“ einen anderen Zustand und die formale Beziehung der beiden Ausdrücke bedeutet eine formale Beziehung der Zustände.

7 × „Ich habe keine Schmerzen“ heißt: Wenn ich den Satz „ich habe Schmerzen“ mit der Wirklichkeit vergleiche so zeigt es sich daß er falsch ist. – Ich muß ihn also mit dem was tatsächlich der Fall ist vergleichen können. Und diese Möglichkeit des Vergleichs – obwohl er nicht stimmt – ist es was wir mit dem Ausdrucke meinen das was der Fall ist müsse sich im gleichen Raum abspielen wie das verneinte; es müsse *nur anders* sein. 204

1 *Im MS ein Absatz, durch ein Randzeichen als eigenständige Bemerkung gekennzeichnet.*
14 ⟨∅⟩ *Randzeichen im MS überschrieben und ersetzt*
19 ⟨∅⟩ *Randzeichen im MS überschrieben und ersetzt*
24 ⟨∅⟩ *Randzeichen im MS überschrieben und ersetzt*
30 ⟨∅⟩ *Randzeichen im MS überschrieben und ersetzt*
32 der Wirklichkeit vergleiche so zeigt es sich daß er falsch ist⟨“ …⟩
32 Ich muß ihn also mit dem was ⟨wirklich⟩ der Fall ist vergleichen können.
34 des Vergleichs – obwohl er nicht stimmt – ist es was wir ⟨meinen …⟩

22.

1 / Man kann durch Induction zeigen daß wenn man von einer Zahl successive 3 subtrahiert bis es nicht mehr geht nur entweder 0, oder 1 oder 2 als Rest bleiben können. Die Fälle der ersten Klasse nennt man die in denen die Division aufgeht.

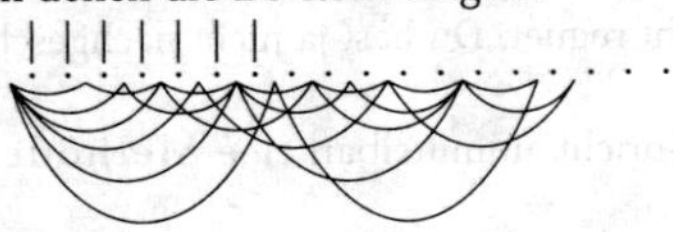

24.

2 / Das Suchen nach einem Gesetz der Verteilung der Primzahlen ist einfach das Bestreben das negative Kriterium der Primzahl durch ein positives zu ersetzen. Oder richtiger das unbestimmte durch ein bestimmtes.

3 / Ich glaube die Negation ist hier nicht was sie in der Logik ist sondern eine Unbestimmtheit. Denn wie erkenne, verifiziere, ich das Negative? 205
Durch ein unbestimmtes aber Positives.

25.

4 / Alles was nötig ist damit unsere Sätze (über die Wirklichkeit) Sinn haben ist, daß unsere Erfahrung *in irgend einem Sinne* mit ihnen eher übereinstimmt oder eher nicht übereinstimmt. Das heißt die unmittelbare Erfahrung muß nur irgend etwas an ihnen, irgend *eine* Fassette bewahrheiten. Und dieses Bild ist ja unmittelbar aus der Wirklichkeit genommen, denn wir sagen, „hier ist ein Sessel" wenn wir nur *eine* Seite von ihm sehen.

5 ∗ Es ist sehr schwer über die Beziehung der Sprache zur Wirklichkeit zu reden ohne Unsinn zu reden oder zu wenig zu sagen.

6 / Die phänomenologische Sprache oder „primäre Sprache" wie ich sie nannte schwebt mir jetzt nicht als Ziel vor; ich halte sie jetzt nicht mehr für möglich. Alles was möglich und nötig ist, ist das Wesentliche *unserer* Sprache von ihrem Unwesentlichen zu sondern.

7 / D.h. Wenn man quasi die Klasse der Sprachen beschreibt die ihren Zweck erfüllen dann hat man damit ihr Wesentliches gezeigt und damit die unmittelbare Erfahrung unmittelbar dargestellt. 206
Jedesmal wenn ich sage die und die Darstellung könnte man auch durch diese andere ersetzen, machen wir einen Schritt weiter zu dem Ziele das Wesen des Dargestellten zu erfassen.

5 Die Fälle der ersten Klasse nennt man die in denen die ⟨Definition …⟩
18 eine Unbestimmtheit. Denn wie erkenne⟨ ich das …⟩
18 verifiziere, ich ⟨den negativen …⟩
36 was möglich und nötig ist, ist das Wesentliche *unserer* ⟨tatsa…⟩
36 was möglich und nötig ist, ist das Wesentliche *unserer* Sprache ⟨vom …⟩
41 wenn ich sage die und die Darstellung könnte ⟨ich⟩ auch durch
42 auch durch diese andere ersetzen, ⟨ohne daß wi…⟩

1 / Eine Erkenntnis dessen was an unserer Sprache wesentlich und was an ihr zur Darstellung unwesentlich ist, eine Erkenntnis welche Teile unserer Sprache leer laufende Räder sind kommen auf die Konstruktion einer phänomenologischen Sprache hinaus.

2 / Was heißt es $\sim(5 \times 5 = 30)$? Es kommt mir vor als dürfte man es nicht *so* schreiben, sondern $5 \times 5 \neq 30$; und zwar, weil ich nichts negieren, sondern eine, wenn auch unbestimmte, Beziehung zwischen 5×5 und 30 feststellen will (also etwas Positives). Man könnte |allerdings| sagen: „wohl, aber diese Beziehung ist doch jedenfalls unverträglich mit $5 \times 5 = 30$“ – Und so ist die Beziehung der Unteilbarkeit zur Beziehung der Teilbarkeit! Es ist ganz klar, daß wenn ich die Teilbarkeit ausschließe das in diesem logischen System äquivalent ist mit dem Feststellen der Beziehung der Unteilbarkeit. – Und ist das nicht derselbe Fall wie der einer Zahl die kleiner als 5 ist wenn sie *nicht* gleich oder 207 größer ist?

3 / Es sträubt sich nun etwas gegen die Anwendung des Satzes vom ausgeschlossenen Dritten in der Mathematik.

Freilich ist schon der Name dieses Satzes irreleitend. Denn er klingt immer als handle es sich in ihm um einen Fall ähnlich dem: „ein Frosch ist entweder braun oder grün ein Drittes gibt es nicht“.

4 / Es ist auch ein Gedanke der immer wiederkehrt daß man |zwar| nicht sagen kann „5 ist nicht teilbar“ weil man den Begriff der Teilbarkeit auf 5 gar nicht anwenden kann, aber von den nicht teilbaren Zahlen, *im allgemeinen*, reden kann als den Zahlen die außerhalb der Klasse der teilbaren Zahlen ist. Oder: Man kann nicht sagen daß 5 nicht teilbar ist, aber daß 5 nicht eine der teilbaren Zahlen ist; 5 ist/liegt/ außerhalb der teilbaren Zahlen.

7 und zwar, weil ich nichts negieren(will), sondern eine
13 daß wenn ich die Teilbarkeit ausschließe das ⟨äquivalent ist …⟩
25 daß man |zwar| nicht sagen kann „5 ist nicht teilbar“ weil man ⟨die …⟩
26 den Begriff der Teilbarkeit auf 5 ⟨ub…⟩
26 gar nicht anwenden kann, ⟨sondern⟩ von den nicht teilbaren Zahlen,

26.

1 ✶ Wenn ich sage: „Alle meine Geschwister sind in dieser Gesellschaft“ ist das derselbe Satz wie „P, M, G, H, sind in der Gesellschaft“? Nein, denn man könnte mich daraufhin noch fragen „und sind das alle Deine Geschwister?“. Ich brauche also noch den Satz „P, M, G, H, sind alle meine Geschwister“. Dieser Satz heißt nun vor allem nicht daß alle anderen Menschen |aufgezählt| nicht meine Geschwister sind. Denn wie 208 wüßte ich hier wo diese Aufzählung zu Ende ist? Und ich brauchte nun einen weiteren Satz daß A, B, C, etc alle Menschen sind. Und das ist noch immer ein Satz und nicht von der Art „A, B, C, etc. sind alle Gegenstände“. Den Satz „A, B, C sind alle Menschen“ könnte man etwa so interpretieren: Nur in den Fällen A, B, C |etc|, haben sich die Moleküle so vereinigt um die Form eines Menschen zu geben. Und dieser Satz ist von der Art „die Moleküle haben sich nur in n Fällen zu Gruppen dieser Art ☘ vereinigt. Und hier gibt es nun zwei Fälle: Entweder die „Moleküle“ sind die Elemente und unterscheidbar so daß sie Eigennamen haben können und das ist der Fall den ich in meinem Buch angenommen habe dann ist das Faktum durch ein logisches Produkt von Gliedern, sagen wir, von der Form R(x, y, z) ausgedrückt und hier gibt es nun keinen Satz mehr der sagt daß diese Gegenstände alle Gegenstände sind. Oder die Moleküle sind in irgend einem Sinne Materie in einem bestimmten Teil des Raumes zu einer bestimmten Zeit dann ist die Beschreibung des Factums analog der des Gesichtsbildes in dem sich, sagen wir, vier Gruppen von roten Kreisen ☘ befinden.

27.

2 × Man kann erst dann gut philosophieren, wenn der Krampf des Denkens gelöst ist. 209

D.h. wenn die unnötige/unnütze/ und hinderliche Spannung des Gehirns aufgehört hat.

3 / Arithmetik redet nicht von Zahlen, sondern sie arbeitet mit Zahlen.

4 ✶ Wie sind die Zahlen richtig einzuführen, und braucht man sie „einzuführen“?

5 / Der Kalkül setzt den Kalkül voraus.

6 / Sind denn nicht die Zahlen eine logische Eigentümlichkeit des Raumes und der Zeit?

7 / Der Kalkül selbst besteht nur im Raum und der Zeit.

3 wie „P, M, G, H, *Paul, Mining, Gretl, Helene*
13 so vereinigt um die Form eines Menschen zu geben⟨“⟩
14 „die Moleküle haben sich nur in n Fällen ⟨in⟩ Gruppen ⟨zu dreien⟩ ☘
17 die Elemente und unterscheidbar so daß sie ⟨Namen⟩ haben können
17 haben können und ⟨dann ...⟩
18 angenommen habe dann ist das Faktum ⟨ei...⟩ durch ⟨eine ...⟩
19 *Im MS:* ein logisches Produkt von |Gliedern|

1 / Was man mit einem Satze meinen k a n n, das d a r f man auch mit ihm meinen. Wenn Leute sagen mit dem Satz „hier steht ein Sessel“ meine ich nicht bloß, was die unmittelbare Erfahrung mir zeigt sondern noch etwas darüber hinaus, so kann man nur antworten: Was ihr meinen könnt muß mit irgend einer Art von Erfahrung zusammenhängen, und was immer ihr meinen k ö n n t ist unantastbar

2 / Wenn es wahr wäre daß die Zahlen in keiner wesentlich anderen Verbindung vorkommen als in (∃x, y, z), dann wäre die 3 einfach so zu definieren (∃xyz)… $\stackrel{\text{Def}}{=}$ (∃xxx)… $\stackrel{\text{Def}}{=}$ (∃3x)… und analog alle Ziffern und 210
dem entsprechend die variable Zahl.

3 / (E243x) φx · (E183x) ψx · Indep. ⊃ (E243 + 183x) φx ∨ ψx
Wie weiß ich daß das so ist, wenn ich nicht den Begriff der Addition in Verbindung mit dieser Anwendung eingeführt habe? Ich kann zu diesem Satz nur durch Induktion kommen. D.h. Dem allgemeinen Satz (|vielmehr| der Tautologie) (Enx) φx · (Emx) φx · Indep. ⊃ ⊃ $(\text{E}n + m)_x$φx ∨ ψx entspricht eine Induktion (Spirale) und diese Induktion ist der Beweis des oberen Satzes „(E243x) φx etc“ noch ehe wir 243 + 183 wirklich ausgerechnet, und versucht haben ob das eine Tautologie ergibt.

4 / Wenn uns vorgehalten wird daß die Sprache alles mit Hilfe von Substantiven, Adjectiven und Verben ausdrücken kann so müssen wir sagen daß es dann jedenfalls nötig ist zwischen ganz verschiedenen Arten von Substantiven |etc| zu unterscheiden da verschiedene grammatikalische Regeln von ihnen gelten. Dies zeigt sich darin daß es nicht erlaubt ist, sie für einander einzusetzen. Es zeigt sich dadurch daß ihr substantivischer Character nur eine Äußerlichkeit war und daß wir es wirklich mit ganz verschiedenen Wortgattungen zu tun haben. Die Wortgattung wird |erst/nur/| durch a l l e grammatischen Regeln 211
bestimmt die von einem Wort gelten. Und so betrachtet hat unsere Sprache eine Unmenge verschiedener Wortarten.

5 / Ich sagte: Wenn es wahr wäre daß die Zahlen nur – d.h. prinzipiell nur – in |der| Verbindung (∃nx) φx vorkämen, so wären sie durch diese Verbindung einzuführen. Das ist nun nicht wahr aber etwas anderes und doch analoges ist der Fall. D.h. die Zahlen kommen in irgend einer charakteristischen Verbindung in unseren Sätzen vor und in dieser Verbindung sind sie einzuführen.

9 anderen Verbindung vorkommen als ⟨im Ausdruck⟩ (∃x, y, z)
10 so zu definieren (∃xyz)… $\stackrel{\text{Def}}{=}$ (∃xxx)… ⟨oder⟩ $\stackrel{\text{Def}}{=}$ (∃3x)
20 noch ehe wir 243 + 183 wirklich ausgerechnet⟨ habe…⟩
24 von Substantiven, ⟨Adjectiva⟩ und Verben ausdrücken kann
24 von Substantiven, Adjectiven und Verben ausdrücken kann so ⟨muß …⟩
25 müssen wir sagen daß ⟨sie …⟩
26 zwischen ganz verschiedenen Arten von⟨, sagen wir,⟩ Substantiven |etc|
29 sie für einander einzusetzen. Es zeigt sich dadurch daß ⟨si…⟩
31 |erst/nur/| *–die eingefügten Varianten sind im MS mit einem Fragezeichen markiert*
32 Und so betrachtet ⟨gibt es⟩ eine Unmenge verschiedener Wortarten.
36 so wären sie ⟨in dieser⟩ Verbindung einzuführen.

1 / Es ist jetzt z.B. klar daß der Satz „in dem weißen Quadrat sind 3 schwarze Kreise“ nicht von der Art (∃x, y, z) φx · φy · φz ist. Und der Irrtum daß es doch der Fall ist, ist von der gleichen Art wie der welcher verschiedene Arten von Subjekt–Prädicat Sätzen nicht unterscheidet.

2 / Tatsächlich hängt die Fregesche (und Russellsche) Theorie der Zahlen mit der Subject–Prädicat Theorie der Sätze zusammen denn Begriff und Gegenstand sind Prädicat und Subject. Und in demselben Sinn in dem man vorläufig von Subject und Prädicat reden kann wobei man aber im Auge behalten muß daß man den Satz noch nicht analysiert hat, in 212 demselben Sinn kann man die Zahlen in der Verbindung (∃nx) φx einführen, wobei aber klar sein muß daß das keine Analyse des Satzes darstellt und außerdem irreleitend |ist| weil das Zeichen (∃ ....) ... die Möglichkeit zu sinnlosen Konstruktionen gibt (äußere und innere Verneinung)

28.

3 / Sobald man exacte Begriffe der Messung auf die unmittelbare Erfahrung anwenden will stößt man auf eine eigentümliche Verschwommenheit in dieser Erfahrung. D.h. aber nur eine Verschwommenheit relativ zu jenen Maßbegriffen. Und es scheint mir nun daß diese Verschwommenheit nicht etwas Vorläufiges ist das genauere Erkenntnis später eliminieren wird, sondern eine charakteristische logische Eigentümlichkeit. Wenn ich z.B. sage ich sehe jetzt einen roten Kreis auf blauem Grund und erinnere mich einen vor ein paar Minuten gesehen zu haben der gleich groß oder vielleicht etwas kleiner war und ein wenig lichter so ist d i e s e Erfahrung nicht exacter zu beschreiben.

Die Wörter „ungefähr“, „beiläufig“, etc haben freilich nur relativen Sinn aber sie sind doch n ö t i g und sie charakterisieren die Natur unserer Erfahrung; nicht als an sich beiläufig oder verschwommen aber doch als 213 beiläufig und verschwommen in Relation zu den Mitteln unserer Darstellung.

4 ⁎ In der Philosophie kommt es immer wieder vor daß unsere Glieder in eine ihnen unnatürliche Stellung kommen wir aber die natürliche nicht finden können und uns einreden dies sei die natürliche und wir müssen uns nur an sie gewöhnen. Aber nur so ist ein Fortschritt zu hoffen daß wir uns nicht an sie gewöhnen sondern unablässig trachten die natürliche zu suchen und die Erleichterung die dann eintritt wenn wir sie gefunden haben sagt augenblicklich daß sie es ist.

5 ⁎ Die philosophische Aufgabe mit Beziehung auf den Gesichtsraum besteht eben – wie immer – |nur| darin falsche philosophische Theorien über ihn zurückzuweisen

4 ist von der gleichen Art wie der welcher verschiedene ⟨S...⟩
13 |ist| *–das Einfügungszeichen ist im MS gewellt unterstrichen*
13 weil das Zeichen (∃ ....) ... zu ⟨Mißbräuchen der ...⟩
20 Verschwommenheit in dieser Erfahrung. D.h. ⟨eine Vers...⟩
25 und erinnere mich einen ⟨gleichen⟩ vor ein paar Minuten

1 / Die Geometrie des Gesichtsraums ist die Syntax der Sätze die von den Gegenständen im Gesichtsraum handeln.

2 / Die Axiome |– z.B. –| der Euclidischen Geometrie sind verkappte Regeln einer Syntax. Das wird sehr klar wenn man zusieht was ihnen in der analytischen Geometrie entspricht.

29.

3 / Man könnte sich die Konstruktionen der Euklidischen Geometrie alle tatsächlich ausgeführt denken, etwa indem man als Gerade die Kanten 214 und als Ebenen die Oberflächen von Körpern benützt. Das Axiom – z.B. – daß durch je 2 Punkte sich eine Gerade ziehen läßt hat hier den klaren Sinn daß zwar nicht durch je zwei beliebige Punkte eine Gerade gezogen *ist* aber daß es *möglich* ist eine zu ziehen und das heißt nur daß der Satz „eine Gerade geht durch diese Punkte“ *Sinn* hat. D.h. die Euklidische Geometrie ist die Syntax der Aussagen über *Gegenstände* im Euclidischen Raum. Und diese Gegenstände sind nicht Geraden, Ebenen und Punkte sondern *Körper*.

4 / Wenn man einem Körper einen Namen gibt so kann man nicht in demselben Sinne seiner Farbe, seiner Gestalt, seiner Lage, seiner Oberfläche Namen geben. Und umgekehrt.

„A“ ist der Name einer Gestalt nicht einer Gruppe von Graphitteilchen

Die verschiedenen Arten des Gebrauchs von Namen entsprechen ganz den verschiedenen Gebrauchsweisen des hinweisenden Fürworts. Wenn ich sage „das ist ein Sessel“, „das ist der Ort wo er gestanden ist“, „das ist die Farbe die er hatte“ so ist das Wort „*das*“ in soviel 215 verschiedenen Art und Weisen gebraucht. (Ich kann nicht im gleichen Sinn auf einen Ort, eine Farbe etc hinweisen)

5 / Zu sagen, die Punkte die dieses Experiment liefert liegen durchschnittlich auf dieser Linie, z.B., einer Geraden heißt etwas ähnliches wie aus einer gewissen Entfernung angesehen erscheinen sie in einer Geraden zu liegen.

6 / Wenn ich behaupte „das ist die Regel“, so hat das nur solange Sinn als ich bestimmt habe wieviel Ausnahmen von der Regel ich maximal zulasse ohne die Regel umzustoßen.

1 ist die Syntax der Sätze ⟨über die Gegenstände des …⟩
5 wenn man ⟨schaut⟩ was ihnen in der analytischen Geometrie entspricht.
11 die Kanten ⟨von Körpern⟩ und als Ebenen die Oberflächen
12 Das Axiom – z.B. – daß durch je 2 Punkte ⟨ein…⟩
18 Ebenen und Punkte sondern *Körper* ⟨oder Far…⟩
20 Wenn man einem Körper einen Namen ⟨W…⟩
26 ganz den verschiedenen Gebrauchsweisen des ⟨Wortes dies…⟩
29 (Ich kann nicht im ⟨selben⟩ Sinn auf einen Ort, eine Farbe
34 etwas ähnliches wie ⟨von⟩ einer gewissen Entfernung angesehen
37 „das ist die Regel“, so hat das nur solange ⟨einen⟩ Sinn

1 / Ich kann von einer Linie  sagen der allgemeine Eindruck ist der einer Geraden aber nicht von der Linie  obwohl es möglich wäre dieses Stück im Laufe eines langen Linienstückes zu sehen in dem sich seine Abweichung von der Geraden verlieren würde.

Ich meine: Nur von dem wirklich gesehenen Stück hat es Sinn zu sagen es mache den allgemeinen Eindruck einer Geraden und nicht von einem hypothetisch angenommenen.

2 / Von Sinnesdaten in dem Sinne dieses Wortes in dem es undenkbar ist daß der Andere sie hat, kann man eben aus diesem Grunde auch nicht 216 sagen daß der Andere sie nicht hat. Und aus ebendiesem Grunde ist es sinnlos zu sagen daß i c h im Gegensatz zum Anderen sie h a b e.

3 * Dies weist einfach darauf hin daß mit dem Begriff der Sinnesdaten etwas nicht in Ordnung ist.

4 / Man sagt „Deine Zahnschmerzen k a n n ich nicht fühlen"; meint man damit nur daß man die Zahnschmerzen des anderen tatsächlich bis jetzt nie gespürt hat? Und nicht vielmehr daß es logisch unmöglich ist?

5 ⊠ Der Begriff der Zahnschmerzen als eines Gefühlsdatums ist allerdings auf den Zahn des Anderen ebenso anwendbar wie auf den meinen aber nur in dem Sinne in dem es ganz wohl möglich wäre in dem Zahn in eines anderen Menschen Mund Schmerzen zu empfinden. Im Einklang mit der gegenwärtigen Ausdrucksweise würde man aber diese Tatsache nicht durch die Worte „Ich fühle seinen Zahnschmerz" ausdrücken sondern durch „Ich habe in seinem Zahn Schmerzen". – Man kann nun sagen: Freilich hast Du nicht seinen Zahnschmerz denn es ist auch dann sehr wohl möglich daß er sagt „ich fühle in diesem Zahn nichts". Und 217 sollte ich in diesem Fall sagen „Du lügst, ich fühle wie Dein Zahn schmerzt"?

4 in dem sich ⟨die⟩ Abweichung von der Geraden verlieren würde.
10 Von Sinnesdaten in dem Sinne ⟨des⟩ Wortes
22 Der Begriff der Zahnschmerzen ⟨ist a…⟩
28 sondern durch ⟨durch⟩ „Ich habe in seinem Zahn

1 / Wie unterscheiden sich *seine* Zahnschmerzen von den *meinen*? Wenn das Wort „Z.“ dieselbe Bedeutung hat in „ich habe Z.“ und „er hat Z.“, was heißt es dann zu sagen daß er nicht dieselben Z. haben kann wie ich? Wie können sich denn Z. von einander unterscheiden? Durch Stärke und ähnliche Charakteristica und durch die Lokation. Wenn diese aber in beiden Fällen die gleichen sind! Wenn man aber einwendet, ihr Unterschied sei eben der daß in einem Fall *ich* sie habe im anderen Fall *er*; dann ist also die besitzende Person ein Characteristicum der Zahnschmerzen selbst; aber was ist dann mit dem Satz „ich habe Z.“ (oder dem anderen) ausgesagt? Gar nichts!

Wenn das Wort „Z.“ in beiden Fällen die gleiche Bedeutung hat, dann muß man die Z der beiden mit einander vergleichen können und wenn sie in Stärke etc mit einander übereinstimmen so sind sie die gleichen Z. wie zwei Anzüge die *gleiche* Farbe haben wenn sie in Bezug auf Helligkeit, Sättigung etc. mit einander übereinstimmen.

Ebenso ist es Unsinn zu sagen daß zwei Menschen nicht das gleiche Sinnesdatum besitzen können, wenn mit „Sinnesdatum“ wirklich das 218
Primäre gemeint ist.

2 / Was heißt bei einem Häufigkeitsexperiment „in the long run“?

30.

/ Ein Experiment muß einen Anfang und ein Ende haben!

3 ⚹ Geometrie ist die Syntax der Sätze von den räumlichen Gegenständen.

4 / Das Experiment des Würfelns dauert eine gewisse Zeit und unsere Erwartungen von der Zukunft können sich nur auf Tendenzen gründen, die wir in den Ergebnissen dieses Experiments wahrnehmen. D.h. das Experiment kann nur die Erwartung begründen daß es nun *so* weiter gehen wird wie es das Experiment gezeigt hat aber wir können nicht erwarten daß das Experiment, wenn fortgesetzt nun Ergebnisse liefern wird die mehr als die des wirklich ausgeführten Experiments mit einer vorgefaßten Meinung |über den Verlauf| übereinstimmen.

3 „er hat Z.“, was heißt es dann zu sagen daß ⟨ich …⟩
5 Durch Stärke und ähnliche ⟨Eigen…⟩
7 Wenn man aber einwendet, ⟨der⟩ Unterschied sei eben der
11 Wenn das Wort „Z.“ in beiden Fällen die ⟨selbe⟩ Bedeutung hat,
18 wenn mit „Sinnesdatum“ wirklich das *Primäre* gemeint ist⟨?⟩
20 (⚹) *Randzeichen im MS gestrichen und ersetzt*
22 *Im MS eine Bemerkung, durch eine Klammer am linken Rand der vorhergehenden als Absatz zugeordnet.*
26 und ⟨was wir von der⟩ Zukunft ⟨erwarten⟩ können ⟨wir nur …⟩
29 D.h. das Experiment kann ⟨nur …⟩
30 wie es das Experiment ⟨ergibt⟩ aber wir können
32 wenn fortgesetzt nun Ergebnisse liefern wird ⟨die …⟩
32 die mehr als die des ⟨ersten⟩ Experiments
32 die mehr als die des wirklich ⟨ausgeführ…⟩
32 mit ⟨irgendeiner⟩ vorgefaßten Meinung |über den Verlauf|

1 / Wenn ich also, z.B., Kopf und Adler werfe und in den Ergebnissen des Experiments selbst keine Tendenz der Kopf- und Adler-Zahlen finde sich weiter einander zu nähern so gibt das Experiment mir keinen Grund zur Annahme daß die Fortsetzung eine solche Annäherung 219 zeigen wird. Ja, die Erwartung dieser Annäherung muß sich *selbst* auf einen bestimmten Zeitpunkt beziehen, denn ich kann nicht erwarten daß etwas *einmal* eintreten wird ohne jede |endliche| Zeitbestimmung.

2 / Ich kann nicht sagen:  schaut gerade aus denn es kann das Stück einer Linie sein die mir als Ganzes den Eindruck der Geraden macht.

3 × Nicht nur kümmert sich die Erkenntnistheorie nicht um die Wahr- und Falschheit der eigentlichen Sätze, sondern es ist sogar eine philosophische Methode gerade die Sätze ins Auge zu fassen deren Inhalt uns physikalisch als der aller Unmöglichste erscheint (z.B. daß einer im Zahn eines Anderen Schmerzen hat) Sie betont damit, quasi, daß ihr Reich alles auch nur Denkbare umfaßt.

1 und in ⟨meinem Experiment⟩ selbst keine Tendenz
3 finde sich weiter einander zu nähern so ⟨habe ich keinen Grund anzun…⟩
4 daß die ⟨weitere⟩ Fortsetzung eine solche Annäherung zeigen wird.
5 Ja, die Erwartung ⟨einer solchen⟩ Annäherung
7 |endliche| *–das Einfügungszeichen ist im MS gewellt unterstrichen*
9 schaut ⟨aus wie eine Gerade⟩ denn es kann das Stück einer Linie sein
13 kümmert sich die ⟨Philosophie⟩ nicht um die Wahr- und Falschheit
15 eine philosophische Methode gerade die Sätze ⟨zu …⟩ ⟨ins Au…⟩

1.12.

1 *Ein seltsamer Traum. Heute gegen Morgen träumte mir: Ich sehe in einer
Illustrierten Zeitschrift eine Photographie von Vertsagt der ein viel
besprochener Tagesheld ist. Das Bild stellt ihn in seinem Auto dar. Es ist von
seinen Schandtaten die Rede; Hänsel steht bei mir und noch jemand anderer
ähnlich meinem Bruder Kurt. Dieser sagt daß Vertsag ein Jude sei aber die* 220
*Erziehung eines reichen schottischen Lords genossen habe |jetzt ist er
Arbeiterführer|. Seinen Namen habe er nicht geändert weil das dort nicht Sitte sei.
Es ist mir neu daß Vertsagt den ich mit der Betonung auf der ersten Silbe
ausspreche ein Jude ist und ich erkenne daß ja sein Name einfach verzagt heißt. Es
fällt mir nicht auf daß es mit „ts" geschrieben ist was ich ein wenig fetter als das
übrige gedruckt sehe. Ich denke: muß denn hinter jeder Unanständigkeit ein Jude
stecken. Nun bin ich und Hänsel auf der Terrasse eines Hauses etwa des großen
Blockhauses auf der Hochreit und auf der Straße kommt in seinem Automobil
Vertsag; er hat ein böses Gesicht ein wenig rötlich blondes Haar und einen solchen
Schnauzbart (er sieht nicht jüdisch aus). Er feuert nach rückwärts mit einem
Maschinengewehr auf einen Radfahrer der hinter ihm fährt und sich vor
Schmerzen krümmt und der unbarmherzig durch viele Schüsse zu Boden geschossen
wird. Vertsag ist vorbei und nun kommt ein junges Mädchen ärmlich aussehend
auf einem Rade daher und auch sie empfängt die Schüsse von dem
weiterfahrenden Vertsag. Und diese Schüsse die ihre Brust treffen machen ein
brodelndes Geräusch wie ein Kessel in dem sehr wenig Wasser ist über einer* 221
*Flamme. Ich hatte Mitleid mit dem Mädchen und dachte: nur in Österreich kann
es geschehen daß dieses Mädchen kein Hilfreiches Mitleid findet und die Leute
zusehen wie sie leidet und umgebracht wird. Ich selbst fürchte mich auch davor ihr
zu helfen weil ich die Schüsse Vertsags fürchte. Ich nähere mich ihr, suche aber
Deckung hinter einer Planke. Dann erwache ich. Ich muß nachtragen daß in dem
Gespräch ob Hänsel erst in Anwesenheit des anderen dann nachdem er uns
verlassen hat ich mich geniere und nicht sagen will daß ich ja selbst von Juden
abstamme oder daß der Fall Vertsags ja auch mein Fall ist. Nach dem Erwachen
komme ich darauf daß ja verzagt nicht mit „ts" geschrieben wird glaube aber
sonderbarerweise daß es mit „Pf" geschrieben wird „pferzagt". Ich habe den
Traum gleich nach dem Erwachen notiert. Die Gegend die in dem Traum etwa
der Gegend hinter der Hochreiter Kapelle entspricht (die Seite gegen den
Windhut) stelle ich mir im Traum als einen |steilen| bewaldeten Abhang und eine
Straße im Tal vor wie ich es in einem anderen Traum gesehen habe. Ähnlich
einem Stück der Straße von Gloggnitz nach Schlagl. Als ich das arme Mädchen
bedauere sehe ich undeutlich ein altes Weib welches sie bedauert aber sie nicht zu* 222
*sich nimmt und ihr hilft. Das Blockhaus auf der Hochreit ist auch nicht deutlich
wohl aber die Straße und was auf ihr vorgeht. Ich glaube ich hatte eine Idee daß
der Name wie ich ihn im Traume ausspreche „Vért-sagt" ungarisch ist. Der Name
hatte für mich etwas böses, boshaftes, und sehr männliches.*

2 Ein seltsamer Traum⟨:⟩ Heute gegen Morgen träumte mir: Ich sehe
2 Ich sehe in ⟨der⟩ einer ⟨„⟩Illustrierten Zeitschrift eine Photographie
5 Es ist von seinen ⟨Sch...⟩ *–im MS nicht codiert und gestrichen*
10 der Betonung auf der ersten Silbe ausspreche ein Jude ist und ich ⟨den...⟩
10 daß ja sein Name einfach verzagt heißt. ⟨Ich ...⟩
25 wie sie leidet und umgebracht wird. Ich selbst ⟨tra...⟩
27 einer Planke. ⟨D...⟩ *–im MS nicht codiert und gestrichen*
28 Ich muß nachtragen daß in dem Gespräch ob Hänsel ⟨das ...⟩
36 im Traum als einen |steilen| bewaldeten Abhang und eine ⟨s...⟩
36 wie ich es in einem anderen Traum gesehen habe. ⟨Die G...⟩

1 / Der Strom des Lebens, oder der Strom der Welt, fließt dahin [„alles fließt"] und unsere Sätze werden sozusagen nur durch Augenblicke/in (flashes) Augenblicken/ verifiziert.

2 / Unsere Sätze werden nur von der Gegenwart verifiziert.

Sie müßten also so gemacht sein, daß sie von ihr verifiziert werden können. Sie müssen das Zeug haben um von ihr verifiziert werden zu können. Dann haben sie also in irgend einer Weise die commensurabilität mit der Gegenwart und diese können sie nicht haben *trotz* ihrer raum-zeitlichen Natur sondern diese muß sich zu jener verhalten wie die Körperlichkeit eines Maßstabes und seine Ausgedehntheit mittelst der er mißt. In welchem Falle man auch nicht sagen kann: „ja, der Maßstab mißt die Länge trotz seiner Körperlichkeit, freilich ein Maßstab der nur Länge hätte wäre das Ideal, wäre quasi der *reine* Maßstab". 223
Nein, wenn ein Körper Länge hat, so kann es keine Länge ohne einen Körper geben. – Und wenn ich auch verstehe daß in einem bestimmten Sinn nur die Länge des Maßstabes mißt, so bleibt doch was ich in die Tasche stecke der Maßstab, der Körper, und nicht die Länge.

3 * Sicher, wenn die Physik ihre Hypothesen ändert so geschieht es nur weil sie mit irgendwelchen *Beobachtungen* nicht übereinstimmen. Und wenn sie mit den Beobachtungen übereinstimmen dann ist das alles was die Physik von ihnen verlangt; also auch alles was sie leisten.

4 / Die Anschauungen neuerer Physiker (Eddington) stimmen ganz mit der meinen überein wenn sie sagen daß die Zeichen in ihren Gleichungen keine Bedeutungen mehr haben und daß die Physik zu keinen solchen Bedeutungen gelangen kann sondern bei den Zeichen stehen bleiben muß. Sie sehen nämlich nicht daß diese Zeichen *insofern* Bedeutung haben und nur *insofern* Bedeutung haben, als ihnen das unmittelbar beobachtete Phänomen (etwa Lichtpunkte) entspricht oder nicht entspricht.

5 / Das Phänomen ist nicht Symptom für etwas anderes sondern ist die Realität.

6 / Das Phänomen ist nicht Symptom für etwas anderes was den Satz erst wahr oder falsch macht sondern ist selbst das was ihn verifiziert. 224

13 der Maßstab mißt die Länge trotz seiner Körperlichkeit, ⟨ein …⟩
18 des Maßstabes mißt, so bleibt doch was ich in die Tasche stecke ⟨was …⟩
21 ihre Hypothesen ändert so geschieht es nur weil ⟨die alten …⟩
21 sie mit irgendwelchen *Beobachtungen* nicht ⟨übereinstimmt⟩
25 stimmen ganz mit ⟨den⟩ meinen überein wenn sie sagen

2.

1 / 

Die Gleichung dieser Linie kann man darstellen als Gleichung einer Geraden A–B mit einem variablen Parameter dessen Verlauf die *Abweichungen* von der Geraden ausdrückt. Es ist nicht wesentlich daß diese Abweichungen „gering“ seien. Sie können so groß sein, daß die Linie einer Geraden nicht ähnlich sieht. Die „Gerade mit Abweichungen“ ist *nur eine Form* der Beschreibung. Sie macht es mir möglich einen bestimmten Teil der Beschreibung zu vernachlässigen – wenn ich will.

Die Form der Regel mit Ausnahmen.

2 / Alle |„begründete“| Erwartung ist Erwartung daß eine bis jetzt beobachtete Regel weiter gelten wird.

Die Regel |aber| muß beobachtet worden sein und kann nicht selbst wieder |nur| erwartet werden.

3 / Die Theorie der Wahrscheinlichkeit hat es nur in *sofern* mit |dem Zustand| der Erwartung zu tun wie etwa die Logik mit dem Denken.

4 / Die Wahrscheinlichkeit hat es vielmehr mit der Form und einem (gewissen) Standard der Erwartung zu tun.

5 / Es handelt sich um die Erwartung daß die zukünftige Erfahrung einem Gesetz entsprechen wird, dem die bisherige Erfahrung entsprochen hat. 225

6 / Es ist wahrscheinlich daß ein Ereignis eintrifft, heißt: *es spricht etwas dafür*, daß es eintrifft.

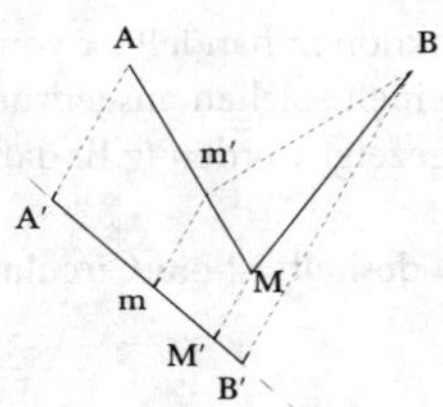

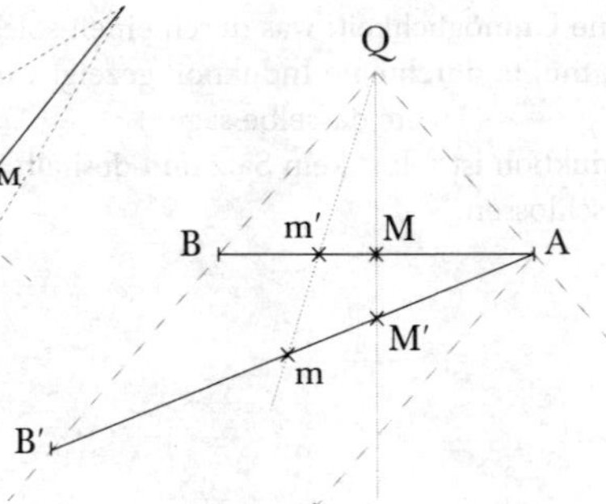

5 Es ist ⟨unwesentlich⟩ daß diese Abweichungen „gering“ seien
15 |aber| *–das Einfügungszeichen ist im MS gewellt unterstrichen*
16 |nur| *–das Einfügungszeichen ist im MS gewellt unterstrichen*
19 in *sofern* mit |dem Zustand| der Erwartung zu tun wie ⟨die …⟩
21 Die Wahrscheinlichkeit hat es vielmehr mit ⟨einer⟩ Form
27 ⟨Ein …⟩

1 / Von der Lichtquelle Q wird ein Lichtstrahl ausgesendet der die Scheibe AB trifft und dort einen Lichtpunkt erzeugt und dann die Scheibe AB′ trifft und auf ihr einen Lichtpunkt erzeugt. Wir haben keinen Grund anzunehmen daß der Punkt auf AB rechts oder links von M aber auch keinen Grund anzunehmen daß der Punkt auf AB′ rechts oder links von m ist, das gibt scheinbar widersprechende Wahrscheinlichkeiten. Aber angenommen ich habe eine Annahme über die Wahrscheinlichkeit
gemacht daß der Punkt |auf AB| in AM liegt, wie wird diese Annahme 226
verifiziert? Doch durch einen Häufigkeitsversuch. Angenommen dieser bestätigt die eine Auffassung so ist sie |damit| als die richtige erkannt und erweist sich so als eine PHYSIKALISCHE Hypothese. Die Geometrische Konstruktion zeigt nur daß die Gleichheit der Strecken AM und BM *kein* Grund zur Annahme gleicher Wahrscheinlichkeit war.

2 / Den Goldbachschen Satz *glauben* hieße einen Beweis für ihn zu haben glauben denn ihn quasi in Extenso glauben kann man nicht weil das nichts heißt und eine Induktion der er entspricht kann man sich nicht vorstellen bis man sie hat.

3.

3 / Der Widerspruch des Kretischen Lügners könnte auch so hervorgerufen werden daß man den Satz hinschreibt:

„Dieser Satz ist falsch.“

Das Hinweisende Fürwort spielt hier die Rolle des „Ich“ in „Ich lüge“. Der fundamentale Fehler liegt wie in der früheren Philosophie der Logik darin, daß man annimmt ein Wort könne auf seinen Gegenstand gleichsam anspielen (aus der Entfernung auf ihn hindeuten) ohne ihn vertreten zu müssen.

4 / Ein Satz der von allen Sätzen oder allen Funktionen handelt ist von
vornherein eine Unmöglichkeit: was durch einen solchen ausgedrückt 227
werden sollte, müßte durch eine Induktion gezeigt werden (z.B. daß *alle* Sätze ~p, ~~~p, ~~~~~p etc dasselbe sagen)

Diese Induktion ist selbst kein Satz und deshalb ist ein Circulus vitiosus ausgeschlossen.

10 so ist sie |damit| als die richtige ⟨bewiesen⟩ und erweist sich so als eine
17 weil das nichts heißt und eine Induktion der er entspricht kann ⟨si…⟩
21 Der ⟨Satz …⟩
25 Der fundamentale Fehler liegt wie in der ⟨ganzen alten Auffassung⟩ darin,
27 seinen Gegenstand gleichsam anspielen (⟨gleichsam⟩ aus der Entfernung
31 ist von vornherein eine Unmöglichkeit⟨,⟩ was durch einen solchen
34 Diese Induktion ist selbst kein Satz und ⟨schon⟩ deshalb

1 Widerspricht folgende Tatsache nicht meiner Auffassung |von| der Wahrscheinlichkeit: Es ist offenbar denkbar daß jemand der täglich würfelt – sagen wir – eine Woche lang nur Einser wirft und zwar nicht darum weil die Würfel schlecht sind sondern einfach weil sich die Bewegungen seiner Hand, die Lage des Würfels im Becher, die Reibung an der Tischfläche so zusammenfinden daß sich immer dieses Resultat ergibt. Der Mann hat den Würfel untersucht, auch gefunden daß er wenn ihn andere werfen die normalen Ergebnisse liefert. Hat dieser Mann/er/ nun Grund zu denken, daß hier ein Naturgesetz waltet das ihn immer Einser werfen läßt, hat er Grund zu glauben daß das nun wohl so weiter gehen wird oder hat er Grund anzunehmen daß diese Regelmäßigkeit nicht lange mehr dauern kann? D.h.: hat er Grund das Spiel aufzugeben da es sich gezeigt hat daß er nur Einser werfen kann oder weiterzuspielen da es nur umso wahrscheinlicher ist daß er jetzt 228
eine höhere Zahl werfen wird? In Wirklichkeit wird dieser Mann sich weigern es als ein Naturgesetz anzuerkennen daß er nur Einser werfen kann. Zum mindesten wird es lange andauern müssen, ehe er diese Möglichkeit in Betracht zieht. Aber warum? Ich glaube, weil soviel frühere Erfahrung im Leben gegen ein solches Naturgesetz spricht die alle – sozusagen – erst überwunden werden muß ehe wir eine ganz neue Betrachtungsweise acceptieren/annehmen/.

4.

2 * Die Wahrscheinlichkeitsrechnung sagt daß *alles einmal* vorkommen wird und das sagt gar nichts.

3 / Wenn wir aus der relativen Häufigkeit eines Ereignisses auf seine relative in der Zukunft Schlüsse ziehen, so können wir das natürlich nur nach der bisher tatsächlich beobachteten Häufigkeit tun. Und nicht nach einer, die wir aus der beobachteten durch irgend einen Prozess der Wahrscheinlichkeitsrechnung erhalten haben. Denn die berechnete Wahrscheinlichkeit stimmt *mit jeder beliebigen* tatsächlich beobachteten Häufigkeit überein da sie die Zeit offen läßt.

4 / Wenn sich der Spieler oder die Versicherungsgesellschaft nach der 229
Wahrscheinlichkeit richten so richten sie sich nicht nach der Wahrscheinlichkeitsrechnung, denn nach dieser |allein| kann man sich nicht richten, da, *was immer* geschieht, mit ihr in Übereinstimmung zu bringen ist; sondern die Versicherungsgesellschaft richtet sich nach einer tatsächlich beobachteten Häufigkeit. Und zwar ist das natürlich eine absolute Häufigkeit.

6 die Reibung an der Tischfläche so zusammenfinden daß sich ⟨di...⟩
8 auch gefunden daß er wenn ihn andere werfen ⟨in normaler Weise Re...⟩
14 daß er nur Einser werfen kann oder weiterzuspielen da es ⟨etwa ...⟩
21 acceptieren/annehmen/. *–die zweite Variante ist im MS mit einem Fragezeichen markiert*
36 die Versicherungsgesellschaft nach der ⟨Wahrscheinlichkeitsrechnung ...⟩
41 Und zwar ist das natürlich ⟨|auch|⟩ eine absolute Häufigkeit.

13.12. 1

1 / Was zum Wesen der Welt gehört kann die Sprache nicht sagen /ausdrücken/.

Daher kann sie nicht *sagen*, daß alles fließt. Nur was wir uns auch anders vorstellen könnten, kann die Sprache sagen.

2 / Daß alles fließt muß in der Anwendung der Sprache ausgedrückt sein, und zwar nicht in *einer* Anwendungsart, im Gegensatz zu einer anderen, sondern in *der* Anwendung. In dem was wir überhaupt die Anwendung der Sprache nennen.

3 / Unter Anwendung meine ich das was die Lautverbindungen oder Striche auf dem Papier etc. überhaupt zu einer Sprache macht. In dem Sinn in dem es die Anwendung ist die den Stab mit Strichen zu einem *Maßstab* machen. Das *Anlegen* der Sprache an die Wirklichkeit.

4 * Und dieses Anlegen der Sprache ist die Verification der Sätze.

5 / Wir sind in Versuchung zu sagen: „Nur die Erfahrung des gegenwärtigen Augenblicks hat Realität".

Und da muß die erste Antwort sein: „Im Gegensatz wozu?"

6 / Soll das heißen daß es |z.B.| meine Mutter nicht gegeben hat? Und daß ich heute früh nicht aufgestanden bin? (Denn dann wäre es bedenklich) Aber das meinen wir nicht. Heißt es daß ein Ereignis dessen ich mich in diesem Augenblick nicht erinnere, nicht stattgefunden hat? Auch nicht! 2

Jener Satz, daß nur die gegenwärtige Erfahrung Realität hat scheint die letzte Consequenz des Solipsismus zu enthalten. Und in einem Sinne ist das auch so; nur kann er ebensowenig sagen, wie der Solipsismus. – Denn was zum Wesen der Welt gehört läßt sich |eben| nicht *sagen*. Und die Philosophie wenn sie etwas sagen könnte müßte das Wesen der Welt beschreiben.

Das Wesen der Sprache aber ist ein Bild des Wesens der Welt und die Philosophie als |Verwalterin der| Grammatik kann tatsächlich das Wesen der Welt erfassen nur nicht in Sätzen der Sprache sondern in Regeln für diese Sprache die unsinnige Zeichenverbindungen ausschließen.

1 *Die folgenden 64 Manuskriptseiten sind ein Einschub aus dem Manuskriptband* IV. Philosophische Bemerkungen, *die Wittgenstein während der Weihnachtsferien 1929/30 in Wien geschrieben hatte.*
7 muß in der Anwendung der Sprache ausgedrückt sein⟨. …⟩
24 |(|Denn dann wäre es bedenklich|)| ⟨aber⟩ das meinen wir nicht.
26 *Im MS:* in diesem Augenblick nicht nicht erinnere
29 ist das auch so; nur kann ⟨jener Satz⟩ ebensowenig sagen,
30 |eben| *–das Einfügungszeichen ist im MS gewellt unterstrichen*
31 wenn sie etwas sagen könnte müßte ⟨eben⟩ das ⟨sagen …⟩
34 |Verwalterin der| *–das Einfügungszeichen ist im MS gewellt unterstrichen*
36 die ⟨verhindern daß⟩ unsinnige Zeichenverbindungen ⟨gebildet werden.⟩

1 / Wenn man sagt die gegenwärtige Erfahrung nur hat Realität so muß hier schon das Wort „gegenwärtig“ überflüssig sein wie in anderen 3
Verbindungen das Wort „Ich“. Denn es kann nicht heißen gegenwärtig im Gegensatz zu vergangen und zukünftig. – Es muß mit dem Wort etwas anderes gemeint sein etwas was nicht in einem Raum ist sondern selbst ein Raum (für sich). D.h. nicht angrenzend an Anderes (daher abgrenzbar |davon|)

Also etwas was die Sprache nicht mit Recht herausheben kann.

2 * Wenn jener Satz einen guten Sinn hat so muß er dazu dienen leer laufende Räder an unserem Symbolismus auszuschalten. Er müßte dann sagen: wir meinen eigentlich nur das, alles andere ist überflüssiges Beiwerk.

Und dieses Bestreben hat Sinn denn es lassen sich aus unserer Sprache leer laufende Räder entfernen; aber nicht allzuviele.

3 / Die Gegenwart von der wir hier reden ist nicht das Bild des Filmstreifens das gerade jetzt im Objectiv der Laterne steht, im Gegensatz zu den Bildern vor und nach diesem die noch nicht oder schon |früher| dort waren sondern das Bild auf der Leinwand das mit Unrecht gegenwärtig 4
genannt würde weil gegenwärtig hier nicht zum Unterschied von vergangen und zukünftig gebraucht wird. Es ist also ein bedeutungsloses Beiwort.

4 / Es gibt allerdings sehr interessante ganz allgemeine Sätze von großer Wichtigkeit, wirkliche Sätze die also auch eine wirkliche Erfahrung beschreiben, die also auch hätte anders sein können aber nun einmal so ist. Z.B. daß ich nur einen Körper habe. Daß meine Empfindlichkeit nie über diesen Körper hinausreicht (außer in Fällen wo einem ein Glied z.B. ein Arm amputiert wurde und er |doch| Schmerzen in den Fingern spürt). Das sind merkwürdige und interessante Tatsachen.

Nicht in diese Kategorie gehört es aber wenn man sagt daß ich die Zukunft nicht erinnern kann. Denn das heißt nichts und ist wie sein Gegenteil eine Undenkbarkeit.

Daß ich immer, wenn ich wach bin, aus meinen Augen sehe ist dagegen eine merkwürdige und interessante Tatsache. Ebenso ist es wichtig daß sich mein Gesichtsbild beinahe immer verändert/mein Gesichtsbild unausgesetzt in Veränderung begriffen ist/.

„Ich“ bedeutet offenbar meinen Körper denn ich bin in diesem 5
Zimmer; und „ich“ ist wesentlich etwas was an einem Ort ist und an einem Ort desselben Raums in dem auch die anderen Körper sind.

3 das Wort „Ich“. Denn es kann ⟨sich …⟩
6 was nicht in einem Raum ist sondern selbst ein Raum⟨(…)⟩
6 D.h. nicht angrenzend ⟨⟨daher abgrenzbar⟩⟩ an Anderes
18 ist nicht das Bild des Filmstreifens das gerade jetzt ⟨in der …⟩
18 Objectiv der Laterne steht, im Gegensatz ⟨vo…⟩
26 ganz allgemeine Sätze von großer Wichtigkeit, ⟨⟨die …⟩⟩
36 ist ⟨auch⟩ eine merkwürdige und interessante Tatsache.
38 *Darstellung der Variante im MS:* (sich) mein Gesichtsbild beinahe (immer verändert) unausgesetzt in Veränderung begriffen ist
39 bedeutet offenbar meinen Körper⟨. Denn⟩ ich bin in diesem Zimmer;

1 / „Realismus“, „Idealismus“, etc. sind schon von vornherein metaphysische Namen. D.h. sie deuten darauf hin daß ihre Anhänger glauben etwas bestimmtes über das Wesen der Welt aussagen zu können.

2 / Wer den Satz nur die gegenwärtige Erfahrung sei real bestreiten will (was ebenso falsch ist wie ihn zu behaupten) wird etwa fragen ob denn ein Satz wie „Julius Cäsar ging über die Alpen“ nur meinen gegenwärtigen Geisteszustand der sich mit dieser Sache beschäftigt, beschreibt. Und die Antwort ist natürlich: Nein! Er beschreibt ein Ereignis das wie wir glauben vor |ca.| 2000 Jahren geschehen ist. Wenn nämlich das Wort „beschreibt“ so aufgefaßt wird wie in dem Satz „der Satz ‚ich schreibe‘ *beschreibt* was ich gegenwärtig tue“. Der Name Julius Cäsar bezeichnet eine Person, klar! Aber was sagt denn |das| alles?
Ich scheine mich ja um die eigentliche philosophische Antwort drücken 6
zu wollen! Sätze die von Personen handeln d.h. Personennamen enthalten können eben auf sehr verschiedene Arten verifiziert werden. Der Satz über Cäsar sagt doch offenbar das was ich glaube wenn ich ihn glaube. Und wenn ich wissen will was ich glaube so ist es am besten zu fragen *warum* ich es glaube. Denn die Antwort auf dieses Warum wird sich erst auf verschiedene causale Verbindungen berufen d.h. auf Verbindungen die eine frühere Erfahrung als bestehend erwiesen hat aber endlich wird aus dem Grund warum ich etwas glaube (das was ich glaube.)/das Object meines Glaubens./ – Daß es denkbar ist die Leiche Cäsars noch zu finden hängt unmittelbar mit dem Sinn der Sätze über C. zusammen. – Aber auch daß es möglich ist eine Schrift zu finden aus der hervorgeht daß so ein Mann nie gelebt hat und seine Existenz zu bestimmten Zwecken erdichtet worden ist. Die Sätze über J.C. müßten also einen solchen Sinn haben, daß das möglich ist. Wenn ich den Satz
sage: „ich sehe einen roten Fleck über einen grünen dahinziehen“ so gibt 7
es hier nicht die Möglichkeiten des Falles „Cäsar zog über die Alpen“ und das ist es was ich meine wenn ich sage daß der Satz über Cäsar auf eine indirektere Art Sinn hat als der erste.

3 / Alles was, wenn es geschähe, einen Glauben mit Recht bestärken würde bestimmt logisch die Natur dieses Glaubens. D.h. es zeigt etwas über das logische Wesen dieses Glaubens.

7 (was ebenso falsch ist wie ihn zu behaupten) wird etwa ⟨sa…⟩
17 d.h. Personennamen enthalten können eben auf ⟨die …⟩
21 wird ⟨mir zuerst⟩ verschiedene causale Verbindungen ⟨ve…⟩
21 *Im MS:* Warum wird sich erst veschiedene causale
23 als bestehend erwiesen hat aber ⟨danach⟩ wird aus dem Grund
24 (das was ich glaube.)/das Object meines Glaubens./ *–im MS am linken und rechten Rand mit je einer vertikalen Wellenlinie markiert*
26 Sätze über C. zusammen. – Aber auch daß es ⟨wahr i…⟩
27 aus der hervorgeht daß so ein Mann nie gelebt hat ⟨so …⟩
29 einen solchen Sinn haben, daß das möglich ist. Wenn ich ⟨den…⟩
31 so gibt es hier nicht die Möglichkeiten ⟨wie …⟩
32 was ich meine wenn ich sage daß der Satz über Cäsar ⟨sein …⟩

1 / Der Satz über Julius Cäsar ist eben ein Gerüst (wie der über jede andere Person) das die verschiedensten Verificationen zuläßt allerdings nicht alle die es im Falle anderer z.B. lebender Personen zuläßt.

2 / Ist nicht Alles was ich meine daß es zwischen dem Satz und seiner Verification nicht noch ein Mittelglied gibt, das diese Verification vermittelt?

14.

3 / Auch unsere gewöhnliche Sprache muß ja für alle Fälle der Unsicherheit vorsorgen (provide for) und wenn wir gegen sie philosophisch etwas einzuwenden haben, so kann es nur aus dem Grund sein weil sie in gewissen Fällen zu Mißdeutungen Anlaß gibt. 8

4 ✳ Eine der am meisten irreführenden Darstellungsweisen unserer Sprache ist der Gebrauch des Wortes „Ich" besonders dort wo sie damit das unmittelbare Erlebnis darstellt wie in „Ich sehe einen roten Fleck".

5 / Es wäre nun lehrreich diese Ausdrucksweise durch eine andere zu ersetzen in der das unmittelbare Erlebnis nicht mit Hilfe des persönlichen Fürworts dargestellt würde weil man daraus sehen könnte daß jene Darstellung den Tatsachen nicht wesentlich ist. Nicht daß die neue Darstellung in irgend einem Sinne richtiger wäre als die alte sondern sie würde nur den Dienst tun klar zu zeigen was das logisch Wesentliche der Darstellung ist.

2 das die verschiedensten Verificationen zuläßt ⟨wenn auch…⟩
5 Ist nicht Alles was ich meine daß es ⟨außer zu⟩ dem Satz
12 und wenn wir gegen sie philosophisch etwas ⟨einwenden …⟩
17 besonders dort wo sie damit das unmittelbare Erlebnis ⟨darstellen …⟩
19 Es wäre nun ⟨(philosophisch)⟩ lehrreich diese Ausdrucksweise
20 in der das unmittelbare Erlebnis ⟨ohne ein pers…⟩
21 nicht mit Hilfe des persönlichen Fürworts dargestellt würde ⟨und w…⟩
22 sehen könnte daß jene Darstellung den ⟨der N…⟩ ⟨ der Sach…

1 / Man könnte folgende Darstellung adoptieren/annehmen/: Wenn ich L.W. Zahnschmerzen habe so wird das durch den Satz „Es gibt Zahnschmerzen“ ausgedrückt. Ist aber das der Fall was jetzt durch den Satz „A hat Zahnschmerzen“ ausgedrückt wird so wird gesagt: „A 9
benimmt sich wie L.W. wenn es Zahnschmerzen gibt.“ Analog wird gesagt „Es denkt“ und „A benimmt sich wie L.W. wenn es denkt“. (Man könnte sich eine orientalische Despotie denken in der die Sprache so gebildet ist daß der Despot ihr Zentrum ist und sein Name an Stelle des L.W. steht.) Es ist klar daß diese Ausdrucksweise was ihre Eindeutigkeit und Verständlichkeit anbelangt mit der unseren gleichwertig ist. Es ist aber ebenso klar daß diese Sprache jeden Beliebigen als Zentrum haben kann. Von allen den Sprachen nun die verschiedene Menschen zum Zentrum haben und die ich alle verstehe, hat die welche mich zum Zentrum hat eine Sonderstellung. Sie ist besonders adäquat. Wie kann ich das ausdrücken? D.h. wie kann ich ihren Vorzug correkt in Worten darstellen/beschreiben/? Das ist nicht möglich. Denn tu ichs in der Sprache die mich zum Zentrum hat dann ist die Ausnahmestellung der Beschreibung dieser Sprache in ihren eigenen Termini kein Wunder, und in |der Ausdrucksweise| einer anderen Sprache nimmt meine Sprache durchaus keine Sonderstellung ein. – Die Sonderstellung liegt in der Anwendung und wenn ich diese Anwendung beschreibe so kommt dadurch die Sonderstellung wieder nicht zum Ausdruck weil die 10
Beschreibung von der Sprache abhängt in der sie gegeben wird. Und welche Beschreibung nun das meint was ich im Sinne habe hängt wieder von ihrer Anwendung ab. Nur die Anwendung unterscheidet wirklich zwischen den Sprachen, aber von ihr abgesehen sind alle Sprachen gleichwertig. – Alle |diese| Sprachen stellen doch nur ein einziges unvergleichliches dar und *können* nichts anderes darstellen [Die beiden Betrachtungsweisen müssen zu Demselben führen: Die eine daß das Dargestellte nicht eines unter mehreren ist, daß es keines Gegensatzes fähig ist; die andere daß ich den Vorzug *meiner* Sprache nicht aussprechen kann]

15.

2 / Die mathematische Frage muß so exact sein wie der mathematische Satz.

16.

3 * Die Frage „Wie kann man das wissen“ ist eine logische Frage, keine Psychologische.

4 / Wenn ich wissen will was $1 : 3 = 0{\cdot}\dot{3}$ heißt so ist es eine relevante Frage: „wie kann ich das wissen?“ Denn auf dieses „wie“ kommt der Beweis zur Antwort *und mehr als dieser zeigt weiß ich ja nicht*.

2 durch den Satz „Es ⟨sind⟩ Zahnschmerzen“ ausgedrückt
3 was ⟨ich⟩ jetzt durch den Satz „A hat Zahnschmerzen“ ⟨ausdrücke⟩ so
5 so wird gesagt: „A benimmt sich wie L.W. wenn ⟨er …⟩
12 Von allen ⟨versch…⟩
15 D.h. wie kann ich ihren Vorzug correkt ⟨ausdrücken …⟩
16 Das ist nicht möglich. Denn tu ichs in ⟨meiner …⟩
29 [Die beiden Betrachtungsweisen müssen zu ⟨demselben Ziel⟩ führen:
43 „wie kann ich das wissen?“ Denn auf dieses „wie“⟨, …⟩

1 / Es ist klar daß jede Multiplication im Dezimalsystem eine Lösung hat 11
und daß man also jede |arithmetische| Gleichung von der Form a × b = c beweisen oder ihr Gegenteil beweisen kann. Wie sieht nun ein Beweis dieser Beweisbarkeit aus? Er ist offenbar weiter nichts als eine Klärung des Symbolismus und das Aufzeigen einer Induktion die erkennen läßt, welcher Art die Sätze sind zu denen die Leiter führt.

2 / Angenommen nun ich habe zwei |(klare)| Systeme so kann man nicht nach einem System fragen, das sie beide umfaßt. Denn nicht nur kann ich dieses System j e t z t nicht suchen, sondern auch im Falle sich einmal eines zeigt das zwei den ersten analoge Systeme umfaßt, sehe ich daß ich es nie hätte suchen können.

3 / (Es gibt eben in der Mathematik nur schwarz und weiß, und nicht das grau woraus noch das eine oder das andere werden kann.)

4 / Suchen kann man nur in einem System: also gibt es unbedingt etwas was man n i c h t suchen kann.

5 / Welcher Art ist z.B. die Entdeckung Sheffers daß man die
Wahrheitsfunktionen alle auf p/q zurückführen kann? Oder die 12
Entdeckung der Methode die Kubikwurzel zu ziehen? Wie ist es wenn man in der Mathematik einen Trick anwenden muß? (Wie beim Lösen einer Gleichung oder beim Integrieren) Hier ist es wie beim Lösen eines Knotens. Ich kann auf gut Glück den einen oder anderen Weg probieren, und es kann sein daß sich der Knoten noch mehr verknüpft, oder daß er sich löst. (Jedenfalls ist jede Operation eine erlaubte Operation und führt irgendwohin)

6 / Ich will sagen, daß das Finden eines Systems zur Lösung von Problemen die man früher nur einzeln durch separate Methoden lösen konnte nicht bloß die Auffindung eines bequemeren/einfacheren/ Vehikels ist sondern einer ganz neuen Sache die man früher überhaupt nicht hatte. Die |einheitliche| Methode ist eben nicht nur die Methode, der Herstellung eines Gegenstands, der der gleiche ist auf welche Art immer er hergestellt wurde. Die Methode ist kein Vehikel das uns an einen Ort führt der eigentlich unser Ziel ist, wie immer wir ihn auch erreichen.

6 die erkennen läßt, welcher Art die Sätze sind ⟨na…⟩
10 dieses System j e t z t nicht suchen, sondern auch ⟨wenn …⟩
11 das zwei den ersten analoge Systeme ⟨einfaßt⟩, sehe ich daß
20 *Im MS:* die Entdeckung Schäffers
23 (Wie ⟨bei der Lösung⟩ einer Gleichung oder beim Integrieren)
27 daß sich der Knoten noch mehr verknüpft, oder daß er sich ⟨löse⟩
31 zur Lösung von Problemen die man früher nur einzeln durch ⟨sepa…⟩
32 nicht ⟨einfach⟩ die Auffindung eines bequemeren/einfacheren/ Vehikels
35 Herstellung eines Gegenstands, der der gleiche ist ⟨wi…⟩
37 uns an einen Ort führt der eigentlich ⟨der Gegenstand unserer …⟩

1 / Das heißt: ich glaube, man kann in der Mathematik keinen Weg finden der nicht eben ein Ziel ist. Man kann nicht sagen: alle diese Resultate hatte ich schon ich finde jetzt nur noch einen besseren Weg der zu allen hinführt. Sondern dieser Weg ist ein neuer Ort den man bisher noch nicht hatte. Der neue Weg macht ein neues System aus. 13

2 / Soll das nicht heißen daß man in der Mathematik nichts neues über einen Gegenstand erfahren kann, weil es dann ein neuer Gegenstand ist?

3 Das kommt |auch| darauf hinaus: Wenn ich einen Satz z.B. der Zahlentheorie höre aber seinen Beweis nicht kenne so verstehe ich auch den Satz nicht. Das klingt sehr paradox. Ich verstehe – heißt das – also den Satz nicht daß es unendlich viele Primzahlen gibt, ehe ich seinen sogenannten Beweis nicht kenne. Wenn ich den Beweis kennenlerne so lerne ich also etwas ganz neues kennen nicht nur den Weg zu einem mir schon bekannten Ziel.– Dann ist es aber unbegreiflich daß ich wenn der Beweis geliefert ist zugebe daß es der Beweis eben dieses Satzes ist oder die Induction die mit diesem Satz gemeint ist.
Ich will sagen daß ein mathematischer Satz nicht |die| Prosa ist sondern der exacte Ausdruck. 14

17.

4 * Heißt das nicht auch: Man kann denselben mathematischen Satz nicht einmal so und einmal anders beweisen? –

5 / Es kann nicht zwei unabhängige Beweise eines mathematischen Satzes geben.

6 / Das Knoten-auflösen in der Mathematik: Kann man versuchen einen Knoten aufzulösen von dem einmal bewiesen wird daß er nicht auflösbar ist? Die Auflösung der Gleichung dritten Grades ist gelungen, die Dreiteilung des Winkels mit Lineal und Zirkel konnte nicht gelingen an beiden hat man sich versucht lang ehe man die Lösung der einen Aufgabe und die Unlösbarkeit der anderen wußte.

7 / Denken wir uns einen scheinbaren Knoten der in Wirklichkeit aus vielen in sich zurücklaufenden Fadenstücken besteht und etwa auch aus einigen nicht geschlossenen. Ich stelle nun |jemandem| die Aufgabe den Knoten aufzulösen. Sieht er den Verlauf der Schnurstücke klar so wird er sagen das ist kein Knoten und man kann ihn daher nicht auflösen/es gibt daher keine Auflösung/. Sieht er nur ein Gewirr von Schnüren so wird er 15 vielleicht versuchen es zu lösen indem er auf's Geratewohl an verschiedenen Enden zieht, oder wirklich einige Transformationen vornimmt die daraus entspringen daß er ja wirklich einige Teile des Knotens klar sieht wenn auch nicht seine ganze Struktur.

1 Das heißt: ich glaube ⟨de…⟩
2 keinen ⟨| |⟩ Weg finden *–im MS leergebliebenes Einfügungszeichen gestrichen*
10 Das kommt ⟨darauf …⟩
19 |die| *–das Einfügungszeichen ist im MS gewellt unterstrichen*
27 *Im MS fortlaufender Text, durch ein Randzeichen als eigenständige Bemerkung gekennzeichnet.*
42 ein Gewirr von Schnüren so wird er vielleicht versuchen ⟨den Knot…⟩

1 / Ich würde nun sagen von einem eigentlichen Versuch der Lösung kann man nur *insoweit* sprechen, als die Struktur des Knotens klar gesehen ist. Sofern sie nicht klar gesehen wird, ist alles ein Tappen im Dunklen denn es kann ja sein daß, was mir als Knoten erscheint |gar| kein Knoten ist; der beste Beweis dafür daß ich wirklich keine Methode hatte nach einer Lösung zu suchen. Dieser Prozess ist nicht mit dem zu vergleichen wenn ich z.B. in einem Zimmer methodisch nach einem Gegenstand suche und eben dadurch herausfinde daß er gar nicht im Zimmer ist. Denn hier suche ich nach einem möglichen Sachverhalt und nicht nach einem unmöglichen.

2 / Ich will aber nun sagen daß das Gleichnis mit dem Knoten hinkt da ich einen Knoten haben und ihn immer besser kennen lernen kann während 16 ich sagen will daß ich in der Mathematik nicht etwas mir schon in meinen Zeichen Gegebenes immer besser kennen lernen kann sondern immer *Neues* kennen lerne und bezeichne.

Ich sehe nicht ein wie die Zeichen die wir uns selbst gemacht haben um gewisses auszudrücken uns Probleme aufgeben sollten.

3 / Es ist eher so als ob ein Knoten oder Knäuel uns nach und nach gezeigt würde und wir uns (immer) fortlaufend Bilder von ihm machten soweit wir ihn sehen. Was von dem Knoten uns noch nicht geoffenbart ist davon haben wir keine Ahnung und können darüber in keiner Weise Conjekturen anstellen (indem wir etwa die Bilder des bekannten Teils einer Untersuchung unterziehen).

4 / Was hat man denn damals gefunden als man fand daß es unendlich viele Primzahlen gibt? Was hat man denn gefunden wie man eingesehen hat daß es unendlich viele Kardinalzahlen gibt?! – Ist es nicht ganz analog der Erkenntnis – wenn es eine ist – daß der euklidische Raum unendlich ist, nachdem wir schon längst Sätze über die Gegenstände in 17 diesem Raum gebildet haben.

Was bedeutet denn eine Untersuchung des Raumes. – Denn jede mathematische Untersuchung ist quasi eine Untersuchung des Raumes. Daß man die *Dinge* im Raum untersuchen kann ist klar. Aber den Raum! (Geometrie und Grammatik entsprechen einander immer.)

Erinnern wir uns daß in der Mathematik die Zeichen selbst Mathematik *machen* nicht Mathematik beschreiben. Die mathematischen Zeichen sind ja wie die Kugeln einer Rechenmaschine. Und die Kugeln sind im Raum und eine Untersuchung an der Rechenmaschine ist eine Untersuchung des Raumes.

5 was mir als Knoten erscheint |gar| kein Knoten ist⟨,⟩ der beste Beweis
12 Ich will aber nun sagen daß das Gleichnis mit dem Knoten ⟨k…⟩
13 da ich einen Knoten haben ⟨kann⟩ und ihn immer besser
35 quasi eine Untersuchung des Raumes. Daß man die ⟨R…⟩
37 Erinnern wir uns daß in der ⟨Arit…⟩
38 die Zeichen selbst Mathematik *machen* nicht ⟨bloß⟩ beschreiben.
39 Die ⟨Zeichen⟩ sind ja wie die Kugeln einer Rechenmaschine.
40 Und die Kugeln sind im Raum und ⟨die Ausführung …⟩

1 ∗ Ich habe mich früher darüber gewundert daß unsere Zeichen uns Probleme stellen sollten oder daß wir mit ihnen Entdeckungen über etwas sollten machen können was wir |selbst| mit ihnen bezeichnet haben. Aber wir können an ihnen Entdeckungen machen weil sie nicht bloße Zeichen sind sondern die Gegenstände unserer Rechnung.

2 ∗ Man kann Mathematik nicht schreiben/beschreiben/ sondern nur machen.

3 (Eben darum/daher/ kann man |aber| in der Mathematik nicht mit diesen Zeichen „schmusen".) 18

4 ∗ Ich mache nicht an etwas Anderem eine Entdeckung und drücke es dann in ihnen aus (beschreibe es) sondern ich mache die Entdeckung an ihnen.

5 / Was nicht vorhergesehen wurde, war nicht vorherse*hbar*; denn man hatte das System nicht in welchem es vorhergesehen werden konnte. (und vorhergesehen worden wäre.)

18.

6 ∗ Es drängt sich immer wieder die Idee auf als wäre die Mathematik /mathematische Untersuchung/ eine Art naturwissenschaftlicher Untersuchung.

7 ∗ Als könnte man sagen „wir hatten diesen Zusammenhang früher nicht, jetzt kennen wir ihn", oder „wir sehen hier noch keinen Zusammenhang aber suchen einen".

8 / Angenommen ich wollte ein regelmäßiges 5 Eck konstruieren, wüßte aber nicht wie, und würde nun herumprobieren und käme endlich, durch Zufall, auf die richtige Konstruktion: haben wir hier nicht wirklich den Fall des Knotens der durch Probieren aufgelöst wurde?

9 / Soll ich sagen: Nein; denn wenn ich diese Konstruktion nicht verstehe so ist sie für mich noch gar nicht die 5-Eck Konstruktion 19

10 ∗ Ich kann auf dem Papier mit Strichen und Buchstaben experimentieren aber nicht mit dem Sinn der Zeichen.

11 / Ich kann schon durch Zufall die Auflösung der Gleichungen 2ten Grades hinschreiben aber nicht sie durch Zufall verstehen.

2 oder daß wir ⟨durch sie⟩ Entdeckungen über etwas sollten machen können
10 |aber| *–das Einfügungszeichen ist im MS gewellt unterstrichen*
14 an etwas Anderem eine Entdeckung und drücke es dann ⟨ih…⟩
32 käme endlich, durch Zufall, auf die richtige Konstruktion: ⟨Ist …⟩

1 / In dem was ich verstehe verschwindet dann die Art wie ich dazugekommen bin. Ich verstehe |dann| was ich verstehe. D.h., der Zufall kann sich nur auf ein Äußerliches beziehen wie etwa wenn man sagt: „das habe ich herausgefunden nachdem ich starken Kaffee getrunken hatte“. Der Kaffee ist in meiner Entdeckung/dem was ich entdeckt habe/ nicht mehr enthalten.

2 / Die Entdeckung des Zusammenhangs zweier Systeme war nicht in einem Raum mit jenen beiden Systemen und wäre sie in demselben Raum gewesen, so wäre es keine Entdeckung gewesen (sondern die Lösung einer Schulaufgabe)

3 / Wo jetzt ein Zusammenhang bekannt ist der früher nicht bekannt war 20
dort war früher nicht eine offene Stelle eine Unvollständigkeit die jetzt ausgefüllt ist! – (Man konnte damals nicht sagen „soweit kenne ich die Sache, von hier an ist sie mir nicht mehr bekannt“)

4 / Ich habe also gesagt: Die Mathematik hat keine offenen Stellen. Das widerspricht der gewöhnlichen Auffassung.

5 * Es ist begreiflich, daß ich die Entdeckung machen kann daß etwas im Raume da steht wo ich es nicht erwartet habe; aber wie kann ich Entdeckungen über den Raum selbst machen? Und ein Beweis aus der Zahlentheorie und die Konstruktion des 5-Ecks scheinen Entdeckungen über den Raum zu sein.

6 / In der Mathematik gibt es kein „noch nicht“ |und kein „bis auf weiteres“| (Außer in dem trivialen Sinne, daß man noch nicht 1000-stellige Zahlen miteinander multipliziert hat.)

19.

7 / Die Induktion hat manches mit der Multiplicität einer (natürlich endlichen) Klasse gemeinsam. Anderseits ist sie doch keine und nun
nennt man sie eine unendliche Klasse. – 21

8 / Wenn ich, z.B., sage „wenn ich eine Windung kenne, so kenne ich die ganze Spirale“ so bedeutet das eigentlich: Wenn ich das Gesetz der Spirale kenne so ist das in vieler Beziehung analog dem Fall in dem ich eine Gesamtheit von Windungen kenne – natürlich aber eine „endliche“ Gesamtheit denn etwas anderes gibt es ja nicht –. Man kann nun nicht sagen: ja einer endlichen Gesamtheit ist es/sie/ in vieler Hinsicht analog aber doch nicht ganz analog dagegen einer unendlichen ganz, sondern daß die Induktion einer Gesamtheit sich nicht g a n z analog benimmt, ist eben alles was wir sagen können.

5 Der Kaffee ist in ⟨d…⟩
9 mit jenen beiden Systemen und wäre sie in ⟨einem⟩ Raum gewesen,
18 Stellen. ⟨⟨Ich weiß daß das der gewöhnlichen Auffassung widerspricht.⟩⟩
39 analog dem Fall in dem ich eine Gesamtheit von ⟨Gan…⟩
43 sondern daß die Induktion einer ⟨endlichen⟩ Gesamtheit
43 Gesamtheit nicht g a n z analog ⟨ist⟩, ist eben alles

1 / Die Mathematik kann nicht unvollständig sein; wie ein Sinn nicht unvollständig sein kann. Was ich verstehen kann muß ich ganz verstehen. Das hängt damit zusammen daß meine Sprache so wie sie ist in Ordnung ist und daß die logische Analyse um zu vollkommener Klarheit zu gelangen nichts zu dem vorhandenen Sinn meiner Sätze dazufügen muß. So daß der unklarst scheinende Satz nach der Analyse seinen bisherigen Inhalt |unberührt| behält und nur seine Grammatik 22
geklärt wird.

2 / Muß es aber denn nicht eine Frage sein ob es eine endliche Zahl aller Primzahlen gibt oder nicht? Wenn man einmal überhaupt zu diesem Begriff gekommen ist. Denn es scheint doch daß ich wenn mir der Begriff Primzahl gegeben ist unmittelbar fragen kann „wie viele Primzahlen gibt es?". Wie ich wenn mir der Begriff Mensch in diesem Zimmer gegeben ist ohne weiteres die Frage bilden kann „wie viele Menschen sind in diesem Zimmer?".

3 / Wenn diese Analogie mich irre leitet so kann es nur dadurch sein, daß der „Begriff Primzahl" mir in ganz anderer Weise gegeben ist als ein eigentlicher Begriff. Denn wie ist denn der strenge Ausdruck für den Satz „7 ist eine Primzahl"? Offenbar ist es nur der daß die Division der 7 durch kleinere Zahlen einen Rest ergibt. Einen anderen (außer einen analogen) Ausdruck kann es dafür nicht geben da wir Mathematik nicht beschreiben sondern nur treiben können.

(Und schon das vernichtet jede „Mengenlehre".)

4 / Wenn ich |also| einmal die allgemeine Form der Primzahl hinschreiben kann, d.h. einen Ausdruck in dem überhaupt etwas der „Zahl der 23
Primzahlen" analoges enthalten ist, dann ist auch keine Frage mehr „wieviel" Primzahlen es gibt und vorher kann ich diese Fragen auch nicht stellen. Denn ich kann nicht fragen „hört die Reihe der Primzahlen einmal auf?", und auch nicht „kommt nach der 7 noch jemals eine Primzahl?"

6 So daß der unklarst scheinende Satz ⟨bei/in/⟩ der Analyse
8 und nur seine Grammatik geklärt wird. *–im MS am rechten Rand mit einer vertikalen Wellenlinie markiert*
10 ob es eine endliche Zahl ⟨von⟩ Primzahlen gibt oder nicht?
13 daß ich wenn mir der Begriff ⟨der⟩ Primzahl gegeben ist
20 als ein eigentlicher Begriff. Denn wie ist denn der ⟨ri…⟩
21 Offenbar ist es nur der daß die Division der ⟨Z…⟩
27 ⟨Das heißt, wenn⟩ ich |also| einmal die allgemeine Form der Primzahl
32 hört die Reihe der Primzahlen einmal auf?"⟨. Und⟩ auch nicht

1 / Denn da wir in der |gewöhnlichen| Sprache das Wort Primzahl haben konnten, noch ehe der |strenge| Ausdruck vorhanden war der quasi eine Zahlangabe zuläßt so konnte man auch vorher schon die Frage fälschlich bilden, wie viele Primzahlen es gäbe. Dadurch gewinnt es den Anschein als sei das Problem früher schon vorhanden gewesen und jetzt gelöst worden. Die Wortsprache schien diese Frage nach wie vor zuzulassen und das erzeugte den Schein als sei ein echtes Problem vorhanden gewesen und eine echte Lösung (des Problems) erfolgt. In der exacten Sprache dagegen hatte man ursprünglich nichts, wovon man nach der Anzahl hätte fragen können und später einen Ausdruck an dem man die Mannigfaltigkeit unmittelbar ablesen konnte.

2 / Ich will also sagen: Nur in unserer Wortsprache (die hier zu einem Mißverständnis der logischen Form führt) gibt es in der Mathematik 24
„noch ungelöste“ Probleme und das Problem der endlichen „Lösbarkeit aller mathematischen Fragen“.

3 *Mein Leben ist sehr seltsam! Ich weiß nicht wie hell oder wie finster es ist. Es ist gleichsam halb hell, halb dunkel. Respi erklärte mir vor ein paar Tagen, daß sie mich nicht mehr küssen werde weil ihr für mich nicht derart sei daß es dieses Zeichen rechtfertige. Ich bin nun davon schmerzlich getroffen und dabei doch fröhlich. Denn es kommt doch eigentlich darauf an daß mich der Geist nicht verläßt. Denn wenn der Geist mich nicht verläßt, dann ist nichts was geschieht schmutzig und kleinlich. Ich aber muß viel auf den Zehenspitzen stehen wenn ich nicht untergehen will.*

4 / Es scheint mir daß die Idee der Widerspruchsfreiheit in den Axiomen der Mathematik die jetzt so viel in den Köpfen der Mathematiker herumspukt auf einem Mißverständnis beruht.

5 / Das hängt (auch) damit zusammen daß die Mathematischen Axiome
nicht für das halten/ansehen/ was sie sind, nämlich für Sätze der Syntax. 25

6 Wenn in der Syntax ein Widerspruch ist so heißt das, daß wir unseren Zeichen keine feste Bedeutung gegeben haben da eine Zeichenverbindung sowohl erlaubt als auch verboten ist.

20.

7 / Eine Frage nach der Beweisbarkeit gibt es nicht und in s o fern auch keinen Beweis der Beweisbarkeit. Der sogenannte Beweis der Beweisbarkeit ist eine Induktion deren Erkenntnis die Erkenntnis eines neuen Systems ist.

4 die Frage fälschlich bilden, ⟨„⟩wie viele Primzahlen es gäbe
20 daß sie mich nicht mehr küssen werde weil ihr ⟨zu mir …⟩
25 stehen wenn ich ⟨mich mein Herz ober Wasser halten will⟩
27 *Die folgenden drei Bemerkung sind teilweise – einzelne Worte und Buchstaben – in Code, zumeist uncodiert überschrieben.*
31 *Im MS:* daß die Mathematischen die Axiome

1 / Wie ist es mit dem Satz „die Winkelsumme im Dreieck ist 180°“? Dem sieht man es jedenfalls nicht an daß er ein Satz der Syntax ist.

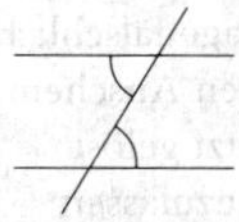

|Der Satz| „Gegenwinkel sind gleich“ heißt ich werde, wenn sie sich bei der Messung nicht als gleich erweisen die Messung für falsch erklären. Und „die Winkelsumme im △ ist 180°„ heißt, ich werde wenn sie sich bei einer Messung nicht als 180° erweist einen Messungsfehler annehmen. Der Satz ist also ein Postulat über die Art und Weise der Beschreibung der 26
Tatsachen. Also ein Satz der Syntax.

2 * Ein Beweis der Widerspruchsfreiheit kann nicht wesentlich sein für die Anwendung der Axiome.

3 * Ein Postulat gibt es nur für die Ausdrucksweise. Die „Axiome“ sind Postulate der Ausdrucksweise.

4 * Wenn ich jemand die Anweisung gebe „gehen Sie geradeaus dann biegen Sie in die erste Gasse links die N-Gasse ein“ und die N-Gasse ist die zweite Gasse und nicht die erste so ist meine Anweisung widerspruchsvoll. Ein solcher Widerspruch ist auch in den Postulaten der Geometrie denkbar wenn ich z.B. zu den euklidischen Axiomen noch das weitere Axiom setze, daß die Winkelsumme im △ 200° sein soll. Der Russellsche Widerspruch und alle analogen sind *nicht* von dieser Art. Was nun aber ein solcher Widerspruch der ersten Art bedeutet müßte man am besten in der Arithmetik sehen, denn hier macht es die Form der Gleichung klarer daß wir es mit Zeichenregeln zu tun haben.

21.

5 * Wie kommt es daß ich überhaupt sagen will, daß alles fließt? Will ich damit nur sagen daß meine unmittelbare Erfahrung in stetigem Wechsel 27
begriffen ist, was nicht so sein müßte (und ich daher sagen/constatieren/ kann) Oder will ich ausdrücken daß sie in stetigem Wechsel begriffen sein *kann*, selbst wenn sie es nicht wäre?

6 * Was ich eigentlich zu meinen scheine ist daß die Gegenwart unaufhörlich entschwindet und gleichsam nicht zu fassen ist. (Aber das kann man natürlich nicht sagen) Daß ich das sagen *will*, muß auf irgend einem Mißverständnis beruhen. Dieses die Gegenwart einfangen *Wollen* muß auf einem Mißverständnis beruhen. Und zwar darauf daß man auf die unmittelbare Erfahrung eine Kategorie anwenden will die nur in der Sprache der physikalischen Welt anzuwenden ist.

7 / Was wir hier betrachten ist |eigentlich| die Möglichkeit der Bewegung. Also die logische Form der Bewegung.

6 heißt, ich werde wenn sie sich ⟨nicht …⟩
7 bei einer Messung nicht als 180° erweist ⟨die Me…⟩
8 Der Satz ist also ein Postulat ⟨das …⟩
38 (Aber das kann man natürlich nicht sagen) Das, ⟨was …⟩

1 / Dabei kommt es uns vor als wäre die Erinnerung eine etwas secundäre Art der Erfahrung im Vergleich zur Erfahrung des Gegenwärtigen. Wir sagen „daran können wir uns *nur* erinnern"! Als wäre in einem primären Sinn die Erinnerung ein etwas schwaches |und unsicheres| Bild dessen was wir ursprünglich in voller Deutlichkeit vor uns/gesehen/ 28
haben.

2 In der physikalischen Sprache stimmt das: ich sage „ich kann mich *nur undeutlich* an dieses Haus erinnern."

3 / Und warum es nicht dabei sein Bewenden haben lassen? Denn diese Ausdrucksweise sagt ja doch alles was wir sagen wollen und was sich sagen läßt. Aber wir wollen sagen daß es sich auch noch *anders* sagen läßt; und das ist wichtig.

4 / Kann man sagen, daß in dieser anderen Ausdrucksweise der Nachdruck gleichsam auf etwas anderes gelegt wird. Die Worte „scheinen", „Irrtum", etc. haben nämlich eine gewisse Gefühlsbetonung die den Phänomenen nicht wesentlich ist. Sie hängen/hängt/ irgendwie mit dem Willen und nicht bloß mit der Erkenntnis zusammen.

5 / Wir reden zum Beispiel von einer Optischen Täuschung und verbinden mit diesem Ausdruck die Idee eines Fehlers obwohl ja nicht wesentlich ein Fehler vorliegt und wäre im Leben für gewöhnlich das Aussehen wichtiger als die Resultate der Messung so würde auch die Sprache zu diesen Phänomenen eine andere Einstellung zeigen. Wenn es sich z.B. meistens um architektonische Probleme handelte. 29

6 Es gibt nicht – wie ich früher glaubte – eine primäre Sprache im Gegensatz zu unserer gewöhnlichen der „secundären". Aber in *sofern* könnte man im Gegensatz zu unserer Sprache von einer primären reden als |in| dieser keine Bevorzugung gewisser Phänomene vor anderen ausgedrückt sein dürfte; sie müßte sozusagen absolut *sachlich* sein.

11 ⟨✳⟩ *Randzeichen im MS gestrichen und ersetzt*
13 sagen wollen und was sich sagen läßt. ⟨?⟩ Aber wir wollen sagen
18 Die Worte „scheinen", „Irrtum", ⟨habe…⟩
19 gewisse Gefühlsbetonung die den Phänomenen nicht wesentlich ⟨sind⟩
20 mit dem Willen und nicht bloß mit ⟨dem …⟩
26 zu diesen Phänomenen eine andere Einstellung ⟨einnehmen⟩

1 / Wie funktioniert der indirekte Beweis |z.B.| in der Geometrie. Das seltsamste an ihm ist daß man sich manchmal bemüht für ihn eine *ungeometrische* Zeichnung zu machen (das exacte Analogon zu einem un-logischen Satz). Aber natürlich rührt das nur von einer falschen Auffassung/Deutung/ des Beweises her. Es ist z.B. komisch wenn man sagt „angenommen die Gerade g hatte vom Punkt P an zwei Fortsetzungen". Aber so etwas braucht man ja gar nicht annehmen. Die Beweise in der Geometrie, in der Mathematik, können im eigentlichen Sinn nicht indirekt sein weil man nicht das Gegenteil von einem geometrischen Satz annehmen kann solange man nämlich an einer bestimmten Geometrie festhält. Jener Beweis zeigt einfach daß die Bogenstücke α und α + α′ sich einander 30 umsomehr |und ohne Grenze| nähern je mehr sich α′ der 0 nähert.

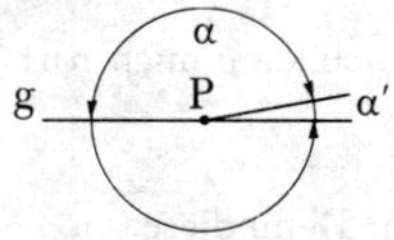

22.

2 / Ist die Zeit in der die Erlebnisse des Gesichtsraums vor sich gehen ohne Tonerlebnisse denkbar? Es scheint ja! und doch wie seltsam daß etwas eine Form sollte haben können die auch ohne eben *diesen* Inhalt denkbar wäre. Oder lernt der dem das Gehör geschenkt würde, damit auch eine neue Zeit kennen?

Die hergebrachten Fragen taugen zur logischen Untersuchung der Phänomene nicht. Diese schaffen sich ihre eigenen Fragen oder vielmehr, geben ihre eigenen Antworten.

3 ✳ Wie weit wird die Logik durch die Unsicherheit über die Analyse der Elementarsätze unsicher? – Was steht fest?

4 / Was ist der Unterschied zwischen der |logischen| Multiplizität einer Erklärung der Erscheinungen durch die Naturwissenschaft und |der log. Multiplizität| einer Beschreibung?

5 / Wäre z.B. ein gleichmäßig tickendes Geräusch in der Physik darzustellen so würde dazu die Multiplizität des Bildes ├—┼—┼—┼—┼—┤ → genügen, aber hier handelt es sich nicht um die logische Multiplizität des Tones sondern um die der regelmäßig/Regelmäßigkeit der/ beobachteten 31 Erscheinung. Und so stellt die Relativitätstheorie nicht etwa die |logische| Mannigfaltigkeit der Phänomene selbst dar sondern die Mannigfaltigkeit der beobachteten Regelmäßigkeiten.

3 zu machen ⟨(was⟩ das exacte Analogon zu einem un-logischen Satz ⟨ist⟩)
6 „angenommen ⟨eine⟩ Gerade g hatte vom Punkt P an
12 an einer ⟨besti…⟩ *–Streichung im MS infolge geänderter Worttrennung*
20 *diesen* Inhalt denkbar wäre. Oder lernt der dem ⟨di…⟩
22 Die ⟨alten⟩ Fragen taugen zur logischen Untersuchung
24 oder vielmehr, geben ihre eigenen ⟨(Arten von)⟩ Antworten.
26 Wie weit wird die Logik ⟨von der⟩ Unsicherheit über die Analyse
29 ⟨✳⟩ *Randzeichen im MS gestrichen und ersetzt*

23.

1 / Es ist so: die grammatischen Regeln über „und“, „nicht“, „oder“ etc sind eben nicht damit erschöpft was ich in der Abhandlung gesagt habe sondern es gibt Regeln über die Wahrheitsfunktionen die auch von dem elementaren Teil des Satzes handeln.

2 / Unserer Grammatik fehlt es vor allem an Übersichtlichkeit.

3 / Wenn ich sage „die obere Strecke ⊏⊐ ist so lang wie die untere“ und mit diesem Satz das meine was sonst der Satz „die obere Strecke erscheint mir so lang wie die untere“ sagt, dann hat in dem Satz das Wort „gleich“ eine ganz andere Bedeutung wie im |gleichlautenden| Satz für den die Verification die Übertragung der Länge mit dem Zirkel ist. Darum kann ich zum Beispiel im zweiten Fall von einem Verbessern der Vergleichsmethoden reden, aber nicht im ersten Falle. Der Gebrauch des |selben| Wortes „gleich“ in ganz verschiedenen Bedeutungen ist sehr verwirrend. Er ist der typische Fall daß Worte und Redewendungen die 32 |sich| ursprünglich auf die „Dinge“ der physikalischen Ausdrucksweise, „die Körper im Raum“, beziehen auf die Teile unseres Gesichtsfeldes angewendet werden wobei sie ihre Bedeutung gänzlich wechseln müssen und die Aussagen ihren Sinn verlieren die früher einen hatten und andere einen Sinn gewinnen die in der ersten Ausdrucksart keinen hatten. Wenn auch eine gewisse Analogie bestehen bleibt, eben die, die uns verführt den gleichen Ausdruck zu gebrauchen.

4 / Es ist merkwürdig, daß wir das Gefühl daß das Phänomen uns entschlüpft, den ständigen Fluß der Erscheinung, im gewöhnlichen Leben nie spüren, sondern erst wenn wir philosophieren. Das deutet darauf hin daß es sich hier um einen Gedanken handelt der uns durch eine falsche Verwendung unserer (gewöhnlichen) Sprache suggeriert wird.

5 Das Gefühl ist nämlich daß die Gegenwart in die Vergangenheit schwindet ohne daß wir es hindern können. Und hier bedienen wir uns doch offenbar des Bildes eines Streifens der sich unaufhörlich an uns vorbei bewegt und den wir nicht aufhalten können. Aber es ist natürlich ebenso klar daß das Bild mißbraucht ist. Daß man nicht sagen kann „die Zeit fließt“ wenn man mit „Zeit“ die Möglichkeit der Veränderung 33 meint.

3 nicht damit erschöpft was ich in der Abhandlung ⟨geschrieb…⟩
11 dann hat in dem ⟨oberen⟩ Satz das Wort „gleich“ eine ganz andere
13 Bedeutung wie im |gleichlautenden| Satz ⟨„die beiden gleichen …⟩
14 Darum ⟨hat⟩ es zum Beispiel im zweiten Fall ⟨Sinn⟩ von einem
16 des |selben| Wortes „gleich“ ⟨für …⟩ ⟨in …⟩ ⟨für ganz ver…⟩
19 „die Körper im Raum“, beziehen auf die Teile unseres ⟨Gesichtsra…⟩
21 wobei sie ihre Bedeutung gänzlich wechseln müssen und ⟨das …⟩
22 einen Sinn gewinnen die in der ⟨früheren⟩ Ausdrucksart keinen hatten.
28 nie spüren, sondern erst ⟨dann⟩ wenn wir philosophieren.
36 daß das Bild mißbraucht ist. Daß man ⟨also⟩ nicht
37 sagen kann „die Zeit fließt“ wenn man ⟨unter …⟩

1 / Vielleicht beruht diese ganze Schwierigkeit (scheint?) auf der Übertragung des Zeitbegriffs der physikalischen Zeit auf den Verlauf der unmittelbaren Erlebnisse. Es ist eine Verwechslung der Zeit des Filmstreifens mit der Zeit des Leinwandbildes. Denn „die Zeit" hat eine andere Bedeutung wenn wir das Gedächtnis als die Quelle der Zeit auffassen und wenn wir es als ein aufbewahrtes Bild des vergangenen Ereignisses auffassen.

Wenn wir das Gedächtnis als ein Bild auffassen dann ist es ein Bild eines physikalischen Ereignisses. Das Bild verblaßt und ich merke sein Verblassen wenn ich es mit anderen Zeugnissen des Vergangenen vergleiche. Hier ist das Gedächtnis nicht Quelle der Zeit sondern mehr oder weniger gute Aufbewahrerin dessen was „wirklich" gewesen ist und dieses war eben etwas wovon wir auch andere Kunde haben können, ein physikalisches Ereignis. Ganz anders ist es wenn wir nun das Gedächtnis als Quelle der Zeit betrachten. Es ist hier kein Bild und kann |auch| nicht verblassen – in dem Sinne wie ein Bild verblaßt so daß es seinen Gegenstand immer weniger und weniger getreu darstellt. Beide Ausdrucksweisen sind in Ordnung/legitim/ und gleichberechtigt aber nicht |mit einander| vermischbar. Es ist ja klar daß die Ausdrucksweise 34
vom Gedächtnis als einem Bild nur ein Bild ist; genau so wie die Ausdrucksweise die die Vorstellungen „Bilder der Gegenstände in unserem Geiste" (oder dergleichen) nennt. Was ein Bild ist das wissen wir, aber die Vorstellungen sind doch gar keine Bilder. Denn sonst kann ich das Bild sehen und den Gegenstand dessen Bild es ist aber hier ist es offenbar ganz anders. Wir haben eben ein Gleichnis gebraucht und nun tyrannisiert uns das Gleichnis. In der Sprache dieses Gleichnisses kann ich mich nicht außerhalb des Gleichnisses bewegen. Es muß zu Unsinn führen, wenn man mit der Sprache dieses Gleichnisses über das Gedächtnis als Quelle unserer Erkenntnis, als Verification unserer Sätze reden will. Man kann von gegenwärtigen, vergangenen und zukünftigen Ereignissen in der physikalischen Welt reden aber nicht von gegenwärtigen, vergangenen und zukünftigen Vorstellungen wenn man als Vorstellung nicht doch wieder eine Art physikalischen Gegenstand (etwa jetzt ein physikalisches Bild statt des Körpers) bezeichnet sondern gerade eben das Gegenwärtige. Man kann also den Zeitbegriff, d.h. die Regeln der Syntax wie sie von den physikalischen Substantiven gelten, nicht in der Welt der Vorstellung anwenden d.h. nicht dort wo man sich einer radikal anderen Ausdrucksweise bedient.

1 Vielleicht | | diese ganze Schwierigkeit (scheint?) auf *–die im MS offengebliebene Einfügung ist ergänzt entsprechend der „Philosophischen Bemerkungen" (TS 209); das Fragezeichen in der Klammer steht im MS über der Zeile*
6 wenn wir das Gedächtnis als die Quelle der Zeit auffassen ⟨als⟩ wenn wir
15 Es ist hier kein Bild ⟨(mehr)⟩ und ⟨es⟩ kann |auch| nicht verblassen
15 |auch| *–das Einfügungszeichen ist im MS gewellt unterstrichen*
16 in dem Sinne ⟨in dem⟩ ein Bild verblaßt so daß
17 es seinen Gegenstand immer weniger und weniger ⟨treu⟩ darstellt.
17 darstellt. ⟨Die beiden⟩ Ausdrucksweisen sind
21 genau so wie die Ausdrucksweise die die Vorstellungen ⟨b…⟩
22 (oder dergleichen) nennt. Was ⟨ist …⟩
27 kann ich mich nicht außerhalb ⟨dieses⟩ Gleichnisses bewegen.
28 Es muß zu Unsinn führen, wenn man ⟨ü…⟩
29 mit der Sprache dieses Gleichnisses über das Gedächtnis als ⟨der …⟩

24. 35

1 Die neue Auffassung der Elementarsätze bringt es mit sich daß ein Satz der Wahrheit mehr oder weniger *nahe* sein kann. (Da Rot näher an Orange als an Blau ist und 2 m näher an 201 cm als an 3 m)

2 / Die Sätze werden in diesem Falle noch ähnlicher Maßstäben, als ich früher geglaubt habe. – Das Stimmen *eines* Maßes schließt automatisch alle anderen aus. Ich sage automatisch: Wie alle Teilstriche auf *einem* Stab sind so gehören die Sätze die den Teilstrichen entsprechen zusammen und man kann nicht mit einem von ihnen messen ohne zugleich auch mit allen anderen zu messen. – Ich lege nicht den Satz als Maßstab an die Wirklichkeit an sondern das *System* von Sätzen.

3 / Man könnte nun die Regel aufstellen daß derselbe Maßstab in einem Satz nur *einmal* angelegt werden darf. Oder daß die Teile die verschiedenen Applizierungen des selben Maßstabs entsprechen zusammengefaßt werden müssen.

4 * Hat nun z.B. die Frage einen Sinn „gibt es Sätze die einzeln, in diesem System, stehen?“?

5 * Ich glaube die Frage kann keinen Sinn haben. Angenommen es gäbe keinen solchen Satz wie könnte man ihn dann auch nur denken? Also kann man auch nicht nach ihm fragen, auch nicht wenn es ihn gibt. 36

25.

6 * Wenn ich etwas über Verification und Grammatik sage so bin ich mir so klar darüber wie über den Sinn des Satzes „draußen regnet es“; nicht klarer. Aber klarer kann ich auch über nichts sein.

8 Ich sage automatisch: Wie ⟨di…⟩
11 ohne zugleich auch mit allen anderen ⟨von ihnen⟩ zu messen.
16 die verschiedenen Applizierungen ⟨desselben⟩ Maßstabs entsprechen
19 Hat nun z.B. die Frage einen Sinn ⟨ob …⟩
22 Ich glaube die Frage kann keinen Sinn haben. ⟨D…⟩
28 wie über den Sinn des Satzes „draußen regnet es“⟨. Nicht⟩ klarer.

1 ⊠ „Ich habe keine Magenschmerzen“ ist vergleichbar dem Satz „diese Äpfel kosten nichts“. Sie kosten nämlich kein Geld aber nicht keinen Schnee oder keine Mühe. Der Nullpunkt ist der Nullpunkt auf einer Skala. Und da mir kein Punkt des Maßstabes gegeben sein kann ohne den Maßstab, so auch nicht sein Nullpunkt. „Ich habe keine Schmerzen“ bezeichnet doch nicht einen Zustand in dem von Schmerzen nicht die Rede ist. Sondern es ist von Schmerzen die Rede. Der Satz setzt die Fähigkeit voraus Schmerzen zu fühlen und das kann keine „physiologische Fähigkeit“ sein – denn wie wüßte man sonst wozu es die Fähigkeit ist – sondern eine logische Möglichkeit. — Ich beschreibe meinen gegenwärtigen Zustand durch die Allusion auf etwas was nicht 37
der Fall ist. Wenn diese Hinweisung zu der Beschreibung nötig ist (und nicht bloß eine Verzierung) so muß in meinem gegenwärtigen Zustand etwas liegen was diese Hinweisung/Erwähnung/ nötig macht. Ich vergleiche diesen Zustand mit einem Anderen also muß er mit ihm vergleichbar sein. Er muß auch im Schmerzraum liegen wenn auch an einer anderen Stelle. – Sonst würde mein Satz etwa heißen mein gegenwärtiger Zustand hat mit einem schmerzhaften nichts zu tun; etwa wie ich sagen würde die Farbe dieser Rose hat mit der Eroberung Galliens durch Cäsar nichts zu tun. D.h. es ist kein Zusammenhang vorhanden. Aber ich meine gerade daß zwischen meinem jetzigen Zustand und einem schmerzhaften ein Zusammenhang besteht.

2 / Ich beschreibe einen Sachverhalt doch nicht |dadurch| daß ich das erwähne was mit ihm nichts zu tun hat und constatiere daß es mit ihm nichts zu tun hat. Das wäre keine negative Beschreibung.

3 / „Der Sinn liegt in der Wiedererkennbarkeit“ aber dies ist eine logische Möglichkeit. Ich muß mich |mit meinen Gedanken?| in dem Raum befinden in dem das zu erwartende liegt.

4 ✳ Die Wahrheit hat einen Granitgrund, bis zu dem kann man kommen und weiter (ohnehin) nicht. 38

5 *Ich bin ein Schwein und dabei bin ich doch nicht unglücklich. Ich bin in der Gefahr noch seichter zu werden. Möge Gott es verhüten!*

26

6 ✳ Wir können von zwei verschiedenen unendlichen Möglichkeiten sprechen aber hier hat das Wort verschieden einen anderen Sinn als im Falle verschiedener endlicher Möglichkeiten. Und das zeigt sich auch daran daß diese Verschiedenheit eine andere Multiplizität hat.

1 ⟨×⟩ *Randzeichen im MS überschrieben und ersetzt*
2 Sie kosten nämlich kein Geld ⟨aber nicht …⟩
6 bezeichnet doch nicht einen Zustand ⟨an …⟩
18 mit einem schmerzhaften nichts zu tun⟨. Etwa⟩ wie ich sagen würde
24 Ich beschreibe ⟨eine Tatsache⟩ doch nicht
24 |dadurch| *–das Einfügungszeichen ist im MS gewellt unterstrichen*

1 ∗ Es hat einen klaren und einfachen Sinn zu sagen daß zwei (|natürlich| endliche) Dezimalbrüche |verschieden sind,| sich von einander unterscheiden. Es hat einen ganz anderen (quasi abgeleiteten) Sinn zu sagen die unendlichen Möglichkeiten der beiden seien verschieden. Und diese Verschiedenheit hat eine andere Multiplizität als jene.

2 / Was heißt der Satz „A ist mein Ahne“? D.h.: wie kann ich wissen daß jemand mein Ahne ist? Wenn dadurch daß ich ihn unter meinen Ahnen suche so heißt das unter einer endlichen Anzahl. Oder die Verification wäre daß er eine bestimmte Eigenschaft hat die man bei meinem Vater, Großvater etc wahrgenommen hat dann sagt der Satz auch nicht mehr als: A hat diese Eigenschaft. Wie wäre es aber wenn meine Ahnen mit 39
einer bestimmten Anzahl von Strichen auf der Stirn zur Welt gekommen wären so daß etwa mein Vater einen hat mein Großvater zwei u.s.f.? Dann hieße „A ist mein Ahne“ doch: er hat irgend eine Anzahl Striche auf der Stirn. Die *scheinbare* vollständige Allgemeinheit heißt aber hier wieder nichts denn entweder weiß ich nun daß A – sagen wir – 25 Striche auf der Stirn hat oder ich weiß daß er zwischen n und m Striche hat. Denn daß die Striche die er hat *eine Anzahl* sind, kann man nicht *sagen* (das wäre nur ein Satz der Grammatik über das betreffende Zahlwort)

3 / Es ist z.B. wichtig daß in dem Satz „ein roter Fleck befindet sich nahe an der Grenze des Gesichtsfeldes“ das „nahe an“ eine andere Bedeutung hat als in einem Satz „der rote Fleck im Gesichtsfeld befindet sich nahe an dem braunen Fleck“. Das Wort Grenze in dem vorigen Satz hat ferners eine andere Bedeutung – und ist eine andere Wortart – als in dem Satz „die Grenze zwischen Rot und Blau im Gesichtsfeld ist ein Kreis“.

3 Es hat einen ganz anderen (quasi abgeleiteten Sinn⟨)⟩ zu sagen
4 die unendlichen Möglichkeiten der beiden seien verschieden ⟨und⟩ diese
12 dann sagt der Satz auch nicht mehr als: ⟨Er⟩ hat diese Eigenschaft.
15 Dann hieße „⟨er⟩ ist mein Ahne“ doch: er hat
17 denn entweder ⟨sage⟩ ich nun daß A – sagen wir – 25 Striche
19 oder ich weiß daß er zwischen n und m Striche ⟨auf…⟩
19 Denn daß die ⟨Zahl der⟩ Striche die er hat *eine Anzahl* sind,
20 das wäre nur ein Satz der Grammatik über das ⟨entsprechen…⟩
23 Es ist z.B. wichtig daß in dem Satz „⟨dies…⟩
23 Es ist z.B. wichtig daß in dem Satz „ein roter Fleck befindet sich ⟨nach …⟩
28 „die Grenze zwischen ⟨rot⟩ und ⟨blau⟩ im Gesichtsfeld ist ein Kreis“

1 / Welchen Sinn hat es zu sagen: unser Gesichtsbild ist an den Rändern undeutlicher als gegen die Mitte? Wenn wir hier nämlich nicht davon reden daß wir die *physikalischen Gegenstände* in der Mitte |des Gesichtsfeldes| deutlicher sehen. – Eines der klarsten Beispiele der Verwechslung zwischen physikalischer und phänomenologischer Sprache ist das Bild welches Mach von seinem Gesichtsfeld entworfen hat und worin die sogenannte Verschwommenheit der Gebilde gegen den Rand des Gesichtsfeldes durch eine Verschwommenheit (in ganz anderem Sinne) der Zeichnung wiedergegeben wurde. Nein, ein sichtbares Bild des Gesichtsbildes/Gesichtsbild des Gesichtsbildes/ kann man nicht machen. 40

Kann ich also sagen, daß die Farbflecken in der Nähe des Randes des Gesichtsfeldes keine scharfen Konturen mehr haben: Sind denn Konturen dort *denkbar*? Wie aber ist so eine Frage überhaupt möglich? Ich glaube es ist klar daß jene Undeutlichkeit eine interne Eigenschaft des Gesichtsraumes ist. Hat, z.B., das Wort „Farbe“ im Grunde eine andere Bedeutung wenn es sich auf Gebilde in der Randnähe bezieht? Was kann die Untersuchung über den Gesichtsraum zu Tage fördern?

Die Grenzenlosigkeit des Gesichtsraums ist ohne jene „Verschwommenheit“ nicht denkbar/vorstellbar/.

2 / Es fragt sich: Welche Unterschiede gibt es im Gesichtsraum? Kann man darüber aus der Koordination, z.B., des Tastraums mit dem Gesichtsraum etwas erfahren? Indem man etwa angibt welche Veränderungen in dem einen Raum keiner Veränderung im anderen entsprechen? 41

3 / Die Tatsache daß man ein physikalisches 100-Eck als Kreis sieht, es nicht von einem physikalischen Kreis unterscheiden kann, sagt gar nichts über die *Möglichkeit* ein 100-Eck zu sehen.

4 / Daß es mir nicht gelingt einen physikalischen Körper zu finden, der das Gesichtsbild eines Hunderteck gibt ist nicht von logischer Bedeutung. Es fragt sich: Hat es *Sinn* von einem Gesichtshunderteck zu reden? Oder: Hat es Sinn von |zugleich| *gesehenen* dreißig Strichen nebeneinander |||||||||||||||||||||||||||||| zu reden. Ich glaube, nein!

4 in der Mitte |des Gesichtsfeldes| deutlicher sehen. – ⟨Es …⟩
7 Gesichtsfeld entworfen hat und worin die sogenannte ⟨Undeu…⟩
8 durch eine Verschwommenheit⟨,⟩ in ganz anderem Sinne⟨,⟩ der
15 Ich glaube es ist klar daß ⟨die⟩ Undeutlichkeit eine interne
25 Indem man ⟨z.B.⟩ angibt welche Veränderungen in dem einen Raum
26 Indem man etwa angibt welche ⟨u…⟩
37 nebeneinander |||||||||||||||||||||||||||||| zu ⟨z…⟩

1 / Der Vorgang ist gar nicht so daß man zuerst ein 3-Eck, dann ein 4-Eck, 5-Eck etc bis z.B. zum 50-Eck sieht und dann der Kreis kommt; sondern man sieht ein 3-Eck ein 4-Eck etc bis vielleicht zum 8-Eck dann sieht man nur mehr Viel-Ecke mit mehr oder weniger langen Seiten. Die Seiten werden kleiner dann beginnt ein Fluktuieren zum Kreis hin und dann kommt der Kreis.

2 / Daß eine physikalische Gerade als Tangente an einen Kreis gezogen das |Gesichts|bild einer |geraden| Linie gibt die ein Stück weit mit der gekrümmten zusammenläuft beweist auch nicht daß unser Sehraum nicht euklidisch ist denn es könnte sehr wohl ein anderes physikalisches Gebilde etwa das der euklidischen Tangente 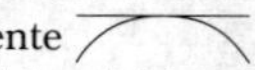 entsprechende Bild erzeugen. Tatsächlich aber ist ein solches Bild undenkbar. 42

27.

3 / Was heißt der Satz: „wir sehen nie einen genauen Kreis“? Was ist das Kriterium der Genauigkeit? Könnte ich nicht auch sehr wohl sagen „ich sehe vielleicht einen genauen Kreis kann es aber nie wissen“? Das alles hat nur dann Sinn wenn man festgelegt hat in welchem Fall man eine Messung genauer nennt als eine andere. Der Begriff des Kreises setzt nun – glaube ich – einen Begriff der „größeren Genauigkeit“ voraus der eine unendliche Möglichkeit der Steigerung hat. Und man kann sagen der Begriff des Kreises ist der Begriff der unendlichen Steigerungsmöglichkeit der Genauigkeit. Diese unendliche Steigerungsfähigkeit wäre ein Postulat der Ausdrucksweise. Es muß |dann| natürlich in jedem Fall klar sein was ich als eine Vergrößerung der Genauigkeit auffassen würde.

4 / Das heißt natürlich nichts, zu sagen, der Kreis sei nur ein Ideal dem sich die Wirklichkeiten nur nähern könnten. Das ist ein falsches 43 /irreführendes/ Gleichnis. Denn nähern kann man sich nur einer Sache die vorhanden ist und ist uns der Kreis in irgendeiner Form gegeben so daß wir uns ihm nähern können dann wäre eben jene Form das für uns wichtige und die Annäherung einer anderen Form an sie nebensächlich. Es kann aber auch so sein daß wir eine unendliche Möglichkeit selbst den Kreis nennen. Es verhält sich dann mit dem Kreis wie mit einer irrationalen Zahl.

2 zuerst ein 3-Eck, dann ein 4-Eck, 5-Eck etc bis ⟨etwa …⟩
4 oder weniger langen Seiten. ⟨⟨kann aber z.B. ein 20-Eck von einem 21-Eck nicht nicht mehr unterscheiden⟩⟩ Die Seiten werden kleiner
9 an einen Kreis gezogen das ⟨Bild⟩ einer |geraden| Linie
29 ⟨Daß …⟩

1 / Es scheint mir der Application der euklidischen Geometrie wesentlich daß wir von einem *ungenauen* Kreis, einer *ungenauen* Kugel etc. sprechen. Und auch daß diese Ungenauigkeit einer Verkleinerung logisch unbegrenzt fähig sein muß. Um also die Anwendung der euklidischen Geometrie zu verstehen muß man wissen was das Wort „*ungenau*“ heißt. – Denn etwas anderes ist uns nicht gegeben als das Resultat unserer Messung und der Begriff der Ungenauigkeit. Diese beiden zusammen müssen der euklidischen Geometrie entsprechen.

2 / Ist nun die Ungenauigkeit der Messung der gleiche Begriff wie die Ungenauigkeit des Gesichtsbildes? Ich glaube: gewiss nicht.

3 / Wenn die Aussage, daß wir nie einen genauen Kreis *sehen* bedeuten 44
soll daß wir |z.B.| keine Gerade sehen die den Kreis in einem Punkt berührt (d.h. daß nichts in unserem Sehraum die Multiplizität der einen Kreis berührenden Geraden hat) dann ist zu *dieser* Ungenauigkeit nicht ein beliebig hoher Grad der Genauigkeit denkbar.

Das Wort Gleichheit hat eine andere Bedeutung wenn wir es auf Strecken im Sehraum anwenden als die es auf den physikalischen Raum angewendet hat. Die Gleichheit im Sehraum hat eine andere Multiplizität als die Gleichheit im physikalischen Raum, *darum* können

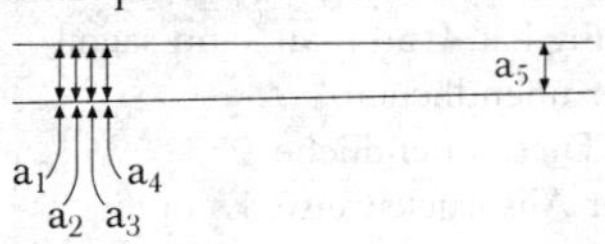

im Sehraum g_1 und g_2 Gerade (Sehgerade) sein und die Strecken $a_1 = a_2$, $a_2 = a_3$ etc aber *nicht* $a_1 = a_5$ sein. Ebenso hat der Kreis und die Gerade im Gesichtsraum eine andere Multiplizität als Kreis und Gerade im physikalischen Raum denn ein kurzes Stück eines gesehenen Kreises kann gerade sein; „Kreis“ und „Gerade“ eben im Sinne der Gesichtsgeometrie angewandt.

Die gewöhnliche Sprache hilft sich hier mit dem Worte „scheint“ oder „erscheint“. Sie sagt a_1 und a_2 scheinen gleich zu sein während zwischen a_1 und a_5 dieser Schein schon nicht mehr besteht. Aber sie benutzt das Wort Schein zweideutig. Denn seine Bedeutung hängt davon 45
ab, was diesem Schein nun als das Sein gegenüber/entgegen/ gestellt wird. In einem Fall ist es das Resultat einer Messung im anderen eine weitere Erscheinung. In |diesen| Fällen ist also die Bedeutung des Wortes „scheinen“ eine verschiedene.

1 Es scheint mir ⟨(wesentlich …)⟩
17 ein beliebig hoher Grad der Genauigkeit denkbar. ⟨D…⟩
19 andere Bedeutung wenn wir es auf Strecken im ⟨physikalischen …⟩
19 Sehraum anwenden als ⟨diejenige⟩ die es ⟨im⟩ physikalischen Raum
22 g_1 und g_2 ⟨als …⟩
26 Ebenso hat der Kreis und die Gerade im ⟨Gesichtsf…⟩
28 eines gesehenen Kreises kann gerade sein; ⟨Krei…⟩
36 In ⟨beiden⟩ Fällen ist also die Bedeutung des Wortes
36 In |diesen| ⟨beiden⟩ Fällen ist also die Bedeutung des Wortes
36 In |diesen| ⟨zwei⟩ Fällen ist also die Bedeutung des Wortes
37 ist also die Bedeutung des Wortes „scheinen“ eine ⟨andere⟩

28.

Es ist jetzt an der Zeit (einmal) Kritik am Worte „Sinnesdatum“ zu üben. Sinnesdatum ist die Erscheinung dieses Baumes ob nun „wirklich ein Baum dasteht“ oder eine Attrappe, ein Spiegelbild, eine Hallucination etc.. Sinnesdatum ist die Erscheinung des Baumes und was wir sagen wollen ist, daß diese sprachliche Darstellung, nur *eine* Beschreibung aber nicht *die* wesentliche ist. Genau so, wie man von dem Ausdruck „*mein* Gesichtsbild“ sagen kann daß es nur *eine* Form der *Beschreibung* aber nicht etwa die einzig mögliche und richtige ist. Die Ausdrucksform „die Erscheinung dieses Baumes“ enthält nämlich die Anschauung als bestünde ein innerer/notwendiger/ Zusammenhang dessen was wir diese Erscheinung nennen mit der „Existenz eines Baumes“ und zwar entweder durch eine wahre Erkenntnis oder einen Irrtum. D.h. wenn von der „Erscheinung eines Baumes“ die Rede ist so hielten wir entweder etwas für einen Baum was einer ist oder etwas was 46
keiner ist. Dieser Zusammenhang |aber| besteht nicht.

Man (und insbesondere die Idealisten) möchten der Sprache vorwerfen daß sie das Sekundäre als primär und das Primäre als sekundär darstellt. Aber das ist nur in diesen unwesentlichen und mit der Erkenntnis |nicht| zusammenhängenden Wertungen der Fall („nur“ die Erscheinung). Davon abgesehen enthält die |gewöhnliche| Sprache keine Entscheidung über primär und sekundär. Es ist nicht einzusehen inwiefern der Ausdruck „die Erscheinung eines Baumes“ etwas dem Ausdruck „Baum“ sekundäres darstellt. Der Ausdruck „nur ein Bild“ geht auf die Vorstellung zurück daß wir das Bild eines Apfels nicht essen können.

6 daß diese ⟨Spr…⟩ sprachliche Darstellung, ⟨diese …⟩
6 nur *eine* Beschreibung⟨,⟩ aber nicht *die* wesentliche ist.
12 als bestünde ein innerer/notwendiger/ Zusammenhang ⟨mit dem …⟩
12 was wir diese Erscheinung nennen mit ⟨den …⟩
18 möchten der Sprache vorwerfen daß sie das ⟨sec…⟩
21 der Fall („nur“ die Erscheinung). ⟨I…⟩
25 daß wir das Bild eines Apfels nicht ⟨nicht⟩ essen können.

1 *Die Wahrheit über sich selbst kann man in dem verschiedensten Geiste schreiben. Im anständigsten und unanständigsten. Und danach ist es sehr wünschenswert oder sehr unrichtig, daß sie geschrieben werde. Ja es gibt unter den wahrhaften Autobiographien die man schreiben könnte alle Stufen vom Höchsten zum Niedrigsten. Ich zum Beispiel kann meine Biographie nicht höher schreiben als ich bin. Und durch die bloße Tatsache daß ich sie schreibe hebe ich mich nicht notwendigerweise ich kann mich dadurch sogar schmutziger machen als* 47
ich schon war. Etwas in mir spricht dafür meine Biographie zu schreiben und zwar möchte ich mein Leben einmal klar ausbreiten um es klar vor mir zu haben und auch für andere. Nicht so sehr, um darüber Gericht zu halten als um jedenfalls Klarheit und Wahrheit zu schaffen.

Heute Nachmittag hörte ich Koder der mir vorspielte. Ich redete ihm ins Gewissen, er solle das Klavierspiel ernst nehmen, sein Spiel war mir nicht ernst genug. Dann ging ich zu Helene und pfiff mit ihrer Begleitung Schubertlieder und meine Gedanken waren nie wirklich konzentriert; ich dachte immer an mich selbst und konnte mich nicht wirklich einfühlen oder der Sache hingeben. Es war nie wirklicher Ernst. Ich tat immer irgendetwas aber es war nie oder beinahe nie das Richtige. Ich sagte mir vor daß die Sache ernst sei aber flog alles an mir vorbei. Ich fühlte daß ich ein Schwein bin weil ich auch echtes mit unechtem mische. Möchte mir Gott Reinheit und Wahrheit schicken.

2 / Daß uns nichts auffällt wenn wir uns umsehen, im Raum herumgehen, unseren eigenen Körper fühlen etc etc. das zeigt wie natürlich uns eben 48
diese Dinge sind. Wir nehmen nicht wahr daß wir den Raum perspektivisch sehen oder daß das Gesichtsbild gegen den Rand zu in irgend einem Sinne verschwommen ist. Es fällt uns nie auf und kann uns nie auffallen, weil es die Art der Wahrnehmung ist. Wir denken nie darüber nach und es ist unmöglich weil es zu der Form unserer Welt keinen Gegensatz gibt.

3 / Ich wollte sagen es ist merkwürdig daß die, die nur den Dingen nicht unseren Vorstellungen Realität zuschreiben sich in der Vorstellungswelt so selbstverständlich bewegen und sich nie aus ihr heraussehnen.

4 / D.h., wie selbstverständlich ist doch das Gegebene. Es müßte mit allen Teufeln zugehen wenn das das kleine aus einem Winkel aufgenommene Bildchen wäre.

29.

5 / Dieses selbstverständliche, das Leben, soll etwas zufälliges, nebensächliches sein; dagegen etwas worüber ich mir normalerweise nie den Kopf zerbreche das Eigentliche!

6 / D.h. Das, worüber hinaus man nicht gehen kann, noch gehen will, (soll) nicht die Welt (sein)/wäre nicht die Welt/!

9 klar ausbreiten ⟨u…⟩ *–im MS nicht codiert und gestrichen*
13 das Klavierspiel ernst nehmen, ⟨es⟩ war mir nicht ernst genug.
15 und pfiff mit ihrer Begleitung Schubertlieder und ⟨ei…⟩
18 Ich sagte mir vor ⟨die …⟩
26 Es fällt uns nie auf und ⟨f…⟩
28 Wir denken nie darüber nach und es ist unmöglich⟨. …⟩
33 Realität zuschreiben sich in der Vorstellungswelt so ⟨be…⟩

30.

1 / Immer wieder ist es der Versuch die Welt in der Sprache abzugrenzen und hervorzuheben – was aber nicht geht. Die Selbstverständlichkeit der Welt drückt sich eben darin aus daß die Sprache nur sie bedeutet, und nur sie bedeuten kann. 49

2 / Denn da die Sprache die Art ihres Bedeutens erst von ihrer Bedeutung, von der Welt, erhält, so ist keine Sprache denkbar, die nicht diese Welt darstellt.

3 / Wir können unser altes Prinzip auf die Sätze, die eine Wahrscheinlichkeit aussagen, anwenden und sagen, daß wir ihren Sinn erkennen werden wenn wir bedenken was sie verifiziert.

4 / Wenn ich sage „Das wird wahrscheinlich eintreffen“, wird dieser Satz durch das Eintreffen verifiziert oder durch das Nichteintreffen falsifiziert? Ich glaube, offenbar nein. Dann sagt er auch nichts darüber aus. Denn wenn ein Streit darüber entstünde ob es wahrscheinlich ist oder nicht so würden immer nur Argumente aus der Vergangenheit herangezogen werden. Und auch dann nur, wenn es bereits bekannt wäre, was eingetroffen ist.

5 ✱ (Ich mache damit keine Aussage über den Zustand der Erwartung in welchem ich mich befinde denn sonst wäre die Aussage von der Art der „ich habe Kopfschmerzen“ und man könnte dann nur Teilnahme äußern aber ein Streit könnte darüber nicht entstehen.) 50

31.

6 / Um den Sinn einer Frage zu verstehen, bedenken wir: Wie sieht denn die Antwort auf diese Frage aus?

7 / Auf die Frage „ist A mein Ahne“ kann ich mir nur die Antworten denken „A findet sich in meiner Ahnengalerie“ oder „A findet sich nicht in meiner Ahnengalerie“ (Wo ich unter Ahnengalerie die Gesamtheit aller Arten von Nachrichten über meine Vorfahren verstehe) Dann konnte aber auch die Frage nur dasselbe heißen wie die: „findet sich A in meiner Ahnengalerie“. (Eine Ahnengalerie hat ein Ende: das ist ein Satz der Syntax) Wenn mir ein Gott offenbarte, A sei mein Ahne, aber nicht welcher, so könnte auch diese Offenbarung für mich nur den Sinn haben, ich werde A unter meinen Ahnen finden wenn ich nur lang genug suche da ich aber die/eine/ Zahl <u>N</u> von Ahnen durchsuchen werde so muß die Offenbarung bedeuten A sei unter jenen <u>N</u> Ahnen.

4 drückt sich eben darin aus daß die ⟨Welt⟩ nur sie bedeutet,
13 Sinn erkennen werden wenn wir ⟨wissen⟩ was sie verifiziert.
13 Sinn erkennen werden wenn wir bedenken ⟨wie …⟩

1 / Frage ich wie viele 9er folgen |unmittelbar nacheinander| auf 3·1415 in der Entwicklung von π und soll sich die Frage auf die Extension beziehen, so lautet die Antwort entweder daß man bei der Entwicklung 51
der Extension bis zur letzt entwickelten (N^{ten}) Stelle über die 9er-Reihe hinausgekommen ist, oder, daß bis zur N^{ten} Stelle 9er aufeinander folgen. Dann aber konnte auch die Frage keinen anderen Sinn haben als den „sind die ersten N-5 Stellen von π lauter 9er oder nicht?"

Das ist aber freilich nicht die Frage die uns interessiert.

2 / Wenn ich nicht weiß wieviele 9er auf 3·1415 folgen können so kann ich also keine Distanz angeben die kleiner ist als der Unterschied zwischen π und 3·1416 und das heißt, glaube ich, daß π nicht einem Punkt auf der Zahlengeraden entspricht denn entspricht es einem Punkt dann muß sich eine Strecke angeben lassen die kleiner ist als die Strecke von diesem Punkt zum Punkt 3·1416.

3 / Wie seltsam wenn sich die Logik mit einer „idealen" Sprache befaßte und nicht mit *unserer*. Denn was sollte diese ideale Sprache ausdrücken? Doch wohl das was wir jetzt in unserer gewöhnlichen Sprache ausdrücken dann muß die Logik also diese untersuchen. Oder etwas anderes: aber wie soll ich dann überhaupt wissen was das ist. – Die logische Analyse ist die Analyse von etwas was wir haben nicht von etwas was wir nicht haben. Sie ist also die Analyse der Sätze *wie sie*
sind. (Es wäre seltsam wenn die menschliche Gesellschaft bis jetzt 52
gesprochen hätte ohne einen richtigen Satz zustande zu bringen)

1.1.30.

4 / Der Begriff des „Elementarsatzes" verliert jetzt überhaupt seine Bedeutung.

5 Die Regeln über *und*, *oder*, *nicht*, etc. die ich durch die W-F-Notation dargestellt habe sind *ein Teil* der Grammatik über diese Wörter, aber nicht *die Ganze*.

6 ⁎ Man kann, glaube ich, die Sätze im Allgemeinen |mit| *den Sätzen* vergleichen die eine färbige Fläche beschreiben indem sie die Farbengrenzen vermittelst eines Koordinatensystems beschreiben und dann nach irgend einer Art die Farben zu beiden Seiten dieser Grenzen bezeichnen. Vielleicht ist es richtiger nur ein bestimmtes ebenes Flächenstück oder eine Kugelfläche als Raum zu nehmen und auf dieser die Farbenverteilung zu beschreiben.

7 / Der Begriff der unabhängigen Koordinaten der Beschreibung!

3 soll sich die Frage auf die Extension beziehen, so lautet ⟨ei...⟩
5 oder, daß bis zur N^{ten} Stelle 9er aufeinander ⟨gefolgen ...⟩
10 Wenn ich nicht weiß wieviele ⟨S...⟩
14 die kleiner ist als die Strecke ⟨π⟩ von diesem Punkt zum Punkt 3·1416
28 ⟨⁎⟩ *Randzeichen im MS gestrichen und ersetzt*
29 verliert jetzt überhaupt seine ⟨|ganze|⟩ *–die gestrichene Einfügung und das Einfügungszeichen sind im MS gewellt unterstrichen.*
32 über *und*, *oder*, *nicht*, etc. die ich durch die W-F-⟨T...⟩

1 / Die Sätze die z.B. durch „und“ verbunden werden sind nicht von einander unabhängig/mit einander unzusammenhängend/ sondern sie bilden *Ein* Bild und lassen sich auf ihre Vereinbarkeit oder Unvereinbarkeit prüfen.

2 In meiner alten Auffassung der Elementarsätze gab es keine Bestimmung 53 des Wertes einer Koordinate; obwohl meine Bemerkung daß ein farbiger Körper in einem Farbenraum ist etc mich direkt hätte dahin bringen können.

3 / Eine Koordinate |der Wirklichkeit| darf nur *einmal* bestimmt werden.

2.1.

4 / Wenn ich den allgemeinen Standpunkt darstellen wollte, würde ich sagen: „Man darf eben über eine Sache |nicht| einmal das eine und einmal das andere sagen“. Diese Sache aber wäre die Koordinate der ich *einen* Wert geben kann und nicht mehr.

5 / Es stellt die Sache falsch dar wenn man sagt man dürfe einem Gegenstand nicht zwei Attribute beilegen die |mit| einander unvereinbar sind. Denn so scheint es, als müsse man in jedem Falle erst untersuchen ob zwei Bestimmungen mit einander vereinbar seien oder nicht. Die Wahrheit ist (eben) daß *zwei* Bestimmungen derselben Koordinate/Art/ [ich sollte hier ein gebräuchliches Wort setzen] unmöglich sind.

6 / Unsere Erkenntnis ist eben, daß wir es mit Maßstäben und nicht quasi |mit| isolierten Teilstrichen zu tun haben.

7 / Jede Aussage bestünde dann |gleichsam| im Einrichten/Einstellen/ einer Anzahl von Maßstäben und das Einstellen eines Maßstabes auf zwei 54 Teilstriche ist *unmöglich*.

Das wäre |z.B.| die Angabe daß ein farbiger Kreis von der Farbe NN und dem Radius .... an der Stelle .... liegt. Man könnte an die Signale im Schiff denken „Stop“, „volle Fahrt“ etc.

8 / Es müssen übrigens nicht Maßstäbe sein denn eine Scheibe mit den Signalen „frei“ und „besetzt“ kann man keinen Maßstab nennen. Es kann auch eine Scheibe sein halb schwarz halb weiß

9 ⋇ Was *nicht so* sein kann, kann anders sein (?)

3 und lassen sich auf ihre Vereinbarkeit oder ⟨nicht ...⟩
7 keine Bestimmung des Wertes einer Koordinate⟨. Obwohl⟩ meine
7 meine Bemerkung daß ⟨eine Farbe in einem⟩ Farbenraum ist
19 wenn man sagt man dürfe ⟨einer Sache⟩ nicht zwei Attribute beilegen
20 beilegen die |mit| einander unvereinbar ⟨seien⟩
21 als müsse man ⟨es⟩ in jedem Falle erst untersuchen
32 Das wäre |z.B.| die Angabe ⟨den ...⟩

1 Auch Sätze die durch „und“ mit einander verbunden sind schließen sich innerlich zusammen.

2 / Daß alle Sätze die Zeit in irgend einer Weise enthalten scheint uns zufällig im Vergleich dazu daß auf alle Sätze die Wahrheitsfunktionen anwendbar sind.

Das scheint mit ihrem Wesen als Sätzen zusammenzuhängen das andere mit dem Wesen der vorgefundenen Realität.

3 / Wahr-Falsch und die Wahrheitsfunktionen hängen mit der Darstellung
der Wirklichkeit durch Sätze zusammen. Wenn einer sagte: ja, woher 55
weißt Du daß die ganze Wirklichkeit durch Sätze darstellbar ist so ist die Antwort: Ich weiß nur daß sie durch Sätze darstellbar ist soweit sie durch Sätze darstellbar ist und eine Grenze ziehen zwischen einem Teil der und einem Teil der nicht so darstellbar ist kann ich in der Sprache nicht. Sprache heißt die Gesamtheit der Sätze.

4 / Man könnte sagen: Satz ist das worauf sich die Wahrheitsfunktionen anwenden lassen. – Die Wahrheitsfunktionen sind der Sprache wesentlich.

5 ✳ Aus „die Rose ist nicht gelb“ folgt nicht daß sie rot ist, aber daraus daß sie rot ist folgt daß sie nicht gelb ist: also kann man sagen daß der positive Satz mehr sagt als der negative. (wenn das eben nichts weiteres bedeuten soll)

6 / Die Syntax verbietet eine Bildung wie „A ist grün und A ist rot“ (das erste Gefühl ist als geschähe damit diesem Satz quasi ein Unrecht; als wäre er dadurch in den Rechten des Satzes verkürzt) Aber für „A ist grün“ ist der Satz „A ist rot“ sozusagen gar kein anderer Satz – und das ist es eigentlich was die Syntax festhält – sondern eine andere Form desselben Satzes.

7 / Die Syntax zieht dadurch Sätze zusammen die eine Bestimmung sind. 56

3.

8 / Wenn ich sage ich habe heute Nacht nicht geträumt, so muß ich doch wissen wo nach dem Traum zu suchen wäre. (d.h. der Satz „ich habe geträumt“ darf auf die Situation angewendet nur falsch aber nicht unsinnig sein.)

1 Auch Sätze die ⟨mit …⟩
14 darstellbar ist und eine Grenze ziehen zwischen ⟨T…⟩
15 einem Teil der und einem Teil der nicht ⟨so …⟩
37 ⟨✳⟩ *Randzeichen im MS gestrichen und ersetzt*
37 Wenn ich sage ich habe heute Nacht nicht geträumt, so ⟨weiß …⟩
38 muß ich doch wissen wo ⟨dieser⟩ Traum zu suchen wäre.

1 / Ich drücke die gegenwärtige Situation durch eine Stellung – die negative – der Signalscheibe „Träume – keine Träume“ aus. Ich muß sie aber trotz ihrer negativen Stellung von anderen Signalscheiben unterscheiden können. Ich muß wissen daß ich d i e s e Signalscheibe in der Hand habe.

2 / Man könnte nun fragen: heißt das, daß Du doch in der Nacht irgend etwas gespürt hast sozusagen die Andeutung eines Traums die Dir die Stelle zum Bewußtsein bringt an der ein Traum gestanden wäre? Oder wenn ich sage „ich habe keine Schmerzen im Arm“ heißt das, daß ich eine Art schattenhaftes Gefühl dort habe was die Stelle andeutet in die der Schmerz eintreten würde? Doch offenbar, nein!

3 / In wiefern enthält der gegenwärtige schmerzlose Zustand die Möglichkeit der Schmerzen? 57

4 ⚹ Es ist etwas anderes ob auf die Frage „hast Du im Arm Schmerzen“ die Antwort kommt „nein“ oder „ich verstehe die Frage nicht“.

5 / Wenn einer sagt: „damit das Wort Schmerzen Bedeutung habe, ist es notwendig, daß man Schmerzen erkennt wenn sie auftreten“, so kann man antworten: „es ist ebenso wesentlich daß man das Fehlen/nicht notwendiger als daß man das Fehlen/ von Schmerzen erkennt“.

6 / Man könnte sagen: ja, aber der positive Sachverhalt ist der primäre. Das Problem hängt damit zusammen daß das Wort „Schmerzen“ nur im Satz Bedeutung hat und daß der Zustand der Schmerzen nicht durch das Wort „Schmerzen“ sondern durch den S a t z „ich habe Schmerzen“ wiedergegeben wird.

7 / „Schmerzen“ heißt so zu sagen der ganze Maßstab und nicht einer seiner Teilstriche. Daß er auf einem bestimmten Teilstrich steht ist nur durch einen S a t z auszudrücken.

8 ⚹ Wenn das Messer nicht auf dem Buch liegt so liegt auch kein Schatten des Messers auf dem Buch, aber die Multiplizität ist vorhanden die die 58 Möglichkeit gibt und im Satz ist sie benutzt und als Wirklichkeit dargestellt.

Es kann sich mit Magenschmerzen und Träumen etc nicht anders verhalten als mit der Lage von Gegenständen im Raum.

7 Man könnte nun fragen: ⟨soll das heißen⟩, daß Du doch in der Nacht
14 ⟨⚹⟩ *Randzeichen im MS gestrichen und ersetzt*
25 ⟨⚹⟩ *Randzeichen im MS überschrieben und ersetzt*
40 nicht anders verhalten als mit ⟨den⟩ Gegenständen im Raum.

1 Was wäre das für eine Frage: könnte denn alles *nicht* der Fall sein und nichts der *Fall* sein? Könnte man sich einen Zustand einer Welt denken in dem mit Wahrheit nur negative Sätze zu sagen wären? Ist das nicht offenbar alles Unsinn? Gibt es denn wesentlich negative und positive Zustände?

2 Wenn man die Sätze als Vorschriften auffaßt um Modelle zu bilden, wird ihre Bildhaftigkeit noch deutlicher.

3 Denn damit das Wort meine Hand lenken kann *muß* es die Mannigfaltigkeit der gewünschten Tätigkeit haben.

4 Und das muß auch das Wesen des negativen Satzes erklären. So könnte einer z.B. das Verständnis des Satzes „das Buch ist nicht rot" dadurch zeigen daß er bei der Anfertigung eines Modells die rote Farbe wegwirft.

Das und ähnliches würde auch zeigen wie der negative Satz die Mannigfaltigkeit des verneinten Satzes hat und nicht *der* Sätze die etwa 59
an dessen Statt wahr sein können.

5 / Was heißt es zu sagen „ich sehe zwar kein Rot um mich, aber wenn Du mir einen Farbenkasten gibst so kann ich es Dir darin zeigen"? Wie kann man *wissen* daß man es zeigen kann wenn …; daß man es also erkennen kann wenn man es sieht.

6 / Was hier gemeint ist kann/könnte/ zweierlei Art sein: Es könnte die Erwartung ausgesprochen sein daß ich es erkennen werde wenn es mir gezeigt wird in dem Sinne wie ich erwarte Kopfschmerzen zu bekommen wenn ich einen Schlag auf den Kopf erhalte; das ist dann so zu sagen eine physikalische Erwartung mit derselben Basis wie alle Erwartungen die sich auf das Eintreffen physikalischer Ereignisse beziehen. Oder aber es handelt sich |gar| nicht um die Erwartung eines physikalischen Ereignisses und daher kann dann auch mein Satz durch das eventuelle Ausbleiben dieses Ereignisses nicht falsifiziert werden. Sondern der Satz sagt gleichsam daß ich ein Urbild besitze mit dem ich die Farbe jederzeit vergleichen könnte (und diese Möglichkeit ist eine logische Möglichkeit)

7 / Nach der ersten Auffassung: wenn ich nun beim Anblick einer 60
bestimmten Farbe wirklich ein Wiedererkennungszeichen von mir gebe wie weiß ich daß es die Farbe ist die ich *gemeint* habe?

3 *Die letzten beiden Sätze der Bemerkung sind im MS am linken Rand mit einem vertikalen Strich markiert.*

7 *Die folgenden zwei Bemerkungen sind im MS am linken Rand mit je zwei vertikalen Strichen markiert.*

15 daß er bei der Anfertigung ⟨des⟩ Modells die rote Farbe wegwirft.

16 Das und ähnliches würde ⟨danņ⟩ auch zeigen

18 und nicht *der* Sätze die etwa an dessen Statt wahr ⟨sind⟩

23 daß man es also erkennen kann wenn man es sieht⟨? … ⟩

39 wirklich ein ⟨Erkennungszeichen⟩ von mir gebe wie weiß ich

1 / In welcher Form aber kann ich denn das Urbild der Farbe in mir tragen? Ich kann z.B. sagen „nein d i e Farbe ist es nicht, aber beinahe, die Farbe, die ich meine ist noch etwas dunkler“. Ich kenne in irgend einem Sinne den Platz der Farbe die ich meine und/denn/ ich erkenne eine Näherung an diesen Platz als solche.

2 / Die Sätze unserer Grammatik haben immer die Art physikalischer Sätze und nicht die „primären“ und vom unmittelbaren handelnden Sätze.

4.

3 / Der negative Satz zieht dieselbe Grenze wie der positive, deutet sie nur anders.

4 ✳ „Ist das Blatt blau“ „nein es ist nicht blau“: Ich schalte also das Blau aus. Aber wie kann ich durch Worte Blau ausschalten? Das ist dasselbe Problem wie: wie kann ich durch diese Worte jemanden veranlassen eine bestimmte Farbe zu wählen (oder auszuschließen)?

5 ✳ Der Zusammenhang des Wortes „blau“ mit der blauen Farbe kann kein anderer sein als der eines Wortes mit einem anderen. 61

6 ✳ Man könnte sich ein zu dem Worte blau gehöriges blaues Täfelchen denken das ebensowenig immer an Ort und Stelle ist wie etwa/z.B./ die Negation eines Satzes wenn dieser Satz zur Stelle ist.

7 ✳ Zum Verständnis des Satzes „das Blatt ist nicht blau“ gehört es auch daß ich im Stande bin/wäre/ ein farbiges Bild des Blattes zu machen, wie es nicht ist.

8 ✳ Man könnte auf zwei verschiedene Weisen darauf kommen daß ein Anderer nicht dieselbe Sprache besitzt wie man selbst. Entweder indem man ihn eine Äußerung machen hörte die in meiner Sprache ungrammatisch ist oder dadurch daß er einen Satz behauptet der in meiner Sprache ein falscher wäre. Er könnte im einen Fall etwa sagen „a und b sind im gleichen Grade identisch“ im anderen Fall „der Himmel ist wolkenlos und rot“.

8 haben immer die Art physikalischer Sätze ⟨und nicht …⟩
15 durch Worte Blau ausschalten? ⟨Es⟩ ist dasselbe Problem wie:
24 an Ort und Stelle ist wie etwa/z.B./ die Negation ⟨wenn irgend …⟩
34 der in meiner Sprache ein falscher wäre. Er könnte ⟨in …⟩

1 / Eine naive Auffassung der Bedeutung eines Worts ist es daß man sich
beim hören oder lesen des Wortes dessen Bedeutung „vorstellt“. Und für
dieses Vorstellen gilt |auch| wirklich die gleiche Frage wie für das
Bedeuten eines Wortes. Denn wenn man sich z.B. die Farbe 62
Himmelblau vorstellt und das Wiedererkennen und Suchen der Farbe
soll sich auf diese Vorstellung gründen so muß man doch sagen daß die
Vorstellung von der Farbe |(im gewöhnlichen Sinne wenigstens)| doch
nicht identisch ist mit der wirklich gesehenen Farbe und wie kann nun
ein Vergleich vor sich gehen? Oder geht er gar nicht zwischen der Farbe
und der Vorstellung von ihr vor sich sondern zwischen etwas aus der
gesehenen Farbe Abgeleitetem und der Vorstellung?

2 ⚹ Wenn ich sage „diese Tischplatte ist nicht blau“ so muß ich den Weg zum Blau sehen. Darin besteht (eben) die Möglichkeit Blau wiederzuerkennen. Ich habe auch gesagt: „Ich muß wissen wie es wäre, wenn es blau wäre“.

3 ⚹ Was heißt es aber: wissen wie es wäre?

4 / Kann das heißen: wiedererkennen, wenn es einem begegnet? Aber wie
weiß ich, daß ich Blau wiedererkennen werde, wenn ich es zu sehen
kriege. Vielleicht geschieht das erst nach zehn Jahren und dann bin ich
verrückt geworden. Ist also dieses „Wissen wie es wäre“ eigentlich nur
eine Vermutung. Und ob der Satz einen Sinn hat läßt sich dann auch
nur vermuten. 63

Aber so ist es doch nicht!

5 ⚹ Kann man nicht zeigen daß man ein Wort versteht, dadurch daß man die Regeln der Syntax angibt die sich darauf beziehen. Oder – was auf dasselbe hinausläuft – indem man |sinnvolle| Sätze angibt, in denen das Wort vorkommt (sie mögen wahr oder falsch sein)

6 ⚹ Wenn ich den Satz „der Tisch ist blau“ verstehe, ob ich nun etwas blaues vor mir sehe oder nicht, so muß ich wissen ob, z.B., blau ein gewisser Grad von Helligkeit von rot ist oder ob blau ein bestimmter süßer Geschmack ist, etc.

7 ⚹ Ich will wissen was es heißt, einen Satz zu verstehen: Wie verifiziert man denn diese Aussage?

5.

8 ⚹ Doch nicht indem man später wirklich einmal – etwa – blau wiedererkennt!

4 für das Bedeuten eines Wortes. Denn wenn ⟨z…⟩
8 doch nicht identisch ist mit ⟨einer⟩ wirklich gesehenen Farbe
9 *Der letzte Satz der Bemerkung ist im MS am linken Rand mit zwei vertikalen Strichen markiert.*
9 Oder geht ⟨der Vergleich⟩ gar nicht zwischen der Farbe und der
20 (⚹) *Randzeichen im MS gestrichen und ersetzt*
21 Aber wie weiß ich, daß ich ⟨daß ich⟩ Blau
28 Kann man nicht zeigen daß man ⟨etwa …⟩
30 indem man |sinnvolle| Sätze angibt, ⟨die …⟩

1 Weiß ich, daß ich einen Satz verstehe, nicht durch Introspection? Ist hier eine nachträgliche Verification denkbar?

2 / Ganz falsch kann doch die naive Theorie des sich eine Vorstellung Machens nicht sein.

3 * Die Sackgasse ist die (eigentliche) Gefahr des Philosophierens. Das ist die Gefahr über Etwas nachzudenken was einen nichts angeht. 64

4 * Ich weiß ich dokumentiere mein Verständnis des Satzes „A ist blau" dadurch daß ich auf einen blauen Gegenstand zeige oder/und/ auf einen bläulichen und ihn bläulich nenne oder auf zwei Gegenstände und sage „dieser ist bläulicher als der andere". Aber besteht mein Verständnis eben darin? Ist es hier auch so daß das „Verstehen" gleichsam Fassetten hat von denen im besonderen Fall nur ein paar zur Anwendung kommen? Und wäre es so auch mit der Grammatik d.h. mit den syntaktischen Regeln?

5 * Ich sehe Etwas und daß mir dabei die Beschreibung „der Tisch ist weiß" einfällt, ist nicht weniger merkwürdig als daß ich auf die Beschreibung komme: der Tisch ist nicht blau.

10.1.30. 229

6 ?/ Wenn man sagt: nur im Satzzusammenhang hat ein Wort Bedeutung, so heißt das daß ein Wort seine Funktion als Wort nur im Satz hat und das läßt sich ebensowenig sagen, wie, daß ein Sessel seine Aufgabe nur im Raum erfüllt. Oder vielleicht besser: Wie ein Zahnrad nur im Eingriff in andere Zähne seine Funktion ausübt.

7 * Ich sagte neulich zu Arvid mit dem ich im Kino einen |uralten| Film gesehen hatte: Ein jetziger Film verhielte sich zum alten wie ein heutiges 230 Automobil zu einem von vor 25 Jahren. Er wirkt ebenso lächerlich und ungeschickt wie diese und die Verbesserung des Films entspricht einer technischen Verbesserung wie der des Automobils. Sie entspricht nicht der Verbesserung – wenn man das so nennen darf – eines Kunststils. Ganz ähnlich müßte es auch in der modernen Tanzmusik gehen. Ein Jazztanz müßte sich verbessern lassen wie ein Film. Das was alle diese Entwicklung von dem Werden eines Stils unterscheidet ist die Unbeteiligung des Geistes.

4 Ganz falsch kann doch die ⟨v…⟩
20 ist nicht weniger merkwürdig als daß ⟨mir …⟩
21 *Ende des Einschubs vom Manuskriptband:* IV. Philosophische Bemerkungen
24 *Unter dem Datum* 10.1.30 *Anweisung in Wittgensteins Hand:* Die philosophischen Bemerkungen wurden zunächst im 4. Manuskriptband fortgesetzt da ich diesen über die Weihnachtsferien nicht nach Wien nehmen wollte. Jetzt setze ich wieder hier fort:
31 mit dem ich im Kino einen |uralten| Film gesehen hatte: ⟨Der …⟩
33 Verbesserung des Films entspricht ⟨der⟩ technischen Verbesserung

11.

1 ✳ Der Unterschied zwischen einem guten und einem schlechten Architekten besteht heute darin, daß dieser jeder Versuchung erliegt während der rechte ihr standhält.

2 ✳ Ich habe einmal, und vielleicht mit Recht, gesagt: Aus der früheren Kultur wird ein Trümmerhaufen und am Schluß ein Aschenhaufen werden; aber es werden Geister über der Asche schweben.

3 ✳ Ich verstehe jedenfalls den Satz „dieses Buch ist blau“ in einem Sinn in welchem ich den Satz „dieses Buch ist abracadabra“ nicht verstehe. Und dieses Verstehen hat nichts mit eventuellen zukünftigen Ereignissen zu 231 tun.

4 ✳ Ich kann in einer Farbe eine Spur von „Grün“ entdecken. Das wird mich etwa veranlassen beim Nachmischen der Farbe einen Tropfen Grün beizusetzen.

5 ✳ Die Farbe Grün und das Wort „Grün“ sind für mich so verbunden wie ein Ding und seine Etiquette. Ich brauche sie nur aus der Lade herauszunehmen, so sind sie da

6 / Die Sprache muß von der Mannigfaltigkeit eines Stellwerks sein, das die Handlungen veranlaßt, die ihren Sätzen entsprechen.

7 / Merkwürdigerweise hat das Problem des *Verstehens* der Sprache mit dem Problem des Willens zu tun. (Das habe ich schon einmal ausgesprochen)

Einen Befehl zu verstehen noch ehe man ihn ausführt hat eine Verwandtschaft damit eine Handlung zu wollen ehe man sie ausführt.

8 ✳ Der Apotheker der ein Recept versteht.

12.

9 ✳ Meine Schwierigkeit ist wieder eine der Beziehungen des I. und II. Systems.

10 / Wie in einem Stellwerk mit Handgriffen die verschiedensten Dinge 232 ausgeführt werden so mit den Wörtern der Sprache die Handgriffen entsprechen. Ein Handgriff ist der Handgriff einer Kurbel und diese kann kontinuierlich verstellt werden; einer gehört zu einem Schalter und kann nur entweder umgelegt oder aufgestellt werden, ein dritter gehört zu einem Schalter der drei oder mehr Stellungen zuläßt, ein vierter ist der Handgriff einer Pumpe und wirkt nur wenn er auf und ab bewegt wird etc.; aber alle sind Handgriffe, werden mit der Hand angefaßt.

„dieses Buch ist blau“ in ⟨dem⟩ Sinn in welchem ich den Satz

eines Stellwerks sein, das ⟨(alle)⟩ die Handlungen veranlaßt,

aber alle sind Handgriffe, ⟨und⟩ werden mit der Hand angefaßt.

1 ⚹ Wenn ich sage „dieses Buch ist nicht grün“ so weiß ich, in irgend einem Sinne, wie es wäre wenn das Buch grün wäre. Ist es nun nicht gleichgültig wie der psychische Akt dieses Wissens beschaffen ist solange ich mit Recht in irgend einem Sinne von ihm reden kann?

2 / Wenn ich von den Wörtern und ihrer Syntax rede so geschieht es „im II. System“ und ebenso |muß es sein| wenn ich von den symbolisierenden Beziehungen von Sätzen und Tatsachen rede. D.h. wir reden hier wieder von etwas in der Zeit ausgebreitetem und nicht momentanem.

13.

3 / Worte gleichen in gewisser Beziehung dem Papiergeld: Anweisungen auf 233

Anweisung, etwa, auf eine Handlung.

4 / Ein Wort hat nur im Satzverband Bedeutung das ist wie wenn man sagen würde ein Stab ist erst im Gebrauch ein Hebel. Erst die Anwendung macht ihn zum Hebel.

5 / Jede Vorschrift kann als Beschreibung, jede Beschreibung als Vorschrift aufgefaßt werden.

6 ⚹ Alles das hat mit der Frage der Möglichkeit zu tun die nie zur Wirklichkeit wird.

7 ⚹ Daß dieses Papier schwarz sein könnte wird dadurch gezeigt daß der Satz „es ist schwarz“ falsch ist.

8 ⚹ Muß ich mich aber nicht daran erinnern können wie schwarz aussieht um das mit Sinn sagen zu können?

9 ⚹ In der Zeit ausgedehnt betrachtet ist die Anwendung der Wörter leicht zu verstehen dagegen finde ich es unendlich schwierig den Sinn im Moment der Anwendung zu verstehen.

10 / Was heißt es z.B. einen Satz als ein Glied eines Satzsystems/Systems von Sätzen/ zu verstehen? 234

(Es ist als sollte ich sagen: die Anwendung eines Wortes geht nicht in einem Moment vor sich)

(Sowenig, wie die eines Hebels?)

2 in irgend einem Sinne, wie es wäre wenn ⟨es⟩ grün wäre.
7 und ebenso |muß es sein| wenn ich von ⟨der …⟩

1 / Es wäre etwa wie ein Schaltwerk dessen Hebel – sagen wir – vier Stellungen einnehmen kann: Nun kann er die freilich nur nacheinander einnehmen und das braucht Zeit; und angenommen er käme nicht dazu mehr als eine Stellung einzunehmen weil das Schaltwerk danach zerstört würde: War es nicht dennoch ein Schaltwerk mit v i e r Stellungen? Waren nicht vier Stellungen möglich?

2 / Wer es gesehen hätte, hätte gesehen wie compliziert es ist und seine Complication erklärt sich nur durch den beabsichtigten Gebrauch zu dem es tatsächlich nicht gekommen ist. So möchte ich bei der Sprache sagen: Wozu alle diese Ansätze, sie haben nur dann eine Bedeutung wenn sie Verwendung finden.

3 Kann man sagen: der Sinn des/eines/ Satzes ist sein Zweck? [Oder von einem Wort „its meaning is its purpose".]

4 / Die Logik kann |aber| nicht die Naturgeschichte des Gebrauchs eines Worts angehen.

5 ✳ In wiefern kann der Gebrauch einer Form eines Wortes die Existenz 235
der/einer/ anderen Form voraussetzen? So würde etwa „dunkel" „dunkler" voraussetzen und umgekehrt; oder „Weiß" „weißlich" u.u. etc.

6 ✳ „Die Syntax lehrt uns nichts neues". (?)

14.

7 ✳ Es gibt eine Art der Philosophie, – man könnte sie psychologistische Philosophie nennen aber den eigentlich guten Namen für sie habe ich noch nicht gefunden – die immer von Assoziationen und dem gleichzeitigen oder ungefähr gleichzeitigen Auftreten von Ereignissen A, B und C spricht, von den ähnlichen Bestandteilen zweier Ereignisse die zur Folge haben daß uns das Ganze einfällt wenn ein Teil vor unsere Augen tritt. Eine typische philosophische Sackgasse. Die Mischung von angestrebter Exactheit und tatsächlicher Irrelevanz.

8 / Wenn ich ein Ereignis erwarte und es kommt dasjenige welches meine Erwartung erfüllt, hat es dann einen Sinn zu fragen, ob das wirklich das Ereignis ist welches ich erwartet habe. D.h. wie würde ein Satz der das behauptet verifiziert werden?

9 / Es ist klar daß die e i n z i g e Quelle meines Wissens hier der Vergleich
des A u s d r u c k s meiner Erwartung mit dem eingetroffenen Ereignis ist. 236

10 / Wie weiß ich daß die Farbe dieses Papiers die ich „weiß" nenne dieselbe ist wie die die ich gestern hier gesehen habe? Dadurch daß ich sie wiedererkenne und dieses Wiedererkennen ist meine einzige Quelle für dieses Wissen. Dann b e d e u t e t „daß sie dieselbe ist" daß ich sie wiedererkenne!

2 dessen Hebel – sagen wir – vier Stellungen ⟨haben⟩ kann:
4 weil das Schaltwerk danach ⟨irgendwie⟩ zerstört würde:
17 |aber| *–das Einfügungszeichen ist im MS gewellt unterstrichen*

1 / Man kann dann auch nicht fragen ob sie wohl die gleiche ist und ich mich nicht vielleicht täusche; ob sie die gleiche *ist* und nicht etwa nur *scheint*.

2 / Es wäre freilich auch möglich zu sagen die Farbe ist die gleiche weil die chemische Untersuchung keine Änderung ergibt. Wenn sie mir also nicht die gleiche erscheint so täusche ich mich. Aber dann muß doch wieder etwas unmittelbar wiedererkannt werden.

Und die „Farbe" die ich unmittelbar wiedererkennen kann und die ich durch chemische Untersuchung feststelle sind zwei verschiedene Dinge.

3 / Aus derselben Quelle fließt nur *Eines*.

4 ✳ Was heißt es: „ich könnte Himmelblau wiedererkennen wenn es mir 237 jetzt gezeigt würde"?

5 ✳ Die Farbe Rot die ich vor mir sehe ist nicht nur nicht die Farbe die ich mit „weiß" meine sondern sie steht für mich zu diesem Wort in der Beziehung – quasi – einer bestimmten Distanz.

6 ✳ D.h. ich erkenne das rot nicht nur als nicht-weiß sondern als in einer bestimmten Entfernung von weiß.

7 / Ist es ein Einwand gegen meine Auffassung daß wir oft halb oder gar ganz automatisch sprechen?

Wenn mich jemand fragt „ist der Vorhang in diesem Zimmer grün" und ich schaue hin und sage „nein, rot", so ist es natürlich/gewiss/ nicht nötig daß ich grün halluciniere und es etwa mit dem Vorhang vergleiche. Ja das Ansehen des Vorhangs kann jene Antwort sehr wohl automatisch hervorbringen. Und doch interessiert diese Antwort die Logik dagegen interessiert sie kein Pfiff den ich etwa auch beim sehen von rot automatisch hervorbringe. Ist es nicht so daß sich die Logik für diese Antwort nur als einen Teil eines Sprachsystems interessiert? Des 238 Systems in dem unsere Bücher geschrieben sind? Kann man sagen daß die Logik die Sprache in extenso betrachtet?

Also so wie die Grammatik!

Kann man denn sagen daß die Logik mit jener Äußerung wenn sie bloß automatisch war eben nichts zu tun hat? Soll sich denn die Logik darum kümmern ob der Satz auch wirklich |gründlich| *gedacht* war? Und welches Kriterium hätte man dafür? Doch nicht gar das lebhafte Spiel der Vorstellungen, das das Aussprechen des Satzes begleitet/die das Aussprechen des Satzes begleiten/! Es ist klar wir sind hier in einem Gebiet das uns gar nichts angeht und aus dem wir schleunigst retirieren sollen.

5 Es ⟨f…⟩
19 nicht die Farbe die ich mit „weiß" meine sondern ⟨ste…⟩
40 Soll sich denn die Logik darum kümmern ob ⟨die Äuße…⟩
40 |gründlich| *–das Einfügungszeichen ist im MS gewellt unterstrichen*
41 Doch nicht gar ⟨die lebhaften Vorstellungen, die das Aussprechen des Satzes begleiten⟩
44 in einem Gebiet das uns gar nichts angeht und aus dem wir ⟨uns …⟩

1 * (In der Logik hilft oft eine psychologische Bemerkung über den Zustand des Untersuchenden)

15.

2 / Solange man sich unter der Seele ein Ding einen Körper vorstellt der in unserem Kopfe ist solange ist diese Hypothese nicht gefährlich. Nicht in der Unvollkommenheit |und Rohheit| unserer Modelle liegt die Gefahr sondern in ihrer Unklarheit (Undeutlichkeit).
Die Gefahr beginnt wenn wir merken daß das alte Modell nicht genügt es nun aber nicht ändern sondern nur gleichsam sublimieren. 239
Solange ich sage, der Gedanke ist in meinem Kopf, ist alles in Ordnung; gefährlich wird es wenn wir sagen der Gedanke ist nicht in meinem Kopfe aber in meinem Geist.

3 * Was ist das Kriterium dafür, daß Einer ein Wort versteht? Ist es nicht das, daß er es anwenden kann? Aber diese Anwendung geschieht doch im Laufe/Verlaufe/ der Zeit!

4 * Wenn ich sage „nein, der Vorhang ist nicht grün" so habe ich doch nur eine Gebrauchsart des Wortes Grün im Sinn, jedenfalls nicht alle möglichen.

5 / Hier kommen wir zu der scheinbar trivialen Frage was die Logik unter einem Wort versteht ob den Tintenstrich, die Lautfolge, ob es nötig ist daß jemand damit einen Sinn verbindet oder verbunden hat etc etc. – Und hier muß offenbar die roheste Auffassung die einzig richtige /richtigste/ sein.

6 Ich werde also wieder von „Büchern" reden; hier haben wir Worte; sollte einmal irgendwo ein Kratzer/Strich/ vorkommen der aussieht wie ein Wort, so werde ich sagen: das ist kein Wort es schaut nur so aus, es 240
war offenbar nicht beabsichtigt. Man kann das nur vom Standpunkt des gesunden Menschenverstandes/common sense/ behandeln. (Es ist merkwürdig, daß eben darin ein Wandel der Auffassung liegt.)

7 / Ich glaube nicht daß die Logik anders/in einem anderen Sinne/ von Sätzen reden kann, als wir für gewöhnlich tun wenn wir sagen „hier steht ein Satz aufgeschrieben" oder „nein das sieht nur aus wie ein Satz ist aber keiner" etc. etc.

8 ?/ Wenn man – wie ich vor langer Zeit vorgeschlagen habe – Sätze aus Dingen wie Sessel, Tische etc, statt aus gedruckten Wörtern zusammenstellt, so wird es besonders klar in welchem Sinne „Worte nur im Satzzusammenhang Bedeutung haben".

16 Ist es nicht das, daß er es ⟨richtig⟩ anwenden kann?
23 Hier kommen wir ⟨schein…⟩
24 unter einem Wort versteht ob den Tintenstrich, ⟨oder⟩ die Lautfolge,
29 Ich werde also wieder von „Büchern" reden; ⟨H…⟩
34 Es ist merkwürdig, daß eben darin ein Wandel ⟨in⟩ der Auffassung
42 Sätze aus Dingen wie Sessel, Tische etc, ⟨zus…⟩
44 in welchem Sinne „Worte nur im Satzzusammenhang ⟨be…⟩

1 / Die Frage „was ist ein Wort“ ist ganz analog der „was ist eine Schachfigur“.

2 ✳ (Der rot–grün-blinde hat ein anderes Farbensystem als der nicht farbenblinde.)

3 ✳ Zweifellos: Ich vergleiche den Satz mit der Wirklichkeit. Jemand sagt mir diese Wand ist weiß ich schaue hin und sage nein. 241

4 ✳ Ich sehe nach ob der Satz wahr ist heißt |doch| immer ich halte ihn mit der Wirklichkeit zusammen.

5 ✳ Angenommen es wäre etwas Weißes in der Nähe und wenn ich den Satz höre schaue ich auf das Weiße und vergleiche es mit der Wand: dann hat mich der Satz zu d i e s e m Vergleich veranlaßt.

6 / Ist denn nicht Übereinstimmung und Nicht-Übereinstimmung das primäre so wie das Wiedererkennen das Primäre und die Identität das Secundäre ist. Wenn wir den Satz verifiziert sehen, an welche andere Instanz können wir dann noch appellieren um zu wissen ob er nun wirklich wahr ist?!

7 ✳ Hieße das nicht daß den Satz die Möglichkeit der Übereinstimmung zum Bild macht. Und das heißt daß wir beim Satz etwas Übereinstimmung nennen was eine ähnliche Mutiplizität hat mit dem was wir zwischen einem Bild und dem abgebildeten Übereinstimmung nennen.

8 / Die Übereinstimmung von Satz und Wirklichkeit ist der Übereinstimmung zwischen Bild und Abgebildetem nur insofern/soweit/ ähnlich wie der Übereinstimmung zwischen einem Erinnerungsbild und dem gegenwärtigen Gegenstand. 242

16.

9 ✳ Die Lücken die der Organismus des Kunstwerks aufweist will man mit Stroh ausstopfen, um aber das Gewissen zu beruhigen nimmt man das b e s t e Stroh.

10 / Man kann eben das Wiedererkennen wie das Gedächtnis auf zwei verschiedene Weisen auffassen/beschreiben/: als Quelle des Begriffs der Vergangenheit und Gleichheit oder als Kontrolle dessen was vergangen ist und der Gleichheit.

19 Wenn wir den Satz ⟨als⟩ verifiziert sehen,
19 sehen, ⟨welche andere Instanz haben wir denn dann noch⟩ um zu wissen
25 daß wir beim Satz etwas Übereinstimmung nennen was eine ⟨ahnl…⟩
31 wie der Übereinstimmung ⟨von⟩ einem Erinnerungsbild
32 und dem ⟨|mir|/|uns|/⟩ gegenwärtigen Gegenstand
32 *Das Einfügungszeichen der gestrichenen Varianten ist gewellt unterstrichen.*

1 / Wenn ich zwei Farbenflecke nebeneinander sehe und sage, sie sind von der gleichen Farbe, und wenn ich sage dieser Fleck hat die selbe Farbe wie der den ich vorhin gesehen habe so heißt/bedeutet/ hier die Aussage der Gleichheit etwas anderes weil sie auf andere Weise verifiziert wird.

2 ⁎ Man kann sagen: das ist nicht die Farbe *die ich meine*.

3 / Zu wissen, daß es die selbe Farbe *war*, ist etwas anderes als zu wissen daß es die selbe Farbe ist.

4 ⁎ „Die erste Lade unten, links; die öffnest Du; hinten liegt eine grüne Schachtel, die machst Du auf etc.“ 243

5 / Nach einer Beschreibung kann man einen Plan zeichnen. Man kann die Beschreibung in den Plan übersetzen.

Die Regeln dieser Übersetzung sind nicht wesentlich anders als die Regeln der Übersetzung aus einer Wortsprache in eine andere.

6 ?/ Die Sprache der Notenschrift eine Anweisung für das Spielen eines Instruments.
Aber das Problem ist gerade: wie ist eine Anweisung möglich? (hierin liegt auch das Problem des Wollens eingeschlossen)

Wie kann sich die Anweisung auf ihren Gegenstand beziehen, denn der ist erst da wenn er da ist und kann sich nicht vertreten lassen. Wenn ich *sage* wofür das Zeichen eine Anweisung ist so sage ich eben bloß etwas, ich gebe eine weitere Anweisung.

Ist das nun anders oder ebenso wenn ich eine Sprache mit wirklichen Bildern einführe? Ist es nicht so: In irgend einer Beziehung unterscheidet sich doch das Bild vom Abgebildeten sonst wäre es eben dieses selbst und hier muß dann das Element der Vertretung eintreten.

7 / Das Problem der Vertretung.

Denn wenn ich wünsche daß p der Fall ist so ist ja nicht p der Fall und in dem Sachverhalt des Wünschens muß p vertreten sein, wie ja im Ausdruck des Wunsches. 244

17.

8 / Auf die Frage worauf ist p eine Anweisung bleibt mir nichts übrig als zu *sagen* d.h. ein weiteres Zeichen zu geben.

9 / Aber kann man nicht dadurch |sogar| eine Anweisung geben daß man eine Handlung vormacht? Gewiß und nun muß man dem Anderen mitteilen „jetzt mache es nach“. Man hat vielleicht auch hierfür schon Beispiele gehabt, aber dann muß man ihm sagen daß jetzt das geschehen soll, was früher geschehen ist.

4 der Gleichheit etwas anderes weil sie ⟨anders⟩ verifiziert wird.
7 Man kann sagen: ⟨nein,⟩ das ist nicht die Farbe *die ich meine*
9 Zu wissen, daß es ⟨dies…⟩

1 / Das heißt doch: einmal kommt der Sprung vom Zeichen zum Bezeichneten.

2 / Der Sinn einer Frage ist die Methode ihrer Beantwortung: Was ist danach der Sinn der Frage „meinen zwei Menschen wirklich das selbe mit dem Wort ‚weiß'?"?

3 / Sage mir *wie* Du suchst und ich werde Dir sagen *was* Du suchst.

4 / Ich sage jemandem „dreh Deinen Kopf um und sag mir was für eine Farbe Du siehst"; er dreht ihn darauf nicht um und ich frage „hast Du mich verstanden?"; er sagt „ja aber ich kann (oder will) mich nicht 245
umdrehen". Wie kann ich wissen ob er mich verstanden hat? Was erkenne ich als test dafür an? Ich werde ihn auffordern das was ich von ihm verlangt habe irgendwie zu beschreiben, vielleicht aufzuzeichnen und NUR so kann ich mich davon überzeugen.

5 / Wie ist es aber mit mir selbst wenn die Aufforderung an mich gerichtet ist? Wenn ich die Aufforderung verstehe und ihr nicht Folge leiste so kann das Verstehen nur in einem Vorgang bestehen, der die Ausführung *vertritt*; also in einem *anderen* Vorgang als |dem| der Ausführung.

6 / Ich will – glaube ich – sagen daß die Annahme der vertretende Vorgang sei ein Bild, mir nicht hilft da auch dadurch der Übergang vom Bild zum Dargestellten nicht wegfällt.

7 ⁎ Wieder ist es unsere Sprache die es uns so schwer macht klar zu sehen.

8 ⁎ Wie weiß ich daß die Farbe dieses Papiers „weiß" heißt? Ich erinnere mich diese Farbe früher gesehen zu haben und sie immer so benannt zu haben. (?)

9 ⁎ Den Satz „in dem weißen Feld ist ein roter Kreis" verstehen könnte man so erklären daß es hieße, ihn in eine gemalte Sprache übersetzen können. Was heißt aber hier „können" ist der Beweis des Verständnisses 246
nicht erst dann erbracht wenn die Übersetzung ausgeführt wurde?

10 ⁎ Worin sonst besteht diese *Fähigkeit*, die Übersetzung auszuführen?

Wenn ich sage „Ich könnte Dir die Farbe die ich meine zeigen, wenn ich jetzt einen Farbenkasten bei der Hand hätte" so führe ich hier offenbar eine Ersatzhandlung aus. Aber doch wieder eine *Ersatzhandlung*.

5 „meinen zwei Menschen wirklich ⟨dasselbe⟩ mit dem Wort
16 zu beschreiben, vielleicht aufzuzeichnen und ⟨NUN …⟩
20 so kann ⟨doch⟩ das Verstehen nur in einem Vorgang bestehen
21 der die Ausführung *vertritt*; also in einem ⟨von …⟩
30 dieses Papiers „weiß" heißt? Ich erinnere mich ⟨ei…⟩
36 des Verständnisses nicht erst dann erbracht wenn die ⟨A…⟩

1 ✳ Oder verwechsle ich hier I^stes^ und II^tes^ System. D.h. ist was ich gesagt habe nicht als würde man sagen: „das Gedächtnis zeigt uns nicht die Vergangenheit wie sie wirklich war sondern nur einen Ersatz.“? Denn das wäre ja Unsinn. Handelt es sich hier um eine Analogie zwischen Erwartung und Gedächtnis?

2 ✳ Wenn ich erwarte daß die Türglocke läuten wird und nun läutet sie wirklich so gibt es keine Frage ob nun wirklich das geschehen ist was ich erwartet habe.

18.

3 / Wenn man z.B. fragen würde: Erwarte ich denn die Zukunft wie sie wirklich ist/selbst/ oder nur etwas der Zukunft ähnliches. Das wäre Unsinn. Oder wenn man sagen würde „wir können nie sicher sein, daß wir wirklich das erwartet haben“. 247

4 ✳ Die gröbste Betrachtungsweise ist die beste.

5 ✳ Es ist wahrscheinlich daß meine ganze (bisherige) Auffassung der Sätze gleichsam um einen kleinen Winkel gedreht werden muß um zu stimmen. – um wirklich zu passen.

19.

6 / Die Vereinbarung von Signalen enthält immer eine Allgemeinheit, sonst ist die Vereinbarung unnötig. Es ist eine Vereinbarung die im besonderen Fall verstanden zu werden hat.

20.

7 *Heute meine erste reguläre Vorlesung gehalten: so, so. Ich glaube, das nächste Mal wird es besser werden. – wenn nichts unvorhergesehenes eintritt.*

8 ✳ Die Sätze d.h. was wir gewöhnlich so nennen, die Sätze unseres täglichen Gebrauches verhalten sich wie es mir scheint anders als was die Logik unter Sätzen versteht wenn es soetwas überhaupt gibt.

Und zwar wegen ihres hypothetischen Charakters. Die Ereignisse scheinen sie nicht in meinem ursprünglichen Sinne zu verifizieren oder zu falsifizieren sondern es ist gleichsam immer noch eine Tür offen 248 gelassen. Die Verification und ihr Gegenteil sind nicht definitiv.

9 ✳ Wäre es nun möglich das alles was ich sicher zu wissen glaube etwa daß ich Eltern gehabt habe, daß ich Geschwister habe, daß ich in England bin, daß das alles sich als falsch erweisen sollte? D.h. könnte ich jemals eine Evidenz als genügend anerkennen um das zu zeigen? Und könnte es dann eine noch größere Evidenz geben daß die erste Evidenz getrogen hat?

1 Oder verwechsle ich hier I^stes^ und II^tes^ System. ⟨Ist …⟩
1 ⟨D.h. Ist⟩ was ich gesagt habe nicht als würde man sagen:
4 Denn das wäre ja Unsinn. ⟨Sind hier …⟩
8 daß die Türglocke läuten wird und nun läutet sie wirklich so ⟨t…⟩

1 ?/ Wenn ich sage „dort steht ein Sessel“, so hat dieser Satz Bezug auf eine Reihe von Erwartungen. Ich glaube ich werde dort hin gehen können, den Sessel befühlen und mich auf ihn setzen können, ich glaube er ist aus Holz und ich erwarte von ihm eine gewisse Härte, Brennbarkeit etc etc. Wenn gewisse dieser Erwartungen getäuscht werden so werde ich dies als Beweis dafür ansehen daß dort doch kein Sessel gestanden ist.

2 / Hier sieht man den Zugang zu der pragmatischen Auffassung von Wahr und Falsch. Der Satz ist solange wahr solang er sich als nützlich erweist.

3 Jeder Satz den wir im gewöhnlichen Leben äußern scheint den 249
Charakter einer Hypothese zu haben.

4 / Die Hypothese ist ein logisches Gebilde. D.h. ein Symbol wofür gewisse Regeln der Darstellung gelten

5 / Das Reden von Sinnesdaten und der unmittelbaren Erfahrung, hat den Sinn, daß wir eine nicht-hypothetische Darstellung suchen.

6 * Nun scheint es aber daß die D a r s t e l l u n g überhaupt ihren Wert verliert wenn man das hypothetische Element in ihr fallen läßt, weil dann der Satz nicht mehr auf die Zukunft deutet sondern quasi selbstzufrieden ist und daher wertlos.

7 * Die Erfahrung sagt gleichsam „schön ist es auch anderswo und hier bin ich sowieso.“ Und mit dem Perspektiv der Erwartung schauen wir in die Zukunft.

8 * Es hat keinen Sinn von Sätzen zu reden die als Instrumente keinen Wert haben.

9 * Der Sinn eines Satzes ist sein Zweck.

10 * Wenn ich jemandem sage „dort steht ein Sessel“ so will ich in ihm
gewisse Erwartungen hervorrufen und Handlungsweisen. 250

11 * Es ist hier furchtbar schwer sich nicht in Fragen zu verirren die die Logik nichts angehen. Oder vielmehr es ist furchtbar schwer sich aus diesem Dickicht von Fragen herauszufinden und/um/ es als Ganzes von außen zu betrachten.

12 * Wie wäre es statt von der Verification einer Hypothese von Bestätigungen der Hypothese/eines Satzes von Bestätigungen des Satzes/ zu reden?

5 Wenn gewisse dieser Erwartungen getäuscht werden ⟨sollte⟩ ich
11 ⟨/⟩ *Randzeichen im MS gestrichen und ersetzt*
14 D.h. ein ⟨besonderes⟩ Symbol wofür ⟨bes…⟩
21 die D a r s t e l l u n g überhaupt ihren Wert verliert wenn man das ⟨po…⟩
38 Es ist hier furchtbar schwer sich nicht in Fragen zu verirren die die ⟨Phi…⟩
39 und/um/ es ⟨sozusagen⟩ als Ganzes von außen zu betrachten.

1 ∗ „Siehst Du diesen Zeiger sich bewegen; wenn er bei 10 angelangt sein wird, wirst Du einen Schmerz im Kopf fühlen". Ist so ein Satz nicht verifizierbar?

Oder: „Der rote Kreis den Du jetzt siehst wird jetzt nach und nach in ein Viereck übergehen". Auch das scheint doch direkt verifizierbar zu sein.

21

2 / Wenn eine Hypothese nicht |definitiv| verifiziert werden kann so kann sie überhaupt nicht verifiziert werden und es gibt für sie nicht Wahr- und Falschheit.

3 ∗ Es scheint nun daß wenn die Hypothese nicht durch Erfahrung verifizierbar ist sie auch nicht durch Erfahrung bestätigt werden kann.

4 Wenn eine Hypothese aller Erfahrung zum trotz aufrecht erhalten werden kann dann kann auch keine Erfahrung sie bestätigen. 251

5 / Oder ist es so daß wir sagen: Meine Erfahrung spricht dafür daß d i e s e Hypothese sie und die zukünftige Erfahrung e i n f a c h wird darstellen können. Zeigt es sich daß eine andere Hypothese das Erfahrungsmaterial einfacher darstellt so wähle ich die einfachere Methode. Die Wahl der Darstellung ist ein Vorgang der |auf der| sogenannten Induktion [nicht der mathematischen] beruht.

6 / So könnte man den Verlauf einer Erfahrung der sich in dem Verlauf einer Kurve darstellt durch verschiedene Kurven darzustellen versuchen jenachdem wieviel uns von dem |tatsächlichen| Verlauf bekannt ist.

7 /

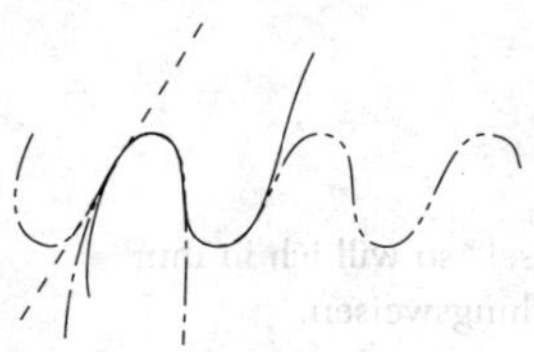

Die Linie —— ist der tatsächliche Verlauf soweit er überhaupt beobachtet wurde. Die Linien - - - - , —-—, —--–, stellen Darstellungsversuche dar denen ein mehr oder weniger großes Stück des ganzen Beobachtungsmaterials zu Grunde liegt.

8 /∗ Wenn ich sage daß die Hypothese daß hier vor mir auf dem Boden ein Paar Schuhe stehen meine bisherige Erfahrung auf die einfachste Weise beschreibt und wie ich annehme auch meine zukünftige so beschreiben wird, so ist damit gesagt daß eine ganz bestimmte Klasse von Erfahrungen diese Hypothese stützt andere ihr nicht günstig sind. 252

Es wäre dann von einer eigentlichen Verification nicht die Rede sondern etwa davon daß gewisse Erfahrungen in den Rahmen der Hypothese fallen andere außerhalb dieses Rahmens liegen.

9 / Man gibt die Hypothese nur um einen, immer höheren, Preis auf.

10 / Die Induktion ist ein Vorgang nach einem ökonomischen Prinzip.

26 So könnte man den Verlauf einer Erfahrung der sich in ⟨einer K…⟩

1 / Die Hypothese ist/steht/ mit der Realität, gleichsam, in einem loseren Zusammenhang als dem der Verification.

2 ⚹ Der Sinn der Hypothese wäre/ist/ dann nicht die Art wie sie verificiert wird, sondern die Art wie sie bestätigt werden kann.

3 / Die Frage der Einfachheit der Darstellung durch eine bestimmte angenommene Hypothese hängt – glaube ich – unmittelbar mit der Frage der Wahrscheinlichkeit zusammen.

22. 253

4 / Eine Hypothese könnte man offenbar durch Bilder erklären. Ich meine man könnte z.B. die Hypothese „hier liegt ein Buch“ durch Bilder erklären die das Buch im Grundriss, Aufriss, und verschiedenen Schnitten zeigen.

5 / Eine solche Darstellung gibt ein G e s e t z. Wie die Gleichung einer Kurve ein Gesetz gibt nach der die Ordinatenabschnitte aufzufinden

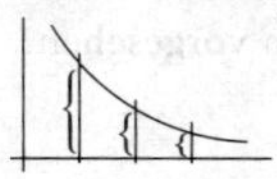

sind wenn man in verschiedenen Abszissen schneidet. Die fallweisen Verificationen entsprechen dann solchen wirklich ausgeführten Schnitten.

6 / Wenn unsere Erfahrungen die Punkte auf einer Geraden ergeben so ist der Satz daß diese Erfahrungen die verschiedenen Ansichten einer Geraden sind, eine Hypothese

7 / Die Hypothese ist eine Art der Darstellung dieser Realität denn eine neue Erfahrung kann mit ihr übereinstimmen oder nicht übereinstimmen beziehungsweise eine Änderung der Hypothese nötig machen.

8 / Das Wesen einer Hypothese ist, glaube ich, daß sie eine Erwartung erzeugt indem sie eine zukünftige Bestätigung zuläßt.

9 / D.h. es ist das Wesen einer Hypothese daß ihre Bestätigung nie abgeschlossen ist. 254

23.

10 / Wenn ich sage daß eine Hypothese nicht definitiv verifizierbar ist so ist damit n i c h t gemeint, daß es |für sie| eine Verification gibt der man sich immer mehr nähern kann ohne sie je zu erreichen. Das ist Unsinn und einer in den man oft verfällt. Sondern eine Hypothese hat zur Realität eben eine andere formelle Relation als die der Verification.

11 / Daher sind hier natürlich auch die Worte „wahr“ und „falsch“ nicht anzuwenden, oder haben eine andere Bedeutung.

4 *Die Bemerkung ist im MS am linken Rand mit einer vertikalen Wellenlinie markiert.*
13 Ich meine man könnte z.B. die Hypothese ⟨auf diesem …⟩
20 ⟨Die fallweise Verifikation …⟩
41 immer mehr nähern kann ohne sie je zu erreichen. Das ist Unsinn ⟨. …⟩
43 eine Hypothese hat zur Realität eben eine andere ⟨interne …⟩

1 Die Natur des Glaubens an die Gleichförmigkeit des Geschehens wird vielleicht am klarsten im Falle in dem wir Furcht vor dem erwarteten Ereignis empfinden. Nichts könnte mich dazu bewegen meine Hand in die Flamme zu stecken, obwohl ich mich doch nur in der Vergangenheit verbrannt habe.

24.

2 ∗ Wenn jemand meine Augen sieht so sehe ich seine Augen; wenn aber
jemand meine Füße sieht so sehe ich darum nicht notwendig seine Füße 255
und so ist es mit der Liebe und Gegenliebe: Wenn ich jemandes Geist
liebe so liebt er auch den meinen aber mit dem Übrigen ist es nicht so.

3 ∗ Eine Hypothese ist ein Gesetz in dem Sinne in welchem die Gleichung einer Kurve ein Gesetz ist das erlaubt für eine gegebene Abscisse die dazugehörige Ordinate zu finden.

4 Wenn die Physik einen Körper von bestimmter Form im physikalischen Raum beschreibt, so muß sie wenn auch unausgesprochen die Möglichkeit der Verification annehmen. Die Stellen müssen vorgesehen sein wo die Hypothese mit der unmittelbaren Erfahrung zusammenhängt.

5 / Drücken wir z.B. den Satz daß eine Kugel sich in einer bestimmten Entfernung von unseren Augen befindet mit Hilfe eines Coordinatensystems und der Kugelgleichung aus so hat diese Beschreibung eine größere Mannigfaltigkeit als die der/einer/ Verification durch das Auge. Die/Jene/ Mannigfaltigkeit entspricht nicht einer Verification sondern einem Gesetz welchem Verificationen gehorchen.

26.

6 Wenn ich erwarte daß jemand zu dieser Türe hereinkommen wird so
drückt sich diese Erwartung wenigstens teilweise dadurch aus daß ich auf
die Türe schaue. Ich will sagen daß die Erwartung wenn sie sich auch 256
nicht auf die erwartete Tatsache bezieht, denn diese tritt ja vielleicht
nicht ein, sich doch irgendwie auf den Raum bezieht in welchem die
Tatsache erwartet wird.

7 × Wenn ich z.B. das Erscheinen eines roten Lichtes an dieser Wand |zu einer bestimmten Zeit| erwarte und es kommt nicht wohl aber ein bestimmter Lärm so ist der Lärm nicht an der Stelle wo das Licht erwartet war.

1 Die Natur des Glaubens ⟨in …⟩
1 die Gleichförmigkeit des Geschehens ⟨ist⟩ vielleicht am klarsten
14 für eine gegebene Abscisse ⟨eine⟩ dazugehörige Ordinate zu finden.
23 ⟨∗⟩ *Randzeichen im MS gestrichen und ersetzt*
24 den Satz daß eine Kugel sich in einer bestimmten Entfernung ⟨f…⟩
24 von unseren Augen befindet ⟨durch d…⟩
31 ⟨25.⟩ *Datum im MS überschrieben*
32 ⟨?/⟩ *Randzeichen im MS gestrichen*
39 ⟨∗?/⟩ *Randzeichen im MS gestrichen und ersetzt*

1 / Wenn ich jemandem sage daß *morgen* schönes Wetter sein wird so documentiert er sein Verständnis indem er nicht *jetzt* versucht den Satz zu verifizieren.

2 / Die Erwartung hängt mit dem Suchen zusammen. Das Suchen setzt voraus daß ich weiß, wonach ich suche, ohne daß, was ich suche, wirklich existieren muß.

3 / Ich hätte das früher so ausgedrückt, daß das Suchen die Elemente des Complexes voraussetzt nicht aber *die* Combination nach der ich suche.
Und das ist kein schlechtes Gleichnis. Denn sprachlich drückt sich 257
das so aus daß der Sinn eines Satzes nur die grammatisch richtige Anwendung gewisser Wörter voraussetzt.

4 ∗ Ich sage zu jemandem: „schau in das Zimmer ob A darin ist“ er sieht nach und sagt „nein das Zimmer ist leer“ Dann sage ich später „schau ob B im Zimmer ist“ und er schaut nach und sagt „nein, das Zimmer ist leer“. Beidemale hat er dasselbe gesehen aber die enttäuschte Erwartung war jedesmal eine andere.

5 / Wie weiß ich daß ich *das* gefunden habe, was ich früher gesucht habe?(daß das eingetroffen ist, was ich erwartet habe, etc)

6 / Ich kann die frühere Erwartung nicht mit dem eintreffenden Ereignis zusammenhalten!

7 ∗ Sondern die Erwartung leitet bis zum Ereignis hin. Das Ereignis ersetzt sie. Es nimmt ihren Platz. Und das ist die Grundtatsache die ich nur momentan nicht recht deuten kann.

8 / Das Ereignis welches die Erwartung ersetzt das ist ihre Antwort.

9 / Dazu ist es aber nötig daß *ein* Ereignis sie ersetzen muß und das heißt 258
ja daß die Erwartung im gleichen Raum sein muß wie das Erwartete.
Ich rede hier von einer Erwartung nur als von etwas was unbedingt entweder erfüllt oder enttäuscht werden muß, also nicht eine Erwartung ins Blaue.

9 ⟨∗⟩ *Randzeichen im MS gestrichen und ersetzt*
9 Ich hätte das früher so ausgedrückt, daß das Suchen ⟨zwe…⟩
10 des Complexes voraussetzt nicht aber *die* ⟨Art ihrer …⟩
10 Combination nach ⟨den…⟩
13 Denn sprachlich drückt sich das so aus daß der Sinn eines Satzes nur die grammatisch richtige Anwendung gewisser Wörter voraussetzt. *–im MS am linken Rand mit einer vertikalen Wellenlinie markiert*
17 „schau ob B im Zimmer ist“ und er schaut nach und sagt ⟨„das Zi…⟩
22 was ich früher gesucht *–im MS unvollständige Korrektur, das gewellt unterstrichene* ge *ist gestrichen*
24 Ich kann die frühere Erwartung ⟨jetzt …⟩
31 ⟨∗⟩ *Randzeichen im MS gestrichen und ersetzt*
31 Das Ereignis ⟨das⟩ die Erwartung ersetzt das ist ihre Antwort.

1 / Das Ereignis das die Erwartung ersetzt beantwortet sie d.h. im Ersetzen besteht die Beantwortung *es kann also keine Frage geben ob das nun wirklich die Antwort ist*. Eine solche Frage hieße den *Sinn* eines Satzes in Frage stellen.

2 ✱ Daß ich *das* gefunden habe was ich früher gesucht habe kann man auf keine Weise beweisen außer dadurch daß der Fund das Suchen ersetzt. Denn auch jede Annäherung an den tatsächlichen Fund durch Bilder dessen was ich suche geschieht ja nur durch das *Ersetzen* eines Symbols durch ein Bild und ehe das Ersetzen stattgefunden hatte war der Ersatz nicht da und nachdem er stattgefunden hatte ist das Bild an die Stelle des Symbols getreten.

3 Die Möglichkeit, heißt das, ist nicht eine Art halbe Wirklichkeit.

27. 259

4 / „Ich erwarte einen roten Fleck zu sehen" beschreibt – etwa – *meinen gegenwärtigen Geisteszustand*. „Ich sehe einen roten Fleck" beschreibt das erwartete Ereignis ein ganz anderes Ereignis als das erste. Könnte man nun nicht fragen ob das Wort rot im ersten Fall nicht eine andere Bedeutung hat als im zweiten? Hat es nicht den Anschein als wäre der erste Satz eine *Beschreibung* meinens Geisteszustandes mit Zuhilfenahme eines fremden unwesentlichen Ereignisses. Etwa so: Ich befinde mich jetzt in einem erwartenden Zustand den ich durch die Angabe charakterisiere daß er durch das Ereignis „ich sehe einen roten Fleck" befriedigt wird. Also wie wenn ich sagte ich habe Hunger und weiß aus Erfahrung daß ihn der Genuß einer bestimmten Speise stillen wird oder würde. So ist es nun aber mit der Erwartung nicht! Die Erwartung ist nicht extern durch die Angabe des Erwarteten beschrieben, wie der Hunger durch die Angabe der ihn stillenden Speise – diese kann ja doch schließlich nur vermutet werden. Sondern die Beschreibung der Erwartung durch das was sie erwartet ist eine interne Beschreibung.

So wird eben das Wort „rot" gebraucht daß es in allen diesen Sätzen fungiert 260

„ich erwarte einen roten Fleck zu sehen"
„ich erinnere mich an einen roten Fleck"
„ich fürchte mich vor einem roten Fleck"
etc.

1 Das Ereignis das die Erwartung ersetzt beantwortet sie d.h. ⟨das …⟩
10 durch das *Ersetzen* eines Symbols⟨. …⟩
10 durch ein Bild und ehe ⟨der Ersatz⟩ stattgefunden hatte
11 war der Ersatz nicht da und nachdem er stattgefunden ⟨hatte …⟩
12 ⟨Die …⟩ *–im MS wurde die Bemerkung zunächst als fortlaufender Text begonnen*
14 Die Möglichkeit, heißt das, ist nicht eine ⟨h…⟩
22 Hat es nicht den Anschein als wäre ⟨die erste Beschreibung …⟩
24 Ich befinde mich jetzt in einem erwartenden Zustand ⟨den⟩ ich
24 Ich befinde mich jetzt in einem erwartenden Zustand ⟨der …⟩
26 befriedigt wird. ⟨Etwa als ob ich⟩ sagte ich habe Hunger
28 der Genuß einer bestimmten Speise stillen wird oder würde. So ist ⟨sie …⟩
32 Sondern die Beschreibung der Erwartung durch ⟨den Satz …⟩

1 ∗ Das muß natürlich innig mit der Funktion der Sprache zusammenhängen.

2 / Wenn ich sage „das ist das selbe Ereignis welches ich erwartet habe“ und „das ist dasselbe Ereignis was auch an jenem Ort stattgefunden hat“ so bedeutet hier das Wort „dasselbe“ jedesmal etwas anderes.

(Man würde auch normalerweise nicht sagen „das ist dasselbe was ich erwartet habe“ sondern „das ist das was ich erwartet habe“)

3 / Könnten wir uns aber überhaupt eine Sprache denken in der die Erwartung daß p eintreffen wird nicht mit Zuhilfenahme von p beschrieben würde?

Ist das nicht ebenso unmöglich wie eine Sprache die ~p ohne zuhilfenahme von „p“ ausdrückte? Ich glaube so ist es.

4 / Ist es nicht einfach darum, weil sich die Erwartung desselben Symbols bedient wie der Gedanke an ihre Erfüllung?

Denn wenn wir in Zeichen denken so erwarten und wünschen wir auch in Zeichen.

5 / Und beinahe könnte man sagen daß Einer auf deutsch hoffen und auf englisch fürchten könnte (oder umgekehrt) 261

6 ∗ Alle diese Vorgänge scheinen mir die Interpretation von Zeichen /Sätzen/ zu sein.

28.

7 / Ein anderer psychischer Vorgang der in unsere Gruppe gehört und mit allen diesen Dingen zusammenhängt ist die Absicht. Man könnte sagen die Sprache ist wie ein Stellwerk das mit einer bestimmten Absicht gehandhabt oder zu einem bestimmten Zweck gebaut ist.

8 / Wenn eine Vorrichtung als Bremse wirken soll tatsächlich aber aus irgendwelchen Ursachen den Gang der Maschine beschleunigt, so ist die Absicht der die Vorrichtung dienen sollte aus ihr allein nicht zu ersehen.

Wenn man dann etwa sagt „das ist der Bremshebel, er funktioniert aber nicht“ so spricht man von der Absicht. Ebenso ist es, wenn man eine verdorbene Uhr doch eine Uhr nennt.

9 / Die psychologischen – trivialen – Erörterungen über Erwartung, Association etc. lassen immer das eigentlich Merkwürdige aus und man merkt ihnen an daß sie herumreden ohne den vitalen Punkt zu berühren.

10 ∗ Wir sagen: die Uhr ist dazu da um 262

36 (ist) Wenn *– im MS fehlerhafte und ausgestrichene Textfortsetzung in der darüberliegenden Zeile:* ist der Bremshebel

1 / |Die| Erwartung, der Gedanke, der Wunsch etc daß p eintreffen wird nenne ich erst dann so wenn diese Vorgänge die Multiplizität haben die sich in p ausdrückt, erst dann also, wenn sie *articuliert* sind. Dann aber sind sie das was ich die Interpretation von Zeichen nenne.

2 / Gedanken nenne ich erst den artikulierten Vorgang man könnte also sagen „erst das was einen articulierten Ausdruck hat".

3 ✳ Wenn ich etwas nicht in Worten erwarte so erwarte ich es in anderen Zeichen.

4 / Die Speichelabsonderung im Mund – auch wenn sie noch so genau gemessen ist – ist *nicht* das was ich die Erwartung nenne.

5 / Vielleicht muß man sagen daß der Ausdruck „Interpretation von Symbolen" irreführend ist und man sollte |statt dessen| sagen „der Gebrauch von Symbolen". Denn „Interpretation" klingt so als würde man nun dem Wort „rot" die Farbe rot zuordnen (wenn sie gar nicht da ist) u.s.w. Und es entsteht wieder die Frage: Was/Welches ist der Zusammenhang zwischen Zeichen und Welt. Könnte ich nach etwas suchen wenn nicht der Raum da wäre worin/in welchem/ ich |es| 263
suche?!

x

Wo knüpft das Zeichen an die Welt an?

6 / Etwas suchen ist gewiss ein Ausdruck der Erwartung. Das heißt: *Wie* man sucht drückt irgenwie aus, was man erwartet.

7 / Die Idee wäre also, daß das was die Erwartung mit der Realität gemeinsam hat ist, daß sie sich auf einen anderen Punkt *im selben* Raum bezieht. (Raum ganz allgemein verstanden)

8 ✳ Ich erwarte mir einen roten Fleck zu sehen dann *kann* ich sagen: Was diese Erwartung bestätigen wird werde ich einen roten Fleck nennen.

9 / Ich sehe einen Fleck näher und näher an die Stelle gehen wo ich ihn erwarte.

10 / Wenn ich sage „ich erinnere mich an eine Farbe" – etwa die Farbe eines bestimmten Buches – so könnte man es als den Beweis dessen ansehen, daß ich im Stande wäre, diese Farbe wieder zu mischen oder zu erkennen oder von anderen Farben zu sagen sie seien mehr oder weniger weit von der erinnerten entfernt.

12 Die Speichelabsonderung im Mund⟨,⟩ auch wenn sie noch so genau
13 gemessen ⟨wird⟩ – ist *nicht* das was ich die Erwartung nenne
16 |statt dessen| –*das Einfügungszeichen ist im MS gewellt unterstrichen*
19 Und es entsteht wieder die Frage: ⟨D…⟩
23 ⟨(⟩x
42 diese Farbe wieder zu mischen oder zu erkennen oder von ⟨ein…⟩

1 ✳ Die Möglichkeit der Erwartung einer Farbe scheint ganz wesentlich mit der Möglichkeit der Erinnerung zusammen zu hängen. 264

2 / Die Erwartung bereitet sozusagen einen Maßstab vor, womit das eintretende Ereignis gemessen wird und zwar so daß es unbedingt damit gemessen werden kann ob es nun mit dem erwarteten Teilstrich zusammenfällt oder nicht.

3 / Es ist etwa wie wenn ich die Höhe eines Menschen nach dem Augenmaß schätze und sage „ich glaube er wird 176 hoch sein“ und gehe daran einen Maßstab an ihn anzulegen. Wenn ich auch nicht weiß wie hoch er ist so weiß ich doch daß seine Höhe mit einem Maßstab und nicht mit einer Waage gemessen wird.

4 / Wenn ich rot erwarte, so bereite ich mich auf rot vor.

Ich kann eine Schachtel vorbereiten in die ein Stück Holz passen soll das ich bekommen soll und zwar darum weil das Stück Holz wie immer es sein mag Volumen haben muß [das kann man natürlich nicht sagen]

5 / Wäre der Akt der Erwartung nicht mit der Realität verknüpft so könnte man |einen| Unsinn erwarten. 265

6 / Die Erwartung von p und |das Eintreffen von| p entsprechen etwa der Hohlform und der Vollform eine Körpers. p entspricht dabei der Gestalt des Volumens und die verschiedenen Arten wie diese Gestalt gegeben ist dem Unterschied von Erwartung und Eintreffen.

29.

7 ✳ Wenn ich sage „ich kann Dir das jeden Moment aufzeichnen“ so setzt das voraus, daß ich im selben Raum bin in dem jene Tätigkeit vor sich geht.

8 ✳ Ich bin mit allen meinen Gedanken über diesen Gegenstand noch immer in einem furchtbaren Wirrwarr zwischen erstem und zweitem Ausdruckssystem. Das meiste von dem was ich jetzt sagen möchte |braucht man und| kann man gar nicht sagen.

9 / Unsere Erwartung anticipiert das Ereignis. Sie macht in diesem Sinne ein Modell des Ereignisses

Wir können aber nur ein Modell von einer Tatsache in der Welt machen in der wir leben. D.h. das Modell muß in seinem Wesen die Beziehung auf die Welt haben in der wir leben und zwar gleichgültig ob es richtig oder falsch ist

1 Die Möglichkeit der ⟨Erf…⟩
4 Die Erwartung bereitet sozusagen einen Maßstab vor, womit ⟨die …⟩
11 und ⟨um es zu kontro…⟩
21 Wäre der Akt der Erwartung nicht mit der ⟨Welt v…⟩
43 Beziehung auf die Welt haben in der wir leben und zwar ⟨ohne …⟩

1 ∗ Das Modell muß zur Wirklichkeit die Beziehung einer Landkarte zur Landschaft haben. (?) 266

30.

2 ∗o Erdichtete Erzählung, gelesenes und gespieltes Theaterstück.

Eine erdichtete Erzählung die nicht in der Zeit und im Ort lociert ist, ist offenbar auf derselben Stufe wie eine Falsche die nach Zeit und Ort bestimmt ist. (Märchen, Sage)

3 Wenn ich sage die Darstellung muß von meiner Welt handeln, so kann man nicht sagen „weil ich sie sonst nicht verifizieren kann" sondern, weil sie sonst von vornherein keinen Sinn für mich hat.

4 o (Es ist oft nicht erlaubt in der Philosophie gleich Sinn zu reden, sondern man muß oft zuerst den Unsinn sagen weil man gerade ihn überwinden soll)

5 / In der Erwartung ist der Teil der dem Suchen im Raum entspricht das Lenken der Aufmerksamkeit.

6 ∗ Ich kann die Augen schließen und denken/(wonder)/ ist dieser und dieser Gegenstand |jetzt| links oder rechts von mir.

7 / Das seltsame an der Erwartung ist ja daß wir wissen, daß es eine Erwartung ist. Denn diese Situation ist |z.B.| nicht denkbar: Ich habe 267 irgend ein Vorstellungsbild vor mir und sage „jetzt weiß ich nicht, ist das eine Erwartung oder eine Erinnerung oder nur ein Bild ohne jede Beziehung zur Wirklichkeit".

Und das zeigt eigentlich daß die Erwartung mit der Wirklichkeit unmittelbar zusammenhängt.

Denn man könnte natürlich nicht sagen daß auch die Zukunft von der die Erwartung spricht – ich meine der Begriff der Zukunft – nur die Wirkliche Zukunft vertritt!

/ Denn ich erwarte ebenso wirklich wie ich warte.

8 / Könnte man auch sagen: Man kann die Erwartung nicht beschreiben, wenn man die gegenwärtige Realität nicht beschreiben kann. Oder man kann die Erwartung nicht beschreiben, wenn man nicht eine vergleichende Beschreibung von Erwartung und Gegenwart geben kann in der Form: „Jetzt sehe ich |hier| einen roten Kreis und erwarte mir später dort ein blaues Viereck."

Das heißt der Sprachmaßstab muß an dem Punkt der Gegenwart angelegt werden und deutet dann über ihn hinaus – etwa in der Richtung der Erwartung.

1 Das Modell ⟨v…⟩
15 in der Philosophie gleich Sinn zu reden, sondern man muß ⟨in …⟩
18 ⟨∗⟩ *Randzeichen im MS überschrieben und ersetzt*
21 Ich kann die Augen schließen und denken/(wonder)/ ⟨wird es von …⟩
27 eine Erinnerung oder ⟨erwarte ich mir überhaupt⟩ nur ein Bild
28 nur ein Bild ohne jede Beziehung zur Wirklichkeit(?)
34 *Der Absatz ist im MS eine eigenständige Bemerkung, durch eine Klammer am linken Rand der vorangehenden zugeordnet.*

1 ○ (Wie man manchmal eine Musik nur im inneren Ohr reproduzieren kann aber sie nicht pfeifen weil das Pfeifen schon die innere Stimme übertönt, so ist manchmal die Stimme eines |philosophischen| Gedankens so leise daß sie vom Lärm des gesprochenen Wortes schon übertönt wird und nicht mehr gehört werden kann wenn man gefragt wird und reden/sprechen/ soll.) 268

2 ∗ Inwiefern ist keinen Apfel in der Hand zu haben verschieden von der Tatsache keine Birne in der Hand zu haben?

Und ich will sagen das ist dieselbe Frage wie: In wiefern unterscheidet sich die Tatsache nicht 6 Fuß hoch zu sein von der nicht 7 Fuß hoch zu sein.

3 / Es hat nur dann einen Sinn die Länge eines Objectes anzugeben wenn ich eine Methode besitze dieses Object zu finden – denn sonst kann ich den Maßstab nicht anlegen.

4 / Das was ich seinerzeit Gegenstände genannt habe, das Einfache, ist |einfach| das was ich bezeichnen kann ohne fürchten zu müssen daß es vielleicht nicht existiert. D.h. das wofür es Existenz oder nicht existenz nicht gibt und das heißt das, wovon wir reden können, was immer *der Fall ist*.

5 / Der visuelle Tisch ist nicht aus Electronen zusammengesetzt. 269

31.

6 ∗ Unsinnige Befehle wie: „Bewege diesen Tisch durch Fernwirkung“, „Halte deinen Kopf und deine Augen still und schau rückwärts“.

7 ○ Ich erwarte daß A zur Tür hereinkommt, aber wie wenn es einen Doppelgänger gibt?

8 ○ Zwei Doppelgänger in einem Zimmer die beide das selbe von sich behaupten und mit einander *übereinstimmen* denn wenn der eine von sich etwas sagt etwa „Ich habe ....“, sagt der andere „ganz richtig ich habe ....“.

9 / Wie, wenn mir jemand sagte „ich erwarte 3 Schläge an die Tür“ und ich antwortete: „Wie weißt Du daß es *Schläge gibt*?“

Wäre das nicht ganz analog der Frage „wie weißt Du daß es 6 Fuß gibt“ (wenn einer etwa gesagt hätte ich glaube daß .... 6 Fuß hoch ist)

28 „Halte deinen Kopf und deine Augen still und schau ⟨nach⟩ rückwärts“.
33 Zwei Doppelgänger in einem Zimmer die beide ⟨dasselbe⟩ von sich
39 und ich antwortete ⟨„wie⟩ weißt Du daß es *Schläge gibt*?“

1 Ist absolute Stille zu verwechseln mit innerer Taubheit ich meine der Unbekanntheit mit dem Begriff des Tones? Wenn das der Fall wäre so könnte man den Mangel des Gehörssinnes nicht von dem Mangel eines anderen Sinnes unterscheiden.

Ist das |aber| nicht genau dieselbe Frage wie die: Ist der Mann der jetzt nichts rotes um sich sieht in derselben Lage wie der der unfähig ist 270
rot zu sehen?

Man kann natürlich sagen: Der eine kann sich rot doch vorstellen aber das vorgestellte rot ist ja nicht dasselbe wie das gesehene.

2 / Man kann mir einwenden der Maßstab mit der Marke in einer bestimmten Höhe kann sagen daß etwas diese Höhe hat, aber nicht w a s sie hat.

3 / Ich würde nun etwa antworten daß alles was ich tun kann ist zu sagen daß etwas was von mir 3 m |in einer bestimmten Richtung| entfernt ist 2 m hoch ist.

4 ⊠ Die Zwei Hypothesen daß andere Menschen Zahnschmerzen haben und die daß andere Menschen sich genau so benehmen wie ich aber keine Zahnschmerzen haben sind dem Sinne nach identisch. D.h. ich würde z.B. wenn ich die zweite Ausdrucksform gelernt hätte in bedauerndem Tonfall von Menschen reden die keine Zahnschmerzen haben sich aber so benehmen wie ich wenn ich welche habe.

5 / Ein Satz so aufgefaßt daß er unkontrollierbar wahr und falsch sein kann ist von der Realität gänzlich detachiert und wirkt/funktioniert/ nicht mehr als Satz. 271

6 ✶ Der Satz „A hat Zahnschmerzen“ bezieht sich zweifellos auf meine Erfahrung von Zahnschmerzen.

7 ⊠ Kann ich mir Schmerzen in der Spitze meines Nagels denken oder in meinen Haaren? Sind diese Schmerzen nicht ebenso und ebensowenig vorstellbar wie die an irgend einer Stelle des Körpers wo ich |gerade| keine Schmerzen habe und mich an keine erinnere?

8 ⊠ Hier ist die Logik unserer Sprache so schwer zu erfassen: Unsere Sprache gebraucht den Ausdruck „meine Schmerzen“ und „seine Schmerzen“ und auch die Ausdrücke „ich habe |(oder fühle)| Schmerzen“ und „er hat (oder fühlt Schmerzen)“. Ein Ausdruck „ich fühle meine Schmerzen“ oder „ich fühle seine Schmerzen“ ist Unsinn. Und darauf scheint mir |am Ende| die ganze Kontroverse über den Behaviourismus zu beruhen.

2 verwechseln mit innerer Taubheit ich meine der ⟨Unfähigkeit …⟩
15 *Die folgenden zwei Bemerkungen sind im MS am linken Rand mit je zwei vertikalen Strichen markiert.*
19 Die Zwei Hypothesen daß andere Menschen ⟨das …⟩
21 benehmen wie ich aber keine Zahnschmerzen haben sind ⟨iden…⟩
26 Ein Satz so aufgefaßt daß er unkontrollierbar wahr ⟨oder⟩ falsch sein
38 Hier ist ⟨unser …⟩
41 „er hat (oder fühlt Schmerzen)“. Ein Ausdruck „⟨(⟩ich ⟨habe …⟩

1 ⌧ Wenn ich jemanden der Zahnschmerzen hat bemitleide so setze ich mich in Gedanken an seine Stelle. Aber ich setze *mich* an seine Stelle.

2 ⌧ Das ist alles dieselbe Frage wie kann ich mir Sinnesdaten denken die ich nicht sehe oder sonst habe. Und auch hier kommt es einfach darauf an wie ich das Wort Sinnesdaten gebrauche.

3 ⌧ Die Frage ist ob es Sinn hat zu sagen: „Nur A kann den Satz ‚A hat 272
Schmerzen‘ verifizieren, ich nicht“. Wie aber wäre es wenn dieser Satz falsch wäre, wenn *ich* also den Satz verifizieren könnte kann es etwas anderes heißen als daß dann ich Schmerzen fühlen müßte. Aber wäre das eine Verification. Vergessen wir nicht: es ist Unsinn zu sagen *ich* müßte *meine* oder *seine* Schmerzen fühlen.

Man könnte auch so fragen: Was in meiner Erfahrung rechtfertigt das ‚meine‘ in „ich fühle *meine* Schmerzen“. Wo ist die Multiplizität des Gefühls die dieses Wort rechtfertigt und es kann nur dann gerechtfertigt sein wenn an seine Stelle auch ein anderes treten kann.

1.2.

4 / Wenn man sagt die Substanz ist unzerstörbar so *meint* man es ist sinnlos in irgend einem Zusammenhang – bejahend oder verneinend von dem „Zerstören der Substanz“ zu reden.

5 / Die Anwendung, Application, des Maßstabes setzt keine bestimmte Länge des zu messenden Objects voraus.

6 / Ich kann daher messen lernen im Allgemeinen ohne es an *jedem* meßbaren Object auszuführen. (Das ist nicht einfach eine Analogie, sondern tatsächlich ein Beispiel)

7 / Alles was ich brauche ist: ich muß sicher sein können daß ich meinen 273
Maßstab anlegen kann.

Wenn ich also sage „noch 3 Schritte und ich werde rot sehen“ so setzt das voraus daß ich den Längen- und den Farben-Maßstab jedenfalls anlegen kann.

8 ⟨Es frägt sich⟩ ob es Sinn hat zu sagen: „Nur A kann den Satz
24 *Die folgenden zwei Bemerkungen sind im MS am linken Rand mit je zwei vertikalen Strichen markiert.*
27 Ich kann daher messen lernen ⟨ohn…⟩
31 Alles was ich brauche ist⟨,⟩ ich muß sicher sein können

1 / Willkürlichkeit des sprachlichen Ausdrucks: könnte man sagen: das Kind muß das Sprechen einer bestimmten Sprache zwar lernen aber nicht das Denken, d.h. es würde von selber denken auch ohne irgend eine Sprache zu lernen?

Ich meine aber wenn es denkt, so macht es sich eben Bilder und diese sind in |einem| gewissen Sinne willkürlich insofern nämlich als andere Bilder denselben Dienst geleistet hätten. Und andererseits ist ja die Sprache auch natürlich entstanden d.h. es muß wohl einen ersten Menschen gegeben haben der einen bestimmten Gedanken zum erstenmal in gesprochenen Worten ausgedrückt hat. Und übrigens ist das ganz gleichgültig weil jedes Kind das die Sprache lernt sie nur in dieser Weise lernt daß es anfängt in ihr zu denken. Plötzlich anfängt; ich meine: es gibt kein Vorstadium in welchem das Kind die Sprache zwar schon gebraucht sozusagen zur Verständigung gebraucht aber noch nicht in ihr denkt.

2 / Gewiß geht das Denken der gewöhnlichen Menschen in einer Mischung 274
von Symbolen vor sich in der vielleicht die eigentlich sprachlichen nur einen geringen Teil bilden.

3 / Wenn ich |nur| etwas schwarzes sehe und sage es ist nicht rot, wie weiß ich daß ich nicht Unsinn rede, d.h. daß es rot sein kann, daß es rot gibt? Wenn nicht rot eben ein anderer Teilstrich auf dem Maßstab ist auf dem auch schwarz einer ist. Was ist der Unterschied zwischen „das ist nicht rot" und „das ist nicht abracadabra"? Ich muß offenbar wissen daß „schwarz" welches den tatsächlichen Zustand beschreibt (oder beschreiben hilft) das ist an dessen Stelle in der Beschreibung „rot" steht.

Aber was heißt das? Wie weiß ich daß es nicht „weich" ist an dessen Stelle „rot" stand? Kann man etwa sagen daß rot weniger verschieden von schwarz ist als von weich?! Das wäre natürlich Unsinn.

4 ○/ „Ich habe Zahnschmerzen" ist im Falle ich den Satz gebrauche ein Zeichen ganz anderer Art als es für mich im Munde eines Anderen ist; und zwar darum weil es im Munde eines Anderen für mich so lange sinnlos ist als ich nicht weiß welcher Mund es ausgesprochen hat
/ausspricht/. Das Satzzeichen besteht in diesem Falle nicht im Laut allein 275
sondern in der Tatsache daß dieser Mund den Laut hervorbringt. Während im Falle ich es sage oder denke das Zeichen der Laut allein ist.

5 / In wiefern kann man die Farben mit den Punkten einer Skala vergleichen?

6 / Kann man sagen daß die Richtung die von schwarz zu rot führt eine andere ist als die in welcher man von schwarz nach blau gehen muß?

6 eben Bilder und diese sind in ⟨gewissem⟩ Sinne willkürlich
10 der einen bestimmten Gedanken zum erstenmal ⟨aus…⟩
14 in welchem das Kind die Sprache zwar schon gebraucht ⟨aber …⟩
25 Was ist der Unterschied zwischen „das ist nicht ⟨„⟩rot"
25 und „das ist nicht abracadabra"⟨? Wen…⟩
27 Zustand beschreibt (oder beschreiben hilft) das ist ⟨wa…⟩
33 ist im Falle ich den Satz gebrauche ein ⟨Symbol⟩ ganz anderer Art
44 die von schwarz zu rot führt eine andere ist als die ⟨welch…⟩

1 / Denn wenn nur schwarz gegeben ist und ich rot erwarte so ist es anders als wenn mir schwarz gegeben ist und ich blau erwarte. Und wenn der Vergleich mit dem Maßstab stimmt so muß mir das Wort blau sozusagen die Richtung angeben in der ich von schwarz zu blau gelange; sozusagen die Methode wie ich zu blau gelange.

2 / Könnte man nicht auch |so| sagen: der Satz muß den Ort von Blau konstruieren den Punkt an den die Tatsache gelangen muß wenn das und das blau ist.

3 / Mit dieser Sache hängt es doch zusammen, daß ich sagen kann diese Farbe kommt meiner Erwartung näher als die andere.

4 / Wie drücken sich aber diese verschiedenen Richtungen in der 276
Grammatik aus?

5 / Ist das nicht derselbe Fall wie der: Ich sehe ein grau und sage „ich erwarte daß dieses grau dunkler werden wird". Wie zeigt die Grammatik den Unterschied zwischen „heller" und „dunkler". Oder: wie kann ich an dem grau den Maßstab der von weiß nach schwarz führt in einer bestimmten Richtung anbringen.

6 ⚹ Es ist doch als wäre das grau nur ein Punkt und wie kann ich in dem die zwei Richtungen sehen. Und das sollte ich doch irgendwie können um dann in diesen Richtungen an einen |bestimmten| Punkt gelangen zu können.

2.

7 ⚹ Thermometer und Uhr als Sprache.

8 / Das Gefühl ist als müßte ~p um p zu verneinen es erst in gewissem Sinne wahr machen. Man fragt „nicht was?" „Was ist nicht der Fall". Dieses muß dargestellt werden kann aber doch nicht so dargestellt werden daß p wirklich wahr gemacht wird.

9 /

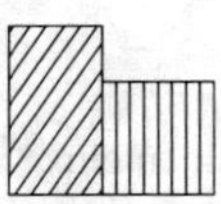

10 / Der rot-grün-Blinde hat ein anderes |Farben|System als der Normale.

7 Könnte man nicht auch |so| sagen: ⟨„rot" muß …⟩
8 den Ort von Blau konstruieren den Punkt an ⟨dem …⟩
17 ⟨⚹⟩ *Randzeichen im MS gestrichen und ersetzt*
21 von weiß nach schwarz führt in einer ⟨besti…⟩
21 von weiß nach schwarz führt in einer bestimmten Richtung ⟨anlegen.⟩
32 es erst in gewissem Sinne wahr machen⟨ „Nicht⟩ was⟨" …⟩

1 / Der Rot–Grün-blinde wäre ähnlich einem Menschen der nicht die Möglichkeit hat den Kopf zu drehen und der daher eine andere Art 277 Raum hätte da es für ihn nur den Gesichtsraum allein gäbe und also z.B. kein „hinten“. Das würde natürlich nicht heißen daß für ihn der Euclidische Raum eine Grenze hätte! sondern er käme – wenigstens was das Sehen von Dingen betrifft – nicht zum Begriff des Euclidischen Raums.

2 / Heißt nun die Frage etwas: „kann der der Rot und Grün nicht kennt wirklich das sehen was wir (oder ich) ‚blau‘ und ‚gelb‘ nennen?“?

Diese Frage muß natürlich ebenso unsinnig sein wie die, ob der andere Normalsehende wirklich dasselbe sieht wie ich.

3 / Das Grau muß bereits im Raum von dunkler und heller vorgestellt sein wenn ich davon reden will daß es dunkler oder heller werden kann.

4 / Man könnte also vielleicht auch so sagen: Der Maßstab muß schon angelegt sein ich kann ihn nicht – willkürlich – anlegen, ich kann nur einen Teilstrich darauf hervorheben.

Das kommt auf folgendes hinaus: Wenn es um mich her vollkommen still ist so kann ich an dieser Stille den Gehörsraum nicht willkürlich anbringen/aufbauen/ oder nicht anbringen. D.h. es ist für mich entweder still im Gegensatz zu einem Laut oder das Wort still hat 278 keine Bedeutung für mich. D.h. ich kann nicht w ä h l e n zwischen i n n e r e m Gehör und innerer Taubheit.

Und ebenso kann ich, wenn ich grau sehe nicht zwischen normalem innerem Sehen, partieller oder vollkommener Farbenblindheit w ä h l e n.

5 Die Philosophen die glauben daß man im Denken die Erfahrung gleichsam ausdehnen kann sollen daran denken daß man durchs Telefon die Rede aber nicht die Masern übertragen kann.

6 Ich kann auch nicht die Zeit als begrenzt empfinden wenn ich will, oder das Gesichtsfeld als homogen etc.

7 Wäre es möglich eine n e u e Farbe zu entdecken?! (Denn der Farbenblinde ist ja in derselben Lage wie wir, seine Farben bilden ein ebenso complettes System wie die unseren; er sieht keine Lücke wo die übrigen Farben noch hineingehörten.)

4 den Gesichtsraum allein gäbe und also z.B. kein „⟨vor…⟩
23 oder das Wort still ⟨verliert seine⟩ Bedeutung für mich.
31 die Erfahrung gleichsam ausdehnen kann ⟨sollten sich …⟩
37 *Der Beginn der Bemerkung ist im MS mit zwei vertikalen Strichen markiert.*
37 Wäre es möglich eine n e u e Farbe zu entdecken⟨!⟩
38 (Denn der Farbenblinde ist ja in derselben Lage wie ⟨ich …⟩

1 Das Wort „Rot“ entspricht einem Punkt/(Ort)/ im Farbenraum ob nun dort etwas ist oder nicht.

Aber das ist auch nicht einwandfrei ausgedrückt, denn dem Farbenraum muß ein *Grammatischer Raum* entsprechen. Und 279 |einzelne| Wörter etwa „rot“, „gelb“, „grün“ etc geben *keinen Raum*.

2 Der Farbenraum wird z.B. *beiläufig* dargestellt durch das Oktaeder mit den |reinen| Farben an den Eckpunkten. Und diese Darstellung ist eine grammatische keine psychologische. Zu sagen daß unter den und den Umständen – etwa – ein rotes Nachbild sichtbar wird ist |dagegen| Psychologie (*das* kann sein, oder auch nicht, das andere ist a priori. Das eine kann durch Experimente festgestellt werden, das andere nicht)

3 Daß der Maßstab im selben Raum sein muß und ist wie das gemessene Objekt ist verständlich. Aber inwiefern sind *die Worte* im selben Raum wie das Object dessen Länge in Worten beschrieben wird oder im selben Raum wie die Farbe etc? Es klingt absurd.

4 Die schwarze Farbe kann heller aber nicht lauter werden. Das heißt daß sie im Hell–Dunkel-Raum und nicht im Laut– Leise-Raum ist. – Aber der Gegenstand hört doch eben auf schwarz zu sein wenn er heller wird. Aber er war dann schwarz und wie ich eine Bewegung sehen kann (im gewöhnlichen Sinn) ebenso kann ich auch eine Farbbewegung sehen.

5 * Der Befehl muß ja auch an der gegenwärtigen Lage anpacken.

6 / Als ich die Sprache konstruierte die sich bei der Darstellung des 280 Sachverhaltes im Raum eines Koordinatensystems bedient da habe ich doch damit einen Bestandteil in die Sprache eingeführt dessen sie sich sonst nicht bedient. Dieses Mittel ist gewiß erlaubt. Und es zeigt den Zusammenhang zwischen Sprache und Realität. Das geschriebene Zeichen ohne das Coordinatensystem ist sinnlos. Muß nun nicht etwas ähnliches zur Darstellung der Farben verwendet werden?

7 / Wenn ich sage etwas ist 3 Fuß lang so setzt das voraus daß ich die Fußlänge irgendwie gegeben habe/mir die Fußlänge irgendwie gegeben ist/. Sie ist tatsächlich durch eine Beschreibung gegeben. Dort und dort liegt ein Stab dessen Länge ist 1 Fuß. Das „dort und dort“ beschreibt indirekt eine Methode um an den Ort zu gelangen; tut es das nicht so ist die Ortsangabe sinnlos. Die Ortsangabe „London“ hat nur Sinn wenn es möglich ist London zu *suchen*.

11 (*das* kann sein, oder auch nicht, das andere ist a priori⟨⟩ …⟩
16 im selben Raum wie das Object dessen ⟨Längen …⟩
21 Aber ⟨schwarz⟩ hört doch eben auf schwarz zu sein wenn ⟨es⟩ heller wird
21 heller wird⟨!⟩ Aber er war dann schwarz und wie ich eine Bewegung
23 (im gewöhnlichen Sinn) ⟨so⟩ kann ich auch eine Farbbewegung sehen.
27 Als ich die Sprache ⟨ersann⟩ die sich bei der Darstellung
29 bedient da habe ich doch damit einen Bestandteil ⟨ein…⟩
33 Muß nun nicht etwas ähnliches ⟨im Falle⟩ der Farben verwendet werden?

1 / Ein Befehl ist nur dann vollständig wenn er Sinn hat was immer der Fall sein mag. Man könnte auch sagen: dann ist er vollständig analysiert.

2 / Ich werde jede Tatsache deren Bestehen Voraussetzung für den Sinn eines Satzes ist |als| zur Sprache |gehörig| rechnen 281

3 ✳ Die Werkzeichnung ein sprachliches Ausdrucksmittel.

4 / Unsere gewöhnliche Sprache hat kein Mittel um einen bestimmten Farbton etwa das Blau meiner Bettdecke zu beschreiben. Sie ist also unfähig ein Bild dieser Farbe zu erzeugen.

5 ✳ Wie kann man die Erinnerung an die Gegenwart anlegen? Denn wo die Wortsprache nicht genügt dort genügt doch häufig die Sprache des Gedächtnisses.

6 / Die Erinnerung und die Wirklichkeit müssen in einem Raum sein.

Ich kann auch sagen: die Vorstellung und die Wirklichkeit sind in einem Raum.

7 / Wenn ich jemandem mitteilen will welche Farbe ein Stoff haben soll so schicke ich ein Muster und offenbar gehört dieses Muster zur Sprache und ebenso gehört dazu das Gedächtnis oder die Vorstellung einer Farbe die ich durch ein Wort erwecke.

8 / Wenn ich zwei mir gegenwärtige Farbmuster mit einander vergleiche und wenn ich ein Farbmuster mit meiner Vorstellung eines Musters 282
vergleiche so ist das ähnlich wie wenn ich die Längen zweier aneinanderliegender Stäbe vergleiche und andrerseits die Längen zweier voneinander entfernter Stäbe. Ich kann dann etwa sagen sie sind gleich hoch wenn ich |den Blick| eben von der einen Spitze zur anderen wenden kann.

1 Ein Befehl ⟨hat …⟩
4 *Die Bemerkung ist im MS am linken Rand mit einer vertikalen Wellenlinie markiert.*
5 |als| *–das Einfügungszeichen ist im MS gewellt unterstrichen*
5 |gehörig| *–das Einfügungszeichen ist im MS gewellt unterstrichen*
15 Denn wo die Wortsprache nicht genügt dort genügt doch häufig die Sprache des Gedächtnisses. *–im MS am linken Rand mit einer vertikalen Wellenlinie markiert*
17 Die Erinnerung und die Wirklichkeit müssen in einem ⟨und dem …⟩
22 welche Farbe ein Stoff haben soll so schicke ich ⟨ihm⟩ ein Muster

3.

1 / Ich habe tatsächlich nie gesehen daß ein schwarzer Fleck nach und nach immer heller wird bis er weiß ist und dann immer rötlicher bis er rot ist aber ich weiß daß es möglich ist weil ich es mir vorstellen kann. D.h. ich operiere mit meinen Vorstellungen im Raume der Farben und tue mit ihnen was mit den Farben möglich wäre. Und meine Worte nehmen ihren Sinn daher daß sie mehr oder weniger vollständig die Operationen der Vorstellungen widerspiegeln. Etwa wie die Notenschrift die zur Beschreibung eines gespielten Stückes verwendet werden kann aber z.B. die Stärke jedes einzelnen Tones *nicht* wiedergibt.

2 / Die Grammatik gibt der Sprache den nötigen Freiheitsgrad.

3 / Das Farbenoktoeder ist Grammatik denn es sagt daß wir von einem rötlichen blau aber nicht von einem rötlichen Grün reden können etc.

4. 283

4 Eine Hypothese ist ein Gesetz zur Bildung von Sätzen.

Man könnte auch sagen: eine Hypothese ist ein Gesetz zur Bildung von Erwartungen.

5 / Ein Satz ist sozusagen ein Schnitt durch eine Hypothese in einem Bestimmten Ort.

6 / Die Wahrscheinlichkeit einer Hypothese hat ihr Maß darin wieviel Evidenz nötig ist um es vorteilhaft zu machen, sie umzustoßen.

7 / Nur in diesem Sinne kann man sagen daß wiederholte gleichförmige Erfahrung in der Vergangenheit das Andauern dieser Gleichförmigkeit in der Zukunft wahrscheinlich macht.

8 / Wenn ich nun in diesem Sinne sage: ich nehme an daß morgen die Sonne wieder aufgehen wird weil das Gegenteil zu unwahrscheinlich ist so meine ich hier mit „wahrscheinlich" oder „unwahrscheinlich" etwas ganz anderes als mit diesen Worten im Satz „es ist gleich wahrscheinlich daß ich Kopf oder Adler werfe" gemeint ist. Die beiden Bedeutungen des Wortes „wahrscheinlich" (hängen) zwar (mit einander zusammen) /stehen zwar in einem gewissen Zusammenhang/ aber sie sind nicht identisch.

9 * Hypothese nenne ich jeden Satz der nicht einer definitiven Verification fähig ist. 284

2 Ich habe tatsächlich nie gesehen daß ⟨S…⟩
25 Die Wahrscheinlichkeit einer Hypothese ⟨muß gleichsam …⟩
36 im Satz „es ist gleich wahrscheinlich daß ich Kopf ⟨und …⟩

5.

1 / Es ist das Wesentliche daß ich die/eine/ Erwartung nicht nur mit dem muß vergleichen können, was als die endgültige Antwort (Verification oder Falsification) betrachtet wird, sondern auch mit dem gegenwärtigen Stand der Dinge. Nur das macht die Erwartung zum Bild.

D.h. sie muß j e t z t Sinn haben.

2 / Zu sagen ich sehe – etwa – eine Kugel heißt nichts anderes als ich habe einen Anblick wie ihn eine Kugel gewährt aber das heißt nur daß ich nach einem bestimmten Gesetz |dem der Kugel| Anblicke konstruieren kann und daß dies ein solcher ist.

3 * Mitteilung eines Gedankens.

6

4 / In der Sprache einer Hypothese kann man nicht aus dieser Hypothese heraus.

5 / Welche seltsame, unsinnige Frage: „Haben mehrere Menschen die gleichen Zahnschmerzen?"!

6 / Was Mach ein Gedankenexperiment nennt ist natürlich gar kein Experiment. Im Grunde ist es eine grammatische Betrachtung. 285

7 o/ Angenommen ich hätte stechende Schmerzen im rechten Knie und bei jedem Stich zuckt mein rechtes Bein. Zugleich sehe ich einen anderen Menschen dessen Bein in gleicher Weise zuckt und der über stechende Schmerzen klagt und zu gleicher Zeit fängt mein linkes Bein ebenso an zu zucken obwohl ich im linken Knie keine Schmerzen fühle. Nun sage ich : mein Gegenüber hat offenbar in seinem Knie dieselben Schmerzen wie ich in meinem rechten Knie. Wie ist es aber mit meinem linken Knie, ist es nicht in genau dem gleichen Fall wie das Knie des Anderen?

8 o/ Wenn ich sage „A hat Zahnschmerzen" so gebrauche ich die Vorstellung des Schmerzgefühls in derselben Weise wie |etwa| den Begriff des Fließens wenn ich vom Fließen des elektrischen Stromes rede.

9 o* Wenn wir plötzlich vom Nebenzimmer in einer uns unbekannten Stimme den Satz „ich habe Zahnschmerzen" hören, so verstehen wir ihn nicht.

3 Erwartung nicht nur mit dem muß vergleichen können, ⟨was …⟩
5 betrachtet wird, sondern auch mit dem gegenwärtigen ⟨Zustand. …⟩
6 D.h. sie muß j e t z t ⟨schon⟩ Sinn haben.
19 Welche seltsame, unsinnige⟨,⟩ Frage: „Haben mehrere Menschen
26 Schmerzen im rechten Knie und bei jedem Stich zuckt ⟨da…⟩
30 Nun sage ich ⟨„⟩mein Gegenüber hat offenbar in seinem
30 mein Gegenüber hat offenbar in seinem ⟨Fuß⟩ dieselben Schmerzen
35 „A hat Zahnschmerzen" so gebrauche ich die Vorstellung ⟨der …⟩

1 ○/ Ich sammle gleichsam sinnvolle Sätze über Zahnschmerzen. Das ist der charakteristische Vorgang einer grammatischen Untersuchung. Ich sammle nicht wahre sondern sinnvolle Sätze und darum ist diese 286 Betrachtung keine psychologische. (Man möchte sie oft eine Metapsychologie nennen)

2 ○/ Man könnte sagen: Die Philosophie sammelt fortwährend ein Material von Sätzen ohne sich um ihre Wahr- oder Falschheit zu kümmern, nur im Falle der Logik und Mathematik hat sie es nur mit den „wahren" Sätzen zu tun.

3 ○/ Die Erfahrung des Zahnschmerzgefühls ist nicht die daß eine Person Ich etwas hat.

4 ○/ In den Schmerzen unterscheide ich eine Intensität einen Ort etc aber keinen Besitzer.

5 ○/ Wie wären etwa Schmerzen die gerade niemand *hat*? Schmerzen die niemandem gehören?

6 ○/ Die Schmerzen werden als etwas dargestellt das man wahrnehmen kann im Sinne in dem man eine Zündholzschachtel wahrnimmt.

Das unangenehme sind dann freilich nicht die Schmerzen sondern nur das Wahrnehmen der Schmerzen.

7 ○/ Wenn ich einen Anderen bedaure weil er Schmerzen hat so stelle ich mir wohl die Schmerzen vor, aber ich stelle mir vor daß *ich* sie habe. 287

8 ✳ Eine Zündholzschachtel die der Andere hat kann ich mir vorstellen aber nicht Schmerzen die der Andere hat, also Schmerzen die ich nicht spüre.

9 ⊠ Soll ich mir auch die Schmerzen eines auf dem Tisch liegenden Zahnes denken können oder die Schmerzen eines Teetopfes? Soll man etwa sagen: es ist nur nicht wahr daß der Teetopf Schmerzen hat aber ich kann es mir denken?!

7.

10 ⊠/ Ist aber nicht doch ein Unterschied zwischen den Annahmen daß die Anderen Schmerzen haben und daß sie keine haben und sich nur so benehmen wie ich, wenn ich welche habe?

11 ⊠ Nach meinem Prinzip müssen die beiden Annahmen dem/ihrem/ Sinne nach identisch sein, wenn alle *mögliche* Erfahrung die die eine bestätigt auch die andere bestätigt. Wenn also keine Entscheidung zwischen beiden durch die Erfahrung denkbar ist.

4 Betrachtung keine psychologische. (Man möchte sie oft ⟨eine …⟩
7 Man könnte sagen: ⟨In der …⟩
30 kann ich mir vorstellen aber nicht Schmerzen die ⟨ich …⟩
42 Nach meinem Prinzip ⟨muß …⟩

1 ○/ Zu sagen daß sie keine Schmerzen haben setzt aber voraus daß es Sinn hat zu sagen daß sie Schmerzen haben.

Ich glaube es ist klar daß man in dem selben Sinne sagt daß andere Menschen Schmerzen haben in welchem man sagt daß ein Stuhl keine 288 hat.

2 /⊠ Wie wäre es wenn ich zwei Körper hätte d.h. wenn mein Körper aus zwei getrennten Leibern bestünde? Hier sieht man – glaube ich – wieder wie das Ich nicht auf der selben Stufe mit den Anderen steht, denn wenn die anderen je zwei Körper hätten so könnte ich es nicht erkennen.

3 ⊠/ Kann ich mir denn die Erfahrung mit zwei Leibern denken? Die Gesichtserfahrung gewiß nicht.

4 ⊠/ Das Phänomen des Schmerzgefühls in einem Zahn welches ich kenne ist in der Ausdrucksweise der gewöhnlichen Sprache dargestellt durch „*ich habe* in dem und dem Zahn Schmerzen“. Nicht durch einen Ausdruck von der Art „an diesem Ort ist ein Schmerzgefühl“. Das *ganze* Feld dieser Erfahrung wird in dieser Sprache durch Ausdrücke von der Form „ich habe ....“ beschrieben. Die Sätze von der Form „N hat Zahnschmerzen“ sind für ein ganz anderes Feld reserviert. Wir können dabei nicht überrascht sein wenn in den Sätzen „N hat Zahnschmerzen“ nichts mehr auf jene Art mit der Erfahrung zusammenhängendes gefunden wird. 289

8

5 / Eine falsche Auffassung des Funktionierens der Sprache zerstört natürlich die *ganze* Logik und alles was mit ihr zusammenhängt und bringt nicht an irgend einer Stelle nur eine kleine Störung hervor.

6 / Wenn man das Element der Intention aus der Sprache entfernt so bricht damit ihre ganze Funktion zusammen.

7 / Das Wesentliche an der Intention, an der Absicht ist das Bild. Das Bild des Beabsichtigten.

8 / Es kann scheinen als brächte man mit der Absicht ein unkontrollierbares sozusagen metaphysisches Element in unsere Betrachtung. Der |wesentliche| Unterschied der Bild-Auffassung von der Auffassung Russells, Ogden und Richards‘ ist aber daß jene das Wiedererkennen als das Erkennen einer internen Relation sieht während diese das Wiedererkennen für eine externe Relation hält.

17 Sprache dargestellt durch „*ich habe* in dem und dem Zahn ⟨Z...⟩
18 Nicht durch einen Ausdruck von der Art „⟨ein ...⟩
23 nichts mehr ⟨in jener ersten⟩ Art mit der Erfahrung zusammenhängendes
41 während diese ⟨ein⟩ Wiedererkennen für eine externe Relation hält.

1 / D.h. Für mich sind in der Tatsache daß ein Gedanke wahr ist nur zwei Dinge involviert nämlich der Gedanke und die Tatsache; für Russell dagegen drei nämlich, Gedanke, Tatsache und ein drittes Ereignis welches wenn es geschieht eben das Wiedererkennen ist. Dieses dritte 290 Ereignis, gleichsam die Stillung des Hungers (die zwei anderen sind der Hunger und das Essen einer bestimmten Speise), dieses dritte Ereignis könnte z.B. das Auftreten eines Gefühls der Freude sein. Es ist hier ganz gleichgültig wie/als was/ wir dieses dritte Ereignis beschreiben; für das Wesen der Theorie ist das ohne Bedeutung.

2 / Die Causalität zwischen Sprache und Handlung ist eine externe Relation während wir eine interne Relation brauchen.

3 / Ich glaube Russells Theorie käme auf folgendes hinaus: Wenn ich jemandem einen Befehl gebe und was er |darauf| tut mir Freude macht so hat er den Befehl ausgeführt.

(Wenn ich einen Apfel essen wollte und mir einer einen Schlag auf den Magen versetzt so daß mir die Lust zu essen vergeht dann war es dieser Schlag den ich ursprünglich wünschte.)

4 / Die Schwierigkeit der Darstellung ist hier daß wenn man falsche Annahmen über das Funktionieren der Sprache macht und mit dem so funktionierenden etwas darstellen will nicht etwas Falsches sondern Unsinn herauskommt/sich ergibt/.

5 / So könnte ich natürlich nach der Russellschen Theorie es gar nicht 291 ausdrücken daß der Befehl ausgeführt ist *wenn* was geschieht mir Freude macht weil ich ja auch die Freude wiedererkennen muß und dazu ein weiteres Phänomen eintreten muß was ich wieder nicht von vornherein beschreiben kann.

6 / Wenn man nun sagt: Bilder kämen zwar vor aber sie seien nicht das regelmäßige; wie seltsam wenn sie nun aber einmal da sind und nun ein Widerstreit der beiden Criterien von wahr und falsch entstünde. Zu wessen Gunsten sollte entschieden werden?

7 / Es wäre dann natürlich kein Unterschied zwischen einem Befehl und seinem Gegenbefehl denn beide könnten auf die gleiche Weise befolgt werden.

2 nämlich der Gedanke und die Tatsache⟨. Für⟩ Russell dagegen
27 daß der Befehl ausgeführt ist *wenn* ⟨er⟩ mir Freude macht
29 und dazu ⟨wieder ein⟩ Phänomen eintreten muß
33 wie seltsam wenn sie nun aber ⟨einmal⟩ da sind und nun ein Widerstreit
38 kein Unterschied zwischen einem Befehl und ⟨dem⟩ Gegenbefehl

1 / Wenn beim ersten Lernen der Sprache gleichsam die Verbindungen zwischen der Sprache und den Handlungen hergestellt werden – also die Verbindungen zwischen den Hebeln und der Maschine – so ist die Frage können diese Verbindungen vielleicht reißen, wenn nicht dann muß ich jede Handlung als die richtige hinnehmen, wenn ja, welches Criterium habe ich dafür daß sie gerissen ist? Denn welche Mittel habe ich die |ursprüngliche| Abmachung mit der späteren Handlung zu *vergleichen*?

2 / Das Vergleichen ist es was in der R.schen Theorie nicht vorkommt. Und das Vergleichen besteht nicht darin bei der Confrontierung der 292
Darstellung mit dem Dargestellten ein Phänomen zu erleben das – wie gesagt – selbst von vornherein nicht beschreibbar war.

3 ∗ Könnte aber nicht das Wiedererkennen in folgendem bestehen: Wenn der Satz verifiziert ist dann heißt das daß er, sagen wir, in roten Lettern in meinem Geiste erscheint. Oder so: wenn der Satz p verifiziert ist dann sage ich AUTOMATISCH „ja p".

4 / (Ob der Satz wahr oder falsch ist wird durch die Erfahrung entschieden aber nicht sein Sinn.)

5 ∗ Das „ja p" bestimmt also nachträglich den Sinn von p. Denn ein Streit darüber ob das p ursprünglich so *gemeint* war ist hier ja unmöglich.

Wie ist es nun aber mit dem Satz „er hat ‚ja p' gesagt". Da das aussprechen von „ja p" ein Phänomen für sich ist so muß ich es nun als das gleiche wiedererkennen. – – – – – – – –

6 / Wie ist das Bild gemeint? Die Intention liegt nie im Bild selbst denn wie immer das Bild beschaffen ist, immer kann es auf verschiedene Weise gemeint sein. Das sagt aber nicht daß, wie das Bild gemeint ist, sich erst 293
zeigen wird wenn eine bestimmte Reaktion eingetreten sein wird, denn die Intention drückt sich schon jetzt darin aus wie ich das Bild *jetzt* mit der Wirklichkeit vergleiche.

7 / Wie wäre es wenn Einer Schach spielte und wenn er matt gesetzt wäre sagte „siehst Du ich habe gewonnen denn *das* Ziel wollte ich erreichen". Wir würden sagen dieser Mensch wollte eben nicht Schach spielen sondern ein anderes Spiel während R. sagen müßte der hat im Schach gewonnen der mit den Figuren spielt und mit dem Ausgang zufrieden ist.

2 *Im MS:* und den Handlungen hergestellt wird
16 Wenn der Satz verifiziert ist dann heißt das daß ⟨ich in …⟩
17 sagen wir, in roten Lettern ⟨im⟩ Geiste erscheint
17 sagen wir, in roten Lettern in meinem Geiste ⟨geschrieben …⟩
23 ⟨Nun ist es doch eher denkbar daß der …⟩
23 Das „ja p" bestimmt also nachträglich ⟨dem …⟩
25 Wie ist es nun aber mit dem Satz „⟨ich habe⟩
30 *Im MS:* immer kann es |auf| verschiedene Weise
39 sondern ein anderes Spiel während R. sagen ⟨muß …⟩
39 sagen müßte der hat ⟨gewonnen⟩ der mit den Figuren spielt

1 Ich erwarte mir daß der Stab im selben Sinne 2 m hoch sein wird in dem er jetzt 1 m 99 cm hoch ist.

2 / Die Erfüllung der Erwartung besteht nicht darin daß ein Drittes geschieht das man außer als |eben| „die Erfüllung der Erwartung“ auch noch anders beschreiben könnte, also z.B. als ein Gefühl der Befriedigung oder der Freude oder wie immer.

3 / Denn die Erwartung daß p der Fall sein wird muß das gleiche sein wie die Erwartung der Erfüllung dieser Erwartung, dagegen wäre, wenn ich unrecht habe, die Erwartung daß p eintreffen wird verschieden von der Erwartung daß die Erfüllung dieser Erwartung eintreffen wird. 294
Ist es nicht so, daß meine Theorie ganz darin ausgedrückt ist daß der Sachverhalt der die Erwartung von p befriedigt durch den Satz p dargestellt wird? Also nicht durch die Beschreibung eines ganz anderen Ereignisses.

11.

4 ✶ Äußere und innere Verbindung.

5 / Ich möchte sagen: wenn es nur die Äußere Verbindung gäbe so ließe sich gar keine Verbindung beschreiben, denn wir beschreiben die äußere Verbindung nur mit Hilfe der inneren. Wenn diese fehlt so fehlt der Halt den wir brauchen um irgend etwas vermuten/beschreiben/ zu können.

Wie wir nichts mit den Händen bewegen können wenn wir nicht mit den Füßen feststehen.

6 / Die Causalität beruht auf einer beobachteten Gleichförmigkeit. Nun ist zwar nicht gesagt daß eine bisher beobachtete Gleichförmigkeit immer so weiter gehn wird aber, daß die Ereignisse bisher gleichförmig waren muß feststehen, das kann nicht wieder das unsichere Resultat einer empirischen Reihe sein, die selbst auch wieder nicht gegeben ist sondern von einer ebenso unsicheren abhängt u.s.f. ad inf.

7 ✶ Wenn ich sage „ich erwarte 2 Menschen“ und es kommt nur einer und das befriedigt meine Erwartung so kann man mir sagen: Du hast doch zwei erwartet, wo sind die? 295

8 *Ich habe Influenza und mein Kopf arbeitet noch schlechter als gewöhnlich.*

9 / Die Gleichzahligkeit ist eine externe Relation der Begriffe aber eine interne Relation der Complexe. So wie die Relation heller eine interne Relation zweier Farbtöne aber eine externe zweier Stoffe ist.

11 wenn ich unrecht habe⟨–⟩ die Erwartung daß p eintreffen wird
12 daß die Erfüllung ⟨der⟩ Erwartung eintreffen wird.
18 ⟨9.⟩ *Datum im MS gestrichen und korrigiert*
24 fehlt der Halt den wir brauchen um irgend etwas ⟨zu⟩ vermuten
32 nicht wieder das unsichere Resultat ⟨d…⟩ einer empirischen ⟨f…⟩

1 / Zu sagen, daß ich so viele Löffel habe daß sie 1 zu 1 auf ein Dutzend Schalen verteilt werden können, was heißt es?

12.

2 / Entweder setzt dieser Satz voraus daß ich 12 Löffel habe, dann kann ich nicht sagen daß sie den 12 Schalen zugeordnet werden können denn das Gegenteil wäre unmöglich, oder aber der Satz setzt nicht voraus daß ich 12 Löffel habe dann sagt er, daß ich 12 Löffel haben kann und das ist selbstverständlich und läßt sich wieder nicht sagen.

3 / Man könnte auch so fragen: Sagt jener Satz weniger als daß ich 12 Löffel habe? Sagt er etwas woraus erst mit Hilfe eines weiteren Satzes folgt daß ich 12 Löffel habe? Wenn p aus q allein folgt so sagt q bereits 296
p. Ein scheinbarer gedanklicher Prozess der den Übergang macht gilt nicht.

14.

4 / Das Symbol für eine Klasse ist eine Liste.

5 / Kann ich wissen daß auf diesem Tisch gleich viel Äpfel und Birnen liegen und nicht wissen wieviel? Und was heißt es nicht zu wissen wieviel? Und wie kann ich es herausfinden? Wohl durch Zählen. Es ist

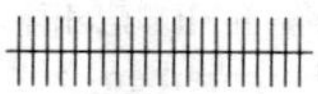

offenbar daß man die Gleichzahligkeit durch Zuordnung erkennen kann ohne die Klassen zu zählen.

6 / In Russells Theorie kann nur die wirkliche Zuordnung die „Ähnlichkeit" zweier Klassen zeigen. Nicht die Möglichkeit der Zuordnung, denn diese besteht eben in der Gleichheit der Zahlen. Die Möglichkeit muß ja eine interne Relation der Begriffsumfänge sein diese interne Relation aber ist eben nur durch die Gleichheit der beiden Zahlen gegeben.

7 / Die Kardinalzahl eine |interne| Eigenschaft einer Liste.

15

8 Wir sondern die Evidenz für das Eintreten eines |physikalischen| 297
Ereignisses nach den verschiedenen Arten solcher Evidenz in gehörte, gesehene, gemessene etc. und sehen daß in jeder dieser einzeln ein formelles Element der Ordnung ist welches wir Raum nennen können.

13 daß ich 12 Löffel habe? Wenn p aus q allein folgt so ⟨muß …⟩
14 gedanklicher Prozess der den Übergang macht gilt ⟨|als| nichts⟩
28 kann nur die wirkliche Zuordnung die ⟨Zahlengleicheit zeigen⟩
28 Nicht die Möglichkeit ⟨einer⟩ Zuordnung, denn diese besteht
29 der Zahlen. ⟨Diese⟩ Möglichkeit muß ja eine interne Relation
36 *Im MS steht das Datum in der Leerzeile am Ende der Manuskriptseite.*

1 / Welcher Art ist die Unmöglichkeit der |1–1| Zuordnung von – z.B. – 3 Kreisen und 2 Kreuzen?

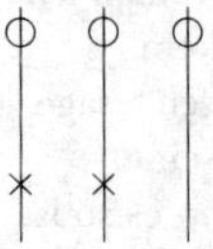

Man könnte auch fragen – und es wäre offenbar dieselbe Art Frage – welcher Art ist die Unmöglichkeit der Zeichnerischen Zuordnung durch parallele Geraden wenn die Anordnung die gegebene ist?

2 / Daß die |1–1| Zuordnung möglich ist zeigt sich darin daß ein sinnvoller Satz sie – wahr oder falsch – als bestehend behauptet. Und daß die obige Zuordnung nicht möglich ist zeigt sich darin daß wir sie nicht beschreiben können.

3 / Die ganze Schwierigkeit ist die selbe wie die daß wir sagen können

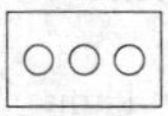

es sind 2 Kreise in diesem Viereck obwohl in Wirklichkeit ihrer 3 sind und das ist nur falsch. Ich kann aber nicht sagen diese Gruppe von Kreisen besteht aus 2 Kreisen und ebensowenig sie besteht aus 3 Kreisen weil ich da eine interne Eigenschaft aussagen 298
würde.

4 / Von einer Extension zu sagen sie hat diese und diese Zahl ist Unsinn, denn die Zahl ist eine interne Eigenschaft der Extension. Wohl aber kann man die Zahl von dem Begriff aussagen der die Extension unter einen Hut bringt (ebenso |nämlich| wie man sagen kann daß diese Extension dem Begriff genügt)

9 Daß die |1–1| Zuordnung möglich ist zeigt sich darin daß ⟨der Sa…⟩
18 weil ich da eine interne Eigenschaft ⟨behaupten⟩ würde.
21 Von einer Extension zu sagen sie hat diese und diese Zahl ist ⟨unsinn…⟩
25 (ebenso |nämlich| wie man sagen kann daß diese Extension ⟨den …⟩

1 ?/ „Der Begriff ein mögliches Prädicat“ Was ist z.B. das Subject von dem ich aussage daß es eine Versammlung oder ein Gewitter ist? Freilich ich kann sagen: was ich hier sehe ist eine Versammlung und kein Auflauf. Wenn ich aber sage „die Versammlung verlief stürmisch“, sage ich hier daß ein gewisser Vorgang der die Eigenschaft hat eine Versammlung zu sein stürmisch verlaufen ist? Aber selbst wenn es so ist, so muß doch dasjenige wovon ich sagen kann daß es eine Versammlung ist anderer Natur sein als das wovon ich etwa sagen könnte daß es eine Lampe ist. Oder ist der Satz daß eine Versammlung eine Lampe ist wirklich nur falsch?! Höchstens insofern als etwa das Gesichtsbild einer Lampe und das Gesichtsbild einer Versammlung der gleichen Kategorie angehören man sich also vorstellen kann daß einer eine Versammlung sieht und sie für eine Lampe hält. Jedenfalls ist das wovon man z.B. 299
sagen kann es sei ein Musikstück anderer Form als das wovon man sagen kann es sei ein Stück blauer Himmel.

Was ist denn das Subject zum Prädicat „weißer Kreis“? Man kann natürlich sagen „ich habe etwas gesehen das war kein grünes Viereck sondern ein weißer Kreis“. Und hier ist das Etwas das Subject und heißt offenbar so viel wie Fleck im Gesichtsfeld.

Ist es nun eine Analyse wenn ich sage der Satz „der weiße Kreis ist über dem roten Viereck“ heißt: etwas was ein weißer Kreis ist ist über etwas was ein rotes Viereck ist? Ich würde glauben daß die Sachlage vollständig durch die Angaben weißer Kreis, rotes Viereck und die Lagen beschrieben ist und irgend welche Subjecte deren Prädicate jene Begriffe wären nicht hineinkommen. Freilich kann man sagen „dies ist über dem“ und dies ist ein weißer Kreis und das ein rotes Viereck

Aber die Worte „dies“ und „das“ werden ebenso wie die Prädicate in kategorisch verschiedenem Sinne gebraucht. Denn wenn ich sage „dies ist die Farbe rot“, „dies ist ein Kreis“, „dies ist der Ton c“ so habe ich das Wort „dies“ in drei ganz verschiedenen Weisen gebraucht, was daraus hervorgeht daß es etwas anderes ist auf einen Körper, auf eine 300
Farbe, oder |gar| auf einen Ton zu zeigen. (Und hier ist das Wort zeigen ebenso mehrdeutig wie früher das Wort „dies“)

2 ✳ Welcher Art ist der Satz „das ist eine Uhr und kein Schrittzähler“? Es ist keine Definition. „Das ist kein genauer Kreis“. Kann ich nicht statt dessen sagen „ich sehe hier keinen genauen Kreis“? Und kann ich nicht das „hier“ weglassen. Ist es da nicht wie mit dem Koordinatensystem das in den Symbolismus eintritt?! Ich glaube sicher.

1 ⟨×⟩ *Randzeichen im MS überschrieben und ersetzt*
19 und heißt ⟨hier⟩ offenbar so viel wie Fleck im Gesichtsfeld.
21 über dem roten Viereck“ heißt⟨ „⟩etwas was ein weißer Kreis ist
22 weißer Kreis ist ist über etwas was ein rotes Viereck ist? ⟨M…⟩
22 Ich würde glauben daß ⟨u…⟩
23 die Sachlage vollständig durch die Angaben ⟨roter⟩ Kreis,
26 und ⟨„das“⟩ ist ein weißer Kreis und das ein rotes Viereck
28 in kategorisch verschiedenem Sinne gebraucht. ⟨W…⟩
31 was daraus hervorgeht daß es etwas ⟨An…⟩
32 (Und hier ist ⟨eben⟩ das Wort zeigen ebenso mehrdeutig wie früher
35 Welcher Art ist der Satz „das ist eine Uhr⟨„ …⟩
38 Ist es da ⟨so⟩ nicht wie mit dem Koordinatensystem

1 ⁎ Ich kann nicht zeigend sagen das ist über dem denn mit dem Zeigen habe ich die Lage schon gezeigt. Wohl aber kann ich auf ein Koordinatensystem zeigen und die Aussage darauf beziehen.

2 ⁎ Was kann man alles zählen?

3 / Das Characteristische der Sätze von der Art „dies ist …“ ist nur daß in das Symbol irgendwie die Realität außerhalb des sogenannten Zeichensystems eintritt.

4 ⁎ Kardinalzahlen darf ich nur die in einer bestimmten Weise notierten Satzbestandteile nennen. So kommt also im Satz (∃x, y) φx · φy die 2 nicht vor sondern erst in (∃2x) · φx

7 Das Characteristische ⟨an den Sätzen⟩ von der Art „dies ist …“
8 ist nur daß in das Symbol irgendwie die Realität außerhalb ⟨den …⟩
11 Kardinalzahlen darf ich nur die ⟨S…⟩

IV.

Philosophische Bemerkungen

16.2.30.

1 ✳ In wiefern hängt der Begriff der Kardinalzahl mit dem Begriff von Subject und Prädicat zusammen?

2 / Russell und Frege fassen den Begriff gleichsam als Eigenschaft eines Ding's auf. Aber es ist sehr unnatürlich die Worte Mensch, Baum, 65 Abhandlung, |Kreis,| als Eigenschaften eines Substrats aufzufassen.

3 / Das principium individuationis muß die Eigenschaft haben. Muß |ihr| Träger sein.

4 / Wenn ein Tisch braun angestrichen ist so ist es leicht sich das Holz als den Träger der Eigenschaft braun zu denken und man kann sich das vorstellen was bleibt wenn die Farbe wechselt. Ja auch im Falle eines |bestimmten| Kreises der einmal rot einmal blau erscheint. Es ist also leicht sich vorzustellen was rot ist aber schwer, was kreisförmig ist. Was bleibt hier wenn Form und Farbe wechseln? Denn die Lage ist ein Teil der Form und es ist willkürlich wenn ich festsetze der Mittelpunkt soll fest bleiben und die Form |sich| nur durch den Radius ändern.

5 / Wir werden uns wieder an die gewöhnliche Sprache halten müssen und die sagt daß ein Fleck kreisförmig ist.

Es ist klar daß hier das Wort Träger der Eigenschaft eine ganz falsche – unmögliche – Vorstellung gibt. – Wenn ich einen Klumpen Ton habe so kann ich mir den als Träger einer Form denken und daher, ungefähr, kommt auch diese Vorstellung. 66

6 / „Der Fleck ändert seine Form" und „der Tonklumpen ändert seine Form" sind eben grundverschiedene Satzformen.

7 ✳ Ziffern werden oft als Namen gebraucht.

8 ✳ Wenn ich mit der Hand auf Etwas zeige und sage „dies ist rot", „dies ist hart", „dies ist Holz", „dies ist ein Sessel" so bedeutet „dies" offenbar jedesmal etwas anderes.

9 / Man kann sagen „miß nach ob das ein Kreis ist" oder „sieh nach ob das was dort liegt ein Hut ist" Man kann auch sagen „miß nach ob das ein Kreis ist oder eine Ellipse" aber nicht „... ob das ein Kreis ist oder ein Hut" auch nicht „sieh nach ob das ein Hut ist oder rot".

2 *Die ersten 64 Seiten aus diesem Manuskriptband hatte Wittgenstein während der Weihnachtsferien 1929/30 in Wien geschrieben, als Einschub in der Seite 229 vom Manuskriptband:* III. Philosophische Betrachtungen.

2 der Begriff der Kardinalzahl mit dem Begriff ⟨des ...⟩

12 Wenn ein Tisch ⟨si...⟩

16 sich vorzustellen was rot ist aber schwer, ⟨zu denken⟩ was

26 und daher, ungefähr, kommt auch diese ⟨F...⟩

37 Man kann sagen „miß nach ob das ein Kreis ist" ⟨ab...⟩

38 oder „sieh nach ob das was dort liegt ein Hut ist" ⟨oder ...⟩

1 / Wenn ich auf eine Linie zeige und sage „das ist ein Kreis“ so kann man einwenden daß wenn es kein Kreis wäre es nicht mehr *das* wäre. Das heißt: Was ich mit dem Wort „das“ meine muß unabhängig von dem sein was davon ausgesagt wird.

2 / „War *das* Donner oder ein Schuß“ Man kann aber in diesem Falle nicht fragen „war das ein Lärm“

3 ✶ Wie aber wenn ich sage „ich sehe hier 3 Linien“? Das heißt doch nicht 3 Dinge die Linien sind. 67

4 ✶ „In diesem Bild sind 5 verschiedene Farben“ Wie ist dieser Satz zu erklären?

17.

5 / Beiläufig gesprochen ist die Gleichung eines Kreises das Zeichen für den Begriff Kreis wenn keine bestimmten Werte für die Mittelpunktscoordinaten und den Radius eingesetzt sind oder auch wenn diese nur als in gewissen Intervallen liegend gegeben sind. Der Gegenstand der unter den Begriff fällt ist dann der nach Lage und Größe bestimmt gegebene Kreis.

6 ✶ In der Aussage in diesem Feld sind 3 Kreise bezieht sich die 3 offenbar auf „in diesem Feld sind ξ Kreise“ und der Begriff Kreis muß da wie oben gegeben sein. Man könnte aber auch sagen die 3 bezieht sich auf „Kreise in diesem Feld“

Es ist offenbar daß ich die Beschreibung so machen kann daß sie eine notwendige Ergänzung durch eine Zahl bedarf.

7 ✶ Das was ich zähle ist das Vorkommen einer gewissen Charakteristik

18.

8 / Worin unterscheiden sich zwei gleich große rote Kreise? Diese Frage klingt so als wären sie ja doch ungefähr Eines und nur durch eine Kleinigkeit unterschieden. 68

9 / In der Darstellungsart durch Gleichungen drückt sich das Gemeinsame durch die Form der Gleichung aus und die Verschiedenheit durch die Verschiedenheit der Mittelpunktscoordinaten.

10 / So ist es als ob hier die Mittelpunktscoordinaten das wären was den unter den Begriff fallenden Gegenständen entspräche.

11 / Könnte man denn nicht statt „dies ist ein Kreis“ sagen „dieser Punkt ist Mittelpunkt eines Kreises“? Denn Mittelpunkt eines Kreises zu sein ist eine externe Eigenschaft des Punktes.

1 Wenn ich auf eine Linie zeige und sage ⟨daß …⟩
6 ⟨Was … ⟩War *das* Donner oder ein Schuß⟨?⟩
24 bezieht sich die 3 offenbar auf ⟨„es sind Kreise“ …⟩
44 statt „dies ist ein Kreis“ sagen „dieser Punkt ⟨hat …⟩

1 / In Wahrheit ist ja das Zahlenpaar das die Mittelpunktscoordinaten darstellt nicht irgend ein Ding ebensowenig wie der Mittelpunkt sondern das Zahlenpaar characterisiert eben dasjenige am Symbol was die „Verschiedenheit“ der Kreise ausmacht.

2 ⚹ Drei Kreise werden dargestellt durch die Kreisgleichung und drei Zahlenpaare (oder Zahlentripel)

3 ⚹ Ist es eine Zahlangabe von der Art „es sind 6 Menschen in diesem Zimmer“ wenn wir sagen 3 Elemente lassen 6 Permutationen zu? Gewiss nicht. 69

4 ⚹ Schon das „sie lassen zu“ zeigt daß es sich hier um etwas anderes handelt. Was heißt es „6 Permutationen *sind möglich*“?

5 / Wenn man wissen will was ein Satz bedeutet so kann man immer fragen „wie weiß ich das“. Weiß ich daß es 6 Permutationen |von 3 Elementen| gibt auf die gleiche Weise wie, daß 6 Personen im Zimmer sind? Nein. Darum ist jener Satz von anderer *Art* als dieser.

6 Eine andere ebenso nützliche Frage ist „wie wird dieser Satz in praxi wirklich angewandt“ und da wird jener Satz der Kombinationslehre natürlich als Schlußgesetz angewandt zum Übergang von einem Satz zum anderen deren jeder eine Wirklichkeit und keine *Möglichkeit*, beschreibt.

19.

7 / Man kann wohl überhaupt sagen daß die Verwendung der scheinbaren Sätze über Möglichkeiten – und Unmöglichkeiten – immer der Übergang von einem wirklichen Satz zum anderen ist.

8 / So kann ich zum Beispiel aus dem Satz „ich bezeichne sieben Felder durch Permutationen von a, b, c,“ schließen daß zum mindesten eine mit Wiederholung unter ihnen ist. – Und aus dem Satz „ich verteile 5 Löffel auf 4 Tassen“ folgt daß eine Tasse 2 Löffel kriegt, u.s.w.. 70

18 auf die gleiche Weise wie, ⟨daß es …⟩
19 Darum ist jener Satz von anderer *Art* als dieser. ⟨Es …⟩
21 Eine andere ebenso ⟨nat…⟩
21 nützliche Frage ist „wie wird dieser Satz in ⟨der …⟩
22 praxi wirklich angewandt“ und ⟨das …⟩
24 von einem Satz zum anderen deren ⟨keiner⟩ eine *Möglichkeit*⟨.⟩
28 ⟨⚹⟩ *Randzeichen im MS gestrichen und ersetzt*
29 der scheinbaren Sätze über Möglichkeiten⟨,⟩ und Unmöglichkeiten

1 / Wenn jemand mit uns über die Anzahl der Menschen in diesem Zimmer nicht übereinstimmt und behauptet es seien 7 während wir nur 6 sehen so können wir ihn verstehen, obwohl wir nicht mit ihm übereinstimmen; behauptet er aber für ihn gäbe es 5 reine Farben dann verstehen wir ihn nicht oder wir müssen annehmen daß wir einander gänzlich mißverstehen. Diese Zahl wird im Wörterbuch |und der Grammatik| abgegrenzt und nicht innerhalb der Sprache.

2 / Was braucht es zu einer Beschreibung daß – sagen wir – ein Buch an einem bestimmten Ort/einer bestimmten Stelle/ ist. Die interne Beschreibung des Buches d.i. des Begriffes und die Beschreibung seiner Lage und die wäre durch Angabe der Coordinaten dreier Punkte möglich. Der Satz „ein solches Buch ist *hier*“ würde dann heißen es hat *diese* 3 Tripel von Bestimmungscoordinaten. Denn die Angabe des hier darf eben nicht präjudicieren *was* hier ist.

Ist es nun aber nicht dasselbe ob ich sage „*dies* ist ein Buch“ und „hier ist ein Buch“? Der Satz würde dann etwa darauf hinauskommen zu 71
sagen „das sind drei |(bestimmte)| Eckpunkte eines solchen Buches“.

3 / Man kann ähnlich auch sagen „dieser Kreis ist die Projection einer Kugel“ oder „dies ist die Erscheinung eines Menschen“.

4 ✶ Wenn ich also den Satz „in diesem Feld sind 3 Kreise“ in der Form $(\exists x, y, z)\,\varphi x \cdot \varphi y \cdot \varphi z$ schreibe so scheint es mir als müßten die x, y, z, Zahlentripel sein von denen φ( ) sagt daß sie Mittelpunktscoordinaten und Radius eines Kreises seien.

5 / Alles was ich sage kommt darauf hinaus daß φ(x) eine *externe* Beschreibung von x sein muß.

6 / Wenn ich nun in diesem Sinne im dreidimensionalen Raum sage „hier ist ein Kreis“ und ein andermal „hier ist eine Kugel“, sind die beiden *hier* von gleicher Art? Beide könnten doch die drei Coordinaten des betreffenden Mittelpunkts sein. Aber die Lage des Kreises im 3-dimensionalen Raum ist ja durch seine Mittelpunktscoordinaten nicht bestimmt.

7 im Wörterbuch |und der Grammatik| abgegrenzt und ⟨so⟩ nicht
12 d.i. des Begriffes und die Beschreibung seiner Lage und ⟨das …⟩
14 würde dann heißen es hat *diese* 3 ⟨Paare …⟩
24 so scheint es mir als ⟨müssen⟩ die x, y, z,
28 ⟨Als wäre …⟩
32 und ein andermal „hier ist eine Kugel“⟨?⟩
33 Beide könnten doch die ⟨beide…⟩

1 / Wenn ich recht habe so gibt es keinen Begriff „reine Farbe"; der Satz
„A hat eine reine Farbe" heißt einfach „A ist rot oder gelb oder blau 72
oder grün". „Dieser Hut gehört entweder A oder B oder C" ist nicht
dasselbe wie „dieser Hut gehört einem Menschen in diesem Zimmer"
selbst wenn tatsächlich nur A, B und C im Zimmer sind denn das muß
erst dazugesagt werden. Auf dieser Fläche sind zwei reine Farben *heißt*:
auf dieser Fläche sind rot und gelb oder rot und blau oder rot und grün
oder gelb und blau oder etc.

Wenn ich nun nicht sagen kann „es gibt 4 reine Farben" so sind die reinen Farben und die Zahl 4 doch irgendwie miteinander verbunden und das muß sich auch irgendwie ausdrücken. – Z.B. wenn ich sage „auf dieser Fläche sehe ich vier Farben: gelb, blau, rot, grün".

2 / Ganz analog muß es sich nun mit den Permutationen verhalten. Die
Permutationen (ohne Wiederholung) von AB *sind* AB, BA. Sie sind
nicht die Extension eines Begriffs sondern sie allein sind der Begriff.
Dann kann man aber von ihnen nicht sagen daß ihrer 2 sind. Und doch
tut man das scheinbar in der Kombinatorik. Es ist mir als handle es sich
|da| um eine ähnliche Zuordnung wie die zwischen |der| Algebra und
den Induktionen der Arithmetik. Oder ist die Verbindung die von
Geometrie und Arithmetik? Der Satz daß es 2 Permutationen von AB
gibt ist wirklich ganz analog dem, daß die Gerade den Kreis in 73
2 Punkten schneidet. Oder daß eine Gleichung 2ten Grades 2 Wurzeln
hat.

3 „A ist rot oder gelb oder blau oder grün". „⟨dieser …⟩
5 gehört einem Menschen in diesem Zimmer" selbst wenn ⟨nu…⟩
5 denn das ⟨ist etwas was⟩ dazu gesagt werden ⟨muß⟩
6 Auf ⟨diesem …⟩
10 die reinen Farben und die Zahl 4 doch irgendwie ⟨ver…⟩

1 / Wenn man sagt AB lasse 2 Permutationen zu so klingt das als mache man eine *allgemeine* Aussage analog der „in dem Zimmer sind 2 Menschen“, wobei über die Menschen noch nichts weiter gesagt ist und bekannt sein braucht. Das ist aber im Fall AB nicht so. Ich kann AB, BA nicht allgemeiner beschreiben und daher kann der Satz es seien 2 Permutationen möglich nicht weniger sagen als es sind die Permutationen AB und BA möglich. Zu sagen es sind 6 Permutationen von 3 Elementen möglich kann nicht weniger, d.h. etwas allgemeineres sagen als das Schema

a b c
a c b
b a c
b c a
c a b
c b a

zeigt. Denn es ist *unmöglich* die Zahl der möglichen Permutationen zu kennen ohne diese selbst zu kennen. Und wäre das nicht so, so könnte die Kombinatorik nicht zu ihren allgemeinen Formeln kommen. Das Gesetz welches wir in der Bildung der Permutationen erkennen ist durch die Gleichung p = n! dargestellt. Ich glaube, in dem selben Sinne wie der Kreis durch die Kreisgleichung. – Ich kann freilich die Zahl 2 den Permutationen AB, BA zuordnen sowie die 6 den |ausgeführten| Permutationen von ABC, aber das gibt mir nicht den Satz der Kombinationslehre. – Das was ich in AB, BA 74 sehe, ist eine interne Relation die sich daher nicht beschreiben läßt. D.h. das läßt sich nicht beschreiben was diese Klasse von Permutationen complett macht. – Zählen kann ich nur was tatsächlich da ist, nicht Möglichkeiten. Ich kann aber z.B. berechnen wieviele Zeilen ein Mensch schreiben muß wenn er in jede Zeile eine Permutation von 3 Elementen setzt und solange permutiert bis er ohne Wiederholung nicht weiter kann. Und das heißt er braucht 6 Zeilen um auf diese Weise die Permutationen a b c, a c b etc. etc. hinzuschreiben, denn dies sind eben „*die* Permutationen von a, b, c“. Es hat aber keinen Sinn zu sagen dies seien alle Permutationen von a b c .

2 ⊠ Ist nicht Harmonielehre |wenigstens| teilweise Phänomenologie also Grammatik?

20.

3 / Eine Kombinationsrechenmaschine ist denkbar ganz analog der Russischen.

1 Wenn man sagt AB lasse 2 Permutationen zu so klingt ⟨daß …⟩
13 die Zahl der möglichen ⟨Kombinationen⟩ zu kennen ohne ⟨sie⟩ selbst
16 in der Bildung der Permutationen erkennen ist durch ⟨die …⟩
16 ⟨den Ausdruck⟩ p = n! dargestellt.
18 die Zahl 2 den ⟨zwei⟩ Permutationen AB ⟨und⟩ BA zuordnen
20 Das was ich in AB, BA⟨,⟩ sehe, ist eine interne Relation
24 ⟨⟨Möglichkeiten kann ich berechnen⟩⟩ Ich kann aber
26 wenn er in jede Zeile eine Permutation von 3 ⟨und …⟩
36 Eine Kombinationsrechenmaschine ist ⟨ganz an…⟩

1 / Es ist klar daß es eine Mathematische Frage gibt „wieviele Permutationen von – z.B. – 4 Elementen gibt es“, eine Frage von genau derselben Art wie die „wieviel ist 25 × 18“. Denn es gibt eine allgemeine Methode zur Lösung beider. Aber die Frage gibt es auch nur mit Bezug auf diese Methode.

2 / Der Satz es gibt 6 Permutationen von 3 Elementen ist identisch mit dem Permutationsschema und darum gibt es hier keinen Satz „es gibt 7 Permutationen von 3 Elementen“, denn dem entspricht kein solches Schema. 75

3 / Man könnte die Zahl 6 in diesem Falle auch als eine andere Art von Anzahl die Permutationszahl von a, b, c auffassen. Das Permutieren als eine andere Art des Zählens.

4 / Man kann auch sagen der Satz „es gibt 6 Permutationen von 3 Elementen“ verhält sich genau so zum Satz „es sind 6 Leute im Zimmer“ wie der Satz 3 + 3 = 6 den man auch in der Form „es gibt 6 Einheiten in 3 + 3“ aussprechen könnte. Und wie ich in dem einen Fall die Reihen im Permutationsschema zähle so kann ich im anderen die Striche in $\substack{|||\\|||}$ zählen.

5 / Wie ich 4 × 3 = 12 durch das Schema beweisen kann  so kann ich 3! = 6 durch das Permutationsschema beweisen

6 / In wiefern kann man sagen daß Grau *im selben Sinne* eine Mischung von Schwarz und Weiß ist in dem Orange eine Mischung von Rot und Gelb ist. Und nicht in dem Sinne zwischen Schwarz und Weiß liegt in dem Rot zwischen Blaurot und Orange liegt. 76

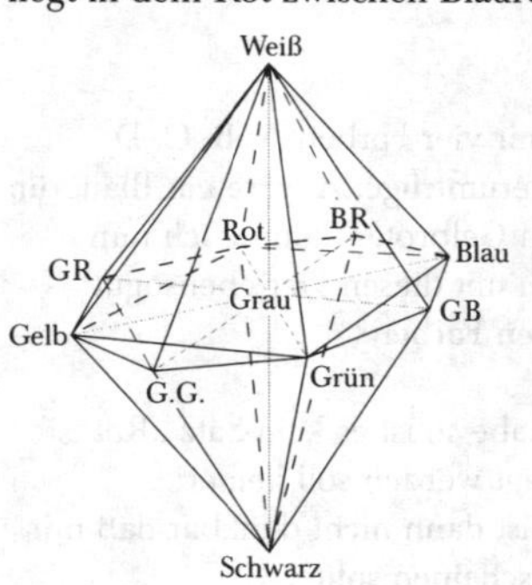

Stellt man die Farben durch einen Doppelkegel dar statt eines Octoeders so gibt es auf dem Farbenkreis nur ein *zwischen* und Rot erscheint auf ihm in demselben Sinne zwischen Purpur und Orange in welchem Purpur zwischen Blau und Rot liegt. Und wenn das wirklich alles ist was man sagen kann dann genügt die Darstellung durch den Doppelkegel oder mindestens die durch eine doppelte 8-seitige Pyramide.

2 „wieviele Permutationen von – ⟨etwa⟩ – 4 Elementen gibt es“,
3 eine Frage von genau derselben Art wie die „wieviel ist 25 × 18⟨?⟩
4 Aber die Frage gibt es auch nur ⟨in b…⟩
9 denn dem entspricht kein ⟨Permutationsschema⟩
20 die Reihen im Permutationsschema zähle so ⟨zähle …⟩
26 ⟨✳⟩ *Randzeichen im MS gestrichen und ersetzt*
28 Mischung von Rot und Gelb ist. Und nicht in dem ⟨s…⟩
30 Stellt man die Farben ⟨mit ei…⟩
40 oder mindestens die durch ⟨ein doppeltes …⟩

1 / Nun scheint es merkwürdigerweise von vornherein klar zu sein daß man nicht in dem selben Sinne sagen kann Rot habe einen orangenen Stich wie Orange hat einen rötlichen Stich. Das heißt es scheint klar zu sein daß die Ausdrücke „ξ besteht aus/ist ein Gemisch von/ x ∨ y“ und „ξ ist das gemeinsame Bestandteil von x und y“ hier nicht vertauschbar sind. Wären sie vertauschbar so genügt die Relation zwischen zur Darstellung.

2 / Die Ausdrücke „gemeinsamer Bestandteil von“ und „Gemisch von“ haben |überhaupt| nur dann verschiedene Bedeutung wenn der eine dort verwendet werden kann wo der andere nicht verwendet werden kann.

3 Nun sagt es nichts zu unserer Untersuchung daß wenn ich ein blaues und grünes Pigment mische ich ein blaugrünes erhalte wenn ich aber ein blaugrünes und blaurotes mische kein blaues herauskommt. 77

4 * Gelbrot und Blaurot enthalten einen gemeinsamen Bestandteil in einem Sinne in welchem Rot und Blau keinen enthalten. Oder kann ich sagen *sie haben beide etwas vom* Violett ganz ebenso wie Orange und Violett beide etwas vom Rot haben?!

5 * Hat das Grau etwas vom Schwarz in dem selben Sinne wie das Schwarz vom Grau?! Offenbar nein denn ich kann über Grau von Weiß nach Schwarz gelangen aber nicht über Schwarz von grau nach weiß.

6 * Man könnte auch so fragen: ist es ein sprachlicher Zufall daß man Blau nicht Orange-Violett nennt?

7 * Ich möchte sagen, daß Blau nicht in demselben Sinne eine Farbe ist wie Blaurot.

Wie drückt sich das aber aus?

8 * Könnte man etwa so fragen: Wenn ich mir vier Farben A, B, C, D merke oder Muster von ihnen mit mir herumtrüge, A wäre ein Blaugrün, B ein Blaurot, C ein Gelbgrün und D ein Gelbrot, – könnte ich nun nicht alle Farben und Farbenmischungen mit diesen vier ebensogut darstellen wie mit den sogenannten reinen Farben? 78

9 / Wenn ich mit meiner Auffassung recht habe so ist es kein Satz „Rot ist eine reine Farbe“ und was damit angezeigt werden soll keiner experimentellen Entscheidung fähig. Es ist dann nicht denkbar daß mir einmal Rot ein andermal Blaurot rein erscheinen sollte.

10 * Die Frage ist ob für die interne Relation zweier Farben nur die Wege maßgebend sind nach welchen sie in einander übergeführt werden können.

14 wenn ich aber ein blaugrünes und blaurotes mische ⟨ich ...⟩
18 *sie haben beide etwas vom* Violett ganz ebenso wie ⟨G...⟩
38 so ist es kein Satz ⟨zu sagen⟩ „Rot ist eine reine Farbe“
40 Es ist dann ⟨auch⟩ nicht denkbar daß mir einmal Rot
41 daß mir einmal Rot ein andermal Blaurot rein ⟨erscheint⟩

1 * Die Bemerkung die ich oben über die Mischung von Pigmenten machte gibt einen Fingerzeig in welcher Weise die Reinheit einer Farbe definiert werden könnte als eine externe Eigenschaft also so wie ich sie nicht meine.

21.

2 / Es scheint außer dem Übergang von Farbe zu Farbe auf dem Farbenkreis noch einen bestimmten anderen zu geben den wir vor uns haben wenn wir kleine Flecke der einen Farbe mit kleinen Flecken der anderen untermischt sehen. Ich meine hier natürlich einen *gesehenen* Übergang.

Und diese Art des Übergangs gibt dem Wort Mischung eine neue 79 Bedeutung die mit |der Relation| zwischen auf dem Farbenkreis nicht zusammenfällt.

3 / Man könnte es so beschreiben: Einen Orangefarbigen Fleck kann ich mir entstanden denken durch untermischen kleiner roter und gelber Flecke dagegen einen Roten nicht durch Untermischen von Violetten und Orangefarbigen. – In diesem Sinn ist Grau eine Mischung von Schwarz und Weiß und Rosa eine von Rot und Weiß aber Weiß nicht eine Mischung von Rosa und einem weißlichen Grün.

Nun meine ich aber nicht daß es durch ein Experiment der Mischung festgestellt wird daß gewisse Farben so aus anderen entstehen. Ich könnte das Experiment etwa mit einer rotierenden Farbenscheibe anstellen. Es kann dann gelingen oder nicht gelingen aber das zeigt nur ob der betreffende visuelle Vorgang auf diese physicalische Weise hervorzurufen ist oder nicht, es zeigt aber nicht, ob er möglich ist. Genau so wie die physicalische Unterteilung einer Fläche nicht die visuelle Teilbarkeit beweisen oder widerlegen kann. Denn angenommen ich sehe eine physicalische Unterteilung nicht mehr als |visuelle| Unterteilung sehe aber die nicht geteilte Fläche im betrunkenen Zustande geteilt, war dann die visuelle Fläche nicht teilbar?

4 / Gesichtsraum und Retina. Es ist wie wenn man eine Kugel orthogonal 80 auf eine Ebene projiziert etwa in der Art wie die beiden Halbkugeln der Erde in einem Atlas dargestellt werden und nun könnte einer glauben daß was auf der Ebene außerhalb der beiden Kugelprojectionen vor sich geht immerhin noch einer möglichen Ausdehnung dessen entspricht was sich auf der Kugel befindet. Hier wird eben ein *kompletter Raum* auf einen *Teil* eines anderen Raumes projiziert; und analog ist es mit den Grenzen der Sprache im Wörterbuch.

5 / Man könnte sagen Violett und Orange löschen einander bei der Mischung teilweise aus nicht aber Rot und Gelb.

2 über die Mischung von Pigmenten machte gibt einen Fingerzeig ⟨wie⟩ die
2 die ⟨reine …⟩
13 dem Wort Mischung eine neue Bedeutung die mit ⟨zwischen …⟩
29 nicht die visuelle Teilbarkeit beweisen oder ⟨entkräften⟩ kann.
30 Denn angenommen ⟨er⟩ sehe eine physicalische Unterteilung nicht
44 bei der Mischung teilweise aus nicht aber ⟨|z.B.|⟩ Rot und Gelb.

1 / Orange ist jedenfalls ein Gemisch von Rot und Gelb in einem Sinne in dem Gelb kein Gemisch von Rot und Grün ist obwohl ja Gelb im Kreis zwischen Rot und Grün liegt. Und wenn das offenbar Unsinn wäre so frägt es sich an welcher Stelle es anfängt Sinn zu werden; d.h. Wenn ich nun im Kreis von Rot und Grün aus dem Gelb näher rücke und Gelb ein Gemisch der betreffenden beiden Farben nenne.

2 Ich erkenne nämlich im Gelb wohl die Verwandtschaft zu Rot und Grün – nämlich die Möglichkeit zum Rötlichgelb und Grünlichgelb – und 81 dabei erkenne ich doch nicht Grün und Rot als Bestandteile von Gelb in dem Sinne in dem ich Rot und Gelb als Bestandteile von Orange erkenne.

Oder auch Gelb liegt nicht in dem Sinne zwischen Grün und Rot wie Grau zwischen Schwarz und Weiß wohl aber liegt in diesem Sinn Orange zwischen Gelb und Rot.

3 / Ich will sagen daß Rot nur in dem Sinn zwischen Violett und Orange ist wie Weiß zwischen Rosa und Grünlichweiß. Aber ist in diesem Sinn nicht jede Farbe zwischen jeden zwei anderen oder doch zwischen solchen zweien zu denen man auf unabhängigen Wegen von der dritten gelangen kann.

Kann man sagen in diesem Sinne liegt eine Farbe nur in einem gegebenen kontinuierlichen Übergang zwischen zwei anderen. Also etwa Blau zwischen Rot und Schwarz

4 / Ist es also so: zu sagen ein Fleck habe eine Mischfarbe von Orange und Violett schreibt ihm eine andere Farbe zu als zu sagen der Fleck habe die Farbe die Orange und Violett mit einander gemein haben?

Aber das geht auch nicht; denn in dem Sinn in welchem Orange eine Mischung von Rot und Gelb ist gibt es gar keine Mischung von Orange und Violett. Wenn ich mir die Mischung zwischen einem 82 Blaugrün und einem Gelbgrün denke so sehe ich daß sie ohne weiteres nicht geschehen kann sondern erst ein Bestandteil |gleichsam| getötet werden muß ehe die Vereinigung vor sich gehen kann. Das ist zwischen Rot und Gelb nicht der Fall. Ich sehe dabei keinen kontinuierlichen Übergang – über Grün – in der Fantasie vor mir sondern es sind nur die discreten Farbtöne beteiligt.

5 ∗ In Blaugrün und Gelbgrün sehe ich die unverträglichen Bestandteile nicht aber in Blau und Grün.

22.

6 / Die Grenzenlosigkeit des Gesichtsraumes ist am klarsten wenn wir nichts sehen, bei vollständiger Dunkelheit.

4 an welcher Stelle es anfängt Sinn zu werden⟨. D.h.⟩ Wenn ich nun
10 nicht Grün und Rot als Bestandteile von Gelb ⟨im⟩ Sinne
11 in dem ich Rot und Gelb als Bestandteile von ⟨G…⟩
19 zwischen jeden zwei anderen ⟨denn es ist doch …⟩
20 oder doch zwischen solchen zweien zu denen man ⟨un…⟩
22 Kann man sagen in diesem Sinne liegt ⟨eine Farbe …⟩
28 der Fleck habe die Farbe die Orange und Violett ⟨g…⟩

1 / Die Bedeutung des Ausdrucks Mischung der Farben A und B muß mir allgemein bekannt sein da seine Anwendung nicht auf eine endliche Anzahl von Paaren beschränkt ist. Zeigt man mir also z.B. irgend ein Orange und Weiß und sagt die Farbe eines Flecks sei eine Mischung dieser beiden, so muß ich das verstehen und ich kann es verstehen.

Wenn man mir sagt die Farbe eines Flecks liege zwischen Violett und Rot so verstehe ich das und kann mir ein rötlicheres Violett als das 83
gegebene denken. Sagt man mir nun die Farbe liege zwischen diesem Violett und einem Orange – wobei mir kein bestimmter continuierlicher Übergang in Gestalt eines |gemalten| Farbenkreises vorliegt – so kann ich mir höchstens denken es sei auch hier ein rötlicheres Violett gemeint es könnte aber auch ein rötlicheres Orange gemeint sein denn eine Farbe die abgesehen von einem gegebenen Farbenkreis *in der Mitte* zwischen den beiden Farben liegt gibt es nicht und aus eben diesem Grunde kann ich auch nicht sagen an welchem Punkte das Orange welches die eine Grenze bildet, schon zu nahe dem Gelb liegt um noch mit dem Violett gemischt werden zu können ich kann eben nicht erkennen welches Orange in einem Farbenkreis 45° vom Violett entfernt liegt. Das Dazwischenliegen der Mischfarbe ist eben hier kein anderes als das des Gelb zwischen Rot und Grün/Rot zwischen Blau und Gelb/.

2 / Der Induktionsbeweis wäre wenn er ein Beweis wäre ein Beweis der Allgemeinheit nicht ein Beweis einer gewissen Eigenschaft aller – Zahlen z.B.

3 / Wenn ich im gewöhnlichen Sinn sage Rot und Gelb geben Orange so ist hier nicht von einer *Quantität* der Bestandteile die Rede. Wenn daher ein Orange gegeben ist so kann ich nicht sagen daß noch *mehr* rot es 84
zu einem röteren Orange gemacht hätte (Ich rede ja nicht von Pigmenten) obwohl es natürlich einen Sinn hat von einem röteren Orange zu sprechen. Es hat aber z.B. keinen Sinn zu sagen dies Orange und dies Violett enthalten gleich viel rot. Und wieviel Rot enthielte *Rot*?

11 so kann ich mir höchstens denken es sei ⟨ein …⟩
15 kann ich auch nicht sagen an welchem Punkte das ⟨G…⟩
19 Das Dazwischenliegen der Mischfarbe ist ⟨eben b…⟩
27 von einer *Quantität* der Bestandteile die Rede. Wenn ⟨ich …⟩
27 Wenn ⟨|mir|⟩ daher ein Orange gegeben ist
32 zu sagen dies Orange und dies Violett enthalten gleich viel rot⟨, …⟩

1 / Der Vergleich den man fälschlicherweise zu machen geneigt ist, ist der der Farbenreihe mit einem System von zwei Gewichten an einem Maßstab durch deren Vermehrung oder Verschiebung ich den Schwerpunkt des Systems beliebig verschieben kann

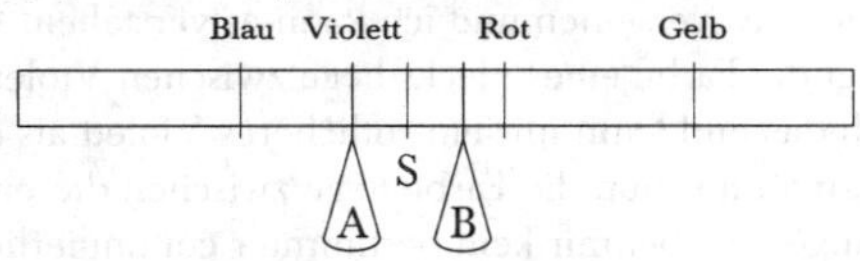

Es ist nun Unsinn zu glauben daß wenn ich die Schale A auf Violett halte und B in das Feld rot-gelb hinein verschiebe S sich gegen rot |hin| bewegen wird.

Und wie ist es mit den Gewichten die ich auf die Schalen lege: heißt es denn etwas zu sagen m e h r von d i e s e m Rot? Wenn ich nicht von Pigmenten spreche. Das kann nur dann etwas heißen wenn ich unter reinem Rot eine bestimmte vorher angenommene Anzahl von Einheiten verstehe. Dann aber bedeutet die volle Anzahl dieser 85
Einheiten nichts als daß die Waagschale auf r o t steht. Es ist also mit den Verhältniszahlen wieder nur ein Ort der Waagschale aber nicht ein Ort und ein Gewicht angegeben.

2 / Solange ich nun im Farbenkreis mit meinen beiden Grenzfarben – z.B. – im Gebiete Blau-Rot stehe und die rötere Farbe gegen rot verschiebe so kann ich sagen daß die Resultante auch gegen rot wandert. Überschreite ich aber mit der einen Grenzfarbe das Rot und bewege mich gegen Gelb, so wird die Resultierende nun nicht röter! Die Mischung eines gelblichen Rot mit einem Violett macht das Violett nicht röter als die Mischung von reinem Rot und |dem| Violett. Daß das eine Rot nun gelber geworden ist nimmt ja vom Rot etwas weg und gibt nicht Rot dazu.

3 / Man könnte das auch so beschreiben: habe ich einen Farbtopf mit violettem Pigment und einen mit Orange und nun vergrößere ich die Menge des der Mischung zugesetztem Orange so wird zwar die Farbe der Mischung nach und nach aus dem Violett ins Orange übergehen aber nicht über das reine Rot.

4 / Ich kann von zwei verschiedenen Tönen von Orange sagen daß ich von keinem Grund habe zu sagen er liege näher an Rot als an gelb. – Ein „in 86
der Mitte“ gibt es eben hier nicht. – Dagegen kann ich nicht zwei verschiedene Rot sehen und im Zweifel sein ob eines |und welches| von ihnen das reine Rot ist. Das Reine rot ist eben ein Punkt das Mittel zwischen Gelb und Rot aber nicht.

18 Dann aber bedeutet die volle Anzahl dieser Einheiten ⟨aber …⟩
23 mit meinen beiden Grenzfarben – z.B. – im Gebiete ⟨g…⟩
34 und nun vergrößere ich die Menge des ⟨de…⟩
35 so wird zwar die Farbe der Mischung nach und nach ⟨auf …⟩
39 keinem Grund habe zu sagen er liege näher an ⟨Or…⟩
40 Ein „in der Mitte“ gibt es eben hier ⟨gar⟩ nicht.

1 / Es ist freilich wahr daß man von einem Orange sagen kann es sei beinahe gelb, also es liege „näher am Gelb als am Rot“ und analoges von einem beinahe roten Orange. Daraus folgt aber nicht – wie ich einmal glaubte – daß es nun auch eine Mitte im Sinne eines Punktes zwischen Rot und Gelb geben müsse. Es ist eben hier ganz wie mit der Geometrie des Gesichtsraums verglichen mit der Euclidischen. Es ist hier eine andere Art von Quantitäten als die welche durch unsere rationalen Zahlen dargestellt werden. Die Begriffe näher und weiter sind eben hier überhaupt nicht zu brauchen oder sind irreführend wenn wir diese Worte anwenden.

2 / Auch so: Von einer Farbe zu sagen sie liege zwischen Rot und Blau bestimmt sie nicht eindeutig/scharf/. Die reinen Farben aber müßte ich *eindeutig* durch die Angabe bestimmen sie liegen zwischen gewissen Mischfarben. Also bedeutet hier das Wort zwischen/„inzwischenliegen“/ etwas *anderes* als im ersten Fall. D.h.: wenn der Ausdruck „inzwischen 87
liegen“ einmal die Mischung zweier einfacher Farben, ein andermal den gemeinsamen einfachen Bestandteil zweier Mischfarben bezeichnet so ist die Multiplizität seiner Anwendung in jedem Falle eine andere. Und das ist *kein* Gradunterschied sondern ein Ausdruck dafür daß es sich um zwei ganz verschiedene Kategorien handelt.

3 / Wir sagen eine Farbe kann nicht zwischen Grüngelb und Blaurot liegen in dem selben Sinne wie zwischen Rot und Gelb aber das können wir nur sagen weil wir in diesem Falle den Winkel von 45° unterscheiden können; weil wir *Punkte* Gelb, Rot sehen. Aber eben diese Unterscheidung gibt es im anderen Fall – wo die Mischfarben als das Primäre genommen werden – nicht. Hier könnten wir also sozusagen nie sicher sein ob die Mischung noch möglich ist oder nicht. Freilich könnte ich beliebige Mischfarben wählen und bestimmen daß sie einen Winkel von 45° einschließen das wäre aber ganz willkürlich wogegen es nicht willkürlich ist wenn wir sagen daß es keine Mischung von Blaurot und Grüngelb im ersten Sinne gibt.

23

4 / Es ist ebenso unsinnig zu sagen eine Farbe sei ein Orange-Violett wie 88
eine Farbe sei ein rötliches Grün. Hier gibt die Grammatik also den „Winkel von 45°“ und nun glaubt man fälschlich man brauche ihn nur zu halbieren und den nächsten Abschnitt ebenso um einen anderen Abschnitt von 45° zu kriegen. Aber hier bricht eben das *Gleichnis* des Winkels zusammen.

1 daß man von einem Orange sagen kann es ⟨liege …⟩
5 zwischen Rot und Gelb geben müsse. ⟨W…⟩
7 verglichen mit der Euclidischen. Es ist ⟨eine andere …⟩
13 Von einer Farbe zu sagen sie liege zwischen Rot und Blau ⟨defin…⟩
40 Aber hier bricht eben das *Gleichnis* ⟨mit dem …⟩

1 / Man kann freilich auch alle Farbtöne in einer Linie anordnen etwa mit den Grenzen Schwarz und Weiß wie das geschehen ist aber dann muß man eben durch Regeln gewisse Übergänge ausschließen und endlich muß das Bild auf der Geraden die gleiche Art des Topologischen Zusammenhangs bekommen wie auf dem Oktoeder. Es ist dies ganz analog wie das Verhältnis der gewöhnlichen Sprache zu einer „logisch geklärten" Ausdrucksweise. Beide sind einander vollkommen äquivalent nur drückt die eine die Regeln der Grammatik schon durch die äußere Erscheinung aus.

2 / Der Satz ist vollkommen |logisch| analysiert dessen Grammatik vollkommen klargelegt ist. Er mag in welcher Ausdrucksweise immer hingeschrieben oder ausgesprochen sein. 89

3 / Die Oktoederdarstellung ist eine übersichtliche Darstellung der grammatischen Regeln.

4 * Zu sehen daß reine Farbe nicht eine Eigenschaft – externe Eigenschaft – einer Farbe ist heißt sehen daß ich mir nicht denken könnte daß – etwa – violett diese Eigenschaft hat oder daß das reine Blau sie nicht hat.

5 * Ebendasselbe ist der Fall wenn wir sagen ein Ton sei im Einklang mit einem anderen. Es ist Unsinn (nicht falsch) zu sagen die Terz von C sei im Einklang mit C.

6 / Wenn ich die Regelmäßigkeit einer Figur sehe die ich früher nicht bemerkt habe so sehe ich jetzt eine andere Figur. So kann ich | | | | | | als Spezialfall von | | | | | | oder von | | | | | | oder von | | | | | | sehen etc. Das zeigt bloß daß was wir sehen nicht so einfach ist als es scheint.

7 / Wenn man frägt ob die Tonleiter eine unendliche Möglichkeit der Fortsetzung in sich trägt so ist die Antwort nicht dadurch gegeben daß man Luftschwingungen die eine gewisse Schwingungszahl überschreiten nicht mehr als Töne wahrnimmt denn es könnte ja die Möglichkeit 90
bestehen höhere Tonempfindungen auf andere Art und Weise hervorzurufen. Die Endlichkeit der Tonleiter kann vielmehr nur aus ihren internen Eigenschaften hervorgehen. Etwa so indem man es einem Ton selber ankennt daß er der Abschluß ist daß also dieser letzte Ton oder die letzten Töne innere Eigenschaften zeigen die die mittleren nicht haben. So wie dünne Linien in unserem Gesichtsfeld interne Eigenschaften zeigen die die dickeren nicht haben, so daß es eine Linie in unserem Gesichtsfeld gibt die keine Farbgrenze ist sondern selbst Farbe hat und doch in einem bestimmten Sinne keine Breite so daß bei ihrem Schnitt mit einer anderen ebensolchen nicht vier Punkte

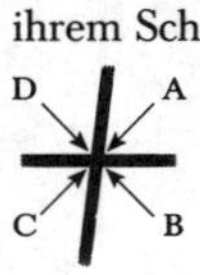

A, B, C, D gesehen werden.

27 (*) *Randzeichen im MS gestrichen und ersetzt*

1 / Eine Kirchentonart verstehen heißt nicht sich an die Tonfolge gewöhnen in dem Sinne in dem ich mich an einen Geruch gewöhnen kann und ihn nach einiger Zeit nicht mehr unangenehm empfinde. Sondern es heißt etwas neues hören was ich früher noch nicht gehört habe etwa in der Art – ja ganz analog – wie es wäre zehn Striche |||||||||| die ich früher nur als 2mal 5 Striche habe sehen können plötzlich als ein 91
charakteristisches Ganzes sehen zu können. Oder die Zeichnung eines Würfels die ich nur als flaches Ornament habe sehen können auf einmal räumlich zu sehen.

24

2 / Wenn mir zwei nahe aneinander liegende – etwa – rötliche Farbtöne gegeben sind so ist es unmöglich darüber zu zweifeln, ob beide zwischen rot und blau, beide zwischen rot und gelb oder der eine zwischen rot und blau der andere zwischen rot und gelb gelegen ist. Und mit dieser Entscheidung haben wir auch entschieden, ob beide sich mit blau, mit gelb oder der eine sich mit blau der andere mit gelb mischen und das gilt wie nahe immer man die Farbtöne einander bringt solange wir die Pigmente überhaupt unterscheiden können.

3 / Die Harmonielehre ist nicht Geschmacksache.

4 / Vergleich zwischen einer Mathematischen Expedition und einer Polarexpedition. Diesen Vergleich anzustellen hat Sinn und ist sehr nützlich.

/ Wie seltsam wäre es wenn eine geographische Expedition nicht sicher wüßte ob sie ein Ziel also auch ob sie überhaupt einen Weg hat. 92
Das können wir uns nicht denken, es gibt Unsinn. Aber in der Mathematischen Expedition verhält es sich gerade so. Also wird es vielleicht am besten sein den Vergleich ganz fallen zu lassen.

5 / Es wäre wie eine Expedition *die des Raumes* nicht sicher wäre!

25.

6 / Wie kann es in der Mathematik Vermutungen geben? Oder vielmehr: Welcher Natur ist das was in der Mathematik wie eine Vermutung aussieht? Wenn ich also etwa Vermutungen über die Verteilung der Primzahlen anstelle.

5 ich früher noch nicht gehört habe etwa in der Art ⟨wie …⟩
12 Wenn mir zwei nahe ⟨bei…⟩
13 so ist es unmöglich darüber zu zweifeln, ob beide ⟨auf …⟩
15 zwischen rot und gelb gelegen ist⟨ und⟩ mit dieser Entscheidung
23 ⟨Unterschied einer⟩ Mathematischen Expedition und einer
26 *Der Absatz ist im MS eine eigenständige Bemerkung, durch eine Klammer am linken Rand der vorangehenden zugeordnet.*
29 Aber in der Mathematischen Expedition verhält es sich ⟨eben …⟩

1 / Ich könnte mir z.B. denken daß jemand in meiner Gegenwart Primzahlen der Reihe nach hinschriebe, ich wüßte nicht daß es die Primzahlen sind – ich könnte etwa glauben, es seien Zahlen wie sie ihm eben einfielen – und nun versuchte ich irgend ein Gesetz in ihnen zu finden. Ich könnte nun geradezu eine Hypothese über diese Zahlenfolge aufstellen wie über jede andere die ein physikalisches Experiment ergibt. In welchem Sinne habe ich nun hiedurch eine Hypothese über die Verteilung der Primzahlen aufgestellt?

2 / Man könnte sagen eine Hypothese in der Mathematik hat den Wert daß 93 sie die Gedanken an einen bestimmten Gegenstand – ich meine ein bestimmtes Gebiet – heftet und man könnte sagen „wir werden gewiß etwas Interessantes über diese Dinge herausfinden„

3 / Das Unglück ist daß man/unsere Sprache/ so grundverschiedene Dinge mit jedem der Worte „Frage“, „Problem“, „Untersuchung“, „Entdeckung“ bezeichnet. Ebenso mit den Worten „Schluß“, „Satz“, „Beweis“.

4 / Es fragt sich wieder, welche Art der Verification lasse ich für meine Hypothese gelten? Oder kann ich vorläufig – faute de mieux – die empirische gelten lassen solange ich noch keinen „strengen Beweis“ habe? Nein. Solange ein solcher Beweis nicht besteht besteht gar keine Verbindung zwischen meiner Hypothese und dem „Begriff“ der Primzahl.

5 / Der Begriff der Primzahl ist das allgemeine Gesetz wonach ich prüfe ob eine Zahl eine Primzahl ist oder nicht.

6 / Erst der sogenannte Beweis verbindet die Hypothese überhaupt mit den 94 Primzahlen als solchen. Und das zeigt sich daran daß – wie gesagt – bis dahin die Hypothese als eine |rein| physikalische aufgefaßt werden kann. – Ist andererseits der Beweis geliefert so beweist er gar nicht was vermutet worden war denn in die Unendlichkeit hinein kann ich nicht vermuten. Ich kann nur vermuten was bestätigt werden kann, aber durch die Erfahrung kann nur eine endliche Zahl von Vermutungen bestätigt werden und den Beweis kann man nicht vermuten solange man ihn nicht hat und dann auch nicht.

7 ✳ Was ist der analytische Ausdruck für das Parallelenaxiom

2 daß jemand in meiner Gegenwart ⟨die⟩ Primzahlen der ⟨Reihen …⟩
3 ich wüßte nicht daß es die Primzahlen sind – ich könnte ⟨etwas …⟩
6 Zahlenfolge aufstellen wie über jede andere die ⟨aus physikalischen …⟩
13 „wir werden gewiß etwas Interessantes über diese Dinge herausfinden ⟨–⟩
16 so grundverschiedene Dinge mit ⟨den Worten „Ent…⟩
23 gelten lassen solange ich noch keinen „strengen Beweis“ ⟨hätte⟩
28 das allgemeine Gesetz wonach ich prüfe ob ⟨ein Satz …⟩
30 ⟨?/⟩ *Randzeichen im MS gestrichen und ersetzt*
30 Erst ⟨w…⟩

1 / Wie hängen die Gleichungen der Analysis mit den Resultaten von Messungen im Raum zusammen. Ich glaube so daß sie – die Gleichungen – bestimmen was als genaue Messung, was als Fehler gelten soll.

26.

2 / Jede Hypothese ist eine heuristische Methode. Und in dieser Lage ist, glaube ich, auch die Euclidische oder eine andere Geometrie auf den Raum der physikalischen Messungen angewandt. Ganz anders verhält es sich mit dem was man die Geometrie des Gesichtsraumes nennen kann. 95

3 / Man könnte beinahe von einer externen und einer internen Geometrie reden. Das was im Gesichtsraum angeordnet ist steht in dieser *Art* von Ordnung a priori, d.h. seiner logischen Natur nach und die Geometrie ist hier einfach Grammatik. Was der Physiker in der Geometrie des physikalischen Raumes in Beziehung zueinander setzt sind Instrumentablesungen die ihrer *internen* Natur nach nicht anders sind ob wir in einem geraden oder sphärischen |physikalischen| Raum leben. D.h. Nicht eine Untersuchung der logischen Eigenschaften dieser Ablesungen führt den Physiker zu einer Annahme über die Art des physikalischen Raumes sondern die Abgelesenen Tatsachen.

4 / Die Geometrie der Physik hat es in diesem Sinn nicht mit der Möglichkeit sondern mit den Tatsachen zu tun. Sie wird von Tatsachen bestätigt, in dem Sinne, nämlich, in dem ein *Teil* einer Hypothese bestätigt wird

5 / Vergleich des Arbeitens an der Rechenmaschine mit dem Messen geometrischer Gebilde.

6 ✳ Machen wir bei dieser Messung ein Experiment oder verhält es sich so, wie im Falle der Rechenmaschine, daß wir nur interne Relationen feststellen und das physikalische Resultat unserer Operationen nichts beweist? 96

7 / Im Gesichtsraum gibt es natürlich kein geometrisches Experiment.

8 / Ich glaube daß hier (einer) der Hauptpunkt(e) des Mißverständnisses über das a priori und a posteriori der Geometrie liegt.

9 / Die Frage ist die in welchem Sinne |die Resultate von| Messungen uns etwas über *dasjenige* sagen können was wir |auch| sehen.

27.

10 ✳ Es ist merkwürdig daß all dies mit der Frage der unendlichen Möglichkeit unmittelbar zusammenhängt.

1 Wie (hängt …)
23 Die Geometrie der Physik hat es in diesem (Sinne) nicht mit
24 mit den Tatsachen zu tun(und) wird von Tatsachen bestätigt,
25 wird von Tatsachen bestätigt, in dem Sinne(– …)
42 |auch| –*das Einfügungszeichen ist im MS gewellt unterstrichen*

1 ⋆ Das was die Physik ihren Raum nennt ist eine Hypothese – zum Unterschied von dem was wir unseren Gesichts- oder unseren Bewegungsraum nennen.

2 ⋆ Was bedeutet das Euclidische Axiom daß alle rechten Winkel untereinander gleich sind?

3 ⋆ Das Paradox daß alles was ich in der Logik tun kann ist,
Vereinbarungen betreffs der *Zeichen* zu machen. Aber diese 97
Conventionen mache ich zum Zweck einer Darstellung.

28.

4 ⋆ Wie könnte ein Satz einen Sachverhalt darstellen dem die bloße Form des Gedankens widerspricht?

5 ⋆ Es ist außerordentlich schwer in allen Unsinn einzudringen den Menschen annehmen können.

6 ⋆ Um etwas über die Farben – z.B. – sagen zu können muß ich gewisse Regeln einhalten. Diese Regeln (sind) daher (ein Bild des Zweckes) /spiegeln daher den Zweck/ zu welchem sie aufgestellt wurden.

7 ⋆ Die Regeln passen die Sprache diesem Zweck an.

8 ⋆ Ich könnte die Grammatischen Conventionen zuerst machen ohne daß einer wüßte daß ich eine Sprache construiere oder wie ich die Sprache anzuwenden gedenke. Wie ich sie dann anwende kann ich ihm nur dadurch begreiflich machen daß ich sie vor ihm *anwende*, wenn ich sie nicht in eine ihm bekannte Sprache übersetze. Oder ich kann die Untersuchung in einer ihm bekannten Sprache also einer deren Anwendung er kennt anstellen und dann werden die grammatischen
Regeln nur das enthalten was er ohnehin befolgt wenn er die Sprache in 98
seiner Weise anwendet. Man könnte in diesem Falle sagen daß ich nicht eigentlich Conventionen mache sondern constatiere was die richtige Anwendung der betreffenden Zeichen ist. Aber ich kann auch sagen, daß ich bloß Conventionen mache aber eben dadurch die Anwendung der Sprache fixiere.

9 ⋆ Indem ich die Conventionen mache portraitiere ich freilich gleichsam die logische Form eines bestimmten Anwendungsgebietes meiner Sprache aber dennoch sind es Conventionen. Und ich könnte sie anders machen, freilich könnte ich dann die Sprache nicht *so* anwenden wie im ersten Fall.

1 ist eine Hypothese⟨;⟩ zum Unterschied von dem was wir
5 Was bedeutet das Axiom ⟨Euclids⟩ daß alle rechten Winkel
21 /spiegeln daher den Zweck/ zu welchem sie ⟨gem...⟩
21 /spiegeln daher den Zweck/ zu welchem sie aufgestellt ⟨sind⟩
26 ohne daß einer wüßte daß ich eine Sprache ⟨o...⟩
28 kann ich ihm nur dadurch begreiflich machen daß ich sie ⟨et...⟩
33 wenn er die Sprache in seiner Weise ⟨anwenden will⟩

1 / Könnte ich den Zweck dieser Conventionen dadurch beschreiben daß ich sagte ich mußte sie machen weil etwa die Farben gewisse Eigenschaften haben so wären damit die grammatischen Conventionen überflüssig denn dann könnte ich eben das sagen was die Conventionen gerade ausschließen. Umgekehrt wenn die Conventionen nötig waren also gewisse Combinationen der Wörter als unsinnig ausgeschlossen werden mußten dann kann ich eben darum nicht eine Eigenschaft der Farben angeben die die Conventionen nötig machte denn dann wäre es 99
denkbar daß die Farben diese Eigenschaft nicht hätten und das könnte nur entgegen den Conventionen ausgedrückt werden.

2 / Daß es unsinnig ist von einer Farbe zu sagen sie sei eine Terz höher als eine andere kann nicht bewiesen werden. Ich kann nur sagen „wer diese Worte in der Bedeutung verwendet wie ich es tue der kann mit dieser Combination keinen Sinn verbinden, hat sie für ihn einen Sinn so versteht er etwas anderes unter den Worten als ich."

3 / Die Wörter „Farbe", „Ton", „Zahl", etc können in den Kapitelüberschriften der/unserer/ Grammatik erscheinen. In den Kapiteln müssen sie nicht vorkommen sondern da wird die Struktur gegeben.

1.3.

4 ✶ Wenn es einen Sinn hätte zu sagen „rot ist eine Farbe" dann gäbe es einen Satz „es gibt eine Farbe". Und wie wenn es nun keine gäbe, wie könnten wir dann sagen daß es keine gäbe? Wer aber unter „Farbe" etwas ganz anderes versteht als ich, kann das sagen dann aber besteht für ihn die selbe Schwierigkeit eine Stufe hinter meiner. Er wird das gleiche 100
Problem für das Wort „Ding" zu lösen haben.

5 / Die |Möglichkeit der| Erklärung dieser Dinge beruht immer darauf daß der Andere die Sprache so gebraucht wie ich. Behauptet er daß eine Zusammenstellung von Wörtern für ihn Sinn hat die für mich keinen besitzt so kann ich nur annehmen daß er die Wörter hier in anderer Bedeutung gebraucht als ich oder gedankenlos redet.

2.

6 / Kann jemand glauben es habe Sinn zu sagen: „Das ist kein Lärm, sondern eine Farbe"?

7 / Anderseits kann man freilich sagen: „Was mich nervös macht ist nicht der Lärm sondern die Farbe" und hier könnte es scheinen als ob eine Variable eine Farbe und einen Lärm als Wert annähme.

8 / „Laute und Farben können als sprachliche Ausdrucksmittel dienen"

4 die grammatischen Conventionen überflüssig denn ⟨das setzt voraus …⟩
6 Umgekehrt wenn die Conventionen nötig waren also gewisse ⟨W…⟩
15 mit dieser Combination keinen Sinn verbinden⟨"⟩, ⟨verbindet er …⟩
19 Kapitelüberschriften der/unserer/ Grammatik erscheinen. In ⟨die …⟩
28 besteht für ihn die selbe Schwierigkeit eine Stufe ⟨weiter zurück⟩
43 eine Farbe und einen Lärm als Wert ⟨annehmen könnte.⟩

1 / Im Gesichtsraum gibt es Absolute Lage und daher auch absolute Bewegung. Man denke sich das Bild zweier Sterne in stockfinsterer Nacht in der ich *nichts* sehen kann als diese und diese bewegen sich 101 im Kreise umeinander.

2 / Es ist klar daß jener Satz von der Art ist: „Wenn Du einen Schuß hörst oder mich winken siehst laufe davon.“ Denn dieser Art ist die Vereinbarung auf der die Funktion der gehörten oder gesehenen Sprache beruht.

3 / Wenn das Kind lernt „Blau ist eine Farbe, Rot ist eine Farbe, Grün, Gelb, Orange, das sind alles Farben“ so lernt es nichts neues über die Farben sondern es lernt die Bedeutung einer Variablen in den Sätzen „das Bild hat schöne Farben“ etc. Jener Satz gibt ihm die Werte einer Variablen

4 / Es gibt offenbar eine Methode ein gerades Lineal anzufertigen. Diese Methode schließt ein Ideal ein, ich meine ein Näherungsverfahren mit unbegrenzter *Möglichkeit*, denn eben dieses Verfahren *ist* das Ideal.

Oder vielmehr: Nur wenn es ein Näherungsverfahren mit unbegrenzter Möglichkeit ist kann |(nicht muß)| die Geometrie dieses Verfahrens die Euclidische sein.

5 ⚹ Unendliche Teilbarkeit und Vergrößerung eines Teils durch die Lupe.

6 ⚹ Die unendliche Teilbarkeit hat natürlich nichts mit der Existenz von 102 Electronen etc. zu tun

7 *Russell, Eddington* etc. *wollen alle Hohe Priester der Irreligiosität sein.*

8 / Wie ist eine „formally certified proposition“ möglich? Es wäre ein Satz dem man ansieht ob er wahr oder falsch ist. „Grün ist eine Farbe“ wäre so ein Satz. Aber wie kann man durch Hinsehen auf den Satz oder den Gedanken herausfinden daß er wahr ist? Der Gedanke ist doch etwas ganz anderes als der Sachverhalt den der Satz behauptet. Durch Hinsehen auf den Satz kann ich nur eines über die Natur ersehen was er aber nicht behauptet und das ist die Möglichkeit dessen was er behauptet.

9 ⚹ Die Grammatik zeigt es nicht selbst daß sie zu einem bestimmten Zweck gemacht ist. Sie könnte allein betrachtet eine bloße Sammlung von Spielregeln sein. Ihre Anwendung liegt außer ihr.

1 ⟨⚹⟩ *Randzeichen im MS gestrichen und ersetzt*
7 „Wenn Du einen Schuß hörst oder mich winken siehst laufe ⟨zurück⟩.“
14 in den Sätzen „das Bild hat schöne Farben“ etc. ⟨Diese …⟩
29 *Im MS:* Edington
32 Es wäre ein Satz dem man ansieht ob er ⟨f…⟩
35 etwas ganz anderes als der Sachverhalt den ⟨er⟩ behauptet.
40 Die Grammatik zeigt es ⟨nie⟩ selbst ⟨was …⟩
41 daß sie zu einem bestimmten Zweck gemacht ist. Sie könnte ⟨all…⟩

1 * Eine Erklärung wenn sie wirken soll darf das Problem nicht verschmieren.

2 / Wenn ich einem Menschen die Bedeutung eines Wortes A erkläre 103
indem ich sage „dies ist A“ und auf etwas hinzeige so kann dieser Ausdruck in zweierlei Weise gemeint sein. Entweder er ist selber schon ein Satz und kann dann erst verstanden werden wenn die Bedeutung von A bereits bekannt ist. D.h. ich kann es nur dem Schicksal überlassen ob der Andere den Satz nun so auffaßt wie ich ihn meine oder nicht. Oder der Satz ist eine Definition. Ich hätte jemandem etwa gesagt „A ist krank“ er wüßte aber nicht wen ich mit A meine und nun zeigte ich auf einen Menschen und sagte „dies ist A“. Nun ist der Ausdruck eine Definition aber diese kann nur verstanden werden wenn die Art des Gegenstandes bereits durch den grammatisch verstandenen Satz „A ist krank“ bekannt war. Das heißt aber daß jede Art des Verständlichmachens einer Sprache schon eine Sprache voraussetzt. Und die Benützung der Sprache in |einem| gewissen Sinne nicht zu lehren ist. D.h. nicht durch die Sprache zu lehren wie man etwa klavierspielen durch die Sprache lernen kann. – Das heißt ja nichts anderes als: Ich kann mit der Sprache nicht aus der Sprache heraus. 104

3.

3 / Die Grammatik ist eine „Theory of logical types/der logischen Typen/“.

4.

4 / Ich nenne die Regel |der Darstellung| keine Convention, die sich durch Sätze rechtfertigen läßt, |Sätze| welche das Dargestellte beschreiben und zeigen, daß die Darstellung adäquat ist. Die Conventionen der Grammatik lassen sich nicht durch eine Beschreibung des Dargestellten rechtfertigen. Jede |solche| Beschreibung setzt schon die Regeln der Grammatik voraus. D.h. was in der zu rechtfertigenden Grammatik als Unsinn gilt kann in der Grammatik der rechtfertigenden Sätze auch nicht als Sinn gelten u. u..

5.

5 / Man kann nicht die Möglichkeit der Evidenz mit der Sprache überschreiten.

6.

6 / Man ist in der Philosophie immer in der Gefahr eine Mythologie des Symbolismus zu geben oder der Psychologie. Statt einfach zu sagen was jeder |weiß und| zugeben muß

4 die Bedeutung eines Wortes A ⟨erklären will⟩ indem ich sage
5 und auf etwas hinzeige so kann ⟨der „…⟩
6 und auf etwas hinzeige so kann dieser Ausdruck ⟨der …⟩
10 Oder der Satz ist eine Definition. Ich ⟨habe …⟩
42 |weiß und| *–das Einfügungszeichen ist im MS gewellt unterstrichen*

7.

1 / Was für eine Art Satz ist: „auf diesem Streifen sind alle Schattierungen von Grau zwischen Schwarz und Weiß zu sehen"?

Hier scheint es auf den ersten Blick daß von unendlich vielen Schattierungen die Rede ist. 105

Ja wir haben hier scheinbar das Paradox daß wir zwar nur endlich viele Schattierungen von einander unterscheiden können und der Unterschied |zwischen ihnen| natürlich nicht ein unendlich kleiner ist und wir dennoch einen kontinuierlichen Übergang sehen

9

2 / Weyls Widerspruch „heterologisch":

$$\sim\phi(„\phi“) \overset{\text{Def}}{=} „\phi“ \text{ ist heterologisch } \overset{\text{Def}}{=} F(„\phi“)$$

$$F(„F“) = \sim F(„F“) = \sim\Big[\sim(\sim\overset{\hat{\phi}}{\hat{\phi}}(„\hat{\phi}“))(„\sim\overset{\hat{\phi}}{\hat{\phi}}(„\hat{\phi}“)“)\Big]$$

3 / Der Menschliche Bewegungsraum ist Unendlich wie die Zeit.

4 / Die Methode des Messens, z.B. des räumlichen Messens, verhält sich zu einer bestimmten Messung genau so wie der Sinn eines Satzes zu seiner Wahr- oder Falschheit.

5 ✶ Die Geometrie in dem e i n e n Sinn ist eine Methodologie des Messens.

6 / „Alle Helligkeitsgrade unter diesem tun meinen Augen nicht weh". Das heißt ich habe beobachtet daß die bisherigen Erfahrungen einem formellen Gesetz entsprechen.

7 Auf die Frage ob die Philosophen bisher immer wirklichen Unsinn geredet haben könnte man antworten nein, sie haben nur nicht gemerkt daß sie ein Wort in ganz verschiedenen Bedeutungen gebrauchen. In diesem Sinne ist es nicht unbedingt Unsinn zu sagen ein Ding sei so identisch wie das andere denn wer das mit Überzeugung sagt meint in diesem Augenblick etwas mit dem Wort „identisch" (vielleicht groß) aber er weiß nicht daß er hier das Wort in anderer Bedeutung gebraucht als es in 2 + 2 = 4 gebraucht ist. 106

10.

8 / Welcher Art war Sheffers Entdeckung daß p ∨ q und ~p sich durch p/q ausdrücken lassen?

4 Hier scheint es ⟨daß …⟩
6 Ja wir haben hier ⟨das scheinbare⟩ Paradox
6 Ja wir haben hier scheinbar das Paradox daß wir zwar nur ⟨eine …⟩
13 *Der Notation fehlt im MS die eckige Schlußklammer.*
19 Die Methode des Messens⟨ ver…⟩
19 ⟨–⟩ z.B. des räumlichen Messens ⟨–⟩ verhält sich
20 verhält sich zu ⟨dem …⟩
26 Das heißt ich habe ⟨ein Gesetz …⟩
31 antworten nein, sie haben nur nicht gemerkt daß sie ⟨das …⟩
34 etwas mit dem Wort „identisch" (vielleicht ⟨„⟩groß⟨"⟩) aber er weiß nicht
39 *Im MS:* Scheffers

1 / Man hatte keine Methode nach p/q zu suchen und wenn man heute eine fände so könnte das keinen Unterschied machen

2 / Was war es was wir vor der Entdeckung nicht wußten? Es war nichts was wir nicht wußten sondern etwas was wir nicht kannten.

3 / Das sieht man sehr deutlich wenn man sich den Einspruch erhoben denkt p/p sei gar nicht das was ~p sagt. Die Antwort ist natürlich daß es 107
sich nur darum handelt daß das System p/q etc die nötige Multiplizität hat. Sheffers hat also ein symbolisches System gefunden das die nötige Multiplizität hat.

Ist es ein Suchen, wenn ich das System Sheffers nicht kenne und sage ich möchte ein System mit nur *einer* logischen Constanten construieren. Nein!

Die Systeme sind ja gar nicht in einem Raum so daß ich sagen könnte: Es gibt Systeme mit 3 und 2 logischen Constanten nun suche ich die Zahl der Constanten *in derselben Weise* zu vermindern. Es gibt hier keine *selbe Weise*!

4 ∗ Man kann nicht ein |gegebenes| Grau als eines von den unendlich vielen grauen Tönen zwischen Schwarz und Weiß auffassen.

5 ∗ Aber den kontinuierlichen Übergang – z.B. von Weiß nach Schwarz – nimmt man ja tatsächlich wahr. Handelt es sich auch hier nur um eine unendliche *Möglichkeit*? Ist nicht die Kontinuität selbst eine Art unendlicher Wirklichkeit. Aber haben wir hier nicht denselben Fall wie den des Kreises aufgefaßt als ein ∞-Eck? Hier ist der Kreis ein Grenzwert. Und sehen wir nicht den kontinuierlichen Übergang von 108
Schwarz nach Weiß auch als den Grenzwert einer Folge diskontinuierlicher Übergänge an?

4 vor der Entdeckung nicht wußten? ⟨Ich gl…⟩
5 Es war nichts ⟨da…⟩
10 *Im MS beidemale:* Scheffers
11 das die nötige Multiplizität ⟨hatte⟩
12 Ist ⟨ei…⟩
16 Es gibt Systeme mit 3⟨,⟩ und 2 logischen Constanten ⟨und warum soll …⟩
29 auch als ⟨einen⟩ Grenzwert einer Folge diskontinuierlicher Übergänge an?

1 / Man kann ein bestimmtes Grau ebensowenig als eines der unendlich vielen Grau etc auffassen wie man eine Tangente t als eines der

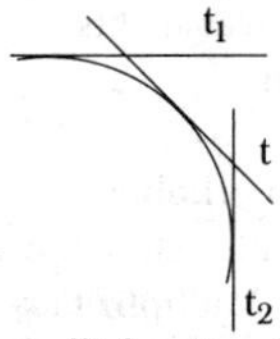

unendlich vielen Übergangsstadien von t_1 nach t_2 auffassen kann. Wenn ich etwa ein Lineal sich von t_1 nach t_2 am Kreis abrollen sehe so sehe ich – wenn es sich continuierlich bewegt keine einzige der Zwischenlagen in dem Sinne in welchem ich t sehe wenn die Tangente ruht, oder aber ich sehe nur eine endliche Anzahl von Zwischenlagen. Wenn ich aber in so einem Fall scheinbar von einem allgemeinen Satz auf einen Spezialfall schließe so ist die Quelle dieses allgemeinen Satzes nie die Erfahrung und der Satz wirklich kein Satz.

Wenn ich z.B. sage: „ich habe das Lineal sich von t_1 nach t_2 bewegen sehen also muß ich es auch in t gesehen haben" so haben wir hier keinen richtigen logischen Schluß. Wenn ich nämlich damit sagen will das Lineal muß mir in der Lage t erschienen sein – wenn ich also 109
von der Lage im Gesichtsraum rede so folgt |das| aus dem Vordersatz durchaus nicht. Rede ich aber vom physischen Lineal so ist es natürlich (sehr leicht) möglich daß das Lineal die Lage t übersprungen hat und das Phänomen im Gesichtsraum dennoch kontinuierlich war.

2 / Man kann einen Teil einer Hypothese vergleichen mit der Bewegung eines Teils eines Getriebes einer Bewegung die man festlegen kann ohne dadurch die bezweckte Bewegung zu präjudizieren wohl aber hat man dann das übrige Getriebe auf eine bestimmte Art einzurichten daß es die gewünschte Bewegung hervorbringt. Ich denke an ein Differentialgetriebe.

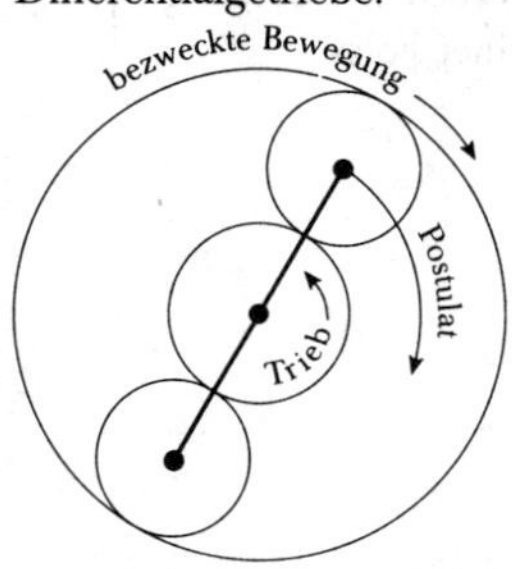

Habe ich die Entscheidung getroffen daß von einem gewissen Teil meiner Hypothese nicht abgewichen werden soll was immer die zu beschreibende Erfahrung sei so habe ich eine Darstellungsweise festgelegt und jener Teil der Hypothese ist |nun| ein Postulat. Ein Postulat muß von solcher Art sein daß keine denkbare Erfahrung es widerlegen kann, wenn es auch äußerst unbequem sein mag an dem Postulat 110
festzuhalten. In dem Maße wie man |hier| von einer größeren oder geringeren Bequemlichkeit reden kann gibt es eine größere oder geringere Wahrscheinlichkeit des Postulats.

6 *Im MS:* abrollen sehe so sehe ich ich –
10 endliche Anzahl von Zwischenlagen. Wenn ich aber ⟨s...⟩
11 Wenn ich aber in so einem Fall scheinbar ⟨vom a...⟩
19 durchaus nicht⟨ daß ich die Erscheinung des Lin...⟩
23 Man kann einen Teil einer Hypothese ⟨mit ...⟩
23 vergleichen mit ⟨einem Teil v...⟩
25 die bezweckte Bewegung ⟨irgendwie zu bestimmen⟩
41 gibt es eine größere oder geringere ⟨T...⟩

1 / Von einem Maß dieser Wahrscheinlichkeit zu reden ist nun vorderhand sinnlos. Es verhält sich hier ähnlich wie im Falle |etwa| zweier Zahlenarten wo wir mit einem gewissen Recht sagen können die eine sei der anderen ähnlicher/stehe ihr näher/ als einer dritten ein zahlenmäßiges Maß der Ähnlichkeit aber nicht existiert. Man könnte sich natürlich auch in solchen Fällen ein Maß konstruiert denken indem man etwa die Postulate oder Axiome zählt die beide Systeme gemeinsam haben etc. etc..

2 / Ich gebe jemandem die Information |und nur diese|: Du wirst um diese und diese Zeit auf der Strecke AB einen Lichtpunkt erscheinen sehen. Hat nun die Frage ^{A}|———^{C}|—|^{B} einen Sinn „ist es wahrscheinlicher daß dieser Punkt im Intervall AC erscheint als in CB"? Ich glaube offenbar nein.

Ich kann freilich bestimmen daß die Wahrscheinlichkeit daß das Ereignis in CB eintritt sich zu der daß es in AC eintritt verhalten soll wie $\frac{CB}{AC}$ aber das ist eine Bestimmung zu der ich empirische Gründe haben 111 kann aber a priori ist darüber nichts zu sagen. Die beobachtete Verteilung von Ereignissen kann mich zu dieser Annahme führen. Die Wahrscheinlichkeit wo unendlich viele Möglichkeiten in Betracht kommen muß natürlich als Limes betrachtet werden. Teile ich nämlich die Strecke AB in beliebig viele beliebig ungleiche Teile |und| betrachte die Wahrscheinlichkeiten daß das Ereignis in |irgend| einem dieser Teile stattfindet als unter einander gleich so haben wir sofort den einfachen Fall des Würfels vor uns. Und nun kann ich ein Gesetz – willkürlich – aufstellen wonach Teile gleicher Wahrscheinlichkeit gebildet werden sollen. Zum Beispiel das Gesetz daß gleiche Länge der Teile gleiche Wahrscheinlichkeit bedingt. Aber auch jedes andere Gesetz ist gleichermaßen erlaubt.

Könnte ich nicht auch im Fall des Würfels etwa 5 Flächen zusammennehmen als eine Möglichkeit und sie der 6ten als der zweiten Möglichkeit gegenüberstellen? Und was außer der Erfahrung kann mich hindern diese beiden Möglichkeiten als gleich wahrscheinlich zu betrachten?

3 / Wenn man glaubt sich einen 4-dimensionalen Raum vorstellen zu 112 können, warum nicht auch 4-dimensionale Farben das sind Farben die außer dem Grad der Sättigung, dem Farbton und der Lichtstärke noch eine vierte Bestimmung zulassen?

4 * Denken wir uns das Würfeln mit einer Kugel (statt eines Würfels) deren Oberfläche in gleiche oder ungleiche Teile verschiedener Färbung geteilt ist. Kann ich hier a priori sagen daß gleichen Teilen der Kugelfläche gleiche Wahrscheinlichkeiten entsprechen?

3 Maß dieser Wahrscheinlichkeit zu reden ist nun vorderhand ⟨u…⟩
3 sinnlos. Es ⟨ist ähnlich …⟩
11 die Information |und nur diese|: Du wirst um ⟨eine …⟩
22 muß natürlich als ⟨Grenzfall⟩ betrachtet werden.
34 Und was außer der Erfahrung kann mich hindern diese ⟨z…⟩

1 / Denken wir uns etwa einen roten Ball geworfen der |nur| eine ganz kleine grüne Kalotte hat. Ist es in diesem Fall nicht viel wahrscheinlicher daß er auf dem roten Teil auffällt als auf dem grünen? – Wie würde man aber diesen Satz begründen? Wohl dadurch daß der Ball wenn man ihn wirft viel öfter auf die rote als auf die grüne Fläche auffällt. Aber das hat nichts mit der Logik zu tun. – Man könnte die rote und grüne Fläche und die Ereignisse die auf ihnen stattfinden immer auf solche Art auf eine Fläche projicieren daß die Projection der grünen Fläche gleich oder auch größer wäre als die der roten, so daß die Ereignisse in dieser 113 Projection betrachtet ein ganz anderes Wahrscheinlichkeitsverhältnis zu haben scheinen als auf der ursprünglichen Fläche. Wenn ich z.B. die Ereignisse in einem geeigneten gekrümmten Spiegel sich abbilden lasse und mir nun denke was ich für das wahrscheinlichere Ereignis gehalten hätte wenn ich nur das Bild im Spiegel sehe.

2 / Dasjenige was der Spiegel nicht verändern kann ist die Anzahl bestimmt umrissener Möglichkeiten. Wenn ich also auf meinem Ball n Farbflecke habe so zeigt der Spiegel auch n, und habe ich bestimmt daß diese als gleich wahrscheinlich gelten sollen so kann ich diese Bestimmung auch für das Spiegelbild aufrecht erhalten.

3 / Um mich noch deutlicher zu machen: Wenn ich das Experiment im Hohlspiegel ausführe d.h. die Beobachtungen im Hohlspiegel mache so wird es |vielleicht| scheinen als fiele der Ball öfter auf die kleine Fläche als auf die viel größere und es ist klar daß keinem der Experimente im Hohlspiegel und außerhalb ein Vorzug gebührt.

4 * Was heißt es nun aber eigentlich zu bestimmen zwei Möglichkeiten hätten die gleiche Wahrscheinlichkeit? 114

5 Heißt es nicht daß erstens die |uns| bekannten Naturgesetze keine der beiden Möglichkeiten bevorzugen und zweitens die relativen Häufigkeiten der Ereignisse |in beiden Fällen| sich unter gewissen Umständen einander nähern.

4 daß er auf dem roten Teil auffällt als auf dem grünen? – ⟨W…⟩
5 Wie würde man aber diesen Satz begründen⟨.⟩ Wohl dadurch daß
10 oder auch größer wäre als die der roten⟨. So⟩ daß
11 in dieser Projection betrachtet ⟨eine ganz andere Art …⟩
13 in einem geeigneten gekrümmten Spiegel sich abbilden ⟨lassen …⟩
15 Ereignis gehalten hätte wenn ich nur das ⟨S…⟩
25 d.h. die Beobachtungen im Hohlspiegel mache so wird es ⟨w…⟩
27 im Hohlspiegel und ⟨unmittelbar gesehen⟩ ein Vorzug gebührt.
29 Was heißt es nun aber eigentlich zu ⟨sagen⟩ zwei Möglichkeiten hätten
33 und zweitens die ⟨relative Häufigkeit⟩ der Ereignisse
34 sich unter gewissen Umständen ⟨in beiden Fällen⟩ einander nähern

20.

1 / Die Theorie der Identität bei Ramsey

Manche Theorien der Russellschen und Fregeschen Logik machen den Fehler den man machen würde wenn man sagte ein gemaltes Bild könne man auch als Spiegel benutzen wenn auch nur für eine einzige Stellung wo dann übersehen wird daß das Wesentliche beim Spiegel gerade das ist daß man aus ihm auf die Stellung des Körpers vor dem Spiegel schließen kann während man im Fall des gemalten Bildes erst wissen muß daß die Stellungen übereinstimmen ehe man das Bild als Spiegelbild auffassen kann.

21.

2 / Die Einführung der Kardinalzahl

Sind es dieselben Zahlen mit denen ich die Pferde in einem Stall und die verschiedenen Tierarten im Stall zähle? Mit denen ich die Striche auf der Zeile und die |Arten von| Gruppen (nach den verschiedenen Strichzahlen) zähle?

||| ||| |||| ||||| || |||| ||

Daß ich Menschen und Menschenrassen zählen kann ist das 115
merkwürdige, Farbflecke und Farben.

Ob es im gleichen Sinne Kardinalzahlen sind hängt doch davon ab ob die gleichen syntaktischen Regeln für sie gelten.

Daß in einem Zimmer kein Mensch ist, ist denkbar aber nicht daß ein Mensch *keiner* Rasse darin ist.

Wenn das ein wesentlicher Unterschied ist, muß er sich natürlich durch die ganze Arithmetik ziehen.

3 / Die Arithmetik ist die Grammatik der Zahlen. Zahlenarten können sich nur durch die sich auf sie beziehenden arithmetischen Regeln unterscheiden.

4 / Man empfindet immer eine Scheu die Arithmetik zu begründen indem man etwas über ihre Anwendung ausspricht. Sie scheint uns fest genug in sich selbst begründet zu sein. Und das kommt natürlich alles daher daß die Arithmetik ihre eigene Anwendung ist.

5 / Die Gefahr die darin liegt Dinge einfacher sehen zu wollen als sie in
Wirklichkeit sind wird heute oft sehr überschätzt. Diese Gefahr besteht 116
aber tatsächlich in höchstem Grade in der |phänomenologischen| Untersuchung der Sinneseindrücke. Diese werden immer für *viel* einfacher gehalten als sie (in Wirklichkeit) sind.

6 / Die Kardinalzahl ist auf die Subject-Prädicat-Form anzuwenden, aber nicht auf jede Abart dieser Form. Und soweit sie anwendbar ist charakterisiert sie eben die S.P.-Form.

3 Manche Theorien der Russellschen und Fregeschen Logik ⟨sind wie ...⟩
16 und die |Arten von| Gruppen (⟨mit⟩ verschiedenen Strichzahlen)
21 Ob es ⟨die K...⟩
22 ob die gleichen syntaktischen Regeln für ⟨beide⟩ gelten.
23 Daß ⟨auf ...⟩

1 / Einerseits kommt es mir vor kann man die Arithmetik |ganz selbständig| entwickeln und ihre Anwendung sorgt für sich selbst, denn wo |immer| sie anwendbar ist dort darf man sie auch anwenden. Anderseits kann eine nebulose Einführung des Zahlbegriffes mit Hilfe einer allgemeinen Operationsform – wie ich es machte – nicht nötig sein.

2 ✳ Ich möchte die Arithmetik zurechtlegen daß sie angewendet werden kann, wenn man sie braucht.

22.

3 ✳ Das ist der Grund warum sich die Auffassung der Arithmetik als eines Spiels so hartnäckig erhält. 117

4 / Man könnte sagen: die Arithmetik ist eine Art Geometrie; d.h. was in der Geometrie die Konstruktionen auf dem Papier sind sind in der Arithmetik die Rechnungen (auf dem Papier)

Man könnte sagen, sie ist eine allgemeine Geometrie.

5 / Und kann ich nicht sagen daß in diesem Sinne auch das Schachspiel (oder jedes andere) eine Art Geometrie ist?

Dann muß aber eine *Anwendung* des Schachspiels ganz analog der der Arithmetik ausgedacht werden können.

6 / Man könnte sagen: wozu die Anwendung der Arithmetik einschränken, sie sorgt für sich selbst.

7 / Das wäre also so wie man sagen könnte: Ich kann ein Messer herstellen ohne Rücksicht darauf welche Klasse von Stoffen sich damit werden schneiden lassen; das wird sich dann schon zeigen.

8 / Gegen die Abgrenzung des Anwendungsgebiets spricht nämlich das Gefühl daß wir die Arithmetik verstehen können ohne ein solches Gebiet im Auge zu haben. Oder sagen wir so der Instinkt sträubt sich gegen alles was nicht bloß eine Analyse der schon vorhandenen Gedanken ist. 118

23.

9 ✳ Kritik der Fregeschen Theorie der Kardinalzahlen. Sie muß mit der Kritik der Begriffe „Begriff" und „Gegenstand" anfangen.

24.

10 ✳ Ich zähle z.B. die Bäume im Garten. Baum im Garten gilt als (eine) Eigenschaft. Aber was ist das Ding das diese Eigenschaft hat? Angenommen sie seien irgendwelche Örter im Raum; dann zähle ich also die Örter. Auch wenn ich Baum einen Stock nenne der im Frühjahr ausschlägt so kann ich den Träger des Prädicats als eine Art Ort auffassen.

Sie muß mit der Kritik ⟨des Begriffes …⟩

1 / Hier könnte/kann/ es scheinen als ob die Zahlangabe irgend eine Verallgemeinerung oder Unbestimmtheit enthielte. Wie ist es aber mit einem Satz wie: Die Strecke AB ist in 2 |(3, 4, 5 etc)| gleiche Teile geteilt? Hier ist keine Unbestimmtheit vorhanden

2 / Es handelt sich immer darum ob und wie es möglich ist die allgemeinste Form der Anwendung der Arithmetik darzustellen. Und hier ist eben das 119 seltsame daß das in gewissem Sinne nicht nötig zu sein scheint. Und wenn es wirklich nicht nötig ist dann ist es auch unmöglich.

3 / Es scheint nämlich die allgemeine Form ihrer Anwendung dadurch dargestellt zu sein, daß *nichts* über sie ausgesagt wird. (Und ist das eine mögliche Darstellung so ist es auch *die* richtige.)

4 / Das charakteristische an der Zahlangabe ist daß man für die eine/statt der einen/ Zahl jede andere einsetzen kann und der Satz immer sinnvoll bleiben muß. Das Charakteristische ist eben die unendliche |Formen-| Reihe von Sätzen.

5 / Der Sinn der Bemerkung, daß die Arithmetik eine Art Geometrie sei ist eben daß die Arithmetischen Construktionen autonom sind wie die geometrischen und daher sozusagen ihre Anwendbarkeit selbst garantieren.

Denn auch von der Geometrie muß man sagen können sie sei ihre eigene Anwendung.

6 / Was heißt es: man kann eine gerade Strecke beliebig verlängern? Gibt es 120 hier nicht ein „und so weiter |ad inf.|" das ganz verschieden ist von dem der mathematischen Induction? Nach dem Bisherigen bestünde der Ausdruck für die Möglichkeit des Verlängerns im Sinn der Beschreibung des verlängerten Stückes oder des Verlängerns. Hier scheint es sich nun zunächst gar nicht um Zahlen zu handeln. Ich kann mir denken daß der Bleistift der die Strecke zeichnet seine Bewegung fortsetzt und nun immer |so| weiter geht. Ist es aber auch denkbar daß keine Möglichkeit /die Möglichkeit nicht/ besteht diesen Vorgang mit einem zählbaren Vorgang zu begleiten? Ich glaube nicht.

1 (×) *Randzeichen im MS überschrieben und ersetzt*
16 jede andere einsetzen kann ⟨ohne den …⟩
18 |Formen-| *–das Einfügungszeichen ist im MS gewellt unterstrichen*
27 Was heißt es: man kann ⟨z…⟩
31 im Sinn der Beschreibung des ⟨Verlängerns …⟩

1 / Allgemeinheit der Euclidischen Beweise. Man sagt die Demonstration wird an *einem* Dreieck durchgeführt, |der Beweis| gilt aber für alle Dreiecke – oder für jedes beliebige Dreieck. Erstens ist es sonderbar daß was für ein Dreieck gilt darum für alle anderen gelten sollte. Es wäre doch nicht möglich daß ein Arzt einen Menschen untersucht und nun schließt, daß was er bei diesem constatiert auch für alle anderen wahr sein muß. Und wenn ich nun die Winkel in einem Dreieck messe und 121
addiere so kann ich auch wirklich nicht schließen daß sie nun bei jedem anderen Dreieck ebensogroß sein wird. Es ist ja klar daß der euklidische Beweis nichts über eine Gesamtheit von Dreiecken aussagen kann. Ein Beweis kann nicht über sich selbst hinausgehen.

Die Konstruktion des Beweises ist aber wieder kein Experiment und wäre sie es so könnte das Resultat nichts für andere Fälle beweisen. Es ist darum auch gar nicht nötig die Konstruktion mit Papier und Bleistift wirklich auszuführen sondern die Beschreibung der Konstruktion muß genügen um aus ihr alles wesentliche zu ersehen. (Die Beschreibung eines Experiments genügt nicht um aus ihr das Resultat des Experiments zu entnehmen sondern das Experiment muß wirklich ausgeführt werden.) Die Konstruktion im Euklidischen Beweis ist genau analog dem Beweise daß 2 + 2 = 4 mittels der russischen Rechenmaschine.

2 / Und ist dies nicht auch die Art der Allgemeinheit der Tautologien der Logik die für p q r etc demonstriert werden?

3 / Das Wesentliche ist in allen diesen Fällen, daß, was demonstriert wird, nicht durch einen Satz ausgedrückt werden kann. 122

4 / Die Euklidische Geometrie setzt *keine Meßmethode* der Winkel und Strecken voraus sie sagt ebensowenig unter welchen Umständen zwei Winkel als gleich zu gelten haben wie die Wahrscheinlichkeitsrechnung wann zwei Wahrscheinlichkeiten gleich gelten sollen. Ist dann eine bestimmte Meßmethode angenommen etwa eine mit eisernen Maßstäben dann frägt es sich ob die Resultate der so ausgeführten Messungen euklidische Resultate liefern.

5 ⚹ Die Geometrie sagt also etwa: Wenn diese beiden Winkel als gleich gelten dann gelten auch jene als gleich.

2 Man sagt die Demonstration wird an *einem* Dreieck ⟨aus ...⟩
6 und nun schließt, daß was er bei diesem constatiert ⟨und ...⟩
13 und wäre sie es so könnte das Resultat nichts ⟨über ...⟩
20 Die Konstruktion im Euklidischen Beweis ist genau analog ⟨des ...⟩
24 der Tautologien der Logik die für p q r etc ⟨bewiesen⟩ werden?
30 der Winkel und Strecken voraus sie sagt ebensowenig ⟨w...⟩
32 wann zwei Wahrscheinlichkeiten ⟨als⟩ gleich gelten sollen.
33 eine bestimmte Meßmethode angenommen etwa ⟨die⟩ mit

1 / Unterscheidet sich der Fall des |allgemeinen| Satzes ein roter Kreis befindet sich im Quadrat wesentlich von einer allgemeinen Aussage der Zahlengleichheit etwa ich habe ebensoviele Röcke als Hosen?? Und ist dieser Satz nicht wieder ganz analog dem „in diesem Zimmer stehen *eine* Anzahl Sessel"? Freilich im gewöhnlichen Leben braucht man mit der Disjunktion der Anzahlen überhaupt nicht sehr weit gehen. Aber wie 123
weit immer man gehen möchte/geht/ einmal muß man halt machen. Die Frage ist hier immer: wie weiß ich denn so einen Satz? Kann ich ihn je als unendliche Disjunktion wissen?

Auch wenn der erste Fall so verstanden wird daß wir die Lage und Größe des Kreises durch Messung feststellen können, auch dann kann der allgemeine Satz nie als Disjunktion verstanden werden (oder wenn, dann eben als endliche). Denn was ist denn das Kriterium dafür |(für den allgemeinen Satz)| daß der Kreis im Quadrat ist? Entweder überhaupt nichts, was mit einer Mehrheit von Lagen (bezw. Größen) zu tun hat oder aber (natürlich) etwas was mit einer endlichen Anzahl solcher Lagen zu tun hat.

2 / Zeichenregeln z.B. Definitionen kann man zwar als Sätze die von Zeichen handeln auffassen, aber man *muß* sie gar nicht als Sätze auffassen. Sie sind Hilfsmittel der Sprache. Hilfsmittel anderer Art als die Sätze der Sprache.

3 Die Frage „wieviele Lösungen hat diese Gleichung" ist das in-Bereitschaft-halten der allgemeinen Methode zu ihrer Lösung. Und 124
das ist überhaupt was eine Frage in der Mathematik ist: Das Bereithalten einer allgemeinen Methode.

4 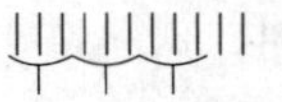 Das ist eine arithmetische Construction und in *etwas* erweitertem Sinn auch eine geometrische (Construktion).

5 / Angenommen mit dieser Rechnung wollte ich folgende Aufgabe lösen: Wenn ich 11 Äpfel habe und Leute mit je 3 Äpfeln beteilen will wieviel Leute kann ich beteilen? Die Rechnung liefert mir die Antwort /Lösung/ 3. Angenommen nun ich vollzöge alle Handlungen des Beteilens und am Ende hätten 4 Personen je 3 Äpfel in der Hand. Würde ich nun sagen die Ausrechnung hat ein falsches Resultat ergeben? Natürlich nicht. Und das heißt ja nur, daß die Ausrechnung kein Experiment war.

1 Unterscheidet sich ⟨die …⟩
1 der Fall des |allgemeinen| Satzes ⟨der rote⟩ Kreis befindet sich
7 Aber wie weit immer man gehen ⟨(könnte)⟩
7 einmal muß man ⟨au…⟩
8 Die Frage ist hier immer ⟨„wie weiß ich denn so einen Satz?"⟩
30 und in *etwas* erweitertem ⟨Sinne⟩ auch eine geometrische
33 Angenommen mit dieser Rechnung wollte ich ⟨folgen…⟩

1 / Es könnte scheinen als berechtigte uns die mathematische Ausrechnung zu einer Vorhersagung etwa daß ich 3 Personen werde beteilen können und 2 Äpfel übrig bleiben werden. So ist es aber nicht. Zu dieser Vorhersagung berechtigt uns eine physikalische Hypothese die 125 außerhalb der Rechnung steht. Die Rechnung ist nur eine Betrachtung der logischen Formen, der Strukturen und kann an sich nichts neues liefern.

2 / So verschieden Striche und Gerichtsverhandlungen sind, so kann man doch Gerichtsverhandlungen durch Striche in einem Kalender darstellen. Und kann die einen statt den anderen zählen.

Seltsamerweise ist es nicht so wenn ich etwa Hutgrößen zählen will. Hier drei Hutgrößen durch drei Striche zu repräsentieren wäre nicht natürlich.

Nicht ebenso wie wenn ich eine Maßzahl – 3 m – durch drei Striche darstellen wollte? Oder vielmehr: man kann das ja tun nur stellt dann „|||“ auf eine andere Weise dar.

3 / Wenn drei Striche auf dem Papier das Zeichen für die 3 sind dann kann man sagen die 3 ist so anzuwenden wie sich 3 Striche anwenden lassen.

4 / Der Buchstabe π steht für ein Gesetz. Das Zeichen $\overset{7\to3}{\pi}$ heißt nichts, wenn in dem Gesetz des π von keiner 7 die Rede ist, die man durch eine 3 126 ersetzen kann. Analoges gilt für $\sqrt{2}_{3\to5}$. (Dagegen könnte $\sqrt{2}_{2\to5}$ bedeuten $\sqrt{5}$.)

5 Der Begriff „Primzahl“ ist die allgemeine Form der Untersuchung einer Zahl auf die betreffende Eigenschaft hin; der Begriff „teilbar“ die allgemeine Form der Untersuchung auf die Teilbarkeit u.s.f.

6 ○ Ist es nicht klar daß es bestimmter sein muß zu sagen 26 durch 5 geben den Rest 1 als zu sagen es sei durch 5 nicht teilbar. D.h. ist es damit nicht klar daß ich in gewissem Sinne unbestimmte Sätze in der Arithmetik haben kann?

7 ○ Daß 26 durch 5 nicht teilbar ist kann man ja daraus erkennen daß 26 an der Einerstelle keine 5 hat und hier haben wir wieder einen unbestimmten Satz.

8 ○ Aber haben wir hier nicht was ich früher einmal sagte daß nämlich die Negation oder die Ungleichungen in der Arithmetik nur in einer gewissen Allgemeinheit auftreten können, denn zu sagen daß 26 an der Einerstelle keine 5 hat scheint doch blödsinnig/unmöglich/, nicht aber, zu 127 sagen, es stehe hier eine Zahl die nicht 5 als Einerstelle hat.

4 Zu dieser Vorhersagung berechtigt uns eine physikalische ⟨Hypothe…⟩
10 Gerichtsverhandlungen sind, so kann man doch ⟨diese d…⟩
11 Und kann die einen statt den anderen ⟨Z…⟩
25 (Dagegen könnte $\sqrt{2}_{2\to5}$ bedeuten $\sqrt{5}$.⟨ oder $\sqrt[5]{2}$⟩

1 / Eine Ungleichung wie eine Gleichung muß entweder das Resultat einer Ausrechnung oder eine Festsetzung sein. $5 \neq 6$ ist eine Festsetzung.

2 / So wie die Gleichungen als Zeichenregeln im Gegensatze zu Sätzen aufgefaßt werden können so muß es auch bei den Ungleichungen geschehen können.

3 / Wie kann man denn eine Ungleichung gebrauchen? Das führt zu dem Gedanken daß es in der Logik auch die interne Beziehung des nicht folgens gibt und es kann wichtig sein zu erkennen daß ein Satz aus einem anderen n i c h t folgt.

4 / Die Verneinung der Gleichung ist so ähnlich |und so verschieden von| der Verneinung eines Satzes wie die Bejahung der Gleichung der Bejahung eines Satzes.

5 / Es ist ganz klar daß die Negation in der Arithmetik gänzlich verschieden 128
ist von der eigentlichen Negation von Sätzen.

6 / Ich glaube sie entspricht immer einer gewissen Disjunktion von Fällen.

Und es ist ja klar daß dort wo sie wesentlich – aus |den| logischen Verhältnissen heraus – einer Disjunktion entspricht oder einer Ausschließung eines Teils einer logischen Reihe zugunsten eines Anderen – daß |sie| dort eine ganz andere Bedeutung haben muß.

Sie muß ja Eins sein mit jenen logischen Formen und also nur scheinbar eine Negation.

7 / Wenn „nicht-gleich“, größer oder kleiner bedeutet so kann das für das „nicht“ nicht, so zu sagen, ein Zufall sein

8 Ein mathematischer S a t z kann nur, entweder eine Festsetzung sein, oder ein nach einer bestimmten Methode |aus Festsetzungen| errechnetes Resultat

Und das muß für „9 ist durch 3 teilbar“ oder „9 ist durch 3 nicht teilbar“ gelten.

9 Wie errechnet man $2 \times 2 \neq 5$? Anders als $2 \times 2 = 4$? Wenn überhaupt 129
dann über „$2 \times 2 = 4$“ und |mit| „$4 \neq 5$“

10 Und wie errechnet man „9 ist durch 3 teilbar“?

1 Eine ⟨Gleichung und eine …⟩
1 Eine ⟨Gleichung⟩ ⟨so⟩ wie eine ⟨Ungleichung⟩ muß entweder das Resultat
17 Es ist ganz klar daß die Negation in der ⟨Mat…⟩
32 oder ein nach einer bestimmten Methode⟨,⟩ |aus Festsetzungen|
34 Und das muß für „⟨7⟩ ist durch 3 teilbar“
37 *Die Bemerkung ist im MS am linken Rand mit zwei vertikalen Strichen markiert.*
37 Wie errechnet man ⟨daß …⟩

1 Man könnte es als eine Disjunktion auffassen und dann erst rechnen $9 : 3 = 3$ und dann statt dieses bestimmten Satzes die Disjunktion nach einer Schlußregel ableiten.

2  etc ad inf. hier haben wir eine Induction. Aber welcher Art ist sie?

3 / Hilft uns hier nicht meine Bemerkung daß die Negation in der Arithmetik immer |nur| in Verbindung mit der Allgemeinheit von Wichtigkeit ist: Die Allgemeinheit wird |aber| durch eine Induction ausgedrückt.

4 / Es ist mir klar daß die Arithmetik nicht falsche Gleichungen zu ihrem Aufbau braucht, aber es scheint mir daß man wohl sagen kann zwischen 11 und 17 liegt eine Primzahl ohne |sich| dabei auf falsche Gleichungen zu beziehen.

5 Zu dem vorletzten Satz: 130

Und dadurch wird es möglich daß Negation und Disjunktion die im Einzelfall (besonderen Fall) als überflüssige Unbestimmtheiten wirken im allgemeinen „Satz", d.h. in der Induction der Arithmetik wesentlich werden.

6 ○ Die Division liefert ein Zahlenpaar.

Ist ein Grund einer der beiden Zahlen den Vorzug zu geben? Das heißt in sofern nichts als man nicht statt 13/5 schreiben könnte (2,3) sondern nur $2 + \frac{3}{5}$.

7 ✳ So wie $8 \times 8 = 62$ eine Vorhersage ist es werde bei der Multiplication 60 herauskommen, so ist „60 ist durch 8 teilbar" die Vorhersage es werde |sich| bei der Division der Rest 0 ergeben. Beides kann man unmittelbar prüfen, es gibt eine Methode, und also sollte es hier auch Frage und Behauptung geben können.

$R\frac{75}{5} = 0 \quad , \quad R\frac{76}{5} \neq 0$

8 ○ Eine Ungleichung kann so gut auf ihre Richtigkeit geprüft werden, wie eine Gleichung.

9 Ist nicht eine Ungleichung eine völlig verständliche Zeichenregel, wie eine Gleichung? Die eine erlaubt eine Ersetzung die andere verbietet eine Ersetzung. $\sqrt{\ } = \sqrt[2]{\ }$, $\sqrt{\ } \neq \sqrt[3]{\ }$ 131

1 als eine Disjunktion auffassen und dann erst ⟨berechnen⟩ $9 : 3 = 3$
3 die Disjunktion nach einer Schlußregel ⟨einsetzen.⟩
8 Hilft uns hier nicht ⟨die⟩ Bemerkung daß die Negation in der Arithmetik
9 immer |nur| in Verbindung mit der Allgemeinheit von⟨…⟩
14 aber es scheint mir daß man wohl sagen kann ⟨„ …⟩
15 zwischen ⟨10 und 20⟩ liegt eine Primzahl ohne |sich| dabei
30 herauskommen, so ist „60 ist durch 8 teilbar" ⟨ei…⟩
36 Eine Ungleichung kann so gut auf ihre ⟨U…⟩
39 Ist nicht eine Ungleichung eine völlig verständliche ⟨sy…⟩
39 Zeichenregel⟨? Wie⟩ eine Gleichung?

1 ✶ Ist es nun aber nicht so, daß was nicht ausdrücklich erlaubt ist, verboten ist?

2 ✶ Es kann sicher von Bedeutung (im praktischen Leben) sein daß 3×3 nicht 10 ist (etwa bei einer Verteilung) aber warum schreiben wir nie $3 \times 3 \neq 10$. Wenn wir den Schluß im gewöhnlichen/praktischen/ Leben wirklich ausführen so sagen wir „3×3 ist aber 9 und darum kann ich die Sachen nicht so verteilen“. Zu sagen „3×3 ist aber nicht 10“ wäre (beinahe) ironisch; aber warum sollte ich es nicht so ausdrücken, wenn mir nämlich am Resultat von 3×3 nichts liegt |sondern| nur daran daß ich die vorgeschlagene Verteilung n i c h t ausführen kann.

3 / Wesentlich ist vielleicht nur daß man einsieht daß, was sich durch Ungleichungen ausdrückt w e s e n t l i c h verschieden ist von dem durch Gleichungen ausgedrückten. Und so kann man ein Gesetz das die Stellen eines Dezimalbruchs liefert und mit Ungleichungen arbeitet gar nicht unmittelbar mit einem vergleichen welches mit Gleichungen arbeitet. 132
Wir haben hier ganz verschiedene Methoden vor uns.

4 / D.h. man kann |nicht| in der Arithmetik Gleichungen und etwas Anderes (etwa Ungleichungen) |ohne weiteres| auf e i n e Stufe stellen als wären es etwa verschiedene Tiergattungen. Sondern die beiden Methoden werden dann kategorisch verschieden sein und, mit einander unvergleichbare, Gebilde definieren/bestimmen/.

5 / Die Negation in der Arithmetik kann nicht das Gleiche sein wie die Negation von Sätzen denn sonst müßte ich mir in $2 \times 2 \neq 5$ ein Bild machen wie es wäre wenn $2 \times 2 = 5$ wäre.

6 / „$= 5$“ „durch 5 teilbar“, „nicht durch 5 teilbar“, „prim“ könnte man arithmetische Prädicate nennen und sagen: Die arithmetischen Prädicate entsprechen immer der Anwendung einer bestimmten allgemeinen definierten Methode. Man kann ein Prädikat auch so definieren $(\xi \times 3 = 25) \overset{\text{Def}}{=} F(\xi)$.

7 / Arithmetische Prädicate, die im besonderen Fall unwichtig sind – weil die bestimmte Form die unbestimmte überflüssig macht – werden im allgemeinen G e s e t z d.h. in der Induction bedeutungsvoll. Denn hier 133
werden sie nicht durch eine bestimmtere Form – sozusagen – überholt. Oder vielmehr: sie sind im allgemeinen Gesetz gar nicht unbestimmt.

8 $3 \times 3 = 9 \vee 3 \times 3 = 10$ Warum ist das trivial?

10 wenn mir nämlich am Resultat von 3×3 nichts liegt ⟨und …⟩
15 Und so kann man ein Gesetz ⟨daß Ziffern …⟩
28 ein Bild machen wie es wäre wenn $2 \times 2 = 5$ ⟨wären⟩
34 auch so definieren $(\xi \times 3 = 25) \overset{\text{Def}}{=} F(\xi)$⟨ „F“ ist das Prädicat⟩
36 Arithmetische Prädicate, die im besonderen Fall ⟨trivial⟩ sind
37 die unbestimmte überflüssig macht – werden ⟨in der …⟩

1 Man könnte sagen „es sind wohl verschiedene Hutgrößen aber ich stelle sie ja auch durch drei verschiedene Striche dar“. Aber hier hat das Wort „verschieden“ zwei verschiedene Bedeutungen.

2 ○ Wovon drei Striche ein Bild sind, als dessen Bild können sie dienen.

3 Das worauf sich die Reihe der Cardinalzahlen bezieht sind nie Gegenstände im Sinn von Elementen der Erkenntnis sondern Gebilde, räumliche und zeitliche, wie die Striche auf meinem Papier die sie vertreten.

25.4.

4 *Nach den Osterferien wieder in Cambridge angekommen. In Wien oft mit der Marguerite. Ostersonntag mit ihr in Neuwaldegg. Wir haben uns viel geküßt drei Stunden lang und es war sehr schön.*

5 Die Methode der neueren mathematischen Logiker erinnert – glaube 134
ich – an die Methode der gegenwärtigen Experimentalpsychologen. In beiden wird zwar etwas bestimmtes gearbeitet nur irren sich beide in Bezug auf die Bedeutung und Tragweite ihrer Arbeit. Die Tests der Intelligenz, Geistesgegenwart etc prüfen schon etwas aber nicht das was wir Geistesgegenwart, Intelligenz etc nennen und die Beweise der Widerspruchsfreiheit zeigen wohl etwas aber nichts Wichtiges. So glaube ich wenigstens. Sie krabbeln immer an der Oberfläche der Fragen herum und sehen das eigentlich Wesentliche überhaupt nicht. Ist die eigentliche Arbeit aber geleistet dann werden viele jener äußerlichen Spiele obsolet oder müssen doch |erst gänzlich| umgedeutet werden. (Auch hier ist wieder viel Technik und kein Geist)

27.4.

6 / Wenn man sagt der Fleck A ist |irgendwo| zwischen den Grenzen B und C, ist es denn nicht offenbar möglich eine Anzahl von

Stellungen des A zwischen B und C zu beschreiben oder abzubilden, so daß ich die Succession aller dieser Stellungen als kontinuierlichen Übergang sehe? Und ist dann nicht die Disjunktion aller dieser |N| Stellungen eben der Satz daß sich A 135
irgendwo zwischen B und C befindet?

Aber wie verhält es sich mit diesen N Bildern? Es ist klar, daß ein Bild und das unmittelbar folgende visuell nicht unterscheidbar sein dürfen sonst ist der Übergang visuell diskontinuierlich

9 im Sinn von Elementen der Erkenntnis sondern Gebilde, räumliche⟨, …⟩
17 *Im MS:* Die Methode der neueren mathematischen Logiker erinnern
23 und die Beweise der Widerspruchsfreiheit ⟨bewei…⟩
31 Wenn ⟨ich sage⟩ der Fleck A ist |irgendwo| zwischen den Grenzen
35 aller dieser Stellungen ⟨für einen⟩ kontinuierlichen Übergang ⟨nehme⟩
39 Es ist klar, daß ein Bild ⟨d…⟩
40 sonst ist der Übergang visuell ⟨discontinuierlich⟩

1 / In unserer Notation oder Ausdrucksweise drückt sich auch aus welche Ähnlichkeiten – und welche Verschiedenheiten – wir besonders betont wissen wollen. So nennt man einmal alles Räume was eine ähnliche Struktur hat wie der Raum und will immer darauf/auf diese Analogie/ hinweisen. Und dann wieder will man nur diese Analogie weil sie zu Confusionen führt flicken und die Verschiedenheit der „Räume“ betonen und nun bezeichnet man die frühere Ausdrucksweise als irreführend und gebraucht |selbst| eine andere ebenso irreführende – wenn man sie nämlich nicht g a n z versteht.

2 / Der kleinste sichtbare Unterschied wäre einer der in s i c h s e l b s t das Criterium des kleinsten trüge.

Denn im Fall des Flecks A zwischen B und C unterscheiden wir eben einige Lagen und andere unterscheiden wir n i c h t. Was wir aber brauchten wäre sozusagen ein infinitesimaler Unterschied also ein 136 Unterschied der |es| in sich selbst trüge der kleinste zu sein.

3 ∫ Zu jeder Wahrheit die mir jemand entgegenhält muß ich immer sagen „ich habe nichts dagegen! analysiere sie nur gründlich dann muß ich mit dir übereinstimmen“.

4 / Der Raum besteht offenbar n i c h t aus bestimmten/discreten/ Teilen.

Denn sonst müßte man unmittelbar sagen können, aus welchen.

Der Raum ist aber offenbar homogen.

5 + Es ist merkwürdig daß ich mich scheue statt des Beispiels vom Kreis im Viereck das viel einfachere zu behandeln „das Viereck ist irgendwo geteilt“.

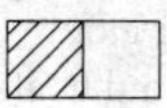

Man sollte glauben dies würde einfach mit Hilfe einer variablen Zahl dargestellt.

5 darauf/auf diese Analogie/ *–im MS mit einer Klammer zusammengefaßt*
9 |selbst| *–im MS mit einem Fragezeichen markiert*
17 also ein Unterschied der |es| in sich selbst ⟨das …⟩
20 „ich habe nichts dagegen!⟨“⟩ analysiere sie nur gründlich⟨“⟩
23 Der Raum besteht offenbar n i c h t aus ⟨discreten⟩ Teilen.
23 discreten/bestimmten/ | | *–im MS sind die Varianten mit Fragezeichen markiert; das darauffolgende Einfügungszeichen ist leergeblieben.*
30 Man sollte glauben dies würde ⟨durch eine …⟩
30 einfach ⟨durch eine variable⟩ Zahl dargestellt.

1 / Gehe geradeaus so wirst Du, ehe Du zur anderen Wand kommst, mit der Hand an etwas stoßen. Dieser Art sind jene allgemeinen Sätze. Schau den Tisch entlang so wirst Du einen Strich sehen. Man gibt quasi eine Methode die ich aber nicht „allgemein“ nennen möchte weil sie in 137 keinem Sinn sich auf eine Gesamtheit bezieht.

Ja im Falle man eine Bewegung macht ist es besonders klar. Wenn ich sage „Wischen sie den Tisch ab“ so meine ich nicht „Wischen sie jeden Punkt/alle Punkte/ ab“.

2 / Es will einem vorkommen als wäre es gar keine Allgemeinheit sondern etwas wie ein spezielles Symptom einer Allgemeinheit. Etwa wie wenn ich sage: „Wenn Du mein Fenster erleuchtet siehst, so bin ich zu-hause“. Eine Allgemeinheit liegt dann darin, daß ich irgendwo in meinem Zimmer sein kann; das erleuchtete Fenster hat aber nicht die Multiplizität einer Allgemeinheit und bezieht sich daher auch nicht auf eine Gesamtheit sondern auf das Substrat, welches als Substrat einer Gesamtheit dienen kann.

3 / Die Möglichkeit welcher Art immer sie ist muß die Logik voraussehen (d.h. es gibt keine logische Überraschung) Und im Raum besteht eben diese Möglichkeit nicht aus einer Anzahl diskreter Möglichkeiten.

30.

4 / Der Raum ist sozusagen e i n e Möglichkeit. Er besteht nicht aus mehreren Möglichkeiten.

5 Wenn ich also höre das Buch liegt – irgendwo – auf dem Tisch und 138 finde es nun in einer Bestimmten Stellung so kann ich nicht überrascht sein und sagen „Ah, ich habe nicht gewußt daß es diese Stellung gibt“ und doch hatte ich diese besondere Stellung nicht vorhergesehen d.h. als besondere Möglichkeit vorher ins Auge gefaßt.

3 mit der Hand an etwas ⟨⟨Weiches⟩⟩ stoßen.
4 Dieser Art sind jene allgemeinen Sätze. Schau ⟨dem …⟩
6 die ich aber nicht „allgemein“ nennen möchte weil sie in ⟨keiner …⟩
14 ⟨Die⟩ Allgemeinheit liegt dann darin, daß ich irgendwo in

1 Was ist nun aber der Unterschied zwischen dem Fall „das Buch liegt irgendwo auf dem Tisch“ und d e m „das Ereignis wird irgend einmal in Zukunft eintreten“?

Offenbar der daß wir im einen Fall eine sichere Methode kennen zu verifizieren ob das Buch auf dem Tisch liegt im anderen |Fall| eine analoge Methode nicht existiert. Wenn etwa ein Bestimmtes Ereignis bei einer der unendlich vielen Bisectionen einer Strecke eintreten sollte oder besser wenn es eintreten sollte wenn wir die Strecke in e i n e m Punkt |(ohne nähere Bestimmung)| schneiden und an diesem Punkt eine Minute verweilen so ist diese Angabe ebenso sinnlos wie die über die unendliche Zukunft.

2 + (Nonsense is just nonsense.)

3 / Wenn einer gegen eine Euklidische Demonstration mit Lineal und Cirkel einwenden würde „ja, das sehe ich schon daß es in diesem Falle stimmt aber die Frage ist ob es in allen anderen Fällen stimmt“, so müßten wir ihm antworten: „es stimmt ja gar nicht in d i e s e m Fall.“ – Und es wäre wie schon gesagt dasselbe als wollte einer zu der Demonstration daß $p \supset q \cdot p \mathbin{.\supset.} q$ tautologisch ist, sagen „ja, für die Buchstaben p und q stimmt es allerdings, aber gilt es allgemein?“. 139

4 / Man möchte hier immer sagen „es k o m m t nicht auf die Buchstaben, oder die genaue Form des Dreiecks, a n“. Aber was bedeutet das?

1.5

5 / Was heißt es „von allem Unwesentlichen absehen“?

6 / In der Demonstration – z.B. – daß Scheitelwinkel gleich sind könnte man sich die Figur in fortwährender Bewegung denken indem die beiden Geraden scherenartig auf und zu gingen und man könnte die Demonstration an dieser bewegten Figur geradesogut ausführen als an der ruhigen. Ich will damit übrigens nicht sagen daß die |so| bewegte Figur das allgemeinere Zeichen ist.

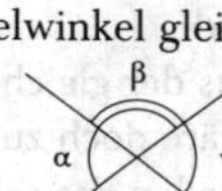

$$\alpha + \beta = \beta + \gamma$$
$$\therefore\ \alpha = \gamma$$

4 Offenbar der daß wir ⟨in einem⟩ Fall eine sichere Methode kennen
6 im anderen |Fall| eine analoge Methode nicht ⟨ex…⟩
8 oder besser wenn es eintreten sollte wenn wir ⟨ei…⟩
8 die Strecke in e i n e m ⟨(ohne nähere Bestimmung) …⟩
20 zu der Demonstration daß $p \supset q \cdot p \mathbin{.\supset.} q$ ⟨eine Tautologie⟩ ist,
21 sagen „ja, für die Buchstaben p und q ⟨gilt …⟩
24 nicht auf die Buchstaben, oder die genaue Form des ⟨E…⟩
32 Geraden ⟨sich⟩ scherenartig auf und zu ⟨bewegten/machten/⟩ und
36 die |so| bewegte Figur das allgemeinere Zeichen ⟨und …⟩
36 die |so| bewegte Figur das allgemeinere Zeichen ⟨sei⟩

1 / Wenn man jemandem der es noch nicht versucht hat sagt „versuche die Ohren zu bewegen" so wird er zuerst etwas in der Nähe der Ohren bewegen was er schon früher bewegt hat und dann werden sich entweder auf einmal seine Ohren bewegen oder nicht. Man könnte nun |von diesem Vorgang| sagen er versucht die Ohren zu bewegen. Aber wenn das ein Versuch genannt werden kann so ist es einer in einem ganz anderen Sinn als der die Ohren (oder etwa die Hände) zu bewegen wenn wir zwar wohl wissen wie es zu machen ist aber sie jemand hält so daß wir sie schwer oder nicht bewegen können. Der Versuch im ersten Sinne entspricht einem Versuch „ein mathematisches Problem zu lösen" wozu es keine Methode gibt. Man kann sich immer um das scheinbare Problem bemühen. Wenn man mir sagt versuche durch den bloßen Willen den Krug dort am anderen Ende des Zimmers zu bewegen so werde ich ihn anschauen und irgendwelche seltsame Bewegungen mit meinen Gesichtsmuskeln machen, also selbst in diesem Falle scheint es ein Versuchen zu geben. 140

2 / Angenommen es hätte einer den pythagoräischen Lehrsatz zwar nicht bewiesen wäre aber durch Messungen der Katheten und Hypotenusenquadrate auf die/zur/ „Vermutung" dieses Satzes geführt worden. Und nun fände er den Beweis und sagt er habe nun bewiesen 141 was er früher vermutet hatte: so ist doch wenigstens das eine merkwürdige Frage: An welchem Punkt des Beweises kommt denn nun das heraus was er früher durch die einzelnen Versuche bestätigt fand, denn der Beweis ist doch wesensverschieden von der früheren Methode. – Wo berühren sich diese beiden Methoden, da sie angeblich in irgend einem Sinne das gleiche ergeben. |D.h.:| Wenn der Beweis und die Versuche nur verschiedene Ansichten desselben (der selben Allgemeinheit) sind.

(Ich sagte „aus der gleichen Quelle fließt nur Eines" und man könnte sagen es wäre doch zu verflucht sonderbar wenn aus so verschiedenen Quellen das selbe fließen sollte. Der Gedanke daß aus verschiedenen Quellen dasselbe fließen kann ist uns von der Physik d.h. von den Hypothesen her so geläufig. Dort schließen wir fortwährend von Symptomen auf die Krankheit und wissen daß die verschiedensten Symptome, Symptome desselben sein können)

3 Wie könnte man nach der Statistik das vermuten was dann der Beweis zeigte?

4 Der Beweis |des pythagoräischen Lehrsatzes| ist ein allgemeiner Beweis und nicht ein Beweis der Allgemeinheit. 142

10 Der Versuch im ersten Sinne entspricht einem Versuch „⟨eine …⟩
10 ein mathematisches ⟨„⟩Problem⟨" …⟩
11 wozu es keine Methode gibt. ⟨Man kann …⟩
15 irgendwelche seltsame Bewegungen mit ⟨den⟩ Gesichtsmuskeln machen,
32 wenn aus so verschiedenen Quellen ⟨dasselbe⟩ fließen sollte.

1 Gäbe es eine Vermutung daß der Satz für *alle* Fälle wahr sein wird so könnte das so vermutete niemals bewiesen, sondern nur durch unendliche Erfahrung bestätigt werden.

3.

2 Denken wir daran was es heißt, etwas im Gedächtnis zu *suchen*.

Hier liegt gewiss *etwas wie* ein Suchen im eigentlichen Sinn vor.

Versuchen eine Erscheinung hervorzurufen|, aber,| heißt nicht sie *suchen*.

Angenommen ich taste meine Hand nach einer schmerzhaften Stelle ab so suche ich wohl im Tastraum aber nicht im Schmerzraum. D.h. was ich eventuell finde ist eigentlich eine Stelle und nicht der Schmerz. |D.h.| Wenn die Erfahrung auch ergeben hat daß Drücken einen Schmerz hervorruft so ist doch das Drücken kein Suchen nach einem Schmerz. Sowenig wie das Drehen einer Electrisiermaschine das Suchen nach einem Funken ist.

3 Wo soll aus dem Beweis dieselbe Allgemeinheit hervorspringen die die früheren Versuche wahrscheinlich machten?

4 Ich hatte die Allgemeinheit vermutet ohne den Beweis zu vermuten 143
(nehme ich an) und nun beweist der Beweis gerade die Allgemeinheit die ich vermutete!?

5 Was heißt das: *jedes* Dreieck hat eine Basis und eine Spitze, man kann also in *jedem* Dreieck durch die Spitze eine Parallele zur Basis ziehen u.s.w.? Hier ist die Allgemeinheit der Grammatik.

6 ∫ Kann ich sagen: die Grammatische Regel hat einfach eine andere Art der Allgemeinheit als ein Satz.

4.

7 In irgend einem Sinn liegt die Allgemeinheit einer Regel erst in der Anwendung. Oder vielmehr: in ihrer Anwendbarkeit. In der Möglichkeit ihrer Anwendung, denn jede |einzelne| Anwendung ist nicht-allgemein.

2 so könnte das so vermutete niemals bewiesen⟨ werden⟩
3 sondern nur durch ⟨die⟩ unendliche Erfahrung bestätigt werden.
8 Versuchen eine ⟨A…⟩
18 ⟨Woh…⟩
22 zu vermuten (nehme ich an) und nun beweist der Beweis ⟨j…⟩
22 der Beweis gerade *–im MS steht die Variante* gerade *mit einem Fragezeichen markiert über der Streichung*
25 Was heißt das: *jedes* Dreieck hat eine Basis und ⟨seine⟩ Spitze,
25 Spitze, ⟨etwa …⟩
26 man kann also in *jedem* Dreieck ⟨zur …⟩
27 durch die Spitze eine Parallele zur Basis ziehen u.s.w.? ⟨Wir …⟩

1 Ja wir sprechen, vom Kreis, seinem Durchmesser etc etc. wie von einem Begriff dessen Eigenschaften wir beschreiben gleichgültig welche Gegenstände unter diesen Begriff fallen. – Dabei ist aber Kreis gar kein Prädikat im ursprünglichen Sinne. Und überhaupt ist die Geometrie der Ort wo die Begriffe der verschiedensten Gebiete miteinander vermischt werden. 144

2 / Die Allgemeinheit der Geometrie scheint immer wieder die zu sein daß von einem Begriff die Rede ist und wir uns/man sich/ nicht um die Gegenstände kümmern/kümmert/ die unter diesen Begriff fallen. Aber so kann es natürlich nicht sein, sondern wir folgen hier – wie so oft – einer falschen Analogie.

3 / Welcher Art ist eine allgemeine Anweisung zu einer gewissen euclidischen Konstruktion? Sie hat ihre Wirkung, erfüllt ihren Zweck, erst wenn man sie anwendet und dann stellt sie sich einem gleichsam zur Verfügung indem die Variablen in ihr nun Werte annehmen.

4 / Man könnte so fragen: Ist etwa ein allgemeiner geometrischer Satz unendlich komplex da unendlich viele spezielle Anwendungen/Fälle/ aus ihm folgen?

Nun, er ist es offenbar nicht.

5 / Ich möchte immer sagen: die Allgemeinheit der Geometrie ist nur dadurch möglich, daß sie nicht aus Sätzen besteht. [aber ich bin mir jetzt über die Zusammenhänge nicht klar]

6 / Man kann ein Brotmesser nicht allgemein nennen weil sich kleine und große Stücke damit zerschneiden lassen. 145

7 / „Wenn Du eine Strecke halbieren willst, so nimm sie in den Zirkel, etc." Und nun zeichnet man eine Figur in der dies alles an einer Strecke wirklich vollzogen wird und nimmt an daß der Andere es nun danach an jeder beliebigen Strecke wird vollziehen können. Die Regel setzt natürlich die unendliche Möglichkeit des Raumes voraus, aber nicht eine „unendliche Anzahl" von Möglichkeiten.

8 / Stellen wir uns einen Menschen vor der so eine allgemeine Vorschrift benützt er schaut auf die Vorschrift, dann auf sein Papier: Ich soll die Strecke in den Zirkel nehmen, – jetzt einen Kreis schlagen, – etc., etc. Aber in der Vorschrift steht ja gar nichts von dieser Strecke. Aber so faßt der sie auf, der sie verwendet/anwendet/.

4 Und überhaupt ist ⟨dieses Gebiet⟩ der Ort wo die Begriffe
8 ⟨Ja die⟩ Allgemeinheit der Geometrie scheint immer wieder die zu sein
33 dies alles an einer Strecke wirklich vollzogen ⟨ist⟩ und nimmt an

1 / Der Vorschrift zur Halbierung entspricht eine Vorrichtung zur Halbierung und in dieser wäre ein Teil etwa ein verstellbarer Schlitten der sich der zu teilenden Strecke anpassen würde. Und hier hätten wir das Analogon zur Allgemeinheit des Brotmessers.

2 / Kann man etwa die Zeichnung 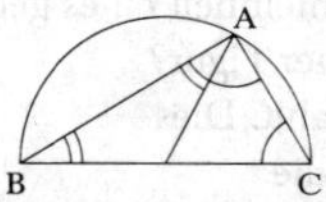

als e i n e Stellung eines 146
beweglichen Mechanismus auffassen der sozusagen die eigentliche Beweisconstruktion wäre? (Man denke sich etwa in A eine Kurbel und $\overline{AB}$ und $\overline{AC}$ als elastische Schnüre. etc.)

(Kann man von einem dehnbaren Beweis reden?)

3 ∫ Kann man sagen die Figur dient nur zur Demonstration einer gewissen Multiplizität – – –

4 / Könnte man sagen die Figur kann durch bestimmte Arten von Zerrspiegeln betrachtet werden und behält durch sie gesehen ihre beweisende Kraft. Sie wird von vornherein so verstanden daß sie durch alle diese Zerrspiegel betrachtet werden kann. Nur das Allen diesen Bildern gemeinsame welches sie verkörpert ist das eigentliche Symbol.

5 / Man könnte nun freilich – fälschlich – die Figur als den Begriff und ihre verschiedenen Bilder |als| die unter ihn fallenden Gegenstände auffassen.

6

6 / Der Beweis kann nichts prophezeien. D.h. er kann nichts Wirkliches prophezeien.

7 / Wir erkennen oft im verzerrtesten Schatten die Figur die ihn wirft.

8 / Die Figur ist ein Zeichen und nicht das Bezeichnete oder ein ungenaues Bild des Bezeichneten. 147

9 / Es ist schwer in der Philosophie nicht zu übertreiben.

10 ∫ „Dies ist hier" ist Unsinn.

1 ⟨Die⟩ Vorschrift zur Halbierung ⟨ist analog einer⟩ Vorrichtung
4 Und hier hätten wir das Analogon ⟨zum B…⟩
6 als ⟨einen bewe…⟩
11 der sozusagen die eigentliche ⟨Beweiskonstruktion⟩ wäre?
13 *Der Absatz ist im MS eine eigenständige Bemerkung, durch eine Klammer am linken Rand der vorangehenden zugeordnet.*
25 die unter ⟨den Begriff⟩ fallende Gegenstände ⟨nennen.⟩
38 „Dies ist hier" ist ⟨unsinni…⟩

1 / Wir könnten sehr wohl alle unsere gegenwärtigen Zahlen/die Kardinalzahlen/ kennen aber nicht die Null und hätten kein Mittel sie zu finden; ihr entspräche keine Lücke in unserem System sondern wir hätten ein anderes System

2 / Worin besteht die Allgemeinheit eines geometrischen Beweises? Die Allgemeine Wirkung einer Figur? Die in den Raum ausstrahlt. Dies Sehen, daß es gar nicht die spezielle Figur ist, auf die es ankommt.

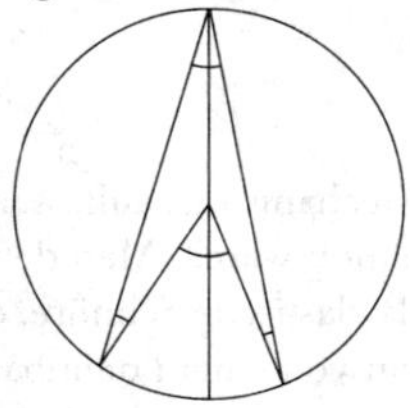

3 / Man könnte glauben daß sich die Allgemeingültigkeit der Figur durch Sätze rechtfertigen läßt wie: Jedes solche Dreieck muß doch gleiche Seiten haben weil es die Radien in einem Kreis sind und darum müßen bei jedem diese Winkel gleich sein etc. etc. Aber das ist wirklich keine Rechtfertigung. Denn was bedeuten hier Worte wie „jedes", etc.? Wir haben es hier nur scheinbar mit logischen Schlüssen zu tun. 148

(Dann folgt immer wieder der Gedanke – den ich freilich nie für eine Lösung sondern immer nur für einen Schein gehalten habe – daß der Beweis ja gar nicht von einem Centriwinkel, einem Kreis etc handelt sondern von Kreisförmigkeit, dem Begriff Centriwinkel etc. etc.. Freilich ist auch an diesem Schein etwas wahres dran.)

4 / Ich würde sagen die Alchimisten haben nicht die Goldmacherkunst gesucht.

5 / Die fragliche Allgemeinheit tritt, natürlich, schon in die Definition des Kreises als Ort aller Punkte etc ein.

2 aber nicht die Null und hätten kein Mittel ⟨z...⟩
21 *Der Absatz ist im MS eine eigenständige Bemerkung, durch eine Klammer am linken Rand der vorangehenden zugeordnet.*
21 (Dann ⟨ist mir ...⟩
23 immer nur für einen Schein gehalten habe – daß ⟨wir es im...⟩
23 der Beweis ja gar nicht von ⟨dies...⟩
31 schon in die Definition des Kreises als Ort aller Punkte etc ⟨auf⟩

1 / Es muß sich da natürlich um die Definition einer Variablen handeln für die ein gewisses Gebiet von Werten bestimmt wird aber |freilich| nicht als Klasse von Werten. – Wenn ich also die vermeintliche Schlußkette 149 mit dem Satz anfange „alle Radien eines Kreises sind gleichlang" so wäre das schon falsch d.h. ein unsinniger Anfang.

Wenn ich den Kreis etwa durch die Gleichung r = const. definiere so muß die unendliche Möglichkeit der r nach der Lage des Radius natürlich in der Bedeutung dieser Definition beschlossen liegen; aber nicht in Form einer Klasse möglicher Werte sondern wenn es sich um eine zahlenmäßige Geometrie handelt, durch das Gesetz der Bildung rationaler Zahlen, und soweit es sich um eine Gesichtsgeometrie handelt, durch die jedem Radius anhaftende unendliche sichtbare Möglichkeit.

2 ∫ Die irrationalen Werte kommen nur so/dadurch/ in Betracht daß sie sich durch Reihen rationaler Zahlen darstellen lassen.

3 / Ich sagte früher einmal man könnte sich eine Euclidische Demonstration auch an einer bewegten Figur ausgeführt denken. Es ist aber nicht wesentlich daß sie bewegt sondern daß sie beweglich ist. (d.h. variabel)

D.h. ich muß in ihr den Repräsentanten der unendlichen 150 räumlichen Möglichkeit sehen.

4 / Wenn ich einen mathematischen Satz und einen Beweis für ihn kenne und später lerne ich noch einen weiteren Beweis dieses Satzes kennen so habe ich damit ein neues System kennengelernt

5 / Angenommen jemand untersuchte gerade Zahlen auf das Stimmen des Goldbachschen Satzes hin. Er würde nun die Vermutung aussprechen – und die läßt sich aussprechen – daß, wenn er mit dieser Untersuchung fortfährt, er so lange er lebt keinen widersprechenden Fall antreffen werde. Angenommen es werde nun ein Beweis des Satzes gefunden, beweist der dann auch die Vermutung des Mannes? Wie ist das möglich?

7.

6 / Kann man antworten: Alles was der Beweis des Goldbachschen Satzes prophezeien wird ist, daß dies Resultat richtig sein wird nicht daß es herauskommen/sich ergeben/ wird. (Aber das erste ‚wird' ist hier unsinnig denn die Verben in der Mathematik haben keine Zukunft.)

4 Schlußkette mit dem Satz anfange ⟨daß …⟩
5 so wäre das schon ⟨ein unsinniger Anfang …⟩
17 Ich sagte früher einmal man könnte sich ⟨die Euclidischen …⟩
24 lerne ich noch einen weiteren Beweis ⟨desselben⟩ Satzes kennen
29 die Vermutung aussprechen – und die läßt sich aussprechen⟨,⟩ daß,
30 so lange er ⟨leben werde⟩ keinen widersprechenden Fall antreffen werde.
30 keinen widersprechenden Fall ⟨treffen⟩ werde.
37 daß dies Resultat richtig ⟨ist ni…⟩
38 sein wird nicht daß es ⟨sich erg…⟩

1 / Es sagt mir jemand „ich habe Ausdrücke von der Form (a + b) + c und a + (b + c) ausgerechnet und gefunden daß sie dasselbe ergeben“ und ich antworte: „das wirst Du immer finden, w e n n D u n ä m l i c h r i c h t i g r e c h n e s t“. Dieser Nachsatz aber nimmt der Antwort jeden Character einer Vorhersage. 151

8.

2 / Kann jemand g l a u b e n daß 25 × 25 = 625 ist? Was heißt es das zu glauben?

3 / Könnte man sagen, daß die Arithmetischen oder geometrischen Probleme immer so ausschauen, oder fälschlich so aufgefaßt werden können als bezögen sie sich auf Gegenstände im Raum, während sie sich auf den Raum selbst beziehen?

4 / So glaubt man, das Problem der 3-Teilung des Winkels beziehe sich auf die tatsächliche 3 Teilung eines bestimmten Winkels oder gar aller Winkel. Während es k e i n Problem ist und das was man als Lösung des Problems anspricht eine Demonstration des Raumes ist.

5 / Ist es nicht so: Glauben daß der Goldbachsche Satz immer – ad inf. – stimmen wird ist Unsinn; glauben daß er 1000000 mal stimmen wird ist auf der selben Stufe wie glauben daß er einmal stimmen wird und das ist auf derselben Stufe, wie zu glauben daß 25 × 25 625 ergeben wird.

6 / So seltsam es klingt so ist es möglich die Primzahlen bis – sagen wir – zur 7 zu kennen und daher ein endliches System von Primzahlen zu besitzen. Das was wir die Erkenntnis nennen daß es unendlich viele gibt ist in Wahrheit die Erkenntnis eines neuen und mit dem anderen gleichberechtigten Systems. 152

7 / (Was ich auch immer schreibe, es sind Fragmente, aber der Verstehende wird daraus ein geschlossenes Weltbild entnehmen./ersehen/)

5 Dieser Nachsatz aber nimmt der Antwort jeden Character einer (Pro...)
7 8. *–nach dem das Datum geschrieben war wurde die Bemerkung vom Vortag um einen Satz ergänzt, so daß das Datum im MS mit einer Umklammerung gekennzeichnet in der vorletzten Zeile der vorangehenden Bemerkung steht.*
8 Kann ⟨man⟩ g l a u b e n daß 25 × 25 = 625 ist?
12 oder ⟨oberflächlich⟩ so aufgefaßt werden können
13 als bezögen sie sich auf ⟨die⟩ Gegenstände im Raum,
17 oder gar ⟨a l l e r⟩ Winkel.
22 Glauben daß der Goldbachsche Satz immer – ad inf. – (im...)
23 stimmen wird ist auf der selben Stufe wie ⟨|z...|⟩
24 das ist auf derselben Stufe, wie zu glauben daß (e...)
26 So seltsam es klingt so ⟨wäre es woh...⟩
29 in Wahrheit die Erkenntnis eines neuen und ⟨ver...⟩
33 entnehmen./ersehen/ *–die zweite Variante ist im MS mit einem Fragezeichen markiert*

1 / Glauben, daß $25 \times 25 = 625$ ist, kann man nur insofern als man auch glauben kann daß $25 \times 25 = 620$ ist. Und es ist natürlich unmöglich sich von diesem Sachverhalt – oder von jenem – ein Bild zu machen.

2 / Wenn Wilde Völker ein Zahlensystem haben in dem auf 5 ein Ausdruck analog unserem „viele“ folgt und sie beim Angeben einer Zahl zuerst auf Finger einer Hand dann auf ihre Haare zeigen so haben diese Leute ein ebenso komplettes Zahlensystem wie wir.

3 / Zu fragen ob |es| denkbar wäre daß andere Leute einen Raum hätten der mit den Wänden dieses Zimmers aufhört ist darum Unsinn, weil diese 153
|*und jede*| Frage schon eine bestimmte räumliche Auffassung der Wand enthält.

4 / Ich kann diese Frage in *keiner* Sprache stellen weil jede schon eine bestimmte |räumliche| Auffassung voraussetzt.

9.

5 / Der Bereich einer Variablen muß durch die Grammatik bestimmt sein. D.h. er muß völlig durch die Zeichen und Zeichenregeln bestimmt sein. Mag man auch noch so viel über die Anwendung des Zeichensystems offen lassen, es muß in sich abgeschlossen sein.

6 / Man könnte sagen der Bereich der Allgemeinheit muß in sofern bestimmt sein als man in jedem Einzelfalle muß entscheiden können ob er ein solcher Fall ist oder nicht. Aber das heißt nicht daß ich dann durch eine besondere Disposition meiner Seele oder besondere äußere Umstände im Stande sein muß die Entscheidung zu treffen, sondern das *Vermögen* von dem wir hier reden ist eine logische Möglichkeit.

Es muß *jetzt*, wenn ich den allgemeinen Satz ausspreche, klar sein was als besonderer Fall dieser Allgemeinheit zu gelten hat, der Raum der Allgemeinheit muß gesehen werden. 154

7 / Die Allgemeinheit die man meint ist oft eine die der Unbestimmtheit der Art (etwa) der Schachfiguren entspricht. Wenn man die Regeln des Schachspiels angibt so ist gar nicht gesagt mit welcher Art von Figuren das Spiel ausgeführt wird und die aller verschiedensten Arten sind hier denkbar von den hölzernen Figuren auf einem Brett zu den geschriebenen Zeichen auf dem Papier. Und es ist wichtig einzusehen daß keine von beiden die primären sind. Denn das Schachspiel hätte ebensogut gleich in den geschriebenen Zeichen erfunden werden können.

1 kann man nur insofern ⟨wie⟩ man auch glauben kann
10 Zu fragen ob ⟨es sich den…⟩
29 das *Vermögen* von dem wir hier reden ist ⟨ein logisches …⟩
31 den allgemeinen Satz ausspreche, klar sein was als ⟨Spezial…⟩
32 dieser Allgemeinheit zu gelten hat, der Raum der ⟨P…⟩
35 ist oft eine die der Unbestimmtheit der ⟨Gestalt⟩
35 ⟨–⟩ etwa ⟨–⟩ der Schachfiguren entspricht.

10.

1 / Welcher Art ist die Entdeckung, daß ~p · ~p = ~p, daß ~p ein Sonderfall von ~p · ~q ist? Gibt es nicht in demselben Sinne eine Entdeckung daß ~~p = p, ~~~p = ~p etc ist? Ich finde einen „Zusammenhang“ heraus.

11.

2 / Sheffers Entdeckung ist natürlich nicht die der Definition ~p · ~q = p/q. Diese Definition hätte Russell sehr wohl haben können ohne doch damit das Sheffersche System zu besitzen und andererseits hätte Sheffer auch ohne diese Definition sein System begründen können. Sein System ist ganz in den Zeichen ~p · ~p für ~p und ~(~p · ~q) · ~(~p · ~q) für p ∨ q 155 enthalten und p/q gestattet natürlich nur eine *Abkürzung*. Ja man kann sagen daß einer sehr wohl hätte das Zeichen ~(~p · ~q) · ~(~p · ~q) für p ∨ q kennen können aber das System/ohne das System/ p/q · / · p/q in ihm nicht erkannt hätte/in ihm zu erkennen/. Ja es scheint daher, *so absurd es klingt*, daß man die Definition p/q · / · p/q = p ∨ q kennen könnte ohne darauf zu kommen daß man in dem „/“ und „·/·“ die gleiche Operation vor sich hat.

3 / Raum nenne ich das, dessen man beim Suchen *gewiß* sein kann.

4 / Machen wir die Sache noch klarer durch die Annahme der beiden Fregeschen Urzeichen „~“ und „·“ so bleibt hier die Entdeckung bestehen wenn auch die Definitionen geschrieben werden ~p · ~p = ~p und ~(~p · ~p) · ~(~q · ~q) = p · q. Hier hat sich an den Urzeichen scheinbar gar nichts geändert

5 / Man könnte sich jemand vorstellen, dem diese Definitionen gezeigt würden und der fragte „was ist denn damit gewonnen“; weil er das neue System in ihnen nicht sähe.

Man könnte sich auch denken daß jemand die ganze Fregesche oder Russellsche Logik schon in diesem System hingeschrieben hätte und doch wie Frege „~“ und „·“ seine Urzeichen nennte, weil er das 156 andere System in seinen Sätzen nicht sähe.

6 / Käme dann Einer und gäbe die Definition ~p · ~q = p/q so hätte er freilich nur eine an sich unwesentliche Abkürzung eingeführt aber sie wäre der Ausdruck einer Entdeckung in dem Sinne daß sie einen bestimmten neuen Aspekt *betont*. (Russell hat richtig darauf hingewiesen daß die Bedeutung von Definitionen oft auf diesem Betonen beruht)

7 *Im MS beidemal:* Scheffers
9 System zu besitzen und andererseits hätte Sheffer ⟨seh…⟩
12 für p ∨ q enthalten und p/q ⟨st…⟩
17 kennen könnte ohne ⟨daraufzukommen⟩ daß man
30 weil er das neue System in ihnen nicht ⟨sehen würde⟩
34 seine Urzeichen nennte, weil er das andere System in ⟨ihren …⟩

1 / (Beinahe wie die Namengebung Mrs John Robinson ein bestimmtes Verhältnis von Mann und Frau betont)

2 / Es ist ein Unterschied ob man auf die Dampfmaschine als die Maschine katexochen schaut (wie man es einmal getan hat) oder als e i n e Maschine – unter vielen andern. – Und man sieht ein anderes System wenn man 12 Striche nur als das System $\underbrace{||||||||||||}$ betrachten kann |(also kennt)| oder dieses System als eins von den vielen möglichen sieht.

3 / Die Mathematik „abrunden“ kann man so wenig wie man sagen kann „runden wir die 4 primären Farben auf 5 oder 10 ab“ oder runden wir die 8 Töne einer Oktave auf 10 ab (oder auf).

4 Ich gebrauche das Wort Raum als Möglichkeit der Bewegung. 157

5 / Ich habe einmal in der Discussion gesagt Zwei |Zeichen| Systeme seien derselbe Raum wenn sie in einander übersetzbar seien. Aber wie ist es etwa mit zwei Systemen von Tautologien wovon das eine in der Fregeschen Art mit „~“ und „·“ das andere im System $\sim\xi \cdot \sim\eta$ hingeschrieben ist. Diese beiden sind freilich in einander übersetzbar aber erst wenn man i n d e m e r s t e n d a s z w e i t e s i e h t.

Man könnte das vielleicht auf die Lösung jeder algebraischen Aufgabe anwenden. Z.B. die Art und Weise der Lösung einer Gleichung $x^2 + ax + b = 0$ ist in ihr schon zu sehen – man könnte sich alle Transformationen in sie hineinprojiziert denken – Aber das heißt die Lösung ist in ihr zu sehen – wenn man sie in ihr sieht dann sieht man aber e t w a s a n d e r e s als wenn man die Lösung nicht in ihr sieht.

12

6 / Man könnte meine Meinung auch in den Worten ausdrücken: Man kann keine Verbindung von Teilen der Mathematik oder Logik herausfinden die schon vorhanden war ohne daß man es wußte. Sondern kannte man die Verbindung noch nicht so war sie nicht vorhanden. Und das System in dem sie vorhanden ist, ist ein neues System. 158

1 (Beinahe wie die Namengebung ⟨„Frau NN“ wo NN der Name des Mannes ist oder gar …⟩

4 ⟨(⟩ *–im MS gestrichene Öffnungsklammer, ersetzt durch das Randzeichen*

6 (wie man es einmal getan hat) oder als e i n e Maschine⟨,⟩ unter vielen

10 ⟨Ein …⟩

12 oder runden wir die 8 Töne einer ⟨8 …⟩

25 in sie hineinprojiziert denken – Aber das heißt ⟨sie sin…⟩

30 Man könnte meine Meinung auch in den Worten ausdrücken⟨,⟩

1 / Man könnte so sagen: Wenn ich etwas suche – ich meine, den Nordpol oder ein Haus in London – so kann ich das was ich suche vollständig beschreiben ehe ich es gefunden habe(oder gefunden habe daß es nicht da ist) und diese Beschreibung wird in jedem Fall logisch einwandfrei sein. Während ich im Fall des „Suchens" in der Mathematik wo es nicht in einem System geschieht, das was ich suche nicht beschreiben kann, oder nur scheinbar, denn könnte ich es in allen Einzelheiten beschreiben so hätte ich es eben schon und ehe es vollständig beschrieben ist kann ich nicht sicher sein ob das was ich suche logisch einwandfrei ist, sich also überhaupt beschreiben läßt; d.h. diese unvollkommene Beschreibung läßt gerade das aus was notwendig wäre damit etwas gesucht werden könnte. Sie ist also nur eine Scheinbeschreibung des „Gesuchten".

Irregeführt wird man hier leicht durch die Rechtmäßigkeit einer unvollkommenen Beschreibung im Falle des Suchens eines wirklichen Gegenstandes und hier spielt wieder eine Unklarheit über Beschreibung und Gegenstand hinein. Wenn man sagt ich gehe auf den Nordpol und erwarte mir dort eine Flagge zu finden, so hieße das in der Russellschen 159
Auffassung: ich erwarte mir Etwas |(ein x)| zu finden das eine Flagge – etwa von dieser und dieser Farbe und Größe – ist. Und es scheint dann als bezöge sich die Erwartung |(und das Suchen)| auch hier nur auf eine (Beschreibung)/indirekte Kenntnis/ und nicht auf den Gegenstand selbst den ich erst dann direkt/eigentlich/ kenne (knowledge by acquaintance) wenn ich ihn vor mir habe (während ich früher nur indirekt mit ihm bekannt bin). Aber das ist Unsinn was immer ich dort wahrnehmen kann – soweit es eine Bestätigung meiner Erwartung ist – kann ich auch schon vorher beschreiben. Und „beschreiben" heißt hier nicht etwas darüber aussagen sondern es aussprechen. D.h.: was ich suche muß ich vollständig beschreiben können.

13.

2 / Die Frage ist kann man sagen daß die Mathematik heute gleichsam ausgezackt – oder ausgefranst – ist und daß man sie deshalb wird abrunden können. Ich glaube man kann das erstere nicht sagen, ebensowenig wie man sagen kann die Realität sei struppig weil es 4 Primäre Farben, 7 Töne in einer Oktav, 3 Dimensionen im Sehraum etc. gäbe.

3 / Die Lösung der Gleichung $x^2 + ax + b = 0$ wird entdeckt indem man einen bestimmten Aspekt dieser Gleichung findet. 160

3 vollständig beschreiben ehe ich es gefunden habe⟨, ...⟩
4 (oder gefunden habe daß es nicht da ist) ⟨und dies...⟩
6 das was ich suche nicht beschreiben kann ⟨oder, d.h.⟩ nur scheinbar,
14 *Im MS:* hier leicht durch durch die Rechtmäßigkeit
19 zu finden ⟨((∃x) – –)⟩ das eine Flagge
23 den ich erst dann ⟨wirklich⟩ kenne (knowledge by acquaintance)
24 (während ich ⟨erst⟩ nur indirekt mit ihm bekannt bin).
39 Die ⟨Gleichun...⟩
39 Lösung der Gleichung $x^2 + ax + b = 0$ wird entdeckt indem ⟨d...⟩

1 / Wenn man die Lösbarkeit beweist so muß in diesem Beweis irgendwie der Begriff Lösung vorhanden sein (In dem Mechanismus des Beweises muß irgend etwas diesem Begriff entsprechen) Aber dieser Begriff ist nicht durch eine Äußere Beschreibung zu repräsentieren sondern nur wirklich darzustellen.

2 / Wo der neue Zusammenhang gefunden wurde dort sah man früher keine Lücke.

Und wo man doch eine zu sehen glaubte, war man im Irrtum

3 / (Ich kämpfe immer wieder – ob erfolgreich das weiß ich nicht – gegen die Tendenz in meinem eigenen Geiste an, in der Philosophie Regeln aufzustellen, (zu konstruieren), Annahmen (Hypothesen) zu machen statt nur zu sehen was |da| ist.)

4 (Es ist äußerst anstrengend den Blick anzuspannen und die Physiognomie eines Gedankens in die Ferne, durch einen Nebel, zu sehen.)

5 / Philosophie könnte man auch das nennen was v o r allen neuen Entdeckungen und Erfindungen möglich/da/ ist.

6 ∫ Ich will immer wieder zeigen daß die Logik is allright as it is. 161

7 / Das muß sich auch darauf beziehen daß ich keine Erklärung der Variablen „Satz“ geben kann. Es ist klar daß dieser |logische| Begriff, diese Variable, von der Ordnung des Begriffs „Realität“ oder „Welt“ sein muß.

3 Aber dieser Begriff ⟨k…⟩
4 nicht durch eine Äußere Beschreibung ⟨darzustellen⟩
18 in die Ferne, durch einen Nebel, zu ⟨schauen⟩
26 daß ich keine Erklärung der Variablen „Satz“ geben kann. ⟨Ein …⟩
27 daß dieser |logische| Begriff, diese Variable, von der ⟨b…⟩

1 Die Allgemeinheit der Variablen in der Logik ist die Allgemeinheit der Demonstration. Sie besteht darin, daß die Tatsache daß $p \supset p$ eine Tautologie ist an einem beliebigen speziellen Fall allgemeingültig demonstriert wird. D.h. aus der Demonstration des besonderen Falles ersehe ich tatsächlich (wie immer sie gemeint war) alles was ich in der Logik brauche. D.h. die Demonstration erhält nicht dadurch ihre Allgemeinheit daß sie so gemeint ist sondern indem sie tatsächlich allgemein (d.h. allgemein gültig) demonstriert. D.h. die Allgemeinheit besteht hier in der Allgemeinheit der Anwendung. Und diese ist da so zu sagen ob man es will oder nicht, einfach durch die innere Relation des Einzelfalles zum Paradigma. – Man könnte dann sagen eine Demonstration demonstriert so allgemein als sie anwendbar ist. D.h. sie demonstriert allgemein durch den Raum in dem sie ist. 162

14.

2 Es ist klar daß die Entdeckung des Shefferschen Systems in $\sim p \cdot \sim p = \sim p$ und $\sim(\sim p \cdot \sim p) \cdot \sim(\sim q \cdot \sim q) = p \cdot q$ der Entdeckung entspricht daß $x^2 + ax + \frac{a^2}{4}$ ein Spezialfall von $a^2 + 2ab + b^2$ ist.

3 Daß etwas so angesehen werden kann sieht man erst, wenn es so angesehen ist

Daß ein Aspekt möglich ist sieht man erst wenn er wirklich da ist.

4 Man könnte eine Trigonometrie aufbauen nach dem Modell der elementaren Trigonometrie aber unabhängig von der Vorstellung der Dreiecke, die aber nichts von den trigonometrischen Reihen wüßte, sondern nur die Multiplizität der elementaren hätte.

5 Die Dirichletsche Auffassung der Funktion ist nur dort möglich wo sie nicht ein Unendliches Gesetz durch eine Liste ausdrücken will, denn eine unendliche Liste gibt es nicht

2 Sie besteht darin, daß ⟨daß …⟩
3 daß $p \supset p$ eine Tautologie ist an ⟨jedem⟩ beliebigen
4 speziellen Fall allgemeingültig demonstriert wird. ⟨Aus … ⟩
5 des besonderen Falles ersehe ich tatsächlich (⟨was …⟩
6 D.h. die Demonstration ⟨em…⟩
7 D.h. die Demonstration erhält nicht dadurch ihre ⟨Demonstra…⟩
9 Und diese ist ⟨da …⟩
10 ob man es will oder nicht⟨;⟩ einfach durch die innere Relation
13 D.h. sie demonstriert allgemein durch ⟨dens…⟩
16 Es ist klar daß die Entdeckung des ⟨neuen …⟩
18 der Entdeckung entspricht daß $x^2 + \langle 2 \rangle ax + \frac{a^2}{4}$ ein
18 der Entdeckung entspricht daß $x^2 + ax + \frac{a^2}{4}$ ein ⟨be…⟩
22 Daß ein Aspekt möglich ist sieht man erst wenn er ⟨vorhanden⟩ ist.

1 Wenn die menschliche Kriegsführung dem Schachspiel ähnlicher wäre als sie tatsächlich ist so könnte man versuchen eine Schlacht auf dem Schachbrett darzustellen und mathematische Probleme die die 163
Möglichkeiten der Schlacht betreffen auf dem Schachbrett zu lösen. Freilich nur mathematische Probleme, denn Experimente über den Vorgang der Schlacht könnte man mit den Schachfiguren nicht vornehmen da sie sich anders verhalten als die Menschen. Wenn also das Problem gelöst würde etwa von einer bestimmten Position ausgehend den Anderen in N Zügen matt zu setzen, so wäre das die Lösung eines mathematischen Problems des Krieges.

2 Es ist nichts allgemeines in der Demonstration, sie ist durchaus besonders, aber (sie strahlt ihre Anwendungsmöglichkeit durch einen ganzen Raum) ihre Anwendungsmöglichkeit enthält die Allgemeinheit/ist allgemein/.

3 Die Anwendungsmöglichkeit strahlt durch den Raum und trifft den Körper den man in diesen Raum bringt. Man könnte die Lichtstrahlen allgemein nennen, weil sie jeden beliebigen Körper beleuchten der sich ihnen in den Weg stellt. Aber die Lichtquelle allgemein zu nennen wäre absurd.

15.

4 Wenn der Grund etwas zu glauben nicht eine Verification sondern eine 164
äußere Beziehung wäre so müßte man weiter fragen „und warum ist *das* ein Grund gerade für *diesen* Glauben". Und so ginge es weiter.

(Z.B. „warum nehmen wir das Gedächtnis als Grund für den Glauben, daß etwas in der Vergangenheit geschehen ist")

5 / Die Allgemeinheit der Interpretation einer/der/ Demonstration besteht darin – und nur darin – daß wir uns für die internen Verhältnisse der Demonstration interessieren und nicht für den physikalischen Vorgang (das Experiment) in ihr.

6 / Die Zahlenart die man verwendet wo man *sinnvoll* unendlich weiter zählen kann und die man verwendet wo das nicht möglich ist sind |von einander| verschieden.

7 / *Das* sind 3 Kreise kann ich nur sagen wenn das „das" eine Bedeutung hat die die 3 Kreise noch nicht präjudiziert.

8 / Die Allgemeinheit einer Demonstration ist der Bereich ihrer Wirkung.

6 über den Vorgang der Schlacht könnte man ⟨auf dem …⟩
7 da sie sich anders verhalten ⟨wie⟩ die Menschen.
10 die Lösung eines mathematischen Problems ⟨der Schlacht⟩
14 ihre Anwendungsmöglichkeit enthält ⟨die Allgemeinheit⟩
17 strahlt durch den Raum und trifft ⟨⟨und erhellt⟩⟩ den Körper
31 einer/der/ Demonstration besteht darin ⟨daß …⟩
35 Die Zahlenart die man verwendet wo man *sinnvoll* ⟨g…⟩
42 Die Allgemeinheit einer Demonstration ist ⟨die Ausdehnung …⟩

1 / Eine Demonstration demonstriert |alles| was sie demonstriert. Ihr Bereich hängt nicht davon ab wie sie gemeint ist sondern von ihr. Wie ein Scheinwerfer sein Licht so weit schickt als er es schickt wieweit immer man es zu schicken meint. 165

2 / Das ist der Unterschied zwischen der Demonstration und einem Satz. In der Demonstration wird ja nichts gesagt sondern etwas gezeigt. Und was der Bereich ihrer Anwendung ist, hängt also von ihr und ihrem Raum ab aber nicht von uns.

3 / Man könnte nämlich sagen: Die Demonstration ist doch gar nicht allgemein sondern durchaus besonders. Aber sie demonstriert ja eben etwas und das gilt so allgemein als es gilt. (Das ist ja das Gute, daß wo immer auch Anspielungen und Andeutungen etwas gelten mögen, in der Demonstration nur das zählt was da ist. Sie ist in der Beziehung wie ein Experiment)

4 / Es gibt z.B. Euclid die Anweisung zur Halbierung einer Strecke indem er die Methode (an einem Beispiel) demonstriert. Nun, diese Anweisung gilt soweit man sie anwenden kann.

Und könnte man sie in einem Fall nicht anwenden so nützte es ihr nichts daß sie für diesen Fall gemeint war.

5 / Drei kann man nur durch das Modell der Drei darstellen 166

17.

6 / Die Allgemeinheit der Demonstration ist nur der Raum um diese Demonstration. Die Anwendung auf einen besonderen Fall ist ein neuer Körper in diesem Raum.

18.

7 / Es ist ein Unterschied ob ein System auf ersten Prinzipien ruht oder ob es bloß von ihnen ausgehend entwickelt wird. Es ist ein Unterschied ob |es wie| ein Haus auf seinen untersten Mauern ruht oder ob es wie etwa ein Himmelskörper im Raum frei schwebt und wir bloß unten zu bauen angefangen haben obwohl wir es auch irgend wo anders hätten tun können.

8 / Die Logik |und die Mathematik| ruht nicht auf Axiomen; sowenig eine Gruppe auf den sie definierenden Elementen und Operationen beruht. Hierin liegt der Fehler das Einleuchten die selfevidenz/Evidenz/ der Grundgesetze als ein Criterium der Richtigkeit in der Logik zu betrachten.

Ein Fundament das auf nichts steht ist ein schlechtes Fundament.

2 hängt nicht davon ab wie sie gemeint ist sondern ⟨|nur|⟩ von ihr.
3 Wie ein Scheinwerfer sein Licht ⟨soweit⟩ schickt als er es schickt
13 Das ist ja das Gute, daß⟨,⟩ wo immer auch Anspielungen
26 ⟨16.⟩ *Datum im MS überschrieben und ersetzt*
34 Es ist ein Unterschied ob |es wie| ein Haus auf ⟨seinem …⟩
35 ruht oder ob es wie etwa ein Himmelskörper im ⟨f…⟩

1 ∫ Abgesehen von der Allgemeinheit der Demonstration, welcher Art ist denn die Allgemeinheit eines Axioms? (Man könnte natürlich auch sagen „die Allgemeinheit des ganzen Systems") 167

2 ∫ Diese Frage scheint nur zur eigentlichen Verwendung der Geometrie vorzudringen.

3 ∫ Was für eine Art der Allgemeinheit ist es, wenn wir sagen „zwischen j e z w e i Punkten läßt sich eine Gerade ziehen"?

4 ∫ Die Allgemeinheit der grammatischen Regel bezieht sich auf den Gebrauch von Worten.

5 ∫ Ich muß mir vorstellen können, was ein Punkt ist.

6 / Es hat Sinn von zwei Punkten zu sagen daß sie durch eine Gerade verbunden seien. Aber heißt das „es hat Sinn von zwei Dingen, die Punkte sind zu sagen etc."?

7 / Wie weiß ich dann, daß ein Zeichen A einen Punkt bezeichnet? Etwa indem ich sehe daß A in bestimmter Weise mit anderen Zeichen verknüpft werden darf. Aber wie weiß ich daß diese anderen Geraden bezeichnen etc.? Dadurch daß sie mit A so verknüpft werden dürfen? Sie können doch nicht gegenseitig ihre Bedeutung bestimmen. Das 168 grammatische System |(Spiel)| ist eben autonom und seine Anwendung ist in ihm nicht gegeben/enthalten/.

8 ∫ Das System wird aber z.B. charakterisiert durch die Aussage, daß keine Anzahl von Namen (für Punkte z.B.) als komplett betrachtet werden darf.

9 ?/ Die Geometrie anders als/wenn sie anderes ist als/ reine Grammatik muß angewendet sein und dann muß es wirkliche Punkte und Geraden etc geben, der Satz daß eine Gerade zwei Punkte verbindet muß dann eben einen wirklichen Sinn haben.

16 ⟨?/∫⟩ *Randzeichen im MS überschrieben und ersetzt*
17 Aber heißt das „es hat Sinn von zwei Dingen, ⟨zw…⟩
18 die Punkte sind zu sagen etc."? ⟨(Natürlich nicht.)⟩
21 Etwa indem ich sehe daß ⟨in …⟩
22 Aber wie weiß ich ⟨was …⟩
23 daß diese anderen Geraden ⟨etc.⟩ bezeichnen
25 | ist eben autonom und ⟨ih…⟩
32 *Im MS:* Die Geometrie anders als als
33 muß angewendet sein und dann muß ⟨der Satz de…⟩

1 / Und es heißt der geometrische Satz dann auch nicht alle Punktpaare *sind* durch eine Gerade verbunden sondern *können* durch eine Gerade verbunden werden. Und hier braucht man dann das Wort „*je zwei* Punkte“ und nicht *alle* Punktpaare und deutet damit den Unterschied von einer anderen Art der Allgemeinheit an.

2 / Die Grammatik kann ihre Regeln nicht auf gut Glück allgemein aussprechen (|d.h.| sie offenlassen).

19. 169

3 / Denken wir uns ein Dame-Spiel in dem es erlaubt wäre ein beliebig großes Brett zu verwenden ich meine ein Brett mit einer beliebig großen Anzahl von Feldern (also 64, 81, 100, etc) Das heißt natürlich nicht „es ist erlaubt ein Brett mit unendlich vielen Feldern zu verwenden“ (das ist Stiefel)

Wir könnten dieses Spiel nicht gut ein unendliches nennen.

4 / Die Möglichkeit entspricht immer einer Erlaubnis in den grammatischen Spielregeln.

Denn was man unendliche Möglichkeit nennt entspricht etwas, was man eine unendliche Erlaubnis nennen könnte. Und das ist natürlich nicht die Erlaubnis etwas Unendliches zu tun.

5 / Die unendliche Möglichkeit Namen zu bilden liegt nicht nur in der unendlichen Möglichkeit von Zeichen der Form $x_{|}$ $x_{||}$ $x_{|||}$ $x_{||||}$ etc sondern z.B. auch in der unendlichen Möglichkeit des Raumes die Figur des Zeichens abzuändern.

6 / Verschiedene Arten von Figuren wie Läufer, Rössel, etc entsprechen verschiedenen Wortarten.

20.

7 / Ich komme hier auf jene Methode der Zeichenerklärung über die sich Frege so lustig gemacht hat. Man könnte nämlich die Wörter „Rössel“, „Läufer“ etc. dadurch erklären daß man die Regeln angibt die von diesen Figuren handeln 170

5 und deutet damit den Unterschied von ⟨de…⟩
5 einer anderen Art der Allgemeinheit ⟨e…⟩
12 in dem es erlaubt wäre ein beliebig großes ⟨Scha…⟩
25 in der unendlichen Möglichkeit von Zeichen ⟨w…⟩
34 Man könnte nämlich die ⟨Ausdrü…⟩

1 / Genau dasselbe gilt in jeder Geometrie von den Ausdrücken „Punkt“ und „Gerade“ etc. Was ein Punkt ist und was eine Gerade sieht man nur daran welche Plätze das eine und das andere in dem System von Regeln einnimmt. Denken wir uns etwa ein System von Buchstaben von solcher Art daß alle erlaubten Zeichen Gruppen von drei Buchstaben sind und zwar derart daß ein Buchstabe der an einer Außenstelle stehen darf nicht in der Mittelstelle stehen darf und umgekehrt. Diese Regel würde zwischen zwei „Wortarten“ unterscheiden und wir könnten das dadurch zum Ausdruck bringen daß wir für die Außenglieder große, für die Innenglieder kleine Buchstaben verwenden. – Andererseits aber hat die Unterscheidung zweier Wortarten keinerlei Sinn wenn sie n i c h t auf die obige Art syntaktisch unterschieden sind d.h. wenn sie nicht auch ohne die verschiedene Art der Bezeichnung bloß durch die von ihnen geltenden Regeln als verschieden zu erkennen wären. (Zwei Rössel 171
könnten einander in keiner Hinsicht ähnlich sehen und wären wenn man die für sie geltenden Spielregeln kennt doch als solche gekennzeichnet.) Damit hängt es unmittelbar zusammen daß das Einführen neuer Gattungsnamen in die Philosophie der Logik uns-um kein Haar weiterbringt solange nicht die syntaktischen Regeln gegeben sind die den Unterschied machen.

21.

2 / Wenn ich eine Klasse wirklicher Dinge gezählt habe und nun die 1 zu 1 Zuordnung einer anderen Klasse zu |ihr| sehe, kann ich allerdings schließen daß auch die andere die zuerst erhaltene/gezählte/ Anzahl haben wird; aber dies ist eine Hypothese wie das Resultat der ersten Zählung.

3 / Ich kann in der Zuordnung die Zahlengleichheit sehen, aber sie nicht aus ihr schließen.

4 / Es gibt nicht zwei Wortarten die ich |grammatisch| (ganz) gleich behandeln kann die aber doch zwei Wortarten sind. Sondern die Regeln die von ihnen handeln machen die Wortarten aus: Dieselben Regeln, dieselbe Wortart. Das hängt damit zusammen, daß, wenn sich ein 172
Zeichen ganz so benimmt wie ein anderes, die beiden dasselbe Zeichen sind

22.

5 / Die Dirichletsche Erklärung der Funktion ist der erste Schritt in der Mengenlehre. Aber die Wahrheit ist eben daß eine Funktion die man durch eine Tabelle definiert und eine die man durch einen unendlichen Prozess definiert wesentlich verschiedene Dinge gibt, denn eine unendliche Tabelle wie eine unendliche Liste ist ein Unding.

3 und was eine Gerade sieht man nur daran ⟨welchen …⟩
6 ein Buchstabe der an einer Außenstelle stehen darf ⟨auch …⟩
13 auch ohne die verschiedene Art der Bezeichnung ⟨als verschie…⟩
24 die 1 zu 1 Zuordnung einer anderen Klasse zu ⟨der es aber …⟩
30 aber sie nicht aus ⟨(der Zuordnung)⟩ schließen.
33 gleich behandeln kann die aber doch ⟨z…⟩
33 gleich behandeln kann die aber doch ⟨verschieden …⟩

1 / „Ist es denkbar daß 2 Dinge alle ihre Eigenschaften mit einander gemein haben?“ Wenn es nicht denkbar ist, so ist auch das Gegenteil nicht denkbar.

2 ∫ „Unendlich“ spielt in Wirklichkeit (unbewußt) die Rolle von „sehr groß“!

3 / $((1)+1) \overset{\mathrm{I}}{\overset{\mathrm{Def}}{=}} 2, \quad ((((1)+1)+1)+1) \overset{\mathrm{II}}{\overset{\mathrm{Def}}{=}} 4, \quad a+(b+1) \overset{\mathrm{III}}{\overset{\mathrm{Def}}{=}} (a+b)+1,$

$2+2 \overset{\mathrm{I}}{=} ((1)+1)+((1)+1) \overset{\mathrm{II}}{=} (((1)+1)+1)+1 \overset{\mathrm{III}}{=} 4 \quad \therefore 2+2=4$

Dasjenige was $2 + 2 = 4$ bedeutungsvoll macht das also was macht daß $2 + 2 = 4$ richtig und $2 + 2 = 5$ falsch ist und nicht zwei gleichberechtigte Festsetzungen, ist die Beweisbarkeit von $2 + 2 = 4$ und nur sie. Daß also $((1) + 1) + ((1) + 1) = (((1) + 1) + 1) + 1$ zu dem allgemeinen System $a + (b + 1) = (a + b) + 1$ gehört.

4 / Ohne diese Beweisbarkeit wäre $2 + 2 = 4$ eine willkürliche Zeichenregel 173
und von richtig oder falsch bei ihr nicht die Rede. Die Demonstrabilität macht die Gleichung zu etwas was sich mit einem Satz vergleichen läßt.

23.

5 / „$a + (b + 1) = (a + b) + 1$“ eine Definition zu nennen ist eigentlich schon ein Fehler. Denn es ist eine Zeichenregel ganz anderer Art als z.B. $(1) + 1 = 2$

6 / Man könnte nun fragen: Welche Bedeutung hat $2 + 2 = 4$, ist es nicht eine Zeichenregel? Wenn ja, so ist es willkürlich. Die Antwort ist, daß die Bedeutung von $2 + 2 = 4$ nicht in ihm selbst sondern in seiner Beweisbarkeit, d.h. in seiner Beziehung zu anderen Zeichenregeln liegt, also in seiner/der/ Zugehörigkeit zu einem System. Das heißt also daß jener Beweis ebenso interne Beziehungen zwischen 2 und 4 aufzeigt wie der Beweis daß $p \supset q \cdot p .\supset. q$ eine Tautologie ist interne Beziehungen zwischen $p \supset q \cdot p$ und q zeigt.

7 / Wenn „$a + (b+ 1) = (a + b) + 1$“ die allgemeine Regel ist, dann kann ich $2 + 2$ durch 4 ersetzen; das liegt in der logischen Struktur der Welt.

25 174

8 / Das Wort Zahl ist/bedeutet/ nichts wenn dahinter nicht die variable Zahlform (ausgedrückt in grammatischen Regeln, Zeichenregeln) steht.

9 / Eine Gleichung gewinnt erst in einem Kalkül mathematische Bedeutung.

2 Wenn es nicht denkbar ist, so ist ⟨aus …⟩
5 „Unendlich“ spielt in Wirklichkeit ⟨–⟩ unbewußt ⟨–⟩ die Rolle
25 Man könnte nun fragen: Welche Bedeutung hat $2 + 2 = 4$⟨? …⟩
28 in seiner Beweisbarkeit, d.h. in seiner Beziehung zu ⟨dan…⟩
34 Wenn „a + (b⟨⟩…⟩

1 / So ist „$\lim_{n \to \infty} \frac{1}{n} = 0$" eine willkürliche Ersetzungsregel solange der Ausdruck lim etc. nicht in einem Limes-Kalkül steht.

Die Verbindung dieses Kalküls mit den Induktiven Eigenschaften von $\frac{1}{n}$, z.B., besteht darin daß der Kalkül die gleichen Übergänge von Gleichung zu Gleichung erlaubt die von Induktionsprozess zu Induktionsprozess möglich sind.

2 /

$0{\cdot}^{000}$	Ich verstehe die Regel dieser Bildung aber wie kann ich
$0{\cdot}1^{00}$	sie in exacte Form fassen. Da ich sie verstehe so muß sie sich
$0{\cdot}01^{0}$	auch in exacte Form fassen lassen.
0·110	Dazu brauche ich die allgemeine Form eines Gliedes wie
0·001 ⎫	a̲ und diese Form muß mit der des ersten solchen Gliedes so
0·101 ⎬ a	zugeordnet werden daß man sieht wie das erste Glied ein Fall
0·011 ⎪	des allgemeinen Gliedes ist. Und es muß auch gezeigt werden
0·111 ⎭	wie der Nachfolger des allgemeinen Gliedes ein allgemeines
etc.	Glied ist. 175

Aber zu diesem ⟶	$\left[\begin{matrix} 0, & \xi, & \xi 0 \\ & & \xi 1 \end{matrix}\right]$	0, 00, 000, 0000, etc
Zeichen muß eine		01 010 0100
Beschreibung oder		001 0010
Gebrauchsanweisung		011 0110
kommen. Und die		0001
Schwierigkeit ist gerade die		0101
in exacter, das heißt wohl,		0011
unzweideutiger Form zu geben		0111

3 ∫ Beschreibung einer solchen Bildungsregel durch die Wortsprache – – –

4 ∫ Man brauchte jedenfalls einen Ausdruck für: alle Permutationen mit n Wiederholungen von 0 und 1.

5 / Würde ich alle jene Induktionsregeln nicht verstehen so könnte ich nicht mit Dezimalen rechnen. Aber sie exact auszusprechen ist sehr schwer. – Oder es setzt eine complizierte Technik voraus. Welcher Art diese Technik sein soll um strengen Anforderungen zu genügen und ob es hier überhaupt ein unstreng gibt weiß ich nicht. Ich vermute beinahe, daß wenn man nur die Interne Relation der Glieder der Formenreihe sieht alles in Ordnung ist und daß es garkeine Methode gibt einen sozusagen zu zwingen die interne Relation zu sehen. Vielleicht ist es auch so daß man sie zuerst in bestimmten Fällen sehen muß und auf dieses Sehen 176
dann die Ausdrücke für andere Formenreihen aufbauen kann.

26.

6 / Der Begriff „irrationale Zahl" ist ein gefährlicher Scheinbegriff

7 / Ein Schnitt ist ein P r i n z i p der Teilung in größer und kleiner

13 diese Form muß mit der des ersten solchen Gliedes so ⟨verbunden w…⟩
35 und ob ⟨ob⟩ es hier überhaupt
37 daß wenn man nur die Interne Relation der Glieder ⟨ein…⟩
38 in Ordnung ist und daß es garkeine Methode ⟨geben …⟩
41 auf dieses Sehen dann die Ausdrücke für andere ⟨Rei…⟩

1 / Und zwar braucht die irrationale Zahl eine *andere* Definition von größer und kleiner als die rationale. Die ganzen Kunstgriffe bei der Einführung der irrationalen Zahlen sollen dieses Neue verhüllen. D.h. die Einführung der $\sqrt{2}$ ist die Einführung einer neuen mathematischen Welt und es soll immer so ausschauen als wäre sie in der früheren doch schon irgendwie enthalten gewesen

2 / „~p" schließt einfach p aus. Was dann *statt* p der Fall ist folgt aus dem Wesen der Welt/des Ausgeschlossenen/.

12.6.

3 / Zur Frage nach der Existenz der Sinnesdaten. Man sagt wenn etwas rot scheint so muß *etwas* rot gewesen *sein*, wenn etwas kurze Zeit zu dauern *schien* so muß *etwas* kurze Zeit gedauert haben, etc. Man könnte nämlich fragen: wenn etwas rot schien woher wissen wir denn daß es |gerade| *rot* schien. Handelt es sich da um eine Erfahrungsmäßige Zuordnung dieses Scheins und/mit/ dieser Wirklichkeit. Wenn etwas „die Eigenschaft φ zu haben schien" woher wissen wir daß es *diese* Eigenschaft zu haben schien – – . Was für ein Zusammenhang besteht zwischen es scheint so und es ist so. 177

Vor allem kann der Schein recht haben oder unrecht. – Er ist auch in einem Sinne *erfahrungsgemäß* mit der Wirklichkeit verbunden. Man sagt „das scheint Typhus zu sein" und das heißt diese Symptome sind erfahrungsgemäß mit jenen Erscheinungen verbunden. Wenn ich sage „das scheint rot zu sein" und dann „ja es ist wirklich rot" so habe ich für die zweite Entscheidung einen Test angewandt der unabhängig von der ersten Erscheinung war.

Wenn etwas rot *schien* so *war* dieser Schein. Und wenn in diesem Schein auch nichts in demselben Sinne rot *ist* in dem jenes Andere rot ist wenn der Schein recht hätte, so gab es doch in dem Schein etwas dem Rotsein *Entsprechendes*. – Wenn es scheint als wäre ein physikalischer Gegenstand braun und rund so muß darum 178 natürlich nicht etwas im physikalischen Sinne braun und rund sein, aber es ist etwas Entsprechendes der Fall. In wiefern kann man aber von etwas Entsprechendem reden? – – –

4 / „Satz" ist so allgemein wie z.B. auch „Ereignis". Wie kann man „ein Ereignis" von dem abgrenzen was kein Ereignis ist?

Ebenso allgemein ist |aber| auch „Experiment" das vielleicht zuerst /auf den ersten Blick/ spezieller zu sein scheint (und natürlich auch „Handlung" und „tun")

5 immer so ausschauen als wäre sie in der früheren ⟨s...⟩
9 folgt aus dem ⟨|logischen|⟩ Wesen der Welt/des Ausgeschlossenen/
15 Man könnte ⟨nun⟩ fragen: wenn etwas rot schien woher wissen wir
21 ⟨Vor allem ist es möglich recht zu haben ...⟩
26 und dann „ja es ist wirklich rot" so habe ich für die zweite ⟨Aus...⟩
27 der unabhängig von der ersten Erscheinung war *– im MS am linken Rand mit einer vertikalen Wellenlinie markiert*

1 / Man kann natürlich auch nicht sagen Satz sei dasjenige wovon man wahr und falsch aussagen könne denn das würde nur dann etwas bestimmen wenn diese Worte in einer bestimmten Weise gemeint sind das aber können sie nur im Zusammenhang sein. Und eben im Zusammenhang mit einem Satz. Alles was man machen kann ist hier wie in allen diesen Fällen das grammatische Spiel bestimmen, seine Regeln angeben und es dabei bewenden lassen. Hier handelt es sich um die Regeln für ∨, ~, etc. 179

2 / „Da geschah ein Ereignis … – “: das heißt nicht „ein Ereignis“ im Gegensatz zu etwas anderem.

3 / In der Mengenlehre müßte man das was Kalkül ist trennen von dem was L e h r e sein will (und natürlich nicht sein kann). Man muß also die Spielregeln von unwesentlichen Aussagen über die Schachfiguren trennen.

4 / Es ist immer mit recht höchst verdächtig wenn Beweise in der Mathematik allgemeiner geführt werden als es der bekannten Anwendung des Beweises entspricht. Es liegt hier immer der Fehler vor, der in der Mathematik allgemeine Begriffe und besondere Fälle sieht. In der Mengenlehre treffen wir auf Schritt und Tritt diese verdächtige Allgemeinheit.
Man möchte immer sagen: „Kommen wir zur Sache!“

Jene allgemeinen Betrachtungen haben stets nur Sinn wenn man einen bestimmten Anwendungsbereich im Auge hat.

Es gibt eben in der Mathematik keine Allgemeinheit deren Anwendung auf spezielle Fälle sich noch nicht voraussehen ließe. 180

Man empfindet darum die Allgemeinen Betrachtungen der Mengenlehre (wenn man sie nicht als Kalkül ansieht) immer als Schmus und ist ganz erstaunt wenn einem eine Anwendung dieser Betrachtungen gezeigt wird. Man empfindet, es geht da etwas nicht ganz mit rechten Dingen zu.

15.6

5 / Es mag nach dem vielen was ich schon darüber gesagt habe trivial klingen wenn ich jetzt sage daß der Fehler in der mengentheoretischen Betrachtungsweise immer wieder darin liegt Gesetze und Aufzählungen (Listen) als wesentlich Eins zu betrachten und sie aneinander zu reihen; da, wo das eine nicht ausreicht, das andere seinen Platz ausfüllt. (So macht es die Dirichletsche Auffassung der Funktionen)

10 „Da geschah ein Ereignis … – “⟨,⟩ das heißt nicht „ein Ereignis“
37 wenn ich jetzt sage daß der ⟨ganze⟩ Fehler in der mengentheoretischen

1 / Wendet man meine Betrachtung auf das Cantorsche Diagonalverfahren an so ergibt sich: Eine unendliche Menge von Dezimalbrüchen

$0\cdot a_1^1\, a_1^2\, a_1^3\, a_1^4 \ldots.$ kann nur ein Gesetz bedeuten nach dem Gesetze
$0\cdot a_2^1\, a_2^2\, a_2^3\, a_2^4 \ldots.$ gebildet werden und das heißt eigentlich eine 181
$0\cdot a_3^1\, a_3^2\, a_3^3\, a_3^4 \ldots.$ Funktion von zwei Veränderlichen. F(x, y) ist die
– – – – – – – – allgemeine Form dieser Dezimalbrüche. F(x, n) ist der

n-te von ihnen und F(m, n) seine m-te Stelle. Der Dezimalbruch nach der Diagonale genommen ist F(x, x) und verändert lautet er etwa F(x, x) + 1 (dazu müßte festgesetzt werden, daß 0 + 1 = 1, 1 + 1 = 2, ... q + 1 = 0 etc ist) Und nun zeigt ein Inductionsbeweis daß F(x, x) + 1 eine andere Entwicklung hat als jedes beliebige F(x, y). Wo aber ist hier das höhere Unendliche? (oder gar das „eigentlich Unendliche")

2 Die Schwierigkeit liegt auch hier wieder in der Bildung mathematischer Scheinbegriffe. Wenn man z.B. sagt man kann die Kardinalzahlen ihrer Größe nach in eine Folge ordnen aber nicht die rationalen Zahlen so ist darin unbewußt die Voraussetzung enthalten als hätte der Begriff des Ordnens der Größe nach für die rationalen Zahlen doch einen Sinn und als erwiese sich dieses Ordnen nun beim Versuch als unmöglich (was voraussetzt daß der Versuch denkbar ist). – So denkt man ist es möglich zu versuchen die reellen Zahlen (als wäre es ein Begriff wie etwa Äpfel auf diesem Tisch) in eine Reihe zu ordnen und |es| erwiese sich nun als undurchführbar.

3 / Wenn der Mengenkalkül sich in seiner Ausdrucksweise so viel als möglich an die Ausdrucksweise des Kalküls der Kardinalzahlen anlehnt 182 so ist das wohl in mancher Hinsicht belehrend weil es auf gewisse formale Ähnlichkeiten hinweist aber auch irreführend wenn er, gleichsam, etwas noch ein Messer nennt das weder Griff noch Klinge mehr hat. |(Lichtenberg)|

4 ∫ Es ist das als wollte man Tarokkarten so viel als möglich den Schachfiguren nachahmen wodurch aber das Tarok dem Schach um kein Haar ähnlicher wird. Es sind eben nur die Regeln die hier „Bedeutung haben"; nicht die Figuren.

5 / Dem periodischen Dezimalbruch der ja ein Gesetz ist kann man nur nicht-periodische Gesetze entgegenstellen und nicht nicht-periodische Extensionen.

6 ∫ Wie kommt es daß aus ~(a ≥ b) folgt a < b?

7 ∫ Was heißt es: Er ist nicht größer als ich. Daß der Satz nicht alle Größen über der meinen verneint ist selbstverständlich. Ich glaube man kann 183 ihn nur durch den Satz „er ist größer als ich" verstehen.

5 gebildet werden und das heißt eigentlich eine Funktion ⟨zw...⟩
10 Und nun zeigt ein Inductionsbeweis daß ⟨(...⟩
15 in der Bildung mathematischer Scheinbegriffe. Wenn ⟨z...⟩
32 *Im MS spiegelbildliche Variante des Randzeichens überschrieben*
35 Es sind eben nur die Regeln die hier „Bedeutung⟨"⟩ haben";

16.

1 / Wie beweist man daß 2 × 2 nicht 5 ist? ist es ein anderer Beweis als der daß 2 × 2 = 4? Denn da der Sinn des mathematischen Satzes in seiner Beweisbarkeit liegt und der Art wie er zu beweisen ist, so muß sich auch der Sinn des negativen Satzes so finden.

2 ∫ Wenn ich sage zeichne einen Strich |irgendwo| zwischen diesen beiden | | so gebe ich damit keinen unendlich komplizierten Befehl.

Andererseits muß der Befehl voraussehen was er als seine Erfüllung gelten lassen wird.

3 ?∫ Die rein kausale Rechenschaft die man sich von der Funktion der Sprache geben will – also ohne Rücksicht auf die Intention – hat ihr |ganz| Entsprechendes in einer Beschreibung – etwa – des Funktionierens der Automobile. – Oder auch bei der Betrachtung der speziellen Sprache der Werkzeichnung deren sich der Ingenieur bedient um sich dem Arbeiter verständlich zu machen.

17.

4 ∫ Die Intention muß natürlich auch ein Phänomen sein. 184

D.h. wenn man alle Phänomene in Betracht zieht und die Intention würde sich in ihnen nicht zeigen so wäre sie auch nicht da.

15 Oder auch bei der Betrachtung ⟨etwa …⟩

ø Angenommen das Anziehen des Bremshebel bewirkt manchmal das Abbremsen der Maschine und manchmal nicht. So ist daraus allein nicht zu schließen daß er als Bremshebel gedacht war. Wenn nun eine bestimmte Person immer dann wenn der Hebel nicht als Bremshebel wirkt, ärgerlich wird –. So wäre damit auch nicht das gezeigt was ich zeigen will. Ja man könnte dann sagen daß der Hebel einmal die Bremse, einmal den Ärger betätigt. – Wie drückt es sich nämlich aus, daß die Person d a r ü b e r ärgerlich wird, daß der Hebel die Bremse nicht betätigt hat?

(Dieses ü b e r e t w a s ä r g e r l i c h s e i n ist nämlich scheinbar von ganz derselben Art wie etwas fürchten, etwas wünschen, etwas erwarten etc) Das „über etwas ärgerlich sein“ verhält sich nämlich zu dem worüber man ärgerlich ist nicht wie die Wirkung zur Ursache also nicht wie das sich durch etwas den Magen verdorben haben zu der Speise mit 185
der man sich etwa den Magen verdorben hat. Man kann darüber im Zweifel sein woran man sich den Magen verdorben hat und die Speise die |etwa| die Ursache ist tritt in die Magenschmerzen nicht als ein Bestandteil dieser Schmerzen ein dagegen kann man in einem gewissen Sinne nicht zweifelhaft sein worüber man sich ärgert, wovor man sich fürchtet, was man glaubt. (Es heißt nicht „ich weiß nicht, – ich glaube heute; aber ich weiß nicht woran!“) – Und hier haben wir natürlich das alte Problem daß nämlich der Gedanke daß das und das der Fall ist nicht voraussetzt daß es der Fall ist. Daß aber andererseits doch etwas von der Tatsache für den Gedanken selbst Voraussetzung sein muß. „Ich kann nicht denken daß etwas rot ist wenn rot gar nicht existiert“. Die Antwort darauf ist daß die Gedanken in demselben Raum sein müssen wie das Zweifelhafte wenn auch an einer anderen Stelle; daß die gegenwärtige Realität auf die der Gedankenmaßstab aufgestellt wird den Sinn – nicht verbürgt – sondern ausmacht. Der Sinn kann ebensowenig 186
erst verbürgt werden müssen wie es nachträglich bewiesen werden kann daß π nicht rational ist; denn ohne Sinn kein Gedanke. – Darin und nur darin besteht auch die (prästabilierte) Harmonie zwischen Welt und Gedanke.

1 *Der erste Absatz der Bemerkung ist im MS am linken Rand mit einem vertikalen Strich markiert.*
3 So ist daraus allein nicht zu ⟨entnehmen⟩ daß er als
8 daß die Person d a r ü b e r ärgerlich wird, daß der ⟨B…⟩
10 (Dieses ⟨„⟩ü b e r e t w a s ä r g e r l i c h s e i n ist nämlich scheinbar
11 von ganz derselben Art wie etwas fürchten, etwas ⟨erwarten …⟩
12 *Im MS:* verhält sich nämlich zu zu dem worüber man ärgerlich ist
14 den Magen verdorben haben zu der Speise ⟨durch d…⟩
15 Man kann ⟨daran zweifeln …⟩
16 Man kann darüber im Zweifel sein ⟨was d…⟩
20 (Es heißt nicht „ich weiß nicht, – ich glaube⟨, …⟩
23 daß das und das der Fall ist nicht voraussetzt daß es ⟨da …⟩
24 Daß aber andererseits doch etwas von der Tatsache für ⟨die …⟩
27 daß die Gedanken in demselben Raum sein müssen wie das ⟨z…⟩
27 wenn auch an einer anderen Stelle⟨. Daß nur⟩ die gegenwärtige
28 wenn auch an einer anderen Stelle; daß die gegenwärtige Realität ⟨an …⟩

Die Intention ist nun aber von genau derselben Art wie – z.B. – der Ärger. Und da scheint es irgendwie als würde man die Intention von außen betrachtet nie als *Intention* erkennen; als müßte man sie selbst intendieren/meinen/ um sie als Meinung zu verstehen. Das hieße aber sie nicht als Phänomen, nicht als Tatsache, zu betrachten.

1 / Das ist natürlich wieder das vorige Problem denn der Witz ist daß man es dem Gedanken (als selbständige Tatsache betrachtet) ansehen muß daß er der Gedanke ist, daß so und so/das und das/ der Fall ist. Kann man es ihm nicht ansehen (sowenig wie den Magenschmerzen woher sie rühren) dann hat er kein logisches Interesse oder vielmehr, dann gibt es keine Logik. – Das kommt auch darauf hinaus daß man den Gedanken mit der Realität muß unmittelbar vergleichen können und es nicht erst einer Erfahrung bedürfen kann daß diesem Gedanken diese Realität entspricht. (Darum unterscheiden sich auch Gedanken nach ihrem 187 Inhalt aber Magenschmerzen nicht nach dem was sie hervorgerufen hat)

Meine Auffassung scheint unsinnig wenn man sie so ausdrückt: Man soll sehen können worüber Einer denkt wenn man ihm den Kopf aufmacht; wie ist denn das möglich, die Gegenstände über die er denkt sind ja gar nicht in seinem Kopf (ebensowenig wie in seinen Gedanken)! Man muß nämlich die Gedanken, Intentionen (etc) von außen betrachtet als solche verstehen *ohne* (noch) über die Bedeutung von etwas unterrichtet zu werden. Denn auch die Relation des Bedeutens wird ja dann als ein Phänomen gesehen (und ich kann/darf/ dann nicht wieder auf eine Bedeutung des Phänomens hinweisen müssen da ja dieses Bedeuten wieder in den Phänomenen inbegriffen/|mit| inbegriffen/ ist.)

17

2 Wenn man den Gedanken betrachtet so kann also von einem Verstehen keine Rede mehr sein, denn, sieht man ihn, so muß man ihn als den Gedanken dieses Inhalts erkennen, es ist nichts zu deuten. – Aber so ist es ja wirklich, wenn wir denken; da wird nicht gedeutet. – Und man könnte sagen: der Deutende sieht den Gedanken tatsächlich von außen an und nicht von innen; alles was man sieht, sieht man von außen an; 188 d.h. alles was man erlebt, ist Phänomen. –

7 *Die Bemerkung ist im MS fortlaufender Text der vorangehenden Bemerkung, durch ein Randzeichen als eigenständige Bemerkung gekennzeichnet; der erste Absatz ist im MS am linken Rand mit einem vertikalen Strich markiert.*

18 scheint unsinnig wenn man sie so ausdrückt: ⟨Wie kann man denn …⟩

20 sind ja gar nicht in seinem Kopf (⟨oder⟩ in seinen Gedanken)!

21 Man muß ⟨– nach meiner An…⟩

28 ⟨18⟩ *Datum im MS überschrieben und ersetzt, die Bemerkung beginnt im MS ohne Leerzeile*

32 Aber so ist es ja wirklich, wenn wir denken; da wird ⟨nichts⟩ gedeutet.

1 ∫ Man kann die Erwartung mit der Gegenwart unmittelbar vergleichen; – das gibt die Lösung. Und das kann man auch vom Wunsch ja auch vom Ärger sagen. Und das heißt, daß, wenn ich mich ärgere, daß jemand etwas in Paris getan hat, ich es damit vergleichen kann daß ich jetzt in Wien in meinem Zimmer sitze.

Aber damit ist auch noch nicht alles gesagt. – Die Sprache wird verstanden der Gedanke nicht. (Das Verstehen der Sprache ist das Denken, das Verstehen der Sprache aber wird nicht noch einmal verstanden) –

Die Causale Erklärung des Bedeutens und Verstehens lautet |im Wesentlichen| so: einen Befehl verstehen heißt, man würde ihn ausführen wenn ein gewisser Riegel zurückgezogen [das Gegenteil von Vorschieben] würde. – Es würde jemandem befohlen einen Arm zu heben und man sagt: den Befehl verstehen heißt den Arm zu heben. Das ist klar wenn auch gegen unseren Sprachgebrauch (wir nennen das „den Befehl befolgen") Nun sagt man aber: Den Befehl verstehen heißt entweder den Arm heben oder wenn das nicht etwas bestimmtes Anderes tun – etwa ein Bein heben. Nun heißt das aber nicht 189
„Verstehen" im ersten Sinn denn der Befehl war nicht „den Arm oder das Bein zu heben". Der Befehl bezieht sich also (nach wie vor) auf eine Handlung die nicht geschehen ist. Mit anderen Worten es bleibt der Unterschied bestehen zwischen dem Verstehen und dem Befolgen des Befehls. Und weiter: ein unverstandener Befehl ist gar kein Befehl. – Dieses Verstehen des Befehls kann nicht irgend eine Handlung sein, (etwa den Fuß heben) sondern sie muß das Wesen des Befehls selbst enthalten.

18.

2 [Kann man eine Farbe oder gar einen Ton vergessen?]

1 *Im MS ein Absatz, durch ein Randzeichen als eigenständige Bemerkung gekennzeichnet.*
10 Die Causale Erklärung des Bedeutens und Verstehens lautet ⟨insb…⟩
11 |im Wesentlichen| so: ⟨daß …⟩
13 [das Gegenteil von Vorschieben] *–die Anmerkung steht im MS über der Zeile.*
13 Es würde jemandem befohlen ⟨den⟩ Arm zu heben und man sagt:
14 Es würde jemandem befohlen einen Arm zu heben und ⟨ich …⟩
14 man sagt: den Befehl verstehen heißt den Arm zu heben. ⟨S…⟩
18 etwas bestimmtes Anderes tun – etwa ⟨das⟩ Bein heben.
19 Nun heißt das aber nicht „Verstehen" im ersten Sinn ⟨der …⟩
24 ⟨Das⟩ Verstehen des Befehls kann nicht irgend eine Handlung sein,
25 sondern sie ⟨enthält⟩ das Wesen des Befehls selbst

1 / Sage ich jemandem „gehe 3 Schritte“ und er versteht den Befehl, so kann er ihn mir etwa durch eine Zeichnung erklären. Er sagt etwa: Wenn hier der Weg ist und A der Anfang, 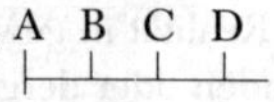

so willst Du daß ich nach B dann nach C und D kommen soll; oder dergleichen. Und dabei ist es klar daß er in gewissem Sinne nur einer Sache Ausdruck verliehen hat, die er schon früher – als er den Befehl hörte und verstand – wußte. Er könnte nun so fortfahren und den Befehl noch näher erklären etwa mit einem Diagramm 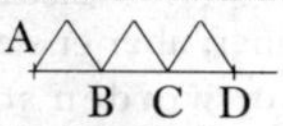

und immer 190
würde er doch nur hervorbringen was |ihm| schon früher klar war. Er übersetzt nur von einer Sprache in eine andere. Und wenn er nun endlich den Befehl (selbst) ausführte zum Zeichen daß er ihn verstanden hat – würde er da nicht wieder bloß übersetzen?

2 × [Ich sehe undeutlich eine Verbindung zwischen dem Problem des Solipsismus oder Idealismus und dem der Bezeichnungsweise eines Satzes. Wird etwa das Ich in diesen Fällen durch den Satz ersetzt und das Verhältnis des Ich zur Wirklichkeit durch das Verhältnis von Satz und Wirklichkeit?]

20.

3 / Zwischen dem Befehl und seiner Ausführung muß eine Kontinuität bestehen. Die Ausführung muß, sozusagen, nur die Endfläche des Befehls (Befehlskörpers) sein.

21

4 ∫ „Er hat den Befehl nicht g a n z ausgeführt“, daran müßte man die causale Theorie der Bedeutung widerlegen können.

5 ∫ Der Befehl muß eine Art des Vergleichs eines Satzes mit der Realität sein.

6 / Ich denke um mir das Wesen des Verstehens klar zu machen immer an eine Figur und eine Projection die man von ihr macht 191

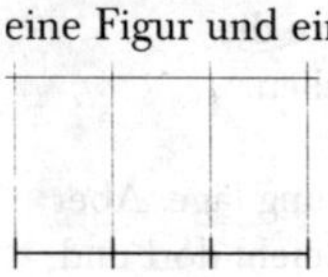

Die Projectionsmethode kann nur durch den Vergleich des Bildes mit der Realität festgehalten sein die eben da ist.

2 und er versteht den Befehl, so kann er ihn mir ⟨durch …⟩
19 ersetzt und das Verhältnis des Ich zur Wirklichkeit ⟨z…⟩
28 ⟨/⟩ *Randzeichen im MS überschrieben und ersetzt*
35 klar zu machen immer an eine Figur und ⟨ihre⟩ Projection
38 mit der Realität festgehalten sein die eben ⟨vorhanden⟩ ist.

1 / Aber da scheint es ja als müsse man den Satz mit der Realität in *einem bestimmten Sinne* vergleichen – – also nicht nur vergleichen. Als müßte also die Realität in gewissen Fällen durch die Vergleichung einen Vorwurf empfinden oder dergleichen.

Wenn sich etwas einem *Ziele* nähert so liegt in dem Wort „Ziel" hier das was ich meine. (die Intention)

2 / Jeder Mensch sieht daß  die obere Strecke größer ist und die untere kleiner; aber er sieht nicht darin daß die untere Strecke so groß *sein oder werden sollte* wie die obere. Und wie kann ein Bild, welcher Art immer, das ausdrücken?

3 Das heißt, der Satz (Befehl) wird nicht einfach mit der Wirklichkeit zusammengestellt, sondern er wird mit/in/ einer *bestimmten Tendenz* mit ihr verglichen. Aber worin liegt diese Tendenz? 192

(Ist das so ähnlich wie wenn man Magenschmerzen beschriebe und es früge einer „ich verstehe das aber woran liegt da das Unangenehme".)

4 / Der Satz der Befehl – setzt die Wirklichkeit quasi fort indem er an die Realität anknüpft und eine Veränderung darstellt. Es ist als hätte man eine Puppe die meinen Körper in seiner gegenwärtigen Lage vorstellt und mit der nun die Veränderungen vorgenommen werden – in effigie – die meinem Körper zugedacht sind.

5 / Somit wäre das Problem wieder das welcher Natur die stellvertretende Beziehung ist wenn man etwa sagt „diese Puppe/Figur/ sollst Du sein etc".

6 ∫ Ich fühle daß ich auch hier wieder zur Antwort auf die Grenzen der Sprache stoßen werde. Weiß aber noch nicht wie.

7 ∫ Was heißt es: Ich kann mir vorstellen daß dieser  Punkt sich hier  hin bewegt?

8 / Die seltsame Täuschung der man unterliegt daß im Satze die Gegenstände das tun, was der Satz sagt muß sich aufhellen. 193

9 / Es ist als ob im Befehl bereits ein Schatten der Ausführung läge. Aber ein Schatten eben *dieser* Ausführung. Du gehst im Befehl dort und dort hin. – Sonst wäre es aber eben ein *anderer* Befehl.

1 Aber da ⟨Schein und …⟩
11 Und wie kann ein Bild, ⟨welche …⟩
17 beschriebe und es früge einer⟨,⟩ „ich verstehe das
19 Der Satz ⟨(…⟩
19 setzt die Wirklichkeit ⟨gle…⟩
20 eine Veränderung | | darstellt *–im MS ist das leergebliebene Einfügungszeichen gewellt unterstrichen.*
32 *Im MS spiegelbildliche Variante des Randzeichens überschrieben*

1 / Ich weiß daß ich logisches Gift in mich hineintrinken muß – um es überwinden zu können.

So sage ich mir jetzt eigentlich immer daß doch die Tatsache im Befehl im Satz schon liegen muß obwohl ich weiß daß sie nicht in ihm liegt aber dieser *Schein* muß angegangen werden.

28.6.

2 ∫ Der Satz ist ein Vergleichsobjekt – aber wie geht der Vergleich vor sich?

3 ∫ Irgendwie ist meine Schwierigkeit darin gelöst daß ich mich andauernd *in der Sprache* bewege, aus ihr nicht heraus kann.

Wenn ich über das Vergleichen rede so *rede* ich über das Vergleichen; etc. (So, wenn ich sage „einen Satz verstehen heißt, wissen was der Fall ist, wenn er wahr ist“, das ist eben auch nur gesagt.) 194

Und hier kommt man an etwas worin sich alles ausdrücken dürfte nämlich auf den Ausdruck „der Satz … ist wahr“. Darin wird alles beschlossen liegen daß „‚p‘ ist wahr“ nichts sagt als: p.

4 ∫ Ich kann den |alten| philosophischen Problemen keine Lösungen geben aber ich kann ihnen Grenzen setzen.

5 / Zu Grunde liegt allen meinen Betrachtungen (das Gefühl) die Einsicht, daß der Gedanke einen inneren Zusammenhang mit der Welt hat und keinen äußeren. Daß man also das *meint*, was man sagt. Heißt das aber nicht nur, daß man sich in der Sprache nicht aus der Sprache, oder in den Gedanken nicht aus den Gedanken herausbewegen kann?

6 ∫ Kann der Zusammenhang zwischen dem „Meinen daß p der Fall ist“ und dem Geschehen von p |noch| anders ausgedrückt werden als in der 195
Internen Beziehung eben dieser/jener/ Ausdrücke? (Ich glaube es nicht.)

7 ∫ In den Worten „etwas/das und das/ *meinen*“ liegt das ganze Problem beschlossen.

8 ∫ Man fühlt das *Stellvertretende* an dem Gedanken.

9 ∫ „Ich dachte, Du würdest zu mir kommen“ An diesem Satz muß sich alles zeigen lassen was man an *exacteren* Sätzen zeigen will.

10 / In der Sprache wird alles *ausgetragen*.

11 / Wenn man sagt „ich dachte du würdest heute kommen und habe schon die Vorbereitungen getroffen“ so stehen diese Vorbereitungen mit dem Gedanken in irgend einer Kontinuität.

12 / Wenn ich jemand einen Stuhl hinschiebe *damit* er sich setzt so ist /bilden/ hier auch der Gedanke und die Handlung eine Kette.

2 ich logisches Gift in mich hineintrinken muß – um es ⟨zu …⟩
24 Daß man also das *meint*, ⟨Heißt das aber nicht⟩ was man sagt.
46 Wenn ich jemand einen Stuhl hinschiebe *damit* er sich ⟨setzen …⟩

1 | Aber die nächste Verwandtschaft von Sprache und Wirklichkeit ist doch die daß wenn p eintritt „p“ bewahrheitet ist. Aber das kann man/läßt sich/ nicht (ausdrücken) sagen. 196

2 / Der Gedanke „daß es sich so verhält“ |(p)| wird durch die Tatsache daß es sich so verhält (p) wahrgemacht. Daß sich der Zusammenhang zwischen Gedanken und Welt so nicht darstellen läßt (denn diese Darstellung sagt gar nichts) muß die Antwort auf meine Probleme sein.

29.

3 / Es ist, natürlich, auch nicht so daß das was den Gedanken „daß p der Fall ist“ verifiziert – befriedigt – eben p genannt wird. Wie wenn man sagen würde: ich habe Lust auf einen Apfel und was immer diese Lust befriedigt werde ich eben einen Apfel nennen.

4 / Denn ich r e d e ja jetzt von der Befriedigung des Gedankens (der Erwartung) noch ehe der Gedanke befriedigt ist.

5 ?/ Man könnte nämlich denken: Wie ist es: der Gedanke und die Tatsache sind verschieden; aber wir nennen den Gedanken den daß die Tatsache der Fall ist oder die Tatsache die den Gedanken wahrmacht. Ist da das eine eine Beschreibung mit Hilfe des Anderen? Wird der Gedanke 197 mittels der Tatsache die ihn wahr macht b e s c h r i e b e n, also einer äußeren Eigenschaft nach beschrieben, wie wenn ich von jemandem sage er ist mein Onkel? Oder die Tatsache ebenso durch den Gedanken?

6 ?/ Wenn man den Ausdruck „der Gedanke, daß … der Fall ist“ als B e s c h r e i b u n g erklärt so ist damit wieder nichts erklärt, weil es sich fragt: wie ist eine solche Beschreibung möglich, sie setzt selber wieder das Wesen des Gedankens voraus denn sie enthält die Beziehung/den Hinweis/ auf eine Tatsache die nicht geschehen ist also gerade das was problematisch war.

7 ?/ Es ist |– glaube ich –| offenbar daß unsere Schwierigkeit eben darin beruht „über den Gedanken/das Denken/ zu denken“. [oder/Version/: daß wir „über das Denken denken wollen“] Hier stoßen wir auf eine Unmöglichkeit und diesen Stoß klar zu machen/darzustellen/ das ist die Lösung.

3 Aber das kann man/läßt sich/ nicht (ausdrücken)⟨,⟩ sagen
17 des Gedankens (der Erwartung) noch ehe ⟨er befri…⟩
21 *Im MS:* oder die Tatsache die die den Gedanken wahrmacht.
23 mittels der Tatsache die ihn wahr macht b e s c h r i e b e n, ⟨steht …⟩
36 beruht „über ⟨das …⟩ den Gedanken/das Denken/ zu denken“. ⟨(…⟩

1 / Meine Ansicht ist, daß der Gedanke wesentlich das ist was durch den Satz ausgedrückt ist wobei ausgedrückt nicht heißt hervorgerufen ein 198
Schnupfen wird durch ein kaltes Bad hervorgerufen aber nicht durch das kalte Bad ausgedrückt.

Daß der Gedanke ganz M a ß ist wie der Maßstab; ich meine wie alles am Maßstab unwesentlich ist außer dem Längenmaß.

2 / Der Gedanke ist ein Symbol.

3 ∫ „Ich, der jetzt hier sitzt werde morgen ….“ das Eintreten der Realität (Ich, etc) in das Symbol, muß der eigentliche Zusammenhang des Satzes mit der Wirklichkeit sein.

4 / Der (gegenwärtige) Gedanke enthält a l l e Realität die gegenwärtig vorhanden ist. (Und mehr k a n n er ja nicht haben)

5 / Es ist sehr merkwürdig – für den der dafür Augen hat – daß in einem Buch über Differentialrechnung in den Erklärungen Mengentheoretische Ausdrücke und Symbole vorkommen, die im Kalkül gänzlich verschwinden. Das erinnert an die ersten Erklärungen in den Lehrbüchern der Physik in denen vom Kausalitätsgesetz und Ähnlichem die Rede ist was, wenn wir einmal zur Sache kommen, nicht mehr 199
erwähnt wird.

6 / Das Symbol – ich meine das, was als Symbol gebraucht wird – mit der Wirklichkeit zu vergleichen ist einfach. Die Schwierigkeit besteht darin es mit der symbolisierenden Beziehung zusammen als Gedanke mit der Wirklichkeit zu vergleichen.

7 ∫ Kann das interpretierte Symbol etwas anderes sein als das auf die Gegenwärtige Realität angewandte?

8 ∫ Die Kausalitäts-Erklärung der Bedeutung nützt darum nichts weil in ihr wieder hypothetisch von einem Sachverhalt die Rede ist, was ja gerade das Problematische ist.

9 ∫ Der Wunsch, die Erwartung, der Gedanke, der Glaube, die Befürchtung, — — etwa, daß er hereinkommen wird lassen mich alle zur Türe schauen. –

5 Daß der Gedanke ganz M a ß ist wie der Maßstab; ⟨d.h. daß⟩
6 alles am Maßstab unwesentlich ist außer ⟨der Länge⟩
14 ⟨∫⟩ *Randzeichen im MS gestrichen und ersetzt*
14 (gegenwärtige) *–die Klammern sind im MS gewellt unterstrichen.*
19 Mengentheoretische Ausdrücke und Symbole vorkommen, die ⟨in d…⟩
27 es mit der symbolisierenden Beziehung zusammen ⟨zu sehen …⟩
33 Die Kausalitäts-Erklärung ⟨des …⟩
34 der Bedeutung nützt darum nichts weil in ihr wieder ⟨von …⟩
38 daß er hereinkommen wird lassen mich alle zur ⟨P…⟩

1 ∫ Ich erwarte daß die Tür aufgehen wird: sie bleibt geschlossen. Nur die geschlossene Tür ist Realität das Aufgehen ist nur im Symbol 200
vorhanden. Aber jetzt die Anwendung des Aufgehens auf diese (geschlossene) Tür! Es scheint als könne ich die Anwendung nicht ausdrücken sondern sie nur machen.

2 ∫ Die vorige Aufzählung ist etwas irreführend weil sich Erwartung, Wunsch Befürchtung auf die Zukunft beziehen; ich hätte dazusetzen müssen: der Gedanke daß etwas so *ist*, die Beschreibung daß etwas so *ist* (vielleicht) die Zufriedenheit damit daß etwas so ist.

Das Problem beginnt nicht erst, wo das angelegte Maß nicht mit dem Object stimmt sondern auch dort wo es stimmt mit der bloßen *Anwendung* des Bildes oder Satzes.

3 ?/ Ich bin froh darüber daß Du kommst heißt nicht ich bin froh weil Du kommst. (Im letzteren Falle wäre es eine Vermutung daß ich *deshalb* so guter Stimmung bin)

4 / Wenn ich sage: die Worte „bedeuten“ gar nichts, ich will damit nur eine bestimmte Wirkung hervorbringen so ist eben die Frage: Was heißt es 201
eine bestimmte Wirkung hervorbringen; das ist ja eben die Anwendung der Sprache die/welche/ ich nicht verstehe.

5 / Es ist nämlich die Intention die man erklären will und die kann man nicht mit sich selbst erklären.

6 ∫ Das Denken ist das Gebrauchen von Symbolen. [Natürlich nicht das Gebrauchen von Symbolen zum Denken]

7 / „Ein Satz bedeutet, sagt, gar nichts; er bewirkt nur etwas; wie z.B. ein Eisenbahnsignal, das man auch durch eine automatische Vorrichtung ersetzen könnte.“

8 ∫ „Ich denke daß die Tür zu ist“ und „ich bin froh, daß die Tür zu ist“ sind auf *einer* Stufe. (Und das letztere ist das viel bessere Beispiel)

9 ∫ Ich schaue auf die geschlossene Tür und stelle mir vor wie sie sich öffnet. Wie kann ich mir vorstellen daß SIE sich öffnet? Ist das analog wie: „ich stelle mir vor daß *dort* ein roter Fleck erscheint“? – Ich messe nach (schaue nach) ob der Stuhl einen Meter hoch ist. 202

Wenn ich mir vorstelle daß dort ein roter Fleck erscheint, dann kommt der Ort „dort“ *wirklich* in dem Vorgang vor (und nicht, etwa, nur ein Bild des Ortes)

4 die Anwendung des Aufgehens auf diese (geschlossene) Tür⟨?⟩
8 weil sich Erwartung, Wunsch ⟨etc, hauptsächlich⟩ auf die
21 Was heißt es ⟨einer …⟩
25 die man erklären will und die kann man nicht ⟨mit …⟩

1 / Man würde etwa sagen: der Gedanke knüpft an die Realität an.

2 ∫ Ich sehe auf die geschlossene Tür hin und stelle mir vor sie ginge auf.
Meine Phantasievorstellung (oder mein Gedanke) sind von der Realität
verschieden. Wenn ich aber nun an die Tür eine andere etwa aus Papier
anbrächte und die öffnete während die eigentliche geschlossen bliebe so
könnte dieser Vorgang nicht den Vorgang in der Phantasie ersetzen.
Es sei denn daß ich nun wieder diese Papierene Tür als Stellvertreter der
anderen interpretiere. Man sollte aber doch glauben daß die
Papierene Tür und die Phantasietür von außen betrachtet (also
überhaupt) auf der gleichen Stufe stünden. Aber es ist nicht so. Und mit
der Interpretation kommt wieder jenes rätselhafte Element hinein. Ist es 203
aber nicht einfach die Anknüpfung an die wirkliche Tür die der
papierenen fehlt und auch der Phantasietür wenn die Phantasie nicht an
die wirkliche Tür anknüpft?

3 ∫ Es ist doch ein Unterschied ob ich daran denke was ich heute nachmittag machen werde oder, was ein anderer im übrigen ganz gleich aussehender Mensch machen wird.

4 / Man kann sich vorstellen es sei etwas der Fall was nicht ist: sehr merkwürdig! Denn, daß die Vorstellung mit der Wirklichkeit nicht übereinstimmt ist nicht merkwürdig daß sie sie aber dann repräsentiert ist merkwürdig.

5 ∫ Ich bin seinerzeit auf die Bildtheorie der Sprache durch eine
Zeitungsnotiz gebracht worden worin gesagt war daß man in Paris bei
einer Gerichtsverhandlung über ein Straßenunglück dieses
Straßenunglück durch Puppen und kleine Omnibusse vorgeführt wurde.
Wie unterscheidet sich nun so eine Vorführung von einem Spielen mit
Puppen etc? (Natürlich durch die Bedeutung) aber worin liegt die? (Die 204
einen würden sagen: durch seine Wirkung die allein ist seine
Bedeutung.)

6 / Der Gedanke ist ein Stück Wirklichkeit. Und wie kann ein Stück Wirklichkeit einem anderen wesentlich vorzuziehen sein/in einer wesentlichen Ausnahmsstellung sein/. Außer in einer Beziehung zu sich selbst. Ebenso daß man über alles denken könnte aber über das Denken nicht.

7 ?/ Warum kommt mir mein Gedanke ein so exceptionelles Stück Wirklichkeit vor? Doch nicht weil ich ihn „von innen“ kenne, das heißt ja nichts; sondern offenbar weil ich alles in Gedanken ausmache und über das Denken auch nur |wieder| denken könnte.

1 ⟨∫⟩ *Randzeichen im MS gestrichen und ersetzt*
1 *Der Beginn der Bemerkung war im MS mit einem vertikalen Strich markiert, durch das Randzeichen überschrieben.*
8 ⟨Es sei …⟩
21 es sei etwas der Fall was nicht ist⟨;⟩ sehr merkwürdig!
22 sehr merkwürdig! ⟨Daß …⟩
35 ⟨?⟩ *Randzeichen im MS gestrichen und ersetzt*

1 ∫ D. hieße die Gedanken sind nur in Bezug auf sich selbst in einer exceptionellen Stellung.

2 ∫ Das Gefühl über den Gedanken ist etwa: Wenn ich das m e i n e (meine, daß, das und das der Fall ist) so meine ich wirklich daß das und das der Fall ist. Ich meine die Tatsache und nichts Anderes, Drittes. (Das scheint
mir das ganze Gefühl zusammenzufassen) Aber das sagt doch nur daß 205
ich meine was ich meine, das heißt, daß der Ausdruck des Inhalts des Gedankens der Ausdruck des Gedankens ist oder daß die Sprache das was sie ausdrückt |wieder| nur durch ihren Ausdruck angeben kann („p“ ist wahr = p)

3 ∫ Am Vorgang des Meinens daß diese Tür aufgehen wird kann nicht mehr sein als der der das meint damit erlebt (es handelt sich ja hier nicht darum in den Kopf eines Menschen während eines psychischen Prozesses zu sehen) Aber dieser Vorgang des Meinens hat keine Beschreibung durch die Sprache als den Ausdruck dessen was man meint.

4 ∫ Was geschieht wenn ich den tatsächlichen Zustand der Tür beschreibe „die Tür ist jetzt zu“. Wenn ich also Worte der gesehenen Wirklichkeit zuordne? Man möchte sagen daß man die Worte |der Wirklichkeit| nach einer Regel zuordnet aber das ist nicht wahr denn die Regel würde lauten sag „p“ wenn p der Fall ist.

5 ∫ Wir wollen ja nicht beschreiben was während des Denkens, sondern was 206
im/beim/ Denken vorgeht.

6 ∫ Warum beschäftigen wir uns denn gerade mit dem Denken und nicht mit der Verdauung?

Es ist aber auch nicht so/Man kann aber auch nicht sagen/ daß wir nun einmal denken und eben über das Denken denken wollen; denn wir verdauen nun einmal aber weiter geht es nicht analog.

7 ∫ Aber auch das Interesse steht der Philosophie nicht frei gegenüber, denn sie hat es auch mit dem Wesen des Interesses zu tun.

1 D. ⟨h.⟩ die Gedanken sind nur in Bezug auf sich selbst
4 ⟨?/⟩ *Randzeichen im MS überschrieben und ersetzt*
4 *Die Bemerkung ist im MS bis zum Ende der Seite am linken Rand mit zwei vertikalen Strichen markiert.*
4 Das Gefühl über den Gedanken ist etwa: Wenn ich ⟨m e i n e daß ...⟩
7 Aber das sagt doch ⟨nichts ...⟩
9 daß der Ausdruck des Inhalts des Gedankens der Ausdruck des Gedankens ist *–im MS am linken Rand mit einer vertikalen Wellenlinie markiert*
15 (es handelt sich ja hier nicht ⟨um einen ...⟩
15 (es handelt sich ja hier nicht darum ⟨etw...⟩
15 in den Kopf eines Menschen ⟨zu seh...⟩
20 Was geschieht wenn ich den ⟨tatsäc...⟩
22 daß man die Worte nach einer Regel ⟨der Wirklichkeit⟩ zuordnet
23 zuordnet aber das ist ⟨an...⟩

1 ∫ Vergessen wir auch nicht daß der Unterschied zwischen einer Hypothese, einem Satz, einem mathematischen Gesetz etc in die Frage nach dem Wesen des Gedankens und des Interesses hineinspielt.

2 ∫ Auch die Zusammengesetztheit des Satzes ist problematisch. Diesem Gedanken der wesentlichen Zusammengesetztheit liegt viel mehr die Anknüpfung an eine bestimmte Realität zu Grunde. Ich denke dabei daran daß ein Wort, etwa „Löwe“ nichts besagt. Wohl aber sagt es etwas wenn ich in einer bestimmten Situation eines Löwen ansichtig werde 207 und ausrufe „|ein| Löwe!“. Freilich kann man sagen das ist nur ein elliptischer Satz für „hier ist ein Löwe“. Aber dieses „hier ist ein“ besorgt eben nur die Anknüpfung an die bestimmte Realität. – Nun könnte man freilich sagen diese Anknüpfung an die bestimmte Realität macht eben eine Zusammensetzung aus aber das scheint nicht ganz richtig zu sein.

3 / Wenn einer die Lösung des Problems des Lebens gefunden zu haben glaubt und sich sagen wollte jetzt ist alles ganz leicht so brauchte er sich zu seiner Widerlegung nur sagen daß es eine Zeit gegeben hat wo diese „Lösung“ nicht gefunden war; aber auch zu d e r Zeit mußte man leben können und im Hinblick auf sie |er|scheint die gefundene Lösung wie/als/ ein Zufall. Und so geht es |uns| in der Logik. Wenn es eine „Lösung“ der logischen (philosophischen) Probleme gäbe so müßten wir uns nur vorhalten daß sie ja einmal nicht gelöst waren (und auch da mußte man leben und denken können) – – –

4 / Es ist ein Wesentlicher Unterschied zwischen Sätzen wie „das ist ein Löwe“, „die Sonne ist größer als die Erde“ die alle ein „dieses“, „hier“, 208 „jetzt“ enthalten und also an die Realität unmittelbar anknüpfen und Sätzen wie „Menschen haben zwei Hände“ etc. Denn wenn zufällig keine Menschen in meiner Umgebung wären wie wollte ich diesen Satz kontrollieren?

5 / Das Wesentliche am Gedanken ist daß er nicht als Mittel zum Zweck als ein Instrument wirkt das man durch ein anderes ersetzen könnte, sondern als Unvergleichliches, Autonomes.

6 Darum kann man sich keine Gedankenprothese denken/ist eine Gedankenprothese nicht denkbar/.

7 / Aber heißt das was/etwas/? Ich kann ja zwar den Magen durch eine Prothese ersetzen aber nicht die Magenschmerzen. Und kann man nicht vom Magenschmerz dasselbe sagen wie vom Gedanken?

8 ∫ Das Gefühl an das ich jetzt alle meine Betrachtungen knüpfe ist das von der Einzigkeit der Gedanken.

19 Zeit gegeben hat wo diese „Lösung“ ⟨noch⟩ nicht gefunden war;
21 |er|scheint die gefundene Lösung wie/als/ ein Zufall⟨ also irrelevant⟩
24 leben und denken können) ⟨also mußte das Wesentliche …⟩
37 Darum kann man sich keine Gedankenprothese ⟨vorstellen⟩

1 ∫ Es wäre auch denkbar daß kein Befehl je befolgt würde und es würden doch die Befehle ihren Sinn beibehalten. 209

2 ∫ Wer denkt läßt Bilder an seinem Geist vorüberziehen.

3 ∫ Wenn ich sage „ich freue mich, daß er lebt" und er aber in Wirklichkeit nicht lebt war dann mein Satz falsch? Wie ist es mit dem Satz: „ich freue mich, daß ich keine Schmerzen habe"?

4 ?/∫ Wenn man sich d i e W e l t anders vorstellen will als sie ist so muß man ein Gesetz der Ersetzung der tatsächlichen durch die vorgestellte annehmen, denn sonst würde die Wirkliche nicht durch die andere |in der Vorstellung| ersetzt.

5 ∫ „Nehmen wir an Du wärst so hoch ...." hier muß die Bedeutung des Du im Symbol vorkommen.

6 / Auch die Verneinung enthält eine Art Allgemeinheit.

7 / Aber freilich muß auch die Bejahung sie enthalten, und nur einen anderen Gebrauch von ihr machen.

8 ∫ Die dem Satze zu Grunde liegende Realität verstehen und die 210 grammatischen Regeln heißt bereits ihn verstehen. Es heißt auch |schon| „wissen was der Fall ist, wenn er wahr ist". – Insofern ist dieser Ausdruck irreleitend da er glauben macht es sei noch eine Synthese im Verständnis die das was der Satz sagt in irgend einem Sinn zur Wirklichkeit machen würde.

9 ∫ [„Ist ein 6ter Sinn denkbar?" Eindringen des Totenkopfes in den Bienenstock.]

10 / Ich kann einen Apparat beschreiben in dem ein Rad mit einem bestimmten Einschnitt ist und wenn der Bolzen sich an dieser Stelle befindet und das Rad in diese Stellung kommt dann schnappt er ein. Kann man aber das selbe |auch| mit dem Satz machen: Der Satz ist so gebaut daß wenn nun die Realität so ist dann schnappt sie ein. Ich müßte also den Gedanken beschreiben können und dann die Realität die so gebaut ist daß sie mit ihm übereinstimmt. Aber das heißt doch gar nichts

11 so muß man ein Gesetz der Ersetzung der ⟨tatsa...⟩ ⟨wir...⟩
18 ⟨∫⟩ *Randzeichen im MS gestrichen und ersetzt*
20 ⟨∫⟩ *Randzeichen im MS gestrichen und ersetzt*
20 Aber freilich muß ⟨sie ...⟩
20 auch die Bejahung sie enthalten, ⟨wie we...⟩
35 und wenn der Bolzen sich an dieser Stelle befindet ⟨dann ...⟩
36 dann schnappt er ein. Kann man aber das selbe ⟨auch ...⟩
36 Kann man aber das selbe |auch| mit dem Satz machen⟨?⟩

8.7.

1 ∫T ○ ● Wenn ich mir erwarte daß der weiße Kreis zu einer gewissen Zeit auch grau wird wie der rechte Kreis so glaubt man doch hier in der 211
Erwartung die Tatsache ganz vor sich zu haben. Man sagt: „ich weiß *genau*, was ich mir erwarte".

Aber das gibt man doch zu, daß ein Unterschied ist zwischen der Erwartung und ihrer Erfüllung.

Aber kann man sagen daß wenn dann die Erfüllung eintritt doch etwas eingetreten ist was sich nicht hat voraussehen lassen (oder, nicht vorausgesehen wurde)? Natürlich, nein!

Was sich nicht hat voraussehen lassen von dem können wir eben nicht reden.

2 / Man kann auch nicht sagen „daß auch die lebhafteste Vorstellung doch nicht an die Wirklichkeit herankommt" denn damit wäre es also doch denkbar daß sie herankäme – wenn es auch nie einträte –.

3 / Es ist immer so als wäre die Erwartung (der Gedanke) ein Maßstab der die Höhe auf die es bei ihm einzig ankommt mit dem zu messenden Object *gemein* hat. Oder wenn man sagt: Beschreibe einen Hohlzylinder und einen Vollzylinder die genau zusammenpassen. Soweit sie zusammenpassen haben sie eine Form mit einander *gemein*.
Und die Beschreibung beschreibt also insoweit *das Gleiche*. 212

4 ∫ Man kann das erwarten woran man sich auch erinnern kann.

5 ∫ Man erwartet ja gerade das was im Zeichen in der Erwartung *nicht* gegeben ist.

6 / Die Erwartung und die Tatsache die die Erwartung befriedigt passen offenbar irgendwie zusammen. Man soll nun eine Erwartung beschreiben und eine Tatsache die zusammenpassen damit man sieht worin diese Übereinstimmung besteht. Da denkt man sofort an das Passen einer Vollform in eine entsprechende Hohlform. Aber wenn man nun hier die beiden beschreiben will so sieht man daß soweit sie passen eine Beschreibung für beide gilt.

2 ⟨/⟩ *Randzeichen im MS überschrieben und ersetzt*
2 *Im MS werden von hier an Korrekturen und Ergänzungen der Randzeichen in Tinte ausgeführt, gekennzeichnet durch den Index:* T
6 Aber das gibt man doch zu, daß ⟨z...⟩
35 Aber wenn man nun hier die beiden ⟨Be...⟩

1 ∫T Angenommen selbst, meine erwartende Vorstellung könnte den erwarteten Fleck so auf die Fläche projizieren daß sich die Erfüllung der Erwartung dadurch zeigte daß das Ereignis sich gänzlich mit der Erwartung deckte, auch dann wäre eben gerade dieses in der Erwartung selbst nicht vorhanden gewesen und käme bei der Erfüllung neu hinzu. 213

/ Es scheint nämlich als ob das was zur Erwartung kommt wenn sie erfüllt wird nur die Wirklichkeit ist die zur Möglichkeit tritt also quasi – etwas Amorphes – ein Coefficient – und nichts was nicht schon in der Erwartung vorgebildet gewesen wäre.

Die Vollform unterscheidet sich ja auch nur durch einen Index, durch etwas amorphes, von der Hohlform.

2 /T Ich erwarte mir daß er kommt, und er kommt. Man möchte sagen: mehr von ihm konnte ja die Erwartung nicht wiedergeben als was sie dann an (dem Ereignis)/ihm/ befriedigt hat. Aber das ist natürlich auch nicht richtig. Denn es ist nicht so als bestünde das Ereignis gleichsam aus Qualitäten die zum Teil schon die Erwartung des Ereignisses hatte zum Teil noch nicht.

Man könnte sagen die einzige Qualität die der Erwartung noch abgeht ist die Wirklichkeit, aber das wäre auch falsch.

3 / Das Merkwürdige ist ja darin ausgedrückt daß wenn das der Fleck ist den ich erwartet habe er sich nicht von dem unterscheidet den ich erwartet habe. Wenn man also fragt: „Wie unterscheidet sich denn der Fleck von dem den Du erwartet hast, denn in Deiner Erwartung war doch der |wirkliche| Fleck nicht vorhanden, |denn| sonst hättest Du ihn nicht mehr erwarten können“ so ist die Antwort dennoch: der Fleck ist der, den ich erwartet habe. 214

4 ∫ Erwartung und Erfüllung verhalten sich wie Hohlform und Vollform.

5 ∫ „Ich erwarte mir daß dieser Fleck gleich diesem wird so daß man ihn gar nicht mehr von ihm unterscheiden kann“; hier scheint doch alles was die Erfüllung bringt vorausgesehen zu sein. Aber natürlich nicht mehr als in jedem anderen Fall. Und warum nicht gleich das Beispiel nehmen: „Ich erwarte daß dieser Fleck gleich bleiben wird“.

1 ⟨/⟩ *Randzeichen im MS überschrieben und ersetzt*
3 daß sich die Erfüllung der Erwartung dadurch zeigte daß ⟨de...⟩
7 *Im MS sind die folgenden zwei Absätze eigenständige Bemerkungen; durch den Hinweis* |Neuer Absatz| *und einer Klammer am linken Rand der vorangehenden Bemerkung zugeordnet.*
14 ⟨/∫T⟩ *Randzeichen im MS gestrichen, überschrieben und ersetzt*
20 *Der Absatz ist im MS mit einem feinem Bleistiftstrich durchgestrichen.*
20 *Im MS:* die einzige Qualität der Erwartung
21 ist die Wirklichkeit, aber das wäre ⟨natürlich⟩ auch falsch.
28 so ist die Antwort dennoch: ⟨„⟩der Fleck ist der, den ich erwartet
37 das Beispiel nehmen: „Ich erwarte daß dieser Fleck ⟨sich ...⟩
37 gleich bleiben wird“⟨?⟩

1 / Die Erwartung der Befriedigung der Erwartung daß p eintreffen wird ist die Erwartung daß p eintreffen wird.

Der Gedanke an den Inhalt des Gedankens p ist der Gedanke p. Und das enthält die Wahrheit über alle die Fragen die in dieser Sache aufgeworfen werden.

2 ∫T Die Antwort auf jede philosophische Frage ist eine 215
Selbstverständlichkeit. Es ist nur schwer d i e Selbstverständlichkeit zu finden die gerade das erledigt was mich jetzt beunruhigt

3 ∫ Die Wahrheit eines Satzes kann man immer nur behaupten; sie liegt nie in ihm so daß er nur das Zeichen wäre das auf etwas Vorhandenes hinweist.

4 ∫ Man denke sich den Satz „in unserem Gesichtsfeld gibt es keine Lücke". (Untersuche ihn auf das was damit gemeint sein kann.)

5 ∫T „Ich dachte, Du würdest kommen; und Du bist gekommen"; hier hat der Satz „Du bist gekommen" durchaus keine einfachere, realere, Beziehung zur Wirklichkeit als der Satz „Du würdest kommen".

Es ist nicht so als ob der erste doch der Name einer Tatsache wäre während der zweite nur eine probeweise Zusammenstellung der Begriffe ist.

6 /T Es ist – glaube ich – wichtig zu erkennen daß wenn ich etwa glaube daß jemand zu mir kommen wird mein Dauerzustand nichts mit dem Betreffenden und den übrigen Elementen des Gedankens zu tun hat d.h. 216
sie nicht e n t h ä l t. Das gleiche gilt aber für Erwartung, Wunsch, etc. etc. Wenn ich jemand erwarte so denke ich nicht während dieser ganzen Zeit daß er kommen wird oder dergleichen. Ja selbst wenn ich es gerade denke so ist ja dieser Vorgang kein amorpher wie etwa der des Schmerzes sondern besteht nur darin daß ich etwa jetzt gerade den Satz sage „er wird kommen". Man kann nicht a m o r p h sehen daß etwas der Fall ist, glauben daß etwas der Fall ist, wünschen, befürchten denken etc.

7 /T Das Amorphe ist das was nicht Symbol ist und wofür die Betrachtungen der Causalitätstheorie und des Behaviourism gelten.

8 ∫T Wenn ich beschreibe, so abconterfeie ich die Wirklichkeit; aber nicht nach Regeln. Es läßt sich keine Regel geben nach der eine Beschreibung die Wirklichkeit beschreibt denn diese Regel würde sich selbst voraussetzen.

5 Und das enthält die Wahrheit über alle die Fragen die in dieser Sache aufgeworfen werden. *–im MS am linken Rand mit einer vertikalen Wellenlinie markiert*

7 ⟨?/⟩ *Randzeichen im MS überschrieben und ersetzt*

9 die gerade das erledigt was mich jetzt beunruhigt *–im MS am linken Rand mit einer vertikalen Wellenlinie markiert*

34 daß etwas der Fall ist, wünschen, befürchten ⟨etc …⟩

39 ⟨?/⟩ *Randzeichen im MS überschrieben und ersetzt*

40 Es läßt sich keine Regel geben nach der ⟨die⟩ Beschreibung

1 / Der Gedanke, soweit man überhaupt von ihm reden kann, muß etwas ganz hausbackenes sein.

2 / (Man pflegt sich ihn als etwas ätherisches noch unerforschtes zu denken; als handle es sich um Etwas dessen Außenseite bloß/nur/ wir kennen 217 dessen Wesen aber noch unerforscht ist etwa wie das unseres Gehirns)

3 / Der Gedanke hat aber nur eine Außenseite und kein Innen. Und ihn analysieren heißt nicht in ihn dringen.

4 / Ein amorpher Gedanke ist so undenkbar, wie ein amorphes Schachspiel.

5 / Das was den Gedanken für uns zum Gedanken macht kann nicht etwas *menschliches* sein, etwas das mit dem Bau und Wesen des Menschen zu tun hätte, sondern etwas – rein logisches – was unabhängig von der Naturgeschichte eines Lebewesens besteht.

6 / Eine Gedankenprothese ist darum nicht möglich weil der Gedanke für uns nichts menschliches ist.
Wir könnten die Rechenmaschine als eine Prothese statt der 10 Finger ansehen aber die *Rechnung* ist nichts spezifisch menschliches und für sie gibt es keinen Ersatz/keine Prothesen/.

7 ∫ Das Denken ist ein bilden von Bildern auf verschiedene Art und Weisen. Ihre Auffassung als Bilder aber die das Wesentliche ist, ist nicht durch das Herstellen einer äußeren Verbindung/Verkettung/ zu denken 218 denn das wäre doch wieder nur das Herstellen von Zwischengliedern sondern muß wie die Beziehung von Hohlform und Vollform etwas in der Existenz des Gedanken Gelegenes sein.

8 ∫ Es ist sicher zwischen unseren Fantasien und wirklichen Erlebnissen besteht eine Ähnlichkeit. Aber Gedanken sind sie erst wenn sie mit der Wirklichkeit verknüpft sind und als Bilder von ihr aufgefaßt. Andrerseits braucht der Gedanke gar nicht jene Ähnlichkeit mit der Wirklichkeit zu haben (Er muß nur logisches Bild sein.)

9 Der Gedanke hat aber nur eine Außenseite und kein Innen. ⟨Ih…⟩
19 Eine Gedankenprothese ist darum nicht möglich weil ⟨den …⟩
27 aber die das Wesentliche ist, ist nicht durch ⟨eine äußere …⟩
27 einer äußeren Verbindung/Verkettung/ … des Gedanken Gelegenes sein.
–im MS am linken Rand mit einer vertikalen Wellenlinie markiert
32 ⟨/⟩ *Randzeichen im MS überschrieben und ersetzt*
35 Andrerseits braucht der Gedanke gar nicht ⟨di…⟩
36 mit der Wirklichkeit zu haben ⟨„⟩Er muß nur logisches Bild sein.⟨“⟩

1 / Wenn mir heute geträumt hat daß A mich besuche und A besucht mich nun wirklich so war deswegen jene Traumphantasie keine Erwartung und die Tatsache daß A mich besuchte keine Erfüllung der Erwartung/des Traumes/.

Es fehlt die Intention. Kann aber die Intention eine externe Relation sein?!

Da die Intention macht daß dieser Vorgang ein Bild ist und nun bewahrheitet oder nicht bewahrheitet wird und da das das eigentliche Wesen der Intention ausmacht so kann die Intention keine Relation des 219 Bildes zu etwas anderem sein.

2 ∫T Ich sehe vor mir wie der Gedanke – gemeinte Satz – bis an die Wirklichkeit heranreicht d.h. ihre Form schon vorbildet. Wie der Maßstab oder etwa zwei Striche dieses Stabes mit denen nun die Wirklichkeit insbesondere verglichen wird

Man könnte sagen die Intention ist die Projectionsmethode

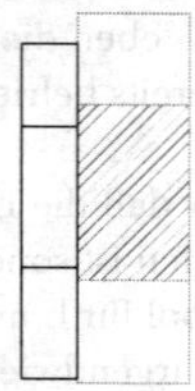

3 ∫T 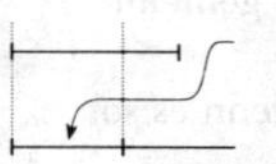 Das Bild (im engeren Sinne) genügt nicht denn es ist mit ihm nicht gegeben wie es mit der Wirklichkeit verglichen werden soll. Es muß die Projectionsmethode dabei sein; dann aber reicht ja das Bild bis in den Ort hinein wo der Gegenstand des Bildes ist.

4 ∫T Es drückt sich jedenfalls in der Sprache keine Mehrdeutigkeit der Erwartung oder des Wunsches etc aus so daß also eine Erwartung durch verschiedenes befriedigt werden könnte. Und das muß sich so rechtfertigen daß das |komplette| Bild |d.h.| der komplette Gedanke nicht 220 mehr vielerlei Deutung zuläßt sondern eindeutig ist nämlich seine Deutung schon enthält.

Seine Deutung schon enthalten kann aber nur heißen die Form der Wirklichkeit schon vorzuzeichnen.

Aber auch dieses „Vorzeichnen“ könnte falsch aufgefaßt werden, denn – könnte einer sagen – kann ich nicht das vorzeichnen und das meinen. Ja aber wenn ich sage „und das meinen“ so ist doch dieses „das“ selbst irgendwie gemeint. Und was, wenn ich sage: „ganz richtig, ich habe eben mit dem großen das kleine gemeint“.

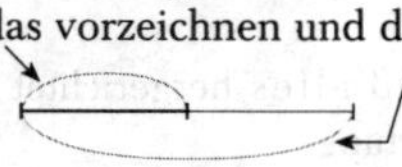

1 Wenn mir heute geträumt hat daß A mich ⟨besucht hat⟩ und
3 und die Tatsache daß A mich besuchte ⟨w…⟩
7 ⟨Da …⟩ *–im MS als eigenständige Bemerkung begonnen*
24 Das Bild (im engeren Sinne) genügt nicht denn es ist ⟨da…⟩
26 Es muß die Projectionsmethode dabei sein⟨. Dann⟩ aber reicht
26 reicht ja das Bild bis in den Ort hinein wo ⟨das …⟩
27 der Gegenstand ⟨ist …⟩
32 Und das muß sich so rechtfertigen daß das |komplette| Bild ⟨in …⟩

1 /T – Ich kann eben gar nicht reden ohne es schon irgendwie zu meinen. Darum muß sozusagen die Meinung aus der Betrachtung herausfallen. Denn wenn ich sagen will wie etwas gemeint ist so meine ich ja das selbst auch irgendwie

2 ∫T Kann ich also festsetzen daß die Länge im Maßstab 1 : 1 gemeint ist?

3 ∫T Aber wenn sie auch nicht so gemeint ist so gibt es doch immer eine Länge die dann im Maßstab 1 : 1 gemeint wäre. – So ist es also genug 221
wenn das Bild nur bis an das Dargestellte heranreicht so daß es unmittelbar mit der Wirklichkeit vergleichbar wird.

4 ∫T 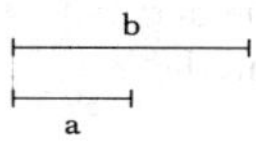

a wächst und ich warte bis es so groß sein wird wie b. Meinte ich b in einem vergrößerten Maßstab so daß es eben die Länge von a bedeutete so wäre meine Erwartung bereits befriedigt, das ist aber nicht der Fall.

5 ∫T Bedenken wir daß die Erwartung in der Wirklichkeit von a und b gar nicht vorhanden ist sondern nur in Symbolen existiert und zwar muß hier ein Symbol für b und eines für a vorhanden sein und sie müssen b e i d e schon irgendwie gemeint sein. Und kann denn nicht durch eine Regel ausgedrückt sein daß sie beide auf die gleiche Weise gemeint sind?

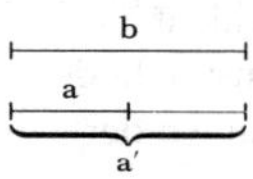

a′ ist das Bild von a wie es aussehen wird wenn es so groß wie b geworden ist.

6 /T Aus dem Meinen kann ich nicht heraus darum kann ich nicht sagen, wie etwas gemeint ist. Dann aber muß eben das Wort meinen sinnlos sein, so muß es sich herausstellen.

20. 222

7 /T Es ist in der Erwartung a l l e s für das Eintreffen des Ereignisses hergerichtet.

8 /T Von den Teilstrichen des Maßstabes gelten nur die Punkte die sie mit dem zu messenden Körper gemein haben.

9 /T Es muß a l l e s hergerichtet sein, darin besteht die Eindeutigkeit der Erwartung

10 Oder sie besteht |eigentlich| darin daß man von ihr auch nicht r e d e n kann.

1 ⟨∫⟩ *Randzeichen im MS überschrieben und ersetzt*
1 *Im MS ein Absatz, durch ein Randzeichen als eigenständige Bemerkung gekennzeichnet.*
20 ein Symbol für b und eines für a vorhanden sein und sie ⟨muß: …⟩
29 Dann aber muß eben das Wort meinen sinnlos sein⟨.⟩

1 $\int_{T}$ Es sagt einer „ich wünsche ein rotes Stück Papier zu sehen“, man zeigt ihm Stücke von verschiedener Farbe, weiß, grün, endlich ein rotes; er sagt „*das* habe ich gemeint“. Wie konnte er denn das Rot *meinen* ohne es zu sehen? – Denn wenn er auch eine Vorstellung hatte so war sie doch nicht das was er dann zu sehen bekam (sonst hätte er ja nichts erwartet) also mußte er diese Vorstellung auch erst irgendwie *meinen*. – Ist es nun nicht so: daß er die Vorstellung auch mit dem gegenwärtigen – nicht erwarteten – Gesichtseindruck vergleichen kann und vergleicht und dabei die Interpretation dieser Vorstellung so zu sagen festlegt.

2 $/_{T}$ In dem selben Sinne in dem er jetzt 1 m groß/hoch/ ist wird er später 223
1·5 m hoch sein.

3 $\int_{T}$ Ich denke mir es würde jemand, etwa ein kleiner Bub gefeiert und man stellt durch ein lebendes Bild dar was er einmal als Mann machen wird. Sieht man die Vorstellung und den Buben so, weiß man noch nicht was das Ganze bedeutet. Man muß wissen wie die Vorstellung *gemeint* ist. Das weiß man aber wenn man sie mit dem gegenwärtigen Stand, dem Knaben wie er jetzt ist, vergleichen kann.

Wenn ich sagen kann daß er jetzt noch nicht so groß ist so habe ich schon das Bild als Bild seiner Zukunft aufgefaßt.

Wie aber bringt man dem der die Vorstellung sieht sie aber nicht versteht die Absicht bei? Indem man sie ihm *sagt*! Also sie in Worten ausdrückt und also den Zeichen noch weitere Zeichen hinzufügt. Man könnte sich nun etwa über dem lebenden Bild eine Schrift denken die es erklärt.

4 ?$/_{T}$ Kann man sagen: Von der Intention kann nur soweit die Rede sein als man nach ihr fragen und sie erklären kann.

5 $/_{T}$ Die Meinung des Zeichens kann man nur erklären indem man Zeichen 224
gebraucht also dem ersten Zeichen weitere hinzufügt. Dieses Zeichen kann man wieder nur durch Zeichen erklären etc. Also soweit das keine Erklärung der Intention ist gibt's keine. (nämlich keine Erklärung, aber auch keine Intention.)

1 ⟨$/_{T}$⟩ *Randzeichen im MS gestrichen, überschrieben und ersetzt*
2 von verschiedener Farbe, weiß, grün, endlich ⟨auch⟩ ein rotes;
3 Wie konnte er denn ⟨rot⟩ *meinen* ohne es zu sehen?
9 vergleichen kann und vergleicht und dabei die Interpretation ⟨se...⟩
12 In ⟨demselben⟩ Sinne in dem er jetzt 1 m groß/hoch/ ist
22 so habe ich schon das Bild als Bild ⟨der⟩ Zukunft aufgefaßt.
24 *Die letzten zwei Sätze der Bemerkung sind im MS eine eigenständige Bemerkung mit einem stilisierten S als Randzeichen; der vorvorangehenden Bemerkung mit einem Pfeil als fortlaufender Text zugeordnet.*
26 Man könnte sich nun ⟨über ...⟩
29 ⟨∫⟩ *Randzeichen im MS überschrieben und ersetzt*

1 /T Gewiß, wenn man jemandem erklären will wie etwas gemeint war so muß man Worte gebrauchen, – die selbst irgendwie gemeint sind.

So setzt man zur Landkarte den Maßstab, aber nun ist eben das Ganze *ein* Zeichen ....

21.7.

2 / Das Charakteristische am Gedanken, was ihn für uns so einzig macht ist, daß wir dabei nicht das Gefühl einer Deutung haben.

3 / Ja, es ist offenbar daß sich die Erwartung eben mit demselben, derselben Wirklichkeit, abgibt wie die Tatsache die sie erfüllt. Und das ist was sie uns wirklich macht.

4 / Wir schauen erwartend zu derselben, wirklichen, Tür zu der die erwartete Person eintreten soll

5 ?∅ (Immer vergißt man, wie einfach und natürlich alles ist.) 225

6 ∫ Ich sage „schau dorthin, dort wird etwas Schwarzes sichtbar werden wie ein Vogelkopf“ Er schaut hin und ich sage „siehst Du, da ist es“. Er sagt „*ich habe mir etwas größeres erwartet*“. Wie hat er das gemacht?

Er war auf etwas größeres *eingestellt*. Oder „ich habe mir etwas dunkleres erwartet“. Er war auf etwas dunkleres eingestellt.

7 ∫ Ich erwarte mir einen gelben Fleck zu sehen und nun sage ich „ja, so habe ich mir ihn vorgestellt, das habe ich mir erwartet“. Und nun fragte mich einer „woher weißt Du daß Du Dir *das* erwartet hast, Du hast es ja nicht gesehen?“. Es ist offenbar daß diese Frage nichts heißt (und daß darin die Lösung meines Problems liegt)

8 ∫ Wenn das dasselbe Gelb sein kann welches ich mir vorgestellt habe (so daß es dafür nicht noch ein äußeres Criterium etwa eine Reaction gibt) dann mußte sich die Erwartung auf das beziehen was der Vorstellung und der Wirklichkeit gemeinsam ist denn die Vorstellung bleibt als Vorstellung von der Wirklichkeit verschieden

9 ∫T Es muß dann das Gemeinsame wie die Länge zweier Streifen sein die verschieden |sind|, der eine rechts der andre links, aber die Länge gemein haben. 226

10 ∫T  Und darum kann man nicht fragen „woher weißt Du daß sie in der Länge übereinstimmen“, wie man etwa frägt „woher weißt Du daß diese beiden Dinge das gleiche Gewicht haben“.

4 ⟨21.7.⟩ *Datum in der nachfolgenden Leerzeile wiederholt*
10 es ist offenbar daß sich ⟨et...⟩
21 Er sagt „*ich* ⟨*hatte*⟩ *mir etwas größeres erwartet*“
28 „woher weißt Du daß Du Dir *das* erwartet hast⟨“⟩
32 Wenn das dasselbe Gelb sein kann ⟨was⟩ ich mir vorgestellt habe
44 „woher weißt Du daß diese beiden ⟨Elemente/Körper/⟩ das gleiche

1 ∫T Die Sache wird dadurch nicht anders daß die Vorstellung ambig ist und also der Wirklichkeit einen Spielraum läßt. Denn dann ist eben die unsinnige Frage: „wie weißt Du daß dieses Gelb in den Spielraum fällt“. Das entspricht dann diesem Bild: 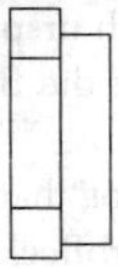

2 / Es beschäftigen uns Fragen verschiedener Art etwa „wie groß ist das spezifische Gewicht dieses Körpers“, „wird es heute schön bleiben“, „wer wird als nächster zur Tür hereinkommen“ etc. Aber unter unseren Fragen finden sich welche von besonderer Art. Wir haben hier ein anderes Erlebnis. Die Fragen scheinen fundamentaler zu sein als die anderen. Und nun sage ich : wenn wir dieses Erlebnis haben dann sind wir an der Grenze der Sprache angelangt. 227

3 / Man könnte sagen die Erwartung ist kein Bild sie bedient sich nur eines Bildes. Ich erwarte etwa daß meine Uhr jetzt auf $\frac{1}{2}$7 zeigen wird und drücke dies durch ein Bild der Zeigerstellung  aus. Dieses Bild kann ich nun mit der wirklichen Stellung vergleichen; die Erwartung aber nicht. Die ist einfach eingetroffen oder nicht eingetroffen; während man von der Zeichnung nicht sagen kann sie sei eingetroffen. Denn dazu gehört erst die D e u t u n g der Zeichnung.

4 / Ich habe etwas vorausgesagt, es tritt nun |erst| ein und ich sage nun einfach „e s ist eingetroffen“ und das beschreibt schon den Tatbestand vollkommen. Er ist also auch jetzt nur soweit beschrieben als man ihn |auch| hat beschreiben können bevor er (noch) eingetreten war

5 / Wenn ich einfach sagen kann „es ist eingetroffen/trifft ein/“, so kann ich |andererseits| nicht beschreiben wie ein Tatbestand sein muß um eine bestimmte Erwartung zu befriedigen. (Und hier liegt wieder die ganze Lösung, wenn ich sie auch noch immer nicht klar aussprechen kann)

6 / Die Erwartung verhält sich eben zu ihrer Befriedigung nicht wie der Hunger zu seiner Befriedigung. Ich kann sehr wohl den Hunger beschreiben und das was ihn stillt und sagen daß es ihn stillt. 228

7 ∫ Die Erwartung ist keine Phantasie, denn wenn ich erwarte daß dort ein lichter Punkt erscheinen werde so muß das d o r t der Ort sein wo der Punkt w i r k l i c h erscheinen wird wenn er erscheinen wird.

2 und also der Wirklichkeit einen Spielraum läßt⟨, …⟩
13 Aber unter unseren Fragen finden sich ⟨e…⟩
15 Und nun sage ich ⟨daß …⟩
21 Dieses Bild kann ich nun mit der wirklichen ⟨Zeigerstellung⟩ vergleichen;
28 Er ist also auch jetzt nur ⟨insoweit⟩ beschrieben
41 so muß ⟨dies⟩ d o r t der Ort sein wo der Punkt

1 ∫ Sowohl vorschauend in der Erwartung als auch rückschauend bei der Erfüllung und in der Erinnerung an die Erwartung sind Erwartung und Erfüllung im selben Raum.

Und die Erwartung ist auch ursprünglich schon die Erwartung der Erfüllung und die Erfüllung nur die Bejahung der Erwartung.

2 ∫ Könnte man vielleicht sagen „rot“ hat zwei verschiedene Bedeutungen wenn man einen wirklichen Farbfleck rot nennt und andrerseits einen vorgestellten Fleck? Nein. Rot ist was beiden gemeinsam ist/sie beide gemeinsam haben/

3 ∫ Die Erwartung kann nur l o g i s c h auf das Erwartete weisen. Denn jedes Bild bleibt immer deutungsbedürftig und die Deutung kann nur eine logische Beziehung herstellen. Denn jede materielle Beziehung die wir dem Bild hinzufügen führt uns nicht zur Intention und läßt das Bild weiterhin deutungsbedürftig. – Das einzige worin die Wirklichkeit mit 229 dem Bild ohne Notwendigkeit einer Deutung übereinstimmen kann oder nicht ist die logische Form.

Denn nur da ist es auch möglich zu bezweifeln ob, und zu zeigen daß nicht, Übereinstimmung zwischen der Erwartung und einer Tatsache besteht.

4 ∫ Das hängt auch damit zusammen daß die Erwartung, der Gedanke der Beweis der Möglichkeit der Tatsache sein muß. Wie eben der Meterstab an dieser Stelle der „Beweis“ dafür ist/zeigt/ daß etwas 1 m lang sein k a n n.

5 ∫ „Wenn die Erwartung noch mehrdeutig ist, so können wir jedenfalls von dieser Mehrdeutigkeit nicht mehr reden.“ Denn so weit die Wirklichkeit zu beschreiben ist soweit beschreibt sie die Erwartung und soweit die Wirklichkeit vorherzusehen ist sieht sie die Erwartung voraus.

6 ∫ Man kann nur insoweit fragen, ob das wirklich die Erfahrung sei die die frühere Erwartung befriedigt als man es kontrollieren kann. Aber man kann es nur kontrollieren soweit die logische Multiplizität in Frage ist.

Also ist auch nicht mehr notwendig als daß der Gedanke auf der Wirklichkeit fuße und auf ihr sein Gebäude errichte.

22.7. 230

7 / Unterscheidet sich etwa ein vorgestellter Ton von dem gleichen wirklich gehörten durch die Klangfarbe?

1 in der Erwartung als auch rückschauend ⟨in der …⟩
4 *Der Absatz ist im MS am linken Rand mit einer vertikalen Wellenlinie markiert.*
5 und die Erfüllung ⟨wird⟩ nur die Bejahung der Erwartung.
16 läßt das Bild weiterhin deutungsbedürftig. – Das einzige worin ⟨das …⟩
16 *Der letzte Satz des Absatz ist im MS am linken Rand mit einer vertikalen Wellenlinie markiert.*
25 der „Beweis“ dafür ist/zeigt/ daß etwas 1 m lang ⟨l…⟩
31 soweit die Wirklichkeit vorherzusehen ist sieht sie die ⟨Wi…⟩
36 ⟨Also …⟩ *–im MS als eigenständige Bemerkung begonnen*
37 daß der Gedanke auf der Wirklichkeit ⟨fußt⟩ und auf ihr

1 / Die Schwierigkeit ist, zu verstehen daß die Tatsache in der Erwartung ganz vorgebildet ist.

2 ∫ Im Maßstab der neben dem wachsenden Gegenstand steht ist die Höhe auch vorgebildet aber nicht, daß dieser Gegenstand sie erreichen wird.

3 / Es ist als ob der Gedanke ein Schatten des Ereignisses wäre; aber so daß dann die Frage ob dieses Ereignis wirklich dasjenige ist dessen Schatten wir vor uns hatten/haben/ unsinnig ist. D.h. die Relation von Schatten und Tatsache kann keine äußere sein.

4 / Und muß das nicht eine falsche Darstellung sein? Denn kann es denn in der Welt der Tatsachen solche/eine Art/ geben die die Schatten der anderen sind? Gewiß nicht! Aber ich sage ja selbst, daß der „Schatten" nicht etwas ist was auf eine äußere Art mit der Tatsache zusammenhängt und das heißt, daß in diesem Vergleich ein logischer Fehler ist.

5 ∫ Wenn ich Einem einen Befehl gebe und er hört ihn und handelt nun so kann ich aus der Handlung allein nicht |er|sehen wie er den Befehl 231 interpretiert hat (denn ich weiß nicht ob er den Befehl befolgen will oder nicht) Die Interpretation aber wäre selbst wieder eine Handlung; aber worin bestünde die?

6 / 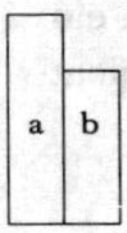

Wenn ich sage „b ist nicht so lang wie a" so scheint das jenen Schatten voraus zu setzen der Tatsache daß b so lang wie a ist. Wenn ich aber sage „b ist kleiner als a" so scheint das diesen Schatten nicht zu enthalten/vorauszusetzen/ und doch sagt es auch |(wenn auch mehr als das)| was der erste Satz sagt.

7 ?/ Man könnte also sagen: „b ist so lang wie a" hat Sinn, weil b kürzer als a ist. (Oder „dieses Buch ist blau" hat Sinn weil es in Wirklichkeit rot ist)

1 Die Schwierigkeit ist, ⟨|es|⟩ zu verstehen daß ⟨der Sa…⟩
8 aber so daß dann die Frage ob dieses Ereignis wirklich ⟨das Ereignis …⟩
8 dasjenige ist ⟨was …⟩
27 nicht zu enthalten/vorauszusetzen/ und doch ⟨sagte⟩ es auch

1 ∫ Etwas spricht für die Auffassung, daß die Interpretation des Bildes im Gebrauch liegt den man vom Bild macht.

Nehmen wir an das Verstehen des Befehls bestünde darin daß man eine bestimmte Tätigkeit halluziniert und das Bild dieser Halluzination nun mit der wirklichen Handlung vergleicht indem man es gleichsam auf den Raum in dem diese vorsich geht auflegt.

Der Befehl hätte etwa gelautet vom Punkt A aus nach rechts eine  Gerade zu ziehen; ich sehe nun die zu ziehende Gerade 232 vor mir – und zwar natürlich von dem wirklichen Punkt A ausgehend – und kann sie nun entweder nachziehen oder nicht. Denken wir uns den Fall sogar so: ich halluzinierte den Bleistift der sich in einer Geraden nach rechts bewegt und kann ihm nun mit dem wirklichen Bleistift entweder folgen (den wirklichen mit dem halluzinierten zur Deckung bringen) oder nicht.

2 / (Es ist eine |besondere| Methode der Philosophie die in den Wissenschaften nicht erlaubt ist den günstigsten Fall anzunehmen) (Am ähnlichsten ist diese Methode noch der in der Mathematik einen extremen Fall anzunehmen in welchem das und das doch bestimmt /jedenfalls/ eintrifft. [Argument a fortiori?])

3 ∫ Nun dürfte man aber nicht wieder fragen „ja woher weiß man denn daß man dieser Halluzination zu folgen hat, daß sie als Befehl aufzufassen ist es so zu machen“ denn das müßte jetzt darin liegen daß man etwa ein bestimmtes Gefühl der Befriedigung hat wenn man ihr folgt und nicht wenn man ihr nicht folgt.

4 ∫ Der Gedanke wäre also ein Bild das eine bestimmte Wirkung hätte.

5 Man könnte fragen: woher weiß ich daß das mein Bleistift ist dessen 233 Halluzination ich hier sehe denn alles was ich erkennen kann ist ein Bild das meinem Bleistift gleichsieht und daß es nun mein Bleistift sein soll ist wieder Interpretation. Aber die Antwort würde lauten: die Interpretation besteht nur darin ob ich mir jenes Bild zum Beispiel nehme oder nicht. Dieses Zum-Beispiel-Nehmen – eine bestimmte Reaktion auf den Abstand zwischen dem Bild und einer bestimmten Wirklichkeit – ist das Auffassen des Bildes als Befehl.

Es ist so wie wenn man einen Vorwurf spürt weil man es jemandem nicht gleichtut.

Der Gedanke ist also in einem gewissen Sinne ein Vorbild der Wirklichkeit.

1 Etwas spricht ⟨|in mir|⟩ *–das Einfügungszeichen ist im MS gewellt unterstrichen*
1 daß die Interpretation des Bildes ⟨nur⟩ im Gebrauch liegt
16 (Es ist eine |besondere| Methode ⟨die …⟩
30 ⟨I…⟩
36 zwischen dem Bild und ⟨der⟩ bestimmten Wirklichkeit
39 einen Vorwurf spürt weil man es jemandem nicht ⟨gleichtun …⟩
40 Der Gedanke ⟨dient also der Wirklichkeit⟩

23.7.

1 ∫T Nehmen wir wieder den „günstigsten“ Fall an, nehmen wir an, ich hallucinicre bei der Erwartung (zwar, wie kann ich hallucinieren daß er in 5 Minuten hereinkommen wird?)

2 ∫T Was heißt denn das Wort „dreiundzwanzig“ zu verstehen als seine Syntax zu verstehen, damit operieren können?

3 ∫ Erwartung, Befehl etc kann man sich immer an einer Landkarte deutlich machen und an ihrem Gebrauch. Die Landkarte ist das Bild das interpretiert wird. Denken wir uns wir haben den Befehl nach einer 234 Straße auf der Landkarte zu gehen; oder die Landkarte ist das Bild unserer Erwartung indem sie zeigt daß wir in einer Stunde dort und dort hin kommen.

4 ?/ Man denke sich man gebe jemandem den Befehl eine bestimmte Handlung auszuführen etwa dieser Linie mit dem Bleistift  nachzufahren. Die Sache wird deutlicher wenn man sich den Befehl jemandem unserer Wortsprache unkundigen mit Zeichen gegeben denkt. Man wird dann die Handlung vormachen und nun ihm den Bleistift geben und ihn stupfen und etwa seine Hand ein kleines Stückchen führen (oder dergleichen). Das wird der Befehl sein. Nun wird man freilich sagen: das ist bloß der Ausdruck des Befehls und nicht was wir eigentlich meinen, was wir meinen ist: ….., und nun wird man/er/ mir andere Zeichen für das geben „was gemeint ist“. – Aber wenn man nun den Befehl ausführte und auf die Ausführung als nachträgliche Erklärung des Befehls wiese? Oder ist in dem Falle auch die Erfüllung nur ein Zeichen?

5 ∫T Man könnte sagen: Den Befehl verstehen heißt ihn ausführen oder sich ihm widersetzen

(Etwa ähnlich wie man sagen könnte die Schwerkraft äußert sich entweder darin, daß sie einen Körper beschleunigt oder wenn meine 235 Hand das nicht zuläßt durch den Druck den der Körper auf meine Hand ausübt.)

6 ∫T Das Zeichen der Widersetzlichkeit kann etwa ein Schütteln des Kopfes sein; so daß, wenn er sich nach der Linie a 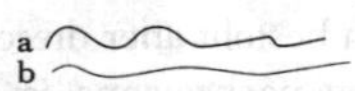 bewegt und den Kopf nicht schüttelt das bedeutet er habe den Befehl so verstanden er solle sich auf a bewegen und führe ihn aus. Wenn er a entlang geht und dabei den Kopf schüttelt so hieße das er habe den Befehl anders aufgefaßt und wolle sich ihm durch seine Handlung widersetzen. etc. etc.

7 ?/ Es habe jemand Einem einen solchen Befehl durch Zeichen gegeben und ich frage ihn „hast Du denn diesen Befehl verstanden“ und er sagt mir darauf „ja, er wollte daß ich ……“ und wiederholt mir den Befehl in einer anderen Sprache. So komme ich aus den Zeichen nicht heraus.

9 ⟨/⟩ *Randzeichen im MS gestrichen und ersetzt*
16 ⟨∫⟩ *Randzeichen im MS überschrieben und ersetzt*
45 ⟨∫⟩ *Randzeichen im MS überschrieben und ersetzt*

24.7.

1 $/_{\mathrm{T}}$ Wenn man das Beispiel von dem durch Gebärden mitgeteilten Befehl betrachtet möchte man einerseits immer sagen ja dieses Beispiel ist eben unvollkommen, die |angenommene| Gebärdensprache zu roh darum kann sie den beabsichtigten Sinn nicht vollständig ausdrücken – aber tatsächlich ist sie so gut wie jede denkbare andere und erfüllt ihren 236
Zweck so vollständig wie es überhaupt denkbar ist.

(Es ist eine der wichtigsten Einsichten daß es keine Verbesserung der Logik gibt.)

2 $\int_{\mathrm{T}}$ Wenn ich |also| jemandem einen Befehl gebe, so kann ich weiter nichts tun als ihm ein Beispiel geben. Der Befehl muß sich dann von dem Befehl jeder anderen Handlung unterscheiden und das heißt der Befehl muß die gleiche Multiplizität zulassen (die gleiche Geometrie) wie die Handlungen. Mehr aber kann er nicht tun

3 $/_{\mathrm{T}}$ Es ist sehr trivial wenn ich sage, daß ich in der Erwartung eines Flecks die Erwartung eines kreisförmigen von der eines elliptischen muß unterscheiden können und es überhaupt soviele Unterschiede in der Erwartung geben muß wie in den Erfüllungen der Erwartung. (Der Hunger und der Apfel der ihn befriedigt haben nicht die gleiche Multiplizität)

4 $\int_{\mathrm{T}}$ Der Befehl steht aber doch nicht selbständig da ich *will* doch etwas mit dem Befehl. Ja was? Nun, daß er/der Mensch/ das und das tut. Ganz richtig aber hier habe ich eben den Befehl nur in anderer Weise wiederholt

5 $\int_{\mathrm{T}}$ Der Sinn ist eben nicht etwas worauf man deuten kann wie etwa auf 237
mich als Bedeutung meines Namens sondern Eigentum des Satzes der ihn hat. Der Satz hat ihn in sich.

6 $\int_{\mathrm{T}}$ Angenommen der Befehl würde darin bestehen einen Gegenstand nach einer Werkzeichnung zu machen. Dann projiciere ich bei der Ausführung des Befehls diese Zeichnung – den Ausdruck des Befehls – in die Wirklichkeit. Ich *verwende* also die Zeichnung als Bild.

7 $/_{\mathrm{T}}$ Worin besteht aber dieses „als Bild verwenden"? Wenn ich z.B. einer Vorlage nachzeichne, ist es da dasselbe ob ich absichtlich oder unabsichtlich etwas |der Vorlage| ähnliches zeichne? Und wenn ich mich nun verzeichne ist damit die Absicht die Vorlage zu kopieren fallen gelassen/aufgehoben/? – Und doch kann diese Absicht nur darin bestehen daß sie mit der ausgeführten Zeichnung ein genaues Bild der Vorlage oder eigentlich die Vorlage selbst ergibt. Die Absicht muß die Ausführung zu der Vorlage ergänzen.

Aber ist es dann nicht so daß Beflissenheit oder Widerwille die Ausführung oder Nicht-Ausführung zum Verständnis des Befehls ergänzen müssen?

19 muß unterscheiden können und überhaupt ⟨|es|⟩ soviele Unterschiede
20 in der Erwartung geben muß wie in ⟨dem …⟩
43 mit der ausgeführten ⟨Kopie⟩ ein genaues Bild der Vorlage

1 $\int_{T}$ Eine geometrische Figur zusammen mit ihrer Projectionsmethode auf eine bestimmte Ebene bestimmt nicht etwa erst eine Figur in dieser Ebene sondern enthält bereits diese Figur. 238

2 $/_{T}$ 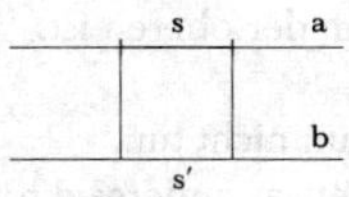

Die orthogonale Projection von s auf b grenzt auf b schon das Stück s′ ab. Damit ist freilich nicht gesagt daß dieses Stück nun auf b eine besondere Farbe hat also auch durch die Farbe begrenzt ist. Besser mit Kreisen auf zwei parallelen Ebenen vorzustellen. Die Projection des schwarzen Kreises auf die untere Ebene begrenzt auf dieser schon einen Kreis, dadurch ist er aber noch kein Farbkreis. (In diesem Satz liegt Richtiges und Falsches)

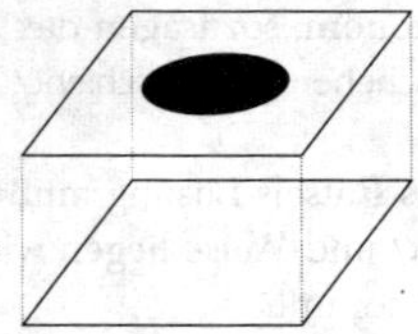

3 $\int_{T}$ Wenn ich nun erwarte daß auf der unteren Ebene ein Kreis erscheinen wird von dem gesagt wird daß er die orthogonale Projection des oberen und von gleicher Farbe ist – so gebe ich weiter nichts als eine Projectionsmethode. (Eine Projectionsmethode ist eine allgemeine Regel-Allgemeinheit) Die Projectionsmethode kann ich von anderen Gebilden kennen. Ich kenne sie aber doch nur so daß eine Figur die orth. Projection einer anderen ist aber doch nicht so daß keine Figur die Projection einer Figur ist. Ich nehme mir vor die Erscheinungen auf der unteren Ebene in bestimmter Weise zu beurteilen. Dann muß in diesem Vorsatz schon die Projection stecken.

4 $\int_{T}$ (Die Philosophie wird am Schluß aus äußerst trivialen Sätzen, Bemerkungen, bestehen; es ist nur ungeheuer schwer dazu zu gelangen sie zu verstehen. D.h. sie als die Philosophie zu verstehen.)

5 $\int_{T}$ (Die ganzen Anstrengungen die ich jetzt mache, dienen nur dazu um gewisse triviale Sätze zu verstehen d.h. sie in allen ihren Consequenzen zu verstehen.) 239

6 $\int_{T}$ Heißt das nicht: Die Erwartung muß die weiße Ebene zu einem schwarzen Kreis ergänzen.

7 $/_{T}$ Was heißt es, eine Strecke daraufhin untersuchen ob sie die orth. Projection einer anderen sei?

8 eine besondere Farbe hat also auch durch die Farbe ⟨ge…⟩
9 Besser mit ⟨|einem …|⟩
13 auf dieser schon einen Kreis, dadurch ist er aber noch kein ⟨Farbenkreis⟩
19 die orthogonale Projection des oberen und von gleicher Farbe ⟨wie …⟩
19 *Im MS ist der Text nach dem Bindestrich eine eigene Bemerkung mit einem vorwärts geneigten Schrägstich als Randzeichen; durch die Anweisung:* [Zu dem oberen Satz] – *als fortlaufender Text der vorvorangehenden Bemerkung zugeordnet.*
22 Die Projectionsmethode kann ich von anderen ⟨Figurenpaaren⟩ kennen.
24 die Projection einer Figur ist. ⟨–⟩ Ich nehme mir vor
36 ⟨$/_{T}$⟩ *Randzeichen im MS gestrichen, überschrieben und ersetzt*
39 *Die Bemerkung ist im MS am linken Rand mit einer vertikalen Wellenlinie markiert.*

1 /$_{T}$ Es kann nur heißen eben die Striche zu ziehen die man in einem solchen Fall zieht. – Wie ist es aber mit der Untersuchung? ob die untere Farbe die gleiche ist wie die obere. Oder kann man sagen: auch da stelle ich mich in bestimmter Weise ein so wie ich etwa Linien ziehe um 240
feststellen zu können ob die untere Figur die Projection der oberen ist. Ich glaube so ist es.

Das ist alles ein Einstellen, aber mehr kann ich nun nicht tun.

Und dieses Einstellen ist nicht das Einstellen auf etwas anderes d.h. nicht mit Beziehung auf etwas was noch nicht da ist sondern es ist autonom, sozusagen das Aufrichten eines Maßstabes, was immer geschehen mag/geschieht/.

2 ?/$_{T}$ Des Rätsels Lösung muß in der |festgesetzten| Art/Festsetzung über die Art/ und Weise liegen wie die Erscheinung dann beschrieben wird wenn sie kommt

25.

3 /$_{T}$ Es ist ungemein schwer den eigentlichen Punkt/Ort/ der Schwierigkeit mit Worten zu erreichen.

4 /$_{T}$ Denken wir uns die Einstellung durch einen Zeiger wie den gelben Zeiger beim Anäroidbarometer und etwa ein solches Barometer und eine Uhr. Auf beiden Zifferblättern stelle ich den freien Zeiger ein und

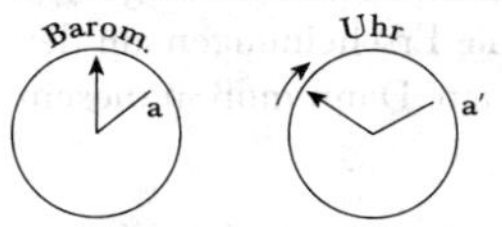

drücke dadurch die Erwartung aus daß, wenn der Uhrzeiger bei a′ anlangt der andere auf a stehen wird. (Es ist kein Zweifel daß das ein vollkommener Ausdruck der
Erwartung des Gedankens ist) Bleibt nun die Uhr etwa stehen so daß ihr 241
Zeiger a′ nicht erreicht, dann gilt das Ganze nicht, ebenso wenn etwa der Zeiger des Barometers plötzlich verschwände. Dann wäre eben kein Zeichen da. Ist es aber da dann hat das Barometer sozu sagen keine andre Wahl als auf a zu stehen oder nicht auf a zu stehen und dann ist der Gedanke verifiziert worden oder er ist falsifiziert worden.

5 /$_{T}$ Wo haben wir aber in diesem Satzzeichen Worte oder etwas was den Worten entspricht? Es „bedeutet“ offenbar a′ den Uhrzeiger und a den Barometerzeiger.

6 /$_{T}$ Ich bleibe in den Zeichen, bis ich in ihrer Anwendung/Verwendung/ aus ihnen heraus trete.

Dann weist mein Benehmen meine Handlung die logische Verwandtschaft mit den Zeichen auf die ein solches Zeichen mit seiner Übersetzung aufweist.

4 mich in bestimmter Weise ein so wie ich etwa ⟨S...⟩
7 Das ist alles ein ⟨E i n s t e l l e n⟩, aber mehr kann ich nun nicht tun
23 Auf beiden Zifferblättern stelle ich den freien Zeiger ⟨a auf a′⟩ ein
25 die Erwartung aus daß, wenn ⟨die Uhr⟩ bei a′ anlangt der andere auf
33 und dann ist der Gedanke verifiziert worden oder ⟨(das Umgekehrte.)⟩
35 Wo haben wir aber in diesem ⟨Z...⟩
41 Dann weist ⟨meine ...⟩

1 $/_{T}$ Was ich |immer| sagen will ist daß der Gedanke nichts Menschliches ist. Daß er auch nicht ein bestimmtes Gefühl ist das man eben nur fühlen aber nicht etwa auch sehen/ansehen/ kann. Man kann z.B. Zahnschmerzen nicht gleichsam herausstellen und ansehen

2 ?$/_{T}$ (Natürlich kann man nicht sagen die Zahnschmerzen kenne man von innen indem man sie fühlt und könne sie nicht von außen betrachten. Denn die Zahnschmerzen haben (eben) kein innen und außen.) 242

3 $/_{T}$ Die heute gewöhnliche Auffassung ist die, daß das Denken – durch den Kopf oder die Seele besorgt – ein Privilegium eben des Kopfes oder der Seele ist (wie etwa die natürliche Verdauung des Magens) Und das ist sie auch als naturgeschichtlicher Akt betrachtet wie auch die Verdauung in diesem Sinn dem Magen eigentümlich ist – aber vom Standpunkt des Chemikers betrachtet ist die Verdauung ein Prozess der dem Tierischen Magen nicht eignet und ganz unabhängig davon ist wo er tatsächlich stattfindet. – So hat es der Logiker nicht mit einem spezifisch menschlichen Prozess zu tun.

4 $/_{T}$ Die Logik ist eine Geometrie des Denkens.

5 $\int_{T}$ Was am Denken menschlich ist, mit dem hat die Logik nichts zu tun.

6 $/_{T}$ Man könnte freilich sagen daß die Uhr und das Barometer mit den verstellbaren Zeigern nur der Ausdruck eines Gedankens aber nicht der Gedanke selbst sind, aber dann sind sie doch Teile, Werkzeuge, eines Gedankens und was immer der Gedanke selbst ist, so ist er ein anderer Vorgang als der, welcher ihn verificiert und er hat mit diesem Vorgang nur soviel gemein/kann mit diesem Vorgang nur soviel gemein haben/ als jene Vorrichtungen der Uhr und des Barometers(.) haben. – Darum 243
kann – und muß – man |in der Logik| auch mit dem „Ausdruck" der Gedanken operieren und auf das andere keine Rücksicht nehmen.

7 $/_{T}$ Man könnte nun (und zwar in gewissem Sinne mit Recht) sagen, daß jene Uhr und das Barometer noch gar nichts von der Erwartung enthalten, daß man dazu ein weiteres Bild brauchte und zwar eine andere Uhr und ein Barometer die den Vorgang den man von den ersten erwartet sozusagen vormachen. Aber nun brauchte man ein weiteres Paar Uhren etc um nur die Verbindung jener Uhren und Barometer vorzumachen etc.

11 durch den Kopf oder die Seele besorgt – ⟨e…⟩ ⟨ein …⟩
14 wie auch die Verdauung in diesem Sinn dem Magen eigentümlich ist⟨,⟩
16 ein Prozess der dem Tierischen Magen nicht eignet ⟨so …⟩
26 aber dann sind sie doch Teile, Werkzeuge, ⟨einer…⟩
31 |in der Logik| –*das Einfügungszeichen ist im MS gewellt unterstrichen*
35 noch gar nichts von der ⟨genannten⟩ Erwartung enthalten,
38 den man von den ersten erwartet sozusagen ⟨vormach(t)en⟩
38 brauchte man | | ein –*im MS leergebliebenes Einfügungszeichen*

1 /T Das Gleiche geschieht im Fall der beiden Ebenen, wenn ich hier erwarte

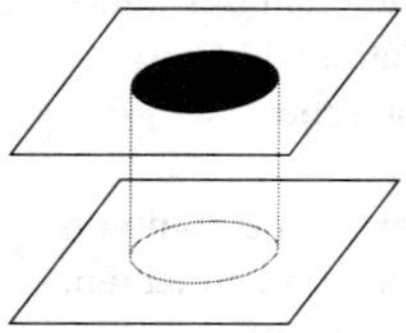

auf der unteren einen Fleck zu sehen der die senkrechte Projection des Oberen ist. Hier kann ich auch die Projectionsmethode noch darstellen indem ich etwa einen Glaszylinder zwischen die Ebenen stelle. Dadurch bin ich aber der Erwartung oder dem Gedanken nicht näher gekommen.

2 /T Der Gedanke ist das wonach man die Tatsache müßte herstellen können, wie der Befehl das ist, wonach man die Handlung tun/ausführen/ kann. Nehmen wir an der Befehl wäre auf der unteren Ebene einen Kreis wie den oberen hervorzubringen. Inwiefern bestimmt denn der 244
Befehl die Ausführung? Inwieweit kann man, wenn man von der Reaktion des Befehlenden absieht, bloß durch den Vergleich des Befehls mit der Ausführung erkennen daß der Befehl richtig ausgeführt wurde.

Und soweit man es kann vergleicht man eben zwei verschiedene Vorgänge und kann höchstens aus der verschiedenen Mannigfaltigkeit einen Schluß auf einen begangenen Fehler ziehen; aber in keiner anderen Weise.

3 ?/T Noch einmal: was ist das Criterium dafür daß der Befehl richtig ausgeführt wurde? Was ist das Criterium, nämlich auch für den Befehlenden? Wie kann e r wissen daß der Befehl nicht richtig ausgeführt wurde. Angenommen er ist mit/von/ der Ausführung befriedigt und sagt nun: „von dieser Befriedigung lasse ich mich aber nicht täuschen denn ich weiß daß doch nicht das geschehen ist was ich wollte". Er muß sich dann in irgend einem Sinne daran erinnern wie er den Befehl gemeint hatte – – –

4 /T Angenommen die Erwartung bestünde darin daß man den Fleck den man erwartet halluciniert; man braucht aber dazu in irgend einer Weise eine gewisse Kraft und an dem Kraftaufwand merkt man – er ist sozusagen ein Maß dafür – wie weit der wirkliche Zustand noch von dem erwarteten entfernt ist; bis dann etwa die Erwartung eintrifft und 245
man |nun| keine Kraft mehr braucht das erwartete (wirklich) zu sehen. Das wäre dann etwa so: Ich erwarte mir daß ein Körper den ich in der Hand trage beginnen wird frei zu schweben und spüre am Gewicht das ich zu tragen habe und an der Abnahme dieses Gewichts den Abstand von der Erfüllung meiner Erwartung. Aber die Kraft die ich dazu brauche um die Hallucination aufrecht zu erhalten oder den Körper zu tragen sind ein Drittes und nicht das reine Maß der Entfernung des wirklichen vom erwarteten Zustand.

22 *Die Bemerkung ist im MS am linken Rand mit einer vertikalen Wellenlinie markiert.*
23 Was ist das Criterium, nämlich ⟨auf ...⟩
25 Angenommen er ist ⟨mit⟩ der Ausführung befriedigt und sagt nun:
35 noch von dem erwarteten entfernt ist; bis dann etwa ⟨das ...⟩
36 die Erwartung eintrifft und man |nun| ⟨K...⟩
42 und nicht das reine Maß der Entfernung ⟨der ...⟩

1 $/_{T}$ Wenn er sagt daß er den Befehl nicht so gemeint hatte so muß es in seiner Sprache eine Möglichkeit geben den Vorgang zu beschreiben der tatsächlich stattgefunden hatte und im Gegensatz dazu den Vorgang den er gewünscht hatte. – – –

2 $/_{T}$ Ich meine: Wenn er mit der Ausführung des Befehls nicht einverstanden ist dann muß er sagen können worin der Fehler liegt. Kann er das aber überhaupt sagen d.h. mir verständlich machen, so muß er sich in seiner Beschreibung auf die Weise beziehen wie ich ihn verstehe. Er muß mir eben wieder Zeichen geben. – – –

3 $\int_{T}$ Er befiehlt mir „setze hier die gleiche Farbe hin wie dort", ich setze eine Farbe hin und er sagt „ja das ist gut" und ich sage nun „was, das hast Du 246
mit der ‚gleichen Farbe' gemeint?" Und er sagt „ja das habe ich mit ‚gleicher Farbe' gemeint." Kann ich ihm nun nachweisen daß er das nicht gemeint hat? Ja, kann er im Zweifel darüber sein ob er das gemeint hat; und das heißt: hat er eine Methode herauszufinden was er früher gemeint hat und etwa seine jetzige Auffassung mit der früheren zu vergleichen? Gewiß nicht.

4 $/_{T}$ Auf „so hab ich's nicht gemeint" folgt immer die Frage „wie denn?" und darauf (besteht)/ist/ die Antwort (in) weitere(n) Zeichen des alten Zeichensystems.

5 $/_{T}$ Will ich damit nicht sagen:/?/ Man kann die Auffassung der Sprache durch Zeichen nicht ändern sondern nur wieder in der Sprache weiterreden.

6 $/_{T}$ Darum darf man aber von der Auffassung der Sprache überhaupt nicht reden. Denn man kann nicht von verschiedenen Auffassungen der Sprache reden.

7 $\int_{T}$ Das führt zu der Frage: Was geschieht, wenn ich |etwa| eine Farbe die ich vor mir habe benenne, etwa sage „das ist rot" oder „diese Farbe ist rot"?

8 $/_{T}$ Das was ich meine muß das sein, was ich sagen kann.

9 $/_{T}$ Auf die Frage „was meinst Du" muß zur Antwort kommen: p; und nicht 247
„ich meine das, was ich mit ‚p' meine".

7 dann muß er sagen können ⟨woran …⟩
9 auf die Weise beziehen wie ich ihn verstehe.⟨– – – …⟩
12 ⟨$/_{T}$⟩ *Randzeichen überschrieben und ersetzt; das Randzeichen ist im MS spiegelbildlich*
12 Er ⟨sagt⟩ mir „setze hier die gleiche Farbe hin wie dort"
16 kann er im Zweifel darüber sein ob er ⟨es so⟩ gemeint hat
17 und das heißt⟨,⟩ hat er eine Methode herauszufinden
18 und etwa seine jetzige Auffassung mit ⟨den …⟩
30 von der Auffassung der Sprache überhaupt nicht reden. ⟨– – – …⟩
37 ⟨$\int_{T}$⟩ *Randzeichen im MS nur im Ansatz*

1 /T D.h. die Meinung, soweit sie nicht erklärt werden kann ist ein Nichts. (Und die Meinung ist der Sinn des Satzes.)

2 /T Die *Vorstellung* von dem erwarteten schwarzen Fleck ist auch nur ein Zeichen, denn der erwartete schwarze Fleck ist sie nicht.

3 /T Und man kann nicht in der Vorstellung die Vorstellung des schwarzen Flecks mit dem schwarzen Fleck der nicht da ist vergleichen.

4 /T Die Ergebnisse der Philosophie sind die Entdeckung irgend eines schlichten Unsinns und Beulen die sich der Verstand beim Anrennen an die Grenze/das Ende/ der Sprache geholt hat. Sie, die Beulen, lassen uns den Wert jener Entdeckung verstehen/erkennen/.

26.

5 /T Man kann nicht sagen die Bedeutung des Wortes „rot“ hänge davon ab daß es irgendwo etwas rotes gäbe wenn ich es auch jetzt nicht vor mir habe. Denn wenn ich also keine Evidenz für das Existieren eines solchen roten Gegenstandes habe dann existiert er |eben| vielleicht nicht und in diesem Falle hat das Wort auch keine Bedeutung/ist das Wort auch bedeutungslos/.

6 ∫T Was sich nicht ausdrücken läßt, darüber läßt sich auch nicht reden. 248

7 ∫T Soweit sich nicht erklären läßt inwiefern ein Befehl nicht richtig ausgeführt wurde, ist auch nichts zu erklären da.

8 /T (Was ich mache ist nicht so sehr das Forschen nach einer Entdeckung/der Entdeckung einer neuen Wahrheit/ als vielmehr Denkübungen, d.h. Übungen eine bestimmte Denkbewegung zu machen, so wie man Rumpfübungen macht um endlich eine gewisse schwierige Bewegung ausführen zu können.)

9 ∫T Ich habe gesagt, daß in der Erwartung bereits die Tatsache irgendwie vorgebildet sei, aber so schiene es als könnte man sagen „siehst Du, nur diese Tatsache paßt auf diese Erwartung“. „Ich weiß was der Fall ist, wenn die Erwartung in Erfüllung geht“. Nun – wenn Du es weißt – was ist denn der Fall? Und die Antwort darauf ist ein neuerlicher Ausdruck der Erwartung.

10 ∫T Das heißt: Wissen was der Fall ist wenn der Satz wahr ist heißt einen *anderen* Ausdruck besitzen den man dem ersten Satz gleichsetzt.

5 ⟨Und man …⟩ –*im MS gestrichener Beginn eines Absatzes*
16 die Bedeutung des Wortes „rot“ hänge davon ⟨aber …⟩
25 *Die Bemerkung steht im MS nach der folgenden, mit einem Pfeil am linken Rand umgestellt.*
26 sich nicht erklären läßt inwiefern ein Befehl nicht richtig ausgeführt ⟨ist⟩
31 so wie man ⟨etwa⟩ Rumpfübungen macht um endlich eine gewisse

1 ∫T Man sagt mir: „Du wirst hier einen hellen Kreis sehen“ und ich sage „oh, ich weiß was das bedeutet“ – das heißt, ich habe eine Vorstellung in 249 die ich den Satz übersetze. Aber diese Vorstellung nimmt die Erfüllung der Erwartung ebensowenig voraus wie jener erste Satz.

Und kommt nun die Erfüllung endlich oder die Nichterfüllung so läßt sie sich sowenig vorausnehmen als die Zeit in der sie eintritt.

2 ∫T Kann man aber nicht doch sagen daß ein |erwarteter| Vorgang den ich durch eine Zeichnung oder ein farbiges Bild darstelle durch dieses Bild mehr vorausgenommen wurde als durch den bloßen Satz durch den ich ihn beschreibe? Wie aber wenn der Vorgang nicht eintritt? – – –

3 ∫T Die Erwartung ist freilich nicht das Bild, sondern die Attitude die ich zu dem Bild einnehme, und diese macht den Unterschied zwischen Erwartung, Furcht, Hoffnung, Glauben, Unglauben.

4 /T Wenn ich dem Satz, dem Ausdruck der Erwartung, ein anderes Bild zuordne als Erklärung seines Sinnes so kann ich es ihm immer erst zuordnen bis es da ist. Wenn ich nun sage „ich weiß was das heißt, ich kann es Dir aufzeichnen“ so bedeutet dieses *Vermögen* etwas darzustellen nichts anderes als daß schon eine Darstellung „im Kopf“ vorhanden ist. Denn es würde sich fragen: Ist dieses Können so aufzufassen daß es erst durch die Ausführung bewiesen wird. Dann war 250 das „ich kann“ nur eine Vermutung. Oder ist es eine Sicherheit kann es also auch nicht dadurch widerlegt werden, daß ich verhindert werde es auszuführen dann mußte das Vermögen jedenfalls schon die Multiplizität des Ausführens haben und dann heißt es daß schon ein Bild vorhanden ist und die Attitude dazu die die Absicht ausmacht es auf bestimmte Weise wiederzugeben.

5 /T Denn der Wunsch oder Wille etwas zu tun ist ja von derselben Art wie Erwartung, Glaube etc.

6 /T Im Fall des Wunsches ist es besonders deutlich; denn daß, wenn ich den Arm zu heben wünsche ich ihn dadurch in keiner Weise gehoben habe, ist klar. Anderseits müssen die Elemente des Gewünschten im Wunsch vorhanden sein, wenn es dieser Wunsch sein soll. Denn wenn es zweifelhaft ist ob ein Wunsch in Erfüllung geht, so kann es nicht zweifelhaft sein welcher Wunsch es ist d.h. was gewünscht wird.

2 „oh, ich weiß was das bedeutet“⟨. Das heißt⟩, ich habe eine
8 Kann man aber ⟨d…⟩
8 sagen daß ein |erwarteter| Vorgang ⟨dieser Erwartung …⟩
15 zwischen Erwartung, Furcht, Hoffnung, Glauben, ⟨etc. …⟩
18 ein anderes Bild zuordne als Erklärung ⟨seiner …⟩
19 Wenn ich nun sage „⟨oh⟩ ich weiß was das heißt,
21 bedeutet dieses *Vermögen* etwas ⟨aufzuzeichnen⟩ nichts anderes als
25 dadurch widerlegt werden, daß ich verhindert ⟨bin⟩ es auszuführen
34 Im Fall des Wunsches ist es besonders deutlich; ⟨dann …⟩
34 Im Fall des Wunsches ist es besonders deutlich; denn daß⟨ ich …⟩

1 $\int_T$ Man könnte sagen der Satz liegt auf der Lauer, und nun kann das factum /Ereignis/ nur entweder geschehen oder nicht geschehen.
Wie ist es aber mit dem Nichtgeschehen, setzt das nicht doch in irgend einem Sinn das Geschehen voraus?

2 Das ja oder/und/ nein muß eine Eigentümlichkeit unserer Welt sein die 251
ich daher nicht als Eigentümlichkeit darstellen kann.
Wenn ich nämlich sage „das Ereignis könne nun nur geschehen oder nicht geschehen“ so sage ich ja gar nichts.

3 $\int_T$ „Ich weiß wie das ist, wenn es geschieht und das soll nun *nicht* der Fall sein, es soll gleichsam ausgeschaltet sein“
Aber wer den Satz versteht muß ja schon ja und nein verstehen denn er kann ja nicht wissen ob der Satz wahr ist oder nicht.
Worin besteht denn die Möglichkeit daß der Zeiger sich in die Stellung |des Stabes| a stellt? Darin daß a ja selbst diese Stellung hat daß a im gleichen Raum mit dem Zeiger ist. Ist aber dieser |gleiche| Raum unabhängig von einer Darstellung, von einem Bild?

27.

4 $\int_T$ Überraschung, Enttäuschung. Man sagt „ich dachte mir der Zeiger würde schon da sein, und nun ist er noch nicht da“. Man hatte sich ein Bild gemacht, das ist klar. – –
Aber inwiefern ist dieses Bild ein Bild eben *dieses* Zeigers? Ein Porträt. Ein Porträt eines Menschen den es nicht gibt ist ein Unding. Zum Porträt *gehört* also der Mensch den es darstellt.

5 $/_T$ „Das soll er sein“ darin liegt das ganze Problem der Darstellung.

12 *nicht* der Fall sein, es soll gleichsam ⟨ausgeschlossen⟩ sein“
16 die Möglichkeit daß der Zeiger sich in die ⟨St...⟩ ⟨La...⟩
18 dieser |gleiche| Raum unabhängig von einer Darstellung⟨?⟩, ⟨es ...⟩
22 schon da sein, und nun ist er noch nicht da“. ⟨Es ...⟩
28 *Im MS ein Absatz, durch ein Randzeichen als eigenständige Bemerkung gekennzeichnet.*

1 /T Es ist aber doch möglich eine allgemeine Regel der Übersetzung zu geben e h e die Übersetzung ausgeführt ist. Und diese Regel scheint eine Projectionsmethode darzustellen d.h. die projizierende Relation zu geben ehe noch beide Glieder dieser Relation vorhanden sind. Wie ist das möglich?! 252

In der Kenntnis dieser Projectionsmethode besteht auch das Projizieren-Können das Aufzeichnen-Können etc.

Wie kann man aber Jemand eine Projectionsmethode lehren? doch nur indem man ihm P r o j e c t i o n e n zeigt. Und wie ist denn die Anweisung eine Projection zu machen, wenn man sagt „zieh die und die Striche etc.“? hier wird in der Sprache ein Bild gemacht von den Strichen daher aber auch von dem Projizierten. Wenn man z.B. jemandem durch ein Bild zeigen will wie er die Strecke a auf b senkrecht projizieren soll und man

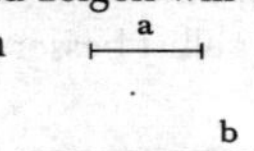

zeichnet nun a′

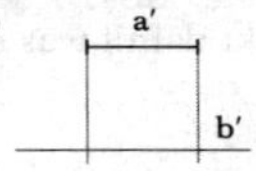

als Vertreter von a und zieht die entsprechenden Striche so zeichnet man damit auch die Projection von a′ auf b′.

2 ∫T Ich rede aber doch von der Anwendung dieser Projectionsmethode auf a. Ist auch sie wieder nur ein Bild das erst angewendet werden muß? – Gewiß, wenn ich die Anwendung erkläre kann ich wieder nur von ihr ein Bild machen. – 253

3 ∫T Aber wenn ich sie anwenden will, so weiß ich doch schon was ich will!
(Es ist da/hier/ immer so als ob etwas schon gemacht wäre, noch ehe es gemacht ist)

4 ?/T Man könnte ohne die Sache im mindesten zu verändern sich alles sehr vereinfacht denken. Der Befehl, die Erwartung etc wäre immer einen dünnen Strich den der Befehl, die Erwartung etc, zieht dicker nachzuziehen. Die Wirklichkeit des dünnen Bildes ist (dann) die Möglichkeit des dicken Striches.

5 /T Wenn ich aber so die Vorstellung die bei der Erwartung etc im Spiel ist durch ein wirklich gesehenes Bild ersetzen will so geschieht etwa folgendes: Ich sollte einen dicken schwarzen Strich ziehen und habe als Bild einen dünnen gezogen. Aber die Vorstellung geht noch weiter und sagt sie weiß auch schon daß der Strich dick sein soll. So ziehe ich einen dicken aber etwas blasseren Strich, aber die Vorstellung sagt sie weiß auch schon daß er nicht grau sondern schwarz gehört. (Ziehe ich aber den dicken schwarzen Strich so ist das kein Bild mehr)

6 ⟨Das …⟩ ⟨Die …⟩
8 Wie kann man aber ⟨Jemanden⟩ eine Projectionsmethode lehren?
27 so als ob etwas schon gemacht wäre, noch ⟨et…⟩
31 immer einen dünnen Strich den der Befehl, die Erwartung⟨. …⟩
35 Wenn ich ⟨so …⟩

1 /T Die Vorstellung ist also nicht durch ein gesehenes Bild ersetzbar. – Oder soll ich sagen sie ist es nur dort nicht wo man eben mit der Vorstellung denkt! – Ist es so *das* Bild ist das Bild des Gedankens das auf eine bestimmte Art gebraucht wird. – Von dem Bild kann man dann nicht sagen daß ein andres Bild dem Gedanken („dem/oder/ was gemeint ist") näher kommt. 254

Das heißt: das auf bestimmte Weise verwendete Bild ist der Gedanke, die Erwartung, ist das was gemeint ist. Durch ein anderes Bild ersetzen kann man dieses nicht und das andere wird uns quasi als fremd, außenstehend, erscheinen. – Dieses Bild das „gedachte" kann ein „Vorstellungsbild" aber auch ein Schriftbild oder Lautbild sein. Das ist was geschieht wenn man jemand fragt „wie meinst Du diese Zeichnung" und er sagt „ich meine daß ...." und nun sagt er es mit Worten und drückt damit was er meint für sich selbst besser aus als durch das andere Bild.

2 /T Ich glaube, auf die Kausalitätstheorie der Bedeutung kann man einfach antworten, daß wir wenn einer einen Stoß erhält und umfliegt, das Umfallen nicht die Bedeutung des Stoßes *nennen*.

3 /T Die Beschäftigung mit dem Bild erscheint als Spielerei wenn sie sich nicht mit der uns interessierenden Wirklichkeit befaßt. Wenn ich hoffe daß er zur Tür hereinkommen wird, so beschäftige ich mich mit *dieser* Tür, etwa mit dem Boden auf den er treten wird. Und das übrige was die Phantasie tut ist nicht Spiel sondern eine Art Vorbereitung eine Tätigkeit (sozusagen eine Arbeit) die die Form des Bildes in sich trägt. Etwa so (nur nicht unbedingt so explicit) wie wenn ich seinen Weg mit einem Teppich belegen und an einer bestimmten Stelle einen Stuhl herrichten wollte. 255

4 ∫T Könnte man nicht so sagen:/?/ die Vorbereitungen können verschiedener Art sein: wenn mir jemand etwa etwas in den Mund stecken möchte so öffne ich den Mund entsprechend der Größe des Stückes (das ist eine Art) und außerdem sondert etwa mein Mund Speichel ab (das ist die andere Art) Die erste ist ein Bild des Bissens den ich schlucken will, die andere keines.

1 Die Vorstellung ist also nicht durch ein ⟨wirkliches ...⟩
3 wo man eben mit der Vorstellung denkt! – Ist es so⟨? ...⟩
9 kann man ⟨man⟩ dieses nicht und das andere
14 was er meint für ⟨ihn⟩ selbst besser aus als ⟨|etwa|⟩ durch ⟨die Zeichnung⟩
17 Ich glaube, auf die Kausalitätstheorie der ⟨und ...⟩
18 wenn einer einen Stoß erhält und umfliegt⟨ er nicht ...⟩
21 *Im MS:* wenn sie |sich| nicht
24 mit *dieser* Tür, etwa mit dem Boden auf ⟨dem ...⟩
25 Und das übrige was die ⟨F...⟩
26 eine Art Vorbereitung eine Tätigkeit (sozusagen eine ⟨Art ...⟩
32 die Vorbereitungen können verschiedener Art sein⟨;⟩
34 der Größe des Stückes ⟨–⟩ das ist eine Art ⟨–⟩ und außerdem

1 /$_T$ Das Denken macht Pläne. Es zeichnet Pläne einfacher oder |auch| sehr komplizierter Art.

Nun sagt man aber: das ist doch nicht alles, man will doch etwas mit diesen Plänen, sie bedeuten doch etwas d.h. sie sind doch mit einer Absicht gezeichnet. Ja, aber hier gibt es zwei Möglichkeiten: entweder diese Absicht ist ein Gefühl oder dergleichen dann interessiert sie uns 256 nicht, oder aber sie ist Teil der Sache dann gehört sie zum Bild.

Die Logik ist immer sachlich.

2 ∫$_T$ Wenn man bedenkt daß |jeder Gedanke| – jeder Satz – einen Plan entwirft dann sieht man klar wo die Kausalitätstheorie das Wesentliche übersieht.

3 ?∫$_T$ Wissen was das Zeichen heißt, heißt es interpretieren. Es auslegen.

Das Auslegen heißt nach dem Zeichen handeln.

Ehe die Handlung getan war konnte man nur ein Bild haben das ihr Bild wird/ist/ wenn sie getan ist.

4 ∫$_T$ Ist es denn nicht so, daß, ehe die Handlung getan ist, ehe das Bild interpretiert ist, nichts eine andere Interpretation verhindert.

Ein Bild ist es erst wenn ich es interpretiere – oder interpretiert habe. (Das typische am Gedanken ist nur daß ich ihn interpretiere so unterscheidet er sich von anderen Ursachen meiner Handlungen)

5 ?∫$_T$ Wenn der Befehl z.B. darin besteht einen gewissen Weg zu machen so kann ich ihn mit Hilfe einer Karte (eines Planes) ausdrücken. Dabei kann der Befehl auch lauten einen oder den anderen Weg zu gehen und |etwa| gewisse Wege nicht zu gehen. Das wird dann auch im Bild 257

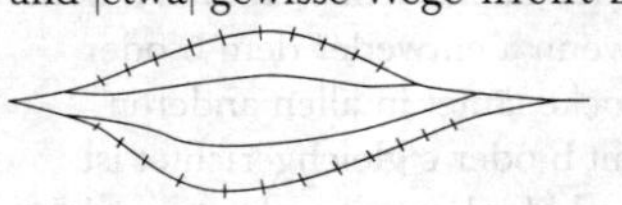

seinen Ausdruck finden indem etwa die ausgeschlossenen Wege durchstrichen werden. Der Befehl könnte aber auch so aussehen 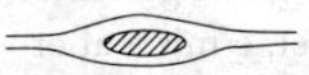 und das würde etwa bedeuten man dürfe überall zwischen den beiden Linien gehen außer über das schraffierte Feld.

6 /$_T$ Wenn nun tatsächlich ein Weg zwischen zwei Orten abgesperrt wird und etliche andere offen gelassen werden ist in diesen Tatsachen schon eine Verneinung und eine Disjunktion enthalten?

1 |auch| *–das Einfügungszeichen ist im MS gewellt unterstrichen*
3 *Der Beginn des Absatzes ist im MS am linken Rand mit einem Fragezeichen markiert.*
5 mit einer Absicht gezeichnet. ⟨Wohl⟩, aber hier gibt es zwei
7 oder aber sie ⟨gehört zur⟩ Sache dann gehört sie zum Bild
23 so unterscheidet er sich von anderen Ursachen meiner Handlungen) *–im MS am linken Rand mit einer vertikalen Wellenlinie markiert*
26 einen gewissen Weg zu machen so kann ich ihn ⟨di…⟩
36 *Im MS:* abgesperrt |wird| und etliche
38 ist in diesen Tatsachen schon eine ⟨ve…⟩

1 /T Wie ist es aber wenn ich einen Befehl auf eine bestimmte Weise interpretiere und ihm zuwiderhandle. Worin liegt es daß meine Handlung nicht meine Interpretation des Befehls ist sondern ein Entgegenhandeln? Wird dadurch nicht meine frühere Auffassung über den Haufen geworfen?

Ich kann sagen wenn der Handelnde es nicht sagte so könnte man nie wissen daß es ein Entgegenhandeln ist. Und wenn er es nun sagt so verstehen wir es nur durch unsere Interpretation der Verneinung.

2 / Man würde glauben, wenn ich dem Befehl s o w i e i c h i h n v e r s t e h e /a u f f a s s e/ zuwiderhandeln kann, dann muß meine Handlung dem Ausdruck meiner Auffassung unmittelbar widerstreiten. – Oder ist es nur 258
die Interpretation meiner Handlung die der Interpretation des Befehls (sozusagen auf gleicher Ebene) widerspricht?

3 ∫ Überhaupt, ich habe immer vom Bild oder sogar von der Hallucination gesprochen, aber wie kann man denn hallucinieren daß einer entweder auf einem Weg oder auf dem anderen geht oder daß er auf |irgend| einem Weg innerhalb gewisser Grenzen geht??

4 /T Disjunktion, Negation etc scheinen in der Einstellung zu einem Bild zu liegen. Sie entspricht der elektrischen Schaltung durch die etwa eine Klingel mit Schaltern verbunden sein kann.

5 /T Denken wir uns folgende Einstellungen:

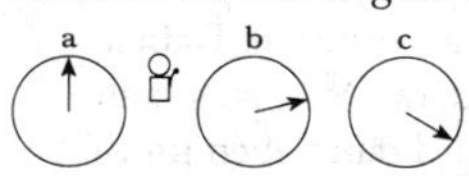

1.) die Glocke läutet nur dann wenn ich den Zeiger a dem Zeiger b gleichrichte 2.) die Glocke läutet nur dann nicht wenn ich a dem b gleichrichte 3) die Glocke läutet nur wenn a entweder dem b oder auch dem c gleichgerichtet ist 4) die Glocke läutet in allen anderen Zeigerstellungen von a außer wenn er mit b oder c gleichgerichtet ist 5) die Glocke läutet nur dann wenn sowohl b als c mit a gleichgerichtet sind 6) die Glocke läutet nur wenn b mit a gleichgerichtet, c mit a aber nicht gleichgerichtet ist. etc. Das Glockenzeichen bedeutet Zustimmung 259
(oder auch das Umgekehrte). Man könnte so eine Schaltung auch an dem Modell der erlaubten und verbotenen Wege anbringen. Dieses/Das/ Modell wäre dann der Ausdruck eines Befehls. Könnte man es aber mit Recht ein Bild nennen?

6 /T Eine Meinung (d.h. ein Sinn) die man nicht erklären kann geht uns nichts an/interessiert uns nicht/ denn ihr kann man auch nicht zuwiderhandeln.

10 Man würde glauben⟨:⟩ wenn ich dem Befehl
11 zuwiderhandeln kann, dann muß ⟨eben⟩ meine Handlung
12 dem Ausdruck meiner Auffassung ⟨⟨des Befehls⟩⟩ unmittelbar widerstreiten.
16 ⟨/T⟩ *Randzeichen im MS überschrieben und ersetzt*
22 Sie entspricht der elektrischen Schaltung ⟨mit der⟩ etwa eine Klingel
30 wenn a entweder dem b oder auch dem c gleichgerichtet ist⟨.⟩
32 läutet nur dann wenn sowohl b als c mit a ⟨gleichlaufen …⟩
34 Das Glockenzeichen bedeutet ⟨etwa⟩ Zustimmung

28.

1 ∫T Dem Kind lernt man das „nicht“ durch absperren, dadurch daß man es verhindert etwas zu tun.

2 ∫T Wie kann man denn *gegen ein Bild* handeln?

3 ?∫T „In dieses Gebiet gehe ich nicht“ beschreibt eine bestimmte Tatsache.

Wenn die Aufschrift „Verbotener Weg“ eine negative Aufschrift ist, läßt sie sich durch eine positive ersetzen?

4 /T Wenn die Interpretation ein Bild ist so sind zwei entgegengesetzte Interpretationen entgegengesetzte Bilder.

5 / In Wahrheit muß aber im Verbot immer das beschrieben werden was verboten ist. Ist eine Bewegung verboten so muß *eben diese* Bewegung beschrieben werden, also eben das was ausgeschlossen werden soll, und |die Beschreibung dessen| was zugelassen ist wird nur dann das Verbot ersetzen (können) wenn diese Beschreibung das 260
Ausgeschlossene *mitbeschreibt*.

6 (Immer suche ich nach dem Punkt an dem man sagen kann „ja, so ist einmal unsere Welt“. – Die Philosophie will das Wesen/Wesentliche/ der Welt beschreiben, wenn sie aber danach sucht, nach Sätzen sucht die es beschreiben, so kommt sie im entscheidenden Augenblick nicht zu *philosophischen* Sätzen sondern an die Grenze der Sprache.)

7 (Man muß sich in der Philosophie immer gleichsam dümmer stellen als man ist, um an keiner Schwierigkeit vorbeizugehen)

8 / Gibt es einen Beweis dafür daß einer einen Befehl verstanden hat und |ihm| bewußt entgegenhandelt? – Ich frage jemand „hast Du den Befehl verstanden“ er sagt ja und gibt mir „Proben“ seines Verständnisses und handelt nun dem Befehl entgegen. Können nun die Proben (auch)/nicht/ so gedeutet werden daß der Befehl wie er verstanden, auch befolgt wurde? Schließt man hier nicht nach amorphem |z.B.| dem Gesichtsausdruck welche Deutung zu machen ist?

(In diesen Fragen ist irgendwo ein Behaviourism am Platz. Vielleicht nur in sofern als man *alles* von außen betrachtet.)

7 ⟨Ic…⟩
11 Wenn ⟨eine⟩ Interpretation ein Bild ist
12 so sind zwei entgegengesetzte Interpretationen ⟨zw…⟩
17 das was ausgeschlossen werden soll, und ⟨das⟩ was ⟨eine …⟩
23 wenn sie aber danach sucht, ⟨so kommt …⟩
24 nach Sätzen sucht die es beschreiben, *–im MS am linken Rand mit einer vertikalen Wellenlinie markiert*
30 ⟨?⟩ *Randzeichen im MS gestrichen*
33 und handelt nun dem Befehl entgegen. Können nun ⟨nicht …⟩
36 nicht nach amorphem |z.B.| dem Gesichtsausdruck ⟨ob …⟩
37 (In diesen Fragen ist irgendwo ein Behaviourism am Platz.⟨)⟩
38 ⟨Wohl⟩ nur in sofern als man *alles* von außen betrachtet.)

1 ∫ In dem „Verstehen was jemand meint“ muß man das spezifisch
menschliche Verhalten alles das was psychologisch und physiologisch 261
interessant ist von dem trennen können was sachlich, logisch ist. D.h.
man muß es als Ganzes von außen betrachten können und nun das
psychologische Drum und Dran von dem scheiden können was zur
Sache gehört.

2 ∫ D.h. das Verstehen ist für uns nicht wesentlich ein *innerer* Prozess,
denn soweit er es wäre ginge er uns nichts an.

3 ∫ Fürchten daß etwas geschieht heißt wünschen daß es nicht geschieht.
Wenn also einer fürchtet daß etwas geschieht, der andere wünscht daß es
geschieht so wünschen sie beide das Entgegengesetzte [liegt die
Verneinung also nicht in der Attitude]

4 / Was ist der Unterschied zwischen: Wünschen, daß etwas geschieht und
wünschen daß dasselbe *nicht* geschieht.

Wollte man es bildlich darstellen man würde mit dem Bild der
Handlung etwas vornehmen, es durchstreichen, in bestimmter Weise
Einrahmen und dergleichen. Aber das erscheint uns als eine *rohe*
Methode des Ausdrucks, aber – ich glaube – daß *jede* wesentlich
ebenso sein muß; in der Wortsprache setze ich das Zeichen „nicht“ vor
den Satz. Wie gesagt das scheint ein ungeschickter Behelf und man
meint vielleicht im *Denken* geschieht es schon anders. Ich glaube aber,
im Denken, |Erwarten, Wünschen,| geschieht es ganz ebenso. Sonst 262
würde ja auch die Diskrepanz zwischen dem Denken und dem Sprechen
– in dem/welchem/ wir ja doch denken – unerträglich sein.

5 / Nocheinmal: der Ausdruck der Verneinung den wir gebrauchen wenn
wir uns irgendeiner Sprache/Schrift/ bedienen erscheint uns *primitiv*;
als gäbe es einen richtigeren der mir nur in den rohen Verhältnissen
dieser Sprache nicht zur Verfügung steht.

6 ∫ Man könnte sagen der verneinte Satz stellt ein Hindernis dar das
verhindert daß das geschieht was er verneint. Ich meine ein Hindernis
welches ein Bild dessen ist was es verhindert. Wenn ich jemanden z.B.
daran verhindern will seinen Arm in eine bestimmte Lage zu bringen
und tue das indem ich dort wo der Arm nicht liegen darf ein Stück Holz
befestige so ist das Stück Holz ein Bild der verbotenen Lage. Bewirke ich
aber dasselbe indem ich ihm einen lähmenden Trank eingebe so ist der
Trank kein Bild seiner Wirkung. (Kausalitätstheorie)

11 Fürchten daß etwas geschieht heißt⟨,⟩ wünschen daß es nicht geschieht.
21 aber⟨,⟩ ich glaube – daß *jede* wesentlich ebenso sein muß
22 ebenso sein muß⟨. In⟩ der Wortsprache
26 geschieht es ganz ebenso. Sonst ⟨wä…⟩
34 der verneinte Satz stellt ein Hindernis dar ⟨daß …⟩
35 daß das geschieht was er verneint. Ich meine ⟨eine …⟩
36 Wenn ich jemanden ⟨etwa⟩ daran verhindern will ⟨ein …⟩
38 indem ich dort wo der Arm nicht liegen darf ⟨einen Körper⟩ befestige

1 ∫ Ist nicht alles damit gesagt daß die Erwartung, der Gedanke, daß hier
ein roter Kreis erscheinen wird anders ist als die, daß hier ein grüner
Kreis erscheinen wird und anders als die, daß dort eine Ellipse
erscheinen wird und anders als die daß dort keine Ellipse erscheinen
wird?

2 ∫ Wenn ich aber sage daß der Gedanke daß hier ein grüner Fleck 263
erscheinen wird anders ist als der daß hier ein roter Fleck erscheinen
wird so beschreibe ich damit nicht am Ende eine Erfahrungstatsache etwa
wie daß der Magen eines Rehs anders ist als der eines Hirschen. – Denn
die Erwartung ist damit |intern| beschrieben daß sie die Erwartung ist daß
hier ein grüner Fleck erscheinen wird. „Intern beschrieben" ist aber hier
gewiß irreführend. – –

3 ?/ Jenes Primitive der Ausdrucksform das uns bei der Verneinung
aufgefallen ist haben wir schon früher begegnet; wenn man nämlich etwa
einem Menschen begreiflich machen will daß er einen gewissen Weg
gehn soll so kann man ihm den Weg aufzeichnen und hierin mit immer
/beliebig/ weiter gehender Genauigkeit verfahren. Die Andeutung jedoch
die ihm verständlich machen soll daß er den Weg gehen soll ist wieder
von der primitiven Art die man gerne verbessern möchte.

4 ∫ (Es ist die Art der Philosophie daß sie das als merkwürdig hervorhebt was
sonst als trivial unbeachtet bleibt.)

5 Was ist der Unterschied zwischen einem unwillkürlichen Kopieren einer
Zeichnung – bei der ich etwa den kopierenden Bleistift anschaue und
immer wieder draufkomme daß er sich so bewegt wie die Linien jener 264
Zeichnung laufen – und einem absichtlichen Kopieren bei der ich der
Zeichnung nachzeichne. Ich lasse hier die Vorlage meine Hand
gleichsam führen. – Und wie ist es denn wenn ich etwa |wirklich| an der
Hand irgendwohin geführt werde. Ich gehe dann und richte meine
Schritte so ein, daß eine gewisse Spannung in meiner Hand oder
meinem Arm nicht entsteht (oder doch immer wieder beseitigt wird). Ist
diese Spannung aber ein Bild der Discrepanz der Bewegungen des
Führers und der meinen? Ist es nicht bloß Erfahrungssache daß eine
gewisse Bewegung die Druckempfindung ausschaltet.
Wie ist es nun mit dem der sich von einem Befehl leiten läßt. Ist
nicht das einem Befehl Nachhandeln oder auch ihm nachgeben indem
man ihn interpretiert – ganz verschieden von dem Vergleichen eines
Befehls mit einer fertigen Handlung oder einer fertigen Interpretation?

29.

6 /T Ich verleibe beim Denken sozusagen ein Bild meinem Leben ein.

11 Denn die Erwartung ist ⟨gänzlich …⟩
11 daß sie die Erwartung ⟨des Erscheinens …⟩
19 und hierin ⟨sehr genau …⟩ mit immer/beliebig/ weiter gehender Genauigkeit verfahren. *–im MS am linken Rand mit einer vertikalen Wellenlinie markiert*
20 Die Andeutung jedoch die ihm verständlich machen soll daß ⟨E…⟩
26 Was ist der Unterschied zwischen einem unwillkürlichen ⟨N…⟩
29 daß er sich so bewegt wie die Linien jener Zeichnung laufen⟨; oder …⟩

1 / Das Bild was ich meinem Leben einverleibe ist das Gedachte, jedes andere erscheint nur als außenstehend.

2 ∫ Ich möchte immer etwas sagen wie: Es besteht von vornherein die Abmachung daß die Sprache das was die Erwartung befriedigt mit der Bejahung des Satzes der die Erwartung ausdrückt beschreiben wird. – – 265

3 ∫ Ich möchte sagen: die Sprache drückt nur |ja/so, wie so/| das aus, was der Erwartung mit der Welt gemeinsam ist. – Oder vielmehr: – –

4 ∫ Es ist meine Stellungnahme zu dem Bild, die es zum Repräsentanten macht.

5 ∫ Ich erwarte mir daß, wenn ich jetzt die Uhr aus der Tasche ziehen werde es 3 Uhr sein wird. Diese Erwartung s c h l i e ß t ein unbestimmtes Bild des Zifferblattes und der Zeigerstellung e i n; sie enthält eine Einstellung zu meiner wirklichen Uhr –

6 ∫ Und wenn ich nun die Uhr wirklich ansehe, – und die Zeiger stehen auf 3 so werde ich sagen die Zeiger stehen (wirklich) auf 3 – aber das heißt doch gar nichts, und diese Unmöglichkeit, die Bedingung der Übereinstimmung von |sinnvollem| Satz – Gedanken – und Wirklichkeit durch die Sprache auszudrücken ist des Rätsels Lösung. (obschon ich sie noch nicht durchschauen kann)

7 ∫ Bedenke, daß zwischen dem Satz der die Erwartung ausdrückt und dem der sie |– etwa als einmal gewesen –| beschreibt ein Unterschied ist

8 / Es könnte gesagt werden: Wie kann man/ich/ denn das/ein/ Ereignis erwarten, es ist ja noch gar nicht da?

9 ∫ „Ja d a s habe ich mir erwartet". Wie konntest Du Dir's denn erwarten, es war ja noch gar nicht da (das/Dieses Mißverständnis/ enthält die ganze Schwierigkeit dieser Sache/unserer Betrachtungen/ und auch ihre Lösung) 266

10 / Und „das habe ich mir erwartet", heißt wirklich, d a s habe ich mir erwartet und n i c h t, etwas ganz gleiches (oder ähnliches) habe ich mir erwartet.

11 ∫ „Das habe ich mir erwartet" könnte man auch übersetzen durch: d a r a u f war ich eingestellt.

5 daß die Sprache das was die Erwartung befriedigt mit ⟨dem …⟩

8 *Im MS ein Absatz, durch ein Randzeichen als eigenständige Bemerkung gekennzeichnet.*

17 sie enthält eine Einstellung ⟨auf meine …⟩

19 *Im MS ein Absatz, durch ein Randzeichen als eigenständige Bemerkung gekennzeichnet.*

20 und die Zeiger stehen auf 3 ⟨Uhr⟩ so werde ich sagen die Zeiger

33 gar nicht da⟨?⟩ *–das Fragezeichen ist im MS gewellt unterstrichen*

38 d a s habe ich mir erwartet und n i c h t⟨:⟩ etwas ganz gleiches

1 ∫ Das Gefühl, das sich in den oberen Sätzen ausspricht ist: ich kann doch keinen Dieb ergreifen, wenn es ihn noch gar nicht gibt; wie kann ich mich auf einen Sessel setzen der nicht vorhanden ist. Und das zeigt, natürlich, nur daß wir hier eine falsche Analogie sehen, d.h. glauben eine Analogie zu sehen, wo keine da ist.

2 / Wie kann man darauf vorbereitet sein daß Etwas geschehen wird? Ich möchte sagen nur dadurch daß die Sprache auf jeden Fall vorbereitet ist da entweder p geschehen wird oder nicht geschehen wird. Das ist eine sachliche, logische, Eigenschaft der Sprache.

3 ? Gut, ich sage: Wenn ich meine Uhr herausziehe wird sie mir jetzt entweder dieses Bild 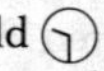 bieten oder nicht. Aber wie kann ich es ausdrücken daß ich mich für eine dieser Annahmen entscheide?

Jeder Gedanke ist der Ausdruck eines Gedankens.

4 ?/ Man kann eine Lehre auf das Maß eines Körpers einstellen, vorbereiten. 267
Dann liegt in dieser Einstellung zwar das eingestellte Maß aber in keiner Weise, daß ein bestimmter Körper es hat. Ja vor allem liegt darin keine Annahme darüber ob der Körper dieses Maß hat, oder nicht hat.

5 ∫ Ich will sagen: Auch wenn die Erwartung mit dem Sehen eines |genauen| optischen Bildes |des Erwarteten| verbunden ist, wenn ich also bei der Erwartung, daß die Uhr auf $\frac{1}{2}$10 steht ein Bild meiner Uhr mit den Zeigern auf $\frac{1}{2}$10 vor mir sehe |so daß ich die Uhr mit dem Bild vergleichen könnte| so ist doch dieses Bild nicht die Erwartung daß die Uhr so steht. – Denn warum sollte es sonst nicht die Erwartung sein daß die Uhr n i c h t s o steht, denn das s o muß auch diese Erwartung enthalten.

6 ?∫ Wenn ich erwarte daß jemand zu mir in's Zimmer kommen wird und ich richte einen Sessel zurecht und zwei Teeschalen, ist dann ein Zweifel ob ich erwarte daß er kommen oder daß er nicht kommen werde?

30.

7 ∅ (Es schadet gar nichts in der Philosophie Unsinn zu reden, wenn man sich nur tief genug mit dem Unsinn einläßt.)

8 ∅ (Wenn ich vernagelt bin so bin ich für Viele vernagelt und wenn ich das Tor aufreiße, dann reiß ich es für Viele auf) 268

2 keinen Dieb ergreifen, wenn es ihn noch gar nicht gibt; ⟨er …⟩
5 d.h. glauben eine Analogie zu sehen, wo keine da ist. *–im MS am linken Rand mit einer vertikalen Wellenlinie markiert*
12 ⟨?/⟩ *Randzeichen im MS gestrichen, überschrieben und ersetzt*
22 wenn die Erwartung mit ⟨einem⟩ Sehen eines |genauen| optischen Bildes
25 daß die Uhr auf $\frac{1}{2}$10 steht ein Bild meiner Uhr mit ⟨der erw…⟩

1 ∫ Wenn ich erwarte daß es $\frac{1}{4}$11 ist so bin ich – irgendwie – auf $\frac{1}{4}$11 eingestellt (auf der Uhr meiner Gedanken) das ist noch begreiflich. Nun schau ich aber auf die Uhr und sehe es ist nicht $\frac{1}{4}$11. Worin besteht das, daß es *nicht* $\frac{1}{4}$11 ist? Ich kann doch nicht die wirkliche Zeigerstellung mit einer vergleichen die eben nicht vorhanden ist.

2 ∫ In Wirklichkeit beschreibe ich aber durch „es ist nicht $\frac{1}{4}$11" den Tatbestand nur allgemeiner, als durch „es ist $\frac{3}{4}$11" Ich verwende etwa einmal ein Bild  und ein andermal eines , oder . Entgegengesetzt sind die *Bilder*  und . Aber auch  und 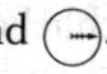.

3 / Meine ganzen Überlegungen gehen immer dahin, zu zeigen, daß es nichts *nützt* sich das Denken als ein Halluzinieren vorzustellen. D.h. daß es *überflüssig* ist, die Schwierigkeit/das Problem/ aber bestehen läßt /bleibt/.

Denn auch die Halluzination; *kein* Bild, kann die Kluft zwischen dem Bild und der Wirklichkeit überbrücken, und das eine nicht eher als das andere.

4 / |In dem |normalen| Gesichtsbild des Mondes sind die Krater nicht zu klein als daß man sie sehen könnte, sondern nicht vorhanden.|

5 / Es ist übrigens merkwürdig/zu beachten/ daß wir uns bei dem 269 Gedanken daß es jetzt $\frac{1}{2}$3 sein dürfte die Zeigerstellung |meist| gar nicht genau oder überhaupt nicht vorstellen sondern das Bild in der Sprache gleichsam in einem Werkzeugkasten haben aus dem wir wissen, das Werkzeug jederzeit herausnehmen und gebrauchen zu können wenn wir es brauchen sollten. – Dieser Werkzeugkasten scheint mir die Grammatik mit ihren Regeln zu sein.

6 ∫ Ich möchte |immer| sagen: Wenn ich glaube daß es $\frac{1}{2}$3 ist so ist doch das keine Spielerei (mit Bildern) sondern etwas Ernstes was für mein Leben Folgen haben kann, es muß *also* eine Stellungnahme |von mir| zu diesem Bild sein! Denn/denn/ ich handle ja auch auf diesen Glauben hin. – Er ist etwas Ernstes, nichts überflüssiges (möchte ich sagen)

7 Kann man sagen: Das Denken/Der Gedanke/ ist ein Instrument des Handelns.

8 / Es ist so wie wenn ich mir im Werkzeugkasten der Sprache Werkzeuge zum künftigen Gebrauch herrichtete. Ein/|Und ein|/ Werkzeug ist ja auch bis zu einem gewissen Grade das Abbild seines Gebrauches/Zweckes/.

2 (auf der Uhr meiner Gedanken) das ist noch begreiflich. ⟨Nun …⟩
3 Nun ⟨schaue⟩ ich aber auf die Uhr und sehe
17 kann die Kluft zwischen dem Bild und der Wirklichkeit überbrücken, ⟨d…⟩
24 bei dem Gedanken daß es jetzt $\frac{1}{2}$3 ⟨ist⟩ die Zeigerstellung
33 |von mir| *– das Einfügungszeichen ist im MS gewellt unterstrichen*
40 Es ist so wie wenn ich mir im Werkzeugkasten der Sprache ⟨I…⟩
41 |Und ein| *– das Einfügungszeichen im MS ist gewellt unterstrichen*

1 ∫ Ich suche immer nach dieser/der/ Unmöglichkeit des Ausdrückens die den eigentlichen Grund des Problems macht.

2 ∫ Wie kann ich wissen daß ich mir das erwartet habe als dadurch daß es meine Erwartung jetzt befriedigt, meiner Erwartung jetzt entspricht. 270

3 / Es ist ein Schritt nötig der dem der Relativitätstheorie ähnlich ist.

4 /T Kann man sagen die Erwartung ist eine vorbereitende, erwartende, Handlung. – Es wirft mir jemand einen Ball, ich strecke die Hände aus und richte sie zum Erfassen des Balls. Aber sagen wir ich hätte mich verstellt, ich hatte erwartet daß er nicht werfen würde wollte aber so machen als würde ich es erwarten. Worin besteht dann mein Erwarten daß er nicht werfen wird, wenn meine Handlung die gegenteilige Erwartung/das Gegenteilige/ ausdrückt? Sie mußte doch auch in etwas bestehen was ich tat. Ich war also doch |irgendwie| nicht drauf vorbereitet daß der Ball kam.

5 / Ich bin darauf vorbereitet einen roten Fleck zu sehen – diese Vorbereitung ist sozusagen etwas Praktisches ähnlich, wenn ich meine Muskeln zum halten eines Gewichts vorbereite. (Und ich möchte sagen: ich kann nicht mit der Sprache die der Ausdruck jener Vorbereitung ist über die Möglichkeiten dieser Vorbereitung hinaus.)

6 ?∫ Wenn die Vorbereitung zum Essen eines Apfels darin besteht daß ich Speichel absondere so heißt das Erhalten des Apfels in der Sprache der Speicheldrüsen einfach Befriedigung, Rechtfertigung der Speichelabsonderung. Ich will damit sagen: in der Sprache der Speicheldrüsen gibt es dann kein rund und süß und weich sondern nur das was sie von dem Apfel erfassen. 271

7 /T Mein ganzer Gedanke ist immer daß wenn einer die Erwartung sehen könnte er ersehen müßte was erwartet wurde.

8 [Meine Gedanken schieben sich durcheinander, der eine verdrängt den anderen, schiebt sich vor etc wie |viele| Krebse in einer Schüssel]

9 /T Die Vorbereitung ist quasi selbst die Sprache und kann nicht über sich selbst hinaus. (In dem nicht über sich selbst hinauskönnen liegt die Ähnlichkeit meiner Betrachtungen und jener der Relativitätstheorie)

5 meine Erwartung jetzt befriedigt, meiner Erwartung jetzt entspricht. *–im MS am linken Rand mit einer vertikalen Wellenlinie markiert*
21 wenn ich meine Muskeln zum ⟨heben⟩ halten eines Gewichts vorbereite.
22 (Und ich möchte sagen: ich kann nicht ⟨in⟩ der Sprache
23 die der Ausdruck jener Vorbereitung ist über ⟨das hinaus …⟩
35 ⟨∫T⟩ *Randzeichen im MS nur im Ansatz*

1 ∫ Man könnte sagen, ob eine Erwartung in Erfüllung gegangen ist kontrolliere ich so: wenn die Erwartung durch den Satz ausgedrückt war daß p der Fall sein werde und der eingetretene Tatbestand wird durch den Satz „p" beschrieben dann ist die Erwartung in Erfüllung gegangen.

2 Wenn ich früher gesagt habe es kommt darauf an ob dieses Bild 272
erwartet wird d.h. ob wir gerade dieses Bild „verwenden" („benutzen"), so könnte ich jetzt sagen es kommt darauf an ob gerade dieses Bild |unsere| Sprache ist.

3 /T Die Sprache als Ausdruck der Erwartung ist das Vorbereitete.

4 /T Die Sprache kann nur sagen: Ich habe früher zur Vorbereitung den Satz „p" verwendet und verwende zur Beschreibung wieder den Satz „p".

5 ?/T Das Merkwürdige in/an/ diesem Fall ist ja, daß in der Erwartung das Ereignis ganz vorgebildet ist so daß, wenn es eintritt zu der Erwartung nur ja gesagt werden braucht. Daß man sagen kann, das habe ich mir erwartet, und am Wirklichen gar nichts Überraschendes ist. – Und die Erklärung scheint immer zu sein daß die Sprache von der Wirklichkeit nicht mehr fassen könne/kann/ als sie schon in der Erwartung ausdrückt. D.h. daß die Sprache von der Wirklichkeit nicht mehr sieht als was selbst versteht, und das hat sie schon in der Erwartung gesagt. Denn die Sprache hat die Erwartung nicht beschrieben, sie hat sie ausgedrückt. Sie hat nicht zuerst die Erwartung beschrieben und dann eine Tatsache die auf irgend eine Weise zu der Erwartung paßt (wie wenn man einen Tisch beschriebe und dann eine Blumenvase die zu ihm paßt.) Sondern 273
sie war die Erwartung (denn der Ausdruck des Gedankens ist der Gedanke; der Gedanke ist der Ausdruck des Gedankens) und ist jetzt erfüllt.

6 / Die Sprache hat ja schon in der Erwartung alles gesagt was sie sagen konnte. Sie hat ja nicht einen Zustand |einer Einstellung| beschrieben sondern sich eingestellt. Und dann beschreibt sie wieder nicht den Zustand der Erfüllung sondern bejaht sich selbst/ihre Einstellung/.

31.

7 ∫ „Davor/Das/ hatte ich (mich) gefürchtet." – „Das hattest Du gefürchtet?" – „Ja, genau so hatte ich es mir vorgestellt". Man sagt aber auch „Ja, das hatte ich gemeint". Und da hatte man sich's gar nicht vorgestellt, und das Bild lag viel weiter zurück (von der Wirklichkeit entfernt); und doch hatte man es gemeint.

2 kontrolliere ich so: wenn ⟨die Erwartun…⟩
9 |unsere| *–das Einfügungszeichen ist im MS gewellt unterstrichen*
23 nicht mehr sieht als was ⟨|sie|⟩ selbst versteht,
27 dann eine Tatsache die ⟨auf irgend eine Weise zum …/irgendwie zum …/⟩
30 der Gedanke; *–das Semikolon ist im MS gewellt unterstrichen*

1 / Ich hatte mich vor etwas gefürchtet etwa gefürchtet es werde ein bestimmter Mensch mir entgegenkommen mit einem bestimmten Gesichtsausdruck. Er kommt nun; so kann ich Züge wahrnehmen die ich in meiner/meine/ Furcht nicht vorausgesehen hatte, ferner Züge die ich mir etwas anders gedacht hatte. Er kommt nicht in dem Anzug den ich erwartet habe, kommt schneller als ich erwartet hatte, sein Gesicht ist etwas milder als es meiner Erwartung entspräche. – Ich vergleiche also, 274
was mir entgegenkommt, mit dem, was mir in der Erwartung gegeben war. In meiner Erwartung waren n i c h t a l l e Details die die Wirklichkeit hat, und e i n i g e waren a n d e r s. (So sehr ist die Erwartung ein Bild.)

2 ∫T Es fragt sich/Die Frage ist/: Liegt es |schon| im Wesen der Vorbereitung daß sie eine Vo r bereitung ist? eine Vorbereitung auf Etwas?

3 / Ich habe das Gefühl: nur die Stellungnahme zu dem Bild kann es uns zur Wirklichkeit machen, d.h. kann es mit der Wirklichkeit so verbinden, gleichsam wie eine Lasche die die Überleitung von dem Bild zur Wirklichkeit herstellt, die beiden in der (════════) rechten Lage zueinander haltend dadurch daß beide für sie das selbe bedeuten.

Die Furcht verbindet das Bild mit den Schrecken der Wirklichkeit./mit der Wirklichkeit./

4 / An sich ist nichts eine Vorbereitung auf etwas Anderes.

5 ∫ „Ich dachte mir, er würde jetzt kommen" – „Ja, Du hast gesagt ‚er wird gleich kommen', aber woher weiß ich, daß Du das damit gemeint hast?".

6 / Das Porträt ist nur ein dem N. ähnliches Bild (oder auch das nicht) es hat aber nichts in sich |(wenn noch so ähnlich)| was es zum Bildnis d i e s e s Menschen d.h. zum beabsichtigten Bildnis machen würde. (Ja, das Bild 275
was dem Einen täuschend ähnlich ist kann |natürlich| in Wirklichkeit das schlechte Porträt eines Andern sein.)

2 es werde ein bestimmter Mensch ⟨zu⟩ mir kommen
7 als ich erwartet hatte, sein Gesicht ist etwas milder als ⟨ich …⟩
9 In meiner Erwartung waren n i c h t a l l e Details ⟨wie die der …⟩
10 die die Wirklichkeit ⟨und …⟩
13 ⟨∫⟩ *Randzeichen im MS überschrieben*
13 *Im MS:* liegt es im |schon| Wesen
16 das Gefühl: *–der Doppelpunkt ist im MS gewellt unterstrichen*
20 dadurch daß beide für sie ⟨dasselbe⟩ bedeuten.
29 Das Porträt ist nur ein ⟨ähn…⟩
30 es hat aber nichts in sich |(wenn noch so ähnlich)| ⟨d…⟩

1 ?/ Als Porträt ist ein Bild *gemeint* und wenn es und sein Gegenstand auch gänzlich unabhängig von einem Menschen existieren könnten, als Bildnis *gemeint* kann es nur von einem Menschen sein. D.h. für das Bild und seine Ähnlichkeit ist es ganz gleichgültig ob es jemand gemalt, gesehen, es ähnlich gefunden hat, wenn man es aber ein Porträt nennt so muß jemand da sein der es als Porträt meint.

Das hängt unmittelbar mit dem zusammen was ich früher über das einem Befehl nachhandeln und das Interpretieren eines Zeichens sagte.

(Dieses Meinen ist die Stellungnahme von der ich oben geredet habe)

2 / Nun kann man doch fragen: „Wie zeigt sich denn das, daß er das Bild als Porträt des N. meint?" – „Nun indem er's sagt" – „Aber wie zeigt es sich denn daß er das mit dem meint was er sagt?" – „Gar nicht!".

3 / Das hängt mit der Frage zusammen: Kann mir die Abweichung eines Bildes von einem Gegenstand unangenehm sein so daß die unangenehme Empfindung nicht *kausal*, also erfahrungsgemäß mit der Abweichung zusammenhängt, sondern das unangenehme Gefühl/die 276
unangenehme Empfindung/ die Abweichung *enthält*, sodaß man aus einer Analyse dieser Empfindung ihre/deren/ Ursache – oder besser, ihre Grundlage – feststellen könnte?

Oder ist diese Empfindung sozusagen als Zeiger anzusehen dessen Ausschlag als Maß für die Spannung zwischen Bild und Gegenstand gedeutet wird?

4 / Keine Untersuchung des Bildes kann je ergeben wessen Porträt es ist (d.h. wen es darstellen *soll*).

5 ∫ Der Meinende schweißt das Bild mit seinem Gegenstand zusammen; nicht, indem er es ändert, |noch| ähnlicher macht, – denn dadurch bliebe das Bild das Bild, und immer noch vom Gegenstand getrennt.

6 ∫ Was ich also das „Meinen" nenne hat mit dem Bild *nichts zu tun*.

7 / Ich glaube es verhält sich so: Die Frage, wie etwas gemeint ist – das Reden von einer Meinung, einem Sinn – hat nur insofern Sinn als sie/die Frage/ beantwortet werden kann. Beantwortet aber kann sie nur durch die Sprache werden.

1 ⟨Als Po…⟩
1 Als Porträt ist ein Bild *gemeint* und wenn es und ⟨der⟩ Gegenstand
3 *Im MS:* könnten, |als Bildnis| *gemeint*
5 ob es jemand gemalt, gesehen, ⟨seine Ähnlichkeit …⟩
12 „Wie zeigt sich denn ⟨daß …⟩
13 das, daß er das Bild ⟨des …⟩
17 von einem Gegenstand unangenehm sein so daß ⟨das …⟩
32 ähnlicher macht, – denn dadurch bliebe das Bild⟨,⟩ das Bild
34 Was ich also das „Meinen" nenne hat ⟨also …⟩
36 ist⟨,⟩ das Reden von einer Meinung, einem Sinn⟨,⟩ hat nur insofern Sinn
37 hat nur insofern Sinn als ⟨sie⟩ beantwortet werden kann.

1 / Kann ich denn ohne Sprache erwarten? Wenn aber nicht, wie weiß *ich* was der Satz für mich für einen Sinn hat, wenn diese Frage überhaupt etwas heißt?

2 / Denken nenne ich das was sich durch eine Sprache ausdrücken läßt. 277 Dann muß es in diese Sprache aus einer *anderen* übersetzt werden. Ich will sagen: alles Denken muß dann in Zeichen vorsichgehen.

3 / Wenn man aber sagt: „wie soll ich wissen was er meint ich sehe ja nur seine Zeichen" so sage ich: „wie soll *er* wissen was er meint, er hat ja auch nur seine Zeichen".

4 ∫ Die Frage „*wie* ist das gemeint", hat nur Sinn wenn es heißt „es ist *so* gemeint". Dieses „so" ist ein sprachlicher Ausdruck

5 / Die Sprache/Gesprochenes/ kann man nur durch die Sprache erklären, darum kann man *die Sprache* nicht erklären.

6 / Das Ziel der Philosophie ist es eine Mauer dort zu errichten wo die Sprache ohnehin aufhört.

7 / Man kann es auch so sagen: Wenn man sich nur/immer/ in einem Sprachsystem ausdrückt und also was ein Satz meint nur durch Sätze dieses Systems erklärt, so fällt am Schluß die Meinung ganz aus der Sprache, also aus der Betrachtung, heraus und es bleibt die Sprache das einzige was wir betrachten können.

8 ∫ Wenn wir jemandem den Sinn eines Satzes erklären so übersetzen wir 278 ihn in eine unmißverständlichere/weniger mißverständliche/ Sprache. Wenn mir nun jemand einen Satz erklärt indem er etwa zeichnet, mit den Fingern deutet etc und ich sage nun endlich: „ah, jetzt weiß ich, was er meint" was habe ich dann schließlich erfaßt als eine Zeichensprache /einen Symbolismus/, der in meinem Werkzeugkasten ist.

9 Wenn ⟨ich ab…⟩
13 ⟨/⟩ *Randzeichen im MS überschrieben und ersetzt*
13 Die Frage⟨:⟩ „*wie* ist das gemeint", hat nur Sinn
22 ⟨Nun …⟩
26 es bleibt die Sprache das einzige was wir betrachten können. *–im MS am linken Rand mit einer vertikalen Wellenlinie markiert*
31 erklärt indem er etwa zeichnet, mit den Fingern ⟨g…⟩

1 / Wenn mir jemand einen komplizierten Befehl durch eine Zeichensprache gibt, – ich verstehe ihn erst nicht, dann plötzlich verstehe ich: „ah *das* will er“, was habe ich da erfaßt (got hold of). Etwa die Vorstellung von einer Handlung; aber sie wäre ja auch nur Zeichen, wenn ich sie nicht benützen könnte. Oder, ich habe keine Vorstellung, sondern Zeichen eines Systems die ich bereits benützen kann.

2 / Man hat nicht den Gedanken, und *daneben* die Sprache. –

3 Es ist also nicht so, daß man für den Andern die Zeichen, für sich selbst aber einen stummen Gedanken hat.

4 Der Gedanke ist *immer* eine Konstruktion.

5 Die Verneinung muß mit zu der Konstruktion gehören.
Und zwar muß zum Beispiel in jedem Symbolismus ~~p = p sein.

6 Man könnte so sagen, am *Gedanken* ist nichts privat. – Er kann von 279
Jedem eingesehen werden ((Es kann jeder in ihn Einsicht nehmen))

7 ∫ Die Wahrheitsfunktionen gehören zum Wesen des Satzes, und können darum nicht durch Sätze erklärt werden.

8 / Man hat nicht den Zeichenausdruck und daneben, für sich selbst, den |(gleichsam dunkeln)| Gedanken. Dann wäre es doch auch zu merkwürdig daß man den Gedanken durch die Worte sollte wiedergeben können.

9 / D.h.: wenn der Gedanke nicht schon artikuliert wäre, wie könnte der Ausdruck durch die Sprache ihn artikulieren. Der artikulierte Gedanke aber ist in allem Wesentlichen ein Satz.

1.8.

10 / ~p schließt p aus; was es dann *zuläßt* hängt von der Natur des p ab

1 *Im MS befindet sich über dem Randzeichen ein kurzer rückwärtsgeneigter Schrägstrich.*
3 da erfaßt (got hold of) *–im MS ausgestrichen über* erfaßt*:* I got hold of
6 sondern ⟨ein⟩ Zeichen eines Systems die ich bereits benützen kann.
14 Der Gedanke ⟨ich ...⟩
19 Man könnte so sagen⟨:⟩ am *Gedanken* ist nichts privat.
27 daß man den Gedanken durch ⟨den Ausdruck⟩ sollte ⟨weitergeben⟩ können.
30 *Im MS:* wäre, |wie könnte| der Ausdruck
35 ~p schließt p aus; was es dann ⟨n...⟩
35 ~p schließt p aus; was es dann *zuläßt* hängt von der Natur ⟨von⟩ p ab

1 / Nur einen *Satz* kann man verneinen, – wenn man also ein Zeichen mit den gleichen formellen Regeln wie das der Verneinung in Verbindung mit Gleichungen verwendet, so wird zwar die Versuchung naheliegen es Verneinung zu nennen aber von Verneinung |im ersten Sinn| ist hier keine Rede.

2 / In der Mathematik ist *alles* Algorithmus, *nichts* Bedeutung, auch dort 280
wo es so scheint weil wir mit *Worten über* die mathematischen Dinge zu sprechen scheinen. Vielmehr bilden wir dann eben mit diesen Worten einen Algorithmus

3 / Der einzige Beweis, daß zwei Beweise dasselbe/das gleiche/ beweisen, ist, daß sie in einander überführbar sind.

4 Ein Beweis beweist nur was er beweist; das heißt es ist durch keine Auslegung mehr/etwas anderes/ aus ihm herauszukriegen als was in ihm selbst steht.

5 Zwei Beweise die dasselbe beweisen müssen sich ja begegnen. Wie zwei Wege die zum selben Ort führen. Verfolgen wir sie und sehen zu wie diese Begegnung geschieht.

6 Kann man aus der Ungleichung

$$1 + \frac{1}{2} + \frac{1}{3} + \frac{1}{4} + \ldots \neq \left(1 + \frac{1}{2} + \frac{1}{2^2} + \frac{1}{2^3} + \ldots\right) \cdot \left(1 + \frac{1}{3} + \frac{1}{3^2} + \frac{1}{3^3} + \ldots\right)$$

eine Zahl $\underline{\nu}$ konstruieren/ableiten/, die jedenfalls in den Kombinationen der rechten Seite noch fehlt? Der Eulersche Beweis dafür daß es „unendlich viele Primzahlen gibt“ soll ja doch ein Existenzbeweis sein und wie ist der ohne Konstruktion möglich?

1 Nur einen *Satz* kann man verneinen⟨.⟩
4 es Verneinung zu nennen aber ⟨es läßt sich …⟩
5 von Verneinung |im ersten Sinn| ist hier keine Rede. *–im MS am linken Rand mit einer vertikalen Wellenlinie markiert*
16 es ist durch keine Auslegung mehr/etwas anderes/ ⟨heraus…⟩

2.8.

1 $\sim 1 + \frac{1}{2} + \frac{1}{3} + \ldots = (1 + \frac{1}{2} + \frac{1}{2^2} + \ldots) \cdot (1 + \frac{1}{3} + \frac{1}{3^2} + \ldots)$

Das Argument läuft so: Das rechte Product ist eine Reihe von Brüchen $\frac{1}{n}$ 281 in deren Nenner alle Combinationen $2^{\nu}3^{\mu}$ vorkommen; wären das alle Zahlen, so müßte diese Reihe die gleiche sein wie die $1 + \frac{1}{2} + \frac{1}{3} + \ldots$ und dann müßten auch die Summen gleich sein. Die linke ist aber ∞ und die rechte nur eine endliche Zahl $\frac{2}{1} \cdot \frac{3}{2} = \underline{3}$, also fehlen in der rechten Reihe unendlich viele Brüche, d.h. es gibt in der rechten Reihe Brüche die in der linken nicht vorkommen. Und nun handelt es sich darum: ist dieses Argument richtig? Wenn es sich hier um endliche Reihen handelte, so wäre alles klar/durchsichtig/. Denn dann könnte man aus der Methode der Summation eben herausfinden, welche Glieder der linken Reihe auf die rechte Reihe fehlen. Man könnte nur fragen: wie kommt es, daß die rechte Reihe ∞ gibt, was muß sie außer den Gliedern der linken enthalten, daß es so wird? Ja es frägt sich: hat eine Gleichung wie die obere $1 + \frac{1}{2} + \frac{1}{3} + \ldots. = 3$ überhaupt einen Sinn? Ich kann ja aus ihr nicht herausfinden welche Glieder links zu viel sind. Wie wissen wir, daß alle Glieder der rechten auch in der linken Seite vorkommen? im Fall endlicher Reihen kann ich es erst sagen, wenn ich mich Glied für Glied davon überzeugt habe; – und dann sehe ich zugleich, welche übrig bleiben. — Es fehlt uns hier die Verbindung zwischen dem Resultat der Summe und den Gliedern, die einzige die den Beweis erbringen könnte. — Am klarsten wird alles, wenn man sich die Sache mit einer endlichen 282 Gleichung ausgeführt denkt:

$$1 + \frac{1}{2} + \frac{1}{3} + \frac{1}{4} + \frac{1}{5} + \frac{1}{6} \neq (1 + \frac{1}{2}) \cdot (1 + \frac{1}{3}) = 1 + \frac{1}{2} + \frac{1}{3} + \frac{1}{6}$$

Wir haben nämlich hier wieder das Merkwürdige, was man etwa einen Indicienbeweis in der Mathematik nennen könnte – der ewig unerlaubt ist. Oder, einen Beweis durch Symptome. Das Ergebnis der Summation ist ein Symptom dessen (oder wird als eines aufgefaßt), daß rechts Glieder sind, die links fehlen. Die Verbindung des Symptoms mit dem was man beweisen/bewiesen haben/ möchte, ist eine lose. D.h. es ist eine Brücke nicht geschlagen, aber man gibt sich damit zufrieden, daß man das andere Ufer sieht.

Alle Glieder der rechten Seite kommen in der linken Seite vor, aber die Summe links gibt ∞ und die rechte nur einen endlichen Wert – also müssen ..... aber in der Mathematik muß gar nichts, außer was ist. Die Brücke muß geschlagen werden.

In der Mathematik gibt es kein Symptom; das kann es nur im psychologischen Sinne für den Mathematiker geben.

Man könnte auch so sagen: Es kann sich in der Mathematik nicht auf etwas schließen lassen, was sich NICHT SEHEN läßt.

2 ∫ (Die Mathematiker haben von Strenge überhaupt keinen Begriff.)

8 unendlich viele Brüche, d.h. es gibt in ⟨den ...⟩

11 klar/durchsichtig/ *–im MS ist die unterstrichene erste Variante nachträglich gewellt unterstrichen*

11 Denn dann könnte man aus ⟨den Gliedern der linken Reihe ...⟩

28 Oder, *–das Komma ist im MS gewellt unterstrichen*

33 aber man gibt sich damit zufrieden, daß man das andere Ufer sieht. *–im MS am linken Rand mit einer vertikalen Wellenlinie markiert*

41 NICHT SEHEN *–im MS dreifach unterstrichen*

1 / Das ganze lose Wesen jener Beweisführung beruht wohl auf der Verwechselung der Summe und des Grenzwerts der Summe. 283

Das sieht man klar, wie weit immer man die rechte Reihe fortsetzt, immer kann man die linke auch soweit bringen, daß sie alle Glieder der rechten einschließt. (dabei bleibt noch offen ob die dann auch noch andre Glieder enthält)

2 / Man könnte auch so fragen: Wenn man nur diesen Beweis hätte, was könnte man/Du nur diesen Beweis hättest, was könntest Du/ nun daraufhin wagen? Wenn wir etwa die Primzahlen bis N gefunden hätten, könnten wir nun daraufhin ins Unendliche auf die Suche nach einer weiteren Primzahl gehen – da |uns| der Beweis verbürgt, daß wir eine finden werden? Das ist doch Unsinn. – Denn das „wenn wir nur lange genug suchen“ heißt gar nichts. (Bezieht sich auf Existenzbeweise im Allgemeinen)

3 / Könnte ich auf diesen/jenen/ Beweis hin weitere Primzahlen links hinzufügen? Gewiß nicht, denn ich weiß ja gar nicht, wie ich welche finden kann und d.h.: ich habe ja gar keinen Begriff der Primzahl, der Beweis hat mir keinen gegeben. Ich könnte nur beliebige Zahlen (bezw. Reihen) hinzufügen.

Es frägt sich ob durch Hinzufügung des Beweises von der eindeutigen Zerlegbarkeit jener Beweis beweiskräftig wird.

4 ∫ 2 und 3 tun's nicht, – welche Zahl soll ich als nächste wählen? 284

5 / (Die Mathematik ist angesogen von/mit/ falschen Deutungen)

6 / (Es muß noch eine Primzahl/solche Zahl/ kommen, heißt in der Mathematik nichts. Das hängt unmittelbar damit zusammen, daß es „in der Logik nichts allgemeineres und spezielleres gibt“.)

7 / „Wenn die Zahlen alle Kombinationen von 2 und 3 wären so müßte

$$\left(\lim_{n\to\infty}\sum_{\nu=0}^{\nu=n}\frac{1}{2^{\nu}}\right)\cdot\left(\lim_{n\to\infty}\sum_{\nu=0}^{\nu=n}\frac{1}{3^{\nu}}\right) \text{ den } \lim_{m\to\infty}\sum_{n=1}^{n=m}\frac{1}{n} \text{ ergeben,}$$

– sie ergibt ihn aber nicht .... Was folgt daraus? (Satz des ausgeschlossenen Dritten) Daraus folgt nichts, als daß die Grenzwerte der Summen verschieden sind, also nichts (neues). Nun könnte man aber untersuchen woran das liegt. Dabei wird man vielleicht auf Zahlen stoßen, die durch $2^{\nu}\cdot 3^{\mu}$ nicht darstellbar sind, also auf größere Primzahlen, nie aber wird man sehen, daß keine Anzahl solcher ursprünglicher Zahlen zur Darstellung aller Zahlen genügt.

3 Das sieht man ⟨aber⟩ klar,
20 der Beweis hat mir keinen gegeben. Ich könnte nur ⟨(...⟩
25 tun's nicht, *–das Komma ist im MS gewellt unterstrichen*
37 sie ergibt ⟨sie ...⟩

1 / Es handelt sich darum: Wie kommt es daß dieser scheinbare Existenzbeweis keine Existenz aufzeigt?

Daß er uns scheinbar einen leeren Schein als Anweisung ausstellt. – 285

2 / $1 + \frac{1}{2} + \frac{1}{3} + \ldots \neq 1 + \frac{1}{2} + \frac{1}{2^2} + \frac{1}{2^3} + \ldots$
Wieviel Glieder der Form $\frac{1}{2^\nu}$ ich auch zusammennehmen mag, nie ergibt es mehr als 2, während die ersten 4 Glieder der linken Reihe schon mehr als 2 ergeben. (H i e r i n muß also schon der Beweis liegen.) Und hierin liegt er auch und zugleich die Konstruktion einer Zahl die keine Potenz von 2 ist, denn die Regel heißt nun: finde den Abschnitt der Reihe, der jedenfalls 2 übertrifft, dieser muß eine Zahl enthalten die keine Potenz von 2 ist.

3 / $(1 + \frac{1}{2} + \frac{1}{2^2} + \ldots) \cdot (1 + \frac{1}{3} + \frac{1}{3^2} + \ldots) \cdot \ldots (1 + \frac{1}{n} + \frac{1}{n^2} + \ldots) = n$. Wenn ich nun die Summe $1 + \frac{1}{2} + \frac{1}{3} + \ldots$ so weit ausdehne bis sie n überschreitet, dann muß dieser Teil ein Glied enthalten, das in der rechten Reihe nicht gefunden werden kann, denn enthielte die rechte Reihe alle diese Glieder, dann müßte sie eine größere und keine kleinere Summe ergeben.

4 / Wie ist es nun, wenn ein Existenzbeweis zeigt, daß eine Zahl der gewünschten Eigenschaft in einem bestimmten Intervall vorkommt, ein anderer aber zeigt, daß sich eine in einem kleineren Intervall finden muß? Beweisen diese beiden nun dasselbe, nämlich die Existenz? Nein.

2 Handelt …
13 dieser muß eine Zahl enthalten die dann keine Potenz von 2 ist.

1 Die Bedingung unter der ein Teil der Reihe $1+\frac{1}{2}+\frac{1}{3}+\ldots$, etwa $\frac{1}{n}+\frac{1}{n+1}+\frac{1}{n+2}+\cdots\frac{1}{n+\nu}$, gleich oder größer als 1 wird ist folgende: Es soll also werden: 286

$$\frac{1}{n}+\frac{1}{n+1}+\frac{1}{n+2}+\cdots\frac{1}{n+\nu}\geqq 1$$

Formen wir die linke Seite um in:

$$\frac{1+\frac{n}{n+1}+\frac{n}{n+2}+\cdots\frac{n}{n+\nu}}{n}=$$

$$=\frac{1+(1-\frac{1}{n+1})+(1-\frac{2}{n+2})+\ldots(1-\frac{n-1}{n+(n-1)})+\frac{n}{2n}+\frac{n}{2n+1}+\frac{n}{2n+2}+\ldots+\frac{n}{n+\nu}}{n}\Rightarrow$$

$$\Rightarrow\frac{n-\frac{1}{2}n\cdot(n-1)\cdot\frac{1}{n+1}+(\nu-n+1)\frac{n}{n+\nu}}{n}=1-\frac{n-1}{2n+2}+\frac{\nu-n+1}{n+\nu}\geqq 1$$

$$\therefore\ 2n\nu+2\nu-2n^2-2n+2n+2-n^2-n\nu+n+\nu\geqq 0$$

$$n\nu+3\nu-3n^2+2+n\geqq 0$$

$$\nu\geqq\frac{3n^2-(n+2)}{n+3}<3n-1$$

Also ist eine hinreichende Bedingung daß $\frac{1}{n}+\frac{1}{n+1}+\ldots\frac{1}{n+\nu}\geqq 1$, die, daß $\nu\geqq 3n-1$. Denke ich mir nun vom Anfang der Reihe $1+\frac{1}{2}+\frac{1}{3}+\ldots$ solche Abschnitte aneinandergereiht die $\geqq 1$ sind so geht/reicht/ der erste dieser Abschnitte von

	1	bis	3,
der zweite von	4	bis	15,
der dritte von	16	〃	63,
der m-te		bis	4^m-1

Die Summe $1+\frac{1}{2}+\frac{1}{3}+\ldots$ bis zum 4^m ten Gliede ausgedehnt überschreitet also gewiß <u>m</u>. Also ist 287

$$1+\frac{1}{2}+\frac{1}{3}+\ldots\frac{1}{4^m}>(1+\frac{1}{2}+\frac{1}{2^2}+\ldots)\cdot(1+\frac{1}{3}+\frac{1}{3^2}+\ldots)\cdots(1+\frac{1}{m}+\frac{1}{m^2}+\ldots)$$

Also muß unter den ersten 4^m ganzen Zahlen mindestens eine sein, die durch keine der ersten m Zahlen teilbar ist.

2 Wenn ich denke, so mache ich fortwährend Pläne. Ich zeichne quasi fortwährend Vorgänge auf (d.h. ich mache Bilder von Vorgängen.) und ich könnte mir denken daß ich mit dem Bleistift zeichnend, denke. (Wenn man mit jemandem über eine Zeiteinteilung redet so geschieht es oft daß man die Uhr zieht nicht um zu sehen wieviel Uhr es ist sondern um sich Bilder der überdachten Einteilung machen zu können/zu machen/.)

24 *Im MS:* der erste |dieser| Abschnitte
28 der m-te ⟨von …⟩
29 Die ⟨Reihe⟩ $1+\frac{1}{2}+\frac{1}{3}+\ldots$.
33 die durch keine der ersten m⟨ - /ganzen/⟩ Zahlen teilbar ist.

1 ∫ Wie kann man wissen daß, was der andere sagt (schreibt, etc.) so und so gemeint ist. Doch nur daraus daß er es uns wieder sagt – also andere Zeichen gibt – oder wir „schließen es aus seinem Benehmen“. Wie weiß ich aber wie das was ich sage gemeint ist? Heißt denn diese Frage etwas? Diesem „wie es gemeint ist“ muß doch ein so entsprechen und worin bestünde dieses so. Denn durch andere Zeichen kann ich mir es doch nicht deutlicher machen. Diese Frage heißt also offenbar nichts. Es gibt keinen Sinn losgelöst vom Satz auf den ich zeigen könnte um zwischen 288 ihm und dem Satz eine Korrelation herzustellen.

Das könnte einen nun fast zur Kausalitätstheorie bringen denn man könnte sagen: wenn es also nur das Arbeiten mit dem Satz ist was ihm Sinn gibt so ist es also seine Wirkung; – Hat er Wirkung so hat er Sinn und wenn nicht, so ist er unsinnig. Und doch ist das ganz falsch. Es wird dadurch der Satz |etwa| mit einer Säure verglichen und es wäre blödsinnig zu sagen „die Säure hat Sinn, wenn sie wirkt, etc.“ Oder soll ich sagen: Der Satz hat Sinn wenn er wirkt aber sein Sinn ist nicht seine Wirkung; denn um seine Wirkung – so aufgefaßt – zu beschreiben, brauche ich ja eben ihn, den Satz.

2 ?/T Man könnte sagen: auf den Satz „dieser Satz hat Sinn“ kann man nicht wesentlich fragen „welchen?“ So wie man ja auch wirklich auf den Satz „diese Worte sind ein Satz“ nicht fragen kann „welcher?“.

3 /T Könnte man sagen:/?/ Ich denke den/diesen/ Satz heißt: ich ziehe ihn in irgend einer Form (in mir) nach.

Ich denke ihn wenn ich in irgend einer Form/Weise/ nach ihm handle.

4 ∫ „Der Satz hat Sinn“ ist eine unglückliche Redewendung. Und wenn man von „dem Sinn dieses Satzes“ redet, so scheint es immer als handle es 289 sich um einen außerhalb des/dieses/ Satzes stehenden Besitz des/dieses/ Satzes wie wenn man sagt „der Hut dieses Menschen“ (wo der Hut auch losgelöst von einem Menschen zu denken ist) Wohl aber ist „der Sinn dieses Satzes“ analog dem „Sinn eines Pfeiles“.

5 /T Ich glaube es ist nicht richtig zu sagen „der Satz ist zusammengesetzt /muß zusammengesetzt sein/“ sondern er kann auch/tatsächlich/ unzusammengesetzt sein wenigstens im wörtlichen Sinne; – seine „Zusammensetzung“ besteht eigentlich darin, daß er ein besonderer Fall einer allgemeinen Regel der Bildung von Zeichen ist. Denn man kann zwar „ambulo“ aus der Stammsilbe und der Endung zusammengesetzt ansehen aber wie wäre es wenn diese Form bloß durch die Stammsilbe allein gebildet würde?

3 uns wieder sagt – also andere Zeichen gibt – oder ⟨d…⟩
5 Heißt denn diese Frage etwas? Diesem „wie ⟨muß …⟩
11 wenn es also nur das Arbeiten mit dem Satz ist ⟨das⟩ ihm Sinn gibt
22 nicht ⟨sagen⟩ kann „welcher?“
32 wie wenn man sagt „der Hut dieses Menschen“⟨.⟩
38 sondern er kann auch/tatsächlich/ unzusammengesetzt sein ⟨im …⟩
42 aber wie wäre es wenn ⟨der Sinn dieses Satzes bloß …⟩
43 bloß durch die Stammsilbe allein ⟨ausgedrückt⟩ würde?

1 /T Wie man von dem Sinn eines Satzes in gewisser Weise nicht reden kann, so auch nicht von dem Ausdruck des Gedankens, Wunsches, des Befehls etc., denn auf die Frage „welcher Wunsch ist durch diesen Satz ausgedrückt“ muß nur ein Ausdruck des Wunsches zur Antwort kommen.

2 ∫ Man möchte aber fragen, was ist nun der Mechanismus dieses ausgedrückten Wunsches? 290

3 / Was ich oben gesagt habe gilt auch von dem Wort „dieser Satz teilt mir etwas (bestimmtes) mit“. Was denn?! (darauf muß wieder ein Satz kommen.)

4 ∫ Ist es nicht klar, daß die einzige Bedingung dessen, daß ein Satz Sinn hat, ist, daß seine Worte Bedeutung haben, und das heißt wieder nichts anderes als daß die äußeren Wortzeichen mit bestimmten Vorstellungen oder anderen Vorgängen verbunden sind und das wieder daß *die Zeichen* von bestimmter Natur sind. Weiter können wir nicht kommen und nicht kommen wollen. – Ja, wir kommen über die/das/ Zeichen nicht hinaus und wollen aber nie über sie hinauskommen, – wenn man hier unter Zeichen das Ganze versteht, was beim Denken des Schrift- oder anderen Zeichens vorsichgeht.

5 Und hier muß man – glaube ich – eben sagen, daß die Verneinung, Disjunktion etc. im Gedanken ebenso „primitiv“ ist, wie in unserer Zeichensprache. Wie vermöchte man auch *in* ihr die Verneinung zu denken wenn sie |nur| wie ein schlecht passendes Kleid der Verneinung wäre. Oder – würde man erwarten – man müßte doch fühlen, wie einen der Ausdruck/die Ausdrucksform/ überall drückt, (quasi wie ein harter 291 |nicht wirklich passender| Schuh.)

6 Gibt es einen Existenzbeweis für Primzahlen und einen der die Existenz unendlich vieler Primzahlen beweist? und in welchem Verhältnis stehen diese zu einander?

7.

7 Durch die *Methode des Multiplizierens* (etwa im Dezimalsystem, aber gleichgültig in welchem System) ist die Existenz von Produkten, von teilbaren Zahlen bewiesen.

17 die äußeren Wortzeichen mit bestimmten Vorstellungen oder ⟨vo…⟩
19 Weiter können wir nicht kommen und ⟨s…⟩
20 und wollen aber nie über sie hinauskommen⟨.⟩
29 wie einen der Ausdruck/die Ausdrucksform/ überall drückt, ⟨w…⟩

1 Wenn n und m relativ prim sind und n die größere und $n = a_0 m + r_0$, dann können die Fälle eintreten daß

$m = a_1 r_0$ und $r_0 = 1$	$m_{(0)} = a_1$
oder daß $m = a_1 r_0 + r_1$ und $r_0 = a_2 r_1$, und $r_1 = 1$	also $m_{(1)} = a_1 a_2 + 1$
oder $m = a_1 r_0 + r_1$ $r_0 = a_2 r_1 + r_2$ $r_1 = a_3 r_2$ und $r_2 = 1$	$m_{(2)} = a_1 a_2 a_3 + a_1 + a_3$
oder $m = a_1 r_0 + r_1$ $r_0 = a_2 r_1 + r_2$ $r_1 = a_3 r_2 + r_3$ $r_2 = a_4 r_3 \quad r_3 = 1$	$m_{(3)} = a_1 a_2 a_3 a_4 + a_1 a_2 + a_1 a_4 +$ $+ a_3 a_4 + 1$
oder $m = a_1 r_0 + r_1$ $r_0 = a_2 r_1 + r_2$ $r_1 = a_3 r_2 + r_3$ $r_2 = a_4 r_3 + r_4$ $r_3 = a_5 r_4$ u.s.w.	$m_{(4)} = a_1 a_2 a_3 a_4 a_5 + a_1 a_2 a_3 +$ $+ a_1 a_2 a_5 + a_1 a_4 a_5 +$ $+ a_3 a_4 a_5 + a_1 + a_3 + a_5$

Fügt man nun <u>n</u> zusammen zu 1n, 2n, 3n etc so sieht man daß gegenüber einem Vielfachen von m solange ein Rest bleibt bis man zu $m \cdot n$ kommt, wo immer der Euclidische Algorithmus endet (d.h. welche der Formeln immer für m anwendbar ist). 292

Im ersten Fall z.B. wenn $m = a_1 a_2 + 1$:

$1n = a_0 m + a_2$

$2n = 2a_0 m + 2a_2$

– – – – – –

$\nu n = a_0 m + \nu a_2$

der Rest νa_2 bleibt jedenfalls solange kleiner als m bis $\nu = a_1$ wird; dann ist $a_1 n = a_1 a_0 m + a_1 a_2$. Noch immer ist der Rest < m; aber nun wird

$$(a_1 + 1)n = (a_1 + 1)a_0 m + (a_1 + 1) \cdot a_2 = - - - - - - - +$$
$$+ a_1 a_2 + a_2 = - - -$$
$$+ \underbrace{a_1 a_2 + 1}_{m} + a_2 - 1$$

$a_2 - 1$ ist jedenfalls kleiner als m und der Rest verschwindet nur wenn $a_2 = 1$ ist. Dann aber ist $m = a_1 + 1$ also der Factor $a_1 + 1 = m$. Ist aber $a_2 > 1$ so geht die Sache weiter und es folgen nun

$(a_1 + 2)n = - - - + 2a_2 - 1$

– – – – – –

$(a_1 + \nu)n = - - - + \nu a_2 - 1$ Dieser Rest ist gewiß kleiner als m bis

$(2a_1)n = - - - + a_1 a_2 - 1$ und auch hier noch. Aber

$$(2a_1 + 1)n = - - - + (a_1 + 1)a_2 - 1 = a_1 a_2 + a_2 - 1 = \underbrace{a_1 a_2 + 1}_{m} + (a_2 - 2)$$

2 Wenn n und m ⟨zwei tei…⟩

2 Wenn n und m ⟨relative …⟩

22 *Der Absatz ist im MS am linken Rand mit einer vertikalen Wellenlinie markiert.*

23 solange ein Rest bleibt bis ⟨so …⟩

26 Im ersten Fall z.B. wenn ⟨st…⟩

31 *Im MS:* jedenfalls solange keiner als m

und hier geht der Prozess wieder nur dann auf wenn $a_2 = 2$, dann aber ist $m = 2a_1 + 1$ also wieder gleich dem Factor von n. – Ebenso geht es weiter bis

$(3a_1)n = ---+a_1a_2-2$ und

$(3a_1+1)n = ---+m+(a_2-3)$ solang bis

$(a_2a_1+1)n = ----+(a_2-a_2) = m\cdot n$

Ähnlich geht es, wenn $m = a_1a_2a_3 + a_1 + a_3$ etc. etc. 293

1 Hat man „intuitiv" das Bildungsgesetz einer Reihe z.B. der Reihe der m verstanden so daß man also im Stande ist ein beliebiges $m_{(\nu)}$ zu bilden so hat man das Bildungsgesetz ganz verstanden, also so gut wie es etwa |irgend| eine algebraische Darstellung vermitteln könnte. D.h. man kann es durch eine solche Darstellung nicht mehr besser verstehen. Und diese Darstellung ist daher insofern auch nicht strenger. Obwohl sie natürlich einprägsamer sein kann.

2 /T Wenn man bedenkt daß die Gleichung $2 \times 2 = 4$ ein Beweis des Satzes ist „es gibt gerade Zahlen" so sieht man wie lose hier das Wort Beweis gebraucht ist. Aus der Gleichung $2 + 2 = 4$ soll der Satz „es gibt gerade Zahlen" hervorgehen?! – Und was ist der Beweis der Existenz von Primzahlen? – Die Methode der Zerlegung in Primfaktoren. Aber in dieser Methode wird ja überhaupt nicht geredet, auch nicht von „Primzahlen".

3 $25 + 46 \neq 78$ ist eine richtige Ungleichung; sie wird bestätigt, wenn man die Summe $25 + 46 = 71$ bildet. Man könnte die Ungleichung/sie/ durch eine induktive Disjunktion darstellen

$25 + 46 = 1 .\vee. 25 + 46 = 2 .\vee. \ldots .\vee. 25 + 46 = 77 .\vee. 25 + 46 = 79 .\vee. \ldots.$

4 /T Es ist ein korrekter Beweis für $3 + 4 = 7$ wenn einmal die |natürliche| Ziffernreihe/Ziffernfolge/ aufgestellt ist: 294

$$\begin{cases} 1 & 2 & 3 & 4 & 5 & 6 & 7 \\ 1 & 2 & 3 & 1 & 2 & 3 & 4 \end{cases}$$

Denn wenn die natürliche Ziffernfolge fixiert ist und die Art und Weise der Zuordnung, so ist es nur mehr eine arithmetische Angelegenheit wohin |etwa| die 4 in der unteren Reihe trifft.

5 /T Ein Beweis in der Mathematik ist allgemein wenn er allgemein anwendbar ist. Eine andere Allgemeinheit kann nicht im Namen der Strenge gefordert werden. Jeder Beweis stützt sich auf bestimmte Zeichen, auf eine bestimmte Zeichengebung. Es kann nur die eine Art der Allgemeinheit eleganter erscheinen als die andere.

34 Denn wenn die natürliche Ziffernfolge fixiert ist ⟨so …⟩
34 *Im MS:* so ist es es nur mehr
35 eine arithmetische Angelegenheit wohin |etwa| die 4 ⟨trifft …⟩

1 /T (Die Eleganz eines mathematischen Beweises kann nur den einen Sinn haben gewisse Analogien besonders stark zu Tage treten zu lassen, wenn das gerade erwünscht ist, sonst entspringt sie dem Stumpfsinn und hat nur die eine Wirkung das zu verhüllen was klar und offenbar sein sollte. Das stumpfsinnige Streben nach Eleganz ist eine Hauptursache warum die Mathematiker ihre eigenen Operationen nicht verstehen, oder entspringen die Verständnislosigkeit und jenes Streben einer gemeinsamen Quelle.)

2 / Das was die Gleichung (oder Ungleichung) vom Satz unterscheidet ist 295 ihre Beweisbarkeit. Ein Satz läßt sich – in dem Sinne – nicht beweisen denn wenn gezeigt wird daß er aus anderen Sätzen folgt so ist er damit nicht bewiesen. Die Gleichung gilt aber nicht bedingungsweise, wenn gewisse Prämissen wahr sind und ihre Ableitung aus scheinbaren Prämissen ist darum ganz unwesentlich. Das woraus sie hervorgeht sind vielmehr Festsetzungen/Übereinkommen/ der Zeichensprache, also Bedingungen des Sinns nicht der Wahrheit.

3 /T Nichts ist verhängnisvoller für das philosophische Verständnis als die Auffassung von Beweis und Erfahrung als zweier verschiedener, also doch vergleichbarer Verificationsmethoden.

4 / Eine Ungleichung ist sowohl/so gut/ eine syntaktische Regel wie eine Gleichung. Die Analogie der Wahrheitsfunktionen in Verbindung mit Gleichungen mit denen der Sätze ist eine vollständige – d.h. die geltenden Regeln sind in beiden Fällen dieselben – nur daß eben die Gleichungen keine Sätze sind.

(Wir haben ja in den Wahrheitsfunktionen auf Hypothesen angewendet ein weiteres Beispiel von Analogie)

5 Inwiefern kann man aber das Bild 1 2 3 4 5 6 7 den Beweis
1 2 3 4
von $3 + 4 = 7$ nennen? (da doch aus dem Bild die Formel in keinem Sinne hervorgeht) Offenbar nur durch eine allgemeine/kraft/(in virtue)/ 296 einer allgemeinen/ Regel die Gleichungen mit solchen Bildern verknüpft.

Denn wenn ich die Gleichung $2 + 5 = 9$ aufstelle so kann man sagen „wir werden gleich sehen ob das so ist" und nun stellt man den entsprechenden Kalkül an und sieht ob die Gleichung stimmt (und genau dasselbe gilt natürlich von den Ungleichungen). Aber der entsprechende Kalkül entspricht eben nur auf Grund einer allgemeinen /durch eine allgemeine/ Regel.

3 zu lassen, wenn das gerade erwünscht ist, sonst ⟨ist …⟩
25 in Verbindung mit Gleichungen ⟨und …⟩
26 ist eine vollständige – d.h. die ⟨für …⟩
34 *Im MS steht* (in virtue) *zwischen den Varianten unter* kraft
37 Denn wenn ich die Gleichung 2 + 5 = 9 aufstelle ⟨ist …⟩
40 die Gleichung stimmt (und genau dasselbe gilt natürlich ⟨f…⟩

1 ∫ Ist es überhaupt denkbar daß diese Regel keine allgemeine/nicht allgemein/ (ist), sondern nur für einen bestimmten Fall aufgestellt ist? Ich glaube nicht. Was hätte es für einen Sinn, d.h. was würde es bedeuten, die Formel $3 + 4 = 7$ mit dem Bild
1 2 3 4 5 6 7
1 2 3 4
zu „begründen“ wenn der Grund nicht eine allgemeine Regel wäre. Eine einzelne Regel gibt eben keinen „Grund“ ab.

2 In dem Additionsschema
1 2 3 4 5 6 7
1 2 3 4
sind die Ziffern *Ordnungsziffern*. Sie bezeichnen also einfach eine bestimmte Stelle, die soundsovielte Stelle. Man könnte das deutlicher machen durch die Schreibung
①②③④⑤⑥⑦
①②③④
. Es ist klar daß man mit diesem Algorithmus auch multiplizieren subtrahieren und dividieren kann, *und daß alles die volle Strenge hat*. 297
(Übrigens ist ja diese Rechenmethode die des Rechenschiebers)

3 Das Wort „Gasthaus“ über dem Tor eines Hauses zeigt an daß *dort* ein Gasthaus ist. Es muß der besondere Fall einer allgemeinen Regel vorliegen damit wir das Wort als Mitteilung, also als Satz, verstehen. Das zeigt uns wie weit „Zusammensetzung/Zusammengesetztheit/“ ein Charakteristikum des Satzes ist

4 „$2 + 2 \neq 5$“ ist eine Zeichenregel und daran sieht man schon wie hier die Verneinung etwas anderes bedeutet da doch bei einer Festsetzung jedenfalls von wahr und falsch nicht die Rede ist.

Ich sagte früher einmal daß die Verneinung in $2 + 2 \neq 5$ nicht die Bedeutung der Verneinung eines Satzes haben könne, weil das Verneinte $2 + 2 = 5$ doch kein Bild eines nicht bestehenden logischen Sachverhalts sein könne. Aber Bejahung und Verneinung stehen auf *einer* Stufe, und könnte man $2 + 2 = 4$ bejahen dann kann man es auch verneinen und dann kann man auch $2 + 2 = 5$ bejahen. In Wahrheit, glaube ich, ist $2 + 2 = 5$ eine Zeichenregel wie jede andere weder richtig noch falsch; und nur unverträglich mit unserer allgemeinen Regel der Darstellung/Bezeichnung/ und, wenn diese angenommen ist, nur in diesem Sinne falsch/unrichtig/. – Darum ist sie auch kein Bild – davon wie es wäre wenn $2 + 2 = 5$ wäre. Das Bild |des logischen Sachverhaltes| – aber auch nicht das Bild sondern die Sache selbst – gibt (nur) der Beweis. 298

9.

5 ∫ Zum Beweis |eines mathematischen Satzes| lenken wir die Aufmerksamkeit auf ein Bild, aber der Beweis wird |noch| nicht verstanden; plötzlich heißt es: „jetzt *sehe ich es ein*“. Man hat erst jetzt *das* gesehen worauf es ankam. (siehe p|p .|. q|q etc.)

27 jedenfalls von ⟨Wahr und Falsch⟩ nicht die Rede ist.
33 In Wahrheit ⟨–⟩ glaube ich, ist $2 + 2 = 5$ eine Zeichenregel
35 weder richtig noch falsch; *–das Semikolon ist im MS gewellt unterstrichen*
36 allgemeinen Regel der Darstellung/Bezeichnung/ und, ⟨wen ...⟩
42 |eines mathematischen Satzes| *–das Einfügungszeichen ist im MS gewellt unterstrichen*

1 / Ist es nicht klar:/?/ die Sätze der reinen Mathematik können in ihrer Anwendung nur Zeichenregeln sein./nur als Zeichenregeln *angewendet* werden./ (Nur Bedingungen des Sinn's)

2 / Auch 3 + 4 < 9 ist keine Mitteilung – wie etwa daß eine gewisse Strecke länger ist als 9 Meter (ein Haus höher als 9 m) – Es ist nach dem was wir unter 3, 4 und 9 verstehen *selbstverständlich* (d.h. beweisbar). Wir sehen es aber damit immer noch so wie den Fall des Hauses an nur daß es sich |etwa| dort um etwas weniger selbstverständliches handelt. Aber er ist überhaupt mit dem des Satzes unvergleichbar. – Wenn ich zuerst sagte „es ist selbstverständlich" so heißt das, es ist hier nicht von einem Satz die Rede, sondern von einer Zeichenregel, die übrigens aus einer allgemeinen Regel folgt.

Immer wieder drängt es uns zum Vergleich von 3 + 4 < 9 mit einem Satz „wenn man diese beiden Stäbe aneinander legt so reicht es /reichen sie/ noch nicht bis dahin auf". Und das ist selbst auf den Fall 299

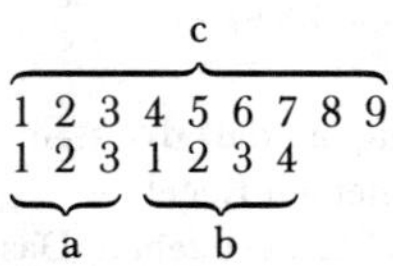

der Strecken a, b, c anzuwenden. Aber dieser Satz über die Strecken a, b, und c ist eben nicht der arithmetische. Dieser ist vielmehr entweder der Ausdruck einer bloßen/reinen/ Willkür, – daß wir das Zeichen „9" in der oberen Reihe erst an eine so späte Stelle gesetzt haben, oder, wenn dies so angenommen ist, selbstverständlich. Wäre 3 + 4 < 9 nicht eine willkürliche Festsetzung oder die Folge aus einer Festsetzung so ginge es die Arithmetik nichts an. – Warum man es manchmal gern eine Tautologie nennen möchte (die es in meinem Sinne nicht ist) ist eben weil man sagen möchte „ja wenn Du das festsetzt, dann ist es ja selbstverständlich". [Ich schreibe Paraphrasen auf/über/ logische Erkenntnisse.]

5 Auch 3 + 4 < 9 ist keine Mitteilung – wie etwa daß ⟨ein gewisses …⟩
6 – Es ist nach dem was ⟨f…⟩
8 Wir sehen es aber damit immer noch so ⟨an⟩ wie den Fall des Hauses
15 zum Vergleich von 3 + 4 < 9 mit einem Satz ⟨wi…⟩
21 daß wir ⟨(nämlich)⟩ das Zeichen „9" in der oberen Reihe

/ Der arithmetische Satz sagt nämlich nicht daß man in *einer* Ziffernreihe durch anlegen von 1 2 3 und 1 2 3 4 nicht bis zum Zeichen „9“ kommt, sondern er steht dafür daß es in der Reihe 1 2 3 4 5 6 7 8 9 nicht geschieht. Diese Reihe ist im arithmetischen Satz präsupponiert und er ist daher keine Beschreibung von außen dieser Reihe. – Man könnte es auch so sagen: Es ist ein Satz: „der Stab a und der Stab b sind aneinandergereiht kürzer als der Stab c; |oder| der Stab a ist 3 m lang, b 4 m und c 9 m.“ (Aber von der Länge kann ich nicht sagen, daß die Länge 300
des längeren Stabes länger ist als die des kürzeren.) Aber ich kann nicht sagen, daß die Länge 9 m länger ist als die Längen 4 m und 3 m. – Diese Längen sind etwas was ich von den Stäben |mit Recht oder Unrecht| aussage um zu zeigen daß sie, die Stäbe in gewissen Verhältnissen zu einander stehen, aber dazu muß der Sinn dieser Längenangaben (schon) fixiert sein und kann nicht erst durch einen Satz noch behauptet werden.

Oder: Die Angabe daß a 3 m, b 4 m, c 9 m lang ist, *ist* eben die durch welche ich zeige daß, c länger ist als a und b zusammen. Ein Satz der sagte daß 3 m und 4 m kleiner ist als 9 m entspräche einem Satz der sagte daß länger länger ist als kürzer. (oder „groß > klein“)

Ein solcher Ausdruck entspräche vielmehr dem was festzusetzen ist ehe überhaupt etwas gesagt werden kann.

3 + 4 < 9 gehört eben auch zum „Spiel“ und ist eine Stellung der Figuren die nur mit den allgemeinen Regeln übereinstimmen kann oder nicht.

Länger und kürzer sind |eben| eine externe Eigenschaft der Stäbe aber eine *interne* der Längen. (Sie durch einen Satz auszudrücken hieße etwa die Bedeutung eines Wortes durch einen Satz in dem das Wort vorkommt/steht/ aussprechen zu wollen)

9 die Länge des längeren Stabes länger ist als die des kürzeren.) *–im MS am linken Rand mit einer vertikalen Wellenlinie markiert*
17 Ein Satz der sagte daß 3 m und 4 m kleiner ist als 9 m ⟨n…⟩
25 (Sie durch einen Satz ⟨aussprechen zu wollen⟩ hieße etwa
26 durch einen Satz ⟨worin⟩ das Wort vorkommt/steht/

Ludwig Wittgenstein

Wiener Ausgabe

Studien Texte

Band 3
Bemerkungen
Philosophische Bemerkungen

Herausgegeben von Michael Nedo

Zweitausendeins

INHALTSVERZEICHNIS

CONTENTS

Einleitung

Am 20.1.1930 hatte Wittgenstein in Cambridge seine erste reguläre Vorlesung gehalten: ein Seminar über Probleme der Sprache, Logik und Mathematik. Im „Cambridge University Reporter“ werden sie während seiner gesamten Lehrtätigkeit als „Philosophy“ angekündigt.

Im Taschennotizbuch MS 155 notiert er die folgenden Bemerkungen für seine Studenten zur Beschreibung seiner Lehrtätigkeit:

Introduction

On the 20th of January 1930 Wittgenstein gave his first scheduled lecture in Cambridge: a seminar on problems of language, logic and mathematics. During the entire period of his teaching his lectures were always announced in the Cambridge University Reporter as 'Philosophy'.

In a pocket notebook MS 155 he jotted down the following remarks for his students as a description of his teaching:

> What I should like to get you to do is not to agree with me in particular opinions but to investigate the matter in the right way. To notice the interesting kind of things (i.e. the things which will serve as keys if you use them properly.
>
> What different people expect to get from religion is what they expect to get from philosophy.
>
> I don't want to give you a Def. of Philos. but I should like you to have a very lively idea as to the characters of philosophic problems. If you had, by the way, I could stop/start/ lecturing at once.
>
> To tackle the phil. problem is difficult as we are caught in the meshes of language.
>
> „Has the universe an end/beginning/ in Time“ (Einstein)
>
> You would perhaps give up Phil. if you knew what it is. You want explanations instead of wanting descriptions. And you are therefore looking for the wrong kind of thing.
>
> Philos. questions, as soon as you boil them down to ..... change their aspect entirely. What evaporates is what the intellect cannot tackle.

Die Sommerferien verbringt Wittgenstein, wie nahezu alle Ferien, in Österreich, in Wien und auf der Hochreith, dem Sommersitz der Familie. Auf der Hochreith hatte Wittgenstein am 9. August den Manuskriptband IV abgeschlossen. Am 11. August beginnt er dort die unmittelbare Fortsetzung der Bemerkungen im Manuskriptband V, der zusammen mit dem Manuskriptband VI die Grundlage des hier vorgelegten dritten Bandes der WIENER AUSGABE bildet. Der Zusammenhang zwischen beiden Manuskriptbänden ist ähnlich dem zwischen den Bänden III und IV des zweiten Bandes der WIENER AUSGABE: Während der Weihnachtsferien 1930 läßt Wittgenstein den noch nicht abgeschlossenen V. Band in Cambridge. In Wien erwirbt er ein neues Schreibbuch, den Band VI, worin er die Bemerkungen des V. Bandes fortführt. Nach Cam-

During the summer Wittgenstein spent his holidays, as usual, in Austria: in Vienna and at the Hochreith, his family's summer residence. It was here that he finished MS volume IV on the 9th of August; on the 11th he continued his remarks in MS volume V, which together with VI form the basis of the present volume of the WIENER AUSGABE. The two manuscripts overlap in a similar way to MS volumes III and IV from the second volume of the WIENER AUSGABE: during the Christmas holidays of 1930 Wittgenstein left the unfinished volume V in Cambridge. In Vienna he acquired a new writing book, volume VI, in which he continued the remarks from V. After returning to Cambridge he carried on his entries first on the remaining pages of V, and thereafter in VI.

bridge zurückgekehrt, setzt er die Aufzeichnungen auf den verbliebenen Seiten des V. Bandes fort. Danach werden die Aufzeichnungen im VI. Band weitergeführt.

Am 5. Dezember 1930 wählt das Council des Trinity College Wittgenstein für fünf Jahre zum Research-Fellow. Grundlage dafür war das Manuskript „Philosophische Bemerkungen", das Wittgenstein im Frühjahr 1930 Russell vorgelegt hatte. Das College Council hatte Russell und die Mathematiker Hardy und Littlewood mit der Begutachtung beauftragt.

Anfang November 1930 notiert Wittgenstein im Manuskriptband „Bemerkungen V." eine Reihe von Entwürfen für ein Vorwort zu einem geplanten Buch. Ob sich diese Entwürfe auf das Manuskript der postum veröffentlichten „Philosophischen Bemerkungen" beziehen, das Wittgenstein bereits im April 1930 fertiggestellt hatte, und in dessen Zusammenhang sie heute publiziert sind, ist zweifelhaft. Mit Sicherheit aber deuten diese Entwürfe darauf hin, daß Wittgenstein die feste Absicht hatte, seine neueren Arbeiten in der Form eines Buches zu veröffentlichen. Im Notizbuch MS 154 aus dem Jahr 1931 notiert Wittgenstein in Anlehnung an Novalis einen Titel für das geplante Buch:

> Der Titel meines Buches:
> „Philosophische Betrachtungen. Alphabetisch nach ihren Gegenständen geordnet /Themen aneinander gereiht/."[... nach Stichwörtern angeordnet]

Das Buchprojekt, an dem Wittgenstein spätestens seit dieser Zeit arbeitet, führt 1932/33 zum sogenannten „Big Typescript". Unter seinen Manuskripten besitzt es als einziges die Struktur eines konventionellen Buches: Es hat ein Inhaltsverzeichnis und ist in Kapitel eingeteilt.

Entstanden ist das „Big Typescript" aus den Synopsen der ersten zehn Manuskriptbände der Jahre 1929 bis 1932. Die Durchschläge der aus diesen Bänden hergestellten Typoskripte hatte Wittgenstein in einzelne oder Gruppen von Bemerkungen zerschnitten, die er dann neu geordnet unter Themen, den späteren Kapitelüberschriften, bündelt. Aus dieser Zettelsammlung wurde in Wien in einem Schreibbüro das „Big Typescript" hergestellt. Wittgenstein ist über das Ergebnis entsetzt: Sowie er die Seiten erhält, beginnt er mit einer intensiven Überarbeitung, die sich bis zum Jahr 1935 hinzieht: Zunächst auf den Typoskriptseiten selbst, dann auf den Rückseiten, und schließlich in weiteren Manuskripten, die er auf komplexe Weise miteinander verknüpft.

Über das Scheitern dieses Versuchs, seine Gedanken in einem Buch zusammenzufassen, schreibt er im Januar 1945 im Vorwort zu den „Philosophischen Untersuchungen":

On the 5th of December 1930 the Council of Trinity College offered Wittgenstein a five-year research fellowship. The award was based on the manuscript 'Philosophische Bemerkungen', which Wittgenstein had shown to Russell in the spring of that year. The College Council had appointed Russell, together with the mathematicians Hardy and Littlewood, to act as assessors.

At the beginning of November 1930 Wittgenstein wrote down in the MS volume 'Bemerkungen V.' a series of sketches of a preface for a planned book. Whether these sketches belong to the manuscript subsequently published as 'Philosophische Bemerkungen', which Wittgenstein had already prepared in April 1930, and with which they appear published today, is doubtful. However, these sketches clearly indicate that Wittgenstein had the firm intention to publish his more recent works in book form. In notebook MS 154 from 1931 Wittgenstein jotted down, in a way reminiscent of Novalis, a title for the planned book (in German):

> The title of my book:
> 'Philosophical Reflections. Alphabetically ordered by topic/listed by theme.'
> [... organised by headwords]

This book project, on which he had probably been working for some time, led to the creation of the 'Big Typescript' in 1932–33. It is unique among the manuscripts of Wittgenstein in possessing the structure of a conventional book: it is divided into chapters and has a table of contents.

This typescript is based on synopses taken from the first ten MS volumes during the period 1929–32. A carbon-copy produced by the typist was cut up by Wittgenstein into remarks either singly or in groups, which he then rearranged by bundling them together under themes that later became his chapter titles. It was from this collection of cuttings that the 'Big Typescript' was produced in a typing bureau in Vienna. Wittgenstein was shocked by the result; as soon as he received the pages he began an intensive revision, which lasted until 1935 – initially on the typed pages themselves, then on the versos, and finally in additional manuscripts, which he connected together in a complex way.

He writes about the failure of this attempt to gather together his thoughts into a book in the 1945 foreword to the 'Philosophische Untersuchungen':

Nach manchen mißglückten Versuchen, meine Ergebnisse zu einem solchen Ganzen zusammenzuschweißen, sah ich ein, daß mir dies nie gelingen würde. Daß das beste, was ich schreiben konnte, immer nur philosophische Bemerkungen bleiben würden; daß meine Gedanken bald erlahmten, wenn ich versuchte, sie, gegen ihre natürliche Neigung, in einer Richtung weiterzuzwingen.—

After several unsuccessful attempts to weld my results together into such a whole, I realised that I should never succeed. The best that I could write would never be more than philosophical remarks; my thoughts were soon crippled if I tried to force them on in any single direction against their natural inclination.—

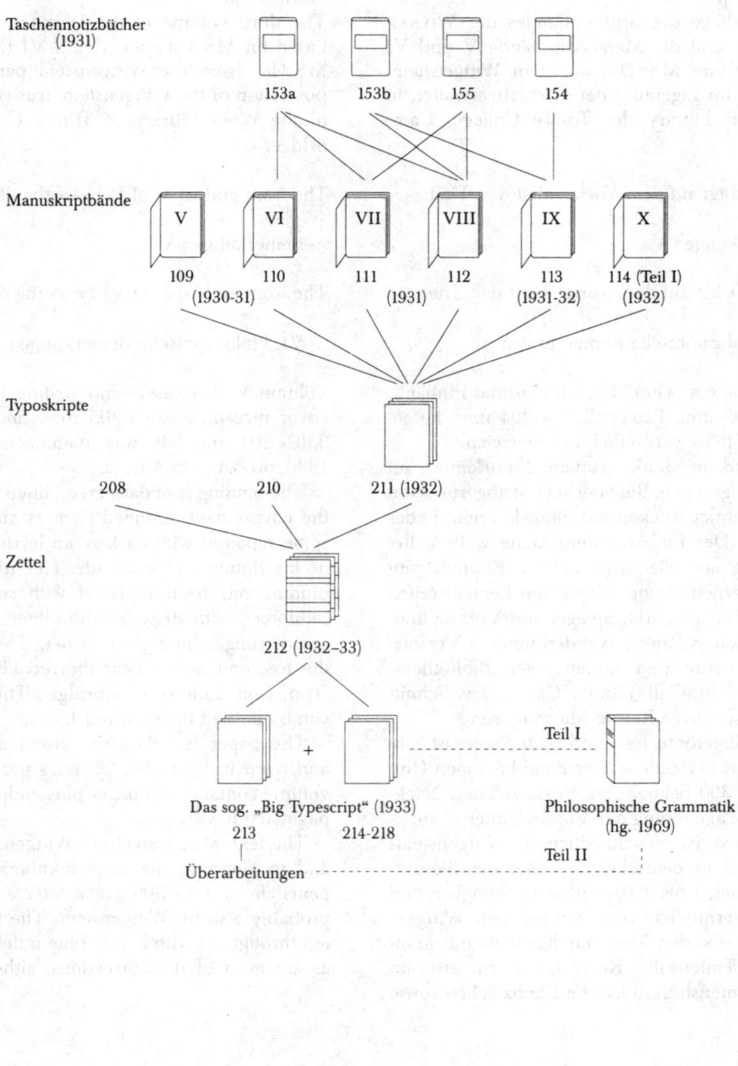

Die von Rush Rhees 1969 herausgegebene „Philosophische Grammatik" folgt im „Teil I" der komplizierten Überarbeitung des „Big Typescript", der „Teil II" entstammt dem nicht revidierten zweiten Teil des Typoskripts zur Logik und Mathematik. Der Inhalt vom „Teil I" ist auf Grund der umfangreichen Überarbeitungen wesentlich verschieden von dem der zugrundeliegenden Manuskriptbände I–X. Der Teil II ist ebenfalls keine treffende Wiedergabe der Manuskriptbände, aus dem gleichen Grund und auf die gleiche Weise wie (in der Einführung zum ersten Band der WIENER AUSGABE dargestellt) der ebenfalls von Rhees herausgegebene Band „Philosophische Bemerkungen" keine vollständige und treffende Wiedergabe der Manuskriptbände I–IV ist.

Manuskripte

Textgrundlage des dritten Bandes der WIENER AUSGABE sind die Manuskriptbände V und VI (MS 109 und MS 110) aus dem Wittgenstein-Nachlaß, im Eigentum der Nachlaßverwalter, in der Wren Library des Trinity College, Cambridge.

Band V trägt auf dem Vorsatzblatt den Titel:

Bemerkungen V.

Band VI trägt auf dem Vorsatzblatt den Titel:

VI. Philosophische Bemerkungen

Band V ist ein Schreibbuch im Format Einband: 339 × 205 mm, Papier: 330 × 204 mm, hergestellt vor 1930, vermutlich in Österreich.

Einband in dunkelgrünem Naturleinen auf Pappe aufgezogen, Buchdeckel mit abgerundeten Ecken, runder Rücken mit dunkelgrünem Leder erneuert. Der Einband weist keine weitere Beschriftung auf; die ursprüngliche Klammerbindung ist erneuert und mit weißen Leinenstreifen nachträglich verstärkt. Spiegel und Vorsatz lindgrünes, rauhes Papier. Auf den inneren Vorsatzblättern vorne und hinten roter Bibliotheksstempel: Trin. Coll. Library Cambridge. Schnitt grün-rot-schwarze Kamm-Marmorierung.

Das gelbgetönte, feste und glatte Papier ist hellblau liniert (33 Zeilen). Der Band hat einen Umfang von 300 Seiten, plus Vorsatzblätter. Nachträgliche Paginierung der Vorsatzblätter ii–vii.

Der Text ist ausschließlich in Wittgensteins Hand und in deutscher Sprache; die Bleistiftpaginierung, 1 bis 300, erfolgte nachträglich und stammt vermutlich von Wittgenstein. Wittgenstein schreibt den Text durchgehend mit graublauem Tintenstift; Korrekturen zumeist im selben Tintenstift, zahlreiche Randzeichen sowie

The 'Philosophical Grammar' published by Rush Rhees in 1969 followed in Part I the complex revisions of the 'Big Typescript', while Part II was based on the unrevised second part of 'Logic and Mathematics'. Because of these major revisions the content of Part I differs essentially from that of MS volumes I-X, on which the text is originally based. Part II likewise does not truly represent the MS volumes, for the same reason and in the same way as the 'Philosophische Bemerkungen', also published by Rhees, does not fully reproduce MS volumes I–IV, as explained in the introduction to the first volume of the WIENER AUSGABE.

Manuscripts

The third volume of the WIENER AUSGABE is based on MS volumes V and VI (MS 109 and MS 110) from the Wittgenstein papers, in the possession of the Wittgenstein Trustees, and held in the Wren Library of Trinity College Cambridge.

The front endpaper of V bears the title:

Bemerkungen V.

The front endpaper of VI bears the title:

VI. Philosophische Bemerkungen

Volume V is a casebound writing book whose cover measures 339 × 205 mm, and the pages 330 × 204 mm. It was manufactured before 1930, probably in Austria.

The binding is of dark-green linen over board; the covers have rounded corners and a curved spine repaired with dark-green leather. There is no inscription on the outside. The original staple binding has been replaced with stitching and reinforced with strips of white linen. Endpapers are of rough, lime-green paper. The insides of the free end-papers bear the red library stamp 'Trin. Coll. Library Cambridge'. The edges are comb-marbled in green/red/black.

The paper is yellowish, strong and smooth and ruled in light blue (33 lines per page). The volume contains 300 pages plus endpapers (later paginated ii–vii).

The text is exclusively in Wittgenstein's hand and in German; the page numbers written in pencil from 1 to 300 are a later addition and probably also by Wittgenstein. The text is written throughout with a grey-blue indelible pencil, as are most of the corrections, although many

einige wenige Korrekturen sind in Rot- und Blaustift ausgeführt.

Band VI ist ein Schreibbuch im Format Einband: 374 × 220 mm, Papier: 367 × 215 mm, hergestellt vor 1930, österreichischen Ursprungs. Dunkelgrünes, imprägniertes Leinen auf Pappe mit abgerundeten Ecken, der Einband weist keine Beschriftung auf, auf dem Rücken die Bibliotheksignatur O, Kopf und Schwanz des Rückens mit bordeaux- rotem Leder unterzogen. Spiegel und Vorsatz vorne und hinten nachträglich mit schwarzen Leinenstreifen verstärkt; die ursprüngliche Metallklammerbindung ist restauriert und durch eine genähte Bindung ersetzt mit zusätzlichen Lagenverstärkungen in hellblauem Leinen, sowie einem hellgrünen Rückenbündchen. Spiegel und Vorsatz brauner Karton. Schnitt schwarz-rot-blau marmoriert. Innere Vorsätze weißes Papier auf Karton, vorne und hinten roter Bibliotheksstempel: Trin. Coll. Library Cambridge. Auf dem Spiegel des Vorderdeckels befindet sich die folgende kreisrunde, aufgeklebte, in Ocker- und Brauntönen gehaltene Firmenvignette: „Fr. Strelez. I. Wollzeile Nr. 17“ im äußeren Kreis und darin: „Gegründet 1837 – Geschäftsbücher – Büro-Artikel – Wien“. Die Vignette ist mit rundem Mäander und Blumenornamenten versehen. Schnitt schwarz-rot-blau-gelbe Kamm-Marmorierung.

Das gelbgetönte, feste und glatte Papier ist hellblau liniert (39 Zeilen). Der Band hat einen Umfang von 300 Seiten, plus Vorsatzblätter. Nachträgliche Paginierung der Vorsatzblätter ii–vii.

Der Text ist ausschließlich in Wittgensteins Hand und in deutscher Sprache; die Bleistiftpaginierung, 1 bis 300, erfolgte nachträglich und stammt vermutlich auch von Wittgenstein. Den Text schreibt Wittgenstein durchgehend mit grau-blauem Tintenstift; Korrekturen und Randzeichen sind ebenfalls in Tintenstift.

Beide MS Bände sind seit 1967 im „Cornell Film“ des Wittgenstein-Nachlasses zugänglich, und seit 1978 im vom Herausgeber hergestellten Trinity College Film des Wittgenstein-Nachlasses, der die Manuskripte vollständiger und besser lesbar wiedergibt.

Struktur der Manuskriptbände

Der Anfang des Bandes „Bemerkungen V.“ ist eine unmittelbare Fortsetzung des vierten Manuskriptbandes „Philosophische Bemerkungen“. Der erste Eintrag im Band ist datiert: 11.8.(1930); der letzte Eintrag ist vom 2.12.(1930), am Ende der Manuskriptseite 271, gefolgt von dem Hinweis: „Fortsetzung Bd. VI“. Die verbleibenden Seiten (272–300) des Bandes bilden einen Einschub im Band VI, auf der Seite 31.

Den Band „VI. Philosophische Bemerkungen“ beginnt Wittgenstein während der Weihnachts-

margin signs as well as some corrections have been carried out in red or blue pencil.

Volume VI is a casebound writing book whose cover measures 374 × 220 mm and its pages 367 × 215 mm. It was manufactured before 1930, and is of Austrian origin. The cover is dark-green impregnated linen over board with rounded corners and has no inscription. The rounded spine bears the library shelfmark ‘O’ and is strengthened top and bottom with claret red leather. The inner hinges have been strengthened with strips of black linen. The original staple binding has been replaced with stitching and some of the sections have been reinforced with light-blue linen. The headbands are light green. Endpapers are brown card. The inner sides of the free endpapers (white paper on card) bear the red library stamp: ‘Trin. Coll. Library Cambridge’. On the inside front cover is pasted a circular brand label printed in brown and ochre containing the address of the manufacturer: ‘Fr. Strelez. I. Wollzeile Nr. 17’ around the edge and inside (in German): ‘Founded 1837 – Stationary – Office Supplies – Vienna’. The label is decorated with a pattern of meanders and floral ornament. The edges are comb-marbled in black/red/blue/yellow.

The paper is yellowish, strong and smooth, and ruled in light blue (39 lines per page). The volume contains 300 pages plus endpapers.

The text is exclusively in Wittgenstein’s hand and in German; the page numbers from 1 to 300 were added later in pencil and are probably also by Wittgenstein. The text is written throughout in indelible pencil, including corrections and margin signs.

Both manuscripts have been available since 1967 as microfilms in the ‘Cornell Film’ of the Wittgenstein Papers, and since 1978 as the ‘Trinity College Film’ of the Wittgenstein Papers which has been produced by the editor and offers a more readable and complete reproduction of the originals.

Structure of the MS Volumes

The beginning of the volume entitled ‘Bemerkungen V.’ is a direct continuation of the fourth MS volume ‘Philosophische Bemerkungen’. The first entry in volume V is dated 11.8.(1930); the last is from 2.12.(1930), at the end of MS page 271, followed by a note (in German): ‘Continuation volume VI’. The remaining pages (272–300) of the volume form an insertion into volume VI, on page 31.

The volume entitled ‘VI. Philosophische Bemerkungen’ was begun by Wittgenstein during

ferien in Wien am 10.12.(1930). Der letzte Eintrag in Wien vom 28.(12.1930) endet am Anfang der Manuskriptseite 31 mit dem eingerahmten Hinweis: „Fortsetzung im V. Band". Die Fortsetzung im fünften Band beginnt auf der Seite 272 mit dem Datum 29.1.(1931). Das letzte Datum des Bandes vom 3.2.(1931) findet sich auf der Seite 298. Die letzte Bemerkung des Einschubs vom Band V. bricht mitten im Satz, gefolgt von dem Hinweis: „Fortsetzung im VI. Band". Im sechsten Band wird die Bemerkung unter dem gleichen Datum fortgesetzt mit dem Hinweis: „Fortsetzung aus dem V. Band." Das letzte Datum im sechsten Band ist vom 6.(7.1931) auf der Manuskriptseite 297. Die letzte Bemerkung findet sich am Ende der Manuskriptseite 300, gefolgt von zwei Zahlen 12672 über 150, wahrscheinlich im Bezug zur Schreibmaschinen-Synopse TS 211. Die Bemerkungen vom Band VI werden im Manuskriptband „VII. Bemerkungen zur Philosophie" mit dem Datum 7. (7.1931) unmittelbar fortgesetzt.

Die Bände V und VI repräsentieren die Arbeit von circa einem Jahr: vom 11.8.(1930) bis zum 6. Juli 1931. Die Datierung in den Bänden ist durchgehend und regelmäßig, und mit wenigen Ausnahmen täglich. Vom 19.9. bis zum 7.10.31 gibt es eine erste Unterbrechung von etwa 3 Wochen. Wittgenstein war am 20.9. auf der Hochreith angekommen, von wo er an Moore schreibt, daß seine Arbeit nur „mäßige Fortschritte" mache und daß er Besuch habe von Desmond Lee. Die nächste Unterbrechung von ca. 2 Wochen liegt im Band VI, nach dem 27.(12.1930), einer Zeit regelmäßiger Treffen mit Schlick in Wien. Die letzte Unterbrechung und die einzige unregelmäßige Datierung folgt dem 13. März 1931: am 15.3. war Wittgenstein nach Wien gereist, von wo er am 17.4. nach Cambridge zurückkehrt. Die einzigen Daten über die folgenden 31 Seiten sind der 17.(4.), der 3.5. und der 19.6., an dem Wittgenstein mit Beginn der Sommerferien die regelmäßige Datierung wieder aufnimmt, bis zum Ende des Bandes, am 6. Juli 1931.

Die Bemerkungen der Bände V und VI sind wie in allen Manuskripten Wittgensteins konsequent durch Leerzeilen voneinander getrennt. Die Bemerkungen sind in deutscher Sprache, mit gelegentlichen Formulierungen in englischer Sprache und einigen Zitaten in Französisch und Latein. Der V. Band enhält keine Bemerkungen in Code. Im VI. Band finden sich auf den letzten 100 Seiten insgesamt elf Bemerkungen in Code.

Die Bände sind sehr sorgfältig geschrieben, die Schreibkonventionen wie Einrückungen, Leerzeilen etc. sind von großer Konsistenz und der visuelle Gesamteindruck der Manuskripte ist der einer Vorlage zur Veröffentlichung.

the Christmas vacation in Vienna on 10.12. (1930). The last entry, in Vienna, on the 28th, ends at the top of MS page 31 with the boxed note (in German): 'Continuation in volume V'. This continuation in the fifth volume begins on page 272 with the date 29.1.(1931). The last date in this volume is 3.2.(1931) on page 298. The last remark of the insertion from volume V breaks off in the middle of the sentence, followed by a note (in German): 'Continuation in volume VI'. In the sixth volume the remark is continued under the same date: 3.2. and introduced with a note (in German): 'Continuation from volume V'. The last date in the sixth volume is from 6.(7.1931) on page 297. The last remark occurs at the end of page 300, followed by two numbers: 12672 over 150, probably a reference to the typescript synopsis TS 211. The remarks in volume VI are continued in MS volume 'VII. Bemerkungen zur Philosophie', dated from 7.(7.1931).

Volumes V and VI represent the work of about one year: from 11.8.(1930) to the 6th of July 1931. The dates are entered, with few exceptions, on a daily basis. The first gap, of three weeks, occurs from 19.9. to 7.10.31. Wittgenstein arrived at the Hochreith on 20.9., where he wrote a letter to Moore, saying that his work was 'getting on moderately well, but not more', and that he had been visited by Desmond Lee. The next gap, of about two weeks, occurs in volume VI, beginning on the 27th of December 1930, a time of frequent meetings with Schlick in Vienna. The last gap, and the only place where the dating is incomplete, occurs after the 13th of March 1931; on the 15th Wittgenstein journeyed to Vienna, from where he returned to Cambridge on the 17th of April. The only dates in the following 31 manuscript pages are 17.(4.), 3.5. and 19.6., at which point, at the start of the summer holidays, Wittgenstein resumed his regular practice of inserting dates up to the end of the volume on the 6th of July 1931.

The remarks of volumes V and VI are systematically divided from one another, as in all of Wittgenstein's manuscripts, with blank lines. All the remarks are in German, although occasionally there are formulations in English and some quotations in French and Latin. There are no enciphered remarks in volume V, but in VI the last 100 pages contain eleven examples.

The volumes are very carefully written. Writing conventions such as indentation, blank lines etc. are highly consistent and the overall visual impression is of a manuscript intended for publication.

Editionskonzept

Der Manuskriptband „Bemerkungen V" weist Besonderheiten auf, die einige Ergänzungen zur ausführlichen Darstellung des Editionskonzepts im Einführungsband zur WIENER AUSGABE, sowie zum Vorwort im ersten Band der Ausgabe notwendig machen. Den Band V hat Wittgenstein intensiver überarbeitet als die übrigen neun Manuskriptbände aus der Zeit von 1929 bis 32. Das zeigt sich in einem komplexeren Randzeichenapparat, umfangreicheren Umstellungen und häufigen Textänderungen, sowie den Entscheidungen von ursprünglich unentschiedenen Varianten in Form von Durchstreichungen.

In den Manuskriptbänden notiert Wittgenstein die Randzeichen in der Regel links vor der jeweiligen Bemerkung, so wie sie auch in der WIENER AUSGABE dargestellt werden. Im Band V, wo er oft bis weit in den Buchfalz hineinschreibt, setzt er die Randzeichen zunächst jeweils am linken und rechten Außenrand, infolge der häufigeren Überarbeitungen aber auch zusätzlich im Falz. Der Übersicht halber werden deshalb für den Manuskriptband V im dritten Band der WIENER AUSGABE die Randzeichen wie im Manuskript links und rechts vom Text wiedergegeben.

Nachträgliche Eingriffe in die Struktur von Bemerkungen und Umstellungen werden grundsätzlich ausgeführt und in den Fußnoten dokumentiert. Im Unterschied dazu werden die Entscheidungen von Varianten und Textveränderungen in Form von feinen Durchstreichungen im Text belassen und nur in den Fußnoten angegeben. Dieses Vorgehen ist notwendig, um einen klaren Unterschied zu den Streichungen im Text zu setzen, die in der Regel im unmittelbaren Schreibfluß entstanden sind: eindeutige Ausstreichungen, unter denen der ursprüngliche Text oft nur schwer zu entziffern ist.

Bei den wenigen vom Herausgeber ergänzten Textteilen, die im Haupttext nicht gesondert hervorgehoben werden, wird der Text des Manuskripts immer in den Fußnoten dargestellt. Unvollständige Interpunktion wird nur wo unbedingt nötig ergänzt und immer im Fußnotenapparat vermerkt. Bloße Verschreibungen werden nicht dargestellt, sind aber vollständig in die Primärtranskription aufgenommen. Die Schreibweise Wittgensteins, die häufig dem Lautbild folgt und so oft im Gegensatz zur gebräuchlichen Orthographie steht, führt zu einer anderen Art von Verschreibungen, die der besseren Lesbarkeit wegen gegebenenfalls korrigiert werden. Die Schreibweise des Manuskripts wird in den wichtigsten Fällen in den Fußnoten wiedergegeben.

Auch in der Groß- und Kleinschreibung folgt Wittgenstein oft nicht den gebräuchlichen Regeln. Aus den sorgfältigen Korrekturen in den

Editorial Conventions

The special characteristics of the MS volume 'Bemerkungen V.' make it necessary to expand the detailed accounts of the editorial concept given in the Introductory Volume and in the first volume of the WIENER AUSGABE. Wittgenstein revised volume V more thoroughly than any other of the nine MS volumes from the period 1929–32. This manifests itself in the complex use of marginal signs, more extensive use of rearrangements, frequent changes to the text, and also in the use of crossing out to decide between variants previously left open.

In the MS volumes Wittgenstein normally places margin-signs on the left before the relevant remark, just as in the WIENER AUSGABE. In volume V, however, where he often writes into the fold, he initially places margin-signs in the outer margins; but as a result of repeated revisions, he also places them in the fold. For the sake of clarity, therefore, in the third volume of the WIENER AUSGABE the margin signs are placed on the right and left, as in the manuscript.

Later changes regarding the structure and sequence of remarks have always been followed in the edition, with a corresponding indication in the footnotes. On the other hand, decisions between open variants and changes to the text executed by a simple crossing out with fine lines are not realized in the edition, but all such deletions are indicated in the footnotes. This procedure is necessary in order to clearly distinguish such cancellations from those that arose during the initial process of writing the text: that is, quite definite erasures under which the original text is often difficult to decipher.

In the very few cases where the editor has had to resolve genuine lacunae, since these are not marked in the main text in any other way, the actual manuscript version is always reproduced in the footnotes. Incomplete punctuation has been corrected only where absolutely necessary, and all such cases are documented in the footnotes. Simple writing mistakes are not reproduced, although they are recorded in the primary transcription. Wittgenstein's spelling, which tends to follow the sound of the text rather than the usual orthography, often leads to special spelling mistakes, which, in the interests of readability, have sometimes been corrected. In the more important of such cases the original spelling is given in the footnotes.

Likewise in his use of capitalisation Wittgenstein does not follow the usual conventions. Judging by his careful corrections in the manuscripts, however, these spelling peculiarities are introduced quite deliberately. As a result, in the WIENER AUSGABE capitalisation of adjectives, substantives and other doubtful cases follows

Manuskripten ist aber ersichtlich, daß diese Schreibeigentümlichkeit von Wittgenstein ganz gezielt eingesetzt wird. Die Groß- bzw. Kleinschreibung bei Adjektiven, substantivierten Verben und in anderen Zweifelsfällen folgt daher in der WIENER AUSGABE streng dem Manuskript, entsprechend Wittgensteins Bemerkung auf der Seite 108 im Band VI:

„Wie weiß ich, daß ein Wort hier Eigenschaftswort, dort Hauptwort ist?“

strongly the original manuscript, in keeping w
a remark made by Wittgenstein himself on pa
108 of volume VI (in German):

‘How do I know that a word is in one plac
an adjective and in another a noun?’

Legende
Wiener Ausgabe Band 3

Haupttext

S p e r r u n g	einfache Unterstreichung
KAPITÄLCHEN	mehrfache Unterstreichung
Serifenlose	gewellte Unterstreichung
| |	Einfügung
/ /	Variante
Kursiv	Text in Code

Linker Randapparat

Randzeichen Wittgensteins sowie eine seitenweise Zählung der Bemerkungen durch den Herausgeber

Rechter Randapparat

Zeilenzähler der Ausgabe, gelegentlich Randzeichen Wittgensteins, und Seitenzahlen des Manuskripts, gegenüber der Textzeile, in der die jeweilige Manuskriptseite beginnt

Fußnotenapparat

⟨ ⟩	Streichung
⟨ …⟩	Streichung ohne Fortsetzung im Satz
Kursiv	Anmerkung des Herausgebers

Text in Code erscheint in den Fußnoten in Normalschrift.

Die Fußnoten sind über den Zeilenzähler mit dem Haupttext verbunden.

Legend
Wiener Ausgabe Volume 3

Main text

l e t t e r s p a c i n g	single underlining
SMALL CAPS	multiple underlining
sans serif	wavy underlining
| |	insertion
/ /	variant
italics	text in cipher

Left margin

Marginal signs by Wittgenstein, numbering of the remarks per page by the editor

Right margin

Line counter, occasionally marginal signs by Wittgenstein, manuscript page numbers opposite the line corresponding to the beginning of the new page in the manuscript

Footnotes

⟨ ⟩	deletion
⟨ …⟩	deletion, without continuation in the sentence
italics	annotation by the editor

Text in cipher appears in the footnotes in standard typeface.

The footnotes are connected to the main text via the line counter.

Bemerkungen

V.

11.8. 1

1 ?/V$_b$ $2 \times 3 \neq 5$ ist eine grammatische Regel wie $2 + 3 = 5$

2 / Ist das Funktionieren/der Mechanismus/ von „~p" damit erklärt, daß man sagt: ‚~p' ist wahr wenn ‚p' nicht wahr ist?

12.

3 / Was sollte diese „Erklärung" für ein Satz sein? Sie ist doch keine grammatische Regel. Ist es nicht sehr charakteristisch daß die Erklärung ausgedrückt (wie in der WF-Notation) einfach zum Zeichen gehört und nur eine Handhabe für den Angriff grammatischer Regeln – Spielregeln – wird?

Das „W" und „F" verfolgte eine Tendenz aber sie ist vereitelt, dadurch, daß nun doch wieder alles zum Zeichen gehört. WF ist nur noch eine Anspielung und nicht mehr. Und zwar nur eine Anspielung auf eine andere N o t a t i o n nicht auf eine Erklärung. – Es ist ja selbstverständlich: es kann nicht eine Erklärung der Notation u n d die Notation geben. Denn die Erklärung wird sofort zur Notation und mehr als diese kann sie auch nicht enthalten.

4 / Denn wenn ich erkläre „‚~p' ist wahr wenn ‚p' nicht wahr ist", so setzt das voraus daß ich verstehe was es heißt ‚p' sei nicht wahr. Dann habe 2
ich aber nichts getan als zu definieren

~p $\overset{Def}{=}$ ‚p' ist nicht wahr

und daran ändert sich natürlich nichts wenn ich schreibe

~p $\overset{Def}{=}$ ‚p' ist falsch.

Es kommt nämlich wesentlich darauf an daß es nicht möglich ist das Zeichen p auf der rechten Seite der Definition auszulassen bezw. durch ein anderes zu ersetzen |(es sei denn wieder durch eine Definition)|. Solange das nicht möglich ist kann und muß man auch die rechte Seite als Funktion auffassen von p, nämlich

‚( )' ist falsch,

oder wie Russell schreiben würde:

‚$\hat{\xi}$' ist falsch.

Das hängt auch damit zusammen daß ja der Tintenstrich nicht f a l s c h ist. (Wie auch das Bild nicht, es sei denn, daß es als Porträt aufgefaßt wird.)

1 11.8. *–1930 auf der Hochreith in Österreich*
2 ?/ *linkes Randzeichen überschrieben*
4 ⟨∫⟩ *linkes Randzeichen gestrichen*
10 Ist es nicht sehr charakteristisch daß die Erklärung ausgedrückt ⟨– …⟩
13 Das „W" und „F" ⟨f…⟩
14 ist vereitelt, dadurch, daß *–die Kommas sind im MS gewellt unterstrichen*
14 gehört ⟨und⟩ WF nur ⟨mehr⟩ eine Anspielung ⟨bedeutet⟩ und nicht
17 Es ist ja selbstverständlich⟨,⟩ es kann nicht eine Erklärung der Notation
19 Denn die Erklärung wird sofort zur Notation und mehr als diese ⟨j…⟩
21 Denn wenn ich ⟨E…⟩
21 erkläre „‚~p' ist wahr wenn ‚p' ⟨f…⟩
25 und daran ändert sich natürlich nichts wenn ⟨w…⟩
31 kann und muß man auch die ⟨Rechte …⟩
31 kann und muß man auch die rechte Seite als Funktion ⟨a…⟩
36 (Wie auch das Bild nicht, ⟨wenn …⟩

Das ‚p' auf der rechten Seite muß nämlich eine Anspielung auf p, als Satz aufgefaßt, sein, und ist nicht der Name des Tintenstrichs „p".

Wenn ich also auch dem Schriftzug „p" den Namen A gebe und daher schreibe

~p $\stackrel{\text{Def}}{=}$ A ist falsch

so hat das nur einen Sinn, d.h die rechte Seite kann nur verstanden werden, wenn A für uns als Satzzeichen steht. Dann aber ist nichts 3
gewonnen; zum mindesten keine Erklärung der Negation.

1 ?/ Und dasselbe muß der Fall sein wenn man erklärt, „(x) fx" sei wahr wenn f( ) für alle Substitutionen wahr ist. Man muß auch dazu schon den logischen Mechanismus der Verallgemeinerung verstehen. Es ist nicht so daß man erst ahnungslos ist und die Verallgemeinerung nun durch die Erklärung erst zum Funktionieren gebracht wird. Wie wenn man in eine Maschine ein Rad einsetzt und sie dann erst funktioniert (oder die Maschine erst in zwei getrennten Teilen da ist und sie nun erst durch das Zusammensetzen als |diese| Maschine funktionieren)

13.

2 ?∫ Wenn man die allgemeinen Sätze von der Art ‚der Kreis befindet sich

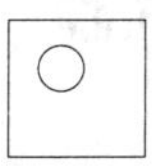

im Quadrat' betrachtet, so kommt es einem immer wieder so vor als sei die Angabe der Lage im Quadrat nicht eine nähere Bestimmung zur Angabe der Kreis liege IM Quadrat (wenigstens nicht, so weit der Gesichtsraum in Betracht kommt) als sei vielmehr das „im Quadrat" eine komplette Bestimmung die an sich nicht mehr näher zu bestimmen sei. Sowie eine Angabe der Farbe eine Angabe der Härte eines Materials nicht 4
näher bestimmt. – So ist nun das Verhältnis der Angaben über den Kreis natürlich nicht und doch hat das Gefühl einen Grund.

3 ?∫V$_b$ Man möchte also sagen: mit „der Kreis ist im Quadrat" ist, in einer Beziehung, alles gesagt; an verschiedene mögliche Lagen im Quadrat braucht dabei gar nicht gedacht zu werden.

4 ∫V$_b$ „Ich habe (ja) nur gesagt, daß der Kreis im Quadrat sein wird, ob er in der Mitte oder weiter in einer Ecke sein werde/wird/ habe ich nicht gesagt." – – –

2 p, als Satz aufgefaßt *–der ganze Ausdruck ist im MS unterstrichen*
6 und daher schreibe ~p $\stackrel{\text{Def}}{=}$ A ist falsch ⟨so ha…⟩
11 Und dasselbe muß der Fall sein wenn man erklärt, ⟨ist …⟩
12 wenn f( ) für alle Substitutionen wahr ist. ⟨W…⟩
13 verstehen. *–der Schlußpunkt ist im MS gewellt unterstrichen*
22 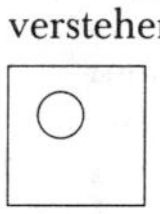 *–im MS blau durchstrichen*
23 *Im MS:* als |sei| die Angabe
30 natürlich nicht und doch hat das Gefühl ⟨einen …⟩
32 ?∫ *linkes Randzeichen überschrieben*
33 alles gesagt⟨. An⟩ verschiedene mögliche Lagen im Quadrat braucht
36 ∫ *linkes Randzeichen überschrieben*

1 /∨ „Er ist im Zimmer, ich höre ihn auf und ab gehen“ Hier ist es deutlich, daß das im Zimmer sein eine, komplette, Bestimmung für sich ist zu der die Angabe des Orts im Zimmer nicht als eine nähere Bestimmung hinzutritt sondern als eine neue fremde Bestimmung /Angabe/.

2 / In den grammatischen Regeln für die Termini des allgemeinen Satzes muß es liegen welche Mannigfaltigkeit er für mögliche Spezialfälle vorhersieht/voraussieht/. Was in den Regeln nicht liegt, ist nicht vorhergesehen.

3 ?∫ 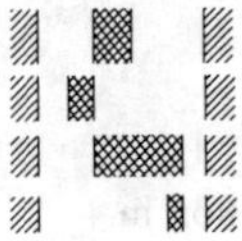 Alle diese Bilder/Verteilungen/ könnten verschiedene Verzerrungen/Zerrbilder/ desselben Sachverhalts sein. (Man denke sich die beiden weißen Streifen und den schwarzen Streifen in der Mitte dehnbar.) \, 5

4 ?/ Ist es unmöglich, daß aus einem Satz unendlich viele Sätze folgen, – in dem Sinn nämlich, daß nach einer Regel immer neue Sätze aus dem einen gebildet werden könnten ad infinitum?

5 / Angenommen die ersten 1000 Sätze dieser Reihe schrieben wir in Conjunktion an. Müßte der Sinn dieses Produktes dem Sinne des ursprünglichen Satzes nicht näher kommen als das Produkt der ersten 100 Sätze? Müßte man nicht eine immer bessere Annäherung |an den ersten Satz| bekommen, je mehr man das Produkt ausdehnte und würde das nicht zeigen daß aus dem Satz nicht unendlich viele andere folgen können da ich schon nicht mehr im Stande bin das Produkt aus 10^{10} Gliedern zu verstehen und doch den Satz verstanden habe dem das Produkt aus 10^{100} Gliedern noch näher kommt als das mit/von/ 10^{10} Gliedern.?

6 / Man denkt sich wohl, der allgemeine Satz ist eine abgekürzte Ausdrucksweise des Produkts. Aber was ist am Produkt abzukürzen, es enthält ja nichts überflüssiges. ×, 6

7 ∨ Denn im Satz müssen die Sätze die aus ihm folgen/seine Folgesätze/ mitgedacht sein; – also müssen in jenem Satz jedenfalls die ersten 10000 Sätze mitgedacht sein.

(Hier ist noch eine Undeutlichkeit in der Theorie des Folgens.)

14.

8 ∨ p folgt aus q heißt offenbar/jedenfalls/ daß q · ~p kein möglicher Satz sein kann sondern eine Contradiction ist. – Ist q · ~p ein |sinnvoller| Satz dann folgt p nicht aus q.

9 /, Wenn p aus q folgt so ist q · p = q

1 / *linkes Randzeichen überschrieben*

1 ⟨Es …⟩

8 muß es liegen ⟨was er als …⟩

23 Müßte der Sinn dieses ⟨Productes⟩ dem Sinne

28 andere folgen können da ich schon nicht mehr im Stande ⟨w…⟩

1 Wie verhält es sich nun mit dem Satz: die Fläche ist von A bis B

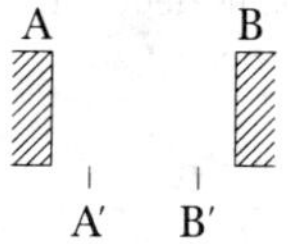

weiß? Aus ihm folgt doch daß sie auch von A′ bis B′ weiß ist. Es braucht sich da ja nicht um sichtbares Weiß zu handeln; und der Schluß von dem ersten Satz auf den zweiten wird jedenfalls immer wieder ausgeführt. Es sagt mir einer „ich habe die Fläche von A bis B damit bestrichen" und ich sage darauf „also ist sie jedenfalls von A′ bis B′ damit angestrichen".

2 Wenn aber aus jenem F(AB) F(A′B′) folgt dann muß in F(AB) schon 7
von A′ und B′ die Rede sein. – „A′", „B′" müssen also Symbole sein, die aus „A" und „B" konstruiert werden können wie etwa die Unterteilungen eines Maßstabes aus seinen Endpunkten.

3 Ist denn in (x) fx von a die Rede, da fa aus (x) fx folgt? V_b

In **dem** Sinne des allgemeinen Satzes, dessen Verification in einer Aufzählung besteht, ja.

4 Ist es nicht vielmehr so daß aus „der Streifen von A bis B ist weiß"

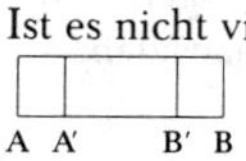

folgt „der Streifen A′B′ ist weiß", wenn in dem Streifen AB eben die Striche A′ und B′ gezogen waren. Unendlich ist nur die Möglichkeit dieser Art Figuren/Linienzüge/.

5 Was aus einem Gedanken folgt muß in ihm mitgedacht werden. Denn an einem Gedanken ist nichts dran was wir noch nicht wissen während wir ihn denken. Er ist keine Maschine deren Untersuchung ungeahntes zu Tage fördern kann oder eine Maschine die etwas leisten kann was man ihr zuerst nicht ansieht. D.h. er wirkt eben **logisch** überhaupt nicht als Maschine. Als Gedanke liegt in ihm 8
nicht mehr, als hineingelegt wurde. Als Maschine d.h. kausal wäre ihm alles zuzutrauen, logisch ergibt er nur was wir mit ihm gemeint haben.

Wenn ich sage das Viereck 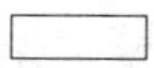 ist ganz weiß so denke ich nicht an zehn kleinere in ihm enthaltene Rechtecke die weiß sind und an **alle** in ihm enthaltenen Rechtecke oder Flecken kann ich nicht denken weil das (ein) Unsinn ist. Ebenso denke ich im/beim/ Satz „er ist im Zimmer" nicht an 100 mögliche Stellungen die er einnehmen kann und gewiß nicht an **alle**.

6 V_b (Eine unendliche Wirklichkeit wäre eine Kardinalzahl die alle anderen Kardinalzahlen übersteigt.)

4 Es braucht sich da ja nicht um sichtbares Weiß zu handeln; und ⟨die …⟩
20 wenn in dem Streifen ⟨A und B⟩ eben die Striche A′ und B′
22 Unendlich ist nur die ⟨mögli…⟩
35 Ebenso denke ich ⟨b…⟩

1 ⩛b Ein Gedanke aus dem unendlich viele andere folgen ist/wäre/ ein Gedanke der mit unendlich vielen anderen unverträglich wäre/ist/. Warum aber soll ein Gedanke nicht seinem Wesen nach mit unendlich vielen anderen unverträglich sein, d.h. daß sich nach einer Regel ad inf. Sätze bilden ließen die ihrem Wesen nach mit jenem ersten unverträglich wären. – Jener Gedanke müßte also geradezu zum Inhalt haben daß alle nach einer |bestimmten| Regel |ad inf.| gebildeten Sätze wahr sind. Aber wie soll er das denken? Denn er kann sich dann nur auf die Regel beziehen da er ihre Erzeugnisse 9
nicht in extenso betrachten kann und dadurch ist wieder die/seine/ Unendlichkeit dahin.

2 / „Wo immer, innerhalb dieses Kreises, Du die Scheibe triffst, hast Du gewonnen". \b

„Ich denke, Du wirst |die Scheibe| irgendwo innerhalb dieses Kreises treffen".

Was den ersten Satz betrifft, könnte man fragen: woher weißt Du das? Hast Du alle möglichen Orte ausprobiert? Und die Antwort müßte dann lauten: das ist ja kein Satz, sondern eine allgemeine Festsetzung.

3 „Wo immer Du die Scheibe treffen wirst, wirst Du zufrieden sein." ∨
„Woher weißt Du das?" – Das ist eine Hypothese.

15.

4 Auf den ersten Blick, gibt es zwei Arten der Deduktion: in der einen ist in der Prämisse von dem/allem/ die Rede wovon die Conclusion handelt in der anderen nicht. Von der ersten Art ist der Schluß von p · q auf q. Von der anderen der Schluß: der ganze Stab ist weiß also ist auch das mittlere Drittel weiß. In dieser Conclusion wird von Grenzen gesprochen von denen im ersten Satz nicht die Rede war. (Das ist verdächtig.) Oder wenn ich sage: „Wo immer in diesem Kreise Du die Scheibe triffst, wirst Du den Preis gewinnen" und dann „Du hast sie |hier| getroffen also ...." so war dieser Ort im ersten Satz 10 \b
nicht vorausgesehn. Das heißt das Loch in diesem Ort/Die Scheibe mit dem Loch .../ hat zu der Scheibe wie ich sie früher gesehen habe eine bestimmte interne Beziehung und darin besteht es daß das Loch hier unter die vorausgesehene allgemeine Möglichkeit fällt. Aber es selbst war nicht vorausgesehen, es kam in dem ersten Bild nicht vor. Oder mußte doch nicht darin vorkommen. Denn selbst angenommen ich hätte dabei an 1000 bestimmte Möglichkeiten gedacht so hätte es zum mindesten passieren/geschehen/ können daß die ausgelassen wurde die später eintraf. Und wäre das Voraussehen dieser

1 ⩛b *oberes Randzeichen in Kopierstift*
18 woher weißt Du das⟨, hast⟩ Du alle möglichen Orte ausprobiert?
22 „Wo immer Du die Scheibe treffen wirst, wirst Du ⟨v...⟩
23 „Woher weißt Du das?" *– die Anführungszeichen sind im MS gewellt unterstrichen*
27 gibt es zwei Arten der Deduktion: in der einen ist ⟨im ...⟩
29 ist der Schluß von p · q auf q⟨; von⟩ der anderen der Schluß:
31 nicht die Rede war. (⟨das⟩ ist verdächtig)
34 so war ⟨der⟩ Ort im ersten Satz nicht vorausgesehn.
43 die später eintraf⟨ – und⟩ wäre das Voraussehen dieser Möglichkeit

Möglichkeit wesentlich gewesen, so hätte die Prämisse durch das Übersehen dieser einen Möglichkeit den unrechten Sinn bekommen und die Conclusion würde nun nicht aus ihr folgen.

Andererseits wird dem Satz „Wohin immer Du in diesem Kreis triffst ....“ nichts hinzugefügt wenn man sagt: „Wohin immer Du in diesem Kreis triffst und wenn Du insbesondere den schwarzen Punkt  triffst ....“. Aber, war der schwarze Punkt schon da als man den ersten Satz aussprach so war er natürlich mitgemeint; war er aber nicht da so hat sich durch ihn eben der Sinn des Satzes geändert.

1 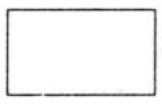 „Dieses Rechteck ist weiß, also ist auch die hinein verlegte Figur  weiß“. V_b 11
Das folgt nicht denn vielleicht ist sie dann innen schwarz, wenn wir sie hineinverlegen.

2 „Das Ganze ist weiß, folglich ist auch ein Teil der durch eine |solche| Grenzlinie charakterisiert ist, weiß.“ „Das Ganze war weiß, also war auch jener Teil davon weiß, auch wenn ich ihn damals nicht (durch eine Linie) begrenzt darin wahrgenommen habe.“ Hatte denn das Rechteck keine rechte und linke Hälfte ehe ich sie als solche wahrgenommen hatte? Und doch muß man das sagen. _b

3 Der Schluß heißt auch nicht so: „Wo immer auf die Scheibe der Schuß hintrifft, hast Du den Preis gewonnen. Du hast auf der Scheibe dahin getroffen also hast Du den Preis gewonnen“. Denn wo ist dieses da? wie ist es außer dem Schuß bezeichnet, etwa durch einen Kreis? Und war der auch schon früher auf der Scheibe. Wenn nicht so hat die Scheibe sich ja verändert, wenn aber ja, dann war jener Kreis ohnehin ausdrücklich als eine Möglichkeit des Treffers vorgesehen./wäre er aber schon dort gewesen dann wäre er als eine Möglichkeit des Treffers vorgesehen worden./ Es muß vielmehr heißen „Du hast die Scheibe getroffen also ....“. _b

4 Hat es nun nicht einen Sinn zu sagen: |Aber| wenn man die Scheibe trifft, muß man sie irgendwo treffen.? 12

Oder auch: Wo immer er die Fläche trifft so wird es keine Überraschung sein so daß man sagen würde „das habe ich mir nicht erwartet, ich habe gar nicht gewußt daß es diesen Ort gibt“. Das heißt aber doch es kann keine geometrische Überraschung sein.

5 V_b Wenn p aus q folgt, so muß p in q vorausgesehen gewesen sein.

1 das Voraussehen dieser Möglichkeit | | *–das leergebliebene Einfügungszeichen ist im MS gewellt unterstrichen*
1 das Voraussehen dieser Möglichkeit wesentlich gewesen, so ⟨wurde ...⟩
1 durch das ⟨übersehen⟩ dieser einen Möglichkeit
6 wenn Du insbesondere den schwarzen Punkt ⟨f...⟩
12 die hinein verlegte Figur  *–im MS weist von der Figur ein Pfeil in das Rechteck*
16 ein Teil ⟨|davon|⟩ *–im MS ist auch das Einfügungszeichen gewellt unterstrichen*
19 Hatte denn das ⟨Ganze ...⟩
23 *Im MS:* „Wo immer auf dies
34 Hat es nun nicht einen Sinn ⟨zum ...⟩
34 ⟨Wenn⟩ man die Scheibe trifft,

1 /b Zu einem früheren Satz ist noch zu sagen daß das d a nicht notwendig durch ein Zeichen auf der Scheibe angegeben sein muß und daß es auf jedenfall ein Näher dem Mittelpunkt, oder dem Rand, ein Rechts oben oder Links unten gibt. Wie immer die Scheibe getroffen wird, stets m u ß so eine Beschreibung möglich sein.

(Aber von diesen Beschreibungen gibt es auch nicht „unendlich viele".)

16.

2 /b Wenn man ein Beispiel braucht dafür daß unendlich viele Sätze aus e i n e m folgen so wäre vielleicht das einfachste das, daß aus „a ist rot" die Negation aller Sätze folgt die a eine andere Farbe zuschreiben. Diese negativen Sätze werden gewiß in dem einen nicht mitgedacht. Man könnte natürlich sagen: Wir unterscheiden doch nicht unendlich viele Farbtöne; aber die Frage ist: hat die Anzahl der Farbtöne die wir 13 unterscheiden überhaupt etwas mit der Komplexität jenes ersten Satzes zu tun; ist er mehr oder weniger kompliziert/komplex/ jenachdem wir mehr oder weniger Farbtöne unterscheiden?

Müßte man nun nicht so sagen: Ein Satz folgt erst aus ihm, wenn er da ist. Erst wenn wir 10 Sätze gebildet haben die aus dem ersten folgen, folgen sie/10 Sätze/ aus ihm.

3 Statt Farben hätte ich Längen nehmen können. Aus „ich bin 170 cm hoch" folgt „ich bin nicht 171 cm hoch", nicht 172, etc, ad inf. ∨b

4 Was soll es aber dann heißen zu sagen: wenn ein Satz aus dem anderen folgt, so muß der erste im zweiten mitgedacht sein, da es doch nicht nötig ist im Satz „ich bin 170 cm hoch" auch nur einen einzigen der anderen mitzudenken. Hier muß ein Unsinn vorliegen. \b

5 Ich möchte sagen ein Satz folgt erst dann aus dem anderen wenn er mit ihm confrontiert wird. Jenes u.s.w. ad inf. bezieht sich nur auf die Möglichkeit der Bildung von Sätzen die aus dem ersten folgen, ergibt aber keine Zahl solcher Sätze. \b

6 Könnte ich also einfach sagen: Unendlich viele Sätze folgen d a r u m nicht aus einem Satz weil es unmöglich ist unendlich viele Sätze hinzuschreiben (d.h. ein Unsinn ist, das zu sagen.) \b 14

7 ∨/b Eines ist wohl klar, es kann der Satz der aus p folgt der Grammatik des p nicht fremd sein. Der Satz könnte nicht überrascht sein daß der andere aus ihm folgt.

1 noch *– im MS durchstrichen*
3 auf jedenfall ein Näher dem Mittelpunkt, oder dem Rand, ein ⟨rechts …⟩
12 daß aus „a ist rot" die Negation aller Sätze folgt die ⟨dem⟩ a eine
13 eine andere Farbe zuschreiben. Diese ⟨N…⟩⟨negation…⟩
19 Müßte man nun nicht so sagen: Ein ⟨sa…⟩
23 ∨b *rechtes Randzeichen durchstrichen*
24 171 cm hoch", nicht 172, ⟨173⟩ etc,
36 Könnte ich also einfach sagen⟨?⟩ Unendlich viele Sätze folgen
37 Unendlich viele Sätze folgen d a r u m nicht aus einem Satz weil ⟨ich …⟩
38 es unmöglich ist unendlich viele Sätze hinzuschreiben⟨. …⟩
40 ∨/b *oberes Randzeichen in Kopierstift*

1 /b „Wenn aus F_1(a) [= a hat die Farbe F_1] folgt ~F_2(a) so mußte in der Grammatik des ersten Satzes auch schon die Möglichkeit des zweiten vorausgesehen sein (wie könnten wir denn/auch/ sonst F_1 und F_2 Farben nennen).“

/b „Wenn der zweite Satz dem ersten sozusagen unerwartet gekommen wäre so könnte er nie aus ihm folgen.“

/b „Der erste Satz muß den anderen als seine Folge erkennen. Oder vielmehr es muß dann beide e i n e Grammatik vereinigen und diese muß dieselbe sein wie ehe dem Schließen.“

/b (Es ist sehr schwer hier keine Märchen von den symbolischen Vorgängen/ von den Vorgängen im Symbolismus/ zu erzählen, wie an anderer/der anderen/ Stelle keine Märchen über die psychologischen Vorgänge. Denn alles ist ja einfach und allbekannt (und nichts neues zu erfinden). Das ist ja eigentlich das Unerhörte an der Logik daß ihre außerordentliche Schwierigkeit darauf beruht daß nichts zu konstruieren sondern alles schon da und bekannt ist.)

2 „Welchen Satz p nicht als seine Folge erkennt, der ist nicht seine Folge.“

/b. D.h. aus der kompletten Grammatik des Satzes p muß/müßte/ auch hervorgehen welcher Satz aus ihm folgt, und würde nun ein neuer Satz gefunden der aus p folgt so würde damit der Sinn von p geändert werden

/ „Wenn z.B. aus „a ist grün“ folgt „a ist nicht rot“ so muß „a ist grün“ den zweiten Satz/Ausdruck/ als seinen Verwandten anerkennen.“

3 / Die Grammatik ist nicht unendlich kompliziert, weil sie die endlose Bildung von Zahlzeichen zuläßt.

1 *An- und Ausführungszeichen der ganzen Bemerkung im MS blau*

4 *Die folgenden zwei Absätze und der vierte sind im MS Bemerkungen, durch blaue Klammern am Rand der vorangehenden Bemerkung zugeordnet.*

9 ehe *–gewellte Unterstreichung im MS blau*

13 über die psychologischen Vorgänge | |⟨) …⟩ *–das leergebliebene Einfügungszeichen ist im MS gewellt unterstrichen*

14 (und nichts neues zu erfinden⟨.) …⟩

18 *An- und Ausführungszeichen des Absatzes im MS blau*

19 *Die folgenden zwei Absätze sind im MS Bemerkungen, durch blaue Klammern am linken Rand der vorangehenden Bemerkung zugeordnet.*

21 muß/müßte/ auch hervorgehen welcher Satz aus ⟨p⟩ folgt,

22 ein neuer Satz gefunden der aus p folgt so würde damit ⟨die Be…⟩

24 „Wenn z.B. aus *–das Anführungszeichen fehlt im MS*

26 anerkennen.“ *–Ausführungszeichen im MS blau*

1 /b Ist es nicht einfach so: Aus der Grammatik des Satzes – und aus ihr allein, muß es folgen/erhellen/hervorgehen/ ob ein Satz aus ihm folgt. Keine Einsicht in einen neuen Sinn kann das ergeben; – sondern nur die Einsicht in den alten Sinn. – Es ist nicht möglich einen neuen Satz zu finden der aus jenem folgt, den man nicht hätte bilden können 16
(wenn auch ohne zu wissen ob er wahr oder falsch sei/ist/) als jener gebildet wurde. Entdeckte man einen neuen Sinn und folgte dieser aus jenem/dem/ ersten Satz so hätte dieser Satz damit seinen Sinn geändert.

2 /b Man überlege, welchen Grund hat man ein |neues| Phänomen Farbe zu nennen, wenn es sich nicht in unser bisheriges Farbenschema einfügt.

3 ∀/ Das was man ursprünglich Satz nennt ist eine gewisse Leier die von verschiedenster Art sein kann, d.h. die verschiedenartigste(n) Funktion(en)/verschiedenen Arten sein kann, d.h. verschiedene Funktionen/ erfüllen kann.

4 V 2 + 2 = 4, Ich sehe einen gelben Fleck in einer blauen Umgebung, Vor mir liegt ein Buch auf dem Tisch, Jedes Ding ist sich selbst gleich, etc, gelten als Sätze.

5 Vb Hypothesen nenne ich solche Sätze für welche es gilt daß man sich immer irren kann.

17.

6 ?∫Vb Was in der Philosophie sagbar ist muß immer hausbackener werden; und das einzige nicht Hausbackene ist die Grenze der Sprache.

7 ?∫Vb Denn immer wieder denkt man: ja, wie soll ich dieses Letzte aussprechen? Aber das Letzte soll ich eben nicht aussprechen, sondern 17
das ist die Mauer an die wir stoßen./das ende an das wir kommen./

8 ?∫Vb Ich sage jemandem: es liegt hier ein gelbes Buch vor mir. Aber das kann ich nicht bestimmt wissen. Was ich dagegen bestimmt wissen kann, kann ich das mitteilen? – Sind nicht die Sätze im engeren Sinne nur Schnitte von Hypothesen und selbstständig existenzunfähig?

2 folgen/erhellen/hervorgehen/ *–im MS ist die dritte Variante blau geschrieben*
3 Keine Einsicht in einen neuen Sinn kann das ergeben⟨. Sondern⟩ nur
4 Sinn *–im MS blau durchstrichen*
5 einen neuen Satz zu finden der aus jenem folgt, ⟨der …⟩
6 man nicht hätte bilden können (wenn ⟨ma…⟩
6 sei/ist/ *–im MS ist die zweite Variante blau geschrieben, die erste blau unterstrichen*
15 ∀ *linkes Randzeichen durchstrichen*
20 *Im MS fortlaufender Text, durch Randzeichen und senkrechten Strich in der Zeile als Bemerkung gekennzeichnet.*
20 ⟨„⟩2 + 2 = 4
21 *Im MS:* Vor liegt ein Buch
28 ?∫ *linkes Randzeichen überschrieben*
29 und das einzige nicht ⟨hausbackene⟩ ist die Grenze der Sprache.
31 ?∫ *linkes Randzeichen überschrieben*
35 ?∫ *linkes Randzeichen überschrieben*

1 / Ich möchte sagen: die |alte| Logik hat viel mehr Convention und Physik in sich als man geglaubt hat. Wenn das Substantiv der Name eines K ö r p e r s ist das Verbum etwa zur Bezeichnung einer Bewegung, das Adjectiv der Eigenschaft eines Körpers dient, dann sieht man wohl wie voraussetzungsvoll diese Logik ist und kann annehmen daß diese ursprünglichen Voraussetzungen |auch| noch tiefer in die Anwendung dieser Worte, in die Logik der Sätze reicht.

2 / Das Kreuzworträtsel wäre die beste Illustration dafür, wie man eine Annahme aus einem Grunde halten kann, der seinerseits wieder einen Grund hat, der einen Grund hat etc, etc, daß es unmöglich wird eine einzelne Entscheidung zu rechtfertigen bis/ehe nicht/ alles beisammen ist. Denn ich glaube daß hier ein a steht weil es ein Wort mit 18
3 Buchstaben gibt das … lautet; aber dieses halte ich für das richtige weil am Ende ein r steht und es ein Wort mit 5 Buchstaben gibt dessen 4ter ein r ist; aber dieses Wort wähle ich wieder, weil u.s.w..

3 / Angenommen ein Kreuzworträtsel hätte zwei Lösungen die allen Bedingungen entsprächen, wäre davon eine d i e Lösung? Das hat eine Bedeutung in der Theorie der Grammatik.

4 / Man könnte glauben daß es günstig ist in der Logik recht/möglichst/ „bestimmte“ Sätze zu Beispielen zu nehmen. In Wahrheit aber muß ein Satz wie „dieser Anzug ist mir etwas zu groß“ oder „ich sehe meinem Vater ähnlich“ für uns ebensogut taugen. – Beispiele taugen für uns nur dann nicht, wenn sie einer anderen A r t von Sätzen angehören, als |der| die wir betrachten wollen. Vague Sätze würden uns also dann nicht taugen wenn wir sie für eine eigene logische Art von Sätzen hielten und sie augenblicklich nicht betrachten wollten. (Aber dann müßten wir sie ja doch einmal betrachten.)

5 ?/ Die Aristotelische Logik ist ein Spiel, das sich auf Sätze anwenden 19
l ä ß t.

6 v Alles was man verlangen kann, ist, das Spiel k o m p l e t t kennen zu lernen. (Die Anwendung ist dann zu tun/machen/ nicht zu sagen/reden/.) v

1 Logik hat viel mehr ⟨Konvention⟩ und Physik in sich
2 Physik in sich als man geglaubt hat. Wenn das ⟨Sy…⟩
3 eines K ö r p e r s |ist| das Verbum etwa ⟨von der⟩ Bezeichnung
4 das Adjectiv ⟨von der Bezeichnung⟩ der Eigenschaft eines Körpers dient,
6 |auch| *–im MS ist auch das Einfügungszeichen gewellt unterstrichen*
9 / *linkes Randzeichen durchstrichen*
11 der einen Grund hat etc, etc, daß es ⟨zu …⟩
18 / *linkes Randzeichen durchstrichen*
26 wenn sie einer anderen A r t von Sätzen ⟨angehörten⟩, als
27 die wir betrachten wollen. Vague ⟨setzte …⟩
35 ⟨/⟩ *linkes Randzeichen gestrichen*

1 Immer ist hier das Gleichnis gut von der Laterna magica mit dem Film und den vereinzelten Bildern auf der Leinwand oder von dem Körper der sich dreht und blitzartig hie und da beleuchtet wird. Denn das ist ja eigentlich gar kein Gleichnis sondern es verhält sich in der Logik der Hypothesen wirklich so. ∨

18.

2 Es werden |immer| Facetten der Hypothese verifiziert

3 Die Erlebnisse d.h. die primären Ereignisse sind mit der Hypothese vereinbar. (The hypothesis accounts for them) ∨

Man könnte etwa sagen: die Hypothese erklärt sie.

4 Ist es nun nicht etwa so daß das was die Hypothese erklärt selbst nur wieder durch eine Hypothese ausdrückbar ist. D.h. natürlich, gibt es überhaupt primäre Sätze; die also endgültig verifizierbar sind und nicht die Facetten einer Hypothese sind? (Das ist etwa als würde man fragen, „gibt es Flächen die nicht Oberflächen von Körpern sind?“.) 20

5 ∨ Am ehesten ließe sich das im Verlauf eines Experiments sehen, wenn man die unmittelbaren Erfahrungen beschreiben wollte, die im Experiment den Ausschlag geben/die Entscheidung bringen/. [die im Experiment für oder gegen die Hypothese entscheiden]

Denn es kommt doch am Ende darauf hinaus daß man einen Zeiger auf einem Teilstrich sieht, oder einen Lichtpunkt in einem Fernrohr, etc.

Gibt es nun nicht Sätze die dieses rein „Subjective“ (was natürlich nicht subjectiv ist) beschreiben, – jene Haken woran alles endlich angehängt ist?

Aber können solche Sätze zur/der/ Mitteilung dienen?

Wären es nicht Sätze die dem Sprechenden als primäre, dem Angesprochenen/Anderen/ aber als Hypothesen gälten?

19.

6 Es kann jedenfalls kein Unterschied sein zwischen einer Hypothese als Ausdruck einer unmittelbaren Erfahrung gebraucht und einem Satz: im engeren Sinne.

7 ∨ Merkwürdig ist dann aber die Bedeutung der Wahrheitsfunktionen angewandt auf Hypothesen statt primären Sätzen: 21

Der Unterschied entspräche, natürlich, dem der Bedeutungen des Wortes Wahr (und Falsch) in jenen beiden Fällen.

1 Immer ist hier das Gleichnis gut von der ⟨Kammera …⟩
3 sich dreht und blitzartig hie und da beleuchtet wird. ⟨Di…⟩
4 Denn das ist ja eigentlich gar kein Gleichnis sondern ⟨es ver…⟩
8 *Im Manuskriptband durchgehend:* Fassetten *bzw.* Fassette
14 ⟨Es …⟩
16 gibt es überhaupt primäre Sätze; die also endgültig ⟨w…⟩
25 einem Teilstrich sieht ⟨(⟩oder einen Lichtpunkt in einem Fernrohr⟨) …⟩
31 Wären es nicht Sätze die dem ⟨sprechen…⟩
32 dem Angesprochenen/Anderen/ aber als Hypothesen ⟨ve…⟩

20.

1 Es gibt jedenfalls einen Unterschied zwischen Sätzen von denen man sagt es ist wahrscheinlich der Fall und solchen von denen man es nicht mit Sinn sagen kann. ∨b

2 Es ist ein Unterschied zwischen einem Satz wie „hier liegt eine Kugel vor mir“ und „es schaut so aus als läge eine Kugel vor mir“. – Das zeigt sich auch so: man kann sagen „es scheint eine Kugel vor mir zu liegen“ aber es ist sinnlos: „es scheint eine Kugel hier liegen zu scheinen“. Wie man |auch| sagen kann „hier liegt wahrscheinlich eine Kugel“ aber nicht „wahrscheinlich scheint mir *hier* eine Kugel zu liegen“. Man würde in solchem Fall sagen „ob es *scheint*, mußt Du doch wissen“. ?

3 Man möchte etwa auch sagen: „Ich weiß schon *etwas*, nämlich, was ich *sehe*; ich weiß nur nicht, ob es eine Kugel ist.“ Hat es |denn| aber einen Sinn zu sagen „ich weiß, was ich sehe“? – Angenommen ich 22 sehe einen gelben Kreis, könnte man dann nicht sagen: wenn das nicht schon wieder eine Hypothese ist (da es ja einen physiologischen Vorgang behauptet) dann hat es überhaupt keinen Sinn. Denn damit es ein Satz ist, müssen Kreis, gelb, etc. schon vorgefaßte Begriffe sein. – Man könnte fragen: wie kann ich wissen, daß das Gesichtsbild mit diesen Begriffen übereinstimmt – es sei denn daß ich jetzt diese Worte als Beschreibung dieses Gesichtsbilds bestimme, dann ist freilich kein Wunder daß sie stimmen. Aber ist es denn willkürlich ob ich ja oder nein antworte, wenn mich jemand fragt: „siehst Du dort ein Licht“? Andrerseits ist es doch klar daß ich apodiktisch sagen kann „nein, ich sehe keins“ oder „ja, ich sehe eins“. Es wäre doch offenbar unsinnig zu sagen „wahrscheinlich sehe ich ein Licht“ (Es sei denn daß es sich wieder um ein/das/ physikalische(s) Faktum handelt wonach aber nicht gefragt wurde) Man würde doch antworten: „Du mußt doch *wissen* ob Du ein Licht siehst oder nicht“. („Du mußt doch wissen, ob es Dir so *scheint*“) ∨

18 ich sehe einen gelben Kreis, könnte man dann nicht sagen⟨, …⟩
21 Denn damit es ein Satz ist, ⟨muß …⟩
22 Man könnte fragen: wie ⟨weiß ich⟩, daß das Gesichtsbild
22 Man könnte fragen: wie kann ich wissen, daß ⟨e…⟩
23 es sei denn daß ich ⟨sie …⟩
30 daß es sich wieder um ein/das/ physikalische(s) Faktum handelt⟨) …⟩

1 / Und nun ist es wohl auch Unsinn zu sagen, die Übereinstimmung |(oder Nicht-Übereinstimmung)| zwischen Satz und Welt/Realität/ sei 23 willkürlich durch eine Zuordnung geschaffen. Denn, wie ist diese Zuordnung auszudrücken? Sie besteht darin, daß der Satz „p“ sagt, es sei *gerade das* der Fall. Aber wie ist dieses „gerade das“ ausgedrückt?/gegeben?/ Wenn durch einen andern Satz so gewinnen wir nichts dabei; wenn aber durch die Realität, dann muß diese schon in bestimmter Weise – articuliert – aufgefaßt sein. Das heißt: man kann nicht auf einen Satz und auf eine Realität deuten und sagen: „*das* entspricht *dem*“. Sondern dem Satz entspricht nur wieder das schon articulierte/Articulierte/.

2 Was hat es nun mit der allgemeinen Regel auf sich die das Wort „Gemischtwarenhandlung“ auf einem Haus, zum *Satz* macht? Das ist klar: wir verstehen dieses Wort wenn es in einem (gewöhnlichen) Satz vorkommt; wenn ich es dagegen allein auf einen Zettel auf meinem Schreibtisch schreibe, so sagt es nichts, und man könnte etwa|, wenn man es so sieht,| fragen: nun, was ist's damit? Es ist dann eben ein einzelnes Rad das wir zwar als Teil eines Mechanismus kennen, |das| aber hier, außerhalb jedes Verbandes, keinen Zweck erfüllt. Jenes 24 Wort auf dem Haus aber erfüllt den Zweck einer Mitteilung. In welchem Verbande steht es nun? — Man könnte sagen das Charakteristische eines Zeichens ist, daß es sich von vornherein muß lernen lassen, wie der Eisenbahner/Lokomotivführer/ die Eisenbahnsignale lernt. Was er da lernt ist eben die „allgemeine Regel“. Ich will also sagen: Er lernt dabei nicht nur Wörter einer Sprache, sondern auch eine Grammatik. Wäre z.B. „halt“ eines dieser Wörter, so genügte es allein gar nicht denn es bedarf einer Regel zu wissen *welcher* Zug nun halten soll.

Das Schiffssignal „Stop“ ist auch ein einwörtiger Satz; wo ist hier der *Satzzusammenhang*? Oder soll man/ich/ so sagen: Das Wort „Stop“ hat nur im Schiff Sinn nicht wenn ich es allein auf irgend einen Zettel schreibe; wenn andrerseits das Wort an seinem Ort durch kein anderes zu ersetzen wäre, so wäre es wiederum sinnlos.

3 v Das Schild „Bass & Ale“ zeichnet nur *gewisse* Häuser aus vor anderen welche es nicht tragen. Und selbst wenn es auf allen Häusern angebracht wäre als Zeichen daß tatsächlich überall diese Getränke zu haben sind so müßte es doch denkbar d.h. in unserer Grammatik 25 vorgesehen sein, daß ein Haus es nicht trüge. Denn gehörte es als selbstverständlich zu einem Haus dann könnte es nichts ausdrücken /aussagen/.

1 *Im MS ein Absatz, durch Randzeichen als Bemerkung gekennzeichnet.*
1 Und nun ist es wohl auch Unsinn zu sagen ⟨d…⟩
2 zwischen Satz und ⟨W…⟩
6 Aber wie ist dieses „gerade das“ ausgedrückt?/gegeben?/ ⟨Entweder …⟩
18 |, wenn man es so sieht,| fragen: nun, was ist's damit? ⟨Es …⟩
22 Man könnte sagen das ⟨charakteristische⟩ eines Zeichens ist,
29 es allein gar nicht denn es bedarf einer Regel zu wissen ⟨an …⟩
36 *Im MS ein Absatz, durch Randzeichen als Bemerkung gekennzeichnet.*
36 gewisse *–im MS zuerst einfach, dann gewellt unterstrichen*

1 Hätte das Wort außer allem Zusammenhang Sinn, dann genügte es daß es im Wörterbuch steht; d.h. es brauchte sonst nirgends erwähnt zu werden. Es würde so zu sagen genügen daß man es ein für allemal weiß. (Man könnte dann sagen „wozu steht das/dieses/ Wort da? Ich weiß es ja ohnehin schon".) – Dieses Wort sollte aber wahr und falsch sein können, dann nur ein für allemal das eine oder das andere; es müßte |dann| sozusagen von der Natur des Satzes 2 + 2 = 4 sein. \?

21.

2 In dem was den Satz mit der gegebenen Tatsache verbindet ist nichts Hypothetisches. \

3 Es ist doch klar daß eine Hypothese von der Wirklichkeit – ich meine von der unmittelbaren Erfahrung – einmal mit ja, einmal mit nein beantwortet wird, (wobei freilich das „ja" und „nein" hier nur Bestätigung und Fehlen der Bestätigung ausdrücken) und daß man dieser Bejahung und Verneinung Ausdruck verleihen kann. 26

4 / Die Hypothese wird, mit d e r Facette an die Realität angelegt, zum Satz.

5 / Wie ist es mit den Sätzen die in Dichtungen vorkommen. Hier kann doch gewiss von einer Verification nicht geredet werden und doch haben diese Sätze Sinn. Sie verhalten sich zu den Sätzen für die es Verification gibt wie ein Genre Bild zu einem Portrait. Und dieses Gleichnis dürfte wirklich die Sache richtig/vollständig/ darstellen.

6 / Entsprechen diese Sätze etwa dem was Frege und Meinong Annahmen nannten?

7 / Denn in jenen erdichteten Sätzen haben doch die Wörter Bedeutung wie in den anderen, rot, blau, rechts, links, Kopf, Fuß, bedeuten dasselbe wie sonst. D.h. es ist eine Verbindung mit der Wirklichkeit vorhanden. In e i n e m Sinne wenigstens; – aber es fehlt die Verbindung mit dem Jetzt und Hier. |(Erinnern wir uns aber, wie die Bedeutung eines Wortes fixiert ist.)|

8 / Wenn ich ein Bild anschaue so sagt es mir etwas auch wenn ich keinen Augenblick glaube (|mir| einbilde) die Menschen seien wirklich 27
oder es habe wirkliche Menschen gegeben wovon/von denen/ dies ein verkleinertes Bild sei. „Es sagt mir etwas" kann aber hier (natürlich) nur heißen es bringt eine gewisse Einstellung |in mir| hervor.

6 dann nur ein für allemal ⟨nur⟩ das eine oder das andere;
15 einmal mit nein beantwortet wird⟨. (Wobei⟩ freilich das
16 Bestätigung ausdrücken) und daß man ⟨diesem Beja…⟩
19 *Im MS:* Fassette
19 mit d e r Facette an die ⟨der⟩ Realität angelegt,
28 ⟨\/⟩ *linkes Randzeichen gestrichen*
38 so sagt es mir etwas auch wenn ich ⟨|mir|⟩ keinen Augenblick glaube
40 die Menschen seien wirklich oder ⟨er …⟩
41 ⟨Wenn ich aber sage⟩ „Es sagt mir etwas"
41 (natürlich) *–im MS durchstrichen*

1 / Meine Stellung gegen das Bild ist auch keine hypothetische so daß ich mir etwa sagte „Wenn es solche Menschen gäbe, dann ....“.

2 ⩔ Und ist es nicht unsinnig zu sagen „das Wort ‚Rot‘ bedeutet in der Dichtung was es auch sonst bedeutet“? Was bedeutet es denn? Darf man denn sagen „es bedeutet dieses“ und auf einen roten Gegenstand zeigen? Ist hier nicht nur eine Anwendung dieses Wortes zu sehen. Läßt sich denn das vergleichen mit dem Fall wenn jemand sagt „das ist der Ludwig/N/“. Und doch kann ich jemandem der wüßte daß „rot“ eine Farbe bezeichnet aber nicht wüßte welche das Wort auf jene Art erklären. „‚rot‘ bedeutet hier was es sonst bedeutet“ könnte nur heißen: es bedeutet dieselbe F a r b e. Denn ehe man nicht die Wortart des Wortes „rot“ versteht, versteht man auch nicht die Erklärung „d a s ist rot“.

3 ∨ Ist der Satz/die Sprache/ ein Bild so kann ihn nicht erst die Meinung 28
dazu machen. Die Meinung macht ihn nur zum Porträt.

22.

4 ⌀ Engelmann sagte mir, wenn er |zu Hause| in seiner Lade voll von seinen Manuscripten krame so kämen sie ihm so wunderschön vor daß er denke sie wären es wert den anderen Menschen gegeben zu werden. (Das sei auch der Fall wenn er Briefe seiner verstorbenen Verwandten durchsehe). |Wenn er sich aber eine Auswahl davon herausgegeben denkt so verliere die Sache jeden Reiz und Wert und werde unmöglich.| Ich sagte wir hätten hier einen Fall ähnlich folgendem: Es könnte nichts merkwürdiger sein als einen Menschen bei irgend einer ganz einfachen alltäglichen Tätigkeit wenn er sich unbeobachtet glaubt zu sehen. Denken wir uns ein Theater, der Vorhang ginge auf und wir sähen einen Menschen allein in seinem Zimmer auf und ab gehen, sich eine Zigarette anzünden, sich niedersetzen u.s.f. so daß wir plötzlich von außen einen Menschen sähen wie man sich sonst nie sehen kann; wenn wir quasi ein Kapitel einer Biographie mit eigenen Augen sähen, – das müßte unheimlich und wunderbar zugleich sein. Wunderbarer als irgend etwas was ein Dichter auf der Bühne spielen oder sprechen lassen könnte. Wir
würden das Leben selbst sehen. – Aber das sehen wir ja alle Tage und 29
es macht uns nicht den mindesten Eindruck! Ja, aber wir sehen es nicht in d e r Perspektive. – So wenn E. seine Schriften ansieht und sie herrlich/wunderbar/ findet (die er doch einzeln nicht veröffentlichen möchte) so sieht er sein Leben, als ein Kunstwerk Gottes, und als das ist es allerdings betrachtenswert, jedes Leben und Alles. Doch kann nur der Künstler das Einzelne so darstellen daß es uns als Kunstwerk erscheint; jene Manuscripte verlieren m i t R e c h t ihren Wert wenn man sie einzeln und überhaupt wenn man sie u n v o r e i n g e n o m m e n, das heißt ohne schon vorher begeistert zu

4 Und ist es nicht unsinnig zu sagen „das Wort ‚⟨rot⟩‘ bedeutet
5 Was bedeutet es denn? ⟨Kan...⟩
26 |Wenn er sich aber eine Auswahl davon herausgegeben denkt so verliere die Sache jeden Reiz und Wert und werde unmöglich.| *–das Einfügungszeichen ist im MS doppelt unterstrichen*
33 wie man sich sonst nie sehen kann; wenn wir ⟨gl...⟩
37 Wir würden das Leben ⟨ni...⟩
42 als ein Kunstwerk Gottes, und als das ist es allerdings ⟨B...⟩

sein, betrachtet. Das Kunstwerk zwingt uns – sozusagen – zu der richtigen Perspective, ohne die Kunst aber ist der Gegenstand ein Stück Natur wie jedes andre und daß w i r es durch die Begeisterung erheben können das berechtigt niemand es uns vorzusetzen. (Ich muß immer an eine jener faden Naturaufnahmen denken die der, der sie aufgenommen interessant findet weil er dort |selbst war,| etwas erlebt hat, der dritte aber mit berechtigter Kälte betrachtet; wenn es überhaupt gerechtfertigt ist ein Ding mit Kälte zu betrachten.

Nun scheint uns aber, gibt es außer der Arbeit/Tätigkeit/Funktion/ 30
des Künstlers noch eine andere, die Welt sub specie aeterni einzufangen. Es ist – glaube ich – der Weg des Gedankens der gleichsam über die Welt hinfliegt und sie |so| läßt wie sie ist, – sie von oben im/vom/ Fluge betrachtend. [sie vom Fluge betrachtend] [sie von oben vom Fluge betrachtend]

1 / Daß die Sprache ein Bild hervorbringt zeigt sich schon darin, daß Bilder – im gewöhnlichen Sinn des Wortes – sich ihr natürlich einfügen.

Die Illustration in einem Buch ist dem Buch nichts Fremdes, sondern gesellt sich ihm zu wie ein verwandter Behelf einem anderen, – wie |etwa| eine Reibahle dem Bohrer.

∫ Wenn einen die Häßlichkeit eines Menschen abstößt so kann sie einen im Bild (im gemalten) gleichfalls/ebenso/ abstoßen, aber auch in der Beschreibung, durch Worte/in den Worten/.

2 ⩔ Wenn einer fragt w a s bedeutet das Wort „rot" und ich antworte „dieses" und zeige auf einen roten Gegenstand, so ist klar daß das Wort auch dann seine Bedeutung gehabt hätte, wenn der rote Gegenstand nicht bei der Hand gewesen (wäre), ja wenn nichts rotes 31
auffindbar gewesen wäre. Er gehörte also nicht zu j e n e m Zeichen und wenn auf ihn |zur Erklärung| gedeutet wird so hilft er, ein neues Zeichen bilden. Der rote Gegenstand tritt mit dem Wort zu einem Z e i c h e n zusammen.

3 Das ist selbstverständlich: wir können Namen von Personen erdichten aber nicht Namen|, etwa,| von Farben. ⩔

4 Wir haben in der Dichtung/dem Erdichteten/ bloß das Spiel der Gedanken und Vorstellungen. Soweit die Wirklichkeit in dieses Spiel eingreift greift/wirkt/ sie als Zeichen (ein). ⩔

2 ohne die Kunst aber ist der Gegenstand ⟨nur⟩ Natur
9 Nun scheint uns aber, gibt es außer ⟨dem kü...⟩
10 *Im MS:* sub specie äterni
14 [sie von oben vom Fluge betrachtend] *–im MS in der Zeile, nach der Öffnungsklammer mit einer vertikalen Wellenlinie markiert*
22 *Der Absatz ist im MS eine Bemerkung, durch eine Klammer am linken Rand der vorangehenden zugeordnet.*
24 gleichfalls/ebenso/ abstoßen, aber auch in der ⟨B e s c h r e i b u n g. ...⟩
26 Wenn einer fragt w a s bedeutet ⟨den...⟩
38 bloß ⟨Spiele⟩ der Gedanken und Vorstellungen.

1 Die Übereinstimmung der Gedanken als solche mit der Wirklichkeit ist nicht auszudrücken. Nimmt man das Wort Übereinstimmung im Sinne der … eines wahren Satzes mit der Wirklichkeit dann stimmt die Sache nicht weil es auch falsche Gedanken gibt. Ein anderer Sinn aber ist durch die Sprache nicht wiederzugeben. Wie alles metaphysische ist die (prästabilierte) Harmonie zwischen dem Gedanken und der Wirklichkeit durch die Grenze der Sprache |uns| gegeben. ⩔

2 ⩔ Das Alltäglichste, der Satz, ist Objekt unserer Untersuchung. (Der 32
Satz, wie ihn jeder spricht.)

3 ⩔ Der Satz „ich will nach Wien fahren“ hat Sinn auch, wenn Wien ohne daß ich davon erfahren hätte von einem Erdbeben zerstört worden sein sollte. Der Satz „ich freue mich den N.N. zu sehen“ hat Sinn auch wenn dieser Mensch nicht mehr leben sollte, ja selbst wenn er nie gelebt hätte. Hier handelt es sich um Hypothesen.

4 ⩔ Die Grammatik constituiert einen Mechanismus; denn indem sie gewisse Verbindungen erlaubt und andere verbietet, tut sie dasselbe was die Lager, Führungen (und |überhaupt| alle Teile) des Mechanismus tun: sie lassen bestimmte/gewisse/ Bewegungen zu und bestimmen so die Bewegung (der Teile).

5 ⩔ Der Satz im engeren Sinne verhält sich zur Hypothese wie eine Projection eines Körpers zum Körper

6 ?/ Ob der Körper den ich sehe eine Kugel ist kann zweifelhaft sein, aber daß er |von hier etwa| eine Kugel zu sein scheint, kann doch nicht zweifelhaft sein. – Der Mechanismus der Hypothese würde nicht
funktionieren, wenn der Schein auch noch zweifelhaft wäre; wenn also 33
auch nicht eine Facette der Hypothese unzweifelhaft verifiziert würde. Wenn es hier Zweifel gäbe, was könnte den Zweifel heben?

Wenn auch diese Verbindung locker wäre so gäbe es auch nicht Bestätigung einer Hypothese, die Hypothese hinge dann gänzlich in der Luft und wäre zwecklos (und damit sinnlos).

23.

7 Ich habe noch immer nicht die Maschinerie der Hypothese und des Satzes erfaßt. ⩔

7 die (prästabilierte) Harmonie zwischen dem Gedanken und der Wirklichkeit *–im MS am rechten Rand mit einem vertikalen Strich markiert,* dem *und* der *sind durchstrichen*

13 Der Satz „(Ich) will nach Wien fahren“

17 Hier handelt (sichs) um Hypothesen.

23 sie lassen bestimmte/gewisse/ Bewegungen zu und bestimmen so die Bewegung (der Teile). *–im MS am linken Rand mit einer vertikalen Wellenlinie markiert*

29 doch *–im MS durchstrichen*

31 wenn (nicht) der Schein auch noch zweifelhaft wäre;

32 *Im MS:* Fassiette

32 eine Facette der Hypothese unzweifelhaft verifiziert (wird.) Wenn es

1 Wenn ich |von Etwas| sage „das fühlt sich wie eine Schneide an“ so bilde ich damit unmittelbar mein Gefühl ab ⩔

2 Es ist eine ungemein wichtige Sache daß ich mich bei dem Gebrauch der Sprache nicht erinnere wie ich sie gelernt habe. \

Ich sage „hier sehe ich eine schwarze Kugel“. Ich weiß nicht wie ich „schwarz“ und „Kugel“ gelernt habe. Meine Anwendung der Wörter ist unabhängig von diesem Erlernen. Es ist |so| als hätte ich die Wörter selbst geprägt. Und nun kommt wieder die alte Frage: Wenn die Grammatik die von den Wörtern handelt für ihre Bedeutung wesentlich ist, muß ich die grammatikalischen Regeln die von einem 34 Wort handeln da alle im Kopf haben, wenn es für mich was/etwas/ bedeuten soll? Oder ist es hier wie im Mechanismus: Das Rad, das still steht oder auch sich dreht |das Rad in einer Lage| weiß nicht welche Bewegung ihm noch erlaubt ist, der Kolben weiß nicht welches Gesetz seiner Bewegung vorgeschrieben ist; und doch wirkt das Rad und der Kolben nur durch jene Gebundenheit/jenes Geführtsein/ [Beschränkung seiner Freiheit] [Gebundensein]

?/ (Die Wahl der/unsrer/ Worte ist so wichtig weil es gilt die Physiognomie der Sache genau zu treffen weil nur der genau gerichtete Gedanke auf die richtige Bahn führen kann. Der Wagen muß |haar|genau auf die Schiene gesetzt werden, damit er richtig weiterrollen kann.)

/ Soll ich also sagen: Die grammatischen Regeln wirken in der Zeit? (Wie jene Führung)

/ Also: Das Wort „Kugel“ wirkt nur durch die/in der/ Art seiner Anwendung. Und es wäre die seltsame Frage denkbar „wie kann ich denn dann gleich wissen was ich mit ‚Kugel‘ meine, ich kann doch nicht die ganze Art der Anwendung |auf einmal| im Kopf haben?“. 35

/ Und wenn mich jemand fragt „siehst Du dort eine schwarze Kugel“, so muß ich doch diese Anwendung des Wortes vor Augen haben um |ihn verstehen und| um antworten zu können.

1 Wenn ich |von ⟨etwas⟩| sage „das fühlt sich wie eine Schneide an“
9 Es ist |so| als hätte ich die Wörter selbst ⟨gef...⟩
19 *Die mit Randzeichen markierten Absätze sind im MS Bemerkungen, durch Klammern am linken Rand miteinander verbunden. Vom Ende des vorangehenden Absatzes weist ein Pfeil am rechten Rand auf den vierten Absatz, den eingeklammerten dritten Absatz überspringend.*
19 ⟨[⟩Die Wahl der/unsrer/ Worte ist so wichtig
22 Der Wagen muß |haar|genau auf die ⟨Schienen⟩ gesetzt werden,
27 seiner Anwendung. *–im MS Zeilenende ohne Schlußpunkt*
29 |auf einmal| *–das Einfügungszeichen ist im MS gewellt unterstrichen*

/ Nun ist es seltsam, daß ich das Gefühl habe, als trüge man die grammatischen Regeln auf irgend eine Weise mit sich herum wenn man das Wort gebraucht./ich die grammatischen Regeln auf irgend eine Weise mit mir herum wenn ich das Wort gebrauche./ Wie ich nicht überrascht bin daß sich das Rad nur drehen kann und ich seine Bewegungsfreiheit, gleichsam, mit einem Blicke übersehe, wie ich eine Bewegungsfreiheit kenne.

So, möchte ich sagen, weiß ich in irgend einem Sinn schon daß hinter der Halbkugel die ich sehe, eine zweite gleich große ist und nicht etwa eine Spitze, ich weiß daß die Kugel von der Seite gesehen auch als Kreis erscheint etc. etc.. Oder kann es mir doch durch das was ich in/mit/ mir herumtrage ableiten.

/ Das Schließen in schwierigeren Fällen geht tatsächlich so vor sich, indem/in der Zeit vor sich, daß/ ich die Regeln anschauen die Prämissen nachschlagen muß und so den sprachlichen Apparat wie eine Maschine gebrauche. 36

1 / Und ist es nicht ähnlich mit dem Schachspiel: in irgend einem Sinne kann man sagen, ich wisse die Regeln des Schachspiels (habe sie im Kopf) die ganze Zeit während ich spiele. Aber ist dieses „sie im Kopf haben“ nicht wirklich nur eine Hypothese. Habe ich sie nicht nur in so fern im Kopf als ich sie in jedem besondern Falle anwende? – Gewiß, dies Wissen ist nur das hypothetische Reservoir woraus das wirklich gesehene Wasser fließt

2 ?/∀ Das Problem was unmittelbar mit unserem in Beziehung steht ist: Was heißt es/Die Frage die unmittelbar mit unserer in Beziehung steht ist die Frage nach dem Sinn der Aussage/ „ich k a n n Schach spielen“?

Ist es nicht auf genau derselben Stufe wie „ich kann dieses Buch aufheben“? oder „ich kann lesen“?

3 / „Ich weiß, wie ein Bauer ziehen darf“
„Ich weiß, wie das Wort ‚Kugel‘ gebraucht werden darf“.

1 *Die folgenden zwei Absätze bilden im MS eine Bemerkung.*
4 man die grammatischen Regeln auf irgend eine Weise mit sich herum wenn man das Wort gebraucht./ich die grammatischen Regeln auf irgend eine Weise mit mir herum wenn ich das Wort gebrauche./ *–erste Variante im MS durchstrichen*
6 und ich seine Bewegungsfreiheit ⟨–⟩ gleichsam ⟨–⟩ mit einem Blicke
6 mit einem Blicke übersehe ⟨⟨und kenne.⟩⟩
14 *Im MS:* in (der Zeit vor sich, daß)
18 Und ist es nicht ähnlich mit dem Schachspiel⟨;⟩ in irgend einem Sinne
27 *Im MS:* Die Frage was unmittelbar mit unserem in Beziehung steht

1 / Wenn ich sage „ich kann dieses Gewicht (auf)heben“ so kann man antworten „das wird sich zeigen, wenn Du es versuchst“ und geht es dann nicht so kann man sagen „siehst Du, Du konntest es nicht“, und 37
ich kann darauf nicht antworten/sagen/ „doch, ich konnte es als ich es sagte nur als es zum Aufheben kam, konnte ich es nicht“. D.h.: dieses Können ist nicht ein Erlebnis: ob man es kann wird sich/die Erfahrung/ zeigen. Anders ist es wenn ich sage „ich verstehe diesen Befehl“ dies ist, oder scheint ein Erlebnis zu sein. „Ich muß wissen ob ich ihn (jetzt) verstehe“ aber nicht: Ich muß wissen ob ich das Gewicht |jetzt| heben kann. — Wie ist es nun in dieser Beziehung/Hinsicht/ mit dem Satz „ich kann Schachspielen“? Ist das etwas was sich zeigen wird oder kann man sagen „als ich es behauptete, konnte ich Schach spielen nur jetzt kann ich es nicht“. (Ich sehe jetzt/hier/ von dem Fall ab wo man zur Zeit als man es behauptete eine bestimmte Regel im Kopf hatte die man dann vergaß. Denn (im allgemeinen) wenn ich sage ich kann Schachspielen, denkt man in diesem Augenblick an gar keine der Regeln) Ist nicht das was mich rechtfertigt nur, daß ich mich erinnere früher Schach gespielt zu haben? Und etwa daß ich wenn aufgefordert |zur Probe| die Zugregeln |der Figuren| im Geiste durchfliegen kann.

2 / Ist es nicht auch so für den/beim/ Gebrauch des Wortes „Kugel“? Ich gebrauche das Wort instinktiv. Aufgefordert aber Rechenschaft zu 38
geben/zu sagen/ ob ich es verstehe rufe ich mir gleichsam zur Probe gewisse Vorstellungen hervor.

3 V „Siehst Du ein Reh dort?“ „Oh ja, deutlich!“ Welch ein komplizierter Gegenstand, wie viele Ansichten sind möglich und doch verstehe ich augenblicklich. Oder kann doch augenblicklich auf die Frage reagieren.

Denn ich habe die Sprache instinktiv gebraucht. Als Instrument, wie den Stock mit dem ich etwas beiseite schlage was mich am gehen hindern will.

4 V_b Was ist aber das Geschäft der logischen Untersuchung, ist es die Wirkungsweise des Nervenmechanismus zu untersuchen, wie|, auf welchen Bahnen,| der Reflex zustande kommt? Nein.

Dann bleibt ihr aber nichts übrig als der Sprache eigene Gesetze zu erforschen denn die sind das Spiegelbild – auf welchem Weg immer – von Gesetzen der Welt.

5 V Es droht in dieser Untersuchung immer der psychologische Abgrund. (Den/Dessen Gefahr/ man aber nur dann überwinden kann, wenn man ihn klar ins Auge gefaßt hat)

11 mit dem Satz „ich ⟨kann⟩ Schachspielen“?
15 eine bestimmte Regel im Kopf hatte die man dann vergaß⟨) …⟩
16 wenn ich sage ich kann Schachspielen⟨ so⟩ denkt man
19 wenn aufgefordert |zur Probe| die ⟨Regeln⟩ |der Figuren|
22 des Wortes „Kugel“⟨, …⟩
24 ob ich es verstehe rufe ich mir ⟨gle…⟩ ⟨zur …⟩
31 Denn ich habe die Sprache ⟨nur⟩ instinktiv gebraucht.
35 V_b *oberes Randzeichen in Kopierstift*
37 |, auf welchen Bahnen,| *–das Einfügungszeichen ist im MS gewellt unterstrichen*
39 sind das Spiegelbild ⟨(⟩auf welchem Weg immer

1 (Es kann nicht darauf ankommen ob die Sprache instinktiv oder halb instinktiv gebraucht wird. Wir sind hier im Sumpf der graduellen Unterschiede nicht auf dem festen Grund der Logik.) \ 39

2 (Wenn ich die Logik paraphrasiere bin ich freilich auch in der Gefahr wie die Katze um den heißen Brei zu gehen.) ⩔b

3 Könnte man sagen: Es kommt nicht darauf an wieviele Regeln der Anwendung er beim Gebrauch eines Wortes im Kopfe habe/hat/, sondern welche Regeln er dir gefragt angibt/wenn befragt nennt/ ⩔

4 Wenn ich sage „|sieh| dort ist eine Kugel" oder „dort ist ein Kegel" so kann die Ansicht (ein Kreis) auf beides passen und wenn ich sage „ja ich sehe es", so unterscheide ich doch zwischen den beiden (verschiedenen) Hypothesen. Wie ich im Schachspiel zwischen einem Bauern und dem König unterscheide auch wenn der |gegenwärtige| Zug einer ist den beide machen könnten und wenn selbst eine Königsfigur als Bauer fungierte. \

Das Wort „Kugel" ist mir b e k a n n t und steht in mir für etwas, das heißt, es bringt mich in eine gewisse Stellung zu ihm/sich/ (wie ein Magnet eine Nadel in seine Richtung bringt) 40

5 ⩔b „Siehst Du dort eine Kugel?" „Nein – ach ja, aber man sieht nur ein Stück, das Übrige ist bedeckt".

6 / Dieses „Übersehen der Wirkungsweise" eines Rades ist es nicht darin vorhanden, wenn wir mit einem Wort eine Vorstellung verbinden? Haftet der Vorstellung die etwa das Wort rot in mir erweckt auch jene Unbestimmtheit an, die erst|, quasi,| geschriebener Regeln bedarf um ihr einen bestimmten/den richtigen/ Freiheitsgrad zu geben?

7 / Jedenfalls aber machen geschriebene Regeln die Sprache nicht weniger unmittelbar, denn sonst könnten sich |geschriebene Regeln| – die langen Schlußketten der Mathematik – nicht ohne Bruch in unsere Sprache einfügen. [Jedenfalls aber ist die Sprache ohne geschriebene/geschriebener/ Regeln nicht unmittelbarer .....]

24.

8 / Das ist klar: die Grammatik ist das Leben des Satzzeichens. ×

2 Wir sind hier im ⟨/Morast/⟩ der graduellen Unterschiede
3 nicht auf dem ⟨harten⟩ Grund der Logik.)
5 ⩔b *oberes Randzeichen in Kopierstift*
8 Es kommt nicht darauf an wieviele ⟨para...⟩
12 dort ist eine Kugel"⟨,⟩ *–das Komma ist im MS gewellt unterstrichen*
15 (verschiedenen) *–im MS durchstrichen*
23 ⩔b *oberes Randzeichen in Kopierstift*
26 Dieses „Übersehen ⟨des ...⟩
26 der Wirkungsweise" eines Rades⟨"⟩ ist es nicht darin vorhanden,

1 ⩔ Ist es nun nicht so: Würde man die Dinge sich selbst bezeichnen lassen so wären unsinnige |Zeichen|verbindungen nicht erst zu 41 verbieten sondern unmöglich. Aber wenn die Vorstellungen Zeichen sind so geschieht eben dasselbe: Etwas dunkleres als Schwarz kann ich mir nicht vorstellen und keine klingende Farbe etc. – Ich meine die grammatischen Regeln wirken sich erst mit der Zeit aus wenn das Wort in verschiedenen Verbindungen gebraucht wird aber die Grammatik der Vorstellung/Vorstellung(en)/ ist sozusagen zwangsläufig. Aber das ist auch eine schiefe Darstellung. ∨

Wenn ich sage „unsinnige Zeichenverbindungen wären nicht zu verbieten“, so meine ich es wäre unmöglich sie zu verbieten weil sie sich nicht beschreiben lassen.

2 Wie weiß ich was der Begriff Kugel alles beinhaltet, – wenn ich das Wort „Kugel“ gebrauche, und doch wissen muß/weiß/ was ich damit meine? \

Da geschieht doch folgendes: für manche der Consequenzen muß ich mich an die Geometrie (also Grammatik) wenden und andere sind in der Vorstellung (schon/selbst/) klar.

3 /?∨ Man könnte fragen: Wie mach ich's denn um ein Wort immer richtig ∨ 42 anzuwenden, schau ich immer in der Grammatik nach? Nein, daß ich etwas meine – was ich meine, hindert mich einen Unsinn zu sagen; – aber was meine ich denn? Die alte Frage. Ich sage: ich rede vom Teilen eines Apfels aber nicht vom Teilen der Farbe Rot weil ich beim Teilen eines Apfels mir etwas denken kann, etwas vorstellen, etwas wollen kann beim Ausdruck „Teilen einer Farbe“ nicht. Und ist es etwa so daß man bei diesen Worten nur noch keine Wirkung auf andere Menschen beobachtet hat?! – Und auch das ist nicht so unsinnig, es muß aber der Satz immer ein Bild der Wirkung sein um die es sich hier handelt.

4 ⩔ Wenn das Reden ein Spiel mit Worten ist so läßt sich der Unsinn so leicht spielen wie der Sinn. Aber es geht eben noch etwas anderes (dabei) vor sich; so daß, wenn ich sage „rot ist in die Hälfte geteilt“ ich das Spiel eigentlich gar nicht spiele. ∨

2 so wären ⟨unmögliche Verbindungen e…⟩
4 wenn die Vorstellungen Zeichen sind so geschieht ⟨etwas …⟩
10 ⟨Denn daß …⟩ *–im MS Beginn einer Bemerkung*
10 Wenn ⟨sich …⟩
14 ⟨∨⟩ *rechtes Randzeichen gestrichen*
18 an die Geometrie (also Grammatik wenden⟨)⟩ und andere sind
23 daß ich etwas meine – was ich meine, *–im MS am linken Rand mit einer vertikalen Wellenlinie markiert*
23 einen *–im MS durchstrichen*
24 aber was meine ich denn? ⟨Das …⟩
24 Die alte Frage. *–im MS durchstrichen*
25 ich rede vom Teilen eines Apfels ⟨oder …⟩
30 es muß aber ⟨die Wirkung des Satzes⟩ immer ein Bild der Wirkung sein
35 geht eben noch etwas anderes (dabei) vor ⟨sich …⟩

1 / „Woher weiß ich daß ich Rot nicht teilen kann?“ – Die Frage selbst heißt nichts. Ich möchte sagen: Man/Ich/ muß mit der Unterscheidung von Sinn und Unsinn *anfangen*. Vor ihr ist nichts möglich. (Denn sonst kann ich überhaupt nicht reden.) \ 43

2 [Ich bin jetzt in einer ungeheuern Verwirrung]

3 Was ich sage kommt/käme/ eigentlich immer darauf hinaus daß Sprechen und Denken nicht einerlei sind. ∨\

4 Andererseits aber was ich hier unter denken verstehe kein/nicht wesentlich ein/ menschlicher (tierischer) Vorgang ist/sein kann/ weil der mich hier/in der Logik/ nicht interessiert. – Und doch muß der Denkprozess autonom sein denn er muß alles *in sich enthalten* was den Gedanken sinnvoll macht. Was *dazugehört* daß der Satz sinnvoll werde, was zum Satz gehört damit das der Fall ist muß alles innerhalb des Gedankens liegen. Wenn ich sage „ich möchte hier einen roten Kreis sehen“ so kann, ob das Sinn hat, nicht (von einer außerhalb des Gedankens liegenden Existenz abhängen) davon abhängen ob es einen roten Gegenstand irgendwo gibt und überhaupt kann der Sinn eines Satzes nicht von einer außerhalb des Gedankens liegenden Existenz abhängen. ∨

Damit wäre der Sinn sofort problematisch geworden; und was problematisch ist kann nicht der Sinn/Gedanke/ sein. 44

5 ⩔ Ich will sagen: denk nicht daß das denken im Kopf vor sich gehen muß (wie die Verdauung im Magen) Das Denken ist für mich nicht ein menschlicher sondern ein sachlicher Prozess. ∨

6 ⩔ Nein, was problematisch ist, ist nicht der Gedanke (das ist etwas anderes, nicht der Gedanke.) ∨

7 ⩔ Aus der Gedankenwelt komme ich in Gedanken nie hinaus. ∨

8 ⩔ Wenn man jemand Naiven fragen würde, was ein Gedanke ist [wie ein Gedanke vor sich geht] so würde er sagen es ist eine Kette von Vorstellungen von Dingen, und Worten. \

25.

9 ?/⩔ Immer in dem Versuch die Sprachgrenze zu finden, bis zu ihr zu reden und sie so zu zeigen/weisen/, stolpere ich über sie, in den Unsinn hinein. ∨

1 „Woher weiß ich daß ich Rot nicht teilen ⟨ka…⟩
8 \ *rechtes Randzeichen überschrieben*
11 *Im MS fortlaufender Text, durch Randzeichen und senkrechten Strich in der Zeile als Bemerkung gekennzeichnet.*
12 kein/nicht wesentlich ein/ *–erste Variante im MS durchstrichen*
12 menschlicher ⟨–⟩ tierischer Vorgang ist/sein kann/ weil
19 (von einer ⟨Existenz …⟩ außerhalb des Gedankens liegenden Existenz abhängen) *–die ganze Parenthese ist im MS durchkreuzt*
21 und überhaupt kann der Sinn eines Satzes nicht von ⟨der Exi…⟩
35 Wenn man ⟨jemanden⟩ Naiven fragen würde,
40 ?/ *linkes Randzeichen überschrieben*

1 ∨ Wodurch unterscheidet sich die Wirkungsweise des Wortes ‚Kugel' von der des Wortes ‚Kegel', doch nicht durch die Verschiedenheit ihrer Klang- oder Schriftbilder, doch nur durch die grammatischen 45 Regeln die von ihnen gelten oder durch die verschiedenen Vorstellungen die mit ihnen verknüpft/verbunden/ sind. ∨

2 (Fügt sich nicht auch eine Rechnung unseren Gedanken ein?) ∨

3 Wie unterscheidet sich Sinn und Unsinn? ∨

4 Da scheint es als könnte man so etwas sagen wie: Die Wortsprache läßt unsinnige Ausdrücke zu, die Sprache der Vorstellung aber nicht unsinnige Vorstellungen. (Natürlich kann das, so wie es da steht, nichts heißen) \

Kann ich nicht antworten: oh doch, ich kann mir unsinnige Vorstellungen machen nämlich solche, mit denen ich nichts denke.

5 Wenn ich mich entschlösse (in meinen Gedanken) „abrakadabra"/N/ statt „rot" zu sagen, wie würde es sich zeigen daß „abrakadabra" an dem Platz des „rot" steht. Wodurch ist der Platz/die Stelle/ eines Wortes bestimmt? Angenommen etwa ich wollte auf einmal alle Wörter meiner Sprache durch andere ersetzen wie könnte i c h wissen welches Wort an der Stelle welches' steht. Sind es |da| die Vorstellungen die bleiben und den Platz des Wortes fixieren/halten/. So daß an einer Vorstellung quasi ein Haken ist und hänge ich an 46 d e n ein Wort so ist ihm damit/dadurch/ der Platz angewiesen? Ich kann es nicht glauben. Ich kann mir nicht denken daß den Vorstellungen im Denken ein anderer Platz zukommt als den Worten. \

6 ∨ Die Naive Auffassung würde vielleicht sagen: dieses Wort füllt denselben Platz aus wie jenes frühere wenn ich mit ihm dasselbe meine wie mit dem ersten. Aber damit ich etwas meinen kann, muß es da sein und ist es da/vorhanden/ so gehört es zum Gedanken (denn es ist eine Bedingung der Existenz dieses Gedankens) ?∨

7 / Man kann das Wort „existieren" so auffassen daß „rot existiert" bedeutet es gibt ein Ding das rot ist (dies ist ein wirklicher Satz oder |doch| eine Hypothese) oder man faßt ihn so auf daß damit gemeint ist, der Satz „a ist rot" hat Sinn. ?∨

1 ⟨?∨⟩ *linkes Randzeichen gestrichen*
3 durch die Verschiedenheit ihrer Klang⟨bilder⟩ oder Schriftbilder,
3 oder Schriftbilder, doch nur durch die ⟨G…⟩
11 ⟨?∨⟩ *rechtes Randzeichen gestrichen*
11 ⟨Das …⟩
12 Die Wortsprache läßt ⟨Unsinn …⟩
12 Die Wortsprache läßt unsinnige Ausdrücke zu, die ⟨V…⟩
26 ist ihm damit/dadurch/ der Platz angewiesen? Ich ⟨glaube …⟩
33 muß es da sein und ist es ⟨wo …⟩
37 daß „rot existiert" bedeutet es gibt ⟨etwas …⟩

1 ⩔/ Die Frage „habe ich diese Farbe schon einmal gesehn“ ist unsinnig wenn ich in einem primären Sinne frage, und nicht das Gedächtnis als e i n z i g e n Richter anerkenne. (Das gehört unmittelbar hierher.) ?∨

2 / Es hängt damit zusammen: wenn ich mir eine Farbe zu sehen erwarte ∨ und es kommt eine und ich sage das ist die, die ich erwartet habe: 47
Läßt sich fragen „woher weißt Du das, die Farbe war ja nicht da wie Du sie erwartet hast“?

Im primären Sinn ist das Wiedererkennen nicht |einfach| das Kriterium/Symptom[Anzeichen]/ der Gleichheit sondern der Ursprung des Begriffs der Gleichheit. Und zwar sowohl das Wiedererkennen der Erinnerung wie das des Erwartens.

3 (In gewissem Sinne verlieren alle Dinge ihre Farbe wenn sie durch die/in der/ Sprache eingefangen werden.) ⩔

4 Das Wiedererkennen einer Erwartung in den Tatsachen ist keine/nicht die/ Kontrolle der Ähnlichkeit oder Gleichheit sondern das Gleichsein. ⩔

5 Wie verträgt sich das aber mit der gesonderten Betrachtung von Erwartung und Ereignis/Erfüllung/ (Gedanken und Tatsachen)? ⩔

6 „Das ist die Farbe die ich mir erwartet habe“: da gibt es keine Täuschung. Es gibt keine Täuschung, weil es auch keine M ö g l i c h k e i t der Entdeckung einer Täuschung gibt. [weil es kein m ö g l i c h e s Daraufkommen auf eine Täuschung gibt] ?∨⩔

7 / Kann man (denn) die Erwartung mit der eingetroffenen Tatsache ∨ 48
v e r g l e i c h e n? Man sagt ja die Tatsachen stimmen mit der Erwartung überein oder nicht überein; aber dieses Übereinstimmen bezieht sich nicht auf Eigenschaften der Erwartung (des Vorgangs der Erwartung) und Eigenschaften des Ereignisses, vielmehr drückt sich die Übereinstimmung durch eine Übereinstimmung der Zeichen aus. Ich nenne die Farbe eines Flecks „rot“ wenn sie die Erwartung er werde rot sein befriedigt.

Wir sind hier an einer Grenze der Funktion der Sprache. Dort quasi wo die Sprache die Realität abstrahiert/verabstrahiert/.

8 / Es ist aber nicht so als wenn/ob/ ich sagte: „ich habe Lust auf einen Apfel, was immer also diese Lust beruhigen/stillen/ wird werde ich einen Apfel nennen“. (|also| etwa auch ein Schlafmittel) ∨

1 ⩔ *linkes Randzeichen durchstrichen*
3 ⟨(das⟩ gehört unmittelbar hierher)
6 eine Farbe zu sehen erwarte und es kommt eine und ich sage ⟨daß …⟩
6 das ist die⟨ und …⟩
7 die Farbe war ja nicht da wie ⟨du⟩ sie erwartet hast“?
14 ⟨\⟩ *rechtes Randzeichen gestrichen*
17 ⟨?∨⟩ *rechtes Randzeichen gestrichen*
24 ?∨ *linkes Randzeichen überschrieben*
32 *Im MS:* (des Vorgang der Erwartung)
34 durch eine Übereinstimmung der Zeichen aus. *–im MS markiert nach dem Schlußpunkt ein vertikaler Strich in der Zeile den Gültigkeitsbereich des Randzeichens*
40 ⟨∨⟩ *linkes Randzeichen gestrichen*

1 ⩔ |Der Zusammenhang zwischen| Wiedererkennen und Namengebung erzeugt jene Funktion der Sprache und ihre Grenzen.

26.

2 / Ich sehe ein Buch und sage es ist rot so drücke ich in dieser/durch diese/ Namengebung das Wiedererkennen |in der Sprache| aus, es ist also nicht durch einen Satz auszudrücken. ∨ 49

3 Es ist irgendwo ein Mißverständnis über die Funktion der Sprache das es uns so schwer macht hier richtig zu sehen. ⩔

Es dürfte das Mißverständnis sein welches uns dazu führt zu glauben daß die Bedeutung des Wortes „rot“ erklärt ist wenn/indem/ wir auf einen roten Gegenstand zeigen und sagen „das ist rot“. (oder auch „‚rot‘ bedeutet d a s“)

Es ist falsch den Gedanken ein Bild einer Realität zu nennen denn so ist es als vergliche man den Gedanken mit einer Realität auf ihre Ähnlichkeit, während eine Ähnlichkeit überhaupt keine Rolle Spielt wohl aber eine I d e n t i t ä t; die eben durch die/jene/ Art der Namengebung angezeigt/gezeigt/ wird. ⩔

4 Was ich erwarte ist nicht dem ähnlich was die Erwartung erfüllt, sondern es i s t d a s was die Erwartung erfüllt. \

5 Ich erwarte nicht etwas ähnliches wie das was dann eintritt sondern dasselbe. was eintritt. ⩔

6 / So heißt es in der Sprache: ich erwarte es und e s geschieht. ∨? 50

7 / Es hat auch einen Sinn zu sagen es sei nicht das geschehn was ich erwartet habe sondern etwas Ähnliches im Gegensatze aber zu dem Fall wo d a s geschieht was erwartet wurde. Und das zeigt (zu) w e l c h e m Mißbrauch der Sprache/welcher Art der Mißbrauch der Sprache ist zu welchem/ wir hier verleitet werden. ∨?

27.

8 ⩔ Es ist jenes Mißverständnis – glaube ich – das ich oben erwähnt habe. ∨

9 ⩔ Es ist hier ein ähnliches mißdeuten der Funktion eines Satzes wie im Falle der Sätze „ich habe Zahnschmerzen“ und „er hat Zahnschmerzen“. ∨

6 |in der Sprache| *–das Einfügungszeichen ist im MS gewellt unterstrichen*
11 Es dürfte das Mißverständnis sein ⟨das⟩ uns dazu führt zu glauben
14 (oder auch⟨:⟩ „‚rot‘ bedeutet d a s“)
15 *Der Absatz ist im MS eine Bemerkung, durch eine Klammer am linken Rand der vorangehenden zugeordnet.*
21 ⟨⩔⟩ *rechtes Randzeichen gestrichen*
24 ⟨⩔\⟩ *rechte Randzeichen gestrichen*
27 ich erwarte ⟨e s⟩ *–im MS gestrichene Unterstreichung*
33 (zu) w e l c h e m Mißbrauch der Sprache/welcher Art der Mißbrauch der Sprache ist zu welchem/ *–die Varianten sind im MS am linken Rand mit einer vertikalen Wellenlinie markiert*
39 eines Satzes wie im Falle ⟨„ich habe, er hat Zahnschmerzen“ …⟩

1 /?∨ Wenn man nun sagte: Das rot das Du Dir vorstellst ist doch gewiß nicht dasselbe (die selbe Sache) wie das, was Du wirklich vor Dir siehst, – wie kannst Du dann sagen ‚das ist das selbe was ich mir vorgestellt habe'? – Zeigt denn das nicht nur, daß was ich ‚dieses Rot' nenne eben das ist, was meiner Vorstellung und der Wirklichkeit gemein ist? Denn das Vorstellen des Rot ist natürlich anders als das 51 Sehen des Rot aber darum heißt ja auch das eine „vorstellen eines roten Flecks" und das andere „sehen eines roten Flecks". In beiden (verschiedenen) Ausdrücken aber kommt das selbe Wort „Rot" vor und so muß dieses Wort nur das bezeichnen was *beiden* Vorgängen zukommt. ?∨

Ist es denn nicht dasselbe in den Sätzen „hier ist ein roter Fleck" und „hier ist kein roter Fleck". In beiden kommt das Wort „rot" vor, *also* kann dieses Wort nicht das vorhandensein von etwas Rotem bedeuten. — (Der Satz „das ist rot" ist nur *eine* Anwendung des Wortes „rot" gleichberechtigt mit allen anderen, wie mit dem Satz „das ist nicht rot".)

(Das Wort „rot" hat eben – wie jedes Wort – nur im Satzzusammenhang eine Funktion. Und ist das Mißverständnis das, in dem Wort allein schon den Sinn eines Satzes zu sehen glauben?)

2 [Das Nachdenken über philosophische Fragen liefert sozusagen/in gewissem Sinne/ das Material, – der Einfall die Synopsis] ∨∨

3 Wenn man sagt, ich könne das Wort „rot" nicht sinnvoll gebrauchen wenn ich *nie* etwas rotes gesehen hätte so ist das Unsinn/falsch/ wenn es sich hier um den physischen/physikalischen/ Vorgang des Sehens handeln soll. In/Mit/ irgend einem Sinne könnte man sagen: das Wort „rot" hätte für mich keinen Sinn wenn ich mich nicht erinnerte/erinnern könnte/ schon rot gesehn zu haben; aber auch hier brauche ich mich nicht an einen bestimmten Fall zu erinnern wo ich etwas Rotes gesehen habe und so bleibt/bliebe/ nur |übrig| daß ich mir Rot muß vorstellen können. Aber auch diese Vorstellung ist nicht die Halluzination eines roten Gegenstands. \?∨ 52
Wenn sie es aber wäre!!

4 ∨∨ Und so bleibt – scheint es mir – nur übrig daß ich das Wort im Satz der von der Vorstellung handelt muß sinnvoll anwenden können.

1 ⟨Wie wenn …⟩
2 was Du wirklich vor Dir siehst⟨;⟩
8 und das andere „sehen eines roten Flecks". In beiden ⟨A…⟩
14 kann dieses Wort nicht das vorhandensein ⟨eines roten Gegen…⟩
15 bedeuten. — ⟨Das ist Rot …⟩
23 das Material, – der Einfall⟨,⟩ die Synopsis]
26 Unsinn/falsch/ *–zweite Variante im MS durchstrichen*
31 an einen bestimmten Fall zu erinnern wo ich ⟨rot⟩ gesehen habe
32 gesehen habe und ⟨es …⟩
34 ist nicht die Halluzination eines roten ⟨Körpers …⟩
35 Wenn sie es aber wäre!! *–im MS ein Nachtrag über der Zeile*
37 *Im MS fortlaufender Text, durch ein Randzeichen links und zwei vertikale Striche in der Zeile als Bemerkung gekennzeichnet. Der Text ist am linken Rand mit einer vertikalen Wellenlinie markiert.*

1 ∫⩡ Der Vergleich des Satzes mit einem Maßstab kommt uns wieder näher und scheint nun ja weiter nichts darzustellen als das Verhältnis von Gedanken und Wirklichkeit/Realität/ das sich im Satz dadurch/so/ darstellt daß der Ausdruck der Erwartung lautet „ich erwarte daß p eintritt“ und der Ausdruck der Erfüllung „p ist eingetreten“. p ist – im strengsten Sinne – das Gemeinsame zwischen Maßstab und Gemessenem. ∨

2 ∫⩡ Das Gemeinsame zwischen Gedanken und Realität, das sich ∨
sprachlich durch gemeinsame Bestandteile des Ausdrucks ausdrückt/ 53
Gemeinsames im Ausdruck/in den Ausdrücken/zeigt/, läßt sich – eben darum – nicht durch Sätze darstellen (beschreiben). (Hier sind wir wieder an der Sprachgrenze.)

3 ∫ Man kann nicht in der Sprache das Wesen der Sprache beschreiben. ⩡

4 ?∫ Wenn das was wir „denken“ nennen in einer Art Krabbeln im Kopfe bestünde so könnten wir das natürlich mit der Sprache darstellen wie jeden anderen Vorgang; nur was am Denken unmittelbar durch die Sprache seinen Ausdruck findet/ausgedrückt wird/, kann die Sprache nicht von außen betrachten. ⩡

5 / Wie komisch wäre es zu sagen: ein Vorgang sieht anders aus, wenn er geschieht als, wenn er nicht geschieht. Oder: „ein roter Fleck sieht anders aus wenn er da ist, als wenn er nicht da ist, aber die Sprache abstrahiert von diesem Unterschied, denn sie spricht von einem roten Fleck ob er da ist oder nicht“. \

6 / Wie unterscheidet sich das Rot eines Flecks den wir vor uns sehen von dem dieses Flecks wenn wir ihn uns bloß vorstellen? – Aber wie \
wissen wir denn daß es das rot dieses Flecks ist wenn es |von dem 54
Ersten| verschieden ist? – Woher wissen wir denn daß es dasselbe Rot ist wenn es verschieden/nicht dasselbe/ ist? – Dieser Galimathias zeigt daß hier ein Mißbrauch der Sprache vorliegt.

12 (Hier sind ⟨wied...⟩
33 *Im MS:* Gallimathias

1 /∫/ Wie ist es möglich daß ich erwarte, und das was ich erwarte kommt?! Wie konnt' ich es erwarten, da es nicht da war? ∨

/ Die Realität ist keine Eigenschaft die dem Erwarteten noch fehlt und die nun hinzutritt wenn es eintritt. – Sie ist auch nicht wie das Tageslicht das den Dingen erst ihre Farbe gibt wenn sie im Dunkeln schon gleichsam farblos vorhanden sind. \

Alle diese grammatischen Formen stellen den Gegensatz Erwartung und Erfüllung nicht dar. Die Sprache stellt ihn nur so dar, wie sie ihn immer darstellt durch den Gegensatz der Sätze „ich erwarte p" und „p ist eingetroffen".

?/ Wie konnte ich e s erwarten, und e s kommt dann wirklich; – als ob die Erwartung ein dunkles Transparent wäre und mit der Erfüllung das Licht |dahinter| angezündet würde. Aber jedes solche Gleichnis ist 55 falsch weil es die Realität als einen beschreibbaren Zusatz zur Erwartung/zum Gedanken/ darstellt, was unsinnig ist. \

(Es ist das im Grunde derselbe Unsinn, wie der, der die vorgestellte Farbe als m a t t im Vergleich zur wirklichen darstellt.)

Du siehst also, möchte ich sagen, an diesen Beispielen, wie die Sprache tatsächlich funktioniert. – Aber auch das stellt die Sache falsch dar, denn es scheint dann daß man sich die Funktion der Sprache anders vorgestellt hat (sie sich anders vorstellen konnte) und nun resignieren muß. \
Aber es ist richtig zu sagen: Du siehst also, wie die Worte wirklich gebraucht werden.

2 ∫ Die ganze Antwort auf mein Problem liegt darin, daß ich nicht fragen kann: „woher weißt Du daß das wirklich d a s ist, was Du Dir erwartet hast". – Denn weder kann man es an |einem Dritten| (einem Gefühl der Befriedigung) erkennen. (sonst müßte zum Voraus |durch| eine Regel bestimmt sein daß, |immer| wenn dieses Gefühl eintritt .... Aber das setzt wieder die Möglichkeit einer A n n a h m e voraus) Noch e r k l ä r t es etwas wenn ich sage, ich erkenne das Erwartete wieder. Das ist nur |ein hinzugesetztes/ein hinzugefügtes/| Wort, das uns nicht 56 hilft. \

1 / *linkes Randzeichen überschrieben*
1 ∫ *linkes Randzeichen durchstrichen*
1 Wie ist es möglich daß ich erwarte, und ⟨daß …⟩
1 kommt?! –*Fragezeichen und Ausrufezeichen sind im MS gewellt unterstrichen*
3 ⟨∫⟩ *linkes Randzeichen gestrichen*
3 *Die mit Randzeichen markierten Absätze sind im MS Bemerkungen, durch Klammern am linken Rand miteinander verbunden.*
5 *Im MS:* Farbe gibt wenn sie sie im Dunkeln
7 *Im MS:* Alle dies
7 Alle diese grammatischen Formen stellen ⟨von …⟩
13 |dahinter| –*das Einfügungszeichen ist im MS gewellt unterstrichen*
16 (Es ist das im Grunde derselbe Unsinn, wie ⟨w…⟩
18 ⟨∫⟩ *linkes Randzeichen gestrichen*
24 Aber es ist richtig zu sagen: Du siehst also, wie die Worte wirklich gebraucht werden. –*im MS ein Nachtrag am Ende der Bemerkung*
28 Denn weder kann man es an |einem Dritten| (einem Gefühl⟨⟩ …⟩
30 zum Voraus |durch| eine Regel bestimmt sein ⟨|die sagt|⟩ daß,

1 ∫ Denn könnte man diese Frage beantworten (hätte die Frage einen Sinn), so enthielte die Antwort eine Beschreibung von Gedanken und Wirklichkeit, und der Bedingung ihrer Übereinstimmung. ∨

2 ∫∨ Man könnte das auch so auffassen/ansehen/: Es ist möglich den Gedanken zu beschreiben und die Tatsache die ihm entspricht; dann zeigt es sich daß der Gedanke in der Sprache (denn nur in ihr kann ich ja |?| darstellen) p lautet und die Tatsache: daß p der Fall ist. Wenn Du willst kannst Du das als/Das kannst Du wenn Du willst als/ die Funktion der Sprache charakterisierend auffassen. ∨

3 ∨ Gibt es |noch| eine andre Art den Gedanken zu beschreiben, als das Zeichen zu geben wodurch gedacht wurde? Nein! – Gäbe es eine andere Art wie würden sich die beiden vertragen? Sie dürften sich ja nicht widersprechen was aber jene gibt müßte diese auch geben. ∨

4 / Ist zwischen der Vorstellung eines Erinnerungsbildes und der eines Erwartungsbildes ein Unterschied? \ Ich kann doch z.B. erwarten die Farbe zu sehen die ich mich erinnere dort und dort gesehen zu haben. 57 Ich erinnere mich z.B. meine Schwester/einen Menschen/ heute in einer bestimmten Stellung gesehn zu haben und kann mir nun vorstellen daß sie morgen wieder in dieser Stellung da und da erscheinen wird. Ändert da das Vorstellungsbild seinen Charakter wenn ich von der Erinnerung zur Erwartung übergehe? Ich glaube, offenbar nicht.

5 Ich habe gesagt es hat keinen Sinn zu fragen „woher/wie/ weißt Du daß Du Dir gerade das erwartet hast“ (Man würde da wohl antworten „ich muß doch wissen was ich mir erwartet habe“. Könnte man aber auch so antworten: Ja, ich habe die Erwartung/Vorstellung/ noch vor mir und sie und die Farbe hier sind ganz gleich? ∨

3 eine Beschreibung von Gedanken und Wirklichkeit, und ⟨die …⟩
5 ∫ *linkes Randzeichen überschrieben*
10 die Funktion der Sprache charakterisierend *–im MS am linken Rand mit einer vertikalen Wellenlinie markiert*
12 Gibt es |noch| eine ⟨andere⟩ Art den Gedanken zu beschreiben,
13 Gäbe es ⟨noch⟩ eine andere Art wie würden sich die beiden vertragen?
17 ⟨∨⟩ *linkes Randzeichen gestrichen*
23 in dieser Stellung da und da erscheinen wird. ⟨U…⟩
28 (Man würde *–im MS fehlt die Schlußklammer*
28 daß Du Dir gerade das erwartet hast“ (Man würde ⟨das …⟩
29 „ich muß doch wissen was ich mir erwartet habe“⟨ könnte⟩ man aber

1 ∫ Kann man nun sagen: Man kann in Sätzen der Wortsprache oder/aber/ auch in Vorstellungen denken. Die Worte sind willkürlich dagegen die Vorstellungen nicht also bedient sich |hier| das Denken zweier radikal verschiedener Mittel? – Wie aber wenn das Denken gemalte Bilder benützt? Ist das nicht noch ein krasserer Fall als der der deutlichsten Vorstellung, und ist dann nicht dennoch kein 58 Vergleich möglich, der a priori die Intention des Bildes bestimmte. Das heißt: Sei die Vorstellung so lebhaft/bestimmt/ [deutlich] sie wolle sie hat doch nichts vor dem willkürlichen Wortausdruck voraus da ihre Deutung durch sie (die Vorstellung) selbst nicht gegeben ist. ∨⩔

2 ⩔ Also muß jede Deutung angenommen werden wenn sie kommt solange/wenn/ sie eine Deutung d.h. eine Übersetzung ist. ∨

28.

3 ∫⩔ Die Intention ist nur dadurch auszudrücken in dem gezeigt wird was intendiert ist. ∨

4 ⩔ Das Verhältnis, die Beziehung zwischen Gedanken und Wirklichkeit gibt die Sprache durch die Gemeinsamkeit des Ausdrucks wieder. Anders kann sie dies Verhältnis nicht darstellen. ∨

Wir haben hier eine Art Relativitätstheorie der Sprache (vor uns). (Und die Analogie ist keine zufällige/nicht zufällig/. –)

5 ⩔ (Ein Irrtum schadet nichts, er nützt, wenn er nur tief genug gefaßt ist.) (Drum scheue Dich nicht einen Irrtum immer wieder zu wiederholen und zu approfondieren.) ∨ 59

6 ?/ Ich wollte mir die Erwartung und das Ereignis von außen betrachten /ansehn/ um zu sehen worin ihre Ähnlichkeit, ihre Gemeinsamkeit /ihr Gemeinsames/, ihre wesentliche/merkwürdige/ Beziehung liegt. \⩔

Und wenn ich sie nun wirklich betrachte (und die Erwartung als Erwartung nicht nur als Vorstellung) so kann ich nur sagen daß das Ereignis die Erfüllung der Erwartung ist./die Erwartung erfüllt./

Aber ich will diese Antwort nicht gelten lassen.

Sehe ich die Erwartung als Bild nur, nicht als Portrait an, so ergibt die Betrachtung nur Ähnlichkeit oder Unähnlichkeit und nichts über das Wesen der Erwartung; sehe ich sie aber als Erwartung – und nicht nur als selbständige Vorstellung – an, dann ergibt die Betrachtung nur daß die Erwartung die Erwartung und das Ereignis die Antwort auf die Erwartung/Erfüllung – oder Nichterfüllung –/ ist.

1 (⩔) *rechte Randzeichen gestrichen*
2 oder/aber/ auch in Vorstellungen ⟨(|etwa| Gestalts…)⟩
4 Wie aber wenn ⟨sich das Denken gemalter …⟩
8 Das heißt: Sei die Vorstellung ⟨die …⟩
16 ∫ *linkes Randzeichen überschrieben*
23 *Im MS:* der Sprache (vor uns)(. Und *–der gewellt unterstrichene Schlußpunkt steht im MS nach der später eingefügten Öffnungsklammer, die Klammern* (vor uns) *sind im MS nur mit feinem Strich angedeutet*
29 \ *rechtes Randzeichen überschrieben*
39 nicht nur als selbständige Vorstellung an ⟨–⟩ dann ergibt

1 / Die Erwartung wartet bis zum Moment der Entscheidung. Dann aber berührt sie die Entscheidung. – – –
Wie die Rechnung ihr Resultat. ⩔

2 ʃ Das Zusammenpassen der Erwartung und der Entscheidung drückt sich in der Gemeinsamkeit des Wortausdrucks aus. \⩔ 60

3 / Das „ja“ (oder „nein“) oder die Beschreibung des Ereignisses d e u t e t das Ereignis/es/ als Erfüllung der/Antwort auf die/ Erwartung. \?

4 / I n d e r S p r a c h e berühren sich Erwartung und Ereignis. \

5 ?∨ʃ Es ist als brächte die Beschreibung am Ereignis die/jene/ Striche /Marken/ an die sich dann mit denen der Erwartung berühren. ∨

6 / „Ich erwarte mir einen Schuß“; er kommt nun./der Schuß fällt./ Wie das hast Du Dir erwartet, war also dieser Krach irgendwie schon in Deiner Erwartung? Oder stimmt Deine Erwartung nur in anderer Beziehung mit dem Eingetretenen überein, war der/dieser/ Lärm nicht in Deiner Erwartung enthalten und kam nur als accidens hinzu als die Erwartung erfüllt wurde? Aber nein, wenn der Lärm nicht eingetreten wäre so wäre meine Erwartung nicht erfüllt worden, der Lärm hat sie erfüllt, er kam nicht zu der Erfüllung hinzu wie ein zweiter Gast zu dem einen den ich erwartete. \ 61

7 / War das am Ereignis was nicht auch in der Erwartung war ein accidens eine Beigabe der Schickung/des Schicksals/? Aber was war denn dann n i c h t Beigabe, kam denn irgend etwas vom Schuß schon in meiner Erwartung vor? Und was war denn Beigabe, denn hatte ich mir nicht den ganzen Schuß erwartet? \

8 ?/∨ Die Auffassung der Realität als Beigabe zur Erwartung ist der Unsinn, gegen den ich mich unmittelbar wenden darf./kann./ ⩔

9 ʃ Wäre nur das am Ereignis Erfüllung der Erwartung, was schon in der Erwartung war, dann brauchte die Erwartung keine Erfüllung mehr, dann wäre sie ihre eigene Erfüllung. ⩔

(Ich dränge jetzt das Gleichnis vom Maßstab zurück, obwohl es sich immer wieder als das beste zeigt.)

3 Wie die Rechnung ihr Resultat. *–im MS ein Nachtrag über der Zeile*
5 \ *rechtes Randzeichen überschrieben*
8 ⟨?⩔⟩ *linkes Randzeichen gestrichen*
8 ⟨Die Be...⟩
11 ⟨∨⟩ *linkes Randzeichen gestrichen*
13 ʃ *linkes Randzeichen überschrieben*
13 Es ist als brächte die ⟨d...⟩
13 Es ist als brächte die Beschreibung am Ereignis die/jene/ ⟨Teilstriche⟩ an
16 „Ich erwarte mir einen Schuß“⟨. Er kommt nun./Der Schuß fällt./⟩
32 ?/ *linkes Randzeichen überschrieben*
36 was schon in der Erwartung war, dann ⟨wa...⟩ brauchte ⟨der ...⟩
36 die Erwartung keine Erfüllung mehr⟨. ...⟩
38 (Ich dränge jetzt das Gleichnis vom Maßstab ⟨j...⟩

1 /∨ Die Verwechslung die hier vor sich geht hält den Fall „ich habe es erwartet und es ist geschehen“ für den „es stand früher draußen und jetzt steht es herinnen“. ⩔\ 62

2 ⩔ Wenn man sagt, daß die Erwartung durch den selben Satz/mittels des selben Satzes/ ausgedrückt wird wie die Tatsache die sie erfüllt, so scheint es als beschriebe man eine Eigentümlichkeit der Sprache die (sich wohl auch anders denken ließe) man |sich| auch anders denken könnte. Es ist als gäbe man ein Characteristicum unserer Sprache wie sie nun einmal ist, sich aber auch anders denken ließe. ∨

Die Betrachtung macht dann einen psychologischen Eindruck statt eines grundsätzlichen.

29.

3 ∫⩔ Man kann beim Wiedererkennen des Erwarteten quasi nur beschreiben was geschieht ohne einen Grund anzugeben. – Man befindet sich im Zustand der Erwartung und macht Bilder bis das Ereignis eintritt welches man als Entscheidung anerkennt. Daß man es als entscheidend anerkennt zeigt sich, indem man es durch den Satz beschreibt der die Erwartung ausdrückte. – Hier tritt die Frage auf: Welche Beziehung besteht zwischen der Beschreibung und der Tatsache? Welche Beziehung der Beschreibung stelle ich zur Tatsache her? Welche Beziehung zur Tatsache stelle ich her, wenn ich die Beschreibung mache? ∨

4 ∫ Ich lenke meine Worte (offenbar) nach den Tatsachen. D.h. ich porträtiere die Tatsachen. ⩔ 63

5 ?/?∨ Ich schaue in ein Fernrohr und es fragt mich jemand „was siehst Du?“, und ich antworte: „ich sehe vier Sterne die ein Quadrat bilden“. – Wie kam ich zu diesen Worten? – Wie drückt sich aus, daß diese Beschreibung der Tatsache paßt? ⩔

1 ∨ *linkes Randzeichen überschrieben*
1 ⩔ *rechtes Randzeichen überschrieben*
1 Die Verwechslung die hier vor sich geht ⟨ist …⟩ ⟨geschieht …⟩
1 Die Verwechslung die hier vor sich geht ⟨vermengt⟩ den Fall
1 „ich habe ⟨das⟩ erwartet und ⟨das⟩ ist ⟨auch⟩ geschehen“ ⟨mit dem⟩ „⟨das⟩ stand früher draußen und jetzt steht es herinnen“.
8 (sich wohl auch anders denken ließe) *–im MS durchstrichen*
8 man |sich| *–das Einfügungszeichen ist im MS gewellt unterstrichen*
15 ∫ *linkes Randzeichen überschrieben*
15 *Die ersten drei Sätze der Bemerkung sind im MS am linken Rand mit einer vertikalen Wellenlinie markiert.*
19 welches man als Entscheidung anerkennt. Daß man es als ⟨Entschei...⟩
19 zeigt sich, indem man es ⟨mit …⟩
21 Welche Beziehung besteht zwischen ⟨einer⟩ Beschreibung und
29 ?/ *linkes Randzeichen überschrieben*
32 Wie drückt sich aus, daß diese Beschreibung der Tatsache ⟨P...⟩

1 ?/ Nehmen wir den krassesten Fall an: es sei diese Beschreibung in einem Buch – etwa einer Art Fibel – zu lesen neben einem Bild das die vier Sterne in der gleichen Anordnung zeigt wie sie im Fernrohr zu sehen sind. Könnte man sich nun einfach auf die Fibel berufen um zu zeigen daß die Beschreibung stimmt? – Es könnte dann freilich die Beschreibung in der Fibel nicht als Beschreibung aufgefaßt werden, denn sonst wiederholte sich unser Problem dort, sondern die Regel müßte |einfach| lauten: eine Beschreibung ist richtig wenn der Wortlaut in diesem Buch neben dem entsprechenden Bild gefunden wird/steht/. – Ist nun die Schwierigkeit die, daß diese Regel selbst auf diese Art nicht darstellbar ist? ⩔

Wie weiß ich daß das die richtige Beschreibung ist? Weil sie hier steht.

2 Wie weiß ich aber, daß was hier steht die richtige Beschreibung ist? – Das ist eben Übereinkommen. Aber erinnere ich mich denn immer wenn ich Worte gebrauche an eine Abmachung? ∨ 64

3 ∫⩔ Mir hätte jene Beschreibung auch englisch einfallen können; wenn mir aber durch Zufall die chinesischen Worte für diese Tatsache/dafür/ eingefallen wären, ohne daß ich weiß daß diese Lautverbindungen die chinesischen Zeichen für diesen Fall sind, so wären sie mir unsinnig erschienen; aber nicht mehr, sobald mich jemand soviel chinesisch gelehrt hätte um in dieser Sprache diesen Satz bilden zu können. ∨

4 / Aber um in dieser Sprache/im Chinesischen/ diesen Satz bilden zu können dazu genügt es nicht die Lautverbindung/Lautreihe/ zu lernen und zu wissen daß sie in der (chinesischen Fibel) neben jenem Bild steht. Denn das befähigt mich nicht die Tatsache auf chinesisch zu porträtieren. \

5 / Ja wenn es mir im Deutschen so geschehen würde daß ich die ganze Sprache vergäße mir aber bei einer bestimmten Gelegenheit plötzlich die Lautverbindung einfiele die man in diesem Falle gebraucht, so würde ich diese Lautverbindung in diesem Falle nicht verstehen. 65

6 ∨/ Das Porträtieren/Nachzeichnen/ der Tatsache durch die Sprache ist in dem Ausdruck/Worte/ be-schreiben vollständig wiedergegeben. ⩔

Beschreiben heißt nachschreiben, nachzeichnen.

13 *Im MS fehlt die Leerzeile*
19 ∫ *linkes Randzeichen überschrieben*
19 (?∨) *rechtes Randzeichen gestrichen*
20 für diese Tatsache/dafür/ *–erste Variante im MS durchstrichen*
37 / *linkes Randzeichen überschrieben*
37 Porträtieren/Nachzeichnen/ *–zweite Variante im MS durchstrichen*

1 ?/∨ Gibt es nun – im Primären – ein Criterium dafür daß richtig nachgezeichnet wurde? (Es scheint mir nämlich, als könnte es das nicht geben.) ⩔

„Wie weißt Du, daß diese Worte, das wiedergeben, was Du siehst?". – Könnte man denn diese Worte daraufhin rechtfertigen? Und wie, durch eine Beschreibung in Worten? – Ist es nicht klar daß diese Rechtfertigung selbst eine Beschreibung des Sachverhalts in irgend einer Sprache (in der Sprache der Rechtfertigung) sein müßte? Denn sie müßte doch sagen: da sich die Sachen so und so verhalten und die Vereinbarungen so getroffen sind, so war die Beschreibung richtig.

2 ∫ Es ist, übrigens, das Gleiche ob ich einen Sachverhalt beschreibe oder einen Wortlaut als Beschreibung deute. ⩔

3 /∨ Wenn sich die Beschreibung nicht rechtfertigen läßt dann kann also ⩔ 66
überhaupt von einer Rechtfertigung nicht die Rede sein. Und es führt uns irre so über die Sache zu denken daß eine Rechtfertigung denkbar /im Bereich der Möglichkeit/ erscheint.

Es wäre also die Consequenz zu ziehen: Eine Rechtfertigung schien Dir denkbar, also schaust Du die ganze Sache falsch an.

4 ?∫ Wenn man jemanden fragt „wie weißt Du daß diese Beschreibung wiedergibt was Du siehst" so könnte er etwa antworten „ich meine das mit diesen Worten". Aber was ist das „d a s", wenn es nicht |selbst| wieder articuliert |also schon Sprache| ist? Also ist „ich meine das" gar keine Antwort. ∨
Die Antwort ist eine Erklärung der Bedeutung der Worte.

5 / Wenn ich die Beschreibung nach Regeln bilde, was auch möglich ist, dann übersetze ich sie als eine Sprache aus einer anderen. Und das kann ich natürlich mit Grammatik und Wörterbuch tun und so rechtfertigen. – Aber dann ist die Übertragung von Articuliertem in Articuliertes. Und wenn ich sie durch Berufung auf die Grammatik und das Wörterbuch rechtfertige so tue ich nichts als eine Beziehung \
zwischen Wirklichkeit und Beschreibung (eine projective Beziehung) 67
festzustellen, von der Intention, aber, meiner Beschreibung ist hiebei keine Rede. (D.h. ich kann eben nur die Ähnlichkeit des Bildes prüfen, nichts weiter.)

1 *?/ linkes Randzeichen überschrieben*
9 da sich die Sachen so und so verhalten ⟨so …⟩
16 */ linkes Randzeichen überschrieben*
18 Und es führt uns irre so über die Sache zu denken ⟨als wäre eine …⟩
24 was Du siehst" *–im MS fehlt das Ausführungszeichen*
25 |selbst| *–das Einfügungszeichen ist im MS gewellt unterstrichen*
28 Die Antwort ist ⟨einer⟩ Erklärung der Bedeutung der ⟨Wörte…⟩
28 Die Antwort ist eine Erklärung der Bedeutung der Worte. *–im MS ein Nachtrag am Ende der Bemerkung*
34 Aber dann ist die Übertragung von Articuliertem in Articuliertes. *–im MS am linken Rand mit einer vertikalen Wellenlinie markiert*
37 und Beschreibung (eine projective Beziehung) festzustellen, ⟨aber …⟩
37 von der Intention, aber, meiner Beschreibung ist ⟨hierbei⟩ keine Rede.

1 ∫ (Alles liegt jetzt in dem „*deuten*" beschlossen. Wie das Problem sein Haus wechselt!) ⩔

2 ∫ Ich sehe diesen Sinn in diese Worte hinein. Ich sehe diesen Sachverhalt in diese Worte hinein. ⩔

3 ∫ „Sie sagte mir daß sie um 3 Uhr von der H. fortgehen wolle; sie wird den kürzesten Steig gehn, das dauert 40 Minuten, so ist sie um ca $\frac{3}{4}$4 hier; jetzt ist es $\frac{1}{2}$4, ich muß mich also langsam herrichten" – diese Gedankenkette führt zu irgendeiner *Anwendung* die offenbar ihr Zweck ist. Sie ist ein Operieren mit Bildern zu einem Zweck. ⩔

30.

4 ∫ Wenn ich einen vorliegenden Sachverhalt mit den Worten beschreibe: „hier ist ein roter Kreis" geben diese Worte die Tatsache etwa besser wieder als der Satz „hier ist ein grünes Viereck"? Gewiß nicht; aber der Klang der Worte ist es auch nicht der abbildet, nachzeichnet, sondern das Wort in seinen Beziehungen durch die Grammatik ist ein Werkzeug der Abbildung./des Abbildens./ ⩔

5 ⩔ Die Deutung des Satzes liegt in der Namengebung. 68

Die Namengebung ist unabhängig von der *Hypothese* daß wir – etwa in unserer Jugend – diesen Namen in dieser Anwendung gelernt haben. Das Historische (das immer hypothetisch ist) kann hier nicht hineinspielen. Wir geben den Namen als gäben wir ihn zum erstenmal. – Überhaupt aber liegt in der Idee der Namengebung ein Unsinn, sie ist von der Namengebung an Personen – und etwa manche Dinge – genommen, führt aber zu Unsinn wenn man sie auf Wörter wie „rot", „grün" etc anwenden will. Wo ist das, was mit dem Wort „grün" bezeichnet wird? Wie schon oft gesagt wird das Wort „grün" auch dort im Satz gebraucht, wo kein grünes Ding vorhanden ist.

6 ⩔ Das articuliert-Sehen der Tatsache – – ∨

Der Wortausdruck verdoppelt das articulierte Bild.

7 / Wie kann man durch denken die Wahrheit lernen? \

Wie man ein Gesicht besser sehen lernt wenn man es zeichnet.

8 ⩔ Was ist das *Geschäft* des Denkens? ∨

7 „Sie sagte mir |daß| sie um 3 Uhr von |der| H. ⟨weggehen⟩ wolle
8 sie wird den ⟨kurze…⟩
8 sie wird den kürzesten Steig gehn, ⟨daß …⟩
8 dauert 40 Minuten, ⟨also⟩ ist sie um
16 geben diese Worte die Tatsache etwa besser wieder als ⟨die Wo…⟩
21 *Die Bemerkung ist am linken Rand mit einer vertikalen Wellenlinie markiert.*
22 Die Namengebung ist unabhängig ⟨davon …⟩
23 in unserer Jugend – *der Gedankenstrich fehlt im MS*
25 (das immer hypothetisch ist) kann hier nicht hineinspielen.⟨)⟩
37 Wie man ⟨durch …⟩

1 Sieht man es nicht an jenem Fall wo in der Gerichtsverhandlung ein Unfall mit Puppen und Modellen dargestellt wird? (Von einer solchen Vorführung mit Modellen kann man zu einer schematischeren mit |gewöhnlichen| Klötzchen übergehn und von da zu einer Zeichnung und zu einem Schema einiger willkürlicher Zeichen und zu unserer gewöhnlichen Sprache) Es ist hier offenbar von dieser Wiedergabe eine ernste Anwendung gemacht. ∨ 69

2 Man kann sich nach Gedanken richten. – Das kann ihnen nicht zufällig anhaften. Es muß – glaube ich – ihnen wesentlich sein, ja ihr Geschäft sein. ⩔

3 ∫ Der Satz ist eine Vorrichtung, die ihren Zweck erfüllt hat wenn sie sich mit der Wirklichkeit gemessen hat. ⩔

4 ∨/ Denken ist das Benützen von Sätzen. \⩔

5 Am Satz mißt man unmittelbar die Wirklichkeit. ⩔

6 Die Wirklichkeit die man an ihm/am Satz/ mißt ist |seine Bedeutung,| die Entscheidung über seine Wahr- und Falschheit. ⩔

7 Das Denken kann ja keine Spielerei sein |kein Spiel menschlicher Kräfte|. Und ist es das, so wäre es für uns uninteressant. ⩔ 70

8 ?∫/ Nehmen wir an, ich erwarte jemand: ich sehe auf die Uhr, dann zum Fenster hinaus, richte etwas in meinem Zimmer zurecht, schaue wieder hinaus etc. Diese Tätigkeit könnte ich das Erwarten nennen. Denke ich nun die ganze Zeit dabei? (d.h. ist diese Tätigkeit wesentlich eine Denktätigkeit oder von ihr begleitet?) Letzteres |bestimmt| nicht. Und wenn ich jene Tätigkeiten Denken nennte, welches wären die Worte durch die dieser Gedanke ausgedrückt würde? – Wohl aber werden auch Gedanken während diesem Warten sich einfinden. Ich werde mir sagen: „Vielleicht ist er zuhause aufgehalten worden“ und dergleichen mehr; vielleicht auch die articulierte Erwartung „wenn er nur käme“. \?

In allen jenen erwartenden Handlungen ist nichts was uns interessiert (die Erfüllung der Erwartung in diesem Sinn ist nichts anderes als die Stillung des/eines/ Hungers) Uns interessiert nur das zu einem Zweck gemachte Bild – der articulierte Gedanke.

4 |gewöhnlichen| *–das Einfügungszeichen ist im MS gewellt unterstrichen*
16 / *linkes Randzeichen überschrieben*
16 \ *rechtes Randzeichen überschrieben*
16 Denken ist das ⟨N…⟩
23 Das Denken kann ja ⟨keine Spielerei/kein Spiel/ sein./keine Spielerei |kein Spiel menschlicher Kräfte| sein./⟩
26 ?∫ *linkes Randzeichen überschrieben*
26 ⟨∨⟩ *rechtes Randzeichen gestrichen*
34 Ich werde mir sagen: *–der Doppelpunkt ist im MS gewellt unterstrichen*
40 Uns interessiert nur das zu einem Zweck gemachte Bild⟨. …⟩

1 ∫∨ Ich mache mir das Bild anläßlich einer Sachlage./eines Ereignisses./ ∨
Ich gebe ihm aber die Beziehung zu seinem/zum/ Gegenstand wie jedem Nachbild das ich mache ob ich etwas in Ton forme oder abzeichne. Was ist das für eine Beziehung? 71

Ist es nicht dieselbe die entsteht wenn ich etwa die Reihe der Zahlen 3, 7, 2, 5, 1 durch eine Reihe von Quadraten des entsprechenden Flächeninhaltes darstellen will und nun nach einer Regel (Wurzelziehen, Auftragen der Seite, etc) vorgehe? Wenn ich eine Linie abzeichne, so heißt/lautet/ die Regel etwa ziehe immer parallel zu diesem Linienzug von links nach rechts.

2 ∫ Besteht also das Abbilden darin, nach einer Regel vorzugehn? Wie ist aber diese Regel gegeben? – Wie ist mir die Regel bewußt? Was ist ihr Ausdruck? ∨

3 ∫ Ich meine hier die Regel als etwas vorgesetztes (quasi als allgemeines Programm). ∨

4 ∨∫ Nun ist ja der Vorgang des Abbildens tatsächlich/wirklich/ damit beschrieben, daß man das Abzubildende und die Regel gibt (also etwa 3, 7, 2, 5, 1 und die allgemeine Vorschrift der Abbildung) ∨

5 Wenn ich sage der Vorgang des Abbildens sei damit beschrieben so meine ich aber nur, seine Multiplizität sei dann gegeben. (die „Intention“ der Beschreibung bleibt aus dem Spiel.) ∨ 72

6 ∨ Ich wollte den Vorgang des Nachbildens so beschreiben: daß ich meine Hand von dem Abzubildenden/Vorbild/ führen lasse. Aber dieses Führen ist eben in der Regel der Abbildung ausgedrückt. ∨

7 ∨ Das hieße also wir übersetzen die Wirklichkeit mit Hilfe von Regeln in die Sprache. Und das ist, wenn man sich einfache Fälle, sozusagen eine einfachere Welt, construiert leicht zu denken. Wenn etwa die Welt aus einem Quadratnetz bestünde worin in gleichmäßigen Zeitabständen verschiedene Gitterpunkte aufleuchteten so wäre dieser Vorgang sehr einfach durch eine Sprache darzustellen die etwa in einer Klammer die Coordinatenpaare der jeweils aufleuchtenden Punkte vereinigt etwa (7, 3; 5, 4; 8, 6) u.s.w.. ∨

8 ∨ Wäre dann aber die Abbildung nicht|, durch diese Regeln,| rechtfertigbar? Ja und nein; die Abbildung ist mit den Regeln im Einklang aber nicht durch sie beschrieben. ∨

1 ∫ *linkes Randzeichen überschrieben*
5 Ist es nicht dieselbe die entsteht wenn ich etwa die ⟨Reihen⟩ der Zahlen
8 und nun nach einer Regel (Wurzelziehen, ⟨Auftret...⟩
13 Wie ist mir die Regel bewußt?⟨!⟩ Was ist ihr Ausdruck?
19 ∨ *linkes Randzeichen überschrieben*
21 das Abzubildende und die Regel gibt (also etwa 3, 7, ⟨5 ...⟩
23 *Im MS ein Absatz, durch Randzeichen als Bemerkung gekennzeichnet.*
23 Wenn ich sage ⟨ei...⟩
33 einfache Fälle, sozusagen eine einfachere ⟨F...⟩
41 Ja und nein; die Abbildung ist mit den Regeln ⟨in ...⟩

31.

1 ⩔ Wozu denken wir denn, denn dadurch wird es sich auch zeigen, ob das Denken eine wichtige Angelegenheit ist. ∨ 73

Da ist es ganz klar, wir denken zu einem Zweck. Der Zweck des Denkens besteht offenbar darin, meine Handlungen danach einzurichten und zwar genau so wie ich sie nach der Berechnung eines Dampfkessels einrichte (Diese Berechnung ist ja auch ein Denkakt)

2 ∫ Ich mache z.B. einen Plan, einen Kampfplan, Fluchtplan. ⩔

3 ?/∫ Der Gedanke ist der angewandte Plan. ⩔

4 Und zwar mache/zeichne/ ich einen Plan/Ich mache einen Plan/ nicht nur um mich anderen verständlich zu machen sondern auch um selbst über die Sache klar zu werden. (D.h. die Sprache ist nicht nur Mittel zur Mitteilung) \

5 Die Verwendung des Plans ist eine Rückübersetzung/Übersetzung/ in unsere Handlungen. Eine Übertragung in unsere Handlungen. \

(Es ist klar daß da kausale Zusammenhänge gesehen werden, aber es wäre komisch die als das Wesen eines Planes anzugeben.)

6 Dagegen liegt vielleicht der Kausalitätstheorie der Bedeutung der richtige Gedanke/die richtige Erkenntnis/ zu Grunde, daß die Intention des Planes nicht durch Sätze auszudrücken ist. ⩔ 74

7 ⩔ Daß etwas ein Portrait des A ist besteht ja nicht darin daß es ähnlich ist sondern darin daß es ähnlich sein soll. Also nicht darin daß eine bestimmte Übersetzungsregel aus der Betrachtung von Bild und Gegenstand abzulesen ist, sondern daß zu dem Bild eine Regel gegeben ist nach der es zu kontrollieren ist. ∨

8 ⩔ Nehmen wir für einen Augenblick an die Übersetzung aus einer Sprache in eine andere etwa aus dem Englischen ins Deutsche ginge so vor sich daß man mit dem Wörterbuch immer ein englisches in ein ihm eindeutig entsprechendes deutsches Wort übertrüge. Wenn ich nun sage diese Schrift *soll* die deutsche Übersetzung von jener englischen sein, so gebe ich dem Andern eigentlich damit die |deutsche| Schrift und das englisch-deutsche Wörterbuch (den Ausdruck der Regel) zur möglichen Kontrolle. ∨

9 ⩔ Die Kontrolle einer Übersetzung mit Hilfe des Wörterbuches ist eine Tätigkeit die *nicht* der Verification eines Satzes entspricht. (?) ∨ 75

10 Das Kontrollieren einer Übersetzung |nach dem Wörterbuch| ist genau analog dem Kontrollieren einer Rechnung nach den Rechnungsregeln. ⩔

4 ⟨Das …⟩
9 ⟨∨⟩ *rechtes Randzeichen gestrichen*
18 ⟨∨⟩ *rechtes Randzeichen gestrichen*
30 aus der Betrachtung von Bild und Gegenstand abzulesen⟨,⟩ ist,
35 *Im MS:* englischen
37 Wenn ich nun sage diese Schrift ⟨ist die deu…⟩
42 Die Kontrolle einer Übersetzung⟨ist …⟩

1 Ist also nicht ein Satz der Art „dieses Bild s o l l den Gegenstand A vorstellen“ von der Art der mathematischen Sätze? Etwa der Gleichung 25 × 24 = 230 – ? ⩔

2 Oder wenn ich etwa sage: die Linie  soll ein genaues Abbild der Linie  sein. (Das Verständnis der Abbildungsregel ist vorausgesetzt). ⩔

3 Ich glaube, daß dies kein Satz ist sieht man schon daraus, daß darin die Abbildungsregel abgetrennt von den beiden Komplexen gegeben ist/wird/ die in der internen Beziehung stehen. ⩔

4 „Diese Linie s o l l ein Abbild jener sein“ ist eine B e s t i m m u n g und kein Satz. Es/Sie/ händigt einem quasi, Bild, Abgebildetes und Abbildungsregel ein. Hier ist aber die Schwierigkeit daß sie diese Dinge nur stumm einzuhändigen scheint. 76 Wie aber wissen wir dann, was wir mit ihnen anzufangen haben. ⩔

5 ⩔ Und doch scheint der Vorgang keine Worte zuzulassen; denn, was immer dazu gesagt würde, woher wüßten wir was es bedeuten soll? /bedeutet?/ ∨

6 ⩔ Kein Zusatz würde die Multiplizität der Sache ändern, weil statt dieses Zusatzes kein anderer mit anderem Sinn eingesetzt werden kann. Er ist also so überflüssig (also bedeutungslos) wie etwa das Fregesche „⊢“. ∨

7 ⩔ Könnte ich nicht sogar zwischen die beiden Linien das Zeichen „=“, im mathematischen Sinn, setzen? Kann ich es nicht offenbar eben mit dem Recht hier setzen wie zwischen den englischen und deutschen Satz. Und hier wird die Gleichung buchstäblich nach Regeln aufgelöst, wie jede mathematische. ∨

8 ⩔ Kann ich nicht sagen: die Definition ist ein Ausdruck der Intention? Und der einzig mögliche – ? ∨

9 / Wenn ich sage „der Sinn eines Satzes ist dadurch bestimmt, wie er zu verifizieren ist“, was muß ich dann von dem Sinn des Satzes, daß dieser Satz die Übersetzung/dieses Bild das Portrait/ jenes 77 |Gegenstandes| sein soll, sagen? Wie ist das denn zu verifizieren? ∨

1.9.

10 Was zum Wesen des Satzes gehört kann die Sprache schon darum nicht ausdrücken weil es für jeden Satz das gleiche wäre; und ein Zeichen das in jedem Satz vorkommen muß logisch eine bloße Spielerei wäre. Die Zeichen des Satzes sind ja nicht Talismane oder magische Zeichen die auf den Betrachter einen bestimmten Eindruck hervorrufen sollen. \

Gäbe es philosophische Zeichen im Satz so müßte ihre Wirkung /Funktion/ eine solche unmittelbare sein.

1 „dieses Bild s o l l ⟨jenen⟩ Gegenstand A vorstellen“
6 (Das Verständnis der Abbildungsregel ⟨wird⟩ vorausgesetzt).
27 Könnte ich nicht sogar zwischen ⟨das …⟩
33 ⟨D…⟩
36 ⟨⩔⟩ *linkes Randzeichen gestrichen*

1 Darum kann die Sprache nur den Plan ausdrücken nicht seine Anwendung. Und die Logik nur den Plan untersuchen.

2 Denken heißt einen Plan machen und mit ihm arbeiten. Aber was macht den Plan zum *Plan*? |D.h.| Was unterscheidet ihn von einem beliebigen Gekritzel? Was ich mit ihm vorhabe. Aber was hast Du mit ihm vor? Es folgt ein weiterer Plan. – Nein, zu dem Plan gehört noch die Regel der Übersetzung, alles weitere ist Anwendung. 78

3 Die Sprache duldet keine Verzierungen, keine psychologischen Hilfen.

4 Ihre Anwendung kann die Sprache nicht vorwegnehmen.

5 „Wissen was der Fall ist, wenn der Satz wahr ist" kann nur heißen, die Regel kennen nach der er zu kontrollieren ist. – Aber wie ist es ausgedrückt daß er nach dieser Regel *zu kontrollieren* ist? Die Regel ist ja dem Satz nur beigegeben, aber wo ist ihre Anwendung auf den Satz dargestellt? Wo aber immer sie dargestellt wäre, da durch ein anderes/weiteres/ Bild, und so kämen wir in einen endlosen Regress (hinein).

Aber wie kann man da von Darstellung reden, und wozu diese Darstellung? Wir müssen doch |endlich| zur Anwendung kommen!

6 Ich mache mir einen Plan um nach ihm/danach/ zu gehen. Der

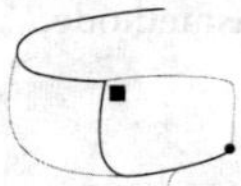

Punkt (ist meine gegenwärtige Stellung) bin ich, wo ich jetzt stehe. So ein Plan ist offenbar ein nützliches Instrument. Und das rechtfertigt eine Untersuchung seiner Wirksamkeit/Funktion/. Aber es ist wahr, das ist 79 noch nicht Alles. Es genügt um den Plan zu verstehen nicht daß ich diese Zeichnung sehe und sehe wo ich stehe und die (eventuelle) Ähnlichkeit der Landschaft mit dem Plan. Ich muß auch wissen was es heißt einem Plan folgen. Das habe ich vielleicht dadurch gelernt daß ich früher wirklich Plänen gefolgt bin. Aber davon kann ich hier nicht die Tatsache brauchen sondern etwas was ich in ihr sehe. Wie ich aus der angefangenen Reihe $1 + \frac{1}{1!} + \frac{1}{3!} + \frac{1}{5!} + \ldots$ eine Regel herauslese. /mir eine Regel herausnehme./

7 Insofern jeder Satz ein Plan ist und man mit einem Plan einen Plan nicht erklären kann, kann man keinen Plan mit einem Satz erklären.

Jede Erklärung durch einen Satz liefert – wie gesagt – einen neuen Plan und nie das Wesen des Planes.

8 Man könnte auch so sagen: Der Satz ist ein Instrument des Gedankens, darum kann ich in den Satz nicht den Gedanken fassen.

7 Aber was hast Du mit ihm vor? ⟨– …⟩
8 zu dem Plan gehört noch die Regel der ⟨Anwendung …⟩
13 ⟨A…⟩
23 |endlich| *–im MS durchstrichen, das Einfügungszeichen ist gewellt unterstrichen*
25 nach ihm/danach/ *–zweite Variante im MS durchstrichen*
26 (ist meine gegenwärtige Stellung) *–im MS durchstrichen*
31 und sehe wo ich stehe und die ⟨–⟩ eventuelle
36 Reihe $1 + \frac{1}{1!} + \frac{1}{3!} + \frac{1}{5!} + \ldots$ mir ⟨seine⟩ Regel herausnehme.

1 Die Sache ist solange nicht völlig geklärt als noch eine Unbefriedigung über die Grenze des Ausdrucks vorhanden ist und diese nicht vielmehr die Befriedigung bringt. – Denn es handelt sich nicht darum 80 zu resignieren und eine Forderung zurückzuziehen sondern darum zu erkennen daß die scheinbare Forderung sinnlos/unsinnig/ war. [... zu erkennen, daß es keine Forderung war] ⩔

2 / Einem Plan folgen ist wesentlich dieselbe Tätigkeit wie eine Projection |(Übersetzung)| nach einer bestimmten Regel zu kontrollieren.

3 ⩔ Ich kontrolliere den Plan nach der Regel. Ich verbinde durch meine Tätigkeit die Regel mit dem Plan. Wenn ich also sagte, die Regel werde dem Plan sozusagen ohne ein verbindendes Wort beigegeben, so soll es in Wirklichkeit heißen: die Verbindung der Regel mit dem Plan wird durch die Anwendung der Regel auf den Plan gemacht./hervorgebracht.//kommt durch die Anwendung der Regel auf den Plan zu Stande./ V

4 ⩔ „Kontrolliere die rechte Zahlenreihe, die Zahlen sollen immer die Quadrate der Zahlen der linken Reihe sein.“ Oder: „bilde eine Reihe von Zahlen die die Quadrate der linken Zahlenreihe sind.“ Das Wesentliche ist hier, daß die Regel unabhängig von den beiden Reihen gegeben ist. Und genau so kann ich sagen: „sieh nach ob diese Reihe von Figuren die orthogonalen Projectionen jener Figuren sind. V

Wenn ich einen Plan mache, oder mich nach ihm richte, immer 81 handle ich so daß mir die Übersetzungsregel, die Projectionsmethode, unabhängig von den (beiden) Gegenbildern vorliegt.

5 ⩔ Das ist auch das Wesen der Vorlage (Zeichenvorlage) und man kann den Satz/Befehl/ als Vorlage auffassen. ⩔

6 Der Satz ist als Richter hingestellt und wir fühlen uns vor ihm verantwortlich. \

2.

7 Auf die Frage „was ist mit diesem Plan gemeint“ dürfte nicht ein anderer Plan zur Antwort kommen sondern etwas was die Beziehung zu dem Anderen offen läßt wie sie ja sein muß da es ja fraglich ist ob sie befriedigt wird oder nicht. Dies was die Beziehung offen läßt ist die Regel der Übersetzung. ⩔

8 Und es ist klar daß der Plan zusammen mit der Regel der Übersetzung die nötige Multiplizität gibt/hat/; das zeigt sich einfach dadurch, daß ich jemandem zur Kontrolle nur diese beiden Sachen geben brauche. ⩔

1 Die Sache ist solange nicht völlig geklärt als ⟨über die ...⟩
2 eine Unbefriedigung über die Grenze des Ausdrucks vorhanden ist⟨. ...⟩
4 darum *–im MS durchstrichen*
5 sondern darum zu erkennen daß die ⟨Fo...⟩
8 ⟨\⟩ *rechtes Randzeichen gestrichen*
23 „sieh nach *–im MS fehlt das Ausführungszeichen*
42 Und es ist klar daß der Plan ⟨u...⟩

1 Nun könnte man sagen: Es ist aber nicht genug ihm die beiden Sachen zu geben, Du mußt ihm (doch) auch sagen wie sie anzuwenden sind. Damit aber würde wieder ein neuer Plan erzeugt, der der Erklärung so bedürftig wäre wie der erste. ⩔ 82

2 Die Antwort aber scheint zu sein: Du kannst die Sprache (als solche) dem Anderen nicht erklären, d.h. ihn durch einen Satz zwingen sie in einer bestimmten Weise zu gebrauchen. Hier ist quasi die Funktion der Erklärung mißverstanden. ∨

3 ⩔ Denn, wenn i c h den Plan verstehe, so geht das/es/ nicht |so| vor sich daß ich über ihn einen Gedanken denke. ∨

4 ⩔ Sondern daß/indem/ ich die Wirklichkeit durch den Plan ansehe.

5 ⩔ (Das Wesen der Erklärung erklären wollen, geht nicht.) ∨

6 ⩔ Ich möchte sagen: einen Plan verstehen muß schon heißen ihn anwenden. ∨

D.h. ihn |als Plan| verstehen heißt schon nach ihm handeln, ihm nachhandeln.

7 Der Plan den ich gezeichnet habe, um später nach ihm zu gehen ist für mich nicht irgendeine Zeichnung auf einem Stück Papier. Wie unterscheidet er sich für mich von irgend einem Fetzen Papier? ?∨ 83

8 Durch seine Beziehung auf etwas anderes/Anderes/. Aber da das Ereignis dessen Plan er ist nicht stattgefunden haben muß so kann er darauf nicht zeigen, sondern nur auf Gegenstände die vorhanden sind ob dieses Ereignis stattfindet oder nicht. Gegenstände die ihm seinen Sinn gestatten nicht die ihn wahr machen. Aber diese Gegenstände zusammen mit der Zeichnung machen auch nicht einen Plan, denn die Beziehung nach außen die für ihn wesentlich ist richtet sich gerade auf das Eventuelle, das Unbestimmte. ?⩔

9 Der Plan kann (also) nur seine Fühler ausstrecken bis dorthin wo das Ereignis eintrifft oder nicht eintrifft. Und das v e r l a n g e n d e Ausstrecken ist es was wir im Plan als Plan verstehen. ?⩔

10 Dieses/Das/ Verlangende besteht darin daß der Plan nicht abgeschlossen ist (keine Tatsache); denn ist er ein abgeschlossener Komplex so hört er auf nach außen zu deuten. ?⩔ 84

11 ⩔ Der Plan ist als Plan daher nicht zu beschreiben. ∨

12 [Das muß sich alles hausbacken darstellen lassen]

14 *Die Bemerkung steht im MS nach der folgenden, durch einen Pfeil am linken Rand umgestellt.*
23 den ich gezeichnet habe, um später nach ⟨im …⟩
25 Wie unterscheidet er sich für mich von irgend einem Fetzen ⟨(Papier)⟩?
32 Aber diese Gegenstände zusammen mit ⟨dem Plan …⟩
41 denn ist er ⟨abgeschlossen …⟩

1 ?∨ Der Plan ist als Plan etwas unbefriedigtes. (Wie der Wunsch, die Erwartung, die Vermutung u.s.f.) ∨

2 ?∨ Ich möchte manchmal mein Gefühl dem Plan gegenüber als eine Innervation bezeichnen. Aber auch die Innervation an sich ist nicht unbefriedigt, ergänzungsbedürftig. ∨

3 ⩔ Ich sollte glauben das wird/würde/ sich so zeigen daß, wenn ich vom Plan rede, ich die Ergänzung irgendwie vornehmen muß. ∨

4 ⩔ Es ist eben etwas anderes, einen Plan haben und von einem Plan reden.

5 ⌀∨ (Die Methode zu Philosophieren ist sich wahnsinnig zu machen, und den Wahnsinn wieder zu heilen.) ∨

6 ⩔ Wenn ich die beiden Gegenbilder und die Regel der Übersetzung gebe so ist diese Situation – sozusagen – entscheidungsschwanger. – 85
Jede Verbindung dieser Dinge die die Unentschiedenheit nicht aufhebt ändert die Lage in nichts wesentlichem. ∨

7 Ein deutscher Text, ein englischer Text und das englisch-deutsche Wörterbuch. Freilich wenn ich will daß jemand die Texte mittels des Wörterbuches vergleicht so drücke ich ihm die drei Dinge nicht wortlos in die Hand sondern sage etwas dazu aber alles was er zu seiner Tätigkeit braucht, die einzigen Utensilien sind die Texte und das Wörterbuch; was ich dazu sage mag ihn veranlassen es zu tun aber es hilft ihm dabei nicht. Wenn er den Vergleich ausführt so macht er von jenen „verbindenden“ Worten keinen Gebrauch. ⩔

8 Auch so: Wenn man nach einer Regel einen Tatbestand abbildet so ist d i e s e r dabei die V o r l a g e. Ich brauche keine weitere Vorlage die mir zeigt wie |die Abbildung vor sich zu gehen hat, wie also| die erste Vorlage zu benutzen ist, denn sonst brauchte ich auch eine Vorlage um mir die Verwendung/Anwendung/ der zweiten zu zeigen u.s.f. ad infinitum. D.h. eine weitere Vorlage nutzt mir nichts, ich muß ja doch einmal ohne Vorlage handeln. \×

9 ⩔ Ich kann meine Tätigkeit dahin verschieben daß ich statt von der 86
einen Vorlage von einer anderen abzeichne, aber das ist auch alles.

10 ⩔ Ich kann also den Gebrauch d e r V o r l a g e |an sich| an einer Vorlage nicht zeigen. Nicht einen Plan machen der mir zeigen soll wie ein Plan (im allgemeinen/allgemein/) zu gebrauchen sei. ∨

5 Aber auch die Innervation ⟨ist …⟩
8 Ich sollte glauben ⟨daß …⟩
14 ⌀ *linkes Randzeichen überschrieben*
22 ⟨\?⟩ *rechtes Randzeichen gestrichen*
22 ein englischer Text und das ⟨Englisch-Deutsche⟩ Wörterbuch.
24 jemand die Texte mittels des Wörterbuches vergleicht so ⟨sage ich …⟩
31 \ *rechtes Randzeichen überschrieben*
36 *Im MS:* eine weitere Vorlage nutzt mich nichts

1 Auch verbindet die zweite Vorlage die erste Vorlage mit der Regel nicht, denn es fehlt immer das letzte Glied. Das nur die Anwendung geben kann.

2 Man könnte auch so sagen: Eine Zeichnung ist nicht darum ein Plan weil einer einmal – durch Zufall – so gegangen ist daß sein Weg dem Plan entsprochen hat, sondern weil er dem Plan nach einer bestimmten Regel nachgegangen ist. Übrigens entspräche ja sonst jeder Weg dem Plan (nach irgendeiner Regel)

D.h.: Der Plan ist nur Plan nach einer bestimmten Regel. Erst Zeichnung und Regel machen einen Plan.

3 Der Symbolismus kann nichts was er ausdrücken soll nur andeuten. 87

Das aber ist die Schwierigkeit beim Verständnis des Zeichens/der Bezeichnungsweise/ für die Negation. Der Symbolismus darf für nichts Wesentliches (bloß) einen hint geben darf nichts Wesentliches bloß andeuten, wie man jemand stupft/anstößt/ um ihn an etwas zu erinnern. Aber dieses Stupfen/Anstoßen/ kann |doch| nur dann verstanden werden wenn die Sache vorher schon ausführlich besprochen wurde. Und so darf uns der Symbolismus nur stupfen wenn uns das nur etwas ins Gedächtnis rufen soll was er uns schon vorher dargestellt hat. (Eine Definition ist so ein Stupfer)

3.

4 Wir können den Plan von seiner Negation unterscheiden. Ich meine: Wir haben was den Plan und seine Negation anbelangt sozusagen absolutes Gehör. Sie erscheinen uns nicht nur als entgegengesetzt wenn wir sie mit einander confrontieren.

5 Heißt das nicht folgendes: Der Satz wird/ist/ nicht gebildet aus dem Bild, der Projectionsregel und einem vorgesetzten + oder – (ja oder nein) denn sonst könnte man + und – nicht absolut von einander unterscheiden. Ist das aber wahr? Es gelten doch andere Regeln von + 88
als von – (– – = + aber + + ≠ –) D.h. Ja und nein sind nicht einfach entgegengesetzt wie rechts und links, absolut genommen aber dasselbe.

Der Satz besteht also nicht aus Bild, Projectionsregel und einer daran angebrachten Scheibe mit einem Pfeil die man entweder nach rechts oder nach links stellen/drehen/ kann.

6 nicht darum ein Plan weil einer einmal – durch Zufall – ⟨z...⟩
19 kann |doch| nur dann verstanden werden wenn die Sache ⟨sc...⟩
20 *Im MS:* stubfen
22 (Eine Definition ist –*im MS* ist *doppelt gewellt unterstrichen*
22 Eine Definition ist so ein ⟨Stubser⟩
22 *Im MS:* Stubfer
25 Wir können den Plan ⟨f...⟩
27 den Plan und seine Negation anbelangt sozusagen absolutes ⟨gehört ...⟩
37 Der Satz besteht also nicht aus Bild, Projectionsregel und einer ⟨an...⟩

1 ∨ Analoges wie von „ja“ und „nein“ gilt von „wahr“ und „falsch“. ∨

Ja und Nein verhalten sich nicht wie rechts und links sondern wie Umkehren zu Lassen-wie-es-ist. D.h., wie Wenden zu Nicht-Wenden/Stehenbleiben/, nicht wie Rechtswenden zu Linkswenden.

2 / ‚p‘ ist wahr = p. Man gebraucht das Wort „wahr“ in Zusammenhängen wie „was er sagt ist wahr“ das aber sagt dasselbe wie „er sagt ‚p‘, und p“. \

3 ∨ Da das „ja“ anzeigt daß alles so bleibt wie es ist, so kann man es ganz weglassen. Man kann also „ja p“ durch „p“ ersetzen; dagegen kann man nicht „~p“ durch „p“ und „p“ durch „~p“ ersetzen, denn wie wollte man dann die Verneinung wieder verneinen und die Bejahung erhalten? ∨

4 Das Wesen der Verneinung erklären ist so unmöglich als das Wesen des Satzes erklären. ∨ 89

5 Die Erklärung ‚~p‘ ist wahr für den Fall wenn/in welchem/ ‚p‘ falsch ist, wäre identisch mit der |Erklärung| daß ‚p ∨ ~p‘ |kein sinnvoller Satz sondern| eine Tautologie ist. ∨

6 Denken heißt Pläne machen. ∨

7 Ist die Verneinung ein Zusatz zum Plan? d.h. besteht der neue Plan jetzt aus dem Bild, der Projectionsregel und der Verneinung? Oder hat die Verneinung (etwa) die Projectionsregel geändert? ∨

8 Die Verneinung verbindet sich mit dem verneinten Plan und der verneinte kommt als Plan nicht im neuen Plan vor: d.h., wenn ich ~p glaube so glaube ich dabei nicht zugleich p weil p in ~p vorkommt. \

9 Es wäre charakteristisch für eine bestimmte irrige Auffassung, wenn ein Philosoph glaubte einen Satz mit roter Farbe drucken lassen zu müssen da er erst so ganz das ausdrücke was der Autor sagen wolle. \

(Hier hätten wir die magische Auffassung der Zeichen statt der logischen.) (Das magische Zeichen würde wirken wie eine Droge, und für sie wäre die Kausalitätstheorie richtig./völlig zureichend./) 90

3 wie Umkehren zu Lassen-wie-es-ist. *–im MS am linken Rand mit einer vertikalen Wellenlinie markiert*

12 so kann man es ganz weglassen. ⟨Dagegen …⟩

13 nicht „~p“ durch „p“ ⟨ersetzen⟩ und „p“ durch „~p“ ersetzen,

21 |Erklärung| *–das Einfügungszeichen ist im MS gewellt unterstrichen*

22 |kein sinnvoller Satz sondern| *–das Einfügungszeichen ist im MS gewellt unterstrichen*

28 (etwa) *–im MS durchstrichen*

30 ⟨∨⟩ *rechtes Randzeichen gestrichen*

31 der verneinte kommt als Plan nicht im neuen Plan vor⟨, wenn …⟩

1 ⩔ Das worauf es ankommt ist die interne Beziehung der Pläne „~p" und „p". ∨

Es ist klar, wenn ich den Plan ~p habe so habe ich nicht |auch| den Plan p *insofern* also kommt der Plan p im Plan ~p nicht vor. Anderseits zeigt das Vorkommen von ‚p' in ‚~p' und noch klarer ~(~p) = p den Zusammenhang.

2 / p kommt in ~p in (genau) demselben Sinne vor wie ~p in p. \

3 / Die Worte „vorkommen" etc sind eben unbestimmt wie alle solche Prosa. Exact und unzweideutig und unbestreitbar sind nur die grammatischen Regeln die am Schluß zeigen müssen worum es sich handelt./was gemeint ist./ \

4 ⩔ Sie sind der letzte und einzige Ausdruck dafür wie es sich wirklich verhält (d.h. was es logisch/in der Logik/ für eine Bewandtnis hat.) ∨

5 / Ich zeichne einen Plan (wie ich gehn will) und schreibe das Verneinungszeichen dazu; aber das nützt nichts solange man nicht weiß, daß es das Verneinungszeichen ist. Aber wie kann man es denn 91 wissen?/weiß man es denn?/ Etwa dadurch daß es uns gesagt wird? Aber wie wird es uns denn gesagt? Dabei kann doch nur ein Zeichen für ein anderes gesetzt werden. Denn eine Erklärung der Negation wäre nur wieder ein Zeichen für sie. ∨

6 „Wie ich einen Körper durch seine verschiedenen Ansichten geben kann und er mit diesen äquivalent ist, so offenbart sich die Natur der Negation in den verschiedenen grammatisch erlaubten Anwendungen des Negationszeichens." \

3 *Absatzmarkierung im MS durch einen Pfeil am linken Rand.*
3 |auch| *–das Einfügungszeichen ist im MS gewellt unterstrichen*
5 Anderseits zeigt ⟨daß …⟩
8 ⟨~p…⟩
10 Die Worte „vorkommen" etc sind eben ⟨unlog…⟩
11 Exact und unzweideutig und unbestreitbar sind ⟨nun⟩ die
12 Regeln die am Schluß zeigen ⟨müßten⟩ worum es sich handelt.
15 *Die Bemerkung ist am linken Rand mit zwei vertikalen Strichen markiert.*
26 ⟨∨⟩ *rechtes Randzeichen gestrichen*
27 mit diesen | | *–im MS ist das leergebliebene Einfügungszeichen gewellt unterstrichen*

1 „Was hilft es daß als Negationszeichen nur ein Haken vor dem Satz p steht, ich muß ja doch die ganze Negation d e n k e n." \

Eine Projectionsmethode mag einen Punkt in einen Kreis projicieren aber die Complication dieser Projectionsmethode wird sich offenbaren wenn man nun alle die Gebilde durchgeht die sie in einander verwandelt.

Wenn ich z.B. sage ich gehe nicht diesen Weg so stimmt damit überein daß ich jene anderen Wege/alle anderen Wege/ gehe (und daß ich einen Weg gehe verträgt sich nicht damit daß ich einen anderen gehe) und so zeigt |es| sich was das ‚nicht' bedeutet.

2 Aber eines ist doch klar daß das „~" vor den Plan gesetzt ein Zeichen gänzlich anderer Art ist als der Plan selbst oder einer seiner Teile. ⩔ 92

3 ⩔ Und zeigt sich auch diese Verschiedenheit endgültig |nur| in der Grammatik? ∨

4 ⩔ Das „nein" wäre ein Stoß um uns zu erinnern „Du, das ist eine Negation". ∨

5 ⩔/ Das Zeichen „~" deutet an, Du sollst das |was folgt| negativ auffassen. ∨

/ Es deutet an heißt, daß das nicht der letzte sprachliche Ausdruck ist. Daß das nicht das Bild des Gedankens ist. Daß mehr in der Negation ist als das. ∨

6 / Die Erklärung eines Zeichens ist sofort ein Zeichen. Denn sie konnte doch nur darin bestehen, daß sie den Gedanken genauer darstellt als jenes Zeichen ∨

7 ⩔ Was ist der Unterschied zwischen dem Schachbrett und einer Schachfigur? ∨

Es ist die Anwendung gänzlich anderer Art

(Denke an das einander Aufheben der Operationszeichen ~, ∨ etc was sonst nie vorkommt.)

1 ⟨∨⟩ *rechtes Randzeichen gestrichen*
1 ⟨H...⟩
3 ⟨∨⟩ *rechtes Randzeichen gestrichen*
3 *Die folgenden zwei Absätze sind im MS Bemerkungen, durch Klammern am rechten Rand der vorangehenden zugeordnet.*
5 wird sich offenbaren wenn man nun ⟨/die/⟩ Gebilde durchgeht
7 ⟨∨⟩ *rechtes Randzeichen gestrichen*
8 so stimmt damit überein daß ich ⟨jenen⟩ anderen ⟨Weg⟩ gehe
15 |nur| *–das Einfügungszeichen ist im MS gewellt unterstrichen*
21 ⩔ *linkes Randzeichen überschrieben*
21 Das Zeichen ⟨~ ...⟩
21 |was folgt| *–das Einfügungszeichen ist im MS gewellt unterstrichen*
22 *Der Absatz ist im MS eine Bemerkung, durch eine Klammer am linken Rand der vorangehenden zugeordnet.*
26 Die ⟨A...⟩
33 ⟨(⟩Denke an das einander Aufheben der Operationszeichen
34 was sonst nie vorkommt *–im MS am linken Rand mit zwei vertikalen Wellenlinien markiert*

4.

1 Denken wir uns den Plan eines Weges gezeichnet und mit einem Strich durchgestrichen der/was/ anzeigen soll daß dieser Plan nicht auszuführen ist. Auf dem Plan sind viele Striche |gezogen| aber der, der ihn durchstreicht hat eine gänzlich andere Funktion als (die anderen)/sie/. \ 93

2 Das Zeichen hat nur einen Zweck uns etwas mitzuteilen; eine Erklärung des Zeichens kann also nur diese Mitteilung verdeutlichen, (die Erklärung) ist also selbst nur ein Zeichen statt des ersten. \
Eine Erklärung des Zeichens der Negation muß also selbst nur eine grammatische Auseinanderlegung der Negation sein

3 Ich will sagen, man kann ein Zeichen in gewissem Sinne nicht erklären. Es muß in den Regeln seiner Anwendung für sich selbst sprechen. Und alles sagen was sich überhaupt (erklärendes /verdeutlichendes/) sagen läßt. ⩔

4 Könnte eine Erklärung die nicht zur Grammatik gehört etwas Wesentliches über die Negation etwa sagen so müßten wir gerade dieses Wesentliche im Gebrauch des Zeichens entbehren. – Es würde dann das Sachliche nicht genügen und das Unsachliche enthielte das was zum Verständnis nötig ist. \ 94

5 ⩔ Die Sprache hat nur einen Zweck, ihre Anwendung; – ist diese durch die Grammatik fixiert, so kann es nichts mehr wesentliches über sie zu sagen geben. ∨

6 ⩔ Eine Sprache muß dafür sorgen, daß sie verstanden werde; die/eine/ Erklärung ist ja auch nur Sprache und kann sie besser verstanden werden als die erste dann ist sie eben der bessere Ausdruck für das erste. [.. und kann sie sich besser verständlich machen als die erste, so ist sie eben die bessere Sprache.] ∨

7 ⩔ So ist es auch zu begreifen daß die Fregesche Erklärung der Wahrheitsfunktionen von mir nur auf ein Schema gebracht eine |neue| Notation der Wahrheitsfunktionen ergeben. ∨

8 / Vergleich der verschiedenen Arten von Linien [der Linien mit verschiedenen Funktionen] auf der Landkarte mit den Wortarten im Satz. Der Unbelehrte sieht eine Menge Linien und weiß nicht, daß sie sehr verschiedene Bedeutungen haben. \

6 (die anderen)/sie/ *–erste Variante im MS durchstrichen*
8 (∨) *rechtes Randzeichen gestrichen*
9 nur diese Mitteilung (verdeutlichen), (die Erklärung) ist also
31 dann ist sie eben der bessere Ausdruck für das erste. *–im MS am linken Rand mit einer vertikalen Wellenlinie markiert,* für das erste *durchstrichen*
36 |neue| *–im MS ist auch das Einfügungszeichen gewellt unterstrichen*

1 ⩔ Das Negationszeichen veranlaßt uns zu etwas. Aber wozu? und wie? ∨
Sie veranlaßt uns nur zu etwas, den folgenden Plan anders aufzufassen. – Ist aber diese andere Art der Auffassung auf andere Weise näher zu erklären? Wie ein kurzes Signal, das dann durch einen Satz erklärt werden kann. 95

2 Man hat das Gefühl, die Negation veranlasse/veranlaßt/ uns nur zu etwas, was aber viel komplexer ist als das Signal. Und das ist (ja) wahr, der Haken ~ vor dem Satz ist es nicht, der uns die Negation erklärt. Der uns erklärt was wir machen sollen. (Er hat eben nicht die nötige Multiplizität) ⩔

3 Denn der Symbolismus muß sich selbst erklären. ⩔

4 Auf die Frage „was bedeutet das“, muß es eine Antwort geben, oder die Frage ist unsinnig. Da aber zur Antwort immer wieder ein Zeichen kommt so ist sie immer eine/hat sie die Form einer/ Definition und gehört also zur Grammatik. ⩔

5 Ich sage, die Verneinung ist nur eine Veranlassung, um etwas viel komplexeres zu tun; aber was? Läßt sich die Frage nicht beantworten (und das eine |Symbol der| Negation durch ein anderes (zu) ersetzen ist keine Antwort) so ist sie unsinnig und dann ist (es) auch jener erste Satz. (unsinnig). \

6 Es ist als veranlaßte uns das „~“ zu etwas, aber was, das wird scheinbar nicht gesagt. Es ist, als brauchte es nur angedeutet werden, als wüßten wir es schon. Als wäre eine Erklärung jetzt unnötig, da wir die Sache ohnehin schon kennen. \ 96

7 Nun könnte man sogar sagen, die Erklärung liegt in extenso in allen Anwendungen, in den Grammatischen Regeln (die übrigens – was das „alle“ erklärt – eine induktive Regel enthalten). ∨

1 ⟨⩔⟩ *linkes Randzeichen gestrichen*
8 (ja) *–im MS durchstrichen*
9 ist es nicht, der uns die Negation erklärt. ⟨Denn …⟩
16 oder die Frage ist unsinnig. Da aber ⟨die …⟩
22 die Frage nicht beantworten (und ⟨die⟩ eine Negation
26 aber was, das wird ⟨nicht …⟩
29 da wir die Sache ohnehin schon kennen. *–im MS am linken Rand mit einer vertikalen Wellenlinie markiert*
31 *Im MS ein Absatz, durch Randzeichen als Bemerkung gekennzeichnet.*
31 Nun könnte man ⟨sagen …⟩

1 ⩔ Das ist doch ganz klar, daß die Regeln das Wesen der Negation widerspiegeln (da sie für ein Zeichen anderer Bedeutung nicht gelten) Die Frage ist nur, spiegeln sie es ganz wider, oder lassen sie noch einen Spielraum, so daß das Zeichen wovon diese Regeln gelten zwar manches andere nicht, aber doch noch manches andere darstellen könnte, daß zum mindesten nicht *alles* gesagt ist. ∨

Denn, wohlgemerkt, gesagt muß es werden können, denn sonst ist *alles* gesagt.

Hat die Sprache alles gesagt, was zu sagen war, so hat sie *alles* gesagt.

2 / Gäbe es eine explizitere Ausdrucksweise der Negation, so müßte sie sich doch in die andere abbilden lassen und könnte darum nicht von anderer Multiplizität sein. Es sei/wäre/ denn in dem Falle, daß es ein Gebiet, einen Komplex gäbe der immer nur im Ganzen betrachtet würde, so daß wir nie über die bloße Andeutung hinausgingen. Aber das widerspricht der Annahme einer möglichen Auseinanderlegung (Erklärung) die ja eben in das Innere dieses Komplexes dringen müßte. \ 97

3 Die Grenze der Sprache kann ich eben in der Sprache nicht ziehen. ⩔

4 Ich kann eben nicht die ganze Sprache in meine Untersuchung einbegreifen; und dann dennoch außerhalb ihr/dieser/ in der Sprache stehen ⩔

5 Wenn ich die ganze Sprache in meine Untersuchung einbegreife so kann ich nicht außerhalb der Untersuchung in der Sprache Fuß fassen. ⩔

6 Wenn unser Symbolismus die ganze Sprache einbegreift dann ist kein Raum mehr in ihr für eine Erklärung des Symbolismus. ⩔

Hier haben wir die Grenze der Sprache erreicht.

5.

7 Erinnern wir uns, daß in der Sprache nur die logische Multiplizität *darstellt*, daß aber alles wovon man überhaupt reden kann, muß ausgesprochen werden können. ⩔ 98

8 / D.h. Es darf nichts geben was die Sprache nur andeutet, der Gedanke aber ausführt. Denn der Gedanke ist selbst nur eine angewandte Sprache. \

3 spiegeln sie es ganz wider, oder lassen sie ⟨auch …⟩
15 daß es ein Gebiet, einen Komplex gäbe der ⟨ein Gebiet, einen Komplex …⟩
23 *Diese und die folgende Bemerkung ist im MS am linken und rechten Rand mit je einer vertikalen Wellenlinie markiert.*
24 und dann dennoch außerhalb ihr/dieser/ in der Sprache ⟨St…⟩
31 dann ist kein Raum mehr in ihr für ⟨k…⟩
39 D.h. ⟨es⟩ darf nichts geben was die Sprache nur andeutet,

1 / Gedanke und Sprache/Sprache und Gedanke/ verhalten sich nicht wie Signal und Ausführung des signalisierten Befehls. Denn in diesem Falle gibt es ja noch eine ausführlichere Erklärung auf die sich das Signal (gleichsam durch Definition) bezieht. Während im Fall Sprache und Gedanke die ausführliche Erklärung ja s e l b s t z u r S p r a c h e g e h ö r t. So daß, wo es überhaupt eine Auseinanderlegung /Ausbreitung/ gibt die selbst zur Sprache gehört und wo es in der Sprache keine gibt überhaupt von keiner die Rede sein kann und also auch nicht von einem S i g n a l. ?∨

2 ⩔ Nun kommt es aber vor daß die Wortsprache zur Mitteilung nicht genügt. Wenn ich z.B. jemand eine Farbe wie ich sie mir denke mitteilen will so muß ich ihm wenn es ein bestimmter Farbton ist ein Muster dieser Farbe schicken. Aber auch dieses Muster ist nur 99 Bestandteil einer Sprache. (Denke an die unmöglichkeit einer Zuordnung von Sprache und Wirklichkeit und vergleiche die Frage „Sieht er wirklich dasselbe was ich sehe, wenn er das Muster anschaut") ∨

3 Der Gedanke ist kein geheimer – und verschwommener – Prozess von dem wir nur Andeutungen in der Sprache sehen, als wäre die Negation ein Stoß und der Gedanke darauf wie ein unbestimmter Schmerz, von diesem Stoß hervorgerufen aber gänzlich von ihm verschieden. \

4 (Nichts ist wichtiger als die falschen Gedanken ganz ans Licht zu ziehen und absolut richtig/getreu/ |und handgreiflich| darzustellen [wiederzugeben]) ⩔

5 Nun wäre aber die Frage: wie zeigt sich das uns bekannte spezifische der Negation in den Regeln die vom Negationszeichen gelten. Daß z.B. ein gezeichneter Plan eines Weges ein Bild des Weges ist verstehen wir ohne weiteres, wo sich der gezeichnete Strich nach links biegt, biegt sich auch der Weg nach links etc. etc. Daß aber das Zeichen „nicht" den Plan ausschließt sehen wir nicht. Eher noch wenn wir etwas ausgeschlossenes mit einem Strich umfahren, gleichsam 100 abzäunen. Aber so könnte man ja das „~" als eine Tafel auffassen „verbotener Weg". Aber damit verstehen wir es natürlich noch immer nicht als Bild. \?∨

6 ⩔ Man denkt da leicht an die Regel daß ~p · p keinen sinnvollen Satz ergibt. Und in der W-F Notation ist die Sonderstellung dieser Zeichenkombination besonders klar. ∨

1 Gedanke und Sprache/Sprache und Gedanke/ *– Variante im MS durch Umstellungsschleife*
5 Während im Fall Sprache und Gedanke die ⟨Au…⟩
15 Aber auch dieses Muster ist nur Bestandteil ⟨in⟩ einer Sprache.
15 einer Sprache. (⟨Vergleiche …⟩
16 und vergleiche die Frage „⟨sieht⟩ er wirklich dasselbe was ich sehe
17 dasselbe was ich sehe⟨" …⟩
30 \ *rechtes Randzeichen überschrieben*
41 Man denkt da ⟨etw…⟩

1 / Wie ist es aber damit:/mit diesem Gedanken:/ Wenn ~p ein Bild sein soll, wäre, was es bedeutet da nicht am besten dadurch darzustellen daß das n i c h t der Fall ist was symbolisch p|, daß p der Fall ist,| darstellt. Es ist aber klar daß so ein Symbolismus nicht arbeitet /funktioniert/. (Das scheint mir eine wichtige Sache zu sein.) ?∨

Nicht sagen, daß p der Fall ist, heißt nicht: sagen, daß p nicht der Fall ist.

2 ⩔ Ist es nicht aber doch manchmal so, wenn man zum Beispiel sagt „keine Antwort ist auch eine Antwort“? Oder wenn der Arzt nicht sagt daß die Krankheit gefährlich ist und man |daraus| schließt er habe gemeint sie sei nicht gefährlich. – Oder wenn man keine Tafel „verbotener Weg“ sieht und sagt, das heißt, daß der Weg nicht verboten ist. („was nicht verboten ist, ist erlaubt“) \?

3 Es ist keine Erklärung zu sagen (was ich einmal sagte) ein solcher negativer Symbolismus ginge schon er sei nur darum nicht zu brauchen weil man durch ihn nicht wissen könne w a s verneint sei. Dann ist er eben kein Symbolismus der Negation wenn er uns nicht das nötige mitteilt. Und dann fehlt es ihm an etwas Wesentlichem. \? 101

Es hat ja (auch) seinen Grund warum in gewissen Fällen der negative Symbolismus geht, und keine Antwort auch eine Antwort ist. In diesen Fällen ist eben die Bedeutung/der Sinn/ des Schweigens eindeutig festgelegt/bestimmt/.

4 Das hängt (natürlich) damit zusammen, daß die Wörter unserer Sprache die Worttypen, nicht die Schriftzüge, individueller Wortexemplare, sind. So entspricht der Zeichenverbindung a R b nicht als Gegensatz eine Tatsache daß „a“ und „b“ nicht zu beiden Seiten von „R“ stehen. ⩔

5 Im negativen Satz wird das Bild (der Plan) anders gebraucht als im positiven, dadurch daß es ausschließend, hindernd gebraucht wird. ⩔

6 Es wird eine andere Art Portrait entworfen, durch ein Bild, was zeigen soll, wie es sich nicht verhält, als durch eins was zeigt wie es sich verhält. \ 102

7 Es wäre nun die Frage, kann je ein Porträt der negativen Art das Gleiche porträtieren, wie eins der positiven; d.h., von dem gleichen Sachverhalt wahr oder falsch gemacht werden? ∨

1 (⩔) *linkes Randzeichen gestrichen*
2 da *–im MS durchstrichen*
3 p *–im MS durchstrichen*
6 Nicht sagen, daß p der Fall ist, heißt nicht⟨,⟩ sagen,
9 Ist es nicht aber doch manchmal so, wenn ⟨z…⟩
12 er habe gemeint sie sei nicht gefährlich⟨?⟩
16 (⩔) *rechtes Randzeichen gestrichen*
26 (\) *rechtes Randzeichen gestrichen*
28 So entspricht ⟨dem …⟩
29 eine Tatsache daß „a“ und „b“ nicht ⟨rechts …⟩
35 (⩔) *rechtes Randzeichen gestrichen*
41 d.h., von dem gleichen Sachverhalt wahr ⟨b…⟩

1 / Die Farbangabe daß etwas nicht rot ist, ist von anderer Art als die, daß etwas rot (oder blau) ist. D.h. sie ist nicht in demselben/dem gleichen/ Sinn eine Farbangabe. \?

2 / Dagegen k a n n die Negation eines Satzes eine Angabe gleicher Art sein wie der negierte Satz. ∨

3 ⩔ Der negative Satz schließt etwas aus und nun kommt es auf das Gebiet an, in dem die Ausschließung geschieht, ob das nicht-Ausgeschlossene von der gleichen Art ist, wie das Ausgeschlossene. ∨

4 ⩔ (Meine Methode besteht darin immer neue Worte, wie frische Keime /Kräfte/ in die Untersuchung zu werfen) \?⩔

5 / Ich kann ein Bild davon zeichnen, wie Zwei einander küssen; aber doch nicht davon, wie Zwei einander nicht küssen. (d.h. nicht ein Bild, das bloß dies darstellt.) \?

6 Man kann nicht das contradiktorische Negative sondern nur das conträre zeichnen (d.h. positiv darstellen) ⩔ 103

7 „Sie küssen einander nicht“ heißt nicht, daß davon keine/nicht die/ Rede ist, sondern es i s t eben davon die Rede und wird (nur) ausgeschlossen. \?

8 Das Küssen wird hier quasi weggeworfen. Aber könnte man den Zustand dann nicht eben so darstellen, daß eben das Küssen weggeworfen ist, also nicht da ist. Wohl, aber dann muß man den tatsächlichen Zustand etwa in einer allgemeinen Weise darstellen (wenn man nämlich einen bestimmten positiven nicht darstellen will) daß dadurch das Küssen und nur dieses ausgeschlossen ist, und dann ist es eben durch das dargestellte doch wieder bestimmt. ∨?

9 Wenn ich sagen will „er ist nicht in diesem Kreis ○“ so kann ich das freilich so darstellen, daß er irgendwo außerhalb ist, aber dann tritt der Kreis doch wieder in der Darstellung auf. \

10 Es ist also klar, daß ich im negativen Satz das intakte Bild des positiven Satzes brauche. ∨

11 Wie aber bestimmt mich das „~“, den folgenden Satz ausschließend zu verstehen? Wie zeigt es das? ⩔ 104

Es müßte sich ja also zeigen, daß p und ~p Gegensätze sind.

6.

12 ⩔ Wenn ich die ganze Sprache in meine Untersuchung einbeziehe, dann muß in ihr alles erklärt sein wonach man überhaupt fragen kann, und keine Frage nach einer Erklärung mehr übrigbleiben. ∨

12 \? *rechtes Randzeichen durchstrichen*
19 Man kann nicht das ⟨kontradiktorische negative⟩ sondern nur
31 ausgeschlossen ist, *–das Komma ist im MS gewellt unterstrichen*
41 *Im MS ein Absatz, durch Randzeichen als Bemerkung gekennzeichnet.*

1 ∨ In dem Zeichen ~ k a n n sich die Verneinung nicht zeigen/die Verneinung nicht liegen/. „nicht“ ist eben nur eine Andeutung für die Art, wie der Satz aufzufassen ist. Und die Natur des Angedeuteten kann sich nur im Gebrauch der Verneinung/des Zeichens/ zeigen. [.... des andeutenden Zeichens zeigen.] [.... im Gebrauch der Verneinung, des andeutenden Zeichens, zeigen] ∨

2 ∨∨ (Denke daran daß p · ~p contradictorisch, p ∨ ~p tautologisch ist. ~(~p) = p, ~(~(~p)) = ~p etc etc) ∨

3 ∨ „Ich habe das Stück von A bis B bestrichen (A A_1 B_1 B | | | |) also ist das Stück A_1 B_1 sicher bestrichen“. Hier scheinen unendlich viel Sätze aus einem zu folgen. ∨

Es trägt allerdings diese Folgerung den Charakter von etwas construiertem. Als handle es sich nicht eigentlich um (einen) Gedanken sondern um eine kompliziertere Maschine. – Als wären diese Folgerungen vorbestimmt um bestimmte Dienste zu leisten. 105

4 Wir fragen uns nämlich: Wenn wir denken daß wir das ganze Stück von A bis B bestrichen haben so scheinen wir etwas einfaches zu denken und gar nicht etwas, woraus dann etwa 1000 Sätze folgen könnten. – Nicht etwas was 1000 Sätze in sich enthielte. – Wir fühlen, wenn diese Sätze aus dem ersten folgen dann durch eine/mittels einer/ Hypothese und nicht dadurch daß sie wirklich in ihm liegen. ∨

Ja der erste Satz als Satz genommen hat etwas einfaches. Und wenn ich recht habe darf auch nicht e i n Satz jener Art aus ihm folgen.

Und so ist es auch wenn z.B. vom Gesichtsraum die Rede ist. Eine ohne Teilung gesehene weiße Fläche besteht nicht aus zwei Hälften. Denn beschriebe man sie in der Weise zwei Teile/Hälften/ zu beschreiben, so hätte man nicht die ungeteilte Fläche beschrieben.

5 „Eine ungeteilt gesehene Fläche hat keine Teile.“ \?

6 Ich kann nun aber doch vorhersagen: die linke Hälfte dieser weißen Fläche im Gesichtsfeld wird braun werden. Dabei mache ich mir ein Bild (irgendwelcher Art) von einer geteilten Fläche deren Enden die Enden der gesehenen repräsentieren. ∨ 106

(Denken wir uns eine Fläche halb weiß halb schwarz und die schwarze Hälfte wird weiß, dann v e r s c h w i n d e t die Teilung.)

7 Denken wir uns aber einen Maßstab an die Fläche angelegt so daß wir etwa zuerst das Bild 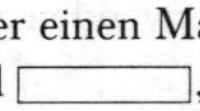, dann das Bild 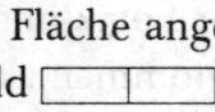 und dann 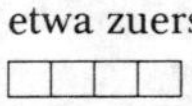 vor uns hätten, dann folgt daraus daß das erste Band durchaus weiß ist durchaus nicht daß im zweiten |und dritten| alles mit Ausnahme der Teilstriche weiß ist. \

8 ∨ *linkes Randzeichen überschrieben*
12 also ist das Stück A_1 B_1 sicher bestrichen“. Hier ⟨scheint ...⟩
22 Nicht etwas was 1000 Sätze in sich ⟨enthie...⟩
29 Denn beschriebe man sie ⟨auf die Art ...⟩
29 Teile/Hälften/ *–erste Variante im MS durchstrichen*
32 „Eine ungeteilt gesehene Fläche ⟨besitzt ...⟩
34 Ich kann nun aber doch vorhersagen: die ⟨eine ...⟩

1 Die normale Auffassung vom Beispiel des Anstrichs ist dadurch charakterisiert, daß es gleichgültig ist ob wir uns die Striche A′ und B′ schon vorhanden denken wenn der Stab gestrichen wird oder ob wir das Stück A′B′ erst später auf ihm abmessen./abtragen./ – Denken wir uns/Sind/ die Striche A′ und B′ schon ursprünglich vorhanden/hier/ dann folgt allerdings jener zweite Satz aus dem ersten (dann ist die Komplexität schon in dem ersten Satz |offenbar| vorhanden) dann folgen aber aus dem ersten Satz nur so viele Sätze als seiner 107 Komplexität entspricht (also nie unendlich viele) \

2 Wenn ich sage „in dem Quadrat ist ein schwarzer Fleck“ so ist es mir immer als habe ich hier wieder etwas einfaches vor mir. Als müsse ich nicht an verschiedene mögliche Stellungen und Größen denken. Und doch kann man sagen: wenn ein Fleck in dem Quadrat ist so muß er irgendwo und von irgend einer Gestalt sein. Nun kann aber doch auf keinen Fall davon die Rede sein, daß ich mir a l l e möglichen Lagen (etc.) eines Flecks zum voraus denke. – In dem ersten Satz scheine ich sie vielmehr sozusagen durch ein Sieb zu fassen so daß „Fleck innerhalb des Quadrats“ e i n e m Eindruck zu entsprechen scheint für den das wo etc überhaupt noch nicht in Betracht kommt als sei es (gegen allen Anschein) etwas was mit jenem ersten Sachverhalt nur physikalisch nicht logisch verbunden sei. \

3 (Je roher die Bilder sind die ich mir mache, desto besser.) ⩔

4 Der Ausdruck „Sieb“ kommt daher:/so in die Untersuchung:/ wenn ich etwa eine Landschaft ansehe, durch ein Glas das nur die Unterschiede von Dunkelheit und Helligkeit durchläßt, nicht aber die 108 Farbunterschiede so kann man so ein Glas ein Sieb nennen. Denkt man sich nun das Quadrat durch ein Glas betrachtet das nur den Unterschied Fleck drinnen oder nicht durchließe nicht aber einen Unterschied der Lage des/eines/ Flecks im Quadrat so könnten wir auch hier von einem Sieb sprechen. \

Die Frage ist, ist s o ein Sieb denkbar?

5 Von einem Sieb aber kann hier, glaube ich, tatsächlich nicht die Rede sein ⩔

7.

6 / Wir müssen wissen was E r k l ä r u n g heißt. Es ist die ständige Gefahr, dieses Wort in der Logik in einem Sinn verwenden zu wollen, der von der Physik hergenommen ist. \?

7 ⩔ Es ist eine Hauptgefahr der Philosophie dieses Wort falsch zu verstehen. \?

5 Denken wir uns/Sind/ *–erste Variante im MS durchstrichen*
5 vorhanden/hier/ *–erste Variante im MS durchstrichen*
6 *Die Parenthese ist im MS am linken Rand mit einer vertikalen Wellenlinie markiert.*
6 jener zweite Satz aus dem ersten (dann ist die ⟨Complexität⟩ …⟩
7 |offenbar| *–das Einfügungszeichen ist im MS gewellt unterstrichen*
11 ⟨⩔⟩ *rechtes Randzeichen gestrichen*
24 die Bilder sind die ich mir mache, desto ⟨v…⟩
26 daher:/so in die Untersuchung:/ *–erste Variante im MS durchstrichen*
30 Denkt man sich nun das Quadrat ⟨mit dem K…⟩

1 / Wenn ich sage, der Fleck liegt im Quadrat, so weiß ich – und muß wissen – daß es verschiedene mögliche Lagen für ihn gibt. Aber auch, daß ich nicht eine bestimmte Zahl aller solcher Lagen nennen könnte. Ich weiß von vornherein nicht, wieviele Lagen „ich unterscheiden könnte“. – Und ein Versuch darüber lehrt mich auch nicht das, was ich hier wissen will. Es sei denn, daß er mir Lagen zeigte die ich an sich als benachbarte bezeichnen müßte. Das wäre dann freilich nicht ein experimentelles Resultat. Und da ich jetzt jedenfalls keine benachbarten Lagen kenne, so verschwimmt für mich die Angelegenheit der Teilbarkeit im Dunkeln./Dunkel./ \? 109

2 Das Dunkel welches über den Möglichkeiten der Lage etc herrscht, ist die gegenwärtige logische Situation. So wie trübe Beleuchtung auch eine bestimmte Beleuchtung ist. \?

3 Es kann doch nicht darauf hinauslaufen, daß zwar nicht unendlich viele Sätze aus einem folgen können, aber |wohl| einer aus unendlich vielen. ∨̸

4 Es ist wichtig, daß ich den Sachverhalt: der Kreis ist irgendwo im Quadrat, nicht malen könnte, ohne einen bestimmten Fall zu malen, den ich aber hier nicht meine. \

5 Ich möchte den Sachverhalt am liebsten durch einen/mit einem/ lockeren Kreis im Quadrat darstellen, oder dadurch, daß ich den Kreis sozusagen ins Quadrat werfe, ohne zu zeigen wo er hineinfällt. ∨̸

6 / Es ist da immer so als könnte man eine logische Form nicht ganz übersehen, da man nicht weiß, wieviel, oder welche, mögliche Lagen es für den Fleck im Viereck gibt. Anderseits weiß man es doch, denn man ist von keiner überrascht, wenn sie auftritt. ∨ 110

7 ∨̸/ Aber so wäre es ja mit allem gesehenen. Wenn ich eine seltsame Blume sehe, wie ich nie eine gesehen habe, so bin ich nicht über ihre Möglichkeit überrascht, und doch überrascht, weil ich mir dergleichen nie vorgestellt hatte. \

8 ∨̸ Es ist als sähe man im Speziellen das Allgemeine und vergleiche das mit dem allgemeinen Satz, ohne auf das Spezielle viel zu achten (das Spezielle läßt man links liegen). Und doch ist das Allgemeine an ein Spezielles gebunden. ∨

9 ∨̸ Es ist so als artikulierte der allgemeine Gedanke die Wirklichkeit anders ∨

3 Aber auch, daß ich nicht eine bestimmte ⟨Zahle…⟩
5 Und ein Versuch darüber lehrt mich auch nicht⟨, …⟩
6 was ich hier wissen will. *–im MS markiert nach dem Schlußpunkt ein vertikaler Strich in der Zeile den Gültigkeitsbereich des Randzeichens*
20 ⟨∨⟩ *rechtes Randzeichen gestrichen*
28 ⟨Es …⟩ *Streichung in der folgenden Leerzeile*
33 ∨̸ *linkes Randzeichen durchstrichen*
38 Es ist als ⟨sage …⟩
39 viel zu achten *–im MS ist* viel *doppelt gewellt unterstrichen*
43 Es ist so als artikulierte der allgemeine ⟨Satz⟩ die Wirklichkeit anders

1 Man könnte sagen, der Satz ist immer ein Sieb (das sondert, das eine durchläßt, das andre zurückhält) Und dann ist eben auch der allgemeine Satz eins.

2 Es ist hier auch etwas falsch an/nicht in Ordnung mit/ dem Begriff der bestimmten Lage 111

3 Bestimmt ist eine Lage, wenn sie bestimmbar ist; durch eine Angabe bestimmt ist.

4 Die bestimmte Lage im Gesichtsraum kann man nur durch graphische Bilder angeben. Und hier kommen wir in das Gebiet der Darstellung durch Nachahmung statt durch eine Zeichensprache. Und hier harren wichtige Probleme.

Was ist das Wesentliche dessen, was wir nicht durch Worte darstellen können? – Aber fängt denn das nicht schon dort an, wo wir überhaupt die Vorstellung zu Hilfe nehmen müssen? Also überhaupt, wo z.B. von rot und blau gesprochen wird, auch wenn es sich gar nicht um ganz bestimmte Töne dieser Farben handelt.

5 Denn die ganz entsprechenden Fälle liegen ja auch bei dem Kreis im Quadrat vor. Ich brauche z.B. keine Zeichnung um zu verstehen, was es heißt, daß der Fleck in dem linken oberen Viertel des Quadrats liegt. (Man kann auch auf eine bestimmte Erinnerung in der Beschreibung anspielen. „Es schaut aus wie ein ....“)

6 „Wenn der Fleck da liegt, so liegt er in dem Viereck“. – – – – 112

7 / In wiefern sieht der allgemeine Gedanke hier jeden besonderen Fall voraus? Ich sage: ich kann keine neue Möglichkeit durch die Erfahrung lernen.

8 (Das Schwere ist, das System der Grammatik zu sehen.)

9 / Ich möchte sagen, in dem Satz „ein Fleck liegt im Quadrat“ ist von der besonderen Lage überhaupt nicht die Rede. Ich sehe dann in

dem Bild nicht die Lage, ich sehe von ihr ab. So als wären etwa die Abstände von den Quadratseiten dehnbar und zusammenziehbar und als gelte ihre Länge nicht.

Darstellung durch Nachahmung statt durch eine Zeichensprache. Und hier harren wichtige Probleme. *–im MS am linken und rechten Rand mit einer vertikalen Wellenlinie markiert*

Ich möchte sagen, in dem Satz „⟨der Fl...⟩

und als ⟨gälte⟩ ihre Länge nicht.

1 / Wir sehen auf das Bild und sehen von den Abständen des Kreises von den Seiten ab. Sie gelten nicht. \
„Auf die Lage schaue ich nicht; es kommt auf sie nicht an." Ich möchte sie förmlich verschwimmen machen.
Ja, kann denn nicht der Fleck sich wirklich |im Viereck| bewegen? Ist das nicht nur ein spezieller Fall von DEM im Viereck zu sein? Dann wäre es also doch nicht so daß der Fleck an einer bestimmten Stelle im Viereck sein muß wenn er überhaupt darin ist. 113

2 Ich will sagen daß es |mir| eine Beziehung des Flecks zum Rand zu geben scheint die unabhängig von dem Abstand ist. – Gleichsam als gäbe es eine/bediente ich mich einer/ Geometrie in der es keinen Abstand gibt wohl aber ein Innen und Außen. So gesehen sind allerdings auch die Bilder  und 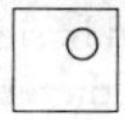 gleich. \

3 Wenn einer nicht verstünde was der Satz „ein Kreis ist im Quadrat" sagt, so würde man es ihm etwa so erklären: es ist entweder so 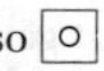 oder so  oder so  etc, und würde so ein paar Stellungen des Kreises zeigen. Aber natürlich darf diese Erklärung nur als das Geben /[das Zeigen] das Aufzeigen/ einer Regel aufgefaßt/angesehen/ werden, ähnlich den ersten Gliedern einer formalen Reihe. ⩔

4 (Ich glaube aber daß in meiner ganzen Auffassung von der Allgemeinheit noch etwas falsch ist.) ⩔

5 Der Satz „der Fleck ist im Quadrat" hält gleichsam selbst den Fleck bloß im Quadrat, das heißt, beschränkt die Freiheit des Flecks nur auf diese Weise und gibt ihm sonst/innerhalb des Quadrats [in dem Quadrat]/ Freiheit. Der Satz bildet dann einen Rahmen der die Freiheit des Flecks begrenzt und ihn innerhalb frei läßt, das heißt mit seiner Lage nichts zu schaffen hat. — Dazu muß aber der Satz (gleichsam eine Kiste in der der Kreis – im übrigen frei – eingesperrt ist) die logische Natur dieses Rahmens haben und das hat er denn ich könnte jemandem den Satz erklären und dann jene Möglichkeiten auseinandersetzen/(point out)/ und zwar (ganz) unabhängig davon ob ein solcher Satz wahr ist oder nicht also unabhängig von einer Tatsache. \ 114

1 ⟨Wie ...⟩
3 „Auf die Lage schaue ich nicht⟨. Es⟩ kommt
6 Ist das nicht nur ein spezieller Fall ⟨vom⟩ im Viereck zu sein?
10 |mir| *–im MS durchstrichen*
17 was der Satz „⟨der⟩ Kreis ist im Quadrat"
18 so würde man es ihm ⟨vi...⟩
18 es ist entweder ⟨⌐¬...⟩
22 das Geben/[das Zeigen] das Aufzeigen/ einer Regel aufgefaßt/angesehen/ werden, ähnlich den ersten Gliedern einer formalen Reihe. *–im MS am linken Rand mit einer Wellenlinie markiert; die erste Variante* das Geben *ist durchstrichen*
30 und gibt ihm sonst/innerhalb des Quadrats [in dem Quadrat]/ Freiheit. *–im MS am linken Rand mit einer gestrichene Wellenlinie markiert*
38 unabhängig von einer Tatsache. *–im MS am linken Rand mit einer vertikalen Wellenlinie markiert*

1 ⩔ Kann man aber nun sagen, daß der Satz aus unendlich vielen Sätzen folgt? – ⩔

D.h. daß quasi unendlich viele um ihn herum wären/stünden [stehen]/ deren gemeinsamer Bestandteil er ist?

8.

2 ∅∨ (Von dem Sehen/ersten Aufscheinen/ eines Gedankens in der Ferne bis zum völlig klaren erkennen dieses Gedankens ist es meist nicht so weit als es zuerst scheint) ∨∅

(Von dem ersten Sehen eines Gedankens in weiter Ferne bis daß er in unserer unmittelbaren Nähe steht ....)

3 ⩔ Daß der Satz die Wirklichkeit in einer Beziehung frei läßt heißt daß er auf sie in dieser Beziehung |(d.h. sie auf seine Wahrheit)| keinen Einfluß nimmt. Er von ihr in dieser Beziehung nichts weiß. Der Satz hält die Wirklichkeit an einer Leine und solange diese nicht beansprucht wird da die Wirklichkeit sich innerhalb ihres Radius bewegt geht es den Satz nichts an. ∨ 115

4 Es scheint mir alles gesagt zu sein damit, daß der Satz „der Fleck befindet sich im Viereck“ verstanden wird. Und damit, daß was aus ihm folgt (und woraus er folgt) dadurch bestimmt ist daß/wie/ er verstanden werde/wird [ist]/, nicht dadurch/durch den Umstand/ ob er wahr oder falsch ist. ⩔

5 D.h. daraus daß er verstanden wird einen bestimmten Sinn hat schöpfe ich die Zuversicht, daß es für ihn bestimmte eben seinen Sinn bestimmende Regeln der Grammatik gibt und daß die Unbestimmtheit die in ihm liegt doch einen bestimmten (seiner Natur nach bestimmten) Spielraum definiert. – Daß seine Folgesätze, und die aus denen er folgt, durch was er bedeutet, nicht durch die Tatsachen bestimmt sind, das ist es eigentlich was ich meinte/meine/ wenn ich sage/auseinander setze/ es gäbe |darin| keine Überraschungen. ⩔

Denn, wo es keine Überraschungen gibt, das ist die Grammatik – das Spiel – und ein Bild ⊡ das ich etwa von einer zu erwartenden Situation mache gehört zu den Zeichen; steht also unter der Herrschaft der Grammatik.

6 Das hängt nun mit der Bedeutung der „bestimmten Lage“ des Flecks im Viereck zusammen. Wenn wir von einer Bestimmung durch Messung nicht reden können dann ist das Zeichen (Bild) die alleinige Bestimmung und daher autonom (in gewissem Sinne) ⩔ 116

1 Sätzen *–im MS durchstrichen*
7 ∅ *linkes Randzeichen überschrieben*
7 ∨ *rechtes Randzeichen überschrieben*
8 meist *–im MS durchstrichen*
20 Es scheint mir alles gesagt zu sein⟨, ...⟩
22 daß was aus ihm folgt (und ⟨das⟩ woraus er folgt)
23 werde/wird [ist]/, nicht dadurch/durch den Umstand/ *–im MS sind die Varianten* werde *und* dadurch *durchstrichen*
32 meinte/meine/ *–erste Variante im MS durchstrichen*
34 das ist die Grammatik⟨, ⟨⟩das Spiel⟨⟩ ...⟩
41 nicht reden können dann ist das Zeichen (Bild) ⟨das ...⟩
42 alleinige Bestimmung und daher autonom⟨. ...⟩

1 ⩔ Man kann dieses Bild nicht anders bestimmen als durch sich selbst. Darum ist es nicht vielleicht eine ungenaue Bestimmung sondern eine exacte. ∨

2 / Es ist natürlich nicht „Stellung des Kreises in diesem Quadrat“ ein Begriff und die besondere Stellung ein Gegenstand der unter ihn fällt. \

3 / So daß Gegenstände gefunden werden/würden/ von denen man sich überzeugt, daß sie |auch| Stellungen des Kreises im Quadrat sind von denen man aber früher nichts gewußt hat. \

4 ∅∨ (Ein Gedanke nähert sich erstaunlich schnell von der großen Entfernung in der er zuerst auftaucht zur unmittelbaren Nähe in der wir ihn deutlich gewahren/in der er deutlich vor uns steht./) ⌽

5 ⩔ D.h. ‚Stellung des Kreises im Quadrat‘ kann kein amorpher Begriff sein. ∨

Ich weiß auch daß, wenn zwei Stellungen verschieden sind die eine über, unter, rechts oder links von der andern sein muß. Daß es 117 eine Stellung in der Mitte des Quadrats gibt und eine rechts, links, etc von der Mitte aber z.B. keine gesehene Stellung in der der Kreis von der Mitte der unteren Kante nur ein 23^{stel} seines Durchmessers entfernt ist/sei [wäre]/.

6 × Die Mittelstellung des Kreises und andere ausgezeichnete Stellungen sind übrigens ganz analog den primären Farben in der Farbenskala. (Dieses Gleichnis könnte man mit Vorteil fortsetzen.) \

7 ∫ Wie ist es aber mit diesem Schluß: „Wenn ein diesem Kreis gleichgroßer in das Dreieck hineingeht dann geht auch jeder kleinere hinein.“? ⩔

Ich kann nämlich noch nicht einsehn warum es nicht möglich sein sollte daß unendlich viele Sätze nach einer Regel aus einem folgen sollten in dem selben Sinne nämlich in dem ein Satz aus unendlich vielen folgen kann. Obwohl etwas sagt daß es so ist aber die Formulierung ist nicht richtig/kann nicht richtig sein/.

8 ∫ Denn wenn daraus daß der Kreis sich im Quadrat da befindet, folgt daß er im Quadrat ist; folgt dann nicht auch daß er in jedem Quadrat ist das man das erste umschließend zieht? Oder muß ich sagen so ein Satz folgt nur wenn ein das erste umschließendes Quadrat da ist. So daß nur die Möglichkeit der aus dem ersten auf diese Weise folgenden Sätze unendlich ist aber nicht von unendlich vielen solcher Sätze geredet werden kann. ⩔ 118

8 *Die Bemerkung steht im MS nach der folgenden, durch einen Pfeil am linken Rand umgestellt.*
9 |auch| *–im MS durchstrichen, das Einfügungszeichen ist gewellt unterstrichen*
9 daß sie |auch| Stellungen des Kreises im Quadrat sind ⟨an die …⟩
12 ∨ *linkes Randzeichen überschrieben*
37 ein Satz aus unendlich vielen folgen kann. ⟨I…⟩
37 Obwohl etwas sagt ⟨das …⟩
44 So daß ⟨nun⟩ die Möglichkeit

1 ⩔ „Er folgt aus unendlich vielen Sätzen“ würde heißen: man kann die Reihe der Sätze aus denen er folgt ins Unendliche fortsetzen. Statt „ins Unendliche“ müßte man aber doch sagen „man kann sie unendlich fortsetzen“. Aber auch das trifft nicht ganz meine Schwierigkeit. Denn in mir wehrt sich nicht bloß etwas dagegen daß unendlich viele Sätze aus einem folgen sondern auch daß 1000 Sätze aus einem so einfachen Satz folgen. Ich habe es hier überhaupt nicht mit der Schwierigkeit der Auffassung des Unendlichen zu tun die wie ich glaube leicht zu überwinden ist sondern, mit einer ganz anderen. ∨

2 ⩔ Und da ist nun allerdings klar daß aus 1000 Sätzen von der Form „der Kreis ist an der Stelle im Quadrat“ folgt „der Kreis ist im Quadrat“; mindestens wenn es auch nur aus einem solchen Satz folgt. ∨ 119

Und andrerseits: Folgt aus „dieser Kreis hat im Quadrat Platz“ auch nur EIN Satz der Art „dieser kleinere Kreis hat darin Platz“ so ist nicht einzusehen warum nicht 1000 solcher Sätze aus dem einen folgen sollen.

Und somit ist das Problem an eine andere Stelle gerückt.

9.

3 Frägt es sich nicht, ob ich den Sinn eines Satzes ins Unendliche verdünnen kann? Das heißt beliebig verdünnen kann. ⩔

Man kann von Verdünnung und Conzentration des Sinnes reden.

4 ∫ Freilich kann man unendlich verdünnen (das geht ja schon mit der Disjunktion etc.) aber/Aber/ eben nur auf diese Weise folgen beliebig viele Sätze aus einem, und durch die bloße Verdünnung erfahren wir nichts neues. – – – ⩔

5 ∫ Können wir uns eine Sprache denken, die nur mit primären Sätzen arbeitet, und nicht mit Hypothesen? ⩔

(Könnte man sich etwa menschliche Wesen denken, die Hypothesen nicht kennen, aber eine Sprache besitzen?) 120

6 ⩔∫ Aber heißt denn das etwas, wir bilden doch die Hypothesen nicht aus einem neuen Erkenntnismaterial, sondern aus den Sätzen und die Sätze ohne die Möglichkeit der Hypothesen sind so undenkbar wie das Multiplizieren ohne die Möglichkeit des Wurzelziehens. ∨

3 doch *–im MS durchstrichen*
6 sondern ⟨ebenso⟩ auch daß 1000 Sätze aus einem so einfachen Satz
7 Ich habe es hier überhaupt nicht mit der ⟨Auff...⟩
8 Auffassung des Unendlichen zu tun die ⟨leicht ...⟩
13 folgt „der Kreis ist im Quadrat“; mindestens ⟨m...⟩
14 ⟨Was f...⟩
14 Und andrerseits: ⟨folgt auch nur aus einem ...⟩
15 der Art „dieser kleinere Kreis hat darin Platz“ ⟨so können ...⟩
18 Und somit ist ⟨die Schwie...⟩
33 (Könnte man sich etwa ⟨M...⟩
36 ⩔ *linkes Randzeichen überschrieben*
38 und die Sätze ohne die Möglichkeit der Hypothesen ⟨ist ...⟩
38 sind so undenkbar wie ⟨die ...⟩

1 ⩔∫ Hängt das Wesen der Hypothese vom Zeitbegriff ab?/mit dem Zeitbegriff zusammen?/ D.h. gäbe es ohne Zeit keine Hypothesen und was heißt diese Frage überhaupt? ∨

2 ⩔∫ Wie drückt es sich aus, daß die Zeit zur Phänomenologie gehört nicht aber die Wahrheitsfunktionen? Und wie drückt es sich aus was wir fühlen, daß nämlich die Wahrheitsfunktionen fundamentaler sind als das Phänomenologische? Denn|, ich glaube,| nur in der Grammatik muß sich auch das ausdrücken. ∨

10.

3 ⩔ Daß die Hypothese dem Satz kein neues Material hinzufügt, sieht man auch daraus daß eine Hypothese durch den Ausdruck „es scheint“ (oder einen ihm entsprechenden) zum Satz wird. ∨

4 ?// Die Grammatik wenn sie in |der| Form eines Buches uns vorläge bestünde nicht aus einer Reihe |bloß| nebengeordneter Kapitel sondern würde eine andere Struktur zeigen. ∨ 121

Und in dieser müßte man – wenn ich recht habe – auch den Unterschied zwischen Phänomenologischem und Nicht-Phänomenologischem sehen. Es wäre da etwa ein Kapitel über die/von den/ Farben worin der Gebrauch der Farbwörter geregelt wäre; aber dem vergleichbar wäre nicht was über die Wörter nicht, oder etc (die „logischen Constanten“) in der Grammatik gesagt würde.

Es würde z.B. aus den Regeln hervorgehn daß diese letzteren Wörter in/bei [zu]/ jedem Satz anzuwenden seien (nicht aber die Farbwörter). Und dieses „jedem“ hätte nicht den Character einer erfahrungsmäßigen Allgemeinheit; sondern der inappellablen Allgemeinheit einer obersten Spielregel. Es scheint mir ähnlich wie das Schachspiel wohl ohne gewisse Figuren zu spielen (oder doch fortzusetzen) ist aber nie ohne das Schachbrett

5 ∫ Die wichtige Frage ist nur: Kann sich der Wesensunterschied zwischen „logischen und phänomenologischen Constanten“ auch allein in der Grammatik zeigen? Ist hier nicht doch eine Theorie nötig? Etwa eine die zwischen zweierlei Arten von Grammatik unterscheidet? (Ich möchte sagen: aus den Regeln des Schachspiels ergibt sich nicht nur der Unterschied zwischen Rössel und Läufer sondern auch der Unterschied zwischen den Schachfiguren und dem Schachbrett.) \?∨ 122

Und bedenke: die Theorie sollte über die Negation und die Farbe Rot etwas sagen das ihren Unterschied klar machte? Oder soll sie bloß sagen daß hier verschiedene Arten der Interpretation von Zeichen vorlägen? Das wäre dann etwas, was mit Hilfe von verschiedenen Indexen auszudrücken wäre und wir kämen/kommen [hätten]/ hier nur zu einer/[eine]/ Fortführung der Grammatik.

1 ⩔ *linkes Randzeichen überschrieben*
5 ⩔ *linkes Randzeichen überschrieben*
9 nur in der Grammatik muß sich auch das ausdrücken⟨, glaube ich.⟩
22 über die/von den/ *–zweite Variante im MS durchstrichen*
26 in/bei [zu]/ *–im MS ist die zweite Variante* bei [zu] *links und rechts mit einer vertikalen Wellenlinie markiert*
33 Die wichtige Frage ⟨hier⟩ ist nur: *–Beginn der Bemerkung im MS durchstrichen*
41 die Farbe Rot etwas sagen ⟨was⟩ ihren Unterschied klar machte?

1 / Ich will immer zeigen daß alles was in/an/ der Logik business ist, in der Grammatik gesagt werden muß. \

2 / Wie etwa der Fortgang eines Geschäftes aus den Geschäftsbüchern ×
muß ganz und gar/vollständig/ herausgelesen werden können. So daß man auf die Geschäftsbücher deutend muß sagen können: Hier! hier muß sich alles zeigen; und was sich hier nicht zeigt gilt nicht. Denn am Ende muß hier alles herauskommen/sich hier alles auswirken [abspielen]/sich hier alles Wesentliche ereignen [abspielen]/.

3 Alles wirklich Geschäftliche – heißt das – muß sich in der Grammatik abwickeln. \ 123

4 /⩔ (Eine Modedummheit der heutigen populären Physik ist es zu sagen ⩔\
daß der Raum etwa /– sagen wir –/ eines Eisenwürfels nicht wie der Laie glaubt ganz oder beinahe ganz von Materie erfüllt sei sondern daß er vielmehr beinahe leer sei da die Elektronen im Vergleich zu ihren gegenseitigen Abständen von einander winzig klein seien. In Wahrheit aber wäre die Ansicht des Laien natürlich gerechtfertigt w i e k l e i n i m m e r man die Elektronen annimmt denn dem Erfülltsein des Raumes mit Materie im gewöhnlichen Sinn|, dem erfahrungsmäßigen Erfülltsein,| entspricht in der physikalischen Hypothese gar nicht das Erfülltsein mit Elektronenmasse sondern d i e H ä u f i g k e i t der Elektronen.)

5 ∫ Was ich die ‚Ansicht dieses Gegenstandes von hier' nenne gehört auch ⩔\
|noch| zur Hypothese d. h. zur Darstellung.

D.h. der Körper mit seinen verschiedenen Ansichten von den verschiedenen Stellen des Raumes oder mit der Regel wie diese zu konstruieren sind ist alles die Hypothese. D.h. die Hypothese ist ein System von Zeichen und steht ganz, und komplett, außerhalb der 124
Erfahrung. Sie ist gleichsam ein vielflächiger Körper dessen/deren/ jede Fläche einer Erfahrung entsprechen k a n n. Man könnte sich auch ein Polygon denken dessen jede Seite ein Maß wäre für gewisse Strecken die rund um das Polygon liegen und deren richtiges oder falsches Abbild das Polygon ist.

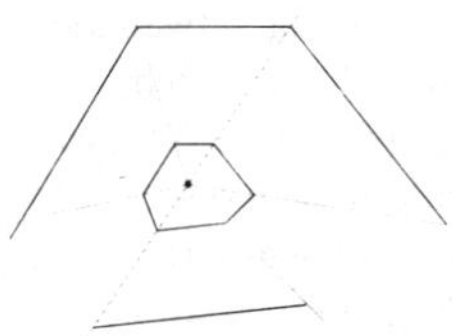

1 / *linkes Randzeichen durchstrichen*
4 / *linkes Randzeichen durchstrichen*
5 muß ganz und gar/vollständig/ herausgelesen werden können. *–im MS am linken Rand mit einer vertikalen Wellenlinie markiert*
9 Denn am Ende muß sich hier alles Wesentliche ⟨ereignet ...⟩
11 \ *rechtes Randzeichen überschrieben*
14 ⩔ *linkes Randzeichen überschrieben*
14 ⩔ *rechtes Randzeichen überschrieben*
18 gegenseitigen *–im MS durchstrichen*
26 ⟨×⟩ *linkes Randzeichen gestrichen*
26 ⩔ *rechtes Randzeichen überschrieben*
29 Ansichten von den verschiedenen Stellen des ⟨S...⟩

1 / Das Beste Gleichnis für jede Hypothese und |selbst| ein Beispiel ist ein Körper mit seinen nach einer bestimmten Regel construierten Ansichten aus |den| verschiedenen Punkten des Raumes.

2 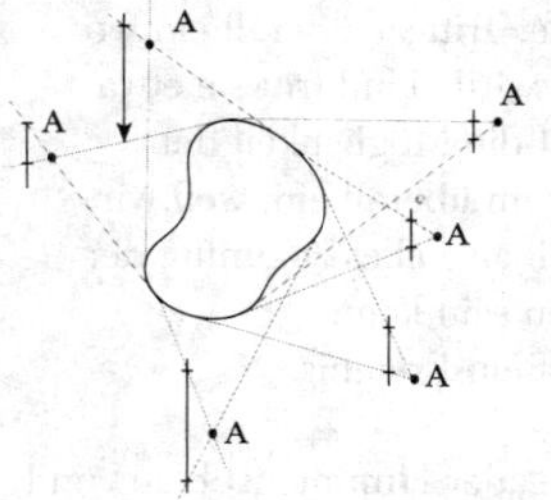

Die Punkte A muß man sich durch ein Coordinatensystem bestimmt denken.

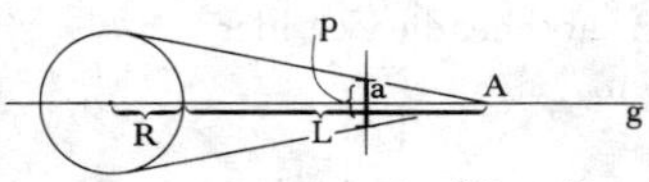

$$p = \frac{2aR}{\sqrt{L^2 + 2RL}}$$

$$a = 1\ ,\ 2R = D$$

$p = \dfrac{D}{\sqrt{L^2 + DL}}$ ist die Ansicht des Kreises von A aus. Zu sagen in der Entfernung L von A sei ein Kreis, heißt dann, die Ansicht p ändere sich, wenn man sich auf der Geraden g bewegt, der Gleichung entsprechend. 125

11.

3 Man weiß/denkt/ gar nicht, wie merkwürdig das 3-dimensionale Sehen ist. Wie sonderbar/seltsam/ etwa ein Bild, eine Photographie aussähe, wenn wir im Stande wären, sie als Verteilung grauer, weißer und schwarzer Flecken in einer ebenen Fläche zu sehen. Was wir sehen, würde dann ganz sinnlos wirken. Ebenso wenn wir mit einem Aug flächenhaft sehen könnten. Es ist z.B. gar nicht klar, was geschieht, wenn wir mit zwei Augen die Gegenstände/Welt/ p l a s t i s c h e r sehen als mit einem. Denn sie wirken auch mit einem gesehen schon plastisch. Und der Unterschied zwischen Relief und Rundplastik ist auch keine richtige Analogie. \

4 Es scheint mir daß die Hypothese nicht notwendigerweise etwas mit der Z e i t zu tun haben muß, außer insofern als alle Sätze etwa zeitliches behandeln.

1 *Im MS ein Absatz, durch Randzeichen als Bemerkung gekennzeichnet.*
1 |selbst| *–das Einfügungszeichen ist im MS gewellt unterstrichen*
2 ein Körper mit seinen ⟨verschiedenen⟩ nach einer bestimmten Regel
19 Zu sagen man sähe ⟨es …⟩
19 Zu sagen ⟨man sähe von A einen Kreis⟩, heißt dann,
21 heißt dann, die Ansicht p ⟨ändert⟩ sich,
22 auf der Geraden g bewegt, ⟨dem obigen Gesetz⟩ entsprechend.
26 weiß/denkt/ *–erste Variante im MS durchstrichen*
27 Wie sonderbar/seltsam/ etwa ein Bild, eine Photographie⟨, …⟩
29 in einer ebenen Fläche zu sehen. ⟨Was wir …⟩
32 Es ist z.B. gar nicht klar, was geschieht, wenn wir ⟨sagen …⟩
34 Denn sie wirken auch mit einem gesehen ⟨p…⟩
34 Denn sie wirken auch mit einem gesehen schon ⟨plas…⟩

1 Aber ist das wahr? Und wenn, was ist das für eine Allgemeinheit? Warum ist dann die Zeit in der Logik nicht fundamental wie die Wahrheitsfunktionen? — Ist es denn wahr daß die Zeit in alle Sätze eintritt? – Da will es mir scheinen als ob sie nur in einer bestimmten Gruppe von Sätzen wirklich erwähnt würde. Tritt sie überall ein wo (überhaupt) von einer Veränderung geredet wird? Und tritt sie etwa darum überall ein, weil jeder Sachverhalt die Möglichkeit der Veränderung besitzt/hat/. Tritt sie nicht darum überall ein, weil wir jeden Sachverhalt erwarten können? Weil also alles zukünftig der Fall sein, oder/und/ früher der Fall gewesen sein kann? ⩔ 126

Das heißt: jeder/Jeder/ Sachverhalt ist ein Ereignis.

2 ⩔/ Nun scheint aber doch, wenn ich etwa sage „der Himmel ist blau" und von allem Hypothetischen darin/daran/ absehe, die Zeit hier |wenigstens| nicht explizit vorzukommen. ⩔×

3 / „Wahr" und „Falsch"/„wahr" und „falsch"/ sind tatsächlich nur Wörter einer bestimmten Notation der Wahrheitsfunktionen. \

4 ⩔∫ (Wenn ein Problem lebhaft auftaucht, so ist immer schon viel gewonnen.) ⩔

5 ⩔ Ich sage „wenn ich von allem Hypothetischen absehe" denn daß die Zeit in der Hypothese eine Rolle spielt ist sicher aber – wie mir scheint – /– so scheint mir –/ nicht so interessant. ∨ 127

6 / Ich glaube, ich könnte auch so fragen: Kann man tatsächlich jeden Satz sinnvoll ins Futurum und Perfectum setzen? (Die mathematischen Sätze natürlich nicht.) \⩔

7 Und wenn das der Fall ist, wie kommt es, daß es uns beinahe wie eine Zufälligkeit erscheint, verglichen mit den Regeln über die Negation und Disjunktion? \⩔

13 / *linkes Randzeichen überschrieben*
13 ⩔ *rechtes Randzeichen überschrieben*
13 wenn ich etwa sage⟨,⟩ „der Himmel ist blau"
15 |wenigstens| *–im MS ist auch das Einfügungszeichen gewellt unterstrichen*
20 ∫ *linkes Randzeichen überschrieben*
20 (Wenn ein Problem lebhaft ⟨auftritt⟩, so ist immer
25 – wie mir scheint –/– so scheint mir –/ *–erste Variante im MS durchstrichen*
27 ⩔ *rechtes Randzeichen überschrieben*
27 Ich ⟨kann …⟩
31 ⩔ *rechtes Randzeichen überschrieben*

1 Negation und Disjunktion möchten wir sagen hat mit dem Wesen des Satzes zu tun die Zeit aber nicht sondern mit seinem Inhalt. ?∨\

Wie aber kann es sich in der Grammatik zeigen daß Etwas mit dem Wesen des Satzes zusammenhängt und Etwas anderes nicht, wenn sie beide gleich allgemein sind?

Oder sollte ich sagen die geringere Allgemeinheit wäre auf seiten der Zeit da die mathematischen Sätze negiert und disjungiert werden können aber nicht zeitlich sind. Ein Zusammenhang ist wohl da wenn auch diese Form die Sache darzustellen irreführend ist.

2 / Es kommt mir so vor als wäre die Gegenwart wie sie in dem Satz „der Himmel ist Blau" steht keine Form der Zeit. Als ob also die Gegenwart in d i e s e m Sinne unzeitlich wäre. \ 128

3 ∫∀ Aber es ist merkwürdig daß es i n d e r G r a m m a t i k eine wesentliche und eine unwesentliche Allgemeinheit geben sollte. ∨

Eine phänomenologische und eine logische. Aber wie/worin/ unterscheiden sich die von einander.

4 ∀/ Wie unterscheidet die Grammatik zwischen Satzform und Inhalt? Denn dies sollen ja grammatikalische Unterschiede sein. Wie sollte man sie beschreiben können, wenn sie die Grammatik nicht zeigt? ∨

5 / Was hat es mit dem Schema „Es verhält sich so und so" für eine Bewandtnis? – Hier deutet „Es verhält sich" die Satzform an und „so und so" steht für den Inhalt. –

6 / Man könnte auch sagen das „es verhält sich" ist die Handhabe für den Angriff der Wahrheitsfunktionen.

7 ∫∀ Meine Theorie kommt darauf hinaus, daß man die Sprache in gewisser Beziehung nicht erklären kann. ∨ 129

8 /∫ „Es verhält sich" ist also nur ein Ausdruck aus einer Notation der Wahrheitsfunktionen. Ein Ausdruck, der uns zeigt welcher Teil der Grammatik hier in Funktion tritt. \

3 Wie aber kann es sich in der Grammatik zeigen daß ⟨etwas⟩ mit
7 auf seiten der Zeit da die ⟨Mathema…⟩
8 aber nicht zeitlich sind. ⟨Daß …⟩
11 Es kommt mir so vor als wäre die Gegenwart wie ⟨ich …⟩
12 keine Form der Zeit ⟨ist …⟩
20 ⟨∫⟩ *linkes Randzeichen gestrichen*
20 ∀ *linkes Randzeichen überschrieben*
20 Wie unterscheidet die Grammatik zwischen ⟨For…⟩
22 Wie sollte man sie beschreiben können, wenn⟨, …⟩
24 *Im MS ein Absatz, durch Randzeichen als Bemerkung gekennzeichnet.*
25 „Es verhält sich so und so" für eine Bewandtnis? *–im MS Unterstreichung durch Strichlinie, die in den Typoskripten die gewellte Unterstreichung der Manuskripte wiedergibt; die ganze Bemerkung ist diagonal durchstrichen.*
25 Hier deutet „⟨es⟩ verhält sich"
25 die Satzform ⟨und „so und so" den …⟩
28 *Im MS ein Absatz, durch Randzeichen als Bemerkung gekennzeichnet.*
31 ∫ *linkes Randzeichen überschrieben*
34 ∫ *linkes Randzeichen durchstrichen*

1 × Die Grammatik ist das Geschäftsbuch der Sprache; woraus/die Geschäftsbücher aus denen/ alles zu ersehen sein muß, was nicht Gefühle |betrifft| sondern harte Tatsachen/Facten/ (betrifft) \

2 Ich will also eigentlich sagen: Es gibt nicht Grammatik und Interpretation der Zeichen. Sondern soweit von einer Interpretation, also von einer Erklärung der Zeichen, die Rede sein kann, soweit muß sie die Grammatik selbst besorgen. \

Denn ich brauchte nur zu fragen: Soll die Interpretation durch Sätze erfolgen? Und in welchem Verhältnis sollen diese Sätze zu der Sprache stehen die sie schaffen?

3 ∫× Jene zweifache Art der Allgemeinheit wäre so seltsam, wie wenn von zwei Regeln eines Spiels die beide gleich ausnahmslos gelten die eine als die Fundamentalere angesprochen würde. ×

4 × Als könnte man also fragen,/entscheiden,/darüber reden,/ ob der König oder das Schachbrett für das Schachspiel wesentlicher/essentieller/ wäre. Welches von beiden das wesentlichere, welches das zufälligere wäre. \ 130

5 ⩛∫ Man könnte auch |so| fragen: Ist ein nicht negierbarer Satz schwerer zu denken als ein zeitloser? – Ist es leichter das Phänomenologische anders zu denken als das Logische? ∨

Oder ist das Hindernis das eine zu denken ein anderes als das Hindernis das andre zu denken? Aber gibt es denn einen |für uns zählenden| Unterschied zwischen Unsinn und Unsinn?

12.

6 / Wie ist das richtig in Worten wiederzugeben was ich deutlich als den Unterschied zwischen inhaltlicher und formaler Logik im Satz empfinde. (das sind noch immer nicht die richtigen Ausdrücke/ist noch immer nicht der richtige Ausdruck/) Der Unterschied zwischen der Logik des Inhalts und der Logik der Satzform überhaupt. Das Eine/eine/ erscheint gleichsam bunt das Andre/andre/ matt. Das eine handelt von dem was das Bild darstellt das andre ist wie der Rahmen des Bildes ein Charakteristicum der Bildform.

3 |betrifft| *–das Einfügungszeichen ist im MS gewellt unterstrichen*

13 ∫ *linkes Randzeichen überschrieben*

13 Jene zweifache Art der Allgemeinheit wäre so seltsam, wie *–im MS am rechten Rand mit einer vertikalen Wellenlinie markiert*

15 *Im MS fehlt die nachfolgende Leerzeile.*

18 wesentlicher/essentieller/ *–erste Variante im MS durchstrichen*

19 ⟨(⟩Welches von beiden das wesentlichere, welches das zufälligere wäre.⟨)⟩

22 ⩛ *linkes Randzeichen überschrieben*

30 ⟨∨⟩ *rechtes Randzeichen gestrichen*

1 / Es ist nämlich als könnte man sagen, die Zeit habe zwar mit dem Wesen des Satzes nichts zu tun, dennoch aber käme die Zeit in 131
jedem Satz vor. Und wieder muß man fragen was ist das für eine Allgemeinheit? Wie kann ich wissen daß die Zeit in jedem Satz vorkommt, es sei denn daß sie zum Wesen des Satzes gehört? Ich möchte darauf antworten: sie gehört zum Wesen der Wirklichkeit nicht zum Wesen des Satzes (d.h. der Darstellung durch Sätze.)

2 Nun ist es allerdings/aber/ merkwürdig, daß die Zeit von der ich hier rede nicht die im physikalischen Sinne ist. Es handelt sich hier nicht um |eine| Zeitmessung. Und es ist verdächtig daß etwas was mit einer solchen Messung nichts zu tun hat, in den Sätzen eine ähnliche Rolle spielen soll, wie die physikalische Zeit in den Hypothesen der Physik. \

3 Auch unbegreiflich ist es, daß die Zeit wenn sie zum Wesen der Wirklichkeit gehört,/im Wesen der Wirklichkeit liegen soll,/ nicht offenbar zum Wesen des Satzes gehören soll [...., wenn das Wesen der Wirklichkeit in ihr liegt, ...] ⩔\r

4 ∫ Das schaut so aus als könnten wir doch aus unserer Welt heraus, wenn auch nicht aus der Logik der Satzform so doch aus der phänomenologischen Begrenzung. ⩔

5 Zum mindesten scheint eine Frage berechtigt: Wenn ich die Grammatik aufgeschrieben hätte und die verschiedenen Kapitel über die Farbwörter etc etc der Reihe nach dastünden wie Regeln über alle die Figuren des Schachspiels, wie wüßte ich dann daß dies nun alle Kapitel sind? Und wenn sich nun in allen vorhandenen Kapiteln eine gemeinsame Eigentümlichkeit findet, so haben wir es hier scheinbar mit einer logischen Allgemeinheit aber keiner wesentlichen d.h. voraussehbaren Allgemeinheit zu tun. Man kann aber doch nicht sagen daß die Tatsache, daß das Schachspiel mit 16 Figuren gespielt wird ihm weniger wesentlich ist, als daß es auf dem Schachbrett gespielt wird. ⩔\r 132

6 ⩔∫ Es ist offenbar, daß der Charakter des zeitlichen in der Bedeutung der Wörter „früher" „später" etc liegt. In der Reihe die so gebildet wird. Und es frägt sich ob wir jedes Erlebnis als Glied der Reihe erleben. – Auch die Dauer scheint mir nicht in jedes Erlebnis unmittelbar hineinzuspielen. ∨

1 ⟨∨⟩ *rechtes Randzeichen gestrichen*
9 ⟨$\overset{?}{\vee}$⟩ *rechtes Randzeichen gestrichen*
9 allerdings/aber/ *–erste Variante im MS durchstrichen*
15 ⩔ *rechtes Randzeichen überschrieben*
21 der Logik der Satzform so doch aus der ⟨Phänomenologie ...⟩
24 ⩔ *rechtes Randzeichen überschrieben*
24 Zum mindesten scheint eine Frage berechtigt: ⟨Angeno...⟩
36 ⩔ *linkes Randzeichen überschrieben*
37 in der Bedeutung der Wörter „früher" ⟨und⟩ „später" |etc| liegt.

1 ∨ Man könnte sagen, es handle sich um die Wörter „früher“ und „später“ einerseits und „nicht“ und „oder“ andrerseits. Und was wir sehen wäre, daß nicht notwendigerweise |überall| wo diese Worte anwendbar sind auch jene es sein müßten. ∨\ 133

2 Denn wie/Wie/ offenbart sich die Zeitlichkeit der Tatsachen, wie drückt sie sich aus, als dadurch, daß gewisse Wendungen/Ausdrücke/ in den/unsern/ Sätzen vorkommen müssen. D.h: wie drückt sich die Zeitlichkeit der Tatsachen aus, als grammatisch?! \

3 ∫ Die Sprache kann nicht durch eine Erklärung gelehrt werden. ∨\

4 Da Zeit und Wahrheitsfunktionen so verschieden schmecken und da sie ihr Wesen allein und ganz in der Grammatik offenbaren, so muß die Grammatik den verschiedenen Geschmack erklären. \

5 Das eine schmeckt nach Inhalt, das andre nach Darstellungsform. \

6 Sie schmecken so verschieden, wie der Plan und der Strich durch den Plan. \

7 ∫ Ich glaube daß das gegenseitig sich Aufheben von Wahrheitsfunktionen ihr w e s e n t l i c h e s Merkmal ist. ∨

8 Aber noch eines: Es spielt doch die Wirklichkeit außerhalb des Zeichens in dem Symbol mit und denken wir daran ob nicht hier der Unterschied zwischen Inhalt und Wahrheitsfunktion liegt. Denn alles was zum Sinn gehört, gehört zum Symbol. [...... alles dessen Existenz für den Sinn wesentlich ist, gehört zum Symbol.] ∨ 134

9 / Wenn man sagt, Satz sei alles was wahr oder falsch sein könne so heißt das d a s s e l b e wie: Satz ist alles was sich verneinen läßt. \

10 ∫ Die Möglichkeit der Wahrheitsfunktion ist dasjenige was wir als Wesen des Satzes auffassen. Die Wahrheitsfunktion ist der Repräsentant der S a t z form. – – – \

11 / Ich will sagen, wenn wir von dem sprechen was der Satzform |als solcher| wesentlich ist, so meinen wir die Wahrheitsfunktion.

1 ∨ *rechtes Randzeichen überschrieben*
1 Man könnte sagen, es ⟨handelt⟩ sich um die Wörter
3 |überall| *–das Einfügungszeichen ist im MS gewellt unterstrichen*
6 Denn wie *–im MS rot durchstrichen*
7 wie drückt sie sich aus, als dadurch, daß gewisse ⟨Ausdrücke ...⟩
11 ∨ *rechtes Randzeichen durchstrichen*
22 das ⟨gegenseitige sich⟩ gegenseitig |sich| Aufheben
29 *Im MS fehlt die nachfolgende Leerzeile.*
31 sagt, ⟨|ein|⟩ Satz *–im MS ist auch das Einfügungszeichen gewellt unterstrichen*
34 *Die Bemerkung ist im MS am linken Rand mit einer vertikalen Wellenlinie markiert und diagonal durchstrichen.*
38 *Im MS ein Absatz, durch Randzeichen als Bemerkung gekennzeichnet.*
38 Ich will sagen *–im MS durchstrichen*
39 wesentlich ist, so meinen wir die ⟨W...⟩

13.

1 ʃ⩔/r Wenn ich sage „ich gehe jetzt dort hin“, so kommt in dem Symbol manches vor was in dem Zeichen allein nicht liegt. Der Satz, wenn ich ihn etwa, von unbekannter Hand |auf einen Zettel| geschrieben irgendwo vorfinde, sagt gar nichts; das Wort „ich“, das Wort „jetzt“ und „dorthin“ sind allein ohne die Gegenwart der sprechenden Person, der gegenwärtigen Situation und der im Raum gezeigten Richtung bedeutungslos. ⩔

2 / „Jetzt“, |„früher“,| „hier“, |„dort“,| „ich“, |„du“, „dieses“| sind solche Wörter zur Anknüpfung an die Wirklichkeit. ∨

3 „Aber die Wirklichkeit die solcherweise/solcherart/ zum Symbol gehört fällt in den Bereich/unter die Herrschaft/ der Grammatik.“ ∨ 135

4 × Wenn ich sage daß ein Satz, der Mengenlehre etwa, in Ordnung ist aber eine neue Interpretation erhalten muß, so heißt das nur dieser Teil der Mengenlehre bleibt in sich unangetastet, muß aber in eine andere grammatische Umgebung gerückt werden. \

5 Ich sage jemandem „geh dort hin“, er hört die Worte, versteht |sie| aber nicht, da ich ihn nicht beim sprechen angeschaut habe. Das gleicht einem Plan ohne Orientierungsregel. ⩔

6 Nun könnte man fragen: Gehört die Windrose noch zum Plan? Oder vielmehr: gehört die Regel nach der die Windrose angewandt wird, noch zum Plan? Und es ist klar daß ich diese Regel durch eine andere Orientierungsregel ersetzen kann in der von der Windrose nicht die Rede ist sondern statt dessen etwa von einem Weg auf dem Plan und was ihm in der Gegend entspricht. \?

7 Statt den Worten „geh dorthin“ könnte es ja auch heißen „Ludwig, geh dorthin“ und dann wüßte ich etwa, wer gemeint sei. Der Personenname entspricht dann der Windrose die aber auch ohne Regel zu ihrer Anwendung nichts nutz ist. Denn „Ost“ und „West“ bezw. „Sonne“ sind Namen ganz wie jener/ein/ Personenname. ⩔ 136

2 ʃ⩔ *linke Randzeichen überschrieben*
2 Wenn ich sage „ich gehe jetzt dort hin“, ⟨W…⟩
3 so kommt in dem Symbol manches vor was ⟨aus …⟩
4 von unbekannter Hand |auf einen Zettel| geschrieben ⟨auf…⟩
11 *Im MS fehlt die nachfolgende Leerzeile.*
13 *An- und Ausführungszeichen der Bemerkung im MS rot.*
14 fällt ⟨unter⟩ den Bereich der Grammatik.“
16 daß ein Satz, der Mengenlehre ⟨–⟩ etwa ⟨–⟩ in Ordnung ist
21 Ich sage jemandem ⟨|ohne ihn anzuschauen|⟩ „geh dort hin“
21 „geh ⟨f…⟩
25 ⟨ʃ⟩ *linkes Randzeichen gestrichen*

1 ∫\/ Statt dem Worte „dieses“ kann also in meinen Sätzen ein Name fungieren statt „jetzt“ eine Zeitangabe, statt „dort“ der Name einer Richtung. Und es ist dann dieser Name ebenso sehr und so wenig dem Mißverstehen ausgesetzt wie etwa das zeigen mit dem Finger, was /welches/ ja auch gedeutet werden muß und seine eigene Deutung nicht schon in sich trägt. (D.h. auch nur ein Z e i c h e n ist.)

Und andrerseits muß sich die Zeitangabe |um Bedeutung zu haben| auf eine vorhandene Uhr beziehen, der Personenname auf eine vorhandene Person; oder es muß doch die Methode gegeben sein herauszufinden ob diese Person vorhanden ist und dazu muß wieder an die wirkliche Welt angeknüpft sein.

2 ∫\/ Aber ich sagte ja schon daß der Plan mit der Wirklichkeit durch eine Übersetzungsregel verbunden sein müsse.

3 ∫\/ Wie ein Zeichen eben jetzt angewendet wird, so bedeutet es; man kann also diese Anwendung nicht anticipieren. 137

4 ∫ Ich will sagen man kann zwar, z.B. durch deuten, einen Gegenstand, etwa eine Uhr, in den Plan einbeziehen und damit gehört er nun |etwa| als wesentlicher Bestandteil zum Plan, aber damit gehört er jetzt zum Bild, die Deutung dieses/des/ Bildes ist aber damit nicht vollzogen. \\/r

5 ∫\/ Ich sage „ich kann dieses Thema singen“, ich versuche es und bleibe stecken. Konnte ich's dann singen als ich sagte ich könne es singen, so daß ich also auf jedenfall recht hatte das zu sagen, oder hat mein Stocken bewiesen, daß ich unrecht hatte? Das kommt drauf an, etc. etc. \/

6 \/∫ Denken wir uns nun z.B. daß ich so durch deuten eine Person in einen Plan einbeziehe indem ich etwa sage „Du wirst diesen Weg gehen“ und ihm einen Plan/eine Zeichnung/ einhändige. Dann spielt jedenfalls der Betreffende eine ganz andre Rolle in dem Plan als die Striche, Punkte etc. des Plans./der Zeichnung./ \/

7 Wenn (in einem Satz „ich will, daß Du dorthin gehst“) der Sprechende, der Angesprochene und der Pfeil der die Richtung weist zum Symbolismus gehören, so spielen sie in ihm jedenfalls eine ganz andere Rolle, als die Wörter. \ 138

8 / Wenn aber die Grammatik den ganzen Symbolismus umfassen soll, wie zeigt sich in ihr die Ergänzungsbedürftigkeit der Wörter „ich“, „du“, „dieses“ etc durch Gegenstände der Realität?

1 ∫ *linkes Randzeichen überschrieben*
14 durch eine Übersetzungsregel verbunden sein ⟨muß⟩
16 Wie ein Zeichen eben jetzt angewendet wird, so bedeutet ⟨ist …⟩
19 \ *rechtes Randzeichen überschrieben*
25 ∫ *linkes Randzeichen überschrieben*
25 ⟨„⟩Ich sage „ich kann
25 „ich kann ⟨das⟩ Thema ⟨so und so⟩ singen“,
33 Dann ⟨gehe…⟩
34 Dann spielt jedenfalls ⟨die betr…⟩
43 wie zeigt sich in ⟨ihrer …⟩

1 / Denn, daß jener Satz ohne eine solche Ergänzung nichts sagt, muß die G r a m m a t i k sagen. Wenn sie das vollständige Geschäftsbuch der Sprache sein soll (wie ich es meine.)

2 ∫⩔ᵣ/ Wenn ich z.B. sage „der Kreis hat im Viereck die Stellung [o]“; spielt hier die Zeichnung dieselbe Rolle, wie dort der Pfeil? Oder: Spielt im gezeichneten Plan dasjenige, was er mit dem wirklichen Weg gemeinsam hat, dieselbe Rolle, wie der Mensch dem ich ihn zur Ausführung einhändige, im Befehl?

3 ⩔ᵣ/ „Die Kinder müßten, um das Rechnen der Volksschule zu verstehen große/bedeutende/ Philosophen sein, in Ermanglung dessen brauchen sie die Übung.“

4 ∫⩔ Könnte ich so sagen: Das Zeichen hat verschiedenerlei mit der Wirklichkeit gemein, unter anderem, räumliche Eigenschaften, Richtungen, Farben, aber auch Körper bezw. Farbflecken. 139

5 ⩔ Wie erklärt die Grammatik das Wort „jetzt“? Doch wohl durch die Regeln, die sie für seinen Gebrauch angibt. Das gleiche für das Wort „ich“. \\

6 ∫ Besteht hier eine Analogie mit dem über das Wort „nicht“ gesagten? Und wie unterscheiden sich die beiden Fälle? ⩔

7 Die Sprache ist nicht durch Erklärung lehrbar, – wohl aber wird sie durch das Beispiel gelehrt und das ist wichtig. ⩔

Erinnern wir uns immer daran, wie das Wesen einer Formenreihe durch die Angabe/vorlegen/ einiger |ihrer| Glieder gezeigt wird.

14

8 Die Grammatik erklärt die Bedeutung der Wörter soweit sie zu erklären ist. \

Und zu erklären ist sie soweit, als nach ihr zu fragen ist, und nach ihr fragen kann man soweit, als sie zu erklären ist.

9 Welches ist die Bedeutung eines Wortes? Der Ausdruck „das Wort hat Bedeutung“ ist verständlich. Die Einheit des Ausdrucks ist dann „Bedeutung haben“ und die Frage „W a s bedeutet es“, „welche Bedeutung hat es“, muß dann keinen Sinn haben. ⩔

5 ∫ *linkes Randzeichen durchstrichen*
5 ⩔ᵣ *linkes Randzeichen überschrieben*
9 wie der Mensch dem ich ihn zur Ausführung einhändige⟨?⟩
11 ⟨/⟩ *linkes Randzeichen gestrichen*
15 ∫ *linkes Randzeichen überschrieben*
15 Könnte ich ⟨sozu...⟩
19 ⩔ *rechtes Randzeichen durchstrichen*
19 \ *rechtes Randzeichen überschrieben*
19 Wie erklärt die Grammatik das Wort ⟨„jetzt“ ...⟩
20 Doch wohl durch die Regeln, die ⟨es...⟩
27 und das ist wichtig⟨!⟩

1 ⩔ Wie erklärt man die Bedeutung/den Sinn/ des Wortes „jetzt“? – denn das ist doch was die Philosophie tun will. 140

2 ?ʃ/r Die Bedeutung (eines Wortes) könnte/kann/ nur das sein was wir in der Erklärung eines Wortes erklären.

3 ʃ⩔ Man hat immer die falsche Vorstellung als handelte es sich bei der Bedeutung eines Wortes um einen Gegenstand d.h. ein Ding, in dem Sinn in dem das Schwert Nothung die Bedeutung des Wortes „Nothung“ war. Aber auch hier stimmt etwas nicht, denn ich kann doch sagen „Nothung existiert nicht mehr“ und ist etwa hier ‚Nothung‘ bedeutungslos eben weil das Schwert nicht mehr existiert? –

4 / Ich könnte mir denken daß einer um das Wort „jetzt“ zu erklären auf den gegenwärtigen Stand der Zeiger/Zeigerstand/ einer Uhr zeigt. Sowie er zur Erklärung des Ausdrucks „in fünf Minuten“ auf die Ziffer der Uhr zeigen kann wo der Zeiger sich in 5 Minuten befinden wird. Es ist klar daß dadurch nur die Uhr in unsere Zeichensprache (hin)einbezogen wird.

5 / Das Wort „jetzt“ wirkt ja ganz anders als irgend ein anderes da es gleichsam der Schlag eines Zeitmessers ist/wirkt gleichsam als Schlag eines Zeitmessers/. Es gibt durch sein Ertönen eine Zeit an. Man kann es ja auch wirklich durch ein anderes Zeitzeichen ersetzen. Wenn man z.B. sagt: tu das wenn ich in die Hände klatsche. Das Klatschen ist dann ein Zeitzeichen wie der Pfeil ein Richtungszeichen ist wenn ich sage „ich gehe dort → hin“. \r 141

1 die Bedeutung/den Sinn/ des Wortes „jetzt“⟨;⟩ – denn das
4 ?ʃ *linkes Randzeichen überschrieben*
5 (eines Wortes) könnte/kann/ nur das sein was wir in der Erklärung *–im MS ist die Parenthese* (eines Wortes) *durchkreuzt und* könnte *rot durchstrichen; die gewellte Unterstreichung von* Erklärung *ist ebenfalls rot*
7 ʃ *linkes Randzeichen überschrieben*
7 die falsche Vorstellung als ⟨wäre die⟩ Bedeutung eines Wortes
9 *In der Bemerkung durchgehend:* Notung
11 hier stimmt etwas nicht, denn ich kann doch sagen ⟨„das Schwert …⟩
14 ⟨ʃ⩔⟩ *linke Randzeichen überschrieben*
16 Sowie er zur ⟨A…⟩
16 auf die ⟨Ziffern⟩ der Uhr zeigen kann
23 ja ganz anders als irgend ein anderes da es gleichsam der Schlag eines Zeitmessers ist/wirkt gleichsam als Schlag eines Zeitmessers/. *–die erste Variante ist im MS rot durchstrichen; die zweite Variante ist doppelt ausgeführt: durch rote Durchstreichungen und Ersetzungen, sowie über der Zeile ausgeschrieben*
23 wirkt gleichsam als Schlag eines Zeitmessers/. ⟨Ist …⟩
26 ein Zeitzeichen wie ⟨es⟩ ein Richtungszeichen ist

1 / Wenn mir z.B. der Satz den ein Anderer |gestern|/die Rede die ein Anderer gestern/ gesprochen hat mitgeteilt wird: „es geschieht jetzt/heute/ das und das“, so muß ich verstehen daß der Satz im Augenblick wenn ich ihn höre nicht dadurch/so/ verifiziert werden kann wie (er zu verifizieren wäre)/er zu verifizieren war/ wenn ihn sein Sprecher jetzt sprechen würde./als er ursprünglich ausgesprochen wurde./ Ähnlich, wenn ich gestern sagte/Die Grammatik sagt mir:/ „heute geschieht es“, so heißt das soviel wie wenn ich heute sage „gestern ist es geschehen“ \\r

2 ?/∫ Ich muß aber zwischen dem strengen Teil der Erklärung eines Worts unterscheiden und dem Schwefel der auf eine unbestimmte /ungeklärte/ Art erläuternd wirkt. ⩔

3 /∫ Wenn ich etwa von zwei kreisförmigen Flecken auf diesem Papier reden wollte etwa über die Veränderung in ihrer Farbe, dann könnte ich die beiden A und B nennen und zum Zeichen dafür wie ich sie 142

benenne die Namen über die Kreise schreiben. Ist es nun aber eine Erklärung wenn ich sage der Name bezeichnet den Kreis der unter ihm steht? Es ist eine Erklärung, denn man könnte in gewissen Fällen zweifelhaft sein ob der Name zu dem unter ihm befindlichen oder zu einem ober ihm befindlichen/anderen/ Kreis gehört. Aber ist damit erklärt, was es heißt, daß ein Name zu einem Kreis gehört? ⩔

15

4 //r Zur Grammatik gehört nur das nicht, was die Wahrheit und Falschheit eines Satzes ausmacht. Nur darum kümmert sich die Grammatik nicht.

Zur Grammatik/Zu ihr/ gehören alle Bedingungen des Vergleichs des Satzes mit den Tatsachen/der Wirklichkeit/.

Das heißt, alle Bedingungen des Verständnisses.

(Alle Bedingungen des Sinnes.)

5 ⩔∫ Statt die Namen A und B über ihre Kreise zu schreiben hätten wir auch auf die Kreise deuten und sagen können „das ist A, das ist B“ und dieser Satz lautet richtiger „das heißt ‚A‘, das heißt ‚B‘“.

1 Wenn mir z.B. ⟨die Rede d…⟩
3 das und das“, *–Komma im MS rot*
4 im Augenblick *–im MS durchstrichen*
4 dadurch/so/ *–erste Variante im MS durchstrichen*
5 (er zu verifizieren wäre)/er zu verifizieren war/ *–erste Variante im MS durchstrichen*
5 wenn ihn ⟨der …⟩
5 wenn ihn sein Sprecher jetzt ⟨gesprochen hätte. …⟩
6 /⟨damals⟩ als er ursprünglich ausgesprochen wurde./
7 Ähnlich⟨: …⟩
9 wie wenn ich heute sage „gestern ist ⟨das⟩ geschehen“
11 *?/ linkes Randzeichen überschrieben*
15 */ linkes Randzeichen überschrieben*
27 */ linkes Randzeichen überschrieben*
29 Zur Grammatik/Zu ihr/ *–zweite Variante im MS rot*
35 auf die Kreise deuten und sagen können „das ist A⟨“ …⟩

1 / Wenn man nun sagt „der heißt Ludwig/N/“, so muß uns die Grammatik sagen daß diese Wortfolge keinen Sinn hat, wenn sie nicht durch ein Zeigen/Hinweisen/ ergänzt wird. 143

Die Formel „darf ich Ihnen Herrn N. vorstellen“ sagt nichts wenn man nicht wirklich jemanden vorstellt.

2 ?ʃ Gehört das Vorstellen (in diesem Sinne) der Dinge wirklich zur Grammatik? ⩔

3 ʃ Wenn ich in einer Gesellschaft von einem Herrn N. reden höre den ich nicht kenne, er sei mit seiner Frau auf Reisen etc etc., so sind doch diese Sätze für mich nicht völliger Unsinn wenn mir N auch nie vorgestellt wurde. ⩔

4 ʃ Wenn der Kreis A schon verschwunden ist so kann man noch immer von ihm reden. ⩔

5 / Ist nicht auch dies ein Satz: ich zeige zuerst auf einen Kreis dann auf den anderen und sage dabei „– – – größer als – – –“? Und fungieren da nicht eben jene Dinge/Gegenstände/ als Zeichen, die ich bei dem Vorstellen/der Vorstellung/ in die Namen übersetze?

Oder wenn ich auf zwei Menschen deute |und sage|: „↖ gescheiter als ↗“.

In diesem Sinn könnte ich auch auf die gegenwärtige Zeigerstellung einer Uhr sagen/Punkte des Zifferblattes einer Uhr zeigen auf die jetzt die Zeiger zeigen/ „er kommt ↗“ und meinen „er kommt jetzt“.

6 ⩔ Von den Kreisen A und B kann ich noch reden wenn sie schon nicht mehr existieren – dagegen muß das Zeichen (alles was zum Zeichen gehört) des Satzes den ich ausspreche existieren. 144

Ich glaube daß die Zeichen „A“ und „B“ eine andere Bedeutung haben wenn die Kreise zu denen sie gehörten nicht mehr existieren, sie stehen dann für Beschreibungen und wenn dann jemand fragt was bedeutet A? so kann ich nicht antworten „dieser Kreis“ sondern muß sagen: „hier war einmal ein Kreis der war der Kreis A.

D.h. die Bedeutung von „A“ und „B“ ist dann eine andere als da ich statt „A ist größer als B“ sagen konnte „↑ ist größer als ↗“.

1 „der heißt Ludwig/N/“, *–zweite Variante im MS rot*

3 *Am Ende des Absatzes markiert im MS ein vertikaler roter Strich den Gültigkeitsbereich des Randzeichens.*

15 Wenn der Kreis A ⟨no…⟩

18 Ist nicht auch dies ein Satz: ich zeige zuerst auf ⟨den …⟩

24 auf die gegenwärtige Zeigerstellung einer Uhr sagen⟨:⟩ „er kommt

25 auf die ⟨Ziffern …⟩

30 dagegen muß das Zeichen ⟨⟨und …⟩

34 sie stehen dann für Beschreibungen und wenn ⟨ich fr…⟩

35 was bedeutet A? so ⟨muß ich antworten⟩ „dieser Kreis“

36 „hier war einmal *–im MS fehlt das Ausführungszeichen*

37 D.h. die Bedeutung ⟨ist da…⟩

37 ist dann eine andere als ⟨wenn …⟩

Da habe ich offenbar die Kreise als Teil des Symbolismus gebraucht. Denn der Satz „↑ größer als ↗“ ist nicht nur sinnlos wenn ich dabei nicht wirklich zeige, sondern auch wenn nichts/nicht etwas/ da ist worauf ich zeige.

1 //r Wie schaut die Erklärung eines Zeichens aus? Das müßte doch eine für die Sprache außerordentlich wichtige Form sein, sei dieser Behelf ein Satz oder nicht.

2 Denke an das Collationieren des Satzes mittels der Wirklichkeit. Hier wird sie Schritt für Schritt mit dem Satz verglichen, in ihn übersetzt. \r 145

3 Denken wir uns aber eine Sprache in der ich „A ist größer als B“ nicht nur so ausdrücke „↑ ist größer als ↗“ sondern in der ich auch statt des Wortes ‚größer‘ eine Geste mache die die Bedeutung des Wortes zeigt. – Wie könnte ich nun so eine Sprache erklären? (Wie könnte ich die Zeichen so einer Sprache erklären?) \

4 ∫ Ich glaube: wenn es eine Erklärung für die Bedeutung eines Wortes gibt, so muß diese Erklärung statt des Wortes treten können. Man könnte sich ja die Wörter des Satzes „A ißt zwei Äpfel“ durch zeigen erklärt denken; auf die Frage „wer ist A“ zeigt man auf einen Menschen und sagt „dieser ist/heißt/ A“; auf die Frage „was ist essen“ macht man es vor und sagt „das heißt essen“ und das analoge für ‚zwei‘ und ‚Äpfel‘. Und nun könnte man den Satz durch eine Bilder- und Gebärdensprache aussprechen. Aber hätten wir nun die Dinge statt der Zeichen gesetzt? Mit Menschen deren Sprache man nicht versteht, verständigt man sich ja manchmal durch eine solche Gebärdensprache. \

5 /r Vergessen wir nicht: der Satz „das heißt A“ samt der zeigenden Gebärde, muß auch gedeutet/verstanden/ werden. 146

Die |bloße| Frage auf welche/worauf/ dieser Satz zur Antwort kommt kann nicht gestellt werden, wenn man das Wesen, die Methode, der Sprache nicht schon versteht.

6 ∀∫ „Das läßt sich nicht beschreiben“ – – – –

7 Ich sage „das ist rot“/„das heißt ‚rot‘“/ um die Bedeutung des Wortes/das Wort/ ‚rot‘ zu erklären, aber wer erklärt mir diesen Satz mit der ihn begleitenden Gebärde?

1 ⟨In …⟩
3 ist nicht nur sinnlos wenn ich dabei nicht wirklich ⟨zeigen …⟩
6 / *linkes Randzeichen überschrieben*
7 sei dieser ⟨Befehl nun⟩ ein Satz oder nicht.
13 in der |ich| „A ist größer als B“ nicht nur so ⟨ausgedrückt⟩ „↑ ist
19 ∫ *linkes Randzeichen durchstrichen*
22 auf die Frage „wer ist A“ ⟨zeige⟩ man auf einen Menschen
24 macht man es vor und sagt „⟨so ist …⟩
25 das analoge für ‚zwei‘ und ‚Äpfel‘⟨ und …⟩
31 Vergessen wir nicht: der Satz „das heißt A“ ⟨zusam…⟩
33 Die |bloße| Frage ⟨was …⟩
37 ∫ *linkes Randzeichen überschrieben*
40 die Bedeutung des Wortes/das Wort/ *–erste Variante im MS durchstrichen*

1 ∫//r Die Erklärungen müßten eigentlich lauten: „diese Farbe heißt ‚rot'", „dieser Mensch heißt ‚Paul'", „diese Tätigkeit heißt ‚essen'" (statt „das heißt ‚rot'", „das heißt ‚Mensch'" etc); und wenn diese Sätze einen Sinn haben sollen so müssen die Ausdrücke ‚diese Farbe', ‚diese Tätigkeit', etc bereits verstanden werden und könnten wie gesagt (mit der zeigenden Hand) statt/anstatt/ der Namen verwendet werden

2 ∫/r Ich möchte sagen: wenn das Verstehen der Sprache ohne fortwährendes gleichzeitiges verstehen von Erklärungen möglich ist, so ist die Erklärung am Verstehen der Sprache nur historisch (also nur 147 hypothetisch, |also unwesentlich|) beteiligt. Ist die Erklärung nötig, so ist |dann| doch nur ihr Resultat wichtig und wenn sich das nicht zur Erklärung verhält wie ein mathematischer Satz zu seinem Beweis, so daß es ohne die Erklärung nicht bestehen kann, so ist die Erklärung kein wesentliches Hilfsmittel des Verständnisses.

3 ∫ Müßte man aber nicht eigentlich sagen: „‚rot' ↗" denn wir müssen ja schon wissen was für eine/welcher/ Wortart ‚rot' ist. ⩔

4 Wenn aber diese Erklärung dem Verständnis wesentlich ist, wie kann ich dann in Abwesenheit |der Erklärung, in Abwesenheit| von etwas rotem das Wort ‚rot' gebrauchen und verstehen. Denn das Verständnis muß in sich komplett sein und unabhängig davon wie es einmal erreicht wurde. \r

Denn ‚rot' kommt ebenso im Satz vor „das ist nicht rot", wie „das ist rot" und warum kann man, was das Wort bedeutet, nur dort zeigen, wo etwas die Farbe hat und nicht, wo etwas die Farbe nicht hat?

5 ∫ Das würde dafür sprechen daß jene Erklärung |des Wortes| nur eine besondere Anwendung desselben/des Wortes/ ist. (Aber auch das scheint nicht zu stimmen.) Oder nur eine Übersetzung aus einer besonderen Sprache. ⩔

1 / *linkes Randzeichen überschrieben*
3 „das heißt ‚Mensch'" etc)⟨. Und⟩ wenn diese Sätze
4 wenn diese Sätze einen Sinn haben sollen so ⟨muß …⟩
8 ∫ *linkes Randzeichen überschrieben*
9 gleichzeitiges verstehen von Erklärungen möglich ist⟨. S…⟩
11 |also unwesentlich| *–im MS ist* also *rot durchstrichen*
12 so ist |dann| *–Einfügung im MS rot*
13 das nicht zur Erklärung verhält wie ein ⟨mathematischer Beweis zu …⟩
21 wie kann ich dann in Abwesenheit von etwas ⟨Rotem von …⟩
22 das Wort ⟨„ …⟩
27 und warum kann man, was das Wort ⟨‚rot'⟩ bedeutet, nur dort zeigen, wo *–die Kommas sind im MS rot*

1 ∫V/r Nehmen wir aber an ich sage Einem/Jemandem/ „diese Farbenmischung von rot und gelb heißt ‚orange'" (wobei ich ihm die Farbe zeige) erhält er dann nicht durch diese Erklärung eine Bedeutung/ein Wissen um eine Bedeutung/ mit [|sozusagen| auf den Weg] die nun die Bedeutung des Wortes ‚orange' ist wann immer er es/das Wort/ braucht? Ja, – aber dem steht entgegen daß nun alle Fälle /(Instanzen)/ |des Auftretens| von ‚orange' verschwinden können und das Wort für ihn doch seine Bedeutung behält – es muß also an der Verbindung (zwischen Gegenstand und Wort) die durch die Erklärung gemacht/bei der Erklärung geschlagen/ wurde nur das wesentlich sein, was auch, wenn wir etwas Orangefarbenes nicht wirklich sehen, bestehen bleibt. Das was bestehen bleibt ist, beiläufig gesprochen, eine Vorstellung. Dasjenige was es ermöglicht, daß ich eine wirklich gesehene Farbe, welche immer, nur mit orange vergleichen kann – sagen kann, daß sie gelblicher, rötlicher etc ist als orange. Es wäre auch möglich daß ich die Bedeutung des Wortes wiederum vergäße (und das geschieht ja tatsächlich). Andererseits gehört aber, was immer von der/jener/ Verbindung wesentlich ist zum Bestand des Symbols.

2 ∫/r Ich meine also: Die Vorstellung die zum Gebrauch des Zeichens n o t w e n d i g|, wesentlich,| ist, gehört zum Symbol. 149

3 ∫ Es gibt offenbar eine Wirklichkeit die vom Zeichen unabhängig ist das ist die vom Satz zu beurteilende die ihn wahr oder falsch macht. Dann aber gibt es eine (Wirklichkeit) ohne die der Satz nicht wahr oder falsch sein (also) nicht Sinn haben kann. Diese gehört zum Satz und die Grammatik muß von ihr reden. V

4 Wenn die Erklärung des Zeichens (was sie doch tut) uns die Bedingung gibt, das Zeichen sinnvoll zu gebrauchen, (und tut sie das nicht so ist sie irrelevant) so gibt sie uns erst das Symbol. \

5 (Die gänzliche Unklarheit schaut oft so aus wie der Zustand als wären alle Probleme gelöst/wenn alle Probleme gelöst sind/, da beiden die Möglichkeit einer klaren Frage fehlt.) ɸ

2 ∫Vr *linke Randzeichen rot durchstrichen*
2 Einem/Jemandem/ *–zweite Variante im MS rot*
2 „diese ⟨Mischung⟩ von rot und gelb heißt ‚orange'"
4 „diese Farbenmischung von rot und gelb heißt ‚orange'" (wobei ich ihm die Farbe zeige) erhält er dann nicht durch diese Erklärung ⟨u…⟩
6 die Bedeutung des Wortes ‚orange' ist wann immer ⟨es …⟩
7 es/das Wort/ *–zweite Variante im MS rot*
11 nur das wesentlich sein, *–Komma im MS rot*
12 was auch, wenn wir ⟨oran…⟩
12 was auch, wenn wir etwas ⟨orangefarbenes⟩ nicht wirklich sehen,
13 bestehen bleibt. ⟨–⟩ Das was bestehen bleibt ist,
15 welche immer, nur *–im MS durchstrichen;* nur *außerdem durchkreuzt*
16 mit orange vergleichen kann – sagen kann⟨,/–/⟩ daß sie gelblicher,
22 ∫ *linkes Randzeichen überschrieben*
23 |, wesentlich,| *–das Einfügungszeichen ist im MS gewellt unterstrichen*
26 das ist die vom Satz zu beurteilende die ⟨ihr…⟩
31 *Im MS ein Absatz, durch Randzeichen als Bemerkung gekennzeichnet.*
31 (was sie doch tut) *–im MS durchstrichen*

1 ∫ Es ist sehr interessant die Allgemeinheitsnotation Russells (und Freges) mit der der gewöhnlichen Sprache zu vergleichen. Denn dabei zeigt es sich, daß diese der Vernunft/diese es ist die common sense/ entspricht. ⩔r

2 Unsere/Die gewöhnliche/ Sprache sagt „es gibt einen |roten|/es ist ein |roter|/ Kreis in diesem Viereck“ die Russellsche Notation sagt „es gibt ein Ding/einen Gegenstand/ der ein |roter| Kreis in diesem Viereck 150 ist“. Diese Ausdrucksform ist offenbar nach dem Modell gebildet: „es gibt eine Substanz die im Dunkeln leuchtet“, „es gibt einen Kreis in diesem Viereck der rot ist“. — Vielleicht ist schon der Ausdruck „es gibt“ irreführend „es gibt“ heißt eigentlich soviel wie: „es findet sich“ oder „es gibt unter diesen Kreisen einen ....“. Für gewöhnlich sagt man ja „in diesem Viereck *ist* ein Kreis“.

Wenn man also in größter/größt möglicher/ Annäherung an die Russellsche Ausdrucksweise sagt „es gibt einen Ort in diesem Viereck wo ein roter Kreis ist“, so heißt das eigentlich, unter diesen Orten gibt es einen wo etc.

17.

3 ⩔r Der Ausdruck „in diesem Viereck gibt es einen Ort“ hieße allein natürlich nichts, und daß ein Kreis im Viereck |sich| an einem Ort befindet sagt ebensowenig./natürlich auch nichts./

4 ⩔r |Zu sagen| „Es gibt einen Ort im Viereck an dem sich ein Kreis befindet“ hat nur dann einen Sinn wenn es heißt: *unter den Orten im Viereck gibt es einen*, an dem sich der Kreis befindet. Und das setzt voraus daß man sich diese Orte als eine Klasse (Gesamtheit) gegeben denkt. Das entspricht aber nicht der Wirklichkeit. — Und eben 151 das ist, glaube ich, der Grund warum man von vornherein bei dem Satz „in dem Viereck ist ein Kreis“ das Gefühl hat als handle es sich da um eine *einfache* Relation zwischen Viereck und Kreis. Was ich früher dadurch ausdrückte (indem ich sagte) man sähe in diesem Satz ganz von der Stellung, der Lage, ab. Und/; und/ lasse den Satz gar nicht auf die Lage des Kreises im Viereck reagieren. Der Satz sei gleichsam eine Kiste die den Kreis nur innerhalb ihrer Wände hält, ihn aber in ihr völlig frei läßt.

1 Es ist sehr interessant ⟨A...⟩
5 ⟨Die g...⟩
6 *Im MS:* es ist ein |roten| Kreis
6 die ⟨Russells ...⟩
6 die Russellsche Notation sagt⟨:⟩ „es gibt
13 Für gewöhnlich sagt man ⟨so ...⟩
15 „es gibt einen Ort in diesem Viereck ⟨an ...⟩
16 wo ein roter Kreis ist“, so heißt das eigentlich, ⟨„...⟩
20 „in diesem Viereck ⟨ist (oder) gibt es()⟩ einen Ort“
25 |Zu sagen| „Es gibt einen Ort im Viereck an dem sich ein Kreis befindet“ hat ⟨zu sagen⟩
30 warum man von vornherein bei dem Satz ⟨„ein Kr...⟩
33 von der Stellung, der Lage, ab⟨, und⟩ lasse den Satz
33 den Satz ⟨ja⟩ nicht auf die Lage des Kreises

Daß man aber diese Freiheit einfach *so* beschreiben kann, durch den Ausdruck „frei in der Kiste“, daß man also nicht erst die verschiedenen Möglichkeiten der Lage in der Kiste angeben muß um die Freiheit |die der Kreis hat| zu beschreiben, das drückt schon /selber/ aus was mit der „Einfachheit der Relation“ gemeint ist.

1 (Der schwierigste/schwerste/ Standpunkt in der Logik ist der des gesunden Menschenverstandes. Denn er verlangt zur Rechtfertigung seiner Meinung die volle Wahrheit und hilft uns nicht durch die geringste Conzession (oder Construktion))

2 Der (richtige) Ausdruck dieser Art Allgemeinheit ist also der der gewöhnlichen Sprache „in dem Viereck ist ein Kreis“ welcher die 152
Lage des Kreises einfach *offen* läßt (*unentschieden* läßt) („unentschieden“ ist ein richtiger Ausdruck, weil die Entscheidung einfach *fehlt*)

3 Aber nun frägt es sich: Wie verhalten sich die Wahrheitsfunktionen zu dieser logischen Allgemeinheit. Denn eine Verbindung muß durch das logische Folgen hergestellt sein/werden/. [... bestehen].

D.h. es nützt uns nicht daß wir einfach eine neue Art der Allgemeinheit annehmen, diese muß sich jetzt vor den Wahrheitsfunktionen rechtfertigen.

4 ∫∀r Denn aus der Angabe der Kreis befinde sich an einer bestimmten Stelle im Viereck muß *folgen* daß er im Quadrat ist. – Das heißt aber daß – z.B. – das logische Produkt des ersten Satzes und der Negation des zweiten eine Contradiction sein muß. Oder (was auf dasselbe hinausläuft) I .⊃. II muß eine Tautologie sein.

Das muß so zu Stande kommen indem die Ortsangabe es in sich enthält ob der Ort außerhalb oder innerhalb des Vierecks liegt. Also in der Geometrie des betreffenden Raumes liegt es./liegt es in der Geometrie des betreffenden Raumes./

5 ∫ Die Vorschrift |daß| diese beiden Angaben einander widersprechen 153
sollen, jene Duplication eine Tautologie ergibt liefert eben die hier entsprechende Geometrie.

7 (Der ⟨S...⟩
8 ist der des gesunden Menschenverstandes.⟨)⟩ Denn er
18 *Im MS ein Absatz, durch Randzeichen als Bemerkung gekennzeichnet.*
20 sein/werden/. *–zweite Variante im MS durchstrichen*
22 eine neue Art der Allgemeinheit annehmen ⟨–⟩ diese muß
25 ∫ *linkes Randzeichen überschrieben*
26 befinde sich an einer bestimmten Stelle im ⟨Qu...⟩
33 in der Geometrie des betreffenden Raumes liegt es./liegt es in der Geometrie des betreffenden Raumes./ *–erste Variante im MS durchstrichen*
36 einander widersprechen sollen, jene ⟨eine ...⟩

1 ∫ Daß die Tautologie und Contradiction nichts sagen, geht nicht etwa aus dem W-F-Schema hervor sondern muß festgesetzt werden. Und die Schemata machen nur die Form der allgemeinen Festsetzung leicht /einfach/. [… machen nur die Festsetzung der Form leicht./einfach./] \r

2 ∫ Und so muß – meine ich –/– will ich sagen –/ welche Verbindungen unserer allgemeinen Sätze nichts sagen auch von uns einfach festgesetzt werden. V̸r

Aber da ergibt sich eine Schwierigkeit. Denn wie unterscheiden wir hier Tautologie und Contradiction

3 ∫ Ist fa der besondere und fξ der allgemeine Satz so verhält es sich mit den Wahrheitsmöglichkeiten so: V̸r

fa	fξ
W	W
~~W~~	~~F~~
F	W
F	F

und aus dieser ergäbe sich freilich alles andere.

4 Wenn die Negation eine aus dem Feld der Möglichkeiten ausschließt, so läßt sie damit das übrige Feld offen (und ist insofern allgemein) Aber es kann das so geschehen als würde einer im Dunkeln/Dunkel/ aus einem Haus ausgesperrt. Er weiß dann genau wohin er nicht gehen kann, wovon er ausgeschlossen ist, sieht aber keine Möglichkeiten vor sich wohin er sich wenden könnte/soll/. V̸ 154

5 ∫V̸r Kann man nun nicht sagen: „A ist rot" gehört zum Feld der durch „A ist nicht grün" zugelassenen Möglichkeiten. „A ist grün" ist ausgeschlossen und damit alles übrige freigegeben. In diesem ganzen übrigen Feld befindet sich auch „A ist rot".

6 ∫V̸r Wie aber soll sich das symbolisch ausdrücken? – daß nämlich ‚A ist rot' außerhalb von ‚A ist grün' liegt.

Wie zeigt es sich daß „A ist rot" in dem Gebiete von „A ist nicht grün" liegt?

Wie anders, als daß eine Wahrheitskombination ausgeschlossen wird?

7 ∫V̸r „A ist nicht grün" schließt „A ist rot" als eine/seine/ Möglichkeit ein.

2 geht nicht etwa aus dem ⟨F…⟩
4 leicht/einfach/. *–erste Variante im MS durchstrichen*
4 Festsetzung leicht/einfach/. ⟨[… machen es sehr leicht …⟩
4 leicht./einfach./] *–im MS steht vor der Variante eine vertikale geschweifte Klammer*
6 meine ich *–im MS doppelt gewellt unterstrichen*
6 ⟨die Festsetzung⟩ welche ⟨Satzverbindungen …⟩
22 es kann das so geschehen als würde einer im ⟨H…⟩
24 Er weiß dann genau wohin er nicht gehen kann, ⟨aber (…⟩
27 ∫ *linkes Randzeichen überschrieben*
28 zum Feld der durch „A ist nicht grün" ⟨ausgeschlossenen⟩ Möglichkeiten.
29 und damit alles übrige freigegeben. ⟨Zu …⟩
32 ∫ *linkes Randzeichen überschrieben*
34 Wie zeigt es sich daß „A ist ⟨gr…⟩
39 ∫ *linkes Randzeichen überschrieben*
39 „A ist nicht grün" schließt „A ist rot" ⟨ein …⟩

18.

1 ∫⩔r Es muß sich die Geometrie dieser Sätze zeigen (sie muß in der Sprache aufscheinen).

2 ∫ 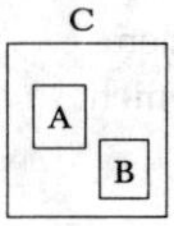

(Es ist ja ein ganz analoger Fall, wie der/dem/ daß ein Fleck der im |großen Viereck| C ist aber n i c h t i n A, in B sein kann.) ⩔r 155

3 Daß „A ist grün“ und „A ist rot“ konträre Sätze sind muß sich in einer ähnlichen |(analogen)| Weise zeigen, wie, daß „A ist grün“ und „A ist nicht grün“ kontradiktorische Gegenteile sind.

4 ∫ Wie zeigt es sich denn daß „p“ und „~p“ complementär sind? – Nämlich so muß es sich auch zeigen, daß „A ist rot“ im Complement von „A ist grün“ liegt. ⩔r

5 ∫ Das erste zeigt sich doch offenbar darin, daß p ∨ ~p tautologisch ist. ⩔r

Und das wieder wird dadurch klar gemacht, daß q · (p ∨ ~p) = q ist. (Und (durch) andre ähnliche Beziehungen)

6 ∫ Wenn man freilich an dieser Erklärung bemängelt, daß ja eben der Sinn des „·“ noch nicht erklärt ist und wieder einer Erklärung bedarf, so ist – glaube ich – die Antwort, daß es eine andere Erklärung als das vollständige Aufstellen der Regeln nicht gibt. ⩔r

Und gewiß ist der Begriff des „und“ nicht weniger/ebenso/ erklärungsbedürftig als/wie/ der der Tautologie.

Und sie werden nur alle zusammen erklärt, oder auch nicht erklärt. (Grammatik ein Schachspiel) 156

7 ∫⩔r Wer übrigens die Negation erklären will, der merkt bald, daß er nur wieder eine Negation in anderer Form vorbringt (er verwendet etwa den „Ausschluß“ oder anderen Ausdruck.)

8 ∫⩔r q · (a ist rot .⊃. ~(a ist grün)) = q

9 / Die Erklärung die man erhält wenn man nach dem Wesen des Satzes fragt: Satz sei alles was wahr oder falsch sein könne, ist nicht so ganz unrichtig. Es ist die Form der Wahrheitsfunktion (in welcher Form |(der Zeichengebung)| immer ausgedrückt/dargestellt/) die das logische Wesen des Satzes ausmacht.

2 ∫ *linkes Randzeichen überschrieben*
5 wie der/dem/ *–erste Variante im MS durchstrichen*
6 ein Fleck der ⟨in⟩ C ist aber n i c h t i n A
31 ∫ *linkes Randzeichen überschrieben*
35 ∫ *linkes Randzeichen überschrieben*
38 was wahr oder falsch sein könne, ist ⟨so unrichtig …⟩
39 welcher Form immer ⟨|(der Zeichengebung)|⟩ ausgedrückt/dargestellt/
40 ausgedrückt/dargestellt/ *–zweite Variante im MS durchstrichen*
40 ausgedrückt/dargestellt/)⟨. …⟩

1 ∫$\not\vee_r$ Ich sagte daß in dem Satz „in dem Viereck ist ein roter Kreis“ von keiner Gesamtheit der Orte an dem ein Kreis sich befinden kann, die Rede sei, so daß es zu diesem „es gibt …“ kein „für alle ….“ gäbe. – Muß ich denn aber nicht sagen, daß aus *jedem* Satz der eine bestimmte Lage des Flecks im Viereck beschreibt der Satz „in dem Viereck ist ein roter Kreis“ folgt? Ist diese/jene/ Allgemeinheit nicht das Correlat dieses Existenzialsatzes?

2 In Wahrheit gibt es zu dem „in dem Viereck ist …“ ein „wo immer im Viereck ein roter Kreis ist, ….“. „Wenn im Viereck ein roter Kreis ist, dann ….“ kann man immer auch so ausdrücken „Wo immer im Viereck ein roter Kreis ist, : ….“. $\not\vee_r$ 157

3 $(\exists x)\cdot \varphi x .\supset. p = (x) : \varphi x .\supset. p$ $\not\vee_r$
Aber das zeigt uns auch, wie wir das „wo immer ….“ aufzufassen haben. Denn auch das „wo immer ….“ enthält keine Beziehung /Anspielung/ auf eine Gesamtheit.

4 ∫ Die Erklärung über das Zeichen „in dem Viereck ist/gibt es/ ….“, es folge aus jedem Satz, der aussage, der Fleck befinde sich an einer/der und der/ bestimmten Stelle des Vierecks, ist nicht besser, als die, der Satz „in dem Viereck ist/gibt es/ ….“ folge aus einem Satz, wenn /sobald/ der aussage der Fleck befinde sich an der und der bestimmten Stelle etc. $\not\vee_r$

5 ∫ Wie verhält sich dazu die Erklärung ~p folge immer daraus daß p nicht der Fall ist? $\not\vee_r$

6 ∫ Ist es seltsam oder unrichtig, daß in der grammatischen Regel für die uns interessierende Allgemeinheit, diese selbst angewendet werden muß? Ist das nicht vielmehr sogar selbstverständlich? $\not\vee_r$

19. 158

7 $\not\vee_r$ Jedenfalls ist es unbillig zu verlangen die Allgemeinheit deren Symbolismus erklärt werden soll, solle nicht in dieser Erklärung selbst vorkommen denn erklären läßt *sie* sich ja ohnehin nicht und irgendwelche Begriffe müssen ja in den Syntaktischen Regeln gebraucht werden.

8 /$_r$ „Wo immer der Fleck im Viereck ist …“ heißt „wenn er/solange er/ im Viereck ist …“ und hier ist nur (wieder) die Freiheit (*Ungebundenheit*) im Viereck gemeint/gedacht/, aber keine Menge von Lagen.

1 ∫ *linkes Randzeichen überschrieben*
3 ein Kreis sich befinden kann, die Rede sei⟨. …⟩
6 diese/jene/ *–erste Variante im MS durchstrichen*
7 nicht das Correlat ⟨des⟩ Existenzialsatzes?
11 „Wenn im Viereck ein roter Kreis ist, dann ….“⟨,⟩ kann man
19 ist/gibt es/ *–erste Variante im MS durchstrichen*
20 jedem Satz, der ⟨Aussage⟩, der Fleck befinde sich
22 ist/gibt es/ *–erste Variante im MS durchstrichen*
37 *Im MS:* in der Syntaktischen Regeln
41 (wieder) *–im MS rot durchstrichen*
42 gemeint/gedacht/ *–zweite Variante im MS rot durchstrichen*

1 / Es besteht freilich eine logische ähnlichkeit (formelle Analogie) zwischen dieser Freiheit und der Gesamtheit von Möglichkeiten, daher gebraucht man oft in beiden Fällen die selben Worte („alle“, „jeder“ etc)

2 /⩔r „Wo immer er ist ....“ heißt, er ist an keinen Ort gebunden. Aber hier ist wieder das „keinen“ zweideutig (da es bedeuten könnte: keinen von diesen ...) und man sollte etwa sagen „er ist örtlich nicht gebunden“. – Die Multiplizität ist die richtige die der Satz |„in dem Viereck ist ...“| hat. Hätte er in Wirklichkeit eine größere/andere/ als die scheinbare, so müßte sich das in seiner Anwendung zeigen.

3 ⩔ Wenn ich sagte, der Satz sei zusammengesetzt so meinte ich damit, der 159
Satz/er/ könne in gewissem Sinn nicht einfach sein. Aber warum, und inwiefern kann er nicht einfach sein?

4 ⩔ Wäre er einfach d.h. ein für allemal unveränderlich vorhanden, so brauchte man ihn überhaupt nicht.

5 ⩔ Und zwar genau so wie ein Zeichen, das in allen Sätzen vorkäme, überflüssig ist./wäre./

6 ʃ Die Methode der Philosophie ist, auf alle Stimmen zu hören und sie alle miteinander zu versöhnen (reconcile) ⩔r

7 Das Zeichen hat nur einen Zweck, wenn ich mit ihm operieren kann. ⩔
Und dann muß es in verschiedenen Zusammenhängen vorkommen können.

8 Das Wesentliche, der Sinn (d.h. Zweck), des Satzes ist ja, daß ich die einzelnen Zeichen durch eine Übersetzungsregel erklären kann, aber der Satz sich selbst erklärt. ⩔

9 Die Bildung von Wortzeichen ist ja nur präliminar ⩔\,
D.h. sie ist an sich wertlos und ihr Zweck ist erst die Bildung einer Kombination aus ihnen. ⩔\,

3 daher gebraucht man oft in beiden Fällen die selben ⟨Worte...⟩
6 / *linkes Randzeichen überschrieben*
6 „Wo immer er ist ....“ heißt, ⟨„⟩er ist an keinen Ort gebunden⟨“⟩
9 Die Multiplizität ist die richtige die der ⟨gewöhnliche⟩ Satz
10 größere/andere/ *–erste Variante im MS durchstrichen*
30 ⩔ *Fragezeichen im MS rot durchstrichen*
30 Das Wesentliche, der Sinn (d.h. Zweck), des Satzes ⟨j...⟩
34 ⩔ *rechtes Randzeichen überschrieben*
34 ja *–im MS rot durchstrichen*
35 ⩔ *rechtes Randzeichen überschrieben*
35 *Der Absatz ist im MS eine Bemerkung, durch eine rote Klammer in der Zeile der vorangehenden zugeordnet.*
36 aus ihnen. *–im MS rot eingekreist*
36 *Im MS fehlt die nachfolgende Leerzeile.*

1 Denken wir uns jemand sagte „dieses Holzstückchen soll der A sein, dieses soll der B sein"; und hörte auf. So würden wir fragen: was ist es nun mit ihnen, warum hast Du A und B durch die Hölzer repräsentiert? Denn das kann doch nur die Vorbereitung dazu sein, daß Du etwas über sie sagen willst. 160

2 ∫ Wie gesagt: das Satzzeichen repräsentiert nicht. – Es stellt dar.

3 / Wäre der Satz einfach, was soll ich mit ihm anfangen? Nehmen wir an ich wollte jemandem die Mitteilung machen: a. Aber damit er sie versteht, müßte ich ihm die Bedeutung von a/das Zeichen a/ erklären; dann wüßte er aber auch schon alles, was ich ihm mit „a" sagen könnte. Es muß Eines/ein Andres/ sein die Sprache zu lernen, und ein Anderes eine Mitteilung in der Sprache zu erhalten. Hier aber, wenn der Satz einfach wäre, wäre es (nur) eins./ein und dasselbe./ [... wäre es eins.] Dann bedürfte es aber doch der Sprache gar nicht.

4 / Denn sage/gebe/ ich jemandem ein Zeichen, so versteht er es nicht. Es muß ihm erklärt werden. Wozu es ihm aber dann überhaupt geben? (Anders ist es, wenn man es zum zukünftigen Gebrauch erklärt.) [|Variante:| Denn gebe ich jemandem ein neues Zeichen, so ......]

7.10. 161

5 ∫ Es gibt keine Metamathematik.

6 / Der Unterschied zwischen etwas Allgemeinem, das man wissen könne und dem Besonderen das man aber nicht wisse, oder zwischen der Beschreibung des Gegenstands die man kenne und dem Gegenstand den man nicht gesehen hat ist auch ein Stück das man von der physikalischen Beschreibung der Welt in die Logik hinüber genommen hat. Daß unsere Vernunft Fragen erkennen kann, aber deren Antworten nicht, gehört auch hierher. \

7 / Bemerkung/Zur Erklärung der Bedeutung:/ „lies ....". Erklärung der Aussprache dieser Zeichen durch die Aussprache jener/anderer/. Aber nicht eine Erklärung der Aussprache/des Aussprechens/ von Zeichen überhaupt, also der Beziehung zwischen Zeichen und Aussprache überhaupt. \

8 Hypothese, daß alle Menschen eigentlich nach N. gehen und nur früher oder später; und einige (die meisten) sterben ehe sie hinkommen. Muster einer wissenschaftlichen Hypothese. \

9 ∫ „The room is 12 foot (oder 12 feet) high." Bedeutung von singular und plural in diesem Fall. (Frege Grundl. d. A.) 162

1 Denken wir uns jemand sagte⟨:⟩ „dieses Holzstückchen soll der A sein,
4 durch die Hölzer repräsentiert? ⟨–⟩ Denn das
7 ∫ *linkes Randzeichen überschrieben*
10 Aber ⟨um⟩ sie ⟨zu verstehen⟩, müßte ich ihm
13 Es muß ein ⟨Anderes⟩ sein die Sprache zu lernen,
16 doch *–im MS durchstrichen*
18 ein ⟨|neues|⟩ Zeichen, *–das Einfügungszeichen ist im MS gewellt unterstrichen*
41 \ *rechtes Randzeichen rot durchstrichen*

13.

1 ⩔ Wenn wir sagen „es hat sehr lang gebraucht ….“ so ziehen wir oft die Worte in die Länge um die Länge abzubilden und umgekehrt wenn wir sagen „es war ein kurzer Augenblick“ so sprechen wir die Worte kurz und bestimmt aus. Es würde eine sehr komische Wirkung tun wenn wir in diesem Ausdruck die Worte nach der ersten Art ziehen wollten.

2 ⩔ᵣ Es ist schwer die erste Figur nicht körperlich zu sehen, dagegen wird es leicht wenn man sie wie Figur 2 schraffiert.

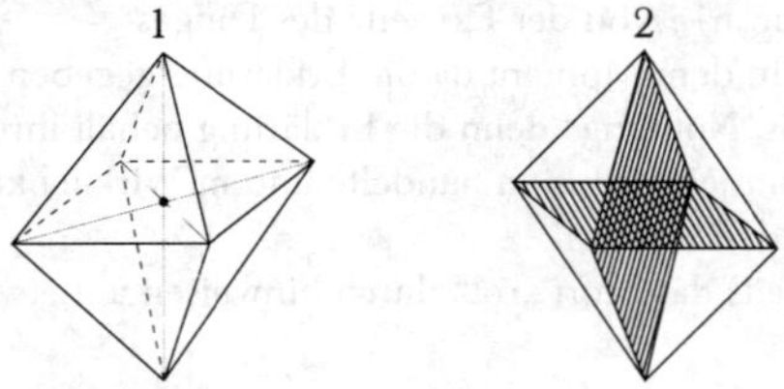

16

3 ⩔∫/ᵣ Wenn ich sage „A hat einen grauen Hut“ und ich gefragt werde „wer ist A“ und antworte „dieser ist der A“, so mache ich damit den Menschen A zu einem Symbol in meinem Satz oder es ist doch m ö g l i c h, daß ich ihn zu einem Bestandteil meines Satzes mache; aber das m u ß nicht geschehen und der Name kann für eine 163 Beschreibung stehen – die ihren Sinn behält auch wenn der Gegenstand/Körper/ A zerstört wird. Das ist aber merkwürdig und widerspricht einem Gefühl, daß wir, wenn wir den Namen A gebrauchen, uns nicht bewußt sind einmal dessen, daß A |für| eine Beschreibung steht, das andremal daß es nur mit dem Körper A zusammen Bedeutung hat.

Tritt dieses Problem auch auf wenn es sich z.B. um eine Farbe handelt?

4 Wenn ich etwa sage „das Tuch ist mauve“ und auf die Frage „was ist /bedeutet/ ‚mauve‘“ auf einen Gegenstand von dieser Farbe zeige. \ᵣ Man könnte dabei sagen „merke dir, das ist mauve“ und hat dabei eine ganz bestimmte |Art der| Wirkung dieses Zeigens im Sinn.

5 Wenn nun der Betreffende (wie es tatsächlich oft geschieht) vergißt \ᵣ welche Farbe man so bezeichnet hat aber nicht vergißt daß bei einer bestimmten Gelegenheit ihm die Bedeutung des Wortes „mauve“ erklärt wurde und nun fällt dieses Wort wieder und er weiß nur es ist die Farbe von der bei jener/dieser/ Gelegenheit die Rede war, hat nun das Wort für ihn eine andere Bedeutung als damals wie er wußte wie mauve ausschaut? Ich glaube ja. 164

26 auch wenn der Gegenstand/Körper/ A zerstört wird ⟨–, …⟩
34 *Im MS fortlaufender Text, durch Randzeichen als Bemerkung gekennzeichnet.*
34 Wenn ich etwa sage „⟨dieses⟩ Tuch ist mauve“
35 ist/bedeutet/ ‚mauve‘ *– im MS ist die zweite Variante* bedeutet *in rot, ebenso die einfachen Anführungszeichen von* ‚mauve‘
37 eine ganz bestimmte |Art der| Wirkung dieses ⟨Zeich…⟩
43 von der bei ⟨einer⟩ Gelegenheit die Rede war,

1 / Das verhält sich aber doch ebenso wenn ich Herrn A kennen lerne und vergesse wie er ausschaut und später von ihm reden höre. Und es lassen sich Sätze angeben die für mich sinnlos sind wenn dem Namen A kein visuelles Erinnerungsbild entspricht

18.

2 ∫∨r In *einem* Sinn ist das Schwert Nothung die Bedeutung des Namens „Nothung“. So zwar daß der Name seine Bedeutung verliert wenn dieses Schwert aufhört zu existieren. In dem anderen Sinn in welchem der Name seine Bedeutung nicht verliert, wenn auch das Ding zerstört wird, hat seine Bedeutung *nie* von der Existenz des Dinges abgehangen, auch nicht in dem Moment da die Erklärung gegeben wurde: „dieses Schwert ist Nothung“ denn die Erklärung behält ihren Sinn auch wenn es sich um eine Illusion handelte und in Wirklichkeit gar kein Schwert vorhanden war.

Wenn man andrerseits das Wort „rot“ durch hinweisen auf etwas rotes erklärt, – – –

3 Ich könnte die Bedeutung von „rot“ so erklären daß ich sagte: drücke auf deine Augenlider, was du dann siehst ist rot. 165

4 ∫ Aber könnte ich nicht auch die falsche Erinnerung in jemandem wachrufen daß er etwas rotes gesehen habe oder überhaupt die Vorstellung von rot ohne daß er je rot gesehen hat. \r

5 Kann ich nicht jedenfalls durch eine Beschreibung – sagen wir – ein Blaugrün in seine Vorstellung bringen wenn er auch noch nie eines wirklich gesehen hat und nur etwa blau und grün? ∨r

6 ∫ Ich will sagen: Wenn es nicht wesentlich ist daß es etwas rotes gibt damit das Wort rot Bedeutung habe dann kann es nie wesentlich gewesen sein. Die *Geschichte* des Erlernens einer Bedeutung kann nie wesentlich sein ∨r

22.

7 *Die* Sprache kann nicht durch Unterrichtsbriefe gelernt werden. \\
(Was wir also so lernen können steht im Gegensatz zur Sprache)

1 Herrn *–im MS rot durchstrichen*
6 ⟨17.⟩ *Datum im MS verschrieben und korrigiert*
7 ∫ *linkes Randzeichen überschrieben*
9 In dem anderen Sinn in welchem ⟨das Wor...⟩
13 denn die⟨(se)⟩ Erklärung behält ihren Sinn
16 das Wort „rot“ durch ⟨Hinweisen⟩ auf etwas rotes erklärt,
26 *Im MS ein Absatz, durch Randzeichen als Bemerkung gekennzeichnet.*
26 Kann ich nicht jedenfalls durch eine Beschreibung ⟨ein ...⟩
28 und nur etwa ⟨wirk...⟩
36 \ *rechtes Randzeichen durchstrichen*
37 (Was wir also |so| lernen ⟨der ...⟩
37 Was wir also so lernen können steht im Gegensatz zur Sprache) *–im MS am linken Rand mit einer vertikalen Wellenlinie markiert*

1 Wir müssen wissen daß jedes Stück altes Eisen das wir auf der Straße finden ein Schlüssel ist und daß es sich sozusagen nur darum handelt sie in der richtigen Reihenfolge zu verwenden um alle Türen des Hauses nacheinander aufsperren zu können. ∨ 166

2 ∨ Was heißt es, einen Satz verstehen? Ich glaube das Verständnis was da ist muß sich zeigen lassen und nur soweit es sich zeigen läßt ist /existiert/ es.

Die Frage ist eigentlich nicht „was heißt es einen Satz so verstehen wie ihn ein anderer gemeint hat" sondern „was heißt es einen Satz irgendwie zu verstehen" also besser: zu deuten.

Wie würde ich zeigen daß ich das Wörterbuch als Übersetzungsregel deute? Doch dadurch daß ich danach eine Übersetzung ausführe.

3 / Es ist etwa dies mein Wörterbuch:

a | e und ich übersetze danach den Satz b d c a in f h g e. Nun
b | f habe ich – im gewöhnlichen Sinne – gezeigt, daß ich den
c | g Gebrauch des Wörterbuchs verstehe und kann sagen daß
d | h ich auf gleiche Weise den Satz c d a b übersetzen kann

wenn ich will. — Wenn also der Satz c d a b ein Befehl ist den entsprechenden Satz in der zweiten Sprache hinzuschreiben, so 167 verstehe ich diesen Befehl wie ich etwa den Befehl verstehe |||||| Schritte zu gehen wenn mir gezeigt wurde wie die entsprechenden Befehle mit den Zahlen |, ||, |||, ||||, ausgeführt werden.

Man kann geradezu sagen: Ich habe dir jetzt gezeigt was f(|), f(||), f(|||) und f(||||) heißt, jetzt wirst du verstehen was f(||||||) bedeutet.

D.h. man rechnet damit daß ihm von dem Demonstrieren der Ausführung von f(|), f(||), etc |etwas –| quasi ein Eindruck – geblieben ist was er nun auf f(||||||) anwenden wird.

4 Aber natürlich kann das nicht anders sein als wenn ich, z.B., sage „ich will diesen Fleck rot anstreichen", eine Vorstellung von der Farbe habe und nun „w e i ß" wie diese Vorstellung in die Wirklichkeit zu übersetzen ist. ∨

5 Es ist das Verhältnis der/meiner/ Vorstellung zu der gegenwärtig gesehenen Farbe was das Verstehen der Vorstellung als eines Zeichens möglich macht. ∨

Ja dieses Verhältnis muß das Verständnis |ausmachen,| nicht nur möglich machen.

6 / Ja das ganze Problem ist schon darin enthalten: Was heißt es zu wissen wie der Fleck aussähe, wenn er meiner Vorstellung entspräche? 168

9 ⟨Die Fr…⟩ *–nach einer Leerzeile gestrichener Anfang einer Bemerkung*
16 *Im MS ein Absatz, durch Randzeichen als Bemerkung gekennzeichnet.*
17 und ich übersetze ⟨den …⟩
24 wenn mir gezeigt wurde wie ⟨der entsprechende Befehl⟩ mit den Zahlen
30 geblieben ist was er nun auf ⟨(⟩f(||||||)
34 wie diese Vorstellung ⟨in diese Vorstellung⟩ in die ⟨Wirklichen⟩ zu übersetzen ist.
37 *Im MS ein Absatz, durch Randzeichen als Bemerkung gekennzeichnet.*

1 ∫⩔ Dieses Wissen muß ganz und gar in dem liegen was wirklich gegeben ist.

2 ∫⩔ Wäre die Vorstellung allein so könnte aus ihr keine Wirklichkeit konstruiert werden.

3 ∫⩔ Es handelt sich darum daß ich die Distanz der Vorstellung von dem sehe was ist.

4 ∫⩔ Ich muß, scheint es, eine allgemeine Übersetzungsregel in ihrer Allgemeinheit verstehen.

5 ∫×⩔ Wenn wir einen einfachen Fall vor uns haben so ist es gut zu trachten den einmal zu verstehen; ob er sich nun als das prototyp aller Fälle erweisen sollte oder nicht.

23.

6 ∫/ Was heißt es, eine allgemeine Regel zu verstehen?
Man kann die Zahlen ||, ||||, ||||||, sehen ohne eine allgemeine Regel ihrer Bildung zu verstehen und man kann eine allgemeine Regel aus ihnen entnehmen. 169

7 Der Befehl kann ja wirklich lauten: ||, ||||, ||||||, – setze diese Reihe fort. ⩔

8 ∫ Die Regel der Interpretation kann nicht ausgedrückt werden, weil jeder Ausdruck einer Interpretation bedarf. ⩔

9 ∫ Das Wörterbuch ist/gibt/ die allgemeine Regel der Übersetzung. Aber auch das Wörterbuch muß ja |so| erst verstanden werden. Gibt es ein Verstehen einer allgemeinen Regel |als solcher| außer durch ihre Anwendung? ⩔

1 ∫ *linkes Randzeichen überschrieben*
4 ∫ *linkes Randzeichen überschrieben*
7 ∫ *linkes Randzeichen überschrieben*
7 Es handelt sich darum daß ich die Distanz ⟨ne...⟩
10 ∫ *linkes Randzeichen überschrieben*
13 ∫ *linkes Randzeichen überschrieben*
23 *Im MS ein Absatz, durch Randzeichen als Bemerkung gekennzeichnet.*
23 Der Befehl kann ja wirklich ⟨so⟩ lauten:
28 ist/gibt/ *–erste Variante im MS durchstrichen*

1 ∫ Wenn man sagt daß das Übersetzen von einer Zeichensprache in die andere alles ist wodurch ich mein Verstehen dokumentieren kann ja alles worin es besteht so muß man sich – glaube ich – nur gegen einen Vorwurf schützen, den, daß dann die letzte Übersetzung in die Wirklichkeit und damit der Sinn des Satzes unbestimmt bleibt. Dasjenige was man gegen diese Auffassung einwenden möchte ist: Du sagst also daß ich solange nicht wissen kann welche Tat den Befehl befriedigt bis sie nicht getan ist. Aber das sage ich gerade nicht. Wir 170 fürchten daß dann der Satz mehrdeutig würde. Aber Mehrdeutigkeit ist etwas (ganz) Anderes.. ⩔

Eine Erwartung ist nicht mehrdeutig weil das was sie erwartet /die Entscheidung/ tatsächlich noch nicht eingetroffen ist.

2 ⩔ Aber wenn ich denkend Zeichen gebrauche so rede ich doch nicht nur sondern meine etwas ganz bestimmtes! Freilich etwas ganz bestimmtes im Gegensatz zu dem Fall wo einer redet und nur unbestimmt weiß was die Worte bedeuten. Für beide Fälle kann man Beispiele angeben aber beide treten aus der Sprache nicht heraus.

3 ∫× Wenn ich sage ich erwarte mir hier einen roten Kreis so erwarte ich doch etwas ganz bestimmtes, es kann dann doch nicht etwa ebensogut dieser blaue Kreis meine Erwartung befriedigen. Freilich nicht, aber das sagte ich auch nicht und wir sind ja damit doch nicht bis zur Entscheidung unserer Erwartung vorgeschritten/vorgedrungen/ sondern haben nur eine Übersetzung abgelehnt.

4 / Wenn man nun fragt: Ist also die Tatsache durch die Erwartung auf ja und nein bestimmt oder nicht d.h. ist es bestimmt in welchem Sinne 171 die Erwartung durch ein Ereignis, welches immer |eintritt,| beantwortet |werden| wird, so muß man antworten: ja! Unbestimmt wäre es |etwa| im Falle einer Disjunktion im Ausdruck der Erwartung.

5 Wenn ich voraussehe wie es kommen wird, sehe ich da etwa doch nicht voraus wie es kommen wird, weil ich die Voraussicht nicht in die Wirklichkeit projizieren kann die |noch| nicht vorhanden ist? Im Gegenteil die Möglichkeit meiner Voraussicht beruht gerade darauf daß die zu dieser Voraussicht gehörige Realität nicht auch die Erfüllung (oder ihr Gegenteil) der Voraussicht beinhaltet. ⩔

3 alles worin es besteht so muß man sich ⟨ge…⟩ ⟨nur …⟩
11 *Der Absatz ist im MS am linken Rand mit einer vertikalen Wellenlinie markiert.*
14 *Die Bemerkung ist am linken Rand mit einer vertikalen Wellenlinie markiert.*
20 ∫ *linkes Randzeichen überschrieben*
20 ich erwarte mir hier einen roten Kreis so ⟨stelle⟩ ich ⟨mir…⟩
28 d.h. ist es bestimmt in welchem Sinne ⟨ei…⟩
30 |eintritt,| beantwortet |werden| *–im MS sind auch die Einfügungszeichen gewellt unterstrichen*
30 welches immer |eintritt,| beantwortet |werden| wird⟨?⟩ so muß man
35 |noch| *–im MS ist auch das Einfügungszeichen gewellt unterstrichen*

1 Die scheinbare Unbestimmtheit von der ich sprach, ist e b e n s o wenig vorhanden wie die, von der manche Leute reden die daher kommen soll daß wir nicht wissen können ob wir die gleiche Farbe sehen wenn wir/zwei Menschen die gleiche Farbe sehen wenn sie/ einen Gegenstand betrachten. Das ist Unsinn denn unter dem Sehen verschiedener Farben meinen/verstehen/ wir etwas ganz anderes und es gibt |in diesem Sinne| Kriterien dafür ob die Beiden in d i e s e m Sinn die gleiche oder verschiedene Farben sehen. \ᵣ

24.

2 ∫ Könnte ich einen Farbfleck erwarten wenn ich jetzt keine Farbe sähe? Wenn nein, dann ist das sehen einer Farbe für die Erwartung wesentlich. Und gehört zu ihr. ∀ 172

3 ∫∀ Ist es nur e i n e Art der Beschreibung eines seelischen Vorgangs zu sagen er sei die Erwartung daß hier ein roter Fleck auftreten wird oder ist es die interne Beschreibung dieses Vorgangs in dem Sinn in welchem der Satz „ein roter Fleck tritt dort auf" die interne Beschreibung der Erfüllung jener Erwartung ist? Ich glaube, – offenbar das Letztere.

4 ∫∨/ Der Ausdruck der Erwartung ist die Erwartung.

5 ∫/ „Meine Erwartung ist so gemacht, daß, was immer kommt mit ihr übereinstimmen muß oder nicht"

25.

6 ∫∀ Zum Beweis dessen daß man wirklich weiß was man mit dem Satz „ich erwarte mir hier einen roten Fleck" meint, sagt man etwa: freilich weiß ich was ich mir erwarte, ich sehe den Fleck jetzt deutlich vor mir!

7 ∫ Wenn ich gehe so enthält der einzelne Schritt nicht das Ziel wohin mich das Gehen bringen wird. ∀\ 173

8 ∫ Komme ich an's Ziel so war jeder/der/ Schritt ein Schritt zu diesem Ziel. \

4 ob zwei ⟨Lebewesen⟩ die gleiche Farbe sehen wenn sie einen Gegenstand

4 wir die gleiche Farbe sehen wenn wir/zwei Menschen die gleiche Farbe sehen wenn sie/ *–erste Variante im MS durchstrichen*

8 in d i e s e m Sinn *–im MS durchstrichen*

15 ∫ *linkes Randzeichen überschrieben*

22 ∫∨ *linke Randzeichen durchstrichen*

24 ∫ *linkes Randzeichen durchstrichen*

28 ∫ *linkes Randzeichen überschrieben*

32 ∀ *rechtes Randzeichen durchstrichen*

35 *Die Bemerkung steht im MS nach der folgenden, durch Pfeile am linken und rechten Rand und einer Klammer am linken Rand umgestellt.*

35 Komme ich an's Ziel so war jeder/der/ Schritt ein Schritt ⟨zum …⟩

1 ∫ Ich mache Versuche mich, oder meinen Hörer, in's Wasser fallen zu lassen und ihn dann herauszuziehn um so eine Rettung zu demonstrieren. Aber es geht nicht sehr elegant: einmal gelingt es mir nicht recht ihn ins Wasser zu werfen und ich wälze ihn auf der Erde herum ohne ihn ins Wasser zu bringen, und dann wieder habe ich ihn ins Wasser geworfen aber ich bringe ihn nicht mehr heraus und er ist in |der| Gefahr zu ertrinken. ⩔

2 ∫ Wie kann man etwas abbilden was nicht da ist!? ⩔

(Offenbar liegt hier eine Zweideutigkeit in den Worten „etwas" und „da ist/sein/".)

3 In dem Faktum des Verstehens muß das Verstehen (was immer es ist) seinen Ausdruck finden. \

In dem Vorgang des Verstehens (welcher immer der sei) muß das Verstehen a u s g e d r ü c k t sein.

4 ∫ Man ist (durch falsche Grammatik) versucht zu fragen: wie denkt man den Satz p, wie erwartet man daß das und das eintreffen wird (wie macht man das). Und in dieser falschen Frage liegt wohl die ganze Schwierigkeit in nuce enthalten. \ 174

5 ⩔ Der falsche Vergleich besteht hier darin daß wir uns die Sache wie einen Mechanismus denken/vorstellen/ dessen Äußeres wir kennen dessen inneres Arbeiten uns aber |noch| verborgen ist.

6 ϕ⩔ Es ist eine Haupttätigkeit der Philosophie vor falschen Vergleichen zu warnen. Vor (den) falschen Vergleichen/Gleichnissen/ zu warnen die unserer Ausdrucksweise – ohne daß wir uns dessen ganz bewußt sind – zugrunde liegen.

Ich glaube unsere Methode ähnelt hier der der Psychoanalyse die auch unbewußtes bewußt und dadurch unschädlich machen will und ich glaube daß diese Ähnlichkeit keine rein äußerliche ist.

7 / Das Etwas was wir erwarten scheint/erscheint/ uns immer wie/als/ der Mensch der etwa zur Tür herein kommen soll nicht wie die Tatsache/der Umstand/das Ereignis/ daß er kommen soll.

8 ∫⩔ Die Bedeutung eines Zeichens ist das ganze Symbol zu dem das Zeichen gehört. Oder man könnte sagen sie ist der Platz im grammatischen Raum an dem es steht. 175

9 ∫ In irgend einem Sinne kann man sagen: Ein Satz/Zeichen/ hat nur im System einer Sprache Sinn. \

24 einen Mechanismus denken/vorstellen/ dessen ⟨au…⟩
25 |noch| *–im MS ist auch das Einfügungszeichen gewellt unterstrichen*
27 ϕ *linkes Randzeichen überschrieben*
35 Das ⟨etwas⟩ was wir erwarten
39 ∫ *linkes Randzeichen überschrieben*
41 sie ist der Platz im grammatischen ⟨Raume⟩ an dem es steht.

1 ∫ Wenn ich einen Befehl gebe so muß ich in der selben Sprache auch die/eine/ Tat beschreiben können, die dem Befehl zuwiderläuft. ⩔

26.

2 Wenn jemand den Befehl der in dem Plan 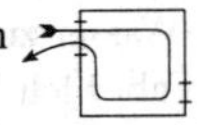 ausgedrückt ist v e r s t e h t so m u ß er auch den Befehl 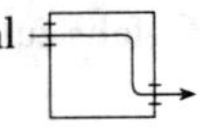 verstehen. ⩔

Das heißt es ist unmöglich |nur| e i n e n Satz einer Sprache zu verstehen.

3 |D.h.| Ein Satz kann nur als Teil eines Systems verstanden werden. \

4 Kann man sagen: Verstehen was der Satz sagt „hier wird ein roter Kreis erscheinen“, heißt, den gegenwärtigen Zustand in d i e s e l b e Sprache übersetzen können (den gegenwärtigen Zustand in der g l e i c h e n Sprache beschreiben können) \

5 / Man kann einen Satz nicht losgelöst von einer Sprache verstehen. 176

6 ∫⩔ „In der gleichen Sprache ausdrücken“ heißt mit dem gleichen Maßstab messen.

7 ∫⩔ Wir können nur innerhalb der Sprache vergleichen.

8 ∫⩔ Ist es so: denken heißt anwenden des Planes [Denken ist eine Anwendung des Planes] Aber die Anwendung kann nicht im Plan liegen.

9 / G e d a n k e n l e s e n kann nur darin bestehen daß wir Zeichen interpretieren also einfach lesen (nur vielleicht a n d e r e Zeichen) Oder aber es besteht darin daß einem wenn man des Anderen Hand hält (oder in andrer Art mit ihm in Contact steht) Gedanken kommen die durch nachträgliches Fragen als die Gedanken auch des Anderen erkannt werden. Aber da handelt es sich überhaupt um kein Lesen sondern es wäre nur die H y p o t h e s e erlaubt daß zwei Leute unter gewissen Umständen das gleiche dächten.

10 Da das Denken ein symbolischer Vorgang ist so kann es uns |ganz| gleich sein wo sich dieser Vorgang abspielt, wenn seine symbolischen Eigenschaften, wenn also das was seinen Zweck ausmacht, gewahrt bleibt. (Wenn wir uns nicht für die psychologische Seite gewisser dieser Vorgänge interessieren) ⩔ 177

1 so muß ich in der selben Sprache auch ⟨das …⟩

2 Tat beschreiben können, ⟨eine …⟩

14 Verstehen was der Satz ⟨heißt⟩ „hier wird ein roter Kreis erscheinen“

21 ∫ *linkes Randzeichen überschrieben*

24 ∫ *linkes Randzeichen überschrieben*

24 *Die Bemerkung ist am linken Rand mit zwei vertikalen Strichen markiert.*

26 ∫ *linkes Randzeichen überschrieben*

30 G e d a n k e n l e s e n kann nur darin bestehen daß ⟨wie …⟩

40 wo sich dieser Vorgang abspielt, ⟨wenn wir uns …⟩

1 Ist das Denken ein augenblicklicher Vorgang oder |etwa [vielleicht]| ein andauernder Zustand wovon die Worte|, der Satz,| nur eine ungeschickte Wiedergabe sind (so daß man etwa sagen könnte, wie von dem Eindruck einer Landschaft: Worte können das gar nicht wiedergeben)? Der Gedanke braucht so lange wie sein Ausdruck. Weil der Ausdruck der Gedanke ist. \

27.

2 ∫ Ein Symbol verstehen heißt seine Multiplizität verstehen. Die Multiplizität seiner Anwendung verstehen. (?) ⩔

28.

3 Ich habe einmal gelesen daß ein Franzose/französischer Politiker/ |– ich glaube M. Briand –| gesagt habe, die französische Sprache sei dadurch ausgezeichnet, daß in ihr die Wörter (im Satz) in der Reihenfolge stehen, /in der Ordnung folgen,/ wie man wirklich denkt. – Das ist ein sehr bedeutungsvoller Ausspruch, obwohl völliger 178 Unsinn. Es bezeichnet nämlich eine bestimmte Auffassung – – – \

4 ∫⩔ Wenn Bauern miteinander streiten weil der eine dem anderen für die Kühe die er von ihm gekauft hat zuwenig Geld gegeben hat und dieser Streit kommt vor den Richter und wird entschieden, so kann es offenbar dabei nicht drauf ankommen was für eine Vorstellung der Eine oder der Andere beim hören des Wortes Kuh (gehabt) hat. Sondern es wird dabei sozusagen mit Worten gerechnet und auch die Anwendung des Resultats ist eine |exacte| Übersetzung der Sprache in eine Handlung (etwa das aufzählen von Geldstücken.)

5 / Wenn die Logiker die psychologischen Operationen beschreiben die sie für das Denken und die interpretation von Sätzen halten so ist es immer ein Wunder daß/wie/ bei so vaguen Vorgängen etwas so bestimmtes wie ein Urteil soll herauskommen können.

6 ⩔ Eine allgemeine Regel verstehen heißt sie in irgend einem Fall *anwenden*. (nicht „anwenden können“) 179

Wenn ich z.B. mein Verständnis für einen erwartenden Satz dadurch ausdrücke, daß ich den gegenwärtigen Zustand in der gleichen Sprache beschreibe so ist das die Anwendung der allgemeinen Regel in *einem* Fall.

7 ∫ Aber hier möchte ich immer sagen: die Anwendung der allgemeinen Regel ist nicht genügend sondern diese Regel muß darin irgendwie betont werden. – Aber das ist falsch. ⩔

2 |, der Satz,| *–das Einfügungszeichen ist im MS gewellt unterstrichen*
4 wie von dem Eindruck ⟨etwa⟩ einer Landschaft
14 *Im MS:* M. Brian
18 *– – – Nachtrag in der folgenden Leerzeile*
20 *∫ linkes Randzeichen überschrieben*
20 Wenn Bauern ⟨darüber⟩ streiten ⟨daß eine Kuh des einen ...⟩
23 was für eine Vorstellung der ⟨eine beim ...⟩
25 auch *–die gewellte Unterstreichung ist im MS mit einem Fragezeichen markiert*
31 daß/wie/ *–erste Variante im MS durchstrichen*

1 Ist nicht das Verstehen also Anwenden-können eines Satzes auf einer Stufe mit dem Schachspielen-können. In dem Sinne in dem ich mich nicht irren kann wenn ich gefragt werde „kannst du Schach spielen" und ich antworte „ja", in diesem Sinne muß ich die Regeln im Geiste durchfliegen und sie also irgendwie anwenden; denn in jedem anderen Sinne kann ich mich doch irren und plötzlich daraufkommen daß ich die Regeln für eine Figur vergessen habe und nicht sagen kann „ich konnte Schachspielen als ich sagte daß ich es könne etc". ⩔

2 ⩔ Ist aber nicht dadurch der Sinn des Satzes wieder problematisch geworden? 180

3 ⩔ Oder darf ich sagen: Der Sinn des Satzes ist e b e n sowenig problematisch wie die Regeln der Grammatik.

4 ⩔∫ Man würde sagen: Ich verstehe die Übersetzungsregel meint: ich k a n n sie anwenden, wenn keine äußeren Hindernisse entgegenstehen.

„Ich verstehe die Übersetzungsregel

a	d
b	e
c	f

" scheint mir auf genau derselben Stufe zu stehn wie die Aussage „ich kann Schachspielen".

Könnte ich ohne bei dieser Aussage an die Regeln über die Bewegung des Turmes gedacht zu haben, und wenn ich nun (beim Versuch) fände daß ich sie vergessen habe, könnte ich nun sagen „ich konnte Schachspielen wie du mich gefragt hast und nur jetzt kann ich es nicht"?

5 ⩔∫ Kann ich w i s s e n daß ich die Regeln weiß, wenn ich sie nicht durchfliege? Kann ich wissen daß ich eine Regel wußte als ich gefragt wurde ob ich sie wisse, wenn ich sie mir damals nicht tatsächlich ins 181 Gedächtnis gerufen habe? Ich glaube gewiß nein.

6 ∫ Kann ich mich darin nicht irren, wenn ich sage „ich kann multiplizieren (wenn ich mir dabei nicht die Multiplication irgendwie vorführe [vor den Geist stelle] und wie verhält es sich dann mit dem Wurzelziehen worüber ich nicht sicher bin und vielleicht, wenn ich es versuche finde daß ich es noch kann oder auch nicht? ⩔

29.

7 Niemand würde fragen ob die Multiplication zweier Zahlen (etwa nach der gewöhnlichen Art durchgeführt) gleichläuft mit dem Gedanken. Weil jeder die Multiplication als ein Instrument ansieht. Während man den Gedanken nicht als |ein| Instrument ansieht. \

7 daß ich die Regeln für eine Figur vergessen habe und ⟨kann ...⟩
8 nicht sagen kann „ich ⟨habe ...⟩
10 nicht *–im MS durchstrichen*
16 ⩔ *linkes Randzeichen überschrieben*
29 ⩔ *linkes Randzeichen überschrieben*
30 Kann ich wissen daß ich eine Regel ⟨wüßte ...⟩
34 „ich kann *–im MS fehlt das Ausführungszeichen*
35 (wenn ich *–im MS fehlt die Schlußklammer*
42 nach der gewöhnlichen Art durchgeführt) gleichläuft ⟨mit ...⟩

1 ∫ Man unterscheidet zwischen dem bloßen Lesen eines Befehls und dem Lesen des Befehls mit Verständnis. ⩔

Bei diesem Lesen oder Sehen des Planes geht also noch etwas anderes vor sich. Und zwar wird es – so scheint es mir – von einer Übersetzung begleitet. Oder ist das falsch und soll ich sagen: ich 182 werde nur gewahr daß es ein Plan ist nach dem ich gehen soll, das heißt, ich werde nur des ganzen Symbols gewahr – während im ersten Fall bloß des Zeichens.

2 ?/∫⩔r Die Auffassung des Satzes also des Verstehens und des Gedankens muß |gewiß| die Möglichkeit des Kalküls rechtfertigen. Und der Kalkül vollzieht sich in der Zeit und ist – sozusagen – ausgebreitet.

3 / Ist das Verstehen eines Satzes dem Verstehen eines Schachzuges als solchen nicht analog. Wer das Schachspiel gar nicht kennt und sieht jemand einen Zug machen, der wird ihn nicht verstehen d.h. nicht als Zug eines Spieles verstehen. Und es ist etwas anderes dem Zug/Spiel/ mit Verständnis zu folgen/sehen/, als ihn bloß zu sehen.

4 ⩔∫ Kann man sagen ich sehe den Zug im Schachraum?

5 /b Was ist es aber dann was uns immer das Gefühl gibt, daß das Verstehen eines Satzes das Verstehen von etwas außerhalb ihm liegendem ist und nicht von der Welt außerhalb des Zeichens wie sie eben ist, sondern von der Welt wie sie das Zeichen – gleichsam – 183 wünscht.

6 Von der Welt als Teil des ganzen Spieles (von dem wir nur e i n e n Zug s e h e n) ⩔r

7 ∫ Wie kann ich mir vornehmen einer allgemeinen Regel zu folgen. ⩔r\r

∫ Nicht nur soweit als ich die Regel ausdrücken kann?

8 Das hängt (alles) damit zusammen, daß man nicht fragen kann: „ist das wirklich die Farbe die Du sonst rot genannt hast." Es sei denn man fragt „ist das die Farbe die Du erwartet hast und nicht vielmehr d a s"! Jeder Unterschied muß sich als Unterschied in e i n e r Sprache ausdrücken. ⩔r

4 – so scheint es mir – *Die Parenthese ist im MS am linken Rand mit einer vertikalen Wellenlinie markiert.*
5 soll ich sagen⟨,⟩ ich werde nur gewahr daß es ein Plan ist
5 ⟨ich werde⟩ nur ⟨gewahr⟩ daß es ein Plan ist
10 ?/∫ *linke Randzeichen überschrieben*
11 |gewiß| *–im MS ist auch das Einfügungszeichen gewellt unterstrichen*
12 Und der Kalkül vollzieht sich in der Zeit und ⟨ich …⟩
14 Ist das Verstehen eines Satzes dem Verstehen eines ⟨Z…⟩
20 ⩔ *linkes Randzeichen überschrieben*
23 von etwas außerhalb ihm ⟨liegendes⟩ ist
31 ⩔r *rechtes Randzeichen rot durchstrichen*
31 *Der Absatz ist im MS eine Bemerkung, durch eine rote Klammer in der Leerzeile der vorangehenden zugeordnet.*
34 daß man nicht fragen kann⟨,⟩ „ist das wirklich die Farbe

1 ∫ Ich kann mir vornehmen einer Regel zu folgen und nicht einer anderen. Dann müssen beide ausgedrückt sein. \r

2 ∫ Nur was kontrollierbar ist kann sich in der Sprache ausdrücken. Vr

3 Man kann freilich dem Gedächtnis durch eine Notiz nachhelfen aber die Deutung der Notiz kann man sich nicht aufheben. \r 184

4 Vr Von Verschiedenheit kann man nur (dann) reden, wenn ein Vergleich möglich ist. Und der ist nur in einer Sprache möglich und zwei Sprachen müssen erst in einander übersetzt sein, (auf gleichen Nenner gebracht) ehe ein Vergleich von Ausdrücken möglich ist, dann findet er aber eben in einer Sprache statt.

30.

5 Vr In der Sprache kann man von einem reden nur im Gegensatz zu etwas anderem.

6 /r Die Regeln des Schachspiels unterscheiden das Schachspiel von einem Spiel das in der selben Sprache andere Regeln hat. [... von einem/jedem/ Spiel mit anderen Regeln in derselben Sprache]

7 /r Jeder Satz einer Sprache hat nur Sinn im Gegensatz zu anderen Wortzusammenstellungen derselben Sprache.

8 ∫Vr Wir könnten uns zwei Schachspieler denken die, da sie kein Gedächtnis haben, die Regeln des Spiels geschrieben vor sich hätten 185
und sich bei jedem Zuge nach den geschriebenen/aufgeschriebenen/ Regeln richteten.

9 ∫ Um einen Plan zu verstehen muß man in gewissem Sinne erst das allgemeine Prinzip der Plandarstellung verstehen und man versteht den Plan im Gegensatz zu anderen die nicht gelten. Vr

Wenn ich das nun sage bezieht es sich auf den |momentanen| Geisteszustand des betreffenden, der den Plan auffaßt? Doch gewiß nicht – er geht doch nicht alle anderen Möglichkeiten des Planes/der Darstellung/ durch sowenig wie der Schachspieler etwa fortwährend die Regeln des Schachspiels rekapituliert (und täte er's so müßte er einmal die eine dann die andre sich vorsagen nicht aber alle auf einmal)

10 Man könnte so fragen: Ist Schachspielenkönnen ein andauernder – quasi amorpher – Geisteszustand, etwa wie Zahnschmerzen? \r

11 Das Verständnis der Sprache – quasi des Spiels – scheint wie ein Hintergrund auf dem der einzelne Satz erst Bedeutung gewinnt \r 186

6 Man kann ⟨s...⟩
16 In der Sprache kann man von einem reden nur im Gegensatz ⟨v...⟩
20 von einem Spiel das in ⟨derselben⟩ Sprache andere Regeln hat.
26 ∫ *linkes Randzeichen überschrieben*
26 Wir könnten uns zwei Schachspieler denken die, ⟨das ...⟩
34 |momentanen| *–im MS ist auch das Einfügungszeichen gewellt unterstrichen*
37 des Planes/der Darstellung/ *–erste Variante im MS durchstrichen*
38 die Regeln des Schachspiels rekapituliert (und täte ⟨erst ...⟩

1 /r Die allgemeine Regel erst enthüllt den Freiheitsgrad, die Beweglichkeit des Mechanismus. Das Bild des Mechanismus in einer seiner Stellungen enthält hievon nichts.

2 /r Soll ich nun sagen der Freiheitsgrad des Mechanismus kann sich nur mit der Zeit enthüllen? Aber wie kann ich dann je wissen daß er gewisse Bewegungen nicht machen kann, (und daß er gewisse Bewegungen machen kann die er gerade noch nicht gemacht hat)

Darauf ist doch die Antwort: Der Freiheitsgrad des Mechanismus kann doch beschrieben werden. Wohl, aber dann ist eben nichts mehr gegeben als was diese Beschreibung gibt. (Die doch selber nur eine Stellung eines Mechanismus ist!)

3 /r Das Verständnis als eine Disposition der Seele oder des Gehirns geht uns nichts an.

4 /r Der Ausdruck des Verständnisses der Schachregeln ist doch gewiß das 187
Hersagen dieser Regeln in irgend einer Form. Aber das ist doch nur ein Ausdruck der Kenntnis dieser Regeln im Gegensatz zu anderen – falschen – die in dieser Sprache hätten hergesagt werden können.

5 ∫ Aber man könnte/kann/ fragen: ist denn das Verständnis nicht etwas \?r anderes als der Ausdruck des Verständnisses? Ist es nicht so, daß der Ausdruck des Verständnis eben ein unvollkommener Ausdruck ist? Das heißt doch wohl ein Ausdruck der wesentlich etwas ausläßt was unausdrückbar ist. Denn sonst könnte ich ja eben einen besseren finden. Also wäre der Ausdruck ein vollkommener Ausdruck. – – –

6 ∫ Ein Mechanismus offenbart seinen Zweck nach und nach, so wie er ∀r ein um das andere mal gebraucht wird. Und so muß es auch mit einem Satz, mit dem Ausdruck eines Gedankens gehen.

7 ∫ Wozu denn überhaupt diese ganze Untersuchung, was interessiert ∀r
mich denn der Gedanke, das Denken etc, warum ist mir dieser 188
Vorgang nicht ganz gleichgültig? Inwiefern ist er mir interessanter als Zahnschmerzen (oder ein anderer seelischer Vorgang)?

1 Die allgemeine Regel erst ⟨enthä…⟩
3 Das Bild des Mechanismus in einer seiner ⟨p…⟩
14 Das Verständnis als eine Disposition ⟨des …⟩
20 im Gegensatz zu anderen – falschen – ⟨Regeln⟩ die
26 Denn ⟨so k…⟩
30 wie er ein um das andere mal gebraucht wird. *–im MS am linken Rand mit einer vertikalen Wellenlinie markiert*
34 denn *–im MS zweifach gewellt unterstrichen*
36 (oder ⟨sonst⟩ ein anderer seelischer Vorgang)?

1 ∫⩔ᵣ Wenn man übrigens das Wort seelisch, wie ich soeben, gebraucht so darum weil man sich das Denken notwendig als eine Reihe von Fantasiebildern vorstellt. Wie aber wenn man diese Fantasiebilder durch Wahrnehmungen ersetzt (das Wort „rot", wo es notwendig ist durch das Vorzeigen eines roten Gegenstandes begleitet), Fantasiebilder sind unserem Denken nicht wesentlich/unwesentlich/.

2 ∫⩔ᵣ Welche Beziehung hat die Vorstellung von einer Photographie die ich heute gesehen habe zu der Photographie (dem Gesichtsbild der Photographie) Ist sie ihr ä h n l i c h? Vorausgesetzt daß sie genau mit der Wirklichkeit übereinstimmt (was eben bei einer Vorstellung „Übereinstimmen mit der Wirklichkeit" heißt) —

3 /ᵣ Ich sage: Genau so habe ich mir's vorgestellt. Und jemand antwortet etwa „das ist Unmöglich denn das eine war eine Vorstellung und das andere ist keine und hast Du etwa deine Vorstellung für Wirklichkeit gehalten?

4 „Das ist das Rot das ich meinte". „Wie konntest Du e s meinen, es war ⩔ᵣ 189
ja (früher) gar nicht da."

„Ja, ich wollte daß Du d a s tust". Wie konntest Du es wollen da es ja noch gar nicht getan war.

5 ϕ (Der Ausdruck „Nicht-. . . .ische – – – –" bezeichnet eine/steht für eine/ Denkbewegung die mit der Konstruktion einer Nicht-Euklidischen Geometrie anfing und damals eine Tat war, verdienstlich und bedeutend/folgenreich/, heute aber bei den Mathematikern noch immer Mode |und beliebt| ist obwohl die Arbeit die diese Denkbewegung leisten sollte, längst getan ist.) ⩔ᵣ

6 Kann man den Vorgang des Vorbeiziehenlassens von Vorstellungen beim Denken durch einen anderen etwa das Schreiben von Zeichen (oder sonst einen) ersetzen der den gleichen Dienst tut, so ist der Zug der Vorstellungen für uns damit gleichgültig geworden. Uns interessiert am Gedanken nur die Anwendung/der Gebrauch/. \ᵣ

1 ∫ *linkes Randzeichen überschrieben*
3 als eine Reihe von Fantasiebildern vorstellt. *–im MS am linken Rand mit einer vertikalen Wellenlinie markiert*
5 durch das Vorzeigen eines roten ⟨Fleckes …⟩
8 ∫ *linkes Randzeichen überschrieben*
14 *Im MS fortlaufender Text, durch Randzeichen als Bemerkung gekennzeichnet.*
15 „das ist *–im MS fehlt das Ausführungszeichen*
15 „das ist ⟨unmöglich⟩ denn das eine war eine Vorstellung
21 „Ja, ich wollte daß ⟨da…⟩
27 bedeutend/folgenreich/, heute aber ⟨noch immer Mode ist …⟩
28 obwohl die Arbeit die diese ⟨Be…⟩
33 etwa das Schreiben von Zeichen (oder sonst einen) ⟨ersetzt …⟩
35 Uns interessiert am Gedanken ⟨nur …⟩

1 Wenn wir sagen meine Vorstellung von diesem Bild war der Wirklichkeit ähnlich, so meinen wir daß sie in gewisser Beziehung mit der Wirklichkeit übereingestimmt hat in anderer nicht, aber so daß auch eine völlige Übereinstimmung denkbar wäre (wobei aber die Vorstellung noch immer die Vorstellung bliebe) ✓r 190

2 ∫✓r Heißt das nun daß ich mir z.B. diese Farbe vorgestellt habe, indem ich eine |ganz| bestimmte Übersetzungsregel angewendet habe? Und kann ich diese Übersetzungsregel die Projectionsart ändern wenn ich will?

3 ∫✓r Kann man sagen daß die Vorstellung, das was etwa beim Aussprechen eines Satzes vor sich geht, nur dann ein Gedanke ist, wenn sie angewandt wird [… nur ein Gedanke ist insofern sie angewandt wird] Wie ein Mechanismus nur wenn er arbeitet als solcher /Mechanismus/ auftritt/funktioniert/.

Aber wir nennen auch eine stehende Uhr, eine Uhr.

31.

4 /r∫ Bei einem Onomatopoetischen Wort gehört der Klang mit zum Symbol. Es ist als schriebe man das Wort „rot“ mit roter das Wort „grün“ mit grüner Tinte.

5 /r Wie wird ein Plan gebraucht,/?/ |denn| das ist die einzige Frage die uns hier angeht und deren Beantwortung zeigen kann worin das Verständnis/Verstehen/ des Planes besteht, soweit es für uns Interesse hat.

1.11. 191

6 / Man kann manchen Satz nur im Zusammenhang mit anderen verstehen. Wenn ich z.B. |etwa in einer Novelle| lese: „Nachdem er das gesagt hatte, verließ er sie, wie am vorigen Tag“. Wenn man mich fragt ob ich diesen Satz verstehe, wäre es nicht leicht darauf zu antworten. Es ist ein deutscher Satz und insofern verstehe ich ihn. Ich wüßte wie man diesen Satz etwa gebrauchen k ö n n t e, ich könnte selbst einen Zusammenhang für ihn erfinden. Und doch verstehe ich ihn nicht s o wie ich ihn verstünde wenn ich das Buch bis dorthin gelesen hätte \r

2 so meinen wir daß sie in gewisser Beziehung ⟨über…⟩
7 ∫ *linkes Randzeichen überschrieben*
7 Heißt das nun daß ich ⟨diese …⟩
11 ∫ *linkes Randzeichen überschrieben*
11 daß |die Vorstellung,| das was etwa beim Aussprechen eines Satzes vor sich geht, nur dann ein Gedanke ist, wenn ⟨es⟩ angewandt wird [… nur ein Gedanke ist insofern ⟨es⟩ angewandt wird]
15 auftritt/funktioniert/ *–erste Variante im MS durchstrichen*
20 als schriebe man das Wort „rot“ mit roter ⟨Tinte …⟩
23 gebraucht,/?/ *–das Fragezeichen ist im MS gewellt unterstrichen*
31 Wenn ⟨ich …⟩

1 / Die Philosophischen Probleme sind wie die Kassenschlösser die durch einstellen eines bestimmten Wortes oder einer bestimmten Zahl geöffnet werden, so daß keine Gewalt das Tor öffnen kann ehe gerade dieses Wort getroffen ist und ist es getroffen, jedes Kind sie öffnen kann. [... und ist es getroffen, keinerlei Anstrengung nötig ist es zu öffnen.] \r

2 Wenn ich gefragt würde „kannst Du das Alphabet hersagen“, so würde ich antworten, ja. „Bist Du sicher“, „ja“. Wenn ich nun aber im Hersagen stecken bliebe und nicht weiter wüßte, so könnte ich nicht 192
sagen: „als ich sagte ‚ich kann es hersagen‘ da konnte ich es hersagen, nur jetzt geht es nicht. – Nun gibt es aber doch einen Fall in dem ich sagen würde „ja, als ich es sagte, da konnte ich es auch hersagen“ und zwar dann wenn ich es mir damals ‚im Geiste‘ hergesagt hätte. Ich würde dies auch als Beweis angeben. Das heißt aber daß das Hersagen im Geiste die Fähigkeit zum wirklichen Hersagen – so wie wir hier das Wort Fähigkeit verstehen –, enthält. (Es kann nicht sein daß dieses Hersagen im Geiste nur ein S y m p t o m des wirklichen Hersagenkönnens ist denn sonst wäre die Annahme dieser Fähigkeit wieder nur eine Hypothese) Anderseits erstreckt sich die Fähigkeit die mit dem Hersagen im Geiste bewiesen ist nicht auf das tatsächliche Hervorbringen der Laute beim eigentlichen Hersagen. D.h. wenn mir dabei die Zunge oder der Atem versagen würde könnte ich nicht sagen auch das hätte ich damals können. Das heißt – glaube ich – ich habe doch nur die Fähigkeit dazu/dessen/ bewiesen, was ich tatsächlich getan habe. \r

Etwas tun k ö n n e n hat ja eben jenen Schattenhaften Character, d.h. es erscheint wie/als/ ein Schatten des wirklichen/tatsächlichen/ 193
Tuns gerade wie der Sinn des Satzes als Schatten seiner Verification erscheint, oder das Verständnis des Befehles als Schatten seiner Ausführung. Der Befehl „wirft, gleichsam, seinen Schatten schon voraus“, oder im Befehl wirft die Tat ihren Schatten voraus. – Dieser Schatten aber, w a s i m m e r er sein mag, ist, was er ist, und nicht das Ereignis.
Er ist in sich selbst abgeschlossen und weist nicht weiter als er selbst reicht.

3 so daß keine Gewalt das Tor öffnen kann ehe gerade ⟨j...⟩
11 „als ich sagte *– im MS fehlt das Ausführungszeichen*
14 wenn ich es mir damals ‚im Geiste‘ hergesagt hätte. ⟨A...⟩
15 Ich würde ⟨das⟩ auch als Beweis angeben.
16 Das heißt aber daß das Hersagen im Geiste ⟨das wirkli...⟩
17 – so wie wir hier das Wort Fähigkeit ⟨– ...⟩
18 im Geiste ⟨wieder⟩ nur ein S y m p t o m ⟨des wirklichen ...⟩
24 könnte ich nicht sagen auch das hätte ich damals ⟨gek...⟩
27 ⟨Es t...⟩

1 / Die Idee daß eine Sprache eine Wortfolge haben kann, die der Reihenfolge des Denken entspricht, im Gegensatz zu einer anderen Sprache, rührt von der Auffassung her daß das Denken vom Ausdruck des Gedankens getrennt vorgeht. Also ein wesentlich anderer Vorgang ist. Nach dieser Auffassung könnte man nun freilich sagen: Die wesentlichen Eigenschaften des Negationszeichens offenbaren sich freilich erst |nach und nach| im Gebrauch, aber ich denke die Negation auf einmal. Das Zeichen ‚nicht' ist ja nur ein Hinweis auf den Gedanken ‚nicht'. Es stößt mich nur daß ich das rechte denke. (Es ist nur Signal) \r 194

2 ⩔r Ja, wenn man einem Philosophie lehrt so kommt man sich genau so vor wie einer der an den Stellgriffen eines Kassenschlosses herumprobiert, bis |vielleicht| endlich alle Bedingungen beisammen sind, daß die Tür aufgeht.

3 ∫/r Was ich oben gesagt |habe| kommt aber so heraus wie: Etwas können, heißt etwas anderes tun/Eine Sache können, heißt eine andere tun/. Aber welche Beziehung muß zwischen den beiden bestehen?

4 ∫⩔r Was heißt es ‚einen Satz p verstehen', ist die gleiche Frage wie: was macht den Gedanken daß p der Fall ist zu dem Gedanken der gerade dadurch befriedigt wird daß p der Fall ist. Das heißt: was ist die Beziehung – – –

5 ∫//r Wenn man fragt: was macht den Schatten dieses Ereignisses gerade zum Schatten dieses Ereignisses oder was macht diesen Schatten zum Schatten dieses Ereignisses so könnte/kann/ man etwa Ähnlichkeiten des Schattens und des Ereignisses angeben die die beiden verbinden. Aber im Fall Gedanken und Tatsache geht das nicht. Denn die Tatsache macht nur das zur Verification des 195 Gedankens, daß man sie als solche aufgefaßt hat, daß man den Gedanken in die Tat|sache| übersetzt hat. Denn ehe sie geschehen ist konnte man den Gedanken ja nicht in sie übersetzen.

6 ∫ Und übersetzt man den Gedanken oder vielmehr den Ausdruck des Gedankens in die Tat dann reicht der Ausdruck plus der Projectionsmethode d.i. der Gedanke allerdings bis zur Tatsache heran und berührt sie wie der Maßstab den Gegenstand. \r

7 ∫ Understanding a symbol means to know/knowing/ how it works. ⩔r

5 Nach dieser Auffassung könnte man ⟨f…⟩
7 |nach und nach| *–das Einfügungszeichen ist im MS gewellt unterstrichen*
8 ist ja nur ein Hinweis ⟨E…⟩
13 wie einer der an den Stellgriffen eines Kassenschlosses⟨, …⟩
17 ∫ *linkes Randzeichen überschrieben*
21 ∫ *linkes Randzeichen überschrieben*
28 zum Schatten dieses Ereignisses so könnte/kann/ man ⟨s…⟩
33 Denn ehe sie geschehen ist ⟨könnte⟩ man den Gedanken
37 dann reicht der Ausdruck plus der ⟨Übersetzungs…⟩
39 und berührt sie wie der Maßstab den ⟨zu messenden⟩ Gegenstand.

1 ∫ Das Denken scheint in gewissem/einem/ Sinne weiter zu reichen als jeder beschreibbare Vorgang der nicht die Wahrheit des Gedankens beinhaltet. Aber das was eben weiter reicht ist das Projizieren V̸r

2 Wahr und Falsch verhalten sich nicht wie Rechts und Links. V̸r

3 Man könnte sich ein negatives Portrait denken d.i. ein Bild was/das/ darstellen soll wie Herr A. nicht ausschaut. (das also ein schlechtes Portrait ist wenn es A ähnlich sieht.) \?r 196

2.

4 ∫V̸r Eine Sprache die ich nicht verstehe ist keine Sprache.

Angenommen nun ich hörte einen chinesischen Satz der mir also nichts sagt und ich wollte ihm Sinn geben (irgend einen) Ich wollte ihn etwa sagen lassen daß ich einen gewissen Weg gehn soll. Könnte ich nun erstens einfach so verfahren daß ich sage, diese Lautfolge soll nun das sagen? Nein, denn die Frage wäre gleich: wie drückt diese Lautfolge das aus. Und die Antwort darauf muß nicht sein daß ich ein chinesisches Wort in ein deutsches übersetzte sondern ich muß nur den Bereich der Möglichkeiten der deutschen Satzbildung in den der anderen Satzbildung übersetzen.

5 /r „Wie weißt Du, daß Du einen roten Fleck erwartest?“ – aber ebensogut könnte man fragen: „wie weißt Du daß das ein roter Fleck ist?“

/r Wie weißt Du daß was Du getan hast wirklich war das Alphabet im Geist hersagen? – Aber wie weißt Du daß was Du hersagst nun wirklich das Alphabet ist?

6 Das ist natürlich die gleiche Frage wie: Woher weißt Du daß was Du rot nennst wirklich dasselbe ist was der andre so nennt. Und die eine Frage ist ebenso unsinnig wie die andere. \r 197

7 / Von einem Wiedererkennen sollte man eigentlich nur reden, wo es außer dem Wiedererkennen noch ein Criterium dafür gibt daß ich es richtig wiedererkannt habe. \r

8 / Ein Mensch/Einer/ dem man eine Photographie des A zeigt und |den man| fragt findest Du nicht daß ihm die Photographie sehr ähnlich sieht könnte sagen. Keine Spur, sie ist gar nicht ähnlich: das Papier ist viereckig und ganz dünn und er nicht . . . . \r

3 Aber das was eben weiter reicht ist ⟨der Vorgang des . . .⟩
8 d.i. ein Bild was/das/ darstellen soll wie Herr ⟨N.⟩ nicht ausschaut.
12 ∫ *linkes Randzeichen überschrieben*
23 „Wie weißt Du, daß Du ⟨rot er. . .⟩
26 *Der Absatz ist im MS eine Bemerkung, durch eine Klammer in der Zeile der vorangehenden zugeordnet.*
26 wirklich |war| das Alphabet im Geist hersagen ⟨war⟩?
32 ebenso unsinnig wie die ⟨andre . . .⟩
39 sehr *–im MS durchstrichen*

1 ∫ Zu dem Vorigen: „Wie weißt Du daß was Du jetzt hersagst das ist was Du früher im Geist hergesagt hast?“ – „Es ist das“, heißt einfach: ich projiziere es in das |Symbol| das ich früher hervorgebracht habe. ⩔r

2 ∫ (Ich glaube Bergson hat auf etwas ähnliches hingewiesen.) ⩔r

3 ∫ Vergleichst Du es etwa und sagst: „ja das ist es, das hat die richtige Ähnlichkeit mit dem Symbol“? Aber welches ist die richtige ⩔r
Ähnlichkeit? Hätte ich mir die früher schon vorgesetzt und wie weiß 198
ich daß es nun die ist? Wie konnte ich mir früher vornehmen, wie ich |später| vergleichen würde da ja das Object? des Vergleichs? noch gar nicht da war?

4 ∫/r⩔r Das ist auch der Punkt wo Russells kausale Theorie des Symbols abzutun ist.

5 /r Denn wenn/Wenn/ ich sage das Symbol ist das was diesen Effect hervorruft so fragt es sich eben wie ich von diesem Effekt reden kann, wenn er (noch) gar nicht da ist. Und wie ich weiß daß es *der ist den ich gemeint habe*, wenn er kommt/eintritt/.

6 /r Es ist darum keine Erklärung, zu sagen: sehr einfach wir vergleichen die Tatsache mit unserem Erinnerungsbild, weil vergleichen eine bestimmte Vergleichsmethode voraussetzt die nicht gegeben ist.

7 ∫⩔r Es wäre richtiger von einem Erkennen oder *An*erkennen der Tatsache als der erwarteten statt von einem *Wieder*erkennen zu reden.

8 ∫⩔r Für das Wiedererkennen nämlich kann man Gründe angeben, für das Anerkennen aber nicht.

9 Wir sagen „ein langer, langer Weg“ aber nicht „ein kurzer, kurzer ⩔r 199
Weg“.

3.

10 ∫ Hat mir je jemand die Vorstellung der blauen Farbe gezeigt und gesagt daß sie das ist? \

2 „Es ist das“, *–Anführungszeichen und Komma im MS rot*
3 ich projiziere es in das ⟨was⟩ ich früher hervorgebracht habe.
14 /r⩔r *linke Randzeichen überschrieben*
17 *Im MS fortlaufender Text, durch Randzeichen als Bemerkung gekennzeichnet.*
17 Denn wenn/Wenn/ *–zweite Variante im MS rot*
18 so ⟨frägt⟩ es sich eben wie ich von diesem Effekt reden kann,
18 eben *–im MS durchstrichen, Streichung durch Unterpunkten wieder aufgehoben*
22 sehr einfach wir vergleichen ⟨A...⟩
26 ∫ *linkes Randzeichen überschrieben*
30 ∫ *linkes Randzeichen überschrieben*

1 /∫ Das Fregesche Behauptungszeichen ist am Platze wenn es nichts weiter bezeichnen soll als den Anfang des Satzes. Man könnte sagen „den Anfang der Behauptung", im Gegensatz zu den Sätzen die in der Behauptung vorkommen können. Das Behauptungszeichen dient dann (genau) demselben Zweck wie der Schlußpunkt des vorhergehenden Satzes; oder etwa der große Anfangsbuchstabe. \

2 ∫ „Ich denke p" hat dann mit „⊢ p" eben *nur* „p" gemein. \

4.

3 Die Denkbewegung die hier nötig ist, ist wieder die typische Bewegung der Relativitätstheorie. ∀r

— Wenn ich sage: So arbeitet die Sprache eben, – – –

4 Mechanismus ist wesentlich das dessen Funktionieren man beschreiben kann, das man erklären kann. Also kann man die Sprache *nicht* mit einem Mechanismus vergleichen. Ein Mechanismus ist die Sprache nur vom psychologischen oder/und/ physiologischen Standpunkt (aus) betrachtet. Als Erregerin der Nerven und des Gehirns etc. ∀r 200

5 /r Im gewöhnlichen Leben, wenn ich jemandem einen Befehl gebe so ist es mir *ganz genug* ihm Zeichen zu geben. Und ich würde nie sagen: das sind ja nur Worte, und ich muß hinter die Worte dringen ebenso wenn ich jemanden etwas gefragt hätte und er gibt mir eine Antwort (also Zeichen) bin ich zufrieden – das war gerade was ich erwartete – und wende nicht ein: das ist ja eine bloße Antwort. Es ist klar daß nichts anderes erwartet werden konnte und daß die Antwort den Gebrauch der Sprache voraussetze, wie alles was zu sagen ist.

1 / *linkes Randzeichen durchstrichen*
1 ⟨∀r⟩ *rechtes Randzeichen gestrichen*
1 Behauptungszeichen ist am Platze wenn es nichts ⟨weiteres z…⟩
2 Man könnte ⟨allerdings auch⟩ sagen
5 wie der Schlußpunkt des ⟨vorg…⟩
8 ⟨∀⟩ *rechtes Randzeichen gestrichen*
11 Die Denkbewegung die hier nötig ist, ist wieder die typische ⟨Denk…⟩
15 Mechanismus ist wesentlich das ⟨was⟩ man beschreiben kann,
23 so ist es mir *ganz genug* ⟨im …⟩
24 Und ich würde nie sagen: ⟨daß …⟩
27 bin ich zufrieden – das war gerade was ich erwartete – und ⟨sage …⟩
27 wende nicht ein: das ist ja eine ⟨Bl…⟩

5.

1 ø$_{r}$ Ich lese in Renan Peuple d'Israel: „La naissance, la maladie, la mort, le délire, la catalepsie, le sommeil, les rêves frappaient infiniment, et, même aujourd'hui, il n'est donné qu'à un petit nombre de voir clairement que ces phénomènes ont leurs causes dans notre organisation." Im Gegenteil es besteht gar kein Grund sich über diese Dinge zu wundern; weil sie so alltäglich sind. Wenn sich der primitive Mensch über sie wundern *muß*, wievielmehr der Hund und der Affe. 201
Oder nimmt man an daß die Menschen quasi plötzlich aufgewacht sind und diese Dinge die schon immer da waren plötzlich bemerkten und begreiflicherweise erstaunt waren? – Ja, etwas ähnliches könnte man sogar annehmen; aber nicht daß sie diese Dinge zum erstenmal wahrnahmen sondern daß sie plötzlich anfingen sich über sie zu wundern. Das aber hat wieder nichts mit ihrer Primitivität zu tun. Es sei denn daß man es primitiv nennt sich nicht über die Dinge zu wundern, dann aber sind gerade die heutigen Menschen und Renan selbst primitiv wenn er glaubt die Erklärung der Wissenschaft könne das Staunen heben.

Als ob der Blitz heute alltäglicher oder weniger staunenswert wäre als vor 2000 Jahren.

Zum Staunen muß der Mensch – und vielleicht Völker – aufwachen. Die Wissenschaft ist ein Mittel um ihn wieder einzuschläfern

2 D.h. einfach es ist falsch zu sagen: Natürlich, diese primitiven Völker ø$_{r}$
mußten alle Phänomene anstaunen. Vielleicht aber richtig diese 202
Völker, *haben* alle Dinge ihrer Umgebung angestaunt. – Daß sie sie anstaunen mußten ist ein primitiver Aberglaube. (Wie der, daß sie sich vor allen Naturkräften fürchten *mußten* und wir uns |natürlich| nicht fürchten müssen/brauchen/) Aber die Erfahrung mag lehren, daß gewisse primitive Stämme sehr zur Furcht vor den Naturphänomenen neigen. – Es ist aber nicht ausgeschlossen daß hochzivilisierte Völker wieder zu eben dieser Furcht neigen werden und ihre Zivilisation und die wissenschaftliche Kenntnis wird/kann/ sie nicht davor schützen. Freilich ist es wahr, daß der *Geist* in dem die Wissenschaft heute betrieben wird mit einer solchen Furcht nicht vereinbar ist)

3 ø$_{r}$ Wenn Renan vom bon sens précoce der semitischen Rassen spricht (eine Idee die mir vor langer Zeit schon vorgeschwebt ist/hat/) so ist das das *Undichterische*, unmittelbar auf's Konkrete gehende. Das was meine Philosophie charakterisiert/bezeichnet/.

Die Dinge liegen unmittelbar da vor unsern Augen/vor uns/, kein Schleier über ihnen. — Hier trennen sich Religion und Kunst.

2 *Im MS:* People d'Israel
2 *Ernest Renan, Histoire du peuple d'Israël, 1. Band, Paris 1887, S. 28.*
5 *Im MS:* ont leur
10 die schon immer da waren ⟨nun zum ersten Mal⟩ plötzlich bemerkten
14 Das aber hat wieder nichts mit ihrer ⟨p…⟩
30 wir uns |natürlich| nicht fürchten ⟨mu…⟩
30 wir uns |natürlich| nicht fürchten müssen/brauchen/⟨.⟩
37 vereinbar ist) *–die Schlußklammer hat im MS keine eigene Öffnungsklammer*
42 charakterisiert/bezeichnet/ *–erste Variante im MS durchstrichen*

1 /r Die Analyse eines Satzes ist nur durch Definitionen möglich dadurch aber werden wir nur von einem |Satz| Zeichen zu einem anderen zurückgeführt. Wenn man also fragt was hat die Erwartung mit der sie erfüllenden Tatsache gemein so muß es etwas sein was sich in einem Ausdruck der Erwartung zeigt; denn ist es etwas was in diesem Ausdruck nicht enthalten ist sondern von der Erwartung ausgesagt wird/werden muß/, so muß also von der Erfüllung dieses selbe gelten und dann erwarte ich eben nicht nur das was in dem sogenannten Ausdruck der Erwartung gesagt ist sondern noch etwas anderes. Denn konnte ich jene Aussage von dem Erwarteten machen dann hatte es auch Sinn die entgegengesetzte zu machen und dann wäre es möglich daß das eintrifft was der Ausdruck der Erwartung sagt und die Erwartung doch nicht erfüllt wäre. Dann aber war der Ausdruck der Erwartung nicht vollständig. 203

2 Was immer ich über die Erfüllung der Erwartung sagen mag, was sie zur Erfüllung dieser Erwartung machen soll, zählt sich zur Erwartung, ändert den A u s d r u c k der Erwartung. D.h. der Ausdruck der Erwartung ist der v o l l s t ä n d i g e Ausdruck der Erwartung. Und 204 nichts kann außer ihm über die Erwartung gesagt werden was ihr logisch wesentlich ist (nur psychologisches und physiologisches). Ich hätte sagen sollen „was ihr wesentlich ist“ – – – \r

3 /r Ich kann nichts von einem Gedanken aussagen was ihn genauer beschreibt als sein Ausdruck.

6.

4 / Zu sagen „ja die Demonstration dieses euklidischen Satzes mit Zirkel und Lineal überzeugt mich schon in diesem Fall, aber wie weiß ich daß er auch in allen anderen Fällen stimmt“ ist ganz ebenso als wollte man sagen: Ja, jetzt um 4 Uhr stimmt der Satz aber wie weiß ich ob er zu jeder andren Zeit stimmt. Wer das sagte zeigte damit daß er die Demonstration|, ihr Wesen,| ganz falsch verstanden hat.

Er hat sie etwa als Experiment verstanden und dann ist allerdings der zweite Einwand (so) gültig, wie der erste.

1 Definitionen *–gewellte Unterstreichung im MS rot*
5 Ausdruck der Erwartung zeigt; denn ist ⟨et...⟩
5 Ausdruck der Erwartung zeigt; denn ist es etwas was ⟨sich ...⟩
7 ausgesagt wird/werden muß/, so muß also ⟨die ...⟩
19 ist der v o l l s t ä n d i g e Ausdruck der Erwartung ⟨und⟩ nichts

1 ∨⁄ Zu einem Vorwort:
Dieses Buch ist für diejenigen/die/ geschrieben, welche/die/ dem Geist in dem es geschrieben ist/seinem Geist/ freundlich gegenüberstehn. Dieser Geist ist, glaube ich, ein anderer als der der 205
großen/des Stromes der/ europäischen und amerikanischen Zivilisation. Dieser/Der/ Geist dessen Ausdruck/dieser Zivilisation/ die |moderne| Industrie, Architektur, Musik|, der Faschismus und Socialismus| der Jetztzeit/unserer Zeit/ ist, ist ein dem Verfasser fremder und unsympathischer Geist/ist dem Verfasser fremd und unsympathisch/. Dies ist kein Werturteil. Nicht als ob ich nicht wüßte daß/er glaubte daß/ was sich heute als Architektur ausgibt nicht Architektur ist und nicht/Architektur wäre und nicht/ als ob er dem was moderne Musik heißt (ohne ihre Sprache zu verstehen) nicht das größte Mißtrauen entgegenbrächte/nicht das größte Mißtrauen entgegenbrächte (ohne ihre Sprache zu verstehen)/, aber das Verschwinden der Künste rechtfertigt kein absprechendes Urteil über eine Menschheit. Denn echte und starke Naturen wenden sich eben in dieser Zeit von dem Gebiet der Künste ab und anderen Dingen zu und der Wert des Einzelnen kommt irgendwie zum Ausdruck. In einem Zeitalter das der Strom einer Kultur durchfließt. Freilich nicht wie zur Zeit einer Großen Kultur. Die Kultur ist gleichsam eine große Organisation die jedem der zu ihr gehört seinen Platz anweist an dem er im Geist des Ganzen arbeiten kann und seine Kraft kann mit gewissem Recht an seinem Erfolg im Sinne des Ganzen gemessen werden. Zur Zeit der Unkultur aber zersplittern sich die Kräfte und die Kraft des Einzelnen wird durch entgegengesetzte Kräfte und Reibungswiderstände verbraucht und kommt nicht in der Länge des durchlaufenen Weges 206
zum Ausdruck sondern vielleicht nur in der Wärme die er beim überwinden der Reibungswiderstände erzeugt hat. Aber Energie bleibt Energie und wenn so das Schauspiel das dieses Zeitalter bietet auch nicht das des Werdens eines großen Kulturwerkes ist in dem die Besten dem gleichen großen Ziele zuarbeiten sondern das wenig imposante Schauspiel einer Menge deren Beste nur privaten Zielen nachstreben so dürfen wir nicht vergessen, daß es auf das Schauspiel nicht ankommt.

Ist es mir so klar daß das Verschwinden einer Kultur nicht das Verschwinden menschlichen Wertes bedeutet sondern bloß gewisser Ausdrucksmittel dieses Werts so bleibt dennoch die Tatsache bestehen daß ich dem Strom der Europäischen Zivilisation ohne Sympathie zusehe, ohne Verständnis für die Ziele wenn sie welche hat. Ich schreibe also eigentlich für Freunde welche in Winkeln der Welt verstreut sind.

2 welche/die/ *–erste Variante im MS durchstrichen*
4 *Die ganze Manuskriptseite 205 ist im MS am linken Rand mit einer vertikalen Wellenlinie markiert.*
6 Dieser/Der/ *–erste Variante im MS durchstrichen*
6 |moderne| *–im MS durchstrichen*
7 Industrie, Architektur ⟨und⟩ Musik
15 aber ⟨auch⟩ das Verschwinden der Künste rechtfertigt
19 zum Ausdruck. In einem Zeitalter ⟨in dem …⟩
20 In einem Zeitalter das der Strom einer Kultur durchfließt. *–im MS durchstrichen*
39 so bleibt dennoch die Tatsache bestehen daß ich ⟨dieser …⟩
40 ohne Verständnis ⟨der⟩ Ziele wenn sie welche hat.

1 ⩔r Ob ich von dem typischen westlichen Wissenschaftler verstanden oder geschätzt werde ist mir gleichgültig weil er den Geist in dem ich schreibe doch nicht versteht.

2 Unsere Zivilisation ist durch das Wort Fortschritt charakterisiert. Der Fortschritt ist ihre Form nicht eine ihrer Eigenschaften daß sie fortschreitet. Sie ist typisch aufbauend. Ihre Fähigkeit ist es ein immer komplizierteres Gebilde zu konstruieren. Und auch die Klarheit dient |doch| nur wieder diesem Zweck und ist nicht Selbstzweck. ⦰r 207

Mir dagegen ist die Klarheit die Durchsichtigkeit Selbstzweck

Es interessiert mich nicht ein Gebäude aufzuführen sondern die Grundlagen der möglichen Gebäude durchsichtig vor mir zu haben.

Mein Ziel ist also ein anderes als das der Wissenschaftler und meine Denkbewegung von der ihrigen verschieden.

3 ?/ Jeder Satz den ich schreibe meint immer schon das Ganze |also immer wieder dasselbe| und es sind quasi/gleichsam/ nur Ansichten eines Gegenstandes unter verschiedenen Winkeln betrachtet. ⦰r⩔r

4 / Ich könnte sagen: Wenn der Ort zu dem ich gelangen will nur auf einer Leiter zu ersteigen wäre, ich gäbe es auf dahin zu gelangen. Denn dort wo ich wirklich hin muß, dort muß ich eigentlich schon sein. ⦰r

Was auf einer Leiter erreichbar ist interessiert mich nicht. 208

5 ϕr Die eine Bewegung reiht einen Gedanken an den andern, die andere zielt immer wieder nach dem selben Ort.

6 ϕr Die eine Bewegung baut und nimmt Stein auf Stein (in die Hand) /ergreift einen Stein um den andern/, die andere greift immer wieder nach dem Selben.

6 Der Fortschritt ist ⟨nicht …⟩
7 Ihre ⟨| | tä…⟩ *–leergebliebenes Einfügungszeichen im MS*
14 und meine Denkbewegung von der ihrigen ⟨V…⟩
16 ⩔r *rechtes Randzeichen überschrieben*
17 und es sind quasi/gleichsam/ nur ⟨v…⟩
18 Ansichten eines Gegenstandes ⟨von …⟩
29 Die eine Bewegung baut ⟨die andere⟩ und

7.

1 ϕ_r Die Gefahr eines langen Vorworts ist die daß der Geist eines Buches sich in diesem zeigen muß und nicht beschrieben werden kann. Denn ist ein Buch nur für wenige geschrieben so wird sich das eben dadurch zeigen daß nur wenige es verstehen. Das Buch muß automatisch die Scheidung derer bewirken die es verstehen und die es nicht verstehen. Auch das Vorwort ist eben für solche/die/ geschrieben, die das Buch verstehen.

Es hat keinen Sinn jemandem etwas zu sagen was er nicht versteht, auch wenn man hinzusetzt daß er es nicht verstehen kann. (Das geschieht so oft mit einem Menschen den man liebt)

Willst Du nicht daß gewisse Menschen in ein Zimmer gehen so hänge ein Schloß vor wozu sie keinen Schlüssel haben. Aber es ist 209 sinnlos darüber mit ihnen zu reden, außer Du willst doch daß sie das Zimmer von außen bewundern!

Anständigerweise hänge ein Schloß vor die Türe das nur die anzieht/nur denen auffällt/ die es öffnen können und den andern nicht auffällt.

Aber es ist richtig zu sagen daß das Buch meiner Meinung nach mit der fortschreitenden Europäischen und Amerikanischen Zivilisation nichts zu tun hat.

Daß diese Zivilisation vielleicht die notwendige Umgebung dieses Geistes ist aber daß sie verschiedene Ziele haben.

Alles rituelle (quasi Hohepriesterliche) ist streng zu vermeiden weil es sofort fault [… weil es unmittelbar/gleich/ in Fäulnis übergeht].

Ein Kuss ist freilich auch ein Ritus und er fault nicht; aber eben nur soviel Ritus ist erlaubt als so echt ist wie ein Kuss.

2 Es ist eine große Versuchung den Geist explicit machen zu wollen. ϕ_r

3 Ausdruck und Beschreibung des Gedankens. ϕ_r

4 ϕ_r Analogie des Gleichheitszeichens in der Mathematik und des Zeichens „∴“ beim Übergang von einem Satz zu einem anderen einer Schlußkette. 210

5 Der Gedanke ist durch seinen Ausdruck vollständig beschrieben. Eine Beschreibung die außerhalb des Ausdrucks des Gedankens liegt geht uns nichts an da sie zur Psychologie oder Physiologie gehört.

17 die es öffnen können und ⟨denen⟩ nicht auffällt ⟨die …⟩
27 nur soviel Ritus ist erlaubt als ⟨|eben|⟩ so echt ist wie ein Kuss.
37 *Die Bemerkung ist am linken Rand mit einer vertikalen Wellenlinie markiert.*
38 Eine Beschreibung die ⟨nicht im⟩ Ausdruck des Gedankens ⟨enthalt…⟩
39 da sie ⟨den Gedanken psychologisch⟩ oder ⟨physiologisch …⟩

1 ϕ_r $\forall_r$ Denken heißt Sätze gebrauchen aber der Gebrauch der Sätze ist in jeder Erklärung vorausgesetzt. Das Einzige was man an der Sprache erklären kann ist ihre Struktur (die Grammatik). Denn die Anwendung entzieht sich unserer Erklärung. Es sei denn ihre Anwendung zum Hervorbringen gewisser Wirkungen also ihre kausalen Beziehungen. Aber diese interessieren den Psychologen, uns nicht. Insofern haben Ogden und Richards mit ihrer kausalen Ansicht recht nur daß sie den anderen Aspekt nicht sehen.

8.

2 $/_r$ Der Sündenbock auf den man seine Sünde legt und der damit in die Wüste hinausläuft ist ein falsches Bild wie alle, die philosophische Irrtümer verursachen./wie die falschen Bilder der Philosophie./ Man könnte sagen die Philosophie reinige das Denken von einer (falschen) 211
/irreführenden/ Mythologie (Paul Ernst Vorwort zu den Grimmschen Märchen)

3 Dieses Buch ist für die geschrieben die dem Geist in dem es geschrieben/erzeugt/gemeint/ ist freundlich gegenüberstehen. Dieser Geist ist ein anderer als der des großen Stromes der europäischen und amerikanischen Zivilisation. Dieser äußert sich in einem Fortschritt, im Bauen immer größerer und komplizierterer Strukturen jener |andere| in einem Streben nach Klarheit und Durchsichtigkeit jeder möglichen Struktur/welcher Struktur immer/. Dieser will die Peripherie jener das Zentrum der Kugel erfassen. [Dieser will die Welt an der/ihrer/ Peripherie jener an ihrem Zentrum erfassen] Daher reiht dieser einen Stein an den andern, oder steigt von einer Stufe zur anderen während jener bleibt wo er ist und immer wieder dasselbe zu erfassen trachtet. ϕ_r

4 Dieses Buch ist für solche geschrieben die seinem Geist freundlich gegenüberstehen. Dieser Geist ist ein anderer als der des großen Stromes der europäischen und amerikanischen Zivilisation in dem wir alle stehen. ϕ_r

5 [... Dieser will die Welt durch ihre Peripherie – in ihrer Mannigfaltigkeit – erfassen, jener in ihrem Zentrum – ihrem Wesen. Daher reiht dieser ein Gebilde an das andere, steigt quasi von Stufe zu Stufe immer weiter, während jener dort bleibt wo er ist und immer 212
dasselbe erfassen will. ϕ_r

1 ϕ_r *linkes Randzeichen überschrieben*
7 haben Ogden und Richards mit ihrer kausalen ⟨Theorie⟩ recht
23 |andere| *–das Einfügungszeichen ist im MS gewellt unterstrichen*
32 Dieser Geist ist ein anderer als der ⟨gr...⟩
33 und amerikanischen ⟨Kultur⟩ in dem wir alle stehen.
36 [... Dieser *–im MS fehlt die Schlußklammer*

1 ϕ_r Ich möchte sagen „dies Buch sei zur Ehre Gottes geschrieben“, aber das wäre |heute| eine Schurkerei d.h. es würde nicht richtig verstanden werden. Es heißt es ist in gutem Willen geschrieben und soweit es nicht mit gutem Willen also aus Eitelkeit etc geschrieben ist, soweit möchte der Verfasser es verurteilt wissen. Er kann es nicht weiter von diesen Ingredienzien reinigen als er selbst davon rein ist.

2 ϕ_r Wo man an die Grenze seiner eigenen Anständigkeit stößt dort entsteht quasi ein Wirbel der Gedanken, (und) ein endloser Regress: Man mag s a g e n was man will, es führt einen nicht weiter.

3 ϕ_r Dies Buch übergebe ich |allen| denen, die dem Geist in dem es gemeint ist freundlich gegenüberstehen.

4 ϕ_r In meinem früheren Buch ist die Lösung der Probleme noch viel zu wenig hausbacken dargestellt es hat noch zu sehr den Anschein als wären Entdeckungen notwendig um unsere Probleme zu lösen und es ist alles noch zu wenig die Form von grammatischen Selbstverständlichkeiten in gewöhnlicher Sprache/Ausdrucksweise/ 213 gebracht. Es schaut alles noch zu sehr nach Entdeckungen aus.

9.

5 Wir verwechseln das Wort „grün“ mit dem Satz „a ist grün“. (Daher auch unsere Schwierigkeit es im Satz „a ist nicht grün“ zu erklären) [Das ist auch eine jener Selbstverständlichkeiten] Wie wir in den Schwierigkeiten die ‚Zahnschmerzen‘ betreffend das Wort „Zahnschmerzen“ verwechseln mit dem Satz „ich habe Zahnschmerzen“. Das heißt wir glauben daß was erst in diesem Satz ausgedrückt ist schon in dem W o r t liegt.

6 Wir fragen: Was ist ein Gedanke, welcher Art muß etwas sein um die Funktion des Gedankens verrichten zu können. Und diese Frage ist ganz analog der: Was ist, oder wie funktioniert, eine Nähmaschine. „Wie macht sie das?“

Aber die Antwort könnte sein: Schau den Stich an; alles was der Nähmaschine w e s e n t l i c h ist, ist in ihm zu sehen; alles andere kann so oder anders sein.

7 Wir fragen wie muß der Gedanke beschaffen sein um seine Funktion zu verrichten/Bestimmung zu erfüllen/; aber was ist denn seine Funktion? Wenn sie nicht in ihm selbst liegt (d.h. wenn sie nicht ist zu sein was 214 er ist) so liegt sie in seiner W i r k u n g aber die interessiert uns nicht.

3 ⟨Das⟩ heißt es ist in gutem Willen geschrieben
4 in gutem Willen geschrieben und soweit es nicht mit ⟨ge…⟩
6 rein *–im MS durchstrichen*
9 ein endloser Regress: ⟨man⟩ mag s a g e n was
12 |allen| *–das Einfügungszeichen ist im MS gewellt unterstrichen*
24 [⟨das⟩ ist auch eine jener Selbstverständlichkeiten]
25 Wie wir ⟨auch⟩ in den Schwierigkeiten die ⟨f…⟩
33 diese Frage ist ganz analog der: ⟨Wie muß etwas sein um die F…⟩
33 Was ist, oder wie funktioniert, *–Kommas im MS rot*
39 ⟨\\?r⟩ *rechtes Randzeichen rot gestrichen*

1 /r Welcher Art muß die Bewegung der nähenden Hand und Nadel sein damit dieser Stich herauskommt? – Alles kann man ändern – d.h. ist unwesentlich – außer das was dem Stich selbst wesentlich ist. Das was der Stich mit jener ganzen Vorrichtung gemein haben muß.

2 /r Die logische Erklärung der Nähmaschine könnte also nichts tun als den Stich beschreiben. Und zwar das Geometrische an ihm, während alles andere als unwesentlich dargestellt wird.

10.

3 ∀r Von der Sprache kann man kein Gleichnis machen, nur ein Beispiel geben.

4 ∀r Ehe das Kombinationsschloß nicht auf die richtige Kombination eingestellt ist kann keine Kraft die Türe öffnen und ist die richtige Kombination eingestellt so braucht es keine Kraft sie zu öffnen. Es ist schwer für solche Menschen sich daran zu gewöhnen die |es| immer mit Türen zu tun gehabt haben die sich durch Kraftanstrengung (und im Verhältnis zur angewandten Kraft) öffnen lassen. 215
[… die sich durch Kraftanstrengung öffnen lassen und im Verhältnis zur angewandten Kraft.]

5 „Wie arbeitet der Gedanke, wie bedient er sich seines Ausdrucks?“, das ist/klingt/ analog der Frage: „wie arbeitet der Webstuhl, wie bedient er sich der Karten?“. \r

6 Daraus daß wir das Eine mit den Worten beschreiben „ich glaube, daß p“ das Andere mit den Worten „p“ [„es ist wahr daß p“] sollen wir eben lernen wie die Worte im Satz p gebraucht sind. Es ist klar daß die beiden Sätze/Behauptungen/ ganz verschiedene Tatsachen beschreiben. Die Frage ist werden in beiden Fällen diese Worte in einer anderen Weise gebraucht? So als wäre etwa im zweiten Fall nur von den Worten die Rede und gehörte der Satz p in Anführungszeichen. Aber das ist offenbar nicht der Fall. ∀r

7 Das Gefühl ist daß mit dem Satz „ich glaube daß p |der Fall ist|“ der Vorgang des Glaubens nicht beschrieben sei. (daß vom Webstuhl nur die Karten gegeben seien und alles Übrige bloß angedeutet ist) Daß man die Beschreibung „ich glaube p“ durch die Beschreibung eines Mechanismus ersetzen könnte worin dann p d.h. jetzt die Wortfolge von p wie die Karten im Webstuhl nur als ein Bestandteil vorkommen würden. Aber hier ist der Irrtum: Was immer diese Beschreibung enthielte wäre für uns wertlos außer eben der Satz p mit seiner GRAMMATIK. Sie ist der eigentliche Mechanismus in dem /welchem/ er eingebettet liegt. \r 216

2 damit dieser Stich herauskommt? – Alles ⟨ist …⟩
7 den Stich beschreiben. *–im MS markiert nach dem Schlußpunkt ein vertikaler roter Strich in der Zeile den Gültigkeitsbereich des Randzeichens*
15 Kombination eingestellt ist kann keine Kraft ⟨es⟩ öffnen
18 die sich durch Kraftanstrengung ⟨öffn…⟩
32 werden in beiden Fällen diese Worte in einer ⟨A…⟩
36 *Im MS ein Absatz, durch Randzeichen als Bemerkung gekennzeichnet.*
38 (daß vom Webstuhl nur die Karten gegeben seien und ⟨da…⟩
40 d.h. jetzt die Wortfolge ⟨„⟩p⟨“⟩ wie die Karten im Webstuhl

1 Man hat vielleicht das Gefühl: es kann doch nicht im Satz „ich glaube daß p“ das ‚p‘ dasselbe bedeute wie in der Behauptung „p“ weil ja in der Tatsache des Glaubens daß p die Tatsache daß p nicht enthalten ist. Aber ‚p‘ ist ja auch im ersten Satz zusammengesetzt und nicht ein Name.

2 Was heißt der Satz: „N hat nie gelebt“.

3 Man hat das Gefühl daß ich mich im Satz „ich erwarte daß er kommt“ der Worte „er kommt“ in anderer Weise bediene als in der Behauptung „er kommt“. — Aber wäre es so so könnte ich nie wissen ob die Tatsache jene Erwartung befriedigt. 217

4 Nun könnte man aber fragen: Wie schaut das aus wenn er kommt? – „Es geht die Tür auf und ein Mann tritt herein der ….“. Und wie schaut das aus, wenn ich erwarte daß er kommt? – „Ich gehe auf und ab, sehe auf die Uhr ….“. – Aber der eine Vorgang hat ja mit dem anderen nicht die geringste Ähnlichkeit! Wie kann man dann die selben Worte zu ihrer Beschreibung gebrauchen? Aber auf und abgehen könnte ich ja auch ohne zu erwarten daß er kommen werde, auf die Uhr sehen auch etc. das ist also nicht das Charakteristische des Erwartens daß er kommt. Das Characteristische aber ist mir eben durch diese Worte gegeben. Und „er“ heißt dasselbe wie in der Behauptung „er kommt“ und „kommt“ heißt dasselbe wie in der Behauptung und ihre Zusammenstellung bedeutet nichts anderes.

5 Natürlich muß die Erwartung mit der Tatsache etwas gemein haben. Aber das ist ja auch dadurch ausgedrückt daß die Sprache beide mit den gleichen Worten beschreibt. Und das zeigt nur daß die Worte für 218 etwas anderes stehen als man gewöhnlich meint. Nämlich nur für eine Multiplizität. Denn etwas anderes hat der Vorgang der Erwartung mit der Tatsache wirklich nicht gemein.

6 Die Worte sind die Eckpunkte bestimmter Strukturen.

11.

7 „Die Vorstellung die mit dem Wort rot verbunden ist, ist gewiß die welche der Tatsache entspricht daß etwas rot ist, nicht die die der Tatsache entspricht daß etwas blau also n i c h t r o t ist. Statt der Worterklärung „das↗ ist rot“ sollte ich sagen „so sieht es aus wenn etwas rot ist“.
Ja, die Vorstellung rot ist die Vorstellung daß etwas rot ist. Und darauf beruht jene Verwechslung von Wort und Satz von der ich früher sprach.“

2 wie in der Behauptung „p“ weil ja in ⟨dem …⟩
4 ‚p‘ ⟨besteht⟩ ja auch im ersten Satz ⟨aus …⟩
9 Man hat das Gefühl daß ⟨ich s…⟩
12 so könnte ich nie wissen ob die Tatsache ⟨d…⟩
19 zu ihrer Beschreibung gebrauchen? Aber ⟨das A…⟩
23 ist mir eben durch diese Worte gegeben. ⟨Unte…⟩
25 und ihre Zusammenstellung ⟨heißt …⟩
27 *Im MS ein Absatz, durch Randzeichen als Bemerkung gekennzeichnet.*
37 *An- und Ausführungszeichen am Anfang und Ende der Bemerkung im MS rot.*
40 Statt der Worterklärung „das↗ ist rot“ sollte ⟨ich sagen u…⟩

1 Ich nehme oft die Gräben der Philosophie im Anlauf und Sprung. Wenn dann aber jemand kommt und sagt: wir haben diesen Übergang nicht verstanden, mach uns ihn noch einmal ganz langsam vor — . 219

2 Der Vorgang des Denkens zeichnet die Wirklichkeit nach [Der Vorgang des Denkens ist ein Nachzeichnen der Wirklichkeit.]

3 Die Kopie aber die der Vorgang des Denkens von der Wirklichkeit macht, hat nur Bedeutung d.h. ist nur dadurch keine unmaßgebliche Zuordnung/maßgeblich/, daß sie ein Teil eines Systems ist. Ich will sagen: nur dadurch *verpflichtet* sie zu etwas. Hat sie weitere Konsequenzen.

4 Die Zuordnung des Satzes zur Wirklichkeit hört nur dann auf willkürlich zu sein (ist nur dann eine Beschreibung) wenn der Satz einem Sprachsystem angehört.

5 Daß das Wort kein Satz ist, daß der Satz – wie ich sagte – zusammengesetzt sein muß, heißt nichts anderes als daß der Satz Teil eines grammatischen Systems (Mechanismus) sein muß.

6 Ich kann einen Zustand, eine Tatsache, wohl in einer ganz neuen von mir erfundenen Sprache beschreiben, d.h. ihm eine von mir noch nie 220 gehörte Lautverbindung zuordnen, aber diese Lautverbindung oder Verbindung von neuen Worten ist nur dann ein Satz wenn sie in einem System gedacht ist und im Gegensatz zu anderen Sätzen desselben Systems.

7 Ist es aber nicht ein schiefer Ausdruck „den Satz in einem System sehen“? — Kann es eine andere Bedeutung haben als die, die Stellung 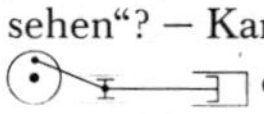 des Mechanismus als eine, eines Systems/in einem System/ von Stellungen sehen? Ich glaube nicht.

8 „Mit welchem Recht nenne ich die Farbe dieses Flecks ‚rot‘?“

2 Wenn ⟨mir ...⟩
2 jemand kommt und sagt: wir haben diesen ⟨Spr...⟩
15 Die Zuordnung des Satzes zur Wirklichkeit ⟨(Beschreibung)⟩ hört nur
16 hört nur dann auf willkürlich zu sein ⟨(eine B...⟩
16 (ist nur dann eine Beschreibung) ⟨wenn⟩ der Satz
16 (ist nur dann eine Beschreibung) wenn ⟨daß ...⟩
24 von mir erfundenen Sprache beschreiben, d.h. ihm ⟨einen ...⟩
27 wenn sie in einem System gedacht ist und ⟨zu ...⟩
30 aber *–im MS rot durchstrichen*
32 des Mechanismus als ⟨Stellun...⟩

1 Man könnte sagen daß die Beweglichkeit, die Bewegungsfreiheit, eines Mechanismus, wie des obigen, durch eine allgemeine Gleichung ausgedrückt wird x = f(y), die einzusetzenden Werte sind Zahlen (und es genügt anzunehmen daß es Kardinalzahlen sind) und die Zahlen sind uns durch ihr Bildungsgesetz gegeben. Aber sind wir dadurch weitergekommen? Warum sollte der Begriff des „Und-so-weiter" nicht gleich auf die Zeichnung des Mechanismus angewandt werden? Etwa auf die möglichen Stellungen des Kurbelzapfens im Kreis?  221

Ja habe ich nicht wirklich nur die Zeichnung des Mechanismus in die Gleichung übersetzt?

12.

2 Was heißt es ein Gesetz in einer Reihe von Erscheinungen wahrnehmen?

3 Der Ausdruck einer allgemeinen Regel ist auch ein Zeichen das in einem Kalkül gebraucht werden muß (nur anders als andere Zeichen)

4 Die Grammatik besteht aus solchen allgemeinen Regeln. Und es ist nichts? zwischen dem Ausdruck einer solchen Regel/dieser Regeln/ und dem Resultat ihrer Anwendung.

5 Was geschieht wenn wir die allgemeine Regel die eine Reihe von Fällen beherrscht herausfinden und ausdrücken |anschreiben|? Wenn ich etwa die Fälle $\frac{1}{1}$, $\frac{2}{4}$, $\frac{3}{9}$ sehe und sage die Regel sei $\frac{n}{n^2}$

Wenn ich aber nun von einer/der/ allgemeinen Regel gebrauch mache, wie kommt sie in diesem Gebrauch vor? Wenn ich z.B. a a c b nach der Regel

a	d
b	e
c	f

in d d f e übersetze —

In welcher Weise mache ich von dem Zeichen der allgemeinen Regel gebrauch. Da ist es klar daß dieses Zeichen (wieder) nicht magisch wirkt oder wie ein medizinisches Mittel; sondern es hat nur Sinn im Gegensatz zu anderen Zeichen desselben Systems etwa 222

a	r.
b	s
c	t

Das muß sich auch zeigen wenn ich mir z.B. etwas notiere und mit Zeichen die gewöhnlich nicht in Gebrauch sind. Ich wollte mir etwa rasch die Zahl der männlichen und weiblichen Hörer im Zimmer notieren und machte dazu für jeden Mann ein Kreuz für jede Frau einen Strich ins Notizbuch; auch diese Notiz ist eine solche |nur| in einem System, das ich mir geschwind für mich zurechtgelegt habe.

6 Warum sollte der Begriff des „Und-so-weiter" nicht ⟨auch⟩ gleich
7 gleich auf die Zeichnung des Mechanismus ⟨angewendet⟩ werden?
8 werden? Etwa auf die ⟨Stell…⟩
9 Ja habe ich nicht wirklich nur die Zeichnung ⟨m…⟩
16 ⟨Das Zeichen …⟩
20 Und es ist nichts? –*Fragezeichen im MS am Seitenrand blau angedeutet*

1 ⩔r Auch jede Erklärung die ich gebe (welcher Art immer) ist eben eine Erklärung die sagt daß es so ist im Gegensatz zu einem anderen Fall, daß es *so* ist (und nicht anders). Dieses so muß eben in einem Raum von anderen Möglichkeiten sein./gesehen werden./ Es ist der Fall des Zeigens an einen Ort, wenn man etwa sagt „hier ist ein roter Fleck“. Dieses Zeigen zeigt an einen Ort im Gegensatz zu anderen Orten oder richtiger im Gegensatz zum übrigen Raum. Der Hinweis durch das Zeigen muß als ein Fall in einem System von Hinweisen, oder des 223
Hinweisens, verstanden werden.

Aber kann ich ein System als solches verstehen ohne mich in ihm zu bewegen? Andrerseits aber erschöpft doch keine Bewegung die Möglichkeiten des Systems? Brauche ich also wirklich eine Bewegung um das System zu verstehen. Es ist der analoge Fall der Erklärung eines |formalen| Gesetzes durch die Aufzählung einiger Glieder einer Reihe etwa 1, 8, 27, 64,

2 Natürlich das Zeichen eines Systems bezeichnet es nur im Gegensatz zu anderen Systemen und setzt selbst ein System voraus. (Interne Relation die nur besteht wenn ihre Glieder da sind) \r

13.

3 ʃ Ich überlege mir, der Wievielte heute ist und sage mir in Gedanken vor: „Montag der 10te Dienstag der 11te Mittwoch der 12te Donnerstag der 13te“; und/. Und/ schreibe die ‚13‘. Bei „Montag der 10te“ schwebt(e) mir vor eine Einladung die ich zu diesem Tag hatte, weswegen/und derentwegen/ ich mir dieses Datum gemerkt hatte. ⩔r

4 Das Denken |als Ganzes| und seine Anwendung geht sozusagen automatisch vor sich. – Wieviele Zwischenstufen ich auch zwischen den Gedanken und die Anwendung setze, immer folgt eine 224
Zwischenstufe der nächsten – und die Anwendung der letzten – ohne Zwischenglied. Und hier haben wir den gleichen Fall, wie wenn wir zwischen Entschluß und Tat |durch Zwischenglieder| vermitteln wollen. \r

5 / Die Verbindung unseres Hauptproblems mit dem epistemologischen Problem des Wollens ist mir schon früher einmal aufgefallen. Wenn in der Psychologie ein solches hartnäckiges Problem auftritt so ist es nie eine Frage nach der tatsächlichen Erfahrung (eine solche ist immer viel gutmütiger) sondern ein logisches, also eigentlich grammatisches Problem.

6 ?/ Warum die grammatischen Probleme so hart und scheinbar unausrottbar sind – weil sie mit den ältesten Denkgewohnheiten d.h. mit den ältesten Bildern, die in unsere Sprache selbst geprägt sind, zusammenhängen.

6 Dieses Zeigen zeigt an einen Ort im Gegensatz ⟨A...⟩
11 Andrerseits aber erschöpft doch keine Bewegung ⟨das ...⟩
13 um das System zu verstehen. ⟨D...⟩
14 der Erklärung eines |formalen| Gesetzes durch ⟨eine ...⟩
17 Natürlich das Zeichen eines ⟨Sat...⟩
31 immer folgt eine Zwischenstufe der ⟨anderen ...⟩
31 *Im MS:* der der nächsten
37 mir schon früher einmal ⟨eing...⟩

1 / Ich habe eine bestimmte Vorstellung, und dann kommt jemand zur Tür herein. Aber warum nenne ich nun die Vorstellung die ich hatte „die Vorstellung daß dieser Mensch zur Tür herein kommen werde“? Aber so verwenden wir die Sprache eben.

2 / Jede für uns relevante Beschreibung der Erwartung ist |zugleich| eine Beschreibung des Erwarteten. ⩔ 225

3 / Aber, wird man sagen, daß ich die Sprache so verwende ist nicht genug sondern ich muß berechtigt sein, sie so zu verwenden. – Aber die Verwendung der Sprache läßt sich nicht rechtfertigen. Denn rechtfertigen, hieße sie durch Sätze rechtfertigen. \

4 / Woher dann aber das Bedürfnis nach Rechtfertigung? die Unbefriedigung? \

Es ist jedenfalls das s e l b e Mißverständnis unserer Sprachlogik, das uns fühlen macht/das Gefühl gibt/, daß p ∨ ~p doch |noch| etwas sagt daß es nicht den ganzen logischen Raum erfüllt, oder wenn, daß man doch diesen Raum abgrenzen kann gegen etwas außer ihm. Ja das Wort „den ganzen“ im vorigen Satz enthält schon dasselbe Mißverständnis.

5 Ich nenne Es nicht s o/So/ w e i l es gewisse Eigenschaften hat. Außer wenn man statt dem So diese Eigenschaften nennen kann (wenn das So durch sie definiert ist). Ja wie ich Etwas nenne ist ganz gleichgültig (weil willkürlich). Maßgebend/Bedeutend/ ist nur daß ich um den gleichen Bestandteil zu charakterisieren das g l e i c h e Wort gebrauche. \?ᵣ⩔ 226

6 /ᵣ Und hier ist glaube ich ein Hauptanlaß/anstoß/ zum Mißverständnis daß das „Vorkommen von rot“ in zwei Tatbeständen |als „gemeinsamer Bestandteil“| zwei ganz verschiedene Bedeutungen/einen doppelten Sinn/ hat/zweierlei ganz verschiedenes bedeuten kann/. In dem einen Fall heißt es daß sowohl da wie dort etwas r o t i s t – d.h. die Eigenschaft rot hat. In dem anderen handelt es sich nicht um eine Gemeinsamkeit der Farbe (die ja durch eine Farbangabe ausgedrückt würde).

1 *Der Absatz ist im MS am linken Rand mit einem vertikalen Strich markiert.*
2 die Vorstellung die⟨,⟩ |ich hatte „die Vorstellung| daß dieser Mensch
6 Jede für uns relevante Beschreibung ⟨des …⟩
6 |zugleich| *–im MS ist auch das Einfügungszeichen gewellt unterstrichen*
9 daß ich die Sprache so verwende ist ⟨doch⟩ nicht genug
11 ich muß berechtigt sein, sie so zu verwenden. – Aber die ⟨S…⟩
17 |noch| *–das Einfügungszeichen ist im MS gewellt unterstrichen*
23 \?ᵣ *rechtes Randzeichen durchstrichen*
23 w e i l es gewisse Eigenschaften hat⟨, …⟩. ⟨Denn …⟩
26 wie ich Etwas nenne ist ganz gleichgültig (weil willkürlich). ⟨Nur …⟩
26 Maßgebend/Bedeutend/ *–erste Variante im MS durchstrichen*
30 daß das „Vorkommen von rot“ in zwei Tatbeständen ⟨einen …⟩
34 etwas r o t i s t – d.h. die Eigenschaft ⟨hat …⟩
34 rot hat. ⟨Im …⟩
34 In dem anderen ⟨Fall⟩ handelt es sich nicht um
36 (die ja durch eine Farbangabe ausgedrückt würde) ⟨sondern …⟩

1 Diese Gemeinsamkeit ist eben die Harmonie zwischen Welt /Wirklichkeit/ und Gedanken die nicht zu beschreiben ist.

2 Kann man sagen: Der Mechanismus muß funktionieren, wenn man ihn braucht. Der Freiheitsgrad muß sich erst dann äußern, und natürlich äußert er sich dann nur in e i n e m bestimmten/besonderen/ Falle. So aber muß sich der Freiheitsgrad einer grammatischen Konstruktion nur in dem Falle der Anwendung zeigen.

3 Könnte man auch sagen: Wir verwenden die Worte zwar in Übereinstimmung mit den grammatischen Regeln aber nicht im fortwährenden Hinblick auf diese Regeln. Also überhaupt nicht wesentlich im Hinblick auf die Regeln (die Regeln sind natürlich irgendwelche Sätze) 227

4 Wenn man einen Satz braucht, so muß er schon irgendwie f u n k t i o n i e r e n. Das heißt man gebraucht ihn nicht um einer Tatsache einen Lärm beizuordnen.

5 D.h. der Gedanke muß schon eine Bewegung des Mechanismus darstellen, nicht einfach eine seiner Lagen.

6 Der Gedanke kann kein beliebiger Vorgang sein. Wie könnte sonst über eine Beschreibung ein Streit entbrennen?

7 Jemand sagt „diese Blume hat vier Blätter“; ich sehe hin und sage „ja“. Um die Angabe mit der Wirklichkeit zu vergleichen, mußte ich die Blätter zählen, meine Aufmerksamkeit in b e s t i m m t e r Weise auf sie richten. Und darin bestand das Deuten des Satzes entsprechend den grammatischen Regeln. Ich mußte die Wirklichkeit artikulieren um sie mit dem Satz zu vergleichen. Dieses Artikulieren kommt im Kollationieren der Wirklichkeit mit dem Satz |sehr klar| zum Ausdruck. 228

14.

8 Das was Einen sagen macht daß reden nicht denken sein kann, ist, daß das Reden als etwas willkürliches empfunden ist, das Denken nicht. Und darin ist natürlich eine Wahrheit. Nur daß das Reden auf keiner anderen Stufe steht als irgend ein anderer Vorgang der als Symbol verwendet wird.

9 Solange eine Zuordnung zu nichts verpflichtet/(commit)/ ist sie nicht symbolisch.

10 Sind nicht die Worte wie Papiergeld, das nur zwischen zwei wirklichen Werten vermittelt?

11 Aber, I feel I have committed myself, wenn ich sage „ich wünsche hier etwas Braunes“.

10 Könnte man auch sagen: ⟨Wie …⟩
16 Wenn man ⟨irgendwie⟩ einen Satz braucht,
26 *rechtes Randzeichen rot durchstrichen*
32 |sehr klar| *– im MS ist auch das Einfügungszeichen gewellt unterstrichen*

1 Ist es so? Indem ich die Wirklichkeit beschreibe mache ich bereits von den Regeln der Grammatik gebrauch (oder handle gemäß diesen /solchen/ Regeln). Eben weil ich die Wirklichkeit um sie zu beschreiben bereits artikuliert sehen muß. – Ich habe Die Wirklichkeit bereits in gewisser Weise in den Satz übersetzt und also den Gebrauch der Sprache bereits fixiert und bin so also, gleichsam, eine Verpflichtung eingegangen.

2 Aber auch wenn mich jemand fragt „ist dort ein brauner Fleck“ und ich antworte „nein, ein blauer Fleck“ so war ich bereits verpflichtet so zu sagen. Es war keine willkürliche Zuordnung von Worten zu dem was ich sah. 229

3 Es wäre doch nicht einen Tatbestand porträtieren wenn ich etwa beliebige Striche auf das Papier kritzelte und sagte „es gibt gewiß eine Projectionsmethode die diesen Tatbestand in diese Zeichnung projiziert.

4 Ja auch hier (beim Porträtieren)/Abbilden/ fühle ich mich schon beim ersten Strich verpflichtet – d.h. er ist nicht willkürlich. Jedenfalls aber fängt das Bild erst dort an wo die Verpflichtung anfängt.

5 Heißt, einer Regel folgen, einer ausgedrückten (ausgesprochenen) Regel folgen?

6 Wenn ich absichtlich eine gewisse Form nachzeichne so hat der Vorgang des Kopierens – ich meine der ganze seelische Vorgang – mit der Wirklichkeit an einer bestimmten Stelle diese Form gemein. 230 Sie ist eine Facette des Vorgangs des Kopierens. Eine Facette die an dem kopierten Gegenstand anliegt und sich dort mit ihm deckt.

7 Ich kann wenn ich die Figur  kopiere und |etwa| bei der oberen horizontalen Linie anfange meinen Bleistift von ihr in verschiedener Weise leiten lassen. Ich kann etwa trachten diese Linie ihrer Länge nach wiederzugeben – oder nicht. Dann wird im einen Fall mein Bleistift plötzlich angehalten werden (von dem Modell) und wenn ich übers Ziel schieße so wird eine andere |bestimmte| Reaktion eintreten die dem tatsächlichen Anhalten hier äquivalent ist. Im andern Fall wenn der Maßstab der Wiedergabe gleichgültig ist wird mein Bleistift auch anhalten aber die begleitenden seelischen Erscheinungen werden verschieden sein. Ich könnte sagen der Körper des gesamten Vorgangs des Kopierens liegt mit einer bestimmten seiner Facetten an der Vorlage an.

8 Und es hat ja auch der Satz der das Kopieren beschreibt eine Facette gemeinsam mit dem Satz der die Vorlage beschreibt. 231

15 „es gibt gewiß *–im MS fehlt das Ausführungszeichen*
16 die diesen Tatbestand in diese ⟨Striche⟩ projiziert.
26 eine gewisse Form nachzeichne so ⟨ist die abgezeichnete Form…⟩
29 Sie ist eine Facette des ⟨seelischen⟩ Vorgangs des Kopierens.
29 *Im MS durchgehend:* Fassette *bzw.* Fassetten
41 Ich könnte sagen der Körper ⟨der …⟩
42 liegt mit einer bestimmten seiner ⟨Fal…⟩

1 Man könnte dann sagen: Wenn auch mein Bleistift die Vorlage nicht trifft, die Absicht trifft sie immer. \\r

2 So könnte ich sagen der Körper des Beschreibens wenn ich |z.B./etwa/| sage „hier ist ein brauner/roter/ Kreis“ liegt mit einer seiner Facetten an dem Beschriebenen an. Dadurch daß ich mit diesen Worten die Tatsache porträtiert, nachgezeichnet, habe. D.h. die Handlung dieses Nachzeichnens liegt mit einer *ganz bestimmten* ihrer Facetten an der Vorlage. (Hat diese Facette mit der Vorlage gemein – oder auch die Vorlage bildet diese Facette) \\r

3 Die Regel nach der ich die Vorlage kopiert habe wäre in gewissem Sinne eine Beschreibung des Körpers dieses Kopierens. Denn sie würde beschreiben *wie* ich meinen Bleistift von der Vorlage habe leiten lassen. Sie wäre gleichsam eine nachträgliche Beschreibung des Mechanismus der zwischen Vorlage und Bild eingeschaltet ist. Und würde die weiteren Bewegungsmöglichkeiten dieses Mechanismus beschreiben. ⩔

4 ⩔ Porträtiert man aber auch etwas/Bildet man aber auch etwas nach/ wenn man eine Erwartung ausdrückt!? 232

15.

5 /r Der Satz „ich erwarte mir hier einen roten Fleck“ bildet offenbar etwas von dem gegenwärtigen Zustand und noch etwas anderes ab.

6 ?/r Wie wenn ich eine Erinnerung beschreibe? – Ist es nicht *wesentlich* anders als wenn ich eine Erwartung beschreibe?

7 ⩔r Die Beschreibung der Erwartung ist in einem Sinne eine negative Beschreibung der Gegenwart.

Denn wenn ich mir erwarte daß hier ein roter Fleck erscheinen werde so heißt das |jedenfalls|, daß jetzt keiner da ist.

Ich könnte sagen: was in dieser Beschreibung die Zukunft beschreibt ist ihr Verhältnis zu der Beschreibung der Gegenwart in derselben Sprache. Oder: ist ihr |besonderes| Verhältnis zur Gegenwart.

1 ⟨⩔⟩ *linkes Randzeichen gestrichen*
1 \ *rechtes Randzeichen überschrieben*
4 \ *rechtes Randzeichen überschrieben*
4 |z.B./etwa/| *–erste Variante im MS durchstrichen*
10 oder auch die Vorlage bildet ⟨eine⟩ Facette)
30 Die ⟨Erwar...⟩
30 Die Beschreibung der Erwartung ist in ⟨gewis...⟩
32 daß hier ein roter Fleck erscheinen ⟨wir...⟩
33 daß hier ein roter Fleck erscheinen werde so heißt das⟨, ...⟩
34 Ich könnte sagen⟨, d...⟩

1 Wie aber wenn ich sage: „Stell' Dir ein Zimmer vor .....“ und nun beschreibe ich ein Zimmer und einen Vorgang darin. Ein solcher Satz hat zu einer Behauptung dasselbe Verhältnis wie ein Bild im allgemeinen zu einem Portrait. Wenn ich nun etwa ein holländisches 233 Genrebild ansehe so halte ich die gemalten Menschen darin nicht für wirkliche Menschen, andererseits ist ihre Ähnlichkeit mit Menschen für das Verständnis des Bildes wesentlich.

2 Ein Vexierbild ist ein ausgezeichnetes Beispiel für die verschiedenen Weisen wie wir ein uns vorliegendes Bild sehen können. ⩔r

3 Heißt „sich rot vorstellen“, sich vorstellen daß etwas (etwa ein Teil meines Gesichtsfeldes) rot ist? Und/Oder/ gibt es zwei verschiedene Vorstellungen: die eine daß ein Teil des Gesichtsfelds (oder das Ganze) rot ist; die andre: die Vorstellung der Farbe rot; also die Vorstellung dessen was dem Wort rot entspricht nicht dessen was einem Satz entspricht, der das Wort (rot) enthält? Und wenn es so etwas gäbe, wie verhielte sich die eine dieser Vorstellungen zur anderen? ⩔r

4 Ich kann die/jene/ Beschreibung eines Zimmers in eine Zeichnung übersetzen. Und das ist ihr wesentlich. \

5 Ich kann mir nach einer Beschreibung (d.h. einer Beschreibung 234 folgend) eine Vorstellung machen. Dann übersetze ich offenbar die Beschreibung in die Vorstellung ebenso wie ich die Wirklichkeit in die Beschreibung übertragen konnte.

6 ⩔r Von Noten spielen.

7 ⩔r Das Signal gibt im Gegensatz zu seiner Erklärung nicht die volle Multiplizität der Tatsache. Die Erklärung aber kann nicht mehr geben als diese Multiplizität.

8 ⩔∫r Ich zeige Jemandem die Noten eines Musikstückes und sage „kannst Du das lesen“. Er durchfliegt es und sagt „ja“. Er hat beim Durchfliegen irgend etwas getan, vielleicht Bewegungen seines Kehlkopfs gemacht oder gewisse Muskeln innerviert und zwar hat er die Notenschrift in ein anderes System von Innervierungen oder Bewegungen übersetzt.

1 „Stell' ⟨dir⟩ ein Zimmer vor .....“
9 *Im MS:* Fexierbild
9 Ein Vexierbild ist ein ausgezeichnetes Beispiel ⟨dafür ...⟩
13 Und/Oder/ *–erste Variante im MS durchstrichen*
14 die eine daß ein Teil ⟨(oder das Ganze ...⟩
15 des Gesichtsfelds (oder das Ganze) rot ist; die andre: ⟨da...⟩
21 ⟨⩔r⟩ *rechtes Randzeichen rot gestrichen*
21 die/jene/ *–erste Variante im MS durchstrichen*
22 *Im MS fehlt die nachfolgende Leerzeile.*
35 ⩔ *linkes Randzeichen überschrieben*
37 Er hat beim Durchfliegen irgend ⟨eine Tätigkeit ...⟩

1 ⩔∫r Die Regel nach welcher ich übersetze zeigt sich in meiner/im Resultat meiner/ Übersetzung plus/zusammen mit/und/ den Reaktionen der Unbefriedigung wo ich nach der Regel falsch übersetzt habe. 235

2 In wiefern setzt/hat/ das Verständnis einer Sprache, soweit es durch das Übersetzen in eine andere Sprache (durch das Nachzeichnen dieser Sprache) gezeigt ist, andere Sätze derselben Sprache also grammatische Regeln voraus./zur Voraussetzung./ ⩔

3 Man könnte das auch so sagen: Ist in dem Vorgang der Übersetzung eines Satzes schon die allgemeine Regel der Übersetzung der Sprache dieses Satzes unzweideutig enthalten. (Ist das nicht so als würde man fragen: ist in dieser Bewegung des Mechanismus schon seine ganze Wirkungsweise unzweideutig ausgedrückt?) ⩔\r

4 Denken wir uns den einfachen Fall daß jemand die Strecke absichtlich im Maßstab 1:1 kopiert. Ist dann in dem Vorgang des Kopierens (nicht) schon das Verständnis des Nachzeichnens irgend einer Strecke im Maßstab 1:1 enthalten? D.h. ist die Weise in der mein Bleistift von der Strecke geführt wird (nicht) eben dieses allgemeine Gesetz? Mein Stift wurde von mir quasi ganz 236 voraussetzungslos gehalten und nur von der Länge der Vorlage geführt [beeinflußt] ⩔

5 ⩔ Ich würde dann sagen: Wäre die Vorlage länger gewesen so wäre ich mit meinem Bleistift noch weiter gefahren und wenn kürzer weniger weit. Aber war |quasi| der Geist der sich hierin ausspricht schon im Nachziehen des einen Strichs enthalten.

1 ⩔ *linkes Randzeichen überschrieben*

10 ⩔ *rechtes Randzeichen überschrieben*

10 ⟨Enthält der⟩ Vorgang der Übersetzung eines Satzes schon die allgemeine Regel der Übersetzung der Sprache dieses Satzes ⟨in …⟩

17 Ist dann in dem Vorgang des ⟨p…⟩

18 (nicht) *–Klammern und Durchstreichung im MS rot*

20 (nicht) *–Klammern und Durchstreichung im MS rot*

23 und nur von der Länge der Vorlage geführt ⟨(⟩beeinflußt⟨)⟩

1 ⩛r Ich kann mir vornehmen: Ich gehe solange bis ich ihn finde (ich will etwa einen Menschen auf einer Straße treffen.) Und nun gehe ich die Straße entlang und treffe ihn an einem bestimmten Punkt und bleibe stehen. War in dem Vorgang des Gehens, oder irgend einem anderen gleichzeitigen, die Befolgung der allgemeinen Regel die ich mir vorgesetzt hatte enthalten. Oder war der Vorgang nur i n Ü b e r e i n s t i m m u n g mit dieser Regel aber auch mit anderen entgegengesetzten Regeln?

Aber wenn ich mir die allgemeine Regel vorgenommen hatte, /vornehmen konnte,/ so war schon in dem Festhalten dieses Vorsatzes dasjenige enthalten was das Gehen zu einer Befolgung eben 237 der einen allgemeinen Regel machte.

In dem Vorsatz wird die Länge der Strecke absichtlich offen gelassen. Das wollte ich früher mit dem Wort „voraussetzungslos" andeuten.

2 Das kann aber nur heißen: Es ist ein Unterschied zwischen einem Vorsatz und einem anderen. Ich hätte mir auch vornehmen können einen km zu gehen und das war zufällig die Weglänge, die ich gehen mußte um jenen Menschen zu treffen. (Hier erklärt sich auch das Wort „Grund") \r⩛

3 Muß nun dieses Vornehmen darin bestehen daß ich v o r der Ausführung meiner Handlung einen Satz, den Vorsatz, ausspreche? \r

4 Ich könnte z.B. eine Linie so ziehen wollen daß sie parallel \r

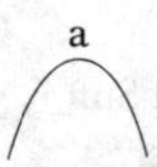

mit der Linie a wird die |etwa| übrigens eine Parabel ist. Aber ich will keine Parabel ziehen sondern ziehe sie nur incidentell wenn ich parallel zu a fahre. Ich hätte aber auch |können| eine Parabel ziehen wollen die dann zufällig mit a parallel geworden wäre. Der gesamte Vorgang wäre aber in jedem der beiden Fälle ein andrer gewesen.

16. 238

5 /r Unsere Sprache macht immer wieder neue Knoten in's Denken. Und die Philosophie wird nicht fertig |damit|, sie aufzulösen.

6 Beabsichtigen ist ein menschlicher psychischer Vorgang.

7 /r

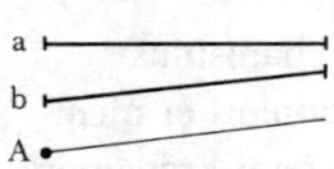

Ich gebe jemanden den Befehl von A eine Linie parallel zu a zu ziehen. Er versucht |(beabsichtigt)| es zu tun, aber mit dem Erfolg daß die Linie parallel zu b wird. War nun der Vorgang des Kopierens derselbe als hätte er beabsichtigt parallel zu b zu ziehen und seine Absicht ausgeführt? Ich glaube offenbar, nein. Er hat sich von der Linie a führen lassen.

2 Und nun gehe ich ⟨etwa⟩ die Straße entlang
13 In ⟨j…⟩
14 Das wollte ich früher mit dem Wort ⟨„Vo…⟩
17 \r *rechtes Randzeichen durchstrichen*
19 und das war zufällig ⟨der Weg den⟩ ich gehen mußte

1 /r Wenn das allgemeine Gesetz der Abbildung sich in der Tätigkeit/dem Vorgang/ des Abbildens ausdrückt dann muß es in einem Zug dieser Tätigkeit liegen und das allgemeine Gesetz ein |notwendiger| Teil der Beschreibung des Vorgangs sein.

2 /r D.h. Das allgemeine Gesetz der Abbildung muß ein Teil der besonderen Beschreibung dieses Vorgangs der Abbildung sein.

3 ⩔ Wenn ich meinen Bleistift von dieser Linie (der Vorlage) leiten lasse so ist das als schaltete ich einen bestimmten Mechanismus ein zwischen die Linie und meine Hand. Und dieser Mechanismus ist ein Ausdruck der allgemeinen Regel der Abbildung. 239

4 Die Allgemeinheit muß darin bestehen daß man etwas offen läßt. Und dieses Offenlassen ist darin ausgedrückt daß ich sage: Ich lasse meinen Bleistift nur von der Linie leiten, wie immer sie geht, gehe ich ihr nach. \r

5 Die Frage ist nun: wenn ich (nun) auf diese Weise eine Vorlage nachgezeichnet habe ist es dann möglich den Vorgang des Nachzeichnens wie er war auch nach einer anderen allgemeinen Regel richtig zu beschreiben. Oder kann ich so eine Beschreibung zurückweisen/ablehnen/ mit den Worten: „nein, ich habe mich wirklich nur von dieser (allgemeinen) Regel leiten lassen (und nicht von jener anderen die |in diesem Falle| allerdings auch dasselbe Resultat ergeben hätte)“. \r

6 Denken wir uns wir schalteten tatsächlich zwischen Vorlage und Stift eine Kopiermaschine ein (denn schließlich sind wir ja auch |eine| Kopiermaschine). Hier könnte nun von Absicht nicht die Rede sein 240 und was immer die Kopiermaschine hervorbringt ist die Kopie. Wo ist nun hier die Intention? Sie drückt sich so aus: Wenn z.B. alle Stangen der Maschine steif bleiben so nenne ich das Erzeugnis der Maschine eine richtige Kopie. Biegt sich aber eine Stange dann besteht die Kopie aus dem Erzeugnis plus einer Korrektur die der Biegung entspricht. \?r ⩔r

7 ⩔r Ich sagte: Wenn ich mich von einer Vorlage/Linie/ leiten lasse so ist das wie wenn ich einen Mechanismus zwischen mich und die Vorlage/Linie/ einschaltete. Aber wie, wenn dieser Mechanismus nicht funktioniert? Ja, das heißt hier nichts; denn funktioniert er nicht so wird der Fehler des Funktionierens als Korrektur zu dem Erzeugnis /Resultat/ gerechnet.

15 ist darin ausgedrückt daß ich sage: Ich ⟨laß …⟩
20 eine Vorlage nachgezeichnet habe ist es dann ⟨an…⟩
22 richtig zu beschreiben. Oder ⟨könn…⟩
28 \?r *rechtes Randzeichen überschrieben*
29 zwischen Vorlage und Stift eine Kopiermaschine ein⟨. …⟩
34 Biegt sich aber eine Stange dann ⟨muß ich …⟩

1 Nein ein wirklicher Mechanismus ist nicht der Ausdruck einer allgemeinen Regel, auch dann nicht wenn seine Bewegungen erfahrungsgemäß mit einer bestimmten Regel übereinstimmen. Es sei denn daß ich den Fall des Nicht-Funktionierens dadurch ausschalte, daß ich bestimme: wie immer er sich bewegt ist, der Definition nach, der Regel gemäß.

2 Die Intention ist eine Betrachtungsform (oder Norm) nach der Betrachtet wird, was immer geschieht. Es ist als drückte ich die gemessene Länge aller Menschen dadurch aus daß ich sagte sie seien 6 fuß hoch + oder − einer bestimmten Größe. 241

3 Nehmen wir in unserem psychischen Apparat einen Zeiger an dessen Ausschlag die Abweichung der Tätigkeit von der Intention anzeigt, dann ist eben zum feststellen der Intention nicht nur auf das Resultat /den Erfolg/ zu sehen sondern zugleich auf den Zeiger (der die Korrektur angibt). Befolgt etwa das Resultat eine Regel so ist noch zu schauen ob der Zeiger dabei nicht ausgeschlagen hat und nur dann ist diese Regel ein Ausdruck der Intention.

4 
Kopiermaschine.

Wieder: Worin besteht es ein Gesetz zu erkennen. Es gibt doch tatsächlich diesen Vorgang. Ich zeige jemand die Reihe $2x$, $4x^2$, $6x^4$, $8x^8$, und er sagt „ja, jetzt weiß ich weiter, ich sehe das Gesetz“. (Vielleicht hat er nach den zwei ersten Gliedern ein anderes Gesetz vermutet und war erstaunt, als ich das dritte Glied hinschrieb; dann sah er ein neues Gesetz.) 242

Ein allgemeines Gesetz sehen heißt, daß in dem was man sieht in irgend einem Sinne etwas offen gelassen ist.

5 Unsere Frage kann dann so gestellt werden: Ist ein Unterschied zwischen zwei/den/ Fällen wenn ich die Glieder $2x$, $4x^2$ einmal als Glieder der Reihe $2nx^n$ ein andermal als Glieder der Reihe $2n \cdot x^{(2n-1)}$ hinschreibe? Offenbar ist da ein Unterschied.

6 Muß nicht die geschriebene allgemeine Regel ein B i l d des Vorgangs sein wenn ich etwas nach dieser Regel tue?!

17.

7 Wie kann mich das Wort „rot“ im Satz führen, oder ich zu diesem Wort geführt werden?

8 Ich glaube, es war der Hauptgedanke (oder doch e i n e r) meines Buches daß man auch durch das Wort „rot“ oder das was an ihnen drum und dran ist g e f ü h r t werden muß.

1 wirklicher *–gewellte Unterstreichung und Durchstreichung im MS rot*
5 dadurch ausschalte, daß ich bestimme: ⟨Was immer …⟩
6 *Im MS fehlt die nachfolgende Leerzeile.*
9 Es ist als drückte ich die ⟨Länge …⟩
10 Es ist als drückte ich die gemessene Länge aller Menschen ⟨durch …⟩
24 und er sagt „ja, jetzt weiß ich weiter⟨“ …⟩
26 ein anderes Gesetz vermutet und war ⟨ü…⟩
34 Offenbar ist ⟨h…⟩
43 ⟨Es⟩ war der Hauptgedanke

1 ⩔ᵣ *Erklärung* der Vorzeichen in der Notenschrift. Muß nicht in ihr jene Multiplizität nachgeholt werden die dem Zeichen fehlt, die es 243 zum Signal macht? Das Wort Rot ist bloß ein *Signal*. Aber ein Signal wozu. Wo muß das ausgedrückt sein, wenn nicht in seiner Erklärung? (So sind die musikalischen Vorzeichen Signale.)

2 Man könnte sich denken daß die Bedeutung von ‚rot' in einem Archiv \ᵣ gleich dem Urmeter in Form eines Täfelchens von der betreffenden Farbe festgelegt wäre. (Auch im Fall des Urmeters muß *etwas/Etwas/* 1 m lang sein.)

3 Wie könnte man ein Signal je verstehen, ja, wie sich etwas selbst ⩔ᵣ darunter denken und wie sollte es in exacter Weise gebraucht werden der Gegenstand eines Streites sein können wenn es keine Erklärung dafür gebe, kein Kriterium daß es *das* meint. Soweit darüber geredet (gestritten) werden kann, soweit muß es sich auch entscheiden lassen.

4 Kann man sich auch ein Ur-Nicht denken, wie man sich ein Ur-Rot ⩔ denken kann?

Hätten Russell und Frege die Farbe Rot behandelt, sie hätten sich genötigt gesehen dem Buch ein genaues Muster beizugeben 244 dessen was sie unter ‚rot' verstehen.

18.

5 ⩔ Andrerseits kann doch dieses Ur-Rot nicht nötig sein da wir tatsächlich einen Satz worin das Wort ‚rot' vorkommt ohne das Muster verstehen. Es wäre das etwa dem Fall vergleichbar wenn man unter einem Meter das Meter des Augenmaßes verstünde (Wohlgemerkt: das Meter des Augenmaßes ist nicht ein ungenaues Meter sondern etwas *anderes* als das physikalische Meter)

6 ⩔ Angenommen nun aber die Sprache gebrauchte tatsächlich statt des Wortes ‚Rot' ein rotes Täfelchen auf das man zeigt; diese Ausdrucksweise wäre jedenfalls möglich. Und auch das bedeutet etwas. – Die Frage ist aber: hilft diese Ausdrucksweise uns mehr im Verständnis dessen was gemeint ist und wenn, inwiefern/wodurch/. Denn da wir auch die Wortausdrucksweise verstehen so muß dann außer dem Wort noch das vorhanden sein was das Muster vor dem Wort allein voraus hatte.

Denn: mehr als verständlich kann eine Ausdrucksweise nicht sein 245 und Fleißaufgaben gibt es hier nicht. Beide Ausdrucksweisen müssen einander ganz äquivalent sein nur daß, was hier im sichtbaren Zeichen liegt, dort woanders liegen kann.

25 Andrerseits kann doch ⟨al...⟩
34 wäre jedenfalls möglich. ⟨(⟩Und auch das bedeutet etwas.
38 das vorhanden sein was ⟨die Ausdrucksweise mit Hilfe des Musters⟩ dem
41 und Fleißaufgaben gibt es ⟨n...⟩
42 nur daß, was hier im sichtbaren ⟨v...⟩

1 Wenn ich nun mein rotes Täfelchen nicht bei der Hand hätte und zeigte statt darauf auf etwas anderes rotes; und wie wenn ich nun gerade das Rote dazu nähme wovon ich sagen will daß es rot ist? Wenn ich also etwa auf einen Apfel zeigte und sagte „*Das ist so*"? Oder: „*Hier* ist *diese* Farbe"

Warum sagt das nun nichts? Weil es stimmt was immer der Fall ist. Weil ich nicht fragen kann: „im Gegensatz zu – ?"

Das ist natürlich der gleiche Fall wie die Antwort „Ich bin's" auf die Frage „Wer ist da?".

2 Aber es hat Sinn zu sagen: Hier ist die Farbe die ich meine.

3 Ebensowenig Sinn aber wie zu sagen „hier ist diese Farbe" hat es zu sagen „ich nenne diese Farbe hier ‚rot' und hier ist rot".

4 Auf die Aussage/Angabe/ „diese Farbe ist hier" wäre die Antwort: „würdest du das nicht in *jedem Fall* sagen?" Und das zeigt daß hier 246
der Raum fehlt in dem die Aussage gemacht werden muß um Sinn zu haben.

23.

5 Wenn ich vergessen habe welche Farbe „rot" bedeutet so kann ich nicht wissen ob „rötlichgrün" einen Sinn hat.

6 Wenn die Philosophen ein Wort gebrauchen und nach seiner Bedeutung forschen muß man sich immer fragen wird denn dieses Wort in der Sprache die es geschaffen hat/für die es geschaffen ist/ je tatsächlich so gebraucht?

Man wird dann meistens finden daß es nicht so ist und das Wort gegen seine normale/entgegen seiner normalen/ Grammatik gebraucht wird. („Wissen", „sein", „Ding")

7 „Ich würde diese Farbe (jederzeit) wiedererkennen, ich erinnere mich noch genau an sie." Als würde hier das sich an sie erinnern als Bürgschaft für die Möglichkeit des Erkennens genommen. Und das scheint ja auch nur natürlich, ja selbstverständlich. Merkwürdigerweise sträubt sich jetzt etwas in mir gegen die althergebrachte Ansicht. Und zwar ist es das Erinnerungsbild was mir Schwierigkeiten macht. 247

„Würdest Du Deinen Bruder wiedererkennen wenn er jetzt zur Tür hereinträte?" – „gewiß". Aber wie kann ich dessen gewiß sein? Und wenn ich ihn nun nicht erkenne wenn er wirklich eintritt, kann ich dann sagen: Ja, als ich es sagte, hätte ich ihn auch erkannt? Der Fall des Nichtwiedererkennens den ich hier meine wäre der, daß einer zur Türe hereinkäme und ich sagen müßte „ich weiß nicht ob das mein Bruder ist" (denn wenn ich sagte „nein, so schaut er nicht aus" so wäre das ja auch ein Wiedererkennen)

Es hätte im Fall des Nichtwiedererkennens das Wort gleichsam seine Bedeutung verloren.

21 ⟨24.⟩ *Datum im MS verschrieben und korrigiert*
26 und nach seiner Bedeutung ⟨fragen⟩ muß man sich immer
33 *Die Bemerkung ist am linken Rand mit einer vertikalen Wellenlinie markiert.*
33 (jederzeit) *–im MS durchstrichen*
43 Der Fall des Nichtwiedererkennens ⟨w...⟩
45 (denn wenn ich sagte ⟨„ich ...⟩

1 „Ich weiß wie dieses Wort zu gebrauchen ist“. Was heißt das? Wie kann es niedergelegt werden, wie ein Wort zu gebrauchen ist? Etwa das Wort „rot“. – ⩔ᵣ

2 Vielleicht ist die eigentliche Schwierigkeit die (die zwar Manchem beinahe närrisch erscheinen mag): daß ich das Wort „rot“ erkläre indem ich auf etwas rotes zeige und sage „das ist rot“ während doch dieses rote später meinem Blick entschwindet. Und nun scheinbar e t w a s A n d e r e s an seine Stelle tritt (Die Erinnerung oder wie man es heißen mag). \ᵣ 248

3 / „Also s o wird dieses Wort gebraucht!“ Aber wie bewahre ich denn dieses s o in der Erinnerung?

4 ∫⩔ᵣ Das Wort „rot“ wird via das Erinnerungsbild gebraucht.

24.

5 /ᵣ Die Erklärung eines Zeichens muß natürlich jede Meinungsverschiedenheit im Bezug auf seine Bedeutung beseitigen können. D.h. sie muß alle Gegensätze der Bedeutung zum Ausdruck bringen. Und nun ist die Frage ist dann noch eine Frage zu entscheiden?

6 ⩔ Jede Erklärung eines Zeichens kann für das Zeichen (an seiner Statt) substituiert werden.

7 ∨/ Die Erklärung des Symbols muß die ganze Verantwortung für seine Anwendung tragen. 249

8 Jede Streitfrage kann entschieden werden, – aber mehr ist auch nicht nötig. ⩔

9 Wo eine Meinungsverschiedenheit über die Bedeutung eines Wortes möglich ist muß die Erklärung sie beseitigen/(settle)/entscheiden/. ⩔

10 / Man könnte das Wesen der Sprache an einem System von Signalen erklären. ⩔

11 / z.B. a, b, c, d bedeuten Bewegungen und zwar a = ↥, b = ↧, c = ↦, d = ↤, also z.B. b c c b d a heißt 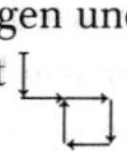 etc Nun, ist der Satz „b c c b d a“ nicht ähnlich jenem Linienzug? Offenbar ja, in gewisser Weise. (Ist es nicht genau die Ähnlichkeit einer Photographie und des photographierten Gegenstandes?)

12 Ist nur die Wahl zwischen vier Bewegungen so genügen 4 Signale. ⩔

13 Wenn die Erklärung nur Zeichen für Zeichen setzt, wozu ist sie dann überhaupt nötig? – Sie ist nur nötig wo sie die Multiplizität erhöht. ⩔

15 ∫ *linkes Randzeichen überschrieben*

27 ⟨⩔⟩ *linkes Randzeichen gestrichen*

33 ⟨\⟩ *rechtes Randzeichen gestrichen*

36 Man könnte das Wesen der Sprache ⟨vielle…⟩

48 Wenn die Erklärung nur Zeichen für Zeichen setzt, ⟨z…⟩

25.

1 ⩔ „Sich nach etwas richten“. Ist dasselbe wie sich von etwas leiten lassen. 250

2 / Kann man etwas in einem wesentlich anderen Sinne „o f f e n l a s s e n“ als man eine Klammer leer läßt?

3 / Ich lasse mich von der Sprache (der Vorlage) führen aber dazu muß ich ihr die Zügel in gewisser Weise in die Hand geben. Und dann erst kann sie mich führen.

4 ⩔ Die gedruckte Note zwingt auch nicht den Finger auf die Taste zu drücken. Das Notenbild zwingt mich nicht mich in dieser (oder irgend /überhaupt/ einer) Weise von ihm führen zu lassen. Habe ich mich entschlossen mich auf diese Weise von ihm führen zu lassen, dann führt es mich nun zu diesen und diesen Bewegungen

5 ⩔ Aber das sieht so aus als müsse dem Vorgang/Akt/ der Übersetzung, der Abbildung ein besonderer a l l g e m e i n e r Entschluß vorhergehen (der Entschluß, mich auf diese Weise leiten zu lassen)

6 ∫ Ich übergebe mich der Regel./der Vorlage./ ⩔ 251

7 ∫ Ich lasse meine Handlung von der Vorlage bestimmen, wenn ich z.B. nach Noten spiele ⩔

26.

8 / Wir werden nicht durch die Noten/das Notenbild/ dazu geführt überhaupt Klavierzuspielen sondern s o zu spielen (wie wir es tun). \

9 / D.h. wir werden nicht durch das System von Signalen dazu gebracht uns ihm zu übergeben sondern wir übergeben/überlassen/ uns ihm und werden dann |ihm| entsprechend geführt. \

10 So übergeben wir uns auch der Sprache. \

11 ?/ „Welchen Ton wirst Du spielen?“ – „Ich werde mich danach richten, welche Note dort steht“. \

12 Mein Gedanke ist daß aus dem einzelnen Fall des Sich-nach-etwas-richtens die sogenannte allgemeine Regel muß abgelesen werden können. \

Diese allgemeine Regel ist also nicht etwa eine Hypothese, die durch mehr Einzelfälle mit größerer Sicherheit zu bestimmen ist, sondern im Gegenteil muß man schon von einem zweiten Einzelfall sagen können daß er nicht nach der selben Regel gebildet ist/wurde/ wie der erste. 252

2 Ist dasselbe wie sich von etwas ⟨füh…⟩
7 von der Sprache (der Vorlage) führen aber dazu muß ich ⟨mich …⟩
17 Vorgang/Akt/ *–erste Variante im MS durchstrichen*
18 der Abbildung ein besonderer a l l g e m e i n e r Entschluß vorhergehen⟨. …⟩
27 *Die Bemerkung ist am linken Rand mit einem vertikalen Strich markiert.*
27 Wir werden nicht durch die Noten/das Notenbild/ ⟨überhaupt …⟩
32 |ihm| *–das Einfügungszeichen ist im MS gewellt unterstrichen*
39 daß aus dem einzelnen Fall des ⟨sich nach etwas Richtens⟩ die

1 ∨ Wie man sich bei dem Orakel durch Abzählen der Knöpfe des Rockes oder der Blätter eines Gänseblümchens von der Zahl dieser Blätter leiten läßt

2 ∨ Ich sagte schon früher, wenn dies so ist, so muß in dem Prozess etwas offen gelassen werden. So muß ich in der Absicht mich nach dem Blumenorakel zu richten es offen lassen wie viele Blätter die Blume tatsächlich haben wird. Der Ausdruck dieser Absicht lautet auch: „Wieviel Blätter immer die Blume haben mag, .../etc/".

3 ∨ Kann nun dieses offen-lassen von anderer Art sein als das welches wir vor uns haben wenn wir etwa einen Ball gegen eine Wand werfen und dieser Wurf es offen läßt wann der Ball zurückkommen wird weil das von der Entfernung der Wand abhängt die in dem Wurf nicht präjudiziert/gegeben/ ist? Oder, ist es nicht dasselbe offenlassen das uns
vorliegt wenn die Druckerpresse es offen läßt welcher Text beim 253
Drucken herauskommen wird weil in ihr nicht präjudiziert ist welcher Satz in sie gelegt werden wird?

4 Es handelt sich in allen diesen Fällen darum einen vorbestimmten Bestandteil des Satzes als Argument und daher alles Übrige als Funktion zu betrachten. ∨r

5 Denn das Hypothetische „wenn, die Wand weiter weg gewesen wäre, so ..." hilft uns nicht. „Wenn die Note auf der nächsten Linie gestanden hätte, so ....". Ich könnte antworten: „Was dann geschehen wäre weiß ich nicht, oder, wenn ich es weiß dann eben nur durch das, was mir j e t z t vorliegt". Denn dieses „wenn die Note auf der anderen Linie gestanden hätte" kann ja nichts ausdrücken als eben die allgemeine Regel/ist ja nur der Ausdruck der allgemeinen ..../ die ich aber aus dem gegenwärtigen Fall ersehen muß, wenn ich sie ersehen kann. – Anders ist es, wenn dieses „wenn ...." der Ausdruck einer Hypothese ist und dann eben durch die Erfahrung erst bestätigt oder widerlegt werden soll. ∨r

6 ∨ Ist ein leeres Blatt Papier in irgend einem Sinne allgemein – weil es 254
uns Gelegenheit bietet was immer wir wollen darauf zu schreiben? [Ist ein Blatt Papier auf dem nichts geschrieben steht in irgend einem Sinne .....]

Ist eine leere Schachtel allgemein? –

7 ∨ Aber wenn ich die allgemeine Regel aus dem besonderen Fall/diesem Fall/ ablesen/herauslesen/ kann, kann ich mehr als den A u s d r u c k der allgemeinen Regel herauslesen?

5 so muß in ⟨den ...⟩
11 Kann nun dieses offen-lassen ⟨a...⟩
20 *Im MS:* Es handelt sich in allen diesen Fällen einen
25 „wenn, die Wand weiter weg gewesen wäre, so ..." ⟨nützt ...⟩
25 „Wenn die Note ⟨in⟩ der nächsten Linie gestanden hätte,
29 „wenn die Note auf der anderen Linie gestanden hätte" ⟨ka...⟩
32 wenn ich sie ersehen kann. – Anders ist es⟨ natür ...⟩
36 Ist ein |leeres| Blatt Papier ⟨auf dem nichts ...⟩
39 ⟨I...⟩ *Absatz als fortlaufender Text begonnen*
42 Aber wenn ich die allgemeine Regel aus ⟨dies...⟩

1 /r Wenn ich eine Anzahl Striche auf einem Blatt Papier abzähle, so lasse ich mich von ihrer Anzahl leiten.

Und hier haben wir, im Dezimalsystem, und wo etwa weniger als 10 Striche vorhanden sind |noch dazu| den Fall daß wir zu strukturell unzusammenhängenden Zeichen, den Wörtern 1, 2, 3, 4, 5 etc *geleitet* werden.
Aber haben wir es da nicht mit einer falschen Verwendung der Analogie des Führens zu tun?

2 ∨r Daß ich einen Vorsatz fassen kann, wissen wir. Ich kann sagen: „ich werde diese Striche zählen". Und das ist ein allgemeiner Vorsatz weil in ihm offen gelassen ist wieviele Striche tatsächlich vorhanden sind. 255
Wenn nun dieser Ausdruck des Vorsatzes etwas heißt dann ist es nicht unbegreiflich daß auch in der Handlung (des Zählens etwa) alles schon liegen kann was in jenem/diesem/ Vorsatz liegt.

Ich könnte sagen dieser Vorsatz – welcher Art er immer sein mag – beherrscht in irgend einem Sinn die Handlung

3 Wie aber wenn ein mechanischer Zähler (eine Maschine) etwas zählt (etwa die Anzahl der km die ein Wagen zurücklegt/etwa die Touren einer Maschine/) Er läßt sich dann auch leiten und wo ist hier die allgemeine Regel? Wenn sie im Mechanismus zum Ausdruck kommt so ist es nur die Allgemeinheit der leeren Schachtel. Wenn wir das so genau wissen, was immer die Maschine sein mag, wie kann dann die Allgemeinheit eines Denkprozesses eine andre sein? ∨r

4 In einer Maschine gibt es das was man einen verstellbaren Anschlag nennt; nach ihm richtet sich die Länge der Bewegung eines Maschinenteiles. ∨r

Da ist es immer wieder, als ob zwar nicht in der Maschine selbst die Allgemeinheit liegen könnte aber in der *Auffassung* der Maschine. 256

Und wieder nicht in der Auffassung durch einen Menschen, (einer Tätigkeit eines Menschen) sondern in einem Zeichensystem. Als ob die *Auffassung* nur niedergelegt sein konnte in der Grammatik eines Zeichensystems.

1 Wenn ich eine Anzahl Striche auf einem Blatt Papier ⟨– etwa –⟩ abzähle,
2 so lasse ich mich von ⟨der …⟩
3 Und hier haben wir ⟨–⟩ im Dezimalsystem ⟨–⟩ und wo
4 |noch dazu| *–im MS ist auch das Einfügungszeichen gewellt unterstrichen*
8 Aber haben wir es da nicht mit einer falschen Verwendung der Analogie des Führens zu tun? *–Nachtrag in der Leerzeile*
19 etwas zählt ⟨–⟩ etwa die Anzahl der km die ein Wagen zurücklegt ⟨–⟩
23 die Allgemeinheit der leeren Schachtel. Wenn ⟨ich …⟩
27 In ⟨der …⟩

1 ∨r Ich singe oder spiele ein Stück nach Noten; plötzlich komme ich an ein # und nun interpretiere ich das als den Befehl (oder – was auf dasselbe hinausläuft – erinnere mich daß das der Befehl ist) einen Halbton höher zu singen. Es ist nicht, daß der Anblick des # mich dazu bringt einen Halbton höher zu singen, in magischer Weise oder wie eine Droge. Was geschieht kann man vielmehr so ausdrücken daß ich handle als richte ich mich nach einer allgemeinen Regel die bestimmt einen Halbton höher zu singen wo immer ein # vor einer Note steht. Und zwar auch dann wenn mir diese allgemeine Regel nicht von Anfang an bekannt war und ich mich erst beim Anblick 257 des # dazu entschieden habe sie zu adoptieren. Ich konnte sie ja gerade dann selbst erfinden und mir vorsetzen und etwa schon bei der nächsten Gelegenheit d.h. beim nächsten # die Regel aufgeben und etwa eine andere festlegen. Aber eben auch dann – will ich sagen – hätte ich beim ersten # nach einer allgemeinen Regel gehandelt.

27.

2 Es ist ja auch so: Wenn ich den Befehl – etwa das Notenbild – als Bild der Ausführung auffasse so ist das Auftreten des # natürlich/jedenfalls/ kein Bild der Tätigkeit die ich in Befolgung des # ausführe, sondern bildhaft wird das Auftreten des # erst dadurch daß, wo immer es auftritt ich diese selbe Tätigkeit wiederhole. \r

3 Aber natürlich ist auch diese Wiederholung selbst nicht wesentlich, denn es könnte ja das # nur e i n m a l vorkommen und müßte dann doch ebenso wirken wie wenn es zwei- oder 1000 mal vorkäme. Es ist hier wieder die Möglichkeit nicht die Wirklichkeit des Vorkommens um die es sich handelt. ∨r

4 ∨r Es handelt sich wieder um das Vorkommen des # in einem R a u m. 258 Denn auch das Nicht-auftreten des # muß dann Bedeutung haben. D.h. es muß Bedeutung haben solange dieses System von Regeln überhaupt gilt.

5 ∨r Man könnte auch so sagen: In einer Sprache kommt keine Willkürlichkeit vor. Jedes Gesetz ist ein allgemeines Gesetz. Wäre das Wesentliche an den Zeichen daß sie mich durch irgendwelche Kräfte zu diesem und jenem veranlassen so brauchte es gar kein System zu geben.

Man könnte darauf freilich antworten: Die Sprache ist eben eine bestimmte Art von Drogen die durch Verabredung (Vereinbarung) wirken.

Wir aber interessieren uns nur für das Wesen der Verabredung /Vereinbarung/, nicht für ihre erfahrungsmäßigen Folgen. Wir interessieren uns für nichts, was auch anders sein könnte.

1 spiele ein Stück nach Noten; plötzlich ⟨kommt …⟩
4 Es ist nicht, daß ⟨das # …⟩
9 Und zwar ⟨ist das⟩ auch dann wenn mir diese allgemeine Regel
18 ⟨∨r⟩ *rechtes Randzeichen rot gestrichen*
18 Es ist ja auch so: *–im MS rot durchstrichen*
21 erst *–gewellte Unterstreichung im MS rot*
26 Es ⟨handelt sich⟩ hier wieder die Möglichkeit
27 wieder die Möglichkeit nicht die Wirklichkeit ⟨um …⟩
28 *Im MS fehlt die nachfolgende Leerzeile.*

1 ∨r ∀r Wer sich nach einem Zeichen richtet, handelt in Befolgung einer allgemeinen Regel.

Und das kann nicht heißen daß er handelt wie er handelt und die/eine/ allgemeine Regel (quasi) von fern zuschaut. 259

2 Und hier droht wieder ein Mißverständnis: Es scheint als wäre jetzt wieder ein Mechanismus zu erforschen wie man eine Nähmaschine erforscht wenn/indem/ man sie öffnet (und das Ineinandergreifen der Teile) untersucht. Aber darum kann es sich natürlich nicht handeln, denn sonst hätte man ja nur wieder etwas Hypothetisches/eine Hypothese/ gewonnen. ∀r

3 Es müßte also das allgemeine Gesetz in meiner Handlung bewußt ausgesprochen liegen. ∀r

Es ist aber doch gar kein Zweifel, daß wir auf Zeichen sehr oft rein automatisch reagieren. Etwa wenn ein geübter Notenleser etwas vom Blatt spielt. Er reagiert dann auf die Zeichen wie eine Maschine. (Wir sind hier offenbar in einem Gebiet, das uns eigentlich nichts angeht) Wie aber wenn der Klavierspieler danebengreift? –

4 Es ist nur die Absicht die an das Modell heranreicht. Und das ist dadurch ausgedrückt, daß der Ausdruck der Absicht die Beschreibung des Modells und den Ausdruck der Projectionsregel enthält. Was ich tatsächlich spiele ist gleichgültig; die Erfahrung wird es lehren und die Beschreibung des gespielten muß nichts mit der Beschreibung des Notenbildes gemein haben. Wenn ich dagegen meine Absicht beschreiben will so muß es heißen daß ich dieses Notenbild auf die Weise in Tönen abzubilden beabsichtige. Und nur das kann der Ausdruck dafür sein daß die Absicht an die Vorlage heranreicht und eine allgemeine Regel enthält. \r 260

5 /r Von der Vorlage geführt werden heißt nichts anderes als die Absicht haben die Vorlage auf diese Weise abzubilden. Die einzige Beschreibung dieser Absicht ist ihr Ausdruck

6 ∀r Das allgemeine Gesetz von dem ich hier rede, darf keine Hypothese /nicht hypothetisch/ sein weil es feststehen muß und ein hypothetisches Gesetz durch keine Reihe von Erfahrungen endgültig festgestellt werden kann/könnte/.

1 ∨r *linkes Randzeichen überschrieben*
29 Und nur das kann der Ausdruck dafür sein daß ⟨das ...⟩
37 *Im MS:* sein weil feststehen muß

1 $/_r$ Wenn ich einen Apparat machte der nach Noten spielen könnte der also auf das Notenbild (die zurückgeworfenen Lichtstrahlen) in der Weise reagierte, daß er |– etwa –| die entsprechenden Tasten einer 261 Klaviatur drückte (ein „Pianola" ist ja wesentlich |von| dieser Art) und wenn dieser Apparat bis jetzt immer klaglos funktioniert hätte, so wäre doch weder er noch sein Funktionieren der Ausdruck einer allgemeinen Regel. Ferner, dieses Funktionieren ist, wie immer er funktioniert, an sich weder richtig noch falsch d.h. weder der Notenvorlage entsprechend noch |ihr| nichtentsprechend. Kein Mechanismus, welcher Art immer, kann eine solche Regel etablieren. Man kann nur sagen: der Mechanismus arbeitet bis jetzt dieser Regel gemäß (was natürlich heißt daß er auch anderen Regeln g e m ä ß arbeitet). Das Funktionieren des Apparates bis zum gegenwärtigen Zeitpunkt würde gewisse Regeln zu seiner Beschreibung ausschließen aber nie eine Regel eindeutig bestimmen.

2 Das Wort „geistiger/seelischer/ |(psychischer)| Vorgang", „mental process" ist an vieler Verwirrung schuld. Wenn wir sagen der Gedanke, die Intention sind psychische Vorgänge so stellen wir uns darunter etwas ähnliches |oder analoges| vor wie unter dem Wort chemischer Vorgang oder physiologischer Vorgang. – Und soweit das richtig ist haben wir mit dem Gedanken |und der Intention| nichts zu 262 tun. $\backslash_r$

3 $?/_r \forall_r$ Gebrauchen w i r das Wort „Gedanke", „Intention" nicht in ähnlicher Weise wie man das Wort „geometrische Gerade", „geometrischer Körper" gebraucht was zum Mißverständnis führt als gäbe es außer der wirklichen Geraden (etwa der Kante eines festen Körpers) noch eine andere quasi ätherische Gerade. Im übrigen ist aber die Ausdrucksweise „geometrische Gerade" oft vorteilhaft, wenn man nur ihre Grammatik kennt und so wäre es auch mit dem Wort „Gedanke" etc.

4 $\overset{?}{\vee}_r/_r$ Die Intention, wie ich das Wort verstehe, ist nicht eine psychische Maschine die |das| leisten kann, was eine aus Holz und Eisen nicht leisten kann. Sondern ich brauche das Wort überhaupt nicht zur Bezeichnung einer Art von Mechanismus. Ist es die F o r m eines Mechanismus? Das Verhältnis eines bestimmten Vorgangs zur S p r a c h e.

5 |von| *–das Einfügungszeichen ist im MS gewellt unterstrichen*
8 Ferner, dieses Funktionieren ist, wie immer er ⟨an …⟩
9 funktioniert, an sich weder richtig noch falsch d.h. weder ⟨den …⟩
12 Man kann nur sagen: ⟨dies…⟩
13 der Mechanismus arbeitet bis jetzt dieser Regel gemäß⟨.⟩
20 die Intention sind psychische Vorgänge so stellen wir uns ⟨dabei …⟩
22 oder physiologischer Vorgang⟨.⟩ Und soweit das richtig
26 $?/_r$ *linkes Randzeichen überschrieben*
28 das Wort „geometrische Gerade", „geometrischer Körper" ⟨be…⟩
28 gebraucht ⟨als gäbe …⟩
30 Im übrigen ist aber ⟨der …⟩
32 wenn man nur ihre Grammatik ⟨ge…⟩
35 $\overset{?}{\vee}_r$ *linkes Randzeichen überschrieben*
35 ist nicht ⟨etwa⟩ eine psychische Maschine die |das| leisten kann,

1 ∨̸r Wenn ich in Wirklichkeit eine Form nachzeichne, so werde ich sie vielleicht zum Teil automatisch kopieren; d.h. das Resultat meines 263 automatischen Handelns wird in Übereinstimmung mit meiner Intention sein. Ja ich könnte die Kopie auch schon fertig vorfinden und alles was nötig wäre, wäre die Kopie als Kopie in Bezug auf eine bestimmte Projectionsregel zu interpretieren. Das müßte etwa durch eine Überprüfung der Übereinstimmung geschehen.

2 Die Intention setzt einen Maßstab/stellt einen Maßstab auf/, (sets a standard) wonach nun die Tatsache beurteilt werden kann. ∨̸r

3 „So soll diese Maschine funktionieren" ∨̸r

4 „Wenn man kopiert d.h. überhaupt abbildet, sich von einer Vorlage leiten läßt so ist das Charakteristische daran daß nur die Vorlage mir bewußt wird dagegen nicht die Projektionsart. Ich bin mir bewußt daß mich die Vorlage einmal so einmal so lenkt aber das Wie dieser Übertragung nehme ich sozusagen hin; ich bemerke es |weiter| nicht. Und zwar weil ich es nicht mit einem Anderen vergleiche. Ich befolge die Projektionsregel aber ich drücke sie nicht aus und sie fällt 264 sozusagen aus der Betrachtung heraus weil sie mit nichts verglichen wird. Wenn ich sie beschreibe so setzt das voraus, daß ich sie mit anderen Regeln vergleiche"

5 „Ja in gewissem Sinne ist alles was beim nachbilden der Vorlage geschieht daß diese Vorlage an uns vorüberzieht und wir sie besser oder weniger gut treffen. D.h. es ist das Ende der Kopiermaschine das unserer Vorlage entlangläuft was wir beobachten, die ganze übrige Maschine nehmen wir als gegeben hin. Wir merken sozusagen nur was sich ändert nicht was gleichbleibt. Der Abbildungsweise haben wir durch eine Einstellung |die gleichbleibt| (ein für alle mal) Rechnung getragen. – Und was wir spüren ist nur das Modell."

6 „Darum, wenn wir falsch nach Noten singen oder spielen – so verschieden diese Abbildung der Art nach von ihrem Vorbild ist – fühlen wir es als einen Verstoß gegen das Modell."

7 „Die ganze Verbindung zwischen Ton und Note muß gegeben sein. Ihre Verbindung muß fühlbar sein. Das aber was diesen Ton mit 265 dieser Note verbindet ist die allgemeine Regel. – Das was es macht, daß ich einen Ton als Verstoß gegen diese Note empfinden kann. Das heißt natürlich daß etwas vom Ton bis zur Note reichen muß denn wie könnte der Ton sonst gegen sie verstoßen? gleichsam gegen sie stoßen? Die Verbindung ist offenbar dadurch ausgedrückt daß ich aus der Stellung der Note die Lage des Tons muß berechnen, erhalten, können."

14 *An- und Ausführungszeichen der folgenden vier Bemerkungen im MS rot.*
30 nur was sich ändert nicht was ⟨sich …⟩
30 gleichbleibt. ⟨Die Proje…⟩
31 |die gleichbleibt| *–das Einfügungszeichen ist im MS gewellt unterstrichen*
40 Das aber was diesen Ton mit dieser Note ⟨b…⟩
43 wie könnte der Ton sonst gegen sie verstoßen⟨?/ gl…⟩

1 Wie, wenn ich die Richtigkeit einer Abbildung kontrollieren will, etwa die Reihe 1, 4, 9, 16 nach der Regel $y = x^2$. Hier verwende ich natürlich auch eine Interpretation der allgemeinen Regel aber diese Interpretation fällt aus meiner Kontrolle heraus. ⩔ᵣ⩔

29.

2 „Wenn ich mich bei der Construction der Reihe 1, 2, 5, 26, 677, nach der Regel $a_n = a_{n-1}^2 + 1$ richte so muß ich natürlich dabei diese Regel deuten. \

Man könnte glauben daß es das Entstehungsgesetz der Reihe ausdrückt daß ich 677 tatsächlich dadurch erhalten habe, daß ich $(26 \times 26) + 1$ gerechnet habe; aber das ist nicht wahr denn es handelt 266 sich darum daß diese 26 die 26 des vorhergehenden Gliedes ist. Ich mußte mich nach diesem Glied *richten* (und nicht zufällig die Rechnung mit 26 ausführen)."

3 Ich könnte sagen das erste Glied 1 macht das nächste auf eine Weise zu 2, und 2 macht das nächste Glied auf die selbe Weise zu 5 ⩔

Das was von 2 zu 5 *reicht* ist die Regel.

4 ⩔ᵣ „Nach der Regel sollte dieser Punkt hier sein" – „Aber wie weißt Du daß, nach der Regel dieser Punkt hier sein sollte?" Diese Frage heißt irgendwie nichts. – ⩔

5 / „Es ist unendlich wichtig daß ich eine/die/ Projectionsregel verstehen (sehen) kann, ohne sie in einer allgemeinen Notation vor mir zu haben. Ich kann aus der Reihe $\frac{1}{1}\ \frac{2}{4}\ \frac{3}{9}\ \frac{4}{16}$ eine allgemeine Regel entnehmen – freilich auch beliebig viele andere *aber doch auch eine* bestimmte und das heißt daß für mich diese Reihe irgendwie der Ausdruck dieser einen Regel war."

1 ⩔ *rechtes Randzeichen überschrieben*
1 wenn ich die Richtigkeit einer Abbildung kontrollieren will⟨?⟩
7 *An- und Ausführungszeichen der Bemerkung im MS rot.*
13 es handelt sich darum daß diese 26 die 26 des ⟨vorg…⟩
14 Ich mußte mich nach diesem Glied *richten*⟨.⟩
15 nicht zufällig die Rechnung mit 26 ausführen⟨. …⟩
17 ⟨Man⟩ könnte sagen das erste Glied 1 macht
18 das nächste auf eine Weise zu 2, ⟨das nächste …⟩
25 *An- und Ausführungszeichen der Bemerkung im MS rot.*
25 unendlich *–im MS rot durchstrichen*

1 Das was ich in jener Reihe sehe ist etwas wie $\frac{()}{()^2}$. Nun ist der Einwand gegen eine solche Erklärung der daß der Freiheitsgrad eines Mechanismus aus der Betrachtung des Mechanismus nicht hervorgeht daß also z.B. die Zeichnung einer Kreuzkopfführung \⩔r 267

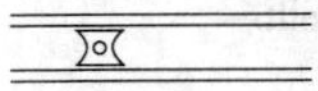

nichts darüber aussagt wie der Mechanismus tatsächlich funktionieren wird. Wenn wir in dieser Zeichnung bereits die Angabe des Freiheitsgrades sehen so geschieht es darum weil wir sie als Ausdruck einer |bestimmten| Regel auffassen. Aber das Schema $\frac{()}{()^2}$ ist eben nicht die Darstellung eines Mechanismus.

2 Es ist übrigens klar, daß man nicht versucht wäre die Regel durch $\frac{()}{()^2}$ auszudrücken, wenn dies nicht eine wirkliche Darstellung der Sachlage wäre. \⩔r

3 Das was ich bezeichnen will, ist doch etwas was $\frac{1}{1}$, $\frac{2}{4}$, $\frac{3}{9}$, $\frac{4}{16}$ gemeinsam haben. Aber das was sie gemeinsam haben kann ich unmöglich abgesondert von der Reihe hinschreiben. Es handelt sich ja hier nicht um einen Bestandteil. Wohl aber kann ich die Regel in der Reihe wahrnehmen. \ 268

4 ⩔r Der Ausdruck der Regel, obwohl er natürlich ein Bild der Anwendung der Regel sein muß, kann doch in der Anwendung selbst nicht vorkommen oder vielmehr wenn er in der Anwendung der Regel enthalten ist so ist eben die Art wie er enthalten ist bezeichnend und der Ausdruck isoliert kann die Art dieses Vorkommens nicht zeigen.

5 ⩔ Kann ich sagen: die Absicht sieht in der Abbildung diese Regel befolgt oder nicht befolgt.

6 ⩔ Es wäre dann so als unterstriche die Intention eine gewisse Funktion, einen gewissen Zug der Beschreibung. Etwa als schriebe man jedes Subject eines Satzes mit roter Tinte um dadurch das Prädicat als Funktion hervorzuheben.

7 ⩔ Die Intention ist nichts als ein Maßstab den wir an das was geschieht anlegen und n a c h dem wir es beschreiben.

1 \ *rechtes Randzeichen überschrieben*
1 ⟨Was …⟩ *Bemerkung als Absatz der vorangehenden Bemerkung begonnen.*
3 der Freiheitsgrad eines Mechanismus aus ⟨dem Mechanismus …⟩
9 Aber das Schema $\frac{()}{()^2}$ ist eben nicht die ⟨Zei…⟩
12 \ *rechtes Randzeichen überschrieben*
16 Das was ich bezeichnen will ist⟨, …⟩
17 gemeinsam haben. *–im MS Zeilenende ohne Schlußpunkt*
20 Wohl aber kann ich die Regel in der Reihe wahrnehmen. *–im MS durchstrichen*
24 selbst nicht vorkommen oder vielmehr wenn er ⟨vorko…⟩
26 kann die Art dieses Vorkommens nicht ⟨en…⟩
32 Es ⟨ist⟩ dann so als unterstriche die Intention eine gewisse Funktion
38 n a c h dem wir es beschreiben. *–im MS am linken Rand mit einer vertikalen Wellenlinie markiert*

1 Wenn wir z.B. ein Musikstück von Noten lesen so beurteilen wir das Ergebnis nach der Intention die Noten in bestimmter Weise zu übersetzen. Dieses Urteil reagiert in gewisser Weise auf das was sich in der Beschreibung des Ergebnisses als Übereinstimmung oder Abweichung von der Beabsichtigten Übertragung darstellt. ∨ 269

2 Wenn es etwa meine Absicht wäre die Ziffern 1, 2, 3, 4, 5 durch ihre Quadrate abzubilden und das Resultat wäre ∨

1, 5, 9, 15, 27 so könnte ich dieses Resultat zunächst schreiben

1, 4^{+1}, 9, 16^{-1}, 25^{+2} und meine Reaktion auf das Ergebnis wäre etwa: $0, +1, 0, -1, +2$

3 Wir können wohl eine Maschine zur Illustration der Koordination zweier Vorgänge, der Abbildung des einen in den andern verwenden, aber nur die Maschine w i e s i e f u n k t i o n i e r e n s o l l, also die Maschine in ganz bestimmter Weise als Ausdruck aufgefaßt, also als Teil der Sprache. \

4 Nur in diesem Sinne bildet z.B. das Pianola die |Loch-|Schrift auf dem Streifen in das Musikstück ab./den Verlauf des Musikstückes ab./ Oder der Musterwebstuhl die Sprache der gelochten Karten in das Muster des gewebten Stoffes. \ 270

30.

5 / Unter dem Verstehen verstehe ich ein Correlat zur/der/ Erklärung, n i c h t zu einer – etwa medizinischen – Beeinflussung.

Unter Mißverständnis meine ich also wesentlich etwas was sich durch Erklärung beseitigen läßt. Eine andere Nichtübereinstimmung nenne ich nicht Mißverständnis)

6 ∨ Die Absicht, der Vorlage zu folgen hat die Vorlage im Auge.

2.12.

7 / Es ist unsinnig zu sagen „ich sehe die Dinge/diesen Gegenstand/ im Gesichtsraum". Im Gegensatz wozu? Ist es denkbar daß ich sie/ihn/ höre oder daß ein anderer sie/ihn/ sieht?

8 / Darum kann ich auch nicht sagen daß der Gegenstand in meinem Gesichtsraum die Ursache |dessen| ist, daß ich ihn sehe.

(Darum ist es auch Unsinn zu sagen aus dem Urnebel haben sich die Sonnen, Planeten, die einfachsten Lebewesen und endlich ein Wesen entwickelt was so organisiert ist daß es all diese Dinge sehen und über sie Betrachtungen anstellen kann. Es sei denn, daß man |unter| diesen Betrachtungen die rein physikalischen Äußerungen im Sinne des Behaviourism versteht. In diesem Sinne kann man auch von einer photographischen Kamera sagen daß sie etwas wahrnehme) 271

16 w i e s i e f u n k t i o n i e r e n s o l l, also die Maschine ⟨als ...⟩

25 Unter dem Verstehen verstehe ich *–im MS am linken Rand mit einer vertikalen Wellenlinie markiert*

29 Mißverständnis⟨).⟩) *–im MS fehlt die Öffnungsklammer*

31 Die Absicht, *–das Komma ist im MS gewellt unterstrichen*

33 ⟨1.⟩12.

43 Es ⟨seis⟩ denn,

1 Im Gesichtsraum gibt es nichts was wesentlich Subjekt wäre. Und ebenso in meinen Zahnschmerzen nichts was man den Besitzer dieser Schmerzen nennen könnte.

2 Wenn man gefragt würde: was ist der Unterschied zwischen einem Ton und einer Farbe und die Antwort wäre „Töne hören wir dagegen Farben sehen wir“ so ist das nur eine durch Erfahrung gerechtfertigte Hypothese, wenn es überhaupt einen Sinn haben soll das zu sagen. Und dann/in diesem Sinn/ ist es denkbar, daß ich einmal Töne mit den Augen wahrnehmen also sehen werde, und Farben hören. Das Wesentliche der Töne und Farben ist offenbar in der Grammatik der Wörter für Töne und Farben gezeigt.

Fortsetzung Bd VI

1 Im Gesichtsraum ⟨ist …⟩
1 Im Gesichtsraum gibt es nichts ⟨das …⟩
1 Im Gesichtsraum gibt es nichts was wesentlich ⟨Sy…⟩
6 Unterschied zwischen einem Ton und einer Farbe ⟨und so wäre …⟩
9 dann/in diesem Sinn/ *–erste Variante im MS durchstrichen*
12 Fortsetzung Bd VI *Hinweis nach der Rückkehr aus den Weihnachtsferien in Wien, am 29.1.1931, wo Wittgenstein den Text im dort angelegten Band VI fortgesetzt hatte. Die verbleibenden Seiten 272–300 aus dem Band V bilden einen Einschub in den Band VI, auf der Seite 31.*

VI.

Philosophische Bemerkungen

10.12. 1

1 / Alles was ich in der Sprache tun kann ist etwas sagen: das eine sagen. (Das eine sagen im Raume dessen was ich hätte sagen können.)

2 ∫?/ Man könnte das auch so ausdrücken/sagen/: Die Sprache arbeitet/works/wirkt/ relativ und nicht absolut.

3 / Wenn ein Satz nicht eine mögliche Bildung unter anderen wäre, so hätte er keine Funktion.

4 / D.h.: wenn ein Satz nicht das Resultat/Ergebnis/ einer Entscheidung wäre, hätte er nichts zu sagen.

5 / Der Beweis der Widerspruchsfreiheit der Axiome auf/über/ den die Mathematiker heute so einen Sums machen. Ich habe das Gefühl: wenn in den Axiomen eines Systems ein Widerspruch wäre so wäre das gar nicht so ein großes Unglück. Nichts leichter als ihn zu beseitigen.

6 ?∫ Ein Satz kann eben nur,/:/ eines sagen (an einen Ort des Raumes deuten).

11.

7 ∫ Das Erste was wir vom Gedanken aussagen möchten ist, er sei eine Tätigkeit.

Ein Vergleich der sich uns sofort aufdrängt ist der mit der Verdauung.

Dann sagen wir, daß uns der Prozess, welcher Art er auch sein mag nicht als typisch menschlicher oder organischer (oder als Vorgang in einem Lebewesen) interessiert 2

Er interessiert uns nicht als spezifisch physiologischer und auch nicht als spezifisch psychologischer (Vorgang).

8 ∫ Das Nächste ist der Vergleich mit dem Chemiker den die Vorgänge im menschlichen Darm auch nicht als solche interessieren sondern als chemische Vorgänge die ebensogut in einer Proberöhre stattfinden können.

1 *Manuskriptband am 10.12.1930 in Wien begonnen*
5 ?/ *Randzeichen überschrieben*
14 auf/über/ *–erste Variante im MS durchstrichen*
15 heute so einen Sums machen. Ich habe das Gefühl: wenn ⟨im …⟩
19 Ein Satz kann eben nur,/:/ *–Komma und Doppelpunkt sind im MS gewellt unterstrichen*
29 (oder als Vorgang in einem Lebewesen) ⟨interessieren …⟩

1 / Wir sagen: Für uns gibt es nicht wesentlich äußere und innere Vorgänge (Jeder Vorgang ist in gewissem Sinne ein äußerer Vorgang)

Wir werden das Denken untersuchen von dem Standpunkt, daß es auch von einer Maschine ausgeführt werden könnte.

Aber hier befinden wir uns in einer gänzlich falschen Betrachtungsweise. Wir sehen das Denken für einen Vorgang wie das Schreiben an oder das Weben als wäre es das Erzeugen eines Produkts, des Gedankens, wie das Weben das Erzeugen eines Stoffes etc. Und dann läßt sich natürlich sagen daß dieser Vorgang der Erzeugung im Wesentlichen sich auch maschinell muß deuten lassen.

Aber hier ist unsere Auffassung ganz falsch. Das Denken 3
interessiert uns nur sofern es uns unmittelbar bewußt (bekannt) /gegeben/ ist. Es ist ein Vorgang nur im unmittelbar Gegebenen.

2 / Von einem Product und Etwas das es hervorbringt ist für uns überhaupt keine Rede

3 ?∫ Weder der Organismus noch die Maschine ist ein Vergleichsobject.

Denn uns interessiert nichts was wir noch nicht wissen.

4 / Schon die Bezeichnung Tätigkeit für's Denken ist in einer Weise irreführend. Wir sagen: das Reden ist eine Tätigkeit unseres Mundes. Denn wir sehen dabei unseren Mund sich bewegen und fühlen es etc. In diesem/demselben/ Sinne kann man nicht sagen das Denken sei eine Tätigkeit unseres Gehirns.

5 / Und kann man sagen das Denken sei eine Tätigkeit des Mundes oder des Kehlkopfs oder der Hände (etwa wenn wir schreibend denken)?

6 / Zu sagen Denken sei eben eine Tätigkeit des Geistes wie Sprechen des Mundes ist eine Travestie |der Wahrheit|.

7 / Wir gebrauchen eben ein Bild, wenn wir von der Tätigkeit des Geistes 4
reden.

8 ?∫ Das Denken ist nicht mit dem Arbeiten eines Mechanismus zu vergleichen den wir von außen sehen in dessen Inneres wir aber blicken müssen um seine Tätigkeit zu verstehen.

9 / Das Denken ist nicht mit der Tätigkeit eines Mechanismus zu vergleichen die wir von außen sehen/der wir von außen zuschauen/ deren Inneres wir aber sehen müßten/müssen/ um sie zu verstehen.

1 Wir sagen: ⟨für⟩ uns gibt es nicht wesentlich äußere
3 Wir werden das Denken untersuchen ⟨als ob es …⟩
10 *Im MS:* im Wesentlichen auch maschinell muß deuten lassen.
21 Schon die Bezeichnung Tätigkeit für's Denken ist ⟨e…⟩
23 Denn wir sehen dabei unseren Mund sich bewegen ⟨et…⟩
27 Und kann man sagen das ⟨T…⟩
28 Tätigkeit des Mundes oder des Kehlkopfs oder der Hände⟨? …⟩
30 Zu sagen ⟨denken⟩ sei eben eine Tätigkeit des Geistes
31 |der Wahrheit| *–das Einfügungszeichen ist im MS gewellt unterstrichen*
36 ⟨De…⟩

1 ?∫ Das Denken ist nicht die Tätigkeit eines Mechanismus, der wir von außen zusehen deren Inneres aber erforscht werden muß.

2 ?∫ Das Denken ist nicht mit der Tätigkeit eines Mechanismus zu vergleichen den wir von außen sehen in dessen Inneres wir aber eindringen müssen.

3 Denn was uns am Denken nicht bewußt wäre, gehörte nicht dazu.

4 / Im Denken wird nicht etwas in einem abgeschlossenen Raum verdaut.

5 ∫ Das Denken ist ganz dem Zeichnen von Bildern zu vergleichen

6 / Man kann aber auch sagen: Das Denken ist (wesentlich) mit keinem Vorgang zu vergleichen und was wie ein Vergleichsobject scheint ist in Wirklichkeit ein Beispiel./Spezialfall./ 5

12.

7 ∫ Die Deutung eines Bildes nach der Wirklichkeit ist schon eine *Anwendung* des Bildes.

8 ∫ Die Anwendung des Bildes besteht immer in einer Übersetzung.

9 / Der Vorgang der Übersetzung – etwa des Spielens nach Noten – wird durch die Worte beschrieben: Er, der Übersetzende, richtet sich nach den Noten.

Ist das nun die eigentliche, rein sachliche Beschreibung des Vorgangs oder ist in sie schon ein Bild (Gleichnis) hineingetragen (gleichsam ein Anthropomorphismus)?

10 / Er richtet sich nach den Noten heißt vor allem nicht, daß er „richtig“ spielt. Wohl aber beschreibt es seine Absicht.

11 / Zu sagen „Er hat die Absicht *dieses* Stück zu spielen“ (wobei man auf die Noten zeigt) hat gar keinen Sinn wenn nicht eine Projectionsregel vorausgesetzt ist. Denn sonst ist jede Folge von Tönen oder keine *dieses Stück*.

12 ∫ Ich lese in Lessing: (über die Bibel) „Setzt hierzu noch die Einkleidung und den Stil ……, durchaus voll Tautologien, aber solchen, die den Scharfsinn üben, indem sie bald etwas anderes zu sagen scheinen, und 6
doch das nämliche sagen, bald das nämliche zu sagen scheinen, und im Grunde etwas anderes bedeuten oder bedeuten können: …“

1 Das Denken ist nicht die Tätigkeit ⟨einer …⟩
8 Denn was uns ⟨e…⟩
15 Das Denken ist (wesentlich) mit keinem Vorgang ⟨v…⟩
15 und was wie ein Vergleichsobject scheint ⟨in …⟩
25 wird durch die Worte beschrieben: Er⟨ ⟩der Übersetzende,
28 oder ist in sie schon ein Bild (Gleichnis) hineingetragen⟨.⟩
36 eine Projectionsregel vorausgesetzt ist⟨, denn⟩ sonst ist jede Folge
36 Denn sonst ist jede ⟨T…⟩
39 *Lessing: „Die Erziehung des Menschengeschlechts“, §48 und §49*
40 …… ⟨bald plan und einfältig, bald poetisch⟩, durchaus voll Tautologien,

1 ?/ø Bedenke die merkwürdige Projektionsweise durch die die Zeichnung  in ein menschliches Gesicht projiziert wird.

2 ∫ Wer liest, macht das was er tut/liest/abliest/ abhängig von dem was dasteht. Aber die/diese/ Abhängigkeit kann nur durch eine Regel ausgedrückt werden.

3 / Was hätte übrigens eine/die/ allgemeine Regel überhaupt auszudrücken, wenn nicht das/das nicht/?

4 / Soweit er was er tut nicht von dem abhängig macht was da steht, |soweit| liest er nicht; wenn auch das was da steht ihn zu dem veranlaßt /veranlassen mag/ was er tut.

5 / Der Vorsatz muß so sein daß sein Ausdruck es möglich macht zu überprüfen ob er ausgeführt wurde. [... ob die Absicht erreicht wurde.]
Es muß sich also die richtige Ausführung aus der Vorlage und dem Ausdruck des Vorsatzes ableiten |(quasi berechnen)| lassen

6 / Wenn ich etwas beschreibe, so muß ich die Beschreibung von dem 7 Zubeschreibenden herunterlesen. [Wenn ich etwas beschreibe und die Beschreibung von dem Zubeschreibenden nicht herunterlese so ist es keine Beschreibung.]

7 ?∫∫ Wenn ich die Beschreibung nicht von der Tatsache ablese so ist sie eine ihr willkürlich zugeordnete Lautverbindung [... so ist sie ein ihr willkürlich zugeordneter Komplex/zugeordnetes Gebilde/]

8 ?/ Wenn man sagt die Sinnesdaten seien „privat", niemand anderer könne meine Sinnesdaten sehen, hören, fühlen, und meint damit nicht eine Tatsache unserer/der/ Erfahrung/Erfahrungstatsache/, so müßte es/das/ ein philosophischer Satz sein. Den gibt es aber nicht und was gemeint ist drückt sich darin aus, daß eine Person in die Beschreibung von Sinnesdaten nicht eintritt.

9 / Denn, k a n n ein anderer meine Zahnschmerzen nicht haben, so kann i c h sie – in diesem Sinne – auch nicht haben.

10 / In dem Sinne in welchem es nicht erlaubt ist zu sagen der Andere habe diese Schmerzen, ist es auch nicht erlaubt zu sagen ich hätte/habe/ sie.

11 / Was wesentlich privat ist, oder scheint, hat keinen Besitzer.

1 ?/ *Randzeichen überschrieben*
5 *Die Bemerkung ist am linken Rand mit einem vertikalen Strich markiert.*
6 die/diese/ *–zweite Variante im MS durchstrichen*
10 wenn nicht das/das nicht/? *–das Fragezeichen ist im MS gewellt unterstrichen*
12 |soweit| *–im MS ist auch das Einfügungszeichen gewellt unterstrichen*
13 ihn |zu dem| veranlaßt ⟨zu tun⟩ was er tut.
26 ?∫ *Randzeichen überschrieben*
26 *Im MS:* Tatsache ablese so ist sie |eine| ihr
41 zu sagen der Andere habe diese Schmerzen, ⟨in de...⟩

1 / Was soll es heißen: Er hat *diese* Schmerzen? außer er hat *solche* Schmerzen: d.h. von solcher Stärke, Art etc. aber |nur| in dem Sinn kann auch ich diese Schmerzen haben

2 Das heißt die Subject-Object-Form ist darauf nicht anwendbar. 8

3 / Die Subject-Object-Form bezieht sich auf den Leib und die Dinge um ihn, die auf ihn wirken.

13.

4 / Es scheint ein Einwand gegen die Beschreibung des unmittelbar Erfahrenen zu sein: „für wen beschreibe ich's?“ Aber wie wenn ich es abzeichne? Und die Beschreibung muß immer ein nachzeichnen sein.

Und soweit (überhaupt) eine Person für das Verstehen in Betracht kommt, steht die meine und die des anderen auf einer Stufe. Es ist doch hier ebenso wie mit den Zahnschmerzen.

5 / Beschreiben ist nachbilden und ich muß es nicht notwendigerweise *für* irgendjemand nachbilden.

6 / Wenn ich mich mit der Sprache dem Andern verständlich mache, so muß es sich hier um ein Verstehen im Sinne des behaviourism handeln. Daß er mich verstanden hat ist eine Hypothese, wie, daß ich ihn verstanden habe.

7 / In die nicht-hypothetische/der nicht-hypothetischen/ Beschreibung des Gesehenen, Gehörten – diese Wörter bezeichnen hier grammatische Formen – tritt das Ich nicht auf, es ist hier von Subject und Object nicht die Rede.

1 *Die Bemerkung ist eine Einfügung am unteren und rechten Rand der Manuskriptseite.*
2 aber |nur| in dem ⟨Sinne⟩ kann ⟨i…⟩
7 Die Subject-Object-Form bezieht sich auf ⟨unseren⟩ Leib
11 gegen die Beschreibung ⟨der unmittelbar erfahrenen …⟩
15 *Im MS:* kommt steht, die meine
21 dem Andern verständlich mache, so ⟨da…⟩
22 muß es sich hier um ein Verstehen im Sinne des ⟨Behaviourism⟩ handeln.
26 die nicht-hypothetische/der nicht-hypothetischen/ *–erste Variante im MS durchstrichen*

1 / „Für wen würde ich meine unmittelbare Erfahrung beschreiben? Nicht 9 für mich, denn ich habe sie ja; und nicht für jemand andern, denn der könnte sie nie aus der Beschreibung entnehmen?“ – Er kann sie so viel/sehr/ und so wenig aus der Beschreibung entnehmen wie aus einem gemalten Bild. Die Vereinbarungen über die Sprache sind doch mit Hilfe von gemalten Bildern (oder was diesen gleichkommt) getroffen worden. Und, unserer gewöhnlichen Ausdrucksweise nach, entnimmt er doch aus einem gemalten Bild etwas. Und zu fragen ob er dasselbe entnimmt was wir sehen ist ja Unsinn; ebensolcher Unsinn wie die Frage ob mich mein Gedächtnis nicht täuscht wenn es mir sagt daß das die Farbe ist die ich vor einer Minute an diesem Bild gesehen habe.

2 / Es ist eben irreführend zu sagen „das Gedächtnis sagt mir daß dies die selbe Farbe ist etc.“ Sofern es mir etwas sagt, kann es mich auch täuschen (d.h. etwas falsches sagen).

Wenn ich die unmittelbar gegebene Vergangenheit beschreibe so beschreibe ich mein Gedächtnis und nicht etwas was dieses Gedächtnis anzeigt. (Wofür dieses Gedächtnis ein Symptom wäre.)

3 / Und „Gedächtnis“ bezeichnet hier – wie früher „Gesicht“ und „Gehör“ – auch nicht ein psychisches Vermögen, sondern einen bestimmten Teil 10 der logischen Struktur unserer Welt.

4 ∫ Wenn ich nicht recht weiß wie ein Buch anfangen so kommt das daher daß noch etwas unklar ist. Denn ich möchte mit dem der Philosophie gegebenen, den geschriebenen und gesprochenen Sätzen, |quasi| den Büchern anfangen

Und hier begegnet man der Schwierigkeit des „Alles fließt“. Und mit ihr ist vielleicht überhaupt anzufangen.

5 ∫ Handelt die Mathematik von Zeichen/Schriftzeichen/? Ebensowenig wie das Schachspiel von Holzfiguren handelt

6 / Wenn wir von dem Sinn mathematischer Sätze reden oder wovon sie handeln so gebrauchen wir ein falsches Bild. Es ist nämlich hier auch so als ob unwesentliche, willkürliche Zeichen das Wesentliche, eben den Sinn, mit einander gemein hätten/gemeinsam haben/.

1 „Für wen ⟨beschreibe ich …⟩
2 Nicht für mich, denn ich habe sie ja; und nicht für ⟨ein…⟩
4 viel/sehr/ *–zweite Variante im MS durchstrichen*
5 entnehmen wie aus einem gemalten Bild. ⟨Und aus …⟩
7 Und ⟨–⟩ unserer gewöhnlichen Ausdrucksweise nach ⟨–⟩ entnimmt er
11 wenn es mir sagt daß das die Farbe ist die ich ⟨schon ge…⟩
14 „das Gedächtnis sagt mir daß dies die selbe Farbe ist⟨“ …⟩
14 Sofern es mir etwas sagt, kann es mich ⟨t…⟩
25 daß noch etwas unklar ist. Denn ich möchte mit dem ⟨ge…⟩
34 Wenn wir ⟨|hier| davon reden …⟩
36 als ob ⟨|an sich|⟩ unwesentliche, *–im MS ist auch das Einfügungszeichen gewellt unterstrichen*

16.

1 ∫/ Weil die Mathematik ein Kalkül ist und daher wesentlich von nichts handelt, gibt es keine Metamathematik

2 / Man kann nur immer Unwesentliches ausdrücken.

Wenn ich z.B. die Philosophie mit dem Satz beginnen wollte daß wir eine Sprache zur Darstellung der Tatsachen gebrauchen so wäre 11 dies wieder unwesentlich, das Wesentliche aber daß eine solche Sprache gebraucht werden *kann*, kann nicht gesagt werden.

3 / Irgend etwas sagt mir: eigentlich dürfte ein Widerspruch in den Axiomen eines Systems nicht schaden, als bis er offenbar wird. Man denkt sich einen versteckten Widerspruch wie eine versteckte Krankheit die schadet obwohl (und vielleicht gerade deshalb weil) sie sich uns nicht deutlich zeigt. Zwei Spielregeln aber die einander in einem/für einen/ bestimmten Fall widersprechen sind vollkommen in der Ordnung bis dieser Fall eintritt und dann erst wird es nötig durch eine weitere Regel zwischen ihnen zu entscheiden.

17.

4 / Auch die Logik ist keine Metamathematik, d.h. auch Operationen des logischen Kalküls können/das Arbeiten mit dem logischen Kalkül kann/ keine |wesentlichen| Wahrheiten *über* die Mathematik zu Tage fördern. Siehe hierzu das „Entscheidungsproblem" und ähnliches in der modernen mathematischen Logik.

5 / Kein Kalkül kann ein philosophisches Problem entscheiden.

25.

6 ø Wer seiner Zeit nur voraus ist, den holt sie einmal ein.

27.

7 / Der Kalkül kann uns nicht prinzipielle Aufschlüsse über die Mathematik geben. 12

8 / Es kann daher/darum/ auch keine „führenden Probleme" der mathematischen Logik geben, denn das wären solche deren Lösung uns endlich das Recht geben würde/berechtigen würde/ Arithmetik zu treiben wie wir es tun.

9 / Und dazu können wir nicht auf den Glücksfall der Lösung eines mathematischen Problems warten.

1 ⟨15.⟩ *Datum vom* 16.12.1930 *im MS verschrieben und korrigiert*
2 ∫ *Randzeichen durchstrichen*
7 daß wir ⟨hier⟩ eine Sprache zur Darstellung der Tatsachen gebrauchen
12 eines Systems nicht schaden, als bis ⟨es⟩ offenbar wird.
14 die schadet obwohl (und vielleicht gerade deshalb weil) ⟨man …⟩
16 die einander in einem/für einen/ bestimmten ⟨Falle⟩ widersprechen
21 Auch die Logik ist keine Metamathematik⟨;⟩ d.h. auch

12.1.31

1 ∅ Die Musik scheint manchem eine primitive Kunst zu sein mit ihren wenigen Tönen und Rhythmen. Aber einfach ist nur ihre Oberfläche [ihr Vordergrund] während der Körper der die Deutung dieses manifesten Inhalts ermöglicht die ganze unendliche Komplexität besitzt die wir in dem Äußeren der anderen Künste angedeutet finden und die die Musik verschweigt. Sie ist in gewissem Sinne die raffinierteste aller Künste.

16.

2 ∅ Es gibt Probleme an die ich nie herankomme, die nicht in meiner Linie oder in meiner Welt liegen. Probleme der Abendländischen Gedankenwelt an die Beethoven (und vielleicht teilweise Goethe) herangekommen ist und mit denen er gerungen hat die aber kein Philosoph je angegangen hat (vielleicht ist Nietzsche an ihnen vorbeigekommen)

Und vielleicht sind sie für die abendländische Philosophie verloren 13
d.h. es wird niemand da sein der den Fortgang dieser Kultur als Epos empfindet also beschreiben kann. Oder richtiger sie ist eben kein Epos mehr oder doch nur für den der sie von außen betrachtet und vielleicht hat dies Beethoven vorschauend getan (wie Spengler einmal andeutet) Man könnte sagen die Zivilisation muß ihren Epiker voraushaben. Wie man den eigenen Tod nur voraussehen und vorausschauend beschreiben nicht als Gleichzeitiger von ihm berichten kann. Man könnte also sagen: Wenn Du das Epos einer ganzen Kultur geschrieben /beschrieben/ sehen willst so mußt Du es unter den Werken der Größten dieser Kultur also zu einer Zeit suchen in der das Ende dieser Kultur nur hat v o r a u s gesehen werden können, denn später ist niemand mehr da es zu beschreiben. Und so ist es also kein Wunder wenn es nur in der dunklen Sprache der Voraussicht/Vorausahnung/ geschrieben ist und für die Wenigsten verständlich.

3 ∅ Ich aber komme zu diesen Problemen überhaupt nicht. Wenn ich „have done with the world" so habe ich eine amorphe (durchsichtige) Masse geschaffen und die Welt mit ihrer ganzen Vielfältigkeit bleibt wie eine 14
uninteressante Gerümpelkammer links liegen.

Oder vielleicht richtiger: das ganze Resultat der |ganzen| Arbeit ist das Linksliegenlassen der Welt. (Das In-die-Rumpelkammer-werfen der ganzen Welt)

1 12.⟨2.⟩31
19 dieser Kultur als Epos empfindet ⟨und⟩ beschreiben kann.
26 geschrieben/beschrieben/ sehen willst so mußt Du es ⟨s…⟩
29 werden können, denn später ist niemand mehr da ⟨um⟩ es zu beschreiben
35 und die Welt mit ihrer ganzen ⟨Komplexität⟩ bleibt wie eine
37 Oder vielleicht richtiger⟨,⟩ das ganze Resultat
38 das Linksliegenlassen der Welt. (Das ⟨in …⟩

1 /ϕ Eine Tragik gibt es in dieser Welt (der meinen) nicht und damit all das Unendliche nicht was eben die Tragik (als sein Resultat/Ergebnis/) hervorbringt

Es ist sozusagen alles in dem Ether/Weltether/ löslich; es gibt keine Härten.

Das heißt die Härte und der Konflikt wird nicht zu etwas Herrlichem/zu nichts Herrlichem/ sondern zu einem Fehler.

2 ϕ Der Konflikt löst sich etwa wie die Spannung einer Feder in einem Mechanismus den man schmilzt (oder in Salpetersäure auflöst). In dieser/einer/ Lösung gibt es keine Spannungen mehr.

3 /ϕ Das meiste was sich mir als Ahnungsvolle Gedankenform zeigt kann ich gar nicht ausdrücken und meine Ausdruckskraft erlahmt vielleicht immer mehr und mehr.

17.

4 / Das Verständnis eines Satzes kann nur die Bedingung dafür sein daß wir ihn anwenden können. D.h. es kann nichts sein als diese Bedingung 15

und es muß die Bedingung der Anwendung sein.

5 ?/∫ Wer das Symbol versteht kann nicht mehr kennen/erfassen/ als das Symbol, denn mehr ist nicht da.

6 / Alles was zum Verständnis des Symbols nötig ist enthält es und was es nicht enthält ist für die Sache überhaupt belanglos.

Also muß die Kenntnis des Symbols nicht nur ausreichend sein sondern keine Kenntnis außerdem auch nur eine Hilfe, sondern – wie gesagt – ganz belanglos.

7 / Das Verständnis eines Befehls kann nur die Bedingung dessen sein daß ich ihn ausführen kann. Nicht mehr und nicht weniger.

8 ?/ Wenn mir das Verstehen des Befehles bei der Ausführung nicht hilft, dann interessiert es mich überhaupt nicht.

9 ∫ Das Verstehen des Befehles könnte etwa ein Spiel der Vorstellungen sein, es fragt sich aber ist es zur Behandlung des Befehls wesentlich oder nicht?

1 / *Randzeichen überschrieben*
1 Eine Tragik gibt es in dieser Welt ⟨– in⟩ der meinen ⟨–⟩ nicht
2 sein *–im MS durchstrichen*
10 in einem Mechanismus den man schmilzt⟨, ⟩oder
13 / *Randzeichen überschrieben*
22 ?/ *Randzeichen überschrieben*

1 ∫ Wenn z.B. der Befehl gelautet hätte, ich solle aus dem Zimmer gehen, so könnte man glauben der Befehl sei befolgt wenn ich, etwa zur festgesetzten Stunde, das Zimmer verließe. Aber das hätte ja auch „rein mechanisch" nicht dem Befehl folgend geschehen können. Es wäre auch nicht genug daß etwa der Befehl/das Hören des Befehls/ auf irgend eine Weise die Ursache davon wäre daß ich das Zimmer verließ. Der Befehl wurde vielmehr nur dann befolgt wenn ich die Befolgung von ihm abgelesen habe. Dazu ist etwa nötig daß ich auf die Uhr sehe und auf die Zeit warte bis der Befehl auszuführen ist (oder vielmehr gehört eben auch das schon zur Ausführung oder doch zur Reaktion auf den Befehl) 16

In Wirklichkeit wird es sich so vollziehen daß ich auf die Uhr sehe dann an etwas anderes denke dann wieder auf die Uhr sehe u.s.w. Was ist also wesentlich? Daß ich es einmal merke ob ich die Zeit eingehalten habe oder nicht. D.h. es muß mir einmal die Übereinstimmung oder Nicht-Übereinstimmung meiner Handlung mit dem Befehl zu Bewußtsein kommen. Wenn (d.h. gerade wenn) das geschieht, dann verstehe ich den Befehl.

2 Nocheinmal: Das Verständnis ist eine Bedingung des Befolgens. Nun, was für eine Bedingung der Befolgung gibt es denn? 17

Das Verstehen soll ja das Erfassen des Befehls als solchen sein. Das Erleben des Befehls als Befehl, ohne das ist er für mich |ja| noch gar kein Befehl. Und ist er es, dann habe ich ihn auch verstanden. Das Verstehen des Befehls muß das Erfassen des Zeichens mit dem sein was das Zeichen zum Zeichen eines Befehls macht

3 / Einen Satz verstehen heißt eine Sprache verstehen.

4 / Von einem Verständnis das herbeizuführen wir wesentlich kein Mittel haben, können wir nicht reden.

18.

5 /∫ Wenn wir meinen daß der Gedanke die Tatsache gleichsam in schattenhafter Weise anticipiert so geschieht das eben deshalb weil es der Gedanke ist. Das heißt weil sein Ausdruck die Beschreibung seiner Verification enthält.

6 / Der Philosoph trachtet das erlösende Wort zu finden; das ist das Wort das uns endlich erlaubt das zu fassen was bis jetzt immer, ungreifbar, unser Bewußtsein belastet hat.

1 ∫ *Randzeichen durchstrichen*
5 daß etwa der Befehl/das Hören des Befehls/ ⟨d...⟩
6 die Ursache davon wäre daß ich das Zimmer ⟨verlassen habe⟩.
12 daß ich auf die Uhr sehe dann an ⟨das ...⟩
21 Das Verstehen soll ja das Erfassen des Befehls als ⟨solcher⟩ sein.
23 noch gar kein Befehl. Und ist er⟨, ...⟩
25 *Im MS nicht entzifferte Streichung in der Leerzeile*
29 *Im MS:* das |herbeizuführen| wir wesentlich kein Mittel haben,
33 / *Randzeichen überschrieben*
33 Wenn wir ⟨S...⟩
34 so geschieht das eben deshalb weil es ⟨das ...⟩

1 /∫ø (Es ist wie wenn man ein Haar auf der Zunge liegen hat; man spürt es aber kann es nicht erfassen/ergreifen/ und darum nicht los werden.) 18

2 ø Der Philosoph liefert uns das Wort womit ich/man/ die Sache ausdrücken und unschädlich machen kann.

3 ø Wenn ich sage daß mein Buch nur für einen kleinen Kreis von Menschen bestimmt ist (wenn man das einen Kreis nennen kann) so will ich damit nicht sagen daß dieser Kreis |meiner Auffassung nach| die Elite der Menschheit ist, aber er ist der Kreis an den/es sind die Menschen an die/ ich mich wende (nicht weil sie besser oder schlechter sind als die andern sondern) weil sie mein Kulturkreis sind, gleichsam die Menschen meines Vaterlandes im Gegensatz zu den Anderen die mir f r e m d sind.

22.

4 / Kein psychologischer Vorgang kann besser symbolisieren als Zeichen die auf dem Papier stehen.

/ Der psychologische Vorgang kann auch nicht mehr leisten als die Schriftzeichen auf dem Papier.

?/ Denn immer wieder ist man in der Versuchung einen symbolischen Vorgang durch einen besonderen psychischen Vorgang erklären zu wollen, als ob die Psyche in dieser Sache viel mehr tun könnte, als das Zeichen.

5 / Es mißleitet uns da die falsche Analogie mit einem Mechanismus der mit anderen Mitteln arbeitet und daher eine besondere Bewegung erklären kann. Wie wenn wir sagen: diese Bewegung kann nicht durch den Eingriff von Zahnrädern allein erklärt werden. 19

6 / Hierher gehört irgendwie: daß es nicht selbstverständlich ist, daß sich das Zeichen durch seine Erklärung e r s e t z e n läßt. Sondern eine merkwürdige, wichtige Einsicht in das Wesen d i e s e r (Art von) Erklärung.

7 / Die Beschreibung des Psychischen müßte sich ja doch wieder als Symbol verwenden lassen.

8 / Wenn wir die Disposition ein Zeichen „a a d d d c b a" mittels der Regel

a | →" zu übersetzen eben durch a | →" ausdrücken dann kann
b | ↑ b | ↑
c | ← c | ←
„d | ↓ „d | ↓

in jener Disposition auch nicht wesentlich mehr liegen als in dem Zeichenausdruck für die Regel.

1 /∫ *Randzeichen überschrieben*
13 Menschen meines Vaterlandes im Gegensatz zu den ⟨anderen …⟩
16 (21.) *Datum im MS verschrieben und korrigiert*
19 *Die folgenden zwei Absätze sind im MS Bemerkungen, durch Klammern am linken Rand der vorangehenden Bemerkung zugeordnet.*
21 Denn immer wieder ist man in der Versuchung einen (S…)
32 das Zeichen durch seine Erklärung e r s e t z e n läßt⟨, sondern⟩ eine

1 / Das heißt diese Disposition unterscheidet sich etwa von der den Satz nach
a | ←" zu übersetzen wie das erste Regelzeichen vom zweiten.
b | ↗
c | ↙
„d | →

2 ʃ Wenn ich den Satz a a d d d b c nach
a | → in 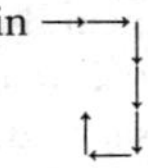 übertrage,
b | ←
c | ↑
d | ↓

so richte ich mich nach der Regel im selben Sinn wie wenn ich 20

1 2 3 4 nach $x \ldots x^2$ in
1 4 9 16 übertrage

3 / Im speziellen Fall kommt natürlich die Regel nicht mit Betonung ihrer Allgemeinheit vor wie in f(a) nicht f(x) als etwas Allgemeines vorkommt.

4 ?/ Wenn ich nun wie oben übertrage so liegt die Art der Übertragung in der Art wie ich zu dem Resultat der Übertragung gekommen bin. Es ist ja unleugbar daß ich auf verschiedene Weisen von 1, 2, 3, 4 zu 1, 4, 9, 16 kommen kann und mehr kann ich nicht behaupten.

Wenn ich nun einen Sachverhalt in Worten beschreibe, etwa die Gestalt und Farbe eines Flecks, so schaue ich allerdings dazu auf keine Rechnungsregel/Übertragungsregel/ wohl aber erhalte ich doch die Worte der Beschreibung in einer ganz bestimmten Weise, verschieden von der, einfach irgend welche Laute auszustoßen, oder auch mich auf assoziativem Wege zu solchen Lauten führen zu lassen. Beschreibe ich z.B. einen Fleck mit gewissen Worten so ist es ja denkbar daß ich dazu Worte gebrauche die ich noch nie gehört und nie gebraucht habe. Es wäre wenigstens der Fall denkbar daß meine Umgebung (die etwa ständig bei mir sei) diese Worte nie gehört hat und mich also auch nicht 21
versteht daß ich mir aber (wie sich die Leute ausdrücken würden) einbilde, die Dinge hießen so. Dann habe ich eben damit eine Sprache erfunden. Denn wie ich es verstehe heißen die Dinge so wenn ich mir einbilde daß sie so heißen

5 / Einen Satz verstehen heißt eine Sprache verstehen; einen Satz sprechen heißt eine Sprache sprechen.

23.

6 ʃ „Verstehst Du das Wort ‚Tisch'?" – „Ja." – „Was heißt es?" – |(mit einer Gebärde)| „So eine Sache" – „Verstehst Du das Zeichen ‚So eine Sache'?" „Ja" – „Was bedeutet es?" –

7 ʃ Die Projectionsmethode ist die Art und Weise wie wir 1, 4, 9 von 1, 2, 3 ableiten, oder 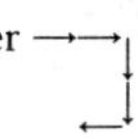 von a a b b c

2 zu übersetzen wie das ⟨Zeic...⟩
12 wie wenn ich 1 2 3 4 nach ⟨$\frac{x}{x^2}$ in⟩ 1 4 9 16
19 Wenn ich nun wie oben übertrage so liegt die ⟨Über...⟩
19 Art der Übertragung ⟨an ...⟩
44 ‚So eine Sache'?" „Ja" – „Was bedeutet ⟨sie⟩?" –

1 ∫ Es ist eben ein Unterschied, ob ich von dem einen Zeichen irgendwie beeinflußt das andere hinschreibe, oder es von dem ersten/anderen/ ablese.

2 ∫ Und die Kausale Beeinflussung ist ja kein bewußter Vorgang.

3 Wenn ich mich aber nun ärgere weil jemand zur Türe hereinkommt, kann ich mich hier im Nexus irren oder erlebe ich ihn wie den Ärger.

In einem gewissen Sinne kann ich mich ärgern/irren/ denn ich kann mir sagen „ich weiß nicht, warum mich sein Kommen heute so 22 ärgert“. Das heißt über die Ursache meines Ärgers läßt sich streiten. – Anderseits nicht darüber daß der Gedanke an sein Kommen – wie man sagt – unlustbetont ist.

4 Wie aber in dem Fall: Ich sehe den Menschen und der Haß gegen ihn lodert bei seinem Anblick |in mir| gegen ihn auf – Könnte man fragen: wie weiß ich daß ich ihn hasse, daß er die Ursache meines Hasses ist. Und wie weiß ich daß sein Anblick diesen Haß neu erweckt? Auf die erste Frage: „ich hasse ihn“ heißt nicht „ich hasse und er ist die Ursache meines Hasses“. Sondern er beziehungsweise sein Gesichtsbild – etc. – kommt in meinem Haß vor ist ein Bestandteil meines Hasses. (Auch hier tut's die Vertretung nicht, denn was garantiert mir dafür daß das Vertretene existiert) Im zweiten Fall kommt eben unmittelbar seine/des Menschen/ Erscheinung in meinem Haß vor oder, wenn nicht, dann ist seine Erscheinung wirklich nur die hypothetische Ursache meines Gefühls und ich kann mich darin irren daß sie es ist die das Gefühl hervorruft.

5 Ganz ebenso muß es sich auch mit dem Handeln nach einem Zeichenausdruck verhalten. Der Zeichenausdruck muß in diesem Vorgang involviert sein während er nicht involviert ist, wenn er |bloß| die Ursache meines Handelns ist. 23

6 ∫ [Ich weiß daß, was ich hier seit vielen Wochen schreibe schlecht ist; aber ich schreibe es in der Hoffnung daß besseres wieder nachkommen möge. Kommt nichts besseres nach, nun so hat es eben der Schluß sein sollen.]

7 Und so ist es auch: aus ihm leite ich mein Handeln ab.

8 / Wenn ich nun sage ich leite mein Handeln aus dem Zeichenausdruck auf eine gewisse Weise ab so kann diese Weise im tatsächlichen Vorgang nur so enthalten sein wie eben eine Funktion f(x) in f(a)

8 kann ich mich hier im Nexus irren oder ⟨ist er mir …⟩
9 ärgern/irren/ *–erste Variante im MS durchstrichen*
10 denn ich kann ⟨mich fragen⟩ „ich weiß nicht, warum mich
16 lodert bei seinem Anblick |in mir| gegen ihn auf⟨.⟩ Könnte man fragen:
17 wie weiß ich daß ich ihn hasse, daß er ⟨der …⟩
19 „ich hasse ihn“ heißt nicht⟨:⟩ „ich hasse und er ist die Ursache

1 / Wenn der Satz „ich hasse ihn“ so aufgefaßt wird: ich hasse und er ist die Ursache; dann ist die Frage möglich „bist Du sicher daß Du i h n haßt ist es nicht vielleicht ein anderer oder etwas Anderes“ und das ist offenbarer Unsinn.

2 / Übrigens ist der einzige Beweis daß eine Analyse falsch ist, daß sie zu offenbarem Unsinn führt d.h. zu einem Ausdruck der offenbar gegen die Grammatik verstößt die der normalen/gegebenen/ |Art der| Anwendung entspricht.

3 / Wenn ich an ihn denke: welche Bedingungen müssen erfüllt sein daß das der Fall ist? Welche nicht-hypothetischen Bedingungen? Wenn ich 24 ihn – z.B. – erwarte: muß er jetzt existieren, muß ich ein Erinnerungsbild von ihm haben? Muß ich ihn einmal gesehen haben? Und in welchem Sinne. Was immer nicht der Fall sein muß, schalten wir aus und was der Fall sein muß macht die Existenz des Gedankens aus.

24.

4 / Wenn ich eine Lautreihe hervorbringe und nun sage ich habe diesen Satz gelesen so kann kein Zweifel darüber bestehen ob ich wirklich diesen Satz gelesen habe oder ob meine Lautreihe anderswie verursacht wurde. D.h. daß ich diesen Satz gelesen habe sagt gar nichts über die Ursache der Entstehung der Lautreihe aus.

5 / Es kann nie essentiell für uns sein daß ein Phänomen in der Seele sich abspielt und nicht auf dem Papier für den Andern sichtbar.

1 Wenn der Satz „ich hasse ⟨A …⟩
2 die Ursache; dann ist die Frage möglich⟨:⟩ „bist Du sicher
8 d.h. zu einem Ausdruck der offenbar gegen die Grammatik ⟨st…⟩
12 welche Bedingungen müssen erfüllt sein daß das ⟨wahr …⟩
14 muß ich ein Erinnerungsbild ⟨an ihn …⟩
14 muß ich ein Erinnerungsbild ⟨vom …⟩
15 Was immer nicht der Fall ⟨gewesen⟩ sein muß, schalten wir
22 diesen Satz gelesen habe oder ob meine Lautreihe ⟨ander…⟩
23 D.h. daß ich ⟨den⟩ Satz gelesen habe sagt gar nichts über die Ursache

1 / Man kann sagen daß, ob ich lese oder nur Laute hervorbringe während ein Text vor meinen Augen ist sich nicht durch die Beobachtung von außen entscheiden läßt. Aber das Lesen kann nicht wesentlich eine i n n e r e Angelegenheit sein. Das Ableiten der Übersetzung von Zeichen, wenn es überhaupt ein Vorgang ist, muß auch ein sichtbarer 25
Vorgang sein können. Man muß also z.B. auch den Vorgang dafür nehmen/ansehen/ können der sich auf dem Papier abspielt wenn die Glieder der Reihe 1, 4, 9, 16 (als Übersetzungen von 1, 2, 3, 4) durch die Gleichungen $1 \times 1 = 1$, $2 \times 2 = 4$, $3 \times 3 = 9$ etc ausgerechnet erscheinen.

1	2	3	4	Man könnte dann vom Standpunkt des
×	×	×	×	Behaviourism sagen: Wenn ein Mensch das
1	2	3	4	hinschreibt dann hat er die untere Reihe durch
‖	‖	‖	‖	Rechnung gewonnen, schreibt er aber bloß die
1	4	9	16	untere Reihe an dann nicht.

Schriebe er aber nun

1	2	3	4	
×	×	×	×	
1	2	3	4	
‖	‖	‖	‖	so würden wir sagen, er hat falsch gerechnet
1	5	9	20	weil 2×2 nicht 5 ist etc.

2 / Man könnte natürlich ebensogut schreiben

x	1	2	3	4
x^2	1	4	9	16

und diese Darstellung ist ganz gleichwertig mit der ersten oder überhaupt jeder andern, wenn eine Regel festgesetzt ist die sie von einer anderen Darstellung unterscheidet.

3 / Das Gefühl welches man bei jeder solchen Darstellung hat, daß sie roh
(unbeholfen) ist, leitet irre denn wir sind dann versucht nach einer 26
„besseren" Darstellung zu suchen. Die gibt es aber gar nicht. Eine ist so gut wie die andere, solange die Multiplizität die richtige ist; d.h., solange jedem Unterschied im Dargestellten ein Unterschied in der Darstellung entspricht.

4 / Und nun kann aber auch der Gedanke als psychischer Prozess nicht mehr tun als dieses „rohe" Zeichen.

7 den Vorgang dafür nehmen/ansehen/ können der sich auf dem ⟨S...⟩
12 Man könnte dann vom Standpunkt des Behaviourism sagen⟨, ...⟩
16 Schriebe er aber nun ⟨die Reihe⟩
31 dann *–im MS durchstrichen*

1 / Man kann nicht fragen: Welcher Art sind die geistigen Vorgänge daß sie wahr und falsch sein können was die außergeistigen nicht können. Denn wenn es die „geistigen“ können so müssen's auch die anderen können; und umgekehrt.

Denn können es die geistigen/seelischen/ Vorgänge so muß es auch ihre Beschreibung können. Denn in ihrer Beschreibung muß es sich zeigen wie es möglich ist

25.

2 / Wenn man sagt der Gedanke sei eine seelische Tätigkeit oder eine Tätigkeit des Geistes so denkt man an den Geist als ein trübes gasförmiges Wesen in dem manches geschehen kann das außerhalb 27 nicht geschehen kann. Und von dem man manches erwarten muß/kann/ das sonst nicht möglich ist.

Es handelt gleichsam die Lehre von Gedanken vom organischen Teil im Gegensatz zum anorganischen des Zeichens.

3 / Es ist gleichsam der Gedanke der organische Teil des Symbols das Zeichen der anorganische. Und jener organische Teil kann Dinge leisten die der anorganische nicht könnte.

4 Als geschähe h i n t e r dem Ausdruck noch etwas Wesentliches was sich nicht ausdrücken läßt/nicht durch den Ausdruck ersetzen läßt/ – auf das sich etwa nur hinweisen läßt – was in dieser Wolke (dem Geist) geschieht und den Gedanken erst zum Gedanken macht. Wir denken hier an einen Vorgang analog dem Vorgang der Verdauung und die Idee ist daß im inneren des Körpers andere chemische Veränderungen vor sich gehen als wir sie außen produzieren können, daß der organische Teil der Verdauung einen anderen Chemismus hat als was wir außen mit den Nahrungsmitteln vornehmen könnten.

5 Oder: Als bestünde gleichsam der Gedanke aus einem anorganischen Teil (dem Zeichen) und einem organischen, etwa der Interpretation, die wesentlich geistig wäre.

1 Man kann nicht fragen: ⟨Was für eine⟩ Art
2 was die ⟨anderen⟩ außergeistigen nicht können.
3 Denn wenn es die „geistigen“ ⟨Sinne⟩ können so müssen's auch
4 so müssen's auch die anderen können⟨. ...⟩
5 *Der Absatz ist im MS eine Bemerkung, durch eine Klammer am linken Rand der vorangehenden zugeordnet.*
7 *Im MS nicht entzifferte Streichung in der Leerzeile*
10 Wenn man sagt der Gedanke sei eine ⟨S...⟩
10 seelische Tätigkeit ⟨so denkt man an ...⟩
13 Und von dem man manches erwarten muß/kann/ ⟨(kann⟩ das sonst
15 Es ⟨ist⟩ gleichsam die Lehre von Gedanken vom organischen Teil
18 Es ist gleichsam der Gedanke der organische Teil des ⟨Ge...⟩
19 das Zeichen der anorganische. ⟨In dieser ...⟩
25 zum Gedanken macht. ⟨Wie...⟩
26 Wir denken hier an ⟨das Denken⟩ analog dem Vorgang der Verdauung
33 und einem organischen ⟨(⟩etwa der Interpretation⟨)⟩ die wesentlich

26 28

1 / Man kann natürlich nicht sagen: Der Satz ist, was wahr oder falsch ist. (Als würde dadurch noch etwas ausgeschlossen.)

2 / Die Intention soweit sie uns etwas angeht kann nichts wesentlich psychisches sein.

3 / Da uns eine Maschinerie des Geistes nichts angeht so müssen/müßten/ wir uns auch einen Maschinenmensch konstruieren können der alles muß leisten können/leisten könnte/, was für uns wesentlich ist.

4 ∫ Immer wieder möchte man nach dem Zweck des Denkens fragen: Wozu denkt man überhaupt, wozu diese Tätigkeit. Aber was für eine Antwort will man darauf erhalten?

Wir fühlen daß das Denken nur als Instrument Wert haben kann

5 ∫ 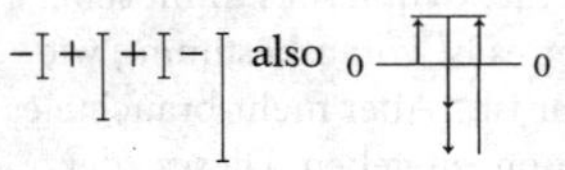

Ein Schema der Überlegung. Wir ziehen was uns gegeben ist in betracht und kommen zu einem Resultat

27.

6 ∫ Von einem Bild zu sagen es ist das Bild dieses Vorgangs ändert das Bild.

7 ∫ Das Bild muß endlich |ganz?| für sich selbst sprechen.

8 / Ein Zeichen ist doch immer für ein lebendes Wesen da also muß das etwas dem Zeichen Wesentliches sein. Gewiss: auch ein Sessel ist immer nur für einen Menschen da aber er läßt sich beschreiben ohne daß wir von seinem Zweck redeten. Das Zeichen hat nur einen Zweck in der menschlichen Gesellschaft aber dieser Zweck kümmert uns gar nicht. 29

Ja am Schluß sagen wir überhaupt keine Eigenschaften von den Zeichen aus – denn diese interessieren uns nicht – sondern nur die (allgemeinen) Regeln ihres Gebrauchs. Wer das Schachspiel beschreibt, gibt weder Eigenschaften der Schachfiguren an noch redet er vom Nutzen und Gebrauch des Schachspiels.

9 Wäre der Gedanke sozusagen eine Privatbelustigung und hätte nichts mit der Außenwelt zu tun so wäre er für uns ohne jedes Interesse (wie etwa die Gefühle bei einer Magenverstimmung) Was wir wissen wollen ist: Was hat der Gedanke mit dem zu tun was außer dem Gedanken vorfällt. Denn seine Bedeutung ich meine seine Wichtigkeit bezieht er ja nur daher.

Was hat das was ich denke mit dem zu tun was der Fall ist.

2 / *Im MS Markierung über dem Randzeichen:* L
2 was wahr oder falsch ist ⟨(als⟩ würde dadurch noch etwas
8 müssen/müßten/ *–zweite Variante im MS durchstrichen*
10 muß leisten können/leisten könnte/ *–zweite Variante im MS durchstrichen*
25 |ganz?| *–im MS durchstrichen, das Einfügungszeichen ist gewellt unterstrichen*
29 aber er läßt sich beschreiben ohne ⟨auf …⟩
29 aber er läßt sich beschreiben ohne daß wir ⟨auf seinen …⟩
30 von seinem Zweck ⟨reden⟩.
39 und hätte nichts mit der Außenwelt zu tun so wäre er ⟨h…⟩
42 seine Bedeutung ich meine seine Wichtigkeit bezieht er ⟨zu…⟩

1 ∫ Wenn ich A kenne und weiß daß B sein Sohn ist so weiß ich damit
nicht wie B ausschaut. So hilft mir keine äußere Relation [Beziehung der
Repräsentation] die Sache zu kennen, wenn mir ihr Vertreter gegeben 30
ist

2 ∫ Der Gedanke ist von dem was ihn wahrmacht verschieden, und
verschiedener, als eben nicht Dasselbe, kann er nicht sein.

28

3 ∫ Er hängt nur dadurch/dann/ mit einem anderen Vorgang zusammen,
wenn er angewendet wird, d.i, wenn er übertragen wird.

4 ∫ Kann man sagen, die Worte des Satzes (oder die Bestandteile des
Gedankens) vertreten nur während der Übertragung/des Übertragens/?

5 / Das was den Gedanken wahr macht, kann nicht vorausbestimmt sein,
weil es eben sonst da/der Fall/ wäre. „Aber es ist vorausbestimmt, wie
es ist/sich verhält/, wenn der Gedanke wahr ist." Aber mehr brauchte es
doch nicht, eben die Tatsache, die Verification, zu geben. Dieses „der
Satz sagt/zeigt/, was der Fall ist, wenn er wahr ist," sagt eben nichts,
denn p zeigt eben daß p der Fall ist wenn etc. D.h. auf die Frage „was
wäre/ist/ denn der Fall wenn …?" könnte nur p zur Antwort kommen.
Das ist also eine bloße Tautologie.

6 ∫ Die Schwierigkeit liegt im Begriff des Bestimmens.

7 Was der Satz eigentlich bestimmen müßte, wäre quasi, daß p oder ~p
der Fall sein muß, aber das ist nur scheinbar eine Bestimmung, in 31
Wirklichkeit bestimmt es aber gar nichts.

Fortsetzung im V. Band

16 Das was den Gedanken wahr macht, kann nicht vorausbestimmt sein, *–der erste Halbsatz der Bemerkung ist im MS am linken Rand mit einer offenen Klammer und der Anmerkung:* Aufz. *markiert*

27 Was der Satz eigentlich ⟨bestimmt, …⟩

28 bestimmen müßte, wäre quasi, daß p oder ~p der Fall ⟨ist …⟩

29 *Nach der Rückkehr aus Österreich am 29.1.1931 werden in Cambridge die Aufzeichnungen auf der Seite 272 des Manuskriptbandes* Bemerkungen V *fortgesetzt, bis zum Ende des Bandes auf der Seite 300. Danach, ab dem 3.2.1931, werden die Einträge im Band VI, in unmittelbarem Anschluß an die vorangehende Bemerkung, auf der Seite 31 fortgeführt.*

29.1.31. 272

1 Und wenn ich sagte, daß er die Wahrheit auf ja und nein festlegt, so heißt das, daß er nichts festlegt, (oder) nichts was sich sagen läßt.

2 / Ich sagte, der Satz wäre wie ein Maßstab an die Wirklichkeit angelegt: Aber der Maßstab ist, wie alle richtigen Gleichnisse des Satzes, ein spezieller Fall des Satzes. Und auch er bestimmt nichts, solange man nicht mit ihm mißt. Aber Messen ist Vergleichen (und muß heißen Übersetzen).

3 ∫?/∫ Der Maßstab ist auch ein Bild, aber er muß als Bild aufgefaßt werden.

4 / Man möchte sagen: Lege den Maßstab an einen Körper an; er sagt nicht, daß der Körper so lang ist. Vielmehr ist er an sich gleichsam tot und leistet nichts von dem was der Gedanke leistet. Es ist, als hätten wir uns eingebildet, das Wesentliche am lebenden Menschen sei/ist/ die äußere Gestalt/Form/ und hätten nun eine Holzpuppe/einen Holzblock/ von dieser Gestalt hergestellt und sähen mit Enttäuschung den toten Klotz, der auch keine Ähnlichkeit mit dem Leben hat.

5 ∫ Ich sage jemandem: „Geh ruf den Peter". – Wie soll er wissen was ich meine? Es muß ihm erklärt worden sein. Aber doch nur wieder mit Zeichen. Er folgt nun dieser Erklärung. 273

6 / Wenn das Verstehen eine notwendige Vorbereitung des Folgens war, so muß es dem Zeichen etwas hinzugefügt haben; aber etwas was jedenfalls nicht die Ausführung war.

7 / Kann man denn, und in welchem Sinne kann man, aus dem Zeichen plus dem Verständnis (also der Interpretation) die Ausführung ableiten, ehe sie geschieht? Alles was man ableitet ist doch nur eine Beschreibung der Ausführung und auch diese Beschreibung war erst da, nachdem man *sie* abgeleitet hatte.

8 / Die *Ausführung* des Befehls leiten wir von diesem erst ab, wenn wir ihn ausführen.

2 wenn ich sagte, daß |er| die Wahrheit auf ja und nein ⟨festgelegt …⟩
3 daß er nichts ⟨be…⟩
3 daß er nichts festlegt, (oder) nichts was sich sagen ⟨s…⟩
11 ∫?/ *Randzeichen überschrieben*
13 an einen Körper an; *–das Semikolon ist im MS gewellt unterstrichen*
13 Lege den Maßstab an einen Körper an; er sagt ⟨nichts …⟩
14 *Im MS:* Vielmehr ist er an sich gleichsam tod
19 ⟨Ich …⟩ *Absatzanfang in der Leerzeile gestrichen*
35 leiten wir von diesem erst ab, wenn wir ⟨den Befehl …⟩
36 ihn ausführen⟨, was wir …⟩

1 Nun könnte man aber fragen: Warum nenne ich gerade die eine
Übertragung des Symbols die Ausführung und nicht auch die anderen 274
Übertragungen. Nun, man könnte auch eine der andern Übertragungen
als Ausführung des Befehls auffassen und wenn der Befehlende dies
nicht für die gewünschte Übertragung hält so muß er dem Befehl eine
weitere Erklärung beifügen also den Befehl selbst verändern und
erweitern.

2 / Alles was man im voraus weiß, ist, daß, was immer man von diesem
Befehl ableiten wird, von ihm abgeleitet sein wird.

3 ∫ „Aber ich verstehe doch schon vor der Ausführung, was ich zu machen
habe". – gewiss. Und zwar was ist es denn?

4 Wenn ich sage „der Satz bestimmt doch schon im vorhinein/im voraus/
was ihn wahr machen wird": Gewiss der Satz ‚p' bestimmt, daß p der
Fall sein muß, um ihn wahr zu machen, das ist aber auch alles, was man
darüber sagen kann.

5 / Wenn gesagt würde, daß der, der den Befehl erhält, eben außer den 275
Worten Vorstellungen erhält, die der Ausführung des Befehls ähnlich
sind, (während es die Worte nicht seien) so gehe ich noch weiter und
nehme an, daß der Befehl dadurch gegeben wird, daß wir den Andern
die Bewegungen die er etwa in 5 Minuten ausführen soll, jetzt durch
mechanische Beeinflussung (führen seiner Hand etc) ausführen machen;
und näher kann ich doch wohl der Ausführung des Befehls im
Ausdruck des Befehls nicht kommen. Dann haben wir die Ähnlichkeit
der Vorstellung durch eine viel größere |Ähnlichkeit| ersetzt. Und der
Weg vom Symbol zur Wirklichkeit scheint hier/nun/ sehr verkürzt zu
sein. (Ebenso könnte ich, um zu beschreiben, in welcher Stellung ich
mich bei der und der Gelegenheit befunden habe, diese Stellung
einnehmen)

Es ist damit auch gezeigt, daß das Vorkommen von
Phantasiebildern, [sogenannten Vorstellungen] für den Gedanken ganz
unwesentlich ist.

[Es ist damit auch das Unwesentliche der Phantasiebilder für den
Gedanken gezeigt]

6 (Man muß mit manchem Problem erst vertraut werden, dadurch daß 276
man zu unzähligen Malen daran anläuft. Man lernt dann den
Geschmack des Problems kennen.)

7 / Ich stoße hier an die Einmaligkeit einer Tatsache und das hängt mit
dem Sinn des Satzes „alles fließt" zusammen.

1 Nun könnte man aber fragen: Warum nenne ⟨ge…⟩
2 die Ausführung und nicht auch die anderen⟨. …⟩
3 Übertragungen. Nun, man könnte auch ⟨die …⟩
7 selbst ⟨ausf…⟩ verändern und erweitern. *–im MS am linken Rand mit zwei vertikalen Wellenlinien markiert*
16 im vorhinein/im voraus/ was ihn wahr machen wird"⟨; …⟩
22 (während es die Worte nicht ⟨sind⟩) so gehe ich noch weiter
28 |Ähnlichkeit| *–das Einfügungszeichen ist im MS gewellt unterstrichen*
33 Es ist damit auch gezeigt, daß das Vorkommen⟨, …⟩

1 / Wenn einer den Befehl mißversteht und eine Übertragung die wir nur als Bild der Ausführung auffassen für die Ausführung selbst hält so entspräche doch seine Übertragung auch einem Befehl unserer Sprache und zwar einem der dem Unseren sehr ähnlich sähe. Der Befehl etwa eine bestimmte Bewegung auszuführen und der Befehl diese Bewegung nur zu zeichnen, haben eben die Beschreibung dieser Bewegung |mit einander| gemein. Aber sie unterscheiden sich auch voneinander und nur dadurch kann der eine das eine der andere das andere befehlen.

2 ∫/ Der Befehl kann die Ausführung nur insofern bestimmen als man sie von ihm ableiten kann. – 277

3 Nur das kann es heißen ‚daß er sie bestimmt', daß man sie von ihm ableiten kann.

4 Der Befehl $x^{2}\ ^{x\ 1\ 2\ 3\ 4}$ kommt uns unvollständig vor. Es scheint uns als wäre nur etwas/etwas nur/ angedeutet was nicht ausgesprochen ist.

5 Angedeutet aber ist etwas nur insofern als ein System nicht ausdrücklich |oder unvollkommen| festgelegt ist.

Wir möchten sagen, es sei uns unvollkommen angedeutet was wir zu tun hätten/haben//oder/ das Zeichen suggeriere nur undeutlich, was wir zu machen/tun/ hätten. Es sei etwa in dem Sinn undeutlich wie eine Tafel mit der Aufschrift „Links gehen" deutlicher wird wenn zugleich ein Pfeil die Richtung zeigt. [Es sei etwa in dem Sinn undeutlich /undeutlich in dem Sinn/ in welchem wir der Deutlichkeit halber Zeichen ausführlicher geben]

6 Aber für uns ist der Befehl deutlich der unzweideutig ist; und einen deutlicheren gibt es nicht. 278

7 Eindeutig aber kann er nur werden, dadurch daß in dem |Befehl-|System [System von Befehlen] eine Unterscheidung gemacht wird die wenn sie fehlt eben die Zweideutigkeit hervorruft (wenn also das System die richtige Mannigfaltigkeit erhält)

8 |Ich könnte auch sagen| Es scheint uns als ob, wenn wir den Befehl ($x^{2}\ ^{x\ 1\ 2\ 3}$ z.B.) verstehen wir etwas hinzufügen was die Lücke füllt. So daß wir dem der (uns) sagt „aber Du verstehst ihn ja" antworten können: ja, aber nur weil ich noch etwas hinzufüge: die Deutung nämlich.

7 *Im MS:* dieser |mit einander| Bewegung *–das Einfügungszeichen ist gewellt unterstrichen*
10 ∫ *Randzeichen durchstrichen*
21 *Im MS nicht entzifferte Streichung, unvollständige Buchstabe*
22 was wir zu tun hätten/haben/ *–im MS durchstrichen*
23 machen/tun/ *–erste Variante im MS durchstrichen*
25 die Richtung zeigt. [Es sei ⟨etwas …⟩
32 Eindeutig aber kann er nur werden, ⟨daß ich …⟩
34 eine Unterscheidung gemacht wird ⟨(also …⟩
35 (wenn also das System die richtige ⟨Multiplizität⟩ erhält)
38 wenn wir den Befehl ($x^{2}\ ^{x\ 1\ 2\ 3}$ ⟨–⟩ z.B. ⟨–⟩) verstehen

1 Nun müßte man allerdings darauf sagen: Aber was veranlaßt Dich denn zu gerade *der* Deutung? Ist es der Befehl, dann war er ja schon eindeutig, da er nur diese Deutung befahl. Oder hast Du die Deutung willkürlich hinzugefügt –, dann hast Du ja auch den Befehl nicht verstanden sondern erst das was Du aus ihm (auf eigene Faust) gemacht hast.

2 / (Meine Methode ist in gewissem Sinne eine psychologische.) 279

3 ∫ Was heißt es die Handlung aus dem Befehl ableiten außer eben sie ausführen; denn wie kann mir die Handlung sonst gegeben sein es sei denn durch eine Beschreibung. Dann aber leite ich nur eine Beschreibung von einer anderen ab.

4 / Wissen was der Satz besagt kann nur heißen: die Frage beantworten können „was besagt er?“.

5 / Den Sinn eines Satzes verstehen/kennen/ kann nur heißen: die Frage |„was ist sein Sinn“| beantworten können.

6 / Denn ist hier „Sinn-haben“ intransitiv gebraucht so daß man also nicht *den* Sinn eines Satzes von dem eines anderen Satzes unterscheiden kann, dann ist das Sinnhaben eine den Gebrauch des Satzes begleitende Angelegenheit die uns nicht interessiert.

7 Wenn ich aber sage: Ich leite meine Handlung von dem Befehl ab mit Hilfe einer Regel, so hat das nur dann Sinn, wenn ich fragen kann: Mit Hilfe *welcher* Regel? Und auf diese Frage muß ein Ausdruck der Regel zur Antwort kommen. (Denn es kann sich hier natürlich wieder nur um *eine* Regel im Gegensatz zu einer anderen handeln) 280

8 / Wie aber kommt die Regel in dem Handeln nach der Regel vor?

9 / Nicht unbedingt so, – daß meine Handlung der Regel entspricht.

Aber ein Teil des ganzen Vorgangs der Ableitung muß der Regel entsprechen: es muß unsere Absicht sein der Regel zu folgen. – Und man könnte sagen daß das eben darin besteht daß unsere Absicht der Regel folgt.

10 / Wie ist aber der Zusammenhang des Gebrauchs der Sprache und der Regeln der Grammatik/grammatischen Regeln/? Soll ich sagen die Regeln der Grammatik seien die Regeln nach denen (d.h. in Übereinstimmung mit welchen) das Sprechen einer Gruppe von Menschen tatsächlich/erfahrungsgemäß/ vor sich geht. 281

26 Ich leite meine Handlung ⟨vom …⟩
42 die Regeln nach denen *–im MS am linken Rand mit einer vertikalen Wellenlinie markiert*
42 die Regeln der Grammatik seien die Regeln nach denen ⟨sich …⟩
43 (d.h. in Übereinstimmung mit welchen) das Sprechen ⟨de…⟩

30.1.31.

1 / Heißt ‚den Regeln der Grammatik folgen‘, in irgend einem Sinne während des Sprechens an diese Regeln denken? Nein. – Heißt es, bestimmten Regeln immer gemäß reden/sprechen/? Nein. – Es heißt Regeln folgen. – Aber das tut doch jeder der irgend etwas macht;/:/ denn eine Regel wird es schon geben der das entspricht was er tut.

2 Man möchte sagen: „man muß nur etwas mit dem *meinen* was man sagt, dann ist alles Wesentliche gegeben“. Und ich betrachte also ‚etwas meinen‘ und ‚einer Regel folgen‘ als gleichbedeutend/synonym/.

3 ∫ Kann ich sagen: Wenn ich etwas *meine* so habe ich meine Worte nach einer gewissen Regel gewählt?

4 ∫ Oder so? Wenn ich etwas meine so habe ich Etwas porträtiert, also/d.i./ nach einer Regel dargestellt.

5 Ist die Grammatik nur die Beschreibung der tatsächlichen Handhabung der Sprache? So daß ihre Sätze eigentlich wie Sätze einer 282
Naturwissenschaft aufgefaßt werden könnten? Das ist aber dann nicht die descriptive Wissenschaft des Denkens, sondern des Sprechens.

6 / Es könnten ja auch die Regeln des Schachspiels als Sätze aus der Naturgeschichte des Menschen aufgefaßt werden (Wie die Spiele der Tiere in naturgeschichtlichen Büchern beschrieben werden.)

7 „Ich meine aber doch mit diesen Worten etwas“. Gewiß: im Gegensatz zu dem Falle wo ich nichts meine, wo ich etwa Silben ihres (angenehmen oder) komischen Klangs wegen aneinanderreihe.

8 ∫ D.h. Einen Satz sinnvoll aussprechen ist ein anderer Vorgang als etwa zu singen la la la.

9 / Ich will eigentlich sagen, daß „ich meine etwas mit dem Wort“ nur heißt: ich unterscheide doch diesen Fall von dem des sinnlosen Plapperns etc. Und das ist zugegeben. Aber es ist damit noch keine besondere Theorie des Meinens gegeben.

10 / Und so geht es in allen solchen Fällen. Wenn etwa jemand sagt: „aber 283
ich meine doch wirklich, daß der Andere Zahnschmerzen hat; nicht daß er sich bloß so benimmt“. Immer muß man antworten: „gewiß“ und zugeben, daß auch wir diese Unterscheidung machen müssen [... daß diese Unterscheidung besteht.]

1 30.(2.)31.
5 jeder der irgend etwas macht;/:/ *–das Semikolon ist im MS gewellt unterstrichen*
9 „man muß nur etwas mit dem *meinen* was man sagt(“...)
10 gleichbedeutend/synonym/ *–erste Variante im MS durchstrichen*
15 so habe ich (etwas) porträtiert,
18 *Die Bemerkung ist am linken Rand mit einer vertikalen Wellenlinie markiert.*
41 Immer muß man antworten: (Gewiß. ...)

1 / Der Vorgang ‚einer Regel folgen' muß durch eine Regel beschrieben werden.

Man könnte sagen, er heißt so, weil er durch eine Regel beschrieben werden muß.

2 ∫ Oder auch so: Man könnte aus jedem sinnvollen Satz eine Grammatik ableiten.

3 / Aus dem Vorgang der Übertragung von 1, 2, 3, 4 in 1, 4, 9, 16 muß ich eine Regel entnehmen können. – Was heißt das? Doch, daß ich einen Ausdruck einer Regel aus dem Vorgang muß ableiten können; d.h. einen Ausdruck im Gegensatz zu einem anderen.

D.h. daß ich in einem System von Regeln eine als die passende werde/muß/ auswählen können.

4 / Wenn ich z.B. sage: „ich glaube, daß er kommen wird" – woher nehme 284
ich diese Worte. Warum wähle ich sie. Ist etwas vor diesem Ausdruck /diesen Worten/ da, das ich abbilde.

5 / Ich bin mir zwar nicht grammatischer Regeln explicite bewußt, wenn ich die Sprache gebrauche aber ich bin mir bewußt, die Sprache nicht ad hoc zu erfinden. Und erfände ich sie so wäre sie nichts nütze, wenn ich mich nach den erfundenen Regeln nicht wieder richten wollte.

6 / D.h. die Sprache funktioniert als Sprache nur durch die Regeln nach denen wir uns in ihrem Gebrauch richten. (Wie das Spiel nur durch Regeln als Spiel funktioniert.)

7 / Und zwar, ob ich zu mir oder Andern rede. Denn auch mir teile ich nichts mit, wenn ich Lautgruppen ad hoc mit irgend welchen Facten associiere.

8 / Ich muß, wenn ich zu mir rede, schon auf einem gegebenen 285
/bestehenden/ Sprachklavier spielen.

9 / Wenn ich ein Wort in der Sprache gebrauche, so ist es entweder, weil ich es als einen bereits bekannten Ton anschlagen will, oder indem ich festsetzen will, daß ich das Wort in Hinkunft so gebrauchen werde. [.... anschlagen, oder aber festsetzen will, daß ich ....][.... anschlagen, oder: festsetzen will ....]

31.

10 / ‚Ich verstehe diese Worte' (die ich etwa zu mir selbst sage) ‚ich meine etwas damit', ‚sie haben einen Sinn' muß immer dasselbe heißen, wie: ‚sie sind nicht ad hoc erfundene Laute sondern Zeichen aus einem System'

1 ‚einer Regel folgen' *– die Anführungszeichen sind im MS gewellt unterstrichen*

13 *Der Absatz ist im MS eine Bemerkung, durch eine Klammer am linken Rand der vorangehenden zugeordnet.*

17 Ist ⟨es ...⟩

33 Ich muß, wenn ich ⟨zu ...⟩

38 daß ich das Wort in Hinkunft so gebrauchen werde. ⟨[.... daß ...⟩

1 / Etwa, wie die Teilstriche auf einem Maßstab nur solche sind, wenn sie ein System bilden.

2 / Wir verwenden die Sprache nur ihrer Konsequenz wegen.

3 / Man kann sagen: „so wie ich das Wort ‚Liebe' hier gebrauche, kann ich nicht davon sagen ..... .

4 / Das *Verstehen* dessen was der Andere sagt kann nur als das befolgen 286
einer von vornherein/im vorhinein/ gegebenen Regel beschrieben werden.

5 / Denn wenn wir einen Befehl befolgen so deuten wir die Worte nicht willkürlich.

D.h. wieder, wir müssen die Unterscheidung anerkennen zwischen dem „Befolgen eines Befehls" und einem „willkürlichen Zuordnen einer Handlung".

6 / Und die Rechtfertigung einer Handlungsweise als Befolgung eines Befehls wäre immer: „*so* habe ich's gelernt" [„so habe ich die Sprache gelernt"]

7 / Wie aber funktioniert so eine Rechtfertigung: „Man hat mir gesagt, *das* sei ein Sessel" oder „.... das sei rot" etc. Oder auch man hat mir gesagt, wenn es heißt ‚tu p und q' so soll ich's *so* machen (wobei ich die Tätigkeit vormache)

Das sind aufklärbare Mißverständnisse. „Ist *das* eine Orange? ich dachte *das* sei eine."

8 Kann man sagen: „Ist das rot? ich dachte das sei ein Sessel." 287

9 Aber kann man sich nicht einbilden (wenn man etwa nicht deutsch kann) ‚rot' heiße laut (d.h. werde so gebraucht wie in Wirklichkeit ‚laut' gebraucht wird). Wie wäre aber die Aufklärung dieses Mißverständnisses? Etwa so: „rot ist eine Farbe, keine Tonstärke"? – Eine solche Erklärung könnte man natürlich geben, aber sie wäre nur dem verständlich der sich bereits ganz in der Grammatik auskennt.

10 / Der Satz „Ist das rot? ich dachte das sei ein Sessel" hat nur Sinn wenn das Wort „das" beide Male im gleichen Sinn gebraucht wird und dann muß ich entweder ‚rot' als Substantiv oder „|ein| Sessel" als Adjectiv auffassen.

11 / Die Rechtfertigung kann nur verstanden werden wenn sie in einer Sprache gegeben wird, die unabhängig von dem Mißverständnis besteht.

6 „so wie ich das Wort *– im MS fehlt das Ausführungszeichen*
6 Man kann sagen: „so wie ich das Wort ‚⟨lieben⟩' hier gebrauche,
10 von vornherein/im vorhinein/ *– erste Variante im MS durchstrichen*
16 und einem „willkürlichen Zuordnen einer Handlung"⟨ zu...⟩
22 Oder auch man hat mir gesagt, ⟨mir gesa...⟩
25 *Der Absatz ist im MS eine Bemerkung, durch eine Klammer am linken Rand der vorangehenden zugeordnet.*
30 Aber kann man sich nicht einbilden⟨, ⟩wenn man etwa
33 Wie wäre aber die Aufklärung dieses Mißverständnisses? Etwa so⟨? ...⟩
38 und dann ⟨kann⟩ ich entweder ‚rot' als Substantiv

1 Man kann ein Mißverständnis nur aufklären wenn die Aufklärung 288
verstanden wird

2 In der Erklärung „das ist ein Sessel nicht das“ müssen die beiden Wörter „das“ und die dazugehörigen Gebärden verstanden werden und sind dann vollwertige Zeichen. Die Erklärung kann dann auch so gegeben werden: „das heißt ‚Sessel‘, nicht das“ und dies ist ein Satz, wie etwa „der Sessel ist blau, nicht rot“. – Aber freilich wird hier nicht die Sprache erklärt sondern eine Sprache (mit Hilfe einer vorhandenen andern).

3 ⌀ [Ich könnte als Motto meines Buches wählen: Ein Narr kann mehr fragen, als zehn Weise beantworten können. Eigentlich müßte es hier heißen „zehn Gescheite“.]

4 / Ist es so: Grammatik hat nur die Sprache als in der Zeit ausgedehntes Phänomen.

5 / Aber der Satz ist doch etwas in Raum oder Zeit, oder in Raum und Zeit Ausgedehntes.

6 / Das Aussprechen eines Satzes wäre kein Porträtieren wenn ich meine 289
Worte nicht aus einem System wählte, so daß man sagen kann, ich wähle sie im Gegensatz zu anderen.

Aber die Worte wenn sie nicht in einem grammatischen System stehen sind ja alle gleichwertig und also wäre es dann ganz gleichgültig welche ich wählte ja – man könnte sagen – als Worte würden sie sich (dann) voneinander gar nicht unterscheiden.

Man muß die Worte wählen wie [in demselben Sinne wie] man die Striche wählt mit denen man einen Körper abbildet.

1.2.

7 / Wer die Notenschrift lernt, lernt nicht alle Musikstücke, sondern die Noten und Regeln und nur dadurch ist ihm die Notenschrift nütze

8 / Aber nicht vielleicht weil sie nur dann ökonomisch ist, sondern weil sie sonst keine Schrift ist.

9 ∫ (Die Regel hat die selbe Allgemeinheit wie eine Hypothese.)

10 Wenn man den/einen/ Hund gelehrt hat, den Zeichenverbindungen
von a, b, c, d zu folgen (wobei a = →, b = ↓, c = ←, d = ↑), so mag er 290
das mechanisch tun, aber wenn ich nun wissen will, welches Zeichen ich ihm geben muß um ihn den Linienzug 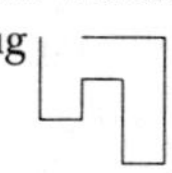 laufen zu lassen, so muß ich das Zeichen von dem Linienzug nach der Regel ableiten.

9 |(|mit Hilfe einer vorhandenen andern⟨.⟩)|
43 aber⟨,⟩ wenn –*das gestrichene Komma ist im MS gewellt unterstrichen*
47 laufen zu lassen, so muß ich das Zeichen ⟨vom …⟩

1 / Die Aufschreibung der Regel nützt mir nur, insofern sie mich an diese Regel im Gegensatz zu anderen erinnert, – verhindert, daß ich etwa denke a heiße/bedeute/ ↓, etc.

2 / Wenn ich sage, ich folge einer Regel, so muß darauf die Frage Sinn haben: Welcher/Was für einer/ Regel? Und die Antwort ist der Ausdruck einer Regel (wie der Obigen). Mehr aber kann darauf nicht /unmöglich/ zur Antwort kommen und also kann auch die Frage nach weiter nichts fragen, als dieser Ausdruck beantwortet.

Woher aber die Unbefriedigung? Was ist es das wir sagen möchten was/und/ sich nicht sagen läßt?

3 / Wenn ich, den Regeln folgend statt „→" „a" schreibe, so ist es als wäre hier eine Kausalität im Spiel die nicht hypothetisch, sondern unmittelbar erlebt wäre. (Natürlich ist nichts dergleichen der Fall) 291

4 / Eines ist klar, daß, wenn ich der Regel (richtig) gefolgt bin, das Resultat zu der Vorlage und dem Ausdruck der Regel/und der Regel/ in einer internen Relation/Beziehung/ stehen wird, die ich nicht anders ausdrücken kann, als durch die Wiedergabe jener |drei| Komplexe, weil (so sonderbar das klingt) durch diese/in dieser/ Wiedergabe allein schon alles bestimmt ist.

5 / „Die interne Relation sehen" kann natürlich auch nichts anderes heißen, als die Komplexe sehen, die in ihr stehen. Vielleicht wendet man ein, daß man die Komplexe auch sehen kann ohne daß einem die interne Relation auffällt/die interne Relation zu bemerken/. Aber dann sieht man eben etwas Anderes als was man sieht ‚wenn sie einem auffällt /man sie bemerkt/'. Aber sie, die einem auffällt, kann nur etwas sein was sich beschreiben läßt und die interne Relation läßt sich nur durch die Beschreibung der Komplexe zeigen/beschreiben/.

6 / (Immer wieder die Gedankenbewegung die z.B. Freud macht wenn er
auf den Einwand ob was wir als Traum erzählen wirklich geträumt wurde, 292
sagt, er werde den manifesten Traum das nennen was nach dem
Erwachen als solcher erzählt wird.)

7 / Wenn ich sage beim Nachbilden/Abbilden/ einer Vorlage richte ich mich nach ihr gemäß einer Regel, so will ich sagen: im Gegensatz zu dem Fall, wenn ich mich nicht nach einer Vorlage einer Regel gemäß richte. Dann kann dieses Merkmal des Abbildens nur ein äußeres sein, wie jedes andere, was einen Vorgang von einem anderen unterscheidet.

3 heiße/bedeute/ *–erste Variante im MS durchstrichen*
6 Welcher/Was für einer/ *–zweite Variante im MS durchstrichen*
10 *Der Absatz ist im MS eine Bemerkung, durch eine Klammer am linken Rand der vorangehenden zugeordnet.*
18 das Resultat zu der Vorlage und der Regel ⟨und der Regel⟩ in einer
19 in einer internen ⟨Beziehung …⟩
26 daß man die Komplexe auch sehen kann ohne ⟨die …⟩
30 was sich beschreiben läßt⟨,⟩ und die interne Relation
34 auf den Einwand ob was wir als Traum erzählen wirklich geträumt wurde, *–im MS durchstrichen*
42 dieses Merkmal des Abbildens nur ein äußeres sein, wie jedes ⟨al…⟩

1 / Eigentlich sind die Worte „gemäß einer Regel“ überflüssig. Alles liegt in den Worten „sich nach der/einer/ Vorlage r i c h t e n“. Die Regel beschreibt nur e i n e Art des Sich-Richtens im Gegensatz zu einer andern. – Die Worte sind überflüssig, weil man sich nur einer Regel gemäß nach etwas richten kann.

2 / Das heißt, das Abbilden kann sich von einem andern Vorgang auch nur so unterscheiden wie eben ein Vorgang vom andern und das heißt daß 293
dieser Unterschied nicht logische Bedeutung haben kann.

3 / So wie ich früher einmal gesagt habe: Die Intention kann auch nur ein Phänomen wie jedes andere sein, wenn ich überhaupt von ihr reden darf.

4 / Das Wählen der Striche beim Abbilden einer Vorlage ist also allerdings ein anderer Vorgang als etwa das bloße Zeichnen dieser Striche, wenn ich mich „nicht nach der Vorlage richte“, aber der Unterschied ist ein äußerer, beschreibbarer wie der Unterschied zwischen den Zeichengruppen 2, 4, 6, 8, und x 2, 4, 6, 8, und steht mit
4, 16, 36, 64, x^2 4, 16, 36, 64,
diesem Unterschied auf gleicher/einer/ Stufe.

5 / Und so steht es also auch mit dem Wählen der Worte, wenn ich etwas mit Worten beschreibe: dieser Vorgang unterscheidet sich von dem des willkürlichen Zuordnens von Worten, aber eben nur |äußerlich| wie sich die beiden Zeichen im vorigen Satze unterscheiden.

6 Nicht nur sind wir uns beim Sprechen/G e b r a u c h der Sprache/ der 294
grammatischen Regeln nicht bewußt, sondern wären wir es so würde es nicht helfen, nichts deutlicher machen.

7 / Sich der Regeln bewußt sein kann doch nur heißen einen Ausdruck der Regel vor uns haben

8 / Was, in der Logik, nicht nötig ist, h i l f t auch nicht [... ist auch nicht hilfreich/von Nutzen/]
Was nicht nötig ist, ist überflüssig.

9 / Ja, wären wir uns immer der grammatischen Regeln beim Sprechen bewußt, so würde das meinem Fall nicht auf die Beine helfen.

10 / Die gesamte Sprache kann nicht mißverstanden werden. Denn sonst gäbe es zu diesem Mißverständnis wesentlich keine Erklärung /Aufklärung/

11 / Das heißt eben die ganze Sprache muß für sich selbst sprechen.

23 auch mit dem Wählen der Worte, wenn ich ⟨eine ...⟩
25 |äußerlich| *–im MS ist auch das Einfügungszeichen gewellt unterstrichen*
40 so würde das meinem Fall nicht auf die Beine helfen. *–im MS am linken Rand mit einer vertikalen Wellenlinie markiert*

1 / Warum wir ein Wort – und nicht ein anderes – an dieser Stelle gebrauchen, erfahren wir wenn wir jemand fragen: warum gebrauchst 295 Du hier das Wort A. Die Antwort wird sein: das und das heißt A. Und das ist eine Regel der Grammatik die die Position des Wortes in der Sprache bestimmt. Und (zum Zeichen daß es sich hier wirklich um Grammatik handelt) wenn A das Wort „und“ gewesen wäre so könnte man weiter nichts tun als die Regeln für „und“ angeben.

2 Eine Erklärung „d a s ist rot“ oder „d a s ist süß“ gehören/gehört/ auch zur Grammatik (denn sie erklären nur Zeichen durch Zeichen) Und was uns außer dem Wort „rot“ durch diese Erklärung noch bleibt ist nicht in dem Sinne willkürlich wie das Laut- oder Schriftbild „rot“. Denn die Vorstellung eines roten und eines grünen Flecks bilden ein System, während die bloßen Wörter rot und grün keines bilden.(?)

3 / Was hat die Vorstellung meines Spaziergangs mit diesem/dem/ (Spaziergang) gemein? Eben das was dadurch ausgedrückt ist daß ich das eine meinen Spaziergang das andere die Vorstellung von ihm nenne.

4 / Was heißt es wenn man sagt: „ich kann mir das Gegenteil |davon| nicht 296 vorstellen“ oder „wie wäre es denn, wenn’s anders wäre“; z.B. wenn jemand gesagt hat daß meine Vorstellungen privat seien oder daß nur ich selbst wissen kann ob ich Schmerz empfinde und dergl..

5 / Wenn ich mir nicht vorstellen kann wie es anders wäre so kann ich mir auch nicht vorstellen wie es so sein kann.

„Ich kann mir nicht vorstellen“ heißt |nämlich| hier nicht was es im Satz „ich kann mir keinen Totenkopf vorstellen“ heißt. Ich will damit nicht auf eine mangelnde Vorstellungskraft deuten.

6 / Die Vorstellung liefert uns hier die Sprache die jedenfalls die richtige Multiplizität hat. Die Sprache mit der einfacheren Grammatik

7 / Die Rechtfertigung auf die Frage „warum gebrauchst Du hier das Wort blau?“: „weil diese Farbe „blau“ heißt“, entspricht genau der Antwort auf die Frage „warum liest Du hier |(den Laut)| ‚a‘“: „weil das Zeichen ‚a‘ /als a-Laut/ gelesen wird“. In beiden Fällen berufe ich mich auf eine Regel.

5 in der Sprache bestimmt. Und ⟨wenn es si…⟩
10 (denn sie erklären nur Zeichen durch Zeichen⟨.⟩ Und was
21 oder „wie wäre es denn, ⟨wenn es⟩ anders wäre“;
25 Wenn ich mir nicht vorstellen kann wie es anders ⟨sein könnte⟩ so
27 „Ich kann mir nicht vorstellen“ *–im MS fehlt das Ausführungszeichen*
32 Die Sprache mit der einfacheren Grammatik *–im MS am linken Rand mit einer vertikalen Wellenlinie markiert*
36 „warum liest Du hier |(den Laut)| ‚a‘“: „weil ⟨hier⟩ das Zeichen

2.2. 297

1 ∫ Wozu beschreibe ich denn etwas? (denn daraus soll ja das Wesen der Sprache hervorgehen) Und das scheint sich ja in dem Fall des Hundes, den ich durch Zeichen lenken will, leicht zeigen zu lassen.

2 ∫/ Worin besteht das Vorgehn nach einer Regel? – Kann man das fragen? – Es heißt doch wohl, daß man den allgemeinen Befehl der in der Regel liegt befolgt.

/ Ich gehe nach einer Regel vor heißt: ich gehe so vor, daß das, was herauskommt ...... Daß das was herauskommt dieser Regel genügt.

/ Nach der Regel vorgehn heißt so vorgehn, und das so muß die Regel enthalten.

3 ∫ Die allgemeine Regel ist selbst ein Befehl; wie kann sie dann dazu dienen das Wesen des Befehls zu erklären?

4 ∫ Ich kann natürlich in dem Fall den ich oben erwähnt habe, ganz leicht beschreiben was ich zu tun habe und warum.

3.2. 298

5 / Wenn die Regel heißt „wo Du ein ↑ siehst, schreib ein ‚c'", so ist damit gegeben, was ich tun soll, soweit es überhaupt gegeben sein kann.

6 / Denn mehr bestimmt, als durch eine genaue Beschreibung, kann etwas nicht sein. Denn bestimmen kann nur heißen es beschreiben. Und das ist sehr wichtig.

/ Denn dies scheint die einfache Antwort auf unsere langen Schwierigkeiten zu sein.

7 / Alle Schwierigkeit der Philosophie kann nur auf Mißverständnissen beruhen. Eine Entdeckung ist nie nötig, kann nie nötig sein sie aufzulösen. Es ist ein Mißverständnis und kann nur als solches aufgelöst werden. D.h. ohne Gewalt. Denn die Türe geht auf und es ist alles |an ihr| in Ordnung, Du mußt nur das Schloß verstehen und in der richtigen Weise bewegen.

1 ⟨3.⟩2.
2 ∫ *Im MS Markierung über dem Randzeichen:* L
3 Und das scheint sich ja ⟨durch ...⟩
4 in dem Fall des Hundes, den ⟨wir ...⟩
6 ∫ *Randzeichen durchstrichen*
8 *Die folgenden zwei Absätze sind im MS Bemerkungen, durch Klammern am linken Rand der vorangehenden Bemerkung zugeordnet.*
17 Ich kann natürlich in dem Fall ⟨des Hundes ...⟩
17 *Im MS:* ganz leicht zu beschreiben
26 *Der Absatz ist im MS eine Bemerkung, durch eine Klammer am linken Rand der vorangehenden zugeordnet.*
30 Alle ⟨Schwierigkeiten ...⟩
34 es ist alles |an ihr| *–das Einfügungszeichen ist im MS gewellt unterstrichen*

1 / Dann ist eine Handlung nicht bestimmt, wenn die Beschreibung noch 299
etwas offen läßt/gelassen hat/ (so, daß man sagen kann „ich weiß noch nicht ob ....") was also die/eine/ Beschreibung bestimmen kann. Ist die Beschreibung vollständig, so ist die Handlung bestimmt. Und d.h., es kann der Beschreibung nur eine Handlung entsprechen (nur so können wir das Wort/diesen Ausdruck/ gebrauchen)

2 ∫ (Erinnern wir uns an die Argumentation über „Zahnschmerzen".)

3 / Hier ist auch der Zusammenhang mit der Frage: „sieht der Andere wirklich dieselbe Farbe, wenn er blau sieht, wie ich?" Freilich, er sieht blau! Das ist ja eben dieselbe Farbe. – D.h. die Frage ob er |als| blau dieselbe Farbe sieht ist unsinnig, wenn angenommen ist, daß wir das Recht haben, was er sieht und ich sehe als blau zu bezeichnen. Läßt sich im gewöhnlichen Sinne – d.h. nach der gewöhnlichen Methode – konstatieren, daß er nicht die selbe Farbe sieht, so kann ich nicht sagen, daß wir beide blau sehen. Und läßt es sich konstatieren, daß wir beide blau sehen, dann „sehen wir beide die gleiche Farbe" denn dieser Satz
hat ja nur auf diese Proben Bezug. 300

4 Und so/analog/ verhält es sich mit der Frage: „ist das was ich jetzt ‚gelb' nenne gewiß die gleiche Farbe, die ich früher ‚gelb' genannt habe?" – Gewiß, denn es ist ja gelb. – Aber woher weißt Du das? – Weil ich mich dran erinnere. – Aber kann die Erinnerung nicht täuschen? – Nein. Nicht, wenn ihr Datum gerade das ist wonach ich mich richte. (Übrigens weiß ich nicht ob es noch Sinn hat zu sagen „weil ich mich dran erinnere"; könnte ich nicht ebenso gut antworten „weil ich's weiß"?)

Es gibt keinen Test dafür daß das blau ist. (d.h. daß ich diese Farbe blau nenne)

5 / Wir fragen: „Wie kann der Satz einen Sachverhalt bestimmen?" Aber hat es denn Sinn zu sagen: „Der Satz bestimmt einen Sachverhalt"?

6 / Ist das nicht der Sinn des Gleichnisses von der Nähmaschine: Wenn es sich um die kausale Erklärung des Mechanismus handelt, hat die Frage „wie macht die Nähmaschine das" einen Sinn. Ist das aber nicht was
gemeint ist, dann liegt die Antwort in der Beschreibung desjenigen was 31
sie macht/des Das was sie macht/.

7 ∫ Es ist ungemein schwer die Idee gänzlich los zu werden, daß die Erklärung Verborgenes beleuchten soll.

8 / Der Solipsismus könnte durch die Tatsache widerlegt werden, daß das Wort „ich" in der Grammatik keine zentrale Stellung hat, sondern ein Wort ist wie jedes andre Wort.

21 Und so/analog/ verhält es sich mit der ⟨Farbe …⟩
25 Nicht, wenn ihr Datum gerade das ist wonach ich mich richte. *–im MS am linken und rechten Rand mit einer Wellenlinie markiert*
38 *Die letzte Seite vom Band V schließt mit dem unvollständigen Satz:* Ist das aber nicht was gemeint ist, *darunter folgt die Anweisung:* Fortsetzung im VI. Band. *Der Text wird im Band VI auf S. 31 unter dem Hinweis* Fortsetzung aus dem V. Band *fortgeführt:* ist, dann liegt die Antwort in der Beschreibung *–das Datum vom 3.2.1931 wird im Band VI wiederholt.*

1 / Gäbe es in der Welt wesentlich Subjekt und Objekt dann müßte das Wort ‚ich' in einer einzigartigen Weise den anderen Worten entgegengestellt sein.

2 / Wie im Gesichtsraum so gibt es in der Sprache kein metaphysisches Subject.

3 / Die Worte „sicher sein daß" kann man nur von einer Hypothese gebrauchen. Es heißt nichts zu sagen „ich bin sicher daß ich Zahnschmerzen habe" außer in einem Sinn in dem es doch möglich ist zu zweifeln ob ich Zahnschmerzen habe/es Zahnschmerzen sind/

Kann ich denn aber nicht sagen: Ich bin sicher daß ich bald ein Licht sehen werde? (Oder: „daß ich bald Zahnschmerzen kriegen werde") Und doch war etwas Wahres an der obigen Bemerkung. 32

4 Was heißt es, sicher zu sein, daß man Zahnschmerzen haben wird. (*Kann* man nicht sicher sein, dann erlaubt es die Grammatik nicht das Wort in dieser Verbindung zu gebrauchen.

4.2.

5 / Man kann von einem Satz (im engeren Sinne) nicht sagen daß die Wahrheit eines anderen ihn bestätigt – ohne ihn zu beweisen.

6 ?/∫ Man sagt: „Wenn ich sage daß ich einen Sessel dort sehe so sage ich mehr als ich sicher weiß". Und nun heißt es meistens: „Aber *eines* weiß ich doch sicher". Wenn man aber nun sagen will was das ist, so kommt man in eine gewisse Verlegenheit.

7 ?/ „Ich sehe etwas *Braunes*, – das ist sicher"; damit will man eigentlich sagen, daß die braune Farbe gesehen und nicht vielleicht auch nur/bloß/ vermutet ist (wie etwa in dem Fall wo ich es/sie/ aus gewissen anderen Anzeichen schließe/entnehme/vermute/ [.... und nicht vielleicht auch bloß aus anderen Anzeichen vermutet ist.] Und man sagt ja auch einfach: „Etwas Braunes *sehe* ich".

8 / Wenn mir gesagt wird: „Sieh in dieses Fernrohr und zeichne mir auf, was Du siehst", so ist was ich zeichne der Ausdruck eines Satzes, nicht einer Hypothese.

9 ∅ (Es ist schwer in der Philosophie nichts hinzuzudichten und *nur* die Wahrheit zu sagen.) 33

5 in der Sprache kein metaphysisches ⟨Sy...⟩
8 Die Worte „sicher sein daß"⟨, ...⟩
8 Die Worte „sicher sein daß" kann man nur ⟨in ...⟩
17 (*Kann* man nicht sicher sein, *–im MS fehlt die Schlußklammer*
17 (*Kann* man nicht sicher sein, ⟨daß ...⟩
22 eines anderen ihn bestätigt – ohne ihn zu beweisen⟨ – ...⟩
24 ?/ *Randzeichen überschrieben*
25 daß ich einen Sessel dort sehe so sage ich mehr als ⟨dessen ...⟩
37 so ist⟨,⟩ was ich zeichne⟨,⟩ der Ausdruck eines Satzes,

1 Ist es nicht klar daß es nur am Mangel von entsprechenden Übereinkommen liegt, wenn ich das was ich – z.B. – zeichnerisch darstellen nicht durch Worte/mit Worten/ wiedergeben kann?

2 Wenn ich sage „hier steht ein Kessel“ so ist damit – wie man sagt – „mehr“ gemeint als die Beschreibung dessen was ich wahrnehme. Und das kann nur heißen daß dieser Satz nicht wahr sein muß auch wenn die Beschreibung des Gesehenen stimmt. Unter welchen Umständen werde ich nun sagen daß jener Satz nicht wahr war? Offenbar: wenn gewisse andere Sätze nicht wahr sind die in dem ersten mit beinhaltet waren. Aber es ist nicht so als ob nun der erste ein logisches Produkt gewesen wäre.

3 Wenn man fragt „Wie macht der Gedanke/Satz/ das, daß er darstellt?“ So könnte die Antwort sein: „Weißt Du es denn (wirklich) nicht? Du siehst es doch wenn Du denkst/ihn benützt/.“ Es ist ja nichts verborgen.

4 Wie macht der Satz das? – Weißt Du es denn nicht? Es ist ja nichts versteckt.

5 Daß alles fließt scheint uns am Ausdruck der Wahrheit zu hindern, 34
denn es ist, als ob wir sie nicht auffassen könnten da sie uns entgleitet.

6 Aber es hindert uns eben nicht am Ausdruck. – Was es heißt, etwas entfliehendes in der Beschreibung festhalten zu wollen, wissen wir. Das geschieht etwa, wenn wir das eine vergessen, während wir das andere beschreiben wollen. Aber darum handelt es sich doch hier nicht. Und so ist der Ausdruck/das Wort/ „entfliehen“ anzuwenden.

7 Wir führen die Wörter von ihrer metaphysischen wieder auf ihre richtige Verwendung in der Sprache zurück.

8 Der Mann, der sagte, man könne nicht zweimal in den gleichen Fluß steigen, sagte etwas falsches; man kann zweimal in den gleichen Fluß steigen.

9 Und so sieht die Lösung aller philosophischen Schwierigkeiten aus. Ihre Antworten müssen wenn sie richtig sind hausbacken und gewöhnlich sein. Aber man muß sie nur im richtigen Geist anschauen, dann macht das nichts.

10 Aber auf die Antwort „Du weißt ja, wie es der Satz macht, es ist ja nichts verborgen“ möchte man sagen: „ja, aber es fließt alles so rasch vorüber und ich möchte es gleichsam breiter auseinandergelegt sehen“.

11 Aber auch hier irren wir uns. Denn es geschieht dabei auch nichts was 35
uns durch die Geschwindigkeit entgeht.

2 was ich – z.B. – zeichnerisch ⟨darstelle/darstellen kann/⟩ nicht
5 Wenn ich sage „hier steht ein Kessel“ so ⟨meine ich da…⟩
10 wenn gewisse andere Sätze nicht wahr sind die ⟨d…⟩
14 „Wie macht der Gedanke/Satz/ das, daß er darstellt⟨“ …⟩
18 Wie macht der Satz das? – Weißt Du es ⟨nicht …⟩
33 *Herakleitos: H. Diels, Die Fragmente der Vorsokratiker Fr. 91*
38 *Im MS:* Ihre antworten müssen

1 Warum können wir uns keine Maschine mit einem Gedächtnis denken? Es wurde oft gesagt daß das Gedächtnis darin besteht daß Ereignisse Spuren hinterlassen in denen nun gewisse Vorgänge vor sich gehen müßten. Wie wenn also Wasser sich ein Bett macht und das folgende Wasser in diesem Bett fließen muß; der eine Vorgang fährt für den nächsten das Gleise aus/fährt das Gleise aus, das den andern führt/. Geschieht dies nun aber in einer Maschine, wie es wirklich geschieht, so sagt niemand, die Maschine habe Gedächtnis oder habe sich den einen Vorgang gemerkt.

2 Nun ist das aber ganz so wie wenn man sagt, eine Maschine kann nicht denken, oder kann keine Schmerzen haben. Und hier kommt es drauf an was man darunter versteht „Schmerzen zu haben“. Es ist klar daß ich mir eine Maschine denken kann die sich genau so benimmt (in allen Details) wie ein Mensch der Schmerzen hat. Oder vielmehr: ich kann den Andern eine Maschine nennen die Schmerzen hat, D.h: den andern K ö r p e r. Und ebenso natürlich meinen Körper. Dagegen hat das Phänomen der Schmerzen wie es auftritt, wenn ‚ich Schmerzen habe‘ mit meinem Körper d.h. mit den Erfahrungen die ich |als Existenz meines Körpers| zusammenfasse gar nichts zu tun. (Ich kann 36
Zahnschmerzen haben ohne Zähne.) Und hier hat nun die Maschine gar keinen Platz. – Es ist klar, die Maschine kann nur einen physikalischen Körper ersetzen. Und in dem Sinne wie man von einem solchen sagen kann er „habe“ Schmerzen kann man es auch von einer Maschine sagen. Oder, wieder, die K ö r p e r von denen wir sagen sie hätten Schmerzen, können wir mit Maschinen vergleichen und auch Maschinen nennen.

3 Und ganz ebenso verhält es sich mit dem Denken und dem Gedächtnis.

4 Es ist uns – wie gesagt – als ginge es uns mit dem Gedanken so, wie mit einer Landschaft die wir gesehen haben und beschreiben sollen aber wir erinnern uns |ihrer| nicht genau genug um sie in allen ihren Zusammenhängen beschreiben zu können.

So, glauben wir, können wir das Denken nachträglich nicht beschreiben weil uns alle die vielen schwachen/matteren/feineren/ Vorgänge dann verloren gegangen sind.

5 Diese feinen Verhäkelungen möchten wir sozusagen unter der Lupe sehen

17 eine Maschine nennen die Schmerzen hat⟨ – ⟩D.h: den andern
21 die ich |als Existenz meines Körpers| ⟨dann⟩ zusammenfasse
26 Oder, wieder, die K ö r p e r ⟨die wir ...⟩
30 Und ganz ebenso verhält es sich mit dem ⟨Danken⟩ und dem Gedächtnis.
37 schwachen/matteren/feineren/ *–die ersten zwei Varianten sind im MS durchstrichen*
40 *Im MS:* sozusagen unter der Luppe

1 ∅ (Einen unausgebrüteten Gedanken muß man zart behandeln um ihn am Leben zu erhalten. Man darf von ihm noch nichts verlangen und muß ihn im weichen Medium der fortwährenden Unsicherheit betten. Ist er flügge dann verläßt er dieses Nest von selbst.)

2 ∫ Alles Wesentliche über den Gedanken ist damit gesagt, daß der Gedanke daß p der Fall ist nicht die Tatsache ist daß p der Fall ist. Daß der Gedanke eine andere Tatsache ist. 37

Ferner, daß der Gedanke, das vollständige Symbol, Teil eines Systems von Symbolen/|symbolischen| Systems/, einer Sprache, ist.

3 ∫ Wie verhält es sich damit, daß der Gedanke nicht mißverstanden (oder verstanden) werden kann?

4 / Wie Frege in Cantors angebliche Definition von „größer", „kleiner", „+", „−" etc statt dieser Zeichen neue Wörter einsetzte um zu zeigen daß keine wirkliche Definition vorliege, ebenso könnte man in der ganzen Mathematik statt der geläufigen Wörter insbesondere statt des Wortes „unendlich" und verwandter Ausdrücke/und seiner Verwandten/ ganz neue bisher bedeutungslose Ausdrücke setzen um zu sehen was der Kalkül mit diesen Zeichen wirklich leistet und was er nicht leistet. Wenn die Meinung verbreitet wäre, daß das Schachspiel uns einen Aufschluß über Könige und Türme gebe so würde ich vorschlagen den Figuren neue Formen und andere Namen zu geben um die Einsicht zu erleichtern/zu demonstrieren/, daß alles zum Schachspiel Gehörige in seinen/den/ Regeln liegen muß.

5 / Dem der sagt „aber es steht doch wirklich ein Tisch hier" muß man antworten: „freilich steht ein wirklicher Tisch hier, – im Gegensatz zu 38
einem nachgemachten".

Wenn er aber nun weiterginge und sagte, die Vorstellungen seien nur Bilder der Dinge, so müßte ich (ihm) widersprechen und sagen daß der Vergleich der Vorstellung mit einem Bilde des Körpers gänzlich irreführend sei da es für ein Bild wesentlich sei daß es mit seinem Gegenstand verglichen werden kann.

1 (Einen ⟨unausgebrüteten⟩ Gedanken muß man zart behandeln
2 muß man zart behandeln um ihn am Leben zu erhalten.⟨) …⟩
3 im weichen Medium der fortwährenden Unsicherheit betten.⟨) …⟩
10 |symbolischen| *–das Einfügungszeichen ist im MS gewellt unterstrichen*
12 daß der Gedanke nicht mißverstanden ⟨– …⟩
15 in Cantors angebliche Definition von „größer", „kleiner", ⟨plus …⟩
17 statt dieser Zeichen neue Wörter einsetzte um zu zeigen daß ⟨es …⟩
18 insbesondere statt ⟨der Wörter⟩ „unendlich"
20 und verwandter Ausdrücke/und seiner Verwandten/ *–erste Variante im MS durchstrichen*
23 daß das Schachspiel uns einen Aufschluß über ⟨Könige …⟩
23 daß das Schachspiel uns einen Aufschluß über ⟨Kon…⟩
23 Könige und Türme ⟨b…⟩
24 so würde ich vorschlagen den Figuren ⟨auch⟩ neue Formen
31 Wenn er aber nun weiterginge und sagte⟨:⟩ die Vorstellungen seien
32 so müßte ich (ihm) widersprechen und sagen daß ⟨das …⟩
34 da es für ein Bild wesentlich sei daß es mit ⟨dem …⟩

1 / Wenn aber Einer sagt: „die Vorstellungen sind das einzig Wirkliche“, so muß ich sagen daß ich hier das Wort/Prädikat/ „wirklich“ nicht verstehe und nicht weiß was für eine Eigenschaft man damit eigentlich den Vorstellungen zuspricht und – etwa – den Körpern abspricht. Ich kann ja nicht begreifen wie man mit Sinn – ob wahr oder falsch – eine Eigenschaft Vorstellungen und physikalischen Körpern zuschreiben kann.

2 / Wenn man sagt daß alles fließt, so fühlen wir daß wir gehindert sind das Eigentliche, die eigentliche Realität festzuhalten. Der Vorgang auf der Leinwand entschlüpft uns eben weil er ein Vorgang ist. Aber wir beschreiben doch etwas; – und ist das ein anderer Vorgang? Die Beschreibung steht doch offenbar gerade mit dem Bild auf der Leinwand in Zusammenhang. Es muß dem Gefühl unserer Ohnmacht ein falsches Bild zugrunde liegen. Denn was wir beschreiben wollen 39
können das können wir beschreiben.

3 / Ist nicht dieses falsche Bild das eines Bilderstreifens der so geschwind vorbeiläuft daß wir keine Zeit haben ein Bild aufzufassen.

4 / Wir würden nämlich in diesem Fall geneigt sein dem Bilde nachzulaufen. Aber dazu gibt es ja im Ablauf eines Vorgangs nichts analoges.

5 ?/ Wenn das Wort daß man nicht zweimal in den gleichen Fluß steigen kann (nur) heißt/bedeutet/ daß inzwischen ein anderes/andres/ Wasser an die Stelle des alten getreten/gekommen/ ist, so kann man aber zweimal den gleichen grünen Fleck sehen und es ist hier nichts was dem Verfließen des Wassers analog wäre.

6 /∫/ Das Gleichnis vom Fluß/Fließen/ der Zeit ist natürlich irreführend und muß uns, wenn wir daran festhalten in Verlegenheiten führen/bringen /landen/.

6.

7 / Daß etwas „in unserem Geist“/Die Wendung „daß etwas in unserem Geist“/ vor sich geht soll, glaube ich, andeuten, daß es im physikalischen Raum nicht lokalisierbar ist. Von unseren Magenschmerzen sagt man nicht daß sie in unserem Geist vor sich gehen obwohl der physikalische Magen ja nicht der Ort der Schmerzen (in einem primären Sinn)/der |unmittelbare| Ort der Schmerzen/ ist.

15 ein falsches Bild zugrunde liegen⟨, …⟩
15 Denn was wir beschreiben ⟨könn…⟩
27 getreten/gekommen/ *–erste Variante im MS durchstrichen*
28 so kann man aber zweimal den gleichen ⟨grauen⟩ Fleck sehen
29 *Im MS:* dem Verfließen des Wasser analog wäre.
31 / *Randzeichen durchstrichen*
37 vor sich geht soll⟨ –⟩ glaube ich⟨ –⟩ andeuten,
38 *Der letzte Satz der Bemerkung ist im MS am linken Rand mit einer vertikalen Wellenlinie markiert.*
38 unseren *–im MS durchstrichen*
40 obwohl der physikalische Magen ⟨z…⟩
41 der Ort der Schmerzen (in einem primären Sinn)/der |unmittelbare| Ort der Schmerzen/ *–erste Variante im MS durchstrichen*

1 ∫ Wenn man frägt wo das Denken vor sich geht so muß man vielleicht antworten: im Gesichtsraum, im Raum gewisser kinästhetischer 40
Empfindungen.

2 ∫ Das ist aber falsch denn die Angabe des Raumes ist keine Ortsangabe (Die Angabe des Raumes ist im letzten Grunde die Angabe einer Geometrie)

3 ?/ „Das Denken geht im Kopf vor sich“ heißt eigentlich nichts anderes, als, unser Kopf hat etwas mit dem Denken zu tun. Man sagt freilich auch: „ich denke mit der Feder auf dem Papier“ und diese Ortsangabe ist mindestens so gut wie die erste.

4 / Wenn wir fragen „wo geht das Denken vor sich“ so ist dahinter immer die Vorstellung eines maschinellen Prozesses der in einem geschlossenen Raum vor sich geht sehr ähnlich wie der Vorgang in der Rechenmaschine.

5 / Wenn „einen Satz verstehen“ heißt in gewissem Sinn nach ihm handeln, dann kann das Verstehen nicht die Bedingung dafür sein, daß wir nach ihm handeln.

6 / Das Verstehen einer Beschreibung kann man, glaube ich, mit dem Zeichnen eines Bildes nach dieser Beschreibung vergleichen. (Und hier ist wieder das Gleichnis ein besonderer Fall dessen wofür es ein Gleichnis ist) Und es würde/wird/ auch in vielen Fällen als der Beweis des Verständnisses aufgefaßt.

7 / Was heißt es, ein gemaltes Bild zu verstehen? 41

Auch da gibt es Verständnis und Nichtverstehen.

/ Und auch hier kann verstehen und nichtverstehen verschiedenerlei heißen. – Wir können uns ein Bild denken das eine Anordnung von Gegenständen im 3-dimensionalen Raum darstellen soll, aber wir sind für einen Teil des Bildes unfähig Körper im Raum darin zu sehen sondern sehen nur die gemalte Bildfläche. Wir können dann sagen wir verstehen diese Teile des Bildes nicht. Es kann sein daß die räumlichen Gegenstände die dargestellt sind uns bekannt d.h. Formen sind die wir aus der Anschauung von Körpern her kennen, es können aber auch Formen auf dem Bild dargestellt sein die wir noch nie gesehen haben. Und da gibt es wieder den Fall wo etwas |– z.B. –| wie ein Vogel aussieht nur nicht wie einer dessen Art ich kenne oder aber wo ein räumliches Gebilde dargestellt ist desgleichen ich noch nie gesehen habe. Auch in diesen letzten Fällen/diesem letzten Fall/ kann man von einem Nichtverstehen des Bildes reden aber in einem anderen Sinne als im ersten Fall.

16 einem geschlossenen Raum vor sich geht ⟨sehr ähnlich⟩ wie der Vorgang
25 hier ist wieder das Gleichnis ein besonderer Fall dessen ⟨was es …⟩
31 *Der Absatz ist im MS eine Bemerkung, durch eine Klammer am linken Rand der vorangehenden zugeordnet.*
37 die dargestellt sind uns bekannt ⟨sind⟩ d.h. Formen sind

1 / Man könnte – analog früheren Erklärungen – sagen: Das Bild verstehen heißt, im Stande sein es plastisch nachzubilden.

42

Aber was heißt „im Stande sein"? Wenn es nicht heißt das Bild tatsächlich so nachzubilden so ist eben diese Nachbildung für das Verständnis nicht nötig und was wesentlich ist muß das Andere sein was mich sagen macht ich sei im Stande das Bild plastisch darzustellen.

2 / Aber noch etwas: Angenommen das Bild stellte Menschen dar wäre aber klein und die Menschen darauf etwa einen Zoll lang. Angenommen nun es gäbe Menschen die diese Länge hätten so würden wir sie in dem Bild erkennen und es würde uns nun einen ganz anderen Eindruck machen obwohl doch die Illusion der dreidimensionalen Gegenstände ganz dieselbe wäre. Und doch ist dieser /der tatsächliche/ Eindruck wie er da ist unabhängig davon daß ich tatsächlich einmal Menschen in der gewöhnlichen Größe und nie Zwerge gesehen habe wenn auch dies die Ursache dieses/des/ Eindrucks ist.

3 / Dieses Sehen der gemalten Menschen als Menschen (im Gegensatz etwa zu Zwergen) ist ganz analog dem/ebenso wie das/ Sehen des Bildes/der Zeichnung/ als 3-dimensionales Gebilde [... ganz analog dem Sehen der Malerei als Gruppierung 3-dimensionaler Gebilde] Wir können hier nicht sagen wir sehen immer dasselbe und fassen es |nachträglich| einmal als das und einmal als jenes/als das eine und einmal als das andere/ auf sondern wir sehen jedesmal etwas Anderes.

43

4 Und so auch wenn wir einen Satz mit Verständnis und ohne Verständnis lesen. (Erinnere Dich daran wie es ist wenn man einen Satz mit falscher Betonung liest, ihn daher nicht versteht und endlich/nun/ darauf kommt wie er zu lesen ist)

5 / Ich verstehe dieses Bild genau, ich könnte es in Ton kneten. – Ich verstehe diese Beschreibung genau ich könnte eine Zeichnung nach ihr machen.

6 / Das Verständnis des Bildes hat es nur mit dem Bild zu tun. Das Verständnis des Satzes nur mit dem Satz.

7 / Das Satzzeichen verstehen heißt durch dieses ein Datum zu erhalten das, da es nicht der dargestellte Sachverhalt ist, noch der Satz genannt werden kann.

5 und was wesentlich ist muß das ⟨e...⟩
10 Angenommen nun es gäbe Menschen die ⟨nur⟩ diese Länge hätten
14 dieser/der tatsächliche/ *–erste Variante im MS durchstrichen*
16 dieses/des/ *–erste Variante im MS durchstrichen*
19 Dieses ⟨sehen⟩ der gemalten Menschen als Menschen
21 des Bildes/der Zeichnung/ als ⟨als⟩ 3-dimensionales Gebilde
25 sondern wir sehen jedesmal etwas ⟨anderes⟩.
30 darauf kommt wie er zu lesen ist⟨.⟩
32 Ich ⟨ke...⟩
39 ⟨Der ...⟩

1 / Wenn uns die ostensive/hinweisende/ Definition Verständnis mitteilt, dann muß hinfort beim hören des erklärten Worts etwas anderes geschehen als vorher. (Wenn wir es im Satz hören.)

7.

2 ʃ Wie vermittelt die (hinweisende) Definition Verständnis der Sprache?

3 / Ich sage „wähle alle blauen Kugeln aus“; er aber weiss nicht was „blau“ heißt. Nun zeige ich und sage „das ist blau“. Nun versteht er mich und kann meinem Befehl folgen.

Ich setze ihn in Stand dem Befehl zu folgen. Was geschieht nun 44
aber, wenn er in Zukunft diesen Befehl hört? Ist es nötig daß er sich jener *Erklärung* d.h. des einmaligen Ereignisses jener Erklärung erinnert? Ist es nötig daß das Vorstellungsbild des Blauen Gegenstands oder eines blauen Gegenstands vor seine Seele tritt? Alles das scheint *nicht* nötig zu sein obwohl es möglicherweise geschieht. Und doch hat das Wort „blau“ jetzt einen anderen Aspect für ihn als da es ihm noch nicht erklärt war. Es gewinnt gleichsam Tiefe. Er sieht jetzt etwas anderes darin.(?)

4 ʃ Er *kann* dem Befehl folgen heißt nicht daß er ihm folgt/er folgt ihm/, es heißt also etwas anderes; und – ich möchte sagen – die nächste Verwandtschaft die zwei Fakten mit einander haben können ist daß der eine ein Bild des andern ist.

5 ʃ Oder: Es nützt auch nichts wenn „Folgen können“ Bestandteile mit „Folgen“ gemein hat; denn irgendwo fängt die Verschiedenheit an.

6 Man könnte |es| aber (gleichsam)/in gewissen Fällen geradezu/ als Bedingung des Verstehens setzen daß man den Sinn des Satzes muß zeichnen können. — Wenn ich aber frage: Woher weißt Du, daß Du
den Sinn zeichnen kannst? (außer es heißt daß Du ihn gezeichnet *hast*) 45

7 ʃ Also, würde man sagen, wird *ein* Erlebnis „das Zeichnen“ genannt, ein anderes „das Erlebnis zeichnen zu *können*“. – Aber so ist es nicht.

Vielmehr besteht das „|Es| Zeichnen können“ in dem Verstehen (dessen) was es heißt „es zu zeichnen“.

8 / Denken wir an das Verstehen einer Bildergeschichte.

Hier wird übrigens das Kriterium des Verstehens darin gesehen daß wir die Geschichte nach den Bildern in Worten erzählen können.

6 Wie vermittelt die (hinweisende) Definition ⟨das⟩ Verständnis
9 Nun |zeige ich| sage ⟨ich⟩ „das ist blau“
10 und kann ⟨meinen Befehl befolgen⟩.
18 als da es ihm noch nicht erklärt war. ⟨(…)
21 ⟨Es …⟩
26 Oder: Es nützt auch nichts ⟨daß …⟩
29 |es| *–das Einfügungszeichen ist im MS gewellt unterstrichen*
29 (gleichsam)/in gewissen Fällen geradezu/ *–erste Variante im MS durchstrichen*
30 als Bedingung des Verstehens setzen daß ⟨ein M…⟩

1 ʃ Sehen wir uns auch an, was es heißt eine Partitur zu verstehen. Hier |allerdings| scheint es daß, wer sie mit Verständnis liest sie hierbei schon übersetzt indem er das Musikstück etwa vor sich hinsummt oder entsprechende Bewegungen des Kehlkopfs macht.

2 / Welche Wirkung hatte nun die hinweisende Erklärung? Hatte sie sozusagen nur eine automatische Wirkung? Das heißt aber wird sie nun immer wieder benötigt oder hatte sie eine ursächliche Wirkung wie etwa eine Impfung die uns ein für allemal oder doch bis auf weiteres geändert hat.

3 Ist es nicht so, daß, soweit die Definition uns ein für allemal Verständnis gegeben hat, sie unsere Sprache geändert hat und daher nur als 46
Geschichte unseres Verständnisses in Betracht kommt, – oder: für uns darum n i c h t in Betracht kommt. [… und daher nur in der/als/ Geschichte unseres Verständnisses, logisch aber nicht in Betracht kommt.]

4 / Die Definition kommt für uns nur dort in Betracht wo sie wieder gebraucht wird.

5 ?/ʃ Die Definition wirkt so daß/in der Weise:/ wenn ich den Satz höre „der Himmel war rot" und frage „was ist ‚rot'" und man zeigt mir zur Antwort auf ein rotes Papier und ich verstehe diese Erklärung, hätte ich den Satz verstehen müssen wenn statt des Wortes „rot" auf das Papier gezeigt worden wäre.

6 ʃ Ich kann mir denken daß ein geübter Kontrapunktiker eine Partitur |z.B. einer Fuge| liest ohne sich Klangbilder zu machen und etwa aus dem Ansehen der Noten allein einen Genuß bezieht; ganz analog dem den wir beim lesen einer Beschreibung haben ohne daß wir uns hiebei die Beschreibung in ein Gesichtsbild übersetzen. Es ist aber auch kein Zweifel daß der Musiker wenn er die Partitur anschaut etwas anderes sieht als etwa ich wenn ich sie ansehe.

7 ʃ Wenn wir (eine Beschreibung) lesen so steht uns die Anordnung der Worte /die Ordnung der Wörter/ (in der Beschreibung) zur Verfügung und 47
was für Dispositionen, Bilder etc diese hervorrufen. Sonst nichts. Daraus muß sich das Verständnis rekrutieren.

8 ʃ Ich könnte bildlich sagen: ich finde in meinem Geist das Wort rot als Etiquette eines roten Vorstellungsbildes (vor). (Bergson)

2 Hier |allerdings| scheint es ⟨allerdin…⟩
8 oder hatte sie eine ⟨U…⟩
22 ?/ *Randzeichen durchstrichen*
22 so daß/in der Weise:/ *–erste Variante im MS durchstrichen*
24 und man zeigt mir zur Antwort auf ein rotes Papier ⟨ich …⟩
24 |hätte| ich den Satz ⟨(hätte)⟩ verstehen müssen wenn ⟨er⟩ statt
31 ganz analog dem den wir beim lesen ⟨vo…⟩
36 (eine Beschreibung) *–im MS durchstrichen*
37 (in der Beschreibung) *–im MS durchstrichen*
37 was |für Dispositionen, Bilder etc| diese ⟨in uns⟩ hervorrufen.

1 / Wenn ich die Zeichen „~“ und „·“ verstehe, so kann ich p/q durch ~p · ~q = p/q Def. erklären. Aber ich kann nun im gebrauch der Form ξ/η so weit kommen daß ich um sie zu verstehen die Übersetzung in ~ξ · ~η nicht mehr vornehmen muß und dann ist die Definition obsolet geworden und damit gezeigt daß sie von vornherein nicht unbedingt nötig gewesen wäre; denn alles was nötig war, war die grammatischen Regeln für ξ/η zu kennen.

2 ∫ Ist das nun nicht auch in dem Falle ähnlich wo wir das Wort „blau“ durch den Hinweis „das ist blau“ erklärten? D.h. brauchen wir da nicht (auch) nur in ganz bestimmten Fällen [für ganz bestimmte Übergänge] die ostensive Definition während im Übrigen die Regeln genügen die für das Wort „blau“ gelten?

3 / Eine Erklärung kann nicht in die Ferne wirken. Ich meine: sie wirkt nur wo sie angewandt wird. Wenn sie außerdem noch eine „Wirkung“ hat, dann nicht als Erklärung.

4 / Das Verstehen des Satzes kann nicht |wesentlich| in dem Abbilden in eine andre Sprache liegen. Es handelt sich vielmehr um die 48
„Möglichkeit“ dieses Abbildens und die muß darin liegen wie man den Satz selbst sieht. Wie die Möglichkeit das gemalte Bild plastisch abzubilden darin liegt daß man es plastisch sieht.

5 ?/ Wenn das Verständnis darin besteht, daß man den Satz abbilden k a n n, dann gibt es hier |die| zwei Fälle: Erstens daß ich mich darin irren kann wie in dem Fall wenn ich sage ich kann 50 kg heben und der Versuch ergibt daß ich es nicht kann. Oder zweitens daß der Satz „ich kann …“ die Beschreibung einer unmittelbaren/direkten/ Erfahrung ist; daß es also auch nicht gegen die Wahrheit der Aussage spricht, wenn ich aus „äußeren Gründen“ an der Ausführung verhindert bin.

6 ∫ Das Können ist dann ein i n n e r e s Können (wie ich es nennen könnte) das andere ein äußeres.

7 ∫ Und mich kann hier nur das innere Können interessieren, das äquivalent ist dem Verständnis über das ich mich nicht täuschen kann /nicht im Zweifel sein kann/, das nicht durch eine künftige Erfahrung bestätigt oder zweifelhaft gemacht werden kann.

8 ∫ Man könnte quasi sagen: „Ich könnte das jetzt zeichnen wenn ich wollte, und keine Hindernisse dazwischen kämen.“

9 ∫ Das heißt doch wohl: e i n e Bedingung ist dafür gegeben. Und diese 49
Bedingung liegt natürlich/offenbar/ in dem was mir vorliegt. [… was mir gegeben ist.]

4 und dann ist ⟨diese⟩ Definition obsolet geworden
6 nicht unbedingt nötig gewesen wäre⟨. Denn⟩ alles was nötig war,
11 (auch) *–im MS durchstrichen*
13 während im Übrigen die Regeln genügen die für das Wort „blau“ gelten? *–im MS am linken Rand mit einer vertikalen Wellenlinie markiert*
19 |wesentlich| *–das Einfügungszeichen ist im MS gewellt unterstrichen*
31 wenn ich aus „äußeren Gründen“ ⟨verhindert bin…⟩
41 Man könnte ⟨gle…⟩

1 ∫ Dann aber muß der Satz „ich kann diesen Sinn zeichnen“ eine Aussage darüber sein daß ich jetzt in ihm eine gewisse Multiplizität sähe also von der Art: ich sehe die Figur 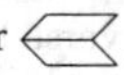 jetzt plastisch.

2 / „Ich kann das zeichnen, wenn nichts mich hindert“: welche seltsame Verklausulierung. Heißt das nicht: ich kann, wenn ich kann? Denn es ist ja nicht von der Art: „ich kann diese Arbeit machen wenn ich nicht krank werde“. Denn hier habe ich |nur| eine äußere Ursache ausgeschaltet und ist das die einzige die ich ausgeschaltet habe so heißt der Satz: ich werde die Arbeit machen wenn ich nicht krank werde. In dem oberen Satz aber habe ich gar nichts vorausgesagt und jedes Hindernis als solches gelten lassen (denn voraus w i s s e n kann ich ja nichts) So daß das „kann“ eigentlich jeden Sinn verliert, wenn mit den Worten die |das| beschreiben w a s ich kann, nicht die Multiplizität |des Erlebten| gekennzeichnet werden soll.

8.

3 ∫ Das Symbol verstehen kann nur heißen, es kennen.

4 ?∫/ Wir sagen jemandem „d a s ist grün; vergiß es nicht!“. Nun kommt das Wort „grün“ vor und er soll danach handeln. Und nun sucht er sich daran zu erinnern welche Farbe „grün“ genannt war. Aber worin besteht dieses Suchen? 50

Nachschauen was grün genannt war. Er drückt etwa auf einen bestimmten Knopf und was dann hervorspringt ist das Gesuchte (wenn etwas hervorspringt).

5 ?∫/ Man kann also auch so sagen: Er ist davon abhängig ob sich beim hören des Wortes „grün“ etwas – in bestimmter Weise – meldet.

6 ?∫ Soweit nun die Definition eben zur Folge hat daß sich etwas meldet, [.. eben das zur Folge hat,] ist sie nicht Definition sondern gleichsam ein mechanisches Hülfsmittel.

7 ?∫ Die Definition heftet ein Täfelchen mit dem Wort „grün“ an ein Grünes. [.. an eins mit/von/ grüner Farbe]

8 ?∫ Was heißt es nun/aber/ eine Definition benützen? Heißt es unbedingt, auf die geschriebene Definition hinschauen?

Heißt es nicht: ihr gemäß das eine für das andere setzen? — Denn ist nicht die Einsetzung auch dann gemäß der Definition, wenn das Zeichen, der Ausdruck, der Definition nicht angesehen oder vorgestellt wurde?

5 „Ich ⟨könnte⟩ das zeichnen, wenn nichts mich hindert“

15 wenn mit den Worten die |das| beschreiben w a s ich kann, nicht die Multiplizität |des Erlebten| gekennzeichnet werden soll. *–im MS am linken und rechten Rand mit je einer vertikalen Wellenlinie markiert*

20 Wir sagen jemandem „d a s ist grün⟨“…⟩

21 Nun kommt das Wort „grün“ vor⟨,⟩ und er soll danach handeln.

22 Und nun sucht er sich daran zu erinnern ⟨was grün …⟩

32 *Im MS:* das zur Folge hat,)

35 Die Definition heftet ein Täfelchen mit dem Wort „grün“ an ⟨eins …⟩

38 Was heißt es nun/aber/ eine Definition ⟨b…⟩

1 '∫ Und also wäre das, was ich im vorigen Satz und weiter oben gesagt habe, falsch, und es wäre d o c h eine regelrechte Benützung der Definition wenn mir beim Worte „grün“ i n d e r g e w i s s e n W e i s e der grüne Fleck einfällt. 51

2 / Heißt ‚verstehen‘ schon: übersetzen, dann muß man nicht verstehen um übersetzen zu können. [... dann ist das Verstehen keine Bedingung des Übersetzens.]

3 / Und da bietet sich uns ein Ausweg an der aber keiner ist, nämlich: daß die erste Übersetzung des Verstehens eine automatische ist und erst /während/ die dem Verstehen folgende eine willkürliche./gewollte./ (Jeder solche falsche Ausweg ist (aber) interessant, denn er böte sich uns nicht an wenn nicht irgend etwas richtiges an ihm wäre.)

4 / Wenn verstehen nicht übersetzen heißt, dann heißt es,/:/ das Zeichen im Raum seiner/der/ grammatischen Regeln sehen.

5 / Man kann der Philosophie keinen größeren Gefallen tun, als wenn man die gewöhnliche und irrige Auffassung paraphrasiert und deutlich hinstellt.

6 / Das Schachspiel ist gewiß einzig und allein durch seine Regeln (sein Regelverzeichnis) charakterisiert. Ebenso ist es klar daß einer der eine Partie Schach spielt und jetzt einen Zug macht etwas anderes tut als der, der nicht Schach spielen kann (d.h. das Spiel nicht kennt) und nun eine Figur in die Hand nimmt und sie zufällig der Regel gemäß bewegt. 52
Anderseits ist es aber ebenso klar daß der Unterschied nicht darin besteht, daß der erste in irgend einer Form die Regeln des Schachspiels vor sich hersagt oder überdenkt. – Wenn ich nun sage: daß er Schach spielen kann besteht darin daß er die Regeln kennt, ist diese Kenntnis der Regeln in jedem Zuge in irgendeiner Form enthalten? In gewissem Sinne, scheint es, Ja! Denn sonst müßte es erst eine zukünftige Erfahrung ergeben ob er wirklich Schach spielt, d.h. „er spielt Schach“ wäre dann eine Hypothese die übrigens deshalb nur durch die Erfahrung bestätigt aber nicht bewiesen/erwiesen/ werden könnte. Andrerseits scheint in gewissem Sinne kein Zweifel möglich daß ich Schach spiele und in diesem Sinne muß das also in dem liegen was jetzt bei meinem Zug stattfindet.

Es muß also darin liegen daß ich diesen Zug anders sehe (vergleiche 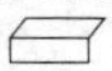) als der welcher nicht spielt.

7 ∫ Genau so muß es gehen wenn ich einen Zug mit den Worten „und“ „nicht“ etc vornehme, einen Satz sage worin sie vorkommen.

12 und erst/während/ *–erste Variante im MS durchstrichen*
16 Wenn ⟨Verstehen⟩ nicht ⟨Übersetzen⟩ heißt,
16 dann heißt es,/:/ *–Komma und Doppelpunkt sind im MS gewellt unterstrichen*
17 seiner/der/ *–zweite Variante im MS durchstrichen*
27 und nun eine Figur in die Hand nimmt und sie zufällig ⟨so bewe...⟩
35 wäre dann eine Hypothese die übrigens ⟨desw...⟩

1 / Gefragt was ich mit „und“ im Satze „gib mir das Brot *und* die Butter“
meine würde ich mit einer Gebärde antworten und diese Gebärde
würde die Bedeutung [würde, was ich meine] illustrieren. Wie das grüne 53
Täfelchen „grün“ illustriert *und wie die W-F-Notation* „und“ und
„nicht“ illustriert.

2 ∫ Es besteht also das Verstehen |eines Zeichens| scheinbar darin daß wir in ihm oder mit ihm ein Gebilde von gewisser Multiplizität sehen die der nicht verstehende nicht sieht.

3 ?/ Das heißt es gibt einen Sinn in welchem der Satz „ich spiele Schach“ eine Hypothese ist und einen andern in dem es keine ist

4 ∫ Wir können alles was wir wollen von einem behaviouristischen (scheußliches Wort) Standpunkte auffassen, da es uns ganz gleich ist *was* geschieht und wir nur an der Multiplizität dessen was geschieht interessiert sind.

5 / Nun könnte man nämlich sagen: Wenn so complizierte Vorgänge beim Verstehen des Wortes „und“ eine Rolle spielen und das Verstehen etwas für uns wesentliches ist, wie kommt es, daß diese Vorgänge in der symbolischen Logik nie erwähnt werden? Wie kommt es daß von ihnen in der Logik nie die Rede ist noch sein braucht?

6 / Das Verständnis wird nicht nur durch die Erklärungen hervorgerufen
sondern muß (auch) selbst von der Multiplizität dieser/der/ Erklärungen 54
sein.

7 / D.h. wir können wieder das System der Erklärungen für das Verständnis nehmen.

8 ?/∫ Man könnte auch so fragen: Wer eine Verneinung versteht, muß der nicht alle Regeln die Verneinung betreffend/die die Verneinung betreffen/ kennen? Also auch diese. Wenn er sie nun gerade nicht anwendet worin besteht es dann daß er sie kennt? Ist das nur eine Hypothese, eine Disposition? Dann interessiert sie uns nicht.

Was heißt es aber *alle* Regeln über die Verneinung kennen?

9 ∫ Kann ich sagen: Wenn ich einen Körper im Gesichtsraum wahrnehme, so liefert er mir (gewisse) Regeln für das Wort was ihn bezeichnet.

10 ∫ Oder soll ich nicht vielmehr sagen: Wenn dieser Körper das Zeichen ist und es ist etwa eine seiner Flächen ein anderes Zeichen so sind damit die Regeln gegeben die die beiden verknüpfen.

7 Es ⟨ve…⟩
9 nicht sieht. ⟨Das wesentliche aber hier wäre, daß man …⟩
14 Wir können alles was wir ⟨b…⟩
22 Wie ⟨kömmt⟩ es daß von ihnen in der Logik
32 ?/ *Randzeichen durchstrichen*
39 *Die Bemerkung ist am linken Rand mit einer vertikalen Wellenlinie markiert.*
39 Kann ich sagen: Wenn ich einen ⟨3-di…⟩
39 Kann ich sagen: Wenn ich einen Körper im Gesichtsraum ⟨sehe …⟩

9.

1 / Erinnere dich daran wie schwer es Kindern fällt zu glauben (oder einzusehen) daß e i n Wort wirklich zwei ganz verschiedene Bedeutungen hat./haben kann./

2 / Ein unartikuliertes Verständnis ist für uns kein Verständnis, [... nennen wir nicht ‚Verständnis'.]

/ Was immer den Satz unartikuliert begleitet interessiert uns nicht 55

3 ∫ „Geh' in 5 Minuten aus dem Zimmer! hast Du verstanden?" Ja, ich soll in 5 Minuten (auf die Uhr zeigend) aus dem Zimmer gehen (auf die Tür weisend). Ich werde Dir vormachen was ich tun werde. Also, wenn der Zeiger hier steht werde ich es so machen (Er führt es vor). – Nun wird man sagen hat er dennoch nicht gezeigt/bewiesen/ daß er es verstanden hatte, und ich sage daß er alles gezeigt hat was da war.

4 / Es ist eine Auffassung daß er gleichsam nur unvollkommen zeigen kann ob er verstanden hat. Daß er gleichsam nur immer aus der Ferne darauf deuten |auch sich ihm nähern| es aber nie mit der Hand berühren /ergreifen/ kann. Und das letzte immer ungesagt bleibt. [... bleiben muß.]

5 / Man will sagen: Er versteht es zwar ganz kann es aber nicht ganz zeigen da er sonst schon tun müßte was ja erst in Befolgung des Befehls geschehen darf. So kann er es also nicht zeigen daß er es ganz versteht. D.h. also er weiß immer mehr als er zeigen kann.

Aber so ist es nicht. Er weiß nicht mehr als er zeigen kann. Und nur was er zeigen kann das weiß er.

6 / Man möchte sagen: Er ist mit seinem Verständnis b e i der Tatsache [bei der Ausführung] aber die Erklärung kann nie die Ausführung enthalten. 56

Aber das Verständnis enthält nicht die Ausführung sondern ist nur das Symbol das bei der Ausführung übersetzt wird.

7 / Unsere Frage durfte nicht lauten „was heißt es einen Satz verstehen", sondern „was heißt es, ihn s o zu verstehen". Denn die Erklärung entspricht diesem Verständnis |(dieser Deutung)| und nicht dem Verständnis überhaupt.

4 hat./haben kann./ *–zweite Variante im MS durchstrichen*

8 *Im MS Markierung über dem Randzeichen:* L

8 *Der Absatz ist im MS eine Bemerkung, durch eine Klammer am linken Rand der vorangehenden zugeordnet.*

12 Ich werde Dir vormachen was ich ⟨machen⟩ werde.

13 wenn der Zeiger hier steht werde ich es so machen |(|Er führt es vor⟨.⟩|).|

17 Es ist eine | | Auffassung *–im MS ist auch das leergebliebene Einfügungszeichen gewellt unterstrichen*

18 Daß er gleichsam nur immer aus der Ferne darauf ⟨deutet⟩ es aber nie mit der Hand berühren/ergreifen/ kann.

30 Er ist mit seinem Verständnis ⟨b e i m ...⟩

1 / Wenn ich sage, alles Verständnis entspricht einer Erklärung und es gibt kein Verständnis, das nicht erklärt/durch Erklärungen erzeugt/ werden könnte, so meine ich mit ‚Verständnis' das So-Verstehen (im Gegensatz zum anders Verstehen) Aber nicht das verstehen überhaupt (im Gegensatz zum nicht-verstehen d.h. nicht als Satz auffassen.)

2 / Dem aber entspricht keine Erklärung.

3 Was heißt es dann aber einen Satz überhaupt (als solchen) zu verstehen?

4 / Das Verständnis das/was/ nicht die Erklärung geben kann, kann die Sprache nicht geben.

5 Aber wenn es eine Erklärung dieses Verständnisses (d.h. des Vorgangs dieses Verständnisses) gäbe, so müßte es auch eine (sprachliche) Unterweisung darin geben. (also eine Erklärung im ersten Sinn.

6 ø Was ich ‚verstehen' nenne, wenn ich z.B. in einem Witzblatt eine 57
Bildergeschichte sehe worin ein Radfahrer auf einer Straße fährt ist nicht, daß ich mir nun einen solchen wirklichen Radfahrer in der Phantasie eigens vorstelle, sondern ich gebe mich mit dem zufrieden was ich auf den Bildern sehe, wenn ich es auch anders sehe, als einer der keinen Radfahrer je gesehen hat. „Ah ja, da ist ein Radfahrer" sage ich und dokumentiere damit mein Verständnis.

10.

7 / Wir haben gesagt Verständnis entspricht der Erklärung, soweit es aber der Erklärung nicht entspricht, ist es unartikuliert und geht uns deswegen nicht an, oder es ist artikuliert und entspricht dem Satz selbst dessen Verständnis wir beschreiben wollten

8 ?/ Die Frage um die es sich handelt ist eigentlich die: Sind die Vorgänge beim Verstehen (Denken) beschrieben, wenn ich sage, daß es gewisse Vorstellungen sind etc; oder ist außer diesen Vorstellungen, welcher Art sie auch sein mögen, noch etwas weiteres anderer Art, was man die Interpretation nennen müßte/möchte/, vorhanden.

9 ?/ Ich müßte aber dann sagen: Denken ist keine abgeschlossene Tatsache, von welcher Art immer. Denn ‚Art' muß hier logische Art heißen.

2 erklärt/durch Erklärungen erzeugt/ *–im MS ist die zweite Variante über der Zeile mit Doppelschrägstrichen eingeklammert*

3 das So-Verstehen *–im MS ist die Großschreibung von* S *gewellt unterstrichen*

16 (also eine Erklärung *–im MS fehlt die Schlußklammer*

38 ? *Randzeichen durchstrichen*

1 ∫ Denn ist das erste der Fall, so können wir, da uns die besondere psychologische Art der Vorgänge gar nicht interessiert, an ihrer Statt 58
irgend welche andere (etwa die auf einer Schreibtafel) betrachten. Und dann ist der Einwand, daß dieses Tote kein Denken ist. Und wir denken /überlegen/ weiter, daß nur das lebende Wesen denkt. Aber damit führen wir unsere Überlegung/Gedanken/ ad absurdum. Denn wir haben es doch gewiß nicht mit dem Leben, oder dem Unterschied zwischen Totem und Lebendem zu tun. Vielmehr handelt sich's offenbar um den Unterschied primär und secundär. Und um die Idee, daß etwas denkt. Denn es fällt uns gleich der Einwand ein: Eine Maschine kann doch nicht denken. Aber der Gedanke im primären Sinn enthält kein Subject. („Es denkt")

2 ø (Einen von der Wahrheit zu überzeugen, genügt es nicht die Wahrheit zu constatieren, sondern man muß den Weg vom Irrtum zur Wahrheit finden.)

3 ø (Man muß beim Irrtum ansetzen und ihn in die Wahrheit überführen)

4 ø (D.h. man muß die Quelle des Irrtums aufdecken, sonst nützt uns das Hören der Wahrheit nichts. Sie kann nicht eindringen solange/wenn/ etwas anderes ihren Platz einnimmt.

5 / Ich sage: Das Verstehen bestehe darin, daß ich eine bestimmte Erfahrung habe. —

Daß diese Erfahrung aber das Verstehen dessen ist – was ich verstehe – besteht/liegt/ darin, daß diese Erfahrung ein Teil meiner 59
Sprache ist.

6 ?/ Daß ein Satz ein Satz ist, besteht nicht darin, daß ich das mit ihm meine, sondern, daß ich mit ihm ausdrücke/meine/; daß ich das mit ihm meine muß aus ihm hervorgehen.

7 ?/ (Da scheinen wir nun auf etwas Transcendentes zu stoßen. Und sind zu einer besonders intensiven Introspection geneigt.)

8 / Könnten wir etwas Sprache nennen, was nicht wirklich angewandt würde? Könnte man von Sprachen/Sprache/ reden, wenn nie eine gesprochen worden wäre? (Ist denn Sprache ein Begriff wie Centaur, der besteht, auch wenn es nie ein solches Wesen gegeben hat?)

9 / Sprache läßt sich nur mit |der| Sprache beschreiben, darin liegt die Lösung des Rätsels.

10 ∫ Wenn ich sage: „Was Sprache heißt, läßt sich nicht erklären", so ist das natürlich falsch/schief/ ausgedrückt. (Denn wäre ein Problem, so wäre auch eine Erklärung.) Vielmehr läßt sich das Phänomen der menschlichen Sprache sehr wohl beschreiben und auch erklären. – – –

20 (D.h. man muß *–im MS fehlt die Schlußklammer*
26 Daß diese Erfahrung aber das Verstehen dessen ist(,) was ich
31 daß ich mit ihm ausdrücke/meine/ *–die zweite Variante ist im MS zuerst unterstrichen dann gewellt unterstrichen*
38 Sprachen/Sprache/ *–erste Variante im MS durchstrichen*

1 ∫ Die Sprache ist einzig, darum kann sie nicht erklärt werden.

2 ∫ Die Sprache muß sich selbst zeigen.

3 ∫ Kann man sagen: Wir glauben, daß die Sprache außer sich deutet, weil sie einmal in etwas anderes übersetzt wird? Aber was heißt es, das zu wissen? Wenn ich sage: ich weiß, daß die Worte ‚gehe aus dem Zimmer‘ in die Handlung ‚aus dem Z. gehen‘ übersetzt wird, was weiß ich? 60

4 ∫ Ich unterscheide hier scheinbar zwischen dem Symbol und dem Sinn

5 ∫ Der Sinn wäre eben dieses Wesen auf das man nur mit Symbolen deuten, das man aber nie erreichen kann.

6 ∫ (Man wird in dieser Untersuchung immer durch Irrlichter verführt)

7 ∫ Ich sage ihm „geh’ aus dem Zimmer“ und er geht aus dem Z.. Das kann ausgedrückt werden durch: Ich sage „geh’ .....“ und er tut es.

8 ∫ Es hat nun einen Sinn zu sagen: Ich sage ihm „geh’ ....“ und er übersetzt es in die Tat. Aber daß ich das nun nicht anders erklären kann als durch Wiederholung desselben Satzes, das zeigt die Grenzen der /meiner/ Ausdrucksfähigkeit, die Grenzen der Sprache.

9 ∫ Wenn ich sagen würde: ich nenne nur das eine Übersetzung von ‚p‘, wenn er p tut, so heißt das natürlich: p im Gegensatz zu q.

10 ?/∫ Aber kann es nicht sein,/ist es nicht möglich,/ daß |wir|? ‚p‘ und ‚q‘ haben, es aber unmöglich ist zu erklären, welche Handlung ich mit ‚p‘, welche ich mit ‚q‘ meine? 61
Oder: Ist es nicht möglich, daß wir beide Wörter ‚blau‘ und ‚rot‘ haben und verschiedenes damit meinen, es aber unmöglich ist zu erklären, welches wir mit dem einen, welches wir mit dem andern meinen? – Nein. Die Erklärung ist äquivalent mit der Bedeutung.

11 / Die Grenze der Sprache zeigt sich in der Unmöglichkeit die Tatsache zu beschreiben, die einem Satz entspricht/dem Satz gemäß ist/ (seine Übersetzung ist) ohne eben den Satz zu wiederholen.

12 / (Wir haben es hier mit der Kant’schen Lösung des Problems der Philosophie zu tun)

13 / Man könnte eine wesentliche Frage auch so stellen: Wenn ich jemandem sage „male diesen Kreis rot“, wie entnimmt er aus dem Wort ‚rot‘ welche Farbe er zu nehmen hat?

5 *Die Bemerkung ist am linken Rand mit einer vertikalen Wellenlinie markiert.*
26 *Die Bemerkung ist am linken Rand mit einer vertikalen Wellenlinie markiert.*
29 ?/ *Randzeichen durchstrichen*
29 |wir|? *–im MS ist auch das Einfügungszeichen gewellt unterstrichen*

1 ?/ʃ Man kann nicht das Zeichen durch Zwischenschaltung von Zeichen erklären.

2 / Wie soll er wissen, welche Farbe er zu wählen hat, wenn er das Wort ‚rot' hört? – Sehr einfach: er soll die Farbe nehmen deren Bild ihm beim hören des Wortes einfällt. – Aber wie soll er wissen, was die ‚Farbe' ist, ‚deren Bild ihm einfällt'? Braucht es dafür ein weiteres Kriterium? u.s.f. 62

3 Wie weiß er, welche Farbe er bei dem Wort ‚rot' zu wählen hat? – Weil es ihm erklärt worden ist.

Und soweit diese Erklärung als Erklärung wirkt, hat sie die Multiplizität des Verständnisses.

4 / Es gibt kein Kriterium, kein Symptom, dafür, daß diese Farbe Rot ist.

5 ?/ʃ Rot ist die Farbe die ich in das Wort ‚rot' übersetze. Aber was heißt es etwas in das Wort …. zu übersetzen?

6 ?/ʃ Es heißt sich eine Sprache/einen Symbolismus/ zurechtlegen wie wir es machen, wenn wir uns etwas notieren wollen, uns etwa eine Methode ausdenken und nun die erste entsprechende Notiz machen.

Ich sage mir etwa: Wenn ich M auf der Straße treffe, werde ich mir in meinem Kalender zu diesem Tag ein Kreuz machen. Heute beginne ich nun damit, so bin ich bereits heute dieser/bei diesem Mal der/ Regel gefolgt, d.h., hätte ich ihn heute nicht begegnet sondern erst morgen, so wäre beim heutigen Tag kein Kreuz, wohl aber beim morgigen.

(Diese Sprache hat für unsere Betrachtung den Vorteil, daß ich sie erfunden habe und ich allein sie verstehen soll.)

11.

7 / Der Satz, wenn ich ihn verstehe, bekommt für mich Tiefe.

8 / Wenn ich sage „zeichne einen Kreis an der Wand", so zeige ich von mir zur Wand und ist das nicht das Vorbild jenes nach-außen-weisens des Satzes? 63

9 / Man würde etwa (so) sagen: Ich sage ja nicht nur „Zeichne einen Kreis", sondern ich wünsche doch, daß der Andre etwas tut. (gewiß!). Und dieses Tun ist doch etwas anderes als |das| Sagen und ist eben das Außerhalb worauf ich weise/der Satz weist./

10 / Jedes Symbol scheint als solches etwas offen zu lassen.

11 ∅ (Ich muß immer wieder im Wasser des Zweifels untertauchen.)

1 ?/ *Randzeichen durchstrichen*
16 ?/ *Randzeichen durchstrichen*
19 ?/ *Randzeichen durchstrichen*
20 Methode | | ausdenken *–im MS ist das leergebliebene Einfügungszeichen gewellt unterstrichen*
25 Regel gefolgt, d.h., hätte ich ⟨ihm …⟩
40 Und dieses Tun ist doch etwas anderes als ⟨sagen …⟩

1 ∫ Aber was läßt denn der Satz „zeichne …“ offen? Nun, daß der Andre zeichnet, oder nicht zeichnet.

2 / In wiefern kann man den Wunsch ‚unbefriedigt‘ nennen? Was ist das Urbild/Vorbild/ der Unbefriedigung? Ist es der leere Hohlraum (in den etwas hineinpaßt)? Und würde man von einem leeren Raum sagen er sei unbefriedigt? Wäre *das* nicht auch eine Metapher? Ist es nicht ein gewisses Gefühl, das wir Unbefriedigung nennen? Etwa den Hunger. Aber der Hunger enthält nicht das Bild seiner Befriedigung. Ist also unser Urbild der Unbefriedigung etwa der leere Magen *und* der Hunger?

3 / Ich könnte mir vorstellen: Wenn ich Hunger habe, öffne ich meinen Mund und der offene Mund ist nun (quasi) ein Symbol der 64 Unbefriedigung. – Aber warum ist er allein nicht unbefriedigt noch auch der Hunger allein?

4 / Wieder: Der offene Mund ist nur als Teil einer Sprache unbefriedigt. Oder soll ich sagen: Nur als Teil eines Systems das auch die Befriedigung enthält.

5 / Die Hohlform ist nur unbefriedigt in dem System in dem auch die entsprechende Vollform vorkommt. [… in dem auch die Vollform vorkommt.]

6 /∫ Was heißt das aber: „in einem System etc etc“ wie kann man denn so ein System beschreiben?

7 Das heißt man kann das Wort „unbefriedigt“ nicht schlechtweg von einer Tatsache gebrauchen. Es kann aber in einem System eine Tatsache beschreiben helfen. Ich könnte z.B. ausmachen/festsetzen/, daß ich den Hohlzylinder den unbefriedigten Zylinder nennen will, den entsprechenden Vollzylinder *seine* Befriedigung, und daß so eine Notation *möglich* ist, ist natürlich für das System charakteristisch. Daß man also sagen kann: „Er sagte ‚p ist der Fall‘ und *so* war es“.

8 ∫ Ich könnte sagen: Der Wunsch ist nicht befriedigt und zeichnet seine eigene Befriedigung vor. – Ja nur dadurch können wir sagen daß er unbefriedigt ist. – Und gewiß, der Wunsch daß p der Fall sein möge 65 zeigt uns, daß er befriedigt wäre, wenn p der Fall wäre. Und was sonst können wir mit jenem Vorzeichnen meinen.

9 / Aber man kann nicht sagen, daß der Wunsch ‚p möge der Fall sein‘ durch die Tatsache p befriedigt wird. Denn hat das erste p schon einen Sinn, dann sagt es das schon selber; hat es aber noch keinen, dann war das erste/der erste Ausdruck/ noch kein Wunsch und der Satz kommt einer Zeichenerklärung gleich, [.… hat es aber noch keinen, dann kommt der Satz einer Zeichenerklärung gleich,] die übrigens hier ein Zeichen durch sich selber also nichts erklärt.

/ *Randzeichen durchstrichen*

in einem | | System *– im MS ist das leergebliebene Einfügungszeichen gewellt unterstrichen*

Daß man also sagen kann: „Er sagte ‚p(‘ …)

1 ∫ „Der Wunsch daß er hereinkommt und die Tatsache daß er hereinkommt sind (doch) verschieden“. Aber das kann man nicht sagen. Was man sagen will, zeigt die Sprache.

12.

2 / Rechtmäßiger Gebrauch des Wortes ‚Sprache‘: Es bedeutet entweder die Erfahrungstatsache daß Menschen reden (auf gleicher Stufe mit der, daß Hunde bellen) oder es bedeutet: festgesetztes System der Verständigung/von Wörtern und gramm. Regeln/ in den Ausdrücken „die englische Sprache“, „deutsche Sprache“, „Sprache der Neger“ etc. ‚Sprache‘ als logischer Begriff könnte nur mit ‚Satz‘ äquivalent und dann eine/die/ Überschrift eines Teiles der Grammatik sein. Soll es aber gar die Überschrift der ganzen Grammatik sein, so ist es überhaupt kein Wort und nicht zu verwenden.

3 / Wenn ich sage „die Sprache ist einzig“, so heißt das eben, daß ‚Sprache‘ hier kein Wort ist, d.h. sich so nicht anwenden läßt. 66

4 / Was ich zum Beweis meines Verständnisses zeigen kann, kann mein Verständnis auch ganz ausdrücken.

5 / Das sieht man, glaube ich, klar, wenn man einen Befehl, etwa in anderer Form, wiederholt um zu zeigen, daß man ihn verstanden hat.

6 / Wenn man das Problem des Verständnisses überdenkt, so meint man, immer, es müsse einem doch beim Verstehen zu wenig sein, bloß einer Vorstellung (oder dergleichen) habhaft zu werden. Aber wie will /wollte/ man denn mehr wollen?!

7 / Das was einen befriedigt ist freilich nicht die Vorstellung selbst sondern ihre Stellung zu uns.

8 / Gleichsam die Richtung in der sie von uns aus/gegen uns/ liegt.

9 / Das Bild das mit dem Verständnis kommt, muß Teil einer Bildersprache sein.

10 / Ich erkläre jemandem einen Plan und wie er zu gehen hat und sage, auf eine Stelle des Planes zeigend: „Hier stehen wir; du gehst ....“ Nun sieht er die Karte anders.

11 ∫ Verstehen ist nicht: ein Bild sehen, sondern, ein Bild in einer bestimmten Position.

12 / Kann ich sagen, das Drama hat seine eigene Zeit die nicht ein Abschnitt der historischen Zeit ist. D.h. ich kann in ihm von früher und später reden, aber die Frage hat *keinen Sinn* ob die Ereignisse, etwa, vor oder nach Cäsars Tod geschehen sind. 67

so ist es überhaupt kein Wort und nicht zu verwenden. *–im MS am linken Rand mit einer vertikalen Wellenlinie markiert*

Kann ich sagen(:) das Drama hat seine eigene Zeit

1 ∫ Jemand befiehlt mir: „geh über den great Court“. Ich verstehe den Befehl und sehe mich im Geiste dabei über den gt. Ct. gehen. Aber wie kann ich das Bild, was ich da sehe ‚mich‘ nennen, ‚wie ich über etc‘? Hier bestimmen ja scheinbar die Worte das Bild, nicht das Bild die Worte. Aber es könnte ja statt der Vorstellung auch ein Stich verwendet werden. Ich sage nun, auf das Bild zeigend: „Das ist der gt. Ct.“ Damit empfinde ich es anders als wäre es für mich nur das Bild irgend welcher Gebäude. Das besteht darin, daß ich es mit der gegenwärtigen Realität in Zusammenhang bringe. Ich sitze etwa in meinem Zimmer und nun ist es als wäre das Bild und mein Zimmer auf einem Plan.

2 ∫/ Wer den Auftrag ‚geh dorthin‘ versteht, muß dabei seine gegenwärtige Lage verstehen. Ich meine, er muß die gegenwärtige Lage sehen und die Relation der beiden Lagen.

3 / Wenn ich mit verbundenen Augen die Richtung verloren habe und man mir nun sagt: geh dort und dort hin, so hat dieser Befehl keinen Sinn für mich.

4 / Gibt es nicht einen Raum „der bekannten Gegenstände“? So daß, wenn alles um uns sich fortwährend bewegte – alle Gestalten sich fortwährend auflösten wie Nebelschwaden – wir in einer anderen Art von physikalischem Raum wären? 68

5 ∫ Um das Bild als Bild des gt. Ct. anzuerkennen, muß ich selbst auch darauf sein.

6 / (Der Plan kann mich nur leiten, wenn ich auch auf dem Plan bin.)

13.

7 / Aber wie immer, wer den Plan erklärt gibt weitere Zeichen.
Und wer ihn versteht faßt sie auf.

8 / Das Verstehen des Befehles kann zur Ausführung keine andere Beziehung haben als eben eine Tatsache zu einer völlig anderen.

9 / „Dasselbe was ich jetzt getan habe, wollte ich vor fünf Minuten“. Was ich damals getan habe heißt eben „wollen was ich jetzt getan habe“.
So wird die Sprache gebraucht.

10 /∫ Laß dich doch von der Sprache belehren wie der Ausdruck „das und das wollen“ gebraucht wird. (Laß dich doch von der Sprache |darüber| belehren, wie die Worte „Zahnschmerzen haben“ gebraucht werden)

1 *Die Bemerkung ist am linken Rand mit einer vertikalen Wellenlinie markiert.*
1 „geh über den great Court“ *„Great Court“ des Trinity College in Cambridge*
12 ∫ *Randzeichen durchstrichen*
12 Wer den Auftrag ‚geh dorthin‘ ⟨g...⟩
13 *Der letzte Satz der Bemerkung ist im MS am linken Rand mit einer vertikalen Wellenlinie markiert.*
41 / *Randzeichen durchstrichen*
41 Laß dich doch von der Sprache belehren wie ⟨da...⟩

1 ∫ Wenn immer ich etwas Sinnvolles sage, so entpuppt es sich eben als etwas Unwesentliches.

2 / Man möchte fragen: Welcher außerordentliche Prozess muß das Wollen 69
sein, daß ich das wollen kann was ich erst in fünf Minuten tun werde?!

3 ∫ (Ich tue ja nichts als das gleiche/selbe/ Gesicht immer wieder und wieder portraitieren.)

4 / Die Antwort ist: Wenn Dir das sonderbar vorkommt so vergleichst Du es mit etwas womit es nicht zu vergleichen ist. – Etwa damit: Wie kann ich jetzt dem Mann die Hand geben, der erst in 5 Minuten hereintreten wird? (Oder |etwa gar|: Wie kann ich dem die Hand geben, den es vielleicht gar nicht gibt?)

5 / Das ‚foreshadowing' der Tatsache besteht offenbar darin daß wir |jetzt| denken können, daß das eintreffen wird was erst eintreffen wird. Oder, wie das irreführend ausgedrückt wird: daß wir an das denken können, was erst eintreffen wird.

6 /∫ „Wir können jetzt schon an das denken was erst später eintreffen wird"
Und so wird der Schein erzeugt als wäre eine Sache zugleich hier und nicht hier.

7 / „Der Befehl nimmt die Ausführung voraus". In wiefern nimmt er sie denn voraus? Dadurch, daß er das befiehlt,/jetzt befiehlt,/ was später ausgeführt (oder nicht ausgeführt) wird. Oder: Das was wir damit meinen wenn wir sagen der Befehl nimmt die Ausführung voraus ist 70
dasselbe was dadurch ausgedrückt ist, daß der Befehl befiehlt was später geschieht. Aber richtig: „geschieht oder nicht geschieht". Und das sagt nichts. (Der Befehl kann sein Wesen eben nur zeigen.)

8 ∫ Nur die Anwendung der Sprache kann zeigen wie sie angewandt ist.

9 ∫ „Der Befehl nimmt das voraus": das klingt sehr außerordentlich /außergewöhnlich/ und ist ganz gewöhnlich.

10 / Ich sage: ‚Hier ist zwar nichts rotes um mich, aber wenn hier etwas wäre, so könnte ich es erkennen. – Hier sage ich offenbar etwas über den gegenwärtigen Zustand aus da es nicht von der weiteren Erfahrung abhängt ob ich Recht hatte zu sagen daß ich rot erkennen kann. Im Gegenteil, es läßt sich gar nicht durch eine weitere Erfahrung bestätigen.

21 / *Randzeichen durchstrichen*
22 Und so wird der | | Schein erzeugt *–im MS ist das leergebliebene Einfügungszeichen gewellt unterstrichen*
30 daß der Befehl befiehlt was später geschieht. Aber ⟨wi…⟩
35 „Der Befehl nimmt das voraus"⟨,⟩ das klingt sehr
38 ‚Hier ist zwar *–im MS fehlt das Ausführungszeichen*
38 aber wenn hier etwas ⟨|rotes|⟩ wäre,
41 ob ich Recht hatte zu sagen daß ich rot erkennen kann. ⟨Ich …⟩

1 / Man kann auch nicht sagen: Wenn jetzt nichts rotes um Dich ist so hat doch der Satz der das sagt nur Sinn wenn Du einmal etwas Rotes gesehen hast. Auf die Geschichte meiner Begriffe kommt es nicht an. Hat es Sinn das Wort „rot“ zu gebrauchen so hat es Sinn d.h. kann ich es gewissen Regeln gemäß gebrauchen, dann darf ich es gebrauchen.

2 / Aber wenn auch mein Wunsch nicht bestimmt, was der Fall sein wird, 71
so bestimmt er doch sozusagen das Thema einer Tatsache ob die nun den Wunsch erfüllt oder nicht.

3 / Muß er nun dazu etwas vorauswissen? Nein. $p \vee \sim p$ sagt wirklich *nichts*.

4 / Wir wundern uns – sozusagen – nicht darüber daß einer die Zukunft weiß, sondern – darüber daß er überhaupt (richtig oder falsch) prophezeien kann.

5 / Es ist als würde die bloße Prophezeiung (gleichgültig ob richtig oder falsch) schon einen Schatten der Zukunft vorausnehmen. – Während sie über die Zukunft nichts weiß, und weniger als nichts nicht wissen kann.

6 / (Es ist mir immer als könnte ich nachweisen daß das Wort „Gedanke“ unrichtig gebraucht wird |wenn ich sage der Gedanke sei unbefriedigt. Daß dann das Wort gleichsam eine Funktion darstellt|. Daß, wenn ich den Gedanken unbefriedigt nenne ich das Wort sozusagen als Funktion in einem Satz gebrauchen muß in dem er zusammen mit etwas Anderem befriedigt ist. Ich möchte dann sagen, das Wort wird nicht absolut sondern relativ gebraucht.)

7 ∫ Ich sage „ich wollte dieser Tisch wäre so hoch“ und zeige dabei mit der Hand eine Höhe an. Nun sagt man: Es kann doch dieser Wunsch nicht (einfach) darin bestehen daß ich diese Höhe mit Sehnsucht betrachte. Ich wünsche doch eben daß *dieser Tisch* so hoch wäre; also muß doch die Tatsache des Wunsches das gewünschte ganz und gar bestimmen. 72
Gewiß; und wenn ich sage „ich wünsche dieser Tisch wäre so hoch“ so läßt das ja auch gar keinen Zweifel übrig der etwa durch das bloße andeuten der Höhe mit der Hand über dem Tische geblieben wäre. Eben weil die Wortsprache über die genügende Multiplizität verfügt, um einen Zweifel auszuschließen, da wir etwas *Anderes anders* sagen würden.

7 Aber wenn auch mein Wunsch nicht ⟨bestimm...⟩
15 daß einer die Zukunft weiß, sondern – darüber daß er ⟨rich...⟩
19 einen Schatten der Zukunft vorausnehmen. – Während ⟨sich ...⟩
24 Daß, wenn ich ⟨es ...⟩
25 Daß, wenn ich den Gedanken unbefriedigt ⟨f...⟩
37 der etwa durch das bloße andeuten der Höhe ⟨über d...⟩

Dann heißt aber dieses Vorausnehmen der Tatsache nur: er darf keinen Zweifel offenlassen was gemeint ist. Aber wie macht er denn das? Er muß alles enthalten wovon die Rede ist (ist von diesem Tisch die Rede so ist dieser Tisch Teil des Symbols) und die Multiplizität haben um sich von jedem Satz unterscheiden zu können/in einem System von solcher Multipl. sein um sich von jedem Satz zu unterscheiden/, der etwas anderes sagt.

1 ∫ Aber warum soll dann nicht die über dem Tisch erhobene Hand den Wunsch ausdrücken können?

2 Sie kann ihn ausdrücken. Ob sie ihn aber ausdrückt hängt davon ab ob wir ihn dadurch ausgedrückt haben/ich ihn dadurch ausgedrückt habe/, |d.h.| ob wir das als Sprache festgesetzt haben.

Das Kreuz in meinem Kalender k a n n ausdrücken daß ich heute eine Vorlesung halten soll wenn ich es dazu bestimme. Durch eine Beliebige einmalige Zuordnung dieses Zeichens zu meiner Vorlesung wird es nicht zu diesem Ausdruck.

3 ∫ Was ist aber der Vorgang dieses Festsetzens einer Ausdrucksweise. 73

14.

4 ∫ Ein Ausdruck muß Teil einer Ausdrucksweise sein.

5 ∫ Der Ausdruck des Wunsches enthält den Wunsch und ist nicht eine Übersetzung des Wunsches oder ihm irgendwie zugeordnet.

6 ∫ D.h.: der Wunsch selbst ist artikuliert.

7 ∫ Der Ausdruck des Wunsches ist nicht eine nachträgliche Kundgebung des Wunsches der schon früher unausgedrückt da war.

Wir wünschen durch – oder in – diesem Ausdruck wie wir i n ☺ ein Gesicht sehen.

8 / Der Ort des/eines/ Wortes in der Sprache ist seine Bedeutung.

9 ∫ (Das erinnert an James's „man weint nicht weil man traurig ist, sondern man ist traurig weil man weint". Was natürlich auch eine irreführende Darstellung ist.)

10 ?/ Man kann den Wunsch nicht durch etwas anderes ersetzen was nicht ein/der/ Wunsch ist; und sich dann wundern daß es nicht ein/kein/ Wunsch ist.

1 der Tatsache nur: *–der Doppelpunkt ist im MS gewellt unterstrichen*
12 *Im MS:* hängt davon ab |ob| wir ihn
15 *Im MS:* daß |ich| heute eine Vorlesung
25 Der Ausdruck des ⟨S…⟩
41 ? *Randzeichen durchstrichen*

1 / Wenn ich frage: worin besteht es, zu wünschen der Tisch wäre so hoch und gebe nun eine Antwort; etwa die es bestehe darin die Hand über den Tisch zu halten etc. etc. so habe ich doch das was ich erklären 74 wollte durch etwas anderes ersetzt. Und wie soll dieses Andere dessen Ausdruck in der Sprache n e b e n dem zu erklärenden besteht das Wünschen erklären?

2 / Denn ‚erklären' kann hier wieder nicht heißen: Verborgenes ans Licht zu ziehen – da hier nichts verborgen ist.

3 / Man kann wieder nur die Grammatik des Wortes „wünschen" explizit machen. (Und so des Wortes „denken" etc.)

4 Ein Pfeil zeigt in einer bestimmten Richtung und auch wieder nicht.

5 Man kann nicht absichtlich |oder unabsichtlich| mit Absicht übersetzen.

6 / Wenn die Sprache auf einer Übereinkunft beruht, so muß doch diese Übereinkunft wieder durch Zeichen also Sprache geschlossen sein und daher beruht die |gesamte| Sprache nicht auf Übereinkunft

7 / Es scheint (nämlich), daß das Wort ‚Wunsch', ‚Gedanke' etc nur manchmal einen Vorgang, eine Tatsache zu bezeichnen gebraucht wird, manchmal aber anders; gleichsam als unvollständiges Symbol durch ein anderes ergänzt

8 ∫ Angenommen ich deute jemandem mit der Hand über dem Tisch an, um wieviel höher er ihn machen soll. „Was meinst Du wenn Du das Zeichen machst?" – Ich meine, daß er den Tisch so hoch machen soll. 75 – Nun scheint es hier etwa als müßte ich eigentlich sagen: Ich meine mit der Gebärde, was ich mit den Worten „....." meine. Und das käme darauf hinaus, daß der Sinn immer nur als d e r Sinn dieses Zeichens beschrieben werden könnte, (daß) wir ihn nie selbst vermitteln können. Als könnte etwa auf die Frage „wer ist der Vater des A" immer nur ein Satz von der Form „er ist der Vater des B" zur Antwort kommen.

9 ∫ Wenn aber ein Wort nur in einem bestimmten Zusammenhang gebraucht wird, kann es wegbleiben.

10 ∫ Ein komplizierter Befehl kann durch eine einfache Handbewegung gegeben werden, wenn alles andere selbstverständlich ist.

11 ∫ Ich sagte: Wer den Befehl  versteht, muß, oder müßte, den Befehl 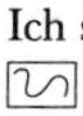 verstehen. Aber was heißt das „er müßte". Das muß offenbar eine Beschreibung dessen sein, was beim Verstehen des ersten Befehls vor sich geht. Es war eine Beschreibung dessen was er in jenem Befehl sieht [... eine Beschreibung davon, wie er jenen Befehl auffaßt.]

8 kann hier wieder nicht heißen: Verborgenes ans ⟨Lichte⟩ zu ziehen
16 *Die Bemerkung ist am linken Rand mit einem vertikalen Strich markiert.*
20 |gesamte| *–im MS ist auch das Einfügungszeichen gewellt unterstrichen*
29 Ich meine, daß ⟨der ...⟩
30 Ich meine |mit der Gebärde|, was ich mit den Worten ⟨meine ...⟩
46 vor sich geht. *–im MS Zeilenende ohne Schlußpunkt*

1 ∫ Wenn wir unsere Aufmerksamkeit auf eine andere Eigenschaft der Kurve richten so sehen wir etwas anderes.

2 Ich sage, die Hand über den Tisch haltend, „ich wollte, dieser Tisch wäre so hoch“. Nun ist das Merkwürdige: die Hand über dem Tisch an und für sich drückt gar nichts aus. D.h. sie ist eine Hand über einem Tisch, aber kein Symbol (wie der Pfeil der etwa die Gehrichtung anzeigen soll, an sich nichts ausdrückt.) 76

3 ↦ im Gegensatz zu ↗ ist ein anderes Zeichen als ↦ im Gegensatz zu ⟼.

4 ∫/ Die grammatische Regel beschreibt auch das Verständnis.

5 / Denn die Frage ist: würde er dieses Wort auch gebraucht haben, wenn andere Regeln davon gälten?

6 / Und wird er sagen, er habe die Zeichen so verstanden, wenn ich die gramm. Regeln ändere?

7 ∫ (Nur keine Hypothese machen!)

8 ∫ Der Knopf im Taschentuch als Zeichen. Inwiefern kann er mich erinnern, etwas zu tun.

9 / Die Schachfigur ist nicht das Holzklötzchen, sondern der Schnitt gewisser Regeln. Daher handeln die Regeln nicht von Holz oder Elfenbein. Sowenig wie die Gesetze der euklidischen Geometrie von Graphitteilchen auf Papier.

10 / So handeln auch die gramm. Regeln nicht von Tinte.

11 / „Geh so → nicht so ↗“ hat nur Sinn, wenn es die Richtung ist, die dem Pfeil hier wesentlich ist, und nicht, etwa nur die Länge.

12 Es wäre unsinnig am Plan der Untergrundbahn auszusetzen er gehöre so: 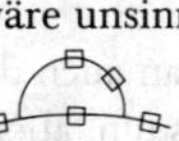 nicht so:  77

13 / Kann ich nicht sagen: ich meine die Verneinung welche verdoppelt eine Bejahung gibt?

14 / Wäre das nicht als würde man sagen: Ich meine die Gerade, deren zwei sich in einem Punkt schneiden.

5 Nun ist das Merkwürdige: ⟨Die⟩ Hand über dem Tisch an und für sich
13 ∫ *Randzeichen durchstrichen*
15 Denn die Frage ist: würde er dieses Wort auch ⟨gebrauchen …⟩
28 wie die Gesetze der euklidischen Geometrie von ⟨Graphit auf …⟩

1 / Das heißt: Wenn Du von rot gesprochen hast, hast Du dann das gemeint wovon man sagen kann es sei hell aber nicht grün, auch wenn Du an diese Regel nicht gedacht oder von ihr Gebrauch gemacht hast? – Hast Du das ~ verwendet wofür ~~~p = ~p ist? auch wenn Du diese Regel nicht verwendet hast? Ist es etwa die Hypothese, daß es das ~ war? Kann es zweifelhaft sein, ob es dasselbe war und durch die Erfahrung bestätigt werden?

2 / Die Geometrie unseres Gesichtsraumes ist uns gegeben, d.h. es bedarf keiner Untersuchung bis jetzt verborgener Tatsachen um sie zu finden. Die Untersuchung ist keine im Sinn einer physikalischen oder psychologischen Untersuchung. Und doch kann man sagen, wir kennen diese Geometrie noch nicht.

3 Man kann sagen, diese Geometrie liegt offen vor uns (wie alles Logische – im Gegensatz zur praktischen Geometrie des physikalischen Raumes) 78

4 ∫ Wie ist es möglich daß ich, ohne hieran zu denken, das Blau/blau/ meinen kann, wovon man nicht sagen kann ......?

5 / Wenn es die wesentliche Verwendung des Symbols ist übersetzt zu werden, so kann es kein wesentliches Verständnis [Verstehen] des Symbols geben, das nicht im Hinblick auf die Übersetzung geschieht.

6 / Aber was heißt es „in Hinblick“ auf die Übersetzung, wenn diese nicht erfolgt ist?

7 / Und wenn wir sagen, das Verständnis/Verstehen/ des Befehls sei eine andere Übersetzung als die Befolgung, was nützt uns dann diese |andere| Übersetzung?

15.

8 / Das Element der Betonung/des Tonfalls/ in der Wortsprache kümmert uns an und für sich gar nicht, daß es aber verwendet werden kann um den Sinn deutlich zu machen ist für uns sehr wichtig.

9 / Was heißt es: verstehen, daß etwas ein Befehl ist, wenn man auch den Befehl selbst noch nicht versteht? („Er meint ich soll etwas tun, aber was er meint/wünscht/ weiß ich nicht.“)

10 / Ich verstehe doch einen Befehl als Befehl, d.h. ich sehe in ihm nicht nur ein Gebilde, sondern es hat – sozusagen – einen Einfluß auf mich. Ich reagiere auf einen Befehl (auch ehe ich ihn befolge) anders als etwa auf eine Mitteilung oder Frage.

11 / Es kann keine |notwendige| Zwischenstufe zwischen dem Auffassen eines Befehls und dem Befolgen geben 79

1 Das heißt: Wenn Du von ⟨Rot⟩ gesprochen hast,
16 im Gegensatz zur ⟨praktischsten⟩ Geometrie des physikalischen Raumes)
25 Aber⟨,⟩ was heißt es „in Hinblick“ auf die Übersetzung,
29 |andere| *–das Einfügungszeichen ist im MS gewellt unterstrichen*
33 Das Element der Betonung/des Tonfalls/ in der Wortsprache ⟨kön...⟩
42 d.h. ich sehe in ihm nicht nur ein Gebilde, sondern ⟨s...⟩

1 ∅ (Alle Gewohnheiten der Sprache sind gegen Dich. –)

2 / Es sagt mir jemand etwas; nun, wie immer er es meint, *ich* fasse es als einen Befehl auf, ohne ihn aber noch auszuführen.

Wie es der Andere meint, ist für uns überhaupt immer ganz gleichgültig. Gegeben sind mir ja nur seine Worte und eventuell seine Gebärden und sein Gesichtsausdruck, welche aber alle auf gleicher Stufe stehen. – D.h., ich muß sie *alle* deuten.

3 / Deuten. – Deuten wir denn etwas, wenn uns jemand einen Befehl gibt? Wir fassen auf was wir sehen; oder: wir sehen, was wir sehen.

4 / Es sei denn daß wir „deuten" doch nur auf die Worte beziehen und sagen: wir deuten sie mit Hilfe seiner Gebärde, was dann nur heißt, wir nehmen Worte und Gebärde wahr.

5 / Wenn mich jemand fragt: ‚Wieviel Uhr ist es', so geht in mir dann keine Arbeit des Deutens vor. Sondern ich reagiere unmittelbar auf das, was ich sehe und höre.

6 / Philosophie wird nicht in Sätzen sondern in einer Sprache niedergelegt.

7 ∫ D.h. ich fasse diese Worte und Mienen nicht als Befehl auf weil ich mich dazu entschließe, sondern weil eben das für mich ein Befehl ist, weil ich *das* unter einem Befehl verstehe. 80

8 / Ich deute die Worte; wohl; aber deute ich auch die Mienen? *Deute* ich etwa einen Gesichtsausdruck als drohend? oder freundlich? –

9 / Wenn ich nun den früheren Einwand hier geltend machte und sagte: Es ist nicht genug, daß ich das drohende Gesicht als Gebilde wahrnehme, sondern ich muß es erst deuten.

10 / Es zückt jemand das Messer und ich sage: „ich verstehe das als eine Drohung".

11 / Das Subject tritt in das Verstehen im primären Sinn so wenig ein, wie in das Sehen des Zeichens.

12 ∫ Ich sehe Aufschriften, die mir etwas mitteilen und ich sehe Kratzer an der Wand, die mir nichts mitteilen, obwohl sie mir etwas mitteilen *könnten* (d.h. in sich/an sich/ so gut die Fähigkeit hätten wie jene Schriften)

3 Es sagt mir jemand etwas; nun, wie immer ⟨es …⟩
4 *Im MS:* ohne |ihn| aber noch auszuführen.
15 wir nehmen Worte und Gebärde wahr. *–im MS am linken Rand mit zwei vertikalen Wellenlinien markiert*
23 D.h. ich fasse ⟨ich fasse⟩ diese Worte und Mienen
25 weil eben das für mich ein Befehl ist, weil ich *das* unter einem Befehl verstehe. *–im MS am linken Rand mit einer vertikalen Wellenlinie markiert*

1 ∫ Ich sehe die einen also anders als die andern (was natürlich durch die Vorgeschichte dieser Eindrücke/ihre Vorgeschichte/ leicht erklärlich ist). Der Unterschied ist ausgedrückt durch die Worte „der eine teilt mir etwas mit, der andre nicht“.

2 ∫ Aber hier ist das ‚etwas‘ irreführend, denn es hat nun keinen Sinn zu fragen: „was?“, da darauf eventuell dasselbe Zeichen erfolgen müßte. 81
Ich brauchte also ein intransitives „mitteilen“.

3 / Ich sehe eine deutsche Aufschrift und eine chinesische. – Ist die chinesische etwa ungeeignet etwas mitzuteilen? – Ich sage, ich habe Chinesisch nicht gelernt. Aber das Lernen der Sprache fällt als bloße Ursache, Geschichte, aus der Gegenwart heraus. Nur auf seine Wirkungen kommt es an, die sind Phänomene die eben nicht eintreten, wenn ich das Chinesische sehe/anschaue/ (warum sie nicht eintreten ist ganz gleichgültig)

4 ∫/ Das Lernen der Sprache ist in ihrer Benützung/ihrem Gebrauche/ nicht *enthalten*. (Wie die Ursache eben nicht in ihrer Wirkung)

5 ∫ Das Zeichen plus seinem Sinn kann man nicht wieder deuten (d.i./i.e./ den Gedanken kann man nicht deuten). Das Zeichen mit seinem Sinn aber (das Symbol) ist ein Phänomen wie das Zeichen selbst.

6 ?/ Das Festsetzen einer Regel ist die Geschichte/Vorgeschichte/ des der-Regel-Folgens/Handelns nach dieser Regel/. Es fällt aus letzterem heraus, nicht aber die Regel, die in dem Folgen verkörpert ist (indem das Folgen durch den Ausdruck der Regel beschrieben wird/ist/)

7 / Ich kann die Regel selbst *festsetzen* und mich eine/die/ Sprache 82
lehren. Ich gehe spazieren und sage mir: Wo immer ich einen Baum treffe soll mir das das Zeichen sein bei der nächsten Kreuzung links zu gehen, und nun richte ich mich nach den Bäumen in dieser Weise (fasse ihre Stellung als einen Befehl auf.)

8 / Das *Fassen* des Vorsatzes gehört zur Geschichte seiner Ausführung, dagegen ist *er* in seiner Ausführung enthalten.

9 ∫ Meine Gedankenbewegung:/Mein Gedankengang:/  oder  viel Bewegung, die nur wenig vorwärts kommt.

10 / „Die Hand zeigt dahin“: Aber in wiefern zeigt sie dahin? einfach weil sie sich in einer Richtung verjüngt? (Zeigt ein Nagel in die Wand?) d.h. ist es dasselbe zu sagen „sie zeigt etc“ oder/und/ „sie verjüngt sich in dieser Richtung“?

1 Ich sehe die einen also anders als die andern (was natürlich ⟨was nat…⟩
14 Nur auf seine Wirkungen kommt es an, *–im MS Zeilenwechsel ohne Komma*
18 ∫ *Randzeichen durchstrichen*
28 wird/ist/ *–erste Variante im MS durchstrichen*
32 Ich gehe spazieren und sage mir: Wo immer ich einen Baum treffe ⟨wi…⟩
39 Meine Gedankenbewegung:/Mein Gedankengang:/ *–erste Variante im MS durchstrichen*

1 ∫ „Aber das Zeichen sagt mir doch was, es gibt mir Information!“ Da es mir nichts anderes zeigen kann als sich selbst und die Eindrücke die es verursacht/hervorbringt/, so kann es mir auch nicht mehr geben. Das was es mir sagt ist nicht etwas außerhalb worauf es zeigt sondern liegt in ihm.

2 ∫ Gäbe es etwas worauf es wesentlich zeigt so müßte das als eine Bedingung des Sinnes vorhanden sein und gehörte dann mit zum Symbol.

3 ∫/ „Das Betreten dieser Brücke ist gefährlich“ zeigt nicht auf die Gefahr des Betretens/beim Betreten/ der Brücke. Und sofern es auf die Brücke zeigt, gehört diese mit zum Symbol./Zeichen./ 83

4 ∫ Das Mitschwingen der Furcht mit dem Zeichen.

5 ∫/ Was heißt die Frage: Ist das dasselbe ‚~‘ für welches die Regel ~~~p = ~p gilt?

6 / „Meinst Du das ‚~‘ so, daß ich aus ~p ~~~p schließen kann?“

7 ∫ Wenn für dieses ‚~‘ keine Regel gilt, so ist das Zeichen bedeutungslos.

8 ∫ „Das Wort ‚ist‘ in dem Satz ‚der Himmel ist blau‘ ist dasselbe wie das in dem Satz ‚die Rose ist rot‘, aber nicht dasselbe wie das ‚ist‘ in ‚2 × 2 ist 4‘“. Wenn ich das sagen kann, so heißt das schon, daß ich die Worte nicht nach dem Klang allein unterscheide, oder identifiziere. Und doch muß ich sie wiedererkennen, denn nur ihre Gemeinsamkeit drückt ja eine Gemeinsamkeit des Sinnes aus.

9 ∅ Könnten wir für ‚blau‘, ‚rot‘, ‚grün‘, ‚gelb‘ dasselbe Wort verwenden, wie wir es für ‚=‘ und ‚∈‘ tun, wenn auch mit der Gefahr der Verwechslung, aber doch der Möglichkeit zu unterscheiden?

10 / Wie Gesetze nur Interesse gewinnen, wenn die Neigung besteht sie zu übertreten, [wenn sie übertreten werden] so gewinnen gewisse gramm. Regeln erst dann Interesse, wenn die Philosophen sie übertreten möchten.

11 / Daß das deutsche Wort ‚ist‘ und das englische ‚is‘ dasselbe bedeuten kann man auf zweierlei Art erfahren. Entweder ich habe die eine Sprache unabhängig von der andern gelernt und lerne die andere mit Hilfe (durch Übersetzung) der ersten, lerne also aus dem Wörterbuche ‚is‘ heiße ‚ist‘. Oder ich habe beide Sprachen unabhängig von einander so gelernt, wie man in der Kindheit seine/die eigene/ Muttersprache lernt und komme dann darauf, daß ‚is‘ und ‚ist‘ einander entsprechen. 84

12 ∫ Wie weißt Du daß das Wort ‚und‘ in diesen beiden Sätzen dasselbe ist?

2 Da es mir nichts anderes zeigen kann als sich selbst und ⟨was es …⟩
10 ∫ *Randzeichen durchstrichen*
16 ∫ *Randzeichen durchstrichen*
36 gramm. Regeln erst dann Interesse, wenn die ⟨Philosophie …⟩

1 (Mit/In/ dieser ganzen Fragestellung scheint etwas/Diese Fragestellung scheint/ nicht in Ordnung zu sein.)

2 / Man sagt dem Kind: „nein, kein Stück Zucker mehr!“ und nimmt es ihm weg. So lernt das Kind die Bedeutung des Wortes ‚kein‘.
Hätte man ihm mit denselben Worten ein Stück Zucker gereicht, so hätte es gelernt das Wort anders zu verstehen.

16.

3 / Die Regel beschreibt ihre Anwendung.

4 / Ist es denn willkürlich, welche Interpretation wir den Worten geben, die uns gesagt werden? Kommt nicht das Erlebnis der Interpretation mit dem Erlebnis des Hörens der Zeichen, wenn wir ‚die Sprache des Andern verstehen‘?

17.

5 ∫ „Das Gebilde und was es hervorruft kann/und die Erscheinungen die es hervorruft können/ sich uns doch nur immer selber zeigen, aber nicht 85 von sich, nach außen, weisen. Und das ist, was das Symbol zu tun scheint.

6 / Soweit man also das Verständnis/Verstehen/ als einen Vorgang beschreiben kann, ist es ein Phänomen wie das Sehen des Zeichens selbst. Die Frage aber ist dann, wo finden wir |nun| jenes von sich in den Raum Weisende was das Symbol zu sein scheint.

7 / Denn alle Zeichen, und was sie mit sich bringen, scheint uns wesentlich von gleicher Art zu sein. Es ist, was es ist, ist aber kein Symbol.

8 / Als Symbol kann ich die Dinge nur sehen wenn ich sie von einem andern Standpunkt betrachte.

2 Mit/In/ dieser ganzen Fragestellung scheint etwas/Diese Fragestellung scheint/ *–erste Variante im MS durchstrichen*
18 „Das Gebilde *–im MS fehlt das Ausführungszeichen*
26 jenes von sich in den Raum Weisende ⟨das⟩ das Symbol
28 und was sie mit sich bringen, scheint uns ⟨ve...⟩

1 / Wenn ich z.B. sage ☞ stellt eine Hand vor, oder: ich verstehe es als Hand, so sage ich etwas über den Eindruck den das Zeichen macht. Es ist aber doch keine Hand, noch ist eine wirkliche Hand im Spiele und wenn ich sage es erinnert mich an eine Hand, so heißt das, es ruft Vorstellungen in mir wach, [… es verursacht in mir Vorstellungen, Empfindungen, etc] in denen eine Hand nicht vorkommt. Heißt das nun also, daß ich diese Vorstellungen etc auch anders ohne Erwähnung der Hand hätte beschreiben können, und die Anspielung auf die Hand überflüssig/unnötig/ war? Aber das ist offenbar dieselbe Frage wie die: wenn ich mir einen roten Fleck an der Wand vorstelle der nicht da ist, so geschieht doch etwas, worin nichts wirklich Rotes und jedenfalls kein 86
roter Fleck an dieser Wand eine Rolle spielt, denn es ist doch keiner da: Kann ich also, was bei diesem/dem/ Vorstellen geschieht nicht beschreiben ohne der Gegenstände Erwähnung zu tun, die nicht in der Tatsache beteiligt sind, oder doch nur als ein Teil einer indirekten Beschreibung des Gegenstandes von dem eigentlich die Rede ist. – Aber so ist es natürlich nicht. Und diese Ausführung zeigt nur, worin der falsche Gedankengang/Gedankenweg/ besteht, den zu machen wir versucht sind.

2 ?/ Wenn ich sage: ich stelle mir einen roten Fleck an dieser Wand vor, so ist das allerdings die Beschreibung eines Vorgangs, einer Tatsache, unabhängig von jener andern die der Satz „an dieser Wand ist ein roter Fleck" beschreibt, aber ich kann diese/jene/ Tatsache nicht anders als durch die Ausdrücke ‚rot' und ‚Fleck' etc., ja nur in dieser Zusammenstellung beschreiben (in einer Sprache nämlich in der die Tatsache daß ein roter Fleck an der Wand ist, mit diesen Worten beschrieben wird).

3 / Und wenn ich mich d a r ü b e r wundere, so muß/kann/ ich mich über jeden sprachlichen Ausdruck wundern.

4 / Hier, glaube ich, sieht man, was mißverstehen unserer Sprachlogik bedeutet!

5 ?/ Wir sind durch falsche Analogien in die Irre geführt und können uns nicht aus dieser Verstrickung erretten. Das ist der morbus 87
philosophicus.

5 so heißt das, es ruft Vorstellungen⟨, Empfindungen⟩ in mir wach,
16 oder doch nur als ein Teil einer indirekten Beschreibung des Gegenstandes von dem eigentlich die Rede ist. *–im MS am linken Rand mit einer vertikalen Wellenlinie markiert*
26 ja nur in dieser Zusammenstellung beschreiben |(|in einer Sprache nämlich in der die Tatsache daß ein roter Fleck an der Wand ist, mit diesen Worten beschrieben wird⟨.⟩|).|
34 unserer Sprachlogik bedeutet! *–das Ausrufezeichen ist im MS gewellt unterstrichen*

1 ?/ D.h. es ist eben nicht mehr Grund sich über den Ausdruck „ich stelle mir einen roten Fleck an/auf/ der Wand vor“ (oder ich wünsche mir etc) zu wundern, als über den: an der Wand ist ein r. Fl., und über die Ähnlichkeit dieses mit dem Satz: auf dem Tisch ist kein/ein/ r. Fl. Das Vorkommen des Wortes ‚rot‘ bedeutet eben nicht, daß etwas rot ist und die Gemeinsamkeit des Wortes ‚rot‘ nicht, daß zwei Gegenstände die Farbe gemeinsam haben (es kann das Gegenteil davon bedeuten wie in den Sätzen „A ist rot“ und „B ist nicht rot“.)

2 ʃ Nun könnte ich aber doch sagen, der Gedanke, die Vorstellung daß etwas der Fall ist, der Wunsch, ist ein Symbol. – – –

3 ʃ Sage ich nicht Etwas symbolisiert darum, weil ich es verstehe? Das ist doch gewiß.

4 ʃ Nur durch völliges Absehen vom Psychologischen können wir zu dem für uns Wesentlichen kommen.

5 ʃ Ich sehe in den Gängen eines Spitals das Wort „Silence“ aufgeschrieben. Dieses Wort hat eine Wirkung auf mich (ich meine das Verstehen) welche das Wort ‚abracadabra‘ nicht hat; diese Wirkung wird dadurch hervorgebracht, daß ich des Wortes Bedeutung früher gelernt habe (was uns aber gleichgültig ist). Wenn das chinesische für ‚Silence‘ neben diesem Wort steht, so bringt es die Wirkung auf mich 88
nicht hervor, aber auf einen Chinesen, und umgekehrt.

Befolge ich nun den Befehl so geschieht erstens etwas, was durch den Satz „ich schweige/I am silent/“ ausgedrückt wird, aber darin allein besteht das Folgen nicht, sondern in diese Tatsache tritt auch der Befehl selbst ein und noch ein bestimmter Prozess, den man den der Übertragung nennen kann, worin dieser besteht ist uns gleichgültig. – – –

6 ʃ Ist es nicht so: Im Vorgang des Übertragens/der Übertragung/ des Zeichens [des sich danach Richtens] hat es den symbolischen Charakter, das was außer sich weist indem es uns sagt, was wir zu tun haben.

7 / Wir könnten uns den Marsbewohner denken, der auf der Erde erst nach und nach den Gesichtsausdruck des Menschen als solchen verstehen lernte und den drohenden erst nach gewissen Erfahrungen als solchen empfinden lernt. Er hätte bis dahin diese Gesichtsform angeschaut/angesehen/ wie wir die Form eines Steins betrachten.

8 / Kann ich so nicht sagen: er lernt erst die befehlende Geste in einer gewissen Satzform verstehen.

4 über die Ähnlichkeit dieses mit dem ⟨Vorkommen des Wortes ‚rot‘ …⟩
7 (es kann das Gegenteil davon bedeuten wie in ⟨dem Satz …⟩
13 Sage ich nicht Etwas symbolisiert⟨, …⟩
21 hat eine Wirkung auf mich (ich meine das Verstehen) ⟨welches …⟩
22 diese Wirkung wird ⟨nicht⟩ dadurch hervor⟨gerufen⟩, daß ich
38 des Menschen als solchen ⟨versteht …⟩
39 des Menschen als solchen verstehen lernte und ⟨der …⟩
41 ⟨K…⟩ *Streichung in der folgenden Leerzeile*
43 *Die Bemerkung ist am linken Rand mit einem vertikalen Strich markiert.*

1 / Wenn mir jemand etwas sagt und ich verstehe es, so geschieht mir dies ebenso, wie, daß ich höre was er sagt [wie, daß ich, was er sagt, höre.]

2 Kann man den Vorgang des Verständnisses eines Befehls mit dem Vorgang der Befolgung vergleichen, um zu zeigen, daß *diese* Befolgung *diesem* Verständnis, dieser Auffassung, wirklich entspricht? und inwiefern sie übereinstimmen? 89

3 / Wie beschreibt die Sprache (überhaupt) den Vorgang des Verständnisses des Satzes ‚p'. Kann sie es anders als durch den Satz, daß ich ‚p' verstehe? Und kann sie die Befolgung des Befehls ‚q' anders beschreiben als indem sie sagt, daß ich ‚q' befolge? Denn alles was bei diesen Vorgängen dadurch noch nicht beschrieben ist, ist unwesentlich und kann sich so und anders verhalten.

4 ∫ Einen Satz verstehen heißt ja erst das sehen, was ihn (überhaupt) zu einem Satz macht. (Ehe er verstanden ist, ist er ja ein Muster oder eine Lautreihe.)

5 ?/∫ Einen Satz verstehen heißt, ihn als Satz sehen und seine/die/ Befolgung des Befehls kann keine Beschreibung haben als ihn selbst.

6 / Drury sagte mir heute, er habe überlegt, daß man sich nicht des Zustandes erinnern könne wo man noch nicht sprechen konnte/daß es unmöglich sei sich des Zust. zu erinnern vor der Erlernung der Sprache/. – Man könnte natürlich Erinnerungsbilder aus jener/dieser/ Zeit besitzen, aber man kann sich nicht an ein Fühlen des Mangels der Sprache erinnern/entsinnen/, da man keinen Begriff der Sprache haben kann, ehe man spricht und |freilich| auch nachher nicht, weil es einen solchen Begriff nicht gibt. Auch kann man sich nicht an das Bedürfnis nach dem sprachlichen Ausdruck erinnern, denn wo das vorhanden ist, gibt es schon eine Sprache in der man denkt. 90

7 / Warum kann man niemandem befehlen einen Satz zu verstehen? /Kann man jemandem .....?/

8 / Beim Hören eines Wortes kann ich mir die Erklärung dieses Worts nicht ins Gedächtnis zurückrufen; sie kommt, oder sie kommt nicht.

18.

9 / Da alles offen daliegt, ist auch nichts zu erklären. Denn was etwa nicht offen daliegt interessiert uns nicht. [..., denn was etwa verborgen ist ....]

10 ∫ So die Verneinung, – wenn wir sie verstehen, – – – –

9 (überhaupt) *–im MS durchstrichen*
12 sie sagt, daß ich ‚q' befolge? Denn alles was bei ⟨diesem ...⟩
14 ist unwesentlich und kann sich so und anders verhalten. *–im MS am linken Rand mit einer vertikalen Wellenlinie markiert*
16 (überhaupt) *–im MS durchstrichen*
17 zu einem Satz macht. (Ehe er ⟨w...⟩
20 *?/ Randzeichen durchstrichen*
20 ihn als Satz sehen und ⟨der⟩ Befolgung des ⟨Befehles ...⟩

1 / Die Antwort auf die Frage nach der Erklärung der Negation ist wirklich: verstehst Du sie denn nicht? Nun, wenn Du sie verstehst, was gibt es da noch für eine Erklärung/zu erklären/, was hat eine Erklärung da noch zu tun?

2 / Wir unterscheiden doch aber Sprache von dem was nicht Sprache ist. Wir sehen Striche und sagen, wir verstehen sie, und andere, und sagen, sie bedeuten nichts (oder uns nichts). Damit ist doch eine allgemeine Erfahrung charakterisiert, die wir nennen könnten: „etwas als Sprache verstehen“ – ganz abgesehen davon *was* wir aus dem gegebenen Gebilde herauslesen.

3 ∫ (Blumenorakel) Abzählen der Knöpfe. In diesen Fällen setzen wir auch 91
eine Regel fest und richten uns dann nach ihr. Wir lesen etwas von unseren Knöpfen ab.

4 / Wir unterscheiden eine Schrift von dem was keine/nicht/ Schrift ist. Was heißt es, etwas als Schrift sehen? Heißt es mich danach richten?

5 / Wenn ich mich nun danach richte – wähle ich die Art wie ich mich danach richte? Nein, denn sonst würde ich mich wenigstens in dieser Beziehung nicht nach dem Zeichen Richten.

Wie aber wenn ich doch die Art der Interpretation wähle? (Würfeln)

6 / Angenommen ich lasse mich (wie ich oben beschrieben habe) von den Bäumen auf meinem Spazierweg leiten: Das setzt doch voraus, daß ich eine Regel festsetze und mich nach der *Festsetzung* richte, d.h. es hätte keinen Sinn zu sagen, *ich richte mich* nach den Bäumen, wenn ich die Art der Interpretation erst für jeden einzelnen Fall bestimmen wollte d.h. in diesem Fall wäre es eben keine Interpretation sondern eine ganz überflüssige Zuordnung. Es kann nicht heißen: Hier ist ein Baum, also will ich hier einmal links gehen, sondern: Hier ist ein Baum also muß ich hier etc. … Das ‚also‘ im ersten Satz/Fall/ hat keinen Sinn und es muß hier einfach ‚und‘ heißen. Bei der Interpretation aber hat es Sinn.

Und das ‚also‘ ist natürlich kein kausales, und wir können nicht
fragen „bist Du sicher, daß Du *deswegen* links gehen mußt?“. 92

Ich könnte nun auch sagen „*also* muß ich nach meiner Festsetzung links gehen“. Aber hier ist das merkwürdige, daß ich nun nicht noch einmal sage: „und diese Festsetzung ist nach jener anderen (Festsetzung) so zu deuten“, und es wäre ja auch unsinnig, denn diese Regression/dieser Regress/ ist endlos.

2 *Im MS:* was gibt |es| da noch
3 was hat ⟨hat⟩ eine Erklärung da noch zu tun?
6 Wir unterscheiden ⟨aber …⟩
7 Wir sehen Striche und sagen, ⟨wir kennen …⟩
38 „bist Du sicher, daß Du *deswegen* links gehen mußt“.⟨?⟩
39 *Der Absatz ist im MS eine Bemerkung ohne Randzeichen, der vorangehenden mit einem Pfeil am linken Rand zugeordnet.*

1 Das was ich in der letzten Bemerkung geschrieben habe, war aber doch falsch. Wahr ist es, daß zur Interpretation das a l s o gehört und nicht das u n d. Aber ich könnte etwa sagen daß es nicht nötig war eine Festsetzung zu treffen d.h. die allgemeine Regel vorher auszusprechen (das ist Geschichte), wohl aber einer Festsetzung zu folgen. Und ich könnte sagen, es ist nicht genug einer Regel folgen, denn das geschieht, was immer ich tue, sondern ich muß seiner Festsetzung folgen, das ist ein anderer Prozess.

2 Aber ich will sagen, dieser Prozess kann nur äußerlich verschieden sein von einem Handeln, das sich nicht nach einer Festsetzung richtet. So verschieden wie auch zwei Arten des Benehmens/äußerlichen Verhaltens/ [... äußeren Verhaltens] sein können. (oder zwei Zeichengruppen an der Tafel)

3 ʃ „Ich habe mich dabei nach dieser Regel gerichtet" beschreibt einen bestimmten (psychischen, physikalischen) Vorgang. Einen andern als der Satz: Die Resultate f o l g e n dieser Regel – – – –

4 / Der Festsetzung Folgen muß ein Vorgang sein, aus dem man den Ausdruck der Regel ablesen kann. Es besteht also nicht darin, daß mehrere Vorgänge [eine Reihe von Vorgängen], Intentionen, einer Regel folgen, denn dann wäre diese Regel wieder ein Erfahrungssatz und natürlich nicht eindeutig durch die Vorgänge [Tatsachen] bestimmt. 93

Und ich muß die Regel e i n d e u t i g aus dem Vorgang ablesen können. Sonst könnte sie ja auch in der Beschreibung des Vorgangs nicht enthalten sein müssen.

5 / Wer die allgemeine Regel die er erkennt nun herausschreibt, schreibt mehr auf als er sieht.

7 5 3 4 2
49 25 9 16 4

Behaviouristische Deutung:

7, 5, 3, 4 Er schreibt die Quadrate der oberen Zahlen
49, 25, 9, 16

7, 5, 3, 4 Er schreibt nicht die Quadrate ....
49, 24, 18, 16,

7, 5, 3, 4 Er w i l l die Quadrate anschreiben und tut es
$\frac{7\times7}{49}$ $\frac{5\times5}{25}$ $\frac{3\times3}{9}$ $\frac{4\times4}{16}$

7, 5, 3, 4 Er will die Q. nicht anschreiben tut es aber
$\frac{7\times6}{49}$ $\frac{5\times2}{25}$ ...

etc.

6 / Der Prozess des Lernens hat natürlich etwas mit der Anwendung der Sprache gemein. Das was der Ausdruck der allgemeinen Regel mit ihrer Anwendung gemein hat.

1 Das was ich in der letzten Bemerkung *– im MS weist ein Pfeil auf den zweiten Absatz der vorangehenden Bemerkung*
6 Und ich könnte sagen, es ist nicht genug einer Regel folgen, ⟨da ...⟩
23 Intentionen, einer Regel folgen, denn ⟨das ...⟩
38 7, 5, 3, 4 ⟨Er die Quadrate an ...⟩
$\frac{7\times7}{49}$ $\frac{5\times5}{25}$ $\frac{3\times3}{9}$ $\frac{4\times4}{16}$
46 ⟨De...⟩ *Streichung in der folgenden Leerzeile*

1 ?/ Der Befehl ist die Beschreibung seiner Ausführung. 94

2 / Haben wir hier nicht das Wesen des Motivs im Gegensatz zur Ursache? Offenbar ja. Der Befehl wird, wenn ich ihn befolge zum Motiv meiner Handlungsweise.

3 / Und das Motiv ist nicht hypothetisch. In dem Motiv kann ich mich nicht irren, es ist in meiner Handlung enthalten, aber nicht so ihre Ursache.

4 / (Ogden und Richards und Russells Theorie der Bedeutung beruht also auf einer Verwechslung, oder Gleichsetzung, von Motiv und Ursache.)

19.

5 Zu dem früheren Satz: Der Baum muß die Entscheidung treffen.

6 / Das Befolgen des Befehls liegt darin, daß ich etwas tue – – Kann ich aber auch sagen, „daß ich das tue, was er befiehlt"? Gibt es ein Kriterium dafür, daß das die Handlung ist, die ihn befolgt?

7 / Es gibt kein Kriterium dafür daß das die Handlung ist, die den Befehl befolgt.

8 / Das muß natürlich heißen „wir können von so einem Kriterium nicht reden".

9 ∫ Das hängt unmittelbar damit zusammen, daß wir eine Handlung nicht vorausnehmen können. Was wieder nur soviel heißt, als daß es keinen Sinn hat zu sagen, die Handlung zu einer bestimmten Zeit finde zu einer gewissen Zeit statt. 95

10 /∫ Was wir wollen ist doch wohl, die Grammatik des Ausdrucks „der Befehl wird befolgt" klarzulegen. [auseinanderzulegen]

/∫ „Ja woher weiß ich aber dann, daß ich den Befehl befolgt habe?" – – –

/∫ (Ich kann den centralen grammatischen Fehler nicht finden auf dem alle diese Probleme beruhen)

/∫ Es ist das natürlich die selbe Frage wie die: Woher weiß ich, daß dieser Satz diese Tatsache beschreibt?

/∫ Und ich möchte immer antworten: „weil ich ihn ja von dieser Tatsache heruntergelesen habe". Und: „ich muß doch wissen, wie ich zu ihm gekommen bin".

4 das Wesen des Motivs im Gegensatz zur Ursache? Offenbar ja⟨, …⟩

21 ⟨Das heißt …⟩

21 daß das die Handlung ist, ⟨die der Befehl befielt⟩.

30 die Handlung zu ⟨einem …⟩ einer bestimmten Zeit finde zu einer gewissen Zeit statt. *–im MS am linken Rand mit einer vertikalen Wellenlinie markiert*

34 *Die folgenden vier Absätze sind im MS Bemerkungen, im MS durch Klammern am linken Rand miteinander verbunden.*

1 / Wenn ich ein Kriterium angeben könnte, so muß ich es mit der Sprache angeben und dann müßte ich es nach dem sprachlichen Ausdruck erkennen können; aber zu diesem Erkennen brauchte ich ja selbst wieder das Kriterium.

2 / Wenn ich Worte wählen kann, daß sie der Tatsache – in irgend einem
Sinne – passen, dann muß ich also schon vorher einen (allgemeinen)
Begriff dieses Passens gehabt haben. Und nun fängt das Problem von
neuem an, denn wie weiß ich, daß dieser Sachverhalt dem Begriffe vom 96
Passen entspricht.

3 / Aber warum beschreibe ich dann die Tatsache gerade *so*? Was machte Dich *diese* Worte sagen?

4 / Und wenn ich nun sagen würde: „alles was geschieht, ist eben, daß ich auf diese Gegenstände sehe und dann diese Worte gebrauche“, wäre die Antwort: „also besteht das Beschreiben in weiter nichts und ist es immer eine Beschreibung wenn einer .....?“. Und darauf müßte ich sagen: „Nein.“ Nur kann ich den Vorgang nicht anders, oder doch nicht mit einer anderen Multiplizität beschreiben, als, indem ich sage: ‚ich beschreibe was ich sehe‘ und *darum* ist keine Erklärung mehr möglich, weil mein Satz bereits die richtige/volle/ Multiplizität hat.

5 / Ich könnte auch so fragen: Warum verlangst Du Erklärungen? Wenn diese gegeben sein werden/würden/, wirst Du ja doch wieder vor einem Ende stehen. Sie können Dich nicht weiter führen als Du jetzt bist.

6 ∫ Denn wenn ich frage: „was bedeutet es denn ‚gemäß einer Regel übersetzen‘?“ so erwarte ich doch (wohl) eine Antwort: es bedeutet das und das; dann kann ich doch aber weiter fragen „und was bedeutet *das?*“. u.s.w.

7 / Wir müssen am Schluß die Sprache ohne Erklärung benützen.

8 ∫ Erklären des Nähens oder des Rauchens im Gegensatz zum Erklären 97
des Übersetzens.

Dort gibt die Erklärung immer eine Beschreibung die nicht die des unmittelbar Wahrgenommenen ist.

20.

9 / Der Mensch hatte vom Nähen oder Rauchen einen Begriff ehe man's ihm erklärt hatte. Und nach der Erklärung weiß er *mehr* davon als vorher. Die Erklärung des Denkens die wir fordern *soll* uns aber nicht mehr darüber sagen als was wir wissen.

7 (allgemeinen) *–im MS durchstrichen*
16 gebrauche“, | | wäre die Antwort: *–leergebliebenes Einfügungszeichen im MS*
19 „Nein.“ *–im MS fehlt das Ausführungszeichen*
25 Warum verlangst Du Erklärungen? Wenn diese gegeben ⟨wären ...⟩
33 *Die Bemerkung ist am linken Rand mit einem vertikalen Strich markiert.*
35 im Gegensatz ⟨zur Erklärung⟩ des Übersetzens.
42 ehe man's ihm erklärt ⟨hat⟩

1 / Deshalb kann er nach der Erklärung des Rauchens fragen. Und die Antwort kann nicht die Beschreibung dessen sein was er unter „Rauchen“ versteht, sondern die Beschreibung eines andern Vorgangs.

2 / (Ich kann/darf/ nie sagen: „aus diesen Gründen m u ß es sich s o verhalten“. Denn was nicht offenbar ist, ist für mich nicht vorhanden.)

21.

3 ∫ Die Regel „du mußt quadrieren“ zu sagen (zu verstehen) ist etwas anderes als die 5 zu quadrieren.

4 ∫ Wenn immer wir etwas sagen, wenn es auch gegen die gebräuchliche Grammatik anstößt, meinen wir etwas damit; was heißt das?

5 ∫ Wenn es etwas heißt, muß es die Beschreibung eines Phänomens sein. 98
Aber welches Phänomens?

6 ∫ Dieses Phänomen ist offenbar das des Denkens. —

7 / Das Triviale, was ich zu sagen habe ist, daß auf den Satz „ich s a g e das nicht nur, ich meine etwas damit“ und die Frage „was?“, ein weiterer Satz, in irgend welchen Zeichen zur Antwort steht.

8 / (Ich kann nur die Schlüssel reichen, aufsperren muß jeder selbst.)

9 / Ich kann aber doch auch fragen: Wie sieht ein Sonnenuntergang aus? auch wenn ich von allem Hypothetischen absehe.

10 / Und so kann ich natürlich auch das Denken beschreiben, denn ich kann ja auch das Reden beschreiben.

11 / „Ich sage das nicht nur, ich meine auch etwas damit“ – Wenn man sich überlegt was dabei in uns vorgeht, wenn wir Worte m e i n e n (und nicht nur sagen) so ist es uns, als wäre dann etwas mit diesen Worten gekuppelt, während sie sonst leer liefen. – Als ob sie gleichsam in uns eingriffen.

12 / Niemand kann uns unseren/den/ Gesichtsraum näher kennen lehren. Aber wir können seine sprachliche Darstellung übersehen lernen.

13 / Wenn ich Recht habe, so müssen sich philosophische Probleme wirklich restlos lösen lassen, im Gegensatz zu allen andern. 99

14 / Wenn ich sage: Hier sind wir an der Grenze der Sprache, so scheint /klingt/ das immer, als wäre hier eine Resignation nötig, während im Gegenteil volle Befriedigung eintritt da k e i n e Frage übrigbleibt.

1 Deshalb kann ⟨der …⟩

9 ⟨Ich kann nur die Schlüssel reichen, aufsperren muß jeder selbst⟩ *Die Bemerkung unter dem Datum vom* 21. *ist im MS gestrichen und auf der nächsten Manuskriptseite wiederholt.*

13 die gebräuchliche Grammatik anstößt, meinen wir etwas damit⟨? …⟩

41 / *Randzeichen durchstrichen*

1 / Die Probleme werden im eigentlichen Sinne aufgelöst – wie eine Substanz/ein Stück Zucker/ im Wasser.

2 ∫ Alles was, von Interesse,/[von logischem Interesse]/ wir liefern können, ist die Beschreibung der Sprache. – Dazu gehört alles, was wir zur Erklärung ihrer Anwendung sagen können.

3 / Die ‚Erklärung des Denkens' müßte dem der nicht weiß, was Denken ist, es erklären können.

Sie müßte also auch den dazu anleiten können, der es früher nicht getan hat. [... es erklären können. Ihn dazu anleiten können.]

Und das alles mittels Gedankens.

4 / Soweit/Insoweit/ jede Tätigkeit (schreiben, sprechen, nähen, rauchen) beschreibbar, lehrbar, ist, ist Denken keine Tätigkeit. So wenig, wie sich-Ärgern, das auch so wenig lehrbar ist. (Meine Bemerkung über ‚kein Subject im Denken'. Keine Tätigkeit ohne Täter)

5 / Das Interesse an dem Psychologischen des Denkens ist dadurch für uns aufgehoben, daß wir uns nur für die Beziehung des Denkens zu sich selbst interessieren und das Psychologische dadurch wegfällt, sich kürzt.

6 ∫ Es ist der Sprache wesentlich, daß das/dasselbe/ Wort in verschiedenen Sätzen vorkommt, verschiedene Sätze dieses Wort gemein haben. Und daß der Gleichlaut der Worte, wenn verschiedene grammatische Regeln /Gruppen grammatischer Regeln/ von ihnen gelten auch durch verschieden lautende ersetzt werden könnte/kann/, weil dann der Laut eine unbedeutende/bedeutungslose/, äußerliche, Ähnlichkeit ist

100

7 Wenn ich nun aber das Wort „ist" betrachte: Wie kann ich hier zwei verschiedene Anwendungsarten unterscheiden, wenn ich nur auf die grammatischen Regeln hinschaue/sehe/? Denn diese erlauben |ja| eben die Verwendung des Wortes im Zusammenhang „die Rose ist rot" und „2 × 2 ist 4". Aus diesen Regeln sehe ich nicht, daß es sich um zwei verschiedene Wörter handelt/daß wir hier zwei verschiedene Wörter haben/. – Ich ersehe es aber z.B. wenn ich versuche in beiden Sätzen statt ‚ist' ‚ist gleich' zu setzen/einzusetzen/ (oder auch: ‚hat die Eigenschaft') Aber nur wieder, weil ich für den Ausdruck „ist gleich" die Regel kenne, daß er in „die Rose ... rot" nicht eingesetzt werden darf. [nicht vorkommen/stehen/ darf.]

8 Die ‚Erklärung des Denkens' *–die einfachen Anführungszeichen sind im MS gewellt unterstrichen*

19 *Die Bemerkung ist im MS am linken Rand mit zwei und am rechten Rand mit einer vertikalen Wellenlinie markiert.*

24 *Der letzte Satz der Bemerkung ist im MS am linken Rand mit einer Wellenlinie markiert.*

32 |ja| *–das Einfügungszeichen ist im MS gewellt unterstrichen*

33 Denn diese erlauben |ja| eben die Verwendung des Wortes ⟨in ...⟩

36 Ich ersehe es aber z.B. wenn ich ⟨verstehe⟩ in beiden Sätzen

1 Überhaupt: wovon gelten die gramm. Regeln, wenn sie vom Wort ‚ist' gelten? Vom Laut, den ich dann und da ausspreche [hervorgebracht habe]? Von dem was allen ‚ist'-Lauten gemeinsam ist?

Sie gelten von ‚ist', wenn es in diesem Sinne gebraucht wird. – „Wenn Du es so/in dieser Verbindung/ anwendest, so gebrauchst Du es eben nicht in diesem Sinne".

2 / Die Frage ist nämlich/aber/: ist alles was ich hier treibe nicht Mythologie? Dichte ich nicht zu dem Offenbaren dazu? Wenn ich 101 nämlich von dem Vorgang rede der beim Verstehen (verständnisvollen Aussprechen oder Hören) des Satzes vor sich geht.

3 / D.h., könnte ich nicht die Sprache als soziale Einrichtung betrachten, die gewissen Regeln unterliegt, weil sie sonst nicht wirksam wäre [wirken würde]. Aber hier liegt es: dieses Letztere/Letzte/ kann ich nicht sagen; eine Rechtfertigung der Regeln kann ich, auch so, nicht geben. Ich könnte sie nur als ein Spiel, das die Menschen spielen, beschreiben.

4 / Wenn ich mich weigere ein Wort, z.B. das Wort ‚ist gleich' in zwei Zusammenhängen zu gebrauchen, so ist der Grund das, was wir mit den Worten beschreiben „das Wort habe in den beiden Fällen verschiedene Bedeutung [das Wort werde in diesen Fällen in verschiedenem Sinn gebraucht]

5 / Kann ich nun aber das was die gramm. Regeln von einem Worte sagen, auch anders beschreiben, nämlich durch die Beschreibung des Vorgangs der beim Verstehen des Wortes stattfindet?

6 / Wenn also die Grammatik – z.B. – die Geometrie der Verneinung ist, kann ich sie durch eine Beschreibung dessen ersetzen, was bei der Verwendung sozusagen hinter dem Wort ‚nicht' steht?

7 / Aber so eine Beschreibung wäre doch – wie gesagt – ein Ersatz des Wortes/für das Wort/ ‚nicht', etwa wie

p	
W	F
F	W

und könnte die Grammatik nicht ersetzen.(?)

8 / In meiner Darstellung schienen doch die gramm. Regeln die 102 Auseinanderlegung dessen was ich im Gebrauch des Wortes auf einmal erlebe. So zu sagen (nur) Folgen, Äußerungen der Eigenschaften, die ich beim Verstehen auf einmal erlebe. Das muß natürlich ein Unsinn sein.

9 / Man würde ja geradezu sagen: die/eine/ Verneinung hat die Eigenschaft, daß sie verdoppelt eine Bejahung ergibt (Etwa wie: Eisen hat die Eigenschaft, mit Schwefelsäure Eisensulphat zu geben) während die Regel die Verneinung nicht näher beschreibt, sondern constituiert.

4 wenn es in diesem Sinne gebraucht wird⟨,⟩ – „⟨wenn⟩ Du es
22 „das Wort habe *–im MS fehlt das Ausführungszeichen*
47 während die ⟨gramm. Regeln⟩ die Verneinung nicht näher ⟨beschreiben⟩

1 / Daß wir dieses Wort dieser Regel gemäß gebrauchen, das dafür einsetzen etc., damit documentieren wir, wie wir es meinen.

2 / Das Wort ‚nicht' in der gramm. Regel hat keine Bedeutung, sonst könnte *das* nicht von ihm ausgesagt werden.

3 / Die Negation hat keine andere Eigenschaft, als etwa die in gewissen Sätzen die Wahrheit zu ergeben.

Und ebenso hat ein Kreis die Eigenschaft da oder dort zu stehen, diese Farbe zu haben, von einer Geraden *tatsächlich* geschnitten zu werden; aber nicht, was ihm die Geometrie zuzuschreiben scheint. (Nämlich diese Eigenschaften haben zu können.)

4 / Was heißt es: „Dieses Papier ist nicht schwarz und ‚nicht' ist hier in dem 103
Sinne/so/ gebraucht, daß eine dreifache Verneinung eine Verneinung ergibt"? Wie hat sich denn das im Gebrauch geäußert?

5 / Oder: „Dieses Papier ist nicht schwarz und zwei von diesen Verneinungen geben eine Bejahung". Kann ich das sagen?

6 / Oder: „Dieses Buch ist rot und die Rose ist rot und die beiden Wörter ‚rot' haben die gleiche Bedeutung" (Dieser Satz ist von gleicher Art, wie die oberen Sätze) Was ist denn das für ein Satz? ein grammatischer? Sagt er etwas über das Buch und die Rose?

7 / Ist der Zusatz zum Verständnis des ersten Satzes nicht nötig, so ist er Unsinn, und wenn nötig, dann war das erste noch kein Satz; und dasselbe gilt in den oberen Fällen.

8 / „Daß 3 Verneinungen wieder eine Verneinung ergeben muß doch schon in der einen Verneinung die ich jetzt gebrauche liegen". Aber deute ich hier nicht schon wieder? (d.h. bin ich nicht im Begriffe eine Mythologie zu erfinden?)

9 / Aber sind die gramm. Regeln nicht ausschließlich/nur/ Regeln des Übergangs von einem Satz zum andern?

10 / Inwiefern kann man sagen: „diese Regel gilt von *dieser* Verneinung"?

11 / Heißt es etwas, zu sagen, daß drei *solche* Verneinungen eine
Verneinung ergeben. (Das erinnert immer an „drei solche Pferde 104
können diesen Wagen fortbewegen") Aber, wie gesagt, in jenem Logischen Satz ist gar nicht von der Verneinung die Rede (von der Verneinung handeln nur Sätze wie: es regnet nicht) sondern nur vom Wort ‚nicht', und es ist eine Regel über die Ersetzung eines Zeichens durch ein anderes.

9 Und ebenso hat ein Kreis die Eigenschaft da ⟨und⟩ dort zu stehen,
31 Aber ⟨deute⟩ ich hier nicht schon wieder?
43 in jenem Logischen Satz ist gar nicht von der Verneinung ⟨g…⟩

1 / Aber können wir die Berechtigung dieser Regel nicht einsehen, wenn wir die Verneinung verstehen? Ist sie nicht eine Folge aus dem Wesen der Verneinung? Sie ist nicht eine Folge aber ein Ausdruck dieses Wesens.

2 / Was wir sehen, wenn wir einsehen, daß eine doppelte Verneinung etc, muß von der Art dessen sein, was wir im Zeichen

p		
W	F	W
F	W	F

wahrnehmen.

3 / Wenn ich ein dreidimensionales Gebilde, etwa einen Würfel, sehe so sehe ich in gewissem Sinne die Möglichkeit, Würfel gleicher Größe in drei Richtungen an diesen Würfel anzubauen. Die Geometrie sagt mir dann, daß ich dies *könne*. Sehe ich ein Quadrat, so sehe ich diese Möglichkeit nicht. etc.

4 / (Die perspectivische Zeichnung eines Würfels und solcher Würfelgruppen ist ein herrliches Exempel, wie man den dreidimensionalen Raum in die Ebene abbilden kann)

5 / Die Geometrie spricht aber so wenig von Würfeln, wie die Logik von 105
der Verneinung (Man möchte hier vielleicht einwenden, daß die Geometrie vom Begriff des Würfels und die Logik vom Begriff der Negation handelt. Aber diese Begriffe gibt es nicht.)

6 / Man kann einen Würfel – ich meine das Wesentliche des Würfels – nicht beschreiben. Aber kann ich denn nicht beschreiben, wie man z.B. eine Kiste macht? und ist damit nicht eine Beschreibung des/eines/ Würfels gemacht/gegeben/? Das Wesentliche am Würfel ist damit nicht beschrieben, das steckt viel mehr in der Möglichkeit dieser Beschreibung d.h. darin, daß sie eine Beschreibung ist; nicht darin daß sie zutrifft.

7 / Nun kann ich doch aber sagen: „Ich sehe die Figur  3-dimensional". Aber dieser Satz entspricht der Beschreibung einer Kiste. Er beschreibt einen bestimmten Würfel nicht die Würfelform. Freilich kann ich das Wort „Würfelform" definieren. D.h. Zeichen geben, durch die es ersetzt werden kann/darf/.

8 / Man kann eine geometrische Figur nicht beschreiben. Auch die Gleichung beschreibt sie nicht, sondern vertritt sie durch die Regeln die von ihr gelten.

9 / Und haben wir hier nicht das Wort Figur so angewendet/angewandt/, wie in unseren Betrachtungen so oft das Wort „Gedanke" oder „Symbol"? Die Art der Anwendung dieses Wortes von welcher ich sagte, es bedeute dann kein Phänomen, sondern sei quasi ein unvollständiges Symbol/Zeichen/ und entspreche eben einer Funktion. 106

11 *Im MS:* Wenn |ich| ein dreidimensionales Gebilde,
17 (Die ⟨Perspe…⟩
42 sondern vertritt sie durch die Regeln die von ihr gelten. *–im MS am linken Rand mit einer vertikalen Wellenlinie markiert*

1 / Man kann |auch| nicht sagen, die Würfelform habe die Eigenschaft, lauter gleiche Seiten zu besitzen. Wohl aber hat ein Holzklotz diese Eigenschaft. (Noch hat „die Eins die Eigenschaft zu sich selbst addiert Zwei zu ergeben".)

2 / Ich sagte doch: Es schien als wären die gramm. Regeln die Folgen-in-der-Zeit dessen, was wir in einem Augenblick wahr nehmen, wenn wir eine Verneinung verstehen.

Und als gebe es also zwei Darstellungen des Wesens der Verneinung: Den Akt (etwa den seelischen Akt) der Verneinung selbst, und seine Spiegelung in dem System der Grammatik.

3 / Man ist versucht zu sagen/könnte sagen/: die Gestalt eines Würfels wird doch sowohl durch die Grammatik des Wortes „Würfel", als auch durch einen Würfel  dargestellt.

4 / In „~p · (~~p = p)" kann der zweite Teil nur eine Spielregel sein.

5 / Es hat den Anschein, als könnte man aus der Bedeutung der Negation *schließen*, daß ~~p p heißt

23.

6 / Als würden aus der Natur der Negation die Regeln über das Negationszeichen *folgen*.

So daß, in gewissem Sinne, die Negation zuerst vorhanden ist/wäre/ und dann die Regeln der Grammatik.

7 / Es ist also, als hätte das Wesen der Negation einen zweifachen 107
Ausdruck in der Sprache: Dasjenige was ich sehe, wenn ich die Negation verstehe, und die Folgen dieses Wesens in der Grammatik.

Anderseits ist es klar, daß die Regeln, wenn sie aus dem Wesen der Negation hervorgehen, nicht |wie| aus einer Regel, einem Satz, folgen. Und täten sie es, so wäre eben dieser Satz die eigentliche Regel auf die es uns ankäme.

8 / Ich will also sagen: die Regeln *folgen* nicht aus dem Wesen der Negation, sondern sie drücken es aus.

9 / (Ich kann sozusagen/gleichsam/ die Regeln über die Negation von ihr ablesen. Aber das scheint eben zu besagen/beinhalten/, daß sie schon irgendwoanders, nämlich in der Negation, aufgeschrieben stehen. Das, wovon ich sie ablese muß die gleiche Mannigfaltigkeit haben, wie sie selbst.)

10 / Ist das nicht so, wie ich aus einer Figur geometrische Sätze ablesen kann?

23 Als ⟨würde⟩ aus der Natur der Negation die ⟨Regel⟩ über das
32 |wie| *–im MS ist auch das Einfügungszeichen gewellt unterstrichen*
33 Und täten sie es, so wäre eben dieser Satz die eigentliche ⟨S…⟩
41 daß sie schon irgendwoanders, ⟨natürlich …⟩

1 / Statt der Betrachtung der Negation, könnte ich auch die eines Pfeiles setzen → und z.B. sagen: wenn ich ihn zweimal um 180° drehe, zeigt er wieder, wohin er jetzt zeigt; welcher Satz dem ~~p = p entspricht. Wie ist es nun hier mit der Darstellung des Wesens dieses Pfeils durch die Sprache? Jener Satz muß doch unmittelbar von diesem Wesen abgeleitet /abgelesen/ sein und es also darstellen.

2 ?/ Oder nehmen wir den Fall eines Quadrats und eines Rechtecks und die 108
Sätze, daß das Quadrat durch eine Vierteldrehung mit sich selbst zur Deckung gebracht werden kann; das Rechteck aber erst durch eine halbe Drehung.

Ich habe sie offenbar von dem Quadrat und dem Rechteck abgelesen. Aber was sind das überhaupt für Sätze? Wenn sie von bestimmten quadratischen oder rechteckigen Stücken handelten, wären es Hypothesen. Hier aber sind es geometrische Sätze.

3 ∫ Es ist ganz klar, daß dieses Drehen dem Ausschließen eines Teils einer Fläche □▨ analog ist, und das wieder der Verneinung, und die angeführten Sätze den Regeln/Sätzen/ über die/von der/ Verneinung.

4 ∫ Wie weiß ich, daß ein Wort hier Eigenschaftswort, dort Hauptwort ist?

5 ∫ Dadurch, daß kein Gemeinsames verloren geht, wenn ich verschieden lautende/klingende/ Worte statt der gleichlautenden setze.

6 ∫ Wie weiß ich, daß ich diese beiden Wörter durch eines ersetzen kann, weil sie nämlich das Gleiche bedeuten? D.h., wie weiß ich, daß sie das Gleiche bedeuten?

7 ∫ Könnte uns die bloße äußere Erfahrung, die Menschen reden zu hören,
(wenn es für das Wort ‚ist' keine Ersatzwörter gäbe) dazu bringen, 109
verschiedene Bedeutungen, verschiedene Arten des Wortes/Wörter ‚ist'/, zu unterscheiden? Offenbar nicht, denn jeder Unterschied des Benehmens bildete schon ein anderes Zeichen.

∫ Wie weiß ich, daß ein Wort in diesen Fällen in verschiedenen Bedeutungen angewendet ist?

24.

8 / Zu sagen daß eine Vierteldrehung ein Quadrat mit sich selbst zur Deckung bringt, heißt doch offenbar nichts andres als: Das Quadrat ist um zwei zu einander senkrechte Achsen symmetrisch, und das wieder, daß es Sinn hat von den zwei senkrechten Achsen zu reden ob sie vorhanden sind oder nicht. Dies ist ein Satz der Grammatik.

17 Es ist ganz klar, daß dieses ⟨S...⟩

19 *Im MS folgt hier eine Bemerkung, durch Randzeichen der ersten Bemerkung der Manuskriptseite 109 als Absatz zugeordnet.*

30 Könnte ⟨man⟩ die bloße äußere Erfahrung, die Menschen

32 Arten des Wortes/Wörter ‚ist'/ *–erste Variante im MS durchstrichen*

35 *Der Absatz ist im MS eine Bemerkung auf der Manuskriptseite 108, durch Randzeichen umgestellt.*

1 / Die Schwierigkeit ist wieder, daß es scheint, als wäre in einem Satz, der etwa das Wort ‚Quadrat' enthält schon der Schatten eines andern Satzes mit diesem Worte enthalten. – Nämlich eben die Möglichkeit jenen anderen Satz zu bilden, die ja, wie ich sagte, im Sinn des Wortes Quadrat liegt.

2 / Und doch kann man eben nur sagen, der andere Satz ist nicht mit diesem ausgesprochen, auch nicht schattenhaft. (Und wird vielleicht nie ausgesprochen werden)

3 Aber er ist doch schon ausgesprochen, wenn ich sage „er kann ausgesprochen werden".

4 ?ʃ Denken wir daran, daß man ja die Regeln der Grammatik nie auszusprechen brauchte und die Sprache dennoch gebrauchen kann. (Die menschliche Sprache bestand gewiß ehe jemand gramm. Regeln 110 aussprach und ein Kind lernt die Sprache ohne solche, und die Wilden haben keine Grammatik. Das heißt natürlich nicht daß ihre Sprache keinen gramm. Regeln folgt, sie sprechen diese Regeln nur nicht aus.)

5 ʃ Die Grammatik ist eine nachträgliche Beschreibung der Sprache.

6 ?ʃ/ Die Grammatik sagt z.B.: so wird das Wort ‚Quadrat' gebraucht. Aber das muß doch schon in dem einen/einmaligen/ Gebrauch dieses Wortes liegen!

Was heißt aber: Es muß darin liegen?

Heißt es etwas andres, als daß ich auch nach diesem einen Gebrauch die Regeln für das Wort muß angeben können? (?)

Daß ich sagen kann: „Nein so habe ich es nicht gebraucht, nicht in dem Sinn, in dem ich sagen könnte – – – –, sondern in dem Sinn – – – .

7 / Mein Problem könnte man auch so aussprechen: „Wie kann sich jene Erklärung (die ich einmal gelernt habe) auf dieses Wort (das ich eben aussprach) beziehen?"

3 Nämlich eben die Möglichkeit ⟨jenes⟩ anderen ⟨Satzes …⟩
17 Regeln aussprach und ein Kind lernt ⟨die Sprache sprechen …⟩
18 Das heißt natürlich ⟨nur⟩ daß ihre Sprache
23 ?ʃ *Randzeichen durchstrichen*
27 Heißt es etwas ⟨anderes⟩, als daß ich auch nach diesem
29 *Der Absatz ist im MS eine Bemerkung ohne Randzeichen, durch eine Klammer am linken Rand der vorangehenden Bemerkung zugeordnet.*
30 nicht gebraucht, nicht in dem Sinn, ⟨indem⟩ ich sagen könnte – – – –,
33 Mein Problem könnte man auch so ⟨aussch…⟩
34 auf dieses Wort (das ich eben ⟨ausg…⟩
35 auf dieses Wort (das ich eben aussprach) ⟨zu …⟩

1 ∫ Und meine Meinung ist die, daß die gramm. Regeln über die Negation, z.B. ~~p = p, zur Erklärung der Bedeutung von ‚~' gebraucht werden 111 könnten: daß die Regeln eine solche Erklärung wären; und daß daher ihre Wirkung gerade das wäre, was man das Verständnis des Negationszeichens nennt. Und das wäre die Beziehung dieses Verständnisses zu den gramm. Regeln. (wobei ‚Wirkung' nicht kausal zu verstehen ist.)

2 / Daß ein Wort nur im Satz Bedeutung hat, heißt nichts, als daß es seine Funktion nur im Satz hat. Einzeln kann es wohl eine Vorstellung erwecken, aber diese ist nicht seine Bedeutung, noch ist es die Funktion eines Wortes eine bestimmte Vorstellung aufzurufen.

3 ∫ Kein Satz der Sprache kann uns als Überraschung kommen (wohl aber eine Wahrheit) Das ist es doch, was ich meine, wenn ich sage: Wir können nach dem einen Gebrauch des Wortes die Regeln für das Wort angeben. Denn das heißt ja seinen Gebrauch in Sätzen zu beschreiben. D.h. eine allgemeine Beschreibung aller möglichen/möglicher/ Sätze zu geben

4 ?/ Es könnte nun eingewandt/eingewendet/ werden daß ich die Bedeutung, z.B., der Worte ‚blau' und ‚rot' vertauschen könnte und dadurch zwar Sätze die früher wahr jetzt falsch u.u. würden, aber kein Satz der früher Sinn hatte, jetzt unsinnig würde u.u.. Das ist wahr. Es ist aber dabei nicht bedacht, daß auch Sätze wie „das hat diese Farbe" zu 112 unserer Sprache gehören und die Grammatik mir dann sagen muß daß dieser Satz soviel heißt wie „das ist rot".

5 ?/ Es frägt sich einfach: Was ist das für ein Satz „das Wort ‚ist' in ‚die Rose ist rot' ist dasselbe wie in ‚das Buch ist rot', aber nicht dasselbe wie in ‚2 × 2 ist 4'"? Man kann nicht antworten, es heiße, verschiedene Regeln gelten von den beiden Wörtern, denn damit geht man im Zirkel. Wohl aber heißt es, das Wort ist in seinen verschiedenen Verbindungen durch zwei Zeichen ersetzbar, die nicht für einander einzusetzen sind. Ersetze ich dagegen das Wort in den beiden ersten Sätzen durch zwei verschiedene Wörter, so kann ich sie für einander einsetzen.

6 / Nun könnte ich wieder fragen: sind diese Regeln/ist diese Regel/ nur eine F o l g e des E r s t e n: daß im einen Fall die beiden Wörter ‚ist' die gleiche Bedeutung haben, im andern Fall nicht? Oder ist es so, daß diese Regel eben der sprachliche Ausdruck dafür ist, daß die Wörter das gleiche bedeuten?

7 / Ich will es damit vergleichen, daß das Wort ‚ist' einen andern Wortkörper hinter sich hat. Daß es beidemale die gleiche Fläche ist, die einem andern Körper angehört, wie wenn ich ein Dreieck im Vordergrund sehe das das einemal die Endfläche eines Prismas das andremal eines Tetraeders ist. 113

24 jetzt unsinnig würde u.u.. Das ist wahr⟨, es …⟩
25 Es ist aber dabei nicht bedacht, daß ⟨die …⟩
29 ? *Randzeichen durchstrichen*
44 Ich will ⟨s…⟩

1 / Oder denken wir uns diesen Fall: Wir hätten Glaswürfel deren eine Seite /Seitenfläche/ rot gefärbt wäre. Wenn wir sie aneinanderreihen, so wird im Raum nur eine ganz bestimmte Anordnung roter Quadrate entstehen können, bedingt durch die Würfelform der Körper. Ich könnte nun die Regel nach der hier rote Quadrate angeordnet sein können auch ohne Erwähnung der Würfel angeben, aber in ihr wäre doch bereits das Wesen der Würfelform präjudiziert. Freilich nicht, daß wir gläserne Würfel haben wohl aber die Geometrie des Würfels.

2 / Wenn wir nun aber einen solchen Würfel s e h e n, sind d a m i t wirklich schon alle Gesetze der möglichen Zusammenstellung gegeben?! Also die ganze Geometrie?

Kann ich die Geometrie |des Würfels| von einem Würfel ablesen?

3 ∫ Muß ich nicht dazu in ihm schon eine sehr einfach ausgesprochene Regel sehen?

4 / Der Würfel ist dann eine Notation der Regel.

Und hätten wir eine solche Regel gefunden, so könnten wir sie wirklich nicht besser notieren, als durch die Zeichnung eines Würfels (und daß es hier eine Zeichnung tut, ist wieder ungemein wichtig. /bedeutsam./)

5 / Und nun ist die Frage: in wiefern kann der Würfel oder die Zeichnung 114
(denn die beiden kommen hier auf dasselbe/eins/ hinaus) als Notation der geometrischen Regeln dienen?

6 / Doch auch nur sofern er einem System angehört: nämlich der Würfel mit der einen roten Endfläche wird etwas anderes notieren, als eine Pyramide mit quadratischer roter Basis, etc. D.h., es wird dasjenige Merkmal der Regeln notiert worin sich z.B. der Würfel von der Pyramide unterscheidet.

7 / Und das bringt mich wieder darauf, daß ja jede Erklärung eines Zeichens statt des Zeichens sollte dienen können. D.h. wenn ich ein Zeichen durch Erklärungen gleichsam aufbaue, dann muß das Aufbauen mit dem Resultat des Aufbauens äquivalent sein. (Da es nie auf (verschiedene) Attribute ankommt.)

25.

8 / „Es liegt schon in dem Akt/der Operation/ der Negation, daß sie verdoppelt sich selbst aufhebt“.

Das was schon ‚darinliegt‘ kann man immer nur durch eine Regel ausdrücken/aussprechen/, weil man es nicht ausdrücken kann sofern /soweit/ es darinliegt, sondern nur detachiert.

Darum ist ‚~‘ in „~~p = p“ keine Negation.

5 Ich könnte ⟨nur⟩ die Regel nach der hier rote Quadrate
7 aber in ihr wäre doch bereits das Wesen ⟨des Würfels⟩ präjudiziert.
13 |des Würfels| *–das Einfügungszeichen ist im MS gewellt unterstrichen*
44 *Im MS:* weil |man| es nicht ausdrücken kann

1 / Das einzige Korrelat, in der Sprache, zu einer Naturnotwendigkeit ist eine willkürliche Regel. Sie ist das einzige, was man von dieser 115 Notwendigkeit in einem Satz/Sätze/ abziehen kann.

2 ?/ „Ich sage doch diese Worte nicht bloß, sondern ich meine auch etwas mit ihnen". Wenn ich z.B. sage „Du darfst nicht hereinkommen" so ist es der natürliche Akt, zur Begleitung dieser Worte, mich vor die Tür zu stellen und sie zuzuhalten. Aber es wäre nicht so offenbar naturgemäß wenn ich sie ihm bei diesen Worten öffnen würde. Diese Worte haben, wie sie hier verstanden werden, offenbar etwas mit jenem Akt zu tun.

Der Akt ist sozusagen eine Illustration zu ihnen – müßte als Sprache aufgefaßt werden können. Andrerseits ist er aber auch der Akt den ich abgesehen von jedem Symbolismus aus meiner Natur tun will/tue/.

3 ∫ Der Satz ist eben das Motiv der/zur/ Handlung.

4 ∫ Die Negation im Satz ist wie der *hölzerne* Würfel. Sie negiert ja *etwas* und kann nur so bestehen. [negieren.]

5 / Die gramm. Regel spiegelt in der Sprache die Weise, wie wir die Negation befolgen.

6 Wie ich einen Befehl befolge zeigt doch wohl, wie ich ihn verstehe [auffasse.] Aber das Band zwischen Befolgung und Befehl ist der unsichtbare (gläserne) Körper des Symbols, der in den Regeln der 116 Sprache sichtbar gemacht wird.

7 / Jedes Zeichen der Negation ist gleichwertig jedem andern, denn

p	"
W	F
„ F	W

ist ebenso ein Komplex von Strichen, wie das Wort „nicht" und zur Negation wird es nur durch die Art wie es ‚*wirkt*'. Hier aber ist nicht die Wirkung im Sinne der Psychologie (das Wort ‚Wirkung' also nicht kausal) gemeint, sondern die Form seiner Wirkung.

8 / |Ich möchte sagen:| Nur dynamisch wirkt das Zeichen, nicht statisch.

Der Gedanke ist dynamisch.

9 ∫ Das heißt doch, nur wenn ich mich danach richte, wirkt das Zeichen als Zeichen. (Geld wirkt nur als Geld wenn ich es für etwas bekomme oder hergebe)

3 was man von dieser Notwendigkeit in ⟨Sätzen⟩ abziehen kann.
5 ? *Randzeichen durchstrichen*
6 mit ihnen". –*im MS Zeilenende ohne Schlußpunkt*
10 wie sie hier verstanden werden, offenbar etwas mit ⟨d...⟩
15 ⟨Da...⟩
15 Der Satz ist eben das ⟨Motiv ...⟩
25 Befehl ist der unsichtbare (gläserne) ⟨Würfel ...⟩
25 der in ⟨der Regel⟩ der Sprache sichtbar gemacht wird.

1 ∫ Wenn ich mich nach dem Satz ‚~p‘ richte, so ist das, was ich tue natürlich auch durch die Negation charakterisiert. Aber ich kann den Anteil den die Negation an der Bestimmung meiner Handlung hat nicht beschreiben, er ist ja eben durch die Negation ausgedrückt; wohl aber kann ich die internen Eigenschaften der Negation durch die Regeln zeigen die vom Verneinungszeichen gelten.

2 ∫ Meine Aufgabe ist es nur alles zu beachten was zwar jeder weiß aber nicht als wesentlich beachtet hat.

3 ∫ Nein so habe ich das Wort ..a.. |gar| nicht gemeint, nicht in dem Sinne in dem man sagen kann ..fa.., sondern in dem Sinne von ..ϕa..“ 117

4 ∫ Denke, wie ich die Verneinung eines Satzes in die Tat umsetze. Da muß ich doch eben von den Eigenschaften jenes Körpers Gebrauch machen, der hinter dem Worte ‚nicht‘ liegt.

5 ∫ Ich könnte etwa sagen, wie sich Würfel zueinander verhalten hängt zwar von ihrem Material ab, aber bei gegebenem Material hängt das Verhalten der Körper von ihrer Gestalt ab./ist das Verhalten der Körper durch ihre Gestalt bestimmt./

6 ?/ Wenn ich die Verneinung übersetze, so muß ich doch von ihren geometrischen Eigenschaften Gebrauch machen.

7 ∫ Denken wir uns den Fall, daß ich auf einem Plan durch Schraffierung einer Stelle andeute, daß diese/die entsprechende/ Stelle nicht zu betreten ist.

8 ∫ Ich möchte sagen: die Verneinung hat außer ihren logischen Eigenschaften auch noch physikalische.

26.

9 ∫ Bedenke, daß man auch dem Kind die Negation nur an |diversen| einzelnen Beispielen beibringt./vorführt und ihr Verständnis beibringt./

3 an der Bestimmung meiner Handlung hat nicht in ⟨einem …⟩

6 er ist ja eben durch die Negation ausgedrückt; wohl aber kann ich die internen Eigenschaften der Negation durch die Regeln zeigen die vom Verneinungszeichen gelten. *–im MS am linken Rand mit einer Wellenlinie markiert*

9 *Im MS:* was zwar jeder weiß aber als wesentlich beachtet hat.

11 |gar| *–das Einfügungszeichen ist im MS gewellt unterstrichen*

18 ⟨Es …⟩

26 daß ich auf ⟨einen⟩ Plan durch Schraffierung ⟨eine⟩ Stelle andeute,

34 |diversen| *–im MS ist auch das Einfügungszeichen gewellt unterstrichen*

1 / Jeder der einen Satz liest und versteht sieht die verschiedenen Wortarten/Worte/ in verschiedener Weise obwohl sich ihr Bild und Klang der Art nach nicht unterscheidet. Wir vergessen ganz, daß ‚nicht' und ‚Tisch' und ‚grün' als Laute oder Schriftbilder betrachtet sich nicht wesentlich von einander unterscheiden und sehen es nur klar in einer uns fremden Sprache. 118

2 / Die Wörter haben offenbar ganz verschiedene Funktionen im Satz. Und diese Funktionen scheinen uns ausgedrückt in den Regeln die von den Wörtern gelten.

3 / Man denke nur daran, was es heißt daß sich ein Wort auf diesen Bereich des Satzes bezieht!

4 ∫ Denken wir an eine Sprache, in der die Negation durch Drehen des Satzbildes um 180° ausgedrückt würde. Wäre es hier nicht besonders klar daß das gedrehte Bild an sich nicht wesentlich anders aussähe als jedes andre und also das Wesen der Negation nicht zum Ausdruck kommt.

5 / Beim Lesen einer schleuderhaften Schrift kann man erkennen, was es heißt etwas in das gegebene Bild/Gebilde/ hineinsehen [erkennen, wie man etwas in das gegebene ....]

6 ∫ Alles das scheint aber doch nur statisch zu sein, nicht dynamisch.

7 ∫ Ein umgestürzter Sessel wird anders wahrgenommen, wenn er als solcher erkannt wird, als, wenn er bloß als Holzkonstruktion ohne Bezug auf eine andre mögliche Lage gesehen wird. [... als, wenn er als |eine| Holzkonstruktion in ihrer gegebenen Lage hingenommen wird] 119

8 ?/ Denke an die Vexierbilder. Ein Komplex von Strichen wird auf einmal /plötzlich/ als das umgekehrte Bild eines Mannes erkannt und gesehen.

9 Wenn man eine Uhr abliest, so sieht man einen Komplex von Strichen, Flecken etc., aber auf ganz bestimmte Weise, wenn man ihn als Uhr und Zeiger betrachten/auffassen/ will.

10 ∫ Wenn ich etwa sage: „es ist 7 Uhr, da muß ich gehen", da war es nicht genug, einfach den Komplex von Strichen etc. ‚statisch' zu sehen.

27.

11 ∫ Was nicht aus der Quelle rinnt, kann nicht im Fluß fließen.

12 / Das ‚Nicht' macht eine abwehrende/verneinende/ Geste.

obwohl sich ihr Bild und Klang der Art nach nicht unterscheidet. *–im MS am linken Rand mit einer vertikalen Wellenlinie markiert*

Wir vergessen ganz, daß ‚nicht' und ‚Tisch' und ‚grün' als ⟨Z...⟩

Im MS schließt die Bemerkung: das Wesen der Negation nicht zum Ausdruck

Beim Lesen ⟨eines schleuderhaft geschriebenen ...⟩

Im MS: wie man etwas in das gegebene ....)

|eine| *–das Einfügungszeichen ist im MS gewellt unterstrichen*

Das ⟨‚nicht'⟩ macht eine abwehrende/verneinende/ Geste.

1 / Jede/Die/ ethische Rechtfertigung einer Handlung/Tat/ must appeal to the man vor dem/dem/ ich sie rechtfertige/rechtfertigen will/. [… dem ich sie begreiflich machen will.]

2 ∫ Ein Element der Beschreibung kann Beschreibung nicht charakterisieren.

3 ∫ Wenn ich dem Befehl folge so verstehe ich ihn darin in gewissem Sinne. Kann ich ihn aber auch verstehen, ohne ihm zu folgen? D.h. ist das Verstehen wesentlich ein Teil des Befolgens?

Das Verstehen ist das Verstehen, und das Befolgen ist das 120
Befolgen.

4 / Das Verstehen der Verneinung ist das Sehen ihrer abwehrenden Geste.

5 / Oder: Das Verstehen der Verneinung ist dasselbe, wie das Verstehen einer abwehrenden Geste.

Und was ich oben über ‚statisch' und ‚dynamisch' gesagt habe, bezieht sich auch ganz auf diese/die/ Geste.

6 ∫?/ Wir können sagen: Ich kann mir denken, daß ich diese Geste wahrnehme und sie nicht ‚abwehrend' empfinde. Denn die bloße vorgestreckte Hand und der zurückgelehnte Körper ist nicht mehr abwehrend als ein Kegel oder Wasserkrug.

Ich möchte sagen: es ist die Wirkung der Bewegung auf mich, die das Abwehrende ausmacht. Aber es ist nicht die Wirkung, denn von der wüßte ich nicht die Ursache, und ein Medicament das dieselbe Wirkung hätte (welche immer sie sein mag) würde ich nicht abwehrend nennen.

Es ist, wie ich mich früher ausdrückte, ‚die Art wie ich diese Bewegung sehe'. Aber das wäre wieder statisch. Ich glaube, es ist, daß sich etwas bestimmtes in mir nach dieser Bewegung/Geste/ richtet.

/ Aber was in dieser Behauptung ist nun bloße Hypothese (Mythologie)?

7 ∫ Was ist z.B. der logische Gehalt meiner Aussage: „Die ‚abwehrende Geste' habe an sich/als Bewegung/ nicht mehr Abwehrendes, als irgend eine Bewegung oder Körperform"?

Das heißt doch: Die Beschreibung dieser Bewegung allein 121
beschreibt das Abwehren nicht. D.h. es hat Sinn von dieser Bewegung zu sagen/auszusagen/, sie sei eine abwehrende Geste.

2 vor dem/dem/ *–zweite Variante im MS durchstrichen*
21 ∫ *Randzeichen überschrieben*
21 ? *Randzeichen durchstrichen*
22 daß ich diese Geste wahrnehme(,) und sie nicht ‚abwehrend' empfinde
23 zurückgelehnte Körper ist nicht mehr ⟨abl…⟩
24 zurückgelehnte Körper ist nicht mehr abwehrend als ein Kegel oder ⟨.… .⟩
33 *Der Absatz ist im MS eine Bemerkung, durch eine Klammer am linken Rand der vorangehenden zugeordnet.*
36 *Die Bemerkung ist am linken Rand mit einer vertikalen Wellenlinie markiert.*
36 Was ist z.B. der logische Gehalt ⟨dessen …⟩
39 Das heißt doch⟨, …⟩

1 ?/ Und nun will ich sagen: Es liegt nicht an der speziellen Bewegung, daß sie an und für sich keine abwehrende Geste ist, sondern eine Bewegung ist an sich überhaupt keine Geste.

Es ist natürlich auch nicht, daß/Es liegt natürlich auch nicht daran daß/ sie keine ruhende Attitude ist sondern Bewegung, denn die Bewegung/diese/ ist an sich, in meinem Sinn, ebenso ‚statisch' wie die ruhende Stellung.

2 / (Die Gebärdensprache ist eine *Sprache* und wir haben sie nicht – im gewöhnlichen Sinne – gelernt. Das heißt: sie wurde uns nicht (absichtlich,) geflissentlich gelehrt. Und doch haben wir sie gelernt. –

3 ∫ Ich kann die abwehrende Geste auch verstehen, wenn sie einem Andern gilt.

4 / Chinesische Gesten verstehen wir so wenig, wie Chinesische Sätze.

5 ∫ (Die Geste muß, um verstanden zu werden, wie jedes Zeichen als Bild, das heißt als Angehöriger eines Systems aufgefaßt werden.)

6 / Man könnte sich das Lernen einer Sprache analog dem Fingerhutsuchen vorstellen, wo die gewünschte Bewegung durch ‚heiß, heiß', ‚kalt, kalt' herbeigeführt wird. Man könnte sich denken, daß der Lehrende statt dieser Worte auf irgend eine Weise (etwa durch 122 Mienen) angenehme und unangenehme Empfindungen hervorruft, und der Lernende nun dazu gebracht wird, *die* Bewegung auf den Befehl hin auszuführen, die regelmäßig von der angenehmen Empfindung begleitet wird (oder zu ihr führt).

Wir könnten uns denken, daß er auf diese Art abgerichtet wird, auf gewisse Zeichen in bestimmter Art zu reagieren. (Und Abrichten geschieht wirklich so.)

7 / Hätten wir nun dadurch den Zeichen folgen gelernt, so verhielte es sich so: Wir würden beobachten, daß wir bei gewissen Bewegungen und Worten des Andern reflexartig gewisse Bewegungen machen und würden dies nachträglich dadurch erklären, daß diese Bewegungen uns seinerzeit zu angenehmen Empfindungen verholfen haben. Diese Erklärung verhielte sich zu unseren Handlungen so, wie die Darwinsche Erklärung des Stirnrunzelns – aus einem gewissen Nutzen den es unsern tierischen Vorfahren gebracht habe – zu dem Akt des Stirnrunzelns, der jetzt keine Beziehung zu diesem Zweck hat. Die Erklärung wäre eine hypothetische und würde die Ursache der Handlung betreffen, nicht das Motiv.

2 *Im MS:* an |und| für sich
3 keine abwehrende Geste ist, sondern eine Bewegung ist an ⟨und f…⟩
9 (Die Gebärdensprache *–im MS fehlt die Schlußklammer*
10 und wir haben sie nicht – im gewöhnlichen Sinne – gelernt. ⟨Daß …⟩
16 Chinesische Gesten ⟨verstehe ich …⟩
16 verstehen wir so wenig, wie ⟨chinesische Wörter …⟩
21 Man könnte sich das Lernen einer Sprache ⟨al…⟩
27 die regelmäßig von ⟨von⟩ der angenehmen Empfindung
33 *Im MS:* verhielte es |sich| so:

1 ∫ Denken wir uns eine Sprache in der jeder Befehl durch eine Vorführung mit Puppen etc. gegeben wird. Hier ist das Folgen viel leichter als ein einer-Regel-Folgen erkennbar. Oder noch einfacher, daß der Befehlende uns alles (selbst) vormacht.

2 ∫ (A. I don't agree with you there. 123
B. Alright, then I won't agree with you either.)

28.

3 / Es ist sehr sonderbar: Das Verstehen einer Geste möchten wir/Wir sind versucht das Verstehen .../ durch ihre Übersetzung in Worte erklären, und das Verstehen von Worten durch diesen entsprechende Gesten. [Es ist sehr sonderbar: Wir sind versucht das Verstehen einer Geste durch, ihr entsprechende, Worte zu erklären, und das Verstehen von Worten durch, diesen entsprechende Gesten.]

4 / Und wirklich werden wir Worte durch eine Geste und eine Geste durch Worte erklären

5 ∫ Es ist/wird uns/ besonders schwer, uns zurückzuhalten, in der Philosophie h i n t e r die Erscheinungen dringen zu wollen.

6 / Das Abbilden (Nachahmen) enthält wesentlich eine gewisse Bereitschaft – Empfänglichkeit, die Bereitschaft sich führen zu lassen, sich nach dem Modell zu richten, die Funktion zu sein, zu der das Argument das Modell sein wird.

Und wirklich ist der Ausdruck dafür der, daß ich gleichsam x^2 oder $(\ )^2$ bin und wenn nun das Modell 5 ist, so ergibt es „von selbst" 5^2. (Sich für das Modell unbestimmt halten, und/sich/ von ihm bestimmen lassen.) (?)

7 / Wenn ich nun x^2 war und es kommt die 5 daher, so müßte es nun daraus allein folgen, daß ich zu 5^2 werde.

/ Und das ist in einem Sinn der Fall und in einem andern nicht. Es ist nicht der Fall in dem Sinn, in dem/: daß/ ich eine Handlung nicht als 124
die Befolgung eines Befehls durch vergleichen der Handlung mit dem Befehl erweisen kann. Und es ist der Fall in dem Sinn, in dem ich die Handlung durch Collationieren mit dem Befehl rechtfertigen kann.

8 Ich bin x^2, nun kommt die 5 daher und ich werde nun 5^2. Nun kann ich die 5^2 mittels der 5 und x^2 in einem Sinne rechtfertigen, in einem andern nicht. Und ich möchte sagen,/:/ soweit ich sie nicht rechtfertigen kann, hat es keinen Sinn das Wort „rechtfertigen" zu gebrauchen.

11 durch ⟨Worte ...⟩
15 das Verstehen von Worten durch, *–das Komma ist im MS gewellt unterstrichen*
28 x^2 oder $(\ )^2$ bin und wenn nun das Modell 5 ist, so ergibt es⟨, ...⟩
34 *Der Absatz ist im MS eine Bemerkung, durch eine Klammer am linken Rand der vorangehenden zugeordnet.*
35 ich ⟨die⟩ Handlung nicht als die Befolgung eines Befehls
42 Und ich möchte sagen⟨;⟩,/:/ *–das Komma ist im MS gewellt unterstrichen*
43 ⟨I...⟩ *Streichung in der folgenden Leerzeile*

1 Ich kann 5^2 mittels x^2 rechtfertigen wenn ich dabei x^2 einem x^3 oder einem anderen Zeichen des Systems entgegenstelle.

2 ∫ Der Satz „wenn 6 gekommen wäre, wäre ich 6^2 geworden", muß in der allgemeinen Bereitschaft liegen. Also in dem x^2

3 Die Schwierigkeit ist offenbar, das nicht zu rechtfertigen versuchen, was keine Rechtfertigung besitzt/verträgt/ [zuläßt]

4 / Wenn man fragt: „warum schreibst Du 5^2?" und ich antworte „es steht doch da, ich soll quadrieren", so ist das eine Rechtfertigung – und eine v o l l e – . Eine Rechtfertigung verlangen in dem Sinne in dem dies keine ist, ist sinnlos.

5 ∫ Wenn das keine Rechtfertigung ist, so gibt es keine. Das ist es, was wir 125 eine Rechtfertigung nennen.

6 / Ich hätte jemandem alle möglichen Erklärungen dafür gegeben, was der Befehl „quadriere diese Zahlen" heißt. (Und das/diese Erklärungen/ sind doch sämtlich Zeichen.) Er quadriere darauf und nun frage ich ihn „warum tust Du d a s auf diese Erklärungen hin?". Dann hätte es keinen Sinn mir zu antworten: „Du hast mir doch gesagt: (folgt die Wiederholung der Erklärungen)". Eine andre Art der Antwort ist aber auf diese Frage auch nicht möglich und die Frage heißt eben nichts. Sie müßte sinnvoll lauten: „Warum tust Du d a s und nicht jenes auf diese Erklärungen hin (ich habe Dir doch gesagt ....)".

7 / Wenn man nun fragen würde: Wie lange vor der Anwendung der Regel muß die Disposition „x^2" gedauert haben? Eine Sekunde, oder zwei? Diese Frage klingt natürlich, und mit Recht, wie eine Persiflage. Wir fühlen, daß es darauf gar nicht ankommen kann. Aber diese Art (der) Frage taucht immer wieder auf.

8 / Die „Weise" wie ich mich nach der Regel richte; wenn dieses Wort überhaupt einen Sinn haben soll, muß das sein, was durch eine weitere Regel über die Anwendung der ersten ausgedrückt ist. Ist eine solche weitere Regel nicht vorhanden, so gibt es keine W e i s e der Anwendung der ersten, sondern nur ihre Anwendung. Eine Weise ist dies, im Gegensatz zu einer andren Weise.

1 Ich kann ⟨die⟩ 5^2 mittels x^2 rechtfertigen

10 Wenn man ⟨frägt⟩: „warum schreibst Du

13 Eine Rechtfertigung verlangen in dem Sinne in dem dies keine ist, ist sinnlos. *–im MS am linken Rand mit einer vertikalen Wellenlinie markiert*

15 *Die Bemerkung ist am linken Rand mit einer vertikalen Wellenlinie markiert.*

30 Diese Frage klingt natürlich, und mit Recht, ⟨na...⟩

1 Warum sollte ich mir vor der Ausführung des Quadrierens/der Quadrierung/ die Regel wiederholen? Denn, wenn ich im Stande bin sie zu wiederholen dann kann ich sie ja auch gleich anwenden. Den Wortlaut der allgemeinen Regel wiederholen, hätte nur Sinn, wenn ich sie im Gegensatz zu anderen Regeln hervorheben will. Weil das allgemeine Zeichen der Regel ja nicht magisch wirkt, sondern nur insofern Sinn hat als es auf eine Stelle eines Systems zeigt. 126

2 ∫ Die Grammatik beschreibt das System, den Raum, an dessen eine Stelle das Symbol/Zeichen/ zeigt.

3 ∫ Wir müssen in gewissem Sinne wissen, was statt der Regel/des Regelausdrucks/ x^2 alles stehen könnte, um dieses Zeichen zu verstehen.

4 ? Könnte man also sagen: Das Zeichen muß, um verstanden zu werden, als Argument in eine Funktion fallen die eben den Raum characterisiert in dem dann das Zeichen die Stelle im Gegensatz zu anderen Stellen anzeigt?

5 ? Darum kann das Zeichen ohne Grammatik nicht existieren.

6 ?∫ Das Zeichen ohne Grammatik wäre das ‚statische'.

7 ? Das heißt, ich kann auch eine Geste nicht verstehen, wenn ich sie nicht als eine Möglichkeit in einem bestimmten Raum sehe. Und also gibt es auch eine Grammatik der Gesten (nämlich ihre Geometrie)

8 ? Wenn ich die Geste des Uhrzeigers verstehen soll, so muß ich sie als den einen Wert einer bestimmten Variablen auffassen. Die Grammatik sagt uns die möglichen Stellungen des Uhrzeigers, d.h., gibt mir diese Variable. 127

9 ? Nun, glaube ich, sehen wir auch den Grund, warum uns der Gedanke in gewissem Sinne als ergänzungsbedürftig, unvollständig, erschien.

10 Man kann zu einem Zeichen, etwa dem Pfeil ↗ der eine bestimmte Richtung andeuten soll, die Erklärung hinzusetzen: Im Gegensatz zu ↑ oder ↖. Und obwohl das keine erschöpfende Grammatik ist, so zeigt es doch, daß wir damit eine Erklärung andeuten können, daß, was in dieser Erklärung angedeutet wird, im Verständnis irgendwie sousentendu /mit verstanden/ ist.

1.3.

11 ∫ Ich denke/frage/: in welcher Richtung wird wohl der Pfeil zeigen; – und nun zeigt er in dieser.

3 dann kann ich sie ja auch gleich anwenden. ⟨Der …⟩
17 als Argument in eine Funktion fallen die eben ⟨der …⟩
23 ? *Randzeichen überschrieben*

1 ?∫ Der Raum in dem der Pfeil aufgefaßt wird, kann nicht durch ein, dem Pfeil in irgendeiner Weise hinzugefügtes/beigefügtes/, Zeichen charakterisiert werden. Denn die gleiche Unbestimmtheit müßte auch diesem Zeichen eigen sein.

2 ∫ Jeder Satz sagt: es ist so, und nicht anders.
Dann kann man die Sprache nicht beschreiben. 128

3 ∫ Sieht man das gerade, aufgeknüpfte Stück des Fadens, so ist es schwer zu erkennen, welches Stück des verknoteten Fadens es früher war. Man erkennt in der Lösung nicht mehr die Probleme, die sie gelöst hat.

4 ?/ Nicht darin besteht das Abbilden der Strecke a daß ich daneben die 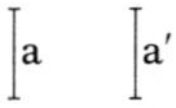 gleichlange a′ setze, sondern darin, daß a, in die allgemeine Disposition eingesetzt, a′ ergibt.

Die allgemeine Disposition wird dadurch beschrieben, daß ich sage: wenn a doppelt so lange gewesen wäre, hätte ich auch a′ doppelt so lange gemacht. (etc).

5 ?/ Wenn man fragt: „Warum muß denn die Sprache Grammatik haben? das muß doch mit ihrer Anwendung zu tun haben". So müßte ich sagen: Ja, denn wie sollte ich sonst etwas beschreiben, einer Tatsache einen Satz zuordnen, wenn ich nicht in einem bestimmten System das passende wählen könnte, oder – was auf dasselbe hinauskommt – nach einem bestimmten System wählen könnte. Sonst wäre ja die Zuordnung willkürlich/müßte ja die Zuordnung willkürlich sein/. Und umgekehrt, wie sollte ich mich nach einem Zeichen richten, ihm eine Bewegung, Handlung, zuordnen, wenn nicht nach einem System.

6 / Wenn ich mich mit der Bewegung des Punktes P von A nach B 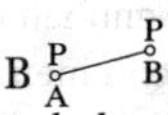 nach dem Pfeil ↗ richte so ist das/so ist, was hier geschieht/ nur dadurch beschrieben, daß ich das System von Pfeilen beschreibe, dem dieser angehört. – Ich könnte nun wohl sagen: Ist das genug? muß ich nicht auch die Regel |angeben nach| der |die| Übersetzung geschieht, z.B. hier, daß ich mich parallel zum Pfeil bewegen muß? Aber diese Übersetzungsregel kann/könnte/ ich mir in Gestalt etwa des Zeichens „| |" (im Gegensatz etwa zu „| —") dem Pfeile zugesetzt denken; aber dann würde das Zeichen „↗| |" auf keiner anderen Stufe stehen wie „↗" und ich könnte doch jetzt nur das System beschreiben dem dieses Zeichen angehört, wenn ich nicht ad infinitum, also erfolglos, weitere Zeichen zu dem obigen setzen will. 129

21 das muß doch mit ihrer Anwendung zu tun haben". So ⟨m…⟩
31 nach dem Pfeil ↗ richte ⟨is…⟩

1 ∫ Du sagst hier, daß, was geschieht, wenn ich mich nach einem Zeichen richte, nicht damit beschrieben ist, daß das Zeichen und meine Handlung beschrieben werden; sondern, daß d a z u auch noch die Grammatik des Zeichens beschrieben/gegeben/ werden muß. Was natürlich nicht dasselbe heißt, wie, daß, der sich nach dem Zeichen Richtende sich des Ausdrucks der gramm. Regeln bewußt ist. Wohl aber, daß einem andern Ausdruck [andern Regeln] auch ein anderer Vorgang des Nachbildens/sich-danach-Richtens/ entspricht.

2 / Das Wort „in Übereinstimmung mit“/„entsprechend“/ (dem Pfeil, z.B.) hat keinen Sinn, wenn es sich nicht auf ein System bezieht, dem der Pfeil angehört.

2.

3 ∫ Ein Zeichen wirkt nicht durch sein suggestives Aussehen, sondern durch das System dem es angehört. 130

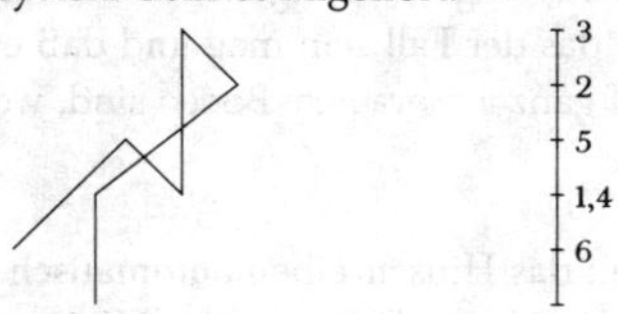

3.

4 / Denken wir uns daß das Schachspiel nicht als Brettspiel erfunden worden wäre sondern als ein Spiel das mit Ziffern und Buchstaben auf Papier zu spielen ist und so daß sich niemand dabei ein Quadrat mit 64 Feldern etc vorgestellt hätte. Nun aber hätte jemand die Entdeckung gemacht, daß dieses Spiel ganz einem entspricht das man auf einem Brett in der und der Weise spielen könnte. Diese Erfindung wäre eine große Erleichterung des Spiels gewesen (Leute denen es früher zu schwer gewesen wäre könnten es nun spielen). Aber es ist klar daß diese |neue| Illustration der Spielregeln nur ein neuer leichter übersehbarer Symbolismus wäre der übrigens mit dem geschriebenen auf gleicher Stufe stünde. Vergleiche nun damit das Gerede darüber daß die Physik heute nicht mehr mit mechanischen Modellen sondern „nur mit Symbolen“ arbeitet.

6 der sich nach dem Zeichen Richtende sich des ⟨Ausdruckes⟩ der gramm.
7 daß einem ⟨andren⟩ Ausdruck [andern Regeln]
30 Diese Erfindung wäre eine große Erleichterung des ⟨Spieles⟩ gewesen
33 nur ein neuer leichter übersehbarer Symbolismus wäre der ⟨im …⟩

1 ?/ Wenn man fragte: Aber wäre es |nicht| doch möglich von dem was beim Quadrieren von 5 in x^2 $\frac{5}{5^2}$ geschieht Rechenschaft zu geben indem man |nur| sagt daß ich vom Zeichen x^2 beeinflußt unter ‚5‘ ‚5^2‘ geschrieben habe; so muß ich fragen: aber woher weiß ich, daß es auf 131 den Einfluß des x^2 geschehen ist? Das ist doch nur eine Hypothese und eine die mich hier gar nicht interessieren kann. Dann kann ich also nur sagen daß x^2 dagestanden hat u n d daß ich 5^2 unter die 5 geschrieben habe!

Und nun ist es klar daß alles was ich erklären will gerade das „d a h e r“ ist.

2 ?∫ Und nur dieses Daher erklärt das System/wird vom System erklärt/wird durch das System erklärt/, und nur das System erklärt das Daher/es/.

3 / Wir stoßen hier immer auf die peinliche Frage ob denn nicht das Anschreiben des 5^2 (z.B.) mehr oder weniger (oder ganz) automatisch erfolgt sein könne, und fühlen daß das der Fall sein mag und daß es uns gar nichts angeht. Daß wir hier auf ganz irrelevantem Boden sind, wo wir nicht hingehören.

4 ?/ Wir möchten nämlich sagen: Soweit das Hinschreiben automatisch erfolgt geht es uns nichts an und es hat keine Deutung eines Zeichens stattgefunden. – Erst wenn ich das was ich hinschreibe/tue/, durch ein Zeichen rechtfertige, liegt in dieser Rechtfertigung der Hinweis auf das, was in den Regeln der Grammatik ausgedrückt ist.

5 ?/ Das heißt: Wenn immer ich ξ schreibe w e i l hier η steht setzt dieses Weil eine Regel voraus

6 ∫ Ich kann doch am Schluß nicht mehr sagen als jeder weiß.

7 ∫ Ich kann doch nur,/:/ auf das aufmerksam machen, was jeder weiß, d.h. 132 sofort als wahr zugibt.

(Das Sokratische Erinnern an die Wahrheit)

1 Wenn man fragte: ⟨aber⟩ wäre es |nicht| doch möglich
2 geschieht ⟨nur⟩ Rechenschaft zu geben indem man |nur| sagt
4 unter ‚5‘ ‚5^2‘ geschrieben habe; so ⟨ist die Antwort …⟩
5 es auf den Einfluß ⟨der H…⟩
12 *Die Bemerkung ist am linken Rand mit einer vertikalen Wellenlinie markiert.*
15 Wir stoßen hier immer auf die ⟨Pei…⟩
16 das Anschreiben ⟨der⟩ 5^2 (z.B.) mehr oder weniger
19 Daß wir hier auf ganz irrelevantem Boden sind, wo wir nicht hingehören. *–im MS am linken Rand mit einer vertikalen Wellenlinie markiert*
25 auf das, was in ⟨der Regel⟩ der Grammatik ausgedrückt ist. *–im MS am linken Rand mit einer vertikalen Wellenlinie markiert*
27 Das heißt: Wenn ⟨im …⟩
27 w e i l hier η steht setzt dieses ⟨‚Weil‘⟩ eine Regel voraus
32 Ich kann doch nur,/:/ *–das Komma ist im MS gewellt unterstrichen*
32 *Im MS:* nur auf das auf das aufmerksam

1 / „Ich schreibe ‚5^2', weil hier ‚x^2' steht". Was aber, wenn ich sagte: „Ich schreibe ‚+', weil hier ‚σ' steht"? Man würde fragen: Schreibst Du denn überall ‚+' wo ‚σ' steht? D.h. man würde nach einer allgemeinen Regel fragen. Und das ‚weil' im letzten Satz hätte sonst keinen Sinn.

2 ∫ Ich meine also, das ‚weil' (hier) bezieht sich auf eine allgemeine Regel, d.h., es muß sich immer durch eine allgemeine Regel ergänzen lassen.

3 / Gehen wir zum Uhrzeiger zurück: Gewiß stellen wir uns den Uhrzeiger nicht in verschiedenen Stellungen vor, wenn wir seine gegenwärtige Stellung ablesen (auch würde uns das nicht helfen). Und vielleicht, wenn wir sagen „es ist 5 Uhr, ich muß gehen" sagen wir dies und gehen automatisch. Aber ich hätte ja auch, wie der Betrunkene, auf die Streichholzschachtel sehen können und sagen „Donnerstag, da muß ich gehen". Und soweit Ursache und Wirkung in Frage kommen, sehe ich zwischen den beiden Fällen keinen Unterschied.

4 ∫ Kann ich aber einfach so sagen: Wo immer so ein ‚weil' (‚deswegen', etc) steht, da k a n n ich eine allgemeine Regel aussprechen, die den Vorgang beschreibt.

5 / Wenn also Einer sagt „5, – da muß ich ‚5^2' schreiben", so muß dazugeschrieben werden können: „weil ich jede Zahl |die mir unterkommt| quadrieren muß", und zwar darf dieser Zusatz der Tatsache nichts hinzufügen. 133

6 ∫ Der Pfeil allein zeigt nicht.

7 Es kann keine Diskussion darüber geben, ob diese Regeln oder andere die richtigen für das Wort ‚nicht' sind. Denn das Wort hat ohne diese/die/ Regeln noch keine Bedeutung und wenn wir die Regeln ändern, so hat es nun eine andere Bedeutung (oder keine) und wir können dann ebensogut auch das Wort ändern. Daher sind diese Regeln willkürlich, weil die Regeln erst das Zeichen machen.

8 / $\frac{x}{x-1} \begin{smallmatrix} \leftarrow 5 \\ \searrow \frac{5}{4} \end{smallmatrix}$ Ich habe die $\frac{5}{4}$ durch den Ausdruck $\frac{x}{x-1}$ auf eine Weise erhalten. Diese Weise ist das Konstante in den Fällen

$$x^2 \begin{smallmatrix} \longleftarrow 5 \\ \searrow 25 \end{smallmatrix}\ ,\ x+1 \begin{smallmatrix} \longleftarrow 5 \\ \searrow 6 \end{smallmatrix}\ ,$$

etc ist also durch das System der Zeichen f(x) gegeben. Diese Weise kann dadurch ausgedrückt werden, daß ich sage: ich setze in den Ausdruck f(x) für x 5 ein (die Zahl ein, die mir gegeben wird). Bestimmt das nicht schon die Grammatik des Zeichens „$\frac{x}{x-1}$" etc?

9 / Ich benütze das Zeichen „$\frac{x}{x-1}$" um von 5 zu $\frac{5}{4}$ zu gelangen.

2 weil hier ‚σ' steht"? Man würde ⟨z...⟩
12 sagen wir ⟨das⟩ und gehen automatisch.
20 die den Vorgang |?| beschreibt *–im MS ist das leergebliebene Einfügungszeichen mit einem Fragezeichen markiert*
22 Wenn also Einer sagt „5, – da muß ich ‚5^2' schreiben", so muß ⟨z...⟩
30 Denn das Wort ⟨‚nicht'⟩ hat ohne diese/die/ Regeln
34 willkürlich, weil⟨,⟩ die Regeln erst das Zeichen machen.

1 / Die Rechtfertigung, daß ich ‚$\frac{5}{4}$‘ schreibe, *weil* da ‚$\frac{x}{x-1}$‘ steht, sagt natürlich nichts andres, als: „|ich| habe $\frac{5}{4}$ aus $\frac{x}{x-1}$ gewonnen“. Und hier kann man fragen: „wie?“ und die Antwort muß eine Regel sein, die sich 134 nicht nur auf das Zeichen ‚$\frac{x}{x-1}$‘ bezieht, denn man brauchte dieses Zeichen nicht, wenn es allein stünde. Daß ein Zeichen mich *so* leiten kann, setzt voraus, daß es mich auch anders hätte leiten können.

4.

2 ∫ Das Beobachten dessen, wie die Sprache gebraucht wird [Die Beobachtung des Sprachgebrauchs als eines Phänomens] liefert uns die Grammatik nicht, denn aus dieser Beobachtung könnte/müßte/ man z.B. schließen, daß das gleiche Wort in den Sätzen ‚die Rose *ist* rot‘ und ‚2 × 2 ist 4‘ vorkommt und also die gramm. Regeln dieses Vorkommen erlauben

3 / Man muß wissen worauf im Zeichen man zu sehen hat. Etwa: auf welcher Ziffer der Zeiger steht, nicht darauf, wie lang er ist.

4 / „Geh in der Richtung in der der Zeiger zeigt.“
„Geh so viele Meter in der Sekunde als der Pfeil cm lang ist.“
„Mach so viele Schritte als ich Pfeile zeichne“.
„Zeichne diesen Pfeil nach.“

Für jeden dieser Befehle kann der gleiche Pfeil stehen. – – –

5 / Ist es so: Den Befehl zum Motiv meiner Handlung nehmen heißt das Gleiche wie: während man handelt wissen, daß man damit den Befehl befolgt oder ihm entgegen handelt?

6 ∫ Es heißt offenbar etwas: „wissen, daß man den Befehl befolgt“ und darin muß das enthalten sein, was in den gramm. Regeln ausgedrückt 135 ist.

7 ∫ Was ich hier versuche ist, keine Hypothese über die Ingerenz der gramm. Regeln zu machen, sondern nur zu sagen, was sicher ist.

8 / Es zeigt mir jemand zum ersten Mal eine Uhr und will daß ich mich nach ihr richte. Ich frage nun: worauf soll ich bei diesem Ding achten. Und er sagt: Auf die Stellung der Zeiger.

1 Die Rechtfertigung, daß ich ‚$\frac{5}{4}$‘ ⟨h...⟩
9 *Die Bemerkung ist am linken Rand mit einer vertikalen Wellenlinie markiert.*
12 könnte/müßte/ man z.B. schließen, daß das gleiche Wort ⟨im Satz ...⟩
25 Den Befehl zum Motiv meiner Handlung nehmen heißt⟨,⟩ das Gleiche
26 das Gleiche wie: während man handelt wissen, daß man ⟨den ...⟩
33 Was ich hier versuche⟨, ...⟩

1 ∫ Es kommt nicht darauf an, ob ich während meiner Handlung mir bewußt war, daß ich dem Befehl gemäß handle. Aber wenn ich, auch nachträglich, die Handlung mit dem Befehl vergleiche, um sie etwa zu rechtfertigen, muß ich dabei den Befehl verstehen, d.h. dieses Vergleichen hängt vom grammatischen Raum ab, in dem der Befehl existiert und der durch die gramm. Regeln gegeben ist. Denn dann muß ich den Pfeil verschieden verstehen jenachdem er verschieden erklärt wird./wurde./

2 ∫/ „Folge der Richtung des Pfeils" das gibt die ganze Grammatik des Pfeils.
Das Wort ‚Richtung' ist die Variable die den Raum darstellt.

3 ∫ Die Grammatik beschreibt, wie die Zeichen verwendet werden. Aber nicht, wie sie einer Reihe von Beobachtungen zufolge verwendet werden, sondern die Verwendung in jedem einzelnen Fall.

4 „Ich muß auf die Länge achten", „ich muß auf die Richtung achten", das 136
heißt schon: auf diese Länge im Gegensatz zu anderen, etc.

5 / Kann man nun auch, ohne der Richtung des Pfeils zu folgen, auf seine Richtung achten? (Denn das heißt so viel wie: kann man verstehen ohne zu übersetzen?)

6 ?/ „Folge dem Pfeil" hat gar keinen Sinn, wenn es nicht eine Abkürzung einer bestimmten Erklärung (von mehreren möglichen) ist.

7 ∫ Und wenn ich nun das Zeichen ↗ irgendwie auffasse und mich danach richte so muß mir keine solche Erklärung gegenwärtig sein (und wäre sie es, so müßte ich sie ja selbst wieder irgendwie als Zeichen in einem System verstehen und sie würde mir also nichts helfen) aber das was ich tue wird durch eine solche Erklärung beschrieben, es entspricht einer solchen Erklärung. Die aber, da sie selbst ein Zeichen ist mir nicht das Wesen des Zeichens aufbauen helfen kann.

5.

8 ∫ Zeitliches Verhältnis des Befehls/Ausdrucks/ „geh zur Tür hinaus" und der Handlung, die ihn befolgt.

Denken wir uns den Befehl durch ein Trompetensignal gegeben.

Und den Unterschied zwischen dem Befolgen des Befehls „geh zur Tür hinaus" und eines Befehls, der mir etwa jeden Schritt zur Tür vorzeichnet.

Offenbar ist der obere Befehl einem Element des andern analog. 137

9 ∫ „Da steht das Wort ‚blau', also muß ich diese Farbe nehmen".

2 daß ich dem Befehl gemäß handle. *–im MS Zeilenende ohne Schlußpunkt*
2 daß ich dem Befehl gemäß handle. ⟨(⟩Aber wenn ich⟨ nac…⟩
10 ∫ *Randzeichen durchstrichen*
33 das Wesen des Zeichens aufbauen helfen kann. *–im MS am linken Rand mit einem vertikalen Strich markiert*
40 „geh zur Tür hinaus" und eines Befehls, der ⟨e…⟩
42 Offenbar ist der obere Befehl einem Element des andern ⟨gleich⟩.
44 *Im MS :* Das steht das Wort
44 „Da steht das Wort ⟨‚Blau'⟩, also muß ich

1 ∫ Käme das Wort ‚blau‘ in einer anderen Sprache vor und hieße dort, was auf Deutsch ‚rot‘ heißt, so würde ich mich in meinen Handlungen auch danach zu richten haben, ob der Befehl deutsch oder in der andern Sprache gegeben wurde.

2 Wir nehmen das Signal zum Motiv unserer Handlung.

3 / $y \begin{smallmatrix}\nearrow 5\\ \searrow 25\end{smallmatrix}$ Warum schreibst Du 25? – Weil dort ‚y‘ steht. – Ja ist das das Signal für 25? – Nein, aber ich habe ‚25‘ geschrieben, weil dort ‚y‘ steht. – Woher weißt Du dann, daß Du es deswegen geschrieben hast?

4 ∫ Denken wir an die Verification von Sätzen (nicht die Befolgung von Befehlen) Denn die Rechtfertigung nach der Befolgung ist ja nur eine Verification wie jede andre. Aber: ich habe den Befehl p befolgt heißt nichts andres als, der Befehl war p und ich habe p getan.

5 ∫/ Was heißt es aber: Ich geh zur Tür w e i l der Befehl gelautet hat „geh zur Tür“?

Und wie vergleicht sich dieser Satz mit: ich geh zur Tür obwohl der Befehl gelautet hat „geh zur Tür“ Oder: Ich geh zur Tür, aber nicht weil der Befehl lautete „geh z. T.“, sondern ….. 138
Oder: ich geh n i c h t z. T. weil der Befehl gelautet hat „geh z. T.“.

6 ∫ Heißt „ich habe es getan, weil Du es befohlen hast“ dasselbe wie: „Du hast es befohlen und ich habe es gewünscht“?

6.

7 ∫ Nein: Ich sage „ich tue das weil A es mir befiehlt, nicht weil B es befiehlt“.

8 ∫ Das ‚ich tue‘ kann ich immer durch ein ‚ich wünsche‘ übersetzen, weil ich nicht der Herr meiner Handlungen bin

9 / „Ich wünsche, daß sein Wunsch erfüllt wird“. Damit meine ich nicht nur: ich wünsche, was er wünscht, sondern auch ich wünsche seine Befriedigung.

7.

10 ∫ Die gramm. Regeln haben Bedeutung wo sie gebraucht werden; und nur dort.

11 / „Wie kann das Wort ‚nicht‘ verneinen?“ Ja haben wir denn abgesehen von/außer der/ Verneinung durch ein Zeichen noch einen Begriff von der Verneinung?

Doch es fällt uns dabei etwas ein wie: Hindernis, abwehrende Geste, Ausschluß. Aber das alles (ist) doch immer in einem Zeichen verkörpert.

1 Käme das Wort ‚blau‘ in einer anderen Sprache vor⟨, …⟩
6 Wir nehmen das Signal ⟨zur …⟩
18 ∫ *Randzeichen durchstrichen*
23 Oder: ich geh ⟨z. T. …⟩
25 Heißt „ich habe es getan, weil Du es befohlen hast“ ⟨nicht⟩ dasselbe wie:

1 / Wie soll ich mich nach der Uhr richten? Wie kann ich mich nach diesem Bild  r i c h t e n? Wie nach jedem andern

2 ∫ Die gr. R. haben nur dort Bedeutung wo ich nicht anders kann als sie gebrauchen.

3 ?/ Die Zeigerstellung  könnte mir natürlich auch als unabhängiges Signal erklärt werden, indem mir gesagt würde: „Sieh immer wieder auf die Uhr und wenn sie einmal so ausschaut, dann ....". Das wäre so wie: Wenn Du einmal ein Trompetensignal hörst, dann 139

4 / Das heißt übrigens, daß ich nicht von einer a l l g e m e i n e n Regel für ein Zeichen reden muß, denn die Regel kann lauten: „Wenn Du in einer halben Stunde läuten hörst, dann ...." und nur für dieses mal gelten. Eine Allgemeinheit gibt es freilich auch hier, da ich mich nach dem genauen Zeitpunkt des Signals zu richten habe. Aber auch das kann wegfallen, wenn es heißt: „Wenn es genau in einer halben Stunde läutet, dann komm; wenn es zu dieser Zeit nicht läutet, dann nicht."

5 Wenn einer fragt „wie kann das Wort ‚nicht' verneinen", so könnte man als Antwort fragen: Wie kann der Pfeil  eine Zeit angeben (und er kann's wenn wir in ihm den Stundenzeiger einer Uhr sehen) Aber wie kann der Ausdruck „7 Uhr" eine (Zeit) angeben? Und das Zeichen ‚7' (wie alle Ziffern von 0 bis 9) ist gerade so ein Signal, von dem man sich wundern kann, daß es eine Zahl bezeichnet/bezeichnen kann/.

8 140

6 „Ich muß jetzt gehen." – „Warum?" – „Weil der Pfeil in dieser  Richtung zeigt" – „Zeigt Dir |also| der Pfeil die Richtung die Du zu gehen hast?" – „Nein, er zeigt, daß es 7 Uhr ist und um 7 Uhr muß ich gehen."

7 ?/ Und was ich sagen will, ist, daß ich ursprünglich, als ich sagte „ich muß jetzt gehen weil der Pfeil s o zeigt", mich nach ihm in dem einen und nicht in dem andern Sinne gerichtet habe/hatte/. Daß also diese Erklärung (daß der Pfeil mir die Zeit und nicht die Bewegungsrichtung anzeigt) eine Beschreibung des früheren Vorgangs ist und nicht einer neuen Tatsache, die mit der ersten etwa kausal zusammenhinge.

8 /∫ Könnte ich einfach so sagen: Die Bedeutung eines Wortes spielt eine Rolle in seiner Anwendung und die gr. Regeln beschreiben seine Bedeutung.

9 / Man könnte z.B. ausmachen, im Deutschen statt ‚nicht' immer ‚not' zu setzen und dafür statt ‚rot' ‚nicht'. So daß das Wort ‚nicht' in der Sprache bliebe. Und doch könnte man nun sagen daß ‚not' s o gebraucht wird, wie früher ‚nicht' und daß jetzt ‚nicht' a n d e r s gebraucht wird als früher.

9 und wenn sie einmal so *–von hier weist im MS ein Pfeil auf die vorangehende Zeichnung der Uhr*
23 eine (Zeit) angeben? Und das (Zeig...)
29 |also| *–im MS ist auch das Einfügungszeichen gewellt unterstrichen*
40 */ Randzeichen durchstrichen*

1 ?/∫ Man sucht nie tief genug nach dem philosophisch Bedeutsamen, d.h. man steigt nicht tief genug in das Triviale/Trivialste/ herab. 141

2 ∫ Man könnte auch so sagen: Das Wort muß im Satz seine Bedeutung *haben*. D.h. es muß sie mitführen. Und erst sie macht den Satz zum Satz.

3 ?/ Es ist eine andere Versuchung anzunehmen daß beim Aussprechen des Wortes, wenn es mit Bedeutung gebraucht |(gedacht)| wird, ein sehr komplizierter Prozess/Vorgang/ stattfinden müsse, der etwa solange dauert, wie das Aussprechen des Wortes und sehr rasch vor sich geht. Dies ist – natürlich – ebensowenig der Fall, wie, daß man beim Ablesen der Uhr in Gedanken irgendwie einen komplizierteren Vorgang ausführt als der durch die Zeigerstellung gegebene. So ein komplizierterer Vorgang/eine kompliziertere Tätigkeit/ würde uns ja doch nichts helfen. Warum sollte denn der Vorgang gerade komplizierter sein müssen?! Nein. Der Zeiger in diesem Raum gesehen, ist nicht komplizierter; und ‚nicht' als Verneinung gesehen ist nicht komplizierter. Die Regeln beschreiben nicht einen komplizierten Vorgang der hinter den Zeichen stattfindet/geschieht/.

4 ∫ Ist nicht, was ich jetzt versuche, immer wieder, die gramm. Regeln durch etwas anderes – eine andere Beschreibung – zu ersetzen? Denn wenn sie allein es tun können, dann ist es eben nur allein mit ihnen 142
gesagt.

5 / Und ist alles, was ich sagen kann/darf/, damit gesagt: Man kann nicht von den gr. Regeln sagen, sie seien eine Einrichtung dazu, daß die Sprache ihren Zweck erfüllen könne. Wie man etwa sagt: wenn die Dampfmaschine keine Steuerung hätte so könnte der Kolben nicht hin und her gehen wie er soll. Als könne man sich eine Sprache auch ohne Gr. denken.

6 ∫ Denn wenn ich mich in meiner Handlung nach dem Pfeil richte, so kann ich mich in verschiedener Weise nach ihm richten. Das heißt, wie immer ich mich nach ihm richte, so kann ich dies (etwa nachträglich) als eine Weise im Gegensatz zu einer anderen beschreiben.

1 / *Randzeichen durchstrichen*
8 ⟨Ein...⟩
9 daß beim Aussprechen des Wortes, ⟨nicht⟩ wenn es mit Bedeutung
11 Prozess/Vorgang/ stattfinden müsse, der etwa solange dauert, ⟨d...⟩
29 ihren Zweck erfüllen könne. Wie man ⟨etwas ...⟩
31 so könnte der Kolben nicht hin und her gehen wie ⟨es ...⟩
36 (etwa nachträglich) *–im MS durchstrichen*

10.

1 / Die gr. R. sind, wie sie nun einmal das sind, Regeln des Gebrauchs der Wörter. Übertreten wir sie, so können wir deswegen die Wörter dennoch mit Sinn gebrauchen. Wozu wären dann die gr. R. da? Um den Gebrauch der Sprache im ganzen gleichförmiger zu machen? (etwa aus aesthetischen Gründen?) Um den Gebrauch der Sprache als gesellschaftliche Einrichtung zu ermöglichen? also wie eine Verkehrsordnung damit keine Kollision geschieht/entsteht/? (Aber was macht es uns/geht es uns an/, wenn eine entsteht?) Die Collision die 143 nicht geschehen/entstehen/ darf, darf nicht entstehen können! D.h. ohne Gramm. ist es nicht eine schlechte Sprache, sondern keine Sprache.

2 / Aber die Notwendigkeit der Gramm. kann wieder nicht ausgesprochen werden, sondern nur die Gr. selbst (beschrieben werden). Sie ist eben nicht vergleichbar einer Verkehrsordnung.

3 / Anderseits muß man doch sagen, die Gramm. einer Sprache als allgemein anerkannte Institution ist eine Verkehrsordnung. Denn daß man das Wort „Tisch" immer in dieser Weise gebraucht ist nicht der Sprache als solcher wesentlich, sondern quasi nur eine praktische Einrichtung.

4 / Was aber nun der Sprache „als solcher" wesentlich ist, wie kann man das beschreiben? Es ist auch in jener Institution gegeben, nämlich eben darin, daß sie gebraucht werden kann. Auch darin daß ich die Gramm. ändern kann.

5 ∫ Die Frage ist: Wenn ich ‚nicht' gebrauche, in wiefern bediene ich mich der gr. Regeln?

6 ∫/ Man könnte auch so fragen: Ist der ganze Satz nur ein unartikuliertes Zeichen in dem ich erst nachträglich Ähnlichkeiten mit anderen Sätzen 144 erkenne?

7 ?∫ Wenn man einen Satz sagt, so ist es als produzierte man einen Organismus. Und die Worte stehen nicht einzeln da, ja sie sind auch nicht etwa verschmolzen, sondern da sie nur Vordergründe sind, so haben sie allein überhaupt keine Berechtigung und das, dessen Vordergründe sie sind ist allein überhaupt nicht denkbar.

2 Die gr. R. sind, ⟨wie sie⟩ nun einmal das sind,
7 Um den Gebrauch der Sprache als gesellschaftliche Einrichtung zu ⟨erh…⟩
18 muß man doch sagen, die Gramm. einer Sprache ⟨all…⟩
18 als ⟨allgemeiner anerkannter⟩ Institution ist eine
20 ist eine Verkehrsordnung. Denn ⟨das …⟩
32 ∫ *Randzeichen durchstrichen*
39 keine Berechtigung und das, dessen ⟨Ver…⟩

1 ?∫ Sie sind nicht zueinander, was Ziegel und Mörtel zueinander sind, sondern was Festigkeit, Ziegel und Mörtel. Das heißt, sie sind nicht durch Ketten [Zwischenglieder] mit einander verbunden sondern wie ein Glied mit dem nächsten.

2 ∫ Ich müßte sagen können: Mache eine Sprache und sie muß eine Grammatik haben.

11.

3 Was immer ich für eine Sprache/für eine Sprache immer ich/ konstruiere, sie muß sich in eine bestehende übersetzen lassen und dann wird die Gramm. der letzteren für die erstere gelten. Aber damit ist für mich jetzt noch nichts gesagt.

4 ∫ Angenommen ich gebrauche das gleiche Wort für rot und hoch. Ich könnte dann scheinbar die gr. R. für beide zusammenziehen und es 145
wäre dann eben die logische Summe der Zusammenstellungen /Kombinationen/ erlaubt. Denn es wäre nun, wenn wir etwa das Wort „hoch" für beide Fälle gebrauchen, erlaubt zu sagen, daß Blut hoch sei.

5 / Ja, man könnte unsere Frage in einer sehr elementaren Form stellen: Warum eine Sprache nicht mit bloß einem Wort möglich ist /auskommen könnte/, da es ja doch vorkommt daß ein Wort (in einer Sprache) mehrere Bedeutungen hat (warum also nicht alle?)

6 / Gibt es so etwas wie eine komplette Grammatik, z.B., des Wortes ‚nicht'?

13.

7 Das eine kann man sicher sagen, daß in dieser Sprache diese Zusammenstellung kein Satz ist/keinen Sinn hat/. Und daß dadurch |aber| kein Sinn verloren geht. Und das sollte schon genug sein

8 ?/ Nun möchte ich sagen: Und die Worte bestimmen allein den Sinn des Satzes. Aber was heißt das eigentlich? Da doch die Worte außerhalb des Satzes keine Bedeutung haben. Ich möchte sagen: Um den Satz zu verstehen braucht es keiner weiteren Abmachung als die Abmachungen welche/die/die Worte betreffen. Das heißt eben um den Satz zu verstehen lernen wir nur Worte verstehen. Aber wir lernen die Worte schon in Sätzen verstehen.

9 ∫ Der Satz erklärt sich selbst. 146

3 Das heißt, sie sind nicht durch Ketten [⟨dazwischen …⟩
3 mit einander verbunden sondern wie ⟨sondern wie⟩ ein Glied
4 ein Glied mit dem nächsten.⟨)⟩
6 Mache eine Sprache⟨, …⟩
11 sie muß sich in eine bestehende übersetzen lassen⟨, …⟩
32 |aber| *–das Einfügungszeichen ist im MS gewellt unterstrichen*
32 kein Sinn verloren geht. Und ⟨auch⟩ das sollte schon genug sein
32 Und das sollte schon ⟨genügen⟩
35 Da doch die Worte ⟨außer dem Satz⟩ keine Bedeutung haben.
39 lernen wir nur Worte verstehen. Aber ⟨au…⟩

1 Die ‚Abmachung‘ als Geschichte der Bedeutung eines Wortes hat für uns kein Interesse. Sie scheint mir aber in einem logischem Sinn in die Funktion eines Wortes einzutreten. Etwa so daß, wenn man ein Wort versteht, man diesem Verständnis immer eine Abmachung zugrunde liegend denken kann.

2 ʃ Alles was ich mit Recht über die Sprache sagen kann ist eben uninteressant.

3 / Das Wort ‚Teekanne‘ hat Bedeutung, gewiß, im Gegensatz zum Worte Abracadabra, nämlich in der deutschen Sprache. Aber wir könnten ihm natürlich auch eine Bedeutung geben das wäre ein Akt ganz analog dem wenn ich ein Täfelchen mit der Aufschrift ‚Teekanne‘ an eine Teekanne hänge. Aber was habe ich hier anders als eine Teekanne mit einer Tafel auf der Striche gemalt sind? Also wieder nichts logisch interessantes. Die Festsetzung der Bedeutung eines Wortes kann nie (wesentlich) von anderer Art sein.

17.

4 ʃ „Der Pfeil zeigt dorthin“: heißt das einfach er hat dort seine Spitze?

A
↑
5 Hat es also keinen Sinn zu sagen der Pfeil B ist so gemeint daß er auf B zeigt? Und das heißt natürlich etwas. Und zwar etwa: „Gib acht, wohin das Schwanzende des Pfeiles zeigt.“ 147

6 /ʃ Man sagt auch: „Maßgebend ist nur, wohin dieses Ende des Pfeiles zeigt.“

7 ʃ Ist alles damit/darin/ ausgedrückt daß das Wort „sich nach …. richten“ nur mit einer Variablen gebraucht werden kann? Nämlich: „sich nach der Richtung des Pfeiles richten oder nach seiner Länge oder nach dem Winkel, den diese beiden Geraden einschließen etc?

Nachtrag 3.5.

8 / Ein gutes Bild: Der Mensch der in den Spiegel sieht um sich zwinkern zu sehen; und was er nun wirklich sieht. (Ungeeignete physikalische Theorien)

10 Das Wort ‚Teekanne‘ hat Bedeutung, gewiß, im ⟨Sinne …⟩
13 das wäre ein Akt ganz analog dem wenn ich ⟨eine …⟩
14 Aber was habe ich hier anders als eine Teekanne mit ⟨einem …⟩
14 Aber was habe ich hier anders als eine Teekanne mit einer Tafel ⟨und …⟩
27 / *Randzeichen durchstrichen*
27 „Maßgebend ist nur, wohin ⟨das Schwanzen…⟩
27 „Maßgebend ist nur, wohin dieses Ende des ⟨Pfeils⟩ zeigt.“
30 Ist alles damit/darin/ ausgedrückt daß ⟨der …⟩
31 „sich nach der Richtung *–im MS fehlt das Ausführungszeichen*
35 Nachtrag 3.5. *–bezieht sich auf den Eintrag vom 17.3.31, speziell auf die zweite Bemerkung. Am 17.3. war Wittgenstein nach Wien in die Ferien gereist; am 16.4.31 ist er wieder zurück in Cambridge.*
36 Ein gutes Bild: Der Mensch der in den Spiegel sieht ⟨und …⟩

1 ∫ Man könnte ja glauben, daß das ‚zeigen' des Pfeils mit einer etwa vorgestellten Bewegung zusammenhängt. Daß man also den Pfeil quasi fliegen sieht. Und das kann tatsächlich der Fall sein. Aber das Symbol ist diese Bewegung, oder der Pfeil in Bewegung, nicht.

2 ∫ Der Pfeil zeigt in *dieser* Richtung, darum gehe ich *so*, wenn er anders zeigen würde etc.

3 ∫ Ich folge ihm *wohin* er geht.

4 ∫ Nicht die anderen *Lagen* kommen in Betracht, sondern nur der Raum (die Möglichkeit jener Lagen). 148

Aber dieser Raum kann doch unmöglich beschrieben werden: ich meine,/:/ nicht im Zeichen selbst.

Es *kann* eben nur in der Grammatik, außerhalb des Satzes, beschrieben werden.

5 ∫ Wie spielt er aber dann bei der Verwendung des Zeichens eine Rolle? Beim Sehen/Erkennen/ des Zeichens kann er es nicht, denn, was erkannt wird, kann ich beschreiben und es muß in der Beschreibung wieder aufscheinen. Also wenn ich mich nach den Zeichen richte?

6 ∫ Was nur nachher gesagt werden kann, kann nur nachher gesagt werden. D.h., wenn es von der Verneinung in der Grammatik gesagt werden kann, daß ~~p = p ist, so muß das eben alles sein – – – –

7 ?/ ~~p = p ist ja nicht eine nachträgliche Beschreibung der Verneinung. Von der man fragen könnte, ob sie schon früher gestimmt hatte./hat./ Das ist die Versuchung, es so anzusehen.

8 / „Ich brauche das Wort ‚~' so, daß ~³p = ~p", „Ich meine ‚Drehung um 180°' in dem Sinne, daß 3 solche Drehungen dasselbe leisten, wie eine"
 Wie verhält sich nun das Wesen einer halben Drehung zu dieser Regel? (Übrigens genau so, wie das Wesen der Verneinung zu jener) 149

Die Regel scheint wie ein Spiegelbild des Wesens in der Sprache. (Wie eine Definition)

9 / „Wenn Du *das* damit meinst, dann gilt diese Regel" – wenn Du *was* damit meinst? Nein, die Regel kann nur ein Ausdruck dessen/davon/ sein, was gemeint ist.

2 Daß man also ⟨quasi …⟩
14 ich meine,/:/ *–im MS sind Komma und Doppelpunkt gewellt unterstrichen*
15 *Der Absatz ist im MS eine Bemerkung, durch eine Klammer am linken Rand der vorangehenden zugeordnet.*
19 Beim Sehen/Erkennen/ des Zeichens kann er es nicht, ⟨dann …⟩
21 Also wenn ich mich nach den Zeichen richte? *Der letzte Satz der Bemerkung ist im MS ein Absatz, durch einen Pfeil mit dem vorangehenden Satz verbunden.*
27 ~~p = p ist ja nicht eine ⟨Nacht…⟩
27 nachträgliche Beschreibung der Verneinung⟨, von⟩ der man fragen könnte,
28 hatte./hat./ *–erste Variante im MS durchstrichen*
33 Wie verhält sich nun das Wesen ⟨der …⟩

1 // Ganz richtig: wie ich früher einmal bemerkt habe; ich lese die Regel von der Verneinung ab, wie einen Satz der Geometrie von einer Figur.

2 ∫ Wenn ich Regeln geben will, dann drückt sich die Bedeutung der Zeichen in ihnen s o aus.

3 ∫ Und wozu dient mir denn die Regel $\sim^3 p = \sim p$? Wie gebrauche ich sie denn? Dadurch, daß ich mit $\sim^3 p$ dasselbe m e i n e, wie/als/ mit $\sim p$?

4 ∫ Wie drückt sich denn im Gebrauch der Wörter aus, daß ich mit $\sim^3 p$ dasselbe meine wie mit $\sim p$?

5 ∫ Was heißt es wenn ich sage: „Ich schaue bei den 3 halben Drehungen bloß auf das Resultat, und das ist dasselbe, wie bei einer halben Drehung"?

6 ∫ Oder wenn ich sage: „Daß $\sim^3 p = \sim p$ ist, zeigt mir nur was an dem Zeichen ‚$\sim^3 p$' symbolisiert./Symbol ist./"? 150

7 ∫ Aber das klingt wieder so, als könnte ich dann das eigentliche Symbol aus allen gleichbedeutenden Zeichen herausheben und brauchte dann keine Grammatik mehr. Aber so ist es nicht.

8 /∫ „Ich folge der Richtung des Pfeils ↗ nicht seiner Länge" [Ist hierin /hiermit/ nicht schon alles ausgedrückt?]

9 /∫ Ist es also so, daß in die Beschreibung des Phänomens des Folgens die Variable eintreten muß?

10 ∫ Ich muß mit dem unmittelbar gegebenen auskommen.

11 ∫ „Ich richte mich nach dem Pfeil" muß heißen, daß meine Handlung durch ihn bestimmt ist.

12 ∫ Und das heißt doch wieder, daß sie aus dem Pfeil ableitbar ist.
Aber ableiten kann man nur aus einem allgemeinen Ausdruck.

13 / Alle Probleme verflüchtigen sich in der ursach- und wirkungslosen Welt der Vorstellung.
/ Wir sind nicht im Reich der Erklärungen.

14 ∤ Sich nach einem Zeichen richten, heißt, daß das Zeichen in eine variable Disposition eingesetzt, die Handlungsweise ergibt. 151

15 ∫ Zeichen ist nur das, wonach wir uns richten.

24 / *Randzeichen überschrieben*
27 / *Randzeichen überschrieben*
40 *Der Absatz ist im MS eine Bemerkung, durch eine Klammer am linken Rand der vorangehenden zugeordnet.*

1 ∫ Das Zeichen ist der/ein/ Wert einer Variablen

2 ∫ Jeder Satz sagt: es ist s o und nicht anders

3 ∫ Jede Erklärung hiervon scheint unmöglich: ich meine jede Beschreibung dieses Vorgangs.

4 ∫ Lesen der Karte: Straßen, Flüsse, und andrerseits Jägerhaus, Wirtshaus, Kirche, etc.

5 / Wir finden in uns die Bedeutung eines Wortes vor, nicht anders, als wäre sie uns in einer Erklärungstafel (Legende) gegeben.

a	d
b	e
c	f

6 ∫/ Das Wort und seine/mit seiner/ Bedeutung, das nenne ich „Symbol".

7 ∫/ „Die doppelte Negation gibt eine Bejahung" das klingt |so| wie: Kohle und Sauerstoff gibt Kohlensäure. Aber in Wirklichkeit g i b t die doppelte Negation nichts, sondern i s t etwas.

8 ∫ „Wer die Negation versteht, der weiß, daß die doppelte Negation ……" 152

9 ∫/ Es täuscht uns da etwas eine Tatsache vor.

10 / So als sähen wir ein Ergebnis d e s l o g i s c h e n Prozesses. Während das Ergebnis nur das des physischen Prozesses ist.

11 ∫ Jene Beweismethode der indischen Mathematik „Sieh die Figur an, dann siehst Du ….." hängt damit zusammen.

12 ∫ 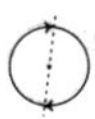 Die Beschreibung hat Sinn, die diese Ordnung von Pfeilen beschreibt.

13 ∫ Die Substitution ist auch ein/der/ Zug eines Spiels und es kommt darauf an, wie man sie g e b r a u c h t.

14 / Man kann eine Kreisfläche beschreiben, die durch Durchmessen in 8 congruente Teile geteilt ist, aber es ist sinnlos das von einer elliptischen Fläche zu sagen. Und darin liegt, was die Geometrie in dieser Beziehung von der Kreis- und Ellipsenfläche aussagt.

15 ∫ Die Grammatik beschreibt die Sprache als zeitliches Phänomen: Aber ihre Bedeutung, d.h. ihre Wichtigkeit, kann sie nur durch die Anwendung bekommen.

5 Jede Erklärung hiervon ⟨schein…⟩
8 Lesen der Karte: Straßen, ⟨Fluß⟩, und andrerseits
16 ∫ *Randzeichen durchstrichen*
18 ∫ *Randzeichen überschrieben*
24 ∫ *Randzeichen durchstrichen*
29 Jene Beweismethode der indischen Mathematik⟨: sieh⟩ die Figur an,
39 aber es ist ⟨so…⟩

1 ∫ Denke nur an's Schließen, das auch zeitlich vor sich geht. 153

2 ∫ Das „dem Pfeile Folgen“ muß auch ein Phänomen sein, denn was sollte es sonst sein.

3 / Auch das Kind l e r n t nur eine Sprache vermittelst einer anderen.

4 / Es lernt die Wortsprache durch die Gebärdensprache. Aber das Verständnis dieser müssen die Erwachsenen bei ihm voraussetzen oder abwarten.

5 / Niemand denkt daran das Kind die Gebärdensprache zu lehren.

6 / Niemand könnte daran denken.

7 ∫ ⟶, a l s o ⇢ Warum liegt hier der Ton auf einer Allgemeinheit, auf dem Einsetzen des Pfeiles in eine allgemeine Formel?

8 ∫ Es gibt keine Relation zwischen 5, x^2, also 25

9 / Ich collationiere etwa einen Linienzug nach einem andern und sage: ja, e s s t i m m t. Was heißt das? In den beiden Linienzügen liegt das Stimmen natürlich nicht. Und überhaupt nie in zwei Tatsachen. Von keiner Tatsache kann man sagen, daß sie mit einer andern übereinstimmt (natürlich auch mit keiner psychischen). Es ist nicht 154 vielleicht eine besondere Eigentümlichkeit gewisser seelischen /seelischer/ Vorgänge, daß mit ihnen etwas übereinstimmen kann.

10 ∫ Wie verwenden wir das Wort „es stimmt“?

11 ∫ Was heißt das: Ich trachte diese Linie parallel jener anderen zu ziehen?

12 ∫ (Wenn ich oben sage daß „eine Tatsache mit einer anderen nicht übereinstimmen könne“, so heißt das selbstverständlich, daß es keinen S i n n hat so etwas zu sagen)

13 ∫ Ich kupple die Handlung mit der Vorlage.

14 ∫ Inwiefern handeln die Regeln von diesem Wort (in diesem Satz)?

15 ∫ Es ist klar, daß das Reden automatisch geschehen kann und uns dann nicht mehr interessiert als irgend eine Bewegung oder ein Geräusch.

16 ∫ Ist es so: Die Sprache (das Reden) interessiert uns nur dann, wenn sie etwas portraitiert/abbildet/

3 *Die Bemerkung ist im MS durchstrichen.*
3 auch ein Phänomen sein, denn⟨,⟩ was sollte es sonst sein.
23 und sage: ja, e s s t i m m t. Was heißt das? In ⟨dem ...⟩
34 (Wenn ich oben sage *– im MS weist vom Anfang der Bemerkung ein Pfeil auf das Ende der vorangehenden:* ... daß mit ihnen etwas übereinstimmen kann.

1 ʃ Es muß sich ergeben, daß man nach der Wirkungsweise der Sprache nicht fragen kann.

2 ʃ Und ich meine das so: daß die Sprache am Ende doch nur Vorlage und Abbild ist. 155

3 ʃ „Deutlicher kann ich diesen/den/ Befehl nicht machen“

4 / Meine Anschauung könnte ich so ausdrücken, daß im Satz „geh dort hin“ die Worte auch nur die gleiche Funktion haben, wie die Handbewegung.

5 / In welchem Sinne sagt man, man kennt die Bedeutung des Wortes A noch ehe man den Befehl in dem es vorkommt befolgt hat? Und inwiefern kann man sagen, man hat die Bedeutung durch die Befolgung des Befehls kennen gelernt? Können die beiden Bedeutungen miteinander in Widerspruch stehen?

6 /ˀʃ/ Das Fundamentale grammatisch ausgedrückt: Wie ist es mit dem Satz „man kann nicht zweimal durch den gleichen Fluß gehen?

7 / Ich wünsche, einen Apfel zu bekommen. In welchem Sinne kann ich sagen, daß ich noch vor der Erfüllung des Wunsches die Bedeutung des Wortes Apfel kenne? Wie äußert sich denn die Kenntnis der Bedeutung? d.h. was versteht man denn unter ihr.

8 / Offenbar wird das Verständnis des Wortes durch eine Worterklärung gegeben; welche nicht die Erfüllung des Wunsches ist. 156

9 / Übrigens Eines: Der Satz „ich kann ihn zeichnen, wenn Du mir einen Bleistift gibst“, |[als Beweis des Verstehens]| wenn er gewiß ist und nicht erst durch die Tat bewiesen wird, wird dann auch von einer Tatsache wahr gemacht, die von jener Tat ganz unabhängig ist, und der Satz ist dann auch richtig wenn die Zeichnung bei gegebener Gelegenheit nicht ausgeführt wird. (Dadurch verliert aber dann jener Satz für uns an Bedeutung.)

10 / Jener Satz, wenn er gewiß ist und nicht ‚erst‘ durch die Tat bewiesen wird, wird dann durch die Tat überhaupt nicht bewiesen und durch die entgegengesetzte wird nicht sein Gegenteil bewiesen d.h. er ist von dieser Tat einfach unabhängig.

11 ʃ Gibt es also für uns in der Sprache nicht Wesentliches und Unwesentliches? Hat also Heraklit nicht wenigstens eine wesentliche Eigenschaft unserer Sprache hervorgehoben?

13 In welchem Sinne sagt man, ⟨daß …⟩

19 / *Randzeichen überschrieben*

19 ˀʃ *Randzeichen durchstrichen*

20 „man kann nicht *–im MS fehlt das Ausführungszeichen*

40 dieser *–im MS zweifach gewellt unterstrichen*

1 / Denken wir uns den Standpunkt eines Forschers: er findet, daß in der Sprache der Erde ein Zeichen benützt wird, das nach diesen und diesen Regeln (etwa |nach| denen der Negation) gebraucht wird, und fragt sich: Wozu können sie das brauchen? Die Antwort wäre aber: Wenn immer ein Zeichen mit diesen Regeln zu gebrauchen ist. Und das Zeichen dient zu nichts als als Angriffspunkt dieser Regeln. Aber das ist sehr unklar 157 ausgedrückt. – – – –

2 ∫ Die Sprache gewinnt B e d e u t u n g durch die Gelegenheit, bei der sie gebraucht wird. Wir verwenden die Sprache ja nicht zum Spaß.

3 / Wir können in der alten Ausdrucksweise sagen: das Wesentliche am Wort ist seine Bedeutung.

4 ∫ „D e r T r ä g e r d i e s e s N a m e n s lebt jetzt in Paris"

5 ∫ Das Wort h a t eine Bedeutung. Wie ist denn diese Bedeutung fixiert? Anders als durch die Worterklärungen?

6 ∫ Ich könnte sagen: Wenn das Wort wirklich auf Etwas deutet, so gehört dieses mit zum Symbol.

7 / Es ist wirklich „the meaning of meaning" was wir untersuchen: Oder /Nämlich/ die Grammatik des Wortes „Bedeutung".

8 Wir sagen: das Wesentliche am Wort ist seine Bedeutung; wir können das Wort durch ein anderes ersetzen das die gleiche Bedeutung hat. Damit ist gleichsam ein Platz für das Wort fixiert und man kann ein Wort für das andere setzen, wenn man es an den gleichen Platz setzt.

7 Und das Zeichen dient zu nichts als als Angriffspunkt dieser Regeln. Aber das ist sehr unklar ausgedrückt. – – – – *–im MS durchstrichen; auf der Manuskriptseite 157 ist der Text am linken und rechten Rand mit je einer vertikalen Wellenlinie markiert*

15 D e r T r ä g e r d e r ⟨N...⟩

15 D e r T r ä g e r d i e s e s N a m e n s ⟨b...⟩

15 *Im MS:* „D e r T r ä g e r d e r d i e s e s N a m e n s lebt jetzt in Paris"

20 ⟨?/⟩ *Randzeichen gestrichen*

1 / Woher weiß ich daß zwei Worte die gleiche Bedeutung haben? Doch entweder dadurch, daß es heißt A = B, oder daß sie beide auf die gleiche Art erklärt werden. Das heißt aber, daß sie beide dasselbe Zeichen ersetzen (A = C und B = C) Man könnte aber meinen, es gäbe eine Art der Erklärung (gleichsam durch Anwendung) die nicht die Ersetzung eines Zeichens durch ein anderes wäre! Wie wenn man etwa dem Kind die Negation beibringt, indem man es verhindert gewisse Dinge/Gewisses/ zu tun. 158

Veranlassen wir es dadurch nicht, Worten einen Sinn beizulegen, ohne daß wir sie durch ein anderes Zeichen ersetzen, also ohne diesen Sinn auf andere Weise auszudrücken. Veranlassen wir es nicht gleichsam, für sich etwas zu tun dem kein äußerer Ausdruck gegeben wird, oder wozu der äußere Ausdruck nur im Verhältnis einer Hindeutung eines Signals steht? Die Bedeutung ließe sich nicht aussprechen, sondern nur auf sie von ferne hinweisen. Aber welchen Sinn hat es dann überhaupt, wenn wir von dieser Bedeutung reden?

2 ?/ Denken wir uns einen Zerstreuten der auf den Befehl „rechtsum“ sich nach links gedreht hätte und nun, an die Stirne greifend, sagte „ach so – ‚rechts-um‘!“ und rechtsum machte.

3 ∫ „Ich gehe dahin, weil die Kante des Zimmers so läuft“. – „Was heißt das: ‚weil‘?!“ 159

4 ∫ Ich stampfe mit dem Fuß, da kommt jemand ins Zimmer und, auf meine Frage ‚warum‘, sagt er: „ich habe geglaubt, dieser Lärm heißt, ich solle herein kommen“.

5 / Welcher Art ist unsere Untersuchung? Untersuche ich die Fälle, die ich als Beispiele anführe auf ihre Wahrscheinlichkeit? oder Tatsächlichkeit? Nein, ich führe nur an was möglich ist, gebe also grammatische Beispiele.

6 / Die Untersuchung ob die Bedeutung eines Zeichens seine Wirkung ist, ist auch eine grammatische Untersuchung.

7 ∫ Kann Erfahrung (oder Experiment) die Bedeutung eines Wortes bestimmen? Also hat das Experiment ergeben: „dies ist die Bedeutung des Wortes“. Aber hätten wir das nicht schon früher/vorher/ angeben können?

8 ∫ Die interne Relation kann man nicht b e t o n e n, weil sie erst da ist, wenn die Ableitung schon vorüber/geschehen/ ist.

9 ∫ Die allgemeine Disposition kann nur gegeben sein, wie ein allgemeiner Ausdruck (variabler Ausdruck)

8 gewisse Dinge/Gewisses/ *–erste Variante im MS durchstrichen*
12 Veranlassen wir es nicht gleichsam, für sich etwas zu tun dem kein ⟨A...⟩
19 an die ⟨Stirn⟩ greifend, sagte „ach so – ‚rechts-um‘!“
22 „Ich gehe dahin, weil ⟨ei...⟩
25 ∫ *Randzeichen durchstrichen*

1 Kann man sagen: nur insofern ist → von → abgeleitet, als man es dadurch rechtfertigen kann? 160

2 ∫ Gewiß ich rechtfertige meine Handlung mit dem Paradigma.

3 / Das Phänomen der Rechtfertigung

	3	
x^2	3^2	

Ich rechtfertige das Resultat 3^2 durch x^2. So schaut jede Rechtfertigung aus.

4 / In gewissem Sinn bringt uns das nicht weiter. Aber es kann uns ja nicht weiter, d.h. zu dem Metalogischen/einem Fundament/, bringen.

5 ??/∫ Inwiefern kann man von dem, der auf das Wort „hinaus!“ das Zimmer verläßt, sagen: er habe sich nach diesem Wort gerichtet?!

6 / Das Problem äußert sich auch in der Frage: Wie erweist sich ein Mißverständnis? Denn das ist dasselbe wie das Problem: Wie zeigt es sich daß ich richtig verstanden habe? Und das ist: Wie kann ich die Bedeutung erklären?

Es fragt sich nun: Kann sich ein Mißverständnis darin äußern, daß, was der Eine bejaht, der Andere verneint?

7 Nein, denn dies ist, wie es ist/steht/, eine Meinungsverschiedenheit und kann als solche aufrecht erhalten werden. Bis wir annehmen der Andere habe Recht 161

8 / Wenn ich also, um das Wort „lila“ zu erklären auf einen Fleck zeigend sage „dieser Fleck ist lila“, kann diese Erklärung dann auf zwei Arten funktionieren?: einerseits als Definition die den Fleck als Zeichen gebraucht und anderseits als Erläuterung? Und wie das letztere? Ich müßte annehmen daß der Andere die Wahrheit sagt und dasselbe sieht was ich sehe. Der Fall, der wirklich vorkommt ist der: A erzählt dem B in meiner Gegenwart daß ein bestimmter Gegenstand lila ist. Ich höre das, habe den Gegenstand auch gesehen und denke mir: „jetzt weiß ich doch was ‚lila‘ heißt.“ Das heißt ich habe aus jenen Sätzen/jener Beschreibung/ eine Worterklärung gezogen.

Ich könnte sagen: Wenn das was A dem B erzählt die Wahrheit ist, so muß das Wort ‚lila‘ diese Bedeutung haben.

Ich kann diese Bedeutung also auch quasi hypothetisch annehmen und sagen: wenn ich das Wort so verstehe, hat A recht.

9 / Man sagt: „ja, wenn das Wort das bedeutet, so ist der Satz wahr“.

10 / Aber dieses „das“ muß doch irgendwie ausgedrückt sein.

13 ??/ *Randzeichen überschrieben*
14 sagen⟨,⟩ er habe sich nach diesem Wort gerichtet?!
23 Nein, denn dies ist, wie es ist/steht/, ⟨–⟩ eine Meinungsverschiedenheit
33 ein bestimmter Gegenstand lila ist. Ich höre ⟨diesem Gespr...⟩
34 habe ⟨jenen⟩ Gegenstand auch gesehen und denke mir:

1 / Nehmen wir an, die Erklärung der Bedeutung war nur eine Andeutung: konnte man da nicht sagen: Ja, wenn diese Andeutung so verstanden wird, dann gibt das Wort in dieser Verbindung einen wahren Satz etc. Aber dann muß |nun| dieses „so“ ausgedrückt sein. 162

2 / Man könnte auch so fragen: Ist die Erklärung etwas Exactes, oder muß sie nichts Exactes sein?

3 ∫/ „In 5 Minuten wird hier ein schwarzer Fleck erscheinen“
„In 5 Minuten wird hier ein schwarzer ∀ erscheinen“. „Verstehst Du das?“

4 ∫/ „Ein ∀ ist das: ○“ das muß auch in bestimmter Weise gemeint sein.

Das heißt die Zeichenerklärung muß selbst so und so gemeint sein.

Wie könnte man hier ein Mißverständnis aufdecken (Verification des Verständnisses)

5 ∫ Ist wirklich das Charakteristische des Folgens/(Geführtwerdens)/, daß es mit einer allgemeinen Regel operiert?
↗ dann also … Daß ein Prinzip des Folgens vorhanden ist?

6 / Könnte man sagen: Wenn kein Mißverständnis festzustellen ist, dann ist auch kein Unterschied der Bedeutung.

7 ?∫/ Der Fleck ▨ als Zeichen, statt des Wortes „Fleck“ hat eben auch seine Grammatik und zwar eine andere als er als Zeichen – etwa – dieser besonderen Gestalt hat. 163

Aber wie ist uns denn die gegenwärtig wenn/während/ wir die Zeichenerklärung geben?

8 / Nicht „wie kann ich es so verstehen“ ist dies Problem, sondern „wie kann ich es überhaupt in einer Weise, sozusagen, auf einmal verstehen“

9 / So seltsam es klingt: die Worte ‚Linie‘, ‚Fläche‘, ‚Punkt‘ sind so verschieden wie eine Linie, eine Fläche und ein Punkt.

10 / „Ich habe etwas bestimmtes damit gemeint als ich sagte .....“. – „Wann hast Du es gemeint und wie lange hat es gebraucht. Und hast Du bei jedem Wort etwas anderes gemeint oder während des ganzen Satzes dasselbe?“

Man sieht klar: hier ist eine Unklarheit in dem Gebrauch des Wortes „meinen“

11 / Übrigens komisch, daß wenn man bei jedem |– sagen wir deutschen –| Wort etwas meint, eine Zusammenstellung solcher Worte Unsinn sein kann!

13 „Ein ∀ ist das: ○“ ⟨muß auch ...⟩
14 Das heißt die Zeichenerklärung muß ⟨auch in ...⟩
26 ? *Randzeichen überschrieben*
35 So seltsam es klingt: ⟨„⟩die Worte ‚Linie‘, ‚Fläche‘, ‚Punkt‘
46 bei jedem |– sagen wir deutschen –| Wort etwas meint, eine ⟨besti...⟩

1 / Wiedererkennen: „Diesen Mann habe ich gestern gesehen“. – „Woher weißt Du das?“ – „Ich erinnere mich an sein Gesicht.“ – „Woher weißt Du das“ Diese Frage ist |nun| sinnlos. Das Wiedererkennen des Menschen war hypothetisch das Erinnern nicht. Aber als nicht-hypothetisch bürgt es auch nicht für etwas anderes sondern nur für sich selbst.

2 ∫ Man könnte sagen: Die Bedeutung des Wortes „Tisch“ gibt es nicht, nur die Verwendung. 164

Aber auch das ist irreführend

3 / Gibt mir die Erklärung des Wortes die Bedeutung, oder verhilft sie mir nur zur Bedeutung? So daß also diese Bedeutung in der Erklärung nicht niedergelegt wäre, sondern durch sie nur äußerlich bewirkt, wie die Krankheit durch eine Speise.

4 / Zu sagen, daß der Satz ein Bild sei, hebt gewisse Züge in der Grammatik des Wortes „Satz“ hervor.

5 / Woher nehmen/nahmen/ die alten philosophischen Probleme ihre Bedeutung?

6 / Der Satz der Identität z.B. schien eine fundamentale Bedeutung zu haben. Aber der Satz daß dieser „Satz“ ein Unsinn ist, hat diese Bedeutung übernommen.

7 / Wie unterscheiden sich dann die Sprachregeln von denen des Benehmens?

/ Wenn man kein Ziel angeben kann, das nicht erreicht würde, wenn diese Regeln anders wären.

8 ∫ Bausteine die nach ihren Formen benannt wären – – –

9 Woher die Bedeutung der Sprache? Kann man denn sagen: Ohne Sprache könnten wir uns nicht mit einander verständigen. Nein, das ist 165 ja nicht so wie: ohne Telephon könnten wir nicht von Amerika nach Europa reden. (Es sei denn, daß wir unter „Telephon“ jede Vorrichtung verstehen welche etc etc)

10 / Wir können aber sagen: Ohne Sprache könnten wir die Menschen nicht beeinflussen. Oder nicht trösten. Oder nicht ohne |eine| Sprache Häuser und Maschinen bauen.

11 / Es ist auch richtig/sinnvoll/ zu sagen, ohne den Gebrauch des Mundes oder der Hände können sich Menschen nicht verständigen.

29 *Der Absatz ist im MS eine Bemerkung, durch eine Klammer und einen Pfeil am linken Rand der vorangehenden zugeordnet.*

32 Bausteine die nach ihren Formen benannt ⟨werden⟩ – – –

37 unter „Telephon“ ⟨jene⟩ Vorrichtung verstehen

1 / Das Paradox ist doch das, daß die willkürliche Regel eine Wichtigkeit für uns hat. Während sonst gerade das Willkürliche uns nicht interessiert (z.B. Spielregeln)

2 / Die Lösung kann nur kommen, wenn man den Widerstand der falschen Methode aufgibt.

3 / Das Wort von den grammatischen Regeln die willkürlich sind, muß ja auch irreführend sein. Was heißt es denn: „sie lassen sich nicht begründen“? Und was heißt es, zu sagen, die Regeln eines Spiels seien willkürlich, und welche Regeln sind es nicht?

4 / Sie können nicht willkürlich in dem Sinne sein, in dem man dies von Regeln aussagt, die auch anders als willkürlich sein könnten. 166

5 / Man würde sagen: Die Regeln nach denen ein Dampfkessel bemessen wird, sind nicht willkürlich im Gegensatz zu denen der Farbe seines Anstrichs.

6 / In welchem Sinne kann ich sagen, der Satz sei ein Bild? Wenn ich darüber denke, möchte ich sagen: er muß ein Bild sein, damit er mir zeigen kann, was ich tun soll, damit ich mich nach ihm richten kann. Aber, ist die Antwort, dann willst Du eben/also/ bloß sagen, daß Du Dich nach dem Satz richtest in demselben Sinne in dem Du Dich nach einem Bild richtest.

7 / Ist jedes Bild ein Satz? Und was heißt es etwa zu sagen daß jedes als ein Satz gebraucht werden kann?

8 / Ich kann die Beschreibung des Gartens in ein gemaltes Bild, das Bild in eine Beschreibung übersetzen.

9 ∫ Das Wort „viele“

10 ∫ Du brauchst ein Wort, aber es muß sich doch in dem Gebrauch dieses Wortes zeigen, was es bedeutet, denn wie soll es sich sonst/denn/ zeigen?

11 / „Was ein Wort bedeutet, kann man nicht sagen.“ 167

12 / Ich kann die ganze Sprache zum Voraus beschreiben; ja, in gewissem Sinne auch aussprechen.

1 Das Paradox ist doch⟨, daß …⟩
5 ⟨∫⟩ *Randzeichen gestrichen*
13 in dem Sinne sein, in dem man⟨,⟩ dies von Regeln aussagt
17 im Gegensatz zu denen der Farbe ⟨womit man …⟩
17 im Gegensatz zu denen der Farbe seines ⟨A…⟩
25 in demselben Sinne in dem Du Dich nach einem Bild richtest. *–im MS am linken und rechten Rand mit je einer vertikalen Wellenlinie markiert*
30 ⟨∫⟩ *Randzeichen gestrichen*
36 sonst/denn/ *–zweite Variante im MS durchstrichen*

1 Kann ich mich nach einem roten Täfelchen im Satz besser richten, als nach dem Wort rot?

2 / „Ja, aber das Wort rot hat mir einmal mit Hilfe eines solchen Täfelchens erklärt werden müssen“.

Vielleicht, aber das rote Täfelchen ist Dir jetzt eben nicht gegeben. Ja Du hast auch ganz vergessen wie Du eigentlich die Bedeutung des Wortes „rot“ gelernt hast und Du gebrauchst es und es tut Dir dieselben Dienste wie das rote Täfelchen (ja bessere).

3 / Man sollte also meinen, daß man mit dem Wort ganz dasselbe und ebensogut meinen kann, wie mit dem Täfelchen.

4 / Damit ist aber nicht gesagt, daß nicht die Gebärdensprache die sich des roten Gegenstandes bedient, uns menschlich natürlicher ist.

5 ?/ Kann ich nicht mit „rot“ dasselbe meinen, wie mit dem roten Täfelchen, und kann ich nicht mit dem roten Täfelchen auch etwas andres meinen, als was ich jetzt mit „rot“ meine?!

6 ∫ Wenn die Sprache kein Bild ist und macht uns doch klar, wie es sich in 168
|der| Wirklichkeit verhält, so ruft sie also Bilder hervor (kausal) deren Bild sie nicht ist, die sie also nicht bestimmt.

7 ∫ Nun dann nenne ich jene Bilder die eigentliche Sprache

8 ∫ Dann gibt es aber nicht prinzipiell Sinn und Unsinn unter unseren Zeichen. Denn die Sprache ist sozusagen nicht verantwortlich für das, was sie hervorruft.

9 / Wie verhält es sich mit dem Blinden; kann ihm ein Teil der Sprache nicht erklärt werden? Oder vielmehr, nicht beschrieben werden?

10 / Wenn das Wort ‚rot‘ ebensogut ist, wie das rote Täfelchen, so sollte man glauben der Blinde könne die Sprache ebenso wohl lernen wie ein Sehender.

11 / Könnte ich denn nicht z.B. annehmen daß er etwas rotes sieht, wenn ich ihm auf den Kopf schlage?

12 / Das angenommen, so ist er doch für das praktische Leben blind. D.h. er reagiert nicht wie der normale Mensch. Wenn aber jemand mit den
Augen blind wäre, dagegen sich so benähme daß wir sagen müßten, er 169
sieht mit den Handflächen (dieses Benehmen ist leicht auszumalen), so würden wir ihn als sehenden behandeln und auch die Erklärung des Wortes ‚rot‘ mit dem Täfelchen würden wir hier für möglich halten.

13 Nehmen wir aber an, ich wäre blind. Aber was hilft das? Ich kann natürlich annehmen, daß ich mit den Augen nicht mehr sehe. Aber hier bin ich im Reiche der Tatsachen (nicht der Grammatik)

42 für das praktische Leben blind. D.h. er reagiert nicht wie ⟨ein …⟩

1 / Oder muß ich nicht jetzt sagen: Die Gebärdensprache gibt es für den Blinden nicht und sie ist ein wesentlicher Bestandteil unserer Sprache? Nein denn es kann nur heißen daß ich durch meine Gebärden nicht bewirke, daß er Gebärden sieht. Vielleicht aber ginge es auf ganz andre Weise.

2 / Ist der Blindgeborne in einem ganz/wesentlich/ andern Fall als der Erblindete? Ich kann mir doch vorstellen, daß auch der Blindgeborne ein visuelles Innenleben hat, und wenn Einer dazu eine Erklärung verlangt, so will ich sagen, er habe die Eindrücke geerbt. (Natürlich ist das ganz gleichgültig). Nur ist er trotz dieser Annahme für alle praktischen Zwecke ein Blinder. Und ich will damit nur zeigen, daß es sich hier nicht um einen Unterschied der Grammatik, also des 170
Wesentlichen der Welt, handelt, sondern um Tatsachen.

3 Ich könnte dem Blinden die hinweisende Erklärung „das ist rot“ nicht geben. Aber in seiner Phantasie könnte er sich sie/sie sich/ geben. Aber das würde für praktische Zwecke keinen Unterschied machen.

4 ?/ Wir bezeichnen ja in der Geometrie auch sowohl Linien als auch Punkte, wie Flächen und Körper mit Buchstaben.

5 ∫ Was heißt es: ich kann mir vorstellen daß in 5 Minuten ein roter Kreis an dieser Wand erscheinen wird.

6 / Daß das Wort nur im Satzverband Bedeutung hat, heißt dasselbe wie, daß Wörter von denen wir sagen, sie haben in unserer Sprache Bedeutung in gewissen Zusammenstellungen keinen Sinn ergeben. D.h. nichts weniger Unsinniges als eine beliebige Zusammenstellung von Lautreihen von denen wir nicht sagen sie hätten Bedeutung.

7 ∫ Kann man von einem Verstehen reden, für das es kein exactes Criterium gibt?

8 ∫ Oder von einer Unterscheidung des Verstehens, oder der Bedeutung, für welche es kein solches Criterium gibt? 171

9 ∫ Das heißt von einem Unterschied der Bedeutung, der nicht in dem Unterschied zweier Erklärungen gegeben ist?

Das heißt aber: nicht endlich in dem Unterschied zweier Zeichen.

10 / Oder, was noch sonderbarer wäre: Gibt es einen Unterschied der Bedeutung, der sich erklären läßt und einen, der in einer Erklärung nicht zu Tage tritt?

3 Nein denn es kann ⟨a...⟩
7 ganz/wesentlich/ *–erste Variante im MS durchstrichen*
16 „das ist ⟨,⟩rot“
17 sich sie/sie sich/ *–erste Variante im MS durchstrichen*
23 Was heißt ⟨das⟩: ich kann mir vorstellen daß in 5 Minuten
35 Oder ⟨für eine⟩ Unterscheidung des Verstehens, oder der Bedeutung,
43 der sich erklären läßt und einen⟨ and...⟩

1 ?/ Erfahrung ist nicht etwas, das man durch Bestimmungen von einem Andren abgrenzen kann, was nicht Erfahrung ist; sondern eine logische Form

2 / Wenn man sich die Namengebung durch Etiquettierung der Gegenstände denkt, so könnte man eine Farbe nicht in demselben Sinne etiquettieren (ihr ein Täfelchen anhängen) wie (etwa) einem Menschen oder der Kreisform.

3 ∫ Wenn mir bei den Worten „roter Kreis“ die Vorstellung eines roten Kreises vorschwebt: wie verhalten sich die Worte zu dieser Vorstellung?

4 ∫ Die Vorstellung, die durch ein Wort erweckt wird, dient im Gedanken nur wieder als Zeichen.

5 / Ich kann doch offenbar eine Erwartung einmal in den Worten „ich erwarte einen roten Kreis“, ein andermal statt der letzten Worte durch das |farbige| Bild eines roten Kreises ausdrücken. Aber in diesem Ausdruck entsprechen den beiden Wörtern „rot“ und „Kreis“ nicht zwei Dinge. Also ist der Ausdruck der zweiten Sprache von *ganz anderer Art*. 172

6 / Zeigt das nicht, daß die Erklärungen „das ist rot“, „das ist ein Kreis“ noch nicht alles sind, sondern daß es eine solche Erklärung gibt: „das ist ein roter Kreis“.

7 / Es gäbe außer dieser auch eine Sprache, in der roter Kreis durch nebeneinanderstellen eines Kreises und eines roten Flecks ausgedrückt würde (so wie man etwa 3 Menschen und 3 Bäume mit ᛦᛦᛦ, ♀♀♀, aber auch mit |||ᛦ, |||♀ bezeichnen könnte.)

8 / Wenn ich nun auch zwei Zeichen bei mir habe, den Ausdruck „roter Kreis“ und das farbige Bild, oder die Vorstellung, des roten Kreises, so wäre doch die Frage: Wie ist denn dann das eine Wort der Farbe, das andere der Form zugeordnet?

Denn man scheint sagen zu können, das eine Wort lenke die Aufmerksamkeit auf die Farbe, das andere auf die Form. Aber was heißt das? Wie kann man diese Wörter in dieses Bild übersetzen?

9 Oder auch: Wenn mir das Wort ‚rot‘ eine Farbe ins Gedächtnis ruft, so muß sie doch mit einer Form verbunden sein, wie kann ich denn dann von der Form abstrahieren? 173

10 Die wichtige Frage ist dabei nie: Wie weiß er wovon er abstrahieren soll? sondern: wie ist das überhaupt möglich? oder: was heißt es?

36 Denn man scheint ⟨doch⟩ sagen zu können, das eine Wort
44 Die wichtige Frage ist dabei nie: Wie weiß ⟨ich …⟩
45 wovon er abstrahieren soll? sondern⟨,⟩ wie ist das überhaupt möglich
45 wie ist das überhaupt möglich⟨,⟩ oder:

1 / Vielleicht wird es klarer, wenn man *die* beiden Sprachen vergleicht, in deren einer ein rotes Täfelchen und eines mit einem Kreis (etwa einem schwarzen auf weißem Grund) die Worte „roter Kreis“ ersetzen; und in der andren statt dessen ein roter Kreis gemalt wird.

Wie geht denn hier die Übersetzung vor sich? Er schaut etwa zuerst auf das rote Täfelchen und wählt einen roten Stift, dann auf den Kreis, und macht nun mit diesem Stift einen Kreis.

Es würde etwa zuerst gelernt daß das erste Täfelchen immer die Wahl des Bleistiftes bestimmt, das zweite, was wir mit ihm zeichnen sollen. Die beiden Täfelchen gehören also verschiedenen Wortarten an (etwa Hauptwort und Tätigkeitswort) In der zweiten Sprache aber gäbe es nichts, was man hier zwei Wörter nennen könnte.

2 ∫ Der Befehl sei: „Stelle Dir einen roten Kreis vor“. Und ich tue es. Wie konnte ich den Worten auf diese Weise folgen?

3 Das ist doch ein Zeichen/Beweis/ dafür, daß wir den Worten auch ohne Vorstellungen gehorchen können. 174

4 / Unsere größte Schwierigkeit ist, die Welt zu nehmen, wie sie ist.

5 ∫ Wie kann ich es *rechtfertigen*, daß ich mir auf diese Worte hin diese Vorstellung mache?

6 / Oder: Wo endet die Rechtfertigung? Denn wo sie endet, verlassen auch wir die Betrachtung.

7 ∫ Der Befehl lautet „schreibe ein großes a“ und ich schreibe: A – –

8 ∫ Nicht daß ich A schreibe ist die Tatsache, die uns interessiert; ich hätte ja (durch einen Lapsus) auch B schreiben können; aber daß ich das A nun als großes a anerkenne. Aber besteht diese Anerkennung nicht nur darin, daß ich, was ich getan habe mit dem Satz beschreibe: „ich habe ein großes a geschrieben“?

9 / Wie könnte man mit dem Laut a/a-Laut/ das Schriftzeichen/Zeichen/ „A“ rechtfertigen, oder zeigen daß „E“ falsch wäre!

10 / „Du hast ja den Befehl gar nicht *befolgt*. Ich habe gesagt ‚schreibe a‘ und Du hast ‚A‘ geschrieben. Wo liegt da die Befolgung?“

Darauf müßte ich antworten: „Nein; es war ein Zusammenhang zwischen den Worten und dem was ich schrieb“. 175

11 / Der „Kausale Zusammenhang“ ist kein primärer Zusammenhang, es heißt also auch nichts ihn fühlen (oder ähnliches).

12 ∫ „Eine Geste kann nur so und so verstanden werden“. Das kann doch nur ein Satz der Grammatik über das Wort ‚verstehen‘ sein.

3 und in ⟨deren⟩ andren statt dessen ein roter Kreis gemalt wird.
5 Wie geht denn hier ⟨das Übersetzen⟩ vor sich?
8 Es würde etwa zuerst gelernt daß ⟨die …⟩
22 daß ich mir auf diese Worte hin⟨,⟩ diese Vorstellung mache?
42 es war ein Zusammenhang zwischen den ⟨Wörtern⟩ und dem

1 / Ich sage: „was ich mir vorgestellt habe, war nicht willkürlich (und kausale Bedingtheit ist keine Bedingtheit), sondern es ist bestimmt durch ein Wort“.

2 ?/ Diese Abhängigkeit muß sich beschreiben lassen: Weil Du *das* gesagt hast, habe ich mir *das* vorgestellt.

Das heißt,? nur,? in dem was da beschrieben wird, *besteht* die Abhängigkeit.

3 ?/ Immer wieder ist der Fehler, in den man zu fallen droht der, der in der Frage ausgedrückt ist „sehen zwei Leute wirklich die selbe Farbe, wenn sie von Rot reden“. (Wobei man nicht das Criterium der Gleichheit bedenkt.)

4 ∫ In wiefern kann ich sagen, daß was ich getan habe Deinem/dem/ Befehl gemäß war?

5 / Die Rechtfertigung muß immer so ausschauen: Du sagtest so .... und ich tat das 176

Und fragt man weiter, so müssen Worterklärungen folgen. Und fragt man „warum hast Du A geschrieben, wie/als/ ich sagte ‚schreibe ein großes A‘?“ so kann man sich zur Rechtfertigung nur auf etwas von der Art der Tafel

großes a	A
großes b	B
großes c	C

berufen. Anders kann eine Rechtfertigung nicht aussehen

6 ∫ Wenn wir sagen die Philosophie soll nicht aus Erfahrungssätzen bestehen, so sagen wir schon, daß sie nicht in Sätzen über Raum, Zeit, Substanz, Verneinung etc bestehen soll.

7 ?/ Der Zweck der Grammatik ist nur der Zweck der Sprache. Der Zweck der Grammatik ist der Zweck der Sprache

8 / Die Wichtigkeit der Grammatik ist die Wichtigkeit der Sprache.

9 ∫ Die Grammatik beschreibt ja die Bedeutung der Zeichen.

10 / Denken wir an die witzige Bedeutung, die wir den grammatischen Spielen Lewis Carrolls geben. – –

11 / Ich könnte fragen: Warum empfinde ich einen grammatischen Witz in gewissem Sinne als tief? (Und das ist natürlich die philosophische Tiefe) 177

7 in dem was ⟨das …⟩
11 „sehen zwei Leute wirklich die ⟨gleiche⟩ Farbe, wenn sie von Rot
21 Und fragt man⟨,⟩ „warum hast Du A geschrieben, wie/als/ ich sagte
28 die Philosophie soll nicht aus Erfahrungssätzen bestehen, ⟨und ni…⟩
42 einen grammatischen Witz in gewissem Sinne als ⟨T…⟩

1 / Die Worte, die einer bei gewisser Gelegenheit sagt, sind in sofern nicht willkürlich, als gerade diese in der Sprache, die er sprechen will (oder muß) das meinen was er sagen will, d.h. als gerade für sie diese grammatischen Regeln gelten. Was er aber meint, d.h. die gramm. Regeln sind insofern nicht willkürlich, als er einen bestimmten Zweck nur so glaubt erreichen zu können.

2 ?/ Man könnte auch ein Wort z.B. „rot" wichtig nennen, in sofern als es oft und zu Wichtigem gebraucht wird im Gegensatz etwa zu dem Wort „Pfeifendeckel". Und die Grammatik des Wortes ‚rot' ist dann wichtig, weil sie die Bedeutung des Wortes ‚rot' beschreibt.

19.6.

[Was ich in der Zwischenzeit geschrieben habe, will ich später hier nachtragen]

3 ∫ Ich glaube jetzt daß es richtig wäre ein/mein/ Buch mit Bemerkungen über die Metaphysik als eine Art der Magie zu beginnen

4 ∫ Worin ich aber weder der Magie das Wort reden, noch mich über sie lustig machen darf.

5 ∫ Von der Magie müßte die Tiefe beibehalten werden. –

6 ∫ Ja das Ausschalten jeder/der/ Magie hat hier den Charakter der Magie selbst.

7 ∫ Denn wenn ich damit anfing von der „Welt" zu reden (und nicht von 178
diesem Baum oder Tisch) was wollte ich anderes als etwas Höheres in meine Worte bannen.

8 ø Frazers Darstellung der magischen und religiösen Anschauungen der Menschen ist unbefriedigend: sie läßt diese Anschauungen als Irrtümer erscheinen.

9 ø So war also Augustinus im Irrtum wenn er Gott auf jeder Seite der Confessionen anruft?

Aber – kann man sagen – wenn er nicht im Irrtum war, so war es doch der Buddhistische Heilige – oder welcher immer – dessen Religion ganz andere Anschauungen zum Ausdruck bringt. Aber keiner von ihnen war im Irrtum außer wo er eine Theorie aufstellte.

10 etwa zu dem Wort „Pfeifendeckel". *Hier befindet sich im MS ein Einfügungszeichen mit einem Pfeil zum Fuß der Seite wo sich die Fortsetzung der Bemerkung findet, links mit dem gleichen Einfügungszeichen und rechts mit einem Asteriskus markiert.*

15 [Was ich in der Zwischenzeit geschrieben habe, will ich später hier nachtragen] *–geschrieben am 19.6.1931 in Wien; ein anknüpfender Verweis findet sich auf der Manuskriptseite 185*

16 Ich glaube jetzt daß es richtig wäre ein/mein/ Buch ⟨über …⟩

17 mit Bemerkungen über die Metaphysik als ⟨ein …⟩

24 jeder/der/ *–erste Variante im MS durchstrichen*

37 Aber – ⟨wird⟩ man sagen

40 war im Irrtum außer wo er ⟨etwa⟩ eine Theorie aufstellte.

1 ∅ Schon die Idee, den Gebrauch – etwa die Tötung des Priesterkönigs – erklären zu wollen scheint mir verfehlt. Alles was Frazer tut ist, sie Menschen, die so ähnlich denken wie er, plausibel zu machen. Es ist sehr merkwürdig daß alle diese Gebräuche endlich sozusagen als Dummheiten dargestellt werden.

Nie wird es aber plausibel daß die Menschen aus purer Dummheit alle diese Dinge/all das/ tun.

Wenn er uns z.B. erklärt der König müsse in seiner Blüte getötet 179
werden, weil nach den Anschauungen der Wilden, sonst seine Seele nicht frisch erhalten würde, so kann man doch nur sagen: wo jener Gebrauch und diese Anschauung zusammengehen dort entspringt nicht der Gebrauch der Anschauung sondern sie sind eben beide da.

Es kann schon sein, und kommt heute oft vor, daß ein Mensch einen Gebrauch aufgibt nachdem er einen Irrtum erkannt hat auf den sich dieser Gebrauch stützte. Aber dieser Fall besteht eben nur dort wo es genügt den Menschen auf seinen Irrtum aufmerksam zu machen um ihn von seiner Handlungsweise abzubringen. Aber das ist doch bei den Religiösen Gebräuchen eines Volkes nicht der Fall und *darum* handelt es sich eben um *keinen* Irrtum.

2 ∅ Frazer sagt, es sei sehr schwer den Irrtum in der Magie zu entdecken – und darum halte sie sich so lange – weil z.B. eine Beschwörung die Regen herbeiführen soll früher oder später gewiss als wirksam erscheint. Aber dann ist es eben merkwürdig daß die Menschen nicht früher darauf kommen daß es ohnehin früher oder später regnet.

3 ∅ Ich glaube daß das Unternehmen einer Erklärung schon darum verfehlt
ist weil man nur richtig zusammenstellen muß, was man *weiß* und 180
nichts dazusetzen und die Befriedigung die durch die Erklärung angestrebt wird ergibt sich von selbst.

Und die Erklärung ist es hier gar nicht die befriedigt. Wenn Frazer anfängt und uns die Geschichte von dem Waldkönig von Nemi erzählt so tut er dies in einem Ton der zeigt daß er fühlt und uns fühlen lassen will daß hier etwas Merkwürdiges und Furchtbares geschieht. Die Frage aber „warum geschieht dies?,“ wird eigentlich dadurch beantwortet: weil es furchtbar ist. Das heißt dasselbe was uns bei diesem Vorgang furchtbar, großartig, schaurig |tragisch| etc. nichts weniger als trivial und bedeutungslos vorkommt, *das* hat diesen Vorgang ins Leben gerufen.

4 ∅ Nur *beschreiben* kann man hier und sagen: so ist das menschliche Leben.

5 ∫ |Ein Motto für dieses Buch: „Seht ihr den Mond dort stehn? Er ist nur halb zu sehn und ist doch rund und schön.“|

1 ⟨Wenn …⟩
23 herbeiführen soll ⟨sich⟩ früher oder später gewiß als wirksam ⟨erweist⟩
24 Aber dann ist es eben merkwürdig ⟨warum dann⟩ die Menschen
31 Und die Erklärung ist es hier gar nicht die befriedigt. Wenn ⟨z…⟩
36 was uns bei diesem Vorgang⟨,⟩ furchtbar, großartig, schaurig
37 großartig, schaurig |tragisch| etc. ⟨vorkommt …⟩
43 *Die Bemerkung ist im MS am Anfang und Ende mit je einem vertikalen Strich gerahmt.*
44 Er ist nur halb zu sehn⟨,⟩ und ist doch rund und schön.“|

1 ∅ Die Erklärung ist im Vergleich mit dem Eindruck, den uns das Beschriebene macht, zu unsicher.

2 ∅ Jede Erklärung ist ja eine Hypothese

3 ∅ Wer aber, etwa, von der Liebe beunruhigt ist, dem wird eine 181 hypothetische Erklärung wenig helfen. – Sie wird ihn nicht beruhigen.

4 ∅ Das Gedränge der Gedanken, die nicht herauskönnen, weil (sie) sich alle vordrängen wollen und so am Ausgang verkeilen.

5 ∅ Wenn man mit jener Erzählung vom Priesterkönig von Nemi das Wort „die Majestät des Todes“ zusammenstellt, so sieht man, daß die beiden Eins sind.

Das Leben des Priesterkönigs stellt das dar was mit jenem Wort gemeint ist.

6 ∅ Wer von der Majestät des Todes ergriffen ist, kann dies durch so ein Leben zum Ausdruck bringen. – Dies ist natürlich auch keine Erklärung sondern setzt nur ein Symbol für ein anderes. Oder: eine Zeremonie für eine andere.

7 ∅ Einem religiösen Symbol liegt keine *Meinung* zu Grunde.

Und nur der Meinung entspricht der Irrtum

8 ∅ Man möchte sagen: Dieser und dieser Vorgang hat stattgefunden; lach’, wenn Du kannst.

9 ∅ Die religiösen Handlungen oder das religiöse Leben des Priesterkönigs ist von keiner andern Art als jede echt religiöse Handlung heute, etwa 182 ein Geständnis der Sünden. Auch dieses läßt sich „erklären“ und läßt sich nicht erklären.

10 ∫/ Eine *Sprache* erfinden.

11 ∫ Weiß ich daß dieser Apfelbaum nicht heuer Birnen tragen wird?

20.6.

12 ∅ In effigie verbrennen. Das Bild der Geliebten küssen. Das basiert *natürlich nicht* auf einem Glauben an eine bestimmte Wirkung auf den Gegenstand den das Bild darstellt. Es bezweckt eine Befriedigung und erreicht sie auch. Oder vielmehr, es *bezweckt* gar nichts, wir handeln eben so und fühlen uns danach befriedigt.

13 ∅ Man könnte auch den Namen der Geliebten küssen und hier wäre die Stellvertretung durch den Namen klar.

9 (sie) *–im MS durchstrichen*

30 ist von keiner ⟨andren⟩ Art als jede echt religiöse Handlung heute,

34 ∫ *Randzeichen durchstrichen*

40 eine bestimmte Wirkung auf ⟨die Gegenstände die dies⟩ Bild darstellt.

1 ∅ Der selbe Wilde der anscheinend um seinen Feind zu töten, dessen Bild durchsticht, baut seine Hütte aus Holz wirklich und schnitzt seinen Pfeil kunstgerecht und nicht in effigie.

2 ∅ Die Idee daß man einen leblosen Gegenstand zu sich herwinken kann wie man einen Menschen zu sich herwinkt. Hier ist das Prinzip das der Personification.

3 ∅ Und immer beruht die Magie auf der Idee des Symbolismus und der Sprache.

4 ∅ Die Darstellung eines Wunsches ist eo ipso die Darstellung seiner 183
Erfüllung.

Die Magie aber bringt einen Wunsch zur Darstellung; sie äußert einen Wunsch.

5 ∅ Die Taufe als Waschung.

Ein Irrtum entsteht erst wenn die Magie wissenschaftlich ausgelegt wird.

6 ∅ Wenn die Adoption eines Kindes so vor sich geht daß die Mutter es durch ihre Kleider zieht so ist es doch verrückt zu glauben daß hier ein *Irrtum* vorliegt und sie glaubt das Kind geboren zu haben.

7 ∅ Die Magie in Alice in Wonderland beim Trocknen durch Vorlesen des Trockensten was es gibt.

8 ∅ Bei der magischen Heilung einer Krankheit BEDEUTET man ihr sie möge den Patienten verlassen.

9 ∅ Man möchte nach der Beschreibung so einer magischen Kur immer sagen: Wenn *das* die Krankheit nicht versteht, so weiß ich nicht, *wie* man es ihr sagen soll.

10 ∅ Von den magischen Operationen sind die zu unterscheiden die auf einer falschen, zu einfachen, Vorstellung der Dinge und Vorgänge
beruhen. Wenn man etwa sagt die Krankheit ziehe von einem Teil des 184
Körpers in den andern oder Vorkehrungen trifft die Krankheit abzuleiten als wäre sie eine Flüssigkeit oder ein Wärmezustand. Man macht sich dann also ein falsches das heißt hier unzutreffendes Bild

11 ∅ Welche Enge des seelischen Lebens bei Frazer! Daher: welche Unmöglichkeit ein anderes Leben zu begreifen als das englische seiner Zeit!

Frazer kann sich keinen Priester vorstellen der nicht im Grunde ein englischer Parson unserer Zeit ist mit seiner ganzen Dummheit und Flauheit.

1 der anscheinend um seinen Feind zu töten, ⟨sein⟩ Bild durchsticht,
28 ⟨Die magische …⟩
31 nach der Beschreibung so einer magischen ⟨Cur⟩ immer sagen:
45 ⟨Er⟩ kann sich keinen Priester vorstellen der nicht im Grunde

1 ∅ Warum sollte dem Menschen sein Name nicht heilig sein können. Ist er doch einerseits das wichtigste Instrument das ihm gegeben wird, anderseits wie ein Schmuckstück das ihm bei der Geburt umgehangen wird.

2 ∅̂ Wenn mein Buch je veröffentlicht wird so muß in seiner Vorrede der Vorrede Paul Ernst's zu den Grimmschen Märchen gedacht werden, die ich schon in der Log. Phil. Abhandlung als Quelle des Ausdrucks „Mißverstehen der Sprachlogik" hätte erwähnen müssen.

3 ∅̂ Nichts ist so schwierig wie/als/ Gerechtigkeit gegen die Tatsachen.

4 ∅̂ Bilder: Die Seele die den Körper verläßt, die in einem Behältnis aufbewahrt ist, der Tod als Mensch oder der Tod eines bestimmten 185 Menschen als ein mit diesem Menschen in irgend einer Beziehung stehendes Ding.

5 ∫ Die Welt und der „Untergang der Welt".

6 ∫ Die Grammatik des Wortes „Sprache".

Nachtr.

7 Nehmen wir an:

∫/ In den ägyptischen Urkunden wird immer wieder eine Farbe erwähnt die besonders herrlich sei. Wir wissen nicht welche es war. Können uns nur aus Andeutungen denken, daß es ein bestimmtes Braunrot gewesen sein muß. Eines Tages aber findet sich eine braunrote Platte in besonderer Weise (durch Luftabschluß etc etc) conserviert und darunter jener Name der Farbe. Nun heißt es: jetzt wissen wir, welche Farbe es war (Und alle Cambridger Ästheten werden solche Kravatten tragen)

8 / Für uns gibt es keinen Zusammenhang, der sich beschreiben läßt, sondern nur den der sich zeigt.

9 / Wie werde ich denn wissen, daß ich ein Wort 2mal in derselben Bedeutung gebraucht habe? Kann ich denn die Bedeutung niederlegen? Oder: nur in sofern ich sie niederlegen kann, kann ich von ihr reden

10 / Was wir Bedeutung nennen muß mit der primitiven Gebärden-(Zeige-)Sprache zusammenhängen.

11 In wiefern kann nun diese hinweisende Erklärung mit den Regeln der 186 Verwendung collidieren?

12 Denn eigentlich dürfen ja Regeln nicht collidieren, außer sie widersprechen einander. Denn im übrigen bestimmen sie ja eine Bedeutung und sind nicht einer verantwortlich so daß sie ihr widersprechen könnten

13 ⟨Bild⟩: Die Seele die den Körper verläßt, die in einem Behältnis
22 Nachtr. *–bezieht sich auf den letzten Eintrag vor dem 19.6.31 auf der Manuskriptseite 177*
27 Braunrot gewesen sein muß. Eines Tages aber ⟨finden …⟩

1 / Wenn Einer von einer idealen Sprache redet, so müßte man fragen: in welcher Beziehung ideal?

2 / Man kann keine Sprache lernen, wenn man nicht schon eine versteht.

3 / Sprache der Anordnung der Sessel im Zimmer. Ich kann die Leute die mir auf der Straße entgegen kommen als Sprache deuten.

4 ∫?/ Ob Einer der mir einen deutschen Satz sagt ihn wirklich so meint, wie ich ihn verstehe ist nur eine Hypothese. Sicher ist nur, daß ich ihn *so* deute.

5 ?/ Aber was heißt es, ihn *so* zu deuten? Wie unterscheidet sich diese Deutung von einer andern? Doch wohl durch die Erklärung, die ich von ihr geben kann. Wenn ich etwa sage „in diesem Sinne wird der Satz von *dieser* Tatsache bewahrheitet, in jenem Sinne von jener“, so habe ich mich durch den Hinweis auf diese und jene Tatsache wieder eines Zeichens bedient. Am Schluß aber müssen sich die *Zeichen* unterscheiden. 187

6 ∫ „wet paint“

7 ∫ Was heißt es aber überhaupt eine Tatsache (einen Komplex) deuten, im Gegensatz dazu, daß man ihn überhaupt nicht als Zeichen auffaßt?

8 ||Beispiel:| Man muß manchen Satz öfter lesen um ihn als Satz zu verstehen|

9 Kann man denn etwas Anderes als einen Satz verstehen?

Oder: Ist es nicht erst ein Satz, wenn man es versteht. Also: Kann man etwas anders, als *als Satz* verstehen?

10 / Man könnte davon reden „einen Satz zu erleben“.

Läßt sich dieses Erlebnis nun beschreiben?

11 / Wenn ich einen deutschen Satz höre oder ausspreche, so kommt es ja nicht darauf an, daß mir das Deutsche wohl bekannt ist und auf die Geschichte der Bekanntschaft kommt es nicht an. Aber das Wesentliche des besonderen Erlebnisses ist da/das/, ich erlebe eine Tatsache als Satz.

12 / Da ist es wichtig daß es in einem gewissen Sinne keinen halben Satz gibt.

13 Das heißt vom halben Satz gilt, was vom Wort gilt, daß es nur im 188 Zusammenhang des Satzes Sinn/Bedeutung/ hat.

14 Das Verstehen fängt aber erst mit dem Satz an.

1 Wenn ⟨einer⟩ von einer idealen Sprache redet, so müßte man fragen
9 ∫ *Randzeichen durchstrichen*
9 Ob ⟨einer⟩ der mir einen deutschen Satz sagt ihn wirklich so meint,
15 die ich von ihr geben kann. Wenn ich etwa ⟨sagen …⟩
29 Kann man denn etwas Anderes als einen Satz ⟨*verstehen*⟩?

1 ?/ Man kann nicht sagen „dieser Struktur fehlt noch etwas um ein Satz zu sein". Sondern es fehlt ihr etwas um *dieser* Satz zu sein.

2 ∫ Beispiel: Mr N.N. out – in

Wo ist hier übrigens das Verbum? muß man es sich etwa immer hinzu denken um zu verstehen? Das wäre, wie wenn jemand glaubte, man brauche, um eine Richtung anzuzeigen immer einen Pfeil und ∘ ➤ zeige keine an, wenn man sich nicht einen Verbindungsstrich zwischen Ring und Spitze vorstellt.

3 / Den Russen welche statt „er ist gut" sagen „er gut" geht nichts verloren und sie denken sich auch kein Verbum dazu.

4 / Den kompletten Satz zu charakterisieren ist so unmöglich, wie die komplette Tatsache.

5 / Die Philosophie darf den wirklichen/tatsächlichen/ Gebrauch der Sprache [… darf, was wirklich gesagt wird] in keiner Weise antasten, sie kann ihn/[es]/ am Ende also nur beschreiben.

6 / Denn sie kann ihn auch nicht begründen.

7 Sie laßt/läßt/ alles wie es ist. 189

8 / Sie läßt auch die Mathematik wie sie ist (jetzt ist) und keine mathem. Entdeckung kann sie weiter bringen

9 ∫ Ein „führendes Problem der mathem. Logik" (Ramsey) ist ein Problem der Mathematik *wie jedes andere*.

10 ∫/ Wie es keine Metaphysik gibt, so gibt es keine Metalogik. Das Wort „verstehen", der Ausdruck „einen Satz verstehen" ist auch nicht metalogisch, sondern ein Ausdruck wie *jeder* andre der Sprache.

11 / Wie ich oft gesagt habe, führt die Philosophie nicht zu einem Verzicht, da ich mich nicht entbreche etwas zu sagen, sondern eine gewisse Wortverbindung als sinnlos aufgebe. In anderem Sinne aber erfordert die Philosophie dann eine Resignation, aber des Gefühls, nicht des Verstandes. Und das ist es vielleicht, was sie vielen so schwer macht. Es kann schwer sein, einen Ausdruck nicht zu gebrauchen, wie es schwer ist, die Tränen zurückzuhalten, oder einen Ausbruch der Wut.

12 ∫ Wenn immer man auf eine Behauptung/Statement/ (gleich, oder nach einer gewissen Überlegung) sagt „of course" (im Sinne: wie könnte es anders sein) ist mit jener Behauptung etwas nicht in der Ordnung. 190

(Wenn es nicht *anders* sein könnte so kann es auch nicht *so* sein.)

4 ⟨|⟩Beispiel: Mr N.N. out – in⟨|⟩
4 Mr N.N. out – in *–gemeint sind verschiebbare Namensschilder, wie sie in den Treppenaufgängen der Colleges in Cambridge üblich sind*
5 Wo ist hier übrigens das Verbum? ⟨Muß⟩ man es sich
23 laßt/läßt/ *–zweite Variante im MS durchstrichen*
33 auch nicht metalogisch, sondern ein Ausdruck wie *jeder* ⟨An…⟩

1 ∫ Das Verstehen wird dann wichtig, wenn man es als eine notwendige Bedingung – etwa – des Befolgens eines Befehls auffaßt. Der Befehl werde durch ein Bild der befohlenen Handlung gegeben. „Ja aber ich muß dieses Bild auch verstehen“. – Was heißt das? – „Ich muß wissen, daß ich *das* tun muß/soll/“. Aber da ja das durch das Verstehen des Befehls noch nicht getan ist, so kann doch dieses Wissen nur darin bestehen, daß ich einer *anderen* Tatsache als der der Befolgung habhaft werde.

2 ∫ Man kann ein Gebilde auf verschiedene Art/Arten/ verstehen (als Satz auffassen). Diese Art muß sich in einer Erklärung offenbaren.

3 ∫ Ich glaube, wir würden einen tieferen Einblick gewinnen, wenn wir uns über die Replik klar würden: „man kann sich nicht vorstellen, wie es anders sein könnte“ („What would it be like, if it were otherwise“).

4 ∫/ „Einen Satz verstehen heißt: wissen was er sagt“

5 ∫/ „Die Gebärde verstehen, heißt wissen was sie bedeutet“ („wissen, was er meint“)

6 ∫/ Das würde/müßte/ heißen „wissen daß sie dies und nicht jenes bedeutet“. Dann aber müßte dieses Verstehen die Multiplizität eines Satzes haben. 191

7 / Nun ist die Frage: muß ich wirklich in so einem Sinne das Zeichen verstehen um etwa danach handeln zu können? – Wenn jemand sagt: „gewiß! sonst wüßte ich ja nicht, was ich zu tun habe“, so würde ich antworten: „Aber es gibt ja keinen Übergang vom Wissen zum Tun. Und keine prinzipielle Rechtfertigung dessen, daß es *das* war was dem Befehl entsprach.

8 ∫ Man kann wohl zur Rechtfertigung sagen: „Ich mußte das doch tun, denn Du sagtest .....“ und wenn man weiter gefragt würde „aber warum?“ müßte man Worterklärungen von der Art „das ist doch ein Buch“ geben, aber das hieße doch immer nur ein Zeichen durch ein anderes ersetzen.

9 ∫ Man beachte im vorletzten Satz den Ausdruck „handeln zu *können*“ und das Wort „was“ in „*was* ich zu tun habe“.

10 / Was heißt dann also der Satz: „Ich muß den Befehl verstehen, ehe ich nach ihm handeln kann“? Denn dieser Satz/dies zu sagen/ hat natürlich einen Sinn. Aber gewiß/jedenfalls/ wieder keinen metalogischen.

3 „Ja⟨,⟩ aber *–das gestrichene Komma ist im MS gewellt unterstrichen*
5 muß/soll/ *–erste Variante im MS durchstrichen*
7 so kann doch dieses Wissen nur darin bestehen, daß ich ⟨einen …⟩
17 ∫ *Randzeichen durchstrichen*
19 ∫ *Randzeichen durchstrichen*
22 ∫ *Randzeichen durchstrichen*
27 handeln zu können *–im MS Hervorhebung mit Strichlinie wie in den Typoskripten*
29 „Aber es gibt *–im MS fehlt das Ausführungszeichen*

1 / „Aber ich muß doch einen Befehl verstehen um nach ihm handeln zu 192 können". Hier ist das ‚muß' verdächtig. Wenn das wirklich ein Muß ist – ich meine – wenn es ein logisches Muß ist, so handelt es sich hier um eine grammatische Anmerkung.

2 / Auch wäre da die Frage möglich: Wie lange vor dem Befolgen mußt Du denn den Befehl verstehen?

3 / Wie, wenn man sagte: „ich kann den Befehl nicht ausführen, wenn ich ihn nicht deute"? – Das heißt nichts, denn seine Ausführung ist eine Deutung.

4 / „Ich kann den Befehl nicht ausführen, weil ich nicht verstehe, was Du meinst. – Ja, jetzt verstehe ich Dich".

Was ging da vor, als ich plötzlich den Andern verstand? Ich konnte mich natürlich irren, und daß ich den Andern verstand war eine Hypothese. Aber es fiel mir plötzlich eine Deutung ein, die mir einleuchtete. Aber war diese Deutung etwas anderes als ein Satz einer Sprache?

5 / Es konnten mir auch vor diesem Verstehen mehrere Deutungen vorschweben, für deren eine ich mich endlich entscheide. Aber das Vorschweben der Deutungen war das Vorschweben von Ausdrücken.

6 / Statt dem Spiel der Vorstellungen könnten wir immer ein Produzieren 193 physischer Bilder – etwa mit dem Bleistift auf Papier – annehmen, so daß keine „private" Sprache entstünde.

7 ?/∫ „Leg das Buch auf den Tisch. – Hast Du mich verstanden?" – „Ja". „Leg das Buch auf den Abrakadabra. – Hast Du mich verstanden?" „Nein". – Nun zeige ich mit erklärender Geste auf den Sessel und sage dabei „Abrakadabra". „Leg das Buch auf den Abrakadabra. – Hast Du mich jetzt verstanden?" „Ja". – Was hat sich denn verändert? Wir haben ein anderes Zeichen erhalten.

8 ?/ Wenn ich einen philosophischen Fehler rektifiziere und sage man hat sich das immer so vorgestellt aber so ist es nicht, so zeige ich immer auf eine Analogie/muß ich immer auf eine Analogie zeigen/ nach der man sich gerichtet hat, und daß diese Analogie nicht hält [... so muß ich immer eine Analogie aufzeigen nach der man gedacht hat die man aber nicht als Analogie erkannt hat]

9 / Die Idee |die man| von dem Verstehen hat, ist etwa, daß man dabei von dem Zeichen näher an die verifizierende Tatsache kommt, etwa durch die Vorstellung. Und wenn man auch nicht wesentlich, d.h. logisch, näher kommt, so ist doch etwas an der Idee richtig, daß das Verstehen 194 in dem Vorstellen der Tatsache besteht. Die Sprache der Vorstellung ist in dem gleichen Sinne wie die Gebärdensprache primitiv.

25 könnten wir immer ein ⟨Produkt⟩ physischer Bilder
29 ?/ *Randzeichen durchstrichen*
45 verifizierende Tatsache kommt, etwa durch die Vorstellung. Und ⟨k...⟩

1 / Daher ist auch etwas daran richtig, daß die Unvorstellbarkeit ein Kriterium der Unsinnigkeit ist.

2 ∫ Was nennen wir fundamental?

3 ∫ Was eine Naturnotwendigkeit?

4 / Warum empfinden wir die Untersuchung der Grammatik als fundamental?

5 / Das Wort „fundamental" kann auch nichts metalogisches oder philosophisches bedeuten, wenn/wo/ es überhaupt eine Bedeutung hat.

6 ∫ Wir jagen die Metaphysik aus allen ihren Schlupfwinkeln heraus.

7 / Die Untersuchung der Grammatik ist im selben Sinne fundamental, wie wir die Sprache fundamental – etwa ihr eigenes Fundament – nennen können.

8 Unsere grammatische Untersuchung unterscheidet sich ja von der eines Anglisten oder Germanisten etc.; uns interessiert z.B. die Übersetzung 195
von einer Sprache in andre Sprachen. Überhaupt interessieren uns Regeln die der Philologe gar nicht betrachtet. Diesen Unterschied können wir also wohl hervorheben.

9 / Anderseits wäre es irreführend zu sagen, daß wir das Wesentliche der Grammatik behandeln (er das zufällige).

10 / „Aber das ist ja nur eine äußere Unterscheidung/ein äußerer Unterschied/". Ich glaube, eine andere gibt es nicht.

11 / Eher könnten wir sagen, daß wir doch etwas anderes Grammatik nennen als er. Wie wir eben Wortarten unterscheiden, wo für ihn kein Unterschied (vorhanden) ist.

8 Warum empfinden wir die ⟨G…⟩
20 ⟨Die Grammatik …⟩
21 Germanisten etc.; *– das Semikolon ist im MS gewellt unterstrichen*
22 uns interessiert z.B. die Übersetzung von einer Sprache in ⟨eine …⟩
26 *Die Bemerkung steht im MS nach der folgenden, durch einen Pfeil am linken Rand umgestellt.*

22.6.

1 ∅ Wie irreführend die Erklärungen Frazers sind sieht man – glaube ich – daraus, daß man primitive Gebräuche sehr wohl selbst erdichten könnte und es müßte ein Zufall sein wenn sie nicht irgendwo wirklich gefunden würden. Das heißt das Prinzip nach welchem diese Gebräuche geordnet sind ist ein viel allgemeineres als Frazer es erklärt und in unserer eigenen Seele vorhanden, so daß wir uns alle Möglichkeiten selbst ausdenken könnten. – Daß etwa der König eines Stammes für niemanden sichtbar bewahrt wird können wir uns wohl vorstellen, aber 196
auch daß jeder Mann des Stammes ihn sehen soll. Das letztere wird dann gewiß nicht in irgend einer mehr oder weniger zufälligen Weise geschehen dürfen sondern er wird den Leuten gezeigt werden

Vielleicht wird ihn niemand berühren dürfen vielleicht aber jeder berühren müssen. Denken wir daran daß nach Schuberts Tod sein Bruder Partituren Schuberts in kleine Stücke zerschnitt und seinen Lieblingsschülern solche Stücke von einigen Takten gab. Diese Handlung als Zeichen der Pietät ist uns ebenso verständlich wie die andere die Partituren unberührt niemandem zugänglich aufzubewahren. Und hätte Schuberts Bruder die Partituren verbrannt so wäre auch das als Zeichen der Pietät verständlich.

Das Zeremonielle |(heiße oder kalte)| im Gegensatz zum Zufälligen |(lauen)| (haphazard) charakterisiert die Pietät.

Ja Frazers Erklärungen wären überhaupt keine Erklärungen wenn sie nicht letzten Endes an eine Neigung in uns selbst appellierten.

Das Essen und Trinken ist mit Gefahren verbunden nicht nur für den Wilden sondern auch für uns; nichts natürlicher als daß man sich vor ihnen/diesen/ schützen will, und nun könnten wir uns selbst solche Schutzmaßnahmen ausdenken. – Aber nach welchem Prinzip denken /erdichten/ wir sie (uns aus)? Offenbar danach, daß alle Gefahren der 197
Form nach auf einige sehr einfache reduziert werden die dem Menschen ohne weiteres sichtbar sind. |Also| Nach dem selben Prinzip nach dem die ungebildeten Leute unter uns sagen die Krankheit ziehe sich vom Kopf in die Brust etc. etc.. In diesen einfachen Bildern wird natürlich die Personification eine große Rolle spielen, denn daß Menschen (also Geister) dem Menschen gefährlich werden können ist uns/jedem/ bekannt.

2 ∅ Daß der Schatten des Menschen der wie ein Mensch ausschaut, oder sein Spiegelbild, daß Regen, Gewitter, die Mondphasen, der Jahreszeitwechsel, die Ähnlichkeit und Verschiedenheit der Tiere untereinander und zum Menschen, die Erscheinungen des Todes, der Geburt und des Geschlechtslebens, kurz alles was der Mensch jahraus jahrein um sich wahrnimmt, in mannigfaltigster Weise mit einander verknüpft, in seinem Denken (seiner Philosophie) und seinen Gebräuchen auftreten/eine Rolle spielen/ wird ist selbstverständlich, oder ist eben das was wir wirklich wissen und interessant ist.

16 seinen Lieblingsschülern solche Stücke von einigen Takten ⟨schen…⟩
20 Partituren verbrannt so wäre auch das als Zeichen der Pietät ⟨mö…⟩
26 nicht nur für den Wilden sondern auch für uns⟨. N…⟩
26 natürlicher als daß man sich ⟨davor⟩ schützen will
27 schützen will⟨.…⟩
31 |Also| Nach dem selben Prinzip ⟨w…⟩
40 *Im MS:* die Ähnlichkeit and Verschiedenheit

1 ø Wie hätte das Feuer oder die Ähnlichkeit des Feuers mit der Sonne verfehlen können auf den erwachenden Menschengeist einen Eindruck zu machen. Aber nicht vielleicht „weil er sich's nicht erklären kann" (der dumme Aberglaube unserer Zeit) – denn wird es durch eine 198 „Erklärung" weniger Eindrucksvoll? –

2 ø Ich meine nicht daß gerade das *Feuer* jedem einen Eindruck machen muß. Das Feuer nicht mehr wie jede andere Erscheinung, und die eine Erscheinung Dem, die andere Jenem. Denn keine Erscheinung ist an sich besonders geheimnisvoll aber jede kann es uns werden und das ist eben das Charakteristische am erwachenden Geist des Menschen daß ihm eine Erscheinung bedeutend wird. Man könnte fast sagen der Mensch sei ein zeremonielles Tier. Das ist wohl teils falsch, teils unsinnig, aber es ist auch etwas Richtiges daran.

Das heißt man könnte ein Buch über Anthropologie so anfangen: Wenn man das Leben und Benehmen der Menschen auf der Erde betrachtet so sieht man daß sie außer den Handlungen die man tierische nennen könnte der Nahrungsaufnahme etc etc etc. auch solche ausführen die einen ganz anderen/eigentümlichen/ Charakter tragen und die man rituelle Handlungen nennen könnte.

Nun aber ist es Unsinn so fortzufahren daß man als das Charakteristische *dieser* Handlungen sagt sie seien solche die aus fehlerhaften Anschauungen über die Physik der Dinge entsprängen (so tut es Frazer wenn er sagt Magie sei wesentlich falsche Physik bezw. falsche Medizin/Heilkunst/, Technik, etc) 199

Vielmehr ist das Charakteristische der rituellen Handlung gar keine Ansicht, Meinung, ob sie nun richtig oder falsch ist, obgleich eine Meinung – ein Glaube – selbst auch rituell sein kann, zum Ritus gehören kann.

3 ø Wenn man es für selbstverständlich hält daß sich der Mensch an seiner Phantasie vergnügt so bedenke man daß diese Phantasie nicht wie ein gemaltes Bild oder ein plastisches Modell ist sondern ein kompliziertes Gebilde aus heterogenen Bestandteilen: Wörtern und Bildern. Man wird dann das Operieren mit Schrift- und Lautzeichen nicht mehr in Gegensatz stellen zu dem Operieren mit „Vorstellungsbildern" der Ereignisse.

4 / Was tut der, der eine neue Sprache konstruiert (erfindet)? nach welchem Prinzip geht er vor? Denn dieses Prinzip ist der Begriff ‚Sprache'.

5 / Eine Sprache erfinden heißt nicht auf Grund von Naturgesetzen (oder im Einklang/in Übereinstimmung/ mit ihnen) eine Vorrichtung zu einem bestimmten Zweck erfinden. Wie es etwa die Erfindung des Benzinmotors oder der Nähmaschine ist. Auch die Erfindung eines Spiels ist nicht in *diesem* Sinne eine Erfindung aber vergleichbar der Erfindung einer Sprache. 200

9 und die eine Erscheinung ⟨dem⟩, die andere ⟨jenem⟩. Denn
15 *Im MS:* ein Buch über anthropologie
24 (so tut es Frazer wenn er sagt Magie sei wesentlich falsche Physik⟨⟩ …)
36 in Gegensatz stellen zu dem Operieren mit ⟨Phantas…⟩

1 / Ich brauche nicht zu sagen daß ich nur die Grammatik des Wortes „Sprache“ weiter beschreibe indem ich sie mit der Grammatik des Wortes „Erfindung“ in Verbindung bringe

2 / Beiläufig gesprochen (ist der Zusammenhang der Metaphysik mit der Magie der) hat es in/nach/ der alten Auffassung – etwa der, der (großen) westlichen Philosophen – zwei Arten von Problemen/zweierlei Probleme/ |im wissenschaftlichen Sinne| gegeben: wesentliche, große, universelle, und unwesentliche, quasi accidentelle Probleme. Und dagegen ist unsere Auffassung daß es kein großes, wesentliches Problem im Sinne der Wissenschaft gibt.

3 / Eine Sprache erfinden, heißt eine Sprache konstruieren. Ihre Regeln aufstellen. Ihre Grammatik verfassen.

4 / Erweitert jede erfundene Sprache den Begriff der Sprache?

5 Was für das Wort „Sprache“ gilt muß auch für den Ausdruck „System von Regeln“ gelten. Also auch für das Wort „Kalkül“.

6 Ist es da übrigens nicht merkwürdig, daß die Mathematiker immer mit der Feder auf dem Papier arbeiten?

Und warum z.B. nie mit kontinuierlichen Farbübergängen?

7 Wie bin ich denn zum Begriff ‚Sprache‘ gekommen? Doch nur durch die Sprachen die ich gelernt habe. 201

Aber die haben mich in gewissem Sinne über sich hinausgeführt, denn ich wäre jetzt im Stande eine neue Sprache zu konstruieren z.B. Wörter zu erfinden. Also gehört diese Methode der Konstruktion noch zum Begriff der Sprache. Aber nur wenn ich ihn so festlege.

8 Der Begriff: sich einander etwas mitteilen. Wenn ich |z.B.| sage: ‚Sprache‘ werde ich jedes System von Zeichen nennen, das Menschen unter einander vereinbaren um sich mit einander zu verständigen, so könnte man hier schon fragen: Und was schließt Du unter den Begriff ‚Zeichen‘ ein?

9 / Immer wieder hat mein „u.s.w.“ eine Grenze.

10 / Was nenne ich „Handlung“, was „Sinneswahrnehmung“?

11 / Die Worte „Welt“, „Erfahrung“, „Sprache“, |„Satz“,| „Kalkül“, „Mathematik“ können alle nur für triviale Abgrenzungen stehen wie „essen“, „ruhen“ etc.

6 (ist der Zusammenhang der Metaphysik mit der Magie der) *–im MS durchstrichen*
6 hat es in/nach/ der ⟨f...⟩
10 Und dagegen ist unsere Auffassung ⟨und danebe...⟩
13 Eine Sprache erfinden, heißt⟨,⟩ eine Sprache konstruieren.
27 *Im MS:* Aber haben mich in gewissem Sinne über sich hinausgeführt,
34 das Menschen unter einander ⟨vereinbart haben⟩ um sich mit einander
34 zu verständigen⟨;⟩ so könnte man hier schon fragen:

1 / Denn wenn auch ein solches Wort der Titel unsrer Grammatik wäre – etwa das Wort „Grammatik" – so hätte doch dieser Titel nur dieses Buch von andern Büchern zu unterscheiden.

2 Ist es etwa so, wie eine Art/ein/ Baustein wichtig sein kann, weil er viel und zu Wichtigem gebraucht wird, und das Wort ist ein Baustein? 203

3 Allgemeine Ausführungen über die Welt und die Sprache gibt es nicht. 202

Nachtrag:

4 / Ich sage einen Satz „Ich sehe einen schwarzen Kreis"; aber auf die Worte/Wörter/ kommt es doch nicht an; setzen/sagen/ wir also statt dessen „a b c d e". Aber nun kann ich nicht ohne weiteres mit diesen Zeichen den oberen Sinn verbinden (es sei denn daß ich „a b c d e" als ein Wort auffasse und dies als Abkürzung des oberen Satzes). Diese Schwierigkeit ist doch aber sonderbar. Ich könnte sie so ausdrücken: Ich bin nicht gewöhnt statt ‚ich' ‚a' zu sagen und statt ‚sehe' ‚b', etc/statt ‚einen' ‚c' etc/. Aber damit meine ich nicht, daß ich, wenn ich daran gewöhnt wäre, mit dem Wort ‚a' sofort das Wort ‚ich' associieren würde; sondern daß ich nicht gewohnt bin ‚a' an der Stelle von ‚ich' zu gebrauchen – in der Bedeutung von ‚ich'.

5 / Ich halte meine Wange, und jemand fragt, warum ich es tue und ich antworte: „Zahnschmerzen". Das heißt offenbar dasselbe wie „ich habe Zahnschmerzen", aber weder stelle ich mir die fehlenden Worte im Geiste vor, noch gehen sie mir im Sinn irgendwie ab. Daher ist es auch möglich daß ich die Worte „ich habe Zahnschmerzen" in dem Sinne ausspreche, als sagte ich nur das letzte Wort oder, als wären die drei nur ein Wort.

6 ?/ Und doch ist noch etwas nicht klar/unklar/, was sich z.B. in der dreifachen Verwendung des Wortes ‚ist' zeigt. Denn was heißt es, wenn ich sage, daß im Satz ‚die Rose ist rot' das ‚ist' eine andere Bedeutung hat, als in ‚2 × 2 ist 4'? Wenn man sagt es heiße, daß verschiedene Regeln von diesen beiden Wörtern gelten, so muß man zunächst sagen, daß wir hier nur ein Wort haben. Zu sagen aber: von diesem gelten in einem Fall die Regeln im anderen jene, ist Unsinn. 203

Und das hängt wieder mit der Frage zusammen, wie wir uns denn aller Regeln bewußt sind wenn wir ein Wort in einer bestimmten Bedeutung gebrauchen, und doch die Regeln die Bedeutung ausmachen?

1 Denn wenn auch ein solches Wort der Titel ⟨unserer⟩ Grammatik wäre
5 *Die Bemerkung ist eine Einfügung vom Fuß der Manuskriptseite 202, mit der vorangehenden durch einen Asteriskus verknüpft.*
10 Nachtrag: ⟨Ich …⟩
11 ⟨?ʃ⟩ *Randzeichen gestrichen*
13 Aber nun kann ich nicht ⟨of…⟩
20 sondern daß ich nicht ⟨gewöhnt⟩ bin ‚a' an der Stelle von ‚ich'
20 an der Stelle von ‚ich' zu ⟨b…⟩
23 ⟨?⟩ *Randzeichen gestrichen*
26 Worte im Geiste vor, noch gehen sie mir im ⟨Sinne⟩ irgendwie ab.
31 ? *Randzeichen durchstrichen*
33 ‚die Rose ist rot' *–im MS fehlt das Ausführungszeichen*

1 / Es wäre eine Sprache denkbar, in der die Bedeutung von Worten nach bestimmten Regeln abwechselten etwa: Vormittag heißt das Wort A dies, nachmittag jenes.

Oder eine Sprache in der die Wörter sich täglich änderten, indem an jedem Tag jeder Buchstabe des vorigen Tages durch den nächsten im Alphabet (und z durch a) ersetzt würde.

23.

2 / Man sagt die Seele *verläßt* den Körper, um ihr dann aber jede Ähnlichkeit mit dem Körper zu nehmen und damit man beileibe nicht denkt es sei irgend ein gasförmiges Ding gemeint sagt man die Seele ist unkörperlich, unräumlich; aber mit dem Worte „verläßt“ hat man schon 204
alles gesagt. Zeige mir *wie* Du das Wort „seelisch“ gebrauchst, und ich werde sehen ob die Seele „unkörperlich“ ist, und was Du unter „Geist“ verstehst.

3 ø Frazer wäre im Stande zu glauben, daß ein Wilder aus Irrtum stirbt. In den Volksschullesebüchern steht, daß Attila seine großen Kriegszüge unternommen hat, weil er glaubte, das Schwert des Donnergottes zu besitzen.

4 ø Wir müssen die ganze Sprache durchpflügen.

5 ø Frazer: „ ….. That these observances are dictated by fear of the ghost of the slain seems certain; ….“ Aber warum gebraucht er/Frazer/ denn das Wort „Ghost“? Er versteht also sehr wohl diesen Aberglauben da er ihn uns mit einem ihm geläufigen abergläubischen Wort erklärt. Oder vielmehr er hätte daraus sehen können daß auch in uns etwas für jene Handlungsweisen der Wilden spricht. – Wenn ich, der ich nicht glaube daß es irgendwo menschlich-übermenschliche Wesen gibt die man Götter nennen kann – wenn ich sage: „ich fürchte die Rache der Götter“ so zeigt das daß ich damit etwas meinen (kann) oder einer Empfindung Ausdruck geben kann die nichts mit jenem Glauben zu tun hat. [.… , die nicht notwendig mit jenem Glauben verbunden ist.] 205

6 / Ich möchte sagen: nichts zeigt unsere Verwandtschaft mit jenen Wilden besser als daß Frazer ein ihm und uns so geläufiges Wort wie „ghost“ |oder| „shade“ bei der Hand hat um die Ansichten dieser Leute zu beschreiben.

7 / (Denn das ist ja/doch/ etwas anderes als wenn er etwa beschriebe die Wilden bilden sich ein daß ihnen ihr Kopf herunter fällt wenn sie einen Feind erschlagen haben. Hier hätte *unsere Beschreibung* nichts abergläubisches oder magisches an sich.)

6 (und z durch a) ersetzt *–Hinweis auf den von Wittgenstein in diesen Manuskriptbänden gelegentlich verwendeten Code*
12 die Seele ist unkörperlich, unräumlich⟨: Aber⟩ mit dem Worte
14 ob die Seele „unkörperlich“ ist, und was Du unter „⟨geistig⟩“ verstehst
28 abergläubischen Wort erklärt. Oder vielmehr er ⟨kön…⟩
34 die nicht notwendig mit ⟨diesem …⟩

1 / Ja diese Sonderbarkeit bezieht sich nicht nur auf die Ausdrücke „ghost“ und „shade“ und es wird viel zu wenig Aufhebens davon gemacht daß wir das Wort „Seele“, „Geist“ („Spirit“) zu unserem eigenen gebildeten Vocabular zählen. Dagegen ist es eine Kleinigkeit, daß wir nicht glauben daß unsere Seele ißt und trinkt.

2 ø Frazer ist viel mehr savage als die meisten seiner savages denn diese werden nicht so weit vom Verständnis einer geistigen Angelegenheit entfernt sein wie ein Engländer des 20ten Jahrhunderts. Seine Erklärungen der primitiven Gebräuche sind viel roher als der Sinn dieser Gebräuche selbst.

3 / In unserer Sprache ist eine ganze Mythologie niedergelegt.

4 Austreiben des Todes oder Umbringen des Todes; aber anderseits wird 206
er als Gerippe dargestellt, also selbst in gewissem Sinne tot. „As dead as death“. Nichts ist so tot wie der Tod; nichts so schön wie die Schönheit selbst. Das Bild worunter man sich hier die Realität denkt ist, daß die Schönheit, der Tod, etc. die reine (conzentrierte) Substanz ist/die reinen (conzentrierten) Substanzen sind/ während sie in einem schönen Gegenstand |nur| als Beimischung vorhanden ist. – Und erkenne ich hier nicht meine eigenen Betrachtungen über Gegenstand und Complex?

5 / Die primitiven Formen unserer Sprache: Substantiv, Eigenschaftswort und Tätigkeitswort zeigen das einfache Bild auf dessen Form sie alles zu bringen sucht.

6 ∫ Erdbeeren suchen und das Gesichtsfeld.

7 / Aber wenn so der allgemeine Begriff der Sprache sozusagen zerfließt, zerfließt da nicht auch die Philosophie? Nein, denn ihre Aufgabe ist es nicht eine neue Sprache zu schaffen sondern die zu reinigen, die vorhanden ist.

8 / Nun könnte man aber sagen: „Du gibst uns Regeln für den Gebrauch der Sätze; woran sollen wir aber erkennen, daß etwas ein Satz ist?“

9 / Nachtrag: Ich hätte nicht sagen sollen daß sich die Naturnotwendigkeit charakteristisch durch eine willkürliche/in einer willkürlichen/ Regel 207
ausdrückt. Sondern: Das Naturnotwendige wird nicht wie das Notwendige durch einen notwendigen Satz ausgedrückt, sondern charakteristisch durch eine Regel die einfach beschreibt was ist.

10 / Ich möchte sagen: Es muß die ganze Grammatik als eine Veranstaltung äußerlicher Regeln genommen werden, mit allen Regeln für das Ersetzen z.B., und das Wesentliche nur in der Anwendung eben dieses ganzen Gebildes gesehen/gesucht/ werden.

13 ⟨Austrei...⟩ *Streichung in der folgenden Leerzeile*
21 |nur| *–das Einfügungszeichen ist im MS gewellt unterstrichen;* nur *durchstrichen*
21 als Beimischung vorhanden ⟨sind⟩.
33 Nein, denn ihre Aufgabe ist es nicht eine ⟨neutr...⟩
43 sondern charakteristisch durch eine Regel die einfach ⟨besch...⟩

1 / Die gramm. Regel soll z.B. etwas verbieten, etwa daß das Wort ‚A‘ an die Stelle des Wortes ‚B‘ gesetzt wird. Wie kann sie denn aber (dann) verbieten, daß das ‚ist‘ aus „2 × 2 = 4“ an die Stelle des Wortes ‚ist‘ in „die Rose ist rot“ gesetzt wird?. Das ist ja Unsinn.

2 / Der rührt von der verderblichen Vorstellung her, als sei hinter dem Wort ein unsichtbarer Schweif von Regeln, so daß es einen Sinn hätte, von zwei Worten zu reden die gleich ausschauen. Es handelt sich um ein Wort, das sich durch zwei Worte ersetzen läßt die nicht für einander eingesetzt werden dürfen.

3 / Denken wir uns die absurde Regel: Es gibt ein Wort ‚A‘ das ich in f(ξ) als Argument einsetzen darf und eines daß ich nicht einsetzen darf.

4 Die Sprache muß als ganze Institution genommen und betrachtet 208
werden.

5 ⌀ *[Die schlechte Orthographie meiner Jugendjahre bis etwa ins 18te oder 19te hängt mit meinem ganzen übrigen Charakter (der Schwäche im Lernen) zusammen]*

6 / Denken wir uns ein Tagebuch mit Signalen geführt. Etwa die Seite in Abschnitte für jede Stunde eingeteilt und nun heißt ‚X‘ ich schlafe, ‚|‘ ich stehe auf, ‚⌈‘ ich schreibe etc.

7 ?/ Muß denn nicht die Regel der Sprache – daß also dieses Zeichen das bedeutet – irgendwo niedergelegt sein?

Muß denn nicht schon, daß sie niedergelegt werden kann alles besagen?

8 / Freilich auch: Mehr als die Regel niederlegen, kann ich nicht.

9 / Und warum soll ich, daß ‚X‘ in dieser Zeile steht, nicht ein Bild dessen nennen, daß ich dann schlafen gehe? Freilich, daß es die Multiplizität dessen wiedergeben soll, die in jenen Worten liegt, kann ich nicht verlangen.

10 / Das Schlafengehen war ja auch nicht dadurch bestimmt.

11 / Wie kann ich denn kontrollieren, daß es immer dasselbe ist, was ich ‚X‘ 209
nenne. Es sei denn, daß ich etwa ein Erinnerungsbild zuziehe. Das aber dann zum Zeichen gehört.

12 / Und wenn ich es nur in der Signalsprache beschreibe, so weiß ich auch nur, daß X von ⌈ verschieden ist und sonst nichts.

13 / Wenn z.B. Einer fragte: wie weißt Du, daß Du jetzt dasselbe tust, wie vor einer Stunde und ich antworte: ich habe mir's ja aufgeschrieben, hier steht ja |ein| ‚X‘!

23 und nun heißt ‚X‘ ich schlafe, ‚|‘ ich stehe auf, ‚⌈‘⟨,⟩ ich schreibe etc.

27 *Der Absatz ist im MS eine Bemerkung, durch eine Klammer am linken Rand der vorangehenden zugeordnet.*

32 Und warum soll ich ⟨das …⟩

1 / Wenn ich mich in *dieser* Sprache ausdrücke, so werde ich also mit „Γ“ immer dasselbe meinen. Es muß einen/keinen/ Sinn haben zu sagen, daß ich beidemale dasselbe tue, wenn ich den Befehl „Γ“ befolge (oder dasselbe getan habe als ich tat was ich durch „Γ“ bezeichnete)

2 ∫ „Ich meine immer dasselbe (damit), wenn ich in mein Tagebuch schreibe ‚es regnet‘“. – „Und zwar was?“ Darauf müßte nun zur Antwort kommen „nun eben daß es regnet“, oder aber es muß ein anderes Bild gebraucht werden. Es würde entweder auf wirklichen Regen gedeutet, oder auf ein gemaltes Bild des Regens, oder auf eine ‚genauere‘ Beschreibung.

3 × Daß der Befehl ein Bild ist heißt (nur) daß aus dem Befehl hervorgehen muß, was ich zu tun habe. 210

4 × Oder sagen wir so: Es muß aus dem Befehl hervorgehen, soweit es überhaupt aus etwas hervorgehen kann

5 × (Das ist natürlich alles eine falsche Darstellung. Man kann nicht sagen aus dem Befehl müsse es hervorgehen, was ich zu tun habe, denn das hieße: aus dem Befehl muß der Befehl hervorgehen)

6 × Nehmen wir nämlich an, es könnte aus einem Bild klarer hervorgehen, dann müßte Einer etwas tun können das zwar dem Wortbefehl entgegen aber dem Bild, das diesen Befehl – nur deutlicher – ausdrückt, nicht entgegen wäre. Das Bild aber müßte aus dem Wortbefehl hervorgehen können, oder doch ein Vergleich zeigen können, daß beide das Gleiche befehlen.

7 × Die Handlung kann *ebenso* wohl/gut/ durch den Befehl bestimmt werden, wie sie nachträglich beschrieben werden kann. D.h. soweit sie überhaupt beschrieben werden kann; soweit wir (also) von ihr reden können, (sie von anderen Handlungen unterscheiden können) soweit kann sie auch durch die Sprache (den Befehl) vorausbestimmt werden.

8 × (Hier führe ich natürlich durch die Worte „soweit sie überhaupt etc“ irre. Denn das hieße ja daß man einen noch erreichbaren Grad der Beschreibung von einem nicht mehr erreichbaren unterscheiden könnte; daß man von einem Grade der Beschreibung reden könnte bis zu dem man gelangen könnte im Gegensatz zu etwas was sich nicht mehr beschreiben ließe. So als wäre am Schluß die Handlung natürlich doch nicht ganz beschrieben.) 211

9 × Soweit die Tatsache die Worte der Beschreibung bestimmen kann, soweit können Worte die Tatsache bestimmen.

10 / Ist $\left[\text{accb}\ \begin{smallmatrix}a\\b\\c\end{smallmatrix}\middle|\begin{smallmatrix}A\\B\\C\end{smallmatrix}\right]$ ein Bild von ACCB?

2 einen/keinen/ *–im MS am linken Rand mit einer vertikalen Wellenlinie markiert*
20 müsse es hervorgehen, was ich zu tun habe, denn ⟨dies⟩ hieße:

1 / Erinnern wir uns daß auch das gezeichnete Bild ein solches nur durch eine bestimmte Projectionsart ist.

2 / Erinnere Dich, wenn Du in einem Projectionssystem etwas Complexes in etwas Einfaches projizierst, wird doch die complexe Natur des Projizierten in der weiteren Anwendung der Projectionsregel zu Tage treten.

3 ∫ Keine logische Verbindung der Dinge kann der Sprache entgehen, sobald sie alle Verhältnisse will beschreiben können.

4 ?/ Wenn man fragt: „ist der Satz ‚geh aus dem Zimmer' wirklich ein Bild dieser Handlung", so kann ich entgegen fragen: ist dieser Strich / das Bild dieses Buches? Und doch kann er das sehr wohl sein, es kommt 212
nur auf die Projektionsart an. Sie muß sehr kompliziert sein, wenn der Strich wirklich das Bild des Buches sein soll und das wird sich woanders zeigen; es werden dann sehr einfache Verhältnisse sehr komplizierte Projectionen kriegen.

5 ∫ Du mußt Deine Handlung nach den Worten in einer allgemeinen Art rechtfertigen; d.h. nach den Erklärungen, die Du nicht im Hinblick auf diesen Fall erhalten hast, sondern zum Voraus, welcher Fall immer eintreten mag/mochte/. Die Erklärung der Sprache durfte nicht schon einen bestimmten Tatbestand behaupten oder voraussetzen, sondern mußte, was tatsächlich der Fall ist offen lassen.

6 ∫ „Ich komme weil Du geläutet hast"

7 / Wie unterscheidet sich denn blau von rot?

8 / Wir meinen doch nicht, daß das eine die, das andere jene Eigenschaften hat. Übrigens sind Eigenschaften von Blau und Rot, daß dieser Körper (oder Ort) blau, jener rot ist.

Nachtrag und Bemerkungen dazu: 24.

9 Auf die Frage „welcher Unterschied ist denn zwischen blau und rot" möchte man antworten: das eine ist blau das andre rot. Aber das heißt natürlich nichts und man denkt hier in Wirklichkeit an den Unterschied 213
der Flächen oder Örter die diese Farben haben. Sonst nämlich hat die Frage überhaupt keinen Sinn.

10 / Was ich sage heißt also: Rot kann man nicht beschreiben. Aber kann man es denn nicht malerisch darstellen, indem man etwas rot malt?

11 / Nein, das ist keine malerische Darstellung der Bedeutung des Wortes ‚rot' (die gibt es nicht)

Das Porträt von Rot.

4 Erinnere Dich⟨, daß …⟩
13 entgegen fragen: ⟨„⟩ist dieser Strich / das Bild dieses Buches?⟨"⟩
17 es werden dann sehr einfache Verhältnisse sehr ⟨complizierte⟩ Projectionen
47 Das Porträt von Rot. *–Einfügung in der Leerzeile*

1 / Aber jedenfalls ist es doch nicht Zufall, daß man zur Erklärung der Bedeutung des Wortes ‚rot' naturgemäß/ganz natürlich/ auf einen roten Gegenstand zeigt!

2 / (Was daran natürlich ist, ist in diesem Satze dargestellt durch das zweimalige Vorkommen des Wortes ‚rot'.)

3 / In wiefern hilft die hinweisende Erklärung „das ist ‚rot'" zum Verständnis des Wortes?

4 / (Sie ‚hilft' gar nicht, sondern ist eben eine der symbolischen Regeln für den Gebrauch des Wortes ‚rot'.)

5 ∫ In welchem Falle sagen wir, daß zwei Menschen einem Wort die gleiche Bedeutung geben? Wie ist die Bedeutung denn fixiert? Doch nur durch Erklärungen der Sprache selbst: d.h. Beschreibungen der Sprache.

6 ∫ [Mein Buch soll/kann/ heißen: Eine Philosophische Betrachtung. (Als Haupt-, nicht als Untertitel)] 214

7 / Muß es nicht so sein, wenn ich recht habe: Aus der Beschreibung der Sprache muß hervorgehen, welche Bedeutung jedes Wort hat?

8 / (Und hier ist das Wort/der Ausdruck/ „wenn ich recht habe" unrichtig; denn wenn ich wirklich Philosophie betreibe darf ich nicht recht haben müssen. Denn erst wenn ich nur das Selbstverständliche sage ist es Philosophie.)

9 / D.h. das Bild des Bildes muß selbst ein Bild im ersten Sinn/der ersten Art/ sein. [D.h.: das Bild des Bildes der Welt muß selbst ein Bild der Welt sein]

10 / |D.h.| Das Bild des Bildes muß dieses ersetzen können.

11 / Wenn die Beschreibung der Sprache zugleich ihre Bedeutung gibt, dann kann man die Sprache ein Bild der Welt nennen.

12 / Die Beschreibung der Sprache muß dasselbe leisten wie die Sprache

13 / Denn dann kann ich wirklich aus dem Satz, der Beschreibung, ersehen, wie es sich in der Wirklichkeit verhält.

14 / (Aber nur das nennt man ja „Beschreibung" und nur das nennt man ja „ersehen wie es sich verhält"!) 215

11 (Sie ⟨,f…⟩
22 Aus der Beschreibung der ⟨P…⟩
30 ⟨∫⟩ *Randzeichen gestrichen*
34 |D.h.| Das Bild des Bildes muß ⟨das erste⟩ ersetzen können.
39 *Die Bemerkung ist eine Einfügung in der Leerzeile.*

1 / (Und etwas anderes ist es ja nicht, was wir alle |damit| sagen: daß wir aus der Beschreibung ersehen, wie es sich in Wirklichkeit verhält.)

2 / Angenommen wir lassen die Übersetzung in die Gebärdensprache fort; zeigt es sich dann in der Anwendung (ich meine, in den grammatischen Regeln der Anwendung) daß diese Übersetzung möglich ist?

3 / Und kann es sich nur zeigen, daß sie *möglich* ist, oder auch, daß sie notwendig ist?

4 / Wenn sie *notwendig* ist, so heißt das, daß die Sprache vermittels des 216
roten Täfelchens in irgend einem Sinn notwendig ist; und nicht gleichberechtigt der Wortsprache.

5 / Aber wie könnte das sein? denn dann wären ja die hinweisenden 215
Erklärungen überflüssig; das heißt aber schon implicite in den andern enthalten. Wie kann denn eine Regel eines Spiels überflüssig sein *wenn* es eben *das* Spiel sein soll was auch durch *diese* Regel charakterisiert wird.

6 / |Nein.| Der Fehler besteht hier immer wieder darin daß ich vergesse daß erst *alle* Regeln das Spiel, die Sprache characterisieren und daß diese Regeln nicht einer Wirklichkeit verantwortlich sind, so daß sie von ihr kontrolliert würden und so daß man von einer Regel bezweifeln könnte daß sie notwendig oder richtig wäre. (Vergleiche das Problem 216
der Widerspruchsfreiheit der Nicht-Euklidischen Geometrie!)

7 / Die Grammatik ist keiner Wirklichkeit verantwortlich.

8 / (Die Grammatik ist der Wirklichkeit nicht Rechenschaft schuldig)

9 / Ich kann ein helles Rot ‚A' nennen und ein dunkles ‚B', aber es wird sich in der Grammatik dieser Wörter zeigen, daß sie in dem Sinne Verwandtes bedeuten wie eben hellrot und dunkelrot verwandt sind. Es wird z.B. gesagt werden können, daß die Farbe eines Flecks A ist und dann immer dunkler wird, bis sie B ist.

1 was wir alle |damit| sagen⟨, wenn …⟩

8 *Die Bemerkung ist im MS mit einem Asteriskus markiert, gefolgt von der Anweisung:* [Siehe nächste Seite]

11 *Im MS findet sich die Bemerkung auf der folgenden Manuskriptseite, mit der einleitenden Anweisung:* [Anschließend an den Satz ⚹]

30 *Im MS folgt hier die umgestellte Bemerkung.*

1 / (Ein Gleichnis gehört zu unserem Gebäude; aber wir können auch aus ihm keine Folgen ziehen, es führt uns nicht über sich selbst hinaus sondern muß als Gleichnis stehen bleiben. Wir können keine Folgerungen daraus ziehen. So, wenn wir den Satz mit einem Bild vergleichen (wobei ja, was wir unter ‚Bild' verstehen schon früher /vorher/ in uns festliegen muß) oder wenn ich die Anwendung der 217
Sprache mit der, etwa, des Multiplicationskalküls vergleiche.

Die Philosophie stellt eben alles bloß hin und erklärt und folgert nichts.)

2 / Woher aber die Sicherheit, daß es sich zeigen muß? Da fehlt mir ein Ausdruck.

3 ?/ Denn nur was sich in der Anwendung zeigt ist ja die Bedeutung! Anderseits: Wenn man sagt „es muß sich in der Anwendung zeigen, daß das Wort d i e s e Bedeutung hat", ist das irreführend. W e l c h e Bedeutung denn? – Und der Ausdruck, der diese Frage beantwortet [.. der darauf antwortet] muß die Anwendung enthalten/enthält die Anwendung/, die die Bedeutung zeigt.

4 ?/ Die Erklärung der Wortbedeutung ist die/eine/ Erklärung der Anwendung des Wortes.

5 / Zu sagen, daß das Wort „rot" mit allen Vorschriften die von ihm gelten, das bedeuten könnte was tatsächlich das Wort „blau" bedeutet; daß also durch diese Regeln die Bedeutung nicht fixiert ist, hat nur einen Sinn, wenn ich die beiden Möglichkeiten der Bedeutung ausdrücken kann und dann sagen, welche die von mir bestimmte ist.

6 / (Diese letztere Aussage ist aber eben die Regel die vorher zur 218
Eindeutigkeit gefehlt hat.)

7 / Wie, wenn eine Sprache aus lauter einfachen und unabhängigen Signalen bestünde?! Denken wir uns diesen Fall: Es handle sich etwa um die Beschreibung einer Fläche, auf der in schwarz und weiß sich allerlei Figuren zeigen können. Wäre es nun möglich, alle möglichen Figuren durch unabhängige Symbole zu kennzeichnen/bezeichnen/? (Ich nehme dabei an daß ich nur über, sagen wir, 100000 Figuren reden will) Wenn ich recht habe, so muß die ganze Geometrie in den Regeln über die Verwendung dieser 100000 Signale wiederkehren. (Und zwar ebenso wie die Arithmetik, wenn wir statt 10 |unabhängiger| Zahlzeichen eine Billion verwendeten)

8 / Um eine Abhängigkeit auszudrücken, bedarf es einer Abhängigkeit.

5 wenn wir den Satz mit einem Bild vergleichen ⟨und die …⟩
5 verstehen ⟨ja⟩ schon früher/vorher/ in uns festliegen muß)
11 Woher *–im MS verweist vom Anfang des Wortes ein Pfeil nach unten auf die nachfolgenden Bemerkungen*
17 Und der Ausdruck, der diese Frage ⟨beantworten …⟩
19 muß die Anwendung enthalten/enthält die Anwendung/, ⟨um …⟩
24 Zu sagen, daß das Wort „⟨Rot⟩" mit allen Vorschriften
37 kennzeichnen/bezeichnen/? ⟨Wenn ich recht habe, so muß die …⟩
40 dieser 100000 Signale wiederkehren. (Und zwar ⟨et…⟩

1 ?/ Wenn man sagt: es muß sich doch in den Regeln für die Anwendung zweier Worte zeigen wenn sie Dinge bezeichnen die eine innere Verwandtschaft haben so macht man hier den Fehler zu vergessen, daß ich ja von dieser Verwandtschaft der Bedeutungen nur reden kann wenn sie sich in der Erklärung – etwa der hinweisenden – der Bedeutung zeigt. Wenn ich also etwa sage „‚A' bedeutet d i e s e Farbe, 219 ‚B' d i e s e", so habe ich, welche Verwandtschaft immer in den Bedeutungen liegt/liegen mag/, in die Erklärung gelegt.

2 ∫ „Für mich hat/haben/ aber doch jetzt ‚rot' und ‚blau' eine ganz bestimmte Bedeutung." Wohl, ich bezeuge mir das, indem ich mir bei ‚blau' etwas vorstelle und bei ‚rot' etwas. Aber damit übersetze ich schon die Wortsprache in eine andere. Die Grammatik der Wortsprache hat nichts andres zu tun, als die beiden Zeichen verschieden zu machen. Denn etwas anderes konnten wir nicht sagen, als daß blau und rot verschieden sind.

3 ?∫ Einwand: „Wenn ich nur die Worte hätte, könnte ich mir einmal das, einmal jenes dabei/unter ihnen/ vorstellen". Aber was ist das Criterium dafür daß ich mir |immer| das gleiche vorstelle, oder daß es einmal das, einmal jenes ist?

4 ∫ Ich sagte „etwas anderes konnten wir nicht sagen, als daß blau und rot verschieden sind". Aber dies ist doch nur in der gramm. Regel niedergelegt/ausgedrückt/gesagt/ daß jene/die/ beiden Worte nicht für einander eingesetzt werden dürfen. Was in anderen gramm. Regeln gesagt ist, ist in dieser nicht gesagt. Und es g i b t noch andere die von den Worten ‚blau' und ‚rot' handeln (z.B. auch die hinweisenden Regeln „d a s ist blau" und „d a s ist rot" in Übereinstimmung mit welchen ich mir auch jene Vorstellungen aufgerufen habe). Das Wesentliche ist nur/Was 220 ich sagen will ist nur/, daß man nicht sagen kann daß die Bedeutung dieser Worte mit den hervorgerufenen Vorstellungen kommt und vergeht, daß diese Vorstellung die Bedeutung ist/Vorstellungen die Bedeutungen sind/. Und daß, sie soweit sie eine Bedeutung bezeugen, in Übereinstimmung mit eben den Regeln sein müssen, die die Bedeutung festlegen [.. in denen die Bedeutung festgelegt ist.]

5 ∫ Die Bedeutung muß von vornherein angebbar sein

6 Wenn ich also etwa sage „‚A' bedeutet d i e s e Farbe⟨"⟩
15 Denn etwas anderes ⟨könnten⟩ wir nicht sagen,
20 *Im MS:* das Criterium dafür daß mir |immer| das gleiche
20 |immer| *–das Einfügungszeichen ist im MS gewellt unterstrichen*
23 Ich sagte „etwas anderes ⟨können⟩ wir nicht sagen,
24 Aber dies ist doch nur in der gramm. Regel ⟨an…⟩
25 niedergelegt/ausgedrückt/gesagt/ *–zweite Variante im MS durchstrichen*
27 Und es g i b t noch andere die von ⟨diesen …⟩
30 jene Vorstellungen aufgerufen habe). ⟨Und das⟩ Wesentliche ist nur
31 *Im MS:* daß die Bedeutungen
34 Und daß, ⟨sie⟩ soweit sie eine Bedeutung bezeugen
34 Und daß, sie soweit sie eine ⟨Vorstellung beze…⟩

1 ∫ Ein Wort kann eine Farbe bedeuten, aber auch einen farbigen Fleck. Das heißt aber nicht daß dieser Fleck die Bedeutung des Wortes ist. Daß ich also etwa von der Bedeutung des Wortes sagen kann sie stehe links von einem anderen Fleck oder sie verschwinde etc. Es wäre also wohl besser/weniger mißverständlich/ im ersten Satz statt ‚bedeuten' ‚bezeichnen' zu sagen.

2 ∫ Der Satz der Tatsache ähnlich! Ähnlichkeit eines geometrischen Gebildes mit seiner/und seiner/ Projection. Offenbare und nicht offenbare Ähnlichkeit.
Projection von 2 + 3 in 5.
Vorstellung scheinbar auf anderer Stufe wie ein andres Bild.
Beschreibung der Vorstellung ähnlich der Beschreibung der Tatsache.
Aber auch Beschreibung des Satzes ähnlich der Beschreibung der Tatsache, wenn wir nämlich das ganze Projectionssystem beschreiben. 221
Das Zeichen mit seiner Grammatik ist erst, was diese Befolgung rechtfertigt, und daher, dessen Beschreibung die Beschreibung der Tatsache |(Befolgung)| enthält.
Der Satz ist der Tatsache so ähnlich wie „5" dem Ausdruck „2 + 3".

3 / Die Anwendung der Sprache geht über diese hinaus, aber nicht die Deutung. Die Deutung vollzieht sich noch im Allgemeinen, als Vorbereitung auf jede Anwendung. Sie geht in der Sprachlehre vor sich und nicht im Gebrauch der Sprache.

4 ∫ø Es ist schwer sich an kein Gleichnis zu verlieren.

5 /∫ Kann man also sagen: Es genügt vollkommen, wenn die Philosophie ihre Bemerkungen über den Ausdruck in der deutschen Sprache macht, über die Sprache des Chemikers etc.? D.h., die Philosophie macht ihre Bemerkungen über den Ausdruck in verschiedenen Sprachen nicht über einen diesen übergeordneten Begriff.

6 / Wir reden von dem räumlichen und zeitlichen Phänomen der Sprache. Nicht von einem unräumlichen und unzeitlichen Unding. Aber wir reden von ihr so, wie von den Figuren des Schachspiels, indem wir Regeln für sie tabulieren, nicht ihre physikalischen Eigenschaften 222
beschreiben.

16 Das Zeichen mit seiner Grammatik ⟨ist …⟩

27 ∫ *Randzeichen überschrieben*

29 / *Randzeichen überschrieben*

33 in der deutschen Sprache macht, über die Sprache des Chemikers etc.? D.h., die Philosophie macht ihre Bemerkungen über ⟨Sprachen …⟩ den Ausdruck in verschiedenen Sprachen nicht über einen diesen übergeordneten Begriff. *–im MS am linken und rechten Rand mit je einer vertikalen Wellenlinie markiert*

1 ∫ Der Dogmatismus in der Philosophie entsteht dadurch/besteht darin/ daß Behauptungen gemacht werden, die nicht von jedem anerkannte grammatische Regeln seines Ausdrucks/seiner Sprache/ sind. Es wird so wieder der Anschein erweckt als müßten wir in der Philosophie konstruieren und neue Entdeckungen machen, Zusammenhänge herausfinden/auffinden/.

2 ∫ In der Logik scheinen wir es (zwar/wohl/) mit ‚allen Sätzen' zu tun zu haben. Aber wir konstruieren nur einen Kalkül und überlassen die Anwendung sich selbst.

3 ∫ Wir arbeiten in der Philosophie mit Sprachen eben denen die wir verwenden, denn die Regeln ihrer Verwendung wollen/sollen/ wir ja feststellen.

4 ∫ Wir arbeiten in der Philosophie mit Sprachen, den alltäglichen Gebilden – – –

5 / Wir können in der Philosophie |auch| keine größere Allgemeinheit erreichen, als in dem was wir in Leben und Wissenschaft sagen/aussprechen/. (D.h. auch hier lassen wir alles wie es ist.)

6 / So ist eine aufsehenerregende Definition der Zahl keine/nicht die/ Sache der Philosophie.

7 / Die Philosophie hat es mit den bestehenden Sprachen zu tun und nicht vorzugeben, daß sie von einer abstrakten Sprache handeln müsse. 223

25.

8 ?/ Nachtrag etc.: Ich kann mich doch offenbar von der Farbe führen lassen und zwar, wie ich mich durch Worte nicht führen lassen kann, weil ich nicht für alle Schattierungen Worte habe.

9 ∫ Die Bedeutung – etwa – des Wortes „Sessel" ist vielfach verankert.

1 Der Dogmatismus in der Philosophie ⟨entsp…⟩
6 herausfinden/auffinden/ *–erste Variante im MS durchstrichen*
8 scheinen wir es (zwar/wohl/) mit ‚⟨allen⟩ Sätzen' zu tun zu haben.
12 mit Sprachen | |? eben denen *–das leergebliebene Einfügungszeichen ist im MS mit einem Fragezeichen markiert und durchstrichen*
12 mit Sprachen eben denen die wir ⟨auch⟩ verwenden,
19 Wir können in der Philosophie |auch| keine größere ⟨E…⟩
33 weil ich nicht für alle Schattierungen Worte habe. *–im MS am linken und rechten Rand mit je einer vertikalen Wellenlinie markiert*

1 ?/ Was immer Beiläufiges beim Aussprechen des Satzes vor sich geht, ich muß mich dann nach ihm richten können. Und dabei wird sich die Bedeutung der Wörter zeigen; aber nicht so, als ob sie nun erst in der Handlung zum Vorschein käme. Denn sie kommt ja nur bei der Handlung zum Vorschein die dem Satz entspricht. Und ob sie ihm entspricht, kann ja wieder/erst/ nur auf Grund der Bedeutung der Wörter entschieden werden. Sondern bei der E n t s c h e i d u n g ob die Handlung dem Satz entspricht, zeigt sich die Wortbedeutung. D.h. beim Collationieren der Tatsache gegen den Satz zeigt sich die Bedeutung.

2 / Aber dieses Collationieren ist eben unabhängig davon ob der Satz stimmt oder nicht. 224

3 / Soweit die Bedeutung der Wörter in der Tatsache (Handlung) zum Vorschein kommt, kommt sie |schon| in der Beschreibung der Tatsache zum Vorschein. (Sie wird also ganz in der Sprache bestimmt) 223

(In dem, was sich hat voraussehen lassen; worüber man schon vor dem Eintreffen der Tatsache reden konnte.) 224

4 / „Bedeutung“ kommt von „deuten“.

5 / Nun ist aber dieses Collationieren, wie auch der Begriff der Bedeutung ein Überbleibsel einer primitiven Anschauung.

6 / Wenn ich etwa die wirkliche Sitzordnung an einer Tafel nach einer Aufschreibung collationiere, so hat es einen guten Sinn bei jedem Namen/beim Lesen jedes Namens/ auf einen bestimmten Menschen zu zeigen. Sollte ich aber etwa die Beschreibung eines Bildes mit dem Bild vergleichen und außer dem Personenverzeichnis sagte die Beschreibung auch daß A den B küßt, so wüßte ich nicht, worauf ich, als Korrelat des Wortes ‚küssen‘ zeigen sollte. Oder, wenn etwa stünde „A ist größer als B“, worauf soll ich beim Wort ‚größer‘ zeigen? – Ganz offenbar kann ich ja gar nicht auf etwas diesem Wort entsprechendes in dem Sinne zeigen, wie ich etwa auf die Person A im Bild zeige.

7 / Das Wort „ein gewisser“ und seine Grammatik. Ein Beispiel wie man Worte häuft um eine Bedeutung zu sichern statt auf die Spielregeln zu achten. (Als wollte man dem Schachkönig ein wirkliches Gesicht anmalen um ihm die richtige Wirkung zu sichern.) 225

9 *Am Ende der Bemerkung folgt der Verweis:* ✳ nächste Seite
11 *Die Bemerkung steht im MS auf der nachfolgenden Manuskriptseite, durch einen Asteriskus und einen Doppelpfeil umgestellt.*
15 kommt sie |schon| *–das Einfügungszeichen ist im MS gewellt unterstrichen*
18 sich hat voraussehen lassen; worüber man schon vor dem ⟨I…⟩
20 *Hier folgt im MS die umgestellte Bemerkung.*
33 auf etwas diesem ⟨Worte⟩ entsprechendes in dem Sinne zeigen,
38 (Als wollte man ⟨den …⟩
39 dem Schachkönig ein wirkliches Gesicht anmalen um ⟨ihn …⟩

1 / Es gibt freilich einen Akt „die Aufmerksamkeit auf die Größe der Personen richten“ oder auf ihre Tätigkeit und in diesem Sinn kann man auch das Küssen und die Größenverhältnisse collationieren. Das zeigt wie der allgemeine Begriff der Bedeutung entstehen konnte. Es geschieht da etwas analoges wie wenn das Pigment an Stelle der Farbe tritt.

2 ∫ Der Satz, das Wort habe nur im Satzverband Bedeutung, muß natürlich auch, correct gefaßt, ganz anders lauten. (Natürlich als Regel der Sprache)

3 ⌀ Die historische Erklärung, die Erklärung als eine Hypothese der Entwicklung ist nur *eine* Art der Zusammenfassung der Daten – ihrer Synopsis. Es ist ebensowohl möglich die Daten in ihrer Beziehung zueinander zu sehen und in ein allgemeines Bild zusammenzufassen ohne es in Form einer Hypothese über die zeitliche Entwicklung zu tun /machen/.

4 ⌀ Identifizierung der eigenen Götter mit Göttern andrer Völker. Man überzeugt sich davon daß die Namen die gleiche Bedeutung haben.

5 / Die deutsche, und jede, Sprache legt nicht nur Sprachformen fest sondern sagt auch was sie bedeuten sollen, fixiert ihre Bedeutung. 226

29.6.

6 / Was ein Satz ist, wird durch die Grammatik bestimmt. D.h. innerhalb der Grammatik.
(Dahin zielte auch meine „allgemeine Satzform“)

7 ⌀ (Struktur und Gefühl in der Musik. Die Gefühle begleiten das Auffassen eines Musikstücks wie sie die Vorgänge des Lebens begleiten.)

8 ∫ *[Die liebliche Temperaturdifferenz der Teile eines menschlichen Körpers.]*

9 / „Ich kann das Wort ‚gelb‘ anwenden“ – ist das auf einer anderen Stufe als „ich kann Schach spielen“, oder „ich kann den König im Schachspiel verwenden“?

10 Denken wir wieder an die Intention, Schach zu spielen. Ich setze mich hin und sage „nun wollen wir Schach spielen“. In gewissem Sinne habe ich mir damit vorgenommen, die Regeln des Schachspiels zu befolgen. Aber habe ich diese Regeln alle an mir vorbei passieren lassen? Nein. – Ich habe z.B. nicht an die Regel des Rochierens gedacht. Nun kommt es aber zum Rochieren. Warum erkenne ich diese Regel als eine Regel des Schachspiels an? Weil sie im Schachbuch steht? Nein. Ich könnte mir ja denken, daß sie, wenn ich nachsehen will, in keinem Buch steht. Weil ich sie mir vorgesetzt hatte? Nein, denn ich hatte nicht an sie gedacht. 227 Es wird also auf andere Weise entschieden, ob eine Regel zum Schachspiel gehört, ob ich also meinem Vorsatz gefolgt bin oder nicht.

15 Beziehung zueinander zu sehen und in ein allgemeines Bild ⟨d…⟩
19 der eigenen Götter mit Göttern andrer Völker. ⟨Die Namen …⟩

1 / ⟨In der Grammatik des Worts „Schach“ stehen auch die Schachregeln.⟩

2 / Wenn ich nun sage: das Schachspiel besteht in den Regeln: wo sind denn diese Regeln vorhanden. Ich erkenn ja die Autorität der Schachbücher nicht an, da ich es für *möglich* halte, daß sie nicht die Regeln enthalten, die ich meine.

Und mein Vorsatz wird ein Anderer, wenn ich mir vornehme, die Regeln zu befolgen, welche immer es sein mögen, die ich in einem bestimmten Buche finde.

3 / Kann man nun etwa sagen; mein Vorsatz sei der, zu tun, was ich an einer bestimmten Stelle meines Gedächtnisses finde?

4 / Das heißt, es wird im Vorsatz ein bestimmtes Criterium gegeben, wonach dann entschieden wird, ob etwas einer Schachregel gemäß ist. (Quasi der *Begriff* der Schachregel)

5 Wenn ich daher sage, ich verstehe das Wort „Gelb“, so werde ich auch erst später entscheiden, ob diese Verwendung der ursprünglichen Bedeutung gemäß ist, oder nicht. Denn nach einem Regelverzeichnis 228 kann ich mich auch hier nicht richten. Denn wer weiß, was ich darin finde.

6 Ich kann nichts tun, als Regeln in einem *Buche* niederlegen.

7 Und das zeigt das Verhältnis, welches meine Tätigkeit zum Unmittelbaren hat.

8 Wenn ich z.B. sage, von der Verneinung gelten diese Regeln, so darf es keinen Sinn haben zu fragen: Woher weißt Du, daß Du noch immer vom Selben (der Verneinung im selben Sinne) sprichst.

Denn in diesem Sinne constituieren die Regeln die Verneinung, wie die Schachregeln das Schach.

9 Wenn ich von ‚der Bedeutung‘ des Wortes „Schach“ (oder „gelb“) rede, statt das Wort (bloß) zu gebrauchen, so setze ich dabei ein Regelverzeichnis voraus

Wenn ich ein Buch über eine/die/ Sprache schreibe so muß das die Regeln enthalten oder in andere Bücher eingreifen die die Regeln/sie/ enthalten. (Ich meine „eingreifen“ wie ein Zahnrad ins andere.)

10 Über die Sprache sind nicht mehr Skrupeln berechtigt als ein Schachspieler über das Schachspiel hat, nämlich keine.

11 Kann man nun etwa sagen(:) mein Vorsatz sei der, zu tun
35 Wenn ich von ‚der Bedeutung‘ des Wortes „Schach“⟨, ⟩oder
36 statt das Wort (bloß) zu gebrauchen, so setze ich dabei ⟨eine …⟩
43 Über die Sprache sind nicht mehr Skrupeln berechtigt als ⟨über das …⟩

1 Kann man eine Intention haben, ohne sie auszudrücken? Kann man die Absicht haben Schach zu spielen (in dem Sinne, in welchem man |apodiktisch| sagt „ich hatte die Absicht Schach zu spielen; *ich muß es doch wissen*“) ohne einen Ausdruck dieser Absicht? – Könnte man da nicht fragen: Woher weißt Du, daß das, was Du hattest, *diese* Absicht war? 229

Ist die Absicht Schach zu spielen etwa wie die Vorliebe für das Spiel oder für eine Person. Wo man auch fragen könnte: Hast Du diese Vorliebe die ganze Zeit oder etc. und die Antwort ist, daß „eine Vorliebe haben“ gewisse Handlungen, Gedanken und Gefühle einschließt und andere ausschließt.

2 / Muß ich nicht sagen: „Ich weiß, daß ich die Absicht hatte, *denn* ich habe mir gedacht „jetzt komme ich endlich zum Schachspielen“ oder etc. etc.

3 / Es würde sich mit der Absicht in diesem Sinne auch vollkommen vertragen, daß/wenn/ ich beim ersten Zug darauf käme, daß ich alle Schachregeln vergessen habe, und zwar so, daß ich nicht etwa sagen könnte „ja, als ich den Vorsatz hatte/faßte/, da hatte/habe/ ich sie noch gewußt“.

4 / Es wäre wichtig, den Fehler allgemein auszudrücken, den ich in allen diesen Betrachtungen zu machen neige/geneigt bin/. Die falsche Analogie aus der er entspringt.

5 / Eine der wichtigsten Aufgaben ist es ja, alle falschen Gedankengänge so charakteristisch auszudrücken, daß der Leser sagt „ja, genau so habe ich es gemeint“. Die Physiognomie jedes Irrtums nachzuzeichnen. 230

6 / Wir können ja auch nur dann den Andern eines Fehlers überführen, wenn er anerkennt, daß dies wirklich der Ausdruck seines Gefühls ist. [... wenn er diesen Ausdruck (wirklich) als den richtigen Ausdruck seines Gefühls anerkennt.]

7 / Nämlich, nur, wenn er ihn als solchen anerkennt, *ist* er der richtige Ausdruck. (Psychoanalyse)

8 Ich glaube, jener Fehler liegt in der Idee, daß die Bedeutung eines Wortes eine Vorstellung ist, die das Wort begleitet.

Und diese Conception hat wieder mit der des Bewußt-Seins zu tun /steht wieder mit der des Bewußt-Seins in Verbindung/. Dessen, was ich immer „das Primäre“ nannte.

4 die Absicht Schach zu spielen; *ich muß es doch wissen*“⟨.⟩
7 Ist die Absicht Schach zu spielen etwa⟨,⟩ wie die Vorliebe für das Spiel
8 wie die Vorliebe für das Spiel ⟨(⟩oder für eine Person.
13 „Ich weiß, *– im MS fehlt das Ausführungszeichen*
13 „Ich weiß, daß ich die Absicht ⟨habe⟩, *denn* ich habe mir gedacht
29 Die Physiognomie ⟨des⟩ Irrtums nachzuzeichnen.
32 daß dies ⟨(wirklich)⟩ der Ausdruck seines Gefühls ist.
41 Und diese Conception hat wieder mit der des ⟨Bewußtseins⟩ zu tun

1 / Wenn ich nämlich über die Sprache – Wort, Satz etc – rede, muß ich die Sprache des Alltags reden. – Aber gibt es denn eine andere?

2 / Ist diese Sprache etwa zu grob, materiell für das, was wir sagen wollen? Und kann es eine andere geben? Und wie merkwürdig, daß wir dann mit der unseren dennoch/überhaupt/ etwas anfangen können.

3 / Es ist doch klar, daß jede Sprache die dasselbe leistet, dieselbe sein 231
müßte. Daß also unsere gewöhnliche nicht schlechter ist, als irgend eine andere.

4 / Daß ich beim Erklären der Sprache (in unserem Sinne) schon die volle Sprache (nicht etwa eine vorbereitende, vorläufige, anwenden muß, zeigt schon, daß ich nur Äußerliches über die Sprache sagen /vorbringen/ kann.

5 / Ja, aber wie können uns diese Ausführungen dann befriedigen? – Nun, Deine Fragen waren ja auch schon in dieser Sprache abgefaßt; mußten in dieser Sprache ausgedrückt werden, wenn etwas zu fragen war!

6 / Und Deine Skrupel sind Mißverständnisse.

7 / Deine Fragen beziehen sich auf Wörter, so muß ich von Wörtern reden.

8 ϕ *(Der Ernst Labors ist ein sehr später Ernst.)*

9 Man sagt: Es kommt doch nicht auf's/auf das/ Wort an, sondern auf seine Bedeutung und denkt dabei immer an die Bedeutung als ob sie nun eine Sache von der Art des Worts wäre, allerdings vom Wort verschieden. Hier ist das Wort, hier die Bedeutung. (Das Geld, und die Kuh die man dafür kaufen kann. Anderseits aber: das Geld, und sein Nutzen.)

10 ∫ In der fertigen Grammatik des Wortes „Schach" müssen allerdings alle
Schachregeln stehen/vorhanden sein/; d.h. im Laufe der Verwendung 232
dieses Wortes werden die Regeln auftreten können. – –

11 / Was er/der Andre/ anerkennt, ist die Analogie die ich ihm darbiete, als Quelle seines Gedankens.

12 ∫ „Ich wünsche mir schon lange ...." Worin besteht das Wünschen und wie verhält es sich zu seinem sprachlichen Ausdruck?

9 dieselbe sein müßte⟨!⟩ Daß also unsere gewöhnliche nicht schlechter ist,
13 (nicht etwa eine vorbereitende, *–im MS fehlt die Schlußklammer*
18 in dieser Sprache abgefaßt; ⟨| |⟩ *–leergebliebenes Einfügungszeichen, im MS gestrichen*
27 Es ⟨kann⟩ doch nicht auf's/auf das/ Wort ⟨ankommen⟩ sondern
31 dafür kaufen kann. Anderseits aber: das Geld, und ⟨der ...⟩
36 werden die Regeln auftreten können. *–im MS am linken Rand mit einer vertikalen Wellenlinie markiert*

1 / Wenn ich sagte in die Grammatik des Wortes „Schach“ treten die Regeln des Spiels ein, so hätte ich statt dessen auch sagen können: das Wort „Schach“ wird mit Hilfe der Regeln definiert. Seine Bedeutung durch diese Regeln erklärt.

2 ϕ (Der Stil meiner Sätze hat – glaube ich – oft den Fehler eines schlechten musikalischen Satzes. Man glaubt diese Stimme klar zu hören, spielt man sie aber, so fällt sie heraus [so sticht sie unangenehm hervor] weil diese Töne anders untergebracht gehörten.)

3 / Für den der die Spielregeln vergessen hat, kann aber das Schach nicht auf diese Weise definiert sein, sondern, etwa, als das Brettspiel mit diesen Figuren. – Aber ist das wahr? Er wird doch, wenn ich ihm die Regeln in Erinnerung bringe, sie als die Regeln des Spiels anerkennen das er gemeint hat.

4 / Der Spieler der die Intention hatte Schach zu spielen hatte sie schon 233
dadurch daß er |zu| sich etwa die Worte sagte „jetzt wollen wir Schach spielen“.

Ich will sagen daß das Wort „Schach“ eben auch (nur) ein Glied/Stein/(bead)/ in einem Kalkül ist. Wird der Kalkül beschrieben so müssen wir die Regeln tabulieren [tabuliert vor uns haben], wird er aber angewandt, so wird jetzt gemäß der einen, dann gemäß der andern Regel vorgegangen, dabei kann uns ihr Ausdruck vorschweben, oder auch nicht.

5 / Muß denn dem, der das Wort „Schach“ gebraucht eine Definition des Wortes vorschweben? Gewiß nicht. – Gefragt was er unter „Schach“ versteht, wird er erst eine geben. Diese Definition ist selber ein bestimmter Schritt in seinem Kalkül.

6 Wenn ich ihn aber nun fragte: Wie Du das Wort ausgesprochen hast, was hast Du da damit gemeint? Wenn er mir darauf antwortet: „ich habe das Spiel gemeint das wir so oft gespielt haben etc etc“, so weiß ich daß ihm diese Erklärung in keiner Weise beim Gebrauch des Worts vorgeschwebt hatte und daß seine Antwort meine Frage nicht in d e m Sinn beantwortet daß sie mir sagt was quasi „in ihm vorging /vorgegangen ist/“ als er dieses Wort sagte.

7 / Denn die Frage ist eben ob unter der „Bedeutung in der man ein Wort 234
gebraucht“ ein Vorgang verstanden werden soll den wir beim Sprechen oder Hören des Wortes erleben.

1 Wenn ich sagte ⟨die …⟩
7 klar *–im MS durchstrichen*
13 sondern, etwa, als das Brettspiel mit diesen Figuren⟨ etc.⟩ Aber
13 Aber ist das wahr? ⟨Es …⟩

1 / Die Quelle des Fehlers scheint die Idee vom Gedanken zu sein der den Satz begleitet. Oder der seinem symbolischen Ausdruck vorangeht. Dem Wortausdruck kann natürlich ein andrer Ausdruck vorangehen aber für uns kommt der Unterschied/Artunterschied/ dieser beiden Ausdrücke – oder Gedanken – nicht in Betracht. Und es kann der Gedanke unmittelbar in seiner Wortform auftreten./gedacht werden./

2 / „Er hat diese Worte gesagt, sich aber dabei gar nichts gedacht.“
„Doch, ich habe mir etwas dabei gedacht.“ – „Und zwar was denn?“ – „Nun, das was ich gesagt habe“.

3 / Man muß sich aber hüten die Vorstellungen die ein Wort begleiten nebensächliche Begleiterscheinungen – so zu sagen Abfallsprodukte – zu nennen. Sie können sehr wesentlich und wichtig sein aber für uns sind sie nur von Interesse insofern sie wieder Glieder eines Kalküls also Symbole sind. Und als solche sind sie den Worten gleichberechtigt /beigeordnet/ sind aber nicht „die Bedeutungen“ der Worte.

4 / „Dieses Wort hat doch eine ganz bestimmte Bedeutung“. Wie ist sie denn |ganz| bestimmt?

5 / Es läßt sich kein/Man kann keinen/ Grund angeben, weswegen man denken soll. 235
Es sei denn ein Grund von der Art dessen weswegen man essen soll.

6 / Man kann einen Gedanken aus anderen begründen aber nicht das Denken. Das, glaube ich, ist es, was unsere Untersuchung rein beschreibend macht.

30.

7 / Ich glaube, wenn einer sagt „ich weiß doch, was das Wort ‚Gelb‘ bedeutet“, so ruft er sich eine Vorstellung auf, oder er meint gar nichts. Oder aber er meint es ganz so, wie man sagt: „ich kann Schach spielen, aber nicht Dame“.

8 / Wie, wenn man fragte: Wann kannst Du Schach spielen? Immer? oder während Du es sagst? aber während des ganzen Satzes? – Und wie seltsam, daß Schachspielen-Können so kurze Zeit dauert/braucht/ und eine Schachpartie so viel länger!

9 ∫ Beschreibst Du damit eine Disposition?

10 / Wenn nun „das Wort ‚gelb‘ verstehen“ heißt, es anwenden können, so besteht/ist/ die gleiche Frage: Wann kannst Du es anwenden. Redest Du von einer Disposition? Ist es eine Vermutung?

2 symbolischen *–im MS durchstrichen*
7 auftreten./gedacht werden./ *–erste Variante im MS durchstrichen*
21 |ganz| *–das Einfügungszeichen ist im MS gewellt unterstrichen*
32 ⟨20.⟩ *Das Datum vom* 30.6.1931 *ist im MS verschrieben und korrigiert*
41 und eine Schachpartie so viel länger!⟨?⟩
47 kannst Du es anwenden. Redest Du von einer Disposition⟨, …⟩

1 ∫ „Ich kann Schach spielen. – Aber in dem Moment habe ich ganz
vergessen wie, – aber ich habe es unzählige Male gespielt.“

2 Kannst Du das Alphabet? Bist Du sicher? – Ja! – Ist das damit 236
vereinbar, daß Du versuchen wirst es herzusagen und stecken bleiben
wirst? – *Ja*!

Das ist doch der gleiche Fall wie: „Kannst Du Deinen Arm
heben?“ In welchem Falle würde ich dies verneinen müssen, oder
bezweifeln? Solche Fälle sind leicht zu denken.

3 ∫ Als Bestätigung dessen, daß wir den Arm heben können sehen
wir|, etwa,| ein Zucken mit den Muskeln an oder eine kleine
Bewegung des Arms./Die Bestätigung dessen, daß wir den Arm heben
können sehen wir|, etwa,| in einem Zucken mit den Muskeln oder
einer kleinen Bewegung des Arms./ Oder die geforderte/in der
geforderten/ Bewegung selbst, jetzt ausgeführt, als das Criterium dafür,
daß ich sie gleich darauf ausführen *kann*.

4 ∫ Daß ich etwas tun kann, ist entweder eine Hypothese die die
Bestätigung durch die Tat erwartet, oder es wird dadurch verifiziert daß
ich etwas dieser Tat verwandtes ausgeführt habe/ausführe/, und sagt
daher eben nur dies.

5 / Das Können und Verstehen wird scheinbar als Zustand beschrieben wie
der Zahnschmerz, und das ist die falsche Analogie unter der ich
laboriere.

6 */ Der Gebrauch des Wortes „Tatsache“ und „Tat“. – „Das war eine edle
Tat“. – „Aber das ist ja nie geschehen“. – Es liegt nahe das Wort Tat so
gebrauchen zu wollen daß es nur dem *wahren* Satz entspricht. Man
redet dann also nicht von einer Tat die nie/nicht/ getan wurde. Aber
der Satz „das war eine edle Tat“ muß doch seinen Sinn behalten auch 237
wenn ich mich darin irre daß geschehen ist was ich die Tat nenne. Und
darin liegt bereits alles Wichtige und ich kann nur die Bestimmung
treffen daß ich die Wörter Tat, Tatsache (etwa auch Ereignis) nur in
einem Satz verwenden werde der, complett, das Bestehen dieser
Tatsache behauptet.

24 Das Können⟨,⟩ und Verstehen wird scheinbar als Zustand beschrieben
28 *Im MS verweist vom Randzeichen ein Pfeil auf die nachfolgende, ebenfalls mit einem Asteriskus markierte Bemerkung der Manuskriptseite 238.*
30 Es liegt nahe das Wort Tat so gebrauchen zu ⟨k…⟩
36 (etwa auch Ereignis) nur in einem ⟨Si…⟩
36 (etwa auch Ereignis) nur in einem ⟨ko…⟩
36 (etwa auch Ereignis) nur in einem Satz verwenden ⟨wi…⟩

1 $(p \cdot q) \vee (p \cdot \sim q) \vee (\sim p \cdot q) \vee (\sim p \cdot \sim q)$: das wird meine Tautologie, und ich würde dann nur sagen, daß sich jeder „Satz der Logik“/jedes „Gesetz der Logik“/ nach bestimmten Regeln auf diese Form bringen läßt. Das heißt aber das selbe als/wie/: sich von ihr ableiten läßt; und hier wären wir bei der Russellschen Form/Art/ der Demonstration angelangt und alles was wir dazusetzen ist nur, daß diese Ausgangsform selber kein selbständiger Satz ist und |daß| diese und alle anderen „Gesetze der Logik“ die Eigenschaft haben $p \cdot \text{Log} = p$, $p \vee \text{Log} = \text{Log}$.

2 ∫ Eine Absicht haben, etwas tun können, sich etwas wünschen (eine Absicht, eine Fähigkeit, einen Wunsch haben) wird als Tonus behandelt wie sich freuen, freudig sein oder traurig. Nur soweit es sich da um eine Disposition also um eine Eigenschaft |etwa| des Körpers handelt ist von einem (dauernden) Zustand die Rede.

3 / Absurde Fragen, wie „wie lange braucht man dazu Schach spielen zu können“ sind einerseits absurd/sind es einerseits/ weil es Unsinn wäre 238
zu fragen „wie lange braucht man dazu Zahnschmerzen zu haben“, anderseits rechtfertigen sie sich scheinbar weil sie/hat sie ihre scheinbare Rechtfertigung darin, daß sie/ die Dauer aus der Frage „wie lange dauert eine Schachpartie“ in die Frage nach der Fähigkeit /dem Können/ überträgt.

4 */ Zu „Tat“ und „Tatsache“: Es wäre besser die Einschränkung in dem Gebrauch dieser Wörter fallen zu lassen da sie nur irreführend wirkt und ruhig zu sagen: „diese Tat ist nicht begangen worden“, „diese Tatsache besteht nicht“, „dieses Ereignis ist nicht eingetroffen /eingetreten/“.

5 Die Angabe/Beschreibung/ der Verification eines Satzes ist ein Beitrag zu seiner Grammatik.

6 Wir haben es also |in der Logik| mit dem Verstehen des Satzes nicht zu tun; denn wir |selbst| müssen ihn verstehen, daß er für uns ein Satz ist.

7 Es wäre ja auch seltsam daß die Wissenschaft und die Mathematik die Sätze gebraucht aber von ihrem Verstehen nicht spricht.

4 Das heißt aber das selbe als/wie/: sich von ⟨ihm⟩ ableiten läßt;
5 Form/Art/ *–erste Variante im MS durchstrichen*
6 angelangt und alles⟨,⟩ was wir dazusetzen ist nur,
6 daß ⟨diese Form⟩ selber kein selbständiger Satz ist und
6 selber kein ⟨Satz …⟩
7 |daß| ⟨dieses⟩ und alle anderen „Gesetze der Logik“ die Eigenschaft
7 und alle anderen „⟨Sätze⟩ der Logik“ die Eigenschaft
12 einen Wunsch haben) wird als Tonus behandelt wie ⟨sich freu…⟩
12 freudig sein oder traurig. ⟨Nun⟩ soweit es sich da um eine Disposition
19 Zahnschmerzen zu haben“, anderseits ⟨weil …⟩
19 Zahnschmerzen zu haben“, anderseits ⟨bringen sie …⟩
28 eingetroffen/eingetreten/ *–erste Variante im MS durchstrichen*
33 |in der Logik| *–im MS ist auch das Einfügungszeichen gewellt unterstrichen*

1 ∫ (Das Talent ist ein Quell woraus immer wieder neues Wasser fließt. Aber diese Quelle wird wertlos, wenn sie nicht in rechter Weise benutzt /gebraucht/ wird, nämlich ××× ×××× ××××××.)

2 / Man sieht in dem Verstehen das Eigentliche, im Zeichen das Nebensächliche. – Übrigens, wozu dann das Zeichen überhaupt? – Nur 239 um sich Andern verständlich zu machen? Aber wie ist das überhaupt möglich. – Hier wird das Zeichen als eine Art Medizin behandelt /angesehen/ das im andern die gleichen Magenschmerzen hervorrufen soll, wie ich sie habe.

3 ∫ In der Philosophie werden wir durch einen Schein getäuscht. Aber dieser/ein/ Schein ist auch etwas, und ich muß ihn einmal ganz klar mir vor Augen stellen, ehe ich sagen kann, daß es nur ein Schein ist.

4 / In wiefern ist eine rote[1] Tafel ein besseres Zeichen für rot[2] als das Wort ‚rot'?

5 (Versuch', das einmal ohne das Wort ‚rot', in den Plätzen 1 und 2, zu sagen!)

6 Oder: heißt es etwas, zu sagen, daß das Wort ‚rot', um ein brauchbares Zeichen zu sein, ein Supplement – etwa im Gedächtnis – braucht?

D.h. in wiefern ist es allein nicht Zeichen, und besteht nicht ein Irrtum, wenn wir glauben, daß noch etwas zur Erzeugung dieses/des/ Zeichens nötig ist?

7 / (Das Wort ‚rot' ist ein Stein in einem Kalkül und das rote Täfelchen ist auch einer.)

8 / Ich möchte sagen, der Schritt den wir bei der Erfüllung des Zeichens machen, kann auch nur beschrieben, nicht bezeichnet werden.

9 Oder will ich sagen: die Identifizierung ist nur durch eine Beschreibung möglich? 240

10 / Das Wahre am Idealismus ist eigentlich, daß der Sinn des Satzes aus seiner Verification ganz hervorgeht.

11 ∫ *Heiss. Die Luft ist von ekelhaften Tieren bevölkert.*

3 wenn sie nicht in rechter Weise benutzt/gebraucht/ wird⟨. …⟩
3 nämlich ××× ×××× ××××××.) *–im MS sind die Zeichen mit einer Linie durchstrichen*
22 Oder: *–der Doppelpunkt ist im MS gewellt unterstrichen*
23 um ein brauchbares Zeichen zu sein, ein ⟨Subj…⟩
28 ist ein Stein in einem Kalkül⟨, …⟩
40 Die Luft ⟨(ist)⟩ von ekelhaften Tieren bevölkert.

1 / Wenn der Idealismus sagt, der Baum sei nur meine Vorstellung so ist ihm vorzuhalten daß der Ausdruck „dieser Baum“ nicht die selbe Bedeutung hat wie „meine Vorstellung von diesem Baum“. Sagt der Idealismus, meine Vorstellung allein existiert |(hat Realität)|, nicht der Baum so mißbraucht er das Wort „existieren“ oder „Realität haben“.

1.) Du scheinst ja hier zu sagen daß die Vorstellung eine Eigenschaft hat die der Baum nicht hat. Aber wie weißt Du das? Hast Du alle Vorstellungen und Bäume daraufhin untersucht? Oder ist das ein Satz a priori, dann soll er in eine grammatische Regel gefaßt werden die sagt, daß man von der Vorstellung etwas |Bestimmtes| mit Sinn aussagen darf, nicht aber vom Baum. 2.) Was soll es aber heißen von einer Vorstellung Realität auszusagen? Dem Gebrauch /Sprachgebrauch/ entsprechend höchstens/nur/, daß diese Vorstellung vorhanden ist. In anderm Sinne – freilich – sagen wir aber auch von einem Baum aus, er existiere (hat Realität) im Gegensatz zu dem Fall etwa daß er bereits umgehauen ist. Und es bleibt nur übrig, daß das Wort „Baum“ in der Bedeutung in der man sagen kann „der Baum wird 241
umgehauen und verbrannt“ einer anderen grammatischen Kategorie angehört als der Ausdruck „die Vorstellung des Baumes/meine Vorstellung vom Baum/“ etwa im Satz: „meine Vorstellung vom Baum wird immer undeutlicher“. Sagt aber der Realismus die Vorstellungen seien doch „nur die subjectiven Bilder/Abbilder/ der Dinge“ so ist zu sagen daß dem eine falsche Analogie/ein falscher Vergleich/ zwischen der Vorstellung von einem Ding und dem Bild des Dinges zu Grunde liegt. Und zwar einfach weil es wohl möglich ist ein Ding zu sehen und sein Bild (etwa nebeneinander) aber nicht ein Ding und die Vorstellung davon.

Es handelt sich um die Grammatik des Wortes ‚Vorstellung‘ im Gegensatz zur Grammatik der ‚Dinge‘.

2 ∫ „What's red like?“

3 ∫ „Wie ist weiß?“ – „Ein Schwan ist weiß“.

4 ?/ Ja, was einen Satz erfüllt, kann in der Sprache nur durch einen Satz niedergelegt werden. Und wenn durch ein gemaltes oder plastisches /gestelltes/ Bild, so ist dieses Bild ein Satz.

5 / (Ich will sagen, ich kann mich auch nicht darüber beschweren, daß dieses Zeichen nicht die nötige Multiplizität hat, außer in einer Sprache die sie hat.)

6 ∫ Wenn ich die Bedeutung (eines Zeichens) festlegen will, so muß ich sie allgemein, d.i. durch eine Beschreibung, festlegen, und nicht gleichsam 242
für den besonderen Fall.

6 daß die ⟨etwas von der⟩ Vorstellung ⟨gilt was nicht vom Baum …⟩
11 etwas |Bestimmtes| mit Sinn aussagen darf, ⟨was …⟩
16 im Gegensatz zu dem Fall etwa daß er bereits ⟨umgehaut⟩ ist.
19 einer anderen grammatischen Kategorie angehört als ⟨das Wort …⟩
20 die Vorstellung des Baumes/meine Vorstellung vom Baum/ *–erste Variante im MS durchstrichen*

1 ʃ Der besondere Fall läßt sich in gewissem Sinne als solcher nicht beschreiben.

(Das ist natürlich alles ganz unkorrekt ausgedrückt, aber der richtige Ausdruck dafür ist, was ich suche)

2 Wenn ich eine Erfahrung mit den Worten beschreibe „vor mir steht ein blauer Kessel“, ist die Rechtfertigung dieser Worte, außer der Erfahrung die in den Worten beschrieben wird, noch eine andere, etwa, die Erinnerung, daß ich das Wort ‚blau‘ immer für diese Farbe verwendet habe, etc?

3 Oder umgekehrt: Was, außer dem Befehl, rechtfertigt die Handlung die ihm folgt?

4 ∅̸ *Es ist beschämend sich als leerer Schlauch zeigen zu müssen, der nur vom Geist aufgeblasen wird.*

5 ?/ Wenn ich jemand sage „Wenn ich läute, komm zu mir“, so wird er zuerst, wenn er läuten hört, sich diesen Befehl |(das Läuten)| in Worte übersetzen und erst den übersetzten befolgen. Nach einiger Zeit aber wird er das Läuten ohne Intervention anderer Zeichen in die Handlung übersetzen.

Und so, wenn ich sage „zeige auf einen roten Fleck“, befolgt er diesen Befehl, ohne daß ihm dabei zuerst das Phantasiebild eines roten Flecks als Zeichen für ‚rot‘ erscheint. 243

6 ʃ Die Multiplicität hängt davon ab, zwischen welchen Möglichkeiten eine Wahl ist.

7 / Wenn er läutet, so komme ich zu ihm, ohne mir erst ein Bild meiner Bewegungen vorzustellen, wonach ich |dann| handle.

8 ∅̸ (Ich sollte mein Buch vielleicht mit der Analyse eines alltäglichen Satzes, etwa „auf meinem Tisch steht eine Lampe“, anfangen. Von da aus müßte man überall hin gelangen können.

Das entspricht auch dem Gefühl, was ich schon vor längerer Zeit hatte, daß ich nämlich mein Buch mit einer Naturbeschreibung d.h. überhaupt mit der Beschreibung einer Situation beginnen sollte. Um aus/in/ ihr das Material für alles weitere zu erhalten.)

1 Der besondere Fall läßt sich ⟨als solcher …⟩
15 Es ist ⟨b…⟩ *–im MS nicht codiert und gestrichen*
18 Wenn ich jemand sage⟨:⟩ „Wenn ich läute, komm zu mir“
19 wenn er läuten hört, sich diesen Befehl |(das Läuten)| in ⟨Worten …⟩
31 |dann| *–das Einfügungszeichen ist im MS gewellt unterstrichen*

1.7.

1 ?/ Wenn er nun heute läutet, so kann (nicht muß) ich mich doch dran erinnern, daß er das auch gestern getan hat und ich auch gestern zu ihm gegangen bin. (Wie ich mich auch erinnern könnte, gestern auf das Läuten hin etwas anderes getan zu haben). Und dann wäre diese Erinnerung auch ein Zeichen dem ich folgen kann. – Der Befehl könnte auch lauten: tu heute, was Du gestern auf das Läuten (hin) getan hast. Und nun kann ich mich nach dem Erinnerungsbild richten; aber jetzt hat es keinen Sinn, eine weitere Anweisung dafür zu verlangen, wie ich 244 mich nach diesem Bild richten soll. Und darin besteht eigentlich, was ich sagen will.

2 ?/ Wenn ich sage, jedes Bild braucht noch eine Interpretation, so heißt ‚Interpretation' die Übersetzung in ein weiteres Bild oder in die Tat.

3 / Aber wie stimmt das mit der Behauptung überein, daß der Befehl seine Befolgung bestimmt – wird dem nicht dadurch widersprochen, daß man sagt, der Befehl müsse noch immer/immer noch/ interpretiert werden (auch wenn er in Form eines Modells der Tat gegeben wäre)? Nein; bestimmt wird die Tat durch den Befehl nur insofern, als sie aus ihm ableitbar ist wie 5^2 aus x^2, $x = 5$.

4 / Du beziehst von dem Befehl die Kenntnis dessen, was Du zu tun hast. Und doch gibt Dir der Befehl nur sich selbst, und seine *Wirkung* ist gleichgültig

5 / Der Befehl sagt mir, was ich zu tun habe; er kann es mir nur in sich selbst mitteilen.

/ D.h. er muß alles, was wir mit dieser Mitteilung meinen, in sich haben.

/ Ich weiß was ich zu tun habe, heißt eben nicht, daß es geschieht.

6 / Das wird erst dann seltsam, wenn der Befehl etwa ein Glockenzeichen ist. – Denn in welchem Sinne mir dieses Zeichen mitteilt was ich zu tun habe, außer daß ich es einfach/eben/ tue *und* das Zeichen da war – –. 245 Denn es ist auch nicht das, daß ich es erfahrungsgemäß immer tue, wenn das Zeichen gegeben wird.

7 / Darum hat es ja auch ohne weiteres *keinen Sinn* zu sagen: „Ich muß gehen, weil die Glocke geläutet hat". Sondern dazu muß noch etwas anderes gegeben sein.

8 | Normal – abnormal: Wir setzen die Norm fest und betrachten sie dann als etwas a priori gegebenes. Es/Sie/ ist eine gegebene Form der Darstellung. |

23 ⟨Die ...⟩
29 *Die mit Randzeichen markierten Absätze sind im MS Bemerkungen, durch Klammern am linken Rand der vorangehenden zugeordnet.*
43 ⟨||⟩ *–der Doppelstrich ist im MS durch einen einfachen Strich ersetzt*

1 / Dieses andere ist, oder hängt damit zusammen, daß ich es mir – z.B. – vorgenommen habe, auf das Glockensignal so zu handeln. Aber in dem Vornehmen/Vorsatz/ geschah es ja auch nicht, daß ich so handelte und wenn ich auch eine Handlung der selben Art ausführte so |führte ich| doch meinen Vorsatz nicht aus und meine Handlung war ein weiteres Symbol.

Ich meine: Ich rede hier immer von „dieser Handlung" (oder sage, ich habe mir vorgenommen „so" zu handeln) aber damit kann ich doch höchstens/nur/ ein Bild von ihr geben.

2 / (Aber auch das ist irreführend ausgedrückt. „Nur ein Bild von ihr"? Nur ein Bild wessen? – Hier sehen wir die Sache wieder so als wäre die Tatsache ein Ding, etwa ein Mensch, der sich hier befinden kann, was dem entspricht daß die Tatsache wirklich eingetreten ist/besteht/ oder abwesend wenn auch/und doch/ existent ist, und das soll nun dem 246 entsprechen daß diese Tatsache nicht besteht/entspräche nun dem Fall, daß die Tatsache nicht besteht/. Denn wenn ich sage: ich habe auch hier nur ein Bild von ihr, nicht sie selbst so setzt das |natürlich| voraus daß es Sinn hat zu sagen ich hätte/habe/ sie selbst vor mir im Gegensatz zu einem/ihrem/ bloßen Bild. Aber das könnte doch nur heißen daß sie jetzt stattfindet und daß das nicht der Fall ist ist ja zugegeben/was ich ja ausgeschlossen habe/. Der falsche Vergleich läßt es erscheinen daß ich die Tatsache sehen/wahrnehmen/ könnte auch wenn sie (noch) nicht eingetreten ist wie ich einen Menschen sehen kann auch wenn er nicht bei mir im Zimmer ist. Und daß die Tatsache in irgend welchem Sinn besteht (intakt ist) auch wenn sie nicht eingetreten ist wie ein Mensch auch in sich existiert auch wenn er nicht hier ist.)

3 ?/ D.h. das Vornehmen/der Vorsatz/ könnte entweder in Worten, oder Phantasiebildern bestehen oder auch darin daß ich eine Handlung wie die vorgenommene selbst ausführte.

4 ?/ | Wie unterscheidet sich denn das Vornehmen dieser Handlung vom Vornehmen einer anderen? |

5 ?/ Wenn ich nun bei einem weiteren Glockenschlag wieder so handle, so ist diese Wiederholung keine hypothetische, sondern ich wiederhole die Handlung bewußt. D.h. richte mich nach meiner Erinnerung.

1 *Im MS verweist vom Randzeichen ein Pfeil auf die erste Bemerkung der gleichen Manuskriptseite:* Darum hat es
5 der selben Art ausführte so |führte ich| doch ⟨nicht die, die …⟩
7 von „dieser Handlung" (oder sage, ⟨„⟩ich habe mir vorgenommen
9 aber damit kann ich doch höchstens/nur/ ein Bild von ihr geben⟨, …⟩
12 Hier sehen wir die Sache wieder so als wäre ⟨etwa⟩ die Tatsache
13 die Tatsache ein Ding ⟨–⟩ etwa ein Mensch ⟨–⟩ der sich hier
14 wirklich eingetreten ist/besteht/ *–erste Variante im MS durchstrichen*
17 Denn wenn ich sage⟨,⟩ ich habe auch hier nur ein Bild von ihr,
19 nicht sie selbst so setzt das |natürlich| voraus daß ⟨ich sie selbst …⟩
21 Aber das könnte doch nur heißen daß sie jetzt ⟨vor mir⟩ stattfindet
23 sehen/wahrnehmen/ *–erste Variante im MS durchstrichen*
24 nicht eingetreten ist wie ich einen Menschen ⟨wahrneh…⟩
26 Und daß die Tatsache in irgend ⟨ein…⟩

1 φ *Niemand will den Andern gerne verletzt haben; darum tut es jedem so gut, wenn der andere sich nicht verletzt zeigt. Niemand will gerne eine beleidigte Leberwurst vor sich haben. Das merke Dir. Es ist viel leichter dem Beleidiger geduldig – und duldend – aus dem Weg gehen, als ihm freundlich entgegengehn. Dazu gehört auch Mut.* 247

2 ?ʃ Wenn immer ich über die Erfüllung eines Satzes rede, rede ich über sie im Allgemeinen. Ich beschreibe sie in irgendeiner Form. Ja es liegt diese Allgemeinheit schon darin, daß ich die Beschreibung zum Voraus geben kann und jedenfalls unabhängig von dem Eintreten der Tatsache.

3 / (Das sind schwere grammatische Erkrankungen die diese Sätze zeigen /anzeigen/.)

4 ?/ Wenn ich sage „ich rede über die Erfüllung des Satzes i m a l l g e m e i n e n, so meine ich, ich rede mit Worten die nicht für diese bestimmte/spezielle/ Gelegenheit gemacht/hergestellt/ sind.

5 ?/ Alles ist natürlich schon in den Worten „ich beschreibe die Tatsache“ ausgedrückt/gesagt/. Und (alles) was ich machen kann ist nur, falsche Deutungen von diesem Satz/von diesem Ausdruck/ fern zu halten. Falsche Vergleiche die sich zudrängen auszuschließen.

6 / Die oberen Sätze z.B. sind nur gut weil sie die Krankheiten der Auffassung zeigen und soweit sie sie klar zum Ausdruck/zur Anschauung/ bringen. 248 Die Heilung aber ist das Aufzeigen des irreführenden Bildes das zu diesen Sätzen führt.

15 „ich rede *–im MS fehlt das Ausführungszeichen*
20 „ich beschreibe die Tatsache“ ausgedrückt/gesagt/⟨ und …⟩
20 (alles) *–im MS durchstrichen*
24 z.B. sind nur gut ⟨soweit⟩ sie die Krankheiten der Auffassung zeigen
27 des irreführenden Bildes das zu diesen Sätzen führt *–im MS am linken Rand mit einer vertikalen Wellenlinie markiert*

1 / Wenn man sagt, daß die Tatsache auf „allgemeine Art“ beschrieben wird /wir sagen, daß wir die Tatsachen auf „allgemeine Art“ beschreiben/, so setzen wir diese Art im Geiste einer andern entgegen. (Diese Entgegenstellung nehmen wir aber natürlich von woanders her.) Wir denken uns daß bei der Erfüllung etwas Neues entsteht und nun da ist was früher nicht da war. Das heißt wir denken an einen Gegenstand oder Komplex auf den wir nun zeigen können, beziehungsweise, der sich nun selbst repräsentieren kann, während die Beschreibung nur sein Bild war. Wie wenn ich den Apfel der auf diesem Zweig wachsen wird zum Voraus gemalt hätte, nun aber er selber kommt. Man könnte dann sagen die Beschreibung des Apfels war allgemein d.h. mit Wörtern, Farben etc bewerkstelligt die schon vor dem Apfel und nicht speziell für ihn da waren. Gleichsam altes Gerümpel im Vergleich mit dem wirklichen Apfel. Vorläufer/Vorbilder/ die alle abdanken müssen wenn der Erwartete |selber| kommt.

2 / Aber *der Erwartete* ist nicht die Erfüllung sondern: daß er gekommen ist.

3 / Dieser Fehler ist tief in unserer Sprache verankert: Wir sagen „ich erwarte ihn“ und „ich erwarte sein Kommen“ und „ich erwarte daß er kommt“

4 / Die Tatsache wird allgemein beschrieben heißt, sie wird aus alten Bestandteilen zusammengesetzt. 249

Sie wird beschrieben, das ist so, als wäre sie uns außer durch die Beschreibung noch anders gegeben.

5 / Hier wird die Tatsache mit einem Haus oder einem sonstigen/andern/ Complex gleichgestellt.

6 / Noch einmal der Vergleich: der Mensch tritt ein – die Tatsache/das Ereignis/ tritt ein: Als wäre die Tatsache/das Ereignis/ schon vorgebildet vor der Tür der Wirklichkeit und würde nun in diese eintreten wenn sie/es/ eintritt.

7 / Complex ≠ Tatsache. Denn von einem Complex sage ich |z.B.| er bewege sich von einem Ort zum andern aber nicht von einer Tatsache.

Daß aber dieser Complex sich jetzt dort befindet ist eine Tatsache.

1 Wenn ⟨man sagt, daß wir die Tatsachen auf „allgemeine Art“ beschreiben /wir sagen, daß die Tatsache auf „allgemeine Art“ beschrieben wird/⟩ *–die Variantenteile sind im MS über dem Komma durch Pfeile getauscht*

3 so setzen wir diese Art ⟨einer …⟩

3 so setzen wir diese Art im Geiste einer ⟨anderen⟩ entgegen.

15 |selber| *–das Einfügungszeichen ist im MS gewellt unterstrichen*

17 Aber *der Erwartete* ist nicht die Erfüllung sondern: ⟨das …⟩

32 Noch einmal der Vergleich: ⟨die Tatsache tritt ein …⟩

33 die Tatsache/das Ereignis/ tritt ein: ⟨als⟩ wäre

1 / Man kann im Deutschen auch sagen „in diesem Zimmer bilden die drei Vasen ein Ornament“ oder (wenn auch geschraubt) „in diesem Zimmer besteht die Tatsache daß ….“, und das ist gleichbedeutend mit: in diesem Zimmer befindet sich das Ornament (der Complex) der drei Vasen.

2 „Wenn ein Complex von Kugeln in diesem Raum liegt“ = „Wenn Kugeln in diesem Raum in irgend einer/einer beliebigen/ Anordnung stehen“

3 „Dieser Gebäudekomplex wird eingerissen“ = „die Gebäude die so beisammen stehen werden eingerissen“.

4 / Die Blume, das Haus, das Sternbild nenne ich Complexe, und zwar von Ziegeln, von Blättern, von Sternen etc. 250

Daß dieses Sternbild hier steht, kann allerdings durch einen Satz beschrieben werden, worin nur von seinen Sternen die Rede ist und das Wort Sternbild oder sein Name nicht vorkommen.

5 / Aber das ist auch alles, was man von der Beziehung zwischen Complex und Tatsache sagen kann. Und Complex ist ein räumlicher Gegenstand bestehend aus räumlichen Gegenständen. (Wobei der Begriff ‚räumlich‘ einiger Ausdehnung fähig ist.)

6 / Ein Complex besteht aus seinen Teilen, den gleichartigen Dingen die ihn bilden (Dies ist natürlich ein Satz der Grammatik über die Wörter ‚Complex‘, ‚Teil‘ und ‚bestehen‘.)

7 / Zu sagen ein roter Kreis *bestehe aus* Röte und Kreisförmigkeit oder sei ein Complex aus diesen Bestandteilen ist ein Mißbrauch dieser Wörter und irreführend (Frege wußte dies).

Ebenso irreführend zu sagen, die Tatsache daß dieser Kreis rot ist (daß ich müde bin), sei ein Complex aus |den Bestandteilen| Kreis und Röte; (Ich und der Müdigkeit).

8 / Auch ist das Haus nicht ein Complex aus den Ziegeln und ihren räumlichen Beziehungen. D.h. auch das ist gegen den richtigen Gebrauch der Worte/des Wortes/.

9 / Man kann nun zwar auf eine Constellation zeigen und sagen: diese Constellation besteht ganz aus Bestandteilen/Gegenständen/Dingen/ die ich schon kenne; aber man kann nicht ‚auf eine Tatsache zeigen‘ und dies sagen. 251

21 zwischen Complex und Tatsache sagen kann⟨, und⟩ Complex
22 bestehend aus räumlichen Gegenständen. (Wobei ⟨wir …⟩
27 der Grammatik über die Wörter ‚Complex‘⟨ und⟩‚Teil‘ und ‚bestehen‘
32 die Tatsache daß dieser Kreis rot ist ⟨oder⟩ ich müde bin
34 Kreis und Röte; ⟨bezw. ⟨aus mir⟩ und der Müdigkeit⟩.
38 D.h. auch das ist gegen den richtigen Gebrauch der ⟨Wörter⟩

1 / Ich kann nicht |mit dem Finger auf etwas zeigend| sagen: „schau Dir diese Tatsache an“. Denn dann würde der Andere mit Recht fragen „welche Tatsache?“ und als Antwort müßte ein Satz kommen der die Tatsache aussagt und nicht etwa die Bemerkung „nun diese hier“, wie man antworten könnte auf die Frage „welche Blume/Constellation/ meinst Du?“.

2 / Der Ausdruck „eine Tatsache beschreiben“ oder „die Beschreibung einer Tatsache“ für die Aussage die das Bestehen der Tatsache behauptet ist auch irreführend, weil das so klingt wie „das Tier beschreiben, das ich gesehen habe“.

3 / Man sagt freilich auch „auf eine Tatsache hinweisen“ aber das heißt immer „auf die Tatsache hinweisen daß …“. Dagegen heißt „auf eine Blume zeigen (oder hinweisen) nicht, darauf hinweisen daß diese Blüte auf diesem Stengel sitzt; denn von dieser Blüte und diesem Stengel braucht da gar nicht die Rede zu sein.

4 / Ebensowenig kann es heißen auf die Tatsache hinweisen, daß dort diese Blume steht.

5 / Auf eine Tatsache hinweisen, heißt etwas behaupten, aussagen. ‚Auf 252
eine Blume hinweisen‘ heißt das nicht.

6 / Auch die Kette besteht |nur| aus ihren Gliedern, nicht aus ihnen und ihren/deren/ räumlichen Beziehungen.

7 / Die Tatsache, daß diese Glieder so zusammenhängen besteht aus gar nichts.

8 / Die Wurzel dieser Verwechslung ist der verwirrende Gebrauch des Wortes „Gegenstand“

9 / Der Teil kleiner als das Ganze. Das gäbe auf Tatsache und Constituent angewandt eine Absurdität.

10 / Man kann in der Logik die Allgemeinheit nicht weiter ausdehnen als unsere logische Voraussicht reicht. Oder richtiger: als unser logischer Blick reicht.

2 auf etwas zeigend| sagen: „schau Dir diese Tatsache an“ ⟨und …⟩
3 und als Antwort müßte ein Satz kommen der ⟨das …⟩
5 wie man antworten könnte ⟨wenn⟩ die Frage ⟨gewesen …⟩
5 wie man antworten könnte auf die Frage „⟨welches …⟩
8 ⟨Die …⟩
9 „die Beschreibung einer Tatsache“ für die Aussage die ⟨ihn …⟩
10 weil ⟨es/er/⟩ so klingt wie „das Tier
15 „auf eine Blume zeigen *–im MS fehlt das Ausführungszeichen*
25 |nur| *–das Einfügungszeichen ist im MS gewellt unterstrichen*

1 ⌀ *In meiner Autobiographie müßte ich trachten mein Leben ganz wahrheitsgetreu darzustellen und zu* v e r s t e h e n. *So darf meine unheldenhafte* N a t u r *nicht als ein bedauerliches Accidens erscheinen, sondern eben als eine wesentliche Eigenschaft (nicht eine Tugend). Wenn ich es durch einen Vergleich klar machen darf: Wenn ein „Straßenköter" seine Biographie schriebe, so bestünde die Gefahr* 253 *A) daß er entweder seine Natur verleugnen, oder B) einen Grund ausfindig machen würde auf sie stolz zu sein, oder C) die Sache so darstellte als sei diese seine Natur eine nebensächliche Angelegenheit. Im ersten Falle lügt er, im zweiten ahmt er eine nur dem Naturadel natürliche Eigenschaft, den Stolz nach der ein vitium splendidum ist das er ebensowenig wirklich besitzen kann, wie ein krüppelhafter Körper natürliche Gracie. Im dritten Fall macht er gleichsam die sozialdemokratische Geste, die die Bildung über die rohen Eigenschaften des Körpers stellt, aber auch das ist ein Betrug. Er ist was er ist und das ist zugleich wichtig und bedeutsam aber kein Grund zum Stolz anderseits immer Gegenstand der Selbstachtung. Ja ich kann den Adelsstolz des Andern und seine Verachtung meiner Natur anerkennen, denn ich erkenne ja dadurch nur meine Natur an und den andern der zur Umgebung meiner Natur, die Welt, deren Mittelpunkt dieser vielleicht häßliche Gegenstand, meine* Person, *ist.*

2 ⌀ Ich könnte mir denken, daß ich die Wahl gehabt hätte, ein Wesen der Erde als die Wohnung für meine Seele zu wählen und daß mein Geist dieses unansehnliche (nicht-anziehende) Geschöpf als seinen Sitz und Aussichtspunkt gewählt hätte. Etwa, weil ihm die Ausnahme eines 254 schönen Sitzes zuwider wäre. Dazu müsste freilich der Geist seiner selbst sehr sicher sein.

3 ⌀ Man könnte sagen „jeder Aussicht ist ein Reiz abzugewinnen", aber das wäre falsch. Richtig ist es, zu sagen, jede Aussicht ist bedeutsam für den der sie bedeutsam sieht (das heißt aber nicht, sie anders sieht als sie ist). Ja, in diesem Sinne, ist jede Aussicht gleich bedeutsam.

4 ⌀ Ja, es ist wichtig, daß ich auch/sogar/die Verachtung des Andern für mich mir zu eigen machen muß, als einen wesentlichen und bedeutsamen Teil der Welt von meinem Ort gesehen

5 ∫ (Mein Buch könnte auch heißen: Philosophische Grammatik. Dieser Titel hätte zwar den Geruch eines Lehrbuchtitels aber das macht ja nichts, da das Buch hinter ihm steht.)

6 ∫ Nicht: jedes Bild braucht noch eine Interpretation; sondern: jedes Bild ist noch einer Interpretation fähig.

7 ∫ Wir müssen/Ich muß/ alle Erfindungen vernichten und zu dem kommen, was schon immer da war und jeder kennt.

8 ∫ Die Irrfahrten tun gut, wenn man zurückkehrt.

32 daß ich ⟨mir⟩ auch/sogar/ die Verachtung des Andern für mich |mir|
32 auch/sogar/ *–zweite Variante im MS durchstrichen*
38 Geruch eines Lehrbuchtitels aber das macht ja nichts, ⟨das …⟩
40 *Die Bemerkung ist im MS am linken Rand mit einer Strichlinie markiert.*

1 ∫ „Gesetz des ausgeschlossenen Dritten“ dieser Ausdruck ist zu vergleichen dem Ausdruck „mit ohne“; wenn man ein Kind fragt „Willst 255
Du Deine Semmel mit Butter oder ohne“ und es antwortet „bitte mit ohne“. Als ob der Mangel an Butter, der Butter so zugeordnet wäre, wie Schmalz der Butter, so daß auch von einem Dritten die Rede sein könnte, welches ausgeschlossen wird/man ausschließt/

2 / Man kann nur scheinbar „über jede mögliche Erfahrung hinausgehen“; ja, dieses Wort hat auch nur scheinbar Sinn, weil es nach Analogie sinnvoller Ausdrücke gebildet ist.

3 ∫ „Vielseitige Betrachtung der Zahl/Zahlen/“

4 ∅ Wenn es einem Menschen freigestellt wäre in einen Baum eines Waldes geboren zu werden/sich in einen Baum eines Waldes gebären zu lassen/: so gäbe es Solche, die sich den schönsten oder höchsten Baum aussuchen würden, solche die sich den kleinsten wählten und solche die sich einen Durchschnitts- oder minderen Durchschnittsbaum wählen würden, und zwar meine ich nicht aus Philistrosität, sondern aus eben dem Grund, oder der Art von Grund, warum sich der Andre den höchsten gewählt hat. Daß das Gefühl welches wir für unser Leben haben mit dem eines solchen Wesens, das sich seinen Standpunkt in der Welt wählen konnte, vergleichbar ist, liegt, glaube ich, dem Mythus – oder dem Glauben – zu Grunde, wir hätten uns unsern Körper vor der Geburt gewählt.

5 / Die „Philosophie des Als Ob“ beruht selbst/ganz/ auf dieser 256
Verwechslung zwischen/von/ Gleichnis und Wirklichkeit.

6 ?/ Die Erfüllung des Satzes ‚p ist der Fall‘ ist: daß p der Fall ist. Und weiter nichts.

2.

7 / In den alten Riten haben wir den Gebrauch einer äußerst ausgebildeten Gebärdensprache.

Und wenn ich in Frazer lese so möchte ich auf Schritt und Tritt sagen: Alle diese Prozesse diese Wandlungen |der Bedeutung| haben wir noch in unserer Wortsprache vor uns. Wenn das was sich in der letzten Garbe verbirgt der Kornwolf genannt wird, aber auch |diese Garbe selbst, und auch| der Mann der sie bindet, so erkennen wir hierin einen uns wohlbekannten sprachlichen Vorgang.

8 ∅ Unsere Sprache ist eine Verkörperung alter Mythen. Und der Ritus der alten Mythen war eine Sprache.

3 „Willst Du ⟨Deinen Kaffee⟩ mit ⟨Schlagobers⟩ oder ohne“
5 so daß auch ⟨noch⟩ von einem Dritten die Rede sein könnte,
14 freigestellt wäre in ⟨einem⟩ Baum eines Waldes geboren zu werden
28 zwischen/von/ *–zweite Variante im MS durchstrichen*
35 einer äußerst ausgebildeten Gebärdensprache. ⟨Wir lesen …⟩
37 Alle diese Prozesse ⟨und⟩ Wandlungen haben wir
38 in unserer Wortsprache vor uns. Wenn ⟨die⟩ letzten ⟨Bündel …⟩
40 der sie bindet, ⟨und |etwa| auch der Kuchen den er ißt,⟩ so ⟨haben …⟩
41 erkennen wir hierin einen ⟨uns wohlbekannten⟩ sprachlichen Vorgang.

1 ∅ „Das ist keine Erfahrung, das ist eine Idee." (Schiller)

2 ∅ „Und so deutet das Chor auf ein geheimes Gesetz" möchte man zu der Frazerschen Tatsachensammlung sagen. Dieses Gesetz, diese Idee, *kann* ich nun durch eine Entwicklungshypothese ausdrücken /darstellen/ oder auch, analog dem Schema einer Pflanze durch das Schema einer religiösen Zeremonie oder aber durch die Gruppierung des Tatsachen-Materials allein, in einer „*übersichtlichen*" Darstellung. 257

3 / Der Begriff der übersichtlichen Darstellung ist für uns von grundlegender Bedeutung. Er bezeichnet unsere Darstellungsform, die Art wie wir die Dinge sehen (Eine Art der ‚Weltanschauung' wie sie scheinbar für unsere Zeit typisch ist. Spengler)

4 / Diese übersichtliche Darstellung vermittelt das Verstehen/Verständnis/ welches eben darin besteht daß wir die „Zusammenhänge sehen". Daher die Wichtigkeit der *Zwischenglieder* [des Findens von *Zwischengliedern*]

5 ∅ Ein Hypothetisches Zwischenglied aber soll in diesem Falle nichts tun als die Aufmerksamkeit auf die Ähnlichkeit, den Zusammenhang, der *Tatsachen* lenken. Wie wenn man eine interne Beziehung der Kreisform zur Ellipse dadurch illustrieren wollte/illustrierte/ daß man eine Ellipse allmählich in einen Kreis überführt; *aber nicht um zu behaupten daß eine gewisse Ellipse tatsächlich, historisch, aus einem Kreis entstanden wäre* (Entwicklungshypothese) sondern nur um unser Auge für einen formalen Zusammenhang zu schärfen.

Aber auch die Entwicklungshypothese kann ich als weiter nichts sehen als die/eine/ Einkleidung eines formalen Zusammenhangs.

6 ∅ „Was der Gescheite weiß, ist schwer zu wissen." Hat die Verachtung Goethes für das Experiment im Laboratorium und die Aufforderung in 258 die freie Natur zu gehen und dort zu lernen, hat dies mit dem Gedanken zu tun daß die Hypothese (unrichtig aufgefaßt) schon eine Fälschung der Wahrheit ist? Und mit dem Anfang den ich mir jetzt für mein Buch denke der in einer Naturbeschreibung bestehen könnte? [Und mit dem Anfang den ich mir jetzt für mein Buch denke, der Naturbeschreibung womit/mit der/ es anfangen soll?]

7 ∅ Denn mit den „Hypothesen" sollte es anfangen, nicht mit den „Sätzen". Und richtiger wäre es nun statt „Hypothese" „Satz" zu sagen und statt des Wortes „Satz" wie ich es jetzt gebraucht habe einen andern Ausdruck zu setzen.

4 auf ein geheimes Gesetz" möchte man zu der Frazerschen ⟨Samm…⟩
14 ‚Weltanschauung' wie sie scheinbar für unsere Zeit typisch ist.⟨)…⟩
22 den Zusammenhang, der ⟨wirklichen⟩ *Tatsachen* lenken.
27 *historisch, aus einem Kreis* ⟨*entsp…*⟩
28 sondern nur um ⟨unserem⟩ Auge |für| einen formalen Zusammenhang
42 Denn mit den „Hypothesen" ⟨soll⟩ es anfangen,

1 / Die Hypothese kann so aufgefaßt werden daß sie nicht über die Erfahrung hinausgeht d.h. nicht der Ausdruck der Erwartung künftiger Erfahrung ist. So kann der Satz „es scheint vor mir auf dem Tisch eine Lampe zu stehen“ nichts weiter tun als meine Erfahrung |(oder, wie man sagt, unmittelbare Erfahrung)| zu beschreiben.

2 / Wie verhält es sich mit der Genauigkeit dieser Beschreibung. Ist es richtig zu sagen: Mein Gesichtsbild ist so kompliziert, es ist unmöglich es |ganz| zu beschreiben?? Dies ist eine sehr fundamentale Frage.

3 / Das scheint nämlich zu sagen daß man von Etwas sagen könnte es könne nicht beschrieben werden, oder nicht mit den |jetzt| vorhandenen Mitteln, oder (doch) man wisse nicht, wie es beschreiben. 259
(Die Frage, das Problem, in der Mathematik).

Wie ist denn das Es gegeben, das ich nicht zu beschreiben weiß? – Mein Gesichtsbild ist ja kein gemaltes Bild oder der Ausschnitt der Natur den ich sehe, daß ich es näher untersuchen könnte. – Ist dieses Es schon artikuliert und die Schwierigkeit nur es in Worten darzustellen, oder soll es noch auf seine Artikulation warten?

4 / „Die Blume war von einem Rötlichgelb, welches ich aber nicht genauer (oder, nicht genauer mit Worten) beschreiben kann.“ Was heißt das?

5 / „Ich sehe es vor mir und könnte es malen“

6 / Wenn man sagt, man könne diese Farbe nicht mit Worten genau beschreiben, so denkt man (immer) an eine Möglichkeit einer solchen Beschreibung (freilich, denn sonst hätte das Wort/der Ausdruck/ „genaue Beschreibung“ keinen Sinn) und es schwebt einem dabei der Fall einer Messung vor, die wegen unzureichender Mittel nicht ausgeführt wurde.

Es ist mir nichts zur Hand was diese oder eine ähnliche Farbe hätte.

7 / Die eigentlichen Grundlagen seiner Forschung fallen dem Menschen gar nicht auf. Es sei denn daß ihm d i e s einmal aufgefallen/zum Bewußtsein gekommen/ ist (Frazer etc. etc.)

8 Und das heißt, das Auffallendste (Stärkste) fällt ihm nicht auf.

9 / Wollte man T h e s e n in der Philosophie aufstellen, es könnte nie über sie zur Diskussion kommen, weil Alle mit ihnen einverstanden wären.

5 |(oder, wie man sagt, unmittelbare Erfahrung)| *–das Einfügungszeichen ist im MS gewellt unterstrichen*
7 sich mit der Genauigkeit dieser Beschreibung. Ist ⟨er …⟩
16 Mein Gesichtsbild ist ja kein gemaltes Bild oder ⟨die …⟩
17 der Ausschnitt der Natur den ich sehe, ⟨so⟩ daß ich
22 welches ich aber nicht genauer (oder, nicht ⟨mit …⟩
29 „genaue Beschreibung“ keinen Sinn) und es ⟨scheint …⟩
32 *Der Absatz ist im MS eine Einfügung in der Leerzeile.*

1 ∅∫ Den Ausdruck „der 3te Juni“ empfinden wir nicht als eine Abkürzung von „der 3te Tag des Juni“ sondern von „der 3te Junitag“. Das Empfinden eines Ausdrucks als Abkürzung (Veränderung) dieses, nicht jenes Ausdrucks, ist ganz analog dem Sehen von □ als eine Variante von ⊔, nicht von |□|. Der Unterschied von eis und f. 260

2 ∫ „Die Spinne schwebt in der Luft – nein, wenn man genauer zusieht, hängt sie an einem Faden.“ Die visuelle Spinne und die physikalische.

3 ∅ *Wenn Menschen eine Blume oder ein Tier häßlich finden so stehen sie immer unter dem Eindruck,* es *sei ein Kunstprodukt. „Es schaut so aus wie ...“ heißt es dann. Das wirft ein Licht auf die Bedeutung der Worte „häßlich“ und „schön“.*

4 / Wenn man sagt, man könne das Gesichtsbild nicht ganz beschreiben, so meint man, man kann keine Beschreibung geben, nach der man sich dieses Gesichtsbild genau reproducieren könnte.

5 / Aber was heißt hier „genaue Reproduction“? Hier liegt selbst wieder ein falsches Bild zugrunde.

6 / Was ist das Criterium der genauen Reproduction?

7 / Wir können von dem Gesichtsbild nicht *weiter* reden, als unsere Sprache jetzt reicht. Und auch nicht mehr/weiter/ *meinen* (denken) als unsere Sprache sagt/reicht/. (nicht mehr meinen als wir sagen können) 261

8 / Einer der gefährlichsten Vergleiche ist der des Gesichtsfelds mit einer gemalten Fläche (oder, was auf dasselbe hinaus kommt, einem farbigen räumlichen Modell)

9 / Hiermit hängt es zusammen: Könnte ich denn das Gesichtsbild „mit allen Einzelheiten“ wiedererkennen? Oder vielmehr, hat diese Frage überhaupt einen Sinn?

10 / Denn als einwandfreiste Darstellung des Gesichtsbildes erscheint uns immer noch ein gemaltes Bild oder Modell. Aber, daß die Frage nach dem „Wiedererkennen in allen Einzelheiten“ sinnlos ist, zeigt schon wie inadäquat Bild und Modell sind.

11 ∫ „Ich führe Dich einen Weg den ich noch nie gegangen bin“. Problem des Suchens.

12 ∅ *Wenn ein Tier ursprünglich verehrt, dann/später/ für unrein geachtet wird, ist das nicht der Vorgang, wenn wir eine Gewohnheit als Fehler ablegen und dann ängstlich hassen?*

13 / Man sagt „der Mensch nährt mich“, der mir Nahrung gibt, aber auch „die Nahrung nährt mich“.

5 Der Unterschied von eis und f⟨ in der Musik⟩
27 ist der des ⟨Gesichtsfeldes⟩ mit einer gemalten Fläche

1 ∫ „Ich habe ihm p zu tun befohlen“ – „Nun und was hat er getan?“ – „p“ – „Nun dann ist es ja in Ordnung“.

2 ?/ „Ich sagte, ‚geh aus dem Zimmer‘ und er ging aus dem Zimmer.“ 262
„Ich sagte, ‚geh aus dem Zimmer‘ und er ging langsam aus dem Zimmer“
„Ich sagte, ‚geh aus dem Zimmer‘ und er sprang zum Fenster hinaus“
Hier ist eine Rechtfertigung möglich, auch wo die Beschreibung der Handlung nicht die ist, die der Befehl gibt.

3 / Ich kann gewiß sagen: „Tu jetzt, was Du |Deiner Erinnerung nach| gestern um diese Zeit getan hast“. Und wenn er sich daran erinnert, kann er seiner Erinnerung folgen. Erinnert er sich aber nicht, so hat der Befehl keinen Sinn für ihn.

4 / Wäre dieser Befehl also wie der: „Tu, was auf dem Zettel in dieser Lade aufgeschrieben steht“. Wenn in der Lade kein Zettel ist, so ist das kein Befehl.

5 ∫ „Sage, was Du mir gestern gesagt hast“

6 / Ist es nicht so: Wenn ich das Signal für eine Tätigkeit setze, so mußte ich mir vornehmen *können*, dieses Signal *so* zu gebrauchen. Aber damit mußte ich es bereits mit einem andern Symbolismus zusammenbringen.

7 / Aber auch wenn dieses Vornehmen so geschah, daß ich sagte, dieses Signal heißt/bedeutet/ *das*, und führte dabei eine gewisse Tätigkeit aus, so muß die Erinnerung an diese Tätigkeit später mit dem Zeichen zusammenwirken

8 ∫ Der Knopf im Taschentuch. Bedeutet er: „Erinnere Dich an etwas!“? 263
Jedenfalls würden diese Worte denselben Dienst leisten.

9 / Ich kann vergessen welche Farbe ein Wort bezeichnet und auch, wie eine bestimmte Farbe (etwa auf Englisch) heißt.

10 / Ich werde aufgefordert mir die Farbe Orange vorzustellen und habe vergessen was ‚orange‘ heißt/bedeutet/. Was geschieht hier? Und was geschieht, wenn ich mich nun wieder daran erinnere? Die Frage ist nämlich: wovon hängt es ab, daß/ob/ ich der Aufforderung, mir die Farbe A vorzustellen, folgen kann?

11 / Noch eine Frage: Kann man von verschiedenen Interpretationen des Gedächtnisbildes sprechen? In welchem Sinne nicht?

4 ‚geh aus dem Zimmer‘ und er ging aus dem Zimmer.“ ⟨–⟩
9 auch wo die Beschreibung der Handlung nicht ⟨dies …⟩
22 Wenn ich das Signal für eine Tätigkeit setze, so ⟨müßte⟩ ich mir
30 so muß die Erinnerung an diese Tätigkeit später mit dem Zeichen zusammenwirken *–im MS am linken Rand mit einer vertikalen Wellenlinie markiert*
41 Die Frage ist nämlich: wovon hängt es ⟨aber …⟩

1 / (Wenn man irgendwo von Vorurteilen gehemmt ist/wird/, dann in der Philosophie)

2 ∫ „Male einen roten Streifen". – „Ich habe vergessen, was ‚rot' heißt, das Wort sagt mir nichts".

3 / Wenn das Wort ‚rot', um Bedeutung zu haben, eine Vorstellung hervorrufen muß, die erst das eigentliche Bild ist, warum sollte es da nicht genügen, wenn das Wort, mit einer wirklichen Farbe confrontiert, ein bestimmtes Gefühl, etwa einer Befriedigung, auslöste?

4 ∫ Die Rechtfertigung „Du hast mir gesagt ‚bring etwas Rotes', das heißt doch ‚rot'" ist *allgemein* in dem vorigen/früher gebrauchten/oben stehenden/ Sinn.

5 ?/ Sagte ich nicht, die Rechtfertigung müßte immer von der Art sein: 264
schwarz ..... ●; also: mach einen schwarzen Kreis ..... ●

6 / Könnte denn die Rechtfertigung lauten: „Du hast gesagt ‚bring etwas Rotes' und dieses hier hat mir daraufhin ein Gefühl der Befriedigung erzeugt/gegeben/, darum habe ich es gebracht"?

7 / Müßte man da nicht antworten: Ich habe Dir doch nicht geschafft mir das zu bringen was Dir auf meine Worte hin ein solches Gefühl geben wird!

8 / Aber gälte dieser Einwand nun auch, wenn ich geantwortet hätte: „Du hast doch gesagt ich soll etwas Rotes bringen und da habe ich mich erinnert, daß Du *das* früher ‚rot' genannt hast". Ich glaube, hier gälte der Einwand nicht.

9 Ich konnte mich auf jeden Fall zur Rechtfertigung auf eine Tabelle der Farben und ihrer/mit ihren/ Namen berufen.

10 / Es könnte aber auch sein, daß ich mich so einer Tafel widersetze und mich auf mein Gedächtnis (oder ist es etwas Andres) berufe.

11 / Heißt das nun, daß ich in meinem Gedächtnis gleichsam eine andere, anders lautende Tafel habe?! Und was rechtfertigt die Wahl zwischen diesen beiden?

12 / Wenn ich jemandem sage „male das Grün deiner Zimmertür nach dem Gedächtnis", so bestimmt das, was er zu tun hat, nicht eindeutiger, als 265
der Befehl „male das Grün, was Du auf dieser Tafel siehst".

1 ist/wird/ *–zweite Variante im MS durchstrichen*
4 „Male einen ⟨I…⟩
10 einer wirklichen Farbe confrontiert, ein bestimmtes Gefühl⟨ der …⟩
14 vorigen/früher gebrauchten/oben stehenden/ *–im MS steht die dritte Variante unter der Zeile*
17 schwarz ..... ●; also: mach einen ⟨S…⟩
25 was Dir auf meine Worte hin ein solches Gefühl geben wird⟨?⟩

1 ∫ („Der Wind trägt meine Gedanken weg“ – „Gewicht einer Energiemenge“)

2 Wenn es bei der Bedeutung des Wortes „rot“ auf das Bild ankommt, das mein Gedächtnis beim Klang dieses Wortes automatisch reproduziert, so muß ich mich auf diese Reproduktion gerade so verlassen, als wäre ich determiniert, die Bedeutung durch nachschlagen in einem Buche zu bestimmen, wobei ich mich diesem Buche quasi auf Gnade und Ungnade ergeben würde.

3 Das würde aber heißen: Die Bedeutung des Wortes ist, was mir in einer bestimmten Weise dabei einfällt.

4 Ich bin dem Gedächtnis ausgeliefert.

5 In irgend einem Sinn heißt es nichts „eine Farbe wiedererkennen“.
Und doch kann ich sagen: „Wo habe ich nur dieses Grün schon gesehen“, oder „diese Farbenzusammenstellung“.

6 Ich möchte sagen: Wiedererkennen läßt sich nur, was sich beschreiben läßt.

7 Und nun *scheint* „grün“ die Beschreibung einer *Farbe* zu sein!

8 ∫ „Bring mir eine gelbe Blume.“ Wie rechtfertigst Du, was Du mir 266
bringst?

9 ∫ Wenn Du sagst „heißt denn diese Farbe nicht ‚gelb‘?“, so bezieht sich Deine Frage nur auf ein spezielles Sprachübereinkommen (ist also trivial).

10 ∫ Wenn ich mit einem gelben Täfelchen in der Hand nach einer gelben Blume suche, so ist das analog dem Ausrechnen einer Multiplication wie 165 × 280; gehe ich aber mit dem Wort „gelb“ suchen, so ist es analog einem arithmetischen Satz 2 + 3 = 5, wo nichts eine interne Relation zeigt.

11 / Es ist doch offenbar nicht unmöglich/undenkbar/, daß Einer die gelbe Blume so mit einem Phantasiebild sucht, wie ein Anderer mit dem färbigen Täfelchen, oder ein Dritter, in irgend einem Sinne, mit dem Bild einer Reaktion, die durch das, was er sucht, hervorgerufen werden soll (Klingel).
Womit immer aber er suchen geht (mit welchem Paradigma immer), nichts zwingt ihn das als das Gesuchte anzuerkennen, was er am Schluß wirklich anerkennt, und die Rechtfertigung in Worten, oder andern Zeichen, die er dann von dem Resultat/Ergebnis/ gibt, rechtfertigt wieder nur im Bezug auf eine andere Beschreibung in derselben Sprache.

16 ⟨∫⟩ *Randzeichen gestrichen*

17 *Der Absatz ist im MS eine Bemerkung, durch eine Klammer am linken Rand der vorangehenden Bemerkung zugeordnet.*

29 Frage nur auf ein spezielles Sprachübereinkommen⟨,⟩ ist also trivial⟨.⟩

38 daß ⟨einer⟩ die gelbe Blume so mit einem Phantasiebild sucht,

1 / Die Schwierigkeit ist aufzuhören, ‚warum‘ zu fragen (ich meine, sich dieser Frage zu enthalten).

2 / Es ist offenbar ein Unterschied: ob ich sage „dieser↗ Streifen ist weiß“, oder „die Farbe dieses Streifens werde ich ‚A‘ nennen“. 267

3 / Eine ‚Interpretation‘ ist doch wohl etwas, was in Worten gegeben wird! Denn es/Es/ ist diese Interpretation im Gegensatz zu einer anderen (die anders lautet). – Wenn man also sagt „jeder Satz bedarf noch einer Interpretation“ so hieße das: kein Satz kann ohne einen Zusatz verstanden werden, was Unsinn ist. – Sagt man aber jeder Satz sei noch einer Interpretation fähig, so heißt das, daß jedes Zeichen durch weitere Zusätze in Systeme von noch größerer Multiplizität einzureihen ist. Und dies wäre, wenn überhaupt etwas, ein mathematischer Satz; wie er aber da steht ist er, glaube ich, vag und bedeutungslos.

4 / Wir können uns denken, daß jemand die Bedeutungen der Farbnamen aus einer Tabelle entnimmt, wo sie bei den entsprechenden Farben stehen, bis er, wie man sagt, die Tabelle im Kopf hat.

/ Das heißt doch wohl, daß etwas diese Tabelle jetzt/nun/ ersetzt hat.

5 / Könnte nicht, was ich früher gegen den Gebrauch einer |solchen| Tabelle eingewendet habe, gegen jede Rechnung eingewendet werden?

6 / Wie ist es mit den beiden Sätzen: „dieses Blatt ist rot“ und „dieses Blatt hat die Farbe die auf Deutsch ‚rot‘ heißt“? Sagen beide dasselbe?

3. 268

7 / Hängt das nicht davon ab, was das Criterium dafür ist, daß eine Farbe auf Deutsch ‚rot‘ heißt?

8 ?/ Kann man auch statt „hol mir eine gelbe Blume“ sagen: „hol mir eine Blume, deren Farbe Du ‚gelb‘ nennst“?

9 / Wird der Ausdruck der Beschreibung nur von dem Beschriebenen abgeleitet, oder aus diesem und einer Tabelle oder etwas dem Analogen?

10 ∅ *Zu dem der dich nicht mag, gut zu sein, erfordert nicht nur viel* Gutmütigkeit *sondern auch viel Takt.*

8 Denn es/Es/ *–erste Variante im MS durchstrichen*

9 „⟨Jeder⟩ Satz bedarf noch einer Interpretation“

14 ein mathematischer Satz⟨. Wie⟩ er aber da steht ist er,

20 *Der Absatz ist im MS eine Bemerkung, durch eine Klammer am linken Rand der vorangehenden zugeordnet.*

20 jetzt/nun/ *–zweite Variante im MS durchstrichen*

1 / Du befiehlst mir „bringe mir eine gelbe Blume“; ich bringe eine und Du fragst: „warum hast Du mir so eine gebracht?“. Dann hat diese Frage nur |einen| Sinn, wenn sie zu ergänzen ist „und nicht eine von dieser (andern) Art“.

/ D.h. diese Frage bezieht sich schon auf/gehört schon in/ ein System; und die Antwort muß sich auf das gleiche System beziehen.

2 / Auf die Frage „warum tust Du das auf meinen Befehl?“ Kann man fragen: „Was?“

3 / Da wäre es nun absurd zu fragen „warum bringst Du mir eine gelbe Blume, wenn ich Dir befohlen habe, mir eine gelbe Blume zu bringen“. Eher könnte man fragen „warum bringst Du eine rote Blume, wenn ich sagte Du sollest eine gelbe bringen“ oder „warum bringst Du eine 269
dunkelgelbe auf den Befehl ‚bring eine gelbe‘?“.

4 / Wie kann man die Handlung von dem Befehl „hole eine gelbe Blume“ ableiten? – Wie kann man das Zeichen „5“ aus dem Zeichen „2 + 3“ ableiten?

5 / Wie verhält es sich denn mit der Bezeichnung eines ganz bestimmten Tones von Gelb. Da scheint es doch klar, daß die Wortsprache nicht genügt, jeden solchen Ton zu beschreiben, obwohl sie sagen kann ein rötliches oder grünliches Gelb u.s.w.?

Anderseits: Gib diesem Ton einen Namen und er steht auf gleicher Stufe, ist in keiner anderen Lage als das Wort „gelb“ oder „rot“.

6 / Ist es denn nicht denkbar, daß ein grammatisches System in der Wirklichkeit zwei (oder mehr) Anwendungen hat?

7 / Ja, aber wenn wir das überhaupt sagen können, so müssen wir die beiden Anwendungen auch durch eine Beschreibung unterscheiden können.

8 / Denken wir an zwei Anwendungen des |grammatischen| Farbenschemas, so können wir diese beschreiben. Aber das Wesentliche dieser Beschreibung ist, daß sie nur eine neue Multiplizität/ein neues System/ von Zeichen beschreibt und nicht in irgend einem Sinne mit der Realität anknüpft, in einem Sinne in welchem das Zeichen mehr als ein Zeichen wäre.

9 Woher aber (überhaupt) der Begriff eines solchen Sinnes? 270

10 / Woher die Idee daß wir das Gebiet der Zeichen verlassen könnten?

5 *Der Absatz ist im MS eine Bemerkung, durch eine Klammer am linken Rand der vorangehenden zugeordnet.*

15 eine dunkelgelbe auf den Befehl ‚bring eine gelbe‘?“⟨?⟩

36 des |grammatischen| Farbenschemas, so können wir diese ⟨Bes…⟩

40 *Im MS fehlt die nachfolgende Leerzeile.*

1 / Kommt das nicht daher, daß wir, wie ich sagen möchte, mit gewissen Zeichen ganz vertraut sind? Abgesehen von den Sprachen die wir geläufig sprechen, sind uns viele Gebärden in diesem Sinne vertraut. Aber worin besteht diese Vertrautheit?

Ich winke Einem und er kommt zu mir. Nehmen wir aber an, er verstünde diese Sprache nicht so leicht, nach einer Überlegung aber deutete er sie doch (richtig), so hätte er sie in Gedanken in eine Sprache übersetzt die ihm geläufig/vertraut/ ist.

2 ∫ „Er sagt mir ‚bringe mir eine Blume'" Wovon die Bedeutung des Worts „mir" bestimmt wird. – –

3 / Ist nicht der Grund, warum wir glauben, mit der hinweisenden Erklärung das Gebiet der Sprache, des Zeichensystems, zu verlassen, daß wir dieses Heraustreten aus den Schriftzeichen mit einer Anwendung der Sprache, etwa einer Beschreibung dessen was ich sehe, verwechseln.

4 / Man könnte fragen wollen: Ist es denn aber ein Zufall daß ich zur Erklärung von Zeichen also zur Vervollständigung des Zeichensystems aus den Schrift- oder Lautzeichen heraustreten muß? Trete ich damit 271
nicht eben in das Gebiet, in dem/worin/ sich dann das zu beschreibende/Beschriebene/ abspielt? Aber dann ist/erscheint/ es seltsam daß ich überhaupt mit den Schriftzeichen etwas anfangen kann. – Man faßt es dann (etwa) so auf, daß die Schriftzeichen bloß die Vertreter jener Dinge sind auf die man zeigt. – Aber wie seltsam daß so eine Vertretung möglich ist. Und es wäre nun das Wichtigste zu verstehen wie denn Schriftzeichen die andern Dinge vertreten können.

Welche Eigenschaft müssen sie haben, die sie zu dieser Vertretung befähigt. Denn ich kann nicht sagen: statt Milch trinke ich Wasser und esse statt Brot Holz indem ich das Wasser die Milch und Holz das Brot vertreten lasse.

Ich kann nun freilich doch sagen daß das definiendum das definiens vertritt; und hier steht dieses hinter jenem wie die Wählerschaft hinter ihrem Vertreter. Und in diesem Sinne kann man auch sagen daß das in der hinweisenden Definition erklärte Zeichen den Hinweis vertreten kann, da man ja diesen wirklich in einer Gebärdensprache für jenes setzen könnte. Aber doch handelt es sich hier um eine Vertretung im Sinne einer Definition, denn die Gebärdensprache ist/bleibt/ eine Sprache wie jede andere. Und das ist vielleicht der Succus dieser Betrachtung

6 er verstünde diese Sprache nicht so leicht⟨;⟩ nach einer Überlegung aber
19 Ist es denn aber ein Zufall daß ich ⟨aus …⟩
31 statt Milch trinke ich Wasser |und esse| statt Brot ⟨esse ich⟩ Holz
32 ich das Wasser die Milch und ⟨das⟩ Holz das Brot vertreten lasse.
34 *Im MS fortlaufender Text, der Absatz ist durch eine Randbemerkung* |n. Z.| *(neue Zeile) markiert.*
36 wie die Wählerschaft hinter ⟨deren⟩ Vertreter ⟨und⟩ in diesem Sinne
37 kann man auch sagen daß das ⟨Er…⟩ in der ⟨Hi…⟩

Ich möchte sagen: Von einem Befehl in der Gebärdensprache zu seiner Befolgung ist es ebenso weit wie von diesem Befehl in der Wortsprache.

1 Denn auch die hinweisenden Erklärungen müssen ein für allemal 272
gegeben werden.

2 D.h., auch sie gehören zu dem Grundstock von Erklärungen die den Kalkül vorbereiten und nicht zu seiner Anwendung ad hoc.

3 Denn so sehe ich eine Sprache:/die Erscheinung einer Sprache:/ daß man sie lernt (ihre Grammatik, ihr Wörterbuch); und sie dann spricht

Oder: daß es eine Lehre gibt die von ihr handelt und Lehren in denen sie gesprochen wird.

4 / Die hinweisenden Erklärungen könnten alle in dem Buch der Sprachlehre gegeben werden. Sie gehören alle zur Sprachlehre.

5 / Mit einem Draht nach einem Kurzschluß suchen; er ist gefunden wenn es läutet. Aber suche ich dabei auch nach etwas, was der Idee des Klingelns gleich ist? usw. u.s.w.

6 / Ich kann doch sagen: „mische Farben nach denen, die ich Dir vormale", aber nicht: „mische Farben nach den Wörtern, die ich Dir ansage" – wenn diese Wörter mir nicht schon bekannt sind. – Ich kann ebenso sagen „Zeichne die Kurven, die ich Dir vorzeichne"; aber nur in gewissen Fällen: „Zeichne die Kurven, die ich Dir ansage".

Ist das aber nicht der Fall, den wir hätten, wenn wir verschiedene complizierte Wahrheitsfunktionen einerseits mit neuen Namen,
anderseits durch die WF-Notation bezeichnen? 273

7 / „Mische Farben nach den Wörtern, die ich Dir sage" kommt natürlich auf dasselbe hinaus wie: „Mische eine Farbe nach dem Wort ‚A'"

8 / Das heißt doch, eine Farbe, die sich mit dem Wort ‚A' rechtfertigen läßt.

In wiefern läßt sich denn aber eine Farbe durch eine *Farbe* rechtfertigen?

9 / Wir stehen im Kampf mit der Sprache.

10 /∫ „Ein Ereignis tritt ein". „Ein Mensch tritt ein"

2 ebenso weit wie von ⟨von ...⟩
13 Oder: ⟨Daß⟩ es eine Lehre gibt die von ihr handelt
16 Die ⟨Hi...⟩
23 Ich kann doch sagen: „mische ⟨die⟩ Farben nach denen,
41 / *Randzeichen eingeklammert und durchstrichen*

1 / Das ganze Problem der Bedeutung der Worte ist darin aufgerollt, daß ich den A suche ehe ich ihn gefunden habe. – Es ist darüber zu sagen, daß ich ihn suchen kann, auch wenn er in gewissem Sinne nicht existiert.

Wenn wir sagen, ein Bild ist dazu nötig, wir müssen in irgend einem Sinne ein Bild von ihm herumtragen, so sage ich: vielleicht; aber was hat es für einen Sinn zu sagen es sei ein Bild von *ihm*. Das hat also auch nur einen Sinn, wenn ich ein weiteres Bild von ihm habe, das dem Wort „ihm“ entspricht.

2 ∅ Die Lösung philosophischer Probleme verglichen mit dem Geschenk im Märchen, das im Zauberberg zauberisch erscheint und wenn man es draußen beim Tag betrachtet nur ein Stück Eisen ist.

3 Man sagt etwa: Wenn ich von der Sonne spreche, muß ich ein Bild der 274
Sonne in mir haben. – Aber wie kann man sagen daß es ein Bild der Sonne ist. Hier wird doch die Sonne wieder erwähnt im Gegensatz zu ihrem Bilde. Und damit ich sagen kann: „das ist ein Bild der Sonne“, müßte ich ein weiteres Bild der Sonne besitzen, u.s.w.

Zu sagen die Erinnerung ist ein Bild dessen was war, hat nur Sinn, wenn ich das, was war, diesem Bild gegenüberstellen kann und die beiden etwa vergleichen. Das ist auch möglich, wenn man unter dem, was war, das Hypothetische versteht, aber nicht, wenn man darunter eben das versteht was in der Erinnerung gegeben ist.

4 / Wie seltsam, ich kann ihn suchen, wenn er nicht da ist, aber ich kann nicht auf ihn zeigen, wenn er nicht da ist. Das ist eigentlich das Problem des Suchens und zeigt den irreführenden Vergleich.

Man könnte sagen wollen: da muß er doch auch dabei sein, wenn ich *ihn* suche. – Dann muß er auch dabei sein, wenn ich ihn nicht finde und auch wenn es ihn nicht gibt.

5 / *Ihn* (etwa meinen Stock) suchen, ist eine Art des Suchens und unterscheidet sich davon, daß man etwas andres sucht durch das was man beim Suchen tut (sagt, denkt) nicht durch das, was man findet.

6 / Und trage ich beim Suchen ein Bild mit mir oder eine Vorstellung, nun
gut. Und sage ich das Bild sei das Bild des Gesuchten, so sagt das nur 275
welchen Platz das Bild im Vorgang des Suchens einnimmt. Und finde ich ihn und sage „da ist er! *den* habe ich gesucht“, so sind die letzten Worte nicht etwa eine Worterklärung für die Bezeichnung des gesuchten Gegenstandes (etwa für die Worte „mein Stock“) die erst jetzt wo er gefunden ist gegeben werden könnte/kann/. – Wie man das was man wünscht nach der Erfüllung des Wunsches nicht besser weiß oder erklären kann als vorher.

7 / Man kann den Dieb nicht hängen ehe man ihn hat, wohl aber schon suchen.

12 das im Zauberberg zauberisch erscheint⟨,⟩ und wenn
13 man es draußen beim Tag betrachtet ⟨nichts ist als⟩ ein Stück Eisen
18 Hier wird doch die Sonne wieder erwähnt im Gegensatz zu ihrem ⟨Bild⟩.
21 hat nur Sinn, wenn ich das⟨ Wort …⟩
39 welchen Platz das Bild im Vorgang des Suchens einnimmt⟨, und …⟩

1 / „Du hast den Menschen (auf ihn zeigend) gesucht? Wie war das möglich, er war doch gar nicht da!"

2 / „Ich suche meinen Stock. – Da ist er!" Dies letztere ist keine Erklärung des Ausdrucks „mein Stock", die für das Verständnis des ersten Satzes wesentlich wäre und die ich daher nicht hätte geben können, ehe mein Stock gefunden war. Vielmehr muß der Satz „Da ist er" wenn er nicht eine Wiederholung der |auch| früher möglichen Worterklärung ist, ein neuer synthetischer Satz sein.

3 / Das Problem entspringt einer Verwechselung eines Wortes oder Ausdrucks mit dem Satz der die Existenz, das Dasein, des Gegenstands behauptet.

4 / „Den hast Du gesucht? Du konntest ja nicht einmal wissen, ob er da ist!" (Vergleiche dagegen das Suchen nach der Dreiteilung des Winkels) 276

5 / Auch haben wir hier die Verwechslung zwischen der Bedeutung und dem Träger eines Wortes. Denn der Gegenstand, auf den ich bei dem Worte „den" zeige ist der Träger des Namens, nicht seine Bedeutung

6 / Kurz: ich suche den Träger des Namens, nicht dessen Bedeutung./die Bedeutung des Namens./

Aber andrerseits: Ich suche und hänge den Träger des Namens.

7 / Man kann von dem Träger des Namens sagen, daß er (existiert oder) nicht existiert, und das ist natürlich keine Tätigkeit, obwohl man es mit einer verwechseln könnte und sagen, er müsse doch dabei sein, wenn er nicht existiert. (Und das ist von einem Philosophen gewiß schon einmal geschrieben worden)

8 / („Ich suche ihn." – „Wie schaut er aus." – „Ich weiß es nicht, aber |ich bin sicher| ich werde ihn wiedererkennen, wenn ich ihn sehe.")

4.

9 / Man könnte nur sagen: Wenn er von der Sonne spricht, muß er ein visuelles Bild (oder Gebilde von der und der Beschaffenheit – rund, gelb, etc.) vor sich sehen. Nicht, daß das wahr ist, aber es hat Sinn, und dieses Bild ist dann ein Teil des Zeichens.

2 (auf ihn zeigend) gesucht? Wie war das möglich, ⟨es …⟩
6 die für das Verständnis des ersten Satzes wesentlich wäre ⟨und …⟩
8 |auch| *–das Einfügungszeichen ist im MS gewellt unterstrichen*
16 (Vergleiche dagegen das Suchen nach der Dreiteilung des ⟨Kreises⟩)
28 obwohl man es mit einer verwechseln könnte und sagen, ⟨es …⟩
33 |ich bin sicher| *–das Einfügungszeichen ist im MS gewellt unterstrichen*

1 / Ich gehe die gelbe Blume suchen. Auch wenn mir während des Gehens ein Bild vorschwebt, brauche ich es denn, wenn ich die gelbe Blume – oder eine andere – sehe? – Und wenn ich sage „sobald ich eine gelbe Blume sehe, schnappt, gleichsam, etwas in der Erinnerung/dem Gedächtnis/ ein“: kann ich denn dieses Einschnappen eher voraussehen, erwarten, als die gelbe Blume? Ich wüßte nicht warum. D.h. wenn es in einem bestimmten Fall wirklich so ist, daß ich nicht die gelbe Blume sondern ein anderes (indirektes) Criterium erwarte, so ist das/dies/ jedenfalls keine Erklärung des Erwartens. 277

2 / Aber geht nicht mit dem Eintreffen des Erwarteten immer ein Phänomen der Zustimmung/Bejahung/ (oder Befriedigung) Hand in Hand? Dann frage ich: Ist dieses Phänomen ein anderes als das Eintreten des Erwarteten? Wenn ja, dann weiß ich nicht ob so ein anderes Phänomen die Erfüllung immer begleitet. – Oder ist es dasselbe, wie die Erfüllung? Wenn ich sage: Der, dem die Erwartung erfüllt wird, *muß* doch nicht sagen „ja, das ist es“ (oder dergleichen), so kann man mir antworten: „gewiß, aber er muß doch *wissen*, daß die Erwartung erfüllt ist.“ – Ja, soweit das Wissen dazugehört, *daß* sie erfüllt ist. In diesem Sinne: wüßte er's nicht, so wäre sie nicht erfüllt. – „Wohl, aber, wenn einem eine Erwartung erfüllt wird, so tritt doch immer eine Entspannung auf!“ – Woher weißt Du das? –

3 / Es ist vielleicht am instruktivsten zu denken, daß, wenn wir mit einem gelben Täfelchen die Blume suchen, uns jedenfalls nicht die Relation der Farbengleichheit in einem weiteren Bild gegenwärtig ist. Sondern wir sind mit dem einen ganz zufrieden. 278

4 / (So wie wir nicht für einen Augenblick daran dächten, ein Kind die Gebärdensprache zu lehren.)

5 / Wir könnten uns freilich denken, daß der, welcher mir das gelbe Täfelchen zum Suchen der Blume gibt, mir dabei auch das Wort „gleich“ erklärte, indem er auf farbengleiche Flecken zeigte. Ja, daß er mir zwei farbengleiche Täfelchen zur Erinnerung an diese Erklärung mitgäbe, oder aber auf einem Zettel den Satz „suche eine diesem Täfelchen gleichfärbige Blume“. Und das Wort gleichfärbig entspräche dann den beiden gleichfarbigen Täfelchen. Aber: Er hatte mir also seinen ersten Auftrag/Befehl/ erklärt und diese Erklärung selbst bestand aus Zeichen wie der Auftrag und diese Zeichen konnten also weiter erklärt werden. Jede Erklärung gesellt sich als Zeichen zu den schon vorhandenen und gibt nun eben ein *anderes* System (eine andere Multiplizität). (*Keine* Erklärung ist daher absolut wesentlich, macht das Zeichen zu einem Zeichen; und *keine* ist wesentlich die letzte.)

16 Oder ist es dasselbe, wie die Erfüllung⟨ –⟩ Wenn ich sage:
21 so wäre sie nicht erfüllt. – „Wohl, aber, wenn einem eine ⟨Erf…⟩
22 Woher weißt Du das? *–im MS am linken Rand mit einer vertikalen Wellenlinie markiert*
42 gesellt sich als Zeichen zu den schon vorhandenen ⟨hinzu⟩ und

1 / So kann ich die Bedeutung der Zeichen ♁, ▭, ⊙, durch die Tabelle

♁ | Kirche
▭ | Haus
⊙ | Stadt

erklären; aber diese Tabelle wieder erklären, indem ich sie so schreibe: ♁ — Kirche, ▭ — Haus, ⊙ — Stadt und sie einer anderen: ♁ — Kirche, ▭ — Haus, ⊙ — Stadt 279

entgegenstelle. etc etc.

2 / Aber konnte denn auch die erste Erklärung wegbleiben? Gewiß, wenn die Zeichen ♁, ▭, ⊙, uns (etwa) ursprünglich ebenso beigebracht worden wären wie die Wörter „Kirche", „Haus", „Stadt". Aber diese mußten uns doch erklärt werden! – Soweit sie uns |überhaupt| „erklärt" wurden, geschah es durch eine Gebärdensprache die uns nicht erklärt wurde. – Aber wäre denn diese Gebärdensprache einer Erklärung fähig gewesen? – gewiß; z.B. durch eine Wortsprache.

3 / Freilich kann man sagen: das gelbe Täfelchen ist in Wirklichkeit auch nicht maßgebend, weil das Gedächtnis als Kontrolle des Täfelchens verwendet wird. Aber erstens ist das nicht wahr, wenn wir uns nach einem ganz bestimmten Farbton richten sollen (dann trauen wir oft dem Täfelchen und nicht dem Gedächtnis) und zweitens: Wie ist es mit der Relation zwischen dem was das Gedächtnis gibt und dem, was ich als ihm entsprechend in der Wirklichkeit anerkenne? Trage ich von dieser Relation ein Bild herum?

4 / Das Wort „gegeben": Damit läßt sich viel Unfug anstellen. „Nur die Vorstellungen vom Baum sind mir gegeben, nicht der Baum selbst". „Was ich mir erwarte ist mir nur durch seine/eine/ Beschreibung gegeben". „Das ist mir nur in einer Beschreibung gegeben." – „Was?!".

Das hängt unmittelbar mit der Vorstellung des letzten/vorigen/ Satzes zusammen. Denn ich möchte fragen: Wie ist mir denn „das der 280 Erinnerung/dem Gedächtnis/ in der Wirklichkeit entsprechende" gegeben? Das Gedächtnis ist eben |selbst| eine Sprache.

5 / Die Frage „wie ist mir denn das gegeben" hat Sinn wenn sie nach der Verification eines Satzes fragt um seinen Sinn deutlich zu machen. Z.B. können wir sagen die Länge dieses Körpers ist uns durch das Resultat einer Messung mit dem Maßstab gegeben – nicht durch das Augenmaß. Die Antwort auf die Frage „wie ist e s mir gegeben" soll also die Bedeutung des „es" klarer machen, ist also eine grammatische Erklärung. (Wie ja vorauszusehen war, daß sie doch gewiß nicht durch einen Versuch zu lösen ist.)

3 und sie einer anderen⟨ etwa der⟩:
10 „Kirche", „Haus", „Stadt". Aber diese ⟨wurd…⟩
28 „⟨Davon⟩ ist mir nur |in| ⟨eine⟩ Beschreibung gegeben."
35 um seinen Sinn deutlich zu machen. ⟨So kon…⟩
36 Z.B. können wir sagen ⟨diese⟩ Länge dieses Körpers
38 nicht durch das Augenmaß. Die ⟨F…⟩

1 / Ich habe früher „das was mir das Gedächtnis gibt" dem entgegengestellt, „was ich als das ihm in der Wirklichkeit entsprechende anerkenne". Aber das können doch nur zwei Symbole sein und |solche die| sich in einander übersetzen lassen, wenn sie überhaupt etwas mit einander zu tun haben. Oder ist es die Erinnerung (oder Erwartung) und die Erfüllung der Erwartung?

2 / Ich wollte oben sagen, daß das Gedächtnis, auch wenn es zur Kontrolle des Täfelchens verwendet wird, im gleichen Fall ist wie das Täfelchen. Daß nämlich auch hier von einer Interpretation (jener Relation „des im Gedächtnis gegebenen zu ....") die Rede sein könne und gefragt werden 281
kann, ob ein Ausdruck dieser Interpretation dem nach dem Gedächtnis Suchenden mitgegeben werden müßte.

3 / Könnte ich behaupten, daß mein Gedächtnis immer etwas nachdunkle? Jedenfalls könnte ich sagen: „wähle die Farbe, die Du im Gedächtnis hast" und auch „wähle eine etwas dunklere Farbe, als die Du im Gedächtnis hast".

Von einem Nachdunkeln kann man natürlich nur im Vergleich zu Etwas/etwas andrem/ sprechen und es genügt nicht, zu sagen „nun, mit der Farbe, wie sie wirklich war", weil hier die besondere Art der Verification, d.h. die |besondere| Grammatik der Worte „wie sie war" noch nicht festgelegt ist, diese Worte (also) noch mehrdeutig sind.

4 / Die Frage aber ist: Ist im Falle einer relativen Veränderung der Farbe des Täfelchens zu meinem Gedächtnis (ein gewagter Ausdruck) in irgend einem Sinne unbedingt der Deutung der Vorzug zu geben, das Täfelchen habe sich geändert und ich müsse mich also nach dem Gedächtnis richten? Offenbar nein. Übrigens besagt die ‚Deutung', das Täfelchen und nicht das Gedächtnisbild habe sich verändert nichts als eine Worterklärung der Wörter „verändern" und „gleichbleiben".

5 ?/ (Über einem Musikstück steht, vom Komponisten drübergeschrieben ♩ = 88, aber um es heute richtig zu spielen muß es ♩ = 94 gespielt werden; welches ist das vom Komponisten gemeinte Tempo.)

1 Ich habe ⟨oben...⟩
2 „was ich als das ihm in der Wirklichkeit entsprechende⟨"...⟩
3 Aber das können doch nur zwei Symbole ⟨einer Sprache⟩ sein⟨,⟩ und
10 Daß nämlich auch hier von einer Interpretation ⟨die Re...⟩
11 die Rede sein könne und ⟨die Frage ...⟩
17 die Du im Gedächtnis hast" und auch „wähle ⟨deine ...⟩
21 genügt nicht, zu sagen „nun, mit der Farbe, ⟨„⟩wie sie wirklich war",
22 |besondere| *–das Einfügungszeichen ist im MS gewellt unterstrichen*
30 habe sich verändert ⟨gar⟩ nichts als eine Worterklärung der Wörter

1 / Man könnte auch so sagen: Wenn meine Absicht dahin geht, etwas dunkleres oder helleres zu malen (oder zu finden) als das Täfelchen mir zeigt, so ist die Relation des Gefundenen zum Paradigma *keine weniger direkte*/unmittelbare/ als die der Farbengleichheit. Oder: Wenn der Auftrag lautet „bringe mir eine dunklere Blume, als dieses Täfelchen ist“, so spielt bei dem Suchen das Täfelchen keine andre Rolle (wird nicht indirekter angewendet) als in dem früher angenommenen Fall. 282

2 / Und das zeigt auch, daß die Erinnerung/das Gedächtnis/ noch einer Interpretation fähig ist.

Denn, wenn ich sage „die Blume soll die gleiche Farbe haben, wie die, die Du im Gedächtnis hast“, so zeigt das Wort „gleiche“ schon, wo die Interpretation ansetzen kann.

(Und ich könnte eine Sprache festlegen in der das weglassen jeder solchen Bestimmung also „die Blume soll die Farbe des Täfelchens haben“ eben das bedeutet was jetzt der Satz mit der Bestimmung „dunkler als“ sagt.)

3 / Alle Erklärung scheint hier aufzuhören. Freilich, wir sind ja gar nicht im Gebiete der Erklärungen.

4 / Beim Versteckenspiel erwarte ich, den Fingerhut zu finden. Wenn ich ihn finde, gebe ich ein Zeichen der Befriedigung von mir, oder fühle doch |eine| Befriedigung. Dieses Phänomen mag ich auch erwartet haben (oder auch nicht), aber diese Erwartung ist nicht die, den Fingerhut zu finden. Ich kann beide Erwartungen haben und sie sind offenbar ganz getrennt.

5 Ich erwarte mir, eine gelbe Blume zu finden, dabei schwebt mir das Bild 283
einer gelben Blume vor. Könnte mir nicht dabei das Bild einer roten Blume vorschweben – also einer nicht-gelben Blume?

2 zu malen (oder zu finden) als das Täfelchen ⟨mi…⟩
7 das Täfelchen keine andre Rolle (wird nicht ⟨weniger …⟩
13 die gleiche Farbe haben, wie die, die Du ⟨jetzt geschenkst …⟩
18 was jetzt der Satz mit der Bestimmung „dunkler als“ ⟨bezei…⟩
25 |eine| *–das Einfügungszeichen ist im MS gewellt unterstrichen*
26 aber ⟨die⟩ Erwartung ist nicht die,

1 / Es ist nicht so, daß wir eine Unbefriedigung/das Phänomen einer Unbefriedigung/ spüren [merken/bemerken/], die dann durch finden des Fingerhutes aufgehoben wird/vergeht/, und nun sagen: „also war jenes Phänomen die Erwartung des Fingerhutes/den Fingerhut zu finden/“

Nein, das erste Phänomen ist die Erwartung des Fingerhutes/den Fingerhut zu finden/ so sicher, als/wie/ das zweite das Finden des Fingerhutes ist. Das Wort „Fingerhut“/Der Ausdruck „Finden des Fingerhuts“/ gehört zu der Beschreibung des ersten so notwendig, wie zur Beschreibung des zweiten. Nur verwechseln wir nicht „die Bedeutung des Wortes ‚Fingerhut‘“ (den Ort dieses Worts im grammatischen Raume) mit der Tatsache daß ein Fingerhut hier ist.

2 / Der Gedanke, daß uns (erst) das Finden zeigt/sagt/ was wir erwartet haben, heißt den Vorgang so beurteilen wie etwa die S y m p t o m e d e r E r w a r t u n g bei einem Andern. Ich sehe ihn etwa unruhig auf und ab gehen; da kommt jemand zur Tür herein und er wird ruhig und gibt Zeichen der Befriedigung; und nun sage ich: „er hat offenbar diesen Menschen erwartet“.

3 / Die ‚Symptome der Erwartung‘ sind nicht der Ausdruck der Erwartung.

Und zu glauben, ich wüßte erst nach dem Finden was ich gesucht (nach der Erfüllung was ich gewünscht) habe, läuft auf einen unsinnigen 284
„behaviourism“ hinaus.

4 ?/ „Ich wünsche mir eine gelbe Blume“. – „Ja, ich gehe und suche Dir eine gelbe Blume. Hier habe ich eine gefunden“. – Gehört die Bedeutung von „gelbe Blume“ mehr zum letzten Satz, als zu den zwei vorhergehenden?

5 ∫ Um die Worte, die die Erwartung beschreiben zu rechtfertigen, könnte ich nur sagen: Es muß ein Unterschied sein, ob ich eine gelbe Blume erwarte, oder eine rote, oder eine gelbe Frucht, etc.

6 / Worin besteht das Suchen einer gelben Blume? Nun, ich gehe umher, sehe mir die Blumen an und – wenn ich eine gelbe Blume sehe, pflücke ich sie etwa.

7 / Wir haben uns eben außerhalb (des Bereichs) aller Erklärung gestellt.

8 ?/ Wir können nur beschreiben, da uns causale Zusammenhänge, d.i. die tatsächliche Folge der Vorgänge, nicht interessiert (da wir hierin bereit sind, alles zu glauben). Und die Zusammenhänge, die dann bleiben, sind formelle, die sich nicht beschreiben lassen, sondern sich in der Grammatik ausdrücken.

1 Es ist nicht so, daß wir (ein Phänomen …)
3 aufgehoben wird/vergeht/, und nun sagen: „also war (das …)
11 verwechseln wir nicht „die Bedeutung des Wortes ‚Fingerhut‘“ (mit …)
14 (Zu denken …)
24 läuft auf einen unsinnigen „(B…)
27 „Ja, ich gehe und suche Dir eine gelbe Blume(“…)
41 (∫) *Randzeichen gestrichen*
44 Und die Zusammenhänge, die dann bleiben, sind formelle, die (nicht …)

1 / Worin besteht es, sich eine gelbe Blume zu wünschen? Wesentlich darin, daß man in dem, was man sieht, eine gelbe Blume vermißt. Also auch darin, daß man erkennt, was in dem Satz ausgedrückt ist „ich sehe jetzt keine gelbe Blume“.

2 / Dieser Satz ist aus der Ansicht hervorgegangen daß der sinnvolle [285] Gebrauch des Ausdrucks „gelbe Blume“ zwar nicht das Sehen einer gelben Blume wohl aber die Gegenwärtigkeit des Farbenraumes voraussetzt. Ich will sagen: wenn ich über eine gelbe Blume rede, muß ich zwar keine sehen, aber ich muß *etwas* sehen und das Wort „gelbe Blume“ hat quasi nur in Übereinstimmung oder im Gegensatz zu dem Bedeutung was ich sehe. Seine Bedeutung würde quasi nur von dem aus bestimmt, was ich sehe, entweder als das, was ich sehe, oder als |das,| was davon in der und der Richtung so und so weit weg liegt. Hier meine ich aber weder Richtung noch Distanz räumlich im gewöhnlichen Sinn sondern es kann die Richtung von Rot nach Blau und die |Farben-|Distanz von Rot auf ein bestimmtes Blaurot gemeint sein. – Aber auch so stimmt meine Auffassung nicht. Es ist schon richtig daß der Satz „ich wünsche eine gelbe Blume“ den Gesichtsraum voraussetzt nämlich |nur| in sofern als er in unserer Sprache voraussetzt daß der Satz „ich sehe jetzt eine gelbe Blume“ und sein Gegenteil Sinn haben muß. Ja es muß auch Sinn haben, oder vielmehr, es hat auch Sinn zu sagen „das Gelb was ich mir wünsche ist grünlicher als das welches ich sehe“. Aber anderseits wird der grammatische Ort des Wortes „gelbe Blume“ nicht durch eine Maßangabe bezogen auf das was ich jetzt sehe bestimmt. Obwohl, soweit von einer solchen Entfernung und Richtung die Rede überhaupt sein kann, durch die Beschreibung des gegenwärtigen Gesichtsbildes [286] und des gewünschten diese Entfernung und Richtung im grammatischen Raum gegeben sein muß.

3 ?/ Die Bedeutung des Wortes „gelb“ ist nicht die Existenz eines gelben Flecks: Das ist es, was ich über das Wort Bedeutung sagen möchte.

4 ∫ Wie ist es hiermit: „A“ bedeutet die Richtung ⟶, „B“ die Richtung ⟵

5 ∫ Seltsame Aufschrift für ein Buch: „Dieses Buch darf nur in *diesem* Raum gelesen werden.“ (Daran ließe sich Vieles erklären.)

6 / Was die Erklärung des Pfeils betrifft, so ist es klar, daß man sagen kann: „Dieser Pfeil bedeutet/sagt/ nicht, daß Du dorthin (mit der Hand zeigend) gehen sollst, sondern dahin.“ – Und ich würde diese Erklärung natürlich verstehen. –

„Das müßte man (aber) dazuschreiben.“

1 ⟨∫⟩ *Randzeichen gestrichen*
6 Dieser Satz ist aus ⟨dem Bestreben⟩ hervorgegangen
12 was ich sehe. Seine Bedeutung würde ⟨g…⟩
15 Hier meine ich aber weder Richtung ⟨und …⟩
25 Aber anderseits wird der grammatische Ort ⟨nic…⟩
38 (Daran ließe sich ⟨vieles⟩ erklären.)
42 sondern dahin.“ – Und ⟨es ist klar daß …⟩
44 *Der Absatz ist im MS eine Einfügung in der Leerzeile.*

1 ∫ Jene Aufschrift für ein Bibliotheksbuch und die Bemerkung, die ich einmal wirklich unter einer Zimmerordnung gelesen habe: „Diese Regeln dürfen nicht übertreten werden" sind ebenso w i r k u n g s l o s,

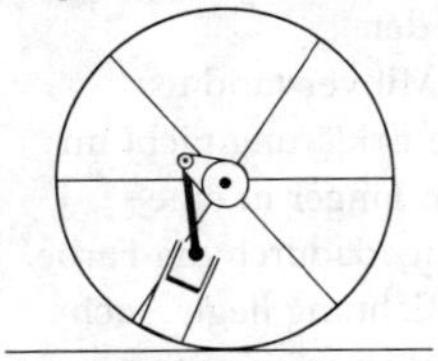

wie eine Maschine die mein Vater einmal erfunden hat und deren Wirkungslosigkeit er zuerst nicht sah. Es sollte eine Straßenwalze sein. Der Arbeitszylinder ist im Inneren der Walze befestigt und so ist natürlich das ganze ein starres System, dessen Teile sich gegen einander nicht rühren können. Und anderseits kann man es auf der Straße hin und her rollen wie man will und es 287 erlaubt alles/stimmt immer/. Ich will sagen: was immer man mit der Walze tut, ist dem Innern dieser Walze recht. (Und hier liegt die Analogie.)

5.

2 / Unmittelbare Erfahrung (Sinnes-Datum) ist entweder ein Begriff von trivialer Abgrenzung oder eine Form.

3 ∫ Ich könnte der Erklärung des Pfeiles mit/in/ der Vorstellung folgen. Das wäre so, als folgte ich ihr mit einer Zeichnung (und hier handelt es sich ja um das „Primäre" der Zeichnung, nicht um das Physikalische. Dann aber scheint die Vorstellung noch eine andere Rolle zu spielen, in der sie scheinbar nicht interpretierbar ist. Nicht interpretierbar, weil schon interpretiert, oder eigentlich, weil schon Zeichen und Interpretation. Aber wie interpretiert man denn Zeichen? Doch durch andre Zeichen. [Doch, indem man sie mit andern Zeichen verbindet.]

4 ∫/ Ich will doch sagen: Die ganze Sprache kann man nicht interpretieren.

5 / Eine Interpretation ist immer nur e i n e im Gegensatz zu einer a n d e r n. Sie hängt sich an das Zeichen und reiht es in ein weiteres System ein.

5 wie eine Maschine die mein Vater einmal erfunden ⟨hat⟩ und deren

6 und deren Wirkungslosigkeit er zuerst nicht ⟨eingesehen hat⟩.

29 ∫ *Randzeichen durchstrichen*

31 Eine Interpretation ist immer nur e i n e im Gegensatz zu einer ⟨Andern⟩.

1 / Ist es nun n o t w e n d i g zur Interpretation, Erklärung, des Wortes ‚gelb' auf einen gelben Gegenstand zu zeigen? Könnte man nicht |z.B.| auf einen blauen zeigen mit den Worten „das ist gelb", auf einen grünen und sagen „das ist rot" u.s.w. immer den Namen der 288 Complementärfarbe nennend. Daß dadurch ein Mißverständnis hervorgerufen würde ist zwar klar aber wäre diese Erklärung nicht im gleichen Fall wie etwa die: Es zeigt einer mit dem Finger in eine Richtung und sagt das ist ‚rot' und erklärt/benennt/ dadurch die Farbe des Gegenstandes der in der entgegengesetzten Richtung liegt. Auch diese Erklärung würde Mißverständnisse hervorrufen wäre aber so einwandfrei wie der Zeiger einer Uhr der so $\overset{12}{\underset{6}{\uparrow}}$ auf 6 zeigt.

2 ʃ Man verwechselt so leicht das gemalte Bild im physikalischen Sinn mit dem entsprechenden Gesichtsbild. Dieses kann sehr wohl statt des Erinnerungsbildes stehen; warum denn nicht. Wenn man fühlt, daß das nicht möglich ist, denkt man an das physikalische Bild.

3 / Es ist also richtig: „Ich erinnere mich d a r a n ⟶ |an das was ich hier vor mir sehe|" Das Bild ist dann in einem gewissen Sinne gegenwärtig und vergangen.

4 / Der Vorgang des Vergleiches eines Bildes mit der Wirklichkeit ist also der Erinnerung nicht wesentlich.

5 ?/ Wenn man mir sagt „bringe eine gelbe Blume" und ich stelle mir vor, wie ich eine gelbe Blume hole, so habe ich bewiesen, daß ich den Befehl verstanden habe. Aber ebenso, wenn ich ein Bild des Vorgangs malte. – Warum? Wohl, weil das, was ich tue mit Worten des Befehls beschrieben werden muß. Oder soll ich sagen, ich habe tatsächlich einen |dem ersten| verwandten Befehl ausgeführt.

6 / Warum sieht man es als Beweis dafür an daß ein Satz Sinn hat, daß ich 289 mir, was er sagt vorstellen kann? Weil ich diese Vorstellung mit einem dem ersten verwandten Satz beschreiben müßte.

Ich habe ja damit nur den Satz in einem primitiveren Symbolismus wiederholt.

7 / Ist aber daher/darum/ kein Unterschied zwischen Bild und Bild? Symbol und Symbol?

1 ⟨Wenn …⟩
3 Könnte man nicht |z.B.| auf einen blauen ⟨mi…⟩
3 mit den Worten „das ist gelb", auf ⟨einer …⟩
4 und sagen „das ist rot" u.s.w. immer ⟨auf …⟩
11 so eindwandfrei wie der Zeiger einer Uhr der so $\overset{12}{\underset{6}{\uparrow}}$ auf 6 ⟨zeige⟩.

20 |an das was ich hier vor mir sehe| *–Einfügung im MS in der Leerzeile nach der Bemerkung*
31 |dem ersten| *–das Einfügungszeichen ist im MS gewellt unterstrichen*
36 *Der Absatz ist im MS eine Einfügung, die in der Leerzeile vor der nächsten Bemerkung beginnt und sich über den rechten Rand nach oben fortsetzt.*

1 / „Ich stelle mir vor wie das sein wird“ (Wenn der Sessel weiß gestrichen sein wird) – Wie kann ich es mir denn vorstellen, wenn es nicht ist?! Ist denn die Vorstellung eine Zauberei? Nein, die Beschreibung der Vorstellung ist ⟨ja⟩ nicht dieselbe, wie die Beschreibung des erwarteten Ereignisses.

2 ʃ „Du sagtest mir ‚geh aus dem Zimmer‘, darum tat ich das“ (und nun zeichnet er den Vorgang auf, oder macht ihn vor). Aber da ist ja scheinbar gar kein Zusammenhang!

3 / Wie kann man kalkulieren. daß 3 + 2 = 5 ist?! da doch ‚5‘ zu ‚3 + 2‘ keine interne Beziehung hat? Es geht auch nur auf einem Weg, der diese Beziehung herstellt.

4 / Der Satz ist der Tatsache so ähnlich, wie das Zeichen ‚5‘ dem Zeichen ‚3 + 2‘. Und das gemalte Bild der Tatsache, wie ‚|||||‘ dem Zeichen ‚|| + |||‘.

5 ?ʃ/ Wenn man sagt: Ich stelle mir die Sonne vor, wie sie rasch über den Himmel zieht; so ist doch nicht die Vorstellung damit beschrieben, daß „die Sonne rasch über den Himmel zieht“! Nun könnte ich einerseits 290 fragen: ist nicht, was Du vor Dir siehst etwa eine gelbe Scheibe in Bewegung? aber doch nicht gerade die Sonne. – Andrerseits, wenn ich sage „ich stelle mir die Sonne so und so/in dieser Bewegung/ vor“, so ist das nicht dasselbe, wie wenn ich (etwa kinematographisch) ein solches Bild zu sehn bekäme.

Ja es hatte Sinn von diesem Bild zu fragen: „stellt das die Sonne vor?“

6 ʃ Nehmen wir an, es gäbe zwei Sonnen I und II am Himmel die gleich aussähen, und nun sagt einer: „ich stelle mir die Sonne I in einer solchen Bewegung vor“. Könnte man ihn da fragen: „Woher weißt Du daß es gerade die Sonne I ist“? Der Unterschied kann in nichts liegen, was an der Vorstellung einem gemalten Bild vergleichbar ist.

7 / Über das Vorstellen als Beweis des Sinnes: Wenn es Sinn hat zu sagen „ich kann mir vorstellen daß p der Fall ist“, so hat es auch Sinn zu sagen „p ist der Fall“.

8 ?ʃ/ Die Vorstellung in dem Sinn, in dem ich früher von ihr gesprochen habe, ist wie ein Bild mit der Überschrift „Bildnis des N.N.“.

9 ʃ *Mein Gehirn wird wohl einmal gleichsam vor Alter erblinden. Aber nicht* unbedingt *erst, wenn ich viel älter bin als jetzt.*

19 ?ʃ *Randzeichen durchstrichen*
22 etwa *–im MS durchstrichen*
23 eine gelbe Scheibe in Bewegung⟨,⟩ aber doch nicht gerade die Sonne
23 aber doch nicht gerade die Sonne⟨?⟩ – ⟨andrerseits⟩, wenn ich
33 „Woher weißt Du daß es ⟨⟨gerade⟩⟩ die Sonne I ist“?
40 ?ʃ *Randzeichen durchstrichen*

1 / Was heißt es denn „entdecken daß ein Satz Sinn hat“? Oder fragen wir so: Wie kann man denn die Unsinnigkeit eines Satzes (etwa: „dieser 291
Körper ist ausgedehnt“) dadurch bekräftigen, daß man sagt: „Ich kann mir nicht vorstellen, wie es anders wäre“?

Denn kann ich etwa versuchen, es mir vorzustellen? Heißt es nicht: Zu sagen, daß ich es mir vorstelle, ist sinnlos? Wie hilft mir dann also diese Umformung von einem Unsinn in einen andern? – Und warum sagt man gerade: „ich kann mir nicht vorstellen, wie es *anders* wäre“? und nicht – was doch auf dasselbe hinauskommt – „ich kann mir nicht vorstellen, wie das wäre“?

Man anerkennt scheinbar in dem unsinnigen Satz etwas wie eine Tautologie zum Unterschied von einer Contradiction. Aber das ist ja auch falsch. – Man sagt gleichsam: „Ja, es/er/ ist ausgedehnt, aber wie könnte es denn anders sein? also wozu es sagen“.

Es ist dieselbe Tendenz die uns auf den Satz „dieser Stab hat eine bestimmte Länge“ nicht anworten läßt „Unsinn!“, sondern: „Freilich!“.

Was ist aber der Grund |zu| dieser Tendenz? Sie könnte auch so beschrieben werden: Wenn wir die beiden Sätze „dieser Stab hat eine Länge“ und seine Verneinung „dieser Stab hat keine Länge“ hören, so sind wir parteiisch und neigen dem ersten Satz zu (statt beide für Unsinn zu erklären).

Der Grund hiervon ist aber eine Verwechslung: Wir sehen den ersten Satz verifiziert (und den zweiten falsifiziert.) dadurch, „daß der Stab 4 m hat“. Und man wird sagen: „und 4 m ist doch eine Länge“ und vergißt daß man hier einen Satz der Grammatik hat.

2 Wenn man manchmal sagt: man könnte das Helle nicht sehen, wenn 292
man nicht das Dunkle sähe; so ist das kein Satz der Physik oder Psychologie – denn hier stimmt es nicht und ich kann sehr wohl eine ganz weiße Fläche sehen und nichts Dunkles daneben – sondern es muß heißen: Es hat keinen Sinn in unserer Sprache von Helligkeit zu reden, wenn es nicht Sinn hat, von etwas Dunklem zu reden.

3 / Was heißt es denn „entdecken daß ein Satz keinen Sinn hat“?

Und was heißt das: „Wenn ich etwas damit meine muß es doch Sinn haben“?

„Wenn ich etwas damit meine ....“ – wenn ich *was* damit meine?!

4 Was heißt es: „Wenn ich mir etwas dabei vorstellen kann, muß es doch Sinn haben“?

Wenn ich mir *was* dabei vorstellen kann? Das was ich sage/sagte/? – Das heißt nichts/Dann heißt dieser Satz nichts/. – Und ‚Etwas‘? Das würde heißen: wenn ich die Worte auf diese Weise benützen kann, dann haben sie Sinn. Oder eigentlich: wenn ich sie zum Kalkulieren benütze, dann haben sie Sinn.

17 |zu| *–das Einfügungszeichen ist im MS gewellt unterstrichen*
20 so sind wir parteiisch und neigen dem ersten Satz zu(. ...)

1 / (Philosophie versteht niemand. Entweder er versteht nicht was geschrieben ist, oder er versteht es: aber sieht nicht, daß es Philosophie ist.)

2 „Du hast mit der Hand eine Bewegung gemacht; hast Du etwas damit gemeint? – Ich dachte, Du meintest, ich solle zu Dir kommen.“ 293

3 / Die Frage ist ob man fragen darf „was hast Du gemeint“. Auf diese Frage (aber) kommt ein Satz zur Antwort. Während, wenn man so nicht fragen darf, das Meinen – sozusagen – amorph ist. Und „ich meine etwas mit dem Satz“ ist dann von der selben Form wie „der/dieser/ Satz ist nützlich“, oder „dieser Satz greift in mein Leben ein“.

4 ?/ Wenn man nun fragt „hast Du etwas mit dieser Handbewegung gemeint“, so kann die Antwort sein „nein ich hab' gar nichts damit gemeint“ oder „ja, ich habe etwas gemeint“. Und in diesem Fall wird man fragen „was?“ und die Antwort werden etwa Worte sein

5 / Könnte man aber antworten: „ich habe etwas mit dieser Bewegung gemeint, was ich nur durch diese Bewegung ausdrücken kann“?

6 / Ich scheine sagen zu wollen: Verstehen, heißt nur, eine bestimmte /gewisse/ Art |von| Zeichen zu erfassen (zu erhalten).

7 / „Nein ich hab' gar nichts mit dieser Bewegung gemeint. Ich hab' sie ganz unwillkürlich gemacht“. Oder aber: „Ja, ich habe etwas gemeint, ich wollte, daß Du kommst“.

Aber dann war dieses Wollen daß der Andre kommen soll ein besonderer Vorgang. Das heißt, ich habe jetzt den ganzen Vorgang in den Satz übersetzt „ich wollte, daß Du kommst“. Aber er war nun doch wieder nur ein Zeichen.

8 / Auf die Frage „was meinst Du“ müßte die Antwort die Erklärung des Zeichensystems sein, zu dem das gegebene Zeichen gehört. – Und durch die Antwort „ich meine, daß Du kommen sollst“ ist ja auch nur |eben| das getan, denn das Zeichen wurde jetzt in einen Satz einer uns bekannten Sprache übersetzt. Und eine Sprache ist uns nur verständlich weil wir sie, ihr System, kennen. Denn alle Erklärung kann nichts tun als uns die Sprache kennen lehren. 294

9 / Aber dieser |letzte| Satz ist mit Vorsicht aufzufassen/aufzunehmen/. Denn kann man sagen, wir verstünden die Gebärdensprache, weil wir ihr System kennen? Ja und nein.

1 Entweder er versteht nicht⟨,⟩ was geschrieben ist,
2 was geschrieben ist, oder er versteht es⟨,⟩ aber sieht nicht,
2 sieht *–im MS durchstrichen*
14 „hast Du etwas mit dieser Handbewegung gemeint⟨?⟩“⟨? …⟩
20 mit dieser Bewegung gemeint, was ich nur durch ⟨sie …⟩
23 |von| *–das Einfügungszeichen ist im MS gewellt unterstrichen*
28 Aber dann ⟨was …⟩
43 die Gebärdensprache, weil wir ihr System kennen? Ja und ⟨Nein⟩.

1 / Der Vorgang könnte auch so sein, daß nach der Antwort „ja, ich habe etwas mit der Bewegung gemeint“ und der Frage „was?“ die Antwort kommt/lautet/: „Du weißt's schon,/„Ich brauch' es nicht zu sagen,/ Du verstehst mich schon“.

Und diese Antwort zeigt am klarsten das Wesen des Verstehens, denn wenn nun der Andere auf einmal versteht, was gemeint war, so sieht er in dem Zeichen jetzt *eines* im Gegensatz zu anderen. Wenn er es nun deutet so deutet er es *so* im Gegensatz zu anders.

2 ſ „Ach ja, ich wußte nicht, wohin Du zeigst; daß Du auf *den* zeigst!“

3 Die Erklärung: „Hast Du mich denn nicht verstanden; ich habe auf *ihn* gezeigt“ erklärt ein System, denn es/sie/ erklärt aus welchem Gesichtspunkt ich das Zeichen hätte auffassen sollen. 295

„Schau doch, auf wen er zeigt/ich zeige/!“

4 / Ich bin nun immer zu dem Fehler geneigt zu glauben ein System könnte außerhalb seines Ausdrucks, in der Grammatik etwa, existieren.

5 / „Jetzt seh ich's erst, er zeigt immer auf die Leute die dort vorübergehen“. Er hat ein System verstanden: wie einer dem ich die Ziffern 1, 4, 9, 16 zeige und der sagt „ich versteh' jetzt das System ich kann jetzt selbst weiter schreiben“. Aber was ist diesem Menschen geschehen als er das System plötzlich verstand? Ist es etwas anderes als daß ihm die Variable „x^2“ oder ein analoges Zeichen eingefallen ist?

6 / Man wird vielleicht sagen: ganz richtig es ist ihm die Form x^2 eingefallen, aber im Gegensatz zu x^3 oder $x^{\frac{1}{2}}$. Aber was heißt es denn „im Gegensatz zu ....“ Dieser Gegensatz steht vielleicht in einem Buch, oder kommt durch einen weitern Schritt zu Tage. Kurz die Entwickelung des Systems geschieht in der Zeit (und im Raum des Buches)

7 / Was dem Können in „ich kann jetzt selbst weiter schreiben“ zu Grunde liegt ist auch nur der Einfall des Variablen-Ausdrucks (also eines *Zeichen*, wieder nur eines Steins im Kalkül welches selbst sich erst/nur/ in der Zeit entfaltet) und etwa das Ausrechnen „im Kopf“ von einigen weiteren Zahlen.

8 / Es handelt sich |beim Verstehn| nicht um einen Akt des momentanen, sozusagen nicht diskursiven, erfassens der Grammatik. Als könnte man sie gleichsam auf einmal herunterschlucken. 296

2 daß nach der Antwort „ja, ich habe etwas mit der ⟨g...⟩
6 das Wesen des Verstehens, denn wenn nun ⟨dem Andern ...⟩
10 „Ach ja, ich wußte nicht, wohin Du ⟨zeigtest ...⟩
27 Man wird vielleicht sagen: ⟨„⟩ganz richtig
27 Man wird vielleicht sagen: ganz richtig es ist ihm ⟨x^2...⟩
28 *Im MS:* im Gegensatz zu x^3 oder $x^{\frac{1}{2}}$“.
30 in einem Buch, oder kommt durch einen ⟨weiteren⟩ Schritt zu Tage
36 das Ausrechnen „im Kopf“ ⟨einer Zahl von Resultaten⟩.

1 / Das also, was der macht, der auf einmal die Bewegung des Andern deutet (ich sage nicht „richtig deutet") ist ein Schritt in einem Kalkül. Er tut ungefähr was er sagt wenn er seinem Verständnis Ausdruck gibt. – Und das ist ja immer unser Erkenntnisprinzip/Prinzip/ – . Und wenn ich sage „was er macht ist der Schritt eines Kalküls" so heißt das, daß ich diesen Kalkül schon kenne; in dem Sinne in dem ich die deutsche Sprache kenne oder das Einmaleins.

Welche ich ja auch nicht so in mir habe als wäre die ganze deutsche Grammatik und die Einmaleins-Sätze zusammengeschoben auf Etwas was man nun/ich nun/ auf einmal, als Ganzes, erfassen kann /besitze/.

2 / Ich fasse das Verstehen also, in irgend einem Sinne, behaviouristisch auf.

3 ?/ ‚Sprache' nenne ich nur das, wovon sich eine Grammatik schreiben läßt.

?/ ‚Kalkül' nur wovon sich ein Regelverzeichnis anlegen läßt.

4 / Gewiß, der Vorgang des „Jetzt versteh ich ....!" ist ein ganz spezifischer, aber es ist eben auch ein ganz spezifischer Vorgang, wenn wir auf einen |bekannten| Kalkül stoßen, wenn wir „weiter wissen".

Aber dieses Weiter-Wissen ist eben auch diskursiv (nicht intuitiv)

(Und es kommt eben hier heraus, was ich vor langer Zeit aufgeschrieben habe, daß wir nämlich „von Büchern" |und derlei Dingen| reden müssen und nicht von einem sprachlichen 297
Wolkenkuckucksheim.)

5 / Das behaviouristische an meiner Auffassung/meiner Behandlung/ besteht nur darin daß ich keinen Unterschied zwischen ‚außen' und ‚innen' mache/wir keinen Unterschied zwischen ‚außen' und ‚innen' machen/. Weil mich/uns/ die Psychologie nichts angeht.

8 *Im MS:* so in mir |habe| als wäre
9 als wäre die ganze deutsche Grammatik und ⟨das ...⟩
10 auf Etwas was man ⟨mir ...⟩
10 ⟨auf einmal, als Ganzes,⟩ erfassen kann/besitze/
17 *Der Absatz ist im MS eine Bemerkung, durch einen Pfeil und eine Klammer am linken Rand der vorangehenden zugeordnet.*
31 mich/uns/ *–zweite Variante im MS durchstrichen*

1 ø Ich glaube, das Charakteristische des primitiven Menschen ist es, daß er nicht aus *Meinungen* handelt (dagegen Frazer). Ich lese unter vielen ähnlichen Beispielen von einem Regen-König in Afrika zu dem die Leute um Regen bitten *wenn die Regenperiode kommt*. Aber das heißt doch daß sie nicht eigentlich meinen er könne Regen machen, sonst würden sie es in der trockenen Periode des Jahres in der das Land „a parched and arid desert“ ist, machen. Denn wenn man annimmt daß die Leute einmal aus Dummheit dieses Amt des Regenkönigs eingesetzt haben so ist es doch gewiß klar daß sie schon vorher die Erfahrung hatten, daß im März der Regen beginnt und sie hätten dann den Regenkönig für den übrigen Teil des Jahres funktionieren lassen. Oder auch so: Gegen morgen, wenn die Sonne aufgehen will werden von den Menschen Riten des Tagwerdens celebriert aber nicht in der Nacht, sondern da brennen sie einfach Lampen.

2 ø Wenn ich über etwas wütend bin so schlage ich manchmal mit meinem Stock auf die Erde oder an einen Baum etc. aber ich *glaube* doch nicht daß die Erde schuld ist oder das Schlagen etwas helfen kann. „Ich lasse meinen Zorn aus“. Und dieser Art sind alle Riten. Solche Handlungen kann man Instinkt-Handlungen nennen. – Und eine 298 historische Erklärung etwa daß ich früher oder meine Vorfahren früher geglaubt haben das Schlagen der Erde helfe etwas sind Spiegelfechtereien denn sie sind überflüssige Annahmen die *nichts* erklären. Wichtig ist die Ähnlichkeit des Aktes mit einem Akt der Züchtigung aber mehr als diese Ähnlichkeit ist nicht zu konstatieren.

Ist ein solches Phänomen einmal mit einem Instinkt den ich selber besitze in Verbindung gebracht so ist eben dies die gewünschte /ersehnte/ Erklärung; d.h. die welche das besondere puzzlement/diese besondere Schwierigkeit/ löst. Und eine Betrachtung/weitere Forschung/ über die Geschichte meines Instinkts bewegt sich nun auf andern Bahnen.

3 ø Kein geringer Grund d.h. überhaupt kein *Grund* kann es gewesen sein was gewisse Menschenrassen den Eichbaum verehren ließen, sondern nur das, daß sie und die Eiche in einer Lebensgemeinschaft/Symbiose/ vereinigt waren also nicht aus Wahl sondern wie der Floh mit dem/und der/ Hund |in ihrer Entstehung vereinigt|. (Entwickelten die Flöhe einen Ritus, er würde sich auf den Hund beziehen) [mit einander entstanden.]

4 ø Man könnte sagen nicht ihre Vereinigung (von Eiche und Mensch) hat zu diesen Riten die Veranlassung gegeben, sondern vielleicht ihre Trennung [sondern, in gewissem Sinne, ihre Trennung]

5 ø Denn das Erwachen des Intellekts geht mit einer Trennung von dem ursprünglichen *Boden* der ursprünglichen Grundlage des Lebens vor sich. (Die Entstehung der *Wahl*.)

23 früher geglaubt haben das Schlagen der Erde ⟨f...⟩
27 Ist ein solches | | Phänomen –*leergebliebenes Einfügungszeichen im MS*
36 den Eichbaum verehren ließen, sondern nur ⟨daß ...⟩
38 mit dem/und der/ –*erste Variante im MS durchstrichen*

1 ⌀ (Die Form des erwachenden Geistes ist die Verehrung.) 299

2 ?/ „Ist die Vorstellung nur die Vorstellung, ... oder ist die Vorstellung von Etwas in der Wirklichkeit?“

„Ist die Vorstellung nur die Vorstellung, oder ist die Vorstellung in Beziehung auf die Wirklichkeit?“

„Ist die Vorstellung nur die Vorstellung, oder ist sie Vorstellung von Etwas in der Wirklichkeit?“

3 ?/ Und von dieser Frage könnte man auch die Beziehung der Vorstellung zum gemalten Bild erfassen.

4 ?/ Die Frage könnte aber nicht heißen: „Ist die Vorstellung immer Vorstellung von etwas, was in der Wirklichkeit existiert“ – denn das ist sie offenbar nicht immer –; sondern, es müßte heißen: bezieht sich die Vorstellung immer, wahr oder falsch, auf Wirklichkeit. – Denn das kann man von einem gemalten Bild nicht sagen. –

5 Aber warum sollte man dann nicht sagen, daß die/eine/ Vorstellung eine Vorstellung eines Traumes sei?

6 ?/ Verhalten sich nicht Vorstellung und Wirklichkeit zu einander wie ein ebenes Bild zum dreidimensionalen Raum? in dem/welchem/ immer etwas existieren *kann*, dessen Projection das ebene Bild ist?

(Also doch wohl wie die Sprache zur Wirklichkeit im Raum.)

7 .... quia plus loquitur inquisitio quam inventio ... (Augustinus) 300

8 / Manifestissima et usitatissima sunt, et eadem rursus nimis latent, et nova est inventio eorum. (Augustinus)

9 Wenn man sagt, Vorstellungen seien privat, so ist man wieder von einer falschen Analogie irregeleitet.

10 Könnte ich malen, daß es sich so verhält, wenn es keinen Sinn hätte, zu sagen „es verhält sich so“?

Aber dieser Ausdruck „malen, daß es sich so verhält“ ist selbst problematisch. Er trägt bereits eine Deutung in das Bild hinein.

11 / Man wird sagen: der Maler der „Malheurs de Chasse“ hat *nicht gemeint* daß es wirklich so zugeht, hätte er aber seine Bilder lehrhaft (um zu zeigen wie es zugeht) gemeint, so wäre er im Unrecht gewesen.

5 nur die Vorstellung, oder ist die Vorstellung in ⟨Bezug ...⟩
10 Und von dieser Frage könnte man auch die Beziehung ⟨z...⟩
19 die/eine/ *–erste Variante im MS durchstrichen*
20 eine *–im MS durchstrichen*
32 Vorstellungen seien privat, so ist man wieder von einer ⟨F...⟩
32 falschen *–im MS durchstrichen*
41 *nicht gemeint* daß es wirklich so zugeht, hätte er ⟨es ...⟩

1 / Aber dasselbe gilt doch auch von Erzählungen etwa des Baron Münchhausen.

In dem Sinne in welchem man von ihnen sagen kann sie seien nicht wahr kann man es allerdings auch von irgend einem Bild sagen das keine historische Begebenheit/Tatsache/ darstellen soll.

2 / Anderseits kann man von jenen Erzählungen insofern nicht sagen sie seien unwahr als sie gar nicht auf eine Methode der Verification deuten. (Ebenso wie ein Genrebild)

9 *Im MS, in der letzten Leerzeile, in Wittgensteins Hand:* 12672 *über* 150. *Vermutlich Referenz zur Schreibmaschinen-Synopse.*

Ludwig Wittgenstein

Wiener Ausgabe
Studien Texte

Band 4
Bemerkungen zur Philosophie
Bemerkungen zur philosophischen Grammatik

Herausgegeben von Michael Nedo

Zweitausendeins

INHALTSVERZEICHNIS

CONTENTS

Einleitung

Den Manuskriptband „VII. Bemerkungen zur Philosophie" hatte Wittgenstein am 7. Juli 1931 in Wien begonnen, in unmittelbarer Fortsetzung vom Manuskriptband „VI. Philosophische Bemerkungen".

Mit dem Ende des akademischen Jahres war Wittgenstein am 8. Juni wieder nach Österreich gereist, wo er sich in Wien bis zum 13. Juli regelmäßig mit Schlick trifft. In diesem Sommer erfahren die Vorstellungen, die er sich von seinem Buch macht, dramatische Änderungen. Die von Schlick initiierte Zusammenarbeit mit Waismann als Sekretär und Editor ist, wie Wittgestein an Schlick schreibt, praktisch am Ende: „Ich bin mit sehr, sehr vielen Formulierungen des Buches heute nicht einverstanden."

Über die neueren Ideen zu seinem Buch bemerkt er am 19. Juni im Band VI:

> Ich glaube jetzt daß es richtig wäre ein/mein/ Buch mit Bemerkungen über die Metaphysik als eine Art der Magie zu beginnen
>
> Worin ich aber weder der Magie das Wort reden, noch mich über sie lustig machen darf.
>
> Von der Magie müßte die Tiefe beibehalten werden. –
>
> Ja das Ausschalten jeder/der/ Magie hat hier den Charakter der Magie selbst.
>
> Denn wenn ich damit anfing von der „Welt" zu reden (und nicht von diesem Baum oder Tisch) was wollte ich anderes als etwas Höheres in meine Worte bannen.
>
> |Ein Motto für dieses Buch: „Seht ihr den Mond dort stehn? Er ist nur halb zu sehn und ist doch rund und schön."|

WA3, 262f

Am 24. Juni notiert er einen weiteren Titel:

> [Mein Buch soll/kann/ heißen: Eine Philosophische Betrachtung. (Als Haupt-, nicht als Untertitel)]

WA3, 281, 6

Anfang Juli 1931 schreibt er im Band VI jenen Titel, den Rush Rhees 1969 verwendet, als Titel für die Veröffentlichung von Wittgensteins komplexer Überarbeitung des sogenannten „Big Typescript":

> (Mein Buch könnte auch heißen: Philosophische Grammatik. Dieser Titel hätte zwar den Geruch eines Lehrbuchtitels aber das macht ja nichts, da das Buch hinter ihm steht.)

WA3, 305, 5

Introduction

Wittgenstein began MS volume 'VII. Remarks on Philosophy' on 7 July 1931 in Vienna, as a direct continuation of MS volume 'VI. Philosophical Remarks'.

When the academic year ended, Wittgenstein travelled as usual to Austria, where he had regular meetings with Schlick in Vienna until 13 July. During the summer, the ideas for his book underwent dramatic changes. His collaboration with Waismann, who had acted as secretary and editor, was almost at an end, as Wittgenstein said in a letter to Schlick: 'I no longer agree with a great many of the book's formulations.'

On 19 June in volume VI he commented on some of these later ideas:

> I now believe that it would be right to begin a/my/ book with remarks about metaphysics as a kind of magic
>
> In them, however, I ought neither to defend magic nor to make fun of it.
>
> The profoundness of magic must be retained. –
>
> Indeed, the switching off of any/of/ magic has the nature of magic itself.
>
> For if I begin to speak of the 'world' (and not of this tree or table), what else would I be trying to do but to charm something greater into my words?
>
> |A motto for this book: 'Can you see the moon there? You can only see half of it, yet it is round and beautiful.'|

WA3, 262f

On 24 June he jotted down another title:

> [My book should/could/ be called: A Philosophical Reflection. (As the main, not the subtitle)]

WA3, 281, 6

At the beginning of July 1931 he wrote in volume VI the title used by Rush Rhees for his 1969 publication of Wittgenstein's comprehensive revision of the so-called 'Big Typescript':

> (My book could also be called: Philosophical Grammar. This title, of course, makes it sound like a textbook, that hardly matters as it is borne out by the content.)

WA3, 305, 5

Mitte Juli fährt Wittgenstein für etwa drei Wochen mit seiner Freundin Marguerite Respinger nach Norwegen. Dort besucht ihn später auch der Freund Gilbert Pattison. Anfang August ist er wieder in Österreich, auf der Hochreith, wo er bis zum Ende des Monats bleibt und täglich am Band VII weiterschreibt. Der letzte Eintrag in diesem Band ist vom 13. September. Die verbleibende Ferienzeit in Wien widmet Wittgenstein dem Diktat des Typoskripts 211, einer Synopse der Manuskriptbände V bis X, beginnend mit Bemerkungen aus dem Band VII. Friedrich Waismann erinnert sich, daß Wittgenstein ihm zu dieser Zeit ein Typoskript von 90 Seiten gezeigt hat, mit einer Erklärung der dort verwendeten Zeichen (L.W. und der Wiener Kreis):

> Ein Wort das so unterstrichen ist: – – – [entspricht der gewellten Unterstreichung der Manuskripte] bedeutet: Wittgenstein ist sich im Zweifel, ob es stehen bleiben soll oder nicht. Es wäre ihm zwar recht, ein anderes Wort zu setzen; aber aus irgendeinem dunklen Gefühl hat er gerade dieses Wort gewählt, obwohl dadurch manchmal ein schreckliches Deutsch zustande kommt. Die Sätze sind ganz kunterbunt. Sie sind für Wittgenstein bestimmt, der sie nach England mitnimmt, um dort weiter daran zu arbeiten.
>
> Waismann liest zufällig den Satz:
>
> „Hast du, als du das sagtest, auch an Napoleon gedacht?"
>
> „Ich habe an das gedacht, was ich sagte."

Die von Waismann zitierte Bemerkung findet sich in ähnlichem Wortlaut im Typoskript 211 auf der Seite 17 und im Manuskriptband VII auf der Seite 26. Das Typoskript, von dem Waismann berichtet, ist der Anfang der 771 Seiten umfassenden Synopse TS 211, basierend auf den ersten 140 Seiten vom Band VII.

Am 2. Oktober fährt Wittgenstein zurück nach Cambridge, wo er am 5. Oktober den Manuskriptband „VIII. Bemerkungen zur Philosophischen Grammatik" beginnt. Der letzte Eintrag im Band VIII ist vom 28. November, er endet mit einem unvollständigen Satz, der im Band „IX. Philosophische Grammatik" fortgesetzt wird.

Während des akademischen Jahres 1931–32 hält Wittgenstein keine offiziellen Vorlesungen, lediglich unbezahlte Diskussionsstunden für interessierte Studenten. In einem Brief vom 23.8.31 hatte er Moore um die Beurlaubung gebeten (L.W. Briefwechsel):

> I don't intend to give any formal lectures this term as I think I must reserve all my strength for my own work.

In the middle of July Wittgenstein went to Norway for about three weeks with his friend, Marguerite Respinger. Later, his friend Gilbert Pattison also visited him there. At the beginning of August he was back in Austria, at the Hochreith, where he remained until the end of the month and worked every day on volume VII. The last entry is dated 13 September. Wittgenstein devoted the rest of his holiday in Vienna to the dictation of Typescript 211, a synopsis of MS volumes V to X, beginning with remarks from volume VII. Friedrich Waismann recalls that at that time Wittgenstein showed him a typescript of 90 pages, with an explanation of the symbols he was using (L.W. and the Vienna Circle):

> A word underlined like this – – – [corresponding to the wavy underlining of the manuscripts] means: Wittgenstein is in doubt whether he should leave the text as it is or change it. He would like to use another word but for some obscure reason he chose that one, even though bad German sometimes results. The sentences are all mixed up. They are meant for Wittgenstein, who will take them to England with him, in order to continue working with them.
>
> By chance Waismann read the sentence:
>
> 'Did you, when you said this, also think of Napoleon?'
>
> 'I did think about what I said.'

The remark quoted by Waismann exists in a similar form in Typescript 211 on page 17 and in MS volume VII on page 26. The typescript of which Waismann speaks is the beginning of the synopsis TS 211, comprising 771 pages and based on the first 140 pages of volume VII.

On 2 October Wittgenstein travelled back to Cambridge, where on 5 October he began MS volume 'VIII. Remarks on Philosophical Grammar'. Its last entry is dated 28 November, and begins with an incomplete sentence, which is continued in volume 'IX. Philosophical Grammar'.

During the academic year 1931–32 Wittgenstein gave no official lectures, only unpaid tutorials for interested students. In a letter of 23.8.31 he asked Moore for leave of absence (L.W. Correspondence):

> I don't intend to give any formal lectures this term as I think I must reserve all my strength for my own work.

Manuskripte

Textgrundlage für den vierten Band der WIENER AUSGABE sind die Manuskriptbände VII und VIII (MS 111 und MS 112) aus dem Wittgenstein-Nachlaß:

Band VII (MS 111) aus dem Eigentum der Nachlaßverwalter, in der Wren Library des Trinity College, Cambridge

Band VIII (MS 112) aus der Handschriften- und Inkunabelsammlung der Österreichischen Nationalbibliothek, Wien; Cod. ser. n. 22.021.

VII. Bemerkungen zur Philosophie

Der Band VII ist ein Schreibbuch österreichischen Ursprungs im Format: 337 × 215 mm (Einband), der Buchblock mißt 328 × 205 mm. Einband aus dunkelgrünem, lederartig strukturiertem Papier auf Pappe, die Ecken der Buchdeckel sind abgerundet, mit grünem Leinen unterlegt.

Bei der Restaurierung im Trinity College wurde der Rücken in dunkelgrünem, gemasertem Leder erneuert, die ursprüngliche Metallklammerheftung wurde durch eine Fadenheftung ersetzt und die Bindung bei der ersten und letzten Lage mit weißen Papierstreifen verstärkt.

Der Einband weist keine Beschriftung auf. Spiegel und Vorsatz sind aus lindgrünem, glattem Papier, der Schnitt ist grün. Vorderer Spiegel mit einer aufgeklebten, kreisrunden, hellgrünen Firmenvignette, im äußeren Kreis in Frakturschrift: Rupert Greisinger St. Pölten Rathausg. N 3, im Zentrum: gegründet 1866, mit der Darstellung eines aufgeschlagenen Buches. Das Vorsatzblatt trägt am rechten oberen Rand eine eingestempelte Musternummer 361C – 100 – E 36.

Bibliotheksvermerke: auf dem Spiegel die handschriftliche Signatur der Wren Library: O. 3. 111. Trinity College, Cambridge. Vorderer Spiegel und Vorsatzblatt in den unteren äußeren Ecken nachträglich von der Bibliothek römisch paginiert.

Das feste Papier ist gelbgetönt mit glatter Oberfläche, mit 33 Zeilen pro Seite hellblau liniert. Der Band hat 200 Seiten und je ein Vorsatzblatt vorne und hinten.

Auf dem Vorsatzblatt der Titel von Wittgensteins Hand:

VII. Bemerkungen zur Philosophie.

Der Text ist ausschließlich von Wittgensteins Hand und in deutscher Sprache, durchgehend mit Tintenbleistift; ebenso die Korrekturen und Randzeichen.

Die Paginierung, 1 bis 200, ist nachträglich in Bleistift und vermutlich von Wittgenstein.

Manuscripts

The fourth volume of the WIENER AUSGABE is based on MS volumes VII and VIII (MSS 111 and 112) from the Wittgenstein papers:

Volume VII (MS 111), in the possession of the Wittgenstein Trustees, is held in the Wren Library of Trinity College, Cambridge

Volume VIII (MS 112) is in the Collection of Manuscripts and Incunabula at the Austrian National Library in Vienna, Cod. ser. n. 22.021.

VII. Remarks on Philosophy

Volume VII is a casebound writing-book of Austrian origin, whose cover measures 337 × 215 mm, and the pages 328 × 205 mm. The binding is of dark-green paper, in the form of imitation leather, on board; the covers have rounded corners stiffened with green linen.

During conservation at Trinity College the spine was repaired with dark-green grained leather, the original staple binding has been replaced with stitching, and reinforced at the first and last sections with white paper strips.

The cover has no inscription. The endpapers are of lime-green, smooth paper; the fore-edge is green. On the inside front cover is pasted a circular, pale-green brand label, on whose outer edge, in Gothic script, is written: 'Rupert Greisinger St. Pölten Rathausg. N 3'; in the centre (in German): 'founded 1866', with a picture of an open book. A serial number, 361C –100 – E 36, has been stamped on the upper right edge of the front endpaper.

Library marks: on the endpaper is the handwritten shelfmark of the Wren Library: O. 3. 111. Trinity College, Cambridge. The front endpapers have been subsequently paginated in the lower outside corners with roman numerals by the library.

The strong paper is yellowish with a smooth surface, ruled in pale blue (33 lines per page). The volume has 200 pages and endpapers front and back.

The title, on the flyleaf, is in Wittgenstein's hand:

VII. Bemerkungen zur Philosophie.
(VII. Remarks on Philosophy.)

The text is exclusively in Wittgenstein's hand and in German, written in indelible pencil throughout, as are the corrections and the margin-signs.

The pagination, 1 to 200, was subsequently added in pencil, presumably by Wittgenstein.

VIII. Bemerkungen zur philosophischen Grammatik

Der Band VIII ist ein Schreibbuch im Format: 330 × 220 mm (Einband), der Buchblock mißt 320 × 202 mm, in Fadenheftung. Der Einband ist ein Halblederband mit Sprengrücken aus rotem Leder mit sieben geprägten Doppelbundlinien auf dem Buchrücken. Die Deckel sind aus fester Pappe, mit dunkelgrünem Gewebe in Seiden-Moiré-Prägung überzogen. Goldprägung am Rücken oben, auf dem Kopf stehend: W. Heffer & Sons Ltd. Cambridge, d.h. Wittgenstein verwendete den Band umgekehrt, beginnend mit der letzten Seite.

Spiegel und Vorsatzblätter sind aus beigem Buntpapier in Mischtechnik mit einem Dekor in Gelb, Rot und Schwarz. Der Schnitt ist grau, gelb, rot und orange marmoriert.

Das feste Papier ist blaugetönt mit matter Oberfläche, es ist mit 34 Zeilen pro Seite blau liniert.

Der Band hat einen Umfang von 136 Blättern mit 271 beschriebenen Seiten und je einem Vorsatzblatt vorne und hinten.

Das Manuskript wurde von Wittgenstein nicht paginiert. Der Band weist eine nachträgliche Zählung von fremder Hand auf: die Seiten 1 bis 22 sind am rechten unteren Rand fortlaufend paginiert, danach in Zehnerschritten, fehlerhaft. Bibliothekszählung durch die Österreichische Nationalbibliothek rechts oben, Blatt 1 bis 136. Die Paginierung der WIENER AUSGABE basiert auf der Zählung einer fotographischen Reproduktion des Bandes aus den späten fünfziger Jahren, in der als Seite eins die erste Textseite, die Versoseite von Blatt 1, bezeichnet wird.

Wittgenstein beginnt den Band VIII auf der Rectoseite von Blatt 1 mit dem Titel:

> VIII. Bemerkungen zur philosophischen Grammatik.

Der Text ist ausschließlich von Wittgensteins Hand, in deutscher Sprache, mit graublauem Tintenbleistift geschrieben, Korrekturen und Randzeichen sind ebenfalls in Tintenbleistift.

Auf den Seiten 265 und 266 finden sich drei eingeklebte Zettel, Ausschnitte aus dem Original des Typoskripts 208, der Synopse der Manuskriptbände I bis IV.

VIII. Remarks on Philosophical Grammar

Volume VIII is a casebound writing-book whose cover measures 330 × 220 mm and the pages, which are stitched together, 320 × 202 mm. The binding is half-leather, with a springback of red leather embossed with seven bands of double lines. The covers are of strong board and covered with a dark-green fabric like shot silk. Embossed in gold at the head of the spine, upside-down: W. Heffer & Sons Ltd. Cambridge, i.e. Wittgensttein used the volume the wrong way up, beginning with the last page.

The endpapers and flyleaves are of beige coloured paper decorated using a mixed colouring technique in yellow, red and black. The fore-edge is marbled in grey, yellow, red and orange.

The strong paper is blueish, with a smooth surface, ruled in blue (34 lines per page).

The volume comprises 136 folios, of which 271 pages contain writing, and flyleaves front and back.

The manuscript was not paginated by Wittgenstein. The volume has a subsequent numbering in an unidentified hand: pages 1 to 22 were paginated consecutively at the lower right edge, and then in tens, incorrectly. The numbering supplied by the Austrian National Library is of the folios only: 1 to 136 in the top right-hand corner. The pagination of the WIENER AUSGABE is based on the numbering of a photographic reproduction of the volume made in the late fifties, in which the first page of text, the verso of folio 1, is designated page one.

Wittgenstein began volume VIII on the recto of folio 1 with the title:

> VIII. Bemerkungen zur philosophischen Grammatik.
> (VIII. Remarks on Philosophical Grammar.)

The text is exclusively in Wittgenstein's hand and in German, written in greyish-blue indelible pencil, as are corrections and margin-signs.

On pages 255 and 256 three cuttings from the original of TS 208, the synopsis of MS volumes I to V, have been pasted in.

Struktur der Manuskriptbände

Band VII ist die unmittelbare Fortsetzung von Band VI. Der letzte Eintrag im Band VI ist vom 6. Juli, der erste Eintrag im Band VII vom 7. Juli 1931.

Wittgenstein schreibt an den Bänden VII und VIII mit wenigen Unterbrechungen täglich. Die Datierung im Band VII ist regelmäßig. Es fehlen lediglich die Daten vom 9. bis 13. und vom 17.

Structure of the MS volumes

Volume VII is the direct continuation of volume VI. The last entry in volume VI is dated 6 July, the first entry in volume VII 7 July 1931.

Wittgenstein worked on both volumes every day, with few breaks. The dating in volume VII is regular. The only periods for which dating is missing are from 9 to 13 and from 17 to 29 July, from 2 to 10 August, from 29 August to 6 Septem-

bis 29. Juli, vom 2. bis 10. August, vom 29. August bis zum 6. September und vom 9. bis 11. September. Der letzte Eintrag im Band VII ist vom 13. September 1931.

Zwischen dem letzten Eintrag im Band VII und dem ersten Eintrag im Band VIII, den Wittgenstein unmittelbar nach seiner Rückkehr nach Cambridge am 5. Oktober 1931 begonnen hatte, gibt es eine Unterbrechung von etwa drei Wochen. Während dieser Zeit diktierte Wittgenstein in Wien eine Synopse aus dem Manuskriptband VII, den Anfang vom Typoskript 211.

Die Datierung im Band VIII ist ebenfalls bis auf einige kurze Unterbrechungen regelmäßig. Es fehlen die Daten vom 13., 16. bis 19. und 30., 31. Oktober, sowie vom 4. bis 8., 12. bis 14. und 19. bis 21. November.

Der letzte Eintrag im Band VIII ist vom 28. November, er endet mitten im Satz, der im Band IX unmittelbar fortgesetzt wird. Das erste Datum im Band IX ist der 29. November 1931.

Die Bemerkungen der Bände VII und VIII sind wie in den vorangehenden Bänden sorgfältig strukturiert und durch Leerzeilen voneinander getrennt. Sie sind alle in deutscher Sprache. Der Band VII enthält insgesamt zwei Bemerkungen in Code, auf den Manuskriptseiten 2 und 81. Im Band VIII findet sich eine codierte Bemerkung auf der Seite 63.

Im Band VIII schreibt Wittgenstein bis weit in den Falz, und setzt deshalb die Randzeichen der Überarbeitungen, die bei den vorangehenden Bänden zumeist links vor den Bemerkungen stehen, an den linken und rechten Außenrand. Bei mehrfachen Randzeichen setzt er die zusätzlichen auch im Falz. In der WIENER AUSGABE werden die Randzeichen im linken Randapparat wiedergegeben. Auf Randzeichen im Falz wird in den Fußnoten hingewiesen.

Bemerkenswert ist, daß sich in den Manuskripten vom Band 4 der WIENER AUSGABE der Kreis zu den ersten Manuskriptbänden von 1929 zu schließen beginnt, und auch, daß sich hier die ersten Anklänge zum Korpus der „Philosophischen Untersuchungen“ finden (WA4, 9, 10):

Augustinus über das Lernen der Sprache.

Die Bezüge zu den ersten Manuskripten von 1929 sind teils implizit, wie zum Beispiel Wittgensteins Reflexionen über den Anfang vom Manuskriptband I in den Bemerkungen 8ff der Seiten 16ff im Band 4 der WIENER AUSGABE. Andere sind explizit, indem sich Wittgenstein mit Zitaten in französischen Anführungszeichen direkt auf die ersten Manuskriptbände bezieht, wie zum Beispiel in den Bemerkungen 1, Seite 222 und 1, 2, 3, Seite 223 im Band 4, auf die Bemerkungen 6, Seite 8 und die Bemerkungen 1, 2 und 6, Seite 9 im Band 1 der WIENER AUSGABE.

ber and from 9 to 11 September. The last entry in volume VII is dated 13 September 1931.

Between the last entry in volume VII and the first entry in volume VIII, which Wittgenstein began immediately after his return to Cambridge on 5 October 1931, there is a break of about three weeks. During this time Wittgenstein was dictating, in Vienna, a synopsis of MS volume VII, the beginning of Typescript 211.

The dating in volume VIII is likewise regular, apart from a few short breaks. Only the dates 13, 16 to 19 and 30 and 31 October are missing, as well as 4 to 8, 12 to 14 and 19 to 21 November.

The last entry in volume VIII is dated 28 November. It ends in the middle of a sentence which is continued in volume IX. The first date in volume IX is on page 1, 29 November 1931.

The remarks in volumes VII and VIII are carefully structured, and divided from one another, as in the preceding volumes, by blank lines. They are all in German. Volume VII includes two remarks in code, on MS pages 2 and 81. In volume VIII there is a coded remark on page 63.

Because in volume VIII Wittgenstein wrote right into the fold, during revision he placed the margin-signs (which in the preceding volumes he had mostly placed on the left) in the outer margins on the left and right. However, where there were already signs in the outer margin he often placed additional ones in the fold. In this edition all margin-signs are placed on the left, and those in the fold are noted in the footnotes.

It is remarkable that, in the manuscripts of volume 4 of the WIENER AUSGABE, as the series of 10 manuscript volumes comes to its close, we see Wittgenstein's arguments begin to come full circle, as he starts to reflect on his earlier ideas in the first manuscript volumes from 1929. These manuscripts also provide the first indications of the later corpus of the 'Philosophical Investigations' (WA4, 9, 10):

Augustine on the learning of language.

The references to the first MSS of 1929 are partly implicit, as, for example, Wittgenstein's reflections on the beginnings of MS volume I in remarks 8ff from pages 16ff of volume 4 of the WIENER AUSGABE. Others are explicit, in that he refers directly to the first volumes with quotations in French quotation marks, as for example in remarks 1 on page 222 and 1, 2 and 3 on page 223 of volume 4, which themselves refer to remark 6 on page 8, and remarks 1, 2 and 6 on page 9 of volume 1 of the WIENER AUSGABE.

Am auffälligsten jedoch schließt sich der Kreis zu den früheren Manuskripten im Manuskriptband VIII. Dort finden sich drei eingeklebte Typoskript-Zettel, aus der Synopse der Manuskriptbände I bis IV, dem Typoskript 208. Es sind die Bemerkungen 1, 2 und 5 der Seite 237 in diesem Band, die sich in ähnlichem Wortlaut im ersten Band der WIENER AUSGABE, auf den Seiten 43, Bemerkung 1; 54 Bemerkung 2; und 56 Bemerkungen 8 und 9 finden. In der Synopse der Bände I bis IV gibt es diese Bemerkungen nicht mehr, da das Typoskript 208 infolge solcher Nutzung nur noch als Fragment erhalten ist.

Dieser Gebrauch vom TS 208 zeigt die Funktion der Synopsen als Materialsammlungen. Die Übergänge von den Manuskripten in die diktierten Synopsen, in die daraus hergestellten Zettelsammlungen und die auf diesen basierenden neuen Typoskripte und die dann in der Regel folgenden, handschriftlichen Überarbeitungen demonstrieren Wittgensteins Arbeitsweise, und, wie er im Vorwort zu den Untersuchungen schreibt, auch die „Natur der Untersuchungen“ selbst:

> Sie nämlich zwingt uns, ein weites Gedankengebiet, kreuz und quer, nach allen Richtungen hin zu durchreisen. –

Die Zettelsammlungen bilden die Übergänge von den Wegen und Verbindungen der Manuskripte zu anderen, neuen, in anderen Manu- und Typoskripten. Die maschinschriftlichen Synopsen sind dabei vergleichbar Materialsammlungen und Zettelkästen. Sie sind also nicht, wie oft angenommen, Revisionen und Überarbeitungen im Sinne von Verbesserungen der zugrundeliegenden Manuskripte, diese ersetzend:

> Sie sind für Wittgenstein bestimmt, der sie nach England mitnimmt, um dort weiter daran zu arbeiten.

Die Manuskriptbände hingegen repräsentieren Wittgensteins ursprüngliche Gedankenwege, die in seiner Handschrift ihre genaueste Darstellung finden.

The most striking example, however, of this circular linking occurs in MS volume VIII, into which have been pasted three typescript cuttings from Typescript 208, the synopsis of MS volumes I to IV. These are remarks 1, 2 and 5 on page 237 of this volume, which appear in a similar form in volume 1 of the WIENER AUSGABE on pages 43 (remark 1), 54 (remark 2) and 56 (remarks 8 and 9). These remarks no longer exist in the synopsis of volumes I to IV, since Typescript 208, as a result of such use, only survives in fragmentary form.

This treatment of TS 208 shows the function of the synopses as collections of material. The transitions from the manuscripts to the dictated synopses, to the collections of cuttings made out of them, to the new typescripts based on them, and then usually to the resulting reworkings in manuscript form, demonstrate Wittgenstein's method of working, and also, as he writes in the foreword to the Investigations, the 'Nature of the Investigations' themselves:

> For this compels us to travel over a wide field of thought criss-cross in every direction. –

The collections of cuttings represent the transition from one set of routes and their interconnections in the manuscripts to another new set of routes and interconnections in other manuscripts and typescripts. The typewritten synopses are thus comparable to collections of material and boxes of slips. Thus they are not, as so often assumed, revisions and refinements of the underlying manuscripts, intended to replace them:

> They are meant for Wittgenstein, who will take them to England with him, in order to continue working with them.

The MS volumes on the other hand represent Wittgenstein's original trains of thought, which find their most precise representation in his manuscripts.

Legende
Wiener Ausgabe Band 4

Haupttext

S p e r r u n g	einfache Unterstreichung
KAPITÄLCHEN	mehrfache Unterstreichung
Serifenlose	gewellte Unterstreichung
| |	Einfügung
/ /	Variante
Kursiv	Text in Code

Linker Randapparat

Randzeichen Wittgensteins sowie eine seitenweise Zählung der Bemerkungen durch den Herausgeber

Rechter Randapparat

Zeilenzähler der Ausgabe und Seitenzahlen des Manuskripts, gegenüber der Textzeile, in der die jeweilige Manuskriptseite beginnt

Fußnotenapparat

⟨ ⟩	Streichung
⟨ ...⟩	Streichung ohne Fortsetzung im Satz
Kursiv	Anmerkung des Herausgebers

Text in Code erscheint in den Fußnoten in Normalschrift.

Die Fußnoten sind über den Zeilenzähler mit dem Haupttext verbunden.

Legend
Wiener Ausgabe Volume 4

Main text

l e t t e r s p a c i n g	single underlining
SMALL CAPS	multiple underlining
sans serif	wavy underlining
| |	insertion
/ /	variant
italics	text in cipher

Left margin

Marginal signs by Wittgenstein, numbering of the remarks per page by the editor

Right margin

Line counter and manuscript page numbers opposite the line corresponding to the beginning of the new page in the manuscript

Footnotes

⟨ ⟩	deletion
⟨ ...⟩	deletion, without continuation in the sentence
italics	annotation by the editor

Text in cipher appears in the footnotes in standard typeface.

The footnotes are connected to the main text via the line counter.

VII.

Bemerkungen zur Philosophie

7. 1

1 Historisches Drama; kann man es falsch nennen? „Nein, es ist ja nicht als Geschichtsschreibung gemeint“. Worin liegt diese Meinung?

2 Denken wir uns den Fall, daß |Einer| ein Geschichtswerk in aller Form geschrieben hätte/schriebe/, es aber dennoch nicht als Geschichtswerk, sondern als die Erdichtung eines Geschichtswerkes meinte. Was würde es heißen, dieses Werk einmal so, einmal so aufzufassen? Worin besteht diese Auffassung? Doch offenbar in etwas außer dem Werk. Quasi in einem Zusatz zu dem Werk. Oder nicht vielmehr in einer bestimmten Verwendung, Wirkung, des Werks, in einem Eindruck, den es mir macht? Denn ein Zusatz von Zeichen/Symbolen/ kann doch wieder einer Auffassung unterliegen. [… unterliegt doch wieder einer Auffassung.]

3 Wir neigen dazu jede Erscheinung |nur| als ein Symptom der Auffassung, Meinung, gelten zu lassen aber nicht als diese selbst

4 Wie sich die Sprache von der Beschreibung der Verification entfernt. Man muß wieder entdecken, daß man die Zeit mit der Uhr mißt. – Und erkennt dabei nicht einmal, daß man eine grammatische Entdeckung 2
gemacht hat.

5 *(Labor ist, wo er gute Musik schreibt, absolut unromantisch. Das ist ein sehr merkwürdiges und bedeutsames Zeichen.)*

6 Auffassung ist eine im Gegensatz zu einer anderen.

7 „p ist der Fall“. „Es ist wahr daß p der Fall ist“. „Es ist wirklich wahr daß p der Fall ist“. Wenn der Multiplizität nichts hinzugesetzt wird, ist das Hinzugefügte bedeutungs-, zwecklos. Der Zusatz der eine Auffassung ausdrückt, darf also nicht von dieser Art sein.

8 Was ist der Unterschied zwischen der wirklichen Anwendung eines Satzes und der nachgemachten/nachgeahmten/, gespielten?

9 Kann man von ‚Beschreibung‘ und ‚Ausdruck‘ der Auffassung reden?

10 ϕ Das fingierte Porträt. In einem Buch eine Illustration mit der Überschrift: Baron Münchhausen.

11 ?ϕ „Doch solcherlei Verdrüsse pflegen die Denkungskräfte anzuregen“ Wie hilft der Gedanke einem Verdruß ab? 3

1 ⟨6.⟩ *Datum vom 7.6.1931 im MS überschrieben*
16 |nur| *–das Einfügungszeichen ist im MS gewellt unterstrichen*
19 Wie sich die Sprache von der Beschreibung der ⟨v…⟩
27 Auffassung ist eine im Gegensatz zu einer ⟨andern⟩.
39 Das ⟨erdacht…⟩

1 „Hast Du das im Ernst oder im Spaß gemeint?“

Das „im Ernst Meinen“ besteht nicht darin, daß zu dem ausgesprochenen Satz im Stillen noch etwas dazugedacht/hinzugesetzt/ wird, etwa die Worte „ich meine das im Ernst“. Von dem *ganzen* Satz, dem ausgesprochenen mit den dazugedachten Worten, könnte man wieder fragen: wie war er gemeint. Von Ernst oder Spaß kann man das aber nicht fragen. Also ist die Meinung (Auffassung) in diesem Sinne ein bestimmtes Erlebnis, das mit den Zeichen/dem Aussprechen/ des Satzes Hand in Hand geht, aber an dem Sinn des Satzes nichts ändert, ob es nun so oder anders ist.

2 Wäre der Sinn nicht durch die Zeichen und Regeln bestimmt, so gäbe es keine Verständigung und nichts, was wir Sprache nennen könnten.

3 ∫ Wie unterscheidet sich: das (zu) glauben was man sagt, davon daß man es sagt ohne es zu glauben?

4 „Ich habe gesagt, ‚sie ist nicht zuhause‘ habe aber *dabei* gewußt, daß sie zuhause war“. Wie geht dieses Wissen zeitlich mit dem Sagen des Satzes zusammen? Wie eine continuierliche Begleitung, ein Orgelpunkt, 4 zu einem Thema?

Hast Du es in jedem Augenblick gewußt, und braucht das Wissen keine Zeit?

Ein falsches Bild verführt uns.

5 Diese Art der Betrachtung die immer wiederkehrt, nimmt ihre Wichtigkeit daher, daß sie uns über einen falschen Begriff aufklärt den wir vom Unmittelbaren haben.

6 Es hat freilich Sinn, zu sagen: „während ich ihm das erzählte wußte ich (die ganze Zeit), daß es nicht wahr war“, so wie auch „während ich es erzählte, glaubte ich es auch“. Nur sind die beiden Vorgänge sehr kompliziert und sehen sehr einfach aus; d.h., jeder der beiden Sätze kann viele verschiedene Prozesse beschreiben. Etwa wie wenn ich sage „ich habe mich eine halbe Stunde lang umgezogen“, diesem Satz die mannigfachsten Tätigkeiten nacheinander entsprechen.

7 Wir laborieren nämlich unter/an/ dem Irrtum, daß glauben, meinen, wissen, wünschen, suchen, denken etc *Zustände* sind und daß daher hinter den symbolischen Prozessen im Denken etwas von andrer Art verborgen sein muß, das den Sinn eines Satzes gleichsam in amorpher 5 Form enthalte, d.h. intuitiv, dem Sehen eines gleichbleibenden Bildes ähnlich, nicht discursiv, also einer Tätigkeit (wie dem Waschen) vergleichbar.

3 dazugedacht/hinzugesetzt/ *–erste Variante im MS durchstrichen*

33 jeder der beiden Sätze ⟨beschreibt⟩ viele verschiedene Prozesse

40 und daß daher hinter den symbolischen Prozessen ⟨e…⟩

1 Es ist nämlich die Anschauung aufzugeben, daß, um vom Unmittelbaren zu reden wir von dem Zustand in einem Zeitmoment reden müßten. Diese Anschauung ist darin ausgedrückt, wenn man sagt: „alles, was uns gegeben ist, ist das Gesichtsbild und die Daten der übrigen Sinne, sowie die Erinnerung, in dem gegenwärtigen Augenblick“. Das ist Unsinn; denn was meint man mit dem „gegenwärtigen Augenblick“? Dieser Vorstellung liegt vielmehr schon ein physikalisches Bild zu Grunde, nämlich das, vom Strom der Erlebnisse, den ich nun in einem Punkt/an einer Stelle/ quer durchschneide. Es liegt hier eine ähnliche Tendenz und ein ähnlicher Fehler vor, wie beim Idealismus (oder Solipsismus).

Woher aber diese Tendenz, „zum Unmittelbaren“ kommen zu wollen?

Entspringt sie nicht aus dem Bedürfnis, die Verification des Satzes verstehen zu wollen, die durch unsere Sprache ganz verschleiert ist 6

2 Intuitives Denken, das wäre so, wie eine Schachpartie auf die Form eines dauernden, gleichbleibenden Zustandes gebracht (ebenso undenkbar).

3 Auch jene Tendenz muß durch das Verstehen der Grammatik unserer Sprache/der Sprache |deren wir uns zu unserem Ausdruck bedienen|/ und der Ursachen unserer Mißverständnisse aufgehoben werden.

4 Auf die Frage „wie hast Du das gemeint“, können eben mehrerlei Antworten kommen:
„Ich hab's im Ernst (Spaß) gemeint“
„Ich wollte damit sagen; daß …… (folgt ein Satz)“
„Ich wollte Dich nur aufsitzen lassen.“

5 Wie geht das vor sich, wenn man einen Satz ausspricht und |dabei| den Andern nur aufsitzen lassen will? Man spricht, lächelt, sieht zu /beobachtet/ was der Andre macht, fühlt eine Spannung.

Aber nirgends ist die amorphe Meinung. Diese stellt man sich gleichsam vor, wie den Inhalt eines Tiegels, dessen Aufschrift der Satz ist.

6 „Inhalt des Satzes“.

7 Es stört uns quasi, daß der Gedanke eines Satzes in keinem Moment ganz vorhanden ist. 7 Hier sehen wir, daß wir den Gedanken mit einem Ding vergleichen, welches wir erzeugen und das wir nie als Ganzes besitzen; sondern kaum entsteht ein Teil, so verschwindet ein andrer. Das hat gewissermaßen etwas Unbefriedigendes, weil wir – wieder durch eine Erklärung/ein Gleichnis/ verführt – uns etwas Anderes erwarten.

1 Es ist nämlich die Anschauung aufzugeben, daß, ⟨nur …⟩
4 ist das Gesichtsbild⟨,⟩ die Daten der übrigen Sinne,
10 ähnlicher Fehler |vor|, wie beim Idealismus (oder Solipsismus) ⟨vor.⟩
22 |deren wir uns zu unserem Ausdruck bedienen| *–das Einfügungszeichen ist im MS gewellt unterstrichen*
25 Auf die Frage „wie ⟨hängt …⟩
35 Diese stellt man sich gleichsam vor, wie ⟨die …⟩
44 Das hat gewissermaßen etwas Unbefriedigendes, weil ⟨wie…⟩

1 Im lebendigen Gebrauch der Sprache fühlen wir ja eine solche Unbefriedigung nicht, sondern erst, wenn wir ein bestimmtes Bild auf die Vorgänge/Welt/ anwenden wollen. Aber es ist schwer zu sagen, welches das ist.

2 (Methodologie, wenn sie von der Messung redet, sagt nicht, aus welchem Material etwa wir den Maßstab am vorteilhaftesten herstellen um dies und dies Resultat zu erzielen; obwohl doch das auch zur Methode des Messens gehört. Vielmehr interessiert diese Untersuchung bloß, unter welchen Umständen wir sagen, eine Länge, eine Stromstärke (u.s.w.) sei gemessen. Sie will die, von uns bereits 8
verwendeten, uns geläufigen, Methoden tabulieren, um dadurch die Bedeutung der Worte „Länge“, „Stromstärke“, etc. festzulegen.)

3 Der Zeitmoment von dem ich sage, er sei die Gegenwart, die alles enthält, was mir gegeben ist, gehört selbst zur physikalischen Zeit.

4 Denn wie ist (denn) so ein Moment bestimmt? Etwa durch einen Glockenschlag? Und kann ich denn nun die ganze, mit diesem Schlag gleichzeitige Erfahrung wirklich beschreiben? Wenn man daran denkt, es zu versuchen, wird man sofort gewahr, daß es eine Fiktion ist, wovon wir reden.

5 Wir stellen uns das Erleben wie einen Filmstreifen vor, so daß man sagen kann: dieses Bild, und kein anderes, ist in diesem Augenblick vor der Linse.

6 Aber nur im Film kann man von einem in diesem Moment gegenwärtigen Bild reden; nicht, wenn man aus dem physikalischen Raum und seiner Zeit in den Gesichtsraum und seine Zeit übergeht 9

7 Es ist viel seltsamer als man gewöhnlich/wohl/ glaubt, daß man im Bereich der gewöhnlichen Sprache auf den Begriff des Lichtstrahls gekommen ist.

8 Schwerlich wäre es geschehen, wenn man nicht manchmal „Lichtstrahlen“ im Staub der Luft sähe.

9 Und die Annahme einer Lichtgeschwindigkeit hängt damit zusammen.

10 „Das was ein cm^3 Wasser wiegt, hat man ‚1 Gramm‘ genannt“ – „Ja, was wiegt er denn?“ („Bedeutung eines Wortes“)

6 (Methodologie, wenn sie von der Messung redet, sagt nicht aus⟨, …⟩
7 welchem Material |etwa| wir ⟨etwa⟩ den Maßstab am vorteilhaftesten
7 den Maßstab am vorteilhaftesten herstellen ⟨und …⟩
16 die Gegenwart, die alles enthält, was ⟨wir …⟩
32 gewöhnlich/wohl/ *–erste Variante im MS durchstrichen*
39 ⟨„…⟩ *–Streichung in der folgenden Leerzeile*

8.

1 Wenn das Bild die Krönung Napoleons darstellen soll, so müßte man das nicht darunter schreiben, wenn es in dem Bild enthalten wäre. Wenn es also auch in der bloßen Beschreibung des Bildes mitbeschrieben wäre.

Und da könnte man nun den Unterschied [Gegensatz] zwischen Gedanken und Bild scharf fassen, indem man sagt, daß die Beschreibung des *Gedankens* im Gegensatz zu der, des bloßen 10
Bildes, auch die Beschreibung der Realität enthalten muß, auf die sich der Gedanke bezieht. Aber hier liegt ein Fehler.

2 Liegt denn der Grund der Verschiedenheit nicht darin, daß das gemalte Bild an sich nicht ein Teil eines viel umfassenderen Bildes – einer Sprache – ist? Durch die Überschrift gliedern wir das Bild in das umfassendere ein. Könnten wir es nicht auch so tun, daß wir es in eine Serie von gemalten Bildern mit demselben Erfolg eingliederten?

3 Das Charakteristische an der Sprache ist, daß alle Erklärungen von vornherein/zum voraus/ gegeben werden können. D.h., daß man sie alle mußte voraussehen können und keine erst ad hoc gegeben werden muß. (Und das ist es, was die Bildhaftigkeit auszumachen scheint.)

4 Ich könnte mein Problem so darstellen: Wenn ich untersuchen wollte, ob die Krönung Napoléons wirklich so und so stattgefunden hat, so könnte ich mich dabei als einer Urkunde des Bildes bedienen, statt einer Beschreibung. Und es frägt sich nun, ist die ganze Vergleichung 11
der Urkunde mit der Wirklichkeit von der Art, wie der Vergleich der Wirklichkeit mit dem Bild, oder gibt es dabei noch etwas Andres, von andrer Art?

5 Aber womit soll man die Wirklichkeit vergleichen,/:/ als mit dem Satz? Und was soll man andres tun,/:/ als sie mit ihm zu vergleichen?

6 Oder soll ich sagen: Solange man das Bild mit nichts vergleicht, *kann* man es mit Allem vergleichen. Wenn wir aber denken, so vergleichen wir das Bild schon mit der Wirklichkeit, denn wir wissen z.B. daß Napoléon jetzt nicht hier ist, wohl aber Herr N.N..

7 Das hängt mit dem Problem von *hier* und *jetzt* zusammen.

8 (Die Fähigkeit zur Philosophie besteht in der Fähigkeit von einer Tatsache der Grammatik einen starken |und| nachhaltigen Eindruck zu empfangen.)

1 (7.) *Datum im MS überschrieben*
42 einen ⟨*starken*⟩ ⟨(⟩nachhaltigen⟨)⟩ Eindruck zu empfangen.)
42 |und| *–das Einfügungszeichen ist im MS gewellt unterstrichen*

1 In gewissem Sinne ist die Bedeutung der Wörter „hier“, „jetzt“ (etc) die einzige die ich nicht von vornherein festlegen kann. Aber das ist natürlich irreführend ausgedrückt: Die Bedeutung ist festzulegen und festgelegt, wenn die Regeln bezüglich dieser Worte festgelegt sind, und das kann geschehen, ehe sie in einem bestimmten Fall angewandt werden; denn wozu auch sonst ein Wort in verschiedenen Fällen gebrauchen. 12

2 Die Wörter „hier“, „jetzt“, etc. bezeichnen den Ursprung /Anfangspunkt/ eines Coordinatensystems: wie der Buchstabe „O“

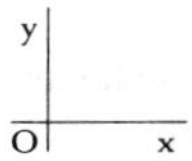

aber sie beschreiben nicht seine Lage gegenüber |den| Gegenständen im Raum. [.... sie stehen nicht für Beschreibungen der Lage des Punktes O im Verhältnis zu räumlichen Gegenständen. Sie stehen nicht für die Beschreibung einer räumlichen Situation.]

3 Die Bedeutung eines Worts verstehen, heißt, seinen Gebrauch kennen, verstehen.

4 Kann ein logisches Produkt in einem Satz verborgen sein? Und wenn, wie erfährt man das, und was für Methoden haben wir das in ihm/im Satz/ Verborgene ans Tageslicht zu ziehen. Haben wir noch keine sicheren Methoden |es zu finden|, dann können wir auch nicht davon reden daß etwas verborgen ist, oder verborgen sein könnte.

Und haben wir eine Methode des Suchens, so kann, das logische Produkt etwa, im Satz nur so verborgen sein, wie es etwa die Teilbarkeit durch 3 in der Zahl 753 ist, solange ich das Kriterium |noch| nicht angewandt habe, oder aber auch die $\sqrt{7}$ solange ich sie noch nicht ausgerechnet habe. Denn, das verborgene logische Produkt (in einem Satz) finden ist eine mathematische Aufgabe. 13

5 Also ist Elementarsatz ein solcher, der sich in dem Kalkül wie ich es jetzt [heute] benütze nicht als Wahrheitsfunktion andrer Sätze darstellt.

14.

6 Unsre Weise von den Wörtern zu reden können wir durch das beleuchten was Sokrates im „Kratylos“ sagt. Kratylos: „Bei weitem und ohne Frage ist es vorzüglicher, Sokrates, durch ein ähnliches darzustellen, was jemand darstellen will, als durch das erste beste.“ – Sokrates: „Wohlgesprochen, ...“.

7 Verbindung von Wort und Sache durch die Erklärung [das Lehren der Sprache] hergestellt. Was ist das für eine Verbindung, welche Art? Was für Arten von Verbindungen gibt es?

11 |den| *–das Einfügungszeichen ist im MS gewellt unterstrichen*
24 dann können wir auch nicht davon reden daß etwas ⟨was ...⟩
26 so kann, das logische Produkt ⟨–⟩ etwa
30 (in einem Satz) *–im MS durchstrichen*
32 Also ist Elementarsatz ein solcher, der sich ⟨mir⟩ in dem Kalkül
35 ⟨24.⟩ *Datum im MS überschrieben*
36 können wir durch ⟨den Gegensatz ...⟩

1 Die/Eine/ Verbindung kann funktionieren oder nicht funktionieren: Anwendung auf die Verbindung die die Worterklärung herstellt. 14

2 Sokrates zu Theaitetos: „Und wer vorstellt, sollte nicht etwas vorstellen?“
Th.: „Notwendig“
Soc.: „Und wer etwas vorstellt, nichts Wirkliches?“
Th.: „So scheint es.“

3 Was heißt es: Sich eine Vorstellung machen, die der Wirklichkeit nicht entspricht?

4 Wie unendlich einfach dieses Problem! Und wie seltsam, daß man es überhaupt als Problem kann/konnte/ ansehen wollen.

5 Ich versuche etwas, kann es aber nicht. – Was heißt es aber: „etwas nicht versuchen können“?

6 „Wir können auch nicht |einmal| *versuchen*, uns ein rundes Viereck vorzustellen.“

7 Man vergleiche das Vorstellen mit dem Malen eines Bildes. Er malt also ein Bild des Menschen, wie dieser in Wirklichkeit nicht ist. 15

8 Sehr einfach. Aber warum nennen wir es das Bild dieses Menschen? Denn, wenn es das nicht ist, ist es (ja) nicht falsch. – Wir nennen es so, weil er selbst es drübergeschrieben hat.

9 Also hat er nichts weiter getan, als jenes Bild zu malen und jenen Namen drüber zu schreiben. Und das tat er wohl auch in der Vorstellung.

10 Augustinus über das Lernen der Sprache.

15.

11 Plato nennt die Hoffnung eine Rede. (Philebos)

1 Die/Eine/ *–erste Variante im MS durchstrichen*
19 |einmal| *–das Einfügungszeichen ist im MS gewellt unterstrichen*
23 wie dieser in Wirklichkeit ⟨ist.⟩
33 *Die Bemerkung ist am linken Rand mit einem vertikalen Strich markiert.*
35 ⟨25.⟩ *Datum im MS überschrieben*

1 Augustinus, wenn er vom Lernen der Sprache redet, redet ausschließlich davon wie wir den Dingen Namen beilegen, oder die Namen der Dinge verstehen.

Hier scheint also das Benennen Fundament und Um-und-Auf der Sprache zu sein. (Und was Augustinus sagt ist für uns wichtig weil es die Auffassung eines natürlich-klar denkenden Mannes ist, der von uns 16
zeitlich weit entfernt, gewiß nicht zu unserem besonderen Gedankenkreis gehört.) Diese Auffassung des Fundaments der Sprache ist offenbar äquivalent mit der, die die Erklärungsform „das ist ....“ als fundamental auffaßt. – Von einem Unterschied der Wörter redet Augustinus nicht, meint also mit ‚Namen‘ offenbar Wörter wie „Baum“, „Tisch“, „Brot“, und gewiß die Eigennamen der Personen, dann aber wohl auch „essen“, „gehen“, „hier“, „dort“; kurz, alle Wörter. Gewiß aber denkt er *zunächst an Hauptwörter* und an die übrigen als etwas, was sich finden wird. (Und Plato sagt, daß der Satz aus Haupt- und Zeitwörtern besteht.)

Sie beschreiben eben/also/ das Spiel einfacher, als es ist.

Dieses Spiel kommt aber wohl in der Wirklichkeit vor. Nehmen wir etwa an ich wolle aus Bausteinen ein Haus bauen, die mir ein Andrer zureichen soll, so könnten wir erst ein Übereinkommen dadurch treffen, daß ich auf einen Stein zeigend sagte „das ist eine Säule“, auf einen andern zeigend „das ist ein Würfel“, – „das ist eine Platte“ u.s.w. 17

Und nun bestünde die Anwendung im Ausrufen jener Wörter „Säule“, „Platte“ etc in der Ordnung/Reihenfolge/ wie ich sie brauche.

Und |ganz| ähnlich ist ja das Übereinkommen eines was mit Farben arbeiten würde.

a	↑ , und etwa
b	→
c	↓
d	←

2 Ich will damit sagen: Augustinus beschreibt wirklich einen Kalkül; nur ist nicht alles was wir Sprache nennen dieser Kalkül.

3 (Und *das* muß man in einer großen Anzahl von Fällen sagen wo es sich frägt: ist diese Darstellung brauchbar oder unbrauchbar. Die Antwort ist dann: „ja, brauchbar; aber nur *dafür*, nicht für das ganze Gebiet das Du darzustellen vorgabst“.)

11 redet Augustinus nicht, meint also mit ‚Namen‘ ⟨off...⟩
12 offenbar Wörter wie „Baum“, „Tisch“, „Brot“, ⟨dann aber ...⟩
14 *an Hauptwörter* und an die übrigen als ⟨an⟩ etwas,
15 daß der Satz aus Haupt⟨wörtern⟩ und Zeitwörtern besteht.)
17 eben/also/ *–zweite Variante im MS durchstrichen*
18 Dieses Spiel ⟨gibt es ...⟩
23 Und nun bestünde die Anwendung im Ausrufen jener ⟨N...⟩
35 „ja, brauchbar; aber nur *dafür*⟨“ ...⟩

1 Es ist also so, wie wenn jemand erklärte: „spielen besteht darin, indem/daß/ man Dinge gewissen Regeln gemäß auf einer Fläche verschiebt .....“ und wir ihm antworteten: Du denkst da gewiß an die Brettspiele, und auf sie ist Deine Beschreibung auch anwendbar. Aber das sind nicht die einzigen Spiele. Du kannst also Deine Erklärung richtigstellen indem Du nur behauptest die Brettspiele gingen so vor sich. /sie ausdrücklich auf diese Spiele einschränkst./

2 (Man könnte also sagen Augustinus stelle das Lernen der Sprache/die 18
Sache/ zu einfach dar; aber auch: er stelle eine einfachere Sache dar.)

3 (Wer das Schachspiel einfacher beschreibt (mit einfacheren Regeln) als es ist, beschreibt damit dennoch ein Spiel, aber ein anderes.)

4 Ich wollte eigentlich/ursprünglich/ sagen: Wie Augustinus das Lernen der Sprache beschreibt, kann uns zeigen, woher sich diese Auffassung überhaupt schreibt. (Von welcher primitiven Anschauung/welchem primitiven Bild, Weltbild/.)

Man könnte den Fall mit dem einer Schrift vergleichen in der Buchstaben zum bezeichnen von Lauten benützt würden aber auch etwa zur Bezeichnung der Stärke und Schwäche der Aussprache und als Interpunktionszeichen. Fassen wir dann diese Schrift als eine Sprache zur Beschreibung des Lautbildes auf so könnte man sich denken daß einer diese Schrift beschriebe als entspräche einfach jedem Buchstaben ein Laut und als hätten die Buchstaben nicht auch ganz andere Funktionen. – Und so einer – zu einfachen – Beschreibung der Schrift gleicht Augustin's Beschreibung der Sprache völlig. 19

1 Es ist also so, wie wenn jemand erklärte: „⟨Spielen⟩ besteht darin,
2 indem/daß/ *–erste Variante im MS durchstrichen*
10 aber auch⟨,⟩ er stelle eine einfachere Sache dar.)
13 (mit einfacheren Regeln) als es ist, ⟨stellt …⟩
17 woher sich diese Auffassung überhaupt schreibt⟨. …⟩
17 (⟨von⟩ welcher primitiven Anschauung/welchem primitiven Bild, Weltbild/)⟨.⟩
19 mit dem einer Schrift vergleichen in der ⟨eine Klasse⟩ Buchstaben
20 zum bezeichnen von Lauten benützt würden aber auch ⟨für gr…⟩
24 so könnte man sich denken daß einer diese Schrift ⟨als …⟩

1 Man kann z.B. – für andre verständlich – von Kombinationen von Farben und Formen sprechen (etwa der Farben rot und blau mit den Formen Quadrat und Kreis) ebenso wie von Kombinationen verschiedener Formen oder Körper. Und hier haben wir die Wurzel des irreleitenden Ausdrucks, die Tatsache sei ein Komplex von Gegenständen. Es wird also hier, daß ein Mensch krank ist verglichen mit der Zusammenstellung zweier Dinge wovon das eine der Mensch ist, das andere die Krankheit repräsentiert. Und ich kann nur sagen: hüten wir uns vor diesem Gleichnis, oder davor zu vergessen daß es ein Gleichnis ist.

Oder man muß sagen, es verhält sich hier mit dem Wort „Kombination“, oder „Komplex“, wie mit dem Wort „Zahl“ das auch in verschiedenen – mehr oder weniger logisch ähnlichen – Weisen (|oder wenn man will| Bedeutungen) gebraucht wird.

2 Philosophieren ist,/:/ falsche Argumente zurückweisen.

3 Sokrates: Wer also vorstellt, was nicht ist, der stellt nichts vor? 20
Theaitetos: So scheint es.
S.: Wer aber nichts vorstellt, der wird gewiß überhaupt gar nicht vorstellen?
Th.: Offenbar, wie wir sehen.

Setzen wir in diesem Argument |[und dem |ihm| vorhergehenden]| statt „vorstellen“ etwa „zerschneiden“/„töten“/ so läuft es auf eine Regel der Verwendung dieses Wortes hinaus. Man dürfe nicht sagen/Es hat keinen Sinn zu sagen/: „ich zerschneide/töte/ etwas was nicht existiert“.

4 Ich kann mir einen Hirsch auf dieser Wiese vorstellen der nicht da ist, aber keinen töten der nicht da ist. – Und sich einen Hirsch vorstellen der nicht da ist heißt, |sich| vorstellen, daß ein Hirsch da ist obwohl keiner da ist. Einen Hirsch töten aber heißt nicht: töten, daß ein Hirsch da ist (also: verschiedene grammatische Regeln). Wenn aber jemand sagt: „um mir einen Hirsch vorzustellen muß es ihn doch in einem gewissen Sinne geben“, so ist die Antwort: nein, es muß ihn dazu in keinem Sinne geben. Und wenn darauf gesagt würde: Aber z.B. die braune Farbe muß es doch geben, damit ich mir sie vorstellen kann, so ist zu sagen: „‚Es gibt die braune Farbe‘ heißt überhaupt nichts, außer 21
etwa daß sie da oder dort als Färbung eines Gegenstandes (Flecks) auftritt /erscheint/ und das ist nicht nötig damit ich mir einen braunen Hirsch vorstellen kann..

1 Man kann z.B. – für andre verständlich – von ⟨einer Kombination …⟩
3 etwa der Farben rot und blau mit den Formen ⟨des …⟩
4 Und hier haben wir die Wurzel des ⟨I…⟩
7 daß ein Mensch krank ist verglichen mit der ⟨Su…⟩
13 in verschiedenen – mehr oder weniger logisch ähnlichen – ⟨B…⟩
24 so läuft es auf eine ⟨richtige Beschreibung⟩ der Verwendung
32 aber heißt nicht: töten, daß ein Hirsch da ist⟨. …⟩
33 „um mir einen Hirsch vorzustellen muß es ihn doch in ⟨ge…⟩
37 „‚Es gibt die braune Farbe‘ heißt *–im MS fehlt das Ausführungszeichen*
37 heißt überhaupt nichts, ⟨aber wenn nicht …⟩
38 außer etwa daß sie da oder dort ⟨v…⟩
39 damit ich mir einen braunen ⟨Hirschen⟩ vorstellen kann..

1 „Der Klang scheint mir von *dort* zu kommen.“ – „Genau aus welcher Richtung?“

2 Euklidischer Haufe und Haufe im Gesichtsfeld.

3 „Er kam *ungefähr* von dort ⟶“
„Ungefähr *da* ist der hellste Punkt des Horizontes.“
„Mach das Brett ungefähr 2 m lang“
„Das Brett ist ungefähr 2 m lang.“
Muß ich, um das sagen zu können, Grenzen wissen die den Spielraum dieser Länge bestimmen? Offenbar nicht. Genügt es nicht |z.B.| zu sagen: „der Spielraum ± 1 cm ist ohneweiteres erlaubt; ± 2 cm wäre schon zu viel?“ – Es ist doch dem Sinn meines Satzes auch wesentlich, daß ich nicht im Stande bin dem Spielraum „genaue“ Grenzen zu geben. Kommt das nicht offenbar daher daß der Raum in dem ich hier arbeite eine andre Metrik hat als der Euklidische?

Wenn man nämlich den Spielraum genau durch den Versuch 22
feststellen wollte indem man die Länge ändert |und sich den Grenzen des Spielraums nähert| und immer fragt ob diese Länge noch angehe oder schon nicht mehr so käme man nach einigen Einschränkungen zu Widersprüchen indem einmal ein Punkt noch als innerhalb der Grenzen liegend bezeichnet würde, ein andermal ein weiter innerhalb gelegener als schon unzulässig erklärt würde, beides etwa mit der Bemerkung die Angaben/Antworten/ seien nicht mehr (ganz) sicher.

4 Ist es denn nicht so wie man etwa beim Fleischhauer das Fleisch nur auf deka genau abwiegt obwohl das anderseits willkürlich ist und nur bestimmt durch die herkömmlichen Messinggewichte. Es genügt hier zu wissen: mehr als P_1 wiegt es nicht und weniger als P_2 auch nicht. Man könnte sagen: die Gewichtsangabe besteht hier prinzipiell nicht aus einer Zahlangabe sondern aus der Angabe eines Intervalls, und die Intervalle bilden eine discontinuierliche Reihe.

5 Man könnte doch sagen: „Halte Dich jedenfalls *innerhalb* ± 1 cm“
damit eine willkürliche Grenze setzend. – Würde nun gesagt: „Gut, 23
aber dies ist doch nicht die wirkliche Grenze des zulässigen Spielraums, welche ist es also?“ so wäre etwa die Antwort „ich weiß keine, ich weiß nur daß ± 2 cm schon zu viel wäre.

8 „Mach das Brett ungefähr 2 m lang“ *–im MS Einfügung zwischen den Zeilen*
10 Muß ich, um das sagen zu können, ⟨wissen …⟩
13 Es ist doch ⟨der …⟩
16 eine andre Metrik hat als der Euklidische⟨ Rau…⟩
21 indem einmal ein Punkt noch als innerhalb ⟨den …⟩
27 obwohl das anderseits ⟨nur?⟩ willkürlich ist
34 Man könnte doch sagen: ⟨halte dich⟩ jedenfalls ⟨nu…⟩
35 damit ⟨hier dem Spielraum⟩ eine willkürliche Grenze setzend.
35 Würde ⟨man⟩ nun ⟨gefragt:⟩ „Gut, aber dies ist doch nicht die
37 „ich weiß keine, *–im MS fehlt das Ausführungszeichen*

1 Träte nun auch bei dem Experiment zur Bestimmung der Grenzen kein Schwanken ein, solange wir tatsächlich das Experiment weiterführen, so müssen wir doch damit einmal aufhören und das Ergebnis wird immer nur sein daß eine gewisse Länge noch erlaubt, eine andere schon unerlaubt ist. Hier führt uns wieder die/eine/ falsche Vorstellung vom Unendlichen irre, wenn wir den unendlichen Prozess dieser Untersuchung/die endlose Möglichkeit dieses Prozesses/ |uns| als abgeschlossen denken und nun von einem Grenzpunkt reden als gäbe es hier ein Gesetz, eine geometrische Konstruktion der der Grenzpunkt entspräche.

2 „Mach mir hier einen Haufen Sand" – „Gut, das nennt er gewiß noch einen Haufen". Ich konnte dem Befehl Folge leisten also war er in Ordnung. Wie aber ist es mit diesem Befehl: „Mach mir den kleinsten 24 Haufen den Du noch so nennst"? Ich würde sagen: das ist Unsinn; ich kann nur eine vorläufige obere und untere Grenze bestimmen.

Aber auch das trifft nicht genau wie es sich wirklich verhält. Vielmehr scheint die Unsicherheit meistens von der Art wie die der

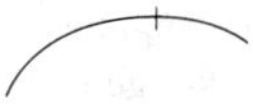

Angabe des höchsten Punktes dieser Kurve. Wir sind eben nicht im Euklidischen Raum und es gibt nicht im Euklidischen Sinne einen höchsten Punkt. Die Antwort wird heißen: „der höchste Punkt ist ungefähr da", und die Grammatik des Wortes ungefähr – in diesem Zusammenhang – gehört |dann| zur Geometrie unseres Raumes.

3 „Ich war der Meinung Napoléon sei 1805 gekrönt worden". – „Warst Du die ganze Zeit ununterbrochen dieser Meinung?"

4 Was hat aber Deine Meinung mit Napoléon zu tun? Welcher Zusammenhang/Welche Verbindung/ besteht zwischen Deiner Meinung und Napoléon?

Es kann, z.B., der sein, daß das Wort „Napoléon" in dem Ausdruck meiner Meinung vorkommt und der/plus dem/ Zusammenhang den dieses Wort mit seinem Träger hat. Also etwa, daß er sich so 25 unterschrieben hat, so angeredet wurde etc etc etc.

1 Träte nun auch bei dem Experiment zur ⟨Grenzbestimmung⟩ kein
6 unendlichen *–im MS durchstrichen*
7 als *–im MS durchstrichen*
13 Ich ⟨könnte⟩ dem Befehl Folge leisten also war er in Ordnung.
15 Ich würde sagen ⟨„⟩das ist Unsinn;
16 ich kann ⟨höchstens⟩ nur eine vorläufige obere und untere Grenze bestimmen.
17 das trifft nicht genau | | *–im MS leergebliebenes Einfügungszeichen*
23 |dann| *–das Einfügungszeichen ist im MS gewellt unterstrichen*
33 „Napoléon" in dem Ausdruck meiner Meinung vorkommt⟨, …⟩

1 „Aber mit dem Wort Napoléon bezeichnest Du doch, während Du es aussprichst, eben diesen Menschen". – „Wie geht denn, Deiner Meinung nach, dieser Akt des Bezeichnens vor sich? Momentan? oder braucht er Zeit? – Ja aber, wenn man Dich fragt ‚hast Du jetzt (eben) den Mann gemeint der die Schlacht bei Austerlitz gewonnen hat?' wirst Du doch sagen ‚ja'. Also hast Du diesen Mann gemeint als Du den Satz in dem sein Name vorkommt aussprachst!" – Wohl, aber nur etwa in dem Sinne, in welchem ich damals auch wußte, daß 2 + 2 = 4 ist/sei/. Nämlich nicht so, als ob zu dieser Zeit ein besonderer Vorgang stattgefunden hätte, den wir dieses ‚Meinen' nennen könnten; auch wenn vielleicht gewisse Bilder das Aussprechen begleitet haben, die für diese Meinung charakteristisch sind und bei andrer Bedeutung des Wortes Napoléon vielleicht andre gewesen wären. Vielmehr ist die Antwort „ja, ich habe den Sieger von Austerlitz gemeint" ein weiterer Schritt im Kalkül. Täuschend ist an ihm die vergangene Form, die eine 26
Beschreibung dessen zu geben scheint, was „in mir" während des Aussprechens des Satzes vorgegangen war. In Wirklichkeit knüpft das Präteritum nur an den früher ausgesprochenen Satz an.

2 Wie sich der Gedanke zur Rede verhält, kann man am besten verstehen, wenn man bedenkt, ob etwa das Verständnis (der Gedanke) einer Rechnung (etwa/z.B./ einer Multiplication), als gesonderter Prozess neben dem Rechnungsvorgang einherläuft.

3 Wenn man das Verstehen, Wissen, etc, als Zustand auffaßt, dann nur hypothetisch im Sinne einer psychischen Disposition, welche auf der selben Stufe steht, wie eine physiologische Disposition.

4 „Dachtest Du denn, als Du den Satz sagtest, daran, daß Napoléon ....." – „Ich dachte nur, was ich sagte".

5 Ich finde bei Plato auf eine Frage wie etwa „was ist Erkenntnis" nicht die vorläufige Antwort: Sehen wir einmal nach, wie dieses Wort 27
gebraucht wird.

6 Etwas wissen, ist von der Art dessen, einen Zettel in einer Lade meines Schreibtisches |zu| haben, auf dem es aufgeschrieben steht/ist/.

16.

7 Wenn ich sage: „in meine Gedanken tritt die gegenwärtige Situation ein", so heißt das nicht: die Situation, soweit ich sie beschreiben kann. Denn soweit ich sie beschreiben kann, kann ich sie malen

8 Hier und Jetzt sind geometrische Begriffe, wie etwa der Mittelpunkt meines Gesichtsfeldes.

4 Momentan? oder braucht er Zeit? – Ja⟨, ...⟩
8 in dem Sinne, in welchem ich ⟨auch damals⟩ wußte,
32 etwa *–im MS durchstrichen*
33 ⟨„⟩Sehen wir einmal nach, wie dieses Wort gebraucht wird.⟨"⟩

1 Hier und Jetzt haben nicht eine größere Multiplizität, als sie zu haben scheinen. Das anzunehmen ist die große Gefahr. Ersetze sie, durch welchen Ausdruck Du willst, immer ist es nur ein Wort – und daher eins so gut wie das andere.

2 „Ich bin jetzt hier." In welcher Situation hat dies Sinn, in welcher nicht?

3 Denken wir uns einen Brief datiert: „Hier, Jetzt". Aber ich glaube, das zeigt, was diese Wörter bedeuten; sie stehen für das vorgedruckte „Ort ...., Datum .....".

4 Unterschied zwischen Sage und Märchen, Märchen (und andere 28
Dichtungen) vom Jetzt und Hier abgeschnitten.

5 Es ist aber ein wichtiger Satz in der Grammatik des Wortes „hier", daß es keinen Sinn hat „hier" zu schreiben, wo eine Ortsangabe stehen soll; daß ich also auf meinem Sessel kein Täfelchen befestigen soll, mit der Aufschrift „Dieser Stuhl ist immer nur hier zu benützen".

6 ∫ „Dieses ist jetzt hier"

7 Ich kann natürlich in Bezug auf die Wörter „jetzt" und „hier" etc. nur das tun was ich sonst tue, nämlich ihren Gebrauch beschreiben. Und/Aber/ diese Beschreibung muß allgemein sein. d.h. im Vorhinein, vor jedem Gebrauch.

8 . Ist ein Raum denkbar, der nur alle rationalen Punkte, aber nicht die irrationalen enthält? Wäre etwa diese Struktur für unsern Raum zu ungenau/grob/? Weil wir zu den irrationalen Punkten dann (immer) nur näherungsweise gelangen könnten? [Weil wir die irrationalen Punkte dann nur näherungsweise erreichen könnten?] Unser Netz wäre also
nicht fein genug? Nein. Die Gesetze gingen uns ab, nicht die 29
Extensionen.

9 Ist ein Raum denkbar, der nur alle rationalen aber nicht die irrationalen Punkte enthält?

Und das heißt nur: Sind die irrationalen Zahlen nicht in den rationalen bereits präjudiziert?

Sowenig wie das Schachspiel im Damespiel.

Die irrationalen Zahlen füllen keine Lücke aus die die rationalen offen lassen.

10 Der einfärbige Fleck in der färbigen/farbigen/ Ebene ist nicht aus kleineren Teilen zusammengesetzt außer so wie die 10 etwa aus tausend Hundertsteln.

2 Das anzunehmen ist die große Gefahr⟨, ...⟩
23 das *–im MS durchstrichen*
28 Wäre etwa diese Struktur für ⟨unseren⟩ Raum zu ungenau/grob/?
29 Weil wir ⟨die irrationalen Punkte ...⟩
38 bereits *–im MS durchstrichen*
44 *Im MS:* aus hundert Hundertsteln.

1 Das kleinste sichtbare Stück ist ein Stück der physikalischen Fläche nicht des Gesichtsfeldes. Der Versuch, der das kleinste noch Sichtbare ermittelt, zeigt/untersucht/ stellt eine Relation fest zwischen z w e i Erscheinungen.

2 Der/Dieser/ Versuch untersucht nicht den Gesichtsraum und man kann den Gesichtsraum nicht untersuchen. Nicht in ihn tiefer eindringen.

3 (Wenn man beschreiben wollte, was auf der Hand liegt, könnte man 30
nicht „untersuchen was auf der Hand liegt".) [„untersuchen wollen was auf der Hand liegt"]

4 Man könnte glauben das Gesichtsfeld sei aus den minima visibilia zusammengesetzt, etwa aus lauter kleinen Quadraten, die man als unteilbare Flecke sieht. Unsinn.

Das Gesichtsfeld ist nicht zusammengesetzt wenn wir die Zusammensetzung nicht sehen. Denn bei dem Wort „Zusammensetzung" denken wir doch an die Zusammensetzung eines größeren Flecks aus kleineren.

Von kleinsten sichtbaren Teilen des Gesichtsfelds zu reden ist irreführend; gibt es denn auch Teile des Gesichtsfeldes die wir nicht mehr sehen? Und wenn wir etwa das Bild/Gesichtsbild/ eines Fixsterns so nennen so könnte das nur heißen daß es keinen Sinn habe hier von kleiner zu reden, und nicht, daß tatsächlich kein Fleck im Gesichtsfeld kleiner ist. Also ist der Superlativ „das kleinste ...." falsch angewendet.

5 Es scheint, man kann einen einfärbigen Fleck nicht zusammengesetzt
sehen, außer, wenn man ihn sich n i c h t einfärbig vorstellt. Die 31
Vorstellung einer Trennungslinie macht den Fleck mehrfärbig, denn die Trennungslinie muß eine andere Farbe haben, als der übrige Fleck.

6 „Ein Gegenstand läßt sich, in gewissem Sinne, nicht beschreiben" (auch bei Plato „er kann nicht beschrieben (erklärt) werden, sondern nur benannt") Unter/Mit/ „Gegenstand" meint man hier „Bedeutung eines nicht weiter definierbaren Wortes", und mit „Beschreibung" |oder ‚Erklärung'| eigentlich „Definition". Denn daß der Gegenstand ‚von außen beschrieben werden' kann, daß ihm etwa Eigenschaften beigelegt /zugeschrieben/ werden können, wird natürlich nicht geleugnet.

1 ⟨Die ...⟩
3 zeigt/untersucht/ *–im MS durchstrichen*
7 den Gesichtsraum nicht untersuchen⟨ nicht⟩ in ihn tiefer eindringen.
13 Man könnte glauben ⟨der ...⟩
15 etwa aus lauter kleinen Quadraten, die man als unteilbare ⟨Fläche⟩ sieht.
21 zu reden ist irreführend; ⟨denn ...⟩
21 zu reden ist irreführend; gibt es denn ⟨auf ...⟩
30 *Der Bemerkung folgt im MS das Zeichen für einen Einschub:* |V
Die zugehörige Einfügung war nicht zu finden, in der Synopse TS 211 angeführt als: /Auslassung 1/
33 (auch bei Plato⟨⟩ ...⟩
33 „er kann nicht beschrieben⟨, ⟩erklärt⟨,⟩ werden, sondern nur benannt")
34 Unter/Mit/ *–erste Variante im MS durchstrichen*

1 Wir denken also bei einem Satz wie dem oberen an einen Kalkül mit undefinierbaren – aber richtig gesagt undefinierten – Zeichen, den Namen, und sagen von ihnen, daß sie nicht definiert/erklärt/ werden können.

2 Folgt der Satz, daß der Kreis zwischen den beiden Geraden liegt, aus dem Satz daß er gerade h i e r liegt? – Aber wie ist dieses Hier bestimmt? Aus den Worten „der Kreis liegt hier" folgt der erste (Satz) 32
natürlich nicht. Zu dem ‚hier' gehört ein Bild. Folgt also aus dem Satz „der Kreis liegt s o zwischen/zu/ den Geraden |[a] |[b]: | ◍ |" der Satz „der Kreis liegt zwischen diesen/den/ Geraden |a und b|"? Der praktische Fall wäre etwa, daß der Kreis jetzt verdeckt ist/ Der Kreis wäre etwa jetzt verdeckt/ so daß man nicht wissen könnte/kann/, ob er zwischen den Geraden |a und b| (die sichtbar sind) liegt (oder nicht), und ich weiß, daß ich das Verdeckende wegnehmen muß, um zu sehen, ob der Satz wahr ist.

3 p · q = p heißt „q folgt aus p".

4 ∫ Aber es ist nicht klar, daß es sich in dem oberen Fall um dieses Folgen handelt.

5 Wie ist der Umfang des Begriffs „dazwischenliegen" bestimmt? Denn es soll doch im vorhinein festgelegt werden, welche Möglichkeiten zu diesem Begriff gehören. Es kann, wie ich sage, keine Überraschung sein daß ich auch d a s „dazwischenliegen" nenne. Oder: Wie können die Regeln für das Wort „dazwischenliegen" angegeben werden, da ich doch nicht die Fälle des Dazwischenliegens aufzählen kann? Natürlich muß gerade das für die Bedeutung dieses Worts charakteristisch sein. 33

6 Wir würden das Wort ja auch nicht durch hinweisen auf a l l e b e s o n d e r e n F ä l l e jemandem zu erklären suchen, sondern/aber wohl/ indem wir auf einen solchen Fall |(oder einige)| zeigten und in irgend einer Weise andeuteten daß der besondere Fall nichts ausmache. /es auf den besonderen Fall nicht ankomme./

7 Das Aufzählen von Lagen ist nicht nur nicht nötig sondern es kann hier wesentlich von so was keine Rede sein.

3 definiert/erklärt/ *–erste Variante im MS durchstrichen*
7 Aber wie ist dieses ⟨hier⟩ bestimmt?
10 zwischen/zu/ *–erste Variante im MS durchstrichen*
10 |[a] |[b] *–das Diagramm ist im MS eine Einfügung*
10 | ◍ |" ⟨daß er zwisch…⟩
11 diesen/den/ *–erste Variante im MS durchstrichen*
11 Der praktische Fall wäre etwa, daß der Kreis jetzt verdeckt ⟨wäre/ist/⟩ so
13 Der praktische Fall wäre etwa, daß der Kreis jetzt verdeckt ist/Der Kreis wäre etwa jetzt verdeckt *–erste Variante im MS durchstrichen*
20 *Die ganze Bemerkung ist im MS am linken Rand mit einem Fragezeichen markiert.*
29 Natürlich muß gerade ⟨daß …⟩
33 einen solchen Fall |⟨(oder mehrere)⟩ (oder einige)| ⟨zeigen⟩ und in

1 Wie aber fügt sich dann das Folgen in die Regeln von den Wahrheitsfunktionen ein? Oder geschieht das durch eine f e s t g e s e t z t e Regel der Art p · q = p?

2 Ich werde also ein allgemeines Zeichen der Art ‚| ◍ |‘ haben das sich zu dem früher gebrauchten so verhält wie $x^2 + x$ zu $4 \cdot 3^2 + 4 \cdot 3$. Und diese beiden Zeichen müssen äußerlich unterscheidbar sein und verschiedene Regeln von ihnen gelten (wie von „x“ und „4“). – Eine Regel aber muß sagen/besagen/, daß 4 aber auch irgend eine andre Zahl für x eintreten darf. 34

Und nun könnte man fragen: wie soll man es ausdrücken daß jede beliebige Zahl für „x“ stehen darf, da doch dazu auch schon eine solche Variable nötig wäre.

3 p ∨ q = q heißt „q folgt aus p“
Das folgt aus p · q = p, denn
p ∨ q ist im allgemeinen = (p · q) ∨ (p · ~q) ∨ (~p · q) Wenn aber q aus p folgt, so wird dies = p ∨ Cont ∨ (~p · q) = p ∨ (~p · q) = q

4 Zu sagen „der Kreis liegt entweder zwischen den beiden Geraden oder h i e r“ (wo dieses/das/ ‚hier‘ ein Ort zwischen den Geraden ist) heißt offenbar nur zu sagen „der Kreis liegt zwischen den beiden Geraden“ und der Zusatz „oder hier“ erscheint überflüssig. Man wird sagen: in dem ‚irgendwo‘ ist das ‚hier‘ schon mitinbegriffen. Das ist aber merkwürdig weil es nicht |darin| genannt ist.

5 Eine gewisse/bestimmte/ Schwierigkeit besteht darin, daß/wenn/ die Worte/Zeichen/ das nicht zu sagen scheinen, was der Gedanke erfaßt, 35
oder: wenn die Worte das nicht sagen, was der Gedanke zu erfassen scheint.

6 So, wenn wir sagen „dieser Satz gilt von allen Zahlen“ und glauben in dem Gedanken alle Zahlen wie die Äpfel in einer Kiste gefaßt /aufgefaßt/ zu haben.

7 Man kann für den Gebrauch der Variablen wohl eine Regel aufstellen und es ist kein Pläonasmus, daß wir dabei eben diese Art der Variablen gebrauchen. Denn brauchten wir sie nicht, so wäre ja durch die Regeln die Variable definiert. Und wir nehmen ja nicht an daß sie sich definieren lasse, oder: daß sie definiert werden müsse (denn einmal nehmen die Definitionen doch ein/ihr/ Ende).

7 müssen äußerlich unterscheidbar sein und ⟨von …⟩
20 Zu sagen „der ⟨F…⟩
22 heißt offenbar nur zu sagen⟨:⟩ „der Kreis liegt zwischen den beiden
23 der Zusatz „oder hier“ erscheint überflüssig⟨; …⟩
25 |darin| *–das Einfügungszeichen ist im MS gewellt unterstrichen*
27 ⟨D…⟩
27 gewisse/bestimmte/ *–erste Variante im MS durchstrichen*
38 eben diese Art der Variablen gebrauchen. Denn ⟨ge…⟩
41 ein/ihr/ *–die Varianten sind im MS durch eine geschweifte Klammer verbunden*

1 Das heißt (nur) daß – z.B. – die Variable |„x^2“| keine Abkürzung ist (etwa für eine logische Summe) und daß in unsern Gedanken auch nur ein Zeichen dieser Multiplizität vorhanden ist.

2 Nun könnte man aber fragen: Wie kann ich |nun| im voraus wissen aus welchen Sätzen dieser allgemeine Satz folgt? Wenn ich diese Sätze nicht 36 angeben kann.

3 Kann man aber sagen: „man kann nicht sagen, aus welchen Sätzen dieser Satz folgt“? Das klingt so wie: man weiß es nicht. Aber so ist es natürlich nicht. Und ich kann ja Sätze sagen, und im vorhinein sagen, aus denen er folgt. – „Nur nicht *alle*“. – Aber das heißt ja eben nichts.

4 Es ist eben nur der allgemeine Satz und besondere Sätze (nicht: die besonderen Sätze). Aber der allgemeine Satz zählt besondere Sätze nicht auf. Aber was charakterisiert ihn denn dann als allgemein und was zeigt, daß er nicht einfach diejenigen/*die*/ besonderen Sätze umschließt, von denen wir in diesem bestimmten Falle sprechen?

5 Er kann nicht durch seine Spezialfälle charakterisiert werden; denn wieviele man auch aufzählt, so könnte er immer mit dem Produkt der angeführten Fälle/Spezialfälle/ verwechselt werden. Seine Allgemeinheit liegt also in einer Eigenschaft der Variablen/(grammatischen Eigenschaft)/.

6 Wie man die Zeichnung | ○ | als eine Darstellung des „allgemeinen Falls“ ansehen kann. Quasi nicht im Maßraum, sondern so daß die 37 Distanzen des Kreises von den Geraden gar nichts ausmachen. Man sieht dann das Bild als Fall eines andern Systems als/wie/ wenn man es als Darstellung einer besonderen Lage des Kreises zwischen den Geraden sieht. Oder richtiger: Es ist dann Bestandteil eines andren Kalküls. Von der Variablen gelten eben andre Regeln als von ihrem besonderen Wert.

7 Worin besteht aber |– z.B. –| die unendliche Möglichkeit der Besetzung einer/der/ Variablen? Wie kann man sich |etwa| nach der Regel richten: „an diese Stelle darf keine Zahl gesetzt werden“? Die Allgemeinheit so einer/dieser/ Vorschrift muß von der Art der hypothetischen Allgemeinheit (alle Menschen müssen sterben) sein.

8 Es scheint nämlich als könnte eine Allgemeinheit über eine bestimmte Aufzählung mit einer Art schattenhafter Aufzählung hinausgehen.

2 und daß in ⟨unseren⟩ Gedanken
5 |nun| *–das Einfügungszeichen ist im MS gewellt unterstrichen*
9 ⟨Wenn wir eine Erklärung etwa …⟩

1 Denn nehmen wir an ich hätte 7 Fälle/Spezialfälle/ aufgezählt und sagte „ihre logische Summe ist aber nicht der allgemeine Satz“ so ist das nicht genug und ich will noch sagen, daß auch keine andere Zahl von Fällen /Spezialfällen/ den allgemeinen Satz ergibt. Aber in diesem Zusatz scheine ich nun wiederum eine Aufzählung, wenn auch nicht wirklich, so doch quasi schattenhaft auszuführen. Aber so ist es nicht denn in dem Zusatz kommen ganz andre Wörter als die Zahlwörter vor. 38

2 „Wie aber soll ich es verbieten, daß *ein* Zahlwort dort und dort eingesetzt wird? Ich kann doch nicht vorhersehen welches Zahlwort einer wird einsetzen wollen um es zu verbieten“. – Du kannst es ja verbieten, wenn es kommt. – Aber da/hier/ sprechen wir ja schon, allgemein, vom Zahlbegriff!

3 Ich müßte sagen: Die Zahlvariable ist ein dem Zahlzeichen verwandtes Zeichen (durch die Regeln die von ihm gelten. – Wie etwa der Läufer der Königin verwandter ist als dem Rössel) Und in der Verwandtschaft der Regeln muß es auch liegen was wir damit meinen daß das eine ein Spezialfall des andern ist. 39

4 Aber es gibt nicht etwas, was eine Aufzählung ist und doch keine Aufzählung. Eine Allgemeinheit die quasi nebelhaft aufzählt aber nicht wirklich und bis zu einer bestimmten Grenze.

5 Die Punkte in „1 + 1 + 1 + 1....“ sind eben auch nur die vier Punkte. Ein Zeichen für das sich gewisse Regeln angeben lassen müssen. (Nämlich die selben wie für das Zeichen „u.s.w. ad inf.“)

Dieses Zeichen ahmt zwar die Aufzählung in gewisser Weise nach, ist aber keine Aufzählung. Und das heißt wohl daß die Regeln die von ihm gelten bis zu einem Punkt mit denen die von einer Aufzählung gelten übereinstimmen aber nicht ganz übereinstimmen.

6 Es gibt kein Mittelding zwischen einer/der/ bestimmten Aufzählung und der Variablen/dem allgemeinen Zeichen/.

7 Ich habe einmal gesagt, es könne nicht Zahlen geben *und* den Begriff der Zahl. Und das ist richtig wenn es heißt daß die Variable zur Zahl nicht so steht wie der Begriff Apfel zu einem Apfel (oder der Begriff Schwert zu Nothung) 40

Anderseits ist die Zahlvariable kein Zahlzeichen.

5 nicht wirklich ⟨auszuführen⟩, so doch quasi schattenhaft |auszuführen|.
6 Aber so ist es nicht denn in ⟨der ...⟩
22 Eine Allgemeinheit die quasi ⟨N...⟩
25 Die Punkte ⟨im Zei...⟩

1 Ich wollte aber auch sagen daß der Zahlbegriff nicht unabhängig von den Zahlen |gegeben| sein könnte und das ist nicht wahr. Sondern die Zahlvariable ist in dem Sinne von einzelnen Zahlen unabhängig als es einen Kalkül mit einer Klasse unsrer Zahlzeichen und ohne die allgemeine Zahlvariable wohl gibt. Freilich gelten dann eben nicht alle Regeln von diesen Zahlen die von unsern gelten aber doch entsprechen sie unseren wie die Damesteine im Damespiel denen im Schlagdamespiel.

2 Was aber macht ein Zeichen zum Ausdruck der Unendlichkeit. Was gibt ihm den eigentümlichen Charakter dessen was wir unendlich nennen? Ich glaube, daß es sich ähnlich verhält wie das Zeichen einer enormen Zahl. Denn das Charakteristische des Unendlichen wie man es 41
so auffaßt ist seine enorme Größe.

3 Wenn man etwa fragt „ist das nun die letzte Regel in der Reihe“, so wäre die Antwort: natürlich nicht. – Auch kann man sagen: keine wird die letzte sein. – Aber hier bedient man sich schon einer Variablen, denn dem ‚keine‘ entspricht nicht ein logisches Produkt.

4 Soll ich nun sagen: keine ist die letzte, – oder: Es ist sinnlos von einer ‚letzten‘ zu sprechen, und auch das Wort ‚keine‘ ist in diesem Zusammenhang nicht erlaubt?

5 ∫ Die Grammatik des Ausdrucks/Wortes/ „u.s.w. ad inf.“

6 Wenn wir etwa die Regeln für Division oder Multiplication geben, so enthalten die schon die ‚unendliche Allgemeinheit‘. Nämlich die Unbeschränktheit und das ‚u.s.w.‘. (Und so kann man sich überzeugen, daß alles mit rechten Dingen zugeht.)

7 Schon das Kind in der Schule lernt die Rechenregeln mit/in/ dieser unendlichen Allgemeinheit. 42

Wir zeigen ihm einige Multiplicationen und verlangen, daß es dann andere mit größeren Zahlen als denen im Paradigma selbst ausführe.

8 ?ϕ „Wieviel Punkte muß man nach der Reihe setzen um das ‚u.s.w.‘ anzudeuten?“ Tut es nicht e i n e r?

9 ϕ Kann man von der Zahlenreihe sagen, sie habe kein Ende? „Aber wie wäre es wenn es anders wäre?“ Aber kann ich nicht vom Schachspiel sagen die Reihe der Schachfiguren habe ein Ende und in einem andern Spiel, sie habe kein Ende wenn man die Erlaubnis hätte beliebig viele Felder, einer Regel gemäß, mit Steinen zu besetzen.

2 |gegeben| –*das Einfügungszeichen ist im MS gewellt unterstrichen*
2 sein könnte und das ist nicht ⟨richt...⟩
4 Zahlen unabhängig als es einen Kalkül mit ⟨jeder ...⟩
17 Auch kann man sagen⟨,⟩ keine wird die letzte sein.
38 „⟨H...⟩

1 ϕ D.h. also: ist es überhaupt ein erlaubter Ausdruck, zu sagen, etwas habe ein Ende, oder keines.

2 /ϕ Zu sagen „diese Reihe hat kein Ende“ heißt/sagt/ natürlich dasselbe wie: „So geht es weiter“.

3 Man hat natürlich nur die Zahlen bis zu einer gewissen höchsten – sagen wir 10^{10} – hingeschrieben. Worin besteht nun die M ö g l i c h k e i t Zahlen hinzuschreiben die man noch nicht hingeschrieben hat? Wie seltsam dieses Gefühl als wären sie doch schon alle irgendwie vorhanden (Frege sagte eine Konstruktionslinie sei in gewissem Sinne schon vorhanden auch ehe sie gezogen wurde)! 43

4 Hier ist die Schwierigkeit sich zu wehren gegen den Gedanken, die Möglichkeit sei eine Art schattenhafter Existenz/Wirklichkeit/

5 ?ʃ Mit Gewalt drängt sich hier der Gedanke auf die Allgemeinheit antizipiere die besonderen Fälle doch in schattenhafter Weise. Die Variable sei nur eine Abkürzung [abgekürzte Schreibweise] für besondere Fälle [für eine Gesamtheit/ein Ganzes/ von besonderen Fällen]

6 In den Regeln für die Variable a̲ kann eine Variable b̲ vorkommen und auch besondere Zahlzeichen; aber auch keine Gesamtheit von Zahlen.

7 Nun scheint es aber als wäre damit etwas |aus der Logik| w e g g e l e u g n e t. Etwa gerade die Allgemeinheit; oder das was die Punkte andeuten. Das Unfertige (Lockere, Dehnbare) der Reihe /Zahlenreihe/. Und natürlich dürfen und können wir nichts wegleugnen. – Wo kommt also diese Unbestimmtheit zum Ausdruck? Etwa so: Wenn wir Zahlen anführen die wir statt der Variablen a̲ einsetzen dürfen so sagen wir von keiner es sei die letzte oder höchste. 44

8 Würde uns aber nun nach der Erklärung einer Rechnungsart jemand fragen: „und ist nun 103 das letzte Zeichen der Reihe welches ich benützen kann“, was sollen wir antworten? „Nein es ist nicht das letzte“ oder „es gibt kein letztes“? – Aber muß ich ihn nicht zurückfragen: „Und wenn es nicht das letzte ist, was käme dann noch?“ Und sagt er nun „104“, so müßte ich sagen: Ganz richtig, Du kannst die Reihe selber fortsetzen.

1 D.h. also⟨,⟩ ist ⟨et…⟩
1 überhaupt ein erlaubter Ausdruck, zu sagen⟨;⟩ etwas habe ein Ende,
7 die Zahlen bis zu einer gewissen höchsten ⟨hinge…⟩
11 (Frege sagte ⟨ein …⟩
18 der Gedanke auf die Allgemeinheit antizipiere die ⟨spezie…⟩
20 für besondere Fälle [für eine Gesamtheit/ein Ganzes/⟨] …⟩
23 aber auch keine Gesamtheit ⟨z…⟩
25 |aus der Logik| *–das Einfügungszeichen ist im MS gewellt unterstrichen*
25 w e g g e l e u g n e t⟨, etwa⟩ gerade die Allgemeinheit;
27 Das Unfertige der Reihe/Zahlenreihe/ ⟨(das Lockere) Dehnbare⟩
33 Würde uns aber nun ⟨bei …⟩
34 „und ist nun 103 ⟨die …⟩
34 der Reihe *–im MS durchstrichen*

1 Von einem Ende der Möglichkeit kann ich überhaupt nicht reden.

2 (Nur vor dem Geschwätz muß man sich in der Philosophie hüten. 45

Eine Regel aber die praktisch anwendbar ist, ist immer in Ordnung.)

3 Es ist klar daß man einer Regel von der Art $|a, \xi, \xi+1|$ folgen kann; ich meine ohne |schon| von vornherein die Reihe hinschreiben zu können, sondern indem man wirklich der Bildungsregel folgt/sich wirklich nach der Bildungsregel richtet/. Es ist ja dann dasselbe wie wenn ich eine Reihe |etwa| mit der Zahl 1 anfinge und sagte: „nun gib 7 dazu, multipliziere mit 5 und zieh die Wurzel, und diese zusammengesetzte Operation wende immer wieder auf das Resultat an". (Das wäre |ja| die Regel $|1, \xi, \sqrt{(\xi+7)\cdot 5}\,|$.)

4 Aber was tut der, der/welcher/ diese Regel versteht? Wendet er sie etwa schon in schattenhafter Weise auf alle Zahlen an? –

5 Um nun die Regel etwa 3 mal nach einander anzuwenden, braucht es keine weitere Regel die diese Anwendung regelt (die Verbindung der ersten Regel mit der Zahl 3 herstellt). Sondern, daß wir den Raum für die Anwendung offenlassen ist gerade unser Zeichen für die endlose Allgemeinheit 46

6 Schließlich ist ja das Wort „u.s.w." nichts anderes als das Wort „u.s.w." (d.h. wieder als ein Zeichen des Kalküls das nicht mehr tun kann als durch die Regeln zu bedeuten, die von ihm gelten. Das nicht mehr sagen kann als es zeigt.)

D.h. es wohnt dem Wort „u.s.w." keine geheime Kraft inne, durch die nun die Reihe fortgesetzt wird, ohne fortgesetzt zu werden.

7 Das wohl nicht, wird man sagen, aber eben die Bedeutung der unendlichen Fortsetzung.

8 „Kann man sich einen leeren Raum vorstellen?" (Diese Frage gehört merkwürdigerweise hieher.)

9 Es ist einer der tiefstwurzelnden Fehler der Philosophie: die Möglichkeit als ein Schatten der Wirklichkeit./einen Schatten der Wirklichkeit zu sehen./

Anderseits aber kann es kein Irrtum sein und ist es auch nicht wenn man den Satz diesen Schatten nennt.

3 (Nur vor dem Geschwätz muß man sich in der Philosophie hüten.⟨)⟩
9 sondern indem man ⟨sich⟩ wirklich ⟨nach⟩ der ⟨R…⟩
10 Es ist ja dann ⟨g…⟩
16 der/welcher/ *–zweite Variante im MS durchstrichen*
28 *Der Absatz ist im MS eine Bemerkung, in der Leerzeile durch das Zeichen ⚹ der vorhergehenden Bemerkung zugeordnet.*
36 (Diese Frage gehört merkwürdigerweise ⟨hierh…⟩
38 Fehler der Philosophie: *–der Doppelpunkt ist im MS gewellt unterstrichen*
42 ist es auch nicht wenn man den Satz ⟨als …⟩

1 Es muß nur die unendliche Möglichkeit zu erklären genug sein auf die 47
Züge des Zeichens hinzuweisen die uns eben zur Annahme dieser |unendlichen| Möglichkeit führen, |besser:| aus denen wir diese unendliche Möglichkeit ersehen. Das heißt (nur) das Tatsächliche des Zeichens muß genügen und nicht die Möglichkeiten des Zeichens in Betracht kommen die |sich| nur wieder in einer Beschreibung von Zeichen zeigen könnten. Es muß also in dem Zeichen „| 1, ξ, ξ + 1 |“ – dem Ausdruck der Bildungsregel – schon alles enthalten sein. Ich darf mit der unendlichen Möglichkeit nicht wieder ein mythisches Element in die Logik/Grammatik/ einführen. Beschreibt man den Vorgang der Division $1{\cdot}\underset{1}{0} : 3 = 0{\cdot}3$ der zu dem Quotienten $0{\cdot}3$ und dem Rest 1 führt, so muß in dieser Beschreibung schon die unendliche Möglichkeit der Fortsetzung mit immer dem gleichen Erfolg liegen, denn etwas Anderes ist uns ja nicht gegeben, wenn wir sehen, „daß es immer so weiter gehen muß“.

Und wenn wir die „unendliche Möglichkeit der Fortsetzung sehen“
so können wir doch nichts sehen was nicht beschrieben ist, wenn wir 48
eben das Zeichen beschreiben, was wir sehen.

2 Die Gefahr ist natürlich hier wieder in einen Positivism zu verfallen, nämlich einen, der einen eigenen Namen verdient und daher natürlich ein Irrtum sein muß. Denn wir dürfen überhaupt keine Tendenz haben keine besondere Auffassung der Dinge sondern (wir) müssen alles anerkennen, was jeder Mensch darüber je gesagt hat außer soweit er selbst eine besondere Auffassung oder Theorie hatte.

3 Denn das Zeichen „u.s.w.“, oder ein ihm entsprechendes, ist wohl für die Bezeichnung der Endlosigkeit wesentlich. Natürlich durch die Regeln die von einem solchen Zeichen gelten. D.h. Wir können wohl das Reihenstück „1, 1 + 1, 1 + 1 + 1“ unterscheiden von der Reihe „1, 1 + 1, 1 + 1 + 1, u.s.w.“ Und das letzte Zeichen und sein Gebrauch ist so wesentlich für den Kalkül als eines der vorhergehenden./irgend ein andres./

4 Das was mich nun bedrückt ist, daß das „u.s.w.“ scheinbar auch in den
Regeln für das Zeichen „u.s.w.“ vorkommen muß. Z.B. ist 1, 1 + 1, u.s.w. 49
= 1, 1 + 1, 1 + 1 + 1, u.s.w. u.s.w.

5 Aber haben wir denn hier nicht die alte Erkenntnis/Einsicht/ daß wir die Sprache nur von außen beschreiben können. Daß wir also nicht erwarten dürfen durch eine Beschreibung der Sprache wesentlich tiefer /in andere Tiefen/ zu dringen als die Sprache selbst offenbart: Denn die Sprache beschreiben wir mittels der Sprache.

7 Es muß also in dem Zeichen „| 1, ξ, ξ + 1 |“ ⟨z...⟩ ⟨schon ...⟩
8 – dem Ausdruck der Bildungsregel ⟨der Anzahlen⟩ – schon alles
11 Beschreibt man den Vorgang der Division ⟨der ...⟩
17 so können wir doch nichts sehen was ⟨v...⟩
20 in einen ⟨Positivismus⟩ zu verfallen,
28 für die Bezeichnung der Endlosigkeit *–im MS am linken Rand mit einer vertikalen Wellenlinie markiert*
37 Z.B. ist 1, 1 + 1, u.s.w. = 1, 1 + 1, 1 + 1 + 1, u.s.w. u.s.w.⟨!⟩
39 Erkenntnis/Einsicht/ *–zweite Variante im MS durchstrichen*
41 Daß wir also nicht erwarten ⟨Z...⟩

1 Wir könnten sagen: Es ist ja gar kein Anlaß zu fürchten daß wir das Wort „u.s.w.“ in einer das Endliche übersteigenden Weise gebrauchen.

2 Übrigens kann der für das „u.s.w.“ charakteristische Teil seiner Grammatik nicht in Regeln über die Verbindung von „u.s.w.“ mit einzelnen Zahlzeichen (nicht: „d e n einzelnen Zahlzeichen“) bestehen – denn diese Regeln geben ja wieder ein beliebiges Stück einer Reihe – sondern in Regeln der Verbindung des Zeichens „u.s.w.“ mit sich selbst /von „u.s.w.“ mit „u.s.w.“./

3 Aber hier habe ich schon das Wort „beliebig“ gebraucht, und wie drückt es sich aus, daß ein angegebener/aufgeschriebener/ Teil der Reihe 50
beliebig ist?

4 Das Zeichen „1, 1 + 1, 1 + 1 + 1, ...“ kann im Wesentlichen nicht deutlicher sein als „| 1, ξ, ξ + 1 |“. (Das ist sehr wichtig.)

5 Was sieht der, der in „1˙0 : 3 = 0˙3“ erkennt daß es nun periodisch so weitergeht? Kann man denn diese Division nicht sehen ohne dies zu sehen?

6 Von dem Zeichen „0˙3̇“ kann man sagen: e s i s t k e i n e A b k ü r z u n g.

7 Ich hatte einmal von der Division gesagt: „ich sehe eben etwas Bestimmtes i n i h r, wenn ich die Periodizität erkenne.“ – Muß ich nun nicht sagen, sie gehört in diesem Fall zu einem andern System als im Falle, wenn ich die Periodizität nicht erkenne?

8 ∫ Man könnte fragen „fällt Dir an dieser Division nichts auf?“ (die Periodizität).

„Ja, es fällt mir auf, daß das immer so weitergehn muß“.

Wenn ich nun fragen würde: „Was meinst Du mit ‚immer so 51
weiter‘“ so würde er mir etwa erst ein paar gleiche Schritte aufzählen und dann sagen „u.s.w.“. Dabei ist es klar daß die aufgezählten Schritte beliebig viele sein und daher auch ganz wegfallen konnten so daß als wesentliches Zeichen der Fortsetzung das „u.s.w.“ bleibt.

9 Es ist übrigens klar daß es keinen e x a c t e r e n Beweis der Periodizität dieser Division gibt als das oben ausgeführte Stück.

10 Das was ich an/in/ dieser Division sehe befähigt mich z.B. das vierstellige Resultat 0˙3333 auf Verlangen ohne weitere Rechnung anzuschreiben. Und hierin liegt die andere Art der Benützung dieser Division./dieses Zeichens./

9 des Zeichens „u.s.w.“ mit sich selbst/von „u.s.w.“ mit „u.s.w.“./ *–erste Variante im MS durchstrichen*
26 nicht sagen, sie gehört ⟨als peri...⟩
26 nicht sagen, sie gehört in diesem Fall |zu| einem andern System ⟨an ...⟩
31 „Ja, ⟨et...⟩
35 Dabei ist es klar daß die aufgezählten Schritte beliebig viele sein ⟨kon...⟩
44 dieser Division./dieses Zeichens./ *–erste Variante im MS durchstrichen*

1 Es ist als entdeckten wir an gewissen Körpern die vor uns liegen Flächen mit denen sie an einander gereiht werden können. Oder vielmehr als entdeckten wir daß sie mit den und den Flächen die wir auch schon früher gekannt/gesehen/ hatten an einander gereiht werden 52
können. Es ist das die Art der Lösung vieler Spiele oder Rätselfragen

2 Der, welcher/der/ die Periodizität entdeckt, erfindet einen neuen Kalkül. Die Frage ist, wie unterscheidet sich der Kalkül mit der periodischen Division von dem Kalkül der die Periodizität nicht kennt?

3 ∫/ (Wir hätten einen Kalkül mit Würfeln betreiben können ohne je auf die Idee zu kommen sie zu Prismen aneinanderzureihen.)

4 ∫ Was macht es, daß ich weiß, daß die Definition „a + ((b) + 1) = (a + b) + 1 Def" rekursiv auf alle Zahlen angewandt werden kann?

Oder: Wie zeigt sich die Periodizität dieser Definition?

5 / Ich könnte übrigens sagen, daß sich das Zeichen „1, 1 + 1, 1 + 1 + 1, u.s.w." vom Zeichen „1, 1 + 1, 1 + 1 + 1" durch die Anwendung unterscheidet. Daß sie verschiedenen Kalkülen angehören.

6 / Die Schwierigkeit fängt schon da an, wenn ich sagen soll, daß an Stelle 53
der Buchstaben, Zeichen von der Form 1, (1) + 1, ((1) + 1) + 1, u.s.w. zugelassen werden. (Schon die willkürliche Länge der Aufzählung ist unangenehm.)

7 / Diese Aufzählung muß sich durch „| 1, ξ, (ξ) + 1 |" ersetzen lassen.

8 / Anderseits aber muß es auch klar sein, daß „1, (1) + 1, ((1) + 1) + 1, u.s.w." keine Abkürzung ist.

9 / Vielmehr muß es auch das vollständige Zeichen sein eines Kalküls. D.h. man muß mit ihm ebenso exact arbeiten können, wie mit jedem anderen.

30.7.

10 Man könnte |nun| aber fragen: Wie kommt es, daß der, welcher die allgemeine Regel nun auf eine weitere Zahl anwendet, nur dieser Regel folgt. Daß keine weitere Regel nötig war die ihm erlaubt die |allgemeine| Regel auch auf diesen Fall anzuwenden; und daß doch dieser Fall in der |allgemeinen| Regel nicht genannt war.

4 hatten an einander gereiht werden ⟨könnten⟩.
9 mit der periodischen Division von dem |Kalkül| ⟨mit⟩ der ⟨Division …⟩
11 ∫ *Randzeichen durchstrichen*
19 daß sich das Zeichen ⟨„1, 1 + 1, 1 + 1 + 1" von „1+ …⟩
24 Zeichen von der Form ⟨„⟩1, (1) + 1, ((1) + 1) + 1
38 nun *–das Einfügungszeichen ist im MS gewellt unterstrichen*
40 dieser Regel folgt. Daß ⟨nicht …⟩
41 Regel *–im MS durchstrichen*
41 und daß doch dieser Fall in der allgemeinen Regel nicht genannt war *–im MS am linken Rand mit vertikaler Wellenlinie markiert*
42 allgemeinen| *–das Einfügungszeichen ist im MS gewellt unterstrichen*

1 Es wundert uns also daß wir diesen Abgrund zwischen den einzelnen Zahlen und dem allgemeinen Satz nicht überbrücken können. 54

2 Woher/Wie/ weißt Du daß er im Zimmer ist? – Weil ich ihn hineingesteckt habe und er nirgends heraus kann. – So ist also Dein Wissen der allgemeinen Tatsache, daß er irgendwo im Zimmer ist, auch von der Multiplizität dieses Grundes. Gezeichnet etwa so:

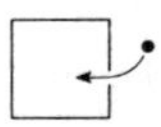

Das Bild des allgemeinen Sachverhalts wäre also auch | ◍ |. Und dieses Zeichen würde nur anders benützt als dann, wenn es eine spezielle Lage angibt.

Übrigens haben wir ja dasselbe, wenn wir in der Geometrie einen Beweis durch Zeichnung führen und e i n (allgemeines) Dreieck hinzeichnen.

Von dem Gebrauch des allgemeinen Dreiecks gelten dann andere Regeln als von dem des speziellen.

3 ?∫ Man sagt: „auf die Größe dieses Dreiecks kommt es hier nicht an".

4 Wenn die Intuitionisten von der „Grundintuition" sprechen, – ist diese ein psychologischer Prozess? Und wie kommt er dann in die Mathematik? Oder ist, was sie meinen, nicht doch nur ein Urzeichen 55 (im Sinne Freges); ein Bestandteil eines Kalküls?

5 Es ist wohl charakteristisch für das allgemeine | ○|, daß | ○| = | ○ |, aber man kann das allgemeine Zeichen nicht durch eine Aufzählung solcher Gleichungen erklären/bestimmen/, da man ja wieder nicht a l l e aufzählen kann.

(Darum sagte ich früher das „u.s.w." müsse durch die möglichen /erlaubten/ Verbindungen mit sich selbst, nicht mit seinen besonderen Fällen charakterisiert/erklärt/ werden.)

6 ∫ (Wenn man die Sokratischen Dialoge liest, so hat man das Gefühl: welche fürchterliche Zeitvergeudung! Wozu diese Argumente die nichts beweisen und nichts klären.)

7 Es ist als gäbe es eine allgemeine A u f f a s s u n g des Zeichens (etwa eines Dreiecks in der geometrischen Konstruktion etc).

5 Weil ich ihn hineingesteckt habe⟨,⟩ und er nirgends heraus kann.
21 doch nur ein ⟨„⟩Urzeichen⟨"⟩ (im Sinne Freges)
29 nicht mit ⟨seinen⟩ besonderen Fällen charakterisiert/erklärt/ werden.)
36 Es ist als gäbe es eine allgemeine A u f f a s s u n g des Zeichens⟨, …⟩
37 (etwa eines Dreiecks ⟨im⟩ |der| geometrischen Konstruktion etc).

1 Es gibt ein „zwischen“ bei dem man nicht von einem besonderen Ort reden kann. Das also quasi alle Züge des räumlichen „Zwischen“ hat außer denen, die sich auf bestimmte Lagen beziehen. 56

Das heißt es gibt einen Kalkül mit einer Relation die man „zwischen“ nennen könnte, bei der aber von (einer) Allgemeinheit nicht die Rede wäre.

Anderseits aber ist dieser Kalkül derjenige der Allgemeinheitsbezeichnung für die räumliche Lage. Wie kriegt er aber den Charakter der Allgemeinheit, wenn er ihn doch nicht durch die Beziehungen zu speziellen Fällen bekommt? – Aber worin besteht denn dieser Charakter der Allgemeinheit? Handelt es sich nicht hier wieder um einen falschen Vergleich?

2 Die Allgemeinheit ist so vieldeutig, wie die Subject–Prädicat Form.

3 ∫ „Außer diesem, diesem, diesem und diesem Stuhl ist keiner im Zimmer und sie alle sind braun.“

„Zähl die Stühle in diesem Zimmer“.

4 Alles was man eigentlich in der Philosophie wissen muß, ist, daß jeder Unterschied des Gebrauchs/im Gebrauch/ eines Worts ein logischer Unterschied ist, und daß es sich also um verschiedene Formen handelt 57 (deren grammatische Verwandtschaft höchstens, durch das gleiche Wort/die gleiche Bezeichnung/ angedeutet wird).

5 D.h. man darf nur nicht an einem Unterschied der Formen vorbeigehen – wie man wohl an einem Unterschied zwischen Sesseln vorbeigehen kann wenn er etwa sehr gering ist.

In gewissem Sinne gibt es für uns – nämlich in der Grammatik – nicht geringe Unterschiede. Und überhaupt bedeutet ja das Wort Unterschied etwas ganz anderes als dort wo es sich um einen Unterschied zweier Dinge/Sachen/ handelt.

6 Worin besteht der Charakter der Allgemeinheit des allgemeinen Kalküls? Denn ich möchte daß er die besonderen Fälle allgemein behandelt und nicht quasi etwas von den besonderen Fällen ganz losgelöstes ist. (Wie es |auch| in der Bezeichnung „1, 1 + 1, 1 + 1 + 1 u.s.w.“ angedeutet ist.)

Wo ist die Verwandtschaft zwischen der Allgemeinheit und dem Besonderen? Die muß offenbar in der Bezeichnung zum Ausdruck kommen.

7 (Und darum/so/ enthält ja auch die allgemeine Zahlform |„[1, ξ, $(\xi + 1)$“| 58 das Zeichen „1“)

8 Ich möchte sagen: das allgemeine Bild | ○ | hat eine andre Metrik als das besondere.

1 bei dem man nicht von einem besonderen ⟨Art ...⟩
16 „Außer diesem, diesem, diesem und diesem Stuhl ⟨sind keine ...⟩
21 daß jeder Unterschied im ⟨Gebrauche⟩ eines Worts
22 *Im MS:* also |um| verschiedene Formen
23 (deren grammatische Verwandtschaft⟨,⟩ höchstens,
34 ⟨Denn ...⟩
37 |auch| *–das Einfügungszeichen ist im MS gewellt unterstrichen*

1 Die Möglichkeit noch weitere Zahlen anzuführen. Die Schwierigkeit scheint uns die zu sein daß die Zahlen die ich tatsächlich angeführt habe ja gar nicht wesentlich sind/keine wesentliche Gruppe sind/ und nichts dies andeutet, daß sie eine beliebige Collection sind: die zufällig aufgeschriebenen unter allen Zahlen.

(So als hätte ich in einer Schachtel alle Karten/Steine/ eines Spiels und auf dem Tisch daneben eine zufällige Auswahl aus dieser Schachtel.

Oder als wären die einen |Ziffern| in Tinte nachgezogen während sie alle schon gleichsam blaß vorgezeichnet sind/seien/)

Daß wir aber außer diesen zufällig benützten nur die allgemeine Form haben.

Haben wir hier übrigens nicht – so komisch das klingt – den Unterschied zwischen Zahlzeichen und Zahlen?

2 ∫ Ist es nicht klar daß wir bei unseren Schwierigkeiten eben an einem falschen Bilde laborieren? 59

3 Im allgemeinen Zeichen | ○ | spielen die Distanzen so wenig eine Rolle wie im Zeichen – a R b (die der Buchstaben).

4 Bedenke, daß aus dem allgemeinen Satz eine logische Summe mit/von/, sagen wir, 100 Summanden folgen könnte, an die wir doch bestimmt nicht gedacht haben als wir den allgemeinen Satz aussprachen. Können wir dennoch sagen, daß sie aus ihm folgt?

31.

5 ?∫ „Hast Du es ohne Unterbrechung |die ganze Zeit| verstanden?"

6 Die Allgemeinheitsbezeichnung unserer gewöhnlichen Sprache faßt die logische Form noch viel oberflächlicher als ich früher geglaubt habe. Sie ist eben in dieser Beziehung mit der Subject-Prädicat Form vergleichbar.

7 Nehmen wir die besonderen Fälle des allgemeinen Sachverhalts daß das Kreuz sich zwischen den Grenzstrichen befindet

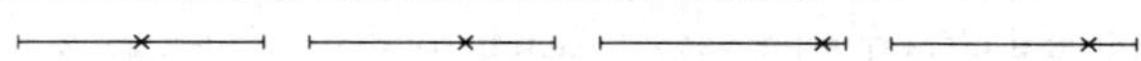

Jeder dieser Fälle z.B. hat eine/seine/ besondere Individualität. Tritt diese Individualität irgendwie in den Sinn des allgemeinen Satzes ein? Offenbar nicht. 60

8 ∫ „Das Kreuz liegt so auf der Geraden:  ". – „Es liegt also zwischen den Strichen ...."

„Es hat hier $16\frac{1}{2}$ Grad". – „Es hat also jedenfalls mehr als 15°"

5 aufgeschriebenen⟨, während quasi die unaufgeschriebenen ...⟩
7 daneben eine zufällige Auswahl aus dieser Schachtel.⟨) ...⟩
8 |Ziffern| *–das Einfügungszeichen ist im MS gewellt unterstrichen*
9 sind/seien/ *–erste Variante im MS durchstrichen*
24 an die wir doch bestimmt nicht gedacht haben als wir den allgemeinen Satz aussprachen. Können wir dennoch sagen, daß sie aus ihm folgt? *–im MS am linken Rand mit einer vertikalen Wellenlinie markiert*
43 „Es hat also jedenfalls mehr als 15 ⟨Grad⟩"

1 Wenn man sich übrigens wundert, daß dieser Satz aus jenem/ein Satz aus dem anderen/ folgt obwohl man doch bei jenem gar nicht an ihn dachte/bei diesem gar nicht an jenen dachte/, so denke man nur daran daß $p \vee q$ aus p folgt, und ich denke doch gewiß nicht (an) alle Sätze $p \vee \xi$ wenn ich p denke.

2 Die ganze Idee daß man bei dem Satz aus dem ein anderer folgt diesen denken muß beruht auf einer falschen, und psychologisierenden, Auffassung. Wir haben uns ja nur um das zu kümmern, was in den Zeichen und (ihren) Regeln liegt.

3 Dagegen ist |es| eine wirkliche Schwierigkeit/ein ernst zu nehmender Gedanke/ein wirklicher Gedanke/ daß das Folgen immer verbunden scheint mit dem/gebunden scheint an den/ Kalkül der Wahrheitsfunktionen.

4 Will ich sagen daß sich das Folgen immer aus der Übereinstimmung der/von/ Wahrheitsmöglichkeiten ergeben muß? 61

				q ‖	(p ∨ q) ‖
p	q	p ∨ q	q	(p ∨ q) · q	(p ∨ q) ∨ q
W	W	W	W	W	W
W	F	W	F	F	W
F	W	W	W	W	W
F	F	F	F	F	F

$(\exists x)\, fx \vee fa = (\exists x)\, fx$, $(\exists x)\, fx \cdot fa = fa$ Wie weiß ich das? (denn das obere habe ich sozusagen bewiesen). Man möchte etwa sagen: „ich verstehe $(\exists x)\, fx$ eben". (Ein herrliches Beispiel dessen, was ‚verstehen' heißt.)

Ich könnte aber ebensogut fragen „wie weiß ich daß $(\exists x)\, fx$ auf/aus/ fa folgt" und antworten: „weil ich $(\exists x)\, fx$ verstehe". Wie weiß ich aber wirklich, daß es folgt? – weil ich so kalkuliere.
Wie weiß ich daß $(\exists x)\, fx$ aus fa folgt? [aus $(x) \cdot fx$ fa folgt?] Sehe ich quasi hinter das Zeichen $(\exists x)\, fx$, und sehe den Sinn der hinter ihm steht und daraus/aus ihm/, daß er aus fa folgt? ist d a s das Verstehen?

Nein, jene Gleichung ist ein Teil des Verstehens/Verständnisses/ [drückt einen Teil des Verstehens aus] (das so ausgebreitet vor mir 62 liegt.)

Denn die Annahme eines Verstehens das ursprünglich mit einem Schlag erfaßbar/ein Erfassen mit einem Schlag/ erst so ausgebreitet werden kann, ist ja unrichtig.

Wenn ich sage „ich weiß, daß es/$(\exists x)\, fx$/ folgt, weil ich es verstehe", so hieß das, daß ich, es verstehend, etwas a n d e r e s sehe als das gegebene Zeichen, gleichsam eine Definition des Zeichens, aus der das Folgen hervorgeht.

5 doch gewiß nicht (an) alle Sätze p ∨ ⟨q⟩ wenn ich p denke.
7 daß man bei dem Satz aus dem ein anderer folgt ⟨an⟩ diesen denken muß
13 daß das Folgen immer ⟨verbunden …⟩
17 ⟨… p · q =⟩ *–im MS rechts neben der Kopfzeile der Tabelle*
32 auf/aus/ *–erste Variante im MS durchstrichen*
34 Wie weiß ich daß ⟨fa aus (∃x) fx (x) fx fa folgt …⟩
34 [aus (x)·fx fa folgt?] *–im MS durchstrichen*
44 daß es/(∃x) fx/ folgt, weil ich es verstehe", so ⟨hieße⟩ das,

1 Die Mathematik besteht aus Rechnungen. [Die Mathematik besteht ganz aus Rechnungen.]

1.8.

2 Meine Auffassung des allgemeinen Satzes war doch, daß (∃x) fx eine logische Summe ist und daß nur ihre Summanden h i e r nicht aufgezählt seien, sich aber aufzählen ließen (und zwar aus dem Wörterbuch und der Grammatik der Sprache).

Denn ließen sie sich nicht aufzählen, so handelt es sich ja doch nicht um eine/so handelt es sich ja doch um keine/so haben wir ja doch keine/ logische Summe. (Vielleicht ein Gesetz, logische Summen zu bilden.)

3 Die Zahl ist durchaus kein „grundlegender mathematischer Begriff". Es gibt so viele Kalküle/Rechnungen/ in denen von Zahlen nicht die Rede ist. 63

Und was die Arithmetik betrifft so ist es mehr oder weniger willkürlich was wir |noch| Zahlen nennen wollen. Und im Übrigen ist der Kalkül – z.B. – der Cardinalzahlen zu beschreiben, d.h. seine Regeln sind anzugeben, und damit sind die Grundlagen der Arithmetik gegeben [und damit ist die Arithmetik begründet/Grund gelegt/.]

4 Lehre sie uns, dann hast Du sie begründet.

5

(∃x) fx	fa
W	W
W	F
~~F~~	~~W~~
F	F

Aber, meinte ich, muß also nicht (∃x) fx eine Wahrheitsfunktion von fa sein, damit ←das möglich ist? Damit diese Abhängigkeit möglich ist?

6 Ja sagt denn eben (∃x) fx ∨ fa = (∃x) fx nicht, daß fa schon in (∃x) fx enthalten ist? Zeigt es eben nicht die Abhängigkeit des fa von (∃x) fx? Nein, außer wenn (∃x) fx als logische Summe d e f i n i e r t ist (mit einem Summand fa). – Ist das der Fall, so ist (∃x) fx (weiter nichts als)/(nur)/ eine Abkürzung.

7 Einen verborgenen Zusammenhang gibt es in der Logik nicht.

8 Eines der größten Hindernisse für die Philosophie ist die Erwartung auf geheime Aufschlüsse/die Erwartung neuer tiefer/unerhörter/ Aufschlüsse/. 64

9 Wird nicht vielmehr die Abhängigkeit durch die Gleichung hergestellt und festgesetzt? Denn eine verborgene Abhängigkeit gibt es eben nicht.

10 (∃x) fx · ~fa, (∃x) fx · ~fa · ~fb · ~fc
„Das Kreuz befindet sich irgendwo zwischen den Strichen, außer in der Lage a." Man könnte nun fragen: wird durch solche fortgesetzte Subtraction von Möglichkeiten endlich eine Kontradiction erzeugt?

Einen verborgenen Zusammenhang gibt es ⟨nicht …⟩
die Erwartung auf geheime Aufschlüsse *– im MS durchstrichen*

1 Angenommen ich gäbe eine Disjunction von so vielen Stellungen an, daß es mir unmöglich wäre eine Stellung von allen angegebenen als verschieden zu erkennen/sehen/; wäre nun die Disjunktion der allgemeine Satz (∃x) fx? Wäre es nicht sozusagen Pedanterie die Disjunktion noch immer nicht als den allgemeinen Satz anzuerkennen? Oder besteht ein wesentlicher Unterschied, und ist die Disjunktion vielleicht dem allgemeinen Satz gar nicht ähnlich?

2 / Das, was uns auffällt ist, daß der eine Satz so kompliziert, der andere so einfach ist. Oder ist der einfache nur eine kurze Schreibweise des komplizierten? 65

3 / Es scheint uns aber das ‚zwischen den Strichen, oder Wänden, Liegen' etwas Einfaches, wovon die verschiedenen Lagen (ob die Gesichtserscheinungen oder die durch messen festgestellten Lagen) ganz unabhängig sind.

D.h. Wenn wir von den einzelnen (gesehenen) Lagen reden, so scheinen wir von etwas ganz Anderem zu sprechen/reden/, als von dem, wovon im allgemeinen Satz die Rede ist.

4 / Es ist ein anderer Kalkül zu dem unsere Allgemeinheitsbezeichnung gehört und ein anderer der/in dem es/ jene Disjunktion gibt. Wenn wir sagen, das Kreuz liegt zwischen diesen Strichen, so haben wir keine Disjunktion bereit, die den Platz des/dieses/ allgemeinen Satzes nehmen könnte.

5 / Ist aber gegen eine Allgemeinheit etwas prinzipiell einzuwenden, die als Allgemeinheit auftritt/fungiert/, für die also (∃x) fx · fa = fa ist und die doch keine Wahrheitsfunktion einer gegebenen Anzahl von Sätzen ist? 66

6 / Oder: Ist es möglich daß (∃x) fx · fa = fa ist, ohne daß (∃x) fx eine Wahrheitsfunktion von fa ist?

7 / (Er/Es/ kann keine Wahrheitsfunktion von fa sein, ohne daß man es weiß)

8 ø (Was ich mit den Zeichen tue ist für den Mathematiker ein Herumsch.... (und war es z.B. für Ramsey), und mit Recht, denn er will vorwärtskommen, während ich mich ungestört/unbeirrt/unbeirrbar/ bei einigen wenigen Zeichen und zwei Schritten des Kalküls aufhalte.)

9 Das, was ⟨mir ...⟩
13 Es scheint uns aber⟨, ...⟩
14 wovon die verschiedenen Lagen⟨,⟩ ob ⟨damit Gesichtserscheinung⟩ oder die durch messen festgestellten Lagen⟨,⟩ ganz unabhängig sind.
15 (ob die Gesichtserscheinungen oder die durch messen festgestellten Lagen) *–im MS am linken Rand mit einer vertikalen Wellenlinie markiert*
18 sprechen/reden/ *–erste Variante im MS durchstrichen*
21 Es ist ein anderer ⟨R...⟩
35 Er/Es/ *–erste Variante im MS durchstrichen*

1 Ich kann doch einen Kalkül haben, in dem es nur ein a b a, ein b a a und ein a a b gibt a——b–a anderseits aber einen, in welchem a——b–a eine bestimmte Lage bedeutet, und a–b–a eine andere, etc. Und warum sollte ich |nun| nicht die beiden so verbinden, daß man ein Zeichen „a–b——a“ oder „b–a——a“ etc immer auf beide Weisen auffassen kann, daß also dann „a b a“ aus „a—b—a“ folgt, etc?

2 Kann ich denn aber die Regeln des Folgens in diesem Fall angeben? Denn wie weiß ich, daß gerade aus fa (∃x) fx folgt? ich kann ja doch 67 nicht a l l e Sätze angeben aus denen es folgt. – Das ist aber auch gar nicht nötig; folgt (∃x) fx aus fa, so war d a s jedenfalls vor jeder besonderen Erfahrung zu wissen, und möglich es in der Grammatik anzugeben. – Aber ist dann nicht die Grammatik in diesem Sinn unvollendbar, da immer neue Zeichen der Form fξ gebraucht werden können? –

Die gebraucht werden, werden gebraucht, und für sie kann ich immer in der Grammatik vorsorgen.

3 Ich sage „es war möglich |vor jeder Erfahrung| zu wissen daß (∃x) fx aus fa folgt und es in der Grammatik anzugeben“. Es sollte aber heißen: ‚(∃x) fx folgt aus fa‘ ist kein Satz (Erfahrungssatz) der Sprache der ‚(∃x) fx‘ und ‚fa‘ angehören, sondern eine in ihrer Grammatik festgesetzte Regel.

4 Ich betrachte die Sprache und Grammatik unter dem Gesichtspunkt des Kalküls/a l s Kalkül/ [unter der Form des Kalküls], d.h. der Operationen /des Operierens/ nach festgelegten Regeln. [d.h. als Vorgang nach festgesetzten Regeln]

5 Es ist nur wesentlich, daß wir (hier) nicht sagen können, wir sind durch Erfahrung daraufgekommen, daß es auch noch diesen Fall der 68 Grammatik gibt. Denn den müßten wir in dieser Aussage [Statement] beschreiben und diese Beschreibung, obwohl ich ihre Wahrheit erst jetzt einsehe, hätte ich doch schon vor dieser Erfahrung verstehen müssen.

6 Es ist die alte Frage: in wiefern kann man jetzt von einer Erfahrung sprechen, die man jetzt nicht hat.

Was ich nicht voraussehen kann, kann ich nicht voraussehen. Und wovon ich jetzt sprechen kann, davon kann ich sprechen, unabhängig von dem, wovon ich jetzt n i c h t sprechen kann.

Die Logik ist eben immer komplett.

7 „Wie kann ich wissen, was alles folgen wird?“. – Was ich dann wissen kann, kann ich auch jetzt wissen.

2 ein b a a und ein a a b gibt⟨,⟩ a——b–a ⟨,⟩ anderseits aber einen
10 daß gerade aus fa (∃x) fx folgt⟨,⟩ ich kann ja doch nicht a l l e Sätze
28 [d.h. ⟨des Operierens⟩ nach festgesetzten Regeln]

1 ∫ Eine allgemeine Regel des Folgens insofern sie nicht ein logisches Produkt besonderer Regeln ist, ist von ganz anderer Art, als eine besondere Regel des Folgens

2 Aber gibt es denn auch allgemeine Regeln, oder nicht nur Regeln über allgemeine Zeichen?

3 Was wäre etwa eine allgemeine und eine besondere Regel im 69
Schachspiel (oder einem andern)? Jede Regel ist ja allgemein.

4 Doch ist eine andere Art der Allgemeinheit in der Regel daß p ∨ q aus p folgt, als in der, daß jeder Satz der Form p, ~~p, ~~~~p, ... aus p · q folgt. Ist aber nicht die Allgemeinheit der Regel für den Rösselsprung eine andere als die einer Regel für den Anfang einer Partie?

5 Ist das Wort „Regel“ überhaupt vieldeutig? Und sollen wir also nicht von Regeln im Allgemeinen reden, wie auch nicht von Sprachen im Allgemeinen? Sondern nur von Regeln in besonderen Fällen.

6 Sokrates stellt z.B. die Frage, was Erkenntnis sei; und ist nicht mit der Aufzählung von Erkenntnissen zufrieden. Wir aber kümmern uns nicht viel um diesen allgemeinen Begriff und sind froh, wenn wir Schuhmacherei, Geometrie etc verstehen.

7 Gilt diese Überlegung aber nicht auch für den Begriff des Folgens?/das Folgen?/

8 / Wir glauben nicht, daß nur der ein Spiel versteht, der eine Definition 70
des Begriffs ‚Spiel‘ geben kann.

9 Ich mache es mir in der Philosophie immer leichter und leichter. Aber die Schwierigkeit ist, es sich leichter zu machen und doch exact zu bleiben.

10 ∫ „In’s Inn’re der Natur dringt kein erschaff’ner Geist“. Wie kann er dann von dem Innern reden? Oder vielmehr, wir haben hier ein unzutreffendes Bild.

11 / Hinter die Regeln kann man nicht dringen, weil es ein Dahinter nicht gibt.

12 fE · fa = fa Kann man sagen: das ist nur möglich, wenn fE aus fa folgt; oder muß man sagen: das bestimmt, daß fE aus fa folgt/folgen soll/?

3 ist von ganz anderer Art, als eine besondere Regel des Folgens *–im MS am linken und rechten Rand mit je einer vertikalen Wellenlinie markiert und mit einer gewellten Linie diagonal durchstrichen*
12 aus p folgt, als in der, daß jeder Satz der Form⟨, …⟩
20 z.B. *–im MS durchstrichen*
20 *Im MS:* und ist |nicht| mit der Aufzählung
22 Wir aber kümmern uns nicht viel um diesen allgemeinen ⟨Bef…⟩

1 Wenn das erste, so muß es vermöge der Struktur folgen, etwa indem fE durch eine Definition so bestimmt ist, daß es die entsprechende Struktur hat. Aber kann denn wirklich das Folgen, gleichsam aus der sichtbaren Struktur der Zeichen hervorgehen wie ein physikalisches Verhalten aus einer physikalischen Eigenschaft, und braucht es dazu nicht vielmehr 71 immer solche Bestimmungen wie die Gleichung fE · fa = fa? Ist es etwa dem p ∨ q anzusehen, daß es aus p folgt, oder auch nur den Regeln welche Russell für die Wahrheitsfunktionen gibt?

2 Und warum sollte auch die Regel fE · fa = fa aus einer andern Regel hervorgehen und nicht die primäre Regel sein?

3 Denn was soll es heißen „fE muß doch fa in irgend einer Weise enthalten"? Es enthält es eben nicht, in sofern wir mit fE arbeiten können, ohne fa zu erwähnen. Wohl aber insofern eben die Regel fE · fa = fa gilt.

4 Die Meinung/Idee/ ist nämlich, daß f∃ · fa = fa nur vermöge einer Definition von fE gelten kann.

5 Und zwar – glaube ich – darum, weil es sonst den falschen Anschein hat, als würde nachträglich noch eine Bestimmung über fE getroffen, nachdem es schon in die Sprache eingeführt sei. Es wird aber tatsächlich keine Bestimmung einer künftigen Erfahrung überlassen.

6 Und die Definition des fE aus ‚allen Einzelfällen' ist ja ebenso 72 unmöglich, wie die Aufzählung aller Regeln von der Form fE · fx = fx.

7 Ja die Einzelgleichungen fE · fx = fx sind eben gerade ein Ausdruck dieser Unmöglichkeit.

8 Wie äußert es sich aber in unsern Regeln, daß die behandelten Fälle fx keine wesentlich abgeschlossene Klasse sind? – Doch wohl nur durch die Allgemeinheit der allgemeinen Regel. – Daß sie nicht die Bedeutung für den Kalkül haben, wie eine abgeschlossene Gruppe von Grundzeichen (etwa den Namen der 6 Grundfarben). Wie anders, als durch die Regeln die von ihnen ausgesagt sind. – Wenn ich etwa in einem Spiel die Erlaubnis habe eine gewisse Art von Steinen in beliebiger Anzahl zu borgen, andere aber in festgesetzter Anzahl vorhanden sind; oder das Spiel zwar zeitlich unbegrenzt, aber räumlich begrenzt ist, haben wir ja wohl den selben Fall. Und der Unterschied zwischen den einen und den anderen Figuren des Spiels muß eben 73 durch die Spielregeln festgesetzt sein. Es heißt dann etwa von der einen: Du kannst so viele Steine dieser Art nehmen als Du willst. – Und nach einem anderen exacteren/bindenderen/ Ausdruck der/dieser/ Regel darf ich nicht suchen.–

Und warum sollte ⟨man …⟩

Ja die Einzelgleichungen ⟨fE · fa = fa⟩ sind eben gerade ein Ausdruck

Allgemeinheit der allgemeinen Regel. *–im MS folgt ein Absatz, wieder aufgehoben mit einem Pfeil und der Anweisung:* [kein Absatz]

1 Das heißt, daß der Ausdruck für die Unbegrenztheit der behandelten Einzelfälle (eben) ein allgemeiner Ausdruck sein wird und kein andrer sein kann, kein Ausdruck, in dem die anderen nicht behandelten Einzelfälle in schattenhafter Weise vorkämen.

2 Es ist |ja| klar, daß ich keine logische Summe als Definition des Satzes „das Kreuz liegt zwischen den Strichen“ anerkenne. Und damit ist doch alles gesagt.

3 Wenn man gefragt wird: ist es aber nun auch sicher, daß ein anderer Kalkül als dieser nicht gebraucht wird, so muß man sagen: Wenn das heißt „gebrauchen wir nicht in unserer tatsächlichen Sprache noch andere Kalküle“ so kann ich nur antworten „ich weiß |jetzt| keine anderen“ (so, wie wenn jemand fragte „sind das alle Kalküle der 74 |gegenwärtigen| Mathematik“, ich sagen könnte „ich erinnere mich keines andern, aber ich kann etwa noch genauer nachlesen“). Die Frage kann aber nicht heißen „kann kein anderer Kalkül gebraucht werden?“ Denn wie sollte ich diese Frage beantworten [Denn wie sollte die Antwort auf diese Frage gefunden werden?]

4 Ein Kalkül ist ja da, indem man ihn beschreibt.

5 Kann man sagen: ‚Kalkül‘ ist kein mathematischer Begriff?

11.

6 „– Wie? sagte er, die sollte nicht nutzen? Denn wenn doch einmal die Besonnenheit die Erkenntnis der Erkenntnisse ist und den andern Erkenntnissen vorsteht, so muß sie ja auch dieser sich auf das Gute beziehenden Erkenntnis vorstehen und uns so doch nutzen. – Macht auch sie uns, sprach ich, etwa gesund und nicht die Heilkunde? Und so auch mit den andern Künsten; verrichtet sie die Geschäfte derselben und nicht vielmehr jede von ihnen das ihrige? Oder haben wir nicht lange schon eingestanden, daß sie nur der Erkenntnisse und Unkenntnisse Erkenntnis wäre und keiner andern Sache? – Allerdings 75 wohl. – Sie also wird uns nicht die Gesundheit bewirken? – Wohl nicht. – Weil nämlich die Gesundheit für eine andere Kunst gehört? – Ja. – Also auch nicht den Nutzen, Freund, wird sie uns bewirken. Denn auch dieses Geschäft haben wir jetzt einer andern Kunst beigelegt. – Freilich. – Wie kann also die Besonnenheit nützlich sein, wenn sie uns gar keinen Nutzen bringt?“

7 Das ist klar, daß die Frage „was ist ein Kalkül“ von genau der gleichen Art ist wie die: „was ist ein Spiel“ oder wie die: „was ist eine Regel“.

2 ein allgemeiner Ausdruck sein wird⟨,⟩ und kein andrer sein kann,
10 Wenn man gefragt wird: ⟨„⟩ist es aber nun auch sicher,
13 |jetzt| *–das Einfügungszeichen ist im MS gewellt unterstrichen*
15 |gegenwärtigen| *–das Einfügungszeichen ist im MS gewellt unterstrichen*
42 „was ist ein Kalkül⟨?⟩“ von genau der gleichen Art ist
43 „was ist ein Spiel“ oder ⟨au…⟩
43 „was ist ein Spiel“ oder wie die: „was ist eine Regel⟨?⟩“

1 Daß wir nun jemandem das Schachspiel beibringen/erklären/ können ist klar. Und es fragt sich: Versteht er es nun doch weniger weil er nicht gelernt hat ‚was ein Spiel ist‘? Oder macht das gar nichts aus?

2 Was bedeutet „undefinierbar“? Dieses Wort ist offenbar irreführend denn es erweckt den Anschein als könnten wir hier etwas versuchen was sich dann als unausführbar erwiese. Als wäre also das Undefinierbare etwas was sich nicht weiter definieren ließe wie sich ein zu großes 76
Gewicht nicht heben läßt. Wir könnten sagen: „Wie denn ‚undefinierbar‘?! Können wir denn *versuchen* es zu definieren?“.

3 Nun könnte man freilich sagen: die Definition ist ja etwas Willkürliches d.h. wie ich ein Wort definiere, so ist es definiert. Aber darauf kann geantwortet werden: Es kommt darauf an es so zu definieren wie wir das Wort meinen. Also so daß wir zur Definition des Wortes „Tisch“, z.B., sagen: ja, das ist es was ich unter/mit/mit dem Wort meine. Ja hat Dich nun aber die Definition dahingebracht das mit dem Wort zu meinen oder willst Du sagen daß Du das schon immer gemeint hast? Und wenn das letztere, so hast Du also immer *das* gemeint, was die Definition sagt (im Gegensatz zu etwas Anderem, was sie auch sagen könnte.) D.h.: die Definition ist auch eine Beschreibung dessen, was Du schon früher gemeint hast. Du warst also auch früher schon im Besitz einer Übersetzung dieser Definition; sie hat sozusagen nur laut gesagt was Du schon im Stillen wußtest. Sie hat also auch wesentlich nichts 77
zergliedert

4 ∅ [Die Geschichte des Peter Schlemihl sollte, wie mir scheint, so gehen /lauten/: Er verschreibt seine Seele um Geld dem Teufel. Dann reut es ihn und nun verlangt der Teufel den Schatten als Lösegeld. Und nun bleibt Peter Schlemihl/Peter Schlemihl aber bleibt/ die Wahl seine Seele dem Teufel zu schenken, oder mit dem Schatten auf das Leben in der Gemeinschaft der Menschen/schöne Gemeinschaftsleben unter den Menschen/der Menschen//Gemeinschaftsleben der Menschen/ zu verzichten.]

2 Und es ⟨frägt⟩ sich: Versteht er es
2 Versteht er es ⟨⟨nun doch⟩⟩ weniger weil er nicht gelernt hat
6 Dieses Wort ist offenbar irreführend denn es ⟨stellt …⟩
8 Als wäre also das Undefinierbare etwas was ⟨wir …⟩
14 Aber darauf kann geantwortet werden: Es kommt ⟨d…⟩
15 Also so daß wir zur Definition des Wortes „Tisch“ ⟨–⟩ z.B.,
16 unter/mit/ *–erste Variante im MS durchstrichen*
20 so hast Du also immer *das* gemeint, was die Definition sagt⟨. …⟩
21 D.h.⟨,⟩ die Definition ist auch eine Beschreibung dessen,
24 *Im MS:* was |Du| schon im Stillen wußtest
30 Und nun bleibt Peter Schlemihl/Peter Schlemihl aber bleibt/ *–erste Variante im MS durchstrichen*
33 auf das ⟨allgemeine⟩ Leben in der Gemeinschaft der Menschen/schöne Gemeinschaftsleben unter den Menschen/der Menschen//Gemeinschaftsleben der Menschen/ *–erster Variantenkomplex im MS durchstrichen*

1 Der, welcher darauf aufmerksam macht, daß ein Wort in zwei verschiedenen Bedeutungen gebraucht wurde, oder daß bei dem Gebrauch dieses/eines/ Ausdrucks uns dieses Bild vorschwebt, und der überhaupt die Regeln feststellt (tabuliert) nach welchen Worte gebraucht werden, hat gar keine Pflicht/ist gar nicht verpflichtet/ eine Erklärung (Definition) des Wortes „Regel" (oder „Wort", „Sprache", „Satz" etc) zu geben. [. . . ., hat gar nicht die Pflicht übernommen, ...]

2 Ich sagte oben „Kalkül ist kein mathematischer Begriff"; das heißt, das Wort ‚Kalkül' ist kein Schachstein der Mathematik.

Es brauchte in der Mathematik nicht vorzukommen. – Und wenn es doch in einem Kalkül gebraucht wird, so ist dieser nun kein 78
Metakalkül! Vielmehr ist es/dieses Wort [das Wort „Kalkül"]/ dann wieder nur ein Schachstein wie alle andern.

3 So ist es mir erlaubt das Wort Regel zu verwenden ohne notwendig erst die Regeln über dieses Wort zu tabulieren. Und diese Regeln sind nicht Über-Regeln.

4 Das Wort „Regel" muß in der Erklärung eines Spiels nicht gebraucht werden (natürlich auch kein äquivalentes).

5 Wie gebrauchen wir denn auch das Wort Regel (wenn wir etwa von Spielen reden)? Im Gegensatz wozu? Wir sagen z.B. „das folgt aus dieser Regel" aber dann könnten wir ja die Regel des Spiels zitieren und so das Wort „Regel" ersetzen. Oder wir sprechen von „allen Regeln des Spiels" und müssen sie dann entweder aufgezählt haben (und dann liegt |wieder| der erste Fall vor), oder wir sprechen von den Regeln als einer Gruppe die auf bestimmte Art aus bestimmten/gegebenen/ Grundpositionen erzeugt werden und dann steht das Wort Regel für den Ausdruck dieser Grundpositionen und Operationen. Oder wir sagen „Das ist eine Regel, das nicht", wenn etwa das Zweite nur ein 79
|einzelnes| Wort ist, oder etwa eine Konfiguration der Spielsteine (Oder: „nein, das ist nach der neuen Abmachung auch eine Regel"). Wenn wir etwa das Regelverzeichnis |des Spiels| anzulegen/aufzuschreiben/ hätten so könnte so etwas gesagt werden und dann hieße es: das gehört (mit) hinein, das nicht. Aber nicht vermöge einer bestimmten Eigenschaft (nämlich der eine Regel zu sein) wie wenn man etwa lauter Äpfel in eine Kiste packen möchte und sagt „nein das gehört nicht hinein, das ist eine Birne".

5 hat gar keine Pflicht/ist gar nicht verpflichtet/ *–zweite Variante im MS durchstrichen*
27 und müssen sie dann entweder aufgezählt haben ⟨–⟩ und dann liegt
28 |wieder| *–das Einfügungszeichen ist im MS gewellt unterstrichen*
28 oder ⟨oder⟩ wir sprechen von den Regeln
31 Oder wir sagen⟨: ⟩Das ist eine Regel, das nicht⟨. …⟩
33 etwa eine Konfiguration der Spielsteine⟨, oder⟩: „nein, das ist
35 anzulegen/aufzuschreiben/ *–erste Variante im MS durchstrichen*
36 und dann hieße ⟨er⟩: das gehört (mit) hinein,

Ja aber wir nennen doch manches „Spiel“ manches nicht, und manches „Regel“ und manches nicht! Ja, aber auf die Abgrenzung alles dessen was wir Spiel nennen gegen alles andere kommt es ja nie an. Die Spiele sind für uns *die* Spiele von denen wir gehört haben, die wir aufzählen können und etwa noch einige nach Analogie anderer neu erfundene; und wenn jemand etwa ein Buch über die Spiele schriebe so brauchte er eigentlich das Wort „Spiel“ auch im Titel nicht, sondern als Titel könnte eine Aufzählung der Namen der einzelnen Spiele stehen. Und gefragt: Was ist denn aber das Gemeinsame aller dieser Dinge weshalb Du sie zusammenfaßt könnte er sagen: Ich weiß es nicht in einem Satz anzugeben, aber Du siehst ja viele Analogien. Im übrigen ist /scheint mir/ diese Frage müßig da ich auch wieder nach Analogien 80
fortfahrend durch unmerkbare Stufen zu Gebilden kommen kann die niemand mehr im gewöhnlichen Leben Spiel nennen würde, so daß es doch wieder willkürlich wäre was man ‚Spiel‘ nennen wollte. Ich nenne daher ‚Spiel‘ das was auf dieser Liste steht, wie auch, was diesen Spielen bis zu einem gewissen (von mir nicht näher bestimmten) Grade ähnlich ist. Im übrigen behalte ich mir vor in jedem neuen Fall zu entscheiden ob ich etwas zu den Spielen rechnen will oder nicht.

1 Ebenso verhält es sich nun auch mit dem Begriff der Regel. Nur in ganz besonderen/speziellen/ Fällen handelt es sich uns darum die Regeln von etwas abzugrenzen was nicht Regel ist, und in allen diesen Fällen ist es leicht ein unterscheidendes Criterium zu geben. Das heißt, wir brauchen das Wort „Regel“ im Gegensatz zu „Wort“, „Configuration der Steine“ und einigem Andern, und diese Grenzen sind klar gezogen. Dagegen ist es müßig Grenzen dort zu ziehen wo wir sie nicht brauchen. Verhält es sich hier nicht ebenso wie |etwa| mit dem Begriff ‚Pflanze‘? Wir gebrauchen dieses Wort in bestimmtem Sinne aber im Falle einzelliger 81
Lebewesen war die Frage einige Zeit lang schwebend ob man sie Tiere oder Pflanzen nennen solle und es ließen sich auch beliebig viel andere Grenzfälle konstruieren für die die Entscheidung ob etwas noch unter den Begriff Pflanze falle/eine Pflanze sei/ erst zu treffen wäre. Ist aber darum die Bedeutung des Wortes Pflanze in allen anderen Fällen verschwommen so daß man sagen könnte wir gebrauchen das Wort ohne es zu verstehen? Ja würde uns eine Definition die den Begriff nach verschiedenen Seiten begrenzte die Bedeutung des Wortes in allen Sätzen klarer machen, so daß wir auch alle Sätze in denen es vorkommt besser verstehen würden? Offenbar nein.

2 / Was heißt es, zu wissen was eine Pflanze ist?

Was heißt es, es zu wissen und es nicht sagen zu können?

„Du weißt es und kannst hellenisch reden, also mußt Du es doch sagen können.“

3 ø *[Eine Art von Wahnsinn ist ein In Ohnmacht Fallen des Verstandes, weil er einen Schmerz nicht länger aushält.]* 82

8 das Wort „Spiel“ auch im Titel nicht, sondern als Titel könnte ⟨der …⟩

26 und diese Grenzen sind klar gezogen. ⟨Dagegen kommen wir nie in die Gelegenheit den Begriff nach …⟩

29 Wir gebrauchen dieses Wort ⟨und sind über seine Bedeutung …⟩

37 verschiedenen Seiten begrenzte die Bedeutung des Wortes ⟨wie wir …⟩

1 / Müßigkeit der/einer/ Definition, etwa der des Begriffs Pflanze. Aber ist die Definition kein Erfordernis der Exactheit? „Der Boden war ganz von Pflanzen bedeckt“: damit meinen wir nicht Bacillen. Ja wir denken uns dabei vielleicht auch grüne Pflanzen einer gewissen/dabei vielleicht an grüne Pflanzen einer bestimmten/ Größenordnung. Wer uns sagen würde wir wissen nicht, was wir reden ehe wir keine Definition der Pflanze gegeben haben, würden wir mit Recht für verrückt halten. Ja wir könnten auch mit einer solchen Definition uns in den gewöhnlichen Fällen nicht besser verständigen. Ja es scheint sogar in gewissem Sinne überhaupt nicht/schlechter/ weil gerade das Undefinierte in diesem Fall zu unserer Sprache zu gehören scheint.

12.

2 / Denken wir uns in dem Satz einer Erzählung „der Boden war ganz mit Gräsern und Kräutern bedeckt“ die Wörter „Gräser“ und „Kräuter“ durch Definitionen ersetzt. Es ist klar daß diese Definitionen lange und komplizierte Ausdrücke sein müssen/werden/; und nun ist die Frage ob wir denn wirklich mit dem Satz das gemeint haben was jetzt in dem ungleich |viel| komplizierteren steht. Wir würden – glaube ich – sagen, 83
daß wir an alles das gar nicht gedacht hätten.

3 / Kann man nun aber auf eine solche Sprache die Idee des Kalküls anwenden? Und ist das nicht so als wollte man in/bei/ einem Bild in welchem/worin/ alle Farbflecken in einander verlaufen von Farbgrenzen reden?

4 Oder liegt die Sache so: Denken wir uns ein Spiel etwa das Tennis in dessen Regeln nichts über die Höhe gesagt ist, die ein Ball im Flug nicht übersteigen darf. Und nun sagte einer: Das Spiel ist ja gar nicht klar geregelt denn wenn einer nun den Ball so hoch wirft daß er nicht wieder auf die Erde zurückfällt oder so weit, daß er um die Erde herumfliegt so wissen wir nicht ob dieser Ball als ‚out‘ oder ‚in‘ gelten soll. Man würde ihm – glaube ich – antworten, wenn ein solcher Fall eintrete so werde man Regeln für ihn geben, jetzt sei es nicht nötig.

1 ⟨O…⟩
1 Müßigkeit der/einer/ Definition, ⟨wie⟩ der des Begriffs Pflanze
3 „Der Boden war ganz von Pflanzen bedeckt“: damit ⟨meine …⟩
5 uns dabei vielleicht auch grüne Pflanzen einer gewissen/dabei vielleicht an grüne Pflanzen einer bestimmten/ *–erste Variante im MS durchstrichen*
5 Größenordnung. *–die ersten vier Sätze der Bemerkung sind im MS am linken Rand mit einer Wellenlinie markiert*
8 Ja wir könnten auch mit einer solchen Definition uns in den ⟨Fä…⟩
10 es scheint sogar in gewissem Sinne überhaupt nicht/schlechter/ weil ⟨es …⟩
23 in/bei/ *–zweite Variante im MS durchstrichen*
24 in welchem/worin/ *–erste Variante im MS durchstrichen*
29 klar *–im MS durchstrichen*
30 nun *–im MS durchstrichen*

1 / Könnten wir uns nicht überhaupt ein Spiel mit unvollständigem
Regelverzeichnis denken und wir hätten ausgemacht die Regeln nach
Bedarf später zu ergänzen, allerdings so, daß den bereits festgesetzten 84
Regeln keine künftige widersprechen dürfte? (Wie ja beim Tennis nichts
über die erlaubte Länge der Schritte beim Laufen festgesetzt ist, aber,
wenn nötig, noch festgesetzt werden könnte.) Denken wir an die Regeln
über das Überspringen von Steinen im Brettspiel und an die
besonderen Fälle die eintreten wenn der zu überspringende Stein am
Rand des Brettes oder unmittelbar neben einem weiteren Stein steht.

2 / So können doch grammatische Regeln über den Gebrauch des Wortes „Pflanze“ angegeben werden und wir können also auf Fragen von der Art/Form/ „folgt aus diesem Sachverhalt, daß dort eine Pflanze steht“ Bescheid geben. Auf andere solche Fragen aber sind wir nicht gerüstet und können antworten: Ein solcher Fall ist noch nie vorgekommen und es wäre für uns müßig für ihn vorzusorgen. (Wenn es etwa gelänge ein Lebewesen halb maschinell und halb auf organischem Weg/organisch/ zu erzeugen und nun gefragt würde: ist das nun noch ein Tier oder eine Pflanze.)

3 / Wenn etwa beim Preisschießen für gewisse Grenzfälle keine
Bestimmungen getroffen sind/wären/ ob dieser Schuß als in's Schwarze
getroffen gelten soll/diese Schüsse noch als Zentrumschüsse gelten
sollen,/ (oder nicht). Nehmen wir nun aber an ein solcher Schuß komme
bei unserem Preisschießen gar nicht vor; könnte man dann dennoch
sagen, die ganze Preisverteilung gälte nichts weil für diesen Fall nicht 85
vorgesorgt war?!

1 Könnten wir ⟨nun …⟩
6 *Der letzte Satz der Bemerkung ist im MS ein Nachtrag, beginnend in der Zeile, fortgesetzt an den Rändern und am Kopf der Seite; Paginierung am Fuß der Seite.*
13 Art/Form/ *–zweite Variante im MS durchstrichen*
13 daß dort eine Pflanze steht“ ⟨bescheid⟩ geben.
16 und es wäre für uns müßig ⟨jetzt⟩ für ihn vorzusorgen.
17 auf organischem Weg/organisch/ *–erste Variante im MS durchstrichen*

1 / Denken wir uns nun das Verzeichnis der Statuten für dieses Schießen und es sei in ihm von jenen Grenzfällen gar nicht die Rede. (Das wäre etwa ähnlich, wie wenn einer bei den Berechnungen von Längenausmaßen nur nach den Regeln der Cardinalarithmetik verführe.) Kann man nun sagen das Regelverzeichnis sei wesentlich unvollständig? Denn wenn ein Schuß auf die Grenze zwischen Schwarz und Weiß trifft wird sich doch der Richter irgendwie entscheiden müssen: er wird dann entweder sagen können, dieser Schuß gilt nicht, oder er wird ihn zum Schwarzen rechnen, etc./u.s.w./ Wenn er das |gegebene| Schema anwenden will so wird er es irgendwie anwenden müssen. Ich meine: Er wird sie/die Regeln/ nur entweder anwenden können wie sie sind, oder andere.

Man könnte es auch so sagen: Diese Regeln sind eigentlich für ein anderes Spiel gemacht nämlich für eines bei dem/wo/in dem/ es wirklich nur die zwei Möglichkeiten gibt ganz innerhalb und ganz außerhalb dem Kreis/des Kreises/ zu treffen. Wende ich die gleichen Regeln also auf das Scheibenschießen an so muß ich seine Möglichkeiten auf andere Art in die Multiplizität dieser/der/ Regeln 86
projizieren

2 / (Unsere Aufgabe ist es nur gerecht zu sein.)

(D.h. wir haben nur die Ungerechtigkeiten der Philosophie aufzuzeigen und zu lösen/aufzuheben/richtigzustellen/zu lösen/ aber nicht neue Parteien (und Glaubensbekenntnisse) zu schaffen/zu schaffen/aufzustellen/.)

3 / Was versteckt ist muß gefunden werden können. (Versteckter Widerspruch)

4 / Was versteckt ist muß sich auch ehe es gefunden wurde ganz beschreiben lassen als wäre es |schon| gefunden.

5 / Wenn man sagt der Gegenstand ist so versteckt, daß es unmöglich ist ihn zu finden, so hat das guten Sinn und die Unmöglichkeit ist hier natürlich keine logische; d.h., es hat Sinn von dem Finden des Gegenstandes zu reden und auch, es zu beschreiben; und wir leugnen nur, daß das/es/ geschehen wird.

4 bei den Berechnungen von Längenausmaßen nur ⟨a...⟩
9 etc./u.s.w./ *–erste Variante im MS durchstrichen*
11 sie/die Regeln/ *–erste Variante im MS durchstrichen*
14 bei dem/wo/in dem/ *–im MS sind die beiden ersten Varianten durchstrichen*
16 dem Kreis/des Kreises/ *–erste Variante im MS durchstrichen*
17 Wende ich die gleichen Regeln also auf das ⟨Schießen⟩ an
22 *Der Absatz ist im MS eine Bemerkung, durch eine Klammer am linken Rand der vorangehenden zugeordnet.*
23 zu lösen/aufzuheben/richtigzustellen/zu lösen/ *–im MS zweite und dritte Variante durchstrichen*
25 zu schaffen/zu schaffen/aufzustellen/ *–im MS erste und zweite Variante durchstrichen*
31 |schon| *–das Einfügungszeichen ist im MS gewellt unterstrichen*

1 / Ich mache mich doch anheischig das Regelverzeichnis unserer Sprache aufzustellen: Was soll ich nun in einem Fall wie dem des Begriffes 87
‚Pflanze' tun?

Soll ich sagen, daß für diesen und diesen Fall keine Regel aufgestellt ist? Gewiß, wenn es sich so verhält. Soll ich aber also sagen es gibt kein Regelverzeichnis unserer Sprache und das ganze Unternehmen eins aufzustellen ist Unsinn? – Aber es ist ja klar daß es nicht unsinnig ist, denn wir stellen ja mit Erfolg Regeln auf, und wir müssen uns nur enthalten Dogmen aufzustellen. (Was ist das Wesen eines Dogmas? Besteht es nicht darin naturnotwendige Sätze über alle möglichen Regeln zu behaupten?/Ist es nicht die Behauptung eines naturnotwendigen Satzes über alle möglichen Regeln?/)

2 / „Ich weiß was eine Pflanze ist, kann es aber nicht sagen". Hat dieses Wissen die Multiplizität eines Satzes, der nur nicht ausgesprochen wurde? So daß, wenn der Satz ausgesprochen würde ich ihn als den Ausdruck meines Wissens anerkennen würde? – Ist es nicht vielmehr wahr daß jede exacte Definition als Ausdruck unseres Verstehens abgelehnt werden müßte? D.h. würden wir nicht von so einer sagen müssen sie bestimme zwar einen dem unseren verwandten Begriff aber nicht diesen selbst. Und die Verwandtschaft sei etwa die zweier Bilder deren eines aus unscharf begrenzten Farbenflecken das andere aus 88
ähnlich geformten und verteilten aber scharf begrenzten bestünde. (Gemaltes Bild und Gobelin) Die Verwandtschaft wäre dann ebenso unleugbar wie die Verschiedenheit.

3 / Die Frage ist nun: kannst Du bei dem ersten Bild auch von Flecken reden? Gewiß, nur in einem andern, aber verwandtem, Sinn.

4 ?/ Das heißt: die unscharfen Grenzen gehören zu meinem Begriff der Pflanze so wie er jetzt ist, d.h. so wie ich dieses Wort jetzt gebrauche und es charakterisiert diesen Begriff, daß ich z.B. sage: ich habe darüber keine Bestimmung getroffen, ob dieses eine Pflanze heißen soll oder nicht.

5 / Es scheint mir hier aber auch eine falsche Verwendung des Wortes „unscharf" vorzuliegen, in einem Fall nämlich wo kein „scharf" denkbar ist. – So als wendete man diesen Begriff aus der farbigen euclidischen Ebene genommen, auf den Gesichtsraum an. – {Ich weiß aber die Anwendung dieser Bemerkung noch nicht recht.}

6 Die Erfahrung (der Begriff der Erfahrung) scheint (uns) von völligem 89
Dunkel begrenzt.

Aber auch Schwarz ist eine Farbe, und wenn eine Farbe gegen Schwarz abgegrenzt ist so durch eine Farbgrenze wie jede andre.

4 ⟨W...⟩
4 Soll ich sagen, daß ⟨es ...⟩
7 und das ganze Unternehmen eins aufzustellen ist Unsinn? – Aber ⟨et...⟩
8 Aber es ist ja klar daß es nicht ⟨Unsi...⟩
8 unsinnig ist, denn wir stellen ⟨wir ...⟩
10 (Was ist das Wesen eines Dogmas?⟨) ...⟩
10 Besteht es nicht darin ⟨Sätze ...⟩
24 (Gemaltes Bild und Gobelin) *–im MS durchstrichen*

1 / Es verhält sich doch mit dem Begriff Pflanze |ähnlich| wie mit dem der Eiförmigkeit wie wir sie im gewöhnlichen Leben meinen. Die Grenzen dieses Begriffs sind nicht scharf bestimmt und wir würden z.B. ein Osterei von dieser Form  nicht als solches gelten lassen und doch nicht sagen können bei welchem Verhältnis der Länge und Breite etwas anfängt ein Osterei zu sein. Ja, wenn einer nun ein solches Verhältnis angäbe, w a s e s a u c h s e i, so könnten wir es nicht als die richtige Begrenzung unseres Begriffs anerkennen. Sondern wir müßten entweder sagen nein, das nenne ich kein Osterei, es ist zu schlank oder dick etc, oder: ja, das ist a u c h ein Osterei aber die Grenze/der Grenzfall/ ist es nicht gerade. Diesen gibt es eben nicht in unserm Kalkül und wer einen Grenzfall einführt führt einen andern Kalkül ein.

2 Ist nun aber etwa eine Verschwommenheit in den Regeln dieses Kalküls? Und/Oder/ ist eine solche Verschwommenheit überhaupt 90
denkbar?

Oder ist das/diese/dies/ schon wieder eine der sinnlosen Fragen über alle m ö g l i c h e n Kalküle?

3 Denken wir uns die Erklärung des Begriffs der Pflanze. Wir zeigen jemand mehrere Gegenstände und sagen das sind Pflanzen. Dann zeigt auch er auf einen weiteren/andern/ Gegenstand und sagt „ist auch das eine Pflanze" und wir antworten „Ja, das auch" u.s.w.

Ich hätte nun einmal gesagt, er habe nun in dem Gezeigten den Begriff Pflanze – das gewisse Gemeinsame – gesehen und er sähe die Beispiele der Erklärung anders wenn er in ihnen eben diesen Begriff sähe/sieht/ als, wenn er sie etwa als Repräsentanten dieser bestimmten Form/Gestalt/ und Farbe allein auffasse. (So wie ich auch sagte er sähe in der Variablen|, wenn er sie als solche versteht,| etwas was er im Zeichen für den besonderen Fall nicht sieht) Aber der Gedanke des ‚darin Sehens' ist von dem Fall hergenommen wo ich die Figur |||| verschieden ‚phrasiert' sehe. Aber dann sehe ich eben in einem anderen Sinn wirklich verschiedene Figuren und was diese gemein haben ist |außer ihrer Ähnlichkeit| die Verursachung durch das gleiche physikalische Bild.

10 die Grenze/der Grenzfall/ *–erste Variante im MS durchstrichen*
17 das/diese/dies/ *–im MS sind die beiden ersten Varianten durchstrichen*
17 Oder ist das/diese/dies/ schon wieder eine der ⟨unsi…⟩
22 Dann zeigt auch er auf einen weiteren/andern/ Gegenstand und ⟨sagt …⟩
29 *Im MS:* |, wenn er sie als solcher versteht,|
30 für den besonderen Fall nicht sieht) Aber ⟨die Idee …⟩
31 der Gedanke des ‚darin ⟨sehens⟩' ist von dem Fall hergenommen

Aber diese Erklärung ist doch nicht ohne weiteres auf den Fall des Verstehens der Variablen oder der Erklärung des Begriffs/Beispiele für den Begriff/ Pflanze anzuwenden. Denn angenommen wir hätten wirklich etwas anderes in ihnen gesehen als Beispiele/in Pflanzen/ die nur um ihrer selbst |willen| gezeigt wurden, so ist die Frage, kann denn (dieses oder) irgend ein anderes Bild uns zu der Anwendung als Variablen berechtigen? Ich hätte einem also die Pflanzen |zur Erklärung| zeigen können und ihm dazu einen Trank gegeben durch den es verursacht wird, daß er die Beispiele in der bestimmten Weise sieht (Wie es möglich wäre daß ein Alkoholisierter eine Gruppe |||| immer als ||| und | sieht) und damit wäre die Erklärung des Begriffs in eindeutiger Weise gegeben und wer sie verstanden hat hätte von den vorgezeigten Specimina und den begleitenden Gesten dieses Bild empfangen. So ist es aber doch nicht. – Es ist nämlich wohl möglich daß der welcher, z.B., das Zeichen |||||| als Zahlzeichen für die 6 sieht es anders sieht (etwas anderes darin sieht) als der, welcher es nur als Zeichen für „einige" auffaßt, weil er seine Aufmerksamkeit nicht auf das Gleiche richten wird; aber es kommt dann auf das System von Regeln 92 an die von diesen Zeichen gelten und das Verstehen wird wesentlich kein Sehen des Zeichens in gewisser Weise sein.

91

13.

1 / Es wäre also möglich zu sagen „jetzt sehe ich das nicht mehr als Rose, sondern nur noch als Pflanze"!

Oder: „Jetzt sehe ich es nur als Rose, nicht mehr als diese Rose."

2 / „Ich sehe den Fleck nur noch im Quadrat, aber nicht mehr in einer bestimmten Lage."

3 / Der seelische Vorgang des Verstehens interessiert uns eben gar nicht. (Sowenig wie der einer Intuition.)

3 Erklärung des Begriffs/Beispiele für den Begriff/ *–erste Variante im MS durchstrichen*
4 Denn angenommen wir hätten wirklich etwas anderes in ⟨ihr⟩ gesehen als
4 Beispiele/in Pflanzen/ *–erste Variante im MS durchstrichen*
6 kann denn (dieses oder) irgend ein ⟨(⟩anderes Bild uns
6 uns zu der Anwendung als ⟨Variable⟩ berechtigen?
9 und ihm dazu einen Trank gegeben durch den ⟨er …⟩
12 die Erklärung des Begriffs in eindeutiger Weise gegeben und wer ⟨ve…⟩
12 hätte ⟨die⟩ vorgezeigten Specimina und ⟨die⟩ Gesten ⟨zu …⟩
15 als Zahlzeichen für die ⟨Zahl⟩ 6 sieht ⟨in ihm/darin/ etwa …⟩
18 weil er seine Aufmerksamkeit nicht auf das Gleiche ⟨len…⟩
19 aber es kommt dann auf das System von Regeln an die von diesen Zeichen gelten *–im MS am linken Rand mit einer vertikalen Wellenlinie markiert*
20 wird wesentlich kein ⟨sehen⟩ des Zeichens in gewisser Weise
23 Es wäre also möglich zu sagen⟨:⟩ „jetzt sehe ich das nicht

1 / „Es ist doch gar kein Zweifel, daß der, welcher die Beispiele als beliebige Fälle zur Veranschaulichung des Begriffs versteht, etwas andres versteht, als der, welcher sie als bestimmt begrenzte Aufzählung auffaßt". Sehr richtig, aber *was* versteht der erste also, was der zweite nicht versteht? Nun er sieht eben nur *Beispiele* in den vorgezeigten Dingen, die nur gewisse Züge aufzeigen/aufweisen/ sollen, aber er meint nicht daß ich ihm im übrigen diese Dinge um ihrer selbst willen zeige. –

2 Man/Ich/ möchte die eine Aufzählung/Klasse/ ‚logisch begrenzt' die andere ‚logisch nicht begrenzt' nennen. 93

3 / Ja aber ist es denn so, daß er nun tatsächlich nur diese Züge an den Dingen sieht? Etwa am Blatt nur das, was allen Blättern gemeinsam ist? Das wäre so, als sähe er alles übrige „in blanco". Also gleichsam ein unausgefülltes Formular, in dem die wesentlichen Züge vorgedruckt sind. (Aber die Funktion „f(...)" ist ja so ein Formular.)

4 / Aber was ist denn das für ein Prozess, wenn mir Einer mehrere verschiedene Dinge als Beispiele eines Begriffes/für einen Begriff/ zeigt, um mich darauf zu führen das Gemeinsame in ihnen zu sehen; und wenn ich es nun suche und wirklich sehe?/suche und nun wirklich sehe?/ Er kann mich auch auf das Gemeinsame *aufmerksam machen*. – Bringt er aber dadurch hervor, daß ich den Gegenstand anders *sehe*? Vielleicht auch, denn ich kann jedenfalls besonders auf einen seiner Teile schauen, während ich sonst alle gleichmäßig deutlich gesehen hätte. Aber dieses Sehen ist nicht das Verstehen des Begriffs. Denn wir sehen nicht etwas mit einer *leeren* Argumentstelle.

5 „Such aus diesen Federstielen die *so* geformten heraus". – – „Ich wußte nicht ob Du diesen auch noch dazu rechnest". 94

6 / Man könnte auch fragen: Sieht der, welcher das Zeichen „| | | ...." als Zeichen des Zahlbegriffs (im Gegensatz zu „| | |" welches 3 bezeichnen soll) auffaßt, jene erste Gruppe von Strichen anders, als die zweite? Aber auch wenn er sie anders – gleichsam vielleicht, verschwommener – sieht, *sieht* er da etwa das Wesentliche des Zahlbegriffs? Hieße das nicht, daß er dann „| | | ...." und „| | | | ...." tatsächlich nicht von einander müßte unterscheiden können (wenn ich ihm |nämlich| etwa den Trank eingegeben hätte, der ihn den *Begriff* sehen macht)?

2 des Begriffs versteht, etwas ⟨anderes⟩ versteht, als der, welcher
10 Man/Ich/ möchte die eine Aufzählung/Klasse/ ‚logisch begrenzt' ⟨od...⟩
23 nun suche und wirklich sehe?/suche und nun wirklich sehe?/ ⟨Es ...⟩
23 Er kann mich auch auf das Gemeinsame ⟨m...⟩
30 „Ich ⟨wüßte⟩ nicht ob Du diesen auch noch dazu rechnest".
39 |nämlich| *–das Einfügungszeichen ist im MS gewellt unterstrichen*

1 / Denn wenn ich sage: Er bewirkt dadurch, daß er uns mehrere Beispiele zeigt, daß wir das Gemeinsame in ihnen sehen und von dem Übrigen absehen, so heißt das eigentlich, daß das Übrige/übrige/ in den Hintergrund tritt, also gleichsam blasser wird (und warum soll es dann nicht ganz verschwinden) und „das Gemeinsame", etwa die Eiförmigkeit, allein im Vordergrund bleibt.

Aber so ist es nicht. Übrigens wären die mehreren Beispiele nur ein technisches Hilfsmittel, und wenn ich einmal das Gewünschte gesehen hätte, so könnte ich's auch in *einem* Beispiel sehen. (Wie ja auch „(∃x) fx" nur *ein* Beispiel enthält.) 95

2 / Es sind also die Regeln, die von dem Beispiel gelten, die es zum Beispiel machen. –

3 Nun genügt aber doch heute jedenfalls das bloße Begriffswort ohne eine Illustration, um sich mir verständlich zu machen/mit mir zu verständigen/ (und die Geschichte des Verständnisses interessiert uns ja nicht) z.B. wenn mir Einer sagt „forme ein Osterei"; Und/und/ ich will doch nicht sagen, daß ich etwa dabei den Begriff des Ostereies vor meinem inneren Aug sehe, wenn ich diesen Befehl (und das Wort „Osterei") verstehe.

4 Wenn wir eine Anwendung des Begriffes Osterei oder Pflanze machen, so schwebt uns gewiß nicht vorerst ein allgemeines Bild vor, oder bei dem Hören des Wortes „Pflanze" das Bild des bestimmten Gegenstandes, den ich dann als eine Pflanze bezeichne. Sondern ich mache die Anwendung sozusagen (ganz) spontan. Dennoch gibt es eine Anwendung von der ich sagen würde: nein, das habe ich unter ‚Pflanze' nicht gemeint; oder anderseits „ja, das habe ich auch gemeint". Aber heißt das, daß mir diese Bilder vorgeschwebt haben/vorschwebten/ und ich sie in meinem Geist ausdrücklich abgewiesen und zugelassen habe? – Und doch hat es diesen Anschein, wenn ich sage: „ja, das und das 96
und das, das habe ich alles gemeint, aber *das* nicht". Man könnte aber fragen: ja, hast Du denn alle diese Fälle vorausgesehen? und die Antwort würde dann lauten „ja", oder „nein, aber ich dachte mir, es solle etwas zwischen dieser und dieser Form sein" oder dergleichen. Meistens aber habe ich in diesem Moment gar keine Grenzen gezogen und diese ergeben sich nur auf einem Umweg durch eine Überlegung. Ich sage z.B. „bring mir noch eine ungefähr so große Blume" und er bringt eine und ich sage: Ja, so eine habe ich gemeint. So erinnere ich mich vielleicht an ein Bild was mir vorschwebte, aber aus diesem geht nicht hervor, daß auch die herbeigebrachte Blume noch zulässig ist. Sondern hier wende ich eben jenes Bild an. Und diese Anwendung war eben nicht antizipiert worden.

1 ⟨W…⟩
2 daß wir das Gemeinsame in ihnen sehen und von dem Übrigen ⟨abz…⟩
3 Übrige/übrige/ *–im MS ist das* Ü *gewellt unterstrichen*
4 (und warum ⟨sollte⟩ es dann nicht ganz verschwinden)
16 das bloße Begriffswort ohne eine Illustration, um sich ⟨mit …⟩
18 Und/und/ *–im MS ist das* U *gewellt unterstrichen und durchstrichen*
20 den Begriff des Ostereies vor meinem inneren ⟨Auge⟩ sehe,
20 *Im MS:* wenn |ich| diesen Befehl
34 und die ⟨die⟩ Antwort würde dann lauten
44 eben *–im MS durchstrichen*

14.

1 | Wer aufgefordert würde das Gesichtsfeld zu malen und es im Ernst versuchte würde bald sehen, daß es unmöglich ist. |

2 Eines möchte ich immer sagen um den Unterschied der Fälle die als Beispiele für einen Begriff beigebracht werden von denen zu erklären die in der Grammatik eine bestimmte abgeschlossene Gruppe bilden. 97
Wird nämlich zuerst erklärt „A, B, C, D sind Ostereier. – Nun bringe mir ein Osterei“ und er bringt eines das von allen gezeigten verschieden ist, so kann dennoch gesagt/erklärt/ werden er habe ganz richtig nach der aufgestellten Regel gehandelt. Hätte es aber geheißen „A, B, C, D sind meine Ostereier. – Bringe mir eins von meinen Ostereiern“ so wäre es falsch gewesen überhaupt ein fünftes/weiteres/ zu bringen und die Antwort hätte gelautet: Ich habe Dir doch gesagt, daß A, B, C, D meine Ostereier sind.

Im ersten Fall handelt der der Regel nicht zuwider der einen anderen Gegenstand bringt als die in der Regel genannten, im zweiten Fall würde er dadurch der Regel zuwider handeln. Wenn Du aber auch nur ABCD im Befehl nanntest aber die Handlung f(E) als Befolgung des Befehls ansahst, heißt das nicht daß Du mit F(A, B, C, D…) doch F(A, B, C, D, E) meintest? Oder wie unterscheiden sich diese Befehle, wenn sie doch von dem Selben befolgt werden? – Ja, aber es hätte ja auch f(G) mit dem Befehl übereingestimmt und nicht nur f(E). – Gut, dann meintest Du eben mit dem ersten Befehl F(A, B, C, D, E, G). (u.s.f.). Was immer Du mir bringst, ich hätte es doch in einer Disjunktion einschließen können. Wenn wir also eine Disjunktion aller von uns tatsächlich gebrauchten Fälle konstruierten, wie würde sich die syntaktisch 98
von dem allgemeinen Satz unterscheiden? Denn wir dürfen nun nicht sagen dadurch daß der allgemeine Satz auch noch durch R (das in der Disjunktion nicht vorkommt) wahrgemacht wird. Denn dadurch unterscheidet sich der allgemeine Satz nicht von einer Disjunktion die R enthält. (und also ist auch jede andere ähnliche Antwort unmöglich). Wohl aber wird es einen Sinn haben zu sagen: F(A, B, C, D, E) ist die Disjunktion aller tatsächlich von uns gebrauchten Fälle aber auch *andere Fälle* (es wird natürlich keiner erwähnt) machen den allgemeinen Satz „F(A, B, C, D …)“ wahr. Während man hierin natürlich nicht den allgemeinen Satz für F(A, B, C, D, E) einsetzen kann.

15.

3 Es ist übrigens hier gerade wichtig daß die Parenthese im vorigen Satz „und also ist auch jede andere ähnliche Antwort unmöglich“ ein Unsinn /unsinnig/ ist weil man zwar verschiedene besondere Fälle als Beispiele einer Allgemeinheit geben/angeben/ kann, aber nicht verschiedene Variable da die Variablen R, S, T sich ihrer Bedeutung nach nicht unterscheiden.

7 die in der Grammatik eine bestimmte abgeschlossene Gruppe bilden⟨: …⟩
9 Nun bringe mir ein Osterei“ und er bringt eines das von ⟨de…⟩
12 Bringe mir eins von meinen Ostereiern“ ⟨/so hätte …/⟩
16 Im ersten Fall handelt der der Regel nicht zuwider der ⟨ein anderes …⟩
20 heißt das nicht daß Du mit F(A, B, C, D⟨⟩) doch F(A, B, C, D, E) meintest?
25 Was immer Du mir bringst, ⟨ist …⟩
33 Wohl aber wird es einen Sinn ⟨zu …⟩
33 F(A, B, C, D⟨⟩) ist die Disjunktion aller tatsächlich von uns gebrauchten
42 ein Unsinn/unsinnig/ ist weil man zwar verschiedene ⟨Exe…⟩

Darf/Kann/ ich nicht sagen: Wer auf den Befehl „F(ABC...)“ f(D) tut, richtet sich anders/auf andere Weise/ nach dem Befehl, als wer f(D) auf „F(A, B, C, D)“ tut? – Denn nicht darum handelt es sich daß in einem Kalkül „F(A, B, C...)“ „F(A, B, C, D)“ bedeuten kann (d.h. in den Regeln so definiert ist), sondern daß es in *unserem* Kalkül nicht so definiert ist. – Nun könnte man aber fragen: kommt denn das nicht so einer /dieser/ Definition gleich daß ich bestimme f(D) solle F(A, B, C...) befriedigen und gleicherweise F(A, B, C, D)? Denn ich hatte ja doch die Befolgung durch f(D) voraussehen können und |zum voraus| bestimmen daß f(D) F(A, B, C...) befriedigt und kommt das nicht auf eine Definition des F(A, B, C...) hinaus? 99

16.

Der Prozess wäre dann der, daß statt des allgemeinen Satzes F(∃) zuerst F(∃) ∨ f(A) dann F(∃) ∨ f(A) ∨ f(B) dann F(∃) ∨ f(A) ∨ f(B) ∨ f(C) gesetzt würde u.s.w. bis endlich das F(∃) überflüssig wäre. Wir weigern uns aber/Nun weigern wir uns aber/ eine Disjunktion als Ersatz des allgemeinen Satzes anzuerkennen. (Es gibt freilich eine empirisch bestimmte Disjunction physikalischer Gegenstände deren Unterschied wir nicht mehr wahrnehmen können.) Also kommen wir nie dazu das F(∃) aus der Disjunktion weglassen zu können.

Man könnte dann freilich nicht sagen wir befolgen F(∃) anders wenn wir f(D) tun als eine Disjunktion worin f(D) vorkommt, denn F(∃) = F(∃) ∨ f(D).

17

Wem der Befehl gegeben wird „hole mir |irgend|eine Pflanze oder diese“ (von welcher ihm ein Bild mitgegeben wird), der wird dieses Bild ruhig beiseite legen und sich sagen „da es irgend eine tut, so geht mich dieses Bild nichts an“. Dagegen werden wir das Bild nicht einfach beiseite legen dürfen wenn es uns mit fünf anderen gegeben wurde und der Befehl lautete, eine von diesen 6 Pflanzen zu bringen. (Es kommt also darauf an, in *welcher* Disjunktion sich der besondere Befehl befindet.) Und nach dem Befehl „f(A) ∨ f(B) ∨ f(C)“ wird man sich anders richten als nach dem Befehl „f(∃)“ (= f(∃) ∨ f(C)) auch wenn man jedesmal f(C) tut. – Das Bild f(C) geht in f(∃) unter. (Und es hilft uns ja nichts in einem Kahn zu sitzen wenn wir mitsamt ihm unter Wasser sind und sinken.) Man möchte |uns| sagen: Wenn Du auf |den Befehl| „f(∃)“ f(C) tust so hätte Dir ja auch f(C) ausdrücklich erlaubt sein können und wie hätte sich dann der |allgemeine| Befehl von einer 100

1 Darf/Kann/ *–zweite Variante im MS durchstrichen*
1 Darf/Kann/ ich nicht sagen⟨, ...⟩
1 Wer ⟨sich ...⟩
5 (d.h. in den Regeln so definiert ist), sondern daß ⟨das ...⟩
9 |zum voraus| *–das Einfügungszeichen ist im MS gewellt unterstrichen*
12 *Datum am Zeilenende durch senkrechten Stich abgesetzt*
15 Wir weigern uns ⟨|doch|⟩ aber *VII-99b*
19 deren Unterschied wir nicht mehr wahrnehmen können. *–im MS am linken Rand mit einer vertikalen Wellenlinie markiert*
21 Man könnte dann freilich nicht sagen wir befolgen F(∃) anders ⟨und ...⟩
24 *Datum am Zeilenende durch senkrechten Stich abgesetzt*
25 ⟨Wenn ...⟩
29 das Bild nicht einfach beiseite legen dürfen wenn es ⟨m...⟩
36 |uns| *–das Einfügungszeichen ist im MS gewellt unterstrichen*

Disjunktion unterschieden? – Aber auf diese Erlaubnis hättest Du Dich eben in der Disjunktion mit dem allgemeinen Satz gar nicht stützen können

Ist es also so, daß der Befehl „bringe mir eine Blume“ nie durch den Befehl ersetzt werden kann von der Form „bringe mir A oder B 101
oder C“, sondern immer lauten muß „bringe mir A oder B oder C oder eine andere Blume“?

Aber warum tut der allgemeine Satz so unbestimmt, wenn ich ja doch jeden Fall der wirklich eintritt auch hätte voraussehen können?/im voraus hätte beschreiben können?/

Aber eine Aufzählung ist ja wohl die größte vollständigste die ich geben kann – in irgend einem Sinne vollständig, etwa die Aufzählung aller besonderen Fälle die mir vorgekommen sind – und auch nach/mit/ ihr wird das „oder eine andere“ seinen Sinn behalten.

Aber auch das scheint mir noch nicht den wichtigsten Punkt dieser Sache zu treffen. Weil es, wie ich glaube, nicht eigentlich auf die Unendlichkeit der Möglichkeiten ankommt, sondern auf eine Art von Unbestimmtheit. Ja, gefragt, wieviele Möglichkeiten es denn für einen Kreis im Gesichtsfeld gebe innerhalb eines bestimmten Vierecks zu liegen, könnte ich weder eine endliche Anzahl nennen, noch sagen es gäbe unendlich viele (wie in der Euclidischen Ebene). Sondern wir kommen hier zwar nie zu einem Ende, aber die Reihe ist nicht endlos im Sinne von $|1, \xi, \xi + 1|$.

Sondern kein Ende zu dem wir kommen, ist wesentlich das Ende. Das heißt, ich könnte immer sagen: ich seh' nicht ein, warum das alle 102
Möglichkeiten sein sollen. – Und das heißt doch wohl, daß es sinnlos ist von „allen Möglichkeiten“ zu sprechen.

Der Begriff ‚Pflanze‘ und ‚Osterei‘ wird also von der Aufzählung gar nicht angetastet.

Würde f(a) darum im f(∃) untergehn, weil dieses schon eine Disjunktion wäre, so würde eine Disjunktion der Art f(∃) ∨ f(a) ∨ f(b) ∨ f(c) gleich sein f(a) ∨ f(b) ∨ f(c). Wirklich aber liegt es in der Natur/Bedeutung/ des f(∃), daß das nicht eintritt.

1 Man möchte |uns| sagen: Wenn Du auf |den Befehl| „f(∃)“ ⟨tus…⟩ f(C) tust so hätte Dir ja auch f(C) ausdrücklich erlaubt sein können und wie hätte sich dann der |allgemeine| Befehl von einer Disjunktion unterschieden? *–im MS am linken Rand mit einer vertikalen Linie markiert*

4 ⟨18⟩ *Datum am Zeilenende durch senkrechten Stich abgesetzt*

9 voraussehen können *–im MS durchstrichen*

10 wirklich eintritt auch |im voraus| hätte ⟨im voraus⟩ beschreiben können?

11 größte *–im MS durchstrichen*

11 Aufzählung ist ja wohl die ⟨längste⟩ ⟨[⟩vollständigste

13 und auch ⟨noch⟩ nach/mit/ |ihr| wird das

18 wieviele Möglichkeiten es denn ⟨gäbe …⟩

22 aber die Reihe ist nicht ⟨E…⟩

25 warum ⟨das⟩ alle Möglichkeiten sein sollen.

Wenn wir auch sagen, wir hätten die besondere Befolgung f(a) immer als möglich voraussehen können, so haben wir dies doch in Wirklichkeit nicht getan. – Aber selbst wenn ich diese Möglichkeit vorhersehe/die Möglichkeit f(a) vorhersehe/ und ausdrücklich in meinen Befehl aufnehme, so verliert sie sich neben dem allgemeinen Satz und zwar, weil ich eben aus dem allgemeinen Satz ersehe, daß dieser besondere Fall erlaubt ist und nicht einfach daraus daß er im Befehl als erlaubt festgesetzt ist. Denn steht der allgemeine Satz da, so nützt mir das Hinzusetzen des besonderen Falles nichts mehr |(d.h. es macht den Befehl nicht expliziter)|. Denn nur aus dem allgemeinen Satz leite ich ja die Rechtfertigung her diesen besonderen Fall neben ihn zu setzen. Man könnte nämlich glauben und darauf geht ja meine ganze Argumentation aus, daß durch das Hinzusetzen des besonderen Falles 103
die – gleichsam verschwommene – Allgemeinheit des Satzes aufgehoben wird. Man könnte sagen/; daß man sagen könnte/ „jetzt brauchen wir sie nicht mehr, wir haben ja (hier) den bestimmten Fall". Ja, aber wenn ich doch zugebe, daß ich den besonderen Fall darum hierher setze weil er mit dem allgemeinen Satz übereinstimmt! Oder, daß ich doch anerkenne, daß f(a) ein besonderer Fall von f(∃) ist! Denn nun kann ich nicht sagen: das beweist/heißt/ eben daß f(∃) eine Disjunktion ist, deren ein Glied f(a) ist. Denn wenn dies so ist, so muß sich diese Disjunktion angeben lassen. f(∃) muß dann als |eine| Disjunktion definiert sein. Eine solche Definition wäre auch ohne weiteres zu geben, sie entspräche aber nicht dem Gebrauch von f(∃) den wir hier im Auge haben/meinen/. Nicht so, daß die Disjunktion immer noch etwas (in ihr nicht eingeschlossenes) übrig läßt; sondern, daß sie das Wesentliche der Allgemeinheit gar nicht berührt, ja wenn man sie dieser beifügt ihre Rechtfertigung erst von dem allgemeinen Satz nimmt. /bezieht./

3 *Im MS:* Aber selbst |wenn| ich diese Möglichkeit

4 diese Möglichkeit vorhersehe/die Möglichkeit f(a) vorhersehe/ *–erste Variante im MS durchstrichen*

7 daß dieser besondere Fall erlaubt ist und nicht einfach daraus daß ⟨es …⟩

10 Denn steht der allgemeine Satz da, so nützt mir das Hinzusetzen des besonderen Falles nichts mehr |(d.h. es macht den Befehl nicht expliziter)|. *–im MS am linken Rand mit einer vertikalen Linie markiert*

16 (hier) *–im MS durchstrichen*

17 Ja, aber wenn ich doch zugebe, daß ich den ⟨best…⟩

21 eine Disjunktion ist, deren ⟨eines⟩ Glied f(a) ist

22 so muß sich diese Disjunktion angeben lassen. ⟨f F…⟩

25 hier im Auge haben/meinen/ *–erste Variante im MS durchstrichen*

26 (in ihr nicht eingeschlossenes) *–im MS durchstrichen*

29 ja wenn man sie dieser beifügt ihre Rechtfertigung erst ⟨vom …⟩ von dem allgemeinen Satz nimmt./bezieht./ *–im MS am linken und rechten Rand mit je einer vertikalen Wellenlinie markiert*

18.

Ich befehle zuerst f(∃); er befolgt den Befehl und tut f(a). Nun denke ich, ich hätte ihm ja gleich den Befehl f(∃) ∨ f(a) geben können. (Denn daß f(a) den Befehl f(∃) befolgt wußte ich ja früher und es kam ja auf 104 dasselbe hinaus ihm f(∃) ∨ fa zu befehlen.) Und dann hätte er sich also bei der Befolgung/beim Befolgen/ nach der/einer/ Disjunktion „tue Eines oder f(a)" gerichtet. Und ist es wenn er den Befehl durch f(a) befolgt nicht gleich(gültig) was in Disjunktion mit f(a) steht? Wenn er auf jeden Fall f(a) tut, so ist ja doch der Befehl befolgt, was immer die Alternative ist.

Ich möchte auch sagen: In der Grammatik ist nichts nachträglich, keine Bestimmung nach einer andern, sondern alles ist zugleich. (da).

In sofern kann ich also (auch) nicht sagen, ich habe zuerst den Befehl f(∃) gegeben und bin dann erst drauf gekommen, daß f(a) ein Fall von f(∃) ist; jedenfalls aber war und blieb mein Befehl f(∃), und f(a) setzte ich dazu wissend/in der Erkenntnis/ daß f(a) mit f(∃) übereinstimmt. Und diese Bestimmung, daß f(a) mit f(∃) übereinstimmt setzt doch eben den Sinn des Satzes f(∃) voraus wenn er überhaupt selbständig festgehalten wird, und nicht erklärt wird er sei (ganz) durch eine Disjunktion zu ersetzen. Und mein Satz „jedenfalls war und blieb aber mein Befehl f(∃) u.s.w." hieß nur daß ich den allgemeinen Befehl nicht durch eine Disjunktion ersetzt hatte.

Man kann sich nun denken daß ich einen Befehl p ∨ f(a) gebe und der Andre den ersten Teil des Befehls nicht deutlich versteht wohl aber 105 daß der Befehl „.... ∨ fa" lautet. Er könnte dann fa tun und sagen „ich weiß gewiß daß ich den Befehl befolgt habe wenn ich auch den ersten Teil nicht verstanden habe". So nun denke ich es mir auch, wenn ich sage, es käme ja auf die andere Alternative nicht an. Aber dann hat er doch nicht den gegebenen Befehl befolgt sondern ihn als „f(a)!" aufgefaßt. [als Befehl f(a) aufgefaßt]. Man könnte |nämlich| fragen: Hat der welcher auf den Befehl „f(∃) ∨ fa" fa tut den Befehl darum (d.h. insofern) befolgt weil der Befehl von der Form ξ ∨ fa ist, oder darum weil f(∃) ∨ fa = f(∃) ist? Wer f(∃) versteht, also weiß daß f(∃) ∨ fa = f(∃) ist, der befolgt durch fa f(∃) auch wenn ich es „f(∃) ∨ f(a)" schreibe weil er ja doch sieht, daß f(a) ein Fall von f(∃) ist. – Und nun kann man uns entgegenhalten: Wenn er sieht daß f(a) ein Fall von f(∃) ist, so heißt das ja doch, daß f(a) disjunktiv in f(∃) enthalten ist, daß also f(∃) mit Hilfe von f(a) definiert ist! Und – muß er jetzt weiter sagen – die übrigen

4 den Befehl f(∃) befolgt ⟨wüßte⟩ ich ja früher und es kam

11 *Im MS eine Bemerkung, aufgehoben durch einen Pfeil am linken Rand und mit der Anweisung:* [Nur neuer Absatz]

11 In der Grammatik ist nichts nachträglich, ⟨di…⟩

15 daß f(a) ein Fall von ⟨f (…⟩

15 jedenfalls aber war und blieb mein Befehl ⟨(…⟩

18 setzt doch eben ⟨/einen/⟩ Sinn des Satzes f(∃) voraus

23 Man kann sich nun denken daß ich einen Befehl p ∨ f(a) ⟨geben …⟩

25 nicht deutlich versteht wohl aber daß der Befehl ⟨die Form …⟩

25 „.... ∨ fa" lautet. ⟨Es …⟩

30 |nämlich| *–Einfügungszeichen im MS gewellt unterstrichen,* nämlich *durchstrichen*

32 darum (d.h. insofern) befolgt weil der Befehl von der Form ⟨p …⟩

33 oder darum weil f(∃) ∨ fa = f(∃) ist? Wer f(∃) ⟨f…⟩

34 wenn ich es ⟨in der Form⟩ f(∃) ∨ f(a) schreibe weil er ja doch sieht,

36 ein Fall von ⟨von⟩ f(∃) ist,

Teile der Disjunktion gehen mich eben nichts an wenn die Glieder die ich sehe alle sind die ich jetzt brauche. „Du hast eben mit der Erklärung ‚daß f(a) ein Fall von f(∃) ist‘ nichts weiter gesagt als daß f(a) in f(∃) 106
vorkommt und noch andere Glieder.“ – Aber gerade das meinen wir nicht. Und es ist nicht so, als hätten wir durch unsere Bestimmung f(∃) unvollständig/unvollkommen/ definiert. Denn dann wäre ja eine vollständige |Definition| möglich. Und es wäre diejenige Disjunktion nach welcher das angehängte „∨ f(∃)“ gleichsam lächerlich wäre, weil ja doch nur die genannten Fälle für uns in Betracht kämen. Wie wir aber f(∃) auffassen ist die Bestimmung daß f(a) ein Fall von f(∃) ist keine unvollkommene sondern gar keine Definition von f(∃). Ich nähere mich also auch nicht dem Sinn von f(∃) wenn ich die Disjunktion der Fälle vermehre, die Disjunktion der Fälle ∨ f(∃) ist zwar gleich f(∃) aber niemals gleich der Disjunktion der Fälle, sondern ein ganz anderer Satz.

1 Auf keinem Umweg kann, was über eine Aufzählung von Einzelfällen gesagt ist/wird/, die Erklärung der Allgemeinheit ergeben/sein/.

2 [Nachtrag] Statt „Bildnis des Herrn N.N.“ könnte die Aufschrift des Bildes auch sein: „Ein solcher Mensch ist jetzt dort und dort zu sehen“.

3 Und hier würde man klarer sehen, wie sich die Überschrift auf jetzt und 107
hier bezieht.

4 Das Gemälde, die Krönung Napoléons darstellend, ohne die Überschrift entspräche ganz einer fictiven Beschreibung.

5 Die Landkarte und ihre Orientierung.

6 „Ich stelle mir die Sonne vor“ ist Bild und Überschrift.

7 Ich richte mich nach seinen Worten und Gebärden.

8 Die Gebärden müssen als Grundlage des Kalküls dienen, wie immer dieser Kalkül auch ausgeführt werden mag.

9 Ist nun nicht mein Ausdruck, daß der Satz ein Bild ist, ein schiefer Ausdruck, der eine gewisse Analogie zu weit treibt??

10 Nicht das ist wahr, daß, was ich sage/wir sagen/, nur für eine „ideale Sprache“ gilt |oder Geltung hätte|; wohl aber kann man sagen, daß wir eine ideale Sprache konstruieren, in die aber dann alles übersetzbar ist, was in unidealen Sprachen gesagt werden kann.

11 Was ist denn die „gegenwärtige Situation“? Nun, daß das und das der
Fall ist. Nicht: „daß das und das jetzt der Fall ist“. 108

1 gehen mich eben nichts an wenn die ⟨Teile …⟩
2 „Du hast eben mit ⟨dem …⟩
3 *Im MS:* nichts weiter gesagt |als| daß f(a) in f(∃)
7 |Definition| *–das Einfügungszeichen ist im MS gewellt unterstrichen*
10 die Bestimmung daß f(a) ein Fall von ⟨F…⟩
13 die Disjunktion der Fälle ⟨ist zwar …⟩
32 *Im MS:* Ich richte mich |nach| seinen Worten

1 / „Jetzt“ ist ein Wort. Wozu brauche ich dieses Wort? ‚Jetzt‘ – im Gegensatz wozu? – Im Gegensatz zu ‚in einer Stunde‘, ‚vor 5 Minuten‘, etc., etc.

„Jetzt“ bezeichnet kein System sondern gehört zu einem System. Es wirkt nicht magisch; wie kein Wort. –

2 ∫ Müßte ich nicht sagen: Die Sätze die ich gebrauche um die Wirklichkeit zu beschreiben, sind genau dieselben, wie die, welche in der Dichtung gebraucht werden, etwa im King Lear: aber ich gebrauche sie anders. Aber wenn ich das sagen kann, „anders“, so müßte ich doch auch den Unterschied angeben können.

3 Wenn die Sprache sich mit dem Gelde vergleichen läßt, an dem an und für sich nichts liegt, sondern das nur indirekt von Bedeutung ist, weil man mit ihm Gegenstände kaufen kann, die für uns Bedeutung haben; so kann man sagen, daß hier beim Gebrauch der Wörter „Ich“, „hier“, „jetzt“ etc der Tauschhandel in den Geldhandel eintritt. (?)

4 / Es ist klar, daß, wer einen Plan macht, ein Bild macht.

5 / Aber es gibt noch etwas anderes: Wenn er nämlich auf den Plan und 109
die Wirklichkeit Orientierungszeichen macht.

6 / Erklärung der Sprache z.B. des Planes durch Vormachen der Benutzung /des Gebrauches/ in einem bestimmten Fall: aber dieses Vormachen interessiert uns nicht, soweit es Ursache des richtigen Nachahmens ist, sondern, soweit es (nachträglich) als Erklärung gedeutet werden kann.

7 / Das was „particular“ ist, ist das Ereignis. Das Ereignis das durch die Worte beschrieben wird „heute hat es geregnet“ und den nächsten Tag durch „gestern hat es geregnet“.

8 / Scheinbare Consequenz, wenn einer heute verspricht „morgen werde ich Dich besuchen“ und dieses Versprechen am nächsten Tag wörtlich wiederholt. [... Wort für Wort wiederholt.]

9 / Bild und Wirklichkeit müssen ein System geben. Sowie das Resultat der Rechnung und die ganze übrige Rechnung.

10 / Wenn wir eine Abbildung vormachen, so geht es uns nicht an, ob dies
Vormachen die Wirkung hat, daß es richtig nachgemacht wird, sondern 110
uns interessiert nur, was geschieht, wenn das Beispiel richtig verstanden wird.

11 Was uns interessiert ist nur die exacte Beziehung des Beispiels zum Folgen. [... zu der Nachfolge/zu dem Danachhandeln/.]

16 so kann man sagen, daß hier beim Gebrauch (des ...)
25 der Benutzung/des Gebrauches/ *–erste Variante im MS durchstrichen*
36 [... Wort für Wort wiederholt.] *–im MS durchstrichen*
46 nur die exacte Beziehung des Beispiels zum (Nachmachen).
47 zu der Nachfolge/zu dem Danachhandeln/ *–erste Variante im MS durchstrichen*

1 || Die Philosophie hat es in dem selben Sinn mit Kalkülen zu tun wie sie es mit Gedanken zu tun hat (oder mit Sätzen und Sprachen). Hätte sie's aber wesentlich mit dem Begriff des Kalküls zu tun also mit dem Begriff des Kalküls vor allen Kalkülen so gäbe es eine Metaphilosophie. Und die gibt es nicht. (Man könnte alles was wir zu sagen haben so darstellen, daß das als ein leitender Gedanke erschiene). ||

2 Es wird aus dem Beispiel heraus wieder kalkuliert.

3 Beispiele sind ordentliche Zeichen, nicht Abfall, nicht Beeinflussung.

4 Denn uns interessiert nur die Geometrie des Mechanismus (Das heißt doch, die Grammatik seiner Beschreibung)

5 Die Bedeutung ist eine Festsetzung, nicht Erfahrung. Und damit nicht 111
Kausalität.

6 Das Exacte ist die Interne Beziehung.

7 Das Zeichen, soweit es suggeriert, also soweit es wirkt interessiert uns gar nicht.

Es interessiert uns nur als Zug [hier ist das Satzzeichen gemeint?] in einem Spiel: Glied in einem System das selbstständig ist. [..., das seine Bedeutung in sich selbst hat] [..., das selbstbedeutend ist]

8 Die Differenz, der/Der/ Unterschied der Wortarten ist immer wie der Unterschied der Spielfiguren, oder, wie der noch größere, einer Spielfigur und des Schachbrettes.

9 Der Name „Napoléon" hat nur Sinn als Zeichen eines Kalküls (wie jeder Name).

Das System ist hier z.B. das, daß dieser Name über verschiedenen Bildern stehen könnte und über einem steht.

10 Was das Zeichen suggeriert, findet man durch Erfahrung. Es ist die Erfahrung, die uns lehrt, welche Zeichen am wenigsten leicht/am seltensten/ mißverstanden werden.

11 Es muß uns klar sein, daß der Zusammenhang unseres Gedankens mit 112
Napoléon nur durch diesen selbst und durch kein Bild (Vorstellung, etc) und sei es noch so ähnlich gemacht werden kann. Anderseits aber ist Napoléon für uns in seiner Abwesenheit nicht weniger enthalten, als in seiner Anwesenheit.

12 „Aber der Gedanke an Napoléon muß doch mit Napoléon etwas zu tun haben". Gewiß, und er muß das enthalten, dessen Existenz nicht zweifelhaft ist.

5 Und die gibt es nicht. ⟨Is...⟩
5 ⟨Der man⟩ könnte alles was wir zu sagen haben so darstellen,
5 Man könnte alles was ⟨ich⟩ zu sagen ⟨habe⟩ so darstellen,
26 Die Differenz *–im MS durchstrichen*
28 einer Spielfigur und des Schach⟨spie...⟩

1 Und das muß den Wörtern entsprechen, dessen Existenz nicht zweifelhaft ist.

19.

2 [Nachtrag und Zusätze]
Wer Grün einen Gegenstand nennt, muß sagen, daß dieser Gegenstand im Symbolismus vorkommt. Denn sonst wäre der Sinn des Symbolismus, also daß es ein Symbolismus ist nicht gewährleistet.

Das stößt natürlich den ganzen Begriff vom Gegenstand um! Und mit Recht. Gegenstand darf nicht Rot, links und viel sein, sondern nur der rote Fleck, der Tisch, etc.. Will man sich mit diesen Dingen nicht abgeben, so ist es wohl besser, man gebraucht das Wort „Gegenstand“ nicht.

3 Die Unbeholfenheit mit der das Zeichen wie ein Stummer durch allerlei suggestive Gebärden sich verständlich zu machen sucht verschwindet, wenn wir erkennen, daß das Wesentliche am Zeichen das System ist, dem es zugehört und sein übriger Inhalt wegfällt. 113

4 Denken ist Pläne machen.

Wenn Du Pläne machst, so machst Du einen Plan zum Unterschied von/im Gegensatz zu/ andern Plänen.

5 Du machst diesen zum Unterschied von anderen. Und so charakterisiert das Zeichen, das Vorstellungsbild, den Plan. Im Gegensatz nämlich zu anderen Zeichen und Vorstellungsbildern.

6 ∫ Der Gedanke kann für uns nur das sein, was gebraucht wird.

7 Wir sind nicht im Bereiche der Erklärungen und jede Erklärung klingt für uns trivial.

8 Aber dieser Verzicht auf die/jede/ Erklärung macht es so schwer zu fassen/sagen/, was der Gedanke eigentlich leistet.

9 Man kann sagen: Er rechnet auf Grund von Gegebenem und endet in einer Handlung.

10 Die Berechnung der Wandstärke eines Kessels und der /?dieser?/entsprechenden Verfertigung ist ein sicheres Beispiel des Denkens [… muß ein Beispiel des Denkens sein.] 114

[Die Berechnung der Wandstärke eines Kessels und, dér entsprechenden, Verfertigung ….]

5 [Nachtrag(] …⟩
8 also daß es ein Symbolismus ist⟨,⟩ nicht gewährleistet
10 Gegenstand darf nicht Rot, links⟨,⟩ viel sein,
18 dem es ⟨angehört⟩ und sein übriger Inhalt wegfällt.
24 *Der zweite und dritte Satz der Bemerkung sind im MS Absätze, zusammengefügt durch Klammern und mit der Anweisung:* kein Absatz
37 ⟨Die …⟩ *–Streichung in der folgenden Leerzeile*
42 dér *–Akzent als Zeichen der Hervorhebung*

1 Der Schritt, der von der Berechnung auf dem Papier zur Handlung führt, ist noch ein Schritt der Rechnung.

2 Wenn man sagt: „es muß der Mathematik wesentlich sein, daß sie angewandt werden kann“, so meint man, daß diese Anwendbarkeit nicht die eines Stückes Holz ist, von dem ich sage „das werde ich zu dem und dem anwenden können“.

3 Wenn das Denken nicht in gewissem Sinne mechanisch – zwangsläufig – wäre, so wäre es nichts nütze.

4 „Der Plan besteht darin, daß ich mich das und das tun sehe.“ Aber woher/wie/ weiß ich, daß ich es bin. – Nun ich bin es ja nicht, was ich sehe, sondern etwa ein Bild. Warum aber nenne ich es mein Bild? Nicht etwa, weil es mir ähnlich sieht. [Hier kein Fragezeichen] 115

„Woher weiß ich daß ich es bin“ Das ist ein gutes Beispiel einer falsch angebrachten Frage. Die Frage hat nämlich Sinn wenn es |etwa| heißt: Woher weiß ich daß, was ich da im Spiegel sehe, ich bin/ich es bin, den ich da im Spiegel sehe/. Und die Antwort gibt dann Merkmale nach denen/durch die/ dies zu erkennen ist./ich zu erkennen bin./! –

5 ∅ [Im Christentum sagt der liebe Gott gleichsam zu den Menschen: Spielt nicht Tragödie, das heißt Himmel und Hölle auf Erden, Himmel und Hölle habe ich mir vorbehalten.]

6 Es ist wahr: Namen können Dinge vertreten; aber sie vertreten nicht ihre Bedeutungen; und die Dinge (etwa räumliche Gegenstände) die Bedeutungen der Wörter zu nennen, ist absurd.

7 Hieße das nicht: Der Träger des Namens ist nicht seine Bedeutung?

8 Aber ist nicht L.W. der Träger des Namens „L.W.“? Und ist nicht L.W. die Bedeutung von „L.W.“?

9 Ist nicht „L.W. ist tot“ der selbe Satz wie „der Träger des Namens ‚L.W.‘ ist tot“?

10 Ist es aber nicht Unsinn zu sagen, L.W. sei die Bedeutung des Namens „L.W.“?! Das hieße doch wohl, daß ich statt des Wortes „L.W.“ in 116
meiner Sprache die Worte „die Bedeutung von ‚L.W.‘“ substituieren könnte. Und das ist jedenfalls ganz gegen den normalen Gebrauch dieses Ausdrucks.

13 woher/wie/ *–erste Variante im MS durchstrichen*

16 *Der Absatz ist die dritte Bemerkung auf der Manuskriptseite 115, umgestellt durch eine Klammer mit einem Pfeil am linken Rand und der Anweisung vor der Bemerkung:* [Zum drittletzten Satz]

16 „Woher weiß ich daß ich es bin“ Das ist ⟨eine …⟩

19 was ich da im Spiegel sehe, ich bin/ich es bin, den ich da im Spiegel sehe/ *–erste Variante im MS durchstrichen*

20 dies zu erkennen ist./ich zu erkennen bin./ *–erste Variante im MS durchstrichen*

1 Man kann sagen, daß die Worte „der Träger des Namens ‚L.W.'" dieselbe Bedeutung haben wie der Name „L.W." – also für einander eingesetzt werden können.

2 Aber heißt es nicht dasselbe, zu sagen „zwei Namen haben e i n e n Träger" und „zwei Namen haben ein und dieselbe Bedeutung"? (Morgenstern, Abendstern, Venus)

3 Wenn mit dem Satz „‚a' und ‚b' haben denselben Träger" gemeint ist: „der Träger von ‚a'" bedeutet dasselbe wie „der Träger von ‚b'", so ist alles in Ordnung, weil das dasselbe heißt wie a = b. Ist aber mit dem Träger von ‚a' etwa der Mensch gemeint, von dem es sich feststellen läßt, daß er auf den Namen ‚a' getauft ist; oder der Mensch, der das Täfelchen mit dem Namen ‚a' um den Hals trägt; etc, so ist es gar nicht gesagt, daß ich mit ‚a' diesen Menschen meine, und daß die Namen, die den gleichen Träger haben, dasselbe bedeuten.

4 Die Frage „Woher weiß ich, daß ich das bin" oder richtiger „… daß das 117
m i c h vertritt" ist Unsinn, denn, daß es mich vertritt, ist meine (eigene) Bestimmung. Ja, ich könnte ebensogut fragen: „woher weiß ich, daß das Wort ‚ich' mich vertritt", denn meine Figur im Bild war nur ein anderes Wort ‚ich'.

5 Wohl aber könnte man fragen „was hat denn der Name ‚a' mit diesem Menschen zu tun?". Und die Antwort wäre: Nun, das i s t a.

6 Aber zeigen wir nicht zur Erklärung der Bedeutung auf den Gegenstand den der Name vertritt? Ja; aber dieser Gegenstand ist nicht die Bedeutung, obwohl sie durch das Zeigen auf diesen Gegenstand bestimmt wird.

7 „Diese Figur des Bildes bin ich" ist ein Übereinkommen.

8 Ja, aber worin kommen wir überein? Welche Beziehung zwischen Zeichen und mir stellen wir her? Nun, n u r die, die etwa durch das Zeigen mit der Hand, oder das Umhängen eines Täfelchens besteht, denn diese Relation ist nur durch das System bedeutungsvoll, dem sie angehört.

18 „Woher weiß ich, daß ich das bin"(,) oder richtiger
25 Menschen zu tun? *–das Fragezeichen ist im MS durchstrichen*

1 Es ist von der größten Bedeutung, daß wir uns zu einem Kalkül der Logik immer ein Beispiel denken auf das/welches/ der Kalkül wirklich angewandt wird und nicht Beispiele von denen wir sagen sie seien eigentlich nicht die idealen diese aber hätten wir noch nicht. Das ist das Zeichen einer ganz falschen Auffassung. Kann ich den Kalkül überhaupt verwenden dann ist das/dies/ auch die ideale Verwendung und *die* Verwendung um die es sich handelt. Man geniert sich nämlich einerseits das Beispiel als das eigentliche anzuerkennen weil man in ihm noch eine Complication erkennt auf die der Kalkül sich nicht bezieht; anderseits ist es doch das Urbild des Kalküls und er davon hergenommen und auf eine geträumte Anwendung kann man nicht warten. Man muß sich also eingestehen welches das eigentliche Urbild des Kalküls ist. 118

2 Das ist aber kein Eingeständnis – als habe man damit einen Fehler gemacht,/begangen,/ den Kalkül von *daher* genommen zu haben, sondern der Fehler liegt darin ihn jetzt in nebelhafter Weise anzuwenden oder eine Anwendung zu versprechen. [... oder eine Anwendung in nebuloser Ferne zu versprechen.]

3 (So könnte Spengler besser verstanden werden wenn er sagte: ich *vergleiche* verschiedene Kulturperioden dem Leben von Familien; innerhalb der Familie gibt es eine Familienähnlichkeit, während es auch zwischen Mitgliedern verschiedener Familien eine Ähnlichkeit gibt; die Familienähnlichkeit unterscheidet sich von der andern Ähnlichkeit so und so etc.. Ich meine: das Vergleichsobject, der Gegenstand von welchem diese Betrachtungsweise abgezogen ist, muß uns angegeben werden, damit nicht in die Discussion immer Ungerechtigkeiten einfließen. Denn da wird dann alles, was für das Urbild der Betrachtung /des Vergleichs/ wahr ist/stimmt/ nolens volens auch von dem Object worauf wir die Betrachtung anwenden behauptet; und behauptet „es *müsse immer* ....“. 119

4 Beispiele von denen wir sagen sie seien eigentlich nicht die idealen ⟨da...⟩
9 weil man in ihm noch eine ⟨Komplication⟩ erkennt auf die der Kalkül
11 davon hergenommen und auf eine geträumte ⟨Ei...⟩
15 Das ist aber kein Eingeständnis⟨,⟩ als habe man damit einen Fehler
16 den Kalkül von *daher* genommen zu haben ⟨–⟩ sondern der Fehler liegt
26 Ich meine: ⟨Das⟩ Vergleichsobject, der Gegenstand von welchem
30 der Betrachtung/des Vergleichs/ *–zweite Variante im MS durchstrichen*
30 wahr ist/stimmt/ nolens volens auch ⟨für ...⟩

Das kommt nun daher, daß man den Merkmalen des Urbilds einen Halt in der Betrachtung geben will. Da man aber Urbild und Object vermischt dem Object dogmatisch beilegen muß, was nur das Urbild charakterisieren muß. Anderseits glaubt man die Betrachtung ermangle ja der/habe nicht die/ Allgemeinheit die man ihr geben will, wenn sie nur für den einen Fall wirklich stimmt. Aber das Urbild soll ja eben als solches hingestellt werden; daß es die ganze Betrachtung 120 charakterisiert, ihre Form bestimmt. Es steht also an der Spitze und ist dadurch allgemein giltig, daß es die Form der Betrachtung bestimmt, nicht dadurch, daß alles was nur von ihm gilt von allen Objecten der Betrachtung ausgesagt wird.

Man möchte |so| bei allen übertriebenen dogmatisierenden Behauptungen immer fragen: Was ist denn nun daran wirklich wahr. Oder auch: In welchem Fall stimmt denn das nun wirklich.)

1 ϕ Wenn ich also auf einen Fleck zeige und als Worterklärung sage „das ist rot.“, so hätte ich nicht sagen dürfen „das ist die Bedeutung des Wortes ‚rot‘“.

2 Wer so dogmatisiert weiß seinem Satz nicht den richtigen Platz zu geben (das ist so, als wollte ich daß einer Präsident bei einer Sitzung ist, wüßte aber nicht, wie ich ihm die richtige Stellung das richtige Ansehn geben solle. Denn er kann nicht etwa statt jedes der Mitglieder sprechen, er kann nicht auf allen Stühlen sitzen; sondern nur auf e i n e m, aber auf dem einen an der Spitze.) Was ich hier sage, ist eigentlich, was Boltzmann über die Stellung des Mechanischen Modells, etwa in der Theorie der Elektrizität, sagt.

3 Die Zuordnung von Gegenstand und Name ist keine andere, als die 121 durch die Worte „das ist ....“ oder eine Tabelle erzeugte

a	A
b	B
c	C
d	D

etc. Sie ist ein Teil des Symbolismus. Es ist daher Unsinn zu sagen, die Beziehung von/zwischen/ Name und Gegenstand sei eine psychologische.

4 Das Denken ist eine fortlaufende Kalkulation.

5 Daß mich das Feuer brennen wird, wenn ich die Hand hineinstecke: das ist Sicherheit.

3 Da man aber Urbild und Object vermischt dem Object ⟨apodi…⟩
6 *Im MS:* wenn |sie| nur für den einen Fall
6 wenn sie nur für den einen Fall wirklich stimmt. Aber ⟨der …⟩
7 Aber das Urbild soll ja eben als solches hingestellt ⟨se…⟩
7 Aber das Urbild soll ja eben als solches hingestellt werden⟨,⟩ daß es
11 von allen Objecten der Betrachtung ausgesagt wird.⟨) …⟩
12 |so| *–das Einfügungszeichen ist im MS gewellt unterstrichen*
13 Was ist denn nun daran wirklich wahr⟨?) …⟩
17 „das ist die Bedeutung ⟨der …⟩
21 als wollte ich daß einer Präsident bei einer ⟨Versammlung⟩ ist,
23 wie ich ihm die richtige Stellung das richtige Ansehn geben ⟨konn…⟩
38 ⟨Das …⟩
38 die Hand hineinstecke: *–der Doppelpunkt ist im MS gewellt unterstrichen*

1 D.h., da sehe ich was Sicherheit bedeutet. (Nicht nur was das Wort „Sicherheit“ bedeutet, sondern auch was es mit ihr an/auf/ sich hat.)

20.

2 ∫ Was heißt: die Zahlenreihe ist unendlich?

3 ?/ Das muß doch eine Bestimmung sein, nicht die Konstatierung einer Tatsache.

4 Darin hatte ich freilich recht, daß die unendliche Möglichkeit (z.B. unendliche Teilbarkeit) einer ganz anderen grammatischen Kategorie angehört, als die endliche (Möglichkeit in 3 Teile zu teilen). Aber damit ist noch nicht die Grammatik des Wortes „unendlich“ bestimmt. 122

5 Wenn ich z.B. sage „‚Cardinalzahlen‘ nenne ich alles, was aus 1 durch fortgesetztes Addieren von 1 entsteht“, so vertritt das Wort „fortgesetzt“ nicht eine nebelhafte Fortsetzung von 1, 1 + 1, 1 + 1 + 1, vielmehr ist auch das Zeichen „1, 1 + 1, 1 + 1 + 1, ….“ ganz exact zu nehmen, als verschieden von „1, 1 + 1, 1 + 1 + 1“, anderen bestimmten Regeln unterworfen und nicht ein Ersatz/Vertreter/ einer Reihe „die sich nicht hinschreiben läßt“.

6 Das heißt: mit dem Zeichen „1, 1 + 1, 1 + 1 + 1 …“ wird auch gerechnet wie mit (den) Zahlzeichen, nur anders.

7 ∫ Was bildet man sich denn aber ein? Welchen Fehler macht man denn/denn/? Wofür hält man |denn| das Zeichen „1, 1 + 1, …“? D.h.: wo kommt denn das wirklich vor, was man in diesem Zeichen zu sehen meint? Etwa, wenn ich sage „er zählte 1, 2, 3, 4, 5, 6 und so weiter bis tausend“? wo es auch möglich wäre wirklich alle Zahlen hinzuschreiben.

8 Als was sieht man denn „1, 1 + 1, 1 + 1 + 1 ….“ an?

Als eine ungenaue Ausdrucksweise. Die Pünktchen/Punkte/ sind so wie weitere Zahlzeichen, die aber verschwommen sind. So als hörte 123 man auf Zahlzeichen hinzuschreiben, weil man ja doch nicht alle hinschreiben könne/kann/, aber als seien sie wohl/allerdings/, quasi, in einer Kiste, vorhanden. [… aber als seien sie wohl, gleichsam in einer Kiste vorhanden.] Etwa auch, wie wenn ich von einer Melodie nur die ersten Töne deutlich singe und den Rest nur noch andeute und /andeutend/ in Nichts auslaufen lasse (oder wenn man beim Schreiben von einem Wort nur wenige Buchstaben deutlich schreibt und mit einem unartikulierten Strich endet) wo dann dem undeutlich ein deutlich entspräche.

27 denn/denn/ *–erste Variante im MS durchstrichen*
27 *Im MS:* Welchen Fehler macht man man denn?
27 |denn| *–das Einfügungszeichen ist im MS gewellt unterstrichen,* denn *durchstrichen*
36 könne/kann/ *–im MS Durchstreichung der ersten Variante aufgehoben*
36 wohl/allerdings/ *–erste Variante im MS durchstrichen*

1 Es frägt sich auch, wo denn der Zahlbegriff (oder Begriff der Cardinalzahl) unbedingt gebraucht wird. Zahl im Gegensatz wozu? $[1, \xi, \xi + 1]$ wohl im Gegensatz zu $[5, \xi, \sqrt{\xi}]$ u.s.w. – Denn wenn ich so ein Zeichen (wie „$[1, \xi, \xi + 1]$“) wirklich einführe – und nicht nur als Luxus mitschleppe – so muß ich auch etwas mit ihm tun, d.h., es in einem Kalkül verwenden, und dann verliert es seine Alleinherrlichkeit und kommt in ein System ihm koordinierter Zeichen.

2 Man wird vielleicht sagen: aber ‚Cardinalzahl‘ steht doch im Gegensatz zu ‚Rationalzahl‘, ‚reeller Zahl‘ etc. Aber dieser Unterschied ist ein Unterschied der Regeln (den von ihnen geltenden Spielregeln) – nicht einer der Stellung auf dem Schachbrett – nicht ein Unterschied für den 124
man im selben Kalkül verschiedene koordinierte Worte braucht.

3 Wir sagen nicht daß der Satz f(x), wenn f(1) gilt und aus f(c) f(c + 1) folgt, *also* für alle Kardinalzahlen wahr ist, sondern „der Satz f(x) gilt für alle Kardinalzahlen“ *heißt* „er gilt für x = 1 und f(c + 1) folgt aus f(c)“.

4 Und hier ist ja der Zusammenhang mit der Allgemeinheit in endlichen Bereichen ganz klar, denn eben das wäre in einem endlichen Bereich allerdings der Beweis dafür, daß f(x) für alle Werte von x gilt und *eben das* ist der Grund, warum wir auch im arithmetischen Falle sagen, f(x) gelte für alle Zahlen.

5 Wie aber weiß ich 28 + (45 + 17) = (28 + 45) + 17 ohne es bewiesen zu haben? Wie kann mir ein allgemeiner Beweis einen besonderen Beweis schenken. Denn ich könnte doch den besondern Beweis führen und wie treffen sich da die beiden Beweise und wie, wenn sie nicht übereinstimmen.

6 Und wenn man nun fragt: ja *kann* denn etwas anderes bei dem besondern Beweis herauskommen, als 28 + (45 + 17) = (28 + 45) + 17, so müßte ich antworten: freilich kann etwas anderes herauskommen (wenn 125
dieses Herauskommen eine unabhängige Tatsache ist) aber, wenn etwas andres herauskommt, so werde ich sagen,/:/ ich habe mich verrechnet.

16 *also* für alle Kardinalzahlen ⟨gilt …⟩
19 *Die Bemerkung steht im MS nach der folgenden, durch Klammer und Pfeil am linken Rand umgestellt.*
34 wenn etwas ⟨anderes⟩ herauskommt,
35 werde ich sagen,/:/ *–Komma und Doppelpunkt im MS gewellt unterstrichen*

1 Aber ich würde doch sagen: Der/der/ allgemeine Beweis zeigt schon, daß nichts anderes herauskommen kann.

2 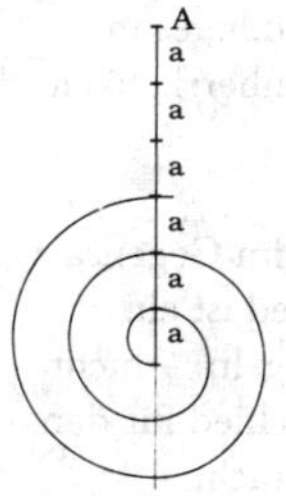

Hier kommen wir wieder auf den Fall der Spirale von der wir sagen sie schneidet auf der Geraden, wenn sie so weiterläuft, immer das gleiche Stück a ab und kommt daher in weiteren drei Windungen nach A. Diesen Punkt könnte ich konstruieren indem ich die Spirale bis A verlängere aber auch, indem ich einfach a dreimal auf der Geraden abtrage. –

3 Aber so verhält es sich doch auch mit einem allgemeinen geometrischen 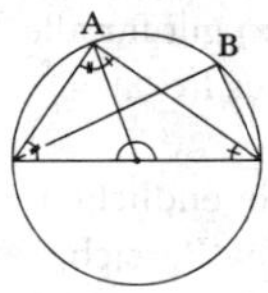

Beweis [... allgemeinen Beweis in der Geometrie]; etwa, daß der Winkel im Halbkreis ein Rechter ist. Ich nehme den Satz dann auch für einen andern Fall |B| als bewiesen an; könnte ihn aber auch für diesen Fall ausdrücklich beweisen.

4 Zuerst ist es nötig klar zu sehen, daß wir keine Tatsache beweisen. 126
Denn, weil es sich in dem einen Fall so verhält, wie kann ich wissen, daß es sich in dem *andern* so verhält? Und ein ‚Sich verhalten Müssen' gibt es nicht. Ist es nicht so, so kann man auch nichts machen. Nur was von uns abhängt können wir im voraus *bestimmen*.

5 Man möchte vielleicht/wohl/ sagen: Die selbe Konstruktion ist ein 127
Beweis des geometrischen Satzes für das bestimmte Dreieck; wir können sie aber auch allgemein meinen/auffassen/; oder: wir können an ihr auch einsehen, daß das, was für dieses Dreieck gilt, für jedes andre auch gelten muß. – Aber worin besteht dieses „meinen" /„auffassen"/ und das „einsehen"? Die psychologischen Prozesse sind uns ja ganz gleich./kümmern uns ja nicht./ „Das Dreieck steht eben hier für *irgend* ein Dreieck". Aber worin besteht dieses „für etwas stehen"? Es handelt sich |für uns| eben wieder nur um den *Ausdruck* jener ‚Auffassung', d.h. den Ausdruck dessen *was* wir auffassen oder einsehen und den Ausdruck dafür daß das Dreieck |nur| für sich selbst oder für alle Dreiecke steht. Der Kalkül muß (wieder) festgestellt werden.

6 Nicht seelische Vorgänge interessieren uns sondern symbolische.

7 Der Beweis kann also nichts prophezeien. 126

5 *Die Bemerkung ist am linken Rand mit einer vertikalen Wellenlinie markiert.*

28 *Diese und die folgende Bemerkung sind umgestellt: Vom Beginn der zwei Bemerkungen verweist im MS ein Pfeil auf das Ende der ersten Bemerkung der gegenüberliegenden Manuskriptseite 126*

28 vielleicht/wohl/ *–erste Variante im MS durchstrichen*

37 d.h. den Ausdruck dessen *was* wir auffassen(,) einsehen

1 Ist der Beweis für A ausgeführt auch der Beweis für B, so daß es ganz gleichgültig ist, in welchem Dreieck er gezeichnet ist. Und wenn er also in beiden Dreiecken gezeichnet wäre nur d e r s e l b e Beweis wiederholt wäre? Daß also das Zeichen des Beweises – der Beweis als Zeichen /Symbol/ – ebensogut aus der Konstruktion in A und dem Dreieck B bestehen könnte, wie aus diesem Dreieck und in einer Konstruktion in ihm.

3,4 2,5 5,6 7,8

2 1,2 $(x+y)^2 = \ldots. = x^2 + 2xy + y^2$

3 Der Beweis/Das Zeichen des Beweises/ daß $(3+4)^2 = 3^2 + 2\cdot 3\cdot 4 + 4^2$ bestünde dann in einer Sprache in:

$$\overset{3}{(x}+\overset{4}{y})^2 = \ldots. = x^2 + 2xy + y^2$$

und könnte auch in 127

$$\overset{3}{(5}+\overset{4}{6})^2 = \ldots. = 5^2 + 2\cdot 5\cdot 6 + 6^2$$

bestehen.

4 Das heißt, es darf mir der Beweis, an 28, 45 und 17 durchgeführt, keine größere Sicherheit geben, als der ‚allgemeine'.

Oder aber, die beiden müssen gänzlich unabhängig sein.

Aber dann nicht u n a b h ä n g i g e Beweise D e s s e l b e n, denn das ist Unsinn. (Sie hängen ja durch dasselbe Ende zusammen.) 128

5 W i e macht mich der allgemeine Inductionsbeweis/Beweis/ sicher/gewiß/, daß der besondere das ergeben wird?

6 (Verachte nur nicht die simplen Kalküle, wie sie jedes Kind und jede Kaufmannsfrau benützt.)

7 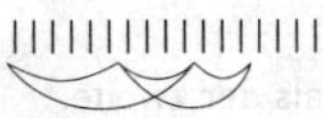 Dies muß auch ein vollkommen strenger Beweis des associativen Gesetzes sein.

8 Und hier kann man die beiden Fälle deutlich unterscheiden, von denen wir im geometrischen Beweis sprachen.

Denn die Figur 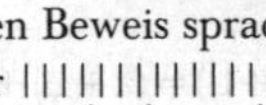 kann als allgemeiner Beweis gelten, und auch nur als Beweis von $4 + (3 + 6) = (4 + 3) + 6$ und ich kann den Beweis von $3 + (7 + 2) = (3 + 7) + 2$ so hinschreiben:

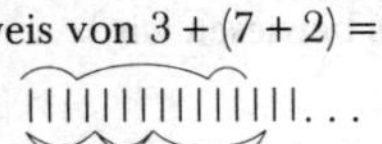

Ich habe den Beweis nur unten ausgeführt (die Konstruktion gezeichnet).

3 Und wenn er also in beiden Dreiecken gezeichnet ⟨ist …⟩
20 ⟨$(x + y)^2 = \ldots. = x^2 + 2xy + y^2$⟩ *–Streichung in der folgenden Leerzeile*
22 *Hier folgen im MS die beiden umgestellten Bemerkungen.*

1 Ein Kalkül ist nicht strenger als ein anderer! Man muß nur die Grenzen eines jeden kennen.

Nur insofern kann man einen Kalkül unstreng nennen, als seine Regeln nicht klar formuliert sind.

2 Man sagt „dieser Satz ist für alle Kardinalzahlen bewiesen". Aber sehen 129
wir doch nur hin, wie der Begriff der Kardinalzahl in den Beweis eintritt. Doch nur, indem im Beweis nur von 1 und der Operation $\xi + 1$ die Rede ist – aber nicht im Gegensatz zu Etwas, was den Rationalzahlen entspräche. Wenn man also den Beweis in Prosa mit Hilfe des Begriffsworts ‚Kardinalzahl' beschreibt, so sehen wir wohl, daß diesem Wort kein Begriff entspricht. [..., daß dieses Wort nicht die Bezeichnung eines Begriffes ist] [...., daß kein Begriff diesem Wort entspricht]

3 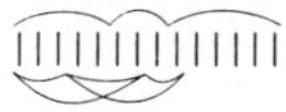 Ich könnte oben die gleiche Konstruktion machen wie unten.

Genügt aber das als Beweis?! Ja, denn der Beweis besteht nun in der Beschreibung dessen was ich zeichnen könnte. Und die Beschreibung eines Beweises ist ja (auch) der Beweis. – Und nun muß ich ja das Zeichen

„(((1)+1)+1)+(((1)+1)+((((1)+1)+1)+1)) = (a + b) + c"
a b c

Schritt für Schritt/Stufe für Stufe/ durchgehen, um mich zu vergewissern, daß es nach diesem Plan gebaut ist. Dem Plan für welchen/den/ der allgemeine Beweis gilt.

4 Muß ich hier nicht auch von einem System von Beweisen reden?

5 Wie verhält sich der ‚ausgeführte' Beweis zum allgemeinen, scheinbar nur 130
angedeuteten?
Oder:

gehören sie verschiedenen Symbolsystemen an?

Sonst aber muß doch, was der erste mehr enthält als der zweite, überflüssig sein.

6 Es wird eben in dem Zeichen

„(((1)+1)+1)+(((((1)+1)+1)+1)+((1)+1)) = (a + b) + c"
a b c

das gesehen, was durch den allgemeinen Beweis bewiesen wird.

6 Man sagt(:)dieser Satz ist für alle Kardinalzahlen bewiesen"
8 Doch nur, ⟨indem⟩ im Beweis
8 nur *–im MS durchstrichen*
32 scheinbar nur angedeuteten? ⟨Oder ...⟩
38 Es ⟨ist⟩ eben in dem Zeichen

22.

1 Man kann übrigens das Übereinkommen treffen einen Ausdruck der Form ((((1)+1)+1)+1) (der Kardinalzahlform) nur durch die Zahl der ersten Klammern ((((anzudeuten da durch sie alles weitere gegeben ist. Und nun kann man ihn |||| schreiben. (Ein Umweg.)

2 (Man muß sich in die Fehler hineindenken. „Laß ihn Dir den rechten Eindruck machen ....“ (Rückert))

3 (Zeitdauer eines Tones und Zeitdauer einer Akustischen Schwingung.)

4 Kritik meiner früher dargelegten/auseinandergesetzten/ Auffassung des inductiven Beweises.

Ein Beweis ist Beweis eines (bestimmten) Satzes wenn er es nach 131
einer Regel ist nach welcher/der/ dieser Satz diesem Beweis zugeordnet ist. D.h. der Satz muß einem System von Sätzen angehören und der Beweis einem System von Beweisen. Und jeder Satz der Mathematik muß einem Kalkül der Mathematik angehören (und kann nicht in Einsamkeit thronen und sich sozusagen nicht unter andere Sätze mischen.)

Also ist auch der Satz „jede Gleichung n-ten Grades hat n Lösungen“ nur ein Satz der Mathematik sofern er einem System von Sätzen und sein Beweis einem correspondierenden System von Beweisen entspricht. Denn welchen |guten| Grund habe ich dieser Kette von Gleichungen etc |(dem sogenannten Beweis)| diesen Prosasatz zuzuordnen. Es muß doch aus dem Beweis – nach einer Regel – hervorgehen von welchem Satz er der Beweis ist.

5 Nun liegt es aber im Wesen dessen, was wir als Satz bezeichnen, daß es sich verneinen lassen muß. Und auch die Verneinung des bewiesenen Satzes muß mit dem Beweis zusammenhängen; so nämlich daß sich zeigen läßt unter welchen andern |entgegengesetzten| Bedingungen sie herausgekommen wäre.

6 Man möchte den Induktionsbeweis als einen gleichsam indirekten
Beweis der Allgemeingültigkeit ansehen./sieht den Induktionsbeweis als 132
einen gleichsam indirekten Beweis der Allgemeingültigkeit an./ (Aber in der Logik ist nicht mehr da als wir sehen.)

7 (Mit „sweeping statements“ ist in der Philosophie nichts gemacht; sondern es muß alles so dargestellt werden wie es ist.)

23.

8 ∫ (|Aus dem| Simplicissimus: Rätsel der Technik. (Bild: Zwei Professoren vor einer im Bau befindlichen Brücke) Stimme von oben: „Laß abi – – hüah – – laß abi sag' i – – nacha drah'n mer'n anders um!“ – – – – „Es ist doch unfaßlich Herr Kollega, daß eine so komplizierte und exacte Arbeit in dieser Sprache zustande kommen kann“.)

45 (|Aus dem| Simplicissimus: 〈„〉Rätsel der Technik.
49 in dieser Sprache zustande kommen kann“.〈“〉

1 ∅ Hat der Gesichtsraum/das Gesichtsfeld/ einen Mittelpunkt? – Es hat

Sinn in einem Bild ein Kreuzchen anzubringen und zu sagen: schau auf das Kreuz; Du wirst dann auch das Übrige sehen, aber das Kreuz ist dann im Mittelpunkt des Gesichtsfeldes

2 ∅ Alle Überlegungen können viel hausbackener/gröber/ angestellt werden, als ich sie in früheren Zeiten/früher/ angestellt habe. Und darum brauchen in der Philosophie auch keine neuen Wörter angewendet werden, sondern die alten, gewöhnlichen Wörter der Sprache reichen aus./ die alten reichen aus./ 133

3 „Ist das ein Beweis dieses Satzes?" Wird er als Beweis g e b r a u c h t? Wenn ja, warum soll ich ihn nicht einen Beweis nennen?

4 Jede Multiplication ist ein Beweis. Sie entscheidet, daß 16 × 25 400 ist und nichts anderes, [und keine andere Zahl,] und wird |wirklich| als Beweis dafür gebraucht.

5 / | Beim/Im/ Euclidischen Beweis ist nicht die Figur allein maßgebend, sondern auch die Reihenfolge der konstruktiven Operationen und man könnte sich den Beweis durch eine Serie von Figuren geführt denken (den Gang des Beweises). |

24.

6 / Man hört immer wieder die Bemerkung daß die Philosophie |eigentlich| keinen Fortschritt mache, daß die gleichen philosophischen Probleme die schon die Griechen beschäftigten uns |noch| beschäftigen. Die das aber sagen verstehen nicht den Grund warum es so ist./sein muß./ Der ist aber, daß unsere Sprache sich gleich geblieben ist und uns immer wieder zu denselben Fragen verführt. So lange es ein Verbum ‚sein' geben wird das zu funktionieren scheint wie ‚essen' und ‚trinken', solange es Adjective ‚identisch', ‚wahr', ‚falsch', ‚möglich' geben wird, 134
solange von einem Fluß der Zeit und von einer Ausdehnung des Raumes die Rede sein wird, |u.s.w., u.s.w.,| solange werden die Menschen immer wieder an die gleichen rätselhaften Schwierigkeiten stoßen und auf etwas starren was keine Erklärung scheint wegheben zu können.

Und dies befriedigt im Übrigen ein Verlangen nach dem Überirdischen/Transcendenten/ denn indem sie die „Grenze des menschlichen Verstandes" zu sehen glauben, glauben sie natürlich über ihn hinaus sehen zu können.

3 schau auf das Kreuz⟨,⟩ Du wirst dann auch das Übrige sehen,
6 hausbackener/gröber/ *–zweite Variante im MS durchstrichen*
16 |wirklich| *–das Einfügungszeichen ist im MS gewellt unterstrichen*
21 von Figuren geführt denken (⟨die den⟩ Gang des Beweises ⟨geben⟩).
27 die schon die Griechen beschäftigten uns |noch| beschäftigen⟨(u.s.w.)⟩
28 Die das aber sagen verstehen nicht den Grund ⟨dieser …⟩
29 unsere Sprache ⟨seit diesen Zeiten⟩ sich gleich geblieben ist
30 uns immer wieder zu ⟨jenen⟩ Fragen verführt.
31 So lange es ein Verbum ‚sein' geben wird ⟨daß …⟩
38 Und dies ⟨kommt …⟩

1 Ich lese „.... philosophers are no nearer to the meaning of ‚Reality‘ than Plato got; ....“. Welche sonderbare/seltsame/ Sachlage. Wie sonderbar daß Plato dann überhaupt so weit hat kommen können/so weit kommen konnte/! Oder, |wenn, |daß wir dann nicht weiter kommen konnten! War es, weil Plato *so* gescheit war?

2 Ist nicht die Hauptgefahr die, daß uns der Prosa-Ausdruck des Ergebnisses einer mathematischen Operation einen Kalkül vortäuscht der gar nicht vorhanden ist. Indem er seiner äußeren Form nach einem System anzugehören scheint das es hier gar nicht gibt.

3 Ist der Induktionsbeweis ein Beweis von a + (b + c) = (a + b) + c, so muß 135
man sagen können: die *Rechnung liefert* daß a + (b + c) = (a + b) + c ist (und kein anderes Resultat).

Denn dann muß erst die Methode der Berechnung (allgemein) bekannt sein und, wie wir darauf/in diesem Falle [nun]/ 25 × 16 ausrechnen können, so auch a + (b + c). Es wird also dann erst eine allgemeine Regel zur Ausrechnung aller solcher Aufgaben gelehrt und danach die besondere gerechnet. – Welches ist aber hier die allgemeine Methode der Ausrechnung? Sie muß auf allgemeinen Zeichenregeln beruhen (– etwa, wie dem associativen Gesetz –).

4 Ist nun etwa dieser Beweis des associativen Gesetzes der, daß a + (b + c) = (a + b) + c ist und nicht (a + 2b) + c?

5 | Wenn man die irrationalen Zahlen einführt, so tut man immer so, als hätte man nun etwas Neues entdeckt (etwa neue Punkte zwischen den alten). Während es sich nicht um eine neue Entdeckung sondern um eine neue Konstruktion handelt (die man dann auch „Zahl“ nennen kann, oder nicht). |

6 Angenommen wir nennten den Satz daß 7 durch keine kleinere Zahl außer der 1 teilbar ist „das Gesetz der heiligen Zahl“ und es würde lauten „7 ist die heilige Zahl“/würden es in den Worten „7 ist die heilige Zahl“ aussprechen/. Dann hatten wir hier einen ähnlichen Fall wie den 136
des „Hauptsatzes der Algebra“ und anderer ‚Sätze‘, die eigentlich eine individuelle Rechnung benennen, die wir den Beweis des Satzes nennen.

3 daß Plato dann überhaupt ⟨hat⟩ so weit |hat| kommen können *–das Einfügungszeichen ist im MS gewellt unterstrichen*
4 |wenn, | *–das Einfügungszeichen ist im MS gewellt unterstrichen, die Einfügung selbst durchstrichen*
16 die Methode der Berechnung (allgemein) bekannt sein⟨, ...⟩
16 wie wir ⟨dann⟩ 25 × 16 ausrechnen können,
16 in diesem Falle [nun] *–im MS durchstrichen*
17 dann *–im MS durchstrichen*
21 (– etwa, ⟨wie⟩ dem associativen Gesetz –)
34 es würde lauten *–im MS durchstrichen*
36 wie den des „Hauptsatzes der ⟨Arithmetik⟩“ und anderer

1 Nur für einen solchen ‚Satz der Mathematik' gibt es verschiedene unabhängige Beweise.

Die von einander unabhängigen Rechnungen erhalten nämlich willkürlich den gleichen Namen.

2 Ich brauche nicht zu behaupten, man müsse die n Wurzeln der Gleichung n-ten Grades konstruieren können, sondern ich sage nur, daß der Satz „diese Gleichung hat n Wurzeln" etwas anderes heißt, wenn ich ihn durch Abzählen der konstruierten Wurzeln und wenn ich ihn anderswie bewiesen habe. Finde ich aber eine Formel für die Wurzeln einer Gleichung, so habe ich einen neuen Kalkül konstruiert und keine Lücke eines alten ausgefüllt.

3 Es ist daher Unsinn zu sagen, der Satz ist erst bewiesen, wenn man eine solche Konstruktion aufzeigt. Denn dann haben wir eben etwas Neues konstruiert und was wir jetzt unter dem Hauptsatz der Algebra verstehen ist eben was der gegenwärtige ‚Beweis' uns zeigt. 137

4 Zu fürchten, es könne also der Algebra diese Stütze entrissen werden, ist Blödsinn.

25.

5 [Nachtrag] „Ich habe das vorausgesehen" – Wie ist das möglich, da es doch damals nicht (und vielleicht niemals) geschehen ist?!

6 Wozu denkt der Mensch? Wozu ist es nütze? Wozu berechnet er Dampfkessel und überläßt es nicht dem Zufall, wie stark die Wand des Kessels wird/er die Wand des Kessels macht/? Es ist doch nur Erfahrungstatsache, daß Kessel die so berechnet wurden nicht so oft explodieren/explodierten/. Aber so, wie er alles eher täte, als die Hand in's Feuer stecken, das ihn früher gebrannt hat, so wird er alles eher tun als den Kessel nicht berechnen. Da uns aber Ursachen nicht interessieren, so können wir nur sagen: die Menschen denken tatsächlich: sie gehen, z.B., auf diese Weise vor wenn sie einen Dampfkessel machen. Kann nun ein so erzeugter Kessel nicht explodieren? Oh ja. –

7 Augustinus: Wann messe ich einen Zeitraum. Ähnlich meiner Frage: Wann kann ich Schach spielen.

8 ø Sich etwas überlegen. Ich überlege, ob ich jetzt in's Kino gehn soll. Ich 138
mache mir ein Bild der Zeiteinteilung des Abends. Ich könnte es auch sehr wohl graphisch darstellen. Aber wozu tue ich das?? Ich mache ja kein ‚Gedankenexperiment'!

1 Nur für einen solchen ‚Satz⟨' …⟩
7 konstruieren können, sondern ⟨den Satz …⟩
14 Es ist daher Unsinn zu sagen, der Satz ist ⟨mit …⟩
24 Wie ist das möglich, da es doch damals ⟨no…⟩

1 ∅ | Falsche Ideen über das Funktionieren der Sprache: Dr Broad, der sagte, die Aussage, ‚etwas *werde* eintreten', sei kein Satz. Was spricht man dieser Aussage damit ab? Etwas anderes als, daß sie Gegenwärtiges oder Vergangenes beschreibt? – Die Magie mit Wörtern. Ein |solcher| Satz, wie der Broads, kommt mir so vor, wie ein Versuch eine chemische Änderung |magisch| zu bewirken; indem man den Substanzen, quasi, zu verstehen gibt, was sie tun sollen (wenn man etwa Eisen in Gold überführen wollte indem man ein Stück Eisen mit der rechten und zugleich ein Stück Gold mit der linken Hand faßte). |

2 ∅ Hier kommen wir auch zur Frage: inwieweit hilft Denken die Wahrheit finden? (Johnson)

3 ∅ „Ich male mir das aus"

4 ∅ Das Denken faßt in gewissem Sinne nur zusammen. 139

5 ∅ „Der Satz ist ein Bild". Ein Bild wovon? Kann man sagen: „von der Tatsache, die ihn wahr macht, wenn er wahr ist und von der Tatsache die ihn falsch macht, wenn er falsch ist. Im ersten Fall ist er ein korrektes Bild, im zweiten Fall ein unkorrektes."

6 ∅ Denn er ist nicht ein Bild davon, wie es wäre wenn ..... Das heißt nichts. Dann wäre er höchstens ein Bild des Satzes oder eines andern Bildes davon, wie es wäre wenn .... .

7 ∅ Wenn man mit Bild meint: die richtige, oder falsche Darstellung der Realität, dann muß man wissen, welcher Realität, oder welches Teils der Realität; d.h., man muß ein Mittel haben, den Satz in bestimmter Weise mit der Wirklichkeit zu vergleichen. Ich kann dieses Zimmer richtig oder falsch darstellen, aber um herauszufinden ob richtig oder nicht, muß ich wissen, daß dieses Zimmer gemeint ist.

8 ∅ Denken wir an eine Chiffre: Ein Satz sei uns in der Chiffre gegeben und auch der Schlüssel, dann ist uns natürlich, in gewisser Beziehung, alles zum Verständnis der Chiffre gegeben. 140 Und doch würde ich, gefragt „verstehst Du diesen Satz in der Chiffre" etwa antworten: Nein, ich muß ihn erst entziffern; und erst wenn ich ihn z.B. in's Deutsche übertragen hätte würde ich sagen „jetzt verstehe ich ihn". Kommt das daher, daß ich auf den ersten Blick auch nicht hätte sagen können, ob der Chiffreausdruck überhaupt ein Satz ist und nicht Wörter unsinnig aneinandergereiht?

2 Dr Broad, der sagte, ⟨eine⟩ Aussage ⟨die ein...⟩
2 Dr Broad, der sagte, die Aussage ⟨sagt ...⟩
3 Etwas anderes⟨,⟩ als, daß sie ⟨mit ...⟩
9 der rechten ⟨Hand faßte⟩ und zugleich ein Stück Gold mit der linken⟨) ...⟩
11 Hier kommen wir auch zur Frage⟨,⟩ inwieweit hilft Denken
20 die ihn falsch macht, wenn er falsch ist⟨?⟩
21 ein unkorrektes."⟨?⟩ *–das Fragezeichen ist im MS gewellt unterstrichen*

1 ⌀ Wenn man hier die Frage stellte: „In welchem Augenblick der Übertragung (aus der Chiffre in's Deutsche) verstehe ich den Satz", würde man einen Einblick in das Wesen des Verstehens erhalten.

2 ⌀ Wir verstehen alle, was es heißt, in einem Kalender nachschlagen, an welchem Tag der Woche wir frei sind. Das Bild, das wir sehen ist etwa 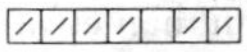 und wir sagen nun, wir seien nur Donnerstag frei, und handeln dem gemäß.

Nun ist es aber dabei schwer zu sagen, was hier eigentlich geschieht und mit welcher Berechtigung wir nach dem Bild handeln.

3 ⌀ Was geschieht, wenn ich mir einen Schachzug überlege? In diesem Falle kann ich die Züge im vorhinein machen und also das direkteste Bild dessen entwerfen was geschehen wird.

4 I $a+(b+(c+1)) \overset{D}{=} a+((b+c)+1) \overset{D}{=} (\underline{a+(b+c)})+1 \overset{S}{=} (\underline{(a+b)+c})+1 \overset{D}{=} (a+b)+(c+1)$ 141

II $a+(b+c) = (a+b)+c$

Wenn wir I den Beweis von II nennen, was ist das allgemeine Prinzip dieses Beweises? Denn es nützt ja nichts zu sagen, I beweise II, da mir dadurch doch nicht mehr als nur I und II gegeben wird; es sei denn, daß ich nun |noch| eine allgemeine Regel erfahre, von der der Schluß von I auf II nur ein Beispiel ist.

5 Ein merkwürdiges Wort: „Es ist mir gelungen, das zu beweisen".

(Das ist es, was im Falle $25 \times 16 = 400$ niemand sagen würde.)

6 Das System des oberen Beweises ist dies: $F_1(c) = F_2(c)$ ..... S ist zu beweisen. $F_1(1) = F_2(1)$ ist eine anerkannte Regel. Wenn aus dieser und den andern bereits anerkannten Regeln hervorgeht daß einerseits

$$F_1(c+1) = f(F_1(c))$$

andrerseits $F_2(c+1) = f(F_2(c))$, dann gilt S als bewiesen.

2 „In welchem Augenblick der Übertragung (aus ⟨dem …⟩
14 ⟨a …⟩ *–Streichung in der folgenden Leerzeile*
22 |noch| *–das Einfügungszeichen ist im MS gewellt unterstrichen*

1 Ist nun I ein Beweis für $5 + (2 + 7) = (5 + 2) + 7$? Es ist ein Beweis für $||||| + (|| + |||||||) = (||||| + ||) + |||||||$. Denn begännen wir den linken Ausdruck nach der Definition $a + (b + 1) = (a + b) + 1$ zu transformieren wie im Beweis, so sähen wir bald, daß uns jede Transformation der rechten Seite näher brächte und wir könnten den 142 Prozess nach dem ersten Mal aufgeben und sehen (eben was wir im Inductionsbeweis sehen), daß sich die rechte Seite nach ||||||| Operationen ergeben muß. Und wir sehen dies auch nicht deutlicher, wenn wir alle diese Operationen durchgehen. Denn/Und/ kämen wir dann nicht an's vorausgesehne Ziel, so würden wir sagen, wir haben uns verrechnet/müssen uns verrechnet haben/. So ist der allgemeine Beweis ein Beweis für $5 + (2 + 7) = (5 + 2) + 7$ w e n n wir diese Gleichung als Fall des Beweises darstellen (auffassen) und in dieser Auffassung /Darstellung/ liefern wir die notwendige Multiplizität des Beweises für den besondern/bestimmten/ Fall

(Ist es nicht so wie ich fünf Männer durch 웃웃웃웃웃 darstellen kann, aber auch durch 웃(|||||))

2 Insofern der Beweis also für/auf/ Zahlen mit denen wir rechnen angewandt werden kann, können wir ihn allgemein nennen (wie etwa einen Hut den jedes Familienmitglied benützen kann).

3 (In dem Sinne von möglichen und wirklich gezogenen Geraden könnten /können/ wir auch von möglichen und wirklich dargestellten Zahlen reden.)

4 Wie ist es aber mit dem andern Beweis von $25 + (8 + 17) = (25 + 8) + 17$ der nach den Regeln des $1 + 1$ die rechte und linke Seite ausrechnet und 143 sie gleich befindet? $\frac{25 \atop 8}{33}$ läßt sich nämlich beweisen, und könnte ich es nicht beweisen, so könnte ich mich zur Rechtfertigung nur darauf berufen, daß ich gelernt habe, wenn oben |eine| 5 und unten |eine| 8 steht, eine 3 unter den Strich zu schreiben und 1 weiter zu zählen. Aber mit dieser Regel wäre es ja vereinbar, daß man etwa $\frac{5 \atop 5}{8}$ schreiben dürfte, wenn nicht das ganze System bekannt ist, wonach wir addieren. D.h., der Satz $25 + (8 + 17) = (25 + 8) + 17$ ist erst bewiesen, wenn wir alles auf die Addition von Einsen zurückgeführt haben und dann ist sein Beweis dem von $||||| + (|| + |||||||) = (||||| + ||) + |||||||$. gleichwertig.

5 Wenn man die rekursiven Beweise Skolems |gleichsam von oben| ansieht, so stellen sie sich |uns| dar als Gleichungsketten deren Übergänge nach gewissen Regeln erlaubt sind und die eine besondere strukturelle Eigentümlichkeit haben: gewisse Höhepunkte, durch welche sie besondern Gleichungen zugeordnet werden können.

24 auch von möglichen und wirklich ⟨dargestellten⟩ Zahlen reden.)
31 daß ich gelernt ⟨habe …⟩
34 schreiben dürfte, wenn nicht das ganze System ⟨bek…⟩
36 auf die Addition von Einsen zurückgeführt haben und dann ist ⟨es …⟩
40 |uns| *– das Einfügungszeichen ist im MS gewellt unterstrichen*
42 besondere strukturelle Eigentümlichkeit ⟨haben,⟩ gewisse Höhepunkte

1 Man könnte auch so sagen: Der Beweis aller dieser Sätze *gelingt* Skolem; aber er gibt uns nicht *ein* System in welchem wir mittels *einer* Regel alle zu beweisenden Sätze ableiten können. Sondern wir müssen immer von neuem lernen, wie ein weiterer Satz abzuleiten ist – also nicht, wie einer |der| multiplizieren gelernt hat jede 144
Multiplicationsaufgabe ohne weiteres lösen kann.

2 (Daß das bewiesene nicht am Ende der Gleichungskette steht macht gar nichts. Der Beweis könnte dem zu vergleichen sein daß $25 \times 16 = 400$ ist: Wir nehmen das an und dividieren dann 4000 durch 16 dann durch 25, und wenn 10 herauskommt, war die Annahme richtig.)

3 Die Frage ist, wie geht denn der Kalkül weiter, nachdem die Grundgesetze durch Induktion bewiesen sind?

4 Am Schluß mache ich immer nur auf etwas aufmerksam. (Und stelle solches Auffallende/solche Bemerkungen/ zusammen.)

5 Arithmetik, Algebra.

26.

6 „Streng" heißt: klar.

7 Zwei Beweise „desselben Satzes" können nur unabhängig von einander sein, wenn sie den/diesen/ Satz niemals erreichen. (Denn sonst kommunizieren sie ja mit einander) wenn sie also im strengen Sinn keine Beweise dieses Satzes sind

8 Es gibt eben in der Mathematik sehr Verschiedenes was alles Beweis 145
genannt wird und diese Verschiedenheiten sind *logische*. Was also Beweis genannt wird hat nicht mehr miteinander zu tun als was *Zahl* genannt wird.

9 Man nennt es eine Aufgabe wenn gefragt wird „wieviel ist 25×16" aber auch eine Aufgabe: Was ist das $\int \sin^2 x \, dx$. Die erste hält man zwar für viel leichter als die zweite, sieht aber nicht daß sie in verschiedenem Sinn Aufgaben sind. Der Unterschied ist *natürlich* kein psychologischer, und/denn/ es handelt sich nicht drum ob der Schüler die Aufgabe lösen kann sondern ob der Kalkül sie lösen kann, oder, welcher Kalkül sie lösen kann.

10 Die Unterschiede auf die ich aufmerksam machen kann sind solche wie sie jeder Bub in der Schule wohl kennt. Aber man verachtet diese Unterschiede später, wie die Russische Rechenmaschine (und andere Behelfe des ersten Unterrichts/und den geometrischen Beweis mit Lineal und Zirkel/) und sieht sie als unwesentlich an wie den Unterschied zwischen endlich und unendlich statt als wesentlich und fundamental.

4 wie ein weiterer Satz abzuleiten ist⟨. ...⟩
17 Auffallende *–im MS durchstrichen*
29 Es gibt eben in der Mathematik sehr ⟨verschiedene ...⟩
35 eine Aufgabe: ⟨„⟩Was ist das $\int \sin^2 x \, dx$⟨? ...⟩
46 und sieht sie ⟨sie nicht ...⟩

1 Es ist gleichgültig ob man *eine Regel weiß* nach der man/der Schüler *eine Regel weiß* nach der er/ $\int \sin^2 x \, dx$ gewiß lösen kann, sondern ob der *Kalkül* den wir vor uns haben (und er zufälligerweise benützt) eine solche Regel enthält. 146

Nicht ob der Schüler es kann, sondern ob der/dieser/ Kalkül es kann |und *wie er* es tut| interessiert uns.

2 Im Falle $25 \times 16 = 370$ nun, schreibt der Kalkül |den wir benützen| jeden Schritt |zur Prüfung dieser Gleichung| vor. Im Falle

3 Wenn Frege gegen die formale Auffassung der Arithmetik spricht so sagt er gleichsam immer: diese kleinlichen Erklärungen die Symbole betreffend sind unnötig wenn wir sie/diese/ verstehen und das Verstehen besteht quasi im/ist quasi das/ Sehen eines Bildes aus dem dann alle Regeln folgen (wodurch/durch das/ sie verständlich werden). Frege sieht aber nicht daß dieses Bild nur wieder ein Zeichen ist, oder ein Kalkül der uns den mit Schriftzeichen erklärt.

Aber das Verständnis gleicht überhaupt |immer [sehr]| dem welches wir für einen Kalkül kriegen wenn wir seine Entstehung, oder praktische Anwendung, kennen lernen. Und natürlich lernen wir auch da wieder nur einen andern und uns übersichtlicheren Symbolismus statt des uns fremden kennen. (Verstehen heißt hier übersehn.)

4 $a+(b+1) = (a+b)+1 \quad (R)$ 147

$$\left.\begin{array}{l} a+(b+(c+1)) \overset{R}{=} a+((b+c)+1) \overset{R}{=} (a+(b+c))+1 \\ (a+b)+(c+1) \qquad\qquad\qquad\quad\; \overset{R}{=} ((a+b)+c)+1 \end{array}\right\} a+(b+c) = (a+b)+c \ldots \quad (I)$$

$$\left.\begin{array}{l} (a+1)+1 \overset{\mathfrak{J}}{=} (a+1)+1 \\ 1+(a+1) \overset{R}{=} (1+a)+1 \end{array}\right\} a+1 = 1+a \ldots. \quad (II)$$

$$\left.\begin{array}{l} a+(b+1) \overset{R}{=} (a+b)+1 \\ (b+1)+a \overset{R}{=} b+(1+a) \overset{II}{=} b+(a+1) \overset{R}{=} (b+a)+1 \end{array}\right\} a+b = b+a \ldots. \quad (III)$$

$a \cdot 1 = a \ldots. \quad (D)$
$a \cdot (b+1) = a \cdot b + a \quad (M)$

$$\left.\begin{array}{l} a \cdot (b+(c+1)) \overset{R}{=} a \cdot ((b+c)+1) \overset{M}{=} a \cdot (b+c)+a \\ a \cdot b+(a \cdot (c+1)) \overset{M}{=} a \cdot b+(a \cdot c+a) \overset{I}{=} (a \cdot b+a \cdot c)+a \end{array}\right\} a \cdot (b+c) = a \cdot b + a \cdot c \quad (IV)$$

9 |zur Prüfung dieser Gleichung| vor. Im Falle *–bezieht sich auf den Beweis* $a + (b + 1) = (a + b) + 1$ (R) *auf der gegenüberliegenden Manuskriptseite 147*
15 wodurch/durch das/ *–zweite Variante im MS durchstrichen*
17 ein Zeichen ist, oder ein Kalkül der uns den mit (geschriebenen ...)

1 (Eine Untersuchung |Schritt für Schritt| dieser Beweise wäre sehr lehrreich.) Der erste Übergang in I $a + (b + (c + 1)) = a + ((b + c) + 1)$ wenn er nach R vorsichgehn soll zeigt daß die Variablen in R anders gemeint sind als die in den Gleichungen von I denn sonst erlaubte R nur $a + (b + 1)$ durch $(a + b) + 1$ zu ersetzen aber nicht $b + (c + 1)$ durch $(b + c) + 1$. Dasselbe zeigen natürlich/auch/ alle/die/ andern Übergänge dieses Beweises.

Wenn ich nun sagte, die beiden Zeilen des Beweises berechtigen /der Vergleich der beiden Zeilen des Beweises berechtigt/ mich die 148
Regel $a + (b + c) = (a + b) + c$ zu folgern, so hieße das gar nichts, es sei denn ich hätte nach einer vorher aufgestellten Regel so geschlossen. Diese Regel aber könnte wohl nur

$$F_1(1) = F_2(1), \quad \left.\begin{array}{l} F_1(x + 1) = f(F_1(x)) \\ F_2(x + 1) = f(F_2(x)) \end{array}\right\} F_1(x) = F_2(x) \ldots (\rho)$$

sein. Aber diese Regel ist vag in Bezug auf F_1, F_2 und f.

2 An dieser Regel sieht man aber etwas Merkwürdiges:/scheint aber eines merkwürdig:/ daß es nämlich möglich ist sie als Vorschrift zu verstehen, auch ohne zu sehen, daß aus ihr die Reihe $F_1((1) + 1) = F_2((1) + 1)$, $F_1(((1) + 1) + 1) = F_2(((1) + 1) + 1)$, u.s.w. hervorgeht/sie die Reihe $F_1((1) + 1) = F_2((1) + 1)$, $F_1(((1) + 1) + 1) = F_2(((1) + 1) + 1)$, u.s.w. erzeugt/.

3 Die allgemeine Regel für den Induktionsbeweis kann ich natürlich nur dann anwenden, wenn ich die Substitution entdecke, durch die sie anwendbar wird. So wäre es möglich, daß einer die Gleichungen

$$(a + 1) + 1 = (a + 1) + 1 \text{ sähe}$$
$$1 + (a + 1) = (1 + a) + 1$$

ohne auf die Substitution

$$a = x,\ F_1(x) = x+1,\ F_1(x+1) = (x+1)+1,\ F_2(x+1) = 1+(x+1),\ F_2(x) = 1+x$$

zu kommen.

3 *Im MS:* daß |die Variablen in| R anders gemeint sind
6 Dasselbe ⟨gilt natü...⟩
6 alle/die/ *–erste Variante im MS durchstrichen*
15 Aber diese Regel ist vag⟨. ...⟩
18 sieht man aber etwas Merkwürdiges:/scheint aber eines merkwürdig:/ *–erste Variante im MS durchstrichen*

1 / Wenn ich übrigens sage ich *verstehe* die Gleichungen als besondern Fall jener Regel so muß doch das Verständnis das sein was sich in der Erklärung der Beziehung zwischen der Regel und den Gleichungen zeigt also, was wir durch die Substitutionen ausdrücken. Sehe ich diese 149 nicht als einen Ausdruck dessen an was ich verstehe dann gibt es keinen aber dann hat es auch keinen Sinn von einem Verständnis zu reden, zu sagen, ich verstehe etwas Bestimmtes. Denn nur dort hat es Sinn vom Verstehen zu reden wo wir *eines* verstehen im Gegensatz zu etwas anderem. Und dies/diesen Gegensatz/ drücken eben Zeichen aus.

Ja das Sehen der internen Beziehung kann nur wieder das Sehen von etwas sein das sich beschreiben läßt |wovon man sagen kann „ich sehe daß es sich so verhält"| also wirklich etwas von der Natur der Zeichen der Zuordnung (wie Verbindungsstriche, Klammern, Substitutionen etc). Und alles andere kann nur in der Anwendung des Zeichens der allgemeinen Regel in einem besonderen Fall liegen.

2 / Kann man nun sagen, wir haben I, II und III aus R errechnet? Nein. – Aber aus R und ρ?

27.

3 / Wir könnten nun die obigen Beweise auch anders hinschreiben, nämlich als Gleichungen zwischen besonderen Zahlen, die als Beispiele wirken /symbolisieren/. So ein/Ein solcher/ Beweis ist dann von ähnlicher Art wie der eines geometrischen Satzes über das Dreieck durch eine Konstruktion in *einem Dreieck*. (Aber doch nur ähnlich, also logisch 150 verwandt, aber nicht ganz gleich.) Dem Satz I entspricht dann folgender Beweis:

$$A\begin{cases}5+(4+3)=5+(4+(2+1))=5+((4+2)+1)=(5+(4+2))+1=\\=(5+(4+(1+1)))+1=(5+((4+1)+1))+1=((5+(4+1))+1)+1=\\=(((5+4)+1)+1)+1=((5+4)+2)+1=(5+4)+3\end{cases}$$

4 / Das ist einerseits der Beweis von $5 + (4 + 3) = (5 + 4) + 3$, anderseits kann man es als Beweis von $5 + (4 + 4) = (5 + 4) + 4$ etc. etc. gelten lassen d.h. benützen.

Wenn ich nun sagte, was ich tun könnte,: A ist der Beweis des Satzes $a + (b + c) = (a + b) + c$ so würde das Eigentümliche am Übergang vom Beweis zum Satz viel auffälliger.

Und was wäre die Regel nach der dieser Übergang erlaubt /berechtigt/ ist?

7 zu sagen, ich verstehe etwas Bestimmtes. Denn ⟨es hat …⟩
13 Natur der Zeichen der Zuordnung (wie ⟨Striche⟩, Klammern,
15 *Im MS:* des |Zeichens der| allgemeinen Regel
21 Wir könnten nun ⟨j…⟩
22 besonderen Zahlen, die als Beispiele ⟨wirken⟩.
23 So ein/Ein solcher/ *–erste Variante im MS durchstrichen*
26 aber nicht ganz gleich⟨)⟩.) Dem Satz I entspricht dann folgender

1 / || Ein Satz (wie) „es gibt keine letzte Kardinalzahl“ schockiert den naiven – und rechten – Sinn mit Recht. Wenn ich frage „wer war der letzte Mann der Prozession“ und die Antwort lautet „es gibt keinen letzten“ so verwirrt sich mir das Denken; was heißt das „es gibt keinen letzten“? ja wenn die Frage geheißen hätte „wer war der Fahnenträger“ so hätte ich die Antwort verstanden „es gibt keinen Fahnenträger“. Und nach einer 151
solchen Antwort ist ja jene sinnlose/sinnverwirrende/ modelliert. Wir fühlen nämlich mit Recht: wo von einem Letzten die Rede sein kann, da kann nicht kein Letzter sein. Das heißt aber natürlich: Der Satz „es gibt keine letzte“ müßte richtig lauten: es hat keinen Sinn von einer „letzten Kardinalzahl“ zu reden, dieser Ausdruck ist unrechtmäßig gebildet. ||

2 / Ist nicht unser Prinzip: keinen B e g r i f f zu verwenden, wo keiner nötig ist? – D.h. die Fälle zu zeigen in denen das Begriffswort in Wirklichkeit für eine Liste/Aufzählung/ steht. [D.h. in den Fällen in denen das Begriffswort für eine Liste steht dies klar zu machen.] [D.h. die Fälle in denen das Begriffswort in Wirklichkeit für eine Liste/Aufzählung/ steht, als solche zu erklären.]

3 / || Was ich über das Verstehen eines Satzes sage kommt darauf hinaus daß wenn wir aus den Wirkungen/dem Wirkungsbereich/ der Sprache |etwa| das Phänomen eines Befehls und seiner Befolgung (an und für sich) betrachten und auch mit allen psychischen Phänomenen die es begleiten und die wir das Verstehen des Befehls nennen möchten, das Wesen der Sprache in diesem ganzen Phänomen/diesen Phänomenen/ nicht zum Ausdruck käme. ||

4 / Muß ich sagen daß die Übergänge des Beweises A nach der Regel 152
$a + (b + 1) = (a + b) + 1$ geschehen? – Und in wieweit gehen sie nach einer solchen Buchstabenregel vor sich?

3 Wenn ich frage „wer war der letzte Mann der Prozession“ und ⟨man …⟩
14 Ist nicht unser Prinzip⟨,⟩ keinen B e g r i f f zu verwenden,
17 D.h. die Fälle zu zeigen in denen das Begriffswort in Wirklichkeit für eine Liste/Aufzählung/ steht. [D.h. in den Fällen in denen das Begriffswort für eine Liste steht dies klar zu machen.] *–im MS am linken Rand mit einer vertikalen Wellenlinie markiert*
22 der Sprache |etwa| ⟨eine Folge eines⟩ Befehls und seiner Befolgung
29 Muß ich sagen daß ⟨der Gang⟩ des Beweises A nach der Regel

1 / Der erste Übergang geschieht nach der Regel $3 = 2 + 1$, der zweite nach der Regel $4 + (2 + 1) = (4 + 2) + 1$, der dritte nach der Regel $5 + ((4 + 2) + 1) = (5 + (4 + 2)) + 1$ u.s.w. Diese Regeln haben allerdings einen gemeinsamen Zug und der ist in $a + (b + 1) = (a + b) + 1$ zusammengefaßt. Da wir aber jetzt/hier/ nicht mit Buchstaben arbeiten wollen, sondern mit Zahlen*beispielen*, so möchten wir (vielleicht) sagen, die Regel nach der wir vorgehen ist $5 + (3 + 1) = (5 + 3) + 1$.

Aber hier ist uns $(5 + 3)$ unverständlich da wir alles auf die Addition von Einsen zurückführen wollen. Und das Beispiel der Regel muß also lauten:

$$5 + 3 = 5 + (2 + 1) = (5 + 2) + 1 = (5 + ((1) + 1)) + 1 = (((5 + 1) + 1) + 1)$$

oder:

$$5 + (((1) + 1) + 1) = (5 + ((1) + 1)) + 1 = ((5 + 1) + 1) + 1 \;\ldots.\quad P$$

Diese Regel erklärt das Zuzählen einer Zahl als das successive Zuzählen so vieler Einser als die Zahl enthält.

Nach dieser Regel P gehen alle Übergänge in A vor sich und man könnte sie alle auf die Form von P bringen indem man etwa statt $4 + (2 + 1) = (4 + 2) + 1$ schriebe: $4 + (2 + 1) = 4 + ((1 + 1) + 1) \overset{P}{=} ((4 + 1) + 1) + 1 \overset{P}{=} (4 + ((1) + 1)) + 1 = (4 + 2) + 1$.

Daraus sieht man übrigens daß ich in P nicht hätte schreiben sollen „$5 + (((1) + 1) + 1) = (5 + ((1) + 1)) + 1) = $ etc“ sondern unmittelbar: $5 + (((1) + 1) + 1) = ((5 + 1) + 1) + 1$ denn die Zwischenschaltung des zweiten Gliedes geschähe ja wieder nur gemäß einer Regel die doch erst durch das letzte Resultat der Gleichungskette gerechtfertigt wird. 153

2 Wenn übrigens 3, z.B., als $((1) + 1) + 1$ definiert ist wie unterscheidet sich dieses Zeichen von $2 + 1$? Denn wenn kein Unterschied da ist, so ist |in diesem Symbolismus| auch keiner zwischen $((5 + 1) + 1) + 1$ und 8. Ich möchte aber doch zeigen, daß die 8 dann aus 5 und 3 besteht. – –

3 Definitionen führen nur praktische Abkürzungen ein, aber wir könnten auch ohne sie auskommen. Aber wie ist es mit den rekursiven Definitionen?

4 / Anwendung der Regel $a + (b + 1) = (a + b) + 1$ kann man zweierlei nennen:

$4 + (2 + 1) = (4 + 2) + 1$ ist eine Anwendung in einem Sinne, im andern:

$$4 + (2 + 1) = ((4 + 1) + 1) + 1 = (4 + 2) + 1$$

5 / Das Resultat der Rechnung A ist $5 + (4 + 3) = (5 + 4) + 3$ außerdem aber hat sie auch in einem andern Sinne ein Ergebnis. Kann man dieses nun durch die Gleichung $a + (b + c) = (a + b) + c$ ausdrücken, wie das erste durch $5 + (4 + 3) = (5 + 4) + 3$?

4 *Im MS:* haben allerdings |einen| gemeinsamen Zug
7 sagen(:) die Regel nach der wir vorgehen ist $5 + (3 + 1) = (5 + 3) + 1$
9 alles auf die Addition von Einsen zurückführen wollen. Und ⟨die …⟩
18 $4 + (2 + 1) \langle\overset{P}{=}\rangle\, 4 + ((1 + 1) + 1) \langle= (4 + (1 + 1)) + 1 \ldots\rangle$
21 schreiben sollen „$5 + (((1) + 1) + 1) = (5 + ((1) + 1)) + 1) = \langle\ldots\rangle$“ sondern
26 *Diese und die folgende Bemerkung sind am linken Rand mit einer vertikalen Wellenlinie markiert.*
27 da *–im MS durchstrichen*
37 $4 + (2 + 1) = (4 + 2) + 1$ ist eine Anwendung ⟨im …⟩

1 ∫ Könnte ich bestimmen daß „((1) + 1) + 1“ 2 + 1 bedeuten solle dagegen „(((1) + 1) + 1)“ 3? Und etwa ([((1) + 1) + 1] + 1) + 1 = ((((1) + 1) + 1) + 1) + 1 etc. etc.? 154

2 ∫ Richtiger ist die Bestimmung daß „[(1) + 1] + 1“ 2 + 1 bedeutet und „[((1) + 1) + 1]“ 3
Und man braucht dann die Regel daß

$$[((1) + 1) + 1] + 1 \overset{H}{=} [(((1) + 1) + 1) + 1]$$

Dann heißt es z.B.

$$[(1) + 1] + [((1) + 1) + 1] \overset{P}{=} (([(1) + 1] + 1) + 1) + 1 \overset{H}{=} [((((1) + 1) + 1) + 1) + 1]$$

28.

3 (Es ist beinahe unglaublich, daß die Analyse einer so einfachen Sache so schwer sein sollte.)

4 / Das Charakteristische an einem Beweis wie dem von (a + b) · (a + b) = a·a + b·b + 2·a·b ist daß die Buchstaben nicht abgebrochen werden wie die Ziffern in einer Rechnung (in der das Zeichen 5 verschwindet und statt dessen eine 4 und 1 auftaucht)

5 / (Die unendliche Schwierigkeit ist die „allseitige Betrachtung“ des Kalküls.)

6 / Wenn ich sage daß beim Beweis A a + (b + c) = (a + b) + c herauskommt, habe ich da schon vorher einen Begriff dessen, was ich als den Beweis dieser Formel ansehen würde.

7 / „Jeder Existenzbeweis muß eine Konstruktion dessen enthalten dessen Existenz er beweist.“ Man kann nur sagen „ich nenne Existenzbeweis nur einen der eine |solche| Konstruktion enthält“. Der Fehler ist/liegt darin/ daß man glaubt/vorgibt/ einen klaren Begriff des Existenzbeweises/der Existenz/ zu besitzen. 155

Man glaubt ein Etwas, die Existenz, beweisen zu können, so daß man nun unabhängig vom Beweis von ihr überzeugt ist. (Die Idee der von einander – und daher wohl auch vom Bewiesenen – unabhängigen Beweise!) In Wirklichkeit ist Existenz das was man mit dem beweist, was man „Existenzbeweis“ nennt. Wenn die Intuitionisten und Andere darüber reden so sagen sie: „Diesen Sachverhalt, die Existenz, kann man nur so und nicht so beweisen.“. Und sehen nicht, daß sie damit einfach das definiert haben was sie Existenz nennen. Denn die Sache verhält sich eben nicht so wie wenn man sagt: „daß ein Mann in dem Zimmer ist kann man nur dadurch beweisen daß man hineinschaut aber nicht, indem man an der Türe horcht.“

8 / Wir haben keinen Begriff der Existenz unabhängig von unserm Begriff des Existenzbeweises.

5 Richtiger ist die Bestimmung daß „⟨[((1) + 1)] + 1⟩ 2 + 1 bedeutet
37 In Wirklichkeit ist Existenz das was man mit dem ⟨Be…⟩
38 Wenn die Intuitionisten und Andere ⟨ab…⟩
42 „daß ⟨er⟩ in dem Zimmer ist kann man nur dadurch beweisen

1 17 + 28 kann ich mir |nach Regeln| ausrechnen ich brauche 17 + 28 = 45 (α) nicht als Regel zu geben. Kommt also in einem Beweis der Übergang von f(17 + 28) auf f(45) vor so brauche ich nicht sagen er geschähe nach der Regel α, sondern nach andern Regeln des 1 + 1. 156

2 / Wie ist es hiermit aber in der (((1) + 1) + 1) Notation? Kann ich sagen ich könne mir in ihr z.B. 2 + 3 ausrechnen? Und nach welcher Regel? Es geschähe so:

σ .... [(1) + 1] + [((1) + 1) + 1] = (([(1) + 1] + 1) + 1) + 1 = [((((1) + 1) + 1) + 1) + 1]

Als die Zahlen im Dezimalsystem hingeschrieben waren gab es Regeln, nämlich die der Addition für je zwei Zahlen von 0 bis 9 und die reichten mir, entsprechend angewandt, für Additionen aller Zahlen aus. Welche Regel entspricht nun diesen Elementarregeln? Es ist offenbar daß wir uns in einer Rechnung wie σ weniger Regeln merken brauchen als in 17 + 28. Ja, wohl nur eine allgemeine und gar keine der Art 3 + 2 = 5. Im Gegenteil, wieviel 3 + 2 ist scheinen wir jetzt ableiten /ausrechnen/ zu können.

3 / Es hat hier übrigens mit den Zahlzeichen (1), ((1) + 1), (((1) + 1) + 1), etc eine gewisse Schwierigkeit: Nämlich die, daß wir sie nach einer 157
gewissen Länge nicht mehr unterscheiden können, ohne die Striche zu zählen, also ohne die Zeichen in andere zu übersetzen. „||||||||||" und „|||||||||||" kann man nicht in dem Sinne unterscheiden – sie sind also nicht in demselben Sinn verschiedene Zeichen – wie „10" und „11". Übrigens würde dasselbe |natürlich| auch im Dezimalsystem geschehen (denken wir an die Zahlen 111111111 und 11111111), aber das ist nicht ohne Bedeutung. –

4 / Haben wir 45 in α in demselben Sinne ausgerechnet wie das Ergebnis in σ?

5 In einem andern Symbolismus ließe es sich vielleicht eher sehen. Ich schreibe [ohne weitere Erklärung]:

1, 2, 3, 4, 5, 6, 7, 8, etc
[(1)+2]+[((1)+2)+3]=(((([(1)+2]+1)+1)+1)=[((((1)+2)+3)+4)+5]

Die Rechnung hätte man dann auch so durchführen können:
Die Aufgabe ist 2 + 3 = ? und man schreibt

1, 2, 3, 4, $\underline{\underline{5}}$, 6, 7
1, 2; 1, 2, 3

So rechnen Kinder tatsächlich, wenn sie „abzählen". (Und dieser Kalkül muß so gut sein wie ein andrer.)

1 17 + ⟨27⟩ kann ich mir |nach Regeln| ausrechnen
13 für je zwei Zahlen von 0 bis 9 und die reichten mir⟨ rich…⟩
13 entsprechend angewandt, für ⟨alle …⟩
15 daß wir uns in einer Rechnung wie σ weniger ⟨oder keine⟩ Regeln merken
16 wohl nur eine allgemeine und gar keine der Art ⟨4 + 2 = 6⟩.
17 Im Gegenteil, wieviel ⟨4 …⟩
24 *Im MS bestehen beide Strichnotationen aus elf Strichen.*
25 sie sind also nicht in demselben ⟨Sinne verschieden …⟩
30 Haben wir 45 in α ⟨so …⟩

1 Denken wir uns den Fall, Einer gäbe uns/es gäbe uns Einer/ eine Rechenaufgabe in der Strichnotation, etwa |||||||||||| + |||||||||||, und während wir rechneten machte er sich den Spaß, Striche, ohne daß wir es bemerkten wegzuwischen und dazuzugeben. Er würde uns dann 158 immer sagen „die Rechnung stimmt ja nicht" und wir würden sie immer von neuem durchlaufen stets für'n/zum/ Narren gehalten. – Ja, strenggenommen ohne einen/den/ Begriff |eines Criteriums der Richtigkeit| des Stimmens der Rechnung. –

2 / Hier könnte man nun Fragen aufwerfen, wie die: Ist es nun nur *sehr wahrscheinlich*, daß 3641 + 7986 = 11627? Und ist also nicht auch 2 + 3 = 5 nur sehr wahrscheinlich? Und was/wo/ ist denn die objective Wahrheit der sich diese Wahrscheinlichkeit nähert? D.h., wie bekommen wir denn einen Begriff davon daß 2 + 3 eine bestimmte /gewisse/ Zahl wirklich *ist* abgesehen von dem was sie/es/ uns zu sein *scheint*? –

3 / Wenn man nämlich fragen würde: was ist das Criterium in der Strichnotation, daß wir zweimal das gleiche Zahlzeichen haben? – Die Antwort könnte sein: „Wenn es beidemale gleich aussieht", oder „wenn es beidemale die gleiche Anzahl von Strichen enthält". Oder soll es heißen: Wenn eine 1 → 1 Zuordnung etc. möglich ist?

4 / Man könnte auch fragen: ist „|||||" ein Beweis von 2 + 3 = 5, oder zeigt 159 er sozusagen nur daß 2 + 3 2 + 3 ist?

Ich kann aber doch sagen ||||| = 5, || = 2, ||| = 3, nun mache ich die (geometrische) Konstruktion ||||| und zeige so, daß 2 + 3 = 5 ist.

5 ?/ Oder sollen wir das Additionstheorem so lauten lassen:

a + (b + 1) = (a + 1) + b ..... (β),

also so addieren:

((1) + 1) + (((1) + 1) + 1) = (((1) + 1) + 1) + ((1) + 1) =
((((1) + 1) + 1) + 1) + (1) = (((((1) + 1) + 1) + 1) + 1) ?

6 / Es ist übrigens ganz klar, daß das Problem, ob 5 + (4 + 3) = (5 + 4) + 3 ist, sich *so* lösen läßt:

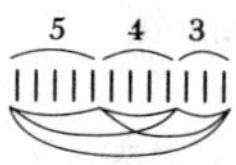

(und die Zeichnung  allein entspricht dem

a + (b + c) = (a + b) + c) denn diese Konstruktion hat genau die Multiplizität jedes andern Beweises dieses Satzes.

6 stets für'n/zum/ Narren gehalten. ⟨(⟩ Ja,
10 Hier könnte man nun ⟨die ...⟩
15 bestimmte/gewisse/ *–erste Variante im MS durchstrichen*
24 ein Beweis von ⟨1 + 4 = 5 ...⟩
40 a + (b + c) = (a + b) + c *–im MS gewellt unterstrichen*

1 / A B C D E F G H I K L M N O P Q R S T
A B C D E,A B C D . . . .
A . I, A B C
A . M
. A B C D,A B C
. A G
A E,A G
A M

Wenn ich die Zahl nach ihrem letzten Buchstaben nenne so beweist das daß (E + D) + C = E + (D + C) = M

2 / Diese Form des Beweises ist gut, weil sie deutlich zeigt daß das Ergebnis 160
wirklich errechnet ist und weil man aus ihr doch auch wieder den allgemeinen Beweis herauslesen kann.

3 / Es ist hier eine gute Mahnung – so seltsam sie klingt –: treibe |hier| nicht Philosophie sondern Mathematik.

7.9.

4 / Was ein geometrischer Satz bedeutet welche/was für eine Art der/ Allgemeinheit er hat, das muß sich alles zeigen wenn wir sehen, wie er angewendet wird. Denn wenn einer auch etwas Unfaßbares [Unerreichbares] mit ihm m e i n t e, [meinen könnte] so hilft ihm das nicht, da er ihn ja doch nur ganz offenbar/offen/ und jedem verständlich anwenden kann.

/ Wenn sich etwa jemand unter dem Schachkönig auch etwas mystisches vorstellt, so kümmert uns das nicht, weil er ja doch mit ihm nur auf den 8 × 8 Feldern des Schachbretts ziehen kann.

5 a + (b + 1) = (a + b) + 1 kann doch nur eine A b k ü r z u n g des Induktionsbeweises sein.

6 / Denn wir müßten ja im Notfall mit den Induktionsbeweisen als 161
Einheiten allein kalkulieren können.

7 Was/Welche Operationen/ immer die Regel a + (b + c) = (a + b) + c rechtfertigen/rechtfertigt/, kann auch der Induktionsbeweis rechtfertigen.

8 / Man kann nicht eine Rechnung als den [zum] Beweis eines Satzes bestimmen. [ernennen.]

9 ∫ø (Ich möchte sagen): M u ß man diese Rechnung [die Induktionsrechnung] den Beweis des Satzes a + (b + c) = (a + b) + c nennen? D.h. tut's keine andere Beziehung?

10 / Auch in/nach/ der herkömmlichen Auffassung/Interpretation/ gibt der Induktionsbeweis nicht vor a + (b + c) = (a + b) + c zu beweisen, sondern nur zu beweisen, daß dieser Satz für alle Zahlen gilt.

9 die Zahl nach ihrem letzten Buchstaben nenne so beweist ⟨daß …⟩
16 |hier| *–das Einfügungszeichen ist im MS gewellt unterstrichen*
22 Denn ⟨wer …⟩
26 *Der Absatz ist im MS eine Bemerkung, durch eine Klammer am linken Rand der vorangehenden zugeordnet.*

1 / Der Induktionsbeweis scheint *eine* Einheit zu sein und nicht aus den /seinen/ einzelnen Übergängen als seinen Einheiten zu bestehen.

2 / So ist z.B. das Resultat der Division 1:3 auf 2 Stellen berechnet 0·33, aber außerdem sieht man in dieser Division die Periodizität, und die ist 162
nicht in dem Sinne ein/ihr/ Resultat, wie der Quotient 0·33.

3 Wir könnten ja den Induktionsbeweis sehr wohl eine periodische Rechnung nennen.

4 Und ihr Resultat a + (b + c) = (a + b) + c wäre dann mit $0{\cdot}\dot{3}$ analog, dagegen die Enden/das Ende/ der Schlußkette [das Ergebnis der Gleichungstransformation] mit 0·33.

5 Ich möchte sagen: Ich konnte doch nicht darauf ausgehen, die Periodizität in der Rechnung zu finden. – Außer, wenn ich schon eine habe und eine Methode mit ihrer Hilfe andere zu erzeugen. [und eine Methode mittels ihrer andere zu erzeugen.]

6 Man kann die Rechnung als Ornament betrachten. Eine Figur in der Ebene kann an eine andere passen oder nicht, mit anderen in verschiedener Weise zusammengepaßt/aneinander gepaßt/ werden. Wenn die Figur noch gefärbt ist, so gibt es dann noch ein Passen in Bezug auf die Farbe. [der Farbe nach.] (Die Farbe ist nur eine weitere Dimension.)

7 Die Rechnung als Ornament zu betrachten, das ist auch Formalismus, 163
aber einer guten Art.

8 Wenn ich den Satz mit einem Maßstab verglichen habe, so habe ich strenggenommen, nur einen Satz, der mit Hilfe eines Maßstabes die Länge eines Gegenstands [eine Länge] beschreibt/aussagt/, als Beispiel für alle Sätze herangezogen. [als Beispiel eines Satzes herangezogen.]

8.

9 Der bewiesene Satz wird planmäßig erzeugt; die Periodizität wurde nicht *planmäßig* erzeugt. [Die Periodizität wurde nicht *planmäßig* erzeugt. (Der bewiesene Satz wird planmäßig erzeugt.)]

10 Bei der Division 1:3 kommt nicht $0{\cdot}\dot{3}$ heraus im Gegensatz|, etwa, | zu 0·3 sondern im Gegensatz zu einer andern *Periode*.

8 Wir könnten ja den Induktionsbeweis sehr wohl eine periodische ⟨S...⟩
12 die Enden/das Ende/ *–erste Variante im MS durchstrichen*
17 eine Methode ⟨mittels⟩ ihrer Hilfe andere zu erzeugen.
40 Bei der Division 1:3 ⟨G...⟩

1 Unter welchen Umständen wäre es denn wahr daß $a + (b + c) = (a + 2b) + c$ statt $(a + b) + c$ wäre? Es müßte

1) $a + (b + 1) = (a + 2b) + 1$
2) $a + (b + (c + 1)) = [a + (b + c)] \overset{\text{etwa}}{+} 1$
3) $(a + 2b) + (c + 1) = [a + (2b + c)] + 1$

Aber warum soll 1) nicht gelten? darf ich es nicht willkürlich bestimmen? (Ich möchte sagen: Man kann nur sagen es verhält sich 164
$a + (b + c) = (a + b) + c$ zu seiner Induktion, wie $a + b = b + a$ zu der seinen.)

2 Liegt die Hauptsache darin, daß nicht
$a + (b + (c + 1)) = [a + (b + c)] + 1$ und
$(a + b) + (c + 1) = [(a + b) + c] + 1$ |allein| den Beweis ausmachen, sondern erst zusammen mit $a + (b + 1) = (a + b) + 1$?

3 So daß man schon deshalb nicht sagen kann es gehe nun $a + (b + c) = (a + b) + c$ (bloß) aus $a + (b + 1) = (a + b) + 1$ hervor.

12.

4 [Nachtrag] Ist es nicht so, daß alles Denken über die Wirklichkeit auf der Induktion fußt?

5 Das Lernen der Philosophie ist *wirklich* ein Rückerinnern. Wir erinnern uns, daß wir die Worte wirklich auf diese Weise gebraucht haben.

6 Von der Erwartung zur Erfüllung ist ein Schritt einer Kalkulation /Rechnung/. Ja die Rechnung

$$\begin{array}{l} \underline{25 \times 25} \\ 50 \\ \underline{125} \end{array}$$

steht zu ihrem Resultat 625 genau im Verhältnis der Erwartung zur Erfüllung. 165

7 Und soweit – und nur soweit – als diese Rechnung ein Bild des Resultats ist, ist auch die Erwartung ein Bild der Erfüllung.

8 Und soweit das Resultat von der Rechnung, soweit ist die Erfüllung durch die Erwartung bestimmt. [.... von der Rechnung bestimmt ist, soweit ....]

9 Wir erwarten etwas und handeln nach der/dieser/ Erwartung. Muß die Erwartung eintreffen? Nein. Warum aber handeln wir nach der Erwartung? Weil wir dazu getrieben werden, wie dazu, einem Automobil auszuweichen, uns niederzusetzen, wenn wir müde sind und aufzuspringen, wenn wir uns auf einen Dorn gesetzt haben.

2 statt $(a + b) + c$ wäre? ⟨–⟩ Es müßte
5 ⟨2) $a + (b + (c + 1)) \overset{\text{etwa}}{=} [a + (b + c)] + 1$⟩
8 es verhält sich $a + (b + c) = (a + b) + c$ zu ⟨seinen …⟩

1 Ich lege meine Hand auf eine Platte/die Herdplatte/, fühle unerträgliche Hitze und ziehe die Hand schnell zurück: War es nicht möglich, daß die Hitze der Platte im nächsten Augenblick aufgehört hätte? konnte ich es wissen? Und war es nicht möglich, daß ich gerade durch meine Bewegung mich einem Schmerz aussetzte? 166

Es ist also in gewissem Sinne keine gute Begründung zu sagen: „Ich zog die Hand zurück, [Ich mußte die Hand zurückziehen] weil die Platte zu heiß war"!

13.

2 [Nachtrag etc.]
Und wenn man nun fragte: Bist Du sicher, daß Du es d e s w e g e n getan hast? Würde man da nicht schwören, daß man es nur deswegen getan hat?

Und ist es nicht doch Erfahrung?

3 „Ich hab es nicht mehr (länger) ausgehalten".

„Ich halte es nicht mehr aus; ich muß die Hand zurückziehen".

Aber worin besteht dieses Zurückziehen, als zu wünschen, [als in dem Wunsch,] die Hand würde sich zurückziehen, während sie sich wirklich zurückzieht? Zieht sie sich nicht zurück, so können wir auch nichts machen. Jedenfalls ist ‚sie zurückziehen wollen' eine Erfahrung, die wir zwar wünschen können aber nicht herbeiführen. Denke an die Erfahrung beim Zeichnen der Figur ⊠ durch den Spiegel.

4 Wenn ich sage die Erfahrung des Wollens könne ich zwar wünschen aber nicht herbeiführen so bin ich da wieder bei einem für die Erkenntnistheorie sehr/so/ charakteristischen Unsinn. Denn in dem Sinne in welchem ich überhaupt etwas herbeiführen kann (etwa Magenschmerzen durch überessen) kann ich auch das Wollen herbeiführen. (In diesem Sinne führe ich das Schwimmenwollen herbei, indem ich ins tiefe Wasser springe.) Ich wollte wohl sagen: ich könnte das Wollen nicht wollen; d.h. es hat keinen Sinn vom Wollenwollen zu sprechen. Und mein falscher Ausdruck kam daher daß man sich das Wollen als ein direktes nicht-kausales Herbeiführen denken will. Und dem/dieser Idee/ liegt wieder eine falsche Analogie zu Grunde, etwa, daß der kausale Nexus durch eine Reihe von Zahnrädern gebildet wird (die auslassen kann, wenn der Mechanismus gestört wird) während der Nexus des Willens etwa dem des Innern zum Äußern entspricht oder dem der Bewegung des physikalischen Körpers zur Bewegung seiner Erscheinung [seines Gesichtsbildes]. 167

5 Was ist ein Satz? wodurch ist dieser Begriff bestimmt? – Wie wird dieses Wort („Satz") in der nicht-philosophischen Sprache gebraucht? Satz, im Gegensatz wozu? 168

6 Ich kenne einen Satz, wenn ich ihn sehe.

11 [Nachtrag⟨] ...⟩
23 die wir zwar wünschen können aber nicht herbeiführen. ⟨Denken ...⟩

1 Diese Frage ist fundamental: Wie, wenn wir eine neue Erfahrung machen, etwa einen neuen Geschmack oder einen neuen Hautreiz kennen lernen, woher weiß ich, daß, was diese Erfahrung/dies/ beschreibt, ein Satz ist? Oder, warum soll ich das einen Satz nennen? Nun,/Wohl/ mit dem selben Recht, womit [mit welchem] ich von einer neuen Erfahrung gesprochen habe. Denn Erfahrung und Satz sind äquivalent. Aber warum habe ich das Wort Erfahrung gebraucht, im Gegensatz wozu?

2 Habe ich denn, was geschehen ist, schon etwas/bis zu einem (gewissen) Grade/ damit charakterisiert, daß ich gesagt habe/sagte/, es sei eine Erfahrung? Doch offenbar garnicht. Aber es scheint doch als hätte ich es schon getan, als hätte ich davon schon etwas ausgesagt: „daß/Daß/ es 169
eine Erfahrung sei". Dieser falsche Schein ist hier die Hauptsache [In diesem falschen Schein liegt (hier) das/unser (ganzes)/ Problem.] Denn was vom Prädikat „Erfahrung" gilt, gilt vom Prädikat „Satz".

3 / Das Wort „Satz" und das Wort „Erfahrung" haben schon eine bestimmte Grammatik.

4 / Das heißt, ihre Grammatik muß im vorhinein bestimmt sein und hängt nicht von irgend einem künftigen Ereignis ab.

5 / Hier ist auch der Unsinn in der „experimentellen Theorie der Bedeutung" ausgesprochen. Denn die Bedeutung ist in der Grammatik festgelegt.

6 / Wie verhält sich die Grammatik des Wortes „Satz" zur Grammatik der Sätze?

7 / „Satz" ist offenbar die Überschrift der Grammatik der Sätze. In einem Sinne aber auch die Überschrift der Grammatik überhaupt, also äquivalent den Worten „Grammatik" und „Sprache".

8 ø || Der Denker gleicht sehr dem Zeichner. Der alle Zusammenhänge 170
nachzeichnen will/möchte/. ||

9 Das ist es auch, was damit gemeint ist, daß es in der Welt zwar Überraschungen gibt, aber nicht in der Grammatik.

10 / || Grenze, die die Grammatik sichtbar IN der Sprache zieht, und Darstellung einer Reise auf dem Globus einerseits und auf seine Projection in zwei Kreisen ○ ○ in der Ebene anderseits. ||

11 Es scheint unsere Frage noch zu erschweren, daß auch die Worte „Welt" und „Wirklichkeit" Äquivalente des Wortes „Satz" sind.

14 Dieser falsche Schein ist hier die Hauptsache *–im MS durchstrichen*
15 (hier) *–im MS durchstrichen*
42 Darstellung einer Reise auf dem Globus einerseits(,) und auf seine

1 Aber es ist doch lächerlich die Welt, oder die Wirklichkeit, abgrenzen zu wollen. Wem soll man sie denn entgegenstellen. Und so ist es mit der Bedeutung des Wortes „Tatsache“.

Aber man gebraucht ja diese Wörter auch nicht als Begriffswörter.

2 / We are only concerned with what can be said. Wir haben es nur mit 171
dem zu tun, was gesagt werden kann.

Das heißt: Zum Glück müssen wir keine Enttäuschungen eingestehen; es gibt nichts, was wir versuchen, aber nicht ausführen können.

3 / Etwas ist ein Satz nur in einer Sprache.

4 / Wenn ich nun sage: aber die Sprache kann sich doch ausdehnen, so ist die Antwort: Gewiß, aber wenn dieses Wort „ausdehnen“ hier einen Sinn hat, so muß ich jetzt schon wissen, was ich damit meine, muß angeben können, wie ich mir so eine Ausdehnung vorstelle. Und was ich jetzt nicht denken kann, das kann ich jetzt auch nicht ausdrücken und auch nicht andeuten.

5 / Und das Wort „jetzt“ bedeutet hier: „in diesem Kalkül“/„in dieser Grammatik“/, oder: „wenn die Worte mit diesen grammatischen Regeln gebraucht werden“.

6 Hier haben wir dieses bohrende Problem: wie es möglich ist an die 172
Existenz von Dingen auch nur zu denken, wenn wir immer nur Vorstellungen – ihre Abbilder – sehen. [: wie es denn möglich ist, auch nur auf den Gedanken der Existenz von Dingen zu kommen, wenn wir immer nur Vorstellungen (nie die Dinge selbst) erhalten.]

7 Hierher gehört die alte Frage: „wie bin ich dann aber überhaupt zu 171
diesem Begriff gekommen“ (etwa zu dem der außer mir liegenden
Gegenstände). (Es ist ein Glück eine solche Frage aus der Entfernung als 172
alte Gedankenbewegung betrachten zu können; ohne in ihr verstrickt zu sein.) Zu dieser Frage ist ganz richtig der Nachsatz zu denken: „ich konnte doch nicht mein eigenes Denken transcendieren“, „ich konnte doch nicht sinnvoll das transcendieren was für mich Sinn hat“.

Es ist das Gefühl, daß ich nicht auf Schleichwegen (hinterrücks) dahin kommen kann, etwas zu denken was zu denken mir eigentlich verwehrt ist. Daß es hier keine Schleichwege gibt auf denen ich weiter kommen könnte als auf dem direkten Weg.

25 *Die folgenden zwei Bemerkungen erscheinen im MS in umgekehrter Reihenfolge, umgestellt durch Randzeichen und die Anweisungen:* [Ursprünglich] *vor der ursprünglich zweiten Bemerkung und:* Einschiebsel [Zusatz] *vor der ursprünglich ersten Bemerkung.*

25 wie es möglich ist ⟨auch nur⟩ an die Existenz von Dingen

33 (Es ist ein Glück eine ⟨S…⟩

34 betrachten zu können; ohne ⟨ihr …⟩

38 *Der Absatz beginnt in der Leerzeile und wird am Rand und Kopf der Seite fortgesetzt; Paginierung daher am Fuß der Seite.*

39 etwas zu denken ⟨das⟩ zu denken mir eigentlich verwehrt ist.

1 Wir haben es natürlich wieder mit einer falschen Analogie zu tun: Es hat guten Sinn zu sagen „ich weiß, daß er in diesem Zimmer ist, weil ich ihn höre, wenn ich auch nicht hinein gehen und ihn sehen kann“.

2 / Wenn ich „es verhält sich so und so“ als allgemeine Satzform gelten 173 lasse, dann muß ich 2 × 2 = 4 unter die Sätze rechnen, denn es ist grammatisch richtig zu sagen: „es verhält sich so, daß 2 × 2 4 /2 × 2 gleich 4/ ist“. Es braucht weitere Regeln, um die Sätze der Arithmetik auszuschließen.

3 / Ist es quasi eine Verunreinigung des Sinnes, daß wir ihn in einer bestimmten Sprache mit ihren Zufälligkeiten ausdrücken und nicht gleichsam körperlos und pur/rein/? Nein, denn es ist wesentlich, daß ich die Idee der Übersetzung von einer Sprache in die andere verstehe.

4 / (Kleist schrieb einmal, es wäre dem Dichter am liebsten, er könnte die Gedanken an sich/selbst/ ohne Worte übertragen. (Welch seltsames Eingeständnis.))

5 / Spiele ich eigentlich doch nicht das Schachspiel selbst, da die Figuren ja auch anders sein könnten?!

6 / Da der Sinn eines Satzes ganz in der Sprache fixiert ist und es auf den Sinn ankommt, so ist jede Sprache gleich gut. Der Sinn aber ist das, was 174 Sätze, die in einander übersetzbar sind, gemein haben. Sätze können aber nur innerhalb ihrer Sprachen in einander übersetzt werden. Denn wenn ich z.B. ein Wort in ein anderes übersetze, so mache ich eine Regel für alle Verbindungen, in denen das Wort vorkommt.

7 / Was heißt es nun, die Idee der Übersetzung oder Übersetzbarkeit verstehen?

8 / || Hier liegt übrigens der Unterschied zwischen der philologischen und der philosophischen Betrachtung. ||

9 / Es kann doch nicht heißen: jede mögliche Übersetzung, also alle möglichen äquivalenten Sprachen kennen!

10 / Sondern die Übersetzungen verhalten sich zur Sprache, wie die verschiedenen Ansichten oder Projectionen zu einem Körper, dessen Projectionen es sind. Ist der Körper gegeben – etwa durch eine Gleichung bezüglich eines Koordinatensystems/mit Bezug auf ein Koordinatensystem/, so sind auch seine Gleichungen bezüglich jedes 175 anderen Koordinatensystems gegeben, da ja das andere Koordinatensystem als eines im selben Raum wie das erste nur durch dieses beschrieben sein kann. So daß also die Transformationsregel durch die Beschreibung des zweiten Koordinatensystems in der Sprache des ersten bereits gegeben ist.

8 2 × 2 4 /2 × 2 gleich 4/ *–erste Variante im MS gewellt unterstrichen*

1 / ‚2 × 2 = 4‘, ‚die Rose ist rot‘ etc. Warum soll ich nicht schreiben: ‚2 × 2 = 4‘ und ‚die Rose = rot‘. Wenn es mit ‚ist‘ geht, dann auch mit ‚=‘. Gewiß, aber was die logische Form charakterisiert, ist gerade die *Bestimmung*, daß das Zeichen ‚=‘ in der zweiten Verbindung nicht gebraucht werden *darf*.

2 / Die Bedeutung des Zeichens ‚ist‘ auch ohne diese Übertragung richtig auffassen, heißt, im besondern Fall keine falschen Operationen machen; also z.B. nicht die Worte ‚die Rose‘ für ‚rot‘ substituieren.

3 / Ein ernster Einwand gegen das, was ich sage ist nicht die Frage nach der Erweiterung der Grammatik, denn was ich unter dieser Erweiterung 176
verstehe, mußte ich in der unerweiterten Grammatik wissen. [denn dieses Wort „Erweiterung“ mußte in/nach/ der unerweiterten Grammatik seine Bedeutung haben.] Wohl aber könnte man fragen, ob denn die Grammatik überhaupt abgeschlossen sei; oder, ob wir sagen können, wir kennen alle Regeln über die/der/ Anwendung eines Wortes.

Soll das heißen, daß ich in jedem bestimmten Fall weiß oder wissen kann ob das Wort der Regel gemäß, oder nicht, angewendet ist.

4 ∫ Das ist eine der vielen Stellen, wo man (immer) versucht ist, mehr zu sagen, als klar, und nötig, ist. Das heißt, daß man versucht ist eine Annahme zu machen.

5 / Die Logik „normativ“.

6 ∫ „Der Satz hat Sinn, wenn ich etwas mit ihm meine“.

7 / Kann man sagen: ‚Ich meine etwas mit diesen Worten‘, das heißt, sie sind ein Teil einer/meiner/ Rechnung. 177

8 ∅ Wenn ich jemand mit dem Finger zu mir winke, ist das eine Operation in einer Rechnung, ein Gedanke?

9 ∅ Ist dieses Winken nun nicht auf derselben Stufe, wie, den Knopf einer Klingel drücken, damit mein Diener komme?

10 / Suchen und/zu/zum/ Finden verhält sich nicht wie Hunger und/zur/ Stillung des Hungers.

11 / Soll/Kann/ ich sagen: Mich interessiert die Sprache nur soweit als sie ein Kalkül ist.

12 ∅ Laß die Grammatik, wie sie ist.

17 wir kennen alle Regeln ⟨über die⟩ Anwendung eines Wortes.
39 ⟨Such...⟩

1 ø Aber wie ist es: Ich gehe diesen Weg, um dorthin zu kommen, ich drehe den Hahn auf, um Wasser zu erhalten, ich winke, damit jemand zu mir kommt und endlich teile ich ihm meinen Wunsch mit, damit er ihn erfüllt!

2 ?ø Aber was geht vor sich, wenn ich den Hahn aufdrehe d a m i t Wasser herausfließt? Was geschieht ist, daß ich den Hahn aufdrehe und daß dann Wasser heraus kommt, oder nicht. Was geschieht, ist also, daß ich 178
den Hahn aufdrehe. – Was auf das Wort „damit“ folgt, die Absicht, ist darin nicht enthalten. Ist sie vorhanden so muß sie ausgedrückt sein und sie kann nur dann bereits durch das Aufdrehen des Hahnes ausgedrückt sein, wenn es/das/ Teil einer Sprache ist.

3 ø Ich suche meinen Bleistift; dann ist in den Bewegungen des Suchens die Absicht des Suchens nicht ausgedrückt.

4 ø Es gibt jedenfalls eine bestimmte Erfahrung: jemandem etwas mitteilen wollen. Beschränkt man die Bedeutung des Worts „Sprache“ auf diese Mitteilung, so ist es vielleicht klar abgegrenzt, sonst/anderseits/ aber sieht man hier die Unbestimmtheit im Begriff |der| ‚Sprache‘.

5 ø Wenn ich etwas suche, so ist es wesentlich, daß ich das Finden ebenso ausführlich muß beschreiben können (ob es (je so) eintritt oder nicht) ehe der Gegenstand gefunden ist. Nun wende das auf das Suchen der Lösung einer mathematischen Aufgabe an. 179

6 ø Eine der gefährlichsten Ideen ist, merkwürdigerweise, daß wir mit dem Kopf, oder im Kopf, denken.

7 ?ø Aber auch Papier und Bleistift ist nicht das Wichtige, denn ich kann mir alles Aufgeschriebene (wie alles Ausgesprochene) vorstellen.

8 ø Die Idee von einem Vorgang im Kopf, in dem gänzlich abgeschlossenen Raum, gibt dem Denken etwas Okkultes.

9 Die grammatischen Regeln gelten nicht „nur für den luftleeren Raum“.

10 Die Philosophie rein deskriptiv, und zwar beschreibt sie die Sprache. D.h.: sie gibt keine Gründe

11 Das schwierigste Problem scheint der Gegensatz, das Verhältnis, zu sein zwischen dem Operieren mit der Sprache in der Zeit [im Lauf der Zeit] und dem momentanen Erfassen des Satzes.

1 Ich gehe diesen Weg, ⟨um …⟩
1 Ich gehe diesen Weg, um dorthin zu kommen⟨;⟩ ich drehe
20 |der| *–das Einfügungszeichen ist im MS gewellt unterstrichen*
23 eintritt oder nicht)⟨,⟩ ehe der Gegenstand gefunden ist.

1 Aber *wann* erfassen oder verstehen wir den Satz?! *Nachdem* wir ihn ausgesprochen haben? – Und wenn, während wir ihn aussprechen: ist 180 das Verstehen ein artikulierter Vorgang, wie das Bilden des Satzes, oder ein inartikulierter? Und wenn ein artikulierter: muß er nicht projectiv mit dem andern verbunden sein? Denn sonst wäre seine Artikulation von der ersten unabhängig.

2 / Man könnte fragen: Wie lange braucht es/man/, um einen Satz zu verstehen. Und wenn man ihn eine Stunde lang versteht, beginnt man da immer von frischem?

3 / || Das Läuten der Glocke; das Zeichen, daß etwas gefunden wurde. ||

4 / The bridge *can* only be crossed when we get there, not before. (Gemeint ist die Brücke zwischen Zeichen und Realität.)

5 ∅ [Es wird oft gesagt, daß die neue Religion die Götter der alten zu Teufeln stempelt. Aber in Wirklichkeit sind diese |dann| wohl schon zu Teufeln geworden.]

6 Ist das Verstehen nicht das Erfassen des Satzes, so kann es auch nach 181 diesem (und warum nicht auch vorher) vor sich gehen.

7 Das Verstehen ist, wie es meistens aufgefaßt wird, ein vager Vorgang – uns interessiert nur, was exact ist. Aber nicht, weil uns nur das „Ideal“ einer Sprache interessiert, „der/dem/ sich die Wirklichkeit nur nähert“, sondern weil wir nur so das fassen können, was in jeder Sprache ausgedrückt ist.

8 Aber was sage ich damit „daß mich nur Exactes interessiert“?
Was ist denn das Unexacte? Was ist das Vague, das ich ausschließe?

9 ∫ Ist es nicht, daß ich das, was ich nicht genau kenne, ausschalten muß. D.h. will ich nicht sagen, daß – – –

10 Warum sage ich: die Gefühle, Stimmungen, etc, die einen Satz begleiten, oder ihm folgen, oder vorhergehen, interessieren mich nicht?
Weil es nur die symbolische Struktur ist, die mich interessiert.

11 Besteht das Vague nicht darin, daß es nicht zum Symbol gehört, so und 182 anders sein kann, auch wenn das Symbol das gleiche ist?

12 Nein es ist noch etwas anderes: Quasi, daß es nur meine Aufgabe ist, etwas klar zu sagen und nichts anzudeuten.

13 ∫ Es ist beinahe, als wollte ich sagen, ich webe einen Gobelin und da kann ich keine unklaren/verschwommenen/ Farbübergänge brauchen. Aber das ist in Wirklichkeit kein gutes Gleichnis.

18 |dann| *–das Einfügungszeichen ist im MS gewellt unterstrichen*
25 uns interessiert nur, was exact ist⟨, …⟩

1 Soll ich sagen: die Exactheit besteht darin, daß uns, was zweifelhaft ist, nicht angeht?

2 ∫ Worin besteht unsere Exactheit?

3 Frege über die psychologische Logik. Seine Bemerkungen beziehen sich alle auf die Inexactheit der psychologischen Betrachtung im Gegensatz zur logischen.

4 Kann ich sagen, mich/uns/ interessiert nur der Inhalt des Satzes? Und der Inhalt des Satzes ist in ihm.

5 Seinen Inhalt hat der Satz als Glied des Kalküls. 183

6 Ist also „einen Satz verstehen" von der gleichen Art, wie „einen Kalkül können" [beherrschen]? Also wie: multiplizieren können? Das glaube ich.

7 Denn ist nicht die Probe auf das Verstehen immer ein Weitergehen von dem Satz aus?!

8 Und es muß heißen auf die Frage „was heißt ‚einen Satz verstehen'?": Was ist die Probe des Verstehens?

9 / Bei der Frage nach der allgemeinen Satzform bedenken wir, daß die gewöhnliche Sprache zwar einen bestimmten Satzrhythmus hat, aber nicht alles, was diesen Rhythmus hat, ein Satz ist.

D.h. wie ein Satz klingt und keiner ist. – Daher die Idee vom sinnvollen und unsinnigen ‚Satz'.

10 / Anderseits ist dieser Rhythmus aber natürlich nicht wesentlich. Der Ausdruck „Zucker Tisch" klingt nicht wie ein Satz, kann aber doch 184 sehr wohl den Satz „auf dem Tisch liegt Zucker" ersetzen. Und zwar nicht etwa so, daß wir uns etwas Fehlendes hinzudenken müßten, sondern es kommt wieder nur auf das System an, dem der Ausdruck „Zucker Tisch" angehört.

11 / Es fragt sich also, ob wir außer diesem irreführenden Satzklang noch einen allgemeinen Begriff vom Satz haben. (Ich rede jetzt von dem, was durch · , ∨, ~, zusammengehalten wird.)

12 / Wovon unterscheide ich denn einen Satz? Oder, wovon will ich ihn denn unterscheiden? Von Satzteilen in seinem grammatischen System (z.B./wie/ die Gleichung vom Gleichheitszeichen), oder |von| allem was wir nicht Satz nennen, also diesem Sessel, meiner Uhr etc, etc? Denn, daß es Schrift- oder Lautbilder gibt die Sätzen besonders ähnlich sind, braucht uns eigentlich nicht zu kümmern.

1 Soll ich sagen(,) die Exactheit besteht darin,
7 Seine Bemerkungen beziehen sich alle auf die Inexactheit (des …)
16 können *–im MS durchstrichen*
43 (z.B./wie/ *–erste Variante im MS durchstrichen*
43 |von| *–das Einfügungszeichen ist im MS gewellt unterstrichen*

1 / Oder wir müssen sagen: Vom Satzbegriff/Satz/ kann nur in einem grammatischen System/innerhalb eines grammatischen Systems/ gesprochen werden. [.... kann nur in der Erklärung eines 185 grammatischen Systems die Rede sein.]

2 / Es geht mit dem Wort „Satz“ wie mit dem Wort „Gegenstand“ und andern: Nur auf eine beschränkte Sphäre angewandt sind sie zulässig und dort sind sie natürlich. Soll die Sphäre ausgedehnt werden, damit der Begriff ein philosophischer wird, so verflüchtigt sich die Bedeutung der Worte und es sind leere Schatten. Wir müssen sie dort aufgeben und wieder in den engen Grenzen benützen.

3 / Nun möchte man aber sagen: „Satz ist alles, womit ich etwas meine“. Und gefragt „was heißt das ‚etwas‘ meinen“, müßte/würde/ ich Beispiele anführen. Nun haben diese Beispiele zwar ihren Bereich, auf den sie ausgedehnt werden können, aber w e i t e r führen sie mich doch nicht. Wie ich ja in der Logik nicht ins Blaue verallgemeinern kann. Hier handelt es sich aber nicht um Typen, sondern, darum, daß die Verallgemeinerung selbst etwas bestimmtes ist; nämlich ein Zeichen mit vorausbestimmten grammatischen Regeln. D.h., daß die 186 Unbestimmtheit der Allgemeinheit keine logische Unbestimmtheit ist. So als hätten wir nun nicht nur Freiheit im logischen Raum sondern auch Freiheit diesen Raum zu erweitern oder zu verändern.

4 / Also nicht nur Bewegungsfreiheit sondern eine Unbestimmtheit der Geometrie.

5 / Über sich selbst führt uns kein Zeichen hinaus; und auch kein Argument.

6 / Wenn wir sagen, Satz ist jedes Zeichen, womit wir etwas meinen, so könnte man fragen: was meinen wir und w a n n meinen wir es? Während wir das Zeichen geben, etc. etc./u.s.w. u.s.w./?

Und da wird es wieder klar daß dieses Meinen, wenn es relevant sein soll, zum Vorgang des Symbols gehören muß. Es sei denn, daß unter dem ‚Meinen‘ ein Vorgang verstanden würde, der durch seine psychologische oder physiologische Art für uns besondere Bedeutung hätte. Es könnte z.B. sein, daß wir erst dann von einem Befehl sagen, er habe für uns Sinn, wenn er gewisse Muskelkontraktionen in uns 187 hervorruft, oder auch, wenn wir ihn in eine Sprache von Muskelkontraktionen übersetzt hätten.

Es wäre, als würde man sagen: Der Satz hat Sinn, wenn er Bedeutung für’s Leben gewinnt.

6 Es geht mit dem ⟨S...⟩
8 und dort sind sie natürlich. Soll die ⟨Sprache ...⟩
11 Wir müssen sie dort aufgeben und wieder in ⟨der ...⟩
21 keine logische Unbestimmtheit ⟨⟨keine Unklarheit⟩⟩ ist.
23 diesen Raum zu erweitern oder zu verändern. ⟨⟨Also ...⟩
25 Also nicht nur Bewegungsfreiheit sondern ⟨d...⟩
32 so könnte man fragen: was ⟨w...⟩
34 Und ⟨damit⟩ wird es wieder klar daß dieses Meinen,

1 ?/ Wenn ich frage „was ist die allgemeine Form des Satzes“, so kann die Gegenfrage lauten: „h a b e n wir denn einen allgemeinen Begriff vom Satz, den wir nun?/nur?/ exact fassen wollen?“ – So wie: haben wir einen allgemeinen Begriff von der Wirklichkeit? Die „Wirklichkeit“ – im Gegensatz wozu?

2 ?ʃ Oder kann man/soll ich/ sagen: Wir haben einen Begriff von der g a n z e n Wirklichkeit im Gegensatz zu einem Teil der Wirklichkeit?

3 / Die Frage kann auch lauten: Was geschieht, wenn ein neuer Satz in die Sprache aufgenommen wird: Was ist das Criterium dafür, daß er ein Satz ist? oder, wenn das Aufnehmen in die Sprache ihn zum Satz stempelt, worin besteht diese Aufnahme? Oder: was ist Sprache?

4 / Da scheint es nun offenbar, daß man das Zeichengeben v o n a n d e r e n T ä t i g k e i t e n unterscheidet. Ein Mensch schläft, ißt, trinkt, |und| gibt 188
Zeichen etc.

5 Zeichen geben = sich einer Sprache bedienen.

6 ʃ Wie vergleicht sich das „sich einer Sprache bedienen“ mit dem „ein Spiel spielen“. Denn auch das ist eine von den Tätigkeiten, und eine, die mit dem Zeichengeben Ähnlichkeit hat.

7 ?ʃ Es wäre also so, daß, was ‚Sprache‘ heißt, ebenso schwer zu sagen wäre wie, was „Sport“, „Spiel“, „Reinigung“ heißt.

8 / In der Grammatik wird also das Wort „Sprache“ nicht vorkommen.

9 / ‚Sprache‘ im Gegensatz zu Sport, ja, – aber damit hat ja die Grammatik nichts zu tun.

10 ?ø Aber warum zerbreche ich mir über den Begriff ‚Sprache‘ den Kopf, statt Sprache zu gebrauchen?

Dieses Kopfzerbrechen ist nur dann berechtigt, wenn wir einen allgemeinen Begriff h a b e n.

11 Wenn man sagte: Sprache ist alles, womit man sich verständigen kann,
so muß/müßte/ man fragen: Aber worin besteht es: ‚sich verständigen‘? 189

Ich könnte als Antwort darauf einen realen oder fictiven Fall einer Verständigung von Menschen oder andern Lebewesen beschreiben. In dieser Beschreibung werden dann fingierte kausale Verbindungen eine Rolle spielen. Aber wenn der Begriff Sprache durch solche bestimmt ist, so interessiert er uns nicht. Aber abgesehen von jenen empirischen Regelmäßigkeiten der Ereignisse haben wir dann nur noch einen willkürlichen/beliebigen/ Kalkül. – Aber worin besteht denn das Wesentliche eines Kalküls?

12 wenn das Aufnehmen in die Sprache ihn zum Satz ⟨macht, …⟩
16 |und| *–das Einfügungszeichen ist im MS gewellt unterstrichen*
38 Sprache ist alles, womit man sich ⟨verständigt …⟩

1 ‚Sprache‘ und ‚Lebewesen‘. Der Begriff des Lebewesens ist so unbestimmt/hat die gleiche Unbestimmtheit/ wie der der Sprache.

2 „Ist dieser Satz nicht *vielleicht* ein logisches Produkt mehrerer Sätze?“

Wie würde sich denn das ergeben?

3 Wir halten uns an die Worte.

4 Wenn wir eine Erklärung, etwa des logischen Folgens, lesen, so halten wir uns an das, was er/Er/ schreibt. Wir halten uns an die Worte; an die Zeichen.

5 Die Unendlichkeit ist keine Größe, schaut aber aus wie eine Größe. 190
(Das ist unsere Schwierigkeit.)

6 ∅ „Diese Gegend macht mich melancholisch“. Woher weißt Du, daß es die Gegend ist? Ist das eine Hypothese – wie Du auch nur *glaubst*, daß es jene Speise war, die die Magenschmerzen verursachte, oder gehört es zur unmittelbaren Erfahrung. Wäre es also widerlegt, wenn Du, in eine andere Gegend versetzt, melancholisch bliebest; oder ist es nicht durch eine künftige Erfahrung zu widerlegen, da es die Beschreibung der gegenwärtigen ist?

Ja, wie bist Du auf den Gedanken gekommen, daß es die Gegend ist, die diese Stimmung hervorruft? Oder handelt es sich eben gar nicht um einen durch sie hervorgerufenen Zustand meiner Person, sondern, etwa, darum, daß das Bild der Gegend melancholisch *ist*? (Dies hängt unmittelbar zusammen mit dem Problem: Motiv und Ursache.)

„Das ist ein furchtbarer Anblick“. – „Wie weißt Du daß *er* furchtbar ist?“

„Ich zittere, weil ich ihn sehe“. *Das* kannst Du nicht wissen.
Vielleicht hättest Du auch sonst gezittert. 191

Wie hängt die Furcht mit dem Anblick zusammen? oder mit der furchtbaren Vorstellung? Oder soll ich etwa sagen: „sich vor dieser Vorstellung fürchten“ *heißt*, sie haben und sich fürchten? Wenn man nun aber mehrere Vorstellungen hat, während man sich fürchtet (mehreres sieht oder hört), ist da ein Zweifel darüber, was das Furchtbare ist? Oder weiß man es eben aus Erfahrung, wovor (von allen diesen Sachen) man sich fürchtet? Kann man anderseits nicht Anblick und Furcht trennen, also sagen, daß der „Anblick an sich“ nicht furchtbar ist? – Ich möchte auch sagen „das Fürchten ist eine Beschäftigung mit dem Anblick“.

Kann ich sagen: es sei ein sehr komplizierter Vorgang, in welchen die Vorstellung an ganz bestimmten/an charakteristischen/ Stellen eintritt?

7 ∅ Denken wir an ein furchtbares Antlitz. Welche Rolle spielt der Anblick im Vorgang der Furcht.

6 Wie würde sich denn das ergeben? *–im MS am linken Rand mit einer vertikalen Wellenlinie markiert*

18 Ist das eine Hypothese⟨;⟩ wie Du auch nur *glaubst*

21 andere Gegend versetzt, melancholisch bliebest⟨? …⟩

1 ∅ Ich will sagen: die Furcht *begleitet* nicht den Anblick. (Sondern) das Furchtbare und die Furcht haben/hat/ die Struktur des Gesichtes. Denken wir daß wir den Zügen eines Gesichts mit den Augen in 192 fieberhafter Aufregung folgen. Sie gleichsam zitternd nachfahren. So daß das Zittern/die Schwingungen/ der Furcht den Linien des Gesichts superponiert wären.

2 ∅ Denke Dir Du gingest mit jemand spazieren und zwar in einem Gespräch. Du würdest dann, wie das Gespräch vor sich geht, bald langsamer, bald schneller gehen und da und dort immer wieder stehnbleiben. Der welcher das Gespräch mitanhört wird diese Pausen im Gehn ganz natürlich finden, da sie ja auch unmittelbar aus dem Leben des Gesprächs hervorgehn. Nehmen wir nun an das Gespräch würde nur dem Sinn nach von jemandem wiedergegeben (etwa in eine andere Sprache übersetzt) und man müßte dazu auch wieder den gleichen Weg gehen und es wären die Stellen bezeichnet an denen damals geruht wurde, so würden diese erzwungenen Pausen im Gehen jetzt als *äußerst* störend wirken, die doch früher dem Gespräche geholfen haben. So verhält es sich mit der Übersetzung der Platonischen Dialoge in Dialogform. Nur in dem ursprünglichen einzigen Gang des 193 Gespräches waren die bejahenden und verneinenden Antworten natürliche und helfende Ruhepunkte. In der Übersetzung sind es qualvolle, störende Aufenthalte. Denken wir uns ein Thema, dessen Rhythmus durch Paukenschläge auf dem ersten Taktteil unterstützt würde und nun, daß diese Schläge ein wenig verschoben würden! Wer wollte nun nicht lieber ohne diese Unterstützung auskommen.

3 Buchstaben in gleichem Abstand. „Ich glaube, dieser Buchstabe ist in der Mitte zwischen diesen zweien".

4 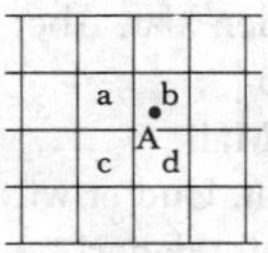

Es kann vorkommen, daß ich weiß, daß ein Fleck im Viereck A ist, weil ich weiß, daß er entweder im Viereck a oder im Viereck b oder c oder d ist. Aber ich kann nicht *darum* wissen/weiß nie *darum*/, daß er in A ist, weil ich weiß, daß er in einer von allen möglichen Lagen ist.

5 „Wenn das Buch auf dem Tisch liegt, muß es doch *irgendwo* auf dem 194 Tisch liegen" ist natürlich sinnlos.

6 ∫ „Du hast in die rechte obere Ecke getroffen". Wovon? („Fahren Sie mich auf N° 47, die Gasse sag' ich Ihnen später".) „Habe ich ins Schwarze getroffen?" – „Ja, *und zwar* in die obere Hälfte".

4 Denken wir daß wir den Zügen eines Gesichts mit den Augen in fieberhafter Aufregung folgen. *–im MS am linken Rand mit einer vertikalen Wellenlinie markiert,* fieberhafter *durchstrichen*
5 das Zittern/die Schwingungen/ der Furcht den Linien des Gesichts ⟨z…⟩
13 da sie ja auch unmittelbar aus dem Leben des ⟨Gespräches⟩ hervorgehn.
35 weil ich weiß, daß er in ⟨allen …⟩
42 „Habe ich ⟨in's⟩ Schwarze getroffen?"

1 „Ist der Schuß im Schwarzen?“ – „Ja.“ – „Wo liegt er?“ – „Das weiß ich nicht, ich hab’ nur gesehen, daß er im Schwarzen liegt, aber nicht, wo“. – Das entspricht nicht der Erfahrung die wir meinen.

2 Der Kreis befindet sich im Quadrat = er befindet sich in der Lage , oder nicht in dieser = er befindet sich in der Lage , oder , oder in keiner von diesen beiden; etc. Aber es kann nicht heißen „oder in einer der übrigen möglichen“.

3 ∅ [Die Werke der großen Meister sind Sterne/Sonnen/, die um uns her auf- und untergehn. So wird die Zeit für jedes große Werk wiederkommen, das jetzt untergegangen ist.]

4 Er befindet sich im Quadrat; nicht: „in irgend einer Lage im Quadrat 195
/einer der Lagen im Quadrat/“. [„in einer der Lagen des Quadrats“.] (Freilich in einer L a g e.) Denn das läßt es so erscheinen, als wären uns die L a g e n irgendwie gegeben. Wie etwa, wenn sie vorgezeichnet wären 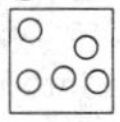

5 „Außer diesem Kreis, ist keiner mehr im Quadrat“.

6 ∅ (Mendelssohns Musik, wo sie vollkommen ist, sind musikalische Arabesken. Daher empfinden wir bei ihm jeden Mangel an Strenge peinlich.)

7 ∅ Der Jude wird in der Westlichen Zivilisation immer mit Maßen gemessen, die auf ihn nicht passen. Daß die griechischen Denker weder im westlichen Sinn Philosophen, noch im westlichen Sinn Wissenschaftler waren, daß die Teilnehmer der Olympischen Spiele nicht Sportler waren und in westliches Fach passen, ist vielen klar. Aber so geht es auch den Juden [Aber den Juden geht es ebenso.] 196

Und indem uns |die| Wörter unserer Sprache als die Maße schlechthin erscheinen, tun wir ihm/ihnen/ immer Unrecht. Und er wird /sie werden/ bald überschätzt bald unterschätzt. Richtig reiht daher Spengler Weininger nicht unter die westlichen Philosophen [Denker].

8 ∅ Nichts was man tut läßt sich endgültig verteidigen. Sondern nur in Bezug auf etwas anderes Festgesetztes.

D.h., es läßt sich kein Grund angeben, warum man s o handeln soll (oder hat handeln sollen), als der sagt, daß dadurch dieser Sachverhalt hervorgerufen werde, den man wieder als Ziel h i n n e h m e n muß.

23 *Im MS:* Mendelsohns
29 Daß die griechischen Denker weder im westlichen ⟨Sinne⟩ Philosophen,
33 als die Maße schlecht⟨weg⟩ erscheinen,
40 *Im MS:* D.h., es läßt sich kein kein Grund angeben
41 als der sagt, daß dadurch ⟨diesen …⟩

1 (Zu Engelmanns Orpheus: Ich glaube: Wenn Orpheus aus der Unterwelt zurückgekehrt ist, nachdem er Euridice nun verloren hat, darf er im Stück nichts mehr reden; denn, was immer er sagt, ist Geschwätz. Nur Genien können noch etwas sagen, nämlich, daß das das Los der Sterblichen ist und daß er erst in einer andern Welt sich wieder mit Euridice vereinigen kann. Und zwar dachte ich mir zuerst die Genien 197 um ihn, der in Schlaf oder Ohnmacht liegt, schweben. Aber jetzt glaube ich, er dürfte gar nicht mehr sichtbar werden, denn was soll seine Gestalt noch, nachdem er uns nichts mehr zu sagen hat? Vielmehr könnte ich mir denken, daß die Genien (Horen) in den Eingang des Gang's schauend sprechen. Auch den Vorgang des Umwendens mit Reden begleitend und während Orpheus, von uns ungesehen, dem Ausgang zuwankt, einen Schlußchor sprechen; und von dem, nun den Ausgang Erreichenden, verscheucht, fliehen, – aber so, daß der Vorhang fällt, ehe man den Orpheus gewahrt. [ehe man seiner ansichtig wird.] Dabei würde angenommen, daß Orpheus sich nicht unmittelbar am [vor dem] Ausgang sondern an irgend einer Stelle des Ganges umwendet. Aber das scheint in sofern richtiger, als es schwer ist, sich vorzustellen, daß er einen Schritt vor dem Ausgang sich umwenden sollte. Sondern dort wird er sich umwenden, wo die Angst am höchsten 198 ist, etwa bei einer leichten Biegung des Gang's. Ich denke mir: Wäre er bis an den Ausgang gekommen, so hätte ihm das Tageslicht schon die Angst verscheucht. Und der Sinn ist: er konnte nicht bis an den Ausgang kommen.) (Die Genien wissen das übrigens und sprechen es aus, noch ehe er ihnen sichtbar wird.)

2 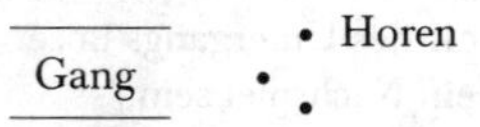

Sie sprechen den Chor zum Zuschauer gewandt und nur gleichsam seitliche Blicke noch in den Gang werfend.

Wenn ich übrigens sage „den Vorgang des Umwendens mit ihren Reden begleitend“, so denke ich mir das nicht so, wie etwa eine Schlacht im Theaterstück von einem gespannten Beobachter geschildert wird. Denn die Horen sind nicht gespannt, sondern vollkommen gefaßt. Und sie b e g l e i t e n den Vorgang mit ihren Reden und umspringen [umschreien] ihn nicht.

2 Wenn Orpheus aus der Unterwelt ⟨zurückkehrt …⟩
14 und von dem, nun den Ausgang Erreichenden⟨,⟩ verscheucht,
14 verscheucht, fliehen⟨;⟩ aber so,
15 daß der Vorhang fällt, ehe man den Orpheus ⟨geh…⟩
19 daß er einen Schritt vor dem Ausgang sich ⟨umwendet …⟩

Das Drama hat dann allerdings nicht eigentlich 5 Akte. Aber – es scheint mir – der fünfte Akt ist überzählig, denn die Katastrophe ist 199 schon in den vieren vollkommen bestimmt. (Es ist gleichsam eine Frage |in der Form| gestellt, daß/in der/ nur mehr „ja“ oder „nein“ auf sie zur Antwort kommen kann.) Im 5ten Akt bräche das Ungewitter über den Helden herein. Aber hier bricht nichts herein, sondern es vollendet sich nur etwas. Könnte man sagen: Im 4ten Akt wird das Wasser gestaut, im 5ten werden nun die Schleusen aufgezogen/geöffnet/[hochgezogen] und die Flut bricht herein. Es ist also noch immer für Handlung Raum. Man könnte sagen/einwenden/: aber hier wird doch auch etwas aufgestaut, was sich dann entlädt: – Freilich wird im Vorgang der Versuchung auch eine immer stärkere Spannung erzeugt, also gleichsam etwas aufgestaut, aber der Held geht nicht dadurch zugrunde, daß er von dem Losbrechenden vernichtet wird, wenn er nun der Versuchung erliegt; sondern indem er dem Druck nachgibt ist er schon vernichtet, [erlegen] also gleichsam in einem Augenblick. Wenn etwa Eva die Heldin wäre, so wäre die Katastrophe der Augenblick, in dem sie beginnt nach dem 200 Apfel zu reichen und nicht die Handlung des Brechens der Frucht. Wenn man einen Balken belastet bis zum Bruch, so ist alles schon vorüber, wenn er beginnt nachzugeben, denn alles Weitere [Andere] ist dann schon gegeben. Und ist der *Balken* der Held (und nicht über dem Haupt des Helden), so ist der Held vernichtet, wenn der Balken zu brechen *beginnt*.

„Orpheus“ ist freilich [eben] auch keine Tragödie und Orpheus kein Held. Denn der Held *siegt* (ja) indem er umkommt. D.h. er wird nicht innen, sondern nur äußerlich bezwungen. (Würde er innerlich bezwungen, so würde er nach dem *Augenblick* des Untergangs unser Interesse verlieren. Der 5te Akt kann dann nur ein Nachspiel sein.)

1 Ja, der 5te Akt im Orpheus kann nur noch ein Epilog sein.

2 (Fühlen wir darum daß das Umwenden im Orpheus eine undramatische Handlung wäre?)

2 der fünfte Akt ist ⟨überhaupt⟩ überzählig,
19 Wenn man einen Balken belastet bis ⟨er …⟩
20 wenn er beginnt⟨,⟩ nachzugeben,
28 Der 5te Akt ⟨ist⟩ dann nur ein Nachspiel

VIII.

Bemerkungen zur philosophischen Grammatik

5.10.31. 1

1 v (Das Unaussprechbare (das, was mir geheimnisvoll erscheint und ich nicht auszusprechen vermag) gibt vielleicht den Hintergrund, auf dem das, was ich aussprechen konnte, Bedeutung bekommt.)

2 v Die Arithmetik ist kein Spiel. Man kann doch in der Arithmetik nicht gewinnen oder/und/ verlieren!

v Wohl aber ist ein arithmetisches Spiel denkbar. Z.B. zwei Leute operieren abwechselnd nach bestimmten Regeln (welche die Wahl der Operationen beschränken) mit Zahlen welche etwa aus einer angenommenen Grundzahl (Anfangsposition) durch diese Operationen successive entstanden sind/entstehen/. Wer zuerst auf diese Weise 0 erhält/erreicht/ hat gewonnen. (So ein Spiel wäre dem Halma ähnlich.)

3 / Was spricht man der Mathematik ab, wenn man sagt, sie sei nur ein Spiel (oder: sie sei ein Spiel)?

4 / Ein Spiel im Gegensatz wozu? – Was spricht man ihr zu, wenn man sagt, ihre Sätze hätten Sinn. [Was spricht man ihr zu wenn man sagt (sie sei kein Spiel) ihre Sätze hätten Sinn.] 2

5 / Der Sinn außerhalb des Satzes.

6 / Und was geht uns der an? Wo zeigt er sich und was können wir mit ihm anfangen? (Auf die Frage „was ist der Sinn dieses Satzes?" antwortet ein Satz. [kommt ein Satz zur Antwort.])

7 ?/ „Aber der mathem. Satz drückt (doch) einen Gedanken aus." – Welchen Gedanken? –

8 / Kann er durch einen anderen Satz ausgedrückt werden? oder nur durch diesen Satz? – Oder überhaupt nicht? In diesem Falle geht er uns nichts an.

9 / Will man bloß die mathem. Sätze von andern Gebilden, den Hypothesen etc.,/etwa,/ unterscheiden? Daran tut man recht und daß dieser Unterschied besteht unterliegt ja keinem Zweifel.

10 / Will man sagen, die Mathematik werde gespielt wie das Schach oder eine Patience und es gebe dabei ein Gewinnen oder Ausgehen [und es laufe dabei auf ein Gewinnen oder Ausgehen hinaus,] so ist das offenbar unrichtig. 3

7 *Der folgende Absatz ist im MS eine Bemerkung, durch eine Klammer der vorangehenden zugeordnet.*
8 |Z.B.| ⟨Zwei⟩ Leute operieren abwechselnd nach bestimmten Regeln
9 (welche |die Wahl| ⟨die⟩ Operationen beschränken)
10 etwa *–im MS durchstrichen*
12 zuerst *–im MS durchstrichen*
31 Kann ⟨ich …⟩

1 / Sagt man, daß die seelischen Vorgänge die den Gebrauch der mathematischen Symbole begleiten, andere sind, als die, die das Schachspiel/Schachspielen/ begleiten, so weiß ich darüber nichts zu sagen.

2 / Es gibt auch beim Schach einige Configurationen die unmöglich sind, obwohl jeder Stein in einer ihm erlaubten Stellung steht. (Z.B. wenn/Wenn z.B./ die Anfangsstellung der Bauern intakt ist und ein Läufer schon auf dem Feld.) Aber man könnte sich ein Spiel denken, worin/in welchem/ die Anzahl der Züge vom Anfang der Partie notiert würde, und dann gäbe es den Fall, daß nach n Zügen diese Configuration nicht eintreten könnte und man es der Configuration doch nicht ohne weiters ansehen kann ob sie als n-te möglich ist, oder nicht.

3 ?/ Die Handlungen im Spiel müssen den Handlungen im Rechnen entsprechen. (Ich meine: darin muß die Entsprechung bestehen, oder, so müssen die beiden einander zugeordnet sein.)

4 ?/ Welche Gleichung, etwa, von der Form abc … × cde … = ghi … ist richtig, welche falsch? 4

5 / Ja, kann man von dem Schriftzeichen (überhaupt) sagen, es sei richtig (oder falsch)?

Das nämlich hängt mit dem Sinn der Antwort zusammen: „richtig ist die Gleichung, die man nach den Regeln erzeugen kann“ im Gegensatz zu d e r: „richtig ist die Gleichung, die man nach den Regeln erzeugt hat“.

6 / Das ist klar, daß die Position (Gleichung) nur im System, in dem/worin/ sie erzeugt werden kann, richtig oder falsch ist.

7 / „Man darf ein System von Axiomen nicht benützen, ehe seine Widerspruchsfreiheit nachgewiesen ist.“

„In den Spielregeln dürfen keine Widersprüche vorkommen“.

Warum nicht? „weil man dann nicht wüßte, wie man zu spielen hat“?

8 / Aber wie kommt es, daß man auf den Widerspruch mit dem Zweifel reagiert?

9 / Auf den Widerspruch reagiert man überhaupt nicht. Man könnte nur sagen: Wenn das wirklich so gemeint ist (wenn der Widerspruch hier stehen s o l l), so versteh’ ich es nicht. Oder: ich hab’ es nicht gelernt. Ich verstehe die Zeichen nicht. Ich habe nicht gelernt, was ich daraufhin tun soll, ob es überhaupt ein Befehl ist; etc.. 5

6 Es gibt auch beim Schach einige Configurationen ⟨die …⟩
7 jeder Stein in einer ihm erlaubten Stellung steht. ⟨Z.B. ⟨die …⟩

1 / Wie wäre es etwa, wenn man in der Arithmetik zu den üblichen Axiomen die Gleichung $2 \times 2 = 5$ hinzunehmen wollte? Das hieße natürlich, daß das Gleichheitszeichen nun seine Bedeutung geändert [gewechselt] hätte, d.h., daß nun andere Regeln für das Gleichheitszeichen gälten

2 / | Hilbert stellt Regeln eines bestimmten Kalküls als Regeln einer/der/ Metamathematik auf. |

3 / Wenn ich nun sagte: „also kann ich es nicht als Ersetzungszeichen gebrauchen; so hieße das, daß seine Grammatik nun nicht mehr mit der des Wortes „ersetzen" („Ersetzungszeichen", etc.) übereinstimmt. Denn 6
das Wort „kann" in diesem Satz deutet nicht auf eine physische (physiologische, psychologische) Möglichkeit.

4 / „Die Regeln dürfen einander nicht widersprechen", das ist wie: „die Negation darf nicht verdoppelt eine Negation ergeben". Es liegt nämlich in der Grammatik des Wortes „Regel" daß „p · ~p" (wenn „p" eine Regel ist) keine Regel ist. [... daß „p ∨ ~p" keine Regel ist (wenn „p" eine Regel ist).]

5 / Das heißt, man könnte also auch sagen: die Regeln können [dürfen] einander widersprechen, wenn andre Regeln für das Wort [für den Gebrauch des Wortes] „Regel" gelten – wenn das Wort „Regel" eine andere Bedeutung hat.

6 / Wir können eben auch hier nicht begründen (außer (etwa) biologisch oder historisch) und/sondern/ (können) nur beschreiben, wie das Wort „Regel" gebraucht wird, [.. sondern nur die Übereinstimmung oder/und/ den Gegensatz der Regeln für gewisse Wörter constatieren, also sagen, daß diese Worte mit diesen Regeln gebraucht werden.] 7

7 v Daß man die Gleichung A dem Komplex B zuordnet, heißt, daß eine

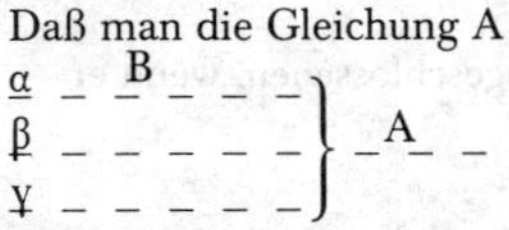

Gleichung von der Art A die Multiplizität hat, die man in dem Komplex B sieht, d.h., daß man so viel an dieser Gleichung unterscheiden kann (oder so viele Unterschiede (an ihr) machen kann) wie an dem Komplex.

8 v D.h., daß das Ornament des Komplexes so viele Passflächen hat, wie das der Gleichung und die übrige Mannigfaltigkeit des Komplexes

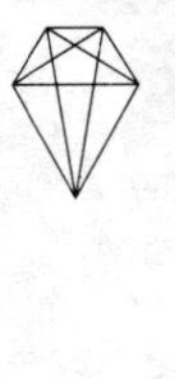

wegfällt wie die des Fünfecks, so daß man es, was sein Zusammenpassen mit anderen Figuren betrifft, nur durch seine Kontur ersetzen könnte und die Gleichung zieht in diesem

Sinne die Kontur des Komplexes nach.

4 nun seine Bedeutung geändert [gewechselt] hätte⟨;⟩ d.h., daß nun
10 Wenn ich nun sagte: „also kann ich *–im MS fehlt das Ausführungszeichen*
22 *Im MS:* die Regeln |können [dürfen]| einander widersprechen
35 die man in dem Komplex B sieht⟨. ...⟩
36 die man in dem Komplex B sieht, d.h., daß ⟨B ...⟩
36 *Im MS:* daß |man| so viel an dieser Gleichung

1 v Zwischen B und A könnte man das Gleichheitszeichen setzen.

2 v Ist es so: Der Satz A enthält nichts andres als B; ja, ist eine Abkürzung von B. Ich kann aber doch nicht sagen, daß B mittels $a + (b + 1) = (a + b) + 1 \ldots \alpha)$ bewiesen wurde. Das heißt ja natürlich gar nichts. – Nur β und γ wurden mit α bewiesen. – 8

3 v Und α, β und γ wurden eben zusammengestellt. Sie wurden herausgegriffen und etwas Neues aus ihnen konstruiert.

4 / Es läßt sich nicht zeigen, beweisen, daß man gewisse/diese/ Regeln als Regeln dieser Handlung gebrauchen k a n n.

Außer, indem man zeigt, daß die Grammatik der Bezeichnung [Beschreibung] der Handlung mit der jener Regeln übereinstimmt.

5 / Zu dem Problem vom ‚|Sand|Haufen': Man könnte sich hier, wie in allen ähnlichen Fällen, einen offiziellen [offiziell festgesetzten] Begriff denken [.... denken, daß es einen offiziellen Begriff |wie den einer Schrittlänge| gäbe,] etwa: Haufe ist alles was über $\frac{1}{2}m^3$ groß ist. Dieser wäre aber dennoch nicht unser gewöhnlich gebrauchter Begriff. Für diesen liegt keine Abgrenzung vor (und bestimmen wir eine, so ändern wir den Begriff) sondern es liegen nur Fälle vor, welche wir zu dem 9
Begriff/Umfang des Begriffs/ [zu den Haufen] rechnen und solche die wir nicht mehr zu dem Begriff/Umfang des Begriffs/ rechnen.

6 v $(a + b) \cdot (a + b) = a \cdot (a + b) + b \cdot (a + b)$
Dieser Übergang ist vermittels des Satzes ..... gemacht worden und, wenn der Induktionsbeweis eine Rechtfertigung dieses Satzes ist, so ist er auch eine Rechtfertigung dieses/des/ Übergangs. [und, wenn der Induktionsbeweis eine Rechtfertigung dieses Satzes ist, auch vermittels dieses Beweises.] [.., und wenn der Induktionsbeweis ein Beweis dieses Satzes ist, dann ist er auch eine Rechtfertigung ..... .]

7 / (Punkt am Ende des Satzes. Gefühl des Unabgeschlossenen, wenn er fehlt.)

8 v Wie beweist man: $1 + (1 + (1 + 1)) = (1 + (1 + 1)) + 1$? Kann man es aus $1 + (1 + 1) = (1 + 1) + 1$ |allein| beweisen?

6.

9 v Der Beweis B zeigt uns gleichsam eine Eigenschaft der beiden Seiten der Gleichung A.

3 Ist es so: ⟨Da...⟩
5 $a + (b + 1) = (a + b) + 1 \ldots \alpha)$ *–die Notation ist im MS gewellt unterstrichen*
26 ⟨/⟩ *Randzeichen gestrichen*
41 Der Beweis B zeigt uns ⟨quasi ...⟩

1 ?∨ Ich möchte sagen, wenn ich die Gleichungen 10

$$\left.\begin{aligned} a+(b+1) &= (a+b)+1 \\ a+(b+(c+1)) &= (a+(b+c))+1 \\ (a+b)+(c+1) &= ((a+b)+c)+1 \end{aligned}\right\}$$

betrachte: es liegt alles in ihnen; kein weiterer Schritt gibt uns mehr, als schon da steht. Anderseits sieht man sie doch a u f g e w i s s e W e i s e an, wenn man sie als Induktionsbeweis auffaßt, aber das sagt nur, daß wir das in ihnen sehen, was wir z.B./etwa/ durch unterstreichen gewisser Ausdrücke anzeigen oder durch das Ziehen von Zuordnungslinien zwischen den Gleichungen [oder durch Linien/Verbindungslinien/, welche zwischen den Gleichungen Teile der einen Teilen der anderen zuordnen.] Und diese Linien sind nur neue Passflächen/Passtellen/, welche den Gleichungskomplex in ein neues System einreihen.

2 / Man sagt |für| gewöhnlich die rekursiven Beweise beweisen [zeigen], daß die algebraischen Gleichungen für alle Kardinalzahlen gelten; aber es kommt hier momentan nicht darauf an ob dieser Ausdruck glücklich oder schlecht gewählt ist sondern nur darauf, ob er in allen Fällen die 11
gleiche Bedeutung hat [ob er in allen Fällen die gleiche, klar bestimmte, Bedeutung hat.]

3 / | Die Ausdehnung eines Begriffes, der Zahl, des Begriffs ‚alle', etc. erscheint uns (ganz) harmlos; aber sie ist es nicht wenn/sobald/ wir vergessen, daß wir unsern Begriff tatsächlich geändert haben. |

4 / Und ist es da nicht klar daß die rekursiven Beweise tatsächlich d a s s e l b e für alle ‚bewiesenen' Gleichungen zeigen?

5 / Und das heißt doch, daß zwischen dem rekursiven Beweis und dem von ihm bewiesenen Satz immer die gleiche (interne) Beziehung besteht?

6 ?∨ Woher nun das Widerstreben, dieses Verhältnis das eines Beweises zum Bewiesenen/bewiesenen Satz/ zu nennen?

7 ?/ Ja es ist doch übrigens/Es ist ja übrigens/ ganz klar daß es so einen rekursiven oder richtiger iterativen ‚Beweis' geben muß. (Der uns die Einsicht vermittelt, daß es ‚mit allen Zahlen so gehen muß'.)

[D.h. es scheint m i r klar, und daß ich einem Anderen die 12
Richtigkeit dieser Sätze für die |Kardinal|Zahlen durch einen Prozess der Iteration begreiflich machen könnte.]

8 ?/ D.h.: Ich möchte Einem zeigen daß das distributive Gesetz wirklich im Wesen der Anzahl liegt; werde ich da nicht durch einen Prozess der Iteration zu zeigen versuchen daß das Gesetz gilt und immer weiter gelten muß?

7 aber das sagt nur, daß wir ⟨sie …⟩
8 was wir z.B./etwa/ durch ⟨U…⟩
11 durch Linien/Verbindungslinien/, welche ⟨die Zuordnung …⟩
11 zwischen den Gleichungen Teile der einen ⟨Gleichung mit …⟩
13 sind nur neue Passflächen/Passtellen/, welche ⟨der …⟩
23 aber sie ist es nicht sobald ⟨ic…⟩
38 ⟨(⟩D.h. es scheint m i r klar,
40 der Iteration begreiflich machen könnte.⟨)⟩

1 v Und in wiefern kann man diesen Vorgang nicht den/einen/ Beweis des |distributiven| Gesetzes nennen?

Sehe ich da nur auf die Tatsache |hin|, will ich nur konstatieren, daß man durch die Prozedur der Iteration nicht zu einem Resultat „a + (b + c) = (a + b) + c“ kommen kann, weil die Bestandteile dieses Satzes in jener Rechnung nicht vorkommen?

2 v [Bin ich da nur davon/von der Tatsache/ impressioniert, daß man durch die . . . . .]

7.

3 v Könnte ich nicht also in derselben Weise wie ich ihm 16 × 25 = 400 etwa durch aufschreiben/anschreiben/ von 16 Einsern in 25 Reihen/16 Reihen zu 25 Einsern/ begreiflich machen kann, ihm a + (b + c) = (a + b) + c durch eine Vorführung mit Einsern begreiflich machen? Stehen die Beweise nun nicht auf derselben Stufe? 13

4 ?/ Und dieser Begriff des ‚begreiflich-machens‘ kann uns hier wirklich helfen. [… kann uns hier helfen/ist hier ein Segen/.] [… ist uns hier ein Segen.]

Denn man könnte sagen: das Kriterium |dafür|, ob etwas ein Beweis eines Satzes ist, ist ob man ihn dadurch begreiflich machen kann. (Freilich/Natürlich/ handelt es sich da wieder nur um eine Erweiterung der grammatischen Betrachtung/unserer grammatischen Betrachtungen/ über das Wort/des Wortes/ ‚Beweis‘; nicht nur ein psychologisches Interesse an dem Vorgang des Begreiflich-machens.

5 v Man könnte eine Art Konstruktion machen:

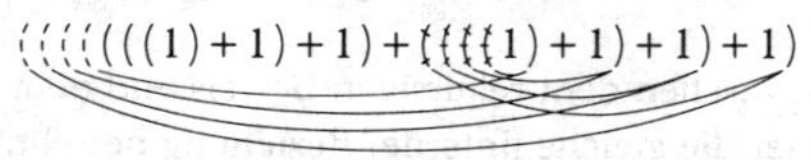

indem man immer Klammern vor dem zweiten Summanden wegstreicht und sie vor den ersten setzt.

2 |distributiven| *–das Einfügungszeichen ist im MS gewellt unterstrichen*
3 |hin| *–das Einfügungszeichen ist im MS gewellt unterstrichen, die Unterstreichung ist wieder aufgehoben*
12 ihm *–im MS durchstrichen*
18 kann ⟨|er|⟩ uns hier wirklich helfen
19 helfen. [… ist ⟨|uns|⟩ hier ein Segen.] [… ist uns hier ein Segen.]
22 (Freilich/Natürlich/ *–im MS fehlt die Schlußklammer*
22 Freilich/Natürlich/ *–erste Variante im MS durchstrichen*
24 der grammatischen Betrachtung/unserer grammatischen Betrachtungen/ *–erste Variante im MS durchstrichen*
25 nicht nur ein psychologisches ⟨Er…⟩
25 an dem Vorgang des ⟨begreiflich-Machens⟩.
27 Man könnte eine Art Konstruktion machen: ⟨d…⟩
31 indem man immer ⟨eine …⟩

1 / | „Dieser Satz ist für alle Zahlen durch das rekursive Verfahren bewiesen". Das ist der Ausdruck, der so ganz irreführend ist. Es klingt so [Er läßt es so erscheinen,] als würde hier ein Satz, der konstatiert daß das und das für alle Kardinalzahlen gilt, auf einem Wege als wahr 14
erwiesen und als sei dieser Weg ein Weg in einem Raum denkbarer Wege.

Während die Rekursion in Wahrheit nur sich selber zeigt, wie auch die Periodizität. [… wie auch die Periodizität nur sich selbst zeigt.] |

2 v Ich will jemandem zeigen, daß das $(a + (b + c) = (a + b) + c)$ stimmt. Was ich als Methode [Weg/Gang/] das zu zeigen verwenden kann, ist ein Beweis. (z.B. die Methode der Gruppierung einer Reihe von Strichen.)

3 // Ist die Frage nicht also/also nicht/: kann man $4 + (2 + 3) = (4 + 2) + 3$ ausrechnen? Wenn ja, so konnte [nicht: könnte] man also von diesem speziellen Zahlensatz einen Beweis geben und es ist klar, daß sich dann eine ‚Möglichkeit der Weiterführung' einer Reihe solcher Beweise zeigen wird.

4 v Die Art der Ausrechnung nach dem Schema des Rekursionsbeweises bestünde offenbar darin, daß man zuerst von $4 + (2 + 1) = (4 + 2) + 1$ auf $4 + (2 + 2) = (4 + 2) + 2$ und dann auf $4 + (2 + 3) = (4 + 2) + 3$ übergeht.

5 v Es muß die Stellung des algebraisch geführten rekursiven Beweises viel 15
klarer machen, wenn man statt seiner die Reihe von arithmetischen Beweisen mit dem ‚u.s.w.' setzt. Denn durch diese ist der erste offenbar zu ersetzen/ersetzbar/.

6 v (Und die größere Klarheit kommt durch das/von dem/ Verschwinden jedes Scheins, als ob es sich beim Rekursionsbeweis um einen algebraischen Beweis der Art $(a + b)^2 = \ldots\ldots = a^2 + 2ab + b^2$ handelte.)

7 v (Der Übergang auf $4 + (2 + 2) = (4 + 2) + 2$ ginge nach dem Skolemschen Schema so (vor sich): $4 + (2 + 2) = 4 + ((2 + 1) + 1) = (4 + (2 + 1)) + 1 = ((4 + 2) + 1) + 1 = (4 + 2) + 2.$)

8 v Kann ich nicht sagen, der Induktionsbeweis ist das Schema einer Rechnung [Zahlenrechnung]. –

9 / Das Problem der Unterscheidung von $1 + 1 + 1 + 1 + 1 + 1 + 1$ und $1 + 1 + 1 + 1 + 1 + 1 + 1 + 1$ ist viel wichtiger [fundamentaler], als es zuerst [auf den ersten Blick] scheint.

Es handelt sich um den Unterschied zwischen physikalischer und visueller Zahl.

14 / *Randzeichen im Falz*

14 *Im MS:* Ist die Frage |also| nicht also *–das Einfügungszeichen ist gewellt unterstrichen*

34 $4 + (2 + 2) = \langle 4 + ((2 + 1) + \ldots\rangle$ *–wiederholt in der nächsten Manuskriptzeile*

38 Induktionsbeweis ist das Schema einer Rechnung [Zahlenrechnung]⟨?⟩ –

40 *Die ganze Bemerkung ist am linken Rand mit einer Klammer markiert.*

1 ∨ Es ist auch etwas Sonderbares an der Berechnung die von 3 + (4 + 6) zu (3 + 4) + 6 führt. [Berechnung von (3 + 4) + 6 aus 3 + (4 + 6)] 16
Wir können nämlich die Berechnung nach einer Regel durch *einen* Schritt ausführen, und – was auf dasselbe hinauskommt/hinausläuft/ – wir wissen von vornherein was bei dieser Rechnung herauskommen wird. Und zwar nicht in dem Sinn, in dem wir vielleicht auch von vornherein das Resultat von 25 × 37 wissen, weil wir es früher einmal ausgerechnet und uns gemerkt haben, sondern wir brauchen die kompliziertere Überlegung nicht, weil eine einfachere zum Ziel führt. Ist das aber nicht so, wie wir auch wissen daß 4365 durch 5 teilbar ist, ohne die Division anzuführen, und doch mußte es bewiesen werden, daß die 5 an der Einerstelle ein Kriterium der Teilbarkeit durch 5 ist.

2 ∨ Wir haben es (hier) natürlich auch wieder damit zu tun, daß der Rekursionsbeweis als *eine Art von Beweisen* aufgefaßt wird und man nicht sieht, daß jetzt das Wort „Beweis" seine Bedeutung (weil seine Grammatik) geändert hat.

3 ∨ Habe ich's nur so scharf auf die Auffassung [Bin ich nur so scharf/bitter/ gegen die Auffassung/Bekämpfe ich nur die Auffassung/] daß die Rekursionsbeweise den Weg beginnen, die Grundgesetze/Grundregeln/ beweisen, und der Weg nun mit diesen weiter geht; während doch jeder Satz der Algebra rekursiv bewiesen werden kann, wenn es die Grundgesetze (werden) können. 17

4 ∨ Und könnte ich nicht sagen, daß die Unreduzierbarkeit der Grundgesetze /Grundregeln/ (commutatives, distributives, etc) sich auch in den Induktionen die ihnen entsprechen zeigen [widerspiegeln] muß?

5 ∨ Das Verhältnis, was zwischen den algebraischen Sätzen besteht, muß auch zwischen ihren Induktionsbeweisen bestehen. [bestehen bleiben.]

6 / Wir haben also hier nicht den Fall, in welchem eine Gruppe von Grundgesetzen durch eine mit weniger Gliedern bewiesen wird, aber nun weiter in den Beweisen alles im Gleichen bleibt. (Wie auch in einem System von Grundbegriffen an/in/ der späteren Entwicklung dadurch nichts geändert wird daß man die Anzahl der Grundbegriffe durch Definitionen reduziert.)

8.

7 / (Übrigens, welche verdächtige Analogie zwischen ‚Grundgesetzen' und ‚Grundbegriffen'!) 18

2 führt. [⟨…wie⟩ (3 + 4) + 6 aus 3 + (4 + 6)]
6 Und zwar nicht in dem Sinn, in dem wir ⟨wissen …⟩
14 Wir haben es ⟨hier …⟩
26 Und könnte ich nicht sagen, daß ⟨sich …⟩

1 / Es ist gleichsam/etwa/ so: der Beweis eines alten Grundgesetzes setzt sonst das System der Beweise (einfach) nach rückwärts/hinten/ fort. Die Rekursionsbeweise aber setzen das System von |algebraischen| Beweisen (mit den alten Grundgesetzen) nicht nach hinten fort, sondern bilden/sind/ ein neues System das mit dem ersten nur parallel zu laufen scheint.

2 / Ich sprach früher von Verbindungsstrichen Unterstreichungen etc um die correspondierenden, homologen, Teile der Gleichungen eines Rekursionsbeweises zu zeigen.
Im Beweis:

$$\left\{\begin{array}{l} a+(b+\overset{\gamma}{1})=(a+b)+\overset{\alpha}{1} \\ a+(b+\overbrace{(c+1)}^{\delta})=\underbrace{(a+(b+c)}_{\zeta})+\overset{\beta}{1} \\ (a+b)+(c+1)=((a+b)+c)+\overset{\varepsilon}{1} \end{array}\right.$$

entspricht z.B. die Eins α nicht der β sondern dem c der nächsten Gleichung. β aber entspricht nicht δ sondern ε, und γ nicht δ sondern c + δ, etc.
Oder in:

$$\overbrace{(\overset{\kappa}{a}+\overset{\lambda}{1})}^{\alpha}+\overset{\beta}{1}=(\overset{\iota}{a}+\overset{\varepsilon}{1})+\overset{\zeta}{1}$$

$$\overset{\gamma}{1}+\overbrace{(a+1)}^{\delta}=(\overset{\mu}{1}+\overset{\eta}{a})+\overset{\theta}{1}$$

entspricht nicht ι dem κ und ε dem λ sondern ι dem α und ε dem β; 19
und nicht β dem ζ aber ζ dem θ und α dem δ und β dem γ und γ dem μ aber nicht dem θ u.s.w..

3 / Das ist eine seltsame Bemerkung, daß in den Induktionsbeweisen der Grundregeln nach wie vor ihre Unreduzierbarkeit (Unabhängigkeit) sich zeigen muß [zu Tage treten muß].

4 ∨ Was, wenn man das für den Fall von gewöhnlichen Beweisen (oder Definitionen) sagte also für den Fall wo die Grundregeln eben weiter reduziert werden, eine neue Verwandtschaft zwischen ihnen gefunden (oder konstruiert) wird. [Was, wenn man das in dem Fall von …. .]
[Was, wenn man das für Beweise/über Beweise/von Beweisen/ sagte, … .]

5 / (Alles was die Philosophie tun kann ist Götzen |(zu)| zerstören. Und das heißt keinen neuen (etwa in der Abwesenheit der Götzen)/(etwa: die Abwesenheit von Götzen)/ zu schaffen.)

2 setzt sonst das System der Beweise ⟨(vermittels …⟩
5 bilden/sind/ *–erste Variante im MS durchstrichen*
8 Ich sprach früher von ⟨Strichen⟩ Unterstreichungen etc
11 ⟨Im Beweis …⟩ *–im MS gestrichener Beginn einer Bemerkung*
29 dem μ aber nicht dem θ⟨,⟩ u.s.w..
31 ⟨∨⟩ *Randzeichen gestrichen*
35 *Im MS fortlaufender Text, durch Randzeichen als Bemerkung gekennzeichnet.*
35 Was, wenn man das ⟨von …⟩
41 |(zu)| *–das Einfügungszeichen ist im MS gewellt unterstrichen, die ganze Einfügung ist durchstrichen*

1 ?/ Wenn ich darin recht habe daß durch die Rekursionsbeweise die Unreduzierbarkeit [Unabhängigkeit] intakt bleibt dann ist damit (wohl) alles gesagt was ich gegen den Begriff vom Rekursions-„Beweis“ sagen [vorbringen] wollte/kann/.

2 v Ich möchte sagen: wir haben β und γ durch/mit/ α bewiesen aber nicht 20
B. Aber können wir denn nicht sagen, B ist einfach das logische Produkt aus α, β und γ?? Also B = α · β · γ?

3 v Dann hieße also das distributive Gesetz – nur etwas ungeschickt angeschrieben – : „a + (b + 1) = (a + b) + 1 .&. a + (b + (c + 1)) = (a + (b + c)) + 1 .&. (a + b) + (c + 1) = ((a + b) + c) + 1“?

Aber warum dann nicht nur „a + (b + 1) = (a + b) + 1“, da doch die beiden andern Faktoren aus dieser Gleichung folgen?

4 (Die Mathematiker, wenn sie die Grundlagen ihrer Wissenschaft sammeln [angeben sollen/angeben/] gleichen einem Maurer der sagte zu einem Haus brauche ich: Ziegel, Mörtel, Gewissenhaftigkeit, Kraft und Festigkeit.)

5 / (Der Stil meiner Sätze ist außerordentlich stark von Frege beeinflußt. Und wenn ich wollte so könnte ich wohl diesen/den/ Einfluß feststellen, wo ihn auf den ersten Blick keiner sähe.)

6 / Der Grund warum alle Philosophien der Mathematik fehlgehen ist der, daß man in der Logik nicht allgemeine Dicta durch Beispiele begründen kann, wie in der Naturgeschichte. Sondern jeder besondere Fall hat die 21
größt mögliche/volle/ Bedeutung, und anderseits/wieder/ ist mit ihm alles erschöpft und man kann keinen allgemeineren Schluß aus ihm ziehen (also k e i n e n Schluß). [… Bedeutung, aber alles ist mit ihm erschöpft …]

7 / Wozu brauchen wir denn das commutative Gesetz? Doch nicht um die Gleichung 4 + 6 = 6 + 4 anschreiben zu können, denn diese Gleichung wird durch ihren besondern Beweis gerechtfertigt. Und es kann freilich auch der Beweis des commutativen Gesetzes als ihr Beweis verwendet werden, aber dann ist er eben (hier/jetzt/) ein spezieller (arithmetischer) Beweis. Ich brauche das Gesetz also um |danach| mit Buchstaben zu operieren.

8 / Und diese Berechtigung [wollte ich sagen] kann mir der 22
Induktionsbeweis nicht geben. 23

1 Wenn ich darin recht habe daß durch die ⟨In…⟩
6 Ich möchte sagen⟨,⟩ wir haben β und γ durch/mit/ α bewiesen
7 Aber können wir denn nicht sagen⟨:⟩ B ist einfach das logische Produkt
16 *Die Bemerkung ist im MS durchstrichen.*
27 wie in der Naturgeschichte. Sondern ⟨sondern⟩ jeder besondere Fall
29 und man kann keinen allgemeineren Schluß aus ihm ziehen ⟨(…⟩
39 *Im MS weist ein Umstellungspfeil vom Ende der Bemerkung zur letzten Bemerkung auf der gegenüberliegenden Manuskriptseite 22.*

1 ∨ Habe ich mich aber nicht doch geirrt? Ich dachte für den Satz $(a+b)^2 = a^2 + 2ab + b^2$ müsse es den algebraischen und einen rekursiven Beweis geben. Aber der Gang des algebraischen Beweises von $(a+b)^2 = a^2 + 2ab + b^2$ entspricht ganz dem Beweis von 21
$(b+1) + a = (b+a) + 1$ im Induktionsbeweis III. [entspricht ganz der Art des Übergangs $(b+1) + a = (b+a) + 1$ in III.] 22

2 ∨ Dieser Übergang wird mit dem fertigen (bewiesenen) Satz $a + (b+c) = (a+b) + c$ [mit dem fertigen associativen Gesetz] [mit dem fertig bewiesenen associativen Gesetz] gemacht.

3 ∨ Der rekursive Beweis für $(a+b)^2 = a^2 + 2ab + b^2$ besteht eben in der gewöhnlichen Ableitung der Gleichung plus den rekursiven Beweisen der Grundgesetze.

D.h., der Beweis dieser Gleichung mittels der Reihe arithmetischer Beispiele entspricht eben die algebraische Ableitung der Gleichung zusammen mit den Induktionsbeweisen der |algebraischen| Grundregeln.

4 ∨ („.... wir richten uns nach ihren T a t e n“ (bezieht sich auf die Mathematiker).)

5 ∨∫ Ich darf auch nicht vergessen,/Es soll auch nicht vergessen werden,/ daß ja ein gewisser G a n g durch die Skolemschen Beweise führt, der dritte – z.B. – vom ersten |und zweiten| abhängig ist, sich des ersten /dieser Beweise/ bedient. (Also wesentlich n a c h dem ersten/ihnen/ steht.) u.s.w.

6 ∨ Was soll es heißen daß der Gleichungskomplex in I den/jenen/ Übergang in III r e c h t f e r t i g t. Wie kann/macht/ er das? 23

9.

7 ∨ Wie der Beweis I in III angewendet/verwendet/ ist, muß sich zeigen wenn wir die Beweise als periodische arithmetische Beweise führen.

8 ?/ Aber eines ist klar: Wenn uns der Rekursionsbeweis das Recht gibt algebraisch zu rechnen, dann auch der arithmetische Beweis [dann gibt uns auch der arithmetische Beweis dieses Recht.]

1 Habe ich mich ⟨ni...⟩
4 der Gang des algebraischen Beweises von $(a+b)^2 = a^2 + 2ab + b^2$ ⟨ist ...⟩
4 entspricht ganz dem Beweis ⟨[Übergang]⟩ von ⟨$(1+b) + a =$ (...)⟩
9 Satz $a + (b+c) = (a+b) + c$ [mit dem fertigen ⟨distributiven ...⟩
17 |algebraischen| *–das Einfügungszeichen ist im MS gewellt unterstrichen*
23 ∫ *Randzeichen im Falz*
24 durch die Skolemschen Beweise führt, der ⟨z...⟩
25 – z.B. – *–im MS durchstrichen*
27 *Im MS folgt hier die nach oben umgestellte Bemerkung.*
34 muß sich zeigen wenn wir die Beweise ⟨Ari...⟩
36 Wenn uns der Rekursionsbeweis das Recht gibt ⟨all...⟩

1 v Die Frage ist aber, rechne ich (horizontal) anders |algebraisch| in III mit I und II als in I mit der Definition a + (b + 1) = (a + b) + 1? Bediene ich mich des Komplexes I nicht in derselben Weise in III wie der |Rekursiven| Definition in I?

2 v [Es ist unglaublich, daß man sich mit so einem/einem so/ einfachen Beweis so lange soll beschäftigen können.]

3 v (Das ganze ist eine Auseinandersetzung zwischen dem rekursiven und dem algebraischen Element in diesen/den/ Beweisen. [in dem Beweis.]) Die rekursive Definition scheint nämlich eine Doppelrolle zu spielen. 24
Und zwar als rekursive Definition und als algebraische Rechnungsregel /Und zwar die einer rekursiven Definition und die einer algebraischen Rechnungsregel/ (von der Art des associativen Gesetzes.)

4 / | Kann man versuchen zu einer Melodie den falschen Takt zu schlagen? Oder: Wie verhält sich dieses Versuchen [dieser Versuch] zu dem, ein Gewicht zu heben das uns zu schwer ist? |

5 ?/ | Ich habe noch nie eine Bemerkung darüber gelesen, daß, wenn man ein Auge zumacht und „nur mit einem Aug sieht", man die Finsternis (Schwärze) nicht zugleich mit dem geschlossenen sieht! Das ist sehr merkwürdig. |

6 / Wie verhält sich die Schachaufgabe (das Schachproblem) zur Schachpartie?

Denn daß die Schachaufgabe der Rechenaufgabe entspricht, eine Rechenaufgabe ist, ist klar.

7 / Ein arithmetisches Spiel wäre z.B. folgendes: Wir schreiben auf gut 25
Glück eine 4 stellige Zahl hin etwa 7368 dieser Zahl soll man sich dadurch nähern daß man die Zahlen 7, 3, 6 und 8 in irgendeiner Reihenfolge mit einander multipliziert. Die Spielteilnehmer rechnen mit Bleistift auf Papier und wer in der geringsten Anzahl von Operationen so nah am nächsten an 7368 kommt hat gewonnen. (Übrigens lassen sich eine Menge der mathematischen Rätselfragen die heute beliebt sind zu solchen Spielen umformen.)

8 / Angenommen einem Menschen wäre Arithmetik nur zum Gebrauch in einem arithmetischen Spiel gelehrt worden. Hätte er etwas anderes gelernt als der welcher Arithmetik zum normalen/gewöhnlichen/ Gebrauch lernt? Und wenn er nun |im Spiel| 21 mit 8 multipliziert und 168 erhält tut er etwas Andres als der, welcher herausfinden wollte wieviel 21 × 8 ist?

1 |algebraisch| *–das Einfügungszeichen ist im MS gewellt unterstrichen*
21 und „nur mit einem Aug sieht", man die Finsternis ⟨mit de…⟩
22 nicht zugleich mit dem ⟨andern⟩ geschlossenen sieht! ⟨| …⟩
27 daß die Schachaufgabe der Rechenaufgabe entspricht, ⟨ist k…⟩
33 mit einander multipliziert. Die ⟨Pa…⟩
35 und wer in der geringsten Anzahl von Operationen so ⟨nahe als …⟩
41 Hätte er etwas anderes gelernt als der welcher ⟨[der …⟩
44 welcher herausfinden wollte wieviel ⟨28 × 8⟩ ist?

1 / Man wird sagen: Der Eine wollte doch eine Wahrheit finden, während der Andre nichts dergleichen wollte.

2 / Nun könnte man diesen Fall etwa mit dem des Tennisspiels vergleichen wollen in welchem der Spieler eine bestimmte Bewegung macht der Ball darauf in bestimmter Weise fliegt und man diesen Schlag nur als Experiment auffassen kann durch welches man eine bestimmte Wahrheit erfahren hat oder aber auch als eine Spielhandlung mit dem alleinigen Zweck das Spiel zu gewinnen. 26

3 / Dieser Vergleich würde aber nicht stimmen denn wir sehen im Schachzug kein Experiment (was wir übrigens auch könnten), sondern eine Handlung einer Rechnung.

4 / Es könnte Einer vielleicht sagen: In dem arithm. Spiel werden wir zwar multiplizieren $\frac{\underline{21 \times 8}}{168}$, aber die Gleichung $21 \times 8 = 168$ wird nicht im Spiel vorkommen. Aber ist das nicht ein äußerlicher Unterschied? Und warum sollen wir nicht auch so multiplizieren (und gewiß dividieren) daß die Gleichung als solche angeschrieben wird.

5 / Also kann man nur einwenden daß in dem Spiel die Gleichung kein Satz ist. Aber was heißt das? Wodurch wird sie dann zu einem Satz? 27
Was muß noch dazu kommen, damit sie ein Satz wird? – Handelt es sich nicht um die Anwendung [Verwendung] der Gleichung (oder der Multiplication)? – Und Mathematik ist es wohl dann, wenn es zum Übergang von einem Satz auf einen/zu einem/ andern verwendet wird. Und so wäre das unterscheidende Merkmal zwischen Mathematik und Spiel mit dem Begriff des Satzes (nicht mathem. Satzes) gekuppelt und verliert damit für uns seine Aktualität.

6 / Man könnte aber sagen daß der eigentliche Unterschied darin bestehe, daß für Bejahung und Verneinung im Spiel kein Platz sei. Es wird da z.B. multipliziert und $21 \times 8 = 148$ wäre ein falscher Zug, aber $21 \times 8 \neq 148$, welches ein richtiger arithmetischer Satz ist, hätte in unserm Spiel nichts zu suchen.

7 / Da kann/mag/ man sich daran erinnern daß in der Volksschule nie mit Ungleichungen gearbeitet wird, vom Kind nur die richtige Ausführung der Multiplication verlangt wird und nie |oder höchst selten| die Konstatierung einer Ungleichung.

4 Nun könnte man diesen Fall etwa mit dem ⟨Fall⟩ des Tennisspiels
16 Spiel werden wir zwar multiplizieren ⟨$\underline{28 \times 8}$⟩, aber die Gleichung
24 Was muß ⟨zu ihr⟩ noch dazu kommen,
26 Und ⟨mathema…⟩
28 Und so wäre das ⟨U…⟩
38 kann/mag/ *–erste Variante im MS durchstrichen*

1 / Wenn ich in unserm Spiel 21 × 8 ausrechne, und wenn ich es tue um damit eine praktische Aufgabe zu lösen, so ist jedenfalls die Handlung der Rechnung in beiden Fällen die gleiche (und auch für Ungleichungen könnte in einem Spiele Platz geschaffen werden). Dagegen ist mein übriges Verhalten zu der Rechnung jedenfalls in beiden/in den zwei/ Fällen verschieden. 28

Die Frage ist nun: kann man von dem Menschen der im Spiel |die Stellung| „21 × 8 = 168“ erhalten hat sagen, er habe herausgefunden, daß 21 × 8 = 168 sei? Und was fehlt ihm dazu? Ich glaube es fehlt ihm nichts, es sei denn eine Anwendung der Rechnung.

2 / Die Arithmetik ein Spiel zu nennen ist ebenso falsch, wie, das Schieben von Schachfiguren (den Schachregeln gemäß) ein Spiel zu nennen, denn es kann auch eine Rechnung sein.

3 / Man müßte also sagen: Nein, das Wort „Arithmetik“ ist nicht der Name eines Spiels. (Natürlich/Das ist natürlich/ wieder eine Trivialität.) – Aber die Bedeutung des Wortes „Arithmetik“ kann erklärt werden durch die Beziehung der Arithmetik zu einem arithmetischen Spiel oder 29 auch durch die Beziehung der Schachaufgabe zum Schachspiel.

Dabei aber ist es w e s e n t l i c h, zu erkennen, daß dieses Verhältnis nicht das ist einer Tennisaufgabe zum Tennisspiel.

Mit „Tennisaufgabe“ meine ich etwa die Aufgabe einen Ball unter gegebenen Umständen in bestimmter Richtung zurückzuwerfen. (Klarer wäre der Fall, vielleicht, einer Billardaufgabe.) Die Billardaufgabe ist keine mathematische Aufgabe (obwohl zu ihrer Lösung Mathematik nötig sein [angewendet werden] kann). Die Billardaufgabe ist eine physikalische Aufgabe und daher ‚Aufgabe‘ im Sinne der Physik; die Schachaufgabe ist eine mathematische Aufgabe und daher ‚Aufgabe‘ in einem andern (im mathematischen) Sinn.

4 / In dem Kampf zwischen dem ‚Formalismus‘ und der ‚inhaltlichen Mathematik‘, was behauptet denn jeder Teil? Dieser Streit ist so ähnlich dem zwischen Realismus und Idealismus! Z.B. darin,/Auch darin,/Darin z.B.,/ daß er bald obsolet |geworden| sein wird und daß beide Parteien entgegen ihrer täglichen Praxis Ungerechtigkeiten behaupten.

10.

5 / Die Arithmetik i s t kein Spiel, niemandem wäre es eingefallen unter den Spielen der Menschen die Arithmetik zu nennen. 30

1 Wenn ich ⟨im Spi…⟩
4 könnte in einem Spiele Platz geschaffen werden⟨.⟩) Dagegen ist mein
5 in beiden/in den zwei/ *–erste Variante im MS durchstrichen*
9 ihm *–im MS durchstrichen*
13 (den Schachregeln gemäß) ein Spiel zu nennen⟨. …⟩
16 Man müßte also sagen: Nein, ⟨d…⟩
22 einer ⟨„⟩Tennisaufgabe⟨“⟩ zum Tennisspiel
22 einer ⟨/Billard/⟩aufgabe zum ⟨/Billard/⟩spiel
23 Mit „⟨/Billard/⟩aufgabe“ meine ich etwa die Aufgabe
28 und daher ⟨„⟩Aufgabe⟨“⟩ im Sinne der Physik;
35 Z.B. darin,/Auch darin,/Darin z.B.,/ daß er ⟨sehr⟩ bald obsolet
35 |geworden| *–das Einfügungszeichen ist im MS gewellt unterstrichen*

1 / Worin besteht denn das Gewinnen und Verlieren in einem Spiel (Oder das Ausgehen in der Patience)? Natürlich nicht in der Konfiguration [Situation des Spiels] [Spielsituation] die das Gewinnen – z.B. – hervorbringt. Wer gewinnt, muß durch eine eigene/besondere/ Regel festgesetzt werden. (Dame und Schlagdame sind nur durch diese Regel unterschieden.)

2 / Konstatiert nun die Regel etwas, die sagt, „wer zuerst seine Steine im Feld des Andern hat, hat gewonnen"? Wie ließe sich das verifizieren? Wie weiß ich ob Einer gewonnen hat? Etwa daraus daß er sich freut?

3 / Diese Regel sagt doch wohl: Du mußt versuchen, Deine Steine so rasch als möglich etc..

4 ?/ Die Regel in dieser Form bringt das Spiel schon mit dem Leben in Zusammenhang. Und man könnte sich denken daß in einer Volksschule in der das Schachspielen ein obligater Gegenstand [ein Lehrgegenstand] wäre die Reaktion des Lehrers auf das schlechte Spiel eines Schülers die 31
selbe [genau dieselbe] wäre, wie die auf eine falsch gerechnete Rechenaufgabe.

5 / Ich möchte beinahe sagen: Im Spiel gibt es (zwar) kein ‚wahr' und ‚falsch', dafür gibt es aber in der Arithmetik kein ‚gewinnen' und ‚verlieren'.

6 ?/ Ich sagte einmal es wäre denkbar daß Kriege zwischen Völkern auf einer Art großem Schachbrett nach den Regeln des Schachspiels ausgefochten würden. Aber: Wenn es wirklich bloß nach den Regeln des Schachspiels ginge, dann brauchte man eben kein Schlachtfeld für diesen Krieg sondern er könnte auf einem gewöhnlichen Brett gespielt werden. Und dann wäre er/es/ (eben) im gewöhnlichen/normalen/ Sinne kein Krieg. Aber man könnte sich ja auch eine Schlacht von den Regeln des Schachspiels geleitet denken. Etwa so, daß der ‚Läufer' mit der ‚Dame' nur kämpfen |sie angreifen| dürfte, wenn seine Stellung zu ihr es ihm im Schachspiel erlaubte sie zu ‚nehmen'.

7 ∨ Beispiele in der Logik müssen immer ganz ausgeführt werden.

1 Worin besteht denn ⟨g…⟩
1 Worin besteht denn das Gewinnen und Verlieren in einem Spiel⟨? …⟩
5 (Dame und Schlagdame ⟨z.B.⟩ sind nur durch diese Regel unterschieden.)
8 ⟨?∨⟩ *Randzeichen gestrichen*
12 ⟨?∨⟩ *Randzeichen gestrichen*
19 wie die auf eine ⟨falsche …⟩
22 Ich möchte beinahe sagen: ⟨In d…⟩
29 dann brauchte man eben kein ⟨Feld …⟩
34 wenn seine Stellung zu ihr ⟨auf d…⟩

1 ∨ (Es könnte dann so geregelt werden, daß etwa der Kampf zwischen Läufer und Dame in diesem Fall nur so geführt werden darf, daß der Läufer angreift und die Dame nur pariert. Tötet er sie so entspricht das dem „Nehmen“ im Schach, gelingt ihm das nicht, so muß er einen andern Zug machen. etc..) 32

2 ?∨ Ich wollte eigentlich sagen: Das was das Spiel zum Spiel macht ist seine Stellung im Leben [im menschlichen Leben]. Aber ist das wahr?

3 / D.h.: könnte man sich eine Schachpartie gespielt denken, d.h., sämtliche Spielhandlungen ausgeführt denken, aber in einer andern Umgebung, so daß dieser Vorgang nun nicht die Partie eines Spiels genannt würde?

4 / Gewiß, es könnte sich ja um eine Aufgabe handeln die die Beiden mit einander lösen. (Und einen Fall für die Nützlichkeit einer solchen Aufgabe kann man sich ja nach dem Oberen leicht konstruieren.)

5 / Die Regel über das Gewinnen und Verlieren unterscheidet eigentlich nur zwei Pole. Welche Bewandtnis es (dann) mit dem hat der gewinnt (oder verliert) geht sie eigentlich nichts an. Ob z.B. der Verlierende dann etwas zu zahlen hat. 33

(Und ähnlich kommt es uns ja vor, verhält es sich (ja) mit dem ‚richtig‘ und ‚falsch‘ im Rechnen.)

6 ∨ Könnte einer nicht statt Patience zu legen am Abend ein paar Integrale auszurechnen versuchen. Man könnte es sich so denken, daß er sich die Aufgabe irgendwie vom Zufall stellen läßt und nun versucht sie nach bestimmten Methoden zu lösen. Gelingt es, so ist die Patience ausgegangen.

7 / | Der Wirrwarr in Betreff des/über das/ „wirklich Unendlichen“ kommt von dem unklaren Begriff der irrationalen Zahl her. D.h. davon daß die logisch verschiedensten Gebilde, ohne klare Begrenzung des Begriffs, „irrationale Zahlen“ genannt werden. Die Täuschung als hätte man einen festen Begriff rührt daher/beruht darauf/, daß man in Zeichen von der Art „0·abcd… ad inf.“ einen Standard/Ausdruck [Begriff] [Bild]/ zu haben glaubt dem sie (die Irrationalzahlen) jedenfalls entsprechen müssen. | 34

1 ⟨Es könnte …⟩ *Absatzanfang in der Leerzeile gestrichen*
2 daß etwa der Kampf zwischen Läufer und Dame ⟨der nur …⟩
23 *Der Absatz ist im MS eine Bemerkung, durch eine Klammer der vorangehenden zugeordnet.*
36 Die Täuschung als hätte man einen ⟨festen⟩ Begriff
37 daß man in Zeichen von der Art „0·abcd…⟨“ …⟩

1 v Aus III:

$$\underbrace{(b+1)+a \overset{\text{I}}{=} b+(1+a)}_{①} \overset{\text{II}}{=} \underbrace{b+(a+1)}_{②} \overset{\text{D}}{=} (b+a)+1$$

$$\left.\begin{aligned} (b+1)+1 &\overset{\text{D}}{=} b+(1+1) \\ (b+1)+(a+1) &\overset{\text{D}}{=} ((b+1)+a)+1 \\ b+(1+(a+1)) &\overset{\text{D}}{=} b+((1+a)+1) \overset{\text{D}}{=} (b+(1+a))+1 \end{aligned}\right\} ①$$

d.h., hier gibt es einen arithmetischen periodischen Beweis.

$$\left.\begin{aligned} b+(1+1) &= b+(1+1) \\ b+(1+(a+1)) &\overset{\text{D}}{=} b+((1+a)+1) \overset{\text{D}}{=} (b+(1+a))+1 \\ b+((a+1)+1) &\overset{\text{D}}{=} (b+(a+1))+1 \end{aligned}\right\} ②$$

2 v Wenn wir den Komplex/Beweis/ „rekursiv auffassen", tun wir nämlich nichts anderes, als ein Stück der arithmetischen Gleichungsreihe überdenken [durchdenken].

11.

3 / In der Logik geschieht immer wieder, was in dem Streit über das Wesen der Definition geschehen ist. Wenn man sagt, die Definition habe es nur mit Zeichen zu tun und ersetze bloß ein kompliziertes Zeichen durch ein einfacheres, so wehren sich die Menschen dagegen und sagen die Definition leiste nicht nur das, oder es gebe eben verschiedene Arten von Definitionen [der Definition] und die interessante und wichtige sei 35 nicht die |reine| „Verbaldefinition".

Sie glauben nämlich man nehme der Definition ihre Bedeutung, Wichtigkeit, wenn man sie als bloße Ersetzungsregel die von Zeichen handelt hinstellt. Während die Bedeutung der Definition in ihrer Anwendung liegt quasi in ihrer Lebenswichtigkeit. Und eben das geht |heute| in dem Streit zwischen Formalismus, Intuitionismus etc. vor sich. Es ist den Leuten unmöglich die Wichtigkeit einer Sache [Handlung] /Tatsache/, ihre Consequenzen, ihre Anwendung, von ihr selbst zu unterscheiden; die Beschreibung einer Sache von der Beschreibung ihrer Wichtigkeit.

4 / Immer wieder hören wir |so| daß der Mathematiker mit dem Instinkt arbeitet (|oder etwa| daß er nicht mechanisch nach der Art eines Schachspielers vorgehe) aber wir erfahren nicht was das mit dem Wesen der Mathematik zu tun haben soll. Und wenn ein solches psychisches Phänomen in der Mathematik eine Rolle spielt, wie weit wir überhaupt exakt über die Mathematik reden können, und wieweit nur mit der Art von Unbestimmtheit, mit der wir über Instinkte etc. reden müssen.

1 *Die Zuordnungen ① → ① und ② → ② sind im MS Pfeile von der Kopfzeile auf die Beweise.*
20 (v) *Randzeichen gestrichen*
26 |reine| *–das Einfügungszeichen ist im MS gewellt unterstrichen*
31 |heute| *–das Einfügungszeichen ist im MS gewellt unterstrichen*
37 |so| *–das Einfügungszeichen ist im MS gewellt unterstrichen*
38 |oder etwa| *–das Einfügungszeichen ist im MS gewellt unterstrichen*

1 / Immer wieder möchte ich sagen: Ich kontrolliere die Geschäftsbücher der Mathematiker die seelischen Vorgänge in den Inhabern so wichtig sie sind, kümmern mich nicht [interessieren mich nicht]. [... die seelischen Vorgänge, Freuden, Depressionen und Instinkte der Inhaber/Geschäftsleute/ |so wichtig sie in andrer Beziehung sind| kümmern mich nicht.] 36

2 / Die Menschen sind im Netz der Sprache gefangen/verstrickt/ und wissen es nicht.

3 ?// Auch so: Der Rekursionsbeweis hat es – offenbar/natürlich/ – wesentlich mit Zahlen zu tun. Aber was gehen mich die an, wenn ich rein algebraisch operieren will. Oder: Der Rekursionsbeweis ist nur dann zu gebrauchen/benützen/, wenn ich mit ihm/durch ihn/ den/einen/ Übergang in einer Zahlenrechnung rechtfertigen will.

4 ?// Man könnte nun aber fragen: Also brauchen wir |beide:| sowohl den Induktionsbeweis als auch das associative Gesetz da ja dieses Übergänge der Zahlenrechnung nicht begründen kann und jener nicht Transformationen in der Algebra?

5 ∨/ Ja hat man (denn) vor den Skolemschen Beweisen das associative Gesetz – etwa –, hingenommen ohne den entsprechenden Übergang in einer Zahlenrechnung durch Rechnung begründen/ausführen/ zu können. D.h.: konnte man vorher $5 + (4 + 3) = (5 + 4) + 3$ nicht ausrechnen sondern hat es als Axiom betrachtet? 37

6 / Die Mathematiker verirren sich nur dann wenn sie über Kalküle im allgemeinen/Allgemeinen/ reden wollen, und zwar darum weil sie dann die besondern Grundlagen/Bestimmungen/ vergessen die jedem besonderen Kalkül als Grundlagen dienen [zu Grunde liegen]

7 ?∨ Ich sollte sagen: Der ‚Beweis‘ B steht für eine Beweisreihe. Ist der Ausdruck (oder ein Teil des Ausdrucks) eines Gesetzes wonach/nach welchem/ Beweise gebildet werden können. – Wenn ich sage „Teil des Ausdrucks“, so ist das Übrige die Anleitung zum Verständnis [Verstehen] des rekursiven Beweises (die im Bilden [in der Bildung] einiger Glieder der Beweisreihe besteht).

8 ∨ Kann man sagen, daß diese Beweisreihe ‚ein Beweis‘ ist? Kann man sie so nennen?

3 kümmern mich nicht ⟨(⟩interessieren mich nicht⟨)⟩
4 Depressionen⟨,⟩ Instinkte der Inhaber/Geschäftsleute/
11 / *Randzeichen im Falz*
14 ist nur dann zu gebrauchen/benützen/, wenn ich ⟨du...⟩
17 / *Randzeichen im Falz*
17 |beide:| *–das Einfügungszeichen ist im MS gewellt unterstrichen*
22 / *Randzeichen im Falz*
30 weil sie dann die ⟨besonderen⟩ Grundlagen/Bestimmungen/
30 Grundlagen/Bestimmungen/ *–erste Variante im MS durchstrichen*
31 vergessen die jedem besonderen ⟨B...⟩
38 (die im Bilden [in der Bildung] einiger Glieder der Beweisreihe besteht⟨.⟩)

1 ∨ Könnte man sagen a + (b + c) = (a + b) + c stehe auch für eine Gleichungsreihe? 38

2 ? Man könnte sich natürlich ein Stück so einer Gleichungsreihe (mit Pünktchen) angeschrieben denken und als Korrelat eines (entsprechenden) Stücks der Beweisreihe ansehen.

Und dann in einem übertragenen Sinne sagen die eine Reihe sei d e r B e w e i s der andern.

3 ∨ [Ich erscheine mir jetzt außerordentlich ungeschickt] Ist denn nicht der Beweis B in (eben) demselben Sinn ein Beweis von A wie eine Reihe

$(a + b)^2 = - - - -$
$(a + b)^3 = - - - -$
$(a + b)^4 = - - - -$

als Beweis einer Formel $(a + b)^n = \ldots$. angesehen/betrachtet/ werden kann. Ich rechne die einzelnen Potenzen aus sehe ein Gesetz in diesen Rechnungen und drücke es allgemein in der Formel mit n [in der algebraischen Formel] aus. Ich würde mich nie scheuen das einen Beweis der algebraischen Formel zu nennen. Und haben wir hier nicht denselben Fall wie zwischen A und B?

4 ∨ Oder ist der für mich entscheidende Unterschied daß wir hier keine Rekursion haben? 39

5 ∨ Ich bringe die oben angedeutete Rechnung nur into shape wenn ich sie, klarer, so anschreibe

$(a + b)^2 = f(2)$ nach den Regeln der Multiplication aber ist
$f(n) \cdot (a + b) = f(n + 1)$ also ist:
$f(n) = (a + b)^n$. Und hier haben wir den rekursiven Beweis.

6 ∨ Denken wir der Fall wäre d e r: wir könnten sagen: „nach den Regeln der Addition ist $a + (b + (c + 1)) = (a + b) + (c + 1)$ außerdem aber ist $a + (b + 1) = (a + b) + 1$ also ……“.

7 ∨ Aber ist denn das nicht wesentlich dasselbe wie: Nach den Regeln der Addition (nämlich: $a + (b + 1) = (a + b) + 1$) ist

$a + (b + (c + 1)) = (a + (b + c)) + 1$ und
$(a + b) + (c + 1) = ((a + b) + c) + 1$ also ……

8 ∨ Also scheine ich auf der ganzen Linie geschlagen zu sein.

Wenn ich nun den Rückzug antreten muß so fragt es sich: was ist der richtige Rückzugsweg?

(Denn es gehört zur Methode der Philosophie daß ich nie die Flucht ergreifen darf. D.h. es darf keinen ungeordneten Rückzug geben.) 40

5 angeschrieben denken und als Korrelat ⟨d…⟩
19 zu nennen. ⟨und …⟩
25 die oben angedeutete Rechnung nur into shape wenn ich sie ⟨– …⟩
28 $f(n) \cdot (a + b)$ ⟨also …⟩
29 also ist: ⟨a …⟩
29 also ist: $f(n) = (a + b)^n$ ⟨und …⟩

1 | Zum indirekten Beweis dessen daß eine Gerade über einen Punkt hinaus nur e i n e Fortsetzung hat: Wir nahmen an es könne eine Gerade zwei Fortsetzungen haben. – Wenn wir das annehmen so muß diese Annahme einen Sinn haben –. Was heißt es aber: das annehmen? Es heißt nicht eine Naturgeschichtlich falsche Annahme machen |wie| etwa die, daß ein Löwe zwei Schwänze hätte. – Es heißt nicht etwas annehmen was gegen die Konstatierung einer Tatsache spricht/verstößt/. Es heißt vielmehr, eine Regel annehmen und gegen die ist weiter nichts zu sagen außer daß sie etwa einer anderen widerspricht und ich sie darum fallen lasse.

Wenn im Beweis nun eine Gerade gezeichnet wird die sich gabelt, so darf das an und für sich nicht absurd sein und ich kann nur sagen das/so etwas/ nenne ich keine Gerade. [Wenn im Beweis nun gezeichnet wird ______, und das eine Gerade darstellen soll, die sich gabelt, so ist darin nichts Absurdes |(widersprechendes)| es sei denn, daß wir eine Festsetzung getroffen haben, der es widerspricht.] 41

2 / Wenn nachträglich ein Widerspruch gefunden wird so waren vorher die Regeln noch nicht klar und eindeutig. Der Widerspruch macht also nichts denn er ist dann durch das Aussprechen einer Regel zu entfernen.

3 / In einem völlig geklärten System [mit klarer Grammatik] [In einem grammatisch geklärten System] gibt es keinen versteckten Widerspruch denn da muß die Regel gegeben sein, nach welcher ein Widerspruch zu finden ist. Versteckt kann der Widerspruch nur in dem Sinn sein, daß er gleichsam in der Unordnung/dem Kraut und Rüben/ der Regeln, in dem noch nicht geordneten Teil der Grammatik/in dem ungeordneten Teil der Gr./, versteckt ist dort aber macht er nichts,/das aber macht nichts,/ da er durch ein Ordnen der Grammatik zu entfernen ist.

4 / Warum dürfen sich Regeln nicht widersprechen? Weil es sonst keine Regeln wären. |

5 / Zum mindesten muß ich sagen daß welcher Einwand gegen den Beweis B gilt auch z.B. gegen den der Formel $(a + b)^n =$ etc. gilt. Auch hier 42
müßte ich dann sagen nehme ich nur eine Algebraische Regel in Übereinstimmung mit den Induktionen der Arithmetik an.

$$\left.\begin{array}{l} f(n)\cdot(a+b) = f(n+1) \\ f(1) = a+b \end{array}\right\} \quad C$$

also: $f(1)\cdot(a + b) = (a + b)^2 = f(2)$

also: $f(2)\cdot(a + b) = (a + b)^3 = f(3)$

u.s.w.

Soweit ist es klar. Aber nun: a l s o $(a + b)^n = f(n)$!?

Ist denn hier ein weiterer Schluß gezogen?

Ist denn hier noch etwas zu konstatieren?

1 | *Die Klammerung durch senkrechte Striche umfaßt die folgenden vier Bemerkungen.*
1 dessen *–im MS durchstrichen*
10 und ich sie darum fallen lasse. ⟨Wen...⟩
11 *Absatzmarkierung im MS durch einen Pfeil am linken Rand*
11 Wenn im Beweis nun ⟨gezeichnet wird ____ ...⟩
26 Versteckt kann der Widerspruch nur in dem ⟨Sinne⟩ sein,
32 Warum dürfen |sich| Regeln ⟨einander⟩ nicht widersprechen?

12.

1 Ich würde aber doch fragen, wenn mir Einer die Formel E. $(a + b)^n = f(n)$ zeigt: wie ist man denn dazu gekommen? Und als Antwort käme doch C. Ist C also nicht ein Beweis von E?

2 Oder antwortet C eher auf die Frage „was h e i ß t E"?

3 Wehre ich mich nicht gegen eine Analogie mit einem Fall, in welchem/, gegen die Analogie mit einem Fall, in dem/ man|, scheinbar| auf gleiche Weise auf einen allgemeinen Satz |(aber keinen mathematischen)| schließt? Welche Analogie aber ist es? 43

Ich meine einen (analogen) Fall, in dem das was der Induktion in unserem Fall entspricht wirklich weiter, zu der Konstatierung einer Tatsache, führt. Nämlich, daß nun sicher alle Gegenstände (um die es sich handelt) diese Eigenschaft haben.

4 Das ist, glaube ich, einfach der Fall, wo/in dem [welchem]/ es sich um eine bestimmte Gruppe von Gegenständen handelt und uns der Prozess der Induktion von einem zum andern und bis zum letzten führt, und wir a m S c h l u ß sagen können: also gilt dies von allen diesen Gegenständen. Wenn ich sage der Induktionsprozess führt hier noch weiter zur Konstatierung einer Tatsache, so heißt das daß die bloße Möglichkeit der Induktion hier noch nicht alles ist, sondern ich mit ihrer Hilfe auf etwas schließe das nicht allein in ihr gegeben ist.

5 Ich will sagen: hier ist doch mit der Induktion alles erledigt.

6 v Ich sagte ich bestimmte eine algebraische Zeichenregel „in Übereinstimmung" mit den Gesetzen der Arithmetik. Aber muß ich da nicht (schon) einen allgemeinen Begriff dieser Übereinstimmung haben? Und dann gewinne ich also doch den algebraischen Satz nach bestimmten Regeln aus den arithmetischen Sätzen. Und heißt das nicht, ihn Beweisen 44

14.

7 / Wie ich Philosophie betreibe, ist es ihre ganze Aufgabe, den Ausdruck so zu gestalten, daß gewisse Beunruhigungen/Probleme/ verschwinden.

2 die Formel E. *–im MS weist ein Pfeil auf die Notation* $(a + b)^n = f(n)$ *in der vorangehenden Bemerkung*

3 $(a + b)^n = f(n)$ zeigt⟨,/:/ …⟩ *–Komma und Doppelpunkt sind im MS gewellt unterstrichen*

4 Und als Antwort käme doch C. Ist ⟨es⟩ also nicht ein Beweis von E?

9 gegen die Analogie mit einem Fall, in dem/ man⟨ von …⟩

9 |, scheinbar| *–das Einfügungszeichen ist im MS gewellt unterstrichen*

12 in dem das was der Induktion ⟨im …⟩

14 zu der Konstatierung einer Tatsache, führt⟨, …⟩

17 Das ist⟨ (…)⟩

20 und wir a m S c h l u ß sagen können: ⟨also haben alle …⟩

22 so heißt ⟨das …⟩

26 Ich will sagen⟨,⟩ hier ist doch mit der Induktion alles erledigt.

28 bestimmte *–das* t *in der Schlußsilbe ist im MS gewellt unterstrichen*

33 Und heißt das nicht, ihn Beweisen ⟨z…⟩

1 ∨ In dem Beweis des Satzes muß (am Ende) der Satz vorkommen

2 ∨ Aber wo steht im Induktionsbeweis der Satz A. Es sei denn, daß wir ihn in den Beweis mit einbegreifen: Aber nach welchem Satz wurde dann dieser letzte Übergang gemacht?

3 / Wenn ich sage, die periodische Zahlenrechnung beweist den Satz der mich zu jenen Übergängen berechtigt, wie hätte dieser Satz gelautet, wenn man ihn als Axiom angenommen und nicht bewiesen hätte?
/ Wie hätte der Satz gelautet nach welchem ich $5 + (7 + 9) =$
$(5 + 7) + 9$ gesetzt hätte, ohne es beweisen zu können? Es ist doch 45
offenbar, daß es so einen Satz nie gegeben hat.

4 ∨ Aber wenn der Komplex kein Beweis ist, welche Rolle spielt er denn dann überhaupt?
Wie wird er verwendet?

5 ∨ Ja, er ist ein Beweis, ein allgemeiner Beweis – oder das (allgemeine) Schema eines Beweises/der Beweise/ für Zahlensätze von der Form $a + (b + c) = (a + b) + c$

6 ∨ Ja, als Rekursionsbeweis aufgefaßt, ist der Komplex das allgemeine Schema von Beweisen.

7 ∨ Ich kann (also) nur dieses

$$\left.\begin{array}{l} f(n)\cdot(a+b) = f(n+1) \\ f(1) = (a+b) \end{array}\right\}$$

nehmen und es als

$f(n) = (a + b)^n$ auffassen.

8 ∨ Wie wird denn aber die Gleichung $f(n) = (a + b)^n$ gebraucht? Offenbar als Transformationsregel. (Wie wenn ich einmal f(x!) antreffe und nun vermöge der Gleichung E schreiben kann $f(x!) = (a + b)^{x!}$.)

9 ∨ Könnte mir denn aber da die Induktion allein den gleichen Dienst tun? Müßte ich dann überhaupt einen andern Symbolismus verwenden /benützen/?

10 / Die Arbeit an der Philosophie ist – wie vielfach die Arbeit in der 46
Architektur – eigentlich mehr die/eine/ Arbeit an Einem selbst. An der eignen Auffassung. Daran, wie man die Dinge sieht. (Und was man von ihnen verlangt.)

7 ⟨∨⟩ *Randzeichen gestrichen*
8 beweist den Satz der mich zu ⟨jenem Übergang⟩ berechtigt,
10 ⟨∨⟩ *Randzeichen gestrichen*
10 *Der Absatz ist im MS eine Bemerkung, durch eine Klammer der vorangehenden zugeordnet.*
11 können *–im MS durchstrichen*
25 ⟨/⟩ *Randzeichen gestrichen*
25 (also) *–im MS durchstrichen*
31 ⟨/⟩ *Randzeichen gestrichen*
32 (Wie⟨,⟩ wenn ich einmal f(x!) antreffe
35 ⟨/⟩ *Randzeichen gestrichen*

1 ∨ So blödsinnig es klingt: ich möchte C eine Begründung von E nennen, nicht einen Beweis.

2 / Ein philosophisches Problem ist immer von der Form: „Ich kenne mich einfach nicht aus."

3 ∨ Gewiß, wenn E als Ersetzungsregel fungieren kann und E aus C allein hervorgeht, so muß C auch als Ersetzungsregel i.e. Begründung der Ersetzung fungieren können.

4 ∨ C als E *sehen*.
Das muß – meiner Meinung nach – möglich sein.

5 ∨ Meine ich nicht folgendes: Man könnte statt der ganzen Algebra einen Kalkül/eine Rechnung/ mit arithmetischen Induktionsreihen setzen. Dann aber würde die/diese/ Rechnung zerfallen in das Rechnen mit Ziffern durch Transformieren/transformieren/ von Gleichungen etwa, und in ein Sehen von Induktionen und ein Rechnen mit ihnen. Und 47
diese beiden Teile blieben getrennt, und das Rechnen mit der Regel α, z.B., könnte die Grenzen nicht verwischen. (Wie z.B. das Rechnen mit x/y die Grenzen zwischen ∨ und ~ verwischt.)

6 ∨ Wenn ich, übrigens, sage „das Sehen von Induktionen" warum dann nicht lieber „das Bezeichnen von Induktionen"? ist denn die Induktion etwas wesentlich Verstecktes? Und ist nicht das Hervorheben der Induktion (dessen was ich in dem Gleichungskomplex sehe) einfach das Bilden eines Zeichens [Symbols] wie jedes andere?

7 ∨ Ich sage, z.B., ich muß die Periodizität in $1^{\cdot}{}^{0}_{1} : 3 = 0^{\cdot}3$ sehen. Aber heißt das nicht daß ich jetzt eben das Zeichen „$1^{\cdot}{}^{0}_{1} : 3 = 0^{\cdot}3$" nach neuen Regeln verwende. Und wenn ich nun die Periodizität *hervorhebe* indem ich schreibe: „$\underline{1}^{\cdot}{}^{0}_{1} : 3 = 0^{\cdot}3$" so ist das – will ich sagen – nun wirklich ein neues Zeichen.

8 ∨ Denn wenn jemand (etwa) sagt „was diese Striche hervorheben, hat man 48
ja immer gesehen", so sage ich: man konnte das in dem Ausdruck $1^{\cdot}{}^{0}_{1} : 3 = 0^{\cdot}3$ sehen oder nicht; und hat, je nachdem, ein anderes Zeichen gesehen. [… „was diese Striche hervorheben, hat man ja immer gewußt", so sage ich: man konnte es wissen oder auch nicht und hat sich in dem ersten Fall bei diesem Wissen eines andern Zeichens bedient als im zweiten.]

9 ?∨ Wie verhält es sich aber mit einer Rechnung wie

$$(5+3)^2 = (5+3)\cdot(5+3) = 5\cdot(5+3) + 3\cdot(5+3) = 5\cdot5 + 5\cdot3 + 3\cdot5 + 3\cdot3 = 5^2 + 2\cdot5\cdot3 + 3^2 \quad \ldots \text{R})$$

in/aus/ welcher wir auch eine allgemeine Regel des Quadrierens (eines Binoms) sehen/herauslesen/ können?

15 einen Kalkül/eine Rechnung/ mit arithmetischen Induktionsreihen setzen *–im MS am linken Rand mit einer vertikalen Wellenlinie markiert*
43 Wie verhält es sich aber mit ⟨einem …⟩

1 ?∨ Wir können diese Rechnung sozusagen arithmetisch und algebraisch auffassen/ansehen/.

2 ?∨ Und dieser Unterschied in der Auffassung träte z.B. zu Tage, wenn das Beispiel

$$(5+2)^2 = 5^2 + \overset{\alpha}{2}\cdot\overset{\beta}{2}\cdot 5 + \overset{\beta}{2}{}^2$$

gewesen wäre und wir nun in der algebraischen Auffassung die 2 an den Stellen β einerseits, und an der Stelle α anderseits unterscheiden müßten/mußten/, während sie in der arithmetischen Auffassung nicht zu unterscheiden wären. Wir betreiben eben – glaube ich – beidemale einen andern Kalkül. 49

3 / Nach der einen Auffassung wäre z.B. die obige/vorige/ Rechnung ein Beweis von $(7+8)^2 = 7^2 + 2\cdot 7\cdot 8 + 8^2$, nach der anderen nicht.

4 ∨ Übrigens ist die Rechnung R nur insofern ein allgemeiner Beweis, als sie sich auf allgemeine Regeln stützt, also auf die induktiven Beweise. [... also doch auf Induktionen.]

5 ∨ Kann ich sagen: Der induktive Beweis besteht eben nicht bloß im Beweis von α und β und γ sondern im Zusammenstellen und richtigen Zusammensehen eben dieser Gleichungen.

6 ∨ Wenn man nämlich sagt, B sei ein/der/ Beweis von/für/ A, so frage ich [so will ich fragen] durch welche Sätze [mit welchen Sätzen] ist A bewiesen? Und wenn man mir sagt „durch α“, so antworte ich: β und γ (oder α, β und γ) sind durch α bewiesen, aber α·β·γ beweist A nicht und ist nicht A (sowenig $1\dot{}^{\cdot 0} : 3 = 0\dot{}3$ als bloße Division $1 : 3 = 0\dot{}\dot{3}$ beweist), sondern α·β·γ (das allerdings ganz aus α hervorgeht/gewonnen wird/) beweist A erst (oder ist äquivalent mit A), wenn die Induktion in α·β·γ gesehen wird. [wenn man die Induktion .... sieht.] 50

7 / Ich muß, um ‚A zu beweisen‘, erst – wie man sagen würde – die Aufmerksamkeit auf etwas ganz bestimmtes [auf ganz bestimmte Züge in/von/ B] lenken/richten/. [... lenken oder richten.] (Wie in der Division $1\dot{}^{\,0}_{\,1} : 3 = 0\dot{}3$.)

8 / (Und von dem, was ich dann sehe, hatte das α sozusagen noch gar keine Ahnung.)

6 $(5+2)^2 = 5^2\langle\cdot 2 \ldots\rangle$
9 müßten/mußten/ *–das* ü *und das* u *sind im MS gewellt unterstrichen*
18 also auf die induktiven Beweise. [... also ⟨auf ...⟩
21 Der induktive Beweis besteht eben nicht bloß im Beweis von α und ⟨γ ...⟩
26 Und wenn man mir sagt⟨, ...⟩
28 und ist nicht A⟨, ⟩sowenig $1\dot{}^{\cdot 0} : 3 = 0\dot{}3$
33 *Die Bemerkung ist im MS fortlaufender Text, durch ein Randzeichen als Bemerkung gekennzeichnet.*

1 ?∨ Das ist freilich noch irreführend und schief ausgedrückt/noch irrend ausgedrückt/. Die Wahrheit ist, daß ich den Komplex B in ein bestimmtes System einordne; bestimmtes/Bestimmtes/ in ihm unterstreiche, verbinde [unterstreiche und verbinde] und das drücke ich eben dadurch aus, daß ich ihn durch die Gleichung A ersetze die (etwa) die Zusammenfassung, des von unserm Standpunkt, Wesentlichen von/in/ B ist. – Das sieht man, wenn man B als Weg der Induktion auffaßt, ein paar Schritte $a + (b + 2) = (a + b) + 2$, $a + (b + 3) = (a + b) + 3$ rechnet, und darauf – von diesen Schritten bestimmt – schreibt: $a + (b + n) = (a + b) + n$. – Das heißt gleichsam: so will ich B verwenden.

2 ∨ (Ich sollte mich übrigens vielleicht an den Beweis II halten, da er noch 51
einfacher ist.)

3 ∨ Meinen Standpunkt könnte man so ausdrücken: Wenn ich frage, ist B ein Beweis von diesem Satz, so könnte ich auch fragen: ist B ein Beweis davon, daß es sich so verhält, wie A es sagt [wie A sagt], und „ist es gewiß so, wie A sagt?" Aber wie denn? Was behauptet denn A? Man würde sagen: „daß diese Gleichung für alle Zahlen gilt"; und der Beweis dafür soll die Induktion sein; das setzt voraus, daß wir außer/außerhalb/ der [unabhängig von der] Induktion einen Begriff von der Gesamtheit der Werte [Zahlen] haben. Als wäre – wie ich oft gesagt habe – die Induktion nur ein Vehikel um uns durch die Gesamtheit der Zahlen zu führen.

4 / Es verhält sich hier zwischen Allgemeinheit und Beweis der Allgemeinheit, wie zwischen Existenz und Existenzbeweis.

5 ∨ Können wir aber nicht die falsche Analogie beiseite lassen und sagen: A ist auf derselben Stufe wie $4 \times 5 = 20$ und sein Beweis auf der Stufe des Beweises von $4 \times 5 = 20$?

6 ∨ Das heißt etwa: Wenn ich frage „ist 4×5 wirklich 20", so hat diese Frage Sinn, weil [, wenn und weil] sie sich auf eine Methode der Entscheidung bezieht. Die Antwort wäre: „rechnen wir's aus! –" Könnte
nun nicht die Antwort im Falle von A [auf die Frage betreffs A] dieselbe 52
sein, und als Rechnung B vorgewiesen werden? – Gewiß, wenn ich entschlossen bin, das Resultat der Rechnung B über A entscheiden zu lassen.

1 irrend *–im MS durchstrichen*
16 Meinen Standpunkt könnte man so ausdrücken: *–im MS am linken Rand mit einer vertikalen Wellenlinie markiert*
18 wie A es sagt [wie A sagt], ⟨A …⟩
27 *Diese und die folgende Bemerkung sind im MS Absätze, durch Randzeichen als Bemerkungen gekennzeichnet.*
37 [auf die Frage betreffs A] *–im MS durchstrichen*
38 und als Rechnung B ⟨vorgewiesen⟩ werden?

1 / Oder: Auf die Frage „ist 5 × 4 = 20?“ könnte man antworten: „sehen wir nach, ob es mit den Grundregeln der Arithmetik übereinstimmt“; und entsprechend könnte ich sagen: sehen wir nach ob A mit den Grundregeln übereinstimmt. Aber mit welchen? Nun, wohl mit α.

2 / Aber zwischen α und A liegt eben die Notwendigkeit einer Festsetzung darüber, was wir hier Übereinstimmung nennen wollen.

3 / | „Hat die Prozession ein Ende“ könnte auch heißen: ist sie eine in sich geschlossene Prozession. Und nun könnte man sagen [Und nun höre ich die Mathematiker sagen] „da siehst Du ja, daß Du Dir sehr wohl einen solchen Fall vorstellen kannst, daß etwas kein Ende hat; warum soll es dann nicht auch andere solche Fälle [einen andern solchen Fall] geben können“. Aber die Antwort ist: Die ‚Fälle‘ in diesem Sinn des Worts sind grammatische Fälle, und sie bestimmen erst den Sinn der Frage.
Die Frage „warum soll es nicht auch andere Fälle geben können“ ist 53
der analog gebildet: „Warum soll es nicht noch andere Fälle von Mineralen/Mineralien/ [andere Mineralien] geben können, die im Dunkeln leuchten“, aber hier handelt es sich um Fälle von Tatsachen/der Wahrheit einer Aussage/ dort um Fälle die den Sinn eines Satzes bestimmen. [dort um Fälle die den Sinn bestimmen.] |

4 / D.h. zwischen α und A liegt die Kluft von Arithmetik und Algebra [von Arithmetik zur Algebra], und wenn B als Beweis von A gelten soll, so muß diese (Kluft) durch eine Bestimmung überbrückt werden.

5 / Nun ist ganz klar, daß wir Gebrauch von so einer Idee der Übereinstimmung machen, wenn wir uns nur z.B. rasch ein Zahlenbeispiel ausrechnen, um dadurch die Richtigkeit eines algebraischen Satzes zu kontrollieren.

Und in diesem Sinne könnte ich z.B. rechnen

25 × 16   16 × 25
25   32
150   80
400   400

und sagen: „ja ja, es stimmt, a·b ist gleich b·a“ – wenn ich mir vorstelle daß ich das vergessen hätte.

1 *Die Bemerkung ist im MS ein Absatz, durch einen Pfeil vor der Zeile und ein Randzeichen als Bemerkung gekennzeichnet.*
6 ⟨∨⟩ *Randzeichen gestrichen*
9 *Im MS:* ist sie |eine| in sich geschlossene Prozession.
14 [einen andern solchen Fall] geben können⟨.⟩“ Aber die Antwort ist:
18 Fälle von Mineralen/Mineralien/ [andere ⟨Minerale⟩] ⟨ge…⟩
21 [dort um Fälle ⟨in der …⟩
23 ⟨∨⟩ *Randzeichen gestrichen*
36 und sagen: „ja⟨, …⟩

1 ∨/ Man müßte dann sagen: Man kann allerdings von einer Übereinstimmung zwischen α und A reden, bezw., zwischen α, β, γ, und A, aber nicht insofern als A die/eine/ Allgemeinheit behauptet und B sie beweist, sondern nur insofern, als α, β, γ d i e s e und nicht, etwa, die Allgemeinheit a + (b + c) = (a + 2b) + c aufbaut. 54

2 ∨ Mit dem Satz α sind eben zwar β und γ, aber nicht die Allgemeinheit, d.h. die Induktion abgeleitet, die wir in B sehen.

3 // Wir könnten ein Beispiel rechnen um uns zu vergewissern daß $(a + b)^2$ gleich $a^2 + b^2 + 2ab$ und nicht $a^2 + b^2 + 3ab$ ist – wenn wir es etwa vergessen hätten; aber wir könnten nicht in diesem Sinn kontrollieren, ob die Formel a l l g e m e i n gilt. Auch d i e s e Kontrolle gibt es natürlich und ich könnte in der Rechnung $(5 + 3)^2 = \ldots. = 5^2 + 2{\cdot}5{\cdot}3 + 3^2$ nachsehen, ob die 2 im zweiten Glied ein allgemeiner Zug der Gleichung ist, oder einer der von den speziellen Zahlen des Beispiels abhängt.

4 / | Es ist seltsam, daß ich geschrieben habe, der Gesichtsraum hat nicht die Form  und nicht, er habe nicht die Form . 55
Und daß ich das Erste geschrieben habe, ist sehr bezeichnend. |

5 ∨ Da die Gebrauchsanweisung für α in einer Reihe arithmetischer Sätze /Definitionen/ besteht, so kann man diese Reihe auch als Symbol statt α setzen und also Reihen statt α, β und γ

6 ∨ Man könnte statt des Satzes A auch sagen: ‚die Form der Gleichungen, die die Induktion B liefert'.

7 ∨ Ist es nicht genug zu sagen, daß die Algebra ganz mit arithmetischen Induktionsreihen und Gleichungen betrieben werden kann/arbeiten kann/. Aber daß sich in der arithmetischen Notation dennoch das Algebraische erhalten wird, daß die arithmetischen Zeichen nun auf andere Art gebraucht werden – – –

8 ∨ Unter die Induktionsreihen muß das „und so weiter" geschrieben werden und das ‚so' konnte nur aus α, β und γ ersehen werden, wenn man sie alle drei zusammen betrachtet und nicht aus α allein, obwohl β und γ aus α hervorgeht; und das ist es, was ich |damit| meine daß, α, β und γ als Induktionsbeweis eine neue Einheit ausmachen [konstituieren]. 56

9 ∨ In dem arithmetisch geschriebenen Kalkül wird ein algebraisches Resultat kein arithmetisches sein, sondern eine bestimmte Zusammenstellung arithmetischer Gleichungen.

10 ∨ (Die Philosophie b e r u h i g t sich in meiner Arbeit immer mehr (und mehr).)

1 / *Randzeichen im Falz*
5 die Allgemeinheit a + (b + c) = (a + 2b) + c (konstituiert…/aufbaut…/)
10 / *Randzeichen im Falz*
31 zu sagen, daß die Algebra ganz mit arithmetischen (Induktionen …)

1 v Und ich möchte sagen, man wird nicht sagen können, daß ein algebraisches Resultat durch die arithmetischen Schritte bewiesen sei, sondern mit ihrer Hilfe konstruiert

Bewiesen sind eben die arithmetischen Resultate und auch etwa ihr logisches Produkt aber nicht die Konstruktion die ich mit den arithmetischen Gleichungen als Bausteinen konstruiere/hervorbringe/.

2 v Was tue ich aber mit diesen Konstruktionen? Sind sie mir wieder Bausteine für andre Konstruktionen?

3 v Daß diese Konstruktionen (die Induktionsbeweise) nicht bloß die arithmetischen Resultate sind, sieht man, wenn man zur/zu ihrer/ 57
Kennzeichnung als Induktionsbeweise Verbindungslinien und Klammern macht, um die richtige Auffassung zu sichern. Das heißt also, wenn man das ganze neue Symbol richtig anschreibt.

4 v Der Prozess durch den wir gehen müssen um aus dem/vom/ Bild B zu A zu gelangen, fehlt eben in den Zeichen

5 v Ich will immer sagen daß B eine neue Einheit ist und nicht als Induktionsbeweis aus α aufgebaut ist.

6 v Ähnlich wie das Spiralenstück aus den 3 Halbkreisen a, b, c aufgebaut

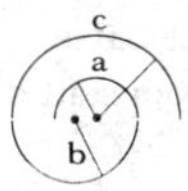

ist, aber das Wesentliche der Spirale erst durch die besondere Art ihrer Zusammenfügung entsteht und daher zum Halbkreis ein neues Prinzip hinzukommen muß, damit die Spirale entsteht.

Dieser Vergleich ist ein ziemlich verunglückter Versuch die richtige [klare] Darstellung zu finden.

7 v Wenn Einer fragt „ist das ein Beweis des allgemeinen Satzes A, so könnte man ihm drauf antworten/sagen/: wenn ein Beweis, so doch jedenfalls dieses Satzes und keines andern. 58

Aber das heißt natürlich nur: Etwas hat die Induktion mit diesem allgemeinen Satz zu tun. Die Frage ist nur, ob man die Induktion den Beweis nennen kann.

8 ?/ Das heißt, ich mache $(5 + 2)^2 = 5^2 + 2 \cdot 2 \cdot 5 + 2^2$ zu einem andern Zeichen, indem ich schreibe:

$$(\overset{\alpha}{5} + \overset{\beta}{2})^2 = \overset{\alpha}{5}^{\bar{2}} + \bar{2} \cdot \overset{\beta}{2} \cdot \overset{\alpha}{5} + \overset{\beta}{2}^{\bar{2}}$$

und dadurch „andeute, welche Züge der rechten Seite von den besonderen Zahlen der linken herrühren“, etc..

2 nicht sagen können, daß ein algebraisches Resultat ⟨durch …⟩
2 durch die arithmetischen Schritte bewiesen ⟨wird …⟩
18 aus dem/vom/ Bild B zu A zu gelangen, fehlt eben in ⟨dem⟩ Zeichen
20 ⟨/⟩ *Randzeichen überschrieben*
23 Ähnlich wie das ⟨Spiralstück⟩ aus den 3 Halbkreisen a, b, c aufgebaut
31 Wenn Einer fragt⟨,⟩ ist das ein Beweis des allgemeinen
31 „ist das ein Beweis *– im MS fehlt das Ausführungszeichen*
32 so könnte man ihm ⟨darauf⟩ antworten/sagen/
32 so könnte man ihm drauf antworten/sagen/: wenn ⟨kein …⟩

1 / (Ich erkenne (jetzt) die Wichtigkeit dieses Prozesses der Zuordnung. Er ist der Ausdruck einer neuen Betrachtung der Rechnung und daher die/der/ Betrachtung einer neuen Rechnung.)

2 / „Du sagst ‚wo eine Frage ist, da ist auch ein Weg zu ihrer Beantwortung', aber in der Mathematik gibt es doch Fragen, zu deren Beantwortung wir keinen Weg sehen". – Ganz richtig, und daraus folgt nur, daß wir in diesem Fall das Wort ‚Frage' in anderem Sinn gebrauchen, als im oberen Fall. Und ich hätte vielleicht sagen sollen „es sind hier zwei verschiedene Formen und nur für die erste möchte ich das Wort ‚Frage' gebrauchen". Aber dieses Letztere ist nebensächlich. 59
Wichtig ist, daß wir es hier mit zwei verschiedenen Formen zu tun haben. (Und daß Du Dich in der Grammatik des Wortes ‚Art' nicht auskennst, wenn Du nun sagen willst, es seien eben nur zwei verschiedene A r t e n von Fragen.)

3 v Alles was den Charakter einer Behauptung trägt, schwindet mehr und mehr in dieser/meiner/ Arbeit und damit wird sie immer korrekter und anderseits immer schwerer für die zu verstehen, die auf metaphysische Theorien eingestellt sind. [... die metaphysische Theorien erwarten.]

4 v D.h., einerseits wird, was ich sage, immer leichter verständlich, anderseits seine Bedeutung immer schwerer verständlich [immer schwerer zu verstehen.]

5 / Könnte man auch so sagen: In der Arithmetik wird das associative Gesetz überhaupt nicht gebraucht, sondern da arbeiten wir (nur) mit besonderen Zahlenrechnungen.

Und die Algebra, auch wenn sie sich der arithmetischen Notation bedient, ist ein ganz anderer Kalkül und nicht aus dem arithmetischen abzuleiten.

6 v Ist es das nicht, was ich über die Skolemschen Beweise immer sagen will? 60

7 v/ Kann ein algebraischer Satz nicht durch die arithmetischen Schritte (im arithmetisch geschriebenen Kalkül) bewiesen werden, dann auch nicht durch Skolems Schritte, denn das sind in Wirklichkeit arithmetische Schritte.

15.

8 / Der Philosoph notiert eigentlich nur das was der Mathematiker so gelegentlich über seine Tätigkeit hinwirft.

5 „Du sagst⟨: ⟩wo eine Frage ist,
7 zu deren Beantwortung wir keinen Weg sehen". – ⟨»⟩Ganz richtig,
10 Und ich hätte vielleicht sagen sollen „es sind hier zwei ⟨be...⟩
36 / *Randzeichen im Falz*

1 / Der Philosoph kommt leicht in die Lage eines ungeschickten Direktors, der, statt *seine* Arbeit zu tun und nur darauf zu schaun/indem er schaut/ daß seine Angestellten ihre Arbeit machen/richtig machen/ ihnen ihre Arbeit abnimmt und sich so eines Tages mit fremder Arbeit überladen sieht, während die Angestellten zuschauen und ihn kritisieren.

/ Besonders ist er geneigt sich die Arbeit des Mathematikers aufzuhalsen.

2 / Eine logische Fiktion gibt es nicht und darum kann man nicht mit logischen Fiktionen arbeiten; und muß jedes Beispiel ganz ausführen. 61

3 / In der Mathematik kann es nur mathematische Schwierigkeiten [troubles] geben, nicht philosophische.

20.

4 / Wenn α, β, γ bewiesen sind, muß der allgemeine Kalkül erst erfunden werden.

5 v Das „u.s.w." hat in der reinen Arithmetik [in der reinen Zahlenrechnung /Ziffernrechnung/] |noch| gar keinen Sinn.

6 v A_I, A_{II}, A_{III} etc begründen ein neues System; ein System zu dessen Grundlage man freilich nicht gerade die A nehmen muß (dann aber eben andere Gleichungen).

7 / Es kommt uns ganz selbstverständlich vor, auf die Induktionsreihe hin a + (b + c) = (a + b) + c zu schreiben; weil wir nicht sehen, daß wir damit einen ganz neuen Kalkül beginnen. (Ein Kind das gerade rechnen lernt würde in dieser Beziehung klarer sehen als/wie/ wir.)

8 v Ich möchte aber einwenden: ist nicht das allgemeine Prinzip dieses algebraischen/allgemeinen/ Kalküls die Grundlage (des Kalküls), und A doch nur eine Folge aus dieser, zusammen mit α, β, γ?

9 v Dann muß dieses Prinzip in einem Satz des Kalküls ausgesprochen sein. Und das ist es nicht. 62

3 daß seine Angestellten ⟨*ihre*⟩ Arbeit machen/richtig machen/

7 *Der Absatz ist im MS eine Bemerkung, durch eine Klammer der vorangehenden zugeordnet.*

21 |noch| *–das Einfügungszeichen ist im MS gewellt unterstrichen*

30 als/wie/ *–erste Variante im MS durchstrichen*

36 *Die Bemerkung ist im MS am linken und rechten Rand mit großen Fragezeichen gerahmt, das linke Fragezeichen ist spiegelverkehrt.*

1 ∨ Muß ich sagen: Der Fehler Skolems war, nicht zu sehen daß A durch α, β, γ erst bewiesen wäre, wenn zu α, β, γ noch ein anderes Prinzip träte. Und ferner ist eben im Kalkül Skolems ein solches Prinzip nicht ausgesprochen und daher ist er nicht der, welcher mit diesem Prinzip zustande käme, sondern ein anderer. Und zwar wird in ihm ohne jede allgemeine Betrachtung mit den „Beweisen" I, II, III etc wie mit Sätzen operiert.

Ist es nicht wahr, daß ich aus B, A auf eine bestimmte Weise ableite? Ja, ich leite es auf eine bestimmte Weise ab. Es ist |so|, als hätte ich in B Röhren auf bestimmte Weise zusammengestellt [zusammengebaut] und nun ließe ich einen bestimmten Strom (den Zahlenstrom) durchfahren/durchlaufen/ [durchfließen] und der Vorgang der nun resultiert, der Lauf des Stroms/Wassers/ durch dieses System /Röhrensystem/ ist/wäre/ A.

23.

2 ∨∫ Ich will nur sagen: diese Weise, wie ich die Komplexe B_I, B_{II}, etc ansehe, behandle, indem ich die algebraischen Sätze aus ihnen ‚ableite', 63
kommt in meinem Kalkül nicht vor.

3 ∨/ Hier habe ich B_I, B_{II}, B_{III} aufgerichtet; nun laß den Zahlenstrom durch dieses laufen, – und nun so etc.

4 ∨ Aber ich sehe doch dann etwas ganz bestimmtes, nämlich die Allgemeinheit!

5 *[Solange mein Geist/ Verstand/ so verkrampft ist wie jetzt, kann ich überhaupt den Wurf nicht richtig ausführen. Das macht übrigens nichts, ich muß mich doch für den Wurf üben.]*

6 ∨ Ich will sagen: was Skolem tut ist vollkommen damit beschrieben, daß/wenn/ man sagt, er beweise etwas über die Formen der Gleichungen A, indem er z.B. für |die Gleichung| a + (b + c) = (a + b) + c (a + (b + c)) + 1 und ((a + b) + c) + 1 aus a + (b + (c + 1)) und (a + b) + (c + 1) durch a + (b + 1) = (a + b) + 1 ableitet, etc. etc.. Von einem allgemeinen Prinzip der Induktion ist hier/dabei/ gar keine Rede [brauch in dieser Beschreibung gar keine Rede zu sein] [Wir brauchen in dieser Beschreibung nicht von einem allgemeinen Prinzip der Induktion sprechen.]*

7 wie mit Sätzen operiert. *–im MS am Rand mit einem Fragezeichen markiert*
9 |so| *–das Einfügungszeichen ist im MS gewellt unterstrichen*
12 einen bestimmten Strom (den Zahlenstrom) ⟨durchfahren⟩ [durchfließen]
12 und ⟨den⟩ Vorgang der nun resultiert, ⟨und die Bewegung …⟩
17 ∫ *Randzeichen im Falz*
21 / *Randzeichen überschrieben*
27 Solange mein Geist/Verstand/ so verkrampft ist wie ⟨h…⟩
28 muß mich doch ⟨f…⟩ *–im MS nicht codiert und gestrichen*
33 z.B. für |die Gleichung| a + (b + c) = (a + b) + c ⟨zeigt, daß …⟩
34 *Im MS fehlt in der Notation eine Klammer:* (a + (b + c) + 1
37 Von einem allgemeinen Prinzip der Induktion ist hier/dabei/ gar keine Rede [brauch in dieser Beschreibung gar keine Rede zu sein] *–im MS durchkreuzt*
39 der Induktion sprechen.]* *–Asteriskus als Hervorhebung vor den vorangehenden Varianten*

1 ∨ Wir sehen wohl die Periodizität in der Definition α und den Komplexen B, aber diese Periodizität ist nirgends allgemein ausgedrückt (sozusagen, nirgends offiziell – nämlich in den Symbolen – ausgedrückt). 64

2 ∨ Es bleibt quasi uns überlassen, daß wir die Analogie [Ähnlichkeit] bemerken. (Denn die Worte die Skolem zur Erläuterung sagt, gehen mich offiziell/streng genommen/ nichts an.) [… gehen mich, wenn ich den Kalkül überprüfe, nichts an.)]

3 ∨ (Ich parodiere eine Auffassung, um einen Fehler in ihr zu zeigen. Diese Methode läßt sich allgemein anwenden. | Frege gegen Cantor |)

4 ∨ D.h. es ist nirgends, klar, die Verbindung zwischen der Form von B und A gemacht.

5 ∨ Nirgends die Bedingung formuliert, unter welcher wir A durch α, β, γ für bewiesen ansehen.

6 ∨ Es ist meine Privatangelegenheit, ob ich die Analogie der Komplexe sehe/die Analogie ... zu sehen/. (In der es doch liegen muß, daß sie Beweise der algebraischen Sätze sind.)

7 / | „Die rationalen Punkte liegen auf der Zahlengeraden nahe beisammen /beieinander/“: irreführendes Bild. | 65

8 ∨ Das strenge Criterium der Allgemeinheit ist nirgends ausgesprochen (wodurch nämlich definiert wäre, was hier unter ‚Allgemeinheit‘ zu verstehen ist).

9 ∨ Nehmen wir nun an, es wäre ausgesprochen, so wären damit nicht so sehr die A bewiesen, als ersetzt?/dadurch ersetzbar?/.

10 ∨ Das Criterium der Allgemeinheit würde das Wesen der algebraischen Rechnung bestimmen [festlegen].

11 ∨ Es wird dann a + (b + n) = (a + b) + n zu einer Rechnung wie jeder andern /jede andere//eine Rechnung wie jede andre/ (nur/allerdings/ eine Rechnung von nur/bloß/ einem Schritt) und das Paradigma erhält die Form B. [R.]

12 ∨ Wenn nun die Paradigmen meines neuen Kalküls auch alle die bestimmte Form R haben, so wäre es doch ein verwirrender Ausdruck zu sagen, die Richtigkeit der Gleichung A_I, z.B., sei durch α bewiesen. Sie ist höchstens durch B_I bewiesen, aber auch nur so, wie etwa früher i + (k + l) = (i + k) + l durch a + (b + c) = (a + b) + c.

7 offiziell/streng genommen/ *–erste Variante im MS durchstrichen*
11 *Im MS:* | Frege gegen Kantor |
13 D.h. es ist nirgends, klar, *–die Kommas sind im MS gewellt unterstrichen*
23 „Die rationalen Punkte liegen⟨, …⟩
26 ist nirgends ausgesprochen⟨.⟩ (⟨Wodurch⟩ nämlich definiert wäre,
37 nur/allerdings/ *–zweite Variante im MS durchstrichen*

1 ∨ Als rechtmäßig bewiesen ist er durch α nur dann, wenn ich vorher festsetze, ein Übergang sei nur dann rechtmäßig, wenn man mittels α die Form des Paradigmas auf die bestimmte Weise konstruieren kann. 66

2 ∨ Dann kann ich sagen „seine Rechtmäßigkeit ist durch α bewiesen".
Aber hier hat eben das Wort „Rechtmäßigkeit" eine andre Bedeutung, als wenn ich sage: die Rechtmäßigkeit des Übergangs von $(a + b)^2$ auf $a^2 + 2ab + b^2$ ist bewiesen und damit meine dieser Übergang lasse sich in lauter Stufen von zuvor bestimmten Formen zerlegen.

3 ∨ Denn von B nach A findet ja in diesem Sinn kein Übergang statt, sondern B erlaubt den Übergang der in A gemacht wird, wie in jeder andern Rechnung.

4 ∨ Die Ähnlichkeit der beiden Arten von Beweisen, oder Rechtfertigungen, könnte man so darstellen: „Ich habe die Gleichung $(a + b)^2 = a^2 + 2ab + b^2$ auf bestimmte Weise mit Hilfe der Grundgleichungen k o n s t r u i e r t (aufgebaut) und die Gleichung A habe ich auch mit Hilfe von Regeln konstruiert".

5 ∨ Man hat den Satz „daß für alle Kardinalzahlen $x + (y + z) = (x + y) + z$ durch die Induktion nicht bewiesen, sondern ihm etwa einen exacten Ausdruck gegeben; zugleich allerdings gezeigt, daß er kein Satz ist in dem Sinne in welchem eine Gleichung dies ist. (Richtiger ausgedrückt: daß er kein Satz ist von der Art deren, von welchen er abgeleitet ist.) 67

6 ∨ Ja, kann ich nicht für beide Fälle/Arten/ von Beweisen sagen: „Ein Übergang ist gerechtfertigt, wenn sein Paradigma auf diese Weise konstruiert werden kann"?

7 / Der Satz, daß A für alle Kardinalzahlen gilt ist eigentlich der Komplex B. Und sein Beweis, der Beweis von β und γ. Aber das zeigt auch, daß dieser Satz in einem andern Sinne Satz ist, als eine Gleichung, und sein /dieser/ Beweis in anderm Sinne Beweis eines Satzes.
Vergiß hier nicht, daß wir nicht erst den Begriff des Satzes haben, dann wissen, daß die Gleichungen mathematische Sätze sind, und dann erkennen, daß es noch andere Arten von mathematischen Sätzen gibt!

8 ∨ (Halte alle diese Dinge zusammen, dann wirst Du die Sache/den Gegenstand/ verstehen. [... dann wirst Du das Betrachtete/betrachtete Gebiet/ verstehen.]) 68

9 ∨ Wenn man sagt, A sei mit ρ und dem Prinzip R bewiesen, welches ist die Art der Allgemeinheit dieses allgemeinen Prinzips?

19 k o n s t r u i e r t (aufgebaut) und die ⟨Gleichungen ...⟩
22 „daß für alle Kardinalzahlen *–im MS fehlt das Ausführungszeichen*
23 durch die Induktion nicht bewiesen, sondern ⟨etwa ...⟩
25 dies ist. ⟨(Richtig ausgedrückt: daß er keine Gleichung ist wie die ...⟩
26 daß er kein Satz ist von der Art deren, ⟨die ...⟩
28 Fälle/Arten/ *–erste Variante im MS durchstrichen*
40 ⟨/⟩ *Randzeichen gestrichen*

1 /?ʃ Der Übergang ist gerechtfertigt heißt im einen Falle, daß er nach bestimmten gegebenen Formen vollzogen werden kann. Im andern Fall wäre die Rechtfertigung, daß der Übergang nach Paradigmen geschieht, die selbst eine bestimmte Bedingung befriedigen.

2 / Man denke sich, daß für ein Brettspiel solche Regeln gegeben würden, die aus lauter Wörtern ohne ‚r' bestünden und daß ich eine Regel gerechtfertigt nennte, wenn sie kein ‚r' enthält. Wenn nun jemand sagte, er habe für das und das Spiel nur eine Regel aufgestellt, nämlich, daß die Züge Regeln entsprechen müßten, die kein ‚r' enthalten. – Ist denn das eine Spielregel (im ersten Sinn)? Geht das Spiel nicht doch nach den Regeln [nach den mehreren Regeln] vor sich, die nur alle jener 69 ersten Regel entsprechen sollen?

3 ∨ Eine Regel zur Konstruktion von Spielregeln ist keine Spielregel.

4 / Es macht mir jemand die Konstruktion von B vor und sagt nun, A ist bewiesen. Ich frage „Wieso? – Ich sehe nur daß Du um A eine Konstruktion mit Hilfe von α/ρ/ gemacht hast". Nun sagt er „ja aber, wenn das möglich ist, so sage ich eben, A sei bewiesen". Darauf antworte ich: „damit hast Du mir nur gezeigt, welchen neuen Sinn Du mit dem Worte ‚beweisen' verbindest."

5 ?ʃ× In einem Sinn heißt es, daß Du das Paradigma mittels ρ so und so konstruiert hast, in dem andern, nach wie vor, daß eine Gleichung dem Paradigma entspricht.

6 ∨ [Ich suche nach der richtigen Replik.]

7 ∨ [„Ich habe nie daran gedacht ihm das zu antworten".]

8 ?ʃ∨ In dem Sinne V in welchem $(a + b)^2 = a^2 + b^2 + 2ab$ durch A_I, A_{II} etc beweisbar ist, ist A_I unbeweisbar [unbewiesen].

9 ∨ Man sagt ja daher auch wirklich die Allgemeinheit [Allgemeingültigkeit] der Gleichung A/von A/ sei bewiesen, eben um den Unterschied auszudrücken. 70

1 ?ʃ *Randzeichen im Falz*
3 Übergang nach Paradigmen geschieht, ⟨dies selbst einer bestimmten …⟩
9 Wenn nun jemand sagte, er ⟨halte …⟩
10 daß die Züge Regeln entsprechen ⟨müssen⟩, die kein ‚r' enthalten
15 ∨ *Randzeichen im Falz*
17 ⟨ʃ⟩ *Randzeichen gestrichen*
18 Ich frage „Wieso?⟨" – …⟩
22 welchen neuen Sinn Du mit dem Worte ⟨„⟩beweisen⟨"⟩ ⟨be…⟩
24 ?ʃ *Randzeichen überschrieben*
30 [„Ich habe nie daran gedacht ⟨um …⟩
30 *Im MS:* [„Ich habe nie daran gedacht ihn das zu antworten".]
32 ?ʃ *Randzeichen überschrieben*
35 Allgemeinheit *–im MS durchstrichen, sowie die eckigen Klammern von* [Allgemeingültigkeit]

1 v?ʃ Man erwartet sich unter einem Beweis das eine und bekommt etwas anderes. Und nun tröstet man sich damit, daß man nur eine andere Art von Beweis erhalten habe.

2 v/ ‚Gleichung‘ und ‚Beweis einer Gleichung‘ haben eine bestimmte Grammatik.

Zu sagen α } sei der Beweis einer Gleichung ist Unsinn, wenn nicht
β }
γ }
hier etwas ganz anderes unter ‚Beweis‘ verstanden wird.

3 v Er sagt, er habe A bewiesen und zeigt mir den Komplex B. Ich frage „in wiefern ist das ein Beweis von A?“ Er muß antworten: „Das ist die Form des Paradigmas der erlaubten Übergänge. (Ist um die Enden des Übergangs diese Konstruktion mittels ρ möglich, so ist der Übergang erlaubt.)

4 / Wenn wir fragen „ist das ein Beweis oder nicht?“ so bewegen wir uns in den Formen der Wortsprache. [– in der Wortsprache.]

5 Nun ist natürlich gar nichts dagegen zu sagen/einzuwenden/, wenn Einer sagt: Wenn die Glieder des Übergangs in einer Konstruktion der und der Art stehen, so sage ich, die Rechtmäßigkeit des Übergangs ist bewiesen. 71

6 / Was wehrt sich in mir gegen die Auffassung von B als einen Beweis von A? Zuerst entdecke ich, daß ich den Satz von „allen Kardinalzahlen“ in meiner Rechnung nirgends brauche. Ich habe den Komplex B mit Hilfe von ρ konstruiert und bin dann auf die Gleichung A übergegangen; von „allen Kardinalzahlen“ war dabei keine Rede. (Dieser Satz ist eine Begleitung der Rechnung in der Wortsprache, die mich hier nur verwirren kann.) Aber nicht nur fällt dieser allgemeine Satz überhaupt fort, sondern kein anderer tritt an seine Stelle.

1 ?ʃ *Randzeichen im Falz*
1 Man erwartet sich ⟨etwas …⟩
5 / *Randzeichen überschrieben*
13 „Das ist die Form *–im MS fehlt das Ausführungszeichen*
21 gar *–im MS durchstrichen*
26 ⟨?ʃv⟩ *Randzeichen gestrichen*
31 hier *–im MS durchstrichen*
32 Aber nicht nur fällt dieser ⟨Satz …⟩

1 ∨ (Außer etwa das logische Produkt $\alpha \cdot \beta \cdot \gamma$. Aber auch das stimmt nicht, denn in diesem Produkt müßte ich erst gewisse Züge ‚hervorheben'. Denn wenn man fragt, was der Satz $\alpha \cdot \beta \cdot \gamma$ sagt, so kann ich eigentlich nur den Satz wiederholen, und von „allen Zahlen" ist da natürlich keine Rede. Diesem Ausdruck entsprechen vielmehr die Hervorhebungen /entspricht vielmehr die Hervorhebung/ (die natürlich [freilich] auch nur in einem System von Zeichen Bedeutung haben). Aber diese Zeichen sind eben nun nicht Gleichungen, sondern Gleichungen mit hervorgehobenen Zügen. Wie $\underline{1}\cdot{}^{0}_{1} : 3 = 0\cdot 3$ keine Division mehr ist.) 72

2 / Der Satz der die Allgemeinheit behauptet fällt also weg, „es ist nichts b e w i e s e n", „es f o l g t nichts".
„Ja aber die Gleichung A folgt, sie steht nun an Stelle des allgemeinen Satzes". – Ja in wiefern folgt sie denn? Offenbar verwende ich hier ‚folgt' in einem ganz andern Sinn, als dem normalen, da das, woraus A folgt kein Satz ist. Darum fühlen wir auch, daß/Das ist es auch warum/ das Wort „folgen" nicht richtig angewandt ist.

3 / Wenn man sagt „aus dem Komplex B folgt, daß a + (b + c) = (a + b) + c", so schwindelt Einem. Man fühlt, daß man da auf irgend eine Weise einen Unsinn geredet hat, obwohl es äußerlich richtig klingt.

4 / Daß eine Gleichung folgt, heißt eben schon etwas (hat seine bestimmte Grammatik.)

5 / Aber wenn es heißt/ich höre/ „aus B folgt A", so möchte man/ich/ fragen: „w a s folgt?" Daß a + (b + c) gleich (a + b) + c ist, ist ja eine Festsetzung, wenn es nicht auf normale Weise aus einer Gleichung folgt. 73

6 / Wir können unsern Begriff des Folgens mit A und B nicht zur Deckung bringen. [Wir können unsern Begriff des Folgens dem A und B nicht aufpassen.] [... nicht aufsetzen, er paßt hier nicht.]

1 *Im MS fortlaufender Text, durch Randzeichen und senkrechten Strich am Ende der vorhergehenden Zeile als Bemerkung markiert.*
1 (Außer etwa das logische Produkt $\alpha \cdot \beta \cdot \gamma$⟨, aber⟩ auch das stimmt nicht,
4 und von „allen Zahlen" ist da *– im MS bis zum Ende der Bemerkung am linken Rand mit einer vertikalen Wellenlinie markiert*
11 *Die Bemerkung ist im MS ein Absatz, durch Randzeichen als Bemerkung gekennzeichnet.*
13 sie steht nun an ⟨der⟩ Stelle des allgemeinen Satzes".
14 Ja⟨,⟩ in wiefern folgt sie denn?
30 ⟨∨⟩ *Randzeichen gestrichen*

1 ?∫∨ Man kann allerdings sagen, man rechtfertigt eine algebraische Rechnung durch die Möglichkeit der Konstruktion der Paradigmen durch ρ. Und das tut man auch wirklich. Aber das sagt nicht, daß man $(a + b)^2 = a^2 + 2ab + b^2$ durch α beweist. Im Gegenteil, man beweist β und γ mit α, kann aber A nicht damit beweisen.

Man zeigt jemand z.B. den Übergang von $(x + y)^2$ zu $x^2 + 2xy + y^2$ und er sagt: Ja, – aber warum machst Du diesen Übergang von $(x + y)\cdot(x + y)$ zu $x\cdot(x + y) + y\cdot(x + y)$? Und ich zeige ihm nun den entsprechenden Komplex B, um ihn zu überzeugen. Aber heißt das, ich habe die Richtigkeit des Übergangs bewiesen? Es heißt, ich habe das 74 bewiesen, was gewöhnlich damit ausgedrückt wird, daß diese Gleichung für alle Kardinalzahlen gilt. Daß also, wenn ich das wollte, ich meinen Zweck erreicht habe.

2 × „Ich werde Dir beweisen, daß $a + (b + n) = (a + b) + n$“. Niemand erwartet sich nun den Komplex B zu sehen. Man erwartet eine |andere| Regel über a, b und n zu hören, die den Übergang von der einen auf die andere Seite vermittelt. Wenn mir statt dessen B und das Schema R gegeben wird, so kann ich das keinen Beweis nennen, eben weil ich unter Beweis etwas anderes verstehe.

/ Ja, ich werde dann etwa sagen: „Ach so, das nennst Du ‚Beweis‘, ich habe mir vorgestellt .....“.

3 / Der Beweis von $17 + (18 + 5) = (17 + 18) + 5$ wird allerdings nach dem Schema B geführt und dieser Zahlensatz ist von der Form A. Oder auch: B ist der Beweis des Zahlensatzes; aber eben deshalb nicht von A.

4 / „Ich werde Dir A_I, A_{II} A_{III} aus dem e i n e n [aus e i n e m] Satz ableiten“. – Man denkt dabei natürlich an eine Ableitung wie sie m i t H i l f e 75 dieser Sätze gemacht wird. – Man denkt, es wird eine Art von kleineren Kettengliedern gegeben werden; durch die wir alle diese großen ersetzen können.

Und da haben wir doch ein bestimmtes Bild; und es wird uns etwas ganz anderes geboten.

Die Gleichung wird durch den induktiven Beweis quasi der Quere, statt der Länge nach zusammengesetzt.

1 ?∫ *Randzeichen überschrieben*
15 ⟨∨⟩ *Randzeichen gestrichen*
15 „Ich werde Dir beweisen, *–im MS fehlt das Anführungszeichen*
20 eben weil ich unter ⟨„⟩Beweis⟨“⟩ etwas anderes verstehe.
21 *Der Absatz ist im MS eine Bemerkung, durch eine Klammer der vorangehenden Bemerkung zugeordnet.*
28 „Ich werde Dir A_I, A_{II} ⟨etc ...⟩
29 eine Ableitung wie sie m i t |H i l f e| ⟨diesen Sätzen⟩ gemacht wird.

1 ?/ Wenn wir nun die Ableitung ausführen [rechnen], so kommen wir endlich zu dem Punkt wo die Konstruktion von B vollendet ist. Aber hier heißt es nun „also gilt diese Gleichung“. Aber diese Worte heißen ja nun etwas anderes als, wo wir sonst eine Gleichung aus Gleichungen folgern. Die Worte „die Gleichung folgt daraus“ haben ja schon eine Bedeutung. Und hier wird eine Gleichung allerdings konstruiert, aber nach einem andern Prinzip.

2 v [Der Satz kommt mit lauter verrenkten Gliedern zur Welt und ich muß sie ihm erst alle, so gut es geht, einrenken. Kein Wunder wenn er dann keine schöne, eindrucksvolle Gestalt hat.] 76

3 / Wenn ich sage „aus dem Komplex folgt die Gleichung“, so ‚folgt‘ hier eine Gleichung aus etwas, was gar keine Gleichung ist.

4 v In dem Sinne, daß ich auf dem Papier das eine aus dem andern erhalte, das eine nach dem andern hinschreibe, kann allerdings die Gleichung A aus B folgen. In diesem Sinne könnte ich sie aus B ableiten.

5 v Aber dadurch daß ich sie so ableite, bleibt sie immer, was sie war, die Grundgleichung eines Symbolismus.

D.h. durch diese Ableitung wurde zwar, natürlich, ihr logischer Status ein anderer als er vor der Konstruktion dieser/der/ Ableitung war, aber er ändert sich nicht in der Weise wie wenn die Gleichung bewiesen worden wäre. Es ist (ihr) etwas geschehen [widerfahren], aber nicht das.

Ich mache eben wieder nur auf einen Unterschied aufmerksam.

6 v [Der Gedanke ist schon vermudelt, und läßt sich nicht mehr gebrauchen. (Eine ähnliche Bemerkung hörte ich einmal von Labor, musikalische Gedanken betreffend.) Wie Silberpapier, das einmal 77 verknittert ist, sich nie mehr ganz glätten läßt. Fast alle meine Gedanken sind etwas verknittert.]

4 Aber diese Worte heißen *–im MS am linken Rand bis zum Ende der Bemerkung mit einer vertikalen Wellenlinie markiert und wieder aufgehoben*

8 Die Worte „die Gleichung folgt daraus“ haben ja schon eine Bedeutung. Und hier wird eine Gleichung allerdings konstruiert, aber nach einem andern Prinzip. *–im MS am linken Rand mit einer vertikalen Wellenlinie markiert*

11 *Im MS:* sie ihm sie ihm erst alle, so gut es geht, einrenken.

14 ⟨v⟩ *Randzeichen gestrichen*

17 daß ich auf dem Papier das eine aus dem andern ⟨enthal…⟩

24 dieser/der/ *–erste Variante im MS durchstrichen*

31 Eine ähnliche Bemerkung hörte ich einmal von Labor, ⟨über …⟩

1 × Man kann nicht sagen: die Gleichung wenn sie aus B folgt, folge doch aus einem Satz, nämlich |aus| $\alpha\cdot\beta\cdot\gamma$; denn es kommt eben darauf an, *wie* ich aus diesem Satz A erhalte; ob nach einer Regel des Folgens. Welches die interne Relation/die Verwandtschaft/ der Gleichung zum Satz $\alpha\cdot\beta\cdot\gamma$ ist. (Die Regel, die in diesem Falle zu A führt, macht gleichsam einen Querschnitt durch $\alpha\cdot\beta\cdot\gamma$, sie faßt den Satz anders auf, als eine Regel des Folgens.)

2 / Wenn uns die Ableitung von A aus α versprochen war und wir sehen nun den Übergang von B auf A, so möchten wir sagen: „ach, so war es nicht gemeint". So, als hätte jemand mir versprochen, mir etwas zu schenken/er wird mir etwas schenken/ und nun sagt |er|: so, jetzt habe ich Dir meine Zeit geschenkt. [und nun sagt er: so, jetzt schenke ich Dir meine Zeit/mein Vertrauen/.]

(Eine Enttäuschung.)

3 ∨ (Ich hätte natürlich nicht das logische Produkt aus α, β und γ bilden müssen, denn A konnte ja aus den drei Sätzen folgen (wie z.B. $\alpha\cdot\beta\cdot\gamma$ aus seinen drei Faktoren). Aber das Wesentliche ist, daß A *nicht* aus α, β 78
und γ folgt.)

4 / Darin, daß der Übergang von B auf A kein Folgen ist, liegt auch, was ich damit meinte, [liegt auch was ich |damit| meinte wenn ich sagte,] daß nicht das logische Produkt $\alpha\cdot\beta\cdot\gamma$ die Allgemeinheit ausdrückt.

5 ∨ Wenn ich sage, der Satz wird hier nicht als Satz aufgefaßt, denke ich da 79
nicht an einen Fall wie den, wenn etwa eine Flasche nicht als Behälter, sondern als Kerzenleuchter verwendet wird? Es ist dann so, daß nur gewisse Züge der/Gewisses an der/ Struktur des Gegenstandes zur Verwendung kommt, während die Erzeugung des Gegenstandes auf eine andere Verwendung abgezielt hat.

Aber ist denn die Flasche, die als Kerzenleuchter dient (dadurch) eine andere (geworden) als die, die zum Aufbewahren einer Flüssigkeit dient?

6 ∨ Die Ableitung zweier Sätze aus *einem* zeigt/erzeugt/ einen formellen Zusammenhang zwischen den abgeleiteten. – – –

7 ∨ Kann man sagen: α, β, γ sind Gleichungen der Algebra, aber weder fungiert die rekursive Definition α als algebraischer Satz; noch β und γ 80
als algebraische Sätze im Komplex B bei der Ableitung von A.

3 denn es kommt eben darauf an, *wie* ich ⟨sie …⟩
6 gleichsam einen Querschnitt durch $\alpha\cdot\beta\cdot\gamma$⟨;⟩ sie faßt den Satz anders auf,
13 so, jetzt habe ich Dir meine Zeit geschenkt. *–im MS durchstrichen*
23 |damit| *–das Einfügungszeichen ist im MS gewellt unterstrichen*
23 [liegt auch was ich |damit| meinte wenn ich sagte, ⟨daß …⟩
24 *Im MS folgt in der Freizeile die Anweisung:* Das Einschiebsel von diesem ∗ zum nächsten gehört nach ∀. *Die Abfolge der Bemerkungen ist entsprechend umgestellt: Der zweite Asteriskus folgt nach 4 Bemerkungen auf der folgenden Manuskriptseite 79, das dazugehörige Einschubzeichen ∀ ∗ – – – – ∗ auf der Manuskriptseite 83.*
36 zeigt/erzeugt/ *–erste Variante im MS durchstrichen*

1 / Die Hervorhebungen geschehen durch das Schema R und könnten so ausschauen:

$$\left.\begin{array}{c} \overbrace{a+(b+}^{f_1}\overbrace{1)}^{(1)} = \overbrace{(a+b)+}^{f_2}\overbrace{1}^{(1)} \\ \overbrace{a+(b+}^{f_1}\overbrace{(c+1))}^{(c\,+\,1)} = |\overbrace{a+(b+}^{f_1}\overbrace{c)}^{(c)}| \overbrace{+1}^{+\,1} \\ \overbrace{(a+b)+}^{f_2}\overbrace{(c+1)}^{(c\,+\,1)} = |\overbrace{(a+b)+}^{f_2}\overbrace{c}^{(c)}| \overbrace{+1}^{+\,1} \end{array}\right\}$$

2 ∨ Solche Hervorhebungen könnte man ja aber an jedem Satz machen, aus dem man etwas nach einer Regel schließt. Wenn ich nach der Regel $a + b = b + a$ schreibe: $r{\cdot}s + s{\cdot}r = s{\cdot}r + r{\cdot}s$, so könnte ich die Benützung der Regel durch

$$\overbrace{r\cdot s}^{a} + \overbrace{s\cdot r}^{b} = \overbrace{s\cdot r}^{b} + \overbrace{r\cdot s}^{a}$$

andeuten. etc..

3 × Es hätte aber natürlich auch genügt (d.h. wäre ein Symbol der selben Multiplizität gewesen) B anzuschreiben und dazu: $f_1\xi = a + (b + \xi)$, $f_2\xi = (a + b) + \xi$. (Und dabei ist wieder zu bedenken [anzumerken], daß j e d e s Symbol – wie explizit auch immer – mißdeutet werden k a n n. –)

4 ∨ Und natürlich, um „$f_1\xi = \ldots.$" und „$f_2\xi = \ldots.$" bei/mit/ B zu verstehen, muß ich das B auf gewisse Weise sehen.

5 × Wer etwa zuerst darauf aufmerksam macht daß B so gesehen werden 81
kann, der führt ein neues Zeichen ein; ob er nun die Hervorhebungen mit B verbindet oder auch das Schema R daneben schreibt. Denn dann ist eben R das neue Zeichen. Oder |wenn man will| auch B zusammen mit R.

6 / Wer entdeckt daß ein Satz p aus einem von der Form $q \supset p \cdot q$ folgt der konstruiert ein neues Zeichen, das Zeichen dieser Regel. (Ich nehme dabei an, ein Kalkül mit p, q, ⊃, ·, sei schon früher gebraucht worden, und nun träte diese Regel hinzu und schaffe damit einen neuen Kalkül.)

1 ⟨∨⟩ *Randzeichen gestrichen*
13 schreibe: *–im MS folgt ein Absatz, aufgehoben durch einen Pfeil*
19 ⟨∨⟩ *Randzeichen gestrichen*
24 *Die Bemerkung ist im MS ein Absatz, durch ein Randzeichen als Bemerkung gekennzeichnet.*
27 ⟨∨⟩ *Randzeichen gestrichen*
33 *Im MS:* Wer entdeckt daß |ein Satz| p aus
35 Ich nehme dabei an, ⟨der⟩ Kalkül mit p, q, ⊃, ·, sei schon früher

1 × Man könnte etwa sagen: Hier wurde die untere Gleichung als $a + b = b + a$ gebraucht; und analog: hier wurde B als A gebraucht, wobei B aber gleichsam der Quere nach gelesen wurde. Oder: B wurde als A gebraucht, aber die neue Gleichung [das neue Zeichen/der neue Satz/] wird aus $\alpha\cdot\beta\cdot\gamma$ so zusammengestellt, daß, indem man (nun) A aus B herausliest |man| nicht $\alpha\cdot\beta\cdot\gamma$ in jener verkürzten Form/Art von Verkürzung/ liest in der man die Prämisse im Folgesatz vor sich hat. [... im Folgesatz liest.]

2 ∨ Wenn ich sage: $\alpha\cdot\beta\cdot\gamma$ entspricht noch nicht dem allgemeinen Satz der 82
Wortsprache, so will ich etwa sagen, daß man „$\alpha\cdot\beta\cdot\gamma$“ lesen kann, ohne daß einem das auffällt, was uns als Ausdruck des allgemeinen Satzes gilt. Nur daß die Wortsprache sagen möchte: Dieser Satz $\alpha\cdot\beta\cdot\gamma$ entspricht dem Schema R, also gilt .....; während wir sagen: dieser Satz entspricht dem Schema R; und kein „also“ hinzufügen.

Wie ist nun aber dieser Satz im Symbolismus ausgedrückt?

3 ∨ Ist denn das nicht der Fall von „‚fa‘ und ‚Fa‘ haben den gleichen Bestandteil“? Und ich sagte doch, das müsse sich z e i g e n. Und wäre es denn dadurch g e s a g t, daß ich schriebe „f(a̲) und F(a̲)“? Dann brauchte ich ja einen weiteren Satz der sagte, daß unter jedem der beiden ‚a‘ ein Strich ist.

4 / Was heißt es nun: „Ich mache Dich drauf aufmerksam, daß hier in beiden Funktionszeichen das gleiche Argument/Zeichen/ steht (vielleicht hast Du es nicht bemerkt)“? Heißt das, daß er den Satz nicht verstanden hatte? Und doch hat er etwas nicht bemerkt, was wesentlich 83
zum Satz gehörte; nicht etwa, als könnte es dieser Satz sein und doch eine gewisse Eigenschaft (eine externe Eigenschaft) nicht haben, die man/er/ nicht bemerkt hatte. [...; nicht etwa |so| als hätte er eine externe Eigenschaft des Satzes nicht bemerkt.] (Hier sieht man wieder welcher Art das ist was man „verstehen eines Satzes“ nennt.)

1 ⟨∨⟩ *Randzeichen gestrichen*
5 so zusammengestellt, daß⟨ man ...⟩
10 Wenn ich sage: ⟨α, ...⟩
14 wir sagen⟨: „⟩dieser Satz entspricht dem Schema R⟨“⟩
25 das gleiche Argument/Zeichen/ steht⟨“ ...⟩
30 als könnte es dieser Satz sein und doch eine gewisse Eigenschaft (eine externe Eigenschaft) nicht haben, die man/er/ nicht bemerkt hatte. *–im MS am linken Rand mit einer vertikalen Wellenlinie markiert*
30 man/er/ *–erste Variante im MS durchstrichen*
30 |so| *–das Einfügungszeichen ist im MS gewellt unterstrichen*
32 *Hier folgt im MS die Einfügung von den Manuskriptseiten 78 und 79, angezeigt in der mittleren von 3 Leerzeilen:* ∗ – – – – ∗

1 v Was heißt es, α·β·γ nicht als Satz ansehen? Dies sollte ja darauf ein Licht werfen, was es heißt, etwas als Satz ansehen. 78

Und dabei denke ich wieder an ein Durchlaufen der Länge nach statt der Quere.

2 v 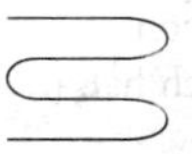 Wie wenn man eine Schiene die in Serpentinen läuft nicht als Schiene (der Länge nach) benützte sondern als Leiter (quer).

3 / | Denken wir uns wir läsen die Sätze eines Buches verkehrt, die Worte in umgekehrter Reihenfolge; könnten wir nicht dennoch den Satz verstehen? Und klänge er jetzt nicht ganz unsatzmäßig? |

4 / Das Bild vom längs und quer Durchlaufen ist natürlich wieder ein logisches Bild und darum ein ganz exacter Ausdruck eines 79
Grammatischen Verhältnisses. Es ist also nicht davon zu sagen: „das ist ein bloßes Gleichnis, wer weiß wie es sich in der Wirklichkeit verhält". [Das Bild/Der Vergleich/ vom längs und quer Durchlaufen ist |wieder| ein logisches Bild und darum nicht ein unverbindliches Gleichnis sondern ein korrekter Ausdruck eines grammatischen Verhältnisses. /einer grammatischen Tatsache./] [... und darum nicht als unverbindliches Gleichnis über die Achsel anzusehen, sondern ....]

5 v Wenn ich sage, man sieht α·β·γ nicht als Satz an, so meine ich, ich 83
benütze seine Zeichen nicht in der Reihenfolge, in der ich sie beim Durchlesen des Satzes berühre. Und das zeigt sich darin, wenn ich die induktive Auffassung des Satzes erkläre und dazu die Anwendung des Schemas B zum Fortschreiten von einer Stufe zur andern in der Induktion vorführe. Dann benütze ich den Komplex eben der Quere nach. Und diese Benützung zeigt mir eigentlich, wie ich den Komplex/ihn/ auffasse. Die Gleichungen α, β, γ sind der Länge nach entstanden und ich benütze sie nun der Quere nach.

6 v Ist der Komplex B als logisches Produkt und anderseits als Schema der 84
periodischen Rechnung [als periodische Rechnung] aufgefaßt, nicht so verschieden, wie etwa die Kardinalzahl 1 von der reellen Zahl 1?

2 was es heißt, etwas als Satz ansehen. ⟨Und dabei ...⟩
6 Wie wenn man eine Schiene die ⟨im ...⟩
18 Das Bild/Der Vergleich/ *–erste Variante im MS durchstrichen*
18 |wieder| *–das Einfügungszeichen ist im MS gewellt unterstrichen*
22 *Der Bemerkung folgt in der Leerzeile ein ∗ zur Begrenzung des Einschubs.*
24 ⟨/⟩ *Randzeichen gestrichen*
24 Wenn ich sage ⟨„⟩man sieht α·β·γ nicht als Satz an,
25 *Im MS:* in der in der ich sie beim Durchlesen des Satzes berühre.
29 zum Fortschreiten von einer Stufe zur andern in der Induktion ⟨f...⟩
32 entstanden⟨,⟩ ich benütze sie nun der Quere nach.
34 ⟨/⟩ *Randzeichen gestrichen*
34 Ist der ⟨Complex⟩ B als logisches Produkt und anderseits als Schema

1 v Ich sage, B gehört nun, als Zeichen der Induktion aufgefaßt, einem neuen System an. (Bei der/In der/ periodischen Division ist/wird/ das noch klarer. Die Unendlichkeit tritt in die Betrachtung, die früher gar nichts mit/in/ der Rechnung zu tun hatte.)

2 ?v Wenn ich sagte, das neue Zeichen mit den Hervorhebungen müsse ja doch aus dem alten ohne die Hervorhebungen abgeleitet sein /entstehen/, so heißt das nichts, weil ich ja das Zeichen mit den Hervorhebungen abgesehen von seiner Entstehung betrachten kann. Es stellt sich mir dann [Frege] dar als drei Gleichungen, d.h., als die Figur dreier Gleichungen mit gewissen Unterstreichungen etc..

Daß diese Figur ganz analog der der drei Gleichungen ohne den Unterstreichungen ist, ist allerdings bedeutsam, wie es ja auch bedeutsam ist, daß die Kardinalzahl 1 und die Rationalzahl 1 gleiche Regeln befolgen,/analogen Regeln unterworfen sind,/ aber es hindert nicht daß wir hier ein neues/anderes/ Zeichen haben.

3 v Aber ist es denn |auch bei der induktiven Benützung von B| den 85
Gleichungen β und γ nicht wesentlich, daß sie „der Länge nach" abgeleitet wurden? – Ich kann ja auch statt β und γ die ganze Ableitungskette hinsetzen.

4 / Ich treibe jetzt etwas ganz Neues mit diesen Zeichen.

5 / Verhält es sich hier nicht so, wie in dem Fall, den ich einmal annahm, daß der Kalkül der Wahrheitsfunktionen von Frege und Russell mit der Kombination ~p · ~q der Zeichen „~" und „·" betrieben worden wäre, ohne daß man das gemerkt hätte, und daß nun Sheffer, statt eine neue Definition zu geben, nur auf eine Eigentümlichkeit der bereits benutzten Zeichen aufmerksam gemacht hätte.

6 v Übrigens sind ja alle mathematischen Entdeckungen von dieser Art und das ist nur ein extremer Fall in dem wir der Entdeckung (in gewissem Sinn) |im Symbolismus| ganz nahe gebracht sind.

7 / Man hätte immer dividieren können ohne je auf die Periodizität aufmerksam zu werden. Hat man sie gesehen, so hat man etwas Neues gesehn.

2 Bei der/In der/ *–erste Variante im MS durchstrichen*
16 aber es hindert nicht daß ⟨was …⟩
18 |auch bei der induktiven Benützung von B| *–das Einfügungszeichen ist im MS gewellt unterstrichen*
28 *Im MS:* Scheffer
33 *Im MS:* und das |ist| nur ein extremer Fall *–das Einfügungszeichen ist gewellt unterstrichen*
37 Hat man sie ⟨gesehen⟩, so hat man etwas Neues ⟨gesehen⟩.

1 / Könnte man das aber dann nicht ausdehnen und sagen: „ich hätte Zahlen miteinander multiplizieren können, ohne je auf den Spezialfall aufmerksam zu werden, daß ich eine Zahl mit sich selbst multipliziere und also ist x^2 nicht einfach $x \cdot x$." Die Schaffung des Zeichens „x^2" könnte man den Ausdruck dafür nennen, daß man auf diesen Spezialfall aufmerksam geworden ist. Oder, man hätte (immer) a mit b multiplizieren und durch c dividieren können, ohne darauf aufmerksam zu werden, daß man „$\frac{a \cdot b}{c}$" auch „$a \cdot \frac{b}{c}$" schreiben kann und daß das analog $a \cdot b$ ist. Und weiter: das ist doch der Fall des Wilden der die Analogie zwischen ||||| und |||||| noch nicht sieht oder die zwischen || und |||||. 86

2 ∨/ | Die Frage „können viele/einige/ unter viele/einige/ verteilt werden" [„können einige Äpfel unter einige Menschen verteilt werden"] hat keinen Sinn. (Zum System 1, 2, 3, 4, 5, viele) |

3 / | Ein Satz der auf einer falschen Rechnung beruht (wie etwa „er teilte das 3 m lange Brett in 4 Teile zu je 1 m") hat keinen Sinn [ist unsinnig] und das wirft ein Licht auf den Sinn der Ausdrücke „Sinn haben" und „etwas mit dem Satz meinen". [... und das beleuchtet was es heißt „Sinn zu haben" und „etwas mit dem Satz meinen".]

4 / Es hat Sinn zu sagen: Ich verteilte viele auf/unter/ viele. Aber der Satz „ich konnte die vielen Nüsse nicht unter die vielen Menschen verteilen" kann nicht heißen, daß es logisch unmöglich war. Man kann auch nicht sagen: „in manchen Fällen ist es möglich viele unter viele zu verteilen, in manchen nicht"; denn darauf frage ich: in welchen Fällen ist dies möglich und in welchen unmöglich? und darauf könnte nicht mehr im Viele-System geantwortet werden. 87

5 / In der Notation „x^2" verschwindet ja wirklich die Möglichkeit das eine der x [den einen der Faktoren x] durch eine andere Zahl zu ersetzen. Ja, es wären zwei Stadien der Entdeckung (oder Konstruktion) von x^2 denkbar. Daß man etwa zuerst statt „x^2" „$x^=$" setzt, ehe es Einem nämlich auffällt, daß es das System $x \cdot x$, $x \cdot x \cdot x$, etc. gibt und daß man dann erst hierauf kommt. Ähnliches ist in der Mathematik unzählige Male vorgekommen. (Liebig bezeichnete ein Oxyd noch nicht so, daß der Sauerstoff darin als gleichwertiges Element mit dem Oxydierten [... als Element wie das Oxydierte] auftrat. Und, so seltsam das klingt, so könnte man auch mit allen |uns| heute und jemals bekannten Daten 88 dem Sauerstoff durch eine ungeheuer künstliche Interpretation – d.h., grammatische Konstruktion – eine solche Ausnahmsstellung verschaffen; natürlich nur in der Form der Darstellung.)

1 *Im MS:* Könnte man |das| aber dann nicht
7 a mit b multiplizieren ⟨und ...⟩
13 / *Randzeichen überschrieben*
17 | Ein Satz der *–im MS fehlt der schließende Strich*
17 auf einer falschen Rechnung beruht⟨, ⟩wie etwa
28 in welchen Fällen ist dies möglich und in welchen ⟨nicht ...⟩
40 so könnte man auch mit ⟨allem ...⟩
40 |uns| *–das Einfügungszeichen ist im MS gewellt unterstrichen*

1 ∨ Ich will also sagen: x^2 mußte man entdecken wie den induktiven Zug in B (und wie die Irrationalzahlen). Und damit hat man in jedem der Fälle ein neues System konstruiert. Aber ist denn nicht, nach wie vor, $x^2 = x \cdot x$? – Und wenn wir nun durch Definition setzen:

2 / $[a + (b + 1) \overset{\alpha}{=} (a + b) + 1]$ & $[a + (b + (c + 1)) \overset{\beta}{=} (a + (b + c)) + 1]$ &
$[(a + b) + (c + 1) \overset{\gamma}{=} ((a + b) + c) + 1] \,.\overset{\text{Def}}{=}.\, a + (b + c) \,.\mathfrak{J}.\, (a + b) + c \ldots .\, U)$

und allgemein:

$$[f_1(1) \overset{\rho}{=} f_2(1)] \;\&\; [f_1(c + 1) \overset{\beta}{=} f_1(c) + 1] \;\&\; [f_2(c + 1) \overset{\gamma}{=} f_2(c) + 1] \,.\overset{\text{Def}}{=}.\, f_1(c) \,.\mathfrak{J}.\, f_2(c) \ldots .\, V)! –$$

3 ∨ Die 2 in „x^2“ könnte man wirklich noch durch ein beliebiges anderes Zeichen ersetzen, solange man sie noch nicht mit den andern Potenzen in Verbindung gebracht hat.

4 ∨ Da muß man nun sagen, daß man die Definition des $\xi \,\mathfrak{J}\, \eta$ gar nicht verstehen kann/versteht/, wenn man nicht schon die linke Seite der Definition nach dem neuen System sieht. Übrigens gilt das auch von $x \cdot x = x^2$, denn es wäre möglich daß diese Definition jemand mißversteht und glaubt daß nach ihr $(x \cdot x) \cdot (x \cdot x) = x^3$ wäre. Und darum ist ja die allgemeine Definition von $\xi \,.\mathfrak{J}.\, \eta$ von einer ganz neuen Allgemeinheit; d.h., die Zeichen „f_1“, „f_2“ sind im |alten| Kalkül mit a, b, c noch gar nicht bekannt. 89

5 ∨ Wer aber z.B. so den Potenzexponenten mißverstanden hätte, würde doch mit dem Zeichen „x^2“ richtig rechnen, solange er es nur als Abkürzung für „$x \cdot x$“ gebrauchte. Daß wir aber hier über das alte System hinausgehen zeigt die a l l g e m e i n e Erklärung des Exponenten, etwa $x \cdot x \cdot x \ldots .$ n-mal $= x^n$ $[x^1 = x,\ x^{n+1} = x^n \cdot x]$ weil diese Zeichen enthält („x^n“) die in der Algebra, die die Potenzen nicht kennt |wenn auch die Ausdrücke „$x \cdot x$“, „$x \cdot x \cdot x$“| nicht vorhanden sind.

7 *Im MS ein Absatz, durch Randzeichen als Bemerkung gekennzeichnet.*

9 $[(a + b) + (c + 1) \overset{\gamma}{=} ((a + b) + c) + 1] \,.\overset{\text{Def}}{=}.\, a + (b + \langle n \rangle) \,.\mathfrak{J}.\, (a + b) + \langle n \rangle \ldots .\, U)$ *–im MS ist die Korrektursequenz:* $\langle n \rangle \rightarrow \langle c \rangle \rightarrow \langle n? \rangle \rightarrow c$

13 $f_1(\langle n \rangle) \,.\mathfrak{J}.\, f_2(\langle n \rangle) \ldots .\, V)! –$

15 ⟨|? ⟩Die 2 in „x^2“ könnte man *–Markierung im MS gestrichen*

25 |alten| *–das Einfügungszeichen ist im MS gewellt unterstrichen*

Ich habe in dem Ausdruck des letzten Satzes „wenn auch die Ausdrücke ‚x·x', ‚x·x·x'" natürlich mit Absicht das ‚u.s.w.' weggelassen, denn eben dieses ist es ja, welches die neue Konstruktion hinzufügt. (Das ‚u.s.w.' wäre hier, wie schon sooft bemerkt, keine Abkürzung. Wenn ich sage „in dem Konzert waren meine Geschwister Paul, Gretl u.s.w." so i s t hier das ‚u.s.w.' eine Abkürzung. Eine Abkürzung muß 90
eben für etwas stehen was nicht angeschrieben ist. Der Ausdruck daß es „nicht angeschrieben ist" (und ebenso sein Gegenteil) darf also nicht Unsinn sein.)

1 V Was ich sagen will ist eigentlich nur: Mit den Definitionen $x{\cdot}x = x^2$, $x{\cdot}x{\cdot}x = x^3$, $x{\cdot}x{\cdot}x{\cdot}x = x^4$ kommen nur die Zeichen x^2, x^3, x^4 zur Welt (und soweit war es noch nicht nötig Ziffern als Exponenten zu schreiben).

2 V | Die rekursive Definition von x^n drückt nicht etwas aus was im Kalkül mit x^2, x^3, x^4 schon war [schon vorhanden war] und nur hat gefunden werden müssen, sondern bedeutet eine neue Konstruktion. | (Die keine frühere Lücke ausfüllt.)

3 V Es wäre eine Frage, wie eine Algebra aussähe die ganz ohne Induktion arbeiten würde/arbeitete/. Wie ist es in dieser Beziehung in der „Algebra der Logik" wie sie Frege und Russell benützen? In dieser werden keine rekursiven Definitionen gegeben und keine rekursiven Beweise geführt. [... keine rekursiven Definitionen und keine rekursiven Beweise gegeben.]

4 V Wenn ich früher sagte, die Definition von ξ .ℑ. η kann man nicht verstehen, „wenn man nicht schon die linke Seite der Definition in dem 91
neuen System sieht", so heißt das eigentlich nicht mehr, als daß die beiden Seiten zusammen e i n Zeichen bilden. Daß sie nur mit Beziehung auf einander (und nicht einzeln) Bedeutung haben.

Und dasselbe gilt, wenn es heißt „Fa, und a $\overset{\text{Def}}{=}$ f(b)" oder „Fa, wo a $\overset{\text{Def}}{=}$ f(b) ist". Auch hier bilden Fa und die Definition wirklich e i n Zeichen, – oder, richtiger und ohne Mythus: sie gehören zusammen und ich hätte ja auch schreiben können: F(a) $\overset{\text{Def}}{=}$ F(f(b)).

5 „in dem Konzert waren ⟨alle⟩ meine Geschwister Paul, Gretl u.s.w."
7 muß eben für etwas stehen was nicht angeschrieben ist⟨, nicht ...⟩
7 Der ⟨Satz⟩ daß ⟨„ ...⟩
7 Der Ausdruck daß es ⟨‚⟩nicht angeschrieben ist
11 ⟨×⟩ *Randzeichen gestrichen*
11 Was ich sagen will ist eigentlich nur: *–im MS durchstrichen*
16 *Die Bemerkung ist im MS fortlaufender Text, durch Randzeichen als Bemerkung gekennzeichnet.*
18 sondern bedeutet eine neue Konstruktion⟨ die⟩ keine frühere Lücke
23 wie sie Frege und Russell benützen? In dieser ⟨wird ...⟩
24 und keine rekursiven Beweise ⟨gegeben ...⟩
32 (und nicht einzeln) *–im MS durchstrichen*

1 ∨ Aber auch das stellt die Sache nicht richtig dar. Die Definition U hätte man sehr wohl als eine – gleichsam willkürliche – Abkürzung des Ausdrucks $\alpha\cdot\beta\cdot\gamma$ auffassen können, also ohne das System zu sehen dem sie |nach unserer Auffassung| angehört. Die Definition so betrachtet ist eine andere als die von uns gemeinte, die man durch Hervorhebungen von der ersten unterscheiden könnte. Aber dadurch geben wir dann in Wirklichkeit die allgemeine Definition V. Und das heißt: die erste Definition verstehen, wie ich sie gemeint habe heißt sie als Gleichung verstehen die der Definition V (der allgemeinen Definition) gemäß ist. 92

/ Ich könnte es so ausdrücken: man könnte die Definition U sehen ohne zu wissen *warum* ich so definiere. [so abkürze.]

Man könnte die Definition sehen ohne ihren Witz zu verstehen. – Aber dieser Witz ist eben etwas Neues, das in ihr als spezieller? Ersetzungsregel noch nicht liegt.

2 × Auch ist „ℑ" natürlich kein Gleichheitszeichen, in dem Sinn, wie sie in α, β und γ stehen.

3 ∨ Aber man kann leicht zeigen, daß ℑ gewisse formale Eigenschaften mit = gemein hat.

4 ∨ Nun habe ich aber doch gesagt: wenn man aus $\alpha\cdot\beta\cdot\gamma$ A ableitet so betrachtet man $\alpha\cdot\beta\cdot\gamma$ gar nicht als Satz!

Heißt das nicht: in der Definition U ist die rechte Seite nicht in demselben Sinne ein Satz wie die linke, denn im System der Sätze der linken Seite kann die Funktion ℑ nicht vorkommen?

5 ∨ Das erste System ist, gleichsam, in Bezug auf ℑ unschuldig. Es treibt seine Spiele mit a, b, c, +, =, und kann es selbst *nicht* merken daß ℑ entsteht.

6 ∨ Was natürlich wieder nichts anderes heißt, als daß U keine Definition von ℑ ist, sondern V. 93

7 / | Der Prozess der Generalisation/Verallgemeinerung/ schafft ein neues Zeichensystem. |

8 / Daß man sagt „*die Richtigkeit* der Gleichung ist bewiesen", zeigt schon, daß Beweis nicht jede Ableitung/Konstruktion/ ist. [.... Konstruktion der Gleichung ist.]

4 Die Definition so betrachtet ist ⟨ist⟩ eine andere
6 von der ersten unterscheiden könnte. Aber ⟨diese ...⟩
10 ⟨I...⟩ *–im MS nach einer Leerzeile gestrichener Anfang einer Bemerkung*
12 Man könnte die Definition ⟨als spezi...⟩
19 zeigen, daß ⟨„⟩ℑ⟨"⟩ gewisse formale ⟨I...⟩
19 Eigenschaften mit ⟨„=" ...⟩
22 Nun habe ich aber doch gesagt⟨,⟩ wenn man aus $\alpha\cdot\beta\cdot\gamma$ A ableitet

1 / Die eigentliche Entdeckung ist die, die mich fähig macht mit dem Philosophieren aufzuhören, wann ich will.

Die die Philosophie zur Ruhe bringt so daß sie nicht mehr von Fragen gepeitscht ist/wird/ die sie selbst in Frage stellen.

Sondern es wird jetzt an Beispielen eine Methode gezeigt, und die Reihe dieser Beispiele kann man abbrechen.

2 / Richtiger hieße es aber: Es werden Probleme gelöst (Beunruhigungen /Schwierigkeiten/ beseitigt) nicht ein Problem.

3 × Es ist eine sehr wichtige Bemerkung, daß das c in A nicht dieselbe Variable ist wie das c in β und γ. Ich habe also den Beweis nicht ganz richtig hingeschrieben, und zwar in einer für uns sehr wichtigen 94
Beziehung. In A könnten wir statt c n setzen, dagegen sind die c in β und γ identisch.

Es ist aber auch noch das zu fragen: kann ich nun aus A ableiten, daß $i + (k + 1) = (i + k) + 1$? und wenn ja, warum dann nicht gleich aus B? Also ist auch a und b in A nicht identisch mit a und b in α, β und γ?

4 ∨ B tritt jetzt einfach an Stelle von A.

5 ∨ Diese Bemerkung ist so wichtig wie jede über eine Verschiedenheit im Knochenbau zweier Tiere. [Tierarten]

6 ∨ Auf den ersten Blick scheint es zwei Stadien der Allgemeinheit des Beweises zu geben: Wir könnten zuerst in B statt a und b zwei bestimmte Zahlen setzen 4 und 5 und dann wäre also das Resultat $4 + (5 + n) = (4 + 5) + n$. Und nun könnten wir einen weitern Schritt in der Allgemeinheit machen und „allgemeine Zahlen“ statt 4 und 5 setzen.

7 ∨ Daß die Variable c in B nicht identisch mit c in A ist sieht man klar wenn man statt ihrer eine Zahl einsetzt. Dann lautet B etwa:

$$\left.\begin{array}{ll} \alpha & 4 + (5 + 1) = (4 + 5) + 1 \\ \beta & 4 + (5 + (6(+1)) = (4 + (5 + 6)) + 1 \\ \gamma & (4 + 5) + (6 + 1) = (4 + 5) + (6 + 1) \end{array}\right\} W)$$

aber dem entspricht nun nicht etwa die Gleichung 95

A_W: $4 + (5 + 6) = (4 + 5) + 6$!

8 ∨ Als Induktionsbeweis betrachtet rechtfertigt W nicht gerade den Übergang in A_W. Nicht mehr als den Übergang $4 + (5 + 2) = (4 + 5) + 2$.

9 ∨̸ Soll nun auf der rechten Seite der Definition U ein ‚c‘ stehen oder ein ‚n‘? Ein c, da ja die rechte Seite nichts weiter ist als eine Abkürzung der rechten. (Auf den vorigen Fall angewendet wäre also statt W zu schreiben $4 + (5 + 6)$.𝔍. $(4 + 5) + 6$. Aber das wäre nicht die Gleichung A_W.

11 ⟨∨⟩ *Randzeichen gestrichen*
11 daß das c in ⟨α …⟩

1 / | Was die irrationalen Zahlen betrifft so sagt meine Untersuchung nur, daß es falsch (oder irreführend) ist, von Irrationalzahlen zu sprechen indem man sie als Zahlenart den Kardinal- und Rationalzahlen gegenüberstellt, weil man „Irrationalzahlen" in Wirklichkeit verschiedene Zahlenarten nennt, – von einander so verschieden, wie die Rationalzahlen von jeder von ihnen. |

2 v [Zum vorletzten Satz] Noch wäre es ihre besondere Rechtfertigung.

Will man also die Form der durch W gerechtfertigten Zahlengleichung (also das „Bewiesene") hinschreiben so muß es heißen /lauten/: 4 + (5 + n) = (4 + 5) + n. 96

3 v Wenn ich |so| aber in B statt a und b bestimmte Zahlen einsetze so ändert der Beweis insofern seinen Charakter, als nun β und γ nicht mehr aus α hervorgehen sondern nur aus dem früheren allgemeinen α. Und das gewährt uns wieder einen Einblick in den Beweis. Denn auch in seiner allgemeinen Form wird β und γ nicht eigentlich mit Hilfe von α konstruiert sondern mit Hilfe eines algebraischen Paradigmas von der Form α (das übrigens ganz andere Variable enthalten kann).

4 v Vergessen wir nicht daß U und V (wie alle Definitionen) nur Abkürzungen einführen, die ebensogut wegbleiben könnten. Durch diese Definitionen ist also kein entscheidender logischer Schritt geschehen. Wohl aber durch die neue Auffassung ihrer linken Seiten. Oder richtiger durch deren Konstruktion die also fälschlicher Weise so geschrieben wurde wie das alte Zeichen α·β·γ. Der richtige Ausdruck des logischen Schrittes/unseres Schrittes/ ist nur die Neueinführung eines Zeichens/Einführung eines neuen Zeichens/.

5 v [Ich bin außerordentlich ungeschickt, aber gerade darum sehe ich die Schwierigkeiten, an denen ein Geschickterer vorbeiginge.] 97

6 v Ich fragte oben: ist meine Behauptung, daß im induktiven Verfahren α·β·γ nicht als Satz aufgefaßt wird, nicht dadurch ausgedrückt daß in U die rechte Seite nicht in demselben Sinne ein Satz ist wie/in einem andern Sinne ein Satz ist als/ die linke. Aber der Ausdruck dieser Behauptung ist, daß α·β·γ mit den Hervorhebungen in anderem Sinne ein Satz ist als |α·β·γ| ohne den Hervorhebungen.

2 daß es falsch (oder irreführend ist⟨)⟩ von
3 Irrationalzahlen zu sprechen indem man ⟨dies…⟩
3 als Zahlenart den Kardinal- und Rationalzahlen ⟨an…⟩
4 weil ⟨das was man „Irrationalzahl" nennt …⟩
4 weil ⟨die⟩ „Irrationalzahlen" in Wirklichkeit ⟨mehrere⟩ Zahlenarten ⟨umfassen die⟩ von einander so verschieden ⟨sind⟩ wie ⟨Kardinal…⟩
13 Wenn ich |so| aber ⟨den …⟩
26 Der richtige Ausdruck ⟨unsere…⟩
27 ist nur die ⟨Neueinführung eines Zeichens⟩.
30 aber gerade darum ⟨geh…⟩
36 die linke⟨?⟩ Aber der Ausdruck dieser Behauptung ist,

1 v Man könnte sagen: was ich von B und i + (k + l) = (i + k) + l sage, bezieht sich auch auf den Fall des Beweises $(a + b)^2 = a^2 + 2ab + b^2$. Auch hier könnte man vor der letzten Transformation stehen bleiben und sie erst in einer Anwendung auf $(i + k)^2$ machen.

2 v [Meine Methode ist, mich immer wieder von denselben Dingen puzzlen zu lassen.]

3 / | Die Frage nach der Verification ist nur eine andere Form der Frage „wie meinst Du das?". |

4 v Darin daß das c in B nicht identisch ist mit dem c in A oder: darin daß man die beiden Stellen mit verschiedenen Buchstaben besetzen kann, ist 98
– glaube ich – ausgedrückt/ist ausgedrückt/, was den Induktionsbeweis von einem Beweis von A unterscheidet

5 / | Es ist nicht nur höchst bedeutsam daß man | | | | | auf vielerlei Arten sehen kann (in vielerlei Gruppierungen) sondern |noch| viel mehr bemerkenswert daß man es willkürlich tun kann. D.h., daß es einen ganz bestimmten Vorgang gibt eine bestimmte „Auffassung" auf Befehl zu bekommen; und daß es – dem entsprechend – auch einen ganz bestimmten Vorgang des vergeblichen Versuchens gibt. So kann man auf Befehl die Figur  so sehen daß der eine oder der andere Vertikalstrich die Nase, dieser oder jener Strich der Mund wird, und kann unter Umständen das eine oder das andere vergeblich versuchen. |

6 / | Das Wesentliche ist hier daß dieser Versuch den Charakter des Versuchs hat, ein Gewicht mit der Hand zu heben; nicht den Charakter des Versuchs in welchem man verschiedenes tut verschiedene Mittel ausprobiert um z.B. ein Gewicht zu heben. In den zwei Fällen hat das Wort „Versuch" ganz verschiedene Bedeutungen. (Eine außerordentlich 99
folgenreiche grammatische Tatsache.) |

7 v [Ich greife oft im Schreiben meinem Denken vor.]

8 v Der Fluß der Zahlen [der Zahlenstrom] durch B zeigt das associative Gesetz.

18 |noch| *–das Einfügungszeichen ist im MS gewellt unterstrichen*
19 bemerkenswert daß man es willkürlich tun kann. ⟨Daß …⟩
23 die Figur  so ⟨an…⟩

1 ?√/ Heißt was ich oben geschrieben habe etwas anderes als daß der Schein des algebraischen Beweises von A dadurch entsteht, daß wir in den Gleichungen A die gleichen Variablen a, b, c wiederzufinden meinen wie in α, β, γ und daher A für ein Produkt/das Resultat/ einer Transformation jener Gleichungen ansehen. (Während ich ja in Wirklichkeit dem Schriftzeichen α β γ eine ganz neue Auffassung gebe, worin es liegt, daß das c in β und γ nicht in derselben Weise als Variable gebraucht wird, wie a und b. So daß es also ein Ausdruck dieser andern Auffassung von B ist, daß in A das c nicht vorkommt.)

2 √ Was ich von dem Wechsel in der Auffassung von α β γ gesagt habe
könnte ich jetzt so sagen: β und γ entstehen mit Hilfe von α genau so 100
wie etwa $(a + b)^2 = a^2 + 2ab + b^2$ mit Hilfe der algebraischen Grundgleichungen. Kaum aber sind sie so/Sind sie |aber| so/ abgeleitet so betrachten wir den Komplex α β γ auf eine neue Weise, indem wir der Variablen c eine andere Funktion geben als a und b. (c wird das Rohr durch das der Zahlenstrom fließt/Loch durch das der Zahlenstrom fließen muß/.)

3 √ Man könnte das auch (einfach) so sagen: die rekursive [induktive] *Anwendung* der Buchstabengleichungen ist eine andere als die nicht induktive. Die Definition $a + (b + 1) \doteqdot (a + b) + 1$ nicht induktiv auf 4 und 5 angewandt gibt für a = 4 und b = 5 $4 + (5 + 1) = (4 + 5) + 1$ und diese Gleichung ist das Resultat der Anwendung von α. Die rekursive Anwendung von α auf 4 und 5 (a = 4, b = 5) besteht in der Erzeugung einer Reihe von Gleichungen $4 + (5 + 1) = (4 + 5) + 1 = (4 + (4 + 1)) + 1 = (((4 + 4) + 1) + 1) = (((4 + (3 + 1)) + 1) + 1) =$ etc. (*hier ist* „etc" eine Abkürzung). Ebenso besteht die nicht induktive Anwendung von B auf 4, 5, 7, in der Einsetzung dieser Zahlen statt der Variablen. Dagegen die induktive Anwendung im Erzeugen einer Reihe von Gleichungen die mit $4 + (5 + 1) = (4 + 5) + 1$ anfängt und mit $4 + (5 + 7) = (4 + 5) + 7$ endet.

4 √ Man kann hier sagen: die Anwendung der Variablen ist ihr Sinn. 101

5 √ Oder: Die Beschreibung der Anwendung des Zeichens ist eine Ergänzung des Zeichens und ergibt eben in den zwei Fällen etwas Verschiedenes.

3 daß wir in den Gleichungen ⟨α, β, γ⟩ die gleichen Variablen a,
4 ein Produkt/das Resultat/ *–erste Variante im MS durchstrichen*
12 könnte ich jetzt so sagen: ⟨α,⟩ β und γ entstehen mit Hilfe von
14 Kaum aber sind sie so/Sind sie |aber| so/ *–erste Variante im MS durchstrichen*
16 indem wir der Variablen c eine andere Funktion geben als a⟨+⟩b.
18 Rohr durch das der Zahlenstrom fließt/Loch durch das der Zahlenstrom fließen muß/ *–erste Variante im MS durchstrichen*
20 ⟨/⟩ *Randzeichen gestrichen*
20 das *–im MS durchstrichen*
25 Die rekursive Anwendung ⟨aber best…⟩
25 auf 4 und 5 (a = 4⟨ und⟩ b = 5) besteht in der Erzeugung
27 *Im MS:* $((4 + 4) + 1) + 1) = ((4 + (3 + 1)) + 1) + 1) =$
29 von B auf 4, 5, 7, in der Einsetzung ⟨von …⟩
37 ist eine Ergänzung des Zeichens und ergibt eben in ⟨beiden F…⟩

1 ∨ Die Beschreibung der Anwendung des Zeichens ist ja ein Zeichen und statt des ersten zu verwenden. Die Hervorhebungen könnte man ja sehr wohl als Beschreibung [als Symbol zur Beschreibung] der |induktiven| Anwendung von B auffassen./ansehen./

2 / | Wenn auf die Lösung – etwa – des Fermatschen Problems Preise |aus|gesetzt sind so könnte man mir sagen/vorwerfen/vorhalten/: wie kannst Du behaupten/sagen/, daß es dieses Problem nicht gebe, wenn Preise |auf die Lösung| ausgesetzt sind so muß es das Problem wohl geben. Ich müßte sagen: Gewiß, nur mißverstehen die, die darüber reden die Grammatik des Wortes Problem/„mathematisches Problem"/ und des Wortes „Lösung". Der Preis ist eigentlich auf die Lösung einer Naturwissenschaftlichen Aufgabe gesetzt, (gleichsam) auf das Äußere der Lösung (darum spricht man z.B. auch von einer Riemannschen Hypothese). Die Bedingungen der Aufgabe sind äußerliche, und wenn die Aufgabe gelöst ist so entspricht, was geschehen ist der 102
gestellten Aufgabe [der Stellung der Aufgabe] wie die Lösung einer physikalischen Aufgabe dieser Aufgabe.

3 / Wäre die Aufgabe eine Konstruktion des regelmäßigen Fünfecks zu finden, so ist die Konstruktion in dieser Aufgabenstellung durch das physikalische Merkmal charakterisiert, daß sie tatsächlich ein durch Messung definiertes regelmäßiges 5-Eck liefern soll. Denn den Begriff der konstruktiven 5 Teilung (oder des konstruktiven 5-Ecks) haben wir ja noch gar nicht [erhalten wir ja erst durch die Konstruktion.]

4 / Ebenso im Fermatschen Satz haben wir ein empirisches Gebilde das wir als Hypothese deuten also |– natürlich –| nicht als Ende einer Konstruktion. Die Aufgabe frägt also |in gewissem Sinne| nach etwas anderem als was die Lösung gibt. |

5 /∨ Das Zeichen B im Beweis wird also induktiv aufgefaßt das bewiesene |A| aber nicht (sondern das ist wieder ein Zeichen wie α in der Ableitung von β und γ). Und darin, daß man auf diesen |logischen| Unterschied nicht aufmerksam wird liegt die Täuschung als sei A im alten Sinn des Wortes – also wie β und γ – ‚bewiesen'. 103

6 / | Natürlich steht auch der Beweis des Gegenteils des Fermatschen Satzes z.B., im gleichen Verhältnis zur Aufgabe wie der Beweis des Satzes. (Beweis der Unmöglichkeit einer Konstruktion.) |

7 ∨ Wieweit hat sich der Philosoph in die Mathematik zu mischen?

26.

8 ∨ Der philosophische Witz.

12 auf |die Lösung| ⟨eine Naturwissenschaftliche⟩ Aufgabe gesetzt
17 [der Stellung der Aufgabe] wie die Lösung ⟨eine …⟩
29 als Hypothese deuten also |– natürlich –| nicht als ⟨ei…⟩
33 / *Randzeichen überschrieben*
34 ein Zeichen wie α in der ⟨Anwendung …⟩
39 Natürlich steht auch der Beweis des Gegenteils⟨,⟩ des Fermatschen Satzes
40 des Fermatschen Satzes z.B., ⟨au…⟩

1 ?∫∨ Ich könnte algebraische *Rechnungen* (Anwendungen) machen und mich dabei immer nur auf die ‚Beweise I, II, III, etc‘ beziehen, nie auf die ‚bewiesenen Sätze‘.

Wenn man aber so $(a+b)^2 =$ etc ausgerechnet und nun wieder eine Anwendung auf $(s \cdot t + i \cdot k)^2$ gemacht hätte, so käme man darauf, daß, so wie man hier $(a+b)^2 =$ etc verwendet hat, früher implicite von einer Gleichung/einem Vorbild/ $a + (b + c) = (a + b) + c$ Gebrauch gemacht wurde. D.h., daß man, statt sich auf B zu beziehen, man sich auf eine solche Gleichung hätte beziehen können.

Man könnte aber jetzt nicht sagen, daß diese Gleichung aus/von/ B abgeleitet war, sowenig wie früher die Gleichung $i + (k + l) = (i + k) + l$. Und so wenig wie die Gleichung $(i+k)^2 =$ etc aus $(a+b)^2 =$ etc..

2 ∨ Was heißt es denn, daß alle Übergänge in meinen Rechnungen (Z.B. in 104
$(i+k)^2 =$ etc) nach diesen (bestimmten) Regeln vor sich gehen. Doch wohl nur, daß sie alle von der Art der Übergänge (in) I, II, III, etc sind. Das associative Gesetz legt eine Art von Übergang fest, gibt ein Beispiel von ihm, und ebenso die andern Gesetze.

Wenn ich z.B. die Kette von Gleichungen des Beweises $(a+b)^2 = \ldots.$ anschreibe, so ist jede dieser Gleichungen nach dem Modell eines der Grundgesetze geformt; und wir sagen dann, der Übergang geschieht *nach* diesem Grundgesetz.

3 ∨ (Das associative Gesetz ist das Vorbild des associativen Übergangs.)

4 ∨∫ Der Beweis B zeigt etwas um A.

5 ∨ A ist die allgemeine Form der Zahlengleichungen die B beweist. ((Und *dieser* Satz selbst bringt uns der Anwendung von A nicht näher als A selbst und ist nur eine Übersetzung von A selbst)) Und die algebraische Notation wird verwendet um mir zu sagen, wie ich z.B. im Falle $(17+18)^2$ rechnen soll, indem mir gesagt wird/es heißt/ „$(a+b)^2 =$ etc“. D.h., ich soll dieser Gleichung gemäß rechnen. Und insofern könnte man unsere Induktion einen Beweis der algebraischen Gleichung nennen. Denn ich könnte sagen: Rechne nach [Rechne ruhig nach]
dieser Gleichung, *sie* ist bewiesen worden. 105

6 / | („So soll er sich kränken“, ist oft das letzte Wort in einem philosophischen Hin-und-her; der Verstand wird so lange von der Scheinfrage zurückgeworfen bis sie zwar nicht gelöst |wurde|/nicht sie gelöst wurde/ sondern seine Einstellung durch ihre Rückstöße/Stöße/ zurecht gerichtet hat.) |

1 ?∫ *Randzeichen überschrieben*
2 die ‚Beweise I, II, III, etc‘ *–im MS fehlt das Ausführungszeichen*
4 Wenn man aber so ⟨$(a+b)^2$ aus …⟩
8 D.h., daß ⟨man⟩, statt sich auf B zu ⟨z…⟩
9 man sich auf eine solche Gleichung *–im MS ist* man *durchstrichen*
25 ⟨×⟩ *Randzeichen gestrichen*
27 ∫ *Randzeichen im Falz*
35 Induktion einen Beweis der algebraischen ⟨Rechnung …⟩
39 / *Randzeichen durchstrichen*
39 „So soll er sich kränken“, ⟨das⟩ ist oft das letzte Wort ⟨in einer …⟩

1 v Die kritische Stelle [der Haken] im vorigen Satz liegt im Ausdruck/in der Bemerkung/ „wie ich z.B. im Falle $(17 + 18)^2$ ....“. Wenn ich jemandem im Falle $(17 + 18)^2$ die Rechnungsregel $(a + b)^2$ = etc gebe, so kann das/diese (hier)/ nicht mehr leisten als unmittelbar die Regel $(17 + 18)^2 = 17^2 + 2 \cdot 17 \cdot 18 + 18^2$. Ich könnte freilich der Bequemlichkeit halber, wenn „$(a + b)^2$ = etc“ schon irgendwo aufgeschrieben ist darauf deuten aber was hier an dieser Regel wirkt, [wirksam ist,] ist nur, was in der besonderen Ziffernregel/Zahlenregel/ auch steht. Und das Gleiche gilt, natürlich, wenn ich die Beispiele häufe. Nie komme ich über die besonderen Zahlenregeln hinaus. Der Haken liegt in dem Wort „z.B.“ der angeführten Stelle. Dieses Wort macht die Rechnung $(17 + 18)^2$ zu einem B e i s p i e l also bereits zum Ausdruck der algebraischen Regel. Der Verstand rennt |sich| hier immer/Wir rennen uns hier immer/ wieder den Kopf an beim Versuch die Allgemeinheit in eine Liste /Anzahl [Zahl]/ von Beispielen aufzulösen. D.h. er will den allgemeinen Satz wiederholen ihn aber doch nicht allgemein wiederholen. Will zwischen dem Allgemeinen und besondern Fällen vermitteln. 106

2 v (Der Philosoph übertreibt, schreit gleichsam, in seiner Ohnmacht, solange er den Kern der Confusion noch nicht entdeckt hat.)

3 v .... Rechne nach dieser Gleichung, s i e ist bewiesen worden.

Und anderseits/andererseits/, sie ist nur insofern bewiesen worden, als sie die Form der Zahlengleichungen ist, die in der Induktion ihre Rechtfertigung haben. (Wieder irreführend! weil es klingt als hätten wir eine Gesamtheit von Zahlengleichungen die mit ihrer/deren/ Form äquivalent wäre. Denn die Zahlengleichung ist nichts als die Zahlengleichung, und die Auffassung der Form ist bereits Algebra.) [Denn Zahlengleichungen sind nichts als Zahlengleichungen ..... Und hier darf es nicht heißen „d i e Zahlengleichungen“, denn das könnte nur heißen: die Zahlengleichungen die ich jetzt aufgeschrieben habe, oder dergleichen.]

4 v?∫ Wie verhalten sich: das Zahlenbeispiel 17 + (18 + 21) = ..., der Satz A und der Beweis B?

5 v (Man muß sich zu einer Ausdrucksweise h i n d u r c h r i n g e n /d u r c h r i n g e n/.) 107

6 ∫v Drückt B weniger klar aus, wie im besonderen Fall gerechnet werden soll als A?

19 ⟨x⟩ *Randzeichen gestrichen und überschrieben*
27 Denn die ⟨Zahlengleichungen sind⟩ nichts als die Zahlengleichung,
31 denn das könnte nur heißen⟨,⟩ die Zahlengleichungen die
31 die Zahlengleichungen die ⟨mir jetzt ...⟩
34 ?∫ *Randzeichen im Falz*
40 ⟨?⟩∫ *Fragezeichen zum Randzeichen gestrichen*

1 ∨ B_I, B_{II} sind Beweise von 17 + (28 + 14) = …., 17 + 1 = 1 + 17 etc.. Wenn das wahr ist, so sind sie insofern auch Beweise von A_I A_{II} etc., aber eben nur insofern (als) A die Form des Zahlenbeispiels ist, also nicht allgemein. Außer ihrer Beweiskraft für das besondere Zahlenbeispiel besitzen sie dann noch eine formelle Eigenschaft, die eben darin besteht, daß B so und so gebaut ist (wie man es beschreiben kann. Und mehr ist nicht da.

2 ∨ R ist die allgemeine Beschreibung von B deren Notwendigkeit man immer fühlt.

3 / Ich sage $(a + b)^2$ = etc ist mit Hilfe von A_I A_{II} etc bewiesen, weil die Übergänge von $(a + b)^2$ zu $a^2 + 2ab + b^2$ alle von der Form A_I, oder A_{II}, etc sind. In diesem Sinne ist in III auch der Übergang von (b + 1) + a auf (b + a) + 1 nach A_I gemacht, aber nicht der Übergang a + n auf n + a!

4 ∨?∫ Wir können einerseits sagen, daß B_I 17 + (25 + 18) = …. beweist, 108
anderseits B_I beschreiben oder B_I, B_{II} und andere. Wir können auch hervorheben/sagen/ was d i e s e n allen gemeinsam ist. Aber das muß jedenfalls genügen.

5 ?∨ Wenn wir I, II und III ansehen so sehen wir, daß die Gleichungen A immer/in allen Fällen/ an einer bestimmten Stelle von B zu finden sind; d.h., daß sie von einer bestimmten Stelle von B herunter gelesen werden kann, und ferner, daß auch im Übrigen zwischen den B eine gewisse Analogie besteht; die man leicht völlig beschreiben könnte. ((Und die durch die Hervorhebungen völlig beschrieben ist.)) Es handelt sich eben nur um d i e s e (bestimmten) Fälle. Eine Allgemeinheit in dieser Beziehung die über die behandelten Fälle hinausgeht kommt in unsern Kalkül nicht hinein. ((Dies ist ein Widerspruch: denn wenn ich beschreibe was allen d i e s e n Fällen gemeinsam ist, so gehe ich eben dadurch über diese Fälle hinaus. Im Fall der primären Farben, z.B., kann ich nicht b e s c h r e i b e n was diesen gemeinsam ist und ihre Klasse ist (zugleich) ihr Begriff. Kann ich aber beschreiben was gewissen
Zeichen gemeinsam ist, so habe ich damit eine allgemeine Beschreibung 109
gegeben, denn käme was ich beschreibe w e s e n t l i c h nur diesen drei Zeichen zu so könnte es nur durch die Beschreibung dieser drei Zeichen gegeben werden und nicht durch die/eine/ Beschreibung die insofern ü b e r den Beschreibungen der einzelnen Zeichen steht als in ihr d i e s e B e s c h r e i b u n g e n n i c h t e n t h a l t e n s i n d (sondern etwa nur ein Teil von ihnen). Das Hervorheben des Gemeinsamen ist eine neue Konstruktion die also über die alten Zeichen hinausgeht.))

6 ∨ Man kann nicht zugleich allgemein und besonders beschreiben/sein/.

6 (wie man es beschreiben kann. *–im MS fehlt die Schlußklammer*
9 R ist die allgemeine Beschreibung von B ⟨von der man immer fühlt …⟩
18 ?∫ *Randzeichen im Falz*
23 ⟨?|⟩ *Randzeichen gestrichen*
31 ((Dies ist ein Widerspruch⟨,⟩ denn wenn ich beschreibe
37 denn käme was ich beschreibe w e s e n t l i c h nur diesen ⟨3⟩ Zeichen zu
42 Das Hervorheben des Gemeinsamen ist ⟨die⟩ Konstruktion die

1 ∨ Es ist wohl ein Unterschied zwischen den Fällen in denen einerseits B_I, B_{II}, B_{III} für A_I, A_{II}, A_{III} konstruiert werden ohne daß dabei gesehen (oder hervorgehoben) wird, daß eine Analogie zwischen den B besteht, und anderseits die Analogie der B hervorzuheben. Aber das ist wahr, daß das Hervorheben dieser/der/ Analogien die B nicht zu Beweisen macht.

2 ∨ Ist es richtig zu sagen: Kein weiterer Schritt kann B zu einem Beweis machen, wenn es nach dem ersten noch keiner ist. 110

3 / Es zeigt mir jemand die Komplexe B und ich sage „das sind keine Beweise der Gleichungen A". Nun sagt er: „Du siehst aber noch nicht das System, nach dem diese Komplexe gebildet sind", und zeigt es mir [und macht mich darauf aufmerksam]. Wie konnte das die B zu Beweisen machen? –

4 / Durch diese Einsicht steige ich in eine andere, sozusagen höhere, Ebene, während der B e w e i s auf der tieferen hätte geführt werden müssen [geführt werden müßte].

5 ∨∫ Ich schaue B an und sage: das ist kein Beweis von A. Nun heißt es: ich werde Dir zeigen, daß es doch ein Beweis ist. Aber wie kann man das zeigen? wenn es nun einmal kein Beweis |von A| ist. Nun macht er mir die rekursive Verwendung/Anwendung/ von B vor. Aber was hat das damit zu tun?

6 ∨ Was ich |richtig| gefühlt habe, ist die Unabhängigkeit der Auffassung von B von der Frage ob B A beweisen kann.

7 / Nur ein Bestimmter Übergang von Gleichungen zu einer Gleichung ist ein Beweis dieser letzteren. Dieser ist hier nicht gemacht/findet hier nicht statt/ und alles Andere kann auf die Sache keinen Einfluß (mehr) haben. 111
[.. und alles Andere kann B nicht mehr zum Beweis von A machen.]

8 ∨ ..... Eine Allgemeinheit in dieser Beziehung die über die behandelten Fälle hinausgeht kommt in unsern Kalkül nicht hinein.

Daher beweisen wir auch nicht A durch B, sondern es ist ganz richtig, daß wir etwas über A beweisen. Nämlich, daß die linke Seite von A in β und die rechte in γ mit Hilfe von α so und so erhalten werden kann, während α selbst der Wert von A für n.= 1 ist.

9 / Aber kann ich eben nicht sagen, daß, wenn ich dies über A bewiesen habe, ich damit A bewiesen habe? Und woher kam dann überhaupt die Täuschung, daß ich es dadurch bewiesen hätte? denn diese muß doch einen tieferen Grund haben.

2 konstruiert werden ohne daß dabei ⟨hervorge...⟩
4 daß eine Analogie zwischen den B besteht⟨. Und⟩ anderseits
12 und ich sage „das sind keine Beweise⟨" ...⟩
17 ⟨∨/⟩ *Randzeichen gestrichen*
21 ∫ *Randzeichen im Falz*
21 Ich schaue B ⟨an⟩ und sage:
21 und sage: ⟨„⟩das ist kein Beweis von A.
35 ⟨|⟩ *Randzeichen gestrichen*

1 / Nun, wenn es eine Täuschung ist, so kam sie jedenfalls von unserer Ausdrucksweise in der Wortsprache her „dieser Satz gilt für a l l e Zahlen"; denn der algebraische Satz war ja nach dieser Auffassung nur eine andere Schreibweise dieses Satzes (der Wortsprache). Und diese Ausdrucksweise ließ den Fall a l l e r Zahlen mit dem Fall aller 112
Menschen in diesem Zimmer verwechseln. (Während wir, um die Fälle zu unterscheiden, fragen: wie verifiziert man den einen und wie den andern.)

27.

2 ∨ Wenn „den algebraischen Satz mittels der Sätze p, q, r beweisen" heißt, die Übergänge der Gleichungskette den Sätzen p, q, r e n t s p r e c h e n d machen, dann ist B kein Beweis von A mittels α, noch ein/der/ Beweis eines Satzes der mittels A bewiesen ist. Denn den Übergang in A habe ich nicht durch α vermittelt.

3 ?∨ Wenn ich mir die Funktionen φ, ψ, F exact definiert/bestimmt/ denke und nun das Schema des Induktionsbeweises schreibe, — auch dann

$$\overset{\textstyle R}{B\left\{\begin{array}{lc}\alpha & \varphi(1)=\psi(1)\\ \beta & \varphi(c+1)=F(\varphi(c))\\ \gamma & \psi(c+1)=F(\psi(c))\end{array}\right\}\ldots \overset{\textstyle A}{\varphi n=\psi n}}$$

kann ich nicht sagen, der Übergang von φr auf ψr sei auf Grund von ρ gemacht worden (wenn der Übergang in α, β, γ nach ρ gemacht wurde (in speziellen Fällen ρ = α)). Er bleibt, der Gleichung A entsprechend, gemacht und ich könnte nur sagen, er entspreche dem Komplex B, wenn ich nämlich diesen als ein anderes Zeichen statt der Gleichung A auffasse.

4 ?∨ Denn das Schema des Übergangs mußte ja α, β und γ enthalten. 113

5 ?∫?∨ Tatsächlich ist R nicht das Schema des Induktionsbeweises B_{III}; dieses ist viel complizierter da es das Schema B_I enthalten muß

6 / Es ist nur dann nicht ratsam etwas Beweis zu nennen, wenn die übliche Grammatik des Wortes „Beweis" mit der Grammatik des betrachteten Gegenstandes nicht übereinstimmt.

7 ∫∨ Was soll es denn heißen, der Übergang sei durch R gerechtfertigt? Der Übergang wird gemacht, oder nicht gemacht, und ein Komplex von der Form R läßt sich konstruieren oder nicht konstruieren Das ist aber alles. ((Auch das ist nur ein Ausdruck dafür, daß ich in B nicht finde was ich eine Rechtfertigung des Übergangs in A nenne, nämlich, keine Vermittlung dieses Übergangs.))

1 Nun, wenn es eine Täuschung ist, so ⟨kann …⟩
6 Während wir, ⟨um⟩ die Fälle zu unterscheiden
11 ⟨|⟩ *Randzeichen gestrichen*
23 nach ρ gemacht wurde (⟨im speziellen Fall⟩ ρ = α
24 Er bleibt, der Gleichung A entsprechend, gemacht⟨,⟩ und ich
26 diesen als ein anderes Zeichen statt der Gleichung A auffasse. *–im MS am linken Rand mit einer vertikalen Wellenlinie markiert*
30 ?∫ *Randzeichen überschrieben*
37 ∫ *Randzeichen überschrieben*
41 des Übergangs in A nenne, nämlich, keine ⟨v…⟩

1 / Die tiefgehende Beunruhigung rührt am Schluß von einem kleinen aber offen zu Tage liegenden Zug des überkommenen Ausdrucks her.

2 ∨ Ich habe eine Klammer } zwischen α, β, γ und A gemacht, als ob es sich von selbst verstünde was diese Klammer bedeute. 114

3 ∨ Man könnte vermuten, die Klammer bedeute so viel, wie ein Gleichheitszeichen.

4 ∨ Diese Klammer könnte man übrigens auch zwischen „$1\cdot{}^{0}_{1} : 3 = 0\cdot3$" und „$1 : 3 = 0\cdot\dot{3}$" setzen.

(Zwischen den ‚allgemeinen Satz' und seine ‚Verification'.) Und wäre „}" hier nicht ein Gleichheitszeichen?

5 ∨?ʃ Ich will zeigen: Du hast geglaubt, Du gebrauchst einen Kalkül, in dem das Wort „alle" in einer gewöhnlichen Bedeutung vorkommt (oder stehen könnte), aber das ist nicht so: die Figur, die Du „alle" nanntest /nennst/, bewegst Du in diesem Spiel tatsächlich gar nicht nach den Regeln, die von diesem Wort in der Wortsprache gelten. (Sondern nach viel einfacheren.)

6 ∨ [Ich denke tatsächlich mit der Feder, denn mein Kopf weiß oft nichts von dem, was meine Hand schreibt.]

7 / (Die Philosophen sind oft wie kleine Kinder die zuerst mit ihrem Bleistift beliebige Striche auf ein Papier kritzeln und nun/dann/ den 115 Erwachsenen fragen „was ist das?" – Das ging so zu: Der Erwachsene hatte dem Kind öfters etwas vorgezeichnet und gesagt: „das ist ein Mann", „das ist ein Haus" u.s.w.. Und nun macht das Kind auch Striche und fragt: was ist nun d a s?)

8 ?/ Es wäre – nach den angenommenen Regeln – falsch das Gleichheitszeichen s o zu gebrauchen:

$$\Delta \ldots [(a+b)^2 = a\cdot(a+b) + b\cdot(a+b) = \ldots = a^2 + 2ab + b^2] = [(a+b)^2 = a^2 + 2ab + b^2]$$

wenn damit gemeint sein soll, daß die linke Seite der Beweis der rechten ist.

Könnte man sich aber nicht diese Gleichung als Definition aufgefaßt denken? Wenn es z.B. immer Gebrauch gewesen wäre statt der rechten Seite die ganze Kette anzuschreiben/hinzuschreiben/, und man nun die Abkürzung einführte.

Freilich k a n n Δ als Definition aufgefaßt werden! Denn das linke Zeichen wird tatsächlich gebraucht, und warum sollte man es nicht nach dieser Übereinkunft durch das rechte ersetzen./abkürzen./ Nur gebraucht man dann dieses oder jenes anders als es jetzt üblich ist. [... und warum sollte man es dann nicht nach dieser Übereinkunft abkürzen. Nur gebraucht man dann das rechte oder linke Zeichen anders als es jetzt üblich ist./als wir es jetzt gebrauchen./]

15 ?ʃ *Randzeichen im Falz*

16 einen Kalkül, in dem das Wort „alle" in ⟨seiner⟩ gewöhnlichen Bedeutung

28 Der Erwachsene hatte ⟨das⟩ Kind ⟨zu ...⟩

48 das rechte oder linke Zeichen anders als ⟨wir es jetzt ...⟩

1 ∨ Hier scheint mir eine Unklarheit zu entstehen (obwohl ich sie jetzt nicht klar vor mir sehe/beschreiben kann/) durch die Verwechslung von /zwischen/ besonderer und allgemeiner Definition (diese Bezeichnung selbst ist natürlich irreführend). 116

2 / Und es/Es/ ist nie genügend hervorgehoben worden, daß ganz verschiedene Arten von Zeichenregeln in der Form der Gleichung geschrieben werden.

3 / Die ‚Definition' $x \cdot x = x^2$ kann/könnte/ so aufgefasst werden, daß sie nur erlaubt statt des Zeichens „$x \cdot x$" das Zeichen „x^2" zu setzen |also analog der Definition $1 + 1 = 2$|; aber auch so (und so wird sie tatsächlich aufgefasst) daß sie erlaubt a^2 statt $a \cdot a$, und $(a + b)^2$ statt $(a + b) \cdot (a + b)$ zu setzen; auch so daß das x ‚jeden beliebigen Zahlenwert' annehmen kann./daß für das x jede beliebige Zahl eintreten kann./

4 × Was heißt es also daß R den Übergang A [von der Form A] rechtfertigt? Es heißt wohl, daß ich mich entschieden habe, nur solche Übergänge in meinem Kalkül zuzulassen, denen ein Schema B entspricht, dessen Sätze α, β, γ wieder aus/nach/ ρ ableitbar sein sollen. (Und das hieße natürlich nichts anderes, als daß ich nur die Übergänge A_I, A_{II}, etc. zuließe und diesen Schemata B entsprächen.) ((Richtiger wäre es zu schreiben „und diesen Schemata der Form R entsprechen". 117

5 / Ich wollte mit dem Nachsatz in der Klammer sagen, der Schein der Allgemeinheit – ich meine, der Allgemeinheit des Begriffs der Induktionsmethode – ist unnötig, denn es kommt am Schluß doch nur darauf hinaus daß die speziellen Konstruktionen B_I, B_{II}, etc um die Seiten der Gleichungen A_I, A_{II}, etc konstruiert wurden. Oder: es ist ein Luxus dann noch das Gemeinsame dieser Konstruktionen zu erkennen, alles was maßgebend ist, sind diese Konstruktionen (selbst)./selber./ Denn alles was dasteht sind diese Beweise. Und der Begriff unter den die Beweise fallen ist überflüssig, denn wir haben nie etwas mit ihm gemacht. Wie der Begriff Sessel überflüssig ist, wenn ich nur – auf die Gegenstände weisend – sagen will „stelle dies und dies und dies in mein Zimmer" (obwohl die drei Gegenstände Sessel sind). (Und eignen sich diese/eignet sich eines dieser/ Geräte nicht |nur| darauf zu sitzen, so wird das dadurch nicht anders, daß man auf eine Ähnlichkeit zwischen ihnen aufmerksam macht.) Das heißt aber nichts anderes, als daß der einzelne Beweis unsere Anerkennung als solchen/einen solchen/ braucht (wenn ‚Beweis' bedeuten soll, was es bedeutet); hat er die nicht, so kann keine Entdeckung einer Analogie mit anderen solchen Gebilden sie ihm geben 118
[verschaffen]. Und der Schein des Beweises entsteht dadurch, daß α, β, γ und A Gleichungen sind, und daß eine allgemeine Regel gegeben

3 von/zwischen/ besonderer und allgemeiner Definition⟨, …⟩
6 *Im MS fortlaufender Text, durch Randzeichen als Bemerkung gekennzeichnet.*
6 Und es/Es/ ist nie genügend ⟨g…⟩
17 ⟨∨⟩ *Randzeichen gestrichen*
17 also *–im MS eingekreist*
20 aus/nach/ ρ *–im MS gewellt unterstrichen*
22 und diesen Schemata B ⟨der Form R⟩ entsprächen.)
22 ((Richtiger wäre es *–die doppelte Schlußklammer fehlt im MS*
25 *Im MS fortlaufender Text, durch Randzeichen als Bemerkung gekennzeichnet.*
31 (selbst)./selber⟨, …⟩/selber. *–erste Variante im MS durchstrichen*

werden kann nach der man aus B A bilden (und es in diesem Sinn ableiten) kann.

Auf diese *allgemeine Regel* kann man *nachträglich* aufmerksam werden. (Wird man nun dadurch aber (darauf) aufmerksam, daß die B in Wirklichkeit doch/doch in Wirklichkeit/ Beweise der A sind?) Man wird da auf eine Regel aufmerksam, mit der man hätte beginnen können und mittels der und α man A_I, A_{II} etc hätte konstruieren/bauen/ können. Niemand aber würde sie in diesem Spiel einen Beweis genannt haben.

1 × Woher dieser Konflikt: „Das ist doch kein Beweis!“ – „das ist doch ein Beweis!“?

2 / Man könnte sagen: Es ist wohl wahr, ich zeichne im Beweis von B, mittels α die Konturen der Gleichung A nach, [die Konturen der Gleichung A mittels α nach,] aber nicht auf die Weise, die ich nenne ‚A mittels α beweisen‘.

3 / Die Schwierigkeit, die in dieser/durch diese/ Betrachtung zu überwinden ist [überwunden werden soll] ist, den Induktionsbeweis als etwas Neues, sozusagen, *naiv* zu betrachten.

4 ∨ Ich scheine zwei Argumente zu benützen: 1.) Der allgemeine Begriff der Induktion ist überflüssig, weil er nicht gebraucht wird; 2.) wenn er auch gebraucht wird, ist er kein Beweis. (Aber) zwei Argumente sind zu viel/das ist zu viel/. In Wirklichkeit ist es so: Ich kann wohl R brauchen /gebrauchen/, um die A zu konstruieren, sind sie aber konstruiert, so entsteht der falsche Anschein, als wären sie auf eine andere – beweisende – Art konstruiert worden; und das soll verneint werden. 119

28.

5 ∨ Das Zahlenbeispiel an dem wir die Wirkungsweise des Induktionsschemas zeigen, interessiert uns nur, soweit es eine interne Eigenschaft des Schemas B darstellt. Wie wir etwa eine gefärbte Flüssigkeit durch ein System von Glasrohren leiten um das System verstehen zu lernen. [Wie wir uns etwa die Wirkungsweise eines Röhrensystems durch einen Strom darstellen der es durchfließt.] [Wie wir uns etwa ein Röhrensystem klarmachen durch einen Strom, der es durchfließt.]

11 (∨) *Randzeichen gestrichen*
11 Woher dieser Konflikt: „Das ist doch (ein …)
19 Die Schwierigkeit, die in (diesen …)
20 zu überwinden ist [überwunden werden soll] ist, (der …)
37 Wie wir etwa eine gefärbte Flüssigkeit durch ein System von Glasrohren leiten um das System verstehen zu lernen. [Wie wir uns etwa die Wirkungsweise eines Röhrensystems durch einen Strom darstellen der es durchfließt.] *–im MS durchstrichen*
38 [Wie wir uns etwa ein Röhrensystem klarmachen durch (de…)

1 ?/v Denn die allgemeine Form R wird wirklich nicht dazu benutzt B zu konstruieren. Dazu dient α. Es wird ein Satz von der Form R durch α 120 konstruiert. Ist das gelungen, so kann ich allerdings nun eine Konstruktionsregel gebrauchen, die lautet: „nimm diese Glieder von B und setze ein Gleichheitszeichen dazwischen“, und so A konstruieren.

2 v Wir müssen auch bedenken, daß es eine |mathematische| Aufgabe, ‚mittels ρ einen Komplex von der Form R zu konstruieren‘ nicht gibt, da wir keine Methode haben sie zu lösen.

3 / Wenn wir also oben sagten, wir können mit R beginnen, so ist dieses Beginnen mit R in gewisser Weise Humbug. Es ist nicht so, wie wenn ich eine Rechnung mit der Ausrechnung von 526 × 718 beginne. Denn hier ist diese Problemstellung der Anfangspunkt eines Weges. Während ich dort das R sofort wieder verlasse und wo anders beginnen muß. Und wenn es geschehen ist, daß ich einen Komplex von der Form R konstruiert habe, dann ist es wieder gleichgültig, ob ich mir das früher äußerlich vorgesetzt habe, weil mir dieser Vorsatz mathematisch (gesprochen), d.h. im Kalkül, doch nichts geholfen hat. Es bleibt also bei der Tatsache, daß ich jetzt einen Komplex von der Form R vor mir habe.

4 v Ja, kann ich nun nicht sagen, die Definition V ist Humbug/Schein/ denn 121 sie ist eine l e e r e Versprechung, solange ich nicht Komplexe dieser Form konstruiert habe, und dann wieder überflüssig? Nein, denn solche Komplexe kann ich ja aus jeder Gleichung der Algebra konstruieren, vom andern Ende anfangend.

5 v Und so könnten wir wirklich anfangen und ein für allemal, ganz abgesehen von der Möglichkeit eines Beweises, jedes algebraische Vorbild in der Form R – konstruiert aus A – schreiben.

6 v Wäre das nun geschehen, so würde sich der induktive Beweis einfach darstellen, als algebraischer Beweis von α, β und γ.

7 × Wir könnten uns denken, wir kennten nur den Beweis B_I und würden nun sagen: Alles was wir haben, ist diese Konstruktion. Von einer Analogie dieser mit anderen Konstruktionen, von einem allgemeinen Prinzip bei der Ausführung dieser Konstruktionen, ist gar keine Rede. – Wenn ich nun so B und A sehe, muß ich fragen: warum nennst Du das aber einen Beweis gerade von A_I? – (ich frage noch nicht: warum nennst Du es einen B e w e i s von A). Was hat dieser Komplex mit A_I zu 122 tun? Als Antwort muß er mich auf die Beziehung zwischen A und B aufmerksam machen, die in V ausgedrückt ist.

7 Wir müssen auch bedenken, daß ⟨die⟩ Aufgabe
12 so ist dieses Beginnen mit R in gewisser Weise ⟨ein⟩ Humbug
17 ob ich mir das früher ⟨(⟩äußerlich⟨)⟩ vorgesetzt habe,
23 die Definition V ⟨sei⟩ eine l e e r e Versprechung,
23 Humbug/Schein/ *–erste Variante im MS durchstrichen*
36 ⟨?/v⟩ *Randzeichen gestrichen*
39 mit anderen Konstruktionen, von einem allgemeinen Prinzip ⟨in …⟩
43 Was hat dieser Komplex mit A_I zu tun? Als ⟨ei…⟩

1 v „Die allgemeine Form R braucht man gar nicht im Beweis von A“, darauf/dazu/ ist zu sagen: sie geht mich nichts an, wenn ich nach dem Beweis von A in der Konstruktion von B suche. Oder: ich sollte sie nicht brauchen. Wenn ich die Form R in B (oder die Beziehung V in A und B) erkenne, so nützt sie mich nichts. Wird sie mir gezeigt (in der Absicht mich auf die Beweisfähigkeit von B für A aufmerksam zu machen), so möchte ich sagen: „nun, und was weiter?“

2 v Wenn ich sage, das allgemeine Prinzip ist gleichgültig, denn es kommt nur auf diesen *einen* Fall an (und hic Rhodus, hic salta), so ist das richtig, wenn mit der Allgemeinheit des Prinzips seine Anwendbarkeit auf andere Fälle als diesen gemeint ist. Dagegen kommt es darauf an, den Komplex B mit *diesen* Hervorhebungen zu sehen. Ich werde mich also um keine analogen Fälle bekümmern, aber in B}A auf Bestimmtes aufmerksam machen.

3 v Wenn ich sage „R wird ja nie zur Konstruktion verwendet, so ist die Antwort: es konnte, auch in dem *einen* Fall zur Konstruktion 123
verwendet werden. Anderseits aber hilft es zum Beweis nichts.

4 ∫?v Wir haben nur diesen einen Fall, und die Aufzeigung eines allgemeinen Prinzips, dem er angehört macht ihn nicht zum Beweis.

5 v „Ich habe nur diesen *einen* Fall, ich weiß nicht, ob ich je einen andern kennen werde, was soll da ein allgemeines Prinzip“. Hier wäre wirklich der Fall der primären Farben.

6 v Aber der Fall ist hier der, des Beweises von B mittels α (oder ρ). Für den andern Fall, nämlich die Konstruktion von B aus A gilt das nicht! Vielmehr sehe ich hier ein *allgemeines* Prinzip in dem Augenblick, wo ich es überhaupt in B und A entdecke.

7 / Es zeigt uns jemand B_I und erklärt uns den Zusammenhang mit A_I, d.i., daß die rechte Seite von A so und so erhalten wurde etc. etc.. Wir verstehen ihn; und er fragt uns (nun): ist nun das ein Beweis von A? Wir würden/werden/ antworten: gewiß *nicht*! 124

/ Hatten wir nun alles verstanden, was über diesen Beweis zu verstehen war? Ja. Hätten/Hatten/ wir auch die allgemeine Form des Zusammenhangs von B und A gesehen? Ja!

Und wir könnten auch daraus schließen, daß man so aus jedem A ein B konstruieren kann *und also auch umgekehrt A aus B*.

wenn ich nach dem Beweis von A ⟨im …⟩

(und ⟨*hic*⟩ Rhodus, hic salta) *– im MS Aufhebung der Unterstreichung von* hic

„R wird ja nie *– im MS fehlt das Ausführungszeichen*

?v *Randzeichen überschrieben*

was soll da ein allgemeines Prinzip⟨?⟩“ Hier wäre wirklich

ist nun das ein Beweis von A? ⟨Wir …⟩

Der Absatz ist im MS eine Bemerkung, durch die Anweisung in der Leerzeile: [keine Zeile auslassen] *als Absatz der vorangehenden Bemerkung zugeordnet.*

1 / Dieser Beweis ist nach einem bestimmten Plan gebaut (nach dem noch andre Beweise gebaut sind). Aber dieser Plan kann den Beweis nicht zum Beweis machen. Denn wir haben jetzt hier nur die eine Verkörperung dieses Planes, und können von dem Plan als allgemeinem Begriff (ganz) absehen. Der Beweis muß für sich sprechen und der Plan ist nur in ihm verkörpert aber selbst kein Bestandteil [kein Instrument] des Beweises. (Das wollte ich immer sagen.) Daher nützt es mich nichts, wenn man mich auf die Ähnlichkeiten zwischen Beweisen aufmerksam macht, um mich davon zu überzeugen daß sie Beweise sind.

29.

2 v∫ Gewiß hilft es nichts zu dieser Überzeugung, zu sehen, daß diese Beweise nach dem selben Plan gebaut sind und, wie gesagt, ich könnte ja nur einen einzigen Beweis vor mir haben. Anders ist es aber wenn dieser Plan das Wesen des Beweisens selbst ist. Denn ich könnte ja sagen: alle 125
algebraischen Beweise sind nach einem Plan gebaut und damit das Wesen des Beweisens von Gleichungen meinen. Und wir widersprechen nur der Behauptung, daß die Verwandtschaft von A mit B auf die man uns durch R [V] aufmerksam macht, die des Bewiesenen zum Beweis ist.

3 v Ich muß sagen: Wenn A aus B folgt, so folgt es, ob die Regel des Folgens [die Schlußregel] allgemein formuliert (d.h. aufgeschrieben) wurde oder nicht. Alles, was die interne Relation von B zu A betrifft sieht man aus diesen beiden allein.

4 v Eine Regel des Folgens entspricht ganz/nur/ einem Plan des Beweises. Sie kann die besondere Art des Folgens registrieren, aber nicht die Folgerung rechtfertigen; sondern das können nur die Glieder des Schlusses/der Folgerung/.

5 v Ich muß also auf B und A allein zeigen können und fragen: ist dies ein Beweis von dem?

6 Aber dieses Argument könnte man/Nun könnte man aber sagen: dieses Argument .... [Nun könnte man aber dieses ...]/ auch auf den Beweis $(a+b)^2 =$ etc anwenden und sagen: ob der Übergang $(a+b)\cdot(a+b) = a\cdot(a+b) + b\cdot(a+b)$ richtig ist oder nicht, kann man nur an ihm (seinen Gliedern) selbst sehen, dazu braucht man keine Regel. Das ist auch 126
wahr und die Regeln tabulieren nur die erlaubten Übergänge. Aber dann kann ich doch in's Regelverzeichnis schaun um mich zu überzeugen, ob ein Übergang erlaubt ist, oder nicht. Und warum soll ich das nicht auch im Fall des Übergangs von B nach A machen und nach V hinsehen?

7 v Die Schlußgesetze sind Paradigmen.

5 Der Beweis muß für ⟨uns ...⟩
13 ∫ *Randzeichen im Falz*
16 wenn dieser Plan das Wesen des Beweisens ⟨selb...⟩
24 [die Schlußregel] allgemein formuliert ⟨[...⟩

1 / Wenn ich sagte: ‚ob p aus q folgt,·muß aus p und q allein zu ersehen sein [hervorgehen]‘; so müßte es heißen: daß p aus q folgt ist eine Bestimmung die den Sinn von p und q bestimmt; nicht etwas, das, von dem Sinn dieser beiden ausgesagt, wahr ist. Daher kann man (sehr) wohl die Schlußregeln angeben, gibt damit aber Regeln für die Benützung der Schriftzeichen an die deren Sinn erst bestimmen was nichts andres heißt als daß diese Regeln willkürlich festzusetzen sind |d.h.| nicht von der Wirklichkeit abzulesen wie eine Beschreibung. – Denn wenn ich sage die Regeln sind willkürlich so meine ich sie sind nicht von der Wirklichkeit bestimmt/festgelegt [determiniert]/, wie die Beschreibung dieser Wirklichkeit. Und das heißt: Es ist Unsinn von ihnen zu sagen, sie stimmen mit der Wirklichkeit überein, die Regeln 127
über die Wörter ‚blau‘, ‚rot‘, |etwa|, stimmen/stimmten/ mit den Tatsachen die diese Farben betreffen überein. etc..

2 v Wenn Einer also auf B und A zeigt und fragt „ist dies ein Beweis von dem“, so könnte ich antworten: „ich habe (gerade) die Regln vergessen, ich muß erst nachschauen“.

3 v Also kann ich nicht wissen ob |die Konstruktion von| B ein Beweis von A ist, auch wenn ich die Beziehung V in ihnen erkenne; solange ich mich nicht |davon| überzeugt habe, daß R im Regelverzeichnis steht? (Das scheint die grundlegende Frage zu sein.)

4 v Wenn nun das Regelverzeichnis nicht bei der Hand wäre und ich sagte: „ich weiß nicht ob B ein Beweis von A ist“! –

5 v Denn so müßte ich dann sprechen: „Das kann man so ohne weiteres nicht sagen, ob es ein Beweis von A ist.“

9 Denn wenn ich sage die Regeln ⟨w…⟩

10 bestimmt/festgelegt *–im MS durchstrichen, sowie die eckigen Klammern von* [determiniert]

11 Und das heißt: ⟨es⟩ ist Unsinn von ihnen zu sagen,

13 die Wörter ‚blau‘, ‚rot‘, ⟨etc.⟩ |etwa|, stimmen/stimmten/ mit

1 / Wenn ich nun früher sagte „das ist doch kein Beweis“, so meinte ich ‚Beweis‘ in einem bereits festgelegten Sinne, in welchem es aus A und B allein zu ersehen ist. Denn in diesem Sinne kann ich sagen: Ich verstehe doch ganz genau, was B tut und in welchem Verhältnis es zu A steht. Jede weitere Belehrung ist überflüssig und das ist kein Beweis. [und das was da ist, ist kein Beweis.] In diesem Sinne habe ich es nur mit B und 128 A allein zu tun; ich sehe außer ihnen nichts und nichts anderes geht mich an.

Dabei sehe ich das Verhältnis nach der Regel V sehr gut/wohl/, aber es kommt für mich als Konstruktionsbehelf gar nicht in Frage. Sagte mir jemand, während meiner Betrachtung von B und A, daß man auch hätte B aus A (oder umgekehrt) nach einer Regel konstruieren können, so könnte ich ihm nur sagen „komm mir nicht mit unwesentlichen Sachen“. Denn das ist ja selbstverständlich und ich sehe sofort daß es B nicht zu einem Beweis von A macht. Denn daß es so eine allgemeine Regel gibt, könnte nur zeigen/Denn diese allgemeine Regel könnte nur zeigen/, daß B der Beweis von A und keinem andern Satz [der Beweis gerade von A] ist, wenn es überhaupt ein Beweis wäre. D.h., daß der Zusammenhang zwischen B und A einer Regel gemäß ist, kann nicht zeigen daß B ein Beweis von A ist. Und jeder solche Zusammenhang könnte zur Konstruktion von B aus A (und umgekehrt) benützt werden.

2 v Nun könnte ich freilich/allerdings/ sagen: ob dieser Zusammenhang der des Beweisens ist, hängt davon ab ob seine allgemeine Beschreibung (sein Vorbild) auf meiner Liste der Beweisregeln steht oder nicht. Aber dann nennen wir hier ‚Beweis‘ etwas anderes als oben; denn wir 129 kommen mit unserer gewöhnlichen Redeweise dadurch in Konflikt. Denn das Verhältnis zwischen B und A wird durch die gewöhnliche [unsere bereits angenommene] Redeweise bereits beschrieben und in dem System dieser Ausdrucksweise [Redeweise] sprechen wir auch von Beweisen, beschreiben aber auch das Verhältnis von A und B nicht als das des Beweises.

3 / Wenn ich also sagte „V/R/ wird ja gar nicht zur Konstruktion benützt, also haben wir mit ihm nichts zu tun“, so hätte es heißen müssen: Ich habe es doch nur mit A und B allein zu tun. Es genügt doch, wenn ich A und B miteinander konfrontiere und nun frage „ist B ein Beweis von A“ und also brauche ich A nicht aus B nach einer vorher festgelegten Regel zu konstruieren, sondern es genügt, daß ich die einzelnen A – wieviele es sind – den einzelnen B gegenüberstelle (und frage „ist dies ein Beweis von dem“). Ich brauche eine Konstruktionsregel nicht; und das ist wahr. Ich brauche eine vorher aufgestellte Konstruktionsregel nicht (aus der ich dann erst die A gewonnen hätte).

4 Ich verstehe doch ganz genau, was B tut⟨,⟩ und in welchem Verhältnis
6 [und das was da ist, ist kein Beweis.] ⟨Im …⟩
7 nur mit B und A allein zu tun; ich sehe außer ⟨d…⟩
12 *Im MS:* daß man auch |hätte| B aus A
24 ⟨/⟩ *Randzeichen gestrichen*
25 ob dieser Zusammenhang der des ⟨Beweises⟩ ist,
26 auf ⟨einer⟩ Liste der Beweisregeln steht oder nicht.
27 nennen wir hier ‚Beweis‘ etwas anderes als oben⟨,⟩ denn wir ⟨können …⟩
42 „ist dies ein Beweis von dem“⟨.⟩ ⟨Und das ist wahr: ich …⟩

1 v Dagegen muß ich wohl, wenn A und B mit einander konfrontiert sind 130
(wenn auch nur *ein* B mit *einem* A) die beiden ansehen und ihr internes Verhältnis zu einander verstehen. „V wird nicht als Konstruktionsregel benützt“ heißt, ich habe damit tatsächlich nicht konstruiert und brauche es auch nicht, und das ist wahr. Es ist aber auch wahr, daß ich mit dieser Regel konstruieren *könnte* und auch, daß das natürlich B nicht zum Beweis von A macht.

|Einige Sätze die ich vor diesen↗ geschrieben habe|:

2 v Was ich sagen will ist also: Skolem nimmt nur die alten Grundgesetze der klassischen Algebra und ordnet ihnen gewisse Gleichungskomplexe zu, und zwar so, daß diese Zuordnungen eine gewisse Analogie aufweisen, die dem losen Gebrauch der Allgemeinheitsbezeichnung in der Wortsprache entspricht. Er gebraucht aber diesen allgemeinen Begriff der Allgemeinheit selber nicht konstruktiv, d.h., gebraucht ihn nicht als allgemeinen Begriff. Seine Beweise verhalten sich zu seinem Begriff des Rekursionsbeweises, wie die einzelnen primären Farben zum Begriff der primären Farbe. D.h.: es liegt hier kein Begriff vor, sondern eine Liste. ((Daran ist nun wahr daß tatsächlich kein Begriff |(d.h. kein
System)| des Rekursions*beweises* vorliegt, da dieser Beweis nur 131
gelingt. Wohl aber liegt ein Begriff des Rekursions*schemas* vor, das wir aus jeder Gleichung konstruieren können. (Die Verwechslung dieser beiden hat mich so lange aufgehalten.)))

3 v Und daß diese Liste lauter Dinge [Gegenstände] umfaßt, die mit einander eine gewisse Ähnlichkeit haben, hilft uns nichts; oder: daß die Dinge auf der Liste unter einen gewissen Begriff fallen hilft uns nichts, wenn wir diesen Begriff nicht konstruktiv verwenden können.

4 / Ich meine: Im Skolemschen Kalkül *brauchen* wir diesen Begriff nicht [*brauchen* wir keinen solchen Begriff], es *genügt* die Liste.

Es geht uns nichts verloren, wenn wir nicht sagen „wir haben die Grundgesetze A bewiesen“ [„wir haben die Grundgesetze A auf diese Weise bewiesen“], sondern bloß zeigen, daß sich ihnen – in gewisser Beziehung analoge – Konstruktionen zuordnen lassen.

5 v Wenn ich nämlich sage „dieser Übergang ist nach B_I gemacht, dieser
nach B_{II}“, so ist das Einzige, was daran ganz eindeutig ist, daß die 132
Übergänge nach dem Zug in/von/ B_I und B_{II} gemacht sind, der den Gleichungen A_I und A_{II} entspricht. ((Und das ist eben die Entsprechung die durch V ausgedrückt ist.)) Dagegen ist die übrige Analogie nicht scharf genug gefaßt, als daß ich aus dem bloßen Satz, der Übergang sei mittels einer Induktion gemacht, diese Induktion aus dem Übergang ableiten könnte. ((Das Schema B läßt sich, der Beweis des Schemas (d.h. der Sätze des Schemas) *nicht*, aus A_I, A_{II}, etc. herleiten [abnehmen].))

4 *Im MS:* ich habe damit tatsächlich |nicht| konstruiert

29 wenn wir diesen Begriff nicht konstruktiv verwenden können. *–im MS am linken Rand mit einer vertikalen Wellenlinie markiert*

40 die Übergänge nach dem Zug in/von/ B_I und B_{II} gemacht sind, ⟨die …⟩

41 *Im MS:* ((Und das ich eben die Entsprechung die durch V ausgedrückt ist.))

1 / Der Begriff der Allgemeinheit (und der Rekursion) der in diesen Beweisen gebraucht wird, ist nicht allgemeiner, als er aus diesen Beweisen unmittelbar herauszulesen ist.

2 ?∨∫ Die Klammer } in R kann weiter nichts bedeuten, als daß wir den Übergang in A (oder einen von der Form A) als berechtigt ansehen, wenn die Glieder (Seiten) des Übergangs in einer durch das Schema B charakterisierten Beziehung zu einander stehen. Es nimmt dann B den Platz von A. Und wie es früher hieß: der Übergang ist in meinem Kalkül erlaubt, wenn er einem der A entspricht, so kann es jetzt heißen [so heißt es jetzt]: er ist erlaubt, wenn er einem der B entspricht.

3 ?∨ Damit aber hätten wir noch keine Vereinfachung, keine Reduktion 133
gewonnen.

4 ∨ Der induktive Beweis zerlegt den Übergang in A nicht. Ist es nicht das, was macht, daß ich mich dagegen sträube ihn Beweis zu nennen? Warum ich versucht bin zu sagen, er kann auf keinen Fall ((|nämlich| auch wenn man A durch R und α konstruiert)) mehr tun, als etwas ü b e r den Übergang zu zeigen.

5 ∨ Es handelt sich darum, ob es gelingt die Gestalt/Form/ des Übergangs aus der Gleichung ρ auf gewisse Weise zu f o r m e n. – Aber hat man sie auf diese Weise geformt, so muß man jetzt die g a n z e Form anwenden. ((Und ich wollte sagen, daß mich darum das Formen von B mittels ρ nichts nützt, den Übergang in A nicht vermittelt. (Dazu die weiteren Vergleiche)))

6 / Wenn man sich einen Mechanismus aus Zahnrädern und diese aus lauter gleichen keilförmigen Stücken und je einem Ring der sie zu einem Rad zusammenhält, zusammengesetzt denkt, so blieben in einem gewissen Sinne die Einheiten des Mechanismus doch die Zahnräder.

7 ∨ Die Schritte des Beweises von A sind nicht Schritte im Beweis mit Hilfe 134
von A.

8 / Es ist so: Wenn ein Faß aus Dauben und Böden besteht, so halten doch nur alle diese in dieser (bestimmten) Verbindung (als Komplex) die Flüssigkeit und bilden als Behälter neue Einheiten.

5 ∫ *Randzeichen im Falz*
16 ⟨×⟩ *Randzeichen gestrichen*

1 v Wie wäre es denn, wenn die B nach einer durch ihre Form bestimmten Methode aus ρ abgeleitet (oder ausgeschlossen) werden könnten? So daß man also für jedes gegebene A die entsprechende Rechnung ohne weiteres machen/ausführen/ könnte (wie für jede beliebige Multiplikationsaufgabe ihre Kontrolle).

v Ich würde |dann| sagen: die Regeln des Überganges in meinem Kalkül sind alle auf eine bestimmte Art und Weise (etwa alle mittels ρ) geformt. Als wollte ich sagen: diese Sessel sind alle aus Hölzern von d i e s e r Form aufgebaut. Aber die |ganzen| Möbel sind die Einheiten der Einrichtung. ((Das würde noch einen Nachsatz erfordern))

2 v Ich will hier zwei Arten des Vorgehens von einander unterscheiden; und das ist alles.

Und ich unterscheide sie dadurch, daß ich jede Form zerstöre, die eine Ähnlichkeit [|die| Gleichheit] der beiden vortäuscht. [die eine Ähnlichkeit der beiden herstellen soll.] 135

3 v Dadurch ziehe ich dem einen den falschen Schein aus der es umgibt. (Darum nämlich, weil [Weil nämlich] die Wortsprache diesen Schein um den Gegenstand/Vorgang/ webt.)

4 × Der Gleichungskalkül ist gegeben. In diesem Kalkül hat ‚Beweis‘ eine festgelegte/fixe/ Bedeutung. Nenne ich nun auch die induktive Rechnung einen Beweis, so erspart mir dieser Beweis doch nicht die Kontrolle, ob die Übergänge der Gleichungskette, nach d i e s e n bestimmten Regeln (oder Paradigmen) gemacht sind. Ist das der Fall, so sage ich die letzte Gleichung der Kette sei bewiesen; oder auch, die Gleichungskette stimme.

5 × Denken wir uns eine Kette, sie besteht aus Gliedern und es ist möglich |je| ein solches Glied durch zwei kleinere zu ersetzen. Die Verbindung die die Kette macht, kann dann, statt durch die großen, ganz durch die kleineren/kleinen/ Glieder gemacht werden. Man könnte sich aber auch denken, daß jedes Glied der Kette aus – etwa – zwei halbringförmigen Teilen bestünde, die zusammen das Glied bildeten, einzeln aber nicht als Glieder verwendet werden könnten.

Es hätte nun ganz verschiedenen Sinn, einerseits, zu sagen: die Verbindung die die großen Glieder machen, kann durch lauter kleine Glieder gemacht werden; und anderseits: diese Verbindung kann durch lauter halbe große Glieder gemacht werden. Was ist der Unterschied? 136

1 *Die beiden Absätze sind im MS Bemerkungen in umgekehrter Folge, durch eine Klammer, mit einem Pfeil am linken Rand und einem Einfügungszeichen vor* Ich würde|dann| sagen *umgestellt und zusammengefaßt.*
3 So daß man also für ⟨A …⟩
6 |dann| *–gewellte Unterstreichung des Einfügungszeichens im MS aufgehoben*
22 ⟨/⟩ *Randzeichen gestrichen*
22 In diesem Kalkül ⟨bedeutet⟩ ‚Beweis‘
24 so erspart mir dieser Beweis doch nicht⟨, …⟩
30 Denken wir uns eine Kette⟨;⟩ sie besteht aus Gliedern
31 |je| *–das Einfügungszeichen ist im MS gewellt unterstrichen*
32 kann dann, durch die ⟨kleiner…⟩
38 kann ⟨auch⟩ durch lauter kleine Glieder gemacht werden;
40 kann durch lauter halbe ⟨G…⟩

1 × Der eine Beweis ersetzt eine großgliedrige Kette durch eine kleingliedrige, der Andere zeigt, wie man die (alten) großen Glieder aus mehreren Bestandteilen zusammensetzen kann.

2 × Ähnlichkeit und/sowie/ Verschiedenheit der beiden/zwei/ Fälle sind offenbar/augenfällig/ [klar zu Tage liegend].

3 / Der Vergleich des Beweises mit der Kette ist natürlich ein *logischer* Vergleich und also ein vollkommen exacter Ausdruck dessen was er zeigt /illustriert/.

4 v Ich sage z.B. „der Satz $(a + b)^3 = \ldots$ ist bewiesen“ und gehe nun die Gleichungskette durch und sage/er sagt/ „ja es stimmt“. Nun aber sage ich (weiter): „und die Gleichungen A_I, A_{II}, etc. sind auch bewiesen“ – und zeige ihm die Komplexe B_I, B_{II}, etc.. Im ersten Falle hieß „der Satz ist bewiesen“ : es wurde richtig gerechnet; und er kontrollierte die Rechnung mit mir. – Im zweiten Fall nun kontrolliere ich/kontrollieren wir/ auch Rechnungen, aber sie führen nicht zu den Gleichungen A. bleiben vielmehr bei/an/ einem Punkt stehen. Und wenn ich von diesem 137
/ich nun von diesem Punkt/ zu A übergehe, dann so, daß ich dadurch jeden angenommenen Begriff des Übergangs |und Beweises| zerstöre.

5 / Denken wir uns, wir kontrollieren die Rechnung $(a + b)^3 = \ldots$ auf die erste/in der ersten/ Weise und beim ersten Übergang sagt er: „ja, dieser Übergang geschieht (wohl/zwar/) nach $a \cdot (b + c) = a \cdot b + a \cdot c$, aber stimmt das auch?“ Und nun zeigten wir ihm die Ableitung dieser Gleichung im induktiven Sinne. –

6 v Die Frage „stimmt das auch“ hat, auf diese Gleichung bezogen, im ersten Kalkül gar keinen Sinn. Und im andern hat sie einen dem ersten Kalkül ganz fremden Sinn.

7 / ((Besser gesagt: In einer Bedeutung heißt die Frage „stimmt die Gleichung G“: läßt sie sich nach den Grundgleichungen/Paradigmen/ herleiten? Im andern Fall heißt es: lassen sich die Gleichungen α, β, γ nach dem Paradigma (oder den Paradigmen) herleiten? – Und hier haben wir die beiden Bedeutungen der Frage (oder des Wortes ‚Beweis‘) auf *eine* Ebene gestellt (in *einem* System ausgedrückt) und können sie nun vergleichen (und sehen daß sie nicht eines sind).))

1 ⟨/⟩ *Randzeichen gestrichen*
5 ⟨/⟩ *Randzeichen gestrichen*
13 und gehe nun die Gleichungskette durch ⟨und⟩ sage/er sagt/
13 sage/er sagt/ *–erste Variante im MS durchstrichen*
19 Und wenn ich ⟨nun⟩ von diesem zu A übergehe,
33 ((Besser gesagt: ⟨Im einen Fall⟩ heißt die Frage „stimmt ⟨das auch …⟩
34 Grundgleichungen/Paradigmen/ *–erste Variante im MS durchstrichen*
34 sie sich nach den Grundgleichungen/Paradigmen/ ⟨A . . . . .⟩ herleiten?
36 nach dem Paradigma (oder ⟨oder⟩ den Paradigmen)
37 Und hier haben wir die ⟨Bei…⟩

1 v?ʃ A wird eben in einem ganz andern Kalkül ausgerechnet, als eine Gleichung der Algebra mittels A, und in einem ganz anderen Sinne „ausgerechnet“. 138

2 / Und zwar leistet dieser neue Beweis nicht, was man annehmen könnte, daß er nämlich den Kalkül auf eine kleinere/engere/ Grundlage setzte – ~~wie~~|es| etwa geschieht, wenn wir durch p | q p ∨ q und ~p ersetzen, oder |sonst| die Zahl der Axiome vermindern. Denn wenn man nun sagt, man habe alle die Grundgleichungen A aus ρ allein abgeleitet, so heißt hier das Wort „abgeleitet“ etwas (ganz) andres. (Was man sich bei dieser Versprechung erwartet ist die Ersetzung der großen Kettenglieder durch kleinere, nicht durch zwei halbe Kettenglieder.) Und in einem Sinne hat man durch diese Ableitungen alles beim alten gelassen. Denn es bleibt im neuen Kalkül ein Kettenglied des alten wesentlich als ein solches bestehn. Die alte Struktur wird n i c h t aufgelöst. So daß man sagen muß, der alte Gang des Beweises bleibt bestehen. Und es bleibt im a l t e n Sinne auch die Unreduzierbarkeit.

3 / Man kann daher auch nicht sagen Skolem habe das algebraische System auf eine kleinere Grundlage gesetzt, denn er hat es in einem andern Sinne als dem algebraischen ‚begründet‘. [denn er hat es in einem andern Sinne als dem der Algebra ‚begründet‘.] 139

4 / 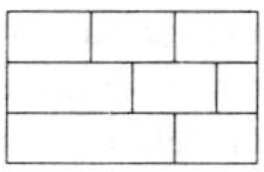 „Ich weiß daß es für diese Aufgabe eine Lösung gibt, obwohl ich die Lösung [Art der Lösung] noch nicht habe“. – In welchem Symbolismus w e i ß ich es? [weißt Du es?]

5 / „Ich weiß daß es da ein Gesetz geben muß“. Ist dieses Wissen ein amorphes das Aussprechen des Satzes begleitendes Gefühl? Dann interessiert es uns nicht. Und ist es ein Symbolischer Prozeß – nun, dann ist die Aufgabe ihn in einem klaren/offenbaren/ Symbolismus auszudrücken/darzustellen/.

6 / Lichtenberg: „Unsere ganze Philosophie ist Berichtigung des Sprachgebrauchs, also, die Berichtigung einer Philosophie, und zwar der allgemeinsten.“

1.11.31.

7 ϕ (Ramsey war ein bürgerlicher Denker. D.h. seine Gedanken hatten den Zweck die Dinge in einer gegebenen Gemeinde zu ordnen. Er dachte nicht über das Wesen des Staates nach - oder doch nicht gerne - sondern darüber wie man d i e s e n Staat vernünftig einrichten könne. 140
Der Gedanke daß dieser Staat nicht der einzig mögliche sei beunruhigte ihn teils, teils langweilte er ihn. Er wollte so geschwind als möglich dahin kommen über die Grundlagen – d i e s e s Staates nachzudenken. Hier lag seine Fähigkeit und sein eigentliches Interesse; während die eigentlich(e) philosophische Überlegung ihn beunruhigte bis er ihr Resultat (wenn sie ein’s hatte) als trivial zur Seite schob.)

1 ?ʃ *Randzeichen im Falz*
1 andern Kalkül ausgerechnet, als eine ⟨algebraische…⟩
8 |sonst| *–das Einfügungszeichen ist gewellt unterstrichen,* sonst *durchstrichen*
15 ein Kettenglied des alten wesentlich als ein solches ⟨bestehen⟩.

1 v Der Gebrauch des Wortes „dieses↗“.

2 v Onus probandi (auf Seiten des Mathematikers etc.)

3 / Wird ein Zusammenhang der A durch die Induktionsbeweise mittels α gezeigt und ist dies nicht das Zeichen dafür daß wir es hier doch mit Beweisen zu tun haben? – Es wird nicht der Zusammenhang gezeigt, den ein Zerlegen der Übergänge A in Übergänge ρ machen/herstellen/ würde. Und ein Zusammenhang |der A| ist ja schon vor jedem Beweis zu sehen.

4 v Was, wenn die Wörter „rot“, „blau“ die Wirkung hätten/das Hören der Wörter „rot“, „blau“ die Wirkung hätte/ uns farbige Kreise vor das innere Auge treten zu lassen (wie etwa ein Druck auf unsern Augapfel). 141
So daß wir auf die Idee gekommen wären/hatten kommen können/ dem Kind zu sagen „hole das blaue“ ohne dabei auf etwas blaues zu zeigen wobei das Wort „blau“ wie ein onomatopoetisches wirken würde.

5 v Aber so wirkt es ja zum Teil wirklich, wenn auch nur dadurch daß wir das Wort anfänglich immer mit dem Hinweisen auf einen blauen Gegenstand verbanden (wie die spätere Wirkung des Wortes ‚blau‘ entstanden ist, ist uns ja aber gleichgültig).

6 / Die Unruhe in der Philosophie entsteht dadurch/kommt daher/, daß die Philosophen die Philosophie falsch ansehen, oder falsch sehen, nämlich gleichsam in |(unendliche)| Längsstreifen zerlegt statt in (endliche)

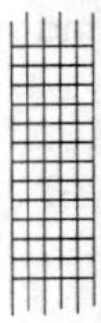

Querstreifen. Diese Umstellung der Auffassung macht die größte Schwierigkeit. Sie wollen also gleichsam den Unendlichen Streifen erfassen und klagen daß es/dies/ nicht Stück für Stück möglich ist. Freilich nicht wenn man unter einem Stück einen endlosen Längsstreifen versteht. Wohl aber wenn man einen Querstreifen als Stück/ganzes definitives Stück/ sieht. – Aber dann kommen wir ja mit unserer Aufgabe/Arbeit/ nie zu Ende! Gewiß /Freilich/ nicht, denn sie hat ja auch keins. 142

7 / (Der Philosoph ist nicht Bürger einer Denkgemeinde. Das ist, was ihn zum Philosophen macht.)

1 *Der Pfeil verweist auf die Verwendung des Wortes in der vorangehenden Bemerkung.*
8 Zerlegen der Übergänge ⟨in den …⟩
8 machen/herstellen/ *–erste Variante im MS durchstrichen*
9 *Im MS:* machen/herstellen/ würden.
17 zeigen ⟨sondern daß⟩ das Wort ⟨onomatopoetisch⟩ wirken würde.
20 dadurch daß wir das Wort anfänglich immer mit dem ⟨An…⟩
21 Hinweisen auf einen blauen Gegenstand verbanden⟨. …⟩
25 oder *–im MS durchstrichen*
33 Aufgabe/Arbeit/ *–erste Variante im MS durchstrichen*

2.

1 ∨ Ist das ‚dieses' worauf ich zeige die Farbe, oder, was die Farbe hat? Und könnte meine Worterklärung nicht lauten „in diesem Falle sage ich, daß ‚der Gegenstand rot ist'" [„in diesem Falle sage ich ‚der Gegenstand ist rot'"]? Oder muß es heißen „diese Farbe nenne ich ‚rot'"?

2 ∨ Aber wie wird es denn entschieden, worauf gezeigt wird? ob auf die Farbe oder den Ort? Doch wohl auf den Ort an dem die Farbe ist. Aber weiter ist doch da nichts zu unterscheiden.

3 / Die Worterklärung könnte auch lauten: die Farbe die dieser Ort hat /dieses Orts/ nenne ich ‚rot'.

4 / Aber das hätte doch nur Sinn, wenn Farbe im Gegensatz zu etwas Anderm stünde, also etwa zu Form. Ich könnte also/so/ erklären: die Farbe dieses Flecks heißt ‚rot' die Form ‚Kreis'.

Und hier stehen die Wörter ‚Farbe' und ‚Form' für Anwendungsarten (grammatische Regeln) und sind in Wirklichkeit (Bezeichnungen von)/bezeichnen in Wirklichkeit/ Wortarten wie „Eigenschaftswort", „Hauptwort". Man könnte sehr wohl in der 143 |gewöhnlichen| Grammatik neben diesen Wörtern die Wörter „Farbwort", „Formwort", „Klangwort" einführen. (Daß aber nicht jemand einwendet: „warum dann nicht auch ‚Baumwort', ‚Buchwort'"!)

5 / Wenn ich sage „die Farbe dieses Dings nenne ich ‚blau'" so müssen die Worte „die Farbe dieses Ding's" bereits eine Bezeichnung der Farbe sein und als solche dienen können. Diese Worte präsentieren das Kind zur Taufe.

6 ∨ Auch angenommen wir wollten – in einem übertragenen Sinn – einen blauen Kreis den „Träger des Namens ‚blau'" nennen und führten diesen als Zeichen statt des Wortes „blau" ein, so hätte nun dieses Zeichen/dieser Fleck/ ebenso seine Bedeutung, durch die Regeln seines Gebrauchs bestimmt, wie das Wort.

3.

7 / Welches ist die ‚w i r k l i c h e L a g e' des Körpers, den ich unter Wasser sehe, was die ‚w i r k l i c h e F a r b e' des Tisches. Hier macht eben die Frage nach der Verification den Sinn der Worte [|dieser| Ausdrücke] klar.

5 „in diesem Falle sage ich, daß ‚der Gegenstand rot ist'" [„in diesem Falle sage ich ‚der Gegenstand ist rot'"]? Oder muß es heißen „diese Farbe nenne ich ‚rot'"? *– im MS Kommentar am linken Rand:* unklar
16 Ich könnte also/so/ erklären: die Farbe dieses Flecks ⟨ist …⟩
21 |gewöhnlichen| *– das Einfügungszeichen ist im MS gewellt unterstrichen*
23 warum dann nicht auch ⟨„⟩Baumwort⟨"⟩, ⟨„⟩Buchwort⟨"⟩
25 Wenn ich sage⟨: ⟩die Farbe dieses Dings nenne ich ‚blau'"
27 Bezeichnung der Farbe sein und als solche ⟨diesen …⟩
31 *Im MS:* den „Träger des Namens ‚blau' nennen" und
31 den „Träger des Namens ‚blau'" nennen und ⟨fühlen …⟩
32 als Zeichen *– im MS durchstrichen*

1 / Der falsche Ton in der Frage, ob es nicht primäre Zeichen (hinweisende
Gesten) geben müsse, während unsre Sprache auch ohne die andern 144
(Worte) auskommen könnte, liegt darin, daß man eine Erklärung der
bestehenden Sprache zu erhalten erwartet statt der bloßen
Beschreibung.

2 / (Statt der turbulenten Mutmaßungen und Erklärungen wollen wir
ruhige Darlegungen/Constatierungen/ sprachlicher Tatsachen [von
sprachlichen Tatsachen] geben.)
[die ruhige Feststellung sprachlicher Tatsachen.]

3 / Nicht die Farbe Rot tritt an Stelle des Wortes „rot“, sondern die
Gebärde die auf einen roten Gegenstand hinweist, oder das rote
Täfelchen

9.

4 Nun sage ich aber: „Es gilt mit Recht als ein Criterium des Verstehens
[Verständnisses] des Wortes „rot“, daß Einer einen roten Gegenstand
auf Befehl aus anders/anderen/ gefärbten herausgreifen/[engl: pick]/
kann; dagegen ist das richtige Übersetzen des Wortes ‚rot‘ in's Englische
oder Französische kein Beweis seines Verständnisses [kein Beweis des
Verstehens]. Also ist das rote Täfelchen ein primäres Zeichen für ‚rot‘,
dagegen jedes Wort ein sekundäres [abgeleitetes] Zeichen.“ ((Aber das
zeigt nur, was ich unter dem „Verstehen des Wortes ‚rot‘“ verstehe/mit
dem „Verstehen des Wortes ‚rot‘“ meine/. Und was heißt „es gilt mit
Recht ....“? Heißt es: Wenn ein Mensch einen roten Gegenstand auf 145
Befehl etc. etc., dann hat er erfahrungsgemäß auch das Wort ‚rot‘
verstanden. Wie man sagen kann, gewisse Schmerzen gälten mit Recht
als Symptom dieser und dieser Krankheit? So ist es natürlich nicht
gemeint. Also soll es wohl heißen daß die Fähigkeit rote Gegenstände
herauszugreifen der spezifische Test dessen ist was wir Verständnis des
Wortes ‚rot‘ nennen. Dann bestimmt diese Angabe also was wir unter
diesem Verständnis meinen. Aber dann fragt es sich noch: wenn wir das
Übersetzen in's Englische etc. als Kriterium ansähen, wäre es nicht auch
das Kriterium von dem was wir ein Verständnis des Wortes nennen? Es
gibt nun den Fall in welchem wir sagen: ich weiß nicht, was das Wort
‚rot‘/‚rouge‘/ bedeutet, ich weiß nur daß es das gleiche bedeutet, wie
das englische ‚red‘. Das ist der Fall/So ist es/, wenn ich die beiden
Wörter in einem Wörterbuch auf der gleichen Zeile gesehen habe, und
dies ist die Verification des Satzes und sein Sinn. Wenn ich dann sage
„ich weiß nicht, was das Wort ‚rot‘/‚rouge‘/ bedeutet“, so bezieht sich
dieser Satz auf eine Möglichkeit der Erklärung dieser Bedeutung und
ich könnte |wenn| gefragt „wie stellst Du es Dir denn vor daß Du
erfahren könntest, was das Wort bedeutet“, Beispiele solcher 146
Erklärungen geben (die die Bedeutung des Wortes „Bedeutung“
beleuchten würden). Diese Beispiele wären dann entweder solcher/der/

12 Nicht die Farbe ⟨rot⟩ tritt an Stelle des Wortes
21 in's Englische oder Französische kein Beweis ⟨des ...⟩
26 Und was heißt „es gilt mit Recht ....“? Heißt ⟨d...⟩
29 dieser Krankheit? ⟨–⟩ So ist es natürlich nicht gemeint.
33 Aber dann ⟨frägt⟩ es sich noch:
38 Das ist der Fall/So ist es/ *–erste Variante im MS durchstrichen*
43 es *–im MS durchstrichen*
46 solcher/der/ *–erste Variante im MS durchstrichen*

Art daß statt des unverstandenen Worts ein verstandenes |etwa das deutsche| gesetzt würde oder daß die Erklärung von der Art wäre „diese↗ Farbe heißt violett“. Im ersten Falle wäre es für mich ein Kriterium dafür daß er das Wort ‚rouge‘ versteht daß er sagt es entspreche dem deutschen ‚rot‘. Ja, wird man sagen, aber nur, weil Du schon weißt was das deutsche ‚rot‘ bedeutet. – Aber das bezieht sich ja ebenso auf die hinweisende Definition. Das |Hinweisen auf das| rote Täfelchen ist auch nur darum/dann/ ein Zeichen des Verständnisses weil/wenn/ vorausgesetzt wird daß er die Bedeutung dieses Zeichens versteht/kennt/, was soviel heißt als daß er das Zeichen auf bestimmte Weise verwendet. – Es gibt also wohl/allerdings/ den Fall wo Einer sagt „ich weiß daß dieses Wort dasselbe bedeutet wie jenes, weiß aber nicht was es bedeutet (sie bedeuten)“. Willst Du den ersten Teil dieses Satzes verstehn, so frage Dich: „wie konnte er es wissen?“, willst Du den zweiten Teil verstehn, so frage: „wie kann er erfahren, was das Wort bedeutet?“ – Ferner aber ist das Ersetzen eines Worts durch ein andres 147
oder durch eine hinweisende Geste nur dann/sofern/ eine Erklärung der Bedeutung als wir sagen können daß wir die Bedeutung des definiens kennen. Endlich könnte die Bedeutung eines Worts auch dadurch bestimmt sein daß es das Zeichen für die und die Wörter ist (deren Bedeutung wir nicht kennen brauchen). Es wäre dann etwa eine Bezeichnung für die Klänge der Wörter ‚rouge‘ und ‚red‘ oder auch ein Begriffswort unter dessen Begriff alle Wörter fielen die nach den Lexiken gewisser Sprachen dem Worte ‚rouge‘ entsprächen.))

1 daß ⟨darin⟩ statt des ⟨zu …⟩
1 unverstandenen Worts ein ⟨Wort einer …⟩
5 daß er sagt es entspreche dem ⟨l…⟩
10 was soviel heißt als daß ⟨es …⟩
13 was es bedeutet (sie bedeuten)“. ⟨Willst Du wissen was dieser Satz sagt /diesen Satz verstehen/, so frage Dich „wie konnte er es wissen“ …⟩
17 dann/sofern/ *–erste Variante im MS durchstrichen*
18 eine Erklärung der Bedeutung als wir ⟨da…⟩
20 die Bedeutung eines Worts auch dadurch bestimmt ⟨ist …⟩
21 Es wäre dann ⟨die⟩ eine Bezeichnung für die Klänge der Wörter
24 die nach den Lexiken gewisser Sprachen ⟨ro…⟩

10.

Welches ist denn das Kriterium unseres Verständnisses: das Aufzeigen des roten Täfelchens, wenn gefragt wurde „welches von diesen Täfelchen ist rot", oder das Wiederholen der hinweisenden Definition „das↗ ist ‚rot'"? ((Ist denn das Zweite nicht eine (Art) Probe zum Ersten. Wie, wenn die erste Aufgabe gelautet hätte: zeige auf das rote Täfelchen mit den Worten „diese Farbe nenne ich ‚rot'"? – Vergleiche die beiden Aufgaben: „welche Farbe nennen wir ‚rot'?" und „welches ist das rote Täfelchen". Die erste dieser Aufgaben lautet/heißt/ nicht „welche dieser Farben n e n n s t D u ‚rot'?" denn sonst könnte er nun auf irgend eine Farbe zeigen und was von ihm verlangt war, war nicht die Lösung einer Aufgabe im ersten Sinn, sondern daß er eine willkürliche 148
Bestimmung [Festsetzung] mache. So wie die Aufgabe gestellt ist, verlange ich, daß der Andre einer Festsetzung gemäß handelt. Nun ist aber ein Unterschied zwischen der Probe (Generalprobe) der gewünschten Handlung und dieser Handlung selber. Wir können uns denken daß Einer auf die Frage „welche Farbe nennen wir ‚rot'?" auf ein grünes Täfelchen zeigt und wir damit ganz zufrieden sind (und etwa sagen „ich weiß, er meint das Richtige"). Wenn wir dagegen die Ausführung des Befehls „zeige auf das rote Täfelchen" verlangen und er zeigt auf das grüne, so sagen wir nun nicht „es ist in Ordnung denn er meint das Richtige", sondern wir weisen diese Ausführung als falsch zurück. Und ähnlich ist es immer wenn wir einerseits Proben des Verständnisses (Generalproben der Ausführung) eines Befehls verlangen und anderseits die Ausführung selbst. Aber auch was ich jetzt gesagt habe ist etwas irreführend. Denn was ist das Kriterium dafür daß der welcher das/sein/ Verständnis in einer ungewöhnlichen Art (wie oben) zeigen will „das Richtige meint"? Doch wohl nur eine Handlung, von 149
der man dann nicht wieder – quasi entschuldigend – sagt „er meint das Richtige". Also z.B. die richtige Ausführung des Befehls. (The proof of the pudding is the eating.) In der Logik können wir immer behaviouristisch reden, da uns der Unterschied zwischen Äußerem und Innerem nichts angeht. Was ich aber |oben| sagte ist auch deshalb irreführend weil ich, wenn mich das Hinweisen auf ein grünes Täfelchen (als Antwort auf die Frage „welche Farbe nennen wir ‚rot'?") befriedigt, zu dieser Befriedigung einen Grund haben muß, d.h.: weil mich doch dann nicht jede beliebige Antwort hätte befriedigen können und ich also in dem Sinne befriedigt bin wie von der richtigen Ausführung eines Befehls. Denn ich mußte eben meine Gründe haben, zu sagen „er meint schon das Richtige". Wieder zu den zwei Aufgaben: Die Lösung beider betrachten wir als Zeichen des Verständnisses. Hören wir jemand das Wort ‚rot' gebrauchen und zweifeln daran daß er es versteht so können wir ihn zur Prüfung fragen „welche Farbe nennen wir ‚rot'". Anderseits: wenn wir jemandem die hinweisende Erklärung gegeben hätten „diese↗ Farbe heißt ‚rot'" und nun sehen wollten ob er diese Erklärung 150

9 Die erste dieser Aufgaben ⟨hei…⟩
27 das/sein/ *–erste Variante im MS durchstrichen*
29 eine Handlung, von der man⟨,⟩ dann nicht wieder
34 irreführend weil ich, wenn mich ⟨die Antwort …⟩
35 das Hinweisen auf ein grünes Täfelchen (als ⟨Ausführung des Befehls …⟩
35 Antwort auf die Frage „welche Farbe ⟨,…⟩
35 befriedigt, ⟨ich⟩ zu dieser Befriedigung einen Grund haben muß,
37 d.h.: weil mich doch dann nicht jede ⟨Belie…⟩
37 beliebige Antwort hätte befriedigen können und ⟨im …⟩

richtig verstanden hat, so würden wir nicht von ihm verlangen, daß er sie wiederholt, sondern wir gäben ihm etwa die Aufgabe aus einer Anzahl von Dingen die roten herauszusuchen. In jedem Fall ist das was wir ‚Verständnis‘ nennen, eben dadurch/durch das/ bestimmt, was wir als Probe des Verständnisses ansehen (durch die Aufgaben bestimmt die wir zur Prüfung des Verständnisses stellen).))

1 Das Verstehen eines Satzes der Wortsprache ist dem Verstehen eines musikalischen Themas (oder Musikstückes) viel verwandter als man glaubt. Und zwar so, daß das Verstehen des sprachlichen Satzes näher |als man glaubt| dem Ort liegt, an welchem man gewöhnlich das des musikalischen Ausdrucks sieht/dem liegt, was man gewöhnlich das Verständnis des musikalischen Ausdrucks nennt/. – Warum pfeife ich das gerade *so*? warum bringe ich den Rhythmus der Stärke und des Zeitmaßes gerade auf dieses ganz bestimmte Ideal? Ich möchte sagen: „weil ich weiß, was das alles heißt“ – aber was heißt es denn? Ich wüßte es nicht zu sagen, außer durch eine Übersetzung in einen Vorgang von gleichem Rhythmus. Ich könnte nur sagen: so wohnt dieses Thema 151
/diese Melodie/dieses Musikstück/ in mir, diesen Platz nimmt dieses Schema in meiner Seele ein. So als gäbe mir jemand ein Kleidungsstück und ich legte es an *meinen* Körper an und es nähme also dort eine ganz bestimmte Gestalt an, indem es sich da ausdehnte, dort zusammenzöge und nur dadurch und *so* für mich Bedeutung gewönne. Diese Gestalt nimmt dieses Thema als Kleid *meiner* Seele an. – Ja man sagt manchmal: „man könnte das auch in *diesem* Tempo spielen – dann heißt es aber etwas ganz Anderes“. Und gefragt: „was heißt es denn?“ wäre man wieder in der alten Verlegenheit. Aber man könnte sagen: nun dient es als Kopftuch, nun als Halstuch (nun setze ich es so auf, nun so). ((Aber freilich ist der Teil der Seele dem ich die Melodie anziehe |nur| eine Fiktion, eine Ergänzung die die Beschreibung des Kleides erleichtert und wohl auch die Beschreibung seiner Anwendung. Aber das Tuch von dem und dem Schnitt in dieser Lage und Ausdehnung im Raume und mit diesen Wirkungen ist und bleibt alles was da ist.))

11 |als man glaubt| dem Ort liegt, an welchem man ⟨richtig …⟩
13 dem Ort liegt, an welchem man gewöhnlich das des musikalischen Ausdrucks sieht/dem liegt, was man gewöhnlich das Verständnis des musikalischen Ausdrucks nennt/ *–im MS am linken Rand mit einer vertikalen Wellenlinie markiert, erste Variante durchstrichen*
14 Warum pfeife ich das gerade *so*⟨,⟩ warum bringe ich den Rhythmus
14 *Im MS beidemal:* Rythmus
16 „weil ich weiß, was das alles heißt“⟨. …⟩
19 dieses Thema/diese Melodie/dieses Musikstück/ *–erste und zweite Variante im MS durchstrichen*
29 nun setze ich es so auf, nun so⟨.⟩
30 |nur| *–das Einfügungszeichen ist im MS gewellt unterstrichen*
33 und mit diesen Wirkungen ist ⟨alles …⟩

1 Auch wenn wir verstehen, daß der Ausdruck „das ist rot“ zwei ganz verschiedene Funktionen haben kann: als hinweisende Definition einerseits („die Farbe dieses Flecks nenne ich ‚rot‘“), und als Aussage, 152 daß dieser Fleck rot ist, so bleibt doch die formale Verwandtschaft der beiden Zeichen merkwürdig (die eben ihre häufige Verwechslung hervorruft). ((Die Verwandtschaft besteht darin, daß die Definition das Paradigma des Übergangs ist der im Erfahrungssatz gemacht wird $\left(\begin{matrix} | = \circ \\ - = \times \end{matrix} , \begin{matrix} | - | \; | \\ \circ \times \circ \circ \end{matrix}\right)$))

2 Ich kann nicht auf die Bedeutung eines Wortes zeigen. (Höchstens auf den Träger eines Namens.)

3 Das was in der hinweisenden Definition auf der linken Seite des Gleichheitszeichens steht (wenn auf der rechten das Wort steht), ist nicht die Bedeutung des Worts (das hieße nichts).

4 „Dieses Buch hat die Farbe die ‚rot‘ heißt“ „Die Farbe die dieses Buch hat heißt ‚rot‘“ So klingen die beiden Sätze am ähnlichsten; aber wir könnten offenbar auch einem dieser Sätze den Sinn des andern geben. Aber in einem Fall setzen wir den Gebrauch eines Wortes fest, verkünden /[enunciate]/ also eine grammatische Regel, im andern Fall machen wir eine Behauptung, die durch die Erfahrung bestätigt oder widerlegt 153 werden kann.

5 Im einen Fall machen wir den Zug eines bestehenden Spiels, im andern setzen wir eine Spielregel fest. Man könnte auch das Ziehen mit einer Spielfigur auf diese beiden Arten auffassen: als Paradigma für künftige Züge und als Zug des Spiels. [und als Zug einer Partie (des Spiels).]

6 ∨ Es hat aber natürlich etwas zu bedeuten, daß wir |den Zug| (dieselbe Handlung) auf beide Arten meinen können. (((Es hat) nicht mehr (zu bedeuten), als was $| = \circ \; - = \times$ etc. zeigt. Was soll es denn andres und mehr bedeuten |können|, als was sich in den besonderen Fällen zeigt. Denn wir müssen uns hier wieder an die besonderen Fälle halten. Unklarheit entsteht hier durch den Ausdruck „auf beide Arten meinen können“.)) [Denn an die besonderen Fälle müssen wir uns hier |wieder| halten und nicht trachten in eine nebelhafte Allgemeinheit zu gelangen /zu einer nebelhaften Allgemeinheit zu gelangen/nach einer nebelhaften Allgemeinheit trachten/. Entsteht die Unklarheit hier nicht durch die Worte „meinen können“?]

5 der beiden Zeichen merkwürdig⟨, ⟩die eben
6 ((Die Verwandtschaft ⟨kommt daher⟩, daß die Definition das Paradigma
16 ist nicht die Bedeutung des Worts⟨. …⟩
33 (Es hat) nicht mehr (zu bedeuten) *–Text in Klammern im MS durchstrichen*
33 als was ⟨der Fall⟩ $| = \circ \; - = \times$ etc.
34 |können| *–das Einfügungszeichen ist im MS gewellt unterstrichen*
37 Denn wir müssen uns hier wieder an die besonderen Fälle halten. Unklarheit entsteht hier durch den Ausdruck „auf beide Arten meinen können“. *–im MS durchstrichen*
37 |wieder| *–das Einfügungszeichen ist im MS gewellt unterstrichen,* wieder *durchstrichen*

1 | (Es könnte sich eine seltsame Analogie daraus ergeben, daß das Okular auch des riesigsten Fernrohrs nicht größer sein darf [nicht.größer ist], als 154
unser Auge.) |

2 v∫ In dem einen Sinn des Satzes könnte ich sehr wohl auf ein grünes Täfelchen zeigen und sagen „das heißt ‚rot'“, womit ich meine, daß das grüne Täfelchen (oder die Geste die auf dasselbe hinweist) als Zeichen für das Wort ‚rot' gebraucht (eingesetzt) werden darf.

3 v Nun wird man einwenden: „Aber so eine Erklärung könnte doch nicht als Erklärung der Bedeutung des Wortes ‚rot' gebraucht werden“. Darauf kann ich nur antworten: das weiß ich nicht; man müßte es versuchen und sehen, ob nach dieser Zeichenerklärung der Andere verständnisvoll reagiert.

4 Wie ist es aber, wenn ich für mich selbst eine Bezeichnungsweise festsetze; wenn ich z.B. für den eigenen Gebrauch gewissen Farbtönen Namen geben will: Ich werde das etwa mittels einer Tabelle tun (es kommt immer auf das/derlei/ hinaus). Und nun werde ich doch nicht den Namen zur falschen Farbe schreiben (zu der Farbe der ich ihn nicht geben will). Aber warum nicht? Warum soll nicht ‚rot' gegenüber dem grünen Täfelchen stehen und ‚grün' gegenüber dem roten, etc? – Ja, 155
aber dann müssen wir doch wenigstens wissen, daß ‚rot' nicht das gegenüberliegende Täfelchen meint. – Aber was heißt es „das wissen“, außer daß wir uns etwa neben der geschriebenen Tabelle noch eine andere vorstellen in der die Ordnung eine andere/richtig gestellt/ ist. – Ja aber d i e s e s Täfelchen ist doch rot und nicht d i e s e s! – Gewiß; und das ändert sich ja auch nicht, wie immer ich die Täfelchen und Wörter setze; und es wäre natürlich falsch auf das grüne Täfelchen zu zeigen und zu sagen „dieses ist rot“. Aber das ist auch keine Definition sondern eine Aussage. – Gut, dann nimmt aber doch unter allen möglichen Anordnungen die gewöhnliche (in der das rote Täfelchen dem Wort ‚rot' gegenübersteht) einen ganz besonderen Platz ein. – ((Da gibt es jedenfalls zwei verschiedene Fälle: Es kann die Tabelle mit grün gegenüber ‚rot' etc so gebraucht werden wie wir die Tabelle in der gewöhnlichen Anordnung gewöhnlich gebrauchen. Wir würden also etwa den der sie gebraucht von dem Wort ‚rot' nicht auf das gegenüberliegende Täfelchen schauen/blicken/ sehen sondern auf das rote das schräg darunter steht (aber wir müßten auch diesen Blick nicht

2 (Es ⟨ergäbe …⟩
4 nicht größer ist], als unser Auge. |⟨)⟩
6 ∫ *Randzeichen im Falz*
6 In dem einen Sinn des Satzes⟨, …⟩
13 Darauf kann ich nur antworten: ⟨„⟩das weiß ich nicht;
15 der Andere verständnisvoll reagiert⟨“⟩
18 wenn ich ⟨etwa⟩ für den eigenen Gebrauch gewissen Farbtönen
19 Ich werde das ⟨etwa⟩ mittels einer Tabelle tun
23 gegenüber dem grünen Täfelchen stehen ⟨a…⟩
23 und ‚grün' gegenüber dem roten⟨? …⟩
26 außer daß wir uns etwa ⟨außer⟩ der geschriebenen Tabelle
27 eine andere/richtig gestellt/ *–erste Variante im MS durchstrichen*
28 Ja aber d i e s e s Täfelchen ist doch rot⟨, …⟩
39 schauen *–im MS durchstrichen*

sehen) und finden, daß er dann statt des Wortes ‚rot‘ (irgendwo)/in einem Ausdruck/ das rote Täfelchen einsetzt. Wir würden dann sagen 156
die Tabelle sei nur anders angeordnet (nach einem andern räumlichen Schema) aber sie verbinde die Zeichen wie die gewohnte. – Es könnte aber auch sein, daß der welcher die Tabelle benützt von der einen Seite horizontal zur andern blickt (oder mit dem Finger fährt – wie wir es oft tun. Aber wieder ist es nicht nötig daß ich diesen Blick auffange) und nun in irgendwelchen Sätzen das Wort ‚rot‘ durch ein grünes Täfelchen ersetzt; aber nun nicht etwa auf den Befehl „gib mir das rote Buch“ ein grünes bringt; sondern ganz richtig das rote |(d.h. das welches auch wir rot nennen)|. Dieser hat nun die Tabelle anders benützt als der Erste aber doch so daß ‚rot‘ die gleiche Bedeutung für ihn hatte wie für uns. (Zu der/einer/ Tabelle gehört übrigens wesentlich die Tätigkeit des Nachschauens/Aufsuchens/ in der Tabelle.) Es ist nun offenbar der zweite Fall welcher/der/ uns interessiert und die Frage ist: kann ein grünes Täfelchen als M u s t e r von Rot [eines Tones von rot] dienen? Und da ist es klar daß dies (in e i n e m Sinn) nicht möglich ist. Ich kann mir eine Abmachung denken wonach Einer dem ich eine grüne Tafel zeige und sage male mir diese Farbe mir ein Rot malt, wenn ich dasselbe sage und zeige ihm blau so hat er gelb zu malen u.s.w./u.u./; und daher kann ich mir auch denken daß Einer meinen Befehl auch ohne |eine| 157
vorhergehende Abmachung so deutet. Ich kann mir ferners denken daß die Abmachung gelautet hätte „auf den Befehl ‚male mir diese Farbe‘, male immer eine gelblichere als ich Dir zeige“ und wieder kann ich mir die Deutung auch ohne Verabredung denken. Aber kann man sagen daß Einer ein rotes Täfelchen genau kopiert indem er einen bestimmten Ton von Grün (oder ein anderes Rot als das des Täfelchens) malt und zwar so wie er eine gezeichnete Figur nach verschiedenen Projectionsmethoden verschieden und genau kopieren kann? Ist also hier der Vergleich zwischen Farben und Gestalten richtig und kann ein grünes Täfelchen einerseits als der Name einer bestimmten Schattierung von rot stehen und anderseits als ein Muster dieses Tones, wie ein Kreis als der Name einer bestimmten Ellipse verwendet werden kann, aber auch als ihr Muster. Kann man also dort wie hier von verschiedenen Projectionsmethoden sprechen oder gibt es für das Kopieren einer Farbe nur e i n e solche: das Malen der gleichen Farbe? Wir meinen diese Frage so, daß sie nicht dadurch verneint wird daß uns die Möglichkeit gezeigt wird mittels eines bestimmten Farbenkreises und der Festsetzung

2 (irgendwo)/in einem Ausdruck/ *–erste Variante im MS durchstrichen*
7 (oder mit dem Finger fährt – wie wir es oft tun⟨) …⟩
9 durch ein grünes Täfelchen ersetzt⟨. Aber⟩ nun nicht etwa auf den Befehl
16 kann ein grünes Täfelchen als M u s t e r ⟨de…⟩ ⟨ein…⟩
17 Und da ist es ⟨j…⟩
19 zeige und sage male mir diese Farbe mir ein ⟨rot⟩ malt,
19 wenn ich |dasselbe| sage ⟨„male mir …⟩
24 male immer eine gelblichere als ich ⟨dies…⟩
26 daß Einer ein rotes Täfelchen genau kopiert ⟨nur nach einer …⟩
27 Ton von Grün (oder ⟨einem anderen⟩ Rot als das des Täfelchens
28 und zwar so wie er eine ⟨Zei…⟩
29 verschieden und genau kopieren kann? ⟨Is…⟩ ⟨Z…⟩
31 und kann ein grünes Täfelchen einerseits als ⟨das …⟩
32 und anderseits als ⟨die⟩ Muster dieses Tones,
32 und anderseits als ein Muster dieses ⟨F…⟩
37 daß sie nicht dadurch verneint wird daß ⟨es möglich i…⟩

eines Winkels von einem Farbton auf irgend einen andern überzugehen. 158 Das, glaube ich, zeigt nun in wiefern das rote Täfelchen gegenüber dem Wort ‚rot' in einem andern Fall ist als das grüne. Übrigens bezieht sich, was wir hier für die Farben gesagt haben auch auf die Formen von Figuren wenn das Kopieren ein Kopieren nach dem Augenmaß und nicht ein Kopieren mittels Meßinstrumenten ist. – Denken wir uns nun aber doch einen Menschen der vorgäbe „er könne die Schattierungen von Rot in Grün kopieren" und auch wirklich beim Anblick des roten Täfelchens, mit allen (äußeren) Zeichen des genauen Kopierens (nebeneinanderhalten, genaues hinschauen, etc) einen grünen Ton mischte und so fort bei allen ihm gezeigten roten Tönen. Der wäre für uns auf derselben Stufe wie Einer, der auf die gleiche Weise (durch genaues hinhorchen) Farben nach Violintönen mischte. Wir würden in *dem* Fall sagen: „Ich weiß nicht *wie* er es macht"; aber nicht in dem Sinne wir verstünden nicht die verborgenen Vorgänge in seinem Gehirn oder seinen Muskeln, sondern wir verstehen nicht was es heißt „dieser Farbton sei eine Kopie dieses Violintones". Es sei denn daß damit nur gemeint ist daß ein bestimmter Mensch erfahrungsgemäß einen bestimmten Farbton mit einem bestimmten musikalischen Klang 159 assoziiert (ihn zu sehen behauptet, malt, etc.). Der Unterschied zwischen dieser Assoziation und dem Kopieren, auch wenn ich selbst beide Verfahren kenne, besteht darin [zeigt sich darin] daß es für die assoziierte Gestalt keinen Sinn hat von Projectionsmethoden zu reden und daß ich von dem assoziierten Farbton sagen kann „jetzt fällt mir bei dieser Farbe (oder diesem Klang) diese Farbe ein vor fünf Minuten war es eine andere". etc. Wir könnten auch niemandem sagen „Du hast nicht richtig associiert" wohl aber „Du hast nicht richtig kopiert". Und die Kopie einer Farbe – wie ich das Wort gebrauche – ist nur eine; und es hat keinen Sinn |hier| von verschiedenen Projectionsmethoden zu reden.))

1 ∨ Was ich hier tue ist weiter nichts, als *streng* die Aussage „das ist rot" von der Definition zu trennen.

Diese Trennung bereitet uns dieselbe Schwierigkeit, die immer zur Folge hatte, daß man der Definition eine andere Funktion vindizieren wollte als die, ein Zeichen für ein anderes zu setzen. [die Ersetzung eines Zeichens durch ein anderes zu erlauben.]

1 und der Festsetzung eines Winkels von ⟨irgend⟩ einem Farbton
4 Übrigens bezieht sich, was ⟨h…⟩
5 das Kopieren |ein Kopieren| nach dem Augenmaß und nicht ⟨mit…⟩
9 mit allen (äuße·en) Zeichen des ⟨K…⟩
10 (nebeneinanderhalten, genaues hinschauen, etc) einen ⟨Farb…⟩
12 der auf die gleiche Weise |(|durch ⟨(⟩genaues hinhorchen)
15 nicht in dem Sinne ⟨daß⟩ wir |verstünden nicht| die verborgenen Vorgänge in seinem Gehirn oder seinen Muskeln ⟨nicht verstehen⟩,
18 *Im MS:* erfahrungsgemäß eine be–… *–nicht korrigiert, Seitenwechsel*
19 musikalischen *–im MS durchstrichen*
24 von Projectionsmethoden zu reden und daß ich von ⟨der …⟩
28 Und die Kopie einer Farbe – wie ich das ⟨Z…⟩
29 |hier| *–das Einfügungszeichen ist im MS gewellt unterstrichen*
35 die immer zur Folge ⟨hätte⟩, daß man der Definition
35 daß man der Definition eine andere ⟨D…⟩

Man könnte |sich| denken, daß das Hindeuten auf ein grünes Täfelchen 160
wenn ich will daß der Andre ein rotes Ding holt ursprünglich als eine
Art Gaunersprache festgesetzt worden wäre/sei/, sich dann aber bei mir
(so) eingebürgert habe. Ich hätte dann etwa in der ersten Zeit nach dieser
Abmachung [in der ersten Zeit dieser Übereinkunft] mir auf das grüne
Zeichen hin ein rotes Täfelchen vorgestellt (ein rotes Bild wäre mir vor
die Seele getreten – was dasselbe heißt), später aber wäre das sowenig
erfolgt wie (etwa) beim Hören des Wortes ‚rot' und ich würde jetzt den
Befehl unmittelbar auf das grüne Zeichen hin ausführen. [und ich führte
jetzt den Befehl ..... aus.] Wenn das aber geschieht, ändert es dann etwas
an der Verwendung des grünen Zeichens, daß ich mir einmal damit
etwas rotes vorgestellt habe, ehe ich etwas rotes/den roten Gegenstand/
brachte? Das alles ist nur Geschichte. ((Soll das soviel heißen, als daß
eine Erklärung, eine Tabelle zuerst so gebraucht werden kann daß man
sie ‚nachschlägt'; daß man sie dann gleichsam im Kopf nachschlägt d.h.
sie sich vor das innere Auge ruft (oder dergleichen); und daß man
endlich ohne diese Tabelle arbeitet, also so, als wäre diese Tabelle nie
dagewesen. In diesem letzten Fall spielt man also ein anderes Spiel. 161
Denn es ist nun nicht so daß diese [jene] Tabelle ja doch immer im
Hintergrund steht und man immer auf sie zurückgreifen kann; sie ist aus
unserm Spiel ausgeschieden und wenn ich auf sie ‚zurückgreife' so tue
ich was der erblindete tut der etwa auf den Tastsinn zurückgreift. Eine
Erklärung ist das Anlegen einer Tabelle und sie wird Geschichte wenn
ich die Tabelle nicht mehr benütze. [Eine Erklärung legt eine Tabelle an
und sie wird zur Geschichte, wenn ......] Ich muß unterscheiden
zwischen den Fällen: wenn ich mich einmal nach einer Tabelle richte,
und ein andermal in Übereinstimmung mit der Tabelle (der Regel
welche die Tabelle ausdrückt) handle ohne die Tabelle zu benützen. –
Die Regel deren Erlernung uns veranlaßte jetzt so und so zu handeln ist
als Ursache unserer Handlungsweise Geschichte und (für uns) ohne
Interesse. Sofern sie aber eine allgemeine Beschreibung unserer
Handlungsweise ist, ist sie eine Hypothese. Es ist die Hypothese daß
diese zwei Leute die über dem/am/ Schachbrett sitzen so und so
handeln werden (wobei auch ein Verstoß gegen die Spielregeln unter
die Hypothese fällt denn diese sagt dann etwas darüber aus, wie sich die 162
beiden benehmen werden wenn sie auf diesen Verstoß aufmerksam
werden). Dann aber können die Spieler die Regeln auch benützen/Die
Spieler können aber die Regel auch benützen/, indem sie in jedem

2 wenn ich will daß der ⟨andere⟩ ein rotes Ding holt
4 (so) *–im MS durchstrichen*
9 den Befehl unmittelbar ⟨nach dem ...⟩
9 den Befehl unmittelbar ⟨auf den/nach dem/ Hinweis auf das rote/grüne/ Täfelchen ...⟩
10 Wenn das aber geschieht, ändert es dann etwas⟨, ...⟩
12 etwas rotes/den roten Gegenstand/ *–erste Variante im MS durchstrichen*
14 eine Tabelle zuerst so gebraucht ⟨werden/wird/⟩ kann daß man sie
18 In diesem letzten ⟨S...⟩ /|Fall|/
19 immer *–im MS durchstrichen*
22 so tue ich was der ⟨Blinde tut ...⟩
23 Eine Erklärung ist ⟨eine ...⟩
23 Eine Erklärung ist das Anlegen einer Tabelle und ⟨eine Fo...⟩
26 Ich muß unterscheiden zwischen den Fällen⟨,⟩ wenn ich mich
27 wenn ich mich einmal nach einer Tabelle richte, und ⟨dem ...⟩
28 die Tabelle ausdrückt⟨]⟩ handle ohne die Tabelle zu benützen.

|besonderen| Fall nachschlagen was zu tun ist; hier tritt die Regel in die Spielhandlung selbst ein verhält sich zu ihr nicht wie eine Hypothese zu ihrer Bestätigung|.| (in einem bestimmten Fall). „Hier gibt es aber eine Schwierigkeit. Denn der Spieler welcher ohne Benützung des Regelverzeichnisses spielt ja der nie eins gesehen hätte könnte dennoch wenn es verlangt würde ein Regelverzeichnis anlegen und zwar nicht – behaviouristisch – indem er durch wiederholte Beobachtung feststellte was er in diesem und in jenem Fall gemacht hat/wie er in diesem und in jenem Fall handelt/, sondern indem er vor einem Zug stehend sagt „in diesem Fall zieht man so“.“ – Aber wenn das so ist, so zeigt es doch nur daß er unter gewissen Umständen eine Regel aussprechen wird, nicht, daß er von ihr expliziten Gebrauch gemacht hat als er den Zug machte./beim Zug expliziten Gebrauch gemacht hat./ Daß er ein Regelverzeichnis anlegen würde/wird/ wenn man es verlangte/verlangt/ ist eine Hypothese und wenn man eine Disposition, ein Vermögen, ein Regelverzeichnis anzulegen annimmt, so ist es eine psychische 163
Disposition auf gleicher Stufe mit einer physiologischen. Wenn gesagt wird, diese Disposition charakterisiert den Vorgang des Spiels, so charakterisiert sie ihn als einen psychischen oder physiologischen was er tatsächlich ist. (Im Studium des Symbolismus gibt es keinen Vordergrund und Hintergrund, nicht ein sichtbares/greifbares/ Zeichen und ein es begleitendes unsichtbares/ungreifbares/ Vermögen, oder Verständnis.)

Kann nun aber nicht das grüne Zeichen auf mehrere Arten statt des Wortes ‚rot‘ treten? Einmal als Wort, ein andermal als complementär gefärbtes Zeichen? In dem letzteren Fall liegt natürlich eine Ähnlichkeit mit dem des Kopierens der Farbe nach einer andern Projektionsmethode vor (das farbige Zeichen ist |jetzt| eine Art Muster). [Was jetzt kommt ist sehr verworren; nicht im Sinn aber in der Ordnung. Aber es ging nicht besser]

1 indem sie in jedem |besonderen| Fall ⟨d…⟩
2 hier tritt die Regel in die Spielhandlung selbst ein ⟨und⟩ verhält sich zu
2 verhält sich zu ⟨zu⟩ ihr nicht wie eine Hypothese
3 zu ihrer Bestätigung|.| *–der eingefügte Schlußpunkt ist im MS gewellt unterstrichen*
7 und zwar nicht behaviouristisch⟨,⟩ indem er durch wiederholte
8 wie er in diesem und in jenem Fall ⟨gehandelt hat⟩, sondern
9 indem er vor einem Zug stehend ⟨sagte⟩ „in diesem Fall
13 expliziten Gebrauch gemacht hat als er den Zug machte./beim Zug expliziten Gebrauch gemacht hat./ *–erste Variante im MS durchstrichen*
16 so ist es eine ⟨/psychologische/⟩ Disposition
20 was er tatsächlich ist. (Im Studium ⟨der symbolis…⟩
22 Zeichen und ⟨eine es begleitende unsichtbare …⟩
28 nach einer andern Projektionsmethode vor (das ⟨Farbe …⟩
28 |jetzt| *–das Einfügungszeichen ist im MS gewellt unterstrichen*

Es ist die Frage: Wenn sich diese Regel ihrem Wesen nach nur auf die Farben (oder Wörter) blau, rot, grün, gelb bezieht, ist sie dann nicht identisch mit der, welche das grüne Zeichen als Wort für ‚rot' und umgekehrt etc festsetzt? Denn eine Regel/Allgemeinheit/ die ihrem logischen Wesen nach einem logischen Produkt äquivalent ist, ist nichts anderes als dieses logische Produkt. (Denn man kann nicht sagen: hier 164 ist das grüne Zeichen; nun hole mir ein Ding von der complementären Farbe, welche immer das sein mag: D.h. „die complementäre Farbe von rot" ist keine Beschreibung von grün.) Die Bestimmung, die Complementärfarbe als Bedeutung des Täfelchens zu nehmen, ist dann wie ein Querstrich in einer Tabelle 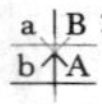 ; ein Querstrich in der Grammatik der Farben gezogen. Anders wäre es, wenn die Regel (ρ) hieße: das Täfelchen bedeutet immer einen etwas dunkleren Farbton als sein eigener/der seine/ ist. Man muß nur wieder auf den verschiedenen Sinn der Farb- und der Gestaltprojection achten (und bei der letzteren wieder auf den Unterschied der Abbildung nach visuellen Kriterien [im visuellen Raum] von/und/ der Übertragung mit Meßinstrumenten). Das kopieren nach der Regel ρ ist ‚kopieren' in einem anderen Sinne als dem in welchem das Hervorbringen des gleichen Farbtons so genannt wird. Es handelt sich also nicht um zwei Projectionsmethoden vergleichbar |etwa| der Parallel- und der Centralprojection durch die ich eine geometrische Figur mit Zirkel und Lineal in eine andere projicieren kann. (Die Metrik der Farbtöne). Wenn ich das berücksichtige, so kann ich also in dem veränderten Sinn des Wortes „Muster" (der dem 165 veränderten Sinn des Worts „Kopieren" entspricht) das hellere Täfelchen zum Muster des dunkleren Gegenstandes nehmen.

Die ursprüngliche Frage war: Könnten wir |nicht| zur hinweisenden Erklärung von ‚rot' ebensowohl auf ein grünes, wie auf ein rotes Täfelchen zeigen? denn, wenn diese Definition nur ein Zeichen statt des andern setzt so sollte dies doch auf's gleiche hinauslaufen [keinen Unterschied machen]. – Soweit/Wenn/ die Erklärung nur ein Wort für ein andres setzt ist es auch gleichgültig./so macht es auch keinen./ Bringt aber die Erklärung das Wort mit einem Muster in Zusammenhang, so ist es nun nicht unwesentlich mit welchem Täfelchen das Zeichen verbunden wird (denke auch wieder daran daß eine Farbe der andern nicht im gleichen Sinn zum Muster dienen kann, wie ihr selbst). „Aber dann gibt es also willkürliche Zeichen und solche die nicht willkürlich sind!" – Aber denken wir nur an die Verständigung durch Landkarten, Zeichnungen, und Sätze anderseits: die Sätze sind sowenig willkürlich wie die Zeichnungen. Aber die Worte sind

5 ihrem logischen Wesen nach einem logischen ⟨B…⟩
13 der Farben gezogen. ⟨Hier ist also das grüne Täfelchen …⟩
14 immer ⟨eine⟩ etwas ⟨dunklere Farbe⟩ als sein eigener ⟨Ton⟩ ist.
17 wieder |auf den Unterschied| ⟨die⟩ Abbildung nach visuellen Kriterien
18 der Übertragung mit Meßinstrumenten⟨.⟩) Das kopieren nach
19 der Regel ρ ist ‚kopieren' in einem anderen ⟨Sinn dieses Wortes …⟩
24 in eine andere projicieren kann. ⟨Vergleiche die⟩ Metrik der Farbtöne
26 (der dem veränderten Sinn des Worts „⟨kopieren⟩" entspricht)
31 nur ein Zeichen statt des andern setzt ⟨sol…⟩
31 so sollte dies doch ⟨gleichgültig sein.⟩ – Soweit
32 Soweit/Wenn/ *– erste Variante im MS durchstrichen*
36 das Zeichen verbunden wird⟨. Denke⟩ auch wieder daran daß eine Farbe der andern nicht im gleichen Sinn zum Muster dienen kann, wie ihr selbst⟨.⟩

willkürlich |(vergl | = ○, – = ×, |–||–|)|. Wird denn aber ein Wort eigentlich als Wort gebraucht, wenn ich es nur in Verbindung mit einer Tabelle gebrauche, die den Übergang zu Mustern macht? Ist es also nicht falsch, zu sagen ein Satz sei ein Bild, wenn ich doch nur ein Bild nach ihm und der Tabelle zusammenstelle? Aber so ist also doch der 166 Satz und die Tabelle zusammen ein Bild. Also zwar nicht a d b c b allein, aber dieses Zeichen zusammen mit

a	↑
b	↓
c	→
d	←

. Aber es ist offenbar, daß auch a d b c b ein Bild von ↑ ← | → | genannt werden kann. Ja aber, ist nicht doch das Zeichen a d b c b ein willkürlicheres Bild von ↑ ← | → | als dieses Zeichen von der Ausführung der Bewegung? Etwas ist auch an dieser Übertragung willkürlich (die Projectionsmethode) und wie sollte ich bestimmen was willkürlicher ist? Ich vergleiche also die Festsetzung der Wortbedeutung durch die hinweisende Definition der Festsetzung einer Projectionsmethode zur Abbildung räumlicher Gebilde. Dies ist freilich nicht mehr als/wie/ ein Vergleich. Ein ganz guter Vergleich, aber er enthebt uns nicht der Untersuchung des Funktionierens der Worte getrennt von dem Fall der räumlichen Projection. Wir können allerdings sagen – d.h. es entspricht ganz dem Sprachgebrauch – daß wir uns durch Zeichen verständigen, ob wir Wörter oder Muster gebrauchen; aber das Muster ist kein Wort, und das Spiel sich nach Worten zu richten ein anderes als das, sich nach Mustern (zu) richten. (Wörter sind der Sprache nicht wesentlich.) Kann man aber 167 vielleicht sagen, daß Muster ihr wesentlich wären? (Muster sind der Benutzung/dem Gebrauch/ von Mustern wesentlich Worte der Benutzung/dem Gebrauch/ von Worten.) Was Worte leisten können Muster nicht leisten oder doch nur scheinbar, nämlich als Wörter gebraucht. Ich könnte natürlich – (übrigens) gegen den allgemeinen Gebrauch – festsetzen, Sprache sei nur, was mit dem Gebrauch von Mustern anfängt und aufhört aber dann müßte dennoch in dieser Sprache mit Worten (oder Mustern als Worten gebraucht) operiert werden.

6 Also zwar nicht a d b c b ⟨aber …⟩
11 Ja⟨,⟩ aber ist nicht doch das Zeichen a d b c b ein willkürlicheres Bild
13 von der Ausführung der Bewegung? ⟨–⟩ Etwas ist auch an dieser
16 die Festsetzung der Wortbedeutung durch ⟨den Hinweis …⟩
20 des Funktionierens der Worte getrennt von dem Fall der ⟨ge…⟩

Die Frage war ursprünglich: muß ein *rotes* Täfelchen ‚rot‘ vertreten oder macht dies nur den Übergang für uns leicht (natürlicher), wie es leichter ist, sich in einer Tabelle zurechtzufinden die nach dem gewöhnlichen Schema als in einer die nach einem verwickelteren Schema angeordnet ist. Und es ist klar daß ein grünes Täfelchen das Wort ‚rot‘ so gut vertreten kann wie/als/ ein blaues. Auch, daß ein grünes nicht in dem Sinn als Muster eines roten Farbtons dienen kann, wie ein Täfelchen von diesem Farbton. (Ist übrigens das Täfelchen ein Muster des Farbtons, oder des Gegenstandes der etwa zu färben ist? Nun, das Täfelchen ersetzt jedenfalls das Farbwort und kein anderes. 168 Und ein Muster zu einer grauen Hose, auf diese Art verwendet, ist ein Muster der Farbe allein.) – Es frägt sich nun: Wenn es sich |nur| um die Bezeichnung der Farben rot, grün, blau, gelb handelt, ist dann das rote Täfelchen in einem andern Verhältnis zu ‚rot‘ als zu ‚grün‘, etc.? D.h., kommt in diesem Fall das Täfelchen als Muster überhaupt in Betracht, oder nur als Wort? so daß es dann gleichgültig ist, welches Täfelchen rot bezeichnet? – Ja, aber wir müssen doch einen Weg haben, die Bedeutung, die ‚rot‘ wirklich hat, im Gegensatz zu einer andern festzulegen. – Eins ist klar: Wenn die Täfelchen nicht als Muster fungieren, so ist kein Grund, warum ich das Wort ‚rot‘ eher einem farbigen Täfelchen als einer bestimmten Zeichnung oder einem Klang zuordnen soll; und das heißt: Wenn die Täfelchen nicht als Muster irgendwelcher Art fungieren so fungieren sie einfach als Worte. Kann ich also sagen: wenn ein grünes Täfelchen rot bezeichnen kann, dann nicht anders als das a auf der Violine? Aber man hat ein Gefühl als wäre das nicht so; als gäbe es hier eine Projectionsmethode (nur nicht eine (uns) so bequeme wie die welche rot in rot projiziert) die rot in grün 169 projiziert. Wenn das so ist, so müssen wir wissen, was diese Projectionsmethode auf ein anderes Argument angewandt ergibt (denn eine Projectionsmethode ist wesentlich eine Variable). Nun, da denken wir natürlich an die Regel eine Farbe durch ihr Complement zu ersetzen. – Kommt aber das Kopieren überhaupt in Betracht, wenn Worte definiert werden? D.h., muß nicht alles, wodurch ein Wort definiert ist eo ipso ein Wort sein, als Wort wirken, auch wenn es ein farbiges Täfelchen ist (und daher auch anders funktionieren könnte)? Ist es also nicht so, daß die Farbmuster, sobald sie Wörter definieren Wörter sind? – Aber es ist doch klar, daß wir im Musterkatalog sehr wohl von den Nummern auf das Muster übergehen und dieses |dann| auch als Muster gebrauchen können. Wenn es auch wahr ist, daß wir es nicht als Muster benützen müssen, sondern auch als Wort benützen können (zwei verschiedene Spiele). – Wenn aber die Anzahl der Muster von vornherein beschränkt/bestimmt/ ist, – ist dann Platz [Raum] für das Kopieren? Nun ich kann doch auch dann die Farbe des Zeichens kopieren. (Es kommt mir aber z.B. gar nicht auf den genauen Ton an, sondern nur darauf an, ob es ein Ton in der Nachbarschaft von rot |ein 170 Ton von rot|, blau etc ist. Ich kann aber auch so kopieren daß nur die

10 ersetzt jedenfalls das Farbwort und kein anderes. ⟨U…⟩
15 als Muster überhaupt in Betracht⟨?⟩ oder nur als Wort⟨,⟩ so daß
21 ⟨durch ein farbiges⟩ Täfelchen als ⟨durch eine bestimmte⟩ Zeichnung
26 Aber man hat ein Gefühl als wäre das nicht so; als ⟨gebe⟩ es hier
38 sehr wohl von den Nummern auf das Muster übergehen⟨, …⟩
39 und dieses |dann| auch als Muster gebrauchen können⟨, …⟩
40 daß wir es nicht als Muster benützen ⟨*müssen*⟩, sondern auch
40 *Im MS:* sondern auch |als| Wort benützen können

Nachbarschaft der gegebenen Farbe gewahrt bleibt.) Wenn also mein Zeichensystem nur aus den Wörtern „rot“, „blau“, „grün“, „gelb“ und vier entsprechenden Farbtäfelchen besteht, – ist eine Erklärung (Tabelle), die das rote Täfelchen dem Wort ‚blau‘ zuordnet, auf gleicher Stufe wie eine, die es mit ‚rot‘ verbindet? Wenn ich festsetze, das blaue Täfelchen solle rot bedeuten u.s.w. im Kreis der primären Farben, so folgt, daß das rote Täfelchen gelb, das gelbe grün, das grüne blau bedeutet und dieser Fall ist ähnlich wie der, der der Bezeichnung durch die Komplementärfarbe. Es ist klar, daß ich mit Hilfe einer solchen Regel eine Tabelle konstruieren kann (ohne noch aus der Grammatik herauszutreten, also vor jeder Anwendung der Sprache) indem ich erst ‚rot‘ mit dem blauen Täfelchen und darauf dieses mit dem roten verbände; etc.. Und das heißt doch, daß die eine Bezeichnung genauso gut ist, wie die andere und in diesem grammatischen System die gleiche Bezeichnung ist. Ich habe durch die Bestimmung, das rote Täfelchen solle blau bezeichnen und so weiter im Kreise, tatsächlich eine Projectionsmethode bestimmt, die sich auf die internen Beziehungen der Farben stützt (wie die Darstellung durch Complementärfarben). Durch 171
die Angabe dieser Projectionsmethode wird die Bezeichnung von rot mittels des blauen Täfelchens gleichwertig der mittels des roten. Das grüne Täfelchen kann also zum Muster für rot werden, im System der Complementärfarben (vergl. auch photographisches Negativ und Positiv.) Das Charakteristische an diesen Projectionsmethoden ist, daß sie in eine Tabelle münden (im Gegensatz zu den räumlichen). Daher sind alle Regeln dieser Tabelle gleichwertig. In diesem System ist also die Bezeichnung von rot durch das rote Täfelchen nur eine Bequemlichkeit. Nicht aber wenn es sich um das Hervorbringen des ‚genauen‘ Farbtons handelt. Soweit die Farben mit einander in internen Beziehungen stehen, soweit kann man auch von der einen natürlich auf die andere übergehn, ich meine, einen Übergang in der Grammatik der Farben selber machen im Gegensatz |etwa| zu einem |geometrischen| Übergang auf einem bestimmten gemalten Farbenkreis. (Die Möglichkeiten zeigen sich deutlich im Farben Oktaeder)))

1 Das Wort in Anführungszeichen ist ein Muster.

2 | Die Schwierigkeit, die uns das Sprechen über den Gesichtsraum ohne 172
Subjekt macht und über m e i n e und s e i n e Zahnschmerzen, ist die, die Sprache einzurenken, daß sie richtig in den Tatsachen sitzt. |

3 v Vergiß nicht: die Abmachung ist v e r g a n g e n.

4 v∫ Es besteht ja die einfache Tatsache daß wir das Wort ‚rot‘ anwenden, wie wir es anwenden und uns dabei nicht immer einen roten Gegenstand vorstellen; und selbst wenn das geschähe, so wäre damit die Möglichkeit der Ausführung des Befehls „stelle Dir etwas Rotes vor“ nicht erklärt.

5 auf gleicher Stufe wie eine, die es ⟨mit⟩ ‚rot‘ ⟨ver...⟩
18 (wie die Darstellung durch Complementärfarben). Durch ⟨diese ...⟩
24 daß sie in eine Tabelle münden⟨. ...⟩
32 zu einem |geometrischen| Übergang ⟨mit benützung eines besonder...⟩
33 *Im MS:* Farben Okoeder
43 ∫ *Randzeichen im Falz*

1 »Aber wenn ich, auf einen roten Gegenstand zeigend, sage „diese Farbe nennt man ‚rot'", gebe ich doch gewiß nicht nur ein Zeichen statt des anderen! Und was wäre der Nutzen dieser Ersetzung?!« –
Ich gebe ihm ein Zeichen dessen Gebrauch er kennt, für eines dessen Gebrauch er nicht kannte und lehre ihn damit den Gebrauch des letzteren. ((Die Erklärung daß ich den Gebrauch eines Zeichens lehre indem ich es durch eins definiere dessen Gebrauch ich kenne – oder durch eine bestimmte Verbindung solcher Zeichen – beschreibt 173 [charakterisiert] auch den Fall der Erklärung eines mir bisher unverständlichen spanischen Wortes durch das Wort ‚rot'. Hier gebe ich statt eines Wortes ein anderes im früheren Fall ein Muster statt eines Worts.))

2 ?ſ Wenn ich sage „diese Farbe nennt man ‚sepia'", so habe ich in diesem Satz das Wort ‚sepia' noch nicht gebraucht. (Auch nicht – wie jemand glauben/meinen/ könnte – zu sagen, daß die Farbe des gezeigten Ortes sepia ist.) Gebrauche ich nun in Hinkunft das Wort, so könnte ich immer statt seiner die Geste [den Hinweis] gebrauchen, durch die/den/ ich es damals erklärt habe.

3 Wäre diese Geste nun auf jedenfall/jedenfalls?/ unmittelbarer (oder leichter) zu verstehen, als das Wort? So daß man sich nun in der Bedeutung des gebrauchten Zeichens nicht irren könnte (kein Zweifel über die Deutung möglich wäre) während das Wort erst einer Erklärung bedurfte? So daß zwar „bring mir eine gelbe Blume" auf eine Erklärung des Wortes „gelb" zurückgreifen müßte, aber der Befehl „bring mir eine solche Blume" (wobei man auf ein gelbes Täfelchen zeigt/deutet/) eine weitere Erklärung nicht zuließe. Denken wir hier an die Befehle „bring mir 2 Äpfel" und „bring mir II Äpfel" denn ähnlich verhält sich das 174 Wort ‚rot' zum roten Täfelchen. ((Was hier nicht klar war, war der Unterschied zwischen Muster und Wort und ihrem Gebrauch. Dasselbe Muster und dasselbe Wort sind verschiedener Verwendung fähig; dieses Muster kann in verschiedener Weise als Muster, dieses Wort in verschiedener Weise als Wort gebraucht werden. Sofern sind Muster und Wort einander ähnlich, aber sie sind dennoch verschieden [aber ihr Gebrauch ist dennoch verschieden].

6 ((Die Erklärung daß ich ⟨für ihn …⟩
9 der Erklärung ⟨des⟩ mir bisher unverständlichen ⟨Wortes S…⟩
18 statt seiner die Geste [den Hinweis] gebrauchen, durch die/den/ ⟨es …⟩
28 eine weitere Erklärung nicht ⟨zulassen …⟩
30 ((Was hier nicht klar war, *–im MS keine schließende Doppelklammer*
31 ihrem ⟨verschiedenen⟩ Gebrauch. ⟨[und ihr verschiedener Gebrauch].⟩

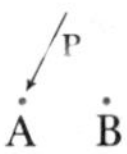

1 „Aber es hat doch gewiß etwas zu bedeuten, daß ich bei der Erklärung eines Namens gerade auf dessen Träger zeige“. Zeigen ist doch wohl etwas, was geometrisch bestimmt ist |was durch räumliche Verhältnisse definiert ist|. Der Pfeil P zeigt auf A und nicht auf B. Aber ich könnte sehr wohl auf A zeigen und sagen „dieser Punkt heißt ‚B‘“ und der Andere könnte mich doch richtig verstehen, und wenn ich etwa sage „wische B weg“, B wegwischen und nicht A. – Freilich, aber dann mußte er eben meine Erklärung anders verstehen, als sie normalerweise verstanden wird. – Aber was ist das Verstehen für ein symbolischer Vorgang? Mußte er sich also bei meinen Worten die Hand unbedingt auf B hinzeigend vorstellen? oder 175
doch auf B hinblinzeln? Aber, wenn er das auch während der Erklärung getan hat: was hilft es ihm, wenn er nun das Zeichen B gebrauchen soll. – Aber eines ist doch klar: wenn ich Dir Herrn N vorstellen will (damit Du den Namen „N“ künftig verstehst), so kann ich wohl auf Herrn M zeigen (wenn etwa früher/schon/ eine Abmachung betreffs des Zeigens besteht) aber Herr N muß doch jedenfalls anwesend sein. – Aber die Abmachung ist ja jetzt nur Geschichte meines Verständnisses, also gleichgültig, und zweitens braucht Herr N nicht gegenwärtig zu sein und die Vorstellung könnte doch so verstanden werden, als wäre er hier. – Aber da brauchst Du ja gerade das Wort „so verstanden werden“! das heißt also, Du gibst zu, daß bei der Vorstellung des abwesenden Herrn N durch zeigen auf M etwas anderes (ein anderer Komplementärvorgang in mir) vorgehen/stattfinden/ muß, als bei (während) der Vorstellung des Anwesenden. Ja ein Komplementärvorgang (etwa ein ergänzender Phantasiepfeil) sei nötig wenn wir nicht auf N selbst zeigen. – Nein, das gebe ich nicht zu: Dieses Verstehen muß sich nicht in so einem Vorgang äußern, sondern in der Anwendung des Wortes ‚N‘. Wenn ich also den Andern frage 176
„hast Du mich verstanden“ so kann sich das in seinen weiteren Erklärungen und Handlungen äußern. Eben, wie ich das Wort ‚rot‘ in einem Satz verstehen kann ohne rotes dabei zu halluzinieren. ((Auch hier wieder Muster und Wort. Gewiß könnte die hinweisende Geste auf M statt des Namens N treten; dann ist diese Geste ein anderes Wort. So wird sie aber tatsächlich nicht gebraucht denn sonst ist sie so gut wie etwa ein Pfiff. Von der Vorstellung des Herrn N machen wir ganz andern Gebrauch sie ist wesentlich ein zeigen im Raum und wir machen von der zeigenden Hand den Gebrauch daß wir ihr räumlich folgen. (Daher ist es freilich auch richtig daß wir einen Pfeil nicht unbedingt in der Richtung vom Schwanz zur Spitze und auch nicht unbedingt in dieser oder der entgegengesetzten Richtung folgen müssen.) Die zeigende Hand oder der Pfeil werden nicht als Worte sondern als Muster gebraucht (und sind als solche natürlich auch vieldeutig). Wenn

10 Aber was ist das Verstehen für ein ⟨S...⟩
11 die Hand unbedingt auf ⟨A⟩ hinzeigend vorstellen?
21 könnte doch so verstanden werden, als wäre er hier. – Aber ⟨das ...⟩
24 etwas anderes (ein anderer Komplementärvorgang in mir) ⟨vo...⟩
24 vorgehen/stattfinden/ muß, als bei ⟨|⟩während⟨|⟩ der Vorstellung
25 Ja ein ⟨anderer⟩ Komplementärvorgang (etwa ein ergänzender ⟨Pf...⟩
27 das gebe ich nicht zu: ⟨dieses⟩ Verstehen muß sich nicht in ⟨so ...⟩
33 ((Auch hier wieder Muster *–schließende Doppelklammer am Ende der Bemerkung auf der Manuskriptseite 180*
37 machen wir ganz andern Gebrauch ⟨es⟩ ist wesentlich
37 ist wesentlich ein ⟨Z...⟩

ich sagte „was nützt mich das Hinblinzeln auf B bei der Erklärung des Namens ‚B'", so hätte ich gleich sagen können: was nützt mich diese Erklärung. Denn *die Erklärung* wird jedenfalls eine andere/(der Vorgang der Erklärung) wird jedenfalls ein anderer/ dadurch daß ich 177 wenn sie in der |früher| beschriebenen Art gegeben wird dabei auf B schaue. Und diese Erklärung ist ja doch nur eine Tabelle, und wenn ich sie in Zukunft benütze so muß ich den Prozess (auf B zu schauen) wiederholen. So benützt man ja eine Erklärung/Tabelle/. Es ist freilich möglich, daß ich nach dem Code einer Gaunersprache bei den Worten „das ist Herr N!" nicht auf diesen sondern etwa seinen Nebenmann, oder den Mann am andern Ende des Zimmers (oder etc etc) zeige aber hier ist auch die Art und Weise der Benützung dieser Erklärung klar. Und ich kann freilich auch auf M zeigend |zur Erklärung| sagen „das ist Herr N" der gar nicht anwesend ist. Aber da wird doch jeder fragen: Warum tust Du das überhaupt? und die Antwort wird dann eine Erklärung etwa der Art sein: Wir haben ausgemacht ich werde auf einen Herrn zeigen der ebensolche Anzüge trägt wie Herr N. oder ich werde auf einen Herrn zeigen der in der gleichen Richtung von uns steht, wie der Ort wo Herr N ist oder dergleichen. Kurz es wird dann eben die Vorstellung |des Herrn N| anders funktionieren als im normalen Fall und wird also eine Vorstellung in anderem Sinne sein. Und zwar sowohl dann, wenn ich mit dieser Vorstellung im Gedächtnis wie mit einer 178 Tabelle arbeite, die ich nachsehe als auch, wenn die Erklärung für später nur noch als Beschreibung der Benützung des Wortes ‚N' dient und nicht nachgeschlagen wird. Denken wir uns den Vorgang ich sage auf M zeigend (in dem oben beschriebenen Sinne) „das ist N, nun geh und erschlag ihn.". Worauf der Andre richtig nicht M erschlägt sondern in das/nach dem/ Haus in der bezeichneten Richtung geht und N erschlägt. Er konnte sich dabei den Wortlaut der Abmachung ins Gedächtnis rufen (nachschlagen). Es mußte aber nicht geschehen, sondern er führte den Befehl aus als sei das die gewöhnliche Art diesen Befehl zu geben dann fiel allerdings die Erklärung als Hilfsmittel, als Teil des Kalküls, fort/weg/. Dennoch gibt sie nun die Grammatik seiner Sprache wieder indem sie sie mit unserer Sprache verbindet. – Als ich lesen lernte zeigte man mir die Buchstaben und sprach sie dabei aus. Diese Erklärung rufe ich mir nicht ins Gedächtnis, wenn ich heute lese; aber sie (ihr Wortlaut) ist jetzt eine Beschreibung dessen was tatsächlich geschieht wenn ich lese. Freilich nur im Verhältnis einer Hypothese zur Wirklichkeit. Und weiter wird man finden, daß ich auf die Frage 179 „warum sprichst Du dieses Wort so aus" mit einer Erklärung jener Form antworte, wobei es dennoch so bleibt daß, als ich das Wort las dieser

1 auf B bei der Erklärung des ⟨Wortes …⟩
14 |zur Erklärung| sagen „das ist Herr N" der ⟨etwa in …⟩
15 Warum tust Du das überhaupt⟨,⟩ und die Antwort wird dann
17 der ebensolche Anzüge trägt wie Herr N. oder ich werde ⟨in ein…⟩
18 oder ich werde auf einen Herrn zeigen der in der gleichen Richtung ⟨ge…⟩
20 die Vorstellung |des Herrn N| anders funktionieren als im ⟨g…⟩
25 Denken wir uns den Vorgang ich sage auf ⟨N⟩ zeigend
28 in das/nach dem/ *–erste Variante im MS durchstrichen*
31 die gewöhnliche Art ⟨wie man⟩ diesen Befehl ⟨gibt⟩ dann fiel
37 nicht ins Gedächtnis, wenn ich heute lese; aber ⟨sie ist …⟩
38 was tatsächlich geschieht wenn ich ⟨jetzt⟩ lese.
38 Freilich nur ⟨eine⟩ im Verhältnis einer Hypothese zur Wirklichkeit.

Grund etwa als symbolischer Akt/Ausdruck/ nicht vorhanden war. Dies trifft übrigens alles was ich seinerzeit über das Motiv einer Handlung gesagt habe.
Wenn ich dem Andern den Befehl gegeben hätte und ihm dabei zugenickt hätte mit den Worten „Du weißt schon was ich meine", so hatten diese Worte offenbar nur als Erinnerung an die in der Abmachung gegebene Übersetzung des Befehls in die normale Sprache Sinn. Wenn ich jemand der deutsch versteht unter ganz gewöhnlichen Umständen den Befehl gebe „Geh zu Bett" so werde ich ihm nicht zunicken „Du weißt schon was ich meine" und täte ich's er würde nur – vielleicht in erstauntem Ton – den Wortlaut meines Befehls wiederholen und zwar um meine Bemerkung „Du weißt schon etc" ad absurdum zu führen. Denn die richtige Antwort auf diese Bemerkung ist immer die Übersetzung des gegebenen Befehls in eine andere Sprache. Wenn nun eine Replik früher lautete: „dann mußte er eben meine Erklärung anders verstehen" so war das richtig auch wenn der Vorgang |bei| der Erklärung – auch im aufnehmenden Teil – genau der 180
gleiche war ob die Erklärung so oder so gemeint war. Denn wie immer ich das Wort ‚verstehen' auffasse, d.h. was immer ich als Kriterium des /seines/ Verständnisses ansehe so wird die Übersetzung aus seiner Sprache in die meine ergeben müssen daß die hinweisende Erklärung „dieser Punkt heißt ‚B'" mit der hinweisenden Geste auf A in seiner Gebärdensprache dasselbe heißt [gleichbedeutend ist] wie die gleichen Worte mit der hinweisenden Geste auf B in meiner Sprache. Die Erklärung ist ja die Übersetzung von einer Sprache in die andere und warum soll er diese Übersetzung bedürfen (selbst wenn er sie einst bedurft hat), warum soll die (ursprünglich) erklärte Sprache nicht seine Sprache sein. Aber die Erklärung als Regel der Übersetzung von der einen Sprache in die andere bleibt bestehen.))

1 Es liegt in der menschlichen Natur das zeigen mit dem Finger so zu verstehen [so aufzufassen].

1 als ich das Wort las dieser Grund ⟨nicht …⟩
11 er würde nur – vielleicht in erstauntem Ton – ⟨mei…⟩
12 und zwar um ⟨zwar um die …⟩
17 |bei| *–das Einfügungszeichen ist im MS gewellt unterstrichen*
21 aus seiner Sprache in die ⟨Meine⟩ ergeben müssen
21 ergeben müssen daß ⟨der Befehl „wische …⟩ die ⟨Erk…⟩
21 hinweisende *–im MS durchstrichen*
23 dasselbe heißt [gleichbedeutend ist] wie ⟨der …⟩

15.11.

∫ Nun gebe ich aber natürlich zu, daß ich, ohne vorhergehende
Abmachung einer Chiffre, ein Mißverständnis hervorrufen würde wenn
ich, auf den Punkt A zeigend, sagte dieser Punkt heißt ‚B'. Wie ich ja 181
auch, wenn ich jemandem den Weg weisen will mit dem Finger in der
Richtung weise in der er gehen soll, und nicht in der entgegengesetzten.
Aber auch diese Art des Zeigens könnte richtig verstanden werden und
zwar ohne daß dieses Verständnis das gegebene Zeichen durch ein
weiteres ergänzte. Es liegt in der menschlichen Natur das Zeigen mit
dem Finger so zu verstehen. Und so ist die menschliche
Gebärdensprache primär in einem psychologischen Sinne. ((Die
Schwierigkeit ist die Grammatik des Wortes „meinen" klar zu sehen.
Aber der Weg dazu ist nur |der über| die Antwort auf die Frage
„welches ist das Kriterium |dafür|, daß wir etwas so meinen" und
welcher Art ist der Ausdruck den dieses ‚so' vertritt. Die Antwort auf die
Frage „wie ist das gemeint" stellt die Verbindung zwischen zwei
sprachlichen Ausdrücken [zwischen zwei Sprachen] her. Also fragt auch
die Frage nach dieser Verbindung. Der Gebrauch der Hauptwörter
„Sinn", „Bedeutung", „Auffassung" und anderer Wörter verleitet uns zu
glauben daß dieser Sinn etc. dem Zeichen so gegenübersteht wie das
Wort, der Name dem Ding das sein Träger ist. So daß man sagen
könnte: „der Pfeil hat eine ganz bestimmte Bedeutung, ist in einer ganz
bestimmten Weise gemeint, die ich nur faute de mieux wieder durch ein 182
Zeichen ausdrücken muß". Die Meinung, die Intention wäre quasi seine
Seele die ich am liebsten direkt zeigen möchte aber auf die ich leider
nur indirekt durch ihren Körper hinweisen kann. – Wenn ich sage: „ich
meine diesen Pfeil so, daß man ihm durch eine Bewegung in der
Richtung vom Schwanz zur Spitze folgt" [was sage ich dadurch nicht
und was sage ich dadurch?] so gebe ich eine Definition, (ich setze ein
Zeichen für ein andres), während es scheint als hätte ich, sozusagen, die
Angabe/Aussage/ des Pfeils ergänzt. Ich habe den Pfeil durch ein neues
Zeichen ersetzt, das wir statt des Pfeiles gebrauchen können. –
Gebrauchen können –. Während es scheint, als wäre der Pfeil
selbst wesentlich unvollständig [unvollkommen], ergänzungsbedürftig
und als hätte ich ihm nun die nötige Ergänzung gegeben. Wie man eine
Beschreibung eines Gegenstandes als unvollkommen erkennt und
vervollständigt [vervollständigen kann]. Als hätte der Pfeil die
Beschreibung angefangen und wir sie durch den Satz vollendet. – Auch
so: Wenn ich wie oben sage „ich meine diesen Pfeil so, daß ….." so
macht es den Eindruck/scheint es/ als hätte ich jetzt erst das Eigentliche 183
beschrieben, die Meinung; als wäre der Pfeil gleichsam nur das
Musikinstrument, die Meinung aber die Musik oder besser: der Pfeil das

2 ∫ *Randzeichen im Falz durchstrichen*
17 zwischen zwei sprachlichen Ausdrücken ⟨(⟩zwischen zwei Sprachen
21 so gegenübersteht wie das Wort, der Name ⟨seinem …⟩
21 So daß man sagen könnte⟨,⟩ „der Pfeil hat eine ganz
25 *Im MS:* |auf die ich| leider nur indirekt durch ihren Körper hinweisen kann.
30 eine Definition, (ich setze ein Zeichen für ein andres), *–die Kommas und Klammern sind im MS gewellt unterstrichen*
39 Auch so: Wenn ich ⟨sage …⟩
40 macht es den Eindruck/scheint es/ *–zweite Variante im MS durchstrichen*
40 als hätte ich jetzt erst das ⟨das⟩ Eigentliche beschrieben,
41 die Meinung; als wäre ⟨g…⟩

Zeichen – das heißt in diesem Falle – die Ursache des inneren, seelischen, Vorgangs und die Worte der Erklärung erst die Beschreibung dieses Vorgangs. Hier spukt die Auffassung des Satzes als des Zeichens des Gedankens; und des Gedankens als eines Vorgangs in der Seele oder im Kopf.))

1 / Die Worte sind diskontinuierlich; die Wortsprache eine Abbildung durch discontinuierliche Zeichen. Das ist einer der wichtigsten Gesichtspunkte von dem man sie betrachten muß. Aber Ziffern sind ja auch Worte und wir haben das Dezimalsystem.

2 / Wenn wir einen geometrischen Beweis mit Zirkel und Lineal führen so bedienen wir uns eines Symbolismus mit kontinuierlichen Symbolen.

3 v Buchstaben als Namen von Punkten in einer geometrischen Zeichnung.

4 / Vergiß hier auch nicht, daß die Wortsprache nur e i n e unter vielen möglichen Sprachen ist und es Übergänge von ihr in die andern gibt. 184
Untersuche die Landkarte daraufhin/auf das hin/ was in ihr dem Ausdruck der Wortsprache entspricht.

5 v∫ Daß der Träger eines Namens tot ist, ist eine Tatsache die wir mittels dieses Namens (der also hier Bedeutung hat) beschreiben. Wie aber, wenn wir sagen, daß der Träger niemals gelebt hat?

v Die Bedeutung des Namens liegt darin, was wir von ihm mit Sinn (wahr oder falsch) aussagen können.

v Ist die hypothetische Existenz |des Trägers| involviert, wenn wir zur Definition des Namens auf den Träger zeigen und sagen „das ist N"?

v Es liegt Alles darin, daß ich sagen kann „Moses existiert nicht" („hat nicht existiert"), aber nicht „dieser Mensch (auf den ich zeige) existiert nicht".

v Und das führt wieder dahin: daß wir sagen können „ich sehe hier keinen roten Fleck" auch wenn überhaupt keiner irgendwo zu finden ist (was immer das heißen mag). Und warum soll dann jemals einer zu finden gewesen sein?

D.h. ich spiele vorläufig mein Spiel mit dem Namen allein, ohne den Träger. Und der Träger geht mir dabei nicht ab. 185

1 das heißt in diesem Falle – die Ursache ⟨e...⟩
13 mit Zirkel und Lineal führen so bedienen wir uns ⟨Sprache ...⟩
15 ⟨N...⟩
18 Vergiß ⟨nicht ...⟩ hier auch nicht, daß die Wortsprache nur e i n e unter vielen möglichen Sprachen ist *– im MS am linken Rand mit einer vertikalen Wellenlinie markiert*
22 ∫ *Randzeichen im Falz*
22 *Die fünf folgenden mit Randzeichen markierten Absätze sind im MS Bemerkungen, durch Klammern am linken Rand zusammengefaßt.*
22 *Im MS:* die |wir| mittels
32 Und das führt wieder dahin⟨,⟩ daß wir sagen können

/ ((Wenn man sagt „N existiert nicht“, so kann das verschiedenerlei bedeuten. Es kann heißen daß ein Mann der als er lebte diesen Namen trug nicht oder nicht zu einer gewissen Zeit in einem gewissen Land existiert hat; aber auch daß spätere Geschichtsschreiber den Charakter den wir so (Moses) nennen erfunden haben, daß die und die Ereignisse nie stattgefunden haben und ihr Held also nie gelebt hat. D.h. also: kein Mensch hat Moses geheißen und diese Taten vollbracht; oder: das Ding das Dir als ‚N‘/Herr ‚N‘/ vorgestellt wurde war eine Puppe; etc. Denken wir uns es sagte uns einer er habe Moses auf der Straße gesehen. Wir würden ihn dann fragen: „wie meinst Du das, Du hast ihn gesehen? Wie wußtest Du denn daß es Moses war?“ und nun könnte der Andre sagen: „er hat es mir gesagt“ oder „er sah so aus wie ich mir Moses vorstelle“, oder „er hatte diese und diese Merkmale“, etc.. Ich will doch wohl das sagen was Russell dadurch ausdrückt daß der Name Moses durch verschiedene Beschreibungen definiert sein kann („der Mann welcher ‚Moses‘ hieß und zu dieser Zeit an diesem Ort lebte“, oder „der Mann – wie immer er damals genannt wurde – welcher die Israeliten durch
die Wüste führte“, oder „der Mann der als kleines Kind von der 186
Königstochter aus dem Nil gefischt wurde“ etc etc); und daß je nachdem wir die eine oder andere Definition annehmen der Satz „Moses hat existiert“ einen andern Sinn bekommt und ebenso jeder andere Satz der von Moses handelt. Man würde auch immer wenn uns jemand sagte „N existiert nicht“ fragen: „was meinst Du? willst Du sagen, daß ....., oder, daß ... etc? — Wenn ich nun sage: „N ist gestorben“ so hat es mit N gewöhnlich etwa folgende Bewandtnis: Ich glaube daß ein Mensch N gelebt hat: den ich 1.) dort und dort gesehen habe, der 2.) so und so ausschaut, 3.) das und das getan hat und 4.) in der Bürgerlichen Welt den Namen ‚N‘ führt. Gefragt, was ich unter ‚N‘ verstehe würde ich alle diese Dinge oder einige von ihnen, und bei verschiedenen Gelegenheiten verschiedene, aufzählen. Meine Definition von ‚N‘ wäre also: der Mann von dem alles das stimmt. Wenn aber nun einiges davon sich als falsch erwiese — wäre der Satz „N ist gestorben“ nun als falsch anzusehen? auch wenn nur etwas vielleicht ganz Nebensächliches was ich von dem Menschen glaubte nicht stimmen würde; und wo fängt das
Hauptsächliche an? Das kommt nun darauf hinaus, daß wir den Namen 187
N in gewissem Sinne ohne feste Bedeutung gebrauchen, oder: daß wir bereit sind die Spielregeln nach bedarf zu verändern (make the rules as

1 *Im MS ein Absatz, durch Randzeichen als Bemerkung gekennzeichnet.*
1 ((Wenn man sagt „N existiert nicht“, so kann das ⟨vi...⟩
6 Ereignisse nie stattgefunden haben und ⟨ein⟩ Held ⟨der⟩ also nie gelebt hat.
7 kein Mensch hat ⟨je/damals/⟩ Moses geheißen
9 Denken wir uns ⟨jemand⟩ sagte uns ⟨er⟩ habe Moses auf der Straße
22 Man würde auch immer wenn uns jemand ⟨fr...⟩
23 „was meinst Du? *–im MS fehlt das Ausführungszeichen*
23 „was meinst Du? willst Du sagen, daß .....⟨.“ ...⟩
24 Wenn ich nun ⟨von ei...⟩
24 sage: „N ist gestorben“ so ⟨verhält es sich ...⟩
27 und 4.) in der Bürgerlichen Welt ⟨N genannt ...⟩
28 den Namen ‚N‘ führt. Gefragt, ⟨wen ...⟩
28 verstehe würde ich ⟨etwa⟩ alle diese Dinge oder einige von ihnen,
29 und ⟨zu⟩ verschiedenen Gelegenheiten verschiedene,
32 Wenn aber nun einiges davon sich als falsch erwiese⟨? ...⟩
34 auch wenn nur etwas vielleicht ganz Nebensächliches was ich ⟨ub...⟩
36 daß wir den Namen N in gewissem ⟨N...⟩

we go along). Das erinnert an das was ich früher einmal über die Benützung der Begriffswörter z.B. des Wortes „Blatt“ oder „Pflanze“ geschrieben habe. – Und hier erinnere ich mich daran daß Ramsey einmal betont hat die Logik sei eine ‚normative science‘. Wenn man damit meint, sie stelle ein Ideal auf, dem sich die Wirklichkeit nur nähere, so muß gesagt werden, daß dann dieses ‚Ideal‘ uns nur als ein Instrument der annähernden Beschreibung der Wirklichkeit interessiert. Es ist allerdings möglich einen Kalkül genau zu beschreiben und zwar zu dem Zweck um dadurch eine Gruppe anderer Kalküle beiläufig zu charakterisieren. Wollte z.B. jemand wissen was ein Brettspiel ist, so könnte ich ihm zur Erklärung das Damespiel genau beschreiben und |dann| sagen: siehst Du, so ungefähr funktioniert jedes Brettspiel. – War 188
es nun nicht ein Fehler von mir (denn so scheint es mir jetzt) anzunehmen daß der, der die Sprache gebraucht immer e i n b e s t i m m t e s S p i e l spiele? Denn, war das nicht der Sinn meiner Bemerkung, daß alles an einem Satz – wie beiläufig (ausgedrückt) er immer sein mag – ‚in Ordnung ist‘?

1 v Aber wollte ich nicht sagen: alles müsse in Ordnung sein wenn Einer etwas sage und es/einen Satz sage und ihn/ anwende (oder, was dasselbe ist, ihn von einer Tatsache ablese)? Aber daran ist doch weder etwas in Ordnung noch in Unordnung, – in Ordnung wäre es, wenn man sagen könnte: auch dieser Mann spielt ein Spiel nach einem bestimmten festen – angebbaren – Regelverzeichnis.

2 v Und setzt das nicht wieder voraus daß dieses |ganze| Regelverzeichnis irgendwie schon in jedem einzelnen Zug des Spiels gegenwärtig ist?

3 Und hier erinnere ich mich ⟨an⟩ daß ⟨was⟩ Ramsey einmal ⟨über⟩ die Logik ⟨als⟩ ‚normative science‘ ⟨gesagt (oder auch geschrieben) hat.⟩ Wenn man damit⟨, daß die Logik eine normative Wissenschaft ist,⟩ meint, sie stelle ⟨nur⟩ ein Ideal auf,

6 daß dann dieses ‚Ideal‘ uns nur als ⟨eine Methode …⟩

19 *Im MS fortlaufender Text, durch Randzeichen als Bemerkung gekennzeichnet.*

21 Aber ⟨darin⟩ ist doch weder etwas in Ordnung noch in Unordnung,

26 *Im MS fortlaufender Text, durch Randzeichen als Bemerkung gekennzeichnet.*

V Ist es nicht vielmehr so daß sich zwar zu jeder Handlung [Spielhandlung] ein Regelverzeichnis aufstellen ließe dem sie entspricht, daß wir aber dann in gewissen Fällen den Gebrauch der Sprache als ein fortwährendes Wechseln des Spiels (des Regelverzeichnisses) beschreiben müßten/müssen/ (als ob Einer eine Partie Dame anfinge und mitten im Spiel anfinge Schlagdame zu spielen). Und daß wir also sagen müssen wir betrachten die Sprache *unter der Form* des Spiels, des Handelns nach einem Regelverzeichnis. 189

Denn ich habe zur Feststellung der Regel nach der er handelt zwei Wege angegeben. Der eine, der hypothetische bestand in der Beobachtung seiner Handlungen und die Regel war darin von der Art eines Naturwissenschaftlichen Satzes. Der andere war, den Andern zu fragen, nach welcher Regel er vorgehe. Wie aber, wenn der erste Weg kein klares Resultat liefert/ergibt/ und die Frage keine Regel zu Tage fördert wie es im Fall „N ist gestorben" geschieht. Denn, wenn wir den der das sagte fragen „was ist N?" so wird er zwar ‚N' durch eine Beschreibung erklären, wird aber bereit sein diese Beschreibung zu widerrufen und abzuändern wenn wir ihm den einen oder andern Satz entziehen/widerlegen/. Wie soll ich also die Regel bestimmen/auffinden/ nach der er spielt? er weiß sie selbst nicht. Ich könnte eine Regel nur nach dem bestimmen, was er auf die Frage „wer ist N" in diesem Fall gerade antwortet.

Steckt uns da nicht die Analogie der Sprache mit dem Spiel ein Licht auf? Wir können uns doch sehr wohl denken daß sich Menschen auf einer Wiese damit unterhielten mit einem Ball zu spielen und zwar so daß sie verschiedene bestehende Spiele |der Reihe nach| anfingen nicht zu Ende spielten und etwa dazwischen sogar planlos den Ball würfen, 190 auffingen, fallen ließen etc. Nun sagte Einer: die ganze Zeit hindurch spielen die Leute ein Ballspiel und richten sich daher bei jedem Wurf nach gewissen/bestimmten/ Regeln. – Aber – wird man einwenden – der den Satz „N ist gestorben" gesagt hat, hat doch nicht planlos Worte aneinandergereiht (und darin besteht es ja daß er ‚etwas mit seinen Worten gemeint hat'). – Aber man kann wohl sagen: er sagt den Satz planlos, was sich eben in der beschriebenen Unsicherheit zeigt. Freilich ist der Satz von irgendwo hergenommen und wenn man will so spielt er nun auch ein Spiel mit sehr primitiven Regeln; denn es bleibt ja wahr, daß ich auf die Frage „wer ist N" *eine Antwort* bekam, oder eine Reihe von Antworten, die nicht gänzlich regellos waren. – Wir können sagen: Untersuchen wir die Sprache auf ihre Regeln hin. Hat sie dort und da keine Regeln, so ist *das* das Resultat unsrer Untersuchung.))

1 *Im MS fortlaufender Text, durch Randzeichen als Bemerkung gekennzeichnet.*
7 wir betrachten die Sprache *unter der Form* des Spiels⟨. …⟩
9 Denn ich habe zur ⟨fe…⟩
9 Denn ich habe zur Feststellung ⟨des Regelverzei…⟩
14 Resultat liefert/ergibt/ und ⟨er …⟩
14 Resultat liefert/ergibt/ und ⟨auf⟩ die Frage ⟨die Antwort erfolgt …⟩
19 Wie soll ich also die Regel ⟨fes…⟩
20 er weiß sie selbst nicht. Ich könnte ⟨die …⟩
20 Ich könnte eine Regel ⟨für seinen Fall⟩ nur ⟨danach⟩ bestimmen,
26 und zwar so daß sie verschiedene ⟨vor…⟩
27 anfingen nicht zu Ende spielten und etwa dazwischen ⟨plan…⟩
36 und wenn man will so spielt er nun auch ein Spiel mit ⟨einem …⟩
37 *eine Antwort* |bekam|, oder |eine| Reihe von Antworten ⟨bekam⟩,

16.

Wenn aber der Träger dem Namen abhanden kommen, oder nie existiert haben, kann, so mußte man beim Gebrauch des Namens von vornherein damit rechnen. Das mußte in seiner Bedeutung liegen. ((Es sei denn, daß wir diese Bedeutung geändert haben, oder aber/oder,/ 191 daß das Wort keine b e s t i m m t e Bedeutung hatte; denn welches ist die Bedeutung wenn wir sie nicht angeben können/er sie nicht angeben kann/? Nun, wir werden die Tatsache/das tatsächliche Verhalten [sein tatsächliches Verhalten]/ durch ein ‚Schwanken zwischen mehreren Bedeutungen' beschreiben können. Es ist wohl wesentlich, daß ich ihn fragen kann: was hast Du eigentlich gemeint. Und als/zur/ Antwort wird er mir eine Menge erzählen, und sich etwa an mich wenden daß ich ihm das Regelverzeichnis einrichte, das seinem Zweck entspricht. Es wird sich dann in unserm Gespräch oft die Redeweise finden „Du wolltest also eigentlich sagen ....". (und diese kann wieder ganz mißverstanden werden – sie ist keine Beschreibung des damaligen Geisteszustands des Sprechenden; als ob das „was er sagen wollte" irgendwo in seinem Geist ausgedrückt gewesen wäre). Aber hier ist eine Gefahr: Es scheint nämlich dann (leicht) als landeten wir am Schluß bei/in/ etwas, was wir mit unserer gewöhnlichen Sprache gar nicht mehr ausdrücken können. Das ist aber das sicherste Zeichen, daß wir fehl gegangen sind; aus unserm Spiel herausgetreten sind. – Was versteht man unter „allen Regeln des Tennisspiels"? Alle Regeln die in einem bestimmten Buche stehen, oder alle die der Spieler im Kopf hat, oder alle die je ausgesprochen wurden, oder gar: alle die sich |an|geben lassen!? Daher wollen wir lieber nicht so vag von ‚allen Regeln' reden, sondern nur von 192 bestimmten Regeln oder allen Regeln eines Verzeichnisses, etc.. Und das Gleiche gilt von den Regeln über die Verwendung eines Wortes. Wenn Einer mich, z.B., etwas fragt so will ich, wenn ich ihm antworte, wissen ob diese Antwort in seinem Spiel als Antwort auf seine Frage gilt; ob in seinem Spiel dieser Satz aus jenem/aus dem was er gesagt hat/ folgt.

3 so mußte man beim Gebrauch ⟨der ...⟩
5 oder aber/oder,/ *–erste Variante im MS durchstrichen*
5 wir diese Bedeutung geändert haben, oder aber/oder,/ daß ⟨wir die ...⟩
8 wir sie nicht angeben können/er sie nicht angeben kann/ *–erste Variante im MS durchstrichen*
9 durch ein ‚Schwanken zwischen ⟨verschiedenen ...⟩
17 als ob das „was er sagen wollte" irgendwo in ⟨seiner ...⟩
23 Alle Regeln die in einem bestimmten⟨, ...⟩

Für uns ist es genügend daß es eine Frage gibt: „wie meinst Du das?“ und daß als Antwort auf diese Frage das alte/zuerst gegebene/ Zeichen durch ein neues ersetzt wird. — Der Einwand dagegen ist, daß mir eine Erklärung ja nichts hilft wenn sie nicht die letzte ist, und daß sie nie die letzte ist: Ich kann zwar erklären: unter ‚Moses‘ verstehe ich den Mann, wenn es einen solchen gegeben hat, der die Israeliten aus Ägypten geführt hat, wie immer er damals genannt worden sein mag und was immer er sonst getan oder nicht getan haben mag – aber ähnliche Fragen ergeben sich nun in Bezug auf die Wörter *dieses* Satzes [dieser Erklärung]: was nennst Du ‚Ägypten‘? wen, die Israeliten? etc. Ja, diese Fragen kommen auch nicht zu einem Ende wenn wir etwa bei Worten wie ‚rot‘, ‚dunkel‘, ‚süß‘ angelangt wären. Unrichtig war es nur zu sagen, daß mir deshalb eine dieser Erklärungen nichts hilft. Im 193
Gegenteil sie ist es gerade was ich brauche, ja alles was ich brauchen, und auch geben, kann. Und wenn ich, auf eine solche Erklärung hin, sage „jetzt weiß/versteh/ ich was Du meinst“, so kann man nicht einwenden, das könne ich ja doch nie verstehen; sondern seine Erklärung hat mir eben das gegeben was ich Verständnis nenne; sie hat *die* Schwierigkeit beseitigt *die ich hatte*. Was uns quälte ist glaube ich ganz in dem Pseudoproblem ausgedrückt: Das Schachspiel ist doch durch die Gesamtheit der Schachregeln konstituiert, – was macht dann das Rücken einer Figur im Spiel zu einem Schachzug da doch dabei |in keiner Weise| alle Regeln des Schachspiels beteiligt sind.))

1 / Wenn man fragt „in welchem Verhältnis stehen Namen und Sachen“, so ist die Antwort: in dem Verhältnis der Hausnummer zum Haus.

2 v Man könnte das Zeichen „dieses⟶“ ‚einen Namen‘ nennen. Wenn man dann von einem Träger dieses Namens spricht (dem Gegenstand, auf den der Pfeil zeigt), so hat hier das Wort/der Name/ ohne Träger keine Bedeutung.

9 aber ähnliche Fragen ergeben sich nun ⟨bezüglich …⟩
10 ⟨„⟩was nennst Du ‚Ägypten‘?⟨“⟩ ⟨„⟩wen, die Israeliten?
17 das könne ich ja doch nie verstehen; sondern ⟨nur⟩ seine Erklärung
19 sie hat *die* Schwierigkeit beseitigt *die ich hatte*. Was uns ⟨g…⟩
22 zu einem Schachzug da doch ⟨der Spieler⟩ dabei ⟨nicht …⟩

1 / Ich erzähle jemandem von einem Herrn N; er habe mit mir studiert, sei dann in das und das Geschäft gekommen etc. Und nun zeige ich ihm eine Gruppe von Leuten und sage: schau ob einer von diesen Herr N ist. – Das ist doch so sinnlos wie die Aufgabe das Alter des Kapitäns zu bestimmen wenn die Dimensionen des Schiffs gegeben wurden. Nicht mehr und nicht weniger sinnlos. – Hätte ich das Äußere des N beschrieben, so wäre die Aufforderung nicht absurd. ((Es ist doch so, daß die Aufforderung im einen Fall hätte lauten können: schau Dir diese Leute an und sage ob einer mit mir studiert hat und dann nach Amerika gegangen ist; im andern: schau Dir diese Leute an und sage ob einer klein und dick ist und eine rote Nase hat. Es kommt also darauf hinaus daß der Name N in den zwei Fällen (wenn die Aufforderung gelautet hätte „schau ob einer von ihnen Herr N ist“) verschiedene Bedeutung gehabt hätte. – Nun ist aber doch auch die erste Aufforderung nicht absurd, denn warum soll es einem nicht irgendwie anzusehen sein, daß er mit mir studiert hat (etwa durch sein Alter) etc.. Aber, sage ich, ‚anzusehen‘ in einem andern Sinn. – Aber was heißt das? Es kann nur dasjenige heißen was durch die Antwort auf die Frage /Der/Dieser/ Sinn kann nur ausgedrückt sein durch das was auf die Frage/ „wie ist es ihm anzusehen?“ ausgedrückt ist/zu antworten ist/; also etwa/also z.B./z.B. also/ durch die Bemerkung „durch sein Alter“ /in der Klammer/, die ich ja eben gemacht habe um zu erklären wie der 195
Ausdruck „es ist ihm anzusehen“ gedeutet werden kann.))

194 (at first line)

2 / Sage ich jemandem „bringe eine rote Blume“ und er bringt eine, und nun frage ich „warum hast Du mir eine von dieser Farbe gebracht“ – und er: „das ist doch rot“ [„diese Farbe nenne ich ‚rot‘“]: so ist dies letzte ein Satz der Grammatik. Er rechtfertigt eine Anwendung des Worts

3 Fehlt dieser Satz/diese Regel/ so ist die Grammatik des Worts (seine Bedeutung) eine andere.

9 schau Dir diese Leute an und sage ⟨welcher⟩ mit mir studiert hat
10 und dann nach Amerika gegangen ist; im andern: ⟨S...⟩
10 schau Dir diese Leute an und sage ⟨wel...⟩
12 Es kommt also darauf hinaus daß der Name N in ⟨beiden⟩ Fällen
18 dasjenige heißen *–im MS durchstrichen*
21 also etwa/also z.B./z.B. also/ *–erste Variante im MS durchstrichen*
22 „durch sein Alter“/in der Klammer/ *–Durchstreichung der ersten Variante im MS wieder aufgehoben*
22 eben *–im MS durchstrichen*
23 „es ist ihm anzusehen“ *–im MS durchstrichen*
27 [„diese Farbe nenne ich ‚rot‘“]⟨, ...⟩

1 Er hätte zweierlei sagen können: 1) „ich bringe sie, weil sie rot ist (und Du hast doch eine rote verlangt)“, 2) „ich bringe sie, denn diese Farbe nenne ich [nennst Du doch] ‚rot‘“. – Sind diese beiden Verteidigungen gleichwertig? ((Ich hätte einfach fragen können: heißt es dasselbe: „dieses Ding ist rot“ und „die Farbe dieses Dings heißt rot“. Zuerst könnte ich da fragen: auf welche Sprache heißt sie so? Aber es ist doch gewiß eine eindeutige Beschreibung wenn ich sage: bring mir eine Blume von der Farbe die auf Deutsch ‚rot‘ heißt. Die Verteidigung hätte auch lauten /heißen/ können: „ich bringe sie, weil sie rot ist, denn diese Farbe nennst Du doch ‚rot‘“. „die Farbe dieser Blume heißt auf Deutsch ‚rot‘“ ist derselbe Satz wie „der deutsche Satz ‚diese Blume ist rot‘, ist wahr“)) 196

2 / Die Wilden haben Spiele (oder wir nennen es doch so), für die sie keine geschriebenen Regeln, kein Regelverzeichnis, besitzen. Denken wir uns nun die Tätigkeit eines Forschers die Länder dieser Völker zu bereisen und Regelverzeichnisse für ihre Spiele anzulegen. Das ist das genaue Analogon zu dem, was der Philosoph tut.

3 /?ʃ Die primären Definitionen (oder Definitionen mittels primärer Zeichen) sind wohl die Regeln der Anwendung der Zeichen auf die Dinge außerhalb der Welt der geschriebenen oder gesprochenen Zeichen /sollen wohl die Regeln der Anwendung der Zeichen auf die Dinge außerhalb der Welt der geschriebenen oder gesprochenen Zeichen sein/. Denn es gibt, praktisch gesprochen, offenbar die Welt der Bücher und der Rede, und anderseits die Welt außerhalb dieser.

Die primäre Regel soll quasi die „Verbindung der Zeichen mit dem Leben“ herstellen. ((Dies bezieht sich offenbar nur auf die Welt der Wortsprache nicht auf die |der| Zeichnungen in |den| Büchern. Die Idee /Auffassung/ ist die: Wenn ich die Zeichnung  kopiere kann ich dies unmittelbar tun, wenn ich aber |–||–| auf die seinerzeit beschriebene Art kopieren will so geht das nur durch die Intervention einer Tabelle. Aber ist es selbstverständlicher daß die Zeichnung gerade in d i e s e r (von mir angenommenen) Weise kopiert wird, als |–||–| nach der Regel | = ○, – = ×? Ja ist es selbstverständlicher/sicher/ daß ich beim Kopieren/während des Kopierens/ der Zeichnung die Regel des Kopierens nicht wechsle, sicherer, als daß ich beim Kopieren von |–||–| die Regel nicht wechsle? Die beiden sind, was das betrifft auf genau der gleichen Stufe. Ist hier nicht Kontinuität und Diskontinuität der eigentliche/in die Augen springende/ Unterschied?)) 197

1 *Im MS weist vom Beginn der Bemerkung eine Klammer am linken Rand zum Ende der vorvorangehenden Bemerkung.*
5 und „die Farbe dieses Dings heißt rot“⟨?⟩ Zuerst könnte ich da fragen:
9 „ich bringe sie, weil sie rot ist, ⟨und …⟩
11 wie „⟨was⟩ der |deutsche| Satz ‚diese Blume ist rot‘ ⟨auf Deutsch sagt⟩, ist wahr“))
19 ?ʃ *Randzeichen im Falz*
29 Die Idee/Auffassung/ ist die: Wenn ich die Zeichnung  ⟨kopiert …⟩
33 in d i e s e r (von mir angenommenen) Weise kopiert wird, als ⟨daß …⟩
34 selbstverständlicher/sicher/ *–erste Variante im MS durchstrichen*
38 was das betrifft auf genau der gleichen Stufe.⟨)) …⟩ ⟨Spielt …⟩

1 / | Man kann in gewissem Sinn mit philosophischen Irrtümern nicht vorsichtig genug umgehn, sie enthalten so viel Wahrheit. |

2 v | Es geht nie einfach an zu sagen: Nein, das ist falsch, das muß aufgegeben werden. |

3 / Wenn ich sage „die Farbe d i e s e s Gegenstands ist/heißt/ violett“, so muß ich die Farbe mit den ersten Worten „die Farbe dieses Gegenstands“ schon benannt haben, sie schon zur Taufe gehalten haben, damit der Akt der Namengebung das sein kann, was er ist. Denn ich könnte auch sagen „der Name dieser Farbe (der Farbe dieses Dings) ist von Dir zu bestimmen“, und der den Namen gibt, müßte nun schon wissen, wem er ihn gibt (an welchen Platz der Sprache er ihn stellt).

4 / „Wenn ich nun auch sage/wir nun auch sagen/, der Träger des Namens ist nicht seine Bedeutung, so bestimmt doch der Träger die Bedeutung, und wenn ich, auf ihn zeigend, sage ‚das ist N‘ so ist die Bedeutung von ‚N‘ bestimmt.“ 198

Aber es bestimmt hier schon das richtige Verstehen des Wortes ‚Träger‘ in dem besondern Fall (Farbe, Gestalt, Ton, etc.) die Bedeutung bis auf eine letzte Bestimmung.

5 / „Aber ich habe i h n gemeint“. Sonderbarer Vorgang dieses Meinen! Kann man jemanden meinen auch wenn er in Amerika und man in Europa ist? Und/Oder/ gar, wenn er schon tot ist?

6 / Die Bedeutung des Namens ist seine Stellung (ich meine, seine Funktion) im Spiel.

7 / „Ich will nicht verlangen, daß in der erklärenden Tabelle das rote Täfelchen horizontal gegenüber dem Wort ‚rot‘ stehen soll, aber irgend ein Gesetz des Lesens der Tabelle muß es doch geben. Denn sonst verliert ja die Tabelle ihren Sinn“. Ist es aber gesetzlos, wenn die Tabelle so aufgefaßt wird 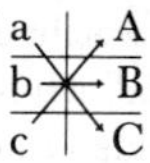 wie die Pfeile andeuten. „Aber muß dann nicht eben das Schema  vorher gegeben werden?“ Nur sofern auch das Schema  früher gegeben wird. 199

8 Wenn ich sage⟨:⟩ „die Farbe d i e s e s Gegenstands
8 ist/heißt/ *–erste Variante im MS durchstrichen*
11 der Akt der Namengebung das sein kann, was er ist. *–im MS am linken Rand mit einer vertikalen Wellenlinie markiert*
18 wenn ich, auf ihn zeigend, sage ⟨„⟩das ist N⟨“⟩ so ist die Bedeutung von
28 Die Bedeutung des Namens ist seine Stellung ⟨im Spiel …⟩
33 dem Wort ‚rot‘ stehen soll, aber irgend ein Gesetz des Lesens ⟨der …⟩
38 das Schema  vorher gegeben werden?“ ⟨Nun …⟩

1 / »Wird aber dann nicht wenigstens eine gewisse Regelmäßigkeit im Gebrauch gefordert! Würde es angehen, wenn wir einmal eine Tabelle nach diesem, einmal nach jenem Schema zu gebrauchen hätten? Wie soll man denn wissen, wie man diese Tabelle zu gebrauchen hat?!« – Ja, wie weiß man es denn heute? Die Zeichenerklärungen haben doch irgend einmal [irgendwo] ein Ende.

2 / Es gibt eine Betrachtungsweise der elektrischen Apparate und Maschinen/Maschinen und Apparate/ (Dynamos, Radiostationen, etc., etc.), die sozusagen ohne vorgefaßtes Verständnis diese Gegenstände als eine Verteilung von Kupfer, Eisen, Gummi, Seide etc im Raum ansieht. Und diese Betrachtungsweise könnte zu manchem interessanten Resultat führen. Sie ist ganz analog/ähnlich/ der eines mathematischen Satzes als Ornament. – Es ist natürlich eine durchaus strenge und correkte Auffassung und das Charakteristische und Schwierige an ihr ist, daß sie den Gegenstand ohne jede vorgefaßte Idee betrachtet |(sozusagen von einem Marsstandpunkt)| oder, |vielleicht| richtiger: die normale vorgefaßte Idee zerstört (durchkreuzt).

3 ∫v Ist es denn wahr, daß ich außer dem Satz „dieses Ding ist rot" auf jedenfall eine Regel von der Form „diese Farbe heißt ‚rot'" habe? – Aber hat nicht die Frage immer einen Sinn: „welche Farbe heißt ‚rot'" (und 200
also auch jene Antwort)? – Aber mit dieser Frage hat es seine Schwierigkeit: Sie ist allem Anschein nach von der Art der Frage „welcher Mann heißt ‚N'". Und die Frage kann sich offenbar nur an ein ganz bestimmtes Regelverzeichnis wenden, worin eine entsprechende Regel gegeben ist.

4 v Das was mir auffällt ist, daß die Regel für das Wort ‚rot' unbedingt mit einem roten Täfelchen sollte gegeben werden müssen. ((Siehe was früher über die verschiedenen Arten gesagt wurde, wie ein färbiges Täfelchen Farbmuster sein kann.))

5 v Ist es ein Widerspruch: dieses Ding ist grün und seine Farbe heißt ‚rot'? – Nicht unbedingt, – man kann ja auch sagen „dieses Ding ist grün und seine Farbe heißt ‚Meerfarbe'" oder „dieses Ding ist grün und seine Farbe heißt ‚vert'".

6 v Der Satz „seine Farbe heißt ‚rot'" bezieht sich aber auf eine Tabelle. In dieser Tabelle steht also das Täfelchen von dieser Farbe gegenüber dem Wort ‚rot'.

7 v Warum soll aber ein Zeichen für rot rot sein? – Oder ist das Täfelchen in der Tabelle dem Wort ‚rot' gegenüber kein Zeichen? ((Muster und Wort))

1 ⟨„⟩Wird ⟨da...⟩
9 Apparate und Maschinen/Maschinen und Apparate/ *–im MS Variante durch Umstellungsschleife*
20 ∫ *Randzeichen überschrieben*
32 gesagt wurde, wie ein färbiges Täfelchen ⟨ei...⟩
34 Ist es ein Widerspruch: ⟨„⟩dieses Ding ist grün und seine Farbe heißt

1 ? „Es ist kein Zeichen, es ist der Gegenstand selbst, – der den Namen 201
erhält.

Man ernennt ‚rot' zum Namen der Farbe, wie man einen Menschen zum Stellvertreter eines andern ernennt."

Aber ist diese Namengebung nicht wieder der Deutung – der Anwendung – unterworfen? Ist die Namengebung etwas anderes als das Anhängen eines Namensschildes. Und der Zweck ist doch der, einen Übergang von (den) Operationen mit dem Namen zu Operationen mit dem Träger des Namens (Schildchens) zu machen.

Aber die Träger der Namen, wenn auch nicht (selbst) Schrift- oder Lautzeichen sind doch, für unsern Standpunkt, von ihnen nicht wesentlich verschieden. Denn der Zweck und Nutzen der Operationen geht uns nichts an und auch nicht, ob wir mit Körpern oder Buchstaben operieren.

2 ? Denn nun könnte ich ja sagen: In jeder Definition wird einem Ding ein Name gegeben und zwar wird eben einem Zeichen ein Name umgehangen. Und wenn ich schreibe $1 + 1 \overset{\text{Def}}{=} 2$ oder in der Tabelle ‚2' dem ‚1 + 1' gegenüberstelle, wie oben ‚rot' dem färbigen Täfelchen, so könnte ich alle Fragen die ich über diese Gegenüberstellung aufwarf auch bezüglich jener stellen.

3 / Durch Russell, aber besonders durch Whitehead, ist in die Philosophie
eine Pseudoexaktheit gekommen, die die schlimmste Feindin wirklicher 202
Exaktheit ist. Am Grunde liegt hier der Irrtum, ein Kalkül könne die metamathematische Grundlage der Mathematik sein.

4 / Ist das Zeigen mit dem Finger unserer Sprache wesentlich? Es ist gewiß ein merkwürdiger Zug unserer Sprache, daß wir (ihre) Wörter hinweisend erklären: das ist ein Baum, das ist ein Pferd, das ist grün, etc.. ((Überall auf der Erde/bei den Menschen/ finden sich Brettspiele die mit kleinen Klötzchen auf Feldern gespielt werden. Überall auf der Erde findet sich eine Schrift/eine Zeichensprache/ die aus geschriebenen Zeichen auf einer Fläche besteht.))

5 / Verhält es sich hier nicht wieder, wie mit Papiergeld und Waren? Ich kann Geld kaufen und verkaufen, und Waren kaufen und verkaufen, etc.. Und solange nur von kaufen und verkaufen die Rede ist, unterscheiden sich Geld und Waren nicht. Nur in ihrer Nützlichkeit unterscheiden sie sich. Und so könnte ich gesprochene und geschriebene Zeichen ‚Geld' nennen, und die Träger der Namen ‚Waren'. (Auch dieses Gleichnis ist wieder mehr als ein Gleichnis.)

2 es ist der Gegenstand selbst, – der den Namen erhält. ⟨– Man ...⟩
20 wie oben ‚rot' dem färbigen Täfelchen, so könnte ich ⟨alles ...⟩
20 alle Fragen die ich über ⟨dies...⟩
21 Gegenüberstellung aufwarf auch ⟨über ...⟩
21 über diese Gegenüberstellung aufwarf auch bezüglich jener stellen. *–im MS am linken Rand mit einer vertikalen Wellenlinie markiert*
25 der Irrtum, ein Kalkül könne die ⟨ma...⟩
29 (ihre) *–im MS durchstrichen*
38 solange nur von kaufen und verkaufen die Rede ist, ⟨unterscheidet⟩ sich

1 v Ich möchte sagen: Daß das Hinweisen auf das rote Täfelchen auch ein Zeichen ist, sieht man daraus, daß es auch verstanden werden muß. Und mißverstanden, d.h. auf verschiedene Weise gedeutet werden kann. 203

2 / „Das Stück Kuchen war für Dich gemeint", wie äußert sich das, was ist die Verification dieses Satzes? So werden wir erfahren, was sein Sinn ist.

3 v Denken wir an die Tafel der Farbmuster einer Farbenhandlung. Hier haben wir unsre Tabelle der Täfelchen/Farbmuster/ und Farbnamen (oder Nummern). Oder an den Katalog der Stoffmuster oder Tapetenmuster. Hier ist der Musterkatalog ein notwendiges Requisit der Verständigung/Sprache/.

4 v Eine Sprache ist, was sie ist, und eine andere Sprache ist nicht d i e s e Sprache. Ich gebrauche also die Nummern des Musterkatalogs anders, als die Wörter „rot" „blau" etc..

5 v „Kommt das aber nicht nur daher, daß ich die Erklärungen der einen im Kopfe habe, die anderen nicht? Denn ein Angestellter der Weberei könnte auch den ganzen Musterkatalog im Kopf haben und würde dann dessen Nummern so gebrauchen, wie wir die Namen der einfachen Farben". ((Das kommt darauf an, was man mit den Worten „die Tabelle im Kopf haben" meint. Handelt es sich wieder um ein Nachschlagen irgendwelcher Art, so hat sich nichts Wesentliches geändert, – anders wenn jeder Akt des Nachsehens wegfällt.)) 204

6 / Was es also mit den primären und sekundären Zeichen auf sich hat, müssen wir ganz an dem Musterkatalog und seiner Verwendung sehn können, denn offenbar sind die Muster, was man primäre Zeichen nennt [nennen möchte] und die Nummern die sekundären.

7 / Denken wir an das laute Lesen nach der Schrift (oder das Schreiben nach dem Gehör). Wir könnten uns natürlich eine Art Tabelle denken (etwa Grammophonplatten mit den Buchstaben als Aufschriften), nach der wir uns dabei richten könnten. Aber wir richten uns nach keiner. Kein Akt des Gedächtnisses, nichts vermittelt zwischen dem geschriebenen Zeichen und dem Laut.

3 Und mißverstanden, d.h. auf verschiedene Weise gedeutet⟨, …⟩
9 Denken wir an die Tafel ⟨v…⟩
10 Hier haben wir unsre Tabelle der Täfelchen/Farbmuster/ und ⟨Nam…⟩
12 ⟨Der⟩ Musterkatalog ⟨ist hier⟩ ein notwendiges Requisit
23 mit den Worten ⟨„die Tabelle den Musterkatalog⟩ im Kopf haben"
29 an dem Musterkatalog und seiner Verwendung ⟨sehen⟩ können,

1 / Es handelt sich doch darum, daß der Schritt des Kalküls durch keine Vorbereitung ersetzt werden kann, sondern immer frisch/von neuem/ gemacht werden muß. Oder: die Tabelle ist die Tabelle, aber nicht die Anwendung der Tabelle.

Das heißt ich muß den Buchstaben zum Laut machen/Schritt vom Buchstaben zum Laut gehen/. Er ist in der Tabelle nicht gemacht. 205
Ich mache ihn (wenn ich die Tabelle benütze) in der Tabelle. (Ich könnte sagen: der Sprung bleibt mir nicht erspart, wenn auch alles für ihn hergerichtet ist.)

2 / Ich mache nach den Zeilen der Tabelle (oder nach den Strichen des Gleichheitszeichens) den Sprung, den ich auch ohne die Hilfen hätte machen können. ((Die Tabelle ist daher allerdings sinnlos, wenn sie mir nicht hilft; wenn sie also so angeordnet ist daß ich sie nicht verstehen kann (mich in ihr nicht auskenne). Ob ich mich aber in ihr auskennen kann d.h. auskenne, ist etwas/sie verstehen kann, d.h. verstehe, ist etwas/, was sich nur durch die Erfahrung entscheiden läßt/kann nur die Erfahrung entscheiden/. D.h.: welches Schema uns den Sprung |tatsächlich| erleichtert, ist Sache der Erfahrung.))

3 Das definiendum ist der Name des definiens. ((Das ist nicht wahr. Denn das definiendum vertritt das definiens d.h. es wird an dessen Stelle eingesetzt. Kann man aber sagen daß Namen an der Stelle ihrer Träger stehen und die Träger dann wieder für sie eingesetzt werden? Nun, ein Name kann so gebraucht werden; wenn etwa die Sitzordnung |eines Diners| durch Tischkarten angegeben ist. Und anderseits kann ich das definierte Zeichen als Name des definierenden gebrauchen, 206
wenn/indem/ ich z.B. sage, ich will statt „$\alpha \cdot \beta \cdot \gamma$“ „B“ schreiben, was ich ja auch durch eine Definition $\alpha \cdot \beta \cdot \gamma = B$ hätte ausdrücken können. Ich sage also „schreibe ‚B‘ dorthin“, „‚B‘ ist ein langer Ausdruck“, etc. und gebrauche es so als Name des Zeichens „$\alpha \cdot \beta \cdot \gamma$“. Aber dieser Gebrauch ist schon/vor allem/ zweideutig, denn auf den ersten Befehl, hätte der Andre sehr wohl den Buchstaben ‚B‘ schreiben können. (Man sagt dann meistens „den Ausdruck B“.) Wir kennen den Fall, wo im strengsten Sinn ein Ding verwendet wird um in einer Darstellung ein anderes zu vertreten; wenn wir etwa |einen Vorfall beschreibend| sagen „wo ich diesen Sessel hinstelle, stand er und wo ich das Buch hinlege lag der

2 Es handelt sich doch darum, *–im MS am linken Rand mit einer vertikalen Wellenlinie markiert*
8 (wenn ich die Tabelle ⟨benützt …⟩
16 Ob ich mich aber in ihr auskennen kann ⟨oder rich…⟩
20 |tatsächlich| *–das Einfügungszeichen ist im MS gewellt unterstrichen*
22 ((Das ist nicht wahr. *–schließende Doppelklammer am Ende der Bemerkung auf der Manuskriptseite 219*
26 ein Name kann so gebraucht werden⟨. Wenn⟩ etwa die Sitzordnung
27 Und anderseits kann ich *–im MS sind die folgenden zwei Sätze am linken Rand zeilenweise mit Fragezeichen markiert*
27 Und anderseits kann ich ⟨dem definierten …⟩
31 ein langer Ausdruck *–im MS am linken Rand mit einer Wellenlinie markiert*
33 denn auf den ersten Befehl, hätte ⟨er …⟩
35 (Man sagt dann meistens „den Ausdruck ⟨‚⟩B⟨‘⟩“.)
35 Wir kennen den Fall, ⟨in wel…⟩
37 wenn wir etwa |einen Vorfall beschreibend| sagen ⟨„siehst Du, …⟩

Revolver ....“ oder auch „dieser Sessel ist jetzt e r, ...“. Ist nun die Nummer im Musterkatalog der Name des Musters? – Sie kann als Name des Musters gebraucht werden. Z.B. in den Sätzen „N° 5 wurde zerrissen“, „Ich hatte N° 5 in der Hand“. Aber im übrigen bezeichnet die Nummer nicht das Muster sondern das wovon es ein Muster ist. – Anderseits muß man sagen, daß der Satz „führe N aus dem Zimmer und erschlage ihn“ so aufgefaßt werden kann: Handle mit N nach dem was im Satz mit seinem Namen geschieht (und es hat hier nichts zu sagen daß natürlich der Name ‚N‘ im Satz nicht an Stelle von N erschlagen wird aber etwas geschieht im/in dem/ Satz mit ‚N‘ –, und 207 etwas anderes als im Satz „gib N die Hand“, – wonach ich mich in meiner Handlung richte.

In einem Sinn sind also die Namen stellvertretend, und die Definitionen setzen doch Stellvertreter für Zeichen [einen Stellvertreter für ein Zeichen] ein. – Wenn es nun heißt: gib dem Weber das Muster 5 um es zu kopieren (und das ist doch der typische Gebrauch der Nummer und der Übergang von der Nummer zum Muster) so kann die Nummer hier gewiß als Name des Musters aufgefaßt werden und sie funktioniert jedenfalls genau so (oder kann so funktionieren) wie die Hausnummer wenn ich jemandem den Befehl gebe auf N° 5 zu gehen. – Ist hier nicht die Quelle der Verwirrung/des Wirrwarrs/ die Mehrdeutigkeit des Wortes „stellvertreten“? Wenn in den Geschäftsbüchern eines Öbstlers [Obsthändlers] von „100 Kisten Äpfel“ die Rede ist so kann man doch in e i n e m Sinn nicht sagen daß dieser Ausdruck die Kisten vertritt denn sonst müßte sie ja für ihren Vertreter eintreten können und was täten die 100 Kisten da? (sie sollten ja eben verschickt werden). ‚2‘ ist der b u c h s t ä b l i c h e Stellvertreter von ‚1 + 1‘, und vertritt es in den verschiedenen Operationen in derselben Art wie der Finger die Schachfigur, wenn ich um mir die Folgen eines Schachzuges auszumalen den Zug mit dem Finger (gleichsam 208 provisorisch) mache/ausführe/.

Wenn man mathematischen Ausdrücken oder Gleichungen am Rande der Seite eine Nummer gibt um sich auf sie kurz beziehen zu können, so gibt man damit gewiß dem Ausdruck einen Namen; aber ist das wirklich eine Definition? Wenn ja, müßte man die Definition dann nicht so schreiben daß das Definierende in Anführungszeichen steht?

1 oder auch „dieser Sessel ⟨ist ...⟩
2 Ist nun die Nummer ⟨des Musterkatalogs⟩ der Name des Musters?
4 Z.B. in den Sätzen „N° 5 wurde zerrissen“, ⟨„N° ...⟩
7 so aufgefaßt werden kann: ⟨H...⟩
10 im/in dem/ *–erste Variante im MS durchstrichen*
10 Satz mit ‚N‘⟨ w...⟩
11 und etwas anderes als im Satz „gib N die Hand“, – ⟨was ich in mein...⟩
16 um es zu kopieren (und das ist doch ⟨t...⟩
17 der typische Gebrauch der Nummer und ⟨des ...⟩
21 der Verwirrung/des Wirrwarrs/ die ⟨mehr Deutigkeit⟩ des Wortes
26 was täten die 100 Kisten da? (⟨Sie⟩ sollten ja eben verschickt werden).
32 Wenn man ⟨in ...⟩

Sind die Buchstaben im Satz „aacccbdd“, der die Beschreibung des Linienzuges 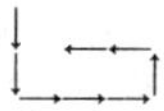 ist, Namen der Pfeile in der Tabelle ?

a	↓
b	↑
c	→
d	←

Ich hätte die Buchstaben im Satz auch durch die Pfeile ersetzen können und schreiben „↓ ↓ → → → ↑ ← ←“

Ich will natürlich sagen daß der Übergang vom definierten zum definierenden Zeichen einfach geschieht indem man das definierende an die Stelle im Satzzusammenhang stellt wo das definierte stand, daß aber das nicht der Übergang vom Satz in dem der Name steht zu dem ist was wir auf diesen Satz hin mit dem Träger des Namens tun. – Kann man aber sagen daß die Definition |doch| eine sehr spezielle Art der Namengebung ist? Da müßte man zuerst wissen, wem dieser Name gegeben wird. Doch nicht dem physikalischen Object des Zeichens. Denn zwei gleichlautende Tabellen gelten für die Anwendung wie e i n e Tabelle und anderseits erhielten ja 209
dadurch zwei Objecte den selben Namen. Was also den Namen erhält, ist/wäre/ wohl die G e s t a l t. – des Zeichens.

Das Wichtigste ist wohl (zu bedenken), daß/Die wichtigste Überlegung ist wohl, daß/ wir ja auch außerhalb der Schrift [Sprache] die/diejenige/ Stellvertretung brauchen, in der ein Zeichen für ein anderes steht.

Wäre nicht ein Fall dieser Stellvertretung auch der, wenn wir eine Schachpartie etwa auf dem Brett begönnen sie dann mit Schriftzeichen fortsetzten und ihre letzten Züge dann wieder auf dem Brett ausführten. – Und ist der Vertreter einer Figur hier was wir den Namen der Figur in der Zeichensprache nennen könnten?

Das worauf ich hinaus will ist, klar zu sehen was die Ähnlichkeit /Analogie/ und Verschiedenheit zwischen dem Übergang vom definierten zum definierenden/stellvertretenden zum vertretenen/ Zeichen und dem Übergang von der Überlegung zur Ausführung ist. [Worauf ich hinaus will, ist, die Analogie und Verschiedenheit zwischen ..... klar zu sehen.]

Der Linienzug der nach aabbbc gemacht wurde kann sehr wohl auch nur ein Zeichen sein und die Ausführung des Befehls in einer andern Bewegung bestehn die erst wieder von dem Linienzug abgeleitet 210
ist. Und dann ist es natürlich klar, daß der Übergang vom Zeichen zur Tat von der selben Art war wie der Übergang von Zeichen zu Zeichen.

1 Sind die Buchstaben ⟨,a‘, ,b‘, ,c‘, ,d‘⟩ im Satz „aacccbdd“
2 ist, ⟨in mei...⟩
2 ist, Namen der Pfeile in der Tabelle ⟨T...⟩
5 ersetzen können und ⟨z...⟩
6 daß der Übergang vom ⟨Definierten⟩ zum definierenden Zeichen
9 an die Stelle im Satzzusammenhang stellt wo das definierte ⟨ges...⟩
17 ist/wäre/ *–erste Variante im MS durchstrichen*
18 Das Wichtigste ist wohl⟨, daß ...⟩
29 definierten zum definierenden/stellvertretenden zum vertretenen/ *–erste Variante im MS durchstrichen*
30 und dem Übergang ⟨vom Befehl ...⟩

Die Definition und die Namengebung ordnet einer Sache ein
Zeichen bei (im ersten Falle einem Zeichen ein Zeichen). – Aber ein
Name wird dem Ding gegeben, daß ich von ihm sprechen kann. – Das
klingt, als wäre der Name wie ein Fernglas und der vorige Satz analog
dem Satz: ein Fernglas wird mir gegeben, daß ich ihn sehen kann. Aber
das „von ihm reden" besteht nur darin, daß zuerst gesagt wurde „er↗
heißt ‚N'" und dann der Name ‚N' in der Sprache gebraucht wird, und
beim Übergang von der Sprache zu Handlungen, etc.. – Immerhin ist
von N reden verschieden von einer Operation, die ich mit N vornehme.
Ja, auch verschieden davon, mit einem Gegenstand zu operieren, den N
vertritt, für den aber auch N gebraucht [gesetzt] werden könnte. –
Wenn ich nun aber z.B. sehen möchte, an welcher Stelle des Zimmers
ein Tisch am vorteilhaftesten stehen würde und ich verschiebe zu
diesem Zweck eine etwa gleich große Kiste: Kann ich nicht sagen, ich
rede hier von dem Tisch, *meine* den Tisch, und die Kiste bedeute 211
den Tisch? Ist das nicht die Form [das typische Bild] jeder Überlegung?

Ich kann gewiß auch das sagen, daß ich mich beim Einsetzen nach
/im Einklang mit/ der Definition nach dem Zeichen richte; und dasselbe,
wenn ich einen Befehl befolge (wenn ich einen Befehl in
Übereinstimmung mit Worterklärungen befolge). – Wenn ich zur
Abkürzung setze: Moore $\overset{\text{Def}}{=}$ M – so ist nur ‚M' der Name desselben
Gegenstandes wie ‚Moore', aber doch nicht der Name des Namens
‚Moore'. Die beiden haben *einen* Träger, aber der linke ist nicht der
Träger des rechten. – Gut, – was, wenn ich aber dem linken Zeichen
jetzt einen Namen gebe, – wie kann der gebraucht werden, und kann er
nicht gebraucht werden wie ‚M'? Geben wir ihm den Namen ‚A'. Wenn
ich dann also sage „zeige auf A", so heißt das soviel wie „zeige auf das
Wort ‚Moore'", oder auch „zeige auf ‚Moore'". Also ist A = „Moore".
Also ist A nicht dasselbe wie M. Ich kann ja auch, so lächerlich das
klingen mag, definieren N = N, also N zum Stellvertreter seiner selbst
nehmen, aber wird es dadurch zu seinem eigenen Namen? D.h.
eigentlich: Ich kann ein Ding statt seines Stellvertreters setzen und den
Stellvertreter überflüssig machen; kann ich aber auch das Ding statt
seines Namens setzen und diesen überflüssig machen? Kann man also 212
doch das Zeichen N statt des Zeichens ‚N' gebrauchen? Ja, das ist
möglich, aber dann gebraucht man das erste Zeichen in einem andern
Sinn, als es geschieht, wenn man es als Name für die Person gebraucht;
d.h., die Sätze in denen das Zeichen vorkommt, hätten jetzt (ganz)
andere Konsequenzen. (*Ich kenne mich nicht aus.* Und das ist die
Formulierung jedes philosophischen Problems) Und zwar hauptsächlich
nicht in der Rolle, die ein Stellvertreter in einem Kalkül spielt. Das ist
doch eigentlich kein Stellvertreten. Der Stellvertreter einer Schachfigur
ist eben die Schachfigur, also nicht als solcher Stellvertreter eines

4 als wäre der Name wie ein Fernglas und der ⟨fo…⟩
11 Gegenstand zu operieren, den N vertritt, für den aber ⟨N …⟩
12 Wenn ich nun aber z.B. sehen möchte, an welcher Stelle ⟨der Wand …⟩
14 Kann ich nicht sagen⟨:⟩ ich *rede* hier von dem Tisch,
15 *meine* den Tisch, und die Kiste ⟨bedeutet⟩ den Tisch?
20 mit Worterklärungen befolge). ⟨„…⟩
21 zur Abkürzung setze: Moore $\overset{\text{Def}}{=}$ M – so ist nur ‚M' der ⟨M …⟩
24 nicht der Träger des rechten. – Gut, – was ⟨aber⟩, wenn ich
25 dem linken Zeichen jetzt einen Namen gebe, – wie ⟨werden …⟩
29 Ich kann ja auch, so lächerlich das ⟨klingt …⟩
41 Und zwar hauptsächlich nicht⟨:⟩ in der Rolle

bestimmten Stückchens Holz. Er würde nur das vertreten was
willkürlich ist. Eher könnte man sagen, daß eine Spielfigur jetzt in
das/in's/ Amt tritt, das früher eine andere inne hatte. Und die
Definition ist ja wie eine Übergabe eines Amtes von einem Zeichen an
ein anderes. Dagegen haben der Name und sein Träger als solche nicht
das gleiche Amt. Das Amt des Namens zu übertragen ist nicht, dem
Namen einen Namen geben. Beides/Jedes/ verbindet Zeichen
miteinander, aber in anderer Weise. Die linke Seite der Definition steht
(einfach) nicht im Verhältnis zur rechten des Trägers eines Namens zum 213
Namen. Das heißt, der Übergang vom Namen zur Bedeutung muß
anderer Natur sein, als der von Definierendem zu Definiertem. Aber
sind nicht beide Übergänge, Übersetzungen von einer Sprache in die
andere? Wie kommt es, daß der erstere, gleichsam, nicht der Übergang
in *einem* [im selben] Kalkül zu sein scheint? Es ist als ob die
Befolgung eines Befehls nicht eine (weitere) *Konsequenz* aus dem
Befehle zöge. – Ich will aber sagen: sie ist doch eine Transformation
dieses Befehls. (Ja, könnte als weiterer Befehl gelten, und der
Gegenstand A entspricht doch in dieser Transformation dem Zeichen
‚A'.) Oder liegt der Unterschied darin, daß zwar ein Mensch für das
Wort ‚Mensch', aber nicht der Mensch N für ‚N' eintreten kann? also im
Unterschied zwischen Begriffsnamen und Eigennamen?

Ist es denn also nicht einfach so: das Gleichheitszeichen zwischen
zwei Ausdrücken bedeutet, daß die beiden die gleiche Bedeutung
haben, d.h. daß die gleichen grammatischen Regeln von ihnen gelten.
Aber dies kann man doch von Namen und Benanntem nicht sagen.
Auch nicht, wenn beide Zeichen sind. Es ist ja auch die Relation der
Bedeutungsgleichheit symmetrisch und transitiv, nicht aber die von 214
Namen und Benanntem. Der Mensch ist nicht der Name seines Namens
(d.h. jedenfalls nicht *dadurch*, daß dieses Wort sein Name ist; obwohl
er natürlich als Name seines Namens gebraucht werden *könnte*). –
Wenn ich einem Ding einen Namen gebe, so gebrauche ich damit das
Ding nicht als ein Zeichen. – Es gibt wohl Fälle, wo die Ausführung des
Befehls, darin besteht, daß die Träger an Stelle der Namen treten (in
Fällen ähnlich dem der Sitzordnung); aber in einem Fall wird A für B
eingesetzt, weil die beiden Zeichen gleicher Bedeutung sind, im
anderen, weil das eine der Name des anderen ist und in diesem
bestimmten Fall das der Übergang vom Satz zur Handlung ist. – Der
Wesensunterschied zeigt sich in der Intransitivität der Namengebung.
Denken wir uns eine Sprache in der eine Raute ◇ *das* bedeutet, was in
der unsern „Quadrat"; und daß in jener Sprache ein Quadrat □ das
Zeichen statt unseres Wortes „Rechteck" ist. Es handelt sich hier nicht um
eine Projection die von der Raute durch das Quadrat zum Rechteck
führt. Sondern der Prozess der Namengebung endet beim Benannten. 215
Und der Name des Namens von N ist sowenig (ein) Name von N, als
die Frau, die meiner Wäscherin ihre Wäsche wäscht, damit meine
Wäsche wäscht. Ich bestimme allerdings die Bedeutung eines Worts
indem ich es als Name eines Gegenstandes erkläre, und auch, indem ich
es als gleichbedeutend mit einem andern Wort erkläre. Aber habe ich
denn nicht gesagt, man könnte ein Zeichen nur durch ein anderes

7 Beides/Jedes/ verbindet ⟨zwei⟩ Zeichen miteinander,
14 Kalkül zu sein scheint? Es ist als ob ⟨dur...⟩
17 (Ja, könnte als weiterer Befehl gelten, und ⟨dem ...⟩
33 daß ⟨sich⟩ die Träger an Stelle der Namen ⟨setzen ...⟩
36 weil das eine der Name des anderen ist⟨, und dieser bestimmte ...⟩

Zeichen erklären? Und das ist gewiß so, sofern ja die hinweisende Erklärung „das↗ ist N“ ein Zeichen ist. Aber ferner bildet hier auch der Träger von ‚N‘ auf den gezeigt wird, einen Teil des Zeichens. Denn: (dieser↗ hat es getan) = (N hat es getan). Dann heißt aber ‚N‘ der Name von diesem Menschen, nicht vom Zeichen „dieser↗“ von dem ein Teil auch dieser Mensch ist. Und zwar spielt der Träger in dem Zeichen eine ganz besondere Rolle, verschieden von der eines andern Teiles eines Zeichens. (Eine Rolle, nicht ganz ungleich der des Musters.) Diese Rolle ist gänzlich verschieden von der eines mit dem Namen des Trägers gleichbedeutenden Namens. Der Gegenstand des Namens ist von einem andern gleichbedeutenden Namen so verschieden, wie die Befolgung eines Befehls von einem mit dem ersten gleichbedeutenden 216 Befehl (und da ist doch ein Unterschied). Ich will sagen: Die hinweisende Erklärung eines Namens ist nicht (etwa) nur äußerlich verschieden von einer Definition wie „1 + 1 = 2“ indem etwa das eine Zeichen aus einer Geste meiner Hand statt in einem Laut oder Schriftzeichen besteht, sondern sie unterscheidet sich von dieser in logischer Weise [logisch]; wie die Definition die das Wort dem Muster beigesellt von der eines Wortes durch ein Wort. Es wird von ihr in andrer Weise Gebrauch gemacht. Für das Zeichen „1 + 1“ gelten gewisse Regeln, d.h., das Zeichen hat eine bestimmte Bedeutung, d.h. es darf /Das Zeichen „1 + 1“ hat eine bestimmte Bedeutung, d.h. für das Zeichen gelten gewisse Regeln, es darf/ in bestimmten Verbindungen vorkommen, durch die Definition setze ich die gleichen Regeln für „2“ fest; ich würde aber gänzlich andere Regeln dadurch für „2“ festsetzen daß ich es zum Namen von „1 + 1“ erklärte. Durch beide Bestimmungen also setze ich |grammatische| Regeln fest – das haben sie gemeinsam – aber die Regeln sind ganz andre. Weil nämlich die Angabe eines Gegenstands als seines Trägers den Namen/die Bedeutung des Namens/ in grundverschiedener Weise bestimmt, als die Angabe etwa dieses selben Gegenstandes als eines gleichbedeutenden Zeichens (weil ich ja auch für dieses erst Regeln angeben muß; im Gegensatz zum Fall des Trägers). Daran ändert sich auch nichts in dem Fall, wenn die Befolgung 217 des Befehls im Einsetzen der Gegenstände an die Plätze der Namen besteht. Denn dann ist eben dies die B e f o l g u n g des Befehls und eine Einsetzung anderer Gegenstände die ich etwa als den Namen gleichbedeutend erkläre wäre n i c h t die Befolgung; und ebensowenig die Einsetzung der Namen der ersten Namen für diese/statt dieser/.

1 Und das ist gewiß so, sofern ⟨ich …⟩
2 die hinweisende Erklärung „das↗ ist N“⟨)⟩ ein Zeichen ist.
5 Dann heißt aber ‚N‘ der Name von diesem Menschen, nicht ⟨von …⟩
8 (Eine Rolle, nicht ⟨g a n z⟩ ungleich der des Musters.)
10 Der ⟨Name des Gegenstandes ist …⟩
13 mit dem ersten gleichbedeutenden Befehl⟨. …⟩
14 (etwa) *–im MS durchstrichen*
16 aus einer Geste meiner Hand statt ⟨aus⟩ einem Laut
28 aber die Regeln sind ganz ⟨verschieden⟩. Weil nämlich die
30 in grundverschiedener Weise bestimmt, als die Angabe ⟨die…⟩
37 als den Namen gleichbedeutend erkläre wäre n i c h t die Befolgung⟨. …⟩
38 und ebensowenig die Einsetzung der Namen ⟨fü…⟩

Wenn ich also einen Namen hinweisend definiere und einen zweiten durch ihn/den ersten/, so steht dieser zu jenem in anderem Verhältnis [ist dieser zu jenem in anderer Beziehung], als zum Zeichen, das in der hinweisenden Definition gegeben wird [wurde]. D.h., dieses letztere ist seinem Gebrauch nach wesentlich von dem Namen verschieden und daher die Definition/Verbaldefinition/ und die hinweisende Definition, ‚Definitionen' in verschiedenem Sinne des Worts.

22.

Wie wirkt nun die hinweisende Erklärung? Sie lehrt den Gebrauch eines Zeichens; und das Merkwürdige ist nur, daß sie ihn auch für die Fälle zu lehren scheint, in denen ein Zurückgehen auf das hinweisende Zeichen nicht möglich ist. Aber geschieht das nicht, indem wir, quasi, die in der hinweisenden Definition gelernten Regeln in bestimmter Weise transformieren? (Wenn z.B. der Mann, der mir vorgestellt wurde, abwesend ist und ich nun trotzdem seinen Namen gebrauche, dessen 218
Gebrauch mir durch die Vorstellung (hinweisende Erklärung) erklärt wurde.) Wenn ich ihn nun brauche, inwiefern mache ich da von der Erklärung der Vorstellung Gebrauch? Offenbar nicht in der Weise, in welcher ich in der Anwesenheit des Menschen von ihr Gebrauch machen konnte. Es gibt ein Spiel, worin ich immer statt des Namens das hinweisende Zeichen geben kann, und eins, in welchem das nicht mehr möglich ist. Und wir müssen nur daran festhalten, daß die Erklärung, als fortwirkende Ursache unseres Gebrauchs von Zeichen uns nicht interessiert, sondern nur, sofern wir von ihr in unserm Kalkül Gebrauch machen können. Eine Schwierigkeit in der Erklärung des Gebrauchs der hinweisenden Definition macht es, daß wir verschiedene Criterien der Identität anwenden (also das Wort ‚Identität' in verschiedener Weise gebrauchen), jenachdem ob ein Ding sich vor unsern Augen bewegt, oder unserm Blick entschwindet und vielleicht wieder erscheint. Das ist wichtig, denn für den zweiten Fall gibt uns die hinweisende Definition eigentlich nur ein Muster und tut nur was auch das Sehen eines Bildes/der Hinweis auf ein Bild/ tut. Das drückt sich darin aus daß die gegebene hinweisende Erklärung nichts nützt, wenn wir vergessen haben wie der Mensch auf den gezeigt wurde 219
aussah.))

2 einen zweiten durch ihn/den ersten/, so ⟨ist …⟩
4 wird [wurde] *–im MS sind* wird *und die eckigen Klammern durchstrichen*
6 wesentlich von dem Namen verschieden und ⟨die …⟩
6 Definition/Verbaldefinition/ *–erste Variante im MS durchstrichen*
13 Aber geschieht das nicht⟨, quasi …⟩
16 und ich nun trotzdem seinen Namen gebrauche, ⟨der mir …⟩
18 durch die Vorstellung (hinweisende Erklärung) erklärt wurde)⟨.⟩
32 gibt uns die hinweisende ⟨Erklärung …⟩
33 das Sehen eines Bildes/der Hinweis auf ein Bild/ *–erste Variante im MS durchstrichen*

1 / Behandle die deutlichen Fälle in der Philosophie, nicht die undeutlichen. Diese werden sich lösen, wenn jene gelöst sind.

Die Tendenz mit der Untersuchung eines Satzes da anzufangen, wo seine Anwendung ganz nebelhaft und unsicher ist (Satz der Identität z.B.)/(der Satz der Identität ist ein gutes Beispiel)/, anstatt diese Fälle vorläufig bei Seite zu lassen und den Satz dort anzugehen, wo wir mit gesundem Menschenverstand über ihn reden können, diese Tendenz ist für die aussichtslose Methode der meisten Menschen, die philosophieren bezeichnend.

2 / Es klingt wie eine lächerliche Selbstverständlichkeit wenn ich sage, daß der, welcher glaubt, die Gesten/Gebärden/ seien die primären Zeichen, die allen andern zu Grunde liegen, außerstande wäre, den gewöhnlichsten Satz durch Gebärden zu ersetzen.

3 / Du sagst, das Hinweisen auf einen roten Gegenstand ist das primäre Zeichen für ‚rot'. Aber das Hinweisen auf einen roten Gegenstand ist nicht mehr, als die bestimmte Handbewegung gegen einen roten Gegenstand, und ist vorläufig gar kein Zeichen. Wenn Du sagst, Du meinst: das Hinweisen auf den roten Gegenstand *als Zeichen* 220
verstanden – so sage ich: das Verständnis auf das es uns ankommt ist kein Vorgang, der das Hindeuten begleitet (etwa ein Vorgang im Gehirn), und wenn Du doch so einen Vorgang meinst, so ist dieser an sich wieder kein Zeichen. ((Die Idee ist hier immer wieder, daß die Meinung, die Intention, ein Vorgang sei der das Hinweisen begleitet und ihm sozusagen die Seele gibt (ohne welche es |allerdings| tot wäre). Das scheint besonders dort so, wo ein Zeichen die ganze Grammatik zusammenzufassen scheint, daß wir sie aus ihm ableiten können, und es scheint, daß sie in ihm enthalten wäre wie eine Perlenschnur in einer Schachtel und wir sie nur herausziehen müßten. (Aber dieses Bild ist es eben, was/welches/ uns irreführt.) Als wäre also das Verständnis ein momentanes Erfassen von etwas, wovon später nur die Konsequenzen gezogen werden und zwar so daß diese Konsequenzen bereits in einem ideellen Sinn existieren, ehe sie gezogen wurden. Als ob also der Würfel – z.B. – schon die ganze Geometrie des Würfels enthielte und ich sie
nun nur noch auszubreiten habe. Aber welcher Würfel? der 221
Gesichtswürfel, oder ein Eisenwürfel? Oder gibt es einen ideellen Würfel? – Offenbar schwebt uns der Vorgang vor aus einer Zeichnung, |Vorstellung| (oder einem Modell) Sätze der Geometrie abzuleiten. Aber welche Rolle spielt dabei das Modell? Doch wohl die des Zeichens! Des Zeichens welches eine bestimmte Verwendungsart hat und nur durch diese bezeichnet. Es ist allerdings interessant und merkwürdig wie dieses Zeichen verwendet wird, wie wir etwa die Zeichnung des Würfels wieder und wieder bringen mit immer andern Zutaten. Einmal sind die Diagonalen gezogen, einmal Würfel aneinander gereiht etc etc. Und es ist dieses Zeichen (*mit der Identität eines/des/ Zeichens*), welches wir für jenen Würfel nehmen in dem die geometrischen Gesetze bereits liegen. (Sie liegen in ihm so wenig, wie im Schachkönig die Dispositionen in gewisser Weise benützt zu werden.) Die

29 daß sie in ihm enthalten wäre wie eine ⟨Schn…⟩
32 das Verständnis ein momentanes Erfassen von etwas, ⟨was …⟩
34 diese Konsequenzen bereits in einem ideellen ⟨Sinne⟩ existieren,
45 sind die Diagonalen gezogen, einmal ⟨an den⟩ Würfel ⟨an den …⟩

geometrischen Gesetze konstituieren den Begriff des Würfels (sie geben eine Konstitution, eine Verfassung). Was ich seinerzeit über den „Wortkörper“ geschrieben habe ist der klare Ausdruck des besprochenen Irrtums.))

1 / | (Tolstoy: die Bedeutung (Bedeutsamkeit) eines Gegenstandes – liegt in seiner allgemeinen Verständlichkeit. Das ist wahr und falsch. Das, was den Gegenstand schwer verständlich macht, ist – wenn er bedeutend, 222
wichtig, ist – nicht, daß irgend eine besondere Instruktion über abstruse Dinge zu seinem Verständnis erforderlich wäre, sondern der Gegensatz zwischen dem Verstehen des Gegenstandes und dem, was die meisten Menschen sehen wollen. Dadurch kann gerade das Naheliegendste am allerschwersten verständlich werden. Nicht eine Schwierigkeit des Verstandes, sondern des Willens ist zu überwinden.) |

2 / Primär müßte eigentlich heißen: unmißverstehlich.

3 / (Es gibt keine Logik für den luftleeren Raum. Insofern es keine Hypothese in der Logik gibt.)

4 v Der Zweck des guten Ausdrucks und des guten Gleichnisses ist, daß es die augenblickliche Übersicht erlaubt.

5 Das Wesentliche ist nicht, daß das Zeichen für ‚schwarz‘ schwarz ist, oder nur dort wo es nicht wie dieses Wort als Zeichen gebraucht wird. Wird es aber als Vorlage (zum Nachmalen) gebraucht, dann ist es Unsinn zu sagen, es stehe nur für ‚schwarz‘, wenn es schwarz sei. Denn in dem System der Farbvorlagen (Muster) ist das schwarze Täfelchen 223
überhaupt nicht hervorgehoben, sondern erst dadurch, daß ich dem einen Täfelchen (ich sage nicht „dem schwarzen“) den Namen „schwarz“ zuordne. ((Es klärt die Situation, wenn man auf die Behauptung „das Muster das dem Wort ‚schwarz‘ entspricht muß schwarz sein“ fragt: „warum?“ – und mir überlege was die Antwort darauf sein kann.))

6 v (Wer heute Philosophie lehrt, gibt dem Andern Speisen, [... lehrt, ist wie ein Mensch/Einer/, der dem Andern nicht Speisen gibt,] nicht, weil sie ihm schmecken, sondern, um seinen Geschmack zu ändern.)

7 v [Über die Einfachheit der Differentialrechnung.]

1 Gesetze konstituieren den |Begriff des| ⟨Würfel⟩ (sie geben
6 eines Gegenstandes⟨,⟩ liegt in seiner allgemeinen Verständlichkeit.
8 was den Gegenstand schwer verständlich macht, ist⟨,⟩ wenn er bedeutend,
10 zu seinem Verständnis erforderlich wäre, sondern der ⟨Gegenstand ...⟩
16 ⟨„⟩Primär⟨“⟩ müßte eigentlich heißen: unmißverstehlich
21 ⟨/⟩ *Randzeichen gestrichen*
24 Das ⟨Z...⟩
33 dem Wort ‚schwarz‘ entspricht muß schwarz sein“ fragt: „warum?“⟨) ...⟩
33 mir *–im MS durchstrichen*

1 Wenn eine rote Blume da war; wozu brauchte er das rote Täfelchen /Bildchen/ |sie mit ihm zu suchen|? Denn wenn er die Farbe des Bildchens als rot anerkannt hat, warum dann nicht gleich die Farbe der Blume? – Nun wird man sagen: er erkennt ja die Farbe des Bildes gar nicht als rot an, denn d i e s e r Vorgang ist nur mit dem farbigen Vorbild möglich. Denn es heißt die Farbe dieser Blume als rot anerkennen nichts anderes, als, sie als farbengleich anerkennen mit dem Täfelchen auf dem das Wort ‚rot' steht. – Gewiß, in diesem Sinne kann man dann 224
das rote Vorbild selbst nicht als rot anerkennen (es ist so durch Definition).

Und das heißt: es ist ein anderes Spiel, mit einem Täfelchen herumgehen, es an die Gegenstände anzulegen und so die Farbengleichheit zu prüfen, und anderseits: ohne ein solches Muster nach Wörtern in einer Wortsprache handeln.

Man denkt nun: Ja, das erste Spiel verstehe ich; das ist ja ganz einfach: Der erste Schritt ist der von einem geschriebenen Wort auf das gleiche geschriebene Wort des Musters; der zweite ist der Übergang von dem Wort auf dem Mustertäfelchen zu der Farbe auf dem g l e i c h e n Täfelchen; und der dritte, das Vergleichen von Farben. Jeden Schritt dieses Kalküls gehen wir also auf einer Brücke. (Wir sind geführt, der Schritt ist vorgezeichnet.)

Aber wir sind doch hier nur insofern geführt, als wir uns führen lassen. Auf diese Weise k a n n ich alles, und m u ß ich nichts eine Führung nennen. – Und am Schluß tu ich, was ich tue und das ist Alles.

Aber ein Unterschied bleibt doch: Wenn ich gefragt werde „warum sagst Du gerade von dieser Farbe, sie sei die Farbe rot" /„warum nennst Du gerade diese Farbe ‚rot'"/, so würde ich tatsächlich antworten: weil sie auf dem gleichen Täfelchen mit dem Wort ‚rot' 225
steht. Würde ich aber in dem zweiten Spiel gefragt „warum nennst Du diese Farbe ‚rot'", so gäbe es darauf keine Antwort und die Frage hätte keinen Sinn. – Aber im ersten Spiel hat die Frage keinen Sinn: „warum nennst Du d i e Farbe rot, die auf dem gleichen Täfelchen mit dem Wort ‚rot' steht." So handle ich eben (und man kann dafür wohl eine Ursache angeben, aber keinen Grund).

Bedenke vor allem: Wie weiß man, daß das Täfelchen rot bleibt? 223
Braucht man dazu wieder ein Bild? und wie ist es mit dem? etc.. Woran erkennt er das Vorbild als Vorbild? 224

2 / (Ein Grund läßt sich nur innerhalb eines Spiels angeben.) 225

3 / Die Kette der Gründe kommt zu einem Ende und zwar dem Ende in diesem Spiel [und zwar dem Ende des Spiels] [und zwar (an) der Grenze des Spiels*]

25 „warum sagst Du gerade von dieser Farbe, sie sei ⟨rot …⟩

27 „warum sagst Du gerade von dieser Farbe, sie sei die Farbe rot"/„warum nennst Du gerade diese Farbe ‚rot'"/ *–erste Variante im MS durchstrichen*

33 mit dem Wort ‚rot' steht." So handle ich eben ⟨und …⟩

35 *Der Absatz ist ein Nachtrag am Fuß der Manuskriptseiten 223 und 224.*

43 [und zwar (an) der Grenze des Spiels*] *–Asteriskus als Hervorhebung vor den vorangehenden Varianten*

1 v (Ich soll nur der Spiegel sein, in welchem mein Leser sein eigenes Denken mit allen seinen Unförmigkeiten sieht und mit dieser Hilfe zurechtrichten kann.)

2 v Die einzig würdevolle Aufgabe der Philosophie ist: den alten Götzen (der) Philosophie zu zerstören. (D.h., ihre einzige Verbindung mit Göttern.)

3 v Die Philosophie nimmt ihre ganze Emphase von den Sätzen her, die sie zerstört. [von der Auffassung her, die sie zerstört.]

4 / Man kann sagen: die Regeln des Spiels sind die, die gelehrt werden, 226
wenn das Spiel gelehrt wird. – Nun wird z.B. dem Menschen der lesen lernt tatsächlich gelehrt: das ist ein a, das ein e etc.; also, könnte man sagen, gehören diese Regeln, gehört diese Tabelle mit zum Spiel. – Aber erstens: lehrt man denn auch den Gebrauch dieser Tabelle? und könnte man ihn, anderseits, nicht lehren? Und zweitens kann doch das Spiel wirklich auf zwei verschiedene Arten gespielt werden.

Man kann nun fragen: ist es denn aber auch noch ein Spiel, wenn einer die Buchstaben abbc sieht und irgend etwas macht? Und wo hört das Spiel auf, und wo fängt es an?

Die Antwort ist natürlich: Spiel ist es, wenn es nach einer Regel vor sich geht. Aber was ist noch eine Regel und was keine mehr?

Eine Regel kann ich nicht anders geben als durch ihren Ausdruck; denn auch Beispiele, wenn sie Beispiele sein sollen, sind ein Ausdruck für die Regel, wie jeder andre.

Wenn ich also sage: Spiel nenne ich es nur, wenn es einer Regel gemäß geschieht und die Regel ist eine Tabelle, so kann ich nicht die Verwendungsart [die Art des Gebrauches] dieser Tabelle garantieren, 227
denn ich kann sie nur durch eine weitere Tabelle festlegen, oder durch Beispiele. Diese Beispiele tragen nicht weiter als sie selbst gehen /reichen/ und die zweite Tabelle ist im gleichen Fall wie die erste.

Ich könnte auch sagen: Was ist das Schachspiel andres (oder was ist vom Schachspiel andres vorhanden) als Regelverzeichnisse (gesprochen, geschrieben, etc.) und die Beschreibung einer Anzahl von Schachpartien?

Es steht mir (danach) natürlich frei, ‚Spielregel' nur ein Ding von bestimmt festgelegter äußeren Erscheinung zu nennen.

2 seinen Unförmigkeiten sieht und mit ⟨dessen⟩ Hilfe zurechtrichten kann.)
3 und mit dieser Hilfe zurechtrichten *–im MS am linken Rand mit einer vertikalen Wellenlinie markiert*
6 (der) *–gewellte Unterstreichung im MS durchstrichen*
13 Nun wird z.B. dem Menschen ⟨das Lesen …⟩
15 gehören diese Regeln, gehört diese Tabelle⟨, …⟩
17 und könnte man ihn, anderseits, nicht lehren? Und⟨, …⟩
26 sind ein Ausdruck für die ⟨Regeln⟩, wie jeder andre.
27 ⟨Wenn ich also sage: Spiel …⟩ *–im MS als Bemerkung begonnen*
28 die Regel ist eine Tabelle, so kann ich nicht die ⟨v…⟩

Und ich kann von primären und sekundären Zeichen sprechen – in einem bestimmten Spiel, einer bestimmten Sprache. – Im Musterkatalog kann ich die Muster die primären Zeichen und die Nummern die sekundären nennen. Was soll man aber in einem Fall, wie dem, der gesprochenen und geschriebenen Buchstaben sagen? Welches sind hier die primären, welches die sekundären Zeichen?

Die Idee ist doch die: Sekundär ist ein Zeichen dann, wenn, um mich danach zu richten, ich eine Tabelle brauche, die es mit einem andern (primären) Zeichen verbindet über welches ich mich erst nach dem sekundären richten kann. 228

1 ∨

Tabelle	Anwendung
| = ○	| | – – | – | | |
– = ×	○○××○×○○○

und wie, wenn ich die Tabelle schriebe | – ? Dann sähe sie ganz wie die Anwendung aus. ○ ×

Aber ich richte mich ja nun doch nach dem sekundären Zeichen, wenn auch über die Tabelle. So braucht es also nur einen kleinen Trick um die sekundären Zeichen bedeutsam zu machen.

Den Übergang mit Hilfe der Tabelle kann ich so darstellen:

Tabelle Anwendung

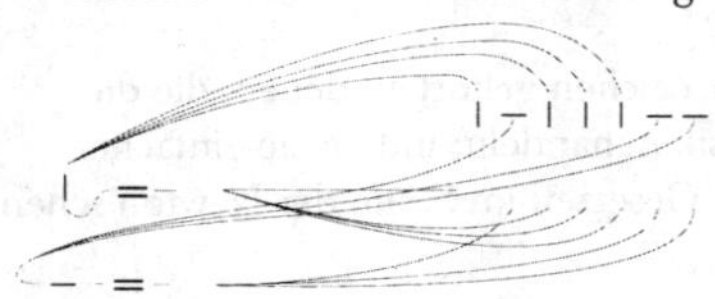

2 / Da aber zeigt sich, daß ich ja den Übergang von | auf ○ in der Tabelle mache wie ich ihn ohne Tabelle gemacht hätte; und die Tabelle garantiert mir die Gleichheit aller Übergänge nicht, denn sie zwingt mich ja nicht sie immer gleich zu gebrauchen. Sie ist da, wie ein Feld, durch das Wege führen, aber ich kann ja auch querfeldein gehen.

Ich mache den Übergang in der Tabelle bei jeder Anwendung von neuem. Er ist nicht, quasi, ein für allemal in der Tabelle gemacht. (Die Tabelle verleitet mich höchstens ihn so zu machen.) 229

Und also richte ich mich doch unmittelbar? nach dem sekundären Zeichen, wenn ich in der Tabelle von diesem sekundären Zeichen gerade dorthin gehe.

2 Im ⟨Katalog …⟩
3 Im Musterkatalog kann ich ⟨diese⟩ Muster die primären Zeichen und
7 Die Idee ist doch die: ⟨Sekundäre …⟩
8 die es mit einem ⟨anderen⟩ (primären) Zeichen verbindet
29 / *Im MS verweist vom Randzeichen ein Pfeil nach unten; in der Synopse TS 211 beginnt die Bemerkung:* Die Tabelle garantiert mir die Gleichheit
32 Sie ist da, *–das Komma ist im MS gewellt unterstrichen und durchstrichen*

1 v∫ Nun könnte man freilich die Tabelle durch die ersten Anwendungen der sekundären Zeichen ersetzen und man hätte sich in Zukunft nach dieser ersten Anwendung zu richten. Und das geschieht bis zu einem gewissen Maße, denn wir erinnern uns vielleicht daran den Buchstaben a *immer so* gelesen zu haben.

2 × Welcher Art ist denn meine Aussage über die Tabelle: daß sie mich nicht zwingt, sie so und so zu gebrauchen? Und: daß die Anwendung durch die Regel (oder Tabelle) nicht antizipiert wird?

3 × Woher nimmt die Betrachtung ihre Wichtigkeit, da sie doch nur alles Interessante, d.h. alles Große und Wichtige, zu zerstören scheint? (Gleichsam alle Bauwerke, indem sie nur Steinbrocken und Schutt übrig läßt.)

4 / Woher nimmt die Betrachtung ihre Wichtigkeit,/:/ die uns darauf 230
aufmerksam macht, daß man eine Tabelle auf mehr als *eine* Weise brauchen kann, daß man sich eine Tabelle als Anleitung zum Gebrauch einer Tabelle herstellen/ausdenken/ kann, daß man einen Pfeil auch als Zeiger der Richtung von der Spitze zum Schwanzende auffassen kann, daß ich eine Vorlage auf mancherlei Weise als Vorlage benützen kann?

5 v Der Irrtum über die primären Zeichen gehört zu denen, die die Philosophie wie eine Art Physik behandeln; indem sie einfachen Gesetzen nachspüren (wollen). Gesetzen im Sinne der Newton'schen Bewegungsgesetze.

6 // „Verifying by inspection" ist ein gänzlich irreführender Ausdruck. Er sagt nämlich, daß zuerst ein Vorgang, die Inspektion, geschieht, und die wäre mit dem Schauen durch ein Mikroskop vergleichbar, oder mit dem Vorgang des Umwendens des Kopfes *um etwas zu sehen*. Und daß dann das Sehen notwendig erfolge [erfolgen müsse]. Man könnte von „sehen durch umwenden" oder „sehen durch schauen" reden. Aber dann ist eben das Umwenden (oder Schauen) ein dem 231
Sehen externer Vorgang der uns (daher) nur praktisch interessiert. Was man sagen möchte ist „sehen durch sehen".

1 v *Randzeichen überschrieben*
2 durch die ersten Anwendungen der ⟨S...⟩
2 und man hätte sich in Zukunft nach ⟨diesen ...⟩
5 denn wir erinnern uns vielleicht daran den Buchstaben a ⟨so ...⟩
5 a immer so *– im MS* a *und* so *unterstrichen*
7 ⟨v⟩ *Randzeichen gestrichen*
7 meine Aussage über die Tabelle: ⟨„⟩daß sie mich nicht zwingt,
11 ⟨v⟩ *Randzeichen gestrichen*
19 herstellen/ausdenken/ *– erste Variante im MS durchstrichen*
28 / *Randzeichen im Falz*

1 / Die Sprache hat für Alle die gleichen Fallen bereit; das ungeheure Netz schön angelegter/gut erhaltener [gangbarer]/ Irrwege. Und so sehen wir also Einen nach dem Andern die gleichen Wege gehen und wissen schon, wo er jetzt abbiegen wird, wo er geradaus fortgehen wird, ohne die Abzweigung zu bemerken, etc., etc.. Ich sollte also an allen den Stellen wo falsche Wege abzweigen Tafeln aufstellen, die über die gefährlichen Punkte hinweghelfen.

2 / Was Eddington über ‚die Richtung der Zeit' und den Entropiesatz sagt, läuft darauf hinaus, daß die Zeit ihre Richtung umkehren würde, wenn die Menschen eines Tages anfingen rückwärts zu gehen. Wenn man will, kann man das freilich so nennen; man muß dann nur darüber klar sein, daß man damit nichts anderes sagt als, daß die Menschen ihre Gehrichtung geändert haben.

3 / Untersuchen wir die/unsere/ Sprache *auf ihre Regeln hin*.

4 / Finden wir irgendwo keine Regeln, nun so ist *das* das Resultat 232
[Ergebnis].

5 v Einer teilt die Menschen ein in Käufer und Verkäufer, und vergißt, daß Käufer auch Verkäufer sind. Wenn ich ihn daran erinnere [darauf aufmerksam mache], wird seine Grammatik geändert??

6 / Wenn ich sagte „ich sah einen Sessel", so widerspricht dem (in *einem* Sinne) nicht der Satz „es war keiner da". Denn den ersten Satz würde ich auch in der Beschreibung eines Traums verwenden und niemand würde mir dann mit den Worten des zweiten widersprechen. Aber die Beschreibung des Traums mit jenen Worten wirft ein Licht auf den Sinn der Worte „*ich sah*".

In dem Satz „es war ja keiner da" kann das „da" übrigens verschiedene Bedeutung haben.

7 / (Die meisten Menschen, wenn sie eine philosophische Untersuchung anstellen sollen, machen es wie Einer, der äußerst nervös einen Gegenstand in einer Lade sucht. Er wirft Papiere aus der Lade heraus – das Gesuchte mag darunter sein – blättert hastig und ungenau unter 233
den übrigen. Wirft wieder einige in die Lade zurück, bringt sie mit den andern durcheinander u.s.w.. Man kann ihm dann nur sagen: Halt, wenn Du *so* suchst, kann ich Dir nicht |suchen| helfen. Erst mußt Du anfangen in vollster Ruhe methodisch eins nach dem andern zu untersuchen, dann bin ich auch bereit mit Dir zu suchen und mich auch in der Methode nach Dir zu richten.

8 / Die philosophisch wichtigsten Aspekte der Dinge [der Sprache] sind durch ihre Einfachheit und Alltäglichkeit verborgen.

(Man kann es nicht bemerken, weil man es immer (offen) vor Augen hat.)

2 schön angelegter/gut erhaltener [gangbarer]/ *–erste Variante im MS durchstrichen*
9 Eddington *–im MS:* Edington
27 würde ich auch in der Beschreibung eines ⟨Traumes …⟩
34 (Die meisten *–im MS fehlt die Schlußklammer*
41 Erst mußt Du anfangen in vollster Ruhe⟨,⟩ methodisch eins nach dem

1 v (Das eigentliche Verdienst eines Copernicus oder Darwin war nicht die Entdeckung einer wahren Theorie, sondern eines fruchtbaren neuen Aspekts.)

23.

2 / Das philosophische Problem ist ein Bewußtsein der Unordnung in unsern Begriffen, und durch ordnen derselben zu heben.

3 v Also war es eine philosophische Frage die A.E. an ihren Bruder stellte: „Was ist eigentlich ein ‚Drittel'? – ein Apfel hat doch vier Teile!" – Sie konnte sich im Augenblick nicht erklären, wo die Bezeichnung „ein 234 Drittel" herkomme, da doch keine Zusammenstellung von Vierteln so heißen (und sie nichts als die Vierteilung vor sich/ihrem Geist/ sah).

4 / Es hat Einer gehört, daß der Anker eines Schiffes durch eine Dampfmaschine aufgezogen werde. Er denkt nun/nur/ an die, welche das Schiff treibt (und nach welcher es Dampfschiff heißt) und kann sich, was er gehört hat, nicht erklären. (Vielleicht fällt ihm die Schwierigkeit auch erst später ein.) Nun sagen wir ihm: Nein, es ist nicht diese Dampfmaschine, sondern außer ihr gibt es noch eine Reihe anderer auf dem Schiff/an Bord/ und eine von diesen hebt den Anker. – War sein Problem ein philosophisches? War es ein philosophisches, wenn er von der Existenz anderer Dampfmaschinen auf dem Schiff gehört hatte und nur daran erinnert werden mußte? – Ich glaube, seine Unklarheit hat zwei Teile: Was der Erklärende ihm als Tatsache mitteilt, hätte der Fragende sehr wohl als Möglichkeit sich selber ausdenken können, und seine Frage in bestimmter Form, statt in der des bloßen Zugeständnisses der Unklarheit vorlegen können. Diesen Teil des Zweifels hätte er selber beheben können, dagegen konnte ihn Nachdenken nicht über die 235 Tatsachen belehren. Oder: Die Beunruhigung die davon herkommt, daß er die Wahrheit nicht wußte, konnte ihn kein Ordnen seiner Begriffe nehmen.

Die andere Beunruhigung und Unklarheit wird durch die Worte „hier stimmt mir etwas nicht" gekennzeichnet und die Lösung durch (die Worte) „Ach so, Du meinst nicht die Dampfmaschine" oder – für einen andern Fall – „... Du meinst mit Dampfmaschine nicht nur Kolbenmaschinen".

5 / Die Arbeit des Philosophen ist ein Zusammentragen von Erinnerungen zu einem bestimmten Zweck.

1 (Das eigentliche Verdienst eines ⟨Kopernicus⟩ oder Darwin
13 keine Zusammenstellung von Vierteln so heißen (und sie ⟨als ...⟩
21 auf dem Schiff/an Bord/ *–erste Variante im MS durchstrichen*
23 gehört hatte und ⟨nun⟩ daran erinnert werden mußte?
35 „Ach so, Du meinst ⟨nicht Dampfma...⟩
36 „... Du meinst mit Dampfmaschine nicht nur ⟨nur⟩ Kolbenmaschinen".

1 / Eine philosophische Frage ist ähnlich der, nach der Verfassung einer bestimmten Gesellschaft. – Und es wäre etwa so, als ob eine Gesellschaft ohne klar geschriebene Regeln zusammenkäme, aber mit einem Bedürfnis nach solchen; ja, auch mit einem Instinkt durch welchen sie gewisse Regeln in ihren Zusammenkünften beobachten [einhalten]; nur, daß dies dadurch erschwert wird, daß nichts hierüber klar ausgesprochen ist und keine Einrichtung getroffen, die die Regeln deutlich macht [klar hervortreten läßt]. So betrachten sie tatsächlich Einen von ihnen als Präsidenten, aber er sitzt nicht oben am Tisch, ist 236 durch nichts kenntlich und das erschwert die Verhandlung. Daher kommen wir und schaffen eine klare Ordnung: Wir setzen den Präsidenten an einen leicht kenntlichen Platz und seinen Sekretär zu ihm an ein eigenes Tischchen und die übrigen gleichberechtigten Mitglieder in zwei Reihen zu beiden Seiten des Tisches, etc., etc..

2 / „Etwas habe ich aber doch gemeint, als ich das sagte!" Gut, – aber wie können wir, was es ist, herausbringen? doch wohl nur dadurch daß er es uns sagt. Wenn wir nicht sein übriges Verhalten zum Kriterium nehmen sollen, dann also das, was er uns erklärt.

24.

3 / Wenn man die Philosophie fragt: „*was ist* – z.B. – Substanz?" so wird um eine Regel gebeten. Eine allgemeine Regel, die für das Wort „Substanz" *gilt*, d.h.: nach welcher ich zu spielen entschlossen bin. – Ich will sagen: die Frage „was ist ...." bezieht sich nicht auf einen besonderen – praktischen – Fall, sondern wir fragen sie von unserm Schreibtisch aus. Erinnere Dich nur an den Fall des Gesetzes der Identität um zu sehen, daß es sich bei der Erledigung einer philosophischen Schwierigkeit nicht um das Aussprechen neuer Wahrheiten über den Gegenstand der Untersuchung (die Identität) 237 handelt.

6 nur, daß dies dadurch erschwert wird, daß ⟨nicht ...⟩
9 So betrachten sie tatsächlich Einen von ihnen als ⟨den⟩ Präsidenten,
12 Wir setzen den Präsidenten an einen leicht kenntlichen Platz⟨, ...⟩
13 und seinen Sekretär zu ihm an ⟨einen eigenen Tisch ...⟩
13 und seinen Sekretär zu ihm an ein eigenes Tischchen⟨, ...⟩

Die Schwierigkeit besteht nur darin, zu verstehen, was uns die Festsetzung einer Regel hilft. Warum die uns beruhigt nachdem wir so schwer beunruhigt waren. Was uns beruhigt ist offenbar daß wir ein System sehen, das diejenigen Gebilde |systematisch| ausschließt die uns immer beunruhigt haben, mit denen wir nichts anzufangen wußten und die wir doch respektieren zu müssen glaubten. Ist die Festsetzung einer solchen grammatischen Regel in dieser Beziehung nicht wie die Entdeckung einer Erklärung in der Physik? z.B., des Kopernikanischen Systems? Eine Ähnlichkeit ist vorhanden. – Das Seltsame an der philosophischen Beunruhigung und ihrer Lösung möchte scheinen, daß sie ist wie die Qual des Asketen der eine |schwere| Kugel unter Stöhnen stemmend dastand und den ein Mann erlöste indem er ihm sagte: „laß sie fallen“. Man fragt sich: wenn Dich diese Sätze beunruhigen, Du nichts mit ihnen anzufangen wußtest warum ließest Du sie nicht schon früher fallen, was hat Dich daran gehindert? Nun, ich glaube es war das falsche System dem er sich anbequemen zu müssen glaubte; etc.

1 / »Ich sagte einmal, es gäbe keine extensionale Unendlichkeit. Ramsey 238
sagte darauf: „Kann man sich nicht vorstellen, daß ein Mensch ewig lebt, d.h. einfach, nie stirbt, und ist das nicht extensionale Unendlichkeit?“ – Ich kann mir doch gewiß denken daß ein Rad sich dreht und n i e stehen bleibt.« Welches seltsame Argument: „ich kann es mir denken“! Überlegen wir (uns) welche Erfahrung wir als Bestätigung oder Beweis dafür betrachten würden daß das Rad nie aufhört/aufhören wird/ sich zu drehen. Vergleichen wir diese Erfahrung mit der welche uns lehrt, daß das Rad einen Tag, ein Jahr, 10 Jahre lang sich dreht und wir werden einfach den Unterschied der Grammatik der Aussagen „ … bleibt nie stehn“ und „bleibt in 100 Jahren stehn“ erkennen. Denken wir an die Art der Evidenz welche man für die Behauptung anführen könnte daß zwei Himmelskörper sich ohne aufzuhören um einander drehen. Denken wir an das Gesetz der Trägheit und daran wie es bestätigt wird.

2 Warum ⟨die/sie/⟩ |die| uns beruhigt nachdem wir so schwer beunruhigt waren.
4 |systematisch| *–das Einfügungszeichen ist im MS gewellt unterstrichen*
12 stemmend dastand und ⟨der dadurch erlöst wurde daß jemand …⟩
16 das falsche System dem er sich ⟨anzubequemen⟩ zu müssen glaubte⟨. …⟩
25 aufhört/aufhören wird/ *–erste Variante im MS durchstrichen*
26 daß das Rad einen Tag, ein Jahr, 10 Jahre lang sich ⟨f…⟩
27 der Grammatik der Aussagen „⟨etwas⟩ … bleibt nie stehn“ ⟨– …⟩

1 / »Angenommen wir wanderten auf einer Geraden in den euklidischen Raum hinaus und begegneten alle 10 m eine eiserne Kugel ad inf.« Wieder: Welcherlei Erfahrung würde ich als Bestätigung hiefür ansehen 239 und welche anderseits dafür daß 10000 Kugeln in einer Reihe vorhanden sind? Eine Bestätigung der ersten Art wäre etwa folgende: Ich beobachte die schwingende Bewegung eines Körpers. Experimente haben mich gelehrt, daß dieser Körper durch eiserne Kugeln nach einem bestimmten Gesetz angezogen wird; die Annahme von 100 solchen Kugeln in einer Reihe in bestimmter Lage zum Testkörper erklärt unter der Annahme eines bestimmten/jenes/ Anziehungsgesetzes das beobachtete |(oder angenommene)| Verhalten annähernd; je mehr Kugeln wir aber in der Reihe annehmen um so genauer entspricht das errechnete Resultat dem beobachteten ad inf.. Es hat dann Sinn zu sagen die Erfahrung bestätige die Annahme einer unendlichen Reihe von Kugeln. Aber so verschieden diese Erfahrung vom Sehen einer Anzahl Kugeln ist so verschieden ist der Sinn der Zahlangabe von der einer „unendlichen Zahl“.

2 ?/ »Die bloß negative Beschreibung des N i c h t - a u f h ö r e n s kann keine positive Unendlichkeit liefern.« Bei dem Ausdruck „positive Unendlichkeit“ dachte ich natürlich an eine zählbare (= endliche) Menge von Dingen (Stühle in diesem Zimmer) und wollte sagen, das Vorhandensein der kolossalen Anzahl solcher Dinge könne aus dem 240 was uns das Nicht-aufhören anzeigt nicht geschlossen werden. Ich mache also hier den seltsamen Fehler |in der Form meiner Aussage| eine Tatsache zu leugnen statt zu leugnen daß ein bestimmter Satz Sinn hat oder richtiger zu zeigen daß zwei ähnlich klingende Angaben verschiedene Grammatik haben.

3 / »Angenommen, mein Gesichtsbild wären zwei gleichgroße rote Kreise auf blauem Grund: was ist hier in zweifacher Zahl vorhanden und was einmal? (Und was bedeutet diese Frage überhaupt?) – Man könnte sagen: wir haben hier e i n e Farbe aber zwei Örtlichkeiten. Es wurde aber auch gesagt, rot und kreisförmig seien Eigenschaften von zwei Gegenständen die man Flecke nennen könnte und die in gewissen räumlichen Beziehungen zu einander stehen.« Die Erklärung „es sind hier zwei Gegenstände – Flecke – die ....“ klingt wie eine Erklärung der Physik. Wie wenn Einer fragt „was sind das für rote Kreise die ich dort sehe“ und ich antworte „das sind zwei rote Laternen, etc.“ Eine Erklärung wird aber hier nicht gefordert (unsere Unbefriedigung durch eine Erklärung lösen zu wollen ist der Fehler der Metaphysik). Was uns beunruhigt, ist die Unklarheit über die Grammatik des Satzes „ich sehe 241 zwei rote Kreise auf blauem Grund“; insbesondere die Beziehungen zur Grammatik eines Satzes/der Sätze/ wie „auf dem Tisch liegen zwei rote Kugeln“ und wieder „auf diesem Bild sehe ich zwei Farben“. Ich kann/darf/ natürlich statt des ersten Satzes sagen: „ich sehe zwei Flecken von/mit/ den Eigenschaften rot und kreisförmig und in der

6 Bewegung eines Körpers. *–im MS Zeilenende ohne Schlußpunkt*
9 einer Reihe in bestimmter Lage ⟨zu unserm⟩ Testkörper
10 eines bestimmten/jenes/ *–erste Variante im MS durchstrichen*
12 je mehr Kugeln ⟨in der Reihe⟩ wir aber |in der Reihe| annehmen
38 „was sind das für rote Kreise die ich dort ⟨säg…⟩
39 und ich antworte „das sind zwei rote Laternen⟨“ …⟩
46 ich zwei Farben“. Ich kann/darf/ natürlich ⟨sagen …⟩

räumlichen Beziehung Nebeneinander" – und ebensogut/ebensowohl/: „ich sehe die Farbe rot an zwei kreisförmigen Örtlichkeiten nebeneinander" – wenn ich bestimme daß diese Ausdrücke das gleiche bedeuten sollen wie der obige Satz. Es wird sich dann einfach die Grammatik der Wörter „Fleck", „Örtlichkeit", „Farbe" etc nach der (Grammatik) der Wörter des ersten Satzes richten müssen. Die Confusion entsteht hier dadurch daß wir glauben über das Vorhandensein oder Nichtvorhandensein eines Gegenstands (Dinges) – des Flecks – entscheiden zu müssen; wie wenn man entscheidet ob das Gesehene/was ich sehe/ (im physikalischen Sinn) ein Schatten oder Rußfleck/roter Anstrich oder ein Reflex/ ist.

25.

1 Wir können in einem absoluten/in absolutem/ Sinne von einem Ort im Gesichtsfeld reden. Denken wir uns daß ein roter Fleck im Gesichtsfeld verschwindet und in gänzlich neuer Umgebung wieder auftaucht, so hat es Sinn zu sagen, er tauche am gleichen Ort oder an einem andern Ort 242
wieder auf. (Wäre ein solcher Raum mit einer Fläche vergleichbar, die von Punkt zu Punkt eine andere Krümmung hätte so daß wir jeden Ort auf der Fläche als absolutes Merkmal angeben könnten?)

2 Der Gesichtsraum ist ein gerichteter Raum in dem es ein Oben und Unten, Rechts und Links gibt. Und diese Bestimmungen haben nichts mit der Schwerkraft oder der rechten und linken Hand zu tun. Sie würden auch dann ihren Sinn beibehalten, wenn wir unser ganzes Leben lang durch ein Teleskop zu den Sternen sähen. – Dann wäre unser Gesichtsfeld dunkel mit einem helleren Kreis und in diesem Lichtpunkte./ein hellerer Kreis vom Dunkel begrenzt und im Kreis Lichtpunkte./ Hätten wir nie/Nehmen wir an wir hätten nie/ unsern Körper gesehen, sondern immer nur dieses Bild, wir könnten also die Lage eines Sterns nicht mit der unseres Kopfes oder unserer Füße vergleichen: was zeigt mir dann, daß mein Raum ein Oben und Unten etc hat, oder einfach: daß er gerichtet ist? Es hat Sinn zu sagen, daß sich das ganze Sternbild im Kreis *dreht* obwohl es dadurch seine relative Lage zu nichts im Gesichtsraum ändert. Oder richtiger ausgedrückt: ich rede auch dann von einer Drehung im Gesichtsraum, wenn keine relative Lageänderung in ihm stattfindet.

Dieser Sachverhalt ist nicht vielleicht dadurch wegerklärt, daß man 243
sagt: die Retina hat eben ein Oben, Unten, etc, und so ist es leicht verständlich daß es das analoge im Gesichtsfeld gibt. Vielmehr ist eben das nur eine *Darstellung* des Sachverhalts auf dem Umweg über die Verhältnisse in der Retina.

2 „ich sehe ⟨hier⟩ zwei ⟨kreisförmige⟩ Örtlichkeiten nebeneinander"
5 „Fleck", „Örtlichkeit", „Farbe" etc nach ⟨den …⟩
19 eine andere Krümmung hätte so daß wir jeden ⟨Pun…⟩
23 in dem es ein Oben und Unten, Rechts und Links⟨, …⟩
29 vom Dunkel begrenzt und im Kreis Lichtpunkte./ ⟨Wenn …⟩
40 und so ist es leicht verständlich daß es das analoge im Gesichts⟨raum …⟩

1 Man könnte meinen: es verhält sich im Gesichtsfeld immer so, als sähen wir mit allem Übrigen ein gerichtetes Koordinatenkreuz, wonach wir alle Richtungen fixieren können. – Aber auch das ist keine richtige Darstellung; denn sähen wir wirklich ein solches Kreuz (etwa mit Pfeilen) so wären wir im Stande, nicht nur die relativen Richtungen der Objekte dagegen zu fixieren, sondern auch die Lage des Kreuzes |selbst| im Raum, gleichsam gegen ein ungesehenes im Wesen dieses Raums enthaltenes Koordinatensystem.

2 Ich kann das Zeichen/die Figur/ ∨ als Buchstaben, als Zeichen für „kleiner“, oder für „größer“ sehen auch ohne es mit meinem Körper zusammen zu sehen. Vielleicht wird man sagen, daß ich die Lage meines Körpers fühle ohne ihn zu sehen. Gewiß, und ich sage eben, daß ‚die gefühlte Lage‘ nicht ‚die gesehene Lage‘ ist; daher können sie 244
auch nicht miteinander verglichen, wohl aber einander zugeordnet werden.

Die Wörter „oben“, „unten“, „rechts“, „links“ haben andere Bedeutung jenachdem sie im Gesichts- oder, im Gefühlsraum angewandt werden./im Gesichtsraum, andere im Gefühlsraum./ Aber auch das Wort Gefühlsraum ist mehrdeutig. (Definitionen der Wörter „oben“, „unten“ etc durch die Spitze des Buchstaben „V“ des Zeichens „kleiner“ und „größer“ einerseits, anderseits durch Kopf- und Fußschmerzen; oder durch Gleichgewichtsgefühle.)

3 „Ist ein Feld eines Schachbretts einfacher als das ganze Schachbrett?“ Das kommt darauf an wie Du das Wort „einfacher“ gebrauchst. Meinst Du damit „aus einer kleineren Anzahl von Teilen bestehend“, so sage ich: Wenn diese Teile etwa die Atome des Schachbretts sind so ist also das Feld einfacher als das Schachbrett, – wenn Du aber vom visuellen Schachbrett sprichst so/von dem sprichst was wir am Schachbrett s e h e n so/ bestehen ja die Felder nicht aus Teilen, es sei denn daß die Felder/sie/ wieder aus kleineren Flecken bestehen und wenn Du dann den Fleck den einfacheren nennst der weniger Flecken enthält so ist wieder das Feld einfacher als das Schachbrett. „Ist aber die gleichmäßig gefärbte Fläche einfach?“ – Wenn „einfach“ bedeutet: nicht aus Flecken 245
mehrerer Farben zusammengesetzt – ja!

7 im Raum, ⟨anzugeben und zu sagen ob es stille steht, oder sich dreht⟩ gleichsam
10 das Zeichen/die Figur/ *–erste Variante im MS durchstrichen*
10 Ich kann das Zeichen/die Figur/ ⟨„⟩∨⟨“⟩ als Buchstaben,
19 jenachdem sie im Gesichts- oder, im Gefühlsraum angewandt werden./im Gesichtsraum, andere im Gefühlsraum./ *–erste Variante im MS durchstrichen*
22 einerseits, ⟨und durch⟩ Kopf- und Fußschmerzen ⟨anderseits⟩ oder durch
27 Meinst Du damit „aus einer ⟨ge…⟩
28 so sage ich: ⟨„⟩Wenn diese Teile etwa die Atome des Schachbretts sind
29 Atome des Schachbretts sind so ist also das Feld einfacher als ⟨de…⟩
32 die Felder/sie/ *–erste Variante im MS durchstrichen*
35 nicht aus ⟨anderen⟩ Flecken mehrerer Farben zusammengesetzt

Aber können wir nicht sagen: einfach ist was sich nicht teilen *läßt?* – *Wie* teilen läßt? Mit dem Messer? Und mit welchem Messer? Beschreibe mir erst die Methode der Teilung die Du erfolglos anwendest, dann werde ich wissen was Du „unteilbar“ nennst. Aber vielleicht willst Du sagen: ‚unteilbar‘ nenne ich nicht das, was man erfolglos zu teilen versucht, sondern das wovon es sinnlos (unerlaubt) ist zu sagen es bestehe aus Teilen. – Dann ist ‚unteilbar‘ eine grammatische Bestimmung. Eine Bestimmung also die Du selbst machen kannst und durch welche Du die Bedeutung, den Gebrauch andrer Wörter festsetzt. Wenn ich etwa sage: ein einfärbiger Fleck ist unteilbar (einfach), denn, wenn ich ihn |– z.B. –| durch einen Strich teile, so ist er nicht mehr einfärbig – so setze ich damit fest in welcher Bedeutung ich das Wort „teilen“ gebrauchen will.

Wenn nun gefragt wird: „besteht das Gesichtsbild aus minima visibilia“, so fragen wir zurück: Wie verwendest Du das Wort „aus .... bestehen“? Wenn in dem Sinn in welchem ein Schachbrett aus schwarzen und weißen Feldern besteht – nein! – Denn Du willst /wolltest/ doch nicht leugnen, daß wir einfärbige Flecke sehen (ich 246
meine Flecke deren *Erscheinung* einfärbig ist). Wenn Du aber |etwa| sagen willst daß ein *physikalischer* Fleck (ein *meßbarer* Fleck im physikalischen Raum) verkleinert werden kann, bis wir ihn |aus einer bestimmten Entfernung| nicht mehr sehen, daß er dann beim Entschwinden gemessen und in dieser Ausdehnung der kleinst sichtbare Fleck genannt werden kann, so stimmen wir bei.

1 Wenn wir in der Geometrie sagen, das regelmäßige Sechseck bestehe aus 6 gleichseitigen Dreiecken so heißt das, daß es Sinn hat von einem regelmäßigen Sechseck zu reden das aus 6 gleichseitigen Dreiecken besteht. Wenn daraufhin gefragt würde „ist also das Sechseck einfach oder zusammengesetzt“, so müßte ich antworten: Bestimme Du selbst wie Du die Wörter „einfach“ und „zusammengesetzt“ gebrauchen willst.

4 die Methode der Teilung die Du erfolglos anwendest, ⟨denn ...⟩
18 willst/wolltest/ *–erste Variante im MS durchstrichen*
29 Wenn daraufhin gefragt würde „ist also das ⟨regelm...⟩

1 „Ist Distanz in der Struktur des Gesichtsraums schon enthalten, oder scheint es uns nur so, weil wir gewisse Erscheinungen des Gesichtsbildes mit gewissen Erfahrungen des Tastsinnes assoziieren welche letztere erst Distanzen betreffen?“ Woher nehmen wir diese Vermutung? Wir scheinen dergleichen irgendwo angetroffen zu haben. Denken wir nicht an folgenden Fall: diese Melodie mißfiele mir nicht wenn ich sie nicht unter diesen unangenehmen Umständen zum erstenmal gehört hätte. 247
Aber hier gibt es zwei Möglichkeiten: Entweder die Melodie mißfällt mir wie manche andere für deren Mißfallen ich jenen Grund nicht angeben würde, und es ist bloß eine Vermutung daß die Ursache meines Mißfallens in jenem früheren Erlebnis liegt. Oder aber, wenn immer ich die Melodie höre, fällt mir jenes Erlebnis ein und macht mir das Hören der Melodie unangenehm; dann ist meine Aussage keine Hypothese über die Ursache meines Mißfallens, sondern eine Beschreibung dieses Mißfallens selbst. – Wenn also gefragt wird: „scheint es uns nur so daß eine Strecke im Gesichtsraum |selbst| länger ist als eine andere und bezieht sich das ‚länger‘ nicht bloß auf eine Erfahrung des Tastsinns die wir mit dem Gesehenen assoziieren“, – so ist zu antworten: weißt Du etwas von dieser Association? beschreibst Du mit ihr Dein Erlebnis, oder vermutest Du sie nur als Ursache Deines Erlebnisses? Wenn das letztere, so können wir von Distanzen im Gesichtsraum reden, ohne auf die mögliche Ursache unserer Erfahrung Rücksicht zu nehmen. Dabei muß man sich daran erinnern, daß die Aussagen über Distanzen (daß diese Strecke gleichlang ist wie jene oder länger als jene, etc.) einen andern Sinn haben, wenn sie sich auf den 248
Gesichtsraum, und einen andern, wenn sie sich auf den Euklidischen Raum beziehen.

6 an folgenden Fall: ⟨Diese⟩ Melodie mißfiele mir nicht
9 für deren Mißfallen ich jenen Grund nicht ⟨anzugeben …⟩
10 für deren Mißfallen ich jenen Grund nicht angeben würde⟨; oder …⟩
13 dann ⟨handelt es sich⟩ ⟨nicht um …⟩
13 dann ⟨handelt es sich⟩ ⟨bei meiner⟩ Aussage ⟨nicht um eine⟩ Hypothese
16 daß eine Strecke im Gesichtsraum |selbst| ⟨doppelt so lang is…⟩
17 und bezieht sich das ⟨„⟩länger⟨“⟩ nicht bloß auf eine Erfahrung
19 so ist zu antworten: weißt Du etwas⟨, …⟩
26 wenn sie sich auf den Gesichtsraum, und einen andern⟨, …⟩

Zu sagen, der Punkt B ist nicht zwischen A und C (die Strecke a nicht

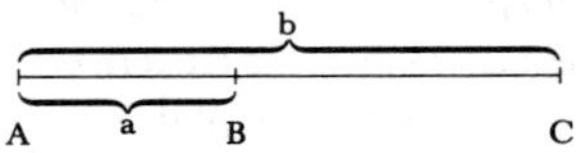

kürzer als b) sondern dies erscheine uns nur so wegen gewisser Associationen, klingt und ist absurd, weil wir uns eben in unserer Aussage gar nicht um eventuelle Ursachen der Erscheinung kümmern sondern nur diese im Gegensatz zu andern Erscheinungen beschreiben.

Wenn Du sagst der Punkt B *erscheint* Dir nur zwischen A und C zu liegen so antworte ich: *das ist es ja was ich sage*, nur gebrauche ich *dafür* den Ausdruck „er liegt zwischen A und C".

Und wenn Du fragst „scheint es nicht nur so", so antworte ich: Welche Methode würdest Du denn anwenden um die Antwort auf Deine Frage zu finden. Dann nämlich werde ich verstehen was Dein Verdacht eigentlich betrifft. Wenn Du sagst: ist auf diesem Tisch nicht doch vielleicht etwas was ich nicht sehe, so frage/antworte/ ich: Wie könnten wir denn das Betreffende finden? Versuche mir doch eine Erfahrung zu beschreiben die Dich sagen lassen würde: „es war doch noch etwas da". Beschreibe mir die Erfahrung die Dich davon 249
überzeugen würde daß B doch nicht zwischen A und C liegt und ich werde verstehen welcher Art der/dieser/ wirkliche Sachverhalt im Gegensatz zum scheinbaren ist. Aber Eines ist klar die Erfahrung die Dich das lehrt kann nicht diejenige ändern die ich mit den Worten beschrieb „B liegt zwischen A und C".

Dem Einwurf liegt aber eine falsche Auffassung der logischen Analyse zugrunde. Es handelt sich nicht um ein/Was wir vermissen ist nicht ein/ genaueres Hinsehen (etwa auf A, B und C) und die Entdeckung eines Vorgangs *hinter* dem gewöhnlich/oberflächlich/ beobachteten (dies wäre die Untersuchung eines physikalischen oder psychologischen Phänomens) sondern darum Klarheit in der Grammatik der alten Phänomene zu schaffen/die Klarheit in der Grammatik der Beschreibung des alten Phänomens/. Denn sähen wir „genauer" hin so sähen wir eben etwas *anderes* und hätten nichts für unser Problem gewonnen. *Diese* Erfahrung nicht eine andere sollte beschrieben werden.

15 frage/antworte/ *–erste Variante im MS durchstrichen*
18 die Dich sagen lassen würde: „es war doch noch etwas da⟨, was rec…⟩
20 doch nicht zwischen A und C liegt und ich werde verstehen ⟨was …⟩
24 Dem Einwurf liegt ⟨⟨hier⟩⟩ eine falsche Auffassung der logischen Analyse
25 der logischen Analyse zugrunde. ⟨Was wir brauchten …⟩
25 *Im MS:* Es handelt sich |nicht| um ein
26 Es handelt sich nicht um ein/Was wir vermissen ist nicht ein/ *–erste Variante im MS durchstrichen*
31 darum Klarheit in der Grammatik der alten Phänomene zu schaffen/die Klarheit in der Grammatik der Beschreibung des alten Phänomens/ *–erste Variante im MS durchstrichen*
32 hin so sähen wir eben etwas *anderes* und hätten ⟨dadu…⟩

26.

Zu sagen daß diese Farbe jetzt an einem Ort ist, heißt, diesen Ort *vollständig* beschreiben. – Zwei Farben, zwei Dampfspannungen, 250
zwei Geschwindigkeiten, zwei elektrische Spannungen haben nicht zugleich an einem Ort/Punkt/ Platz. – Eine merkwürdige Gesellschaft, die sich da zusammenfindet. Und auch der ‚Punkt' von dem ich rede hat verschiedene Bedeutungen.

Wenn also „f(x)" sagt, x sei jetzt an einem bestimmten Ort, so ist also ‚f(a) · f(b)' ein Widerspruch. Warum nenne ich aber ‚f(a) · f(b)' einen Widerspruch, da doch p · ~p die Form des Widerspruchs ist? Bedeutet/Heißt/ es einfach, daß das Zeichen „fa · fb" kein Satz ist wie etwa „ffaa" keiner ist? Unsere Schwierigkeit ist nur daß wir doch das Gefühl haben, daß hier ein Sinn vorliegt, wenn auch ein degenerierter (Ramsey). Daß, wenn ich „und" zwischen zwei Sätze/Aussagen/ setze, ein lebendes Wesen entstehen muß und nicht etwas Totes, wie wenn ich etwa „a · f" geschrieben hätte. Das ist ein sehr merkwürdiges und sehr tief liegendes Gefühl. Man müßte sich darüber klar werden was die Worte „daß hier ein Sinn vorliegt" sagen wollen.

Die Entscheidung darüber, ob „fa · fb" Unsinn ist wie „a · f" könnte man *so* fällen: Ist p · ~(fa · fb) = p, oder ist die linke Seite dieser Gleichung (und also die Gleichung) Unsinn? – Kann ich nicht entscheiden, wie ich will?

Kann ich die Regel die dem allen zugrunde liegt, *so* schreiben: 251
fa = (fa · ~fb)? d.i.: aus fa folgt ~fb.

Ich glaubte, als ich die „Abhandlung" schrieb (und auch später noch), daß fa = fa · ~fb nur möglich wäre, wenn fa das logische Produkt aus irgend einem |andern| Satz und ~fb – also fa = p · ~fb – wäre, und war der Meinung fa (z.B. eine Farbenangabe) werde sich in ein solches Produkt zerlegen lassen. Dabei hatte ich keine klare Vorstellung davon, wie ich mir die Auffindung einer solchen Zerlegung dachte. Oder vielmehr: ich dachte wohl an die Konstruktion eines Zeichens, das die richtige grammatische Verwendung in jedem Zusammenhang durch seine Beschaffenheit zum Ausdruck brächte (d.h., seine Regeln ganz einfach gestaltete und in gewissem Sinne schon in sich trüge, wie jede übersichtliche Notation); aber ich übersah, daß, wenn diese Umgestaltung des Satzes f(a) in seiner Ersetzung durch ein logisches Produkt bestehen sollte, dann die Faktoren dieses Produkts einen unabhängigen und uns bereits bekannten Sinn haben mußten.

6 Und auch der ‚Punkt' von dem ich ⟨Bed…⟩
9 Warum nenne ich ⟨nenne ich⟩ aber ‚f(a) · f(b)' einen Widerspruch,
10 Warum nenne ich aber ‚f(a) · f(b)' einen Widerspruch⟨? …⟩
14 Sätze/Aussagen/ *–erste Variante im MS durchstrichen*
15 und nicht etwas Totes, wie⟨,⟩ wenn ich etwa
15 *Im MS:* wie wenn etwa „a · f" geschrieben hätte.
16 Das ist ein sehr merkwürdiges ⟨Gefühl …⟩
21 linke Seite dieser Gleichung (und also die Gleichung) ⟨unsinn…⟩
26 daß fa = fa · ~fb nur möglich wäre, wenn fa ⟨= …⟩
29 Dabei hatte ich keine klare ⟨Idee …⟩
36 *Im MS:* Umgestaltung des Satzes f(a) |in| seiner Ersetzung

Als ich dann eine solche Analyse einer Farbangabe durchführen wollte kam zum Vorschein/zeigte sich/ was es war, was ich mir unter der Analyse vorgestellt hatte. Ich glaubte die Farbangabe als ein logisches Produkt |$r \cdot s \cdot t \ldots$| auffassen zu können dessen einzelne 252 Faktoren die Ingredienzien angaben (wenn es mehrere waren) aus denen die Farbe (Color nicht Pigmentum) besteht. Es muß dann natürlich auch gesagt werden daß dies *alle* Ingredienzien sind und diese abschließende Bemerkung „S“ bewirkt daß $r \cdot s \cdot t \cdot S$ mit $r \cdot s \cdot t \cdot u \cdot S$ in Widerspruch steht. Die Farbangabe hieße/lautete/ dann: „an diesem Ort sind jetzt diese Farben (oder: ist jetzt diese Farbe) *und sonst keine*“. D.h.: die Farbangabe die in unsrer gewöhnlichen Ausdrucksweise lautet „dies (oder: hier) ist rot“ würde nun „hier ist rot und sonst keine Farbe“ zu lauten haben; während die Angabe „hier ist rot und blau“ bedeuten sollte, daß die Farbe dieses Orts eine Mischfarbe von/aus/ rot und blau sei. Die Farbangaben/Sätze/ nähmen da folgende Form an: „in dieser Farbe ist rot enthalten“, „in dieser Farbe ist *nur* rot enthalten“, „in dieser Farbe ist nur rot und blau enthalten“ etc.. – Aber dies gibt nicht die rechte Grammatik: Es müßte das Vorhandensein eines roten Stiches ohne irgend eines anderen Stiches die rein rote Färbung dieses Orts bedeuten; das scheint uns unsinnig und der Fehler klärt sich *so* auf: Es muß im Wesen |(in der Grammatik)| dieses roten Stiches liegen, daß ein Mehr oder Weniger von ihm möglich ist; ein rötliches Blau kann dem reinen Rot näher und weniger nahe liegen also, in diesem Sinne, mehr oder weniger Rot 253 enthalten. Der Satz welcher angibt daß Rot als Ingrediens einer Farbe hier vorhanden ist müßte also irgendwie eine Quantität von Rot angeben /nennen/; dann aber muß dieser Satz auch außerhalb des logischen Produkts Sinn haben, und es müßte also Sinn haben zu sagen daß dieser Ort rein rot gefärbt ist und die und die Quantität von Rot enthalte, und das hat keinen Sinn. Und wie verhält es sich mit den einzelnen Sätzen die einem Ort verschiedene Quantitäten, oder Grade, von Rot zuschreiben? Nennen wir zwei solche q_1r und q_2r sollen sich diese widersprechen? Angenommen $q_2 > q_1$ dann könnte zwar unsere Festsetzung sein daß $q_2r \cdot q_1r$ kein Widerspruch sein solle (wie die Sätze „in diesem Korb sind 4 Äpfel“ und „in diesem Korb sind 3 Äpfel“ wenn das „nur“ fehlt) aber dann müssen q_2r und $\sim q_1r$ einander widersprechen und daher müßte |nach meiner alten Auffassung| q_2r ein Produkt von q_1r und einem andern Satz sein. Dieser andre Satz müßte die von q_1 auf

5 dessen einzelne Faktoren ⟨|r, s, t|⟩ die Ingredienzien angaben
6 (wenn es mehrere waren) aus denen die Farbe ⟨besteht …⟩
9 hieße/lautete/ *– beide Varianten im MS durchstrichen, Durchstreichung von* hieße *aufgehoben*
9 Die Farbangabe hieße/lautete/ ⟨daß …⟩
10 Die Farbangabe hieße/lautete/ dann: „⟨An⟩ diesem Ort
10 diesem Ort sind jetzt diese Farben (oder⟨,⟩ ist jetzt diese Farbe)
13 *Im MS:* |zu| lauten haben;
23 daß ein Mehr oder Weniger von ihm möglich ist⟨. Ein⟩ rötliches Blau
26 müßte also irgendwie eine Quantität von Rot ⟨an…⟩
30 die Quantität von Rot enthalte, und ⟨dies⟩ hat keinen Sinn.
35 daß $q_2r \cdot q_1r$ kein Widerspruch sein solle (wie die Sätze „⟨auf …⟩
37 dann müssen q_2r und $\sim q_1r$ einander widersprechen und ⟨also …⟩
37 daher müßte |nach meiner alten Auffassung| q_2r ⟨als …⟩
38 und einem andern Satz ⟨|V|⟩ sein⟨, was nicht der Fall ist.⟩ Dieser andre

q_2 fehlende Quantität angeben und für ihn bestünde daher die selbe Schwierigkeit. – Das Schema der Ingredienzien paßt auf den Fall der Farbenmischung, wenn man unter Farben nicht Farbstoffe versteht, nicht. Und auch in diesem Schema sind verschiedene Angaben über das verwendete Quantum eines Bestandteils widersprechende Angaben, 254 oder, wenn ich festsetze daß p (= ich habe 3 kg Salz verwendet) und q (= ich habe 5 kg Salz verwendet) einander nicht widersprechen sollen, dann doch q und ~p. Und es läuft alles darauf hinaus daß „ich habe 2 kg Salz verwendet“ nicht heißt „ich habe 1 kg Salz verwendet und ich habe ein kg Salz verwendet“ daß also $f(1 + 1)$ nicht gleich ist $f(1) \cdot f(1)$

1 Der Satz „an einem Ort hat zu einer Zeit nur *eine* Farbe Platz” ist natürlich ein verkappter Satz der Grammatik. Seine Verneinung ist kein Widerspruch, *widerspricht* aber einer Regel unserer angenommenen Grammatik.

2 Die meisten Rätsel, die uns das Wesen der Zeit aufzugeben scheint, kann man durch die Betrachtung einer Analogie verstehen die in einer oder der andern Form den verschiedenen falschen Auffassungen zugrunde liegt: Es ist der Vorgang im Projektionsapparat durch den /welchen/ der Film läuft einerseits und auf der Leinwand anderseits.

Wenn man sagt die Zukunft sei bereits präformiert so heißt das offenbar: die Bilder des Filmstreifens welche den zukünftigen Vorgängen auf der Leinwand entsprechen sind bereits vorhanden. Aber für das was ich in einer Stunde tun werde gibt es ja keine solchen 255 Bilder, und wenn es sie gibt so dürfen wir wieder nicht die Bilder auf dem Zukunftsteil des Filmstreifens mit den zukünftigen Ereignissen auf der Leinwand verwechseln. Nur von jenen können wir sagen daß sie präformiert sind d.h. jetzt schon existieren. Und bedenken wir daß der Zusammenhang der Ereignisse auf der Leinwand mit dem was die Filmbilder zeigen ein empirischer ist; wir können aus ihnen kein Ereignis auf der Leinwand prophezeien sondern nur hypothetisch vorhersagen. Auch – und hier liegt eine andere Quelle des Mißverständnisses – können wir nicht sagen „es ist jetzt der Fall daß dieses Ereignis in einer Stunde eintreten wird“ oder „es ist um 5 Uhr der Fall daß ich um 7 Uhr spazieren gehen werde“.

3 ∨ Ich glaube, was Goethe eigentlich hat finden wollen, war keine physiologische sondern eine psychologische Theorie der Farben.

1 Quantität angeben und für ihn bestünde daher die ⟨glei…⟩
2 Das Schema der Ingredienzien paßt auf den Fall ⟨der …⟩
4 Und auch in diesem Schema ⟨muß dieses logische Produkt verschiedenen Angaben über die …⟩
14 Seine Verneinung ist kein Widerspruch, *widerspricht* aber ⟨einem …⟩
17 meisten ⟨Schwierigkeiten⟩, die ⟨das⟩ Wesen der Zeit ⟨betreffen⟩, kann
20 Es ist der Vorgang im Projektionsapparat durch ⟨we…⟩
21 *Im MS:* der Film läuft |einerseits| und auf der Leinwand anderseits.
28 auf der Leinwand verwechseln⟨, diese geschehen jetzt nicht …⟩
30 der Zusammenhang der Ereignisse auf der Leinwand ⟨und⟩ dem was die

1 Es hat Sinn von einer Färbung zu sagen sie sei nicht rein rot sondern enthalte einen gelblichen, oder bläulichen, weißlichen oder schwärzlichen Stich; es hat aber auch Sinn/und es hat Sinn/ zu sagen sie enthalte keinen dieser Stiche sondern sei reines Rot. Man kann in diesem Sinne von einem reinen blau, gelb, grün, weiß, schwarz reden 256 aber nicht von einem reinen orange, grau, oder rötlich-blau. (Von einem ‚reinen grau' übrigens wohl sofern man damit ein nicht-grünliches, nicht-gelbliches u.s.w. Weiß-Schwarz meint. Und Ähnliches gilt für ‚reines orange', etc.) D.h. der Farbenkreis hat vier ausgezeichnete Punkte. Es hat nämlich Sinn zu sagen „dieses Orange liegt (nicht in der Ebene des Farbenkreises, sondern im Farbenraum) näher dem Rot als jenes" aber wir können nicht, um das gleiche auszudrücken, sagen „dieses Orange liegt näher diesem/dem/ blau-rot als jenes" oder „dieses Orange liegt näher dem Blau als jenes". Orange hat eine Beziehung zu Rot und Gelb die es nicht zu einem Rötlichblau und Grünlichgelb hat

2 Die Farbenmischung von der hier die Rede ist bringt der Farbenkreisel hervor aber auch er nicht, wenn ich ihn nur ruhend und dann in rascher Drehung sehe. Denn es wäre ja denkbar daß der Kreisel im ruhenden Zustand halb rot und halb gelb aussieht/ist/ und daß er dann |in rascher Drehung| (aus welchen Ursachen immer) grün erscheint. Vielmehr bringt der Farbenkreisel die Mischung nur insofern zustande, als wir sie optisch als solche wahrnehmen können/optisch kontrollieren können/. Wenn er sich nämlich nach und nach schneller und schneller dreht und wir sehen wie aus rot und gelb orange wird. Wir sind aber darin nicht 257 dem Farbkreisel ausgeliefert, sondern wenn, sagen wir, durch irgend einen unbekannten Einfluß, während der Kreisel sich schneller und schneller dreht die Farbe seiner Scheibe sich langsam ins weißliche verändern würde, so würden wir nun nicht sagen die Zwischenfarbe zwischen Rot und Gelb sei ein weißliches Orange. So wenig wie wir sagen würden 3 + 4 sei 6 wenn beim Zusammenlegen von 3 und 4 Äpfeln einer auf unbekannte Weise verschwände und 6 Äpfel vor uns lägen. Ich gebrauche hier den Farbenkreisel nicht zu einem Experiment, sondern zu einer Rechnung.

6 aber nicht von einem reinen orange, ⟨ro...⟩
8 ein nicht-grünliches, nicht-gelbliches u.s.w. Weiß-Schwarz meint.⟨) ...⟩
8 Und ⟨ähliches⟩ gilt für ‚reines orange', etc.)
10 Orange liegt näher dem Rot als jenes" aber ⟨nicht „dieses Orange ...⟩
10 Orange liegt |(nicht in der Ebene des Farbenkreises, sondern im Farbenraum)| näher dem Rot als jenes" ⟨und zwar nicht räumlich im Farbenkreis, sondern⟩ wir können nicht,
13 diesem/dem/ *–erste Variante im MS durchstrichen*
20 aussieht/ist/ *–erste Variante im MS durchstrichen*
20 dann *–im MS durchstrichen, Durchstreichung aufgehoben*
26 sagen wir, *–im MS durchstrichen*
28 die Farbe seiner Scheibe sich langsam ins weißliche ⟨f...⟩
31 3 + 4 sei 6 wenn beim ⟨wenn beim⟩ Zusammenlegen

1 Gibt es einen kleinst sichtbaren Farbunterschied? – Welche Farben sind hier gemeint? Nennen wir Farbe das Ergebnis der Mischung von Farbstoffen: dann kann ich das Experiment machen z.B. zu einer Menge eines schwarzen/roten/ Farbstoffes eine kleine Menge eines gelben beizumischen und zu sehen/versuchen/ ob ich einen Farbunterschied *sehe*; wenn ja, so wiederhole ich den Versuch mit einem kleineren Zusatz des gelben Farbstoffes und immer so fort bis der Zusatz keinen sichtbaren Unterschied mehr hervorbringt; das kleinste Quantum welches noch einen sichtbaren Unterschied hervorbrachte nenne ich mit einem gewissen Faktor von Ungenauigkeit den kleinst 258 sichtbaren Unterschied. Das Wesentliche ist (hier) daß der Unterschied noch da war, also noch konstatiert wurde, als kein Unterschied mehr *gesehen* wurde. Was ich so konstatiert habe war der kleinst sichtbare Unterschied in den Pigmenten. Und ähnlich könnte ich von einem kleinst sichtbaren Unterschied zwischen farbigen Lichtern reden; wenn ich nur außer dem Gesicht ein anderes Mittel der Unterscheidung habe. – Anders wird es wenn man fragt: „gibt es einen kleinst sichtbaren Unterschied zwischen den gesehenen Farben.“ Der müßte der kleinste in dem Sinn sein in dem die Null die kleinste Kardinalzahl ist. Es wäre also nicht ein Unterschied den man nicht mehr unterteilen könnte, weil das Experiment seiner Unterteilung immer mißlänge sondern die Unmöglichkeit der Unterteilung wäre eine logische, was soviel heißt, als daß es keinen Sinn hätte von einer Unterteilung zu reden. Der kleinst sichtbare Unterschied |in diesem Sinne| wäre also ein Farbunterschied einer andern Art.

2 Wenn man einen schwarzen Streifen auf weißem Grund immer dünner und dünner werden läßt, so kommt man endlich zu dem, was ich einen visuellen Strich (im Gegensatz zu einer visuellen Linie der Grenze zwischen zwei Farben/zweier Farben/) nennen will. Der Strich ist kein Streifen, er hat keine Breite d.h. wenn er von einem andern Strich 259

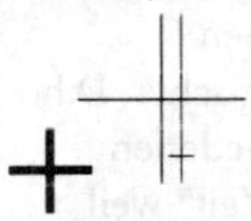

durchkreuzt wird sehen wir nicht die 4 Eckpunkte in denen sich die Grenzlinien zweier Streifen schneiden. Es ist unsinnig von der optischen Unterteilung eines Strichs zu reden. Ihm entspricht die Erscheinung eines Fixsterns, die sich zum visuellen Punkt, dem Schnitt zweier Farbgrenzen, ebenso verhält wie der Strich zur Farbgrenze. Den optischen Fixstern könnte man also ein minimum visibile/Visibile/ nennen. Aber man kann nun nicht vielleicht sagen, das Gesichtsfeld bestehe aus solchen Teilen! Es bestünde nur daraus, wenn wir sie sähen. Das Bild/visuelle Bild/ eines Fixsternnebels im Fernrohr besteht aus ihnen, soweit wir sie unterscheiden können. Denn diese beiden Ausdrücke heißen eben dasselbe.

4 schwarzen⟨/o…/⟩/roten/ *–erste Variante im MS durchstrichen*
5 sehen/versuchen/ *–erste Variante im MS durchstrichen*
5 eines gelben beizumischen und zu sehen/versuchen/ ob ich ⟨den …⟩
6 wenn ja, ⟨so setze ich nun eine geringere Menge …⟩
12 also noch konstatiert wurde, als ⟨er schon nicht …⟩
16 wenn ich nur außer dem Gesicht ein anderes Mittel der ⟨u…⟩
40 Es bestünde nur daraus, wenn wir sie sähen. Das ⟨F…⟩

1 Wenn gefragt wird „ist unser Gesichtsfeld kontinuierlich oder diskontinuierlich“, so müßte man erst wissen von welcher Kontinuität man redet. Einen Farbübergang nennen wir kontinuierlich wenn wir keine Diskontinuität in ihm sehen.

27.

2 »Wenn die Erinnerung kein Sehen in die Vergangenheit ist, wie wissen wir dann überhaupt, daß sie mit Beziehung auf die Vergangenheit zu deuten ist? Wir könnten uns dann einer Begebenheit erinnern und zweifeln, ob wir in unserm Erinnerungsbild ein Bild der Vergangenheit 260 oder der Zukunft haben.

Ich kann natürlich sagen: Ich sehe nicht die Vergangenheit, sondern nur ein Bild der Vergangenheit. Aber woher *weiß* ich, daß es ein Bild der *Vergangenheit* ist, wenn dies nicht im Wesen des Erinnerungsbildes liegt. Haben wir etwa durch die Erfahrung gelernt, diese Bilder als Bilder der Vergangenheit zu deuten? Aber was hieße hier überhaupt „Vergangenheit“?« Die Daten unseres Gedächtnisses sind geordnet; diese Ordnung nennen wir Gedächtniszeit im Gegensatz zur physikalischen Zeit der Ordnung der Ereignisse in der physikalischen Welt. Gegen den Ausdruck „sehen in die Vergangenheit“ sträubt sich unser Gefühl mit Recht; denn er gibt uns ein Bild davon/[suggests]/, daß Einer einen Vorgang |in der physikalischen Welt| sieht der jetzt gar nicht geschieht sondern schon vorüber ist. Und die Vorgänge welche wir „Vorgänge in der physikalischen Welt“, und die welche wir „Vorgänge in unserer Erinnerung“ nennen, sind einander wirklich nur zugeordnet. Denn wir reden von einem Fehlerinnern und das Gedächtnis ist nur *eines* von den Kriterien dafür, daß etwas in der physikalischen Welt geschehen ist.

3 Die Erinnerungszeit unterscheidet sich unter anderem dadurch von der 261 physikalischen, daß sie ein Halbstrahl ist dessen Endpunkt /Anfangspunkt/ die Gegenwart ist. Der Unterschied zwischen Erinnerungszeit und physikalischer Zeit ist natürlich ein logischer. D.h.: die beiden Ordnungen könnten sehr wohl mit ganz verschiedenen Namen bezeichnet werden und man nennt sie nur beide „Zeit“ weil eine gewisse grammatische Verwandtschaft besteht ganz wie zwischen Kardinal und Rationalzahlen; Gesichtsraum, Tastraum und physikalischem Raum; Farbtönen und Klangfarben, etc., etc..

3 von welcher Kontinuität man redet. ⟨Ein⟩ Farbübergang ⟨ist …⟩
23 sondern schon vorüber ist. Und ⟨die Vorgä…⟩
23 Und ⟨was⟩ wir „Vorgänge in der physikalischen Welt“ ⟨nenn…⟩
25 und die welche wir „Vorgänge in ⟨unseren Geda…⟩
26 wirklich nur zugeordnet⟨, denn⟩ wir reden von einem
37 Verwandtschaft besteht ganz wie zwischen Kardinal ⟨z…⟩

1 (∃x) φx · ~(∃x, y) φx · φy
(∃x, y) φx · φy · ~(∃x, y, z) φx · φy · φz
(∃x, y, z) φx · φy · φz · ~(∃x, y, z, u) φx · φy · φz · φu

»Wie müßte man es nun anfangen, die allgemeine Form solcher Sätze zu schreiben? Die Frage hat offenbar einen guten Sinn. Denn wenn ich nur einige solcher Sätze |als Beispiele| hinschreibe, so versteht man, was das W e s e n t l i c h e dieser Sätze sein soll.«
Nun dann ist also die Reihe der Beispiele schon eine Notation; denn das Verstehen dieser Reihe besteht doch in der Verwendung dieses Symbols und darin daß wir es von andern in demselben System unterscheiden z.B. von

(∃x) φx
(∃x, y, z) φx · φy · φz
(∃x, y, z, u, v) φx · φy · φz · φu · φv

Warum sollen wir aber nicht das allgemeine Glied der ersten Reihe 262
| s o | schreiben:

$(\exists x_1 \ldots. x_n)\, \Pi_{x_1}^{x_n} \varphi x \cdot (\exists x_1 \ldots x_{n+1})\, \Pi_{x_1}^{x_{n+1}} \varphi x$?

Ist diese Notation unexact? Sie selbst soll ja nichts bildhaft machen, sondern nur auf die Regeln ihres Gebrauchs, das System in dem sie gebraucht wird, kommt es an. Die Skrupel die ihr anhaften schreiben sich von einem Gedankengang her, der sich mit der Zahl der Urzeichen in dem Kalkül der ‚Principia Mathematica' beschäftigte.

2 Hat die Anzahl wesentlich etwas mit einem Begriff zu tun? Ich glaube, das kommt darauf hinaus, zu fragen, ob es einen Sinn hat von einer Anzahl von Gegenständen zu reden die nicht unter einen Begriff gebracht sind. Hat es z.B. Sinn zu sagen „a, b und c sind 3 Gegenstände"? – Es ist allerdings ein Gefühl vorhanden, das uns sagt: Wozu von Begriffen reden, die Zahl hängt ja nur vom U m f a n g des Begriffes ab und wenn der einmal bestimmt ist, so kann der Begriff sozusagen abtreten. Der Begriff ist nur eine Methode [nur ein Mittel /Hilfsmittel/] um einen Umfang zu bestimmen, der Umfang aber ist selbständig und in seinem Wesen unabhängig vom Begriff; denn es kommt ja auch nicht darauf an, durch welchen Begriff wir den Umfang
bestimmt haben. Das ist das Argument für die extensionale/extensive/ 263
Auffassung. Dagegen kann man zuerst sagen: Wenn der Begriff wirklich nur ein Hilfsmittel ist, um zum Umfang zu gelangen, dann hat der Begriff in der Arithmetik nichts zu suchen; dann muß man eben die Klasse gänzlich von dem zufällig mit ihr verknüpften Begriff scheiden. Im entgegengesetzten Fall aber ist der vom Begriff unabhängige Umfang nur eine Chimäre und dann ist es besser von ihm überhaupt nicht zu reden, sondern nur vom Begriff.

9 das Verstehen dieser Reihe besteht doch in der Verwendung ⟨dieser …⟩
13 in demselben System unterscheiden z.B. von (∃x) φx (∃x⟨⟩ …⟩
18 Sie selbst soll ⟨uns⟩ ja ⟨nicht⟩ bildhaft ⟨sein⟩, sondern nur auf die Regeln
21 Die Skrupel die ihr anhaften schreiben sich ⟨vielmehr⟩ von einem
27 Hat es z.B. Sinn zu sagen⟨:⟩ „a, b und c sind 3 Gegenstände"
32 Mittel/Hilfsmittel/ *–erste Variante im MS durchstrichen*

Das Zeichen für den Umfang eines Begriffes ist eine Liste. Man könnte – beiläufig – sagen: die Zahl/Anzahl/ ist die externe Eigenschaft eines Begriffs und die interne seines Umfangs (der Liste der Gegenstände, die unter ihn fallen). Die Anzahl ist das Schema eines Begriffsumfangs. D.h.: Die Zahlangabe ist, wie Frege sagte, die Aussage über einen Begriff (ein Prädikat). Sie bezieht sich nicht auf einen Begriffsumfang, d.i. auf eine Liste die etwa der Umfang eines Begriffes sein kann. Aber die Zahlangabe |über einen Begriff| ist ähnlich dem Satz welcher aussagt daß eine bestimmte Liste der Umfang dieses Begriffs sei. Von so einer Liste wird Gebrauch gemacht wenn ich sage: „a, b, c, d fallen unter den Begriff F(x)“. „a, b, c, d“ ist die Liste. Natürlich sagt der Satz nichts anderes als $Fa \cdot Fb \cdot Fc \cdot Fd$; aber er zeigt, mit Hilfe der Liste geschrieben, seine Verwandtschaft mit $(\exists x, y, z, u)\ Fx \cdot Fy \cdot Fz \cdot Fu$, 264
welches wir kurz „$(\exists {\mid}{\mid}{\mid}{\mid} x) \cdot F(x)$“ schreiben können.

Die Arithmetik hat es mit dem Schema |||| zu tun. – Aber redet denn die Arithmetik von Strichen die ich mit Bleistift auf Papier mache? – Die Arithmetik redet von gar nichts,/redet nicht von den Strichen,/ sie o p e r i e r t mit den Strichen/ihnen/.

1 Ramsey schlug einst vor, den Satz, daß unendlich viele Gegenstände eine Funktion $f(\xi)$ befriedigen, durch die Verneinung sämtlicher Sätze

$\sim(\exists x)\ fx$

$(\exists x)\ fx \cdot \sim(\exists x, y)\ fx \cdot fy$

$(\exists x, y)\ fx \cdot fy \cdot \sim(\exists x, y, z)\ fx \cdot fy \cdot fz$

u.s.w.

auszudrücken. – Aber diese Verneinung ergäbe die Reihe $(\exists x)\ fx$, $(\exists x, y)\ fx \cdot fy$, $(\exists x, y, z)$ .... etc.. Aber diese Reihe ist wieder ganz überflüssig: denn der zuletzt angeschriebene Satz enthält ja/denn erstens enthält ja der zuletzt angeschriebene Satz/ alle vorhergehenden und zweitens nützt uns dieser auch nichts da er ja nicht von einer unendlichen Anzahl von Gegenständen handelt. Die Reihe kommt also in Wirklichkeit auf einen Satz

„$(\exists\ x, y, z \ldots \text{ad inf.})\ fx \cdot fy \cdot fz \cdot \ldots \text{ad inf.}$“

hinaus. Und mit diesem Zeichen können wir gar nichts anfangen, wenn wir nicht seine Grammatik kennen. Eines |aber| ist klar: wir haben es nicht mit einem Zeichen von der Form „$(\exists x, y, z)\ fx \cdot fy \cdot fz$“ zu tun; wohl aber mit einem Zeichen dessen Ähnlichkeit mit diesem dazu 265
gemacht scheint uns irrezuführen.

2 »Die Zeit erscheint uns essentiell als u n e n d l i c h e Möglichkeit. Und zwar, offenbar, unendlich nach dem, was wir über ihre Struktur wissen.« D.h. unendlich nach ihrer Grammatik.

12 Natürlich sagt der Satz nichts anderes als $Fa \cdot Fb \cdot Fc \cdot Fd$⟨. Aber⟩ er zeigt,
14 welches wir kurz ⟨$(\exists 4x) \cdot Fx$ schreiben können.⟩
29 denn der zuletzt angeschriebene Satz enthält ja/denn erstens enthält ja der zuletzt angeschriebene Satz/ *–erste Variante im MS durchstrichen*
33 (∃⟨, ...⟩
34 Und mit diesem Zeichen können wir gar nichts ⟨ang...⟩
37 dessen Ähnlichkeit mit diesem ⟨uns ...⟩
41 Und zwar, offenbar, ⟨nach dem ...⟩

28.

1 Wie kann ich wissen, dass ||||||| und ||||||| dasselbe Zeichen sind? Es genügt doch nicht, dass sie ähnlich ausschauen. Denn es ist nicht die ungefähre Gleichheit der Gestalt, was die Identität der Zeichen ausmachen darf, sondern gerade eben die Zahlengleichheit.

2 Ob es einen Sinn hat zu sagen „dieser Teil einer roten Fläche (der durch keine sichtbare Grenze abgegrenzt ist) ist rot“ hängt davon ab, ob es einen absoluten Ort gibt. Denn wenn im Gesichtsraum von einem absoluten Ort die Rede sein kann, dann kann ich auch diesem absoluten Ort eine Farbe zuschreiben, wenn seine Umgebung gleichfärbig ist.

3 Die Idee, Elementarsätze zu konstruieren |(wie dies z.B. Carnap versucht hat)| beruht auf einer falschen Auffassung der logischen Analyse. Sie betrachtet das Problem dieser Analyse als das, eine Theorie der Elementarsätze zu finden. Sie lehnt sich an das an was in der Mechanik geschieht wenn eine Anzahl von Grundgesetzen gefunden wird aus denen das ganze System von Sätzen hervorgeht.

4 Meine eigene Auffassung war falsch: teils, weil ich mir über den Sinn der Worte „in einem Satz ist ein logisches Produkt versteckt“ (und ähnlicher) nicht klar war, zweitens weil auch ich dachte die logische Analyse müsse verborgene Dinge an den Tag bringen (wie es die 266
chemische und physikalische tut).

5 / Wenn ich z.B. sage, ein Fleck ist zugleich hellrot und dunkelrot, so denke ich dabei, dass der eine Ton den andern deckt.

Hat es dann aber noch einen Sinn zu sagen, der Fleck habe den unsichtbaren, verdeckten Farbton?

Hat es gar einen Sinn, zu sagen, eine vollkommen schwarze Fläche sei weiss, man sähe nur das Weiss nicht, weil es vom Schwarz gedeckt sei? Und warum deckt das Schwarz das Weiss und nicht Weiss das Schwarz?

Wenn ein Fleck eine sichtbare und eine unsichtbare Farbe hat, so hat er diese Farben jedenfalls in ganz verschiedenem Sinne.

2 *Die Bemerkung steht auf einem eingeklebten Zettel, ausgeschnitten aus der Synopse der Manuskriptbände I – IV, dem TS 208; siehe auch WA, Band 1, Seite 43, Bem. 1.*
7 *Eingeklebter Zettel aus TS 208; siehe auch WA, Band 1, Seite 54, Bem. 2.*
14 Die Idee, ⟨e…⟩
16 Sie betrachtet die Analyse als ⟨eine …⟩
16 Sie betrachtet ⟨die⟩ Analyse als ⟨die Konstruktion einer …⟩
17 Sie lehnt sich an das an was ⟨z.B. in der Mechanik⟩ geschieht
19 das ganze System ⟨von Sätzen⟩ folgt.
19 das ganze System ⟨der Mechanik folgt.⟩
25 ⟨(…⟩ *–im MS gestrichener Anfang einer Bemerkung in der folgenden Leerzeile*
27 *Eingeklebter Zettel aus TS 208; siehe auch WA, Band 1, Seite 56, Bem. 8 und 9.*
33 Und warum deckt das Schwarz das Weiss und ⟨warum⟩ nicht Weiss

1 Man kann den Satz „dieser Ort ist jetzt rot“ (oder „dieser Kreis ist jetzt rot“, etc) einen Elementarsatz nennen, wenn man damit sagen will daß er weder eine Wahrheitsfunktion anderer Sätze ist noch als solche definiert ist. (Ich sehe hier von Verbindungen p · (q ∨ ~q) und analogen ab.)

In diesem Sinne folgt aber aus „a ist jetzt rot“ – „a ist jetzt nicht grün“/Aus „a ist jetzt rot“ folgt aber „a ist jetzt nicht grün“/ und die Elementarsätze |in diesem Sinn| sind also nicht von einander unabhängig, wie die Elementarsätze in meinem seinerzeit beschriebenen Kalkül von dem ich annahm, der ganze Gebrauch der Sätze müsse sich auf ihn zurückführen lassen; – verleitet durch einen falschen Begriff von diesem ‚zurückführen‘. [von dieser Zurückführung.]

2 „Rot und grün gehen nicht zugleich an denselben Ort“ heißt nicht, sie sind tatsächlich nie beisammen, sondern, es hat keinen Sinn/ist Unsinn/ zu sagen, sie seien zugleich am selben Ort, und also auch Unsinn zu 267
sagen, sie seien nie zugleich am selben Ort.

3 Eine Mischfarbe, oder besser Zwischenfarbe, von blau und rot ist dies durch eine interne Relation zu den Strukturen von blau und rot. Richtiger ausgedrückt: was wir ‚eine Zwischenfarbe von blau und rot‘ (oder ‚blaurot‘) nennen, heißt so, wegen einer Verwandtschaft, die sich in der Grammatik der Wörter/den grammatischen Bestimmungen über die Wörter/ ‚blau‘, ‚rot‘ und ‚blaurot‘ zeigt. (Der Satz der von einer internen Relation der Strukturen redet, entspringt schon aus einer unrichtigen Vorstellung; aus *der*, welche in den Begriffen rot, blau, etc komplizierte Strukturen (Mechanismen/Gebäude/) sieht; welche wir zunächst von außen sehen und deren innere Konstruktion die Analyse offenbaren wird./zeigen muß./) Die Verwandtschaft aber der reinen Farben und ihrer Zwischenfarbe ist *elementarer* Art, d.h., sie besteht nicht darin, daß der Satz welcher einem Gegenstand die Farbe blaurot zuschreibt ein/das/ logische Produkt der Sätze ist/aus den Sätzen besteht,/ die ihm die Farben rot und blau zuschreiben. Und so ist |auch|

1 (oder „dieser Kreis ist jetzt⟨“ …⟩
2 einen Elementarsatz nennen, ⟨wei…⟩
2 einen Elementarsatz nennen, ⟨und damit meinen daß …⟩
3 wenn man damit sagen will daß er weder eine ⟨logisc…⟩
7 In diesem Sinne folgt aber aus „a ist jetzt rot“ – „a ist jetzt nicht grün“/Aus „a ist jetzt rot“ folgt aber „a ist jetzt nicht grün“/ *–erste Variante im MS durchstrichen*
7 und ⟨diese⟩ Elementarsätze |in diesem Sinn| sind also nicht
9 von einander unabhängig, wie ⟨ich …⟩
9 von einander unabhängig, wie die ⟨welche ich seinerzeit so nannte …⟩
15 hat keinen Sinn/ist Unsinn/ *–erste Variante im MS durchstrichen*
24 den grammatischen Bestimmungen über die Wörter/ ‚blau‘, ‚rot‘⟨, …⟩
26 entspringt schon aus einer unrichtigen ⟨Auffassung …⟩
28 welche wir zunächst von außen sehen und *–im MS durchstrichen*
29 offenbaren wird./zeigen muß./ *–erste Variante im MS durchstrichen*
29 deren innere Konstruktion die Analyse offenbaren wird./zeigen muß./) *–im MS am linken Rand mit einer vertikalen Wellenlinie markiert; Markierung aufgehoben*
29 Die Verwandtschaft aber ⟨zwischen den⟩ reinen Farben und
33 ein/das/ logische Produkt der Sätze ist *–im MS durchstrichen*
33 Und ⟨ebenso⟩ ist |auch| die Verwandtschaft verschiedener Grade

die Verwandtschaft verschiedener Grade eines rötlichen Blau, z.B., eine elementare Verwandtschaft.

1 Worin liegt der Unterschied zwischen der Zahlangabe über einen/die sich auf einen/ Begriff und der Zahlangabe, die sich auf eine Variable 268 bezieht? Die Erste ist ein Satz |der von dem Begriff handelt|, die zweite eine grammatische Regel die Variable betreffend.

Kann ich aber nicht eine Variable dadurch bestimmen, daß ich sage, ihre Werte sollen alle Gegenstände sein, die eine bestimmte Funktion befriedigen? – Dadurch *bestimme* ich ja die Variable nicht, außer wenn ich *weiß* welche Gegenstände die Funktion befriedigen, d.h., wenn mir diese Gegenstände auch auf andre Weise (etwa durch eine Liste) gegeben sind; und dann wird die Angabe der Funktion überflüssig. Wissen wir nicht, ob ein Gegenstand die Funktion befriedigt, so wissen wir nicht ob·er ein Wert der Variablen sein soll und die Grammatik der Variablen ist dann in dieser Beziehung einfach nicht bestimmt./ausgesprochen./

2 Zahlangaben *in* der Mathematik (z.B. „die Gleichung $x^2 = 1$ hat 2 Wurzeln") sind daher von ganz anderer Art als Zahlangaben außerhalb der Mathematik („auf dem Tisch liegen 2 Äpfel").

3 (Nehmen wir an,) es/Es/ wäre unsere Aufgabe Figuren verschiedener Gestalt die sich in einer Ebene I befänden in eine Ebene II zu projizieren. Wir könnten dann eine Projektionsmethode bestimmen (etwa die der orthogonalen Projektion) und nach ihr die Abbildung 269 ausführen. Wir könnten dann auch leicht von den Bildern auf der Ebene II auf die Figuren in I schließen. Wir können aber auch diesen Weg einschlagen: Wir bestimmen etwa (vielleicht weil uns diese Darstellung am bequemsten ist) daß die Bilder in der zweiten Ebene sämtlich Kreise sein sollen, was immer die abgebildeten Figuren in der ersten Ebene sein mögen. D.h., verschiedene Figuren |der ersten Ebene| werden durch verschiedene Projektionsmethoden in die zweite abgebildet. Um dann die Kreise in II als Bilder der Figuren in I zu verstehen/deuten/, werde ich zu jedem Kreis die Projektionsmethode angeben müssen; die (bloße) Tatsache aber, daß sich eine Figur in II als ein Kreis in I darstellt, sagt nun |allein noch| nichts über die (Gestalt der) abgebildete(n) Figur (aus). Daß das Bild in II ein Kreis ist, ist ja die festgesetzte Norm der/unserer/ Abbildung. – Dasselbe geschieht nun wenn wir die Wirklichkeit nach der Subjekt-Prädikat-Norm in unsere Sprache abbilden. Das Subjekt-Prädikat Schema dient als Projektion unzähliger verschiedener logischer Formen.

4 „Begriff und Gegenstand" Freges, das ist nichts anderes als Subjekt und Prädikat.

1 eines rötlichen Blau, ⟨etc.⟩ eine elementare Verwandtschaft.
19 Zahlangaben *in* der Mathematik ⟨sind⟩ (z.B. ⟨die …⟩
23 (Nehmen wir an,) es/Es/ wäre unsere Aufgabe ⟨Ellipsen …⟩
29 Wir bestimmen etwa (vielleicht ⟨aus Gründen irgend einer Convenienz⟩) daß
30 daß die Bilder in der ⟨zweiten …⟩
37 |allein noch| *–das Einfügungszeichen ist im MS gewellt unterstrichen*

1 Ich sagte: „Eine Schwierigkeit der Fregeschen Theorie ist die Allgemeinheit der Worte ‚Begriff' und ‚Gegenstand'. Denn, da man 270
Tische, Töne, Schwingungen und Gedanken zählen kann, so ist es schwer, sie alle unter einen Hut zu bringen." – Aber was heißt es: „man *kann* sie zählen"? Doch, daß es *Sinn hat* sie zu zählen [auf sie die Kardinalzahlen anzuwenden]. Wenn wir aber das wissen, *diese* grammatische Regel wissen, was brauchen wir uns da den Kopf über die andern grammatischen Regeln zu zerbrechen, wenn es sich uns nur um eine Rechtfertigung der Anwendung der Kardinalarithmetik handelt? Es ist nicht schwer „sie alle unter einen Hut zu bringen", sondern sie sind, soweit das für diesen Zweck/Fall/ nötig ist, unter einen Hut gebracht.

2 Die Arithmetik aber kümmert sich/kümmert sich aber/ (wie wir alle sehr wohl wissen) überhaupt nicht um diese Anwendung. Ihre Anwendbarkeit sorgt für sich selbst.

3 Daher ist alles ängstliche Suchen nach den Unterschieden der/den Unterschieden zwischen den/den Unterschieden zwischen/ Subjekt-Prädikat-Formen, aber auch die Konstruktion von Funktionen „in extension" (Ramsey), zur Begründung der Arithmetik Zeitverschwendung.

4 Wenn die Dirichlet'sche Auffassung der Funktion einen strengen Sinn hat, so muß sie sich in einer *Definition* ausdrücken, die das Funktionszeichen mit der Tabelle als gleichbedeutend erklärt.

3 Denn, da man Tische, Töne, Schwingungen⟨, …⟩
8 über die andern grammatischen Regeln ⟨den Kopf⟩ zu zerbrechen,
19 den Unterschieden der/den Unterschieden zwischen den/den Unterschieden zwischen/ *–erste und zweite Variante im MS durchstrichen*
24 Wenn die Dirichlet'sche Auffassung *–hier endet der Manuskriptband VIII; die Fortsetzung des Satzes bildet den Anfang von Manuskriptband IX*

Ludwig Wittgenstein

Wiener Ausgabe
Studien Texte

Band 5
Philosophische Grammatik

Herausgegeben von Michael Nedo

Zweitausendeins

INHALTSVERZEICHNIS

CONTENTS

Einleitung

Mit der Publikation des fünften Bandes der WIENER AUSGABE liegt erstmals das in sich geschlossene Korpus von Bemerkungen und Betrachtungen der ersten zehn Manuskriptbände vor, die Wittgenstein mit seiner Rückkehr nach Cambridge am 2. Februar 1929 begonnen hatte.

Im August 1931 bittet er G.E. Moore um die Beurlaubung von seinen Lehrverpflichtungen, zunächst nur für das Michaelmas Term, das Winter Trimester 1931/32, um sich ganz seiner eigenen Arbeit widmen zu können: der Zusammenfassung seiner neuen Gedanken in ein Buch. Er kehrt am 4. Oktober aus Wien nach Cambridge zurück, wo er am 5. Oktober den achten Manuskriptband beginnt. Der letzte Eintrag vom 28. November endet mitten im Satz, der dann unmittelbar im Band *IX. Philosophische Grammatik.* fortgesetzt wird. Über Weihnachten ist Wittgenstein wieder in Wien, wo er sich sechs Mal zu Diktaten mit Waismann trifft. Im März erkundigt er sich bei Schlick, der das Wintersemester in Kalifornien verbringt, ob dieser Waismanns Aufzeichnungen zum Dogmatismus und zur Philosophie der Mathematik erhalten habe. Während der folgenden Osterferien trifft er Waismann zehn Mal zu Diktaten. Am 19. April kehrt Wittgenstein mit dem Beginn des Easter Term nach Cambridge zurück, wo er am 23. Mai den Band IX abschließt. Den Manuskriptband *X. Philosophische Grammatik.* beginnt er am 27. Mai; das letzte Datum ist vom 5. Juni und findet sich auf der Seite 44, der letzte Eintrag zum Korpus der ersten zehn Manuskriptbände steht auf der Seite 60.

Auf der folgenden Versoseite beginnt Wittgenstein einen völlig neuen Text, den er mit 1 beginnend durchgehend bis 228 paginiert und den er nachträglich mit einer Überschrift versieht: *Umarbeitung. Zweite Umarbeitung im großen Format*: eine Umarbeitung des Buchprojektes *Philosophische Bemerkungen,* basierend auf den Manuskriptbänden I bis X.

Mit Bezug auf diesen zweiten Teil hat der zehnte Band auf dem Vorsatzblatt die folgende Anweisung und Widmung, und einen Titel:

> Im Falle meines Todes vor der Fertigstellung oder Veröffentlichung dieses Buches *sollen meine Aufzeichnungen fragmentarisch veröffentlicht werden unter dem Titel:*
> *„Philosophische Bemerkungen"*
> *und mit der Widmung:*
> *„FRANCIS SKINNER zugeeignet"*
> *Er ist, wenn diese Bemerkung nach meinem Tode gelesen wird, von meiner Absicht in Kenntnis zu setzen, an die Adresse: Trinity College Cambridge.*

Introduction

The fifth volume of the WIENER AUSGABE completes for the first time the corpus of remarks and reflections of the first ten MS volumes, which Wittgenstein began on the 2nd of February 1929, after his return to Cambridge.

In August 1931 he asked G.E. Moore for leave of absence from his teaching commitments, initially just for the Michaelmas term, to dedicate himself wholly to his own work: the gathering together of his recent ideas into a book. He returned from Vienna on the 4th of October to Cambridge, where he began work the next day on MS volume VIII. The last entry on the 28th of November breaks off in the middle of a sentence, and is continued in volume 'IX. Philosophical Grammar.' Wittgenstein again spent Christmas in Vienna, where he met Waismann six times for dictation. In March he asked Schlick, who was in California for the winter semester, whether he had received Waismann's notes on Dogmatism and the Philosophy of Mathematics. During the Easter holidays he met Waismann ten times for dictation. On the 19th of April Wittgenstein returned for the start of the Easter term to Cambridge, where he finished volume IX on the 23rd of May. He began volume 'X. Philosophical Grammar.' on the 27th; the last date-entry, for the 5th of June, is found on page 44 and the last entry in the whole corpus of the first ten MS volumes on page 60.

On the following verso Wittgenstein began an entirely new text, which he paginated from 1 to 228, and to which he subsequently added the heading: 'Rewriting. Second Rewriting in Large Format': a revision of the book-project 'Philosophical Remarks', based on MS volumes I to X.

It is in reference to this second part that the tenth volume bears on its front flyleaf the following instruction and dedication, and a title:

> In the event of my death before the completion or publication of this book *my notes should be published in fragmentary form under the title:*
> *'Philosophical Remarks'*
> *and with the dedication:*
> *'To FRANCIS SKINNER'*
> *If this note is read after my death, he is to be informed of my intention at the address: Trinity College Cambridge.*

Im Falle meines Todes vor der Fertigstellung oder Veröffentlichung dieses Buches kuppon ovruo Zfuavrxsufutou uiztoongzirkto evi. ünnuongprxsg doiwou fugoi wro Grgop:

"Lsrpuutuubsrkesv Yoovigfutou"

fuw org woi Drwofut:

"UIZNXRH HQRNNVI aftoortuog"

* Vi rkg, doun wroto Yoovigfut uzxs ovruvo Guwo topobou driw, emu ovruoi Zybrxsg ru Courugurk af vozaru, zu wro Zwiotto*: Girurgb Xuppoto Xzoyirwto.

9. 3. 14

Die Manuskriptbände I bis X und das Buchprojekt „Philosophische Bemerkungen“

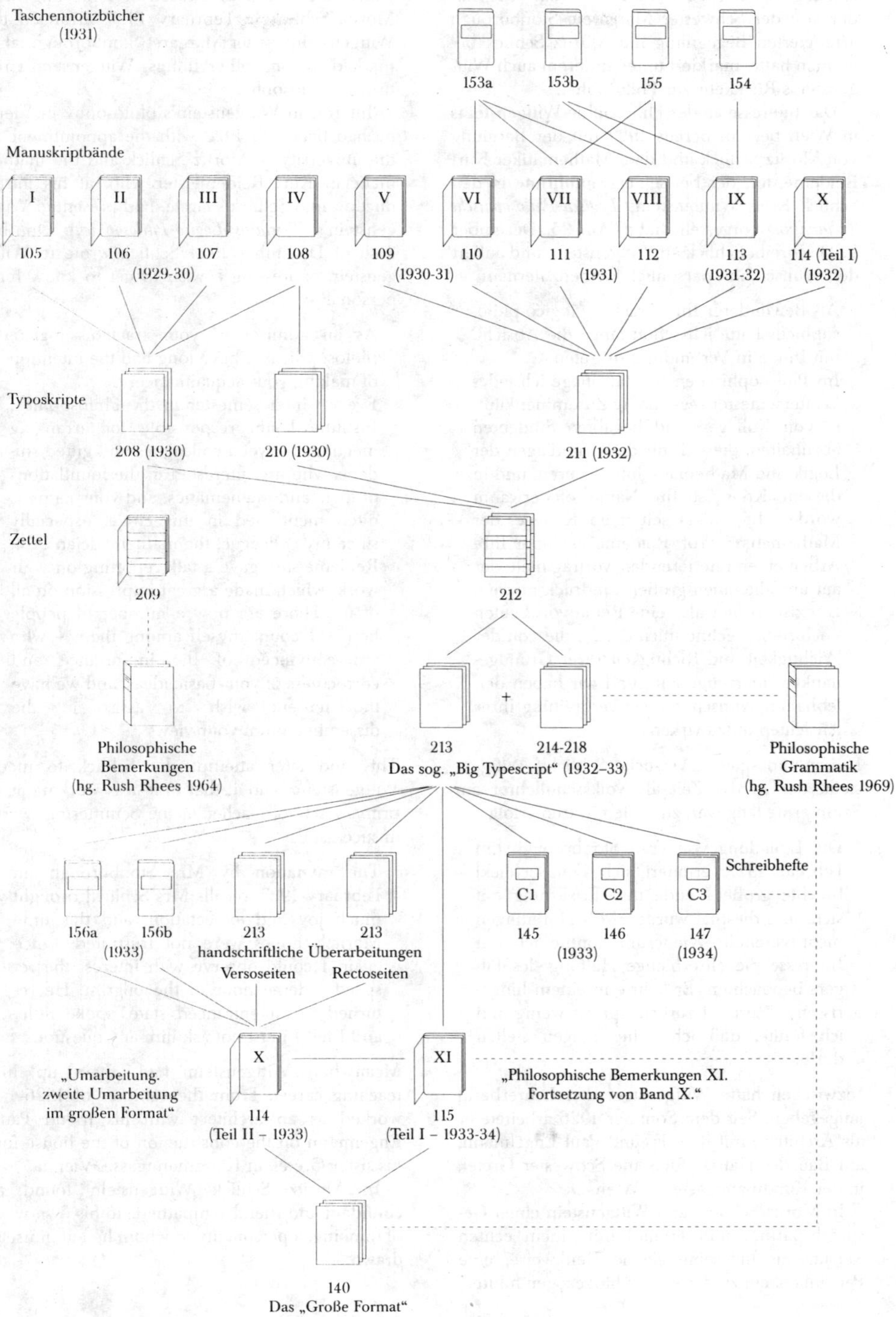

Mit dem Abschluß des zehnten Bandes geht auch Wittgensteins Zusammenarbeit mit dem Wiener Kreis zu Ende. Diese merkwürdige Beziehung Wittgensteins, die im Februar 1927 mit der von der Schwester Margarete Stonborough arrangierten Begegnung mit Moritz Schlick begonnen hatte, markiert unter anderem auch Wittgensteins Rückkehr zur Philosophie.

Das Interesse an der Philosophie Wittgensteins in Wien begann bereits 1922 mit der Berufung von Moritz Schlick und dem Mathematiker Kurt Reidemeister, der bei seiner Einführung in den Schlick Kreis Wittgensteins *Logisch-Philosophische Abhandlung* vorgestellt hatte. Am 25. Dezember 1924 schreibt Schlick an Wittgenstein, und äußert den Wunsch, ihn persönlich kennenzulernen:

> Als Bewunderer Ihres tractatus logico-philosophicus hatte ich schon lange die Absicht, mit Ihnen in Verbindung zu treten. …
> Im Philosophischen Institut pflege ich jedes Wintersemester regelmäßig Zusammenkünfte von Kollegen und begabten Studenten abzuhalten, die sich für die Grundlagen der Logik und Mathematik interessieren, und in diesem Kreis ist Ihr Name oft erwähnt worden, besonders seit mein Kollege, der Mathematiker Prof. Reidemeister über Ihre Arbeit einen referierenden Vortrag hielt, der auf uns alle einen großen Eindruck machte. Es existiert hier also eine Reihe von Leuten – ich selbst rechne mich dazu – die von der Wichtigkeit und Richtigkeit Ihrer Grundgedanken überzeugt sind, und wir haben den lebhaften Wunsch, an der Verbreitung Ihrer Ansichten mitzuwirken …

Dieser und spätere Versuche Schlicks, Wittgenstein, der zu der Zeit als Volksschullehrer am Semmering tätig war, zu treffen, waren erfolglos.

> Die Einladung von Frau Stonborough [im Februar 1927, erinnert sich Frau Schlick] brachte große Freude und Erwartung mit sich, und diesmal wurden M.'s Hoffnungen nicht vereitelt. Wiederum konnte ich mit Interesse die ehrerbietige Haltung des Pilgers beobachten. Er kehrte in einem hingerissenen Zustand zurück, sprach wenig und ich fühlte, daß ich keine Fragen stellen dürfte.

Inzwischen hatte Wittgenstein den Lehrerberuf aufgegeben. Seit dem Sommer 1926 arbeitete er als Architekt, mit dem Freund Paul Engelmann, am Bau des Hauses für seine Schwester Gretel, in der Kundmanngasse, in Wien.

In Moritz Schlick fand Wittgenstein einen Gesprächspartner und Freund mit einem echten Verständnis für seine eigene Denkweise, eine Persönlichkeit, zu der er sich hingezogen fühlte.

With the completion of the tenth volume Wittgenstein's collaboration with the Vienna Circle also came to an end. This peculiar relationship, which had begun as a result of a meeting with Moritz Schlick in February 1927, arranged by Wittgenstein's sister Margaret Stonborough, also marked, among other things, Wittgenstein's return to philosophy.

Interest in Wittgenstein's philosophy in Vienna had begun in 1922 with the appointment at the university of Moritz Schlick and the mathematician Kurt Reidemeister who, at his introduction into Schlick's circle, had presented Wittgenstein's *Tractatus Logico-Philosophicus*. On the 25th of December 1924 Schlick wrote to Wittgenstein expressing a wish to get to know him personally:

> As an admirer of your tractatus logico-philosophicus, I have long had the intention of making your acquaintance. …
> Every winter semester in the Philosophical Institute I am responsible for arranging meetings between colleagues and gifted students who are interested in the foundations of logic and mathematics, and your name is often mentioned in this circle, especially since my colleague, the mathematician Prof. Reidemeister, gave a talk reporting on your work, which made a great impression on all of us. There are now a number of people here – I count myself among them – who are convinced of the importance and correctness of your basic ideas, and we have the fervent wish to assist in the dissemination of your views …

This and later attempts by Schlick to meet Wittgenstein, who at that time was working as a primary school teacher in the Semmering, were unsuccessful.

> The invitation by Mrs Stonborough [in February 1927, recalls Mrs Schlick] brought much joy and expectation, and this time Moritz's hopes were not frustrated. Once again I could observe with interest the respectful demeanour of the pilgrim. He returned in an entranced state, spoke little, and I felt I must not ask him any questions.

Meanwhile Wittgenstein had given up his teaching career. From the summer of 1926 he worked as an architect with his friend Paul Engelmann on the construction of the house for his sister Gretel, in Kundmanngasse, Vienna.

In Moritz Schlick Wittgenstein found a confidant and friend sympathetic to his own way of thinking, a personality to whom he felt himself drawn.

Erst nach mehreren Begegnungen mit Schlick allein ist Wittgenstein schließlich bereit, auch andere Mitglieder des Wiener Kreises zu treffen, wie zum Beispiel Friedrich Waismann, der fast immer anwesend ist, Carnap, Feigl und Marie Kaspar, die spätere Frau Feigl. Von diesen Gesprächen, die jeweils an Montag Abenden stattfanden, im Gegensatz zu denen des Wiener Kreises, der sich jeweils donnerstags traf, gibt es keine Aufzeichnungen. Erst mit der Rückkehr nach Cambridge, im Januar 1929, beginnt Wittgenstein, seine laufenden Arbeiten Schlick, Waismann und damit dem Wiener Kreis auch durch Diktate zu vermitteln. Daß dies am Ende wohl doch keine geeignete Methode zur Verbreitung seiner Gedanken war, auch keine Vorbereitung zu ihrer Veröffentlichung, wie er dies auf Anraten von Schlick mit Waismann geplant hatte, wird Wittgenstein sehr bald immer deutlicher. Zum Eklat kommt es schließlich im Frühjahr 1932 durch eine Veröffentlichung Carnaps über den „Physikalismus". Wittgenstein findet in diesem Aufsatz seine eigenen Ideen wieder, ohne daß sein Name dabei von Carnap als Quelle genannt wird.

Am 20. August schreibt Wittgenstein „mit dem größten Widerwillen" an Carnap:

> Beim Durchblättern der Schrift fielen mir mehrere Stellen ins Auge, die mir durch ihren Inhalt, wie auch durch gewisse Worte und Redewendungen offenbar dem Gedankenmaterial entnommen zu sein schienen, welches ich, teils in der „Abhandlung" veröffentlicht, teils im Laufe der letzten drei bis vier Jahre durch mündliche Mitteilung an Schlick und Waismann diesen beiden Herren und dadurch Anderen zur Verfügung gestellt habe. Genaueres Durchlesen bestätigte diesen Eindruck und zeigte, daß mein Name an keiner Stelle Ihrer Schrift erwähnt war. Dies war umso auffallender, als Sie anderseits mit geflissentlicher Gewissenhaftigkeit an mehreren Stellen auf Ihre eigenen und auf Herrn Neuraths Schriften hinweisen, so daß der Leser durch die Unterlassung der Nennung Ihrer Hauptquelle irregeführt werden muß. Es schien mir klar, daß hier die bewußte Absicht vorlag, mich nicht zu nennen; und die Provenienz der Gedanken zu verhüllen. –

Am 21. August schickt Wittgenstein diesen Brief an Schlick, den er schon zuvor in der Angelegenheit um Vermittlung gebeten hatte. Er bittet ihn, das Schreiben Carnap zu übermitteln, da er von ihm keine Adresse hat, und er erläutert und präzisiert für Schlick noch einmal seinen Vorwurf gegen Carnap in den folgenden fünf Punkten:

Only after several meetings alone with Schlick was Wittgenstein ready to meet other members of the Vienna Circle, such as Friedrich Waismann, who was almost always present, Carnap, Feigl and Marie Kaspar, the future Mrs Feigl. They met regularly on Monday evenings (the Vienna Circle itself met on Thursdays), but no notes of their conversations survive. Only with his return to Cambridge in January 1929 did Wittgenstein begin to verbally communicate his current work to Schlick and Waismann and through them the Vienna Circle, also by means of dictations. However, it became more and more clear to him that probably in the end this was neither a proper method for the dissemination of his ideas, nor a suitable preparation for their publication, as he had planned with Waismann on Schlick's advice. The rude awakening came in the spring of 1932, when Carnap published a paper on 'Physicalism'. In this article Wittgenstein recognised his own ideas, without being cited by Carnap as the source.

On the 20th of August he wrote to Carnap 'with the greatest reluctance':

> As I leafed through the article several passages caught my eye, which, by their content, or by the use of certain words or expressions, appeared to have been clearly taken from material which I had partly published in the 'Tractatus', and partly made available by oral means to Schlick and Waismann, and through them to others, in the course of the last three or four years. A more careful reading confirmed this impression, and showed that my name was nowhere mentioned in your article. This was all the more striking, since you refer in several places to your own and Mr Neurath's writings with deliberate conscientiousness, so that the reader is bound to be misled by your failure to name your main source. It appeared clear to me that there was a deliberate intention here not to name me, and to conceal the provenance of these ideas. –

On the 21st of August Wittgenstein sent this letter to Schlick, whom he had previously asked to act as an intermediary in the matter. He asked him to pass on the letter to Carnap, since he didn't have his address, and he explained and set out for Schlick once more his reproach against Carnap, in the following five points:

1. Carnap sagt, er halte, wie Sie und ich, die Verweisung auf andere Autoren für nicht sehr wichtig. Aber Sie sind doch darin sehr gewissenhaft, und ich habe im Vorwort zur „Abhandlung" geschrieben, ich werde keine Quellen angeben. Aber auch Carnap ist gewissenhaft, wo es sich um Zitate in seinen eigenen Werken handelt, und nur seine Hauptquelle hat er verschwiegen.

2. Daß ich mich nicht mit der Frage des „Physikalismus" befaßt hätte, ist unwahr (nur nicht unter diesem – scheußlichen – Namen) und in der Kürze, in der die ganze „Abhandlung" geschrieben ist.

3. Ich glaube nicht, daß Carnap sich nicht mehr an das Gespräch mit Waismann erinnert, worin dieser ihm meine Auffassung der hinweisenden Definitionen mitgeteilt hat.

4. Seine Auffassung der Hypothesen hat Carnap von mir (und dies habe ich wieder durch Waismann erfahren) und weder Poincaré noch Reichenbach konnten diese Auffassung haben, da sie nicht meine Auffassung der Sätze und der Grammatik hatten. Sie selbst aber haben mich in einem Aufsatz, den mir Waismann zeigte, in dieser Sache als Ihre Quelle genannt.

5. Daß Carnap, wenn er für die formale und gegen die „inhaltliche Redeweise" ist, keinen Schritt über mich hinaustut, wissen Sie wohl selbst; und ich kann mir nicht denken, daß Carnap die letzten Sätze der „Abhandlung" – und also den Grundgedanken des ganzen Buches – so ganz und gar mißverstanden haben sollte. Und ich muß Ihnen doch wohl nicht sagen, daß sich meine Kritik der Metaphysik auch auf die Metaphysik unserer Physiker und nicht nur auf die der Berufsphilosophen bezieht!
Am widerlichsten ist es mir, wenn Carnap von meiner „unhistorischen Einstellung" schreibt, und, daß es nicht sehr wichtig sei, wenn er sich seiner Abhängigkeit von mir „und Andern" vielleicht nicht ganz bewußt sei. Man müßte viel gedankenreicher sein als er, um das schreiben zu dürfen.

Anfänglich hatte Wittgenstein auch noch die Sorge: „als Plagiator oder doch Kompilator fremder Gedanken zu erscheinen, wenn ich einmal mit den angesammelten Arbeiten der letzten vier Jahre an die Öffentlichkeit treten würde." Diese Bedenken verlieren sich aber sehr bald, und im August schreibt er an Schlick, daß es ihm hier um eine „persönliche Angelegenheit" gehe, nicht weil es ihm um seine Priorität bange sei:

1. Carnap says that, like you and I, he considers that references to other authors are not very important. However, *you* are very meticulous about them, and I have stated in the foreword to the 'Tractatus', that I will not cite any sources. But Carnap himself is meticulous when it comes to citations of his own works, and it is only his main source that he has concealed.

2. That I hadn't concerned myself with the question of 'Physicalism' is untrue (only not under this – dreadful – name) and I have dealt with it in the brevity in which the whole 'Tractatus' is written.

3. I don't believe that Carnap doesn't recall his conversation with Waismann, when Waismann explained to him my conception of ostensive definitions.

4. Carnap had his concept of hypotheses from me (as again I learnt from Waismann) and neither Poincaré nor Reichenbach could have had this concept, since they did not have my understanding of sentences and grammar. However, in an article which Waismann showed me, *you yourself* have named me as your source on this subject.

5. You are well aware yourself that Carnap, if he is in favour of the model of language based on form rather than content, does not outdo me by one iota; and I cannot imagine that he should have misunderstood so utterly the last sentences of the 'Tractatus' (and thus the basis for the whole book). I probably don't have to tell you that my critique of Metaphysics relates to the metaphysics of our physicists and not only to that of the professional philosophers! What I find particularly distasteful is when Carnap writes about my 'unhistorical approach', and *that it really does not matter* if he is perhaps not wholly aware of his dependence on myself 'and others'. One would have to be *far* richer in ideas than he, to be allowed to write something like that.

Initially Wittgenstein had another concern: 'I might appear as a plagiarist or compiler of other people's thoughts if I were to publish at some time in the future my collected works of the last four years'. These concerns, however, very soon evaporated, and in August he wrote to Schlick, saying that it was a '*personal* matter', and not because he was worried about the originality of his ideas:

> … ja ich glaube, wenn mein Buch einmal erscheinen wird, wird die Autorschaft der Gedanken den Menschen, die es verstehen, nicht zweifelhaft sein. Und die Anerkennung in akademischen Kreisen strebe ich, wie Sie wissen, nicht an. – …
>
> Denn im Grunde des Herzens ist mir, was die heutigen Berufsphilosophen über mich denken, gleichgültig; denn ich schreibe nicht für sie. –

Es gab aber noch andere Gründe, besonders einen, weit wichtigeren, für die Auflösung von Wittgensteins Beziehung zum Wiener Kreis – nicht jedoch der Beziehung zu Moritz Schlick, die bis zur Ermordung Schlicks im Juni 1936 fortdauerte –: Wittgenstein hatte sich inzwischen vom Gedankengut des Wiener Kreises befreit, über das er 1927 wieder in die Philosophie zurückgekehrt war; ganz ähnlich, wie er sich 1918, wie er im Vorwort zur „Abhandlung" schrieb, vom Gedankengut Russells befreit hatte:

> Ich bin also der Meinung, die Probleme im Wesentlichen endgültig gelöst zu haben. Und wenn ich mich hierin nicht irre, so besteht nun der Wert dieser Arbeit zweitens darin, daß sie zeigt, wie wenig damit getan ist, daß diese Probleme gelöst sind.

In Cambridge beginnt Wittgenstein im Februar 1929 den *I. Band Philosophische Bemerkungen* in direktem Bezug zu den Diskussionen, die er in Wien mit Schlick und anderen Mitgliedern des Wiener Kreises geführt hatte: mit Fragen zu den Grundlagen der Mathematik und Bemerkungen zur Phänomenologie, der Immanenzphilosophie von Ernst Mach. Seinen Besuch in Cambridge hatte Wittgenstein eigentlich nur als kurzen Urlaub geplant, nach der anstrengenden Arbeit als Architekt, beim Bau des Hauses für seine Schwester. Schon am 18. Februar schreibt er an Schlick, daß er sich doch entschlossen habe, zunächst in Cambridge zu bleiben, um „den Gesichtsraum und andere Dinge zu bearbeiten".

Die ersten Bemerkungen im ersten Manuskriptband vom 2. Februar 1929, die ersten „Bilder" der „Landschaftsskizzen" der folgenden Manuskriptbände – mit denen Wittgenstein seine Bemerkungen im Vorwort zu den *Philosophischen Untersuchungen* vergleicht –, beziehen sich auf die Bilder wie sie Mach in der „Analyse der Empfindungen" vom Gesichtsraum zeichnet (Wiener Ausgabe Band 1, Seite 4, erste Bemerkung):

> Ist ein Raum denkbar der nur alle rationalen aber nicht die irrationalen Punkte enthält?
>
> Und das heißt nur: Sind die irrationalen Zahlen nicht in den rationalen bereits präjudiciert?

> … yes, I do believe, that if my book ever appears, the authorship of its ideas will not be doubted by those who understand it. And I am not seeking recognition in academic circles, as you know. – …
>
> For in my heart of hearts I do not care what the professional philosophers of today think about me, since I do not write for them. –

There were, however, other reasons for his dissociation from the Vienna Circle – not the relationship with Moritz Schlick, which endured, until Schlick's murder in June 1936 – and by far the most important was the fact that Wittgenstein had meanwhile freed himself from the thoughts of the Vienna Circle, which had led to his return to philosophy in 1927; just as in 1918, he wrote in the foreword to the 'Tractatus', that he had freed himself from Russell's thoughts:

> I am thus of the opinion, that in essence I have finally solved the problems. And if I am not mistaken, then the value of this work also consists in this, that it shows how little is achieved by solving them.

In Cambridge in February 1929 Wittgenstein began Volume 'I. Philosophical Remarks', in direct reference to discussions he had had with Schlick, Waismann and other members of the Vienna Circle: with questions on the foundations of mathematics and remarks on phenomenology and the immanence-philosophy of Ernst Mach. Wittgenstein had actually planned his visit to Cambridge only as a short holiday, after his strenuous work as an architect on the building of his sister's house. However, as early as the 18th of February, he wrote to Schlick to say that he had decided to remain in Cambridge for the time being and 'to work on perceptual space and other things'.

The first remarks in MS volume I of the 2nd of February 1929, the first 'pictures' of the 'landscape-sketches' in this series of MS volumes – to which Wittgenstein compares his remarks in the foreword to the 'Philosophical Investigations' – refer to the pictures of perceptual space which Mach draws in his 'Analysis of Perceptions' (Wiener Ausgabe Vol. 1, page 4, remark 1):

> Is a space conceivable which contains only all rational but not irrational points?
>
> And that can only mean: Are the irrational numbers not already presupposed within the rational numbers?

Dieses erste Bild findet sich wieder, wörtlich zitiert am 16. Juli 1931, im Band VII; aber es erscheint in einem geänderten und ergänzenden Kontext, und so in einem gänzlich anderen Licht (WA Band 4, Seite 16, Bemerkung 8 und 9):

> Ist ein Raum denkbar, der nur alle rationalen Punkte, aber nicht die irrationalen enthält? Wäre etwa diese Struktur für unsern Raum zu ungenau/grob/? Weil wir zu den irrationalen Punkten dann (immer) nur näherungsweise gelangen könnten? [Weil wir die irrationalen Punkte dann nur näherungsweise erreichen könnten?] Unser Netz wäre also nicht fein genug? Nein. Die Gesetze gingen uns ab, nicht die Extensionen.
>
> Ist ein Raum denkbar, der nur alle rationalen aber nicht die irrationalen Punkte enthält?
> Und das heißt nur: Sind die irrationalen Zahlen nicht in den rationalen bereits präjudiziert?
> Sowenig wie das Schachspiel im Damespiel.
> Die irrationalen Zahlen füllen keine Lücke aus die die rationalen offen lassen.

Im zehnten Band wird schließlich die Ausgangsposition vom Band I – die der „wissenschaftlichen Weltauffassung“ des Wiener Kreises – explizit verworfen, analog der Drehung der Betrachtungsweise in der Bemerkung 108 der *Philosophischen Untersuchungen*.

WIENER AUSGABE Band 1, S. 4, Bemerkung 6:

> Es scheint viel dafür zu sprechen daß die Abbildung des Gesichtsraumes durch die Physik wirklich die einfachste ist. D.h. Daß die Physik die wahre Phänomenologie wäre.

WIENER AUSGABE Bd. 5, S. 164, Bemerkung 2:

> Irrtümliche Anwendung unserer physikalischen Ausdrucksweise auf Sinnesdaten. „Gegenstände“ d.h. Dinge, Körper im Raum des Zimmers und „Gegenstände“ im Gesichtsfeld, der Schatten eines Körpers an der Wand als Gegenstand! Wenn man gefragt wird: „existiert der Kasten noch, wenn ich ihn nicht anschaue“, so ist die korrekte Antwort: „ich glaube nicht, daß ihn jemand gerade dann wegtragen wird oder zerstören.“ Die Sprachform „ich nehme x wahr“ bezieht sich ursprünglich auf ein Phänomen (als Argument) im physikalischen Raum (ich meine hier: im „Raum“ der alltäglichen Ausdrucksweise). Ich kann diese Form daher nicht unbedenklich auf das Anwenden, was man Sinnesdatum nennt |etwa auf ein optisches Nachbild|. …

This first picture recurs, in the same words, on the 16th of July 1931 in volume VII, but in a changed and augmented context, and thus in a completely different light (WA Vol. 4, page 16, remarks 8 and 9):

> Is a space conceivable, which contains only all rational but not irrational points? Would perhaps this structure be too imprecise /crude/ for our space? Because we could then (always) only come to the irrational points by approximation? [Because we could then only reach the irrational points by approximation?] Would our net thus not be fine enough? No. The laws have abandoned us, not their extensions.
>
> Is a space conceivable, which contains only all rational but not irrational points?
> And that can only mean: Are the irrational numbers not already presupposed within the rational numbers?
> No more than the game of chess is presupposed within the game of draughts.
> Irrational numbers do not fill any gap that the rational numbers leave open.

In the tenth volume the starting point of volume I – the Vienna Circle's 'scientific conception of the world' – is at last explicitly rejected, analogously to the change in perspective in remark 108 of the 'Philosophical Investigations'.

WIENER AUSGABE Vol. 1, page 4, remark 6:

> There seems much to be said for the view that the representation of perceptual space by physics is actually the simplest. That is to say that physics would be the true phenomenology.

WIENER AUSGABE Vol. 5, page 164, remark 2:

> Erroneous use of our physical terminology for sensory data. 'Objects', that is things, bodies in the space of a room and 'Objects' in the field of perception, the shadow of a body on the wall as an object! If one is asked: 'does the box still exist, when I am not looking at it?' the correct answer is: 'I don't believe that someone will take it away just then or destroy it'. The statement 'I take x to be true' refers originally to a phenomenon (as argument) in physical space (by 'space' here I mean the everyday expression). Hence I cannot, without considering it carefully, apply this form for what is called sensory data, |for example, an optical afterimage|. …

Die Zitate und Bezüge zu den früheren Manuskriptbänden erscheinen in den späteren Bänden auf vielfältige Weise, und gegen Ende der Reihe der ersten zehn Bände auch immer häufiger. Dabei gibt es, wie die vorangehenden Beispiele zeigen, sowohl wörtliche als auch implizite Zitate sowie Zwischenformen. Manchmal sind die Zitate als solche ausgezeichnet, zumeist jedoch nicht, wie übrigens auch viele Zitate in Wittgensteins Werk aus anderen Quellen. Bei den oft wörtlichen Zitaten aus den eigenen Manuskripten sind diese, besonders die kürzeren von nur einem oder wenigen Sätzen, manchmal durch lange Bindestriche vom neuen Kontext abgesetzt, manchmal erscheinen sie auch in runden Klammern und manchmal in unsymmetrischen, deutschen Anführungszeichen: „ “; längere Zitate von einzelnen oder mehreren Bemerkungen setzt Wittgenstein zuweilen in symmetrische, französische Anführungszeichen: » «.

Die auffallendste und unmittelbarste Form des Zitats in Wittgensteins Manuskripten sind eingeklebte Zettel aus den maschinenschriftlichen Synopsen der Manuskriptbände, wie zum Beispiel das Zitat in dem folgenden Faksimile aus dem Manuskriptband X. Der Zettel entstammt der Synopse der ersten vier Manuskriptbände, TS 208; die drei Bemerkungen auf dem Zettel kommen aus dem dritten Manuskriptband, von den Seiten 228 und 229, die Wittgenstein am 4. Dezember 1929 schrieb.

In der folgenden Gegenüberstellung der Faksimileseite aus dem zehnten Manuskriptband mit den edierten Seiten 228 und 229 aus dem dritten Manuskriptband (der Seite 131 aus Band 2 der Wiener Ausgabe) zeigen sich auch wesentliche Eigenarten von Wittgensteins Arbeitsweise:

Wittgenstein markiert zunächst die Bemerkungen in den Manuskriptbänden für die Zusammenfassung in die Synopsen. Beim Diktat übernimmt er dann, mit wenigen Ausnahmen, nur die mit einem normalen Schrägstrich markierten, wobei er in der Synopse der ersten vier Bände auch noch die Reihenfolge gegenüber den Manuskripten ändert. Aus den Durchschlägen der Synopse TS 208 fertigt Wittgenstein die heute unter dem Titel „Philosophische Bemerkungen“ veröffentlichte Zusammenfassung seiner Arbeit des ersten Jahres in Cambridge, das Typoskript 209 an, mit dem er sich im Frühjahr 1930 beim Trinity College um ein Stipendium bewirbt. Später verwendet er, wie aus dem abgebildeten Faksimile ersichtlich, auch das Original der Synopse, die folglich nur noch als Fragment erhalten ist. Das Schreibbuch TS 209 aus Zetteln der Synopse 208, ergänzt durch handschriftliche Bemerkungen, zeigt aber, daß Wittgenstein gelegentlich auch andere, anders oder nicht markierte Bemerkungen übernommen hat.

The quotations and references to earlier MS volumes appear in later volumes in various forms, and towards the end of the first series of ten MS volumes they become more and more frequent. Such quotations, as the preceding examples show, may be verbatim, implicit or intermediate forms. Sometimes the quotations are identified as such, but mostly they are not, like the many quotations in Wittgenstein's work from other sources. In the case of the often verbatim quotations from his own manuscripts, especially the shorter ones of only one or two sentences, these are sometimes set off from their new context by long dashes, or round brackets, and sometimes by asymmetrical German quotation marks: „ “; longer quotations of one or more remarks he occasionally put within symmetrical French-style quotation marks: » «.

The most striking and direct form of quotation in Wittgenstein's manuscripts are the glued-in cuttings from typescript synopses of the MS volumes, for example, the quotation in the following facsimile from MS volume X. This cutting was taken from the synopsis of the first four MS volumes, TS 208; its three remarks came originally from the third MS volume, pages 228 and 229, which Wittgenstein wrote on the 4th of December 1929.

The following comparison of a facsimile page from the tenth MS volume with the edited pages 228 and 229 from the third volume (page 131 from Volume 2 of the Wiener Ausgabe) demonstrates some essential characteristics of his mode of working.

Wittgenstein initially marked remarks in the MS volumes with margin-signs for their compilation into synopses. During dictation he then took over, with few exceptions, only those remarks bearing a slash, at the same time changing the sequence in the synopsis of the first four volumes from what it was in the MSS. From the carbon copies of synopsis TS 208 he prepared what is published today under the title *Philosophical Remarks,* a collection of his work of the first year in Cambridge, that is TS 209, with which he applied to Trinity College for a grant in spring 1930. Later he also used, as can be seen from the facsimile, the original of the synopsis, which consequently only survives in fragmentary form. The writing book TS 209, composed of cuttings from synopsis 208 augmented by handwritten remarks, also shows, however, that Wittgenstein occasionally took over other remarks bearing either different marks or none at all.

„ergeben wird, oder vielmehr Grund anzunehmen, daß die Regelmäßigkeit nicht lange mehr andauern wird? Hat er also Grund das Spiel aufzugeben, da es sich gezeigt hat, daß er nur Einser werfen kann; oder weiterzuspielen, da es jetzt nur um so wahrscheinlicher ist, daß er beim nächsten Wurf eine höhere Zahl werfen wird? – In Wirklichkeit wird er sich weigern, die Regelmäßigkeit als ein Naturgesetz anzuerkennen; zumindesten wird sie lang andauern müssen, ehe er diese Auffassung in Betracht zieht. Aber warum? – Ich glaube, weil so viel frühere Erfahrung seines Lebens gegen ein solches Gesetz spricht, die alle – sozusagen – erst überwunden werden muß, ehe wir eine ganz neue Betrachtungsweise annehmen.

Wenn wir aus der relativen Häufigkeit eines Ereignisses auf seine relative Häufigkeit in der Zukunft Schlüsse ziehen, so können wir das natürlich nur nach der bisher tatsächlich beobachteten Häufigkeit tun. Und nicht nach einer, die wir aus der beobachteten durch irgend einen Prozess der Wahrscheinlichkeitsrechnung erhalten haben. Denn die berechnete Wahrscheinlichkeit stimmt m i t j e d e r b e l i e b i g e n tatsächlich beobachteten Häufigkeit überein, da sie die Zeit offen lässt.

Wenn sich der Spieler, oder die Versicherungsgesellschaft, nach der Wahrscheinlichkeit richten, so richten sie sich nicht nach der Wahrscheinlichkeitsrechnung, denn nach dieser allein kann man sich nicht richten, da, w a s i m m e r geschieht, mit ihr in Uebereinstimmung zu bringen ist; sondern die Versicherungsgesellschaft richtet sich nach einer tatsächlich beobachteten Häufigkeit. Und zwar ist das natürlich eine absolute Häufigkeit.

Was zum Wesen der Welt gehört, kann die Sprache nicht ausdrücken.
Daher kann sie nicht s a g e n , dass alles fliesst. Nur was wir uns auch anders vorstellen könnten, kann die Sprache sagen.

Daß alles fließt, muß im Wesen der Anwendung der Sprache auf die Wirklichkeit liegen. [Daß alles fließt, muß im Wesen der Berührung der Sprache mit der Wirklichkeit liegen.] Oder besser: daß alles

1 Widerspricht folgende Tatsache nicht meiner Auffassung |von| der Wahrscheinlichkeit: Es ist offenbar denkbar daß jemand der täglich würfelt – sagen wir – eine Woche lang nur Einser wirft und zwar nicht darum weil die Würfel schlecht sind sondern einfach weil sich die Bewegungen seiner Hand, die Lage des Würfels im Becher, die Reibung an der Tischfläche so zusammenfinden daß sich immer dieses Resultat ergibt. Der Mann hat den Würfel untersucht, auch gefunden daß er wenn ihn andere werfen die normalen Ergebnisse liefert. Hat dieser Mann/er/ nun Grund zu denken, daß hier ein Naturgesetz waltet das ihn immer Einser werfen läßt, hat er Grund zu glauben daß das nun wohl so weiter gehen wird oder hat er Grund anzunehmen daß diese Regelmäßigkeit nicht lange mehr dauern kann? D.h.: hat er Grund das Spiel aufzugeben da es sich gezeigt hat daß er nur Einser werfen kann oder weiterzuspielen da es nur umso wahrscheinlicher ist daß er jetzt 228
eine höhere Zahl werfen wird? In Wirklichkeit wird dieser Mann sich weigern es als ein Naturgesetz anzuerkennen daß er nur Einser werfen kann. Zum mindesten wird es lange andauern müssen, ehe er diese Möglichkeit in Betracht zieht. Aber warum? Ich glaube, weil soviel frühere Erfahrung im Leben gegen ein solches Naturgesetz spricht die alle – sozusagen – erst überwunden werden muß ehe wir eine ganz neue Betrachtungsweise acceptieren/annehmen/.

4.

2 ∗ Die Wahrscheinlichkeitsrechnung sagt daß *alles einmal* vorkommen wird und das sagt gar nichts.

3 / Wenn wir aus der relativen Häufigkeit eines Ereignisses auf seine relative in der Zukunft Schlüsse ziehen, so können wir das natürlich nur nach der bisher tatsächlich beobachteten Häufigkeit tun. Und nicht nach einer, die wir aus der beobachteten durch irgend einen Prozess der Wahrscheinlichkeitsrechnung erhalten haben. Denn die berechnete Wahrscheinlichkeit stimmt mit *jeder beliebigen* tatsächlich beobachteten Häufigkeit überein da sie die Zeit offen läßt.

4 / Wenn sich der Spieler oder die Versicherungsgesellschaft nach der 229
Wahrscheinlichkeit richten so richten sie sich nicht nach der Wahrscheinlichkeitsrechnung, denn nach dieser |allein| kann man sich nicht richten, da, *was immer* geschieht, mit ihr in Übereinstimmung zu bringen ist; sondern die Versicherungsgesellschaft richtet sich nach einer tatsächlich beobachteten Häufigkeit. Und zwar ist das natürlich eine absolute Häufigkeit.

6 die Reibung an der Tischfläche so zusammenfinden daß sich ⟨di…⟩
8 auch gefunden daß er wenn ihn andere werfen ⟨in normaler Weise Re…⟩
14 daß er nur Einser werfen kann oder weiterzuspielen da es ⟨etwa …⟩
21 acceptieren/annehmen/. *–die zweite Variante ist im MS mit einem Fragezeichen markiert*
35 die Versicherungsgesellschaft nach der ⟨Wahrscheinlichkeitsrechnung …⟩
41 Und zwar ist das natürlich ⟨|auch|⟩ eine absolute Häufigkeit.

Die erste Bemerkung auf der vorangehenden Seite 131 aus dem Band 2 der Wiener Ausgabe ist zum Beispiel mit keinem Randzeichen markiert; obwohl die entsprechende Seite in der Synopse TS 208 nicht mehr erhalten ist, ist doch sicher, daß Wittgenstein die Bemerkung übernommen hat, da sie im TS 209 erscheint: die Bemerkung 234 in den von Rhees 1964 herausgegebenen „Philosophischen Bemerkungen".

Beim Schreiben vom Manuskriptband X hatte Wittgenstein sicher die Synopse TS 208 zur Hand, möglicherweise aber nicht die früheren Manuskriptbände. Die fehlende, zustimmende Markierung der Bemerkung im Manuskript deutet darauf hin, daß Wittgenstein wohl schon damals mit ihrer Formulierung nicht zufrieden war, und vermutlich hat er sie aus dem gleichen Grund im zehnten Band umformuliert, ohne aber dabei wesentlich ihren Inhalt zu verändern.

Ganz anders verhält es sich dagegen mit der Bemerkung, die jenen auf dem eingeklebten Typoskriptzettel folgt: Sie hat im Band III das zustimmende Randzeichen und sie wurde, obwohl dort nicht mehr erhalten, in die Synopse TS 208 übernommen, denn sie erscheint genauso im TS 209, aber an anderer Stelle und in einem gänzlich anderen Kontext: als Bemerkung 54, 2 in den „Philosophischen Bemerkungen". Im Manuskriptband *X. Philosophische Grammatik.* erscheint die Bemerkung handschriftlich, als Absatz der vorangehenden, auf dem eingeklebten Typoskriptzettel folgend. Hier zeigen sich zwei weitere Aspekte zu den internen Bezügen zwischen den Bemerkungen in Wittgensteins Werk:

Änderungen in der Struktur der Bemerkungen, indem Wittgenstein einzelne Bemerkungen zu Absätzen in größeren Bemerkungen zusammenfaßt oder umgekehrt. Wesentlich ist, daß sich dabei der Kontext der einzelnen „Bilder" ändert und damit auch die ganze „Landschaftsskizze".

Neben dieser Änderung des Kontext übernimmt Wittgenstein oft nur Teile von Bemerkungen. Etwa ist, wie in dem vorangehenden Beispiel, der Anfang der Bemerkung ein Zitat, ohne die oben erwähnten Auszeichnungen, wie z.B. Gedankenstriche, Klammerungen oder Anführungszeichen; in der geänderten Fortsetzung erhält es aber einen gänzlich anderen Klang.

So manifestiert sich eine beständige Drehung der Betrachtungsweise, die Wittgensteins Werk eigen ist; das ist die Ursache für die vielen Wiederholungen die keineswegs, wie so oft mißverstanden, redundant sind:

> ... for we do not know the country except by knowing the connections between the roads. So I suggest repetition as a means of surveying the connections.

The first remark on the preceding page, page 131 from Volume 2 of the Wiener Ausgabe, for example, is not marked with a margin-sign; although the corresponding page in synopsis TS 208 is no longer extant, it is nevertheless certain that Wittgenstein took over the remark, since it appears in TS 209: as remark 234 in the *Philosophical Remarks* published by Rush Rhees in 1964.

When Wittgenstein wrote MS volume X he certainly had TS 208 to hand, but possibly not the earlier MS volumes. The missing margin-sign of approval for the remark in the manuscript indicates that Wittgenstein even at that time was probably not satisfied with its wording, and perhaps for the same reason reformulated it in the tenth volume, without, however, essentially altering its content.

A quite different case is that of the remark which follows those on the glued-in cutting: in volume III it has the margin-sign of approval, and although no longer extant, it was taken over into synopsis TS 208, since it appears in TS 209, but in a different place and in a completely different context: as remark 54, 2 in the *Philosophical Remarks.* In MS volume 'X. Philosophical Grammar' the remark appears in handwritten form, as a paragraph of the preceding remark on the glued-in cutting. Here two further aspects of the internal connections between remarks in Wittgenstein's work become apparent:

He changes the structure of his remarks, by grouping together separate remarks so that they become paragraphs within larger remarks, or vice versa. The essence of this is that thereby the context of the individual 'pictures' changes and with it the whole appearance of the 'sketch of the landscape'.

As well as changing the context, Wittgenstein often took over only parts of remarks. As in the preceding example, the beginning of the remark is a quotation, not set off in any of the ways mentioned above, for example by dashes, brackets or quotation marks; in the altered continuation it has a completely different ring.

This shows a continuously changing perspective, which is characteristic of Wittgenstein's work; this is the reason for the many repetitions which are not at all, as they are so often misconstrued, redundant:

> ... for we do not know the country except by knowing the connections between the roads. So I suggest repetition as a means of surveying the connections.

Die folgende Liste vermittelt einen Einblick in die internen Bezüge im Korpus der *Philosophischen Bemerkungen*: Es ist eine Auflistung von Textstellen im Band 5 der WIENER AUSGABE, in denen sich Wittgenstein explizit auf frühere Manuskriptbände bezieht. In der ersten Spalte werden Seite, Bemerkung und Absatz der Texte aus Band 5 aufgelistet, die sich auf die Bände 1 und 2 der WIENER AUSGABE beziehen, die in der zweiten Spalte aufgelistet werden: der Bandnummer gefolgt von der Seite, der Bemerkung und dem Absatz. Die ebenfalls aufgeführten Randzeichen jener Bemerkungen vermitteln einen Eindruck der Funktion dieser Randzeichen im Übergang zwischen den Manuskripten.

In der dritten Spalte wird das Vorkommen jener Texte in den von Rhees herausgegebenen „Philosophischen Bemerkungen“ wiedergegeben, die Edition der Synopse TS 209. Die Struktur der Auflistung folgt der Blackwell/Suhrkamp Edition von 1964, der Seite, der von Rhees eingeführten Zählung von Sektionen, den Bemerkungen, gezählt innerhalb der Sektionen und der Absätze.

In der Gegenüberstellung dieser Texte offenbart sich in eindrucksvoller Weise, wie sich das Bild der „Landschaft“, ihrer Orte und Gegenstände im Verlauf der „Wanderung“ ändert. In den Registerbänden der WIENER AUSGABE werden diese Bezüge noch ausführlicher dargestellt, so daß der Leser mit ihrer Hilfe in der Lage ist, seine eigenen Wege durch die von Wittgenstein in seinen Manuskripten gezeichnete „Landschaft“ unserer Sprache, ihrer „Geographie“ der Grammatik, zu gehen.

The following list gives an insight into the internal connections in the corpus of 'Philosophical Remarks': it is a listing of passages in Volume 5 of the WIENER AUSGABE, in which Wittgenstein explicitly refers to the earlier MS volumes. The first column lists the page, remark and paragraph numbers of passages in Volume 5, the second column the corresponding passages in Volumes 1 and 2 of the WIENER AUSGABE, which are cited in the same way, preceded by the volume number. The margin-signs of those remarks are also listed to give an impression of the function of these signs in the transition between the manuscripts.

The third column lists the occurrence of those passages in the *Philosophical Remarks* published by Rush Rhees, the edition of synopsis TS 209. The structure of the list follows the Blackwell/Suhrkamp edition of 1964: page number, Rhees' section number, remark number within the section, and finally the paragraph number.

The comparison of these texts shows impressively how the picture of the 'landscape', its places and objects, change in the course of this 'wandering'. In the register volumes of the WIENER AUSGABE these connections are shown in more detail, so that the reader is enabled with their help to follow his own paths through the landscape of our language, its geography of grammar, which Wittgenstein drew in his manuscripts.

WA Band 5			WA Band 1, 2					Phil. Bem. (hg.1964)			
S.	Bem.	Abs.	Bd.	S.	Bem.	Abs.	R.Z.	S.	Sect.	Bem.	Abs.
59	2		1	75	8		/	124	100	5	
64	3	1	1	75	8		/	124	100	5	
66	2		1	76	5		/				
76	1		1	80	7		/				
76	2	1	1	84	3	1,2	/	143	122	1	1
76	2	2	1	84	4			143	122	1	2
76	2	2	1	84	5		/	143	122	1	2
76	2	2	1	84	6		/	144	122	1	3
76	3		1	84	7		/	144	122	2	
76	4		1	84	8		/				
76	5		1	84	13		/	145	122	5	

WA Band 5			WA Band 1, 2					Phil. Bem. (hg.1964)			
S.	Bem.	Abs.	Bd.	S.	Bem.	Abs.	R.Z.	S.	Sect.	Bem.	Abs.
76	6		1	85	3		/	145	122	7	
76	7	1	1	85	8		/	146	123	2	
76	7	2	1	86	1		/	146	123	4	1
76	7	2	1	86	2		/	146	123	4	2
76	8		1	86	4	1,2	/	146	124	2	
79	1	1	1	90	6		/	167	146	2	
79	1	1	1	90	7		/				
93	2		1	123	6		/	148	126	3	
95	2		1	133	2		/	149	128	1	
96	3	1	1	135	1		/	163	142	8	
96	3	1	1	135	2		/	163	142	9	
96	3	1	1	135	3		/	163	142	10	
96	3	1	1	135	4		/	161	141	4	
96	3	2	1	135	8		/	162	142	1	
96	3	2	1	135	9		/	162	142	2	
96	3	2	1	135	10		/	162	142	3	
97	2	1	1	136	7		/	162	142	5	
103	2		1	138	1		/	164	144	5	
103	2		1	138	2		/	165	144	6	
104	2		1	140	4		/	153	132	1	
104	3		1	141	1		/	168	147	2	2
104	4		1	141	7		/	150	129	4	
104	5		1	141	2		*				
104	6	1	1	145	2		/	157	138	2	2
104	6	1	1	145	3		/	157	138	2	3
104	6	2	1	145	5	1,2	/	158	138	4	1,2
104	7		1	146	1	1,2	/	158	139	1	
105	1	1	1	147	3		/	159	139	4	
105	1	1	1	147	4	1	/	159	139	5	
105	1	2	1	147	4	2	/				
105	1	3	1	147	5		/	160	139	6	
105	1	3	1	148	1		/	165	144	7	
105	2		1	148	5		/	165	144	10	
105	3		1	149	6	1,2	/	212	174	9	
105	3		1	150	1		/	212	174	10	
105	3		1	150	2			212	174	11	

WA Band 5			WA Band 1, 2					Phil. Bem. (hg.1964)			
S.	Bem.	Abs.	Bd.	S.	Bem.	Abs.	R.Z.	S.	Sect.	Bem.	Abs.
105	4		1	155	1		/				
106	1		1	156	1		/	210	173	6	
106	2		1	156	2	1,2	/	211	173	7	
106	3	1	1	156	3		/	211	173	8	
107	1		1	157	4		/	215	176	5	
107	2		1	158	7		/	207	171	2	
107	3		1	159	4		/	207	171	6	
107	3		1	159	5		/	207	171	7	
108	2		1	160	1		/	180	153	2	
108	3		1	161	3		/	200	165	4	
108	4		1	160	6		/	151	130	1	
109	1		1	162	2		/				
111	1		1	162	4		/	170	149	1	
111	2		1	162	5		/	171	149	2	
111	3		1	162	2		/				
111	4		1	165	5		/	172	150	2	
111	5		1	167	5		/	173	150	6	
112	1	1	1	170	7		/	174	150	9	
112	1	1	1	171	1		/	174	150	11	
112	1	2	1	171	3		/	175	150	13	
112	2		1	171	4		/	175	150	14	1
112	2		1	171	5		/	175	150	14	2
112	2		1	171	6		/				
113	1	1	1	172	2		/	180	153	5	1
113	1	2	1	172	3		/	180	153	5	2
113	1	2	1	172	4		/	180	153	6	
113	2		1	172	6		/	176	151	8	1
113	3		1	172	8		/	177	151	9	
113	3		1	172	9		/	177	151	10	
113	4	1	1	173	3		/	177	152	1	
122	1		1	172	8		/	177	151	9	
122	2	1	1	173	1		/	177	151	11	
122	2	2	1	173	2		/				
122	2	3	1	174	1		/	178	152	8	
122	2	3	1	174	6		/	179	152	13	
122	2	3	1	174	7		/	179	152	13	

WA Band 5			WA Band 1, 2					Phil. Bem. (hg.1964)			
S.	Bem.	Abs.	Bd.	S.	Bem.	Abs.	R.Z.	S.	Sect.	Bem.	Abs.
126	3		1	174	3		/	178	152	10	
131	4		1	185	5		/	196	163	12	
132	3		1	185	9		/	196	164	1	
133	1		1	188	5		/	214	176	3	
133	2	1	1	191	1	1,2	/	97	67	4	
133	2	2	1	191	2		/	97	68	1	
133	2	2	1	191	3	1	/	97	68	2	1
136	3		2	3	6		/				
139	2		2	16	1	1,2	/	129	107	2	
145	2		2	23	2		/	224	182	1	
147	3		2	34	6		/	229	186	8	1
147	3		2	34	7			229	186	8	2
147	3		2	34	8		/	229	186	8	3
149	2		2	49	11		/	149	128	4	
149	3		2	53	7		/	235	190	1	1
149	3		2	70	2		/	176	151	4	
149	3		2	53	5		/	234	189	10	1
149	3		2	53	6		/	234	189	10	2
149	3		2	28	3		/				
150	1		2	59	3		/	193	163	3	
150	2		2	60	3		/				
150	4		2	62	5			234	189	8	
155	1		2	84	3	3	/	200	166	1	
155	2		2	84	6		/	200	166	3	
155	2		2	84	7		/	200	166	4	
155	2		2	84	8		/	200	166	4	
156	1		2	84	9		/	200	166	5	
171	1		2	103	3		//				
171	2		2	105	3	1-3	/	131	110	1	
171	3		2	106	6		/	251	204	3	
171	4	3	2	106	7		/	129	108	1	
172	2	1,2	2	112	4		/	116	90	1	1
172	2	2	2	112	5	1,2	/	116	90	1	2
173	1		2	123	5		/	293	235	4	
173	1		2	123	6		/	293	235	5	

WA Band 5			WA Band 1, 2					Phil. Bem. (hg.1964)			
S.	Bem.	Abs.	Bd.	S.	Bem.	Abs.	R.Z.	S.	Sect.	Bem.	Abs.
178	2	1	2	123	5		/	293	235	4	
178	2	2	2	124	1	1,2	/	293	236	1	
179	1	1	2	124	2		/	90	61	1	
179	1	1	2	124	4		/	90	61	2	
179	1	1	2	125	1	1,2	/	91	61	3	
180	1		2	125	4		/	293	236	3	
180	1		2	126	1		/	294	236	4	
180	2	2	2	128	1		/	81	48	2	1
180	2	2	2	128	2	1,2	/	81	48	2	2
181	1		2	128	4		/	282	225	6	
181	2		2	129	1	1,2	/	292	235	1	
181	3	1,2	2	129	2	1,2	/	294	237	1,2	
181	4		2	129	3			294	237	3	
181	5	1,2	2	130	1		/	295	238	1	
182	1		2	130	2		/	204	168	7	
182	2		2	130	3		/	207	171	8	
182	3		2	130	4	1	/	150	129	1,2	1
184	1		2	131	1			291	234	1	
184	2		2	131	3		/	292	234	2	
185	1		2	131	4		/	292	234	3	
185	2	1,2	2	132	1	1,2	/	84	54	1	
185	2	3	2	132	2		/	85	54	2	
185	3		2	132	5	1	/	85	54	4	1
185	3		2	132	6	1	/	85	54	4	2
185	3		2	133	1	1	/	85	54	6	
185	3		2	133	3		/	86	54	7	
187	1		2	134	2		/	86	56	1	
192	1		2	136	2		/	176	151	5	
193	1		2	141	6		/	187	158	4	

Manuskripte

Textgrundlage für den fünften Band der Wiener Ausgabe ist der Manuskriptband IX und der erste Teil vom Manuskriptband X (MS 113 und MS 114) aus dem Wittgenstein-Nachlaß:

Band IX (MS 113) aus der Handschriften- und Inkunabelsammlung der Österreichischen Nationalbibliothek, Wien; Cod. Ser. n. 22.022

Band X (MS 114) aus dem Eigentum der Nachlaßverwalter, in der Wren Library des Trinity College, Cambridge

IX. Philosophische Grammatik.

Der Band IX ist ein Schreibbuch englischen Ursprungs im Format 330 x 225 mm (Einband), der Buchblock mißt 318 x 202 mm. Weinroter Halblederband mit Sprungrücken mit sieben doppelt geprägten Bundlinien, Goldprägung am Rücken unten: W. Heffer & Sons Ltd. Cambridge, darunter, ebenfalls in Goldprägung, die Zahl 3. Die Deckel sind aus fester Pappe, mit weinrotem, geprägtem Gewebe überzogen. Spiegel und Vorsatzblätter sind aus Buntpapier in blauem Grundton mit violettem Dekor in Mischtechnik. Der Schnitt ist rot, dunkelblau, gelb und grau marmoriert.

Das feste Papier (Hartpostpapier) ist hellblau getönt, mit matter Oberfläche, blau liniert (34 Zeilen). Das erste und letzte Blatt sind außen mit unliniertem Papier der selben Qualität überklebt und so verstärkt. Alle Blätter mit Wasserzeichen: in Majuskeln die Buchstaben EH, darunter TOWGOOD's und darunter halbkreisförmig SPECIAL LEDGER, abwechselnd mit der Britannia in einem gekrönten Medaillon. Der Band hat einen Umfang von 144 Blättern und je ein Vorsatzblatt vorne und hinten. Bindung durch hellbraunen Leinenstreifen verstärkt.

Das Manuskript wurde von Wittgenstein nicht paginiert. Foliierung durch die Bibliothek, ebenfalls nachträgliche Paginierung, Seite 1 ist Folio 1 verso, Seite 287 ist leer. (Frühere Paginierung in fremder Hand, in Bleistift: 280 und 286, auf der jeweiligen Seite rechts oben.)

Wittgenstein beginnt den Band IX auf der Rectoseite von Blatt 1 mit dem Titel:

IX. Philosophische Grammatik.

Der Text ist ausschließlich von Wittgensteins Hand und in deutscher Sprache (mit Ausnahme einiger Passagen in Englisch), geschrieben mit graublauem Tintenbleistift, ab Seite 121 mit dunkelgrauer (Vergilbung) Tinte, ab Seite 121 einige Korrekturen und Ergänzungen in Tintenbleistift. Erste Datierung: 29. [2. 1931]; letzte Datierung 23. [5. 1932].

Manuscripts

The fifth volume of the Wiener Ausgabe is based on MS volume IX and the first part of MS volume X (MS 113 and MS 114) from the Wittgenstein Papers:

Volume IX (MS 113) is in the collection of Manuscripts and Incunabula at the Austrian National Library in Vienna; Cod. Ser. n. 22.022

Volume X (MS 114), in the possession of the Wittgenstein Trustees, is held in the Wren Library of Trinity College, Cambridge

IX. Philosophical Grammar.

Volume IX is a case-bound writing book of English origin, whose cover measures 330 x 225 mm, and the pages 318 x 202 mm. The binding is of wine-red half-leather, with a spring-back embossed with seven bands of double lines, and embossed in gold at the bottom: W. Heffer & Sons Ltd. Cambridge, under which, also embossed in gold, the number 3. The covers are of strong board, covered in a wine-red embossed fabric. The endpapers and flyleaves are of coloured paper in a basic blue decorated in violet with a mixed colouring technique. The fore-edge is marbled in red, dark blue, yellow and grey.

The strong paper (hard bank paper) is light blue with a smooth surface and ruled in blue (34 lines). The first and last pages have been strengthened by being glued on to unlined paper of the same quality. All pages bear the watermark: in capitals the letters EH, and underneath TOWGOOD's, and underneath again arranged into a semicircle the words SPECIAL LEDGER, alternating with a Britannia in the form of a crowned medallion. The volume comprises 144 leaves, with flyleaves front and back. The binding is strengthened by light brown linen strips.

The manuscript was not paginated by Wittgenstein; foliation is by the library, as is the subsequent pagination: page 1 is folio 1 verso, and page 287 is blank. (Earlier pagination in an unidentified hand in pencil: 280 and 286, on the respective pages in the upper right corner.)

Wittgenstein began volume IX on the recto page of the first leaf with the title:

'IX. Philosophical Grammar.'

The text is exclusively by Wittgenstein and in German (with the exception of a few passages in English), written in a grey-blue indelible pencil, but from page 121 in dark-grey (faded) ink, and from the same page some corrections and amendments in indelible pencil. The first date-entry is: 29. [2. 1931]; the last 23. [5. 1932].

X. Philosophische Grammatik.

Der Band X ist ein schweres Schreibbuch englischen Ursprungs im Format: 333 x 217 mm (Einband), der Buchblock mißt 330 x 203 mm, hergestellt vor 1931. Einband in Pergamentimitatpapier auf starker Pappe; Einbanddeckel mit aufgedrucktem Spiegel und 7 angedeuteten Bünden am Rücken in Goldprägung (Sprungrücken). Der Einband ist an den Ecken abgestoßen und weist keine Beschriftung auf; je ein Vorsatzblatt vorn und hinten, Spiegel und Außenseiten der Vorsatzblätter aus marmoriertem Schmuckpapier; die Endblätter sowie die inneren Vorsatzblätter sind mit unliniertem lindgrünen Papier verstärkt, Schnitt mit blau-gelber Kamm-Marmorierung. Schwarzes Händleretikett, aufgeklebt auf dem hinteren Spiegel unten: W. Heffer & Sons Ltd., Stationers and Art Dealers, Sidney Street, Cambridge. Auf dem vorderen Endblatt innen steht der Preis in Bleistift: 9/6

Spiegel und Vorsatz mit dunkelblauen Leinenstreifen verstärkt, die ursprüngliche Klammerbindung ist durch Fadenheftung ersetzt, verstärkt mit weißen Leinenstreifen.

Das gelbgetönte, feste und glatte Papier ist hellgrün liniert (35 Zeilen); die Seiten sind leicht vergilbt. Der Band hat einen Umfang von 286 Seiten, sowie je zwei beschriebene Vorsatzseiten vorn und hinten.

Der Band besteht aus zwei Teilen. Die ersten sechzig Seiten bilden den Teil 1; dieser Teil des Manuskriptbandes wurde von Wittgenstein nicht paginiert. Foliierung des gesamten Bandes, in Bleistift durch die Bibliothek. Der Titel in Wittgensteins Hand auf dem inneren Vorsatzblatt gilt nur für den ersten Teil vom Band X:

X. Philosophische Grammatik.

Dieser erste Teil vom Band X ist eine unmittelbare Fortsetzung vom Band IX, der Text ist in Wittgensteins Hand und in deutscher Sprache. Die Seiten sind bis zum Rand beschrieben. Wittgenstein schreibt den Text des ersten Teils durchgehend in dunkelblauer Tinte, bis auf den eingeklebten Zettel auf der Manuskriptseite 40 (Folio 21), aus dem Typoskript 208; einige Korrekturen und Auszeichnungen nachträglich mit Bleistift. Erste Datierung: 27. 5. 1932; letzte Datierung 5. [6. 1932].

Die Datierung in den Bänden IX und X ist fortlaufend und nahezu täglich. Nur im Manuskriptband IX gibt es zwei Unterbrechungen, die den Weihnachts- und den Osterferien entsprechen: Zwischen dem 3. Dezember 1931 und dem 16. Februar 1932 und noch einmal zwischen dem 10. März und dem 18. April 1932. Zu diesen Zeiten war Wittgenstein jeweils in Wien wo er an der Synopse TS 211 arbeitet und Waismann seine neueren Arbeiten für Schlick diktiert.

X. Philosophical Grammar.

Volume X is a heavy case-bound writing book of English origin whose cover measures 333 x 217 mm, and the pages 330 x 203 mm, manufactured before 1931. The binding is in imitation parchment over strong board; the cover has a frame and bands on the spine embossed in gold (spring-back). The binding is damaged at the corners and bears no inscription; the fixed and free flyleaves front and back are of decorative marbled paper; the end-papers and inner flyleaves are strengthened by unlined lime-green paper; the fore-edge is comb-marbled in blue and yellow. A black bookseller's label has been glued at the bottom of the back fixed flyleaf (over the marbling): W. Heffer & Sons Ltd., Stationers and Art Dealers, Sidney Street, Cambridge. On the back flyleaf is the price in pencil: 9/6 (nine shillings and six pence).

The end-papers are strengthened with dark blue linen strips. The original staple binding has been replaced with stitching, strengthened with white linen strips.

The yellow-coloured, strong and smooth paper is lined in light green (35 lines); the pages have yellowed slightly with age. The volume comprises 286 pages, excluding the endpapers front and back, which also carry writing.

The volume is divided into two parts. The first 60 pages form part one; this part of the MS volume was not paginated by Wittgenstein. Foliation of the whole volume is by the library. The title in Wittgenstein's hand on the inner flyleaf applies only to the first half of volume X:

'X. Philosophical Grammar.'

This first part of MS volume X is a direct continuation of volume IX, the text is in Wittgenstein's hand and in German. The writing carries on right to the edge of the pages. Wittgenstein wrote the text of the first part solely in dark-blue ink, until the glued-in cutting on manuscript page 40 (folio 21) from typescript TS 208; after that some corrections and marks are in pencil. First date entry: 27. 5. 1932; last: 5. [6. 1932].

The dating in volumes IX and X is sequential and almost daily. Only in manuscript IX are there two gaps, corresponding to the Christmas and Easter holidays: between the 3rd of December 1931 and the 16th of February 1932, and again between the 10th of March and the 18th of April 1932. During these times Wittgenstein was in Vienna, where he worked on synopsis TS 211 and dictated to Waismann his recent work for Schlick.

Der zweite und weit größere Teil vom Manuskriptband X steht außerhalb des in sich geschlossenen Korpus der ersten zehn Manuskriptbände, die Wittgenstein vom 2. Februar 1929 bis zum 5. Juni 1932 geschrieben hat. Dieser Teil des Bandes trägt auf der ersten Seite – der Versoseite 61 nach der fortlaufenden Zählung vom ersten Teil durch den Herausgeber – die nachträglich eingefügte Überschrift:

> Umarbeitung. Zweite Umarbeitung im großen Format

Von hier an hat der Band auch eine Paginierung, in Wittgensteins Hand, von 1 bis 228. Der Text ist 1933 entstanden, im Zusammenhang der komplexen Umarbeitungen des Buchprojekts der *Philosophischen Bemerkungen,* dem sogenannten „Big Typescript" TS 213. Die Anweisung mit dem Titel und einer Widmung auf dem Vorsatz des Bandes, die sich nur auf den zweiten Teil bezieht, macht dies deutlich. Siehe hierzu auch den Text und das Faksimile der Anweisung sowie das Stemma zum Korpus der *Philosophischen Bemerkungen* auf den Seiten VII bis IX der Einleitung. Diese Umarbeitung setzt Wittgenstein unmittelbar fort, im sogenannten „Großen Format" MS 140 und im Teil 1 vom Manuskriptband XI, mit dem Titel:

> Philosophische Bemerkungen XI.
> Fortsetzung von Band X.

The second and far larger part of MS volum falls outside the self-contained corpus of the ten manuscript volumes, which Wittgens wrote from the 2nd of February 1929 to the of June 1932. This part of the volume bears its first page – that is verso page 61 accordin the editor's continuous pagination of part 1 – subsequently inserted heading:

> 'Rewriting. Second Rewriting in Large Fo mat'

From here on, the volume is paginated in W genstein's hand, from 1 to 228. The text written in 1933, in connection with the comp reworkings of the book-project of the 'Phil phical Remarks', the so-called 'Big Typesc TS 213. The instruction with the title and d cation on the front fixed flyleaf of the volu which refers only to the second part, makes clear. See also the text and the facsimile of note, as well as the stemma to the corpus of 'Philosophical Remarks' on pages VII to IX this Introduction. This rewriting Wittgens continued immediately in the so-called 'La Format' MS 140 and in part 1 of MS volume with the title:

> 'Philosophical Remarks XI.
> Continuation of Volume X.'

Legende
Wiener Ausgabe Band 5

Haupttext

S p e r r u n g	einfache Unterstreichung
KAPITÄLCHEN	mehrfache Unterstreichung
Serifenlose	gewellte Unterstreichung
| |	Einfügung
/ /	Variante
Kursiv	Text in Code

Linker Randapparat

Randzeichen Wittgensteins sowie eine seitenweise Zählung der Bemerkungen durch den Herausgeber

Rechter Randapparat

Zeilenzähler der Ausgabe und Seitenzahlen des Manuskripts, gegenüber der Textzeile, in der die jeweilige Manuskriptseite beginnt

Fußnotenapparat

⟨ ⟩	Streichung
⟨ …⟩	Streichung ohne Fortsetzung im Satz
Kursiv	Anmerkung des Herausgebers

Text in Code erscheint in den Fußnoten in Normalschrift.

Die Fußnoten sind über den Zeilenzähler mit dem Haupttext verbunden.

Legend
Wiener Ausgabe Volume 5

Main text

l e t t e r s p a c i n g	single underlining
SMALL CAPS	multiple underlining
sans serif	wavy underlining
| |	insertion
/ /	variant
italics	text in cipher

Left margin

Margin-signs by Wittgenstein, numbering of the remarks per page by the editor

Right margin

Line counter and manuscript page numbers opposite the line corresponding to the beginning of the new page in the manuscript

Footnotes

⟨ ⟩	deletion
⟨ …⟩	deletion, without continuation in the sentence
italics	annotation by the editor

Text in cipher appears in the footnotes in standard typeface.

The footnotes are connected to the main text via the line counter.

IX.

Philosophische Grammatik.

1 Wenn die Dirichlet'sche Auffassung der Funktion einen strengen Sinn hat, so muß sie sich in einer Definition ausdrücken, die das Funktionszeichen mit der Tabelle als gleichbedeutend erklärt. 1

29.

2 Wenn Leute sagen, der Satz „es ist wahrscheinlich, daß p eintreffen wird" sage etwas über das Ereignis p, so vergessen sie, daß es auch wahrscheinlich bleibt, wenn das Ereignis p nicht eintrifft.

3 Wir sagen mit dem Satz „p wird wahrscheinlich eintreffen" zwar etwas über die Zukunft, aber nicht etwas „über das Ereignis p", wie die grammatische Form der Aussage uns glauben macht.

4 Wenn ich nach dem Grund einer Behauptung frage, so ist die Antwort auf diese Frage nicht für den Gefragten und eben diese Handlung (die Behauptung), sondern allgemein gültig.

5 Wenn ich sage: „das Wetter deutet auf Regen", sage ich etwas über das zukünftige Wetter? Nein, sondern über das gegenwärtige, mit Hilfe eines Gesetzes, welches das Wetter zu einer Zeit mit dem Wetter zu einer späteren/in einer früheren/ Zeit in Verbindung bringt. Dieses Gesetz muß bereits vorhanden sein, und mit seiner Hilfe fassen wir gewisse Aussagen über unsere Erfahrung zusammen. –

Aber dasselbe könnte man dann auch für historische Aussagen behaupten. 2 Aber es war ja auch vorschnell, zu sagen, der Satz „das Wetter deutet auf Regen" sage nichts über das zukünftige Wetter. Das kommt darauf an, was man darunter versteht „etwas über etwas auszusagen". Der Satz sagt eben seinen Wortlaut!

Er sagt/Der Satz „p wird wahrscheinlich eintreten" sagt/ nur etwas über die Zukunft in einem Sinn, in welchem seine Wahr- und Falschheit gänzlich unabhängig ist von dem, was in der Zukunft geschehen wird.

6 Wenn wir sagen „das Gewehr zielt jetzt auf den Punkt P, so sagen wir

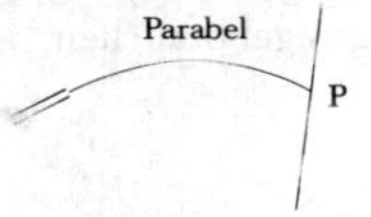

nichts darüber aus, wohin der Schuß treffen wird. Der Punkt auf den es zielt, ist ein geometrisches Hilfsmittel zur Angabe seiner Richtung. Daß wir gerade dieses Mittel verwenden, hängt allerdings mit gewissen Erfahrungen [Beobachtungen] zusammen (Wurfparabel, etc.), aber diese treten jetzt nicht in die Beschreibung der Richtung ein.

1 Wenn die Dirichlet'sche Auffassung *–Anfang der Bemerkung aus Band VIII*
5 29. *–November 1931, Cambridge*
7 daß p eintreffen wird" sage etwas ⟨sage etwas⟩ über das Ereignis p,
27 sage nichts über das zukünftige Wetter. Das kommt⟨, …⟩
29 *Im MS:* Er sagt/Der Satz „p wird wahrscheinlich eintreten" sagt …/
33 „das Gewehr zielt jetzt auf den Punkt P, *–kein Ausführungszeichen im MS*
34 aus *–im MS durchstrichen*

Ramsey definiert x = y als

$(\phi_e) \cdot \phi_e x \equiv \phi_e y$

Aber nach den Erklärungen, die er über seine Funktionszeichen „ϕ_e“ gibt ist

$(\phi_e) \cdot \phi_e x \equiv \phi_e x$ die Aussage: „jeder Satz ist sich selbst äquivalent“ 3

$(\phi_e) \cdot \phi_e x \equiv \phi_e y$ die Aussage: „jeder Satz ist jedem Satz äquivalent“.

[Ramsey erklärt „x = x“ auf einem Umweg als die Aussage .... und „x = y“ als ..... .]

Er hat also mit seiner Erklärung nichts andres erreicht, als was die zwei Definitionen

$x = x \overset{\text{Def}}{=} \text{Tautologie}$

$x = y \overset{\text{Def}}{=} \text{Contradiktion}$ bestimmen.

(Das Wort „Tautologie“ kann hier durch jede beliebige Tautologie ersetzt werden und das gleiche gilt für „Contradiktion“)

Soweit ist nichts geschehn als Erklärungen der zwei verschiedenen Zeichenformen x = x und x = y zu geben. Diese Erklärungen können natürlich durch zwei Klassen von Erklärungen |z.B.|

$$\left.\begin{matrix} a = a \\ b = b \\ c = c \end{matrix}\right\} = \text{Taut.} \qquad \left.\begin{matrix} a = b \\ b = c \\ c = a \end{matrix}\right\} = \text{Cont.}$$

ersetzt werden. Nun aber schreibt Ramsey

„$(\exists x, y) \cdot x \neq y$“ |d.h. „$(\exists x, y) \cdot \sim(x = y)$“|, – dazu hat er aber gar kein Recht: denn was bedeutet in diesem Zeichen das „x = y“? Es ist ja weder das Zeichen „x = y“ welches ich in der Definition oben gebraucht habe, noch natürlich das „x = x“ in der vorhergehenden Definition. Also ist es ein noch unerklärtes Zeichen. Um übrigens die Müßigkeit jener/dieser/ Definitionen einzusehen lese man sie (wie sie der Unvoreingenommene lesen würde) so: Ich erlaube, statt des Zeichens „Taut.“, dessen Gebrauch wir kennen, das Zeichen „a = a“ oder „b = b“ etc zu setzen; und statt des Zeichens „Cont.“ („~Taut.“) die Zeichen
„a = b“, „a = c“, etc. Woraus übrigens hervorgeht, daß 4
(a = b) = (c = d) = (a ≠ a) = etc.! Es braucht wohl nicht gesagt zu werden, daß ein so definiertes Gleichheitszeichen nichts mit demjenigen zu tun hat welches wir zum Ausdruck einer Ersetzungsregel brauchen.

3 Aber nach den Erklärungen, die er über ⟨die⟩ Funktionszeichen

5 $(\phi_e) \cdot \phi_e x \equiv \phi_e x$ ⟨=⟩ die Aussage: „jeder Satz ist sich selbst äquivalent“

8 [Ramsey erklärt „x = x“ auf einem Umweg als die Aussage .... und „x = y“ als ..... .] *–im MS Nachtrag am Kopf der Seite*

9 als ⟨mit den⟩ zwei Definitionen

$x = x \overset{\text{Def}}{=} \text{Tautologie}$

$x = y \overset{\text{Def}}{=} \text{Contradiktion}$ ⟨bestimmt ist⟩.

15 Soweit ist nichts geschehn als ⟨eine Erklärung⟩ der zwei verschiedenen

23 dazu hat er aber gar kein Recht⟨;⟩ denn was bedeutet in diesem Zeichen

23 in diesem Zeichen das „x = y“⟨ (x ≠ y ist ja soviel wie ~(x = y)).⟩

25 *Im MS:* das „x = x“ in |der| vorhergehenden Definition

32 hervorgeht, daß (a = b) = (c = d) = (a ≠ a) = etc.⟨ ist.⟩ Es braucht wohl

Ich kann nun „$(\exists x, y) \cdot x \neq y$" natürlich wieder erklären; etwa als $a \neq a$ .v. $a \neq b$ .v. $b \neq c$ .v. $a \neq c$ diese Erklärung aber ist eigentlich Humbug und ich sollte unmittelbar schreiben

$(\exists x, y) \cdot x \neq y \overset{\text{Def}}{=}$ Taut. (D.h. das Zeichen auf der linken Seite würde mir als ein neues – unnötiges – Zeichen für „Taut." gegeben.) Denn wir dürfen nicht vergessen daß nach der Erklärung „a = a", „a = b" etc unabhängige Zeichen sind und nur insofern zusammenhängen, als eben die Zeichen „Taut." und „Cont.".

Die Frage ist hier die nach der Nützlichkeit der „extensiven" Funktionen, denn die Ramsey'sche Erklärung des Gleichheitszeichens ist ja so eine Bestimmung durch die Extension. Welcher Art ist/Worin besteht/ nun so eine/die/ extensive Bestimmung einer Funktion? Sie ist offenbar eine Gruppe von Definitionen. Z.B. die:

fa = p Def
fb = q Def
fc = r Def

Diese Definitionen erteilen uns die Erlaubnis statt der uns bekannten Sätze „p", „q", „r" die Zeichen „fa", „fb", „fc" zu setzen. Zu sagen, durch diese drei Definitionen werde/sei/ die Funktion $f(\xi)$ bestimmt sagt 5 gar nichts, oder dasselbe, was die drei Definitionen sagen.

Denn die Zeichen „fa", „fb", „fc" sind Funktion und Argument nur, sofern es auch die Wörter „Ko(rb)", „Ko(pf)" und „Ko(hl)" sind. (Es macht dabei keinen Unterschied, ob die „Argumente" „rb", „pf", „hl" sonst noch als Wörter gebraucht werden, oder nicht.)

(Welchen Zweck also die Definitionen haben können, außer den, uns irrezuführen, ist schwer einzusehn.)

Das Zeichen „$(\exists x) \cdot fx$" heißt zunächst gar nichts; denn die Regeln für Funktionen im alten Sinn des Wortes gelten ja hier nicht. Für diese wäre eine Definition fa = ... Unsinn. Das Zeichen „$(\exists x) \cdot fx$" ist, wenn keine ausdrückliche Erklärung dafür gegeben wird, nur wie ein Rebus zu verstehen, in welchem auch die Zeichen eine Art uneigentliche Bedeutung haben.

Jedes |der| Zeichen „a = a", „a = c", etc. in den Definitionen $(a = a) \overset{\text{Def}}{=}$ Taut., etc ist ein W o r t.

Der Endzweck der Einführung der extensiven Funktionen war übrigens, das Arbeiten mit unendlichen/die Analyse von Sätzen über unendliche/ Extensionen und dieser Zweck ist verfehlt, da eine extensive Funktion durch eine Liste von Definitionen eingeführt wird.

6 Denn wir dürfen nicht vergessen daß nach der Erklärung ⟨„x = x" ...⟩
7 unabhängige Zeichen sind und ⟨nun⟩ insofern zusammenhängen,
12 so eine/die/ *–erste Variante im MS durchstrichen*
21 Denn die Zeichen „fa", „fb", „fc" sind ⟨f...⟩
21 Denn die Zeichen „fa", „fb", „fc" sind ⟨die gleiche⟩ Funktion ⟨dreier Argumente⟩ nur ⟨insofern als⟩ es auch
27 heißt zunächst gar nichts; ⟨kann aber natürlich als ...⟩
28 Für diese ⟨wären ...⟩
31 nur wie ein Rebus zu ⟨be...⟩
31 in welchem auch die Zeichen eine Art ⟨uneigentlicher⟩ Bedeutung haben.
35 Der Endzweck der ⟨„Funkt...⟩
37 das Arbeiten mit unendlichen/die Analyse von Sätzen über unendliche/ *–erste Variante im MS durchstrichen*

1 Wenn man wissen will was „2 + 2 = 4“ heißt, muß man fragen, wie wir 6 es (erhalten), |es| ausrechnen. Es steht dann für uns auf gleicher Stufe mit 125 × 372 für welches die Berechnung offenbar wesentlich ist. Wir betrachten dann den Vorgang der Berechnung als das Wesentliche und diese Betrachtungsweise ist die des gewöhnlichen Lebens, wenigstens was die Zahlen anbelangt für die wir eine Ausrechnung bedürfen. Wir dürfen uns ja nicht schämen die Zahlen [Ziffern] |und Rechnungen| so aufzufassen wie sie die alltägliche Arithmetik jedes Kaufmanns auffaßt. Wir rechnen dann 2 + 2 = 4 und überhaupt die Regeln des kleinen Ein-mal-Eins gar nicht aus sondern nehmen sie – sozusagen als Axiome – an und rechnen nur m i t i h r e r H i l f e. Wir könnten aber natürlich auch 2 + 2 = 4 ausrechnen und die Kinder tun es auch durch abzählen. Gegeben die Ziffernfolge 1 2 3 4 5 6, ist die Ausrechnung:

$1\ \underline{2}\ 1\ \underline{2}$

$1\ 2\ 3\ \underline{4}$.

1.12.

2 Die Erklärung von $(\exists x)\cdot\varphi x$ als einer logischen Summe und $(x)\cdot\varphi x$ als logischem Produkt kann natürlich nicht aufrecht erhalten werden. Sie hing mit meiner falschen Auffassung der logischen Analyse zusammen indem ich etwa dachte das logische Produkt für ein bestimmtes $(x)\cdot\varphi x$ 7 werde sich schon einmal finden. – Es ist natürlich richtig daß $(\exists x)\cdot\varphi x$ irgendwie als logische Summe funktioniert und $(x)\cdot\varphi x$ als Produkt, ja in e i n e r Verwendungsart der Worte „alle“ und „einige“ ist meine alte Erklärung richtig nämlich – z.B. – in dem Falle „alle primären Farben finden sich in diesem Bild“ oder „alle Töne der C-Dur-Tonleiter kommen in diesem Thema vor“. In Fällen aber wie „alle Menschen sterben ehe sie 200 Jahre alt werden“ stimmt meine Erklärung nicht. Daß nun aber $(\exists x)\cdot\varphi x$ als logische Summe funktioniert ist darin ausgedrückt daß es aus φa und aus $\varphi a \vee \varphi b$ folgt, also in den Regeln.

$(\exists x)\cdot\varphi x\ :\ \varphi a = \varphi a$ und

$(\exists x)\cdot\varphi x\ :\ \varphi a \vee \varphi b = \varphi a \vee \varphi b$

Aus diesen Regeln ergeben sich dann die Grundgesetze Russells

$\varphi x\ .\supset.\ (\exists z)\cdot\varphi z$ und

$\varphi x \vee \varphi y\ .\supset.\ (\exists z)\cdot\varphi z$ als Tautologien.

2 |es| *–im MS ist auch das Einfügungszeichen gewellt unterstrichen*

3 Es steht dann für uns auf gleicher Stufe mit 125 × 372 für welches die Berechnung offenbar wesentlich ist. *–im MS durchstrichen*

6 was die Zahlen anbelangt für die wir eine ⟨Rechnung⟩ bedürfen.

9 und überhaupt die Regeln des kleinen ⟨1 × 1 …⟩

18 Die Erklärung von $(\exists x)\cdot\varphi x$ als ⟨einem logischer Sinn…⟩

18 *Im MS:* einer logischer Summe

18 Die Erklärung von $(\exists x)\cdot\varphi x$ als einer logischen Summe und ⟨(∃…⟩

20 Sie hing mit meiner falschen ⟨Analy…⟩

21 das logische Produkt für ein bestimmtes ⟨(∃…⟩

23 ja in ⟨e i n e m …⟩

24 ja in e i n e r ⟨speziellen Bedeutung des Wortes …⟩

27 kommen in diesem Thema vor“. ⟨In allen übrigen Verwendu…⟩

27 In Fällen aber wie „alle Menschen ⟨sind sterblich“ …⟩

1 Das Wesen des „logischen Gesetzes“ ist es ja, daß es im Produkt mit irgend einem Satz diesen Satz ergibt. Und man könnte den Kalkül Russells auch mit Erklärungen beginnen von der Art: 8

$p \supset p \;:\; q = q$

$p \;:\; p \vee q = p$ etc.

2 Für $(\exists x) \cdot \varphi x$, etc brauchen wir auch die Regeln

$(\exists x)\, \varphi x \vee \psi x = (\exists x)\, \varphi x \vee (\exists x)\, \psi x$

$(\exists x, y)\, \varphi x \cdot \psi y \;.\!\vee.\; (\exists x)\, \varphi x \cdot \psi x = (\exists x)\, \varphi x \cdot (\exists x)\, \psi x$

Jede solche Regel ist ein Ausdruck der Analogie zwischen $(\exists x)\, \varphi x$ und einer logischen Summe.

2.

3 Definitionen zur Abkürzung:

$(\exists x)\, \varphi x : \sim(\exists x, y)\, \varphi x \cdot \varphi y \overset{\text{Def}}{=} (E x)\, \varphi x$

$(\exists x, y)\, \varphi x \cdot \varphi y : \sim(\exists x, y, z)\, \varphi x \cdot \varphi y \cdot \varphi z \overset{\text{Def}}{=} (E x, y)\, \varphi x \cdot \varphi y$

u.s.w.

$(E x)\, \varphi x \overset{\text{Def}}{=} (E | x)\, \varphi x$

$(E x, y)\, \varphi x \cdot \varphi y = (E || x)\, \varphi x = (E 2x)\, \varphi x$

u.s.w.

4 Man kann zeigen, daß

$(E || x)\, \varphi x \cdot (E ||| x) \cdot \psi x \cdot \underbrace{\sim(\exists x)\, \varphi x \cdot \psi x}_{\text{Ind.}} \;.\!\supset.\; (E ||||| x)\, \varphi x \vee \psi x$

eine Tautologie ist.

Hat man damit den arithmetischen Satz $2 + 3 = 5$ demonstriert? Natürlich nicht. Man hat auch nicht gezeigt daß 9

$(E || x)\, \varphi x \cdot (E ||| x)\, \psi x \cdot \text{Ind.} \;.\!\supset.\; (E || + ||| x)\, \varphi x \cdot \psi x$

tautologisch ist denn von |einer Summe| „$|| + |||$“ war in unsern Definitionen noch/ja/ gar keine Rede. (Ich werde die Tautologie zur Abkürzung in der Form „$E|| \cdot E||| \supset E|||||$“ schreiben.) Wenn nun die Frage ist, welche Anzahl von Strichen rechts |von „$\supset$“| bei gegebener linker Seite das ganze zu einer Tautologie machen, so kann man diese Zahl finden, man kann auch finden daß sie im vorigen Fall $|| + |||$ ist aber genausogut daß sie $| + ||||$ oder $| + ||| + |$ ist; denn sie ist dies alles. Man kann aber auch eine Induktion finden die zeigt daß – algebraisch ausgedrückt – $E n \cdot E m \;.\!\supset.\; E n + m$ tautologisch wird. Dann habe ich z.B. ein Recht $E 17 \cdot E 28 \;.\!\supset.\; E 17 + 28$ als Tautologie anzusehen. Aber ist nun dadurch die Gleichung $17 + 28 = 45$ gegeben? Keineswegs! Dies muß ich mir vielmehr nun erst ausrechnen. Es hat nun auch Sinn nach dieser allgemeinen Regel $E 2 \cdot E 3 \supset E 5$ als Tautologie hinzuschreiben; wenn ich, (sozusagen), noch nicht weiß was $2 + 3$ ergeben wird; denn $2 + 3$ hat nur sofern Sinn als es noch ausgerechnet werden muß.

Daher hat die Gleichung $|| + ||| = |||||$ nur dann einen Witz, wenn das Zeichen „$|||||$“ so wiedererkannt wird wie das Zeichen „5“; nämlich unabhängig von der Gleichung. 10

3 Und man könnte den Kalkül Russells auch mit ⟨einer Erklärung de…⟩
8 $(\exists x\langle, y\rangle)\rangle\, \varphi x \vee \psi x = (\exists x)\, \varphi x \vee (\exists \langle \psi \ldots \rangle$
10 Jede ⟨so e…⟩
25 Hat man damit den arithmetischen Satz $2 + 3 = 5$ ⟨ge…⟩
27 Man hat auch nicht gezeigt daß ⟨(∃…⟩
27 Ind. $.\!\supset. \cdot$ ⟨($E|||||x$)…⟩ *–logisches und-Zeichen im MS nicht gestrichen*
32 das ganze zu einer Tautologie machen, so kann man ⟨finden …⟩

1 v Zu sagen „4 Gegenstände und 4 Gegenstände sind 8 Gegenstände“ heißt nichts; und ebensowenig „4 Äpfel + 4 Äpfel =/sind/ 8 Äpfel“, außer wenn damit der Erfahrungssatz ausgesprochen sein soll, daß 8 Äpfel auf dem Tisch liegen, wenn man zuerst 4 und dann nocheinmal 4 hingelegt hat. Die Gleichung der Arithmetik, dagegen, heißt 4 + 4 = 8. Ihre Ziffern sind wesentlich unbenannt. Sie sind es auch dann, wenn man mit den Fingern, mit Strichen, oder den Kugeln der Rechenmaschine rechnet, denn dann sind diese Dinge nicht das w o r ü b e r etwas ausgesagt wird sondern die Zeichen.

Es ist also Unsinn zu fragen, ob vier Gegenstände auch dann 2 + 2 Gegenstände sind, wenn sich nicht je 2 unter einen Begriff bringen lassen/nicht je 2 unter einen Begriff fallen/.

2 Mein Standpunkt unterscheidet sich dadurch vom Standpunkt der Leute die heute über die Grundlagen der Arithmetik schreiben, daß ich es nicht nötig habe einen bestimmten Kalkül z.B. den des Dezimalsystems zu verachten. Einer ist für mich so gut wie der andere. Einen besondern Kalkül gering zu achten ist so, als wollte man Schachspielen ohne wirkliche Figuren weil das zu wenig abstrakt, zu speziell sei. Soweit es auf die Figuren n i c h t ankommt sind eben die einen so gut wie die andern. Und soweit ein Spiel sich von dem andern doch unterscheidet ist eben ein Spiel so gut, d.h. so interessant, wie das andere. Keines aber ist sublimer als das andre. [Und soweit die Spiele sich doch von einander unterscheiden, ist eben .....] 11

3 Welches ist der Beweis von E|| · E||| .⊃. E||||| der der Ausdruck unseres Wissens ist, daß dies ein richtiger logischer Satz ist?

Er macht offenbar davon Gebrauch, daß man (∃x) – – – als logische Summe behandeln kann.

Wir übersetzen etwa von dem Symbolismus [×|×] („Wenn in jedem Quadrat ein Stern ist so sind zwei im |ganzen| Rechteck“) in den Russell’schen. Und es ist nicht, als gäben wir mit der Tautologie in dieser Schreibweise einer Meinung Ausdruck, die uns plausibel erscheint und (die) der Beweis dann bestätigt; sondern, was uns plausibel erscheint ist, daß dieser Ausdruck eine Tautologie (ein Gesetz der Logik) ist.

4 wenn man zuerst 4 ⟨Äpfel⟩ und dann nocheinmal 4 hingelegt hat.
12 sich nicht je 2 unter einen Begriff bringen lassen/nicht je 2 unter einen Begriff fallen/ *–erste Variante im MS durchstrichen*
16 daß ich es nicht nötig habe einen bestimmten Kalkül ⟨zu v...⟩
16 z.B. den ⟨D...⟩
18 Einen besondern Kalkül gering zu achten ist⟨, ...⟩
30 Wir übersetzen etwa von dem Symbolismus [×|×] („Wenn ⟨ein ...⟩
31 |ganzen| *–das Einfügungszeichen ist im MS gewellt unterstrichen*
32 Und es ist nicht, als gäben wir mit der Tautologie ⟨E|| · ...⟩
35 plausibel erscheint⟨, ...⟩
35 ist, daß ⟨jener⟩ Ausdruck eine Tautologie ⟨ist ...⟩

1 Wenn man |in der Logik| scheinbar mehrere verschiedene Universen betrachtet (wie Ramsey), so betrachtet man in Wirklichkeit verschiedene Spiele. Die Erklärung eines „Universums“ würde z.B. in Ramseys Fall einfach die/eine/ Definition 12

$(\exists x)\ \varphi x \overset{\mathrm{Def}}{=} \varphi a \vee \varphi b \vee \varphi c \vee \varphi d$ sein.

2 Man könnte übrigens wirklich eine Notation für $(\exists x) \cdot \varphi x$ einführen in der man es durch ein Zeichen „$\varphi\alpha \vee \varphi\beta \vee \varphi\gamma \vee \ldots$“ ersetzt und dürfte dann damit rechnen wie mit einer logischen Summe; es müßten aber die Regeln vorgesehen sein nach denen ich diese Notation immer in die von „$(\exists x) \cdot \varphi x$“ zurücknehmen kann und die also das Zeichen „$\varphi a \vee \varphi b \vee \varphi c \vee \ldots$“ von dem einer logischen Summe unterscheiden. Der Zweck dieser Notation wäre nur der, in gewissen Fällen leichter mit $(\exists x)\ \varphi x$ rechnen zu können.

3 Der Satz „die Relation R verbindet zwei Gegenstände mit einander“ wenn das soviel heißen soll, wie „R ist eine zweistellige Relation“ ist ein Satz der Grammatik.

4 Ich sagte früher, es sei Unsinn zu sagen: „4 Äpfel und 4 Äpfel = 13
8 Äpfel“, aber das war falsch; denn diese Gleichung ist eine Ersetzungsregel die ich verwende wenn ich nicht |das Zeichen| „4 + 4“ durch „8“ sondern das |Zeichen| „4 Äpfel und 4 Äpfel“ durch „8 Äpfel“ ersetzte.

Man muß sich aber davor hüten, zu glauben „4 Äpfel und 4 Äpfel = 8 Äpfel“ ist die konkrete Gleichung, dagegen 4 + 4 = 8 der abstrakte Satz wovon die erste |Gleichung| nur eine spezielle Anwendung ist. So daß zwar die Arithmetik der Äpfel |viel| weniger allgemein ist als die eigentliche allgemeine, aber eben in ihrem beschränkten Bereich (für Äpfel) gälte. – Es gibt aber keine „Arithmetik der Äpfel“, denn „4 Äpfel und 4 Äpfel = 8 Äpfel“ ist nicht ein Satz, der von Äpfeln handelt. Man kann sagen daß in dieser Gleichung das Wort „Äpfel“ keine Bedeutung hat. (Wie man es überhaupt von einem/dem/ Zeichen in einer Zeichenregel sagen kann, die seine Bedeutung bestimmen hilft.)

1 Wenn man |in der Logik| scheinbar ⟨m…⟩
1 Wenn man |in der Logik| scheinbar ⟨(wie Ramsey)⟩ mehrere verschiedene Universen betrachtet |(wie Ramsey)| ⟨so betrachtet, …⟩
3 Die Erklärung eines „Universums“ ⟨wer…⟩
7 Man könnte übrigens wirklich eine Notation ⟨einfüh…⟩
9 dürfte dann damit rechnen wie mit einer ⟨and…⟩
9 dürfte dann damit rechnen wie mit einer logischen Summe; ⟨er muß…⟩
13 Der Zweck dieser Notation wäre nur⟨,⟩ der,
16 Der Satz ⟨R …⟩
20 *Im MS:* Ich sagte früher, es sei Unsinn es sei Unsinn
21 „4 Äpfel und 4 Äpfel = 8 Äpfel“, aber das war ⟨unrichtig …⟩
22 eine Ersetzungsregel die ich verwende wenn ich ⟨tat…⟩
25 zu glauben ⟨die Gleichung⟩ „4 Äpfel und 4 Äpfel = 8 Äpfel“ ist die konkrete |Gleichung|,
27 *Im MS:* nur eine spezielle Anwendung |ist|.
30 aber eben in ihrem beschränkten Bereich (für Äpfel) gälte⟨, …⟩
33 einem/dem/ *–erste Variante im MS durchstrichen*

1 Die Zahlen sind der Mathematik nicht fundamental, wie ich seinerzeit glaubte.

2 Die 0 ist keine der Kardinalzahlen denn „es ist ein/1/ Mensch im Zimmer“ ist vereinbar mit „es sind 2 Menschen im Zimmer“ und das mit „es sind 3 Menschen im Zimmer“ u.s.f.; dagegen ist der Satz „es ist 14 kein (0) Mensch im Zimmer“ mit dem ersten der früheren Reihe nicht vereinbar.

3 Die Reihe von Sätzen

$(\exists x) : aRx \cdot xRb$

$(\exists x, y) : aRx \cdot xRy \cdot yRb$

$(\exists x, y, z) : aRx \cdot xRy \cdot yRz \cdot zRb$ u.s.f.

kann man sehr wohl so ausdrücken:

„es gibt ein Glied zwischen a und b“

„es gibt 2 Glieder zwischen a und b“ etc.

und kann das etwa schreiben

$(\exists 1x)\ aRxRb$, $(\exists 2x)\ aRxRb$, etc.

Es ist aber klar daß zum Verständnis dieser Ausdrücke die obere Erklärung nötig ist weil man sonst nach Analogie von $(\exists 2x) \cdot \varphi x = (\exists x, y)\ \varphi x \cdot \varphi y$ glauben könnte $(\exists 2x)\ aRxRb$ sei gleich|bedeutend| einem Ausdruck $(\exists x, y)\ aRxRb \cdot aRyRb$.

Ich könnte natürlich auch statt „$(\exists x, y)\ F(x, y)$“ schreiben „$(\exists 2x, y)\ F(x, y)$“ Aber die Frage wäre nun: was habe ich dann unter „$(\exists 3x, y)\ F(x, y)$“ zu verstehen? Aber hier läßt sich eine Regel geben; und zwar brauchen wir eine die uns in der Zahlenreihe beliebig weiter führt. Z.B. die:

$(\exists 3x, y)\ F(x, y) = (\exists x, y, z) :\ F(x, y) \cdot F(x, z) \cdot F(y, z)$

$(\exists 4x, y)\ F(x, y) = (\exists x, y, z, n) :\ F(x, y) \cdot F(x, z) \cdot \ldots$ es folgen die Kombinationen zu zwei Elementen. u.s.f.. Es könnte aber auch definiert 15 werden

$(\exists 3x,y) \cdot F(x, y) = (\exists x, y, z)\ F(x, y) \cdot F(y, x) \cdot F(x, z) \cdot F(z, x) \cdot F(y, z) \cdot F(z, y)$ u.s.f.

[In allen diesen Erklärungen hätte ich richtiger schreiben sollen

$(\exists 3x,y)\ F(x,y)$ statt $(\exists 3x)\ F(x, y)$]

„$(\exists 3x) \cdot F(x, y)$“ entspräche etwa dem Satz der Wortsprache „$F(x, y)$ wird von 3 Dingen befriedigt“ und auch dieser Satz bedürfte einer Erklärung um eindeutig zu werden.

17 zwischen a und b *–im MS durch Wiederholungszeichen dargestellt*

21 die obere Erklärung nötig ist weil man sonst nach ⟨al…⟩

24 statt „$(\exists x, y)\ F(x, y)$“ schreiben „⟨$(\exists 2x)$⟩ $F(x, y)$“

25 Aber die Frage wäre nun: was habe ich ⟨nu…⟩

26 „⟨$(\exists 3x)$⟩ $F(x, y)$“ zu verstehen?

29 ⟨F …⟩

29 ⟨$(\exists 3x)\ \varphi$ …⟩

30 ⟨$(\exists 4x) =$ …⟩

33 $(\exists 3$⟨x⟩$) \cdot F(x, y) = (\exists x, y, z)\ F(x, y) \cdot F(y, x) \cdot F(x, z) \cdot F(z, x) \cdot F(y, z) \cdot F(z, y)$

36 $(\exists 3$⟨y⟩$)\ F(x,y)$ statt $(\exists 3x)\ F(x, y)$]

Soll ich nun sagen, daß in den/diesen/ verschiedenen Fällen das Zeichen „3“ eine andere/verschiedene/ Bedeutung hat? Drückt nicht vielmehr das Zeichen „3“ das aus, was den verschiedenen Interpretationen gemeinsam ist? Warum hätte ich es sonst gewählt. Es gelten ja auch die gleichen Regeln von dem Zeichen „3“ in dieser und in jener Verwendung./in jedem dieser Zusammenhänge./ Es ist nach wie vor durch 2 + 1 zu ersetzen; etc.. Allerdings aber ist ein Satz nach dem Vorbild von $\mathsf{E}|| \cdot \mathsf{E}||| \supset \mathsf{E}|||||$ nun keine Tautologie. 2 Menschen die miteinander in Frieden leben und 3 weitere Menschen die miteinander im Frieden leben geben nicht 5 Menschen die miteinander in Frieden leben. Aber das heißt nicht daß nun 2 + 3 nicht 5 ist. Vielmehr läßt sich die Addition nur nicht so anwenden. 16

Mit andern Worten die Zeichen von der Form $(\exists 1x, y)\ F(x, y)$, $(\exists 2x, y)\ F(x, y)$ $(\exists 3x, y)\ F(x, y)$ |etc| haben die Multiplizität der Kardinalzahlen wie die Zeichen $(\exists 1x)\ \varphi x$, $(\exists 2x)\ \varphi x$, etc und wie auch die Zeichen $(\mathsf{E}1x)\ \varphi x$, $(\mathsf{E}2x)\ \varphi x$ etc..

1 Von einem Teil meines Gesichtsfeldes zu sagen, er habe keine Farbe, ist Unsinn; ebenso – natürlich auch – zu sagen, er habe Farbe (oder eine Farbe). Wohl aber [Anderseits] hat es Sinn zu sagen, er habe nur e i n e Farbe (sei einfärbig oder g l e i c h f ä r b i g), er habe mindestens zwei Farben, nur zwei Farben, u.s.w..

Ich kann also in dem Satz „dieses Viereck in meinem Gesichtsfeld hat |mindestens| zwei Farben“ statt „zwei“ nicht „eine“ substituieren. Oder auch: „das Viereck hat nur eine Farbe“ heißt nicht – analog $(\exists x)\ \varphi x \cdot \sim(\exists x, y)\ \varphi x \cdot \varphi y$ – „das Viereck hat eine Farbe, aber nicht zwei Farben“.

5 ⟨Es ist klar daß …⟩ *–im MS gestrichener Anfang eines Absatzes, Fortsetzung als fortlaufender Text in der vorangehenden Zeile*

5 die gleichen Regeln von dem Zeichen „3“ ⟨wie⟩ in dieser

11 keine Tautologie ⟨(⟩2 Menschen die miteinander in Frieden leben und 3 weitere Menschen die miteinander im Frieden leben geben nicht 5 Menschen die miteinander in Frieden leben.⟨)⟩

12 Vielmehr läßt sich die Addition ⟨in …⟩

12 nur nicht so anwenden. ⟨Wird sie aber angewendet …⟩

15 wie die Zeichen $(\exists\langle 3\rangle x)\ \varphi x$, $(\exists 2x)\ \varphi x$, etc

Ich rede hier von dem Fall, in dem/welchem/ es sinnlos ist zu sagen, „der Teil des Raumes habe/hat/ keine Farbe“. Wenn ich die gleichfärbigen (einfärbigen) Flecke in dem Viereck zähle so hat es übrigens Sinn zu sagen es seien keine solchen vorhanden, wenn die Farbe des Vierecks sich kontinuierlich ändert. Es hat dann natürlich auch Sinn zu sagen in dem Viereck sei „ein gleichfärbiger Fleck oder 17
mehrere“ und auch, das Viereck habe eine Farbe aber nicht zwei Farben. – Von diesem Gebrauch aber des Satzes „das Viereck hat keine Farbe“ sehe ich jetzt ab und spreche von einem System in welchem, daß ein Viereck/eine Fläche/ [eine Figur] eine Farbe hat, selbstverständlich genannt wird/ist/ also, richtig ausgedrückt, in welchem dieser Satz Unsinn ist. [in welchem es diesen Satz nicht gibt.] Wenn man den Satz selbstverständlich nennt, so meint man eigentlich das, was eine grammatische Regel ausdrückt [dasjenige, was eine grammatische Regel ausdrückt], die die Form der Sätze über den Gesichtsraum, z.B., beschreibt. Wenn man nun die Zahlangabe der Farben im Viereck mit dem Satz „in dem Viereck ist eine Farbe“ beginnt, dann darf das natürlich nicht der Satz der Grammatik über die ‚Färbigkeit‘ des Raumes sein.

Was meint man wenn man sagt „der Raum ist färbig“? (Und – eine sehr interessante Frage: welcher Art ist diese Frage?) Nun man sieht etwa zur Bestätigung herum und blickt auf die verschiedenen Farben um sich her und möchte etwa sagen: wohin ich schaue ist eine Farbe. |Oder:| Es ist doch alles färbig, alles sozusagen angestrichen. Man 18
denkt sich |hier| die Farben im Gegensatz zu einer Art (von) Farblosigkeit, die aber bei näherem Zusehen wieder zur Farbe wird. Wenn man übrigens zur Bestätigung sich umsieht so schaut man vor allem auf ruhige und einfärbige Teile des Raumes und lieber nicht auf bewegte/unruhige/ unklar gefärbte (fließendes Wasser, Schatten etc.). Muß man sich dann gestehen daß man eben alles Farbe nennt was man sieht, so will man |es| nun als eine Eigenschaft des Raumes an und für sich (nicht mehr der Raumteile) aussagen daß er färbig sei. Das heißt aber vom Schachspiel zu sagen daß es das Schachspiel sei und es kann nun nur auf eine Beschreibung des Spiels hinauslaufen. Und nun kommen wir zu einer Beschreibung der räumlichen Sätze; aber ohne |eine| Begründung, und als müßte man sie mit einer andern Wirklichkeit in Übereinstimmung bringen.

Zur Bestätigung des Satzes „der Gesichtsraum ist färbig“ sieht man sich (etwa) um und sagt: das hier ist schwarz und schwarz ist eine Farbe; das ist weiß und weiß ist eine Farbe, u.s.w.. „Schwarz ist eine Farbe“ aber faßt man so auf wie „Eisen ist ein Metall“, (oder vielleicht besser 19
„Gips ist eine Schwefelverbindung“).

5 wenn die Farbe des Vierecks ⟨sicht…⟩
6 in dem Viereck ⟨seien⟩ „ein ⟨oder …⟩
7 in dem Viereck sei „ein gleichfärbiger Fleck oder mehrere“⟨. …⟩
7 in dem Viereck sei „ein gleichfärbiger Fleck oder mehrere“ und auch, ⟨„…⟩
13 *Im MS:* so meint man eigentlich |das, was|
16 Wenn man nun die Zahlangabe der Farben ⟨in einem⟩ Viereck
20 (Und⟨:⟩ eine sehr interessante Frage: welcher Art ist diese Frage?)
24 Es ist doch alles färbig, alles sozusagen angestrichen. *–im MS am linken und rechten Rand mit vertikalen Wellenlinien markiert*
36 |eine| *–das Einfügungszeichen ist im MS gewellt unterstrichen, die gewellte Unterstreichung von* eine *ist aufgehoben*
41 (oder vielleicht besser ⟨Salz/Kochsalz/ ist …⟩

Mache ich es sinnlos zu sagen ein Teil des Gesichtsraumes habe keine Farbe so wird die (Frage nach der) Analyse der Angabe der Zahl der Farben in einem Teil des Gesichtsraumes ganz ähnlich der der Angabe der Zahl der Teile eines Vierecks, etwa, das ich durch Striche in begrenzte Flächenteile teile. Auch hier kann ich es als sinnlos ansehen zu sagen, das Viereck „bestehe aus 0 Teilen“. Man kann daher nicht sagen es bestehe „aus einem oder mehreren Teilen“ oder es „habe mindestens éinen Teil“. Denken wir uns den speziellen Fall eines Streifens, der/Vierecks, das/ durch parallele Striche geteilt ist. Daß dieser Fall sehr speziell ist macht (uns) nichts denn wir halten ein Spiel nicht für weniger bemerkenswert, weil es nur eine sehr beschränkte

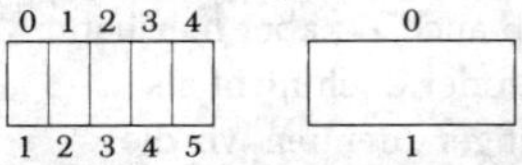

Anwendung hat. Ich kann hier die Teile entweder so zählen wie es gewöhnlich geschieht, und dann heißt es nichts zu sagen es seien 0 Teile vorhanden. Ich könnte aber auch eine Zählung 20
denken die den ersten Teil sozusagen als selbstverständlich ansieht und ihn nicht zählt oder als 0 und die nur die Teile zählt die hinzugeteilt wurden. Anderseits könnte man sich nach Analogie sonderbarer historischer Maße ein Herkommen denken nach dem Soldaten in Reih und Glied immer mit der Anzahl gezählt werden welche über einen Soldaten angetreten sind (etwa indem die Anzahl der möglichen Kombinationen des Flügelmanns und eines andern Soldaten der Reihe angegeben werden soll). Aber auch ein Herkommen könnte existieren wonach die Anzahl der Soldaten immer um 1 größer als die wirkliche angegeben wird. Das wäre etwa ursprünglich geschehen um einen bestimmten Monarchen über die wirkliche Zahl zu täuschen, dann aber habe es sich als Zählweise für Soldaten eingebürgert. (Akademisches Viertel). Die Anzahl der |verschiedenen| Farben in einer Fläche könnte auch durch die Anzahl der möglichen Kombinationen zu zwei Gliedern angegeben werden. Und dann kämen für diese Angabe nur die Zahlen 21
$\frac{n\cdot(n-1)}{2}$ in betracht und es wäre dann sinnlos von 2 oder 4 Farben in einer Fläche zu reden, wie jetzt von $\sqrt{2}$ oder i Farben. Ich will sagen daß nicht die Kardinalzahlen wesentlich primär und die – nennen wir's – Kombinationszahlen 1, 3, 6, 10, etc sekundär sind. Man könnte auch eine Arithmetik der Kombinationszahlen konstruieren und diese wäre in sich so geschlossen wie die Arithmetik der Kardinalzahlen. Aber ebenso natürlich kann es eine Arithmetik der geraden Zahlen oder der Zahlen 1 3 4 5 6 7.... geben. Es ist natürlich das Dezimalsystem zur Schreibung dieser Zahlenarten ungeeignet.

4 der Zahl der Teile eines Vierecks|, etwa,| das ich ⟨etwa ...⟩
5 Auch hier kann ich ⟨den S...⟩
6 es als sinnlos ansehen zu sagen, das Viereck ⟨sei ...⟩
8 éinen –*Akzent als Zeichen der Hervorhebung*
9 Streifens, der/Vierecks, das/ –*erste Variante im MS durchstrichen*
9 speziellen Fall eines Streifens, der/Vierecks, das/ durch parallele ⟨Lin...⟩
17 und die nur die Teile zählt die ⟨sozusagen⟩ hinzugeteilt wurden.
19 nach Analogie sonderbarer historischer Maße –*im MS durchstrichen*
21 mit der Anzahl gezählt werden welche über einen Soldaten ⟨antr...⟩
21 (etwa indem die Anzahl der ⟨Komb...⟩
23 angegeben werden soll). ⟨Man könnte sich ...⟩
33 Ich will sagen daß nicht die Kardinalzahlen ⟨p...⟩
37 Arithmetik der Kardinalzahlen. Aber ebenso natürlich ⟨gibt ...⟩
38 geben. Es ist ⟨f...⟩

1 Wie soll man nun den Satz auffassen „diese Hüte haben die gleiche
Größe“ oder „diese Stäbe haben die gleiche Länge“ oder „diese Flecke
haben die gleiche Farbe“? Soll man sie in der Form schreiben:
„(∃L) La · Lb“? Aber wenn das in der gewöhnlichen Weise gemeint
wird also mit den gewöhnlichen Regeln gebraucht wird, so müßte es ja
dann Sinn haben zu schreiben „(∃L) La“ also „der Fleck a hat eine
Farbe“, „der Stab hat eine Länge“. Ich kann freilich „(∃L) La · Lb“ für 22
„a und b sind gleichlang“ schreiben, wenn ich nur weiß und
berücksichtige daß (∃L) La sinnlos ist; aber dann wird die Notation
irreführend und verwirrend („eine Länge haben“, „einen Vater haben“).
– Wir haben hier den Fall den wir in der gewöhnlichen Sprache oft so
ausdrücken: „Wenn a die Länge L hat so hat b auch L“; aber hier hätte
der Satz „a hat die Länge L“ gar keinen Sinn, oder doch nicht als
Aussage über a, und der Satz lautet auch richtiger „nennen wir die
Länge von a ‚L‘ so ist die Länge von b auch L“ und ‚L‘ ist eben hier
wesentlich eine Variable. Der Satz hat übrigens die Form eines
Beispiels, eines Satzes, der als Beispiel zum allgemeinen Satz dienen
kann und man würde |etwa| auch fortfahren/fortsetzen/: „wenn z.B. a
5 m lang ist/die Länge 5 m hat/ so hat b auch 5 m, u.s.w.“. – Zu sagen
„die Stäbe a und b haben die gleiche Länge“ sagt nämlich gar nichts
über die Länge jedes Stabes; denn es sagt auch nicht, „daß jeder der
beiden eine Länge hat“. Der Fall hat also gar keine Ähnlichkeit mit
dem: „A und B haben den gleichen Vater“ und „der Name des Vaters
von A und B ist ‚N‘“, wo ich einfach für die allgemeine Bezeichnung 23
den Eigennamen einsetze. ‚5 m‘ ist aber nicht der Eigenname/Name/
der betreffenden Länge, von der zuerst nur gesagt wurde daß a und b sie
beide besäßen. Wenn es sich um Längen im Gesichtsfeld handelt
können wir zwar sagen die beiden Längen seien gleich aber wir können
sie im allgemeinen nicht mit einer Zahl „benennen“. – Der Satz „ist L
die Länge von a, so hat auch b die Länge L“ schreibt seine Form nur als
eine von der des Beispiels/von der Form eines Beispiels/ derivierte
Form hin. Und man könnte den allgemeinen Satz auch wirklich durch
eine Anführung [Aufzählung] von Beispielen mit einem „u.s.w.“
ausdrücken. Und es ist eine Wiederholung desselben Satzes wenn ich
sage: „a und b sind gleichlang; ist die Länge von a L so ist die Länge
von b auch L; ist a 5 m lang so ist |auch| b 5 m lang, ist a 7 m so ist b
7 m u.s.w.“. Die dritte Fassung zeigt schon daß in dem Satz nicht das
„und“ zwischen zwei Formen steht wie in „(∃x) φx · ψx“ so daß man
auch „(∃x) φx“ und „(∃x) ψx“ schreiben dürfte.

1 Wie soll man nun den Satz auffassen⟨:⟩ „diese Hüte haben die gleiche
2 „diese Stäbe haben ⟨glei…⟩
9 wenn ich nur weiß und berücksichtige daß ⟨La …⟩
10 wird die Notation irreführend und verwirrend ⟨„ …⟩
12 „Wenn a die Länge L hat so hat b auch L“⟨. Aber⟩ hier hätte der Satz
14 auch *–im MS durchstrichen*
19 so hat b auch 5 m, u.s.w.⟨“ …⟩
25 Eigenname/Name/ *–erste Variante im MS durchstrichen*
29 zwar sagen die beiden Längen seien gleich aber wir können sie ⟨nich…⟩
30 schreibt ⟨seinen Sinn⟩ nur als ⟨einen⟩ von der ⟨Form …⟩
30 schreibt seine Form ⟨von …⟩
38 nicht das „und“ zwischen zwei Formen steht ⟨die sich …⟩

Nehmen wir als Beispiel auch den Satz „in den beiden Kisten sind 24 gleichviel Äpfel“. Wenn man diesen Satz in der Form schreibt „es gibt eine Zahl, die die Zahl der Äpfel in beiden Kisten ist“ so kann man auch hier nicht die Form bilden: „es gibt eine Zahl die die Zahl der Äpfel in dieser Kiste ist“ oder „die Äpfel in dieser Kiste haben eine Zahl“. Schreibe ich $(\exists x)\ \varphi x \cdot \sim(\exists x, y)\ \varphi x \cdot \varphi y = (\exists_n 1x)\ \varphi x = \varphi 1$ etc., so könnte man den Satz „die Anzahl der Äpfel in beiden Kisten ist die gleiche“ schreiben: „$(\exists n)\ \varphi n \cdot \psi n$“. „$(\exists n)\ \varphi n$“ aber wäre kein Satz.

1 Denken wir uns eine Rechenmaschine die anstatt mit Kugeln, mit Farben in einem Streifen rechnet. Und während wir jetzt auf unserm Abakus mit Kugeln |oder den Fingern| die Farben in einem Streifen zählen, so würden wir dann die Kugeln auf einer Stange oder die Finger an unsrer Hand mit Farben in einem Streifen zählen. Wie aber müßte diese Farbenrechenmaschine konstruiert sein um funktionieren zu können? Wir brauchten ein Zeichen dafür daß keine Kugeln an der Stange sitzen. Man muß sich den Abakus als ein Gebrauchsinstrument 25 denken und als Mittel der Sprache. Und so wie man etwa 5 durch die fünf Finger einer Hand darstellen kann (man denke an eine Gebärdensprache) so würde man es durch den Streifen mit 5 Farben darstellen. Aber für die 0 brauche ich ein Zeichen sonst habe ich die nötige Multiplizität nicht. Nun, da kann ich entweder die Bestimmung treffen daß die Fläche schwarz die Null bezeichnen soll (dies ist natürlich willkürlich und die einfärbige rote Fläche täte es ebensogut) oder aber die einfarbige Fläche soll 0 bezeichnen die zweifärbige 1 etc. Es ist ganz gleichgültig welche Bezeichnungsweise ich wähle. Und man sieht hier wie sich die Mannigfaltigkeit der Kugeln auf die Mannigfaltigkeit der Farben in einer Fläche projiziert.

2 Denken wir uns jemand, der alle/die/ Formen in diesem Zimmer dadurch beschreibt indem er sie mit ebenflächigen geometrischen Formen vergleicht. Gibt es in diesem Zimmer nur solche Formen? Nein. 26 — Muß der, der die Formen unter dem Gesichtspunkt der Ebenflächigen Körper beschreibt behaupten, es gäbe nur solche Formen im Zimmer? Auch nicht. Kann man sagen daß das einseitig ist weil er alle Formen durchgängig nach diesem Schema auffaßt? Und sollte es ihn in dieser Auffassung irre machen wenn er bemerkt daß auch runde Körper vorhanden sind? Nein. Es wäre auch irreführend, den ebenflächigen Körper ein „Ideal“ zu nennen dem sich die Wirklichkeit nur mehr oder weniger nähert. Aber die Geometrie der ebenflächigen Körper könnte man mit Bezug auf diese Darstellungsweise/Darstellung/ eine normative Wissenschaft nennen. (Eine die das Darstellungsmittel darstellt; gleichsam eine, die die Meßgläser eicht.)

31 dadurch *–im MS durchstrichen*
35 *Im MS:* Kann man sagen daß |das| einseitig ist
42 eine normative Wissenschaft nennen. ((Gleichsam eine …)

1 Die Schwierigkeit daß „$(\exists n) \cdot \varphi n$“ sinnlos ist könnte man übrigens aus dem Weg schaffen indem man es bedeuten läßt, daß φ eine Anzahl größer als 0 hat. Was nur zeigt daß hier keine wirkliche Schwierigkeit 27
gelegen hatte, oder doch keine die jetzt weggeräumt ist. Die eigentliche Schwierigkeit liegt nämlich im Begriff des ‚$(\exists n)$‘ und allgemein des ‚$(\exists x)$‘. Ursprünglich stammt diese Notation vom Ausdruck unsrer Wortsprache her „es gibt ein .... von der und der Eigenschaft.“ Und was hier an Stelle der Punkte steht ist etwa „Buch meiner Bibliothek“ oder „Ding (Körper) in diesem Zimmer“, „Wort in diesem Brief“ u.s.w.. Man denkt dabei an Gegenstände die man der Reihe nach durchgehen kann. Durch einen so oft verwendeten/angewandten/ Prozess der Sublimierung wurde diese Form dann zu der „es gibt einen Gegenstand für welchen ....“ und hier dachte man sich ursprünglich auch die Gegenstände der Welt ganz analog den ‚Gegenständen‘ im Zimmer (nämlich den Tischen, Stühlen, Büchern, etc.). Obwohl es ganz klar ist daß die Grammatik dieses $(\exists x)$ etc in vielen Fällen eine ganz andere ist als im primitiven und als Paradigma/Urbild/ dienenden Fall. Besonders kraß wird die Diskrepanz zwischen dem ursprünglichen Bild und dem 28
worauf die Notation nun angewendet werden soll/wird/ wenn ein Satz „in diesem Viereck sind nur zwei Kreise“ wiedergegeben wird durch die/in der/ Form „es gibt keinen Gegenstand der die Eigenschaft hat ein Kreis in diesem Viereck aber weder der Kreis a noch der Kreis b zu sein“ oder „es gibt nicht drei Gegenstände die die Eigenschaft haben ein Kreis in diesem Viereck zu sein“. Der Satz „es gibt nur zwei Dinge die Kreise in diesem Viereck sind“ (analog gebildet dem Satz „es gibt nur zwei Menschen die diesen Berg erstiegen haben“) klingt verrückt; und mit Recht, d.h. es ist nichts damit gewonnen daß wir den Satz „in diesem Viereck sind zwei Kreise“ in diese/jene/ Form pressen vielmehr hilft uns das nur zu übersehen daß wir die Grammatik dieses Satzes nicht klargestellt haben. Zugleich aber gibt hier die Russellsche Notation einen Schein von Exactheit der manchen glauben macht, die Probleme seien dadurch gelöst, daß man den Satz auf die Russell'sche Form gebracht hat. (Es ist das ebenso gefährlich wie der Gebrauch des Wortes 29
„Wahrscheinlich“ ohne weitere Untersuchung |darüber| wie das Wort in diesem speziellen Fall gebraucht wird. Auch das Wort „wahrscheinlich“ ist, aus leicht verständlichen Gründen, mit einer Idee der Exactheit verbunden.)

5 liegt nämlich im Begriff des ‚$(\exists n)$‘ ⟨$0 \cdot \varphi n$⟩ und allgemein des ‚$(\exists x)$‘⟨ $\cdot\ \varphi 0$⟩
7 vom Ausdruck unsrer Wortsprache her „es gibt ein .... ⟨de...⟩
7 von der und der Eigenschaft ⟨...⟩“.
8 von der und der Eigenschaft.“ Und was hier ⟨statt⟩ der Punkte steht ist
12 Prozess der Sublimierung wurde ⟨dieser⟩ Form
14 der Welt ganz analog den ‚Gegenständen‘ ⟨in mei.../in dem/⟩ Zimmer
18 zwischen dem ursprünglichen Bild und dem ⟨Fall wo⟩ die Notation
20 „in diesem Viereck sind nur zwei Kreise“ wiedergegeben wird ⟨in der ...⟩
22 aber weder der Kreis a noch der Kreis b zu sein⟨. ...⟩
24 ein Kreis in diesem Viereck zu sein“. ⟨Zu sagen „...⟩
28 diese/jene/ *–erste Variante im MS durchstrichen*
31 einen Schein von Exactheit der ⟨glaub...⟩
33 (Es ist das ebenso gefährlich wie der Gebrauch des ⟨Wah...⟩

In allen den Fällen: „Einer der vier Füße dieses Tisches hält nicht“, „Es gibt Engländer mit schwarzen Haaren“, „auf dieser Wand ist ein Fleck“, „die beiden Töpfe haben das gleiche Gewicht“, „auf beiden Seiten stehen gleichviel Wörter“ – wird in der Russellschen Notation das „$(\exists \ldots) \ldots$“ gebraucht; und jedesmal mit anderer Grammatik. Damit will ich also sagen daß mit einer Übersetzung |so eines Satzes| aus der Wortsprache in die Russellsche Notation nicht viel gewonnen ist.

Will man den Satz „die Begriffe φ und ψ werden von der gleichen Anzahl von Dingen befriedigt“ [„unter φ und ψ fallen gleichviele Gegenstände“] in übersichtlicher Notation schreiben so ist man vor allem versucht ihn in der Form „$\varphi n \cdot \psi n$“ zu schreiben. Und ferner empfindet man das nicht als logisches Produkt von φn und ψn, so daß 30
es also auch Sinn hätte zu schreiben $\varphi n \cdot \psi 5$ – sondern es ist wesentlich daß nach ‚φ‘ und ‚ψ‘ der gleiche Buchstabe folgt und $\varphi n \cdot \psi n$ ist eine Abstraktion aus logischen Produkten, $\varphi 4 \cdot \psi 4$, $\varphi 5 \cdot \psi 5$, etc, nicht selbst ein logisches Produkt. (Es würde also auch nicht aus $\varphi n \cdot \psi n$ φn folgen. ‚$\varphi n \cdot \psi n$‘ verhält sich vielmehr zu einem logischen Produkt |ähnlich| wie der Differentialquotient zu einem Quotienten.) Es ist sowenig ein logisches Produkt, wie die Photographie einer Familiengruppe eine Gruppe von Photographien ist. Darum kann uns also die Form „$\varphi n \cdot \psi n$“ leicht irreführen und es wäre vielleicht eine Schreibweise der Art „$\varphi \overline{n \cdot \psi} n$“ vorzuziehen, aber auch „$(\exists n)\, \varphi n \cdot \psi n$“ wenn die Grammatik dieses Zeichens festgelegt ist. Man kann dann festlegen

$(\exists n)\, \varphi n = \text{taut}$ was soviel heißt wie $(\exists n)\, \varphi n \cdot p = p$

Also $(\exists n)\, \varphi n \vee \psi n = \text{taut}$, $(\exists n)\, \varphi n \supset \psi n = \text{taut}$, $(\exists n)\, \varphi n | \psi n = \text{cont.}$ etc.

$\varphi 1 \cdot \psi 1 \cdot (\exists n)\, \varphi n \cdot \psi n = \varphi 1 \cdot (\exists n)\, \varphi n \cdot \psi n$

$\varphi 2 \cdot \psi 2 \cdot (\exists n)\, \varphi n \cdot \psi n = \varphi 2 \cdot (\exists n)\, \varphi n \cdot \psi n$

etc. ad inf.

Und überhaupt sind die Rechnungsregeln für $(\exists n)\, \varphi n \cdot \psi n$ daraus 31
abzuleiten daß man schreiben kann $(\exists n)\, \varphi n \cdot \psi n = \varphi 0 \cdot \psi 0 \vee \varphi 1 \cdot \psi 1 \vee \varphi 2 \cdot \psi 2 \vee \varphi 3 \cdot \psi 3 \vee$ u.s.w. ad inf.. Es ist klar daß dies keine logische Summe ist, da „u.s.w. ad inf“ kein Satz ist. Die Notation $(\exists n)\, \varphi n \cdot \psi n$ ist aber auch nicht unmißverständlich; denn man könnte sich wundern warum man hier statt $\varphi n \cdot \psi n$ nicht ϕn sollte setzen können und dann sollte ja „$(\exists n)\, \phi n$“ nichtssagend werden. Das klärt sich natürlich auf wenn man auf die Notation $\sim(\exists x)\, \varphi x$ für $\varphi 0$, $(\exists x) \cdot \varphi x \cdot \sim(\exists x, y)\, \varphi x \cdot \varphi y$ für $\varphi 1$, etc zurückgeht beziehungsweise auf $(\exists_n 0x)\, \varphi x$ für $\varphi 0$, $(\exists_n 1x)\, \varphi x$ für $\varphi 1$ etc.. Denn dann ist zu unterscheiden zwischen

$(\exists_n 1x)\, \varphi x \cdot (\exists_n 1x)\, \psi x$ und $(\exists_n 1x)\, \varphi x \cdot \psi x$.

3 das gleiche Gewicht“, „⟨Auf⟩ beiden Seiten stehen gleichviel Wörter“

10 „die Begriffe φ und ψ werden von der gleichen Anzahl von Dingen befriedigt“ [„unter φ und ψ fallen gleichviele Gegenstände“] *–erste Variante sowie die eckigen Klammern der zweiten Variante im MS durchstrichen*

16 (Es würde also auch nicht aus $\varphi n \cdot \psi n$ φn folgen⟨)…⟩

19 Es ist sowenig ein logisches Produkt, wie ⟨ei…⟩

20 Darum ⟨ist …⟩

21 leicht *–im MS durchstrichen*

21 und es wäre vielleicht eine Schreibweise ⟨von⟩ der Art

30 $\varphi 0 \cdot \psi 0 \vee$ *–Einfügung in die Notation*

35 statt $\varphi n \cdot \psi n$ nicht ϕn sollte setzen können und dann sollte ja ⟨φn …⟩

36 wenn man auf die Notation $\sim(\exists x)\, \varphi x$ für ⟨$(\exists 0)$ …⟩

Und geht man auf $(\exists n)\ \varphi n \cdot \psi n$ über so bedeutet das

$(\exists n) : (\exists_n nx)\ \varphi x \cdot (\exists_n nx)\ \psi x$

(welches nicht nichtssagend ist) und nicht

$(\exists n) : (\exists_n nx)\ \varphi x \cdot \psi x$

welches nichtssagend ist.

1 Die Worte „gleichzahlig“, „längengleich“, „gleichfärbig“ etc. haben 32 ähnliche aber verschiedene Grammatik. – In allen Fällen liegt die Auffassung des Satzes als eine endlose logische Summe nahe deren Glieder die Form $\varphi n \cdot \psi n$ haben. Außerdem hat jedes dieser Worte |mehrere| verschiedene Bedeutungen d.h. könnte selbst wieder durch mehrere Wörter mit verschiedener Grammatik ersetzt werden. Denn „gleichzahlig“ heißt etwas anderes, wenn es auf Striche angewandt wird die gleichzeitig im Gesichtsraum sind, als wenn es sich auf die Äpfel in zwei Kisten bezieht; und „gleichlang“ auf den/im/ Gesichtsraum angewandt ist verschieden von „gleichlang“ im Euklidischen Raum; und die Bedeutung von gleichfarbig hängt von dem Kriterium ab das wir für die Gleichfarbigkeit annehmen.

2 Wenn es sich um Flecke im Gesichtsraum handelt die wir zu gleicherzeit sehen so hat das Wort „gleichlang“ verschiedene Bedeutung jenachdem die Strecken unmittelbar angrenzend oder von einander entfernte sind. In der Wortsprache hilft man sich da oft/häufig/ mit dem 33 Wort „es scheint“.

3 Die Gleichzahligkeit wenn es sich um eine Anzahl von Strichen handelt „die man übersehen kann“ ist eine andere als die welche nur durch zählen der Striche festgestellt werden kann

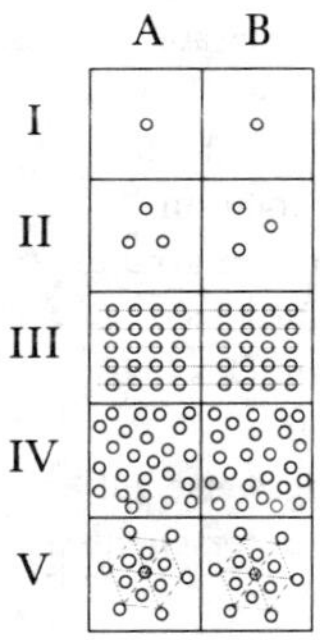

Verschiedene Kriterien der Gleichzahligkeit. I und II die Zahl die man unmittelbar erkennt, III das Kriterium der Zuordnung, IV hier muß man beide Klassen zählen, V man erkennt das gleiche Muster. (Das sind natürlich nicht die einzigen Fälle.)

4 Im Fall der Längengleichheit im Euklidischen Raum mag man sagen, sie bestehe darin daß beide Strecken die gleiche Zahl von cm messen, beide 5 cm beide 10 cm, etc. Wenn es sich aber um die Längengleichheit zweier Strecken im Gesichtsraum handelt, so gibt es hier nicht eine Länge l die beide haben.

7 ⟨Die Grammatik des Wortes „gleichzahlig“ ist ähnlich aber doch verschieden von der der Worte ...⟩ *–Beginn einer Bemerkung, im MS gestrichen*

13 „gleichzahlig“ heißt etwas anderes, wenn es auf Striche ⟨im Gesichts...⟩

21 so hat das Wort „gleichlang“ verschiedene Bedeutung ⟨jed...⟩

30 ⟨Die verschiedenen⟩ Kriterien der Gleichzahligkeit.

42 daß beide Strecken die gleiche ⟨Anzahl⟩ von cm messen,

1 Man möchte sagen: zwei Stäbe müssen immer entweder gleichlang oder 34
verschieden lang sein. Aber was heißt das? Es ist natürlich eine Regel der Ausdrucksweise. „In den zwei Kisten müssen entweder gleichviel Äpfel oder verschiedene Anzahlen sein". Das Anlegen zweier Maßstäbe an je eine Strecke soll die Methode sein wie ich herausfinde, ob die beiden Strecken gleich lang sind: sind sie aber gleich lang wenn die beiden Maßstäbe |gerade| nicht angelegt sind? Wir würden in diesem Fall sagen, wir wissen nicht ob die beiden während dieser Zeit gleich oder verschieden lang sind. Aber man könnte auch sagen, sie haben während dieser Zeit keine Längen oder etwa keine numerischen Längen.

2 Ähnliches wenn auch nicht das Gleiche gilt von der Zahlengleichheit.

3 Es gibt hier die Erfahrung daß wir eine Anzahl Punkte sehen deren
Anzahl wir nicht unmittelbar sehen können die wir aber während des 35
Zählens überblicken können so daß es Sinn hat zu sagen sie haben sich während des Zählens nicht verändert. Anderseits aber gibt es auch den Fall einer Gruppe von Gegenständen/Körpern/ oder Flecken die wir nicht übersehen können während wir sie zählen sodaß es hier das frühere Kriterium daß die Gruppe sich während des Zählens nicht verändert nicht gibt.

16.2.

4 Wenn man bei geschlossenen Augen ein Flimmern sieht, unzählige Lichtpünktchen die kommen und verschwinden, – wie man es etwa beschreiben würde – so hat es keinen Sinn hier von einer ‚Anzahl' der zugleich gesehenen Pünktchen zu reden. Und man kann nicht sagen „es sind immer eine bestimmte Anzahl von Lichtpünktchen da, wir wissen sie bloß nicht"; dies entspräche einer Regel die dort angewandt wird, wo von einer Kontrolle dieser Anzahl gesprochen werden kann.

5 zweier Maßstäbe an je ⟨einen Stab⟩ soll die ⟨Art sein …⟩
6 sind sie aber ⟨auch⟩ gleich lang
7 wenn die beiden Maßstäbe |gerade| nicht angelegt ⟨sei…⟩
24 16.2. *–1932, Cambridge*
29 Und man kann nicht sagen „es sind ⟨ein…⟩
29 immer eine bestimmte Anzahl von ⟨Pü…⟩
31 wo von einer Kontrolle dieser Anzahl gesprochen werden kann *–im MS am linken Rand mit einer vertikalen Wellenlinie markiert*

Russells Erklärung der Gleichzahligkeit ist aus verschiedenen Gründen ungenügend. Aber die Wahrheit ist daß man in der Mathematik keine solche Erklärung der Gleichzahligkeit braucht. Hier ist überhaupt alles 36
falsch aufgezäumt.

Was uns verführt, die Russellsche, oder Fregesche, Erklärung anzunehmen, ist der Gedanke, zwei Klassen von Gegenständen (Äpfeln in zwei Kisten) seien gleichzahlig, wenn man sie einander 1–1 zuordnen *könne*. Man denkt sich die Zuordnung als eine Kontrolle der Gleichzahligkeit. Und hier macht man in Gedanken wohl noch eine Unterscheidung zwischen Zuordnung und Verbindung durch eine Relation; und zwar wird die Zuordnung zur Verbindung was die „geometrische Gerade“ zu einer wirklichen ist, eine Art idealer Verbindung; einer Verbindung die quasi von der Logik vorgezeichnet ist und durch die Wirklichkeit nun nachgezogen werden kann. Es ist die Möglichkeit aufgefaßt als eine schattenhafte Wirklichkeit. Dies hängt dann wieder mit der Auffassung von „$(\exists x) \cdot \varphi x$“ als Ausdruck der Möglichkeit von φx zusammen.

„φ und ψ sind gleichzahlig“ (ich werde dies schreiben „$S(\varphi \cdot \psi)$“ oder auch einfach „S“) soll ja aus „$\varphi 5 \cdot \psi 5$“ folgen; aber aus $\varphi 5 \cdot \psi 5$ folgt 37
nicht daß φ und ψ durch eine 1–1 Relation R verbunden sind (dies werde ich „$\pi(\varphi, \psi)$“ oder „π“ schreiben). Man hilft sich indem man sagt es bestehe dann eine Relation der Art

„$x = a \cdot y = b \,.\!\vee.\, x = c \cdot y = d \,.\!\vee.$ u.s.w.“

Aber, erstens, warum definiert man dann nicht gleich S als das Bestehen einer *solchen* Relation. Und wenn man darauf antwortet, diese Definition/Erklärung/ würde die Gleichzahligkeit bei unendlichen Anzahlen nicht ausschließen so ist zu sagen daß dies nur auf eine Frage der „Eleganz“ hinausläuft, da ich letzten Endes für endliche Zahlen meine Zuflucht doch zu den „extensionalen“ Beziehungen nehmen müßte. Aber diese führen uns auch zu nichts: denn, zu sagen, zwischen φ und ψ bestehe eine Beziehung |– z.B. –| der Form $x = a \cdot y = b \vee x = c \cdot y = d$ sagt nichts andres als

$$(\exists x, y)\, \varphi x \cdot \varphi y \cdot {\sim}(\exists x, y, z)\, \varphi x \cdot \varphi y \cdot \varphi z \;:$$
$$(\exists x, y)\, \psi x \cdot \psi y \cdot {\sim}(\exists x, y, z)\, \psi x \cdot \psi y \cdot \psi z$$

(Was ich in der Form schreibe

$$(\exists_n 2x)\, \varphi x \cdot (\exists_n 2x)\, \psi x$$

5 Was uns verführt, die Russellsche, oder Fregesche, Erklärung ⟨von …⟩
10 eine Unterscheidung zwischen Zuordnung und ⟨V…⟩
12 was die „geometrische Gerade“ zu einer wirklichen ist, eine Art ⟨I…⟩
14 durch die Wirklichkeit nun nachgezogen ⟨z…⟩
16 Dies hängt dann wieder mit der Auffassung ⟨des Aus…⟩
28 da ich letzten Endes ⟨doch nie a…⟩
31 bestehe eine Beziehung |– z.B. –| der Form ⟨a …⟩
35 (Was ich in der Form schreibe –*keine schließende Klammer im MS*

Und, zu sagen, zwischen φ und ψ bestehe *eine* der Beziehungen $x = a \cdot y = b$; $x = a \cdot y = b \,.\!\vee.\, x = c \cdot y = d$; etc. etc., heißt nichts andres 38 als, es bestehe eine der Tatsachen $\varphi 1 \cdot \psi 1$; $\varphi 2 \cdot \psi 2$; etc. etc.. Nun hilft man sich mit der größereren Allgemeinheit indem man sagt, zwischen φ und ψ bestehe irgend eine 1–1 Relation und vergißt daß man dann doch für die Bezeichnung dieser Allgemeinheit die Regel festlegen muß nach welcher „irgend eine Relation" auch die Relationen der Form $x = a \cdot y = b$ etc einschließt. Dadurch daß man mehr sagt kommt man nicht drum herum das Engere zu sagen das in dem Mehr vorhanden sein soll. (Die Logik läßt sich nicht betrügen.)

In dem Sinne von S also in welchem S aus $\varphi 5 \cdot \psi 5$ folgt, wird es durch die Russellsche Erklärung nicht erklärt. Vielmehr braucht man da eine Reihe von Erklärungen

$$\left.\begin{array}{l} \varphi 0 \cdot S = \varphi 0 \cdot \psi 0 = \psi 0 \cdot S \\ \varphi 1 \cdot S = \varphi 1 \cdot \psi 1 = \psi 1 \cdot S \\ \quad \text{etc. ad inf.} \end{array}\right\} \ldots \alpha$$

Dagegen wird π als Kriterium der Gleichzahligkeit gebraucht und kann natürlich *in einem andern Sinne von* S auch S gleichgesetzt werden. (Und man kann dann nur sagen: Wenn in Deiner/einer/ 39 Notation $S = \pi$ ist dann bedeutet S nichts andres als π.)

Es folgt zwar nicht π aus $\varphi 5 \cdot \psi 5$ wohl aber $\varphi 5 \cdot \psi 5$ aus $\pi \cdot \varphi 5$.

$$\begin{array}{l} \pi \cdot \varphi 5 = \pi \cdot \varphi 5 \cdot \psi 5 = \pi \cdot \psi 5 \\ \quad \text{u.s.w.} \end{array}$$

Also kann man schreiben

$$\left.\begin{array}{l} \pi \cdot \varphi 0 = \pi \cdot \varphi 0 \cdot \psi 0 = \pi \cdot \varphi 0 \cdot S \\ \pi \cdot \varphi 1 = \pi \cdot \varphi 1 \cdot \psi 1 = \pi \cdot \varphi 1 \cdot S \\ \pi \cdot \varphi 2 = \pi \cdot \varphi 2 \cdot \psi 2 = \pi \cdot \varphi 2 \cdot S \\ \quad \text{u.s.w. ad inf.} \end{array}\right\} \ldots \beta$$

Und dies kann man dadurch ausdrücken daß man sagt die Gleichzahligkeit folge aus π. Und man kann auch die Regel geben

$$\pi \cdot S = \pi$$

die mit den Regeln, oder *der* Regel, β und der Regel α übereinstimmt.

1 ∨ Wenn Einer sagt „der Gesichtsraum ist farbig", so schauen wir uns um und schauen uns die Farben um uns an, als wenn er gesagt hätte „schau Dir dieses Buch an", oder „schau Dir die Form dieser Vase an".

2 *eine* der Beziehungen $x = a \cdot y = b$; $x = a \cdot y = b \,.\!\vee.$ ⟨y…⟩
3 heißt nichts andres als, es bestehe ⟨entwed…⟩
6 und vergißt daß man dann doch für ⟨diese …⟩
9 kommt man nicht drum herum das Engere zu sagen ⟨daß …⟩
20 Wenn in Deiner/einer/ Notation ⟨S …⟩
20 Wenn in Deiner/einer/ Notation |S = π ịst| ⟨π dasselbe bedeutet wie S⟩
32 die mit den Regeln⟨ β …⟩
32 die mit den Regeln, oder *der* Regel, β ⟨und α …⟩
36 oder „schau ⟨dir⟩ die Form dieser Vase an".

1 Wenn Einer konstatieren wollte „der Raum/Gesichtsraum/ ist farbig“, so wären wir versucht ihm zu antworten: „Wir können ihn uns ja gar 40 nicht anders vorstellen (denken)“. Oder: „Wenn er nicht färbig wäre so wäre er in dem Sinne verschieden vom Gesichtsraum wie ein Klang von einer Farbe.“ Richtiger aber könnte man sagen: er wäre dann eben nicht was wir „Gesichtsraum“ nennen. In der Grammatik wird auch die Anwendung der Sprache beschrieben; das was man den Zusammenhang zwischen Sprache und Wirklichkeit nennen möchte. Wäre er aber nicht beschrieben so wäre einerseits die Grammatik unvollständig anderseits könnte sie aus dem Beschriebenen nicht vervollständigt werden. In dem Sinn in welchem wir ihn uns nicht anders denken können, ist die „Färbigkeit“ in der Definition des Begriffs Gesichtsraum |d.h.| in der Grammatik des Wortes „Gesichtsraum“ enthalten.

2 Es läßt sich kein rationaler Grund angeben weshalb wir denken müssen.

3 |Die Regel| „Aus π folgt S“ also $\pi \cdot S = \pi$ könnte man auch ganz gut weglassen; die Regel β tut denselben Dienst. 41

Schreibt man S in der Form

$\varphi 0 \cdot \psi 0 .\vee. \varphi 1 \cdot \psi 1 .\vee. \varphi 2 \cdot \psi 2 .\vee. \ldots$ ad inf

so kann man mit grammatischen Regeln die der gewohnten Sprache entsprechen leicht $\pi \cdot S = \pi$ ableiten. Denn

$(\varphi 0 \cdot \psi 0 .\vee. \varphi 1 \cdot \psi 1$ etc ad inf$) \cdot \pi = \varphi 0 \cdot \psi 0 \cdot \pi \vee$
$\varphi 1 \cdot \psi 1 \cdot \pi \vee$ etc ad inf $= \varphi 0 \cdot \pi \vee \varphi 1 \cdot \pi \vee$
$\varphi 2 \cdot \pi \vee$ etc ad inf $= \pi \cdot (\varphi 0 \vee \varphi 1 \vee \varphi 2 \vee$ etc ad inf$) = \pi$.

Der Satz „$\varphi 0 \vee \varphi 1 \vee \varphi 2$ etc ad inf“ muß als Tautologie behandelt werden.

4 
Man kann den Begriff der Gleichzahligkeit so auffassen daß es keinen Sinn hat von zwei Gruppen von Punkten Gleichzahligkeit oder das Gegenteil auszusagen wenn es sich nicht um zwei Reihen handelt deren eine zum mindesten einem Teil der andern 1–1 zugeordnet ist. Zwischen solchen Reihen kann darum nur von einseitiger oder gegenseitiger Inklusion /Einschließung/ die Rede sein. Und diese hat eigentlich mit besondern Zahlen so wenig zu tun wie die Längengleichheit oder Ungleichheit im Gesichtsraum mit Maßzahlen. Die Verbindung mit den Zahlen k a n n gemacht werden, muß aber nicht gemacht werden. Wird 42 die Verbindung mit der Zahlenreihe gemacht, so wird die Beziehung der gegenseitigen Inklusion oder Längengleichheit der Reihen zur Beziehung der Zahlengleichheit. Aber nun folgt nicht nur $\psi 5$ aus $\pi \cdot \varphi 5$ sondern auch π aus $\varphi 5 \cdot \psi 5$. Das heißt hier ist $S = \pi$.

1 Wenn Einer ⟨konstr...⟩
2 *Im MS:* „Wir können |ihn| uns ja gar nicht
18 |Die Regel| „Aus π folgt S“ ⟨s...⟩
22 so kann ⟨mit ...⟩
26 etc ad inf) = π. ⟨φ...⟩
27 Der Satz ⟨(...⟩
27 Der Satz „$\varphi 0 \vee \varphi 1 \vee \varphi$⟨ e...⟩
30 Man kann ⟨die⟩ |den Begriff der| Gleichzahligkeit so auffassen
31 daß es keinen Sinn hat von zwei Gruppen von Punkten ⟨G...⟩
42 Reihen zur Beziehung der Zahlengleichheit. Aber ⟨in diesem ...⟩

1 Der Philosoph spürt Wechsel im Stil einer Ableitung, an denen der Mathematiker von heute, mit seinem stumpfen Gesicht ruhig vorübergeht. – Eine höhere Sensibilität ist es eigentlich, was den Mathematiker der Zukunft von dem heutigen unterscheiden wird; und *die* wird die Mathematik – gleichsam – stutzen; weil man dann mehr auf die absolute Klarheit als auf ein/das/ Erfinden neuer Spiele bedacht sein wird.

2 Regel und Erfahrungssatz.
Ist eine Regel ein Erfahrungssatz – etwa über den Gebrauch der Sprache? Ist eine Regel des Schachspiels ein Satz darüber wie die Menschen seit dem Ereignis der Erfindung des Schachspiels es gespielt 43
haben; d.h. |etwa| mit so geformten Figuren gezogen haben. Denn wenn davon die Rede ist daß die Menschen das Schachspiel so gespielt haben so muß das Schachspiel so definiert sein daß es Sinn hat davon auszusagen es sei anders gespielt worden. Sonst nämlich gehören die Regeln zur Definition des Schachspiels. Daß jemand der Regel …. gemäß spielt das ist eine Erfahrungstatsache oder: „A spielt der Regel …. gemäß“, „die meisten Menschen spielen der Regel …. gemäß“, „niemand spielt der Regel …. gemäß“ sind Erfahrungssätze. Die Regel ist kein Erfahrungssatz sondern nur der Teil eines solchen Satzes.

17.

Die Regel ist die Festsetzung der Maßeinheit/setzt die Maßeinheit fest/, und der Erfahrungssatz sagt, wie lang ein Gegenstand ist. (Und hier sieht man wie logische Gleichnisse funktionieren, denn die Festsetzung der Maßeinheit ist wirklich eine grammatische Regel und die Angabe einer Länge in dieser Maßeinheit ein Satz, der von der Regel Gebrauch macht.)

3 Wenn man die Regel dem Satz beifügt, so ändert sich der Sinn des Satzes nicht. Wenn die Definition des Meters die Länge des Pariser Urmeters ist, so sagt der Satz „dieses Zimmer ist 4 m lang“ dasselbe wie „dieses Zimmer ist 4 m lang und 1 m = die Länge des Pariser Urmeters“. 44

Die Legende zu einer Landkarte ist so eine Anweisung zum Gebrauch – oder zum Verständnis – einer Beschreibung.

1 Der Philosoph spürt Wechsel im Stil einer Ableitung, ⟨die …⟩
13 d.h. |etwa| mit ⟨de…⟩
17 die Regeln zur Definition des Schachspiels. Daß ⟨J…⟩
20 „niemand spielt der Regel …. gemäß“ ⟨sind …⟩
23 17. –*Datum in der Textzeile, Fortsetzung des Textes als Absatz, nicht als Bemerkung*
24 Die Regel ist die Festsetzung ⟨des Maßes …⟩
25 und der Erfahrungssatz sagt, wie lang ⟨der …⟩
26 (Und hier sieht man wie logische ⟨Gleichungen⟩ funktionieren,
34 „dieses Zimmer ist 4 m lang und 1 m ⟨ist⟩ die Länge des Pariser
37 ist so eine Anweisung zum Gebrauch ⟨der Sprache …⟩

1 Diese Legende sagt jedenfalls nichts über die Geographie des Landes aus. Sowenig wie der Satz „1 m ist die Länge des Urmeters in Paris" etwas über die Länge eines Gegenstandes aussagt [die Länge eines Gegenstandes beschreibt].

2 | Das Lehren der Philosophie hat dieselbe ungeheure Schwierigkeit welche der Unterricht in der Geographie hätte wenn der Schüler eine Menge falsche und viel zu einfache/und falsch vereinfachte/ Vorstellungen über den Lauf und Zusammenhang der Flüsse und Gebirge /Flußläufe und Gebirgsketten/ mitbrächte. |

3 Ferner muß sich die Regel auf die Anwendung in der Beschreibung (der Wirklichkeit) beziehen. Denn was hat es für einen Sinn von einem Stab zu sagen „das ist das Urmeter" wenn sich diese Aussage nicht auf 45
Messungen mit dem Metermaß bezieht. Insofern könnten wir uns die Regel jedem Satz beigefügt denken.

Die Regel ist eine Art vorgezeichneter Route; ein vorgezeichneter Weg.

Man könnte sich in einem Wald Spazierwege markiert denken, zu dem Zweck daß sich die Menschen über Spaziergänge im Wald verständigen können. Aber täte es für diesen Zweck nicht auch irgend ein Koordinatensystem?

18.

4 | Die Menschen sind tief in den philosophischen i.e. grammatischen Konfusionen eingebettet. Und sie daraus zu befreien setzt voraus, daß man sie aus den ungeheuer mannigfachen Verbindungen herausreißt in denen sie gefangen sind. Man muß sozusagen ihre ganze Sprache *um*gruppieren. – Aber diese Sprache ist ja so entstanden [geworden] weil Menschen die Neigung hatten – und haben – *so* zu denken. Darum geht das Herausreißen nur bei denen die in einer instinktiven Auflehnung gegen die/[Unbefriedigung mit] der/ Sprache leben. Nicht bei denen, die ihrem ganzen Instinkt nach in *der* Herde leben die 46
diese Sprache als ihren eigentlichen Ausdruck geschaffen hat. |

5 Die Regel möchte ich ein Instrument nennen.

6 | „Die Grammatik aufklären" heißt sie in/auf/ die Form eines Spiels mit Regeln bringen. |

7 v | Ein Spiel könnte so gehen: man macht faustgroße Kugeln aus Lehm und rollt sie in der und der Weise etc. Die Angabe daß es faustgroße Kugeln sein sollen entspricht ganz der Angabe daß ein ‚Haufen' Sand dort und dort ist; und man sieht daß die besondere Unbestimmtheit dieser Angabe sehr wohl in Regeln eintreten kann. |

1 *Die Bemerkung steht im MS nach der folgenden, Umstellung durch einen Pfeil am linken Rand.*
12 Ferner ⟨bezie...⟩
26 i.e. grammatischen Konfusionen eingebettet ⟨und ...⟩
29 ihre ganze Sprache *um*gruppieren. – Aber ⟨das geht nur ...⟩
42 Die Angabe daß es faustgroße ⟨St...⟩
43 der Angabe daß ⟨irgendwo⟩ ein ‚Haufen' Sand ⟨ist ...⟩

1 / Ich will jemandem die Form eines Linienzugs beschreiben und gebe zuerst die Regel (der Darstellung) „a | ↗
b | ↘
c | →
d | ←“.

Die Regel ist ein Teil seines Apparates; der besondere Satz – etwa a a c b d d ist ein andrer Teil. Es ist als wäre der letztere ein Einsatzstück und die Regel ein für viele Fälle vorbereiteter Grundbestandteil.

Denn, können wir nicht wirklich statt ‚a a c b d d‘ schreiben „a | ↗ a a c b d d
b | ↘
c | →
d | ←“ und so für jeden Satz des Systems den Regelteil wiederholen? Und gäbe es dann außer diesen Sätzen noch die Regel „a | ↗
b | ↘
c | →
d | ←“? 47

2 v Das zeigt übrigens die Beweglichkeit/Elastizität/ eines/des/ Begriffs der Sprache; denn hier hätten wir eine Sprache ohne Grammatik da die Grammatik den Sätzen beigefügt ist.

3 / Wenn eine Regel ein Satz ist, dann wohl einer, der von den Wörtern der Sprache handelt. Aber was sagt so ein Satz von den Wörtern aus? Daß sie in dem und dem Zusammenhang gebraucht werden? Aber von wem und wann? Oder, daß jemand wünscht daß sie so gebraucht werden? Und wer? – Vielmehr ist die Regel von allen diesen Aussagen ein Teil.

4 / Verhält es sich mit einer Grammatischen Regel wie mit einem Gesetz im Staat? Ist es nicht von so einem Gesetz wahr, daß es nichts darüber aussagt was geschieht noch auch sagt daß jemand wünscht daß so und so gehandelt werde.

5 / Aber könnte nicht ein Gesetz immerhin so geschrieben werden: „der König wünscht/befiehlt/, daß ....“; und könnte man eine Regel der Grammatik eventuell auch so geben? Nein. Denn dann könnte die Regel, dem Satz von dessen Worten sie gilt beigefügt nicht diesen Satz ergeben. 48

7 Es ist als wäre der letztere ⟨|quasi|⟩ ein Einsatzstück
12 für jeden Satz des Systems den Regelteil wiederholen? ⟨und ...⟩
19 eines/des/ *–erste Variante im MS durchstrichen*
30 Verhält es sich mit einer Grammatischen Regel wie mit einem ⟨s...⟩
36 wünscht/befiehlt/ *–erste Variante im MS durchstrichen*

20.

/ Die Regel „links gehen!“ oder einfach ein Pfeil. Wie, wenn ich mir in meinem Zimmer einen Pfeil an die Wand malte, – wäre der auch der Ausdruck eines Gesetzes, wie es der Pfeil auf einem Bahnhof wohl sein könnte? Um ihn zu einem Gesetz zu machen, gehört doch/wohl/ noch der übrige Apparat dessen einer Teil der Pfeil nur ist.

(Sraffa) Ein Ingenieur baut eine Brücke; er schlägt dazu in mehreren Handbüchern nach; in technischen Handbüchern und in juridischen. Aus den einen erfährt er daß die Brücke zusammenbrechen würde wenn er dieses Teil schwächer machen würde als etc etc., aus den andern daß er eingesperrt würde wenn er sie so und so bauen würde. – Stehen nun die beiden Bücher nicht auf gleicher Stufe? – Das kommt drauf an was für eine Rolle sie in seinem Leben spielen. Das juridische Handbuch kann ja für ihn einfach ein Buch über die 49 Naturgeschichte der ihn umgebenden Menschen sein. Vielleicht muß er auch ein Buch über das Leben der Biber nachschlagen um zu erfahren wie er die Brücke streichen muß daß die Biber sie nicht annagen. – Gibt es aber nicht noch eine andere Weise die Gesetze zu betrachten? Fühlen wir nicht sogar deutlich, daß wir sie nicht so betrachten? – Ist dies nicht die gleiche Frage wie: – Ist ein Vertrag nur die Feststellung daß es |für die Parteien| nützlich ist so und so zu handeln. Fühlen wir uns nicht in manchen Fällen (wenn auch nicht in allen) auf andre Weise „durch den Vertrag gebunden“? – Kann man nun sagen: „Wer sich durch einen Vertrag oder ein Gesetz gebunden fühlt stellt sich irrtümlicherweise das Gesetz als einen Menschen (oder Gott) vor der ihn mit physischer Gewalt zwingt“?

Nein; denn wenn er handelt als ob ihn jemand zwänge so ist doch seine Handlung jedenfalls Wirklichkeit und auch die Vorstellungsbilder die er etwa dabei hat sind nicht Irrtümer; und er braucht sich in nichts irren und kann doch handeln wie er handelt und sich auch vorstellen, was er sich etwa vorstellt. Die Worte „der Vertrag bindet mich“ sind 50 zwar eine bildliche Darstellung und daher mit der gewöhnlichen Bedeutung des Wortes „binden“ ein falscher Satz; aber richtig aufgefaßt sind sie wahr (oder können es sein) und unterscheiden einen Fall von dem in welchem der Vertrag mir bloß sagt was zu tun mir nützlich ist. Und wenn man etwas gegen die Worte einwendet „der Vertrag (oder das Gesetz) bindet mich“, so kann man nichts sagen gegen die Worte: „ich f ü h l e mich durch den Vertrag gebunden“.

4 wäre der auch der Ausdruck eines Gesetzes⟨? …⟩
4 wäre der auch der Ausdruck eines Gesetzes, wie ⟨die …⟩
6 dessen einer Teil der Pfeil nur ist *–im MS am linken Rand mit einer vertikalen Wellenlinie markiert*
13 Das kommt drauf an ⟨was sie in sein…⟩
15 Handbuch kann ja für ihn einfach ein ⟨naturgeschichtliches Buch⟩ sein.
19 Fühlen wir nicht sogar deutlich, daß wir sie nicht ⟨wie …⟩
20 Ist dies nicht ⟨g…⟩
21 die Feststellung daß es |für die Parteien| nützlich ist ⟨für …⟩
25 oder ein Gesetz gebunden fühlt stellt sich irrtümlicherweise ⟨vor …⟩
32 sind zwar eine bildliche Darstellung und daher ⟨im …⟩
33 mit der gewöhnlichen Bedeutung des Wortes „binden“ ⟨falsch …⟩
35 Fall von dem in welchem ⟨es mir nützlich ist den Vertrag zu befolgen. …⟩
35 Fall von dem in welchem der Vertrag mir ⟨sa…⟩

1 Der Sinn der Sprache ist nicht durch ihren Zweck bestimmt. Oder: was man den Sinn, die Bedeutung, in der Sprache nennt, ist nicht ihr Zweck.

2 Die Regel |– wie ich sie verstehe –| ist wie ein Weg in einem Garten. Oder wie die vorgezeichneten Felder auf einem/dem/ Schachbrett oder die Linien einer Tabelle. Von diesen Linien etc wird man nicht sagen, daß sie uns etwas mitteilen (obwohl sie ein Teil einer Mitteilung sein können – ja auch selbst Mitteilungen). Ich lege in einer Abmachung mit 51
jemandem eine Regel fest. In dieser Abmachung teile ich ihm etwa die Regel (einer künftigen Darstellung) mit. Ich sage ihm etwa: „der Plan den ich Dir von meinem Haus zeichne ist im Maßstab 1:10. Das ist eigentlich ein Teil der Beschreibung des Hauses. Und wenn ich schreibe $\sim p \cdot (\sim\sim p = p)$ so ist das wirklich ähnlich, wie wenn ich dem Plan den Maßstab beifüge.

Ich könnte auch so sagen: Ich will nur das mitteilen, was der Satz der Sprache mitteilt; und die Regel ist nichts als ein Hilfsmittel *dieser* Mitteilung, (so wie ich sie|, die Regel| verstehe). Schon deshalb darf/kann/ die Regel nicht selbst eine Mitteilung sein; denn sonst würde der Sinn des Satzes irgendwie zugleich den Sinn der Mitteilung über den Sprachgebrauch beinhalten.

Wir müssen uns vergegenwärtigen wie wir in der Philosophie, d.h. beim Klären grammatischer Fragen, wirklich von Regeln reden; – damit wir auf der Erde bleiben und nicht nebelhafte Konstruktionen machen/bauen/. Ich gebe z.B. Regeln wie:

$(\exists x)\, \varphi x \vee \varphi a \vee \varphi b = (\exists x) \cdot \varphi x$

oder $\sim\sim p = p$

oder ich sage, daß es sinnlos ist von einem „rötlichen grün“ zu reden 52
oder von einem „schwärzlichen schwarz“, oder ich sage daß „a = a“ sinnlos ist, oder beschreibe eine Notation, die dieses Gebilde und „$(\exists x)\, x = x$“ vermeidet oder sage, es habe keinen Sinn zu sagen, etwas „scheine rot zu scheinen“ oder es habe Sinn zu sagen daß im Gesichtsraum eine krumme Linie aus geraden Strichen zusammengesetzt sei, oder es habe den gleichen Sinn zu sagen „der Stein falle weil er von der Erde angezogen werde“ und „der Stein *müsse* fallen, weil er von der Erde etc“.

Ich biete dem Verwirrten eine Regel an und er nimmt sie an. Ich könnte auch sagen: ich biete ihm eine Notation an.

2 Oder: was man ⟨die …⟩
4 wie ein Weg in einem Garten ⟨oder⟩ wie die vorgezeichneten Felder
7 wird man nicht sagen, daß sie uns etwas mitteilen⟨. …⟩
7 wird man nicht sagen, daß sie uns etwas mitteilen (obwohl sie ⟨T…⟩
8 ein Teil einer Mitteilung sein können⟨). …⟩
11 „der Plan den ich Dir *–kein Ausführungszeichen im MS*
22 beim Klären grammatischer Fragen, wirklich von Regeln ⟨reg…⟩
30 und „$(\exists x)\, x = x$“ vermeidet oder sage, es ⟨sei sin…⟩

Wie schaut nun so eine Notation aus? Nun, in den meisten Fällen werde ich Sätze der alten Notation (etwa der Wortsprache) in die entsprechenden Sätze der neuen Schreibweise übersetzen; etwa indem ich schreibe

alt	neu
$(\exists x, y)\ \varphi(x, y)$	$(\exists x, y)\ \varphi(x, y)\ .\!\vee\!.\ (\exists x)\ \varphi(x, x)$
$(\exists x, y) \cdot \varphi(x, y) \cdot x \neq y$ ...	$(\exists x, y)\ \varphi(x, y)$

etc.

Die Regel entspricht aber in gewissem Sinne dem was man eine „Annahme" genannt hat. Sie ist quasi ein Satzradikal (chemisch 53
gesprochen). Und es ist charakteristisch für die Art unserer Untersuchung, daß wir uns nicht für die Sätze interessieren die mit diesem Radikal gebildet werden (können). Im Mittelpunkt der Betrachtung steht die Regel; nicht daß ich sie jemandem anbiete, nicht daß jemand sie benützt, etc..

Sie könnte, glaube ich, verglichen werden dem Plan eines Hauses, ich meine einer Zeichnung die als Plan eines Hauses gebraucht werden kann, der aber kein |existierendes| Haus entspricht und von der auch nicht gesagt wird daß ihr einmal eines entsprechen soll, etc..

1 | Das Rätselhafte am Kontinuum ist wie das Rätselhafte der Zeit für Augustinus dadurch bedingt daß wir durch die Sprache verleitet werden ein Bild auf sie anzuwenden das nicht paßt. Die Mengenlehre behält das unpassende Bild des Diskontinuierlichen bei aber sagt diesem Bilde Widersprechendes von ihm aus mit der Idee mit Vorurteilen zu brechen. Während in Wirklichkeit darauf hingewiesen werden sollte daß 54
dieses Bild eben nicht paßt und daß man es allerdings nicht strecken kann ohne es zu zerbrechen [zerreißen] aber ein neues und in gewissem Sinne dem alten ähnliches brauchen kann. |

4 in die entsprechenden Sätze der ⟨N...⟩
4 in die entsprechenden Sätze der neuen Schreibweise übersetzen⟨. E...⟩
7 $(\exists x, y)$ ⟨$\varphi x \cdot \varphi y$...⟩
16 nicht daß ich sie jemandem anbiete, nicht daß ⟨sie ...⟩
17 jemand sie benützt, etc.. Sie könnte ⟨ver...⟩
17 verglichen werden ⟨mit⟩ dem Plan eines Hauses
17 Plan eines Hauses⟨. Ich⟩ meine ⟨eine⟩ Zeichnung die als Plan
23 für Augustinus dadurch bedingt daß ⟨uns die ...⟩
25 Die Mengenlehre behält das unpassende Bild des ⟨diskontinuierlichen⟩ bei
25 aber sagt diesem Bilde ⟨widers...⟩

1 Die Beschreibung einer neuen etwa übersichtlicheren Notation (denn auf die Übersichtlichkeit kommt es uns an) ist dann von der gleichen Art wie die Beschreibung einer jener Sprachen die die Kinder erfinden oder voneinander lernen worin etwa/z.B./ jeder Vokal der gewöhnlichen Sprache/Wörter/ verdoppelt und zwischen die Teile der Verdoppelung ein b gestellt wird. Hier sind wir ganz nah an's Spiel herangekommen. So eine Beschreibung oder ein Regelverzeichnis kann man als Definiens des Namens der Sprache oder des Spiels auffassen. Denken wir auch an die Beschreibung des Zeichnens, Konstruierens, irgend einer Figur etwa eines Sternes (welches auch in Spielen eine Rolle spielt). Sie lautet etwa so: „Man zieht eine Gerade von einem Punkt A nach einem Punkt B, etc. etc.“. Diese Beschreibung könnte ich offenbar 55
auch/einfach/ durch eine Vorlage d.h. Zeichnung ersetzen.

Das was hier irrezuführen scheint ist ein Doppelsinn des Wortes „Beschreibung“, wenn man einmal von der Beschreibung eines wirklichen Hauses oder Baumes etc. spricht, einandermal/einmal/ von der Beschreibung einer Gestalt, Konstruktion etc., einer Notation, eines Spiels. Worunter aber eben nicht ein Satz gemeint ist der sagt daß ein solches Spiel irgendwo wirklich gespielt oder eine solche Notation wirklich verwendet wird; vielmehr steht die Beschreibung statt der hier gebrauchten Wörter „ein solches Spiel“ und „eine solche Notation“

Die Beschreibung einer Notation fängt |man| charakteristisch(erweise) oft mit den Worten an: „Wir können auch so schreiben: …“. Man könnte fragen: „was ist das für eine Mitteilung ‚wir können ….‘“ etc.. Man schreibt auch etwa: „übersichtlicher wird unsere Darstellung wenn wir statt …. schreiben …. und die Regeln geben …..“; und hier kommen die Regeln in einem Satz vor./stehen die Regeln in einem Satz./

22.

∨ Welcher Art sind die Sätze die in einem Kochbuch stehen: „Man nehme 1 kg Mehl etc.“? (Hier kann man allerdings auch von falschen Anweisungen reden; wenn etwa die Vorschrift zum Braten 56
dieses Fleisches so wäre daß ihre Befolgung das Verkohlen des Fleisches zur Folge hätte.)

4 etwa/z.B./ *–erste Variante im MS durchstrichen*
4 erfinden oder voneinander lernen worin etwa/z.B./ ⟨jed…⟩
4 erfinden oder voneinander lernen worin etwa/z.B./ ⟨nach jedem …⟩
9 Denken wir auch an die Beschreibung ⟨etwa⟩ des Zeichnens,
11 „Man zieht eine Gerade von ⟨A nach B etc., etc.“…⟩
21 statt der hier gebrauchten Wörter „ein solches⟨“⟩ und „eine solche⟨“ …⟩
22 |man| *–das Einfügungszeichen ist im MS gewellt unterstrichen*
25 „was ist das für eine Mitteilung ‚wir können⟨‘ …⟩
26 „übersichtlicher wird unsere Darstellung wenn wir statt …. ⟨so⟩ schreiben
28 kommen die Regeln in einem Satz vor./stehen die Regeln in einem Satz./ *–erste Variante im MS durchstrichen*
29 ⟨22.⟩ *–überschriebenes Datum in der folgenden Zeile, Fortsetzung des Textes als Absatz, nicht als Bemerkung, Versetzung des Datums in die vorangehende Manuskriptzeile*
32 wenn etwa die Vorschrift zum Braten ⟨des⟩ Fleisches so wäre

1 ?/ Denken wir uns etwa ein Bild einen Boxer in bestimmter Kampfstellung darstellend. Dieses Bild kann nun dazu gebraucht werden um jemandem mitzuteilen wie er stehen, sich halten, soll; oder wie er sich nicht halten soll; oder wie ein bestimmter Mann dort und dort gestanden ist; etc. etc.. Man könnte dieses Bild ein Satzradikal nennen.

2 ∨ | Die Grammatik des Wortes „dort und dort". |

3 ∨ Ich bewege mich noch immer nicht frei genug in der tatsächlichen Verwendung der Sprache umher. Ich bin noch immer zu sehr von vorgefaßten Schemata beeinflußt, – noch zu steif.

4 / ‚Regel' ist in dem selben Sinne ein Begriff mit verschwommenen Rändern, wie ‚Blatt' oder ‚Stiel' oder ‚Tisch', etc..

5 Wenn man eine Notation beschreibt, sagt man etwa: „ich will/werde/ in 57
diesem Buch statt „p oder q" „p ∨ q" schreiben", und das ist natürlich ein kompletter Satz. Das aber was ich ‚Regel' nennen will und etwa „p oder q .=. p ∨ q" geschrieben wird, ist keiner. – Was ich ‚Regel' nenne, soll nichts von einer bestimmten (oder auch unbestimmten) Zeit oder einem Ort der Anwendung enthalten, sich auf keine bestimmten (oder unbestimmten) Personen beziehen; sondern nur Instrument der Darstellung sein.

Wir sagen nun: „wir gebrauchen die Wörter ‚rot' und ‚grün' in solcher Weise daß es als sinnlos gilt |(kontradiktorisch ist)| zu sagen am selben Ort sei zu gleicher Zeit rot und grün". Und dies ist natürlich ein Satz, Erfahrungssatz über unsere tatsächliche Sprache.

25.

6 ?/ Welcher Art nun sind die Regeln, welche sagen daß die und die Zusammenstellungen von Wörtern keinen Sinn haben? Sind sie von der Art derjenigen Vorschriften/Regelungen/, welche etwa sagen, daß es keine Spielstellung im Schach ist, wenn zwei Figuren auf dem gleichen Feld stehen, oder wenn eine Figur auf der Grenze zwischen zwei Feldern
steht, etc.? Diese Sätze sind wieder wie gewisse Handlungen, wie wenn 58
man etwa ein Schachbrett aus einem größeren Stück karierten Papiers herausschneidet. Sie ziehen eine Grenze.

Was heißt es denn zu sagen: „diese Wortzusammenstellung heißt nichts". Von einem Namen kann man sagen „diesen Namen habe ich niemandem gegeben" und das Namengeben ist eine bestimmte Handlung (umhängen eines Täfelchens).

1 Denken wir uns etwa ein Bild ⟨den Menschlichen …⟩
4 wie er sich nicht halten soll; oder wie ⟨eine …⟩
18 Das aber was ich ‚Regel' nennen will ⟨ist keiner …⟩
21 oder einem Ort der Anwendung enthalten, ⟨noch …⟩
24 „wir gebrauchen die Wörter ‚rot' und ‚grün' ⟨so …⟩
32 Vorschriften/Regelungen/ *–zweite Variante im MS durchstrichen*
36 wie wenn man etwa ein Schachbrett *–im MS am linken und rechten Rand mit je einer vertikalen Wellenlinie markiert*
39 ⟨Im Falle eines Namens⟩ kann man sagen „diesen Namen

Denken wir an die Darstellung einer Reise auf der Erde durch eine Linie in der Projektion  der zwei Halbkugeln und daß wir sagen: ein Linienstück das auf der Zeichenebene die Grenzbreite der Projektionen verläßt ist in dieser Darstellung sinnlos. Man könnte auch sagen: nichts ist darüber ausgemacht worden.

1 Wer etwas dagegen hat, daß man sagt die Regeln der Grammatik seien Spielregeln hat in dem Sinne recht, daß das was das Spiel zum Spiel macht, die Konkurrenz von Spielern, der Zweck der Unterhaltung und Erholung in der Grammatik abwesend ist, etc.. Aber niemand wird leugnen, daß das Studium des Wesens der Spielregeln für das Studium 59
der Grammatischen Regeln nützlich sein muß, da *irgend* eine Ähnlichkeit zweifellos besteht. Es ist überhaupt besser ohne ein gefaßtes Urteil oder Vorurteil über die Analogie zwischen Grammatik und Spiel und nur getrieben von dem sicheren Instinkt daß hier eine Verwandtschaft vorliegt die Spielregeln zu betrachten. Und hier wieder soll man einfach berichten, was man sieht und nicht fürchten daß man damit eine wichtige Anschauung untergräbt, oder auch, seine Zeit mit etwas Überflüssigem verliert.

Man sieht dann vor allem wie der Begriff des Spiels und damit der Spielregel ein an den Rändern verschwimmender ist.

Ferner sieht man etwa Folgendes wenn man die Regeln z.B. des Schachspiels betrachtet: Es gibt hier Sätze die die Züge der einzelnen Figuren beschreiben, allgemeiner ausgedrückt Regeln über Spielhandlungen. Dann aber gibt es doch die Sätze die die Grundstellung beschreiben und solche die das Schachbrett beschreiben.

2 Eine sehr interessante Erwägung über die Stellung des Zahlbegriffs in 60
der Logik ist die: wie ist/steht/ es mit dem Zahlbegriff, wenn ein Volk keine Zahlwörter besitzt sondern sich statt dieser *immer* eines Abakus bedient etwa einer Russischen Rechenmaschine? [… sondern sich zum Zählen, Rechnen, etc. *ausschließlich* eines Abakus bedient, etwa der Russischen Rechenmaschine?]

(Nichts wäre interessanter als die Arithmetik dieser Menschen zu untersuchen und man verstünde wirklich daß hier kein Unterschied zwischen 20 und 21 existiert/es hier keinen Unterschied zwischen 20 und 21 gibt/.)

2 durch eine Linie in der Projektion  der ⟨nor…⟩
11 daß das Studium ⟨v…⟩
11 daß das Studium ⟨der …⟩
18 eine wichtige Anschauung untergräbt, oder auch, ⟨die …⟩
22 Ferner sieht man etwa ⟨folgendes⟩ wenn man die Regeln
23 Es gibt hier Sätze ⟨w…⟩
24 die die Züge der einzelnen Figuren beschreiben, ⟨im …⟩
31 [… sondern sich ⟨ausschließlich …⟩

1 Ich nehme an daß dieses Haus nicht in einer halben Stunde
zusammenstürzen wird. Wann nehme ich das an? Die ganze Zeit? Und
was ist dieses Annehmen für eine Tätigkeit? Heißt das annehmen nicht
(wieder) zweierlei? Einmal bezeichnet es eine hypothetische
psychologische Disposition; einmal den Akt des Denkens, Ausdrückens,
jenes Satzes/des Satzes „das Haus wird nicht einstürzen"/. Im ersten
Sinne ist das Kriterium dafür daß ich jene Annahme mache |das
annehme| |das,| was ich sonst sage, |fühle| und tue; im andern Sinn, daß 61
ich einen Satz sage der wieder ein Glied einer Rechnung/Kalkulation/
ist. Nun sagt man: Du mußt aber doch einen Grund haben das
anzunehmen sonst ist die Annahme ungestützt und wertlos (erinnere
Dich daran daß wir zwar auf der Erde stehen, die Erde aber nicht
wieder auf irgend etwas; und Kinder glauben sie müsse darum fallen
wenn sie nicht gestützt ist). Nun ich habe auch Gründe zu meiner
Annahme. Sie lauten etwa: daß das Haus schon jahrelang gestanden hat
aber nicht so lang daß es schon baufällig sein könnte etc. etc.. *Was* ein
Grund *wofür* ist (was als Grund wofür gilt) kann von Vornherein
angegeben werden und beschreibt/bestimmt/ einen Kalkül in
welchem/dem/ eben das eine ein Grund des andern ist. Soll aber nun
ein Grund für diesen ganzen Kalkül gegeben werden so sehen wir daß
er fehlt. Fragt man aber ob der Kalkül also eine willkürliche Annahme
ist, so ist die Antwort daß er es so wenig ist wie die Furcht vor dem
Feuer oder einem wütenden Menschen, der sich uns nähert. 62

Wenn man nun sagt: gewiß sind doch die Regeln der Grammatik,
nach denen wir vorgehen und operieren nicht willkürlich, so müßte
man zur Antwort fragen: Gut also, warum denkt denn ein Mensch wie
er denkt? warum geht er denn durch diese Denkhandlungen? (gefragt ist
hier natürlich nach den *Gründen*, nicht Ursachen). Nun, da lassen
sich Gründe in dem Kalkül angeben; und ganz zum Schluß ist man
dann versucht zu sagen: „es ist eben sehr wahrscheinlich, daß sich das
Ding jetzt so verhalten wird, wie es sich immer verhalten hat" [... daß
das Ding jetzt das gleiche Verhalten zeigen wird, das es immer gezeigt
hat"], – oder dergleichen. Eine Redensart, die den Anfang des
Raisonnements verhüllt und hier/an diesem Anfang/ eine ähnliche Rolle
spielt, wie der Schöpfer am Beginn/Anfang/ der Welt, der/welcher/
zwar in Wirklichkeit nichts erklärt aber ein den Menschen acceptabler
Anfang ist./einen den Menschen acceptablen Anfang macht./

3 Annehmen für eine Tätigkeit? Heißt ⟨es nicht zweier...⟩
11 ungestützt und wertlos. (⟨Erinnere⟩ Dich daran daß wir zwar auf der Erde stehen, die Erde aber nicht wieder auf irgend etwas; und Kinder glauben sie müsse darum fallen wenn sie nicht gestützt ist.) *–Im MS sind die Schlußpunkte nicht gestrichen*
13 darum *–im MS durchstrichen*
14 Nun ⟨wir h...⟩
17 *Was* ein Grund *wofür* ist⟨, ...⟩
20 Soll aber nun ein ⟨Kal...⟩
21 Fragt man aber ob ⟨er nur willkürlich ist ...⟩
23 daß er es so wenig ist wie die Furcht vor dem Feuer ⟨wenn ...⟩
33 das gleiche Verhalten zeigen wird, das es immer gezeigt hat"⟨. ...⟩
33 Eine Redensart, die ⟨die ...⟩

Das was so schwer einzusehen ist, ist, daß, solange wir ein
Wahr-Falsch-Spiel spielen/im Bereich der Wahr-Falsch-Spiele
bleiben/, eine Änderung der Grammatik uns nur von einem solchen zu
einem andern führen kann, aber nicht von etwas Wahrem zu etwas
Falschem. Und wenn wir anderseits aus dem Bereich dieser Spiele 63
heraustreten, so nennen wir es eben nicht mehr Grammatik und zu
einem Widerspruch mit der Wirklichkeit kommen wir wieder nicht.

1 Denken wir uns die Tätigkeit in einem Haus in einer Werkstätte. Da
wird gehobelt, gesägt, gestrichen, etc. etc.; und außerdem gibt es da eine
Tätigkeit die man rechnen nennt und die sich scheinbar von allen den
andern unterscheidet/diesen unterscheidet/, besonders, was den/ihren/
Grund anbelangt. Wir machen da etwa ein Bild. Die Tätigkeit des
Rechnens (Zeichnens etc.) verbindet Teile der andern Tätigkeit. Er setzt
aus, rechnet etwas, dann mißt er und arbeitet mit dem Hobel weiter. Er
setzt auch manchmal aus um das Hobelmesser zu schleifen; aber ist
diese Tätigkeit analog der andern des Kalkulierens? – „Aber Du glaubst
doch auch, daß mehr Kessel explodieren würden/Kesselexplosionen
wären/, wenn die Kessel nicht berechnet würden“. „Ja, ich glaube es; –
aber was will das sagen?“ Folgt daraus, daß weniger sein werden? Und
– was ist denn die Grundlage dieses Glaubens?

Wenn man nun nach dem Grund einer einzelnen Denkhandlung
(Kalkülhandlung) frägt, so erhält man als Antwort die 64
Auseinandersetzung eines Systems dem die Handlung angehört.

2 | Die Menschen welche kein Bedürfnis nach Durchsichtigkeit ihrer Argumentation haben, sind für die Philosophie verloren. |

3 Wenn man fragt „warum gibst Du Eier in diesen Teig“, so ist die Antwort etwa „weil der Kuchen dann besser schmeckt“. Also, man hört /erfährt/ eine Wirkung und sie wird als Grund gegeben.

Wenn ich dem Holzblock eine bestimmte Form geben will, so ist
der Hieb der richtige der diese Form erzeugt. – Ich nenne aber nicht
das Argument das richtige, das die erwünschten Folgen hat. Vielmehr
nenne ich die Rechnung falsch obwohl/auch wenn/ die Handlungen die
dem Resultat entspringen zum gewünschten Ende geführt haben („Ich
mach' den Haupttreffer und er will mich belehren“). Das zeigt, daß die
Rechtfertigungen in den beiden Fällen verschiedene sind, und also
„Rechtfertigung“ verschiedenes in beiden bedeutet. In einem Fall kann
man sagen: „Wart nur, Du wirst schon sehen, daß das Richtige (d.h. hier 65
Gewünschte) herauskommt; im andern ist dies keine Rechtfertigung.

1 ist, daß, solange wir ein ⟨wahr-falsch-Spiel⟩ spielen
14 Die Tätigkeit des Rechnens (Zeichnens⟨⟩ …⟩
18 daß mehr ⟨Kesselexplodieren⟩ würden *–nachträgliche Ligatur gestrichen*
36 dem Resultat entspringen zum gewünschten Ende ⟨führen …⟩
40 „Wart nur, *–kein Ausführungszeichen im MS*

26.

Wenn man nun von der Willkürlichkeit der grammatischen Regeln spricht, so kann das nur bedeuten, daß die Rechtfertigung, die in der Grammatik als solche gilt, nicht für die Grammatik gilt. Und wenn man das Rechnen aber/und/ nicht das Kochen dem Spiel vergleicht, so ist es eben aus/aus eben/ diesem Grund. Das ist aber auch der Grund, warum man das Kochen keinen Kalkül nennen würde. Wie ist es aber mit dem Aufräumen eines Zimmers, oder dem Ordnen eines Bücherschrankes, – oder dem Stricken eines bestimmten Musters? Diese Dinge kommen dem Spiel in irgend einer Weise näher. Ich glaube, der Grund, warum man das Kochen kein Spiel zu nennen versucht ist, ist der: Es gibt natürlich auch für das Kochen Regeln, aber „Kochen“ bezeichnet nicht wesentlich eine Tätigkeit nach diesen Regeln, sondern eine Tätigkeit die ein bestimmtes Resultat hat. Es ist z.B. eine Regel daß man Eier 3 Minuten lang kocht um weiche Eier zu erhalten, wird aber durch irgendwelche Umstände das gleiche Ergebnis 66
durch ein 2 Minuten langes Kochen erreicht so sagt man nun nicht „das heißt dann nicht ‚weiche Eier kochen‘“. Dagegen heißt „Schach spielen“ nicht die Tätigkeit die ein bestimmtes Ergebnis hat, sondern dieses Wort bedeutet eine Tätigkeit die nach gewissen Regeln ausgeführt wird. Die Regeln der Kochkunst hängen mit der Grammatik des Wortes „kochen“ anders zusammen als die Regeln des Schachspiels mit der Grammatik des Wortes „Schach spielen“ und als die Regeln des Multiplizierens mit der Grammatik des Wortes „multiplizieren“.

27.

Die Regeln der Grammatik sind so (|d.h.| in demselben Sinne) willkürlich wie die Wahl einer Maßeinheit. Aber das kann doch nur heißen daß sie von der Länge des zu Messenden unabhängig ist. Und daß nicht die Wahl der einen Einheit ‚wahr‘ der andern ‚falsch‘ ist, wie die Angabe der Länge wahr oder falsch ist. Was natürlich nur eine Bemerkung über die Grammatik des Wortes „Längeneinheit“ ist.

Man ist versucht die Regeln der Grammatik durch Sätze zu rechtfertigen von der Art: „Aber es gibt doch wirklich 4 primäre 67
Farben“ und gegen die Möglichkeit dieser Rechtfertigung die nach dem Modell der Rechtfertigung eines Satzes durch |den| Hinweis auf seine Verification gebaut ist richtet sich das Wort, daß die Regeln der Grammatik willkürlich sind.

1 ⟨26.⟩ *–überschriebenes Datum in der folgenden Zeile, Fortsetzung des Textes als Absatz, nicht als Bemerkung, Versetzung des Datums in die vorangehende Manuskriptzeile*

3 *Im MS:* daß |es| die Rechtfertigung, die in der Grammatik als solche gilt,

6 so ist es eben aus/aus eben/ diesem Grund *–im MS am linken Rand mit einer vertikalen Wellenlinie markiert*

7 der Grund, warum man das Kochen keinen Kalkül ⟨nennt …⟩

11 ⟨Ich glaube, der …⟩ *–Streichung eines Absatzes, ersetzt durch fortlaufenden Text*

23 und als die Regeln des ⟨multiplizierens⟩ mit der Grammatik des Wortes

Kann man aber nicht doch in irgend einem Sinne sagen, daß die Grammatik der Farbwörter die Welt wie sie tatsächlich ist charakterisiert? Man möchte sagen: kann ich nicht wirklich vergebens nach einer fünften primären Farbe suchen? – (Und wenn man suchen kann, dann ist ein Finden denkbar.) Nimmt man nicht die primären Farben zusammen, weil sie eine Ähnlichkeit haben oder zum mindesten die Farben im Gegensatz z.B. von Formen oder Tönen weil sie eine Ähnlichkeit haben? Oder habe ich wenn ich diese Einteilung der Welt als die richtige hinstelle schon eine vorgefaßte Idee als Paradigma im Kopf? Von der ich dann etwa nur sagen kann: „ja, das ist die Weise/Art/ wie wir die Dinge betrachten“, oder „wir wollen eben ein solches Bild (von der Wirklichkeit) machen“. Wenn ich nämlich sage: „die primären Farben haben doch eine bestimmte Ähnlichkeit mit einander“ 68
– woher nehme ich den Begriff dieser Ähnlichkeit? D.h.: habe ich hier eine Funktion „x ähnlich mit y“ in die ich die Farben |als Argumente| einsetzen kann? Ist nicht so, wie der Begriff „primäre Farbe“ nichts andres ist als „blau oder rot oder grün oder gelb“, auch der Begriff der/jener/ Ähnlichkeit nur durch die vier Farben gegeben? Ja, sind sie nicht die gleichen! – Ja, könnte man denn auch rot, grün und kreisförmig zusammenfassen? Warum nicht?!

Die Wichtigkeit in einem Spiel liegt darin, daß wir dieses Spiel spielen. Daß wir *diese* Handlungen ausführen. Es verliert seine Wichtigkeit nicht dadurch daß es selbst nicht wieder eine Handlung in einem andern (übergeordneten) Spiel ist.

Warum nenne ich die Regeln des Kochens nicht willkürlich; und warum bin ich versucht die Regeln der Grammatik willkürlich zu nennen? Weil das Kochen durch seinen Zweck definiert ist dagegen der Gebrauch der Sprache nicht. Darum ist der Gebrauch der Sprache in einem gewissen Sinne autonom in dem das Kochen und Waschen es nicht ist. Denn wer sich beim Kochen nach andern als den richtigen 69
Regeln richtet kocht schlecht; aber wer sich nach andern Regeln als denen des Schach richtet spielt *ein anderes Spiel* und wer sich nach andern grammatischen Regeln richtet als den und den spricht |darum| nichts Falsches sondern von etwas Anderm.

18 der/jener/ *–erste Variante im MS durchstrichen*
19 die gleichen! – Ja, ⟨So...⟩ *–im MS gestrichener Beginn einer Bemerkung*
22 Daß wir *diese* Handlungen ausführen. ⟨Sie verli...⟩
23 dadurch daß es selbst nicht wieder ⟨der ...⟩
33 spricht |darum| ⟨nicht falsch⟩ sondern von etwas ⟨anderm⟩.

1 Die Stellung der Spielregeln zu den Sätzen. Eine Regel verhält sich zu einem Erfahrungssatz |ähnlich| wie die Zeichnung die die |innern| Charakteristika eines Wohnhausplanes hat zu der Beschreibung welche sich einer solchen Zeichnung bedient und welche sagt daß so ein Haus dort und dort existiere.

Der Respekt den man vor den Regeln des Schachspiels – etwa – hat entspringt/kommt/ daher daß die Spiele die diese Regeln charakterisieren uns in vielerlei Beziehung gemäß sind. Denken wir uns aber ich erfände [beschriebe] ein Spiel das ich etwa „Abrakadabra“ nenne und gebe dafür die Regel: „Man lege einen Feldstein in eine viereckige Kiste nagle die Kiste zu und werfe mit einem andern Stein nach ihr“ — Gewiß hat dieses Gebilde auch das Recht eine Regel genannt zu werden. Man wird nur fragen „was soll das alles? wozu sollen wir das machen?“ Aber auf solche Fragen geben ja auch die 70
Schachregeln keine Antwort. Aber in dem Fall der eben gegebenen Regel fällt das Wort „Man lege .... und werfe“ auf, nämlich die imperative Form; man möchte fragen: warum soll ich ... legen etc, oder in welchem Fall? Was muß mein Zweck sein damit ich das tun soll? Das heißt der Imperativ scheint uns hier unsinnig. Aber er ist es ebensowenig wie in einer gewöhnlichen Spielregel. Nur sieht man hier /in diesem Fall/ klar daß man es nicht mit einem kompletten Satz zu tun hat. Höchstens mit der Definition von „Abrakadabra“; nämlich: „Abrakadabra spielen“ heißt einen Feldstein in eine Kiste legen etc.

2 Statt der Zeichnung |allein| die zur Beschreibung eines bestimmten Hauses dienen kann könnte man sich auch die unangewandte Beschreibung eines Haushaltes etwa die Einteilung eines ganzen Tages denken, von welcher Beschreibung die Planzeichnung einen Teil bilden würde. Das entspräche etwa der Beschreibung des Schachbretts und der Figuren und der erlaubten Züge und etwas Ähnliches gibt es auch in der 71
Grammatik.

3 Das Schema: Ding – Eigenschaft. Man sagt: eine Handlung habe eine Eigenschaft! Etwa die der Schnelligkeit; oder die der Güte!

4 Die Gleichung p · q = p zeigt |eigentlich| den Zusammenhang des Folgens und der Wahrheitsfunktionen.

1 Die Stellung der Spielregeln zu den Sätzen. ⟨Die⟩ Regel verhält sich
3 Charakteristika eines Wohnhausplanes hat zu ⟨dem ...⟩
3 Charakteristika eines Wohnhausplanes hat zu der Beschreibung ⟨eines ...⟩
6 ⟨Den ...⟩
7 den man vor den Regeln des Schachspiels – etwa – hat ⟨k...⟩
13 Man wird ⟨nu...⟩
17 warum soll ich ... legen etc, oder ⟨wenn ich ...⟩
18 oder in welchem Fall⟨ soll es heißen daß ich ...⟩
20 Aber er ist es ebensowenig wie in einer ⟨Sch...⟩
26 bestimmten Hauses dienen kann könnte man sich auch ⟨eine sol...⟩
27 Beschreibung eines Haushaltes etwa ⟨mit der ...⟩

1 „In den Regeln d a r f kein Widerspruch sein", das klingt so wie eine Vorschrift: „in einem Benzinmotor/einer Uhr/ darf das Zahnrad auf der Kurbelwelle nicht lose sitzen". Man erwartet sich dann eine Begründung: weil sonst ..... Im ersten Falle könnte diese Begründung aber nur lauten: weil es sonst kein Regelverzeichnis ist. Es ist eben wieder ein Fall der grammatischen Struktur die sich logisch nicht begründen läßt.

28.

2 72

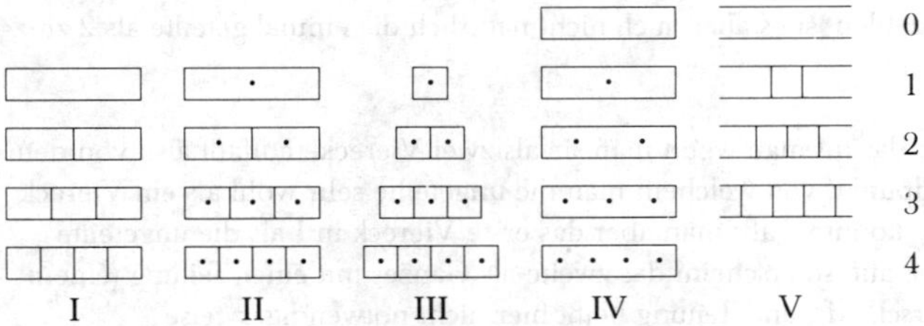

3 / 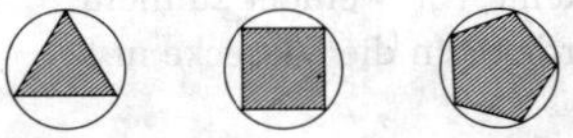

Es hat keinen Sinn von einem schwarzen Zwei-Eck im weißen Kreis zu reden; und dieser Fall ist analog dem: es ist sinnlos zu sagen, das Viereck bestehe aus 0 Teilen (keinem Teil).

Hier haben wir etwas wie eine untere Grenze des Zählens noch ehe wir die Eins erreichen.

∨ Gibt es auch einen Fall in welchem es eine obere Grenze gibt? Ich glaube schon; z.B. den der Flächen regelmäßiger Körper. Aber muß ich so weit gehen, kann ich nicht willkürlich so ein System festsetzen?

4 / Ist Teile zählen in I das Gleiche wie Punkte zählen in IV? Und worin besteht der Unterschied? Man kann das Zählen der Teile in I auffassen als ein Zählen von Vierecken. Dann kann man aber auch sagen „in dieser Zeile ist k e i n Viereck"; und dann zählt man nicht T e i l e.

/ Es beunruhigt uns die Analogie zwischen dem Zählen der Punkte und der Teile und das Auslassen dieser Analogie. 73

Darin, die ungeteilte Fläche als „Eins" zu zählen ist etwas Seltsames; dagegen finden wir keine Schwierigkeit darin die einmal geteilte als Bild der 2 zu sehen. Man möchte hier viel lieber zählen „0, 2, 3, etc.". Und dies entspricht der Satzreihe: „das Viereck ist ungeteilt", „das V. ist in 2 Teile geteilt", etc..

10 *Die Manuskriptseite 72 beginnt im MS mit der Gruppe V der Graphik.*
23 im weißen Kreis zu reden; und ⟨dieser Fall ist ganz ...⟩
24 es ist sinnlos zu sagen, das Viereck ⟨sei in 0 Teile ...⟩
24 es ist sinnlos zu sagen, das Viereck bestehe aus 0 Teilen⟨. ...⟩
27 *Im MS fortlaufender Text, durch Randzeichen abgesetzt*
28 Ich glaube schon; z.B. den der ⟨re...⟩
35 *Im MS fortlaufender Text, durch Randzeichen abgesetzt*
36 der Teile ⟨einerseits⟩ und das Auslassen dieser Analogie ⟨⟨andrerseits⟩⟩.
40 Man möchte hier viel lieber zählen „0, 2, 3, etc."⟨, ...⟩

1 ∨ Wenn es sich um verschiedene Farben handelt dann kann man sich den Standpunkt denken auf/von/ dem man nicht sagt, wir haben hier zwei Farben sondern, es ist hier ein Unterschied der Farben; die Betrachtungsweise die in rot, grün, gelb überhaupt nicht 3 sieht. Und die zwar eine Reihe, etwa: rot; blau, grün; gelb, schwarz, weiß; etc. als solche erkennt, sie aber nicht mit der Reihe |; ||; |||; etc in Verbindung bringt, oder nicht so, daß sie | dem Glied rot zuordnet.

2 ∨ Von dem Standpunkt, von dem es ‚seltsam' ist die ungeteilte Fläche als 1 zu zählen ist es aber auch nicht natürlich die einmal geteilte als 2 zu zählen.

3 ∨ Denn das tut man wenn man sie als zwei Vierecke auffaßt also von dem Standpunkt, von welchem man die ungeteilte sehr wohl als ein Viereck zählen konnte. Faßt man aber das erste Viereck in I als die ungeteilte Fläche auf, so erscheint das zweite als Ganzes mit éiner Teilung (éinem Unterschied); und Teilung heißt hier nicht notwendigerweise Teilungsstrich. Sondern das worauf ich mein Augenmerk richte sind die Unterschiede und hier gibt es eben eine Reihe von weniger zu mehr Unterschieden |oder Übergängen|. Ich werde dann die Vierecke in I numerieren „0, 1, 2, etc". 74

4 ∨ Das geht nun, wo die Farben in einem Streifen an einander grenzen wie |etwa| im Schema [rot | grün | weiß]. Anders ist es aber wenn die Anordnung 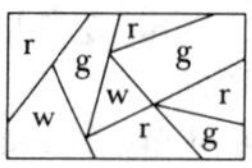 ist; oder [w | g | w | r | g | r]. Freilich könnte ich auch jedes dieser beiden Schemata einem Schema [w | g | r] zuordnen; Schemata wie 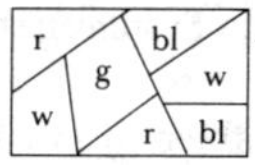 einem Schema [w | gr | r | bl] etc.; und das ist eine korrekte Betrachtungsweise, aber doch eine künstliche [unnatürliche].

/ Das Natürlichste ist die Reihe der Schemata ∨ aufzufassen als 75

A . Und hier kann man nun das erste Schema mit ‚0'
A B bezeichnen das zweite mit ‚1' das dritte aber etwa mit 3,
A B C wenn man an alle möglichen Unterschiede denkt, und das
A B C D vierte dann mit 6. Oder man nennt das dritte Schema 2
etc (wenn man sich bloß um éine Anordnung kümmert) und das vierte 3.

---

2 kann man sich den Standpunkt ⟨(die Betrachtungsweise)⟩ denken ⟨von …⟩
3 Unterschied der Farben; ⟨und⟩ die Betrachtungsweise
5 Und die zwar eine Reihe, etwa: rot; ⟨rot⟩, grün;
7 daß sie | dem ⟨ersten⟩ Glied |rot| zuordnet.
13 *Im MS Seitenumbruch ohne Leerzeile*
15 sehr wohl als ein Viereck zählen konnte. ⟨Sieht man …⟩
16 éiner *–Akzent als Zeichen der Hervorhebung*
16 so erscheint das zweite als Ganzes mit éiner Teilung⟨, …⟩
16 éinem *–Akzent als Zeichen der Hervorhebung*
29 *Im MS:* einem Schema [w | gr | r | bl].
35 ⟨und⟩ hier kann man nun das erste Schema mit ‚0' bezeichnen
35 Und hier kann man nun ⟨die …⟩
39 éine *–Akzent als Zeichen der Hervorhebung*

1 Man kann die Teiligkeit des Vierecks 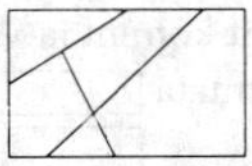 beschreiben indem man sagt: es ist in 5 Teile geteilt, oder: es sind 4 Teile davon abgetrennt worden, oder: es hat das Teilungsschema ABCDE, oder: man kommt durch alle Teile indem man 4 Grenzen passiert, oder: das Viereck ist geteilt (d.h. in 2 Teile) der eine Teil wieder geteilt und beide Teile dieser Teilung geteilt, – etc.

Ich will zeigen daß nicht nur e i n e Methode besteht die Teiligkeit zu beschreiben.

2 v Wenn man die Unterschiede (der Farben) zählen will so wird man, wie gesagt etwa die Zusammenstellungen je zweier Farben zählen; man ist aber dann auch versucht von einem Mehrfarbenunterschied zu sprechen, der sich etwa zum einfachen Unterschied verhält wie 76
Raumwinkel zum Flächenwinkel. Es ist also grün – rot ein Unterschied aber auch grün – rot – blau. Und hier ist es nun schwer diesen nicht einen dreifachen Unterschied zu nennen.

3 v Man kann das Viereck von vorhin |immer| auch s o geteilt auffassen

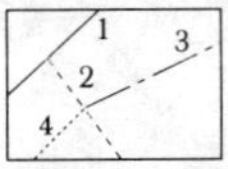

und |dann| sagen es sei 4 mal geteilt. Und kann insofern den Unterschied grün – blau – rot einen doppelten Unterschied nennen und meinen daß das ganze Feld einmal und ein Teil (noch)einmal geteilt ist.

4 / Man wird sich aber vielleicht auch enthalten den Unterschied überhaupt mit einer Zahl zu bezeichnen sondern sich ganz an die Schemata A, AB, ABC, etc halten. Oder es auch so schreiben 1, 12, 123, etc. oder was auf das gleiche hinauskommt: 0, 01, 012, etc.

Diese kann man sehr wohl auch Zahlzeichen nennen.

5 Die Schemata:
A, AB, ABC, etc; 1, 12, 123, etc; |, |, |||, etc; □, ◫, ▥, ▥, etc;
0, 1, 2, 3, etc; 1, 2, 3 etc; 1, 12, 121323, etc; etc. sind alle gleich 77
fundamental.

1 Man kann die Teiligkeit ⟨der …⟩
1 Man kann die Teiligkeit des Vierecks 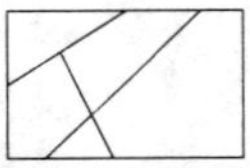 ⟨er…⟩
4 indem man sagt(,) es ⟨sei⟩ in 5 Teile geteilt,
6 durch alle Teile indem man 4 Grenzen passiert, ⟨etc. etc.⟩ oder:
7 der eine Teil wieder geteilt und beide Teile ⟨der …⟩
18 ist es nun schwer diesen nicht einen ⟨Dreifarben–⟩Unterschied zu nennen.
28 etc halten. ⟨Und wirklich …⟩ *–gestrichener Anfang einer Bemerkung, vorangehendes Satzende im MS ohne Schlußpunkt; Fortsetzung als fortlaufender Text*
29 oder was auf das gleiche hinauskommt: 0, 0⟨, …⟩
30 Diese kann man sehr wohl auch ⟨Zahlen/Zahlwörter/ nennen …⟩

1 ∨ Die ganze Schwierigkeit kommt ja von der Darstellung der Schemata

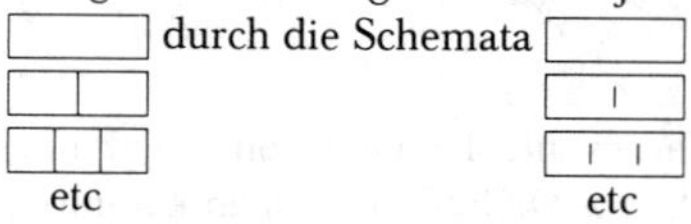

und zwar ordnet man so zu:

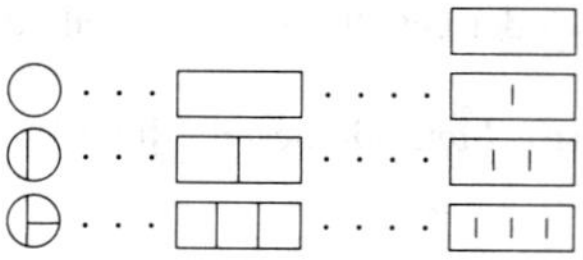

2 ∨ Die Schemata □, [|], [||], [|||], etc sind die Zahlenreihe 0, 1, 2, 3, etc

Hätte man statt der Schemata □, [|], [||], etc. die Schemata |, |, |||, etc benützt, das sind die Kardinalzahlen ohne Null, so wäre hier die Schwierigkeit nicht aufgetreten.

/ Man wundert sich nun darüber daß das Zahlenschema mit welchem man Soldaten |in einer Kaserne| zählt nicht auch für die Teile eines Vierecks gelten soll. Aber das Schema der Soldaten in der Kaserne ist □, [|], [||], etc., das der Teile des Vierecks □, [□□], [□□□], etc. Keines ist im Vergleich zum anderen primär.

3 ∨ Vergleiche einfach die beiden Reihen:

A
A B
A B C
A B C D
etc

und

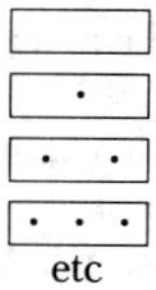

und entscheide, wie sie einander zugeordnet werden sollen, – wie sie 78
einander entsprechen – ! Da ist offenbar die Versuchung groß den Punkten die Buchstaben zuzuordnen so daß [·] dem A entspricht, |dann aber bleibt die 0 unbesetzt|; – es ist aber auch möglich die Zuordnung anders zu machen.

4 ∨ Es kann der Reihe

A
A B
A B C
etc

offenbar die Reihe

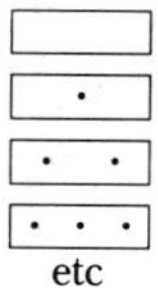

zugeordnet werden aber auch die Reihe

·
· ·
· · ·
etc

13 ⟨S...⟩
17 *Im MS fortlaufender Text, durch Randzeichen abgesetzt*
17 das Zahlenschema mit ⟨dem ...⟩
18 das Zahlenschema mit welchem man Soldaten ⟨|in einem Zimmer|⟩ zählt

1 ∨ Beiläufig und irreführend ausgedrückt: ich kann die Teile zählen aber auch die Teile die mehr als einer/über e i n e n/ vorhanden sind. Richtiger ist es schon zu sagen: „ich kann die Teile zählen, aber auch die Teilstriche“; nur muß man dann wissen was man in einem Fall einen Teilstrich nennt.

/ Ich kann die Reihe der Teilungsschemata sowohl mit der Reihe 1, 2, 3 etc als auch mit der Reihe 0, 1, 2, 3 etc vergleichen.

Zähle ich die Teile so gibt es in meiner Zahlenreihe keine 0 denn 79
die Reihe A fängt mit éinem Buchstaben an, während
A B
A B C
etc

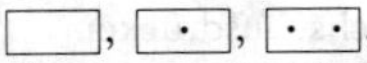, etc nicht mit éinem Punkt anfängt. Ich kann dagegen auch mit dieser Reihe alle Tatsachen der Teilung darstellen, nur „zähle ich dann nicht die Teile“.

2 / Könnte man auch eine Zahlenart den Kardinalzahlen entgegensetzen deren Reihe der der Kardinalzahlen ohne der 5 entspräche? Oh ja; nur wäre diese Zahlenart zu n i c h t s zu brauchen, wozu die Kardinalzahlen es sind. Und die 5 fehlt diesen Zahlen nicht wie ein Apfel den man aus einer Kiste voller Äpfel herausgenommen/genommen/ hat und wieder hineinlegen kann, sondern die 5 fehlt dem Wesen dieser Zahlen; sie k e n n e n die 5 nicht (wie die Kardinalzahlen die Zahl $\frac{1}{2}$ nicht kennen). Angewendet wurden also diese Zahlen (wenn man sie so nennen will) in einem Fall, in dem die Kardinalzahlen (mit der 5) nicht mit Sinn angewendet werden könnten.

(Zeigt sich hier nicht die Unsinnigkeit des Geredes von der „Grundintuition“?) 80

3 ∨ Denken wir daran was daraus würde wenn ich dem Schema
A das Schema 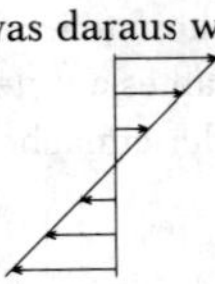 zuordnen wollte.
A, B
A, B, C
etc

29.

4 / Regeln |der Grammatik| die eine „Verbindung zwischen Sprache und Wirklichkeit“ herstellen, und solche die es nicht tun. Von der ersten Art etwa: „diese Farbe nenne ich ‚rot‘“, – von der zweiten: „~~p = p“. Aber über diesen Unterschied besteht ein Irrtum: der Unterschied scheint prinzipieller Art zu sein; und die Sprache wesentlich etwas dem eine Struktur gegeben, und was dann der Wirklichkeit aufgepaßt wird.

2 ich kann die Teile zählen aber auch ⟨m…⟩
9 éinem *–Akzent als Zeichen der Hervorhebung*
9 fängt mit éinem Buchstaben an⟨. …⟩
13 éinem *–Akzent als Zeichen der Hervorhebung*
14 *Im MS:* dagegen auch |mit| dieser Reihe
17 den Kardinalzahlen entgegensetzen ⟨die …⟩
18 den Kardinalzahlen entgegensetzen deren Reihe ⟨die …⟩
19 nur wäre diese Zahlenart ⟨vorläufig⟩ zu n i c h t s zu brauchen,
20 Und die 5 fehlt diesen Zahlen nicht wie ein Apfel ⟨dem …⟩
25 in einem Fall, in dem die Kardinalzahlen ⟨nicht …⟩
41 und die Sprache wesentlich etwas ⟨was⟩ dem eine Struktur

1 / Die Philosophen, welche sagen: „nach dem Tod wird ein zeitloser Zustand eintreten“, oder „mit dem Tod tritt ein zeitloser Zustand ein“, und nicht merken, daß sie im zeitlichen Sinne „nach“ und „mit“ und „tritt ein“ gesagt haben und daß die Zeitlichkeit in ihrer Grammatik liegt.

2 ∨ „Das Viereck hat eine Farbe und nur e i n e“. Der erste Teil des Satzes darf dann nicht die grammatische Aussage der Färbigkeit sein. („Ich kann in dieser Fläche 3 Farben u n t e r s c h e i d e n“.) 81

Ich weiß selbst nicht, w a s mir an dieser Sache noch unverständlich ist, worin mein Problem liegt, und doch ist noch eins. Es ist etwas noch nicht klar.

× Unrichtig ausgedrückt, aber so wie man es zunächst ausdrücken würde, lautet das Problem: „warum kann man sagen ‚es gibt 2 Farben auf dieser Fläche‘ und nicht ‚es gibt e i n e Farbe auf dieser Fläche‘?“ Oder: Wie muß ich die grammatische Regel ausdrücken, daß ich nicht mehr versucht bin unsinniges zu sagen und daß sie mir selbstverständlich ist? Wo liegt der falsche Gedanke, die falsche Analogie, durch die ich verführt werde, die Sprache unrichtig zu gebrauchen? Wie muß ich die Grammatik darstellen daß diese Versuchung wegfällt? Ich glaube, daß die Darstellung durch die Reihen

A und [ ] die Unklarheit hebt.
A B [·]
A B C [· ·]
u.s.w. u.s.w.

Es kommt alles darauf an ob ich mit einer Zahlenreihe zähle die mit 0 anfängt oder mit einer die mit 1 anfängt. 82

So ist es auch, wenn ich die Längen von Stäben oder die Größen von Hüten zähle.

Wenn ich mit Zählstrichen zähle so könnte ich sie dann so schreiben: |, ∠, ∠, ∠ etc um zu zeigen daß es auf den Richtungs u n t e r s c h i e d ankommt und der einfache Strich der 0 entspricht (d.h. der Anfang ist).

3 (Der aufregende Charakter der grammatischen Unklarheit.)

4 / Der Sinn eines/des/ Satzes ist nicht pneumatisch, sondern ist das, was auf die Frage nach der Erklärung des Sinnes zur Antwort kommt. Und – oder – der eine Sinn unterscheidet sich vom andern wie die Erklärung des einen von der Erklärung des andern.

3 und nicht merken, daß sie ⟨zeitlich …⟩
13 *Im MS fortlaufender Text, durch Randzeichen und vertikalen Strich in der Zeile abgesetzt.*
15 und nicht(:) ‚es gibt e i n e Farbe auf dieser Fläche‘
19 die falsche Analogie, durch die ich ⟨versucht …⟩
22 die Darstellung durch die Reihen A und [ ] ⟨dies aufklärt. …⟩
A B [·]
A B C [· ·]
u.s.w. u.s.w.
30 so könnte ich ⟨diese⟩ so schreiben: |, ∠, ∠, ∠ etc
30 so könnte ich |sie ⟨in solchen⟩ dann| so schreiben: |, ∠, ∠, ∠ etc
33 und der einfache Strich der 0 entspricht⟨. …⟩

1 / Welche Rolle der Satz im Kalkül spielt, das ist sein Sinn.

2 / Der Sinn steht also nicht hinter ihm (wie der psychische Vorgang der Vorstellungen etc.).

3 / Welche Sätze aus ihm folgen und aus welchen Sätzen er folgt, das macht seinen Sinn aus. Daher auch die Frage nach seiner Verification eine 83
Frage nach seinem Sinn ist.

4 Wende das auf einen Satz an, wie etwa „es wird niemals Menschen mit zwei Köpfen geben". Dieser Satz scheint irgendwie in's Unendliche Unverifizierbare zu reichen und sein Sinn von jeder Verification unabhängig zu sein. Aber wenn wir seinen Sinn erforschen wollen, so meldet sich ganz richtig die Frage: Können wir die Wahrheit eines solchen Satzes je wissen und wie können wir sie wissen |und welche Gründe können wir haben was der Satz sagt anzunehmen oder abzulehnen?|. Nun wird man vielleicht sagen: es ist ja nach dem Sinn gefragt worden; nicht danach, ob und wie man ihn wissen kann.

Aber die Antwort auf die Frage „wie kann man diesen Satz wissen?" ist nicht eine psychologische sondern sagt, aus welchem andern Satz er folgt, gehört also zur Grammatik des erstern. Und die Gründe, die möglich sind den Satz anzunehmen sind nicht persönliche Angelegenheiten sondern Teile des Kalküls zu dem der Satz gehört. Wenn ich frage: wie kann ich den Satz „jemand ist im Nebenzimmer" verifizieren, oder: wie kann ich herausfinden, daß jemand im Nebenzimmer ist, so ist etwa eine Antwort „indem ich in's 84
Nebenzimmer gehe und ihn sehe". Wenn nun gefragt wird „wie kann ich in's Nebenzimmer kommen, wenn die Türe versperrt ist", so ist dieses „kann" ein anderes als das erste: Die erste Frage nach der Möglichkeit (der logischen) hatte eine Erklärung über den Satzkalkül zur Antwort, daß nämlich dieser Satz aus jenem folgt; die zweite Frage war eine nach der physikalischen Möglichkeit und hatte einen Erfahrungssatz zur Antwort: daß man, etwa, die Mauer nicht durchbrechen könne weil sie zu stark sei, dagegen die Tür mit einem Sperrhaken öffnen könne. Beide Fragen nun sind in gewissem Sinn aber nicht im gleichen Fragen nach der Verification

Und, indem man die erste Art mit der zweiten verwechselt glaubt man, die Frage nach der Verification sei für den Sinn ohne Belang.

Die Gründe für die Annahme eines Satzes sind nicht zu verwechseln mit den Ursachen der Annahme. Jene gehören zum Kalkül des Satzes.

11 Dieser Satz scheint irgendwie in's Unendliche ⟨unverifizierbare⟩ zu reichen
17 Nun wird man vielleicht sagen: ⟨ich frage ja …⟩
18 wissen kann. ⟨Aber … (und welche Gründe können wir haben was der Satz |sagt| anzunehmen oder abzulehnen?)⟩ *–im MS eingekreist und mit einem Pfeil in den vorvorangehenden Satz eingefügt*
22 Und die Gründe, die möglich sind ⟨die Wahrheit …⟩
24 den Satz „jemand ist im Nebenzimmer|"| verifizieren⟨"⟩, oder:
25 oder: ⟨„⟩wie kann ich herausfinden, daß jemand
35 mit einem Sperrhaken öffnen könne. Beide Fragen nun ⟨schei…⟩
38 glaubt man, die Frage ⟨sei …⟩
39 die Annahme eines Satzes ⟨muß man⟩ nicht verwechseln

1 Die Ursachen, warum wir einen Satz glauben wären bei der/für die/ Frage, was es denn ist, was wir glauben, allerdings irrelevant, aber nicht 85
so die Gründe, die ja mit dem Satz intern verwandt sind und uns sagen, wer er ist.

2 Und der Sinn des Satzes ist ja nicht etwas, was wir erforschen und vielleicht zum Teil unerforschlich ist. So daß wir später erst noch einmal darauf kommen könnten, daß dieser Satz von andern Wesen als wir sind auf eine andere Art gewußt werden kann. So daß er *dieser* Satz mit *diesem* Sinn bliebe, dieser Sinn aber Eigenschaften hätte, die wir jetzt nicht ahnen. Der Satz, oder sein Sinn, ist nicht das pneumatische Wesen, was sein Eigenleben hat und nun Abenteuer besteht, von denen wir nichts zu wissen brauchen. Wir hätten ihm quasi Geist von unserm Geist eingehaucht – seinen Sinn – aber nun hat er sein Eigenleben – wie unser Kind – und wir können ihn (nur) erforschen und mehr oder weniger verstehen.

3 Der Instinkt führt einen richtig, der zur Frage führt: Wie kann man so etwas wissen; was für einen Grund können wir haben das anzunehmen; aus welchen Erfahrungen würden wir so einen Satz ableiten; etc..

4 Der Sinn ist keine Seele des Satzes. Er muß, soweit wir an ihm interessiert sind, sich gänzlich ausmessen lassen, sich ganz in Zeichen 86
offenbaren./erschließen./

5 Wenn man nun fragt: hat es Sinn zu sagen „es wird *nie* das und das geben“? – Nun, welche Evidenz gibt es dafür; und was folgt daraus? – Denn wenn es keine Evidenz dafür gibt – nicht daß wir noch nicht imstande waren sie zu kriegen – sondern daß/wenn/ keine im Kalkül *vorgesehen* wurde, dann ist damit der Charakter dieses Satzes bestimmt. Wie das Wesen einer Zahlenart dadurch, daß kein Vergleich zwischen ihr und gewissen Rationalzahlen möglich ist.

6 Übrigens: Eine Zahl die heute auf bewußte Weise mittels des Fermatschen Satzes definiert ist, wird dadurch nicht geändert daß der Beweis dieses Satzes oder des Gegenteils gefunden wird. Denn der Kalkül dieser Zahl weiß von dieser Lösung des Problems nichts (und wird auch dann nichts von ihr wissen).

14 ihm quasi Geist von unserm Geist eingehaucht⟨, …⟩
22 ⟨S…⟩

1 „Ich werde nie einen Menschen mit 2 Köpfen sehen" – man glaubt, durch diesen Satz irgendwie in die Unendlichkeit zu reichen. Quasi zum mindesten eine Eisenbahn dorthin gelegt zu haben, wenn wir auch noch nicht die ganze Strecke bereist haben.

Es liegt da die Idee zu Grunde, daß z.B. das Wort „nie" die 87
Unendlichkeit bereits/schon/ mitbringe, da das eben seine Bedeutung ist.

Es kommt darauf an: Was kann ich mit so einem Satz tun [anfangen]; denn, auf die Frage „was bedeutet er?" kommt ja wieder ein Satz zur Antwort, und der führt mich solange nicht weiter, als ich aus der Erklärung nichts über die Züge erfahre, die ich mit den Figuren machen darf. (Als ich, sozusagen, nur immer wieder die gleiche Configuration vor mir sehe und keine anderen die ich aus ihr bilden kann.) So höre ich z.B. daß keine Erfahrung diesen Satz beweisen kann und das beruhigt mich über seine unendliche Bedeutung.

2 Manche Philosophen (oder wie man sie nennen soll) leiden an dem was man „loss of problems", „Problemverlust" nennen kann. Es scheint ihnen dann alles ganz einfach und es scheinen keine tiefen Probleme mehr zu existieren, die Welt wird weit und flach und verliert jede Tiefe; und was sie schreiben wird unendlich seicht und trivial. Russell und H.G. Wells haben dieses Leiden.

3 Aus keiner Evidenz folgt, daß dieser Satz wahr ist. – Ja aber ich kann 88
doch g l a u b e n, daß er wahr ist/das der Fall ist, was er sagt/! Aber was heißt das: „glauben daß das der Fall ist"? Reicht etwa dieser Glaube in die Unendlichkeit; fliegt er der Verification voran? – Was heißt es, das glauben? Diesen Satz mit bestimmten Gefühlen sagen? ist es ein bestimmtes Benehmen? denn etwas andres kann es doch nicht sein. – Und dann interessiert es uns nur insofern, als es ein Kalkulieren mit dem Satz ist.

4 Es gibt so viel verschiedene Allgemeinheiten als es verschiedene Zahlarten gibt. [Es gibt so viel verschiedene ‚alle', als es verschiedene ‚eins' gibt.]

5 Darum nützt es nichts zur Klärung das Wort „alle" zu gebrauchen, wenn man seine Grammatik in d i e s e m Fall noch nicht kennt.

3 eine Eisenbahn dorthin gelegt zu haben, wenn ⟨wir sie auch …⟩
26 Reicht etwa ⟨mein …⟩
37 das Wort „alle" zu gebrauchen, wenn ⟨seine …⟩

1 Ein einfaches Sprachspiel ist z.B. dieses: Man spricht zu einem Kind (es kann aber auch ein Erwachsener sein) indem man das elektrische Licht in einem Raum andreht: „Licht“, dann, indem man es abdreht: „Finster“; und tut das etwa mehrere male mit Betonung und variierenden Zeitlängen. Dann geht man etwa in das Nebenzimmer dreht von dort aus 89 das Licht im ersten an und ab und bringt das Kind dazu daß es mitteilt ob es licht oder finster ist. [... daß es mitteilt: „licht“, oder: „finster“.]

Soll ich da nun „licht“ und „finster“ ‚Sätze‘ nennen?! Nun, wie ich will. – Und wie ist es mit der ‚Übereinstimmung mit der Wirklichkeit‘?

2 Wenn ich bestimmte einfache Spiele beschreibe, so geschieht es nicht um mit ihnen nach und nach die wirklichen Vorgänge der Sprache – oder des Denkens – aufzubauen, was nur zu Ungerechtigkeiten führt, – sondern ich stelle die Spiele als solche hin, und lasse sie ihre aufklärende Wirkung auf die besondern Probleme ausstrahlen.

3 Ich habe ein Bild mit verschwommenen Farben und komplizierten Übergängen. Ich stelle ein einfaches mit klar geschiedenen Farben aber mit dem ersten verwandtes daneben. Ich sage nicht daß das erste eigentlich das zweite/andere/ sei; aber ich lade den Andern ein das einfache anzusehen und verspreche mir davon daß gewisse Beunruhigungen für ihn verschwinden werden.

4 (Hängt meine Art des Denkens mit dem Zerfall der großen Staaten in 90 kleine unabhängige mit dem Respektieren der Minoritäten/Hervortreten der Minoritäten/ zusammen?)

5 Man könnte oben sagen: „die Worte ‚licht‘, ‚finster‘ sind hier als Sätze gemeint und |sind| nicht |einfach| Wörter“. Das heißt sie sind hier nicht so gebraucht, wie wir sie in der gewöhnlichen Sprache gebrauchen (obwohl wir tatsächlich auch oft so sprechen). Aber wenn ich plötzlich ohne sichtbaren Anlaß das Wort „licht“ isoliert ausspreche, so wird man allerdings sagen: „was heißt das? das ist doch kein Satz“ oder: „Du sagst ‚licht‘, nun was soll's damit?“

Das Aussprechen des Wortes „licht“ ist in diesem Fall sozusagen noch kein (kompletter) Zug des Spiels which we expect the other to play.

6 Wie unterscheidet sich nun „licht“ wenn es den Wunsch nach Licht ausdrückt von „licht“ wenn es konstatiert daß es im Zimmer licht ist? Daß wir es in jedem Fall anders m e i n e n? Und worin besteht das? In bestimmten Vorgängen die das Aussprechen begleiten, oder in einem bestimmten Benehmen, das ihm vorangeht, eventuell es begleitet, und ihm folgt?

5 und tut das etwa mehrere ⟨mal⟩ mit Betonung
6 Dann geht man etwa in das Nebenzimmer ⟨sch...⟩
19 Ich stelle ein einfaches ⟨aber ...⟩
20 aber mit dem ersten verwandtes daneben ⟨und la...⟩
34 isoliert ausspreche, so wird man allerdings ⟨fr...⟩
37 kein (kompletter) Zug des Spiels which we expect the other to play *–im MS am linken Rand mit einer vertikalen Wellenlinie markiert*

1 Wenn ein Mann im Ertrinken „Hilfe“ schreit, – konstatiert er die 91
Tatsache, daß er Hilfe bedarf? daß er ohne Hilfe ertrinken wird? – Dagegen gibt es den Fall in dem man, quasi, sich beobachtend sagt „ich hätte (oder: habe) jetzt den Wunsch nach ….“.

2 Ich sage das Wort „Licht!“, – der Andere fragt mich: „was meinst Du?“ – Und ich sage/antworte/: „Ich meinte, Du sollst Licht machen“. – Wie war das, als ich es *meinte*? Sprach ich den „kompletten Satz“ in der Vorstellung unhörbar aus oder den entsprechenden in einer andern Sprache? (Ja, das *kann* vorkommen oder auch nicht.) Die Fälle die man alle mit dem Ausdruck „ich meinte“ zusammenfaßt sind *sehr mannigfach*.

3 Nun kann man ruhig annehmen: ‚ich meinte, Du solltest Licht machen‘ heißt, daß mir dabei ein Phantasiebild von Dir in dieser Tätigkeit vorgeschwebt hat, und ebensogut: der Satz heißt, daß mir dabei die Worte des vollständigen Satzes in der Phantasie gegenwärtig waren, oder daß eins von diesen beiden der Fall war, – nur muß ich wissen, daß ich damit eine Festsetzung über die Worte „ich meinte“ getroffen habe und eine engere als die ist welche dem tatsächlichen |allgemeinen| Gebrauch des Ausdrucks entspricht.

4 Wenn das Meinen für uns irgend eine Bedeutung, Wichtigkeit, haben 92
soll so muß dem System der Sätze ein System der Meinungen zugeordnet sein, *was immer* für Vorgänge die Meinungen sein sollen.

5 Inwiefern stimmt nun das Wort „Licht“ im obigen Symbolismus oder Zeichenspiel mit einer Wirklichkeit überein, – oder nicht überein?

Wie gebrauchen wir überhaupt das Wort übereinstimmen? – Wir sagen „die beiden Uhren stimmen überein“, wenn sie die gleiche Zeit zeigen, „die beiden Maßstäbe stimmen überein“, wenn gewisse Teilstriche zusammenfallen, „die beiden Farben stimmen überein“ wenn etwa ihre Zusammenstellung uns angenehm ist. Wir sagen „die beiden Längen stimmen überein“ wenn sie gleich sind, aber auch wenn sie in einem von uns gewünschten Verhältnis stehen. Und daß sie „übereinstimmen“ heißt dann nichts andres, als daß sie in diesem Verhältnis – etwa 1 : 2 – stehen. So muß also in jedem Fall erst festgesetzt werden, was unter „Übereinstimmung“ zu verstehen ist. – So ist es nun auch mit der Übereinstimmung einer Längenangabe mit einer 93
Länge. Wenn ich sage: „dieser Stab ist 2 m lang“, so kann ich z.B. erklären [eine Erklärung geben], wie man nach diesem Satz mit einem Maßstab die Länge |des Stabes| kontrolliert, wie man etwa nach diesem Satz einen Meßstreifen für den Stab erzeugt. Und ich sage nun der Satz stimmt mit der Wirklichkeit überein, wenn der auf diese Weise konstruierte Meßstreifen mit dem Stab übereinstimmt. Diese Konstruktion eines Meßstreifens illustriert übrigens was ich in meinem

4 quasi, sich beobachtend sagt „ich hätte ⟨jetzt …⟩
11 Die Fälle die man alle ⟨da⟩mit |dem Ausdruck „ich meinte“|
16 vorgeschwebt hat, und ebensogut⟨,…⟩
16 vorgeschwebt hat, und ebensogut: ⟨de…⟩
16 vorgeschwebt hat, und ebensogut: ⟨jener S…⟩
28 – oder nicht überein? ⟨Wie …⟩
32 Farben stimmen überein“ wenn ⟨sie etwa unsern …⟩
43 wie man etwa nach diesem Satz einen ⟨St…⟩

Buch/der Abhandlung/ damit meinte daß der Satz bis an die Wirklichkeit herankommt. – Man könnte |sich| das auch so klar machen: Wenn ich die Wirklichkeit darauf hin prüfen will ob sie mit einem Satz übereinstimmt, so kann ich das auch so machen daß ich sie nun beschreibe und sehe ob der gleiche Satz herauskommt. Oder: ich kann die Wirklichkeit nach grammatischen Regeln in die Sprache des Satzes übersetzen und nun im Land der Sprache den Vergleich durchführen.

Als ich nun dem Andern erklärte: „Licht“ (indem ich Licht machte), „Finster“ (indem ich auslöschte) hätte ich auch sagen können und mit genau derselben Bedeutung „das ist/heißt/ ‚Licht‘“ (wobei ich 94
Licht mache) und „das ist/heißt/ ‚Finster‘“ etc., und auch ebensogut: „das stimmt mit ‚Licht‘ überein“, „das stimmt mit ‚Finster‘ überein“.

2.

1 Es kommt eben wieder auf die Grammatik des Wortes „Übereinstimmung“ an, auf seinen Gebrauch. Und hier liegt die Verwechslung mit ‚Ähnlichkeit‘ nahe in dem Sinn in welchem/dem/ zwei Personen einander ähnlich sind wenn ich sie leicht mit einander verwechseln kann.

Ich kann auch wirklich nach der Aussage über die Gestalt eines Körpers eine Hohlform konstruieren in die nun der Körper paßt oder nicht paßt, jenachdem die Beschreibung richtig oder falsch war, und die konstruierte Hohlform gehört dann in dieser Auffassung noch zur Sprache (die |bis| an die Wirklichkeit herankommt).

2 Aber auch die Hohlform macht kein finsteres Gesicht, wenn der Körper nicht in sie paßt.

3 Behauptung, Annahme, Frage.
Man kann auf dem Schachbrett einen Zug in einer Schachpartie machen, – aber auch während eines Gesprächs über ein Schachproblem zur Illustration oder wenn man jemand das Spiel lehrt, – etc.. Man sagt 95
dann auch etwa: „angenommen, ich zöge so, ...“. So ein Zug hat Ähnlichkeit mit dem was man in der Sprache ‚Annahme‘ nennt. Ich sage etwa „im Nebenzimmer ist ein Dieb“, – der Andre fragt mich „woher weißt Du das?“ und ich antworte: „oh ich wollte nicht sagen daß wirklich ein Dieb im Nebenzimmer ist, ich habe es nur in Erwägung gezogen“. — Müßte/Möchte/ man da nicht fragen: Was hast Du erwogen? wie Du Dich benehmen würdest wenn ein Dieb da wäre, oder was für ein Geräusch es machen würde, oder was er Dir wohl stehlen würde?

2 |sich| *–im MS durchstrichen*
6 die Wirklichkeit nach grammatischen Regeln in die Sprache ⟨ube...⟩
10 „Licht“ (indem ich Licht machte), „⟨Dunk...⟩
18 welchem/dem/ *–erste Variante im MS durchstrichen*
23 die Beschreibung richtig oder falsch war⟨;⟩ und die konstruierte
33 zur Illustration oder wenn man ⟨jemandem⟩ das Spiel lehrt,
35 was man in der Sprache ‚Annahme‘ nennt. Ich ⟨sitze etwa ...⟩
39 Müßte/Möchte/ *–erste Variante im MS durchstrichen*

Freges Anschauung könnte man so wiedergeben: daß die Annahme |(so wie er das Wort gebraucht)| das ist, was die Behauptung daß p der Fall ist mit der Frage ob p der Fall ist gemeinsam hat.

1 Kann man statt der Frage „ist p der Fall“ den Satz setzen: „ich möchte wissen ob p der Fall ist“? (Und wie ist es mit dieser Frage? — —)

2 ∨ Wie ist es mit den Sätzen eines Romans? Wenn man sich immer mit Hilfe des Fregeschen Symbolismus ausdrückte, sollte man da das Behauptungszeichen vor die Sätze der „Brüder Karamasov“ schreiben, 96 oder nicht?

3 Es gibt wirkliche Annahmen, die wir eben durch Sätze von der Form „angenommen p wäre (oder: ist) der Fall“ ausdrücken. Aber solche Sätze nennen wir nicht vollständig und sie scheinen sehr ähnlich den Sätzen der Form/erinnern uns an Sätze der Form/ „wenn p der Fall ist, ….“.

4 Erinnern wir uns daran, daß es keinen Sinn hat zu sagen „(es schneit) oder (regnet es?)“ Wenn ich die Behauptung daß p der Fall ist „⊢p“ schreibe, die Frage ob p der Fall ist „?p“ und den Wunsch, daß p der Fall sein möge „!p“, so kann man also nicht schreiben „(⊢p) ∨ (?q)“.

5 Und welcher Art ist ein Satz wie der vorige „Erinnern wir uns daran ….“?

Oder, wenn sich Einer eine mögliche Situation, etwa ihrer Seltsamkeit wegen, notiert? Oder: die Erzählung eines Witzes?

6 Ist nun aber eine solche Annahme ein Teil einer Behauptung? Ist das nicht als sagte man, die Frage ob p der Fall ist, sei ein Teil der Behauptung, daß p der Fall ist?

7 Ist es aber nicht auffällig daß wir es in unsern gewöhnlichen 97 philosophisch-grammatischen Problemen nie damit zu tun haben, ob sie sich auf Behauptungen oder Fragen beziehen? (Etwa in dem Problem von Idealismus und Realismus)

8 Übrigens tritt der Unterschied zwischen dem, was man Sätze der Mathematik nennt und Erfahrungssätzen zu Tage, wenn man bedenkt, ob es Sinn hat zu sagen: „ich wünschte 2 × 2 wäre 5!“

1 Freges Anschauung ⟨ka…⟩
9 Symbolismus ausdrückte, sollte man da das ⟨Zeichen …⟩
14 „angenommen p wäre ⟨der …⟩
19 Erinnern wir uns daran, daß es keinen Sinn hat zu sagen ⟨„p …⟩
20 Wenn ich die Behauptung daß p der Fall ist ⟨w…⟩
24 ⟨Welcher …⟩
24 Und welcher Art ist ein Satz ⟨der …⟩
33 daß wir es in unsern gewöhnlichen ⟨philosophischen …⟩
38 ⟨Der⟩ Unterschied zwischen dem, was man
38 Übrigens tritt der Unterschied zwischen ⟨zwischen⟩ dem, was man
39 Sätze der Mathematik ⟨nennt⟩ und ⟨Erfahrungssätze nennt⟩ zu Tage,

1 Und, daß das Problem der/von/ Behauptung, Frage und Annahme in anderm Zusammenhang nicht auftritt hängt wohl auch damit zusammen, daß jeder Frage eine Behauptung und eine Annahme entspricht.

Und irgendwie ist die Lösung, daß wir uns nur für Kalküle interessieren und psychische Begleiterscheinungen die nicht zum Kalkül gehören uns nicht angehen.

8.

2 Wenn das Wort „Übereinstimmung mit der Wirklichkeit" gebraucht wird/werden darf/, dann nicht als metalogischer Ausdruck sondern als Teil eines Kalküls, als Teil der gewöhnlichen Sprache. Man kann etwa 98 sagen: Im Sprachspiel „Licht!", „Finster!" kommt der Ausdruck „Übereinstimmung mit der Wirklichkeit" nicht vor.

10.

3 Wenn es so etwas gäbe wie eine Annahme im Sinne Freges, müßte dann nicht die Annahme daß p der Fall ist gleich der sein daß ~p der Fall ist?

4 In dem Sinn in welchem die Frage „ist p der Fall?" die gleiche ist wie „ist p nicht der Fall?".

5 Es ist sinnlos von einer Frage zu sagen, sie sei wahr oder falsch; ihr ein ~ vorzusetzen (nämlich der Frage als solcher); zu sagen sie stimme (oder stimme nicht) mit der Wirklichkeit überein.

6 In dem Sprachspiel „Licht – Finster" kommt keine Frage vor. – Aber wir könnten es auch mit Fragen spielen.

7 Man hat natürlich das Recht ein Behauptungszeichen zu verwenden, wenn man es im Gegensatz |etwa| zu einem Fragezeichen gebraucht. Irreleitend ist es nur wenn man meint daß die Behauptung nun aus zwei 99 Akten bestehe dem Erwägen und dem Behaupten (beilegen des Wahrheitswertes oder dergl.) und daß wir diese Akte nach dem geschriebenen Satz ausführen ungefähr wie wir nach Noten Klavierspielen.

Mit dem Klavierspielen nach Noten ist nun allerdings das laute, oder |auch| leise, Lesen nach dem geschriebenen oder gedruckten Satz zu vergleichen und ganz analog, aber nichts, was wir denken nennen. Ist also z.B. ein Behauptungszeichen im geschriebenen Satz, so wird wieder ein Behauptungs*zeichen* im gelesenen sein (etwa die Betonung oder der Stimmfall). Aber nicht, als ob im geschriebenen Satz das Zeichen, im gedachten aber die Bedeutung anwesend wäre. –

8 Eine Sprache (ich meine eine Sprechart) ist denkbar in der es keine Behauptungssätze gibt sondern nur Fragen und die Bejahung und Verneinung.

28 In dem Sprachspiel „Licht – Finster" ⟨wahr von …⟩
28 In dem Sprachspiel „Licht – Finster" ⟨ist …⟩
46 ⟨Man kann …⟩

1 Welche Rolle spielen falsche Sätze in einem Sprachspiel? Ich glaube, es gibt verschiedene Fälle. I. Einer hat die Signallaternen an einer Straßenkreuzung zu beobachten und einem andern zu sagen welche 100
Farben sie zeigen. Er verspricht sich dabei und sagt die falsche Farbe.

II. Es werden meteorologische Beobachtungen gemacht und nach gewissen Regeln aus ihnen das Wetter für den nächsten Tag vorhergesagt. Die Vorhersage trifft ein oder nicht.

Im ersten Fall kann man sagen, er spielt falsch; im zweiten nicht –.

2 Man wird (nämlich) hier/hier (nämlich)/ von einer Frage geplagt die etwa so lautet: gehört die Verification noch |mit| zum Sprachspiel?

3 v Wie schaut die Verification aus, – wie geht sie vor sich?

I. Jemand sagt mir: „Du siehst jetzt eine rote Kugel auf Dich zufliegen."

II. „Wenn Du Dich umdrehst wirst Du jemand hinter Dir stehn sehn."

III. „Wenn der Zeiger der Uhr auf 4 stehen wird, wirst Du an dieser Stelle |des Zimmers| ein Licht sehen."

IV. „Wenn Du diesen Stab messen wirst, so wirst Du finden, daß er 1 m lang ist".

4 × | Ich weiß nicht ob ich es je aufgeschrieben/geschrieben/ habe, daß ich 101
die Methode, einer grammatischen Betrachtung [einer Betrachtung] eine Anzahl Beispiele vorzusetzen/voranzustellen/ in der Mittelschule von einem Professor namens Heinrich? Groag (einem Juden) gelernt habe. [… daß ich die Methode, eine sprachliche Betrachtung mit einer Gruppe von Beispielen zu beginnen ….] |

5 v | Wenn ich die Dinge mit so trüben Augen sehe wie sie der gewöhnliche Mensch alle Tage sieht, kann ich auch nichts sagen was die Menschen aus ihrer gewöhnten Betrachtungsweise herausreißen kann. |

18.4.

6 Glauben

Hiermit verwandt: erwarten, hoffen, fürchten, wünschen. Aber auch: zweifeln, suchen, etc.

Man sagt: „Ich habe ihn von 5 – 6 Uhr erwartet", „ich habe den ganzen Tag gehofft, er werde kommen", „in meiner Jugend habe ich gewünscht ….", etc.. Daher falscher Vergleich mit in der Zeit amorphen Zuständen (Zahnschmerz, das Hören eines Tones etc) – (obwohl diese unter sich wieder verschieden sind).

6 und nach gewissen Regeln aus ihnen das Wetter ⟨des nächsten …⟩
10 (nämlich) hier/hier (nämlich)/ *–im MS Umstellung durch einen Pfeil, mit einem Fragezeichen markiert*
11 |mit| *–das Einfügungszeichen ist im MS gewellt unterstrichen*
13 Wie schaut die Verification aus⟨? …⟩
23 aufgeschrieben/geschrieben/ *–erste Variante im MS durchstrichen*
25 vorzusetzen/voranzustellen/ *–erste Variante im MS durchstrichen*
31 kann ich auch nichts sagen was ⟨ihn …⟩
36 Hiermit verwandt: erwarten, ⟨Hoffen⟩, fürchten, wünschen

1 Was heißt es nun: „ich glaube, er wird um 5 Uhr kommen“? oder: „er glaubt N werde um 5 Uhr kommen“? Nun, woran erkenne ich, daß er das glaubt? Daran, daß er es sagt? oder aus seinem übrigen Verhalten? oder aus beiden? Danach wird man dem Satz „er glaubt ....“ verschiedenen Sinn geben können. 102

2 Hat es einen Sinn zu fragen: „Woher weißt Du, daß Du das glaubst“? Und ist etwa die Antwort: „ich erkenne es durch Introspection“?

In manchen Fällen wird man so etwas sagen können, in manchen aber nicht.

3 Es hat einen Sinn, zu fragen: „liebe ich sie wirklich? mache ich mir das nicht nur vor?“ Und der Prozess der Introspektion ist hier das Aufrufen von Erinnerungen, das Vorstellen möglicher Situationen und der Gefühle die man hätte etc.

4 Introspektion nennt man einen Prozess [Vorgang] des Schauens im Gegensatz zum Sehen.

5 „Woher/Wie/ weiß ich, daß ich das glaube?“, „wie weiß ich, daß ich Zahnschmerzen habe?“: in mancher Beziehung sind diese Fälle /Beispiele/ ähnlich. 103

6 Man konstruiert hier nach dem Schema: „Woher weißt Du, daß jemand im andern Zimmer ist?“ – „Ich habe ihn drin singen gehört“.

„Ich weiß daß ich Zahnschmerzen habe, weil ich es fühle“ ist nach diesem Schema konstruiert und heißt nichts.

Vielmehr: ich habe Zahnschmerzen = ich fühle Zahnschmerzen = ich fühle, daß ich Zahnschmerzen habe (ungeschickter und irreführender Ausdruck). „Ich weiß, daß ich Zahnschmerzen habe“ sagt dasselbe nur noch ungeschickter, es sei denn daß unter „ich habe Zahnschmerzen“ eine Hypothese verstanden wird. Wie in dem Fall: „ich weiß daß die Schmerzen vom schlechten Zahn herrühren und keine Neuralgie sind. /nicht von einer Neuralgie./

7 Denken wir auch an die Frage „Wie merkst Du daß Du Zahnschmerzen hast?“ oder gar „wie merkst Du daß Du fürchterliche Zahnschmerzen hast?“ (Dagegen: „wie merkst Du, daß Du Zahnschmerzen bekommen wirst“.)

1 Was heißt es nun: ⟨Ich⟩ glaube,
3 Nun, woran erkenne ich, daß er das glaubt? ⟨Aus seinem ...⟩
7 „Woher weißt Du, daß Du das glaubst⟨?“ un...⟩
14 Und der Prozess der Introspektion ist hier das Aufrufen von ⟨I...⟩
24 „Woher weißt Du⟨ das ...⟩
25 „Ich habe ihn drin ⟨geh...⟩
30 irreführender Ausdruck) ⟨= ich⟩ weiß,
30 irreführender Ausdruck)⟨ |und auch gleichbedeutend mit| „ich⟩ weiß,
30 „Ich weiß, daß ich Zahnschmerzen habe“ ⟨außer...⟩
33 „ich weiß daß die Schmerzen *–kein Ausführungszeichen im MS*
34 keine Neuralgie sind./nicht von einer Neuralgie./ *–erste Variante im MS durchstrichen*

1 (Hierher gehört die Frage: welchen Sinn hat es von der Verification des 104
Satzes ‚ich habe Zahnschmerzen' zu reden? Und hier sieht man deutlich daß die Frage „wie wird dieser Satz verifiziert" von einem Gebiet |der Grammatik| zum andern ihren Sinn ändert.)

2 Man könnte nun die Sache so (falsch) auffassen: Die Frage „Wie weißt Du daß Du Zahnschmerzen hast" wird darum nicht gestellt weil man dies von den Zahnschmerzen (selbst) aus erster Hand erfährt, während man, daß ein Mensch im andern Zimmer ist, aus zweiter Hand, etwa durch ein Geräusch, erfährt. Das eine weiß ich durch unmittelbare Beobachtung, das andere erfahre ich indirekt. Also: „Wie weißt Du, daß Du Zahnschmerzen hast" – „Ich weiß es, weil ich sie habe" – „Du entnimmst es daraus, daß Du sie hast; aber mußt Du dazu nicht schon wissen, daß Du sie hast?". – – Der Übergang von den Zahnschmerzen zur Aussage „ich habe Zahnschmerzen" ist eben ein ganz anderer als der vom Geräusch zur Aussage „in diesem Zimmer ist jemand". Das heißt die Übergänge gehören ganz andern Sprachspielen an [gehören zu ganz verschiedenen Sprachspielen].

3 Ist, daß ich Zahnschmerzen habe, e i n Grund zur Annahme, daß ich 105
Zahnschmerzen habe?

4 (Man kann die Philosophen dadurch verwirren/confound/, daß man nicht bloß da Unsinn spricht wo auch sie es tun, sondern auch solchen den zu sagen sie sich scheuen (würden).)

5 Erschließt man aus der Wirklichkeit einen Satz? Also etwa „aus den wirklichen Zahnschmerzen, darauf, daß man Zahnschmerzen hat"? Aber das ist doch nur eine unkorrekte Ausdrucksweise; es müßte heißen: man schließt daß man Zahnschmerzen hat daraus, daß man Zahnschmerzen hat (offenbarer Unsinn).

2 von der Verification des Satzes ‚ich habe Zahnschmerzen' zu reden?⟨) …⟩
7 daß Du Zahnschmerzen hast" ⟨ist darum nicht üblich …⟩
9 im andern Zimmer ist, aus zweiter Hand, ⟨du…⟩
10 im andern Zimmer ist, aus zweiter Hand, etwa durch ⟨den …⟩
11 Also: „⟨wie⟩ weißt Du, daß Du Zahnschmerzen hast"
17 Das heißt die Übergänge gehören ganz andern Sprachspielen an⟨. …⟩
30 unkorrekte Ausdrucksweise; es müßte heißen: man schließt ⟨daraus …⟩
31 daß man Zahnschmerzen hat⟨. …⟩ (offenbarer Unsinn⟨.⟩)⟨.⟩.

21.

1 „Warum glaubst Du, daß Du Dich an der Herdplatte verbrennen wirst?“

Hast Du Gründe für diesen Glauben, und brauchst Du Gründe?

Hast Du diese Gründe – gleichsam – immer bei Dir, wenn Du es glaubst?

Und glaubst Du es immer – ausdrücklich – wenn Du Dich etwa wehrst die Herdplatte anzurühren?

Meint man mit ‚Gründen des Glaubens/für den Glauben/‘ dasselbe wie mit ‚Ursachen des Glaubens‘ (Ursachen des Vorgangs des Glaubens)? 106

22.

2 Was für einen Grund habe ich zu glauben/anzunehmen/ daß mein Finger, wenn er den Tisch berühren, einen Widerstand spüren wird? Was für einen Grund zu glauben daß dieser Bleistift sich nicht schmerzlos durch meine Hand stecken läßt? Wenn ich dies frage melden sich hundert Gründe die einander gar nicht zu Wort kommen lassen wollen. „Ich habe es doch selbst ungezählte Male erfahren; und ebensooft von ähnlichen Erfahrungen gehört; wenn es nicht so wäre, würde ……; etc.“.

3 Glaube ich, wenn ich auf meine Türe zugehe ausdrücklich daß sie sich öffnen lassen wird, — daß dahinter ein Zimmer und nicht ein Abgrund sein wird, etc.?

4 Setzen wir statt des Glaubens den Ausdruck des Glaubens. —

5 Was heißt es, etwas aus einem bestimmten Grunde glauben? Entspricht es, wenn wir statt des Glaubens den Ausdruck des Glaubens setzen, dem, daß Einer/man/ den Grund sagt ehe er/man/ das Begründete sagt?

6 „Hast Du es aus diesen Gründen geglaubt“ ist dann eine ähnliche Frage wie: „hast Du, als Du mir sagtest 25 × 25 sei 625 die Rechnung /Multiplication/ wirklich ausgeführt?“. 107

23.

7 Die Frage „warum glaubst Du das“ [„aus welchen Gründen glaubst Du das“] könnte bedeuten: „aus welchen Gründen leitest Du das jetzt ab (hast Du es jetzt abgeleitet)“; aber auch: „welche Gründe kannst Du mir nachträglich für diese Annahme angeben“.

3 ⟨20.⟩ *–gestrichenes Datum im MS nach dem ersten Absatz, geschrieben am 18. April; keine Fortsetzung des Textes am 20., Fortsetzung am 21. April als Absatz, mit dem neuen Datum in der Leerzeile vor der Bemerkung*

3 ⟨„⟩Hast Du Gründe für diesen Glauben⟨?⟩ und brauchst Du Gründe?⟨“⟩

9 dasselbe wie mit ‚Ursachen des Glaubens‘ (⟨d…⟩

13 zu glauben/anzunehmen/ *–erste Variante im MS durchstrichen*

14 wenn er den Tisch berühren⟨ wird⟩ einen Widerstand spüren wird?

15 *Im MS:* daß |dieser Bleistift sich| nicht

23 daß sie sich öffnen lassen wird, — daß ⟨sie …⟩

30 daß Einer/man/ ⟨sich⟩ den Grund sagt ehe er/man/ das Begründete

35 Rechnung/Multiplication/ *–erste Variante im MS durchstrichen*

1 Ich könnte also unter ‚Gründen' zu einer Meinung tatsächlich nur das verstehen was der Andere sich vorgesagt hat ehe er zu der Meinung kam. Die Rechnung die er tatsächlich ausgeführt hat.

2 Frage ich jemand: „Warum glaubst Du, daß diese Armbewegung einen Schmerz mit sich bringen wird?", und er antwortet: „weil sie ihn einmal hervorgebracht und einmal nicht hervorgebracht hat", so werde ich sagen: „das ist doch kein Grund zu Deiner Annahme".

Wie nun wenn er mir darauf antwortet: „oh doch! ich habe diese
Annahme noch immer gemacht wenn ich diese Erfahrung gemacht 108
hatte"? – Da würden wir doch sagen: „Du scheinst mir die Ursache (psychologische Ursache) Deiner Annahme anzugeben, aber nicht den Grund".

3 „Warum glaubst Du, daß das geschehen wird?" – „Weil ich es zweimal beobachtet habe".

Oder: „Warum glaubst Du, daß das geschehen wird?" – „Weil ich es mehrmals beobachtet habe; und es geht offenbar s o vor sich: ….." (|es| folgt eine Darlegung einer umfassenden Hypothese). Aber diese Hypothese, dieses Gesamtbild muß Dir einleuchten. Hier geht die Kette der Gründe n i c h t weiter. — (Eher könnte man sagen daß sie sich schließt.)

4 Man möchte sagen: Wir schließen nur dann aus der früheren Erfahrung auf die zukünftige, wenn wir die Vorgänge verstehen (im Besitze der richtigen Hypothese sind). Wenn wir den richtigen, tatsächlichen, Mechanismus zwischen den beiden beobachteten Rädern annehmen. Aber denken wir doch nur: Was ist denn das/unser/ Criterium dafür daß unsere Annahme die richtige ist? –

Das Bild und die Daten überzeugen uns und führen uns nicht 109
wieder weiter – zu andern Gründen.

5 Wir sagen: „diese Gründe sind überzeugend"; und dabei handelt es sich nicht um Prämissen aus denen das f o l g t wovon wir überzeugt wurden.

6 Wenn man sagt: „die gegebenen Daten sind insofern Gründe zu glauben p werde geschehen, als dies aus den Daten zusammen mit dem angenommenen Naturgesetz folgt", – dann kommt das eben darauf hinaus zu sagen, das Geglaubte folge aus den Daten n i c h t, sondern komme vielmehr einer neuen Annahme gleich.

7 so werde ich ⟨doch⟩ sagen: „das ist doch kein Grund zu Deiner Annahme"
9 „oh doch! ⟨Ich⟩ habe diese Annahme noch immer gemacht
10 wenn ich ⟨diese⟩ Erfahrung gemacht hatte"
11 diese Erfahrung gemacht hatte"⟨.⟩ – Da würden wir doch sagen:
22 (Eher könnte man sagen daß sie sich schließt.) *–Nachtrag in der Zeile*
33 ⟨H…⟩
37 als dies aus den Daten zusammen mit ⟨der …⟩
38 dem angenommenen Naturgesetz folgt", – dann ⟨komm…⟩
40 einer neuen Annahme gleich *–im MS am linken Rand mit einer vertikalen Wellenlinie markiert*

1 Wenn man nun fragt: wie *kann* aber frühere Erfahrung ein Grund zur Annahme sein, es werde später das und das eintreffen, – so ist die Antwort: welchen allgemeinen Begriff vom Grund zu solch einer Annahme haben wir denn? Diese Art Angabe über die Vergangenheit nennen wir eben Grund zur Annahme es werde das in Zukunft geschehn. – Und wenn man sich wundert, daß wir ein solches Sprachspiel/Spiel/ spielen, dann berufe ich mich auf die *Wirkung* einer vergangenen Erfahrung (daß ein gebranntes Kind das Feuer 110 fürchtet).

2 Wer sagt, er ist durch Angaben über vergangenes nicht davon zu überzeugen daß in Zukunft etwas geschehen wird, der muß etwas anderes mit dem Wort „überzeugen" meinen als wir es tun. – Man könnte ihn fragen: Was willst Du denn hören? Was für Angaben nennst Du Gründe um/dafür/, das zu glauben? Was nennst Du „überzeugen"? Welche Art des „Überzeugens" erwartest Du Dir. – Wenn *das* keine Gründe sind, was sind denn Gründe? – Wenn Du sagst, das sind/seien/ keine Gründe, so mußt Du doch angeben können was der Fall sein müßte, damit wir mit Recht sagen könnten, es seien Gründe für unsern Glauben/unsere Annahme/ vorhanden. ‚Keine Gründe' –: im Gegensatz wozu?

3 Denn wohlgemerkt: Gründe sind hier nicht Sätze aus denen das Geglaubte *folgt*.

4 Aber nicht als ob man sagen könnte/wir sagen wollten/: Für's Glauben genügt eben weniger, als für das Wissen. – Denn hier handelt es sich nicht um eine Annäherung an das logische Folgen. 111

5 Irregeführt werden wir durch die Ausdrucksweise/Redeweise/: „Das ist ein guter/richtiger/ Grund zu unserer Annahme, denn er macht das Eintreffen des Ereignisses wahrscheinlich". [„Dieser Grund ist gut denn er macht das Eintreffen des Ereignisses wahrscheinlich"] Hier ist es, als ob wir nun etwas weiteres über den Grund ausgesagt hätten, was seine Zugrundelegung [was ihn als (guten) Grund] rechtfertigt, während mit dem Satz, daß dieser Grund das Eintreffen wahrscheinlich macht nichts gesagt ist, wenn nicht, daß dieser Grund dem/einem/ bestimmten Standard des guten Grundes entspricht, – der Standard aber nicht begründet ist.

6 Ein guter Grund ist einer der *so* aussieht.

7 „Das ist ein guter Grund, denn er macht das Eintreffen wahrscheinlich" erscheint uns so wie: „das ist ein guter Hieb, denn er macht den Gegner kampfunfähig".

1 Wenn man nun ⟨fragen w…⟩
12 nicht davon zu überzeugen daß ⟨d…⟩
23 Gründe sind hier nicht ⟨so…⟩
23 Gründe sind hier nicht Sätze aus denen ⟨der …⟩
26 ⟨Das soll aber nicht heißen: …⟩
37 nichts gesagt ist, wenn nicht, daß ⟨sich⟩ dieser Grund ⟨d…⟩

1 Man möchte sagen: „ein guter Grund ist er nur darum weil er das Eintreffen *wirklich* wahrscheinlich macht". Weil er sozusagen wirklich einen Einfluß auf das Ereignis hat, also quasi einen erfahrungsmäßigen.

2 „Warum nimmst Du an daß er besserer Stimmung sein wird, weil ich 112
Dir sage daß er gegessen hat? ist denn das ein Grund?" – „Das ist ein guter Grund, denn das Essen hat erfahrungsgemäß einen Einfluß auf seine Stimmung." Und das könnte man auch so sagen: „Das Essen macht es wirklich wahrscheinlicher, daß er guter Stimmung sein wird".

Wenn man aber fragen wollte: „Und ist alles das, was Du von der früheren Erfahrung vorbringst, ein guter Grund, anzunehmen daß es sich auch diesmal so verhalten wird", so kann ich nun nicht sagen: ja, denn das macht das Eintreffen der Annahme wahrscheinlich. Vielmehr habe ich/Ich habe/ oben meinen Grund mit Hilfe des Standards für den guten Grund gerechtfertigt; jetzt kann ich aber nicht den Standard rechtfertigen.

3 Wenn man sagt „die Furcht ist begründet", so ist nicht wieder begründet, daß wir das als guten Grund zur Furcht ansehen. Oder vielmehr: es kann hier nicht wieder von einer Begründung die Rede sein.

24.

4 „Wie weißt Du, daß das wirklich der Grund ist, weswegen Du es 113
glaubst" – |das| ist als fragte ich: „wie weißt Du daß es *das* ist, was Du glaubst". Denn er gibt nicht die Ursache seines Glaubens an, die er nur vermuten könnte, sondern beschreibt einen Vorgang von Operationen, die zu dem Geglaubten führen (und etwa geführt haben). Einen Vorgang der seiner Art nach zu dem des Glaubens gehört. – Der Unterschied zwischen der Frage nach der Ursache und der |Frage| nach dem Grund des Glaubens ist etwa so, wie der zwischen der Frage: „was ist die physikalische Ursache davon, daß Du da bist" und der Frage: „auf welchem Wege bist Du hergekommen". – Und hier sieht man sehr klar wie auch die Angabe der Ursache als Angabe eines Weges aufgefaßt werden kann, aber in ganz anderem Sinne.

5 daß er ⟨nach dem Essen⟩ besserer Stimmung sein wird
14 Vielmehr habe ich/Ich habe/ *–erste Variante im MS durchstrichen*
24 „Wie weißt Du, daß das wirklich der Grund ist, ⟨weg...⟩
25 |das| *–das Einfügungszeichen ist im MS gewellt unterstrichen*
30 |Frage| *–das Einfügungszeichen ist im MS gewellt unterstrichen*

1 „Man kann die Ursache |einer Erscheinung| nur vermuten“ (nicht
wissen). – Das muß ein Satz der Grammatik sein. Es ist nicht gemeint
daß wir ‚mit dem besten Willen‘ die Ursache nicht wissen können. Der
Satz ist insofern ähnlich dem: „wir können in der Zahlenreihe, so weit
wir auch zählen, kein Ende erreichen“. Das heißt: von einem „Ende der
Zahlenreihe“ kann keine Rede sein; und dies ist – irreführend – in das
Gleichnis gekleidet von Einem der wegen der großen Länge des Weges 114
das Ende nicht erreichen kann. – So gibt es einen Sinn in dem ich sagen
kann: „ich kann die Ursache dieser Erscheinung nur vermuten“ d.h.: es
ist mir noch nicht gelungen sie (im gewöhnlichen Sinn) ‚festzustellen‘.
Also im Gegensatz zu dem Fall, in dem es mir gelungen ist, wo/in dem/
ich also die Ursache weiß. – Sage ich nun aber, als metaphysischen Satz,
„ich kann die/eine/ Ursache immer nur vermuten“, so heißt das: ich will
im Falle der Ursache immer nur von ‚vermuten‘ und nicht von ‚wissen‘
sprechen um so Fälle verschiedener Grammatik von einander zu
unterscheiden. (Das ist also so wie wenn ich sage: ich will in einer
Gleichung das Zeichen „=“ und nicht das Wort „ist“ gebrauchen.) Was
also an unserem ersten Beispiel falsch ist, ist das Wort „nur“, aber freilich
gehört das eben ganz zu dem Gleichnis das schon im Gebrauch des
Wortes ‚können‘ liegt.

2 „Wie weißt Du, daß Du es aus diesem Motiv getan hast?“ – „Ich
erinnere mich daran, es darum getan zu haben.“ – „*Woran* erinnerst 115
Du Dich? Hast Du es Dir damals gesagt; oder erinnerst Du Dich an die
Stimmung in der Du warst; oder daran, daß Du Mühe hattest, einen
Ausdruck Deines Gefühls zu unterdrücken?“

Und wenn man etwa einen Ausdruck seines Gefühls nur mit Mühe unterdrückt hat, – wie war das? Hatte man sich ihn damals leise vorgesagt? etc. etc..

3 Das Motiv ist nicht eine Ursache ‚von innen gesehen‘! Das Gleichnis von innen und außen ist hier – wie so oft – gänzlich irreleitend. – Es ist von der Idee der Seele (eines Lebewesens) im Kopfe (als Hohlraum vorgestellt) hergenommen/hergeleitet/. Aber diese Idee ist darin mit andern unvereinbaren vermengt, wie die Metaphern in |dem Satz|: „der Zahn der Zeit der alle Wunden heilt etc.“.

4 Der Vorgang einer Erkenntnis in einer Wissenschaftlichen Untersuchung (in der Experimentalphysik etwa) ist freilich nicht der einer Erkenntnis im Leben außerhalb des Laboratoriums/dem Laboratorium/; aber er ist ein *ähnlicher* und kann neben den andern gestellt [gehalten] diesen beleuchten.

4 die Ursache nicht wissen können. Der Satz ist ⟨de…⟩
9 So gibt es einen Sinn in dem ich sagen kann: „ich kann ⟨dies…⟩
9 die Ursache ⟨dieses Ereignisses …⟩
12 Sage ich nun aber, als metaphysischen Satz⟨,/:/⟩ „ich kann
17 das Zeichen „=“ und nicht das Wort „ist“ gebrauchen)⟨.⟩
27 Und wenn man ⟨sich⟩ etwa ⟨daran …⟩
36 „der Zahn der Zeit der alle Wunden heilt⟨“ ….⟩
39 einer Erkenntnis in einer Wissenschaftlichen Untersuchung ⟨etwa …⟩

1 Nach den Gründen zu einer Annahme gefragt besinnt man sich auf diese Gründe. Geschieht hier dasselbe, wie wenn man über die Ursachen eines Ereignisses nachdenkt? [… wenn man darüber nachdenkt, was die Ursachen eines Ereignisses gewesen sein mögen?]* 116

27

2 Wie kann man Vorbereitungen zum Empfang von etwas eventuell Existierendem treffen, – in dem Sinn in welchem Russell und Ramsey das (immer) tun wollten? Man bereitet etwa die Logik für die Existenz von vielstelligen Relationen vor, oder für die Existenz einer unendlichen Anzahl von Gegenständen. –

3 Nun kann man doch für die Existenz eines Dinges vorsorgen: Ich mache z.B. ein Kästchen um den Schmuck hineinzulegen, der vielleicht einmal gemacht werden wird. – Aber hier kann ich doch sagen, was der Fall sein muß, – welcher Fall es ist, für den ich vorsorge. Ich kann diesen Fall jetzt so gut beschreiben [Dieser Fall läßt sich jetzt so gut beschreiben, wie, nachdem er schon eingetreten ist; und auch dann wenn er nie eintritt. (Lösung mathematischer Probleme.) Dagegen 117
sorgen Russell und Ramsey für eine eventuelle Grammatik vor.

4 Man denkt einerseits, daß es die Mathematik mit der Art der Funktionen zu tun hat und ihren Gegenständen/Argumenten/ von deren Anzahlen sie handelt. Aber man will sich nicht durch die uns jetzt bekannten Funktionen binden lassen und man weiß nicht ob jemals eine gefunden werden wird die 100 Argumentstellen hat; also muß man vorsorgen und eine Funktion konstruieren die alles für die 100-stellige Relation vorbereitet, wenn sich eine finden sollte. – Was heißt es aber überhaupt: „es findet sich (oder: es gibt) eine 100-stellige Relation? Welchen Begriff haben wir von ihr? oder auch von einer 2-stelligen? – Als Beispiel einer 2 stelligen Relation gibt man etwa das/die/ zwischen Vater und Sohn. Aber welche Bedeutung hat dieses Beispiel für die weitere |logische| Behandlung der 2-stelligen Relationen? Sollen wir uns jetzt statt jedes „a R b" vorstellen „a ist der Vater des b"? – Wenn aber nicht, ist dann das Beispiel, oder irgend eins überhaupt, essentiell? Spielt dieses Beispiel nicht die gleiche Rolle wie eines in der Arithmetik, wenn ich jemandem $3 \times 6 = 18$ an 3 Reihen zu |je| 6 Äpfeln erkläre?

4 gewesen sein mögen?]* *–Asteriskus zur Hervorhebung der Variante*
8 zum Empfang von etwas eventuell Existierendem treffen⟨? …⟩
9 ⟨27.⟩ *–Datum im MS nach dem ersten Satz, Fortsetzung als fortlaufender Text, nicht als Bemerkung, Datum noch oben versetzt*
13 Nun kann man doch für die Existenz eines Dinges vorsorgen: ⟨ich⟩ mache
16 Aber hier kann ich doch sagen, was der Fall sein muß, – ⟨welchen …⟩
17 [Dieser Fall *–keine schließende Klammer im MS*
19 (Lösung mathematischer Probleme.) ⟨Wahr…⟩
23 daß es die Mathematik mit der Art der Funktionen zu tun hat ⟨von …⟩
25 bekannten Funktionen binden lassen und man weiß nicht ob ⟨es …⟩
26 eine gefunden werden wird die 100 ⟨Argumente …⟩
28 wenn sich eine finden sollte. ⟨Was …⟩
28 ⟨Was heißt es …⟩ *–im MS gestrichener Anfang eines Absatzes*
29 „es findet sich *–kein Ausführungszeichen im MS*
35 Wenn aber nicht, ist dann das Beispiel⟨ – …⟩
36 nicht die gleiche Rolle wie eines in der Arithmetik⟨? …⟩

Hier handelt es sich um den/unsern/ Begriff der *Anwendung*. – 118
Man hat etwa die Vorstellung von einem Motor, der erst leer geht und dann eine Arbeitsmaschine treibt.

1 Aber was gibt die Anwendung der Rechnung? [Aber was erhält die Rechnung von ihrer Anwendung?] Fügt sie ihr einen neuen Kalkül zu? dann ist sie ja jetzt eine *andere* Rechnung. Oder gibt sie ihr in irgend einem, der Mathematik (Logik) wesentlichem, Sinne Substanz? Wie kann man dann überhaupt, auch nur zeitweise, von der Anwendung absehen?

2 Nein, die Rechnung mit Äpfeln ist wesentlich dieselbe, wie die mit Strichen oder Ziffern. Die Arbeitsmaschine setzt den Motor fort, aber die Anwendung (in diesem Sinne) nicht die Rechnung.

3 Wenn ich nun sage: „die Liebe ist ein Beispiel einer 2-stelligen Relation“, – [Wenn ich nun, um ein Beispiel zu geben sage: „die Liebe ist eine 2-stellige Relation, –] sage ich hier etwas über die Liebe aus? Natürlich nicht. Ich gebe eine Regel für den Gebrauch des Wortes „Liebe“ und will etwa sagen, daß wir *dieses* Wort z.B. so gebrauchen. 119

4 Nun hat man aber doch das Gefühl, daß mit dem Hinweis auf die 2-stellige Relation ‚Liebe‘ in die Hülse des Relationskalküls Sinn gesteckt wurde. – Denken wir uns eine geometrische Demonstration statt an einer Zeichnung oder an analytischen Symbolen an einem Lampenzylinder vorgenommen/durchgeführt/. Inwiefern ist hier von der Geometrie eine Anwendung gemacht? Tritt denn der Gebrauch des Glaszylinders als Lampenglas in die geometrische Überlegung ein? Und tritt der Gebrauch des Wortes Liebe in einer Liebeserklärung in meine Überlegungen über die 2-stelligen Relationen ein?

5 Wir haben es mit verschiedenen Verwendungen, Bedeutungen, des Wortes „Anwendung“ zu tun. „Die Multiplication wird in der Division angewandt“; „der Glaszylinder wird in der Lampe angewandt“; „die Rechnung ist auf diese Äpfel angewandt“.

6 Hier kann man nun sagen: Die Arithmetik ist ihre eigene Anwendung. Der Kalkül ist seine eigene Anwendung.

Wir können nicht in der Arithmetik für eine grammatische
Anwendung vorsorgen. Denn ist die Arithmetik nur ein Spiel, so ist für 120
sie auch ihre Anwendung nur ein Spiel, und entweder das gleiche Spiel (dann führt es uns nicht weiter), oder ein anderes – und dann konnten wir das schon in der *reinen* Arithmetik betreiben.

1 den/unsern/ *–erste Variante im MS durchstrichen*
6 [Aber was erhält die Rechnung von ihrer Anwendung?] ⟨Setzt …⟩
18 „die Liebe ist eine *–kein Ausführungszeichen im MS*

1 Wenn also der Logiker sagt, er habe für eventuell existierende 6-stellige Relationen in der Arithmetik vorgesorgt, so können wir fragen: Was wird denn nun zu dem, was Du vorbereitet hast, hinzukommen [hinzutreten], wenn es seine Anwendung findet [finden wird]? Ein neuer Kalkül? – aber den hast Du ja eben nicht vorbereitet. Oder etwas, was den Kalkül nicht tangiert? – dann interessiert uns das nicht und der Kalkül, den Du uns gezeigt hast ist uns Anwendung genug.

2 Die unrichtige Idee ist, daß die Anwendung eines Kalküls in der Grammatik der wirklichen Sprache, ihm eine Realität zuordnet, eine Wirklichkeit gibt, die er früher nicht hatte. [Die unrichtige Idee ist: die Anwendung eines Kalküls auf die wirkliche Sprache verleihe ihm eine 121
Realität die er früher/vorher/ nicht hatte.]

3 Aber, wie gewöhnlich in unserem Gebiet, liegt hier der Fehler nicht darin, daß man etwas Falsches glaubt sondern darin daß man auf eine irreführende Analogie hinsieht.

4 Was geschieht denn, wenn die 6-stellige Relation gefunden wird? Wird quasi ein Metall gefunden, das nun die gewünschten (vorherbeschriebenen) Eigenschaften (das richtige spezifische Gewicht, die Festigkeit, etc) hat? Nein; ein *Wort* wird gefunden, das wir tatsächlich in unsrer Sprache so verwenden, wie wir etwa den Buchstaben R verwendet haben. „Ja, aber dieses Wort hat doch Bedeutung und „R“ hatte keine! Wir sehen also jetzt daß dem „R“ etwas entsprechen kann“. Aber die Bedeutung des Wortes besteht ja nicht darin, daß ihm etwas entspricht. Außer etwa, wo es sich um Namen und benannten Gegenstand handelt, aber da setzt der Träger des Namens nur den Kalkül fort, also die Sprache. Und es ist *nicht* so, wie wenn man sagt: „diese Geschichte hat sich tatsächlich zugetragen, sie war nicht bloße Fiktion“.

5 Das alles hängt auch mit dem falschen Begriff der logischen Analyse 122
zusammen den Russell, Ramsey und ich hatten. So daß man auf eine endliche logische Analyse der Tatsachen wartet, wie auf eine chemische von Verbindungen. Eine Analyse, durch die man dann etwa eine 7-stellige Relation wirklich findet, wie ein Element, das tatsächlich das spez. Gewicht 7 hat.

6 Die Grammatik ist für uns ein reiner Kalkül. (Nicht die Anwendung eines auf die Realität.)

16 daß man etwas ⟨falsches⟩ glaubt sondern darin daß man
20 Wird quasi ein Metall *–Fortsetzung in schwarz-grauer Tinte*

28.

1 „Es gibt nur 4 rote Dinge, aber die bestehen nicht aus 2 und 2, weil es keine Funktion gibt, die sie zu je zweien unter einen Hut bringt.“ Das hieße den Satz 2 + 2 = 4 etwa so auffassen: Wenn auf einer Fläche 4 Kreise zu sehen sind, so haben je zwei von ihnen immer eine

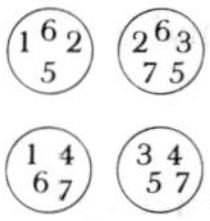

bestimmte Eigentümlichkeit mit einander gemein; sagen wir etwa ein Zeichen innerhalb des Kreises. (Dann sollen natürlich auch je 3 der Kreise ein Zeichen gemeinsam haben, etc.) Denn wenn ich überhaupt etwas über die Wirklichkeit annehme, warum nicht d a s? Das „axiom of reducibility“ ist wesentlich von keiner andern Art. In diesem Sinne könnte man sagen, daß zwar 2 und 2 immer 4 ergeben, aber 4 nicht immer aus 2 123 und 2 besteht. (Nur durch die |gänzliche| Vagheit und Allgemeinheit des Reduktionsaxiom werden wir zu dem Glauben verleitet, als handle es sich hier |(wenn überhaupt um einen sinnvollen Satz)| um mehr als eine willkürliche Annahme zu der kein Grund vorhanden ist. Drum ist es hier und in allen ähnlichen Fällen äußerst klärend, diese Allgemeinheit, die die Sache ja doch nicht mathematischer macht, ganz fallen zu lassen und statt ihrer ganz spezialisierte Annahmen zu machen.)

2 Man möchte sagen: 4 muß nicht immer aus 2 und 2 bestehen, aber es kann, wenn es wirklich aus Gruppen besteht aus 2 und 2 wie aus 3 und 1 etc bestehen; aber nicht aus 2 und 1 oder 3 und 2, etc., und so bereiten wir eben alles für den Fall vor daß 4 in Gruppen zerlegbar ist. Aber dann hat es eben die Arithmetik gar nicht mit der wirklichen Zerlegung zu tun, sondern nur mit jener Möglichkeit der Zerlegung. Die Behauptung könnte ja auch die sein, daß von einer Gruppe von 4 Punkten auf dem Papier, immer je zwei durch einen Strich verbunden sind [Die Behauptung könnte ja auch die sein, daß, wenn immer ich eine Gruppe von 4 Punkten auf einem Papier sehe, je zwei von ihnen durch eine Klammer verbunden sind.] 124

Denken wir gar an die Annahme, um je zwei solche Gruppen von 2 Punkten sei in der Welt immer ein Kreis gezogen.

3 Dazu kommt nun, daß, z.B., die Aussage, daß in einem weißen Viereck zwei schwarze Kreise zu sehen sind, nicht die Form „(∃x, y) etc“ hat. Denn gebe ich den Kreisen Namen, dann beziehen sich diese Namen gerade auf die Orte der Kreise und ich kann nicht von ihnen sagen, sie seien entweder in dem einen oder dem andern Viereck. Ich kann wohl sagen: „in beiden Vierecken zusammen sind 4 Kreise“, aber das heißt nicht, daß ich von jedem einzeln sagen kann daß er im einen oder andern Viereck sei. Denn der Satz „dieser Kreis ist in diesem Viereck“ ist im angenommenen Fall sinnlos.

6 bestimmte Eigentümlichkeit mit einander ⟨gemeins…⟩
14 des Reduktionsaxiom ⟨werde ich⟩ zu dem Glauben verleitet,
16 um mehr als eine willkürliche Annahme ⟨über die Wirklichkeit⟩ zu der
17 äußerst klärend, ⟨wenn man …⟩
24 und so bereiten wir eben alles ⟨zur …⟩
27 Die Behauptung könnte ja auch *–im MS ein Absatz, durch Pfeil aufgehoben*
32 um je zwei ⟨Kreise⟩ sei in der Welt immer ein Kreis gezogen.
35 daß ⟨zwei schwarze Kreise …⟩
41 daß ich von jedem einzeln sagen kann daß er ⟨in einem …/einen …/⟩

1 Was bedeutet nun der Satz „in den 2 Vierecken zusammen sind 4 Kreise"? Wie konstatiere ich das? Indem ich die Zahlen in beiden addiere? Die Zahl der Kreise in beiden Vierecken zusammen, bedeutet also dann das Resultat der Addition der beiden Zahlen. – Oder ist es etwa das Resultat einer besondern/eigenen/ Zählung die durch beide Vierecke geht; oder die Zahl von Strichen die ich erhalte, wenn ich einen Strich einem Kreis zuordne ob er nun in einem oder 125
im andern Viereck ist. Man kann nämlich sagen: „jeder Strich ist

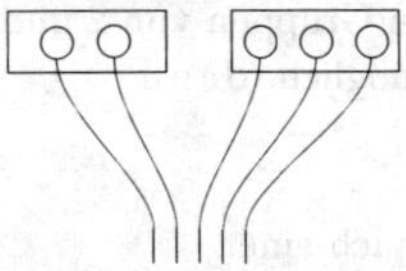

entweder einem Kreis zugeordnet der in dem einen, oder einem Kreis der in dem andern Viereck steht", aber nicht: „dieser Kreis steht entweder in diesem oder im andern Viereck", wenn „dieser Kreis" eben durch seine Lage charakterisiert ist. Dies kann nur dann hier sein, wenn „dies" und „hier" nicht dasselbe bedeuten. Dagegen kann dieser Strich einem Kreis in diesem Viereck zugeordnet sein, denn er bleibt dieser Strich, auch wenn er einem Kreis im andern Viereck zugeordnet ist.

2

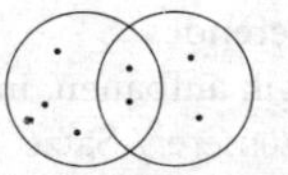

Sind in diesen beiden Kreisen zusammen 9 Punkte oder 7? Wie man es gewöhnlich versteht, 7. Aber muß ich es so verstehen? Warum soll ich nicht die Punkte, die beiden Kreisen gemeinsam angehören doppelt zählen:

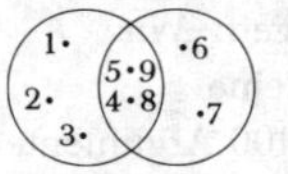

Anders ist es, wenn man fragt: „wieviel Punkte sind innerhalb der stark ausgezogenen Grenze?

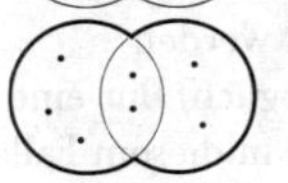

Denn hier kann ich sagen: es sind 7 in dem Sinne in welchem in den Kreisen 5 und 4 sind. 126

3 Man könnte nun sagen: die Summe von 4 und 5 nenne ich die Zahl, welche die, unter den Begriff $\varphi x \vee \psi x$ fallenden Gegenstände haben, wenn $(\mathrm{E}4x)\, \varphi x \cdot (\mathrm{E}5x)\, \psi x \cdot \mathrm{Ind.}$ der Fall ist. Und zwar heißt das |nun| nicht, daß die Summe von 4 und 5 nur in der Verbindung mit Sätzen von der Art $(\exists 4x) \cdot \varphi x$ etc verwendet werden darf, sondern es heißt: Wenn Du die Summe von n und m bilden willst, setze die Zahlen links |von „. ⊃."| in die Form $(\exists nx)\, \varphi x \cdot (\exists mx)\, \psi x$ etc ein, und die Zahl die rechts stehen muß um aus dem |ganzen| Ausdruck/Satz/ eine Tautologie zu machen, ist die Summe von m und n. Dies ist also eine Additionsmethode, und zwar eine äußerst umständliche.

4 Vergleiche: „Wasserstoff und Sauerstoff geben zusammen Wasser" – „2 Punkte und 3 Punkte geben zusammen 5 Punkte".

5 das Resultat der Addition der beiden Zahlen. – Oder ⟨heißt …⟩
12 „dieser Kreis steht entweder in ⟨dem …⟩
23 „wieviel Punkte sind *–kein Ausführungszeichen im MS*
30 die Summe von 4 und 5 nenne ich die Zahl, ⟨die …⟩
32 Begriff $\varphi x \vee \psi x$ fallenden Gegenstände haben, wenn ⟨$(\exists 4$ …⟩
32 $(\mathrm{E}4x)\, \varphi x \cdot (\mathrm{E}5x)\, \psi x \cdot \mathrm{Ind.}$⟨· ⊃ …⟩
32 |nun| *–das Einfügungszeichen ist im MS gewellt unterstrichen*
35 bilden willst, setze ⟨sie …⟩
41 „Wasserstoff und Sauerstoff ⟨zusammen …⟩

1 Bestehen denn z.B. 4 Punkte in meinem Gesichtsfeld die ich „als 4“, nicht „als 2 und 2 sehe“, aus 2 und 2? Ja, was heißt das? Soll es heißen, ob sie in irgend einem Sinne in Gruppen von je 2 Punkten geteilt waren? Gewiß nicht. (Denn dann müßten sie ja wohl auch in allen andern denkbaren Weisen geteilt sein.) Heißt es, daß sie sich in 127 Gruppen von 2 und 2 teilen *lassen*? also, daß es *Sinn hat*, von solchen Gruppen in den vieren zu reden? – Jedenfalls entspricht doch das dem Satz „2 + 2 = 4“, daß ich nicht sagen kann die Gruppe der 4 Punkte die ich gesehen habe, habe aus getrennten Gruppen von 2 und 3 Punkten bestanden. Jeder wird sagen: das ist unmöglich, *denn* 3 + 2 = 5. (Und „unmöglich“ heißt hier „unsinnig“.)

2 „Bestehen 4 Punkte aus 2 und 2“ kann eine Frage nach einer physikalischen oder optischen/visuellen/ Tatsache sein; dann ist es nicht die Frage der Arithmetik. Die arithmetische Frage könnte aber allerdings in der Form gestellt werden: „*Kann* eine Gruppe von 4 Punkten aus getrennten Gruppen von je 2 Punkten bestehen“.

3 „Wie kann man Vorbereitungen für etwas eventuell existierendes treffen“ heißt: Wie kann man die Arithmetik auf eine Logik aufbauen, in der man im Speziellen noch Resultate einer Analyse der/unserer/ Sätze erwartet, und dabei für alle eventuellen Resultate durch eine Konstruktion a priori aufkommen wollen? – Man will sagen: „Wir wissen nicht, ob es sich nicht herausstellen wird, daß es keine Funktionen mit 4 Argumentstellen gibt, oder daß es nur 100 Argumente gibt die in Funktionen éiner Variablen sinnvoll eingesetzt werden 128 können. Gibt es z.B. (die Annahme scheint immerhin möglich) nur éine solche Funktion F und 4 Argumente a, b, c, d, und hat es in diesem Falle Sinn zu sagen ‚2 + 2 = 4‘, da es keine Funktionen gibt um die Teilung in 2 und 2 zu bewerkstelligen?“ Und nun, sagt man sich, werden wir für alle eventuellen Fälle vorbauen. Aber das heißt natürlich nichts: Denn einerseits baut der Kalkül nicht für eine eventuelle Existenz vor, sondern er konstruiert sich die Existenz, die er überhaupt braucht. Anderseits sind die scheinbaren hypothetischen Annahmen über die logischen Elemente (den logischen Aufbau) der Welt nichts andres, als Angaben der Elemente eines Kalküls; und die können freilich auch so getroffen /gemacht/ werden daß es darin ein 2 + 2 nicht gibt.

2 die ich „als 4“, nicht „als 2 und 2⟨“ …⟩
14 Tatsache sein⟨: Dann⟩ ist es nicht die Frage der Arithmetik.
19 „Wie kann man Vorbereitungen ⟨treffen …⟩
25 daß es keine Funktionen mit 4 Argumentstellen ⟨geben wird …⟩
26 éiner *–Akzent als Zeichen der Hervorhebung*
27 sinnvoll eingesetzt werden können⟨; gibt⟩ es z.B.
27 éine *–Akzent als Zeichen der Hervorhebung*
36 Elemente eines Kalküls; und ⟨in diesen kann freilich …⟩

Treffen wir etwa Vorbereitungen für die Existenz von 100 Gegenständen, indem wir 100 Namen einführen und einen Kalkül mit ihnen. Und nehmen wir jetzt an es werden wirklich 100 Gegenstände gefunden. Aber wie ist das, wenn jetzt den Namen Gegenstände zugeordnet werden, die ihnen früher nicht zugeordnet waren? ändert sich jetzt der Kalkül? – was hat diese Zuordnung überhaupt mit ihm zu tun? Erhält er durch sie mehr Wirklichkeit? Oder 129
gehörte er früher bloß zur Mathematik, jetzt aber zur Logik? – Was ist das für eine Frage: „gibt es 3-stellige Relationen“, „gibt es 1000 Gegenstände“? Wie ist das zu entscheiden? – Aber es ist doch Tatsache, daß wir eine 2-stellige Relation angeben können, etwa die Liebe, und eine 3-stellige, etwa die Eifersucht, aber, vielleicht, nicht eine 27-stellige! – Aber was heißt es „eine 2-stellige Relation angeben“? Das klingt |ja| so, als würden wir auf ein Ding hinweisen und sagen „siehst Du, da ist so ein Ding“ (wie wir es nämlich vorher beschrieben haben). Aber so etwas findet ja gar nicht statt (der Vergleich von dem Hinweisen ist gänzlich falsch). „Die Beziehung der Eifersucht kann nicht in zweistellige Beziehungen aufgelöst werden“: das klingt ähnlich wie: „Alkohol kann nicht in Wasser und eine feste Substanz zerlegt werden“. Liegt das nun in der Natur der Eifersucht? (Vergessen wir nicht: der Satz „A ist wegen B auf C eifersüchtig“ kann ebensowenig zerlegt werden wie der: „A ist wegen B auf C nicht eifersüchtig“.) Das worauf man hinweist ist etwa die Gruppe der Leute A, B und C. – „Aber wenn nun Lebewesen plötzlich den 3-dimensionalen Raum kennen lernten, nachdem sie bisher nur die Ebene kannten aber in ihr doch eine 130
3-dimensionale Geometrie entwickelt hätten?!“ Würde diese Geometrie nun/damit/ geändert, würde sie inhaltsreicher? – „Ja, aber ist es denn nicht so, als hätte ich mir z.B. einmal beliebige Regeln gesetzt die es mir verböten in meinem Zimmer bestimmte Wege zu gehen, die ich, was die physikalischen Hindernisse betrifft ohne weiteres gehen könnte, – und als würden dann physikalische Bedingungen eintreten etwa Möbel in das Zimmer gestellt die mich nun zwängen mich nach den Regeln zu bewegen die ich mir erst willkürlich gegeben hatte? Wie also der 3-dimensionale Kalkül noch ein Spiel war, da gab es eigentlich noch keine 3 Dimensionen; denn das x, y, z gehorchten nur den Regeln weil ich es so wollte; jetzt, wo wir sie mit den wirklichen 3 Dimensionen gekuppelt haben, k ö n n e n sie sich nicht mehr anders bewegen.“ Aber das ist eine bloße Fiktion. Denn hier handelt es sich nicht um eine Verbindung mit der Wirklichkeit, die nun die Grammatik in ihrer Bahn hält! Die „Verbindung der Sprache mit der Wirklichkeit“, etwa durch die hinweisenden Definitionen, macht die Grammatik nicht zwangsläufig (rechtfertigt die Grammatik nicht). Denn diese bleibt immer nur ein frei im Raume schwebender Kalkül, der nur/zwar/ erweitert, aber nicht gestützt werden kann. Die „Verbindung mit der Wirklichkeit“ erweitert

1 Treffen wir etwa ⟨die Vorbereitung⟩ für die Existenz von
6 ändert sich jetzt der Kalkül? ⟨Was⟩ hat diese Zuordnung überhaupt mit
7 mit ihm zu tun? ⟨erhält⟩ er durch sie mehr Wirklichkeit?
14 |ja| *–das Einfügungszeichen ist im MS gewellt unterstrichen*
16 Aber so etwas findet ja gar nicht statt⟨. . . .⟩
18 in zweistellige Beziehungen aufgelöst werden“⟨,⟩ das klingt ähnlich wie:
23 Das worauf man hinweist ist etwa ⟨ei. . .⟩
27 Würde diese Geometrie nun/damit/ geändert⟨? . . .⟩
31 und als würden dann physikalische ⟨Hindernisse . . .⟩
31 und als würden dann physikalische Bedingungen eintreten etwa ⟨B. . .⟩

nur die Sprache aber zwingt sie zu nichts. Wir reden von der Auffindung einer 27-stelligen Relation: aber einerseits kann mich keine Entdeckung zwingen, (das Zeichen und) den Kalkül der 27-stelligen Relation zu gebrauchen; andrerseits kann ich diesen Kalkül/die Handlungen dieses Kalküls/ selbst mittels dieser Notation beschreiben. 131

1 Daß das axiom of infinity nicht ist, wofür Russell es gehalten hat, daß es weder ein Satz der Logik noch auch – wie es da steht – ein Satz der Physik ist, ist klar. Ob der Kalkül damit |in eine ganz andre Umgebung gebracht (in ganz anderer „Interpretation")| irgend eine praktische Anwendung finden könnte, weiß ich nicht.

Von den logischen Begriffen z.B. von dem (oder: einem) der Unendlichkeit könnte man sagen: ihre Essenz beweise ihre Existenz.

2 „Angenommen, ich glaubte, es gäbe überhaupt nur eine Funktion und die 4 Gegenstände die sie befriedigen. Später komme ich darauf, daß sie noch von einem 5ten Ding befriedigt wird; ist jetzt das Zeichen ‚4' sinnlos geworden?" – Ja, wenn im Kalkül die 4 nicht existiert, dann ist ‚4' sinnlos. [Ja, wenn es im Kalkül die 4 nicht gibt, dann ist sie/‚4'/ sinnlos.]

29.

3 Wenn man sagt es wäre möglich mit Hilfe der Tautologie

$$(E2x)\, \varphi x \cdot (E3x)\, \psi x \cdot \text{Ind.} .\supset. (E5x)\, \varphi x \vee \psi x \; \ldots\ldots \quad A)$$

zu addieren, so wäre das folgendermaßen zu verstehen: Zuerst ist es möglich nach gewissen Regeln herauszufinden, daß 132
$(Ex)\, \varphi x \cdot (Ex)\, \psi x \cdot \text{Ind.} .\supset. (Ex, y)\, \varphi x \vee \psi x \cdot \varphi y \vee \psi y$ tautologisch ist. $(Ex)\, \varphi x$ ist eine Abkürzung für $(\exists x)\, \varphi x \cdot \sim(\exists x, y)\, \varphi x \cdot \varphi y$. Ich werde ferner Tautologien der Art A zur Abkürzung so schreiben: $(E\quad)\,(E\quad) \supset (E\quad)$

1 erweitert nur die Sprache aber ⟨g…⟩
3 zwingen, |(|das ⟨(⟩Zeichen und) den Kalkül der 27-stelligen Relation
7 Daß das axiom of infinity nicht ⟨das⟩ ist, wofür Russell es gehalten hat,
13 von dem (oder: einem) der Unendlichkeit könnte man sagen: ⟨ic…⟩
24 ⟨(∃ …⟩
24 $(E2x)\, \varphi x \cdot (E3x)\, \psi x \cdot \text{Ind.} .\supset. (E\langle 2+3\rangle x)\, \varphi x \vee \psi x \; \ldots\ldots \quad A)$
28 eine Abkürzung für $(\exists x)\, \varphi x \cdot \sim(\exists x, y)\, \varphi x \cdot \varphi y$. Ich werde ferner ⟨t…⟩

So geht also aus den Regeln hervor daß (Ex) (Ex) ⊃ (Ex, y), (Ex, y) (Ex) ⊃ (Exyz) und andere |Tautologien|. Ich schreibe „und andere" und nicht „u.s.w. ad inf." weil man mit diesem Begriff noch nicht operieren muß. Unser Kalkül braucht überhaupt noch nichts von der Bildung einer Reihe ‚(Ex)', ‚(Exy)', ‚(Exyz)', etc. zu wissen sondern kann einfach einige, |etwa drei,| dieser Zeichen einführen ohne das „u.s.w.". Wir können nun einen Kalkül mit einer endlichen Reihe von Zeichen einführen indem wir eine Reihenfolge gewisser Zeichen festsetzen, etwa die der Buchstaben des Alphabets, und schreiben

(Ea) (Ea) ⊃ (Eab)
(Eab) (Ea) ⊃ (Eabc)
(Eab) (Eab) ⊃ (Eabcd)
u.s.w. bis zum z

Die rechte Seite |(rechts von „⊃")| kann man dann aus der linken durch einen Kalkül der Art finden:

a b c d e f ...... z
a b – – –   B)
– – a b c
―――――――
a b c d e

Dieser Kalkül ergäbe sich aus den Regeln zur Bildung der Tautologien als eine Vereinfachung. – Dieses Gesetz der Bildung eines 133 Reihenstückes aus zwei andern vorausgesetzt, kann ich für das erste nun die Bezeichnung „Summe der beiden andern" einführen und also definieren:

$a + a \overset{\mathrm{Def}}{=} a b$
$a + a b \overset{\mathrm{Def}}{=} a b c$
u.s.w. bis z

Hätte man an einigen Beispielen die Regel des Kalküls B erklärt, so könnte man auch diese Definitionen als Spezialfälle einer allgemeinen Regel betrachten und nun Aufgaben stellen von der Art:

„a b c + a b = ?"

Es liegt nun nahe die Tautologie

α) (E a b) (E a b) ⊃ (E a b c d) mit der Gleichung
β) a b + a b = a b c d zu verwechseln. – Aber diese ist eine Ersetzungsregel jene ist keine Regel, sondern eben eine Tautologie. Das Zeichen „⊃" in α entspricht in keiner Weise dem „=" in β.

Man vergißt daß das Zeichen „⊃" in α ja nicht sagt daß die beiden Zeichen rechts und links von ihm eine Tautologie ergeben.

4 nicht operieren muß. *–im MS folgt ein vertikaler Strich in Tintenbleistift; Hinweis auf die Unterbrechung des Diktats der Synopse TS 211: die Seite 622 des Typoskripts endet mit einem unvollständigen Satz:* weil man mit diesem Begriff noch, *die Seite 623 beginnt mit:* Unser Kalkül braucht
8 Zeichen einführen indem wir ⟨die⟩ Reihenfolge gewisser Zeichen
8 Zeichen einführen indem wir eine Reihenfolge ⟨etwa der Buchst…⟩
13 u.s.w. bis zum ⟨S…⟩
23 kann ich für das erste nun die ⟨Z…⟩

Dagegen könnte man einen Kalkül konstruieren in welchem die Gleichung

$\xi + \eta = \zeta$ als eine Transformation erhalten wird |aus| der Gleichung:

γ) $(E\xi)\,(E\eta) \supset (E\zeta) = \text{Taut.}$

So daß ich also sozusagen $\zeta = \xi + \eta$ erhalte, wenn ich ζ aus der 134
Gleichung γ herausrechne.

30.

1 Wie tritt der Begriff der Summe in diese Überlegungen ein? – Im ursprünglichen Kalkül der |etwa| feststellt, daß z.B. die Form

δ) $(E\xi)\,(E\eta) \supset (E\zeta)$

|z.B.| tautologisch wird für $\xi = xy$, $\eta = x$ und $\zeta = xyz$ ist von Summierung nicht die Rede. – Dann bringen wir ein Zahlensystem in den Kalkül (etwa das System a b c d .... z). Und endlich definieren wir die Summe zweier Zahlen als diejenige Zahl ζ welche die Gleichung γ löst.

2 (Wenn wir statt „$(Ex)\,(Ex) \supset (Ex, y)$" schrieben: „$(Ex)\,(Ex) \supset (Ex + x)$", so hätte das keinen Sinn; es sei denn, daß die Notation von vornherein nicht

ι) „(Ex) etc", „(Exy) etc", „$(Exyz)$ etc", lautet sondern

κ) „(Ex) etc", „$(Ex + x)$ etc", „$(Ex + x + x)$ etc".

Denn warum sollten wir plötzlich statt

„$(Exy)\,(Ex) \supset (Exyz)$" schreiben

„$(Exy)\,(Ex) \supset (Exy + x)$"? das wäre nur eine Verwirrung der Notation. – Nun sagt man: Es vereinfacht doch das Hinschreiben der Tautologie sehr, wenn man in der rechten Klammer gleich die Ausdrücke der beiden linken hinschreiben kann. Aber diese Schreibweise ist ja noch gar nicht erklärt; ich weiß ja nicht, was $(Exy + x)$ bedeutet, daß nämlich $(Exy + x) = (Exyz)$.

Wenn man aber von vornherein die Notation „(Ex)", „$(Ex + x)$", 135
„$(Ex + x + x)$" hätte, so hätte vorerst nur der Ausdruck „$(Ex + x + x + x)$" Sinn, aber nicht „$(E(x + x) + (x + x))$"

3 |aus| *–das Einfügungszeichen ist im MS gewellt unterstrichen*
6 wenn ich ζ aus ⟨γ ...⟩
10 in diese Überlegungen ein? – Zuerst d.i. ⟨im ...⟩
10 in diese Überlegungen ein? – Zuerst d.i. ⟨in d...⟩
10 in diese Überlegungen ein? – ⟨Zuerst d.i. im⟩ ursprünglichen Kalkül
11 |etwa| *–das Einfügungszeichen ist im MS gewellt unterstrichen*
11 der |etwa| feststellt, daß z.B. ⟨in ...⟩
11 der |etwa| feststellt, daß ⟨z.B.⟩ die Form δ) $(E\xi)\,(E\eta) \supset (E\zeta)$ |z.B.|
12 *Im MS:* $(E\xi)\,(E\eta) \supset (E\zeta)$ (δ
13 |z.B.| *–das Einfügungszeichen ist im MS gewellt unterstrichen*
13 ist von ⟨einer⟩ Summierung nicht die Rede.
33 *Im MS:* die Notation „(Ex)", „$(Ex + x)$", „$(Ex + x + x)$" so hätte vorerst nur

Die Notation κ ist auf einer Stufe mit/im gleichen Fall wie/ ι. Daß/Ob/ |sich in der Form δ| eine Tautologie ergibt kann man etwa kurz durch |das Ziehen von| Verbindungslinien kalkulieren

also $(Exy)(Exy) \supset (Exyzn)$ und analog

$$(Ex+x)(Ex+x) \supset (Ex+x+x+x)$$

Die Bögen [Verbindungslinien] entsprechen nur der Regel, die in jedem Fall für die Kontrolle der Tautologie gegeben sein muß. Von einer Addition ist hier noch keine Rede. Die tritt erst ein, wenn ich mich entschließe z.B. – statt „x y z n" „x y + x y" zu schreiben, und zwar in Verbindung mit einem Kalkül der nach Regeln die Ableitung einer Ersetzungsregel „x y + x y = x y z n" erlaubt. Addition liegt auch dann nicht vor wenn ich in der Notation κ schreibe „$(Ex)(Ex) \supset (Ex+x)$", sondern erst wenn ich zwischen

„x + x" und „(x) + (x)" unterscheide und schreibe

$(x) + (x) = (x + x))$

1 Ich kann „die Summe von ξ und η" („ξ + η") als die Zahl ζ definieren (oder: „den Ausdruck" – wenn wir uns scheuen das Wort Zahl zu gebrauchen) – ich kann „ξ + η" als die Zahl ζ definieren, die den Ausdruck δ tautologisch macht; – ich kann aber „ξ + η" auch/man kann aber auch „ξ + η"/, z.B., durch den Kalkül B definieren (unabhängig von dem der Tautologien) und nun die Gleichung 136

$(E\xi)(E\eta) \supset (E\xi + \eta) =$ Taut. b e w e i s e n [a b l e i t e n].

2 Eine Frage, die sich leicht einstellt ist die: müssen wir die Kardinalzahlen in Verbindung mit der Notation $(\exists x, y, \ldots.)\ \varphi x \cdot \varphi y \ldots$ einführen? Ist der Kalkül der Kardinalzahlen irgendwie an den mit den Zeichen „$(\exists x, y \ldots.)\ \varphi x \cdot \varphi y \ldots.$" gebunden? Ist etwa der letztere die einzige, und vielleicht wesentlich einzige, Anwendung der Kardinalzahlen/des ersten [ersteren]/? Was die „Anwendung der Kardinalarithmetik auf die/in der/ Grammatik" betrifft so kann man auf das verweisen was wir über den Begriff der Anwendung eines Kalküls gesagt haben. – Man könnte nun die/unsere/ Frage auch so stellen: Kommen die Kardinalzahlen in den Sätzen unserer Sprache immer hinter dem Zeichen ∃ vor: wenn wir uns nämlich die Sprache in die Russellsche Notation übersetzt denken? Diese Frage hängt unmittelbar mit der zusammen: Wird das Zahlzeichen in unserer/der/ Sprache immer als Charakterisierung eines Begriffes – einer Funktion – gebraucht? Die Antwort darauf ist, daß unsere Sprache die Zahlzeichen

10 Von einer Addition ist hier noch keine Rede. ⟨Sie⟩ tritt erst ein,
19 Ich kann „die Summe von ξ und η" („ξ + η") ⟨das⟩ definieren (oder: „den Ausdruck"⟨) …⟩
21 wenn wir uns scheuen das Wort Zahl zu gebrauchen) – ⟨die …⟩
23 ich kann aber „ξ + η" auch/man kann aber auch „ξ + η"/ *–erste Variante im MS durchstrichen*
27 Eine Frage, die sich leicht einstellt ist⟨: …⟩
28 die Kardinalzahlen in Verbindung mit der Notation ⟨(∃ ….) …⟩
33 der Kardinalarithmetik auf die/in der/ Grammatik" ⟨nu…⟩
34 so kann man auf das verweisen was wir über ⟨die An…⟩
34 den Begriff der Anwendung eines Kalküls ⟨allg…⟩
35 die/unsere/ *–erste Variante im MS durchstrichen*
39 unserer/der/ *–erste Variante im MS durchstrichen*

immer in Verbindung mit/als Attribute von/ Begriffswörtern gebraucht – daß aber diese Begriffswörter unter sich gänzlich verschiedenen grammatischen Systemen angehören (was man daraus sieht daß das eine in Verbindungen Bedeutung hat in denen das andre sinnlos ist) so daß 137
die Norm die sie zu Begriffswörtern macht für uns uninteressant wird. Eine ebensolche Norm aber ist die Schreibweise „(∃x, y…) etc“:/,/ sie ist die direkte Übersetzung einer Norm unserer Wortsprachen nämlich des Ausdrucks „es gibt ….“, eines Sprachschemas [Ausdrucksschemas] in das unzählige logische/grammatische/ Formen gepresst sind.

1 Übrigens ist das Zahlzeichen, |jetzt| in einem andern Sinne, nicht mit ∃ verbunden: insofern |nämlich| „(∃3x)…“ nicht in „(∃2 + 3x)…“ enthalten ist. [… insofern/da/ nämlich „$(\exists 3)_x$ ….“ nicht in „$(\exists 2 + 3)_x$ ….“ enthalten ist.]

2 Es besteht eine Versuchung die Form der Gleichung für die Form von Tautologien und Contradictionen zu halten und zwar darum weil es scheint als könne man sagen x = x ist selbstverständlich wahr (und) x = y selbstverständlich falsch. Eher noch kann man natürlich sagen, daß x = x die Rolle einer Tautologie spielt, als x = y die der Contradiction /x = x mit einer Tautologie vergleichen, als x = y mit einer Contradiction/, da ja alle richtigen (und „sinnvollen“) Gleichungen der Mathematik von der Form x = y sind. Man könnte x = x eine degenerierte Gleichung nennen (Ramsey nannte |sehr richtig| Tautologien und Contradictionen degenerierte Sätze) und zwar eine richtige degenerierte Gleichung (den Grenzfall einer Gleichung). Denn 138
wir gebrauchen Ausdrücke der Form x = x wie richtige Gleichungen, wobei wir uns vollkommen bewußt sind, daß es sich um degenerierte Gleichungen handelt. Im gleichen Fall sind Sätze in geometrischen Beweisen wie etwa: „der ∡α ist gleich dem ∡β, der ∡γ ist sich selbst gleich, ….“.

4 in Verbindungen ⟨einen Sinn ergibt⟩ in denen das andre ⟨keinen …⟩
5 Norm die sie zu Begriffswörtern macht für uns ⟨jedes Interesse verliert …⟩
6 Eine ebensolche Norm aber ist die Schreibweise ⟨(E …⟩
7 die direkte Übersetzung einer Norm ⟨unsrer⟩ Wortsprachen
8 nämlich des Ausdrucks „es gibt ….“, ⟨einem Sprachschema⟩ [⟨Ausdrucksschema⟩] in ⟨dem ich …⟩
11 Übrigens ist das Zahlzeichen⟨ – …⟩
11 in einem andern Sinne, nicht mit ⟨E …⟩
12 ∃ verbunden: insofern |nämlich| ⟨E …⟩
12 nicht in „(∃2 + 3x)…“ ⟨vork…⟩
13 enthalten ist. [… ⟨insoferne⟩ nämlich „$(\exists 3)_x$ ….“ nicht in „$(\exists 2 + 3)_x$ ….“
18 selbstverständlich wahr (und) x = y ⟨ebenso⟩ selbstverständlich falsch.
20 sagen, daß x = x die Rolle einer Tautologie spielt, als x = y die der Contradiction *– im MS am linken Rand mit einer vertikalen Wellenlinie markiert*
22 *Im MS:* x = x mit einer Tautologie vergleichen, als x = y mit einer Contradiction, da …
23 Man könnte ⟨sagen⟩ x = x ⟨ist …⟩
25 und Contradictionen ⟨|sehr treffend – glänzend|⟩ degenerierte Sätze)
26 richtige degenerierte Gleichung⟨, ⟩den Grenzfall
30 in geometrischen Beweisen wie etwa: „der ∡α ist gleich ⟨g…⟩

Man könnte nun einwenden daß richtige Gleichungen der Form x = y auch Tautologien und/dagegen/ falsche Contradictionen sein müßten weil man ja die richtige Gleichung muß beweisen können und das, indem man die beiden Seiten der Gleichung transformiert bis eine Identität x = x herauskäme. Aber obwohl durch diesen Prozess die erste Gleichung als richtig erwiesen ist und insofern die Identität x = x das Endziel der Transformationen war so ist sie nicht das Endziel in dem Sinne als hätte man durch die Transformationen der Gleichung ihre richtige Form geben wollen, wie man einen krummen Gegenstand zurechtbiegt, und als habe sie nun in der Identität diese vollkommene Form (endlich) erreicht. Man kann also nicht sagen: die richtige Gleichung ist ja e i g e n t l i c h eine Identität. Sie ist eben k e i n e Identität.

1.5.

1 Wenn wir von den mittels „=“ konstruierten Funktionen (x = a ∨ x = b etc) absehen so wird nach Russells Theorie 5 = 1, wenn es keine Funktion gibt die nur von éinem Argument oder nur von 5 Argumenten 139
befriedigt wird. Dieser Satz scheint natürlich auf den ersten Blick unsinnig; denn, wie kann man dann sinnvoll sagen daß es keine solchen Funktionen gibt. Russell müßte sagen, daß man die beiden Aussagen, |daß es Fünfer- und Einserfunktionen gibt nur dann| getrennt machen kann, wenn wir in unserem Symbolismus eine Fünfer- und eine Einserklasse haben. Er könnte etwa sagen, daß seine Auffassung richtig sei, weil ich, ohne das Paradigma der Klasse 5 im Symbolismus, gar nicht sagen könne eine Funktion werde von 5 Argumenten befriedigt. – D.h., daß aus der Existenz des Satzes „(∃ϕ) : (E1x) · ϕx“ seine Wahrheit schon hervorgeht. – Man scheint also sagen zu können: schau auf diesen Satz, dann wirst Du sehen, daß er wahr ist. Und in einem für uns irrelevanten Sinn ist das auch möglich: Denken wir uns etwa auf die Wand eines Zimmers mit roter Farbe geschrieben: „in diesem Zimmer befindet sich etwas Rotes“. –

Dieses Problem hängt damit zusammen daß ich in der hinweisenden Definition von dem Paradigma (Muster) nichts aussage sondern nur mit seiner Hilfe Aussagen mache; daß es zum Symbolismus gehört und nicht einer der Gegenstände ist, auf den ich ihn anwende.

2 und/dagegen/ *–erste Variante im MS durchstrichen*
10 und als habe sie nun in der ⟨Form …⟩
15 konstruierten Funktionen ⟨(x = a · y = b .∨. x = c · y = d etc.) …⟩
16 so wird nach Russells Theorie 5 = ⟨4⟩, wenn es keine Funktion
17 éinem *–Akzent als Zeichen der Hervorhebung*
17 wenn es keine Funktion gibt die nur von éinem ⟨Din…⟩
20 Russell müßte ⟨|nur|⟩ sagen, daß man
20 daß man die beiden Aussagen ⟨gar nicht⟩ getrennt machen kann, ⟨wenn sie falsch sind; d.h., daß die Paradigmen der Klassen 5 und 1 schon im Symbolismus liegen müssen. …⟩
26 „(∃ϕ) : (E1x) · ϕx“ ⟨schon⟩ seine Wahrheit |schon| hervorgeht.
27 Man scheint also sagen zu können: ⟨„⟩schau auf

Ist z.B. „1 Fuß“ definiert als die Länge eines bestimmten Stabes in 140 meinem Zimmer und ich würde etwa statt „diese Tür ist 6 Fuß hoch“ sagen: „diese Tür hat sechsmal diese↗ Länge (wobei ich auf den Einheitsstab zeige“, – dann könnte man nicht (etwa) sagen: der Satz „es gibt einen Gegenstand von 1 Fuß Länge“ beweist sich selbst, denn ich könnte diesen Satz gar nicht aussprechen, wenn es keinen Gegenstand von dieser Länge gäbe“; denn vom Einheitsstab kann ich nicht aussagen daß er 1 Fuß lang sei. (Wenn ich nämlich statt „1 Fuß“ das Zeichen „diese↗ Länge“ einführe, so hieße die Aussage daß der Einheitsstab die Länge 1 Fuß hat: „dieser Stab hat diese Länge“ (wobei ich beidemale auf den gleichen Stab zeige).) So kann man von der Gruppe der Striche welche etwa als Paradigma der 3 steht nicht sagen es bestehe aus 3 Strichen.

„Wenn dieser/jener/ Satz nicht wahr ist, so gibt es jenen /diesen/Satz gar nicht“ – das heißt: „wenn es diesen Satz nicht gibt, so gibt es ihn nicht“. Und ein Satz kann das Paradigma im andern nie beschreiben, sonst ist es eben nicht Paradigma. Wenn die Länge des Einheitsstabes durch die Längenangabe „1 Fuß“ beschrieben werden kann, dann ist er nicht mehr das Paradigma der Längeneinheit, denn sonst müßte jede Längenangabe mit seiner Hilfe gemacht werden. 141

1 Ein Satz „$\sim(\exists\varphi) : (Ex) \cdot \varphi x$“ muß, wenn wir ihm überhaupt einen Sinn geben von der Art dessen/des Satzes/ sein: „es gibt keinen Kreis auf dieser Fläche der nur éinen schwarzen Fleck enthält“. (Ich meine: er muß einen ähnlich bestimmten Sinn haben; und nicht vag bleiben wie er in der Russellschen Logik und in meiner der Abhandlung wäre.

Wenn nun aus den Sätzen „$\sim(\exists\varphi) : (Ex)\, \varphi x$“ … (ρ
und $\sim(\exists\varphi) : (Ex, y)\, \varphi x \cdot \varphi y$ … (σ
folgt, daß 1 = 2 ist, so ist hier mit „1“ und „2“ nicht das gemeint, was wir sonst damit meinen, denn die Sätze ρ und σ würden in der Wortsprache lauten: „es gibt keine Funktion, die nur von éinem Ding befriedigt wird“ und „es gibt keine Funktion die nur von 2 Dingen befriedigt wird“. Und dies sind nach den Regeln unserer Sprache Sätze mit verschiedenem Sinn.

3 (wobei ich auf den *–keine schließende Klammer im MS*
4 dann könnte man nicht (etwa) sagen⟨, …⟩
7 von dieser Länge gäbe“ *–im MS fehlt das Anführungszeichen*
11 So kann man von der Gruppe der Striche ⟨welches⟩ etwa als Paradigma
15 „Wenn dieser/jener/ Satz nicht wahr ist, so gibt es jenen/diesen/Satz gar nicht“ *–erste Variante im MS durchstrichen*
18 Wenn die Länge des Einheitsstabes ⟨besch…⟩
18 durch ⟨eine Beschreibung gegeben⟩ werden kann, dann ist er nicht
18 durch die Längenangabe ⟨daß …⟩
19 mehr *–im MS durchstrichen*
20 denn sonst müßte jede ⟨D…⟩
20 denn sonst müßte jede ⟨Beschreibung einer Länge⟩ mit seiner Hilfe
24 éinen *–Akzent als Zeichen der Hervorhebung*
24 (Ich meine: *–keine schließende Klammer im MS*
26 wie er in der Russellschen Logik und in meiner ⟨des T…⟩
27 „$\sim(\exists\varphi) : (Ex)\, \varphi x$“ ⟨und …⟩
31 éinem *–Akzent als Zeichen der Hervorhebung*

1 Man ist versucht zu sagen: „Um „(∃x, y) · φx · φy“·ausdrücken zu können /auszudrücken/ brauchen wir 2 Zeichen „x“ und „y“. Aber das heißt nichts. Was wir dazu **brauchen** ist vielleicht Papier und Feder; und der Satz heißt so wenig wie: „um ‚p‘ auszudrücken brauchen wir ‚p‘“. [Was wir dazu **brauchen**, sind, etwa, die Schreibutensilien, nicht die Bestandteile des Satzes. Ebensowenig hieße: /Vergleiche nur mit dem Oberen:/ „Um „(∃x, y) · φx · φy“ auszudrücken, brauchen wir das Zeichen „(∃x, y) · φx · φy“.]

5. 142

2 „Welchen Sinn hat ein Satz der Art ‚(∃n) 3 + n = 7‘?“ Man ist hier in einer seltsamen Schwierigkeit: einerseits empfindet man es als Problem, daß der Satz die Wahl zwischen unendlich vielen Werten von n hat, andrerseits scheint uns der Sinn des Satzes ein sich gesichert und nur für uns (etwa) noch zu erforschen da wir doch „wissen was ‚(∃x) · φx‘ bedeutet“. Wenn Einer sagte, er wisse nicht was „(∃n) 3 + n = 7“ bedeute [welchen Sinn „(∃n) · 3 + n = 7“ habe], so würde man ihm antworten: „aber Du weißt doch was dieser Satz sagt: 3 + 0 = 7 ∨ 3 + 1 = 7 ∨ 3 + 2 = 7 und so weiter!“ Aber darauf kann man antworten: „Ganz richtig – der Satz ist also keine logische Summe, denn die endet nicht mit ‚und so weiter‘ und das worüber ich nicht klar bin ist eben diese Satzform ‚φ(0) ∨ φ(1) ∨ φ(2) ∨ u.s.w.‘ und Du hast mir nur statt der ersten unverständlichen Satzform/Satzart/ eine zweite gegeben und zwar mit dem Schein als gäbest Du mir etwas altbekanntes, nämlich eine Disjunktion.“

Wenn wir nämlich meinen daß wir doch unbedingt „(∃n) etc“ verstehen so denken wir zur Rechtfertigung an andre Fälle des Gebrauchs der Notation „(∃ ....) ....“ beziehungsweise der Ausdrucksform „es gibt ....“ unserer Wortsprache. Darauf kann man aber nur sagen: Du **vergleichst** also den Satz „(∃n)...“ mit jenem Satz „es gibt ein Haus in dieser Stadt welches ....“, oder „es gibt zwei 143
Fremdwörter auf dieser Seite“. Aber mit dem Vorkommen der Worte „es gibt“ in diesen Sätzen ist ja die Grammatik dieser Allgemeinheit noch nicht bestimmt. Und dieses Vorkommen weist auf nichts andres hin als eine gewisse Analogie in den Regeln. Wir werden also ruhig diese Regeln von vorne untersuchen können ohne uns von der Bedeutung von „(∃ ...)...“ in andern Fällen stören zu lassen [ohne uns von der Bedeutung die „(∃ ...)...“ in andern Fällen hat, stören zu lassen.] [Wir werden also die Grammatik der Allgemeinheit |„(∃n) etc“| ohne vorgefaßtes Urteil untersuchen können, d.h., ohne uns von der Bedeutung ..... .]

3 Aber das heißt nichts. ⟨I...⟩
3 Aber das heißt nichts. Was ⟨ich ...⟩
4 „um ‚p‘ auszudrücken brauchen wir ‚p‘“. [Was ⟨f...⟩
5 die Schreibutensilien, ⟨aber⟩ nicht die Bestandteile des Satzes.
13 daß der Satz die Wahl zwischen unendlich vielen ⟨W...⟩
15 noch zu erforschen da wir doch |„|wissen ⟨„⟩was ‚(∃x) · φx‘ bedeutet“
16 Wenn ⟨einer⟩ sagte, er wisse nicht was „(∃n) 3 + n = 7“ bedeute
16 was „(∃n) 3 + n = 7“ bedeute *– im MS mit einer Wellenlinie unterstrichen*
20 Aber darauf kann man antworten: „Ganz richtig(! ...)
22 ist eben diese Satzform ‚φ(0) ∨ φ(1) ∨ φ(2) ∨ u.s.w.(“ ...)
31 „es gibt zwei ⟨fremd Worte⟩ auf dieser Seite“.
39 [Wir werden also ⟨diese grammatischen Regeln dieser⟩ Allgemeinheit

Wir werden uns zuerst fragen müssen: Ist der mathematische Satz bewiesen? und wie? Denn der Beweis gehört zur Grammatik des Satzes! – Daß das so oft nicht eingesehen wird kommt daher daß wir |hier| wieder auf der Bahn einer uns irreführenden Analogie denken. Es ist, wie gewöhnlich in diesen Fällen, eine Analogie aus unserm |natur|wissenschaftlichen Denken. Wir sagen |z.B.| „dieser Mann ist vor 2 Stunden gestorben“ und wenn man uns fragt „wie läßt sich das feststellen“, so können wir eine Reihe von Anzeichen |(Symptomen)| dafür angeben. Wir lassen aber auch die Möglichkeit dafür offen daß etwa die Medizin bis jetzt unbekannte Methoden entdeckt die Zeit des 144 Todes festzustellen und das heißt: Wir können solche mögliche Methoden auch jetzt schon beschreiben, denn nicht ihre Beschreibung wird entdeckt sondern es wird nur experimentell festgestellt ob die Beschreibung den Tatsachen entspricht. So kann ich z.B. sagen: eine Methode besteht darin die Quantität des Hämoglobins im Blut zu finden, denn diese nehme mit der Zeit nach dem Tode, nach dem und dem Gesetze ab. Das stimmt natürlich nicht aber, wenn es stimmte so würde sich dadurch an der von mir erdichteten Beschreibung nichts ändern. Nennt man nun die Medizinische Entdeckung „die Entdeckung eines Beweises dafür, daß der Mann vor 2 Stunden gestorben ist“ so muß man sagen daß diese Entdeckung an der Grammatik des Satzes „der Mann ist vor 2 Stunden gestorben“ nichts ändert. Die Entdeckung ist die Entdeckung daß eine bestimmte Hypothese wahr ist (oder: mit den Tatsachen übereinstimmt). Diese Denkweise sind wir nun so gewöhnt, daß wir den Fall der Entdeckung eines Beweises in der Mathematik unbesehen für den gleichen oder einen ähnlichen halten. Mit Unrecht: denn, |kurz gesagt,| den mathematischen Beweis konnte man nicht beschreiben ehe er gefunden war.

Der ‚medizinische Beweis‘ hat die Hypothese die er bewiesen hat 145 nicht in einen neuen Kalkül eingegliedert und ihm also keinen neuen Sinn gegeben; der mathematische Beweis gliedert den mathematischen Satz in einen neuen Kalkül ein, er verändert seine Stellung in der Mathematik. Der Satz mit seinem Beweis gehört einer andern Kategorie an als der Satz ohne den Beweis. (Der unbewiesene mathematische Satz – Wegweiser |der mathem. Forschung| Anregung zu mathematischen Konstruktionen.)

3 Daß das so oft nicht eingesehen wird ⟨rührt wieder von …⟩
8 so können wir eine Reihe von ⟨Anzeichen⟩ |(Symptomen)| dafür
11 Wir können solche ⟨möglichen⟩ Methoden auch jetzt schon beschreiben,
15 So kann ich z.B. sagen: eine Methode ⟨s…⟩
25 daß wir den Fall der Entdeckung eines ⟨mathe…⟩
28 konnte man nicht beschreiben ehe er gefunden ⟨wu…⟩
29 Der ‚medizinische Beweis‘ hat ⟨den …⟩
34 (Der unbewiesene mathematische Satz ⟨ist ein⟩ Wegweiser ⟨zu math…⟩
34 (Der unbewiesene mathematische Satz ⟨dient als [zum]⟩ Wegweiser |der mathem. Forschung| ⟨(|d.h.| als⟩ Anregung⟨)⟩ zu mathematischen Konstruktionen⟨)⟩.

6.

1 „Alle Zahlen haben vielleicht die Eigenschaft E“. Wieder ist die Frage: was ist die Grammatik dieses allgemeinen Satzes? Denn damit ist uns nicht gedient, daß wir die Verwendung des Ausdrucks „alle ….“ in andern grammatischen Systemen kennen. Sagt man: „Du weißt doch was es heißt! es heißt: E(0) · E(1) · E(2) u.s.w.“ so ist damit wieder nichts erklärt; außer, daß der Satz k e i n logisches Produkt ist. Und man wird, um die Grammatik des Satzes verstehen zu lernen, fragen: Wie gebraucht man diesen Satz? Was sieht man als Criterium seiner Wahrheit an? Was ist seine Verification? Wenn keine Methode vorgesehen ist um zu entscheiden ob der Satz wahr oder falsch ist, ist er ja zwecklos und d.h. sinnlos. Aber hier kommen wir nun zur Illusion, daß allerdings eine solche Methode der Verification vorgesehen ist die 146
sich nur einer menschlichen Schwäche wegen nicht durchführen läßt. Diese Verification besteht darin daß man alle (unendlich vielen) Glieder des Produktes E(0) · E(1) · E(2) ….. auf ihre Richtigkeit prüft. Hier wird logische mit physischer Unmöglichkeit verwechselt. [Hier wird das, was man ‚logische Unmöglichkeit‘ nennt, mit physischer Unmöglichkeit verwechselt.] Denn dem Ausdruck „alle Glieder des unendlichen Produktes auf ihre Richtigkeit prüfen“ glaubt man Sinn gegeben zu haben weil man das Wort „unendlich viele“ für die Bezeichnung einer riesig großen Zahl hält. Und bei der „Unmöglichkeit die unendliche Zahl von Sätzen zu prüfen“ schwebt uns die Unmöglichkeit vor eine sehr große Anzahl von Sätzen zu prüfen wenn wir etwa nicht die nötige Zeit haben.

Erinnere Dich daran, daß, in dem Sinne, in welchem es unmöglich ist eine unendliche Anzahl von Sätzen zu prüfen, es auch unmöglich ist das/es/ zu versuchen. – Wenn wir uns mit den Worten „Du weißt doch was ‚alle ….‘ heißt auf die Fälle berufen in welchen diese Redeweise gebraucht wird, so kann es uns doch nicht gleichgültig sein wenn wir einen Unterschied zwischen diesen Fällen und dem Fall sehen für 147
welchen der Gebrauch der Worte gerechtfertigt [erklärt] werden sollte. – (Gewiß), wir wissen was es heißt, „eine Anzahl von Sätzen auf ihre Richtigkeit prüfen“ und gerade auf dieses Verständnis berufen wir uns ja wenn wir verlangen man solle |nun| auch den Ausdruck „unendlich viele Sätze ….“ verstehen. Aber ist denn der Sinn des ersten Ausdrucks von der Erfahrung die mit ihm verknüpft ist/den Erfahrungen die mit ihm verknüpft sind/ unabhängig? [Aber hängt denn der Sinn des ersten Ausdrucks nicht von den |spezifischen| Erfahrungen ab, die ihm entsprechen?] Und gerade diese Erfahrungen fehlen ja in der Verwendung (dem Kalkül) des zweiten Ausdrucks, es sei denn daß ihm |solche| Erfahrungen |zugeordnet werden|, die von den ersten grundverschieden sind.

6 „Du weißt doch was es heißt! es heißt: ⟨,…⟩
13 Aber hier kommen wir nun zur Illusion, daß ⟨es …⟩
17 Hier wird logische ⟨und physische Unmöglichkeit …⟩
29 „Du weißt doch was ⟨„⟩alle ….⟨“⟩ heißt *– kein Ausführungszeichen im MS*
34 „eine Anzahl von Sätzen auf ihre Richtigkeit ⟨zu⟩ prüfen“
35 wenn wir verlangen man solle |nun| auch den ⟨S…⟩
35 Ausdruck „unendlich viele ⟨Sätze prüfen …/Sätze …..“ …/S ….. …/⟩
39 [Aber hängt denn der Sinn des ersten Ausdrucks ⟨mit …⟩
40 diese Erfahrungen ⟨sind in den beiden Fällen grundverschieden …⟩
43 die von den ersten grundverschieden sind⟨ zugeordnet werden.⟩

1 „Alle Punkte dieser Fläche sind weiß“, Wie verifizierst Du das? – dann werde ich wissen was es heißt.

2 Den mathematischen Satz kann man sich vorstellen als ein Lebewesen, das selbst weiß, ob es wahr oder falsch ist. (Zum Unterschied von den empirischen Sätzen/Sätzen der Empirie/.)

Der mathematische Satz weiß selbst, daß er wahr oder daß er falsch ist. Wenn er von allen Zahlen handelt, so muß er auch schon alle Zahlen 148
übersehen. Wie der Sinn, so muß auch seine Wahrheit oder Falschheit in ihm liegen.

3 „Es ist als wäre die Allgemeinheit eines Satzes ‚(n) · E(n)‘ nur eine Anweisung auf die eigentliche, wirkliche, mathematische Allgemeinheit eines Satzes. Gleichsam nur eine Beschreibung der Allgemeinheit, nicht diese selbst. Als bilde der Satz nur auf rein äußerliche Weise ein Zeichen, dem erst von innen Sinn gegeben werden muß.“

4 „Wir fühlen: Die Allgemeinheit, die die mathematische Behauptung hat, ist anders als die Allgemeinheit des Satzes der bewiesen ist.“

5 „Man könnte sagen: ein mathematischer Satz ist der Hinweis auf einen Beweis.“

6 Wie wäre es, wenn ein Satz seinen Sinn selber nicht ganz erfaßte. Wenn er sich quasi selber zu hoch wäre? – Und das nehmen eigentlich die Logiker an.

7 Den Satz, der von allen Zahlen handelt kann man sich nicht durch ein unendliches/endloses/ Schreiben verifiziert denken, denn wenn das Schreiben endlos ist so führt es ja eben nicht zu einem Ziel.

Denken wir uns eine unendlich lange Baumreihe, und ihr entlang damit wir sie inspizieren können einen Weg. Sehr gut, so muß dieser 149
Weg endlos sein. Aber wenn er endlos ist, so heißt das, daß man ihn nicht zu Ende gehen kann. D.h., er bringt mich n i c h t dazu, die Reihe zu übersehen. Der endlose Weg hat nämlich nicht ein „unendlich fernes“ Ende, sondern kein Ende.

8 Man kann auch nicht sagen: „Der Satz kann alle Zahlen nicht successive erfassen, so muß er sie durch den Begriff fassen“, – als ob das faute de mieux so wäre: „Weil er es s o nicht kann, muß er es auf andre Weise tun.“ Aber ein successives Erfassen ist schon möglich nur führt es eben nicht zur Gesamtheit. Diese liegt: n i c h t auf dem Weg den wir schrittweise gehn, und nicht: am unendlich fernen Ende dieses Weges. (Das alles heißt nur „E(0) · E(1) · E(2) · u.s.w.“ ist nicht das Zeichen eines logischen Produkts.)

5 kann man sich vorstellen als ein Lebewesen, das selbst⟨, …⟩
16 auf rein äußerliche Weise ein Zeichen, dem ⟨erst …⟩
18 „Wir fühlen: Die Allgemeinheit⟨ der …⟩
28 ⟨Der …⟩
29 unendliches/endloses/ *–erste Variante im MS durchstrichen*
42 Diese liegt: n i c h t auf dem Weg ⟨des …⟩

„Alle Zahlen können nicht zufällig eine Eigenschaft E besitzen; sondern nur ihrem Wesen |(als Zahlen)| nach." – Der Satz „alle/die/ Menschen, welche rote Nasen haben sind gutmütig" hat auch dann nicht denselben Sinn wie der Satz „die Menschen welche Wein trinken sind gutmütig" wenn die Menschen welche rote Nasen haben eben die sind die Wein trinken. Dagegen: wenn die Zahlen m, n, o der Umfang eines mathematischen Begriffs f sind, so daß also fm · fn · fo der Fall ist, dann hat der Satz welcher sagt, daß die Zahlen die f befriedigen die 150
Eigenschaft E haben den gleichen Sinn wie „E(m) · E(n) · E(o)". Denn die beiden Sätze „f(m) · f(n) · f(o)" und „E(m) · E(n) · E(o)" lassen sich, ohne daß wir dabei den Bereich der Grammatik verlassen, in einander umformen.

Sehen wir uns nun den Satz an: „alle n Zahlen welche der Bedingung F(ξ) genügen, haben zufälligerweise die Eigenschaft E." Da kommt es drauf an ob die Bedingung F(ξ) eine mathematische ist. Ist sie das, nun dann kann ich ja aus F(x) E(x) ableiten, wenn auch über die Disjunktion der n Werte von F(ξ). (Denn hier gibt es eben eine Disjunktion). Hier werde ich also nicht von einem Zufall reden. – Ist die Bedingung eine nicht-mathematische, so wird man dagegen vom Zufall reden können. Z.B. wenn ich sage: alle Zahlen die ich heute auf den Omnibussen gelesen habe waren zufällig Primzahlen. (Dagegen kann man natürlich nicht sagen: „die Zahlen 17, 3, 5, 31, sind zufällig Primzahlen", ebensowenig wie: „die Zahl 3 ist zufällig eine Primzahl".) „Zufällig" ist wohl der Gegensatz von „allgemein ableitbar"; aber |man kann sagen:| der Satz „17, 3, 5, 31 sind Primzahlen" ist allgemein ableitbar |so sonderbar das klingt|, wie auch der Satz 2 + 3 = 5.

Gehen wir nun zu unserm ersten Satz zurück, so fragen wir wieder: wie soll denn der Satz „alle Zahlen haben die Eigenschaft E" gemeint 151
sein? wie soll man ihn denn wissen können? denn diese Festsetzung gehört ja zur Festsetzung seines Sinnes! Das Wort „zufällig" deutet doch auf eine Verification durch successive Versuche und dem widerspricht daß wir nicht von einer endlichen Zahlenreihe reden.

2 |(als Zahlen)| *–das Einfügungszeichen ist im MS gewellt unterstrichen*
2 alle/die/ *–erste Variante im MS durchstrichen*
3 welche rote Nasen haben sind gutmütig" ⟨ist …⟩
6 eben die sind die Wein trinken⟨: …⟩
7 so daß also fm · fn · fo der Fall ist, dann ⟨sagt der …⟩
9 haben ⟨das gleiche⟩ wie „E(m) · E(n) · E(o)"
9 haben den gleichen |Sinn|, wie *–Einfügung in Tintenbleistift*
14 „alle n Zahlen welche der Bedingung F(⟨n⟩) genügen,
16 wenn auch ⟨nur⟩ über die Disjunktion der n Werte von F(ξ)
17 der n Werte von F(ξ). (Denn ⟨gi…⟩
19 eine nicht-mathematische, so wird man dagegen ⟨von eine…⟩
22 Dagegen kann man natürlich ⟨s…⟩
23 „die Zahlen 17, 3, 5, 31, sind zufällig Primzahlen"⟨) …⟩
26 |so sonderbar das klingt|, wie ⟨der …⟩

1 In der Mathematik sind Beschreibung und Gegenstand äquivalent. „Die fünfte Zahl der Zahlenreihe hat diese Eigenschaften“ sagt *dasselbe* wie „5 hat diese Eigenschaften“. Die Eigenschaften eines Hauses *folgen* nicht aus seiner Stellung in einer Häuserreihe; dagegen sind die Eigenschaften einer Zahl die Eigenschaften einer Stellung.

2 Welche seltsame Frage: „kann man sich eine endlose Baumreihe denken?“! Wenn man von einer ‚endlosen Baumreihe‘ spricht, so wird doch, was man meint, mit den Erfahrungen zusammenhängen, die man „das Sehen einer Baumreihe“, „das Zählen einer Baumreihe“, „das Messen einer Baumreihe“, etc. nennt. „Können wir uns eine unendliche Baumreihe denken“! Gewiß, wenn wir festgesetzt haben, was darunter zu verstehen ist; d.h.: wenn wir diesen Begriff mit all dem in Verbindung gebracht haben, mit den Erfahrungen die für uns den Begriff der Baumreihe bestimmen.

Was ist das Criterium in der Erfahrung dafür daß eine Baumreihe 152
unendlich ist? denn daraus werde ich sehen wie diese Aussage zu verstehen ist. Oder gibst Du mir kein solches Criterium, – was fange ich dann mit dem Begriff „unendliche Baumreihe“ an? Was hat dieser Begriff etwa mit dem zu tun was ich sonst eine Baumreihe nenne? Oder meintest Du am Ende doch nur: eine ungeheuer lange Baumreihe?!

3 „Aber wir kennen doch eine Erfahrung wenn wir eine Baumreihe entlang gehen die wir das Aufhören der Reihe nennen können. Nun, eine endlose Baumreihe ist eine solche an der wir diese Erfahrung nie machen.“ — Aber was bedeutet hier „nie“? Ich kenne eine Erfahrung die ich mit den Worten beschreibe: „er hat in dieser Stunde nie gehustet“ oder „er hat in seinem Leben nie gelacht“. Von einer entsprechenden /analogen/ Erfahrung kann nicht gesprochen werden wenn sich das „nie“ nicht auf ein Zeitintervall bezieht. Die Analogie läßt uns also hier wieder im Stich und ich muß von neuem untersuchen wie das Wort „nie“ in diesem Falle sinnvoll verwendet werden kann. — Solche Verwendungen lassen sich nun allerdings finden aber sie sind eben eigens auf ihre Regeln zu untersuchen. Es kann z.B. der Satz daß eine 153
Baumreihe unendlich lang ist (oder der, daß wir *nie* zu einem Ende kommen werden) ein Naturgesetz von der Art des Trägheitsgesetzes sein das ja sagt ein Körper bewege sich unter bestimmten Umständen mit constanter Geschwindigkeit in einer Geraden; und hier könnte ja auch gesagt werden die Bewegung werde unter diesen Umständen *nie* enden. Fragt man nach der Verification so eines Satzes so kann man vor allem sagen daß er falsifiziert wird, wenn die Bewegung (die Baumreihe) zu einem Ende kommt — von einer Verification kann hier keine Rede sein, und das heißt daß wir es mit einer grundverschiedenen Art von Satz (oder mit einem Satz in einem andern Sinn dieses Wortes) zu tun haben. Ich will natürlich nicht sagen, daß dies die einzige |sinnvolle| Verwendung des Ausdrucks „unendliche Baumreihe“ oder des Wortes „nie“ (in alle Ewigkeit) sei. Aber jede dieser Verwendungen muß eigens

2 „Die fünfte Zahl der Zahlenreihe hat diese ⟨Eigenschaft⟩“
4 nicht aus seiner Stellung in einer Häuserreihe; dagegen ⟨....‘ ...⟩
17 dafür daß eine Baumreihe unendlich ist⟨,⟩ denn daraus
27 Ich kenne eine Erfahrung die ich mit den Worten ⟨Be...⟩
35 (oder der, daß ⟨ich die Erfahrung des Endens ...⟩
35 (oder der, daß wir *nie* ⟨ein⟩ Ende ⟨finden⟩ werden)
45 daß dies die ⟨eine ...⟩

beschrieben/untersucht/ werden und hat ihre eigenen Gesetze. Es nützt uns nichts daß wir eine Redeform fertig in unserer gewöhnlichen Sprache vorfinden weil diese Sprache jedes ihrer Wörter in den verschiedensten Bedeutungen gebraucht und daß wir den Gebrauch des Wortes in éinem Fall verstehn erspart uns nicht die Untersuchung seiner Grammatik in einem andern. So meinen wir etwa: „es ist doch gewiß möglich sich ein unendlich langes Leben vorzustellen, denn unendlich 154
lang lebt der, der einfach nie stirbt". Aber der Gebrauch des Wortes „nie" ist eben *gar* nicht so einfach.

1 Reden wir nun von einem endlosen Leben im Sinne einer Hypothese (vergl. Trägheitsgesetz) und, der es lebt, wählt nach einander aus den Brüchen zwischen 1 und 2, 2 und 3, 3 und 4 etc. ad inf. einen beliebigen Bruch aus und schreibt ihn auf. Erhalten wir so eine „Selektion aus allen jenen Intervallen"? Nein, denn sein Wählen hat kein Ende. Es hat keinen Sinn jemals von ihm zu sagen, er habe die Selektion beendet. Kann ich aber nicht sagen, daß doch alle Intervalle an die Reihe kommen müssen, da ich keines nennen kann das nicht an die Reihe käme? Aber daraus, daß er jedes Intervall einmal erreichen wird, folgt doch nicht daß er alle einmal erreicht haben wird. Denn, wenn wir das Wort erreichen so verwenden, daß „er etwas zu einer bestimmten Zeit erreicht" (d.h. in diesem grammatischen Zusammenhang), dann heißt, daß er „jedes Intervall einmal erreicht" etwa: daß er das erste nach der ersten Sekunde, das zweite nach der zweiten, das dritte nach der dritten erreicht *u.s.w.* |ad inf.|. Es wird also hier ein Gesetz mit dem Ausdruck u.s.w. ad inf gegeben. Dann hieße aber, daß er alle Intervalle erreicht, daß er sie zu einer bestimmten Zeit erreicht, der Prozess also zu einem Ende kommt, was der ersten 155
Annahme widerspricht. Folgert man also daraus daß er jedes Intervall erreicht, daß er sie alle erreicht, so verwendet man das Wort „erreicht" das zweitemal in ganz anderer Weise!

5 éinem *–Akzent als Zeichen der Hervorhebung*
24 etwa: daß er das erste ⟨Inter…⟩
24 etwa: daß er das erste ⟨in⟩ der ersten Sekunde, das zweite ⟨in⟩ der zweiten, das dritte ⟨in⟩ der *–Korrektur in Tintenbleistift*

„Denken wir uns aber nun einen Mann der im Auswählen aus den Intervallen eine immer größere Übung bekäme, so daß er zur ersten Wahl eine Stunde zur zweiten eine halbe, zur dritten ein Viertel brauchte, u.s.w. ad inf.. Dann würde der ja in zwei Stunden mit der ganzen Arbeit fertig!“ Stellen wir uns einmal den Vorgang vor. Das Auswählen bestünde etwa im Aufschreiben des Bruches also in einer Bewegung der Hand. Diese Bewegung würde nun immer schneller; so schnell sie aber auch wird so gibt es immer ein letztes Intervall das in einer bestimmten Zeit von ihr erledigt wird. Die Überlegung unseres/des/ Einwands beruhte auf der Bildung der Summe $1 + \frac{1}{2} + \frac{1}{4} + \ldots$ aber die ist ja ein *Grenzwert* von Summen und keine Summe in dem Sinne dieses Wortes, in welchem |z.B.| $1 + \frac{1}{2} + \frac{1}{4}$ eine Summe ist. Wenn ich sagte „er braucht eine Stunde zur ersten Wahl eine halbe Stunde zur zweiten ein Viertel zur dritten u.s.w. ad inf.“ so hat diese Angabe nur solange Sinn als ich *nicht* nach der Geschwindigkeit des Wählens im Zeitpunkte $t = 2$ frage, denn für diesen ergibt unsere Rechnung *keinen* Wert (denn den Wert $c = \infty$ gibt es |hier| für uns nicht, da wir ihm keine Erfahrung zugeordnet 156
haben). Für jeden Punkt *vor* $t = 2$ liefert mir mein Gesetz eine Geschwindigkeit ist also so weit brauchbar und in Ordnung. Der Fehlschluß liegt also erst im Satz „dann würde er in 2 Stunden mit der Arbeit fertig“. (Soweit man dies einen Fehlschluß nennen darf, da ja der Satz für diesen Fall sinnlos ist.)

1 Denken wir uns nun die Hypothese jemand werde unter gewissen Umständen die Ziffern der Zahl π (|etwa| im Sechsersystem) würfeln. Diese Hypothese ist also ein Gesetz, mit dessen Hilfe ich für jeden Wurf die Zahl der geworfenen Augen ausrechnen kann. Wie aber, wenn wir die Hypothese dahin modifizierten daß jemand unter gewissen Umständen *nicht* die Ziffern von π werfen werde! Sollte das nicht auch einen Sinn haben? Wie aber kann man je wissen daß diese Hypothese richtig ist da er ja zu jeder gegebenen Zeit π gemäß geworfen haben mag und die Hypothese dadurch doch nicht widerlegt ist. Aber das heißt doch eben daß wir es hier mit einer andern *Art* von Hypothese zu tun haben; mit einer Satzart für die in ihrer Grammatik keine Falsification *vorgesehen* ist. Und es steht mir frei das „Satz“ oder „Hypothese“ oder ganz anders zu nennen, wenn ich will. (π ist kein Bruch sondern ein *Gesetz* nach welchem Brüche gebildet 157
werden.)

2 eine immer größere Übung bekäme, so daß er ⟨die erste …⟩
11 von Summen ⟨(im ursprung…⟩
11 von Summen ⟨(⟩und keine Summe in dem Sinne dieses Wortes, in welchem |z.B.| $1 + \frac{1}{2} + \frac{1}{4}$ eine Summe ist⟨)⟩ und …⟩
14 eine halbe Stunde zur zweiten ⟨eine …⟩
14 ad inf.“ so ⟨habe ich hier dem „u.s.w. ad inf“ keinen Sinn gegeben …⟩
22 Soweit man dies einen ⟨fehl…⟩
25 Denken wir uns nun ⟨aber de…⟩
25 Denken wir uns nun die Hypothese jemand ⟨werde (…/würfle mit …/)⟩
26 |etwa| *–Einfügung in Tintenbleistift*
27 Diese Hypothese ist also ein Gesetz, *–Komma in Tintenbleistift*
30 daß jemand unter gewissen Umständen *nicht* ⟨π …⟩
35 mit einer andern *Art* von Hypothese zu tun haben; ⟨einer H…⟩
37 *Im MS (Seitenwechsel):* (π ist ⟨kein Dezim…⟩ Bruch sondern

1 Die Unendlichkeit der Zeit ist keine Ausdehnung.

2 Wenn wir fragen: „worin besteht die Unendlichkeit der Zeit“ so wird man uns sagen: „darin, daß kein Tag der letzte ist, daß auf jeden Tag wieder ein Tag folgt“. Hier werden wir aber wieder verleitet die Sache durch eine Analogie falsch zu sehen. Wir vergleichen nämlich etwa die Folge der Tage mit der Folge von Ereignissen (in der Zeit) z.B. den Schlägen einer Uhr. Wir machen dann manchmal die Erfahrung daß 4 Schlägen ein 5ter folgt. Hat es nun auch Sinn von der Erfahrung zu reden daß auf vier Tage ein fünfter folgt? Und kann man sagen: „siehst Du, ich habe es Dir vorhergesagt: es wird auf den vierten noch einer folgen“? (So gut könnte man sagen, es sei eine Erfahrung daß auf den vierten gerade der fünfte folgt und kein andrer.) Wir reden hier aber nicht von der Vorhersage, es werde die Sonne nach dem vierten Tag sich so wie bisher bewegen; *das* ist eine echte Vorhersage. Nein, in unserm Fall handelt es sich nicht um eine Vorhersage, kein Ereignis wird prophezeit sondern wir sagen etwa: daß es Sinn hat in Bezug auf jeden Sonnenauf- und untergang von einem nächsten zu sprechen. 158
Denn die Bedeutung der Bezeichnung eines Zeitmaßes ist ja an ein Geschehnis gebunden: den Umlauf eines Zeigers, die Bewegung der Erde etc. etc.; sagen wir aber „auf jede Stunde folgt eine nächste“, und haben wir die Stunde |etwa| durch den Umlauf eines bestimmten Zeigers (als Paradigma) definiert, so wollen wir mit jener Aussage dennoch/doch/ nicht prophezeien, daß sich dieser Zeiger in alle Ewigkeit so weiterdrehen wird; – wir wollen aber sagen: daß er sich „immer so weiterdrehen *kann*“; und das ist eben eine Aussage über die Grammatik unserer Zeitbestimmungen.

5 daß kein Tag der letzte ist, daß auf jeden Tag ⟨wie…⟩
12 ich habe es Dir vorhergesagt⟨,⟩ es wird auf den vierten noch einer folgen“?
20 von einem nächsten zu sprechen. Denn die ⟨Bez…⟩
22 sagen wir aber⟨:⟩ „auf jede Stunde folgt eine nächste“,
24 eines bestimmten Zeigers (als Paradigma) definiert, so ⟨meinen …⟩
26 wir wollen aber sagen⟨,⟩ daß er sich „immer so weiterdrehen
28 über die Grammatik ⟨und …⟩
28 über die Grammatik unserer ⟨Sätze über⟩ Zeitbestimmungen.

1 „Regellose unendliche Dezimalzahl“. Die Auffassung ist immer die, als ob wir nur Wörter unserer Umgangssprache zusammenzustellen brauchten und die Zusammenstellung hätte damit einen Sinn, den wir jetzt eben erforschen müßten – wenn er uns nicht gleich ganz klar sein sollte. Es ist als wären die Wörter Ingredienzien einer chemischen Verbindung, die wir zusammenschütten, sich mit einander verbinden lassen, und nun müßten wir eben die Eigenschaften der (betreffenden) Verbindung untersuchen. Wer sagte, er verstünde den Ausdruck „regellose unendliche Dezimalzahl“ nicht, dem würde geantwortet: „das ist nicht wahr, Du verstehst ihn sehr gut! weißt Du nicht was die Worte 159
„regellos“, „unendlich“ und „Dezimalzahl“ bedeuten?! – Nun dann verstehst Du auch ihre Verbindung.“ Und mit dem „Verständnis“ ist hier gemeint, daß er diese Wörter in gewissen Fällen anzuwenden weiß und etwa eine *Vorstellung mit ihnen verbindet!* In Wirklichkeit tut der, welcher diese Worte zusammenstellt und nun fragt „was bedeutet das“ etwas ähnliches wie die |kleinen| Kinder die ein Papier mit regellosen Strichen bekritzeln, es dem Erwachsenen zeigen und fragen: „was ist das?“

2 „Eine regellose |unendliche| Dezimalzahl kann man sich z.B. erzeugt denken, daß endlos gewürfelt wird und die Zahl der Augen jedesmal eine Dezimalstelle ist“. Aber wenn endlos gewürfelt wird kommt ja eben kein endgültiges Resultat heraus.

3 Stellen wir uns vor daß ein Mann, der unendlich lange Zeit gelebt hat, weil er nie geboren wurde sagt: „Jetzt schreibe ich die letzte Ziffer von π hin, nämlich die 3 Einer“. Er hatte an jedem Tag seines Lebens eine Ziffer hingeschrieben und niemals damit angefangen; jetzt ist er fertig geworden.

4 „Nur der Menschliche Intellekt kann das nicht erfassen, ein höherer 160
könnte es!“ Gut, dann beschreibe mir die Grammatik des Ausdrucks „höherer Intellekt“; was kann ein solcher erfassen und was nicht und unter welchen Umständen/in welchem Falle (der Erfahrung)/ sage ich daß ein Intellekt etwas erfaßt? Du wirst dann sehen, daß die Beschreibung des Erfassens das Erfassen selbst ist. (Vergleiche: Lösung eines mathematischen Problems.)

2 Umgangssprache ⟨zusammens…⟩
3 Umgangssprache zusammenzustellen brauchten und ⟨dies ko…⟩
6 Ingredienzien einer chemischen Verbindung, die ⟨wie…⟩
10 *Im MS:* weißt |Du nicht| was die Worte *–Einfügung in Tintenbleistift*
12 Und mit dem „Verständnis“ ⟨ist …⟩
15 diese Worte zusammenstellt und nun fragt „was ⟨ist⟩ das“
16 wie die |kleinen| Kinder die ⟨|regellose| Striche auf ein Papier …⟩
17 ein Papier mit regellosen Strichen bekritzeln⟨ und frag…⟩
20 Dezimalzahl kann man ⟨z.B. erzeugen indem …⟩
25 ⟨Denken wir uns einen Mann …⟩
26 sagt: „⟨jetzt⟩ schreibe ich die letzte Ziffer von π hin,
28 und niemals damit angefangen; ⟨f…⟩

Nehmen wir an wir würfen mit einer Münze „Kopf und Adler" und teilen nun eine Strecke |$\overline{AB}$| nach folgender Regel: „Kopf" sagt:  nimm die linke Hälfte und teile sie, wie der nächste Wurf vorschreibt. „Adler" sagt: nimm die rechte Hälfte etc. Durch fortgesetztes Würfeln erzeuge ich dann Schnittpunkte die sich in einem immer kleineren Intervall bewegen. Beschreibt es nun die Lage eines Punktes, wenn ich sage, es solle der sein, dem sich bei fortgesetztem Würfeln die Schnitte unendlich nähern? Hier glaubt man etwa einen Punkt bestimmt zu haben, der einer regellosen unendlichen Dezimalzahl entspricht. Aber die Beschreibung bestimmt doch *ausdrücklich*: *keinen* Punkt; es sei denn daß man sagt, daß die Worte „Punkt auf dieser Strecke" auch „einen Punkt bestimmen". Wir verwechseln hier die Vorschrift des Würfelns mit der mathematischen Vorschrift, etwa Dezimalstellen der $\sqrt{2}$ zu erzeugen. Diese mathematischen Vorschriften *sind* die Punkte. D.h. es lassen sich 161
zwischen diesen Vorschriften Beziehungen finden, die in ihrer Grammatik den Beziehungen von „größer" und „kleiner" |zwischen zwei Strecken| analog sind und daher mit diesen Worten bezeichnet werden. Die Vorschrift Stellen der $\sqrt{2}$ auszurechnen ist das Zahlzeichen der irrationalen Zahl selbst; und ich rede hier von einer „Zahl" weil ich mit diesen Zeichen (den/*gewissen*/ Vorschriften zur Bildung von Rationalzahlen) ähnlich rechnen kann wie mit den Rationalzahlen selbst. Will ich also analog sagen die Vorschrift des endlosen Halbierens nach Kopf und Adler bestimme einen Punkt, eine Zahl, so müßte das heißen, daß diese Vorschrift als Zahlzeichen d.h. analog andern Zahlzeichen gebraucht werden kann. Das ist aber |natürlich| nicht der Fall. Sollte diese Vorschrift einem Zahlzeichen entsprechen so höchstens |(sehr entfernt)| dem unbestimmten Zahlwort „einige" denn sie tut nichts als eine Zahl offen zu lassen. Mit einem Wort ihr entspricht nichts anderes als das ursprüngliche Intervall AB.

1 *Im MS:* Nehmen |wir| *–Einfügung in Tintenbleistift*
3 ⟨,⟩nimm die linke Hälfte und teile sie, wie der nächste Wurf vorschreibt. „Adler" sagt: nimm die rechte Hälfte etc.⟨"⟩
7 wenn ich sage, *–Komma in Tintenbleistift*
14 etwa Dezimalstellen der $\sqrt{2}$ zu erzeugen. ⟨Die …⟩
17 von *–im MS durchstrichen*
19 Die Vorschrift ⟨die Wurzel …⟩
21 ich rede hier von einer „Zahl" weil ich mit diesen ⟨Zahl…⟩
21 den/*gewissen*/ *–erste Variante im MS durchstrichen*
21 den/*gewissen*/ Vorschriften zur Bildung von ⟨Kardina…⟩
23 selbst. ⟨Sage⟩ |Will| ich also analog |sagen| die Vorschrift
24 die Vorschrift des endlosen Halbierens nach ⟨den …⟩
27 Das ist aber |natürlich| nicht der Fall. ⟨Entspräche …⟩

1 Kann man den Begriff des „Satzes“ festlegen? oder die allgemeine Form des Gesetzes? – Warum nicht! Wie man ja auch den Begriff Zahl festlegen könnte, etwa durch das Zeichen „[0, ξ, ξ + 1]“. Es steht mir ja frei nur das Zahl zu nennen und so steht es mir auch frei eine analoge 162 Vorschrift zur Bildung von Sätzen oder Gesetzen zu geben und das Wort „Satz“ oder „Gesetz“ als ein Aequivalent dieser Vorschrift zu gebrauchen. Wehrt man sich dagegen und sagt es sei doch klar daß damit nur gewisse Gesetze von andern abgegrenzt worden seien, so sage /antworte/ ich: Ja, Du kannst freilich nicht eine Grenze ziehen, wenn Du von vornherein entschlossen bist keine anzuerkennen! – Sollen die „Sätze“ den unendlichen logischen Raum erfüllen, so kann von keiner allgemeinen Satzform die Rede sein. Es frägt sich dann natürlich: Wie gebrauchst Du nun das Wort „Satz“? im Gegensatz wozu? – Etwa im Gegensatz zu „Wort“, „Satzteil“, „Buchtitel“, „Erzählung“. etc..

2 „Unendlich kompliziertes Gesetz“, „unendlich komplizierte Konstruktion“. („Es glaubt der Mensch, wenn er nur Worte hört, es müsse sich dabei auch etwas denken lassen“.)

„Die Lage aller Primzahlen muß doch irgendwie vorausbestimmt sein. Wir rechnen sie nur successive aus, aber sie sind alle schon bestimmt. Gott kennt sie sozusagen alle. Und dabei scheint es doch möglich daß sie nicht durch ein Gesetz bestimmt sind. –“ – Immer wieder das Bild von der Bedeutung eines Wortes als einer vollen Kiste, deren Inhalt uns mit ihr und in ihr verpackt gebracht wird und den wir 163 nur zu untersuchen haben. – Was wissen wir denn von den Primzahlen? Wie ist uns denn dieser Begriff überhaupt gegeben? Treffen wir nicht selbst die Bestimmungen über ihn? Und wie seltsam daß wir dann annehmen es müssen Bestimmungen über ihn getroffen sein die wir nicht getroffen haben. Aber der Fehler ist begreiflich. Denn wir gebrauchen das Wort „Primzahlen“ und es lautet ähnlich wie „Kardinalzahlen“, „Quadratzahlen“, „gerade Zahlen“ etc. So denken wir, es wird sich ähnlich gebrauchen lassen, vergessen aber, daß wir ganz andere – andersartige – Regeln für das Wort „Primzahl“ gegeben haben und kommen nun mit uns selbst in einen seltsamen Konflikt. – Aber wie ist das möglich? die Primzahlen sind doch die uns wohlbekannten Kardinalzahlen, – wie kann man dann sagen der Begriff der Primzahl sei in anderem Sinne ein Zahlbegriff als der, der Kardinalzahl? Aber hier spielt uns wieder die Vorstellung einer „unendlichen Extension“ als einem Analogon zu den uns bekannten „endlichen“ Extensionen einen Streich. Der Begriff Primzahl ist freilich mit Hilfe des Begriffes Kardinalzahl erklärt aber nicht „die Primzahlen“

5 eine analoge Vorschrift zur Bildung von Sätzen oder Gesetzen ⟨od...⟩
8 abgegrenzt worden seien, *–Komma in Tintenbleistift*
9 sage/antworte/ *–erste Variante im MS durchstrichen*
17 „Es glaubt der Mensch, *–Komma in Tintenbleistift*
18 „Es glaubt der Mensch, wenn er nur Worte hört, es müsse sich dabei auch etwas denken lassen“. *–frei nach Faust, erster Teil, Hexenküche:*

Gewöhnlich glaubt der Mensch, wenn er nur Worte hört,
Es müsse sich dabei doch auch was denken lassen.

23 als einer vollen Kiste, *–Komma in Tintenbleistift*
29 die wir nicht getroffen haben⟨! ...⟩
33 Regeln für das Wort „⟨Primzahlen⟩“ gegeben haben

mit Hilfe „der Kardinalzahlen“; und den Begriff Primzahl haben wir in wesentlich anderer Weise aus dem Begriff Kardinalzahl abgeleitet 164
als|, etwa,| den Begriff Quadratzahl. (Wir können uns also nicht wundern wenn er sich anders benimmt.) Man könnte sich sehr wohl eine Arithmetik denken die – sozusagen – beim Begriff Kardinalzahl sich nicht aufhält sondern gleich zu dem der Quadratzahl übergeht (diese Arithmetik wäre natürlich nicht so anzuwenden wie die unsere). Aber der Begriff „Quadratzahl“ hätte dann nicht den Charakter den er in unserer Arithmetik hat, daß er nämlich wesentlich ein Teilbegriff sei, daß die Quadratzahlen wesentlich ein Teil der Kardinalzahlen seien; sondern sie wären eine komplette Reihe mit einer kompletten Arithmetik. Und nun denken wir uns dasselbe für die Primzahlen gemacht! Da würde es klar daß diese nun in einem andern Sinne „Zahlen“ seien, als z.B. die Quadratzahlen; und als die Kardinalzahlen.

1 Hat es einen Sinn zu sagen: „Ich habe so viele Schuhe, als eine Wurzel der Gleichung $x^3 + 2x - 3 = 0$ Einheiten hat“? Hier könnte es scheinen als hätten wir eine Notation, der wir es eventuell nicht ansehen können ob sie Sinn hat oder nicht.

Wenn der Ausdruck „die Wurzel der Gleichung $F(x) = 0$“ eine Beschreibung im Russellschen Sinne wäre, so hätte der Satz „ich 165
habe n Äpfel und $n + 2 = 6$“ einen andern Sinn als der: „ich habe 4 Äpfel.“.

Wir haben in dem ersten Satz ein außerordentlich lehrreiches Beispiel dafür, wie eine Notation auf den ersten Blick einwandfrei erscheinen kann, nämlich so, als verstünden wir sie, und daß wir in Wirklichkeit einen unsinnigen Satz nach Analogie eines sinnvollen gebildet haben und nur glauben die Regeln des ersteren zu übersehen. So ist „ich habe n Schuhe und $n^2 = 4$“ ein sinnvoller Satz; aber nicht: „ich habe n Schuhe und $n^2 = 2$“.

2 Gleichungen sind eine Art von Zahlen. (D.h. sie können den Zahlen ähnlich behandelt werden.)

1 aber nicht „die Primzahlen“ mit Hilfe „der Kardinalzahlen“⟨. U…⟩
1 aber nicht „die Primzahlen“ mit Hilfe „der Kardinalzahlen“; und ⟨der …⟩
6 *Im MS:* |sich| nicht aufhält
7 (diese Arithmetik wäre natürlich nicht so ⟨z…⟩
8 Aber |der Begriff| ⟨„Quadratzahlen“…⟩
18 Hier könnte es scheinen als hätten wir eine ⟨sinn…⟩
24 Wir haben in dem ersten ⟨B…⟩
27 und daß wir in Wirklichkeit einen ⟨U…⟩

1 Die Ausdrücke „die Kardinalzahlen“, „die reellen Zahlen“ sind außerordentlich irreführend außer wo sie als Teil einer Bestimmung verwendet werden wie in „die Kardinalzahlen von 1 bis 100“, etc.. „Die Kardinalzahlen“ gibt es nicht sondern nur „Kardinalzahlen“ und den Begriff, die Form, „Kardinalzahl“. Nun sagt man: „die Zahl der Kardinalzahlen ist kleiner als die der reellen Zahlen“ und denkt sich man könnte die beiden Reihen etwa nebeneinander schreiben (wenn wir nicht schwache Menschen wären) und dann würde die eine im Endlosen enden während die andere in's |wirklich| Unendliche über sie hinaus liefe. Aber das ist alles Unsinn. Wenn von einer Beziehung die 166 man nach Analogie „größer“ und „kleiner“ nennen kann, die Rede sein kann, dann nur zwischen den Formen ‚Kardinalzahl‘ und ‚reelle Zahl‘. Was eine Reihe ist erfahre ich dadurch, daß man es mir erklärt und nur so weit, als man es erklärt. Eine endliche Reihe wurde mir durch Beispiele der Art 1, 2, 3, 4 erklärt eine endlose durch Zeichen der Art „1, 2, 3, 4, u.s.w.“ oder „1, 2, 3, 4, ...“.

2 Der Konflikt in welchem wir uns in logischen Betrachtungen immer wieder befinden ist wie der Konflikt zweier Personen die mit einander einen Vertrag abgeschlossen haben dessen letzte Formulierungen in leicht mißdeutbaren Worten niedergelegt sind, wogegen die Erläuterungen zu diesen Formulierungen alles in unmißverständlicher Weise erklären. Die eine der beiden Personen nun hat ein kurzes Gedächtnis, vergißt die Erläuterungen immer wieder, mißdeutet die Bestimmungen des Vertrages und kommt/gerät daher/ fortwährend in Schwierigkeiten. Die andere muß immer von frischem an die Erläuterungen im Vertrag erinnern und die Schwierigkeit wegräumen.

3 Man kann sagen, daß die Eigenschaften einer bestimmten Zahl nicht vorauszusehen sind. Man sieht sie erst wenn man zu ihr kommt. 167

Das Allgemeine ist die Wiederholung einer Operation. Jedes Stadium dieser Wiederholung hat seine Individualität. Nun ist es nicht etwa so, daß ich durch die Operation von einer Individualität zur andern fortschreite. So daß die Operation das Mittel wäre um von einer zur andern zu kommen. Gleichsam das Vehikel das bei jeder Zahl anhält, die man nun betrachten kann. Sondern die dreimalige/dreimal iterierte/ Operation +1 erzeugt und ist die Zahl drei.

(Im Kalkül sind Prozess und Resultat einander äquivalent.)

1 ⟨„...⟩
3 *Im MS:* als Teil einer Bestimmung |verwendet werden| wie |in| „die
11 „größer“ und „kleiner“ nennen kann, die Rede ⟨ist ...⟩
12 dann nur zwischen den ⟨Begriffen⟩ ‚Kardinalzahl‘
14 und nur so weit, als man es ⟨k...⟩
15 durch ⟨das⟩ Zeichen der Art „1, 2, 3, 4, u.s.w.“
18 Der Konflikt in welchem wir ⟨in der Philo...⟩
19 wie der Konflikt zweier Personen die ⟨ein...⟩
20 dessen letzte Formulierungen in ⟨einer ...⟩
22 wogegen die Erläuterungen ⟨dieser⟩ |zu diesen| Formulierungen
24 ein kurzes Gedächtnis⟨ und⟩ vergißt die Erläuterungen immer wieder,
37 Operation +1 erzeugt und ist die Zahl ⟨3⟩.

1 Ehe ich aber nun von „allen |diesen| Individualitäten" oder „der Gesamtheit dieser Individualitäten" sprechen wollte, müßte ich hier *gut* überlegen welche Bestimmungen ich in diesem Falle für den Gebrauch der Worte „alle" und „Gesamtheit" gelten lassen will!

2 Wie unterscheidet sich ein unendlich kompliziertes Gesetz vom Fehlen eines Gesetzes?

3 (Vergessen wir nicht: Die Überlegungen der Mathematiker über das Unendliche sind doch lauter endliche Überlegungen. Womit ich nur meine daß sie ein Ende haben.)

4 „Angenommen, ich schneide eine Strecke dort, wo kein rationaler Punkt 168
(keine rationale Zahl) ist." Aber kann man denn das? Von was für Strecken sprichst Du? – „Aber, wenn meine Meßinstrumente fein genug wären, so könnte ich mich doch |durch fortgesetzte Bisektionen| einem gewissen Punkt unbegrenzt nähern." – Nein, denn ich könnte ja eben niemals erfahren ob mein Punkt ein solcher ist. Meine Erfahrung wird immer nur sein, daß ich ihn bis jetzt nicht erreicht habe. „Aber wenn ich nun mit einem absolut genauen Reißzeug die Konstruktion der $\sqrt{2}$ durchgeführt hätte und mich nun dem erhaltenen Punkt durch Bisektion nähere, dann *weiß* ich doch daß dieser Prozess den konstruierten Punkt niemals erreichen wird." – Aber das wäre doch sonderbar, wenn so die |eine| Konstruktion der andern sozusagen etwas vorschreiben könnte! Und so ist es ja auch nicht. Es ist sehr leicht möglich daß ich bei der ‚genauen' Konstruktion |der $\sqrt{2}$| zu einem Punkt komme, den die Bisektion, sagen wir nach 100 Stufen erreicht; – aber dann werden wir sagen: unser Raum ist nicht Euklidisch! –

5 Der „Schnitt in einem irrationalen Punkt" ist ein Bild und ein irreführendes Bild.

6 Sind durch den Schnitt einer Strecke die Resultate aller Bisektionen die sich dem Schnittpunkt nähern sollen vorausbestimmt? Nein.

1 *Die Bemerkung folgt im MS der nachfolgenden Bemerkung, umgestellt durch einen Pfeil am linken Rand.*
2 „der Gesamtheit ⟨der⟩ Individualitäten"
3 überlegen welche Bestimmungen ich in diesem Falle ⟨über …⟩
6 ein unendlich kompliziertes Gesetz vom ⟨Mangel eines …⟩
20 die Konstruktion der ⟨Wurzel …⟩
21 die Konstruktion der $\sqrt{2}$ durchgeführt hätte und ⟨nun …⟩
23 daß dieser Prozess den konstruierten Punkt niemals erreichen wird⟨!⟩"

1 In dem vorigen Beispiel, in dem ich mich bei der successiven Einschränkung eines Intervalls durch Bisektionen einer Strecke von den Ergebnissen des Würfelns leiten ließ hätte ich ebensowohl das Anschreiben eines Dezimalbruches vom Würfeln leiten lassen können. So bestimmt auch die Beschreibung „endloser Vorgang des Wählens zwischen 1 und 0“ beim Anschreiben eines Dualbruches kein Gesetz. Man möchte etwa sagen: Die Vorschrift des endlosen Wählens zwischen 0 und 1 in diesem Falle könnte durch ein Symbol „0·$\overset{000}{111}$··· ad inf.“ wiedergegeben werden. Wenn ich aber ein Gesetz so andeute: „0·001001001… ad inf.“, so ist es nicht das endliche Reihenstück als Spezimen der unendlichen Reihe, was ich zeigen will, sondern die aus ihm entnehmbare Gesetzmäßigkeit. Aus „0·$\overset{000}{111}$::: ad inf.“ entnehme ich aber k e i n Gesetz, sondern gerade den Mangel eines Gesetzes. 169

2 Es gibt unendlich viele Kardinalzahlen weil w i r dieses unendliche System konstruieren und es das der Kardinalzahlen nennen. Es gibt auch ein Zahlensystem „1, 2, 3, 4, 5, viele“ und auch eines: „1, 2, 3, 4, 5.“ Und warum sollte ich das nicht auch ein System von Kardinalzahlen nennen? (und also ein endliches).

3 Wenn man wissen will was der Ausdruck „das Maximum einer Kurve“ bedeutet, so frage man sich: wie findet man es? – Was anders gefunden wird ist etwas anderes. Man definiert es als den Punkt der Kurve der höher liegt als alle andern und hat dabei wieder die Idee daß es nur unsere menschliche Schwäche ist die uns verhindert alle Punkte der Kurve einzeln durchzugehen und den höchsten unter ihnen auszuwählen. Und dies führt zu der Meinung daß der höchste Punkt unter einer endlichen Anzahl von Punkten wesentlich dasselbe ist wie der höchste Punkt einer Kurve und daß man hier eben auf zwei verschiedene Methoden das gleiche findet wie man auf verschiedene Weise feststellt daß jemand im Nebenzimmer ist: anders etwa, wenn die Tür geschlossen ist und wir zu schwach sind sie zu öffnen und anders wenn wir hinein können. Aber, wie gesagt, menschliche Schwäche liegt dort nicht vor wo die scheinbare Beschreibung der Handlung „die wir nicht ausführen können“ sinnlos ist. Es würde freilich nichts schaden ja sehr interessant sein die Analogie zwischen dem Maximum einer Kurve und dem Maximum (in anderm Sinne) einer Klasse von Punkten zu sehen solange uns die Analogie nicht das Vorurteil eingibt es liege im Grunde beidemale dasselbe vor. 170

1 in dem ich ⟨die successive …⟩
4 das Anschreiben eines ⟨Dualbruches …⟩
4 vom Würfeln leiten lassen können. ⟨Der „endlose …⟩
9 Die Vorschrift des endlosen Wählens zwischen 0 und 1 in diesem Falle könnte durch ein Symbol „0·$\overset{000}{111}$··· ad inf.“ wiedergegeben werden. *–im MS am linken Rand mit einem Strich in der Form eines langgezogenen S markiert*
10 ist nicht die endliche Reihe als Spezimen ⟨der …⟩
10 ist nicht die endliche Reihe als Spezimen ⟨eines Stuc…⟩
10 ist nicht ⟨die⟩ endliche ⟨Reihe⟩ als ⟨Spezimen der Unendlichen …⟩
21 Wenn man wissen will ⟨is…⟩
23 Man ⟨Definiert⟩ es als den Punkt *–Korrektur in Tintenbleistift*
27 unter ihnen auszuwählen. Und dies führt zu der ⟨A…⟩
32 wenn die Tür geschlossen ist und wir ⟨nicht …⟩
34 wo die scheinbare Beschreibung der Handlung „die wir ⟨g…⟩

1 Es ist der gleiche Fehler unserer Syntax, der den geometrischen Satz „die Strecke läßt sich durch einen Punkt in zwei Teile teilen“ als die 171 gleiche Form darstellt wie den Satz: „die Strecke ist unbegrenzt teilbar“; so daß man scheinbar in beiden Fällen sagen kann: „nehmen wir an die mögliche Teilung sei ausgeführt“. „In zwei Teile teilbar“ und „unbegrenzt teilbar“ haben eine gänzlich verschiedene Grammatik. Man operiert fälschlich mit dem Worte „unendlich“ wie mit einem Zahlwort; weil beide in der Umgangssprache auf die Frage „wieviele …“ zur Antwort kommen.

2 „Das Maximum ist doch aber höher, als jeder beliebige andre Punkt der Kurve.“ Aber die Kurve besteht ja nicht aus Punkten sondern ist ein Gesetz dem Punkte gehorchen. Oder auch: ein Gesetz nach dem Punkte konstruiert werden können. Wenn man nun fragt: „welche Punkte“, – so kann ich nur sagen: „nun, z.B. die Punkte P, Q, R, etc.“. Und es ist einerseits so, daß keine Anzahl von Punkten gegeben werden kann von denen man sagen könnte, sie seien alle Punkte die auf der Kurve liegen, daß man anderseits auch nicht von einer solchen Gesamtheit von Punkten reden kann, die nur wir Menschen nicht aufzählen können, die sich aber wohl beschreiben läßt und die man die Gesamtheit aller Punkte der Kurve nennen könnte eine Gesamtheit die für uns Menschen zu groß wäre. Es gibt ein Gesetz einerseits und Punkte auf 172 der Kurve anderseits – aber nicht „*alle* Punkte der Kurve“. Das Maximum liegt höher als irgendwelche Punkte |der Kurve| die man etwa konstruiert, aber nicht höher als eine Gesamtheit von Punkten; es sei denn, daß das Kriterium hiervon, und also der Sinn dieser Aussage, wieder nur die Konstruktion aus dem Gesetz der Kurve ist.

1 Es ist der gleiche Fehler unserer Syntax, der ⟨den Satz …⟩
2 den geometrischen Satz „die Strecke läßt sich ⟨in zwei glei…⟩
2 in zwei Teile teilen“ ⟨für⟩ die gleiche Form ⟨hält⟩ wie den Satz:
5 „⟨in⟩ zwei Teile teilbar“ und *–im MS der Beginn von einem Absatz in Kleinschreibung, durch einen Pfeil dem vorangehenden als fortlaufender Text zugeordnet, in Großschreibung*
15 so kann ich nur sagen: „nun, z.B. ⟨der …⟩
19 die nur wir Menschen nicht aufzählen können⟨ und …⟩
20 wohl *–im MS durchstrichen*
27 und also der Sinn dieser Aussage, wieder nur ⟨ist …⟩
27 und also der Sinn dieser Aussage, wieder nur ⟨das ist …⟩

Das Gewebe der Irrtümer auf diesem Gebiet ist natürlich ein sehr kompliziertes. Es tritt z.B. noch die Verwechslung zweier verschiedener Bedeutungen des Wortes „Art“ hinzu. Man gibt nämlich zu daß die unendlichen Zahlen eine andre *Art* Zahlen sind als die endlichen aber man mißversteht nun worin hier der Unterschied verschiedener Arten besteht. Daß es sich nämlich hier nicht um die Unterscheidung von Gegenständen nach ihren Eigenschaften handelt, wie wenn man rote Äpfel von gelben unterscheidet sondern um verschiedene logische Formen. – So versucht Dedekind eine unendliche Klasse zu *beschreiben*; indem er sagt es sei eine die einer echten Teilklasse ihrer selbst ähnlich ist. Hierdurch hat er scheinbar eine Eigenschaft angegeben die die Klasse haben muß um unter den Begriff ‚unendliche Klasse‘ zu fallen. Frege!!! Denken wir uns nun die Anwendung 173
dieser/der/ Definition. Ich soll also in einem bestimmten Fall untersuchen, ob eine Klasse endlich ist oder nicht, etwa ob eine bestimmte Baumreihe endlich oder endlos ist. Ich nehme also der Definition folgend eine Teilklasse dieser Baumreihe und untersuche ob sie der ganzen Klasse ähnlich (d.h. 1–1 coordinierbar) ist! (Hier fängt gleichsam schon Alles an zu lachen.) Das heißt ja gar nichts: denn, nehme ich eine „endliche Klasse“ als Teilklasse, so muß ja der Versuch sie der ganzen Klasse 1 zu 1 zuzuordnen eo ipso mißlingen; und mache ich den Versuch an einer unendlichen Teilklasse, – aber das heißt ja schon erst recht nichts, denn wenn sie unendlich ist, kann ich den Versuch dieser Zuordnung gar nicht machen. – Das, was man im Fall einer endlichen Klasse Zuordnung |aller| ihrer Glieder mit andern nennt ist etwas ganz anderes, als das was man z.B. eine Zuordnung aller Kardinalzahlen mit allen Rationalzahlen nennt. Die beiden Zuordnungen, oder, was man in den zwei Fällen mit diesem Wort meint /bezeichnet/, gehören verschiedenen logischen Kategorien/Typen/ an. Und es ist nicht die „unendliche Klasse“ eine Klasse die mehr Glieder |im gewöhnlichen Sinn des Wortes „mehr“| enthält als die endlichen. Denn/Und/ wenn man z.B. sagt daß eine unendliche Zahl größer ist als eine endliche so macht das die beiden nicht vergleichbar und zwar darum nicht, weil in dieser Aussage das Wort „größer“ *eine andere* 174
Bedeutung hat, als etwa im Satz 5 > 4!

1 *Im MS:* ist natürlich |ein| sehr kompliziertes.
2 die Verwechslung zweier ⟨verschieder⟩ *–Korrektur in Tintenbleistift*
8 sondern ⟨daß es sich⟩ um verschiedene logische Formen⟨ handelt.⟩
13 Hierdurch hat er scheinbar eine Eigenschaft angegeben die die Klasse haben muß um unter den Begriff ‚unendliche Klasse‘ zu fallen. *–im MS Marginalie am rechten Rand:* Frege!!!
16 etwa ob eine bestimmte Baumreihe ⟨un…⟩
16 etwa ob eine bestimmte Baumreihe endlich oder ⟨unendlich …⟩
19 (Hier fängt gleichsam schon ⟨alles⟩ an zu lachen.)
20 nehme ich eine „endliche Klasse“ als Teilklasse, ⟨so gibt es ja hier gar keinen⟩ Versuch ⟨ihn⟩ der ganzen Klasse ⟨1–1⟩ zuzuordnen
23 kann ich ⟨diesen⟩ Versuch dieser Zuordnung ⟨auch⟩ nicht machen.
25 Zuordnung |aller| ihrer Glieder mit ⟨den Gliedern …⟩
26 ist etwas ganz anderes, ⟨wie …⟩
29 meint/bezeichnet/ *–erste Variante im MS durchstrichen*
32 Denn/Und/ *–erste Variante im MS durchstrichen*
32 z.B. *–im MS durchstrichen*
34 und zwar darum nicht *–im MS durchstrichen*

Die Definition gibt nämlich vor daß aus dem Gelingen oder Mißlingen des Versuchs eine wirkliche Teilklasse der ganzen Klasse zuzuordnen hervorgeht daß sie unendlich bezw. endlich ist. Während es einen solchen |entscheidenden| Versuch gar nicht gibt. – ‚Unendliche Klasse' und ‚endliche Klasse' sind verschiedene logische Kategorien, was von der einen Kategorie sinnvoll ausgesagt werden kann, kann es nicht von der andern.

1 (Welches Kriterium gibt es dafür, daß die irrationalen Zahlen komplett sind? Sehen wir uns eine irrationale Zahl an: Sie läuft entlang einer Reihe rationaler Näherungswerte. Wann verläßt sie diese Reihe? Niemals. Aber sie kommt allerdings auch niemals zu einem Ende.

Angenommen wir hätten die Gesamtheit aller irrationalen Zahlen mit Ausnahme einer einzigen. Wie würde uns diese abgehen? Und wie würde sie nun – wenn sie dazukäme, die Lücke füllen? – Angenommen es wäre π. Wenn die irrationale Zahl durch die Gesamtheit ihrer Näherungswerte gegeben ist, so gäbe es bis zu *jedem* beliebigen Punkt eine Reihe, die mit der von π übereinstimmt. Allerdings kommt für jede solche Reihe ein Punkt der Trennung. Aber dieser Punkt kann beliebig weit „draußen" liegen, so daß ich zu jeder Reihe, die π begleitet, eine 175 finden kann, die es weiterbegleitet. Wenn ich also die Gesamtheit der irrationalen Zahlen habe, außer π, und nun π einsetze so kann ich keinen Punkt angeben, an dem π nun wirklich nötig wird, es hat an *jedem* Punkt einen Begleiter, der es vom Anfang an begleitet.

Auf die Frage „wie würde uns π abgehen", müßte man antworten: π, wenn es eine Extension wäre, würde uns niemals abgehen. D.h., wir könnten niemals eine Lücke bemerken, die es füllt. Wenn man uns fragte: „aber hast Du auch einen unendlichen Dezimalbruch, der die Ziffer m an der r-ten Stelle hat und n an der s-ten etc?" wir könnten ihm immer dienen.)

2 „Die gesetzmäßig fortschreitenden unendlichen Dezimalbrüche sind noch ergänzungsbedürftig durch eine unendliche Menge ungeordneter /regelloser/ unendlicher Dezimalbrüche, die ‚unter den Tisch fielen', wenn wir uns auf die *gesetzmäßig erzeugten beschränkten.*" Wo ist so ein nicht gesetzmäßig erzeugter unendlicher Dezimalbruch? Und wie können wir ihn vermissen? Wo ist die Lücke die er auszufüllen hätte?

8.

3 Wie ist es wenn man die verschiedenen Gesetze der Bildung von Dualbrüchen durch die Menge der endlichen Combinationen der Ziffern 0 und 1 sozusagen kontrolliert? – Die Resultate eines Gesetzes 176 durchlaufen die endlichen Combinationen und die Gesetze sind daher, was ihre Extensionen anlangt komplett, wenn *alle* endlichen Combinationen durchlaufen werden.

3 hervorgeht daß sie unendlich ⟨oder |daß sie|⟩ endlich ist.
13 Angenommen wir hätten die Gesamtheit aller ⟨rationalen⟩ Zahlen
19 Allerdings kommt für jede solche Reihe ⟨eine …⟩
27 D.h., wir könnten niemals eine Lücke⟨, …⟩
41 Gesetze der Bildung von ⟨irrationalen Z…⟩
41 Gesetze der Bildung von ⟨Dezimalbrüchen⟩ durch die Menge
43 Combinationen der Ziffern ⟨von 0 bis 9⟩ sozusagen kontrolliert?

1 Wenn man sagt: zwei Gesetze sind identisch, wenn sie auf jeder Stufe das gleiche Resultat ergeben so erscheint uns das wie eine ganz allgemeine Regel. In Wirklichkeit aber hat dieser Satz verschiedenen Sinn jenachdem was das Kriterium dafür ist, daß sie auf jeder Stufe das gleiche Resultat liefern. (Denn die supponierte allgemein anwendbare Methode des endlosen Probierens gibt es ja nicht!) Wir decken also die verschiedensten Bedeutungen mit einer von einer Analogie hergenommenen Redeweise und glauben nun wir hätten die verschiedensten Fälle in éinem System vereinigt.

2 (Die Vorschriften [Gesetze] die den irrationalen Zahlen entsprechen, gehören insofern alle der gleichen Type an, als sie ja alle schließlich Vorschriften zur successiven Erzeugung von Dezimalbrüchen sein müssen. Die gemeinsame Dezimalnotation bedingt, in gewissem Sinne, eine gemeinsame Type.)

Man könnte das auch so sagen: Beim Approximieren durch 177
fortgesetzte Zweiteilung kann man sich *jedem* Punkt der Strecke durch *rationale* Zahlen nähern. Es gibt keinen Punkt dem man sich nur durch irrationale Schritte einer bestimmten Type nähern könnte. Dies ist natürlich nur, in andere Worte gekleidet die Erklärung daß wir unter irrationaler Zahl einen unendlichen Dezimalbruch verstehen. Und diese Erklärung wieder ist weiter nichts als eine beiläufige Erklärung der Dezimalnotation etwa mit einer Andeutung daß wir Gesetze unterscheiden die periodische Dezimalbrüche liefern und andere.

3 wie eine ganz allgemeine Regel. In ⟨w…⟩
9 wir hätten die verschiedensten Fälle ⟨zu⟩ éinem System vereinigt.
9 éinem *–Akzent als Zeichen der Hervorhebung*
11 ⟨Von verschiedenen Typen⟩ ⟨die⟩ Vorschriften ⟨zur …⟩
11 Zahlen entsprechen, ⟨sind⟩ insofern alle ⟨von⟩ der gleichen ⟨a…⟩
16 Beim ⟨Aproximieren⟩ *–Korrektur in Tintenbleistift*
17 Beim Approximieren durch fortgesetzte Zweiteilung ⟨nähert …⟩
22 Und diese Erklärung ⟨is…⟩
22 Und diese Erklärung wieder ist weiter nichts als ⟨de…⟩
23 etwa mit einer Andeutung daß wir ⟨periodische Dezimalbrüche …⟩
24 die periodische Dezimalbrüche liefern und ⟨solche …⟩

1 Die Mengenlehre sucht das Unendliche auf eine allgemeinere Art zu fassen, als es die Untersuchung der Gesetze der reellen Zahlen kann. Sie sagt, daß das wirklich Unendliche mit dem mathematischen Symbolismus überhaupt nicht zu fassen ist, und daß es also nur beschrieben und nicht dargestellt werden kann. Die Beschreibung würde es etwa so erfassen, wie man eine Menge von Dingen, die man nicht alle in der Hand halten kann in einer Kiste verpackt trägt. Sie sind dann unsichtbar und doch wissen wir, daß wir sie tragen (gleichsam indirekt). Man könnte von dieser Theorie sagen, sie kaufe die Katze im Sack. Soll sich's das Unendliche in seiner Kiste einrichten, wie es will. 178

Darauf beruht auch die Idee, daß man logische Formen *beschreiben* kann. In so einer Beschreibung werden die Strukturen und etwa zuordnende Relationen in verpacktem Zustand präsentiert /gezeigt/ [–… werden uns die Strukturen in einer Verpackung gezeigt, die ihre Form unkenntlich macht] und so sieht es aus als könne man von einer Struktur reden ohne sie in der Sprache selber wiederzugeben. So verpackte Begriffe dürfen wir allerdings verwenden, aber unsere Zeichen haben ihre Bedeutung dann immer über Definitionen, die eben die Begriffe/Strukturen/ so verhüllt haben und gehen wir diesen Definitionen nach so werden die Strukturen wieder enthüllt. (Vergl. Russells Definition von „R_*".)

2 Es geht, sozusagen, die Logik nichts an, wieviele Äpfel vorhanden sind, wenn von „allen Äpfeln" geredet wird; dagegen ist es anders mit den Zahlen: für die ist sie einzeln verantwortlich.

3 „Es gibt einen Punkt in dem die beiden Kurven einander schneiden". Wie weißt Du das? Wenn Du es mir sagst werde ich wissen was der Satz „es gibt ...." für einen Sinn hat.

2 als es die Untersuchung der Gesetze der ⟨irration…⟩
9 Man könnte von ⟨der⟩ Theorie sagen,
12 In so einer Beschreibung werden ⟨|uns|⟩ die Strukturen
18 immer *–im MS durchstrichen*
21 (Vergl. Russells Definition ⟨d…⟩
21 Russells Definition von „R_*" *–Principia Mathematica: Section E: Inductive Relations*
27 „Es ⟨muß eine …⟩

1 Wenn in den Discussionen über die Beweisbarkeit der mathematischen Sätze gesagt wird es gäbe wesentlich Sätze der Mathematik deren 179 Wahrheit oder Falschheit unentschieden bleiben müsse, so bedenken /wissen/, die es sagen, nicht daß solche Sätze, wenn wir sie gebrauchen |können| und „Sätze“ nennen wollen, ganz andere Gebilde sind, als was sonst „Satz“ genannt wird: denn der Beweis ändert die Grammatik des Satzes. Man kann wohl ein und dasselbe Brett einmal als Windfahne, ein andermal als Wegweiser verwenden; aber das feststehende nicht als Windfahne und das bewegliche nicht als Wegweiser. Wollte jemand sagen „es gibt auch bewegliche Wegweiser“ so würde ich ihm antworten: „Du willst wohl sagen ‚es gibt auch bewegliche Bretter‘; und ich sage nicht, daß das bewegliche Brett unmöglich irgendwie benutzt/verwendet/ werden kann, – nur nicht als Wegweiser“.

Das Wort Satz, wenn es hier überhaupt Bedeutung haben soll, ist äquivalent einem Kalkül und zwar jedenfalls dem in welchem $p \vee {\sim}p$ = Taut. ist (das „Gesetz des ausgeschlossenen Dritten“ gilt). Soll es nicht gelten, so haben wir den Begriff des Satzes geändert. Aber wir haben damit keine Entdeckung gemacht (etwas gefunden das ein Satz ist und dem und dem Gesetz nicht gehorcht) sondern eine neue Festsetzung getroffen ein neues Spiel angegeben.

2 „Wenn ich die Zahlenreihe durchlaufe, so komme ich entweder einmal 180 zu der/einer/ Zahl von der Eigenschaft E oder niemals“. Der Ausdruck „die Zahlenreihe durchlaufen“ ist Unsinn; außer es wird ihm ein Sinn gegeben, der aber die vermutete Analogie mit dem „durchlaufen der Zahlen von 1 bis 100“ aufhebt.

3 Sind die Variablen von derselben Art in den Gleichungen:

$$x^2 + y^2 + 2xy = (x + y)^2$$
$$x^2 + 3x + 2 = 0$$
$$x^2 + ax + b = 0$$
$$x^2 + xy + z = 0 \qquad ?$$

Das kommt auf die Verwendung dieser Gleichungen an. — Aber der Unterschied zwischen N°1 und N°2 (wie sie gewöhnlich gebraucht werden) ist nicht einer der Extension der Werte die sie befriedigen. Wie beweist Du den Satz „N°1 gilt für alle Werte von x und y“ und wie den Satz „Es gibt Werte von x die N°2 befriedigen“. Soviel Analogie in diesen Beweisen ist soviel Analogie ist im Sinn der beiden Sätze.

12 daß das bewegliche Brett unmöglich ⟨zu etwas …⟩
13 benutzt/verwendet/ *–erste Variante im MS durchstrichen*
23 der/einer/ *–erste Variante im MS durchstrichen*
25 ein Sinn gegeben, der |aber die vermutete Analogie| ⟨dann⟩ mit dem „durchlaufen der Zahlen von 1 bis 100“ ⟨keine Analogie mehr hat.⟩
35 (wie sie gewöhnlich gebraucht werden|)| ist⟨)⟩ nicht
36 Wie beweist Du den Satz ⟨daß …⟩
37 von x und y“ und wie den Satz ⟨„N°2 …⟩

1 „A ist mein Ahne“ das heißt: „A ist mein Vater, oder der Vater meines Vaters, oder der Vater des Vaters meines Vaters, oder u.s.w.“. Wohl aber dadurch haben wir nur éin Satzzeichen für ein anderes gesetzt, den Sinn aber |noch| nicht bestimmt, denn wir haben ihn ja nicht – wie es leicht scheint – auf den uns bekannten Sinn einer logischen Summe 181
zurückgeführt. — Ich werde also weiter fragen: „Wie weiß man das daß A ein Ahne des B ist?“ denn das heißt: „in welchen Fällen will ich sagen, A sei ein Ahne des B“, oder auch: „was verstehe ich unter einem „Ahnen des B“. Nenne ich so Jeden der eine bestimmte Eigenschaft hat die unserer Erfahrung nach in der Familie des B erblich ist? Wenn das die Definition ist so kann ich etwa von einem Menschen feststellen, daß er *kein* Ahne des B ist. Oder aber ist der Satz so aufzufassen, daß es eine/die/ Feststellung daß Einer *kein* Ahne des B ist, nicht gibt (daß diese Feststellung also in unserer Grammatik nicht vorgesehen wurde) sondern nur die, daß jemand Ahne des B ist: dann aber haben wir es mit einer ganz andern Satzart zu tun als im ersten Fall. (Erinnere Dich übrigens daran daß unter den Eigenschaften die in der Familie des B erblich sind natürlich nicht die sein darf, ‚ein Ahne des B oder B zu sein‘ und vergleiche Russells Definition von „R_*“.)

2 Aber kann ich nicht von einer Gleichung sagen: „Ich weiß sie stimmt für einige Substitutionen nicht – ich erinnere mich nicht, für *welche* –; ob sie aber allgemein nicht stimmt, das weiß ich nicht“? — Aber was meinst Du damit, wenn Du sagst, Du weißt das? Wie weißt Du es? Hinter den Worten „ich weiß ....“ ist ja nicht ein bestimmter Geisteszustand der der Sinn dieser Worte wäre. Was kannst Du mit diesem Wissen anfangen? denn das wird zeigen worin dieses Wissen 182
besteht. Kennst Du eine Methode um festzustellen daß die Gleichung allgemein ungiltig ist? Erinnerst Du Dich daran, daß die Gleichung für einige Werte von x zwischen 0 und 1000 nicht stimmt? Hat Dir jemand bloß die Gleichung gezeigt und gesagt er habe Werte für x gefunden, die die Gleichung nicht befriedigen und weißt Du vielleicht selbst nicht wie man dies für einen gegebenen Wert konstatiert? etc. etc.

3 éin *–Akzent als Zeichen der Hervorhebung*
4 aber |noch| nicht bestimmt ⟨(...⟩
8 „was verstehe ich *–kein eigenes Ausführungszeichen im MS*
9 Nenne ich so ⟨jeden⟩ der eine bestimmte Eigenschaft hat
15 sondern nur die, daß ⟨J...⟩
15 dann aber haben wir es ⟨hier⟩ mit einer ganz andern Satzart zu tun
19 Russells Definition von „R_*“ *–siehe Bemerkung 1, Seite 93, Fußnote 21*
25 ist ja nicht ein ⟨eindeutig⟩ bestimmter Geisteszustand
30 zwischen 0 und 1000 nicht stimmt? ⟨Hast ...⟩
31 habe Werte ⟨von⟩ x gefunden, die ⟨der⟩ Gleichung nicht ⟨genügen ...⟩
31 *Im MS unkorrigiert:* Werte für x gefunden die, die Gleichung

1 Die Ausdrucksweise: m = 2n ordne eine Klasse einer ihrer echten Subklassen/Teilklassen/ zu, kleidet einen |einfachen [trivialen]| Sinn durch Heranziehung einer weithergeholten/irreführenden/ Analogie in eine paradoxe Form. (Und statt sich dieser paradoxen Form als etwas Lächerlichem zu schämen, brüstet man sich eines Sieges über alte Vorurteile des Verstandes.) Es ist genauso als stieße man die Regeln des Schach um und sagte, es habe sich gezeigt, daß man Schach auch ganz anders spielen könne. So verwechselt man erst das Wort „Zahl" mit einem Begriffswort wie „Apfel", spricht dann von einer „Anzahl der Anzahlen" und sieht nicht daß man in diesem Ausdruck nicht beidemal das gleiche Wort „Anzahl" gebrauchen sollte; und endlich hält man es für eine Entdeckung daß die Anzahl der geraden Zahlen die gleiche ist wie die der geraden und ungeraden. 183

2 Weniger irreführend ist es, zu sagen „m = 2n gibt die Möglichkeit der Zuordnung jeder Zahl mit einer andern" als „m = 2n ordnet alle Zahlen anderen zu". Aber auch hier muß erst die Grammatik die Bedeutung des Ausdrucks „Möglichkeit der Zuordnung" lehren.

3 Wenn zwei Pfeile in derselben Richtung zeigen, ist es dann nicht absurd diese Richtungen „gleich l a n g" zu nennen, weil, was in der Richtung des einen Pfeils liegt, auch in der des andern liegt. – Die Allgemeinheit von m = 2n ist ein Pfeil der der Operationsreihe entlang weist. Und zwar kann man sagen, der Pfeil weist in's Unendliche; aber heißt das, daß es ein Etwas, das Unendliche, gibt, auf das er – wie auf ein Ding – hinweist? – Der Pfeil bezeichnet gleichsam die Möglichkeit der Lage |von Dingen| in seiner Richtung. Das Wort Möglichkeit ist aber irreführend, denn, was möglich ist, wird man sagen, soll eben nun wirklich werden. Auch denkt man dabei immer an zeitliche Prozesse und schließt d a raus, daß die Mathematik nichts mit der Zeit zu tun hat, daß die Möglichkeit in ihr bereits Wirklichkeit ist.

Die „unendliche Reihe der Kardinalzahlen" oder „der Begriff der Kardinalzahl" ist nur so eine Möglichkeit, wie aus dem Symbol „[0, ξ, $\xi + 1$]" klar hervorgeht. Dieses Symbol selbst ist ein Pfeil dessen 184
Feder die „0", dessen Spitze „$\xi + 1$" ist. Es ist möglich von Dingen zu reden die in der Richtung des Pfeiles liegen, aber irreführend oder absurd, von allen möglichen Lagen der Dinge in der Pfeilrichtung als einem Aequivalent dieser Richtung selbst zu reden. Wenn ein Scheinwerfer Licht in den unendlichen Raum wirft, so beleuchtet er allerdings alles, was in der Richtung seiner Strahlen liegt aber man soll nicht sagen, er beleuchtet die Unendlichkeit.

1 Die Ausdrucksweise⟨,⟩ m = 2n ordne eine Klasse
3 weithergeholten/irreführenden/ *–erste Variante im MS durchstrichen*
9 spricht dann von einer „Anzahl der ⟨Kardinalzahlen …⟩
10 und sieht nicht daß man ⟨Wie…⟩
13 die Anzahl der geraden Zahlen die gleiche ist wie die ⟨aller …⟩
17 Aber auch hier muß erst die Grammatik ⟨lehren, wie der Ausdruck …⟩
21 „gleich l a n g" zu nennen, weil, was in der ⟨einen …⟩
23 ein Pfeil der der Operationsreihe entlang weist. ⟨Der Pfeil …⟩
28 denn, was möglich ist, wird man sagen, soll eben ⟨nun …/nur …/⟩
32 Die „unendliche Reihe der Kardinalzahlen" ⟨nämlich …⟩
33 ist nur ⟨se…⟩
33 ist nur so eine Möglichkeit, wie aus ⟨ihrem …⟩

1 Die Mengenlehre wenn sie sich auf die menschliche Unmöglichkeit eines |direkten| Symbolismus des Unendlichen beruft führt dadurch die denkbar krasseste Mißdeutung ihres eigenen Kalküls ein. Es ist freilich eben diese Mißdeutung die für die Erfindung dieses Kalküls verantwortlich ist. Aber der Kalkül an sich ist natürlich dadurch nicht als etwas Falsches erwiesen (höchstens als etwas Uninteressantes) und es ist sonderbar, zu glauben daß dieser Teil der Mathematik durch irgend welche philosophische (oder mathematische) Untersuchungen gefährdet ist. (Ebenso könnte das Schachspiel durch die Entdeckung gefährdet werden, daß sich Kriege zwischen zwei Armeen nicht so abspielen wie der Kampf auf dem Schachbrett.) Was der Mengenlehre verloren gehen muß ist vielmehr die Atmosphäre von Gedankennebeln die den bloßen Kalkül umgibt. Also die Hinweise auf einen |der Mengenlehre zu 185
Grunde liegenden fictiven| Symbolismus der nicht in ihrem Kalkül verwendet wird, und dessen scheinbare Beschreibung in Wirklichkeit Unsinn ist. (In der Mathematik können/dürfen/ wir alles fingieren nur nicht einen Teil unseres Kalküls.)

2 Verschiedene Verwendung des Wortes „können" in den Sätzen: „in dieser Richtung können 3 Dinge liegen" und „in dieser Richtung können unendlich viele Dinge liegen". Welchen Sinn, d.h. welche Grammatik, könnte nun so eine Ausdrucksweise haben? Man könnte z.B. sagen: „in der Reihe/natürlichen Zahlenreihe/ 1, 2, 3, 4, ... können auf die „1" unendlich viele Ziffern folgen"; das heißt dasselbe wie: „die Operation +1 darf immer wieder (oder: ohne Ende) gebraucht werden. Wenn also z.B. Einer nach der Ziffer 100 die Ziffer 100 + 1 anschreibt so hat er nach jener Regel das Recht dazu. Dagegen hat es hier keinen Sinn zu sagen: „wenn es erlaubt ist unendlich viele Ziffern hinzuschreiben, so schreiben wir unendlich viele Ziffern hin (oder versuchen es)!". Ich würde den, der das sagt, darauf hinweisen daß „unendlichviele" nicht als Zahlwort gebraucht ist; daß es nicht in die Form „ich schreibe n Ziffern" statt dem n eingesetzt werden darf. Daß also was ich erlaube nicht ist e i n e bestimmte Anzahl von Ziffern hinzuschreiben (nämlich eine Anzahl die |etwa| „Unendlich |viele|" hieße |denn so habe ich keine der Ziffern genannt|) sondern: daß man 186
in dem Anschreiben von Ziffern nach der gegebenen Regel soweit gehen kann/darf/ als man will, wie weit das auch sein mag. Ich darf dann natürlich auch nicht sagen: „ich kann in dem Anschreiben der

6 (höchstens als etwas ⟨uninteressantes⟩)
14 der nicht in ⟨ihr⟩ verwendet wird,
15 der nicht in ihrem Kalkül verwendet wird, und dessen ⟨B...⟩
16 in Wirklichkeit Unsinn ist. ⟨Es ist aber nicht zu leugnen ...⟩
23 Reihe/natürlichen Zahlenreihe/ *–erste Variante im MS durchstrichen*
24 können ⟨rechts von der⟩ „1" unendlich viele Ziffern ⟨liegen⟩";
25 „die Operation *–kein Ausführungszeichen im MS*
26 z.B. *–im MS unterstrichen*
30 (oder versuchen es)!". Ich würde⟨, dem ...⟩
30 *Im MS:* Ich würde, den, der das
31 daß „unendlichviele" ⟨hier⟩ nicht als Zahlwort gebraucht ist;
31 daß in die Form „ich schreibe n ⟨Zahlen .../Ziffern .../⟩
32 *Im MS:* daß in die Form *–Ergänzung durch den Herausgeber entsprechend der Synopse TS 211, 660:* daß |es nicht| in die Form
35 sondern⟨,⟩ daß man in dem Anschreiben von Ziffern
37 kann/darf/ *–erste Variante im MS durchstrichen*

Ziffern soweit gehn als ich will, aber nicht bis zur Anzahl Unendlich“, weil ja von so einer Ziffer „Unendlich“ g a r k e i n e R e d e i s t (da ich keine solche eingeführt habe). „Es können .... unendlich viele Ziffern folgen“ könnte also besser gesagt werden: „Es können .... unendlich Ziffern folgen“. „Unendlich“ wird hier also adverbial gebraucht.

Analog, wenn ich sage, eine Division erzeuge einen unendlichen Dezimalbruch so gibt es nicht éin Resultat der Division das „unendlicher Dezimalbruch“ heißt in dem Sinn in welchem die Zahl 0·142 das/ein/ Resultat von 1 : 7 ist. Die Division liefert nicht |als Endresultat| éine Dezimalzahl oder eine Anzahl von Dezimalzahlen – vielmehr kann man nicht von „ihrem Endresultat“ reden; und sie liefert endlos Dezimalbrüche; nicht „einen endlosen Dezimalbruch“. „Endlos“ wird adverbial gebraucht.

Denken wir uns nun folgenden Fall: Ich hätte eine besondere Art Würfel konstruiert und würde nun voraussagen: „ich werde mit diesem Würfel die Stellen von π würfeln“. Diese Aussage ist von anderer Form als die scheinbar analoge: „ich werde mit diesem Würfel die ersten 10 Stellen von π würfeln“. Denn im zweiten Fall gibt es einen Satz „ich werde in einer Stunde die ersten 10 Stellen von π gewürfelt haben“ während dieser Satz unsinnig |(nicht falsch)| wird, wenn ich in ihm statt 187 „die ersten 10 Stellen“ „die Stellen“ setze. Würde ich nun sagen: „es ist möglich mit einem Würfel unendlich oft zu würfeln“ |so könnte das heißen| „es ist jede beliebige Anzahl von Würfen möglich, denkbar“ und nicht, es sei eine bestimmte Anzahl von Würfen denkbar, die „unendlich“ hieße. „Unendlich oft“ hieße „beliebig oft“, und zu sagen: „wenn Du unendlich oft würfeln kannst, so tue es“, hieße: „wenn Du beliebig oft werfen kannst, so tue es“. (Diener: „Und wann pflegen der Herr Baron zu speisen?“ Neuer Reicher: „Ich speise, wann vornehme Herren speisen“. Diener: „Vornehme Herren speisen zu verschiedenen

1 „ich kann in dem Anschreiben der Ziffern soweit gehn als ich will, ⟨ni...⟩
1 nicht bis ⟨in's Unendliche (oder |bis|) zur ⟨Zahl⟩ Unendlich⟨)⟩“, weil
2 von so einer Ziffer „Unendlich“ g a r k e i n e R e d e i s t⟨. ...⟩
5 „Es können .... unendlich viele Ziffern folgen“ könnte also besser gesagt werden: „Es können .... unendlich Ziffern folgen“. „Unendlich“ wird hier also adverbial gebraucht. *–Nachtrag am Kopf der Seite, Zuordnung durch Pfeil*
6 wenn ich sage⟨:⟩ eine Division ⟨erzeugt⟩ einen unendlichen Dezimalbruch
7 eine Division erzeuge einen unendlichen Dezimalbruch so ⟨ist ke...⟩
7 éin *–Akzent als Zeichen der Hervorhebung*
7 gibt es nicht éin ⟨|endliches|/|unendliches|/⟩ Resultat der Division
8 das „unendlicher Dezimalbruch“ heißt ⟨wie ...⟩
9 das/ein/ *–erste Variante im MS durchstrichen*
9 die Zahl 0·142 das/ein/ Resultat von 1 : 7 |ist.| ⟨nach drei Stellen ist.⟩ Die
10 éine *–Akzent als Zeichen der Hervorhebung*
10 éine Dezimalzahl oder eine Anzahl ⟨von Resulta...⟩
10 von Dezimalzahlen ⟨sondern⟩ man kann nicht von „ihrem Endresultat“
11 *Im MS:* man kann/kann man/ *–nachträgliche Umstellung durch Schlaufe in Tintenbleistift*
15 und würde nun voraussagen: ⟨die ...⟩
21 Würde ich nun sagen: „⟨ich kann⟩ mit ⟨diesem⟩ Würfel unendlich oft würfeln“ ⟨|so heißt das| „es hat Sinn von jeder beliebigen⟩ Anzahl von Würfen ⟨zu reden“ aber⟩ nicht, es ⟨habe Sinn von einer bestimmten⟩ Anzahl von Würfen ⟨zu reden⟩ die „unendlich“ hieße.
24 es sei eine bestimmte Anzahl von Würfen ⟨möglich⟩ |denkbar|, die
26 so tue es“, hieße ⟨so wenig wie⟩: „wenn Du beliebig oft werfen kannst,

Zeiten“. N.R.: „So werde ich auch zu verschiedenen Zeiten speisen“.) Im Satz „es ist jede beliebige Anzahl von Würfen möglich“ kann „möglich“ soviel heißen wie „logisch möglich“ oder, („denkbar“) und dann ist er/der Satz/ eine Regel, kein Erfahrungssatz, und von analoger Art, wie die Regel „auf 1 können endlos Ziffern folgen“. Wir könnten ihn aber auch als eine Art Erfahrungssatz auffassen, eine Art Hypothese: dann aber wäre er die Art Hypothese für welche keine Verification vorgesehen ist, aber eine Falsification, und er wäre |also| ein Satz von andrer Art („Satz‘ in einem andern Sinne) als der Erfahrungssatz: „es sind mit diesem Würfel 3 Würfe möglich“. Dieser – im Gegensatz zu der Regel „es sind 3 Würfe denkbar – würde |etwa| sagen: „der Würfel wird nach 3 Würfen noch brauchbar sein“; der Satz/die Hypothese/ „es sind mit diesem Würfel unendlich viele Würfe möglich würde sagen: 188
„so oft man auch würfelt, dieser Würfel wird nicht abgenützt werden“. Daß dies Sätze von verschiedener Art sind sieht man sehr klar, wenn man an den unsinnigen Befehl „würfle unendlich oft“ |oder „würfle ad infinitum“| denkt, im Gegensatz zum sinnvollen: „würfle 3 mal“. Denn für den Befehl ist die Kontrolle seiner Ausführung wesentlich.

9.

1 Damit, daß gesagt wird, daß aus der unendlichen Hypothese „(n) · (∃nx) φx“ (wie ich sie, der Kürze wegen jetzt schreiben will) jeder beliebige Satz (∃nx) φx folgt und sie selbst aus keinem logischen Produkt dieser Sätze, ist natürlich noch gar nichts über den weiteren Gebrauch dieses Spiels gesagt.

1 ⟨Der⟩ Satz „es ist jede beliebige Anzahl von Würfen möglich“
2 „es ist jede beliebige Anzahl von Würfen möglich“ ⟨könnte⟩ „möglich“
3 wie „logisch möglich“ oder, ⟨wie man auch sagt,⟩ („denkbar“)
3 und dann ⟨wäre⟩ er/der Satz/ eine Regel, kein Erfahrungssatz,
8 und ⟨das heißt:⟩ er wäre |also| ein Satz von andrer Art
9 als ⟨die Hypothese⟩: „es sind mit diesem Würfel
10 Dieser⟨,⟩ im Gegensatz zu der Regel „es sind 3 Würfe denkbar
11 „es sind 3 Würfe *–kein Ausführungszeichen im MS*
12 der Satz/die Hypothese/ *–erste Variante im MS durchstrichen*
13 „es sind mit diesem Würfel *–kein Ausführungszeichen im MS*
14 dieser Würfel wird nicht ⟨zerbrechen“ …⟩
16 wenn man an den ⟨sinnvollen Befehl „würfle dreimal“ und den sin…⟩

1 Vergleichen wir die Sätze: „ich richte meine Handlungsweise darauf ein daß dieser Zustand noch 2 Jahre dauern wird“ und „ich richte meine Handlungsweise/mich/ darauf ein daß dieser Zustand ewig dauern wird“. – Hat der Satz Sinn: „ich glaube (oder erwarte, oder hoffe) daß es die unendliche Zeit hindurch so bleiben wird“? –

Man kann sagen: „ich mache Vorbereitungen für die nächsten 3 Tage“ oder 10 Jahre etc, und auch „ich mache Vorbereitungen auf unbestimmte Zeit“; – aber auch: „auf unendliche Zeit“? Wenn ich (aber) 189
„Vorbereitungen auf unbestimmte Zeit treffe“ dann läßt sich gewiß ein Zeitraum angeben für den ich jedenfalls keine Vorbereitungen mehr mache. D.h., aus dem Satz „ich mache Vorbereitungen für unbestimmte Zeit“ folgt nicht jeder beliebige Satz von der Form: „ich mache Vorbereitungen für n Jahre“.

Denken wir gar an den Satz: „ich vermute daß dieser Zustand ohne Ende andauern wird/so weitergehen wird/“!

Oder an den komischen Klang der Widerlegung: „Du hast gesagt, dieses Uhrwerk werde immer so weitergehen, – nun es steht jetzt schon“. Wir fühlen, daß ja doch auch jede endliche Vorhersage einer zu langen Gangdauer durch die Tatsache widerlegt wäre, und die Widerlegung daher in irgend einem Sinn mit der Behauptung inkommensurabel sei. – Es ist nämlich Unsinn, zu sagen: „das Uhrwerk ist nicht unendlich weiter gelaufen, sondern nach zehn Jahren stehen geblieben“ (oder, noch komischer: ...., sondern schon nach zehn Jahren stehen geblieben“).

Wie seltsam, wenn man sagte: „Es gehört große Kühnheit dazu etwas auf 100 Jahre vorauszusagen; – aber welche Kühnheit muß dazu gehören um etwas auf unendliche Zeit vorauszusagen, wie es Newton im Trägheitsgesetz getan hat!“

„Ich glaube, das wird immer so weitergehn“ – „Ist es nicht genug |(for all practical purposes)| wenn Du sagst, Du glaubst, es werde noch 100000 Jahre so weitergehen?“ – Wir müssen nämlich fragen: kann es 190
Gründe zu diesem Glauben geben? Welches sind sie? Welches sind die Gründe zur Annahme daß die Uhr noch 1000 Jahre lang weitergehn wird; welches, die Gründe für die Annahme daß sie noch 10000 Jahre gehen wird; – und welches nun die Gründe zur unendlichen Annahme?! – Das ist es ja, was den Satz „ich vermute, daß es endlos so weitergehen wird“ so komisch macht; wir wollen fragen: warum vermutest Du das? Wir wollen nämlich sagen, daß es sinnlos ist zu sagen, man vermute das, weil es sinnlos ist, von Gründen so einer Vermutung zu reden.

3 meine Handlungsweise/mich/ darauf ein daß dieser Zustand ewig ⟨so ...⟩
7 „ich mache Vorbereitungen für die nächsten 3 Tage“ oder 10 Jahre⟨, ...⟩
8 (aber) *–im MS durchstrichen*
14 „ich vermute daß dieser Zustand ⟨end...⟩
16 ⟨Und ...⟩
18 Wir fühlen, daß ja doch auch jede ⟨endl...⟩
21 Unsinn, zu sagen: „⟨sie⟩ ist nicht unendlich weiter gelaufen,
23 sondern nach zehn Jahren stehen geblieben“⟨. ...⟩
36 Das ist es ja, was den Satz⟨:⟩ „ich vermute, daß

Denken wir an den Satz: „dieser Komet wird sich in einer Parabel von der Gleichung .... bewegen“. Wie wird dieser Satz gebraucht? Er kann nicht verifiziert werden; d.h.: *wir* haben keine Verification in seiner Grammatik für ihn vorgesehen (das heißt natürlich nicht, daß man nicht sagen kann, er sei wahr; denn „p ist wahr“ sagt dasselbe wie „p“). Der Satz kann uns nun dazu bringen, bestimmte Beobachtungen zu machen. Aber für die hätte es immer auch eine endliche Vorhersage getan. Er wird auch gewisse Handlungen bestimmen. Z.B. könnte er uns davon abhalten den Kometen an dem und dem Ort zu suchen. Aber auch dazu hätte eine endliche Angabe genügt. Die Unendlichkeit der Hypothese besteht nicht in ihrer *Größe* sondern in ihrer Unabgeschlossenheit.

1 Wenn man vom Begriff ‚Unendlichkeit‘ redet, muß man sich daran erinnern, daß dieses Wort viele verschiedene Bedeutungen hat, und 191 daran, von welcher wir jetzt gerade reden. Ob z.B. von der Unendlichkeit einer Zahlenreihe und der Kardinalzahlen insbesondere. Wenn ich z.B. sage: ‚unendlich‘ sei eine Charakteristik einer Regel, so beziehe ich mich auf *eine* bestimmte Bedeutung des Worts. Wir könnten aber sehr wohl sagen, ein kontinuierlicher Farbenübergang sei ein Übergang „durch unendlich viele Stufen“, wenn wir nur nicht vergessen daß wir hier die Bedeutung des Ausdrucks „unendlich viele Stufen“ durch die Erfahrung des Farbenübergangs *neu* definieren. (Wenn auch nach Analogie mit anderen Gebrauchsweisen des Wortes „unendlich“.)

2 (Die besondere Beruhigung welche eintritt, wenn wir einem Fall, den wir für einzigartig hielten, andere ähnliche Fälle an die Seite stellen können, tritt in unseren Untersuchungen immer wieder ein, wenn wir zeigen, daß ein Wort nicht nur eine Bedeutung (oder nicht nur zwei) hat, sondern in fünf oder sechs verschiedenen gebraucht wird.)

1 Denken wir⟨, …⟩
5 daß man nicht sagen kann, ⟨es⟩ sei wahr;
8 Z.B. könnte er uns ⟨daran …⟩
20 Wir könnten aber sehr wohl sagen, ein ⟨F…⟩
20 kontinuierlicher Farbenübergang⟨, …⟩
27 (Die besondere Beruhigung welche eintritt, wenn wir ⟨einen …⟩
30 ein Wort nicht nur eine (oder nicht ⟨z…⟩
30 ein Wort nicht nur eine ⟨oder nicht nur zwei⟩ Bedeutungen …⟩

1 Wenn wir sagen möchten, die Unendlichkeit ist eine Eigenschaft der Möglichkeit nicht der Wirklichkeit, – oder: das Wort „unendlich“ gehöre immer zum Wort „möglich“, und dergleichen, so kommt das darauf hinaus, zu sagen: das Wort „unendlich“ sei immer ein Teil einer *Regel*.

Wir wehren uns gegen die Auffassung des Unendlichen, als einer ungeheuren Größe. (Die wir merkwürdigerweise ohne Schwierigkeit 192 erfassen, während eine große endliche Zahl zu groß sein kann, um von uns hingeschrieben zu werden. Gleichsam, als könnten wir uns zwar durch die Reihe der endlichen Zahlen nicht durcharbeiten, aber wohl von außen herum zum Unendlichen gelangen.)

Denken wir uns, wir erzählten jemandem: „gestern kaufte ich mir ein Lineal mit unendlichem Krümmungsradius“. Aber hier kommt doch das Wort „unendlich“ in einer Beschreibung der Wirklichkeit vor. – Aber ich kann doch nie die Erfahrung haben, die mich berechtigte zu sagen, daß das Lineal wirklich den Radius unendlich hat, da der Radius 100^{100} km es gewiß auch schon tut. – Wohl, aber dann kann ich eben auch nicht die Erfahrung haben die mich berechtigt, zu sagen, das Lineal sei *gerade*. Und die Worte „gerade“ (oder ein andermal „parallel“) und „unendlich“ sind im *gleichen* Fall. Ich meine: Wenn das Wort „gerade“ oder „parallel“, oder „längengleich“ |etc. etc.| in einem Erfahrungssatz [in einer Beschreibung der Wirklichkeit] stehn darf, dann auch das Wort „unendlich“.

„Unendlich ist nur die Möglichkeit“ heißt: „‚unendlich‘ ist ein Zusatz zu ‚u.s.w.‘“. Und soweit es dies ist, gehört es in eine Regel, ein Gesetz. In die Beschreibung der Erfahrung gehört es nur insofern /soweit/ nicht, als man unter „Erfahrung die einem Gesetz entspricht“ eine endlose Reihe von Erfahrungen meint. – Das Wort „unendlich ist 193 nur die Möglichkeit, nicht die Wirklichkeit“ ist irreleitend. Man kann sagen: „unendlich ist *hier* nur die Möglichkeit“. – Und man fragt mit Recht: Was ist denn an dieser Hypothese (vom Lauf des Kometen z.B.) unendlich? ist an dieser Annahme, an diesem Gedanken etwas ungeheuer groß?!

Denken wir uns, die Fee im Märchen sagte: „Du wirst so viel Goldstücke erhalten, als Du Dir wünscht, aber Du darfst nur einmal wünschen“. – Ist ihr Versprechen nicht erfüllt, wenn ich kriege, was ich mir wünsche? Und war meine Wahl nicht unbeschränkt? Wäre der Fall nicht ein anderer gewesen, wenn sie dem Betrag eine Grenze gesetzt hätte, wie weit immer sie sie auch gezogen hätte?

2 Eigenschaft der Möglichkeit nicht der Wirklichkeit, ⟨–⟩ oder:
4 so kommt das darauf hinaus, zu sagen⟨,⟩ das Wort
8 ohne Schwierigkeit erfassen, während ⟨wir⟩ große endliche ⟨Zahlen …⟩
9 um von uns hingeschrieben zu werden. ⟨Es ist g…⟩
14 das Wort „unendlich“ in ⟨der⟩ Beschreibung der Wirklichkeit vor.
27 insofern/soweit/ *–erste Variante im MS durchstrichen*
27 als |man unter| ⟨die⟩ „Erfahrung die einem Gesetz entspricht“
36 aber Du darfst nur einmal wünschen“. – Ist ⟨ihre …⟩

Kann ich nun nicht sagen: die Freiheit, die mir die Fee gelassen hat, war unendlich? Und ist damit nicht eine Wirklichkeit beschrieben? – Wenn nun Einer sagt: „Nein, die Freiheit der Wahl ist nur eine Möglichkeit“, so vermengt er die Aussage: daß mir die Fee eine unendliche Freiheit gelassen hat, – welche keine Regel der Grammatik ist –, mit der Regel, die mir erlaubt, in Übereinstimmung mit dem Versprechen der Fee eine beliebige Zahl von Goldstücken zu nennen.

Man könnte das auch so sagen: wenn der Begriff der Unendlichkeit in der Beschreibung der Realität angewendet wird, so ist in solchen Beschreibungen nicht von ‚unendlichen Linealen‘ die Rede, sondern etwa von Linealen mit unendlichem Krümmungsradius; und 194
nicht von ‚unendlich vielen Goldstücken‘ sondern etwa von der unendlichen Freiheit die mir Einer läßt, mir Goldstücke zu wünschen.

Wenn wir sagen: „die Möglichkeit der Bildung von Dezimalstellen in der Division 1 : 3 ist unendlich“, so stellen wir damit keine Naturtatsache fest, sondern geben eine Regel des Kalküls. Sage ich aber: „ich lasse Dir die |unendliche| Freiheit, so viele Stellen zu bilden als Du willst, ich werde Dich nicht hindern“ so stelle ich damit nicht die Regel eines Kalküls auf sondern mache eine Vorhersage. „Ja, aber doch nur als Beschreibung einer Möglichkeit“ – Nein, einer Wirklichkeit! aber natürlich nicht der von „unendlich vielen Stellen“; aber das ist/das wäre/ doch gerade der |grammatische| Fehler [der Unsinn] den wir vermeiden müssen.

Und es bleibt natürlich in diesen Erfahrungssätzen „unendlich“ die Eigenschaft einer Regel, wenn man es so ausdrücken will und das heißt nichts anderes als daß es auch hier durch „u.s.w. ad inf.“ wiedergegeben werden kann und zugleich ist das auch alles was damit gemeint ist wenn man sagt: die Unendlichkeit sei ein Prädikat der Möglichkeit.

1 (Wenn man sagt, daß dieses Gebiet unseres Gegenstands außerordentlich schwer ist, so ist das insofern/insoweit/ nicht wahr, als nicht etwa von außerordentlich schwer vorstellbaren oder komplizierten 195
Dingen die Rede ist, sondern nur insofern, als es außerordentlich schwer ist, an den unzähligen Fallen die hier in der Sprache für uns aufgestellt sind vorbeizukommen.)

2 Es gibt ein Gefühl: „In der Mathematik kann es nicht Wirklichkeit und Möglichkeit geben. Alles ist auf einer Stufe. Und zwar in gewissem Sinne wirklich.“ – Und das ist richtig. Denn Mathematik ist ein Kalkül; und der Kalkül sagt von keinem Zeichen, daß es nur möglich wäre, sondern er hat es nur mit den Zeichen zu tun mit denen er wirklich operiert. (Vergleiche die Begründung der Mengenlehre mit der Annahme eines möglichen Kalküls mit unendlichen Zeichen.)

2 die Freiheit, die mir die Fee gelassen hat, war ⟨unbeschran…⟩
4 so vermengt er die Aussage⟨,⟩ daß mir die Fee eine unendliche Freiheit
11 so ist in solchen Beschreibungen nicht von ‚unendlichen ⟨I…⟩
14 sondern etwa von der unendlichen Freiheit die mir ⟨einer⟩ läßt,
23 aber das ist/das wäre/ *–erste Variante im MS durchstrichen*
42 daß es nur möglich wäre, sondern er ⟨besteht nur …⟩

1 Der Schnittpunkt zweier Kurven ist nicht das gemeinsame Glied zweier Klassen von Punkten sondern der Durchschnitt zweier Gesetze. Es sei denn daß man die erste Ausdrucksweise, sehr irreführend, durch die zweite definiert.

2 „Einmal wird die Welt untergehen“ eine unendliche Hypothese.

3 Was wir im physikalischen Raum denken, ist nicht das Primäre, das wir nur mehr oder weniger erkennen können; sondern, was vom physikalischen Raum wir erkennen können, zeigt uns wie weit das Primäre reicht und wie wir den physikalischen Raum zu deuten haben.

4 Angenommen in einem Spiel lautete eine Spielregel: „Man schreibe 196
einen Bruch auf, der zwischen 0 und 1 liegt“; ist diese Regel nicht ganz verständlich? braucht hier eine Einschränkung gegeben zu werden? (Oder die Regel: „man schreibe eine Zahl auf die größer als 100 ist“)

5 Der Satz: daß einmal – in der unendlichen Zukunft – ein Ereignis (z.B. der Weltuntergang) eintreten werde, hat eine gewisse formale Ähnlichkeit mit dem was wir Tautologie nennen.

6 Man denkt, eine große Zahl sei dem Unendlichen doch näher als eine kleine. Das Unendliche konkurriert mit dem Endlichen nicht. Es ist das, was wesentlich kein Endliches ausschließt.

Der Raum hat keine Ausdehnung, nur die räumlichen Gegenstände sind ausgedehnt. Die Unendlichkeit ist eine Eigenschaft des Raumes. (Und das zeigt, daß sie keine unendliche Ausdehnung ist.)

7 Die unendliche Teilbarkeit besteht darin, daß jede |beliebige| endliche Anzahl von Teilen denkbar ist (aber keine unendliche).

14 einen Bruch auf, *–Komma in Tintenbleistift*

14 „Man schreibe einen Bruch |auf, der| zwischen ⟨1 und 2 …⟩

18 ⟨Ist der …⟩

23 Man denkt, eine große Zahl sei dem Unendlichen doch näher als eine kleine. *–der Satz steht im MS am Anfang des folgenden Absatzes; durch Schleife, Pfeil und Asteriskus umgestellt*

24 Es ist das, was wesentlich kein Endliches ausschließt. *–Anfang und Ende des Satzes sind im MS mit je einem vertikalen gewellten Strich markiert*

25 Der ⟨|unendliche|⟩ Raum hat keine Ausdehnung,

1 Wenn man sagt: „der Raum ist unendlich teilbar", so heißt das eigentlich: der Raum besteht nicht aus einzelnen Dingen (Teilen). Die unendliche Teilbarkeit bedeutet in gewissem Sinne, daß der Raum nicht teilbar ist, daß eine Teilung *ihn* nicht tangiert. Daß er damit nichts zu 197 tun hat: *Er* besteht nicht aus Teilen. Er sagt gleichsam zur Realität: Du kannst in mir machen was Du willst. (Du kannst in mir sooft geteilt sein, als Du willst.)

Der Raum gibt der Wirklichkeit eine unendliche Gelegenheit der Teilung.

(Und darum steht in der ersten Klammer von „(n) · (∃nx) φx" nur *éin* Buchstabe. Offenbar nur eine Gelegenheit, nichts anderes. Wir denken zu wenig daran, daß das Zeichen wirklich nicht mehr bedeuten kann, als wir es bedeuten lassen./als es ist./)

2 Sehen wir einen kontinuierlichen Farbenübergang eine kontinuierliche Bewegung, dann sehen wir *keine* Teile, *keine* Sprünge (nicht „unendlich viele"; außer ich *gebe* diesem Ausdruck jetzt diese Bedeutung).

3 Die Annahme der Unentscheidbarkeit setzt voraus, daß zwischen den beiden Seiten einer Gleichung, sozusagen, eine unterirdische Verbindung besteht; daß die Brücke nicht in Symbolen geschlagen werden kann. Aber dennoch besteht: denn sonst wäre die Gleichung sinnlos. – Aber die Verbindung besteht nur, wenn *wir* sie durch Symbole/einen Kalkül/ gemacht haben. Der Übergang ist nicht durch eine dunkle Spekulation hergestellt, von andrer Art als das was er verbindet. (Wie ein dunkler Gang zwischen zwei lichten Orten.)

4 Wenn Brouwer die Anwendung des Satzes vom ausgeschlossenen 198 Dritten in der Mathematik bekämpft, so hat er recht, soweit er sich gegen ein Vorgehen richtet, das den Beweisen empirischer Sätze analog ist. Ich/Man/ kann in der Mathematik nie etwas auf *die* Art beweisen: Ich habe 2 Äpfel auf dem Tisch liegen gesehen; jetzt ist nur éiner da; also hat A einen Apfel gegessen. Man kann nämlich nicht durch Ausschließung gewisser Möglichkeiten eine neue beweisen, die nicht durch die von uns gegebenen Regeln schon in jener Ausschließung liegt. |In sofern gibt es in der Mathematik keine echten Alternativen| Wäre die Mathematik die Untersuchung von erfahrungsmäßig gegebenen Aggregaten so könnte man durch die Ausschließung eines Teils das Nichtausgeschlossene beschreiben und hier wäre der nicht ausgeschlossene Teil der Ausschließung des andern nicht äquivalent.

11 *éin* *–Akzent als Zeichen der Hervorhebung*
11 Offenbar nur eine Gelegenheit, nichts anderes.⟨) …⟩
11 ⟨Wir …⟩ *–gestrichener Anfang eines Absatzes in der folgenden Manuskriptzeile*
18 außer ich *gebe* diesem Ausdruck jetzt diese Bedeutung⟨.)⟩|.|
24 Aber die ⟨Brücke⟩ besteht nur, wenn *wir* sie durch Symbole/einen Kalkül/ ⟨geschlagen⟩ haben.
31 so hat er recht, soweit er sich gegen ⟨einen Vorgang …⟩
32 Ich/Man/ *–erste Variante im MS durchstrichen*
33 éiner *–Akzent als Zeichen der Hervorhebung*
38 Wäre die Mathematik die Untersuchung von ⟨E…⟩
40 Ausschließung eines Teils ⟨den nichtausgeschlossenen⟩ beschreiben
41 nicht äquivalent. ⟨In der Mathematik gibt es in sofern keine I…⟩

1 Die Betrachtungsweise: daß ein logisches Gesetz, weil es für ein Gebiet der Mathematik gilt, nicht notwendig auch für ein anderes gelten müsse, ist in der Mathematik gar nicht am Platz, ihrem Wesen ganz entgegen. Obwohl manche Autoren gerade das für besonders subtil halten, und entgegen den Vorurteilen.

2 Man wundert sich darüber, daß „zwischen den überall dicht liegenden |rationalen| Punkten" noch die irrationalen Platz haben. (Welche Verdummung!) Was zeigt eine Konstruktion, wie die des Punktes $\sqrt{2}$? Zeigt sie diesen Punkt, wie er doch noch zwischen den rationalen 199 Punkten Platz hat? Sie zeigt, daß der durch die Konstruktion *erzeugte* Punkt, nämlich als Punkt *dieser* Konstruktion, *nicht rational* ist. – Und was entspricht dieser Konstruktion in der Arithmetik? Etwa eine Zahl, die sich *doch* noch zwischen die rationalen Zahlen hineinzwängt? Ein Gesetz, das nicht vom Wesen der rationalen Zahl ist.

3 Die Erklärung des Dedekindschen Schnitts gibt vor sie anschaulich/gibt vor anschaulich zu sein/, wenn gesagt wird/sie sagt/: Es gibt 3 Fälle: entweder hat die Klasse R ein erstes Glied und L kein letztes etc.. In Wahrheit lassen sich zwei dieser 3 Fälle gar nicht vorstellen. Außer wenn die Wörter „Klasse", „erstes Glied", „letztes Glied" |gänzlich| ihre anscheinend/vorgeblich/ beibehaltenen alltäglichen Bedeutungen wechseln. Wenn man nämlich, starr darüber daß Einer von einer Klasse von Punkten redet, die rechts von einem gegebenen Punkt liegt und keinen Anfang hat, sagt: gib uns doch ein Beispiel so einer Klasse, so zieht er das von den rationalen Zahlen hervor! Aber hier ist ja gar keine Klasse von Punkten im alltäglichen/ursprünglichen/ Sinn!

Das Gleichnis vom Schnitt sollte doch wohl die arithmetischen Verhältnisse erklären und nicht einzig und allein durch sie erklärt werden können, wodurch es irreführend und überflüssig wird.

1 Die Betrachtung⟨ ist,⟩ daß ein ⟨Satz⟩, weil ⟨er ...⟩
17 des Dedekindschen Schnitts ⟨tut so, als⟩ wäre sie anschaulich
18 *Im MS unvollständige Ausführung der Varianten:* ⟨tut so als⟩/gibt vor/ wäre sie anschaulich |zu sein|
19 Es gibt 3 Fälle: entweder hat ⟨R ...⟩
20 ein erstes Glied und L kein letztes etc.. In Wahrheit ⟨lässt ...⟩
23 Wenn man nämlich, *–die folgenden zwei Sätze bilden den letzten Absatz der Bemerkung, durch Pfeil und Einfügungszeichen als fortlaufender Text umgestellt* ·
24 die rechts von einem gegebenen Punkt ⟨liegen⟩ und keinen Anfang

1 „m > n“ kann ich allerdings definieren als (∃x) m – n = x aber dadurch habe ich es in keiner Weise analysiert. Man denkt nämlich, daß durch 200 die Verwendung des Symbolismus „(∃ …) …“ eine Verbindung hergestellt ist zwischen „m > n“ und andern Sätzen von der Form „es gibt ….“ vergißt aber daß damit zwar eine gewisse Analogie betont ist aber nicht mehr da das Zeichen „(∃…) …“ in unzählig vielen verschiedenen ‚Spielen‘ gebraucht wird (Wie es eine ‚Dame‘ im Schach- und im Damespiel gibt) Wir müssen also erst die Regeln wissen wie/nach denen/ es h i e r verwendet wird. Und da wird sofort klar, daß diese Regeln hier mit den Regeln für die Subtraktion zusammenhängen. Denn wenn wir – wie gewöhnlich – fragen: „wie weiß ich|, d.h. woraus geht es hervor|, daß es eine Zahl x gibt die der Bedingung m – n = x genügt“, so kommen darauf die Regeln für die Subtraktion zur Antwort. Und nun sehen wir daß wir mit unserer Definition nicht viel gewonnen haben. Ja wir hätten gleich als Erklärung von m > n die Regeln angeben können, nach welchen man so einen Satz – z.B. im Falle 32 > 17 – überprüft.

2 Wenn ich sage: „für jedes n gibt es ein δ, das die Funktion kleiner macht als n“, so muß ich mich auf ein allgemeines arithmetisches Kriterium beziehen, das anzeigt, wann F(δ) < n ist.

3 Wenn ich wesentlich keine Zahl hinschreiben kann ohne ein 201 Zahlensystem so muß sich das auch in der allgemeinen Behandlung der Zahl widerspiegeln. Das Zahlensystem ist nicht etwas Minderwertiges – wie eine Russische Rechenmaschine – das nur für Volksschüler Interesse hat, während die höhere, allgemeine Betrachtung davon absehen kann.

4 Es geht auch nichts von der Allgemeinheit der Betrachtung verloren, wenn ich die Regeln die Richtigkeit und Falschheit von m > n (also seinen Sinn) bestimmen etwa im/für das/ Dezimalsystem gebe. Éin System brauche ich ja doch und die Allgemeinheit ist dadurch gewahrt daß man die Regeln gibt nach denen von einem System in ein anderes übersetzt wird.

3 Man denkt nämlich, daß durch die Verwendung des ⟨Russe…⟩
4 zwischen „m > n“ und andern Sätzen ⟨worin wir …⟩
5 „es gibt ….“ ⟨vergessen⟩ aber daß ⟨wir das Symbol (∃…) …⟩
10 daß diese Regeln ⟨durch die Antwort auf die Frage charakterisiert werden: Wie weiß ich daß m – n = x …⟩
31 die ⟨richtig …⟩
31 die Richtigkeit und Falschheit von m > n⟨, …⟩
32 Éin *–Akzent als Zeichen der Hervorhebung*

1 Wenn Du wissen willst was der Ausdruck „Stetigkeit einer Funktion“ bedeutet, schau den Beweis der Stetigkeit an der wird ja zeigen was er beweist. Aber sieh nicht das Resultat an, wie es in Prosa hingeschrieben [ausgedrückt] ist und auch nicht wie es in der Russellschen Notation lautet, die ja bloß eine Übersetzung des Prosaausdrucks ist; sondern richte Deinen Blick dorthin wo im Beweis noch gerechnet wird. Denn der Wortausdruck des angeblich bewiesenen Satzes ist meist irreführend, denn er verschleiert das eigentliche Ziel des Beweises, das in diesem mit voller Klarheit zu sehen ist.

2 Der Beweis der Beweisbarkeit eines Satzes wäre der Beweis des Satzes 202
selbst. Dagegen gibt es etwas, was wir den Beweis der Relevanz nennen könnten. Das wäre z.B. der Beweis der mich davon überzeugt, daß ich die Gleichung 17 × 38 = 456 nachprüfen *kann*, noch ehe ich es getan habe. Woran erkenne ich nun, daß ich 17 × 38 = 456 überprüfen kann, während ich das beim Anblick eines Integralausdrucks vielleicht nicht weiß? Ich erkenne offenbar daß er nach einer bestimmten Regel gebaut ist und |auch|, wie die Regel/Vorschrift/ zur Lösung der Aufgabe an dieser Bauart des Satzes haftet. Der Beweis der Relevanz ist dann etwa eine Darstellung der allgemeinen Form der Lösungsmethode |etwa der Multiplicationsaufgaben| die die Allgemeine Form der Sätze erkennen läßt deren Kontrolle sie möglich macht. Ich kann dann sagen ich erkenne, daß diese Methode auch diese Gleichung nachprüft obwohl ich die Nachprüfung noch nicht vollzogen habe.

3 Wenn man den Menschen lehrt einen Schritt zu machen, so gibt man ihm damit die Möglichkeit irgend eine [jede] Strecke zu gehen.

4 Es ist schwer sich von der extensiven Auffassung ganz frei zu machen: So denkt man: „Ja, aber es muß doch eine innere Beziehung zwischen $x^3 + y^3$ und z^3 bestehen, da doch |zum mindesten| die Extensionen 203
|dieser Ausdrücke|, wenn ich sie nur kennte, das Resultat einer solchen inneren Beziehung darstellen müßten“. Etwa: „Es müssen doch entweder *wesentlich alle* Zahlen die Eigenschaft E haben, oder nicht; da doch *alle* Zahlen die Eigenschaft haben, oder nicht; wenn ich auch nicht wissen kann welches der Fall ist. [; wenn ich das auch nicht wissen kann.]

7 Denn der ⟨Prosaausdruck⟩ des angeblich bewiesenen Satzes ist meist
8 denn er verschleiert das eigentliche Ziel des Beweises, ⟨was …⟩
9 denn er verschleiert das eigentliche Ziel des Beweises, das in ⟨ihm …⟩
12 den Beweis der Relevanz nennen ⟨können⟩. ⟨Es …⟩
14 *kann*, ⟨|der mich überzeugt|⟩ noch ehe ich ⟨sie nachgeprüft⟩ habe.
16 während ich das beim Anblick eines Integralausdrucks ⟨w…⟩
25 ⟨Was ist der Beweis dafür, daß ⟨1 : …⟩ die Division 1 : 3 einmal die Zahl 0·33333 erzeugen wird⟩ *–im MS gestrichener Absatz*
31 *Im MS:* eine innere Beziehung zwischen $x^3 + y^3$ und z^3 |bestehen|, da
31 |zum mindesten| *–das Einfügungszeichen ist im MS gewellt unterstrichen*
31 da doch |zum mindesten| die ⟨Extension …⟩
33 inneren *–im MS durchstrichen*
33 „Es müssen doch *–kein Ausführungszeichen im MS*
37 wenn ich das auch nicht wissen kann]⟨.⟩

1 Wo man fragen kann, kann man auch suchen, und wo man nicht suchen kann, kann man auch nicht fragen. Und auch nicht antworten. (Das ist der Vorschlag einer Festsetzung für den Gebrauch der Wörter „fragen“, „antworten“, „suchen“.)

10.

2 Wenn von Beweisen der Relevanz (und ähnlichen Dingen der Mathematik) geredet wird so geschieht es immer, als hätten wir, abgesehen von den einzelnen Operationsreihen die wir Beweise der Relevanz nennen noch einen ganz scharfen umfassenden Begriff so eines Beweises oder überhaupt eines mathematischen Beweises. Während in Wirklichkeit dieses Wort wieder in vielen mehr oder weniger verwandten Bedeutungen angewandt wird (wie |etwa| die Wörter „Volk“, „König“, „Religion“ etc. siehe Spengler.) Denken wir nur an die Rolle, die in/bei/ der Erklärung so eines Wortes ein Beispiel spielt. Denn wenn ich erklären will, was ich unter „Beweis“ verstehe, werde ich auf Beispiele von Beweisen zeigen müssen, wie ich bei der Erklärung des Wortes Apfel auf Äpfel zeigen werde. Mit der Erklärung des Wortes Beweis verhält es sich nun wie mit der des Wortes „Zahl“: 204
ich kann das Wort „Kardinalzahl“ erklären, indem ich auf Beispiele von Kardinalzahlen weise, ja ich kann geradezu für dieses Wort das Zeichen „1, 2, 3, u.s.w. ad inf.“ gebrauchen; ich kann anderseits das Wort „Zahl“ erklären indem ich auf verschiedene Zahlenarten hinweise; aber dadurch werde ich den Begriff „Zahl“ nun nicht so scharf fassen wie früher den der Kardinalzahl, es sei denn daß ich sagen will daß nur diejenigen Gebilde die wir heute als Zahlen bezeichnen den Begriff „Zahl“ konstituieren. Dann aber kann man von keiner neuen Konstruktion sagen sie sei die Konstruktion einer Zahlenart. Das Wort Beweis aber wollen wir ja so gebrauchen daß es nicht einfach durch eine Disjunktion |gerade| heute üblicher Beweise definiert wird sondern in Fällen gebrauchen von denen wir uns heute „noch gar keine Vorstellung machen können“. Soweit der Begriff des Beweises s c h a r f gefaßt ist, ist er es durch einzelne Beweise oder durch Reihen von Beweisen (den Zahlenreihen analog) und das müssen wir bedenken, wenn wir mit voller Exaktheit über Beweise der Relevanz, der Widerspruchsfreiheit etc. etc. reden wollen. /uns anschicken mit voller Exaktheit über Beweise der Relevanz, der Widerspruchsfreiheit etc. etc. zu reden./

3 (Das ist ⟨eine grammatische Erklärung über …⟩
12 Während in Wirklichkeit dieses Wort wieder ⟨für …⟩
12 Während in Wirklichkeit dieses Wort wieder in ⟨me…⟩
14 (wie |etwa| die Wörter „Volk“, „König“, „Religion“ etc⟨) …⟩
21 indem ich auf Beispiele von Kardinalzahlen ⟨deu…⟩
21 ja ich kann geradezu für dieses Wort das ⟨W…⟩
22 ad inf.“ gebrauchen⟨. Ich⟩ kann anderseits das Wort

1 Man kann sagen: Ein Beweis der Relevanz wird den Kalkül des Satzes auf den er sich bezieht ändern. Einen Kalkül mit diesem Satz rechtfertigen kann er nicht; in dem Sinn in welchem die Ausführung 205
der Multiplikation 17 × 23 das Anschreiben der Gleichung 17 × 23 = 391 rechtfertigt. Wir müßten nur dem Wort „rechtfertigen“ ausdrücklich diese/jene/ Bedeutung geben. Dann darf man aber nicht glauben, daß die Mathematik, ohne diese Rechtfertigung, in irgend einem allgemeineren |und allgemein feststehenden| Sinne unerlaubt, oder mit einem Dolus behaftet sei. (Das wäre ähnlich als wollte Einer sagen: „der Gebrauch des Wortes ‚Steinhaufen‘ ist im Grunde unerlaubt, ehe wir nicht offiziell festgelegt haben, wieviel Steine einen Haufen machen“. Durch so eine Festlegung wird/würde/ der Gebrauch des Wortes „Haufen“ modifiziert, aber nicht in irgend einem allgemein anerkannten Sinne ‚gerechtfertigt‘. Und wenn eine solche offizielle Definition gegeben würde/wäre/ so wäre dadurch nicht der Gebrauch den man früher von dem Wort gemacht hat, als unrichtig/etwas Unrichtiges/ gekennzeichnet.)

2 Der Beweis der Kontrollierbarkeit von 17 × 23 = 391 ist ‚Beweis‘ in einem andern Sinne dieses Worts, als der, der Gleichung selbst. (Der Müller mahlt, der Maler malt: beide …..). Die Kontrollierbarkeit |der Gleichung| ersehen/entnehmen/ wir aus ihrem Beweis in analoger Weise, wie die Kontrollierbarkeit des Satzes „die Punkte A und B sind nicht durch eine Windung der Spirale getrennt“ aus der Figur. Und man sieht auch schon daß der Satz der die Kontrollierbarkeit aussagt ‚Satz‘ in einem andern Sinne ist als der dessen Kontrollierbarkeit behauptet wird. Und hier kann 206
man wieder nur sagen: Sieh’ Dir den Beweis an, dann wirst Du sehen was hier bewiesen wird, was „der bewiesene Satz“ genannt wird.

5 Wir müßten nur ⟨das …⟩
6 diese/jene/ *–erste Variante im MS durchstrichen*
8 |und allgemein feststehenden| Sinne unerlaubt, ⟨unsicher etc⟩ sei.
9 Das wäre ähnlich als wollte Einer sagen: „⟨das Wort …⟩
12 wird/würde/ *–erste Variante im MS durchstrichen*
14 Und wenn eine solche ⟨Festlegung …⟩
15 gegeben würde/wäre/ so ⟨wären …⟩
16 den man früher von dem Wort gemacht hat, als ⟨etwas …⟩
20 ist ‚Beweis‘ in einem |andern| Sinne ⟨des …⟩
23 „die Punkte A und B ⟨liegen zwischen zwei …⟩
24 der Spirale ⟨S⟩ *–ebenfalls rechts neben der Spirale gestrichen*
24 durch eine Windung der Spirale getrennt“ aus der ⟨Zeichnung …⟩
28 hier kann man wieder nur sagen: ⟨sieh’⟩ Dir den Beweis an,
28 hier kann man wieder nur sagen: Sieh’ Dir den Beweis an, ⟨das wird …⟩
29 dann wirst Du sehen was hier bewiesen wird, was „der ⟨B…⟩

1 Kann man sagen daß wir zu jedem Schritt eines Beweises eine frische Intuition brauchen? (Individualität der Zahlen.) Es wäre etwa so: Ist mir eine allgemeine |(variable)| Regel gegeben, so muß ich immer von neuem erkennen, daß diese Regel auch *hier* angewendet werden kann (daß sie auch für *diesen* Fall gilt). Kein Akt der Voraussicht kann mir diesen Akt der *Einsicht* ersparen. Denn tatsächlich ist die Form, auf die die Regel angewandt wird, bei jedem |neuen| Schritte eine neue. – Es handelt sich aber hier nicht um einen Akt der *Einsicht* sondern um einen Akt der *Entscheidung*.

2 Der sogenannte Beweis der Relevanz steigt die Leiter zu seinem Satz nicht hinauf, denn dazu *muß* man jede Stufe nehmen, sondern zeigt nur daß die Leiter in der Richtung zu jenem Satze führt. D.h.: es gibt keinen Ersatz für das Durchlaufen jeder Stufe. (In der Logik gibt es kein Surrogat.) Es ist auch der Pfeil |der die Richtung weist| kein Surrogat für das Durchschreiten aller Stufen bis zum bestimmten Ziel.

3 Ich sagte: Wo man nicht suchen kann, da kann man auch nicht fragen, 207
und d.h.: wo es keine logische Methode des Findens gibt, da kann auch die Frage keinen Sinn haben. – Nur wo eine Methode der Lösung ist, ist ein Problem (d.h. natürlich nicht: „nur wo die Lösung gefunden ist, ist ein Problem). = D.h.: dort wo die Lösung des Problems nur von einer Art Offenbarung erwartet werden kann, ist auch kein Problem. Einer Offenbarung entspricht keine Frage. – Diese Sätze sind nur verkappte Erklärungen eines/einer Art des/ Gebrauches der Worte „Problem“, „Frage“ etc.. (Frage nach der Erfahrung eines |„sechsten“| Sinnes den wir nicht haben (Suchen nach einer neuen Sinneserfahrung.)

4 (Es ist beinahe unglaublich, wie ein Problem durch die irreführenden Ausdrucksweisen, die Generation auf Generation rundherumstellt, gänzlich, auf Meilen, blockiert wird, so daß es beinahe unmöglich wird, dazuzukommen.)

5 „Wird die Gleichung von irgendwelchen Zahlen befriedigt?“; „sie wird von Zahlen befriedigt“; „sie wird von allen Zahlen (von keiner Zahl) befriedigt“. Hat Dein Kalkül Beweise? und welche? daraus erst wird man den Sinn dieser Sätze und Fragen entnehmen können.

4 so muß ich immer von neuem erkennen, ⟨dies…⟩
13 D.h.: ⟨Es⟩ gibt keinen Ersatz für das Durchlaufen jeder Stufe.
21 „nur wo die Lösung *–kein Ausführungszeichen im MS*
22 ist ein Problem). = ⟨Dieser Satz fixiert wieder nur eine Grammatik für das Wort „Problem“. …⟩
26 „Frage“ etc.. (Frage nach ⟨einer Sinneswahrnehmung …⟩
27 Sinnes den wir nicht haben (⟨eines „sechsten …⟩
35 „sie wird von ⟨allen⟩ Zahlen befriedigt“;
35 „sie wird von Zahlen befriedigt“; „sie wird von allen Zahlen⟨, …⟩

1 Ich kann den Ausdruck „die Gleichung G ergibt die Lösung L“ nicht eindeutig anwenden, solange ich keine Methode der Lösung besitze; weil „ergibt“ eine Struktur bedeutet, die ich ohne sie zu kennen nicht bezeichnen kann. Denn das heißt das Wort „ergibt“ zu verwenden ohne seine Grammatik zu kennen. Ich könnte aber auch sagen: Das Wort „ergibt“ hat andere Bedeutung wenn ich es so verwende daß es sich auf eine Methode der Lösung bezieht und |eine| andere wenn dies nicht der Fall ist. Es verhält sich hier mit „ergibt“ ähnlich wie mit dem Wort „gewinnen“ (oder „verlieren“) wenn das Kriterium des „Gewinnens“ einmal ein bestimmter Verlauf der Partie ist (hier muß ich die Spielregeln kennen um sagen zu können ob Einer verloren/gewonnen/ hat) oder ob ich mit gewinnen etwas meine was sich etwa/beiläufig/ durch „zahlen müssen“ ausdrücken ließe. 208

Wenn wir „ergibt“ im ersten Sinne/in der ersten Bedeutung/ anwenden, so heißt „die Gleichung ergibt L“: wenn ich die Gleichung nach gewissen Regeln transformiere so erhalte ich L. So wie die Gleichung $25 \times 25 = 620$ besagt, daß ich 620 erhalte, wenn ich auf 25×25 die Multiplikationsregeln anwende. Aber diese Regeln müssen mir nun/hier/ schon gegeben sein, ehe das Wort „ergibt“ Bedeutung hat, und ehe die Frage einen Sinn hat, ob die Gleichung L ergibt. 209

2 Der Fermatsche Satz hat keinen strengen Sinn, solange ich nach der Auflösung der Gleichung durch Kardinalzahlen nicht *suchen* kann. Und „suchen“ heißt: systematisch suchen. Es ist kein Suchen, wenn ich im unendlichen Raum nach einem Gegenstand umher irre. – An unserer Schwierigkeit ist natürlich die falsche Auffassung der Variablen schuld: die Auffassung, als *verträte* die Variable Zahlen (und zwar einer Klasse, Liste, von Zahlen), während sie nichts vertritt sondern ist was sie ist. Verträte sie Zahlen, dann brauchte allerdings nur $5^3 + 7^3 = 9^3$ Sinn zu haben und der Sinn der allgemeinen Sätze über die Form $x^3 + y^3 = z^3$ folgte daraus. Aber da die Variable autonom ist, so hat der Satz in welchem sie vorkommt erst dann Sinn, wenn er nach seinen eigenen Prinzipien kontrollierbar ist, wie die Zahlengleichung nach dem ihrigen./ihren./

1 Ich kann den Ausdruck⟨:⟩ „die Gleichung G ergibt die Lösung L“
3 weil „ergibt“ ⟨eine …⟩
3 weil „ergibt“ ⟨sich auf⟩ eine Struktur ⟨bezieht …⟩
7 *Im MS (Zeilenbruch):* Metho- der ⟨der⟩ Lösung
8 wenn dies nicht der Fall ist. Es ⟨f…⟩
9 (oder „verlieren“) ⟨wenn es sich einmal auf gewisse Spielregeln, ein …⟩
9 Kriterium des ⟨„…⟩
10 einmal ⟨eine bestimmte Stellung der Spielfiguren (z.B.) …⟩
11 um sagen zu können ob ⟨einer⟩ verloren/gewonnen/hat)
11 verloren/gewonnen/ *–erste Variante im MS durchstrichen*
24 Es ist kein ⟨suchen⟩, wenn ich im unendlichen Raum
27 die falsche Auffassung der Variablen schuld⟨,⟩ die Auffassung,
27 die Auffassung, als *verträte* die Variable ⟨eine Klasse von⟩ Zahlen

1 Es genügt also nicht zu sagen „p ist beweisbar“, sondern es muß heißen: beweisbar nach einem bestimmten System.

Und zwar behauptet der Satz nicht, p sei beweisbar nach dem System S, sondern nach s e i n e m System, dem System von p. Daß p dem System S angehört, das läßt sich nicht behaupten (das muß sich zeigen). – Man kann nicht sagen, p gehört zum System S; man kann nicht fragen, zu welchem System p gehört; man kann nicht das System von p suchen. p verstehen, heißt, sein System kennen. Tritt p scheinbar 210
von einem System zum andern/in das andere/ über, so hat in Wirklichkeit p seinen Sinn gewechselt.

2 Würde denn aus dem Allen nicht das Paradox folgen: daß es in der Mathematik keine schweren Probleme gibt; weil, was schwer ist, kein Problem ist? Was folgt ist, daß das „schwere mathematische Problem“ d.h. das Problem der mathematischen Forschung zur Aufgabe „$25 \times 25 = ?$“ nicht in dem Verhältnis steht wie etwa ein akrobatisches Kunststück zu einem einfachen Purzelbaum (also einfach in dem Verhältnis sehr leicht zu sehr schwer) sondern daß es ‚Probleme‘ in verschiedenen Bedeutungen des Wortes sind.

3 Man könnte erklären/festlegen/: „Was man anfassen kann ist ein Problem. – Nur wo ein Problem sein kann, kann etwas behauptet werden.“

14.

4 Welcher Art ist der S a t z „die 3-Teilung des Winkels mit Zirkel und Lineal ist unmöglich“? Doch wohl von derselben wie: „in der Reihe der Winkelteilungen F(n) kommt keine F(3) vor, wie in der Reihe der Kombinationszahlen $\frac{n \cdot (n-1)}{2}$ keine 4“. Aber welcher Art ist d i e s e r Satz? Von der des Satzes: „in der Reihe der Kardinalzahlen kommt $\frac{1}{2}$ nicht vor“. Das ist offenbar eine (überflüssige) Spielregel, etwa wie die: im Damespiel kommt keine Figur vor die „König“ genannt wird. Und die 211
Frage, ob eine Dreiteilung möglich ist, ist dann die, ob es eine Dreiteilung im Spiel gibt, ob es eine Figur im Damespiel gibt, die „König“ genannt wird, und etwa eine ähnliche Rolle spielt, wie der Schachkönig. Diese Frage wäre natürlich einfach durch eine Bestimmung zu beantworten, aber sie würde kein Problem, keine Rechenaufgabe stellen. Hätte also einen andern Sinn, als eine, deren Antwort lautete: ich werde es mir ausrechnen, ob es so etwas gibt. (Etwa: „ich werde mir ausrechnen, ob es unter den Zahlen 5, 7, 18, 25 eine gibt, die durch 3 teilbar ist“.) Ist nun die Frage nach der Möglichkeit der 3-Teilung des Winkels von dieser Art? Ja, – wenn man im Kalkül ein allgemeines System hat um, etwa, die Möglichkeit der n-Teilung zu berechnen.

4 sondern nach s e i n e m System, dem System von p. ⟨B...⟩
6 Man kann nicht sagen, ⟨„...⟩
9 zum andern/in das andere/ *–erste Variante im MS durchstrichen*
16 nicht in dem Verhältnis steht ⟨in welchem⟩ etwa ein akrobatisches Kunststück zu einem einfachen Purzelbaum ⟨steht⟩ (also einfach
21 ⟨„⟩Was man anfassen kann ist ein Problem.
22 Nur wo ein Problem ⟨ist ...⟩
28 wie in der Reihe der ⟨Zahlen⟩ $\frac{n \cdot (n-1)}{2}$ keine 4“
30 ⟨In⟩ der Reihe der Kardinalzahlen kommt $\frac{1}{2}$ nicht vor“.
40 mir *–im MS durchstrichen*

Warum nennt man d i e s e n Beweis, den Beweis d i e s e s Satzes? Der Satz ist ja kein Name, sondern gehört |als Satz| einem Sprachsystem an: Wenn ich sagen kann „es gibt keine 3-Teilung“ so hat es Sinn zu sagen „es gibt keine 4-Teilung“ etc. etc.. Und ist d i e s/B/ ein Beweis des ersten Satzes (ein Teil seiner Syntax), so muß es also entsprechende Beweise (oder Gegenbeweise) für die andern Sätze des Satzsystems geben, denn sonst gehören sie nicht zu demselben System.

1 Der bewiesene mathematische Satz hat in seiner Grammatik zur Wahrheit hin ein Übergewicht. Ich kann um den Sinn von $25 \times 25 =$ 212 625 zu verstehen fragen: wie wird dieser Satz bewiesen. Aber ich kann nicht fragen wie wird – oder würde – sein Gegenteil bewiesen denn es hat keinen Sinn vom Beweis des Gegenteils von $25 \times 25 = 625$ zu reden. Will ich also eine Frage stellen die von der Wahrheit des Satzes unabhängig ist so muß ich von der K o n t r o l l e seiner Wahrheit nicht von ihrem Beweis oder Gegenbeweis reden. Die Methode der Kontrolle entspricht dem, was man den Sinn des mathematischen Satzes nennen kann. Die Beschreibung dieser Methode ist allgemein und bezieht sich auf ein System von Sätzen, etwa den Sätzen der Form $a \times b = c$

2 Wenn ich $a + (b + c) = (a + b) + c$ negiere, so hat das nur Sinn wenn ich etwa sagen will: es ist nicht $a + (b + c) = (a + b) + c$ sondern $= (a + 2b) + c$. Denn es fragt sich: was ist der Raum in welchem ich den Satz negiere; wenn ich ihn |abgrenze| ausschließe, wovon?

Die Kontrolle von $25 \times 25 = 625$ ist die Ausrechnung von 25×25 die Berechnung der rechten Seite; — kann ich nun $a+(b+c) = (a+b)+c$ errechnen, das Resultat $(a+b)+c$ ausrechnen? Je nachdem man es als berechenbar oder unberechenbar betrachtet ist es beweisbar oder nicht. Denn ist der Satz eine Regel, der jede Ausrechnung folgen muß, ein Paradigma, dann hat es keinen Sinn von einer Ausrechnung der Gleichung zu reden; sowenig wie von der einer Definition. 213

Das was die Ausrechnung möglich macht ist das System, dem der Satz angehört und das auch die Rechenfehler bestimmt die sich bei der Ausrechnung machen lassen. Z.B. ist $(a+b)^2 = a^2+2ab+b^2$ und nicht $= a^2+ab+b^2$; aber $(a + b)^2 = -4$ ist kein möglicher Rechenfehler in diesem System.

1 *Der Absatz ist im MS eine Bemerkung, durch eine Klammer am linken Rand der vorangehenden zugeordnet.*
2 |als Satz| *–das Einfügungszeichen ist im MS gewellt unterstrichen*
16 Die ⟨Beschreibung der …⟩
22 es ist nicht $a + (b + c) = (a + b) + c$ sondern $= (a + 2b) + c$⟨ oder = (…⟩
26 die Berechnung der rechten Seite⟨:⟩ — kann ich nun
32 ⟨Das Wesentliche an der …⟩
32 ⟨Die Möglichkeit der⟩ Ausrechnung ⟨ist …⟩
32 Das was die Ausrechnung möglich macht ist ⟨die …⟩
34 die sich bei der Ausrechnung machen lassen *–im MS am linken Rand mit einer vertikalen Wellenlinie markiert*

1 Sofern man die Unmöglichkeit der 3-Teilung als eine physische Unmöglichkeit darstellen kann, indem man z.B. sagt: „Versuch' nicht den Winkel in 3 gleiche Teile zu teilen, es ist hoffnungslos!", insofern beweist der „Beweis der Unmöglichkeit" diese *nicht*. Daß es *hoffnungslos* ist, |die Teilung| zu versuchen, das hängt mit physikalischen Tatsachen zusammen.

2 Man kann nicht sagen: „ich werde ausrechnen *daß* es so ist", sondern „*ob* es so ist." Also ob *so*, oder anders.

3 Ich könnte ja auch ganz beiläufig (siehe andere Bemerkungen) sagen: „$25 \times 64 = 160$, $64 \times 25 = 160$; das beweist, daß $a \times b = b \times a$ ist" (und diese Redeweise ist nicht vielleicht lächerlich und falsch; sondern man muß sie nur recht deuten). Und man kann richtig daraus schließen: also läßt sich „$a \cdot b = b \cdot a$" in *einem* Sinne berechnen. /beweisen./

Und ich will sagen: *Nur* in dem Sinne in welchem die Ausrechnung so eines Beispiels Beweis des algebraischen Satzes genannt 214
werden kann, ist der Induktionsbeweis ein Beweis dieses Satzes. Nur insofern kontrolliert er den algebraischen Satz. (Er kontrolliert seine Struktur/seinen Bau/ nicht seine Allgemeinheit.)

4 (Die Philosophie prüft nicht die Kalküle der Mathematik, sondern nur, was die Mathematiker über diese Kalküle sagen.)

5 „Ich habe ausgerechnet, daß es keine Zahl gibt welche ....". – In welchem Rechnungssystem kommt diese Rechnung vor? – Dies wird uns zeigen in welchem Satzsystem der errechnete Satz ist. (Man fragt auch: „wie rechnet man *so etwas* aus?")

6 „Ich habe gefunden, daß es so eine/eine solche/ Zahl gibt". „Ich habe ausgerechnet, daß es keine solche Zahl gibt".

Im ersten Satz darf ich nicht „keine" statt „eine" einsetzen. – Und wie, wenn ich im zweiten statt „keine" „eine" setze? Nehmen wir an die/eine/ Rechnung ergibt nicht den Satz „~(∃n) etc" sondern „(∃n) etc". Hat es dann etwa Sinn zu sagen: „nur Mut! jetzt mußt Du *einmal* auf eine solche Zahl kommen, wenn Du nur lang genug probierst"? *Das* hat nur Sinn, wenn der Beweis nicht „(∃n) etc" ergeben, sondern dem Probieren Grenzen gesteckt hat, also etwas ganz anderes geleistet hat. 215
D.h., das, was wir den Existenzsatz nennen, der uns eine Zahl suchen lehrt, hat zum Gegenteil nicht den Satz „(n) · etc" sondern einen Satz der sagt, daß in dem und dem Intervall keine Zahl ist die ..... Was ist das Gegenteil des bewiesenen? – Dazu muß man auf den Beweis schauen.

4 insofern beweist der „Beweis der Unmöglichkeit" ⟨*diese*⟩ *nicht*.
14 sondern man muß sie nur recht deuten⟨.⟩)
16 Und ich will sagen: ⟨*nur*⟩ in dem Sinne in welchem die Ausrechnung
17 so eines Beispiels ⟨beiläufig ein⟩ Beweis des algebraischen Satzes
33 Und wie, wenn ich im zweiten ⟨Sa...⟩
34 Rechnung ergibt nicht den Satz ⟨„~(∃...) etc"⟩ sondern ⟨„(∃...) etc"⟩.
37 wenn der Beweis nicht ⟨„(∃...) etc"⟩ ergeben,
39 D.h., das, was wir den ⟨Satz ...⟩

Man kann sagen: das Gegenteil des |bewiesenen| Satzes ist das was |statt seiner| durch einen bestimmten Rechenfehler im Beweis bewiesen worden wäre. Wenn nun z.B. der Beweis daß ~(∃n) etc eine Induktion ist, die zeigt, daß, soweit ich auch gehe, eine solche Zahl nicht vorkommen kann, so ist das Gegenteil dieses Beweises (ich will einmal diesen Ausdruck gebrauchen) nicht der Existenzbeweis in unserem Sinne. – Es ist hier nicht, wie im Fall des Beweises, daß keine oder eine der Zahlen a b c d die Eigenschaft E hat; und diesen Fall hat man immer als Vorbild vor Augen. Hier könnte ein Irrtum darin bestehen, daß ich glaube c hätte die Eigenschaft und, nachdem ich den Irrtum eingesehen hätte, wüßte ich daß k e i n e der Zahlen die Eigenschaft hat. Die Analogie bricht eben hier zusammen.

(Das hängt damit zusammen, daß ich nicht in jedem Kalkül in dem ich Gleichungen gebrauchen, eo ipso auch die Verneinungen von Gleichungen gebrauchen darf. Denn $3 \times 3 \neq 7$ heißt nicht, daß die Gleichung „$3 \times 3 = 7$“ nicht vorkommen soll wie etwa die Gleichung 216 „$3 \times 3 =$ sin“, sondern die Verneinung ist eine Ausschließung innerhalb eines von vornherein bestimmten Systems. Eine Definition kann ich nicht verneinen, wie eine nach Regeln abgeleitete Gleichung.)

Sagt man, das Intervall im Existenzbeweis sei nicht wesentlich, da ein andres Intervall es auch getan hätte, so heißt das natürlich nicht, daß das Fehlen einer Intervallangabe es auch getan hätte. – Der Beweis der Nichtexistenz hat zum Beweis der Existenz nicht das Verhältnis eines Beweises von p zum Beweis des Gegenteils.

Man sollte glauben, in den Beweis des Gegenteils von „(∃n) etc“ müßte sich eine Negation einschleichen/verirren/ können durch die irrtümlicherweise „~(∃n) etc“ bewiesen wird.

Gehen wir doch einmal, umgekehrt, von den Beweisen aus und nehmen wir an, sie wären uns ursprünglich gezeigt worden und man hätte uns dann gefragt: was beweisen diese Rechnungen? Sieh auf die Beweise und entscheide d a n n, was sie beweisen.

1 Man kann sagen: Das Gegenteil des *–der Satz steht im MS vor den zwei vorangehenden Sätzen, umgestellt durch Klammerung und Pfeil am linken Rand*
2 das Gegenteil des |bewiesenen| Satzes ist das was |statt seiner| ⟨in …⟩
3 Wenn nun z.B. der Beweis daß *–der Satz ist im MS ein Absatz, vor dem nächsten Absatz, umgestellt und eingefügt durch Klammerung und Pfeil am linken Rand*
4 eine Induktion ist, die zeigt, daß, soweit ich auch ⟨gehen …⟩
6 diesen Ausdruck gebrauchen) nicht der ⟨Beweis davon, d…⟩
20 Sagt man ⟨übrigens, daß …⟩
30 und man hätte uns dann gefragt: was ⟨w…⟩

1 Die Methode der Kontrolle der Wahrheit entspricht dem Sinn des mathematischen Satzes. Kann von so einer Kontrolle nicht die Rede sein, dann fällt die Analogie der „mathematischen Sätze" mit dem was 217
wir sonst Satz nennen zusammen. So gibt es eine Kontrolle für die Sätze |der Form| „$(\exists \kappa)_m^n$ ..." und „$\sim(\exists \kappa)_m^n$ ....", die sich auf Intervalle beziehen. Denken wir nun an die Frage: „hat die Gleichung $x^2 + ax + b = 0$ eine reelle Lösung". Hier gibt es wieder eine Kontrolle und die Kontrolle scheidet zwischen den Fällen $(\exists \ldots)$ etc. und $\sim(\exists \ldots)$ etc.. Kann ich aber in demselben Sinne auch fragen und kontrollieren „ob die Gleichung eine Lösung hat"? es sei denn daß ich diesen Fall wieder mit andern in ein System bringe.

2 (In Wirklichkeit konstruiert der „Beweis des Hauptsatzes der Algebra" eine neue Art von Zahlen.)

3 Der „Satz der Mathematik" welcher durch eine Induktion bewiesen ist –, so aber, daß man nach dieser Induktion nicht in einem System von Kontrollen suchen/fragen/ kann, – ist nicht Satz in dem Sinne in welchem es die Antwort auf eine mathematische Frage ist.

„Jede Gleichung |G| hat eine Wurzel". Und wie, wenn sie keine hat? Können wir diesen Fall beschreiben, wie den, daß sie keine rationale Lösung hat? Was ist das Criterium dafür daß eine Gleichung keine Lösung hat? Denn dieses Criterium muß gegeben sein/werden/, wenn die mathematische Frage einen Sinn haben soll und wenn das 218
was die Form eines Existenzsatzes hat, „Satz" im Sinne der Antwort auf eine Frage sein soll.

(Worin besteht die Beschreibung des Gegenteils; worauf stützt sie sich; auf welche Beispiele, und wie sind diese Beispiele mit einem besonderen Fall |des bewiesenen Gegenteils| verwandt? Diese Fragen sind nicht etwa nebensächlich, sondern absolut wesentlich.)

(Die Philosophie der Mathematik besteht in einer äußerst genauen Untersuchung der mathematischen Beweise – nicht darin daß man die Mathematik mit einem Dunst umgibt.)

1 Die Methode der Kontrolle der Wahrheit ⟨ist das was ...⟩
4 ⟨Für⟩ die Sätze „$(\exists\langle\nu\rangle)_m^n$ ..." und „$\sim(\exists\langle\nu\rangle)_m^n$ ....", die sich auf Intervalle beziehen⟨, gibt es eine Kontrolle.⟩ Denken wir
4 |So gibt es eine Kontrolle| für die Sätze |⟨z.B.⟩ der Form| „$(\exists\kappa)_m^n$ ..."
8 zwischen den Fällen ⟨$(\exists \ldots)\ldots$⟩ und ⟨$\sim(\exists \ldots)\ldots$⟩. Kann ich aber
14 konstruiert der „Beweis des Hauptsatzes der Algebra" eine ⟨neuer...⟩
16 Der „Satz der Mathematik" ⟨welchen ...⟩
19 Sinne in welchem ⟨$(a + b)^2 = a^2 + 2ab + b^2$ es ist. ...⟩
24 wenn ⟨der bewiesene Existenzsatz die⟩ Antwort auf eine Frage ⟨ist. ...⟩
24 wenn ⟨der bewiesene Existenzsatz⟩ „Satz" im Sinne ⟨von⟩ Antwort
25 |hat, „Satz" im Sinne ⟨von⟩| *–Einfügungszeichen im MS gewellt unterstrichen*
27 die Beschreibung des Gegenteils⟨?⟩ worauf stützt sie sich⟨?⟩
31 (Die Philosophie der Mathematik besteht in ⟨einem ...⟩
31 äußerst *–im MS durchstrichen*
32 darin |daß man| die Mathematik mit ⟨einen⟩ Dunst ⟨z...⟩

1 „Wie kommt es, daß ich diesen Satz (der Geometrie oder Arithmetik) nicht eigens beweisen muß, sondern daß er durch den allgemeinen Beweis schon bewiesen ist?“ Aber Du mußt ihn ja beweisen, – indem Du nämlich den besondern Satz hinschreibst, denn das Übrige ist nur, was allen Beweisen solcher Sätze gemeinsam ist. (Du mußt diesen |euklidischen| Satz für jedes Dreieck von neuem beweisen nur besteht allerdings das besondere dieses Beweises nur in der Zeichnung dieses Dreiecks da das Übrige durch die allgemeine Form (den euklidischen Beweis) schon vorgesehen ist.)

2 $$3 \times 2 = 5 + 1$$

$3 \times (a + 1) = 3 + (3 \times a) = (5 + b) + 3 = 5 + (b + 3)$
Warum nennst Du denn diese Induktion den Beweis dafür daß 219
$(n) : n > 2 .\supset. 3 \times n \neq 5$?! – Nun, siehst Du denn nicht daß der Satz, wenn er für $n = 2$ gilt, auch für $n = 3$ gilt, und dann auch für $n = 4$, und daß es immer so weiter geht? (Was erkläre ich denn, wenn ich das Funktionieren des induktiven Beweises erkläre?) Du nennst ihn also einen Beweis für „$f(2) \cdot f(3) \cdot f(4) \cdot$ u.s.w.“ ist er aber nicht vielmehr die Form der Beweise für „$f(2)$“ und „$f(3)$“ und „$f(4)$“ u.s.w.? Oder kommt das auf éins hinaus? Nun, wenn ich die Induktion den Beweis e i n e s Satzes nenne dann darf ich es nur, wenn das nichts anderes heißen soll, als daß sie jeden Satz einer gewissen Form beweist. (Und mein Ausdruck bedient sich der Analogie vom Verhältnis der Sätze „alle Säuren färben Lackmuspapier rot“, „Schwefelsäure färbt Lackmuspapier rot“.)

Denken wir nun jemand sagte „prüfen wir nach ob f(n) für alle n gilt“ und nun fängt er an die Reihe zu schreiben:

$$3 \times 2 = 5 + 1$$
$$3 \times (2 + 1) = (3 \times 2) + 3 = (5 + 1) + 3 = 5 + (1 + 3)$$
$$3 \times (2 + 2) = (3 \times (2 + 1)) + 3 = (5 + (1 + 3)) + 3 = 5 + (1 + 3 + 3)$$

und nun bricht er ab und sagt: „ich sehe schon daß es für alle n gilt“. – So hat er also eine I n d u k t i o n gesehen! Aber hatte er denn nach einer Induktion g e s u c h t? Er hatte ja gar keine Methode um nach ihr/einer/ zu suchen. Und hätte er nun keine entdeckt, hätte er damit eine Zahl gefunden die der Bedingung nicht entspricht? – Die Regel der Kontrolle
kann ja nicht lauten: sehen wir nach, ob sich eine Induktion findet; oder 220
ein Fall für den das Gesetz nicht gilt. – Wenn das Gesetz vom ausgeschlossenen Dritten nicht gilt, so heißt das nur, daß unser Ausdruck nicht mit einem Satz zu vergleichen ist.

4 Aber Du mußt ihn ja beweisen, – indem Du nämlich den ⟨S…⟩
7 nur besteht allerdings ⟨der Beweis nur in …⟩
8 der Zeichnung dieses Dreiecks da das ⟨übrige⟩ durch die allgemeine Form
20 éins *–Akzent als Zeichen der Hervorhebung*
23 der Analogie ⟨vom Verhältnis d…⟩
23 der Analogie ⟨vom Verhältnis eines Satzes $(x) \cdot fx$ zu $f(a)$ …⟩
23 der Analogie vom Verhältnis ⟨eines Satzes⟩ „alle Säuren färben Lackmuspapier rot“ ⟨zu⟩ „Schwefelsäure färbt Lackmuspapier rot“
26 Denken wir nun ⟨J…⟩

Wenn wir sagen die Induktion beweise den allgemeinen Satz so denken wir: sie beweist daß dieser Satz und nicht sein Gegenteil wahr ist [so wollen wir natürlich zur Ausdrucksform übergehen sie beweise, daß d i e s und nicht sein Gegenteil der Fall ist.] Welches wäre aber das Gegenteil des Bewiesenen? Nun, daß (∃n) ~fn der Fall ist. Damit verbinden wir zwei Begriffe: den einen den ich aus meinem gegenwärtigen Begriff des Beweises von (n) f(n) herleite und einen andern der von der Analogie mit (∃x) φx hergenommen ist. (Wir müssen ja bedenken, daß „(n) · fn" kein Satz ist, solange ich kein Kriterium seiner Wahrheit habe; und dann nur den Sinn hat, den ihm dieses Kriterium gibt. Ich konnte freilich schon ehe ich das Kriterium hatte/besaß/ etwa nach einer Analogie zu (x) · fx ausschauen.) Was ist nun das Gegenteil von dem was die Induktion beweist? Der Beweis von $(a + b)^2 = a^2 + 2ab + b^2$ rechnet diese Gleichung aus im Gegensatz etwa zu $(a + b)^2 = a^2 + 3ab + b^2$. Was rechnet der Induktionsbeweis aus?

1 Die Gleichungen:

$3 + 2 = 5 + 1$, $3 \times (a + 1) = (3 \times a) + 3$, $(5 + b) + 3 = 5 + (b + 3)$

im Gegensatz also |etwa| zu

$3 + 2 = 5 + 6$, $3 \times (a + 1) = (4 \times a) + 2$ etc. 221

Aber dieses Gegenteil entspricht ja nicht dem Satz (∃x) φx. – Ferner ist nun mit jener Induktion im Gegensatz jeder Satz von der Form ~f(n) nämlich/d.h./ der Satz „~f(2)", „~f(3)" u.s.w.; d.h. die Induktion ist d a s G e m e i n s a m e in der Ausrechnung/den Ausrechnungen/ von f(2), f(3), u.s.w.. aber sie ist nicht die Ausrechnung „aller Sätze der Form f(n)", da ja nicht eine Klasse von Sätzen in dem Beweis vorkommt die ich „alle Sätze der Form f(n)" nenne. Jede einzelne nun von diesen Ausrechnungen ist die Kontrolle eines Satzes von der Form f(n). Ich konnte nach der Richtigkeit dieses Satzes fragen und eine Methode zu ihrer Kontrolle anwenden, die durch die Induktion nur auf eine einfache Form gebracht war. Nenne ich aber die Induktion „den Beweis eines allgemeinen Satzes", so kann ich nach der Richtigkeit dieses Satzes nicht fragen (sowenig wie nach der Richtigkeit der Form der Kardinalzahlen). Denn was ich Induktionsbeweis nenne, gibt mir keine Methode zur P r ü f u n g, ob der allgemeine Satz richtig oder falsch ist; diese Methode müßte mich vielmehr lehren auszurechnen (zu prüfen), ob sich für einen bestimmten Fall eines Systems von Sätzen eine Induktion bilden läßt oder nicht. (Was |so| geprüft wird, ist, ob alle n die

1 Wenn wir sagen die Induktion beweise ⟨einen Satz …⟩
2 sie beweist daß dieser Satz und nicht sein Gegenteil wahr ist⟨, …⟩
5 Welches wäre aber das Gegenteil des ⟨bewiesenen⟩?
11 den Sinn hat, den ihm dieses Kriterium gibt.⟨) …⟩⟨) …⟩
11 Ich konnte freilich schon ehe ich das Kriterium ⟨S…⟩
15 Was rechnet der Induktionsbeweis aus? ⟨Die Gleichung $3 + 2 = 5 + 1$ und die Gleichung $3 \times (a + 1) = (3 \times a) + 3$ = etc.. …⟩
22 jeder Satz von der Form ~⟨(…⟩
23 nämlich/d.h./ der Satz „~f(2)", „~f(3)" ⟨etc. …⟩
26 da ja nicht eine Klasse von Sätzen in ⟨der …⟩
27 Jede ⟨Einzelne⟩ nun von diesen Ausrechnungen ist die Kontrolle
30 auf eine ⟨besonders einfache/besondere/⟩ Form gebracht war.
33 Richtigkeit ⟨des Zahlensystems/des Systems/des Begriffs/⟩ der
36 Methode müßte mich vielmehr lehren ⟨zu erkennen⟩, ob sich
37 ob sich für ⟨die …⟩
38 oder nicht. (⟨Eine Prüfung⟩ ist ⟨hier immer die,⟩ ob alle n die oder jene

oder jene Eigenschaft haben|, wenn ich so sagen darf|; aber nicht, ob alle sie haben, oder |ob es| einige |gibt die| sie nicht haben. Wir rechnen z.B. aus, daß die Gleichung $x^2 + 3x + 1 = 0$ keine rationalen Lösungen hat (daß es keine rationale Zahl gibt die ....) |und nicht die Gleichung 222 $x^2 + 2x + \frac{1}{2}$|, dagegen |die Gleichung| $x^2 + 2x + 1 = 0$, etc..)

1 Daher wir es seltsam empfinden, wenn uns gesagt wird, die Induktion beweise den allgemeinen Satz; da wir das richtige Gefühl haben, daß wir ja in der Sprache der Induktion die allgemeine Frage gar nicht hätten stellen können. Da uns ja nicht zuerst eine Alternative gestellt war (sondern nur zu sein schien solange uns ein Kalkül mit endlichen Klassen vorschwebte)

Die Frage nach der Allgemeinheit hatte vor dem Beweis noch gar keinen Sinn, also ist sie auch keine Frage, denn die Frage hätte nur Sinn gehabt wenn eine allgemeine Methode der Entscheidung bekannt /gegeben/ war, e h e der besondere Beweis bekannt war. [Die Frage nach der Allgemeinheit hatte vor dem Beweis durch Induktion noch gar keinen Sinn, also war sie auch keine Frage, denn die hätte nur Sinn gehabt, wenn eine allgemeine Methode der Entscheidung bekannt war, e h e der besondere Beweis bekannt war.]

Denn der Induktionsbeweis entscheidet nichts. [... entscheidet keine/nicht in einer/ Streitfrage.]

2 Wenn gesagt wird: „der Satz ‚(n) · fn' folgt aus der Induktion" heißt nur: jeder Satz der Form f(n) folge aus der Induktion; und: der Satz (∃n) ~fn widerspreche der Induktion heiße nur: jeder Satz der Form ~f(n) werde durch die Induktion widerlegt, so kann man sich damit zufrieden geben 223 [so kann man damit einverstanden sein] aber wird jetzt fragen: Wie gebrauchen wir den Ausdruck „der Satz (n) f(n)" richtig? Was ist seine Grammatik? (Denn daraus, daß ich ihn in gewissen Verbindungen gebrauche folgt nicht, daß ich ihn überall dem Ausdruck „der Satz (x) φx" analog gebrauche.)

3 Wir rechnen z.B. aus, daß ⟨alle Gleichungen der Klasse x rationale Lösungen haben, dagegen nicht die der Klasse y, etc..) ...⟩ *–im MS am linken Rand mit einer vertikalen Wellenlinie markiert*
4 gibt die ....), ⟨daß⟩ dagegen $x^2 + 2x + 1 = 0$ ⟨rationale Wurzeln hat⟩.)
4 gibt die ....) |und nicht die Gleichung $x^2 + 2x + \frac{1}{2}$ ⟨und ...⟩|
11 Da uns ja nicht zuerst eine Alternative gestellt war (⟨od...⟩
11 sondern nur zu sein schien solange ⟨wir an endliche⟩ Klassen ⟨dachten⟩)
13 Die Frage nach der Allgemeinheit ⟨hätte⟩ vor dem Beweis noch gar keinen Sinn, also ⟨war⟩ sie ⟨nie eine Frage/auch nach dem Beweis keine Frage/⟩, denn die Frage ⟨hätte/hatte/⟩ nur Sinn ⟨gehabt,⟩ wenn eine allgemeine Methode bekannt/gegeben/ ⟨wäre⟩, e h e der besondere Beweis ⟨geliefert /geführt/ wurde ...⟩
16 bekannt/gegeben/ *–zweite Variante im MS durchstrichen*
17 durch Induktion *–im MS durchstrichen*
20 der Entscheidung bekannt war, e h e der besondere ⟨W...⟩
24 Wenn gesagt wird: ⟨wir ...⟩
24 folgt aus der Induktion" heißt nur⟨,⟩ jeder Satz der Form f(n) folge aus
25 jeder Satz der Form f(n) folge aus ⟨ihr...⟩
25 jeder Satz der Form f(n) folge aus der Induktion; und⟨ „...⟩
26 heiße nur: jeder Satz der Form ~f(n) ⟨widerspeche ...⟩
29 Wie gebrauchen wir ⟨dann⟩ den Ausdruck
31 Verbindungen gebrauche folgt nicht, daß ich ihn ⟨in allen übri...⟩

Denken wir es stritten sich Leute darüber ob in der Division 1 : 3 lauter Dreier im Quotienten herauskommen müßten; sie hätten aber keine Methode wie dies zu entscheiden sei. Nun bemerkt Einer von ihnen die induktive Eigenschaft von $1^{\cdot}_{1} : 3 = 0^{\cdot}3$ und sagt: jetzt weiß ich's, es müssen lauter Dreien im Quotienten stehen. Die Andern hatten an d i e s e Art der Entscheidung nicht gedacht. Ich nehme an es habe ihnen unklar etwas von einer Entscheidung durch stufenweise Kontrolle vorgeschwebt – und daß sie diese Entscheidung freilich nicht herbeiführen könnten. Halten sie nun an ihrer extensiven Auffassung fest so ist allerdings durch die Induktion eine Entscheidung herbeigeführt, denn die Induktion zeigt allerdings für jede Extension des Quotienten daß sie aus lauter Dreien besteht. Lassen sie aber die extensive Auffassung fallen so entscheidet die Induktion nichts. Oder nur das was die Ausrechnung von $1^{\cdot}_{1} : 3 = 0^{\cdot}3$ entscheidet: nämlich, daß ein Rest bleibt der gleich dem Dividenden ist. Aber mehr nicht. Und 224
nun kann es allerdings eine |richtige| Frage geben nämlich: ist der Rest der bei dieser Division bleibt gleich dem Dividenden und diese Frage ist jetzt an die Stelle der alten extensionalen getreten und ich kann natürlich den alten Wortlaut beibehalten, aber er ist jetzt außerordentlich irreleitend denn sie läßt es immer so erscheinen als wäre die Erkenntnis der Induktion nur ein Vehikel das uns in die Unendlichkeit tragen kann. (Das hängt auch damit zusammen daß das Zeichen „u.s.w.“ sich auf eine interne Eigenschaft des Reihenstückes das ihm vorhergeht bezieht und nicht auf seine Extension.)

Die Frage „gibt es eine rationale Zahl die die Wurzel von $x^2 + 3x + 1 = 0$ ist“ ist freilich durch eine Induktion entschieden,/:/ – aber hier habe ich eben eine Methode konstruiert um Induktionen zu bilden; und die Frage hat ihren Wortlaut nur, weil es sich um eine Konstruktion von Induktionen handelt. D.h. die Frage wird durch eine Induktion entschieden, wenn ich nach dieser Induktion fragen konnte. Wenn mir |also| ihr Zeichen von vornherein auf ja und nein bestimmt war so daß ich rechnerisch zwischen ihnen entscheiden konnte wie z.B. ob der Rest in 5 : 7 gleich oder ungleich dem Dividenden sein wird. (Die Verwendung der Ausdrücke „alle …“ und „es gibt …“ für diese Fälle hat eine gewisse Ähnlichkeit mit der Verwendung des Wortes
„unendlich“ im Satz „heute habe ich ein Lineal mit unendlichem 225
Krümmungsradius gekauft“.)

11 allerdings *–im MS mit Tintenbleistift durchstrichen*
15 der gleich dem Dividenden ist⟨; aber⟩ mehr nicht. Und nun ⟨gibt …⟩
17 bleibt gleich dem Dividenden ⟨und diese Frage …⟩
21 nur ein Vehikel ⟨um⟩ uns in die Unendlichkeit ⟨zu⟩ tragen⟨.⟩
25 „gibt es eine rationale Zahl die die Wurzel ⟨z…⟩
26 entschieden,/:/ *–das Komma ist im MS gewellt unterstrichen*
27 durch eine Induktion entschieden,/:/ – aber ⟨nur, weil …⟩
30 nach dieser Induktion fragen konnte⟨; d.h. wenn⟩ mir |also| ihr
31 Wenn mir |also| ihr Zeichen von vornherein ⟨so beschrieben war …⟩
32 bestimmt war ⟨und⟩ ich rechnerisch zwischen ihnen entscheiden konnte⟨. …⟩
33 zwischen ihnen entscheiden konnte wie z.B. ob der ⟨Divi…⟩
33 Rest in 5 : 7 gleich oder ungleich dem Dividenden ⟨sein …⟩
34 sein wird. (Die Verwendung ⟨des …⟩
34 der Ausdrücke „alle …“ und „es gibt …“ ⟨hat …⟩
35 hat eine gewisse Ähnlichkeit ⟨wie die⟩ Verwendung des Wortes

1 Was man anfassen kann, ist ein Problem.

2 Kenne ich die Regeln der elementaren Trigonometrie, so kann ich den Satz $\sin 2x = 2 \sin x \cos x$ kontrollieren aber nicht den Satz $\sin x = x - \frac{x^3}{3!} + \frac{x^5}{5!} \ldots$. Das heißt aber, daß der sinus der elementaren Trigonometrie und der sinus der höheren Trigonometrie verschiedene Begriffe sind.

Die beiden Sätze stehen gleichsam auf zwei verschiedenen Ebenen. In der ersten kann ich mich bewegen, so weit ich will, ich werde nie zu dem Satz auf der höheren Ebene kommen.

Der Schüler dem das Rüstzeug der elementaren Trigonometrie zur Verfügung stünde und von dem die Überprüfung der Gleichung $\sin x = x - \frac{x^3}{3!} \ldots$ verlangt würde, fände das, was er zur Bewältigung dieser Aufgabe braucht eben nicht vor. Er kann die Frage nicht nur, nicht beantworten, sondern er kann sie auch nicht verstehen. (Sie wäre wie die Aufgabe, die der Fürst im Märchen dem Schmied stellt: ihm einen „Klamank“ zu bringen. Busch Volksmärchen)

16.

3 Man könnte sagen: In der Geometrie der Euklidischen Elemente kann man nach der 3-Teilung des Winkels nicht suchen, weil es sie nicht gibt – und nach der 2-Teilung nicht, weil es sie gibt.

4 In der Welt der Euklidischen Elemente kann ich ebensowenig nach der 226
3-Teilung |des Winkels| fragen, wie ich nach ihr suchen kann. Es ist von ihr einfach nicht die Rede.

5 Wir müssen übrigens hier eine Unterscheidung zwischen gewissen Arten von Fragen machen, eine Unterscheidung die wieder zeigt daß, was wir in der Mathematik „Frage“ nennen von dem verschieden ist, was wir im alltäglichen Leben so nennen. Wir müssen unterscheiden zwischen einer Frage „wie teilt man den Winkel in zwei gleiche Teile“ und der Frage „ist *diese* Konstruktion die Halbierung des Winkels“. Die Frage hat nur Sinn in einem Kalkül der uns eine Methode zu ihrer Lösung gibt; nun kann uns ein Kalkül sehr wohl eine Methode zur Beantwortung der einen Frage geben aber nicht zur Beantwortung der andern. Euklid z.B. lehrt uns nicht nach der Lösung seiner Probleme suchen sondern gibt sie uns und beweist daß es die Lösungen sind. Das ist aber keine psychologische oder pädagogische Angelegenheit sondern eine mathematische. D.h. der *Kalkül* (den er uns gibt) ermöglicht es uns nicht nach den Konstruktionen zu suchen. Und ein Kalkül der es ermöglicht ist eben ein *anderer*. (Vergleiche auch Methoden des Integrierens mit denen des Differenzierens; etc.)

6 daß der sinus der elementaren Trigonometrie und der ⟨S…⟩
9 auf zwei verschiedenen Ebenen ⟨in⟩ der ersten kann ich mich bewegen,
16 die der Fürst im Märchen dem Schmied stellt⟨,⟩ ihm einen
17 *Vergl. Busch, Volksmärchen, „Der Schmied und der Pfaffe“:* Himphamp
17 ihm einen „Klamank“ zu bringen.⟨)…⟩
30 die wieder zeigt daß, was wir in der Mathematik ⟨fra…⟩
34 Die Frage hat nur Sinn in einem ⟨System …⟩
35 nun kann uns ein Kalkül ⟨zwar⟩ eine Methode zur Beantwortung der
40 eine mathematische. D.h. ⟨sein …⟩
40 eine mathematische. D.h. ⟨*der*⟩ *Kalkül* ⟨– …⟩

1 Ich kann nicht fragen, ob die 4 unter den Kombinationszahlen vorkommt, wenn dieses mein Zahlensystem ist. Und nicht, ob $\frac{1}{2}$ unter 227
den Kardinalzahlen vorkommt, oder zeigen daß es nicht eine von ihnen ist außer wenn ich „Kardinalzahlen" einen Teil eines Systems nenne, welches auch $\frac{1}{2}$ enthält. (Ebensowenig kann ich aber auch sagen oder beweisen daß 3 eine der Kardinalzahlen ist.) Die Frage heißt vielmehr etwa so: „Geht die Division 1 : 2 in ganzen Zahlen aus", und das läßt sich nur fragen in einem System worin das Ausgehen und das Nichtausgehen vorkommt/bekannt ist./ (Die A u s r e c h n u n g muß Sinn haben.)

2 Bezeichnen wir mit „Kardinalzahlen" nicht einen Teil der rationalen Zahlen, so können wir nicht ausrechnen ob $\frac{81}{3}$ eine Kardinalzahl ist, sondern ob die Division 81 : 3 ausgeht oder nicht.

3 Statt des Problems der 3-Teilung des Winkels mit Lineal und Zirkel können wir nun ein ganz entsprechendes aber viel übersichtlicheres untersuchen. Es steht uns ja frei die Möglichkeiten der Konstruktion mit Lineal und Zirkel weiter einzuschränken. So können wir z.B. die Bedingung setzen, daß sich die Öffnung des Zirkels nicht verändern läßt. Und wir können festsetzen daß die einzige Konstruktion die wir kennen – oder besser: die unser Kalkül kennt – diejenige ist die man zur Halbierung einer Strecke |AB| benützt nämlich:

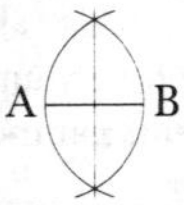

(Das könnte z.B. tatsächlich die primitive Geometrie eines Volkes sein. 228
Und für sie gälte das was ich über die Gleichberechtigung der Zahlenreihe „1, 2, 3, 4, 5, viele" mit der Reihe der Kardinalzahlen gesagt habe. Überhaupt ist es für unsere Untersuchungen ein guter Trick, sich die Arithmetik oder Geometrie eines primitiven Volks auszumalen /vorzustellen/.)

Ich will diese Geometrie das System α nennen und fragen: „ist die 3-Teilung der Strecke im System α möglich?"

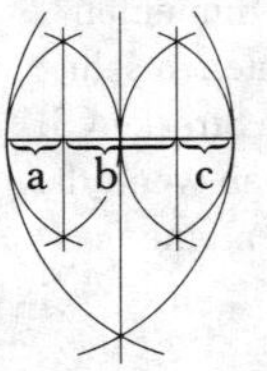

Welche 3-Teilung ist in dieser Frage gemeint? – denn davon hängt offenbar der Sinn der Frage ab. Ist z.B. die physikalische 3-Teilung gemeint? d.h. die 3-Teilung durch Probieren und Nachmessen. In diesem Falle ist die Frage vielleicht zu bejahen. Oder die optische Dreiteilung? d.h. die Teilung deren Resultat drei gleichlang aussehende Teile sind? Wenn wir z.B. durch ein verzerrendes Medium sehen so ist es ganz leicht vorstellbar daß uns die Teile a, b und c gleichlang erscheinen.

4 Kardinalzahlen vorkommt, oder zeigen daß es nicht ⟨m...⟩
11 (Die A u s r e c h n u n g muß Sinn haben.) –*Nachtrag in der Leerzeile*
17 Statt ⟨de...⟩
17 Statt ⟨mit dem Problem⟩ der 3-Teilung des Winkels mit Lineal und Zirkel
18 wir ⟨uns mit einem⟩ ganz ⟨entsprechenden⟩ aber viel ⟨übersichtlicheren ...⟩
21 So können wir z.B. die Bedingung setzen, daß ⟨der Zirkel ...⟩
32 ein guter Trick, sich die ⟨Mathematik ...⟩
39 d.h. die 3-Teilung durch Probieren und Nachmessen⟨?⟩ In diesem Falle ist
41 Oder die optische Dreiteilung? d.⟨i⟩. die Teilung deren Resultat

Nun könnte man die Resultate der Teilungen im System α nach der Zahl der erzeugten Teile durch die Zahlen 2, 2^2, 2^3, u.s.w. darstellen; und die Frage ob die 3-Teilung möglich ist könnte bedeuten: ist eine der Zahlen in dieser Reihe = 3. Diese Frage kann freilich nur 229 gestellt werden wenn die 2, 2^2, 2^3 etc in einem andern System (etwa den Kardinalzahlen) eingebettet sind; nicht, wenn sie selbst unser Zahlensystem sind; denn dann kennen wir – oder unser System – eben die 3 nicht. – Aber wenn unsere Frage lautet ist eine der Zahlen 2, 2^2, 2^3, etc gleich ^{3} so ist hier eigentlich von einer 3-Teilung der Strecke nicht die Rede. Immerhin kann/könnte/ die Frage nach der Möglichkeit der 3-Teilung so aufgefaßt werden. – Eine andere

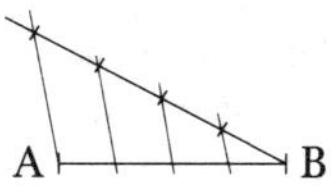

Auffassung erhalten wir nun wenn wir dem System α ein System β hinzufügen worin es die Streckenteilung nach Art dieser Figur gibt. Es kann nun gefragt werden: ist die Teilung β in 108 Teile eine Teilung der Art α? Und diese Frage könnte wieder auf

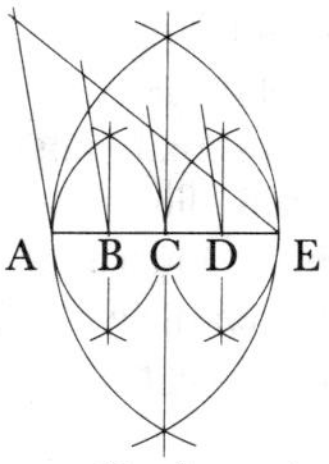

die hinauslaufen: ist 108 eine Potenz von 2? aber sie könnte auch auf eine andere Entscheidungsart hinweisen (einen andern Sinn haben) wenn wir die Systeme |α und β| zu einem geometrischen Konstruktionssystem verbinden so zwar, daß es sich nun in diesem System beweisen läßt, daß die beiden Konstruktionen die gleichen Teilungspunkte B, C, D „liefern müssen".

Denken wir nun es hätte Einer im System α eine Strecke AB in 8 Teile geteilt, nehme diese nun zu den Strecken a, b, c zusammen

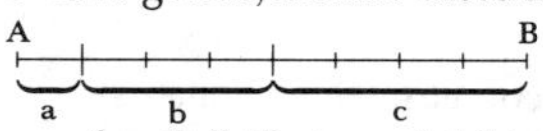

und fragte: ist das eine 3-Teilung [eine Teilung in 3 gleiche Teile] (Wir könnten 230 uns den Fall übrigens leichter mit einer größeren Anzahl ursprünglicher Teile vorstellen die es möglich macht, 3 gleichlang aussehende Gruppen von Teilen zu bilden.)

Die Antwort auf diese Frage wäre der Beweis daß 2^3 nicht durch 3 teilbar ist; oder der Hinweis darauf daß sich die Teile a, b, c wie 1 : 3 : 4 verhalten. Und nun könnte man fragen: habe ich also im System α nicht doch einen Begriff von der 3-Teilung, nämlich der Teilung, die die Teile a, b, c im Verhältnis 1 : 1 : 1 hervorbringt? Gewiß, ich habe nun einen neuen Begriff ‚3-Teilung einer Strecke' eingeführt; wir könnten ja sehr wohl sagen daß wir durch die 8-Teilung der Strecke AB die Strecke CB

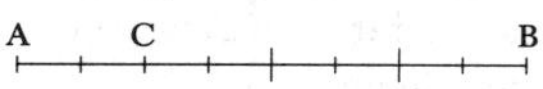

in 3 gleiche Teile geteilt haben wenn das eben heißen soll: wir haben eine Strecke erzeugt die aus 3 gleichen Teilen besteht.

3 2, 2^2, 2^3, u.s.w. darstellen; und die Frage ⟨kon…⟩
6 eingebettet sind; nicht, wenn sie selbst ⟨d…⟩
10 Immerhin kann/könnte/ die Frage nach der ⟨m…⟩
13 *Im MS:* worin |es| die Streckenteilung
23 daß die beiden Konstruktionen ⟨„⟩die gleichen Teilungspunkte B, C, D
29 einer größeren Anzahl ⟨von Teilen⟩ vorstellen die es möglich macht,
37 Gewiß, ich habe nun einen neuen Begriff ⟨von …⟩

Die Perplexität in der wir uns bezüglich des Problems der 3-Teilung befanden war etwa die: Wenn die 3-Teilung des Winkels unmöglich ist – logisch unmöglich – wie kann man dann überhaupt nach ihr fragen? Wie kann man das logisch Unmögliche beschreiben und nach seiner Möglichkeit sinnvoll fragen? D.h., wie kann man *logisch* nicht zusammenpassende Begriffe zusammenstellen (gegen die Grammatik, also unsinnig) und sinnvoll nach der Möglichkeit dieser Zusammenstellung fragen? – Aber dieses Paradox fände sich ja wieder, 231
wenn man frägt: „ist 25 × 25 = 620?“ da es doch *logisch* unmöglich ist daß diese Gleichung stimmt, ich kann ja nicht beschreiben wie es wäre, wenn – . Ja, der Zweifel ob 25 × 25 = 620 (oder der ob es = 625 ist) hat eben den Sinn, den die Methode der Prüfung ihm gibt. Und die Frage nach der Möglichkeit der 3-Teilung hat den Sinn, den die Methode der Prüfung ihr gibt. Es ist ganz richtig: wir stellen uns hier nicht vor, oder beschreiben, wie es ist, wenn 25 × 25 = 620 ist, und das heißt eben, daß wir es hier mit einer andern |(logischen)| Art von Frage zu tun haben als etwa der: „ist diese Straße 620 oder 625 m lang?“

1 (Wir sprechen von einer „*Teilung des Kreises* in 7 Teile“ und von einer Teilung eines Kuchens in 7 Teile.)

2 Man ist geneigt zu glauben daß die Notation, die eine Reihe durch Anschreiben einiger Glieder mit dem Zeichen u.s.w. darstellt wesentlich unexact ist im Gegensatz zur Angabe des allgemeinen Gliedes. Dabei vergißt man daß die Angabe des allgemeinen Gliedes sich auf eine Grundreihe bezieht, welche nicht wieder durch ein allgemeines Glied beschrieben sein kann. So ist 2n + 1 das allgemeine Glied der ungeraden Zahlen *wenn* n die Kardinalzahlen durchläuft, aber es wäre Unsinn zu sagen n sei das allgemeine Glied der Reihe der Kardinalzahlen. Wenn man diese Reihe erklären will so kann man es nicht durch Angabe des 232
„allgemeinen Gliedes n“ sondern natürlich nur durch eine Erklärung der Art 1, 1 + 1, 1 + 1 + 1, u.s.w.. Und es ist natürlich kein wesentlicher Unterschied zwischen dieser Reihe und der: 1, 1 + 1 + 1, 1 + 1 + 1 + 1 + 1, u.s.w. die ich ganz ebensogut als Grundreihe hätte nehmen können (so daß dann das allgemeine Glied der Kardinalzahlenreihe $\frac{n-1}{2}$ gelautet hätte).

3 (Frege hätte noch gesagt: „es gibt vielleicht Völker/Menschen/, die in der Kenntnis der Kardinalzahlenreihe nicht über die 5 hinausgekommen sind (und etwa das Übrige der Reihe nur in unbestimmter Form sehen) aber diese Reihe existiert unabhängig von uns“. Existiert das Schachspiel unabhängig von uns oder nicht? –)

1 *Der Absatz ist im MS eine Bemerkung, durch eine Klammer am linken Rand der vorangehenden zugeordnet.*
22 Man ist geneigt zu glauben ⟨die Schreibweise einer Reihe …⟩
22 die eine Reihe durch ⟨anschreiben⟩ einiger Glieder
25 die Angabe des allgemeinen Gliedes sich auf ⟨die …⟩
36 Glied der Kardinalzahlenreihe $\frac{n-1}{2}$ gelautet hätte⟨.⟩)

1 Den Mathematiker muß es bei meinen mathematischen Ausführungen grausen, denn seine Schulung hat ihn immer davon abgelenkt sich Gedanken und Zweifeln, wie ich sie aufrolle, hinzugeben. Er hat sie als etwas Verächtliches ansehen lernen und hat um eine Analogie aus der Psychoanalyse (dieser Absatz erinnert an Freud) zu gebrauchen einen Ekel vor diesen Dingen erhalten, wie vor etwas Infantilem. D.h., ich rolle alle jene Probleme auf, die etwa ein Knabe/Kind/ beim lernen der Arithmetik, etc. als Schwierigkeiten empfindet und die der Unterricht unterdrückt ohne sie zu lösen. Ich sage also zu diesen unterdrückten 233
Zweifeln: ihr habt ganz recht, fragt nur, und verlangt nach Aufklärung!

2 Die Wirkung einer in die Sprache aufgenommenen falschen Analogie: Sie bedeutet? einen ständigen Kampf und Beunruhigung (quasi einen ständigen Reiz). Es ist, wie wenn ein Ding aus der Entfernung ein Mensch zu sein scheint weil wir dann gewisses nicht wahrnehmen und in der Nähe sehen wir daß es ein Baumstumpf ist. Kaum entfernen wir uns ein wenig und verlieren die Erklärungen aus dem Auge, so erscheint uns eine Gestalt, sehen wir darauf hin näher zu, so sehen wir eine andere; nun entfernen wir uns wieder, etc, etc.

3 (Ich kann der Aufgabe der 3-Teilung des Winkels in einem größeren System ihren Platz bestimmen, aber nicht im System der Euklidischen Elemente nach ihrer Lösbarkeit fragen./danach fragen, ob sie lösbar ist./ In welcher Sprache sollte ich denn danach fragen? in der Euklidischen? – Und ebensowenig kann ich in der Euklidischen Sprache nach der Möglichkeit der 2-Teilung des Winkels im Euklidischen System fragen. Denn das würde in dieser Sprache auf eine Frage nach der Möglichkeit schlechthin hinauslaufen, welche immer Unsinn ist.)

4 (Die |Klassifikationen der| Philosophen und Psychologen|: sie| klassifizieren Wolken nach ihrer Gestalt.)

5 Es ist unmöglich Entdeckungen neuartiger Regeln zu machen, die von 234
einer uns bekannten Form (etwa dem sinus eines Winkels) gelten. Sind es neue Regeln, so ist es nicht die alte Form.

2 denn ⟨die⟩ Schulung ⟨die er hat⟩ hat ihn immer davon abgelenkt
10 ⟨„⟩ihr habt ganz recht, fragt nur, und verlangt nach Aufklärung!⟨“⟩
13 *Im MS:* Sie einen ständigen Kampf *–Ergänzung und Auszeichnung:* bedeutet? *gemäß der maschinenschriftlichen Synopse TS 211, 695*
16 und in der Nähe sehen wir daß es ⟨|etwa|⟩ ein Baumstumpf ist.
16 Kaum entfernen wir uns ⟨von der S…⟩
24 der ⟨euklidischen⟩? – Und ebensowenig kann ich in der ⟨euklidischen⟩
26 Sprache nach der Möglichkeit der 2-Teilung des Winkels ⟨fragen …⟩

Man faßt die Periodizität eines Bruches z.B. 1/3 so auf, als *bestünde* /bestehe/ sie darin, daß etwas was man die Extension des |unendlichen| Dezimalbruchs nennt nur aus/aus lauter/ Dreiern besteht und daß die Gleichheit des Restes dieser Division mit dem Dividenden nur das *Anzeichen* für diese Eigenschaft der |unendlichen| Extension sei. Oder aber man korrigiert diese Meinung dahin, daß nicht eine unendliche Extension diese Eigenschaft habe sondern eine unendliche Reihe endlicher Extensionen; und hierfür sei wieder die Eigenschaft der Division ein Anzeichen. Man kann nun sagen: die Extension mit éinem Glied sei 0·3, die mit 2 Gliedern 0·33, mit dreien 0·333 u.s.w.. Das ist nun eine *Regel* und das „u.s.w." bezieht sich auf die Regelmäßigkeit und die Regel könnte etwa auch geschrieben werden „[0·3, 0·ξ, 0·ξ3]". Das, was aber durch die Division $\underline{1}_{\underline{1}}$: 3 = 0·3 bewiesen ist, ist *diese* Regelmäßigkeit im Gegensatz zu einer andern, nicht die Regelmäßigkeit im Gegensatz zur Unregelmäßigkeit. Die periodische Division also $\underline{1}_{\underline{1}}$: 3 = 0·3 (im Gegensatz zu 1_1: 3 = 0·3) beweist *eine* Periodizität der Quotienten d.h. sie *bestimmt* die Regel (die Periode), legt sie fest, aber ist nicht ein Anzeichen dafür daß eine Regelmäßigkeit „vorhanden 235
ist". Wo ist sie denn vorhanden? Etwa in den bestimmten Entwicklungen, die ich auf diesem Papier gebildet habe. Aber das sind doch nicht „die Entwicklungen". (Hier werden wir irregeführt von der Idee der nicht aufgeschriebenen idealen Extensionen die ein ähnliches Unding sind wie die idealen nicht gezogenen geometrischen Geraden die wir gleichsam nur in der Wirklichkeit nachziehen wenn wir sie zeichnen.) Wenn ich sagte „das ‚u.s.w.' bezieht sich auf die Regelmäßigkeit" so unterschied ich es von dem ‚u.s.w.' in „er las alle Buchstaben: a, b, c, u.s.w.". Wenn ich sage: „die Extensionen von 1 : 3 sind 0·3, 0·33, 0·333 u.s.w." so gebe ich *drei* Extensionen und – eine Regel. Unendlich ist nur diese und zwar in keiner andern Weise als die Division $\underline{1}_{\underline{1}}$: 3 = 0·3 Und das Zeichen [0·3, 0·ξ, 0·ξ3] ist kein Ersatz für eine Extension, sondern das vollwertige Zeichen selbst und ebensogut ist „$0{\cdot}\dot{3}$". Es sollte uns doch zu denken geben daß ein Zeichen der Art „$0{\cdot}\dot{3}$" *genügt* um damit zu machen was wir brauchen. Es ist kein Ersatz und im Kalkül gibt es keinen Ersatz.

2 die Extension ⟨der Entwickelung⟩ des |unendlichen| Dezimalbruchs nennt
6 Oder aber man korrigiert diese Meinung dahin, daß ⟨zwar …⟩
7 sondern ⟨alle endlichen⟩ Extensionen⟨, sieht aber nicht daß das nur heißen kann:⟩ die Extension mit éinem Glied
9 éinem *–Akzent als Zeichen der Hervorhebung*
10 mit éinem Glied sei ⟨eine 3⟩, die ⟨Extension⟩ mit 2 Gliedern ⟨bestehe aus …⟩
11 nun *–im MS durchstrichen*
12 etwa *–im MS durchstrichen*
14 ist *diese* Regelmäßigkeit ⟨nicht die Reg…⟩
14 nicht die Regelmäßigkeit ⟨selbst. …⟩
16 beweist ⟨eo ipso⟩ *eine* Periodizität
16 *eine* Periodizität ⟨des⟩ Quotienten d.h. sie *bestimmt* die Regel
20 die ich auf diesem Papier gebildet habe. Aber das ⟨ist …⟩
22 idealen Extensionen die ein ⟨ähnlicher …⟩
23 idealen Extensionen die ein ähnliches Unding ⟨i…⟩

Wenn man meint die besondere Eigenschaft der Division $\underline{1}_1 : 3 = 0{\cdot}3$ sei ein Anzeichen für die Periodizität des |unendlichen| Dezimalbruchs, oder *der* Dezimalbrüche der Entwickelung, so heißt das |ein Anzeichen dafür| daß etwas regelmäßig *ist*; aber was? Die Extensionen die ich gebildet habe? Aber andere gibt es ja nicht. Am absurdesten würde die 236 Redeweise, wenn man sagte: die Eigenschaft der Division sei ein Anzeichen dafür, daß das Resultat die Form [0·a, 0·ξ, 0·ξa] habe; das wäre so als wollte man sagen: die/eine/ Division ist das Anzeichen dafür, daß eine Zahl herauskommt. Das Zeichen „$0{\cdot}\dot{3}$" drückt seine Bedeutung nicht von einer größeren Entfernung aus als „0·333 ...." denn dieses Zeichen gibt eine Extension von drei Gliedern und eine Regel; die Extension 0·333 ist für unsere Zwecke nebensächlich und so bleibt nur die Regel die „[0·3, 0·ξ, 0·ξ3]" ebensogut gibt. Der Satz „die Division wird nach der ersten Stelle periodisch" *heißt soviel* wie: „der erste Rest ist gleich dem Dividenden". Oder auch: der Satz „die Division wird |von der ersten Stelle an| ins Unendliche die gleiche Ziffer erzeugen" *heißt* „der erste Rest ist gleich dem Dividenden"; so wie der Satz dieses Lineal hat einen unendlichen Radius heißt, es sei gerade.

1 Man könnte nun sagen: die Stellen des/eines/ Quotienten von 1 : 3 sind *notwendig alle* 3, und das würde wieder nur heißen, daß der erste Rest gleich dem Dividenden ist und die erste Stelle des Quotienten 3. Die Verneinung des ersten Satzes ist daher gleich der Verneinung des zweiten. Es ist also dem „notwendig alle" nichts entgegengesetzt was man „zufällig alle" nennen könnte, „notwendig alle" ist sozusagen éin Wort. Ich brauche nur fragen: Was ist das Kriterium der notwendigen Allgemeinheit, und was wäre das der zufälligen (das Kriterium dafür 237 also, daß zufällig alle Zahlen die Eigenschaft E haben)?

5 Aber andere gibt es ja nicht⟨?⟩
5 Am absurdesten würde die ⟨Ausd...⟩
8 die/eine/ *–erste Variante im MS durchstrichen*
12 eine Extension von drei Gliedern und eine Regel; die ⟨ex...⟩
22 gleich dem Dividenden ist⟨. Daß⟩ die erste Stelle des Quotienten 3 ⟨ist.⟩
25 éin *–Akzent als Zeichen der Hervorhebung*
27 und was wäre das der zufälligen⟨, dafür al...⟩

Hat der |rekursive| Beweis von $a + (b + c) = (a + b) + c$ .... A eine Frage beantwortet? und welche? Hat er eine Behauptung als wahr erwiesen und also ihr Gegenteil als falsch?

Das was man/Skolem/ den rekursiven Beweis von A nennt kann man so schreiben:

$$\left.\begin{array}{l} a + (b + 1) = (a + b) + 1 \\ a + (b + (c + 1)) = a + ((b + c) + 1) = (a + (b + c)) + 1 \\ (a + b) + (c + 1) = ((a + b) + c) + 1 \end{array}\right\} \quad B$$

In diesem Beweis kommt offenbar der bewiesene Satz gar nicht vor. – Man müßte nur eine allgemeine Bestimmung machen die den Übergang zu ihm erlaubt. Diese Bestimmung könnte man so ausdrücken:

$$\left.\begin{array}{ll} \alpha & \varphi(1) = \psi(1) \\ \beta & \varphi(c + 1) = F(\varphi(c)) \\ \gamma & \psi(c + 1) = F(\psi(c)) \end{array}\right\} \begin{array}{c} \Delta \\ \varphi(c) = \psi(c) \end{array}$$

Wenn drei Gleichungen von der Form α, β, γ bewiesen sind, so sagen wir es sei „die Gleichung Δ für alle Kardinalzahlen bewiesen“.

Das ist eine Erklärung dieser Ausdrucksform durch die erste. Sie zeigt daß wir das Wort „beweisen“ im zweiten Fall anders gebrauchen als im ersten. Es ist jedenfalls irreführend zu sagen wir hätten die Gleichung Δ oder A bewiesen und vielleicht besser zu sagen wir hätten ihre 238 Allgemeingültigkeit bewiesen, obwohl das wieder in anderer Hinsicht irreführend ist.

Hat nun der Beweis B eine Frage beantwortet, eine Behauptung als wahr erwiesen? Ja, welches ist denn der Beweis B: ist es die Gruppe der drei Gleichungen von der Form α, β, γ, oder die Klasse der Beweise dieser Gleichungen? Diese Gleichungen *behaupten* ja etwas (und beweisen nichts in dem Sinne in dem *sie* bewiesen werden). Die Beweise von α, β, γ aber beantworten die Frage, ob diese drei Gleichungen stimmen, und erweisen die Behauptung als wahr, daß sie stimmen. Ich kann nun erklären: die Frage, ob A für alle Kardinalzahlen gilt, solle heißen/bedeuten/: „gelten für die Funktionen

$$\varphi(\xi) = a+(b+\xi),\ \psi(\xi) = (a+b)+\xi$$

Gleichungen α, β und γ?“ Und dann ist diese Frage durch den rekursiven Beweis von A beantwortet, wenn hierunter die Beweise von α, β, γ verstanden werden (bezw. |die Festsetzung von α und| die Beweise von β und γ mittels α).

7 $a+(b+(c+1)) = \langle(\ldots\rangle$
14 Wenn drei Gleichungen von der Form α, β, γ bewiesen ⟨werden …⟩
17 Das ist eine Erklärung ⟨dieses Ausdrucks …⟩
20 bewiesen und vielleicht besser zu sagen wir hätten ⟨etwa i…⟩
23 Hat nun der Beweis B eine Frage beantwortet⟨?⟩ eine Behauptung
24 Ja, welches ist denn der Beweis B⟨?⟩ ist es die Gruppe
26 oder die Klasse der Beweise dieser Gleichungen? ⟨Die G…⟩
27 nichts in dem Sinne in dem *sie* bewiesen werden). ⟨Der Beweis …⟩
31 heißen/bedeuten/ *–erste Variante im MS durchstrichen*
31 ob A für alle Kardinalzahlen gilt, solle heißen/bedeuten/: „⟨gle…⟩
35 wenn hierunter die Beweise von α, β, γ verstanden werden⟨. …⟩
36 bezw. |die Festsetzung von α und| die Beweise ⟨vom …⟩
36 |die Festsetzung von α und| die Beweise von β und γ mittels α⟨.⟩)

Ich kann also sagen, daß der rekursive Beweis ausrechnet, daß die Gleichung A einer gewissen Bedingung genügt; aber es ist nicht eine Bedingung der Art wie sie etwa die Gleichung $(a + b)^2 = a^2 + 2ab + b^2$ erfüllen muß um richtig genannt zu werden. Nenne ich A „richtig“ weil sich Gleichungen |von der Form| α, β, γ dafür beweisen lassen, so verwende ich jetzt das Wort „richtig“ anders als im Falle der 239 Gleichungen α, β, γ, oder $(a + b)^2 = a^2 + 2ab + b^2$.

Was heißt „$1 : 3 = 0{\cdot}\dot{3}$“? heißt es dasselbe wie „$\underline{1}_{\underline{1}} : 3 = 0{\cdot}3$“? – Oder ist diese Division der Beweis des ersten Satzes? D.h.: steht sie zu ihm im Verhältnis der Ausrechnung zum Bewiesenen?

„$1 : 3 = 0{\cdot}\dot{3}$“ ist ja nicht von der Art, wie
„$1 : 2 = 0{\cdot}5$“; vielmehr entspricht
„$1_0 : 2 = 0{\cdot}5$“ dem „$1_1 : 3 = 0{\cdot}3$“ (aber nicht dem „$\underline{1}_{\underline{1}} : 3 = 0{\cdot}3$“.)

Ich will einmal statt der Schreibweise „$1 : 4 = 0{\cdot}25$“ die adoptieren
„$1_{\underset{0}{-}} : 4 = 0{\cdot}25$“ also z.B. „$3_{\underset{0}{=}} : 8 = 0{\cdot}375$“

dann kann ich sagen diesem Satz entspricht nicht der: $1 : 3 = 0{\cdot}\dot{3}$ sondern z.B. der: „$1_{\underset{1}{=}} : 3 = 0{\cdot}333$“. $0{\cdot}\dot{3}$ ist nicht in dem Sinne Resultat (Quotient) der Division wie 0·375. Denn die Zahl 0·375/Ziffer „0·375“/ war uns von der Division 3 : 8 bekannt; was aber bedeutet „$0{\cdot}\dot{3}$“ losgelöst von der periodischen Division? – Die Behauptung, daß die Division a : b als Quotienten $0{\cdot}\dot{c}$ ergibt, ist dieselbe wie die: die erste Stelle des Quotienten sei c und der erste Rest gleich dem Dividenden.

Nun steht B zur Behauptung A gelte für alle Kardinalzahlen im selben Verhältnis, wie $\underline{1}_{\underline{1}} : 3 = 0{\cdot}3$ zu $1 : 3 = 0{\cdot}\dot{3}$. 240

1 Der Gegensatz zu der Behauptung „A gilt für alle Kardinalzahlen“ ist nun: eine der Gleichungen α, β, γ sei falsch. Und die entsprechende Frage sucht keine Entscheidung zwischen einem (x) fx und einem (∃x) ~fx.

2 Die Konstruktion der Induktion ist nicht éin Beweis sondern eine |bestimmte| Zusammenstellung (ein Muster |im Sinne von Ornament|) von Beweisen. Man kann ja auch nicht sagen: ich beweise eine Gleichung wenn ich drei beweise. Wie die Sätze einer Suite nicht éinen Satz ergeben.

2 aber es ist nicht ⟨die⟩ Bedingung der Art wie sie etwa die Gleichung
4 Nenne ich A „richtig“ weil ⟨sic…⟩
4 Nenne ich A „richtig“ weil ⟨ihre Seiten sich in bestim…⟩
4 Nenne ich A „richtig“ weil ⟨ihre Seiten sich der bestimmten Weise …⟩
9 Oder ist ⟨dieser Satz⟩ der Beweis des ersten Satzes?
23 ist dieselbe wie die⟨,⟩ die erste Stelle des Quotienten sei c
25 Nun steht B ⟨zu A⟩ im selben Verhältnis,
26 A gelte für alle Kardinalzahlen ⟨in genau dem⟩ Verhältnis,
29 eine der Gleichungen α, β, γ sei falsch. ⟨–⟩ Und die entsprechende Frage
33 éin –*Akzent als Zeichen der Hervorhebung*
34 |im Sinne von Ornament| –*Nachtrag über der Zeile*
36 éinen –*Akzent als Zeichen der Hervorhebung*

1 Der „rekursive Beweis“ ist das allgemeine Glied einer Reihe von Beweisen. Er ist also ein Gesetz nach dem man Beweise konstruieren kann. Wenn gefragt wird, wie es möglich ist daß mir diese allgemeine Form den Beweis eines speziellen Satzes z.B. $7 + (8 + 9) = (7 + 8) + 9$ ersparen kann, so ist die Antwort daß sie nur alles zum Beweis dieses Satzes vorbereitet hat ihn aber nicht beweist (er kommt ja in ihr nicht vor). Der Beweis besteht vielmehr aus der allgemeinen Form zusammen mit dem Satz.

2 Unsere gewöhnliche Ausdrucksweise trägt den Keim der Verwirrung in ihre Fundamente indem sie das Wort „Reihe“ einerseits im Sinne von 241 ‚Extension‘, anderseits im Sinne von ‚Gesetz‘ gebraucht. Das Verhältnis der beiden kann man sich an der Maschine klarmachen die

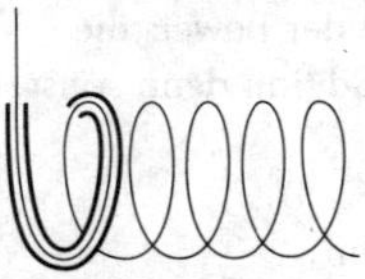

Schraubenfedern erzeugt. Hier wird durch einen s c h r a u b e n f ö r m i g gewundenen Gang ein Draht geschoben der nun so viele Schraubenwindungen erzeugt als man erzeugen will. Das was man die unendliche Schraube nennt ist nicht vielleicht etwas von der Art der endlichen Drahtstücke oder etwas dem sich diese nähern je länger sie werden sondern das Gesetz der Schraube wie es in dem kurzen Gangstück verkörpert ist. Der Ausdruck unendliche Schraube oder unendliche Reihe ist daher gänzlich irreführend.

3 Wir können also den rekurrierenden Beweis immer auch als Reihenstück mit dem „u.s.w.“ anschreiben und er verliert dadurch nicht seine Strenge. Und zugleich zeigt diese Schreibweise klarer sein Verhältnis zur Gleichung A. Denn nun verliert der rekursive Beweis jeden Schein einer Rechtfertigung von A im Sinne eines algebraischen Beweises – etwa von $(a + b)^2 = a^2 + 2ab + b^2$. Dieser Beweis mit Hilfe der algebraischen Rechnungsregeln ist vielmehr ganz analog einer Ziffernrechnung.

4 („Every symbol is what it is and not another symbol“.)

1 ist das allgemeine Glied einer ⟨r…⟩
4 mir diese allgemeine Form den Beweis eines speziellen Satzes ⟨etw…⟩
13 die ⟨Spiralfedern⟩ erzeugt. Hier wird durch einen ⟨s p i r a l f ö r m i g⟩
24 Wir ⟨könnten uns …⟩
24 den rekurrierenden Beweis *–im MS:* rekurieren *Schreibweise entsprechend der Synopse TS 211, S. 702*
26 er verliert dadurch nicht seine Strenge ⟨⟨und⟩ zugleich zeigt
27 sein Verhältnis zur Gleichung A⟨⟩ denn⟩ nun verliert
29 etwa von $(a + b)^2 = a^2 + 2ab + b^2$⟨⟩ Der …⟩
29 etwa von $(a + b)^2 = a^2 + 2ab + b^2$. Dieser Beweis ⟨ist ganz analog …⟩
33 *Bishop Butler, oft zitiert von G.E. Moore:* „Every thing is what it is and not another thing“

1 Man kann auch so sagen: Sofern man die Regel in |irgend| einem Spiel Dezimalbrüche zu bilden die nur aus der Ziffer 3 bestehen, sofern man d i e s e R e g e l als eine Art Zahl auffaßt, kann eine Division sie nicht zum Resultat haben sondern nur das, was man periodische Division nennen kann und was die Form $a_{a} : b = c$ hat. 242

2 Kann es keinen Beweis geben, der bloß zeigt daß z.B. jede Multiplikation im Dezimalsystem nach den Regeln eine Zahl des Dezimalsystems liefern muß? – Er müßte analog sein einem Beweis dafür, daß durch Addition von Ausdrücken der Art (1), ((1) + 1), (((1) + 1) + 1) u.s.w. immer wieder Ziffern von dieser Form erzeugt werden. Kann man das nun beweisen? Der Beweis liegt offenbar in der Regel der Addition solcher Ausdrücke, d.h. in der Definition und in nichts anderem. (Man könnte ja auf die Frage auf die der Beweis die Antwort geben sollte auch sagen: „Ja, was soll die Addition denn sonst ergeben?“)

3 Die rekursive Definition ist eine Regel zur Bildung von Ersetzungsregeln. Oder auch das allgemeine Glied einer Reihe von 243
Definitionsreihen. Sie ist ein Wegweiser der alle Ausdrücke einer bestimmten Form auf éinem Wege heimweist.

4 A als Regel für das algebraische Rechnen kann nicht rekursiv bewiesen werden das würde man besonders klar sehen wenn man den „rekursiven Beweis“ als eine Reihe arithmetischer Ausdrücke hinschriebe. Denkt man sie sich hingeschrieben, (d.h. ein Reihenstück mit dem u.s.w.) aber ohne die Absicht irgend etwas zu „beweisen“ und nun fragte Einer: „beweist dies a + (b + c) = (a + b) + c?“ so würden wir erstaunt zurückfragen: „wie kann es denn so was beweisen? in der Reihe kommen doch nur Ziffern und keine Buchstaben vor!“ – Wohl aber könnte man nun sagen: Wenn ich für das Buchstabenrechnen die Regel A einführe so kommt dieser Kalkül dadurch in einem bestimmten Sinn in Einklang mit dem Kalkül der Kardinalzahlen wie ich ihn durch das Gesetz der Additionsregeln (rekursive Definition a + (b + 1) = (a + b) + 1) festgelegt habe.

1 ⟨Kann es keinen Beweis geben, der bloß zeigt, …⟩ *–im MS in der zweiten Manuskriptzeile gestrichener Anfang einer Bemerkung, gefolgt von einer Leerzeile*
1 Sofern man die ⟨Regel⟩ in |irgend| einem Spiel Dezimalbrüche
3 kann eine Division sie nicht ⟨l…⟩
8 nach den Regeln eine ⟨Anzahl …⟩
9 liefern muß? – ⟨Es⟩ müßte analog sein einem Beweis dafür,
10 einem Beweis dafür, daß durch Addition von ⟨Formen …⟩
14 und in nichts anderem. (Man könnte ja auf die Frage ⟨„…⟩
19 Oder auch das allgemeine Glied einer Reihe von ⟨Definitionen.⟩
21 éinem *–Akzent als Zeichen der Hervorhebung*
21 einer bestimmten Form auf éinem ⟨bestimmten⟩ Wege heimweist.
24 das würde man besonders klar ⟨denken⟩ wenn man
24 sehen wenn man ⟨sich …⟩
26 als eine Reihe arithmetischer Ausdrücke hinschriebe. ⟨Den…⟩
26 als eine Reihe arithmetischer Ausdrücke hinschriebe. ⟨Schreibt man sie hin⟩ (d.h. ein Reihenstück mit dem u.s.w.) ⟨und denkt man …⟩
28 etwas zu „beweisen“ und nun fragte ⟨m…⟩
32 Wenn ich für das Buchstabenrechnen die Regel ⟨a …⟩
33 Kalkül der Kardinalzahlen wie ich ihn durch ⟨die Reihe der Addit…⟩

1 (Wenn die Regeln des algebraischen Rechnens mit denen des Rechnens
mit reellen Zahlen übereinstimmen sollen, so muß ich z.B. von der
Gleichung $x^2 + 2x + 2 = 0$ sagen, sie habe *keine* Lösung. Ich werfe
dann alle |quadratischen| Gleichungen die keine Lösung haben,
sozusagen, in einen Topf. Wenn ich aber einmal frage: wie nahe kommt 244
denn diese Gleichung, die keine Lösung hat, einer, die eine Lösung hat,
so operiere ich bereits mit complexen Zahlen, indem ich die
Gleichungen selbst als eine Art Zahlen behandle; d.h. einen Kalkül mit
Gleichungen konstruiere der dem mit den reellen Zahlen (z.B.) in
gewisser Beziehung/in gewissen Beziehungen/ analog ist.)

19.

2 Phänomenologische Sprache: Die Beschreibung der unmittelbaren
Sinneswahrnehmung, ohne hypothetische Zutat. Wenn etwas, dann
muß doch wohl die Abbildung durch ein gemaltes Bild oder
dergleichen eine solche Beschreibung der unmittelbaren Erfahrung sein.
Wenn wir also z.B. in ein Fernrohr sehen und die gesehene
Constellation aufzeichnen oder malen. Denken wir uns sogar unsere
Sinneswahrnehmung dadurch reproduziert daß |zu ihrer Beschreibung|
ein Modell erzeugt wird welches von einem bestimmten Punkt gesehen
diese Wahrnehmungen erzeugt, das Modell könnte mit einem
Kurbelantrieb in |die richtige| Bewegung gesetzt werden und wir
könnten durch Drehen der Kurbel die Beschreibung herunterlesen.
(Eine Annäherung hierzu wäre eine Darstellung im Film.)

Ist *das* keine Darstellung des Unmittelbaren – was sollte eine
sein? Was noch unmittelbarer sein wollte müßte es aufgeben eine
Beschreibung zu sein. Es kommt dann vielmehr statt einer Beschreibung 245
jener unartikulierte Laut heraus, mit dem manche Autoren die
Philosophie gerne anfangen möchten. („Ich habe, um mein Wissen
wissend, bewußt etwas" (Driesch).)

3 Was wir die Zeit im Phänomen (specious present) nennen können liegt
nicht in der Zeit (Vergangenheit, Gegenwart und Zukunft) der
Geschichte, ist keine Strecke dieser Zeit. Während, was wir unter
„Sprache" verstehen/Während der Vorgang der „Sprache"/ in der
homogenen geschichtlichen Zeit abläuft. (Denke an den Mechanismus
zur Beschreibung der unmittelbaren Wahrnehmung.)

1 mit ⟨dem⟩ des Rechnens mit reellen Zahlen übereinstimmen ⟨soll⟩, so muß
7 so operiere ich bereits mit ⟨dem Begriff der⟩ complexen Zahlen,
8 indem ich die Gleichungen selbst als eine Art Zahlen behandle⟨.⟩ …⟩
18 die gesehene Constellation aufzeichnen oder malen. ⟨Für …⟩
28 Es kommt dann vielmehr statt einer Beschreibung jener unartikulierte Laut heraus, *–vor der ersten Zeile links mit einer vertikalen Wellenlinie markiert*
30 *Hans Driesch (1897–1941) Die sittliche Tat. Ein moralphilosophischer Versuch, 1927*
32 (specious present) nennen können ⟨ist nicht eine Zeitstrecke …⟩
35 *Im MS:* Während der Vorgang der „Sprache" in der …
37 Mechanismus zur ⟨Vorführung der unmittelbaren⟩ Beschreibung⟨⟩ …⟩

1 (Von welcher Wichtigkeit ist denn die/diese/ Beschreibung des *gegenwärtigen* Phänomens die |für uns| gleichsam zur fixen Idee werden kann. Daß wir darunter leiden, daß die Beschreibung nicht das beschreiben kann, was beim Lesen der Beschreibung vor sich geht. Es scheint als wäre die Beschäftigung mit dieser Frage geradezu kindisch und wir in eine Sackgasse hineingeraten. Und doch ist es eine bedeutungsvolle Sackgasse, denn in sie lockt es alle zu gehen, als wäre dort die letzte Lösung der philosophischen Probleme zu suchen. – Es ist als käme man mit dieser Darstellung des gegenwärtigen Phänomens in einen verzauberten Sumpf, wo alles Erfaßbare verschwindet.)

Anderseits brauchen wir eine Ausdrucksweise die Phänomene 246
/Vorgänge/ des Gesichtsraums getrennt von den Erfahrungen andrer Art darstellt.

2 Wenn wir vom Gesichtsraum reden, so werden wir leicht zu der Vorstellung verführt als wäre er eine Art von Guckkasten den jeder mit/vor/ sich herumtrüge. D.h. wir verwenden dann das Wort „Raum" ähnlich, wie wenn wir ein Zimmer einen Raum nennen. In Wirklichkeit |aber| bezieht sich doch das Wort „Gesichtsraum" nur auf eine Geometrie, ich meine, auf einen Abschnitt der Grammatik unserer Sprache. In diesem Sinne gibt es keine „Gesichtsräume" die etwa jeder seinen Besitzer hätten. (Und etwa auch solche, |vazierende,| die gerade niemandem gehören?)

3 „Aber kann nicht ich in meinem Gesichtsraum eine Landschaft und Du in dem Deinen ein Zimmer sehen?" – Nein, ‚ich sehe in meinem Gesichtsraum' ist Unsinn. Es muß heißen ‚ich sehe eine Landschaft und Du etc.' und das wird nicht bestritten. Was uns hier irreführt ist eben das Gleichnis vom Guckkasten oder etwa von einer kreisrunden weißen Scheibe die wir gleichsam als Projektionsleinwand mit uns trügen und die der Raum ist in dem das jeweilige Gesichtsbild erscheint. Aber der Fehler an diesem Gleichnis ist, daß es sich die Gelegenheit – die
Möglichkeit – zum Erscheinen eines visuellen Bildes selbst visuell 247
vorstellt, denn die weiße Leinwand ist ja selbst ein Bild.

1 (⟨Aber von⟩ welcher Wichtigkeit ⟨kann⟩ denn ⟨diese …⟩
2 die |für uns| gleichsam ⟨eine fixe⟩ Idee werden kann.
3 daß die Beschreibung nicht ⟨darstellen …⟩
11 brauchen wir eine Ausdrucksweise die ⟨die⟩ Phänomene/Vorgänge/
15 reden, ⟨so …⟩ –*Streichung und Komma in Tintenbleistift*
16 leicht zu der Vorstellung verführt als ⟨wäre der Gesichts…⟩
16 leicht zu der Vorstellung verführt als ⟨e…⟩
16 eine Art von Guckkasten ⟨die⟩ jeder mit/vor/ sich herumtrüge.
19 In Wirklichkeit |aber| ⟨kann⟩ doch das Wort „Gesichtsraum" ⟨sich⟩ nur auf eine Geometrie⟨ beziehen …⟩
20 ich meine, auf einen Abschnitt ⟨in un…⟩
21 die ⟨sich⟩ etwa ⟨durch ihre⟩ Besitzer ⟨unterscheiden. …⟩
26 Nein, ⟨„⟩‚ich sehe in meinem Gesichtsraum' ist Unsinn⟨"⟩.
27 Es muß heißen ⟨„⟩ich sehe eine Landschaft und Du etc.⟨"⟩ und das wird
30 kreisrunden weißen Scheibe die wir ⟨wir⟩ gleichsam
33 zum ⟨erscheinen⟩ eines visuellen Bildes selbst visuell vorstellt,

1 Es ist nun wichtig, daß der Satz „das Auge womit ich sehe, kann ich nicht unmittelbar sehen“ ein verkappter Satz der Grammatik, oder Unsinn, ist. Der Ausdruck „näher |am| (oder weiter |vom|) sehenden Auge“ hat nämlich eine andere Grammatik als der „näher an dem blauen Gegenstand welchen ich sehe“. Die visuelle Erscheinung die ich mit den Worten beschreibe/der Beschreibung entspricht/ „A setzt die Brille auf“ ist von der grundverschieden die ich mit den Worten beschreibe: „ich setze die Brille auf“. Ich könnte nun sagen: „mein Gesichtsraum hat Ähnlichkeit mit einem Kegel“, aber dann muß es verstanden werden daß ich hier den Kegel als Raum, als Repräsentanten einer Geometrie, nicht als Teil eines Raumes (Zimmer) denke. (Also ist es mit dieser Idee nicht verträglich daß ein Mensch durch ein Loch an der Spitze in den Kegel hineinschaut.)

2 Zwingt mich etwas zu der Deutung, daß der Baum, den ich durch mein Fenster sehe größer ist als das Fenster? Das kommt darauf an wie ich die Wörter „größer“ und „kleiner“ gebrauche. – Denken wir uns, die normale/alltägliche/ visuelle Erfahrung wäre es für uns, Stäbe in verschiedenen Lagen zu sehen, die durch Teilstriche in (visuell) gleiche 248
Teile geteilt wären. Könnte sich da nicht ein doppelter Gebrauch der Worte „länger“ und „kürzer“ einbürgern. Wir würden nämlich manchmal den Stab den längeren nennen der in mehr Teile geteilt wäre; etc.

3 Im Gesichtsraum gibt es absolute Lage. Wenn ich durch ein Aug schaue sehe ich meine Nase|nspitze|. Würde diese abgeschnitten und entfernt, mir aber dann in die Hand gegeben so könnte ich sie ohne Hilfe des Spiegels und bloß durch die Kontrolle des Sehens wieder an ihre alte Stelle setzen; auch dann wenn sich inzwischen alles in meinem Gesichtsbild geändert hätte. Der Satz „ich sehe das sehende Auge im Spiegel“ ist nur scheinbar von der Form dessen „ich sehe das Auge des Andern im Spiegel“, denn es hat keinen Sinn zu sagen: „ich sehe das sehende Auge“. Wenn ich „visuelles Auge“ das Bild nenne, was mir etwa das Auge eines Andern bietet, so kann ich sagen daß das Wort „das sehende Aug“ nicht einem visuellen Auge entspricht.

3 Der Ausdruck „näher 〈|vom|-〉 oder weiter |vom| sehenden Auge“
5 dem blauen Gegenstand welchen ich sehe“. Die 〈Erscheinung im …〉
6 ich mit den Worten beschreibe/der Beschreibung entspricht/ *–erste Variante im MS durchstrichen*
6 /der Beschreibung entspricht/ 〈„der Ring bewegte sich …〉
10 verstanden werden daß ich hier den Kegel als Raum, 〈nicht …〉
11 als Repräsentanten einer Geometrie, nicht als Teil 〈des …〉
17 und „kleiner“ gebrauche. – Denken wir uns, 〈wir sähen gewöhnlich …〉
21 ein doppelter Gebrauch der Worte „länger“ und „kürzer“ einbürgern〈, …〉
25 〈In mein…〉 *–im MS gestrichener Beginn einer Bemerkung*
26 meine Nase|nspitze|〈, würde meine Nase|nspitze|〉 abgeschnitten und
32 Auge des Andern im Spiegel“, denn 〈ich kann nicht sagen …〉

1 Mein Gesichtsfeld weist keine Unvollständigkeit auf die mich dazu bringen könnte mich umzuwenden und zu sehen was hinter mir liegt. Im Gesichtsraum gibt es kein „hinter mir“; und wenn ich mich umwende ä n d e r t sich ja bloß mein Gesichtsbild, wird aber nicht 249
vervollständigt. (Der „Raum um mich herum“ ist eine Verbindung von Sehraum und Muskelgefühlsraum.) Es hat keinen Sinn im Gesichtsraum von der Bewegung eines Gegenstandes zu reden, die um das sehende Auge hinten herum führt.

2 Beziehung zwischen physikalischem Raum und Gesichtsraum. Denke an das Sehen bei geschlossenen Augen |(Nachbilder etc)| und an die Traumbilder.

3 (Wir befinden uns mit unserer Sprache (als physischer Erscheinung) sozusagen |nicht| im Bereich des projizierten Bildes auf der Leinwand, sondern im Bereich des Films der durch die Laterne geht. Und wenn ich zu dem Vorgang auf der Leinwand Musik machen will, muß das, was sie hervorruft, sich wieder im Gebiet des Films abspielen. Das gesprochene Wort im Sprechfilm das die Vorgänge auf der Leinwand begleitet, ist ebenso fliehend wie diese Vorgänge, und nicht das Gleiche wie der Tonstreifen. Der Tonstreifen begleitet nicht das Spiel auf der Leinwand.)

4 Gedächtniszeit. Sie ist (wie der Gesichtsraum) nicht ein Teil der großen Zeit sondern die spezifische Ordnung der Ereignisse oder Situationen im Gedächtnis [in der Erinnerung]: In dieser Zeit gibt es z.B. keine Zukunft. Gesichtsraum und physikalischer Raum, Gedächtniszeit und physikalische Zeit verhalten sich zu einander nicht wie ein Stück der 250
Kardinalzahlenreihe zu einem Größern oder zum Gesetz dieser Reihe („der/zur/ ganzen Zahlenreihe“), sondern wie das System der Kardinalzahlen zu dem der rationalen Zahlen. Und dieses Verhältnis erklärt auch den Sinn der Meinung daß der eine Raum den andern einschließt, enthält.

4 kein „hinter mir“; und wenn ich mich umwende ⟨wird ja …⟩
6 (Der „Raum um mich herum“ ist eine Verbindung von Sehraum und Muskelgefühlsraum.) *–im MS am linken Rand mit einer vertikalen Wellenlinie markiert*
7 Es hat keinen Sinn im Gesichtsraum von ⟨einer⟩ Bewegung eines
11 Denke an das Sehen ⟨m…⟩
18 sich wieder im Gebiet des Films abspielen. ⟨Das Ganze ist …⟩
25 der großen Zeit *–gewellte Unterstreichung in Tintenbleistift*
25 Ordnung der Ereignisse oder Situationen ⟨des Gedächtni…⟩
29 zu einem Größern oder *–im MS durchstrichen*
30 sondern wie ⟨die⟩ Kardinalzahlen zu dem der rationalen Zahlen.
32 Und dieses Verhältnis erklärt auch den ⟨Schein daß der ei…⟩

20.

Begriff und Gegenstand: das ist |bei Russell und Frege| eigentlich Eigenschaft und Ding; und zwar denke ich hier an einen |räumlichen| Körper und seine Farbe. Man kann auch sagen: Begriff und Gegenstand: das ist Prädikat und Subjekt. Und die Subjekt-Prädikat Form ist eine Ausdrucksform unserer Sprachen zum mindesten der indogermanischen Sprachen/menschlicher Sprachen/. Es ist die Form x ist y (x ∈ y): „mein Bruder ist groß“, „das Gewitter ist nahe“ „dieser Kreis ist rot“, „August ist stark“, „2 ist eine Zahl“, „dieses Ding ist ein Stück Kohle“.

Wie nun die Physik von Körpern der Erfahrung den Begriff des materiellen Punktes abgezogen hat, ähnlich hat man von der Subjekt-Prädikat Form unserer Sprachen die Subjekt-Prädikat Form der Logik abgezogen. Die reine S.-P. Form soll nun a ∈ f(x) sein wo „a“ der Name eines Gegenstandes ist. Sehen wir uns nun nach einer Anwendung dieses Schemas um. Bei „Name eines Gegenstandes“ denkt man zuerst an Namen von Personen und |andern| räumlichen Gegenständen (der Diamant Koh i Noor) So ein Name wird dem Ding durch eine hinweisende Erklärung gegeben („das⟶ ist/heißt/ ‚N‘“).
Diese Erklärung/Definition/ könnte aufgefaßt werden als eine Regel zur 251
Ersetzung der |auf den Gegenstand| hinweisenden Geste durch das Wort „N“ so zwar daß man statt des Namens „N“ jene Geste immer wieder/immer wieder jene Geste/ setzen kann. Ich hätte also z.B. erklärt „dieser Mann heißt ‚N‘“ und sage nun: „‚N‘ ist ein Mathematiker“, „N ist faul“, etc. und hätte in jedem dieser Sätze statt ‚N‘ ‚dieser Mann‘ (mit der hinweisenden Geste) setzen können. (Dann wäre es übrigens besser gewesen die hinweisende Erklärung lauten zu lassen: „dieser Mann heiße ‚N‘“ oder „diesen Mann will ich ‚N‘ nennen“, denn die frühere Fassung ist auch der Satz, daß dieser Mann so genannt wird.) Dies ist aber nicht die normale Art der Anwendung eines Namens, für die ist es wesentlich, daß ich nicht vom Namen auf ein Zeichen der Gebärdensprache zurückgreifen kann. Wenn nämlich N aus dem Zimmer geht und später ein Mann in's Zimmer tritt, so hat – wie wir den Namen „N“ gebrauchen – die Frage Sinn, ob dieser Mann N ist, ob dieser Mann derselbe ist, der vorhin das Zimmer verlassen hat. Und der Satz „N ist wieder eingetreten/ins Zimmer getreten/“ hat nur Sinn, wenn ich |die Frage| entscheiden kann. Und es wird einen andern Sinn haben, jenachdem, was das Kriterium dafür ist, daß dies derselbe/der/ Gegenstand ist den ich früher ‚N‘ genannt habe. Je nach der Art dieses Kriteriums werden also für das Zeichen ‚N‘ andere Regeln gelten, es wird in anderem Sinne des Wortes ein ‚Name‘ sein. Und so kommt es,
daß das Wort ‚Name‘ und das |ihm| entsprechende ‚Gegenstand‘ einer 252
Legion verschiedener Regelverzeichnisse entspricht./die Überschrift einer Unzahl verschiedener/für eine Unzahl verschiedene/ Regelverzeichnisse ist./

6 unserer Sprachen *–am linken Rand mit einer vertikalen Wellenlinie markiert*

7 unserer Sprachen zum mindesten der indogermanischen Sprachen /menschlicher Sprachen/ *–erste Variante durchstrichen; zweite Variante und Durchstreichung in Tintenbleistift*

8 „das Gewitter ist nahe“ „dieser Kreis ist rot“, ⟨etc. ...⟩

14 Sehen wir uns nun ⟨um ...⟩

22 jene Geste immer wieder/immer wieder jene Geste/ *–im MS Variante durch Umstellungsschleife*

30 für die ist es wesentlich, daß ich nicht ⟨auf ...⟩

39 Je nach der Art dieses Kriteriums ⟨wird ...⟩

Geben wir räumlichen Gegenständen Namen, so beruht unsere Verwendung dieser Namen auf einem Kriterium der Identität das die Kontinuität der Bewegung der Körper und ihre Undurchdringlichkeit zur Voraussetzung hat. Könnte ich also mit zwei Körpern |A und B| das tun, was ich mit ihren Schattenbildern an der Wand tun kann, aus ihnen Eins machen und aus dem Einen wieder zwei, so wäre die Frage sinnlos welcher von den beiden nach der Trennung A und welcher B ist. Es sei denn daß ich nun ein ganz neues Kriterium der Identität einführe, etwa die Form ihrer Bahn (für den Namen eines Flusses der aus dem Zusammenfluß zweier Flüsse entsteht gibt es so eine Regel: 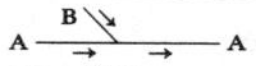 der resultierende Fluß erhält den Namen desjenigen Quellflusses in dessen Richtung er fließt/annähernd er weiterfließt/). Denken wir an die möglichen Kriterien der Identität etwa von Farbflecken in meinem Gesichtsfeld (oder den Figuren auf der Leinwand des Kinos:) und an die verschiedenen Verwendungsarten eines Namen den ich einem solchen Fleck oder einer Figur gebe.

Gehen wir nun zur Schreibweise „(∃x) · fx“ über, so ist klar daß dies eine Sublimierung der Ausdrucksform unserer Sprache ist: „es gibt Menschen auf dieser Insel“, „es gibt Sterne die wir nicht sehen“. Und 253 einem Satz „(∃x) f(x)“ soll nun immer ein Satz „f(a)“ entsprechen, und „a“ soll ein Name sein. Man soll also sagen können: „(∃x) · f(x), nämlich a und b“, oder „(∃x) · fx, z.B. a“ etc. So kann man auch sagen/Und dies ist auch möglich in einem Falle wie/: „es gibt Menschen auf dieser Insel, nämlich die Herrn A, B, C, D.“. Aber ist es denn für den Sinn des Satzes „es gibt Menschen auf dieser Insel“ wesentlich, daß wir sie benennen |können|, also ein bestimmtes Kriterium für die Identifizierung festlegen? Das ist es nur dann, wenn der Satz „(∃x) · fx“ als eine Disjunktion von Sätzen der Form „f(ξ)“ definiert wird, wenn also z.B. festgesetzt wird: „es gibt Menschen auf dieser Insel“ heiße „auf dieser Insel ist entweder Herr A oder B oder C oder D oder E“, wenn

1 Geben wir räumlichen Gegenständen Namen, so ⟨/gilt für die …/⟩
3 die Kontinuität der Bewegung ⟨eines/des/ Körpers …⟩
5 aus ihnen ⟨eins⟩ machen und aus dem ⟨einen⟩ wieder zwei,
9 die Form ihrer Bahn (⟨Für⟩ den Namen eines Flusses
10 der aus dem Zusammenfluß zweier Flüsse ⟨entspr…⟩
10 gibt es so eine Regel⟨() …⟩
10 gibt es so eine Regel: ⟨der Fluß der nach dem Zusammen…⟩
11 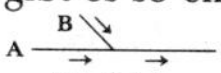 der resultierende Fluß erhält ⟨des …⟩
12 er fließt/annähernd er weiterfließt/ *–zweite Variante in Tintenbleistift*
13 Denken wir ⟨uns …⟩
15 ⟨von⟩ Namen ⟨die⟩ ich solchen ⟨Flecken⟩ oder ⟨Figuren⟩ gebe.
17 so ist klar daß ⟨diese⟩ eine Sublimierung der Ausdrucksform unserer
19 „es gibt Sterne die wir nicht sehen“. ⟨(∃x) · fx …⟩
19 „es gibt Sterne die wir nicht sehen“. ⟨Einem⟩ Satz „(∃x) f(x)“ soll nun
21 Man soll also sagen können: „(∃x) · f(x), nämlich ⟨fa“…⟩
23 So kann man auch sagen/Und dies ist auch möglich in einem Falle wie/ *–erste Variante im MS durchstrichen*
23 „es gibt Menschen ⟨die sich mit diesem Problem befaßt haben,⟩ nämlich
25 Insel“ *–Ausführungszeichen in Tintenbleistift*
26 benennen |können|, also ein bestimmtes Kriterium ⟨der …⟩
28 als eine Disjunktion von Sätzen der Form „f(⟨x⟩)“ definiert wird
29 wenn also z.B. ⟨gesagt⟩ wird: „es gibt Menschen auf dieser Insel“
29 „es gibt Menschen auf dieser Insel“ heiße „⟨es …⟩
30 dieser Insel ist entweder ⟨der Mensch⟩ A oder ⟨der Mensch/Herr/⟩ B
30 oder C oder D oder E“⟨. Wenn⟩ man also den Begriff ‚Mensch‘

man also den Begriff ‚Mensch' als eine Extension bestimmt (was natürlich ganz gegen die normale Verwendung dieses Wortes wäre). (Dagegen bestimmt man z.B. den Begriff „primäre Farbe" wirklich als Extension.)

Es hat also auf den Satz „(∃x) · fx" nicht in allen Fällen die Frage einen Sinn „*welche* x befriedigen f". „Welcher rote Kreis vom Durchmesser 1 cm befindet sich in der Mitte dieses Vierecks?". Man darf die Frage „*welcher* Gegenstand befriedigt f?" nicht mit der Frage verwechseln „*was für ein* Gegenstand etc.?" Auf die erste Frage müßte ein Name zur Antwort kommen, die Antwort müßte also die
Form „f(a)" annehmen können; auf die Frage „*was für ein* ..." aber 254
ist die Antwort „(∃x) · fx · φx". So kann es sinnlos sein zu fragen „welchen roten Fleck siehst Du?" aber Sinn haben zu fragen: „was für einen roten Fleck siehst Du" (einen runden, viereckigen etc).

1 Wenn man fragt: „was heißt denn |dann| ‚5 + 7 = 12' – was für ein Sinn oder Zweck bleibt denn noch für diesen Ausdruck, nachdem man die Tautologien etc aus dem arithmetischen Kalkül ausgeschlossen /ausgeschaltet/ hat, – so ist die Antwort: Diese Gleichung ist eine Ersetzungsregel, die sich auf gewisse/bestimmte/ allgemeine Ersetzungsregeln, die Regeln der Addition, stützt. Der Inhalt von 5 + 7 = 12 ist (wenn einer es nicht wüßte) genau das, was den Kindern Schwierigkeiten macht, wenn sie diesen Satz im Rechenunterricht lernen.

2 Keine Untersuchung der Begriffe, nur die Einsicht in den Zahlenkalkül kann vermitteln daß 3 + 2 = 5 ist. Das ist es, was sich in uns auflehnt gegen den Gedanken, daß

„(∃3x) φx · (∃2x) ψx · Ind. ⊃ (∃5x) φx ∨ ψx"

der Satz 3 + 2 = 5 sein könnte. Denn das, wodurch wir diesen Ausdruck als Tautologie erkennen, kann sich selbst nicht aus einer Betrachtung
von Begriffen ergeben, sondern muß unmittelbar aus dem Kalkül zu 255
ersehen sein. Denn die Grammatik ist ein Kalkül. D.h. was im Tautologien Kalkül noch außer dem Zahlenkalkül da ist rechtfertigt diesen nicht und ist, wenn wir uns für ihn interessieren nur Beiwerk.

8 Man darf ⟨übrigens⟩ die Frage „*welcher* Gegenstand befriedigt f?"
12 So kann es sinnlos sein zu fragen ⟨„welcher rote⟩ Fleck ⟨ist auf ...⟩
16 *Im MS zwei Leerzeilen vor der Bemerkung*
16 „was heißt denn –*kein Ausführungszeichen im MS*
17 oder Zweck bleibt denn ⟨noch fü...⟩
17 oder Zweck bleibt denn⟨, nach Ausschaltung der Tautologien etc. ...⟩ –*im MS ist* etc. *doppelt gewellt unterstrichen*
17 *Im MS unvollständige Streichung:* bleibt denn, noch für diesen Ausdruck,
19 Diese Gleichung ist eine ⟨Zeichenregel die angibt daß das Zeichen „5 + 7" nach gewissen allgemeinen Regeln den ...⟩
20 gewisse/bestimmte/ –*erste Variante im MS durchstrichen*
27 nur die Einsicht in den Zahlenkalkül kann vermitteln daß ⟨3 + 5...⟩
28 in uns auflehnt gegen den Gedanken, ⟨die Tautologie⟩ daß
32 unmittelbar –*im MS durchstrichen*

1 Was die Zahlen sind? – Die Bedeutungen der Zahlzeichen; und die Untersuchung dieser Bedeutung ist die Untersuchung der Grammatik der Zahlzeichen.

2 Wir suchen nicht nach einer Definition des Zahl-Begriffs, sondern nach einer Klärung der Grammatik des Wortes „Zahl“ und der Zahlwörter. [, sondern versuchen eine Darlegung der Grammatik des Wortes „Zahl“ und der Zahlwörter.]

3 Messen einer Länge im Gesichtsfeld durch Anlegen eines visuellen Maßstabes. D.i., eines Stabes der |durch Teilstriche| in gleiche Teile geteilt ist. Es gibt hier eine Messung die darin besteht, daß der Maßstab |an zwei Längen| angelegt wird. Und zwar können 2 Maßstäbe je einer an eine Länge angelegt werden und das Kriterium für die Gleichheit der Maßeinheit ist daß die Einheiten gleich lang aussehen. Es kann aber auch ein Maßstab von einer Länge/Strecke/ zur andern transportiert werden und das Kriterium der Konstanz der Maßeinheit ist, daß wir keine Veränderung merken. Während das Kriterium dafür, daß die 256
gemessenen Längen sich nicht verändern |etwa| darin besteht, daß wir keine Bewegung der Endpunkte wahrgenommen haben. Ich kann unzählige verschiedene Bestimmungen darüber treffen welches das Kriterium der Längengleichheit im Gesichtsbild sein soll und danach werden sich wieder verschiedene Bedeutungen der Maßangaben ergeben.

21.

4 Teilbarkeit. Unendliche Teilbarkeit.
Die unendliche Teilbarkeit der Euklidischen Strecke besteht in der Regel |(Festsetzung)|, daß es Sinn hat von einem $n^{\text{-ten}}$ Teil jedes Teils zu sprechen. Spricht man aber von einer/der/ Teilbarkeit einer Länge im Gesichtsraum und fragt ob eine solche |noch teilbar oder| endlos teilbar ist, so suchen wir hier nach einer Regel, die einer gewissen Realität entspricht (aber wie entspricht sie ihr?). Ich sehe einen schwarzen Streifen |an der Wand| vor mir, – ist seine Breite teilbar? Was ist das Kriterium dafür? Hier gibt es nun unzählige Kriterien, die wir alle als Kriterien der Teilbarkeit im Gesichtsfeld bezeichnen [anerkennen] würden und die stufenweise in einander übergehen. Vor allem könnte die Bedeutung von „Teilbarkeit“ so festgelegt werden, daß ein Versuch sie erweist; dann ist es also nicht „logische Möglichkeit“ der Teilung sondern physische Möglichkeit, und die logische Möglichkeit die hier in Frage kommt ist in der Beschreibung des Versuchs der 257
Teilung gegeben – wie immer dieser Versuch ausgehn mag. Was würden wir nun einen „Versuch der Teilung“ nennen? – Etwa den

1 Die Bedeutungen der Zahlzeichen; und ⟨um diese Be...⟩
7 sondern versuchen eine Darlegung der Grammatik des ⟨Worts⟩ „Zahl“
10 durch ⟨anlegen⟩ eines visuellen Maßstabes.
13 |an zwei Längen| angelegt wird. Und zwar können ⟨M...⟩
16 Länge/Strecke/ *–zweite Variante in Tintenbleistift*
22 darüber treffen welches das Kriterium der Längengleichheit ⟨sein ...⟩
30 einer/der/ *–erste Variante im MS durchstrichen*
33 die einer gewissen Realität entspricht⟨.⟩ (⟨Aber⟩ wie entspricht sie ihr?).
37 *Im MS (Zeilenumbruch):* Stufen-weise
39 erweist; *–im MS großes Spatium ohne Satzzeichen, Semikolon entsprechend der Synopse TS 211, Seite 713*

einen Streifen neben den ersten zu malen der gleichbreit aussieht und aus einem grünen und roten Längsstreifen besteht wobei die Erinnerung mir sagen würde/das Kriterium dafür gäbe/ daß der schwarze Streifen die gleiche Breite habe die er hatte als wir die Frage stellten. (D.h. daß wir als gleiche Breite des schwarzen Streifens jetzt und früher das *bezeichnen* was als gleichbreit erinnert wird.) Anderseits könnte ich als Kriterium der Teilbarkeit |des schwarzen Streifens| festsetzen daß zugleich mit ihm ein gleichbreit aussehender und geteilter Streifen gesehen wird. Und als Vollzug der möglichen Teilung würde ich dann die Ersetzung des ungeteilten durch einen geteilten bezeichnen bei welcher der zuerst gesehene ungeteilte Streifen bestehen bleibt.

Ich würde also sagen „a sei/ist/ teilbar" – weil ich b daneben sehe und „a sei/ist/ geteilt" wenn ich danach zwei Streifen von der Art b sehe. In der Aussage „a ist geteilt" bezeichnet a also einen *Ort*; das nämlich, was *gleichbleibt* ob a geteilt oder ungeteilt ist. Hier gibt es nun wieder Verschiedenes was wir als „Ort im Gesichtsfeld" und „Festlegung eines Ortes im Gesichtsfeld" bezeichnen. – Wir könnten aber einen Streifen nur dann teilbar nennen, wenn er sich in gleicher (gesehener) Breite in einen geteilten Streifen fortsetzt

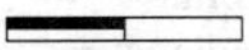

oder aber, wenn es uns gelingt einen geteilten Streifen zeitweilig an ihn (im Gesichtsfeld) anzulegen. etc. etc. – 258

Dann aber gibt es das Kriterium der Vorstellbarkeit der Teilung. Wir sagen: „oh ja, diesen Streifen kann ich mir noch ganz leicht geteilt denken" (oder „vorstellen"). „Wenn eine Teilung dieses Streifens |a| in ungleiche Teile möglich ist, dann *umsomehr* in gleicher Teile". Und

}a

hier haben wir wieder die Festsetzung eines neuen Kriteriums der Teilbarkeit in gleiche Teile. Und hier sagt man: ich kann mir doch in diesem Fall gewiß denken daß der Streifen halbiert wäre/wird/. Aber worin besteht diese Möglichkeit /Fähigkeit/ des Denkens? Kann ich es, wenn ich es versuche? Und wie, wenn es mir nicht gelingt? Was hier mit dem „ich kann mir … denken" gemeint ist, erfährt man, wenn man auf diese Aussage hin fragt „wieso kannst Du Dir nun die Halbierung denken". Darauf ist die Antwort: „ich brauche mir doch nur den schwarzen Teil des Streifens etwas größer/breiter/ zu denken"; und es wird offenbar angenommen, daß,

1 neben den ersten zu malen der ⟨/von der gleichen Entfer…/⟩
2 aus einem grünen und roten ⟨Streifen⟩ besteht wobei die Erinnerung
3 mir sagen würde/das Kriterium dafür gäbe/ *–erste Variante im MS durchstrichen*
4 als wir die Frage stellten. (⟨d⟩.h. ⟨das⟩ *–Korrektur in Tintenbleistift*
7 Anderseits könnte ich als Kriterium der Teilbarkeit ⟨auf …⟩
14 zwei Streifen von der Art b sehe. ⟨Die⟩ Aussage „a ist geteilt" ⟨bezieh…⟩
14 bezeichnet a also ⟨*einen*⟩ *Ort*; das nämlich, was *gleichbleibt*
17 Verschiedenes was wir als „Ort im Gesichtsfeld" und ⟨„Bezeichnung …⟩
18 Wir könnten aber ⟨die …⟩
20 in einem geteilten Streifen fortsetzt oder aber, wenn ⟨wir …⟩
23 kann ich mir noch ganz leicht geteilt denken|"| (oder „vorstellen").⟨"⟩
24 (oder „vorstellen"). ⟨(Man würde auch sagen: „wenn⟩ eine Teilung
27 der Teilbarkeit in gleiche Teile.⟨)⟩ Und hier sagt man:
30 Und wie ⟨–⟩ wenn es mir nicht gelingt?
32 auf diese Aussage hin *–im MS durchstrichen*
33 wenn man auf diese Aussage hin fragt „wieso kannst Du ⟨es …⟩
33 Dir nun die Halbierung denken". Darauf ⟨kommt …⟩
35 größer/breiter/ *–erste Variante im MS durchstrichen*
35 und es wird offenbar angenommen, daß, ⟨jene …⟩

das zu denken, keine Schwierigkeit ist./mehr hat./ In Wirklichkeit aber handelt es sich hier nicht um Schwierigkeiten, sich/mir/ ein bestimmtes Bild vors innere Auge zu rufen, und nicht um etwas was ich versuchen und mir mißlingen kann, sondern um die Anerkennung einer Regel der Ausdrucksweise. Diese Regel kann allerdings gegründet sein auf der 259 Fähigkeit sich etwas vorzustellen; d.h. die Vorstellung funktioniert in diesem Fall als Muster also als Zeichen und kann natürlich auch ersetzt werden durch ein gemaltes Muster. Wenn ich nämlich frage: „was versteht man unter dem Wachsen der Breite eines Streifens“, so wird mir als Erklärung so etwas vorgeführt, es wird mir ein Muster gegeben, das ich, oder dessen Erinnerung ich etwa meiner Sprache einverleibe.

Und so kann der, den ich frage „wieso ist der breite Streifen a teilbar weil b geteilt ist“ als Antwort den Streifen b verbreitern und mir vorführen, wie aus b ein geteilter Streifen von der Breite des a wird/werden kann/. Aber bei dieser Antwort hätte es nun sein Bewenden. Und was hat er zur Erklärung getan? Er hat mir ein Zeichen, ein Muster, in mein Zeichensystem gegeben; das ist alles.

Gibt es nun für die Teilbarkeit des Streifens im Gesichtsraum eine Grenze? Nun – das kann ich festsetzen wie ich will. – Das heißt: ich kann ein Zeichensystem mit begrenzter Teilbarkeit oder eins mit unbegrenzter Teilbarkeit einführen – nur kann ich natürlich die Tatsachen nicht kommandieren und muß sie dann mit dem von mir festgesetzten Zeichensystem entsprechend beschreiben. Wenn also meine Vorstellung bezw. das Gesichtsbild eines geteilten Streifens einen 260 Teil meines Zeichensystems bildet so endet dieser Teil meines Symbolismus, wo ich, aus irgendwelchen Gründen unfähig bin eine weitere Verkleinerung der Teile zu bewirken/herbeizuführen/. Dann aber kann ich mich entscheiden, entweder, zu sagen es gäbe keine weitere Teilung mehr d.h. von einer solchen zu reden sei sinnlos und in diesem Falle habe ich mich gebunden ein eventuell auftretendes Phänomen das ich versucht wäre eine weitere Teilung zu nennen anders zu beschreiben – oder aber die Teilbarkeit im Symbolismus weitergehn zu lassen, wodurch aber nichts geändert wird weil ja meine Reihe von Mustern, die auch zum Symbolismus/zur Sprache/ gehört ein Ende hat. Soweit diese Reihe von Mustern eine Reihe von Zeichen ist kommt durch jedes neue Muster ein n e u e s Zeichen in die Sprache. Diese Betrachtung ist meist ohne Wichtigkeit manchmal aber wird sie wichtig. Wir haben einen dem Problem der Teilbarkeit analogen Fall wenn gefragt wird: ist es möglich jede beliebige Anzahl |3n| von Strichen ||||||||||| mit einem Blick als Gruppe von Trippeln zu erfassen, oder jede beliebig lange Reihe solcher Striche als ein für ihre Anzahl charakteristisches Bild zu sehen wie wir es für |, ||, |||, |||| können?

1 ist./mehr hat./ *–erste Variante im MS durchstrichen*
2 handelt es sich hier nicht um Schwierigkeiten⟨, der vergleichbar ...⟩
5 Diese Regel ⟨ist⟩ allerdings gegründet auf der Fähigkeit sich etwas
9 Streifens“ *–Ausführungszeichen in Tintenbleistift*
12 „wieso ist der ⟨B...⟩
13 ist der breite Streifen a teilbar ⟨wenn⟩ weil b geteilt ist“ ⟨mir antworten: „...⟩
13 als Antwort den Streifen ⟨B⟩ verbreitern und mir ⟨zeigen ...⟩
31 das ich versucht wäre eine weitere Teilung ⟨an...⟩
34 zum Symbolismus/zur Sprache/ *–erste Variante im MS durchstrichen*
38 einen ⟨dem Fall⟩ der ⟨Teilung⟩ analogen Fall ⟨in der Fähigkeit ...⟩
39 wenn gefragt wird: ist es möglich ⟨e...⟩
41 oder jede beliebig lange Reihe ⟨von Strichen⟩ als ein für ihre Anzahl

Auch hier können wir zur Beschreibung unserer Erfahrung ein endliches oder ein unendliches Zahlensystem verwenden, – denn die 261 Reihe der Muster übersehbarer Gruppen hat ein Ende und sie determiniert den Sinn unsrer Sätze ebensosehr wie das verwendete Zahlensystem.

Wenn ich also sagte „wir suchen nach einer Regel, die einer gewissen Realität entspricht", so liegt die *Entsprechung* in der Einfachheit und leichten Verständlichkeit der Darstellung. Die Regel wird durch die Tatsachen nur insofern gerechtfertigt, als die Wahl eines Koordinatensystems durch ihre Anwendung auf eine Kurve gerechtfertigt wird die sich in dem System besonders einfach darstellen läßt.

1 Es ist möglich im Gesichtsfeld zwei gleich lange (d.h. gleichlang gesehene) Strecken zu sehen deren jede |durch Farbgrenzen| in mehrere Teile gleiche Teile geteilt ist und beim Zählen dieser Teile zu finden daß ihre Anzahlen ungleich sind. Wie ist es nun mit einer Frage: „Angenommen ich könnte 30 und 31 Teile als Zahl übersehen, wäre es auch dann möglich zwei Strecken von 30 und 31 gesichtsgleichen Teilen als gleichlang zu sehen?" – Nun, wie ist diese Frage zu entscheiden? Erstens:/Vor allem:/ wie ist das, wenn man 30 Teile als Zahl übersieht? Was kann man dafür als Erklärung geben? Wir können freilich niemandem einen Kentaur zeigen, weil es keinen gibt, aber es ist für die Bedeutung des Wortes „Kentaur" wesentlich, daß wir einen malen, oder 262 modellieren können. – So aber ist es auch für den Sinn des Satzes „ich kann 30 Teile als Zahl übersehen" |wesentlich| *was* ich etwa als Beispiel dieses Übersehens/Überblickens/ zeigen kann, und daß ich keinen Fall eines solchen Übersehens/Überblickens/ von 30 Strichen als Muster zeigen kann. Hier kann man sagen: ich kann mir das Übersehen /Überblicken/ von 30 Strichen |als Zahlenbild| nicht vorstellen, ich weiß nicht, wie das wäre, und die Frage „wie wäre es, wenn ...." ist für mich unsinnig denn es ist mir kein Kriterium zur Entscheidung gegeben.

2 Verschiedene Bedeutungen der Wörter „verschwommen", „unklar".

9 als die ⟨|zweckmäßige|⟩ Wahl eines Koordinatensystems
15 Strecken zu sehen deren jede |⟨etwa⟩ durch Farbgrenzen|
16 beim Zählen dieser Teile ⟨herauszufinden⟩ daß ihre Anzahlen ungleich
17 Wie ist es nun mit ⟨der⟩ Frage:
19 wäre es auch dann möglich ⟨eine S...⟩
19 zwei Strecken von 30 und 31 ⟨Teilen ...⟩
21 Erstens:/Vor allem:/ *–erste Variante im MS durchstrichen*
21 zu entscheiden? Erstens:/Vor allem:/ ⟨„⟩wie ist das,
22 Was kann man dafür ⟨für eine⟩ Erklärung geben?
23 Wir können freilich niemandem einen ⟨Centauer⟩ zeigen,
24 aber es ist für die Bedeutung des Wortes „⟨Centauer⟩" wesentlich,
27 Übersehens/Überblickens/ *–erste Variante im MS durchstrichen*
27 etwa als Beispiel dieses Übersehens/Überblickens/ ⟨vorweisen⟩ kann,
27 und daß ich keinen Fall ⟨vorweisen kann den ich durch diesen Satz wahrheitsgemäß beschreibe. ...⟩
28 solchen Übersehens/Überblickens/ *–erste Variante im MS durchstrichen*
30 ich kann mir das Übersehen/Überblicken/ ⟨z...⟩
30 von 30 Strichen ⟨|als Zahl|⟩ nicht vorstellen,
30 ⟨|als Zahlenbild|⟩ von 30 Strichen nicht vorstellen,
32 denn es ist mir kein Kriterium ⟨zu ihrer⟩ Entscheidung gegeben.

1 Wenn das Kriterium dafür daß p aus q folgt darin besteht daß man „beim Denken von q p mitdenkt“, so denkt man wohl beim Denken des Satzes „in dieser Kiste sind 10^5 Sandkörner“ die 10^5 Sätze „in dieser Kiste ist éin Sandkorn“, „… 2 Sandkörner“ etc. etc.? Was ist denn hier das Kriterium des Mitdenkens!

Und wie ist es mit einem Satz: „ein Fleck (F) liegt zwischen den

Grenzen AA“? Folgt aus ihm nicht, daß F auch zwischen BB und zwischen CC liegt, u.s.w.? Folgen hier aus éinem Satz unendlich viele? und ist er also unendlich vielsagend? – Aus dem Satz „ein Fleck liegt 263
zwischen den Grenzen AA“ folgt jeder Satz von der Art „ein Fleck liegt zwischen den Grenzen BB“ den ich hinschreibe und so viele als ich hinschreibe. Wie aus p soviele Sätze der Form $p \vee \xi$ folgen, als ich hinschreibe (oder ausspreche, etc.). (Der Induktionsbeweis beweist soviele Sätze von der Form …. als ich hinschreibe.)

2 Wenn wir die Bedeutungen der Ausdrücke „gleichlang“ und anderer für den/im/ Gesichtsraum mit den Bedeutungen der selben Wörter im Euklidischen Raum verwechseln, dann geraten wir in/kommen wir auf/ Widersprüche und fragen dann: „Wie ist so eine Erfahrung möglich?! Wie ist es möglich, daß 24 gleichlange Strecken zusammen die gleiche Länge ergeben wie 25 ebensolange? Habe ich wirklich so eine Erfahrung gehabt?“

4 éin *–Akzent als Zeichen der Hervorhebung*
6 Und wie ⟨es …⟩
6 Und wie ist es mit ⟨dem⟩ Satz:
6 Und wie ist es mit einem Satz: „⟨der S…⟩
8 daß F auch zwischen BB ⟨liegt⟩ und ⟨C …⟩
9 éinem *–Akzent als Zeichen der Hervorhebung*
11 liegt zwischen den Grenzen AA“ folgt jeder Satz von der ⟨Form …⟩
13 und so viele als ich hinschreibe. ⟨So …⟩
13 Wie aus p soviele Sätze der Form p ∨ ⟨q⟩ folgen,
17 Wenn wir die Bedeutungen der ⟨Worter …⟩
18 für den/im/ *–erste Variante im MS durchstrichen*
18 Gesichtsraum mit den Bedeutungen ⟨des …⟩
20 und fragen dann: ⟨„⟩Wie ist so eine Erfahrung möglich?!⟨“⟩ Wie ist es
21 daß 24 ⟨gleiche Längen/gleichlange Strecken/⟩ ⟨und 25 diesen gleiche⟩ Strecken ⟨die …⟩
22 die gleiche Länge ergeben wie 25 ebensolange ⟨zusammen.⟩ Habe ich
22 Habe ich ⟨mich nicht doch geirrt?“ …⟩

1 π' ist eine Regel zur Erzeugung von Dezimalbrüchen und zwar ist die Entwicklung von π' dieselbe wie die von π außer wenn in der Entwickelung von π eine Gruppe 777 vorkommt; in diesem Falle tritt statt dieser Gruppe die Gruppe 000. Unser Kalkül kennt keine Methode um zu finden wo wir in der Entwickelung von π auf so eine Gruppe stoßen.
P ist eine Regel zur Erzeugung von Dualbrüchen. In der Entwickelung 264
steht an der n-ten Stelle eine 1 oder eine 0 jenachdem n prim ist oder nicht.
F ist eine Regel zur Erzeugung von Dualbrüchen. An der n-ten Stelle steht eine 0 außer dann wenn ein Zahlentrippel x, y, z aus den ersten 100 Kardinalzahlen die Gleichung $x^n + y^n = z^n$ löst.

2 Man möchte sagen, die einzelnen Ziffern der Entwickelung (von π z.B.) sind immer nur die Resultate, die Rinde des fertigen Baumes. Das worauf es ankommt, oder woraus noch etwas Neues wachsen kann, ist im Innern des Stammes, wo die Triebkräfte sind. Eine Änderung des Äußern ändert den Baum überhaupt nicht. Um ihn zu ändern muß man in den noch lebenden Stamm gehen.

3 Ich nenne „π_n" die Entwickelung von π bis zur n-ten Stelle. Dann kann ich sagen: Welche Zahl π'_{100} ist, verstehe ich, nicht aber π', weil π ja gar keine Stellen hat, ich also auch keine durch andere ersetzen kann. [Welche Zahl π'_{100} ist/bedeutet/, verstehe ich, nicht aber, (welche) π', weil .....] Anders wäre es wenn ich z.B. die Division $a \overset{5\to 3}{:} b$ als eine Regel zur Erzeugung von Dezimalbrüchen erkläre durch Division und Ersetzung jeder 5 im Quotienten durch eine 3. Hier kenne ich |z.B.| die Zahl $1 \overset{5\to 3}{:} 7$. – Und wenn unser Kalkül eine Methode enthält ein Gesetz 265
der Lagen von 777 in der Entwicklung von π zu berechnen, dann ist nun im Gesetz von π von 777 die Rede und das Gesetz kann durch die Substitution von 000 für 777 geändert werden.

22.

Dann aber ist π' etwas anderes, als das was ich oben definiert habe; es hat eine andere Grammatik, als die von mir angenommene. In unserm Kalkül gibt es keine Frage ob $\pi \gtreqless \pi'$ ist oder nicht und keine solche Gleichung oder Ungleichung. π' ist mit π unvergleichbar. Und zwar kann man nun nicht sagen „n o c h unvergleichbar", denn sollte ich einmal etwas π' Ähnliches konstruieren das mit π vergleichbar ist dann

4 in diesem Falle tritt statt ⟨jeder 7 ...⟩
4 in diesem Falle tritt statt ⟨jeder der drei ...⟩
7 P ist ⟨ein endloser ...⟩
7 von Dualbrüchen. ⟨Die Entwicklung besteht aus Nullen außer ...⟩
8 steht an der n-ten Stelle eine ⟨0⟩ oder eine ⟨1⟩ jenachdem
10 von Dualbrüchen. ⟨Ob an⟩ der n-ten ⟨stelle⟩ |steht| eine 0 ⟨steht ...⟩ *–Korrektur der Kleinschreibung mit Tintenbleistift*
17 Eine Änderung des ⟨Äußeren⟩ ändert den Baum überhaupt nicht.
22 Dann kann ich sagen: ⟨Was π'_4 oder π'_{1000} heißt⟩, verstehe ich
25 z.B. die Division ⟨$a \overset{7\to 3}{:} b$⟩ als eine Regel zur Erzeugung von Dezimalbrüchen
27 durch Division und Ersetzung jeder 5 ⟨in der Entwi...⟩
27 im Quotienten durch eine 3. Hier ⟨weiß ...⟩
28 eine Methode enthält ⟨die⟩ |ein Gesetz der| Lagen von 777
32 22. *–Datum abgesetzt in der folgenden Manuskriptzeile, im MS Fortsetzung als fortlaufender Text, nicht als Bemerkung mit vorangehender Leerzeile*
37 Und zwar kann man nun nicht sagen „n o c h⟨" ...⟩

wird das eben darum nicht mehr π' sein. Denn π' sowie π sind ja Bezeichnungen für ein Spiel und ich kann nicht sagen das Damespiel werde noch mit weniger Steinen gespielt als das Schach da es sich ja einmal zu einem Spiel mit 16 Steinen entwickeln könne. Dann wird es nicht mehr das sein was wir „Damespiel" nennen. (Es sei denn daß ich mit diesem Wort |gar| nicht ein Spiel bezeichne sondern etwa eine Charakteristik mehrerer Spiele; und auch diesen Nachsatz kann man auf π' oder π anwenden.) Da es nun ein Hauptcharakteristicum einer Zahl ist, mit andern Zahlen vergleichbar zu sein, so ist die Frage ob man π' eine Zahl nennen soll und ob eine reelle Zahl; wie immer man es aber nennt, so ist das Wesentliche daß π' in einem andern Sinne Zahl 266
ist als π. – Ich kann ja auch ein Intervall einen Punkt nennen, ja es kann einmal praktisch sein das zu tun aber wird es nun einem Punkt ähnlicher, wenn ich vergesse daß ich hier das Wort Punkt in doppelter Bedeutung gebraucht habe?

Es zeigt sich hier klar, daß die Möglichkeit der Dezimalentwicklung π' nicht zu einer Zahl im Sinne von π macht. Die Regel für diese Entwicklung ist natürlich eindeutig so eindeutig wie die für π oder $\sqrt{2}$ aber das ist kein Argument dafür daß π' eine reelle Zahl ist, wenn man die Vergleichbarkeit mit andern reellen Zahlen für ein wesentliches Merkmal der reellen Zahl nimmt. Man kann ja auch von dem Unterschied zwischen den rationalen und den irrationalen Zahlen abstrahieren, aber der Unterschied verschwindet doch dadurch nicht. Daß π' eine eindeutige Regel zur Entwickelung von Dezimalbrüchen ist bedeutet/konstituiert/ natürlich eine Ähnlichkeit zwischen π' und π oder $\sqrt{2}$; aber auch ein Intervall hat Ähnlichkeiten mit einem Punkt, etc.. Allen Irrtümern, die in diesem Kapitel der Philosophie der Mathematik gemacht werden liegt immer wieder die Verwechslung zu Grunde zwischen internen Eigenschaften einer Form (der Regel als Bestandteil des Regelverzeichnisses) und dem was man im gewöhnlichen Leben „Eigenschaft" nennt (rot als Eigenschaft dieses Buches). Man könnte 267
auch sagen: die Widersprüche und Unklarheiten werden dadurch hervorgerufen, daß die Mathematiker/Menschen/ einmal unter einem Wort, z.B. „Zahl", ein bestimmtes Regelverzeichnis verstehen, ein andermal ein variables Regelverzeichnis; so als nennte ich „Schach" einmal das bestimmte Spiel wie wir es heute spielen, ein andermal das Substrat einer bestimmten historischen Entwicklung.

2 ich kann nicht sagen das Damespiel ⟨sei noch nicht dasselbe wie das …⟩
5 Dann wird es nicht mehr das ⟨Dames…⟩
7 sondern etwa eine Charakteristik mehrerer Spiele⟨.⟩ …⟩
16 Es zeigt sich hier klar, daß die Möglichkeit der ⟨Z…⟩
19 kein Argument dafür daß π' eine reelle Zahl ist⟨. …⟩
22 rationalen und den irrationalen Zahlen ⟨absehen …⟩
23 rationalen und den irrationalen Zahlen abstrahieren, aber ⟨sie werden …⟩
25 eine Ähnlichkeit zwischen π' und ⟨π' …⟩
27 die in ⟨dieser Sache von Philosophen und Mathematikern⟩ gemacht werden
31 was man im gewöhnlichen Leben „Eigenschaft" nennt⟨. …⟩
32 Man könnte auch sagen: die Widersprüche⟨ – ⟩Unklarheiten
32 Widersprüche und Unklarheiten *–im MS am linken Rand mit einer vertikalen Wellenlinie markiert*

1 „Wieweit muß ich π entwickeln um es einigermaßen zu kennen?“ – Das heißt natürlich nichts. Wir kennen es |also| schon ohne es überhaupt zu entwickeln. Und, in diesem Sinne, könnte man sagen, kenne ich π' gar nicht. Hier zeigt sich nur |ganz deutlich|, daß π' einem anderen System angehört als π, und das erkennt man wenn man statt „die Entwicklungen“ der beiden zu vergleichen die Art der Gesetze allein ins Auge faßt.

2 Zwei mathematische Gebilde deren eines ich in meinem Kalkül mit jeder rationalen Zahl vergleichen kann, das andere nicht, – sind nicht Zahlen im gleichen Sinne des Wortes. Der Vergleich der Zahl mit einem Punkt auf der Zahlgeraden ist nur stichhältig wenn man für je zwei Zahlen |a und b| sagen kann ob a rechts von b oder b rechts von a liegt.

3 Es genügt nicht, daß man den Punkt durch Verkleinerung seines 268
Aufenthaltsortes - angeblich - mehr und mehr bestimmt, sondern man muß ihn konstruieren. Fortgesetztes Würfeln schränkt zwar den möglichen Aufenthalt des Punktes unbeschränkt ein, aber es bestimmt keinen Punkt. Der Punkt ist nach jedem Wurf (oder jeder Wahl) noch unendlich unbestimmt – oder richtiger: er ist nach jedem Wurf unendlich unbestimmt. Ich glaube hier werden wir von der absoluten Größe der Gegenstände in unserem Gesichtsraum irregeführt; |und| andrerseits von der Zweideutigkeit des Ausdrucks „sich einem Punkte /Gegenstand/ nähern“. Von einer Strecke im Gesichtsfeld kann man sagen sie nähere sich durch Einschrumpfen immer mehr einem Punkt d.h. sie werde einem Punkt immer ähnlicher. Dagegen wird die euklidische Strecke durch Einschrumpfen einem Punkt nicht ähnlicher, sie bleibt ihm vielmehr immer gleich unähnlich, weil ihre Länge den Punkt, sozusagen, gar nichts angeht. Wenn man von der Euklidischen Strecke sagt sie nähere sich durch Einschrumpfen einem Punkt, so hat das nur Sinn sofern |schon| ein Punkt bezeichnet ist, dem sich ihre Enden nähern und kann nicht heißen sie erzeuge durch Einschrumpfen einen Punkt. Sich einem Punkt nähern hat eben zwei Bedeutungen: es heißt |einmal| ihm räumlich näher kommen, dann muß er schon da sein denn ich kann mich |in diesem Sinne| einem Menschen nicht nähern, der nicht vorhanden ist. Anderseits heißt es „einem Punkt 269
ähnlicher werden“ wie man |etwa| sagt die Affen haben sich dem |Stadium des| Menschen in ihrer Entwicklung genähert (noch ehe es den Menschen gegeben hat) die Entwicklung habe den Menschen erzeugt.

1 ⟨We…⟩
4 Hier zeigt sich ⟨natürlich⟩ nur |ganz deutlich|, daß π' einem ⟨ganz⟩ anderen
5 System angehört als π, ⟨was …⟩
16 *Im MS (Seitenwechsel) keine Leerzeile vor der Bemerkung*
16 daß man den Punkt durch Verkleinerung seines ⟨Aufenthaltes …⟩
22 ⟨(⟩Ich glaube hier werden wir von der absoluten Größe
32 bezeichnet ist, dem ⟨sie⟩ sich |ihre Enden| ⟨nähert⟩ und kann
37 einem Menschen nicht nähern, ⟨wenn⟩ der nicht ⟨h…⟩
37 Anderseits ⟨aber⟩ heißt es ⟨auch⟩ „einem Punkt ähnlicher werden“
40 (noch ehe es den Menschen gegeben hat) *–im MS durchstrichen*
40 ⟨diese⟩ Entwicklung habe den Menschen erzeugt.

1 Zu sagen „zwei reelle Zahlen sind identisch, wenn sie in *allen* Stellen ihrer Entwicklung übereinstimmen“, hat nur dann Sinn wenn ich dem Ausdruck „in allen Stellen übereinstimmen“ durch eine Methode diese Übereinstimmung festzustellen einen Sinn *gegeben* habe. Und das Gleiche gilt natürlich für den Satz „sie stimmen nicht überein wenn sie an *irgend einer* Stelle nicht übereinstimmen“.

2 Könnte man aber nicht auch umgekehrt π' als das Ursprüngliche und also |als| den zuerst angenommenen Punkt betrachten und dann über die Berechtigung von π im Zweifel sein? – Was ihre Extensionen betrifft sind sie natürlich gleichberechtigt; was uns aber dazu veranlaßt π einen Punkt auf der Zahlengeraden zu nennen, ist seine Vergleichbarkeit mit den Rationalzahlen.

3 Wenn ich π, oder sagen wir $\sqrt{2}$, als Regel zur Erzeugung von Dezimalbrüchen auffasse, so kann ich natürlich eine Modifikation dieser Regel erzeugen indem ich sage es solle jede 7 in der Entwicklung von $\sqrt{2}$ durch eine 5 ersetzt werden; aber diese Modification ist von ganz 270
andrer *Art/Natur/* als die, welche, etwa, durch eine Änderung des Radikanden oder des Wurzelexponenten erzeugt wird. Ich nehme z.B. in das modifizierte Gesetz eine Beziehung zum Zahlensystem der Entwicklung auf, die in dem ursprünglichen Gesetz $\sqrt{2}$ nicht vorhanden war. Die Änderung des Gesetzes ist von viel fundamentalerer Art als es zuerst den Anschein haben könnte. Ja, wenn wir das falsche Bild von der |unendlichen| Extension vor uns haben, dann kann es allerdings scheinen als ob ich durch die Hinzufügung der Ersetzungsregel $7 \rightarrow 5$ zur $\sqrt{2}$ diese viel weniger verändert hätte als etwa durch Änderung der $\sqrt{2}$ in $\sqrt{2 \cdot 1}$ denn die Entwicklungen von $\sqrt{2}^{7 \rightarrow 5}$ lauten denen von $\sqrt{2}$ sehr ähnlich während |die Entwicklung der| $\sqrt{2 \cdot 1}$ schon nach der 2ten Stelle gänzlich von der der $\sqrt{2}$ abweicht.

4 Durch die falsche Auffassung des Wortes „unendlich“ und der Rolle der „unendlichen Entwicklung“ in der Arithmetik der reellen Zahlen wird man zu der Meinung verführt, es gäbe eine einheitliche Notation der irrationalen Zahlen (nämlich eben die der unendlichen Extensionen z.B. der unendlichen Dezimalbrüche).

Dadurch, daß man bewiesen hat, daß für jedes Paar von 271
Kardinalzahlen x und y $(\frac{x}{y})^2 \neq 2$ ist, ist doch nicht $\sqrt{2}$ *einer* Zahlenart genannt „die irrationalen Zahlen“ eingeordnet. Diese Zahlenart müßte ich doch erst aufbauen; oder: von der neuen Zahlenart ist mir doch nicht mehr bekannt als *ich* bekannt mache.

11 gleichberechtigt⟨. Was⟩ uns aber dazu veranlaßt ⟨hat⟩ π einen Punkt
28 denn ⟨im ersten Fall lautet die Entwicklung auf 10 Stellen gleich der der $\sqrt{2}$ während $\sqrt{2 \cdot 1}$ schon an der dritten Stelle von $\sqrt{2}$ verschieden ist …⟩
29 denen von $\sqrt{2}$ sehr ähnlich während ⟨schon …⟩
34 zu der Meinung verführt, es gäbe eine einheitliche Notation der ⟨R…⟩
35 irrationalen Zahlen (nämlich eben die der unendlichen Extensionen⟨)⟩
40 Diese Zahlenart müßte ich doch erst aufbauen; ⟨von …⟩

1 Gebe ich eine Regel ρ zur Bildung von Extensionen an, aber so, daß mein Kalkül kein Mittel kennt vorherzusagen, wie oft höchstens sich eine scheinbare Periode der Extension wiederholen kann, dann ist ρ von einer |reellen| Zahl insofern verschieden als ich $\rho - a$ in gewissen Fällen nicht mit einer Rationalzahl vergleichen kann, so daß der Ausdruck $\rho - a = b$ unsinnig wird. Wäre z.B. die |mir bekannte| Entwicklung von ρ bis auf weiteres $3{\cdot}1411111 \ldots.$ so ließe es sich von der Differenz $\rho - 3{\cdot}14\dot{1}$ nicht sagen, sie sei größer oder |sie sei| kleiner als 0, sie läßt sich also in diesem Sinne nicht mit 0 vergleichen also nicht mit einem Punkt der Zahlenachse und sie und ρ nicht in demselben Sinne Zahl nennen wie einen dieser Punkte.

2 Es wäre eine gute Frage für die Scholastiker gewesen: „Kann Gott alle Stellen von π kennen".

3 Es tritt uns bei diesen Überlegungen immer wieder etwas entgegen was man „arithmetisches Experiment" nennen möchte. Was herauskommt ist zwar durch das Gegebene bestimmt, aber ich kann nicht erkennen, 272
wie es dadurch bestimmt ist. So geht es mit dem Auftreten der Ziffer 7 in der Entwicklung von π; so ergeben sich auch die Primzahlen als Resultate eines Experiments. Ich kann mich davon überzeugen daß 31 eine Primzahl ist, aber ich sehe den Zusammenhang nicht zwischen ihr (ihrer Lage in der Reihe der Kardinalzahlen) und der Bedingung, der sie entspricht. – Aber diese Perplexität ist nur die Folge eines falschen Ausdrucks. Der Zusammenhang den ich nicht zu sehen glaube, existiert gar nicht. Ein – sozusagen unregelmäßiges – Auftreten der 7 in der Entwicklung von π gibt es gar nicht denn es gibt ja keine Reihe die „*die* Entwicklung von π" hieße. Es gibt Entwicklungen von π, nämlich die die man entwickelt hat (vielleicht 1000) und in diesen kommt die 7 nicht „regellos" vor, denn ihr Auftreten |in ihnen| läßt sich beschreiben. – (Dasselbe für die „Verteilung der Primzahlen". Wer uns ein Gesetz dieser Verteilung gibt, gibt nur eine *neue* Zahlenreihe, *neue* Zahlen). (Ein Gesetz des Kalküls, das ich nicht kenne, ist kein Gesetz). (Nur was ich *sehe*, ist ein Gesetz; nicht, was ich *beschreibe*. Nur das hindert mich, mehr in meinen Zeichen auszudrücken, als ich verstehen kann.) Im Kalkül muß alles wirklich vorgehen. – –)

1 zur Bildung von Extensionen an, aber so, daß ⟨ich …⟩
2 wie oft |höchstens| sich eine scheinbare Periode der Extension ⟨höchstens⟩ *–im MS Umstellung durch Pfeil*
3 wiederholen kann, dann ist ρ ⟨mit einer …⟩
4 insofern verschieden als ich ⟨dann⟩ $\rho - a$ in ⟨manche…⟩
5 mit einer Rationalzahl vergleichen kann, so daß ⟨die …⟩
6 Wäre ⟨also⟩ die |mir bekannte| Entwicklung von ρ ⟨z.B. …⟩
9 mit 0 vergleichen ⟨und⟩ nicht mit einem Punkt der Zahlenachse
10 nicht mit einem Punkt der Zahlenachse und sie ⟨nicht …⟩
13 gute Frage für die Scholastiker gewesen: „Kann Gott ⟨alles …⟩
19 ich kann nicht erkennen, *wie*⟨, …⟩
20 so ergeben sich auch die Primzahlen ⟨eine nach der andern, aber ich sehe den Zusammenhang nicht zwischen der Stelle an der ⟨sie …⟩ 31 steht und der Bedingung der diese Zahl entspricht …⟩
22 aber ich sehe den Zusammenhang nicht zwischen ihr ⟨und …⟩
32 gibt nur eine *neue* Zahlenreihe, *neue* Zahlen⟨.⟩)
33 (Ein Gesetz des Kalküls, das ich nicht kenne, ist kein Gesetz⟨.⟩ –⟩
36 Im Kalkül muß alles wirklich vorgehen. *–im MS durchstrichen*

1 Die Kinder lernen in der Schule wohl 2 × 2 = 4 aber nicht 2 = 2. 273

2 Die Allgemeinheit in der (Kardinal)arithmetik wird durch die Induktion dargestellt. Die Induktion ist der Ausdruck der arithmetischen Allgemeinheit.

3 Wogegen ich mich wehre, ist die Anschauung, daß eine/die/ unendliche Zahlenreihe etwas uns gegebenes sei, worüber es nun spezielle Zahlensätze und auch allgemeine Sätze über alle Zahlen der Reihe gibt. So daß der arithmetische Kalkül nicht vollständig wäre, wenn er nicht auch die allgemeinen Sätze über die Kardinalzahlen enthielte, nämlich allgemeine Gleichungen der Art a + (b + c) = (a + b) + c. Während schon 1 : 3 = 0'$\dot{3}$ einem andern Kalkül angehört als 1 : 3 = 0'3. Und so ist eine allgemeine Zeichenregel (|z.B.| rekursive Definition) die für 1, (1) + 1, ((1) + 1) + 1, (((1) + 1) + 1) + 1, u.s.w. gilt etwas andres als eine spezielle Definition. Und die allgemeine Regel fügt dem Zahlenkalkül etwas neues bei ohne welches er ebenso vollständig gewesen wäre wie die Arithmetik der Zahlenreihe 1, 2, 3, 4, 5.

4 Hat es keinen Sinn, auch dann wenn der Fermatsche Satz bewiesen ist, zu sagen F = 0'11? (Wenn ich etwa in der Zeitung davon läse.) Ja, ich werde dann sagen: „nun können wir also schreiben ‚F = 0'11'" D.h. es liegt nahe das Zeichen „F" aus dem früheren Kalkül, in dem es keine 274 Rationalzahl bezeichnete, in den neuen hinüber zu nehmen und nun 0'11 damit zu bezeichnen.

23.

5 F wäre ja eine Zahl, von der wir nicht wüßten ob sie rational oder irrational ist. Denken wir uns eine Zahl von der wir nicht wüßten ob sie eine Kardinalzahl oder eine Rationalzahl ist. – Eine Beschreibung im Kalkül gilt eben nur als dieser bestimmte Wortlaut und hat nichts mit einem Gegenstand |der Beschreibung| zu tun, der vielleicht einmal gefunden werden wird.

3 Die Allgemeinheit in der ⟨Arithmetik⟩ wird durch die Induktion
16 Und die allgemeine Regel ⟨für …⟩
22 Ja, ich werde dann sagen: „nun⟨, …⟩
29 oder irrational ist. Denken wir uns ⟨einze…⟩
31 Eine Beschreibung im Kalkül gilt eben nur ⟨soviel als …⟩
33 einmal gefunden werden wird⟨ und der Beschreibung genügt.⟩

1 Man könnte – wie gesagt – den Induktionsbeweis ganz ohne die Benützung von Buchstaben (mit voller Strenge) anschreiben. Die rekursive Definition a + (b + 1) = (a + b) + 1 müßte dann als Definitionsreihe geschrieben werden. Diese Reihe verbirgt sich nämlich in der Erklärung ihres Gebrauchs. Man kann natürlich auch der Bequemlichkeit halber die Buchstaben |in der Definition| beibehalten muß sich aber dann in der Erklärung auf ein Zeichen der Art „1, (1) + 1, ((1) + 1) + 1, u.s.w.“ beziehen; oder, was auf dasselbe hinausläuft „[1, ξ, ξ + 1]“. Hier darf man aber nicht etwa glauben, daß dieses Zeichen eigentlich lauten sollte „(ξ) · [1, ξ, ξ + 1]“! – Der Witz unserer 275 Darstellung ist ja daß der Begriff „alle Zahlen“ nur durch eine Struktur der Art „[1, ξ, ξ + 1]“ gegeben ist. Die Allgemeinheit ist durch diese Struktur im Symbolismus *dargestellt* und kann nicht durch ein (x) · fx *beschrieben* werden.

Natürlich ist die sogenannte „rekursive Definition“ keine Definition im hergebrachten Sinne des Worts, weil keine Gleichung. Denn die Gleichung „a + (b + 1) = (a + b) + 1“ ist nur ein Bestandteil von ihr. Noch ist sie das logische Produkt von Gleichungen. Sie ist vielmehr ein Gesetz wonach Gleichungen gebildet werden; wie [1, ξ, ξ + 1] keine Zahl ist sondern ein Gesetz etc.. (Das Überraschende/Verblüffende/ am Beweis von a + (b + c) = (a + b) + c ist ja daß er aus einer Definition allein hervorgehen soll. Aber α ist keine Definition sondern eine allgemeine Additionsregel.)

Anderseits ist die Allgemeinheit dieser Regel keine andere als die der |periodischen| Division $\underline{1}_{\underline{1}}$: 3 = 0˙3. D.h. es ist in der Regel nichts offen gelassen, ergänzungsbedürftig oder dergl..

Und vergessen wir nicht: Das Zeichen „[1, ξ, ξ + 1]“ …. N interessiert uns nicht als ein suggestiver Ausdruck des allgemeinen Gliedes der Kardinalzahlenreihe, sondern nur, sofern es mit analog gebauten Zeichen in Gegensatz tritt: N *im Gegensatz zu*, etwa, [2, ξ, ξ + 3]; kurz als Zeichen, als Instrument, in einem Kalkül. Und das Gleiche gilt natürlich von $\underline{1}_{\underline{1}}$: 3 = 0˙3. (Offengelassen wird in der Regel 276 nur ihre Anwendung.)

1+(1+1)=(1+1)+1, 2+(1+1)=(2+1)+1, 3+(1+1)=(3+1)+1, 4 ….. u.s.w.
1+(2+1)=(1+2)+1, 2+(2+1)=(2+2)+1, 3+(2+1)=(3+2)+1, ….. u.s.w.
1+(3+1)=(1+3)+1, 2+(3+1)=(2+3)+1, 3+(3+1)=(3+3)+1, ….. u.s.w.
— — u. s. w. — — — — — — — — — — —

So könnte man die Regel „a + (b + 1) = (a + b) + 1“ anschreiben.

2 die Benützung von Buchstaben (⟨und⟩ mit voller Strenge)
3 Die rekursive Definition ⟨α⟩ a + (b + 1) = (a + b) + 1 müßte dann
8 auf ein Zeichen der Art „1, (1) + 1, ((1) + 1) + 1, u.s.w.“ beziehen⟨. …)
10 eigentlich lauten sollte „(ξ) · [1, ξ, ξ + 1]“! – ⟨Natürlich ist …⟩
20 (Das Überraschende/Verblüffende/ am Beweis ⟨von …⟩
22 Aber α ist keine Definition *–siehe Fußnote 3, oben*

1 Vielleicht wird die Sache klarer, wenn man als Additionsregel statt der rekursiven Regel „a + (b + 1) = (a + b) + 1“ folgende gibt:

$$\begin{array}{l} a + (1 + 1) = (a + 1) + 1 \\ a + ((1 + 1) + 1) = ((a + 1) + 1) + 1 \\ a + (((1 + 1) + 1) + 1) = (((a + 1) + 1) + 1) + 1 \\ - \; - \; - \text{ u.s.w. } - \; - \; - \; - \; - \; - \; - \; - \end{array}$$

Wir schreiben eine solche/diese/ Regel in der Form [1, ξ, ξ + 1] so:

$$\left[\begin{array}{rl} a + (\underset{\downarrow}{1} + 1) = & (a + \underset{\downarrow}{1}) + 1 \\ a + (\xi + 1) & (a + \xi) + 1 \\ a + ((\xi + 1) + 1) & ((a + \xi) + 1) + 1 \end{array}\right] \quad \dots \quad R$$

Dann entspricht der Regel „a + (b + 1) = (a + b) + 1“ die Form

$$\left[\begin{array}{rl} a + (1 + 1) = & (a + 1) + 1 \\ a + (\xi + 1) & (a + \xi) + 1 \\ a + ((\xi + 1) + 1) & ((a + \xi) + 1) + 1 \end{array}\right] \quad \dots \quad S$$

der Regel R.

2 In der Anwendung der Regel R, deren Beschreibung ja zu der Regel selbst als ein Teil ihres Zeichens gehört, läuft a der Reihe [1, ξ, ξ + 1] entlang und das könnte natürlich durch ein beigefügtes Zeichen etwa „a ⟶ N“ angegeben werden. (Die zweite und dritte Zeile der Regel R könnte man zusammen die Operation nennen, wie das zweite und dritte Glied des Zeichens N.) So ist auch die Erläuterung zum Gebrauch der rekursiven Definition „a + (b + 1) = (a + b) + 1“ ein Teil dieser Additionsregel/Regel/ selber; oder auch eine Wiederholung ebenderselben/der/ Regel in andrer Form: sowie „1, 1 + 1, 1 + 1 + 1, u.s.w.“ das gleiche bedeutet wie (d.h. übersetzbar ist in) „[1, ξ, ξ + 1]“. Die Übersetzung |in die Wortsprache| erklärt den Kalkül mit den neuen Zeichen, da wir den |Kalkül|, mit den Zeichen der Wortsprache schon beherrschen. 277

Das Zeichen einer Regel ist ein Zeichen eines Kalküls wie jedes andere; seine Aufgabe ist nicht suggestiv (auf eine Anwendung hin) zu wirken, sondern im Kalkül nach Gesetzen/nach einem System/ gebraucht zu werden. Daher ist die äußere Form, wie die eines Pfeiles »—→, nebensächlich, wesentlich aber das System worin das Regelzeichen verwendet wird. Das System von Gegensätzen – sozusagen – wovon/von denen [worin]/ das Zeichen sich unterscheidet, etc..

Das was ich hier die Beschreibung der Anwendung nenne enthält ja selbst ein „u.s.w.“, kann also nur eine Ergänzung oder ein Ersatz des Regelzeichens selbst sein.

7 eine solche/diese/ *–erste Variante im MS durchstrichen*

9 a + (ξ + 1) ⟨=⟩ (a + ξ) + 1
a + ((ξ + 1) + 1) ⟨=⟩ ((a + ξ) + 1) + 1

11 der Regel „a + (b + 1) = (a + b) + 1“ ⟨jetzt folgende Induktion:⟩

12 ⟨ $\left.\begin{array}{r} a + (1 + 1) \overset{R}{=} (a + 1) + 1 \\ a + ((b + 1) + 1) \overset{R}{=} (a + (b + 1) + 1 \\ (a + (b + 1)) + 1 \overset{R}{=} ((a + b) + 1) + 1 \end{array}\right\} \dots S$ ⟩ *–Formel im MS gestrichen*

19 durch ein beigefügtes Zeichen etwa ⟨„[a = N]“ …⟩

20 angegeben werden. (Die zweite und dritte ⟨Zeich…⟩

24 Additionsregel/Regel/ *–erste Variante im MS durchstrichen*

32 im Kalkül ⟨regelmäßig⟩ ⟨[⟩nach Gesetzen⟨]⟩ gebraucht zu werden.

36 sozusagen – wovon/von denen [worin]/ ⟨es sich …⟩

37 das Zeichen sich unterscheidet, etc.. ⟨Die …⟩

1 Was ist nun der Gegensatz eines allgemeinen Satzes wie $a + (b + (1 + 1)) = a + ((b + 1) + 1)$? Welches ist das System von Sätzen innerhalb dessen diese Regel/dieser Satz/ verneint wird? Oder auch: wie, in welcher Form, kann dieser Satz mit andern in Widerspruch geraten? Oder: welche Frage kann er beantworten, zwischen welchen Alternativen entscheiden? Nicht zwischen einer „$(n) \cdot fn$“ und einer „$(\exists n) \cdot \sim fn$“, denn die Allgemeinheit ist dem Satz von der Regel R zugebracht. Sie kann ebensowenig in Frage gestellt/gezogen/ werden, wie das System der Kardinalzahlen. [Oder: Welche Frage beantwortet er? Nicht/Gewiß nicht/ die, ob $(n) \cdot fn$ oder $(\exists n) \sim fn$ der Fall ist, etc] Die Allgemeinheit einer Regel kann eo ipso nicht in Frage gestellt werden. 278

Denken wir uns nun den allgemeinen Satz als Reihe geschrieben

$p_{11}, p_{12}, p_{13}, \ldots.$ und verneint. Wenn wir ihn als $(x)\, f(x)$ auffassen, so
$p_{21}, p_{22}, p_{23}, \ldots.$ ist er/betrachten wir ihn als/ ein logisches Produkt
$p_{31}, p_{32}, p_{33}, \ldots.$ und sein Gegenteil ist eine/die/ logische Summe
— — — — — — /Disjunktion/ der Verneinungen von p_{11}, p_{12}, etc..

Diese Disjunktion (nun) ist mit jedem beliebigen Produkt $p_{11} \cdot p_{21} \cdot p_{22} \cdot p_{12} \ldots. p_{mn}$ vereinbar. (Gewiß, wenn man den Satz mit einem logischen Produkt vergleicht, so wird er unendlich vielsagend und sein Gegenteil nichtssagend.) (Bedenke aber: das „u.s.w.“ steht im Satz nach einem Beistrich nicht nach einem „und“ („·“). Das „u.s.w.“ ist kein Zeichen ihrer U n v o l l s t ä n d i g k e i t.)

2 Ist denn die Regel R unendlich vielsagend? wie ein ungeheuer langes logisches Produkt? 279

Daß man die Zahlenreihe durch die Regel laufen läßt, ist eine gegebene Form; darüber wird nichts behauptet und kann nichts verneint werden.

Das Durchleiten des Zahlenstromes ist ja nichts wovon ich sagen kann, ich könne es beweisen. Beweisen kann ich nur etwas über die Form, den Model, durch den ich den Zahlenstrom leite.

Kann man nun nicht sagen, daß die allgemeine Zahlenregel $a + (b + c) = (a + b) + c$ (A) eben die Allgemeinheit hat wie $a + (1 + 1) = (a + 1) + 1$ (indem diese für jede Kardinalzahl, jene für jedes Kardinalzahlentrippel gilt); und daß der rekursive Beweis /Induktionsbeweis/ von A die Regel A r e c h t f e r t i g t? Daß wir also die Regel A geben dürfen, weil der Beweis zeigt, daß sie immer stimmt?

3 diese Regel/dieser Satz/ verneint wird? Oder auch⟨, …⟩
4 kann ⟨diese Regel⟩ mit andern in Widerspruch geraten?
5 welche Frage kann er beantworten⟨? Jedenfalls keine die seine …⟩
6 ⟨Jedenfalls nicht⟩ zwischen einer „$(n) \cdot fn$“ und einer „$(\exists n) \cdot \sim fn$“,
15 eine/die/ *–erste Variante im MS durchstrichen*
16 logische Summe/Disjunktion/⟨. …⟩ *–zweite Variante im MS durchstrichen*
18 Produkt $p_{11} \cdot p_{21} \cdot p_{22} \cdot p_{12} \ldots. p_{mn}$ vereinbar. ⟨(Freilich …⟩
20 das „u.s.w.“ steht ⟨in der Regel …⟩
21 das „u.s.w.“ steht im Satz nach einem ⟨Beisp…⟩
21 nicht nach einem „und“ („·“).⟨(…⟩
22 Das „u.s.w.“ ist kein Zeichen ihrer U n v o l l s t ä n d i g k e i t.) *–im MS Nachtrag in der letzten Textzeile der Bemerkung und der nachfolgenden Leerzeile*
29 ⟨Ich möchte sagen: das⟩ Durchleiten des Zahlenstromes
31 über die Form, ⟨(⟩den Model⟨)⟩, durch den ich den Zahlenstrom
32 daß die ⟨Regel⟩ $a + (b + c) = (a + b) + c$ (A)
36 und daß der rekursive Beweis/Induktionsbeweis/ ⟨von …⟩

Rechtfertigt $\underline{1}_{\underline{1}}$: 3 = 0·3 die Regel
„$1 \overset{1}{:} 3$ = 0·3, $1 \overset{2}{:} 3$ = 0·33, $1 \overset{3}{:} 3$ = 0·333, u.s.w.“ ? ..... P

A ist eine vollkommen verständliche Regel; so wie die Regel /Ersetzungsregel/ P. Eine solche Regel kann ich aber darum nicht geben weil ich die einzelnen Fälle von A schon durch eine andere Regel berechnen kann, wie ich P nicht als Regel geben kann wenn ich eine Regel gegeben habe mit der ich $1 \overset{1}{:} 3$ = 0·3, etc. b e r e c h n e n kann.

1 Wie wäre es, wenn man außer den Multiplicationsregeln noch „25 × 25 = 625“ als Regel festsetzen wollte? (Ich sage nicht „25 × 25 = 624“!) – 25 × 25 = 625 hat nur Sinn, wenn die Art der Rechnung/Ausrechnung/ bekannt ist, die zu dieser Gleichung gehört, und hat nur Sinn in Bezug auf diese Rechnung. A hat nur Sinn mit Bezug auf die Art der Ausrechnung von A. Denn die erste Frage wäre |hier| eben: ist das eine Bestimmung [Festsetzung], oder ein errechneter Satz? Denn ist 25 × 25 = 625 eine Festsetzung (Grundregel), dann bedeutet das Multiplicationszeichen etwas anderes, als es z.B. in Wirklichkeit bedeutet. (D.h. wir haben es mit einer anderen Rechnungsart zu tun.) Und ist A eine Festsetzung dann definiert das die Addition anders, als wenn es ein errechneter Satz ist. Denn die Festsetzung ist ja dann eine Erklärung des Additionszeichens und die Rechenregeln, die A auszurechnen erlauben, eine andere Erklärung desselben Zeichens. Ich darf hier nicht vergessen daß α, β, γ nicht der Beweis von A ist sondern nur die Form des Beweises, oder des Bewiesenen, ist; α, β, γ definiert also A. 280

Darum kann ich nur sagen „25 × 25 = 625 wird bewiesen“, wenn die Beweismethode fixiert ist, unabhängig von dem speziellen Beweis. Denn diese Methode bestimmt erst die Bedeutung von „ξ × η“, also, w a s bewiesen wird. Insofern gehört also die Form $\underline{a}_{\underline{a}}$: b = c zur Beweismethode, die den Sinn von $\dot{c}$ erklärt. Etwas anderes ist dann die Frage, ob ich richtig gerechnet habe. – Und so gehört α, β, γ zur Beweismethode die den Sinn des Satzes A erklärt. 281

Die Arithmetik ist ohne eine Regel A vollständig, es fehlt ihr nichts. Die Regel/Der Satz/ A wird (nun) mit Entdeckung einer Periodizität, mit der Konstruktion eines n e u e n Kalküls |in die Arithmetik|, eingeführt. Die Frage nach der Richtigkeit dieses Satzes hätte vor dieser Entdeckung (oder Konstruktion) so wenig Sinn, wie die Frage nach der Richtigkeit von: „$1 \overset{1}{:} 3$ = 0·3, $1 \overset{2}{:} 3$ = 0·33, ... ad inf.“

3 A ist eine ⟨vollständig ...⟩
4 /Ersetzungsregel/ ⟨„schreibe eine Dezimalzahl die aus lauter 3 ...⟩
9 ⟨Die Arithmetik ist, wie gesagt, auch ohne eine Regel ...⟩
9 *Im MS (Seitenwechsel) keine Leerzeile vor der Bemerkung*
17 dann bedeutet das Multiplicationszeichen ⟨jetzt⟩ etwas anderes,
18 als es z.B. in Wirklichkeit bedeutet. ⟨Und ist ...⟩
33 Die Arithmetik ist ohne eine Regel A vollständig, ⟨komplett.⟩
34 Die Regel/Der Satz/ *–erste Variante im MS durchstrichen*
36 |in die Arithmetik| *–das Einfügungszeichen ist im MS gewellt unterstrichen*
38 so wenig Sinn, wie die Frage nach der Richtigkeit ⟨des Satzes ...⟩

Nun ist die Festsetzung P verschieden vom Satz „1 : 3 = 0·3̇“ und in diesem Sinne ist „a + (b + ċ) = (a + b) + ċ“ verschieden von einer Regel (Festsetzung) A. |Die beiden gehören andern Kalkülen an.| Der Beweis von A ist nur insofern |ein| Beweis, |ich meine, man kann ihn nur insofern den Beweis einer Regel nennen| – er hat nur insofern eine beweisende Beziehung zu A als allgemeiner arithmetischer Ersetzungsregel – als er die |allgemeine| Form der Beweise arithmetischer Sätze von der Form A ist. [Der Beweis einer Regel ist der Beweis von A nur insofern als er die Form der Beweise arithmetischer Sätze von der Form A ist.] [Der Beweis einer allgemeinen Ersetzungsregel A ist der rekursive Beweis nur insofern als er ......] [Der Beweis, die Rechtfertigung, einer Ersetzungsregel A ist der 282 rekursive Beweis nur insofern, als er die allgemeine Form ......] [Der Beweis, die Rechtfertigung, einer Regel A ist der Beweis von α, β, γ nur insofern als ....]

1 Die Periodizität ist nicht das Anzeichen (Symptom) dafür, daß es so weiter geht, aber der Ausdruck „so geht es immer weiter“ ist nur eine Übersetzung in eine andere Ausdrucksweise der Periodizität des Zeichens [des periodischen Zeichens]. (Gäbe es außer dem periodischen Zeichen noch etwas wofür die Periodizität nur ein Symptom ist, so müßte dieses Etwas seinen spezifischen Ausdruck haben, der nichts anderes wäre, als der vollständige Ausdruck dieses Etwas.)

2 Wie ein Satz verifiziert wird, das sagt er. Vergleiche die Allgemeinheit in der Arithmetik mit der Allgemeinheit von nicht arithmetischen Sätzen. Sie wird anders verifiziert und ist darum eine Andere. 285
Die Verification ist nicht ein |bloßes| Anzeichen der Wahrheit, sondern sie bestimmt den Sinn des Satzes. (Einstein: wie eine Größe gemessen wird, das ist sie.)

1 vom Satz „1 : 3 = 0·3̇“ und ⟨in sofern (in diesem Sinne ist) „(a + b ...⟩
3 Regel (Festsetzung) A. |⟨Sie⟩ gehören andern Kalkülen an.| Der
3 Der Beweis von A *–im MS sind die ersten drei Varianten bis:* nur insofern als er ......] *am linken Rand mit einer Wellenlinie markiert und durchkreuzt*
3 Der ⟨rekursive⟩ Beweis von A ist nur insofern
4 ist nur insofern Beweis ⟨einer allgemeinen Regel⟩ – ⟨d.h.⟩ er hat
6 arithmetischer *–im MS durchstrichen*
19 eine andere Ausdrucksweise ⟨des Zeichens ...⟩
20 [des periodischen Zeichens]. (Gäbe es außer ⟨der P...⟩
21 noch etwas wofür ⟨jenes Zeichen ...⟩
25 *Im MS folgt die Bemerkung der nachfolgenden Bemerkung (156, 1). Diese und die folgenden zwei Umstellungen im MS durch Klammern und Pfeile.*
28 *Nach den ersten zwei Sätzen folgt infolge von Verblättern auf der Seite 283 oben die Anweisung:* [Fortsetzung des letzten Satzes auf dem nächsten Blatt]; *Fortsetzung des Textes auf der folgenden Versoseite 285 mit der Anweisung:* [3 Seiten zurück]
28 Die Verification ist nicht ⟨|einfach|⟩ ein *–das Einfügungszeichen ist im MS gewellt unterstrichen*

1 Eigentlich hat ja schon Russell durch seine „Theorie of descriptions" gezeigt, daß man sich nicht eine Kenntnis der Dinge von hinten herum erschleichen kann, und daß es nur scheinen kann, als wüßten wir von den Dingen mehr, als sie uns auf geradem Weg geoffenbart haben. Aber er hat durch seine/die/ Idee der „indirect knowledge" wieder alles verschleiert. 282

2 Wie es sich nun mit derjenigen Allgemeinheit in der Mathematik verhält, die nicht von „allen Kardinalzahlen" sondern |z.B.| von „allen reellen Zahlen" spricht/deren Sätze nicht von „allen Kardinalzahlen" sondern |z.B.| von „allen reellen Zahlen" handeln/, kann man nur erkennen, wenn/indem/ man diese Sätze und ihre Beweise untersucht. [Wie es sich nun mit |derjenigen Allgemeinheit, mit| den Sätzen der Mathematik verhält, die nicht ..... handeln, ...] 285

3 Warum ich sage, daß wir einen Satz wie den Hauptsatz der Algebra nicht finden, sondern konstruieren? – Weil wir ihm beim Beweis einen neuen Sinn geben, den er früher noch gar nicht gehabt hat. Für diesen Sinn gab es vor dem sogenannten Beweis nur eine beiläufige Vorlage in der Wortsprache. 283

4 Wenn durch Entdeckungen ein Kalkül der Mathematik geändert wird, können wir den alten Kalkül nicht behalten (aufheben)? (D.h., müssen wir ihn wegwerfen?) Das ist ein sehr interessanter Aspekt. Wir haben nach der Entdeckung des Nordpols nicht zwei Erden: eine mit, und eine ohne den Nordpol. Aber nach der Entdeckung des Gesetzes der Verteilung der Primzahlen, zwei Arten von Primzahlen.

5 Denken wir Einer würde sagen, das Schachspiel mußte nur entdeckt werden, es war immer da! Oder das reine Schachspiel war immer da, nur das materielle, von Materie verunreinigte, haben wir gemacht.

6 Messung des Raumes und des räumlichen Gegenstandes. Das Seltsame am leeren Raum und an der leeren Zeit. Die Zeit (und der Raum) ein aetherischer Stoff. Von Substantiven verleitet, glauben wir an eine 284
Substanz [... verleitet, nehmen wir eine Substanz an]. Ja, wenn wir der Sprache die Zügel überlassen und nicht dem Leben, dann entstehen die philosophischen Probleme.

„Was ist die Zeit?" – Schon in der Frage liegt der Irrtum: als wäre die Frage: woraus, aus welchem Stoff, ist die Zeit gemacht. Wie man etwa fragt, woraus ist dieses feine Kleid gemacht.

1 *Die Bemerkung steht im MS vor der vorangehenden (155, 2)*
5 seine/die/ *–erste Variante im MS durchstrichen*
8 *Die Bemerkung folgt im MS der vorvorangehenden (155, 2)*
8 Wie es sich nun mit derjenigen Allgemeinheit ⟨verhält ...⟩
16 *Im MS zwei Leerzeilen vor der Bemerkung*
16 daß wir ⟨einem⟩ Satz wie ⟨dem ...⟩
18 noch *–im MS durchstrichen*
22 durch Entdeckungen ⟨die Kalküle⟩ der Mathematik geändert ⟨werden⟩, können wir ⟨die⟩ alten ⟨Kalküle⟩ nicht behalten
29 Denken wir Einer würde sagen, das Schachspiel⟨, ...⟩
33 *Im MS zwei Leerzeilen vor der Bemerkung*
33 Messung des Raumes und des ⟨räumlichen ...⟩

1 „Ergibt die Operation|, z.B.,| eine rationale Zahl" – wie kann das gefragt werden, wenn man keine Methode zur Entscheidung der Frage hat? denn die Operation *ergibt* doch nur im festgesetzten Kalkül. Ich meine: „ergibt" ist doch wesentlich praesens/zeitlos/. Es heißt doch nicht: „ergibt mit der Zeit"! – sondern, ergibt nach der gegenwärtigen Regel. [.... nach der jetzt bekannten, festgesetzten, Regel.]

2 Die alles gleich machende Gewalt der Sprache, die sich am krassesten im Wörterbuch zeigt, und die es möglich macht, daß die *Zeit* personifiziert werden konnte; was nicht weniger merkwürdig ist, als es wäre, wenn wir Gottheiten der logischen Constanten hätten.

3 Die philosophische Klarheit wird auf das Wachstum der Mathematik den gleichen Einfluß haben, wie das Sonnenlicht auf das Wachsen der 285 Kartoffeltriebe. (Im dunklen Keller wachsen sie meterlang.)

4 Denken wir uns jemand stellte sich folgendes/dieses/ Problem: Es ist ein Spiel zu erfinden: das Spiel soll auf einem Schachbrett gespielt werden; jeder Spieler soll 8 Steine haben; von den weißen Steinen sollen zwei |(die „Konsulen")| die an den Enden der Anfangsposition stehen durch die Regeln irgendwie ausgezeichnet sein; sie sollen eine größere Bewegungsfreiheit haben als die andern; von den schwarzen Steinen soll einer |(der „Feldherr")| ein ausgezeichneter sein; ein weißer Stein nimmt einen schwarzen (u.u.) indem er sich an dessen Stelle setzt; das ganze Spiel soll eine gewisse Analogie mit den Punischen Kriegen 286 haben. Das sind die Bedingungen, denen das Spiel zu genügen hat. – Das ist gewiß eine Aufgabe, und eine Aufgabe ganz andrer Art als die, herauszufinden, wie Weiß im Schachspiel unter gewissen Bedingungen gewinnen könne. – Denken wir uns nun aber die Frage/das Problem/: „Wie kann Weiß in unserm/dem/ Kriegsspiel dessen Regeln wir noch nicht genau kennen in 20 Zügen gewinnen?" Dieses Problem wäre ganz analog den Problemen der Mathematik (nicht ihren Rechenaufgaben).

5 „Er sagt das, und *meint* es": Vergleiche das einerseits mit: „er sagt das, und schreibt *es* nieder"; anderseits mit: „er sagt das und unterschreibt *es*".

6 Der Glaube, daß mich das Feuer brennen wird, ist von der Natur der Furcht, daß es mich brennen wird.

3 wenn man keine Methode zur Entscheidung der Frage hat⟨,⟩ denn die
5 Es heißt doch nicht: „ergibt mit der Zeit"⟨; ...⟩
17 Denken wir uns jemand stellte sich ⟨folgendes/dieses/⟩ Problem:
18 Es ist ein Spiel zu erfinden ⟨das folgenden/gewissen/ Bedingungen genügt: es⟩ soll auf einem Schachbrett gespielt werden;
19 jeder Spieler soll 8 Steine haben; ⟨z...⟩
20 die an den Enden der Anfangsposition stehen ⟨ei...⟩
25 das ganze Spiel soll eine gewisse Analogie mit den ⟨Kriegen z...⟩
28 wie ⟨man⟩ im Schachspiel unter gewissen Bedingungen gewinnen könne.
29 Denken wir uns nun aber ⟨etwa⟩ die Frage/das Problem/
31 in 20 Zügen gewinnen?" ⟨Das wäre eine ganz analoge ...⟩
32 der Mathematik (nicht ihren Rechenaufgaben⟨.⟩)
34 |einerseits| mit: „er sagt das, und schreibt *es* nieder" ⟨einerseits ...⟩

1 Wenn man mich in's Feuer zöge, so würde ich mich wehren und nicht gutwillig gehen; und ebenso würde ich schreien: „das Feuer wird mich brennen!" und ich würde nicht schreien: „vielleicht wird es ganz angenehm sein!"

2 Ich kalkuliere *so*, weil ich nicht anders kalkulieren kann. (Ich glaube *das*, weil ich nichts andres glauben kann.)

X.

Philosophische Grammatik.

27.5.32. 1

1 Ich kann die Regel R

$$\left[\begin{array}{ll} a+(1+1)=(a+1)+1 & \\ a+(\xi+1) & (a+\xi)+1 \\ a+((\xi+1)+1) & ((a+\xi)+1)+1 \end{array}\right]$$

auch so schreiben:

$$\left[\begin{array}{ll} a+(1+1)=(a+1)+1 & \\ a+(\xi+1) & (a+\xi)+1 \\ a+((\xi+1)+1) & (a+(\xi+1))+1 \end{array}\right] \ldots.\ S$$

oder auch so:

$a+(b+1)=(a+b)+1$, wenn ich R oder S als Erklärung oder Ersatz für diese Form nehme.

Wenn ich nun sage, in

$$\left.\begin{array}{ll} \alpha & a+(b+1)=(a+b)+1 \\ \beta & a+(b+(c+1))=a+((b+c)+1)=(a+(b+c))+1 \\ \gamma & (a+b)+(c+1)=((a+b)+c)+1 \end{array}\right\} \ldots.\ B$$

seien die Übergänge durch die Regel R gerechtfertigt, – so kann man mir drauf antworten: „Wenn Du das eine Rechtfertigung nennst, so hast Du die Übergänge gerechtfertigt. Du hättest uns aber ebensoviel gesagt, wenn Du uns nur auf die Regel R und ihre formale Beziehung zu |α| (|oder zu| α, β und γ) aufmerksam gemacht hättest.“

Ich hätte also auch sagen können: Ich nehme die Regel R in der und der Weise als Paradigma meiner Übergänge.

Wenn nun Skolem etwa nach seinem Beweis für das associative Gesetz übergeht zu:

$$\left.\begin{array}{l} a+1=1+a \\ a+(b+1)=(a+b)+1 \\ (b+1)+a=b+(1+a)=b+(a+1)=(b+a)+1 \end{array}\right\} \ldots.\ C$$ 2

und sagt der erste und dritte Übergang in der dritten Zeile seien nach dem bewiesenen associativen Gesetz gerechtfertigt, – so sagt er uns damit nicht mehr als/so erfahren wir damit nicht mehr, als/ wenn er sagte, die Übergänge seien nach dem Paradigma $a+(b+c)=(a+b)+c$ gemacht (|d.h.| sie entsprechen dem Paradigma) und es sei ein Schema α, β, γ mit Übergängen nach dem Paradigma α abgeleitet. – „Aber rechtfertigt B nun diese Übergänge oder nicht?“ – Was meinst Du mit dem Wort ‚rechtfertigen‘? – „Nun, der Übergang ist gerechtfertigt, wenn wirklich ein Satz, der für alle Zahlen gilt, bewiesen ist.“ – Aber in welchem Falle wäre das geschehen? Was nennst Du einen Beweis davon, daß ein Satz für alle Zahlen/Kardinalzahlen/ gültig ist? Wie weißt Du ob der Satz (wirklich) für alle Kardinalzahlen giltig ist, da Du es nicht ausprobieren kannst. Dein einziges Kriterium ist ja der Beweis. Du bestimmst also wohl eine Form und nennst sie die, des Beweises, daß ein Satz für alle Kardinalzahlen gilt. Dann haben wir eigentlich gar

9 ⟨aber⟩ auch so:
11 a + (b + 1) = (a + b) + 1⟨ T)⟩ wenn ich R oder S als Erklärung oder Ersatz
18 so kann man mir drauf antworten: ⟨wenn⟩ Du das eine Rechtfertigung
21 gemacht hättest.“ *–Ausführungszeichen in Bleistift*
28 (b + 1) + a = ⟨(…⟩
32 Übergänge seien nach dem Paradigma a + (b + c) = ⟨a + (b + c)⟩ gemacht
33 und ⟨außerdem⟩ sei ein Schema α, β, γ ⟨ab…⟩
35 ⟨„⟩Was meinst Du mit dem Wort ‚rechtfertigen‘?⟨“⟩
37 der für alle Zahlen gilt, bewiesen ist.“ – ⟨„…⟩
42 Du bestimmst also wohl ⟨die⟩ Form

nichts davon, daß uns zuerst die allgemeine Form dieser Beweise gezeigt wird; da ja dadurch nicht gezeigt wird, daß nun der besondere Beweis wirklich das leistet, was wir von ihm verlangen; ich meine: da hiedurch der besondere Beweis nicht als einer gerechtfertigt, erwiesen ist, der einen Satz für alle Kardinalzahlen beweist. |Der rekursive Beweis muß vielmehr seine eigene Rechtfertigung sein.| Wenn wir unsern Beweisvorgang wirklich als den Beweis einer solchen Allgemeinheit 3
rechtfertigen wollen tun wir vielmehr etwas anderes: wir gehen Beispiele einer Reihe durch und diese Beispiele und das Gesetz was wir in ihnen erkennen befriedigt uns nun und wir sagen: ja, unser Beweis leistet wirklich was wir wollten. Aber wir müssen nun bedenken, daß wir mit der Angabe dieser Beispielreihe die Schreibweise B und C nur in eine andere (Schreibweise) übersetzt haben. (Denn die Beispielreihe ist nicht die unvollständige Anwendung der allgemeinen Form, sondern ein anderer Ausdruck dieser Form [des Gesetzes].) Und weil die Wortsprache, wenn sie den Beweis erklärt, erklärt was er beweist, den Beweis nur in eine andere Ausdrucksform übersetzt, so können wir diese Erklärung auch ganz weglassen. Und wenn wir das tun so werden die mathematischen Verhältnisse viel klarer, nicht verwischt durch die vieldeutigen/mehrdeutigen/ [vieles bedeutenden] Ausdrücke der Wortsprache. Wenn ich z.B. B unmittelbar neben A setze, ohne Dazwischenkunft des Wortes „alle“ [ohne Vermittlung durch den Ausdruck der Wortsprache „für alle Kardinalzahlen etc.“], so kann kein falscher Schein eines Beweises von A durch B entstehen. Wir sehen dann ganz nüchtern wie weit die Beziehungen von B zu A |und zu a + b = b + a| reichen und wo sie aufhören. [Wir sehen dann die nüchternen, (nackten) Beziehungen zwischen A und B, und wie weit sie reichen.] Man lernt so erst, unbeirrt von der alles gleichmachenden 4
Form der Wortsprache die eigentliche Struktur dieser Beziehung kennen und was es mit ihr auf sich hat.

1 uns |zuerst| die allgemeine Form dieser Beweise ⟨zuerst⟩ gezeigt wird;
4 nicht als einer gerechtfertigt, erwiesen⟨, …⟩
5 der einen Satz für alle Kardinalzahlen ⟨w…⟩
8 tun wir vielmehr etwas anderes⟨, …⟩
11 und wir sagen: ja, unser Beweis leistet wirklich was wir wollten *–im MS am linken Rand mit einer vertikalen Wellenlinie markiert*
14 (Denn die Beispielreihe ist nicht die ⟨Anwendung …⟩
16 erklärt was er beweist, ⟨nur …⟩
18 Und wenn *–Ansatz zu einer nicht ausgeführten Korrektur in Kleinschreibung*
20 vieldeutigen/mehrdeutigen/ *–erste Variante im MS durchstrichen*
22 [ohne Vermittlung durch ⟨das …⟩
23 den Ausdruck der Wortsprache „für alle ⟨Zahlen⟩ etc.“
28 unbeirrt von der alles gleichmachenden ⟨Gewalt⟩ der Wortsprache
29 unbeirrt von der alles gleichmachenden Form der Wortsprache die ⟨St…⟩

Man sieht hier vor allem, daß wir in/an/ dem Baum der Strukturen B, C, etc. interessiert sind, und daß an ihm zwar allenthalben die Form

$$\varphi 1 = \psi 1$$
$$\varphi(n+1) = F(\varphi n)$$
$$\psi(n+1) = F(\psi n)$$

zu sehen ist, gleichsam ein bestimmtes Asttrippel/eine bestimmte Astgabelung/, daß aber dieses/diese/ Gebilde in verschiedenen Anordnungen und Verbindungen untereinander auftreten, und daß sie nicht in dem Sinne Konstruktionselemente bilden/sind/, wie die Paradigmen im Beweis von $a + (b + (c + 1)) = (a + (b + c)) + 1$ oder $(a + b)^2 = a^2 + 2ab + b^2$. Der Zweck, und die Rechtfertigung, der „rekursiven Beweise" ist ja, den algebraischen Kalkül mit dem der Zahlen in Verbindung zu bringen/setzen/. Und der Baum der rekursiven Beweise „rechtfertigt" den algebraischen Kalkül nur, wenn das heißen soll, daß er ihn mit dem arithmetischen in Verbindung bringt. Nicht aber in dem Sinn in welchem die Liste der Paradigmen den |algebraischen| Kalkül, d.h. die Übergänge in ihm, rechtfertigt. Wenn man also die Paradigmen der Übergänge tabuliert so hat das dort Sinn wo das Interesse darin liegt zu zeigen daß die und die Transformationen alle bloß mit Hilfe jener – im übrigen willkürlich gewählten – Übergangsformen zu Stande gebracht sind. Nicht aber dort, wo sich die Rechnung in einem andern Sinne rechtfertigen soll wo also das Anschauen der Rechnung – ganz abgesehen von dem Vergleich mit einer Tabelle vorher festgelegter Normen – uns lehren muß ob wir sie zulassen sollen oder nicht. Skolem hätte uns also keinen Beweis des assoziativen und kommutativen Gesetzes versprechen brauchen/sollen/ sondern einfach sagen können, er werde uns einen Zusammenhang der Paradigmen der Algebra mit den Rechnungsregeln der Arithmetik zeigen. Aber ist das nicht Wortklauberei? hat er denn nicht die Zahl der Paradigmen reduziert und uns z.B. statt jener beiden Gesetze eines, nämlich $a + (b + 1) = (a + b) + 1$ gegeben? Nein. Wenn wir z.B. $(a + b)^4 =$ etc. (k beweisen so könnten wir dabei von dem vorher bewiesenen Satz $(a + b)^2 =$ etc. (l gebrauch machen. Aber in diesem Fall lassen sich die Übergänge in k die durch l gerechtfertigt wurden auch durch jene Regeln rechtfertigen mit denen l bewiesen wurde. Und es verhält sich dann l zu jenen ersten Regeln wie ein durch Definition eingeführtes Zeichen zu den primären Zeichen mit deren Hilfe es definiert wurde. Man kann die Definition immer auch eliminieren und auf die primären Zeichen übergehen. Wenn wir aber in C einen Übergang machen der durch B gerechtfertigt ist so können wir diesen

2 interessiert sind, |und| daß ⟨aber⟩ an ihm zwar allenthalben die Form
7 ein bestimmtes Asttrippel/eine bestimmte Astgabelung/ *–erste Variante im MS durchstrichen*
7 dieses/diese/ *–erste Variante im MS durchstrichen*
10 wie die Paradigmen im Beweis⟨, daß⟩ $(a + b)^2 = a^2 + 2ab + b^2$⟨ ist.⟩
11 , und die Rechtfertigung, *–im MS durchstrichen*
13 bringen/setzen/ *–erste Variante im MS durchstrichen*
15 wenn das heißen soll, daß er ihn mit dem ⟨Ar…⟩
16 Nicht aber in dem ⟨Sinne⟩ in welchem die Liste der Paradigmen
20 alle bloß mit Hilfe jener – im übrigen ⟨w…⟩
23 wo also das Anschauen ⟨des b…⟩
32 Wenn wir z.B. $(a + b)^4 =$ ⟨….⟩ (k beweisen so könnten wir
32 *Im MS:* Wenn wir z.B. $(a + b)^4 =$ etc. etc. (k |beweisen| *–Einfügung in Bleistift*
33 von dem vorher bewiesenen Satz $(a + b)^2 =$ ⟨….⟩ (l gebrauch machen.

Übergang nun nicht auch mit a + (b + 1) = (a + b) + 1 allein machen. Wir 6
haben eben mit dem was hier Beweis genannt wird nicht einen Schritt /Übergang/ in Stufen zerlegt, sondern etwas ganz andres getan.

1 Wenn gefragt würde: ist die Negation/Verneinung/ in der Mathematik etwa in ~(2 + 2 = 5) die gleiche wie die nicht-mathematischer Sätze? so müßte erst bestimmt werden was als Charakteristikum der/dieser/ Verneinung |als solcher| aufzufassen ist. Die Bedeutung eines Zeichens liegt ja in den Regeln nach denen es verwendet wird/die seinen Gebrauch vorschreiben/. Welche dieser Regeln machen das Zeichen „~“ zur Verneinung? Denn es ist klar daß gewisse Regeln die sich auf „~“ beziehen für beide Fälle die gleichen sind; z.B. ~~p = p. Man könnte ja auch fragen: ist die Verneinung eines Satzes „ich sehe einen roten Fleck“ die gleiche wie die von „die Erde bewegt sich in einer Ellipse um die Sonne“; und die Antwort müßte auch sein: Wie hast Du „Verneinung“ definiert, durch welche Klasse von Regeln? – daraus wird sich ergeben ob wir in beiden Fällen „die gleiche Verneinung“ haben. Wenn die Logik allgemein von der Verneinung redet, oder einen Kalkül mit ihr treibt, so ist die Bedeutung des Verneinungszeichens nicht weiter festgelegt, als die Regeln seines Kalküls. Wir dürfen hier nicht vergessen daß ein Wort seine Bedeutung nicht als etwas ihm ein für allemal verliehenes mit sich herumträgt so daß wir sicher sind wenn 7
wir nach dieser Flasche greifen auch die bestimmte Flüssigkeit vielleicht Schwefelsäure/etwa Spiritus/ zu erwischen. [.... auch die bestimmte Flüssigkeit |z.B. Spiritus| in der Hand zu halten.]

2 Irrtümliche Anwendung unserer physikalischen Ausdrucksweise auf Sinnesdaten. „Gegenstände“ d.h. Dinge, Körper im Raum des Zimmers und „Gegenstände“ im Gesichtsfeld, der Schatten eines Körpers an der Wand als Gegenstand! Wenn man gefragt wird: „existiert der Kasten noch, wenn ich ihn nicht anschaue“, so ist die korrekte Antwort: „ich glaube nicht, daß ihn jemand gerade dann wegtragen wird oder zerstören.“ Die Sprachform „ich nehme x wahr“ bezieht sich ursprünglich auf ein Phänomen (als Argument) im physikalischen Raum (ich meine hier: im „Raum“ der alltäglichen Ausdrucksweise). Ich kann diese Form daher nicht unbedenklich auf das Anwenden, was man Sinnesdatum nennt |etwa auf ein optisches Nachbild|. (Vergleiche auch, was wir über die Identifizierung von Körpern und anderseits von Farbflecken im Gesichtsfeld gesagt haben.) Was es heißt: ich, das

6 etwa in ⟨$2 + 2 \neq 5$⟩ die gleiche wie die nicht-mathematischer Sätze?
15 und die Antwort müßte auch sein: ⟨„...⟩
19 so ist die Bedeutung ⟨der Verneinun...⟩
20 des Verneinungszeichens nicht weiter festgelegt, als ⟨sein...⟩
23 so daß wir sicher sind wenn wir nach dieser Flasche ⟨in w...⟩
24 vielleicht Schwefelsäure/etwa Spiritus/ *–zweite Variante in Bleistift*
28 *Im MS zwei Leerzeilen vor Beginn der Bemerkung*
33 daß ihn jemand gerade dann wegtragen |wird| oder zerstören ⟨wird“.⟩
35 bezieht sich ursprünglich auf ⟨einen Körper ...⟩
35 bezieht sich ursprünglich auf ein Phänomen (als Argument)⟨, das ...⟩
36 (ich meine hier: im „Raum“ ⟨des⟩ alltäglichen ⟨Ausdrucks ...⟩
36 Ich kann ⟨daher diese Form⟩ *–im MS Streichung durch Umstellungspfeil*
38 was man Sinnesdatum nennt |etwa auf ein ⟨Nachbild ...⟩|
40 Was es heißt: ich⟨ stehe ...⟩

Subject, stehe dem Tisch, als Object, gegenüber, kann ich leicht verstehen; in welchem Sinne aber stehe ich meinem optischen Nachbild des Tisches gegenüber?

„Ich kann diese Glasscheibe nicht sehen aber ich kann sie fühlen“. Kann man sagen: „ich kann das Nachbild nicht sehen, aber .....“? 8
|Vergleiche:|

„Ich sehe den Tisch deutlich“;
„ich sehe das Nachbild deutlich“.
„Ich höre die Musik deutlich“;
„ich höre das Ohrensausen deutlich“.

Ich sehe den Tisch |nicht| deutlich heißt etwa: ich sehe |nicht| alle Einzelheiten des Tisches; – was aber heißt es: „ich sehe nicht alle Einzelheiten des Nachbildes“, oder: „ich höre nicht alle Einzelheiten des Ohrenklingens“?

Könnte man nicht sehr wohl statt „ein Nachbild sehen“ sagen: „ein Nachbild haben“? Denn: ein Nachbild „sehen“? im Gegensatz wozu? –

„Wenn Du mich auf den Kopf schlägst, sehe ich Kreise“. – „Sind es genaue Kreise, hast Du sie gemessen?“ (Oder: „sind es gewiß Kreise, oder täuscht Dich Dein Augenmaß?“) – Was heißt es nun, wenn man sagt: „wir können nie einen genauen Kreis sehen“? Soll das eine Erfahrungstatsache sein, oder die Konstatierung einer logischen Unmöglichkeit? – Wenn das letztere, so heißt es also, daß es keinen Sinn hat vom Sehen eines genauen Kreises zu reden. Nun, das kommt darauf an, wie man das Wort gebrauchen will. „Genauer Kreis“ im Gegensatz zu einem Gesichtsbild das wir eine sehr kreisähnliche Ellipse nennen würden kann man doch gewiß sagen. Das Gesichtsbild ist ein genauer Kreis welches uns wirklich |wie wir sagen würden| kreisförmig erscheint und nicht vielleicht nur sehr ähnlich einem Kreis. Ist 9
anderseits von einem Gegenstand der Messung die Rede, so gibt es wieder verschiedene Bedeutungen des Ausdrucks „genauer Kreis“ je nach dem Erfahrungskriterium welches ich dafür bestimme, daß der Gegenstand genau kreisförmig ist. [... je nach dem Erfahrungskriterium, das ich für die genaue Kreisförmigkeit des Gegenstandes bestimme.] Wenn ich nun sage/wir nun sagen/: „keine Messung ist absolut genau“, so erinnern wir hier an einen Zug in der Grammatik der Angabe von Messungsresultaten. Denn sonst könnte uns Einer sehr wohl antworten:

4 „⟨ich⟩ kann diese Glasscheibe nicht sehen aber ich kann sie fühlen“.
4 „Ich kann ⟨diesen Tisch⟩ nicht sehen aber ich kann ⟨ihn⟩ fühlen“.
7 |Vergleiche:| ⟨„...⟩
7 |Vergleiche:| „Ich sehe ⟨einen ...⟩
8 „⟨Ich⟩ sehe das Nachbild deutlich“.
11 ⟨Vergleiche die Grammatik.⟩ Ich sehe den Tisch |nicht| deutlich
18 sehe ich Kreise“⟨,⟩ – „⟨sind⟩ es genaue Kreise,
24 daß es keinen Sinn hat ⟨von einem⟩ ⟨sehen⟩ eines genauen Kreises zu reden.
24 ⟨sehen⟩ *–im MS Streichung in Bleistift*
26 im Gegensatz zu einem Gesichtsbild ⟨daß u...⟩
27 kann man doch gewiß sagen. ⟨Der Kreis⟩ ist ⟨dann ...⟩
27 ⟨dann ...⟩ *–im MS Streichung in Bleistift*
29 und nicht vielleicht nur sehr ⟨nahe⟩ |ähnlich| einem Kreis.
30 von einem Gegenstand ⟨die Rede der gemessen werden kann ...⟩
31 des Ausdrucks „genauer Kreis“ ⟨jenachdem, welches⟩ Kriterium ich dafür ⟨gebe, daß der gemessene⟩ Gegenstand genau kreisförmig ist.

„wie weißt Du das, hast Du alle Messungen untersucht?“ – „Man kann nie einen genauen Kreis sehen“ kann die Hypothese sein daß genauere Messung eines kreisförmig aussehenden Gegenstandes immer zu dem Resultat führen wird, daß der Gegenstand von der Kreisform abweicht. — Der Satz „Man kann ein 100-Eck nicht von einem Kreis unterscheiden“ hat nur Sinn, wenn man die beiden auf irgend eine Weise unterscheiden kann, und sagen will man könne sie etwa visuell nicht unterscheiden. Wäre keine Methode der Unterscheidung vorgesehen, so hätte es also keinen Sinn zu sagen, daß diese zwei Figuren (zwar) gleich aussehen aber „in Wirklichkeit/tatsächlich/“ 10
verschieden sind. Und jener Satz wäre dann etwa die Definition

100-Eck = Kreis.

Ist in irgend einem Sinne ein genauer Kreis im Gesichtsfeld undenkbar, dann muß der Satz „ich sehe nie einen genauen Kreis im Gesichtsfeld“ von der Art des Satzes sein: „ich sehe nie ein hohes C im Gesichtsfeld“. [...., dann muß der Satz „im Gesichtsfeld ist nie ein genauer Kreis“ von der Art des Satzes sein: „im Gesichtsfeld ist nie ein hohes C“.]

1 Verschwommen, unklar, unscharf.

„Die Linien dieser Zeichnung sind unscharf“, „meine Erinnerung an die Zeichnung ist unklar |verschwommen|“, „die Gegenstände am Rande meines Gesichtsfeldes sehe ich verschwommen.“ – Wenn man von der Verschwommenheit der Bilder am Rande des Gesichtsfeldes spricht so schwebt einem oft ein Bild dieses Gesichtsfeldes vor wie es etwa Mach entworfen hat. Die Verschwommenheit aber die die Ränder eines Bildes auf der Papierfläche haben können/der Ränder eines Bildes/ ist von gänzlich andrer Natur, als die die man von den Rändern des Gesichtsfeldes aussagt. So verschieden wie die Blässe der Erinnerung an eine Zeichnung von der Blässe einer Zeichnung selbst. Wenn seinerzeit im Film eine Erinnerung oder ein Traum dargestellt werden sollte, so gab man den Bildern einen bläulichen Ton. Aber die |Traum- und| 11
Erinnerungsbilder haben natürlich keinen bläulichen Ton – sowenig wie unser Gesichtsbild verwaschene Ränder hat; also sind die bläulichen Projektionen auf der Leinwand [bläulichen Bilder auf der Leinwand] nicht |unmittelbar| anschauliche Bilder der Träume, sondern Bilder in |noch| einem andern Sinn. – Bemerken wir im gewöhnlichen Leben, wo wir doch unablässig schauen, die Verschwommenheit an den

1 hast Du alle Messungen untersucht?“ – „⟨Es gibt ...⟩
2 einen genauen Kreis sehen“ kann die Hypothese ⟨se...⟩
2 einen genauen Kreis sehen“ kann die Hypothese sein daß ⟨wei...⟩
4 führen wird, *–Komma in Bleistift*
5 abweicht. — ⟨Wenn man sagt⟩ „⟨man⟩ kann ein 100-Eck nicht von
7 und sagen will man könne⟨, so unterschiedene,⟩ etwa ⟨mit freiem Auge/den Augen/ nicht ...⟩
9 keinen Sinn zu sagen, daß ⟨dies zwar wie ein Kreis ...⟩
19 ⟨Verschwommenheit, Unklarheit. ...⟩
23 Wenn man von der Verschwommenheit der ⟨Gegenstände ...⟩
25 Die Verschwommenheit aber die die ⟨Kontu...⟩
26 *Im MS:* die die Ränder eines Bildes auf der Papierfläche haben können/der Ränder eines Bildes .../
29 seinerzeit *–im MS durchstrichen*
33 sowenig wie unser Gesichtsbild verwaschene Ränder hat ⟨–⟩ also sind
34 die bläulichen ⟨Bilder⟩ nicht |unmittelbar| anschauliche Bilder
36 sondern Bilder in |noch| einem andern Sinn. ⟨[D...⟩

Rändern des Gesichtsfeldes? Ja, welcher Erfahrung entspricht sie eigentlich, denn im normalen Sehen kommt sie nicht vor! Nun, wenn wir den Kopf nicht drehen und wir beobachten etwas, was wir durch drehen der Augen gerade noch sehen können, dann sehen wir etwa einen Menschen, können aber sein Gesicht nicht erkennen, sondern sehen es in gewisser Weise verschwommen. Die Erfahrung hat nicht die geringste Ähnlichkeit mit dem Sehen einer Scheibe auf der/welcher/ Bilder gemalt sind in der Mitte der Scheibe mit scharfen Umrissen und nach dem Rand zu mehr und mehr verschwimmend etwa in ein allgemeines Grau |unmerklich| übergehend. Wir denken an so eine Scheibe, wenn wir z.B. fragen: könnte man sich nicht ein Gesichtsfeld mit gleichbleibender Klarheit der Umrisse etc. denken? Es gibt keine Erfahrung die im Gesichtsfeld der entspräche, wenn man den Blick einem Bild entlanggleiten läßt das von scharfen Figuren zu immer verschwommeneren übergeht.

1 Die visuelle Gerade berührt den visuellen Kreis nicht in einem Punkt 12
sondern in einer visuellen Strecke. – Wenn ich die Zeichnung eines Kreises und einer Tangente ansehe, so ist nicht das merkwürdig wenn /wäre nicht das merkwürdig daß/ ich |etwa| niemals einen vollkommenen Kreis und eine vollkommene Gerade mit einander in Berührung sehe; interessant ist/wäre/wird/ es erst, wenn ich sie sehe, und dann die Tangente mit dem Kreis ein Stück zusammenläuft.

30.

2 // Denken wir uns folgendes psychologisches Experiment: Wir zeigen dem Subject zwei Linien G_1, G_2 durch welche quer die Gerade a gezogen ist. Das Stück dieser Geraden welches zwischen G_1 und G_2 liegt werde ich auch /die Strecke/ a nennen. Wir ziehen nun in beliebiger Entfernung von a und parallel dazu b und fragen ob er die Strecke b größer sieht als a oder ob er die beiden Längen nicht mehr unterscheidet. Er antwortet, b erscheine größer als a. Darauf nähern wir uns a, indem wir die Distanz von a zu b mit unsern Meßinstrumenten halbieren und ziehen c. „Siehst Du c größer als a?“ – „Ja“. Wir halbieren die Distanz c–a und ziehen d. „Siehst Du d größer als a?“ – „Ja“. Wir halbieren a–d. „Siehst Du e größer als a?“ – „Nein“ – Wir halbieren daher e–d. „Siehst Du f größer als e?“ – „Ja“. Wir halbieren

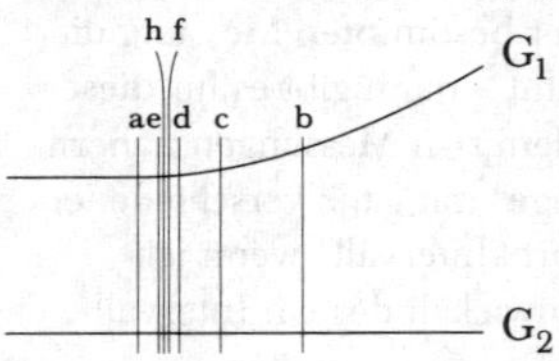

8 einer Scheibe auf der/welcher/ Bilder gemalt sind ⟨die⟩ in der Mitte der Scheibe ⟨scharfe Umrisse haben⟩ und ⟨etwa⟩ nach dem Rand zu mehr und mehr verschwimmen etwa in ein allgemeines Grau |unmerklich| ⟨übergehen⟩.
11 könnte man sich nicht ⟨das⟩ Gesichtsfeld ⟨auch so denken …⟩
13 Es gibt keine Erfahrung |die| im Gesichtsfeld ⟨die⟩ der entspräche,
18 Wenn ich ⟨einen …⟩
18 Wenn ich ⟨die/eine/⟩ Zeichnung eines Kreises
28 gezogen ist⟨ das⟩ Stück dieser Geraden *–im MS Korrektur in Bleistift*
31 auch/die Strecke/ *–erste Variante im MS durchstrichen*
34 ob er *–im MS durchstrichen*
36 nähern wir uns a, indem wir die Distanz von a zu b ⟨halbieren …⟩
38 „Siehst Du d größer als a?“⟨.⟩ „Ja“.
39 „Siehst Du e größer als a?“⟨.⟩ „Nein“

also e–f und ziehen h. Wir könnten uns so auch von der linken Seite der Strecke a nähern, und dann sagen daß einer gesehenen Länge a im 13
Euklidischen Raum nicht éine Länge sondern ein Intervall von Längen entspricht, und in ähnlicher Weise éiner gesehenen Lage eines Strichs (etwa des Zeigers eines Instruments) ein Intervall von Lagen im Euklidischen Raum; aber dieses Intervall hat nicht scharfe Grenzen. Das heißt: es ist nicht von Punkten begrenzt sondern von konvergierenden Intervallen die nicht gegen einen Punkt konvergieren. (Wie die Reihe der Dualbrüche die wir durch Werfen von Kopf und Adler erzeugen). Das Charakteristische zweier Intervalle, die so nicht durch Punkte sondern *unscharf* begrenzt sind, ist, daß auf die Frage, ob sie einander übergreifen oder getrennt von einander liegen in gewissen Fällen die Antwort lautet: „unentschieden“. Und daß die Frage ob sie einander berühren, einen Endpunkt mit einander gemein haben, |immer| sinnlos ist, da sie ja keine Endpunkte haben. Man könnte aber sagen: sie haben *vorläufige* Endpunkte. In dem Sinne in welchem die Entwicklung von π ein vorläufiges Ende hat. An dieser Eigenschaft des ‚unscharfen‘ Intervalls ist natürlich nichts geheimnisvolles sondern das etwas Paradoxe klärt sich durch die doppelte Verwendung des Wortes Intervall auf. 14

Es ist dies der gleiche Fall wie der der doppelten Verwendung des Wortes Schach, wenn es einmal die Gesamtheit der jetzt geltenden Schachregeln bedeutet, ein andermal: das Spiel welches N.N. in Persien erfunden hat und welches sich so und so entwickelt hat. In einem Fall ist es unsinnig von einer Änderung/Entwicklung/ der Schachregeln zu reden, im andern Fall nicht. Wir können „Länge einer gemessenen Strecke“ entweder das nennen, was bei einer bestimmten Messung die ich heute um 5 Uhr durchführe herauskommt – dann gibt es für diese Längenangabe kein „± etc“ –, oder etwas dem sich Messungen nähern etc.; in den zwei Fällen wird das Wort „Länge“ mit ganz verschiedener Grammatik gebraucht. Und ebenso das Wort „Intervall“ wenn ich einmal etwas Fertiges, einmal etwas sich Entwickelndes ein Intervall nenne.

1 Wir halbieren also e–f und ziehen ⟨g⟩.
3 éine *–Akzent als Zeichen der Hervorhebung*
4 éiner *–Akzent als Zeichen der Hervorhebung*
5 eines Strichs (etwa ⟨eines⟩ Zeigers eines Instruments)
7 Das heißt: es ist nicht von ⟨Linien be…⟩
8 die nicht gegen einen Punkt konvergieren. (⟨V…⟩
11 zweier Intervalle, die so nicht durch Punkte sondern ⟨durch …⟩
15 einen Endpunkt mit einander gemein haben, |immer| sinnlos ist⟨. …⟩
15 einen Endpunkt mit einander gemein haben, |immer| sinnlos ist⟨ (…⟩
19 nichts geheimnisvolles sondern das etwas Paradoxe ⟨liegt …⟩
27 was bei einer bestimmten Messung ⟨her…⟩
29 dann gibt es für diese Längenangabe kein „± ⟨…⟩“ –, oder
30 in den zwei Fällen wird das Wort „Länge“ ⟨mit u…⟩
32 einmal etwas sich ⟨entwickelndes⟩ ein Intervall nenne.

1 I II

I: Die Intervalle liegen getrennt
II sie liegen getrennt und berühren sich vorläufig

III IV V

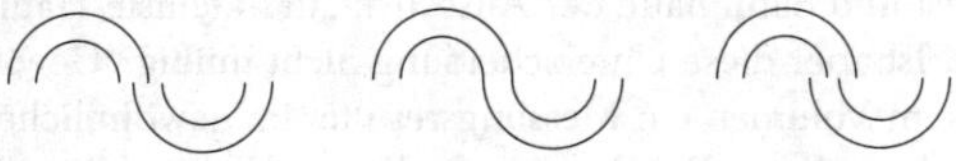

VI VII

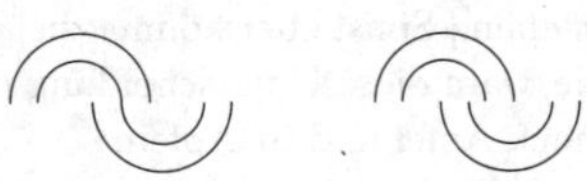

III unentschieden
IV unentschieden
V unentschieden
VI sie übergreifen
VII sie übergreifen

Wir können uns aber nicht wundern, daß nun ein Intervall so seltsame 15 Eigenschaften haben soll; da wir eben das Wort Intervall jetzt in einem nicht gewöhnlichen Sinn gebrauchen. Und wir können nicht sagen wir haben neue Eigenschaften gewisser Intervalle entdeckt. So wenig wie wir neue Eigenschaften des Schachkönigs entdecken würden, wenn wir die Regeln des Spiels änderten aber die Bezeichnung „Schach" und „König" beibehielten. (Vergl. dagegen Brouwer über das Gesetz des ausgeschlossenen Dritten.)

Jener Versuch ergibt also wesentlich, was wir ein „unscharfes" Intervall genannt haben; dagegen sind/wären/ natürlich andere Experimente möglich [denkbar] die statt dessen ein scharfes Intervall ergeben. Denken wir etwa, wir bewegten ein Lineal (langsam) von der Anfangsstellung b, und parallel zu dieser, gegen a hin, bis in unserm Subjekt irgend eine bestimmte Reaktion einträte; dann könnten wir den Punkt an dem die Reaktion beginnt die Grenze unseres Streifens nennen. – So könnten wir natürlich auch ein Wägungsresultat „das Gewicht eines Körpers" nennen und es gäbe dann in diesem Sinn eine absolut genaue Wägung d.i. eine deren Resultat nicht die Form „G ± g" hat. Wir haben damit unsere Ausdrucksweise geändert, und müssen nun 16 sagen daß das Gewicht des Körpers schwankt und zwar nach einem uns unbekannten Gesetz. (Die Unterscheidung zwischen „absolut genauer" Wägung und „wesentlich ungenauer" Wägung ist ein grammatischer und bezieht sich auf zwei verschiedene Bedeutungen des Wortes „Wägung" oder „Resultat der Wägung".)/Ausdrucks „Ergebnis der Wägung".)/

18 so seltsame Eigenschaften haben soll; da wir eben ⟨etwas …⟩
22 wenn wir die Regeln des Spiels änderten aber ⟨den …⟩
23 die Bezeichnung „Schach" und „König" ⟨beig…⟩
26 sind/wären/ *–erste Variante im MS durchstrichen*
28 (langsam) *–im MS durchstrichen*
29 und parallel zu dieser, gegen a hin, bis ⟨et…⟩
36 und müssen nun sagen daß ⟨der Körper sein …⟩
39 verschiedene Bedeutungen des Wortes „Wägung" oder „Resultat⟨⟩ …⟩
41 Wortes „Wägung" oder „Resultat der Wägung".)/Ausdrucks „Ergebnis der Wägung".)/ *–erste Variante im MS durchstrichen*

1 // Die Unbestimmtheit des Wortes „Haufen“. Ich könnte definieren: ein Körper von gewisser Form und Konsistenz etc. sei ein Haufe wenn sein Volumen K m^3 beträgt, oder mehr/darüber/; was darunter liegt will ich ein Häufchen nennen. Dann gibt es kein größtes Häufchen; das heißt: dann ist es sinnlos von einem/dem/ „größten Häufchen“ zu reden. Umgekehrt könnte ich bestimmen: Haufe solle alles das sein, was größer als K m^3 ist und dann hätte der Ausdruck „der kleinste Haufe“ keine Bedeutung. Ist aber diese Unterscheidung nicht müßig? Gewiß, – wenn wir unter dem Volumen ein Messungsresultat im gewöhnlichen Sinne verstehen; denn dieses Resultat hat die Form „V ± v“. [Gewiß, – wenn wir unter dem Resultat der Messung des Volumens einen Ausdruck von der Form „V ± v“ verstehen.] Sonst aber könnte die Unterscheidung so brauchbar sein wie/wäre diese Unterscheidung nicht müßiger als/ die zwischen einem Schock Äpfel und 61 Äpfeln.

2 // Die Verschwommenheit, Unbestimmtheit unserer Sinneseindrücke ist 17
nicht etwas dem sich abhelfen läßt, eine Verschwommenheit, der auch völlige Schärfe entspricht (oder entgegensteht). Vielmehr ist diese allgemeine Unbestimmtheit, Ungreifbarkeit, dieses Schwimmen der Sinneseindrücke, das, was mit dem Worte „alles fließt“ bezeichnet worden ist. Wir sagen „man sieht nie einen genauen Kreis“, und wollen sagen, daß, auch wenn wir keine Abweichung von der Kreisform sehen, das uns/uns das/ keinen genauen Kreis gibt. (Es ist als wollten wir sagen: wir können dieses Werkzeug nie genau führen denn wir halten nur den Griff und das Werkzeug sitzt im Griff lose.) Was aber verstehen wir dann unter dem Begriff ‚genauer Kreis‘? Wie sind wir zu diesem Begriff überhaupt gekommen? Nun, wir denken z.B. an eine genau gemessene Kreisscheibe aus einem sehr harten Stahl. Aha – also dorthin zielen wir mit dem Begriff ‚genauer Kreis‘. Freilich, davon finden wir im Gesichtsbild nichts. Wir haben eben die Darstellungsform gewählt, die die Stahlscheibe genauer nennt als die Holzscheibe und die Holzscheibe genauer als die Papierscheibe. Wir haben den Begriff „genau“ durch eine Reihe bestimmt, und reden von den Sinneseindrücken als |Bildern,| ungenauen Bildern, der physikalischen Gegenstände.

3 Die Galtonsche Photographie, das Bild einer Wahrscheinlichkeit. Das
Gesetz der Wahrscheinlichkeit, das Naturgesetz, was man sieht wenn 18
man blinzelt.

2 sei ein Haufe wenn |sein Volumen| ⟨er⟩ K m^3 beträgt,
5 einem/dem/ *–erste Variante im MS durchstrichen*
7 und dann hätte der Ausdruck ⟨„kleinster …⟩
9 Gewiß, – wenn wir ⟨mit Messungsresultaten …⟩
14 die zwischen einem Schock ⟨Äpfeln⟩ und 61 Äpfeln.
14 einem Schock Äpfel *–Mengenangabe mit Plural: 60 Stück*
20 das, was mit dem Worte „alles fließt“ ⟨bezei…⟩
22 von der Kreisform sehen, das ⟨nicht einen⟩ genauen Kreis gibt
23 das uns/uns das/ *–im MS Variante durch Umstellungsschleife*
31 die Darstellungsform gewählt, die die Stahlscheibe ⟨als …⟩
37 Galtonsche *–im MS:* Gallstonesche
37 Die Galtonsche ⟨F…⟩

1 In den Theorien und Streitigkeiten der Philosophie finden wir die Worte deren Bedeutungen uns vom alltäglichen Leben her wohlbekannt sind in einem ultraphysischen Sinne angewandt.

2 $$\underbrace{\underbrace{2+3}_{5}+4}_{9} = \underbrace{\underbrace{2+4}_{6}+3}_{9} = \underbrace{\underbrace{4+3}_{7}+2}_{9}$$

„Siehst Du, es kommt tatsächlich immer dasselbe heraus", möchte man sagen. So aufgefaßt, war/ist/ die Rechnung ein Experiment. Wir haben die Regeln des Eins-und-Eins angewendet und denen sieht man es nicht unmittelbar an, daß sie in den drei Fällen zum gleichen Resultat führen. Man wundert sich gleichsam, daß die Ziffern, losgelöst von ihren Definitionen so richtig funktionieren. Oder vielmehr: daß die Ziffernregeln so richtig arbeiten, wenn sie nicht von den Definitionen kontrolliert werden. – Denken wir an den Schritt, der zu machen ist von der gelernten Regel des Eins-und-Eins zu der Anwendung der Regel in dem speziellen Fall. –

3 Könnten die Berechnungen eines Ingénieurs ergeben, daß die Stärke /eine Dimension/ eines Maschinenteils bei gleichmäßig wachsender Belastung in der Reihe der Primzahlen fortschreiten müsse? [daß die Stärken eines Maschinenteils ……. müssen?]

4 $\underline{1}_{\underline{1}}: 3 = 0^{\cdot}3$ entscheidet durch ihre Periodizität nichts, was früher offen 19
gelassen war. Wenn vor der Entdeckung der Periodizität Einer vergebens nach einer 4 in der Entwicklung von 1 : 3 gesucht hätte, so hätte er doch die Frage „gibt es eine 4 in der Entwicklung von 1 : 3" nicht sinnvoll stellen können; d.h., a b g e s e h e n d a v o n daß er tatsächlich zu keiner 4 gekommen war, können wir ihn davon überzeugen, daß er keine Methode besitzt seine Frage zu entscheiden. Oder wir könnten auch sagen: abgesehen von dem Resultat seiner Tätigkeit könnten wir ihn über die Grammatik seiner Frage und die Natur seines Suchens aufklären (wie einen heutigen Mathematiker über analoge Probleme.) „Aber als Folge der Entdeckung der Periodizität hört er nun doch gewiß auf |nach einer 4| zu suchen! Sie überzeugt ihn also, daß er nie eine finden wird." – Nein. Die Entdeckung der Periodizität bringt ihn vom Suchen ab, w e n n er sich nun neu einstellt. Man könnte ihn nun fragen: „Wie ist es nun, willst Du noch immer nach einer 4 suchen?" (Oder hat Dich, sozusagen, die Periodizität auf andere Gedanken gebracht.)

5 2 + 3 + 4 = 2 + ⟨3 + 4⟩ …
7 immer dasselbe heraus", möchte man sagen. So aufgefaßt, ⟨haben …⟩
7 war/ist/ *–zweite Variante im MS durchstrichen*
19 daß die Stärke/eine Dimension/ ⟨eine…⟩
23 ⟨Ist nicht …⟩
24 Wenn vor der Entdeckung der Periodizität ⟨einer⟩ vergebens nach
30 daß er keine Methode besitzt seine Frage zu entscheiden. Oder ⟨auch …⟩
32 und die Natur seines Suchens aufklären⟨. …⟩
32 wie einen heutigen Mathematiker ⟨der⟩ über ⟨den Goldba…⟩
37 nun *–im MS durchstrichen*
38 die Periodizität⟨,⟩ auf andere Gedanken gebracht.)

Und die Entdeckung der Periodizität ist in Wirklichkeit die Konstruktion eines neuen Zeichens und Kalküls. Denn es ist irreführend ausgedrückt wenn wir sagen sie bestehe darin daß es uns a u f g e f a l l e n 20
sei, daß der erste Rest gleich dem Dividenden ist. Denn hätte man Einen, der die periodische Division nicht kannte gefragt ist in dieser Division der erste Rest gleich dem Dividenden, so hätte er natürlich „ja" gesagt; es wäre ihm also aufgefallen. Aber damit hätte ihm nicht die Periodizität auffallen brauchen: d.h.: er hätte damit nicht den Kalkül mit den Zeichen a_a: b = c gefunden.

Ist nicht, was ich hier sage das/immer dasselbe/, was Kant damit meinte, daß 5 + 7 = 12 nicht analytisch sondern synthetisch a priori sei?

1 / Der Satz, daß eine Klasse einer ihrer Subklassen nicht ähnlich ist, ist für endliche Klassen nicht wahr, sondern eine Tautologie. Die grammatischen Regeln über die Allgemeinheit der generellen Implication in dem Satz „k ist eine Subklasse von K" enthalten das was der Satz, K sei eine unendliche Klasse, sagt. [Die grammatischen Regeln über die Allgemeinheit der/jener/ generellen Implication im Satz „k ist eine Subklasse von K" ......]

2 Unzulänglichkeit der Frege- und Russellschen Allgemeinheitsbezeichnung.

Es hat Sinn zu sagen „schreib eine beliebige Kardinalzahl hin", ist aber Unsinn zu sagen: „schreib alle Kardinalzahlen hin". „In dem 21
Viereck befindet sich ein Kreis" |((∃x) · φx)| hat Sinn, aber nicht |~(∃x)~φx|: „in dem Viereck befinden sich alle Kreise". „Auf einem andersfarbigen Hintergrund befindet sich ein roter Kreis" hat Sinn, aber nicht „es gibt keine |von rot verschiedene| Farbe eines Hintergrundes auf der sich kein roter Kreis befindet".

1 Und die Entdeckung der Periodizität ist in Wirklichkeit ⟨ei...⟩
4 Denn hätte man ⟨einen⟩, der die periodische Division
10 Ist nicht, was ich hier sage ⟨im G...⟩
10 das/immer dasselbe/, was Kant ⟨meinte ...⟩
14 / *Randzeichen rechts in Bleistift*
14 *Im MS zwei Leerzeilen vor Beginn der Bemerkung*
15 sondern eine Tautologie. Die ⟨generelle⟩ Implication in dem Satz ⟨daß⟩ „k eine Subklasse von K" ⟨ist ...⟩
18 *Im MS:* K sei eine unendlich Klasse
23 *Im MS zwei Leerzeilen vor Beginn der Bemerkung*
27 |((∃x) · φx)| hat Sinn, aber nicht |⟨als⟩ ~(∃x)~φx|:
28 befinden sich alle Kreise". ⟨Und was sollte der Satz |(∃x)~φx| bedeuten: „es gibt einen Kreis der nicht im Viereck ist"?⟩ „Auf einem andersfarbigen
28 „Auf einem ⟨andersfarbigem⟩ *–im MS Korrektur in Bleistift*

„In diesem Viereck ist ein |schwarzer| Kreis“: Wenn dieser Satz die Form „(∃x) · x ist ein schwarzer Kreis |im Viereck|“ hat, was/welcher Art/ ist so ein Ding x welches/das/ die Eigenschaft hat ein schwarzer Kreis zu sein (und also auch die haben kann *kein* schwarzer Kreis zu sein)? Ist es etwa ein Ort im Quadrat? dann aber gibt es keinen Satz „(x) · x ist ein schwarzer .....“ Anderseits könnte jener Satz bedeuten „es gibt einen Fleck im Quadrat, der ein schwarzer Kreis ist“. Wie verifiziert man diesen Satz? Nun, man geht die verschiedenen Flecken im Quadrat durch und untersucht sie darauf hin ob sie ganz schwarz und kreisförmig sind. Welcher Art ist aber der Satz: „Es ist kein Fleck in dem Quadrat“? Denn, wenn das ‚x‘ in ‚(∃x)‘ im vorigen Fall ‚Fleck im Quadrat‘ hieß, dann kann es zwar einen Satz „(∃x) · φx“ geben, aber keinen „(∃x)“ oder „~(∃x)“. Oder, ich könnte wieder fragen: Was ist das für ein Ding, das die Eigenschaft hat (oder nicht hat) ein Fleck im Quadrat zu sein?

Und wenn man sagen kann „ein Fleck ist in dem Quadrat“, hat es 22
dann auch/damit auch schon/ Sinn zu sagen „alle Flecken sind in dem Quadrat“? Welche *alle*?

1.6.

1 Was heißt es: „die Punkte die das Experiment liefert, liegen durchschnittlich auf einer Geraden“? oder: „wenn ich mit einem guten Würfel würfle so werfe ich durchschnittlich alle 6 Würfe eine 1“? Ist dieser Satz mit *jeder* Erfahrung die ich etwa mache vereinbar? Wenn er das ist so sagt er nichts. Habe ich (vorher) angegeben mit welcher Erfahrung er nicht mehr vereinbar ist, welches die Grenze ist bis zu der die Ausnahmen von der Regel gehen dürfen, ohne die Regel umzustoßen? Nein. Hätte ich aber nicht eine solche Grenze aufstellen können? Gewiß. – Denken wir uns die Grenze wäre so gezogen: Wenn unter 6 aufeinander folgenden Würfen 4 gleiche auftreten ist der Würfel schlecht. Nun fragt man aber: „Wenn das aber nur selten genug geschieht, ist er dann nicht doch gut?“ – Darauf lautet die Antwort: Wenn ich das Auftreten von 4 gleichen Würfen unter 6 aufeinanderfolgenden für eine bestimmte Zahl von Würfen erlaube, so ziehe ich damit eine *andere* Grenze als die erste war. Wenn ich aber sage „jede Anzahl gleicher aufeinanderfolgender Würfe ist erlaubt,
wenn sie nur selten genug auftritt“, dann habe ich damit die Güte des 23
Würfels im strengen Sinne |als| unabhängig von den Wurfresultaten erklärt. Es sei denn daß ich unter der Güte des Würfels nicht eine Eigenschaft des Würfels sondern eine Eigenschaft einer bestimmten Partie im Würfelspiel verstehe. Denn dann kann ich allerdings sagen: Ich nenne den Würfel in einer Partie gut wenn unter den N Würfen der Partie nicht mehr als log N gleiche aufeinanderfolgende vorkommen.

7 „es gibt einen Fleck ⟨de...⟩
10 ob sie ganz schwarz und kreisförmig sind. Welcher ⟨Satz ...⟩
10 „Es ⟨gibt keinen⟩ Fleck ⟨im ...⟩
13 aber keinen „⟨~⟩(∃x)“ oder „|~|(∃x)“.
14 Was ist das für ein Ding, das die Eigenschaft ⟨haben ka...⟩
29 Denken wir uns die Grenze wäre ⟨die i...⟩
31 Nun ⟨frägt⟩ man aber: „Wenn das aber nur selten genug
40 nicht eine Eigenschaft des Würfels sondern eine Eigenschaft ⟨eines ...⟩
42 Ich nenne den Würfel in einer Partie gut wenn unter den N ⟨wu...⟩

Hiermit wäre aber eben kein Test zur Überprüfung von Würfeln gegeben, sondern ein Criterium zur Beurteilung einer Partie des Spiels.

1 Man sagt, wenn der Würfel |ganz gleichmäßig und| sich selbst überlassen ist dann muß die Verteilung der Ziffern 1, 2, 3, 4, 5, 6 unter den Wurfresultaten gleichförmig sein, weil kein Grund vorhanden ist, weshalb die eine Ziffer öfter vorkommen sollte als die andere. Aber wie ist es mit den Werten der Funktion $(x - 3)^2$

Stellen wir nun aber die Wurfresultate statt durch die Ziffern 1 bis 6 durch die Werte der Funktion $(x - 3)^2$ für die Argumente 1 bis 6 dar also durch die Ziffern 0, 1, 4, 9. Ist ein Grund vorhanden, warum eine 24
dieser Ziffern öfter in den |neuen| Wurfresultaten fungieren soll als eine andere? Das lehrt uns, daß das Gesetz a priori der Wahrscheinlichkeit eine Form von Gesetzen ist, wie die der Minimumsgesetze der Mechanik etc.. Hätte man durch Versuche herausgefunden, daß die Verteilung der Würfe |1 – 6| mit einem gleichmäßigen Würfel so ausfällt, daß die Verteilung der Werte $(x - 3)^2$ eine gleichmäßige wird, so hätte man nun diese Gleichmäßigkeit als/für/ die Gleichmäßigkeit a priori erklärt.

So machen wir es auch in der |kinetischen| Gastheorie: wir stellen die Verteilung der Molekülbewegungen in der Form |irgend| einer gleichförmigen Verteilung dar was aber gleichförmig verteilt ist – so wie an anderer Stelle was zu einem Minimum wird – wählen wir so daß unsere Theorie mit der Erfahrung übereinstimmt.

1 aufeinanderfolgende vorkommen. ⟨H...⟩
5 Würfel |ganz gleichmäßig und| sich selbst überlassen ist ⟨m...⟩
5 muß die Verteilung der ⟨Wurfresultate⟩ 1, 2, 3, 4, 5, 6
5 muß die Verteilung der ⟨Würfe⟩ 1, 2, 3, 4, 5, 6
5 muß die Verteilung der Ziffern 1, 2, 3, 4, 5, 6 ⟨in ...⟩
8 Aber wie ist es mit den Werten der Funktion ⟨$(n - 3)^2$ für n = ...⟩
8 Aber wie ist es mit den Werten der Funktion $(x - 3)^2$ ⟨$(1 - 3)^2$, $(2 - 3)^2$, $(3 - 3)^2$, $(4 - 3)^2$, $(5 - 3)^2$, $(6 - 3)^2$; ist ein Grund vorhanden ...⟩
8 Aber wie ist es mit den Werten der Funktion $(x - 3)^2$ ⟨für die Argumente von 1 bis 6, ist ein Grund vorhanden, warum einer dieser Werte öfter unter den Wurfresultaten vorkommen sollte als ein anderer. Könnte ich nicht ebensogut das als das a priori Wahrscheinliche Erklären?⟩
16 Verteilung der Würfe |1 – 6| ⟨eines⟩ gleichmäßigen ⟨Würfels ...⟩
16 Verteilung der Würfe |1 – 6| mit einem ⟨regelm...⟩
18 so hätte man nun diese ⟨Ver...⟩
18 so hätte man nun diese Gleichmäßigkeit ⟨für⟩ die Gleichmäßigkeit
20 So machen wir es auch in der |kinetischen| Gastheorie⟨,⟩ wir stellen

1 „Die Moleküle bewegen sich bloß nach den Gesetzen der Wahrscheinlichkeit“, das soll heißen: die Physik tritt ab, und die Moleküle bewegen sich jetzt quasi bloß nach Gesetzen der Logik. Diese Meinung ist verwandt der, daß das Trägheitsgesetz ein Satz a priori ist; und auch hier redet man davon, was ein Körper tut, wenn er sich selbst überlassen ist. Was ist das Criterium dafür, daß er sich selbst überlassen 25
ist? Ist es am Ende das, daß er sich gleichförmig in einer Geraden bewegt? Oder ist es ein anderes. Wenn das letztere dann ist es eine Sache der Erfahrung ob das Trägheitsgesetz stimmt; im ersten Fall aber war es gar kein Gesetz, sondern eine Definition. Und analoges gilt von einem Satz: „wenn die Körper …./Teilchen/ sich selbst überlassen sind, dann ist die Verteilung ihrer Bewegungen die und die“. Welches ist das Criterium dafür daß sie sich selbst überlassen sind? etc..

2 [Wenn man sagt: der Würfel ist gleichmäßig und/Wenn die Messung ergibt, daß der Würfel genau und homogen ist,/ ich nehme an, daß die Ziffern auf seinen Flächen die Wurfresultate nicht beeinflussen und die werfende Hand bewegt sich regellos – folgt daraus die |durchschnittlich| gleichmäßige Verteilung der Würfe 1 bis 6? Woraus sollte man die schließen? Über die Bewegung beim Werfen hat man keine Annahme gemacht und die |Prämisse der [Annahme der]| Genauigkeit des Würfels ist doch von ganz anderer Multiplizität/Art/, als eine durchschnittlich gleichförmige Verteilung von Resultaten. Die Prämisse ist gleichsam einfärbig, die Konklusion gesprenkelt. Warum hat man gesagt, der Esel werde zwischen den beiden gleichen Heubündeln verhungern, und nicht, er werde durchschnittlich so oft von dem einen wie von dem 26
andern fressen?/von beiden durchschnittlich gleich oft fressen?/]

2 die Physik tritt ab, und ⟨laß…⟩
2 die Physik tritt ab, und ⟨überläßt⟩ die Moleküle ⟨sich selbst …⟩
4 Diese Meinung ist ⟨der …⟩
10 Und analoges gilt von ⟨dem⟩ Satz ⟨S⟩:
11 Körper …./Teilchen/ *–erste Variante im MS durchstrichen*
16 Wenn man sagt: der Würfel ist gleichmäßig und/Wenn die Messung ergibt, daß der Würfel genau und homogen ist,/ *–erste Variante im MS durchstrichen*
16 ich nehme an, daß die ⟨Vert…⟩
17 die Wurfresultate nicht beeinflussen⟨, so folgt …⟩
17 ⟨und daß⟩ die werfende Hand sich ⟨ungleichmäßig bewegt⟩, *–im MS am linken Rand mit einer vertikalen Wellenlinie markiert*
19 Woraus sollte man ⟨das⟩ schließen?
23 als eine durchschnittlich gleichförmige Verteilung von ⟨Ziffern⟩.
23 ⟨(⟩Die Prämisse ist gleichsam einfärbig, die Konklusion gesprenkelt.⟨)⟩
27 gleich oft fressen?/] *–eckige Schlußklammer mit nach rechts weisendem Pfeil; vergl. Bemerkung 1 Seite 183*

1 Behaviourism. „Mir scheint, ich bin traurig, ich lasse den Kopf so hängen“.

Warum hat man kein Mitleid, wenn eine Tür ungeölt ist und beim auf- und zumachen quietscht/schreit/? Haben wir mit dem Andern der sich benimmt wie wir, wenn wir Schmerzen haben, Mitleid, auf philosophische Erwägungen hin, die zu dem Ergebnis geführt haben, daß er leidet wie wir? Ebensogut könnten uns die Physiker |damit| Furcht einflößen daß sie uns versichern, der Fußboden sei gar nicht kompakt, wie er scheine, sondern bestehe aus losen Partikeln die regellos herumschwirren. „Aber wir hätten doch mit dem Andern nicht Mitleid, wenn wir wüßten daß er nur eine Puppe ist oder seine Schmerzen bloß heuchelt“. Freilich, – aber wir haben auch ganz bestimmte Kriterien dafür daß etwas eine Puppe ist oder daß Einer seine Schmerzen heuchelt und diese Kriterien stehen eben im Gegensatz zu denen die wir Kriterien dafür nennen, daß etwas keine Puppe (sondern etwa ein Mensch) ist und seine Schmerzen nicht heuchelt (sondern wirklich Schmerzen hat).

2 Die Untersuchung der Regeln des Gebrauchs unserer Sprache, die 27
Erkenntnis dieser Regeln und übersichtliche Darstellung läuft auf das hinaus, d.h., leistet dasselbe, was man oft durch die Konstruktion einer phänomenologischen Sprache leisten/erzielen/ will.

Jedesmal wenn wir erkennen, daß die und die Darstellungsweise auch durch eine andre ersetzt werden kann, machen wir einen Schritt zu diesem Ziel.

3 // Wie kommt es daß die Philosophie ein so komplizierter Aufbau/Bau/ ist. Sie sollte doch gänzlich/ganz/ einfach sein wenn sie jenes Letzte von aller Erfahrung Unabhängige ist, wofür Du sie ausgibst. – Die Philosophie löst Knoten auf die wir in unser Denken gemacht haben; /löst Knoten in unserem Denken auf;/ daher muß ihr Resultat einfach sein, ihre Tätigkeit aber so kompliziert wie die Knoten, die sie auflöst.

1 *Im MS zwei Leerzeilen vor Beginn der Bemerkung*
13 aber wir haben auch ganz bestimmte Kriterien dafür daß ⟨einer …⟩
13 oder daß ⟨einer⟩ seine Schmerzen heuchelt
17 und seine Schmerzen nicht heuchelt (sondern wirklich ⟨welch…⟩
28 gänzlich/ganz/ *–zweite Variante im MS durchstrichen*
32 ihre Tätigkeit aber ⟨von der/derselben/ Komplexität der⟩ Knoten,
32 so compliziert ⟨wie⟩ *–im MS Tinte über Bleistift, das gestrichene* wie *wird in der gleichen Zeile über* ⟨der⟩ *als* wie die *wiederholt*

1 Hat es Sinn zu sagen, zwei Menschen hätten den selben Körper? Welches wären die Erfahrungen, die wir mit diesem Satz beschrieben? Daß ich darauf käme daß das was ich meine Hand nenne und bewege an dem Körper eines Andern sitzt ist natürlich denkbar, denn ich sehe während ich jetzt schreibe die Verbindung meiner Hand mit meinem übrigen Körper nicht und ich könnte wohl daraufkommen daß sich die 28
frühere Verbindung gelöst hat und also auch daß meine Hand jetzt an dem Arm eines Andern sitzt.

V Angenommen ich und mein Freund sitzen nebeneinander ohne einander anzuschauen; ich schreibe ohne meinen rechten Arm zu sehen. Plötzlich sehe ich mich um und werde gewahr daß meine Hand an seinem Arm sitzt. Ich mache ihn darauf aufmerksam, und er sagt: „ich habe gerade mit dieser Hand geschrieben, allerdings nicht auf sie geschaut und habe nicht gewußt daß sie jetzt ausschaut wie Deine und Du ein Gefühl in ihr hast".

2 Die Geometrie ist nicht die Wissenschaft (Naturwissenschaft) von den geometrischen Ebenen, |geometrischen| Geraden und |geometrischen| Punkten, im Gegensatz etwa zu einer andern Wissenschaft die von den groben physischen Geraden, Strichen, Flächen etc. handelt und *deren* Eigenschaften angibt. Der Zusammenhang der Geometrie mit Sätzen |des praktischen Lebens|, die von Strichen, Farbgrenzen, Kanten und Ecken |etc| handeln, ist nicht der, daß sie über ähnliche Dinge spricht, wie diese Sätze, wenn auch über *ideale* Kanten, Ecken, etc.., sondern der, zwischen diesen Sätzen und ihrer Grammatik. Die angewandte Geometrie ist die Grammatik der Aussagen über die |räumlichen| 29
Gegenstände. Die sogenannte geometrische Gerade verhält sich zu einer Farbgrenze nicht wie etwas Feines zu etwas Grobem, sondern wie Möglichkeit zur Wirklichkeit. (Denke an die Auffassung der Möglichkeit als Schatten der Wirklichkeit.)

8 meine Hand jetzt an dem Arm ⟨eine⟩ *–im MS Korrektur in Bleistift*
9 *Im MS fortlaufender Text, mit einem Randzeichen in Bleistift abgesetzt*
9 ich und mein Freund sitzen nebeneinander ohne ⟨uns …⟩
13 „ich habe gerade mit dieser Hand geschrieben, allerdings nicht auf sie geschaut und habe nicht gewußt daß sie jetzt ausschaut wie Deine und Du ein Gefühl in ihr hast" *–im MS An- und Ausführungszeichen in Bleistift*
15 und Du ein Gefühl in ihr hast *–im MS am linken Rand mit einer vertikalen Wellenlinie markiert*
23 ist nicht der, daß ⟨in ihr ähnliche Sätze …⟩
23 ist nicht der, daß ⟨sie aus allgemeinen besteht…⟩
23 ist nicht der, daß ⟨sie über ähnliche, wenn auch ideale Dinge (Kanten, Ecken, etc) spricht …⟩
23 sie über ähnliche Dinge ⟨wie diese …⟩
24 sondern ⟨*der*⟩, zwischen diesen Sätzen und ihrer Grammatik
27 Aussagen über die |räumlichen| Gegenstände⟨, d.h. …⟩
27 Die sogenannte geometrische ⟨Geraden⟩ *–im MS Korrektur in Bleistift*

1 Der Name den ich einem Körper gebe, einer Fläche, einem Ort, einer Farbe, hat jedesmal andere Grammatik. Der Name „a“ in „a ist gelb“ hat eine andere Grammatik wenn a der Name eines Körpers und wenn es der Name einer Fläche eines Körpers ist; ob nun ein Satz „dieser Körper ist gelb“ sagt daß die Oberfläche des Körpers gelb ist, oder daß er durch und durch gelb ist. „Ich zeige auf a“ hat eine/hat/ verschiedene Grammatik, wenn/je nachdem/ a ein Körper, eine Fläche, eine Farbe ist etc.. Und so hat auch das hinweisende Fürwort „dieser“ andere Bedeutung (d.h. Grammatik) wenn es sich auf Hauptwörter verschiedener Grammatik bezieht.

2 // Zu sagen, die Punkte, die dieses Experiment liefert, liegen durchschnittlich auf dieser Linie, z.B. einer Geraden, sagt etwas Ähnliches wie: „aus dieser Entfernung gesehen, scheinen sie in einer Geraden zu liegen“. 30

Ich kann von einer Linie/Strecke/ sagen, der allgemeine Eindruck ist der einer Geraden; aber nicht von der Linie a  ; obwohl es möglich wäre, sie als Stück einer längeren Linie zu sehen in der sich die Abweichungen |des Stückes a| von der Geraden verlieren würden. Ich kann nicht |von a| sagen: „die Linie schaut gerade aus, denn sie kann das Stück einer Linie sein die mir als Ganzes/Ganze/ den Eindruck der Geraden macht.“ (Berge auf der Erde und auf dem Mond. Erde eine Kugel.)

3 Ausdruck eines Gesichts unter *diesen* Umständen.

1 *Im MS zwei Leerzeilen vor Beginn der Bemerkung*
1 Der Name ⟨eines Körpers⟩, einer Fläche, ⟨eines Ortes⟩, einer Farbe,
3 Der Name „a“ in „a ist gelb“ hat ⟨be…⟩
4 und wenn es der Name ⟨der Oberfläche eines …⟩
6 hat eine/hat/ *–erste Variante im MS durchstrichen*
7 wenn/je nachdem/ *–erste Variante im MS durchstrichen*
8 das hinweisende Fürwort „dieser“ ⟨(diese, dieses)⟩ andere Bedeutung
9 *Im MS:* wenn es |sich| auf Hauptwörter
17 der Linie a *–im MS gewellte Unterstreichung in Bleistift*
18 obwohl es möglich wäre, ⟨dieses …⟩
18 obwohl es möglich wäre, sie als Stück ⟨eines …⟩
18 die ⟨Abweichung⟩ |des Stückes a| von der Geraden verlieren ⟨würde⟩.
20 Ich kann nicht |von ⟨jenem⟩ a| sagen:
20 von der Linie a  ; obwohl es möglich wäre, sie als Stück einer längeren Linie zu sehen in der sich die Abweichungen |des Stückes a| von der Geraden verlieren würden. Ich kann nicht |von a| sagen *–im MS ist die Passage durch Randzeichen ∨, gefolgt von \ (in Bleistift) markiert; vergl. hierzu die Maschinenschrift TS 211, Seite 755:* aber nicht: „die Linie schaut gerade aus
20 Ich kann nicht |von a| sagen: ⟨„jenes Stück …⟩
21 Ganzes *–im MS Variante durch partielle Unterstreichung*
25 *Die Bemerkung ist ein Zusatz am oberen Rand der Seite.*

Von Sinnesdaten in dem Sinne dieses Worts, in dem es undenkbar ist, daß der Andere sie hat, kann man eben aus diesem Grunde auch nicht sagen, daß der Andere sie nicht hat. Und eben darum ist es auch sinnlos zu sagen, daß *ich*, im Gegensatz zum Andern, sie *habe*. – Wenn man sagt „seine Zahnschmerzen kann ich nicht fühlen", meint man damit, daß man die Zahnschmerzen des Andern bis jetzt nie gefühlt hat? Wie unterscheiden sich *seine* Zahnschmerzen von den *meinen*? wenn das Wort „Zahnschmerzen" in den Sätzen „ich habe Z." und „er hat Z." die gleiche Bedeutung hat, was heißt es dann zu sagen, daß er nicht dieselben Zahnschmerzen haben kann, wie ich? Wie können sich denn verschiedene Z. von einander unterscheiden? Durch Stärke, durch den Charakter des Schmerzes (stechend, bohrend, etc) und durch die 31
Lokalisation im Kiefer. Wenn nun aber diese Charakteristica bei beiden dieselben sind? – Wenn man aber einwendet, ihr Unterschied/der Unterschied der Schmerzen/ sei eben der, daß in einem Falle ich sie habe, im andern Fall er! – dann ist also die besitzende Person eine Charakteristik der Zahnschmerzen selbst. Aber was ist dann mit dem Satz „ich habe Z." oder „er hat Z." ausgesagt? – Wenn das Wort „Z" in beiden Fällen die gleiche Bedeutung hat, dann muß man die Z der beiden mit einander vergleichen können; und wenn sie in Stärke etc. etc. mit einander übereinstimmen, so sind sie die gleichen; wie zwei Anzüge die *gleiche* Farbe besitzen, wenn sie in Bezug auf Helligkeit, Sättigung etc. mit einander übereinstimmen.

Wenn man fragt „ist es denkbar daß ein Mensch die Z. des andern fühlt?" so schweben einem dabei die Z. des Andern gleichsam als ein Körper ein Volumen vor im Mund des Andern und die Frage scheint zu fragen ob wir an diesem Schmerzvolumen teilhaben können. Etwa dadurch daß sich unser beider Wangen durchdrängen. Aber auch das scheint dann nicht zu genügen und wir müßten ganz mit ihm zusammenfallen [und wir müßten uns ganz mit ihm decken.]

7 Wie unterscheiden sich *seine* Zahnschmerzen von den ⟨*Meinen*⟩?
10 *Im MS:* Wie können sich den verschiedene
13 und durch die Lokalisation im ⟨Kopf⟩. Wenn nun aber
17 Aber was ist/⟨wie⟩ ist ⟨es⟩/ dann *–gestrichene Variante in Bleistift*
22 wenn sie in ⟨bezug⟩ auf Helligkeit,
25 so schweben einem dabei die Z. des ⟨andern⟩ gleichsam als ein Körper ein Volumen vor im Mund des ⟨andern⟩ und die Frage scheint

1 // Das Experiment des Würfelns dauert eine gewisse Zeit, und unsere Erwartungen über die zukünftigen Ergebnisse des Würfelns können sich nur auf Tendenzen gründen, die wir in den Ergebnissen des Experiments wahrnehmen. D.h., das Experiment kann nur die Erwartung begründen, daß es *so* weitergehen wird, wie (es) das Experiment gezeigt hat. Aber wir können nicht erwarten, daß das Experiment, wenn fortgesetzt, nun Ergebnisse liefern wird, die mehr als die des wirklich ausgeführten Experiments mit einer vorgefaßten Meinung über seinen Verlauf übereinstimmen. Wenn ich also z.B. Kopf und Adler werfe und in den Ergebnissen des Experiments keine Tendenz der Kopf- und Adlerzahlen finde, sich weiter einander zu nähern, so gibt das Experiment mir keinen Grund zur Annahme, daß seine Fortsetzung eine solche Annäherung zeigen wird. Ja die Erwartung dieser Annäherung muß sich selbst auf einen bestimmten Zeitpunkt beziehen, denn man kann nicht sagen, man erwarte daß ein Ereignis *einmal* – in der unendlichen Zukunft – eintreten werde. 32

3.

2 Ein Gedanke über die Darstellbarkeit der unmittelbaren Realität durch die Sprache:

„Der Strom des Lebens, oder der Strom der Welt, fließt dahin, und unsere Sätze werden, sozusagen, nur in Augenblicken verifiziert. Unsere Sätze werden nur von der Gegenwart verifiziert. – Sie müssen also so gemacht sein, daß sie von ihr verifiziert werden können. Sie müssen das Zeug haben, um von ihr verifiziert werden zu können. Dann haben sie also in irgend einer Weise die Kommensurabilität mit der Gegenwart [Dann sind sie also in irgend einer Weise mit der Gegenwart kommensurabel] und diese können sie nicht haben/dies können sie nicht sein/ *trotz* ihrer raum-zeitlichen Natur, sondern diese muß sich zur Kommensurabilität verhalten, wie die Körperlichkeit eines Maßstabes zu seiner Ausgedehntheit, mit/mittels/ der er mißt. Im Fall des Maßstabes kann man auch nicht sagen: ‚Ja, der Maßstab mißt die Länge trotz seiner Körperlichkeit; freilich, ein Maßstab, der nur Länge hätte, wäre das Ideal, wäre, der *reine* Maßstab'. Nein, wenn ein Körper Länge hat, so kann es keine Länge ohne einen Körper geben – und wenn ich auch verstehe, daß in einem bestimmten Sinn nur die Länge des Maßstabs mißt, so bleibt doch was ich in die Tasche stecke der Maßstab, – der Körper und nicht die Länge.“ 33

2 dauert eine gewisse Zeit, und unsere Erwartungen⟨, für …⟩
7 daß das Experiment, wenn fortgesetzt, nun Ergebnisse liefern ⟨k…
15 denn man kann nicht sagen, ⟨„ich …⟩
16 eintreten werde. ⟨[Ja, die Erwartung dieser Annäherung …⟩
32 Im Fall des Maßstabes kann man auch nicht sagen: ⟨„…⟩
35 so kann es ⟨keinen Körper ohne …⟩
37 doch was *–im MS zwischen den Worten über der Zeile:* kein Beistrich
38 stecke der Maßstab⟨;⟩, – der Körper⟨;⟩ und nicht die Länge.“

1 ∫ Ich stimme mit den Anschauungen neuerer Physiker überein, wenn sie sagen, daß die Zeichen in ihren Gleichungen keine „Bedeutungen" mehr haben, und daß die Physik zu keinen solchen Bedeutungen gelangen könne, sondern bei den Zeichen stehen bleiben müsse: sie 34 sehen nämlich nicht, daß diese Zeichen insofern Bedeutung haben – und nur insofern – als ihnen, auf welchen Umwegen immer, das beobachtete Phänomen entspricht, oder nicht entspricht.

2 Darstellung einer Linie als Gerade mit Abweichungen. Die Gleichung der Linie enthält einen Parameter, dessen Verlauf die Abweichungen von der Geraden ausdrückt. Es ist nicht wesentlich, daß diese Abweichungen „gering" seien. Sie können so groß sein, daß die Linie einer Geraden nicht ähnlich sieht. Die „Gerade mit Abweichungen" ist nur eine Form der Beschreibung. Sie erleichtert es mir, einen bestimmten Teil der Beschreibung auszuschalten, zu vernachlässigen, wenn ich will. (Die Form „Regel mit Ausnahmen".)

3 Alle „begründete Erwartung" ist Erwartung, daß eine bis jetzt beobachtete Regel weiterhin/weiter/ gelten wird.

(Die Regel aber muß beobachtet worden sein und kann nicht selbst wieder bloß erwartet werden.)

4 Die Logik der Wahrscheinlichkeit hat es mit dem Zustand der Erwartung nur soweit zu tun, wie die Logik überhaupt mit dem Denken.

5 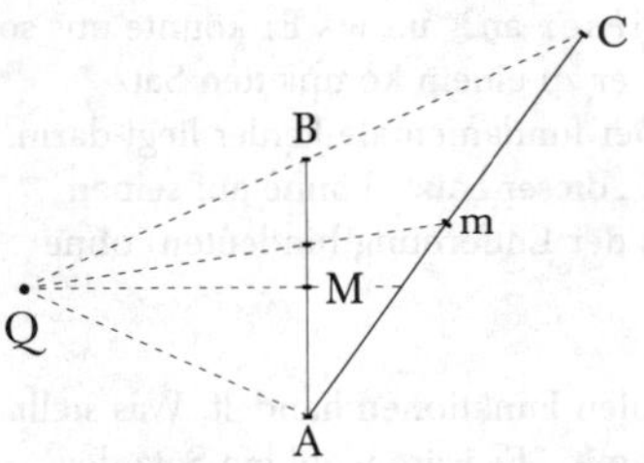

Von der Lichtquelle Q wird 35 ein Lichtstrahl ausgesandt, der die Scheibe AB trifft, dort einen Lichtpunkt erzeugt und dann die Scheibe AC trifft. Wir haben nun keinen Grund zur Annahme, der Lichtpunkt auf AB werde rechts von der Mitte M liegen, noch zur entgegengesetzten; aber auch keinen Grund anzunehmen, der Lichtpunkt auf AC werde auf der und nicht auf jener Seite von der Mitte m liegen. [Wir haben nun keinen Grund, anzunehmen, daß der Lichtpunkt auf AB eher auf der einen Seite der Mitte M als auf der andern liegen wird; aber auch keinen Grund, anzunehmen, der Lichtpunkt auf AC werde auf der einen und nicht auf der andern Seite der Mitte m liegen.] Das gibt also widersprechende Wahrscheinlichkeiten.

1 ⟨Die⟩ Anschauungen neuerer Physiker ⟨stimmen mit der meinen⟩ überein,
4 stehen bleiben müsse: ⟨Sie⟩ sehen nämlich nicht,
10 Die Gleichung der Linie enthält einen Parameter, ⟨der die…⟩
20 *Der eingeklammerte Satz ist im MS eine Bemerkung; mit einem Pfeil und der Anweisung:* [kein neuer Absatz]; *soll heißen keine neue Bemerkung*
30 dort einen Lichtpunkt erzeugt und dann die ⟨die …⟩
30 dort einen Lichtpunkt erzeugt und dann die Scheibe ⟨AB …⟩
31 trifft ⟨und auf ihr einen Lichtpunkt erzeugt.⟩ Wir haben nun keinen
32 Wir haben nun keinen Grund zur Annahme, ⟨daß …⟩
33 *Im MS:* der Lichtpunkt auf AB |werde| rechts von der Mitte
40 aber auch keinen Grund, anzunehmen, ⟨daß …⟩
41 auf der einen und nicht auf der andern Seite ⟨von⟩ |der Mitte| m liegen.]

Wenn ich nun eine Annahme über den Grad der Wahrscheinlichkeit mache, daß der eine Lichtpunkt im Stück AM liegt, wie wird diese Annahme verifiziert? Wir denken/meinen/ doch durch einen Häufigkeitsversuch. Angenommen nun dieser bestätigt die Auffassung, daß die Wahrscheinlichkeiten für das Stück AM und BM gleich sind |(also für Am und Cm verschieden)|, so ist sie damit als die richtige erkannt und erweist sich also als eine physikalische Hypothese. Die geometrische Konstruktion zeigt nur, daß die Gleichheit der
Strecken AM und BM *kein* Grund zur Annahme gleicher 36
Wahrscheinlichkeit war.

1 // Was heißt es: den Goldbachschen Satz *glauben*? Worin besteht dieser Glaube? In einem Gefühl der Sicherheit, wenn wir den Satz aussprechen, oder hören? Das interessiert uns nicht. Ich weiß ja auch nicht wie weit dieses Gefühl durch den Satz selbst hervorgerufen sein mag. Wie greift der Glaube in diesen Satz ein? Sehen wir nach, welche Konsequenzen er hat, wozu er uns bringt. „Er bringt mich zum Suchen nach einem Beweis dieses Satzes“. – Gut, jetzt sehen wir noch nach, worin Dein Suchen eigentlich besteht; dann werden wir wissen wie es sich mit Deinem Glauben an den Satz verhält. [... was es mit dem Glauben an den Satz auf sich hat.]

2 „Der Kretische Lügner“. Statt zu sagen „ich lüge“, könnte er auch hinschreiben „dieser Satz ist falsch“. Die Antwort darauf wäre: „Wohl, aber welchen Satz meinst Du?“ – „Nun *diesen* Satz.“ – „ich verstehe, aber von welchem Satz ist in *ihm* die Rede?“ – „Von *diesem*.“ – „Gut, und |auf| welchen Satz spielt *dieser* an?“ u.s.w.. Er könnte uns so nicht erklären, was er meint bis/ehe/ er zu einem kompletten Satz übergeht. – Man kann auch sagen: Der fundamentale Fehler liegt darin, daß man denkt/glaubt/ ein Wort, z.B. „dieser Satz“, könne auf seinen
Gegenstand gleichsam anspielen (aus der Entfernung hindeuten) ohne 37
ihn vertreten zu müssen.

3 (Ein Satz der von allen Sätzen oder allen Funktionen handelt. Was stellt man sich darunter vor?/meint man damit?/ Es wäre wohl ein Satz der Logik. Denken wir nun daran, wie der Satz $\sim^{2n}p = p$ bewiesen wird.)

2 Wahrscheinlichkeit mache, daß der eine Lichtpunkt ⟨in AM ...⟩
9 *Im MS:* kein Grund zu Annahme
21 wie es sich mit Deinem Glauben an den Satz verhält. [... ⟨worin Dein ...⟩ was es mit dem Glauben an den Satz auf sich hat.] *–im MS am linken Rand mit einer vertikalen Wellenlinie markiert*
27 Er könnte uns ⟨sol...⟩
28 bis/ehe/ *–erste Variante im MS durchstrichen*
29 Man kann auch sagen: Der ⟨F...⟩
36 Denken wir nun ⟨nur⟩ daran, wie der Satz $\sim^{2n}p = p$ bewiesen wird
36 daran, wie ⟨wir den⟩ Satz $\sim^{2n}p = p$ ⟨beweisen.⟩

Wenn ich annehme, die Messung ergebe, daß der Würfel genau und homogen ist, und die Ziffern auf seinen Flächen die Wurfresultate nicht beeinflussen, und die Hand die ihn wirft, bewegt sich ohne bestimmte Regel; folgt daraus die/eine/ durchschnittlich gleichförmige Verteilung der Würfe 1 bis 6 unter den Wurfergebnissen? – Woraus sollte sie hervorgehen? Daß der Würfel genau und homogen ist, kann doch keine durchschnittlich gleichförmige Verteilung von Resultaten begründen (Die Voraussetzung ist sozusagen homogen, die Folgerung |wäre| gesprenkelt.) Und über die Bewegung beim Werfen haben wir ja keine Annahme gemacht. (Mit der Gleichheit der beiden Heubündel hat man zwar begründet, daß der Esel in ihrer Mitte verhungern werde; aber nicht, daß er ungefähr gleich oft von jedem fressen werde.) – Mit unseren Annahmen ist es auch vollkommen vereinbar daß mit dem Würfel 100 Einser nacheinander geworfen werden, wenn Reibung, 38
Handbewegung, Luftwiderstand so zusammentreffen. Die Erfahrung, daß das nie geschieht, ist eine, die diese Faktoren betrifft [ist eine diese Faktoren betreffende]. Und die Vermutung der gleichmäßigen Verteilung der Wurfergebnisse ist eine Vermutung über das Arbeiten dieser Faktoren [Einflüsse].

Wenn man sagt ein gleicharmiger Hebel auf den symmetrische Kräfte wirken müsse in Ruhe bleiben, weil keine Ursache vorhanden ist weshalb er |sich| eher auf die eine als auf die andre Seite neigen sollte, so heißt das nur, daß, wenn wir |gleiche Hebelarme und| symmetrische Kräfte konstatiert haben und nun der Hebel sich nach der einen Seite neigt, wir dies aus den uns bekannten – oder von uns angenommenen – Voraussetzungen nicht erklären können. (Die Form die wir „Erklärung" nennen muß auch asymmetrisch sein; wie die Operation die aus „a + b" „2a + 3b" macht.) Wohl aber können wir die |andauernde| Ruhe des Hebels aus unsern Voraussetzungen erklären. – Aber auch eine schwingende Bewegung, die durchschnittlich gleichoft von der Mitte /Mittellage/ nach rechts und nach links gerichtet ist? Die schwingende Bewegung nicht, denn in der ist ja wieder Asymmetrie. Nur die Symmetrie in dieser Asymmetrie. Hätte sich der Hebel gleichförmig nach rechts gedreht, so könnte man analog sagen: Mit der Symmetrie der Bedingungen kann ich die Gleichförmigkeit der Bewegung aber 39
nicht ihre Richtung erklären.

11 man zwar begründet, daß der Esel ⟨zwischen …⟩
12 aber nicht, daß er ungefähr gleich oft von jedem fressen⟨, …⟩
13 Mit unseren Annahmen ist es auch vollkommen vereinbar daß ⟨w…⟩
16 Die Erfahrung, daß das nie geschieht, ist eine, die ⟨diese …⟩
20 Wenn ⟨wir sagen⟩ ein gleicharmiger Hebel auf den symmetrische Kräfte
21 auf den symmetrische Kräfte wirken ⟨werde⟩ in Ruhe bleiben,
21 in Ruhe bleiben, ⟨so heißt das …⟩
27 (Die Form die wir „Erklärung" nennen muß auch asymmetrisch sein⟨⟩ …⟩
28 die aus „a + b" „2a + 3b" macht *–im MS am linken Rand mit einer vertikalen Wellenlinie markiert*
29 Aber ⟨etwa⟩ auch eine schwingende Bewegung,
29 Aber auch eine ⟨S…⟩
31 nach rechts und ⟨von der Mitte/Mittellage/⟩ nach links gerichtet ist?
33 Hätte sich der Hebel gleichförmig ⟨von⟩ rechts gedreht,

Eine Ungleichförmigkeit der Verteilung der Wurfresultate ist mit der Symmetrie des Würfels n i c h t zu erklären. Und nur insofern erklärt diese Symmetrie die Gleichförmigkeit der Verteilung. – Denn man kann natürlich sagen: Wenn die Ziffern auf den Würfelflächen keine Wirkung haben, dann kann ihre Verschiedenheit nicht eine Ungleichförmigkeit der Verteilung erklären; und gleiche Umstände können selbstverständlich nicht Verschiedenheiten erklären, soweit also könnte man auf eine Gleichförmigkeit schließen. Aber woher dann überhaupt verschiedene Wurfresultate? Gewiß, was diese/Was diese/ erklärt muß |nun| auch ihre |durchschnittliche| Gleichförmigkeit erklären. Die Regelmäßigkeit des Würfels stört nur eben diese Gleichförmigkeit nicht.

1 Angenommen Einer der täglich im Spiel würfelt würde |etwa| eine Woche lang nichts als Einser werfen, und zwar mit Würfeln die nach allen anderen Arten [Methoden] der Untersuchung/Prüfung/ sich als gut erweisen und wenn ein Andrer sie wirft auch die gewöhnlichen Resultate geben/liefern/. Hat er nun Grund hier ein Naturgesetz anzunehmen dem gemäß er immer Einser wirft/werfen muß/; hat er Grund: zu glauben, daß das nun so weitergehen wird, oder |vielmehr| 40
Grund anzunehmen, daß diese Regelmäßigkeit nicht lange mehr andauern kann/wird/? Hat er also Grund das Spiel aufzugeben, da es sich gezeigt hat, daß er nur Einser werfen kann, oder weiterzuspielen, da es jetzt nur um so wahrscheinlicher ist, daß er beim nächsten Wurf eine höhere Zahl werfen wird? – In Wirklichkeit wird er sich weigern die Regelmäßigkeit als ein Naturgesetz anzuerkennen; zum mindesten wird sie lang andauern müssen, ehe er diese Auffassung in Betracht zieht. Aber warum? – Ich glaube, weil so viel frühere Erfahrung |seines Lebens| gegen ein solches Gesetz spricht, die alle – sozusagen – erst überwunden werden muß, ehe wir eine ganz neue Betrachtungsweise annehmen.

2 Wenn wir aus der relativen Häufigkeit eines Ereignisses auf seine relative Häufigkeit in der Zukunft Schlüsse ziehen, so können wir das natürlich nur nach der bisher tatsächlich beobachteten Häufigkeit tun. Und nicht nach einer, die wir aus der beobachteten durch irgend einen Prozess der Wahrscheinlichkeitsrechnung erhalten haben. Denn die berechnete Wahrscheinlichkeit stimmt m i t j e d e r b e l i e b i g e n tatsächlich beobachteten Häufigkeit überein, da sie die Zeit offen läßt.

1 ⟨Die⟩ Ungleichförmigkeit der Verteilung der Wurfresultate
5 dann kann ihre Verschiedenheit nicht ⟨nicht ...⟩
7 nicht Verschiedenheiten erklären, ⟨insofern⟩ also könnte man
17 und wenn ein ⟨andrer⟩ sie wirft auch die gewöhnlichen Resultate
18 Hat er nun Grund ⟨zu denken, daß⟩ hier ein Naturgesetz ⟨besteht ...⟩
20 |vielmehr| *–das Einfügungszeichen ist im MS gewellt unterstrichen*
25 eine höhere Zahl werfen wird? – ⟨Z...⟩
29 frühere Erfahrung |seines Lebens| gegen ⟨das⟩ Gesetz spricht,
33 ⟨Wenn wir aus de...⟩ *–Streichung durch Überklebung: Die folgenden zwei Bemerkungen (184,2; 185,1) und die ersten beiden Absätze der dritten Bemerkung (185,2) finden sich auf einem eingeklebten Zettel aus der unvollständig überlieferten maschinenschriftlichen Synopse der Manuskriptbände I–IV (TS 208), siehe auch WA Bd 2, Seite 131,3 und 4; und 132,1. (Unterstreichungen der Manuskripte sind in den Typoskripten als Sperrungen dargestellt.)*

1 Wenn sich der Spieler, oder die Versicherungsgesellschaft, nach der Wahrscheinlichkeit richten, so richten sie sich nicht nach der Wahrscheinlichkeitsrechnung, denn nach dieser allein kann man sich nicht richten, da, *was immer* geschieht, mit ihr in Uebereinstimmung zu bringen ist; sondern die Versicherungsgesellschaft richtet sich nach einer tatsächlich beobachteten Häufigkeit. Und zwar ist das natürlich eine absolute Häufigkeit.

2 Was zum Wesen der Welt gehört, kann die Sprache nicht ausdrücken.

Daher kann sie nicht *sagen*, daß alles fließt. Nur was wir uns auch anders vorstellen könnten, kann die Sprache sagen.

Daß alles fließt, muß in dem/im/ Wesen der Anwendung der Sprache auf die Wirklichkeit liegen. [Daß alles fließt, muß im Wesen der Berührung der Sprache mit der Wirklichkeit liegen.] Oder |besser|: daß alles fließt, muß im Wesen der Sprache liegen. Und, erinnern wir 41 uns: im gewöhnlichen Leben fällt uns das nicht auf – sowenig wie die verschwommenen Ränder unseres Gesichtsfelds („weil wir so daran gewöhnt sind“ wird mancher sagen). Wie, bei welcher Gelegenheit, glauben wir denn darauf aufmerksam zu werden? Ist es nicht, wenn wir Sätze gegen die Grammatik der Zeit bilden wollen?

4.

3 „Nur die Erfahrung des gegenwärtigen Augenblicks hat Realität“. – Soll das heißen, daß ich heute Früh nicht aufgestanden bin? Oder, daß ein Ereignis, dessen ich mich in diesem Augenblick nicht erinnere /entsinne/, nicht stattgefunden hat? – Soll hier ‚gegenwärtige Erfahrung‘ im Gegensatz stehen zu zukünftiger und vergangener Erfahrung? Oder ist es ein Beiwort wie das Wort „rational“ in „rationale Zahl“ so daß man die beiden Wörter auch durch eines ersetzen könnte und das Beiwort auf eine grammatische Eigentümlichkeit hinweist. Und was wird in diesem Falle vom Subjekt ausgesagt wenn ihm Realität zugesprochen wird? Betonen wir hier nicht wieder eine grammatische Eigentümlichkeit, in derselben Weise, wie wenn man sagt/, etwa als wenn man sagte:/ „nur die Kardinalzahlen sind wirkliche Zahlen“ (Kronecker soll gesagt haben, nur die Kardinalzahlen seien von Gott 42 erschaffen, alle anderen seien Menschenwerk.) – Heißt es ‚gegenwärtige

12 in dem/im/ *–der i-Punkt der zweiten Variante steht im MS auf dem eingeklebten Zettel aus dem Typoskript TS 208; vergl. vorangehende Fußnote, Seite 184*

13 Daß alles fließt, muß in dem/im/ Wesen der Anwendung der Sprache auf die Wirklichkeit liegen. *–im MS am linken Rand mit einer vertikalen Wellenlinie markiert*

16 erinnern wir uns⟨,⟩ im gewöhnlichen Leben fällt uns das nicht auf

16 im gewöhnlichen Leben fällt uns das nicht auf ⟨(…)

24 daß ich heute Früh nicht aufgestanden bin? ⟨–⟩ Oder, daß ein Ereignis,

26 nicht stattgefunden hat? – Und ⟨„…⟩

26 nicht stattgefunden hat? – ⟨Und ‚*gegenwärtige* Erfahrung‘ – im Gegensatz wozu? Hier ist offenbar das Wort ‚gegenwärtig‘ überflüssig …⟩

26 nicht stattgefunden hat? – ⟨Solle…⟩

26 Soll hier ⟨‚gegenwärtig‘ …⟩

29 so daß man die beiden ⟨Worte⟩ auch durch eines ersetzen könnte

29 auch durch eines ersetzen könnte und das ⟨b…⟩

34 *Im MS:* , in derselben Weise, wie wenn man sagt⟨:⟩/, etwa als wenn man sagte: „…../

36 nur die Kardinalzahlen seien von Gott erschaffen, ⟨alles andere …⟩

Erfahrung' im Gegensatz zu zukünftiger und vergangener, dann meint man mit diesen Erfahrungen etwa physikalische Vorgänge; und wenn ich das Bild von der Laterna magica gebrauche und die zeitlichen Beziehungen in räumliche übersetze so ist die gegenwärtige Erfahrung im physikalischen Sinn das Bild auf dem Filmstreifen das sich vor dem Objectiv der Laterne befindet (ich kann nicht sagen: „das sich jetzt vor dem Objectiv der Laterne befindet".) Auf der einen Seite dieses Bildes sind/liegen/ die vergangenen auf der andern die zukünftigen Bilder (die beiden Seiten sind durch Eigentümlichkeiten des Apparates charakterisiert). Das Bild auf der Leinwand gehört der Zeit des Filmstreifens nicht an; man kann von ihm nicht in dem eben beschriebenen Sinne sagen, es sei gegenwärtig. (Im Gegensatz wozu? – Das Wort ‚gegenwärtig', wenn man es hier benützt, bezeichnet nicht einen Teil eines Raumes |im Gegensatz zu andern Teilen|, sondern charakterisiert einen Raum.) Der Satz, nur die gegenwärtige Erfahrung habe Realität, wäre nun hier der Satz, daß nur das Bild vor dem Objektiv dem Bild auf der Leinwand entspricht. Und das könnte allerdings ein Erfahrungssatz sein und das Gleichnis läßt uns hier in 43
Stich, wenn wir die Entsprechung zwischen Film und Leinwand (die Projektionsart) nicht so festsetzen/festlegen/, daß sich dadurch das Bild auf dem Film welches dem Bild auf der Leinwand entspricht als das Bild vor dem Objektiv der Laterne ergibt.

1 zukünftiger und vergangener, dann ⟨ist …⟩
3 Bild von der Laterna magica ⟨gebrauche und dem Filmstreifen …⟩
5 so ist die gegenwärtige Erfahrung im physikalischen Sinn das Bild ⟨d…⟩
5 auf dem ⟨Filmstreifens …⟩ *–im MS Korrektur in Bleistift*
10 Das Bild auf ⟨dem Streifen …⟩
11 der Zeit des Filmstreifens nicht an⟨. Man⟩ kann von ihm nicht in dem
12 (Im Gegensatz wozu? – ⟨Wenn man das⟩ Wort ‚gegenwärtig' hier benützt, ⟨so⟩ bezeichnet ⟨man⟩ nicht einen Teil eines Raumes
17 dem Bild auf der Leinwand entspricht. Und das ⟨wäre …⟩
18 allerdings ein Erfahrungssatz sein⟨. Aber hier läßt uns⟩ das Gleichnis in Stich, wenn wir ⟨nicht festsetzen, /die Projektionsmethode nicht so festlegen /festsetzen//, daß das der Projektion „entsprechende" Bild des Filmstreifens das Bild vor dem Objektiv heißen soll. …⟩
18 wenn wir die Entsprechung zwischen Film und Leinwand ⟨nicht …⟩

1 Wer den Satz, nur die gegenwärtige Erfahrung sei real, bestreiten will (was ebenso falsch ist, wie ihn zu behaupten) wird etwa fragen, ob denn ein Satz wie „Julius Cäsar ging über die Alpen“ nur den gegenwärtigen Geisteszustand desjenigen beschreibt, der sich mit dieser Sache beschäftigt. Und die Antwort ist natürlich: Nein! er beschreibt ein Ereignis, das, wie wir glauben, vor ca 2000 Jahren stattgefunden hat. Wenn nämlich das Wort „beschreibt“ so aufgefaßt wird, wie in dem Satz „der Satz ‚ich schreibe‘ beschreibt, was ich gegenwärtig tue“. Der Name Julius Cäsar bezeichnet eine Person. – Aber was sagt denn das alles? Ich scheine mich ja um die eigentliche philosophische Antwort drücken zu wollen! – Aber Sätze die von Personen handeln, d.h. Personennamen enthalten, können |eben| auf sehr verschiedene Weise verifiziert werden. |– Fragen wir uns nur, warum wir den Satz glauben. –| Daß es |z.B.| denkbar ist, die Leiche Cäsars noch zu finden, hängt unmittelbar mit dem Sinn des Satzes über Julius Cäsar zusammen. Aber auch, daß es möglich/denkbar/ ist, eine Schrift zu finden, aus der 44
hervorgeht, daß so ein Mann nie gelebt hat und seine Existenz zu bestimmten Zwecken erdichtet worden sei./ist./ Diese/Solche/ Möglichkeiten gibt es |aber| für einen Satz: „ich sehe einen roten Fleck über einen grünen dahinziehen“ |nicht|; und das ist es, was wir damit meinen, wenn wir sagen, daß dieser Satz in unmittelbarerer Art Sinn hat, als jener über Julius Cäsar./dieser Satz habe in unmittelbarerer Art Sinn, als der über Julius Cäsar./ [.... Und das meinen wir, wenn wir sagen, dieser Satz habe .....]

6 Nein! er beschreibt ein Ereignis, ⟨daß ...⟩
6 ⟨– ()Wenn nämlich das Wort „beschreibt“ so aufgefaßt wird, wie in dem Satz „der Satz ‚ich schreibe‘ beschreibt, was ich gegenwärtig tue“.()⟩
11 zu wollen! – ⟨Nun,⟩ Sätze die von Personen handeln,
12 |eben| *–gewellte Unterstreichung des Einfügungszeichens aufgehoben*
14 |– Fragen wir uns nur, warum wir den Satz glauben. –| *–Einfügung vom unteren Rand der Manuskriptseite, Zuordnung durch Pfeil*
14 |z.B.| *–das Einfügungszeichen ist im MS gewellt unterstrichen*
18 sei./ist./ *–erste Variante im MS durchstrichen*
19 erdichtet worden sei./ist./ Diese/Solche/ Möglichkeiten gibt es ⟨nicht ...⟩
19 |aber| *–das Einfügungszeichen ist im MS gewellt unterstrichen*
20 über einen grünen dahinziehen“ |nicht|⟨. Und⟩ das ist es,

1) „Ich habe Schmerzen“
„N hat Schmerzen“
dagegen 2) „Ich habe graue Haare“
„N hat graue Haare“

Die verschiedenen |philosophischen| Schwierigkeiten und Confusionen in Verbindung mit dem ersten Beispiel lassen sich zum größten Teil auf die Verwechslung der Grammatik der Fälle 1 und 2 zurückführen.

Es hat Sinn zu sagen: „ich sehe seine Haare, aber nicht die meinen“ oder „ich sehe meine Hände täglich, aber nicht die seinen“ und dieser Satz ist analog dem: „ich sehe meine Kinder täglich, aber nicht die seinen/meine Wohnung täglich, aber nicht die seine/“. – Dagegen ist Unsinn: „ich fühle meine Schmerzen aber nicht die seinen“

Die Ausdrucksweise unserer Sprache in den Fällen 1 und 2 ist natürlich nicht ‚falsch‘ aber |sie ist| irreführend. „Eine herrenlose 45
Wohnung“, „herrenlose Zahnschmerzen“. Es gibt Menschen die Untersuchungen darüber anstellen „ob es ungesehene Gesichtsbilder gibt“ und sie glauben, daß das eine Art wissenschaftlicher Untersuchung (über diese Phänomene) ist.

„Wie ein Satz verifiziert wird, das sagt er“: und nun sieh Dir daraufhin die Sätze an: „Ich habe Schmerzen“, „N hat Schmerzen“. Wenn nun aber ich der N bin? – Dann haben dennoch die beiden Sätze verschiedenen Sinn.

„Die Sache ist doch ganz einfach: ich spüre freilich seine Zahnschmerzen nicht, aber e r spürt sie eben (und so sind alle Verhältnisse |doch| symmetrisch).“ Aber dieser Satz ist eben Unsinn. – Um nun die Asymmetrie der Erfahrung |mit Bezug auf mich und den Andern| deutlich zum Ausdruck zu bringen, könnte man nun/ich/ eine asymmetrische Ausdrucksweise vorschlagen:

Alte Ausdrucksweise:	Neue Ausdrucksweise:
L.W. hat Schmerzen	Es sind Schmerzen vorhanden
L.W. hat Schmerzen in seiner linken Hand.	Es sind Schmerzen in der linken Hand des L.W.
N. hat Schmerzen	N. benimmt sich wie L.W. wenn Sch. vorhanden sind
N. heuchelt Schmerzen in seiner Hand	N heuchelt das Benehmen des L.W. wenn Sch. in seiner Hand sind.
Ich bedauere N., weil er Sch. hat	Ich bedauere N, weil er sich benimmt, wie etc.

4 dagegen⟨:⟩ 2) „Ich habe graue Haare“
8 zum größten Teil auf die Verwechslung der Grammatik ⟨des …⟩
10 aber nicht die meinen“ ⟨oder |analog|⟩ „ich sehe
10 aber nicht die meinen“ oder „ich sehe meine ⟨Kinder⟩ täglich,
14 Die Ausdrucksweise unserer Sprache ⟨wie sie⟩ in den ⟨Beispielen …⟩
16 „Eine herrenlose Wohnung“, „herrenlose ⟨Schmerzen⟩“
22 Wenn nun aber ich der N bin?⟨!⟩
26 |doch| *–das Einfügungszeichen ist im MS gewellt unterstrichen*
27 Um nun die Asymmetrie ⟨in⟩ der Erfahrung ⟨klar …⟩
28 |mit Bezug auf mich und den Andern| *–Zusatz über der Zeile*
29 man nun/ich/ *–erste Variante im MS durchstrichen*
38 N heuchelt ⟨ein⟩ Benehmen des L.W. wenn Sch. in seiner Hand sind.

Da wir für jeden |sinnvollen| Ausdruck der alten Ausdrucksweise 46
einen der neuen setzen und für *verschiedene* alte, *verschiedene* neue, so muß, was Eindeutigkeit und Verständlichkeit anlangt, die neue Ausdrucksweise der alten gleichwertig sein. – Aber könnte man denn nicht eine solche asymmetrische Ausdrucksweise ebensogut für Sätze der Art „ich habe graue Haare", „N. hat graue Haare" konstruieren? Nein. Man muß nämlich verstehen daß der Name „L.W." in den Sätzen der rechten Seite sinnvoll muß durch andere Namen ersetzt werden können. Und ist das nicht der Fall dann braucht weder „L.W." noch ein anderer Name in diesen Sätzen vorzukommen. Ersetzt man nämlich L.W. durch den Namen eines andern Menschen, so wird etwa gesagt daß ich in der Hand eines anderen Körpers als des meinigen Schmerzen empfinde. Es wäre z.B. denkbar, daß ich mit einem Andern Körper wechsle; etwa aufwache, meinen |alten| Körper mir gegenüber auf einem Sessel sitzen sehe und mich im Spiegel sehend fände daß ich das Gesicht und den Körper meines Freundes angenommen habe. Ich betrachte nun den Personennamen als Name des Körpers. Und es hat nun Sinn zu sagen: „ich habe im Körper des N (oder im Körper N) Zahnschmerzen (in der asymmetrischen Ausdrucksweise: „in einem Zahn des N sind Schmerzen"); aber |es hat| keinen Sinn zu sagen „ich habe auf dem Kopf des N. graue Haare", außer, das soll heißen: „N hat 47
graue Haare".

Aber ist (denn) die vorgeschlagene asymmetrische Ausdrucksweise richtig? Warum sage ich „N benimmt sich wie L.W. wenn er ....“? Wodurch ist denn L.W. charakterisiert? Doch durch die Formen etc. seines Körpers und durch dessen kontinuierliche Existenz im Raum. Sind aber diese Dinge für die Erfahrung der Schmerzen wesentlich? Könnte ich mir nicht folgende Erfahrung denken: ich wache mit Schmerzen in der linken Hand auf und finde, daß sie ihre Gestalt geändert hat und jetzt so aussieht wie die Hand meines Freundes, während er meine Hand erhalten hat. Und worin besteht die Kontinuität meiner Existenz im Raum? Wenn mir jemand verläßlicher erzählte, er sei während ich geschlafen habe bei mir gesessen, plötzlich sei mein Körper verschwunden und sei plötzlich wieder erschienen – ist es unmöglich das zu glauben? – Und worin besteht etwa die Kontinuität meines Gedächtnisses? In welcher Zeit ist es kontinuierlich? Oder besteht die Kontinuität darin, daß im Gedächtnis keine Lücke ist. Wie im Gesichtsfeld keine ist. (Denn überlege nur, wie wir den blinden Fleck 48
merken!) Und was hätte diese Kontinuität mit der zu tun die für den

3 was Eindeutigkeit und Verständlichkeit ⟨anbelangt⟩, die neue
5 eine solche asymmetrische Ausdrucksweise ⟨au...⟩
7 Nein⟨, man⟩ muß nämlich verstehen daß der Name
7 muß nämlich verstehen daß der ⟨N...⟩
11 Ersetzt man nämlich L.W. durch einen ⟨andern ...⟩
11 Ersetzt man nämlich L.W. durch ⟨einen⟩ |den| Namen –*Streichung in Bleistift*
11 den Namen eines andern Menschen, so ⟨heißt das ...⟩
15 und mich im Spiegel sehend fände daß ich ⟨den Ko...⟩
17 als Name des Körpers. Und ⟨in diese...⟩
19 in der asymmetrischen Ausdrucksweise: „⟨im Körper ...⟩
19 in der asymmetrischen Ausdrucksweise: „in ⟨den ...⟩
20 |es hat| –*das Einfügungszeichen ist im MS gewellt unterstrichen*
21 außer, das soll ⟨dasselbe⟩ heißen⟨, wie⟩ „N hat graue Haare".
36 In welcher Zeit ist es kontinuierlich? ⟨O...⟩

Gebrauch des Personennamens L.W. wesentlich ist [von Bedeutung ist]? Die Erfahrung der Zahnschmerzen läßt sich in ganz anderer Umgebung als der von uns gewohnten denken. (Denken wir doch nur, daß man tatsächlich Schmerzen in der Hand haben kann obwohl es diese im physikalischen Sinne gar nicht mehr gibt, weil sie einem amputiert worden ist.) In diesem Sinne könnte man Zahnschmerzen ohne Zahn, Kopfschmerzen ohne Kopf etc. haben. Wir machen eben hier einfach eine Unterscheidung wie die zwischen Gesichtsraum und physikalischem Raum oder Gedächtniszeit und physikalischer Zeit. – Danach nun ist es unrichtig die Ausdrucksweise einzuführen „N benimmt sich wie L.W. wenn ...". Man könnte vielleicht sagen „N benimmt sich wie der Mensch in dessen Hand Schmerzen sind". Warum sollte man aber überhaupt die Erfahrung der Schmerzen zur Beschreibung des bewußten Benehmens heranziehen? – Wir wollen doch einfach zwei verschiedene Erfahrungsgebiete trennen; wie wenn wir Tasterfahrung und Gesichtserfahrung an einem Körper trennen. 49
Und verschiedener kann nichts sein, als die Schmerzerfahrung und die Erfahrung einen menschlichen Körper sich winden sehen, Laute ausstoßen zu hören, etc.. Und zwar besteht hier kein Unterschied zwischen meinem Körper und dem des Andern, denn es gibt auch die Erfahrung die Bewegungen des eigenen Körpers zu sehen und die von ihm ausgestoßenen Laute zu hören.

Denken wir uns unser Körper würde aus unserem Gesichtsfeld entfernt, etwa indem man ihn gänzlich durchsichtig machte; er behielte aber die Fähigkeit in einem geeigneten Spiegel in der uns gewohnten Weise zu erscheinen so daß wir etwa die sichtbaren Äußerungen unserer Zahnschmerzen wesentlich wie die eines fremden Körpers wahrnähmen. Dies ergäbe auch eine ganz andere Koordination zwischen sehendem Auge und Gesichtsraum als die uns selbstverständlich erscheinende alltägliche. (Denke an das Zeichnen eines Vierecks mit seinen Diagonalen im Spiegel.) Wenn wir uns aber so die Möglichkeit denken können, daß wir unsern |sichtbaren| Körper nur als Bild in einem Spiegel kennten so ist es nun auch denkbar daß 50
dieser Spiegel wegfiele und wir ihn nicht anders sähen als irgend einen andern menschlichen Körper. – Wodurch wäre er dann aber als m e i n Körper charakterisiert? Nun nur dadurch daß ich |z.B.| die Berührung dieses Körpers fühlen würde nicht aber die eines andern, etc.. So ist es auch nicht mehr wesentlich daß der Mund unterhalb des sehenden Auges m e i n e Worte spricht. (Und das ist von großer Wichtigkeit). Auch wenn ich m e i n e n Körper sehe wie ich ihn jetzt sehe d.h. von

1 die für den Gebrauch des ⟨N...⟩
3 (Denken wir doch nur, daß man tatsächlich Schmerzen in der Hand haben kann obwohl es diese im physikalischen Sinne gar nicht mehr gibt, weil sie einem amputiert worden ist.) *–im MS am linken Rand mit einer vertikalen Wellenlinie markiert*
3 (Denken wir doch nur ⟨daran⟩ daß man tatsächlich
4 Schmerzen in der Hand ⟨|d.h. im Ort der Hand|⟩ haben kann
4 obwohl es ⟨sie⟩ im physikalischen Sinne gar nicht mehr gibt,
8 eine Unterscheidung wie die zwischen Gesichtsraum und ⟨Er...⟩
11 *Im MS (Zeilenumbruch):* wenn ..." Man könnte vielleicht sagen
15 Wir wollen doch einfach zwei verschiedene Erfahrungsgebiete ⟨tren...⟩
25 er behielte aber die Fähigkeit ⟨bei⟩ in einem geeigneten Spiegel
35 einen andern menschlichen Körper. – Wodurch ⟨wurd...⟩
40 d.h. von ⟨seinem ...⟩

seinen Augen aus ist es denkbar daß ich mit Andern den Körper tausche. Die Erfahrung bestünde einfach in dem, was man als eine sprunghafte Änderung meines Körpers und seiner Umgebung beschreiben würde. Ich würde einmal die Körper A B C D von E aus und E von den Augen dieses Körpers sehen und plötzlich etwa

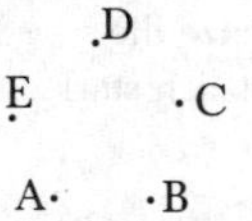

C D E A von B aus und B aus dessen Augen, etc. Noch einfacher aber wird die Sache wenn ich alle Körper meinen, sowie die fremden, überhaupt nicht aus Augen sehe und sie also, was ihre visuelle Erscheinung betrifft alle auf gleicher Stufe stehen. Dann ist es klar, was es heißt, daß ich im Zahn des Andern Schmerzen haben kann; – wenn ich dann überhaupt 51
noch bei der Bezeichnung bleiben will, die einen Körper „*meinen*“ nennt und also einen andern den „eines Andern“. Denn es ist nun vielleicht praktischer die Körper einfach/nur/ mit Eigennamen zu bezeichnen. – Es gibt also jetzt eine Erfahrung, die der Schmerzen in einem Zahn eines der existierenden menschlichen Körper; das ist nicht die die ich in der gewöhnlichen Ausdrucksweise mit den Worten „A hat Zahnschmerzen“ beschriebe, sondern mit den Worten „ich habe in einem Zahn des A Schmerzen“. Und es gibt die andere Erfahrung einen Körper, sei es meiner oder ein andrer sich winden zu sehen. Denn, vergessen wir nicht: Die Zahnschmerzen haben zwar einen Ort in einem Raum, sofern man z.B. sagen kann, sie wandern oder seien an zwei Orten zugleich, etc.: aber ihr Raum ist nicht der visuelle oder physikalische. – Und nun haben wir zwar eine neue Ausdrucksweise, sie ist aber nicht mehr asymmetrisch. Sie bevorzugt nicht *einen* Körper, einen Menschen zum Nachteil der andern, ist also *nicht* solipsistisch. – So ist alles/alle Erfahrung/ ohne Ansehen der Person verteilt. *Aber wir teilen anders.* Es werden die Dinge in unsrer Betrachtungsweise anders zusammengefaßt. Wie wenn man einmal die 52
Zeit zum Raum rechnet und einmal nicht, oder wie wenn man einen Wald als Holzblock mit Löchern ansähe. Oder die Bahn des Mondes um die Sonne einmal als Kreisbahn um die Erde die sich verschiebt, ein andermal als Wellenlinie die um die Sonne läuft. (Wäre die Erde etwa nicht sichtbar, so könnte es eine merkwürdige neue Betrachtungsweise sein die Wellenbewegung um die Sonne als Kreisbahn um einen kreisenden Körper [um ein kreisendes Centrum] aufzufassen.) Man

2 *Im MS:* mit Andern |den| Körper tausche.
2 Die Erfahrung bestünde einfach ⟨in einer …⟩
2 Die Erfahrung bestünde einfach ⟨darin …⟩
2 Die Erfahrung bestünde einfach ⟨w…⟩
2 was man |als| eine ⟨Sprunghafte⟩ Änderung meines Körpers und seiner Umgebung ⟨nennen …⟩
5 die Körper A B C D von E aus und E von ⟨seinen A…⟩
8 wenn ich alle Körper meinen, sowie die fremden, ⟨ni…⟩
9 und sie ⟨mir⟩ also, was ihre visuelle Erscheinung betrifft
17 das ist nicht die die ⟨wir⟩ in ⟨unserer⟩ gewöhnlichen Ausdrucksweise
20 sei es meiner oder ein ⟨anderer⟩ sich winden zu sehen.
23 oder seien an zwei Orten zugleich, etc.: ⟨Ab…⟩
26 nicht *einen* Körper, einen Menschen ⟨auf K…⟩
26 nicht *einen* Körper, einen Menschen zum ⟨*Nachteil*⟩ der andern,
28 ohne Ansehen der Person verteilt. *Aber* ⟨wir teilen anders …⟩
32 Oder die Bahn des Mondes um die Sonne einmal als ⟨Kreis …⟩
34 Wäre die Erde etwa nicht sichtbar, so ⟨wäre …⟩
35 könnte es eine merkwürdige neue Betrachtungsweise sein die ⟨Be…⟩
36 um einen kreisenden Körper [um ein kreisendes Centrum] ⟨zu …⟩

könnte auf diese Weise gewisse Vorurteile zerstören die auf die besondere uns geläufige Betrachtungsart aufgebaut wären. – Sehr klar wird der Charakter der anderen Betrachtungsweise wenn man an die analoge Verschiebung/Veränderung/ der Grenzen durch die Einführung des Begriffs der Gedächtniszeit denkt. Es ist ganz ähnlich der veränderten Betrachtung der Mondbewegung. Eine Grenze die früher mit anderen in der Zeichnung zusammen lief wird plötzlich stark ausgezogen und hervorgehoben. – –

1 Die mathematische Frage muß so exact sein wie der mathematische 53
Satz. Wie irreführend die Ausdrucksweise der Wortsprache den Sinn der mathematischen Sätze darstellt, sieht man wenn man sich die Multiplizität eines mathematischen Beweises vor Augen stellt/führt/ und bedenkt daß der Beweis zum S i n n des bewiesenen Satzes gehört d.h. den Sinn bestimmt. Also nicht etwas ist, was bewirkt daß wir einen bestimmten Satz glauben, sondern etwas was uns zeigt, w a s wir glauben, wenn hier von Glauben eine Rede sein kann. Begriffswörter in der Mathematik: Primzahl, Kardinalzahl etc.. Es scheint darum unmittelbar Sinn zu haben wenn gefragt wird: „Wieviel Primzahlen gibt es?“ („Es glaubt der Mensch wenn er nur Worte hört …“) In Wirklichkeit ist diese Wortzusammenstellung |einstweilen| Unsinn; bis für sie eine besondere Syntax gegeben wurde. Sieh den Beweis dafür an, „daß es unendlich viele Primzahlen gibt“ und dann die Frage, die er zu beantworten scheint. Das Resultat eines intrikaten Beweises kann nur in sofern einen einfachen Wortausdruck haben, als das System von Ausdrücken dem dieser Ausdruck angehört in seiner Multiplizität einem
System solcher Beweise entspricht. – Die Confusionen in diesen Dingen 54
sind ganz darauf zurückzuführen, daß man die Mathematik als eine Art Naturwissenschaft behandelt. Und das wieder hängt damit zusammen, daß sich die Mathematik von der Naturwissenschaft abgelöst hat. Denn solange sie in unmittelbarer Verbindung mit der Physik betrieben wird ist es klar, daß s i e keine Naturwissenschaft ist. (Etwa, wie man einen Besen nicht für ein Einrichtungsstück des Zimmers halten kann, solange man ihn dazu benützt, die Einrichtungsgegenstände zu säubern.)

11 *Im MS zwei Leerzeilen vor Beginn der Bemerkung*
16 Also nicht etwas ist, ⟨was uns gezeigt wird damit wir …⟩
21 („Es glaubt der Mensch wenn er nur Worte hört …“) *Goethe, Faust (vergl. Bemerkung 2 Seite 84, Fußnote 18)*
23 Sieh den Beweis dafür an⟨,…⟩
25 die er zu beantworten scheint⟨ das⟩ Resultat
28 Die Confusionen in diesen Dingen ⟨ist …⟩
31 damit zusammen, daß sich die Mathematik von ⟨den …⟩
32 in unmittelbarer Verbindung mit der Physik betrieben wird ⟨es …⟩

1 In der Mathematik gibt es kein „noch nicht“ und kein „bis auf weiteres“ (außer in dem Sinne in welchem man sagen kann man habe noch nicht 1000-stellige Zahlen mit einander multipliziert).

2 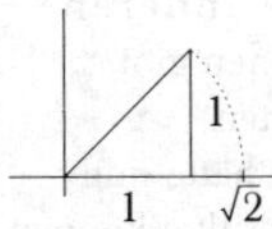

Der Punkt $\sqrt{2}$ ist wesentlich der Endpunkt der Konstruktion. Und der Ausdruck „der Endpunkt der Konstruktion“ ist hier keine Beschreibung im Russellschen Sinne. Es ist nicht von einer bestimmten Länge die Rede, die a u c h s o gewonnen werden kann. Und wie der mathematische Satz die Endfläche eines 55 Beweiskörpers so ist hier das Resultat der Konstruktion der Endpunkt der Konstruktion und sonst nichts. Wie auch das 5-Eck das Ende der 5-Ecks-Konstruktion.

3 Daher kann ich auch von einer Klasse von Punkten die dem Punkt $\sqrt{2}$ analog sind nur reden wenn ich von einer Klasse analoger Konstruktionen rede/spreche/.

4 Wenn mir eine endliche Reihe von Ziffern gegeben ist so kann ich offenbar jede der folgenden Fragen stellen: 1) Findet sich in ihnen eine Periode? 2) Welche? 3) Ist es die Periode (z.B.) 1414… Da hier jede dieser Fragen zu stellen ist, glaubt man, es müssen auch dort wo eine von ihnen in einem neuen Sinn gestellt wird sich die andern eo ipso stellen lassen. So sagt man, die periodische Division $1 : 3 = 0{\cdot}\dot{3}$ habe die Frage beantwortet ob in der Entwicklung des Quotienten 1 : 3 lauter 3 stehen werden. Und die Division scheint nun alle die Fragen beantwortet zu haben: „Gibt es hier eine Periode?“ „Welche?“, „Ist es z.B. die Periode 1414…?“ „Geht der Dezimalbruch ohne Periode in’s 56 Unendliche fort?“. Folgt nun daraus daß einer die periodische Division verstanden hat indem er, wie wir sagen würden, einsieht daß $\underline{1}_{\underline{1}} : 3 = 0{\cdot}3$ nun immer so weiter gehn muß, – folgt daraus, daß er nach einer Periode suchen kann wenn noch keine zu sehen ist? Kann er also, nachdem er $\underline{1}_{\underline{1}} : 3 = 0{\cdot}3$ periodisch aufgefaßt hat damit auch die Periode von 1 : 7 finden? d.h. kann er sie s u c h e n? Offenbar nicht. D.h., die Frage „kommt die Entwicklung von 1 : 7 jemals zu einem Ende“ ist für ihn sinnlos, ebenso |sinnlos wie| die Frage „liefert 1 : 7 einen endlosen

2 (außer in dem ⟨trivialen⟩ Sinne in welchem man sagen kann
3 in welchem man |sagen kann man habe| noch nicht 1000-stellige Zahlen mit einander multipliziert⟨ hat).⟩
3 *Mit dieser Bemerkung endet die maschinenschriftliche Synopse TS 211.*
6 *Im MS zwei Leerzeilen vor Beginn der Bemerkung*
12 die Endfläche eines Beweiskörpers so ist ⟨wie…⟩
13 der Endpunkt der Konstruktion und sonst nichts. ⟨W…⟩
21 so kann ich offenbar ⟨folgende⟩ Fragen ⟨fra…⟩
28 „Gibt es hier eine Periode?“ „Welche?“, ⟨“…⟩ *–im MS finden sich auf den folgenden Seiten wiederholt hochgestellte Anführungszeichen, möglicherweise als Folge der Einbeziehung der Typographie der Maschinenschrift TS 208*
29 „Ist es z.B. die Periode 14⟨… …⟩
34 nachdem er $\underline{1}_{\underline{1}} : 3 = 0{\cdot}3$ periodisch ⟨verstan…⟩
35 auch die Periode von 1 : 7 ⟨finden? …⟩
36 Offenbar nicht. D.h., die Frage ⟨„Ist 1 : 7 periodisch“, hat für ⟨Ihn …⟩ ihn keinen Sinn, ⟨wohl …⟩ aber nicht die Frage „Wird 1 : 7 nach den ersten 2, 3, 4 Stellen periodisch“. E…⟩

nicht periodischen Dezimalbruch oder einen periodischen"; dagegen hat die Frage Sinn „wird 1 : 7 nach den ersten 4 Stellen periodisch" und natürlich auch die Frage „ist die Periode 0˙14".

Wenn er aber nun die Periode von 1 : 7 gefunden hätte, hätte er dann nicht doch alle jene Fragen damit beantwortet? Nein, nur die, nach deren Antwort er hat suchen können. Oder auch: die a n d e r e n 57
Fragen hatten nur den Sinn den die gefundene Antwort ihnen gibt. Erklären wir dies auf andere Weise: Angenommen wir hatten jemandem multiplizieren gelehrt, aber nicht dividieren. Er hätte nun gefunden daß 14 × 15 = 210 ist und ich sagte ihm, dieses Resultat können wir auch so ausdrücken: „210 : 15 = 14". Hätte damit nun die Fragestellung auf die das Dividieren antwortet einen Sinn erhalten? Nein, die ist eine ganz andere deren Grammatik uns erst die Methode des Dividierens gibt. Ich hätte auch einen Menschen nicht multiplizieren gelehrt dem ich die Definition 1 × 1 = 1 gegeben hätte.

1 Die mathematischen Sätze als Mittel um die Beweise zu katalogisieren. (Ursell)

2 Eine Hypothese als unumstößliche Regel der Darstellung angenommen, wird zum Koordinatensystem.

3 „Schnitt" ist nach der üblichen Erklärung wirklich das, was sich mit den/allen/ Rationalzahlen vergleichen läßt. Denn wenn man den Schnitt z.B. am Beispiel der $\sqrt{2}$ erklärt, so zeigt man nur daß man in 58
diesem Falle eine Definition von ‚größer' und ‚kleiner' geben kann die der für die Rationalzahlen ähnlich [analog] ist. Nämlich

$$\sqrt{2} \lesseqgtr n \overset{Def}{=} 2 \lesseqgtr n^2.$$

4 Unbewußte Zahnschmerzen.
Was heißt der Satz: „ich bin mir meiner Zahnschmerzen bewußt". Ich bin mir meiner Armut bewußt ≠ ich bin arm. Dagegen: ich bin mir meiner Zahnschmerzen bewußt = ich habe Zahnschmerzen. Es sei denn ich führe eine neue Alternative in meiner Ausdrucksweise ein; dann aber muß ich erst ihre Anwendung zeigen sonst habe ich ihr noch keinen Sinn gegeben.

2 dagegen hat die Frage Sinn ⟨"...⟩
2 nach den ersten 4 Stellen periodisch"⟨?⟩ und natürlich auch die Frage ⟨"...⟩
3 „ist die Periode ⟨0˙1414...⟩".
6 Oder auch: die a n d e r e n ⟨f...⟩
10 Er hätte nun gefunden daß ⟨14 × 14...⟩
10 Er hätte nun gefunden daß 14 × 15 = 210 ist und ich sagte ihm ⟨„...⟩
18 *Prof. Harold Douglas Ursell, Mathematiker (Smith Price), Fellow im Trinity College von 1929 bis 1933*
24 wirklich das, was sich mit den/allen/ ⟨r...⟩
25 Denn wenn man den Schnitt z.B. ⟨an der $\sqrt{2}$ ...⟩
27 geben kann die der ⟨der ...⟩
31 Ich bin mir meiner Armut bewußt ⟨ist ...⟩
31 ⟨„⟩Ich bin mir meiner Armut bewußt⟨"⟩ ≠ ⟨„⟩ich bin arm⟨"⟩

1 [Zu "Schmerzen"]
Muß sich denn nicht eine Welt beschreiben lassen, worin der solipsistische Fehler uns weniger nahe liegt. Wo die Tatsachen solche sind, daß wir weniger leicht zu einer einseitigen Grammatik verführt werden?

2 In meinen Betrachtungen der Mathematik [über die Mathematik] spielen winzige Veränderungen der symbolischen Ausdrucksweise eine Rolle. Was so gesagt [dargestellt] klar und durchsichtig ist, kann, ein wenig anders gesetzt, undurchsichtig oder irreführend sein. 59

3 ‚Jemandem für etwas dankbar sein' analog ‚jemanden erwarten', etc..

4 Zeichnung eines 4 Dimensionalen Würfels (als Erklärung meiner Auffassung der perspektivischen Zeichnung des 3-dimensionalen). [gehört vielleicht zur Betrachtung des math. Beweises als Ornament]

5 Das Gesichtsbild wenn man feinen Regen niedergehn sieht: man sieht eine Bewegung, aber nicht etwas Bestimmtes sich bewegen.

6 Schädlichkeit der Ausdrucksform „Sinn", „Bedeutung", die immer wieder die Idee von Schatten (Geistern) hinter den Wörtern und Sätzen geben.

7 „Ich denke mir viel mehr, als ich sage" – wie kann man das vergleichen?

8 Was heißt „Gegenstände zählen"?

9 Wir mischen uns nicht in das, was der Mathematiker tut, erst wenn er behauptet Metamathematik zu treiben, dann kontrollieren wir ihn.

10 Wenn wir uns einigemale rasch im Kreis herumdrehen und dann stehn bleiben, so scheint sich das Zimmer um uns zu drehen und doch sehen wir nicht, daß Gegenstände um uns dabei unserm Blick entschwinden und andere in unser Gesichtsfeld treten, wie es doch bei einer Drehung des Zimmers der Fall sein müßte. Ganz ähnlich dem ist es aber, wenn ein Musikstück so gespielt wird, daß es uns scheint, es würde schneller und schneller gespielt und dabei müssen wir uns sagen daß sich das Tempo im Ganzen nicht merkbar verändert. 60

11 Man kann zu dem ersten Fall sagen: es gibt eben nicht nur visuelle Bewegung.

12 Schwanken des Begriffs ‚Wortart'. Ist „3" die gleiche Wortart wie ‚4'?

1 *Im MS zwei Leerzeilen vor dem Beginn der folgenden 5 Bemerkungen*
1 [Zu "Schmerzen"] –*im MS in der Zeilenmitte zwischen zwei Leerzeilen*
37 im Kreis herumdrehen und dann (stehen) bleiben,